Lexikologie / Lexicology

HSK 21.1

Handbücher zur Sprach- und Kommunikationswissenschaft

Handbooks of Linguistics
and Communication Science

Manuels de linguistique et
des sciences de communication

Mitbegründet von Gerold Ungeheuer (†)
Mitherausgegeben 1985–2001 von Hugo Steger

Herausgegeben von / Edited by / Edités par
Herbert Ernst Wiegand

Band 21.1

Walter de Gruyter · Berlin · New York
2002

Lexikologie
Lexicology

Ein internationales Handbuch zur Natur und Struktur
von Wörtern und Wortschätzen

An international handbook on the nature and structure
of words and vocabularies

Herausgegeben von / edited by
D. Alan Cruse · Franz Hundsnurscher · Michael Job ·
Peter Rolf Lutzeier

1. Halbband / Volume 1

Walter de Gruyter · Berlin · New York
2002

∞ Gedruckt auf säurefreiem Papier, das die
US-ANSI-Norm über Haltbarkeit erfüllt.

Die Deutsche Bibliothek – CIP-Einheitsaufnahme

Handbücher zur Sprach- und Kommunikationswissenschaft / mitbegr.
von Gerold Ungeheuer. Hrsg. von Herbert Ernst Wiegand .... – Berlin ;
New York : de Gruyter

Bd. 21. Lexikologie : ein internationales Handbuch zur Natur und Struktur von Wörtern und Wortschätzen / hrsg. von D. Alan Cruse ...
Halbbd. 1. – (2002)
  ISBN 3-11-011308-2

© Copyright 2002 by Walter de Gruyter GmbH & Co. KG, D-10785 Berlin
Dieses Werk einschließlich aller seiner Teile ist urheberrechtlich geschützt. Jede Verwertung außerhalb der engen Grenzen des Urheberrechtsgesetzes ist ohne Zustimmung des Verlages unzulässig und strafbar. Das gilt insbesondere für Vervielfältigungen, Übersetzungen, Mikroverfilmungen und die Einspeicherung und Verarbeitung in elektronischen Systemen.
Printed in Germany
Satz und Druck: Tutte Druckerei GmbH, Salzweg
Buchbinderische Verarbeitung: Lüderitz & Bauer-GmbH, Berlin
Einbandgestaltung und Schutzumschlag: Rudolf Hübler, Berlin

Vorwort

Wörter in grammatischer Organisation bilden die elementare Grundlage jeder Sprache. Von Wörtern nehmen alle anderen Sprachfunktionen ihren Ausgang, und die Gesamtheit der Wörter einer Sprache, ihr Wortschatz oder Lexikon, ist die Bedingung der Möglichkeit differenzierten Ausdrucks in der menschlichen Kommunikation. Mit dem elementaren Status des Gegenstandes verbindet sich eine fast unüberschaubare Faktenlage im Hinblick auf die Vielzahl der Wörter, deren häufige Formenvielfalt sowie die Vielseitigkeit der Wortverwendungen und der semantischen Beziehungen zwischen den Wörtern und Wortgruppen. Dies macht die Lexikologie zu einer hochkomplexen sprachwissenschaftlichen Disziplin, die sich nach vielen Seiten hin mit anderen Arbeitsgebieten wie Lexikalische Semantik, Morphologie/Wortbildung, Phraseologie, Stilistik und Lexikographie überschneidet. Darüber hinaus zeichnen sich vielversprechende Entwicklungen im Rahmen der Kognitionswissenschaften (Mentales Lexikon) ab. Für diese und andere Forschungsrichtungen bildet die Lexikologie den gemeinsamen Kernbereich.

Dem Anliegen der HSK-Reihe entsprechend zielen die hier versammelten Beiträge darauf ab, möglichst alle repräsentativen Aspekte, denen in der wort- und wortschatzbezogenen Forschung bisher nachgegangen wurde, zu berücksichtigen und die entsprechenden methodologischen Ansätze und ihre Erträge darzustellen und zu würdigen. Auf diese Weise soll ein Bild des gegenwärtigen Kenntnisstandes geboten werden, das auch die Lücken erkennbar macht und gerade dadurch möglicherweise neue Forschungsimpulse gibt und interdisziplinäre Perspektiven aufscheinen läßt. Nicht zuletzt könnte diese Bestandsaufnahme und ihre strikt am Gegenstand Wort/Wortschatz orientierte Strukturierung des Bereichs zur Konsolidierung und zu einer schärferen Profilierung der auf den ersten Blick diffus und heterogen erscheinenden Disziplin Lexikologie dienlich sein, die zwischen den filigranen Entwürfen der lexikalischen Semantik und den praxiszugewandten Arbeitsfeldern der Lexikographie, nicht zuletzt auch wegen der ungeheuren Materialmenge und der Fülle untersuchenswerter Aspekte, möglicherweise bisher nicht überall als eigenständiges Forschungsgebiet in Erscheinung getreten ist.

Das Handbuch versucht diesen Zielen zu entsprechen, indem zwar von der Allgegenwart lexikologischer Zusammenhänge in der Linguistik ausgegangen wird, aber durch die Titelgebung und die Gliederung des Handbuches der Lexikologie ein vernünftiger Rahmen vorgezeichnet wird. Als zusätzlichen Anreiz für Erkundungen lexikologischer Arbeitsbereiche wurde darauf geachtet, dass neben der Theorie die Praxis, insbesondere in Form exemplarischer Beschreibungen, ausreichend Berücksichtigung findet.

Lexikologie. Lexicology als Titel signalisiert über seine griechische Wurzel den gewünschten Bezug auf Wort und Wortschatz. Dies könnte man allerdings auch für die Bezeichnung „Lexematik" in Anspruch nehmen, aber im Vergleich zu „Lexikologie" scheint der Gebrauch von „Lexematik" sehr viel enger gefasst zu sein. Er ist historisch und methodologisch in erster Linie mit der strukturellen Semantik verbunden. Der Untertitel des Handbuches *Ein internationales Handbuch zur Natur und Struktur von Wörtern und Wortschätzen. An international handbook on the nature and structure of words and voca-*

bularies unterstreicht das spezifische Interesse der Lexikologie an den beiden zentralen Gegenstandsbereichen „Wort" und „Wortschatz", das die Eigenständigkeit der Lexikologie ausmacht, nämlich die Erfassung und Charakterisierung der Wörter und Wortschätze als ganzheitliche Einheiten und als in sich auf der Form- und Inhaltsebene gegliederte Einheiten. Nicht nur die Wahl der gut 230 Autoren/Autorinnen aus aller Welt, sondern auch die Wahl der für die Beschreibung lexikologischer Strukturen zu berücksichtigenden Sprachen gewährleistet die bewusst vorgenommene internationale Ausrichtung des Handbuches. In diesem Sinne hatten auch alle Autoren/Autorinnen die Wahl, ihren Beitrag auf Deutsch oder auf Englisch zu publizieren.

Der vorliegende 1. Halbband ist der Durchleuchtung des Wortkonzepts gewidmet, bei der je nach Sichtweise verschiedene Wortauffassungen thematisiert werden. Sodann werden die semantischen Relationen zwischen den Wörtern näher betrachtet und die wichtigsten Worttypen und Wortverbände charakterisiert, aus denen sich die Wortschätze natürlicher Sprachen zusammensetzen. Ferner war der Vielschichtigkeit der Architektur der Wortschätze natürlicher Sprachen ausreichend Rechnung zu tragen.

Das ursprüngliche Gliederungskonzept des Handbuchs, das in der Zeitschrift *Lexicology* 1 (2) (1995), 339–389, publiziert wurde, ist im Wesentlichen realisiert worden. Das Handbuch fügt sich als Baustein in die imposante HSK-Reihe ein, ist aber auch gleichzeitig als ein in sich geschlossenes Werk zu betrachten. Insofern wurden mögliche Überschneidungen mit anderen HSK-Bänden in Kauf genommen. Aus der konkreten Manuskriptlage ergaben sich am Ende Gelegenheiten zu redaktionellen Straffungen und Präzisierungen in einzelnen Bereichen. Schließlich sind die Herausgeber sich der unvermeidlichen Lückenhaftigkeit in Teilen des vorliegenden Bandes bewusst. Die wichtigsten Gründe hierfür liegen in dem gegenwärtigen Forschungsstand der Lexikologie, der gerade auch auf der Seite der praktischen Beschreibung noch teilweise unterentwickelt ist, und in der manchmal schmerzlichen, aber unausweichlichen Streichung ursprünglich vorgesehener Artikel. Letzteres war unvermeidlich, wenn eingeladene Autoren/Autorinnen auf Grund anderweitiger Arbeitsbelastungen selbst großzügig vorgegebene Abgabetermine nicht einhalten konnten oder wenn Bemühungen um geeignete Autoren/Autorinnen sich als vergeblich herausstellten.

Die drei Eingangskapitel reflektieren in allgemeiner und einführender Form die Kernkonzepte „Wort", „Wortschatz" und „Strukturverhältnisse" und resümieren den Gang der Forschung (Kap. I); es werden die bisher von verschiedenen Seiten her dem Wort zugewandten Sichtweisen reflektiert (Kap. II) und die Versuche beschrieben, die das Wort zum Gesamtsystem der Sprache in Beziehung setzen und darin positionieren (Kap. III).

Die darauffolgenden sieben Kapitel sind der Erörterung der wesentlichen Aspekte der Formseite (Kap. IV), der Inhaltsseite des Wortes (Kap. V–IX) und dem Problem ihrer Verknüpfung (Kap. X) gewidmet. In den Kapiteln dieses Teils werden auch die Grundlagen und Forschungsperspektiven der Wortsemantik eingebracht. Den lexikalischen Sonderformen sind die Kapitel XI (Phraseologismen) und Kapitel XII (Wortähnliche Einheiten) gewidmet.

Die zwischen Wörtern geltenden Bedeutungsbeziehungen in Form der Sinnrelationen (Synonymie, Antonymie usw.) werden in den Kapiteln XIII–XV behandelt. Die syntagmatisch begründeten Relationen („Lexikalische Solidaritäten") kommen in Kapitel XVI zur Sprache.

Die Strukturierungsaspekte einzelsprachlicher Gesamtwortschätze werden in den Kapiteln XVII–XXI (Wortarten, Wortfamilien, Wortfelder, Begriffsfelder, (Stil-)Registergruppen) erörtert.

Vorwort

Die beiden Schlusskapitel nehmen Bezug auf pragmatische Faktoren, und zwar historische Schichtung und einzelsprachliche Differenzierung (Kap. XXII) sowie sprechergruppenbezogene Aspekte, z. B. generations- und geschlechtsspezifische Wortschätze (Kap. XXIII).

Die Herausgeber haben in insgesamt 10 intensiven Arbeitstreffen [Februar 93 (München), September 93 (Münster), Februar 94 (München), Juli 94 (München), September 94 (Münster), Mai 95 (Guildford), Oktober 97 (Guildford), Oktober 98 (Marburg), Dezember 99 (Manchester) und November 01 (Guildford)] die beiden Bände des Handbuches zusammengestellt. An der für alle Beteiligten äußerst anregenden und ertragreichen Diskussion um das Verständnis der Disziplin und der Konzeption des Handbuches in den anfänglichen Treffen hatten auch die Reihenherausgeber und der Verlag mit Frau Schöning regen Anteil genommen. Daraus ergab sich dann für die Manuskriptbetreuung folgende Aufteilung der Zuständigkeitsbereiche: *Peter Lutzeier* (Guildford) als Hauptherausgeber kümmerte sich um die Bereiche Grundlagen und Grundfragen der Lexikologie, Methodologie der Lexikologie, Lexikon und Grammatik, Nachbardisziplinen, die Formseite des Wortes, Beziehungen zwischen Form- und Inhaltsseite, Einheiten mit wortähnlichem Status, begriffsbezogene Strukturen, Wortschätze herausragender Persönlichkeiten in Kirche, Musik, Staat und Wissenschaft, Namenregister und Sachregister; *Alan Cruse* (Manchester) war verantwortlich für das mentale Lexikon, Wortkonzepte in Sprach- und Grammatiktheorien, die Inhaltsseite des Wortes, Sinnrelationen, syntagmatische Beziehungen und Einzelaspekte des Englischen; *Franz Hundsnurscher* (Münster) für Wortauffassungen, Phraseologismen, Wortarten, Wortfamilien, Wortfelder, funktionale Varietäten, Herkunftsschichten von Wortschätzen, Spezialwortschätze und Einzelaspekte des Deutschen; und *Michael Job* (Göttingen) für die Strukturierungen von Wortschätzen unter typologischen und kontrastiven Gesichtspunkten, Besonderheiten von Wortschätzen einzelner Sprachfamilien, Wortetymologie, Lexikalischen Wandel, Wortschatzprofile einzelner Sprachen, Wortschätze herausragender Persönlichkeiten in der Literatur und kontrastive Untersuchungen von Wortfeldern. Das redaktionelle Zentrum des Herausgeberteams war anfangs in München und wechselte dann im Jahre 1995 nach Guildford.

Die Herausgeber sind allen Autoren/Autorinnen des Handbuches zu großem Dank verpflichtet. Die erfreuliche Bereitschaft, an diesem Projekt mit einem Beitrag oder gar mehreren teilzunehmen, machte das Unternehmen erst möglich, und auf Grund von Schwierigkeiten in Einzelfällen musste die Geduld bei etlichen Autoren/Autorinnen ziemlich strapaziert werden. Mit Trauer und Bestürzung vernahmen wir im Verlauf unserer Arbeit vom Tod fünf hochgeschätzter Fachkollegen/Fachkolleginnen: Andreas Blank, Georg Michel, Robert Robins, Thea Schippan und Wolfgang Wurzel.

Das aktive Interesse der Reihenherausgeber Hugo Steger und Herbert Ernst Wiegand, das sich in konstruktiver Kritik, aber auch in zahlreichen speziellen Hinweisen gezeigt hat, verdient besonders hervorgehoben zu werden. Ferner haben Brigitte Schöning, Anke Beck, Heike Plank, Barbara Karlson und Monika Wendland auf der Seite des Verlages zu verschiedenen Zeiten in hilfreicher und kompetenter Weise nach dem Rechten gesehen.

Die Herausgeber hoffen, dass der durch das Handbuch repräsentierte Kenntnisstand vielen Lesern/Leserinnen dienlich sein wird und zu einer fruchtbaren Diskussion auf dem Gebiet der Lexikologie beitragen kann.

Guildford, Manchester, Göttingen und Münster im Dezember 2001
Die Herausgeber

Preface

Words organised grammatically form the basis of every language. All other functions of language have their origin in words, and the totality of words in a language, its vocabulary or lexicon, is a precondition for differentiated expressivity in human communication. The elementary status of our subject domain brings with it an almost overwhelming range of data, in terms of the diversity of words, their often complex formal manifestations, the multiplicity of their uses, and the semantic relations between words and groups of words. This makes of lexicology a highly complex sub-discipline within linguistics, which intersects in many ways with neighbouring topic areas such as lexical semantics, morphology and word-formation, phraseology, stylistics and lexicography. In addition, there are highly promising developments within cognitive science in the study of the mental lexicon and lexical processing. For these and other fields of research, lexicology forms a common core.

The aim of the present collection of articles, in conformity with the overall aims of the HSK Series, is to provide as representative a survey as possible of the methodological approaches and results of word- and vocabulary-related research to date. In this way, it is hoped to offer a picture of the present state of knowledge in lexicology, which will at the same time pinpoint areas of ignorance, thereby stimulating further research and opening up new interdisciplinary perspectives. Lexicology, its concerns ranging from the fine-grained essays of lexical semantics to the practicalities of lexicography, can at first sight appear to be ill-defined and heterogeneous, not least on account of the huge amount of available data and the wealth of unexplored but undoubtedly worthwhile avenues of research. It is hoped that this collection will help to raise the profile of lexicology.

The present Handbook has the aim of furthering these objectives, by delineating a reasoned framework for the discipline of lexicology, starting out from the omnipresence of lexicology in linguistics, through the internal structuring of the Handbook and the clear labelling of sections and sub-sections. As an additional incentive for the reconnaissance of areas of lexicological investigation, care has been taken to ensure that as well as theory, practical concerns, especially in the form of descriptive studies, have been adequately represented.

The title *Lexikologie/Lexicology* indicates, through its Greek root, the intended target area of words and vocabularies. A similar justification could have been claimed for *Lexematik/Lexematics*, but in comparison with *Lexikologie/Lexicology*, the use of *Lexematik/Lexematics* appears to be much more narrowly circumscribed, being associated historically and methodologically primarily with structural semantics. The sub-title of the Handbook, *Ein internationales Handbuch zur Natur und Struktur von Wörtern und Wortschätzen/An international handbook on the nature and structure of words and vocabularies* underlines the special orientation towards the two core areas which makes of lexicology an autonomous discipline, namely, the characterisation of words and vocabularies, both as unitary wholes and as units displaying internal structure with respect both to form and content. The international orientation of the Handbook is guaranteed not only by the panoply of authors from all over the world, but also by the wide range of languages whose noteworthy lexicological characteristics are described. Authors had the option of publishing their articles in either German or English.

The present volume of the Handbook (Volume I) contains a close examination of the notion "word", in which a number of different conceptions are highlighted; then semantic relations between words are considered in detail and the most important types of words and word groupings which constitute the vocabularies of natural languages are characterised. Finally, the many-layered structured nature of the vocabularies of natural languages provides the focus of attention.

The original structural plan of the Handbook, which was published in the journal *Lexicology* (I, (2) (1995), 339–389), has been realised to a large extent. The Handbook forms part of the impressive HSK-Series, but is also to be regarded as a self-contained work. With this in mind, some possible overlaps with other HSK volumes were accepted. As manuscripts were received, opportunities were taken in later stages of editing to tighten and refine the structure of the Handbook. Best intentions notwithstanding, the Editors are fully aware of gaps in the structure, which were unfortunately unavoidable. The main reasons for these are to be found, first, in the present state of research in lexicology, which in many areas is still underdeveloped, and second, because of the often painful necessity to cancel originally planned articles. This was unavoidable when authors were unable, because of other commitments, to meet even generous and frequently extended deadlines, or when efforts to find suitable authors proved fruitless.

The first three chapters provide an introduction to the discipline of lexicology. Chapter I deals in a general and introductory manner with the core concepts "word", "vocabulary/lexicon" and "structural relation", and summarises the course of research. Chapter II presents reflections on the word as seen from different perspectives, while Chapter III describes how different theories of language situate the word in relation to the overall language system.

The following seven chapters are devoted to a detailed discussion of fundamental aspects of the form level of the word (Chapter IV), the content level (Chapters V–IX) and the problem of the relation between them (Chapter X). In the chapters in this section of the Handbook, the bases and research perspectives of lexical semantics are also introduced. Chapters XI and XII are devoted to lexical units of non-prototypical form, Chapter XI to phraseological units, and Chapter XII to word-like units. Paradigmatic relations of meaning between words (antonymy, synonymy, etc.) are dealt with in Chapters XII–XV, while syntagmatic meaning relations ('lexical solidarities') form the topic of Chapter XVI.

Structural aspects of vocabularies of individual languages (word classes, word families, word fields, conceptual fields, style and register groupings) are examined in Chapters XVII–XXI.

The two final chapters of this volume make reference to pragmatic factors. Chapter XXII covers the historical layering in the vocabularies of languages and provides illustrations of languages which differ in this respect. Chapter XXXIII deals with aspects of language associated with particular groups of speakers, defined, for example, by sex or age.

The task of putting together the two volumes of the Handbook was carried out over ten intensive working sessions of the editorial team [February 93 (Munich), September

93 (Münster), February 94 (Munich), July 94 (Munich), September 94 (Münster), May 95 (Guildford), October 97 (Guildford), October 98 (Marburg), December 99 (Manchester) and November 01 (Guildford)]. In the initial discussions of the delimitation of the scope of the discipline and the conception of the Handbook, the editorial team benefited greatly from the presence of the Series Editors and the publisher in the person of Dr. Brigitte Schöning. The responsibilities for the different subject areas of the Handbook were divided up as follows: Peter Lutzeier (Guildford) as Chief Editor was responsible for the areas of fundamental issues in lexicology, the methodology of lexicology, lexicon and grammar, relations with neighbouring disciplines, the form level of words, relations between form and meaning, word-like units, conceptual structures, vocabularies of prominent figures in music, politics, science, and in the Church, and the name and subject indexes; Alan Cruse (Manchester) covered the mental lexicon, the concept "word" in theories of grammar and language, the content level of words, sense relations, syntagmatic relations, and varieties of English; Franz Hundsnurscher (Münster) dealt with conceptions of the word, phraseologisms, word classes, word families, word fields, functional varieties, structural layers in vocabularies and their origins, special vocabularies, and varieties of German; Michael Job (Göttingen) took responsibility for the structure of vocabularies from typological and contrastive viewpoints, special characteristics of vocabularies of individual language families, etymology, lexical change, vocabulary profiles of individual languages, vocabularies of prominent figures in literature and contrastive research into word fields. The editorial base was initially in Munich, then in 1995 it moved to Guildford.

The Editors owe a considerable debt of gratitude to all the authors who contributed to the Handbook. Their readiness to participate in this project by contributing an article was what rendered the undertaking possible in the first place; in certain cases, because of difficulties, the patience of not a few authors must have been sorely tried. It was with great sadness that in the course of the preparation of the Handbook we learned of the death of no less than five highly esteemed colleagues and contributors: Andreas Blank, Georg Michel, Robert Robins, Thea Schippan and Wolfgang Wurzel.

A special mention is due to the Series Editors Hugo Steger and Herbert Ernst Wiegand, whose lively interest in the project manifested itself not only in the form of constructive criticism, but also of countless pieces of specific advice. We also thank the representatives of the Publisher, Brigitte Schöning, Anke Beck, Heike Plank, Barbara Karlson und Monika Wendland, whose competence and helpfulness played a significant part in keeping the project on course.

The Editors hope that the body of knowledge represented by the Handbook will be of service to many readers and will stimulate fruitful discussion and research in lexicology.

Guildford, Manchester, Göttingen and Münster; December 2001
The Editors

Inhalt/Contents

1. Halbband/Volume 1

Vorwort V

Preface VIII

I. Grundlagen und Grundfragen der Lexikologie
The foundations and fundamental questions of lexicology

1. Peter R. Lutzeier, Der Status der Lexikologie als linguistische Disziplin 1
2. Claus-Peter Herbermann, Das Wort als lexikalische Einheit 14
3. Wolfgang Schindler, Lexik, Lexikon, Wortschatz: Probleme der Abgrenzung 34
4. Klaus Mudersbach, Struktur und Strukturierung in der Lexikologie . 45
5. Thea Schippan, Der Gang der lexikologischen Forschung I: Lexikologisches Arbeiten bis zur Jahrhundertwende 59
6. Thea Schippan, Der Gang der lexikologischen Forschung II: Das Erwachen der Disziplin 68

II. Reflexion über das Wort
Reflection on the word

7. Claus Haebler, Zur Etymologie von Benennungen für „Wort": Beispiele aus indogermanischen Sprachen Europas 78
8. Kirsten Sobotta, Das Wort im alltäglichen Verständnis: Eine Übersicht 84
9. Andreas Gardt, Das Wort in der philosophischen Sprachreflexion: eine Übersicht 89
10. Pienie Zwitserlood, Words from a psychological perspective: An overview 101
11. Helmut Arntzen, Das Wort in der Dichtung 106
12. Hans-Martin Gauger, Das Wort in der sprachkritischen Reflexion ... 113
13. Angelika Linke, Das Wort in der feministischen Sprachreflexion. Eine Übersicht 121

III. Das Wort im Kontext verschiedener Sprach-/Grammatiktheorien
The word in the context of different theories of language/grammar

14. Hans Glinz, Das Wort in der inhaltbezogenen Grammatik 129
15. Robert H. Robins, The word in American structuralism 138

16.	Jörn Albrecht, Das Wort im Europäischen Strukturalismus	144
17.	Wolfgang Motsch, Das Wort in der generativen Grammatik I: Die Anfänge	153
18.	Mary McGee Wood, The word in Generative Grammar II: Recent developments	156
19.	Hans-Werner Eroms, Das Wort in der Dependenzgrammatik	161
20.	Mary McGee Wood, Manchester, The word in Categorial Grammar	167
21.	Karl-Ernst Sommerfeldt, Das Wort in funktionalgrammatischen Ansätzen	172
22.	Andrew Rosta, The word in Word Grammar	178
23.	Walther Kindt, Das Wort in textgrammatischen Ansätzen	185
24.	Gerd Fritz, Wortbedeutung in Theorien sprachlichen Handelns	189

IV. Die Formseite des Wortes
The form level of the word

25.	Wolfgang Ullrich Wurzel, Morphologische Eigenschaften von Wörtern	200
26.	Wim Zonneveld, Phonology of the word	210
27.	Utz Maas, Graphematische Eigenschaften von Wörtern	217

V. Die Inhaltsseite des Wortes I: Allgemein
The content level of the word I: General overview

28.	William Frawley, Fundamental Issues in Lexical Semantics	228
29.	Klaus Peter Lange, Die Behandlung der Wortbedeutung in der Geschichte der Sprachwissenschaft	237

VI. Die Inhaltsseite des Wortes II: Lexikalische Dekomposition
The content level of the word II: Lexical decomposition

30.	Hiltraud Dupuy-Engelhardt, Lexikalische Dekomposition I: Strukturalistische Ansätze	245
31.	Cliff Goddard, Anna Wierzbicka, Lexical Decomposition II: Conceptual Axiology	256

VII. Die Inhaltsseite des Wortes III: Konzeptuelle Ansätze
The content level of the word III: Conceptual approaches

32.	Gregory L. Murphy, Conceptual Approaches I: An Overview	269
33.	Monika Schwarz, Konzeptuelle Ansätze II: Einebenen-Ansatz vs. Mehrebenen-Ansatz	277
34.	Dirk Geeraerts, Conceptual Approaches III: Prototype Theory	284
35.	Hans-Jörg Schmid, Konzeptuelle Ansätze IV: Die Stereotypensemantik	291
36.	John R. Taylor, Conceptual approaches V: Concepts and domains	296

VIII. Die Inhaltsseite des Wortes IV: Die Strukturierung des Inhalts
The content level of the word IV: Structuring of word meaning

37. Dirk Geeraerts, Structuring of word meaning I: An overview 304
38. Leila Behrens, Structuring of word meaning II: Aspects of polysemy 319
39. René Dirven, Structuring of word meaning III: Figurative use of language 337

IX. Die Inhaltsseite des Wortes V: Dimensionen der Bedeutung
The content level of the word V: Dimensions of meaning

40. Fritz Hermanns, Dimensionen der Bedeutung I: Ein Überblick 343
41. D. Alan Cruse, Dimensions of meaning II: Descriptive meaning 350
42. Fritz Hermanns, Dimension der Bedeutung III: Aspekte der Emotion 356
43. Bernhard Sowinski, Dimensionen der Bedeutung IV: Stilistische Aspekte 363

X. Die Beziehungen zwischen Form- und Inhaltsseite
Relations between the level of form and the level of content

44. Friedrich Ungerer, Arbitrarität, Ikonizität und Motivation 371
45. Iwan Werlen, Das Worten der Welt 380

XI. Besondere Formen lexikalischer Einheiten I: Phraseologismen
Special forms of lexical units I: Idioms

46. Harald Burger, Die Charakteristika phraseologischer Einheiten: Ein Überblick 392
47. Jarmo Korhonen, Typologien der Phraseologismen: Ein Überblick .. 402
48. Dietrich Busse, Wortkombinationen 408
49. Lauri Seppänen, Mehrwortlexeme 415
50. Susanne Beckmann, Peter-Paul König, Pragmatische Phraseologismen 421
51. Annelies Häcki Buhofer, Phraseologisch isolierte Wörter und Wortformen 429
52. Gertrud Gréciano, Semantik und Herkunftserklärungen von Phraseologismen 433
53. Dimitrij Dobrovol'skij, Phraseologismen in kontrastiver Sicht 442

XII. Besondere Formen lexikalischer Einheiten II:
Kurzwörter, Abkürzungen und sonstige lexikalische
Einheiten mit wortähnlichem Status
Special forms of lexical units II:
Shortened words, abbreviations and other lexical
units with a status similar to words

54. Dorothea Kobler-Trill, Die Formseite der Abkürzungen und
Kurzwörter 452
55. Heinrich Weber, Die Inhaltsseite von Kurzwörtern und Abkürzungen 457
56. Karl Sornig, Lexikalische Einheiten mit wortähnlichem Status 461

XIII. Lexikalische Strukturen auf der Grundlage
von Sinnrelationen I: Allgemein, Inklusion und Identität
Lexical structures based on sense relations I: General
overview, inclusion and identity

57. Sir John Lyons, Sense relations: An overview 466
58. Cecil H. Brown, Paradigmatic relations of inclusion and identity I:
Hyponymy 472
59. Cecil H. Brown, Paradigmatic relations of inclusion and identity II:
Meronymy 480
60. D. Alan Cruse, Paradigmatic relations of inclusion and identity III:
Synonymy 485

XIV. Lexikalische Strukturen auf der Grundlage
von Sinnrelationen II:
Exklusion und Opposition, Ableitungsbeziehungen
Lexical structures based on sense relations II:
Exclusion and opposition, derivational relations

61. Adrienne J. Lehrer, Paradigmatic relations of exclusion and
opposition I: Gradable antonymy and complementarity 498
62. D. Alan Cruse, Paradigmatic relations of exclusion and opposition II:
Reversivity 507
63. Thorsten Roelcke, Paradigmatische Relationen der Exklusion
und Opposition III: Konversivität 511
64. Barbara Lenz, Polarität, Dualität und Markiertheit 518
65. Adrienne Lehrer, Semantic relations of derivational affixes 525

XV. Lexikalische Strukturen auf der Grundlage von
Sinnrelationen III: Beschreibungsansätze
Lexical structures based on sense relation III:
Descriptive models

66. Wolfgang Kühlwein, Beschreibungsansätze für Sinnrelationen I:
Strukturalistische (Merkmals-)Ansätze 533

67.	Alan Cruse, Descriptive models for sense relations II: Cognitive semantics	542
68.	Ronnie Cann, Descriptive Models of Sense Relations III: Formal Semantics	549

XVI. Lexikalische Strukturen aus syntagmatischer Sicht
Lexical structures in a syntagmatic perspective

69.	Gerd Wotjak, Syntagmatische Beziehungen: Ein Überblick	556
70.	James Pustejovsky, Syntagmatic processes	565
71.	Renate Bartsch, Kompositionalität und ihre Grenzen	570

XVII. Die Architektur des Wortschatzes I: Die Wortarten
The architecture of the vocabulary I: Word classes

72.	Jochen Splett, Das Wortartenproblem in lexikologischer Perspektive: Ein historischer Überblick	578
73.	Elisabeth Löbel, The word class 'Noun'	588
74.	Wolfgang Motsch, Die Wortart 'Adjektiv'	598
75.	Elisabeth Leiss, Die Wortart 'Verb'	605
76.	Heike Tauch, Zum Pronominalen	616
77.	Heinz Vater, The word class 'Article'	621
78.	James R. Hurford, The word class 'Numeral'	628
79.	Eva-Maria Heinle, Die Wortart 'Adverb'	631
80.	Ewald Lang, Die Worart 'Konjunktion'	634
81.	Jochen Schröder, Die Wortart 'Prä- und Postposition'	641
82.	Elke Hentschel, Harald Weydt, Die Wortart 'Partikel'	646
83.	Norbert Fries, Die Wortart 'Interjektionen'	654
84.	Irmhild Barz, Wortartwechsel	657
85.	Jürgen Broschart, The characteristics of word classes from a crosslinguistic perspective	662

XVIII. Die Architektur des Wortschatzes II: Wortfamilien
The architecture of the vocabulary II: Word families

86.	Franz Hundsnurscher, Das Wortfamilienproblem in der Forschungsdiskussion	675
87.	Gerhard Augst, Typen von Wortfamilien	681
88.	Jochen Splett, Bedingungen des Aufbaus, Umbaus und Abbaus von Wortfamilien	688
89.	Claude Gruaz, The analysis of word families and their motivational relations	700
90.	Gerda Haßler, Die Wortfamilienstrukturen in kontrastiver Sicht	704

XIX. Die Architektur des Wortschatzes III: Wortfelder
The architecture of the vocabulary III: Lexical fields

91.	Horst Geckeler, Anfänge und Ausbau des Wortfeldgedankens	713
92.	Thomas Gloning, Ausprägungen der Wortfeldtheorie	728

XX. Die Architektur des Wortschatzes IV:
Begriffsbezogene Strukturierungen
The architecture of the vocabulary IV:
Structurings related to concepts

93. Ruth Schmidt-Wiegand, Die onomasiologische Sichtweise auf den Wortschatz 738
94. Walter De Cubber, Onomasiologische Fallstudien 752
94. Dietmar Peil, Bildfelder in historischer Perspektive 764
96. Wolf-Andreas Liebert, Bildfelder in synchroner Perspektive 771

XXI. Die Architektur des Wortschatzes V:
Funktionale Varietäten
The architecture of the vocabulary V:
Functional varieties

97. Klaus Dieter Ludwig, Registerkonzepte: Ein Überblick 784
98. Georg Michel, Gehobene Stilschichten 794
99. Pam Peters, Brian Taylor, Low levels of style 799

XXII. Die Architektur des Wortschatzes VI: Herkunftsschichten
The architecture of the vocabulary VI: Layers of origin

100. Anthony W. Stanforth, Effects of language contact on the vocabulary: An overview 805
101. Franz Hundsnurscher, Fallstudie I: Das Hochdeutsche 813
102. Hermann Niebuhr, Fallstudie II: Das Niederdeutsche 822
103. Ulrich Busse, Case study III: English 828
104. Anatoly Liberman, Case Study IV: Icelandic 837
105. Max Pfister, Fallstudie V: Die romanischen Sprachen 840
106. D. Carius, Ernst Eichler, Fallstudie VI: Die slavischen Sprachen 847

XXIII. Die Architektur des Wortschatzes VII: Spezialwortschätze
The architecture of the vocabulary VII:
Vocabularies for specific purposes

107. Anita Nuopponen, Vocabularies for specific purposes: An overview . 856
108. Ikumi Waragai, Bibelsprachliche Wortschätze 866
109. Gesine L. Schiewer, Einflüsse literarischer Wortschätze auf Allgemeinwortschätze 873
110. Caja Thimm, Generationsspezifische Wortschätze 880
111. Ruth Schmidt-Wiegand, Berufsbezogene Wortschätze 888
112. Franz Hundsnurscher, Lebensformbezogene Wortschätze. Eine methodologische Skizze 899
113. Ulrich Püschel, Institutionsspezifische Wortschätze 910
114. Heinz L. Kretzenbacher, Wissenschaftsbezogene Wortschätze 919
115. Karlheinz Jakob, Anwendungsbezogene technische Wortschätze 925
116. Markus Hundt, Wirtschaftsbezogene Wortschätze 932

2. Halbband: Lexikologie (Überblick über den vorgesehenen Inhalt)

Volume 2: Lexicology (Preview of Contents)

XXIV.	Methodologie der Lexikologie Methodology of Lexicology
117.	Peter Schlobinski, Intuition und Empirie in der Lexikologie
118.	Wolfram K. Köck, Instrumental methods in lexicology
119.	Reinhard Köhler, Statistische Methoden in der Lexikologie
120.	Hans-Joachim Becker, Methodologische Probleme in der Lexikologie am Beispiel der Wortfeldtheorie
XXV.	Strukturierungen von Wortschätzen unter kontrastiven und typologischen Gesichtspunkten Structural properties of vocabularies from contrastive and typological points of view
121.	Efim L. Ginsburg, Grammatisch relevante Wortschatzeigenschaften: Ein Überblick
122.	Michael Job, SAE-Sprachen (Deutsch, Englisch, Französisch)
123.	Claude Hagège, Wortarten in isolierenden Sprachen
124.	Elke Nowak, Wortarten in inkorporierenden Sprachen
125.	Grev Corbett, Systems of nominal classification I: Gender oppositions
126.	Tilman Berger, Nominale Klassifikationssysteme II: Belebtheits-Oppositionen
127.	Fritz Serzisko, Nominale Klassifikationssysteme III: Klassen-Oppositionen
128.	Helmut Nespital, Verbale Klassifikationssysteme I: Aspekt und Aktionsarten
129.	Michail Alekseev, Verbale Klassifikationssysteme II: Transitivität
130.	Eugene Casad, Systems of verbal classification III: Static vs. dynamic
131.	Heidi Quinn, Systems of verbal classification IV: Agent and patient oriented differentiations
132.	Sergej A. Krylov, Pronominale Klassifikationssysteme: Deixis
XXVI.	Besonderheiten von Wortschätzen Special properties of vocabularies
133.	Vladimir G. Gak, Aufgaben einer lexikologischen Charakterisierung
134.	Reinhard Stempel, Wortschatzbesonderheiten im Indogermanischen

135.	Cornelius Hasselblatt, Wortschatzbesonderheiten in uralischen Sprachen
136.	Gerhard Doerfer, Wortschatzbesonderheiten in Türksprachen
137.	Donald Rayfield, Wortschatzbesonderheiten in kaukasischen Sprachen
138.	Rainer Voigt, Wortschatzbesonderheiten in semitischen Sprachen
139.	Hans-Jürgen Sasse, Wortschatzbesonderheiten in kuschitischen und anderen afro-asiatischen Sprachen
140.	Hermann Jungraithmayer, Wortschatzbesonderheiten in tschadischen Sprachen
141.	Mechthild Reh, Some distinctive characteristics of the vocabulary in particular African languages
142.	Mikhail S. Andronov, Wortschatzbesonderheiten in dravidischen Sprachen
143.	Helga Beutel, Wortschatzbesonderheiten im Chinesischen
144.	Roland Bielmeier, Wortschatzbesonderheiten im Tibetischen
145.	David Bradley, Some distinctive characteristics of the vocabulary in Lolo-Burmesean languages
146.	Shinjiro Muraki, Wortschatzbesonderheiten im Japanischen
147.	Nicholas Evans, Some distinctive characteristics of the vocabulary in Australian Languages
148.	Stefan A. Wurm, Wortschatzbesonderheiten in Papua-Sprachen (English)
149.	Barbara Hollenbach, Doris Bartholomew, Some distinctive characteristics of the vocabulary of Middle American languages
150.	Harriet E. M. Klein, Some distinctive characteristics of the vocabulary of South American languages
151.	Suzanne Romaine, Lexical Structure in Pidgins and Creoles
152.	Norbert Boretzky, Wortschatzbesonderheiten im Romani
153.	Detlev Blanke, Wortschatzbesonderheiten in Plansprachen

XXVII.	Regionale und Dialektwortschätze in Auswahl: Das Deutsche A selection of regional vocabularies and vocabularies of dialects: German
154.	Peter Wiesinger, Historische Grundlagen und Voraussetzungen der gegenwärtigen deutschen Wortgeographie
155.	Anthony Rowley, Die Wortschatzentwicklung im Bairischen
156.	Gerhard Baur, Die Wortschatzentwicklung im Alemannischen
157.	Heinrich J. Dingeldein, Die Wortschatzentwicklung im Hessischen
158.	Helmut Weinacht, Die Wortschatzentwicklung im Ostfränkischen
159.	Jürgen Macha, Helmut Lausberg, Stephan Elspass, Die Wortschatzentwicklung im Rheinfränkischen
160.	Regine Metzler, Die Wortschatzentwicklung im Meißnischen
161.	Ilpo Tapani Piirainen, Die Wortschätze der 'Kolonialmundarten'
162.	Helmut Schönfeld, Die Wortschätze der niederdeutschen Mundarten

163.	Heinz Eickmans, Die Wortschatzdifferenzierung im Mittelniederdeutschen im Vergleich zum Mittelniederländischen
164.	Kurt Meyer, Die lexikalische Situation des Standarddeutschen in der Schweiz
165.	Hermann Scheuringer, Die lexikalische Situation in Österreich
166.	Manfred W. Hellmann, Differenzierungstendenzen zwischen der ehemaligen DDR und BRD
167.	Dietrich Hartmann, Der Wortschatz einer regionalen Umgangssprache: Ruhrdeutsch
XXVIII.	Regionale und Dialektwortschätze in Auswahl: Das Englische A selection of regional vocabularies and vocabularies of dialects: English
168.	Wolfgang Viereck, Die Situation in England I: Ein Überblick
169.	Beat Glauser, Die Situation in England II: Englisch nahe der schottischen Grenze
170.	Derrick McClure, English in Scotland
171.	Raymond Hickey, English in Ireland
172.	Peter Lucko, Englisch in Nordamerika
173.	Peter Collins, English in Australia
174.	Josef J. Schmied, English in Afrika
175.	Braj B. Kachru, English in India
XXIX.	Wortetymologie The etymology of words
176.	Albert L. Lloyd, Topics of etymological research in the past and present: An overview
177.	Rosemarie Lühr, Die etymologische Gliederung des Wortschatzes
178.	Elmar Seebold, Etymologie und Wortgeschichte I: Zielsetzung und Methode
179.	Dietrich Busse, Etymologie und Wortgeschichte II: Semantischer Wandel in traditioneller Sicht
180.	Andreas Blank, Etymologie und Wortgeschichte III: Neue Zugänge zu semantischem Wandel
181.	Helmut Rix, Etymologie und Wortgeschichte IV: Wurzeletymologie
182.	Elmar Seebold, Etymologie und Wortgeschichte V: Fallstudien
183.	Oswald Panagl, Volksetymologie und Re-analyse
XXX.	Lexikalischer Wandel Lexical change
184.	William Jones, Change in lexical fields: A case study
185.	Jochen Splett, Wandel von Wortfamilien: Eine Fallstudie
186.	Thea Schippan, Neologismen und Archaismen: Fallstudien
187.	Peter Braun, Internationalismen: Fallstudien

XXXI. Wortschatzprofile einzelner Epochen
Epoch vocabularies

188. Christopher J. Wells, Epoch vocabularies I: German
189. Rainer Nagel, Epochenwortschätze II: Englisch
190. Peter Wunderli, Epochenwortschätze III: Französisch
191. Harro Stammerjohann, Epochenwortschätze IV: Italienisch
192. Bodo Müller, Epochenwortschätze V: Spanisch

XXXII. Wortschätze herausragender Persönlichkeiten I: Literatur
Vocabularies of famous personalities I: Literature

193. J.D. Burnley, Geoffrey Chaucer
194. Marvin Spevack, William Shakespeare
195. Katie Wales, James Joyce
196. J.F. Burrows, Jane Austen
197. Karl Stackmann, Frauenlob
198. Eckehart Spengler, Johann Fischart
199. Georg Objartel, Johann W. von Goethe
200. Rüdiger Nutt-Kofoth, Annette von Droste-Hülshoff
201. Werner Welzig, Evelyn Breiteneder, Karl Kraus
202. Arnulf Stefenelli, Jean de la Fontaine
203. George Thomas, Fedor M. Dostoevskij
204. Barbara v. Gemmingen, Miguel de Cervantes

XXXIII. Wortschätze herausragender Persönlichkeiten II: Kirche, Musik, Staat und Wissenschaft
Vocabularies of famous personalities II: Church, music, state and science

205. Joachim Schildt, Martin Luther
206. Ingo Warnke, Thomas Müntzer
207. Luc de Grauwe, Wolfgang Aamadé Mozart
208. Gerd Schank, Friedrich Nietzsche
209. David Yerkes, Benjamin Franklin
210. Thorsten Roelcke, Immanuel Kant

XXXIV. Kontrastive Untersuchungen von Wortfeldern
Contrastive studies of lexical fields

211. Harold W. Scheffler, Kinship terms
212. Ian Davies, Colour terms
213. Klaus Robering, Dimensionsadjektive
214. Gert Wotjak, Bewegungsverben
215. Christina Gansel, Verba decendi
216. Götz Hindelang, Direktive Sprechaktverben
217. Hans-Jürgen Diller, Gefühlswörter

XXXV. Lexikon und Grammatik I: Die Analyse der lexikalischen Einheiten
Lexicon and grammar I: The analysis of lexical units

218. Hans-Jürgen Sasse, Lexical and grammatical categories in grammatical description
219. Andrew Spencer, The word from the point of view of grammatical components

XXXVI. Lexikon und Grammatik II: Die Veränderung lexikalischer Einheiten
Lexicon and grammar II: Changing lexical units

220. Hans-Heinrich Lieb, Notions of paradigm in grammar
221. Dunstan Brown, Declension and conjugation
222. Gregory Stump, Comparison
223. Thomas Becker, Lautliche Realisationsweisen lexikalischer Einheiten in der Flexion

XXXVII. Lexikon und Grammatik III: Die Kombination lexikalischer Einheiten
Lexicon and grammar III: The combination of lexical units

224. Irmhild Barz, Die Wortbildung als Möglichkeit der Wortschatzerweiterung
225. Beatrice Primus, Die Rolle lexikalischer Daten in der Syntax
226. Pieter Seuren, The role of lexical data in semantics
227. Dr. Edda Weigand, Die Rolle lexikalischer Daten in der Pragmatik
228. Elizabeth Closs Traugott, Lexicalization and grammaticalization

XXXVIII. Mentales Lexikon I: Das Wort
Mental lexicon I: The word

229. Ralf Rummer, Johannes Engelkamp, Das mentale Lexikon: Ein Überblick
230. Ton Dijkstra, Word recognition and lexical access: Connectionist approaches
231. Patrizia Tabossi, The processing of ambiguous words
232. Paula Schwanenflugel, David Gaviska, Psycholinguistic aspects of word meaning

XXXIX. Mentales Lexikon II: Der Wortschatz
Mental lexicon II: The vocabulary

233. Christiane Fellbaum, Theories of semantic representation of the mental lexicon
234. Antonio Daniele, Vocabulary and brain: Neurolinguistic perspectives
235. Insup Taylor, The mental lexicon: The situation with regard to multilingualism

XL.		Mentales Lexikon III: Erwerb und Verlust Mental lexicon III: Acquisition and loss
	236.	Eve Clark, The acquisition of word meaning I: The early acquisitional phase
	237.	Jeremy Anglin, The acquisition of word meaning II: Later acquisitional phases
	238.	Annelies Häcki Buhofer, Der Erwerb von Phraseologismen
	239.	Ruth Lesser, The word in language pathology
XLI.		Lexikologie und Nachbardisziplinen Lexicology and neighbouring disciplines
	240.	Werner Wolski, Lexikologie und Lexikographie
	241.	Werner Zillig, Lexikologie und Begriffsgeschichte
	242.	Friedhelm Debus, Lexikologie und Onomastik
	243.	Margaret Rogers, Lexicology and Terminology
	244.	Ingrid Kühn, Lexikologie und Stilistik
	245.	Inge Pohl, Lexikologie und Textlinguistik
	246.	Mary Snell-Hornby, Lexicology and translation studies
	247.	Winfried Ulrich, Lexikologie und Sprachdidaktik
	248.	Fritz Pasierbsky, Lexikologie und Sprachplanung
	249.	Winfried Lenders, Lexikologie und Computerlinguistik
	250.	Claus R. Rollinger, Lexikologie und Künstliche Intelligenzforschung
	251.	Bernd Tischer, Lexikologie und Psychologie
XLII.		Register Indices
	252.	Namensregister/Index of names
	253.	Sachregister/Index of topics

I. Grundlagen und Grundfragen der Lexikologie
The foundations and fundamental questions of lexicology

1. Der Status der Lexikologie als linguistische Disziplin

1. Ziele des Artikels
2. Terminologische Fragen
3. Fragen des Gegenstandsbereichs
4. Lexikologie als Disziplin der Linguistik
5. Beziehungen der Lexikologie zu anderen Disziplinen der Linguistik
6. Aufgabenfelder der Lexikologie
7. Schlussbetrachtung
8. Literatur in Auswahl

1. Ziele des Artikels

Wir sind mit diesem Artikel auf der Suche nach der Identität der Disziplin Lexikologie, wobei wir terminologische Fragen (§ 2), Fragen des Gegenstandsbereiches (§ 3), Fragen der Beziehung zu anderen linguistischen Disziplinen (§ 4) und typische Aufgabenfelder (§ 5) streifen werden.

2. Terminologische Fragen

Die Lexikologie als die Theorie und Praxis von den Strukturierungen im Wortschatz bietet in erster Linie aufgrund der Komplexität des Gegenstandes ein diffuses Erscheinungsbild. So ist selbst die Bezeichnung 'Lexikologie' noch nicht völlig eingebürgert. Im Unterschied zu den Gebieten der romanischen und slawischen Sprachen (z. B. frz. *lexicologie*, russ. *leksikologija*) setzt sich im gesamten englischsprachigen Raum die Bezeichnung eng. *lexicology* erst langsam durch. Es hat im Englischen auch nie eine etablierte alternative Bezeichnung gegeben. Folge dieser unklaren Bezeichnungslage war, dass häufig Bezeichnungen für andere linguistische Teildisziplinen wie eng. *lexical semantics*, *lexicography* oder Bezeichnungen für halbautonome lexikologische Teildisziplinen wie eng. *idioms*, *phraseology* und *mental lexicon* als Ersatz herhalten mussten. Im deutschsprachigen Raum tritt zwar bei Autoren/Autorinnen der sog. Tübinger Schule vereinzelt die Bezeichnung *Lexematik* auf, aber insgesamt hat sich die Bezeichnung *Lexikologie* durchgesetzt.

Bei *Lexikologie* (Kunstwort gr. λεξικολογία) haben wir *lexiko-* und das reihenbildende *-logie* 'Wissenschaft von …'. Ausgangspunkt für das griechische Substantiv λεξικόν 'Lexikon' ist das griechische Adjektiv λεξικόσ 'zum Wort/zu den Wörtern gehörig; das Wort/die Wörter betreffend', das wiederum aus dem griechischen Substantiv λέξισ 'Wort' stammt. Die Ableitungsreihe stellt sich also folgendermaßen dar: λέξισ → λεξικόσ → λεξικόν. Hiernach würde Lexikologie zunächst für so etwas wie 'die Wissenschaft von Wörtern' stehen. Nun klingt über gr. λεξικόν auch die Vorstellung des zusammenfassenden Zugriffs auf die Wörter mit an, wodurch die Verbindung zu gr. λεξιλόγλον '(natürlicher) Wortschatz' gegeben ist.

3. Fragen des Gegenstandsbereichs

3.1 Die leitende Vorstellung für die Konzeption des Handbuches

Unter Lexikologie verstehen wir die Theorie und Praxis der Strukturierungen im Wortschatz. Mit den Bereichen Theorie und Praxis umfasst die Lexikologie die gesamte Bandbreite von Tätigkeiten, die üblicherweise innerhalb einer Disziplin angesiedelt sind (vgl. hierzu Lutzeier 2001). Da lexikologisches Arbeiten selbst im theoretischen Bereich immer datenorientiert auszuführen ist, wird diese Bandbreite als unausweichlich angesehen. Allgemeinster Gegenstandsbereich der Lexikologie ist nach dieser Auffassung der (gesamte) Wortschatz und seine Elemente, die lexikalischen Einheiten. Es geht um „Strukturierung-EN IM Wortschatz", da der Wortschatz einer natürlichen Sprache verschiedene Gliederungen aufweist bzw. zulässt und diese Gliederungen auf lokaler Ebene, d.h. der Ebene der lexikalischen Einheiten, und auf globaler

Ebene, d.h. der Ebene relevanter Ausschnitte des Wortschatzes, auftreten.

Die Vorstellung, dass Lexikologie über den Wortschatz mit lexikalischen Einheiten, insbesondere mit Wörtern zu tun hat, findet man in den einschlägigen Einträgen bei den Wörterbüchern und Nachschlagewerken und schließlich bei einigen Autoren/Autorinnen, die 'Lexikologie' in den Titeln ihrer Veröffentlichungen führen, bestätigt. Allerdings sind auch immer noch Abgrenzungsschwierigkeiten zu anderen Disziplinen, insbesondere zur Lexikographie als Theorie und Praxis des Schreibens von Wörterbüchern festzustellen.

3.2 Festlegungen in einigen Wörterbüchern

Deutschsprachige Fremdwörterbücher weisen bereits zur Mitte des 19. Jahrhunderts Einträge zu 'Lexikologie' auf. So finden wir in Kaltschmidt (1854,105) folgende Angaben: „Lexikon gr. 'Wörterbuch', Lexikograph 'Wörterbuchschreiber', Lexikographie gr. 'Wörterbuchschreibung', Lexikologie gr. 'Lehre von den Wörterbüchern', Lexikolog 'der Wortgelehrte'", und damit als Gegenstandsbereich der Lexikologie noch die Wörterbücher. Das Grimmsche Wörterbuch enthält im Gegensatz zu 'Wortschatz' (vgl. Grimm/Grimm 1960, Sp. 1616–1617) keinen Eintrag zu 'Lexikon' usw., das im Falle von 'Lexikon' (Entlehnung im 17. Jh., vgl. Kluge (1995, 517)) sicherlich mit der allgemeinen Reserve gegenüber Fremdwörtern zu tun hat (vgl. Grimm/Grimm 1854, XXVII–XXVIII), während es im Falle von 'Lexikologie' trotz früherer Verwendungen im Französischen (H.J. Chavée, Lexicologie indoeuropéenne 1849) wohl auf die damals weitgehende Unbekanntheit im deutschsprachigen Raum zurückzuführen ist. Letzteres setzt voraus, dass die Datierung des Erstbelegs für dtsch. *Lexikologie* mit Liebich (1899) stimmt: „(...) wenn die Lexikologie (...) sich zu einer selbständigen Wissenschaft erhoben haben wird." (VI). Das Wörterbuch von H. Paul (1992) erklärt das Lemma 'Lexikologie' mit 'Wortschatzwissenschaft' (S. 529). Hier ist der Wortschatz insgesamt als Gegenstandsbereich angesprochen. Gleiches gilt auch für das Wörterbuch der deutschen Gegenwartssprache (1969): „Lexikologie: Wissenschaft, die sich mit dem Wortschatz einer Sprache befaßt." (S. 2361). Im Duden. Das große Wörterbuch der deutschen Sprache in acht Bänden (1994) finden wir eine Formulierung, die im Hinblick auf die Eigenständigkeit einer Disziplin 'Lexikologie' als ausgezeichneter Kandidat anzusehen ist und mit der hier zugrundegelegten Festlegung gut zusammenpasst: „Lexikologie: Bereich der Sprachwissenschaft, der sich mit der Erforschung des Wortschatzes (bes. mit der Struktur des Wortschatzes) befaßt [und die theoretischen Grundlagen für die Lexikographie schafft]" (S. 2118). Der Duden. Fremdwörterbuch (1990) fällt dagegen auf einen Minimalkonsens zurück: „Lexikologie: Bereich der Sprachwissenschaft, in dem man sich mit Wörtern und anderen sprachlichen Einheiten im Hinblick auf morphologische, semantische und etymologische Fragen befaßt." (S. 456). Eher zuzustimmen ist wiederum dem Eintrag im Duden. Rechtschreibung (1996), da die wünschenswerte Differenzierung zwischen Lexikologie und Lexikographie erfasst ist: „Lexikographie: [Lehre von der] Abfassung eines Wörterbuches [auch eines Lexikons]/Lexikologie (Lehre von Aufbau und Struktur des Wortschatzes)." (S. 457). Im Oxford English Dictionary (1989) finden wir eine Formulierung, die verblüffend ähnlich zu derjenigen im Duden. Fremdwörterbuch klingt: "lexicology: That branch of knowledge which treats of words, their form, history, and meaning." (p. 876). Da sich hier gegenüber dem Eintrag unter 'lexicology' in der 1. Auflage des Oxford English Dictionary von 1933 nichts geändert hat, kann man getrost von einer Orientierung des Fremdwörterdudens am Oxford English Dictionary ausgehen.

3.3 Die Behandlung in einigen Bibliographien

Bibliographien der Linguistik tun sich mit der Einordnung lexikologischer Arbeiten durchweg schwer. Die Bibliographie Linguistischer Literatur weist 'Lexikologie/Lexicology' immerhin als eigene Rubrik auf, führt allerdings relativ beliebig Arbeiten zur Wortgeschichte, zum Wortschatz, zu den Wortarten, zu den Wortfeldern bis zu einzelnen Wörtern auf. Abgrenzungsprobleme zu Rubriken wie Etymologie und Semantik sind offensichtlich. Bei der Bibliographie Linguistique de l'Année besitzt 'Lexicologie' keinerlei Eigenständigkeit, es ist unter der Rubrik 'Lexicon' subsumiert. In der Erlanger Bibliographie (1993, 5, 22) zählt 'Lexikologie' neben u.a. 'Phonetik/Phonologie' und 'Syntax' zu den linguistischen Beschreibungsebenen und scheint damit einen zentralen Stellenwert zu erhalten, während 'Semantik' und 'Lexikographie' unter die thematischen Schwerpunkte der germanistischen Linguistik fallen. Kriterien für diese Gliederung sind jedoch nicht völlig klar, zumal dann auch 'Phraseologie' als linguistische Beschreibungsebene erscheint. Immerhin zwei Bibliographien im deutschsprachigen Raum sind allein der Lexikologie gewidmet: Lemmer (1968) und Lutzeier (1997a).

3.4 Die Behandlung in einigen Nachschlagewerken und Enzyklopädien

Gesamtdarstellungen und Nachschlagewerke nehmen häufig überhaupt nicht oder nur am Rande Kenntnis von einer Lexikologie. Beachtenswert ist hier Crystal (1997a) mit seiner Aufnahme von 'lexicology' wenigstens im Glossary als "The study of the history and present state of a language's vocabulary", obwohl dann typischerweise der Leser/die Leserin auf das Kapitel über Wörterbücher verwiesen wird. Verwunderlich ist dann auch, dass in der nicht spezialisierten Enzyklopädie von Crystal (1997b) ein erheblich besserer Eintrag zu finden ist: "Lexicology is the study of a language's vocabulary, investigating the structure of word sets and relationships, and determining the structural similarities and differences between the vocabularies of different languages." (631). Dagegen hatte 'lexicology' keinen Eingang in den Registern der beiden englisch-sprachigen Standardwerke zur Semantik von Lyons (1977) und Cruse (1986) gefunden. Seltsamerweise finden wir zwar 'lexicology' sowohl im Register der Encyclopedia of Language (p. 988) als auch im Inhaltsverzeichnis der Linguistics Encyclopedia (p. X), doch kommt in den hierunter verwiesenen Beiträgen das Wort *lexicology* selbst in keinem der Beiträge vor. Selbstverständlich behandeln die Beiträge thematisch einschlägige Teile der Lexikologie, vgl. in der Encyclopedia of Language: A. P. Cowie, Language as words: Lexicography (p. 671–700), D. A. Cruse, Language, meaning and sense: Semantics (p. 139–172) und in der Linguistics Encyclopedia: M. J. McCarthy, Lexis and lexicology (p. 298–305), dennoch zeigt diese Situation das immer noch fehlende Bewusstsein einer Disziplin Lexikologie gerade im englischsprachigen Raum. Wie zur Bestätigung kennt auch das zehnbändige Unternehmen The Encyclopedia of Language and Linguistics (1993) im thematischen Register keine Lexikologie. Das Lexikon der Sprachwissenschaft (1990) von Bußmann mit der Formulierung: „Lexikologie: Teilbereich der Sprachwissenschaft bzw. der Semantik, der sich mit der Erforschung und Beschreibung des Wortschatzes einer Sprache beschäftigt und sprachliche Ausdrücke im Hinblick auf ihre interne Bedeutungsstruktur und die Zusammenhänge zwischen einzelnen Wörtern bzw. Lexikoneinträgen untersucht." (455) und das Linguistische Wörterbuch (1994) von Lewandowski mit seiner Formulierung: „Lexikologie: Die Lehre von der Erforschung des Wortschatzes bzw. des Lexikons einer Sprache, die Beschreibung seiner Struktur; die Lehre vom Wort und vom Wortbestand, vom (offenen) lexikalischen Teilsystem der Sprache, seiner Gliederung und Veränderung. Hauptgegenstand der Lexikologie ist das Wort als Bestandteil des Wortschatzes." (673) präsentieren sich beide in durchaus positivem Sinne, da jeweils die Lexikologie im Spannungsverhältnis zwischen Wort und Wortschatz gesehen wird. In Hentschel/Weydt, Handbuch der deutschen Grammatik (1994) wird der Lexikologie im Unterschied zur Grammatik die Beschreibung der Gesamtheit der Wörter zugerechnet (S. 5). Sehen wir die Gesamtheit der Wörter als den Wortschatz der Sprache an, so umfasst Lexikologie in dieser Grammatik zumindest die Behandlung des Wortschatzes.

Die für das Jahr 2002 angekündigte neue Enzyklopädie 'Encyclopedia of Linguistics' kennt ebenfalls keine Disziplin 'lexicology', führt aber wenigstens Artikel unter dem Stichwort 'Lexicon' auf.

3.5 Einige Auffassungen zur Lexikologie in der zweiten Hälfte des 20. Jahrhunderts

Bei ausgewählten Autoren/Autorinnen, die explizit 'Lexikologie' benützen, finden wir folgende Auffassungen:

Stephen Ullmann (1959, 30) sieht die Lexikologie für das Studium der Wörter vor und seiner Meinung nach überdacht damit die Lexikologie die Morphologie und die Semantik. Lexikologie taucht bereits im Titel des Buches von Oskar Reichmann (1976) auf. Er führt seine Lexikologie schlicht als Wortforschung ein, wobei 'Wortforschung' selbst im Titel 'Deutsche Wortforschung' der ersten Auflage 1969 des Bandes auftrat. Die Titeländerung in der zweiten Auflage signalisiert wohl eher eine gewisse Anpassung an den Zeitgeist in der Sprachwissenschaft als eine entscheidende inhaltliche Neuorientierung. Lexikologie als Wortforschung kann somit bei Reichmann ähnlich zu Ullmann als Disziplin mit form- und/oder inhaltsorientierter Forschung zum Wort verstanden werden. In ähnlicher Weise führte Thea Schippan 1984 die Lexikologie als Wissenschaft von den lexikalischen Zeichen ein. Neben der damit zunächst allein angesprochenen Wortforschung kommt erfreulicherweise auch der Wortschatz ins Blickfeld: „Sie [die Lexikologie. P. R. L.] untersucht und beschreibt (...) Struktur, Aufbau und Wesenszüge des lexikalischen Teilsystems einer Sprache." (11). Später (S. 119) wird die Frage der Wortbedeutung als Kernstück der Lexikologie bezeichnet und damit eigentlich die lexikalische Semantik der Lexikologie untergeordnet. In Schippan (1992) ist im Vorwort die Rede von einer „Einführung in die Lehre von Wort und Wortschatz." (S. V). Die hier angedeutete Aufwertung des Wortschatzes wird bei der Gegenstandsbestimmung der Lexikologie voll bestätigt: „(...) wollen wir als Gegenstand der Lexikologie den Wortschatz und seine Einheiten als Medium, Voraussetzung und Resultat sprachlicher Tätigkeit verstehen." (S. 4). Der Wortschatz findet schließlich im Buch mit den Kapiteln 'Das lexisch-semantische System der Sprache', 'Die soziale Gliederung des Wortschatzes' und 'Veränderungen im deutschen Wortschatz' seine ausdrückliche Berücksichtigung. Das Handbuch der Lexikologie (1985) führt die Lexikologie als Theorie des Lexikons ein (S. 8). Die weiteren Ausführungen in der Einleitung zeigen, dass dabei Lexikon in erster Linie als Teil einer Grammatik verstanden wird, genauer als Schnittstelle zwischen phonologischer, semantischer und syntaktischer Ebene. D. h. das Lexikon muss die zur Weiterverarbeitung auf den angesprochenen Ebenen benötigten Informationen bereitstellen. Dies ist eine eventuell sinnvolle Sprachregelung für den Begriff 'Lexikon', aber die Beziehung zwischen 'Lexikon' und 'Wortschatz' bleibt dann weiterhin zu klären. Im Sinne einer auch in diesem Handbuch favorisierten Konturierung auf einen eigenständigen Disziplincharakter hin ist die Begriffsbestimmung bei Leonard Lipka (1992) bemerkenswert: "Lexicology might be defined as the study of the lexicon or lexis (specified as the vocabulary or total stock of words of a language). (...) What is most important, however, is that in lexicology the stock of words or lexical items is not simply regarded as a list of isolated elements. Lexicologists (...) especially consider relations between elements (....). Lexicology is therefore concerned with structures, not mere agglomerations of words." (p. 1). Die für das vorliegende Handbuch leitende Auffassung wird bei Lutzeier (1995a, 1) explizit eingeführt.

Wie anfangs erwähnt finden wir im deutschsprachigen Bereich neben 'Lexikologie' vereinzelt die Bezeichnung 'Lexematik'. Coseriu und seine Schule verstehen unter Lexematik seine strukturelle Semantik, vgl. Coseriu (1970). 'Strukturell' verweist dabei nicht so sehr auf ein holistisches Interesse an der Aufdeckung bestimmter Strukturen im Wortschatz, sondern betont eher die Verpflichtung auf strukturalistische Methoden, d. h. die Verpflichtung auf ein vordringliches Interesse am Herausarbeiten von Oppositionen. Eine solche Lexematik ist letztlich nichts anderes als eine spezielle Ausprägung einer lexikalischen Semantik. Die Bezeichnung 'Lexematik' findet sich ferner im Titel des Buches von Dauses (1989). Für eine Erklärung sind wir dann auf den Untertitel des Buches angewiesen, denn im Text selber scheint 'Lexematik' seltsamerweise nicht mehr vorzukommen. Gemäß dem Untertitel will Dauses die Lexematik als Methoden und Probleme der Wortschatzbetrachtung verstanden wissen. Gegenstandsbereich dieser Lexematik ist damit offensichtlich der Wortschatz und Lexematik erscheint als eine Art Leitfaden, wie man sich als Linguistik/Linguistin der Wort- und Wortschatzbeschreibung nähern könnte. Damit können wir diese Lexematik als eher praxisorientierte Methodologie sehen, die z. B. nützliche Informationen zum Auffinden von Strukturierungen im Wortschatz liefert. Bei diesem Verständnis erscheint die Lexematik von Dauses als Teildisziplin einer Lexikologie im Verständnis des Handbuches. Einen zusammenfassenden Überblick der angesprochenen Auffassungen soll das Diagramm 1.1 liefern.

3.6 Gegenstandsbereich 'Wortschatz'

Der als primär erkannte Gegenstandsbereich der Lexikologie lässt mindestens drei Auffassungen zu (vgl. Lutzeier 1995a, 3–4):

– Wortschatz als (möglichst) vollständige Ansammlung von Wörtern einer natürlichen Sprache. Hierfür sollte die Bezeichnung 'Lexis' vordringlich reserviert sein.
– Wortschatz als mentale Speicherung von lexikalischen Einheiten und lexikalischen Informationen beim Individuum. Diese Auffassung ist inzwischen mit der Bezeichnung 'Mentales Lexikon' belegt.
– Wortschatz als (dynamischer) Speicher von Informationen, auf die die Prozeduren der Grammatik in erster Linie zugreifen. Mit dieser Auffassung ist die Bezeichnung 'Lexikon' verbunden.

1. Der Status der Lexikologie als linguistische Disziplin

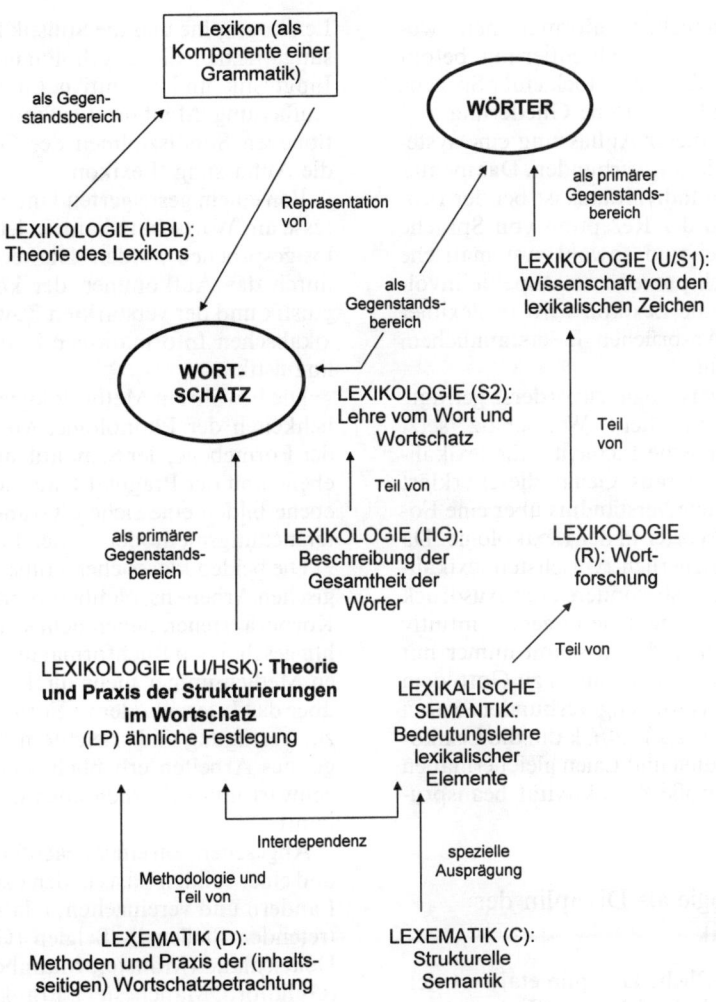

Diagramm 1.1

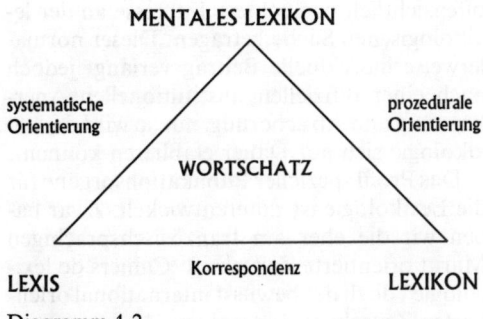

Diagramm 1.2

Diese drei Auffassungen über den Wortschatz (Lexis – Mentales Lexikon – Lexikon) hängen eng miteinander zusammen, vgl. Diagramm 1.2.

Abgesehen von rein formalsprachlichen Konstrukten soll das Lexikon einen Ausschnitt des zu erfassenden Wortschatzes einer natürlichen Sprache erfassen. Insofern ist die Korrespondenzbeziehung zwischen Lexis und Lexikon eine normale Anforderung. Die Grammatik leistet im Verlauf der Bildung von Äußerungen eine Operationalisierung der im

Lexikon versammelten Informationen, wodurch die prozedurale Orientierung betont wird. Die Lexis als Grundstock einer Sprache weist eine vielfältige interne Gliederung auf. Deshalb ist mit dieser Auffassung eine systematische Orientierung verbunden. Das mentale Lexikon eines Individuums ist bei der Produktion und bei der Rezeption von Sprache gefordert. Dabei sind sowohl systematische Aspekte als auch prozedurale Aspekte involviert. Das mentale Lexikon wird in flexibler Weise beiden Ansprüchen in erstaunlichem Ausmaße gerecht.

Die in der Lexikologie zuvorderst gefragte Beschäftigung mit dem Wortschatz setzt Kenntnisse über seine Elemente, die lexikalischen Einheiten, voraus. Genau dieses erklärt das weit verbreitete Verständnis über eine Fokussierung auf Wörter in der Lexikologie. Da Wörter als die sicherlich typischsten lexikalischen Einheiten, insbesondere zum Ausdruck menschlicher Kategorisierungen, intuitiv leicht zugänglich sind und schon immer mit Erfahrungen und Vorstellungen zu Gott, dem Leben und der Natur eng verbunden waren (vgl. etwa Genesis 2,18–20), kann die Lexikologie bei Fachleuten und Laien gleichermaßen eine potentiell große Attraktivität beanspruchen.

4. Lexikologie als Disziplin der Linguistik

Eine wissenschaftliche Disziplin etabliert sich mindestens durch die folgenden Faktoren:

- einen Gegenstandsbereich
- ein Untersuchungsinteresse am Gegenstandsbereich
- dem Untersuchungsinteresse förderliche Untersuchungsmethoden
- zur Anwendung kommende Hilfsmittel
- eine Gruppe der das Untersuchungsinteresse Aufrechterhaltenden, d. h. die aktiv Tätigen und die passiv Beteiligten
- Öffentlichkeit, garantiert u. a. durch Publikationsorgane.

Wie stellt sich die Lexikologie diesen Kriterien einer Disziplin? Mit dem Wortschatz und seinen Elementen haben wir einen letztlich eingängigen Gegenstandsbereich vor uns. Der Gegenstandsbereich 'Wortschatz' lässt zwar dreierlei Auffassungen zu, jedoch hängen diese alle miteinander zusammen und geben allenfalls Anlass zu Überschneidungen mit anderen Disziplinen. So berührt die Lexikologie die Lexikographie und die Stilistik für die Auffassung 'Lexis', die Psycholinguistik, klinische Linguistik und kognitive Linguistik für die Auffassung 'Mentales Lexikon' und die traditionellen Subdisziplinen der Grammatik für die Auffassung 'Lexikon'.

Von einem gesteigerten Untersuchungsinteresse am Wortschatz kann in letzter Zeit fraglos gesprochen werden. Dies erklärt sich u. a. durch das Aufkommen der kognitiven Linguistik und der verstärkten Zuwendung zu lexikalischen Informationen in der Computerlinguistik.

Die bewährten Methodologien und Begrifflichkeiten der Phonologie, Morphologie auf der Formebene, der Semantik auf der Inhaltsebene und der Pragmatik auf der Gebrauchsebene bilden eine sichere Grundlage der Untersuchungsmethoden in der Lexikologie.

Die beiden klassischen Hilfsmittel lexikologischen Arbeitens, nämlich Wörterbücher und Korpora, stehen neben dem sicherlich weiterhin geschätzten Buchformat mit Hilfe der neuen Medien immer mehr direkt am Computer über das Internet oder in Form von CD-Rom zur Verfügung und erleichtern somit lexikologisches Arbeiten erheblich schon in der Gegenwart und sicherlich noch mehr in der Zukunft.

Abgesehen von einer beachtlichen Tradition und einer soliden Basis in den osteuropäischen Ländern und vereinzelten, relativ isoliert auftretenden Stellen in Belgien (Gent, Löwen), Deutschland (Münster, Mannheim), England (Guildford, Manchester), Frankreich (Nancy, Paris) und Niederlande (Amsterdam) muss die Institutionalisierung der Lexikologie an Universitäten und sonstigen wissenschaftlichen Einrichtungen in weiten Teilen Europas eher als unterentwickelt bezeichnet werden. Daran ändert sich meines Wissens nichts, wenn wir, abgesehen vielleicht von Japan, in andere Teile der Welt schauen. Die beachtlichen lexikologischen Aktivitäten müssen einen somit eigentlich hoffnungsvoll stimmen, sind sie doch offensichtlich von echtem Interesse an der lexikologischen Sache getragen. Dieser normalerweise individuelle Beitrag verlangt jedoch nach einer offiziellen, institutionellen Anerkennung und Absicherung, nur so wird die Lexikologie sich auf Dauer etablieren können.

Das Profil spezieller Publikationsorgane für die Lexikologie ist unterentwickelt. Zwar haben wir die eher am französischsprachigen Markt orientierte Zeitschrift 'Cahiers de lexicologie', doch der bewusst international orientierten Zeitschrift 'Lexicology. An international journal on the structure of vocabulary' war über 4 Jahrgänge hinaus (1995–1998) kein Glück beschieden.

Die Voraussetzungen für die Eigenständigkeit einer Disziplin Lexikologie in der Linguistik sind sicherlich weitgehend gegeben und es ist zu hoffen, dass dieses Handbuch auch seinen Beitrag zur Identitätssicherung der Lexikologie leisten kann.

5. Beziehungen der Lexikologie zu anderen Disziplinen der Linguistik

Die Analyse einer natürlichen Sprache kann unter lexikalischen Aspekten und/oder unter grammatikalischen Aspekten vorgenommen werden. Insofern nimmt das von der Lexikologie beanspruchte Untersuchungsinteresse einen hohen Stellenwert in der Linguistik ein. Mit dieser Erkenntnis sollte dann auch nicht überraschen, wenn man in der Linguistik rasch den Eindruck von der Allgegenwart der Lexikologie bzw. der lexikologischen Fragen erhält.

Gemäß der Unterteilung in eine Formseite und eine Inhaltsseite der lexikalischen Einheiten sind Morphologie und lexikalische Semantik als Grundlagendisziplinen für die Lexikologie zu verstehen. So erwarten wir für die lexikalischen Einheiten von der Morphologie formorientierte Kriterien und von der lexikalischen Semantik inhaltsorientierte Kriterien. Im Hinblick auf das mentale Lexikon sind medienspezifische Manifestationen der Formen zu beachten. Hierdurch sind Bezüge mindestens zur Phonologie/Phonetik und Graphematik notwendig. Das Individuum muss das lexikalische Wissen in sprachlichen Handlungen umsetzen. Insofern stellt auch die Pragmatik eine Grundlagendisziplin der Lexikologie dar. Die Methodologie und Begrifflichkeit zur Erfassung des mentalen Lexikons profitiert von der Psycholinguistik und kognitiven Linguistik.

Die Lexikologie ist gleichzeitig Grundlagendisziplin für die Lexikographie und für die Stilistik. Die Kodierung des Wortschatzes in einem bestimmten Wörterbuchformat sollte auf den lexikalischen Informationen basieren und die Einschätzung von Varianten auf der lexikalischen Ebene hängt von detaillierten lexikologischen Angaben ab. Ferner ist die Grammatik in ihren Prozeduren zur Verfertigung der die Kommunikation tragenden Äußerungsformen von dem Zugriff auf das Lexikon abhängig. Andererseits weist das Lexikon als dynamischer Speicher zumindest grammatikähnliche Prozeduren selbst auf. Für eine Sprachtheorie sind damit Lexikologie in der Form der Theorie des Lexikons und Grammatiktheorie einander nebengeordnet. Schließlich hat die Lexikologie Grundlagencharakter sowohl für die Implementierung eines Lexikons als Teil eines sprachproduktiven und -rezeptiven Systems in der Computerlinguistik als auch für diagnose- bzw. rehabilitationsorientierte Verfahren in der klinischen Linguistik. Vgl. für diese Überlegungen Diagramm 1.3.

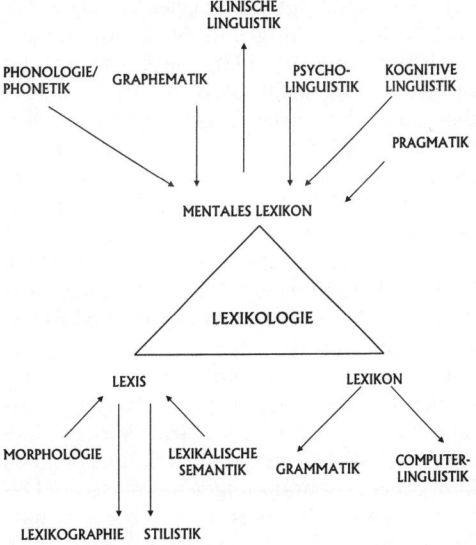

Diagramm 1.3

6. Aufgabenfelder der Lexikologie

Lexikologie wird als Theorie und Praxis der Strukturierungen im Wortschatz verstanden. Die Theorie der Lexikologie versucht in erster Linie die Fragen zu beantworten, was einen Wortschatz und die lexikalischen Einheiten auf der Form- und Inhaltsebene ausmacht. Mit diesen Fragen sind die immer wieder leidigen Identifikations-/Klassifikationskriterien für Wortschätze und lexikalische Einheiten angesprochen.

Für Wortschätze ergibt sich hieraus als zentrale Aufgabe in der Lexikologie, Modelle im Sinne der 'Lexikon'-Auffassung bereitzustellen, die eine Charakterisierung von Wortschätzen natürlicher Sprachen leisten. Solche Charakterisierungen verlangen nach der Erfassung der systematisch-strukturellen Eigenschaften von Wortschätzen, wobei zu beachten ist, dass Wortschätze im Sinne der Auffassungen 'Lexis' und 'Mentales Lexikon' eine beträchtliche kurzfristige und längerfristige Flexibilität aufweisen. Zur kurzfristigen Flexibilität gehört die im Zusammenhang mit verschiedenen Äußerungen erforderliche Aktivierung unterschiedlichster Arten von lokalen Strukturierungen und zur längerfristigen Flexibilität gehören globale Veränderungen im Wortschatz im Verlauf der Zeit. Letzteres ist häufig durch externe Faktoren wie Kontakte mit anderen Sprachen, Innovationen und Interessenverlagerungen in der Gesellschaft ausgelöst. Diese Flexibilität ist Ausdruck einer inhärenten, systematisch angelegten Dynamik im Wortschatz. Aufgrund der Charakterisierungsforderung ist klar, dass es bei der Modellbildung nicht bloß um irgendwelche theoretisch denkbare Strukturierungen gehen kann. Vielmehr müssen die bei bestimmten Interessen relevanten Fragestellungen und Vorgaben und die Nähe zur Realität individueller Wortschätze beachtet werden. Dies ist ohne eine Bezugnahme auf den Gebrauch lexikalischer Einheiten nicht möglich, wodurch die Brücke zwischen Theorie und Praxis geschlagen ist.

Die Praxis der Lexikologie besteht in der konkreten Beschreibung relevanter Ausschnitte einzelner Wortschätze. Wer sich hierauf einlässt, ist ohne meist relativ künstlich klingender Beschränkungen mit massiven Datenmengen konfrontiert. Bereits die adäquate Erfassung solcher Datenmengen stellt sich rasch als sehr zeitraubende Tätigkeit heraus. Diese Situation macht es sehr wohl verständlich, weshalb sowohl auf synchroner als auch auf diachroner Ebene ein deutlicher Mangel an solchen Arbeiten festzustellen ist. Allerdings hängt der weitere Fortschritt der Lexikologie und sicherlich auch die weitergehendere Kenntnisnahme lexikologischen Arbeitens innerhalb und außerhalb der Linguistik von konkreten Beschreibungen von Teilwortschätzen spezifischer Domänen ab.

Identifikations-/Klassifikationskriterien für lexikalische Einheiten werden sich am Wort als typischer lexikalischer Einheit orientieren. Erweiterungen in Richtung auf Phraseologismen hin sind dann als Aufweichungen worttypischer Merkmale auf der Form- und/oder Inhaltsebene zu verstehen. Erfreulicherweise sind in diesen Bereichen bereits zahlreiche Aktivitäten zu verzeichnen und können sicherlich auch weiterhin ermutigt werden. Zwei Dinge scheinen jedoch für zukünftige Arbeiten in der Lexikologie beachtenswert zu sein, wobei in diesem Teil die persönliche Meinung des Autors zum Tragen kommen wird (vgl. auch Lutzeier 1999):

– Das nicht zu übersehende Übergewicht an Arbeiten, die sich mit der Inhaltsebene beschäftigen, muss durch eine stärkere Einbeziehung von Fragen der Formebene korrigiert werden. Erscheinungen auf der Formebene und der Inhaltsebene gehen häufig Hand in Hand, was sich bereits bei der Untersuchung der zentralen Abgrenzung zwischen relevanter Ähnlichkeit mit den fokalen Punkten Identität und Opposition und irrelevanter Differenz bei lexikalischen Einheiten zeigt, vgl. Lutzeier (1996, 128–130).
– Vergleichende Betrachtungen zwischen den Einheiten auf der lokalen Stufe, den einzelnen Elementen des Wortschatzes, und den Einheiten auf der globalen Stufe, den Ausschnitten des Wortschatzes, sollten intensiviert werden.

Zur Illustration und Ermutigung weiterer lexikologischer Tätigkeiten werden im Folgenden einige Überlegungen zum zweiten Punkt angeführt. Ohne die Relevanz des ersten Punktes zu vergessen, werden wir uns aus Gründen der bisherigen Kenntnislage auf die Inhaltsebene konzentrieren.

Lexikologisches Arbeiten bewegt sich normalerweise in zweierlei Richtungen: Eine lexikalische Einheit A wird entweder als etwas in sich Komplexes erkannt, das aus verschiedenen Teilen, darunter den Teilen B und C, besteht, oder eine lexikalische Einheit B stellt sich als herausgegriffenes, fokussiertes Element in einem größeren lexikalischen Rahmen A heraus – die gestalttheoretische Figur/Hintergrund-Situation –, wobei diese fokussierte Einheit B innerhalb dieses Rahmens A von anderen gleichwertigen lexikalischen Einheiten, wie etwa C, zu unterscheiden ist. A im Großen mag ein beliebiger, relevanter Ausschnitt des Wortschatzes, man denke an ein Wortfeld oder eine Wortfamilie, mit seinen Elementen B, C usw. sein und A im Kleinen mag die Inhaltsebene eines beliebigen polysemen Wortes mit seinen Lesarten B, C usw. sein. Die Beschäftigung mit irgendeiner lexikalischen Einheit wird somit immer die Beschäftigung mit anderen lexikalischen Einheiten sowohl auf gleichen, „horizontal" organisierten Stufen (B und C) als auch auf verschiedenen, „vertikal" organisierten Stufen (A und B oder A und C) mit sich bringen; vgl. Diagramm 1.4:

1. Der Status der Lexikologie als linguistische Disziplin

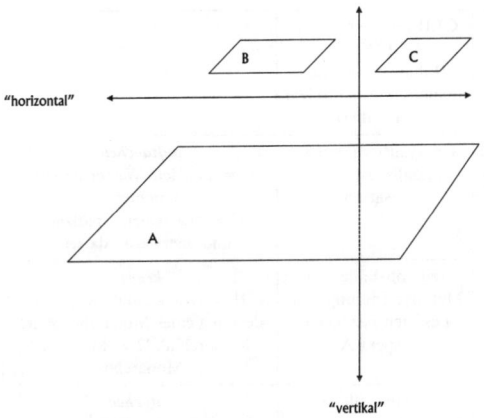

Diagramm 1.4

Zur weiteren Forschungsorientierung in diesem Bereich können die folgenden drei Hypothesen vorgeschlagen werden:

(H I) Allgemeine Hypothese:
Die Inhaltsebene im Kleinen, typischerweise von Wörtern, und im Großen, typischerweise von relevanten Ausschnitten des Wortschatzes, wird durch die gleichen Prinzipien der internen Ähnlichkeit und der externen Differenzierung strukturiert. Mit anderen Worten, die Vorstellung einer Einheit auf der lokalen (Inhalts-)Stufe der Wörter unterscheidet sich nicht von der Vorstellung einer Einheit auf der globalen (Inhalts-)Stufe des Wortschatzes.

(H II) Hypothese zur internen Ähnlichkeit:
Die interne Ähnlichkeit auf der Inhaltsebene ist bei lexikalischen Einheiten, unabhängig von ihrer „Größe", durch horizontale und/oder vertikale Gegliedertheit der jeweiligen Teile („Lesarten") bestimmt. In Ermangelung eines etablierten Begriffes machen wir hier Gebrauch von dem im Zusammenhang mit der polysemen Struktur eines Wortes bekannten Begriffes 'Lesart'.

(H III) Hypothese zur externen Differenzierung:
Die externe Differenzierung auf der Inhaltsebene ist bei lexikalischen Einheiten, unabhängig von ihrer „Größe", im Rahmen von onomasiologisch und/oder semasiologisch organisierten Klassen von Einheiten bestimmt.

Obwohl wir eine lange, bewährte Tradition der Wortfeldtheorie und der Theorie der Sinnrelationen für die paradigmatischen Strukturen im Wortschatz haben (vgl. Cruse 1986, Lutzeier 1995b), einige ermutigende Zeichen für die Anwendbarkeit des Framekonzeptes auf die globale Stufe verzeichnen können (vgl. Konerding 1993, Lehrer 1993) und im Zusammenhang mit der kognitiven Wende ein wiederum angestiegenes Interesse an der semantischen Struktur von Wörtern finden (vgl. Lehrer 1990, Taylor 1995), sind die lokale und globale Stufe bisher noch nicht unter einen vergleichenden Blickwinkel mit der Frage nach den beiden Stufen zugrundeliegenden Prinzipien gebracht worden.

Selbstverständlich verlangen die aufgeführten Hypothesen eine Fülle von detaillierten Untersuchungen, die in der Mehrzahl erst noch zu unternehmen sind. Einstweilen lassen sich jedoch im Sinne von Plausibilitätsüberlegungen einige exemplarische Hinweise anführen.

Im Hinblick auf die Hypothese zur internen Ähnlichkeit liefern die Diagramme 1.5 „Vertikal" und 1.6 „Horizontal" erste relevante Informationen.

Einige erläuternde Kommentare müssen genügen.

Bei den vertikalen Gliederungen finden die vertrauten Sinnrelationen auf der globalen Stufe, Hyponymie-Relation und Partonymie-Relation, problemlos Entsprechungen auf der lokalen Stufe im Sinne der Beziehung der Spezialisierung und Generalisierung zwischen Lesarten und im Sinne einer speziellen Metonymisierung von Lesarten. Bei der Beziehung der Spezialisierung und Generalisierung zwischen zwei Lesarten eines Wortes stellt sich sofort die Frage nach der Berechtigung der Annahme zweier getrennter Lesarten; eine Lesart ist ja bei diesem Fall gewissermaßen in der anderen enthalten. Mit anderen Worten, die Frage der externen Differenzierung zwischen den betreffenden Lesarten drängt sich hier auf. Man wird in diesem Fall für die Rechtfertigung der Differenzierung in verschiedene Lesarten ein „ausgeprägtes" Verhältnis zwischen den involvierten Lesarten verlangen, wobei die Ausgeprägtheit in einem klar, eng umreißbaren Bereich mit weiterhin bestehender Relevanz für die speziellere Lesart und/oder in einem deutlich historischen Verhältnis zwischen den Lesarten bestehen mag. Beides kann für die Lesarten unseres Beispiels *auftauchen* in Anspruch genommen werden. Wir haben den klar, eng umrissenen Bereich 'Wasser' mit anhaltender Relevanz für die speziellere Lesart l1 und die allgemeinere Lesart l2 wird erst mit Goethe im 18. Jahrhun-

	GLIEDERUNG IM GROSSEN (Inhaltsebene von Ausschnitten des Wortschatzes)	Beispiel	GLIEDERUNG IM KLEINEN (Inhaltsebene von singulären lexikalischen Einheiten)	Beispiel
VERTIKALE GLIEDERUNG	Hyponymie-Relation bezüglich Aspekt A	⟨tulpe, blume⟩ als Teil des semantischen Feldes eines Wortfeldes relativ zu Aspekt A = 'Pflanze'	Generalisierung und Spezialisierung von Lesarten	**auftauchen** l1 = 'aus dem Wasser hervor- kommen', l2 = 'erscheinen', 'plötzlich und unerwartet da sein'
VERTIKALE GLIEDERUNG	Partonymie-Relation bezüglich Aspekt A	⟨klinke, tür⟩ als Teil des semantischen Feldes eines Wortfeldes relativ zum Aspekt A = 'Teile eines Hauses'	Teil-von-Fälle von Metonymisierung von Lesarten bezüglich Aspekt A	**krone** l1 = 'Ornamentale Kopfbe- deckung eines Monarchen/einer Monarchin', l2 = 'Monarch/ Monarchin'
VERTIKALE GLIEDERUNG	Partonymie-Relation bezüglich Aspekt A	⟨personen, erzählung⟩ als Teil des semantischen Feldes eines Wortfeldes relativ zum Aspekt A = 'Unterhaltung'	Teil-von-Fälle von Metonymisierung von Lesarten bezüglich Aspekt A	**aufgehen** l1 = 'Zunahme einer Öffnung', l2 = 'eine Veranstaltung beginnt' (*der vorhang geht auf*)
VERTIKALE (gerichtete) GLIEDERUNG	Schematische Beziehung zwischen onomasiologisch fest- gelegten Ausschnitten	Bildfeld oder Paar von Wortfeldausschnitten mit überwiegend identischen Strukturen (Feld der Temperaturadjektive und Feld der Emotions- adjektive)	Fälle von Metaphorisierung von Lesarten	**sich bewölken** l1 = 'sich mit Wolken bedecken' (A = 'Wetter'), l2 = 'jmd. wird finster, unfreundlich' (A = 'Stimmung')
VERTIKALE (gerichtete) GLIEDERUNG	Beziehung zwischen morphologisch oder onomasiologisch festge- legten Ausschnitten	Paarweise Gruppierungen (⟨**blühen, verblühen**⟩, ⟨**rosten, verrosten**⟩, ⟨**leben, ableben**⟩)	Ziele, Konsequenzen, Schlussfolgerungen von Lesarten	**anrempeln** l1 = 'jmd. grob anstoßen', l2 = 'mit jmdm. Streit suchen'

Diagramm 1.5: Gliederung im Großen und Gliederung im Kleinen: Vertikal D

dert verbunden (vgl. Paul 1992, 69, Grimm/ Grimm 1854, Sp. 756). Unsere Interpretationen der Ausgeprägtheit können mit der begrifflichen, onomasiologischen Ebene verbunden werden, insofern bestätigt sich an diesem Punkt unsere dritte Hypothese zur externen Differenzierung. Vertraute Beziehungen zwischen Lesarten von Wörtern wie Metaphorisierung oder das Verhältnis des Zieles, der Konsequenz oder einer Schlussfolgerung haben zwar auf der globalen Ebene Entsprechungen, diese sind aber bisher terminologisch noch nicht benannt. Die in diesen Fällen jeweils gerichteten Beziehungen zwischen den „Lesarten" werden als eine Art von vertikaler Gliederung angesehen. Vertrauter sind wiederum die angegebenen Beispiele wie Fälle eines Bildfeldes (vgl. Peil 1993) oder im Zusammenhang mit Fragen des Bedeutungswandels erörterte Beziehungen zwischen verschiedenen Wortfeldausschnitten (vgl. Lehrer 1985). Der letzte Fall ist eine ausgezeichnete Illustration der Interaktion zwischen lokaler Stufe und globaler Stufe. Ein Wandel beim einzelnen Wort an lokaler Stelle wird zugunsten interner Ähnlichkeit auf globaler Stufe auf weitere Elemente ausgeweitet. Insgesamt haben wir bei den untersuchten vertikalen Gliederungen jeweils getreue analoge Verhältnisse zwischen den Inhaltsstrukturen im Kleinen und im Großen vorgefunden.

Die horizontalen Gliederungen scheinen auf den ersten Blick eine deutliche Widerlegung unserer allgemeinen Annahme über den Gliederungen im Großen und im Kleinen gemeinsam zugrundeliegenden Prinzipien zu liefern. Involvieren doch die Mehrzahl der horizontalen Gliederungen eine Gegenüberstellung im Sinne eines Gegensatzes, einer Opposition. Dies findet reichhaltigen Ausdruck auf der globalen Stufe mit den Sinnrelationen der Inkompatibilität, der Antonymie, der Komplementarität, der Konversen-Beziehung und der Reversivität (vgl. Lutzeier 1995a, Kap. VIII). Mit diesen Sinnrelationen sind jeweils verschiedene Formen betroffen, während auf der lokalen Stufe mit ein und derselben Form gegensätzliche Dinge – im Extremfall A und non-A – ausgedrückt werden sollten. Mit der Vorstellung der Einheit des Wortes scheint dies kaum vereinbar zu sein, denn grundlegende kommunikative Funktionen

1. Der Status der Lexikologie als linguistische Disziplin

	GLIEDERUNG IM GROSSEN (Inhaltsebene von Ausschnitten des Wortschatzes)	Beispiel	GLIEDERUNG IM KLEINEN (Inhaltsebene von singulären lexikalischen Einheiten)	Beispiel
HORIZON-TALE GLIEDERUNG	Inkompatibilitäts-Relation bezüglich Aspekt A	⟨ *fahrrad, auto*⟩ als Teil des semantischen Feldes eines Wortfeldes relativ zum Aspekt A = 'Fortbewegungsmittel'	Gegensinn inkompatibler Art bezüglich Aspekt A	*für* A = 'Zustand' l1 = 'auf etwas hin' (*treppensteigen ist gut für ihre gesundheit*), l2 = 'von etwa weg' (*tropfen für ihre augenbeschwerden*)
HORIZON-TALE GLIEDERUNG	Antonymie-Relation bezüglich Aspekt A	⟨*kühn, feige*⟩ als Teil des semantischen Feldes eines Wortfeldes relativ zum Aspekt A = 'Charakter'	Gegensinn antonymischer Art bezüglich Aspekt A	*erbärmlich* A = 'Zustand' l1 = 'dürftig, jämmerlich' (*ein erbärmlicher zustand*), l2 = 'stark, groß' (*ein erbärmlicher hunger*)
HORIZON-TALE GLIEDERUNG	Komplementaritäts-Relation bezüglich Aspekt A	⟨*stehend, fließend*⟩ als Teil des semantischen Feldes eines Wortfeldes relativ zum Aspekt A = 'Gewässer'	Gegensinn komplementärer Art bezüglich Aspekt A	*abhalten* A = 'Geschehen' l1 = 'etwas kommt nicht zustande' (*dicke kleidung hält die kälte ab*), l2 = 'etwas kommt zustande' (*die regierung hält wahlen ab*)
HORIZON-TALE GLIEDERUNG	Konversen-Relation bezüglich Aspekt A	⟨*kaufen, verkaufen*⟩ als Teil des semantischen Feldes eines Wortfeldes relativ zum Aspekt A = 'Transfer'	Gegensinn konverser Art bezüglich Aspekt A	*leihen* A = 'Transfer' l1 = 'jmd. etwas verleihen', l2 = 'sich etwas ausleihen'
HORIZON-TALE GLIEDERUNG	Reversivitäts-Relation bezüglich Aspekt A	⟨*starten, landen*⟩ als Teil des semantischen Feldes eines Wortfeldes relativ zum Aspekt A = 'Prozess'	Gegensinn reversibler Art bezüglich Aspekt A	*aufrollen* A = 'Handlung' l1 = 'auf eine Rolle wickeln' (*den film aufrollen*), l2 = 'entrollen' (*den roten teppich aufrollen*)
HORIZON-TALE GLIEDERUNG	Synonymie-Relation bezüglich Aspekt A	⟨*meer, (die) see*⟩ als Teil des semantischen Feldes eines Wortfeldes relativ zum Aspekt A = 'Gewässer' oder als Teile eines onomasiologischen Paradigmas	Identität einer Lesart mit sich selbst	universell gültig

Diagramm 1.6: Gliederungen im Großen und im Kleinen: Horizontal D

einer natürlichen Sprache könnten hierdurch gefährdet sein. Wir fragen hier auf der lokalen Stufe nach der wohl zum ersten Mal bei Abel (1884) im deutschsprachigen Bereich „Gegensinn" genannten Erscheinung; eine Erscheinung, bei der zwei Lesarten einer polysemen Form in gegensätzlicher Verbindung zueinander bezüglich eines Aspektes A stehen müssen. Die bisher mehr oder weniger unentdeckt gebliebene oder allenfalls als marginal akzeptierte Erscheinung findet sich im Wortschatz des Deutschen in sicherlich so ausreichendem Maße, dass unsere allgemeine Annahme keineswegs gefährdet ist. Die im Diagramm 1.6 „Horizontal" verzeichneten Beispiele müssen zur Illustration der Erscheinung 'Gegensinn' genügen (vgl. Lutzeier 1997b). Schließlich kann die Synonymie-Relation als horizontale Gliederung auf der globalen Ebene angesehen werden. Ausdruck dieses Verhältnisses der Identität zwischen zwei Lesarten verschiedener Formen ist auf der lokalen Stufe die triviale Identität jeder Lesart mit sich selbst. Insgesamt haben wir auch hier für die untersuchten horizontalen Gliederungen jeweils getreue analoge Verhältnisse zwischen den Inhaltsstrukturen im Kleinen und im Großen vorgefunden.

Bei der im Einzelnen noch zu untersuchenden Hypothese zur externen Differenzierung sind keine größeren Schwierigkeiten zu erwarten. Eine äußere Klammersetzung für eine Einheit setzt die Abgrenzung von etwas anderem voraus. Ein solcher Vergleich muß eine Abwägung zwischen den Gemeinsamkeiten und den Unterschieden mit sich bringen. Integration „unter einem Dach" liegt nahe, falls die Gemeinsamkeiten klar überwiegen, Ausgrenzung und damit Verteilung „unter verschiedenen Dächern" liegt nahe, falls die Unterschiede klar überwiegen. Da die erwähnten Gemeinsamkeiten den Rahmen für den Vergleich abgeben, sind wir mit unserer Vergleichssituation wiederum bei der mit Diagramm 1.4 geschilderten Situation gelandet. Die Festlegung eines Rahmens wird begrifflich erfolgen – dies ist die onomasiologische Orientierung – und führt über die verschiedenen Stufen zu Fragen einer begrifflichen Klassifikation wie wir sie von Thesauri und onomasiologischen Wörterbüchern her kennen. Eine Differenzierung auf der Inhaltsebene wird bei lexikalischen Einheiten praktisch auch immer Überlegungen zur Formebene mit einschließen – dies ist dann die semasiologische Orientierung. Bei irgendwelchen Ausschnitten des Wortschatzes ist dies von vornherein gegeben, während es für singuläre lexikalische Einheiten zumindest nicht ausgeschlossen ist. So kann z. B. bei dem Verb *leihen* der Hinweis auf die im Deutschen vorhandenen Formen *verleihen* und *sich ausleihen* durchaus eine Rolle für die Begründung der angenommenen Lesarten spielen.

Nicht ohne Grund haben sich unsere Erörterungen für die globale Stufe bisher auf paradigmatische Beziehungen beschränkt. Singuläre lexikalische Einheiten sind meist Elemente bestimmter Wortarten, insofern sind deren Lesarten kategorial jeweils von ein und derselben Qualität. Syntagmatische Beziehungen wie 'wesenhafte Bedeutungsbeziehungen', Kollokationen und Assoziationen (vgl. Lutzeier 1995a, Kap. IX) involvieren häufig Formen verschiedener Wortarten und damit auch Lesarten unterschiedlicher kategorialer Qualität. Ungeachtet vereinzelter interessanter Versuche (Warnke 1995) verspricht hier ein direkter Vergleich von Gliederungen im Großen und Gliederungen im Kleinen in größerem Umfang wohl keinen größeren Gewinn. Nichtsdestoweniger sollten auch für die syntagmatischen Beziehungen unsere allgemeinen Annahmen über die Einheitenbildung Gültigkeit behalten. Ohne hierauf näher eingehen zu können, stellt sich in diesen Fällen die Frage der internen Ähnlichkeit als die Frage nach der Einbettbarkeit der Lesarten in einen gemeinsamen Rahmen heraus. Es ist zu erwarten, dass in diesen Fällen der Framebegriff von großem Nutzen sein wird.

Zusammenfassung: Nach dem gegenwärtigen Kenntnisstand stellen die Inhaltsstrukturen im Kleinen und im Großen tatsächlich nichts anderes als zwei Seiten einer Medaille dar. Die Strukturierungsprinzipien erfolgen einheitlich in vertikaler und horizontaler Weise und im Falle der paradigmatischen Beziehungen gibt es sogar meist unmittelbare Entsprechungen. Allerdings sind sicherlich Unterschiede im Sinne des Ausmaßes der Anwendbarkeit einzelner Prinzipien zu erwarten. So mag z. B. die vertikale Organisation mit Hilfe der Teil-Ganzes-Beziehung sehr wohl in unterschiedlichem Ausmaß verteilt sein. Die Partonymie-Relation ist eine Sinnrelation mit deutlich beschränkter Relevanz auf der globalen Stufe, während Teil-von-Fälle der Metonymisierung eine verbreitete Erscheinung auf der lokalen Stufe darstellen.

Ein Letztes: Gleiche Prinzipien im Kleinen und im Großen klingen besonders attraktiv, wenn wir an das mentale Lexikon denken. Die auf den ersten Blick so chaotisch anmutenden Strukturierungen des mentalen Lexikons mögen tatsächlich gemäß relativ einfacher Prinzipien organisiert sein, was den relativ raschen und unproblematischen Erwerb des Wortschatzes beim Kind plausibel machen kann.

7. Schlussbetrachtung

Mit der bereits festzustellenden terminologischen Festigung und einem immer noch zunehmenden Ausmaß an lexikologischen Arbeiten darf man getrost optimistisch sein: die Lexikologie wird ihren eigenständigen Platz in der Linguistik einnehmen und Ausgangspunkt für sprachtheoretische und methodische Neuentwicklungen sein.

8. Literatur in Auswahl

Abel, Carl (1884), *Über den Gegensinn der Urworte*. Leipzig: Verlag von Wilhelm Friedrich.

An Encyclopedia of Language (ed. N.E. Collinge). London: Routledge 1990.

Bibliographie Linguistischer Literatur. Bibliography of Linguistic Literature (Hrsg. E. Suchan/M. Pielenz). Frankfurt a. M.: Vittorio Klostermann.

Bibliographie Linguistique de l'année. Linguistic Bibliography for the year (eds. M. Janse/S. Tol). Dordrecht: Kluwer.

Bußmann, Hadumod (1990), *Lexikon der Sprachwissenschaft*. Stuttgart: Kröner Verlag (2. Auflage).

Coseriu, Eugenio (1970), *Einführung in die strukturelle Betrachtung des Wortschatzes*. Tübingen: Gunter Narr Verlag.

Cruse, D. Alan (1986). *Lexical Semantics*. Cambridge: Cambridge University Press.

Crystal, David (1997a), *The Cambridge Encyclopedia of Language*. Cambridge: Cambridge University Press (2nd edition).

–, (1997b), *The Cambridge Encyclopedia*. Cambridge: Cambridge University Press (3rd edition).

Dauses, August (1989), *Grundbegriffe der Lexematik. Methoden und Probleme der Wortschatz-Betrachtung in Synchronie und Diachronie.* Stuttgart: Franz Steiner Verlag.

Duden. *Das große Wörterbuch der deutschen Sprache in acht Bänden. Band 5: Leg-Pow* (Hrsg. G.Drosdowski). Mannheim: Dudenverlag 1994.

–, *Fremdwörterbuch* (Hrsg. v. d. Dudenredaktion). Mannheim: Dudenverlag 1990 (5. Auflage).

–, *Rechtschreibung der deutschen Sprache* (Hrsg. v. d. Dudenredaktion). Mannheim: Dudenverlag 1996 (21. Auflage).

Encyclopedia of Linguistics (ed. P. Strazny). Chicago/London: Fitzroy Dearborn Publisher 2002.

Erlanger Bibliographie zur Germanistischen Sprachwissenschaft (Hrsg. H. H. Munske/G. Van der Elst). Erlangen: Verlag Palm & Enke 1993 (2. Auflage).

Grimm, Jacob/Grimm, Wilhelm (1854), *Deutsches Wörterbuch Erster Band A-Biermolke.* Leipzig: Verlag von S. Hirzel [Fotomechanischer Nachdruck München: Deutscher Taschenbuch Verlag 1984].

–, (1960), *Deutsches Wörterbuch Vierzehnter Band II. Abteilung Wilb-Ysop* (bearbeitet v. L. Sütterlin). Leipzig: Verlag von S. Hirzel [Fotomechanischer Nachdruck München: Deutscher Taschenbuch Verlag 1984].

Handbuch der Lexikologie (Hrsg. Ch.Schwarze/ D.Wunderlich). Königstein/Ts.: Athenäum Verlag 1985.

Hentschel, Elke/Weydt, Harald (1994), *Handbuch der deutschen Grammatik.* Berlin: Walter de Gruyter (2. Auflage).

Kaltschmidt, Jakob Heinrich (1854), *Allgemeines Fremdwörterbuch nebst Erklärung der in der deutschen Sprache vorkommenden fremden Wörter und landschaftlichen Ausdrücke mit Angabe ihrer Abstammung. Zum praktischen Nutzen für alle Stände.* Nördlingen: Verlag der C.H.Beck'schen Buchhandlung.

Kluge, Friedrich (1995), *Etymologisches Wörterbuch der deutschen Sprache.* Bearbeitet von Elmar Seebold. Berlin/New York: Walter de Gruyter (23. Auflage).

Konerding, Klaus-Peter (1993), *Frames und lexikalisches Bedeutungswissen. Untersuchungen zur linguistischen Grundlegung einer Frametheorie und zu ihrer Anwendung in der Lexikographie.* Tübingen: Niemeyer Verlag.

Lehrer, Adrienne (1985), The influence of semantic fields on semantic change. In: *Historical Semantics, Historical Word-Formation* (ed. J. Fisiak). Berlin/New York: Mouton, 283–296.

–, (1990), Polysemy, conventionality, and the structure of the lexicon. In: *Cognitive Linguistics* 1, 207–246.

–, (1993), Semantic Fields and Frames: Are They Alternatives? In: *Studien zur Wortfeldtheorie/Studies in Lexical Field Theory* (Hrsg. P. R. Lutzeier). Tübingen: Niemeyer Verlag, 149–162.

Lemmer, Manfred (1968), *Deutscher Wortschatz. Bibliographie zur deutschen Lexikologie.* Halle: Niemeyer Verlag (2. Auflage).

Lewandowski, Th. (1994), *Linguistisches Wörterbuch 2.* Heidelberg: Quelle & Meyer (6. Auflage).

Liebich, Bruno (1899), *Die Wortfamilien der lebenden hochdeutschen Sprache als Grundlage für ein System der Bedeutungslehre.* Breslau: Preuss & Jünger.

Lipka, Leonard (1992), *An Outline of English Lexicology. Lexical Structure, Word Semantics, and Word-Formation.* Tübingen: Niemeyer Verlag (2. Auflage).

Lutzeier, Peter Rolf (1995a), *Lexikologie. Ein Arbeitsbuch.* Tübingen: Stauffenburg Verlag.

–, (1995b), Lexikalische Felder – was sie waren, was sie sind und was sie sein könnten. In: *Die Ordnung der Wörter. Kognitive und lexikalische Strukturen* (Hrsg. G. Harras). Berlin: Walter de Gruyter, 4–29.

–, (1996), Aufgaben der Lexikologie. In: *Lexical Structures and Language Use. Proceedings of the International Conference on Lexicology and Lexical Semantics Münster, September 13–15, 1994 Volume 1* (Eds. E. Weigand/F. Hundsnurscher). Tübingen: Niemeyer Verlag, 119–131.

–, (1997a), *Studienbibliographien Sprachwissenschaft Band 22 Lexikologie.* Heidelberg: Julius Groos Verlag.

–, (1997b), Gegensinn als besondere Form lexikalischer Ambiguität. In: *Linguistische Berichte* 171 (1997), 381–395.

–, (1999), Das Gerüst des Lexikons. Überlegungen zu den organisierenden Prinzipien im Lexikon. In: *Internationale Tendenzen der Syntaktik, Semantik und Pragmatik. Akten des 32. Linguistischen Kolloquiums, Kassel 1997* (eds. H. O. Spillmann/I. Warnke). Frankfurt a.M. u.a.: Peter Lang 1999, 15–30.

–, (2001), Die Rolle lexikalischer Daten im Alltag für das Strukturgerüst im Lexikon. In: *Sprache im Alltag. Beiträge zu neuen Perspektiven in der Linguistik* (Hrsg. A. Lehr/M. Kammerer/K-P. Konerding/A. Storrer/C. Thimm/W. Wolski). Berlin: de Gruyter 2001, 409–422.

Lyons, John (1977), *Semantics I, II.* Cambridge: Cambridge University Press.

Paul, Hermann (1992). *Deutsches Wörterbuch.* Tübingen: Niemeyer Verlag (9. Auflage, bearbeitet von H. Henne u. a.).

Peil, Dietmar (1993), Zum Problem des Bildfeldbegriffs. In: *Studien zur Wortfeldtheorie/Studies in Lexical Field Theory* (Hrsg. P. R. Lutzeier). Tübingen: Niemeyer Verlag, 185–202.

Reichmann, Oskar (1976), *Germanistische Lexikologie.* Stuttgart: Metzlersche Verlagsbuchhandlung (2. Auflage).

Schippan, Thea (1984), *Lexikologie der deutschen Gegenwartssprache.* Leipzig: VEB Bibliographischer Verlag.

–, (1992), *Lexikologie der deutschen Gegenwartssprache*. Tübingen: Niemeyer Verlag.

Taylor, John R. (1995), *Linguistic categorization. Prototypes in linguistic theory*. Oxford: Clarendon Press (2nd edition).

The Encyclopedia of Language and Linguistics (eds. R. E. Asher/J. M. Y. Simpson). Oxford: Pergamon Press 1993.

The Linguistics Encyclopedia (ed. K. Malmkjaer). London: Routledge 1991.

The Oxford English Dictionary (eds. J. A. H. Murray/H. Bradley/W. A. Craigie/C. T. Onions). Vol. VI: L-M. Oxford: At the Clarendon Press 1933.

The Oxford English Dictionary (eds. J. A. Simpson/E. S. C. Weiner). Vol. III: Interval-Lovie. Oxford: Clarendon Press 1989 (2nd Edition).

Ullmann, Stephen (1959), *The principles of semantics*. Oxford: Blackwell (2nd edition).

Warnke, Ingo (1995), Sem-Isomorphie. Überlegungen zum Problem wortartenheterogener Bedeutungsverwandtschaft. In: *Zeitschrift für Dialektologie und Linguistik* LXII, 166–181.

Wörterbuch der deutschen Gegenwartssprache (Hrsg. R. Klappenbach/W. Steinitz). 3. Band: glauben-Lyzeum. Berlin: Akademie-Verlag 1969.

Peter Rolf Lutzeier,
Guildford (United Kingdom)

2. Das Wort als lexikalische Einheit

1. *Wort* als Terminus
2. Lexikalität
3. Das Lexikonwort/Lexem als Einheit
4. Literatur in Auswahl

Die für diesen Beitrag vorgegebene Themenstellung „Das Wort als lexikalische Einheit" enthält vier Komponenten: „(das) Wort", „lexikalisch(e)", „Einheit" und die zwischen „Wort" und „lexikalische Einheit" angesetzte Relation, – eine Relation, die im übrigen für zwei unterschiedliche Interpretationsmöglichkeiten offen ist, nämlich eine, gemäß der das Wort zu betrachten ist als eine lexikalische Einheit (neben möglichen anderen Arten lexikalischer Einheiten), und eine andere, nach der das Wort als die lexikalische Einheit erscheint (mit der Implikation, dass lexikalische Einheiten im wesentlichen jeweils Wörter sind). Damit ist insgesamt ein für die Sprachwissenschaft zentrales, mit seinen terminologiegeschichtlichen Verquickungen jedoch auch sehr vielschichtiges Problemfeld eröffnet.

1. *Wort* als Terminus

1.1. Der vortheoretische Gebrauch von *Wort* und ältere linguistische Ansätze seiner terminologischen Fixierung

Nicht anders als seine Entsprechungen im Englischen (*word*), Französischen (*mot*), Lateinischen (*verbum*) und anderen Sprachen gehört auch der deutsche Ausdruck *Wort* zum alten vorwissenschaftlichen Bestand an sprachbezüglichen Bezeichnungen; und in der nichtfachlichen Sprachbetrachtung gilt das Wort im allgemeinen als sprachliche Einheit par excellence. Die Übernahme einer außerwissenschaftlich geprägten Bezeichnung in die Sprache der Wissenschaft verlangt eine Reflexion ihrer verschiedenen vorgegebenen inhaltlichen Facetten und eine Entscheidung darüber, welche von diesen beibehalten und welche Präzisierungen nötigenfalls vorgenommen werden sollen, um so den fraglichen Ausdruck zu einem für die Exaktheitsansprüche der Wissenschaft gebrauchsfähigen Terminus zu formen. Ohne an dieser Stelle eine detaillierte semantische Analyse des der deutschen Gemeinsprache zugehörenden Ausdrucks *Wort* vornehmen zu wollen, können ihm in einer für die hier gegebenen Differenzierungszwecke ausreichenden Annäherung zumindest zwei unterschiedliche Bedeutungen zugeschrieben und jeweils an einigen typischen Gebrauchskontexten exemplifiziert werden:

(1) *Wort* (Plural: *Wörter*) als Bezeichnung relativ elementarer, einzeln zu erlernender Ausdruck-Inhalt-Einheiten einer Sprache, die als Bestandteile von Äußerungseinheiten (Sätzen) in der Buchstabenschrift in der Regel durch Spatien voneinander getrennt sind.

Diese Bedeutung von *Wort* liegt z. B. folgenden gemeinsprachlichen Vorkommensfällen zugrunde:

(a) *Bei seiner Erwiderung gebrauchte er ein mehrdeutiges/unbekanntes/vulgäres Wort.*
(b) *Die Bedeutung dieses von ihm verwendeten Wortes kannte ich nicht.*

2. Das Wort als lexikalische Einheit

(c) *In jüngerer Zeit sind viele Wörter aus dem Englischen ins Deutsche übernommen worden.*
(d) *Er hat dafür ein treffendes/sprechendes Wort geprägt.*
(e) *Der Satz bestand aus fünf Wörtern.*
(f) *Wir sollten den Text Wort für Wort übersetzen/abschreiben.*
(g) *Mit diesem Zeilenabstand passen ungefähr 350 Wörter auf die Seite.*

(2) *Wort* (Plural: *Worte*) als Bezeichnung einer – in der Regel relativ kurzen – sprachlichen Äußerung bzw. Mitteilung, im Sinne eines dialogischen Redebeitrags.
Diese Bedeutung von *Wort* liegt z. B. folgenden gemeinsprachlichen Vorkommensfällen zugrunde:
(a) *Er wollte noch ein Wort des Dankes/der Anerkennung an sie richten.*
(b) *Von ihm ist dazu ein passendes/geistreiches Wort zu erwarten.*
(c) *Er hat ein gutes Wort für sie eingelegt.*
(d) *Er hat zu diesen Vorfällen ein offenes Wort gewagt.*
(e) *Das war mein letztes Wort in dieser Angelegenheit.*
(f) *Sie vertraute seinen Worten.*
(g) *Er hat ihr das Wort erteilt/abgeschnitten.*

Neben diesen beiden Bedeutungen mag es für den Ausdruck *Wort* in der Gemeinsprache noch weitere geben, etwa *Wort* als Bezeichnung speziell mündlicher Äußerungen (vgl. in *Wort und Schrift*); und zu beachten ist darüber hinaus auch sein vielfältiges Vorkommen in idiomatischen Wendungen (vgl. *ein Wort gab das andere*). Die beiden oben unterschiedenen Bedeutungen dürften allerdings wohl die heute geläufigsten und die maßgeblichen für seinen Gebrauch in der aktuellen Gemeinsprache sein. Allein die erstere von beiden aber ist es, die signifikante Übereinstimmungen mit gewissen Inhalten und Verwendungsweisen des Ausdrucks *Wort* in schulgrammatisch-philologischer Tradition und in der Sprachwissenschaft zeigt. Dabei wird das Synchytische (zum Begriff des Synchyse s. v. Kries 1916, 11 f.; 487 ff.; Bühler 1934, 221 f.) bzw. kriteriell Heterogene dieser Bedeutung des gemeinsprachlichen Ausdrucks zumal in dessen traditionell philologischem Gebrauch zumeist nicht aufgegeben, sondern in vollem Umfang beibehalten; denn auch hier werden – wie im gemeinsprachlichen Gebrauch dieses Ausdrucks – z. B. flektierte Konstituenten eines Satzes (wie etwa in den unter (1) aufgeführten gemeinsprachlichen Beispielen (e) und (f)) ebenso wie die (noch unflektierten) Ergebnisse eines sog. *Wortbildungs*prozesses (wie in (d)) und darüber hinaus auch die Einheiten des sog. *Wortschatzes* (wie in (a) bis (c)) einheitlich als *Wörter* angesprochen, obwohl es sich jeweils um wesensmäßig verschiedene Arten sprachlicher Größen handelt. Ja selbst einzelne Teile diskontinuierlicher Ausdrücke, denen keine eigene Bedeutung zukommt, (z. B. *hörte* und *auf* in *Er hörte überhaupt nicht mehr damit auf*), werden gegebenenfalls – etwa im Rahmen einer Auszählung (wie in (g)) – allein schon auf Grund ihrer topologischen Separiertheit und graphischen Abgeschlossenheit als Wörter gewertet. Allenfalls dann, wenn der Philologe das Verhältnis einer bestimmten lexikalischen Einheit zu der betreffenden flektierten Satzkonstituente beleuchtet, pflegt er – wie die Schulgrammatik – zu differenzieren, und zwar in der Weise, dass er die erstere als *Wort* und die letztere als *Wortform* bezeichnet; doch diese ist für ihn ganz selbstverständlich auch wiederum ein *Wort* des betreffenden Satzes. Und wenn etwa in der historisch ausgerichteten Philologie des 19. Jahrhunderts und z. T. auch noch in der des 20. Jahrhunderts im Bereich von Derivation und Komposition statt von *Wortbildung* gelegentlich präzisierend von *Stammbildung* gesprochen wurde (vgl. z. B. Kluge 1886; Schwyzer 1968, 415; 420), so ist dies eine Differenzierung, die – da nur sporadisch durchgeführt – bis heute weitgehend ohne Konsequenz geblieben ist. Die Notwendigkeit, zur Vermeidung von Widersprüchen unterschiedliche Arten von Einheiten eines Objektbereichs terminologisch möglichst exakt zu differenzieren, wurde – wie andere allgemeine wissenschaftstheoretische Anforderungen auch – in der von der Schulgrammatik geprägten älteren philologischen Tradition nur unzureichend beachtet. (Eine gewisse holzschnittartige Vergröberung sei dem Autor wegen der räumlichen Begrenzung dieses Beitrags nachgesehen.)

Zumal mit Beginn der verschiedenen Schulen und Richtungen des Strukturalismus und der mit diesen einsetzenden intensiveren theoretisch-methodologischen Reflexion wurde in der Sprachwissenschaft allerdings das Bedürfnis einer möglichst präzisen Differenzierung und terminologischen Separierung der unterschiedlichen sprachlichen Einheiten hinreichend klar erkannt. Von den diversen Arten sprachlicher Größen, die in schulgrammatisch-philologischer Tradition unter dem Ausdruck *Wort* subsumiert werden, waren es nun jedoch nicht die Einheiten des sog. Wortschatzes oder die eines sog. Wortbildungsprozesses, auf die sich die definitorischen Bemühungen um den Ausdruck *Wort* richteten, sondern fast ausschließlich die den einzelnen Satz lückenlos konstituierenden, gegebenenfalls mit Flexiven ausgestatteten Einheiten. Diese galt es als Repräsentanten eines eigenen Rangs innerhalb einer Hierarchie sprachlicher Größen, und zwar eines Rangs zwischen dem des rangniederen Morphems und dem der höherstufigen Phrase (des Syntagmas/ der Wortgruppe) möglichst exakt zu bestimmen (vgl. z. B. Pike 1967, 437 f.; 481 ff.). Dieser Schnittstelle zwischen den Teildisziplinen Morphologie und Syntax wurde der Ausdruck *Wort* vorbehalten. Erheblich beigetragen haben dürften zu dieser terminologischen Fixierung die in den betreffenden Schulen vorherrschenden Auffassungen vom Lexikon bzw. den lexikalischen Einheiten. Wenn diese auch weitgehend nur programmatisch artikuliert und kaum in extenso ausgeführt wurden, so waren sie doch sehr wirkungsmächtig und prägend selbst noch für mehrere Phasen der Entwicklung der Generativen Transformationsgrammatik (GTG). Nach diesen Auffassungen nämlich ist das Lexikon im wesentlichen nichts anderes als "the total stock of morphemes in a language" (Bloomfield 1933, 162; ähnlich z. B. auch: Antal 1963, 81; Katz/Fodor 1964, 492) bzw. – in anderer Formulierung, mit terminologischer Ersetzung des Ausdrucks *Morphem* durch *Formativ* – ist es gar nichts anderes als eine Teilklasse von diesen, nämlich "simply an unordered list of all lexical formatives" (Chomsky 1965, 84; ausführlicher dazu: Herbermann 1981, 176–180). Indem gemäß dieser Lexikonauffassung also die Gesamtheit der lexikalischen Einheiten mit den Morphemen resp. Formativen identifiziert oder unter diese als eine Teilklasse subsumiert wurde, war gleichsam der wichtigste Konkurrent in der Anwartschaft auf die terminologische Bezeichnung durch den Ausdruck *Wort* ausgeschieden; und dieser selbst war somit frei für jene dann vollzogene terminologische Festlegung auf die betreffenden (z. B. flektierten) Satzkonstituenten.

Die auf das Wort als morphologisch voll ausgebildete Satzkonstituente gerichteten Definitionsversuche von Autoren des klassischen Strukturalismus und der Nachfolgezeit erbrachten allerdings kaum zufriedenstellende Ergebnisse. Zwar erfüllten sie zumeist die wissenschaftstheoretisch erwünschte Eigenschaft einer operationalen Applizierbarkeit, doch bei ihrer konsequenten Anwendung werden mit ihnen nicht nur solche Einheiten unter den Wortbegriff subsumiert bzw. als Wörter delimitiert, die von den betreffenden Autoren selbst als solche angesehen werden, sondern offensichtlich auch solche, denen sie nicht den Wortstatus zuerkennen würden. Dies gilt nicht nur für die wohl bekannteste, gewissermaßen zum Gemeingut der Sprachwissenschaft gewordene Definition, nämlich die Bloomfields (1968 [1926], 27; 1933, 178), nach der das Wort als "a minimum free form" bestimmt wird, sondern auch für die konkurrierenden Definitionsvorschläge, etwa solche, die – im Verein mit der Bedingung der Minimalität – auf Kriterien der Permutabilität (Hjelmslev 1963 [1943], 73) oder Nichttrennbarkeit der Konstituenten (bei Autoren der Prager Schule) und ähnliche mehr rekurrieren (vgl. die diesbezügliche Übersicht bei Juilland/Roceric 1972; s. auch Forsgren 1977). Denn nach Bloomfields Definition, die im übrigen in Sweets Bestimmung des Wortes als "ultimate, or indecomposable sentence" einen immerhin schon 50 Jahre älteren Vorgänger hat (1913 [1876], 5), würden beispielsweise im Deutschen Präpositionen und transitive Verben jeweils nur mit ihren – gegebenenfalls mehreren – abhängigen Nominalphrasen ein Wort bilden, da sie selbst ja nicht als "free forms", i. e. als selbstständige Satzverlautbarungen fungieren können. Und das Kriterium der Permutabilität erfüllen auch schon rangniedere Morpheme, so dass dieses nicht als ein definitorisches Spezifikum zur Abgrenzung der Wörter von den Morphemen dienen kann. (Zur Demonstration der angeblichen Gültigkeit des Permutabilitätskriteriums dienen zumeist – in einem methodischen Zirkel – Äußerungen, die schon in Wörter segmentiert sind; s. dagegen das unten besprochene Beispiel von Lyons mit rein morphematischer Segmentation.) Das Kriterium der internen Untrennbarkeit schließlich ist angesichts des schon seit der antiken Grammatik geläufigen Phänomens der Tmesis und des Vorkommens diskontinuierlicher Einheiten sogar auf der Morphemebene per se nicht überzeugend. Entsprechendes gilt für die meisten der in der Nachfolgezeit angebotenen Definitionsvorschläge. Nichtsdestotrotz verwenden bis in die Gegenwart hinein einzelne Autoren durchaus noch entsprechende Explikationen. So rekurriert beispielsweise Cruse (1986, 35 ff.) zustimmend auf zwei von Lyons (1968, 202) verwendete Kriterien aus der Tradition des Strukturalismus, nämlich "positional mobility" und "uninterruptability", obwohl diese nicht einmal im Rahmen des einen englischen

Beispielsatzes, der Lyons zur Demonstration ihrer Leistungsfähigkeit dient, Gültigkeit beanspruchen können. In dem von Lyons exemplarisch angeführten (mit Morphemsegmentation versehenen) Satz *the-boy-s-walk-ed-slow-ly-up-the-hill* kann so z. B. das Pluralmorphem *-s* seine Position im Anschluss an *boy* mit der entsprechenden bei *hill* vertauschen (das Mobilitätskriterium ist bei ihm wie auch bei Cruse nicht an die Bedingung der semantischen Konstanz geknüpft), und durch Einfügung von Morphemen wie *friend* oder *scout* lässt sich außerdem die Morphemsequenz *boy-s* ohne weiteres unterbrechen.

Zu den spätestens seit dem Strukturalismus (s. jedoch auch den obigen Hinweis auf Sweet) einsetzenden und in der Nachfolgezeit mehrfach aufgegriffenen Definitionsbemühungen um die als *Wort* bezeichnete sprachliche Größe kann man also – unabhängig von einer detaillierten Bewertung ihrer überwiegend unbefriedigenden Ergebnisse – feststellen: Wenn diese auch recht vielfältig waren, so hatten sie doch quasi eine einheitliche Zielrichtung, waren sie doch allesamt gerichtet auf jene sprachliche Größe, die verdeutlichend oft auch als *grammatisches Wort* (vgl. z. B. Lyons 1968, 196 u. ö.; Matthews 1974, 32: "grammatical word") oder *Textwort* (vgl. z. B. Fourquet 1970, 27; Pavlov 1972, 40; Bergenholtz 1976, 23) angesprochen und so bezeichnungsmäßig insbesondere der dann spezifizierend *Lexikonwort* oder *Wörterbuchwort* (vgl. dieselben) genannten Größe gegenübergestellt wird. (Eine detaillierte kritische Auseinandersetzung mit den genannten und anderen Definitionsvorschlägen zum sog. *grammatischen Wort/Textwort* s. im übrigen bei Herbermann 1981, 124–143.)

1.2. Der Terminus *Wort* in der aktuellen Linguistik – Zum Verhältnis von grammatischen und lexikalischen Einheiten

War im klassischen Strukturalismus und in dessen erster Nachfolgezeit der Ausdruck *Wort* terminologisch weitgehend auf die betreffende grammatische Einheit fixiert worden, so wird dies in der aktuelleren Linguistik der letzten zwei Jahrzehnte durchaus beibehalten. Grundsätzlich werden bei der diesbezüglichen Reflexion in der jüngeren Literatur zwar gemeinhin wenigstens drei Bereiche differenziert, bezüglich derer der Ausdruck *Wort* – mit jeweils anderer Explikation – als Bezeichnung eines Grundphänomens in Betracht kommt, nämlich ein phonologischer, ein grammatischer und ein lexikalischer; von den beiden letzteren ist es dann aber – der einmal gegebenen Tradition entsprechend – auch hier wieder der grammatische Bereich, dem der Terminus *Wort* vorbehalten bleibt, während für den lexikalischen andere terminologische Prägungen bevorzugt werden (vgl. z. B. in Anknüpfung an Matthews 1974, 20–35 bzw. ders. 1991, 24–40: Aronoff 1994, 9; eine insgesamt vierfache Unterscheidung von *Wort*, mit einer zusätzlichen Differenzierung für die morphologische und die syntaktische Ebene, geben Di Sciullo/Williams 1987, 2). Der daneben bestehende separate Ansatz einer phonologischen Einheit *Wort* hat als solcher schon eine lange Tradition und lässt sich über Autoren wie z. B. Hyman (1978, 445 ff.), Lehiste (1965, 173), Trubetzkoy (1936, ders. 1967 [1939], 241–261) zumindest bis Sweet (1913 [1867], 4) zurückverfolgen. Bei einigen rezenteren linguistischen Untersuchungen wird im übrigen überhaupt nur noch zwischen einem phonologischen und einem grammatischen Wortbegriff unterschieden (vgl. z. B. Dixon 1988, 66 ff.; Mohanan 1995, 128 ff. mit den Subdifferenzierungen: "metrical word" und "prosodic word" einerseits sowie "categorial word" und "functional word" andererseits; Aikhenwald 1996, 488 f.). Bezüglich des – zumeist auf Phänomene der Prosodie (z. B. Akzent) und Phonotaktik (speziell im An- und Auslaut) rekurrierenden – phonologischen Wortbegriffs nun ist hervorzuheben, dass dieser, was die Delimitation der einzelnen unter ihn fallenden Einheiten anlangt, grundsätzlich mehr Übereinstimmungen bzw. Überschneidungen mit dem grammatischen als mit dem lexikalischen Wortbegriff zeigt, ja dass die terminologische Wahl des Ausdrucks *Wort* für die betreffenden phonologischen Einheiten letztlich eben vom grammatischen Wortbegriff her motiviert bzw. in der überwiegenden Koextensivität dieser beiden Begriffe begründet sein dürfte. Vorrangiger Bezugsgegenstand beim Gebrauch des Ausdrucks *Wort* ist also auch in der aktuellen Sprachwissenschaft – zumindest in allgemeinlinguistischer und auf die Gesamtdeskription von Sprachen ausgerichteter Literatur (vgl. neben den schon genannten Autoren z. B. noch Selkirk 1982, Toman 1983, Wunderlich/Fabri 1995) – die betreffende grammatische Einheit und allenfalls daneben auch noch, jedoch stets mit entsprechender Kennzeichnung, die mit dieser in besonders enger Beziehung stehende spezielle phonologische Einheit. Die letztere kann im Rahmen der hier gegebenen Themenstellung weitgehend unberücksichtigt bleiben, ebenso wie der – noch eigens zu erwähnende – rein graphische Wortbegriff, der üblicherweise vor allem mit Rekurs auf die normierte Spatiendistribution expliziert und besonders in der statistischen Linguistik angewendet wird.

Wenn somit auch der Ausdruck *Wort* in der jüngeren Linguistik überwiegend nicht – wie etwa in vortheoretischer Redeweise – zur Bezeichnung lexikalischer Einheiten verwendet wird, so spielt jedoch bei dem Verständnis bzw. der Explikation des grammatischen Wortbegriffs dessen Verhältnis zu den lexikalischen Einheiten sowie die jeweils zugrundeliegende Auffassung von diesen durchaus eine entscheidende und differenzierende Rolle; der Begriff des grammatischen Worts ist nämlich in der betreffenden Literatur keineswegs einheitlich, sondern divergiert gerade im Hinblick auf dessen Relation zum Begriff der lexikalischen Einheit. Die angesprochene Divergenz bezüglich des grammatischen Wortbegriffs ergibt sich aus dessen Verhältnis zu dem Phänomen der Kompositionalität bzw. dem gegenläufigen der Idiomatizität, also den beiden für die Differenzierung der Bereiche von Grammatik und Lexikon grundlegenden Symbolisierungsprinzipien (vgl. z. B. Anderson 1985a, 3f.). Diesbezüglich stellt sich nämlich die Frage: Gehört es zur Bedingung für das Vorliegen eines (grammatischen) Worts, dass es eine lexikalische Einheit enthält, also eine Einheit, die nicht dem Kompositionalitätsprinzip (auch *Frege-Prinzip* genannt) unterworfen, sondern (in eben diesem Sinne) idiomatisch ist, oder ist diese Bedingung für die Anerkennung einer betreffenden Größe als (grammatisches) Wort nicht wesentlich?

1.2.1. Das Wort als Einheit der morphologischen Struktur bzw. syntaktisches Atom unabhängig vom Kompositionalitätsprinzip

Wenn das Konzept des (grammatischen) Worts von der Bedingung gelöst wird, dass eine solche Einheit wenigstens einen lexikalischen oder idiomatischen Kern enthalten muss, d. h. eine semantische Einheit, die einerseits selbst nicht dem Kompositionalitätsprinzip entsprechend gebildet ist, andererseits aber als ganze mit dem betreffenden Wort in die konstruktionale Generierung höherrangiger Einheiten mit eingebracht wird, dann ist dieses Konzept des Worts offensichtlich überwiegend ausdrucksseitig und nicht zugleich auch semantisch geprägt. Im Falle von Sprachen mit Flexion besagt dieses Konzept zumeist, dass alle flektierten Einheiten exemplarisch Wörter sind, und zwar unabhängig von ihrer Semantik, unabhängig also auch von der Tatsache, ob ihnen jeweils eine eigene Bedeutung überhaupt zugeschrieben werden kann oder nicht. Das so verstandene Wort gilt dann nicht selten als Einheit an der Grenze zwischen Morphologie und Syntax, wobei diese beiden Bereiche bzw. die Grammatik insgesamt selbst zwangsläufig ebenfalls fast ausschließlich ausdrucksseitig aufgefasst und so vom Kompositionalitätsprinzip gelöst werden. Und durch die faktische (und wohl nur wenig reflektierte) Preisgabe des Kompositionalitätsprinzips als des differentiellen Kriteriums der grammatisch-konstruktionalen Einheiten gegenüber den lexikalischen und mangels anderer durchgängiger Differenzierungskriterien wird die Grenzziehung zwischen Grammatik und Lexikon insgesamt verwischt, wenn nicht aufgehoben. Eine solche Auffassung vom Wort schlägt sich am leichtesten greifbar nieder in der weitverbreiteten Charakterisierung phraseologischer Einheiten als "minimal semantic constituents which consist of more than one word" (so z. B. Cruse 1986, 36) oder in deren terminologischer Etikettierung als *Mehrwortlexeme* oder *Wortgruppenlexeme* (so Wissemann 1961). Denn wenn die phraseologischen Einheiten aus mehreren Wörtern bestehen (sollen), was ist dann die jeweilige Bedeutung der betreffenden Wörter? Derartige phraseologische Einheiten aber sind keineswegs ein Randphänomen der Sprachen, sondern ein je nach Sprache bzw. Sprachtyp in unterschiedlich starkem Maße ausgebauter wesentlicher Bestandteil neben den beiden anderen Hauptarten komplexer lexikalischer Einheiten, nämlich jenen mit der ausdrucksseitigen Struktur von Derivata und Komposita. Und so wie einerseits phrasal oder als „clauses" strukturierte Einheiten nicht notwendig dem Kompositionalitätsprinzip unterliegen (vgl. *blinder Passagier, Trübsal blasen, ins Bockshorn jagen, an jemandem einen Affen fressen* und *ein Wort gibt/gab das andere*), so unterliegen andererseits die als Derivata und Komposita strukturierten Einheiten nicht zwangsläufig einer Idiomatisierung und sind somit keineswegs per se lexikalische Einheiten. (Matthews [1974, 41; 1991, 37] hat die zweifellos nicht ganz glückliche, die Verfahren der Derivation und Komposition umfassende traditionelle Bezeichnung *Wortbildung/word-formation* durch den Terminus *lexical formation* ersetzt, und die betreffende Disziplin will er entsprechend als *lexical morphology* bezeichnet wissen. Dieser terminologische Vorschlag, dem andere gefolgt sind [vgl. etwa Aronoff 1994, 13 f.], ist sehr irreführend.) Zur Demonstration kann ein kurzer Passus aus einem authentischen Text, einem Artikel einer Regionalzeitung über Müllprobleme an Autobahnen, genügen: *Autofenster runtergekurbelt, und schon fliegen Cola-Dose und Pommes-Schale in die Natur. Kurzer Stopp an der Ampel, die Fahrertür geht auf, und der Inhalt des Aschenbechers liegt auf der Straße.* Von den in diesem Abschnitt vorkommenden Komposita ist nur eines ein lexikalischer Ausdruck (*Aschenbecher*), während vier, nämlich *Autofenster, Cola-Dose, Pommes-Schale* und *Fahrertür* als solche offensichtlich keinen lexikalischen Status haben und so z. B. in den Wörterbüchern des Deutschen zu Recht nicht verzeichnet sind. Entsprechendes gilt durchaus auch für Derivata (s. u. Kap. 2.). (Vgl. dazu ausführlicher Fleischer 1979; Herbermann 1981, 284–322; Dressler 1981/2; Dederding 1983.)

Daraus resultiert: Neben den Simplizia als grundsätzlich idiomatische Einheiten kommen hinsichtlich eines lexikalischen Status – um nur die strukturellen Haupttypen zu nennen – sowohl Derivata und Komposita als auch Phrasen und „clauses"/Klauseln (zu diesem Terminus s. Herbermann 1981, 121 f.) in Betracht. Es besteht somit, was die produktive Bildung lexikalischer Einheiten anlangt, zwischen Derivation und Komposition einerseits und phraseologischen Gruppierungen andererseits kein prinzipieller Unterschied, mögen auch die einzelnen Sprachen bzw. Sprachtypen von den verschiedenen Verfahren in variierender Weise und in unterschiedlichem Ausmaß Gebrauch machen. Die verschiedenen Bildungsweisen für komplexe lexikalische Ausdrücke setzen in der Regel das Gegebensein derselben Bildungsmöglichkeiten für nichtlexikalische Ausdrücke voraus. Das aber heißt für einen (grammatischen) Wortbegriff, der hauptsächlich ausdrucksseitig (etwa an der Flexion) orientiert ist, dass er in seiner Extension quer verläuft zur Grenze zwischen Idiomatizität und Kompositionalität, die üblicherweise zugleich als Grenze zwischen Lexikalität und (im Sinne dieser Opposition) Grammatikalität angesehen wird.

Außer in der landläufigen Beschreibung der phraseologischen Einheiten als mehrwortige Ausdrücke zeigt sich die Entkoppelung des (grammatischen) Wortbegriffs vom Kompositionalitätsprinzip bei Autoren, die die Konzeption einer Autonomie von Morphologie einerseits und Syntax andererseits vertreten und die von ihnen als „syntaktische Atome" gekennzeichneten Wörter grundsätzlich mit der Bedingung der Kontinuität oder Untrennbarkeit versehen (vgl. z. B. Wunderlich 1986, 214 f. Anm. 3; 218). Sie nehmen mit ihrer Konzeption – abgesehen von einer problematischen Marginalisierung des syntaxnahen Phänomens der Inkorporation (s. Wunderlich 1986, 243) – in Kauf, dass z. B. die sog. verbalen Distanzkomposita des Deutschen (*aufhören, aufziehen, aufgeben, aufbrechen, aneignen, anschaffen, preisgeben, darstellen* usw.) auf Grund ihres diskontinuierlichen Vorkommens (vgl. *Er hörte damit schon bald danach auf*) nicht mehr jeweils insgesamt als Wörter, sondern – ähnlich den phraseologischen Einheiten – als Gebilde aufgefasst werden, deren getrennten Teilen zwar keine eigene Bedeutung zukommt, aber dennoch anscheinend Wortstatus zugebilligt wird, obwohl sie damit nicht die für (grammatische) Wörter eigentlich vorausgesetzte Bedingung, nämlich eine lexikalische Einheit zu enthalten (Wunderlich 1986, 218), erfüllen. (Vgl. dazu u. Kap. 3.1.1. – Von Wörtern als „syntaktischen Atomen" sprechen auch Di Sciullo/Williams 1987, allerdings nicht völlig im gleichen Sinne wie Wunderlich.)

Von nicht wenigen Autoren wird den (grammatischen) Wörtern zwar explizit ein Stamm, eine Wurzel oder ein entsprechendes Morphem als notwendiger Bestandteil zugeschrieben (vgl. u. a. Aikhenwald 1996, 507), doch eine solche Konstituente stellt für sich noch nicht generell eine lexikalische Einheit dar (vgl. etwa die Glieder lexikalischer Komposita, wie z. B. *Jung + geselle*, und die entsprechenden Teilausdrücke von Phraseologismen, wie z. B. *blas-* in *Trübsal blasen* und *Affe-* in *an jemandem einen Affen fressen*). Und wo ausdrücklich eine eigenständige lexikalische Einheit als Konstituente für die (grammatischen) Wörter postuliert wird, wird dies nicht selten, wenigstens was die phraseologischen Ausdrücke und die Distanzkomposita angeht, durchbrochen (vgl. o. den Hinweis auf Wunderlich 1986). Es wird also selbst im Fall solcher explizit erhobenen Bedingungen – entweder auf Grund mangelnder Konsequenz oder wegen gewisser anderer Anforderungen an die Deskription – de facto die Beziehung zwischen lexikalisch-semantischer Einheit und (grammatischem) Wort gelöst. (Wo aber – wie etwa bei Cruse [1986, 24] – bezüglich des Verhältnisses von grammatischen und lexikalischen Einheiten die Bedingung formuliert wird, dass „a lexical unit must be at least one word", dort müssten konsequenterweise Fälle von Ad-hoc-Komposita oder von Inkorporationen, die jeweils mehrere lexikalische Einheiten enthalten, als mehrwortige Komplexe anerkannt werden.)

1.2.2. Das Wort als Einheit einer bestimmten grammatisch-hierarchischen Stufe unter Zugrundelegung des Kompositionalitätsprinzips

Soll das (grammatische) Wort verstanden werden als eine sprachliche Größe einer bestimmten grammatisch-hierarchischen Stufe, die grundsätzlich die Bedingung erfüllt, dass sie wenigstens eine lexikalische Einheit enthält (womit auch lexikalische Einheiten nicht in mehrere Wörter zerfallen können), und die über diese Bedingung zugleich – wenn auch negativ – an das Kompositionalitätsprinzip gebunden ist, dann kann ein solches Verständnis der Größe 'Wort' vielleicht am günstigsten an die oben (Kap. 1.1.) angesprochene Tradition der Wortdefinitionen von Sweet und Bloomfield anschließen. (Zu ähnlichen Ansätzen in der russischsprachigen linguistischen Tradition, vor allem bei Šcerba und Polivanov, s. die kurze Darstellung bei Leont'ev 1965, besonders 35f. Vgl. daneben auch Harweg 1964, Kap. I). Denn diesen Definitionen liegt die Intuition oder Einsicht zugrunde, dass nur diejenige sprachliche Einheit überhaupt ein Wort sein kann, der ein hinreichendes Informationspotential eigen ist, wobei sich dieses Potential eben in der Möglichkeit zeigt, die betreffende Einheit isoliert kommunikativ äußern zu können, bzw. – im Sinne der genannten Autoren gesprochen – in ihrer Fähigkeit, allein als (z. B. elliptischer) Satz zu fungieren. Die untere Grenze für dieses kommunikativ isoliert einsetzbare Informationspotential aber ist eben die lexikalische oder idiomatische Einheit. Diese Grenze darf demnach eine sprachliche Größe, die als Wort anerkannt werden soll, nicht unterschreiten, auch wenn sie – wie im Fall gewisser Phraseologismen – ausdrucksseitig noch so komplex strukturiert ist. Die schon beanstandete Schwäche nun jener älteren Definitionen von Sweet, Bloomfield u. a. liegt – allgemein gesagt – vor allem darin, dass sie den unterschiedlichen Wertigkeiten oder Stelligkeiten der sprachlichen Ausdrücke nicht gerecht werden. So sind etwa in dem Satz *Paul liebt Paula* die beiden Eigennamen Einheiten, die für sich, z. B. in Antwortsätzen (*Wer liebt Paula? Paul. – Wen liebt Paul? Paula.*), kommunikativ geäußert werden können und denen somit von jenen Definitionen angemessenerweise Wortstatus zugeschrieben wird; doch das Verb kann nur begleitet von (pro)nominalen Ausdrücken (objektsprachlich) in kommunikativen Äußerungen verwendet werden und würde bei Anwendung der betreffenden Definitionen die beiden Eigennamen quasi an sich binden zu einer einzigen Einheit, die dann insgesamt ein Wort wäre. Dieser zweifellos nicht beabsichtigte Effekt lässt sich wohl nur so vermeiden, dass eine entsprechende Definition in Anwendung auf einen Satz wie den genannten mehrere Schritte zulässt, d. h. die Eigennamen zunächst operational als Wörter delimitiert und das Verb, das die beiden nominalen Ausdrücke an sich bindet, daraufhin als gleichrangiges Komplement der beiden nominalen Wörter und damit selbst als Wort bestimmt.

Einen auf diesen Voraussetzungen aufbauenden Definitionsvorschlag hat der Autor dieses Beitrags 1981 vorgelegt und seine Leistungsfähigkeit und seine Konsequenzen im einzelnen demonstriert (Herbermann 1981, 145–163). Die wegen des Versuchs einer Integration möglichst sämtlicher operationalen Bedingungen sehr komplexe Formulierung dieser Definition soll hier nicht wiederholt werden. Eine für den hier gegebenen Zusammenhang ausreichende Version mag folgendermaßen lauten: Wörter sind potentiell informationsintensive Einheiten, die als nichtreduzierbare, minimale Satzsegmente oder als deren (für den möglichen minimalen Satzsegmentstatus nicht erforderliche) Komplemente fungieren können. Zur Erläuterung: Der Terminus „Satzsegment" bezeichnet die betreffenden Einheiten unter Ausschluss sämtlicher allein satzspezifischer Phänomene wie Intonation, Satzakzent etc. „Nichtreduzierbare, minimale Satzsegmente" sind – grob vereinfachend gesagt – vor allem nullwertige oder valenzlose Ausdrücke (z. B. viele Substantive, Adjektive etc.); valenzhaltige Ausdrücke (neben den meisten Verben auch Präpositionen, Konjunktionen etc.) erweisen sich demgegenüber im Zuge der Eruierung der Worteinheiten als deren syntagmatische Komplemente. Die erstgenannten Ausdrücke können nämlich – wie schon festgestellt – z. B. in Antworten auf Fragen oder auch als Fragewörter für sich allein kommunikativ geäußert werden und somit als Sätze resp. Satzsegmente fungieren, die anderen hingegen sind eben auf deren Kookkurrenz angewiesen. Einheiten unterhalb der Stufe der Wörter, wie z. B. Derivative und Flexive, sind vom Status möglicher minimaler Satzsegmente oder dem ihrer Komplemente grundsätzlich ausgeschlossen, solange die für solche Operationen übliche Grundbedingung erfüllt bleibt, nämlich die, dass sie allein auf objektsprachlicher Ebene durchzuführen und Wechsel in die Ebene der Metasprache bzw.

2. Das Wort als lexikalische Einheit

-kommunikation grundsätzlich zu vermeiden sind. Der definitorische Rekurs auf den potentiellen Status eines minimalen Satzsegments dient so vor allem der exakten Delimitation der betreffenden Worteinheiten. – „Potentiell informationsintensiv" ist jede sprachliche Einheit, die als Antwort auf eine Frage, als fragende oder als völlig frageneutrale (d. h. nur außerhalb des Frage-Antwort-Schemas mögliche, wie etwa die meisten Satzadverbien, Vokative u. a. m.) vorkommt. Mit dieser definitorischen Bedingung ist, wie gesagt, die Gewähr gegeben, dass nur solche Ausdrücke als Wörter bestimmt werden, die selbst wenigstens aus einer lexikalischen Einheit bestehen, und dass lexikalische Einheiten mit einer komplexen Ausdrucksstruktur nicht etwa in mehrere Wörter getrennt werden. In einer aktuellen kommunikativen Äußerung pflegen die nicht nur potentiell, sondern tatsächlich informationsintensiven Einheiten akzentuell hervorgehoben zu werden; insofern lassen sich die meisten Wörter auch einfach dadurch bestimmen, dass mit Bezug auf die jeweiligen Äußerungskonstituenten sämtliche Möglichkeiten einer je nach Kontext variierenden Betonung (rein objektsprachlich) durchgespielt werden.

Mit dieser – einzelsprachunabhängigen – Explikation des Wortbegriffs dürften neben der Anforderung einer operationalen Anwendbarkeit auch wesentliche inhaltliche Maßgaben erfüllt sein; denn nach ihr ist das Wort

- erstens eine oberhalb der Morpheme angesiedelte, höherrangige Einheiten lückenlos konstituierende Größe und somit eine Einheit auf einer eigenen grammatisch-hierarchischen Stufe, und
- zweitens eine Einheit mit wenigstens einem lexikalischen Kern und somit eine Einheit, die sich dem Kompositionalitätsprinzip grundsätzlich fügt, sei es dass sie einen einzigen lexikalischen Bestandteil in die regelhafte Bildung höherrangiger Einheiten mit einbringt, sei es dass sie – etwa im Zuge von Ad-hoc-Kompositionen, Inkorporationen u. ä. – mehrere lexikalische Komponenten in sich integriert.

Wie bei fast allen terminologischen Fixierungen aus der vorwissenschaftlichen Gemeinsprache entlehnter Ausdrücke, so zeigen sich auch in diesem Fall unvermeidlicherweise Diskrepanzen zwischen dem landläufigen – heterogenen – Wortverständnis und dem hier explizierten; am auffälligsten vielleicht darin, dass nach diesem letzteren Wortverständnis Phraseologismen qua ihres Status als idiomatische Einheiten nicht in mehrere Wörter zerfallen.

1.3. Das Lexikonwort und der Terminus *Lexem*

Auch wenn, wie oben (zu Beginn von Kap. 1.2.) dargestellt, der Ausdruck *Wort* heute zumindest in allgemeinlinguistischer Literatur überwiegend einheitlich auf eine grammatische Einheit bezogen wird, so ist, wie (in 1.2.1. und 1.2.2.) gesehen, das Verständnis dieses Ausdrucks deswegen noch keineswegs gleichartig, sondern zeigt nicht unbeträchtliche Divergenzen. Wird nun der Ausdruck *Wort* außerdem noch oder ausschließlich, wie etwa in philologischer oder in mancher lexikographischen Redeweise, auf die Einheiten von Wortschatz und Wörterbuch bezogen, so wiederholen sich bei dieser Verwendungsweise Divergenzen ähnlich den zuvor besprochenen. Welches Verständnis von *Wort* soll denn auch vorausgesetzt werden, wenn mit Bezug auf lexikalische Einheiten von *Wörtern* gesprochen wird? Etwa eines, nach dem alle lexikalischen Einheiten Wörter sind, oder eines, nach dem einige der Einheiten Wörter, andere aber mehrwortige Gebilde sind? Wie steht es überhaupt mit dem Verhältnis von relativ abstrakten lexikalischen Einheiten und deren Vorkommen innerhalb von grammatisch strukturierten Äußerungen? Was soll hier jeweils *Wort* genannt werden? Etwa die flektierte, gegebenenfalls periphrastische Einheit oder nur ihr lexikalischer Bestandteil? Wie steht es weiterhin mit den diskontinuierlichen Vorkommen lexikalischer Einheiten? Sollen sie jeweils insgesamt als Wörter gelten oder jeder ihrer Teile für sich? Und sollen schließlich ad hoc gebildete Komposita und Derivata vom Wortstatus grundsätzlich ausgeschlossen sein oder nicht?

Es zeigt sich also, dass selbst bei vorausgesetzter Eingrenzung des Anwendungsbereichs des Ausdrucks *Wort* auf den lexikalischen Bereich der Gebrauch dieses Ausdrucks noch in sehr unterschiedlicher Weise von vortheoretischen und ungeklärten Vorstellungen bezüglich der sprachlichen Größe 'Wort' beeinflusst werden kann und – wie sich nachweisen lässt – auch beeinflusst wird. Dies muss zwar eigentlich kein Hinderungsgrund sein, den Ausdruck *Wort* für den lexikalischen Bereich beizubehalten und gegebenenfalls entsprechend terminologisch eindeutig zu fixieren. Es ist dagegen aber noch einmal zu betonen, dass spätestens seit der Konsolidierung des Strukturalismus, also seit den ausgehenden 20er Jahren, im allgemeinlinguistischen Rahmen schon eine deutliche Präferenz im Gebrauch des Ausdrucks *Wort* für die betreffende grammatische Einheit gegeben ist. Würde man nun angesichts dieses Sachverhalts der mehrfach vorgeschlagenen, oben (am Ende von Kap. 1.1.) angesprochenen terminologischen Differenzierung folgen, nach der man im einen Fall vom *grammatischen Wort* und im anderen vom *Lexikonwort* spricht, so trüge dies in mancher Hinsicht sicherlich schon zu einer gewissen Klärung bei, es würde jedoch die Gefahr in sich bergen, dass sich die durchaus unangemessene Vorstellung einschleicht, die beiden so differenzierten sprachlichen Phänomene ließen sich letztlich unter einem einheitlichen Wortbegriff subsumieren. Insofern ist, so hilfreich eine solche terminologische Unterscheidung zunächst auch sein mag, eine klarere Trennung der diesbezüglichen Begriffe durchaus geboten.

Seit Ausgang der 30er und Beginn der 40er Jahre nun hat speziell mit Bezug auf die lexikalischen Größen ein Terminus weite Verbreitung gefunden, der von seiner Prägung her „sprechend" oder durchsichtig, in seiner jeweiligen Explikation allerdings auch gewissen Divergenzen unterworfen ist, nämlich der Terminus *Lexem*. Er ist heute in den unterschiedlichsten linguistischen Schulen und Richtungen zu Hause. Überhaupt dürfte es nur wenige in diesem Jahrhundert neu geprägte Termini geben, die so sehr Teil der Lingua franca der (ansonsten eher an terminologischen Wucherungen und Abkapselungen einzelner Schulen leidenden) Sprachwissenschaft geworden sind, wie dieser, so dass alles dafür spricht, mit diesem Terminus den allenfalls als Zwischenlösung geeigneten Ausdruck *Lexikonwort* zu ersetzen.

Anscheinend unabhängig voneinander haben wohl als erste Hjelmslev und Uldall in ihrer 1936 erschienenen "Synopsis of an Outline of Glossematics" (s. Hjelmslev 1974, 4) und Whorf 1938 in seiner erst postum veröffentlichten Abhandlung "Language: Plan and Conception of Arrangment" sowie in seiner 1940 veröffentlichten Studie "Gestalt Technique of Stem Composition in Shawnee" (vgl. ders. 1956, 132 und 160) den Ausdruck *Lexem* resp. *lexeme* verwendet. Mit dieser zweifachen Einführung des Terminus sind über Jahrzehnte hin zunächst auch zwei unterschiedliche Verständnisse verbunden gewesen (abgesehen von gewissen isoliert gebliebenen *Lexem*-Konzepten, wie etwa dem bei Hockett 1958, 170). Vereinfachend gesagt, wird in der ersteren Tradition das Lexem bzw. die so bezeichnete lexikalische Größe verstanden als eine Einheit, die grundsätzlich die Morphembzw. – in der Terminologie Martinets (1970 [1960], 16 und 119) – die Monemgrenze nicht überschreitet (vgl. hierzu z. B.: Zierer 1965, 181; Heger 1970, 127; ders. 1976, 79 f.; Pottier 1974, 326; Weinrich 1976, 13). Während dieser Gebrauch des Terminus *Lexem* mit der allmählichen Überwindung der von den tonangebenden Schulen des Strukturalismus geprägten allzu einfachen Lexikonvorstellungen nach und nach aufgegeben wurde und weitgehend auch auf jene beschränkt geblieben ist, hat sich die zweite – im Bereich der Ethnobzw. Anthropolinguistik beginnende – Tradition des Gebrauchs dieses Terminus heute fast vollständig durchgesetzt. In dieser wird, geradezu gegenläufig zu den lange Zeit dominierenden strukturalistischen Lexikonauffassungen, das Lexem begriffen als lexikalische Einheit, die über Analyse- bzw. Abstraktionsverfahren aus "sentence words" (so Whorf 1956, 132) zu gewinnen und die unabhängig von der Komplexität ihrer Ausdrucksstruktur gewissen Idiomatisierungen unterworfen ist. Anknüpfend an die nach Whorf sich bildende Tradition (Swadesh 1946, 319 ff.; Newman 1954, 89; Jorden 1955, 29) formuliert dies mit – negativem – Bezug auf das damals noch nicht so benannte Kompositionalitätsprinzip sehr deutlich Goodenough (1956, 199 [ähnlich 208]):

"Any utterance whose signification does not follow from the signification and arrangement of its parts we shall hereinafter call a *lexeme*."

Ausführlicher Conklin (1962, 121):

"A full lexical statement [...] should provide semantic explanation, as well as phonological and grammatical identification, for every meaningful form whose signification cannot be inferred from a knowledge of anything else in the language. It is convenient to refer to these elementary lexical units as lexemes. What is essential is that its meaning [scil.: the meaning of the lexeme] cannot be deduced from its grammatical structure."

Vier Jahre später greift Weinreich diesen ethnolinguistischen Traditionsstrang im Rahmen seiner grundlegenden „Explorations in Semantic Theory" mit folgender Erläuterung auf (1966, 450):

"Natural languages are thoroughly permeated with idiomaticity – a phenomenon which may be described as the use of segmentally complex expressions whose semantic structure is not deducible

2. Das Wort als lexikalische Einheit

jointly from their syntactic structure and the semantic structure of their components. The term 'lexeme' [...] is used increasingly for such a minimal semantic simplex."

Als Beispiele für solche – nach seiner Ansicht – 'semantisch einfache', in der Ausdrucksstruktur z. T. jedoch 'komplexe', als Lexeme zu bezeichnende Einheiten nennt er: *heart, sweetheart, by heart, rub noses, shoot the breeze*. Er fährt fort:

"For [...] the average inflected language, we must require [...] that lexicologically irrelevant material – nominative suffixes of nouns, infinitive suffixes of verbs, etc. – be kept out of the entries of a critically conceived dictionary. In the description of Russian, for instance, the dictionary would contain one-morpheme entries such as *čitá-* 'read' (rather than *čitát'*) and multi-morpheme entries such as *čern- sotn-* 'rabble (lit. black hundred)' (rather than *černaja sotnja*)."

Über linguistische Handbücher und Standardwerke (z. B. Lyons 1968, 197 f.; ders. 1977, 19; Matthews 1974, 22; ders. 1991, 26; Fleischer 1971 [1969] 47 f.; Fleischer/Barz 1995, 23 f.; Anderson 1985a, 4 f.; Schwarze/Wunderlich 1985, 9; Aronoff 1994, 5–22 mit ausführlicher Revokation seines früheren Gebrauchs von *word*) hat der Terminus *Lexem* sodann – annähernd (diese Einschränkung bezieht sich auf gewisse Inkonsequenzen bei Lyons, Matthews, Fleischer u. a.; vgl. dazu Herbermann 1981, 212 f.; abweichend auch Cruse 1986, 76) – in jenem von Goodenough, Conklin, Weinreich explizierten Sinne in der Linguistik weite Verbreitung gefunden und ist schließlich als solcher heute in unterschiedlichsten Forschungsansätzen wohl etabliert. Dabei dürften – neben seiner durchsichtigen, „sprechenden" Bildung – nicht zuletzt die durch ihn ermöglichte Lösung vom allzu schillernden und schon anderweitig besetzten Ausdruck *Wort*, die durch ihn gewährleistete Erfassung auch der phraseologischen Einheiten und, damit sich berührend, seine sprachtypologische „Unvoreingenommenheit", zumal bei ausdrucksseitig komplexen Strukturen lexikalischer Einheiten, etwa in isolierenden oder auch in polysynthetischen Sprachen, zu den anerkannten Stärken dieses so konzipierten Terminus gehören. (Andere terminologische Vorschläge für die lexikalischen Einheiten, so z. B. *listeme* bei Di Sciullo/Williams [1987, 1 f.], erweisen sich demgegenüber als wenig glücklich).

Wenn das Terrain der Grammatik – nach üblichem Verständnis – erst jenseits der lexikalischen Einheiten beginnt oder beginnen soll, dann ist Grammatik nicht einfach der Gesamtbereich von Morphologie und Syntax, sondern nur jener Gesamtbereich aus Morphologie und Syntax, der dem Kompositionalitätsprinzip unterliegt. Das aber heißt, dass zu trennen ist zwischen innerlexematischen morphologischen und syntaktischen Strukturen und eben jenen morphologischen und syntaktischen Strukturen, die dem Kompositionalitätsprinzip folgen und erst damit dem Bereich der Grammatik angehören. Wenn also (wie oben bei Conklin) von der grammatischen Struktur von Lexemen gesprochen wird, so ist diese innerlexematische Struktur letztlich eine nur scheinbar grammatische; denn für sie ist die für die Grammatik maßgebliche Kompositionalität außer Kraft gesetzt. Rein ausdrucksstrukturell betrachtet besteht allgemein kein prinzipieller Unterschied zwischen grammatischen und komplexen lexikalischen Einheiten; der einzige prinzipielle Unterschied liegt in der Art der Symbolisierungsrelation: Bei grammatischen Einheiten entspricht – eben dies beinhaltet ja das Kompositionalitätsprinzip – der ausdrucksseitigen Konstruktion, wenn auch noch so vermittelt, eine semantische. Bei den lexikalischen hingegen fehlt eine solche Entsprechung; denn das Lexikon ist "the locus of unpredictability of form-meaning associations" (Anderson 1985a, 4). Die Symbolisierung geschieht hier grundsätzlich global, in toto, und das heißt: durch die idiosynkratische Relation der jeweiligen Benennung (Nomination) – eine Relation, die nicht nur den Eigennamen und daneben vielleicht auch noch den Gattungsnamen, Stoffnamen etc., sondern allen lexikalischen Einheiten, also allen Lexemen oder Lexikonwörtern (vgl. Dokulil 1968, 207–211; Fleischer 1979, 318; ders. 1984; Herbermann 1981, 335–346), auch den phraseologischen (vgl. speziell zu diesen Fleischer 1981) eigen ist.

Bezüglich der gegebenen Themenstellung „Das Wort als lexikalische Einheit" folgt daraus, dass zwar jede lexikalische Einheit ein Wort und jedes Wort eine lexikalische Einheit ist, dies aber nur unter der Voraussetzung, dass man *Wort* im Sinne von *Lexikonwort* oder besser im Sinne von *Lexem* versteht; „besser im Sinne von *Lexem*", weil das, was ein Lexem ist, sich doch sehr weit von landläufigen und auch von den in der Linguistik verbreiteten Vorstellungen vom Wort entfernt oder zumindest entfernen kann. Entsprechend werden im folgenden die Ausdrücke *lexikalische Einheit*, *Lexem* und *Lexikonwort* als gleichbedeutend behandelt; das Simplex *Wort* hingegen wird aus Gründen der terminologischen Eindeutigkeit im allgemeinen nicht auf lexikalische Einheiten als solche, sondern auf die betreffenden grammatischen Einheiten bezogen.

2. Lexikalität

Lexikalische Einheiten können, wie oben (Kap. 1.2.) dargestellt, ausdrucksstrukturell die Form von Simplizia, Derivata, Komposita, Phrasen, "clauses"/Klauseln u. a. m. aufweisen, und sie bzw. speziell die komplexen unter ihnen unterscheiden sich in dieser Hinsicht somit nicht von entsprechenden grammatischen, d. h. nach allgemeinen bedeutungsdeterminierenden Regeln im Zuge eines Kommunikationsprozesses ad hoc gebildeten Einheiten. (Gewisse Unterarten lexikalischer Einheiten, wie sog. Wortkürzungen oder Kurzwörter, Akronymenbildungen, Entlehnungen u. a. m. mögen dabei unberücksichtigt bleiben; sie gehören diesbezüglich eher zu den Simplizia.) Die allgemeine Differenz zwischen lexikalischen Einheiten, den komplexen zumal, und grammatischen Einheiten besteht, so hatten wir – in Übereinstimmung mit vorherrschenden Auffassungen – zuvor festgestellt, allein darin, dass die letzteren bezüglich der Ausdruck-Inhalt-Relation dem Prinzip der Kompositionalität folgen, während die ersteren, als grundsätzlich idiomatische, diesbezüglich nur eine en bloc-Symbolisierung, i. e. eine Benennung (Nomination) aufweisen. Zur Eruierung lexikalischer Einheiten oder Lexeme reicht es demnach nicht, in Sprachen mit Flexion etwa (also vor allem in fusionierenden, agglutinierenden und polysynthetischen Sprachen) von den (grammatischen) Wörtern einfach die Flexive abzutrennen; die so – subtraktiv – gewonnenen Einheiten sind, entgegen weit verbreiteter Auffassung (s. z. B. in Kap. 1.2.1. und 1.3. die Hinweise auf Lyons, Matthews, Aronoff und vgl. den Ansatz von Lieb 1992), nicht per se die lexikalischen. Ganz abgesehen von den zahlreichen Arten von Phraseologismen, die jeweils bestimmte Flexive als ihre Bestandteile aufweisen, können die nach Abzug der Flexive sich ergebenden sog. Stämme oder (Wort-)Basen (zum Terminus *Basis* in diesem Zusammenhang vgl. Herbermann 1981, 164 ff.) im Fall einer komplexen, z. B. derivationellen oder kompositionellen Struktur grundsätzlich entweder lexikalische oder aber grammatische Einheiten sein, ja diese zweifache Möglichkeit kann auf ein und denselben Ausdruck zutref-

fen. Nachdem dieser Sachverhalt oben (in Kap. 1.2.1.) andeutungsweise schon an Komposita exemplifiziert worden ist, mag nun noch ein kurzer Ausschnitt aus einer Erzählung zur Verdeutlichung dieser Verhältnisse bei Derivata dienen (aus: N. Johannimloh: *Roggenkämpfer macht Geschichten*. Zürich: Haffmanns 1996, 30 f.):

Da flog ein paar Meter vor ihnen eine Lerche auf, fing an zu singen und emporzusteigen [...]. Er blieb stehen, legte den Kopf in den Nacken und folgte dem aufwärts strebenden Flug der unbeirrten kleinen Sängerin. Auch sie [seine Begleiterin] *schaute im Weitergehen nach oben, prallte unsanft auf den dastehenden Himmelsgucker, geriet ins Stolpern und fiel in die Kamillen.*

Die beiden Derivata *Sängerin* und *Himmelsgucker* (dieser letztere Ausdruck wird in älterer Wortbildungslehre auch als Zusammenbildung angesprochen) sind in ihrer hier vorkommenden Verwendungsweise offensichtlich keine „vorgefertigten", lexikalischen, sondern ad hoc mit allgemeinen derivationsmorphologischen grammatischen Regeln als Teile von anaphorischen Ausdrücken gebildete Nomina agentis. Ihre Bedeutung ergibt sich aus ihrer Bildung. Das Substantiv *Sängerin* ist daneben zwar auch eine lexikalische Einheit; doch als solche bezeichnet es Ausübende eines bestimmten Berufs und tritt es an der hier zitierten Stelle nicht in Erscheinung. Entsprechendes gilt für das Substantiv *Himmelsgucker*: Wenngleich auch dieses lexikographisch verzeichnet ist (etwa im *Deutschen Universalwörterbuch*. Hrsg. v. G. Drosdowski. Mannheim etc. 1983, 581), so doch nur in anderem Sinne, nämlich als scherzhafte Bezeichnung für den Astronomen. Zur Bestimmung der lexikalischen unter den komplexen Ausdrücken bedarf es also anderer Kriterien oder Operationen als etwa der bloßen Flexivsubtraktion.

Wenn nun auch für alle Grundarten komplexer Ausdrücke gilt, dass sie als grammatische oder als lexikalische fungieren können, so scheint hinsichtlich der Zugänglichkeit der sprachlichen Einheiten für das Phänomen der Idiomatizität bzw. der benennenden Symbolisierung doch immerhin eine gewisse Skala zu bestehen: Während Simplizia grundsätzlich idiomatische Einheiten sind, nimmt – sozusagen – die Neigung zur Idiomatisierung und damit zur Lexikalität mit zunehmender morphologisch-syntaktischer Komplexität der sprachlichen Ausdrücke über die verschiedenen Stufen der Derivata, Komposita, Phrasen etc. bis zu den "clauses"/Klauseln hin ab.

2. Das Wort als lexikalische Einheit

In der linguistischen Literatur ist man dem Phänomen der Doppelheit des Status von ausdrucksstrukturell komplexen Einheiten, ihrer teils lexikalischen und teils grammatischen Funktion, kaum gerecht geworden. Je nach theoretischem Modell oder Deskriptionsansatz schwanken diesbezüglich die Autoren zwischen extremen, die wesentlichen Unterschiede zwischen lexikalischen und grammatischen Einheiten zumeist unberücksichtigt lassenden Lösungsversuchen. In der Frühphase der GTG, bis zu Beginn der 70er Jahre, wurde so z. B. versucht, sämtliche Derivata und Komposita, darunter auch alle entsprechenden Lexeme, einheitlich mit den Regeln einer konstruktionalen Satzgrammatik zu beschreiben. Die fundamentalen Unzulänglichkeiten dieser vereinheitlichend syntaktizistischen Ansätze sind inzwischen mehrfach eingehend behandelt worden (vgl. z. B. Herbermann 1981, Teil I; Steinitz 1984, 12–18). Während in jenen älteren Ansätzen das Lexikon fast vollständig von der Syntax vereinnahmt wurde, herrscht heute eher eine gegenläufige Tendenz zu einer sehr ausgedehnten, quasi „grammatikalisierten" Lexikonkonzeption vor, gemäß der – je nach Autor – teils die gesamte Morphologie, teils alle derivationsmorphologischen oder auch alle Wortbildungsphänomene in das Lexikon integriert werden. Nach einigen dieser Entwürfe fungieren entsprechend nicht nur die hier als Lexeme angesprochenen Größen als lexikalische Einheiten, sondern auch sämtliche Affixe und sonstige sog. gebundenen Morpheme u. a. m. (vgl. z. B. Selkirk 1984, 4f.; 10f.; Mohanan 1995, 111; 128; 131; Wunderlich/Fabri 1995; anders hingegen Beard 1995, 20). Wenn dann etwa die Funktion der dem Lexikon zugewiesenen Affixe beschrieben wird mit den Worten: "they [...] must be attached to stems in order to make their information available in syntax" (Wunderlich/Fabri 1995, 260), so zeigt sich schon in solchen Äußerungen in nuce die für diese Konzeptionen kennzeichnende unzureichende Beachtung der grundlegenden Differenz zwischen den Bereichen der Kompositionalität und der Idiomatizität. So sind zum einen die aus dem Speicher der Idiomatizität herrührenden und mit den Regeln der Grammatik zu komplexeren Einheiten weiter zu verarbeitenden 'Informationen' eben nicht per se, wie hier unterstellt, in den (Wort-)Stämmen gegeben, sondern in insgesamt sehr unterschiedlich strukturierten Einheiten. Und zum anderen ist das in Sprachen mit ausgeprägter Morphologie übliche 'Verfügbarmachen' der betreffenden Informationen durch Affixe etc. innerhalb einer kommunikativen Äußerung wesensmäßig etwas völlig anderes als jene Informationen selbst; es fällt in den Bereich der Kompositionalität und ist entsprechend – nicht nur nach allem herkömmlichen Verständnis – Aufgabe der Grammatik. Notwendige Grundlage jeder angemessenen Sprachbeschreibung ist eine möglichst sachgerecht begründete Separierung von Grammatik und Lexikon bzw. von grammatischen und lexikalischen Einheiten. Die Trennlinie zwischen beiden verläuft im allgemeinen nicht längs eines bestimmten morphologischen oder syntaktischen Phänomens und erst recht nicht zwischen Morphologie und Syntax.

Was aber macht nun die Idiomatizität bzw. Lexikalität sprachlicher Einheiten eigentlich aus? Die bloße Negation des Komplementärbegriffs der Kompositionalität reicht zur Beantwortung dieser Frage nicht aus. Denn damit ist ja noch keine positive Eigenschaft der betreffenden Einheiten angegeben; und mit einem solchen Rekurs auf den Komplementärbegriff bewegt man sich letztlich nur in einem begrifflichen Zirkel, in dem die Kompositionalität dann selbst wiederum als Nichtdiomatizität erscheint. Was also begründet letztlich Idiomatizität und macht sprachliche Einheiten zu lexikalischen? Greifen wir zur Verdeutlichung zurück auf das zuvor besprochene Substantiv *Sängerin*. So wie es in dem Textauszug vorkommt, ist es keine insgesamt lexikalische Einheit; denn seine Bedeutung ergibt sich, so hatten wir festgestellt, aus seiner Bildung. Anders verhält es sich hingegen im Fall desselben Ausdrucks in folgendem Verwendungszusammenhang: (Der seine Besetzungsliste durchgehende Regisseur:) *Für diesen Part müssen wir auf jeden Fall noch eine weitere Sängerin verpflichten.* Das fragliche Substantiv bezeichnet hier im Unterschied zum ersten Vorkommen offensichtlich Ausübende eines bestimmten, in der Regel eine gewisse Ausbildung und damit auch besondere Fähigkeiten voraussetzenden Berufs. Salopp gesagt: Jedes weibliche resp. mit einem femininen Substantiv denotierte (s. im obigen Beispiel die Lerche) Individuum, das singt, kann als *Sängerin* im ersten Sinne bezeichnet werden; es erfüllt aber noch längst nicht die zuletzt genannten berufsmäßigen Bedingungen. Gemeinhin wird der Ausdruck *Sängerin* in diesem letzteren Sinne als Bezeichnung eines Begriffs angesprochen. Er hat begrifflichen Status ebenso wie andere Berufsbezeichnungen, wie *Bäcker, Gärtner, Kindergärtnerin, Zahnarzthelferin* usw. Und mit Bezug auf diesen Status kann so z. B. gesagt werden: *Maria Callas war der Inbegriff einer großen Sängerin.* Dem ad hoc gebildeten Nomen agentis *Sängerin* hingegen wird kein Begriffsstatus zugebilligt; und mit Bezug auf diesen Ausdruck ist es nicht sinnvoll, ein bestimmtes Individuum als dessen repräsentativen Inbegriff nennen zu wollen. Was hier an dem einen Substantiv *Sängerin* dargestellt wird, und was mutatis mutandis auch an anderen oben exemplarisch angeführten Ausdrücken, wie *Himmelsgucker* oder den im Textauszug von Kapitel 1.2.1. vorkommenden Komposita *Aschenbecher* einerseits, *Autofenster, Cola-Dose, Pommes-Schale, Fahrertür* andererseits, gezeigt werden könnte, das gilt weit darüber hinaus: Der Begriffsstatus ist ein wesentliches Kennzeichen eines Großteils lexikalischer Einheiten. Ein begrifflicher Ausdruck beinhaltet in der Regel mehr, als sich aus den betreffenden Ausdruckskomponenten und allgemeinen Bildungsregeln an Gesamtbedeutung ergibt. Und dieser semantische Überschuss begründet wesentlich das Idiomatische eines solchen Ausdrucks. Insofern kann für einen sehr großen Teil der Substantive und zumal auch der komplexen der Begriffsstatus als entscheidendes Kriterium für Lexikalität angesehen werden. Die betreffenden Ausdrücke sind aber deswegen begriffliche, weil sie nicht als bloße Klassenbezeichnungen fungieren: Jedes Individuum, das singt, kann – wie gesagt – als *Sänger* bzw. *Sängerin* bezeichnet und damit der entsprechenden, mit Bezug auf die benannte Eigenschaft bzw. Tätigkeit ad hoc gebildeten Klasse zugewiesen werden. Der begriffliche Ausdruck *Sänger* bzw. *Sängerin* hingegen ist nicht eine bloße Klassenbezeichnung, sondern die Bezeichnung einer typhaften Klasse oder eben eines Typs, mit Bezug auf den die in dem Ausdruck benannte Eigenschaft/Tätigkeit zwar eine wichtige Rolle spielt, aber längst nicht das allein Maßgebliche ist. Mit der Feststellung, dass begriffliche Ausdrücke typhafte Phänomene bezeichnen, gelangen wir schließlich zu intersubjektiv gültigen operationalen, gewissermaßen also objektivierbaren Kriterien für die Bestimmung lexikalischer Ausdrücke und zumal auch der problematischen komplexen unter ihnen. Denn typhafte Bezeichnungen aus der hier exemplarisch in Betracht gezogenen größten Substantivklasse, nämlich der der (nichtrelationalen) Individuative, d. h. der nichtsinguläre Individuen bezeichnenden Substantive, können in der Regel in zwei Verwendungsweisen vorkommen, die den nichttyphaften Individuativa sozusagen verwehrt sind und die letztlich ihren Grund haben in der Typizität des semantischen Korrelats. Gemeint ist die jeweils nicht attributiv erweiterte, i. e. absolute Verwendbarkeit als generischer (resp. genereller) Ausdruck einerseits und als subsumtives Prädikativ andererseits. Denn der generische Ausdruck (im Deutschen durch den definiten Artikel in nichtpartikulärer Verwendung markiert) bezeichnet eben den Typ als solchen, sozusagen als ideales Gebilde; und im Rahmen einer subsumierenden Prädikation nimmt der prädikative Ausdruck Bezug auf eine Klasse, und er kann hier nur absolut verwendet werden, wenn es sich bei der betreffenden Klasse eben um eine typhafte und bei dem betreffenden Prädikat damit um ein hinreichend informatives handelt. So kann in der folgenden Äußerung mit dem generischen Ausdruck (*die*) *Sängerin* nur die (typische) Ausübende des betreffenden Berufs (und nicht etwa ein Individuum aus einer ad hoc gebildeten Klasse) gemeint sein: (Im Zuge einer allgemeinen gesangstechnischen Unterweisung:) *Auch wenn es nicht zu ihren wichtigsten Fähigkeiten gehört, so sollte die Sängerin im Hinblick auf Opernaufführungen grundsätzlich auch über schauspielerisches Talent verfügen.* Und eine Aussage wie: *Seine Frau ist Sängerin* ordnet ein singuläres Individuum einer typhaften Klasse, nämlich einem bestimmten Beruf zu. Anders hingegen in einer Aussage mit Attribution: *Seine Frau ist eine leidenschaftliche Sängerin.* Durch die attributive Erweiterung ist das Informationspotential des gesamten Prädikatsausdrucks nun ausreichend, um auch die nichtberufsbezogene Interpretation des Substantivs zuzulassen. (Vgl. entsprechende unterschiedliche Verwendungsmöglichkeiten von *Säufer, Trinker* einerseits und *Esser* andererseits oder von *Bauersfrau* vs. *Filialleiterfrau* usw.). Dass im übrigen gleich zwei Verwendungskriterien eingesetzt werden, von denen doch ein jedes für sich Typhaftigkeit des Denotats beinhaltet, hat seinen Grund in einzelnen, speziell zu erklärenden Ausnahmen, die jeweils nur eine der beiden Verwendungsmöglichkeiten betreffen und die durch das Zusammenwirken beider von vornherein ausgeschlossen werden. (Die hier unter Rekurs auf den Begriffsstatus, auf das Phänomen der Typhaftigkeit im denotationellen Bereich und die darauf beruhenden Verwendungsmöglichkeiten sprachlicher Ausdrücke ansatzweise durchgeführte Abgrenzung von Lexikalität und [im Sinne dieser Opposition] Grammatikalität ist in extenso entwickelt und begründet in Herbermann 1981, 214–272).

Die beiden angeführten Verwendungskriterien für den Begriffsstatus beanspruchen – wie gesagt – Geltung nur für Einheiten einer bestimmten, nämlich der größten Substantivklasse, nicht aber für solche auch der anderen Klassen oder gar auch der übrigen Wortarten. Entsprechend können sie hier nur zur Exemplifikation dafür dienen, wie mit Rekurs auf bestimmte Verwendungsweisen als letztlich entscheidenden Kriterien eine verlässliche Separierung der begrifflichen von den nichtbegrifflichen und damit auch der lexikalischen von den nichtlexikalischen Einheiten durchgeführt werden kann und sollte. Allerdings ist es nicht allein der Begriffsstatus, der über Lexikalität oder Nichtlexikalität sprachlicher Einheiten entscheidet. Daneben gibt es noch andere Begründungsqualitäten. Hingewiesen sei vor allem noch auf den Status sprachlicher Ausdrücke als Eigennamen: Eigennamen sind per se lexikalische, als ganze hinsichtlich ihrer Denotata zu erlernende Ausdrücke und in dieser Hinsicht gleichartig den begrifflichen. Sie sind die lexikalischen Bezeichnungen singulärer Individuen. Die Ausdrücke *München* und *(die) Bayernmetropole, Chile* und *(der) Andenstaat* u. ä. m. unterscheiden sich bezeichnungsmäßig so z. B. fast allein hinsichtlich ihres Lexikalitätsstatus.

Die Lexikalität sprachlicher Einheiten ist – wie mehrfach gesagt – generell begründet in deren Idiomatizität als dem zur Kompositionalität gegenläufigen Prinzip sprachlicher Symbolisierung. Während so z. B. der Ausdruck *Sängerin* als Bezeichnung einer ad hoc singenden weiblichen Person dem Kompositionalitätsprinzip entsprechend gebildet ist, erfüllt der gleiche Ausdruck als begriffliche Bezeichnung von Ausübenden eines bestimmten Berufs seine Symbolisierungsfunktion – im Sinne der Idiomatizität – nur en bloc. Einzelne Komponenten idiomatischer Ausdrücke können, wie in diesem Fall, zwar wesentliche Merkmale des Bezeichneten benennen, und die Benennungen als ganze können so für den Sprachteilhaber als „sprechende" oder durchsichtige Bezeichnungen erscheinen; es sind jedoch Bezeichnungen, die ihren Inhalt eben nicht konstruktional determinieren, sondern allenfalls indizieren. Komplexe lexikalische Ausdrücke verfügen entsprechend zwar, ebenso wie lexikalische Metaphern, Metonymien u. ä., in unterschiedlichem Grade über – so die betreffenden Termini – „Aufschluss-" oder „Trägerwerte" bzw. über „Bedeutungsindizierung", aber eben nicht über eine – allein dem Bereich des Kompositionalitätsprinzips vorbehaltene – Bedeutungsdeterminierung (s. Schwarz 1966, XLII–LIII; Glinz 1963, 46 ff.; Herbermann 1981, 71–76; 188–204; 276 f.; 338–344).

3. Das Lexikonwort/Lexem als Einheit

Lexikonwörter oder – wie hier vorgezogen wird zu sagen – Lexeme sind qua ihrer Idiomatizität (s. Kap. 2.) Ausdrücke, deren Teile selbst nicht wiederum als Lexeme anzusprechen sind: Die konstituierenden Einheiten komplexer lexikalischer Ausdrücke sind auf Grund der – graduell unterschiedlichen – Idiosynkrasie ihrer Beziehungen zum Gesamtausdruck und zu dessen Bedeutung grundsätzlich von anderer Art. Ganz allgemein sind sie – strukturalistisch gesprochen – Morpheme. Diese lassen sich nach ihrer jeweiligen Rolle beim Aufbau komplexer Lexeme in verschiedene Klassen einteilen; so kann z. B. differenziert werden zwischen jenen Morphemen, die als solche mit einem nichtkomplexen Lexem kongruent sind, den sog. Kontentiven, und jenen, die der ableitenden Lexembildung dienen, den sog. Lexemderivativen (vgl. Herbermann 1981, 275). Um zur Verdeutlichung erneut auf Beispiele aus dem oben in Kapitel 1.2.1. vorgestellten Textauszug zu rekurrieren: Das dort vorkommende lexikalische Kompositum *Aschenbecher* besteht entsprechend aus den zwei Kontentiven {*Asche*} und {*Becher*} und dem Fugenelement *-n-*, wobei die beiden Kontentive als rangniedere Einheiten eben nicht gleichzusetzen sind mit den Simplexlexemen *Asche* und *Becher*. (Aschenbecher werden so z. B. normalerweise nicht unter die Becher subsumiert, usw.). Das im selben Textauszug vorkommende nichtlexikalische, also grammatische Kompositum *Autofenster* hingegen ist durchaus in zwei lexikalische Einheiten zu teilen, nämlich die Simplexlexeme *Auto* und *Fenster*. Das mit ihnen gebildete Kompositum ist funktional entsprechend nichts anderes als ein regelhaft gebildeter, kondensierter Alternativausdruck zur syntaktischen Wortgruppe *Fenster des Autos*. – Die als zweite Morphemgruppe genannten Lexemderivative sind größtenteils kongruent mit den grammatischen Derivativen; sie sind eher ein wenig zahlreicher als diese, und zwar insofern, als z. B. die sog. unproduktiven Affixe, wie etwa im Deutschen die Derivativsuffixe {*-t*} und {*-de*} in *Naht, Sicht, Schrift* usw. und in *Beschwerde*,

Freude, Gemälde usw. allein auf den lexikalischen Bereich beschränkt sind.

Die grundsätzliche Unteilbarkeit der Lexeme in Einheiten ihres eigenen Rangs oder Status bildet neben ihrer Eigenschaft der Zählbarkeit den Grund dafür, dass der Terminus *Lexem* (Gleiches gilt für *Lexikonwort*) zur semantischen Substantivklasse der Individuativa gehört. Diese selbst ist eine Unterklasse der sog. "count nouns"/Gattungsnamen, die insgesamt im Deutschen und anderen europäischen Sprachen die Eigenschaft der unmittelbaren Numeralisierbarkeit, d. h. der direkten Verbindbarkeit mit Kardinalzahlwörtern aufweist. Im Gegensatz zu den Individuativa ist es bei den beiden anderen Unterklassen der "count nouns", den Kollektiva und den Dividuativa möglich – wenngleich bei den ersteren nur eingeschränkt –, dass die betreffenden Substantive auch Teile ihrer jeweiligen Denotata bezeichnen. So können etwa die Kollektiva *Klasse, Gruppe, Konstruktion* zumindest in einem eingeschränkten Maße und die Dividuativa *Stück(chen), Zeitraum, Strecke* völlig uneingeschränkt auch Teile der jeweils bezeichneten Ganzheit mit demselben Ausdruck belegen. Sie, zumal die Dividuativa, verhalten sich in dieser Hinsicht gleichartig den sog. "mass nouns"/Stoffnamen, also wie *Wasser, Gold, Schrott,* die ja ebenfalls bestimmte Volumina und auch beliebige Teile von diesen bezeichnen können. Indem nun für die Individuativa gilt, dass sie direkt zählbare Größen und darüber hinaus grundsätzlich nicht deren Teile bezeichnen, sind sie – selbstverständlich neben den Eigennamen – in besonders markanter Weise Bezeichnungen von Einheiten, nämlich eben von solchen Einheiten, die bestimmte vorgegebene Begrenzungen aufweisen. Zu dieser großen Klasse von Substantiven wie *Mensch, Hand, Finger, Kuss, Wurf* usw. gehört also – wie gesagt – auch *Lexem*. Allen Denotata dieser Substantiva ist – als gemeinsame Grundlage ihrer Verwendungsbedingungen – inhärent eine bestimmte Gestalt, was ja eben beinhaltet, dass deren einzelne Teile jeweils wesensmäßig etwas anderes sind als das jeweilige Ganze. (Zur Fundierung der hier angesprochenen semantischen Substantivtypologie s. Herbermann 1981, 253–265).

So prägnant sich damit generell der Einheitsstatus der Lexeme schon bei semantisch klassifizierender oder begriffstypologischer Betrachtung des Terminus *Lexem* erweist, so sehr kann in Einzelfällen dann doch die Bestimmung der jeweiligen Einheit Probleme bereiten und der Einheitsstatus von Lexemen verundeutlicht werden. Wird also, wie im Fall dieses Beitrags, nicht nur die Lexikalität, sondern auch der Einheitsstatus von „Wörtern" (dazu s. o. Kap. 1.) resp. Lexemen thematisiert, so erfordert dies auch eine nähere Beleuchtung jener Problemzonen, in denen die Grenzen zwischen den Einheiten zu verschwimmen scheinen.

Zu jeder Einheit gehören wesentlich Begrenzung und Umfeld. Bei funktional bestimmten Einheiten kommt die Funktion oder Rolle hinzu. Entsprechend hat eine Behandlung der problematischen Aspekte des Einheitsstatus von Lexemen diese eben im Hinblick auf ihre Delimitation, ihre Lokalisation und ihre funktionale Identifikation einer näheren Betrachtung zu unterziehen. Dies soll hier aus Raumgründen allerdings nur in einem kursorischen Abriss einiger diesbezüglicher Phänomene erfolgen.

3.1. Probleme der Delimitation und funktionalen Identifikationen

3.1.1. Ausdrucksstrukturelle Delimitation: Das Problem der Diskontinuität

Der Begriff der Einheit beinhaltet nicht Kontinuität der Form. Zur Konstitution von Einheit genügt Kohärenz. Daraus folgt, dass der Begriff der lexikalischen Einheit sich nicht auf die Bedingung einer ununterbrochenen Vorkommensweise der betreffenden Ausdrücke gründen sollte. Vielmehr ist, zumal ja schon für die rangniederen Einheiten, die Morpheme mit Diskontinuitäten gerechnet wird (vgl. etwa das Partizip-Präteritum-Zirkumfix im Dt.), davon auszugehen, dass auch die lexikalischen Einheiten nicht nur eine ununterbrochene Erscheinungsweise zeigen. Am ehesten erwartbar ist diesbezüglich Diskontinuität sicher bei Phraseologismen, also syntaktisch strukturierten Lexemen (vgl. *jmdn. beim Wort nehmen: Trotzdem nahm er ihn sofort wieder beim Wort.*). Doch auch die morphologisch komplexen, d. h. kompositionell oder etwa mit Affixen gebildeten Ausdrücke zeigen je nach Verwendungszusammenhang neben kontinuierlicher auch diskontinuierliche Vorkommensweise. Die (schon in Kap. 1.2.1. angesprochenen) verbalen Distanzkomposita des Deutschen geben diesbezüglich hinreichend deutliche Beispiele. Verben wie *angeben, anschaffen, aufbrechen, aufhören, auskommen, einbrechen, einladen, einlaufen, nachahmen* und viele andere sind so z. B. im Fall von sog. Hauptsatzkonstruktionen mit präsentischer oder präteritaler Tempusform jeweils in Verbstamm und Präverb – gegebenenfalls über größere Distanz hin – getrennt. Vgl. etwa: *Nach seinem Sieg gab er prompt wieder an. – Er kam nie mit seinem Geld aus. – Wenn du die Bluse so heiß wäschst, läuft sie bestimmt ein. – Er ahmt ständig seinen Chef nach.* Was im Fall dieser

2. Das Wort als lexikalische Einheit

Verben jeweils die Kohärenz zwischen Stamm und Präverb stiftet und damit über die Einheit entscheidet, das ist der jeweilige Inhalt, genauer die Idiomatizität der jeweiligen Ausdruck-Inhalt-Zuordnung. Oder um es mit Bezug auf ein Epiphänomen des Inhalts und seiner Konstitutionsweise, nämlich der ausdrucksseitigen Distribution zu sagen: Es ist die Obligatorizität der Okkurrenz der Teilausdrücke; diese gestattet es nicht, einzelnen von ihnen bestimmte Bedeutungen zuzuschreiben (vgl. Porzig 1954, 164 f.). Am deutlichsten ist dies zweifellos dort gegeben, wo einzelne Teilausdrücke, wie etwa der Verbstamm *ahm-*, überhaupt nur in solchen Verwendungen vorkommen. Doch es gilt in gleicher Weise in allen übrigen Fällen, nicht nur den oben angesprochenen, sondern z. B. auch bei den sog. scheinreflexiven Verben, seien es die ausschließlich drittpersonigen wie *sich ereignen, sich zutragen, sich gehören* oder seien es die mit je nach grammatischer Person variierendem Reflexivum wie *sich ereifern, sich freuen, sich schämen*, und es gilt schließlich auch bei gewissen Verben mit sog. expletivem *es*, wie z. B. *es zieht, es tagt, es nieselt, es gibt* (i. S. v. 'existieren') u. a. m. (Die Lexeme werden hier zumeist – abgesehen von den letztgenannten Fällen – in ihrer üblichen Zitationsform, bei den Verben des Deutschen also im Infinitiv, wiedergegeben, wenngleich dies unter systematisch-deskriptivem Gesichtspunkt unbefriedigend ist.)

3.1.2. Funktionale Identifikation: Das Problem von Alternation und Suppletion

Die Separierung einzelner Konstituenten eines Lexems kann – wie in Kapitel 3.1.1. gesehen – dessen Einheit nicht zerstören. Darüber hinaus aber gilt, dass selbst bei weitgehendem oder völligem Austausch eines Lexemausdrucks die Einheit des betreffenden Lexems bewahrt bleiben kann. In fusionierend flektierenden Sprachen ist es ein vertrautes Phänomen, dass z. B. Verben durch die verschiedenen grammatischen Zeitstufen hindurch alternierende Stammformen zeigen, wobei die Alternation je nach historischer Sprachstufe mehr oder weniger regelmäßig sein kann. Sind die betreffenden Alternationen noch weitgehend regelmäßig, d. h. durch eine Reihe von Parallel- oder Analogiefällen abgestützt, so mag das betreffende Lexem als die unveränderliche Einheit hinter den variierenden Formen, eine Einheit mit inhärentem Alternationsmuster, angesehen werden. So tritt z. B. im heutigen Deutsch das Verbum *singen* in den Stammformen *sing(e), sang, (ge)sung(en)* auf und fügt durch diese Variation jeweils der einheitlichen lexikalischen Bedeutung unterschiedliche grammatische Informationen hinzu. Das Alternationsmuster spielt in diesem Fall dieselbe Rolle wie in anderen Fällen gewisse Affixe. Und so wie im Fall der Affixe determiniert ist, welche von ihnen sich mit dem jeweiligen Lexem verbinden lassen (welche Pluralaffixe etwa zu einem bestimmten substantivischen Lexem gehören: *Hund : Hunde, Sorge : Sorgen, Sofa : Sofas*), so ist auch in diesem Fall mit dem Lexem *singen* die Art der Alternation gegeben. Sie folgt einem Muster, das durch eine Reihe analog alternierender Verben (*sinken, springen, trinken, winden, wringen, finden, binden, gelingen*) als solches noch präsent ist. Die Einheit des Lexemausdrucks ist hier kraft der Präsenz eines – im übrigen auf einen einzigen Vokal beschränkten – Alternationsmusters nicht tangiert und damit auch nicht die des Lexems.

Anders verhält es sich hingegen dann, wenn bei der Alternation der Umfang der Veränderungen größer ist als das Gleichbleibende und von einem zugrundeliegenden Alternationsmuster eigentlich auch nicht mehr gesprochen werden kann. Während im vorangegangenen Beispiel bei drei einheitlichen Konsonanten nur ein Vokal alternierte, verkehrt sich bei manchen Verben im heutigen Deutsch das Verhältnis von Konstanz und Alternation beim Wechsel vom Präsens- zum Präteritumstamm ins Gegenteil, indem hier nur noch ein einziger anlautender Konsonant erhalten bleibt: *denke : dachte, ziehe : zog, gehe : ging, sitze : saß, tue : tat*. Und wenn auch den einzelnen Präteritalformen gewisse ähnlich strukturierte Formen anderer Verben noch zur Seite stehen mögen (vgl. *brachte, log* u. a. m.), so entsprechen die unterschiedlichen Stammformen doch keinem über den jeweiligen Einzelfall hinausgehenden Alternationsmuster mehr. Umfang und Singularität der jeweils gegebenen Veränderungen gestatten hier kaum noch den Ansatz einheitlicher Lexemausdrücke.

Von vornherein völlig ausgeschlossen ist ein solcher Ansatz schließlich im Fall der Suppletion (des Suppletivwesens). Für die verschiedenen Formen des Verbums *sein* oder die unterschiedlichen Positiv- und Komparativformen *gut* und *besser* erübrigt sich diesbezüglich, jeglicher Versuch. Was aber ist es dann, was in diesen Fällen der Suppletion und der zuvor besprochenen irregulären Alternation, also was trotz fehlender Einheitlichkeit des Lexemausdrucks die Einheit rettet, so dass jeweils von nur einem einzigen Lexem (etwa dem Verbum *sein*) zu sprechen ist? Im Falle der ausdrucksstrukturellen Diskontinuität ist es, so hatten wir festgestellt (Kap. 3.1.1.), der Inhalt in seinem idiosynkratischen Bezug zum Gesamtausdruck, der die Kohärenz und damit die Einheit stiftet. Die Identität des Inhalts kann es allein nicht sein, die in diesen letzteren Fällen nun die Einheit begründet; denn dann dürften lexikalische Synonyme, wie z. B. *Postbote* und *Briefträger*, zusammen nur noch als eine lexikalische Einheit gelten. Zu der Identität des lexikalischen Inhalts dieser Ausdrücke muss offensichtlich hinzukommen ihre jeweils komplementäre Rolle bei der Erfüllung eines vorgegebenen Flexionsparadigmas. Diese funktionale Komplementarität innerhalb eines umfassenderen grammatischen Schemas ist es also, die neben der semantischen Identität völlig disparate Ausdrücke zu einer einzigen lexikalischen Einheit zu verbinden vermag. (Die hier besprochenen Phänomene sind im Rahmen des Strukturalismus Anlass zu ausgiebigen Diskussionen unterschiedlicher Deskriptionsmodelle gewesen. Vgl.

dazu Hockett 1954 und in jüngerer Zeit Lieb 1992.)

3.1.3 Semantische Delimitation: Das Problem von Vagheit und Ambiguität

Die Probleme der Abgrenzung einzelner Inhalte sind in den letzten Jahrzehnten ein besonderes Schwerpunktthema lexikalisch-semantischer Forschung gewesen. Die zentralen Stichworte sind diesbezüglich *Vagheit* und *Ambiguität*. Und im Bereich des letzteren ist es vor allem die Frage des Verhältnisses von Polysemie und Homonymie resp. Homophonie, die immer wieder thematisiert wird. Eine ausführliche Diskussion der damit angesprochenen Probleme ist an dieser Stelle aus Raumgründen und wegen anderer Handbuchartikel mit speziell diesbezüglicher Themenstellung nicht angebracht.

Angesichts der Prototypenorientiertheit der meisten Inhalte des Grundwortschatzes gibt es kaum eine Möglichkeit, einzelne Inhalte scharf zu umreißen. Die damit gegebene Vagheit resultiert allgemein aus dem grundsätzlichen Verhältnis von Sprache bzw. Lexik(on) und Wirklichkeit. Die durch die Bedingungen der Kognition und die Bedürfnisse der Kommunikation wesentlich geprägte Semantik der Sprachen verhält sich nicht einfach wie ein Abbild zu einer vorgegebenen Wirklichkeit, sondern bietet flexible Konstrukte. Nur so kann sie ihren vielfältigen kommunikativen Funktionen gerecht werden.

Abgesehen von der semantischen Vagheit des Einzelinhalts als solcher und des damit schon gegebenen Delimitationsproblems (etwa der semantischen Separierung von *Berg* vs. *Hügel*, *Erhebung*, *Anhöhe*, *Höhenzug* usw.) besteht auch noch das Problem der Abgrenzung des jeweiligen Inhalts von seiner gegebenenfalls ad hoc vollzogenen Übertragung, also die Abgrenzung des eigentlich semantischen und des pragmatischen Anteils beim Gebrauch der jeweiligen lexikalischen Einheit: Ist ein bestimmter Lexemgebrauch schon als eine aktuelle Übertragung zu werten, oder fällt er noch in den Bereich der originären Bedeutung? Sind z. B. *hoch* und *niedrig* mit Bezug auf Miete oder Lohn (*hohe/niedrige Mieten/Löhne*) noch durch die originäre Bedeutung der beiden Adjektive (vgl. *hoher/niedriger Wasserstand*) sozusagen abgedeckt, oder kommen sie hier vielleicht nur kraft einer aktuellen Übertragung vor? Darüber hinaus stellt sich die Frage, ob es sich im Fall einer übertragenen Bedeutung um einen aktuellen Tropus oder um einen schon lexikalischen handelt. Ist z. B. der Ausdruck *Kopf* in Wendungen wie *der Kopf des Unternehmens* oder *der Kopf der Bande* als eine lexikalische oder als eine aktuelle Metapher zu bewerten? (Dass die hier gewählten Metaphernbeispiele jeweils nicht neu sind, beinhaltet nicht, dass sie deswegen schon lexikalische sind.) Grundsätzlich ist davon auszugehen, dass der weitaus überwiegende Teil der lexikalischen Ausdrücke jeweils nicht nur eine Bedeutung aufweist, sondern mehrdeutig ist. Bestehen nun zwischen den einzelnen Inhalten eines lexikalischen Ausdrucks Beziehungen im Sinne einer der Übertragungsarten Metapher, Metonymie und Synekdoche, so gilt das Verhältnis insgesamt als das der Polysemie; so etwa im Fall von *Auge* im Sinne von 'Sehorgan' einerseits sowie 'Triebansatz an einer Pflanze' oder 'Fetttropfen auf einer Flüssigkeit' andererseits. Wo solche Beziehungen nicht angesetzt werden können, wird gemeinhin von Homonymie/Homophonie gesprochen; etwa im Fall von *Kapelle* im Sinne von 'kleines Kirchengebäude ohne eine zugehörige Gemeinde' und 'kleines Musikensemble'. Der lexikographische Usus, im Falle der Polysemie nur ein Lemma vorzusehen und im Falle der Homonymie jeweils eigene Lemmata anzusetzen, ist als implizite Darstellung der im Sprachbewusstsein bestehenden oder fehlenden Bedeutungsbeziehungen durchaus legitim; er darf m. E. jedoch nicht zu dem lexikologischen Schluss verleiten, dass es sich im ersteren Fall tatsächlich um eine einzige lexikalische Einheit handelt und nur im letzteren um eine Mehrzahl solcher Einheiten. Die unterschiedlichen Bedeutungen von *Auge* begründen vielmehr gleichermaßen separate Lexeme wie die diversen Bedeutungen von *Kapelle*. Der Begriff der Polysemie beinhaltet nur das Gegebensein bestimmter figurativ motivationaler Beziehungen zwischen den Bedeutungen verschiedener Lexeme im Hinblick auf die Gleichheit des ihnen jeweils zugeordneten Ausdrucks. Der Anteil von Polysemie und Homonymie im Lexikon einer Sprache sagt also nichts aus über die Anzahl der lexikalischen Einheiten dieser Sprache. (Vgl. Herbermann 1995.)

3.2. Arten der Lokalisation

Das Lexikon einer Sprache ist nicht ungeordnet. Die einzelnen lexikalischen Einheiten bilden keine willkürliche Liste, sondern sind in vielfältiger Weise und in unterschiedlichem Grade in Beziehungen eingebunden. Zur damit angesprochenen relationalen Einordnung der Lexeme ins Lexikon sollen im folgenden – mit Rücksicht auf diesbezüglich speziell thematisierte Handbuchartikel – einige andeutende Bemerkungen genügen:

Die hauptsächlichen interlexematischen Beziehungen sind die der Ausdruckskonstitution und des Inhalts. Ausdrucksstrukturell sind grundsätzlich zu unterscheiden Simplizia und komplexe Einheiten, wobei die letzteren ein buntes Spektrum an Bildungsmöglichkeiten zeigen können: Derivation, Komposition, Attributiv- und Adpositionalkonstruktion, Koordination u. a. m. Jene Einheiten unter den Simplizia nun, die nicht zur Bildung komplexer Einheiten beitragen und auch nicht als Grundlage lexikalischer Tropen oder selbst als solche fungieren, befinden sich ausdrucksstrukturell betrachtet in weitgehender Isolation (so z. B. das Verb *strotzen*). Anzahlmäßig dürften solche Einheiten in den jeweiligen Lexika relativ gering und ihre Existenz selbst dürfte wegen ihrer mangelnden Einbindung und geringen Auslastung eher gefährdet sein. In der Regel können auch diese Einheiten durch historische Forschung auf einer früheren Sprachstufe zu anderen lexikalischen Einheiten in Beziehung gesetzt werden, so dass sich ihre Isoliertheit zumeist als das Ergebnis eines geschichtlichen Vorgangs erweist. Auch unter den komplexen Lexemen gibt es solche, die vom Standpunkt des Sprachteilhabers – trotz seiner Vertrautheit mit der einen oder anderen ihrer Konstituenten – kaum oder gar nicht durchsichtig sind und die sich insofern gleichartig verhalten wie die zuvor genannten Simplizia; es sind z. B. Lexeme wie *herrlich, Schornstein, durch die Lappen gehen* u. ä. Andere hingegen sind für den Sprachteilhaber von ihrer Bildung her im Hinblick auf ihre Bedeutung mehr oder weniger durchschaubar; so z. B. *Gärtner, Torwart, rote Rübe, unter vier Augen* u. ä. Von den komplexen Lexemen nun kann nur diesen letzteren, die ihre Bedeutung noch indizieren (dazu s. o. Kap. 2.), mit Bezug auf ihre Ausdrucksstruktur jeweils eine bestimmte Position im Lexikon zugewiesen werden. So steht z. B. *Gärtner* im Zusammenhang mit *Garten, Gartenbau, Gartenbank ... Gartenzwerg* etc. einerseits und *Gärtnerei, Gärtnerin, Gärtnermeister, gärtnern* andererseits. Hier bestehen Zusammenhänge, die traditionell als verwandtschaftliche Beziehungen und mit Bezug auf die Derivata sowie gelegentlich auch mit Bezug auf die Komposita zusammenfassend als Wortfamilie bezeichnet werden.

Neben komplexen Lexemen, die in verwandtschaftlichen Beziehungen zu anderen ihren Ort haben, weisen sodann noch jene Lexeme ausdrucksbezogene Interrelationen auf, die im Verhältnis der Polysemie zueinander stehen. Aber da es sich in diesem Fall um die Relation der Identität des Ausdrucks handelt, kann deren Beziehung nur semantisch begründet sein, nämlich durch die figurativen Relationen der Metapher, Metonymie, Synekdoche u. a. (vgl. Kap. 3.1.3.).

Das Geflecht der rein semantischen Relationen ist grundsätzlich sehr viel komplexer und vielfältiger als das zuvor besprochene, und vor allem bietet es keine durchgehende Entsprechung zu dem ausdrucksseitigen, wie jeglicher Sprachvergleich leicht zeigt. Über Relationen wie z. B. die der Identität, der Vizinität (der Nähe) und der Kontrarität und die durch diese begründeten Verhältnisse der Synonymie (*Briefträger : Postbote*), der Homoionymie (*Liebe : Zuneigung : Sympathie*) und der Antonymie (*Liebe : Hass*) u. a. werden lexikalisch-semantische Systeme aufgebaut, die als Kohyponymiegruppen einzelnen lexikalisch repräsentierten oder auch nur hypothetisch zu erschließenden Hyperonymen untergeordnet werden. Die einzelne lexikalische Einheit ist nicht selten mehreren solcher Systeme zugleich zugehörig. Die semantische Struktur des Lexikons gleicht nicht einem zweidimensional darstellbaren Stemma in der Art eines Pophyrbaums.

Die ausdrucksseitig isolierten und die semantisch nur schwach in Systeme integrierten Einheiten sind keineswegs „ortlos" im Lexikon, sondern sie sind mit allen anderen Lexemen jeweils Elemente von semantischen Klassen, die in besonderer Weise relevant sind für das Komplement des Lexikons, nämlich die Grammatik. Mit Bezug zum Deutschen sind dies etwa Klassen wie Zustands- und Handlungsverben, Dimensions- und Evaluationsadjektive, Gattungs- und Stoffnamen u. a. m. Über die Zugehörigkeit zu solchen – in der Regel wieder mehrfach hierarchisch gestuften – Klassen sind die einzelnen Lexeme semantisch für ihren grammatischen Einsatz determiniert, und das heißt: sie sind determiniert im Hinblick auf ihre Gebrauchs- und Verbindungsfähigkeit zur Bildung kommunikativer Äußerungen.

4. Literatur in Auswahl

Aikhenvald, Alexandra (1996): Words, phrases, pauses and boundaries: Evidence from South American Indian Languages. In: *Studies in Language* 20, 487–518.

Anderson, Stephen R. (1985a): Typological distinctions in word formation. In: *Language typology and syntactic description*. Vol. III: *Grammatical categories and the lexicon*. (ed. T. Shopen). Cambridge: Cambridge University Press 1985, 3–56.

–, (1985b): Inflectional morphology. In: *Language typology and syntactic description*. Vol. III: *Grammatical categories and the lexicon* (ed. T. Shopen). Cambridge: Cambridge University Press 1985, 150–201.

Antal, Laszlo (1963): A new type of dictionary. In: *Linguistics* 1, 75–84.

Aronoff, Mark (1994): *Morphology by Itself. Stems and Inflectional Classes*. Cambridge, Mass./London, Engl.: The MIT Press.

Beard, Robert (1995): *Lexeme-Morpheme Base Morphology. A General Theory of Inflection and Word Formation*. Albany: State University of New York Press.

Bergenholtz, Henning (1976): *Zur Morphologie deutscher Substantive, Verben und Adjektive. Probleme der Morphe, Morpheme und ihrer Beziehung zu den Wortarten*. Bonn: Dümmler.

Bloomfield, Leonard (1933): *Language*. New York: Holt, Rinehart and Winston.

–, (1968): A set of postulates for the science of language. In: *Readings in Linguistics*. Vol. I. (ed. M. Joos). Third impr. Chicago, London: The University of Chicago Press 1968, 26–31. [Zuerst in: *Language* 2 (1926), 153–164.]

Bühler, Karl (1934): *Sprachtheorie. Die Darstellungsfunktion der Sprache*. Stuttgart: G. Fischer.

Chomsky, Noam (1965): *Aspects of the theory of syntax*. Cambridge, Mass.: The MIT Press.

Conklin, Harald C. (1962): Lexicographic Treatment of Folk Taxonomies. In: *Problems in Lexicography*. (eds. F. W. Householder/S. Saporta). Bloomington: Indiana University Research Center in Anthropology, Folklore, and Linguistics, Publ. 21, 1962, 119–141.

Cruse, David Alan (1986): *Lexical semantics*. Cambridge: Cambridge University Press.

Dederding, Hans Martin (1983): Wortbildung und Text. Zur Textfunktion (TF) von Nominalkomposita (NK). In: *Zeitschrift für germanistische Linguistik* 11, 49–66.

Di Sciullo, Anna-Maria; Williams, Edwin (1987): *On the Definition of Word.* Cambridge, Mass. etc.: The MIT Press.

Dixon, Robert M. W. (1988): 'Words' in Fijian. In: *Lexicographical and linguistic studies. Essays in honor of G. W. Turner.* (eds. T. L. Burton & J. Burton). Cambridge: D. S. Brewer 1988, 65–71.

Dokulil, Miloš (1968): Zur Theorie der Wortbildung. In: *Wissenschaftliche Zeitschrift der Karl-Marx-Universität Leipzig, Gesellschafts- und Sprachwissenschaftliche Reihe* 17, 203–211.

Dressler, Wolfgang U. (1981/2): Zum Verhältnis von Wortbildung und Textlinguistik (mit Beispielen aus der schönen Literatur). In: *Text vs Sentence. Continued.* (ed. J. Petöfi). Hamburg: Buske 1981/1982, 96–106.

Fleischer, Wolfgang (1971): *Wortbildung der deutschen Gegenwartssprache.* 2., unver. Aufl. Tübingen: Niemeyer. [1. Aufl. Leipzig: VEB Verlag Enzyklopädie 1969.]

–, (1979): Kommunikativ-pragmatische Aspekte der Wortbildung. In: *Sprache und Pragmatik. Lunder Symposium 1978.* (Hrsg. I. Rosengren). [Lund:] CWK Gleerup 1979, 317–329.

–, (1981): Zur Charakterisierung von Phraseologismen als sprachliche Benennungen. In: *Wissenschaftliche Zeitschrift der Karl-Marx-Universität Leipzig, Gesellschafts- und Sprachwissenschaftliche Reihe* 30, 430–436.

–, (1984): *Aspekte der sprachlichen Benennung.* Berlin(-Ost): Akademie-Verlag (Sitzungsberichte der Akademie der Wissenschaften der DDR, Gesellschaftswissenschaften 7/G).

Fleischer, Wolfgang; Irmhild Barz (1995): *Wortbildung der deutschen Gegenwartssprache.* Unter Mitarbeit von Marianne Schröder. 2., durchges. u. erg. Aufl. Tübingen: Niemeyer.

Forsgren, Kjell-Ake (1977): *Wortdefinition und Feldstruktur. Zum Problem der Kategorisierung in der Sprachwissenschaft.* Göteborg: Acta Universitatis Gothoburgensis (Göteborger Germanistische Studien 16).

Fourquet, Jean (1970): *Prolegomena zu einer deutschen Grammatik.* Düsseldorf: Schwann (Sprache der Gegenwart: Bd. VII).

Glinz, Hans (1963): Über Wortinhalte, Wortkörper und Trägerwerte im Sprachunterricht. In: *International Review of Applied Linguistics in Language Teaching* 1, 42–49.

Goodenough, Ward H. (1956): Componential Analysis and the Study of Meaning. In: *Language* 32, 195–216.

Harweg, Roland (1964): *Kompositum und Katalysationstext, vornehmlich im späten Sanskrit.* The Hague: Mouton.

Heger, Klaus (1970): Zur Frage der Wortdefinition. In: *Sprachwissenschaft und Übersetzen. Symposion an der Universität Heidelberg 24.2.–26.2.1969.* (Hrsgg. P. Hartmann; H. Vernay). München: Hueber 1970, 122–143.

–, (1976): *Monem, Wort, Satz und Text.* 2., erw. Aufl. Tübingen: Niemeyer.

Herbermann, Clemens-Peter (1981): *Wort, Basis, Lexem und die Grenze zwischen Lexikon und Grammatik. Eine Untersuchung am Beispiel der Bildung komplexer Substantive.* München: W. Fink.

–, (1995): Gebrauchsvielfalt, Mehrdeutigkeit und Bedeutungszusammenhang bei lexikalischen Einheiten. In: *Der Gebrauch der Sprache. Festschrift für Franz Hundsnurscher zum 60. Geburtstag.* (Hrsgg. G. Hindelang; E. Rolf; W. Zillig). Münster: Lit 1995, 147–175.

Hjelmslev, Louis (1963): *Prolegomena to a Theory of Language.* Transl. by F. J. Whitfield. Revised Engl. ed., 2nd print. Madison: The University of Wisconsin Press. [Original: *Omkring sprogteoriens grundlaeggelse.* København 1943.]

–, (1974): *Aufsätze zur Sprachwissenschaft.* Hrsg. E. Barth. Stuttgart: Klett.

Hockett, Charles Francis (1954): Two models of grammatical description. In: *Word* 10, 210–234.

Hymann, Larry M. (1978): Word Demarcation. In: *Universals of Human Language.* (ed. J. H. Greenberg). Stanford, Cal.: Stanford University Press 1978, 443–470.

Jorden, Eleanor Harz (1955): The Syntax of Modern Colloquial Japanese. In: *Language* 31, Supplement: Language Dissertation No. 52.

Juilland, Alphonse; Alexandra Roceric (1972): *The linguistic concept of word. Analytic bibliography.* The Hague/Paris: Mouton.

Katz, Jerrold J.; Jerry A. Fodor (1964): The Structure of a Semantic Theory. In: *The Structure of Language. Readings in the Philosophy of Language.* (eds. J. A. Fodor; J. J. Katz). Englewood Cliffs, New Jersey: Prentice-Hall Inc. 1964, 479–518. [Zuerst in: *Language* 39 (1963), 170–210.]

Kluge, Friedrich (1886): *Nominale Stammbildungslehre der altgermanischen Dialekte.* Halle: Niemeyer. [2. Aufl. 1899, 3. Aufl. 1926.]

Krámský, Jiří (1969): *The word as a linguistic unit.* The Hague, Paris: Mouton.

Kries, Johannes von (1916): *Logik. Grundzüge einer kritischen und formalen Urteilslehre.* Tübingen: Mohr.

Lehiste, Ilse (1965): Juncture. In: *Proceedings of the 5th International Congress of Phonetic Sciences, Münster 1964.* (eds. E. Zwirner et al.). Basel, New York: Karger 1965, 172–200.

Lehnert, Martin (1969): Morphem, Wort und Satz im Englischen. Eine kritische Betrachtung zur neueren Linguistik. In: *Zeitschrift für Anglistik und Amerikanistik* 17, 5–40; 117–158.

Leont'ev, Aleksej Alekseevič (1965): The concept of the formal grammatical word. In: *Linguistics* 15, 33–39.

Lieb, Hans-Heinrich (1992): Paradigma und Klassifikation: Explikation des Paradigmenbegriffs. In: *Zeitschrift für Sprachwissenschaft* 11, 3–46.

Lüdtke, Helmut (1985): Zur Problematik des Wortbegriffs. In: *Studia Linguistica Diachronica et Synchronica*. (eds. U. Pieper; G. Stickel). Berlin/New York/Amsterdam: Mouton de Gruyter 1985, 527–536.

Lyons, John (1968): *Introduction to Theoretical Linguistics*. Cambridge: Cambridge University Press.

–, (1977): *Semantics*. Vol. I, II. Cambridge etc.: Cambridge University Press.

Martinet, André (1970): *Éléments de linguistique générale*. [7. Aufl.] Paris: Armand Colin. [1. Aufl. 1960.].

Matthews, Peter H. (1974): *Morphology. An introduction to the theory of word-structure*. Cambridge: Cambridge University Press.

–, (1991): *Morphology*. 2nd ed. Cambridge: Cambridge University Press.

Mohanan, Tara (1995): Wordhood and Lexicality: Noun Incorporation in Hindi. In: *Natural Language & Linguistic Theory* 13, 75–134.

Newman, Stanley (1954): Semantic problems in grammatical systems and lexemes: A search for method. In: *Language in Culture*. (ed. H. Hoijer). Chicago: The University of Chicago Press 1954, 82–91.

Pavlov, V. M. (1972): *Die substantivische Zusammensetzung im Deutschen als syntaktisches Problem*. München: Max Hueber.

Pike, Kenneth L. (1967): *Language in relation to a unified theory of the structure of human behavior*. 2nd, revised ed. The Hague, Paris: Mouton.

Porzig, Walter (1959): Die Einheit des Wortes. Ein Beitrag zur Diskussion. In: *Sprache – Schlüssel zur Welt. Festschrift für Leo Weisgerber*. (Hrsg. H. Gipper). Düsseldorf: Schwann 1959, 158–167.

Pottier, Bernard (1974): *Linguistique générale, théorie et description*. Paris: Klincksieck.

Schwarz, Hans (1966): Gegenstand, Grundlagen, Stellung und Verfahrensweise der Sprachinhaltsforschung, erörtert an Gegebenheiten des Wortschatzes. In: *Bibliographisches Handbuch zur Sprachinhaltsforschung*. (Hrsgg. H. Gipper; H. Schwarz). Teil I: *Schrifttum zur Sprachinhaltsforschung in alphabetischer Folge* [...]. Bd. I. Köln, Opladen: Westdeutscher Verlag 1962–1966, XV–LXVI.

Schwarze, Christoph; Dieter Wunderlich (1985): Einleitung. In: *Handbuch der Lexikologie*. (Hrsgg. Ch. Schwarze, D. Wunderlich). Königstein/Ts.: Athenäum 1985, 7–23.

Schwyzer, Eduard (1968): *Griechische Grammatik. Auf der Grundlage von Karl Brugmanns Griechischer Grammatik. Bd. I: Allgemeiner Teil: Lautlehre. Wortbildung. Flexion*. 4., unver. Aufl. München: C. H. Beck.

Selkirk, Elisabeth O. (1982): *The Syntax of Words*. Cambridge, Mass./London, Engl.: The MIT Press.

Steinitz, Renate (1984): Lexikalisches Wissen und die Struktur von Lexikon-Einträgen. In: *Linguistische Studien* (Akademie der Wissenschaften der DDR, Zentralinstitut für Sprachwissenschaft), Reihe A, Arbeitsberichte 116: *Untersuchungen zur deutschen Grammatik* III, 1–88.

Swadesh, Morris (1946): Chitimacha. In: *Linguistic Structures of Native America*. (ed. H. Hoijer et al.). New York: Viking Fund Publications in Anthropology No. 6, 1946, 312–336.

Sweet, Henry (1913): Words, Logic, and Grammar. In: *Collected Papers of Henry Sweet*. Arranged by H. C. Wyld. Oxford: Oxford University Press, 1–33. [Zuerst in: *Transactions of the Philological Society* 1875/76, 470–503.]

Toman, Jindřich (1983): *Wortsyntax. Eine Diskussion ausgewählter Probleme deutscher Wortbildung*. Tübingen: Niemeyer.

Trubetzkoy, Nikolaj S. (1936): Die phonologischen Grenzsignale. In: *Proceedings of the 2nd International Congress of Phonetic Sciences*. Cambridge 1936, 45–49.

–, (1967): *Grundzüge der Phonologie*. 4. Aufl. Göttingen: Vandenhoeck & Ruprecht 1962. [1. Aufl.: Prag, Leipzig: Harrassowitz 1939.]

Weinreich, Uriel (1966): Explorations in Semantic Theory. In: *Current Trends in Linguistics*. Vol. III: *Theoretical Foundations*. (ed. Th. A. Sebeok). The Hague, Paris: Mouton 1966, 395–477.

Weinrich, Harald (1976): *Sprache in Texten*. Stuttgart: Klett.

Whorf, Benjamin Lee (1956): *Language, Thought, and Reality. Selected Writings*. (ed. J. S. Carroll. Foreword S. Chase). Cambridge, Mass. etc.: The Technology Press of Massachusetts Institute of Technology.

Wildgen, Wolfgang (1982): Makroprozesse bei der Verwendung nominaler Ad-hoc-Komposita im Deutschen. In: *Deutsche Sprache* 10, 237–257.

Wissemann, Heinz (1961): Das Wortgruppenlexem und seine lexikographische Erfassung. In: *Indogermanische Forschungen* 66, 225–258.

Wunderlich, Dieter (1986): Probleme der Wortstruktur. In: *Zeitschrift für Sprachwissenschaft* 5, 209–252.

Wunderlich, Dieter; Ray Fabri (1995): Minimalist Morphology: An Approach to Inflection. In: *Zeitschrift für Sprachwissenschaft* 14, 236–294.

Zierer, Ernesto (1965): Minimum Linguistic Units. In: *Zeitschrift für Phonetik, Sprachwissenschaft und Kommunikationsforschung* 18, 181–184.

Clemens-Peter Herbermann, Münster (Deutschland)

3. Lexik, Lexikon, Wortschatz: Probleme der Abgrenzung

1. Terminologisches
2. Beschränkungen
3. Das Wort als zentrales Lexikonelement
4. Der Begriff „sprachliches Zeichen" (linguistic sign)
5. Wörter: eine inhomogene Klasse
6. Lexikoneinheiten unterhalb und oberhalb der Wortebene
7. Lexikon und Grammatik (Syntax)
8. L-1- und L-2-Lexikon
9. Form- und Bedeutungslexikon
10. Häufige und seltener gebrauchte Lexeme
11. Modalitätsspezifische Lexika
12. Morphemlexikon – Wortlexikon – Phraseolexikon
13. Literatur in Auswahl

1. Terminologisches

Die Wörter *Lexikon* bzw. *lexicon* lassen sich auf griech. *lexikón* (*biblíon*) 'Wörterbuch' zurückführen, eine Neutrumform zu *lexikós* 'das/ein Wort betreffend'. Diese ist zu beziehen auf das Femininum *léxis* 'Ausdruck, Wort' und schließlich auf griech. *légein* 'sprechen, auflesen'. Sowohl im Deutschen als auch im Englischen wurde zunächst die Bedeutung 'Wörterbuch' entlehnt (17. Jhrh.), die Lesart 'Sachwörterbuch' (z. B. Musiklexikon) entwickelte sich später. Im 20. Jhrh. etablierte sich in der Sprachwissenschaft die Lesart 'Gesamtheit der lexikalischen Einheiten (= Wörter, Morpheme etc.) einer Sprache'. *Lexis* 'Wortschatz' geht zurück auf griech. *léxis* 'Ausdruck, Wort' und schließlich auf griech. *légein* 'sprechen, auflesen'. Mit dem noch jungen Terminus (OED-Erstbeleg 1960) kann man zum einen die bedeutungstragenden Einheiten einer Sprache, insbesondere die Wörter, bezeichnen, zum anderen speziell Wörter mit lexikalischer Bedeutung wie die Nomina im Gegensatz zu solchen mit grammatischer Funktion wie die Artikel (vgl. Crystal 1997). *Lexik* ist eine moderne Wortbildung, eine Derivation mit *-ik*. In der germanistischen Linguistik werden *Lexik* und *Wortschatz* in der Regel synonym verwendet (z. B. Bußmann 1990; Glück 1993; Lutzeier 1995; Schippan 1992). *Vocabulary* 'Wortschatz, Wörterverzeichnis' geht zurück auf lat. *vocabulari-us, -um* 'Wörterbuch', dies auf *vocabulum* 'Benennung, Wort'. *Wortschatz* ist im Deutschen ab Ende des 17. Jhrh. im Sinne von 'Wörtersammlung' bezeugt und wird im 18. Jhrh. auch speziell auf den lexikalischen Bestand einer Sprache bezogen. In der Sprachwissenschaft dominiert heute die Lesart 'Gesamtheit der Lexeme einer Sprache (= Wörter, Phraseologismen etc.)', s. z. B. Glück (1993, 697), wobei sich manchmal auch die engere Bedeutung 'alle Wörter einer Sprache' findet (s. Bußmann 1990, 857).

Die Herkunft der Fachbegriffe zeigt die Orientierung am Wort als der zentralen und „prototypischen" Spracheinheit. Gegenwärtige Lexikon- bzw. Wortschatzkonzeptionen schließen jedoch auch Einheiten unterhalb (gebundene Morpheme wie die Wortbildungselemente) und oberhalb der Wortebene (Phraseologismen) ein. Daher erscheint es irritierend, „Wortschatz" als Oberbegriff zu verwenden, selbst wenn das Wort als prototypische Spracheinheit gilt; Titel wie „Stilistisch-phraseologisches Wörterbuch spanisch-deutsch" (Beinhauer 1978) klingen strenggenommen widersprüchlich, da es sich um „Phrasenbücher" handelt. Andererseits ist der terminologische Gebrauch etabliert, sich mit „Wortschatz" auf die Menge der Wörter, der Phraseologismen und ggf. bestimmter bzw. aller Morpheme zu beziehen, so dass hier dieser Auffassung gefolgt wird.

Es gibt im wesentlichen zwei Vorschläge für die Benennung einer Grundeinheit des Lexikons. Stellvertretend für die erste Position sei Cruse (1986, 76) zitiert, der ein Lexem definiert "as a family of lexical units" und eine lexikalische Einheit (lexical unit) als "a word form associated with a single sense". Mit Lexem wird demnach eine Menge lexikalischer (Sub-)Einträge zusammengefasst, so dass einer Form bei Polysemie mehrere Bedeutungen (Sememe) und ggf. unterschiedliche kombinatorische Eigenschaften (einem polysemen Verb z. B. mehrere Valenzraster) zugeordnet sein können. Zur zweiten Position lässt sich Mel'cuk (1995, 206ff) rechnen, der unter einer lexikalischen Einheit (sein Terminus: lexical unit) ein Wort (lexeme) oder einen Phraseologismus (phraseme) in einer genau spezifizierten Bedeutung, und ggf. mit individuellen kombinatorischen Eigenschaften, versteht. Lexikalische Einheiten, die eine gemeinsame Form und gemeinsame nicht-triviale semantische Eigenschaften aufweisen, werden unter einer Vokabel (vocable) zusammengefasst. Der Verf. schlägt folgende terminologische Vereinbarungen vor: Mit „Vokabel" (man könnte auch den Terminus „Lexemfamilie" erwägen) wird eine Form mit allen ihren

Lesarten zusammengefasst. Mit „Lexem" wird eine in einer Sprachgemeinschaft konventionalisierte Verbindung einer Form und einer Bedeutung bezeichnet, ggf. erweitert um syntaktische und pragmatische Eigenschaften (Routineformeln wie *Wohl bekomm's* sind wegen ihrer Äußerungswertigkeit nicht syntaktisch kategorisiert, Lexeme wie *Haus* sind pragmatisch unspezifiziert). Die Lexeme lassen sich in die Subklassen Wortbildungselement (oder im weiteren Sinn: gebundenes Morphem), Wort und Phraseologismus unterteilen.

Man kann die Menge der Spracheinheiten unter mindestens vier verschiedenen Aspekten beschreiben: (i) als mentale Einheiten, m. a. W. als vielfältig miteinander vernetzte Elemente des Langzeitgedächtnisses (z. B. Kognitive und Psycholinguistik); (ii) als Speicherkomponente, die mit der Regelkomponente (Grammatik bzw. Syntax) interagiert (z. B. Lexikologie, Sprachtheorie); (iii) als die Menge der Grundelemente einer natürlichen Sprache, die nach zweckgerichteten und praktischen Gesichtspunkten beispielsweise alphabetisch oder nach Sachgruppen geordnet ist (z. B. Lexikographie); (iv) als Komponente eines Systems maschineller Sprachverarbeitung. Während die terminologischen Vorschläge Lexem, Wort, Phraseologismus etc. für alle Bereiche gelten, sei für (i) mentales Lexikon (mental lexicon), für (ii) Lexikon (lexicon), für (iii) Wörterbuch (vocabulary) und für (iv) maschinelles Lexikon (machine-readable lexicon) vorgeschlagen (vgl. ähnlich Lutzeier 1995, 3 f). Im Folgenden wird hauptsächlich der Terminus Lexikon verwendet, um die Wortzentriertheit von „Wortschatz" zu vermeiden und um zu betonen, dass der Artikel eine primär lexikologische Perspektive einnimmt. Zudem lassen sich unter dem Begriff Lexikon strukturalistische und kognitivlinguistische Fragestellungen vereinen. Wortschatz zum obersten Begriff zu erheben führte zu diversen Problemen: Der Wortschatz umfasst auch unselbständige (*-bar, -er*) und mehrwortige, d. h. phraseologische Einheiten; *-bar* oder *das Kind mit dem Bade ausschütten* als Wortschatzelemente zu bezeichnen, klingt widersinnig. Zudem kann man sich mit „Wort" nicht nur auf Lexikonelemente (*Gabel, lachen*), sondern auch auf Pseudowörter (*verdaustig*) oder potentielle Wörter (*Dabel, gachen*) beziehen. Der passendere Begriff ist Lexem bzw. lexikalische Einheit, worunter weder Pseudo- noch potentielle Wörter, aber durchaus Wortbildungsaffixe oder Phraseologismen fallen. Da „Lexemschatz" nicht etabliert ist, scheint „Lexikon" trotz des ebenfalls existierenden Wortsinnes 'Sachnachschlagewerk' am günstigsten zu sein.

2. Beschränkungen

Dieser Überblicksartikel kann schon aus Platzgründen nur solche Abgrenzungsprobleme behandeln, die im Zusammenhang stehen mit der Frage, was unter dem Wortschatz bzw. Lexikon einer gesprochenen menschlichen Sprache, und zwar der Muttersprache, zu verstehen ist. Der Ausgangspunkt ist demnach eine phonologisch arrangierte Ausdrucksseite, weil diese phylo- wie ontogenetisch primär ist. Zudem lassen sich infolge der Ungleichartigkeit der Schriftsysteme – es gibt logographische Schriften (Chinesisch, jap. Kanji), Silbenschriften (Cherokee, jap. Katakana) oder Alphabetschriften – bzgl. der schriftsprachlichen Ausdrucksseite nicht in dem Maße wie bei der Lautsprache Generalisierungen treffen. Gebärdensprachen wie die American Sign Language (ASL, s. z. B. Sacks 1992), die eine visuell-kinetische Ausdrucksseite besitzen, sollen nicht als sekundär eingestuft werden, sondern lediglich als weniger prototypisch. Es gibt verschiedene Abgrenzungsfragen, die bei der Bestimmung von Lexikon bzw. Wortschatz auftreten. Einerseits finden sich divergierende Ansichten bezüglich der Frage, welche Arten von Einheiten zum Lexikon gehören. Andererseits setzt sich immer mehr die Ansicht durch, dass das Lexikon ein System von Systemen sei. Genau genommen sollte man nicht pauschal von „dem Lexikon" sprechen, sondern es sind verschiedene Arten von Lexikonausschnitten bzw. -ebenen zu unterscheiden.

3. Das Wort als zentrales Lexikonelement

Dieser Überblicksartikel geht vom Wort als der prototypischen Lexikoneinheit aus und behandelt vornehmlich zwei Problemkreise: (i) Welche Arten von Lexikonelementen gibt es und wie lassen sie sich von nicht-lexikalischen Zeichen oder ähnlichem abgrenzen (Abschn. 4–7)? (ii) Das Lexikon ist kein intern homogenes Gebilde, vielmehr ein hochdifferenziertes Zusammenspiel von Teilsystemen. Welche Teilsysteme sind möglicherweise zu unterscheiden (Abschn. 8–12)? Die zentrale Bedeutung der Einheit „Wort" lässt sich unter anderem daran ablesen, dass einige Sprachwissenschaftler das Wort als sprachliche Universalie neben die Einheiten Laut und Satz stellen (z. B. Miller 1993, 41). Einheiten, deren Lexikonstatus zu diskutieren ist, lassen sich hinsichtlich ihrer Typikalität mit Wörtern vergleichen. Die Schwierigkeiten, präzise zu bestimmen, was unter „Wort" zu verstehen ist, können hier nicht besprochen werden. Bei diesem Begriff handelt es sich um einen der problematischten innerhalb der Linguistik. Vor allem die Abgrenzung von syntaktischen Fügungen und Wörtern (*so dass/sodass, auf Grund/aufgrund, nimmt teil/teilnehmen*) ist umstritten. Vom Standpunkt des Lexikons aus erweisen sich allerdings etliche Fälle als orthographische Scheinprobleme, da z. B. bei *auf Grund/aufgrund* zwei alternative graphematische Formseiten mit einem Inhalt und einheitlichen syntaktischen Eigenschaften lexikalisch verbunden sind (anders jedoch *teilnehmen/ nimmt teil*).

(i) Das Wort wird als das zentrale sprachliche Zeichen angesehen. Hier sei Jackendoff (1995) gefolgt, der vorschlägt, dass sich bei einer Lexikoneinheit phonologische (phonological structure, kurz: PS), syntaktische (syntactic structure, SS) und semantische Informationen (als conceptual structure bzw. CS) zu einem Triplett ⟨PS, SS, CS⟩ verbinden, bei dem Wort *Maus* also z. B. ⟨maʊs, CN_{fem}, 'kleines Nagetier …'⟩. Die pragmatischen Eigenschaften von Lexikoneinheiten werden im folgenden nur sporadisch behandelt. Die Frage bleibt offen, ob sie eine vierte Art lexikalischer Information, also "pragmatic structure", darstellen, ob sie zur CS gehören (Jackendoff 1995 behandelt dieses Thema nicht) oder mit zu den kombinatorischen Eigenschaften eines Lexems gezählt werden können (s. Mel'cuk 1995, 209). (ii) Besonders typisch ist dabei das autosemantische Wort (N, V, Adj, Adv), dem im Unterschied zur grammatischen Bedeutung sog. „Funktionswörter" (Det, Konj, Präp) eine sog. „lexikalisch-begriffliche Bedeutung" zugesprochen wird. (iii) Das syntaktisch kategorisierte Wort ist die elementare Einheit, auf die Regeln zugreifen, um Wortgruppen, Sätze und Texte aufzubauen, wodurch es der syntaktischen Regelkomponente gegenübergestellt wird. (iv) Das typische Wort steht mit weiteren Wortschatzeinheiten in Verbindung, und zwar durch bevorzugt „innersprachlich" organisierte Gliederungen wie Sinnrelationen (Synonymie, Hyponymie usf.), durch Wortfeldbeziehungen (Bezeichnungen für Turngeräte, Verben des Besitzwechsels etc.) usw. oder durch bevorzugt „außersprachlich" organisierte Gliederungen wie Sondersprachen, Dialekte, Periodisierungen u. a. m.

4. Der Begriff „sprachliches Zeichen" (linguistic sign)

Im Lexikon sind bestimmte sprachliche Zeichen gespeichert, von denen das Wort als besonders typisch angesehen wird. Nach einer gängigen Konzeption, die auf de Saussures (1969, [1916]) Definition der vereinbarten arbiträren Zuordnung eines Lautbildes (image acoustique) und eines Begriffs (concept) zurückgeht, kann man das typische Wort als sprachliches Zeichen folgenderweise bestimmen: Es ist die konventionalisierte Verbindung einer phonologisch organisierten, vom menschlichen Stimmapparat hervorgebrachten Lautfolge mit einer begrifflichen Bedeutung. Diese Bestimmung wird inzwischen um die kombinatorischen Eigenschaften erweitert (Jackendoff 1995; Mel'cuk 1995), sodass das Wort phonologische, syntaktische bzw. allgemein kombinatorische Eigenschaften (etwa auch Registerbeschränkungen bei *entschlafen, abkratzen* im Vergleich zu *sterben*) und konzeptuelle Informationen aufeinander bezieht. Primär formseitig kann man mit einer solchen Bestimmung eindeutig nicht-sprachliche Zeichen wie die Verkehrsschilder oder das Telefonläuten (visuelle Form bzw. nicht-phonologische akustische Form) abgrenzen, dem prototypischen Wort nähere Erscheinungen lassen sich eher nach ihrer Typikalität abstufen. Typikalitätseffekte finden sich bereits innerhalb der Kategorie „Wort", z. B. bei einer Interjektion wie dem „langen *o*" als konventionalisierter Überraschungsausdruck, denn hier liegt keine Phonemsequenz vor. Auch die zum Verscheuchen bestimmter Tiere gebrauchten Interjektionen /ks::/, /kʃ::/ sind formseitig für Sprachen wie das Deutsche untypisch, da sie ausschließlich aus nicht-silbischen Phonemen (Obstruenten) besteht.

Die visuell-motorischen Zeichen (Gebärden) in Gebärdensprachen wie der American Sign Language (ASL) sind zweifelsohne sprachlich zu nennen (s. z. B. Sacks 1992), aber aufgrund ihres visuellen Charakters weniger typisch. Intonatorische Phänomene wie die Tonhöhenverläufe entstammen dem menschlichen Stimmapparat und können eine Bedeutung transportieren, doch sind sie aufgrund ihrer Nicht-Segmentalität weniger sprachtypisch. In der autosegmentalen Phonologie werden Intonationskonturen etc. einer eigenen, von der Segmentebene getrennten Ebene zugeordnet. Sie sind über Assoziationslinien mit dieser verbunden (wohl indirekt über weitere Ebenen wie der Silbenebene) und „überlagern" diese beim Sprechen. Wo und wie Suprasegmentalia repräsentiert sind, muss hier offenbleiben. Das absichtliche Hüsteln oder Pfeifen, das der Aufmerksamkeitserregung oder der Warnung dient, besteht nicht aus Phonemsequenzen, sodass es eher nichtsprachlich ist. Parasprachliche Zeichen, z. B. Stimmlage oder Sprechtempo, sind nicht segmental organisiert und zudem meist indexikalisch, nicht symbolisch-konventionalisiert.

Inhaltsseitig erscheint die Abgrenzung kompliziert, da es verschiedene Arten von Bedeutung gibt, z. B. lexikalisch-begriffliche (*Baum*), grammatische (Infinitivpartikel *zu*) und pragmatische (*Hallo*). Vor allem der Bereich grammatische Bedeutung wirft Probleme auf, doch in der Regel werden selbst semantisch schwer bestimmbare Formen wie *Er pflegt lange zu schlafen*, *What do you think?*, *Sie will tanz+en*, *Liebe+s+film* zu den Lexikoneinheiten gerechnet (s. z. B. Handbuch der Lexikologie 1985, 10). Lautfolgen, die wie in *Twas brillig, and the slithy toves* ("Jabberwokky", Lewis Carroll) keine konventionelle Bedeutung aufweisen, stellen trotz phonologischer Organisiertheit und syntaktischer Kategorisierbarkeit (*tove* = N etc.) keine typischen sprachlichen Zeichen dar. Spracheinheiten wie *tra-la-la*, von Jackendoff (1995) als ⟨PS, ∅, ∅⟩ charakterisiert, besitzen nur phonologische, aber weder spezifische Kombinations- (es handelt sich um äußerungswertige Einheiten) noch Bedeutungseigenschaften. Man könnte jedoch Zweifel daran hegen, ob mit einer gespeicherten Lautsequenz wie *tra-la-la* tatsächlich keinerlei konzeptuelles Wissen (z. B. 'Fröhlichkeit', 'Oberflächlichkeit') verbunden ist. Einheiten wie *yippee* (⟨PS, ∅, CS⟩), die keine spezifische Kombinatorik, aber eine Bedeutung aufweisen, sind gemessen am Wort weniger typische Sprachzeichen. Ebenfalls nicht so zentral wie das autosemantische Wort sind syntaktische Funktionselemente wie "*do* of English *Do*-Support" (⟨PS, SS, ∅⟩), bei denen sich phonologische Form und eine spezifische Kombinatorik verbinden (andere Funktionswörter wie *aber* oder *vor* sind ⟨PS, SS, CS⟩).

5. Wörter: eine inhomogene Klasse

Schon die Postulierung eines Wortschatzes im engeren Sinne wirft etliche Probleme auf, die vor allem daraus resultieren, dass die Inhaltsseite von Wörtern verschiedenartig sein kann. Im Folgenden können nur einige Unterschiede thematisiert werden. (i) Wörter wie *Zufall* oder *verwalten* sind modalitätsunspezifisch, d. h. abstrakt (z. B. verbal-propositional) repräsentiert; Wörter mit konkreter Bedeutung (*Hose*, *klettern*) integrieren symbolische und modalitätsspezifische (visuelle, motorische etc.) Informationen (Marken). (ii) Wörter stehen in unterschiedlicher Weise in Beziehung zu sprachlichem, enzyklopädischem und episodischem Wissen, man vgl. etwa Konjunktionen, Gattungsnamen und Eigennamen. (iii) Die Darstellungs-, Appell- und Ausdrucksfunktion (Bühler) ist bei Wörtern unterschiedlich vertreten, vgl. *Haus*, *nicht (wahr)?*, *potzblitz*. (iv) Wörter differieren hinsichtlich ihrer Anteile an semantischer, pragmatischer und grammatischer Bedeutung, man betrachte z. B. die Gattungsnamen, Verben wie *streicheln*, *taufen* oder *werden* als Kopula- oder Passivhilfsverb, die Einwort-Routineformeln (*Hallo*, *Tschüss*), Abtönungspartikeln, Tempushilfsverben oder die Artikel. (v) Etliche psycholinguistische Befunde (u. a. Broca-Aphasien, Lexikalische Entscheidungsaufgaben) legen die Annahme nahe, dass Inhaltswörter (z. B. Nomina oder Verben) anders verarbeitet werden als Funktionswörter (z. B. Determinatoren oder Präpositionen). Aitchison (1994, 109) teilt deshalb Wörter in zwei Hauptkategorien ein, "content words, which constitute the 'lexicon proper', and function words, which are linked to syntax (...)". Das Sprachverhalten bestimmter Schlaganfallpatienten deutet sogar darauf hin, dass innerhalb einer Wortklasse Teilmodule anzunehmen sind, da es Patienten gibt, die im nominalen Bereich zwar z. B. Tiere und Fahrzeugarten, aber weder Obst- noch Gemüsesorten benennen konnten (vgl. Aitchison 1994, 88). (vi) Wörter beziehen sich auf unterschiedliche Konzeptarten, vgl. z. B. qualitative, relative und Zahladjektive (*dick*, *polizeilich*, *fünf*). (vii) Wörter wie die Gattungsnamen, die Partnerpronomina (*ich*, *du*), Indefinitpronomina oder Relativpronomina können benennen und/oder referieren, extratextuell deutlich bzw. unbestimmt oder intratextuell verweisen. Man steht somit vor den Möglichkeiten, bezüglich der Wortarten, unter Umständen sogar innerhalb einer Wortart, verschiedene Subwortschätze (konkreter – abstrakter, benennender – verweisender, semantischer – pragmatischer Wortschatz usf.) oder einen Wortschatz mit unterscheidbaren Teilmengen von Wörtern bzw. Wortklassen anzusetzen.

6. Lexikoneinheiten unterhalb und oberhalb der Wortebene

Das Wort gilt als typisches und zentrales Lexikonelement, doch es kommen auch die Bestandteile intern strukturierter Wörter sowie aus Wörtern gebildete Strukturen (Wortverbindungen) als Lexikoneinheiten in Frage. Von besonderem Interesse sind dabei gebundene Morpheme, die eine identifizierbare Bedeutung bzw. Funktion beim Aufbau von Wörtern bzw. Wortformen besitzen, und Wortverbindungen, bei denen eine irreguläre Gesamtbedeutung oder/und andere, z. B. formale oder pragmatische Irregularitäten (vgl. etwa *auf gut/ *gutes Glück* und *Das wäre doch nicht nötig gewesen*), festzustellen sind. Pilz (1983a, b) schlägt vor, einen Wortschatz im engeren Sinne von einem umfassenderen „Sprachschatz" zu unterscheiden. Er gliedert die sprachlichen Einheiten auf in Lexeme (Simplizia, Wortbildungsprodukte), Phraseme (Wortverbindungen wie *jmdm. ein Schnippchen schlagen*) und Texteme (äußerungswertige Einheiten wie *Hals- und Beinbruch*). Als Wortschatz begreift er im wesentlichen die Menge der Lexeme (auf Grenzfälle wird hier nicht eingegangen). Der Wortschatz ist Teil des Sprachschatzes, der zusätzlich die Phraseme und die phraseologischen Texteme, z. B. Routineformeln, Sprichwörter und Gemeinplätze, umfasst. Dabei lässt Pilz offen, ob der Sprachschatz nicht auch noch weitere Arten von Textemen wie Gedicht- oder Liedtexte beinhaltet, die außerhalb seiner Definition von Phraseotextem stehen (vgl. Pilz 1983a, S. 202 Übers. 5).

Die Lexikonzugehörigkeit von gebundenen Morphemen ist vor allem abhängig davon, ob man der betreffenden Form semantische Eigenschaften zumisst, und wenn ja, welcher Art genau diese Eigenschaften sind (z. B. lexikalisch-begriffliche oder grammatische Bedeutung). Sogenannte „Konfixe", d. h. gebundene Morpheme wie *therm* in *Therm+o+meter* und *therm+isch*, kann man aufgrund ihrer „lexikalisch-begrifflichen Bedeutung" zu den lexikalischen Einheiten rechnen. Auch die Lexikonzugehörigkeit von Wortbildungsaffixen wie *-bar* oder *-er* (z. B. in *trag+bar* 'kann getragen werden' und *Mecker+er* 'jmd., der (gewohnheitsmäßig) meckert') erscheint heutzutage unumstritten, da sie als Integrationen von Form, Wortbildungsbedeutung und kombinatorischen Eigenschaften aufzufassen sind, vgl. z. B. ⟨/-ər/; N$_{\text{mask}}$, [V__]; 'Jmd., der gewohnheitsmäßig V-t'⟩. Zudem sind sie mit Wörtern teilweise durch diachronische Prozesse verbunden, insofern als sich Wörter zu Derivationsaffixen entwickeln können (z. B. *-schaft*, ahd. noch Kompositionselement *scaf(t)* 'Beschaffenheit', oder jünger *-frei* in *bügelfrei* 'muss nicht gebügelt werden'). Andererseits gehören gebundene Wortbildungsmorpheme offensichtlich nicht der gleichen Schicht des Lexikons an wie die Wörter, da auf erstere morphologische, auf letztere äußerungssyntaktische Regeln zugreifen. Bei den grammatischen Morphemen erschwert die präzise Bestimmung ihrer Bedeutung deren Einstufung als Lexikoneinheiten. In der Abfolge zunehmender Einordnungsproblematik wären hier etwa Pluralaffixe, Infinitivaffixe und schließlich die Fugenelemente (*Liebe+s+erklärung*) zu nennen. Vor allem die augenscheinliche Bedeutungslosigkeit der Fugenelemente führte dazu, dass der Morphembegriff von seiner bedeutungsbezogenen Auffassung (kleinste isolierbare bedeutungstragende Spracheinheit) hin zu einer weiteren Fassung entwickelt wurde, in der das Morphem als kleinste Segmentfolge, der eine außerphonologische Eigenschaft zugeordnet werden kann, bestimmt wird. Ein anders geartetes Einordnungsproblem, auf das hier nicht näher eingegangen wird, betrifft nicht-segmentale Morpheme, beispielsweise die Umlautung (*Vogel*, *Vögel*), die Quantitätsveränderung (im Ostfränkischen z. B. [fiːʃ]-'Sg.', [fɪʃ]-'Pl.') oder Töne wie im Chinesischen.

Oberhalb der Wortebene werden als mögliche Lexikoneinheiten die *Phraseologismen* diskutiert. Die innere Heterogenität dieser Klasse, die auch bei der Frage der Lexikonzugehörigkeit eine Rolle spielt, zeigt sich bereits an ihrer strukturellen Vielfalt: Sie können wortähnlich (*mit Hilfe*, vgl. *mithilfe*), wortgruppenhaft (*jmdm. den Garaus machen*), satz- (*Da brat mir einer 'nen Storch*) oder textformatig (*Hannemann, geh du voran*) sein. Phraseologismen lassen sich mit Dobrovol'skij (1995) als Wortverbindungen auffassen, an denen Irregularitätsmerkmale festgestellt werden können. Die von ihm behandelten semantisch irregulären Idiome stellen allerdings nur eine, wenn auch typische Phraseologismensubklasse dar. Phraseologismen können formale (*auf gut/*gutes Glück*), syntaktische (*Schlange stehen*, *stehen* wird nicht mit Akkusativobjekt konstruiert), kombinatorische (restringierte Kollokationen wie *in Wut/Zorn/ ?Ärger geraten*), lexematische (*etw. aufs Tapet bringen*), semantische (*den Teufel tun*) und pragmatische (*Das wäre doch nicht nötig gewe-*

sen) Irregularitäten in unterschiedlich starker Ausprägung und in verschiedener Kombination aufweisen. Die Phraseologie war selbst lange Zeit wortzentriert und befasste sich vornehmlich mit semantisch irregulären wort- und wortgruppenhaften Phrasemen. Vor allem die Kollokationen (Funktionsverbgefüge etc.), die Phraseoschablonen (z. B. [N$_i$ *hin*, N$_i$ *her*]: *Freund/Nachbar hin, Freund/Nachbar her* 'auch wenn er mein Freund/Nachbar ist' oder *Wenn ich* [X] *richtig verstanden habe*) und die Vielzahl äußerungswertiger Phraseologismen (Routineformeln, Sprichwörter, Gemeinplätze etc.) bereiten Einordnungs- bzw. Abgrenzungsprobleme. Teils werden sie in die Phraseologie eingeschlossen und somit als lexikalische Einheiten anerkannt, teils aus ihr ausgeschlossen (z. B. Hessky 1987 gegen Sprichwörter, Kjaer 1991 gegen pragmatische Phraseologismen und Kollokationen), wobei die Tendenz eindeutig zur Integration solcher Erscheinungen geht (z. B. Feilke 1996; Mel'cuk 1995).

Dass die semantisch irregulären Idiome unterhalb der Satzebene Lexikoneinheiten sind, ist inzwischen unbestritten, da sie als Tripel ⟨PS, SS, CS⟩ – mit der Besonderheit einer strukturierten Formseite – aufgefasst werden können, z. B. ⟨/ɪns graːs baɪsən/, einwertiges Verb, 'sterben'⟩. Insbesondere ein Phraseologismus wie *jmdm. den Garaus machen* muss im Lexikon verzeichnet sein, weil er ein unikales Element *Garaus* beinhaltet, das synchron keinen Wortstatus besitzt und weil die Phrasenbedeutung 'töten' schon wegen der Bedeutungslosigkeit von *Garaus* nicht kompositionell ermittelbar ist. Äußerungswertige Phraseologismen gehören bei Vorliegen semantischer (z. B. *Weiß der Kuckuck*) und/oder pragmatischer (*mit freundlichen Grüßen* als Schlussformel) Irregularitäten ebenfalls ins Lexikon, auch wenn ihnen die syntaktische Kombinatorik fehlt (⟨PS, 0, CS⟩). Äußerungswertige Phraseologismen können auch pragmatische Kombinationseigenschaften besitzen, man vgl. etwa die situationell bzw. kontextuell nicht ohne weiteres austauschbaren Verabschiedungsformeln *Auf Wiedersehen, Gehabt euch wohl* (gehoben) und *Machts gut* (ugs.). Problematisch wird es bei äußerungswertigen Einheiten wie Gedicht- oder Liedtexten. Zweifelsohne handelt es sich dabei wie bei Phraseologismen um gespeicherte, m. a. W. reproduzierbare Einheiten. Jedoch ist mit solchen Texten kein sprachspezifisches semantisches oder pragmatisches Wissen verbunden, sondern episodisches und vor allem Weltwissen, z. B. von welchem Autor ein Gedichttext stammt, dass es sich um ein expressionistisches Gedicht handelt etc., weshalb sie mit dem prototypischen Lexikonelement, dem Wort, im wesentlichen nur die fixierte phonologische Form gemeinsam haben (⟨PS, 0, 0⟩). Schwieriger gestaltet sich die Abgrenzung bei Textsorten wie Aphorismen, Maximen oder Sentenzen, z. B. *Der brave Mann denkt an sich selbst zuletzt* (Schiller, „Wilhelm Tell"). Hier wird eine Aussage usw. nicht in persönliche Worte gekleidet, sondern in der Formulierung einer „Autorität" zitiert. Zu fragen ist, ob derartige Zitate konventionell etwas Semantisches und/oder Pragmatisches transportieren. Zu erwägen ist auch, ob nicht schon die oft sehr begrenzte Geläufigkeit solcher Zitate gegen eine Wertung als Sprach- bzw. lexikalische Einheit spricht. Kollokationen wie *in Wut geraten* werden tendenziell nicht als eine Lexikoneinheit angesehen (s. z. B. Mel'cuk 1995). Vielmehr wird ein Konzept wie 'beginnen, Wut zu haben' bevorzugt durch eine restringierte Kombination zweier Lexeme zum Ausdruck gebracht. Somit werden einer Kollokation im Gegensatz zu einem Idiom wie *in Harnisch geraten* keine idiosynkratischen Bedeutungs- und Kombinationseigenschaften zugemessen. Phraseoschablonen wie *Wenn* X *wüsste, dass* Y (z. B. *Wenn Pia wüsste, dass ihr Bruder Haschisch raucht!*) weisen sowohl syntaktische als auch lexikalische Eigenschaften auf; sie werden im Abschnitt „Lexikon und Syntax" näher behandelt.

7. Lexikon und Grammatik (Syntax)

Aus psycholinguistischer Sicht ist das Verhältnis von Lexikon und Syntax (separate Module, ein komplexes Netzwerk, oder etwas dazwischen?) noch nicht ausreichend geklärt. Der Stellenwert des Lexikons in der linguistisch-theoretisch orientierten Sprachbeschreibung hat sich radikal gewandelt. Bloomfield (1933, 274) sah in ihm "an appendix of the grammar, a list of basic irregularities". In etlichen späteren linguistischen Modellen werden eine Speicherkomponente (Lexikon) und eine auf Regelanwendung beruhende Produktionskomponente (Grammatik bzw. Syntax) einander gegenübergestellt. Das Lexikon wurde dabei nicht selten als einfache, ungeordnete Liste angesehen (z. B. in der Generativen Grammatik). Es herrschte die Auffassung vor, dass die lexikalischen Einheiten durch "lexical insertion" in die von der Regelkomponente bereitgestellten syntaktischen Strukturen (z. B. S →

NP VP, NP → Det N, N → *Baum, Busch, ...*) eingefügt werden. Neuere Modelle dieser Ausrichtung (wie die Rektions-und-Bindungs-Theorie) messen der Bedeutung lexikalischer Informationen für die syntaktische Strukturbildung mehr Gewicht zu, z. B. durch das "projection principle" ("lexical information is syntactically represented", s. z. B. Haegemann 1994, 31 ff; Zitat S. 55), heben aber die Trennung zwischen beiden Modulen nicht prinzipiell auf. Man setzt einerseits eine Komponente syntaktischer Regeln an, die nur über Kategorialsymbolen operieren, (relativ) uneingeschränkt produktiv sind und keinerlei Erscheinungen von Phraseologizität (keinerlei Irregularitäten) zeigen; andererseits wird ein Speicher lexikalischer Einheiten angenommen, die selbst kategorisiert sind, keine Erzeugungsfähigkeit besitzen und nicht selten Phraseologizität erkennen lassen, wobei dann gerade letztere häufig als Ursache ihrer Lexikalisierung bzw. Speicherung verstanden wird. Gegenpositionen, setzen das Lexikon weitgehend mit der Sprache gleich und verstehen unter Syntax (oder Grammatik) lediglich Generalisierungen, die aus den lexikalischen Wortverbindungsmöglichkeiten folgen. In der Kognitiven Linguistik findet sich die Auffassung, dass Grammatik und Lexikon zwei Pole eines Kontinuums darstellen, das sich zwischen "specified symbolic units" (Wörter, Morpheme und Phraseologismen) und "schematic symbolic units" bzw. "established patterns" erstreckt (vgl. Langacker 1987). Im Rahmen einer solchen Position lassen sich folgende Phänomene zwischen den Polen Wort (speziell: Simplex) und über Kategorialsymbolen operierende Regel anordnen: (i) Die Grenze zwischen einem Wort und einer syntaktischen Wortverbindung ist synchron (Variation, z. B. *mit Hilfe, mithilfe*) und diachron (Wandel, z. B. mhd. *in mitler wîle* → nhd. *mittlerweile*) durchlässig. (ii) Es gibt komplexe Lexikoneinheiten mit syntaktischer Struktur, z. B. Phraseologismen wie *fix und fertig, Das ist nicht mein Bier* oder *Ich bin auch nur ein Mensch.* (iii) Phraseologische Lexikoneinheiten wie *eins aufs Dach/ auf den Deckel/ die Glatze/die Haube/den Hut/ die Mütze bekommen* oder *Haben Sie einen Moment/eine Sekunde/kurz/ein paar Minuten Zeit?* können in Grenzen produktiv werden. (iv) Manche Erzeugungsschemata bestehen aus Lexemen und Leerstellen, z. B. ⟨N_i um N_i, adverbiales Adv, 'ein N nach d- anderen'⟩ (*Sie tranken Glas um Glas/Flasche um Flasche*), ⟨NP_{gen} *Thron/Der Thron* + NP_{gen} *wackelt*, 'Die Stellung von [NP_{gen}] ist unsicher, gefährdet o. ä.'⟩ (*Des Kanzlers Thron/Der Thron des Kanzlers wackelt*) oder ⟨*Wenn X wüsst-, dass/ w- Y*⟩ (*Wenn sie wüsste, dass er raucht/wie er sein Geld verdient*). Hierzu gehören auch die "lexicalized sentence stems" (*Ich denke nicht daran, dass ..., Ich glaube nicht, dass ...*) von Pawley/Syder (1983). (v) Es gibt rein kategorialsymbolisch belegte Erzeugungsschemata, die eine „idiomatische Interpretation" aufweisen. Jackendoff (1995, 154) nennt solche Konstruktionsmuster "constructional idioms" (⟨∅, SS, CS⟩, dt. Terminus: „Phraseoschablonen"). Bei diesen handle es sich um "a match of syntactic and conceptual structure", ohne dass ein lexikalisches Element dies wesentlich steuert. So liegt etwa den Syntagmen *der Film der Filme* 'der bedeutendste/aufwendigste/ (...) Film' (vielleicht „Citizen Kane" o. ä.) und *der Saurier der Saurier* 'der schrecklichste/ größte/ (...) Saurier' (vermutlich der T. Rex) syntaktisch [Art_{best} [N_i^{Sg} [Art_{best} $N_i^{Pl}]^{NPgen}]N']^{NP}$ und semantisch 'd- höchstbewertete N_i (der Bewertungsmaßstab ist kontextuell zu ermitteln)' zugrunde. Die CS des Erzeugungsschemas ist „idiomatisch"; es ist nicht analog zu Genitivattributionen wie *der Film Hitchcocks* nach allgemeinen semantischen Prinzipien wie der Teilmengenbildung, der Frame-Interaktion (zu dem mit *Film* verbundenen Wissen gehört, dass ein Film von einem Regisseur „dirigiert" wird, mit *Hitchcock* ist verbunden, dass es sich um einen Filmregisseur handelt, so dass *der Film Hitchcocks* lesbar ist als 'der Film, bei dem Hitchcock Regie führte' o. ä.) etc. interpretierbar. Eine radikale Position gegenüber der „traditionellen" Zweiteilung in Grammatik (Syntax) und Lexikon entwirft Feilke (1996, 187), der vorschlägt, bislang eindeutig der Grammatik zugerechnete Phänomene wie die „rheinische Verlaufsform" (z. B. *Carlos war gerade am Putzen, als es an der Tür klopfte*) oder das Dativpassiv (z. B. *Das Kind bekam ein Holzpferd geschenkt*) „als Bestandteile des Lexikons zu interpretieren". Feilke (ebd. 312) bestimmt das Lexikon „als ein dynamisches Netzwerk sozial stabilisierter Prägungen", wobei er syntaktische (z. B. Satzbaupläne wie *[subj. + präd. + adj.]* oder Beziehungsmuster wie *[...] geschweige denn [...]*, ebd. 241), semantische (u. a. des Typs *ab und zu* oder *Kohldampf schieben*, ebd. 250) und pragmatische Prägungen (z. B. *Zurücktreten bitte!*, oder *Unter uns gesagt ...*, ebd. 272) unterscheidet.

8. L-1- und L-2-Lexikon

Bei Menschen, die neben ihrer Erst- bzw. Muttersprache (L-1) mindestens eine weitere Sprache (Zweit- bzw. Fremdsprache, kurz: L-2) erlernen, lassen sich folgende Möglichkeiten der lexikalischen Organisation denken: (i) ein gemeinsames Lexikon („Komplexikon"), (ii) zwei relativ autonome Lexika, (iii) ein Komplexikon, das sich in zwei Lexika auseinanderdifferenziert oder (iv) zwei Lexika, die immer dichter miteinander vernetzt werden, m. a. W. zusammenwachsen. Da beim Erwerb einer Fremdsprache bereits eine semantische Struktur (mit verbundenen L-1-Formen) vorhanden ist, liegt es nahe, dass die neu angeeigneten L-2-Formen an die semantischen Repräsentationen „andocken" (z. B. /buːx/---'BUCH' ← /bʊk/, "compound bilingualism"). Andererseits ist vorstellbar, dass sich ein Netzwerk selbständiger Verbindungen von L-2-Sprachzeichen (L-2-Formen und Inhalten) relativ unabhängig vom L-1-Lexikon entwickelt, eventuell mit Verbindungen oder Überschneidungen zwischen den Inhalten (/buːx/---'BUCH' (↔) 'BOOK'---/bʊk/, "co-ordinate bilingualism"). Mischformen aus verschmolzener und koordinierter Zweisprachigkeit sind denkbar. Die Vorstellung des "subordinate bilingualism" (die L-2-Form verbindet sich über die L-1-Form mit einer Bedeutung: 'BUCH'---/buːx/ ← /bʊk/) wird in letzter Zeit nicht mehr vertreten. Offenbar konnte bislang weder für den "compound" noch für den "co-ordinate bilingualism" überzeugende Evidenz erbracht werden. Vielmehr wird angenommen, dass unterschiedliche Repräsentationsformen (getrennt, überlappend, subordiniert) koexistieren, was zur Favorisierung „hybrider Modelle" führt (s. Raupach 1994, 36f). Als gesichert gilt, dass zwischen den Lexikoneinheiten zweier Sprachen vielfältige Querverbindungen existieren. In Richtung auf eine komplexe Vernetzung weisen "blends" wie *Springling* (engl. *spring(time)*, dt. *Frühling*) hin, ebenso das Verfahren von Sprechern, innerhalb längerer Äußerungen zwischen beiden Sprachen hin und her zu wechseln. Mehrere Problemkreise gestalten die Forschung in diesem Bereich schwierig. Zum Beispiel: Inwieweit beeinflussen Alter und Art des Spracherwerbs die lexikalische Organisation (Erwerb im Kindesalter oder als Jugendlicher bzw. Erwachsener; simultaner, überlappender oder konsekutiver Spracherwerb)? Wie ist der Einfluss unterschiedlicher Arten des Erwerbs (im Elternhaus, in der Schule, im Land, wo L-2 gesprochen wird usf.) zu bewerten? Wie stark ist der Einfluss der Sprachtypen auf die Entwicklung der lexikalischen Organisation (Beispiele: L-1 = Deutsch, L-2 = Niederländisch (enge Sprachenverwandtschaft), Italienisch (flektierend), Türkisch (agglutinierend) und Chinesisch (isolierend))? Aufgrund der vielfältigen Erscheinungsformen und der sprecherindividuellen Ausprägungen ist im Bereich der Mehrsprachigkeit demnach verstärkt mit verschiedenen Ausprägungen der lexikalischen Organisation zu rechnen.

9. Form- und Bedeutungslexikon

Es kommt vor, dass man zwar über die Bedeutung eines Wortes verfügt, aber dessen Form nicht abrufen kann („Tip-of-the-Tongue-Phänomen"). Im umgekehrten Fall kann es passieren, dass einem eine Form (wie *Kalokagathie*) zwar bekannt, deren Bedeutung jedoch nicht verfügbar ist. Folglich können bei einer lexikalischen Einheit die Form- und Bedeutungsinformationen dissoziiert sein. Levelt (1989, 187) unterscheidet ein "*form lexicon*" (phonologische und morphologische Informationen) und ein "*lemma lexicon*" (semantische und syntaktische Informationen). Die Verbindung zwischen Lemma und Form wird durch einen "lexical pointer" hergestellt. Sucharowski (1996, 73) entwirft ein Modell, in dem es ein zentrales „semantisches System" gibt, auf das man über phonologische bzw. graphematische Formen (aber z. B. auch über bildliche Codes) zugreifen kann. Die Aufteilung in Speicheradressen von Form- und Bedeutungsinformationen entspricht zwei wesentlichen funktionalen Aspekten der Sprache: Bei der Sprachproduktion geht der Weg von der Bedeutung (dem zu versprachlichenden Konzept) zur Form, bei der Rezeption von der Form (den rezipierten Sprachschallereignissen) zur Bedeutung. Es gilt als wahrscheinlich, dass die Wortbedeutungen für die Sprechplanung durch semantische Felder ('Raubkatzenbezeichnungen', 'Verben des Besitzwechsels', 'Farbadjektive' etc.) organisiert sind, aus denen die passende Einheit ausgewählt wird. Ebenfalls plausibel erscheint die Annahme, dass bei der akustischen Worterkennung eine Menge ähnlichlautender Wörter aktiviert werden; je mehr Information verfügbar wird, desto mehr Formen werden deaktiviert, bis schließlich eine Form „gewinnt".

10. Häufige und seltener gebrauchte Lexeme

In Experimenten wie lexikalischen Entscheidungsaufgaben (Probanden müssen möglichst schnell entscheiden, ob eine auf einem Bildschirm erscheinende Form ein Wort der Muttersprache darstellt) zeigt sich ein deutlicher Worthäufigkeitseffekt: hochfrequente Wörter (*und*, *Mensch*) werden schneller erkannt als seltene (*angesichts*, *Malus*). Auch bei Phraseologismen vom Typ Idiom (z. B. *kick the bucket*) lassen sich experimentell unterschiedliche Verarbeitungszeiten nachweisen. Für diesen Effekt gibt es zwei Erklärungsmöglichkeiten. Häufige Wörter sind doppelt gespeichert, und zwar sowohl im eigentlichen Lexikon (full-size lexicon) als auch in einem schnell zugänglichen Speicher frequenter Wörter (pocket dictionary). Erst wenn eine Wortsuche im "pocket dictionary" erfolglos gewesen ist, wird nach einem passenden Lexikoneintrag im "full-size lexicon" gesucht. Neben dieser seriellen Erklärung lässt sich der Häufigkeitseffekt auch mit der Vorstellung einer parallel ablaufenden Worterkennung in Einklang bringen. Da die Aktivationsschwelle bei häufigen Wörtern niedriger liegt als bei weniger frequenten, sind ihre Repräsentationen schneller zugänglich. Ein anderes Modell sieht bei Lexemen eine Trennung einer modalitätsspezifischen Zugangsrepräsentation (access represensation) und dem eigentlichen modalitätsunabhängigen Lexikoneintrag vor (vgl. z. B. Aitchison 1994, 212f). Die auditorischen bzw. visuellen Zugangsrepräsentationen werden bei der Worterkennung zuerst aktiviert, und erst nachdem eine Repräsentation „gewonnen" hat, werden die wortspezifischen syntaktischen, semantischen etc. Informationen verfügbar. Damit würde der Häufigkeitseffekt ausschließlich von den Formen abhängig gemacht. Zu diesem Punkt sind weitere Untersuchungen notwendig.

11. Modalitätsspezifische Lexika

Bei Sprachen wie Englisch oder Deutsch lassen sich über die Dimensionen Produktion versus Rezeption sowie akustisches versus optisches Medium die vier Verarbeitungsweisen Sprechen, Schreiben, Hören und Lesen unterscheiden. Daraus lässt sich der Fragenkomplex ableiten, ob an allen vier Sprachmodi ein gemeinsames Lexikon mit möglicherweise vier verschiedenen Zugangsmechanismen beteiligt ist, ob man eine Aufteilung in ein Produktions- und ein Rezeptionslexikon (output vs. input lexicon) annehmen muss und ob die laut- bzw. schriftsprachlichen Verarbeitungsprozesse ebenfalls auf spezifische Teillexika zugreifen. Produktion und Rezeption stellen unterschiedliche Anforderungen. Bei der Worterkennung ist öfters unter ähnlichen Formen die formal wie semantisch passende Form herauszufinden, im Verlauf der Wortproduktion ist einem Konzept(teil) eines von mehreren bedeutungsähnlichen Lexemen zuzuordnen. Die schon lange beobachteten Unterschiede zwischen dem größeren passiven und dem geringeren aktiven Wortschatz unterstützen die Annahme eines Eingangs- wie eines Ausgangslexikons. Die Verschiedenheit und Eigenständigkeit von Laut- und Schriftsprache, von phonematischer oder graphematischer Verarbeitung, ist heutzutage anerkannt. Die Vorstellung der Übersetzung schriftsprachlicher in lautsprachliche Einheiten (oder umgekehrt) gilt als im wesentlichen widerlegt (s. z. B. Sucharowski 1996, 68ff). Darstellungen des Stoffwechsels und der Funktionszustände des Gehirns mittels Positronen-Emissions-Tomographien (PET) lassen erkennen, dass beim Hören oder Lesen nicht die gleichen Gehirnareale aktiv sind (Harley 1995, 282). Ob dies jedoch bereits als Beweis für unterschiedliche Lexika zu werten ist und gegen ein Lexikon mit unterschiedlichen Zugriffsmöglichkeiten spricht, scheint noch nicht hinreichend geklärt (s. Harley ebd. 286). Es wäre noch kritisch zu untersuchen, was Methoden wie die PET eigentlich sichtbar machen.

Aphasiologische Befunde über selektive Störungen der Sprachmodalitäten Hören und Sprechen sowie Lesen und Schreiben führten dazu, zwischen einem zentralen semantischen System und diversen Lexika zu unterscheiden (z. B. Harley 1995, 284, Sucharowski 1996, 57ff; ähnlich auch Miller 1993, 152f). Beispiele: Ein Patient kann sprechen, hören und auch schreiben, die erworbene Lesefähigkeit hat er aber eingebüßt (Alexie). Dies lässt vermuten, dass ein Gehirnareal, das die Speicherung und Erkennung visueller Wortformen leistet, beschädigt wurde. Ein anderes Phänomen – ein Patient ist imstande, gehörte Wörter nachzusprechen bzw. nachzuschreiben, versteht sie jedoch nicht – legt eine Unterbrechung zwischen dem auditiven Eingangslexikon und dem zentralen semantischen System nahe. Das Vorhandensein selektiver Funktionsstörungen führt zu der Entwicklung relativ komplexer Wortverarbeitungsmodelle, in denen unter anderem unterschieden wird zwischen einem auditiven und einem visuellen Analysesystem, einem auditiven und einem visuellen Eingangslexikon, einem zentralen semantischen System und einem Sprach- und einem graphematischen Ausgangslexikon (Harley 1995, 284, Sucharowski 1996, 73). Allerdings folgen nicht alle Modelle solchen Vorstellungen. Nach Miller (1993, 158) sei die eigentliche Frage „(...) nicht, wieviele Wortschätze es gibt, sondern wie so viele verschiedene Signale Zugang zu derselben Botschaft haben können". Das Modell eines amodalen Lexikons mit mehreren Zugangsmechanismen kann noch nicht als widerlegt gelten (Harley 1995, 286).

12. Morphemlexikon – Wortlexikon – Phraseolexikon

Die Auffassung, dass neben dem Wortschatz (im Sinne eines „Simplexschatzes") eine weitere Spracheinheitenkomponente mit strukturierten Einheiten angesetzt werden kann, gewann an Kontur, als im Rahmen des Aspects-Modells der generativen Grammatik Probleme diskutiert wurden, die damit zusammenhingen, dass ein Teil der terminalen Wortketten der "phrase-marker" (etwa *red herring* 'roter Hering' oder 'Ablenkungsmanöver') neben einer wörtlichen Interpretation auch eine phraseologische besitzen kann. Weinreich (1969) schlug als Lösung vor, ein "simplex" und ein "complex dictionary" anzusetzen, wobei in letzterem u. a. "idioms, phrases and sentences familiar to speakers of the language" verzeichnet sind. Die einlaufenden Wortketten werden mit Einträgen aus dem complex dictionary verglichen; wenn ein Eintrag passt, dann werden die wörtlichen Lexembedeutungen, die aus dem simplex dictionary stammen, gelöscht und durch die Bedeutung des mehrteiligen Ausdrucks ersetzt. Fillmore (1978, 149) nimmt an, dass es zahlreiche Ausdrücke gibt, die sowohl lexikalische als auch grammatische Eigenschaften besitzen. Er postuliert ein "phrasicon", das "fixed phrases, clichés, speech formulas – in general, all conventionalized ways of saying things –" enthält. Die Modellierung der Beziehung zwischen Wort- und Phraseologismenlexikon bewegt sich zwischen zwei extremen Annahmen: ein komplexes System oder zwei relativ autonome Teilsysteme? Diese Frage kann nicht pauschal beantwortet werden. Weil die Phraseologie einer Sprache selbst ein heterogener Phänomenbereich ist, fällt die Antwort bezüglich einzelner Phraseologismenklassen unterschiedlich aus.

Vapordshiev (1992, 18 ff) bemerkt, dass „Lexik und Phraseologie keine voneinander isolierten Gebiete darstellen", sieht die Phraseologie aber durchaus als selbständiges System (als Subsystem des „Gesamtlexikons"), das er „Phraseolexikon" nennt. Er begründet dies mit den Haupteigenschaften der Phraseme: Kombination von Lexemen (nicht von Phonemen bzw. Morphemen), phraseologisch gebundene Bedeutung der Phrasemelemente (= Idiomatizität), Verbundenheit der Phraseme durch paradigmatische und syntagmatische Relationen und das Ausbilden spezifischer „phraseosemantischer" Felder (z. B. 'Angst haben' und *kalte Füße bekommen, die Hosen voll haben, jmdm. fällt das Herz in die Hose*). Dobrovol'skij (1995) argumentiert, dass Idiome (Phraseologismen mit Irregularitätsmerkmalen wie *jmdm. einen Bären aufbinden, jmdm. Paroli bieten*) ein relativ autonomes Modul des Lexikons bilden, da ihre kognitive Verarbeitung Besonderheiten aufweist: die Mehrwortigkeit, die Veränderbarkeit (Transformierbarkeit) von Idiomen im Vergleich zu Wörtern, die gleichzeitige Aktivierung der literalen und der idiomatischen Bedeutung von Idiomteilen und das Hervorrufen bildhafter Assoziationen durch Idiome. Dobrovol'skij (ebd.) zeigt auch, dass Idiome nicht nur über semantische Relationen wie die Synonymie oder Antonymie miteinander vernetzt sind, sondern beispielsweise auch durch das Wissen über typische Handlungsabläufe (Szenarien) wie bei der kognitiven Struktur ERREICHEN VON ZIELEN (*etw. ins Auge fassen, etw. in die Wege leiten, nach den Sternen greifen, eine harte Nuss* usf.). Ob auch Phraseologismenklassen wie die Routineformeln (*Wohl bekomm's*), die Sprichwörter oder die Gemeinplätze (*So jung kommen wir nicht mehr zusammen*) als Teilsysteme modellierbar sind, bleibt eine Forschungsfrage. Dass Phraseologismen andererseits auch relativ stark mit Wörtern vernetzt sind, zeigt sich u.a. daran, dass lexikalische Felder wie ENDEN DES LEBENS sowohl Wörter als auch Phraseologismen enthalten, nicht selten sogar an der gleichen Feldposition ('vulgär' *abkratzen, den Arsch zukneifen*; 'durch Unfall/Unglück' *umkommen, ums Leben kommen* etc. Vgl. Schindler 1993).

Die Stellung morphologischer Lexeme im Lexikon kann wohl ebenfalls nicht einheitlich beantwortet werden. Bei einem Teil der Morpheme ist unklar, ob diesen überhaupt semantische Informationen zukommen (s. Fugenelemente oder den (*e*)*n*-Infinitiv, mithin ⟨PS, SS,

0⟩). Einige Wortbildungselemente zeigen wiederum wortähnliche Eigenschaften bzw. sind semantisch-feldhaft mit Wörtern verbunden, z. B. *Lehrer- und Angestelltenschaft/Lehrer- und Angestelltenfortbildung* oder *tolle Gelegenheit/Bombengelegenheit*). In diesem Punkt sind weitere Forschungen wünschenswert.

13. Literatur in Auswahl

Aitchison, Jean (1994), *Words in the mind: an introduction to the mental lexicon*. 2. Aufl. Oxford UK/ Cambridge USA: Blackwell.

Beinhauer, Werner. (1978), *Stilistisch-phraseologisches Wörterbuch spanisch-deutsch*. München: Hueber.

Bloomfield, Leonard (1958 [1933]), *Language*. New York: Holt.

Bußmann, Hadumod (1990), *Lexikon der Sprachwissenschaft*. 2. völlig neu bearb. Aufl. Stuttgart: Kröner.

Cruse, D. Alan (1986), *Lexical semantics*. New York: Cambridge University Press.

Crystal, David (1997), *A dictionary of linguistics and phonetics*. 4. Aufl. Oxford UK/Cambridge USA: Blackwell.

Dobrovol'skij, Dmitrij (1995), *Kognitive Aspekte der Idiom-Semantik*. Tübingen: Narr.

Feilke, Helmuth (1996), *Sprache als soziale Gestalt*. Frankfurt/M.: Suhrkamp.

Fillmore, Charles J. (1978). On the organization of the semantic information in the lexicon. In: *Papers from the parasession on the lexicon*. (eds. D. Farkas/ W. M. Jacobsen/K. W. Todrys). Chicago Linguistic Society: Univ. of Chicago, 148–173.

Glück, Helmut (1993), *Metzler-Lexikon Sprache*. Stuttgart/Weimar: Metzler.

Handbuch der Lexikologie. (Hrsg. Chr. Schwarze/D. Wunderlich). Königstein/Ts.: Athenäum 1985.

Haegemann, Liliane (1994), *Introduction to government and binding theory*. 2. Aufl. Oxford UK/Cambridge USA: Blackwell.

Harley, Trevor A. (1995), *The psychology of language. From data to theory*. Hove: Erlbaum, Taylor & Francis.

Hessky, Regina (1987), *Phraseologie: linguistische Grundlagen und kontrastives Modell deutsch-ungarisch*. Tübingen: Niemeyer.

Jackendoff, Ray (1995), The boundaries of the lexicon. In: *Idioms: structural and psychological perspectives*. (eds. M. Everaert u. a.), Hillsdale: Lawrence Erlbaum Ass., 133–165.

Kjaer, Anne Lise (1991), Phraseologische Verbindungen in der Rechtssprache? In: *EUROPHRAS 90. Akten der internationalen Tagung zur germanistischen Phraseologieforschung*. Aske/Schweden, 12.–15.6.90. (Hrsg. Chr. Palm). Uppsala: Almqvist & Wiksell International, 115–122.

Langacker, Ronald W. (1987), *Foundations of cognitive grammar. Vol. 1: Theoretical prerequisites*. Stanford/California: Stanford Univ. Press.

Levelt, Willem J. M. (1989), *Speaking: from intention to articulation*. Cambridge (Mass.)/London: MIT Press.

Lutzeier, Peter Rolf (1995), *Lexikologie: ein Arbeitsbuch*. Tübingen: Stauffenburg.

Mel'cuk, Igor A. (1995), The future of the lexicon. In: *Linguistics in the Morning Calm* 3 (ed. Ik-Hwan Lee, Seoul (Korea)), 181–270.

Miller, Georges A. (1993), *Wörter: Streifzug durch die Psycholinguistik*. Heidelberg etc.: Spektrum, Akadem. Verlag.

Pawley, Andrew/Syder, Frances Hodgetts (1983), Two puzzles for linguistic theory: nativelike selection and nativelike fluency. In: *Language and communication*. (eds. J. C. Richards/R. W. Schmidt). London/New York: Longman, 191–226.

Pilz, Klaus Dieter (1983a), Suche nach einem Oberbegriff der Phraseologie und Terminologie der Klassifikation. In: *Phraseologie und ihre Aufgaben: Beiträge zum 1. Internationalen Phraseologie-Symposium vom 12.–14. Oktober in Mannheim*. (Hrsg. J. Matesic). Heidelberg: Groos, 194–213.

–, (1983b), Zur Terminologie der Phraseologie. In: *Muttersprache* 93, 336–350.

Raupach, Manfred (1994), Das mehrsprachige mentale Lexikon. In: *Kognitive Linguistik und Fremdsprachenerwerb: das mentale Lexikon*. (Hrsg. W. Börner/K. Vogel). Tübingen: Narr, 19–37.

Sacks, Oliver (1992), *Stumme Stimmen*. Reinbek: Rowohlt.

Saussure, Ferdinand de (1969), *Cours de linguistique générale*. 3. Aufl. Paris: Payot (Erstaufl. 1916).

Schindler, Wolfgang (1993), Phraseologismen und Wortfeldtheorie. In: *Studien zur Wortfeldtheorie*. (Hrsg. P. R. Lutzeier). Tübingen: Niemeyer, 87–106.

Schippan, Thea (1992), *Lexikologie der deutschen Gegenwartssprache*. Tübingen: Niemeyer.

Sucharowski, Wolfgang (1996), *Sprache und Kognition*. Opladen: Westdeutscher Verlag.

Vapordshiev, Vesselin (1992), *Das Phraseolexikon der deutschen Gegenwartssprache*. Sofia: Jusautor.

Weinreich, Uriel (1969), Problems in the analysis of idioms. In: *Substance and structure of language*. (Hrsg. J. Puhvel). Berkeley/Los Angeles: Univ. of California Press, 23–81.

Wolfgang Schindler, München (Deutschland)

4. Struktur und Strukturierung in der Lexikologie

1. Struktur-Grundlage und Lexikologische Grundhypothese
2. Drei Grundstrukturen von Bedeutungs-Analyse: Zerlegung, Extensionalisierung, sinnrelationale Vernetzung
3. Sem-Semantik als Beispiel einer Zerlegungs-Semantik
4. Die Logische Semantik
5. Die Attribut-Semantik
6. Fazit
7. Literatur in Auswahl

1. Struktur-Grundlage und Lexikologische Grundhypothese

Das Interesse des Lexikologen besteht darin, aus den ihm vorliegenden Äußerungen in einer Sprache elementare Sprachzeichen zu identifizieren und deren Bedeutung als isolierbare Einheiten anzugeben (atomisierendes Vorgehen). Dem liegt die Hypothese zugrunde, dass Äußerungen in elementare Bausteine (Lexeme) zerlegt werden können, die bei der Zusammensetzung zu Sätzen (Komposition) keine Bedeutungs-Modifikation erfahren (Lexikologische Grundhypothese der Isolierbarkeit, LG). Dabei wird aber das ausgeklammert, was für Sprecher und Hörer die Flexibilität einer natürlichen Sprache ausmacht: dass sie mit der gleichen Äußerung in verschiedenen Situationen Unterschiedliches meinen bzw. verstehen können (die Kontextsensitivität der Bedeutung in Äußerungen). Zugespitzt kann man daher von dem *Dilemma des Lexikologen* sprechen:

D1.– entweder er verfährt strikt nach der Isolierbarkeitshypothese LG, kann aber dann mögliche Kontextabhängigkeiten bei der Komposition der Lexembedeutungen nicht beschreiben oder
D2.– er systematisiert solche Kontextabhängigkeiten, soweit dies machbar ist, und bezieht sie in die Struktur der Lexembedeutung mit ein. Damit wird aber die Grundhypothese als Arbeitsbasis verlassen.

Da Lexeme aber prinzipiell in Abhängigkeit vom Kontext eine regelhafte Bedeutungsmodifikation erfahren können (man denke nur an Metaphern, ironische Verwendung oder Bedeutungswechsel in witzigen Pointen) bleibt die prinzipielle Frage, wie man überhaupt entscheiden kann, ob die isolierte Bedeutung eines Lexems in einem Kontext zum Tragen kommt (dies wäre ein Kriterium für den rein kompositionellen Kontext) oder nicht.

Ein Ausweg aus dem Dilemma wird am Ende gefunden, aber nicht im Rahmen der bisher vertretenen Auffassungen, sondern innerhalb eines strukturell neuen Ansatzes zur Bedeutungsbeschreibung (cf. 5.3 und 6.2).

1.1. Der Begriff „Konzeptuelle Struktur"

Hier wird ein einfacher, intuitiv zugänglicher Strukturbegriff zugrundegelegt, der als Leitfaden für die strukturelle Reformulierung der einzelnen Zeichen- bzw. Bedeutungsmodelle dienen soll, ohne dass ein Übermaß an Formalisierung die Verständlichkeit behindert.

Eine KONZEPTUELLE STRUKTUR sei eine Folge $<MG, MR, MA>$ mit folgenden Komponenten:

MG: eine nicht-leere endliche Menge von GEGENSTÄNDEN
MR: eine nicht-leere endliche Menge von RELATORFORMEN mit dem Aufbauschema:
$R^n (arg_1:-, arg_2:-, \ldots, arg_n:-)$
wobei zu jedem Relator R eine n-stellige Folge von Argumentrollen „arg_i:-" festgesetzt ist, in deren Leerstellen „:-" Gegenstände aus MG eingesetzt werden können.
MA: eine Menge von RELATIONEN, wobei jede Relation aus einer Relatorform und einer entsprechenden Folge von Gegenständen besteht, die in die Leerstellen der Argumentrollen eingesetzt sind.

Wenn durch den Relator R die Folge der Argumentrollen eindeutig festgelegt ist, genügt es, die Folge der eingesetzten „Argumente" anzugeben. Z. B. sei dem mengensprachlichen Relator „enthalten-sein-in" eine zweistellige Folge (Untermenge:-, Obermenge:-) zugeordnet. Wenn also G1 und G2 zwei Gegenstände aus MG (mit Mengencharakter) sind, dann lässt sich die Relation bilden:

„enthalten-sein-in (Untermenge: G1, Obermenge: G2)"
bzw. verkürzt:
„enthalten-sein-in (G1, G2)".

Die Anführungszeichen zeigen an, dass diese Relationen hier nicht als bestehend behauptet werden, sondern nur als sprachliche Ausdrücke erwähnt werden.

1.2 Der hier zugrunde gelegte Strukturbegriff wird als „konzeptuelle Struktur" definiert, um ihn von dem rein extensionalen Strukturbegriff der Mathematik (cf. die mit dem Namen „Bourbaki" (1935) verbundene Richtung) zu unterscheiden. Diese Abgrenzung ist deswegen nötig, weil sich das semantische Darstellungsprogramm der Logischen Semantik, nämlich die rein extensionale (bzw. intensionale) Darstellung von Denkinhalten bzw. von Bedeutung als undurchführbar erweisen wird (cf. 4.3f.). Man kann also für die hier vorzunehmende Strukturdarstellung nicht ein Darstellungsinstrument wählen, das sich dann in der Argumentation als nicht geeignet herausstellt. Aber auch wenn sich ein Darstellungsinstrument als geeignet erweisen soll, muss das Instrument mit dem dies dargestellt werden soll, reichhaltiger sein, darf also nicht durch die Darstellungsweise schon vorausgesetzt werden. Der wesentliche Unterschied zwischen dem mathematischen (Bourbakischen) Strukturbegriff und der konzeptuellen Struktur besteht darin, dass der Relator R^n nicht extensionalisiert wird (d.h. zu einer Menge von n-tupeln wird), sondern als eine eigene Entität (als ein n-stelliger Begriff) angesehen wird (cf. 5.1. und 5.4.). Dasselbe gilt sinngemäß dann auch für den einstelligen Relator (den Namen einer Eigenschaft), der nicht durch eine Menge von Objekte (seine Extension) ersetzt wird, sondern der für eine eigene Entität, die Eigenschaft (als Begriff bzw. Attribut verstanden) steht.

„Struktur" und „strukturell" implizieren hier auch keine Einschränkung auf eine holistische Sicht, wie dies in der „Strukturalen Semantik" (cf. Hjelmslev 1973, 254) oder im europäischen „Strukturalismus"-Begriff (Albrecht 1988, 182ff.) angelegt ist. Der hier benutzte Begriff der „Strukturierung" soll nur einen methodischen Leitfaden an die Hand geben, um über einer gemeinsamen metasprachlichen Basis drei lexikalisch-semantische Grundauffassungen so darzustellen, dass sie miteinander verglichen und ihre Vor- und Nachteile abgewogen werden können.

1.3. Zum Forschungsstand und zur Literatur bzgl. der formalen Strukturierung in der Lexikologie: Während in der Logischen Semantik (cf. 4., insbes. 4.4.) die „Formalisierungskraft" von Logikern zu Überformalisierungen führen kann (bei gleichzeitiger Vernachlässigung genauer einzelsprachlicher Bedeutungsanalysen), fehlt eine solche Kraft im traditionellen Strukturalismus (hier die Merkmals-Semantik betreffend, cf. 3.) fast gänzlich (cf. z. B. Pottier 1987a und 1987b). Anekdotische Beispiele aus Einzelsprachen zusammen mit ad-hoc-Analysen zeigen dem Lernwilligen ungefähr soviel wie der Jongleur, der seinem Schüler sagt: „Schau mir einfach zu und mach's dann nach!" Da die Artikel oder Bücher meistens da enden, wo die Kapitel „Verallgemeinerung", „theoretische Grundlegung" und „Methode zur (Re-)konstruktion von Lexem-Bedeutungen" folgen müssten, beruhen die folgenden Strukturierungsvorschläge eher auf Hypothesen über die Theorie-Ideen, die hinter den Beispielen zur Merkmals-Semantik zu vermuten sind. – Die Vielfalt von Zeichenmodellen und deren nuancierenden Beiträge zu einem umfassenden Bedeutungskonzept lassen sich zwar im Prinzip mit dem eingangs vorgeschlagenen Ansatz der Konzeptuellen Struktur rekonstruieren und damit vergleichbar und integrierbar machen, dies übersteigt aber die Aufgabe einer generellen strukturellen Orientierung, wie sie hier gegeben werden soll. Verwiesen sei auf die Einzelartikel in diesem Handbuch, sowie auf Lyons (1977), Lutzeier (1981, 1985a, 1985b), Schwarze/Chur (1996).

2. Drei Grundstrukturen von Bedeutungs-Analyse: Zerlegung, Extensionalisierung, sinnrelationale Vernetzung

Im Folgenden werden drei Semantik-Modelle zur Beschreibung der lexikalischen Bedeutung dargestellt und kritisch bewertet. – Hierbei wird der Ausdruck „Semantikmodell" im Sinne von „Typ (Muster) einer Semantiktheorie" benutzt und sollte nicht mit anderen Modellbegriffen verwechselt werden.

2.1. Die drei *Semantikmodelle* sind:

– die *Merkmals-Semantik*, die die Bedeutung durch Zerlegung in semantische Merkmale darstellt. – Darin werden die zwei Varianten unterschieden: die einzelsprachlich orientierte *Sem-Zerlegung* und die außereinzelsprachlich orientierte *Merkmals-Zerlegung*;
– die *Logische Semantik*, auch Wahrheitssemantik genannt, die die Bedeutung durch Bildung von Objektmengen darstellt;
– die *sinnrelationale Semantik* und deren Weiterentwicklung zur *Attributsemantik*, wie sie hier vorgeschlagen wird: sie stellt die Bedeutung durch Sinn-Relationen zwischen den Begriffen bzw. Attributen dar.

4. Struktur und Strukturierung in der Lexikologie

Die Semantikmodelle werden hier nur soweit eingeführt und motiviert, wie es für die Struktur-Erstellung nötig ist, weiterführende Darstellungen finden sich an anderen Stellen dieses Handbuchs. – Die folgenden Ausführungen, die zunächst nur die beiden ersten Semantikmodelle, die Zerlegungs-Semantik (und darin speziell die Sem-Semantik) und die Logische Semantik, betreffen, sind in Verbindung mit der Tabelle 4.1 des Strukturvergleichs der Semantikmodelle zu lesen (am Ende des Artikels).

2.2. *Ausgangspunkt* für alle drei Semantikmodelle seien folgende *Vorgaben*: für einen Ausschnitt einer Einzelsprache NL sind die bedeutungshaltigen Grundwörter, die „Lexeme", und die Sinnrelationen der Form SR (L, L') zwischen je zwei Lexemen L und L', die sinnvoll miteinander vergleichbar sind, von einem empirisch arbeitenden Lexikologen zusammengestellt worden.

Zur Erhebung der Daten sind zwei Wege denkbar:
a) die einzelsprachorientierte Bedeutungserfassung durch eine reglementierte Befragung, wie sie in Wiegand/Wolski (1980, 202) beschrieben wird (zur Problematisierung: siehe unten 5.4., G1.–G3.);
b) eine personenspezifische Bedeutungserfassung, wie sie z. B. mit der dafür entwickelten Methode des „Gesetzesorientierten Nachfragens" durchgeführt wurde (Mudersbach 1988, 91 ff.). Dabei wird in der Form des offenen Interviews eine Person zu ihrem individuellen Wortgebrauch befragt. Anschließend werden die sich daraus ergebenden Bedeutungsbeziehungen zu einem personenspezifischen Bedeutungsnetz zusammengefasst, sozusagen zu einem sprachlichen „Fingerabdruck" der interviewten Person. Solche Bedeutungsnetze lassen sich dann zu individualsprachlichen Untersuchungen verwenden (z. B. Jacob/Mudersbach/van der Ploeg 1996) oder über Mittelungsverfahren zur Aufstellung von gruppensprachlichen Stereotypen (Zelger 1994).

2.2.1. Diese Vorgaben lassen sich strukturell so charakterisieren:

Gegeben sei der empirische Befund ⟨NL, NL', ML, MR, NETZ⟩ mit:
NL: eine natürliche Sprache NL,
NL': ein Ausschnitt einer natürlichen Sprache NL,
ML: die Menge der Lexeme des Ausschnitts NL' (endlich, nicht-leer),

MR: die Menge der Sinnrelatoren. Sie bestehe aus den Relatoren (in der Relatorform von 1.1.):
    hyponym⟨2stellig⟩
        (arg_1:---, arg_2:----),
    synonym⟨2stellig⟩
        (arg_1:---, arg_2:----),
    inkompatibel⟨2stellig⟩
        (arg_1:---, arg_2:----),
NETZ: die Menge aller Sinnrelationen R(L,L'), die zwischen zwei bestimmten Lexemen L,L' bestehen, wobei L,L' Lexeme aus ML sind und R ein Sinnrelator aus MR ist.

Anm. 1: Der Begriff „Lexem" wird hier eingeschränkt auf die Grundformen zu solchen Wortarten, die Begriffe, Eigenschaften, Eigenschaftsträger, Substanzen oder Geschehendes ausdrücken (sogenannte „Inhaltswörter", z. B. ‚lustig", „Haus", „Gold", „lachen"). Auch eine Wortgruppe mit einer fixierten Gesamtbedeutung kann Lexem-Status haben (sogenannte „Mehrwort-Lexeme", „Phraseme" oder „Phraseologismen", z. B. „Schwein haben"). Sie erfordern allerdings eine besondere pragmatische Behandlung (cf. Mudersbach, 1998). Andere Ausdrücke, die zur Organisation der Rede im weitesten Sinne dienen, müssen hier außer Betracht bleiben.

Anm. 2: NETZ soll nur die basalen Relationen enthalten, also keine Relationen, die sich aus den basalen auf Grund einer formalen Relationseigenschaft ergeben (wie z. B. aus der Transitivität).

Anm. 3: Die linguistischen Sinnrelationen entsprechen den Begriffsbeziehungen in der klassischen Begriffslogik (Kondakow 1978, 74 ff., Bochenski 1956, 417; Siebel 1975, 27 f.) bzw. den entsprechenden Beziehungen zwischen den Begriffsinhalten bzw. den Begriffsumfängen. Sie sind in Tab. 1 aufgeführt.
– Die *Hyponymie-Relation* ist zu lesen als:
    „L1 ist hyponym zu L2",
wobei L1 und L2 individuelle Lexeme sind. Die intuitive Bedeutung der Relation ist vor-theoretisch ausgedrückt: was L1 ist, ist auch L2.
– Die *Synonymie-Relation* ist zu lesen als:
    „L1 ist synonym zu L2".
Die intuitive Bedeutung der Relation ist vor-theoretisch ausgedrückt: L1 bedeutet das gleiche wie L2.
– Die Inkompatibilitätsrelation ist zu lesen als:
    „L1 ist inkompatibel zu L2".
Die intuitive Bedeutung ist vor-theoretisch ausgedrückt: L1 steht im Gegensatz zu L2.
Die Präzisierung wird in den verschiedenen Semantiktheorien unterschiedlich vorgenommen (cf. Tab. 4.1.).

Anm. 4: In Lyons (1977, 270 ff.) werden noch weitere Sinnrelationen aufgeführt (Superonymie, Opposition, Antonymie, Komplementarität, Konversion, Kontradiktion, Kohyponymie usw.). Hier kommt es nur auf die generelle Struktur der Sinnrelationen an, nicht auf die Diskussion einzelner Relationen.

2.3. Die *Sem-Semantik* und die *Logische Semantik* haben folgende strukturelle Gemeinsamkeiten aufzuweisen: In beiden Semantikmodellen sind die Sinnrelationen zwar der empirische Ausgangspunkt, sie werden aber als präzisierungsbedürftig angesehen. In beiden ist die Strategie der Präzisierung die, i) sie „berechenbar" zu machen und ii) dies auf der Basis der Mengensprache zu erreichen. Beide orientieren sich implizit oder explizit an den Konzepten der klassischen Begriffslogik. Während dort aber der Inhalt und der Umfang als zum Begriff dazugehörig angesehen wurde, wird in den beiden modernen Semantiken der Begriff sozusagen *ersetzt* durch den Begriffsinhalt, d. h. durch die Menge der Begriffs-Merkmale bzw. durch den Begriffsumfang, d. h. durch die Menge der Objekte, auf die der Begriff zutrifft. In beiden Fällen ist dies verbunden mit der Idee, dass durch die Mengensprache die Aussage über die semantischen Beziehungen zwischen den Lexemen präzisiert werden.

Im Folgenden wird zunächst die in beiden Semantikmodellen gemeinsame Grundstruktur angegeben (2.3.1.), danach werden die Unterschiede aufgezeigt (2.3.2., 2.3.3.). (Zum Vergleich und zur Terminologie: siehe Tab. 4.1.).

2.3.1. Grundstruktur von Sem-Semantik und Logischer Semantik

Ausgehend von einer Basismenge B von atomistisch zu verstehenden Elementen (Semen bzw. Individuen, in der Logik: Merkmale bzw. Objekte) wird eine bestimmte Menge MT von Teilmengen ausgezeichnet. Diese Teilmengen sind gerade so konstruiert, dass jedes Lexem L auf eine bestimmte Teilmenge T (eindeutig) abgebildet wird. Die Sinnrelationen zwischen den Lexemen werden dann als Mengen-Beziehungen rekonstruiert: die Hyponymie (L1, L2) z. B. als Inklusion zwischen zwei solchen Teilmengen T1, T2. Der Unterschied zwischen Sem-Semantik und Logischer Semantik besteht dann darin, dass sich die Inklusion zwischen T1 und T2 umkehrt. Hinzu kommt, dass die Semem-Mengen die sprachbezogene Bedingung der minimalen Distinktivität erfüllen müssen (cf. 3.2.), während die Merkmals-Mengen in der Variante der Merkmalssemantik (3.4.), ebensowenig wie die Inhalts-Merkmale in der Begriffslogik (da einzelsprachunabhängig) eine solche Bedingung erfüllen müssen. Die Extensionen der Logischen Semantik (bzw. Begriffsumfang) unterliegen nur der schwächeren Restriktion, dass die Verschiedenheit der Lexeme (bzw. der Mengen) darstellbar sein muss, aber nicht durch genau ein Objekt oder genau ein Merkmal, sondern durch mindestens eins.

2.3.2. Die *Sem-Semantik* orientiert sich an der Mengenstruktur des Begriffsinhaltes und modelliert die Lexembedeutung als „Semem", d. h. durch eine spezifische Menge von Merkmalen, das sind kleinste Bedeutungseinheiten, die auch „Seme" genannt werden.

2.3.3. Die *Individuen-Semantik* orientiert sich an der Mengenstruktur des Begriffsumfangs und modelliert die Lexembedeutung als die Menge von Objekten („Individuen"), auf die der Begriff zutrifft („Extension des Begriffs" genannt).

3. Sem-Semantik als Beispiel einer Zerlegungs-Semantik

3.1. Basis: Seme, Sememe

In der Sem-Semantik besteht die Basismenge aus Semen. Das sind minimal distinktive Bedeutungselemente, die gerade in Anzahl und Rolle so gewählt werden, dass jedes Sem für genau eine Unterscheidung zwischen zwei inkompatiblen Lexemen zuständig ist. Das Verfahren, wie man von einer vorgegebenen Sinnrelation zur Konstruktion eines dafür zuständigen Sems gelangt, wird meist nicht selbst vorgeführt. Stattdessen werden für spezielle Lexem-Mengen spezielle schon etablierte Sem-Mengen vorgeführt. Wichtig ist für den Sem-Semantiker, dass die den Sinnrelationen entsprechenden Mengenbeziehungen über der Menge der Seme aufgebaut werden kann. Die Plausibilität der inhaltlichen Kurzcharakterisierung jedes einzelnen Sems (durch ein Lexem meist derselben Sprache!) ersetzt die formale Konstruktion. Aber eigentlich ist die inhaltliche Vorstellung, die mit einem Sem verbunden wird, nicht relevant für die dargestellte Analyse, weil es in erster Linie auf die „richtige" Mengenbeziehung zwischen den Sememen ankommt (und nicht auf die Bedeutung der Elemente). Das ist aber den meisten Sem-Semantikern selbst nicht bewusst, weil sie nicht strukturell denken, sondern auf die Erfassung derjenigen Objekteigenschaften konzentriert sind, denen die jeweils minimale Distinktivität eines Sems zugeschrieben werden kann (Pottier 1978a, 69f.), Pottier 1978b, 404ff.; Greimas 1971, 46f.; Heger 1976, 70f.).

3.2. Konstruktionsverfahren für Seme

Seme sind Konstrukte, deren Zweck ist, die minimale Distinktivität in der Beschreibung der Bedeutung zu gewährleisten. Sie sind also nach einem bestimmten Verfahren einzuführen. In der Literatur wird kein explizites Konstruktionsverfahren angegeben, sondern nur Beispiele, die schon das Resultat einer Konstruktion sind. Im folgenden soll ein Vorschlag gemacht werden, wie eine Konstruktionsmethode aussehen müsste:

Vorgaben wie oben (2.2.) angegeben:
$\langle NL, NL', ML, MR, NETZ \rangle$. NL' sei im folgenden auf desambiguierte Ausdrücke derselben Wortart eingeschränkt.

(1) Beginne mit dem Lexem, das in NL' zu keinem anderen hyponym ist. Nennen wir es L_0 (Archilexem). Erzeuge das Sem s_0 (Archisem) und ordne dem Lexem L_0 das Semen $S_0 = (s_0)$ zu, d. h. die Einermenge mit dem Element s_0 (Archisemem).

(2) Suche alle Lexeme, die zu L_0 *hyponym* sind, z. B. $L_{1.1}$, $L_{1.2}$, $L_{1.3}$.
Erzeuge die Seme $s_{1.1}$, $s_{1.2}$, $s_{1.3}$.
Und bilde die Semem-Mengen zu
$L_{1.1}$: $S_{1.1} := \{s_0, s_{1.1}\}$,
$L_{1.2}$: $S_{1.2} := \{s_0, s_{1.2}\}$,
$L_{1.3}$: $S_{1.3} := \{s_0, s_{1.3}\}$.

(3) Verfahre mit den Hyponymen zu dem Lexem $L_{1.1}$ wie im Schritt (2) mit den Hyponymen zu L_0, d. h. füge die neuen Seme in die bis hierher aufgebaute Semem-Menge ein und erzeuge so die Semem-Mengen zu den Hyponymen zu $L_{1.1}$. – Verfahre ebenso mit Hyponymen zu den übrigen Lexemen $L_{1.2}$, $L_{1.3}$. –

(4) Der Schritt (3) ist so oft zu wiederholen, bis alle Sinnrelationen aus NETZ erfasst sind.

Anm. 1: in Schritt (2) ist bei der Auswahl der Hyponyme eventuell noch zu berücksichtigen, dass sie demselben Aspekt angehören (cf. Lutzeier 1985b, 114).

Anm. 2: Da die Superonymie die Umkehr der Hyponymie ist, ist sie hier schon berücksichtigt. Die Inkompatibilität ergibt sich aus der Konstruktion als Verschiedenheit zweier Sememe derselben Konstruktionsstufe (als Ko-Hyponymie) und erfordert kein weiteres Sem; die Synonymie auch nicht, falls sie in der Sem-Semantik überhaupt konstruierbar ist (cf. Pottier 1978b, S. 404).

Nach diesem Verfahren benötigt man z. B. für 3 Hyponymie-Beziehungen (über 1 Basislexem und 3 Lexemen): 1 Basis-Sem (Archisem), 3 Seme und 3 Sememe. Da das Verfahren verallgemeinerbar und iterativ erweiterbar ist, ergibt sich für den Vergleich der Anzahl der benötigten Beschreibungseinheiten bei der Darstellung mittels Sinnrelationen bzw. mittels Semen: jedes Lexem erfordert ein zusätzliches Semem; jeder Sinnrelation entspricht das Sem, das das zusätzliche Semem konstituiert (cf. Pottier 1978a, S. 68 f.).

3.3. Rolle der Seme

Wenn also die Seme nach dieser Konstruktion aus den Sinnrelationen gewonnen werden können, dann ist jedes eingeführte Sem ein konstruiertes Objekt, das die zu modellierende Inklusionsbeziehung (zwischen Semen) zu der jeweiligen Hyponymierelation (zwischen Lexemen) garantiert. Damit erfüllen sie ihren Zweck, ohne dass hier von irgendeiner inhaltlichen Beschreibung des Sems die Rede war. Das Lexem „Stuhl" kann also dargestellt werden durch eine Menge, in der ein bestimmtes Sem-Objekt, nennen wir es „Sem Nr. 7142", die Unterscheidung zu den Kohyponymen „Sessel" und „Hocker" ausmacht. Pottier (1978a, S. 68/9), führt eine solche Bezeichnung an, um deutlich zu machen, dass es nur auf die Identität des Konstrukts ankommt. Er bedauert ausdrücklich: „Um der größeren Klarheit willen explizitieren wir diese Seme leider aber mittels Wörtern aus der Sprache." Diese Art von Explizitierung führt jedoch zu dem Fehlschluss, dass die Funktion der Seme aus Eigenschaften der Objekte entnommen werden könnte (z. B. „ohne Armlehne") (cf. ähnlich in 4.4.). Die genaue sprachliche Darstellung des Sems muss aber meines Erachtens so lauten:

Das Sem Nr. 7142 bezeichnet „das Stuhlhafte" im Gegensatz zu „dem Sesselhaften" bzw. „dem Hockerhaften".

Diese drei Neubildungen zeigen zwar maßgeschneidert die (relationshaltige) Funktion der Seme, aber sie sagen nichts aus über genau EINE Eigenschaft, die jeweils allen Stuhlobjekten gemeinsam sein muss, um Stühle zu sein. Jede weitere Anknüpfung an konkrete Eigenschaften von Stühlen (wie „mit Rückenlehne", „ohne Armlehne") führt jedoch in Schwierigkeiten, weil dann der versteckt relationale Charakter des Sems durch eine Sach-Eigenschaft ersetzt wird, die an Stühlen, isoliert und sprach-unabhängig, entschieden werden kann, ohne dass Sessel oder Hocker zum Vergleich herangezogen werden müssen. Da an Stühlen aber nicht ablesbar ist, in welcher Sprache sie mit welchen andern Sitzmöbeln in Konkurrenz stehen, kann auch nicht entschieden werden, welche Eigenschaft von vielen möglichen zur minimal-distinktiven Unterscheidung (des Stuhlhaften) tauglich ist. Müssen sich aber mehrere Stuhleigenschaften das Stuhlhafte miteinander teilen, dann sind sie nicht Repräsentant des Minimal-Distinktiven. Daraus ergibt sich:

3.4. Fazit: Die Sem-Semantik kann den empirischen Befund (wenn dieser in Form von Sinnrelationen vorliegt) nicht auf weniger Grundeinheiten (Seme) reduzieren. Sie übersetzt die semantische Beziehung zwischen zwei Lexemen in eine Relation zwischen zwei Mengen (Sememen). Dies ist nur dem Anschein nach eine präzisere Darstellung. Denn die Elemente dieser Mengen (die Seme) sind Konstrukte, die nur zu diesem Zweck eingeführt werden (cf. Tab. 4.1.). Die Seme lassen sich aber aus zwei Gründen nicht durch Eigenschaften der entsprechend bezeichneten Objekte interpretieren: erstens, weil es keine „einzelsprachlich minimal-distinktiven" Eigenschaften an Objekten gibt. Und zweitens, weil ein Sem nicht wieder eine Bedeutung haben kann, sondern selbst eine Bedeutung *ist*. (Zu inhaltlichen Kritikpunkten hinsichtlich des Status der Seme: cf. Wiegand/Wolski 1980, 205f.).

3.5. Zerlegung in semantische Merkmale

Eine Alternative zur einzelsprachspezifischen Merkmalanalyse ist die, eine Menge von Merkmalen auf einer allgemeinen Basis von metaphysischen Kategorien und einer ontischen Klassifikation vorzugeben und damit möglichst viele Sprachen einheitlich zu analysieren (Katz 1969, 138ff.; Katz/Fodor 1970, 242ff., Bierwisch 1970, 299f.). Dieses Vorgehen ist nicht mit den Denkfehlern behaftet, die für die Sem-Semantik angegeben wurden. Die Idee der semantischen Marker ist also im Prinzip der Versuch, atomistische Wirklichkeits-Bausteine zu finden, nach denen Bedeutungen klassifiziert werden können. Die Vergleichbarkeit von einzelsprachlichen Bedeutungsanalysen wäre damit gewährleistet. – Hier ist allerdings die methodische Grundlegung dieses Progamms noch nicht sehr weit gediehen. Das hängt mit drei eher praktischen Problemen zusammen:

(1) Welche einheitliche metaphysische Basis ist tragfähig und allgemein akzeptabel?
(2) In welcher Sprache soll eine solche Analyse stattfinden: in einer natürlichen Sprache mit ihren jeweiligen sprachspezifischen Bedeutungseigenheiten oder in einer formalen Sprache, die dann selbst wieder semantisch eingeführt werden muss?
(3) Wie muss eine reglementierte Merkmalsprache und ein einheitliches Analyseverfahren methodisch aufgebaut sein, damit verlässliche Analysen möglich werden?

Dies kann hier nicht weiter ausgeführt werden (siehe die Kritik in Lewis 1974, 169f.).

Fazit: Die Merkmalssemantik kann zwar für sich beanspruchen, wegen des Ansatzes einer universalen, nicht nur einzelsprachlich orientierten Basis der Konstrukte eine solidere Bedeutungs-Beschreibung zu gewährleisten, aber solange eine solche Basis noch nicht vorliegt bzw. Kriterien angegeben sind, wie sie zu konstruieren ist, ist der Anspruch nicht eingelöst.

4. Die Logische Semantik

Dieser Semantiktyp stammt aus der Modernen Logik. Er wird auch „Wahrheits(-Bedingungen)-Semantik" und in seiner intensionalen Form „Mögliche-Welt-Semantik" oder „Modelltheoretische Semantik" genannt. Die Bedeutungen von sprachlichen Grundausdrücken spielen in dieser logik-orientierten Semantik eine untergeordnete Rolle, da das logische Programm eher auf Formalisierung der Prädikate ausgerichtet ist, als auf einzelsprachliche Bedeutungsanalysen. Dennoch haben Carnap (1956, 222) und Montague (1974, 263) im Prinzip mit den sogenannten „meaning postulates" die Mittel zur einzelsprachlichen Analyse zur Verfügung gestellt und teilweise auch eingesetzt. Hier muss die Richtung als lexikologische Alternative angesprochen werden, weil ihre Vertreter meinen, mit dem Extensionalisierungsprinzip auch den Königsweg zur präzisen Bedeutungserfassung gefunden zu haben.

4.1. Die Idee der Logischen Semantik

ist: statt der Sinnrelationen eine Präzisierung, wie in der Sem-Semantik, durch eine Mengenstruktur zu erreichen. Sie bedient sich dabei der Vorstellung des Begriffsumfangs. Die Bedeutung B des Lexems L wird rekonstruiert als diejenige Menge von Objekten, denen die Eigenschaft B zukommt (cf. Tab. 4.1).

4.2. Die *Basismenge* der Logischen Semantik ist nun nicht eine Menge von Objekten mit vorgefundenen (kontingenten) Eigenschaften (wie es die Idee des Begriffsumfangs nahe legen würde), sondern eine Menge IND von Individuen, die keine Eigenschaften haben, aber dennoch voneinander unterscheidbar sein sollen (sogenannte „bare individuals"). Aus der Idee des an den Eigenschaften der (natürlichen) Objekte „ablesbaren" Begriffsumfangs wird so eine *Festsetzung* des „Begriffsumfanges" über der Menge der (konstruierten) Individuen: Durch eine Funktion Ext wird jeder Lexembedeutung B die Menge derjenigen Individuen definitorisch zugeordnet, die die Eigenschaft B haben SOLLEN:

Ext(B) : = I′

(wobei I′ eine Teilmenge von IND ist). Diese Extension ist zeitlos und konstant. Die Individuen in ihr haben daher exemplarischen Charakter: die Eigenschaft B kommt ihnen essentiell zu. Denn nur wenn sie keine kontingenten Eigenschaften haben, können sie die gesetzesartigen Bedeutungsbeziehungen zwischen den Mengen repräsentieren (Dies ist relevant im Kontrast zu 4.3. und 4.4.).

Es gilt dann, ähnlich wie bei den Semen-Mengen, die Extensionen so zu konstruieren, dass sie insgesamt die zugrunde liegenden *Sinnrelationen* in präziser Weise darstellen können (vergleiche dazu die Darstellung der Hyponymie, Synonymie und Inkompatibilität in Tab. 1). Allerdings ist keine Bedingung der minimalen Distinktivität der Individuen gefordert. D. h., die Individuen werden nicht wie die Seme mit der Rolle versehen, dass jedes Individuum genau eine bestimmte Mengenunterscheidung gewährleisten soll (cf. 3.2.). Andererseits ist es sinnvoll, die Disjunktheit auf eine gemeinsame umfassende Extension zu beziehen, damit sinnlose Gegensätze vermieden werden.

4.3. Hier ist nun kritisch zu fragen, ob die Extensionalisierung von Begriffen eine geeignete Modellbasis ist, um Bedeutungsbeziehungen darzustellen.

4.3.1. *Synonymie:* Wenn wir die Definition der Synonymie (durch die Gleichheit der Begriffsumfänge) betrachten, so sehen wir, dass in der Extension der Unterschied zwischen den Begriffen „B1" und „B2" verlorengeht, da man einer Individuenteilmenge I′ nicht ansehen kann, welchen Begriff (bzw. Synonyme dazu) sie darstellen soll.

Genereller: eine Menge von Individuen ist prinzipiell nicht imstande, eine bestimmte (von mehreren synonymen Bedeutungen) Bedeutung abzubilden: zum einen, weil man den (formal konstruierten) Individuen nicht ansehen kann, welche Eigenschaft sie darstellen sollen, zum anderen, weil alle Synonyme in der Extension zusammenfallen (Carnap 1956, 152: "It is hardly possible to define properties by classes.").

4.3.2. *Kontingenz vs. Gesetz:* In der Logischen Semantik dienen die Extensionen auch zur Darstellung von kontingent wahren Sätzen: „Hans ist krank" ist wahr genau dann, wenn das Individuum zu „Hans" in der Extension von „krank" enthalten ist. Wenn außerdem die Extension von „krank" aus semantischen Gründen notwendigerweise verschieden ist von der Extension zu „gesund", dann kann man in dieser Extension das Kranksein von Hans nicht als eine kontingente revidierbare Eigenschaft darstellen. Hans ist dann ein exemplarischer Vertreter des Krankseins.

Damit Extensionsverhältnisse, die auf Grund von Bedeutungsgesetzen wahr sind, nicht mit kontingenten Eigenschaften von Individuen zusammenfallen, müsste man zwei Arten von Extensionen einführen: gesetzesbezogene und kontingente. Dies ist im Prinzip die Lösung in der Attributesemantik (cf. 5.5.). Die Logische Semantik stellt stattdessen das Gesetzmäßige durch die *Intension* dar, d. h. durch die Menge aller möglichen Extensionen zu einem Begriff. Zwecks Quantifikation werden diese möglichen Extensionen durch den Index der sogenannten „mögliche(n) Welt" auseinandergehalten (Montague, 1974, 263). Die Inkompatibilität von „gesund" und „krank" wird durch das Postulat formuliert (SR):

(SR) in allen möglichen Welten w soll gelten: die Extension zu „gesund" in w ist disjunkt zur Extension von „krank" in w.

In dieser Darstellung kann Hans je nach Welt zur Extension von „gesund" bzw. zu der von „krank" gehören. Damit ist also dem kontingenten Zutreffen von Eigenschaften auf Hans bei gleichzeitiger gesetzesartiger Beziehung zwischen den Eigenschaften (bzw. den Extensionen dazu) Rechnung getragen.

4.3.3. Diese sogenannte *intensionale oder modelltheoretische Semantik* hat aber zwei Nachteile, wenn es um lexikalisch-semantische Aufgaben geht:

N1. die Menge der Möglichen Welten muss so konstruiert werden, dass eine Sinnrelation (wie SR) in *allen* möglichen Welten in Form eines bestimmten Extensionsverhältnisses vorliegt. Damit ist die Konstruktion aber nicht präziser als die Konstruktionsanweisung, die in Form der Sinnrelation vorliegen muss. Außerdem ist das Ergebnis, dass in allen möglichen Welten z. B. „krank" inkompatibel ist mit „gesund" zirkulär, weil die Möglichen Welten je nach den Sinnrelationen konstruiert worden sind.

N2. Sinnrelationen sind Relationen zwischen Lexemen, die unabhängig von außersprachlichen (kontingenten) Fakten bestehen (cf. Carnap 1956, S. 10, 174). Es ist also der falsche Ort, eine Sinnrelation zwischen zwei Lexemen (die ja nicht referieren) an deren kontingenten Extensionen in der aktualen Welt feststellen oder festsetzen zu wollen. Um so weniger sinnvoll ist es, das Gesetzesartige durch kombinatorische Aufblähung des Kontingenten (d. h. durch Extensionen in *allen* möglichen Welten) darstellen zu wollen, auch wenn dies formal durchführbar ist. (Zur Rolle der Bedeutungspostulate und zu weiteren Problemen in der Darstellung von Kontingenz und Notwendigkeit in der Logischen Semantik: siehe Cresswell 1991, 28 ff.).

4.3.4. Fazit: für die lexikalisch-semantische Bedeutungsanalyse ist die extensionale sowie die intensionale Logische Semantik redundant. Sie sind weder präziser, noch erhellender, da sie die Vorgabe von Sinnrelationen voraussetzt und in der Konstruktion zirkulär ist. Was die weiteren Funktionen der Intensionalen Semantik (Bedeutung modaler, epistemischer und weiterer intensionaler Ausdrücke bzw. Phänomene) angeht, so wurde in Mudersbach (1984, 354 ff.) gezeigt, dass diese Aufgaben aus prinzipiellen Gründen, die mit dem Ansatz insgesamt zusammenhängen, so nicht gelöst werden können.

4.4. Der Denkfehler der Einzelfall-Darstellung statt Methodenvorgabe

Wenn man eine allgemeine Methode angeben kann, wie man die Sinnrelationen in eine extensionale Darstellung überführen kann, dann genügt es, diese Methode zur Überführung explizit zu formulieren. Es ist daher überflüssig, jeden Einzelfall getrennt vorzuführen bzw. eigenständig zu definieren. Wenn z. B. die Sinnrelation der Hyponymie zwischen den Lexemen L1 und L2 in eine Mengeninklusion zwischen den dazugehörigen Extensionen überführt werden kann (Ext(L1) ⊂ Ext(L2)), dann ist dies nicht bei jedem Exemplar L1 erforderlich.

Dasselbe Argument gilt auch für die *Semem-Darstellung*, bei der ja auch eine Sinnrelation nach einem bestimmten Verfahren auf eine Inklusionsbeziehung abgebildet wird (cf. 3.2.).

Um diese Argumentation im Bild der Multiplikation von Zahlen zu verdeutlichen: die Multiplikationsregel wird nicht deutlicher dadurch, dass ich die Ausführung an vielen (Sem-Semantik) oder gar allen (Mögliche Welt-Semantik) Fällen vorführe und dabei die Regel, die ich angewandt habe, verschweige.

Beide Semantikmodelle (3. und 4.) tragen daher zu einer über die vorgegebenen Sinnrelationen hinausgehenden Einsicht in die Bedeutungsverhältnisse nichts bei. Im nachfolgenden dritten Semantikmodell werden die bisher genannten Probleme und Denkfehler vermieden.

5. Die Attribut-Semantik

Die hier sogenannte Attribut-Semantik verbindet die sinnrelationale Semantik (Lyons 1977, 270 ff.) mit Montagues Konzept der (kontingenten) Referenz-Objekte als Mengen von Eigenschaften (Montague 1974, 274 ff.). Sie ist ausführlich dargestellt in Mudersbach (1983, 142 ff.; 1984, 45 f.; 85 f.; 311 f. und 1994, 122 f., 131 f.).

Die Vorgaben seien dieselben wie bei den beiden anderen Semantikmodellen: für einen Ausschnitt einer Einzelsprache NL sind die Lexeme ML und die Sinnrelationen zwischen ihnen von einem empirisch arbeitenden Lexikologen erstellt worden.

Die Attributsemantik ist folgendermaßen aufgebaut:

5.1. *Die Basismenge MA der Attributsemantik* besteht aus einer endlichen, nicht-leeren Menge von Attributen. Das sind Bedeutungsatome, die aus den normierten Ausdrucksseiten der Lexeme aus ML gebildet werden. Z. B. wird zu dem engl. Lexem "dog" als Attribut *dog* gebildet. *dog* ist ein Bedeutungsatom, das auch nur durch eine Konstante, z. B. b_{7142} gekennzeichnet sein könnte (cf. 3.3.). *dog* ist also keine verschlüsselte Bedeutungsangabe, wie das bei den semantischen Merkmalen der Fall ist; es trägt nur die unverwechselbare Information, ein-eindeutig mit der Ausdrucksseite des Lexems "dog" verbunden zu sein (Mudersbach 1984, 67, 88 ff.).

5.2. *Identitätskriterium für Lexeme und Attribute:* Das allgemeine Bedenken der extensionalen Logischen Semantik gegen bedeutungshaltige Ausdrücke (Eigenschaftswörter, Lexeme, Attribute, Prädikate), nämlich, dass sie keine klaren Identitätskriterien erfüllen würden (Quine 1952, 67ff.; 1960, 195ff.; 1981, 209ff.) lässt sich bzgl. Lexeme und Attribute, wie sie hier vorkommen, dadurch ausräumen, dass mit der Zugehörigkeit zum Zeichenrepertoire einer Einzelsprache auch festgelegt werden kann, welche Ausdrücke verschieden voneinander sind (siehe 5.3.). Die Lexeme erfüllen das *Identitätskriterium*: zwei Lexeme sind verschieden voneinander, wenn ihre Ausdrucksseiten verschieden sind. Polyseme und homonyme Zeichen werden vom Lexikologen mit einem unterscheidenden Index versehen (z. B. „Tag$_1$", „Tag$_2$", „Schloss$_1$", „Schloss$_2$").

Ambiguitätsprobleme können dann zwar bei der Anwendung in Kontexten auftreten (wo der Index fehlt), aber nicht im Lexikon.

5.3. Die gestufte Bedeutung von Lexemen:

Ein Bedeutungsatom bzw. Attribut A erhält seine „Bedeutung" im herkömmlichen Sinn durch die Angabe derjenigen Sinnrelationen, die A mit anderen Attributen verbinden und die sich aus der empirischen Bedeutungsvorgabe ergeben: dies ist die erste relationale Umgebung zu A im Bedeutungsnetz (1. Stufe der Lexembedeutung). (cf. Mudersbach 1983, 143f.; 1994, 123). Es werden also außer den universalen Sinnrelationen keine theoretischen Konstrukte gebraucht. Die Starrheit der Bedeutung eines isolierten Lexems, die sowohl in der Sem-Semantik als auch in der Logischen Semantik vorliegt, lässt sich durch eine kontext-sensitive Bedeutungsstrukturierung ersetzen: einem Lexem kann, bestimmt durch den jeweiligen Kontext, ein weiterer oder engerer Ausschnitt aus dem Bedeutungsnetz zugeordnet werden. Dadurch lässt sich die Bedeutung (auf einer bestimmten Stufe der sinnrelationalen Umgebung) auf den Kontext einstellen. (Dies wird in Mudersbach 1983 als das *hol-atomistische* Bedeutungskonzept beschrieben). Das Kompositionsprinzip betrifft dann nicht mehr die starre Vorgabe von Bedeutungsatomen, sondern diese kontextsensitiven (hol-atomistischen) Lexembedeutungen. Mit diesem Ansatz lässt sich auch der saussuresche Valeurgedanke präzisieren (Saussure 1916, 136, vgl. dazu Mudersbach 1994, 123f.): Der Stellenwert eines Lexems im System, sein „valeur", wird durch die von ihm ausgehende, maximal erreichbare Bedeutungsstufe dargestellt (die holistische Bedeutung des Lexems).

Zusätzlich lässt sich auch der Kontext-Valeur eines Lexems (für einen spezifischen Kontext C) definieren und zwar anhand der hol-atomistischen Bedeutungsstufe, die in C relevant ist.

Durch den gestuften Bedeutungsansatz der Attributsemantik lässt sich das lexikologische Programm überhaupt erst sinnvoll realisieren, ohne in das Dilemma des Lexikologen (cf. 1.1.) zu geraten: Der Lexikologe isoliert nicht Bedeutungen aus Kontexten, sondern er bettet sie um: aus einem kontingenten Situationskontext in den von ihm gewählten Systemkontext des Bedeutungsnetzes für das Lexem-System des Sprachausschnitts NL'. Der Übergang vom Systemvorkommen zu einem Textvorkommen ist dann für jedes Lexem mit dem Übergang zu einer niedereren Bedeutungsstufe verbunden (durch Ausschnittbildung, eventuell in Verbindung mit textspezifischen Relationsspezifikationen). Bei Fachtexten (bzw. logisch gesehen: rein extensionalen Texten) sollte die Systembedeutung maximal erhalten bleiben, minimal dagegen in poetischen und witzartigen Kontexten.

5.4. Darstellung der Sinnrelationen:

Sind die Sinnrelationen Hyponymie und Inkompatibilität für sich genommen hinreichend präzise oder bedürfen sie einer Übersetzung in eine präzisere formale Sprache? Die entsprechenden begriffslogischen Beziehungen „Unterbegriff" und „Kontrarietät" wurden in der traditionellen Logik als hinreichend verständlich angesehen. Die entsprechenden Beziehungen zwischen Begriffsinhalten bzw. -umfängen dienten der Veranschaulichung, nicht der Präzisierung. Unter dem Desiderat, das sich aus den modernen mathematischen und logischen Darstellungsmitteln ergeben hat, wurden die Sinnrelationen in die Mengensprache übersetzt. Aber die Darstellung von Bedeutung durch berechenbare Mengenbeziehungen führt nicht zum Ziel einer adäquaten Modellierung, wie für die Sem-Semantik und die logische Semantik gezeigt wurde (cf. 3.4. und 4.3.4.). Im Rahmen der bisherigen sinnrelationalen Semantik werden die obengenannten Sinnrelationen stattdessen durch die Implikationsbeziehung aus der Aussagenlogik erläutert (z. B. Lyons 1977, 292f. oder Wiegand/Wolski 1980, 202f.).

Dies ist aber inkonsequent aus drei Gründen:

G1. Wenn das lexikologische Programm darin besteht, die Lexembedeutung isoliert zu beschreiben (cf. LG in 1.), also losgelöst vom Satzzusammenhang, dann kann die sinnrelationale Semantik nicht auf die Implikation zwischen Sätzen zurückgreifen, in denen die jeweiligen Lexeme vorkommen. Damit macht sie sich wieder vom satzbezogenen Programm der Wahrheitssemantik abhängig, das sie durch die Isolierung der Lexeme ja gerade überwinden wollte.

G2. Zudem kann die Wahrheitssemantik die Bedeutungspostulate zu Lexemen nur angeben, wenn sie von den empirischen erfassten Bedeutungsbeziehungen (cf. 2.2.) ausgeht. Diese werden über die Akzeptabilität von Paaren von Testsätzen ermittelt, die gerade von der Bedeutung der darin vorkommenden Lexeme abhängt. Also ergibt sich die Implikationsbeziehung ja gerade aus der Bedeutungsbeziehung der jeweils konfrontierten Lexeme zueinander. Zwar ist das empirische Verfahren (Akzeptabilitätsurteile über Testsätze) heuristisch legitim, daraus ergibt sich aber nicht zwingend die Darstellung durch Implikationsbeziehungen. Denn:

G3. Die von allen Logikern eingeräumte kontraintuitive Modellierung der „wenn-dann"-Beziehung in der Aussagenlogik (durch die materiale Implikation) ist keine gute Basis für eine Präzisierung von Sinnrelationen. Der empirische Befund, dass aus der Verwendung eines Lexems die (Nicht-) Verwendbarkeit eines anderen Lexems „folgt", wird mit der materialen Implikation nicht erfasst, weil deren Wahrheitswert nur von den Wahrheitswerten der beiden Teilaussagen abhängt, nicht aber davon, ob sie überhaupt in einem sinnvollen Zusammenhang stehen.

5.4.1. Schlussschemata zu Sinnrelationen

Aufgabe der sinnrelationalen Semantik sollte es vielmehr sein, nach einer eigenständigen Präzisierung der Sinnrelationen im Rahmen des lexikologischen Programms zu suchen. In Lutzeier (1981, 123 ff.) wird die Beziehung zwischen Hyponymie und der Folgerung aus Sätzen diskutiert. Dort wird gezeigt, dass es bei bestehenden Hyponymiebeziehung zwischen zwei Lexemen L1 und L2 noch von der Stelle und deren Funktion abhängt, an der das hyponyme Lexem in einem Satz vorkommt, wenn man zu einem Folgesatz übergehen will, in dem L2 statt L1 steht. Daraus ergeben sich Einschränkungen, die man explizit in die Hyponymie-Definition aufnehmen muss, wenn man sie mit der Folgerungsbeziehung auf Satzebene verbinden will. Dies zeigt aber, dass man sich auf diese Weise nicht aus dem lexikologischen Dilemma befreien kann.

In der Attributsemantik werden die Sinnrelationen nicht durch Übersetzung in die Mengensprache, sondern durch Überführung in pragmatische Schlussmöglichkeiten präzisiert: Jede Sinnrelation erlaubt es dem Sprecher, bei der Planung einer Äußerung bestimmte Schlüsse zu ziehen und zwar direkt über seinem Informationsstand. Dadurch werden die Probleme, die mit den satzinternen Funktionen des Referierens und Prädizierens bzw. mit satzbezogenen Sprechhandlungen zusammenhängen, vermieden. Der Hörer kann seinerseits aus einer Sinnrelation erst dann etwas schließen, wenn er die Äußerung des Sprechers über seinem eigenen Informationsstand interpretiert hat. Solche Schlüsse lassen sich generell auf ein sogenanntes „pragmalogisches" Schlussschemata bringen, das wie folgt anhand der drei Sinnrelationen Hyponymie, Synonymie und Inkompatibilität charakterisiert werden kann (cf. Mudersbach 1997, 674f.):

Mit der Sinnrelation „Hyponym(A, B)" ist das folgende Schlussschema verbunden (unter den Voraussetzungen wie in 2.2.1. und 5.5.):
(LOG.HYP) „Wenn zu einem Objekt d die Information A vorliegt (= A?(d)), dann darf die Information B zur Objekt-Information hinzugefügt werden (= B+(d))." Dies wird so abgekürzt:
„A?(d) % ⇒ B+(d)" (cf. Tab. 1).

Dabei sind A? und B+ Operatoren, die auf Teilmengen d aus der Menge von Attributen definiert sind:

A?(d) = d, falls A ∈ d
(sonst: die leere Menge)
B+(d) = d′ ∪ {B}, falls B ∈ d
(sonst: die leere Menge).
„A?" heißt „Prüf-Operator A",
„B+" heißt „Ergänzungs-Operator B".

Die Schlussform „X % ⇒ Y" ordnet dem Resultat der Prüfoperation eine Ergänzungsoperation zu, durch die die Information über das Objekt d (ein Dividuum) um ein Attribut ergänzt wird (zum Objekt-Begriff siehe 5.5.). Wenn X die leere Menge ist, dann kann das Schlussschema nicht angewandt werden.

Bei der Sinnrelation „Synonym(A,B)" gilt sowohl das Schema zu Hyponym(A,B) als auch das zu Hyponym(B,A).

Bei der Sinnrelation „Inkompatibel(A,B)" gilt das Schlussschema:
(LOG.INK) „Wenn zu einem Objekt d die Information A vorliegt, dann darf die Information B zur Objekt-Information nicht hinzugefügt werden bzw. muss, falls sie bisher vorlag, aus der Objekt-Information eliminiert werden („B−(d)").
(Abgekürzt: „A?(d) % ⇒ B−(d)").

Dabei ist der Eliminierungsoperator „B−" wie oben auf einer Teilmenge d definiert:
B−(d) = d ∖ {B}, falls B ∈ d,
(sonst: die leere Menge).

Diese Schlussschemata übernehmen die Rolle des Modus Ponens der Aussagen- bzw. der Prädikatenlogik. (Zum Status und zu weiteren Einzelheiten cf. Mudersbach 2001, 78). Dieser Weg der Präzisierung ist ungewöhnlich. Aber gerade hier liegt eine Chance für den pragmatisch-lexikologischen Ansatz, der das einbeziehen will, was Sprecher aus ihrem lexikalischen Wissen zu folgern gewohnt sind. Die Verknüpfung der Sinnrelation mit einer Schlussregel ermöglicht zum einen, die gewünschte Präzisierung ohne Rückgriff auf die Aussagenlogik anzugeben, zum anderen die Dynamik des zielgerichteten Schließens eines Sprechers in einer Situation zu modellieren, in der er sein lexikalisches Wissen einsetzt, um sein jeweiliges Ziel besser zu erreichen.

5.5. Schließen über kontingente Objekte

In der Attributsemantik kann auf die Vorstellung der Extension zu einer Eigenschaft F als der Menge aller Objekte, die F sind, verzichtet werden. Sie steht dem Menschen ohnehin so nicht zur Verfügung. Stattdessen wird ein Objekt, das ein Sprachbenutzer S kennt, als die Menge derjenigen Attribute dargestellt, die er an dem Objekt kennt (*Dividuum*). Dividuen sind untereinander durch Relatoren verbunden, die aus Lexemen stammen, die mit einer vorgegebenen Argumentstellen-Spezifikation (Valenz) versehen sind. Aus seinem Wissen über die Sinnrelationen, die die Attribute eines Dividuums d betreffen, kann der Sprecher weitere Attribute zu d erschließen (nach 5.4.) bzw. neue Informationen daraufhin überprüfen, ob sie mit den in d vorhandenen kompatibel sind (cf. Mudersbach 2001, 79f.).

Da das gesetzesartige Wissen eines Sprechers über seine Lexeme (sein Bedeutungsnetz) von seinem momentanen kontingenten Informationstand strikt getrennt ist, kann es nicht zu einer „Aufgabenüberlagerung" kommen, wie bei den Extensionen in der Logischen Semantik (cf. 4.3.2.). Das Lexem-Wissen verändert nur dann den kontingenten Informationsstand, wenn der Sprecher aktiv sein Wissen in einem Schluss auf ein kontingentes Objekt anwendet. Äußerungen eines Gesprächspartners können ebenfalls zu Veränderungen im kontingenten Informationsstand führen, sowie zu Veränderungen im Lexem-Wissen.

5.6. Bedeutungsgesetze vs. kontingente Aussagen:

Eine Aussage wie „alle F sind G" kann dann entweder als Sinnrelation „F ist hyponym zu G" interpretiert werden – sie ist dann Teil des Lexemwissens des K (Sach- und Bedeutungsgesetze zu seinen Lexemen), – oder sie wird als kontingente Aussage interpretiert: alle Dividuen d, die F enthalten, enthalten (zufällig) auch G. Weder Begriffsumfänge bzw. Prädikats-Extensionen noch die Menge möglicher Welten werden in der Attributsemantik gebraucht. Dies steht übrigens im Einklang mit der späten Auffassung Freges, die aber in der Nachfolge nicht berücksichtigt wurde: „Die mit dem Gebrauch von Klassen verbundenen Schwierigkeiten verschwinden, wenn wir nur mit Gegenständen, Begriffen und Relationen zu tun haben – und das ist im grundlegenden Teil der Logik möglich. Denn die Klasse ist etwas Abgeleitetes, während wir im Begriff – so wie ich das Wort verstehe – etwas Primitives haben. Entsprechend sind auch die Gesetze der Klassen weniger grundlegend als jene der Begriffe und es ist nicht angemessen, die Logik auf Gesetze der Klassen zu gründen. Die grundlegenden Gesetze der Logik sollten nichts Abgeleitetes enthalten." (Frege, 1967b, 339; zitiert nach Bochenski 1956, 418.).

Diese späte Einsicht Freges wurde in der weiteren Entwicklung der Modernen Logik, die sich zwar auf Frege beruft, aber dann ganz im Zeichen der Extensionalisierung stand, nicht zur Kenntnis genommen.

6. Fazit

6.1. Zur lexikologischen Strukturierung

Die Semsemantik will den Begriff durch seinen Inhalt ersetzen, die Logische Semantik den Begriff durch seinen Umfang (= Extension). Beide verkennen, dass Inhalt und Umfang vom vorgegebenen Begriff abhängen, ihn zwar erläutern, aber nicht ersetzen können: weder durch eine Menge von Merkmalen noch durch eine Menge von Individuen. Die Konsequenz daraus ist: dem Begriff im Linguistischen Kleid, dem Lexem, wieder zu *seiner* „Bedeutung" zu verhelfen, indem der Begriff die Arbeit unter den von ihm Abhängigen, Inhalt und Umfang, aufteilt. Dies geschieht in der Attributsemantik: Die Funktion der Inhaltsangabe (d. h. der Bedeutungsbestimmung) wird statt durch konstruierte semantische Merkmale durch die Einbettung in das sinnrelationale Netz aller anderen Begriffe erfüllt; die Funktion der Anwendung der Lexeme in kontingenten Äußerungen (in referierender oder prädizierender Funktion) wird durch eine rein kontingent verstandene Extension (Informationsstand über Dividuen) erfüllt. Beide Funktionen werden dadurch strikt getrennt gehalten. Damit werden die Irrwege der extensionalisierenden Logischen Semantik und der sem-basierten Merkmalssemantik vermieden.

6.2. Zum Dilemma des Lexikologen

Das in 1. angegebene Dilemma des Lexikologen, zwischen strikter Isolierung und Kontexteinbeziehung wählen zu müssen, wird in den erstgenannten Semantikmodellen auf verschiedene Weise umgangen, nur im Rahmen der Attributsemantik überhaupt als Problem angegangen. In der Begriffslogik tritt das Problem nicht auf, weil eine Logik sich erlauben kann, von isolierbaren Begriffen in „rein kompositionellen" Kontexten, den Urteilen, auszugehen. In der Sem-Semantik tritt das Problem nicht auf, weil sie es nicht als ihre Aufgabe ansieht, Kompositionsregeln anzugeben. (Die Merkmalssemantik macht dagegen einen Vorschlag zur Desambiguierung von polysemen Ausdrücken, cf. Katz/Fodor 1970,

Tab. 4.1.: Struktur und Vergleich von vier Semantikmodellen (Begriffslogik, Sem-Semantik, Logische Semantik und Attribut-Semantik). Erläuterungen dazu im Text.

SEMANTIK-NAME:	BEGRIFFSLOGIK	SEM-SEMANTIK	INDIVIDUEN-SEMANTIK	ATTRIBUT-SEMANTIK
Semantik-Typ:	Sinnrelational und Zuordnung von 2 Mengen: („Begriffsinhalt", „Begriffsumfang")	Zerlegung durch: Zuordnung von 1 Menge („Semem")	Interpretational durch: Zuordnung von 1 Menge („Extension")	Sinnrelational und logisch-operational durch: Zuordnung von Schlussschemata
ML: Menge der Ausdrücke	mit Element L ∈ ML			
Das Element L heißt:	Begriffswort	Lexem	Prädikator	Lexem
MB: Menge der Bedeutungen zu ML				
Das Element e MB heißt:	Begriff B (1 Entität)	Semem (1 Menge von Entitäten)	Prädikat-Extension (1 Menge von Entitäten)	Attribut-Umgebung (geschachtelte Mengen von Sinnrelationen)
Zuordnung ML → MB	eindeutig	eindeutig/mehrdeutig	eindeutig, nicht umkehrbar	eindeutig
Art der Bedeutungs-Beschreibung				
Bezugs-Einheit:	Begriff B(L)	Lexem L	Prädikator L	Lexem L
intensionale Darst.	Begriffsinhalt I(L) (Menge)	Semem S(L) (Menge)		Attribut B(L) (Einheit)
extensionale Darst.	Begriffsumfang U(L) (Menge)		Extension Ext(L) (Menge)	
Element der Bedeutungsbeschreibung				
Basis-Einheit:	Begriff			Attribut
intensionales Elem.:	Merkmal (im Begriffsinhalt)	Sem (im Semem)		
extensionales Elem.:	Gegenstand (im Begriffsumfang)		Individuum (in der Extension)	(Dividuum: aufgebaut aus Attributen.)
Basismenge der Bedeutungsbeschreibung				
Basis-Menge				
intensionale Basismenge:	Menge der Merkmale M(MK)	Menge der Seme M(SM)		
extensionale Basismenge:	Menge der Gegenstände M(GG)		Menge der Individuen M(I)	
Aufbau der Beschreibung				
Teilmengen-Bildung:				
intensionale Teilmenge:	Inhalt bestehend aus Merkmalen	Semem best. aus Semen		
extensionale Teilmenge:	Umfang best. aus Gegenständen		Extension über Individuen	
Bedeutungsbeziehung				
Bedeutungsbeziehung zw.	Begriffen	Sememen	Extensionen	Attributen
Präzisierung der Bed.-Beziehung durch:	Sinnrelation (RS) bzw. 2 Mengen-Relationen (RI, RU)	Mengen-Relation	Mengen-Relation	Sinn-Relation bzw. Schluß-Schema (X % ⇒ Y)
Darstellung der Bed. -Beziehung zwischen A und B durch:	RS(A,B)			RS(A,B)
	RI(I(A), I(B))	RI(S(A),S(B))		A(d) % ⇒ B(d)
	RU(U(A), U(B))		RU(Ext(A), Ext(B))	(d: Dividuum)
Ref. Objekt-Darstellung				
„das F"			Ext(F) als Einer-Menge	Menge mit 1 Div. d mit: F ∈ d
„alle F", „jedes F"			Ext (F)	Menge der Dividuen d mit: F ∈ d
„ein F"			Teilmenge von Ext(F)	Teilmenge der Div. d mit: F ∈ d

4. Struktur und Strukturierung in der Lexikologie

Tab. 4.1.: (Fortsetzung)

Bedeutungs-Definition:				
Hyponym (A, B) (transitiv, nicht symmetrisch)	Unterbegriff (A,B)	$S(B) \subset S(A)$	$Ext(A) \subset Ext(B)$	Hyponym(A,B) bzw. A?(d) % $\Rightarrow$ B + (d). Wenn an Div. d A vorliegt, dann liegt an d auch B vor.
	Inhaltsinklusion: $I(B) \subset I(A)$ Umfangsinklusion: $U(A) \subset U(B)$			
Synonym (A,B) (transitiv, symmetrisch)	Bedeutungsgleich (A,B) Inhaltsgleich $I(B) = I(A)$ Umfangsgleich $U(A) = U(B)$	$S(A) = S(B)$	$Ext(A) = Ext(B)$	Synonym (X,Y)(X,Y $\in$ (A,B) Wenn an Objekt d X vorliegt, dann liegt an Div. d auch Y vor.
Inkompatibel (A,B) (transitiv, symmetrisch	A schließt B aus (konträr (A,B))	$S(A) \neq S(B)$	disjunkt (Ext(A), Ext(B))	Inkomp (A,B) bzw. A?(d) % $\Rightarrow$ B $-$ (d). Wenn an Objekt d A vorliegt, dann liegt an d B nicht vor.
Bewertung der Bedeutungsbeschreibung:				
Empirische Einheit:		Lexeme (in Sätzen) & deren Akzeptanz		Lexeme (in Sätzen) und deren Akzeptanz in Situationen
Theoretische Konstrukte:	Begriff, Merkmal	Sem, Semem	Individuum, Extension	Desambiguiertes Lexem (Attribut)
Relationen, Operationen:	Mengenrel. & -operation	Mengenrel. & -operation	Mengenrelation & -operation	Logische Schlußoperationen
Notwendige Beziehung zw.	Begriff, Inhalt und Umfang	Semem und Semen	Extension & Individuen	Attributen
Kontingente Bez. zwischen			Ref. Objekt & Extentionen	Dividuum und Attributen

211 ff.). In der logischen Semantik wird das Problem (grob gesprochen) gestuft eingeführt: in extensionalen Kontexten sind Ausdrücke austauschbar, deren Bedeutung extensional gleich sind. In intensionalen Kontexten sind Ausdrücke austauschbar, deren Bedeutungen intensional gleich sind. Dabei werden nur sehr eingeschränkte Kontextklassen zugelassen (modale, epistemische, deontische Kontexte).

Das Problem der Kontextsensitivität wird aber nicht systematisch für natürlichsprachliche Kontexte angegangen. Das lexikologische Programm LG lässt sich erst im Rahmen der Attributsemantik sinnvoll realisieren, ohne in das Dilemma zu geraten. Dies wurde in 5.3 dargestellt.

7. Literatur in Auswahl

Albrecht, Jörn (1988): *Europäischer Strukturalismus*. Tübingen: Francke.

Bierwisch, Manfred (1970): Einige semantische Universalien in deutschen Adjektiven. In: *Vorschläge für eine strukturale Grammatik des Deutschen*, 269–318.

Bochenski, Josef M. (1956): *Formale Logik*. Freiburg, München: Karl Alber Verlag.

Bourbaki, Nikolas (1935): *Eléments de mathématique*, fascicule I ff. Paris.

Carnap, Rudolf (1956): *Meaning and necessity*. Chicago, London: University of Chicago Press (2.ed), 1947 (1.ed).

Cresswell, Max J. (1991): Basic Concepts in Semantics. In: *Semantik: ein internationales Handbuch der zeitgenössischen Forschung*. Hrsg. Arnim von Stechow, Dieter Wunderlich, Berlin/New York: de Gruyter, 24–31.

Frege, Gottlob (1967): *Kleine Schriften*. (Hrsg. Ignacio Angelelli). Darmstadt: Wissenschaftliche Buchgesellschaft.

–, (1967a): Über Sinn und Bedeutung. In: Frege (1967). (Original: 1892), 143–162.

–, (1967b), Anmerkungen Freges zu: Philip E. Jourdain, The Development of the Theories of Mathematical Logic and Principles of Mathematics (1912). In: Frege (1967). (Original: 1912), 334–341.

Greimas, Algirdas J. (1971): *Strukturale Semantik*. Braunschweig. Vieweg (frz.: 1966).

Heger, Klaus (1976): *Monem, Wort, Satz und Text*. Tübingen: Niemeyer. (2. Auflage).

Hjelmslev, Louis (1973): Für eine strukturale Semantik. In: *Der moderne Strukturbegriff*. (Hrsg. H. Naumann). Darmstadt: Wissenschaftliche Buchgesellschaft, 249–269.

Jacob, Wolfgang; Mudersbach, Klaus; von der Ploeg, Henk M. (1996): Diagnostic Classification Through The Study of Linguistic Dimensions. In: *Psychological Reports* 79, 951–959.

Katz, Jerrold J. (1969): *Die Philosophie der Sprache*. Frankfurt/M.

Katz, Jerrold J.; Fodor, Jerry A. (1970): Die Struktur einer semantischen Theorie. In: *Vorschläge für eine strukturale Grammatik*, 202–268.

Kondakow, N. I. (1978): *Wörterbuch der Logik*. Westberlin: Verlag das europäische Buch – Westberlin.

Lewis, David (1972): General Semantics. In: *Semantics of natural language.* (eds. D. Davidson; G. Harman). Dordrecht: Reidel, 169–218.

Lutzeier, Peter R. (1981): *Wort und Feld. Wortsemantische Fragestellungen mit besonderer Berücksichtigung des Wortfeldbegriffs.* Tübingen: Niemeyer.

–, (1985a): *Linguistische Semantik.* Stuttgart.

–, (1985b): Die semantische Struktur des Lexions. In: *Handbuch der Lexikologie.* (Hrsg. Dieter Wunderlich; Schwarze Christoph). Königstein/Ts.: Athenäum, 103 ff.

Lyons, John (1977): *Semantics. Volume 1.* Cambridge: University Press, 270 ff.

Montague, Richard (1974): The Proper Treatment of Quantification in Ordinary English. In: *Formal Philosophy. Selected Papers of Richard Montague.* (ed. R. Thomason) New Haven etc.: Yale University Press, 247–270.

Mudersbach, Klaus (1983): Leksemantik – eine holatomistische Bedeutungstheorie. In: *Conceptus* XVII, Nr. 40/41, 139–151.

–, (1984): *Kommunikation über Glaubensinhalte. Grundlagen der epistemistischen Linguistik.* Berlin/New York: de Gruyter.

–, (1988), Die Methode der Gesetzesanalyse als Beitrag der Individual-Linguistik zur Erfassung der Patienten-Wirklichkeit. In: *Zeitschrift für Literaturwissenschaft und Linguistik* 69, 84–110.

–, (1994): Begriffe in der Sicht des Sprachbenutzers. In: *Begriffliche Wissensverarbeitung. Grundfragen und Aufgaben.* (Hrsg. Rudolf Wille; Monika Zickwolff). Mannheim: BI-Wissenschaftsverlag, 117–125.

–, (1997): Eine Logik für Sprechen und Denken im Alltag. In: *Die Rolle der Pragmatik in der Gegenwartsphilosophie. Beiträge des 20. Internationalen Wittgenstein-Symposiums, Band 2* (Hrsg. P. Weingartner; G. Schutz; G. Dorn). Kirchberg am Wechsel: Die Österreichische Ludwig Wittgenstein Gesellschaft, 672–677.

–, (1998): Ein Vorschlag zur Beschreibung von Phrasemen auf der Basis eines universalen pragmatischen Modells. In: *Wörterbücher in der Diskussion III.* (Hrsg. Herbert Ernst Wiegand). Reihe Lexicographica Series Maior 84.

–, (2001): Wie der Mensch im Alltag folgert. Ein Gegenvorschlag zur Formalen Logik. In: *Sprache im Alltag* (Hrsg. Andrea Lehr et al.). Berlin/New York: de Gruyter, 71–96.

Pottier, Bernard (1978a): Entwurf einer modernen Semantik. In: *Strukturelle Bedeutungslehre*, 45–89.

–, (1978b): Die semantische Definition in den Wörterbüchern. In: *Strukturelle Bedeutungslehre*, 402–411.

Quine, Willard V. O. (1952): Notes on existence and Necessity. In: *Semantics and Philosophy of Language.* (ed. Leonard Linsky). Illinois UP, 77–91.

–, (1960): *Word and Object.* Cambridge, Mass.: The M.I.T. Press.

–, (1981): On the Individuation of Attributes. In: *Theories and Things.* Quine, Willard V.O. Cambridge, Mass. etc.: Harvard UP, 100–112.

Saussure, Ferdinand de (1967): *Grundfragen der Allgemeinen Sprachwissenschaft.* Berlin: de Gruyter (2. Auflage).

Schwarz, Monika; Chur Jeanette (1996): *Semantik: ein Arbeitsbuch.* Tübingen: Narr.

Siebel, Wigand (1975): *Grundlagen der Logik: Eine Einführung in Aufbau und praktische Anwendungen der Begriffslogik.* München: Verlag Dokumentation.

Strukturelle Bedeutungslehre. 1978: (Hrsg. H. Geckeler). Darmstadt: Wissenschaftliche Buchgesellschaft.

Vorschläge für eine strukturale Grammatik des Deutschen. 1970: (Hrsg. Hugo Steger). Darmstadt: Wissenschaftliche Buchgesellschaft.

Wiegand, Herbert Ernst; Wolski Werner (1980): Lexikalische Semantik. In: *Lexikon der germanistischen Linguistik* (Hrsg. Hans Peter Althaus, Helmut Henne, Herbert Ernst Wiegand). Tübingen: Niemeyer, 199–211.

Zelger, Josef (1994): Qualitative Auswertung sprachlicher Äußerungen. Wissensvernetzung, Wissensverarbeitung und Wissensumsetzung durch GABEK. In: *Begriffliche Wissensverarbeitung: Grundfragen und Aufgaben* (Hrsg. Rudolf Wille; Monika Zickwolff). Mannheim: BI Wissenschaftsverlag, 239–266.

*Klaus Mudersbach,
Heidelberg (Deutschland)*

5. Der Gang der lexikologischen Forschung I: Lexikologisches Arbeiten bis zur Jahrhundertwende

1. Vorbemerkungen
2. Das Wort als Gegenstand philosophischer Überlegungen in der Antike
3. Mittelalterliche Auslegung der Schriften
4. Lexikographische Anforderungen an die Wortbetrachtung
5. Entwicklung der Wissenschaften und Wortforschung
6. Das Wort im philosophischen Denken der Aufklärung
7. Die historisch-vergleichende Sprachwissenschaft
8. Literatur in Auswahl

1. Vorbemerkungen

Wenngleich von einer sprachwissenschaftlichen Wortforschung erst seit dem vergangenen Jahrhundert, von der Lexikologie als relativ selbstständiger Wissenschafts- und Universitätsdisziplin erst seit dem 20. Jh. gesprochen werden kann, so ist doch das Wort einer der ältesten Gegenstände menschlichen Nachdenkens. Seitdem sich Philosophie und Wissenschaften bemühen, das Wesen der Natur, des Menschen, seines Verstandes und seiner Gefühle zu ergründen, solange befragt man die Sprache, befragt man das Wort. Man sieht es als Träger des Begriffs, als Baustein der Gedanken. Von den ersten Einsichten in das Wesen geistiger Tätigkeiten bis zu gegenwärtigen philosophischen Strömungen begleitete die Wortbetrachtung die Philosophie auf der Suche nach Möglichkeiten und Grenzen menschlicher Erkenntnis. Das Mittelalter wendet sich der Sprache – und hier besonders dem Wort – bei der Erschließung der Texte zu. Im 16. Jahrhundert rückt es als Element des theologischen Sprachgebrauchs in den Mittelpunkt der Aufmerksamkeit. Andererseits bringen seit dem 17. Jh. praktische Belange, Handelsbeziehungen innerhalb und außerhalb Europas, und damit verbunden, Bedürfnisse nach dem Erwerb von Fremdsprachen und Ausbildung des Sprachunterrichts grammatische und lexikographische Werke hervor. Man kann von einer ersten Blütezeit der Lexikographie sprechen, durch die die Wortforschung gefordert und gefördert wird. Im weiteren bleiben Lexikographie und Wortforschung durch die Jahrhunderte hindurch so eng verbunden, dass eine Verselbständigung beider Disziplinen erst relativ spät erfolgt. Wenn hier dieser Bezug zur Lexikographie, der vom 15. Jh. bis zur Gegenwart die Wortforschung prägt, nur kurz dargestellt wird, dann geschieht das unter Berücksichtigung des internationalen Handbuches zur Lexikographie „Wörterbücher. Dictionaries. Dictionnaires" (1989/1990), in dem in den Kapiteln „Lexikographie der Einzelsprachen" jeweils auch die Geschichte der Lexikographie und – darin eingeschlossen – auch die Geschichte der Wortforschung dargestellt wird. In Europa gibt es kaum einen Philosophen der Aufklärung, der nicht auch Gedanken zur Sprache äußert. Erst im 19. Jahrhundert etabliert sich die Philologie, bilden sich wissenschaftliche Schulen heraus. Den größten Beitrag zu einer wissenschaftlichen Wortschatzsammlung und -beschreibung leisten dann seit dem 19. Jh. die französischen Romanisten, die klassische deutsche Sprachwissenschaft, die Indogermanistik, die Romanistik und die Germanistik. Von da an sind Sprache und Wort um ihrer selbst willen Gegenstand wissenschaftlicher Arbeit geworden.

2. Das Wort als Gegenstand philosophischer Überlegungen in der Antike

Im Band 3 der nach Schleiermacher besorgten Ausgabe der Werke Platons finden sich die „späteren Dialoge, die sich mit den Problemen der Ideenlehre, den Fragen nach Sein, Wahrheit und Wissen befassen" (Platon 1994, 9). Zu ihnen kommt der Kratylos-Dialog, der ganz und gar der Rolle des Wortes beim Finden der Wahrheit gewidmet ist. So ist der Hauptteil B überschrieben: „Theoretische Darlegungen über Wahrheit und Wesen des Wortes" und Hauptteil C: „Überprüfung der beabsichtigten Richtigkeit der Wörter anhand von Einzel-Etymologien". Die Hauptfrage ist: Wie kommen die Dinge zu ihren Namen und sind diese wahr? Sagen sie etwas über das Wesen der Dinge? Sind die Menschen, wenn sie die Namen der Dinge kennen, auch in der Lage, diese selbst zu erkennen? Die Frage nach der Wahrheit der Namen, danach, ob sie den Dingen von Natur aus zukommen oder auf Vereinbarung beruhen, beschäftigen die Philosophie – und nicht nur sie allein – Jahrhunderte hindurch. Am Dialog beteiligen sich zunächst Hermogenes und Sokrates, indem sie über Kratylos' Ansicht „von der natürlichen

Richtigkeit der Namen" und die These des Hermogenes diskutieren, dass sich „die Benennungen auf Vertrag und Übereinkunft gründen" (16). Dabei schließt Sokrates von der Wahrheit der Rede auf die Wahrheit des Wortes; denn „Reden und Benennen als Handlung haben ihre eigene Natur" (20). Für Sokrates ist das Wort ein Werkzeug zum Belehren und „ein das Wesen unterscheidendes" (22) – oder anders ausgedrückt: das Wort ist Mittel der Benennung, indem es dazu dient, das Benannte zu unterscheiden, diese Unterscheidung weiterzugeben und zu überliefern. So wird das Wort als Mittel der Abstraktion und der Weitergabe gedanklicher Ordnungen bestimmt. Im Dialog werden zahlreiche Wörter etymologisch als Ableitung von anderen Wörtern dargestellt. Allerdings halten diese spekulativen Erörterungen keiner wissenschaftlichen Überprüfung stand. Wörter – so Sokrates – werden von Wortbildnern eingeführt und nur der „sei ein Meister im Wortbilden, [...] welcher, auf die einem jeden von Natur eigene Benennung achtend, ihre Art und Eigenschaft in die Buchstaben und Silben hineinzulegen versteht" (25); denn jedes Wort hat von Natur eine gewisse Richtigkeit. Im Dialog werden nun die Namen der Götter und viele Wörter mit Hilfe anderer Wörter interpretiert, um das Wesen des Benannten zu erkennen, so u.a. *Mond, Sterne, Erde, Äther, Feuer, Wasser, Jahr*. Wo Schwierigkeiten der Herleitung auftreten, wird Entlehnung angenommen: Sokrates: „Wenn einer nun aus der hellenischen Sprache erklären will, inwiefern diese mögen richtig gebildet sein, und nicht aus jener, der das Wort wirklich angehört: so siehst du wohl, dass er nichts schaffen wird" (50). Es geht dann um Wörter, in denen sich das Verhältnis von Denken und Sprache ausdrückt, wie *Gesinnung, Verstand, Einsicht, Erkenntnis, Tugend, Bosheit, Feigheit*. Bei der Herleitung wird auch der Lautwandel berücksichtigt. Die Frage, wie „Urbestandteile" oder „Stammwörter", die „wir nicht wieder auf andere Wörter zurückführen dürfen", entstanden, wird damit beantwortet, dass solche Wörter auf Nachahmung beruhen; denn Buchstaben haben „eine natürliche Bedeutung": „Zuerst nun scheint mir das R gleichsam das Organ jeder Bewegung zu sein, welche wir ja selbst auch noch nicht erklärt haben, woher sie diesen Namen führt" (70). Und so werden die Buchstaben erklärt, wie das G für „alles Dünne und Zarte", W, S, Sch und Z für alles Sausende, d, t, b, p durch das „Zusammendrücken der Lippen" zur Nachahmung des Dauernden und Bindenden. Als auch Kratylos am Dialog teilnimmt, wird die These von der Nachahmung des Benannten durch die Natur der Buchstaben ergänzt durch die Auffassung von der Verabredung und der Gewohnheit der Namengeber; denn: „so würden ja notwendig auch Verabredung und Gewohnheit etwas beitragen zur Kundwerdung der Gedanken" (82). Schließlich wird die Frage, wozu Wörter nützen, von Kratylos beantwortet: „Mich dünkt, dass sie lehren, Sokrates, und dass man ohne Einschränkung sagen kann, wer die Wörter verstehe, der verstehe auch die Dinge" (83). Auf den Einspruch, dass nicht alle Wörter „richtig" seien, weil die „Wortbildner" sich irren konnten, wird erwidert, „dass es eine größere als menschliche Kraft gewesen, welche den Dingen die ersten Namen beigelegt und dass sie eben deshalb notwendig richtig sind" (86), dass deshalb Wörter Aufschluss über das Wesen der Dinge (und des Denkens) geben, die aber außerdem auch „durch sich selbst" zu erforschen und kennenzulernen sind. Wenngleich die Sprach- und Worterklärung nur als Mittel zur Interpretation menschlichen Denkens und dessen Verhältnis zur Wirklichkeit dient, so klingen schon Fragen an, die durch Jahrhunderte hindurch Philosophie, Theologie und Sprachtheorie beschäftigen, wie die nach dem Verhältnis von Welt, Sprache und Denken; nach göttlicher oder menschlicher Herkunft der Sprache. Aber auch genuin sprachwissenschaftliche Probleme werden berührt, so das der Entlehnungen und trotz spekulativer Etymologien das von Motiviertheit oder arbiträrem Charakter des Wortes. Aristoteles' Zugriff zur Sprache – zur Grammatik – erfolgt ebensowenig wie Platons Schriften um der Sprache willen, sondern auch ihm geht es in erster Linie um Sprache als Ausdruck der Gedanken, als Mittel logischer Darstellung und der Redekunst. Wörter als sprachliche Zeichen sind ihm Zeichen für seelische Eindrücke. Bei ihm finden sich Auffassungen vom Wort, die modern anmuten: Wörter sind Zeichen erst dann, wenn sie als Zeichen für etwas stehen. So bleibt in der Antike die Beschäftigung mit Sprache und Wort anderen Erkenntniszielen untergeordnet. Auch Etymologien dienen in erster Linie dem Bemühen, die „Wahrheit" sprachlicher Zeichen aufzudecken – ein Unterfangen, das Redekunst und Logik dienen soll.

3. Mittelalterliche Auslegung der Schriften

Die Auslegung der Bibel und der kanonischen Schriften ist vom Mittelalter bis in die frühe Neuzeit Anlass der Betrachtung vor allem von Wort und Wortbedeutung. Auf sie richten sich Hermeneutik und Exegese. Man wollte das „wahre Wort Gottes" finden, indem in den Texten die Richtigkeit der Gedanken nachgewiesen wird. Mit Berufung auf Aristoteles wird die Grammatik als die Wissenschaft vom richtigen Schreiben, Verstehen und Aussprechen verstanden. Zu ihr gehören Orthographie, Etymologie, Prosodie und Syntax. Dabei legt man der Etymologie besonderes Gewicht bei; denn mit der Nutzung von Wörtern zur Erklärung anderer glaubt man sich der „wahren Bedeutung" zu nähern, was wiederum bedeutet, der in den Schriften offenbarten Wahrheit. Die Scholastik strebt danach, die Beweiskraft sprachlicher Aussagen zu begründen; denn die Aussagen der Bibel werden als wahr vorausgesetzt. In die Beweisketten werden die Wortbedeutungen einbezogen. Die Frage wird diskutiert, ob und wie es möglich ist, Wortbedeutungen logisch zu untersuchen. Ende des 13. Jh. wirkte Thomas als Magister artium in Erfurt. Ihm wird ein Tractatus de modis significandi sive Grammatica speculativa zugeschrieben. Hier geht es – wie in vielen Schriften dieser Zeit – um den Bezeichnungsmodus. Bis in das 14. und 15. Jh. reichen theologisch motivierte Sprachuntersuchungen: „Das theologische Problem der Erkenntnis Gottes, und, damit zusammenhängend, die Erörterung des Kosmos und der dortigen Stellung des Menschen geben die Stichworte zur Thematisierung der Sprache" (Klein 1992, 26–27). Wenn auch gerade das Wort betrachtet, Wortlisten angefertigt und mit umfangreichen Kommentaren versehen wurden, sind diese Untersuchungen keineswegs sprachwissenschaftlichen Zielen untergeordnet. Sie dienen einmal der Analyse des Inhalts der kanonischen Werke, zum anderen der Poetik, der Logik und der Rhetorik zur Befähigung, theologische Streitgespräche zu führen.

4. Lexikographische Anforderungen an die Wortbetrachtung

Ausgang des 14., Beginn des 15. Jh. überwanden Handel und Verkehr endgültig regionale Begrenztheit. Für Sprach- und insbesondere Wortuntersuchungen ergaben sich mannigfache Notwendigkeiten: In vielen Lebensbereichen traten die „Volkssprachen" neben Latein und Griechisch. Das Rechtswesen erweiterte seinen Geltungsbereich. Damit verbunden war die terminologische Festlegung von Rechtsbegriffen. Die Wissenschaften, insbesondere Medizin, Naturwissenschaften und Rechtswesen, entwickelten frühe Formen von Wissenschaftssprachen, indem sie ebenfalls neben den lateinischen auch volkssprachige Fassungen ihrer Fachbegriffe hervorbrachten; denn jede Begriffsklärung fordert Worterklärung. Vor allem aber das Bedürfnis, fremde Sprachen zu beherrschen, führte seit dem 15. Jh. – man spricht von einer Bildungsrevolution in dieser Zeit – verstärkt zu lexikographischen Bemühungen. Es begann die nie mehr abreißende wechselseitige Beeinflussung von Lexikographie und Wortschatzforschung. Oft eilte die Praxis der Theorie voraus. Das Bestreben, dem Benutzer Hinweise für die Wortverwendung zu geben, die Bedeutungen der Wörter zu erklären, zwei- und mehrsprachige Übersetzungswörterbücher zu erarbeiten, führte zu rascher Entwicklung der Wörterbuchpraxis, auch wenn die theoretischen Grundlagen noch nicht existierten. Vor einsprachigen Wörterbüchern entstanden zweisprachige, vor allem mit Latein und Griechisch als Ausgangssprachen. In Klosterschulen dienten sie der Aneignung der klassischen Sprachen, wie das frühe Wörterbuch (8./9. Jh.), das nach dem ersten lateinischen Stichwort den Titel „Abrogans" trägt. Ende des 15. Jh. entstanden die ersten gedruckten Übersetzungswörterbücher. Dasypodius verfasste ein dreisprachiges Wörterbuch „Dictionarium latino-germanico-polonicum". Im 15./16. Jh. werden auch die Volkssprachen Gegenstand der Wörterbucharbeit.

„Von den Volkssprachen erhielten 1499 das Bretonische und 1547 das Wallisische, 1511 und 1560/62 das Böhmische und 1564 das Polnische ein Wörterbuch" (Arens ²1969, 48).

Mehrsprachige Übersetzungs-Wörterbücher dienten dem Sprachlehr- und -lernprozess. Sie sollten vor allem helfen, sich gleichzeitig mehrere Sprachen anzueignen. 1610 erschien in Prag ein Wörterbuch, das lateinisches, italienisches, dalmatinisches, böhmisches, polnisches, deutsches und ungarisches Wortgut einander zuordnete (vgl. Klein 1992, 305). 1616 erschien bereits in der 5. Auflage (die 1. Aufl. erschien 1600) das dreisprachige Wörterbuch von Levinus Hulsius: „Dictionarium teutsch-frantzösisch-italiänisch: frantzösisch-teutschitaliänisch: italiänisch-frantzösisch-teutsch. Sampt einer kurtzen und notwendigen Unterrichtung gemeldter drey Spraachen in gestalt einer grammatica". In dem 1691 von Stieler erarbeiteten Wörterbuch „Der Teutschen Sprache Stammbaum und Fortwachs" werden unter dem Basiswort auch Derivate und Komposita verzeichnet – der Wortschatz wird in Wortfamilien dargestellt. 1741 verzeichnet Frisch neben gemeinsprachlichem Wortgut Fremdwörter, Mundartwörter, Berufs- und Fachsprachen. Etymologische Angaben und Erläuterungen zur Bedeutung der Wörter weisen schon über den Rahmen des Übersetzungswörterbuches hinaus. Eine erste synchronische Darstellung des deutschen Wortschatzes verdanken wir Adelungs „Versuch eines vollständigen grammatisch-kritischen Wörterbuches der Hochdeutschen Mundart, mit beständiger Vergleichung der übrigen Mundarten" (5 Bände 1774–1786). Dieses Wörterbuch löst Widerspruch aus, weil es präskriptiv angelegt ist, indem es „Schreibarten" angibt: „die höhere oder erhabene", die „edle", die „des gemeinen Lebens und vertraulichen Umgangs", die „niedrige" und die „ganz pöbelhafte". Vor dem großen Deutschen Wörterbuch von Jacob und Wilhelm Grimm erschienen bereits im 17. und 18. Jh. Speziallexika der deutschen Sprache, die in jedem Fall lexikologische Untersuchungen des deutschen Wortschatzes voraussetzten. Es entstanden Synonym- und Mundart-, Fremd- und Fachwörterbücher, so u.a. Johann August Eberhards „Versuch einer allgemeinen deutschen Synonymik" (1795–1802) oder Gottscheds „Beobachtungen über den Gebrauch und Missbrauch vieler deutscher Wörter und Redensarten" (1758). „Titel wie 'Gemeinnütziges Lexicon für Leser aller Klassen, besonders für Unstudirte' (Roth 1788) oder 'Enzyklopädisches Wörterbuch, oder alphabetische Erklärung aller Wörter aus fremden Sprachen, die im Deutschen angenommen sind' (Heinse 1793) sind zugleich Programm" (Kühn 1990, 2063). Das „Deutsche Wörterbuch" von Jacob und Wilhelm Grimm – der Plan dazu wurde 1838 gefasst, die erste Lieferung erschien 1854, vollendet wurde es 1971 (zur Zeit wird eine neue Ausgabe vorbereitet) – ist ein historisches Wörterbuch, das etymologische Angaben, Kontexte, Quellenhinweise, Bedeutungsvarianten und Gebrauchsweisen, grammatische Eintragungen und Wortbildungen enthält. Es ist das Werk mehrerer Generationen von Wörterbuchschreibern. Schon nach den ersten Lieferungen erscheinen andere allgemeine Wörterbücher des Deutschen, die der historischen Lexikographie verpflichtet sind. Im 19. Jh. kamen auch Sprachstadienwörterbücher heraus, wie der „Althochdeutsche Sprachschatz oder Wörterbuch der althochdeutschen Sprache" von Graff und das „Mittelhochdeutsche Wörterbuch" von Müller und Zarncke. Im Dienste der Volkskunde entstehen seit der Mitte des 18. Jh. Idiotika. Die Sondersprachlexikographie bringt Wörterbücher der Bergmanns-, Jäger-, Kaufmanns- und Studentensprache hervor. Die Metalexikographie – die Diskussion der Wörterbuchprogramme – hatte bedeutende Auswirkungen auf die Wortforschung. Sie entwickelte sich mit der Ausarbeitung verschiedener Wörterbuchtypen. Im deutschsprachigen Raum setzt diese Entwicklung schon mit der Frühaufklärung ein. So entwarf u.a. Leibniz ein Programm für ein Wörterbuch der deutschen Sprache, das auch Fach- und Mundartwörter enthalten sollte. Kennzeichnend für das 17. Jh. ist die Diskussion um die Stammwörterbücher, für das frühe 18. Jh. um Gesamtwörterbücher, während Ausgang des 18. Jh. nach Literatursprach-Wörterbüchern verlangt wurde. Stammwörter sind die ältesten Wörter. Ihr Bestand macht den Reichtum und die Reinheit einer Sprache aus. Das Eindringen von Fremdwörtern und Wörtern des einfachen Volkes gefährdet die Reinheit. So ist die Diskussion um die Stammwörterbücher in puristische Bestrebungen eingebettet (vgl. die Rolle der Sprachgesellschaften). Seit dem Ausgang des 17. bis zur Mitte des 18. Jh. geht es um Programme für „gesamtsprachbezogene Wörterbücher". Sie sollen vollständig den Gesamtwortschatz enthalten, Fremdwörter nicht mehr ausschließen, Mundart- und Fachwörter, auch „Pöbelwörter" mit aufnehmen. Theoretiker der Gesamtwörterbücher sind Leibniz, Bödiker, Jablonski und Frisch, die diesen Forderungen nachkommen. Im 19. Jh. entfaltet sich mit dem Typenreichtum deutscher Wörterbücher die Theorie der Lexikographie. Für die Herausbildung der Lexikologie bedeutet das, dass sich die späteren Disziplinen Semasiologie, Onomasiologie, Etymologie, Wortbildung und Wortgeschichte entwickeln. Dieser Aufschwung der Lexikographie vollzog sich in allen europäischen Ländern. So wurde von 1789 bis 1794 das Wörterbuch der russischen Akademie herausgegeben. In Frankreich entstehen schon im 16. Jh. die ersten bedeutenden Wörterbücher der französischen Sprache. Auch hier wird allmählich das Latein als Wissenschaftssprache abgelöst, die sprachlichen Normen werden zum Gegenstand von Diskussionen. Die Praxis widerspiegelt sich in zahlreichen Wörterbuchausgaben. Dazu gehören das „Dictionnaire français contenant les mots et les choses" von Richelet (1680) und von Furetière „Dictionnaire universel" (1690), sowie 1694 das „Dictionnaire de l'Académie française". Ménage gibt 1650 ein etymologisches Wörterbuch „Origines de la langue française" heraus, das viele richtige Feststellungen zu dem großen Bestand französischer Wörter enthält, die aus dem Lateinischen stammen. In Frankreich entstehen im 18. Jh. mehr Wörterbücher als in anderen europäischen Ländern. Die Ursachen hierfür sind u. a. im gesellschaftlichen Leben der Zeit vor der Revolution zu suchen. So werden die Werke Richelets, Furetières und das Dictionnaire de l'Académie erweitert und überarbeitet. Der politische Wortschatz wird durch die Wörterbücher propagiert, zumal auch die Große Enzyklopädie wie ein Wörterbuch der französischen Sprache fungiert. Die semantischen Beziehungen im Wortschatz, insbesondere die Synonymie, finden in den Synonym-Wörterbüchern ihren Niederschlag. Eine Auseinandersetzung, die schon als lexikologische Diskussion gewertet werden kann, wird darum geführt, ob es absolute Synonymie gibt. Man verneint und schlussfolgert, dass die Bedeutungsnuancen semantisch ähnlicher Wörter der Vervollkommnung der Kommunikation dienen. Mit dem Neologismen-Wörterbuch „Dictionnaire néologique" Desfontaines' (1726) wird eine weitere lexikologische Fragestellung berührt: Wie kann und muss sich der Wortschatz entwickeln? Die Entstehung neuer lexisch-semantischer Varianten, der Bedeutungswandel und die Beziehungen von Wort und Begriff als lexikologische Probleme werden in der französischen Lexikographie schon im 18. Jh. zu einem der wichtigsten Untersuchungsgegenstände.

5. Entwicklung der Wissenschaften und Wortforschung

Lexikologische Fragestellungen sind eng mit der Wissenschaftsentwicklung verbunden, denn jede Wissenschaft muss von Anfang an eine Wissenschaftssprache ausbilden. Bedeutsam sind hierbei Fachwörter, die wissenschaftliche Gegenstände benennen, wie sie als volkssprachige Ausdrücke zunächst in lateinischen Texten auftreten, sowie Sprachmuster, die dem wissenschaftlichen Disput dienen. In den europäischen Ländern ist diese Entwicklung mit der allmählichen Ablösung von Latein und Griechisch als bis dahin dominierenden Wissenschaftssprachen durch die Volkssprachen und mit der Verbreitung wissenschaftlicher Schriften durch den Buchdruck verbunden. Lexikologisch relevante Gegenstände, die sich vor allem auch aus dem Vergleich mit Latein und Griechisch ergeben, sind die Bildung neuer Fachwörter als Träger wissenschaftlicher Begriffe, sind Abstrakta und vor allem die Möglichkeiten zu deren Bildung, das Problem der Synonymie, der Entlehnung und der Mundarten und eine Frage, die bis heute die Lexikologie beschäftigt: das Verhältnis von Sprach- und Sachwissen. „Schon im Ansatz der Renaissance-(Natur-)wissenschaft kommt natürlich der Philologie eine zentrale Rolle zu. Es ging ja zu einem nicht geringen Teil um die Aneignung von Wissen über die Natur, das ja schon in *sprachlicher* Form vorlag und nur gesammelt werden musste. Wer sich wissenschaftlich mit Botanik oder Zoologie befasste, machte zunächst weder Experimente noch empirische Beobachtungen, sondern las in griechischen bzw. lateinischen Büchern" (Klein 1992, 250/251, Anm. 4). Seit dem Ausgang des Mittelalters werden deutschsprachige „Wissensbücher" (vgl. dazu Wolf 1995, 237 ff.) verbreitet. Zu den frühesten gehört das Kräuterbuch Konrads von Megenberg, das sich noch eng an die lateinische Vorlage hielt. Das erste gedruckte deutschsprachige Kräuterbuch – „Ortus sanitatis/vff teutsch ein Gart der gesuntheit" erschien 1485 in Mainz, 1550 kam Rößlins „Kreuterbuoch/Von natürlichem Nutz/vnd gründtlichem Gebrauch der Kreuter/Baeum/ Gesteud/vnnd Früchten/ fürnemlich Teutscher lande" heraus. 1559 erschien Ryffs „Groß Chirurgei/oder volkommene Wundartznei" – ein weiteres Beispiel für frühnhd. Bücher volkssprachlicher Wissensvermittlung, die sich infolge des Buchdrucks und der damit gegebenen Publikationsmöglichkeiten für breitere Bevölkerungsschichten von der lateinischen oder griechischen Vorlage lösen konnten. Vgl. zu den frühen deutschen Kräuterbüchern Hertel (1995, 55–68). Die Verbreitung von Sachwissen ist daher nicht zu trennen von der Vermittlung von Sprachwissen. In Klein (1992) wird dieser Prozess am Beispiel des Schaffens Conrad Gesners (1516–1565) dargestellt. Bei ihm verschmelzen natur- und sprachwissenschaftliche Forschungen. „Schon in seinem Frühwerk lassen sich die Keime und Beweggründe für seine Beschäftigung mit den Sprachen identifizieren. In dem viersprachigen *Catalogus plantarium latine, graece, germanice, et Gallice* (1542) hatte er es sich zur Aufgabe gestellt, ein „Namenbuch aller Erdgewächse" zu liefern. Die verschiedenen Pflanzengattungen wurden, soweit möglich, in paralleler Anordnung auf Latein, Griechisch, Deutsch und Französisch benannt und bisweilen näher identifiziert. Dabei stieß er auf das Problem, dass die unterschiedlichen nationalsprachlichen Nomenklaturen nicht kongruent aufeinander abbildbar waren. [...] Bei der Aneignung der Fülle des antiken Wissens, das auf Griechisch und Latein vorlag, gab es Schwierigkeiten, da die Terminologie nicht problemlos in lebende Sprachen übertragen werden konnte: es fehlten bisweilen die modernen Benennungen für die alten wissenschaftlichen Ausdrücke" (Klein 1992, 250/51). Ähnliche Probleme tauchten in der Medizin, in den Rechtswissenschaften und in der Theologie auf: Prinzipien der Namengebung mussten gefunden werden, die einmal in der Sache – dem wissenschaftlichen Benennungsobjekt – und zum anderen im Sprachsystem zu suchen waren. Diese Schwierigkeiten in den Beziehungen von (Natur-)wissenschaft und Sprache reichen bis in die Gegenwart, ebenso wie die Frage, ob Wortbedeutungen durch die Beschreibung des Benannten erklärbar sind. Alle diese Fragen sind mit der Entwicklung der Sprachpädagogik verbunden, durch die die Wortschatzforschung neue Aufgaben erhielt. Zu nennen sind hier Ratke und vor allem Comenius. Er betrachtet das Sprachenlernen als Verbindung von Wort und Sache. Sprachen sind ihm Instrumente der Wissensaneignung, indem die Aneignung von Sachwissen parallel mit der von Sprachwissen verläuft. Von ihm stammen Pläne für Sprachlehrbücher mit verschiedenen Schwierigkeitsstufen. In seinem Buch „Orbis sensualium pictus" tritt neben Wort und Sache noch das Bild. Aus der erkannten Strukturverwandtschaft der Sprachen hoffte er Nutzen für die Sprachlehre zu ziehen, indem gleichzeitig mehrere Sprachen erlernt werden können. Andreas Reyher, Rektor am Gymnasium zu Gotha, erarbeitete ein Konzept für eine „harmonisierte Grammatik" griechisch-lateinisch-hebräisch. Comenius forderte von einer perfekten Sprache

– eine vollständige unzweideutige Nomenklatur der Sachwelt;
– Konsens über die Bedeutung der Wörter und
– Konstruktionsregeln zur Anwendung der Wörter.

Mitte des 17. Jh, stand die Problematik der Universalsprachen im Mittelpunkt der Aufmerksamkeit. Menschheitsprobleme wurden als Sprachprobleme empfunden.

6. Das Wort im philosophischen Denken der Aufklärung

In Zeiten gesellschaftlicher Veränderungen und der damit verbundenen philosophischen Kontroversen wurde auch das Wort zum Gegenstand philosophischer Auseinandersetzungen. So wird in der Zeit der Aufklärung, auch schon der Frühaufklärung, das Verhältnis von Sprache und Denken, Begriff und Wort, Wort und Wirklichkeit (Sache) zum zentralen Gegenstand philosophischer Debatten, vor allem in England und Frankreich, und – parallel zur politischen Entwicklung – zum konstitutiven Element der Philosophie überhaupt. Bacon glaubte die Wörter „der Betrachtung würdig, weil man aus den Sprachen der Völker und Nationen auf ihre Geistesart und Sitten schließen kann" (Arens 1969, 83). Locke widmet sich in seinem erkenntnisphilosophischen Werk "Essay concerning Human understanding" dem Wesen des Wortes, dem Verhältnis von Wortbedeutung und Sache und fragt, ob durch die Art des Wortgebrauchs die Erkenntnis der Wahrheit gehemmt oder gefördert wird. In der deutschen Frühaufklärung nimmt der universelle Denker Leibniz auch zur Notwendigkeit der Sprachbetrachtung für die Erkenntnislehre Stellung: „Um sich dem Ursprunge aller unserer Begriffe und Erkenntnisse ein wenig mehr zu nähern, wird es zu bemerken nützlich sein, wie die Worte, welche man zum Ausdruck für den Sinnen ganz entrückte Handlungen und Begriffe anwendet, ihren Ursprung aus sinnlichen Vorstellungen gewinnen, und woher sie zu abstrakteren Bezeichnungen übertragen worden sind" (nach Arens 1955, 78). Während hier die Rolle des Wortes beim verallgemeinernden Denken gewürdigt wird, geht Leibniz außerdem auf Sprachverwandtschaft und -entwicklung, auf die Etymologie zum Nachweis der Sprache als „Spiegel des menschlichen Geistes" ein und darauf, „dass eine genaue Analyse der Bedeutung der Wörter besser als alles andre zeigen würde, wie der Verstand funktioniert" (nach Arens 1955, 82). Seine Bemühungen um die Etymologie, die sich auch aus dem praktischen Verlangen ergaben, die Sprachen Rußlands zu erschließen, Sprachen miteinander zu vergleichen, unterschieden sich insofern von den Vorläufern, als sie weit weniger spekulativ waren. Das 18. Jahrhundert war ein Jahrhundert der Sprachdiskussion. „In Frankreich ließe sich kaum ein bedeutender Vertreter der Aufklärung nennen, der sich nicht an der Sprachdiskussion beteiligt hätte. Du Marsais, Voltaire, Condillac, Diderot, d'Alembert, Rousseau, Helvetius, Turgot haben in Stellungnahmen zur Sprache ihre Positionen als Aufklärer ausgedrückt" (Ricken 1984, 75). In Frankreich stehen sowohl erkenntnisphilosophische Fragen im Mittelpunkt des Interesses als auch Fragen des Sprachgebrauchs in der gesellschaftlichen Praxis. Thematisiert wird insbesondere der Missbrauch der Wörter. Die Gesellschaftskritik der Aufklärung richtet sich gegen den Wortgebrauch, der die Erkenntnis der Wahrheit hemmt, der verschleiert. Die Ursachen für Verwirrung und Missverstehen werden in der Mehrdeutigkeit der Wörter und der Vagheit der Wortbedeutungen gesehen. Ganze Benennungsbereiche, wie die Benennungen für Würdenträger und verschiedene Schichten der gesellschaftlichen Hierarchie, werden als Quellen für den Missbrauch der Sprache benannt. „Dem Höhepunkt der Propagierung des Sensualismus um die Jahrhundertmitte entspricht dann auch ein Höhepunkt der Diskussion des Sprachmissbrauchs, in der sich neben Condillac, Diderot, d'Alembert, Rousseau, Helvetius und Holbach auch Voltaire und Mably zu Wort melden, und an der sich die Berliner Akademie der Wissenschaften mit ihrer Preisfrage nach dem wechselseitigen Einfluss von Sprache und Denken beteiligt" (Ricken 1984, 202). Schon die Tatsache, dass die Berliner Akademie Preisausschreiben zu sprachtheoretischen Aufgaben veranstaltet, zeigt, welche Bedeutung man der Sprachtheorie und -philosophie beimaß. Immer tiefer drang man auf diese Weise in letztlich lexikologische Probleme ein; denn es wurden u.a. die konstitutive Rolle des Wortes bei der Begriffsbildung, das Verhältnis von Wort und Sache, die Vagheit der Wortbedeutung, die Polysemie als Basis für den Sprachmissbrauch erörtert. In Deutschland beteiligt sich J.G. Herder an der Lösung der 1769 gestellten Preisaufgabe der Akademie der Wissenschaften zu Berlin mit seiner „Abhandlung über den Ursprung der Sprache", die 1771 mit dem Preis ausgezeichnet und 1772 gedruckt wurde. Herder sieht im Wort Voraussetzung und Medium des Denkens – „Und was ist die ganze menschliche Sprache als eine Sammlung solcher Worte" (Herder, 105). „Ohne Sprache hat der Mensch keine Vernunft und ohne Vernunft keine Sprache" (Herder, 108). Dieser Auffassung Herders gleicht die Aussage Condillacs: „Um Ideen zu haben, über die wir nachdenken können, müssen wir Zeichen bilden, die als Verbindung der verschiedenen Mengen einfacher Ideen dienen; und unsere Begriffe sind nur soweit exakt, wie wir mit gehöriger Ordnung Zeichen erfunden haben, die unsere Begriffe fixieren" (Condillac 1977, 147). Die westeuropäische Aufklärung stellt, unabhängig davon, ob es sich um die rationalistische oder sensualistische Richtung der Erkenntnisphilosophie handelt, das Verhältnis von Wirklichkeit – Erkenntnis/Denken – Sprache in den Mittelpunkt philosophischer Arbeiten, was als Basis semantischer Theorienbildung betrachtet werden kann.

7. Die historisch-vergleichende Sprachwissenschaft

Dieser seit Jahrhunderten dauernde Rückgriff der Wissenschaften, der Philosophie, der Lexikographie auf Sprachgebrauch und Sprache führt zu einer Wissenschaft von der Sprache, in deren Rahmen sich auch die späteren Teildisziplinen der Lexikologie sowie die Namenkunde entfalten. Seit Ausgang des 18. und Beginn des 19. Jh. kann man von der Herausbildung der Philologien sprechen. Es gibt mehrere Gründe für diese Zuwendung zu den europäischen und außereuropäischen Sprachen:

– die Bekanntschaft mit den Sprachen ferner Völker, die sich vor allem aus ethnographischen und ethnologischen Interessen ergab;
– das Fortleben philosophischer und psychologischer Interessen an der Verschiedenheit der Menschen, die sich in der Verschiedenheit des Sprachbaus äußert. Vgl. Chr.J. Kraus (1787): „Das erste wäre, die europäischen Schriftsprachen hier anfangs beiseite gesetzt, dass die schriftlosen und unbekannten Sprachen, von welchen sich einiger Gewinn für Wissenschaft absehen lässt, mit kritischer Sorgfalt nach einer [...] genugsam erkennbaren Methode, ihrem Stoffe als dem Baue nach, richtig erforscht und die Angaben darüber sowohl über den Sprachbezirk, soweit man ihn kennt und nicht kennt, gleichsam protokollmäßig aufgenommen würden. Das zweite wäre, aus solchen kritischen Apparaten mit scharfsinniger Beurteilung die Wörter selbst, und zwar teils solche, ohne welche sich keine Sprache behelfen kann und deren Vergleichung mithin vornehmlich zu Schlüssen über Verwandtschaft, teils solche, ohne welche sie gar wohl sein könnte und deren Verbindung

zu Schlüssen über allerlei Arten von Gemeinschaft dienen möchte, nach Laut und Sinn richtig herauszuziehen ..."
– die Entdeckung des Sanskrit und die damit verbundene Suche nach Ursprache und Sprachverwandtschaft. Sprachforscher wie Adelung und Friedrich von Schlegel, dann August Wilhelm von Schlegel, Rask und schließlich Wilhelm von Humboldt, Jacob und Wilhelm Grimm gehen vom Sprachvergleich aus. Die Methoden und Ergebnisse ihrer Arbeiten bestimmen die weitere Entwicklung der Wortforschung: Im 19. Jh. werden außer den grundlegenden lexikographischen Unternehmungen, die der Lexikologie Untersuchungsmaterial bieten und neue Wortforschungen anregen, die theoretischen und methodologischen Grundlagen für die lexikologische Arbeit geschaffen. Der Sprachvergleich wird auch mithilfe von Wortgleichungen durchgeführt. Sie sind eine methodische Voraussetzung für die Feststellung der Sprachverwandtschaft und geben somit der Etymologie ein solides Fundament. Mit der Nutzung und Erschließung der jeweils ältesten Formen kann die historische Lexikologie auf gesichertes lexikalisches Material zurückgreifen. Indem nicht mehr allein das Einzelwort, sondern der Sprachbau zum wissenschaftlichen Gegenstand wird, kann nunmehr auch der Sprachvergleich zur Erkenntnis der phonemischen, grammatischen und semantischen typischen Merkmale einer jeden Sprache führen. Humboldts Schriften „Über das vergleichende Sprachstudium in Beziehung auf die verschiedenen Epochen der Sprachentwicklung" (1820) und „Über die Verschiedenheit des menschlichen Sprachbaues" (1827–29) werden zur Grundlage der Sprachphilosophie und -theorie und damit bedeutsam für die Semantiktheorie; denn aus den Grundsätzen leiten sich die ganzheitliche Sprachbetrachtung, der Entwicklungsgedanke, die Begründung des Zusammenhanges von Sprachgestalt und Sprachgebrauch, von Individuellem und Gemeinschaftlichem in der Sprache, von ergon und energeia und damit von Sprache und Sprachtätigkeit, Werk und Handlung ab. „Sie selbst ist kein Werk (Ergon), sondern eine Tätigkeit (Energeia). Ihre wahre Definition kann daher nur eine genetische sein. Sie ist nämlich die sich ewig wiederholende Arbeit des Geistes, den artikulierten Laut zum Ausdruck des Gedankens fähig zu machen." Die Sprache ist ein Organismus und daher „in ihrem inneren Zusammenhang zu studieren". Denn: „Es gibt nichts Einzelnes in der Sprache, jedes ihrer Elemente kündigt sich nur als Teil ihres Ganzen an." Wesentlich für die Ausbildung der Bedeutungstheorie ist Humboldts Auffassung vom Wort als zweiseitigem Zeichen, das nicht Gegenstände, sondern die Begriffe von ihnen vertritt, also die Wirklichkeit in das Eigentum des Geistes überführt, und die Darstellung der gegenseitigen Abhängigkeit von Wort und Begriff, Wort und Gedanke: „Durch die gegenseitige Abhängigkeit des Gedankens und des Wortes voneinander leuchtet es klar ein, dass die Sprachen nicht eigentlich Mittel sind, die schon erkannte Wahrheit darzustellen, sondern weit mehr, die vorher unerkannte zu entdecken." Gerade auf diese Stellen über den Zusammenhang von Sprachbau und Welterkenntnis bezieht sich etwa reichlich 100 Jahre später Weisgerber als Vertreter des „Neohumboldtianismus". Diese Richtung fördert lexikologische Forschungen, die sich auf den Wortschatz als Ganzes richten und dazu beitragen, den Atomismus in der Wortforschung zu überwinden. Als Höhepunkt philologischen Schaffens im 19. Jh. ist das Werk Jacob und Wilhelm Grimms zu sehen, die einmal mit dem Deutschen Wörterbuch (seit 1854) ein Jahrhundertwerk begannen, zum anderen durch die Sammlungen der deutschen Märchen, Sagen, der Rechtsaltertümer und der Deutschen Weistümer das Studium der Geschichte der deutschen Literatur, der Religions- und Rechtsgeschichte mit dem der deutschen Sprache verbanden. Jacob Grimms „Deutsche Grammatik" bestimmte die Sprachforschung, indem sie auch die regionalen Dialekte in ihrer Entwicklung beschrieb, was zur Begründung der Dialektologie beitrug. Die Darlegung der Gesetzmäßigkeiten des Lautwandels trug zur Vervollkommnung der historisch-vergleichenden Methode bei und hatte damit große Bedeutung für die Entwicklung auch der Wortbildungstheorie. So wurden J. und W. Grimm zu den eigentlichen Begründern der Germanistik. Am Ausbau der vergleichenden Sprachwissenschaft, insbes. an der Indogermanistik, sind weitere deutsche Sprachwissenschaftler beteiligt. Zu nennen sind Bopp, dessen „Vergleichende Grammatik des Sanskrit, Zend, Griechischen, Lateinischen, Litauischen, Altslawischen, Gotischen und Deutschen" 1852 abgeschlossen wurde; Pott („Etymologische Forschungen auf dem Gebiete der Indo-Germanischen Sprachen"), Schleicher und Steinthal. Lexikologisch bedeutsam ist in Potts Arbeit u. a., dass Wortbedeutungen als durch ihren Kontext determiniert dargestellt werden: „Man fühlt es wohl

und pflegt es sich meist nur nicht recht anschaulich zu machen, dass, was man Verschiedenheit der Bedeutung eines Wortes nennt, gar oft nicht sowohl in ihm selber als in seiner jeweiligen Umgebung innerhalb der Rede gesucht werden muss. [...] Der Zusammenhang ist folglich mitbedeutend und darf bei der Aufzählung und Feststellung der verschiedenen Anwendungen eines Worts nie außer acht gelassen werden" (nach Arens 1955, 212). Schleicher, dessen Hauptwerk „Compendium der vergleichenden Grammatik der indogermanischen Sprachen" 1861/62 in zwei Bänden erschien, öffnet vor allem den Weg der Sprachwissenschaft zur Exaktheit naturwissenschaftlicher Methoden und grenzt Philologie und Sprachwissenschaft voneinander ab: „Der Philolog hat es mit der Geschichte zu tun, die eben da anhebt, wo der freie menschliche Wille sich Dasein gibt, das Objekt der Linguistik dagegen ist die Sprache, deren Beschaffenheit ebensosehr außerhalb der Willensbestimmung des einzelnen liegt [...] Demzufolge ist auch die Methode der Linguistik von der aller Geschichtswissenschaften total verschieden und schließt sich wesentlich der Methode der übrigen Naturwissenschaften an" (nach Arens 1955, 227). Am Ausgang des 19. Jh. öffnet sich die Sprachwissenschaft den Naturwissenschaften, indem sie die Exaktheit naturwissenschaftlicher Methoden auch für sich reklamiert. In der Psychologie sieht sie eine Basiswissenschaft; denn Sprachprozesse sind psychischer Natur. Die Wortforschung des 20. Jahrhunderts kann an diese Bemühungen anknüpfen, indem mit Sprachphysiologie und Sprachpsychologie disziplinübergreifende Forschungsgebiete entstanden. Der Weg dahin ist wesentlich bestimmt durch die Junggrammatiker, verbunden vor allem mit dem Schaffen Pauls, dessen Arbeit „Prinzipien der Sprachgeschichte" zum theoretischen Hauptwerk der junggrammatischen Schule wird. Die psychologische Orientierung in dieser Zeit führt dazu, dass Wortbedeutungen und ihre Wandlungen zu einem Schwerpunkt der Forschung werden, dass zahlreiche Arbeiten zum Bedeutungswandel entstehen. Bemühungen um die Überwindung einengender Dogmen der Junggrammatiker weisen schon ins 20. Jahrhundert.

8. Literatur in Auswahl

Arens, Hans (1955, ²1969), *Sprachwissenschaft. Der Gang ihrer Entwicklung von der Antike bis zur Gegenwart*. Freiburg/München: Verlag Karl Alber

Chronologische, areale und situative Varietäten des Deutschen in der Sprachhistoriographie. Festschrift für Rudolf Große. Hg. G. Lerchner, M. Schröder, U. Fix. 1995. Frankfurt a. Main, Berlin u.a.: Peter Lang. Europäischer Verlag der Wissenschaften

Condillac (1977), *Essai über den Ursprung der menschlichen Erkenntnisse. Ein Werk, das alles, was den menschlichen Verstand betrifft, auf ein einziges Prinzip zurückführt*. Leipzig: Verlag Philipp Reclam jun.

Hausmann, Franz Josef (1989), Pour une histoire de la métalexicographie. In: *Wörterbücher. Dictionaries. Dictionnaires*, 216–225

Herders Werke in fünf Bänden (1963) Ausgewählt und eingeleitet von W. Dobbek. Weimar: Volksverlag

Hertel, Volker (1995), Orientierungshilfen in frühen deutschen Kräuterbüchern. In: *Chronologische, areale und situative Varietäten des Deutschen in der Sprachhistoriographie*, 55–58

Klein, Wolf Peter (1992), *Am Anfang war das Wort. Theorie- und wissenschaftsgeschichtliche Elemente frühneuzeitlichen Sprachbewusstseins*. Berlin: Akademie Verlag

Kühn, Peter/Püschel, Ulrich (1989), Die deutsche Lexikographie vom 17. Jahrhundert bis zu den Brüdern Grimm ausschließlich. In: *Wörterbücher. Dictionaries. Dictionnaires*, 2049–2078

– Die deutsche Lexikographie von den Brüdern Grimm bis Trübner, In: *Wörterbücher. Dictionaries. Dictionnaires*, 2078–2100

Platon (1994), *Sämtliche Werke. Band 3*. Übers. V. Friedrich Schleiermacher und Hieronymus und Friedrich Müller. Reinbek bei Hamburg: Rowohlt Taschenbuch Verlag GmbH. Rowohlts enzyklopädie

Reichmann, Oskar (1989), Geschichte lexikographischer Programme in Deutschland. In: *Wörterbücher. Dictionaries. Dictionnaires*, 230–246

Ricken, Ulrich (1984), *Sprache, Anthropologie, Philosophie in der französischen Aufklärung. Ein Beitrag zur Geschichte des Verhältnisses von Sprachtheorie und Weltanschauung*. Berlin: Akademie-Verlag

Wörterbücher. Dictionaries. Dictionnaires. 1989; 1990. Ein internationales Handbuch zur Lexikographie. Hg. v. F.J. Hausmann; O. Reichmann; H.E. Wiegand; L. Zgusta. 1. Teilband 1989; 2. Teilband 1990. Berlin; New York: Walter de Gruyter

Wolf, Norbert Richard (Hg.) (1987), *Wissensorganisierende und wissensvermittelnde Literatur im Mittelalter*. Perspektiven ihrer Erforschung. Wiesbaden: Reichert (= Wissensliteratur im Mittelalter I)

Wolf, Norbert Richard (1995), Wort- und Begriffsbildung in spätmittelalterlicher Wissensliteratur. In: *Chronologische, areale und situative Varietäten des Deutschen in der Sprachhistoriographie*, 237–244

Thea Schippan †, Tabarz (Deutschland)

6. Der Gang der lexikologischen Forschung II: Das Erwachen der Disziplin

1. Vorbemerkung
2. Wortschatzuntersuchungen in den ersten Jahrzehnten des 20. Jahrhunderts
3. Die Ausbildung der Zeichentheorie in F. de Saussures „Cours de linguistique générale" und im Organonmodell Bühlers
4. Die strukturelle Sprachwissenschaft und die Herausbildung der Lexikologie
5. Lexikologie nach dem II. Weltkrieg
6. Literatur in Auswahl

1. Vorbemerkung

Erst in der zweiten Hälfte des 20. Jahrhunderts lässt sich die Lexikologie als relativ selbstständige Wissenschafts- und Universitätsdisziplin begreifen. Erst dann kann man von einem bestimmten Gegenstandsbereich, wiederholt anwendbaren Methoden und einem eigenen Wissenskorpus, das der Theorienbildung zugrunde liegt, sprechen, wenngleich Wort und Wortschatz schon lange vor der Etablierung der Lexikologie als wissenschaftlicher Disziplin Gegenstand sprachwissenschaftlicher Forschungen und Darstellungen gewesen sind (vgl. zu „Disziplin": Wiegand 1989, 254ff.). Philosophie und Psychologie und später die Psycholinguistik wandten sich der Bedeutungsseite der Wörter zu; die Lexikographie brauchte einerseits Lexikuntersuchungen als Vorleistungen, wie sie andererseits Basismaterial für lexikologische Arbeiten bereitstellte (vgl. Wiegand 1985, 69ff.). Herausbildung und Entwicklung der Lexikologie sind in ständiger Wechselwirkung mit anderen linguistischen Disziplinen und Nachbarwissenschaften zu sehen. Etymologie und Semasiologie/Onomasiologie, Theorien über den Aufbau des Wortschatzes, Phraseologie sowie Wortbildungstheorie entstanden teils als eigenständige Forschungsfelder, teils in Abhängigkeit von grammatischen, lexikographischen und zeichentheoretischen Vorhaben in Differenzierungs- und Integrationsprozessen. Auch gegenwärtig sind die Grenzen des lexikologischen Gegenstandsbereichs nicht klar umrissen. So gibt es Diskussionen um die Stellung des Lexikons und der Wortbildung in verschiedenen Sprachmodellen, um das Verhältnis der Lexikologie zu Onomastik und Phraseologie. Neue Gegenstände sind hinzugekommen und damit neue Disziplinen entstanden, wie z. B. die Theorie des Lexikons im Rahmen der Forschungen zur Künstlichen Intelligenz. Dennoch sind der Wortschatz und seine Elemente nunmehr als Objekte einer selbstständigen Disziplin zu sehen, deren Ziele nicht von anderen Wissenschaften oder Disziplinen abgeleitet werden. Sie bildet sich in der ersten Hälfte des 20. Jahrhunderts in Abhängigkeit und in Wechselwirkungen mit umfassenderen Strömungen der Sprachwissenschaft und parallelen Entwicklungen der Philosophie und Psychologie heraus. Maßgebend sind dabei die Entwicklung der historischen Sprachwissenschaft und der Lexikographie, die Ausbildung der Sprachgeographie, die Entstehung der französischen Onomasiologie und der Richtung „Wörter und Sachen", Wortschatzuntersuchungen im Rahmen psychologischer Theorien, das Erscheinen F. de Saussures „Cours de linguistique générale" und die Aufnahme seiner Gedanken in strukturellen und Feldtheorien. Nach dem II. Weltkrieg prägen zunächst die inhaltbezogene Sprachwissenschaft und in Auseinandersetzung mit ihr strukturalistische Strömungen auch die Wortschatztheorie, vor allem die Theorie der lexikalischen Semantik. Vorwiegend an sowjetischen Universitäten wird ein Lehrfach unter dem Namen „Lexikologie" eingeführt. Diese zusammenfassende Bezeichnung war bis dahin nur wenig gebräuchlich (vgl. Matoré 1953, Iskos/Lenkowa 1960, Fleischer 1968, 168). Schließlich erfasst die generative Grammatik auch das Lexikon (vgl. Bierwisch 1965, 1983; Motsch 1983).

2. Wortschatzuntersuchungen in den ersten Jahrzehnten des 20. Jahrhunderts

2.1. Die historische Sprachwissenschaft und die Theorie des Bedeutungswandels

Mit Pauls „Prinzipien der Sprachgeschichte" – dem theoretischen Hauptwerk der junggrammatischen Schule – werden nicht nur Grundlagen der historischen Sprachforschung gelegt, sondern auch Einsichten in die Bedeutungslehre, vor allem in die Vorgänge des Bedeutungswandels, vermittelt. Die geschichtliche Betrachtung der Sprache führt zur Ergründung der Zusammenhänge von Sprache und psychischen und kulturellen Prozessen menschlichen Zusammenlebens. In diesem Werk begründet Paul eine allgemeine

Theorie der Sprachentwicklung, ihrer sozialen und psychischen Faktoren. Die Gedanken über den Zusammenhang von Theorie und Methode, genossenschaftlichem Usus und individueller Sprechtätigkeit, von Prinzipienwissenschaften und spezieller Geschichtsforschung führen immer wieder zur Wortbedeutung und zu den Ursachen ihrer Veränderungen. Von der 4. Auflage (1909) an erfolgt die Darstellung des Bedeutungswandels in der Auseinandersetzung mit der Völkerpsychologie Wundts; denn nach Paul vollziehen sich alle psychischen Prozesse in „Einzelgeistern". Mit dem Kategorienpaar „usuelle und okkasionelle Bedeutung" werden grundlegende semantische Beziehungen erörtert, wie das Verhältnis von allgemeiner und aktueller, konkreter und abstrakter Bedeutung, von Usus und Gebrauch. Polysemie und die Rolle des Kontextes bei ihrer Auflösung, Prozesse und Ursachen des Bedeutungswandels und die Ausbildung von Metaphern werden psychologisch erklärt. Außerdem stellt er Modifikationen der Bedeutung in der Rede dar, wie Übertreibungen, Derbheiten, Litotes, Euphemismus, Entwertung und Ironie. „Die Wortbedeutung bequemt sich immer der jeweiligen Kulturstufe an [...] es gibt hier eine Menge unmerklicher Verschiebungen, die zunächst gar nicht als Bedeutungswandel beachtet zu werden pflegen und die eine unmittelbare Folge des Wandels in den Kulturverhältnissen sind" (Paul 1909, 104). Pauls Klassifikation und vor allem die psychologische Begründung des Bedeutungswandels, die sich auch auf Waag stützt, wird von vielen Forschern, wie Sperber (1914; 1923), Kronasser (1952) übernommen und modifiziert. Ebenso fruchtbar für die Entwicklung der Semasiologie sind Erdmanns Aufsätze, die 1910 als 2. Auflage unter dem Titel „Die Bedeutung des Wortes" erscheinen. Erdmann betont, dass er Wortbedeutungen im Hinblick auf die Leistung der Sprache als Verständigungsmittel betrachtet. Viele der noch heute aktuellen Fragen werden hier schon erörtert: Vieldeutigkeit und Unbestimmtheit, Metaphorik, Bedeutungen in Varietäten, die Forderung nach Schärfe und Wohlbestimmtheit in Fachsprachen, die Rolle von Situation und Milieu für die Monosemierung, wie auch sprachliche Erscheinungen, die später von der Soziolinguistik aufgegriffen werden: Variation der Wortbedeutung durch das soziale Milieu, Kulturkontext als Verständigungshilfe, Wertung und Gefühlswert als Komponenten der Wortbedeutung. Bis zu Beginn der 20er Jahre ist der Grund gelegt für die Semasiologie als

Theorie der Wortbedeutung. Außer Pauls „Prinzipien" und der lexikographischen Praxis in Pauls Wörterbuch und in etymologischen Wörterbüchern zeigen Werke, die Paul u. a. aufführt, dass diese Zeit ein erster Höhepunkt der historischen, psychologisch bestimmten Semasiologie ist: Wölfflin, Über Bedeutungswandel; Hey, Semasiologische Studien und Die Semasiologie; Darmesteter, La vie des mots étudiée dans leurs significations; Lehmann, Der Bedeutungswandel im Französischen; Rosenstein, Die psychologischen Bedingungen des Bedeutungswandels der Wörter; Bréal, Essai de Sémantique; Martinak, Psychologische Untersuchungen zur Bedeutungslehre; Jaberg, Pejorative Bedeutungsentwicklung im Französischen; Nyrop, Ordens liv; Waag, Bedeutungsentwicklung unseres Wortschatzes; von Rozwadowski, Wortbildung und Wortbedeutung; Bökemann, Französischer Euphemismus (Vgl. Paul 1909, 74ff.). Diese Auswahl der bei Paul verzeichneten Arbeiten zeigt, dass vor allem Germanisten und Romanisten in der Wortbedeutung einen Gegenstand sahen, der sowohl für die Erklärung der kommunikativen Funktion der Sprache als auch der Beziehung von Psychologie und Sprachwissenschaft wesentlich ist. Maurer/Stroh (Deutsche Wortgeschichte, 1943) und Behaghel (1953) greifen später auf diese Werke zurück. Auch die „Moskauer Schule", gegründet in den 70er und 80er Jahren des 19. Jahrhunderts, steht den Leipziger Junggrammatikern nahe. Als ihr Gründer gilt Fortunatov. Ihn verbindet mit Paul die psychologische Basis der Betrachtung der Wörter als Mittel der Verallgemeinerung und der Denkoperationen.

2.2. Die französische Sprachgeographie und Etymologie, „Wörter und Sachen", Onomasiologie und das Wirken Schuchardts

1875 gab Diez sein Wörterbuch „Romanische Wortschöpfung" heraus, in dem der französische Wortschatz nach Sachgruppen geordnet war. Grundlage der Wortschatzsammlung bildeten lateinische Wörter, denen Bezeichnungen verschiedener romanischer Sprachen mit ihren Gemeinsamkeiten und Unterschieden zugeordnet wurden. Bereits 1854 hatte er im „Etymologischen Wörterbuch der romanischen Sprachen" bisherige Aussagen zur Wortgeschichte verifizieren oder falsifizieren können und gefordert, in der etymologischen Forschung Regularitäten der Laut- mit denen der Bedeutungsentwicklung zu verbinden. In dem nach Sachgruppen geordneten Wörterbuch werden verschiedene Bezeichnungen für eine Sache oder einen Begriff verzeichnet. Bréal verfasste 1897 den „Essai de sémantique" mit dem Untertitel „Science des significations". Im Anschluss an die Sprachtheorie der Aufklärung hebt er hervor, dass die Wörter nur im Bewusstsein der Menschen existieren und dass Wortbedeutungen mit menschlicher Erkenntnistätigkeit verbunden sind. Für die Theorie der Bedeutung schlug er die Bezeichnung „Semantik" – sémantique – vor. Gleichzeitig entwickelt sich in Frankreich die Sprachgeographie. Gilliéron begann 1902 mit der Herausgabe des „Atlas linguistique de la France". Hier spielen Untersuchungen zum Zusammenhang von Sach- und Wortgeschichte und von sach-, kultur- und wortgeschichtlichen Faktoren bei der Ergründung des Benennungs- und Bedeutungswandels eine große Rolle. So ist in der französischen Romanistik um die Jahrhundertwende auch der Ansatz einer historischen und synchronischen Onomasiologie zu sehen. Onomasiologie/Semasiologie und Etymologie erhalten Impulse durch die seit 1909 von Meringer herausgegebene Zeitschrift „Wörter und Sachen". Mit ihr begründet sich diese kulturgeschichtlich orientierte Schule, die weitgehend die Entwicklung der Onomasiologie bestimmte. Sie vertrat die Auffassung, dass Sprachgeschichte Kulturgeschichte und die Geschichte der Wörter Geschichte der Sachen und Kulturen, der Menschen, ist. Schuchardt gehört zu den Forschern, die Anteil an der Überwindung einengender Dogmen der junggrammatischen Schule, insbesondere des Prinzips der Lautorientierung, haben und damit der Wortforschung den Weg ebnen. Sein Beitrag besteht in der Ausbildung einer onomasiologischen Forschung, die die Einheit von Bedeutungs- und Bezeichnungslehre betont. Er fühlt sich keiner der sprachwissenschaftlichen Schulen zugehörig (vgl. Schuchardt-Brevier 1928, 419), aber sowohl aufnehmend als auch in der Auseinandersetzung bearbeitet er ein breites Themenspektrum, das ihn zum Initiator wesentlicher lexikologischer Forschungsfelder werden lässt: seine Bedeutung für die Herausbildung der Lexikologie liegt in der Untersuchung vieler Probleme vom Sprachursprung bis zur Sprachentwicklung, von der Dialektologie bis zur Bedeutungs- und Bezeichnungslehre, in der Betonung sozialer Faktoren bei der Bezeichnungswahl und beim Bedeutungswandel. Laute und Bedeutung, Diachronie und Synchronie, Geschichte der Sprache und Geschichte der Menschen, Geschichte des Wortes und Geschichte der Sachen müsse der Sprachforscher verbinden, wobei die Sache das Primäre gegenüber dem Wort sei. Schuchardt sieht im Wortschatz die Resultate der Auseinandersetzung der Menschen mit ihrer Wirklichkeit – eine Auffassung, die in der Geschichte der Wortschatzforschung einen neuen Schritt darstellt. Die Etymologie müsse die einseitige Lautgeschichte durch die Einbeziehung der Begriffsgeschichte überwinden und dabei die Begriffsgeschichte in ihrer Beziehung zu den sozialen Bedingungen des Sprachträgers sehen. Die Prozeduren, die später als notwendige Schritte zur Bestimmung der Wortgeschichte praktiziert werden, sind bei ihm begründet und in einer großen Anzahl von Aufsätzen vorgestellt: die Einbeziehung mundartlicher Varianten, der Synonyme und anderssprachiger Äquivalente. Um die Jahrhundertwende, befördert durch die historische und vergleichende Sprachwissenschaft und die Lexikographie in Frankreich, führt er verschiedene Forschungszweige zusammen und entwickelt eine moderne Onomasiologie, untrennbar mit der Semasiologie verbunden. Dornseiff bezeichnet ihn als den eigentlichen Begründer der Onomasiologie und baut auf seinen Arbeiten auf (Dornseiff 1933; 1955). Bedeutsam ist in dieser Zeit die Weiterentwicklung der Methodik der Etymologie mit der Forderung, die Bedeutungsgeschichte in die Erforschung der Wortgeschichte einzubeziehen. Die Etymologie wird exakter, wenn auch die Mundarten berücksichtigt werden, wie es in der Romantik geschieht. In Deutschland finden wortgeographische Forschungen 1918 in Kretschmers „Wortgeographie der hochdeutschen Umgangssprache" ihren Niederschlag.

2.3. Die psychologisch begründete Wortschatzbetrachtung

Seit der Jahrhundertwende entwickelte sich die Psychologie, die sich allerdings in Deutschland noch als Teil der Philosophie begriff. Wundt gab 1883 die erste Zeitschrift für experimentelle Psychologie als „Philosophische Studien" heraus. Wenn Paul sprachliche Prozesse wie den Bedeutungswandel als Folge psychischer Prozesse im Verkehr der Individuen miteinander erklärt, so besteht der Ansatz Wundts in der völkerpsychologischen Begründung von Sprache und Sprachentwicklung. Das Kapitel VIII des ersten Bandes seiner „Völkerpsychologie" beschäftigt sich mit dem Bedeutungswandel. Danach spiegelt sich in der Sprache die Vorstellungswelt der Menschen. Sie enthält die allgemeine Form der im Volksgeist lebenden Vorstellungen, ausgeprägt als psychophysische Tätigkeit. Das Wort wird aus psychologischer Sicht zerlegt in akustische Lautvorstellung und entsprechende optische Vorstellung der Schreibbewegung der Hand einerseits und in die Vorstellung von der Wortbedeutung und dem damit verbundenen Gefühlston andererseits. Der Bedeutungswandel wird psychologisch begründet und klassifiziert. Für Wundt ist jedoch die Wortbetrachtung nur Erkenntnismittel für die Psychologie – im Wandel der Wortbedeutung äußern sich die Gesetze der Veränderungen der Vorstellungen, wie sie unter dem Einfluss wechselnder Assoziations- und Apperzeptionsbedingungen stattfinden. Bis in die Jahre nach dem II. Weltkrieg sind semantische Untersuchungen psychologisch orientiert. Ullmann geht noch von der Voraussetzung aus, dass die Sprache geprägt ist „durch Assoziationsbeziehungen, die im Bewusstsein der Mitglieder einer Sprachgemeinschaft schlummern" (Ullmann 1967, 197).

2.4. Wortuntersuchungen im Dienst der Logik

1900/1901 gab der Philosoph Edmund Husserl „Logische Untersuchungen" heraus, in denen er Wortbedeutungen analysierte. Dabei ging es ihm um die mathematisch genaue Analyse der Bedeutungsakte, die aber unabhängig von konkreten Bedeutungen, „ausgedrückten Bedeutungen", sind. Damit stellt er Sprachuntersuchungen in den Dienst der Logik und nimmt viele Einsichten der Semiotik und Semantik der 30er Jahre vorweg. Auch er stellt das Wort in seinen Relationen und Funktionen vor und unterscheidet Bedeutung und gegenständliche Beziehung. Von ihm stammen die später immer wieder zitierten Beispiele für verschiedene Bedeutungen der Benennungen bei gleicher Referenzbeziehung, wie *Sieger von Jena – der Besiegte von Waterloo* und umgekehrt dafür, dass zwar Ausdrücke dieselbe Bedeutung, aber verschiedene gegenständliche Beziehung haben.

2.5. Wortgeschichte und Kulturgeschichte

In der Auseinandersetzung mit der junggrammatischen Schule treffen sich Wissenschaftler, die Kultur und geistiges Leben der Gesellschaft als bestimmende Faktoren der Sprache und der Sprachentwicklung begreifen, wenngleich sie unterschiedliche, ja gegensätzliche Sprachauffassungen vertreten. Für Vossler ist die Sprachgeschichte ein Teil der Kulturgeschichte. Am Gegenstand der französischen Sprache demonstriert er seinen Grundsatz, dass im Laufe der Sprachgeschichte gesellschaftlich bedingte geistige Faktoren auf die Entwicklung einwirkten und sich in ihr ausdrücken. Der Wortschatz ist ihm Demonstrationsgegenstand für Denkungsarten. Wandruszka (1959) kommt darauf zurück, dass sich im Wortschatz Kultur- und Geistesgeschichte widerspiegeln. Finck vertritt den Gedanken, dass sich im Sprachbau – auch hier geht es vor allem um den Wortschatz – Weltanschauungen ausprägen. „Der deutsche Sprachbau als Ausdruck deutscher Weltanschauung" umfasst 8 Vorträge. Hier klingt Humboldts Begriff der „inneren Sprachform" an. Später wird Weisgerber ähnliche Aussagen treffen. Etymologie und Synonymik und der Vergleich der Äquivalente verschiedener Sprachen zeigen, welche Benennungsmotive gewählt wurden, und geben somit Aufschluss über die Weltanschauung der Sprachträger: „Diese in der etymologischen und synonymischen Gruppierung sowie im Sprachbau zum Ausdruck kommende Weltanschauung einer geistigen Gemeinschaft ist das, was man innere Sprachform nennt" (Finck nach Arens 1969, 356).

2.6. Lexikographie und Wortschatzuntersuchung

In den ersten beiden Jahrzehnten unseres Jahrhunderts wirken psychologische, logische und kulturgeschichtliche Strömungen teils zusammen, teils gegeneinander. Das Resultat dieser Zugriffe zu Wort und Wortschatz sind die Ausbildung der Onomasiologie, die Begründung der Semasiologie als Theorie vor allem des Bedeutungswandels, die Entwicklung der semantischen Komponente etymologischer Forschungen. In diesem Zeitraum ist die Lexikforschung eng mit der Lexikographie verbunden: diese profitiert einerseits von etymologischen, semasiologischen und onomasiologischen Untersuchungen und regt sie andererseits an. Das gilt in erster Linie für das der historischen Forschung verpflichtete „Deutsche Wörterbuch" Heynes und für Pauls „Deutsches Wörterbuch". In Frankreich wird die Anordnung des Wortschatzes nach Sachgruppen zur Voraussetzung für onomasiologische Studien. Auch in Deutschland entstehen kumulative Synonymiken wie Liebichs „Die Wortfamilien der lebenden hochdeutschen Sprache als Grundlage für ein System der Bedeutungslehre". Es erscheint

1899 und erlebt schon 1905 eine zweite Auflage. Stuckes „Deutsche Wortsippen" (1912) gehört zu den Werken, die die nichtalphabetische Wortschatzanordnung einführen. Auch Sonderwortschätze werden erfasst, wie z. B. in Schirmers „Wörterbuch der deutschen Kaufmannssprache auf geschichtlichen Grundlagen" (1911) oder Kluges „Seemannssprache" (1908/11). Bildungsaufgaben dienen etymologische Wörterbücher wie Wasserziehers „Wohin?" (1918) oder Andresens „Deutsche Volksetymologie" (1919 schon in 7. Auflage).

3. Die Ausbildung der Zeichentheorie in F. de Saussures „Cours de linguistique générale" und im Organonmodell Bühlers

3.1. F. de Saussures „Cours de linguistique générale" und die Herausbildung der Lexikologie

Zur Zeit des Erscheinens des „Cours" (1916) bahnt sich nicht allein in der Sprachwissenschaft eine Veränderung der grundlegenden Sehweisen und Methoden an. In der Psychologie setzt sich die Ganzheits- oder Gestalttheorie durch, in der Philosophie Husserls Phänomenologie, die Soziologie tritt auf den Plan. F. de Saussures „Cours" wird in den 20er und 30er Jahren in Deutschland durchaus positiv beurteilt, so von Bühler und Ipsen, aber es fehlt auch nicht an negativen Stimmen. Dennoch gehen Wortschatzforschungen in der Folge von de Saussures Gedanken aus und über die Positionen der Junggrammatiker hinaus – der Wortschatz als Ganzes wird im Aufgreifen der Unterscheidung von Langue und Parole zum Forschungsgegenstand. Schon vor dem Erscheinen von Pauls „Prinzipien der Sprachgeschichte" hatte die „Kazaner Schule", vor allem Baudouin de Courtenay, die Auffassung vertreten, dass die Sprache ein System von Zeichen ist. Er sah im Sprachsystem eine Ganzheit, deren Elemente durch lautliche, semantische, morphologische u. a. Beziehungen verbunden sind. Die meist einseitige historische Orientierung auf das Einzelwort wird nun durch die Betrachtung der synchronischen Beziehungen in der Lexik abgelöst. De Saussures Auffassung von der Bilateralität des sprachlichen Zeichens, seinem arbiträren Charakter und vom sprachlichen Wert bestimmt das Herangehen. Weisgerber, Trier, Porzig und Ipsen fordern, die Wortschatzelemente in ihren Beziehungen zueinander zu beschreiben. Ipsen führte den Terminus „Feld" ein. Er geht davon aus, dass Wörter einer Sprache nicht isoliert sind, sondern sich in Bedeutungsgruppen einordnen (vgl. Ipsen 1924, 225). Porzig unterschied parataktische und syntaktische Felder. „Hieraus ergibt sich nun die möglichkeit, den bau eines bedeutungsfeldes über elementare beziehungen zweier wörter hinaus noch weiter aufzuhellen: offenbar gehört nämlich alles das bedeutungsmäßig zusammen, was innerhalb einer solchen notwendigen beziehung austauschbar ist, was sich da vertreten kann" (Porzig 1934, 73). Er übt Kritik an der „allgemeinen Bedeutung" in Wörterbüchern und gibt für jedes Wort eine Verwendungssphäre an. Mit der Existenz „elementarer bedeutungsfelder", die „ihre wirklichkeit im satz und in der rede" haben, erklärt er Wortwahl und Bedeutungswandel. An Porzigs Auffassung, dass zwischen Wörtern Bedeutungsbeziehungen bestehen „solcher art, dass mit dem einen das andere implicite mitgesetzt ist" (70), knüpft Coseriu mit „lexikalischen Solidaritäten" an (vgl. Coseriu 1967). Mit seiner Habilitationsschrift „Der deutsche Wortschatz im Sinnbezirk des Verstandes" (1931) wird Trier zum Wegbereiter der Feldtheorie. Anfänglich beruft sich auch Weisgerber auf de Saussure und entwickelt den Gedanken, dass Sprachinhalte durch die Stellung des Elements im System bedingt seien. So ist als wesentlichster Anstoß zu neuen Wortschatzforschungen die Unterscheidung von Paradigmatik und Syntagmatik, Langue und Parole, Diachronie und Synchronie zu sehen. 1931 trug v. Wartburg seine Arbeit „Zum Ineinandergreifen von deskriptiver und historischer Sprachwissenschaft" vor, in der er diese Auffassung der Dichotomien anerkannte. Wenn die junggrammatische Forschung vor allem den Bedeutungswandel des Einzelwortes im Auge hatte, so richtet sich nunmehr der Blick auf den Charakter der Bedeutung, den Zusammenhang von Lautkörper und Bedeutung, den Systemcharakter des Wortschatzes. Die Hinwendung zu Grundfragen der Semantiktheorie, verbunden auch mit sprachphilosophischen Problemen, wird sichtbar bei Ogden/Richards (1923), die in "The Meaning of Meaning" nicht weniger als 16 Gruppen von Definitionen von „Semantik", "meaning", „Bedeutung" zusammenstellten.

3.2. Bühlers Organon-Modell

Für Bühler ist die Psychologie Basis auch der Sprachtheorie. Sinn- und Bedeutungszusammenhänge sind der eigentliche Gegenstand der

Zeichentheorie. Sprachliche Zeichen sind in Sprechereignisse eingeschlossen und werden durch ihre Funktionen in diesen bestimmt und nach ihnen klassifiziert. In der Auseinandersetzung mit Pauls „Prinzipien der Sprachgeschichte" (seit 1908), mit Wundt, Husserl und dem amerikanischen Behaviorismus bildet sich nach Abwandlungen und Korrekturen das Organonmodell in der Fassung der „Sprachtheorie" von 1934 heraus. „Sprachtheorie" bedeutet, Sprachtätigkeit, -entwicklung und -funktionen als Ganzheit aufzufassen, also das Sprachganze zu erklären. Insofern müssen Sprachfunktionen modellhaft erfassbar sein. Bühler nennt als Sprachfunktionen Ausdruck, Appell und Darstellung. Zeichen können Symbol, Symptom und Signal sein. Hieran knüpfen spätere lexikologische Darstellungen an (vgl. Reichmann 1976). Bühler und Trubetzkoy wurden 1922 in Wien zu Professoren berufen. Trubetzkoys Auffassung des Prinzips der abstraktiven Relevanz für die Phonologie wird entscheidend für Bühlers Zeichentheorie. So besteht Bühlers Bedeutung für die Ausbildung der Lexikologie in erster Linie in der Erarbeitung einer Theorie des sprachlichen Zeichens, in der Grundlegung einer semantischen Theorie auf der Basis der Funktionsbestimmung sprachlicher Zeichen.

4. Die strukturelle Sprachwissenschaft und die Herausbildung der Lexikologie

Schon Bally hatte erklärt, dass das Wort ein strukturelles Element ist, das durch assoziative Beziehungen mit seinen lautlichen und begrifflichen Nachbarn verknüpft ist, es wird zum Zentrum eines assoziativen Feldes. Gleichzeitig mit oder in Abhängigkeit von de Saussures und Bühlers Arbeiten entstehen weitere Werke, die sprachliche Strukturen als eigentlichen Gegenstand der Sprachwissenschaft sehen. Dabei handelt es sich um unterschiedliche Richtungen, die aber durch bestimmte Grundsätze verbunden sind: sie richten sich gegen den „Atomismus" der Junggrammatiker, gegen das Prinzip des Einzelfaktums und orientieren sich an Ganzheiten. Nicht Substanzen, sondern Beziehungen sind wissenschaftliches Objekt. Das Prinzip des Stellenwertes tritt an die Stelle des positiv Gegebenen. Die 4 Dichotomien werden in unterschiedlicher Weise in strukturalistische Programme integriert. Am konsequentesten vertritt die amerikanische Schule um Bloomfield den Gedanken, dass nicht mentale Inhalte oder Substanzen, sondern die Stellung des Elements und seine Beziehungen zu anderen Gegenstand der Linguistik sein können. Die strukturelle Semantik wird ausgebaut, indem die Prinzipien Systemhaftigkeit, Funktionalität, Gliederbarkeit und Oppositionalität die Methodologie der Bedeutungsuntersuchung bestimmen. Die Prager Schule konstituiert sich auf dem 1. Linguistenkongress in Den Haag. Seit 1935 erscheint „Slovo und slovesnost". Hier dominiert das Prinzip der Funktionalität. Andererseits gewinnt die Kopenhagener Schule mit der Glossematik starken Einfluss auf die Semantiktheorie. Hjelmslev und Brøndal gründen 1931 den „Cercle Linguistique de Copenhague". 1935 wird die Glossematik entworfen (Hjelmslev/Uldall). Ausgehend von dem Bestreben, eine wissenschaftliche Grammatik zu schaffen, deren Gegenstand nicht das Bewusstsein sein soll, sondern die Mittel, den Inhalt des Bewusstseins mitzuteilen, folgert Hjelmslev in den „Prolegomena", „dass eine Totalität nicht aus Dingen, sondern aus Beziehungen besteht, und dass nicht die Substanz, sondern nur die inneren und äußeren Beziehungen für die Wissenschaft existieren" (nach Arens 1969, 516). Holt stellt die Analyse der Inhaltsform – die Pleremik – vor. Die Glossematik vertritt u. a. auch Greimas. Seine späteren Arbeiten zur semantischen Analyse lexikalischer Einheiten mit Hilfe semantischer Oppositionen sind in den 70er Jahren Vorbild für die Forschungen zur lexikalischen Semantik. Zu den Gründern der russischen Schule, die sich aber bereits 1924 auflöst, gehört auch Jakobson. Seine und die Arbeiten Ščerbas, Polivanovs und Fortunatovs gewinnen vor allem durch die Einbeziehung gedanklicher Strukturen in die Wortschatzuntersuchungen Einfluss. Die Londoner Schule, gegründet von J. R. Firth, entwickelt sich in Zusammenarbeit mit Malinowski zur Schule des Kontextualismus. Jede dieser Strömungen trägt zur Entwicklung der Semantiktheorie bei und vor allem dazu, dass zahlreiche Feldtheorien entstehen und strukturelle Methoden der semantischen Analyse ausgearbeitet und genutzt werden.

5. Lexikologie nach dem II. Weltkrieg

5.1. Deutsche Wortgeschichte

Bis in die Jahre des II. Weltkrieges hinein entstanden neben junggrammatisch orientierten historischen Wortschatzdarstellungen verschiedene Untersuchungen zur Semantik sprachlicher Felder und inhaltbezogene Arbeiten. Während des Krieges erschienen kaum nennenswerte lexikologische Arbeiten in Deutschland. Allerdings ist zu bedenken, dass auch lexikologisch relevante Materialien zu Wortschatz- und Bedeutungswandel aus Vorarbeiten Frings' zu einer Geschichte der deutschen Sprache 1943 beim Brand der Universität Leipzig vernichtet wurden (vgl. Frings, 1950, 4). 1943 gaben Maurer und Stroh den I. Band der „Deutschen Wortgeschichte" heraus. „Es ist der erste Versuch, die Geschichte der deutschen Sprache, die letztlich OTTO BEHAGHEL von den Leuten und Formen geschrieben hat, nun auch in umfassender Weise als Wortgeschichte darzustellen", heißt es im Vorwort. Im Sinne der junggrammatischen Schule werden Wortgeschichte, Wort- und Bedeutungswandel im Deutschen dargestellt. Die Bedeutung des Werkes geht über die rein historische Beschreibung hinaus; denn Methoden werden genutzt, die sich als spezifisch lexikologische Methoden synchronischer Untersuchungen herausgebildet haben, so die Feldmethode oder onomasiologische Untersuchungen, wie die Untersuchung von Sinnbezirken. Sprachvarietäten werden einbezogen, z. B. die Wortschätze der Wissenschaft, medizinische und naturwissenschaftliche Terminologien. Lexikologische Kategorien wie Entlehnung, Lehnwort, Lehnübersetzung, Übersetzungs- und Bildungslehnwort; Mode- und Schlagwort, Wortbildung, Archaisierung und Bedeutungswandel werden behandelt. In soziologischen Studien wird nach den Ursachen des Wortschatzwandels gefragt. Somit liegt hier eine deskriptive Lexikologie in Deutschland vor, die auf der Grundlage der historischen Sprachwissenschaft, ergänzt durch Ergebnisse der Feldforschung, sprachsoziologischer und -geographischer Untersuchungen, entstanden ist.

5.2. Lexikologie als Universitätsdisziplin

In den ersten Jahrzehnten nach dem II. Weltkrieg bestimmen in Deutschland die Arbeiten Weisgerbers und historisch orientierte Werke, wie Kronassers „Handbuch der Semasiologie" die lexikologische Forschung. Behaghels „Die deutsche Sprache", Schmidts „Deutsche Sprachkunde", konzipiert als Handbuch für den Lehrer, Reichmanns „Deutsche Wortforschung" und Quadris Arbeit zur Onomasiologie dienen der Ausbildung an Universitäten. Eine grundlegende Darstellung der Wortbildung erfolgt durch Henzen. Die Semantikforschung hatte sich verlagert. Leitete der Behaviorismus Bloomfields zunächst eine antimentalistische Periode der amerikanischen strukturellen Sprachwissenschaft ein, so wird doch bald die Notwendigkeit semantischer Forschungen erkannt. 1950 reicht Leisi seine Habilitationsschrift „Der Wortinhalt" in Zürich ein. Hier stellte er noch fest: „Wir verfügen über eine hochgezüchtete Lautlehre, über eine raffinierte Satz- und Formenlehre. Aber eine Wortlehre als klare und eindeutige Disziplin existiert nicht" (Leisi 1961, 8). Er will „eine systematische Klassifikation der Wörter nach ihrem semantischen Typus entwerfen" (Leisi 1961, 10). Ullmanns „Grundzüge der Semantik" erscheinen erst 1967 in deutscher Übersetzung, aber die englische Ausgabe liegt bereits 1951 vor. Im Nachtrag zur 2. Aufl. (1957) kann er schon über zahlreiche Neuerscheinungen zur Semantik berichten. So erscheinen u. a. Giraud (1955), Zvegincev (1957), Antal (1963); Greimas (1966). Methoden der semantischen Analyse werden 1957 auf dem VIII. Internationalen Linguistenkongress diskutiert. In den USA entwickelt sich in dieser Zeit die „Allgemeine Semantik" zu einer umfassenden sprachphilosophischen Bewegung, die in Wortbedeutungen Triebkräfte menschlichen Handelns sieht. Als eigenständige Lehrdisziplin tritt die Lexikologie zuerst in der Sowjetunion auf. Sowjetische Sprachwissenschaftler wie Levkovskaja, Černyševa, Stepanova u. a. gewinnen Einfluss, indem ihre Lehrbücher zur Lexikologie Eingang in den Universitätsunterricht finden. Auf der Leipziger Konferenz spricht Fleischer über „Entwicklung und Aufgaben der Lexikologie" und zitiert Matoré (1953), dass die Lexikologie eine „wenig bekannte Wissenschaft" sei (Fleischer 1968, 168). Während Chomsky anfänglich Lexikon und lexikalische Semantik weitgehend unberücksichtigt ließ, erfolgte zu Beginn der 60er Jahre eine verstärkte Zuwendung auch der generativen Grammatik zur lexikalischen Semantik und zur Wortbildung. Auf dem II. Internationalen Symposion „Zeichen und System der Sprache" 1964 war ein Themenkreis der Theorie der Lexematik gewidmet. Filipec sprach zu Theorie und Methode der lexikologischen Forschung, Meiers Vortrag zur noematischen Analyse und Katz' Beitrag "The Semantic Component of a Linguistic Description" leiteten nunmehr eine breite Diskussion zur Lexikologie und zu Methoden der semantischen Analyse ein. (vgl. Zeichen und System der Sprache 1966). Im Band „Probleme der semantischen Analyse" (1974) wird der Stand der Theorie der lexikalischen Semantik bis zu Beginn der 70er Jahre sichtbar (vgl. dazu auch Hundsnurscher ²1971, Wotjak ²1977). Ende der 70er bis Mitte der 80er Jahre erscheinen „Lexikologien", z. B. für das Tschechische Filipec/Čermak (1985), für das Deutsche Reichmann (1976), Schippan (1984), Stepanova/Černyševa (1975; ²1986), die „Französische Lexikologie" (1983) und die „Englische Lexikologie" (1982). 1985 lag das „Handbuch der Lexikologie" (Ch. Schwarze und D. Wunderlich) vor. Diesen Büchern ist gemeinsam, dass der Wortschatz als selbständiger Gegenstand aufgefasst und mit einem relativ geschlossenen Methoden- und Kategorieninventar beschrieben wird. Die ihnen zugrunde liegenden Konzeptionen unterscheiden sich durch den theoretischen Rahmen der Sprachbeschreibung, je nachdem, ob generative, handlungs- oder gebrauchstheoretische (häufig an Wittgenstein orientierte) kognitionspsychologische oder stärker konventionelle linguistische Auffassungen zugrunde gelegt und von welchen psychologischen Grundlagen aus sprachliche Fakten erklärt werden. Wortsemantik, Bedeutungs- und Benennungswandel, also Semasiologie/Onomasiologie und Wortgeschichte werden als Kernbereich der Lexikologie aufgefasst, ebenso wie die semantische, strukturelle, soziologische, historische und dialektale Gliederung des Wortschatzes, während weiterhin über die Zugehörigkeit von Wortbildungstheorie und Phraseologie zur Lexikologie Uneinigkeit besteht. Ist die Lexikologie als Universitätsdisziplin Resultat wissenschaftsintegrativer Entwicklungen, so kann heute der entgegengesetzte Prozess – die Verselbständigung von Teildisziplinen und Forschungsfeldern zu eigenständigen Wissenschaftsdisziplinen (wie z. B. Wortbildung und Phraseologie) – beobachtet werden. (Vgl. dazu auch Fleischer/Barz 1992).

6. Literatur in Auswahl

Andresen, Karl Gustav (1919): *Über deutsche Volksetymologie*. 7. Aufl. Leipzig.

Antal, Laszlo (1963): *Questions of meaning*. The Hague: Mouton (Janua linguarum. series minor 27).

Arens, Hans (1969): *Sprachwissenschaft. Der Gang ihrer Entwicklung von der Antike bis zur Gegenwart*. 2. Aufl. Freiburg/München: Karl Alber.

Baldinger, Kurt (1957): *Die Semasiologie. Versuch eines Überblicks*. Berlin: Akademie-Verlag.

Behaghel, Otto (1953): *Die deutsche Sprache*. Halle (Saale): Max Niemeyer.

Bierwisch, Manfred (1965): *Eine Hierarchie syntaktisch-semantischer Merkmale*. (= studia grammatica V) Berlin: Akademie-Verlag, 29–86.

–, (1983): Semantische und konzeptuelle Repräsentation lexikalischer Einheiten. In: *Untersuchungen zur Semantik*. Hrsg. R. Růžička; W. Motsch (= studia grammatica XXII) 61–99 Berlin: Akademie-Verlag.

Bloomfield, Leonard (1933): *Language*. New York: Allen and Unwin.

Bréal, Michel (1924): *Essai de sémantique*. Science des significations. Paris: Librairie Hachette.

Bühler, Karl (1918): Kritische Musterung der neueren Theorien des Satzes. In: *Indogermanisches Jahrbuch* VI, 1–20.

–, (1934): *Sprachtheorie. Die Darstellungsfunktion der Sprache*. Jena: Fischer.

Coseriu, Eugenio (1967), Lexikalische Solidaritäten. In: *Poetica* 1, 293–303.

–, (1973): *Einführung in die strukturelle Betrachtung des Wortschatzes*. Tübingen: Gunter Narr Verlag.

Deutsche Wortgeschichte (1943): Bd. I/II. (Hrsg. F. Maurer; F. Stroh) Berlin: De Gruyter.

Diez, Friedrich (1875): *Romanische Wortschöpfung*. Bonn.

Dornseiff, Franz (1933; 1970): *Der deutsche Wortschatz nach Sachgruppen*. Berlin: De Gruyter.

–, (1955): *Bezeichnungswandel unseres Wortschatzes*. Lahr/Schwarzwald: Schauenburg.

Englische Lexikologie. Einführung in Wortbildung und lexikalische Semantik (1982): 2. Aufl. (1985) B. Hansen u. a. Leipzig: Verlag Enzyklopädie.

Erdmann, Otto (1910): *Die Bedeutung des Wortes. Aufsätze aus dem Grenzgebiet der Sprachpsychologie und Logik*. Leipzig: Avenarius.

Finck, Franz Nikolaus (1899): *Der deutsche Sprachbau als Ausdruck deutscher Weltanschauung*. Marburg.

Fleischer, Wolfgang (1968): Über Entwicklung und Aufgaben der Lexikologie. In: *Wiss. Zeitschrift der Karl-Marx-Univers., Ges. u. Sprachw. Reihe. Leipzig*. 17 (1968) 2/3, 167–171.

Fleischer, Wolfgang; Irmhild Barz (1992): *Wortbildung der deutschen Gegenwartssprache*. Tübingen: Niemeyer.

Filipec, Josef; Čermak, František (1985): *Česká leksikologie*. Praha: Akademia.

Französische Lexikologie. Eine Einführung (1983): Autorenkollektiv unt. Leitung v. U. Ricken. Leipzig: Verlag Enzyklopädie.

Frings, Theodor (1950): *Grundlegung einer Geschichte der deutschen Sprache*. Halle/Saale: Max Niemeyer.

Guiraud, P. (1955): *Sémantique*. Paris.

Greimas, Algirdas J. (1971): *Strukturale Semantik. Methodologische Untersuchungen*. Braunschweig: Vieweg.

Handbuch der Lexikologie (1985): (Hrsg. Ch. Schwarze; D. Wunderlich) Königstein: Athenäum Verlag.

Henzen, Walter (1947): *Deutsche Wortbildung*. Halle/Saale: Max Niemeyer.

Hjelmslev, Louis (1943, dt. 1974): *Prolegomena zu einer Sprachtheorie*. München: Hueber.

Hundsnurscher, Franz (1970): *Neuere Methoden der Semantik. Eine Einführung anhand deutscher Beispiele*. Tübingen: Niemeyer.

Husserl, Edmund (1900/1901): *Logische Untersuchungen*. Halle: M. Niemeyer.

Ipsen, Gunther (1924): Der alte Orient und die Indogermanen. In: *Stand und Aufgaben der Sprachwissenschaft. Festschrift f. Wilhelm Streitberg*. Heidelberg: Carl Winter's Universitätsbuchhandlung, 200–237.

Iskos, A.; Lenkowa, A. (1960; [3]1970): *Deutsche Lexikologie*. Leningrad: Staatsverlag für Lehrbücher und Pädagogik.

Jackendoff, R.S. (1975): Morphological and Semantic Regularities in the Lexicon. In: *Language* 51, 639–671.

Kretschmer, Paul (1918): *Wortgeographie der hochdeutschen Umgangssprache*. Göttingen: Vandenhoeck & Ruprecht.

Kronasser, Heinz (1952), [2]1968: *Handbuch der Semasiologie. Kurze Einführung in die Geschichte, Problematik und Terminologie der Bedeutungslehre*. Heidelberg: Karl Winter Universitätsverlag.

Leisi, Ernst (1961): *Der Wortinhalt. Seine Struktur im Deutschen und im Englischen*. Heidelberg: Quelle und Meyer.

Lewkowskaja, X.A. (1968): *Lexikologie der deutschen Gegenwartssprache*. Moskau: Vysšaja škola.

Lexikologie (1978). Autorenkoll. unt. Ltg. v. L. Wilske. = Die russische Sprache der Gegenwart. Bd. 4. Leipzig: Verlag Enzyklopädie.

Lutzeier, Peter Rolf (1985): *Linguistische Semantik*. Stuttgart: Metzlersche Verlagsbuchhandlung.

–, (1995): *Lexikologie. Ein Arbeitsbuch*. Tübingen: Stauffenburg Verlag.

Lyons, John (1980): *Einführung in die moderne Linguistik*. 5. Aufl. München: Beck.

Matoré, Georges (1953): *La Méthode en Lexicologie. Domaine française*. Paris.

Meringer, Rudolf (1904 ff.): Wörter und Sachen. In: *Indogermanische Forschungen* 16 (1904) 101–196; 17 (1904/1905) 100–166.

Motsch, Wolfgang (1983): Überlegungen zu den Grundlagen der Erweiterung des Lexikons. In: *Untersuchungen zur Semantik*, 101–119.

Ogden, G.K.; I.A. Richards (1923): *The Meaning of Meaning*. London: K. Paul, Trench, Trubner & Co.

Paul, Hermann ([4]1909): *Prinzipien der Sprachgeschichte*. Halle: Max Niemeyer.

Porzig, Walter (1934): Wesenhafte Bedeutungsbeziehungen. In: *Beiträge zur Geschichte der deutschen Sprache und Literatur*. Bd. 58, Halle, 70–97.

Pottier, Bernard (1964): Vers une sémantique moderne. In: *Travaux de linguistique et littérature de Strasbourg* II (1964), 1, 107–137.

Probleme der semantischen Analyse (1977): Autorenkollektiv unter Leitung D. Viehweger (= studia grammatica XV). Berlin: Akademie-Verlag.

Quadri, Bruno (1952): *Aufgaben und Methoden der onomasiologischen Forschung. Eine entwicklungsgeschichtliche Darstellung*. (= Romanica Helvetica Bd. 37) Bern: Francke.

Reichmann, Oskar (1976): *Germanistische Lexikologie*. Stuttgart: Metzlersche Verlagsbuchhandlung.

Saussure, Ferdinand de (1916/2. Aufl. 1967): *Grundfragen der allgemeinen Sprachwissenschaft*. Berlin: de Gruyter.

Schippan, Thea (1984): *Lexikologie der deutschen Gegenwartssprache*. Leipzig: Bibliographisches Institut.

–, (1992): *Lexikologie der deutschen Gegenwartssprache*. Tübingen: Max Niemeyer Verlag.

Schirmer, Alfred ([1]1965): *Deutsche Wortkunde. Kulturgeschichte des deutschen Wortschatzes*. Berlin: deGruyter.

Schmidt, Wilhelm (1960), *Deutsche Sprachkunde. Ein Handbuch für Lehrer und Erzieher*. Berlin: Volk und Wissen.

Schmidt, Wilhelm (1963): *Lexikalische und aktuelle Bedeutung. Ein Beitrag zur Theorie der Wortbedeutung*. Berlin: Akademie-Verlag.

H. Schuchardt-Brevier. Ein Vademecum der allgemeinen Sprachwissenschaft (1928). Zusammengestellt u. eingeleitet v. L. Spitzer. 2. erw. Aufl. Halle/Saale.

Sperber, Hans (1914): *Über den Affekt als Ursache der Sprachveränderung. Versuch einer dynamologischen Betrachtung des Sprachlebens*. Halle/Saale.

–, (1929): Sprachwissenschaft und Geistesgeschichte. In: *Wörter und Sachen* 12, 173 ff.

Stepanova, Maria D.; Irina I. Černyševa (1975): *Lexikologie der deutschen Gegenwartssprache*. 2., verb. Aufl. 1985. Moskau: Vysšaja škola.

Stucke, Georg (1925, 2. Aufl.): *Deutsche Wortsippen*. Bühl (Baden).

Trier, Jost (1931): *Der deutsche Wortschatz im Sinnbezirk des Verstandes. Die Geschichte eines sprachlichen Feldes*. Heidelberg: Carl Winter Universitätsverlag.

Ullmann, Stephen (1959): *The principles of semantics*. Oxford: Blackwell.

–, (1967): *Grundzüge der Semantik. Die Bedeutung in sprachwissenschaftlicher Sicht*. Deutsche Fassung von S. Koopmann. Berlin: de Gruyter.

Untersuchungen zur Semantik (1983): Hrsg. R. Růžička u. W. Motsch (= studia grammatica XXII) Berlin: Akademie-Verlag.

Vossler, Karl (1904): *Positivismus und Idealismus in der Sprachwissenschaft*. Heidelberg: C. Winter.

Wandruszka, Mario (1959): *Der Geist der französischen Sprache*. München: Rowohlt.

Wartburg, Walter von (1931): Zum Ineinandergreifen von deskriptiver und historischer Sprachwissenschaft. In: *Berichte über die Verhandlungen der Sächs. Akademie d. Wiss. zu Leipzig. Phil.-hist. Klasse* 83, 1–23.

Weisgerber, Leo (1927): Die Bedeutungslehre – ein Irrweg der Sprachwissenschaft? In: *German.-Roman. Monatsschrift* H. 5/6, 161 ff.

Wiegand, Herbert Ernst (1985): Zum Verhältnis von germanistischer Lexikologie und Lexikographie. In: *Germanistik – Forschungsstand und Perspektiven. Vorträge des Deutschen Germanistentages 1984*. Hrsg. v. Georg Stötzel. 1. Teil: Germanistische Sprachwissenschaft Didaktik der Deutschen Sprache und Literatur. Berlin. New York: de Gruyter, 69–73.

–, (1989): Der gegenwärtige Status der Lexikographie und ihr Verhältnis zu anderen Disziplinen. In: *Wörterbücher. Dictionaries. Dictionnaires.* 1989, 246–280.

Wörterbücher. Dictionaries. Dictionnaires. Ein internationales Handbuch zur Lexikographie. Drei Teilbände. (Hrsg. F. J. Hausmann; O. Reichmann; H. E. Wiegand; L. Zgusta). Berlin/New York: Walter de Gruyter 1989–1991.

Wotjak, Gerd (1971; ²1977): *Untersuchungen zur Struktur der Bedeutung. Ein Beitrag zu Gegenstand und Methode der modernen Bedeutungsforschung unter Berücksichtigung der semantischen Konstituentenanalyse*. Berlin: Akademie-Verlag.

Wundt, Wilhelm (1900): *Völkerpsychologie. Eine Untersuchung der Entwicklungsgesetze von Sprache, Mythus und Sitte. Band 1: Die Sprache*. Leipzig: W. Engelmann.

Zeichen und System der Sprache (1961/1962): Veröffentlichung des I. Internationalen Symposions „Zeichen und System der Sprache" vom 28.9. bis 2.10.1959 in Erfurt. 1961 (1. Bd.), 1962 (2. Bd.) Berlin: Akademie-Verlag.

–, (1966): Veröffentlichung des II. Internationalen Symposions „Zeichen und System der Sprache" vom 8.9. bis 15.9.1964 in Magdeburg. Berlin: Akademie-Verlag.

Zvegincev, V. A. (1957): *Semasiologija*. Moskva.

Thea Schippan †, Tabarz (Deutschland)

II. Reflexion über das Wort
Reflection on the word

7. Zur Etymologie von Benennungen für „Wort": Beispiele aus indogermanischen Sprachen Europas

1. 'Lexikologie'
2. Benennungen für „Wort" im Griechischen
3. Benennungen für „Wort" in den germanischen Sprachen
4. Benennungen für „Wort" in den baltischen Sprachen
5. Benennungen für „Wort" im Lateinischen und in den romanischen Sprachen
6. Benennungen für „Wort" in den slavischen Sprachen
7. '*Name*' in den indogermanischen Sprachen
8. Literatur in Auswahl

1. 'Lexikologie'

Der aus dem Französischen stammende t. t. Lexikologie hat sich zwar nur zögernd in der Sprachwissenschaft durchgesetzt, hat jedoch seit der Mitte des 20. Jhds. im linguistischen Fachwortschatz zahlreicher moderner Sprachen, meist als Lehnwort, gelegentlich als Lehnprägung, zunehmend Verbreitung gefunden. Geprägt worden ist frz. *lexicologie* 1765 von P. Douchet und N. Beauzée mit griechischen Lexemen nach einem griechischen Wortbildungstypus in bewusstem Gegensatz zu *vocabulaire*: „... *le* Vocabulaire *n'est que le catalogue des mots d'une langue ...; en lieu que ce que nous appelons* Lexicologie, *contient sur cet objet des principes raisonnés communs à toutes les langues.*"

2. Benennungen für „Wort" im Griechischen

Die Herkunft des Fachausdrucks Lexikologie fordert geradezu heraus, zunächst die griechischen Benennungen für „Wort" zu betrachten.

2.1.1. Unter diesen ist λόγος m. ein zentrales Wort der griechischen Sprache und des griechischen Denkens überhaupt. Es ist, wenngleich in der epischen Kunstsprache noch schwach bezeugt, durch die gesamte Gräzität bis auf den heutigen Tag lebendig geblieben: ngr. λόγος. Substantivbildung mit Suffix -*o*- und -*o*-Ablaut des Wurzelmorphems, gehört es als Nomen actionis zum Verbum λέγω, das zunächst 'aufsammeln, dazuzählen', dann 'erzählen, sagen, sprechen' bedeutet. Dementsprechend weist auch λόγος in seinem breiten Bedeutungsspektrum die beiden Komponenten des 'Berechnens' und des 'Sprechens' auf, bedeutet einerseits: 'Rechnung', '(berechnende) Überlegung', 'Argument(ation)', 'Vernunft', andererseits, mit Hervorhebung der inhaltlichen Seite: 'mündliche Mitteilung', 'Rede', 'Erzählung', 'Wort', schließlich '(gemeinte) Sache'.

Als ein durchaus in der Alltagssprache beheimatetes Wort hat λόγος schon früh in die philosophischen Lehren Eingang gefunden, sich dort aber erst allmählich zu einem Fachausdruck entwickelt, der dann immer wieder neu ausgelegt worden ist. Auch die christliche Verkündigung hat sich seiner schon sehr bald bemächtigt, so etwa, wenn es zu Beginn des Johannes-Evangeliums heißt: ἐν ἀρχῇ ἦν ὁ λόγος „im Anfang war das Wort". Hier wird λόγος als das fleischgewordene 'Wort Gottes' verstanden, als der 'Sohn Gottes', der als Christus auf die Erde kam. In diesem Sinne hat λόγος, als mit der Ausbreitung des Christentums die neutestamentlichen Schriften in zahlreiche fremde Sprachen übertragen wurden, auch unter der äußeren Hülle seiner Übersetzungsäquivalente weitergewirkt.

2.1.2. Das vom Nomen actionis zu scheidende verbal empfundene ebenfalls auf λέγω zu beziehende Nomen agentis -λόγος 'erzählend, sagend, sprechend' erscheint als Hinterglied der verbalen Rektionskomposita vom Typus μετεωρολόγος 'über die Himmelserscheinungen und -körper redend'. Von ihnen wiederum sind mit dem Suffix -*ία* feminine Nomina actionis vom Typus μετεωρολογία

'Reden über die Himmelserscheinungen und -körper' abgeleitet. Aus den zahlreichen Wörtern dieses Typus ist dann unter Gliederungsverschiebung ein Hinterglied -λογία 'Lehre, Kunde, Wissenschaft von ...' ausgelöst worden, das so nicht nur im Griechischen produktiv geworden ist, sondern auch in Sprachen, die sich für Neubildungen griechischer Sprachmittel bedienen.

2.1.3. Zum Verbum λέγω, allerdings fast nur in der Bedeutungskomponente des 'Sprechens', gehört weiterhin λέξις f., ein mit dem Suffix -σι- (< *-τι-) gebildetes Nomen actionis, das erst in klassischer Zeit aufkommt, aber noch in ngr. λέξις (λέξη) fortlebt. Es bedeutet zunächst 'Art, sich auszudrücken', 'Redeweise' (an der auch die Mimik teilhat; lat. dictiō), 'Stil', der einer bestimmten Situation angemessen oder einer Person zueigen ist, dann auch 'einzelnes Wort', wenn es ungewöhnlich oder fremdartig ist (daher die λέξεις betitelten Sammlungen solcher Wörter), schließlich, wie im Neugriechischen durchwegs, das '(einzelne) Wort' überhaupt.

Das von λέξις abgeleitete Zugehörigkeitsadjektiv λεξικός 'das einzelne Wort betreffend' findet sich erst spät, seit dem 5. Jhd. substantiviert als λεξικόν (sc. βιβλίον) 'Buch, das Einzelwörter – in alphabetischer Abfolge – enthält'.

2.1.4. Das den griechischen Nominalableitungen λόγος und λέξις zugrundeliegende Verbum λέγω, das in lat. legō 'sammeln; auslesen; lesen' und in alb. mbledh 'sammeln' (mit Präverb mb-) evidente Entsprechungen hat, lässt sich auf ein idg. *leĝ- 'sammeln' zurückführen.

2.2.1. Weiters verdient das seit der Mitte des 7. Jhds. v. Chr. auftretende ῥῆμα n. Erwähnung, das 'Äußerung, Ausspruch, Spruch' sowie 'Redewendung', 'Wort' bedeutet und auch als t. t. gr. 'Zeitwort' verwendet wird. Es handelt sich um ein mit dem Suffix -μα gebildetes Verbalabstraktum (Nomen rei actae) zu der auch in anderen nominalen Ableitungen (z. B. ῥήτρα 'Vertrag') erscheinenden Verbalwurzel ῥη- < *Fρη-. Sie liegt auch dem Verbum εἴρω < Fέριω (Fut. ἐρέω, Perf. Pass. εἴρηται u. a.) zugrunde, das 'sich äußern, reden, sprechen' heißt, wobei die Bedeutungsnuance 'feierlich sprechen, in wohlformulierten Worten reden' bisweilen noch deutlich zutagetritt. Es gehört damit ursprünglich der Sphäre religiöser und rechtlicher Rede zu. Auch ῥῆμα ist zunächst sicher die 'feierliche Äußerung'.

2.2.2. Gr. εἴρω, zu dem heth. u̯eriia- 'beauftragen; rufen, nennen' zu stellen ist, gestattet den Ansatz eines idg. *u̯erə₁- mit der Bedeutung 'feierlich sprechen'.

2.3.1. Von weiteren im Griechischen begegnenden Benennungen für „Wort" sei lediglich noch das schon in der epischen Kunstsprache gut bezeugte ἔπος n. genannt. Es bedeutet ganz allgemein 'Äußerung', 'Rede', wobei deren Inhalt betont und ihr bisweilen die 'Tat' (ἔργον) gegenübergestellt wird, jedoch nur sehr selten 'einzelnes Wort', aber auch dies nur im Blick auf den Redezusammenhang. Der Plural τὰ ἔπη wird schon im vorklassischen Griechisch zur Bezeichnung der in Hexametern abgefassten 'epischen Dichtung' verwendet.

Das Substantivum ἔπος < *Fέπος gehört zum Aorist εἶπον < ἔειπον < *ἔFειπον, dem die Wurzel ἐπ- < *Fεπ- zugrundeliegt und der seinerseits in das durch Suppletion gebildete Paradigma des Verbums 'sagen, mitteilen, berichten' eingeordnet ist (Präs. φημί neben λέγω und εἴρω). Formal eine neutrale -εσ-/-οσ-Ableitung, bedeutet es 'das, was gesagt, mitgeteilt, berichtet wird'; das Geschehen selbst tritt also in die Erscheinung.

2.3.2. Gr. ἔπος hat bemerkenswert genaue Entsprechungen im Indoiranischen: ved. vácas-, im R̥gveda 'Rede' und besonders '(kunstvolles) Gedicht', und gav. vacah- '(rituelle) Rede', beides neutrale -as- bzw. -ah-Ableitungen zu ved./gav. vac- 'sagen' (Aor. ved. vóca-, gav. vaōca-).

2.3.3. Somit kann ein zu idg. *u̯ekʷ- 'sagen' gebildetes idg.*u̯ékʷos-/-es- 'das, was (in kunstvoller Weise) gesagt wird' erschlossen werden.

3. Benennungen für „Wort" in den germanischen Sprachen

Ein überraschend einheitliches Bild ergibt ein Blick auf die Benennungen für „Wort" in den germanischen Sprachen. Die ältest bezeugte bietet das Gotische (4. Jhd. n. Chr.) mit waúrd n., das meist gr. λόγος, häufig auch gr. ῥῆμα übersetzt. Die anderen altgermanischen Sprachen haben dazu formal und inhaltlich genaue Entsprechungen: aisl. orð, ae. word, afr. word, as. word, ahd. wort. Ihre jeweiligen Fortsetzer in den heutigen germanischen Sprachen sind: isl. orð, norw. ord, schwed. ord, dän. ord; engl. word, fr. wird; ndl. woord, nhd. Wort. Ihre Rückführung über ein urgerm. *wurða- n. auf ein idg. *u̯r̥dho- n. 'Wort' ist nach Form und Bedeutung untadelig.

4. Benennungen für „Wort" in den baltischen Sprachen

Auch Benennungen für „Wort" in den baltischen Sprachen lassen sich unschwer an idg. *u̯r̥dho- n. 'Wort' anschließen: apr. wīrds (wirds) 'Wort' (freilich bereits mit Genuswechsel zum Maskulinum) unmittelbar, lett. vards m. 'Wort', auch 'Name', und mit Bedeutungswandel zu 'Name' lit. var̃das m. unter der Annahme, dass ihnen ein mit idg. *u̯r̥dho- ablautendes *u̯ordho- m. zugrundeliegt. Die im Litauischen übliche Benennung für „Wort", žõdis m., bleibt aber – ebenso wie das ihm verwandte žãdas m. 'Rede', 'Sprache' – ihrer Herkunft nach dunkel.

5. Benennungen für „Wort" im Lateinischen und in den romanischen Sprachen

5.1.1. An dieser aus indogermanischer Zeit ererbten germanisch-baltischen Isolexe haben nun auch die italischen Sprachen Anteil, zuvörderst das Lateinische mit verbum n. Seit dem Einsetzen der literarischen Überlieferung bezeugt, hat es vor allem die Bedeutungen 'Wort' (Pl. 'Worte, Rede') und 'Äußerung', 'Spruch', dient dann im christlichen Sprachgebrauch als Übersetzung von gr. λόγος, so am Anfang des Johannes-Evangeliums: in principio erat verbum. Es geht zurück auf ein mit idg. *u̯r̥dho- n. und *u̯ordho- m. ablautendes *u̯erdho- n. 'Wort'. Überlebt hat es – von Resten mit Sonderbedeutung wie z.B. frz. verve 'Schwung' < lat. verba abgesehen – nur als gr. ῥῆμα übersetzender t.t.gr. 'Zeitwort', so z.B. it. verbo, sp. verbo, frz. verbe oder rum. verb – und als Lehnwort bask. berba 'Wort'.

5.1.2. Die so erschlossenen idg. *u̯erdho-/u̯r̥dho- n. und *u̯ordho- m. 'Wort' sind ablautsverschiedene Nominalbildungen mit Suffix *-dho- zu dem als idg. *u̯erə₁- 'feierlich sprechen' anzusetzenden Verbum (s. 2.2.2). Dies legt es nahe, die erschlossene Bedeutung 'Wort' als 'feierlich gesprochenes Wort' zu präzisieren, auch wenn die Bedeutung des im übrigen sehr seltenen Suffixes idg. *-dho-, zumal in Verbindung mit unterschiedlichen Ablautstufen, sich nicht ausmachen lässt.

5.2. Im Lateinischen begegnet neben verbum auch bereits in vorklassischer Zeit das seinem Bedeutungsumfang nach engere vocābulum n. '(einzelnes) Wort', 'Bezeichnung', daneben gelegentlich als t.t.gr. – im Gegensatz zu verbum – 'Hauptwort' verwendet. Dabei handelt es sich um eine innerlateinische deverbative Bildung von vocāre 'benennen' (zu einem erschließbaren lat. *vocā, das durch gr. ἐνοπή < ἐν-Ƒοπή 'Schall, Stimme' gestützt wird), deren Suffix -bulo- (< *-dhlo-) das Mittel bezeichnet, also *'das, womit man benennt'. Fortsetzer, die die klassisch-lateinische Bedeutung '(einzelnes) Wort' bewahren, finden sich in den meisten romanischen Sprachen: it. vocàblo, sp. vocablo, port. vocábulo, frz. vocable, nicht jedoch z.B. im Rumänischen.

5.3.1. Eine bemerkenswerte Geschichte hat lat. parabola, das seit der Mitte des 1. Jhds. n.Chr. in der Bedeutung 'Gleichnis' belegt ist. Das griechische Wort, aus dem es entlehnt ist, παραβολή, verwendeten die Übersetzer der Septuaginta zur Wiedergabe von hebr. māšāl, das außer 'Vergleichung' auch 'Gleichnis (als Erzählung)' bedeutet. Von daher übernahmen es die christlichen lateinischen Autoren, denen es später selbst zur Übersetzung von gr. παροιμία 'Spruch, Sprichwort' diente. Erst zwischen dem 5. und 8. Jhd. n.Chr. fand parabola in die Alltagssprache Eingang, in der Bedeutung 'Redeweise', die z.B. als rustica parabola 'bäurische (d.h. schlichte) Redeweise' der hochsprachlichen gegenübergestellt wird, bis es schließlich auch die Bedeutung '(zusammenhängende) Rede', '(einzelnes) Wort' erhielt, ein Bedeutungswandel, der an den von gr. λέξις erinnert (s. 2.1.3.). Es lebt in der gesamten Romania außer im Rumänischen weiter: it. parola (alttosk. paravola), sp. palabra (altsp. paraola), port. palavra (altport. paravra), altprov. paraula, frz. parole (altfrz. parole) und ist schon sehr früh als Lehnwort auch ins Albanische eingedrungen: prallë, jedoch mit dem Bedeutungswandel zu 'Märchen'.

5.3.2. Die deteriorative Bedeutung 'langwieriges, wortreiches Gerede', die port. palavra und sp. palabra haben können, ist offenbar zunächst der Verwendung dieser Wörter im Munde von Eingeborenen der afrikanischen Westküste zuzuschreiben, dann aber von fremden Kauffahrern ihrerseits aufgenommen und auf dem Seewege verschleppt worden. So ist das Wort in dieser Sonderbedeutung vom Portugiesischen ins Englische als palaver gelangt (daraus entlehnt nhd. Palaver), vom Spanischen als palabre ins Französische und durch die spanischen Juden in den Balkanraum: ngr. παλάβρα, rum. palavră, türk. palavra, bulg. palavra, skr. pàlavra, alb. pallavra (Pl.t.).

5.4. Das neben *parole* liegende frz. *mot* '(einzelnes) Wort' begegnet als *mot* bereits im Altfranzösischen und Altprovenzalischen, ist aber, in der Bedeutung 'Muckser', zunächst auf negative Wendungen mit Verben wie *soner*, *tinter*, *parler* beschränkt, ehe es dann, aus diesen Kontexten sich lösend, noch in altfranzösischer Zeit die Bedeutung 'parole' annimmt. Es geht auf spätlat. *muttum* 'Muckser' zurück, ein – wie das schon vorklass.-lat. *muttīre* 'mucksen' – sicher onomatopoetisches Wort, das nur in negativen Wendungen wie *muttum nullum* (glossiert durch *nullum verbum*) 'kein Sterbenswörtchen' vorkommt. Sonst hat es in der Romania nur geringe Spuren hinterlassen, z. B. in it. *motto* in der Wendung *non far motto* 'kein Wort sprechen'.

5.5.1. Eigene Wege gegangen ist das Rumänische mit *cuvînt* n. und *vorbă* f. 'Wort'. Rum. *cuvînt* 'Wort' beruht – wie alb. *kuvend* 'Versammlung' als Lehnwort – auf vlat. *conventus* 'Zusammenkunft'. Zu seiner jetzigen Bedeutung gelangt ist es offenbar über *'Unterredung bei einer Zusammenkunft' > *'Rede'. Beachtenswert ist dabei jedoch die *cuvînt* im altrumänischen Schrifttum gelegentlich eignende Bedeutung 'Übereinkunft', die auf das mit vlat. *conventu(s)* homonym gewordene *conventu(m)* 'Übereinkunft' zurückweist.

5.5.2. Dagegen liegt in *vorbă*, altrum. noch *dvorbă* lautend, ein Lehnwort aus aksl. *dvoriba* vor, das zunächst nur 'Dienst am Hofe', 'Versammlung am Hofe' bedeutet und ähnlich wie *cuvînt* (s. 5.5.1.) und maz. *zbor* (s. 6.3.) über *'Unterredung bei einer Versammlung' > *'Rede' die Bedeutung 'Wort' erhalten hat.

5.6. Schließlich hat vlat. *fabella*, Deminutivbildung zu *fabula* 'Gespräch, Erzählung', nicht nur in Teilen der Romania überlebt, sondern hat als Lehnwort schon früh seinen Weg ins Albanische genommen und ist dort bis heute als *fjalë* 'Wort' erhalten.

6. Benennungen für „Wort" in den slavischen Sprachen

6.1.1. In sich geschlossener ist der Befund, der sich für die slavischen Sprachen ergibt. Die frühesten Zeugnisse für Benennungen für „Wort" stellt das Altbulgarische (9. Jhd.) bereit. Unter ihnen begegnet am häufigsten *slovo* n. 'Wort', mit dem vorzugsweise gr. λόγος, weniger häufig gr. ῥῆμα und noch seltener andere griechische Wörter wie etwa λέξις übersetzt werden. Auch in den älteren Stufen anderer slavischer Sprachen, so als altruss. *slovo*, das freilich auch – wie gr. λόγος – 'Erzählung' heißen kann, erscheint es. Die Fortsetzer in den modernen slavischen Sprachen zeigen – von vereinzelten Bedeutungswandeln abgesehen – ein überraschend einheitliches Bild: bulg. *slovo*; russ. *slovo*, ukr. *slovo*, wruss. *slovo*; poln. *słowo*, čech. *slovo*, slovak. *slovo*, osorb. *słowo*, nsorb. *słowo*, sämtlich 'Wort', besonders 'Einzelwort'.

6.1.2. Die Rückführung auf ein urslav. *slovo* (mit Stamm *sloves- für die Kasus außer Nom. Akk. Sg.) n. 'Wort' ist nach Form und Bedeutung unstrittig.

6.1.3. Auffällig ist, dass es gerade im Griechischen und im Indoiranischen hierzu genaue formale Entsprechungen gibt; gr. κλέος < *κλέϝος n. 'guter Ruf, Ruhm', ved. *śrávas-* 'guter Ruf, Ruhm, Anerkennung' und gav. *srauuah-* n. 'Preislied', die jeweils hochstufige Ableitungen mit Suffix gr. -οσ-/-εσ- bzw. ved. -*as*-, gav. -*ah*- sind und zu einem Verbum für „hören" gehören: gr. κλύω (Aor. κλύον), ved. *śru-* (Aor. *śru-*/*śrav-*/*śrāv-*), gav. *sru-* (Aor. *sru-*/*srao-*/*srāuu-*).

6.1.4. Daraus lässt sich ein idg. *ƙléu̯os-/-es- erschließen, das, auf die Verbalwurzel *ƙlu-/ƙleu̯- 'hören' bezogen, zunächst 'das, was gehört wird' bedeutet, damit das Geschehen selbst hervortreten lässt, und idg. *u̯éku̯os-/-es- 'das, was gesagt wird' (s. 2.3.3.) zur Seite tritt. Beide bezeichnen „Wort" unter zwei verschiedenen einander ergänzenden Aspekten.

Der Bedeutungswandel zu 'das, was man von einem Gutes hört', 'guter Ruf', 'Ruhm', der dem Griechischen und dem Indoiranischen zueigen ist, darf mit einiger Zuversicht als eine Bedeutungsnuance bereits für idg. *ƙléu̯os- in Anspruch genommen werden und ist so gut wie sicher einer gehobenen Sprachschicht bzw. Stilebene zuzuweisen, der indogermanischen Dichtersprache. Daran lässt sich die Vermutung knüpfen, dass die Slavia allein die ursprüngliche Bedeutung des Wortes, 'Wort', gewahrt hat.

6.2. Erwähnenswert ist noch abulg. *rěčĭ* f. 'Rede', in den Redezusammenhang gehörendes 'Wort', ein mit Suffix -*ĭ*- und Dehnstufe gebildetes Nomen zum Verbum *rešti* (Präs. *rekǫ*) 'sagen', von dem sich Fortsetzer in allen slavischen Sprachen finden – aber sogar (räumlich weit entfernte) Verwandte in den tocharischen Benennungen für "Wort": A *rake*, B *reki*. Im Serbokroatischen hat *rêč* f., auch hier als Nomen (actionis) zu *réći* 'sagen' zu stellen, die Bedeutung 'Wort' und ist an die Stelle des alten *slovo* n. gerückt, das wie auch im Mazedonischen eine Bedeutungsverschiebung zu 'Buchstabe' aufweist.

6.3. Im Mazedonischen hat das Wort, das 'Versammlung' bedeutet, *zbor* m., auch die Bedeutung 'Wort' angenommen, geht so mit dem Bedeutungswandel überein, der sich bei vlat. *conventus* 'Zusammenkunft' > rum. *cuvînt* 'Wort' zeigt (s. 5.5.1.).

7. 'Name' in den indogermanischen Sprachen

7.1. Abschließend sei diejenige Benennung für „Wort" betrachtet, mit der etwas als Gattung von gleichartigen lebenden Wesen, Gegenständen o. ä. oder ein Einzelwesen, ein Ort, ein Ding zur Unterscheidung von anderen seiner Art benannt wird, der Gattungs- und der Eigenname. Das entsprechende Wort ist überdurchschnittlich dicht und gut in allen indogermanischen Sprachen bzw. Sprachzweigen von Anbeginn der Überlieferung bis auf die Gegenwart bezeugt, in den jüngeren oft eingeengt auf die Bedeutung 'Eigenname', darüber hinaus häufig auch als t.t. gr. für 'Nomen' (im Gegensatz zum 'Verbum') nach dem Vorbild von gr. ὄνομα bzw. seiner lateinischen Übersetzung *nōmen* verwendet.

7.2. Als Beispiele seien aufgeführt: gr. ὄνομα n. (ngr. όνομα); – got. *namo* n., an. *nafn* n. (schwed. *namn*), aengl. *nama* m. (engl. *name*), ahd. *namo* m. (nhd. *Name*); – apr. *emmens* (*emnes*) m. (dagegen lit. *var̃das*, lett. *vards*; s. 4); – lat. *nōmen* (it. *nome*, sp. *nombre*, frz. *nom*, rum. *nume*); – altbulg. *imę* n. (bulg. *ime*, serbokr. *ı̀me*; russ. *imja*, ukr. *im'ja*; poln. *imię*, čech. *jméno*; – alb. *emër* m. (geg. *emën*); – air. *ainm* n- n. (nir. *ainm*); – klass. arm. *anown* n. (noarm. *anown*); – toch. A *ñom*, B *ñem*; – heth. *lāman* n. (< **nāman*); – ved. *nā́man-* n. (hi. *nām*); – gav., ap. *nāman-* (np. *nām*).

7.3. Die frühen einzelsprachlichen Bezeugungen dieses Wortes führen nicht auf eine einheitliche, sondern auf mehrere miteinander ablautende Ausgangsformen, für die sich trotz verbleibender Schwierigkeiten der Ansatz von vollstufigem idg. **ə₃énə₃mn̥-* und **ə₃néə₃mn̥-* sowie tiefstufigem idg. **ə₃nə₃mń̥-* und **ə₃nə₃mn̥-* empfiehlt. Da eine weitere Verknüpfung im lexikalischen Bestand der indogermanischen Grundsprache höchst unsicher bleibt, lässt sich für eine semantische Rekonstruktion über den aus den Einzelsprachen zu gewinnenden Ansatz 'Name' nicht hinausgelangen.

8. Literatur in Auswahl

[Andriotis, Nikolaos P.] Ἀνδριώτης, Νικόλαος Π. (1971), Ἐτυμολογικὸ λεξικὸ τῆς κοινῆς νεοελληνικῆς. Δεύτερη ἔκδοση φωτοτυπική, μὲ διόρθωση παροραμάτων. Θεσσαλονίκη: Ἰνστιτοῦτο Νεοελληνικῶν Σπουδῶν τοῦ Ἀριστοτελείου Πανεπιστημίου.

Battisti, Carlo; Giovanni Alessio (1975), *Dizionario etimologico italiano.* 5 voll. Firenze: G. Barbèra.

Benveniste, Émile (1954 = 1966), Problèmes sémantiques de la reconstruction. In: *Word* 10, 251–264 = *Problèmes de linguistique générale. I.* Paris: Gallimard, 289–307.

Brückner, Aleksander (1927 = 1957), *Słownik etymologiczny języka polskiego.* Kraków: Nakładi Własność Krakowskiej Spółki Wydawniczej. Przedruk Warszawa: Wiedza Powszechna.

Buck, Carl Darling (1949), *A Dictionary of Selected Synonyms in the Principal Indo-European Languages. A Contribution to the History of Ideas.* Chicago etc.: The University of Chicago Press.

Çabej, Eqrem (1982, 1976, 1987, 1996), Studime etimologjike në fushë të shqipes. Bleu I; II: A–B; III: C–D; IV: Dh–J. Tiranë: Akademia e Shkencave e R (PS) së (të) Shqipërisë, Instituti i Gjuhësisë dhe i Letërsisë.

Chantraine, Pierre (1968, 1970, 1974, 1977/80), *Dictionnaire étymologique de la langue grecque. Histoire des mots.* 4 tt. Paris: Klincksieck.

Deroy, Louis (1956), *L' emprunt linguistique.* Paris: Société d' Edition „Les Belles Lettres".

Dornseiff, Franz (1955), *Bezeichnungswandel unseres Wortschatzes. Ein Blick in das Seelenleben des Sprechenden.* Lahr i. Baden: Moritz Schauenburg.

Ėtimologičeskij slovar' slavjanskich jazykov. Praslavjanskij leksičeskij fond. Vypusk 8 (*cha – *jьvьlga). (Red. O[leg] N. Trubačev.) Moskva: Izd. „Nauka" 1981.

Ernout, A(lfred); A(ntoine) Meillet (1967), *Dictionnaire étymologique de la langue latine. Histoire des mots.* Quatrième édition. Deuxième tirage augmenté de corrections nouvelles. Paris: C. Klincksieck.

Exegetisches Wörterbuch zum Neuen Testament (1992). (Hrsg. Horst Balz/Gerhard Schneider.) 2. verbess. Aufl. *3 Bde.* Stuttgart etc.: W. Kohlhammer.

Fournier, H. (1946), *Les verbes „dire" en grec ancien.* Paris: C. Klincksieck.

Fraenkel, Ernst (1962, 1965), *Litauisches etymologisches Wörterbuch.* 2 Bde. Heidelberg: Carl Winter/ Göttingen: Vandenhoeck und Ruprecht.

García de Diego, Vicente (1954), *Diccionario etimológico español e hispánico.* Madrid: S. A. E. T. A.

Hellquist, Elof (1948 = 1957), *Svensk etymologisk ordbok*. Tredje upplagan. *I.II.* Lund: C.W.G. Gleerup. Ny tryckning Lund: C.W.G. Gleerup.

Hofmann, Erich (1922), *Qua ratione ἔπος, μῦθος, αἶνος, λόγος et vocabula ab eisdem stirpibus derivata in antiquo Graecorum sermone (usque ad annum fere 400) adhibita sint*. Phil. Diss. Gottingae: Officina academica Dieterichiana.

Holub, Josef; František Kopečný (1952), *Etymologický slovník jazyka českého*. 3. přeprac. vydání. Praha: Státní Nakl. Učebnic.

Kellens, Jean; Eric Pirart (1990), *Les textes vieil-avéstiques. Vol. II: Répertoires grammaticaux et lexique*. Wiesbaden: Dr. Reichert.

Klein, Ernest (1971 = 1986), *A Comprehensive Etymological Dictionary of the English Language. Dealing with the origin of words and their sense development thus illustrating the history of civilization and culture*. Unabridged one-volume Edition. Sixth Impression. Amsterdam etc.: Elsevier.

Kluge, Friedrich (1989), *Etymologisches Wörterbuch der deutschen Sprache*. 22. Aufl., völlig neu bearb. v. Elmar Seebold. Berlin etc.: Walter de Gruyter.

Landi, Addolorata (1989), *Gli elementi latini nella lingua albanese*. Napoli: Edizione Scientifiche Italiane.

Lehmann, Winfred P. (1986), *A Gothic Etymological Dictionary*. Leiden: E.J. Brill.

Lexikon des frühgriechischen Epos. (Begründet von Bruno Snell.) Bde. 1, 2, 3/Lfgn. 15–19. Göttingen: Vandenhoeck und Ruprecht 1955–1979, 1982–1991, 1993–2001.

Lexikon der indogermanischen Verben, Die Wurzeln und ihre Primärstammbildungen (Hrsg. Helmut Rix, bearbeitet v. M. Kümmel, Th. Zehnder, R. Lipp, B. Schirmer.) Wiesbaden: Dr. Reichert 1998.

Mayrhofer, Manfred (1986–92; 1992–96; 1997–2001), *Etymologisches Wörterbuch des Altindoarischen*. Bde. 1, 2, 3/Lfgn. 21–31. Heidelberg: Carl Winter.

Meyer, Gustav (1891 = 1982), *Etymologisches Wörterbuch der albanesischen Sprache*. Strassburg: Karl J. Trübner. Reprint Leipzig: Zentralantiquariat der DDR.

Meyer-Lübke, Wilhelm (1935), *Romanisches etymologisches Wörterbuch*. 3. vollst. neu bearb. Aufl. Heidelberg: Carl Winter.

Mladenov, Stefan (1941), *Etimologičeski i pravopisen rečnik na bălgarskija knižoven ezik*. Sofija: X.G. Danov.

Pfister, Max (1980), *Einführung in die romanische Etymologie*. Darmstadt: Wissenschaftliche Buchgesellschaft.

Porzig, Walter (1942), *Die Namen für Satzinhalte im Griechischen und im Indogermanischen*. Berlin: Walter de Gruyter.

Porzig, Walter (1954), *Die Gliederung des indogermanischen Sprachgebiets*. Heidelberg: Carl Winter.

Pokorny, Julius (1959, 1969), *Indogermanisches etymologisches Wörterbuch*. 2 Bde. Bern etc.: Francke.

Rey, Alain (1970), *La lexicologie. Lectures*. Paris: Klincksieck.

Schmitt, Rüdiger (1967), *Dichtung und Dichtersprache in indogermanischer Zeit*. Wiesbaden: Otto Harrassowitz.

Schröpfer, Johannes (1977/78), Konkrete Probleme und Lösungsversuche eines vergleichenden Wörterbuches der Bezeichnungslehre (Onomasiologie). In: *Semantische Hefte* 3–1976/77, 133–174, angebunden: Artikelproben, 37 unpagin. SS.

Seebold, Elmar (1981), *Etymologie. Eine Einführung am Beispiel der deutschen Sprache*. München: C.H. Beck.

Skok, Petar (1971, 1972, 1973, 1974), *Etimologijski rječnik hrvatskoga ili srpskoga jezika*. 4 knj. Zagreb: Jugoslovenska akademija znanosti i umjetnosti.

Slownik jazyka staroslověnského/Lexicon linguae palaeoslovenicae. I–IV. Praha: Nakladatelství Československé akademie věd 1966, 1973, 1982, 1997.

Tiktin, H(ariton) (1986, 1988, 1989), *Rumänisch-deutsches Wörterbuch*. 2. überarb. u. erg. Aufl. v. Paul Miron. 3 Bde. Wiesbaden: Otto Harrassowitz.

Toporov, Vladimir Nikolaevič (1979), *Prusskij jazyk. Slovar'. E-H*. Moskva: Izd. „Nauka".

Trautmann, Reinhold (1923), *Baltisch-Slavisches Wörterbuch*. Göttingen: Vandenhoeck und Ruprecht.

Vasmer, Max (1953, 1955, 1958), *Russisches etymologisches Wörterbuch*. 3 Bde. Heidelberg: Carl Winter.

Vries, Jan de (1962), *Altnordisches etymologisches Wörterbuch*. 2. Auf. Leiden: E.J. Brill.

Wackernagel, Jacob (1912/13 = 1969), Lateinisch-Griechisches. In: *Indogermanische Forschungen* 31, 251–271 = *Kleine Schriften*. Bd. 2. 2. unveränd. Aufl. Göttingen: Vandenhoeck und Ruprecht, 1228–1248.

Wartburg, Walther von (1955), *Französisches Etymologisches Wörterbuch. Eine darstellung des galloromanischen sprachschatzes*. Bd. 7: *N-Pas*. Basel: Helbig und Lichtenhahn.

Wartburg, Walther von (1969), *Französisches Etymologisches Wörterbuch. Eine darstellung des galloromanischen sprachschatzes*. Bd. 6, 3. Tl.: *nobilis – myxa*. Basel: Helbing und Lichtenhahn.

Claus Haebler, Münster (Deutschland)

8. Das Wort im alltäglichen Verständnis: Eine Übersicht

1. Das Wort als grundlegende sprachliche Einheit
2. Das Wort als Äußerung (Rede/Text)
3. Das Wort im Prozess des Äußerns
4. Fazit
5. Literatur in Auswahl

1. Das Wort als grundlegende sprachliche Einheit

Bis heute entzieht sich das Wort einer exakten sprachwissenschaftlichen Definition. Das bedeutet, dass das Wort für die Linguistik nicht als feste Größe fassbar wird. Bereits die Frage nach der Autonomie bzw. Identität eines Wortes bereitet der Sprachwissenschaft große Schwierigkeiten (vgl. in diesem Zusammenhang das Problem der trennbaren Verben im Deutschen, das Problem der Komposita, der analytischen Zeitformen, die Problematik einer Unterscheidung von Inhalts- und Funktionswörtern u. a. m.). Aber nicht nur als Gegenstand der Linguistik – etwa im terminologischen Begriffsgefüge dieser Wissenschaftsdisziplin – nimmt das Wort eine „heikle" Position ein; auch im Alltagssprachbewusstsein präsentiert sich das Wort eher als Chamäleon denn als ein genau bestimmbares sprachliches Phänomen. Dennoch scheint im Allgemeinen den Sprechenden beim alltäglichen Sprachgebrauch zu allererst gegenwärtig zu sein, dass Wörter Sätze sowie Texte konstituieren und dass sie spezifische Einheiten von Einzelsprachen sind. Auf die Frage „Was ist ein Wort?", wird zumeist sinngemäß geantwortet: „Wörter sind genau abgrenzbare Folgen von Buchstaben mit bestimmten Bedeutungen." Insofern kann wohl zunächst von einem Alltagsbegriff 'Wort' ausgegangen werden, der „Einzelwort in einer Sprache", aber auch „Einzelwort in einem Text/Satz" meint. Dieses primäre Alltagsverständnis von 'Wort' (vorrangiger Plural im Deutschen *Wörter*) impliziert danach folgende Merkmale:

– grundlegende Einheit einer Schriftsprache (tradierte Buchstabenfolge)
– klar umrissene und abgrenzbare sprachliche Einheit (genau identifizierbarer Wortanfang bzw. genau identifizierbares Wortende)
– feste Verbindung aus Form und Bedeutung (Zeichencharakter).

Ein derartiger Alltagsbegriff 'Wort' setzt eine einzelsprachliche Tradition als Schrift, eine chirographische und typographische Kultur voraus und ist vom alltäglichen Umgang mit Literatur, mit schriftlichen Texten (vgl. Ong 1987, 65), sowie einem bewussten Spracherwerbsprozess (Muttersprachunterricht/Fremdsprachunterricht) geprägt – vgl. in diesem Sinne folgende Syntagmen: *Wörterbuch, Wortschatz, ein Wort verwenden/buchstabieren, Wort für Wort lesen, wortwörtlich übersetzen, Wie wird das Wort geschrieben?* u. a. Hierin spiegelt sich offenbar auch ein Alltagsverständnis von Einzel-'Sprache' (Schriftsprache) als einem System von Wörtern – etwa in dem Sinne, dass Wörter das Inventar der Sprache bilden (vgl. Amman 1962, 22). Eisenberg/Linke sprechen in diesem Zusammenhang von der „prominente[n] Stellung des Wortes im Sprachbewußtsein" (1996, 21) der Sprechenden. Dominant erweist sich dieses Alltagsverständnis von 'Wort' als „Einzelwort" (lat. verbum/vocabulum/vox) in zwei lexisch-semantischen Varianten:

(1) als isolierte sprachliche Grundeinheit einer Einzelsprache (Lexem, Lexikonwort, Wort als type) und
(2) als kleinste sprachliche Sinneinheit im Text/in der Äußerung (Textwort, gebrauchtes Wort, Wort als token).

Dieses 'Wort'-Verständnis dominiert nicht von vornherein den alltäglichen Sprachgebrauch. Zwar ist nach Trübners Deutschem Wörterbuch (1957, Bd. 8, 262) in allen idg. Sprachen ein Semem „kleinste Sinneinheit der Rede (Vokabel)" (Variante 2) von Anfang an gegeben; dennoch dürfte es in einer originären Oralität kaum möglich sein, die Auffassung vom Wort als einer selbständigen, isolierbaren sprachlichen Einheit, die Bedeutung trägt, derart zu favorisieren, wie es im modernen literalen Sprachgebrauch der Fall ist (vgl. unter 2.). Die Unterscheidung zwischen Lexikon- und Textwort setzt sich bei Kombinationsbildungen mit 'Wort' fort. 'Wort' ist metasprachlich zur näheren Kennzeichnung von Einzelzeichen einer Sprache bzw. eines Textes verwendbar. Insofern können z. B. im Deutschen über Determinativkomposita – wie *Fremdwort, Schimpfwort, Tabuwort, Fragewort, Fachwort, Alltagswort, Dialektwort, Grundwort, Kurzwort* usw. – bzw. über attributive Spezifizierungen – wie *einsilbiges/mehrsilbiges Wort, veraltetes Wort, russisches Wort, umgangssprachliches Wort* etc. – bestimmte relativ feste, d. h. lexikalisierte Merkmale von Einzelwörtern (Variante 1) expliziert werden. So sind Schimpfwörter spezifische lexikalische Einheiten mit einer verfestigten, in ihrer jeweiligen Semantik „geronnenen" Illokution des Beschimpfens/Beleidigens, wie etwa die Beispiele *Blödian, Dummkopf, Schlange, Großmaul* u. a. zeigen. Ein veraltetes Wort (Archaismus) gilt in Bezug auf seinen Gebrauch in der Gegenwartssprache als historisch, eine Eigenschaft, die bereits dem isolierten Lexem (vgl. im Deutschen etwa *Oheim, Kemenate, Bräutigam* für Verlobter, *Stundenglas, visitieren* u. a.) „anhaftet", also unabhängig von einem konkreten sprachlichen Kontext latent vorhanden ist. Wie in den angeführten Beispielen ebenfalls deutlich wird, können metasprachliche Merkmalszuschreibungen für einzelne Lexikonwörter auch den Bau, die Perlokution, den Funktionsbereich bzw. die Sprachvarietät, zu der das Lexikonwort gehört, u. a. betreffen. Daneben können aber im Deutschen wie in vielen weiteren idg. Sprachen Kombinationsbildungen mit 'Wort' festgestellt werden, die verschiedene tendenzielle oder individuelle Gebrauchsaspekte von Textwörtern (Variante 2) fokussieren. Zum Beispiel kann ein Wort als *treffend, hart, unbedacht, falsch, lustig*, als *Worthülse, -schablone* usw. nur in seiner individuellen Textverwendung und mit Bezug auf einen konkreten Emittenten bzw. Rezipienten charakterisiert werden. Vgl. dazu folgendes Beispiel:

„'*Engelkind. Findest du das kein lustiges Wort?' Cecilie wußte nicht, warum sie das Wort überhaupt nicht lustig fand.*"
(Gaarder 1996, 26).

Dagegen avanciert ein Einzelwort zum *Wort/ Unwort des Jahres*, zum *Trendwort, Modewort, Hochwertwort, Reizwort* oder auch zum *Medienschlagwort* genau dann, wenn sein tendenzieller, repräsentativer oder sprachlich prägnanter medialer Alltagsgebrauch als Textwort für einen bestimmten Zeitraum auffällig erscheint. Das *Wort des Jahres* (in Deutschland seit 1974 zumeist von der Gesellschaft für deutsche Sprache der Öffentlichkeit bekannt gegeben) ist ein Wort, das „für das vergangene Jahr besonders typisch gewesen [ist] oder wichtige Ereignisse aus verschiedenen Lebensbereichen widerspiegel[t]" (Steinhauer 1997, 1) – so etwa das 'Wort des Jahres 1996' *Sparpaket* oder gar das 'Zauberwort der Neunziger' (a.a.O., 8) *Internet*. Solch eine Wortauswahl demonstriert den hohen Stellenwert des Wortes als grundlegende sprachliche Einheit und zugleich das ihr zuerkannte Eigenleben, das nicht zuletzt mit dieser „wortorientierten Sprachkritik" (Eisenberg/Linke 1996, 20) in Erscheinung tritt. Wörter sind ein eigenständiges Objekt wissenschaftlicher Untersuchungen, doch linguistische Termini – wie *Wortstamm, Wortbedeutung, Wortbildung, Wortstellung, Wortanlaut* u. a. – haben längst ihren „elitären" Beigeschmack verloren, sind fest im alltäglichen Sprachgebrauch verankert.

2. Das Wort als Äußerung (Rede/Text)

Das alltägliche Verständnis von 'Wort' im gegenwärtigen Sprachgebrauch ist mit 'Einzelwort' noch nicht hinlänglich beschrieben. Sozusagen beim „zweiten Überlegen", in Hinsicht auf die Frage, „Was bedeutet 'Wort'?", wird ein Verstehen im Sinne von „zusammenhängende Rede/Text", „mündliche oder schriftliche Äußerung" relevant. (Der vorrangig gebrauchte Plural dafür lautet im Deutschen *Worte*). Nach Trübners Deutschem Wörterbuch (1957, Bd. 8, 262) ist dieses Semem in seiner oralen Ausrichtung ebenfalls in allen idg. Sprachen von Beginn an nachweisbar. Es sei, so das Wörterbuch weiter, im Vergleich zur Bedeutungsvariante „kleinste Sinneinheit der Rede" wohl als ursprünglich anzunehmen. Dies legen auch bekannte Bibelsentenzen wie die folgenden nahe (zitiert nach: Die Bibel, 1030. Auflage, Halle 1888):

„*Sei nicht waschhaftig [schwatzhaft] bei den Alten, und wenn du betest, so mache nicht viele Worte*" (Sirach 7, 15), „*Und wenn ihr betet, sollt ihr nicht viel plappern, wie die Heiden; denn sie meinen, sie werden erhöret, wenn sie viele Worte machen*" (Matthäusevangelium 6, 7) oder „*Die unnützen Wäscher plaudern, das nichts zur Sache dienet, die Weisen aber wägen ihre Worte mit der Goldwage*" (Sirach 21, 27) bzw. „*Ein Wort, geredet zu seiner Zeit, ist wie goldene Aepfel in silbernen Schalen*" (Salomo 25, 11).

Die Beispiele weisen auf den Zusammenhang von Wort und mündlichem Äußern hin (vgl. *schwatzhaft, plappern, plaudern, reden*). Sie implizieren, dass Prozess und Resultat entsprechend der oralen Wirklichkeit undifferenziert, eben als Einheit verstanden werden. Diese Undifferenziertheit ist es gerade, die in einer primär oralen Kultur der zusammenhängenden Rede den Vorrang vor ihren einzelnen isolierten Bestandteilen einzuräumen vermag. An und für sich ist es erst mit der Schrift und dann verstärkt mit dem Druck möglich, „ein[en] Sinn für noetische Abgeschlossenheit" (Ong 1987, 132) zu entwickeln, d. h. einen Sinn dafür, Äußerungen, wie auch das Einzelwort, abgelöst von jeder komplexen existentiellen Gesprächssituation, einschließlich des Gesprächspartners und nonverbaler Gegebenheiten, zu „sehen" (vgl. ebenda). Diese relative Unabhängigkeit der Äußerung vom Äußern oder des Wortes vom „Worten" (vgl. Weisgerber 1954, 254 ff.) zeigt sich augenscheinlich in der Abgeschlossenheit und der Vollendung des schriftlichen bzw. des gedruckten Textes. Es sind die Texte, die beginnen, ein Eigenleben zu führen, und auf diese Weise für ihre potentiellen Rezipienten ambivalent erscheinen. Als überlieferte Texte werden sie in immer wieder anderen Kontexten verstanden und können so als (zu interpretierende) Wissensspeicher von Generation zu Generation weitergereicht werden. Hier mag ein Grund dafür liegen, dass wir das 'Wort' als Bezeichnung für tradierte Texte wieder finden – *das Wort Gottes, Bibelwort, ein Wort von Shakespeare, Dichterwort, Sprichwort, geflügeltes Wort* u. a. Gerade die Etymologie des zuletzt angeführten Beispiels bestätigt diese Hypothese. Als stehendes Epitheton zu *Worte* bedeuten 'geflügelte Worte' (griech. épea pteróenta) bei Homer noch „Worte, die wie auf Flügeln dem Munde des Sprechenden enteilen" (Böttcher/Berger/Krolop u. a. 1981, 11). Erst mit dem 18. Jh., z. B. bei F. G. Klopstock, und im 19. Jh., vor allem bei G. Büchmann, werden darunter „zitierbare Sentenzen" (a.a.O.) und damit spezifische Texte verstanden. Diese Beispiele für Textbezeichnungen mittels *Wort* explizieren quasi im metasprachlichen Sinne die Zuordnung konkreter Textexemplare zu einer Textsorte – das gilt auch bei Nennung des Autors: *Goethe-Wort* bzw. bei Nennung einer Autoreninstanz: *ein Kirchen-Wort (zur Solidarität)*. Gleiches trifft für Komposita – wie *Vorwort, Nachwort, Schlusswort* – zu, die Teile von Ganztexten mit textsortenspezifischen Funktionen bezeichnen. In ähnlicher Weise können sich Syntagmen – z. B. *Worte des Dankes/Trostes, Worte zur Begrüßung, einführende Worte, Grußwort* u. a. – auf tradierte Sprechhandlungstypen beziehen und Texte hinsichtlich der kodierten Illokution bzw. Perlokution klassifizieren. Andererseits ist es im Deutschen, vor allem über den Plural *Worte*, üblich, individuelle Merkmale von Textexemplaren zu explizieren – *leere Worte, hohle Worte, völlig neue Worte, böse/ gute Worte, der Zauber der Worte, zu Herzen gehende Worte, unbedachte Worte, harte Worte* u. a. In diesen Verwendungsweisen werden fast ausschließlich perlokutive Texteigenschaften versprachlicht. Sie verweisen auf eine konkrete Kommunikationssituation sowie auf individuelle Interaktanten und machen damit deutlich, dass auf ein Textexemplar Bezug genommen wird. Das alltägliche Verständnis von 'Wort' im Sinne von 'Text' (Textsorte/Textexemplar) – ebenso wie der Alltagsbegriff von 'Text' überhaupt – ist durch die Dominanz der Literalität geprägt, und in unserem „post-typographischen Zeitalter" des Computers – „[d]er Computer als Textverarbeitungsmaschine, als ›Wortprozessor‹" (Zimmer 1997, 19) – wird sich dieses Alltagsverstehen von 'Wort' als Text, ebenso wie das von 'Wort' als grundlegende sprachliche Einheit, weiter verfestigen.

3. Das Wort im Prozess des Äußerns

Über das 'Wort' im Verständnis „Einzelwort" und „Text" kann im Allgemeinen sofort, ohne Bezugnahme auf konkrete sprachliche Verwendungsbeispiele reflektiert werden. Weniger ausgeprägt ist demgegenüber ein Alltagsverstehen, dass 'Wort' als „sprachlichen Fokus" im Wissenskonzept 'Kommunikation, Äußerungsprozess' erfasst. Zwar sind Syntagmen wie *in Worte fassen/setzen/kleiden, ein paar Worte sagen/schreiben, kein Wort sagen, Worte verschlucken, viele Worte machen, kein Wort verstehen, etwas befürworten* u. a. bekannt und werden von 'native speakers' intuitiv gebraucht, jedoch ist die kontrollierte Reflexion dieser Beispiele nicht oder nur im geringen Maße möglich. Das deutet darauf hin, dass diese Verwendungsweisen von 'Wort' im Sprachbewusstsein tief verwurzelt sein müssen und eng mit dem alltäglichen Äußerungsprozess verbunden sind. Es spiegeln sich darin sozusagen ursprüngliche Kommunikationsgegebenheiten der Oralität – die Einheit von Äußerungskontext und Sprechen – wider. Die komplexe Äußerungssituation sowie der Handlungsverlauf bieten nun vielfältigste Nominationsaspekte. Sie lassen sich in Kombinationsbildungen mit 'Wort' nachweisen, können aber von den Sprechenden im Allgemeinen kaum wirklich reflektiert werden. Auf einige dieser Gesichtspunkte ist im Folgenden einzugehen. Zum Beispiel kann die sprachliche Interaktion selbst als wechselseitiger Prozess des (Nicht-)Beanspruchens, (Nicht-)Realisierens und (Nicht-)Akzeptierens der Spre-

8. Das Wort im alltäglichen Verständnis: Eine Übersicht

cher- und Hörerrolle durch die jeweils Interagierenden zum Benennungsaspekt avancieren: *Worte wechseln, das Wort (nicht) haben/führen, jmdm. ins Wort fallen, das Wort richten an jmdn., kein Wort begreifen, ein Wort einwerfen, kein Sterbenswörtchen verlieren* usw. Dieser Interaktionsprozess kann auch mit Bezug auf bestimmte Modifikatoren näher gekennzeichnet sein – z. B. *ein Wortgefecht führen, ein Wort gab das andere, Worte an den Kopf werfen* für heftiges Debattieren/Streiten; das Syntagma *das eigene Wort nicht verstehen* impliziert akustische Störungsquellen, die den Äußerungsprozess beeinflussen. Es kann eine Charakterisierung der jeweils Interagierenden anhand typischer Merkmale ihres Sprachhandelns erfolgen – so etwa in den Syntagmen *jmd. macht nicht viele Worte, man muss ihm die Worte aus der Nase ziehen, ein wortfauler/wortkarger Mensch* u. a. im Sinne von 'jmd., der wenig spricht, nicht viel sagt, schweigsam ist' oder *jmd. weiß, die Worte zu setzen, sie ist wortgewandt, spielt mit Worten* im Sinne von 'eine Person, die geschickt und sicher Sprachhandlungen vollzieht'. Die Phraseologismen *das große Wort führen, immer das letzte Wort haben wollen* kennzeichnen einen Menschen als 'rechthaberisch', *nicht zu Worte kommen lassen* steht für 'geschwätzig sein, viel reden' und *jedes Wort auf die Goldwaage legen* für 'pedantisch genau reden bzw. zuhören' usw. Explizit Bezug genommen werden kann mit 'Wort' auch auf das Mittel der Kommunikation und damit auf das Reservoir lexikalischer Einzelelemente (vgl. 1.), auf das beim Sprachhandeln zurückgegriffen wird – *mit diesen/anderen/völlig neuen Worten sagen, nach Worten suchen, Worte als Mittel der Verständigung einsetzen* oder *„Mit Worten läßt sich trefflich streiten"* (Goethe, Faust/Teil 1, 1997, 1997) etc.

Neben dem Interaktionsprozess im Allgemeinen erweist sich die Sprechhandlung im Besonderen und dabei vor allem der Illokutionstyp als bezeichnungsrelevant – etwa als „expressives" Nicht-Äußern – *mir fehlen die Worte, die Worte bleiben mir im Munde/Halse stecken, vor Angst kein Wort herausbringen* u. a. – oder als kommissives Äußern – *sein Wort verpfänden/geben, zu seinem Wort stehen, Du hast mein Ehrenwort!, mein Wort darauf, noch ein Wörtchen mitzureden haben* etc. Ein direktives Sprechhandeln explizieren die Beispiele: *jmdm. das Wort verbieten, Auf ein Wort! Bitte ein Wort zum Fall x!* etc. Als direktives Äußern bzw. als direktive Äußerung im öffentlich-rechtlichen deutschen Fernsehen kann die Samstagabendsendung *Das Wort zum Sonntag* interpretiert werden. Diese Sendung regt Zuschauende an, über vielerlei Alltäglichkeiten nachzudenken, und kann in diesem Sinne durchaus bei dem einen oder anderen neue Handlungsalternativen herausfordern. Auch Beispiele für repräsentatives/assertives Äußern lassen sich finden – etwa *ein paar Worte sagen* u. a. Darüber hinaus können sich innerhalb ein und desselben Interaktionstyps unterschiedliche Benennungsmotive in Bezug auf zu unterscheidende Sprechhandlungsrollen der miteinander Agierenden ergeben. So ist für 'polylogische' Gespräche bzw. öffentliche Diskussionen, die z. T. unter deutlich institutionalisierten Rahmenbedingungen ablaufen (deklarative Sprechakte) – z. B. Parlamentsdebatten, Tagungen u. a. – folgendes Sprechhandeln typisch: *das Wort führen/haben/behalten/bekommen/nehmen* usw. für die Person, die das Rederecht besitzt, verteidigt oder gerade erhält, *das Wort erteilen/geben/entziehen* u. a. für die Person, die jmdm. das Rederecht übertragen oder auch verweigern kann, *zu Wort melden, ums Wort bitten* für die handelnde Person, die sich um das Rederecht bemüht usw. Der Interessenvertreter bestimmter Vereinigungen in der Öffentlichkeit ist ein *Wortführer* (allerdings dominiert bei Parteifraktionen und politischen Gruppierungen die Bezeichnung 'Sprecher'). In den Syntagmen *den Worten nicht trauen, mit Worten betrunken machen, über Worte stolpern/fallen* dagegen wird sprachliches Handeln anhand der Fallibilität der Perlokution konkretisiert. Das gilt auch für das bekannte Goethe-Zitat

„Gewöhnlich glaubt der Mensch,
wenn er nur Worte hört"
(Faust/Teil 1, 2565).

Besondere Nominationsaspekte für sprachliches Äußern ergeben sich aus der Sicht auf nichtsprachliche menschliche Aktivitäten. In diesem Zusammenhang wird 'Wort' in der Regel metonymisch bzw. synekdochisch gebraucht und verweist als Teil vom Ganzen auf die menschliche Sprachfähigkeit oder auf menschliches Sprechen allgemein – z. B. *in Wort und Bild, Wort und Weise, Worte und Taten stimmen überein, mit Wort und Tat jmdm. beistehen, „Der Worte sind genug gewechselt, laßt mich auch endlich Taten sehn"* (Goethe, Faust/Teil 1, 214–215) oder auch bei Leroi-Gourhan *Hand und Wort* (1988). Mit W. Shakespeares *„Words, words, words.* (Hamlet 2, 2, 195) wird eher implizit auf den Vorrang nonverbalen Handelns verwiesen. Auch Syntagmen wie *ohne viele Worte helfen, aufs Wort hören/gehorchen* implizieren ein Gegenüber von geistig-sprachlichem und gegenständlich-praktischem Handeln. Diese Gegenüberstellung ist aufgehoben bzw. wird in einer anderen Art und Weise gesetzt, wenn nicht der Mensch, sondern Gott als Handelnder, als Schöpfer der Welt, des Menschen und der Sprache, gemeint ist. Das Johannesevangelium beginnt z. B.:

> „*Im Anfang war das Wort*, [...]
> *Alles ist durch das Wort geworden.*"

Neben vielen anderen weist Cassirer (1925, 39) darauf hin, dass in fast allen großen Kulturreligionen 'Wort' gemeinsam mit Gott als Schöpfer erscheint und z. B. bei den alten Ägyptern schon „tausende von Jahren vor der christlichen Ära, Gott als ein geistiges Wesen gefaßt [wird], das die Welt dachte, bevor es sie erschuf, und das das Wort als Mittel des Ausdrucks und als Instrument der Schöpfung gebrauchte." (Ebenda) *Das Wort Gottes* kann in diesem Zusammenhang im Sinne eines deklarativen Sprechhandelns, als ein „schaffender Befehl" (Westermann 1974, 153) verstanden werden. Damit ist der Akt der Schöpfung in seiner Einheit von Sprechen und Handeln zu charakterisieren. Insofern kritisiert Goethe die Lutherische Bibelübersetzung zu Recht, wenn er Faust sagen lässt:

> „*Geschrieben steht: 'Im Anfang war das Wort!' Hier stock ich schon!* [...] *Ich kann das Wort so hoch unmöglich schätzen,* [...] *Ist es der Sinn, der alles wirkt und schafft? Es sollte stehn: Im Anfang war die Kraft!* [...] *Schon warnt mich was,* [...] *Auf einmal seh ich Rat und schreibe getrost: Im Anfang war die Tat!*" (Faust/Teil 1, 1224–1237)

Damit gelingt es Goethe, das unmittelbare Neben- bzw. Miteinander von Sprechen und Handeln/Tätigsein wiederherzustellen, was dem ursprünglichen Verständnis des griech. 'logos' weit eher entspricht, als etwa Luthers Übersetzung. Die Erkenntnis, dass Sprechen (wie Schreiben, Hören und Lesen) spezifisches menschliches Handeln ist, musste nichtsdestotrotz von der modernen Sprachwissenschaft bzw. -philosophie des 20. Jh. erst wieder neu entdeckt werden.

4. Fazit

Eine Übersicht zum Alltagsverständnis von 'Wort' zu erstellen, stößt – wie versucht zu zeigen – auf Schwierigkeiten, die nicht zuletzt daraus resultieren, dass das Wort weder im linguistischen noch im alltäglichen Verständnis als feste Größe fassbar wird. Dennoch lassen sich wohl wenigstens die folgenden Verwendungsweisen relativ deutlich ausdifferenzieren und in der deutschen Gegenwartssprache nachweisen:

1. Wort als sprachliche Grundeinheit (Einzelwort)
   1.1 Lexikonwort
   1.2 Textwort
2. Wort als Text (Resultat einer sprachlichen Handlung)
   2.1 Textsorte
   2.2 Textexemplar
3. Wort im Äußerungsprozess
   3.1 sprachliche Interaktion im Allgemeinen (auch mit Hervorhebung einzelner Interaktionskomponenten)
   3.2 Sprechhandlung im Besonderen
   3.3 sprachliches Handeln im Bezug auf weitere Arten menschlichen Handelns

Dabei kann von den Verwendungsweisen 1.1 bis 3.3 ein abnehmbarer Grad der Reflexionsmöglichkeiten bzw. ein zunehmender Grad der Ambivalenz beobachtet werden.

5. Literatur in Auswahl

Amman, Hermann (1962): *Die menschliche Rede – Sprachphilosophische Untersuchungen. Teil I und II.* ND Darmstadt (2. Auflage).

Böttcher, Kurt; Karl Heinz Berger; Kurt Krolop u. a. (1981): *Geflügelte Worte. Zitate, Sentenzen und Begriffe in ihrem geschichtlichen Zusammenhang.* Leipzig: Bibliographisches Institut.

Cassirer, Ernst (1925): *Sprache und Mythos. Ein Beitrag zum Problem der Götternamen.* Leipzig: Teubner.

Die Bibel oder die ganze Heilige Schrift des Alten und Neuen Testaments, nach der deutschen Übersetzung Dr. Martin Luthers. (1030. Auflage). Halle: Druck und Verlag der v. Canstein'schen Bibel-Anstalt 1888.

Eisenberg, Peter; Angelika Linke (1996): Wörter. In: *Praxis Deutsch. Zeitschrift für den Deutschunterricht* 139, 20–30.

Gaarder, Jostein (1996): *Durch einen Spiegel, in einem dunklen Wort.* München/Wien: Carl Hanser Verlag.

Goethe, Johann W. (1980): Faust. Eine Tragödie. Erster Teil. Leipzig: Philipp Reclam jun.

Leroi-Gourhan André (1988): *Hand und Wort.* Frankfurt a. M.: suhrkamp taschenbuch wissenschaft 700.

Ong, Walter J. (1987): *Oralität und Literalität*. Opladen: Westdeutscher Verlag.

Shakespeare, William (1994): The Tragedy of Hamlet, Prince of Denmark. In: William Shakespeare. The Complete Works. Oxford: Clarendon Press.

Steinhauer, Anja (1997): Wörter des Jahres 1996. In: *Der Sprachdienst* 1, 1–12.

Trübners Deutsches Wörterbuch in 8 Bde. (Begründet v. A. Götze. In Zusammenarbeit mit M. Gottschald u. G. Hahn, hrsg. v. W. Mitzka). Berlin 1957.

Weisgerber, Leo (1954): *Vom Weltbild der deutschen Sprache*. 2. Halbband. Düsseldorf: Pädagogischer Verlag Schwann.

Westermann, Claus (1974): *Genesis. Biblischer Kommentar. Altes Testament Bd. I, 1*. Neukirchen. Neukirchener Verlag.

Zimmer, Dieter E. (1997): *Die Elektrifizierung der Sprache*. München: Wilhelm Heyne Verlag.

*Kirsten Sobotta,
Magdeburg (Deutschland)*

9. Das Wort in der philosophischen Sprachreflexion: eine Übersicht

1. Das Wort als Ausdruck der sozialen Natur des Menschen
2. Das Wort als Ausdruck menschlicher Erkenntnis
3. Das Wort als Bedingung menschlicher Erkenntnis
4. Literatur in Auswahl

In der philosophischen Reflexion über Sprache ist das Wort in wenigstens dreierlei Hinsicht von hervorgehobener Bedeutung:

1. Das Wort, genauer: die Verwendung des Wortes in der Rede, gilt als Ausdruck der sozialen Natur des Menschen, seines Charakters als *zoon politikon*. Menschliche Gemeinschaft wäre ohne Sprache nicht möglich.

2. Das Wort gilt als Ausdruck menschlicher Erkenntnis, d. h. als sprachlicher Niederschlag der kognitiven Erschließung der Welt durch den Menschen.

3. Das Wort gilt als Bedingung menschlicher Erkenntnis, d. h. als Voraussetzung der kognitiven Erschließung der Welt durch den Menschen.

Die beiden ersten dieser Konzepte des Wortes bzw. seiner Verwendung begegnen in der Geschichte der philosophischen Sprachreflexion seit der Antike, das dritte ist zumindest in seiner sprachphilosophischen Variante vorwiegend neuzeitlich. Gelegentlich wird das erste der Konzepte mit einem der beiden folgenden zusammen genannt, wie etwa in Platons *Kratylos*, wo das Wort bestimmt wird als „belehrendes Werkzeug und ein das Wesen [der Dinge, A. G.] unterscheidendes und sonderndes" (388c, hier zit. nach der Übersetzung Friedrich Schleiermachers). Die Erwähnung der Belehrung hebt auf die kommunikative Funktion des Wortes und damit auf die gemeinschaftsbildende Dimension der Sprache ab (s. o. 1.), während die Sonderung der Seinsverhältnisse durch den intellektuellen, sich der Sprache als Werkzeug bedienenden Zugriff des Menschen auf die Welt zustande kommt (s. o. 2.). Nebenbei zeigt Platons Formulierung, dass in sprachphilosophischen Texten die Bezeichnung *Wort* – bzw. in den griech. und lat. Texten *onoma, nomen, verbum, dictio* etc., in den deutschen Texten *Ausdruck, Laut* etc. – gelegentlich als pars pro toto für *Sprache* verwendet wird, in anderen Fällen wiederum als Synonym für *Zeichen* oder *Name*. Im Folgenden werden daher auch Äußerungen berücksichtigt, in denen *Sprache* im Sinne von 'Summe der Wörter' oder in denen *Zeichen* (bzw. *Name*) als Synonym für *Wort* verwendet wird.

1. Das Wort als Ausdruck der sozialen Natur des Menschen

Die Existenz von Wörtern und ihre Verwendung in der Rede als Ausdruck der gesellschaftlichen Verfasstheit des Menschen anzuführen, ist ein Topos der Sprachreflexion seit ältester Zeit. Damit wird zugleich die kommunikative Funktion von Sprache als ihre eigentliche hervorgehoben. Der Gedanke begegnet in der antiken griechischen und römischen Tradition ebenso wie in der spätantiken und mittelalterlichen. So schreibt Augustinus, bei der Sprachverwendung gehe es um die Übertragung des eigenen Bewusstseinsinhalts *in alterius animum*, in den Geist des anderen (*De doctrina christiana*, II, 2), und Thomas von Aquin formuliert etwa 850 Jahre später in fast identischer Weise in der *Summa theologica*, dass die Rede dazu diene, 'dem anderen offenzulegen, was im Bewusstsein ist' (*locutio est ad manifestandum alteri quod latet in mente*, I, Quaest. 107, 1).

Ein locus classicus der neuzeitlichen Sprachphilosophie, in dem der Gedanke der sozialen Begründung des Wortes und mit ihm der Sprache formuliert wird, ist der Beginn des dritten Buches von John Lockes *Essay concerning human understanding* (1689), in dem der Mensch als „sociable Creature" und seine Sprache als „common Tye of Society" ('gemeinsames Band der Gesellschaft') verstanden wird. Auch in religiösen und in anthropologischen Erklärungen des Sprachursprungs findet sich diese Auffassung. Danach hat entweder Gott dem Menschen die Sprache gegeben, weil er ihn als soziales Wesen geschaffen hat, oder der Mensch hat aufgrund seiner sozialen Anlage und mittels seines Intellekts, der ihn vom Tier unterscheidet, selbst zur Sprache gefunden. Philosophiegeschichtlich begegnet die Auffassung im angelsächsischen Empirismus ebenso wie im kontinentalen Rationalismus, und dies obgleich vor allem der Rationalismus – in Deutschland etwa Gottfried Wilhelm Leibniz und Christian Wolff – Wort und Sprache auch mit der *Konstitution* von Welterkenntnis, d.h. nicht nur mit ihrer Kommunikation begründen. Selbst für die sehr pointierten sprachrelativistischen Ansätze, wie sie ab dem späten 18. Jahrhundert begegnen, gilt: Auch wenn der Mensch Wörter einsetzt, um sein eigenes Denken zu strukturieren und sich die Welt intellektuell anzueignen, ist er „in seiner Bestimmung" dennoch „ein Geschöpf der Herde, der Gesellschaft" (Herder 1772, 783; ausführlich dazu s.u. 3.).

Diese Auffassung bleibt ein Gemeinplatz bis in die Gegenwart. Dort begegnet sie am offensichtlichsten in der Pragmatik, mit ihrer Erweiterung der traditionellen syntaktischen und semantischen Dimension der Sprachzeichen um die des Bezugs zu ihren Benutzern. Zeichentheoretische Beschreibungen, in denen die kommunikative Dimension explizit berücksichtigt wird, haben unter anderem Charles William Morris in der amerikanischen pragmatischen Tradition (Charles S. Peirce) und im deutschsprachigen Raum Karl Bühler geliefert. Bühlers Organonmodell etwa, das in der Tradition Platons steht, setzt das Sprachzeichen zu drei Größen in Beziehung: dem Sprecher, den Gegenständen und Sachverhalten der Wirklichkeit, dem Hörer (1934, 28). Gegenüber dem Hörer hat das Zeichen die Funktion eines *Appells* bzw., so Bühler an anderer Stelle, eines *Signals*, das eine *Auslösung* bewirken soll (1933 u. 1918). Damit wird die kommunikative Qualität von Wort und Sprache zu einem ihrer konstitutiven Bestandteile.

Am offensichtlichsten kommt das pragmatische Sprachverständnis in der Vorstellung vom Sprechen als einem *Handeln* zum Tragen. Diese Vorstellung ist bereits in der Rhetorik angelegt und durchzieht in rhetorischen Textsorten (Redelehren im engeren Sinne, Briefsteller, Stilistiken etc.) das sprachbezogene Schrifttum bis in die Gegenwart hinein. Die zentrale rhetorische Kategorie ist dabei das *aptum* (wörtlich: 'das Passende', 'Angemessene'; auch: *decorum*, griech. *prepon*), das vor allem die kommunikative Ausrichtung eines Textes und seiner Konstituenten meint. Die rhetorische Fragereihe – *Wer* äußert sich mit diesem Text? *Was* wird gesagt? *Warum* wird es gesagt? *Wo* wird es gesagt? *Wann* wird es gesagt? *Auf welche Weise* wird es gesagt? etc. (z.B. in Quintilians *Institutio oratoria*, IV, 1, 52) – soll dem Verfasser als Hilfe dienen, seinen Text optimal in die Kommunikationssituation einzupassen (in der neueren Texttheorie begegnet dieselbe Fragereihe als „Laswell-Formel"). Nur wenn das gelingt, wird der Text Wirkung zeigen und die Rhetorik ihrer Aufgabe als Disziplin des *docere* und *movere*, des Lehrens und des Bewegens mit dem Ziel des Überzeugens durch Beweisführung (*probare*), zum Teil auch des Überredens (*persuadere*) gerecht werden.

In den Sprechakten schließlich, wie sie u.a. von John Austin (1955) und John Searle (1969) beschrieben werden, ist das Moment des Handelns und damit die kommunikative Dimension der Sprache über die Konzepte der Illokution und Perlokution fest in die theoretische Beschreibung integriert: WARNEN, AUFFORDERN, BITTEN bedeutet stets *jemanden* warnen, auffordern oder bitten. Auch das *Sprachspiel* Ludwig Wittgensteins ist grundsätzlich pragmatischer Natur, indem das Konzept betont, „daß das Sprechen der Sprache ein Teil ist einer Tätigkeit, oder einer Lebensform" (1945, § 23). Damit ist zugleich eine semantische Theorie nahegelegt, die die Bedeutung von Wörtern nicht als ein feststehendes Faktum begreift, sondern aus ihrem Gebrauch in den konkreten Äußerungen heraus erklärt.

Die Auffassung von der Sprache als Ausdruck der sozialen Natur des Menschen und die damit einhergehende Betonung der kommunikativen Funktion der Rede wird zumeist anhand der Sprache als ganzer oder anhand der einzelnen Äußerung illustriert. Als Grundform der Mitteilung gilt von alters her die zumindest aus *onoma* und *rhema*, d. h. Subjekt und Prädikat bestehende Aussage (z.B. Platon, *Sophistes* 261c–262e), nicht jedoch das einzelne Wort. Was unter dem Aspekt der Kommunikation für die Sprache und für die Aussage geltend gemacht wird, wird dann auf das Wort übertragen. Selbst Modelle, die dem einzelnen Zeichen eine kommunikative Funktion zuweisen, gehen meist von der Verwendung des Wortes in der Aussage bzw. im ganzen Text aus (zu diesem Aspekt am Beispiel des Organonmodells Karl Bühlers vgl. Coseriu 1994).

2. Das Wort als Ausdruck menschlicher Erkenntnis

Kaum weniger verbreitet als die Auffassung von der kommunikativen Dimension von Sprache und Wort ist die Sicht des Wortes als Niederschlag der kognitiven Erschließung der Welt durch den Menschen. Danach eignet sich der Mensch als vernunftbegabtes Wesen und in freier Selbstbestimmung die Welt intellektuell dadurch an, dass er ihre Gegenstände und Sachverhalte mit Wörtern belegt. Das bei diesem Vorgang vorausgesetzte Verhältnis zwischen den Größen Sprache, Denken und Wirklichkeit lässt sich idealtypisch so beschreiben: Die Gegenstände und Sachverhalte der Wirklichkeit sind dem Menschen vorgegeben, werden von ihm mittels der Sinnesorgane wahrgenommen und liegen dann im menschlichen Bewusstsein als Abbilder vor. Da die Mechanismen der Perzeption und kognitiven Verarbeitung von Wirklichkeit bei allen Menschen grundsätzlich identisch sind, sind auch diese mentalen Abbilder der Dinge bei allen Individuen identisch. Die Wörter dienen nun dazu, die mentalen Abbilder auszudrücken und sind daher Zeichen der Gedanken wie auch der Dinge.

Für diese Auffassung wird in den frühen Texten meist Aristoteles als Autorität zitiert, der in *De interpretatione* feststellt, dass die Wörter „Zeichen der in der Seele hervorgerufenen Vorstellungen" (1974, 95) sind. Diese Vorstellungen sind „bei allen Menschen dieselben, und ebenso sind es die Dinge, deren Abbilder die Vorstellungen sind". Was sich unterscheidet, sind also lediglich die sprachlichen Bezeichnungen, weil sie nicht als natürliche Abbildungen, sondern aufgrund konventioneller Zuordnung zustande kommen (Aristoteles, op. cit.: ein Nomen ist „ein Laut, der konventionell etwas bedeutet"). Da die Vorstellungen von den Dingen selbst hervorgerufen werden und die Wörter lediglich konventionelle Zuordnungen sind, kommt in dieser Zeichentheorie den Dingen, nicht aber den Wörtern das erkenntnistheoretische Apriori zu.

Diese sachsemantische Vorstellung scheint das Verhältnis zwischen Gegenständen, Vorstellungen und Wörtern so unmittelbar evident zu beschreiben, dass sie bis in die Gegenwart Bestand hat. Zwar werden bereits in der Frühen Neuzeit auch andersgeartete semiotische Positionen formuliert, doch scheint sich die Vorstellung von der Präexistenz der Gegenstände gegenüber den sie bezeichnenden Wörtern so sehr mit der Alltagserfahrung zu decken, dass sie im Spektrum der sprachtheoretischen Positionen wohl immer vertreten sein wird.

Im Folgenden einige historische Belege: Die Auffassung vom Abbildcharakter der Wörter begegnet z.B. in Julius Cäsar Scaligers *De causis linguae latinae* (1540), das für die neuzeitliche Sprachtheorie von großer Bedeutung ist. Die Dinge werden so, wie sie sind, von den Individuen wahrgenommen, so dass das Bewusstsein nun ein 'Spiegel der Dinge' ist (*Est enim quasi rerum speculum intellectus noster [...]*, III, Kap. 66). Das Wort wird damit zum Zeichen für die mentalen Abbilder der Einzeldinge, und das Verhältnis zwischen dem Gegenstand der Wirklichkeit, seinem mentalen Abbild und dem bezeichnenden Wort ist das einer eindeutigen Nachordnung: Der Weg führt von den Dingen über die Vorstellungen zur Sprache („Wie die Vorstellungen von den Dingen Zeichen des Bewusstseins sind, so sind die Wörter Zeichen für diese Bewusstseinszeichen", ebd.). Bei idealen Zuordnungsverhältnissen zwischen den drei Größen sind die Wörter ontologisch absolut zuverlässig („Wahrheit ist Übereinstimmung der Rede mit dem Ding, dessen Zeichen sie ist", I, 1). Dass aber die Wörter in der Gesamtheit ihrer lexikalischen Inhalte zunächst eine eigene, sprachliche Wirklichkeit bilden könnten bzw. dass den erkennenden Subjekten Wirklichkeit überhaupt nur als (einzel-)sprachlich verfasste intellektuell zur Verfügung steht, ist in dieser Konzeption nicht vorgesehen. Ein Hund, so schreibt der Sprachdidaktiker Johann Joachim Becher in der zweiten Hälfte des 17. Jahrhunderts, „ist in der gantzen Welt ein Hund"

– und werde, so müsste man ergänzen, auch überall als solcher wahrgenommen –, nur heiße er einmal „canis", ein anderes Mal „chien", „cane", „dogge" etc. (2. Aufl. 1674, „Vorred" u. S. 4). Dieselbe Semantikkonzeption liegt der Bemerkung des Grammatikers Johann Christoph Gottsched, wieder nahezu ein Jahrhundert später, zugrunde, wenn er feststellt, dass „fast alle Wörter einer jeden Sprache abgesonderte Begriffe [bedeuten]. Und eben daher kann man von den Begriffen, die durch diese Absonderung entstanden sind, gar wohl versichert seyn: weil man sie nämlich von wirklich vorhandenen Dingen hergenommen hat" (Gottsched 1762, 140A). Auch im 20. Jahrhundert begegnen solche abbildtheoretischen Vorstellungen, zum Beispiel im Kontext materialistischer Erkenntnistheorien. So spricht z. B. Otto Kade 1971 in einem Aufsatz über „Das Problem der Übersetzbarkeit aus der Sicht der marxistisch-leninistischen Erkenntnistheorie" vom „Primat der objektiven Wirklichkeit gegenüber dem Bewusstsein und der Sprache" und kritisiert jede Annahme einer erkenntniskonstituierenden Leistung von Sprache als den „eklatanteste[n] Irrtum der bürgerlichen Sprachwissenschaft".

Das Sprachvertrauen, das solche Äußerungen möglich macht, wird allerdings schon früh relativiert. Auf der Basis des Ockhamschen Nominalismus, der den Wahrheitsstatus sprachlicher Kategorien in Frage stellt – nach Ockham verweisen die Namen der Dinge keinesfalls automatisch auf überzeitlich wahre Ideen, sondern sind zunächst einmal vom Menschen geschaffene innersprachliche Größen –, werden zunehmend sprachskeptische Positionen formuliert. Das Ideal mag nach wie vor das einer Kongruenz von Wort, Vorstellung und Gegenstand sein, doch ist die sprachliche Realität oft anders: Erscheinungen wie Homonymie, Polysemie, Synonymie und semantische Vagheit stören die ideale Eins-zu-eins-Relation zwischen den sprachlichen und den außersprachlichen Größen. Solche Feststellungen führen gerade in denjenigen Arbeiten zu einer scharfen, philosophisch begründeten Sprachkritik, die sich das Erkenntnisideal der aufkommenden Naturwissenschaften und der Mathematik zu eigen machen, etwa Gottfried Wilhelm Leibniz' *Nouveaux essais sur l'entendement humain* (1704). So kritisiert Leibniz z. B. die in einigen Schulen der griechischen Philosophie verbreitete Rede von 'Pflanzenseelen' («ames vegetatives», III, X, 14), da das Wort etwas suggeriere, was gar nicht existiere. Dabei gilt das Wort als solches schon als unwahr, nicht erst seine Verwendung in der Aussage. Zum erkenntnistheoretischen Problem werden diese ontologisch unzutreffenden Bezeichnungen dadurch, dass Kinder, die in bestehende Sprachgemeinschaften hineingeboren werden, sich die Wirklichkeit zu großen Teilen über die Sprache aneignen, dabei die Wörter mehr oder weniger automatisch mit den Dingen identifizieren und so falsche sprachliche Kategorisierungen auf die Wirklichkeit übertragen. Immer wieder wird vor unkritischer Identifizierung der Wortinhalte mit den Gegebenheiten der Wirklichkeit gewarnt (z. B. Christian Wolff 1720, Par. 320: wir sollen nicht „leere Wörter, mit denen kein Begrif verknüpfet ist, für Erkäntniß halten, und Wörter für Sachen ausgeben"), und auch Locke sieht das zentrale Problem darin, dass sich die Wörter „between our Understandings, and the Truth" (1690, III, IX, 21), zwischen unser Denken und die Wahrheit der Dinge stellen können. Diese Sprachkritik wendet sich nicht nur gegen bestimmte Erscheinungen der Alltagssprache, sondern auch gegen Formen traditioneller philosophischer Fachsprache, wie sie in der scholastischen Philosophie verbreitet waren. Unter den Aufklärern ist die Polemik gegenüber den *Sophistereien* und *Speculationes* der mit *leeren Worten* und *Abstractiones metaphysicae* operierenden Schulphilosophie unüberhörbar; als Ideal gilt der semantisch durchsichtige, rationale Diskurs, der das bis heute gültige Wissenschaftsverständnis prägt. Auch außerhalb der Philosophie findet sich dieses Sprachideal referentieller Exaktheit und Eindeutigkeit, etwa in der Kritik an allzu metaphorischer Sprache, wie sie Johann Christoph Gottsched gegen die „Dunkelheit" und „schwülstigen Ausdrückungen" (1742, 342f.) derjenigen Autoren vorbringt, die an die Stelle der *Vernunft* die *Einbildungskraft* als dominierendes Erkenntnisvermögen setzen. Dahinter verbirgt sich eine Kritik an der Rhetorik, die aus philosophischer Perspektive seit Platons *Gorgias* bis in die Gegenwart immer wieder formuliert wird: Während es der Philosophie um die Wahrheit der behandelten Sachverhalte gehe, produziere die Rhetorik als Disziplin des schönen sprachlichen Scheins „ein wohl ausgeklügeltes Überredungsverfahren" (Gorgias, 459), in dem die Wörter nicht nach ihrer Referenzleistung, sondern aufgrund ihrer kommunikativen Wirkung eingesetzt würden.

Bei aller Skepsis ist die Sprachkritik der frühen Empiristen und Rationalisten von einem erkenntnistheoretischen Optimismus getragen, wie er den modernen Wissenschaftsbegriff vor allem in den Naturwissenschaften, aber auch in der Mathematik und den analytisch orientierten Teilen der Philosophie insgesamt charakterisiert. Wenn die Wörter zwar bisweilen eine andere inhaltliche Kategorisierung der Wirklichkeit suggerieren, als tatsächlich der Fall ist, so bedeutet das nicht, „dass die Dinge dadurch daran gehindert werden, vom Verstand unabhängige reale Wesenheiten zu haben, und wir, sie zu erkennen" (Leibniz 1704, III, VI, 27). Das Ideal bei der Bezeichnungsfindung bleibt die Orientierung an der Natur der Sachen selbst (‹la nature des choses›). Ein Erkennen der Sachen selbst aber, sozusagen an der Sprache vorbei, gilt als grundsätzlich möglich. Wenn sich nun – und das ist der bis in die Gegenwart folgenreiche Schluss – die historischen Einzelsprachen aufgrund mangelhafter Zeichengebung durch den Menschen (Locke: „very arbitrarily", Bacon: *ex captu vulgi*) und aufgrund ihrer Offenheit gegenüber historischen Veränderungn und Variation im Gebrauch als Mittel präziser Weltbeschreibung disqualifiziert haben (vgl. etwa Wittgensteins Warnung vor den „fundamentalsten Verwechslungen", zu denen es aufgrund der mangelnden Exaktheit der natürlichen Sprache kommen kann; 1921, 3.324, 3.325), dann können nur Formalisierungen bis hin zu logisch-philosophischen Kunstsprachen diese Aufgaben übernehmen.

Innerhalb der Diskussion natürlicher Sprachen begegnet das Ideal referentieller Eindeutigkeit und damit letztlich der sprachlichen Beherrschung von Wirklichkeit durch den Menschen in der Forderung nach einer präzisen Terminologie für die Fach und Wissenschaftssprachen. Die zugrundeliegende zeichentheoretische Auffassung – die Wörter sollen exakt die Begriffe bezeichnen, die der Mensch auf der Basis sinnlicher Wahrnehmung der Wirklichkeit und der Reflexion über die Wirklichkeit gewonnen hat und die nun sachadäquate Abbildungen der Dinge sind – wird vom frühen 18. Jahrhundert an bis in die Gegenwart immer wieder aufs neue formuliert. In klassischer Weise geschieht das etwa in den Arbeiten Eugen Wüsters, der die Fachwörter mit „Fahrzeugen" vergleicht, die „eine Gedankenlast befördern", bei einem möglichst hohen Maß an referentieller „Genauigkeit" (Wüster 1970, 85 u. 1). In der Konsequenz des Wunsches, dass der sprachliche Zugriff auf Wirklichkeit fehler- und reibungslos verlaufen möge, ist dann die „Explizitheit, Formalisierung und mehr oder weniger starke Standardisierung bzw. Normierung" des fachsprachlichen Wortes zentrale Voraussetzung (Hahn 1980, 390).

Die ideale Sprache ist damit eine von allen Störungen der Eindeutigkeit der Zeichenrelationen befreite Sprache, die es vernünftigen Individuen erlaubt, sich über die Gegenstände der Welt präzise auszutauschen. Da dies trotz aller Bemühungen im Bereich der Terminologisierung bei den natürlichen Sprachen nicht der Fall sein kann, werden seit dem späten 17. Jahrhundert künstliche Sprachen gefordert, deren Wörter wie mentale Münzen mit einem exakten und unveränderlichen semantischen Gehalt ausgestattet sind. Beziehen sich in solchen Kunstsprachen die Wörter auf die Begriffe und Dinge, dann sollten sie zu ihnen strukturell isomorph sein. Einfachen Dingen sollten also einfache Wörter, komplexen Dinge komplexe Wörter entsprechen, und sachliche Gemeinsamkeiten sollten sich in lexikalisch-strukturellen Korrespondenzen niederschlagen (– soll z. B. „Hom" 'Mensch' bedeuten, dann könnte „Hom*e*" 'Kleinkind' bedeuten, „Hom*i*" 'Knabe', „Hom*o*" 'Jüngling', „Hom*u*" 'Mann', „Hom*a*" 'Greis', „*Bi*hom" 'Zwerg', „*Bu*hom" 'Riese' etc., nach Comenius 1966, 289 ff.). Radikaler sind diejenigen Vorschläge von Kunstsprachen, deren Wörter nicht auf die Dinge der Wirklichkeit in ihrer vorliegenden Komplexität zielen und die auch nicht auf den Strukturen existierender Sprachen aufbauen, sondern die als philosophisch-apriorische Sprachen auf einfachen Vorstellungen (Descartes: ‹idées simples›, Leibniz: *termini primi*) basieren, die nicht weiter zerlegbar sind. Das Verfahren läßt sich so veranschaulichen: Die (relativ) einfachen Vorstellungen *animal* und *rationalis* z. B. sollen sich zur komplexen Vorstellung *homo* genauso verhalten wie die Zahlen *2* und *3* zur Zahl *6*, wenn als Verknüpfungsregeln die Regeln der Multiplikation ganzer Zahlen zugrunde gelegt werden. Ebenso wie die Kombination von *2* und *3* immer und in jeder Reihenfolge *6* ergibt und umgekehrt *6* immer und ausschließlich in *2* und *3* zerfällt, so sollen auch *animal* und *rationalis* immer zu *homo* führen und umgekehrt (Leibniz, *Elementa Calculi*, 50 u. 53 f., *Elementa Characteristicae universalis*, 42 f., *Calculi universalis Elementa*, 57 ff., alle Texte in *Opuscules* 1903; tatsächlich dienen *animal* und *rationalis* nur der grundsätzlichen Illustration des Verfahrens, da sie sich natürlich in je einfachere Vorstellungen weiter zerlegen ließen). Alle Aussagen über die Welt ließen sich damit letztlich in mathematische Gleichungen überführen und so eindeutig überprüfbar machen. An die Stelle des verbosen Streits über die Wahrheit könnte das Rechnen treten.

Die Zeichen dieser künstlichen *Characteristica universalis* hätten mit den Wörtern natürlicher Sprachen nur noch wenig gemein. Sie wären nicht Gegenstand alltäglichen Sprachgebrauchs und damit – zumindest dem Anspruch nach – von allem Gesellschaftlichen, Historischen, Kulturellen, von jeder Vagheit und Mehrdeutigkeit befreit. Gerade dadurch gelten sie als Einheiten, mit denen sich Denkvorgänge und so der intellektuelle Zugriff des Menschen auf die Welt in größtmöglicher Präzision beschreiben lassen. Der Werkzeugcharakter von Sprache ist perfektioniert: Die Sprache und ihre Konstituenten, die Wörter, sind in jeder Hinsicht vom Menschen kontrollierbar und zu seinen Zwecken einsetzbar. Der dabei zum Tragen kommende, auf den Prinzipien vollständiger Arbitrarität und Konventionalität basierende, sich am Eindeutigkeitsideal der Mathematik orientierende Sprachbegriff setzt sich unmittelbar in die logische Sprachauffassung Gottlob Freges und von da bis zu Bertrand Russell und dem Wittgenstein des *Tractatus*, d. h. in die *Ideal Language Philosophy* des 20. Jahrhunderts fort (vgl. aber unten 3.). Frege bezieht sich in seinen eigenen Ansätzen explizit auf Leibniz. Sein Vorschlag einer „Begriffsschrift" zielt in genau dieselbe Richtung: Eine Zeichensprache zu schaffen, deren Einheiten unmittelbar auf die Gedanken verweisen. Dazu müssen nicht nur die Einheiten ('Wörter') in ihren Bedeutungen eindeutig festgelegt sein, es müsste auch die Grammatik so geregelt werden, dass das „Satzgefüge" mit dem „Gedankengefüge" kongruent ist (1923–26, 72ff.). Die Befolgung einer solchen Grammatik würde garantieren, dass formale Denkfehler ausgeschlossen wären. Dabei unterscheidet Frege genau zwischen der sprachlichen Form von Sätzen und ihrer logischen, eine Unterscheidung, die ebenfalls in der Tradition der logisch-philosophischen Sprachtheorie des 18. Jahrhunderts steht.

Frege gelangt zu seinen Vorschlägen einer formalen Sprache aus den gleichen Gründen wie Russell, Wittgenstein und vor ihnen schon die Sprachskeptiker seit dem späten 17. Jahrhundert: Die Grammatiken der natürlichen Sprachen sind unlogisch und die Wörter in ihren Bedeutungen nicht exakt bestimmt. Nicht nur „verkleidet" die natürliche Sprache die Gedanken (Wittgenstein 1921, 4.002), sie betreibt sogar eine regelrechte „Verhexung unseres Verstandes" (Wittgenstein 1945, § 109), indem sie eine Einteilung der Realität vorgibt, die wir dann mit der Realität identifizieren.

Zusammenfassend: Die beschriebenen Ansätze philosophischer Sprachreflexion gehen im wesentlichen von der Präexistenz der Gegenstände der Wirklichkeit und ihrer mentalen Abbilder vor den sie bezeichnenden Wörtern aus. Die Sprache ist Werkzeug und Ausdruck der Welterschließung des sie souverän, auf der Basis der Prinzipien der Arbitrarität und Konventionalität handhabenden Menschen. Das Ideal des sachadäquaten Zugriffs auf Wirklichkeit mittels der Wörter und ihrer Verbindung im Satz wird in der natürlichen Sprache jedoch häufig eingeschränkt, sei es durch Erscheinungen wie Mehrdeutigkeit oder Vagheit, sei es dadurch, dass sprachliche Kategorien eine sachlich unzutreffende Kategorisierung der Wirtlichkeit nahelegen. Auf der Basis des mathematisch-naturwissenschaftlichen Eindeutigkeitsideals werden seit der Frühen Neuzeit Vorschläge für künstliche Sprachen formuliert, deren Wörter und Sätze präzise die Gegebenheiten der Wirklichkeit bzw. der Einheiten und Strukturen des Denkens anzeigen sollen. Letzlich sind all diese Ansätze von der Überzeugung getragen, dass ein irgendwie objektiver Zugang zu den Phänomenen der Wirklichkeit möglich ist, dass „die Herrschaft des Wortes über den menschlichen Geist" gebrochen werden, die sprachbedingten „Täuschungen aufgedeckt" (Frege 1964, XIII) und die Gedanken von den irritierenden Spuren der Eigenstruktur der Sprache befreit werden können.

3. Das Wort als Bedingung menschlicher Erkenntnis

Das Pendant zu der sprachphilosophischen Auffassung, die die Wörter als Ausdruck des intellektuellen Zugriffs des Menschen auf die Welt begreift, ist die Ansicht, dass die Wörter die Dinge nicht einfach abbilden, sondern deren Erkenntnis erst ermöglichen. Diese Überzeugung wertet die Rolle der Sprache im Erkenntnisprozess schlagartig auf. Während die unter 2. geschilderte Position, wird sie extrem gedacht, zu einem naiven Abbildrealismus führt – 'die vollkommen sprachfreien mentalen Abbilder der Dinge spiegeln diese in ihrem objektiven Gegebensein, und die Wörter sind ihre beliebig verfügbaren Etiketten' –, kann die alternative Position im Extrem zu einem

Determinismus führen, wonach der Mensch seiner Sprache intellektuell regelrecht ausgeliefert ist.

Im Folgenden wird die Frage der erkenntniskonstituierenden Dimension von Wort und Sprache in zwei Kontexten betrachtet, einem religiösen und einem säkular-sprachphilosophischen. Kennzeichnend für beide Kontexte ist die Überzeugung, dass die Sprache dem Menschen in einer Weise vorgegeben ist, die es ihm unmöglich macht, sie in jeder Hinsicht und aus einer Position sprachfreier Distanz zu kontrollieren.

Im Zentrum des religiösen Kontextes steht die Annahme des göttlichen Ursprungs von Sprache und Wort, wobei der Einfluss Gottes auf die Gestalt der menschlichen Sprache von der bloßen Gabe der Sprachfähigkeit bis hin zur Vermittlung der Sprache selbst durch *inspiratio* o. ä. reicht (zu Theorien des Sprachursprungs vgl. Borst 1957–63 u. *Theorien* 1989). Die jüdisch-christliche Tradition kann sich dabei auf Genesis 2, 19f. berufen, wonach Adam die Tiere des Paradieses in freier Wahl benannt habe. Die Bibelstelle wurde dabei bis ins 18. Jahrhundert vorwiegend so interpretiert, dass Adam nicht nur die Tiere, sondern alle Dinge mit Namen belegt habe, und dies aus tiefer Einsicht in Substanz und Eigenschaft der Dinge. Die entstehenden Bezeichnungen dieser *adamischen Sprache* (*lingua adamica*) waren daher in einem umfassenden Sinne motiviert, d. h. sie teilten alles über den bezeichneten Gegenstand mit. Das sprachphilosophisch bedeutende Moment dieser Auffassung liegt darin, dass Wörter bereits als solche und nicht erst in ihrer Verknüpfung zu Aussagen 'wahr' sein können. Diese Frage ist bereits in der griechischen Philosophie Gegenstand ausführlicher Diskussion – der einflussreichste Text in der Rezeptionsgeschichte ist Platons *Kratylos* – und durchzieht auch die religiös geprägte Sprachreflexion bis in die Aufklärung hinein. Eine adamische Sprache gilt dann als ideale Sprache, weil ihre Wörter nicht *ad placitum*, d. h. arbiträr und in konventioneller Absprache etwas *über* die Dinge mitteilen, sondern dem Menschen die Dinge selbst und ohne Bezeichnungsfehler und Missverständnisse vorstellen. Eben dieses Ideal fehlerloser Referenz und Kommunikation prägt auch die Konzeption logisch-philosophischer Sprachen seit dem 18. Jahrhundert, und Leibniz verstand seine *characteristica universalis* expressis verbis als eine moderne, säkulare Variante der biblischen *lingua adamica* (*Characteristica universalis*, 184).

Mit dem Sündenfall und dem Turmbau zu Babel, der zur Sprachverwirrung führte, ging diese perfekt motivierte Sprache verloren, hinterließ allerdings Spuren (*vestigia*) in der *sancta et primogenia lingua* Hebräisch und, von dort ausgehend, in den Einzelsprachen der Welt. Weite Teile der Sprachreflexion bis ins 18. Jahrhundert hinein sind von dieser Auffassung geprägt. Sowohl in den Etymologisierungsversuchen als auch in der frühen Sprachgeschichtsschreibung verbinden sich sprachhistorische Fakten mit religiös getragener Spekulation. Ziel der Sprachbeschreibung ist entweder das Etymon als das ursprünglich wahre, durch den Gebrauch noch nicht korrumpierte Wort, oder aber, in kulturpatriotischen Schriften, der Versuch, den Ursprung der eigenen Muttersprache möglichst weit, im Idealfall bis in eine biblische Vorzeit zurückzuverlegen, um ihr so besondere Würde zu verleihen.

Am stärksten ist die Annahme einer ursprünglichen, religiös begründeten Wahrheit des Wortes in der Sprachmystik präsent. Einen Höhepunkt metaphysischer Sprachtheorie stellt das Werk Jakob Böhmes dar, der seinerseits in der Tradition des Neuplatonismus der Spätantike steht, der mittelalterlichen christlichen Mystik (Meister Eckhart), der jüdischen Kabbala sowie der Alchemie des Paracelsus. Böhme führt in seinen Werken (vor allem in *Aurora*, 1612) so etwas wie transzendente Lautanalysen deutscher Wörter durch, bei denen er den Lauten und ihren Abfolgen metaphysische Bedeutungen zuspricht. Hinter der alltäglichen referentiellen Bedeutung der Wörter entsteht damit eine zeitlos-metaphysische. Genau jene gebrauchssemantische Dimension des Wortes, auf die der Mensch gestaltenden Zugriff hat und mit der er seinen Alltag sprachlich bewältigt, wird damit als mehr oder weniger belanglos der metaphysischen Dimension nachgeordnet. Damit können die Wörter nie nur Ausdruck des Zugriffs des erkennenden Subjekts auf die Dinge sein, da sie stets mehr sind, als der Mensch ihnen per Konvention zuzusprechen vermag. Die wirklich bedeutenden Erkenntnisse sind in den Wörtern immer schon verborgen. Bestenfalls kann der Mensch diese verborgene Erkenntnis nachvollziehen, nie aber gestaltend beeinflussen.

Jakob Böhmes Konzeption des Wortes ist eine extreme Variante der Auffassung, dass die sprachlichen Bezeichnungen auf überzeitliche Größen verweisen, seien diese nun explizit religiös oder als ein zeitloses Urbild im Sinne Platons verstanden, in jedem Fall ein Urbild, das, so Nikolaus Cusanus, zwar selbst nicht sagbar, aber doch der genaue Name aller Dinge ist (*praecisum nomen omnium rerum*, Nikolaus Cusanus 1983, 92ff.). Sämtliche existierenden Sprachen werden damit zu Abschattungen einer irgendwie gearteten ersten Sprache, die dem Menschen und seiner Alltagssprache vorgegeben ist.

Die säkular-sprachphilosophische Behandlung der erkenntniskonstituierenden Dimension von Wort und Sprache lässt sich für die Neuzeit durch die Unterscheidung zweier Linien beschreiben. Für die erste dieser Linien, die in der Tradition des Nominalismus steht und auf dem Erkenntnisideal der Mathematik sowie der Naturwissenschaften fußt, sind Persönlichkeiten wie John Locke und Gottfried Wilhelm Leibniz, bis hin zu den Vertretern der analytischen Sprachphilosophie des 20. Jahrhunderts repräsentativ, während die Positionen der zweiten Linie ihre klassische Formulierung bei Wilhelm von Humboldt erfährt. Dass englische Empiristen ebenso wie kontinentale Rationalisten vor einem schädlichen, die objektive Erkenntnis der Dinge verhindernden Einfluss der Wörter auf das Denken warnen, wurde oben bereits ausgeführt (s.o. Punkt 2.). Zugleich aber betonen die Autoren, dass das Denken zumindest in Teilen notwendigerweise an Zeichen gebunden ist. Die Wörter dienen keineswegs nur der Mitteilung der Gedanken, sondern sie ermöglichen auch das Denken, zumindest das abstrakte und um Deutlichkeit bemühte (die Formel lautet *clarus et distinctus*): Die Wörter bündeln die Merkmale der Dinge und werden beim Denken als Stellvertreter der komplexen Vorstellungen von den Dingen, als mentale „Rechen-Pfennige" (Leibniz 1697, 329) eingesetzt, die es dem Menschen ersparen, sich die zu bedenkende Sache jedesmal in ihrer ganzen gegenständlichen Komplexität vor Augen zu führen. Abstraktes Denken wäre ohne Wörter unmöglich, die Sprache wird zum *instrumentum rationis* (Leibniz 1673, 239). Wenn die Wörter die Vorstellungen von den Dingen und die Dinge selbst sachadäquat bezeichnen und wenn zugleich die Regeln für ihre Verknüpfung korrekt festgelegt sind, dann ist korrektes Denken garantiert. Eben dieser Gedanke liegt den Formalisierungsbestrebungen von Leibniz bis Frege und Wittgenstein zugrunde (s.o.), und er stellt die positive Umkehrung der sprachskeptischen Warnungen vor dem erkenntniskonstituierenden Einfluss von Wort und Sprache dar. Mit Hilfe einer solchen Sprache, so hatte schon Descartes behauptet, könnten die Bauern die Wahrheit der Dinge besser beurteilen als es zur Zeit die Philosophen tun (Descartes 1629, 232), und eben dieser optimistische Geist liegt auch der Feststellung Wittgensteins zugrunde: „Jetzt verstehen wir auch unser Gefühl: dass wir im Besitz einer richtigen logischen Auffassung seien, wenn nur einmal alles in unserer Zeichensprache stimmt" (1921, 4.1213).

Wenn in dieser sprachphilosophischen Konzeption die Wörter dem Menschen auch die abstrakte Reflexion über die Gegenstände und Sachverhalte der Welt erst ermöglichen, so wird damit aber die Überzeugung der Möglichkeit objektiver Welterkenntnis nicht preisgegeben (auch dazu s.o. Punkt 2.). Dem Menschen verbleibt letztlich die Kontrolle über die Sprache, ein sprachlicher Determinismus wäre selbstverschuldet und grundsätzlich korrigierbar. Das erkenntnistheoretische Ziel, „zur Sache selbst" (Leibniz 1697, Par. 7), jenseits sprachlicher Einkleidungen zu gelangen, bleibt immer im Bereich des Möglichen.

Für die zweite der oben erwähnten Linien der Beschreibung der erkenntniskonstituierenden Dimension von Wort und Sprache sind die Arbeiten Wilhelm von Humboldts in besonderer Weise repräsentativ. Humboldt erscheint die Sprachgebundenheit des Denkens nicht hintergehbar und ein Erkennen von Realität an den lexikalischen Inhalten und grammatischen Strukturen der Sprache vorbei letztlich unmöglich. Wie angedeutet, lässt sich diese sprachphilosophische Position sowohl für den lexikalischen wie für den grammatischen Bereich diskutieren, wobei im letzteren Fall eine Korrelation zwischen den morphologischen und syntaktischen Strukturen von Sprachen und der „Ideenentwicklung" eines Volkes angenommen wird (z.B. Humboldt 1822, 58). Im Folgenden interessiert ausschließlich die lexikalische Komponente.

Der Mensch, so argumentiert Humdboldt, lebt „mit den Gegenständen [...] ausschließlich so, wie die Sprache sie ihm zuführt" (1830–35, 53f.). Damit gibt jede Einzelsprache eine je „eigentümliche Weltansicht" vor, von der sich der Mensch nur zu lösen vermag, indem er „in den Kreis einer andren [Sprache] hinübertritt", also eine andere *Weltansicht* übernimmt. Ein Punkt vollständig sprachfreier Erkenntnis existiert nicht, die Sprache ist grundsätzlich „das bildende Organ des Gedankens". Die Möglichkeiten objektiver Welterkenntnis mittels präziser wissenschaftlicher Begrifflichkeit und Methodik ist in dieser sprachphilosophischen Konzeption nicht vorgesehen, wenn ihr auch nicht explizit widersprochen wird. An die Stelle des Archephänomens der 'einen Wirklichkeit' tritt eine Vielzahl von Perspektiven, die erst in einer idealen Gesamtheit etwas wie 'die Wirklichkeit' konstituieren.

Entscheidend ist, dass Humboldt in den Wörtern keine zeitlos metaphysischen Inhalte angelegt sieht, sondern sie als Produkt des in der Geschichte wirkenden Menschen begreift. Die Sprache ist kein fertiges Werk (*ergon*), sondern eine fortwährende Tätigkeit (*energeia*) des Menschen. In ihren Wörtern manifestieren sich die kulturellen Traditionen von Sprachgemeinschaften. Mit dieser Korrelierung von *Völkern* bzw. *Nationen* und ihren Sprachen steht Humboldt in einer Tradition, zu der Johann Gottfried Herder ebenso zählt wie später Johann Gottlieb Fichte, August Wilhelm und Friedrich Schlegel, Friedrich Wilhelm Schelling und Arthur Schopenhauer. Schon Leibniz hatte betont, dass es Nationen gebe, „deren wohlausgeübte Muttersprach wie ein rein poliertes glas gleichsam die scharffsichtigkeit des gemüths befördert, und dem verstand eine durchleuchtende clarheit giebt" (1679, 809).

Solche Korrelierungen sind dann nicht unproblematisch, wenn sie dazu führen, dass die *Weltansichten*, d.h. die lexikalischen Inhaltssysteme und grammatischen Strukturen unterschiedlicher Sprachen qualitativ gegeneinander aufgerechnet werden. Das Konzept des *Sprachgeistes* (*Genius der Sprache, genius linguae, génie de la langue* etc.) kann dann, wo mit ihm nicht einfach grammatisch-typologische Eigenschaften von Sprachen angedeutet werden, dazu verwendet werden, um einer Sprache hypostasierend eine eigenständige *Kraft* zuzusprechen, mit der sie in der einen oder anderen Weise auf ihre Sprecher wirkt. In ideologischer Überzeichnung können so wiederum Fremdwörter als schädlich für die moralisch-sittliche Integrität, sogar für die politisch-kulturelle Identität einer Sprachgemeinschaft gewertet werden: Mit dem Verzicht auf die französische Sprache in Deutschland und ihre lexikalischen Elemente würde sich „zugleich verlieren der Geist, der in ihr [d.h. in der französischen Sprache, A.G.] wohnt", d.h. „die Empfindungsweise, die Anschauung der Natur und die Ansicht der Geisteswelt, die ihr eingeboren sind" (Welcker 1814, 28f.). In der Zeitschrift des Allgemeinen Deutschen Sprachvereins wird 1919 „die Bedeutung der [deutschen] Sprache für das deutsche Volkstum" erläutert, und gemäß der Satzung des Vereins von 1886 soll „die Erhaltung und Wiederherstellung des echten Geistes und eigenthümlichen Wesens der deutschen Sprache" zur Festigung des „allgemeine[n] nationale[n] Bewußtsein[s] im deutschen Volke" führen etc. Äußerungen dieser Art stellen die trivialisierte ideologische Variante der Auffassung von der erkenntnisprägenden Dimension von Sprache und Wort dar.

Außerhalb solcher Zuspitzungen meint die Rede von der *Natur*, dem *Wesen*, dem *Geist* einer Sprache in der Regel nicht mehr als die kulturelle Geschichtlichkeit der Sprache im Humboldtschen Sinne, die Tatsache, dass in ihren Wörtern „die reiche Hinterlassenschaft vergangner Geschlechter" enthalten ist (A.W. Schlegel, 1801/02, 417). Der einzelne aber, der seine Enkulturation und Sozialisation anhand seiner Muttersprache erfährt, steht dieser Sprache nicht einfach als einem konventionell gesetzten, werkzeughaften Zeichensystem gegenüber, sondern als einer Größe, die „uns unbewußt, über unsern Geist [herrscht]" (ebd.). In dem Maße, in dem der Sprache als Summe ihrer kultur-, geistes- und sozialgeschichtlich geprägten Wörter eine eigenständige Wirkung auf das Denken und Empfinden ihrer Sprecher zuerkannt wird, nähern sich solche Auffassungen wiederum einer Position des sprachlichen Determinismus, der die Möglichkeiten des gestaltenden Einflusses des Menschen auf die Sprache gerade verneint oder zumindest gering bewertet. Der Vorwurf einer solchen Hypostasierung von Sprache, die wenigstens dem Ansatz nach deterministische Züge trägt, wurde im 20. Jahrhundert u.a. gegenüber den Arbeiten des amerikanischen Forschers Benjamin Lee Whorf erhoben, der anhand seiner Untersuchungen grammatischer Strukturen von Indianersprachen (1956) ein *linguistisches Relativitätsprinzip* formulierte, wonach die Erkenntnis von Realität entlang der Strukturen jeweiliger Einzelsprachen verlaufe (vgl. dazu Gipper 1972, Lehmann 1998). In Deutschland wurden im 20. Jahrhundert Humboldtsche Positionen in der inhaltsorientierten Grammatik Leo Weisgerbers aufgegriffen. Kontrastive Wortschatzuntersuchungen führen Weisgerber zur Ablehnung abbildtheoretischer Vorstellungen und zur Auffassung von der Sprache als einer *wirkenden Kraft*, die als „sprachliche Zwischenwelt, das muttersprachliche Weltbild" (1953/54, 1/260) sowohl Resultat der Welterkenntnis einer Sprachgemeinschaft ist als auch ein „aktives Zentrum, von dem nach allen Seiten Ausstrahlungen ausgehen" (1957, 3). Es liegt in der Konsequenz auch von Weisgerbers Ansatz, dass mit der Betonung der Autonomie dieses Zentrums die Sprache dem gestaltenden Zugriff des Menschen entzogen wird.

Grundsätzlich wird die sprachliche Verfasstheit der Erkenntnis und damit des intellektuellen Zugriffs des Menschen auf die Welt seit dem späten 18. Jahrhundert nicht nur zum Anlass für Sprachkritik, sondern, wie etwa bei Humboldt, als selbstverständlicher Teil der conditio humana verstanden. Eine solche Haltung kommt z.B. in Martin Heideggers Diktum von der Sprache als dem „Haus des Seins", in dem der Mensch wohne, zum Ausdruck. Auch in der philosophischen Hermeneutik Hans-Georg Gadamers (1960) wird die sprachliche Gebundenheit des Weltzugangs nicht kritisiert, sondern im Gegenteil als Voraussetzung jeder Erkenntnis gesehen. Ähnliches gilt für Karl-Otto Apels Konzept der transzendentalhermeneutischen Funktion der Sprache, das eine Weltdeutung mit Hilfe der Sprache und zugleich eine Konstituierung des semantischen Systems einer Sprache mit Hilfe der Weltdeutung annimmt (1974, 1394). So verweist Apel darauf, dass es keine vorgegebenen idealen Bedeutungen von Wörtern geben könne (im Sinne Platons), dass andererseits die Betrachtung des durchschnittlichen faktischen Wortgebrauchs (im Sinne des späten Wittgenstein) aber auch zu keiner befriedigenden Antwort führe. Vielmehr müsse der Konsens aller möglichen Teilnehmer an den Sprachspielen über die ideale Regel des Wortgebrauchs gesucht werden. Das von Humboldt aufgeworfene Problem der Verschiedenheit der Weltansichten, damit zugleich der Verschiedenheit der Sprachspiele bzw. des Wortgebrauchs beantwortet Apel damit, dass die Menschen aufgrund ihrer *kommunikativen Kompetenz* den Ausgleich über die Grenzen der Weltansichten/Sprachspiele/Gebrauchsweisen von Wörtern hinweg zu leisten vermögen. Die Tatsache, dass die Verständigung zwischen den Vertretern unterschiedlicher (Sprach-)Kulturen sehr wohl funktioniere, belege, dass zwar nicht direkte Übersetzbarkeit zwischen den semantischen Systemen, aber doch ihre wechselseitige Interpretierbarkeit möglich sei (Apel 1974, 1398f.).

Mit dieser Darstellung bewertet Apel die Möglichkeit der sprachlichen Erschließung der Welt durch den Menschen durchaus optimistisch, wenn auch aus ganz anderen Gründen als die durch Leibniz und Frege repräsentierte sprachphilosophische Linie. Der Unterschied zwischen den Linien liegt im Umfang des Einflusses, der der Sprache bei der kognitiven Welterschließung eingeräumt wird, und in den Vorschlägen für die Realisierung der Welterkenntnis (Berufung auf die kommunikative Kompetenz hier, Hinwendung zur analytischen Formalisierung in der Sprachfrage dort).

Eine extrem hohe Bewertung der Rolle der Sprache im Erkenntnisprozeß begegnet in neuesten relativistischen Ansätzen wie dem Dekonstruktivismus und dem Radikalen Konstruktivismus. Die zentralen Positionen des ersteren finden sich unter anderem in den Arbeiten Jacques Derridas, dem eine wie auch immer geartete Kontrolle des Subjekts über die Sprache als unmöglich erscheint (z.B. Derrida 1967). Sprachzeichen verweisen nicht auf positive Bedeutungen außerhalb von Texten, sondern immer nur auf andere Zeichen im selben Text, in anderen Texten, schließlich in der Sprache, so daß sie sich nur im gegenseitigen Wechselspiel bestimmen. Der Interpret wird mit einem unendlichen Spiel der Differenzen konfrontiert – *différance* ist ein Schlüsselbegriff bei Derrida –, nicht aber mit definitiven Sinnzusammenhängen. Sprache und Wort gelten daher nicht eigentlich als Voraussetzung von Erkenntnis, sondern eher als semiotisch autonome Systeme, hinter die der individuelle Sprecher zurücktritt.

Der (noch sehr kontrovers diskutierte) Radikale Konstruktivismus wiederum geht davon aus, daß Gegenstände der Erkenntnis als positiv bestimmbare Entitäten der Wirklichkeit gar nicht existieren (z.B. Maturana 1982, 75f.). Aufgrund bestimmter neurophysiologischer Gegebenheiten stellt bereits die bloße Wahrnehmung von Wirklichkeit eine Interpretation (Konstruktion) des erkennenden Subjekts dar; von irgendwelchen mentalen *Abbildern* der Dinge, die ontologisch zuverlässig sind, kann keine Rede sein. Wenn aber die Vorstellungen im Bewußtsein keine Abbilder der Wirklichkeit sind, können auch die Wörter nicht auf 'die Dinge' verweisen. Dementsprechend liegt die Funktion von Sprache nicht in der Übermittlung von Informationen über 'die Welt', sondern „in der Erzeugung eines konsensuellen Verhaltensbereichs zwischen sprachlich interagierenden Systemen" (Maturana 1982, 73). Der Konsens über die Wahrheit von Wortbedeutungen und Aussagen wird dann nicht durch deren Überprüfung an einer (ohnehin nicht objektiv erkennbaren) außersprachlichen Wirklichkeit gefunden, sondern orientiert sich am größten Nutzen für die Kommunikationsteilnehmer, sowohl aufgrund stammesgeschichtlicher als auch gruppenspezifischer und individueller Erfahrungen.

Zusammenfassend: Die oben geschilderten sprachphilosophischen Ansätze gehen davon aus, daß eine sprachfreie Erkenntnis der Wirklichkeit nicht möglich ist. Die Wörter sind keine Abbilder vorgängiger Gedanken bzw. Gegenstände, sondern stellen, zusammen mit den grammatischen Strukturen, die Voraussetzung für den intellektuellen Zugriff des Menschen auf die Welt dar. Die Sprache ist dem Menschen stets vorgegeben, sei es in der Nachfolge einer gottgegebenen Sprache, sei es in der grundsätzlich beherrschbaren Form eines *instrumentum rationis* oder als das Produkt seines geschichtlichen Wirkens. Die letztgenannte Auffassung ist mit dem Konzept sprachlicher *Weltansichten* (Humboldt) im Sinne kulturspezifischer Inhaltssysteme verknüpft, die für den einzelnen nicht bzw. nur im kommunikativen Ausgleich transzendierbar sind.

4. Literatur in Auswahl

Apel, Karl-Otto (1974), Sprache. In: *Handbuch philosophischer Grundbegriffe*. (Hrsg. H. Krings/H.M. Baumgartner/C. Wild). München, 1383–1402.

–, (1975), *Die Idee der Sprache in der Tradition des Humanismus von Dante bis Vico*. Bonn (2. Auflage).

Aristoteles (1974), *Kategorien. Lehre vom Satz (Organon I/II)*. Hamburg.

Augustinus (1826), *De doctrina christiana*. Ingolstadt (9. Auflage).

Austin, John L. (1955), *How to do things with words*. Ausg. Oxford 1970.

Bär, Jochen A. (1999), *Sprachreflexion der deutschen Frühromantik. Konzepte zwischen Universalpoesie und Grammatischem Kosmopolitismus*. Berlin/New York.

Becher, Johann Joachim (1674), *Methodvs didactica*. Frankfurt (2. Auflage).

Böhme, Jacob (1623), Mysterium Magnum. In: *Sämtliche Schriften*. Faksimile-Neudruck der Ausgabe von 1730. (Begonnen v. A. Faust, neu hrsg. v. W.-E. Peuckert). Bde. 7 u. 8. Stuttgart 1958.

Borsche, T. (1995), Sprache [Teil I: Antike]. In: *Historisches Wörterbuch der Philosophie* 1995, Sp. 1437–1453.

Borsche, T.: Name [Teil I: Antike]. In: *Historisches Wörterbuch der Philosophie*. (Hrsg. J. Ritter/K. Gründer). Bd. 6. Darmstadt 1984, Sp. 364ff.

Borst, Arno (1957–63), *Der Turmbau von Babel. Geschichte der Meinungen über Ursprung und Vielfalt der Sprachen und Völker*. 4 Bde. Stuttgart.

Bühler, Karl (1918), Kritische Musterung der neueren Theorien des Satzes. In: *Indogermanisches Jahrbuch* 6, 1–20.

–, (1933), *Die Axiomatik der Sprachwissenschaften*. (Hrsg. E. Ströker). Frankfurt 1976 (2. Auflage).

–, (1934), *Sprachtheorie. Die Darstellungsfunktion der Sprache*. Stuttgart/New York 1982.

Comenius, Johann Amos (1681), *Triertium Catholicum*. Nachdruck o.O. 1920.

–, Johann Amos (1966), Panglottia. In: Comenius, *De rerum humanarum emendatione consultationis catholica*. Bd. 2. (Hrsg. Tschechoslowakische Akademie der Wissenschaften). Prag.

Coseriu, Eugenio (1994), *Textlinguistik*. Tübingen/Basel.

Derrida, Jacques (1967), *De la grammatologie*. Paris.

Descartes, René (1629), [Brief an P. Mersenne]. In: *Oevres philosophiques*. Bd. 1 (1618–1637). Paris 1963, 227–234.

Extraits de Divers Manuscrits Latins pour Servir a l'Histoire des Doctrines Grammaticales au Moyen Age. (Hrsg. Thurot, C.). Paris 1869. Nachdruck. Frankfurt 1964.

Frege, Gottlob (1923–26), Logische Untersuchungen. 3. Teil: Gedankengefüge. In: G. Frege, *Logische Untersuchungen*. (Hrsg. G. Patzig). Göttingen 1966, 72–91.

–, (1964), *Begriffsschrift und andere Aufsätze*. (Hrsg. I. Angelelli). Darmstadt (2. Auflage).

Gadamer, Hans-Georg (1960), *Wahrheit und Methode*. Tübingen.

Gardt, Andreas (1994), *Sprachreflexion in Barock und Frühaufklärung. Entwürfe von Böhme bis Leibniz*. Berlin/New York.

–, (1999), *Geschichte der Sprachwissenschaft in Deutschland. Vom Mittelalter bis ins 20. Jahrhundert*. Berlin/New York.

–, (1999), Sprachvertrauen. Die notwendige Illusion der 'richtigen Bezeichnung' in der Wissenschaftssprache. In: *Sprache und Sprachen in den Wissenschaften. Geschichte und Gegenwart*. (Hrsg. H.E. Wiegand). Berlin/New York.

Gipper, Helmut (1972), *Gibt es ein sprachliches Relativitätsprinzip? Untersuchungen zur Sapir-Whorf-Hypothese*. Frankfurt.

Gottsched, Johann Christoph (1742), Versuch einer critischen Dichtkunst. Erster allgemeiner Theil. 3. Aufl. In: *Ausgewählte Werke*. Bd. 6/1. (Hrsg. J. u. B. Birke). Berlin/New York 1973.

–, Erste Gründe der gesammten Weltweisheit (1762). In: *Ausgewählte Werke*. (Hrsg. P.M. Mitchell). Bd. 5/1. Berlin/New York 1983.

Hahn, Walther von (1980), Fachsprachen. In: *Lexikon der germanistischen Linguistik*. (Hrsg. H.P. Althaus/H. Henne/H.E. Wiegand). Tübingen (2. Auflage). 2. Bd., 390–395.

Herder, Johann Gottfried (1772), Abhandlung über den Ursprung der Sprache. In: *Werke*. (Hrsg. M. Bollacher u.a.). Bd. 1. Frankfurt 1985, 695–810.

Historisches Wörterbuch der Philosophie. (Hrsg. J. Ritter/K. Gründer). Bd. 9. Darmstadt 1995.

Humboldt, Wilhelm von (1822), Ueber das Entstehen der grammatischen Formen, und ihren Einfluss auf die Ideenentwicklung. In: Ders.: *Über die*

Sprache. Reden vor der Akademie. (Hrsg., kommentiert u. mit einem Nachwort vers. v. J. Trabant). Tübingen/Basel 1994, 52–81.

–, (1830–35), Über die Kawi-Sprache auf der Insel Java, nebst einer Einleitung über die Verschiedenheit des menschlichen Sprachbaues und ihren Einfluss auf die geistige Entwicklung des Menschengeschlechts. [Einleitung] in: Ders., *Schriften zur Sprache.* (Hrsg. M. Böhler). Stuttgart 1973, 30–207.

Kade, Otto, Das Problem der Übersetzbarkeit aus der Sicht der marxistisch-leninistischen Erkenntnistheorie. In: *Linguistische Arbeitsberichte.* Mitteilungsblatt der Sektion Theoretische und angewandte Sprachwissenschaft an der Karl-Marx-Universität Leipzig und des Leipziger Linguistenkreises, 4, 1971, 13–28.

Lehmann, Beat (1998), *ROT ist nicht »rot« ist nicht [rot]. Eine Bilanz und Neuinterpretation der linguistischen Relativitätstheorie.* Tübingen.

–, Gottfried Wilhelm (1673), (Brief an Oldenburg). In: [Akademieausgabe], Reihe 2, Bd. 1, 239.

–, (1679), Ermahnung an die Teutsche, ihren Verstand und Sprache besser zu üben. In: [Akademieausgabe], 4. Reihe, Bd. 3. Berlin 1986, 795–820.

Leibniz, Gottfried Wilhelm (1697), Unvorgreiffliche Gedancken, betreffend die Ausübung und Verbesserung der Teutschen Sprache. (Entstanden um 1697, veröffentlicht 1717). In: Leibniz und die deutsche Sprache. (Hrsg. Paul Pietsch). In: *Zeitschrift des Allgemeinen Deutschen Sprachvereins,* Wissenschaftliche Beihefte, 4. Reihe, Heft 30, 1908, 313–356.

–, (1704), Nouveaux essais sur l'entendement humain. In: *Sämtliche Schriften und Briefe.* (Hrsg. Preußische Akademie der Wissenschaften, später Deutsche Akademie der Wissenschaften zu Berlin bzw. Akademie der Wissenschaften der DDR, seit 1993 Berlin-Brandenburgische Akademie der Wissenschaften). Darmstadt (später: Leipzig, dann Berlin) 1923ff [= Akademieausgabe]. 6. Reihe, Bd. 6. Berlin 1962.

–, [Characteristica Universalis]. In: *Die philosophischen Schriften von Gottfried Wilhelm Leibniz.* (Hrsg. C. J. Gerhardt), Bd. 7, 184–189. Nachdruck. Hildesheim 1965.

Locke, John (1689), *An Essay concerning Human Understanding.* (Hrsg. P. Nidditch). Oxford 1975.

Majetschak, S. (1995), Sprache [Teil III: Neuzeit]. In: *Historisches Wörterbuch der Philosophie* 1995, Sp. 1468–1495.

Maturana, Humberto, *Erkennen: Die Organisation und Verkörperung von Wirklichkeit. Ausgewählte Arbeiten zur biologischen Epistemologie.* Braunschweig/Wiesbaden 1982.

Nikolaus Cusanus, Idiota de mente 2. In: *Werke.* (Hrsg. R. Steiger). 1983.

Opuscules et fragments inédits de Leibniz. (Hrsg. L. Couturat). Paris 1903.

Platon (1988), Kratylos. In: *Sämtliche Dialoge.* (Hrsg. O. Apelt). Bd. 2. Hamburg.

Reichmann, Oskar (1995), Die Konzepte von *Deutlichkeit* und *Eindeutigkeit* in der Sprachtheorie des 18. Jahrhunderts. In: *Sprachgeschichte des Neuhochdeutschen. Gegenstände, Methoden, Theorien.* (Hrsg. A. Gardt/K. Mattheier/O. Reichmann). Tübingen.

Rijlaarsdam, J. C. (1978), *Platon über die Sprache. Ein Kommentar zum Kratylos.* Utrecht.

Scaliger, Julius Cäsar (1540), *De causis linguae latinae.* Lyon.

Schlegel, August Wilhelm (1801/02), Vorlesungen über schöne Literatur und Kunst. 1. Teil: Die Kunstlehre. In: *A. W. Schlegel. Kritische Ausgabe der Vorlesungen.* (Hrsg. E. Behler, in Zusammenarbeit mit F. Jolles). Bd. 1. Paderborn 1989, 181–472.

Schneider, J. H. J. (1995), Sprache [Teil II: Mittelalter, Renaissance, Humanismus]. In: *Historisches Wörterbuch der Philosophie* 1995, Sp. 1454–1468.

Searle, John R. (1969), *Speech acts. An essay in the philosophy of language.* Cambridge.

Sprachphilosophie. Ein internationales Handbuch zeitgenössischer Forschung. (Hrsg. M. Dascal, D. Gerhardus, K. Lorenz, G. Meggle). 2 Halbbde. Berlin/New York 1992, 1996.

Theorien vom Ursprung der Sprache. 2. Bde. (Hrsg. J. Gessinger/W. v. Rahden). Berlin/New York 1989.

Thomas von Aquin (1951), *Summa theologica.* (Hrsg. Albertus-Magnus Akademie). Bd. 8. Heidelberg etc..

Weisgerber, Leo (1953/54), *Vom Weltbild der deutschen Sprache.* 2 Halbbde. Düsseldorf.

–, (1957), Sprachwissenschaftliche Methodenlehre. In: *Deutsche Philologie im Aufriß.* (Hrsg. W. Stammler). Berlin/Bielefeld (2. Aufl.).

Welcker, Friedrich Gottlieb (1814), Warum muß die Französische Sprache weichen und wo zunächst. Gießen. Zit. nach: Straßner, Erich (1995), *Deutsche Sprachkultur.* Tübingen, 204.

Whorf, Benjamin Lee, *Language, Thought and Reality.* New York 1956.

Wittgenstein, Ludwig (1921), Tractatus logico-philosophicus. In: *Schriften.* Frankfurt 1960, 7–83.

–, (verf. 1945), Philosophische Untersuchungen I. In: *Schriften.* Frankfurt 1960, 279–484.

Wolff, Christian (1720), Vernünfftige Gedancken von Gott [...] (Deutsche Metaphysik). Nachdruck. In: *Gesammelte Werke.* 1. Abt. Bd. 2. (Hrsg. C. A. Corr). Hildesheim etc. 1983.

Wurzel, U. (1987), Platos „Kratylos"-Dialog. Oder: Von der Motiviertheit der morphologischen Formen. In: *Bedeutungen und Ideen in Sprachen und Texten.* (Hrsg. W. Neumann/B. Techtmeier). Berlin, 120–134.

Wüster, Eugen (1970), *Internationale Sprachnormung in der Technik, besonders in der Elektrotechnik. Die nationale Sprachnormung und ihre Verallgemeinerung.* Bonn (3. Auflage).

Andreas Gardt, Kassel (Deutschland)

10. Words from a psychological perspective: An overview

1. A brief history on the psychology of language
2. Language production and comprehension
3. About words
4. A final word on words
5. Literature (a selection)

1. A brief history on the psychology of language

Psychologists are concerned with human cognitive functions such as perception, learning, memory, or problem solving. In the early days of experimental psychology, Ebbinghaus used words (and syllables) as tools to study memory and learning, while at the same time scientists such as Galton and Wundt investigated word associations. Interest in properties of words (length, frequency) and in their recognition as a function of contextual information emerged during the first half of the 20th century (Miller/Heise/Lichten 1951; Stroop 1935; Zipf 1932). But the independent field that is now known as the psychology of language (or psycholinguistics) did not emerge until the late fifties of this century. The birth of psycholinguistics was crucially influenced by Noam Chomsky, who, against the tide of behaviorism, argued for the existence of a mental grammar (Chomsky 1957). As de Saussure before him, Chomsky distinguished between linguistic competence and performance. Linguistic competence, knowledge about the rules of grammar, is the domain of formal linguistics. Performance, the actual and somewhat messy business of speaking and understanding language in what psychologists call 'real time', constitutes the subject matter of the psychology of language.

For a brief period, psycholinguists sought empirical proof of existence for the transformation rules that were part of Chomsky's generative grammar (Bever 1988; Levelt 1978; for overviews). But soon the focus changed. Psychology of language nowadays includes the study of language acquisition, of processing operations and knowledge bases involved in understanding and producing language, and of the breakdown of normal functions in language disorders such as acquired aphasia.

2. Language comprehension and production

Speaking and language understanding are highly complex cognitive functions, with many subprocesses operating upon many different types of stored linguistic information. Speaking and listening are skills which are united in every normal language user. Surprisingly, they have mainly been investigated separately. Nevertheless, models of language production (Dell 1986; Garrett 1988; Levelt 1989) and comprehension (Forster 1979; Marslen-Wilson 1987; McClelland/Elman 1986) reveal a substantial overlap concerning the types of information involved in producing and understanding language. Most models incorporate conceptual/semantic, syntactic, morphological, and form (phonological and orthographic) information. Of course, by the very nature of speaking and understanding language, models differ with respect to the directionality with which these information sources come into play.

The first information that reaches the listener is the acoustic speech input. Understanding spoken language involves establishing contact between this speech input and information stored in lexical and semantic memory. The goal of language understanding is to construct the meaning of what the speaker wishes to convey, but there are many steps between the speech signal and a semantic representation of the speaker's message. All this is accomplished, with maximal speed and efficiency, by what is known as the language comprehension system.

The word-recognition component of the comprehension system uses information from the speech input to access form representations in the mental lexicon. These word forms (or phonological representations) are descriptions of what words sound like. It was shown that many such word forms are initially activated by the speech input (Marslen-Wilson 1987; Zwitserlood 1989). For instance, the word forms of *robe, rope, road, rose, role, roast, roam, rogue* all become active when listening to /roː/, the first part of *robe*. Consequently, the system has to decide at some point which of these forms best matches the input. Well before this decision is taken, other types of information associated with the activated words (morphological, syntactic, semantic) become available (Zwitserlood 1989). Syntactic properties of words are a prerequisite for the parser, the component of the comprehension system responsible for the analysis of the syntactic structure of the utterance. Semantic concepts associated with words constitute the building blocks to create an integrated representation of the meaning of the speaker's utterance.

From the above it will be clear that the flow of information in language understanding is from sound to meaning. This is different in speaking. The speaker first has to decide what to say, to generate a preverbal message. Thus, the directionality of processing is from concepts to articulation. Speech production models (cf. Levelt 1989) assume that multiple concepts and lexical representations become active on the basis of parts of the speaker's message. When the concept 'rose' is part of an utterance, lexical information belonging to *rose* will become active, but to some extent also information pertinent to other flowers such as *tulip*, *daffodil* and *geranium*. The first lexical level which is activated on the basis of the concepts in a speaker's message corresponds to what Kempen/Huijbers (1983) have called the lemma level. Lemmas specify syntactic properties and – if it is coded in the language – gender information. Access to multiple lemmas necessitates selection: the singling out of the lemma of the word that will eventually be pronounced. In the above example, the lemma for *rose* has to win the competition with the lemmas of the other flowers. Morphological and phonological information is not yet specified at the lemma level.

Morphological information becomes available after lemma selection. The same holds for a word's phonological specification, which is, as in language comprehension, stored at the word form level. Only one word form will be accessed, namely the one corresponding to the selected lemma (Roelofs 1992). Word forms specify which speech segments words consist of, and these segments are the building blocks for the next step in production: the process of phonological encoding. Many researchers believe that word forms are not translated into articulatory gestures as a whole, but that there is a process by which the segments of the word form are associated to the word's metrical structure, which entails the specification of its syllable structure and stress pattern (Dell 1988; Meyer 1991). After phonological encoding, a phonetic code can be generated. This code subsequently specifies the input to the articulators, leading to the actual pronunciation of what the speaker intended to say.

In sum, comprehension and production models assume many information sources pertaining to words: phonological, morphological, syntactic, and semantic information, stored at different levels in lexical and semantic memory. Given the intrinsic difference between production and comprehension in the directionality of information processing, the selection as to which word is going to be uttered or which word is heard is made at different levels in each system. Whereas lemmas are selected in production, word forms are selected in comprehension.

3. About words

As all of the above demonstrates, psycholinguists often use the term 'word' rather loosely. What a word is, is as difficult to define in psycholinguistics as it is in linguistic theory. According to Di Sciullo and Williams (1987), one can view words either as morphological or syntactic objects, which constitute the atoms for rule-governed combination, or as mere things stored in a mental lexicon (so called listemes). Psycholinguists are often undeservedly accused of adhering to the latter view. In what follows, different ideas of what might count as words in psycholinguistics will be reviewed. Important to all views is the focus on units of actual language processing, not on atoms of combination in linguistic theory.

3.1. Words as phonological or orthographic descriptions?

It will be clear that word forms, specifying what words sound or look like, are necessary for both language production and comprehension, for speech as well as for the written mode. In written or printed form, surface strings are neatly separated by spaces. This has unfortunate consequences for the layperson's view of what a word is: a sequence of letters separated by spaces (cf. Miller 1991). Clearly, connected speech does not have the equivalent of such spaces. It is far from easy to isolate the layperson's words in continuous speech, and it is still somewhat of a mystery how our speech processing system manages to map stretches of speech onto lexical representations (Nygaard/Pisoni 1995).

Besides this problem of speech segmentation, two questions are important concerning word forms: (1) what are the units represented at the form level and (2) what is the nature of their specification. In speech production it is assumed that the units are morpheme-sized. Word form units are subsequently combined into larger entities, so-called phonological words (Roelofs 1997). Word forms are specified in terms of their constituent speech segments.

In comprehension, morpheme-sized units at the form level are also considered, but most researchers opt for larger units, that is, for combinations of morphemes. Consider, first, that speech information reaches the listener in an intrinsic left-to-right manner: The beginning of a word reaches the ear before its end. This has consequences for the mapping of the incoming speech onto word form representations. Of course, the system could first process /in/ and map this information onto the morpheme *in*, before proceding with /dent/. Experimental evidence shows that this is not so. Strings such as *indent* also activate word forms such as *india*, which does not contain the morpheme *in*. These data suggest that the units at the word form level in language comprehension are larger than individual morphemes (Schriefers/Zwitserlood/Roelofs 1991).

With respect to the way in which word forms are specified, proposals range from acoustic templates (Klatt 1979), speech segments (McClelland/Elman 1986), to distinctive features that are mapped directly onto underspecified word form representations (Lahiri/Marslen-Wilson 1991).

Summarising, there are clear differences between language production and comprehension with respect to what the units of representation at the form level might be. This might not come as a surprise, considering the kind of information that has to be mapped onto word forms in speech comprehension. As argued in section 2, speech production does not involve the direct output of word forms to the articulators. Additional processes create phonetic and articulatory strings. As a consequence, the input to the comprehension system is only indirectly related to the word forms from production. It remains an open question whether any of the word form descriptions can be taken as an equivalent of the notion 'word'.

3.2. Words as morphological units?

With few exceptions (Butterworth 1983), psycholinguists believe that the morphological complexity of words plays a role during language production and comprehension. In production models, morphological information becomes available after lemma selection. Some morphemes (those involved in regular inflection) are produced by rule, all others are represented at the level of word form. These assumptions have recently been tested empirically (Zwitserlood/Bölte/Dohmes 2000; Roelofs 1996).

In comprehension, there is by now ample experimental evidence for the position that surface strings such as *unlucky* are represented in the mental lexicon in terms of their constituent morphemes. Some models claim that such strings can only be accessed through their root morpheme – *luck*, in the above example (Taft/Forster 1975). This implies that the word form representations that have been introduced in 3.1. should in fact be root morphemes. As argued above, empirical support for this position is rather weak (Schriefers et al. 1991).

Others believe that the morphological complexity of surface strings is coded at a separate level in the mental lexicon. Word forms exist for all surface strings, but these are connected to so called central lexical entries. These contain morphological as well as syntactic information. At this level, members of morphological families are interconnected (Drews/Zwitserlood 1995; Feldman/Fowler 1987; Marslen-Wilson/Tyler/Waksler/Older 1994).

Evidence for lexical entries that code morphological and syntactic information but that are separate from phonological and semantic representations derives from so called priming experiments, in which response speed to target stimuli is measured. Priming refers to the finding that target stimuli – let us call them words – are reacted to faster when a related word was presented shortly before. The best known phenomenon is semantic priming: Reactions to *doctor* are faster when preceded by *nurse*, as compared to *table*. The same is observed for morphologically related words (*luck* is primed by *unlucky*), but crucially, not for words that are merely related in form (*sill* is not primed by *silly*).

Likewise, data are available that allow us to separate lexical entries, specifying morphological information, from semantic concepts. Priming is also observed when there is no obvious semantic relationship between two morphologically related words: *umbringen* (kill) primes *bringen* (bring), *drankorgel* (drunkard) primes *orgel* (organ), and *apartment* primes *apart* (Stolz/Feldman 1995; Drews/Zwitserlood/Bolwiender/Heuer 1994; Zwitserlood 1994).

In sum, morphemes clearly play a role in language processing. The surface strings from the phonological level are connected to lexical entries which code morphological information. Lexical entries represent constituent morphemes, organised in morphological families. One possible conception of 'word', from the psycholinguistic perspective, could therefore be to equate a word either with a free form, or with a root morpheme (Miller 1991).

3.3. Syntactic properties of words

As argued above, syntactic properties of words are also stored in connection to lexical entries. Syntactic properties specify a word's gender, its grammatical class and its argument structure. To take verbs as an example, the argument structure of *sleep* allows for one grammatical argument: Subject. *Give*, on the other hand, can take three: Subject, Direct Object, Indirect Object. Also specified is whether arguments are obligatory or optional.

Syntactic properties serve similar functions in language production and comprehension. In production, they are indispensable for the generation and eventual production of grammatically well formed sentences. In comprehension, syntactic features are used by the parsing system, which is responsible for analysing and unraveling the syntactic structure of the utterance.

Theories of language production represent syntactic properties of words at the lemma level (see 2.), which is separated from the morphological and the phonological level. Comprehension models also dissociate syntactic properties from phonological information. Syntactic properties and morphological make up of words are specified with the lexical entry, but each in a different format. Although syntactic and morphogical information is represented separately in both language understanding and production, the two types of information are tightly interfaced. Given that morphology frequently specifies syntactic properties, this connection is obvious.

3.4. A word on meaning

In understanding language, the most important information belonging to words is not what morphemes, speech segments or phonological features they are made of, but what they mean. It might thus come as a surprise that the representation of meaning is sometimes considered to be outside the direct scope of psycholinguistics. An exception is the research on semantic ambiguities, that is, on the multiple meanings of words such as *bank*.

Meaning, or, more accurately, knowledge about persons, objects, events, states, actions etc. is the domain of memory psychologists, who are concerned with knowledge structures in long term memory. A distinction should be made between procedural (how to tie a shoelace) and declarative or semantic knowledge. Semantic memory can be viewed as a network of concepts, interconnected by means of labeled arcs which specify the relations between concepts (Collins/Quillian 1969; Roelofs 1992, for an overview). Concepts are nonlinguistic entities. They are used in thinking and problem solving, they can be addressed by information from the sensory systems without any language involvement.

In language production models, concepts are connected to lemmas, the first linguistic level which is accessed after preverbal processing. Similarly, the highest language-level representations in comprehension, the lexical entries, are hooked up to conceptual memory. But a one-to-one correspondence between conceptual and lexical units is not always warranted. Crosslinguistic examples are abundant: where full sentences are necessary to specify a concept in one language, one word suffices in another. Consider also the case of synonymy. It might well be that *die* and *kick the bucket* are connected to one and the same concept, as could be the base for *sterben* and *abkratzen*. Moreover, since the latter verb is polysemous (meaning both *die* and *scrape off*), it has to be connected to minimally two concepts.

4. A final word on words

It will be clear that it is impossible to provide a simple definition of what words are on the basis of theory and data from the field of the psychology of language. Words are not the symbolic, linguistic equivalents of single concepts, as the examples in 3.4. show. Words are not sequences separated by spaces, as was argued in 3.1. A likely candidate is the free morpheme, but even this proposal is not without problems (Miller 1991).

Psycholinguists talk about words all the time. When they do, they use the word 'word' in the same intuitive sense that is shared by all language users. What they wish to convey when speaking and writing about the complexities and intricacies of lexical processing and lexical representations, is the multifaceted nature of words.

5. Literature (a selection)

Bever, T.G. (1988). The psychological reality of grammar: A student's eye view of cognitive science. In: G. Hirst (Ed.), *The making of cognitive science: A festschrift for George A. Miller*. Cambridge, UK: Cambridge University Press.

Butterworth, B. (1983). Lexical representation. In: B. Butterworth (Ed.), *Language production, Vol. 2*. London: Academic Press.

Chomski, N. (1957). *Syntactic structures*. The Hague: Mouton.

Collins, A.M./Quillian, M.R. (1969). Retrieval from semantic memory. In: *Journal of Verbal Learning and Verbal Behavior, 8*, 240–247.

Dell, G.S. (1986). A spreading activation theory of retrieval in sentence production. In: *Psychological Review, 93*, 283–321.

–, (1988). The retrieval of phonological forms in production: Tests of predictions from a connectionist model. In: *Journal of Memory and Language, 27*, 124–142.

Di Sciullo, A.M./Williams, E. (1987). *On the definition of word*. Cambridge, MA: MIT Press.

Drews, E./Zwitserlood, P. (1995). Orthographic and morphological similarity in visual word recognition. In: *Journal of Experimental Psychology: Human Perception and Performance, 21 (5)*, 1098–1116.

Drews, E./Zwitserlood, P./Bolwiender, A./Heuer, U. (1994). Lexikalische Repräsentation morphologischer Strukturen. In: S.W. Felix/C. Habel/G. Rickheit (Eds.), *Kognitive Linguistik: Repräsentation und Prozesse*. Opladen: Westdeutscher Verlag.

Ebbinghaus, H. (1885). *Über das Gedächtnis*. Leipzig: Duncker und Humblot.

Feldman, L.B./Fowler, C.A. The inflected noun system in Serbo-Croatian: Lexical representation of morphological structure. In: *Memory & Cognition, 15*, 1–12.

Forster, K.I. (1979). Levels of processing and the structure of the language processor. In: W.E. Cooper/E.C.T. Walker (Eds.), *Sentence processing: Psycholinguistic studies presented to Merrill Garrett*. Hillsdale, NJ: Lawrence Erlbaum.

Garrett, M.F. (1988). Processes in language production. In: F.J. Newmeyer (Ed.), *Linguistics: The Cambridge Survey. Vol. III: Psychological and biological aspects of language*. Cambridge, MA: Harvard University Press.

Kempen, G./Huijbers, P. (1983). The lexicalization process in sentence production: Indirect election of words. In: *Cognition, 14*, 185–209.

Klatt, D.H. (1979). Speech perception: A model of acoustic-phonetic analysis and lexical access. In: *Journal of Phonetics, 7*, 279–312.

Lahiri, A./Marslen-Wilson, W. (1991). The mental representation of lexical form: A phonological approach to the recognition lexicon. In: *Cognition, 38*, 243–294.

Levelt, W.J.M. (1978). A survey of studies in sentence perception: 1970–1976. In: W.J.M. Levelt/G.B. Flores d'Arcais (Eds.), *Studies in the perception of language*. Chichester: Wiley.

–, (1989). *Speaking. From intention to articulation*. Cambridge, MA: MIT Press.

Marslen-Wilson, W. (1987). Functional parallelism in spoken word-recognition. In: *Cognition, 25*, 71–102.

Marslen-Wilson, W./Tyler, L.K./Waksler, R./Older, L. (1994). Morphology and meaning in the English mental lexicon. In: *Psychological Review, 101*, 3–33.

McClelland J./Elman, J. (1986). The TRACE model of speech perception. In: *Cognitive Psychology, 18*, 1–86.

Meyer, A.S. (1991). The time course of phonological encoding in language production: Phonological encoding inside the syllable. In: *Journal of Memory and Language, 30*, 69–89.

Miller, G.A. (1991). *The science of words*. New York: Scientific American Library.

Miller, G.A./Heisen, G.A./Lichten, W. (1951). The intelligibility of speech as a function of the context of the test materials. In: *Journal of Experimental Psychology, 41*, 329–335.

Nygaard, L.C./Pisoni, D.B. (1995). Speech perception: New directions in research and theory. In: J.L. Miller/P.D. Eimas (Eds.), *Speech, language, and communication*. San Diego: Academic Press. pp. 63–96.

Roelofs, A. (1992). A spreading-activation theory of lemma retrieval. In: *Cognition, 42*, 107–142.

–, (1996). Serial order in planning the production of succesive morphemes of a word. In: *Journal of Memory and Language, 35*, 854–876.

–, (1997). The WEAVER model of word-form encoding in speech production. In: *Cognition, 64*, 249–284.

Schriefers, H./Zwitserlood, P./Roelofs, A. (1991). The identification of morphologically complex spoken words: Continuous processing or decomposition? In: *Journal of Memory and Language, 30*, 26–47.

Stolz, J.A./Feldman, L.B. (1995). The role of orthographic and semantic transparency of the base morpheme in morphological processing. In: L.B. Feldman (Ed.), *Morphological aspects of language processing*. Hillsdale, NJ: Lawrence Erlbaum Associates.

Stroop, J. R. (1935). Studies of interference in serial verbal reactions. In: *Journal of Experimental Psychology, 18*, 643–662.

Taft, M./Forster, K. I. (1975). Lexical storage and retrieval of prefixed words. In: *Journal of Verbal Learning and Verbal Behavior, 14*, 638–647.

Zipf, G. K. (1932). *Selected studies of the principle of relative frequency in language*. Cambridge, MA: Harvard University Press.

Zwitserlood, P. (1989). The locus of the effects of sentential-semantic context in spoken-word processing. In: *Cognition, 32*, 25–64.

–, (1994). The role of semantic transparency in the processing and representation of Dutch compounds. In: *Language and Cognitive Processes, 9 (3)*, 341–368.

Zwitserlood, P./Bölte, J./Dohmes, P. (2000). Morphological effects on speech production: Evidence from picture naming. In: *Language and Cognitive Processes, 15*, 563–591.

*Pienie Zwitserlood,
Münster (Deutschland)*

11. Das Wort in der Dichtung

1. Eingrenzung
2. Berücksichtigte Bedeutungen
3. Mittelalter
4. Lutherzeit
5. Barock
6. Aufklärung
7. Goethezeit
8. Romantik
9. Mittleres und späteres 19. Jahrhundert
10. Jahrhundertwende
11. Vom Expressionismus bis zur Gegenwart
12. Literatur in Auswahl

1. Eingrenzung

Es ist erforderlich, wegen der Kürze des Artikels im Verhältnis zur Qualität der Sache zwei erhebliche Einschränkungen vorzunehmen. Zum einen werden wir uns auf das Vorkommen des Lexems W., und zwar v. a. in absoluter Stellung, beziehen, zum anderen werden wir nur Beispiele aus der deutschen Literatur, v. a. aus der Lyrik und poetologischen Texten, wählen. Dagegen wird es erforderlich sein, nicht nur auf die sogenannte sprachliche Grundeinheit (vorwiegend in ihrer semantischen Qualität) Rücksicht zu nehmen, sondern gerade auch jene Verwendungen von W. einzubeziehen, die die enge und eindeutige linguistische Bedeutung transzendieren, zumal sie erst charakteristisch sind für das Aufscheinen von W. in der Dichtung. Auch wird es unumgänglich sein, den Plural zu berücksichtigen.

2. Berücksichtigte Bedeutungen

Es ist festzuhalten, welche Bedeutungsvarianten vor allem berücksichtigt werden sollen. Orientiert man sich an dem umfangreichen Artikel „W." in Grimms „Deutschem Wörterbuch" (14. Bd, II. Abt. v. 1960, Sp. 1467–1543), den Theodor Kochs verfaßt hat, so sind es etwa: „eine wörtliche aussage, insbesondere eine geprägte äusserung" (1473), insbesondere „ein bedeutsamer ausspruch" (1474), „jede enger begrenzte aussage" (1478), jede „gewichtige(n), ernste(n), gültige(n) aussage" (1480), vom biblischen Sprachgebrauch her: der „sinn von 'sache, gegenstand, ereignis'" (1483); dann „zaubersprüche(n), magische(n) formeln", kollektiv: „wort gottes" (1492) in mannigfachen Bedeutungsvarianten; „das reden, das sprechen als akt oder vorgang" (1498), auch „das reden und sprechen schlechthin als eine dem menschen typisch und wesentlich zugehörige form des sich mitteilens" (1506), 'symbolhafter begriff oder zeichenhafte benennung' (1507) oder im Gegensatz dazu „unzulängliches, nicht zureichendes ausdrucksmittel" (1510); ferner das, was „in ausdrücklicher oder auch unausgesprochener beziehung oder abgrenzung zu anderen menschlichen äusserungen, geistigen ausdrucksformen oder irgendwelchen gegebenheiten" (1515) steht, in der Dichtung „die sprachlich-künstlerische formgebung". Auf der anderen Seite der 'wörtliche, buchstäbliche sinn' „im unterschied zu einem höheren, verborgenen, übertragenen" (1524); dann eben auch die „kleinste sinneinheit der rede" (1529).

Für unseren Interessenzusammenhang tritt formal das Verhältnis von singularischem und pluralischem Gebrauch (durchweg als „Worte") hervor, semantisch das Verhältnis von affirmierendem und pejorativem Gebrauch, und zwar in einer überaus großen Spannweite, die sich von der theologischen und den aus ihr abgeleiteten Bedeutungen als universellen und fundamentalen Bestimmungen erstreckt bis zu solchen Bedeutungen, die W. als schlechthin Leeres und Nichtiges anderen Vorstellungen (z.B. Tat, Gedanke) als Repräsentanten von Fülle und Bedeutung gegenüberstellt.

3. Mittelalter

Gehen wir historisch vor, um dem Bedeutungswandel von W. in der Dichtung auf der Spur zu sein, so können wir mit W. als „Gottes Wort", wie es z.B. in Heinrichs von Melk „Priesterleben" (um 1150) begegnet, einen Anfang setzen. „swâ daz gotes wort unt diu gewîhte hant/ wurchent ob dem gotes tische ensant". Wo W. nicht bloß als „kleinste sinneinheit der rede" erscheint, wo von einem emphatischen Gebrauch zu sprechen ist, ist in mittelalterlicher Dichtung sein 'ursprünglicher' Sinn eben der des W'es Gottes als eines Totum, rhetorisch einer Synekdoche a minore ad maius. In „gotes wort" verliert W. durch das Subst. im Genitiv nicht eigentlich seine absolute Stellung, wie der immer wieder begegnende Gebrauch von unbegleitetem W. i.S. von W. Gottes ausweist. W. nimmt hier nicht ein subst. Attribut zu seiner Differenzierung auf, vielmehr geht es um eine Intensivierung dessen, was bei entsprechendem Kontext auch unbegleitet jene Bedeutung hat. Schwächer gilt dies übrigens auch für „gotes tisch" als (geweihter) Altar.

Eine Bedeutung von W., die dessen magische Qualität betont, kann hier angeschlossen werden. „krût, steine unde wort/diu hânt an kreften grôzen hort", heisst es bei Freidank. Beide Bedeutungen verbinden geistige und materiale Qualität von W. und erscheinen typisch für eine Weise des Vorkommens von W. in mittelalterlicher Literatur.

'Nominalistischer' dagegen zeigt sich der Gebrauch von W. bei Gottfried von Straßburg, in dessen Literaturexkurs des „Tristan" (1205/1215) W., und zwar als Einzelw. bzw. als Gesamtheit der Einzelw'e, häufig vorkommt, aber fast immer explizit oder implizit mit „sin" kontrastiert oder korreliert wird, am deutlichsten, wenn er in Bezug auf Bligger von Steinach sagt: „daz sint diu wort, daz ist der sin: ...", was einer Stelle, die sich auf Hartmann von Aue bezieht, genau entspricht. Fast antithetisch tritt darin W. als Zeichen, und zwar als graphisches und lautliches, gegen die Bedeutung, die über das Zeichen hinausgeht. Hier zeigt sich bereits eine Dichotomie, die dann auch schon in mittelalterlicher Literatur zur Vorstellung des leeren W'es führt, in dessen Nähe in Gottfrieds Wolframkritik das Sprechen von „bickelworten" steht.

Damit sind bereits die wesentlichen und kontrastierenden Gebräuche von W. in der Dichtung im Mittelalter genannt, wobei sehr wohl die theologisch fundierte wie die sich 'säkularisierende' Literaturtendenz in diesem Kontrast ihren Ausdruck findet.

4. Lutherzeit

Der Sprung zu Luther müßte in einer differenzierenden Darstellung selbstverständlich zu einem Übergang nivelliert werden, wobei aber gerade das Spezifische der Positionen verfehlt werden könnte. Wichtig ist, daß W. in der Dichtung noch einmal einen theologischen Ursprung erkennen lässt, der auch für die folgenden Jahrhunderte relevant bleiben wird. Eine der eindrucksvollsten Stellen des Vorkommens von W. in Luthers Schriften ist der Beginn der Schlussstrophe seines Reformationsliedes: „Das Wort sie sollen lassen stan." Einmal bezeugt es die absolute Stellung von W., in der bei Luther und seinen theologischen Nachfolgern häufig W. Gottes aufgehoben ist. Diese Bedeutung aber verknüpft nun die Vorstellung des fleischgewordenen Gottes mit der der Heiligen Schrift. Damit wird die schon im Mittelalter angelegte Desubstantiierung des W'es angehalten und der Gedanke des machtvoll-bedeutenden W'es aus der magischen in die literarisch-intellektuelle Sphäre übertragen. Das Zitat ist nicht von ungefähr ein Liedvers. Dessen Postulat prägt, vielleicht mehr noch als theologische Interpretationen, sowohl das Selbstverständnis der reformierten Kirchen wie aber auch die Selbstreflexion der Literatur in den folgenden Jahrhunderten. Es kann daher Motto sowohl kirchlicher Orthodoxie wie auch Leitvorstellung sich emanzipierender Literatur sein.

5. Barock

Ein gutes Jahrhundert nach Luther wird bei Gryphius, v.a. in dessen „Leo Armenius" (1650) das W. als (gefährlich) emanzipatorische Kraft zum Thema der Literatur. Am Ende der „Ersten Abhandelung" spricht der „Reyen der Höfflinge", dass das Tier „mit stummen zeichen" den „sinn" entdecke: „mit worten herrschen wir ![nämlich die Menschen]". Geht es hier einmal um das mündlich gesprochene Wort als Machtwort, so zeigt W. sich doch auch universaler als geistige Artikulation des Menschen, die ausdrücklich von dessen Tat unterschieden wird, wenngleich aus dem W. unmittelbar die Wirkung der Tat, vor allem auch der zerstörenden, hervorgehen kann: Alle Erscheinungen der Destruktion, heisst es, sind „durch der zungen macht gebohren".

Mit einem anderen Synonym, dem der Schrift (vermittelt über W. als scriptura), beendet Angelus Silesius seine Epigramm-Sammlung: „Jm fall du mehr wilt lesen/So geh und werde selbst die Schrifft und selbst das Wesen." Gegen die Gefahr des Wortes bei Gryphius wird darin die Idee vom fleischgewordenen W. auf den Menschen selbst übertragen, der erst dann die Grundforderung des Mystikers, nämlich wesentlich zu werden, erfüllt, wenn er selbst „Schrifft", W. als existenzgewordener Sinn wird. Ganz entsprechend heißt es darum auch: „Ich muß ein Wort im Wort: ein Gott im Gotte sein."

6. Aufklärung

Von dieser barocken Antithetik entfernt sich die frühe Aufklärung. Auf dem Verständnisfundament, wie wir es bei Leibniz finden, nämlich zwischen Worten und Sachen zu unterscheiden, blicken die Autoren der Aufklärung einzig noch auf die 'Sachlichkeit', den Sachgehalt des Wortes und wenden sich gegen die barocke Lust am Wort, wie sie sich in der reichen Metaphorik und im Wortspiel zeigte. Bei dem begegnet der Epigrammatiker Wernicke mit deutlicher Ablehnung. Weil solches Umgehen mit dem Wort nicht sachgemäß ist, ist es auch nicht verstandesgemäß. „Über gewisse Gedichte" heißt es in einem seiner Epigramme: „Der Abschnitt ? gut; Der Vers ? fließt wohl; Der Reim ? geschickt./Die Wort'? in Ordnung. Nichts als der Verstand verrückt." Damit beginnt in der Neuzeit der lange Weg des bloß zeichenhaft verstandenen Wortes, der in einem Teil der Literatur mitgegangen wird. Es ist zugleich der Weg zur Prosa, auf dem immer wieder der Eigenwert des Wortes auf die Domäne des Stils beschränkt wird und niemals das allein Mediale des W'es aufgekündigt wird.

Gegen Ende der Aufklärung sind es v.a. Lichtenberg und Hamann, die aus verschiedenen Perspektiven diese Position kritisch reflektieren. Beide erkennen aus ganz verschiedenen Ansätzen heraus, dass sich das Verhältnis von Sache und Wort niemals durch eine 1:1 Relation regulieren lasse. Schon früh bemerkt Lichtenberg: „... wenn wir unsere Wörter mit den Sachen vergleichen, so werden wir finden, daß die letzteren in einer ganz andern Reihe fortgehen als die erstern." Auch werde der Zusammenhang zwischen 'Sachen' nicht durch einen Zusammenhang, eine „Verwandtschaft" von Wörtern repräsentiert, die darum „philosophisch" dekliniert werden müßten. Zwar kommt er später noch manchmal auf diese Dichotomie zurück, doch stärker interessiert ihn, die Spezifika des Wortes selbst zu bedenken. „Es war ihm unmöglich, die Wörter nicht in dem Besitz ihrer Bedeutungen zu stören", heisst es hinsichtlich der Fraglichkeit einer gesicherten Semantik. Und wenn er auch gleichzeitig darauf vertraut, dass der Gedanke, das Philosophische des Wortes selbst die Bedeutung lenke, wobei er sich gerade nicht auf Philosophen, sondern auf Dichter (Shakespeare und Milton) beruft, so dringt seine skeptische Radikalität doch darauf, einen Grundsatz zu postulieren, kraft dessen die (problematische) Autonomie des Wortes, der Sprache sich zeigen kann: „Katheder-Schall in Worte verwandelt. Nichts ist ein Schall, ein Kirschenstiel ist ein Wort." Bestreitet er die semantische Möglichkeit von (metaphysischen) Abstrakta, die er als Flatus bestimmt, so affirmiert er sie bei „Kirschenstiel", aber nicht, indem er dieses W. als Namen einführt, sondern indem er dessen 'Worthaftigkeit' betont. Lichtenberg bezieht sich mehr und mehr auf W. als dichterisches W., das ihn der Unlösbarkeit des Verhältnisses W./Sache enthebt. Hier spricht er gern von Metapher, dem sozusagen literarischen Synonym für W., keineswegs bloß einem Stilisticum oder Rhetoricum. „Unsere meisten Ausdrücke sind metaphorisch, es steckt in denselben die Philosophie unserer Vorfahren" ist dabei die Voraussetzung. „Ein altes W.", ein konventionelles also, bleibe in seiner Konventionalität gefangen, „... eine Metapher macht sich einen neuen [Kanal], und schlägt oft grad durch". Die Metapher gibt der Sprache „starke Züge", gibt ihr „Leben und Wärme", und Shakespeare ist ihm der Garant dieser Leistung des W'es als Metapher. Durch die große Literatur kommt er zu der Auffassung, dass wir nicht in Begriffen, sondern „in Worten denken". Und wenn er notiert „Die Wörter-Welt", so bleibt die wahrscheinlich gewollte Ambiguität eines Kosmos der Wörter und aus Wörtern.

Im Gegensatz zum Skeptiker Lichtenberg versteht sich Hamann aus seinen theologischen, z. T. auch mystischen Fundamenten, die sich selbstverständlich in seiner Wortreflexion wiederfinden. Aber wie Lichtenberg, wenn auch manchmal widerwillig, sich einem mystischen Denker wie Böhme nähert, so setzt sich Hamann mit Kant durchaus in dessen eigenem Felde auseinander. „Wörter haben also ein ästhetisches und logisches Vermögen", sagt er in seiner „Metakritik über den Purismum der Vernunft" (1784). „Als sichtliche und lautbare Gegenstände gehören sie mit ihren Elementen zur Sinnlichkeit und Anschauung, aber nach dem Geist ihrer Einsetzung und Bedeutung, zum Verstand und Begriffen. Folglich sind Wörter sowohl reine und empirische Anschauungen, als auch reine und empirische Begriffe:..." Dieser doppelte Aspekt der Vorstellung W. befreit in der W.-Materialität von der Verengung des Zeichens und verbindet diese Materialität in einem mit der Semantik des W'es. Dieser Gedanke ist, wenn auch anders fundiert, durchaus in der Nähe der Lichtenbergschen Vorstellung von der Metapher zu sehen. Und Hamann tut den Schritt, den Lichtenberg allerdings nur in der Ambiguität zu tun wagt, wenn er, alte Vorstellungen mitten in die ausgehende Aufklärung setzend, formuliert: „Jede Erscheinung der Natur war ein Wort... Alles, was der Mensch am Anfange hörte, mit Augen sah, beschaute und seine Hände betasteten, war ein lebendiges Wort..." Und er bestimmt das W. als „das Element der Sprache – das A und O..."

7. Goethezeit

Bei Goethe begegnen einander eine geistig-theologische und eine empirische Tradition, was zu einem ständigen Perspektivwechsel in Verständnis und Bewertung des W'es führt. Auf der einen Seite setzt Goethe auf die 'Unmittelbarkeit' der Wahrnehmung und analog dazu der menschlichen Tatkraft als aktiver Konsequenz auf die Wahrnehmungsrezeption. Das Erkannte ist zuvörderst das Gesehene, das Gesehene ist das zu Gestaltende und Umzugestaltende. Das Leitwort dieser Vorstellung ist in Fausts Eingangsmonolog der Ersatz des johanneischen „Im Anfang war das Wort!" durch „Im Anfang war die Tat!", denn „Ich kann das Wort so hoch unmöglich schätzen..." Mephisto übernimmt einen Teilaspekt dieser Abwertung, wenn er, als Doktor auftretend, dem Schüler den ironischen Rat gibt: „Im ganzen haltet Euch an Worte!" und im folgenden die nominalistische Begriffstradition als bloßen Wortkram ad absurdum führt: „Denn eben, wo Begriffe fehlen, /Da stellt ein Wort zur rechten Zeit sich ein." Doch schon die Momente des Magischen in Goethes Dichtung zeigen in eine andere Richtung. Am populärsten sind in diesem Zusammenhang die Stellen aus dem „Zauberlehrling" (1797), der das eingreifende W. vergessen hat, das den Besen wieder zum Besen macht. Doch auch das Empirische selber drängt gewissermaßen zum Wort: „Wir haben das unabweichliche, täglich zu erneuernde, grundernstliche Bestreben, das Wort mit dem Empfundenen, Geschauten, Gedachten, Erfahrenen, Imaginierten, Vernünftigen möglichst unmittelbar zusammentreffend zu erfassen." Das geht bereits weit über das Postulat zeichenhafter Richtigkeit des W'es hinaus. So ist hier schon latent der Übergang zur theologisch-spirituellen Tadition, die er schon früh in bezeichnender Verwandlung aufnimmt, wenn er an Lavater 1774 schreibt: „Und so ist das Wort der Menschen mir Wort Gottes..." Zwar modifiziert er in den „Lehrjahren" so, daß die W'e gut seien, aber nicht das Beste; „das Beste wird nicht deutlich durch Worte. Der Geist, aus dem wir handeln, ist das Höchste." Aber der späte Goethe des „Divan" (1819) findet die Synthese zwischen W. und (handlungsgenerierendem) Geist: „Sei das Wort die Braut genannt,/ Bräutigam der Geist..." Das steht dem Denken der Romantik durchaus nahe.

In Hölderlins Lyrik erscheint W. als akustische Konzentration von Sinn. Sehr deutlich ist das in der Rhein-Hymne (1801), wenn es heißt: „Drum ist ein Jauchzen sein Wort." In „Patmos" (1802) wird von Christus gesagt: „... denn nie genug/ Hatt' er von Güte zu sagen/ Der Worte ..." „Güte" als Inbegriff seiner Zuwendung zu den Menschen wird sinnlich deutlich in den W'en. In einem der späten Frühlings-Gedichte wird der sinnhafte Ursprung der W'e betont: „... und neue Worte streben/Aus Geistigkeit ..."; jeder 'Neologismus' bedarf dieses Ursprungs. Im Unterschied zu Goethe gibt es bei Hölderlin keine Wortskepsis, sondern allenfalls Kritik an denen, die das W. mißbrauchen; so wenn es von den

„scheinheiligen Dichtern" heißt: „Und ist ein großes Wort von Nöten,/Mutter Natur! so gedenkt man deiner." Die Reduzierung des W's aufs Ornamentale ist allein denen zuzuschreiben, die als „kalte Heuchler" apostrophiert werden.

8. Romantik

Dank der romantischen Sprachvorstellung erscheint auch W. in der Literatur der Romantiker an entscheidenden Stellen. Heißt es noch am Anfang von F. Schlegels „Lucinde"(1799): „Die Worte sind matt und trübe", so als würde auf Empfindung und Gefühl allein gesetzt, so verbindet die „kleine Wilhelmine", das romantische Kind und der romantische Roman in einem, „in romantischer Verwirrung" „alles durch einander": „so viel Worte so viel Bilder"; die Sinnlichkeit der Anschauung ist bereits identisch mit dem W. als sinnlich gewordenem Gedanken. Das wird aufgenommen, wenn der Witz als Begleiter des Roman-Ich erscheint und ihm rät: „Bilde, erfinde, verwandle und erhalte die Welt und ihre ewigen Gestalten im steten Wechsel neuer Trennungen und Vermählungen. Verhülle und binde den Geist im Buchstaben. Der echte Buchstabe ist allmächtig und der eigentliche Zauberstab. Er ist es, mit dem die unwiderstehliche Willkür der hohen Zauberin Fantasie das erhabene Chaos der vollen Natur berührt, und das unendliche Wort ans Licht ruft, welches ein Ebenbild und Spiegel des göttlichen Geistes ist ..." Das sich aus den Buchstaben fügende W. ist nicht nur der Inbegriff der romantischen Poesie, sondern zugleich der Inbegriff der göttlichen Kreativität wie in der jüdischen Kabbala.

Novalis umkreist in den „Philosophischen Studien"(1797) und im „Brouillon"(1798/99) W. durch Formulierungen wie „wunderbare Worte – und Formeln" oder „Worte und Töne sind wahre Bilder und Ausdrücke der Seele.", die auf die bedeutsamen Stellen im „Heinrich von Ofterdingen" (1802) verweisen. Im Traum begegnet Heinrich Mathilde, die ihn küssend „ihm ein wunderbares geheimes Wort in den Mund" sagt, „was sein ganzes Wesen durchklang". Das „geheime Wort" erscheint wieder in den berühmten Versen, die den ersten Teil des Romans beschließen. Darin ist es den „Zahlen und Figuren" konfrontiert, der bloßen Zeichenhaftigkeit der Sprache, durch die das „ganze verkehrte Wesen" entstanden ist, das „vor einem geheimen Wort" fortfliegt.

Die Abteilung „Sängerleben" von Eichendorffs erst 1837 erschienenen Gedichten wird mit dem oft zitierten Vierzeiler „Wünschelrute" abgeschlossen: „Schläft ein Lied in allen Dingen,/Die da träumen fort und fort,/Und die Welt hebt an zu singen,/Triffst du nur das Zauberwort.". Darin wird Novalis' „geheimes Wort" aufgenommen, doch ist das Polemische darin aufgehoben zugunsten magischer Wirkung, die freilich ihren Ursprungsort in Gott hat, denn, heißt es in dem vorausgehenden Gedicht „An die Dichter", sie hebe „ein göttliches Erbarmen – Der Dichter ist das Herz der Welt": „Drum hat ihm Gott das Wort gegeben ..." Das Magische wird sehr deutlich im Theologischen fundiert, und zwar so, dass das „Zauberwort" nun das religiös bestimmte 'Wunderw.' wird: „Viel Wunderkraft ist in dem Worte." Doch ist dies sehr deutlich eine Endposition, die das 19. Jahrhundert, jedenfalls in der Verbindung von Magie und Religiosität, nicht wiederholen wird.

9. Mittleres und späteres 19. Jahrhundert

Im mittleren und späteren 19. Jahrhundert, zumal in der Prosa, rückt die Vorstellung des Tatsächlichen so sehr und affirmiert in den Vordergrund, dass schon von daher W. meist kontrastiv als ephemer, flüchtig und unverbindlich dem Faktischen gegenübersteht. So zieht es sich in eine frühe Position von ästhetischer und artistischer Relevanz zurück. Platen begründet den Wert des artistischen W'es als des 'gebund'nen Wortes', also des formorientierten W'es der lyrischen Dichtung, mit seiner Vermittlungsleistung für den 'ungebund'nen Geist'. Mit diesem Postulat leitet er die Sammlung seiner Sonette ein. In den Oden macht er dies noch deutlicher, wenn er in „Los des Lyrikers" (1831) gegen „Stoff" und „Handlung" „dein schwerwiegendes Wort, Petrarca" stellt, der ihm natürlich das Paradigma des Lyrikers ist. Und in dem Epigramm „Sprache" beschwört er das Konkrete, weil Einzelsprachliche des W's, hier des „germanischen Worts", das er gegen den menschheitlich bestimmten „Gedanken" stellt, der für den Dichter nicht genüge, weil der an Sprache und Rhythmus, und zwar an der Volkssprache orientiert sein müsse. So sucht das artistische W. sich durchaus mit der Sprache als deutscher Sprache, als Muttersprache zu verbinden.

Doch schon bei einem Formkünstler wie Rückert, und zwar in dessen Lehrgedicht „Die

11. Das Wort in der Dichtung

Weisheit des Brahmanen" (1836–39), gilt neben der romantischen Reminiszenz „Das Wort hat Zauberkraft, es bringt hervor die Sache" bereits die Hierarchie von W. und Tat. Zwar soll gleichermaßen „ein weises Wort" sogleich niedergeschrieben wie „ein gutes Werk" getan werden, aber: „Ein unterdrücktes Wort kommt wieder neugeboren,/ Die unterlassne Tat doch ist und bleibt verloren." Und Hebbel weist bereits den Künstler selbst an: „... nie mit Worten, mit Taten begegne dem Feinde!", als dürfe nicht eingeräumt werden, daß die Taten der Dichter aus W'en bestehen.

Etwa um die gleiche Zeit reflektiert Nestroy, den Hebbel haßt, immer wieder spielerisch, kritisch und satirisch die Leistung der Sprache und des W'es in der alltäglichen Rede. In zwei seiner Theatercouplets spricht er vom fundamental falschen Gebrauch des W'es. In „Die bösen Buben in der Schule"(1847) umspielt er die Wortarten, die ganz anders zu verstehen seien als „in der Sprachlehr'", die viele Hauptwörter anbiete, mit denen man sich nur blamiere. In Wahrheit kenne der Mensch nur ein Hauptw. „und das heißt: Ich –". In einem Couplet von „Mein Freund" (1851) behandelt er kritisch die Ambivalenz von Basisbegriffen wie „Mutter", „Mann", „Held", „Freund" und konstatiert, daß sie alle nicht die angemessenen Namen seien: „Ja, hat denn die Sprach' da kein anderes Wort ? –" Bei Nestroy meldet sich bereits die moderne Sprachskepsis, die sich aus dem Sprachgebrauch selbst ergibt; zugleich arbeitet er als Komödienautor und Satiriker mit ihr poetisch.

Bei G. Keller funktioniert W. prophetisch und polemisch. In dem Sonett „Reformation" (1. F. 1845) wird es als „Korn des Wortes", das es gelte, „neu ... auszusä'n", zum Inbegriff des im Vergehen und Untergehen Bewahrten. Aber darin schon ist auch ein polemisches Element, insofern „das Korn des Wortes" „der Kirche Mumienhand" entwunden werden muss. Sonst droht es anders zu funktionieren. Komisch wird das noch beschrieben in „Mönchspredigt" (1858), wo der predigende Mönch „schlimme Witze" macht und „sein Wort voll roter Hitze" ist, satirisch und beschwörend zugleich in dem mit Bezug auf die Nazis viel später oft zitierten Gedicht „Die öffentlichen Verleumder" (1878), wo es um den falschen Propheten geht, von dessen „Helfer[n]" es heißt: „Sie teilen aus sein Wort". Darin wird natürlich pervertiert eine christliche Grundformel aufgenommen.

Bei C. F. Meyer wird in einem frühen Epigramm (1846) noch einmal die Beziehung W.– Gedanke aufgenommen, und zwar als Beziehung von Material und Geist: „Winde dich,/ Binde dich, /Wort/Doch der Gedanke,/ der freie, nie wanke/Selbst in des Verses beengender Schranke." Doch ist die Beziehung hier bereits poetologisch bestimmt. Und im lyrischen Werk gilt das für W. selbst. Doch deutet sich bereits auch ein Widerspruch an, der für die Moderne in mannigfacher Variation fundamental ist. Bei Meyer ist es ein Widerspruch zwischen der nun nachdrücklich betonten artistischen Qualität des W'es und einer ideologischen, die inhaltlich das Bismarcksche Reich und seine 'Ursprünge' betrifft. In einer „Lutherlied" (1833) genannten Ballade wird der Reformator gefragt: „Herr Doctor, sprecht! Wo nahmt Ihr her/Das deutsche Wort so voll und schwer?" Und Luther antwortet mit der poetischen Umsetzung eines bekannten Zitats: „Das schöpft' ich von des Volkes Mund" und der gleichzeitigen Apostrophierung des subjektiven Faktors: „Das schürft' ich aus dem Herzensgrund." Dem steht das künstlerische W. gegenüber, das nun unter der Bildhauer-Metapher bedacht wird. Michelangelo deutet in dem Gedicht „In der Sistina" (1865) sein Schaffen selbst als Seinseingrenzung und Verleiblichung, die in Analogie zum „Bibelwort" gesehen wird, nicht so sehr um einer theologischen Sicherung halber denn vielmehr, um die verbale Überlieferung nun mit der Aura des Kunstwerks auszustatten.

10. Jahrhundertwende

Von da aus ist es nur noch ein Schritt zum Symbolismus des jungen Hofmannsthal, der auf andere Weise als Meyer alsbald auch den Widerspruch der Moderne aufrufen wird. In der berühmten „Ballade des äußeren Lebens" (1896) setzt sich die Moderne im Verständnis von W. darin durch, daß auf der einen Seite das immer auf den theologischen Ursprung verweisende Totum W., in dem sich das Allgemeine der Sprache mit dem Konkreten des jeweiligen Sprechens verbindet, zugunsten des emphatisch verstandenen einzelnen W'es verlassen wird, dessen evokative Kraft aber paradigmatisch für alle W'e ist. „Was frommts, dergleichen viel gesehen haben?/ Und dennoch sagt der viel, der 'Abend' sagt,/ Ein Wort, daraus Tiefsinn und Trauer rinnt..." Ausgehend von einem Gegensatz von empirischem Wahrnehmen („gesehen") und Sprechen wird das W. zu einer völlig selbständigen Kraft, die nicht das Wahrgenommene benennt, sondern es überhaupt erst als Sinn und Empfindung herstellt. Der Widerspruch dazu erscheint in dem ebenso berühmten wie für die Sprachskepsis der Moderne fundamentalen „Chandos-Brief" (1902). Auch hier geht es zunächst um einzelne W'e: „Geist", „Seele", „Körper", die wie bei Nestroy schon problematisiert werden, aber nun auch ein „unerklärliches Unbehagen", einen psychophysischen Widerstand hervorrufen, wenn sie nur ausgesprochen werden. Es sind wohlvertraute und fundamentale, aber gleichzeitig „abstrakte Worte", die eben darum dem Schreiber „im Munde wie modrige Pilze" zerfallen. Nebeneinander stehen die evokative Macht des W'es als Einzelw. wie dessen Nichtigkeit als Einzelbegriff. So wie die Rede des Subjekts im Aussprechen der W'e Empfinden, Wahrnehmen und Sinn erst konstituiert, so ist der Rekurs auf das Allgemeine im einzelnen Begriff eine vergebliche Mühe, die den Zerfall des begrifflichen Ganzen in Teile zur Folge hat, dessen „Teile wieder in Teile" zerfallen. Je nach der Haltung des Sprechers ruft das W. nun eine Welt oder doch einen Weltaspekt hervor oder es provoziert geradezu den Weltverlust in einer Art von Zerfall in atomistische Partikel.

Bei dem Antipoden Karl Kraus taucht dieser Widerspruch darum nicht auf, weil W. im wesentlichen reserviert wird für das 'künstlerische W.', dem K.Kraus allein substantielle Bedeutung zuspricht. Dabei ist er analog zu Hofmannsthal an den W'en orientiert, nicht mehr an dem Totum 'das W.'. Seine Gedichte faßte K.Kraus in Bänden zusammen, die allesamt „Worte in Versen" heißen, womit die höchste Stufe des künstlerischen W'es benannt ist. Zu ihm steht der jeweilige Autor in einem dienenden Verhältnis. Es ist ihm nicht Instrument wie etwa dem Parteiredner: „Ein Agitator ergreift das Wort. Der Künstler wird vom Wort ergriffen." Das Problem des W'es entsteht für ihn durch die Universalität des Sprachgebrauchs, der sich v.a. in der Umgangssprache manifestiert: „Das Unglück ist eben, daß die Wortkunst aus einem Material arbeitet, das der Bagage täglich durch die Finger geht." Das umgangssprachliche W. nennt K.Kraus „Phrase", was die völlige Konventionalisierung des Sprechens zuungunsten der künstlerischen Kreativität des W'es meint. Diese Kreativität entfaltet sich immer dann, wenn das W. als Gedankensubstrat erkannt wird: „Weil ich den Gedanken beim Wort nehme, kommt er." Gegen die Instrumentalisierung des W's als Phrase, die mit dem toten W. identisch ist, steht die Erfahrung des lebendigen W's, der Kraus in dem Gedicht „Abenteuer der Arbeit" (1916) nachgegangen ist. Am Anfang und am Ende steht die Zeile „bang vor des Worts Verderben". Das ist identisch mit der Erstarrung des W's in der Phrase, die sich für Kraus v.a. im journalistischen Sprechen vollzieht, in dem der historische Status dessen ausgemacht wird, was in Hofmannsthals Chandos-Brief als eine dem sprechenden Subjekt unbegreifliche und plötzliche Erfahrung erscheint.

In Stefan Georges spätem Gedichtbuch „Das neue Reich" (1928) steht ein spruchartiges Gedicht, das „Das Wort" überschrieben ist und in dem das die Generation von Hofmannsthal und Kraus wie die der Nachfolger bestimmende Problem der Bedeutung des W's in der Dichtung auf eine Formel gebracht wird. Das Gedicht geht von der Position aus, dass „die graue norn", die Schicksalsgöttin erst den Namen finden muß, ehe das vom Dichter Gesehene, Wahrgenommene, Gedachte er- und begriffen werden kann. Aber es geht nicht etwa um die Wiederholung der nominalistischen Lösung, um das semiotische Geschehen. Das „kleinod", das der Dichter einmal mitbringt, ohne dass ihm ein Name gefunden wird, ist nicht einer vorläufigen Namenlosigkeit nur ausgesetzt. „So lernt ich traurig den verzicht:/ Kein ding sei wo das wort gebricht." Es schwindet ins Nichtvorhandene. Erst das W. bürgt für das Tatsächliche, das es eben darum nie allein ist.

11. Vom Expressionismus bis zur Gegenwart

Für die Dichter des Sturm-Kreises, insbesondere für August Stramm, ist W. die zentrale Kategorie ihrer Lyrik. Darum spricht H. Walden in seiner Einführung zu „Der Sturm" (1915) von „neuer W.kunst" in Bezug auf Stramm und seine Nachfolger. „Für August Stramm ist das Wort immer eine Neuschöpfung..."

Viele Jahre später, 1951, stellt Gottfried Benn in „Probleme der Lyrik" seine so artistische wie ontologische Ästhetik, die am Anfang Berührungen zum „Sturm" hat, in die Perspektive des W's, wobei er auf essayistische Formulierungen von 1923 zurückgreift: „Worte, Worte – Substantive! Sie brauchen nur die Schwingen zu öffnen und Jahrtausende entfallen ihrem Flug", zitiert er sich selbst und schließt mit einem weiteren Zitat von 1923: „Schwer erklärbare Macht des Wortes, das löst und fügt." Auch in der Lyrik zeigt sich seit den zwanziger Jahren diese Position, so besonders deutlich in einem „Gedichte" überschriebenen Poem von 1941: „... es gibt nur ein Begegnen: im Gedichte/die Dinge mystisch bannen durch das Wort." Das W., durchaus als Einzelw. verstanden, ist im Gedicht nicht Vehikel von irgendetwas, es ist, wie Benn sagt, „primär" und damit Konstituens alles Erscheinenden. Ja, einzig ein W. sprengt den „leeren Raum um Welt und Ich" auf.

Dies sind Leitvorstellungen der deutschen Lyrik von den zwanziger bis in die sechziger Jahre. Doch spricht Celan vom „Abend der Worte" (1955) und damit von deren Vergänglichkeit, die sich aus dem Obsiegen von Phrase und Gewalt als einander ergänzenden Weisen von W.losigkeit herschreibt. Wenn seit den sechziger Jahren die W'e als „primäre" im Reflexionszusammenhang des Gedichts zugunsten der Handfestigkeit von Bezeichnungen schwinden, dann findet darin nicht ein kommuner Paradigmenwechsel statt, sondern der Verlust dessen, was Dichtung begründet.

Die Ausstrahlung des W'es als 'W. Gottes' in die W'e der Dichtung, die sich von jenem emanzipieren, kommt an ihr Ende.

12. Literatur in Auswahl

Hertz, David Michael (1987), *The tuning of the word. The musico-literary poetics of the Symbolist movement.* Carbondale, Il.: Southern Illinois Univ.Press

Willems, Gottfried (1989), *Anschaulichkeit: Zu Theorie und Geschichte der Wort-Bild-Beziehungen und des literarischen Darstellungsstils.* Tübingen: Niemeyer

Heißenbüttel, Helmut (1990), Von der Verwendung unpoetischer Wörter im Text. In: *Kolloquium Neue Texte.* Hrsg. H. Bäcker. Bd. 1, 5–10

Helmut Arntzen, Münster (Deutschland)

12. Das Wort in der sprachkritischen Reflexion

Die biblische Genesis bringt von der Erschaffung der Welt und des Menschen, zwei verschiedene Berichte: Kapitel 1 ist die jüngere Erzählung („Priesterschrift"), geschrieben zwischen 550 und 450, somit nach dem babylonischen Exil; Kapitel 2 ist wohl vierhundert Jahre älter (950, „jahwistischer" Bericht). Was geht aus diesen Berichten im Blick auf Sprache und Wort hervor?

Erstens. Sprache und Mensch sind gleich ursprünglich; es ist nicht so, dass erst der Mensch geschaffen und ihm dann, gleichsam zur Vervollkommnung, auch noch Sprache gegeben wurde. Gott schafft den Menschen („als Mann und als Frau", 1, 27) und redet sogleich zu ihnen („Gott sprach zu ihnen: Seid fruchtbar, und vermehrt euch..."). Also: zum Menschen gehört Sprache; sie definiert ihn. Sie wird nicht hergeleitet, eben weil sie zu ihm konstitutiv gehört; sie wird ineins mit ihm geschaffen. In Genesis 11 (das Kapitel bildet den Abschluss der sogenannten „Urgeschichte") wird dann narrativ erklärt, wie (in Babylon) aus der einen Sprache die vielen wurden. Nur also die Sprachenvielfalt wird erklärt, nicht die Sprache selbst.

Zweitens. Die Sprache, die Wörter oder Namen (Wörter werden hier als Namen aufgefasst) sind, wie sie sind, nicht göttliche Mitgift. Mitgegeben ist nur die Sprachfähigkeit als solche. Die Namen sind vom Menschen. Dies ergibt sich aus dem älteren Bericht, dem also, der an zweiter Stelle erscheint. Adam benennt die Tiere: nicht Gott teilt ihm ihre Namen mit, sondern er selbst gibt sie ihnen (2, 19–20). Hierin kommt zeichenhaft zum Ausdruck: der Mensch ist Herr über die Tiere. Dies heißt aber auch: die Sprache wird herabgestuft – so wie auch Sterne, Mond und Sonne herabgestuft werden (bloße Leuchtkörper, Zeitmesser und Richtungsweiser). Oder auch: die Sprache wird von vornherein nicht hoch angesetzt; wir sind bei ihr gleich im Bereich des Menschlichen. Mit einem speziellen Namen benennt der Mensch, der Mann („isch"), dann auch die Frau: mit einem „durchsichtigen" Namen, der von seinem eigenen abgeleitet ist und etwas „sagt" über das Neue, das hier bezeichnet wird („ischa"; Luther übersetzt genau: „Männin", 2, 23). Nur fünf Namen für fünf große Dinge gibt Gott selbst (so im jüngeren Bericht): Tag, Nacht, Himmel, Land, Meer (1, 1–10); dies bedeutet, dass diese Dinge herausgehoben werden (Sonne, Mond und Sterne sind da schon nicht mehr dabei). Schließlich auch hier Gleichsetzung der Sprache mit ihren Wörtern, und Wörter heißt Namen; es entspricht der normalen (vorwissenschaftlichen) Sicht auf die Sprache.

Drittens. Die Schöpfung selbst geschieht sprachlich – durch ein Sprechen Gottes (Joh. 1, 1). Am Anfang war der „lógos", das Sprechen Gottes (nicht: „das Wort" im Sinne eines Einzelworts). Bei Johannes, der auf den Genesis-Bericht rekurriert, findet sich zusätzlich die Gleichsetzung dieses Sprechens, dieses „lógos", mit Christus, dem Sohn – das Wort, das dann „Fleisch" wurde. Also: das schaffende Sprechen, das bei Gott ist, ist dies in der Weise, dass es gleichzeitig er selber ist. Es ist bei ihm, und er ist es selbst.

Der Unterschied zwischen dem Sprechen des *Menschen* und dem Sprechen *Gottes* liegt darin, dass Gottes Sprechen Dinge erschaffen *kann*, während das Sprechen des Menschen, im schöpferischen Fall, denn meist spricht es nur vorhandene Wörter nach, nur bereits Geschaffenes noch benennt.

Viertens. Sprache verbindet den Menschen mit Gott. Dass der Mensch spricht, ist Ausdruck seiner Abbildlichkeit, seiner Gottesförmigkeit. Franz Rosenzweig: „Gottes Wege und des Menschen Wege sind verschieden, aber das Wort Gottes und das Wort des Menschen sind das gleiche. Was der Mensch in seinem Herzen als seine eigene Menschensprache vernimmt, ist das Wort, das aus Gottes Munde kommt" (Rosenzweig 1988, 161). Die Sprache – es ergibt sich indirekt aus dem Bericht, und in den biblischen Schriften findet sich nirgends Widersprechendes – ist somit eine verlässliche Brücke zwischen Gott und Mensch. Und zwar jede Sprache. Zudem: die Kommunikation zwischen Mensch und Gott vollzieht sich über das Medium des Akustischen; es tritt aber auch das Sprachliche im optischen Medium hervor (mündlich ist etwa die – entscheidende – Berufung des Mose, Exodus 3, „Gott rief ihm aus dem Dornbusch zu"; die Zehn Gebote jedoch schreibt der Herr selbst auf, „Er schrieb sie auf zwei Steintafeln und übergab sie mir", Deuteronomium 5, 22).

Eines ist generell hervorzuheben. In den biblischen Schriften tritt etwas wie Sprachskepsis oder dann (es ist wiederum fast dasselbe) Wortskepsis nirgends hervor – es gilt für die Schriften des „alten" wie die des „neuen" Testaments. Da ist ein großer Unterschied der biblischen zur griechischen Welt. Solche Sprachskepsis – damit ineins auch eine Kultur des Schweigens – finden sich erst im *nachbiblischen* Judentum und Christentum (besonders in der Mystik, Waldenfels 1983, 11–31). Auch Schriftskepsis findet sich in den biblischen Büchern nicht. In einem jedoch treffen sich biblische und griechische Tradition: der Unterschied zwischen Mensch und Tier liegt für beide in der Sprache. Die Redeweise vom Menschen als dem „Sprache habenden Lebewesen" oder „Tier", „tò zóon lógon échon", meint ja gerade dies: Menschen sprechen, Tiere nicht. Erst in einer späteren und abgeleiteten Auslegung wird aus „Sprache habend" „vernunftbegabt", „animal rationale" (Heidegger 1953, 165; auch Heidegger 1967, 348). Im Weiterschreiten von „Rede" zu „Vernunft" liegt dann die alte Gleichsetzung von Sprache und Vernunft, das Postulat jedenfalls einer engen Verbindung – ein Problem bis heute.

Sprachskepsis bricht in der griechischen Antike, im 5. Jahrhundert vor Christus, im Zusammenhang mit Sophistik und Rhetorik auf. Die Erfahrung, dass in der Rhetorik, nun durch Schriftlichkeit gestützt, Sprache gleichsam handwerklich, durch lehrbare Mittel, zur „Herstellung von Überzeugung" („peithoũs demiourgós") verwendet werden konnte, hatte im Blick auf ihre Einschätzung eine ambivalente Wirkung; es entstand Unsicherheit. Und die Sophisten stellten explizit die Frage, ob die Wörter „von Natur aus" seien, wie sie sind („phýsei"), oder durch konventionelle „Setzung" („thései"). Man muss hier sehen, dass die Sophisten prinzipiell das Herkommen, den Brauch, den „nómos", in Frage stellten (*muss*, was ist, sein, wie es ist? könnte es nicht auch *anders* sein?). Zum „nómos" gehört auch die Sprache: auch sie und ihre Wörter müssen dann nicht notwendig sein, wie sie faktisch sind. Nur wenn die Wörter „phýsei", auf „naturwüchsige" Weise, wären, wären sie im strengen Sinn richtig, nämlich notwendig so, wie sie sind. Es ist das Problem der „Richtigkeit der Namen" („orthótes tõn onomáton"). Plato fand also diese Frage, die er im „Kratylos" verhandeln lässt, schon vor. Und er lässt sie so verhandeln, als wolle er sie diskreditieren. Tatsächlich ist die Sprache für Plato nur „ein erster Anfangspunkt der Erkenntnis" (Cassirer, 64). Es gilt für die Wörter; es gilt aber auch für den (sich aus „onómata" und „rhémata" aufbauenden) Satz, die Rede, den „lógos". Der Weg muss für Plato von den „lógoi" zu den Dingen, den *Begriffen* der Dinge, gehen (so im „Phaidon" und in dem spezifisch sprachskeptischen „Siebten Brief"). Die philosophische Erkenntnis beginnt zwar in und mit der Sprache, muss sie aber dann transzendieren, sich von ihr befreien: eine deutliche

„philosophische" Distanzierung von den Wörtern.

Das Sprachthema bleibt in der Philosophie konstant; andererseits bleibt es aber doch, wie sich bereits bei Plato vorgezeichnet findet, ein Randthema, so wichtig es zeitweise, besonders in der Scholastik, auch wurde. Erst im 20. Jahrhundert, bei Nietzsche zuvor sich ankündigend, rückt die Sprache philosophisch ins Zentrum. Dies gilt für ganz verschiedene, ja sich gegenseitig ignorierende Richtungen. Denken wir nur an die Namen Carnap, Wittgenstein und Heidegger (Schulz 1972, 47, 73; Schulz 1967, 57, 90). Zu beachten ist hier vor allem, dass nunmehr das Thema „Sprache" – und hier geht es wiederum meist nur um die Wörter – nicht wie ein zusätzliches, bisher nicht oder zu wenig beachtetes Thema hervortritt, sondern dass sich, bei Wittgenstein besonders radikal, Philosophie überhaupt auf Analyse und Beschreibung von Sprache und alltäglich faktischer Sprachverwendung reduziert, wobei natürlich wieder die Wörter der fast ausschließliche Gegenstand sind. Es geht also keineswegs um „Sprachphilosophie" als einem (möglichen und wichtigen) Teilgebiet von Philosophie, sondern um Philosophie überhaupt.

Die wichtigsten Namen der philosophischen Wortkritik, nach Plato und Aristoteles, sind: die Stoiker (die auch, im Unterschied zu den „alten" Griechen, praktische fremdsprachige Kenntnisse hatten), dann Augustin, einige Scholastiker, dann Bacon, Locke und Hume, Humboldt, Nietzsche, Wittgenstein, Heidegger. Es gibt unter den Philosophen sprachskeptische und solche, die dies nicht oder weniger sind. Konsequenterweise wird bei den ersteren das Sprachthema wichtiger. Es fehlen hier also für die Philosophie äußerst wichtige Namen, etwa Descartes, Spinoza, Kant, Hegel. Dies heißt natürlich nicht, dass sich diese Denker für Sprache gar nicht interessiert hätten. Unter den neueren wären zwei Sprach- und Wortkritiker besonders zu nennen: Fritz Mauthner mit seinen 3 Bänden „Beiträge zu einer Kritik der Sprache" (von 1906 an) und Paul Valéry, der in dieser Rolle noch kaum wahrgenommen wurde (hier geht es zunächst um das unter dem Titel „Langage" aus den „Cahiers" Zusammengestellte).

Dass sich die Sprachskepsis besonders am Wort festmacht, sich also vornehmlich als Wortskepsis äußert, darf nicht verwundern. „Wort" ist ja bereits ein alltagssprachlicher Begriff; „Grammatik" sehr viel weniger. Das Wort erscheint dem vorwissenschaftlichen Bewusstsein als das sprachliche Grundelement. Auch sprachwissenschaftlich ließe sich begründet sagen: Sprache ist Sprache, insofern sie Wörter hat. Richtig ist, dass die Sprachwissenschaft dies nicht immer gesehen hat. Es gilt etwa für die generative Grammatik – besonders für deren Beginn (etwa Katz/Fodor 1963). Aber selbst ein Generativist wie Steven Pinker erklärt nun unzweideutig: „A word is the quintessential symbol" (Pinker 1995, 151). Hinzuweisen ist auch darauf, dass uns die Wörter bewußt sind: wir kennen und können ihre Signifikanten, wir kennen und können ihre Signifikate, und wir kennen und können die Indices („Wortvorstellungen"), die mit den Wörtern verbunden sind (etwa „vulgär" oder „poetisch"). Demgegenüber sind die Elemente der Syntax weithin, in einem deskriptiven Sinn, unbewusst (d.h.: sie *können* bewusst gemacht werden, sind aber *an sich* unbewusst). Schon deshalb werden sie weniger zum Gegenstand von Kritik. Kritik am Wort gehört in gewissem Sinn bereits zur Alltagssprache („Ich mag dieses Wort nicht"). Zu den essentiellen, also universellen Merkmalen der Sprache gehört Reflexivität, also Metasprache: Sprache kann mit ihr selbst zu ihrem Gegenstand gemacht werden. Das abstandnehmende Heraustreten aus ihr, das im Ansatz bereits der sprachliche Alltag kennt, wird in der Sprachkritik nur noch gesteigert. Die Wörter sind (in dem genannten Sinn) bewusst, die Syntax ist (rein deskriptiv gesehen) unbewusst: gerade das Unbewusste, die Grammatik, kann nun aber linguistisch ziemlich vollständig expliziert werden, während dies bei dem an sich Bewussten, den Wortinhalten, sehr viel weniger gelingt; es gibt da auch in der Linguistik einen weit geringeren Konsens. Dieser wichtige – kaum bedachte – Tatbestand gibt der (außerlinguistischen) Wortkritik zusätzlich Raum. Linguistisch ist die Wortkritik schon deshalb schwer zu greifen, weil sie nicht von den Prämissen der Linguistik aus argumentiert: die Wortkritik, die Sprachkritik überhaupt, wertet (bejaht oder verwirft – besonders das letztere) nach Kriterien, die der Linguistik, die beschreibt und erklärt (und sich darauf beschränkt), fremd sein müssen. Die Linguistik braucht aber Sprachkritik nicht zu verwerfen: es geht da einfach um zwei verschieden ansetzende Reflexionstypen über das Sprachliche; die Linguistik, die umgekehrt die Tendenz hat, alles Vorgefundene als „gerechtfertigt" zu betrachten, sollte das sprachkritisch geäußerte als Material für ihre Reflexion verwenden (es *kann* ihr jedenfalls – für ihre Beschreibungen und Erklärungen – dienlich sein).

Der Haushalt der Argumente der Wortkritik ist unvermeidlich beschränkt. Wir suchen, die Motive möglichst vollständig zusammenzustellen – in einem *systematischen* Sinne, denn es ist ausgeschlossen, den Weg der Wortkritik in der Knappheit, wie sie hier geboten ist, *historisch* zu entfalten; es müsste dann jeweils der Stellenwert des wortkritischen Motivs im Denken des jeweiligen Denkers ermittelt werden (dasselbe ist da oft nicht dasselbe). Doch bleiben wir zunächst im Historischen, um so zu zeigen, welcher sprachliche Grundtatbestand die Voraussetzung der Wortkritik ist: die Arbitrarität der Wortinhalte, oder vorsichtiger: die wechselnde Präsenz arbiträrer (kontingenter) Elemente in den Wortinhalten, *ganz* arbiträr sind sie nie.

Man sollte den Begriff der Arbitrarität auf den Wortsignifikanten beziehen: der Signifikant eines Worts ist arbiträr im Blick auf das mit diesem Signifikanten im Bewusstsein verbundene Signifikat. Im „Kratylos" fehlt eine klare Trennung; sie ist aber bei Aristoteles eindeutig gegeben. Aristoteles unterscheidet 4 Instanzen, die auch wir noch unterscheiden: 1. das Gesprochene, 2. die Vorstellungen „in der Seele", 3. das Geschriebene, 4. die Dinge „draußen" („Lehre vom Satz", „De interpretatione", 16a). Nach Aristoteles verhalten sich diese Instanzen so zueinander: das Geschriebene zeigt auf das Gesprochene; das Gesprochene zeigt auf die Vorstellungen „in der Seele"; die Vorstellungen sind „Abbilder" („homoiómata") der Dinge. Die Frage „phýsei" oder „thései" löst er so: das Wort ist als ganzes bloß traditionell (historisch). Dies impliziert nun auch, dass der Signifikant arbiträr ist in Bezug auf sein Signifikat (oder seine Signifikate); Aristoteles vertritt also implizit bereits das, was heute als „Saussuresches Prinzip" bekannt ist (Saussure gilt geradezu als Entdecker der Arbitrarietät; so sieht es etwa Pinker, 83). Sind auch die Signifikate arbiträr? Nach Aristoteles sicher nicht, da sie ja – für ihn – „Abbilder" der Dinge sind. Für ihn unterscheiden sich die Sprachen in ihren Lauten und in der Schrift; bei allen Menschen jedoch sind die Vorstellungen dieselben, so wie auch die Dinge dieselben sind. Dies sieht nun die gegenwärtige Linguistik zu Recht ganz anders. Da ist Konsens, unter Einschluss sogar der Generativisten, die jedoch die Unterschiede von ihrem „biologischen" Ansatz her eher minimalisieren. Tatsächlich müssen wir auch bei den Vorstellungen – nicht nur bei den Signifikanten – mit Unterschieden rechnen. Rein arbiträre Signifikate gibt nicht, mit Elementen aber von Arbitrarietät müssen wir rechnen. Wir können uns nicht darauf verlassen, dass die Dinge in unseren Köpfen abbildlich widergespiegelt sind, unabhängig von Konvention. Auch in den Wortsignifikaten sind Elemente von Geschichtlichkeit. Man braucht, um dies festzuhalten, nicht Anhänger der in der Tat kaum haltbaren sogenannten „sprachlichen Relativitätsthese" zu sein, die sich mit den Namen Sapir und Whorf verbunden hat, obwohl sie sich bereits bei Humboldt findet (und auch Humboldt hat Vorläufer). Selbst wenn Sprachen keine „Weltbilder" prägen und das Denken nicht in unentrinnbare Bahnen zwingen, muss konzediert werden, dass die Wortsignifikate Elemente des Arbiträren enthalten und dann auch einen bestimmten Einfluss auf das Denken gewinnen können. Da ist sogar mehr als Einfluss, nämlich Macht. Keineswegs ist „die Sprache als solche das Unschuldigste, da sie gegenüber ihren Verwendungen im Sprechen völlig unbestimmt ist" (Coseriu 1970, 133). Hierin liegt die eigentliche Logitimation der Wortkritik. Auch Wortinhalte müssen nicht so sein, wie sie faktisch sind; also könnten sie auch anders sein und sind kritisierbar.

Ein Motiv der Wortkritik ist die Befürchtung, dass uns die Sprache die Existenz von Dingen suggeriert, die es nicht gibt. Oder dann, dass sie die Dinge anders darstellt, als sie in Wirklichkeit sind. Es bleibt ja dabei, dass die Wortinhalte „irgendwie" „Abbilder" sind – von tatsächlichen oder bloß imaginierten Dingen. Aber eben: die Art der „Abbildung" ist einzelsprachlich bedingt. Aus der „Abbildlichkeit" der Wortsignifikate stellt sich unvermeidlich etwas wie die Wahrheitsfrage an das Wort (obwohl Wahrheit erst eine – mögliche – Eigenschaft aussagender Sätze ist; aber ein Wort ist, so gesehen, ein impliziter Satz): ist die mit dem Wort verbundene Vorstellung zutreffende Widerspiegelung? Oder bezieht sie sich gar nur auf Imaginiertes? Solche Wortkritik findet sich signifikant am Beginn der Neuzeit bei Francis Bacon. Er unterscheidet mehrere „Trugbilder" („idola"), die unvoreingenommene Beobachtung und unvoreingenommenes Denken verhindern. Die „Idole des Stamms", „idola tribus", führen dazu, dass alles nach dem Maß des Menschen beurteilt wird. Die „Idole der Höhle", „idola specus", führen zur Absolutsetzung des eigenen subjektiven Blickwinkels. Die „Idole der Bühne", „idola theatri", beziehen sich auf Vorurteile, die sich aus der – gerade auch gelehrten – Tradition ergeben. Schließlich, viertens, die „Idole des Markts", „idola fori": sie sind nun die der Sprache, und wieder geht es hier um die Wörter – Wörter führen uns dazu, Dinge zu sehen, wo gar keine sind, oder sie verzerren unsere Sicht auf die Dinge.

Ein anderes Motiv ist der Ungenauigkeitsvorwurf. Paul Valéry: „Ich misstraue allen Wörtern, denn die geringste Überlegung läßt es als absurd erscheinen, dass man ihnen traut. Ich bin dazu gekommen, leider, diese Wörter, mit deren Hilfe man so leicht den Raum eines Gedankens durchquert, mit leichten Brettern zu vergleichen, die man über einen Abgrund wirft und die es erlauben, dass man rasch hinübergeht, aber nicht, dass man auf ihnen stehen bleibt [...]. Wer sich beeilt, hat verstanden; man darf sich nicht schwer machen: man würde sonst bald herausfinden, dass die klarsten Äußerungen aus dunklen Wörtern gewoben sind" – die Stelle ist subtil, weil sie gleichzeitig – und sehr zu Recht – hervorhebt, dass die an sich gegebene Ungenauigkeit der Wörter (wenn man sie nämlich für sich selbst nimmt) klare Äußerungen keineswegs unmöglich macht. Valéry erklärt geradezu: „Ich empfinde Verachtung für die Welt der Sprache", und: „Das Geheimnis eines gut begründeten Denkens beruht auf dem Mißtrauen gegenüber den Sprachen". Und wie Bacon unterstellt auch er: „vorhandenen Namen werden Dinge unterlegt".

Der Ungenauigkeitsvorwurf betrifft das intellektuell Begriffliche. Er kann sich aber auch auf das Gefühlsmäßige beziehen. Solche Wortkritik gehört zu dem, was Mauthner als „sentimentale Sprachkritik" bezeichnet. Hiermit ist gemeint, dass die Wörter weithin auch untauglich seien zum genauen Ausdruck des Affektiven. Hierfür steht Schillers bekannter Vers mit den gewichtigen beiden Kursivschreibungen: „*Spricht* die Seele, so spricht, ach, schon die *Seele* nicht mehr". Wenn also die Seele anhebt zu sprechen, ist, was spricht, schon nicht mehr sie, sondern ein von ihr Verschiedenes. Im Grunde gehört, was E.R. Curtius unter „Unsagbarkeitstopoi" zusammenfasst, ebenfalls hierher, obwohl Curtius, unphilosophisch, auf diesen sprachlichen Sachverhalt nicht rekurriert. Es wäre dann hier die „Betonung der Unfähigkeit", der zu beschreibenden Sache gerecht zu werden und zwar aufgrund eines Mangels nicht des Sprechenden, sondern der Sprache selbst. Auch das „je ne sais quoi" der französischen Klassik gehört zweifellos hierher: das Bemühen um „Genauigkeit" („justesse") scheitert eben doch, bei aller „Feinheit" der französischen Sprache, immer wieder, und dann tritt das „je ne sais quoi" ein. Vielfach wird beim Gefühlsmäßigen auf Metaphorik rekurriert; sie findet sich aber nicht nur hier. Curtius: „Die Metaphern sind bei Proust Mittel zur Erzielung eines genauen Anschauungsbildes, sie dienen nicht einer emotionalen Färbung des Vorgangs. Sie sind Werkzeuge der Erkenntnis". Und Curtius zitiert an dieser Stelle eine Äußerung Middleton Murrys, die eben dies hervorhebt, wohl nicht nur als „Feststellung, sondern auch als stilistische Anweisung: „Try to be precise, and you are bound to be metaphorical" (Curtius 1952, 50/51). Dann aber liegt auf der „Präzision" der Schatten der Analogie.

Hier ist ein weiterer Punkt der Wortkritik. Bereits aus der Äußerung Middleton Murrys geht hervor, dass das Metaphorische, dort, wo es intellektueller Präzision dient, Ersatzpräzision ist, Ausweichen in ein Substitut. Unter „literarischen" Gesichtspunkten mag dies anders erscheinen, und sicher wäre eine solche Sicht im Blick auf dichterisches Sprechen sehr verkürzt: da ist Metaphorik nicht subsidiär. Wenn es aber um Gedankliches geht, hat es etwas Missliches. Man kann es jedenfalls so sehen, und es wird so gesehen. Die Metapher gehört ja keineswegs nur zur dichterischen Sprache; sondern schon zur Alltagssprache; dann aber – und hier mag das Metaphorische als besonders problematisch erscheinen – ist es auch in der Sprache der Wissenschaften keineswegs selten. So gebraucht die Molekularbiologie in sehr fundamentalem Sinn eine Sprachmetaphorik: „Sprache der Gene", „genetischer Code", „genetisches Alphabet", „genetische Wörter" etc. Da mag dann leicht verloren gehen, dass es sich wirklich *bloß* um eine Metapher handelt und nicht um eine wirkliche Analogie oder gar Identität, wie dies etwa Pinker suggeriert (Pinker 1995, 84/85): „the two systems in the universe that most impress us with their open-ended complex design – life and mind – are based on discrete combinatorial systems". Übrigens, auch hier wieder, die schlichte Gleichsetzung von Sprache und Geist (Denken). Hierher gehört eine Äußerung von Nietzsche, die wieder bei der Wahrheit ansetzt: „Was ist also Wahrheit? Ein bewegliches Heer von Metaphern, Metonymien, Anthropomorphismen, kurz: eine Summe von menschlichen Relationen, die, poetisch rhetorisch gesteigert, übertragen, geschmückt wurden, und die nach langem Gebrauche einem Volke fest, canonisch und verbindlich dünkten: die Wahrheiten sind Illusionen, von denen man vergessen hat, dass sie welche sind, Metaphern, die abgenutzt und sinnlich kraftlos geworden sind, Münzen, die ihr Bild verloren haben und nun als Metall, nicht mehr als Münzen in Betracht kommen" (I, 880/881, „Über Wahrheit und Lüge im aussermoralischen Sinne", 1873). Hier finden wir wieder die Anthropomorphismen, also die „Trugbilder des Stamms" von Bacon, dann, speziell wortkritisch, die Metapher und die Metonymie als „Trugbilder des Markts": Metapher setzt Similarität voraus oder postuliert sie, sie überträgt von einer Sphäre in eine andere (zum Beispiel von der Sprache in die der chemischen Mikroprozesse, die die Ontogenese steuern), dann Metonymie, die auf dem Prinzip der Nachbarschaft, der Kontiguität, beruht (ein Teil wird für einen anderen Teil genommen, weil beide gemeinsam auftreten, oder das Ganze wird für einen Teil genommen oder ein Teil für das Ganze; es gibt hier noch die feinere Unterscheidung zwischen Metonymie und Synekdoché). Similarität und Kontiguität sind die beiden fundamentalen Assoziationstypen, die sowohl in der Synchronie als auch (und vor allem) in der Diachronie von enormer Bedeutung sind. Die Äußerung Nietzsches weist auf einen weiteren Tatbestand hin, der zur Wortkritik gehört. Metapher impliziert, dass sie dem Bewußtsein präsent ist, bewußtseinsmäßige Kopräsenz beider Sphären. Nur dann handelt es sich um eine lebendige Metapher. Nun aber haben diese Figuren die Tendenz zu verblassen. Die Übertragungen werden nicht mehr als solche gefühlt, sondern mechanisch gebraucht. Sie werden dadurch quasi verbegrifflicht, obwohl es sich doch um eigentliche Begriffe gar nicht handelt, sondern letztlich, im Fall der Metapher, um bloß behelfsmäßige Vergleichsbilder, gleichsam Illustrationen: „Münzen, die ihr Bild verloren haben und nun als Metall, nicht mehr als Münzen in Betracht kommen", wie Nietzsche hier mit einer schlagenden und neuen und also lebendigen Metapher formuliert. Die Münzen haben nur noch ihren Metallwert.

Die Ex-Metaphern sind wirklich nur noch ungenaue Begriffe, die aber imstande sind – ein spezifisches „idolum fori" –, Genauigkeit vorzutäuschen. Gewiss ist das Feld der Metapher ein weites; richtig ist aber auf jeden Fall, dass Metaphorik wortkritisch zum Gegenstand gemacht werden kann und vielfach wurde. Metapher und Metonymie gehören, trotz ihrer Verschiedenheit, wortkritisch eng zusammen; zu ihnen gehören auch Hyperbel und Euphemismus. Mit der Metapher und der Metonymie teilen sie die Eigenschaft zu verblassen. Sie werden rasch nicht mehr als solche gefühlt und dadurch quasi verbegrifflicht, und wieder ist diese Verbegrifflichung wortkritisch zu beanstanden.

Wörter sind ein Instrument der Erkenntnis, also der Differenzierung: dies und nicht dies; nicht dies, sondern dies. Hierin steckt der wichtige Gedanke des „Oppositiven" (der Strukturalismus hat hier aber *ein* Element zu Unrecht verabsolutiert). Wer sich für ein Wort entscheidet, weist implizit andere zurück. Das „omnis determinatio negatio" des Spinoza gilt in gewissem Sinn auch hier: jede Festlegung ist auch ein Absprechen. Wir haben nichts anderes als Wörter. Aber sie können auch als Schleier verwendet werden, oder sie sind faktisch etwas wie ein Schleier, der sich vor die Wirklichkeit stellt oder Scheinwirklichkeiten schafft. Mephistopheles, in der Rolle Fausts, in seiner denkwürdigen Studienberatung: „Im Ganzen – haltet euch an Worte! / Dann geht ihr durch sichre Pforte / Zum Tempel der Gewißheit ein. / Schüler: Doch ein Begriff muss bei dem Worte sein. / Mephistopheles: Schon gut! Nur muss man sich nicht allzu ängstlich quälen; / Denn eben wo Begriffe fehlen, / Da stellt ein Wort zur rechten Zeit sich ein. / Mit Worten läßt sich trefflich streiten, / Mit Worten ein System bereiten, / An Worte läßt sich trefflich glauben, / Von einem Wort läßt sich kein Jota rauben" (Vers 1990–2000). Die Sprache der Wissenschaft sollte sich darin von der Alltagssprache unterscheiden, dass ihre Wörter, „Prädikatoren", Termini mit verabredeten, fest umrissenen Begriffen sind. Mephistopheles unterstellt hier (was das Faktische angeht, gewiss nicht ohne Grund), dass gerade auch in der Wissenschaft Verhältnisse vorliegen, die denen der Alltagssprache entsprechen. Auch da geht es vielfach um bloße Wortsignifikanten ohne wirkliche, gleichzeitig realisierte Begriffe.

Die Wortkritik richtet sich, wie hier deutlich wird, auf die beiden Funktionen, die bereits Platon im „Kratylos" (632) herausstellt: Sprache einerseits als Werkzeug der Unterscheidung („órganon diakritikón"), zweitens als Werkzeug zur Mitteilung („órganon didaskalikón"). Dass die Wörter zur Unterscheidung von Dingen dienen, dass wir in der sprachlichen Ontogenese die Verschiedenheit der Dinge durch die Verschiedenheit der Wörter erfahren, dass wir unbewußt unterstellen, da, wo verschiedene Wörter sind, seien auch verschiedene Dinge, ist unbestreitbar. Ebenso

12. Das Wort in der sprachkritischen Reflexion

unbestreitbar ist, dass wir Wörter mehr oder minder erfolgreich zur Mitteilung verwenden. Trotzdem ist hinsichtlich beider Funktionen immer wieder ein Scheitern zu konstatieren. Diese Instrumente können versagen, und sie können auch, was übrigens indirekt ihre relative Tauglichkeit bestätigt, bewusst irreführend gebraucht werden. Paradigmatisch lässt sich dies zeigen im Blick auf die Synonyme.

Man kann unter den Wörtern einer Sprache die „undurchsichtigen" von den „durchsichtigen" unterscheiden. Die letzteren unterscheiden sich dadurch von den „undurchsichtigen", dass sie nicht nur benennen, sondern in ihrem Benennen schon etwas sagen. Die Bildung Adams, des ersten Mannes, im Blick auf die Frau, „ischa", also von „isch", seinem eigenen Namen abgeleitet, sagt etwas aus erstens über sich selbst („ich komme von dem Wort isch her"), zweitens über das neu ins Blickfeld getretene „Ding" (die Frau kommt vom Mann her und ist auf ihn zugeordnet, wie auch er auf sie). Da nun diese Wörter etwas sagen, können sie auch etwas Falsches sagen. Es können unwahre Wörter sein oder einfach solche, die einem nicht gefallen. So sind gerade diese Wörter ein Ansatz für Kritik (Gauger 1971). Die philosophische Sprachkritik hat Karl Jaspers scharf und knapp umrissen: „Der Tatbestand, dass jede Sprache eine besondere ist" (weil sie spezifische Wörter hat), „jedes Wort eine schwebende" (nicht mehr als solche lebendige) „Metapher bedeutet, jeder Satz eine Verfestigung in ein Endliches bringt, hat Formulierungen bewirkt, die alle den Satz umkreisen: Beginne ich zu sprechen, so beginne ich zu irren... Diese Beurteilungen der Sprache ... irren selbst, weil sie verabsolutieren, was eine begrenzte Wahrheit hat ... Nur was Sprache geworden ist" (in Worte gefaßt wurde), „ist geistig da, weil es bewußt ... geworden ist ... Aber wir gehen über die gewonnene Sprache auch hinaus, befreien uns von der Bindung durch sie, jedoch nur so, dass wir Sprache mit Sprache vertauschen, nicht die Sprache überhaupt entbehren können" (Jaspers 1964, 44–46).

Zusammenfassend: Es gibt eine *philosophische* Sprachkritik, von den Vorsokratikern, den Sophisten und Platon an, die vorwiegend erkenntniskritisch gerichtet ist und im 20. Jahrhundert besondere Bedeutung gewinnt und dabei auch über das bloß Erkenntniskritische entschieden hinausgreift. Sie bezieht sich vor allem auf das Wort, wenngleich nicht ausschließlich. Sodann gibt es eine politisch moralische Sprachkritik. Auch für sie finden sich bereits in der griechischen Antike Beispiele (Gauger 1995, 47). Diese Kritik richtet sich nicht gegen das Wort als solches, sondern gegen bestimmte Wörter. Als Beispiel sei hier die vormals berühmte Sammlung „Aus dem Wörterbuch des Unmenschen" (1945) von D. Sternberger, G. Storz und W.E. Süskind genannt. Auch U. Pörksens „Plastikwörter" (1988) gehören hierher. Sodann gibt es die *literarische* Sprachkritik, die im wesentlichen auch wieder Wortkritik ist. Dies ist nun ein spezifischer Zug der modernen Dichtung. Solche Sprach- und Wortkritik findet sich in der Tat in früherer Dichtung nicht: eine prinzipielle Infragestellung des Worts. Man müsste hier eine Linie ziehen von dem Glauben der klassischen Zeit, besonders in Frankreich, an das „treffende Wort", „le mot juste", dem Wort, das da ist und bei intensiver Suche auch gefunden werden kann, und es vermag, das jeweils Gemeinte genau zu treffen, bis hin zum Rückzug auf die Sprache, zur Sprachmagie der modernen Dichtung, der Rettung des Dichterischen in der Sprache und durch die Sprache, bis dann auch dieses Vertrauen erlischt und eine tiefe – gerade auch poetisch literarisch motivierte – Wortskepsis übrigbleibt „words fail, there are times when even they fail", heißt es in Becketts „Happy days", einem Stück, in dem immer wieder die Angst hervortritt, das Sagbare habe sich verbraucht: „There is so little one can say, one says it all". Sodann gibt es auch eine *theologisch religiös orientierte* Sprachkritik: auch in diesem Bereich wird eine Krise des Worts empfunden, ein Ungenügen am sprachlich Überkommenen. Dietrich Bonhöffer: „Unsere Kirche, die in diesen Jahren nur um ihre Selbsterhaltung gekämpft hat, als wäre sie ein Selbstzweck, ist unfähig, Träger des versöhnenden und erlösenden Wortes für die Menschen und für die Welt zu sein. Darum müssen die früheren Worte kraftlos werden und verstummen, und unser Christsein wird heute nur in zweierlei bestehen: im Beten und im Tun des Gerechten unter den Menschen" (Ebeling, 69/70). Schließlich gibt es eine *philologisch orientierte* Wortkritik. Vormals berühmt – nur ein Beispiel – das Buch von G. Wustmann: „Allerhand Sprachdummheiten" (1891): „Von *Arzt* hat man in der letzten Zeit *Ärztin* gebildet. Manche getrauten sich, das anfangs nicht zu sagen, und sprachen von *weiblichen Ärzten*, es ist aber nichts dagegen einzuwenden". Die Bildung *Beamtin* fand er jedoch „entsetzlich". Man sieht, wie derlei Dinge sich wandeln. Zu nennen ist hier auch der speziell deutsche Kampf gegen das

Fremdwort, der freilich in Frankreich eine Art Entsprechung hat, zum Beispiel: R. Etiemble „Parlez-vous franglais?" (1964). Das Kriterium ist hier sprachliche „Reinheit". Ursprünglich war dieser klassisch rhetorische Begriff nicht primär gegen das fremde Wort gerichtet, sondern orientierte sich am „guten" Sprachgebrauch. Zu Beginn des 19. Jahrhunderts kam dann aber eine spezifisch romantische, auch spezifisch deutsche und ungute Vorstellung von Reinheit auf: Ablehnung des Fremden, bloß weil es (Metapher!) nicht dem eigenen Wurzelboden entspross. Wir sind hier in der Tat beim Boden und auch schon beim Blut. Im Englischen scheint diese Abneigung ganz abwesend zu sein: da heißen diese Wörter charakteristisch nicht etwa „foreign words", sondern „schwierige Wörter", „hard words". Das heißt: sie gehören *auch* dazu, sind aber halt schwer, weil oft lang und nicht an anderen Wörtern festgemacht. Übrigens können Fremdwörter auch deshalb Ablehnung finden, weil sie dem Verständnis Schwierigkeiten – zum Teil unnötige Schwierigkeiten – entgegensetzen. Dies war 1697 besonders der aufklärerische Einwand von Leibniz, der übrigens „Purist" durch „Eigendünkler" übersetzte (Gauger 1995, 53).

So finden wir also Wortkritik in je verschiedener Weise in den vier großen Bereichen: in der Lebenswelt, in der Wissenschaft (speziell in der Philosophie), in der literarischen, der Sprach- oder Wortkunst – und zwar in der Moderne (und für sie kennzeichnend) als Bestandteil dieser Kunst selbst – und in der Religion. Was die letztere angeht, bezogen wir uns nur auf die christliche und die jüdische. Die kanonischen Schriften, auf denen diese beruhen, sind aber keineswegs wortskeptisch; besonders das Christentum ist von Anfang an, wie es scheint, gegenüber jeder Sprache völlig offen (schon die Paulusbriefe und die Evangelien wurden ja auf griechisch, also nicht in der Sprache Jesu, geschrieben); diese Offenheit gilt sogar für die römische Kirche. Im Islam hingegen haben wir – das ist in dieser Religion gegenüber Juden- und Christentum ganz neu – eine feste Bindung an eine bestimmte Sprache: auch dies ist wohl sprachskeptisch zu verstehen. Anders wieder die fernöstlichen Religionen, die vielfach durch äußerste Sprachskepsis gekennzeichnet sind. Das anzustrebende Ziel ist es hier, die Wörter gleichsam hinter sich zurückzulassen. „Das Tao, das ausgesprochen werden kann, ist nicht das Tao"; so beginnt das „Tao te king" („Dau-Dö-Ging") des Laotse (oder: „Ist die Führerin des Alls in Worten anführbar, / So ist es nicht die ewige Führerin. / Ist ihr Name nennbar, / So ist es nicht ihr ewiger Name"; so übersetzt E. Rousselle, 1958). Der indische Denker Nagarjuna (etwa 2. Jahrhundert n. Chr.) lehrt: „das Wandeln in Zeichen (nimitta) ist ein Wandeln im Schein", oder: „Der Buddha sagt: Meine Lehre ist zu denken das Denken des Nichtdenkens, zu sprechen die Sprache des Nichtsprechens..." (Jaspers 1957, 328, 33; auch Waldenfels über Logos und Sigé, Wort und Schweigen, 19). Demgegenüber ein christlicher Theologe: „Der Sinn des Wortes 'Gott' – so könnte man gewagt resümieren – ist die Grundsituation des Menschen als Wortsituation... Durch das Reden von Gott wird der Mensch bei seiner Sprachlichkeit behaftet. Und zwar nimmt das Wort 'Gott' darauf Bezug, dass der Mensch in seiner Sprachlichkeit seiner selbst nicht mächtig ist. Er lebt von der Macht eines Wortes, das nicht das seine ist, und hungert zugleich nach der Macht eines Wortes, das gleichfalls nicht das seine sein kann" (Ebeling 1966, 54, 57).

Nebenbei: dass das Wort gleichsam „prototypenhaft" als Sprache und Sprechen empfunden und dann als Name aufgefasst wird, zeigt auch diese Stelle (wie auch die Rousselle-Übersetzung des „Dau-Dö-Ging"). Das Wort „Wort" kann im Deutschen, wie in anderen Sprachen, verwendet werden im Sinne einer ganzen – freilich dann kürzeren – Äußerung; ein alltagssprachlich gängiger Gebrauch („ein Wort von Goethe", „un mot de Pascal", „a word of Shelley"); im Deutschen haben wir hierfür sogar – aber dies wird keineswegs streng eingehalten (es heißt Sprichwörter, nicht Sprichworte) – zwei nach der Semantik verschiedene Plurale: „Worte" und „Wörter". Im Sprachgebrauch selbst finden wir also die Identifizierung von Wort mit Sprechen und mit Sprache: Wort ist, bereits für sich selbst, Sprechen und Sprache.

Literatur in Auswahl

Aristoteles, *Kategorien / Lehre vom Satz (Organon I/II)*. Hamburg: Meiner-Verlag 1962.

Blank, Andreas (1997), *Prinzipien des lexikalischen Bedeutungswandels am Beispiel der romanischen Sprachen*. In: *Beihefte zur Zeitschrift für romanische Philologie*, Band 285. Tübingen: Niemeyer-Verlag.

Cassirer, Ernst (1956), *Philosophie der symbolischen Formen*. 1. Teil: *Die Sprache*. Darmstadt: Wissenschaftliche Buchgesellschaft.

Coseriu, Eugenio (1969), *Die Geschichte der Sprachphilosophie von der Antike bis zur Gegenwart. Eine*

Übersicht. Teil I: *Von der Antike bis Leibniz.* Stuttgart: Druck Polyfoto.

Curtius, Ernst Robert (1952), *Marcel Proust.* Berlin etc.: Suhrkamp.

–, (1993), *Europäische Literatur und lateinisches Mittelalter,* A 11. Tübingen etc.: Francke-Verlag.

Ebeling, Gerhard (1966), *Gott und Wort.* Tübingen: Mohr-Verlag.

–, (1971), *Einführung in theologische Sprachlehre.* Tübingen: Mohr-Verlag.

Gauger-Hans-Martin (1971), *Durchsichtige Wörter. Zur Theorie der Wortbildung.* Heidelberg: Winter-Verlag.

–, (1972), *Zum Problem der Synonyme. Avec un résumé en français: apport au problème des synonymes.* Tübingen: Narr-Verlag.

–, (1973), *Die Anfänge der Synonymik: Girard (1718) und Roubaud (1785).* Tübingen: Narr-Verlag. *Sprach-Störungen, Beiträge zur Sprachkritik* (Hrsg. H.-M. Gauger). München: Hanser-Verlag 1986.

–, (1995), *Über Sprache und Stil.* München: C.H. Beck-Verlag.

Heidegger, Martin (1953), *Sein und Zeit.* Tübingen: Niemeyer-Verlag (7. Auflage).

–, (1967), *Wegmarken.* Frankfurt: Klostermann.

Jaspers, Karl (1967), *Aus dem Ursprung denkende Metaphysiker. Anaximander, Heraklit, Parmenides, Plotin, Anselm, Spinoza, Laotse, Nagarjuna.* München: R. Piper & Co. Verlag.

–, (1964), *Die Sprache.* München: Piper-Verlag.

Kainz, Friedrich (1962), *Psychologie der Sprache,* Band 1: *Grundlagen der allgemeinen Sprachpsychologie.* Stuttgart: Ehnke.

Katz, Jerrold/Fodor, Jerry (1963), *The structure of a semantic theory.* In: *Language,* Band 39, 170–210.

Pinker, Steven (1995), *The Language Instinct. How the Minde creates Language.* New York.

Pörksen, Uwe (1988), *Plastikwörter. Die Sprache einer internationalen Diktatur.* Stuttgart: Klett-Cotta.

–, (1997), *Weltmarkt der Bilder, Eine Philosophie der Visiotype.* Stuttgart: Klett-Cotta.

–, (1994), *Wissenschaftssprache und Sprachkritik, Untersuchungen zu Geschichte und Gegenwart.* Tübingen: Narr-Verlag.

Rosenzweig, Franz (1988), *Der Stern der Erlösung.* Frankfurt: Suhrkamp.

Schmich, Walter (1987), *Sprachkritik, Sprachbewertung, Sprecherkritik.* Dossenheim: Schmich.

Schulz, Walter (1967), *Wittgenstein, Die Negation der Philosophie.* Pfullingen: Verlag Günther Neske.

Valéry, Paul (1987), *Cahiers/Hefte,* Band 1. Frankfurt: Fischer.

Waldenfels, Hans (1983), *Wort und Schweigen. Ein Vergleich von Buddhismus und Christentum.* In: *Das Schweigen und die Religionen* (Hrsg. Raimund Sesterhenn). München/Zürich: Verlag Schnell & Steiner.

Weizsäcker, Carl-Friedrich von (1959), *Sprache als Information.* In: *Die Sprache.* 5. Folge des Jahrbuchs *Gestalt und Gedanke* (Hrsg. Bayerische Akademie der Schönen Künste). München: Oldenbourg.

*Hans-Martin Gauger,
Freiburg (Deutschland)*

13. Das Wort in der feministischen Sprachreflexion. Eine Übersicht

1. Feministische Sprachreflexion und feministische Linguistik
2. Bezeichnungen für Männer und Frauen
3. Androzentrik
4. Deontische Bedeutungskomponenten
5. Geschlechtsspezifische Wortbedeutung
6. Wortgebrauch von Männern und Frauen
7. Literatur in Auswahl

1. Feministische Sprachreflexion und feministische Linguistik

Feministische Sprachreflexion ist nicht gleichzusetzen mit *linguistischer* Sprachreflexion. Gerade die feministische Sprachkritik, wie sie im Kontext der politischen Frauenbewegung der 60er und 70er Jahre öffentlichkeitswirksam wurde, muss eher als Vorläuferin denn als Produkt einer eigentlich *linguistischen* Auseinandersetzung mit den geschlechtsspezifischen Aspekten von Sprache und Sprachgebrauch betrachtet werden. Dass bereits 1972 in einem Rundschreiben des westdeutschen Bundesinnenministers die Abschaffung der Anrede „Fräulein" im öffentlichen Sprachgebrauch empfohlen wird, ist – wie etwa auch die 'Erfindung' des Pronomens *frau* als Alternative zu *man* – frühes Resultat einer weitgehend vorlinguistischen feministischen Sprachkritik.

Aber auch feministische Entwürfe im Kontext philosophischer, psychologischer und literaturwissenschaftlicher Theoriebildung, wie sie etwa von Luce Irigaray, Julia Kristeva oder Mary Daly in den 60er und 70er Jahren entwickelt wurden, thematisieren Sprache als Ausdruck und Medium einer patriarchalen Gesellschaftskonstruktion und rücken dabei einerseits die Ordnung der Syntax, andererseits die realitätskonstituierende Macht der Wörter ins Blickfeld feministischer Kritik.

Die programmatischen Forderungen dieser Kritikerinnen, die auf die Utopie einer Sprache abzielen, die ein genuin weibliches Sprechen möglich machen soll, lassen sich – vereinfacht und hier auf die Überlegungen zur Wortebene beschränkt – lesen als Forderung nach einer auf analytische Dekonstruktion ausgerichteten Überprüfung des Lexikons, als Forderung „to examine and analyse this language, [...] exposing the bag of semantic tricks intended to entrap women" (Daly 1978, 112), sowie als Anstoß zu einem innovativen, der Kontrolle durch Sprachgebrauchsnormen enthobenen Umgang mit Wörtern und Wortbedeutungen. Die produktiven Konzepte, die sich aus der feministischen Theoriebildung für die sprachtheoretische Diskussion ergeben, wurden von der *feministischen Linguistik* insgesamt zu wenig berücksichtigt. Andererseits tendiert zumindest ein Teil der erwähnten nicht-linguistischen Ansätze zu einem „etwas naiven Wortrealismus" (Postl 1991, 267), dessen Plakativität zwar zur Sensibilisierung der Öffentlichkeit auf den Zusammenhang von Sprache und Geschlecht beiträgt (so v. a. die Arbeiten von Mary Daly in den USA), der andererseits aber auch die Gefahr in sich birgt, dass dieser Zusammenhang banalisiert und damit in seiner sprachtheoretischen wie politischen Brisanz desavouiert wird.

Die *feministische Linguistik*, die sich erst im Verlauf der 70er Jahre als eigenständiger Forschungsbereich etablierte, hat sich mit der Größe 'Wort' besonders ausführlich im Kontext der Diskussionen um das *generische Maskulinum* beschäftigt, d. h. mit der Frage nach dem „Mitgemeintsein" von Frauen bei der Verwendung grammatisch maskuliner Personenbezeichnungen (für den deutschsprachigen Bereich grundlegend hierzu die Arbeiten von Luise F. Pusch). Neben dieser speziellen Problematik, die sich je nach Objektsprache unterschiedlich stellt, wurden lexikologische Fragestellungen in der feministischen Linguistik in verschiedenen Zusammenhängen thematisiert, etwa als Frage nach der Pejorisierung von Personenbezeichnungen, nach sprachlichen Stereotypen, nach der Existenz von 'weiblichen' bzw. 'männlichen' Wort-schätzen etc. Solche Fragen wurden aber – im Gegensatz etwa zu Fragen des geschlechtsspezifischen Gesprächsverhaltens – kaum je ins Zentrum der Theoriebildung bzw. der Empirie gerückt. Ein Blick in die Studienbibliographie „Sprache und Geschlecht" (Peyer/Groth 1996) sowie in Einführungs- und Übersichtswerke (Schoenthal (Hrsg.) 1998, Samel 1995, Postl 1991) kann diese Gewichtung veranschaulichen.

2. Bezeichnungen für Männer und Frauen

2.1 Zur Generik maskuliner Personenbezeichnungen

Einen v. a. in der öffentlichen Wahrnehmung zentralen Bereich feministischer Sprachkritik bildet die im Deutschen – und in anderen Genus-Sprachen – systematisch mögliche und im Sprachgebrauch übliche *generische Verwendung des Maskulinums* zur Referenz auf (oder Prädikation über) weibliche Personen bzw. auf weibliche oder gemischtgeschlechtliche Personengruppen *(Hannah ist Lehrer; die Schüler der dritten Volksschulklasse)*.

Die bei solcher Sprachverwendung manifeste Inkongruenz von *Genus* (grammatischem Geschlecht) und *Sexus* (biologischem Geschlecht) wird in der feministischen Diskussion nicht nur als sprachsystematisches, sondern ebenso als sprachpolitisches Problem betrachtet, wobei vor allem die faktische Generik des Maskulinums in Zweifel gezogen wird.

So lassen sich jederzeit Belege dafür finden,
(1) dass als generisch geltende Personenbezeichnungen ebenso wie generische Pronomina in vielen Fällen auch dort faktisch auf Männer(gruppen) referieren, wo eine generische Verwendung pragmatisch erwartbar wäre (*"Americans of higher status have less chance of having a fat wife"* – Black/Coward 1990, 121),
(2) dass auch bei Tieren Gattungsbezeichnungen habituell 'männlich' ausgedeutet werden *(das Weibchen des Pottwals, Meister Lampe)*,
(3) dass das Nebeneinander von – je nach Kontext – tendenziell eher generisch oder eher männlich auszudeutenden Formen *(Lehrerkonferenz* vs. *Lehrerturnen)* zu einem erhöhten Interpretationsaufwand führt, wenn geklärt werden soll, ob Frauen zum aktuellen Referenzbereich einer generisch maskulinen Personenbezeichnung zählen oder nicht.

Feministische Sprachkritikerinnen haben deshalb immer wieder darauf hingewiesen, dass die Kontextabhängigkeit der generischen Interpretation maskuliner Personenbezeichnungen (differenzierend hierzu Doleschal 1992) diese zwangsläufig zum Objekt sprach- und machtpolitischer Entscheidungen macht, v. a. im öffentlichen Sprachgebrauch. Die Tatsache, dass die nur *potentielle* Generik des Maskulinums rezeptiv faktisch unterlaufen wird, wird dahingehend gedeutet – und durch die Untersuchung von Klein (1987) zumindest tendenziell belegt –, dass das maskuline Genus letztlich doch eine entsprechende semantische Interpretation nahe legt. Richtlinien zur „geschlechtergerechten Formulierung", wie sie in den letzten Jahren oft im Auftrag von staatlichen Stellen mit Blick auf die Verwaltungs- und Gesetzessprache verfasst wurden, empfehlen deshalb neben der Verwendung von Paarformeln *(Kundinnen und Kunden)* und Kurzformen (dies nur in der geschriebenen Sprache: *Kund(inn)en, KundInnen* etc.) auch die Verwendung geschlechtsneutraler (die *Studierenden*) bzw. geschlechtsabstrakter Personenbezeichnungen (das *Personal,* die *Lehrpersonen*).

Neuere Untersuchungen belegen andererseits, dass auch eine im Bereich der Personenbezeichnungen geschlechtsneutralere Sprachstruktur als die des Deutschen nicht automatisch zu einer geschlechtsneutralen Ausdeutung der jeweiligen Ausdrücke führt (Braun 1997). Personenbezeichnungen scheinen – jenseits von Genus-Implikationen – über einen Geschlechtsbias zu verfügen, der sich in erster Linie aus den sozialen Geschlechterverhältnissen ergibt und sich oft selbst durch die explizite Benennung beider Geschlechter nicht völlig aufheben lässt.

2.2 Wortbildungsmuster

Angesichts bisheriger Forschungsergebnisse gilt der feministischen Sprachkritik die Verwendung von Paarformeln als die – für Genussprachen – immerhin wirksamste Form der 'Sichtbarmachung der Frauen in der Sprache'. Die Bildung solcher Formeln ist im Deutschen meist problemlos, da aus den meisten maskulinen Personenbezeichnungen die entsprechenden femininen Formen durch Movierung abgeleitet werden können: *Kranführerin* zu *Kranführer, Ärztin* zu *Arzt* etc. Auch bei Lehnwörtern sind entsprechende Ableitungen möglich, zum Teil steht hier die zielsprachige Ableitung neben einer ebenfalls möglichen ausgangssprachigen *(Chauffeurin/Chauffeuse)*. Das Faktum, dass es sich bei solchen Feminina um Ableitungen mit der maskulinen Form als Stamm handelt, hat mit Verweis auf die Semiotik dieses Bildungsmusters, das die feminine Form als die 'sekundäre' erscheinen lässt, auch zu Vorbehalten gegenüber movierten Formen geführt (Doleschal 1992). Dieser Vorbehalt entfällt bei der Bildung von femininen Personenbezeichnungen mit dem Grundwort *-frau* (*Kauffrau* zu *Kaufmann* etc.). Maskuline Personenbezeichnungen, zu denen (noch) keine bzw. keine geläufige feminine Form besteht, gibt es nur vereinzelt (z. B. *Flüchtling*), aber auch hier lassen sich im konkreten Sprachgebrauch inzwischen unkonventionelle Analogiebildungen zu bestehenden Ableitungsmustern beobachten *(Frauenflüchtling, Flüchtlingin)*.

Vor allem in der Öffentlichkeit wird die Diskussion um „geschlechtergerechte" Personenbezeichnungen kontrovers geführt, wobei die unterschiedliche Gewichtung von sprachökonomischen, ästhetischen, sprachsystematischen und politischen Argumenten die Konsensfindung erschwert. Unabhängig davon lässt sich jedoch in der *Praxis des öffentlichen Sprachgebrauchs* ein Wandel feststellen. Schoenthal (1998) konstatiert eine 'Feminisierung' des Deutschen, und zwar v. a. in quantitativer Hinsicht durch die häufigere Verwendung femininer Personenbezeichnungen sowie in qualitativer Hinsicht durch die (gruppenspezifische) Verwendung neuer Pronomina wie *frau, jedefrau* etc.

2.3 Qualitative und quantitative Unterschiede im Wortschatz

Mit Blick auf den *Bestand* von Personenbezeichnungen für Männer und Frauen *im Wortschatz* ergeben sich quantitative und qualitative Unterschiede. So sind in Wörterbüchern zwar insgesamt weniger geschlechtsspezifische Personenbezeichnungen für Frauen aufgeführt (Breiner 1996, Nielsen 1977), der Prozentsatz an negativ konnotierten Ausdrücken ist jedoch bedeutend höher als bei männlichen Personenbezeichnungen (Stanley 1977). Dieses Faktum scheint sich nicht zuletzt sprachhistorischen Prozessen zu verdanken: Pejorisierungsprozesse sind bei weiblichen Personenbezeichnungen ungleich wahrscheinlicher als bei männlichen, und zwar meist im Sinne einer sexuellen bzw. moralischen Abwertung (Schulz 1975).

Die Befunde hinsichtlich der Menge von *Schimpfwörtern* für Frauen und Männer sind widersprüchlich. Traditionell galt als gesichert, dass es mehr negative Bezeichnungen für Frauen gibt (Sutton 1995, de Klerk 1992); neuere Untersuchungen stellen dies jedoch zum Teil in Frage (Breiner 1996). Die Schimpfwörter für Frauen beziehen sich aber in jedem Fall auf andere und zudem auf insgesamt weniger Eigenschaften als Schimpfwörter für Männer. Bei Frauen sind negative Bewertungen vor allem an die Bereiche Körperlichkeit *(alte Schachtel)*, Kommunikation *(Klatschbase)* und sexuelles/soziales Verhalten gebunden *(Luder, Schlampe)* (vgl. auch die frühe Untersuchung von Frei 1935), während bei Männern vor allem körperliche Schwäche und Feigheit *(Schlappschwanz)*, homosexuelle Orientierung *(schwule Sau)* und sexuelle Aktivität *(geiler Bock)* thematisiert werden (Breiner 1996, Sutton 1995).

Allerdings: für die meisten der genannten Untersuchungen gilt, dass sie anhand von Wörterbüchern durchgeführt wurden. Die Ergebnisse gelten also lediglich für den Wortschatz, wie er sich im Spiegel von Wörterbüchern darstellt. Der von feministischen Linguistinnen angebrachte Vorbehalt, dass Wörterbücher eine ‹création idéologique› seien und der Zementierung und Tradierung ‹non seulement de la langue mais aussi des mentalités› dienten (Yaguello 1977, 165), relativiert die aufgeführten Ergebnisse.

2.4 Personenbezeichnungen und Geschlechterstereotype

Die *qualitativen* Unterschiede im Bereich der Bezeichnungen für Männer und Frauen demonstrieren sowohl die Wirksamkeit von Geschlechterstereotypen auf lexikalischer Ebene als auch umgekehrt die Bedeutung des Lexikons bei der Tradierung von Geschlechterbildern.

Auch die Slang-Ausdrücke für Frauen, die amerikanische Jugendliche der 90er Jahre als gebräuchlich einschätzen, lassen sich als Sprach-Spiegel des weiblichen Geschlechterstereotyps lesen. Dieses zerfällt in zwei stark kontrastierende Varianten: in eine positive *(hottie, Betty)*, die die Frau als „thin, smart (not too smart), passive, and sexually available (but not sexually promiscuous)" – modelliert, und in eine dazu kontrastierende negative Variante *(heifer, bitch)* mit den Merkmalen „fat, ugly, aggressive, or sexually unattractive to men" (Sutton 1995, 287). Im Kontext der Modellierung geschlechtsgebundener Verhaltensformen spielen zudem verbale Zuschreibungen eine wichtige Rolle. So werden die Verben *kichern, schnattern, zetern, tuscheln* ausschließlich bzw. vorwiegend zur Kennzeichnung des verbalen Verhaltens von Frauen gebraucht, während umgekehrt *poltern, wettern, grinsen, gröhlen* in erster Linie 'männlich' geprägt sind. Das Faktum, dass es sich andererseits bei einer ganzen Reihe von Geschlechterstereotypen, wie sie in Kollokationen vom Typus *spätes Mädchen, fleißiges Lieschen, brave Hausfrau, liebende Gattin* gefasst sind, um veraltendes Wortgut handelt, kann unter dieser Perspektive als Reflex einer sozialen Veränderung verstanden werden.

2.5 Markiertheit

Auf das Konzept der Markiertheit wird in der Argumentation feministischer Sprachkritik relativ häufig zurückgegriffen, obwohl ihm innerhalb der Theoriebildung feministischer Linguistik insgesamt eher wenig Aufmerksamkeit zuteil geworden ist. Bereits angesprochen wurde die *formale Markiertheit* von femininen Personenbezeichnungen, die durch Movierung gebildet und deshalb morphologisch komplexer sind als die entsprechenden Maskulina. *Distributionelle Markiertheit* liegt dann vor, wenn maskuline Personenbezeichnungen sowohl auf männliche als auch auch auf weibliche Personen angewendet und in diesem Sinn auch als Hyperonym genutzt werden können.

Semantische bzw. *konzeptuelle Markiertheit* zeigt sich allenfalls daran, dass movierte Berufsbezeichnungen *(Ärztin, Architektin)* zum Teil als weniger ernsthaft empfunden werden als ihre maskulinen Pendants. Die Annahme von SprecherInnen, dass z. B. mit der Bezeichnung *Arzt* eine Vorstellung von beruflicher Qualifikation verbunden sei, die der Bezeichnung *Ärztin* fehle (Schoenthal 1998, 11; Samel 1995, 120f.), lässt sich u. U. als Effekt von Geschlechterstereotypen erklären, insofern sich nämlich die dem sozialen Konzept 'Arzt' stereotyp zugewiesenen Eigenschaften zwar mit den Eigenschaften überlagern, die auch für das soziale Konzept 'Mann' konstitutiv sind (z. B. Autorität, Rationalität), jedoch nicht mit solchen, die das soziale Konzept 'Frau' auszeichnen (z. B. Einfühlsamkeit, Impulsivität etc.). Oder, vereinfacht formuliert: Der prototypische Vertreter der sozialen Kategorie 'Arzt' ist ein Mann, während eine Frau zwar eine mögliche, aber keine 'gute' Vertreterin der Kategorie darstellt.

2.6 Asymmetrie

Asymmetrie in Wortschatz und Wortbildung ist vom Konzept der Markiertheit nicht scharf zu trennen – dies gilt etwa für Bildungen wie *Frauenfussball, Mädchenbücher*, zu denen keine entsprechenden Komposita mit *Mann-* existieren. Bei Personenbezeichnungen lässt sich Asymmetrie in *formaler* Hinsicht dort konstatieren, wo – in Abweichung zur Praxis im umgekehrten Fall – feminine Berufsbezeichnungen nicht als Basis für die Ableitung von entsprechenden maskulinen Pendants genutzt, sondern neue Bezeichnungen gebildet werden (also nicht **Kindergärtner* als Rückbildung zu *Kindergärtnerin*, sondern *Erzieher*). Asymmetrie in *semantischer* Hinsicht ergibt sich dort, wo Bezeichnungspaare wie *Sekretär/Sekretärin* entgegen der formalen Parallelität nicht auf dasselbe Berufsbild verweisen. Von *pragmatischer* Asymmetrie könnte man dort sprechen, wo Personenbezeichnungen nur für eines der beiden Geschlechter existieren, obwohl dies 'sachlich' nicht gerechtfertigt ist. Dies gilt etwa für *Blondine* oder für *Liebhaber* (im erotischen Sinn), dem allenfalls die *Geliebte*, nicht aber die **Liebhaberin* entspricht.

3. Androzentrik

Als *androzentrisch* werden im Kontext feministischer Sprachkritik alle diejenigen Erscheinungen apostrophiert, die sich als Sedimente einer männlichen Wahrnehmungsperspektive erweisen; die Aufmerksamkeit richtet sich dabei v.a. auf die Wortsemantik sowie auf Kollokationen und phraseologische Prägungen.

Als prototypischer Ausdruck der *männlicher Perspektive* in der Sprache steht etwa die Redewendung vom *anderen Geschlecht* (die auf den Betrachter, der dem ersten Geschlecht angehört, zurückverweist). In diesem Sinne männlich geprägt erscheinen v.a. die Wortschatzbereiche, die sich mit menschlicher Sexualität und Zeugung beschäftigen. Ausdrücke für den (vaginalen) Koitus sind in der Mehrheit solche, die den Mann als aktiven Part beschreiben, und nur vereinzelte Ausdrücke erfassen (auch) die Frau als handelndes Subjekt (Frank 1992, Cameron 1985). Auch die den Zeugungsakt beschreibenden Ausdrücke konzipieren den Mann als den aktiven Produzenten *(zeugen, schwängern)*, die Frau hingegen lediglich als die passiv Teilhabende *(empfangen, schwanger werden)*. Die Dominanz der männlichen Perspektive zeigt sich zudem im Bereich der Metaphern, die auf den weiblichen Körper und auf sexuelle Praktiken referieren (Frank 1992) oder die den weiblichen Körper und weibliche Sexualität als Bildspendebereich verwenden (z.B. im Kontext von Rüstung und Waffeneinsatz, vgl. Cohn 1992). Einen thematisch unauffälligeren, aber machtvollen Beitrag zur Verankerung des Männlichen als Norm bilden phraseologische Wendungen, die *männliche* Erfahrungen als *menschliche* Erfahrungen konzeptualisieren *(sich auf den Schlips getreten fühlen, einer Sache Herr werden, der Bart ist ab* etc., vgl. Hellinger 1990, 42f.). Das Anliegen der feministischen Sprachkritik in diesem Zusammenhang ist es, bewusst zu machen, dass sich in solchen Fällen auch Frauen in der Sprachverwendung die männliche Perspektive (unbewusst) zu eigen machen.

4. Deontische Bedeutungskomponenten

Gegenstand eines relativ bewussten (Geschlechter-)Streits um Wörter sind die Begriffe und (Fach-)Termini, die im Kontext feministischer Gesellschaftskritik und Bewusstseinsbildung zentral sind, wie etwa *Feminismus, Sexismus,* sowie die entsprechenden Adjektive und Personenbezeichnungen. Bei diesem Streit geht es (auch) um denotative, in erster Linie aber um *deontische* Bedeutungskomponenten, d.h. um die einer Wortbedeutung inhärenten 'Sollens-Aspekte' (vgl. Art. 46,6). Diese Bedeutungskomponenten haben zur Folge, dass die Charakterisierung einer Verhaltensweise oder einer Sprechweise als „sexistisch" auch deren Ablehnung bzw. soziale Ächtung beinhaltet. Nun gilt aber gerade für politische bzw. ideologische Schlagwörter, dass sie von verschiedenen Gruppen mit unterschiedlicher deontischer Bedeutung verwendet werden können. Dies zeigt sich plakativ an den gegenläufigen Bewertungen, die mit Ausdrücken wie „Feminismus" oder „Feministin" verbunden sein können und diese gleichzeitig zu Fahnenwörtern bzw. Selbstbezeichnungen der Frauenbewegung als auch zu Stigmawörtern bzw. abschätzigen Fremdbezeichnungen im Munde derjenigen machen, die dieser Bewegung und ihren Exponentinnen ablehnend gegenüberstehen. Ob und welche der konkurrierenden semantischen 'Besetzungen' eines Ausdrucks schließlich von der Sprachgemeinschaft als die konventionell gültige akzeptiert wird, hängt nicht zuletzt von den Strategien ab, die jeweils angewendet werden, um die deontische Auflandung eines Begriffs diskursiv zu legitimieren bzw. zu desavouieren (vgl. Ehrlich/King 1994).

5. Geschlechtsspezifische Wortbedeutung

Die im vorangegangenen Abschnitt illustrierte Möglichkeit der unterschiedlichen deontischen 'Besetzung' von Schlagwörtern gilt grundsätzlich auch für den Alltagswortschatz. Das heißt, es ist nicht auszuschließen, dass auch Wörter wie *Haushalt, Arbeit, Kinder, Wohnung* etc. in ihren deontischen Bedeutungskomponenten variieren, je nachdem, ob sie vor dem Hintergrund eines eher 'weiblich' oder 'männlich' geprägten Weltwissens verwendet werden. Die Hypothese, dass gruppenspezifische Sozialerfahrung sich auch in der semantischen Struktur der für diese Erfahrung zentralen Begriffe niederschlägt, wurde im Kontext soziolinguistischer Analysen zur Schichtspezifik von Wortschatz- und Bedeutungsstrukturen zumindest in Ansätzen belegt (Neuland 1976). Eine entsprechende Geschlechtsspezifik von Wortbedeutungen ist zwar sicherlich nicht als einfache Entsprechungsrelation zu modellieren, muss aber als möglicher Faktor bei lexikologischen Überlegungen zumindest in Betracht gezogen werden.

6. Wortgebrauch von Männern und Frauen

Während die vorangegangenen Abschnitte in erster Linie sprachsystematische Aspekte feministischer Sprachreflexion beleuchten, stehen im folgenden Abschnitt pragmatische Aspekte des *Wortgebrauchs* im Vordergrund. Dass sich von da aus wieder Rückkoppelungen zu Fragen der Wortsemantik ergeben, insofern die gebrauchspraktische Markiertheit von Wörtern sich in konnotativen Effekten niederschlägt, kann hier nur festgestellt, aber nicht weiter ausgeführt werden.

6.1 Geschlechtsexklusiver vs. geschlechtspräferentieller Wortgebrauch

Die bereits seit dem 17. Jahrhundert bekannte Vorstellung von der (Ko-)Existenz einer 'Frauen-' und einer 'Männersprache' innerhalb derselben Kommunikationsgemeinschaft geht auf frühe Berichte von Missionaren über außereuropäische Kulturen zurück und erfuhr in der Sprachwissenschaft des frühen 20. Jahrhunderts eine gewisse Aufmerksamkeit. Die u.a. für das Inselkaribische, für die nordamerikanischen Indianersprachen Koasati und Yana sowie für das Japanische aufgezeigten Unterschiede (gerade auch solche des Lexikons) wurden zumeist als Produkt der jeweiligen 'exotischen' Kultur gedeutet, so etwa als Folge von Heiratsverhalten (Frauenraub), sozialpsychologisch im Sinne von Sprachtabus oder auch als Ausdruck der Arbeitsteilung von Männern und Frauen (Jespersen 1922). In den meisten Fällen handelt es sich allerdings nicht um geschlechts-*exklusives*, sondern um geschlechts-*präferentielles* Sprachverhalten, das zudem in direkter Abhängigkeit zu weiteren außersprachlichen Faktoren steht (vgl. z.B. Okamoto (1995) zum Japanischen, die einen zunehmend flexibleren, der Kontextualisierung unterschiedlicher sozialer Phänomene dienenden Gebrauch weiblicher Formen durch Frauen konstatiert). Die feministische Linguistik geht davon aus, dass solche geschlechtspräferentiellen Unterschiede eine notwendige Folge polarisierender Geschlechterkonstruktionen sind und dementsprechend nicht als spezifische Eigenheit 'exotischer' Sprachen betrachtet werden können; Untersuchungen zum Gesprächsverhalten von Frauen und Männern in europäischen Sprachen bzw. im amerikanischen Englisch haben dies inzwischen mehr als bestätigt.

6.2 Geschlechtspräferentieller Wortgebrauch

Die Frage danach, wieweit sich Frauen und Männer in ihrem Wortgebrauch unterscheiden, steht in der gegenwärtigen Forschung, die das in der frühen feministischen Linguistik zumindest noch latent vorhandene Konzept einer „Frauensprache" als einer von der „Männersprache" abweichenden Varietät klar zurückweist, nicht mehr im Vordergrund. Andererseits sind Fragen des Wortgebrauchs für das aktuelle Forschungsinteresse an der Geschlechterrolleninszenierung im Medium Sprache relevant. In der folgenden Übersicht werden die zum Teil sehr disparaten Untersuchungsergebnisse bisheriger Forschung unter funktionalen sowie unter sprachsystematischen Gesichtspunkten zusammengefasst. Die angeführten Daten beziehen sich im Wesentlichen auf westeuropäische bzw. nordamerikanische Sprachverhältnisse, sozialer Bias ist die Mittelschicht.

– *Wortschatz allgemein:* Die gesellschaftlich bedingten Unterschiede zwischen 'weiblicher' und 'männlicher' Lebenswelt (Berufsfelder, Familienorientierung etc.) sowie die

auf unterschiedliche Rollenbilder ausgerichtete Sozialisierung von Männern und Frauen führen zu Unterschieden in Wortschatz und Wortgebrauch (Postl 1991, 48ff.)
- *Schimpfwörter*: Seit den ersten diesbezüglichen Aussagen bei Lakoff (1975) gilt als gesichert, dass Männer mehr und andere Schimpf- und Fluchwörter verwenden als Frauen. Neuere Untersuchungen belegen jedoch, dass (junge) Frauen ebenso viel Schimpfwörter kennen wie (junge) Männer und sie auch benutzen (de Klerk 1992). In diesem Befund bildet sich u. U. ein Sprachgebrauchswandel und darin ein Wandel der Geschlechtsrollenkonstruktion ab.
- *Vulgärwortschatz/Slang*: Männer verwenden mehr vulgäre Ausdrücke. Die Semantik eines großen Teils des Vulgärwortschatzes reflektiert in erster Linie männliche Interessen und Orientierungen (Postl 1991, 46).
- *Bewertungswörter, Modalpartikeln*: Frauen verwenden bestimmte Bewertungsadjektive wie *süß, entzückend* bedeutend häufiger als Männer; Frauen verwenden häufiger abschwächende Partikeln wie *vielleicht, irgendwie*, andererseits aber auch mehr Intensivierungspartikeln (boosters) wie *so, ganz, total* etc. (Holmes 1995). Diese Befunde, die über eine lange Tradition entsprechender Zuschreibungen in der älteren Lexikographie verfügen (Baron 1986), sind deutbar (1) als Ausdruck von Unsicherheit und Vagheit und damit als interaktives Defizit von Frauen oder (2) als Ausdruck erhöhter Höflichkeit, wie sie in vielen Gesellschaften Frauen stereotyp zugeschrieben wird, oder (3) als sprachliche Inszenierung der ebenfalls zum Geschlechterstereotyp gehörenden hohen Emotionalität und latenten Exaltiertheit von Frauen.
- *Pronomina*: Die Häufigkeit der von Frauen und Männern verwendeten Pronomina ist innerhalb derselben Textsorte verschieden: Thelander (1986) konstatiert für die Reden von ParlamentarierInnen eine geschlechtsspezifische Häufigkeitsverteilung von (Personal-)Pronomina. Die häufigsten Pronomina bei Frauen sind (in absteigender Reihenfolge): *sie (sing.), seine/ihre, sein/ihr, unser, wir,* bei Männern dagegen: *ich, er, ihn, sie (pl.), das, diese, dieses, sein, mein, mich*.
- *Wortwahl und Themenbehandlung*: Wie v. a. schwedische Untersuchungen an Schulaufsätzen und Zeitungstexten belegt haben, neigen Frauen – unabhängig vom Thema – zu einer eher alltags- und personenbezogenen Abhandlung von Problemen, während Männer dieselben Themen auf einer abstrakteren und weniger personenbezogenen Ebene diskutieren, was u.a. eine unterschiedlich häufige Verwendung von Personenbezeichnungen sowie von Abstrakta bei Frauen und Männern zur Folge hat (Hultmann/Westmann 1977, Johansson 1995).

6.3 Zur Interpretation der empirischen Daten

Das Faktum geschlechtspräferentiellen Wortgebrauchs bei Männern und Frauen gilt grundsätzlich als abgesichert und wird kaum kontrovers diskutiert; einzelne widersprüchliche Befunde lassen sich zum Teil methodisch erklären, zum Teil handelt es sich wohl bereits um Reflexe eines Sprach(gebrauchs)wandels innerhalb der letzten 30 Jahre. Größere Divergenzen bestehen jedoch hinsichtlich der Ausdeutung der empirischen Fakten (Linke 1993): Psychologisierende, in die Nähe von biologistischen Modellen rückende Erklärungsmodelle, die Frauen als das personenorientiertere und sozialere oder aber als das unsicherere und wankelmütigere Geschlecht modellieren, stehen Erklärungsmodellen gegenüber, die in erster Linie mit sozialen Faktoren argumentieren und den für Frauen spezifischen Sprachgebrauch als Produkt der sozialen Rollen interpretieren, die die gesellschaftliche Existenz von Frauen in den untersuchten Sprachgemeinschaften dominant bestimmen. Eine ganze Reihe feministischer Linguistinnen tendiert allerdings dazu, übergreifende Erklärungskonzepte grundsätzlich zu problematisieren: gefordert werden stärker kontextsensitive und interaktionell orientierte Interpretationsansätze, die auch die Möglichkeit strategischer Funktionen sowie die Dynamik der jeweiligen Kommunikationssituation berücksichtigen.

7. Literatur in Auswahl

Baron, Dennis (1986), *Grammar and Gender*. New Haven/London: Yale University Press.

Black, Maria/Coward, Rosalind (1990), *Linguistic, Social and Sexual Relations: a Review of Dale Spender's „Man Made Language"*. In: *The Feminist Critique of Language*. (ed. D. Cameron). London/New York: Routledge, 111–133.

Braun, Friederike (1997), *Genderless = gender neutral? Empirical Evidence from Turkish*. In: *Kommunikation von Geschlecht – Communication of Gender*. (Hrsg. F. Braun/U. Pasero) Pfaffenweiler: Centaurus, 13–29.

Breiner, Ingeborg (1996), *Die Frau im deutschen Lexikon. Eine sprachpragmatische Untersuchung.* Wien: Edition Praesens.

Cameron, Deborah (1985), *Feminism and Linguistic Theory.* 2nd edn. 1992, London: Macmillan.

Cohn, Carol (1992), *Sexualität und Tod in der Sprache von Verteidigungsexperten.* In: *Die Geschlechter im Gespräch.* (Hrsg. S.Günthner/H.Kotthoff) Stuttgart: Metzler, 311–345.

Daly, Mary (1978), *Gyn/Ecology. The Metaethics of Radical Feminism.* London: Women's Press.

de Klerk, Vivian (1992), *How Taboo are Taboo Words for Girls?* In: *Language in Society* 21, 277–289.

Doleschal, Ursula (1992), *Movierung im Deutschen. Eine Darstellung der Bildung und Verwendung weiblicher Personenbezeichnungen.* Unterschleißheim/München: Lincom Europa.

Ehrlich, Susan/King, Ruth (1995), *Feminist meanings and the (de)politicization of the lexicon.* In: *Language in Society* 23, 59–76.

Feministische Linguistik – Linguistische Geschlechterforschung. Ergebnisse, Konsequenzen, Perspektiven. (Hrsg. G. Schoenthal) Hildesheim etc.: Olms 1998.

Frank, Karsta (1992), *Sprachgewalt: die sprachliche Reproduktion der Geschlechterhierarchie.* Tübingen: Niemeyer.

Frei, Luise (1935), *Die Frau in der schweizerdeutschen Volkssprache.* Wädenswil: Jakob Villiger.

Holmes, Janet (1995), *Women, Men and Politeness.* London/New York: Longman.

Hultmann, Tor G./Westmann, Margereta (1977), *Gymnasistsvenska.* Lund: Liber Läromedel.

Jespersen, Otto (1922), *Language: Its Nature, Development and Origin.* London: Allen & Unwin.

Johansson, Catrin (1995), *Skrivande och kön i utbildningsdebatten. En undersökning av journaliststudenters debattartiklar i könsperspektiv.* Uppsala: Uppsala Universitet.

Klein, Josef (1988), *Benachteiligung der Frau im generischen Maskulinum – eine feministische Schimäre oder psycholinguistische Realität?* In: *Germanistik und Deutschunterricht im Zeitalter der Technologie.* Bd. 1: *Das Selbstverständnis der Germanistik. Aktuelle Diskussionen.* (Hrsg. N. Oellers) Tübingen: Niemeyer, 310–319.

Lakoff, Robin (1975), *Language and Woman's Place.* New York: Harper and Row.

Linke, Angelika (1993), *Sprache und Geschlecht. Ein Einblick in einen Forschungsbereich.* In: *Praxis Deutsch* 122, 2–8.

Neuland, Eva (1976), *Sozioökonomische Differenzen im Sprachverhalten von Vorschulkindern.* In: *Deutsche Sprache* 1, 51–72.

Nielsen, Alleen Pace (1977), *Sexism as Shown Through the English Vocabulary.* In: *Sexism and Language.* (eds. A.P. Nielsen/H. Bosmaijan/H.L. Gershuny/J.P. Stanley). Urbana/Illinous: National Council of Teachers of English, 27–41.

Okamoto, Shigeko (1995), *„Tasteless" Japanese: Less „Feminine" Speech Among Young Japanese Women.* In: *Gender Articulated. Language and the Socially Constructed Self.* (eds. K. Hall/M. Bucholtz). New York/London: Routledge, 297–325.

Peyer, Ann/Ruth Groth (1996), *Sprache und Geschlecht.* (= Studienbibliographien Sprachwissenschaft 15) Heidelberg: Groos.

Postl, Gertrude (1991), *Weibliches Sprechen. Feministische Entwürfe zu Sprache & Geschlecht.* Wien: Passagen Verl.

Pusch, Luise F. (1984), *Das Deutsche als Männersprache.* Frankfurt a. M.: Suhrkamp.

Samel, Ingrid (1995), *Einführung in die feministische Sprachwissenschaft.* Berlin: Erich Schmidt Verl.

Schoenthal, Gisela (1998), *Von Burschinnen und Azubinnen. Feministische Sprachkritik in den westlichen Bundesländern.* In: *Feministische Linguistik – Linguistische Geschlechterforschung.* Hildesheim etc.: Olms 1998, 9–33.

Schulz, Muriel R. (1975), *The Semantic Derogation of Women.* In: *Language and Sex: Difference and Dominance.* (eds. B. Thorne/N. Henley) Rowley-Mass.: Newbury House Publishers, 64–75.

Sutton, Laurel A. (1995), *Bitches and Skankly Hobags.* In: *Gender Articulated. Language and the Socially Constructed Self.* (eds. K. Hall/M. Bucholtz). New York/London: Routledge, 279–296.

Thelander, Kerstin (1986), *Politikerspråk i könsperspektiv.* Malmö: Liber Förlag.

Yaghuello, Marina (1979), *Les mots et les femmes.* Paris: Payot.

Angelika Linke, Zürich (Schweiz)

III. Das Wort im Kontext verschiedener Sprach-/Grammatiktheorien

The word in the context of different theories of language/grammar

14. Das Wort in der inhaltbezogenen Grammatik

1. „Inhaltbezogen" als Name einer linguistischen Richtung vor allem im deutschsprachigen Raum
2. Saussure als direkte Grundlage – Humboldt, Cassirer, Husserl, Hegel als Autoritäten.
3. Wortinhalte und Wortkörper, kognitive Wichtigkeit des Besitzes von Wortinhalten
4. Die Bestimmtheit der Wortinhalte und die Wege, sie aufzuweisen; die Rolle der Wortkörper
5. Überstarkes Gesetzlichkeitsdenken – Sprache als zwingende, unhintergehbare Macht
6. Forschungspolitische Leistung von Weisgerber – Rezeption oft leider zusätzlich verengend und vergröbernd
7. Abwendung von Weisgerber – Historisierung der Kennzeichnung „inhaltbezogen"
8. „Inhaltbezogen" als Ziel und grundlegende Forderung – weit über Weisgerber hinaus
9. „Wort" gegenüber „Satz": Einheit der Speicherung – Einheit der Produktion
10. Propositionen clauses als Rahmen für das Erfassen der Bedeutungsseiten der Wörter
11. Bedeutungen und Wortgestalten. Entstehung aus der Lebenspraxis, häufig unscharfe Abgrenzung
12. Wissenschaftliche Zugänglichkeit sehr verschieden – und Erlernbarkeit verschieden
13. Ganze Bedeutungsstrukturen als Rahmen für Einzelbedeutungen, die „verbalen Semanteme"
14. Genaues Beschreiben der Eigen-Formung jeder Sprache als Weg zum Erfassen der grundlegenden Mehrsprachigkeit auch jedes einzelnen Menschen
15. Literatur in Auswahl

1. „Inhaltbezogen" als Name einer linguistischen Richtung vor allem im deutschsprachigen Raum

Unter „inhaltbezogener Grammatik" versteht man meistens die Arbeiten Leo Weisgerbers (1899–1985) und einer Reihe von anderen, die sich in den späten 40er, den 50er und den frühen 60er Jahren teilweise für sich, teilweise in einem von Weisgerber initiierten und organisierten Diskussions- und Arbeitskreis um den Aufbau einer deutschen Grammatik und zugehörigen Wortlehre bemühten. Diese Grammatik und Wortlehre sollte nicht einfach von den *Lautungen* und deren Geschichte seit indoeuropäischen Zeiten ausgehen, wie es in der traditionellen Germanistik der Fall war, und ebenso wenig von unreflektierten Begriffen der damaligen deutschen Schulgrammatik. Sie sollte die *Wortbedeutungen* ernst nehmen, als *gedankliche Gestalten eigenen Rechts*, die nicht nur durch die für ihre Signalisierung verwendeten Lautkomplexe zu definieren sind, und sie sollte Rechenschaft geben von den „*Satzbauplänen*" als den übergreifenden *gedanklichen Mustern*, in welche alle Wortbedeutungen eingebettet werden beim *Aufbau von Texten*. Einige Namen, in alphabetischer Reihenfolge: Hennig Brinkmann, Johannes Erben, Helmut Gipper, Hans Glinz, Paul Grebe, Peter Hartmann, Gunther Ipsen, Karl Kurt Klein, Hugo Moser, Walter Porzig, Hans Schwarz, Jost Trier. Dahinter standen so verschiedene Gestalten wie Wilhelm von Humboldt (1767–1835), Ferdinand de Saussure (1857–1913), Ernst Cassirer (1874–1945). Es sei mir als einem der Hauptbeteiligten gestattet, im Folgenden mit „wir" und „ich" zu sprechen.

2. Saussure als direkte Grundlage – Humboldt, Cassirer, Husserl, Hegel als Autoritäten

Weisgerber war einer der ganz wenigen im deutschen Sprachgebiet (neben Jost Trier – und mir selber), der die zentralen Einsichten des späten Saussure aufgenommen und zur

Grundlage der konkreten Arbeit gemacht hat: Sprache nicht als bloßes Etikettensystem, für irgendwoher a priori gegebene Begriffe und Satzstrukturen, sondern als ein System *zweiseitiger Zeichen*, die entstanden sind in *gegenseitiger* Bedingtheit der Bedeutungsseiten und der Lautungsseiten der Wörter.

Es ist nützlich, hier die entsprechende Stelle des 1916 erstmals publizierten „Cours de linguistique générale" beizuziehen (Saussure 1981, 155–156). Dieser „Cours" bietet allerdings an zentralen Stellen mehr die Auffassungen der Editoren Bally und Séchehaye als die originären Gedanken Saussures, wie sie sich heute auf Grund neuer Überprüfungen seiner Handschriften und vieler Nachschriften genauer rekonstruieren lassen, siehe dazu Bouquet 1997 sowie Glinz 2001, 16–21 und 29–31.

«Pour se rendre compte que la langue ne peut être qu'un système de valeurs pures, ils suffit de considérer les deux éléments qui entrent en jeu dans son fonctionnement: les idées et les sons.

Psychologiquement, abstraction faite de son expression par les mots, notre pensée n'est qu'une masse amorphe et indistincte. Philosophes et linguistes se sont toujours accordés à reconnaître que, sans le secours des signes, nous serions incapables de distinguer deux idées d'une façon claire et constante. Prise en elle-même, la pensée est comme une nébuleuse où rien n'est nécessairement délimité. Il n'y a pas d'idées préétablies, et rien n'est distinct avant l'apparition de la langue.

En face de ce royaume flottant, les sons offriraient-ils par eux-mêmes des entités circonscrites d'avance? Pas d'avantage. La substance phonique n'est pas plus fixe ni plus rigide; ce n'est pas un moule dont la pensée doive nécessairement épouser les formes, mais une matière plastique qui se divise à son tour en parties distinctes pour fournir les signifiants dont la pensée a besoin. Nous pouvons donc représenter le fait linguistique dans son ensemble, c'est à dire la langue, comme une série de subdivisions contiguës dessinées à la fois sur le plan indéfini des idées confuses (A) et sur celui non moins indéterminé des sons (B); c'est ce qu'on peut figurer très approximativement par le schéma:

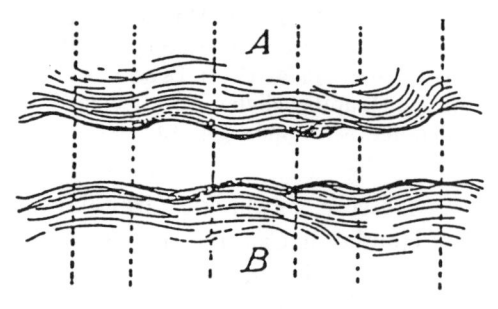

Le rôle charactréristique de la langue vi-à-vis de la pensée n'est pas de créer un moyen phonique pour exprimer des idées, mais de servir d'intermédiaire entre la pensée et le son, dans des conditions telle que leur union aboutit nécessairement à des délimitations réciproques d'unités. La pensée, chaotique de sa nature, en est forcée de se préciser en se décomposant. Il n'y a donc ni matérialisation des pensées, ni spiritualisation des sons, mais il s'agit de ce fait en quelque sorte mystérieux, que la „pensée-son" implique des divisions et que la langue élabore ses unités en se constituant entre deux masses amorphes.

Weisgerber selbst berief sich damals, in den 50er Jahren, viel eher auf die deutsche philosophische Tradition (Herder, Humboldt, Cassirer, auch Husserl, gelegentlich Hegel) als auf Saussure. Diesen kannten im deutschsprachigen Wissenschaftsbereich bis spät in die 60er Jahre die meisten kaum (trotz der Übersetzung von Lommel 1931) – und auch die meisten von denen, die etwas von seinen Forderungen gehört hatten, lehnten so etwas schon rein intuitiv ab, weil sie im konsequenten Ausgehen von der Synchronie (irrigerweise) ein Abschneiden der geschichtlichen Wurzeln sahen und weil ihnen die ganze Denkweise irgendwie zu „rationalistisch" (um nicht zu sagen: „zu westlich") schien.

Es wird aber nicht nur aus der Sache klar, wie konsequent Weisgerber auf der Saussureschen Grundlage aufbaute, sondern auch aus direkten Zitaten. In seiner Probevorlesung in Bonn (gehalten am 23. 5. 1925, über „Wortfamilien und Begriffsgruppen in den indogermanischen Sprachen") beruft er sich ausdrücklich auf das im Zitat von Saussure aufgeführte Schema mit dem Satz (Weisgerber 1964, 21):

Ich kann hier nur unbedingt Saussure mit seiner Theorie des *pensée – son* und Cassirers Deutung des Symbols zustimmen.

In seinem ersten Buch „Muttersprache und Geistesbildung" (Weisgerber 1929), das ich heute noch für sein bestes, offenstes und reichstes halte, weist er denn auch zweimal (S. 34 und 57–58) ausdrücklich auf Saussure als Grundlage hin.

Über die Intensität von Weisgerbers kritischer Rezeption von Saussure orientiert jetzt das Referat von K.-H. Ehlers *Saussure-Lektüre in Weisgerbers Habilitationsschrift* (in Dutz 1999, 51–66). Diese Habilitationsschrift trägt den Titel „Sprache als gesellschaftliche Erkenntnisform. Eine Untersuchung über das Wesen der Sprache als Einleitung zu einer Theorie des Sprachwandels". Sie wurde 1924 in Bonn eingereicht, Hand geschrieben, 200 Seiten, und 1925 angenommen (heute existieren insgesamt 4 Exemplare, bei der Familie und in Bibliotheken). Ehlers kann auf Grund seiner genauen Lektüre zeigen, dass Weisgerber damals *primär* auf Saussure fußte und die Berufungen auf Humboldt erst in einem zweiten Durchgang eingefügt hat, zuerst nur als Anmerkungen am Rand. Auch das Motto von Humboldt wurde erst am Schluss dem Ganzen vorangestellt. Wie eine solche Verschiebung der Gewichte zu interpretieren ist – vom „westlich" wirkenden Saussure zum wohl weltbürgerlichen, aber auch deutsch-romantischen Humboldt – muss hier offen bleiben.

3. Wortinhalte und Wortkörper, kognitive Wichtigkeit des Besitzes von Wortinhalten

Eine Sprache, und zwar hier die deutsche Sprache, als ein Schatz von begrifflichen Einheiten, signalisiert durch ihnen zugeordnete Lautungen, sowie von ganzen gedanklichen Strukturen für die Kombination dieser Einheiten – das war der zu untersuchende, wissenschaftlich zu beschreibende, in seinen Funktionen für die Sprachteilhaber, in seiner Wirkung auf das Leben dieser Teilhaber durchsichtig zu machende Bereich.

Hier stand also das *Wort* durchaus im Mittelpunkt – aber das Wort als *gedankliche*, als *begriffliche* Gestalt (die in verschiedenen Sprachen grundsätzlich verschieden sein konnte, auch bei gleicher „sachlicher Grundlage"). Es ging vor allem auch um die Rolle, die diese begriffliche Gestalt spielen konnte bei der gesamten *gedanklichen Verarbeitung* alles dessen, was in der Außenwelt begegnete und was bei diesen Begegnungen an Strebungen, Gefühlen usw. im Innern der einzelnen Sprachteilhaber aufstieg und zu fassen, zu klären war.

Diese gedanklichen Gestalten, die wir heute „Bedeutungen" oder genauer „Bedeutungsseiten von Wörtern" nennen („*meaning sides*" bei Aitchison 1987, 192) nannte Weisgerber „Wortinhalte"; für die Wortinhalte zusammen mit den gedanklichen Strukturen für den Aufbau von Sätzen brauchte er das Wort „Sprachinhalte", und so entstanden die programmatischen Bezeichnungen „inhaltbezogene Sprachforschung, inhaltbezogene Grammatik". Die akustischen Gestalten, die den Wortinhalten fest zugeordnet sind (samt ihrer Repräsentation durch Buchstabenkomplexe, beim schriftlichen Sprachgebrauch) und die zur Signalisierung der Wortinhalte dienen, nannte er „Wortkörper", später sprach er auch von „Wortgestalten".

Dass Weisgerber nie von „Bedeutungen", sondern von „Wortinhalten" und generell von „Sprachinhalten" sprach, beruhte auf seiner Angst, wenn man von „Bedeutungen" spreche, anerkenne man damit ein *einseitiges Ausgehen* von den *Bezeichnungen* und verfehle die *Eigenständigkeit* der Bedeutungsseiten der Wörter wie der syntaktischen Strukturen, In den traditionellen Lehren vom „Bedeutungswandel", die eben nicht an den Bedeutungsseiten, sondern an den Wortlautungen ansetzten, sah er eine bloße „Hilfswissenschaft der Lexikographie, weiterhin der Etymologie" (Weisgerber 1964, 77, in seinem Aufsatz von 1927 mit dem programmatischen Titel „Die Bedeutungslehre – ein Irrweg der Sprachwissenschaft"). Von einer solchen einengenden Haltung wollte er sich ganz klar absetzen (dazu auch Weisgerber 1929, 91–100).

Man kann in dieser Vermeidung des sonst allgemein üblichen Worts „Bedeutung" ein Stück Überschätzung der Wortgestalt sehen – eine Überschätzung, die sich bei Weisgerber auch sonst nicht selten nachweisen lässt und die in einem frappanten Kontrast steht zu seiner wegweisenden Grundforderung, man müsse in erster Linie auf die in den Wörtern enthaltenen gedanklichen Gestalten achten, eben auf die Wortinhalte, und die Wortgestalten seien ausschließlich wegen dieser Wortinhalte da.

Was wir damals mit Weisgerber „inhaltbezogene Grammatik" nannten und was wir mit unserer Arbeit anstrebten, war also, durch moderne Stichwörter benannt, eine *kognitive* Wortlehre und eine *kognitive* Grammatik, beides mit eindeutig *pragmatischer* Ausrichtung. Weisgerber hatte für diese kognitiven Aspekte der Sprachen, die weit über die reine „Kommunikation" hinausgehen, die einleuchtende Formulierung geschaffen „Sprache als *gesellschaftliche Erkenntnisform*" (zu Pervertierungen dieses Ansatzes, die sich aus einem zu starren Gesetzlichkeitsdenken und einem politischen Herrschaftswillen ergaben, siehe unten Abschnitt 5).

4. Die Bestimmtheit der Wortinhalte und die Wege, sie aufzuweisen; die Rolle der Wortkörper

Das Grundproblem in diesem ganzen Bereich war und ist nun, dass die Wortinhalte wie die grammatischen Strukturen als *gedanklicher Besitz* in den Köpfen aller Teilhaber einer Sprache vorhanden sind, dass dieser Besitz aber *immer nur ausschnittweise* bewusst wird, in *Bruchstücken* gewissermaßen, und dass daher methodische Wege zu suchen waren (und noch heute zu suchen sind), um diese in den Köpfen der Sprachteilhaber gespeicherten und bei allem Sprechen und Verstehen wirksamen gedanklichen Grundgestalten und Grundstrukturen wissenschaftlich, in intersubjektiver Weise, zu erfassen und zu beschreiben (dazu schon Glinz 1952, ⁶1973, 44–59 und

82–83, jetzt auch Glinz 2001, 61–76 und 83–85).

Weisgerber, der in „Muttersprache und Geistesbildung" (1929) weitgehend empirische Belege vorgeführt hatte, mit Bezug auf Ergebnisse aus der ganzen Breite der damaligen europäischen Sprachwissenschaft und Psychologie und speziell auch mit Blick auf den Spracherwerb durch die kleinen Kinder, suchte nun, in den 50er und 60er Jahren, allgemeinere Gesetzlichkeiten aufzuweisen.

Solche Gesetzlichkeiten glaubte er am besten zu finden durch eine Betrachtung des *Eingebettetseins* aller einzelnen Wortinhalte in größere „Netze" oder ganze „Netzwerke". So übernahmen er und seine direkten Mitarbeiter als zentrales Denkmittel den Begriff „Wortfeld", den Jost Trier (ebenfalls fußend auf Saussure) entwickelt hatte, um eine Reihe von historisch zu beobachtenden Verschiebungen von Wortbedeutungen zu erklären (Trier 1931). Dabei dachte Trier (wie ich von ihm selber gehört habe) keineswegs an ein „Kraftfeld", ein „Feld" im physikalischen Sinn, sondern an das „Feld" beim Pferderennen, wo sich der Platz (und damit der Rang) der einzelnen Rennteilnehmer immer wieder verändern kann. Hans Schwarz formulierte in der Einleitung zu dem von ihm und Helmut Gipper erarbeiteten, sechsbändigen „Bibliographischen Handbuch zur Sprachinhaltsforschung" (Gipper und Schwarz 1962, Seite LXIV):

„Überall, wo inhaltliche Gliederung der Sprache (Gliederung des Sprachinhalts) vorliegt, ist *Feld* – gleichgültig, wie diese Gliederung sonst bedingt ist (also ob sie z. B. sehr stark von Natur- und Denkgegebenheiten abhängt oder nicht). Lohnend sind aber vergleichende Felduntersuchungen nur in Sinnausschnitten, bei denen man auf erhebliche Verschiedenheiten bzw. starke Veränderlichkeit der begrifflichen Gliederungen rechnen kann. Den höchsten Aufschluss für die Erkenntnis des sprachlichen Weltbildes liefern Feldstudien im Bereich des Menschen, seiner geistigen, kulturellen und sozialen Welt."

Ein Idealbild eines „Feldes" bieten natürlich die *Zahlen,* wo jeder Wert durch seine Stellung in der Reihe definiert ist. Weitere bekannte Beispiele sind die Verwandtschaftsbeziehungen (wo immer auch elementares juristisches Denken im Spiel ist) und die Farben, wo es um die begriffliche Gliederung eines an sich kontinuierlichen Spektrums geht.

Weisgerber suchte aber auch weit über solche Beispiele hinaus eine Strukturierung aufzuweisen, die für alles Verstehen des einzelnen Wortinhalts verpflichtend sein sollte, und dabei unterschied er zwischen „einheimischem Wortgut" und aus andern Sprachen übernommenen Wörtern. Wie viel an Vorannahmen, traditionellen etymologischen Wertungen und zugleich an „Vollkommenheitsdenken" und an Hypostasierung hier mitspielte, wird etwa aus der folgenden Stelle deutlich (Weisgerber 1954, 220):

„Nehmen wir als Beispiel das Geruchsfeld. Es zeigte sich früher (S. 91), dass der Ausbau dieses Feldes mit einheimischem Wortgut recht unzulänglich erscheint (*duftig, stinkig, brenzlig, ranzig, muffig*). Ein Zusatz durch Wortgut anderer Herkunft erscheint durchaus erwünscht. Verfolgt man aber, welche Leistung übernommene Wörter wie *aromatisch, balsamisch* vollbringen, so zeigt sich der Nutzen oft ins Gegenteil verkehrt; die Unvollkommenheit der eigenen Ergebnisse wird mehr überdeckt als beseitigt; das wurzellos umherirrende Wort wird eher zu einer Gefahr im Sinne eines nicht eingegliederten, also auch nicht festgelegten Gebrauches, und zugleich zu einem Hemmnis für das weitere Mühen um den Ausbau des Feldes mit eigenen Mitteln. Die wurzelhafte Bindung hat also, selbst wenn der Feldzusammenhang den Inhalt nach eigenem Gesetz weiterprägt, durchaus ihre Bedeutung; und mag sich schließlich ein alteingesessenes Wort auch ohne stützende Sippe seine Eigenart wahren, so ist das neu hinzugekommene Wort doch in einer schlechteren inneren Stellung, wenn es sich nicht an Nachbarn oder Verwandten halten kann (selbst wenn es äußerlich recht selbstbewusst auftritt)."

Das Arbeiten an „Wortfeldern" hat seither auch in viele Sprachbüchern für Schulen Eingang gefunden – meist ohne tiefere Reflexion, oft einfach als moderne Form der alten (und einseitigen) Stilforderung „Brauche nach Möglichkeit nicht mehrmals hintereinander das gleiche Wort, sondern wechsle immer wieder ab".

Einen weiteren Weg, bisher unbeachtete gedankliche Strukturen in der Sprache aufzuweisen, suchte Weisgerber in der systematischen Betrachtung von Erscheinungen der „Wortbildung", nämlich den „Wortständen" und „Wortnischen".

Eine „Wortnische" oder „semantische Nische" ist nach Lewandowski 1975:

„Eine durch ein Präfix oder durch ein Suffix (auf Grund deren höheren semantischen Abstraktionsgrades) gebildete Bedeutungsgruppe / Inhaltsgruppe, z. B. Bäck-**er**, Lehr-**er**, Schneid-**er**; **be**-herrschen, **be**-messen, **be**-reisen; Lehr-**ling**, Pfleg-**ling**, Prüf**ling**".

Ein „Wortstand" ist nach Lewandowski 1975:

„Eine inhaltliche Ordnung, an der formal unterschiedliche Bildungsweisen beteiligt sind, die Gesamtheit der in gleiche inhaltliche Richtung weisenden Wortnischen verschiedener Bildung, z. B. die Berufsbezeichnungen Bäck-er, Künst-ler, Haupt-mann, Dok-tor, Mont-eur; Gruppe begrifflich zusammengehöriger motivierter Bildungen mit formal unterschiedlicher Ausstattung."

Als eine solche „Nische" behandelte Weisgerber z. B. die sogenannten „ornativen Verben", d. h. die Verben, die darstellen, dass ein Handelnder jemanden oder etwas mit etwas versieht, mit etwas ausstattet, z. B. „beflaggen = mit einer Flagge versehen" oder „tränken = jemanden mit Trinkbarem versehen" oder „bestrafen = jemanden mit einer Strafe belegen". Weisgerber knüpft hier an Gegenüberstellungen der Kasus Akkusativ und Dativ durch Brinkmann an (er betrachtet gewissermaßen die Kasus als ein „Feld", wo das eine Bestandstück das andere begrenzt). Ich gebe eine kennzeichnende Stelle aus Weisgerber (1958, 67) (die Zitate aus Brinkmann hier deutlichkeitshalber durch Kursivsatz hervorgehoben). Die ganze Stelle kann zugleich die Überschätzung von syntaktischen Formalstrukturen und die semantische Überdeutung grammatischer Termini deutlich machen:

„Alle Beobachtungen bestätigen, dass dort, wo ein Geschehen mit dem Dativ ausgestattet wird, *„der Mensch als Person zum Mittelpunkt des Geschehens wird"*. Demgegenüber nennt der Akkusativ *„die Stelle, die von dem verbalen Geschehen betroffen und verändert wird; es kommt zu einem Eingriff in die Welt"*. Hier ist die Rede vom Objekt, dem der Handlung zugänglichen, ausgesetzten, beherrschbaren Bereich am Platz, während man, wie Brinkmann mit Recht betont, die Bezeichnung „entfernteres Objekt" für den Dativ meiden sollte, weil das Charakteristische des Dativs gerade darin besteht, dass der Mensch als Sinnträger eines Geschehens und nicht als Gegenstand einer Handlung erscheint. *„Der Akkusativ greift ein und bezieht in die Tätigkeit des Verbums ein; der Dativ lässt die Person unberührt bestehen; das ist ein wesentlicher Unterschied der Auffassungsweise. Der Dativ anerkennt ausdrücklich die Eigenständigkeit der Person an, während der Akkusativ die Person zur Stelle eines rücksichtslosen Zugriffs machen kann. Das bedeutet aber, dass der Dativ nicht nur auf die Person hinweist, der das Geschehen gilt, sondern – im Gegensatz zum Akkusativ – voraussetzt, dass das Eigensein der Person nicht angetastet wird"*.

Wenn man von solchen Annahmen über die Kasus ausgeht, lässt sich nicht verstehen, dass gerade zentrale mitmenschliche Gefühle, Haltungen und Handlungen durch Kombinationen von Verben mit Akkusativobjekten dargestellt werden: *„jemanden schätzen – jemanden lieben – jemanden bewundern – jemanden trösten"* usw. In einer Formulierung *„jemanden unterstützen"* wäre dann die „personale Würde" des zu Unterstützenden weniger gewahrt als in *„jemandem helfen, ihm Hilfe leisten"*.

Das beste Gegenmittel gegen derartige überhöhte Interpretationen, das ich immer wieder in unsere Diskussionen einbrachte und an Beispielen zu zeigen versuchte, nämlich das Ausgehen von der Analyse von ausgewählten Texten und deren individuellen Verständnissen durch verschiedene Leser, mit Hilfe systematischer Operationen, wie ich sie entwickelt hatte – das wollte Weisgerber nie annehmen. Er fürchtete, damit bleibe man zu sehr im Individuellen, man komme nicht genügend heran an das große Ganze, an die jeweilige Sprache als überindividuelle Größe, als „soziales Objektivgebilde".

5. Überstarkes Gesetzlichkeitsdenken – Sprache als zwingende, unhintergehbare Macht

Weisgerber war von einem außerordentlich starken „Gesetzlichkeitsdenken" durchdrungen, je länger desto mehr. Dieses Denken hatte ihn schon in der NS-Zeit zu Formulierungen wie den folgenden geführt (Weisgerber 1939, hier zitiert nach Simon 1982, 34):

„Wir müssen uns der Muttersprache *blind* anvertrauen, wir können nicht auswählen, sondern müssen sie als Ganzes übernehmen, wir können ihre Richtigkeit nicht nachprüfen, sondern müssen den Willen haben, uns von ihr führen und formen zu lassen."

Das ist – auch ganz abgesehen von den gefährlichen politischen Implikationen, der Förderung einer „Untertanen-Mentalität" – das blanke Gegenteil dessen, was eine moderne Sprachdidaktik anstrebt und was jeder gute Sprachunterricht seit jeher angestrebt hat: dass die Lernenden auch allen Wortbedeutungen gegenüber *kritisch* werden und dass sie sehen, man könne ein und denselben Gedanken in äquivalenter Weise auf *verschiedene* Weise darstellen. Die Lernenden sollten ausdrücklich die sprachliche Fassung alles Gesagten *relativieren lernen* – in einem Bild gesagt: sie sollten immer „durch den Faktor Sprache dividieren" können. Gerade das aber wollte und konnte Weisgerber aus seiner gesamten inneren Gesetzlichkeits-Haltung heraus nie akzeptieren.

6. Forschungspolitische Leistung von Weisgerber – Rezeption leider oft zusätzlich verengend und vergröbernd

Die Hauptleistung Weisgerbers ist darin zu sehen, dass er den Blick von den Lautungen und ihrer Geschichte auf die Bedeutungen und ganzen Bedeutungsstrukturen lenkte und dadurch der germanistischen Linguistik eine neue Richtung gab. Er galt denn auch längere Zeit geradezu als ein Hoffnungsträger für eine lebendige, praxisbezogene Sprachforschung.

Die „inhaltbezogene" Betrachtung des Phänomens „Wort" fand, zusammen mit den von mir entwickelten, der Struktur des Deutschen besser angepassten grammatischen Begriffen für die Wortarten, Wortformen und Satzglieder im deutschen Sprachgebiet ein starkes Echo, vor allem in den 50er und 60er Jahren. Sie beeinflusste viele praktische Grammatiken und Schulbücher, so die Neubearbeitungen der Duden-Grammatik (Duden [1]1959, [4]1984, [5]1995). Diese Grammatik – erstmals 1850 erschienen, verfasst von Friedrich Bauer, 1881 durch Konrad Duden übernommen – war in der letzten Vorkriegsausgabe (1935) in der Substanz noch genau gleich wie 1850. Jetzt wurde sie völlig neu entwickelt und auch von einer Auflage zur nächsten stärker verändert (der Teil „Der Satz" ist seit 1984 von Horst Sitta, dazu gab es von 1959 bis 1984 den besonderen Teil „Der Inhalt des Wortes", verfasst von Helmut Gipper – er wurde 1995 ersetzt durch „Wort und Wortschatz", von Helmut Henne).
Bei vielen derartigen Übernahmen wurde allerdings auch sehr vieles vergröbert und primitivisiert. Manche „Anwender" verstanden „inhaltbezogen" schlicht als „von den Inhalten der Texte ausgehend" oder „neue, deutsche Termini verwendend". Manche glaubten „inhaltbezogen" zu arbeiten, wenn sie nur fleißig von „Muttersprache" und von „Satzbauplänen" und „Wortfeldern" redeten (und in der Substanz längst überholte Vorstellungen aus dem 19. Jahrhundert weitertrugen).

7. Abwendung von Weisgerber – Historisierung der Kennzeichnung „inhaltbezogen"

Von der zweiten Hälfte der 60er Jahre an übten viele Linguisten, vor allem jüngere, mehr und mehr Kritik an der in Weisgerbers Betonung der „Muttersprache" liegenden faktischen Verabsolutierung des Deutschen, manche sahen darin eine Abwendung von der internationalen Linguistik. Manche stießen sich an gewissen Formulierungen („Kräfte" der Sprache, „Macht" der Sprache) und fürchteten hier eine Art Verdinglichung oder auch Romantisierung.

Dazu glaubten viele, in der aufkommenden generativen Transformationsgrammatik von Chomsky stehe eine universale Grammatiktheorie, ja eine universale Sprachtheorie zur Verfügung, welche alle mühsame empirisch-operationale Arbeit und alles (speziell von mir verlangte) systematische Hinterfragen der seinerzeit in den ersten Schuljahren erworbenen grammatischen Begriffe (z. B. „Artikel") überflüssig machen würde.

So konnte sich etwa von der zweiten Hälfte der 60er Jahre an die Auffassung entwickeln, „inhaltbezogene Sprachforschung" sei eine deutsche Sonderentwicklung gewesen, nationalpolitisch verengt. Die Kennzeichnung „inhaltbezogen" wurde identisch mit „nicht mehr modern – überholt – provinziell – nicht auf der Höhe der Zeit".

8. „Inhaltbezogen" als Ziel und grundlegende Forderung – weit über Weisgerber hinaus

Mit der Historisierung der Bezeichnung „inhaltbezogen", die sich als so anfällig für Missverständnisse erwiesen hatte, fiel aber das angestrebte *Ziel* keineswegs weg. Wenn man auf das Grundsätzliche sieht und sich nicht von Schlagwörtern irreführen lässt, kann man „inhaltbezogen" *jede* linguistische Arbeit nennen, welche nicht bei den Lautungen und den tradierten grammatischen Begriffen stehen bleibt, aber auch nicht von empirie-fernen deduktiv aufgebauten Theorien ausgeht (mit ihren oft sehr starren Auffassungen von Gesetzlichkeit, so etwa in den verschiedenen von Chomsky ausgehenden Schulen wie auch in der an Tesnière anschließenden „Dependenzgrammatik"), sondern als ihre Hauptaufgabe die *empirische* Klärung des *Bedeutungsaufbaus* in den Sprachen und seiner Auswirkungen auch im Alltag betrachtet, im Lexikon und in der Grammatik.

Dabei versteht sich von selbst, dass die Eignung aller verwendeten Begriffe soweit irgend möglich durch systematische *Operationen* und durch *ganze Textanalysen* überprüft und wo nötig neu bestimmt wird – gestützt auf das Prinzip des „arbitraire du signe" bei Saussure. Daher sollen zum Abschluss dieses Artikels einige Hinweise gegeben werden für das Vorgehen und die Begriffsbildung.

9. „Wort" gegenüber „Satz": Einheit der Speicherung – Einheit der Produktion

Man kann in erster Annäherung sagen: *Wörter* sind die Einheiten der *Speicherung*, in den Köpfen der Sprachteilhaber und dann in den Wörterbüchern, als *feste Verbindungen* einer *begrifflichen Seite*, einer *Bedeutungsseite* mit einer *Wortgestalt* (wobei sehr oft die *gleiche* Wortgestalt für *verschiedene* Bedeutungsseiten zu dienen hat).

Sätze sind primär die Einheiten der *Produktion* beim Sprechen und damit der Aufnahme beim Hören/Verstehen (und sekundär beim Schreiben und dem zugehörigen Lesen), wobei in der Regel eine Reihe von Wörtern zu *einer* Einheit verknüpft, ja manchmal geradezu „verschmolzen" wird (genauere Ausführung bei Glinz, (1952, 72–84 und 416–451).

10. Propositionen clauses als Rahmen für das Erfassen der Bedeutungsseiten der Wörter

Bei den „Sätzen" als „Produktionseinheiten" ist nun besonders zu beachten, dass sich die „Einheiten des Hinsetzens" (signalisiert im mündlichen Sprachgebrauch durch die Stimmführung, im geschriebenen Text durch die Großschreibung der Satzanfänge und die Satzschlusszeichen) sehr oft *nicht decken* mit den Einheiten der Verknüpfung der Wörter im Rahmen grammatischer „Satzbaupläne", genauer: im Rahmen der *verbalen Semanteme* (unten Abschnitt 13), auf welchen die *Propositionen/clauses* beruhen.

Es ist ein schwerer Nachteil der traditionellen Terminologie vor allem in der deutschsprachigen Linguistik, dass mit „Satz" bald die *Produktionseinheit* gemeint ist, also „sentence / phrase", und bald die *grammatisch-strukturelle Einheit*, in deren Rahmen die grammatischen Verknüpfungen zwischen den Wörtern spielen, also „clause, proposition".

Propositionen / clauses sind die Einheiten, die von *einem* Verb oder Verbkomplex aus strukturiert sind *oder* die als *eigene* Einheiten *neben* den verbal strukturierten Einheiten stehen. In einem Beispiel:

So ist es besser, das anerkenne ich, klare Sache.

(drei Propositionen, die erste und zweite verbal, die dritte nichtverbal, alle drei gesetzt als ein einziger Satz. Genauere Ausführung bei Glinz 1994, 35–53 und Glinz 2001, 52–53.

11. Bedeutungen und Wortgestalten, Entstehung aus der Lebenspraxis, häufig unscharfe Abgrenzung

Bedeutungen (Weisgerbers „Wortinhalte") sind *nicht* als ideale Gebilde, als klar abgegrenzte Begriffe aufzufassen (auch nicht als Zusammensetzungen aus einer kleinen Zahl von „Semen"). Sie wurden nicht planmäßig von einem universalen Geist geschaffen, sondern sie sind *aus der Lebenspraxis* entstanden, der Lebenspraxis von Wissenschaftern wie von „gewöhnlichen Leuten", in der näheren oder ferneren Vergangenheit. Sie sind daher oft nicht scharf abgrenzbar – und in verschiedenen Sprachen oft sehr verschieden (Beispiele in Glinz 2001, 72–76).

Sie sind auch nicht etwa zusammen mit den Wortgestalten „organisch gewachsen" (wie romantische deutsche Germanisten im 19. Jahrhundert teilweise annahmen). Wortgestalten wurden geschaffen oder gewählt, um die Bedeutungen festhalten und übermitteln zu können. Oft hat sich im Lauf der Geschichte eine Wortgestalt stark verändert, aber die Bedeutungsseite ist gleich geblieben – und oft ist eine Wortgestalt gleich geblieben, aber sie wird heute einer andern Bedeutungsseite zugeordnet als früher (Beispiele in Glinz 2001, 223–25).

Aus den elementaren, un-idealen, vorwissenschaftlichen Bedeutungen sind dann in der Arbeit der Wissenschaften – ebenfalls im Lauf von Jahrtausenden – allmählich auch die klar definierbaren Begriffe entwickelt worden, die wir heute in so großer Zahl haben und täglich verwenden.

Zur Rolle der Laute bzw. der „Phoneme": die Wortgestalten werden *erkannt* an den in ihnen hörbaren lautlichen Merkmalen – aber sie sind *nicht* „zusammengesetzt" aus den einzelnen Lauten (während die geschriebenen Wortbilder aus den Buchstaben zusammengesetzt sind). Die einzelnen Laute, aufsitzend auf einer Grundklanggestalt, sind nur die *Merkmale* für das Erkennen.

Es gibt viele Wortgestalten, in welchen sich verschiedene Bestandteile mit erkennbaren Bedeutungsbeiträgen finden lassen – dabei ist aber immer sorgfältig zu prüfen, ob sich wirklich die Gesamtbedeutung aus den Bestandteilen aufbauen lässt. Das ist z.B. der Fall bei *„Stadtpräsident – der Präsident einer Stadt"*. Dagegen kann ein „Stadthaus" sowohl *„ein Haus in einer Stadt"* sein wie auch *„das Haus, in welchem die Stadtregierung ihren Sitz hat"* (Beispiele, mit Untersuchung der Häufigkeit, bei Glinz 2001, 156–62).

12. Wissenschaftliche Zugänglichkeit sehr verschieden – und Erlernbarkeit verschieden

Die *Wortgestalten* sind *objektiv* erfassbar, „von außen", als akustische Gebilde, und die geschriebenen Wortbilder als graphische Komplexe. Sie sind daher durch *Nachahmung erlernbar,* und der Grad der Korrektheit der Übernahme durch die Lernenden fällt sogleich ins Ohr bzw. ins Auge.

Die *Bedeutungsseiten,* als *unbewusst gewordener* gedanklicher Besitz, lassen sich nur durch *Introspektion* bewusst machen, von jedem Beteiligten individuell, und Objektivität ergibt sich erst durch systematischen Vergleich der Ergebnisse, als „Intersubjektivität".

Dazu gibt es *sehr viel mehr* Bedeutungsseiten als Wortgestalten. In vielen Wortgestalten sind zugleich „Spuren des Entstehens" und daraus manchmal auch „Merkhilfen für das Behalten" aufzufinden – aber es bestehen hier *keine* durchlaufenden Gesetzlichkeiten, auf die man sich wirklich verlassen kann.

13. Ganze Bedeutungsstrukturen als Rahmen für Einzelbedeutungen, die „verbalen Semanteme"

Man hat bisher in der Worttheorie die Bedeutungen oft rein vom *Einzelwort* her betrachtet, und von hier aus sah man auch die Prozesse der „Desambiguierung", die so oft nötig sind, weil sehr viele Wortgestalten zu zwei, drei oder noch mehr Bedeutungsseiten gehören.

Nun lassen sich viele Bedeutungen leichter erfassen und beschreiben, wenn man sie nicht nur im Blick auf die einzelnen Wörter sieht, sondern von vornherein als *Kerne in ganzen semantischen Strukturen* . Das gilt vor allem für die Verben mit den durch sie gegebenen Stellen („slots") für das Einfügen von Satzgliedern. Ich spreche hier von „verbalen Semantemen". So liefert z.B. das Verb *„kommen"* deutlich verschiedene „Bedeutungsbeiträge" in den folgenden acht verbalen Semantemen:

kommen 1 Jemand/Etwas (durch das Subjekt genannt) tritt in den Gesichtskreis von jemand, konkret oder ganz abstrakt gesehen, oft auch mit Nennen der Herkunft oder des Bestimmungsortes:

(1) Der Zug *kommt ja schon*
(2) Das Auto/ Der Wind *kam von links*
(3) *Zu allem Bisherigen kommt* nun noch etwas anderes

kommen 2 Soziale oder historische Herkunft, durch das Subjekt können Personen oder nichtpersonale Einheiten genannt werden:

(4) Die Familie *kommt von/aus Genf*
(5) Das Wort *kommt aus dem Lateinischen*

kommen 3 Jemand/Etwas *ist an der Reihe* bei irgend einer Tätigkeit

(6) Jetzt *kommt Martina*
(sie steht schon bereit, muss also nicht mehr „kommen" im Sinn von „kommen 1")

kommen 4 Verlauf von Verkehrswegen verschiedener Art

(7) Diese Bahnlinie *kommt von Antwerpen*
(die Bahnlinie bewegt sich ja nicht, und sie ist dem hier Sprechenden schon präsent – ganz anders als bei „kommen 1")

kommen 5 Grundlage von etwas, Herkunft von Mächten oder von Wirkungen, Kausalität

(8) Die Gewalt *kommt vom Volk*
(9) Dein Husten *kommt vom vielen Rauchen*

kommen 6 An etwas heranreichen, rein räumlich gesehen

(10) Das Kind *kommt ihm schon bis zum Hals*
(dabei ist nur ein Größenverhältnis gemeint – kein „kommen" als Bewegung wie in „kommen 1")

kommen 7 In einen bestimmten Zustand gelangen, oft ungewollt

(11) Das Auto *kam ins Schleudern* (es *begann* zu schleudern)
(12) Das Korn *kommt zur Reife* (es *gelangt* zur Reife)

kommen 8 Etwas stellt sich bei jemandem ungewollt ein, als kognitive oder emotionale Veränderung – die Person durch Dativobjekt oder durch präpositionalen Ausdruck genannt:

(13) Auf einmal *kam mir eine Idee*
(14) Eine große Angst / Eine wilde Freude *kam über ihn.*

Das *Verständnis* (die „Desambiguierung") setzt dann gar nicht am Verb allein an, sondern am *Erkennen des Semantems* und der in seinen verschiedenen „slots" eingesetzten Wörter und Wortkomplexe. Die Hörenden/Lesenden stützen sich dabei zugleich auf die Kenntnis der ganzen Situation bzw. des Kontexts, alles Einzelverstehen ist immer *eingebettet* in den Rahmen des *Gesamtverstehens*. Genauere Darstellung in Glinz 2001, 186–96, Beispielanalyse 212–21.

Hier öffnet sich allerdings ein sehr großes Forschungsfeld, denn man muss mit einer fünfstelligen Zahl von verbalen Semantemen rechnen. Es ist keine „Formalisierung" möglich, sondern erforderlich ist individuelle Arbeit, aus dem *eigenen Bedeutungs-*

erleben aller beteiligten Forschenden heraus (jeder ist hier zuerst „sein eigener erster Informant"), dann aber auch immer mit *intersubjektiver Überprüfung* durch andere Forschende, aus deren *eigenem* Bedeutungserleben heraus.

14. Genaues Beschreiben der Eigen-Formung jeder Sprache als Weg zum Erfassen der grundlegenden Mehrsprachigkeit auch jedes einzelnen Menschen

„Inhaltbezogenes" Arbeiten in diesem Sinne, für möglichst viele Sprachen durchgeführt, in Kooperation vieler mit der jeweiligen Sprache gründlich vertrauter Forschender – das sollte nicht nur zu einer engen *Verbindung* der Arbeit an den *Wörtern* (mit Benutzung alles schon heute in den großen Wörterbüchern Niedergelegten) mit der *gesamten Grammatik* führen, sondern auch zu einer zureichenden *Theorie des Verstehens* von Texten der verschiedensten Art.

Dabei ist auch immer mit der *historischen Zufälligkeit* beim Entstehen so vieler Wortbedeutungen und beim Zuordnen von Lautungen zu rechnen, innerhalb jeder einzelnen Sprache, wegen der je verschiedenen Interessen der Sprachteilhaber, auf deren (oft vor vielen Jahrhunderten erfolgte) Kooperation diese Bedeutungen und Zuordnungen zurückgehen.

So kann sich immer klarer auch die Einsicht ergeben: die *Mehrsprachigkeit,* die gerade heute in so vielen Situationen gefordert ist und auch praktiziert wird, ist *kein* Randphänomen (und vor allem: kein Hindernis in der Tiefe der Beziehung zu einer einzelnen Sprache, vor allem der Erstsprache, die man als kleines Kind gelernt hat). Im Gegenteil: Mehrsprachigkeit erweist sich als der *Regelfall*. Die praktische (und: politische) Reichweite dieser Einsicht liegt auf der Hand.

Und wenn man auf das Nebeneinander und praktische Miteinander der verschiedenen Soziolekte und oft Dialekte *im Rahmen* jeder Einzelsprache achtet, kommt man zum Schluss, dass im Grunde genommen *schon im Innern jedes einzelnen* Teilhabers an einer unserer heutigen Kultursprachen eine gewisse Mehrsprachigkeit vorhanden ist, und dass wir diese *nicht als Störung* einer erwünschten Gleichförmigkeit, sondern als einen *Reichtum* zu betrachten haben.

In diesem Sinne sehe ich mich als einen von Anfang an und immer noch nach einer „inhaltbezogenen Grammatik" Strebenden, auch wenn es diese Bezeichnung zu Beginn meiner Arbeit, in den frühen 40er Jahren, noch gar nicht gab und ich mich viel eher als „empirischen Strukturalisten auf Saussurescher Grundlage" sah. Ich übernahm die Bezeichnung „inhaltbezogen" von etwa 1956 an, weil ich mich im Ziel mit dem von Weisgerber und seiner Gruppe Erstrebten einig sah, und ich nannte meine feineren Verfahren zur Fortführung des bis dahin auf elementareren strukturalistischen Operationen Erarbeiteten „inhaltbezogene Methoden". Ich gab die Bezeichnung „inhaltbezogen" dann wieder auf, als sie sich als so missverständlich erwies und mich als „deutsch-linguistischen Partikularisten" abzustempeln drohte. Meine Teilnahme am ständigen „Methoden-Gespräch", auch international, ist dokumentiert in den Aufsatzsammlungen Glinz 1970 und 1993. Ein Ergebnis der Anwendung auf vier große europäische Kultursprachen liegt vor in Glinz 1994, und eine Gesamtschau einer Sprachtheorie, mit ausführlichen Beispiel-Analysen, ist versucht in Glinz 2001.

15. Literatur in Auswahl

Aitchison, Jean (1987), *Words in the Mind. An Introduction to the Mental Lexicon.* Oxford etc.: Basil Blackwell.

Bouquet, Simon (1997), *Introduction à la lecture de Saussure.* Paris: Payot.

Duden, *Grammatik der deutschen Gegenwartssprache* (1959–1995), bearbeitet und herausgegeben bis 1973 von Paul Grebe, nachher von Günther Drosdowski. Mannheim etc.: Dudenverlag.

Dutz, Klaus D. (Hrsg., 1999) *Interpretation und Re-Interpretation. Aus Anlaß des 100. Geburtstages von Johann Leo Weisgerber (1899–1985)*, Münster: Nodus Publikationen.

Ehlers, Klaas-Hinrich, *Saussure-Lektüre in Weisgerbers Habilitationsschrift*, in Dutz (1999), 51–66

Gipper, Helmut und Schwarz, Hans (1962), *Bibliographisches Handbuch zur Sprachinhaltsforschung. Teil I. Schrifttum zur Sprachinhaltsforschung in alphabetischer Folge nach Verfassern mit Besprechungen und Inhaltshinweisen.* 1962–1985, Köln etc.: Westdeutscher Verlag.

Glinz, Hans (1952, ⁶1973), *Die innere Form des Deutschen. Eine neue deutsche Grammatik.* Bern: Francke.

–, (1970), *Sprachwissenschaft heute.* Stuttgart: Metzler.

–, (1993), *Sprachwissenschaft und Schule. Gesammelte Schriften zu Sprachtheorie, Grammatik, Textanalyse und Sprachdidaktik 1950–1990*, hgg. von K. Brinker und H. Sitta, Zürich: Sabe.

–, (1994), *Grammatiken im Vergleich. Deutsch – Französisch – Englisch – Latein. Formen – Bedeutungen – Verstehen.* Tübingen: Niemeyer.

–, (2001), Languages and their Use in our Life as Human Beeings. A Theory of Speech and Language on a Saussurean Basis, Münster: Nodus Publikationen.

Lewandowski (1975), *Linguistisches Wörterbuch,* drei Bände, Heidelberg: Quelle & Meyer.

de Saussure, Ferdinand (1981), *Cours de linguistique générale,* édition critique préparée par Tullio de Mauro, Paris: Payot.

Trier, Jost (1931), *Der deutsche Wortschatz im Sinnbezirk des Verstandes. Die Geschichte eines sprachlichen Feldes. Band 1: Von den Anfängen bis zum Beginn des 13. Jahrhunderts.* Heidelberg: Winter.

Simon, Gerd (1982), über Weisgerber im zweiten Weltkrieg. In: *Linguistische Berichte, 79/82.*

Weisgerber, Leo (1929), *Muttersprache und Geistesbildung,* (unveränderter Neudruck 1941), Göttingen: Vandenhoeck & Ruprecht.

–, (1939), siehe Simon, Gerd, 1982.

–, (1954), *Vom Weltbild der deutschen Sprache, 2. Halbband, Die sprachliche Erschließung der Welt",* Düsseldorf, Schwann.

–, (1958), *Verschiebungen in der sprachlichen Einschätzung von Wörtern und Sachen.* Köln etc: Westdeutscher Verlag.

–, (1963), *Die vier Stufen in der Erforschung der Sprachen,* Düsseldorf: Schwann.

–, (1964), *Zur Grundlegung der ganzheitlichen Sprachauffassung, Aufsätze 1925–1933, herausgegeben von Helmut Gipper.* Düsseldorf: Schwann.

Hans Glinz, Wädenswil (Schweiz)

15. The word in American structuralism

1. Structuralism in linguistics
2. The word as a linguistic unit
3. American structuralists
4. Identification and definition of *word*
5. Methodology
6. Comparison with generative grammar
7. Literature (a selection)

1. Structuralism in linguistics

1.1. In their broadest senses *structure* and *structural* and their derivatives are the bequest of Ferdinand de Saussure to the whole of twentieth century linguistics. The term *structure* does not appear widely in his *Cours de linguistique général,* but his contribution to the subject in his lectures around the turn of the century was simultaneously the reinstatement of the importance of descriptive synchronic work in general linguistics and his emphasis that the description and analysis of languages at all levels must proceed by treating linguistic units as the end points of structural relations within systems of comparable units, rather than as independent self-sufficient items. De Saussure's theoretical stance was sometimes contrasted with the alleged "atomism" of the nineteenth century neogrammarian historical linguists.

In Europe, the Prague School first exploited de Saussure's structural vision of language in the first quarter of the twentieth century in their development of the phoneme theory. But in its wider impact, ultimately affecting the whole of linguistics, de Saussure's thinking was to be seen in America. In Sapir (1921) linguistic structure received a chapter to itself and no less than twenty-five index references, In Bloomfield (1933) *structure* occurs as a basic term in both the phonological and grammatical chapters.

More significantly, the two books often regarded as representing the two schools of linguistic theory in America, Harris (1951) and Chomsky (1957) both bear the word *structure* in their titles.

1.2. However it was during the active phase of generative grammar in the second half of the century that the terms *structuralist* and *structuralism* became a specific designation of Bloomfieldian linguistics, the body of American theory and method, in its years of dominance, 1933–1957. While it has been said that American generative grammar continues the traditions of American structuralist grammar, the term is now used very generally to distinguish the Bloomfieldian phase and the Chomskyan phases in American linguistics. Relatively early in the development of transformational-generative grammar (as it then was) in his book *Language and mind* (1968), arising out of lectures given in 1967, Chomsky refers to what he considered the inadequacies and the impoverishment of earlier twentieth century linguistic theory, in its exclusive concentration on methods laid down by the structuralist approach (Chomsky 1972: 19–21). In the light of what has now been written, *American structuralism* will be broadly taken to cover the years between Sapir (1921) and the textbooks published in the late 1950s (e.g. Gleason, 1955, and Hockett 1958), intended to serve as introductions to the structuralist linguistics of the Bloomfieldian and post-Bloomfieldian years. It has been said by some that certain post-Bloomfieldians took his doctrines further than he would have gone himself, particularly in their total exclusion of meaning from the theoretical domain of linguistics. For a full account of this period the reader may be referred to Hymes & Fought (1975: 903–1178). Thereafter, the Chomskyan paradim took over the high ground in America and in many other parts of the world.

2. The word as a linguistic unit

The term *word* denotes one of the fundamental concepts of linguistics, but it has given rise to a number of difficulties in linguistic theory and practice. This is largely due to the fact that, unlike many of the technical terms of the subject, *word* and its correspondents in other languages, including illiterate ones, are regularly known and used as *termini non technici* in everyday life. Terms like *morpheme* only made their appearance in European and American linguistics in the nineteenth century, largely as a result of contacts with the Sanskritic linguistics of ancient India.

Aristotle had defined *word* and *sentence*, and these two terms sufficed for the theoretical and methodological purposes of European linguistics for more than two thousand years; the word, as a unit of language, brings together three aspects, being at once a semantic unit, a syntactic unit and a phonological unit, none of which admit clear-cut defining criteria.

Aristotle first defined the word as a unit having a specific meaning but not constituting a complete sentence. Difficulties appear at once in Greek as in English: single words can function as complete utterances and therefore as complete sentences; why in English are the near synonyms *impossible* and *not possible* reckoned as one word and two words respectively; and what individual meaning can be ascribed to such words as *of, if* and *as*, which are written as orthographically separate words preceded and followed by spaces?

As a precise and objective metalanguage was a perceived requisite for American structuralism, as indeed for most other schools of linguistics, the problems arising from the semantic, the grammatical, and the phonological status of the word had to be faced and incorporated in some way into the theory and the methodology of linguistic description.

3. American structuralists

3.1. One of the central conditions, and in their own and in some others' opinion, the main strength of American Structuralism was their strictly empiricist standpoint. Linguistics is a science, and in their eyes a science can only be erected upon the basis of actually or potentially common-observable phenomena, or, as Bloomfield austerely put it (1939:13): "Science shall deal only with events that are accessible in their time and place to any and all observers, or only with events that are placed in co-ordinates of time and space." His observance of these prescriptions led to his famous glosses on *hungry* and *thirsty* by reference to physiological conditions and movements of throat, mouth and stomach (1935:23). Clearly American Structuralism, as it was then developing, required specific attention to the word as an analytic unit in linguistics.

3.2. American linguists of the first half of the twentieth century were motivated to take up the study of spoken language rather than of written language. This was partly a reaction against the predominantly historical interests of the preceding century's comparative linguists, who necessarily devoted so much of their time to written records. But this attitude was reinforced in America by the efforts put in by American linguists to the recording and description of American-Indian languages, most of which were unwritten until they had been transcribed by linguists, and of which no existing grammatical tradition was available. American scholars, missionaries and others, had interested themselves in the newly discovered native languages within their expanding domain. But a great increase in such linguistic studies took place in the first half of the twentieth century, during which time American structuralism came to attain its greatest impact. In certain universities few linguistics graduates failed to investigate one or more native American languages at some stage in their career, often first at doctoral level. Franz Boas (1859–1942) has been considered one of the pioneers in systematic American-Indian language research. Sapir and Bloomfield, along with others made extensive and important contributions to this field of study.

This sort of linguistic research threw back the researchers on their own knowledge and understanding of linguistic theory and on their own skill in working with native speakers (informants), without in most cases any native tradition of grammatical analysis, and without any serious amount of published material or bibliographies on the languages. They necessarily had to devise their own "discovery procedures" in acquiring and then analysing the spoken data provided by the native speakers with whom they were working.

3.3. One result of this was the publication during the 1940s and 1950s of manuals simultaneously expounding linguistic theory together with the techniques for gathering and beginning the analysis of linguistic field data. Pike (1947) and Nida (1946) are good examples of this kind of technical literature.

Research of this type allied linguistics with anthropology and ethnography, rather than with the logic and cognitive philosophy of the present time. Sapir (1881–1939) was trained as an anthropologist as well as a linguist, and he held appointments in both disciplines during his professional life. He was not alone; Harry Hoijer (1904–1976) and Charles and Florence Voegelin (1906–1986, 1927–1989) were also practitioners of both subjects.

4. Identification and definition of *word*

4.1. Field workers in illiterate languages were faced at an early stage in their transcription and analysis with the practical question of where to write spaces between stretches of spoken material that would in the end correspond to word units, how to identify and then classify the words occurring in texts, and how to justify the decisions that they made. Such decisions would have to underlie such morphological categories, if any, as case, tense, gender, and number, etc. These had been problems facing the pioneers of European grammar writing. Aristotle had made a formal distinction between word and sentence, and successive linguistic investigators made their divisions within languages in the light of prior work done buy such pioneers as they came to deal with the grammatical structures of vernacular European languages.

From his own field work in native American languages Sapir exemplified the subjective awareness of word units within the sentences uttered by native speakers by the way in which his informants knew where they would make pauses in dictating narrative texts to allow the investigators (in the days before tape-recorders), to allow them to keep up their transcription (Sapir 1921: 34–35).

4.2. In all languages word-like units could be provisionally recognized by semantic, grammatical, and phonological criteria in varying degrees. The problem was how to define such a unit within the discipline of descriptive linguistics. The traditional definition, preserved in dictionaries, was of the word as the expression of an idea. This was clearly to be rejected in formal analysis on an empirical base. Ideas are not publicly visible or audible, unlike stretches of speech between pauses, and almost identical semantic content can be represented by one or more than one formal sequences of uttered sounds (cp. section 2 above). In traditional European grammars marginal cases are many, such as the French and Italian unemphatic personal pronouns, where at least officially recognized orthographic decisions are available (e.g. where to leave spaces, where to hyphenate, and where to join the pronominal element to the written verb itself). Such decisions in unwritten languages the field worker must make for himself.

4.3. This throws the linguists back to syntactic and morphological criteria: words are relatively stable sequences, even in lengthy polysyllabic forms, but they are freely, but not unconstrainedly, mobile in their relative positions in the syntactic structure of sentences. To take a previous example, *not possible* is replaceable by, for instance, *not in the least possible*, but no such formal operation can be made with *impossible*.

4.4. Phonetic features are associated in many languages with word boundaries. Clearly no language is spoken with an audible pause between each grammatically recognizable word. But word-initial and word-final features are identifiable, the so-called *Grenzsignale* of the Prague School. In English, *tintacks,* (small nails) is audibly different form *tin tax* (a tax on tin), most noticeably in the differential stressing of *tax* in the length of the consonant /n/ in the second example. But even in languages where on words of more than one syllable a fixed place stress is observed, as in Polish and Swahili (penultimate) and in Hungarian (initial), such a phonological identification does not in all cases correspond with the word boundaries evidenced by grammatical criteria, nor does it in itself establish a unit of grammatical structure.

4.5. Both theoretical and practical grammarians have differed in their decision making on the identification of word units: and this is no less the case with the American structuralists. In part this difference depends on the degree of methodological rigour with which the demands of structural empiricism are enforced, and it will be usefully illustrative to compare the approaches to word unit identification of different American Linguists during the structuralist period.

4.6. Sapir is certainly to be included among the American structuralists, but he was less strictly formal in his procedures than was Bloomfield and his later followers. Often compared and contrasted in scholarly personality with Bloomfield, he was ready to accept intuition and subjective concepts like feelings and inner sensation, without, for example, demanding physiological restatements of such concepts as hunger and thirst in terms of contracting muscles and bodily secretions in the manner of Bloomfield. Sapir wrote of "the" "feel" "of the word" as "far from fanciful" and of a "kind of twilight word, trembling between the status of a true radical element and that of a modified word" (1921: 28). This would have been a far from satisfactorily scientific statement for Bloomfield, who, like his followers, relied more on the morpheme as the basic unit of grammatical structure.

4.7. Bloomfield divided morphemes into *free* and *bound*. Free morphemes could stand alone to form complete utterances ("one-word sentences") and could occur in various positions relative to other morphemes in longer stretches. Bound morphemes must be conjoined in a specific place within a larger structure to make up a free form. *Sing* and *-ing*, as in *singing* are obvious examples in English. Bloomfield defined the word as "the minimum free form" (1935: 170, 178, 180-1). Words so defined may be associated with the sort of features noticed above (4.4.).

This was insufficiently rigorous for some post-Bloomfieldians, among them Henry Smith (1913–1972), Zellig Harris (1909–1992), Bernard Bloch (1907–1965) and George Trager (1906–1992). In particular, the tripartite traditional features of word unity, semantic, grammatical, and phonological failed to provide a firm methodology or a discovery procedure, such as their own empiricist principles required.

4.8. In comparing the terminology of the Bloomfieldians with that of the subsequent Chomskyan linguists, it must be noticed that they display a general difference in their use of the term *grammar*. The structuralists separated grammar (syntax and morphology) from phonology (phonemic systems). Chomsky and his followers include all their formal rules under the one head *grammar*. Generally it can be said that the structuralists made their distinction with important results in the analytic methodology, and Chomskyan generativists, though well aware of the difference between syntactic rules and phonological rules, use the term *grammar* to cover all aspects of formal language structure.

5. Methodology

5.1. Methods of research were set out in Harris (1951). These involve "two major steps: the setting up of elements and the statement of the distribution of these elements relative to each other" (op. cit. 6). The first step is concerned with the phonemes and the second with the morphemes. As a consequence of this statement Harris and linguists working on similar lines are often referred to as *Distributionalists*, insisting as they did on wholly distributional considerations in criterial statements. In his book Harris concentrated his attention on morphemes; words as grammatical units are mentioned relatively infrequently, and mainly in connection with word juncture phonemes, to which much importance was attached (4.4.).

5.2. A central concern was to what extent, if at all, grammatical word boundaries should be used in phonemic analysis. This had not troubled Sapir, any more than it had troubled Daniel Jones in London; and Bloomfield recognized word boundaries as potentially relevant to phonology. But a number of post-Bloomfieldian structuralists, sometimes referred to as the "Yale School", went further in demanding the total "separation of levels" and the exclusion of everything other that what was phonetically audible in phonemic analysis, therefore excluding grammatically established word boundaries. A phonemic analysis with its accompanying phonemic transcription must be derived exclusively from phonetic data, and that conversely the phonetic form of the utterance and its "narrow" transcription should be wholly recoverable from the phonemic transcription. This was referred to as the *biuniqueness requirement*. No grammatical features or boundaries of any sort must be taken into account before the phonemic analysis itself is complete. This hierarchie doctrine of the priority of phonemics was set forth with vigour by such linguists in America as Bloch, Trager, Harris and Smith. In their *Outline of English structure* (1951: 53) Trager and Smith wrote: "When the phonological analysis of a language has been made, the next point to consider is what use one can make of it for further analysis". With this methodological rigour in the separation of formal levels one may compare the strenuous efforts made by Bloch (1948 and 1953) to exclude even differences of meaning in reference to the establishment of phonemic contrast (this was found unworkable and was later abandoned).

5.3. Harris (1951) made mention of word units, but he placed the main weight of his morphological and syntactic analysis on the morpheme. There is no mention of word classes, but there are multiple references to different classes of morphemes.

A consequence of this procedural requirement was the minute attention paid to actual pausal or environmental variations in phonetic sequences such as stress or intonation. An important aspect of such features together with some segmental differences was the part they played in juncture phonemes, that is to say, phonemic divisions based wholly on audible differences associated with sentence-initial and sentence-final positions and transitions within uttered sentences. These were collectively grouped into juncture phonemes, which were not only part of the total phonemic transcription and analysis, but also because they often coincided with subsequently made grammatical divisions based on morphological or syntactic criteria. The point was that junctures so defined could be heard and therefore transcribed, whereas the subsequent grammatical separation of word from word was not as such audible.

5.4. The culmination of this principle was the recognition of *phonemic words*, often, but not necessarily, coinciding with grammatical words, and based on separate criteria. All this was set out in Trager & Smith (1951), which at the time was considered so important that copies were distributed free of charge to all members of the Linguistic Society of America. They wrote (1951: 50): "A phonemic phrase having no plus junctures will be called a phonemic word... These terms have no connotations whatsoever of morphology; they are purely phonological." Thus *taker* and *take her*, both pronounced /teyke(r)/, and *aboard* and *a board*, are all single phonemic words, but the second of each pair are two morphemic words each. For non-contrastive varieties of morphemic words, like /s/ in *it's* and /iz/ in *it is*, the term *allolog* was proposed (1951: 58), on the lines of *allophone* and *allomorph*, but it is noticeable that the two principal chapters of the book are *Phonology* and *Morphemics*, with little further reference to word units as such. This same relationship between phonemic and morphemic words is set out clearly by Hockett (1958: 58–60), when he belonged firmly within the distributionalist school; more recently he has expressed some hesitation over the whole question of word units (1947: 48); Chevillet 1996: 196).

While the distributionalists concentrated the theoretical purity of their methods, actual practising field workers in the 1940s, 1950s, and 1960s were less theoretically rigorous, or, from another point of view, more practical in their research procedures (e.g. Samarin 1967; Longacre 1964).

Kenneth Pike took up the question of "grammatical prerequisites" (his own terminology) in two articles (1947, 1952), challenging the practicality of excluding all grammatical criteria in a phonemic analysis. Nida (1946) deals extensively with the grammatical analysis of unwritten and previously unstudies languages. The subtitle of the book was *the descriptive analysis of words*, but *word* appears nowhere in his index, and the central unit of his analysis is the morpheme, and at the beginning of the book (1946: 1) he writes: "We are using "word" in this chapter in the usual traditional sense."

Trager & Smith defined morphemes as "recurring patterned partials in utterances ... made up of one or more phonemes" (1951: 53); but they insisted that this was not directly related to the meanings of the forms concerned. Nida (1946: 6) uses a more traditional definition of the morpheme as the "minimal meaningful unit" of a language, elaborated and defended later (p. 14); but his morphological analysis was based on the distribution of morphemes, bound and free (p. 78), as it was expressed by Harris.

While the grammatical analysis is based on the morpheme Nida's chapter dealing with field procedures speaks of the identification of "object words" (1946: 178) and "process words" (p. 181), leading to the distinction of nouns and verbs.

Nida (1946) is fairly typical of several books dealing with research procedures in the analysis of unwritten languages. The assumption was that grammatically separate items would be found to correspond, but in widely different degrees, to the traditional word units of literate languages, and also, again in different degrees, to phonologically marked divisions in the stream of speech. Such assumptions may instigate and justify provisional translations of such units into the words of his own or of another known language. But the traditional word was not part of the final formal analysis. The basic unit of grammar remained the morpheme, and morphemes, bound and free, were classified by their relative distributions.

6. Comparison with generative grammar

The position of the generative grammarians is very different, as their hierarchic ordering in linguistic analysis is the reverse of the Bloomfieldians'. Deep structures (or their terminological equivalents) generate syntactic sequences of units underlying the traditional orthographic words of literate languages, which are converted into phonological representations by sets of phonological rules (see, for example, Chomsky & Halle 1968: 12–13, 366–70). This last paragraph is in no way a summary of generative grammar, of which there are now several different varieties. It is simply intended to draw attention to the fundamental difference in the hierarchical ordering of linguistic research between the American structuralists and the Chomskyan generative grammarians and the resulting attitudes towards words as structural units in languages.

7. Literature (a selection)

Bloch, Bernard (1948): A set of postulates for phonemic analysis. In: *Language* 24, 3–46.

–, (1953): Contrast. In: *Language* 29, 59–61.

Bloomfield, Leonard (1933; British edition 1935): *Language*. London: Allen and Unwin.

–, (1939): *The linguistic aspects of science*. Chicago: Chicago University Press.

Chevillet, François (1966): The phoneme and American linguistics; an interview with C. F. Hockett. In: *Études anglaises* 49, 180–189.

Chomsky, Noam (1957): *Syntactic structures*. The Hague: Mouton.

–, (1972): *Language and mind*. New York: Harcourt Brace Jovanovich.

Chomsky, Noam; Morris Halle (1968): *The sound pattern of English*. New York: Harper and Rowe.

Gleason, Henry A. (1955): *An introduction to descriptive linguistics*. New York: Holt, Rinehart and Winston.

Harris, Zellig S. (1951): *Methods in structural linguistics*. Chicago: Chicago University Press.

Hockett, Charles F. (1958): *A course in modern linguistics*. New York: MacMillan.

–, (1987): *Refurbishing our foundations*. Amsterdam: Benjamins.

Hymes, Dell; John Fought (1975): American structuralism. In: *Current trends in linguistics* 13. (ed. T. A. Sebeok). The Hague: Mouton, 903–1176.

Longacre, Robert E. (1964): *Grammar discovery procedures: a field manual*. The Hague: Mouton.

Nida, Eugene A. (1947): *Morphology: the desctiptive analysis of words* (second edition 1949). Ann Arbor: University of Michigan Press.

Pike, Kenneth L. (1947): *Phonemics: a technique for reducing languages to writing*. Ann Arbor: University of Michigan Press.

Pike, Kenneth L. (1947): Grammatical prerequisites to phonemic analysis. In: *Word* 3, 155–172.

–, (1952): More on grammatical prerequisites. In: *Word* 8, 106–121.

Samarin, William J. (1967): *Field linguistics*. New York: Holt, Rinehart and Winston.

Sapir, Edward (1921): *Language*. New York: Harcourt Brace.

Saussure, Ferdinand de (1916): *Cours de linguistique générale*. Lausanne: Payot.

Trager, George; Henry Smith (1951): *An outline of English structure*. Norman: Battenburg Press.

Robert H. Robins †, London
(United Kingdom)

16. Das Wort im Europäischen Strukturalismus

1. Einführende Bemerkungen
2. Zur Problematik des Begriffs „Wort" im allgemeinen
3. Was heißt „Europäischer Strukturalismus"?
4. Der Begriff „Wort" und konkurrierende bzw. benachbarte Begriffe in den verschiedenen Schulen des europäischen Strukturalismus
5. Zusammenfassung und Ausblick
6. Literatur in Auswahl

1. Einführende Bemerkungen

Es gehört zu den von Logikern mit Argwohn beobachteten Eigentümlichkeiten der sog. „natürlichen Sprachen", dass sie als ihre eigene Metasprache fungieren können. Der Terminus *Wort*, der im Titel des vorliegenden Aufsatzes erscheint, ist ein häufig gebrauchter, für den sprachwissenschaftlichen Laien unproblematischer metasprachlicher Ausdruck des Deutschen. Ähnliches gilt für den englischen Ausdruck *word*: „The word is the unit *par excellence* of traditional grammatical theory" versichert John Lyons (1969, 194). Man kann dieser Behauptung zustimmen, wenn man unterstellt, dass zwischen „traditioneller Grammatiktheorie" und metasprachlichen Vorstellungen des gebildeten Laien ein hohes Maß an Übereinstimmung besteht.

Auch die zahlreichen „nicht-traditionellen" linguistischen Arbeiten zum Begriff des „Wortes" (sie können hier nur in bescheidenem Umfang berücksichtigt werden) gehen nolens volens von einem undefinierten metasprachlichen Ausdruck der Sprache aus, in der sie geschrieben sind. Viele Autoren fühlen sich daher bemüßigt, auf diese problematische Ausgangssituation hinzuweisen: „Pour simple qu'elle panaisse, la notion de mot est une de celles dont la définition est la plus délicate pour le linguiste" schreibt Lucien Tesnière in einem der ersten Kapitel seiner bekannten Syntax (1965, 25). Eine kommentierte Bibliographie, die 135 Arbeiten zum Begriff des Wortes in knappster Form zusammenfasst, führt sehr häufig die Rubrik „layman's vs. linguist's view" auf (Juilland/Roceric 1972, passim).

Die Historiographen der Linguistik sind sich weitgehend darüber einig, dass die Strukturalisten den Begriff des Wortes fast völlig aus der Sprachwissenschaft verbannt haben: Bezeichnenderweise haben die Autoren der soeben erwähnten Bibliographie für eine spätere Studie den Titel *The decline of the word* gewählt (Juilland/Roceric 1975). In einem auf dem Höhepunkt der Linguistikwelle in Deutschland erschienenen Handbuch kann man nachlesen, dass „die modernen Grammatiktheorien nicht mit dem Wortbegriff arbeiten" (Stammerjohan (Ed.) 1975, 564) und der französische Linguist Maurice Pergnier bemerkt mit dem Unterton des Bedauerns, dass der Ausdruck *mot* „a été impitoyablement banni du vocabulaire des linguistes quelle que soit leur école" (Pergnier 1986, 49). Immerhin wurde 1945 eine vom „Linguistic Circle of New York" herausgegebene Zeitschrift gegründet, die – obwohl viele Bloomfield-Schüler zu ihren Beiträgern zählten – den Titel *Word* (und nicht etwa *minimum free form*) erhielt (cf. Albrecht 2000, 100).

Konziliantere strukturalistische Wortkritiker versichern, der Begriff lasse sich bestenfalls für eine bestimmte Sprache definieren: „Il serait vain de chercher à définir précisément cette notion [scil. la nation de mot] en linguistique générale. On peut tenter de le faire dans le cadre d'une langue donnée" (Martinet 1961, 112). Seltsamerweise wird die Frage nach der übereinzelsprachlichen Geltung des Begriffs „Wort" fast ausschließlich auf der *de re*-Ebene gestellt. Dabei wäre zu erwarten gewesen, dass die Strukturalisten, die im Allgemeinen das Prinzip der Einzelsprachlichkeit betonen, die Frage zunächst auf der *de dicto*-Ebene stellen würden: Haben vorwissenschaftlich-metasprachliche Bezeichnungen wie *Wort, word, mot, palabra, ord, slovo* usw. wirklich die gleiche Bedeutung? Schon die harmlose Frage „Was heißt 'Wort' auf lateinisch?" bestätigt diesbezügliches Misstrauen. Es kommen eine Reihe von Äquivalenten in Frage. Vergleicht man sie mit dem Eintrag *word* eines modernen terminologischen Wörterbuchs, so stellt man fest, dass den „three main senses of 'word'", die dort aufgeführt werden, grosso modo drei unterschiedliche Benennungen zugeordnet werden können: *vox* entspricht am ehesten dem „phonological word", *verbum* weist einige inhaltliche Gemeinsamkeiten mit dem „morphemic/morphosyntactic/grammatical word" auf und *vocabulum* kann zumindest in einigen Belegstellen dem „more abstract sense, referring to the common factor underlying the set of forms which are plainly variants of the same unit" entsprechen (cf. Crystal 1985, s.v. *word* und infra).

Trotz der Skepsis, die dem Begriff des Wortes nicht nur von den Strukturalisten, sondern auch von Vertretern anderer linguistischer Richtungen entgegengebracht wird, ist der Begriff aus Teildisziplinen wie *Wortbildungslehre* (*word formation, formation des mots* etc.), sowie Lexikologie und vor allem Lexikographie nicht wegzudenken. Ferdinand de Saussure, von vielen als einer der Gründerväter des europäischen Strukturalismus angesehen, wollte das Wort nicht aus der Linguistik verbannt wissen: „... le mot, malgré la difficulté qu'on a à le définir, est une unité qui s'impose à l'esprit, quelque chose de central dans le mécanisme de la langue..." (CLG, 154)

Nichtsdestoweniger kann – angesichts der „Wortfeindlichkeit" der Strukturalisten – der Begriff des Wortes nicht allein im Mittelpunkt dieses Artikels stehen, sondern er muss zusammen mit den Begriffen behandelt werden, die ihn ersetzen sollen (cf. infra 4.). Zunächst sollen jedoch einige klassische Probleme der Definition und der Abgrenzung des Wortes in Erinnerung gerufen und der Begriff „Europäischer Strukturalismus" geklärt werden.

2. Zur Problematik des Begriffs „Wort" im Allgemeinen

Es kann nicht Aufgabe dieses Artikels sein, den Begriff „Wort" für einige oder gar für alle Sprachen zu definieren oder auch nur hinlänglich zu explizieren. Es geht hier ausschließlich um den Status, den dieser Begriff sowie konkurrierende und benachbarte Begriffe in den verschiedenen Schulen des europäischen Strukturalismus besitzen. Um jedoch die Probleme, die die Strukturalisten mit dem scheinbar unproblematischen Wortbegriff hatten, behandeln zu können, müssen die wichtigsten unter ihnen erst einmal vorgestellt werden. Dies soll zunächst bewusst in „vortheoretischer", d. h. keiner besonderen Schule verpflichteten Form geschehen:

Un mot est défini par l'association d'un sens donné à un ensemble donné de sons susceptible d'un emploi grammatical donné. Pour avoir une valeur, une concordance entre deux mots doit donc porter à la fois sur les sons, sur le sens et, s'il y a lieu, sur l'emploi grammatical (Meillet 1948, 30).

Diese vorstrukturalistische Definition und Explikation des Wortbegriffs haben eine Reihe von europäischen Strukturalisten zum Anlass genommen, sich kritisch über das „Wort" als linguistische Kategorie zu äußern. Sie stammt von einem frühen Schüler Saussures, Antoine Meillet, der häufig fälschlich als „Strukturalist" bezeichnet worden ist. Die Definition – das wird oft übersehen – war von ihrem Urheber für einen praktischen Zweck vorgesehen, nämlich zur Überprüfung und Absicherung hypothetischer Etymologien. Sie ist ganz dem klassischen „word and paradigm"-Modell (cf. Robins 1967, 25; Matthews 1974, 18) verpflichtet. Es geht dabei nicht darum, die Wortform innerhalb der gesprochenen Kette aufgrund phonetisch-phonologischer oder morphosyntaktischer Kriterien von benachbarten Elementen abzugrenzen, sondern darum, eine Anzahl von Formen dieser Art auf eine „Grundform" zurückzuführen, sie als „Varianten" einer „Variablen" zu betrachten. In der Lexikographie oder der linguistischen Datenverarbeitung spricht man in diesem Zusammenhang von „Lemmatisierung". Dabei treten eine Reihe von Problemen auf, die in den angewandten Disziplinen durch ad hoc-Entscheidungen eher umgangen als gelöst werden. Die Theoretiker wurden jedoch durch Schwierigkeiten dieser Art dazu veranlasst, an der Brauchbarkeit des Begriffs „Wort" für die Zwecke der Sprachbeschreibung zu zweifeln. Nach Ansicht des Verfassers muss man dabei zwischen „echten" Problemen und „Scheinproblemen" unterscheiden. Zunächst zu den „echten":

– Prinzipiell ist im Rahmen des „Wort und Paradigma"-Modells damit zu rechnen, dass homophone *Wortformen* auf unterschiedliche *Wörter* zurückgeführt werden müssen:

Maiores [...] domi *parci*, in amicos fideles erant (a)
Dux hostibus victis *parci* iussit (a')
Jeder zehnte *floh* nach der verlorenen Schlacht (b)
Jeder zehnte *Floh* überlebte die Desinfizierung des Betts (b')
Flying planes can be dangerous (c) (cf. Chomsky 1965, §4)

Die Zuordnung zur jeweiligen Grundform wird bei aussagekräftigem Kontext vom kompetenten Hörer/Leser schneller vollzogen als von streng argumentierenden Linguisten: a) Nominativ Plural von *parcus* „sparsam"; a') Infinitiv Passiv von *parco* „schonen"; b) 3. Pers. Sing. Präterit. von *fliehen*; b') Nominativ Singular von *Floh* (homophon, aber nicht homograph). Im Falle des bekannten Beispiels c) dürfte auf Grund der semantisch-pragmatischen Ähnlichkeit der beiden Lesarten eine Differenzierung nicht möglich sein. Man muss in einem solchen Fall in typisch „generativistischer", jedoch ziemlich „unstrukturalistischer" Weise auf die Ausdrucksintention des kompetenten Sprechers/Schreibers rekurrieren, um herauszufinden, ob vom „Fliegen von Flugzeugen" oder von „fliegenden Flugzeugen" die Rede ist.

– Eine zusätzliche Schwierigkeit resultiert aus der Tatsache, dass im „ensemble donné de sons" gelegentlich Informationen über den „sens donné" und den „emploi grammatical donné" (cf. supra) verschmolzen werden. Damit sind nicht die für flektierende Sprachen charakteristischen Amalgame unterschiedlicher grammatischer Funktion (klassisch *accidentia*) gemeint (so drückt -n in *Fenstern* gleichzeitig Dativ und Plural aus), sondern Amalgame aus lexikalischer und grammatischer Bedeutung:

věnit/vēnit; gib/gab; foot/feet

Es ist in solchen Fällen nicht ganz korrekt, ein „Lexem" oder „lexikalisches Morphem" (cf. infra) *ven-*, *geb-* oder *foot* anzusetzen; die lexikalische Bedeutung wird durch die konsonantische Klammer und eine vokalische *Variable* ausgedrückt, der konkrete Wert dieser Variablen enthält grammatische Informationen. Während man in Fällen wie *girl/girls* behaupten kann, die Funktion der „Singularisierung" werde durch ein „Nullmorphem", die der „Pluralisierung" durch -s ausgedrückt, ist dies in Fällen wie *foot/feet, mouse/mice, tooth/teeth* usw. nicht möglich.

– Auf ein ausschließlich inhaltliches Problem, das die Strukturalisten nicht sonderlich beschäftigt hat, muss in einem Handbuch der Lexikologie wenigstens kurz hingewiesen werden: Die im Prinzip jedem Wort innewohnende Polysemie kann ein Stadium erreichen, in dem es angezeigt erscheint, eher von Homonymie als von Polysemie zu reden. Die folgenden Beispiele stehen für unterschiedliche Stadien einer solchen Entwicklung:

She *wants* to go to Italy „möchte/will"
It still *wants* half an hour till midnight „braucht/fehlt"
That child *wants* a good spanking „benötigt/verdient"
grüne Wiese „green"; *grünes* Obst „unripe"; *grüner* Junge „green, inexperienced"; jemandem nicht *grün* sein „well-disposed"
serviette „Handtuch, towel"; serviette „Aktentasche, brief-case"
Schloss „lock"; Schloss „castle"

In ähnlichen Fällen (zumindest in den beiden letzten der oben angeführten) ist die Einheit des Wortes in semantisch-paradigmatischer Hinsicht (cf. infra) bedroht. Der Lexikograph entschließt sich dann in der Regel dazu, unterschiedliche Lemmata anzusetzen, obwohl es sich historisch gesehen um „dasselbe Wort" handelt. Es sei hier schon darauf hingewiesen, dass es zu den Traditionen des europäischen Strukturalismus gehört, die Entscheidung auf die Frage „Ein Wort oder mehrere Wörter?" auf Grund innersprachlicher Kriterien zu treffen (Prinzip der Einzelsprachlichkeit). Die Projektion der Verhältnisse in anderen Sprachen auf die zu beschreibende (dem englischen Verb *want* kann im Deutschen „mögen" oder „brauchen" entsprechen, ergo handelt es sich um zwei verschiedene Wörter) ist nicht zulässig.

– Das Problem der Abgrenzung des Wortes in syntagmatischer Hinsicht hat „hard core-Linguisten" verschiedener Couleur weit stärker beschäftigt als die Abgrenzung in paradigmatischer Hinsicht. In vielen Sprachen weist die traditionelle Orthographie diesbezüglich charakteristische Inkonsequenzen auf: *radfahren, Auto fahren; all right/altogether; moyen âge/moyenâgeux* etc. Schon vor Beginn der Epoche des Strukturalismus sensu stricto wurden zur Lösung dieses Problems phonetisch-phonologische Hilfskriterien bemüht, insb. die Position des Akzents (*stress*). Man vergleiche:

green HOUSE „grünes Haus" / GREENhouse „Gewächshaus"; *er ist schwer GEFALLEN* „he fell heavily" / *es ist ihm SCHWERgefallen* „it was hard for him".

Speziell die deutschen Verbalkomposita („phrasal verbs") werfen beträchtliche beschreibungstechnische Probleme auf. Zum einen zögert man, einer syntagmatischen Fügung den Status einer Einheit (in unserem Fall „Wort") zuzugestehen, deren Bestandteile in Aussagen durch Ketten beträchtlicher Länge getrennt werden können: „Dies *fiel* ihm, was unter den gegebenen Umständen niemanden wundern wird, ziemlich, ja man möchte sagen außergewöhnlich *schwer*." Zum anderen zeigen einige Verbalkomposita – und zwar gerade die, die ein für Komposita untypisches Akzentuierungsmuster aufweisen – einen höheren Grad an syntaktischer Kohäsion. Man vergleiche:

ÜBERlassen, lässt über „leave sth. over"; *überLASSEN*, überlässt „cede"; *ÜBERsetzen*, setzt über „pass over"; *überSETZEN*, übersetzt „translate"; *UMfahren*, fährt um „run sb down, collide with sb or sth"; *umFAHREN*, umfährt „drive round, make a detour round".

Soll man in den Fällen, in denen der Akzent auf dem präpositionalen Verbzusatz liegt von "zwei", in den übrigen Fällen von "einem Wort" sprechen? Angesichts eines Verbs wie *ÜBERschnappen, schnappt über* "turn crazy" erweist sich dieser Vorschlag als kontraintuitiv.

– In manchen Fällen musste bereits in "vorstrukturalistischer" Zeit mit einem erweiterten "Wort und Paradigma"-Modell operiert werden, wenn Wortformen zu einem Paradigma zusammengefasst bzw. einer "Grundform" zugeordnet werden sollten. Angesichts von Phänomenen wie "Suppletivismus" (Suppletivwesen, cf. Osthoff 1899) oder *Portemanteau-Morphem* (cf. Hockett 1947) war man auf die Analogie als Hilfskriterium angewiesen. Es handelt sich hierbei um ein typisch "strukturalistisches" Argumentationsschema, das sich am besten in Form einer Proportionsgleichung darstellen lässt:

am : are : is : was : been : (to) be = love : loves : loved : (to) love

Die lautlich völlig unterschiedlichen Formen werden durch Analogieschluss der "Grundform" *(to) be* zugeordnet

Au /o/grenier : à la cave = le grenier : la cave

ergo kann das monophonematische Element *au /o/* zwei Grundformen zugeordnet werden: *à; le*. Höchst umstritten ist die Frage, ob dieses Schema auch auf den sog. *group genitive* des Englischen anwendbar ist:

the Museum : the Museum's Direktor = the Museum of Modern Art : the Museum of Modern Art's Director
(cf. ebenfalls in a month or two's time und Gleason 1961, § 10.18; Martinet 1961, § 4–16)

– Dasselbe Schema lässt sich auch bei Argumentationen ex negativo verwenden, so z. B. bei der Frage, ob bestimmte präpositionale Syntagmen in den romanischen Sprachen als Komposita und somit als "Wörter" anzusehen sind:

boule de terre : boule de terre glaise ≠ pomme de terre : pomme de terre glaise

Während bei *boule de terre* die Hinzufügung des Elements *glaise* lediglich eine Spezifizierung bedeutet, wird bei *pomme de terre* im selben Fall die Einheit der Bedeutung zerstört: Statt "Kartoffel, potato" wird nun "aus lehmiger Erde geformter Apfel, apple formed from clayey earth" verstanden. Somit wäre *boule de terre* als gewöhnliches Syntagma, *pomme de terre* als Kompositum einzustufen. Bei "maximalistischer" Auslegung kann dieses Schema auch auf "Wortgruppenlexeme",

insb. auf "Funktionsverbgefüge" (cf. *sich entscheiden / eine Entscheidung treffen; sich entschließen / einen Entschluss fassen* und auf die "Mehrwortbenennungen" in den Fachterminologien angewendet werden *(Private Automatic Branch Exchange / autocommutateur privé*, aber *Nebenstellenanlage*, cf. Albrecht 1999, 1694 ff.).

Bei allen Versuchen, problematische Fälle im Rahmen des "Wort und Paradigma"-Modells zu lösen, wurde auf der Grundlage semantischer Kriterien argumentiert. Das gilt sogar für Bloomfields Definition des Wortes als "minimum free form" (cf. Hiorth 1958, 18). Die Bemühungen, den traditionellen Wortbegriff trotz aller Schwierigkeiten, die er aufwirft, zu verteidigen, sind somit einem pragmatisch-funktionalistischen Grundsatz verpflichtet, dem Primat des Inhalts gegenüber dem Ausdruck bei der menschlichen Sprache: "Nous dirons que le but premier et ultime de toute langue est d'exprimer du sens, ou si l'on préfère de *signifier*" (Pergnier 1986, 27). Dieses Prinzip wird zumindest implizit in den meisten Schulen des europäischen Strukturalismus anerkannt, mit Ausnahme der Glossematik, wo zwischen Ausdruck und Inhalt die Relation "Solidarität" (junktorenlogisch "Äquivalenz", d. h. "reziproke Implikation") besteht (cf. infra).

Zum Schluss soll, wie bereits angekündigt, auf zwei Schwierigkeiten in Bezug auf den traditionellen Begriff des Worts eingegangen werden, bei denen es sich nach Ansicht des Verf. um "Scheinprobleme" handelt.

– Gegen die verschiedensten Wortdefinitionen, vor allem gegen diejenige Bloomfields, sind immer wieder Argumente der folgenden Art vorgebracht worden: Auf Fragen wie "Haben Sie *kaufen* oder *verkaufen* gesagt?" oder "Do you mean *house* or *houses*?" könne man mit "Ver-!" bzw. mit "-ses!" antworten (cf. Hiorth 1958, 17). Es erscheine somit eine Einheit als "free form", die dem intuitiv-vortheoretischen Wortbegriff, dem "preferred usage" zuwiderlaufe. Dialoge dieser Art haben sprachliche Formulierungen zum Gegenstand. Sie sind also metasprachlich, nicht als objektsprachlich einzustufen. In metasprachlichen Äußerungen kann jedes sprachliche Element als "freie Form" auftreten: "... in contexts of 'mention' linguistic units of every rank and level can occur as whole utterances" (Lyons 1969, 201).

– Nicht damit zu verwechseln ist ein anderes Phänomen, das ebenfalls hin und wieder Verwirrung stiftet: Es kann vorkommen, dass minimale segmentale Einheiten nicht nur mit dem Rang von „Wörtern", sondern sogar mit dem von Sätzen oder abgeschlossenen Äußerungen auftreten. So kann in einer spezifischen Dialogsituation auf die Frage „Quid faciam?" schlicht mit „I!" geantwortet werden oder auf die rhetorische Frage „On se retrouve à cinq heures, d'accord?" mit der Zusatzfrage „Où?" (cf. Pergnier 1986, 28). In beiden Fällen stehen Phoneme, d. h. minimale segmentale Einheiten der betreffenden Sprache (/i/ bzw. /u/) stellvertretend für alle höheren Einheiten, mit denen man operieren könnte, also für Morpheme, „Wörter", Syntagmen, Phrasen (im Sinne der Generativen Grammatik) und Texte (im Sinne von „abgeschlossene Äußerung"). Darin liegt kein wirkliches Problem. Als Ergebnis einer *distinctio rationis* dürfen *linguistische* Einheiten nicht mit *sprachlichen* gleichgesetzt werden. Die diesbezügliche Polysemie des englischen Adjektivs *linguistic* führt gelegentlich zu einer Verschleierung dieses Sachverhalts. Ein und dieselbe Einheit der *Sprache* kann gelegentlich den definitorischen Kriterien verschiedener Einheiten der *Sprachwissenschaft* genügen.

3. Was heißt „Europäischer Strukturalismus"?

Der Ausdruck *Europäischer Strukturalismus* bezeichnet einen unklaren Sammelbegriff. Gemeinsamer Nenner für einen „amerikanischen" und „europäischen" Strukturalismus scheint die Abgrenzung gegenüber dem lange Zeit vorherrschenden „Paradigma" (im Sinne Kuhns) der historisch-vergleichenden Sprachwissenschaft gewesen zu sein. Die Vertreter der Schulen, die in Europa dem „nordamerikanischen Strukturalismus" zugerechnet werden, bekannten sich selbst zum „Deskriptivismus" und später zum „Distributionalismus". Die Generativisten polemisierten in der Frühzeit der Bewegung nicht so sehr gegen „structural" als gegen „taxonomic linguistics". Die verschiedenen europäischen Schulen des „Strukturalismus" verfügen über keine gemeinsame definitorische Eigenschaft, mit deren Hilfe sie en bloc vom „amerikanischen Strukturalismus" abgegrenzt werden könnten. Besondere Zuordnungsprobleme verursachen der „britische Kontextualismus" und die „stratifikationelle Grammatik" S. M. Lambs.

Der Begriff „Europäischer Strukturalismus" muss somit für die Zwecke dieses Übersichtsartikels pragmatisch ausgelegt werden.

Im Rahmen der von John R. Firth, dem Begründer der „Londoner Schule" beschworenen „Atlantic Linguistics" (Firth, 1958, chap. 12) haben die Wortdefinitionen amerikanischer Forscher die Vertreter europäischer Schulen beeinflusst. Hier müssen vor allem die beiden „klassischen" europäischen Schulen, die Prager und die Kopenhagener berücksichtigt werden. Daneben wird jedoch auch auf die weniger homogene Genfer Schule, die die unmittelbare Nachfolge Saussures verkörpert, sowie auf die Londoner Schule und darüber hinaus auf Forscher „zwischen den Schulen" einzugehen sein. André Martinet lässt sich weder der Prager noch der Kopenhagener Schule eindeutig zuordnen, ist aber sicherlich ein bedeutender Vertreter des Europäischen Strukturalismus (zu den verschiedenen europäischen Schulen und zum Problem der Abgrenzung im Allgemeinen vgl. Albrecht 2000, Kap. 4 und 5).

Von entscheidender Bedeutung im Hinblick auf die Diskussion des Begriffs „Wort" ist die Frage, ob in einer Schule oder von einem Autor eine Unterscheidung von der Art der *langue-parole*-Dichotomie getroffen oder zumindest anerkannt wird. Nur wenn mit einem virtuellen „Sprachsystem" operiert wird, das der Sprecher/Hörer beim aktuellen „Sprachgebrauch" realisiert, hat die Suche nach der abstrakten Einheit „Wort" einen Sinn, von der in Abschnitt 2 fast ausschließlich die Rede war. Die Vertreter des auf die Antike zurückgehenden „Wort und Paradigma"-Modells rekurrierten zumindest implizit auf ein virtuelles System. Nicht nur die Distributionalisten, sondern auch die britischen Kontextualisten lehnen hingegen den Rekurs auf solch ein „metaphysisches" Konzept ab. Die „Sprache" liegt für sie in Form eines „unendlichen Korpus" von Texten bzw. Äußerungen vor. Schon Bloomfields mehrfach erwähnte Definition des Wortes als einer „minimum free form" (Bloomfield 1926) zielte nicht auf das virtuelle „Wort", sondern auf die in der Äußerung aktualisierte „Wortform" ab. Später wurden in raffinierteren Modellen wie „Item and Process" bei Hockett (1954) oder „Scale and Category" bei Halliday (1961) virtuelle Einheiten gewissermaßen durch die Hintertür wieder eingeführt.

Die sog. „strukturelle Semantik" in ihren verschiedenen Ausprägungen (Coseriu, Greimas, Pottier etc.) ist erst nach der Blütezeit des Strukturalismus entstanden. Sie muss dennoch berücksichtigt werden, da sie – mit typisch „strukturalistischen" Argumenten – einen Aspekt betont, der in den klassischen Schulen vernachlässigt wurde: die Einheit des Wortes im inhaltlich-paradigmatischen Sinn (cf. supra).

4. Der Begriff „Wort" und konkurrierende bzw. benachbarte Begriffe in den verschiedenen Schulen des europäischen Strukturalismus

Eine gründliche, historisch differenzierte Darstellung des hier zu behandelnden Komplexes würde eine umfangreiche Monographie erfordern. Es können nur einige elementare Informationen geliefert werden, und zwar zunächst zum europäischen Strukturalismus in einem allgemeinen, nicht streng definierten Sinn; im Anschluss daran zu einzelnen Schulen.

Keine der europäischen Schulen ist bereit, angesichts der in Abschnitt 2 angedeuteten Probleme (und einigen anderen mehr) dem Begriff „Wort" die zentrale Stellung einzuräumen, die er im klassischen Wort und Paradigma-Modell innehatte. Um so erstaunlicher ist es, dass Bezeichnungen wie *Wort, word, mot* etc. in Schriften der Strukturalisten sehr häufig erscheinen – allerdings fast immer in nicht-technischen Kontexten. Ein wichtiges Publikationsorgan der Prager Schule erinnert mit seinem Titel *Slovo a slovesnost* „Wort und Wortkunst" unübersehbar an diesen „vorstrukturalistischen" Begriff. In poststrukturalistischer Zeit werden ursprünglich konkurrierende Terminologien in außerordentlich verwirrender Weise amalgamiert, was dazu führt, dass die meisten Termini, die mit der traditionellen Bezeichnung *Wort* konkurrieren oder mit ihr in Verbindung stehen, mehrdeutig gebraucht werden (cf. infra).

Obwohl die „Solidarität von Inhalt und Ausdruck" (nicht unbedingt im glossematischen Sinn, cf. supra) eines der wichtigsten Prinzipien des europäischen Strukturalismus darstellt, gibt es in verschiedenen Schulen Versuche, rein phonische Kriterien für die Abgrenzung des Wortes qua Wortform innerhalb der gesprochenen Kette zu finden. An erster Stelle werden (fakultative) Pausen („junctures") genannt. Die meisten Autoren räumen ein, dass diese nur bei einem „unnatürlichem" Sprechen zu hören sind, bei dem sich der Sprecher von seinen schulgrammatischen Vorstellungen über die Wortgrenzen leiten lässt. Darüber hinaus werden weitere Phänomene angeführt: In der klassischen Prager Phonologie wird z. B. den Sprachlauten neben der bedeutungsdifferenzierenden auch gliedernde (die sog. „kulminative" und „delimitative") Funktionen zugestanden. Es wurde versucht, das Wort als den Geltungsbereich für die phonologischen Distributionsregeln einer Sprache auszuweisen. Dieser Versuch scheitert z. B. im Deutschen, denn hier sind an der Grenze zweier potentiell freier Morpheme im Kompositum (*Hechtsprung*) die gleichen „ungewöhnlichen" Kombinationen anzutreffen wie an der Wortgrenze. In der im Französischen geläufigen Bezeichnung *mot phonétique* spiegelt sich die Überzeugung wider, dass sich in dieser Sprache die phonische Segmentierung nicht mit der traditionellen, in der Orthographie festhaltenen Abgrenzung verschiedener „Wörter" in Einklang bringen lässt. Im graphemischen Bereich sind die Verhältnisse scheinbar unproblematisch. In angewandten Disziplinen wie z. B. in der Lexikonstatistik werden die orthographischen Konventionen bei der numerischen Behandlung von Wortformen (*tokens, „running words"*) stillschweigend zugrundegelegt. Die Orthographie übermittelt in den meisten Sprachen eine Reihe von metasprachlichen Informationen: So ist es leicht, zwei Sätze wie *je l'apprends* „ich erfahre es" und *je la prends* „ich nehme sie" in ihrer geschriebenen Form zu unterscheiden; wer sie nur hört, benötigt dazu geeignete differenzierende Kontexte.

Gewöhnlich werden jedoch sprachliche Einheiten wie die des Wortes im europäischen Strukturalismus unter Rekurs auf die Interdependenz von Ausdruck und Inhalt definiert. Jeder auf einer der beiden Seiten wahrnehmbare Unterschied wird nur dann als linguistisch relevant anerkannt, wenn er sich auf der anderen Seite bestätigen lässt: Die beiden phonischen Varianten des Deutschen *schlecht/schlicht* gelten als unterschiedliche „Wörter", weil ihnen unterschiedliche Bedeutungen entsprechen, nämlich „bad" und „plain". Umgekehrt können die beiden Bedeutungen von frz. *brave*, „gut, good" und „tapfer, brave" als Grundlage einer Abgrenzung zweier „Wörter" dienen, weil sie fest an Unterschiede der Serialisierung gebunden sind: *braves gens* vs. *gens braves*.

Typisch für den europäischen wie für den nordamerikanischen Strukturalismus ist das Bestreben, sprachliche Einheiten auf Grund intersubjektiv verifizierbarer Kriterien abzugrenzen (*Segmentierung*) und ihnen einen einheitlichen Status (bzw. eine Funktion) im System der Sprache zuzuweisen (*Identifizierung*). Dazu sind eine Reihe von Verfahren entwickelt worden, die in den verschiedenen Schulen unterschiedlich benannt und gewichtet werden. So muss ein „Wort" qua sprachliche Einheit erfragbar bzw. ersetzbar sein (*replaceability*). Diese Forderung entspricht grosso modo der Eigenschaft, die in der Bloomfieldschule mit „potentiell frei vorkommend" (*free vs bound*) bezeichnet wurde. Ein Korollar der Ersetzbarkeit stellt die Verschiebbarkeit dar (syntagmatische Ersetzbarkeit; *displaceability*). Die von einigen Autoren aufgestellte Forderung nach Untrennbarkeit wurde später zu Gunsten der Annahme „diskontinuierlicher" Einheiten aufgegeben (zu „diskontinuierlichen Wörtern" cf. supra 2.; ein Beispiel für „diskontinuierliche Morpheme" stellen deutsche Partizipien vom Typ *ge – sag – t* dar).

Intuitiv-vortheoretisch ist das „Wort" einerseits als *Konstituente* des Satzes, andererseits als *Einheit* der Form (morphologische Einheit) gegeben:

> The word is a bridge between morphology and syntax, making the transition from morphology to syntax gradual and imperceptible (Krámský 1969, 16).

Aus dieser „Brückenfunktion" resultieren die wichtigsten Schwierigkeiten bei der Segmentierung und Identifizierung. Als Konstituente des Satzes hat es denselben Status wie Gruppen, die segmental betrachtet über die vortheoretische Einheit „Wort" hinausgehen (*pomme de terre, écart type, splendid isolation* etc.). Als morphologisches Phänomen setzt es sich aus kleineren Einheiten zusammen, die leichter zu segmentieren und zu identifizieren sind: *one-/up/man/ship* „art of getting and keeping the advantage over other people". Der europäische Strukturalismus brachte in seiner Blütezeit wenig Interesse für die Syntax auf (vgl. Albrecht, 2000, 111). Die Frage nach dem Wort wurde daher vorwiegend als Problem der Morphologie verstanden. Vor dem Hintergrund der Unterscheidung „bedeutungsunterscheidend vs bedeutungstragend", die von Martinet später unter der Bezeichnung *la double articulation du langage* zu einem sprachtheoretischen Prinzip erhoben werden sollte (Martinet 1961, chap. 1–8), versuchte man, dem Wort einen Platz auf der Ebene der ersten dieser beiden Gliederungen, der Ebene der bedeutungstragenden Einheiten zuzuweisen. Dabei verlor es den privilegierten Status, den es in der älteren sprachwissenschaftlichen Tradition innegehabt hatte. Als kleinste bedeutungstragende Einheit wird nun von den meisten Schulen das Morphem anerkannt.

Morpheme können einerseits „frei" oder „gebunden" auftreten, andererseits Träger „lexikalischer" oder „grammatischer" (relational-kategorialer) Bedeutung sein. Man spricht in diesem Zusammenhang auch von „lexikalisch voll, autosemantisch" vs. „lexikalisch leer, synsemantisch", eine Unterscheidung, die Hjelmslev (1943/74, 48) scharf kritisiert. Nur in Sprachen mit schwach ausgeprägter Morphologie kommen „Wörter" relativ häufig in Form von „freien Morphemen" vor; *tree, big, love*. Freie grammatische Morpheme treten in den meisten Sprachtypen auf, auch in sog. „synthetischen Sprachen", wo sie in mitunter schwer durchschaubarer Form mit gebundenen grammatischen Morphemen konkurrieren (vgl. amor matr*is* „die Liebe zur Mutter" vs. meus *erga* matrem amor „meine Liebe zur Mutter"). Am häufigsten treten „Wörter" als Kombinationen aus den übrigen drei Morphemtypen auf. So muss das Substantiv *Leben* in zwei Morpheme analysiert werden. Der Vergleich mit *Leb/tag, leb/haft, leb/los* usw. (Analogieschluss, cf. supra 2) zeigt, dass es sich bei -*en* um ein „grammatisches" Morphem handeln muss. Häufig ist es leichter, Morpheme dieser Art zu segmentieren als ihnen eine einheitliche Funktion zuzuordnen. In Fällen wie *am-a-t; mon-e-t; aud-i-t* haben die sog. „Themavokale" keine grammatische Funktion sensu stricto, sondern lediglich eine kategoriale (Indikatoren einer bestimmten Flexionsklasse; cf. Heger 1970, 123). Berücksichtigt man auch Produkte von Wortbildungsverfahren, so erweisen sich schon die Bestandteile des Alltagswortschatzes als recht komplex. So besteht z. B. *Bettvorleger* „bedsiderug" aus einem freien lexikalischen (*Bett*), einem gebundenen lexikalischen (*leg-*), einem gebundenen grammatischen (-*er*) und – je nach Schule – einem freien grammatischen oder lexikalischen Morphem (*vor*). (Auf die im amerikanischen Strukturalismus übliche Definition des *Morphems* als einer Klasse von *Morphen* und des *Allomorphs* als einer in komplementärer Distribution zu anderen Allomorphen stehenden Variante kann hier aus Platzgründen nicht näher eingegangen werden).

Dies muss zu einer generischen Darstellung der Verhältnisse im europäischen Strukturalismus genügen. Am Schluss dieses Abschnitts müssen einige schulspezifische Abweichungen vom *main stream* nachgetragen werden.

Von einer einheitlichen Lösung des Problems des Wortes innerhalb der Genfer Schule kann keine Rede sein. Während Saussure zu den Verteidigern des traditionellen Wortbegriffs gehörte (cf. supra 1), sind die beiden Herausgeber des CLG bestrebt, diesen durch leichter zu definierende Begriffe zu ersetzen. Dem Wort als paradigmatischer Einheit (die Genfer verwenden weiterhin den Saussureschen Terminus *associatif*) entspricht am ehesten das *sémantème*, dem Wort als syntagmatischer Einheit, als Satzkonstituente, entspricht bei A. Sechehye das *morphème*, bei Bally das *molécule syntaxique*; zu letzterem gehören u. a. Artikel und Personalpronomina; so sind etwa *le loup* oder *tu marches* als ein Wort anzusehen (cf. Sechehaye 1926/69; 135; Bally 1965, 287 ff.). Immerhin scheint der Terminus *Monem*, sicherlich die eigenwilligste Neuerung des europäischen Strukturalismus (cf. infra) von Henri Frei, einem Mitglied der Genfer Schule geprägt worden zu sein (cf. Godel 1969a, 356 Anm. 19).

Der Umgang der Prager Schule mit dem Begriff des Worts entspricht im großen und ganzen den w. o. gegebenen generischen Informationen. In einem Lexikon zur Terminologie der Prager Schule erscheint der Terminus *Morphem* als Bestandteil zahlreicher Lemmata; *Wort* wird in nichttechnischen Kontexten sehr häufig verwendet. Die Termini *Monem* und *Lexem* (letzterer stammt aus amerikanischer Tradition, ist aber spätestens durch Martinet „europäisiert" worden) fehlen (cf. Vachek 1970).

Die Terminologie der Kopenhagener Schule lässt sich in der gebotenen Kürze nur skizzieren. Ähnlich wie im britischen Kontextualismus wird dort mit einer Dichotomie operiert, die zwei „klassischen" Saussureschen Dichotomien teilweise entspricht: System und Verlauf (*process; forløb*) bei Hjelmslev und *system* vs. *structure* bei Halliday lassen sich einerseits auf die Dichotomie *langue* vs. *parole*, andererseits auf die Unterscheidung *syntagmatisch* vs. *paradigmatisch* (*associatif*) abbilden (cf. Albrecht 2000, 85; 144). „Wörter" heißen bei Hjelmslev die kleinsten „Zeichen" (solidarische Einheiten von Inhalt und Ausdruck), die innerhalb einer „Kette" (einer Kategorie des „Verlaufs") permutiert werden können (cf. Hjelmslev 1943/74, 73). Damit liegen zumindest manche Komposita „oberhalb" der Wortgrenze, denn ihre Bestandteile können permutiert werden: *zweihundert/duecento* → *hundertzwei/centodue*. In der Glossematik wird eine Einzelsprache als „unendlicher Text" aufgefasst, der nicht, wie in den übrigen europäischen Schulen zunächst in bedeutungstragende und anschließend in bedeutungsunterscheidende Einheiten zu zerlegen ist (cf. supra, *double articulation*), sondern getrennt in „Elemente" (paradigmatische Einheiten) und „Einheiten" (syntagmatische Einheiten") des Inhalts und des Ausdrucks, die erst nach der Analyse aufeinander bezogen werden. Zieht man nun noch die nachgeordnete glossematische Dichotomie *Form* vs. *Substanz* in Betracht, so lassen sich acht Teildisziplinen abgrenzen von denen, so Togeby, sieben eigene Wortdefinitionen geliefert hätten. Dass sich diese Ansätze per definitionem nicht auf einen Nenner bringen lassen, versucht Togeby in einem Artikel zu zeigen, der hier aus Platzmangel nicht in extenso referiert werden kann (cf. Togeby 1949/78).

Es bleibt noch auf einen Begriff hinzuweisen, der Berührungspunkte mit dem traditionellen Wortbegriff aufweist, der Begriff „Monem". Der Terminus wurde in Europa geprägt (eine Ableitung von griech. μόνος „alleinig, einzig"), lässt sich aber keiner der klassischen Schulen eindeutig zuordnen. Er bezeichnet die „kleinste bedeutungstragende Einheit", die von einem Sprecher/Hörer aus einem vorhandenen Inventar ausgewählt werden kann, entspricht also mutatis mutandis dem „Morphem" der anderen Schulen. In Übereinstimmung mit der klassischen Tradition unterscheidet Martinet, der diesen Terminus populär gemacht hat, zwischen *lexikalischen Monemen* (*Lexemen*) und *grammatischen Monemen* (*Morphemen*). Ein *autonomes Monem* entspricht einem „Wort" ohne Flexionselemente, z. B. *hier* „gestern". Eine Kombination von Monemen, die im Satz ohne Änderung der Funktion verschiebbar ist, heißt *syntagme autonome*. Darunter fallen je nach Sprachtyp flektierte Wortformen oder kontextderminierte Syntagmen (vgl. *pedibus/pedester; à pied; on foot; zu Fuß* etc.). In Fällen, in denen die Wahl eines Monems das Auftreten ähnlicher Formen in der gesprochenen Kette zwingend nach sich zieht (Kongruenz), werden alle Vorkommensformen, die dem Ausdruck ein und derselben Funktion entsprechen, einem diskontinuierlichen Monem zugerechnet (z. B. die Pluralendungen aller Elemente in einem Syntagma; cf. Martinet 1961, 99–110).

Die erst nach der Blütezeit des europäischen Strukturalismus entstandene sog. „strukturelle Semantik" tägt den Problemen der Wortdefinitionen nur insofern Rechnung, als sie – zumindest in der von E. Coseriu begründeten Ausprägung dieser Richtung – sowohl Wortbildungsprodukte als auch „freie grammatische Morpheme" (Präpositionen, Konjunktionen etc.) von der Analyse ausschließt (cf.

Coseriu 1966, 176f.). Ihr entscheidender Beitrag zur Behandlung der Wortproblematik besteht darin, dass sie in Analogie zur Prager Phonologie die Analyse von bedeutungstragenden Segmenten in nicht mehr segmentierbare aber unterscheidbare Merkmale (*distinctive features*; *Figuren* in der glossematischen Terminologie) vorantreibt. Damit liefert sie ein wichtiges Kriterium zur Abgrenzung des Wortes in inhaltlich-paradigmatischer Hinsicht (ein polysemes Wort oder mehrere homonyme Wörter?, cf. supra).

5. Zusammenfassung und Ausblick

Jiří Krámský, ein Angehöriger der „neuen" und zugleich Historiograph der „alten" Prager Schule, hat am Ende einer Monographie über das „Wort als linguistische Einheit" eine Definition vorgelegt, mit der der traditionelle Wortbegriff auf eine möglichst große Anzahl von Sprachen anwendbar gemacht werden soll:

The word is the smallest independent unit of language referring to a certain extralinguistic reality or to a relation of such realities and characterized by certain formal features (acoustic, morphemic) either actually (as an independent component of the context) or potentially (as a unit of the lexical plan) Krámský 1969, 67).

Allein schon das Vorkommen wahrheitsfunktionaler Verknüpfungen (die Junktoren *or; either/or*) zeigt, dass es sich dabei eigentlich um mehrere alternative Definitionen handelt. Damit wird implizit auf einen Zweifel hingewiesen, den nicht nur die europäischen Strukturalisten hegten: Ist es möglich und/oder sinnvoll, eine für alle Sprachen gültige Wortdefinition zu geben? Häufig werden diesbezügliche Vorbehalte so formuliert, dass nicht zu erkennen ist, ob sie *de re* oder *de dicto* geäußert werden: „The term WORD undoubtedly means something else in Czech, German, French. We are content with an approximate identity" (V. Slalička, zit. nach Krámský 1969, 9). In der linguistischen Praxis fällt die *de re* – und die *de dicto* – Ebene zusammen: Es scheint für die meisten Sprachen historisch gewachsene, in der Regel nicht kodifizierte Konventionen zu geben, nach denen „Wörter" abgegrenzt und lemmatisiert werden. Wörterbücher gibt es für fast alle Sprachen.

Dass es in all diesen Sprachen auf der einen Seite so etwas wie ein „Lexikon", auf der anderen so etwas wie eine „Grammatik" gibt, ist im Kern unbestritten. Nur über die Grenzziehung zwischen den beiden Bereichen wird hartnäckig diskutiert, unter Generativisten noch heftiger als unter Strukturalisten. Da liegt die Versuchung nahe, einen besonders einflussreichen Ansatz im Bereich der lexikalischen Semantik von der objektsprachlichen auf die metasprachliche Ebene zu übertragen: Das Wort beinhaltet nicht nur „prototypische" Begriffe; es ist selbst ein prototypischer Begriff (Dürr/Schlobinski 1990/27). So wird uns nichts anderes übrig bleiben, als uns in der Praxis auf die „guten Exemplare" der Kategorie zu konzentrieren und die „marginalen Beispiele" den *advocati diaboli* zu überlassen.

6. Literatur in Auswahl

Albrecht, Jörn ([2]2000): *Europäischer Strukturalismus. Ein forschungsgeschichtlicher Überblick*. Tübingen: Francke (= UTB 1487).

–, (1999): „Die Fachlexik im *Trésor de la langue française*". In: Walter de Gruyter. *HSK-Handbuch Fachsprachen*, 2. Halbband (Hrsg. L. Hoffmann etc.) Berlin/New York, 1684–1704.

Bally, Charles (1965): *Linguistique générale et linguistique française*. Quatrième édition revue et corrigée. Bern: Francke.

Bloomfield, Leonard (1926): A Set of Postulates for the Science of Language. In: *Language* 2, 153–164.

Chomsky, Noam A. (1965): *Aspects of the Theory of Syntax*, Cambridge Mass.

CLG (1916/1971) = Ferdinand de Saussure: *Cours de Linguistique Générale* publié par Charles Bally et Albert Sechehaye avec la collaboration de Albert Riedlinger. Paris: Payot.

Coseriu, Eugenio (1966): Structure lexicale et enseignement du vocabulaire. In: *Actes du Premier Colloque International de Linguistique Appliquée (Nancy 26–31 obtobre 1964)*, Nancy: Annales de l'Est, Mémoire n° 31, 175–217.

Crystal, David (1985): *A Dictionary of Linguistics and Phonetics*. Oxford etc.: Basil Blackwell/André Deutsch.

Dürr, Michael; Peter Schlobinski (1990): *Einführung in die diskriptive Linguistik*. Opladen: Westdeutscher Verlag.

Firth, John R. (1958): *Papers in Linguistics 1934–1951*. London etc.: Oxford University Press.

Gleason, Henry A. Jr. (1961): *An Introduction to Descriptive Linguistics*. Revised edition. New York: Holt, Rinehart and Winston.

Godel, Robert (1969): *A Geneva School Reader in Linguistics*. Bloomington/London: Indiana University Press.

–, (1969a): De la théorie du signe aux termes du système. In: Godel (1969), 341–356.

Halliday, Michael A. K. (1961): Categories of the Theory of Grammar. In: *Word* 17, 241–292.

Handbuch der Linguistik. Allgemeine und angewandte Sprachwissenschaft. (Hrsg. H. Stammerjohann). München: Nymphenburger Verlagsbuchhandlung 1975.

Heger, Klaus (1970): Zur Frage der Wortdefinition. In: Peter Hartmann; Henri Vernay (Hrsg.), *Sprachwissenschaft und Übersetzen*. Symposium an der Universität Heidelberg 24.2.–26.2.1969. München: Max Hueber, 122–143.

Hiorth, Finngeir (1958): On defining 'word'. In: *Studia Linguistica* XII, 1–26.

Hjelmslev, Louis (1943/74): *Prolegomena zu einer Sprachtheorie*. Übersetzt von Rudi Keller, Ursula Scharf und Georg Stötzel. München: Max Hueber.

Hockett, Charles F. (1947): Problems of morphemic analysis. In: *Language* 23, 321–343.

–, (1954): Two Models of Grammatical Description. In: *Word* 10, 210–234.

Juilland, Alphonse; Alexandra Roceric (1972): *The Linguistic Concept of Word. Analytic Bibliography*. Den Haag/Paris: Monton. (= Janua Linguarum, Series Minor 130).

Juilland, Alphonse; Alexandra Roceric (1975): *The decline of the word*. Saratoga, Calif.

Krámský, Jiří (1969): *The Word as a Linguistic Unit*. Den Haag/Paris: Mouton.

Lyons, John (1969): *Introduction to Theoretical Linguistics*. Cambridge University Press.

Martinet, André (1961): *Eléments de linguistique générale*. Seconde édition. Paris: Armand Colin.

Matthews, Peter H. (1974): *Morphology. An Introduction to the Theory of Word-Structure*. Cambridge etc.: Cambridge University Press.

Meillet, Antoine (1948): *Linguistique historique et linguistique générale*. Paris: Honoré Champion, Editeur: Edouard Champion.

Osthoff, Hermann (1899): *Vom Suppletivwesen der indogermanischen Sprachen*. Heidelberg: Hörning.

Pergnier, Maurice (1986): *Le mot*. Paris: Presses Universitaires de France.

Robins, Robert H. (1967): *A Short History of Linguistics*. London/Harlow: Longmans.

Sechehaye, Albert (1926/69): Notes sur le classement des disciplines linguistiques. In: Godel 1969, 133–138.

Tesnière, Lucien (1965): *Eléments de Syntaxe Structurale* (Deuxième édition revue et corrigée). Paris: Klincksieck.

Togeby, Knud (1949/78): Qu'est-ce qu'un mot? In: Michael Herslund (Hrsg.): *Knud Togeby: choix d'articles 1943–1974*. Kopenhagen: Akademisk Forlag, 51–65 (= *Revue Romane numéro spécial 15 1978*).

Trubetzkoy, Nikolaj (1935/58): *Anleitung zu phonologischen Beschreibungen*. 2. Auflage, Göttingen: Vandenhoeck & Ruprecht.

Vachek, Josef (1970): *Dictionnaire de linguistique de l'Ecole de Prague*. Utrecht/Antwerpen: Spectrum.

Jörn Albrecht, Heidelberg (Deutschland)

17. Das Wort in der generativen Grammatik I: Die Anfänge

1. Grammatiktypen der Anfangsphase
2. Die Rolle des Lexikons
3. Die Verwendung des Terminus *Wort*
4. Neue Lexikonkonzepte
5. Literatur in Auswahl

1. Grammatiktypen der Anfangsphase

In diesem Beitrag wird die Verwendung des Terminus *Wort* in den ersten Versionen der Generativen Grammatik behandelt. Dazu rechnen wir die folgenden vier Grammatiktypen: (1) Syntactic Structures (SS), (2) Aspects (ASP), (3) Extended Standard Theory (EST) sowie (4) Generative Semantics (GS). Diese Entwicklungsperiode beginnt mit Chomsky (1957) und endet mit Chomsky (1970a).

Vorauszuschicken ist, dass Chomsky keinen Versuch unternimmt, theoretische Begriffe theorieneutral zu definieren. Er geht vielmehr davon aus, dass die Grammatik insgesamt eine Definition für die wohlgeformten Sätze einer Sprache sind. Die für diese Aufgabe notwendigen Begriffe sind durch den Platz, den sie in der Beschreibung einnehmen, definiert. Der Terminus *Wort* spielt in der Anfangsphase der generativen Grammatik keine tragende Rolle. Er wird jedoch verwendet, entweder gänzlich undefiniert oder im Zusammenhang mit morphologischen Fragestellungen.

2. Die Rolle des Lexikons

Die Begriffe *Wort*, *Morphem* und *Lexikon* stehen in einem engen Zusammenhang. Es ist deshalb zweckmäßig, zunächst die Rolle des Lexikons in den ausgewählten Grammatikversionen darzustellen, da auf diesem Hintergrund die Begriffe Morphem und Wort verwendet werden.

SS unterscheidet nur zwei Komponenten der Grammatik: Syntax und Phonologie. Vgl. Chomsky (1957), Lees (1960), Bierwisch (1963). Weder Fragen der lexikalischen Semantik noch der Satzsemantik werden thematisiert. Chomsky (1957, 106) vertritt die Auffassung 'Grammar is best formulated as a self-contained study independent of semantics'. Er deutet jedoch an, dass eine umfassendere Theorie auch die Sprachverwendung und die Semantik erfassen muss (1957, 92–105).

Die Syntax enthält einen *Formationsteil*, d. h. eine Menge von Formationsregeln, die Ketten von *Morphemen* erzeugen sowie einen Transformationsteil, der aus Transformationsregeln besteht, die Strukturen des Formationsteils in Ketten von *Wörtern* umwandeln. Grammatiken des SS-Typs enthalten kein selbständiges Wörterbuch, sondern nur spezielle Formationsregeln, die auf bestimmte syntaktische Kategorien angewendet werden. Ein Beispiel für eine *Lexikonregel* ist:

N → Tisch, Stuhl, Bank,...

Die Regel besagt, dass eine Kategorie N in einer durch Formationsregeln erzeugten Kette durch eines der rechtsstehenden Morpheme ersetzt werden kann. Lexikonregeln erzeugen somit Ketten von Morphemen, d. h. von Einheiten, die syntaktisch nicht weiter zerlegt werden können und damit zu Endketten des Formationsteils führen. Morpheme sind somit Grundeinheiten der Syntax. Ihre Zerlegung in Phoneme stellt die phonologische Komponente dar. Durch Transformationsregeln, die Umstellungen und Tilgungen vornehmen aber auch bestimmte Morpheme ergänzen können, werden Ketten von Morphemen in Ketten von Wörtern umgewandelt. Vgl. Chomsky (1957, 46). Lexikonregeln berücksichtigen nur einfache Morpheme. Durch Transformationsregeln können jedoch Wortbildungen und Wortformen zustande kommen, d. h. Morphemkomplexe, die als Wörter bezeichnet werden, obwohl dies aus der vorgegebenen Warte kein syntaktisch notwendiger Begriff ist.

ASP, von Chomsky später auch Standard Theory genannt, sieht eine Grammatik mit drei Komponenten vor: Syntax, Semantik, Phonologie. Vgl. Chomsky (1965). Die Syntax ist die generative Komponente. Ihre Produkte werden durch die Semantik und die Phonologie interpretiert. Die Syntax zerfällt in einen Basis- und einen Transformationsteil. Die Basis umfasst kategoriale Regeln, Subkategorisierungsregeln sowie ein Lexikon. Die Basisregeln erzeugen Tiefenstrukturen, die durch Regeln des Transformationsteils in Oberflächenstrukturen umgeformt werden.

Die semantische Interpretation ist vollständig durch die Tiefenstrukturen determiniert. Transformationsregeln und die von ihnen erzeugten Strukturen ändern nichts an der Bedeutung von Sätzen. Die semantische Komponente operiert deshalb auf Tiefenstrukturen.

EST unterscheidet sich von ASP nur dadurch, dass die semantische Interpretation in speziellen Fällen auch durch strukturelle Eigenschaften der Oberflächenstruktur beeinflusst sein kann. Vgl. Chomsky (1970b), Hall-Partee (1969, 3f.).

ASP und EST sind wesentlich verbesserte Theorien, die weit mehr linguistischen Fakten Rechnung tragen als SS. Zu den Neuerungen gehört das Lexikon als selbständige Komponente. Das Lexikon wird als eine Liste von lexikalischen Formativen verstanden. Dieser Terminus wird neu eingeführt und neben Morphem verwendet, Formative sind 'minimal syntactically functioning units' Chomsky (1965, 3). Katz/Postal (1964, 7f.) verwenden Formativ für Endelemente der Oberflächenstruktur und Morphem für die Endelemente der Tiefenstruktur.

Das Lexikon enthält lexikalische Einheiten (lexical items), die durch Lexikoneinträge (lexical entries) beschrieben werden. Lexikoneinträge sind redundanzfreie Komplexe von phonologischen, syntaktischen und semantischen Merkmalen. Alle vorhersagbaren Merkmale werden in Redundanzregeln angegeben. Lexikoneinträge enthalten somit nur Irreguläres. 'The lexical entries constitute the full set of irregularities of the language' Chomsky (1965, 142).

Eine besondere Lexikonregel setzt Lexikoneinträge in präterminale Ketten ein und formt diese zu Endketten um. Die Einsetzungsregel muss syntaktische Kontexte und Selektionsbeschränkungen berücksichtigen. Später wurde die Lexikonregel als Substitutionstransformation gedeutet. Vgl. Chomsky (1970b, 7). Rosenbaum (1968, 5) u. a. schlagen vor, dass die Lexikonregel nicht nur auf Basisketten, sondern auch auf Strukturen des Transformationsteils operieren sollte. Wurzel (1970, 18,

81) nimmt ein besonderes Lexikon für Derivative an. Weinreich (1966) berücksichtigt nicht nur Morpheme, sondern auch idiosynkratische Lexeme.

GS zieht keine scharfe Grenze zwischen syntaktischer Struktur und semantischer Interpretation. Die Existenz einer selbständigen Ebene, die zwischen Syntax und Semantik vermittelt, d. h. einer Ebene der Tiefenstruktur, wird bestritten. Die Generierung von Sätzen beginnt mit semantischen Grundstrukturen, die durch eine komplizierte Folge von Transformationsregeln in Oberflächenstrukturen umgeformt werden. Einige Transformationsregeln ersetzen semantische Teilbäume durch lexikalische Einheiten. Dafür ist keine besondere Stelle bei der Erzeugung von Sätzen vorgesehen, d. h. Bestandteile der Endkette werden an ganz verschiedenen Stellen des Erzeugungsprozesses eingeführt. In GS verliert das Lexikon seinen unabhängigen Status und geht in den Regelapparat ein, der semantische Grundstrukturen schrittweise syntaktisiert. Es werden jedoch prälexikalische Transformationen angenommen, die vor der Anwendung von Lexikonregeln anzuwenden sind. Vgl. Gruber (1965), Lakoff (1969, 16 ff.).

Lexikonregeln werden als Transformationen verstanden, die Teilstrukturen eines semantischen Baumes durch Komplexe von syntaktischen und phonologischen Informationen ersetzt. Um ein Beispiel zu geben: Prälexikalische Regeln haben u. a. den Teilbaum erzeugt:

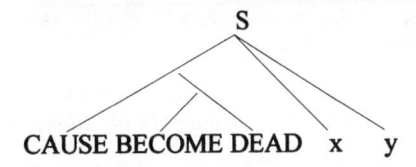

```
          S
        / | \ \
CAUSE BECOME DEAD  x  y
```

Eine Lexikonregel erlaubt es, diese Teilstruktur durch eine Lexikoneintragung /kill/ zu ersetzen:

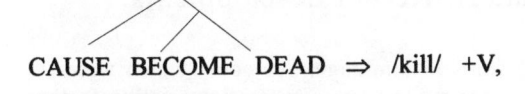

```
        /|\
CAUSE BECOME DEAD  ⇒  /kill/ +V,
```
+transitiv, +schwach

Der Ausgangsbaum wird umgeformt in:

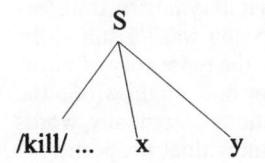

```
         S
        /|\
   /kill/ ... x  y
```

Lexikonregeln lösen, wie das Beispiel verdeutlicht, die Lexikoneinträge von ASP und EST in einen semantischen Teil auf, der als strukturelle Beschreibung einer Transformationsregel fungiert, und in einen Teil mit Angaben über die phonologische Form von Lexikoneinheiten sowie über deren grammatische Eigenschaften, der nun als strukturelle Veränderung einer Transformation fungiert.

3. Die Verwendung des Terminus 'Wort'

Was die Verwendung der Termini Wort, Morphem und Lexikoneinheit angeht, vertreten die Versionen SS, ASP und EST nahezu die gleiche Auffassung. Einheiten des Lexikons sind (lexikalische) Morpheme, die von grammatischen Morphemen, auch Flexionsformen, zu unterscheiden sind. Vgl. Wurzel (1970, 15, 268, 275). Da in der Basiskomponente keine Formationsregeln für Wörter vorgesehen sind, Wörter jedoch komplexe Strukturen sind, haben sie in Tiefenstrukturen keinen Platz. Die Endelemente von Tiefenstrukturen müssen elementare Einheiten der Syntax sein. Soweit ihre Struktur grammatisch regelmäßig ist, können Wörter nur Produkte von Transformationsregeln oder von phonologischen Anpassungsregeln sein. So wird z. B. angenommen, dass reguläre Derivationen und Komposita durch Transformationsregeln aus Tiefenstrukturen ableitbar sind. Die entsprechenden Regeln erzeugen, z. T. zusammen mit phonologischen Regeln, Wörter. Vgl. Motsch (1970, 210). Man muss sich verdeutlichen, dass die eigentlichen Probleme der Wortdefinition erst hervortreten, wenn man den Begriff Lexikoneinheit so weit fasst, dass auch lexikalisierte Wortbildungen, syntaktische Fügungen und Formeln berücksichtigt werden. Die frühen Versionen der Generativen Grammatik berücksichtigen jedoch nur strikt auf Regeln zurückführbare sprachliche Ausdrücke und nehmen zudem an, dass die eigentlichen Grundlagen für mögliche Kombinationen von elementaren syntaktischen Einheiten in der Tiefenstruktur zum Ausdruck kommen.

GS berücksichtigt zwar sowohl einfache Morpheme (*kill*) als auch komplexe (*inventor*), hat aber wenig zur Wortbildung und zur näheren Bestimmung des Begriffs Wort beizutragen.

4. Neue Lexikonkonzepte

Das theoretische Grundgebäude der ersten Versionen der Generativen Grammatik wurde mit einer Reihe von Fakten konfrontiert, für die es keine oder nur unbefriedigende Beschreibungsmittel anzubieten hatte. Einen Teil der Probleme lieferte die Beschreibung von Wortbildungen. Chomsky (1970) bündelte solche Probleme in seinem Aufsatz *Remarks on nominalization* und schlug einige neue Lösungen vor, die den Anfang einer grundlegenden Veränderung der Grammatiktheorie bildeten. In unseren Zusammenhang sind vor allem die Konsequenzen dieser Entwicklung für das Verständnis des Lexikons von Interesse, die zu wesentlich reicheren Lexikontheorien sowie zu einer generativen Theorie der Morphologie führten. Sowohl die Extension als auch die intensionale Bestimmung des Begriffs Wort erfuhr wichtige Veränderungen durch Beiträge zur Wortbildungstheorie von Halle (1973), Jackendoff (1975), Aronoff (1976) und Selkirk (1982).

5. Literatur in Auswahl

Aronoff, Mark (1976): *Word formation in Generative Grammar*. Cambridge, MA: MIT Press.
M litv;Bierwisch, Manfred (1963): *Grammatik des deutschen Verbs. studia grammatica II*. Berlin: Akademie-Verlag.
Chomsky, Noam (1957): *Syntactic structures*. The Hague: Mouton.
−, (1965): *Aspects of the theory of syntax*. Cambridge, MA: MIT Press.
−, (1970a): *Remarks on nominalization*. In: *Readings in English transformational grammar* (eds. R. Jacobs, P. Rosenbaum). Waltham, MA: Blaisdell.
−, (1970b): *Some empirical issues in the theory of transformational grammar*. Vervielfältigtes Manuskript (IULC).
Gruber, Jeffrey (1965): *Studies in lexical relations*. Diss. MIT. Vervielfältigtes Manuskript (IULC).
Hall-Partee, Barbara (1969): *On the requirement that transformations preserve meaning*. UCLA. Vervielfältigtes Manuskript (IULC).
Halle, Morris (1973): *Prolegomena to a theory of word-formation*. In: *Linguistic Inquiry* 4, 3–16.
Holst, Friedrich (1974): *Untersuchungen zur Wortbildungstheorie mit besonderer Berücksichtigung der Adjektive auf -gerecht im heutigen Deutsch*. Diss. Hamburg.
Jackendoff, Ray (1975): *Morphological and semantic regularities in the lexicon*. In: *Language* 51, 639–671.
Katz, Jerrold J.; Paul M. Postal (1964): *An integrated theory of linguistic descriptions*. Cambridge, MA: MIT Press.
Lakoff, George (1969): *On generative semantics*. Vervielfältigtes Manuskript (IULC).
Lees, Robert B. (1960): *The grammar of English nominalizations*. Bloomington, Indiana: Indiana University Publication 12.
Motsch, Wolfgang (1970): *Analyse von Komposita mit zwei nominalen Elementen*. In: *Progress in linguistics* (Hrsg. M. Bierwisch, K. E. Heidolph). The Hague: Mouton, 208–223.
Rosenbaum, Peter (1968): *English grammar II*. New York: Research Division, Yorktown Heights, Report RC-2070.
Selkirk, Elisabeth O. (1982): *The syntax of words*. Cambridge, MA: MIT Press.
Weinreich, Uriel (1966): *Explorations in semantic theory*. In: *Current trends in linguistics, Bd. III* (ed. T. A. Sebeok). The Hague: Mouton, 395–477.
Wurzel, Wolfgang U. (1970): *Studien zur deutschen Lautstruktur. studia grammatica VIII*. Berlin: Akademie-Verlag.

*Wolfgang Motsch,
Altkalen-Lüchow (Deutschland)*

18. The word in Generative Grammar II: Recent developments

1. Beginnings of Lexicalism
2. Lexical Grammars
3. Government and Binding Theory
4. Summary
5. Literature (a selection)

1. Beginnings of lexicalism

In the early days of Generative Grammar, transformations were the only means of expressing regularities and systematic relationships in language. Sentences which were synonymous despite syntactic variation (rather than by simple lexical substitution), such as active/passive pairs, were taken to share a common underlying "deep" syntactic structure, and to be derived from it in syntax by transformational rules. The lexicon was "a stored list of basic irregularities", the repository of information which could not be brought within the compass of transformations – essentially, words and their irreducible individual properties.

The first break in this "transformational holism" came with Chomsky's (1970) *Remarks on Nominalization*, where he proposed relating verbs to their derived nominals by lexical rules relating lexical entries, rather than by transformations relating hypothesized underlying phrasal structures. For example, given the sentence in (1) and the corresponding nominals in (2) and (3):

(1) The enemy destroyed the city.
(2) The enemy's destruction of the city
("derived nominal")
(3) The enemy's destroying the city
("gerundive nominal")

Chomsky proposed that the derived nominal should be listed in the lexicon and related to the verb by a rule of derivational morphology; although the gerundive was still argued to be derived transformationally, in syntax.

Once this principle had been established for derivational morhology, however, it was only a matter of time before it spread to the description of all syntactic patterns which applied within a limited "domain of locality" (variously defined). By the late 1970's, seminal work by Oehrle and Bresnan (among others) had laid the foundations of what we now call "Lexicalist Grammar". Bresnan (1978) "proposes to treat *all* lexically governed, bounded, structure-preserving processes lexically. If one adopts this strong version of the lexicalist hypothesis – and one *can* adopt it without stretching the concept of lexical rules beyond what was always assumed to be their power – the properties of governance, boundedness and structure-preservation can be derived from the fact that lexical rules relate entries associated with finitely specified subcategorization features that must be satisfied by base-generated structures". (Hoekstra et al (eds) 1980 : 10); emphasis in the original.) Lexical entries developed a richer information structure, including detailed subcategorization frames representing the syntactic behaviour of words, and rules within the lexicon encoded regular relationships such as active/passive alternations. The formal basis of lexical representations and lexical rules was strengthened, under the influences of both logic and computational linguistics. Hoekstra et al (eds, 1980) provides an excellent snapshot and analysis of this early lexicalist movement.

Two largely separate (indeed often antagonistic) lines of work developed from this. The family of unification-based lexical grammars takes in, most notably, Lexical-Functional Grammar (LFG), Generalized Phrase Structure Grammar (GPSG), and the later, now mature hybrid Head-Driven Phrase Structure Grammar (HPSG). Chomskyan grammar (also later unification-based) also moved on to give a more powerful role to the lexicon, especially from Government and Binding Theory (GB) onwards. (Sells 1985 is an excellent concise description of the then current state of these theories.) The computationally motivated development of "Unification Grammars" (Shieber 1986) made it much easier to identify the substantive commonalities and differences among these competing linguistic theories. The essential common development is that, whatever the differences in detail, in all these theories the word, the lexical item, encompasses all the information needed to describe its syntactic behaviour: the word no longer fits into positions determined by syntax, but drives syntax.

(Because the common central tenet of lexicalist generative grammars is this movement of the burden of syntactic description into the lexicon, this chapter has gone further into the area of syntax than most in these volumes. The reader may be frustrated at times by an apparent either excess or shortage of syntactic detail: I have tried to find a balance which focuses on the lexicon while giving enough context in syntax to understand the issues. For the same reason, none of these theories offer distinctive treatments of morphology or of lexical semantics (though they may look at them at times), so these issues are ignored in this chapter.)

2. Lexical grammars

2.1. Lexical-Functional Grammar

Joan Bresnan, as noted above, was one of the most influential pioneers of this new lexicalist movement: her 1978 paper *A Realistic Transformational Grammar* has been called "the major step in the development of the lexical research program since *Remarks*" (Hoekstra et al 1980 : 10). Her collaboration with Ron Kaplan – she a linguist, he a computer scientist – produced one of the first theories to show the potential of integrating the fields. *The Mental Representation of Grammatical Relations* (Bresnan, ed 1982) remains a major work, addressing issues of linguistic description, computationally precise formalism, and psychological plausibility.

The name, Lexical-Functional Grammar, points up the two (then) distinctive tenets of the theory. Firstly, it is a lexical grammar, in which lexical representations and lexical rules do as much of the work as possible. Secondly, "grammatical functions", roles such as "subject" and "object", are primitives of the theory. The underlying representations of sentence structure are "functional structures" ("f-structures") – functions, in the mathematical sense, from names to values, as from SUBJ to "Pepper" in the sentence "Pepper purrs". The theory also proposes a level of "constituent structure" ("c-structure"), characterised by phrase structure trees, but more for convenience than necessity.

A lexical entry in LFG takes the form of a bundle of features each paired with its value. For most categories, including nominals, these are fairly simple: for example (the ↑ symbol points to the mother of the item in question):

he N (↑ PRED) = 'PRO'
         (↑ PERS) = 3
         (↑ NUM) = SG
         (↑ GEN) = MASC
         (↑ CASE) =$_c$ NOM

Verbs have subcategorization frames expressed in terms of grammatical functions, rather than the more common syntactic categories:

give V (↑ PRED) = 'give < (↑ SUBJ) (↑ OBJ) (↑ OBL$_{GO}$ OBJ) >'

Patterns which had been expressed as syntactic transformations, such as the active/passive alternation, are described by lexical rules, which relate different valencies or subcategorization frames for a predicate (again in terms of grammatical functions: there are language-universal and psychological arguments to support this). The rule of passive (in its basic form as given by Bresnan in Bresnan (ed) 1982) is:

(SUBJ) → 0 / (OBL$_{AG}$)
(OBJ) → (SUBJ)

i.e. the object of the input active sentence becomes the subject of the output passive sentence, while the subject of the active sentence either becomes an oblique-cased agent or disappears. A typical pair of input and output lexical entries is:

(↑ PRED) = 'eat < (↑ SUBJ) (↑ OBJ)'
                    | |
                  Agent   Theme

(↑ PRED) = 'eat < (↑ OBL$_{AG}$) (↑ SUBJ) >'
                    | |
                  Agent   Theme

There is also a morphological component to the rule, which selects the participial form of the verb. To summarize in Bresnan's (1978: 23) words:

"The relations between the functional structures of a given verb in different syntactic contexts can be expressed as operations on its logical argument structure. In this way ... the active-passive relation can be expressed as a (universal) relation on lexical functional structures rather than as a transformational operation on syntactic structures."

2.2. Generalized Phrase Structure Grammar

Generalized Phrase Structure Grammar, like LFG, first evolved in the late 1970s in reaction to the transformational paradigm. It similarly gave a prominent role to the lexicon, developing the structure of lexical entries and lexical rules as the mainspring of the grammar. There are significant differences, however: GPSG retains syntactic categories, rather than grammatical functions, as primitives. It gives greater weight to phrase structure trees, decorated or "generalized" with various types of information, including semantics, which can be passed around within a tree in well-defined ways. The defining text is Gazdar, Klein, Pullum and Sag's (1985) eponymous book.

Central to GPSG is the representation of linguistic information, especially lexical entries, as sets of feature-value pairs. X-bar theory had already started to give some internal information structure to syntactic categories, expressed in this way, and we have seen a simple example as used in LFG above. GPSG takes it to a fine art, and develops a range of rules and principles constraining it: an enduring contribution to virtually all linguistic theory and computational linguistics since. Most of these rules and principles apply to the flow of syntactic and semantic information within a phrase structure tree, and are beyond our present scope. But it is worth looking at some of the conditions on the internal well-formedness of lexical entries.

GPSG was the first syntactic theory to make central, formally and computationally precise use of the concept of inheritance, whereby objects are grouped into hierarchies of classes and sub-classes, in which the subclasses inherit the characteristics of the classes they belong to, and individual entities ("instances") inherit the properties of all the classes in line above them. Since these properties are represented as feature-value pairs, the inheritance mechanism is that a feature need not have its value specified at every level in the hierarchy, but can be unspecified at the lower levels and assumed to be that which is specified at a higher level, for a class as a whole. These assumed, inherited values are called "defaults". Gazdar's paper *Linguistic Applications of Default Inheritance Mechanisms* (in Whitelock et al. (eds) 1987) cites the use of default features in Chomsky and Halle's theory of phonology and its relation to the notion of markedness: an item is unmarked if its features carry the expected default values, marked if it is exceptional in some way. So the concept was not new to GPSG; but its rigorous formalization and extensive use was.

"Feature Specification Defaults" include simple rules such as these (from Gazdar et al. 1985):

FSD 1:   [−INV]
FSD 2:   ~ [CONJ]
FSD 3:   ~ [NULL]

The first says that a sentence is not inverted unless specified to be so, the second and third that the default state for a constituent is to say nothing about whether or not it is a conjunct, or phonologically empty. There are also more complex FCRs involving logical implication:

FSD 6:   [+ADV] ⊃ [BAR 0]

says that an item specified as adverbial will normally be a lexical head.

The second class of such rules, Feature Cooccurrence Restrictions, express constraints not on single features in isolation but based on dependencies between features: if feature A has value X, then feature B must have value Y.

FCR 1:   [+INV] ⊃ [+AUX, FIN]
FCR 2:   [VFORM] ⊃ [−N, +V]
FCR 3:   [NFORM] ⊃ [+N, −V]

(Approximately) if something is inverted, it is an auxiliary and finite (tensed), if it has any value for the feature VFORM it is a verb, if it has any value for NFORM it is a noun. FSDs thus represent constraints on what is a possible category.

This has been a quick and simple sketch of lexical category specifications in GPSG. Lexical rules also have a significant role in syntactic description. To appreciate this, we must diverge into syntax briefly.

Conventional phrase structure rules encode two types of information together: constituent structure, generally represented by trees, and word order. GPSG separates these into two types of rule: constituent structure is described by Immediate Dominance (ID) rules and word order by Linear Precedence (LP) rules. The claim is (roughly) that ID rules are language-universal, while LP rules are language-specific. ID rules fall into two classes, "lexical" and "non-lexical", where lexical ID rules introduce a "lexical head" and specify the arguments for which it subcategorizes:

$N^1 \to$ H[n]
$N^1 \to$ H[n], PP[*of*]
PP $\to$ H[n], NP
VP $\to$ H[n], NP, NP

The "n" is as place-holder for the SUBCAT and BAR features on the head; the "Head Feature Convention" stipulates that the features making up the syntactic category are copied over, telling us that the head of PP is a preposition, of VP is a verb, &c; and the LP rules sort out the surface word order.

The lexical ID rules provide a set of basic syntactic structures in the grammar. The set is extended by "metarules", which apply to classes of lexical ID rules and return classes of corresponding derived ID rules. The passive metarule looks like this:

VP → W, NP
⇓
VP[PAS] → W, (PP[by])

W is a variable standing for whatever other categories may appear in the rule. The metarule thus generalizes over these pairs of ID rules (and more; ignoring the optional *by*-PP):

VP → H[n], NP   VP[PAS] → H[n]
VP → H[n], NP, PP   VP[PAS] → H[n], PP
VP → H[n], NP, S[FIN]   VP[PAS] → H[n], S[FIN]

This may appear to do much the same work as transformations, but, where transformations map trees into new trees, metarules map rules into new rules.

Unlike LFG lexical rules, metarules do not explicitly manipulate the grammatical roles of the subcategorized arguments: these will follow from other general principles of the grammar. However the two theories share the fundamental principle that syntactic structures are driven by the properties of the words making up those structures, and therefore that many, if not all, syntactic regularities are rightly described by rules in the lexicon.

LFG and GPSG also, as we have seen, share the use of feature-value structures as a central representation formalism. This is no coincidence. It was also in the early 1980s that Stuart Shieber was developing the use of such structures, operated on by unification, as a basis for computational description of languages. Feature-structures offer a representation which makes it easy for lexical entries to be complex, internally structured, informationally rich objects, well able to carry the weight of a central role in linguistic description. It was also at this time that computational linguistics became responsive to linguistic theory and to contribute to its development: feature-structures are also formally and computationally well understood and tractable in a unification-based computational environment, much more so than transformational rules.

2.3. Head-driven Phrase Structure Grammar

Unification-based computational environments for linguistic description, such as PATR (Shieber 1986 and Shieber in Whitelock et al. (eds) 1987), facilitated not only the development of individual linguistic theories, but also comparisons between them. PATR served as a *lingua franca* among superficially competing theories at a crucial early point in their development, helping to clarify which apparent differences were details and which were substantive. The result was the development of Head-driven Phrase Structure Grammar (HPSG) (Pollard and Sag 1987), an eclectic hybrid of LFG, GPSG, Government and Binding theory (GB), Categorial Grammar, and others, which has matured into an impressively precise and comprehensive linguistic theory and formalism (Pollard and Sag 1994).

Even a sketch of HPSG is beyond our present scope. The central role of lexical rules and of inheritance in lexical representations is clear from a brief quote:

"...the theory of grammar presented here relies crucially on complex lexical information, which determines, in accordance with general principles, ... the essential grammatical properties of phrasal expressions."

"The multiple-inheritance architecture for the lexicon employs standard knowledge-representation techniques to cross-classify words according to properties shared across word-classes... Each generic lexical entry specifies certain constraints (i.e. values of certain features, or relationships among values of different entries) that must hold of all actual lexical entries that instantiate the generic entry. The hierarchical organization of lexical entries (both generic and actual) has the effect of amalgamating the information associated with any one actual entry with the information associated with all of the generic entries that it instantiates, thus requiring that a word inherit the properties of all word classes to which it (directly or indirectly) belongs. For example, one lexical entry for the word *gives* might specify that it inherits all constraints imposed by the two generic entries *ditransitive* and *third-singular-finite* (each of which in turn will inherit other properties from more general generic entries higher in the hierarchy); the only specific information about *gives* that has to be stipulated is the phonology of the base form, the semantic relation of its CONTENT value, and the assignment of semantic roles to grammatical relations. In consequence of this architecture, the lexical entry in question acquires its seemingly complex syntactic information in a maximally general and highly deductive fashion" (Pollard and Sag 1994: 36–37).

3. Government and Binding Theory

The family of lexicalist grammars we have been looking at arose, by common feeling, as a reaction against Chomskyan transformational theory. Some antagonism remains between the two camps, despite the fact that Chomskyan theory, increasingly since Government and Binding Theory (GB) (Chomsky 1982), has also given a central role to the lexicon.

Regularities within the GB lexicon are captured in "lexical redundancy rules": "...while the lexicon allows for the listing of unpredictable information, lexically related items in the best case have maximally similar features or at least ... belong to classes of expressions whose features can be related by a general rule or principle. Examples of the latter might include affixation rules that produce the passives, causatives, impersonals or gerunds that are found in many languages of the world" (Webelhuth (ed) 1995: 30).

Central to GB is the "Projection Principle", which states that "Representations at each syntactic level are projected from the lexicon, in that they observe the subcategorization properties of lexical items" (Chomsky 1982: 29). "The lexicon lists the syntactically atomic elements. Lexical redundancy rules establish paradigmatic relations within the lexixon. By enforcing configurational and thematic co-occurrence restrictions associated with lexical heads at L[ogical] F[orm] and throughout the syntax, we sy that the projection principle projects lexical properties into syntactic representations. In this sense it is responsible for establishing syntagmatic relationships in the syntax" (Webelhuth (ed) 1995: 32) "The conception of syntactic structure that comes out of the Projection Principle is that some position will exist in syntactic structure just in case some lexical item requires it to exist. In such cases, the lexical item is said to *licence* the category in the structure" (Sells 1985: 34). This again gives the lexicon a central role in syntax.

4. Summary

In a sense, we have come full circle. Reading some of the passages cited, one is inescapably reminded of the original transformational model in which the lexicon was "a stored list of basic irregularities", with the crucial difference that this now describes only individual lexical entries, with the regularities now held, not in a separate syntactic component, but within the lexicon. The syntactic patterns of a language are now recognized to be expressions of the behaviour of the words of the language. Words are complex objects, rich in structured information, and are no longer manipulated by syntax, but control it.

5. Literature (a selection)

Bresnan, Joan (1978): A Realistic Transformational Grammar. In: Halle, Bresnan & Miller (eds.), *Linguistic Theory and Psychological Reality*. Cambridge: Mass.: MIT Press.

–, (ed.) (1982): *The Mental Representation of Grammatical Relations*. Cambridge, Mass.: MIT Press.

Chomsky, Noam (1970): Remarks on Nominalization. In: Jacobs and Rosenbaum (eds.), *Readings in English Transformational Grammar*. Waltham, Mass.: Blaisdell.

–, (1982): *Lectures on Government and Binding: The Pisa Lectures*. Dordrecht: Foris.

Gazdar, Gerald; Ewan Klein; Geoffrey Pullum and Ivan Sag (1985): *Generalized Phrase Structure Grammar*. Oxford: Basil Blackwell.

Hoekstra, T.; H. van der Hulst and M. Moortgat (eds.) (1980): *Lexical Grammar*. Dordrecht: Foris.

Pollard, Carl and Ivan Sag (1987): *Information-Based Syntax and Semantics, Volme 1: Fundamentals*. CSLI Lecture Notes 13. Stanford: CSLI.

Pollard, Carl and Ivan Sag (1994): *Head-Driven Phrase Structure Grammar*. Chicago: University of Chicago Press.

Sells, Peter (1985): *Lectures on Contemporary Syntactic Theories*. CSLI Lecture Notes 3. Stanford: CSLI.

Shieber, Stuart (1986): *An Introduction to Unification-Based Theories of Grammar*. CSLI Lecture Notes 4. Stanford: CSLI.

Webelhuth, Gert (1995): *Government and Binding Theory and the Minimalist Program*. Oxford: Basil Blackwell.

Whitelock, P.J.; M.M. Wood; H.L. Somers; R. Johnson and P. Bennett (eds.) (1987): *Linguistic Theory and Computer Applications*. London: Academic Press.

Mary McGee Wood,
Manchester (United Kingdom)

19. Das Wort in der Dependenzgrammatik

1. Dependenzgrammatische Grundannahmen in Bezug auf den Wortbegriff
2. Die Valenzlehre und der Wortbegriff
3. Neuere dependenzgrammatische Konzeptionen
4. Literatur in Auswahl

1. Dependenzgrammatische Grundannahmen in Bezug auf den Wortbegriff

1.1. Lucien Tesnières 'Syntaxe structurale'

In kaum einer grammatischen Theorie kommt dem Wort für den Aufbau syntaktischer Strukturen eine solche fundamentale Rolle zu wie in der Dependenzgrammatik. Der Begründer der Abhängigkeitsgrammatik, Lucien Tesnière, fasste den Satz als ein Gefüge von Abhängigkeiten auf, die zwischen Wörtern bestehen. Diese Grundannahme gilt bei den meisten dependenz grammatischen Schulen noch heute. Sie hat dazu geführt, dass in syn- und paradigmatischer Hinsicht Wörter als hierarchisiert erachtet werden. Insbesondere ist die herausgehobene Stellung des Verbs, als des Wortes schlechthin, bestimmend für alle dependenzgrammatischen Konzeptionen: Das Verb hauptsächlich verfügt über Valenzen und regelt von daher einen Großteil des syntaktischen Baus. Da die Valenzen für jedes einzelne

Verb bestimmt werden müssen, entsteht der Eindruck, dass sich über die lexikologische Verbuchung nicht nur die verbale Wortbedeutung, sondern auch das daran angeknüpfte syntaktische Programm erfassen lässt. Dieser Eindruck wäre trügerisch, denn einmal ist sehr bald erkannt worden, dass auch andere Wörter über Valenzen verfügen, und zum andern gehen stärker ausgearbeitete Dependenzgrammatiken mehr und mehr von den gleichen oder ähnlichen Annahmen über die syntaktische Verkettung aus, wie andere neuere Grammatiktheorien auch. Das heißt, sie formulieren Regeln und Prinzipien für die Erzeugung und die Analyse von Sätzen, wobei Faktoren wie Linearisierung für die aktuelle Beschreibung des Satzes und Strukturähnlichkeit kleinerer und größerer Komplexe für die Erklärung von Regularitäten des Satzbaus zunehmend eine Rolle spielen. Dennoch ist sowohl die Dominanz des Verbs als auch die hierarchisierte Aufgabenverteilung ein – positiv genutztes – Erbe der ursprünglichen Konzeption Lucien Tesnières, die daher zunächst darzustellen ist.

1.2. Lucien Tesnières Auffassung über die Wörter und ihre Funktionen

1.2.1. Es wäre eine unzulässige Vereinfachung, wenn man aus der Tatsache, dass Verben an der Spitze des Satzes stehen, schließen würde, sie seien in jeder Hinsicht wichtiger als alle anderen Wortarten. Tesnière verarbeitet durchaus die traditionelle Wortartenlehre (Tesnière 1959, 51–53), die von einer Funktionsteilung bei den Wörtern ausgeht, und nutzt sie für seine strukturale Konzeption. Diese ist konsequent dichotomisch bestimmt. Zunächst ist festzuhalten, dass der syntaktische Aufbau (la connexion structurale) und der semantische Wirkungsweg (l'incidence sémantique) gegenläufig sind: Hierarchisch übergeordnete Wörter werden durch von ihnen abhängige Wörter determiniert. So wird eine Art Gleichgewicht zwischen Syntax und Semantik hergestellt.

1.2.2. Tesnière unterscheidet bei den Wörtern „volle" und „leere" Wörter („les mots pleines et les mots vides", Tesnière 1959, 53). Die vollen Wörter haben semantische Funktionen, d. h. sie sind in direkter Weise auf „Ideen" bezogen. Die leeren Wörter haben ausschließlich grammatische Aufgaben. Allerdings können beide Worttypen in „dissoziierten Nuklei" wie der verbalen Periphrase miteinander verbunden sein.

Tesnière setzt vier volle Wörter an: das Substantiv, das Adjektiv, das Verb und das Adverb und weist ihnen je zwei Merkmale zu: Substantive repräsentieren Substanzen und Verben Prozesse, beide Wortarten sind „konkret" und lassen „abstrakte" Attribute zu: bei den Substantiven sind dies die Adjektive und bei den Verben die Adverbien. Mit den vollen Wörtern wird der Diskurs inhaltlich manifest. Substantive und Verben ergeben ganz analoge Strukturen (Tesnière 1959, 63):

```
    dîner              dîne
   /     \            /    \
  un    léger        il   légèrement
```

Im Lichte neuerer Auffassungen über die Phrasenbildung, vor allem der X-bar-Theorie (Jackendoff 1977), ist dies zunächst als Beleg für die auch in der Dependenzgrammatik angelegte Strukturparallelität der beiden wichtigsten Phrasenklassen bedeutsam. Weiter ist zu bemerken, dass mit den Wörtern als den Spitzen ihrer Stemmata die von ihnen abhängigen Elemente stets mitgemeint sind (vgl. Engel 1996, 54 f.). Wörter haben mithin prototypische Grundaufgaben im Satz. Durch die sehr differenzierte Einwirkung der leeren Wörter sind sie außerordentlich variable syntaktische Schaltstellen.

Die vollen Wörter selber sind in sich bereits weiter aufgegliedert: Die Substantive werden unterteilt in „generelle" und „spezielle". Die generellen umfassen die Pronomina und die Indefinita beziehungsweise die Indeterminita mit den Unterklassen der Fragepronomina und der (betonten) Personalpronomina sowie den Negationsausdrücken wie *niemand, nicht* und den Indefinitausdrücken (*irgendjemand*). Die speziellen Substantive umfassen die Appellative und die Eigennamen.

Auch die Adjektive untergliedert Tesnière binär weiter, und zwar wiederum in mehrfacher Weise: Er unterscheidet Attributs- und Beziehungsadjektive, bei ersteren solche der Qualität und solche der Quantität, unterteilt nach generellen und speziellen (*tel – rouge; maint – deux*), bei letzteren nach personalen und solchen des Umstands, wiederum allgemeine (*mon – ce*) und spezielle (russ. *Ivanov –* dt. *morgig*). Man ersieht aus den Beispielen, dass die Auffassung über die Wörter universal angelegt ist. Weiter wird nun die Bestimmung der Adjektive als abstrakte Substanzqualifikatoren deutlich. Denn Tesnière spricht ihnen jede Extension ab. Eine Idee wie 'weiß' werde nur an konkreten Substantiven manifest, ein Adjektiv gebe diese abstrakte Vorstellung an sein Bezugssubstantiv weiter. Daraus folge: „La compréhension du nœud substantival est plus vaste que celle du substantif" (Tesnière 1959, 69). Die Wörter haben mithin syntaktische Aufgaben, ihre je spezifische Leistung ist es, ihre Ausgangssemantik in die syntaktischen Strukturen einzubringen, abhängige Wörter modifizieren die regierenden.

Die Verben als „konkrete" Bezeichnungen von Prozessen sind zu subklassifizieren in Zustands- und Handlungsverben, und weiter nach intransitiven (*être – tomber*) und transitiven (*avoir – frapper*). In den meisten Sprachen ist eine Unterscheidung für Zustände gegenüber Handlungen nicht so deutlich wie etwa im Baskischen, wo *da* ('sein') und *du* ('haben') die beiden Kategorien eindeutig trennt. Im Französischen werden die nicht eindeutigen Verhältnisse durch komplexe Nuklei kompensiert: (*l'arbre*) *est vert*, aber im Deutschen finden sich auch kompakte intransitive Zustandsbezeichnungen: (*der Baum*) *grünt*.

Die letzte Klasse der vollen Wörter umfasst die Adverbien, die – ebenfalls in mehrfacher Untergliederung – die Umstände der verbal ausgedrückten Prozesse angeben. Sie interagieren mit den Spezifika des je einzelsprachlichen verbalen Wortschatzes, etwa mit dem Aspekt im Russischen.

1.2.3. Die „leeren" Wörter sind die grammatischen Funktionswörter. Sie haben ausschließlich strukturelle Aufgaben im Satz. Da sie häufig aus vollen Wörtern entstanden sind, können sie Anlass geben, den historischen Prozess, der zu ihrer grammatikalischen Fixierung geführt hat, aufzurollen. Synchron sind sie zunächst in zwei Klassen zu teilen: in die Junktive (jonctifs) und die Translative (translativs). Die Junktive, traditionell gesprochen die Hauptsatzkonjunktionen, vereinigen volle Wörter oder „Knoten" an einer Position im Satz, die Translative haben die Aufgabe, die Kategorie voller Wörter zu ändern. Das heißt, sie überführen Wörter in andere strukturelle Wortpositionen. Translative sind zunächst die Nebensatzkonjunktionen. Sie überführen Sätze in Adverbien oder in Substantive. Weiter gehören hierher die Relativpronomina (sie transferieren Sätze in Adjektive), die Präpositionen (Substantive in Adjektive) und die Auxiliarverben (Verben in Verben). Auch die Artikel gehören dazu; ihnen schreibt Tesnière allerdings wie den einfachen (unbetonten) Personalpronomina des Französischen eine Zwischenstellung zwischen Wörtern und Morphemen zu, es sind „indices" („Indizes") (Tesnière 1959, 85, Tesnière 1980, 82). Sie zeigen die Extension des Substantivs beziehungsweise Person und Numerus des Verbs an. Da die Tesnièresche Translationslehre in den Dependenzgrammatiken nicht in dem Maße rezipiert worden ist wie seine übrigen Ideen, mögen diese Hinweise genügen.

Insgesamt lässt sich sagen, dass Wörter in der Dependenzgrammatik in erster Linie die sogenannten vollen Wörter sind. Sie bringen „Bedeutung" in den Satz ein in einer genau bestimmten Funktionsverteilung. Ihre referentielle Leistung ergibt sich in erster Linie durch die als „konkret" erfassten Substantive mit „abstrakten" Modifikationen, den Adjektiven, die in Leerstellen von zustands- oder handlungsbezeichnenden Verben eintreten, auf die „abstrakte" Adverbien modifizierend einwirken.

2. Die Valenzlehre und der Wortbegriff

2.1. Die verbale Valenz

Trotz der eben dargestellten Funktionsverteilung der Wörter nehmen in der Dependenzgrammatik die Verben einen herausgehobenen Platz ein, denn sie stehen über allen anderen Wörtern in der Satzhierarchie. Sie organisieren auf Grund ihrer Valenz den Satz.

Auch die Valenzlehre geht im Wesentlichen auf Lucien Tesnière zurück, doch wird etwa gleichzeitig und unabhängig der Begriff der Wertigkeit auch von J. Erben verwendet (vgl. Erben 1995). Die Valenz- oder Wertigkeitslehre hat für die Grammatikschreibung weitreichende Konsequenzen gehabt. Zunächst ausschließlich für das Verb, später auch für andere Wortarten wird die Bindungskapazität von Wörtern in der Weise betrachtet, dass mit der jeweiligen Voraussage, was ein Verb zur Bildung eines vollständigen Satzes erfordert beziehungsweise zulässt, die syntaktischen Konsequenzen der Wörter sozusagen an der Quelle erfasst werden. Der Valenzbegriff hat die Vorstellung über die Leistung der Wortart Verb entscheidend umgeprägt: Verben werden seit dem Aufkommen der Dependenzgrammatik als prototypische sprachliche Prädikatoren, primär differenziert nach ihrer Stelligkeit, angesehen. Freilich lassen sich für eine derart logisch-abstrakte Grundleistung auch Vorläufer ermitteln. Die Sichtweise geht letztlich auf Gottlob Frege (Frege [1891] 1966) und andere

Mathematiker und Logiker zurück und hat wiederum Vorläufer bei Sprachwissenschaftlern des 18. Jahrhunderts (z. B. Johann Werner Meiner, vgl. Naumann 1990). In Valenzkonzeptionen werden Verben als Kerne von Prädikaten oder Aussagen aufgefasst, die durch Aktanten zu sättigen sind. Während bei Bühler (1934, 173) mit der Bezeichnung „Wahlverwandtschaften" und Admoni (1966, 83), der von „Fügungspotenzen" der Wörter spricht, lexikalische Bezüge eher gleichgewichteter Art gemeint sind, ist mit der verbalen Valenz oder Wertigkeit die syntaktische Steuerungskapazität der Verben gemeint. Was im Lexikon „statisch" gespeichert, virtuell vorhanden ist, wird im Satz aktualisiert. Mit der syntaktisch konzeptualisierten Valenz wird damit zwangsläufig auch die Vorstellung, was ein Wort ist, „dynamischer". Bereits Tesnière spricht davon, dass das Potential der Verben nicht immer vollständig gesättigt sein muss. „Certaines valences peuvent rester inemployées ou libres" (Tesnière 1959, 238f.), und er führt Fälle an wie *Alfred chante* [*une chanson*] und *Alfred donne* [+ valence libre] *aux pauvres* und hat damit die beiden Haupttypen fakultativer Aktanten, nämlich situationelle und habituelle Auslassung, bezeichnet. Er unterscheidet avalente Verben (*es regnet*), monovalente, die herkömmlich als intransitive bezeichnet worden waren (*schlafen, reisen*), zweiwertige (transitive) (*schlagen, essen*) und dreiwertige (*geben, bitten*).

Die syntaktische Konsequenz aus dem dependenziell eingesetzten Valenzprinzip ist vor allem eine „Herabstufung" des Satzsubjekts auf die gleiche Ebene wie die anderen Aktanten. In den ersten Arbeiten zur Valenz, insbesondere von Helbig (Helbig 1965, Helbig/ Schenkel 1969, 10–12), wird dies explizit hervorgehoben. Was sich bei Tesnière eher als Konsequenz der Stelligkeit des Verbs ergeben hatte, dass nämlich die Aktanten in – logisch gleichgeordnete – Leerstellen eintreten, wird vor allem in der germanistischen Grammatikschreibung benutzt, um ein Gegenmodell gegen die traditionellen Grammatiken, aber auch gegen die generativ-transformationelle Grammatik zu erarbeiten, bei denen das Subjekt dem verbalen Komplex gegenübertritt.

In der Folge wird Valenzgrammatik und Dependenzgrammatik vielfach synonym gesetzt, weil die als entscheidend empfundene Auffassung über die dominante Rolle des Verbs als strukturelles Zentrum des Satzes andere syntaktische Fragen zunächst in den Hintergrund drückte. Ausfluss dieser Auffassung sind die Verbvalenzlexika, deren erstes 1969 von Helbig und Schenkel herausgegeben wurde (Helbig/Schenkel 1969). In diesem Wörterbuch werden die wichtigsten deutschen Verben nach Sachgruppen geordnet und in mehreren Stufen beschrieben. Auf der 1. Stufe wird die quantitative Valenz der Verben angegeben, obligatorische und fakultative Aktanten („Mitspieler") werden verzeichnet, die Gesamtzahl drei wird dabei nicht überschritten. Auf der 2. Stufe werden die syntaktisch möglichen Realisierungen erfasst. Hier finden sich gegenüber Tesnière wesentliche Erweiterungen, vor allem präpositionale Fügungen ganz verschiedener Typen und auch Adjektive und Nebensätze. Denn die Tesnièresche Translationslehre, mit der das Vorkommen derartiger Elemente anders zu erklären wäre, wird hier, wie auch sonst, nicht übernommen. Auf der 3. Stufe werden die Mitspieler mit einer Merkmalsliste semantisch beschrieben. Durch die Kombination dieser Verfahren wird unter anderem das Problem der Varianten bei den Verben gelöst. Ein Verb wie *klagen* etwa begegnet in drei Varianten: ein-, fakultativ zweiwertig in der Bedeutung 'jammern', zwei-, fakultativ dreiwertig 'einen Kummer aussprechen', zwei-, fakultativ dreiwertig 'vor Gericht Klage erheben'. Das gravierende allgemeine lexikalische Problem der Homonymie wird mithin für die Verben über die Differenzierung bei ihren Valenzeigenschaften bewältigt. Allerdings wird zunächst wenig diskutiert, welchen Status genau diese Varianten haben. Die Valenzlehre wird aber bald von der sowohl in der generativ-transformationellen Grammatik als auch in der Semiotik vorgenommenen Erörterung über Ausdrucks- und Inhaltsschichten beziehungsweise Oberflächen- und Tiefenstruktur erreicht. (Helbig/Schenkel 1969, 28; Stötzel 1970). Wörter, insbesondere Verben, werden in der Dependenzgrammatik vornehmlich als prototypische Zeichen begriffen, wobei ein wesentlicher Teil ihrer Bedeutung in den von ihnen abhängigen Aktanten aufgesucht wird, nämlich in denjenigen Elementen, die aus dem virtuellen einen gesättigten Prädikatsausdruck herstellen.

Die anderen Verbvalenzwörterbücher sind ähnlich aufgebaut. Engel/Schumacher (1976) kommen teilweise zu anderen Worteinträgen als Helbig/Schenkel, sie wählen auch ein kompakteres Darstellungsverfahren. Schumacher (Hrsg.) (1986) greift wesentlich weiter aus und ordnet die wichtigsten deutschen Verben in größeren und kleineren paradigmatischen Verbänden. Hier findet sich unter anderem auch die Annahme höherer Valenzen, bis fünf, etwa bei *vermieten: Der v vermietet (dem w/an den w) den x (um den y* [Preis]) *(für den z* [Zeitraum]). (vgl. Schumacher (Hrsg.) 1986, 744).

2.2. Valenzen anderer Wortarten

Die Frage, ob außer dem Verb auch anderen Wortarten Valenz zukomme, ist rasch positiv beantwortet worden. Denn wenn dem Tesnièreschen Translationsprinzip nicht gefolgt wird, kann der Satz in viel direkterer Weise als über Verkettungen mit Hilfe der Steuerung von Funktionswörtern oder über Valenzen anderer semantisch voller Wörter als des Verbs aufgefasst werden. Sommerfeldt/Schreiber (1974) nutzen in ihrem Wörterbuch der Adjektivvalenzen die Strukturähnlichkeiten von (prädikativ gebrauchten) Adjektiven und Verben.

Noch wichtiger sind Überlegungen, ob auch den Substantiven Valenz zukomme. Auch dies wird zunehmend so gesehen, erlaubt doch schon die von Tesnière angenommene Strukturparallelität zwischen Verb und Substantiv die analoge Übertragung des Valenzkonzepts auf die Substantive. Bei Verbalabstrakta liegt es auf der Hand, dass von „Valenzvererbung" gesprochen werden kann. Die Aktanten des Verbs oder auch des Adjektivs finden sich in der Umgebung des abgeleiteten Substantivs im Attributbereich wieder: *Sportler gründen einen Verein → die Gründung eines Vereins durch die Sportler; Henry kauft ein Auto bei Eberhard für ein Spottgeld → Henrys Kauf eines Autos bei Eberhard für ein Spottgeld; Ignatius ist eigenmächtig → Ignatius' Eigenmächtigkeit*. Die Fage ist allerdings, ob den Aktanten des Verbs oder Adjektivs beim Substantiv ein ähnlich verlässlich bestimmbarer Kategorienbereich entspricht. Insbesondere bei Konkreta sind die Attribute in der Regel fakultativ. Sommerfeldt/Schreiber setzen in ihrem Wörterbuch der Substantive Aktanten und Attribute gleich (Sommerfeldt/Schreiber 1977, 7), konzentrieren sich aber auf deverbale und deadjektivische Wörter. Bei Konkreta können aber zunächst „Beziehungsbezeichnungen" wie *Freund, Vater, Sohn* (Sommerfeldt/Schreiber 1977, 15) analog aufgefasst werden. Was die Unterscheidung von Obligatorik und Fakultativität betrifft, so lässt sie sich bei Substantiven, die Varianten aufweisen, nutzen: *Er ist Vertreter (seines Landes in der UNO) – Er ist Vertreter* (= Berufsbezeichnung) Sommerfeldt/Schreiber 1977, 18). Es lassen sich nullwertige (*das Donnern, Blitzen*), einwertige (*Schlaf, Krankheit*), zweiwertige (*Drohung, Hilfe*) und dreiwertige Substantive (*Lieferung, Bericht, Bitte*) unterscheiden. Vielfach werden die fakultativen Dependentien des Substantivs aber auch als freie Angaben (Circonstantien, Supplemente) aufgefasst. Eine terminologische Unterscheidung zwischen Gliedern mit Aktantenstatus als „Adjunkte" und freien als „Attribute" findet sich bei Wolf (1982, 57). Die logisch-begrifflichen Verbindbarkeiten des Substantivs sind jedenfalls erheblich weiter als die syntaktisch fixierbaren.

Was die Valenz anderer Wortarten betrifft, so wird zunehmend akzeptiert, dass sie allen Autosemantika zukommt (vgl. Welke 1988, 115–162). Außer den Verben, Adjektiven und Substantiven sind es zunächst noch die Adverbien (vgl. Stepanowa/Helbig 1978, 185). Von Bondzio (1971, 99f.) ist vorgeschlagen worden, Adverbien als Prädikate höherer Stufe aufzufassen und von ihnen den „Rest" des Satzes abhängen zu lassen. – Präpositionen als prototypische Relatorwörter verfügen zweifellos über Valenz. Unbestritten ist, dass sie die Phrase, in der sie vorkommen, regieren (vgl. Eroms 1981). Es erhebt sich aber damit die Frage, ob Valenz dann nicht ein Sonderfall der Rektion oder gar mit dieser gleichzusetzen sei. Als regierende Elemente, die in diesem Sinne auch valenziell bestimmbar sind, lassen sich Subjunktionen und Konjunktionen anführen (Eroms 1991). Die erheblichen Wortartenunterschiede müssen aber in jedem Fall beachtet werden.

3. Neuere dependenzgrammatische Konzeptionen

Neben den in 2. angeführten Ansätzen, die unter anderem auch praktische Zwecke wie den Fremdsprachenunterricht verfolgen, sind explizit theoretisch angelegte Dependenzgrammatiken entwickelt worden. Bei Hudson (1984) spielt der Wortbegriff eine entscheidende Rolle, wird doch der ganze Grammatiktyp als „Wortgrammatik" gefasst. Wörter und syntaktische Regeln sind dabei durch ein „network" intern und mit nichtlinguistischen Wissensbeständen verbunden. Die Hierarchien der Wörter selber im Satz sind bei Hudson im Wesentlichen die klassischen, doch finden sich mehrere Weiterentwicklungen. So wird hier der Weg gebahnt, auch Morpheme in die Abhängigkeitsbeziehungen des Satzes aufzunehmen, indem „klitischen" Pronomina wie frz.

il und *le* Wortstatus zugewiesen wird, weil sie sich syntaktisch wie unabhängige Wörter verhalten (Hudson 1984, 86). Analoges kann dann für compounds, Zusammensetzungen, wie *furniture shop* angenommen werden (Hudson 1984, 87). Auf der anderen Seite wird für den hier benötigten Valenzbegriff die Abgrenzung der Aktanten von den Circonstanten durch lexikalische versus generelle Modifikation geleistet.

Auch in der grammatischen Konzeption von Mel'čuk (1988) nimmt das Wort eine herausragende Position ein. Bei Engel (1988) und Heringer (1996) werden über die klassischen Annahmen der Dependenzgrammatik hinaus Einsichten über die Klassifikation der Wörter, die Wortarten, vermittelt.

Schwerpunkt dependenzgrammatischer Ansätze in Bezug auf das Wort ist die Ermittlung der Abhängigkeitshierarchien. Hier herrscht im Grundsätzlichen weitgehend Konsens. Kontrovers ist die Beurteilung der Hierarchien in periphrastischen Konstruktionen. Während etwa bei Engel (1988, 443) das finite Verb als Kopf aufgefasst, aber die Valenzen an das „zentrale Verb", den lexikalischen Kern, gebunden werden, werden bei Mel'čuk (1988, 37) „Koreferenzbeziehungen" zwischen den Teilen der Verbalphrase angesetzt. Für die Strukturierung der Nominalphrase gibt es konträre Ansichten in Bezug auf die Determinatoren, insbesondere den Artikel. Während Engel (1988, 23), Mel'čuk (1988, 37) und Heringer (1996, 92) bei der „klassischen Lösung" bleiben, nämlich das Substantiv als Kopf auffassen, plädiert Hudson (1984, 90) dafür, den Determinator als Kopf anzusetzen. Mit dieser auch in anderen grammatischen Konzeptionen favorisierten Lösung werden die Funktionswörter entscheidend aufgewertet, ohne dass dabei allerdings der Wortstatus eigens diskutiert wird.

4. Literatur in Auswahl

Admoni, Wladimir (1966): *Der deutsche Sprachbau.* 2. Aufl. Moskau u. a.: Verlag Prosveščenie.

Bondzio, Wilhelm (1971): Valenz, Bedeutung und Satzmodelle. In: *Beiträge zur Valenztheorie* (Hrsg. G. Helbig). The Hague u. a.: Mouton 1971, 85–103.

Bühler, Karl (1934): *Sprachtheorie. Die Darstellungsfunktion der Sprache.* Jena: Fischer.

Engel, Ulrich (1988): *Deutsche Grammatik.* Heidelberg: Groos.

–, (1996): Tesnière mißverstanden. In: *Lucien Tesnière – Syntaxe structurale et opérations mentales.*
Akten des deutsch-französischen Kolloquiums anlässlich der 100. Wiederkehr seines Geburtstages Strasbourg 1993. (Hrsg. G. Gréciano; H. Schumacher). Tübingen: Niemeyer, 53–61.

Engel, Ulrich; Helmut Schumacher (1976): *Kleines Valenzlexikon deutscher Verben.* Tübingen: Narr.

Erben, Johannes (1995): Zur Begriffsgeschichte von Wertigkeit und Valenz. In: *Dependenz und Valenz.* (Hrsg. L. M. Eichinger; H. W. Eroms). Hamburg: Buske, 67–69.

Eroms, Hans-Werner (1981): *Valenz Kasus und Präpositionen. Untersuchungen zur Syntax und Semantik präpositionaler Konstruktionen in der deutschen Gegenwartssprache.* Heidelberg: Winter.

Eroms, Hans-Werner (1991): Valenzbindung und Valenzschichtung im Satz. In: *Neue Fragen der Linguistik. Akten des 25. Linguistischen Kolloquiums, Paderborn 1990.* (Hrsg. E. Feldbusch; R. Pogarell; C. Weiß). Band 1. Tübingen: Niemeyer 1991, 219–231.

Frege, Gottlob ([1891] 1966): Funktion und Begriff. In: *Funktion, Begriff und Bedeutung.* (Hrsg. G. Patzig). Göttingen: Vandenhoeck u. Ruprecht, 18–39.

Helbig, Gerhard (1965): Der Begriff der Valenz als Mittel der strukturellen Sprachbeschreibung und des Fremdsprachenunterrichts. In: *Deutsch als Fremdsprache* 2, 10–23.

Helbig, Gerhard; Wolfgang Schenkel (1969): *Wörterbuch zur Valenz und Distribution deutscher Verben.* Leipzig: Bibliographisches Institut.

Heringer, Hans Jürgen (1996): *Deutsche Syntax. Dependentiell.* Tübingen: Stauffenburg.

Hudson, Richard (1984): *Work Grammar.* Oxford: Blackwell.

Jackendoff, Ray (1977): *X-bar-Syntax. A study of phrase structure.* Cambridge (Mass.): MIT Press.

Mel'čuk, Igor A. (1988): *Dependency Syntax: Theory and Practice.* Albany: State University of New York Press.

Naumann, Bernd (1990): Die 'dependenz grammatischen' Überlegungen Johann Werner Meiners (1723–1789). In: *Neuere Forschungen zur historischen Syntax des Deutschen. Referate der Internationalen Fachkonferenz Eichstätt 1989.* (Hrsg. A. Betten). Tübingen: Niemeyer 1990, 439–450.

Schumacher, Helmut (Hrsg.) (1986): *Verben in Feldern. Valenzwörterbuch zur Syntax und Semantik deutscher Verben.* Berlin u. a.: de Gruyter.

Sommerfeldt, Karl-Ernst; Herbert Schreiber (1974): *Wörterbuch zur Valenz und Distribution deutscher Adjektive.* Leipzig: Bibliographisches Institut.

Sommerfeldt, Karl-Ernst; Herbert Schreiber (1977): *Wörterbuch zur Valenz und Distribution der Substantive.* Leipzig: Bibliographisches Institut.

Stepanowa, Marija Dmitrievna; Gerhard Helbig (1978): *Wortarten und das Problem der Valenz in der deutschen Gegenwartssprache.* Leipzig: Bibliographisches Institut.

Stötzel, Georg (1970): *Ausdrucksseite und Inhaltsseite der Sprache. Methodenkritische Studien am Beispiel der deutschen Reflexivverben.* München: Hueber.

Tesnière, Lucien (1959): *Eléments de syntaxe structurale.* Paris: Klincksieck.

–, (1980): *Grundzüge der strukturalen Syntax.* Herausgegeben und übersetzt von Ulrich Engel. Stuttgart: Klett-Cotta.

Welke, Klaus M. (1988): *Einführung in die Valenz- und Kasustheorie.* Leipzig: Bibliographisches Institut.

Wolf, Norbert Richard (1982): *Probleme einer Valenzgrammatik des Deutschen.* Innsbruck: Institut für Sprachwissenschaft der Universität.

*Hans-Werner Eroms,
Passau (Deutschland)*

20. The word in Categorial Grammar

1. Fundamentals of Categorial Grammars
2. Semantics
3. Extensions: rules
4. Extensions: features
5. Category ambiguity
6. Omissions
7. Recent developments
8. Literature (a selection)

1. Fundamentals of Categorial Grammars

Categorial Grammars (CGs) embody the suggestion of Ferdinand de Saussure that all the information about a language is information about the words of that language. "A characteristic feature of CG is that the lexical entries of words encode virtually all the information about how words are combined into phrases; there is no separate component of syntactic rules, as is found in most other grammatical frameworks." (Karttunen 1989: 44)

CGs lie in the broad family of valency or dependency grammars, as opposed to the more predominant configurational or constituent-structure grammars. The word, therefore, rather than being a block to be assembled by phrase-structure rules into larger blocks, is a participant in dependency relations, which are expressed as functions encoded in the word's lexical category(s). A word looking for dependents to build a larger unit has a *functor* category; a word which stands by itself has an *argument* category. Grammatical categories are not atomic labels manipulated by syntactic rules, but have a complex internal information structure which replaces syntactic rules. These categories form the information core of the grammar, and give the theory its name.

The parsimony of CGs, which shows in their minimal number of grammar components, dictates that the number of argument categories – of postulated, basic, atomic entities in the grammar – should also be minimal. One source and continuing influence in CG lies in formal philosophy of language and logic, where there are two such categories: the class of expressions which denote entities, and the class of expressions which can carry truth values, known as **e** and **t** respecitvely. Early work by linguists translated these to **N** and **S**, Name and Sentence. This was soon extended by the need to distinguish common from proper nouns, or nouns from noun phrases, giving the set of atomic categories now most commonly used: **S, N, NP**.

The set of well-formed functor, or complex, categories is infinite and defined inductively: if **X** and **Y** are well-formed categories, than a function from **X** to **Y** is also a well-formed category. (Of course only a small number of such categories actually occur in the lexicon/grammar of any given language). These categories are expressed as triples of result-connective-argument, where the connectives serve both to glue together the complex categories and to express word order. (This is the notation most commonly used by linguists: unfortunately there are a number of alternatives also in use which there is not space to discuss here. See Wood 1993: 11–14).

Thus, for example, the CG category for a determiner is **NP/N**: a functor which applies to a noun on its right (*_cat*) and returns a noun phrase (*the cat*). An intransitive verb is **S\NP**, a functor which applies to a noun phrase on its left (*Pepper_*) and returns a sentence (*Pepper pounces*). Because the defintion of a well-formed category is recursive, complex categories can be nested: a transitive verb is **(S\NP)/NP**, a function from a following noun phrase to a function-from-a-preceding-noun-phrase-to-a-sentence, where the brakkets show which connective will operate first. The process of analysing a sentence takes place – in the simplest case – by using conventional function application successively to apply the functor categories to their arguments, forwards (FA) or backwards (BA) depending on word-order, until we have a category of **S** for the whole string:

20.1. *Pepper   caught   a   mouse*
NP   (S\NP)/NP NP/N   N
                 ─────────→ FA
                    NP
           ──────────────→ FA
                 S\NP
─────────────────────────← BA
         S

Functor categories like this which apply to one thing and return another may be called *exocentric*. Modifiers, on the other hand, return a result of the same category as the argument and can be called *endocentric*. An adjective applies to a following nominal and returns, effectively, a complex nominal (*cat*; *red cat*): thus its category is **N/N**. An adverb can apply to a preceding intransitive verb and return another (*runs*; *runs quickly*), so has the category **(S\NP)\(S\NP)**. This distinction implicitly encodes the information that any number of modifiers can occur in a string, but only one instance of a given exocentric category: compare

20.2. *the   large   friendly   red   cat*
NP/N   N/N   N/N   N/N   N
                       ─────→ FA
                         N
               ─────────────→ FA
                     N
       ─────────────────────→ FA
                 N
─────────────────────────────→ FA
         NP

with

20.3. **the   the   cat*
       NP/N NP/N   N
              ─────→ FA
                NP
       ─────────────
             fail

Although – or because – the set of atomic categories in a CG is minimal, the complex categories needed for minor parts of speech such as adverbs and prepositions can be very complex indeed. To take an example from the first sentence ever to be given a CG derivation, *Der Flieder duftet sehr stark und die Rose blüht* (*The lilac smells very strongly and the rose blooms*: Ajdukiewicz 1935): the adverb *sehr* modifies the following adverb *stark*, which modifies the preceding intransitive verb *duftet*, which is a function from a preceding noun phrase to a sentence. The category of *duftet* is therefore **S\NP**; *stark* has the category **(S\NP)\(S\NP)**, and *sehr* is **((S\NP)\(S\NP))\((S\NP)\NP))**. Something like that is not entirely transparent on first sight, although with a little practice one learns to read and manipulate even the more complex functor categories.

2.   Semantics

CG functions are both syntactic and semantic objects: indeed one of the distinctive features of CGs is their integration of syntax and semantics. Sometimes called the "rule-to-rule hypothesis", the claim is in fact that every rule of syntax not only corresponds to, but is, inherently, a rule of semantics. Function application has an associated action of semantic application; and, as a string of categories is reduced in successive steps, its interpretation is built up, until we have the single category **S** and a complete semantic formula. Notice that the two variants of the syntactic operation, forwards and backwards application, reflect only surface word order, and have identical semantic effects. In a very simple notation:

20.4. *Pepper   chases   mice*
NP (Pepper') (S\NP)/NP(chases') NP(mice')
               ─────────────────→ FA
                    S\NP(chases' (mice'))
       ─────────────────────────→ BA
            S ((chases' (mice')) (Pepper'))

The lambda calculus has traditionally been associated with CGs, an association best represented in (Partee (ed) 1976). Notable in this "Montague Grammar" tradition, for our present purposes, is Dowty (1979), in which he re-interprets the principal classic governed transformations of Chomskyan Standard Theory as lexical rules in a CG, using a blend of Montague Grammar and Generative Semantics. This includes a formal description of derivational morphology; and, although now somewhat dated, remains one of the few systematic categorial treatments of word meaning.

More recently, other semantic formalisms have been used, maintaining the rule-by-rule tie between syntax and semantics. Many categorial linguists have followed Steedman (1988) in adopting combinators – which in fact are used "to define the foundations of the lambda calculus and all applicative systems" (Steedman 1988: 418) – to encode the semantics of operations. An alternative, more logic-centred line of current work is most fully set out in Carpenter's (1966) "type-logical semantics".

Notice that the phrase *chases mice* has the same category as the verb *pounces*, **S\NP**, although by derivation rather than by lexical assignment. This is an accurate reflection of the syntactic facts – a verb phrase is, in terms of valency, the same thing as an intransitive verb. More strikingly, in 20.5. below, the substrings *the large* and *the large red* – which are not even constituents according to any conventional phrase-structure definition – have the determiner category **NP/N**, and do indeed act as determiners. But this phenomenon has the effect of reducing in importance the distinction between words and phrases, the distinctiveness of the word – unexpected, perhaps, in a word-centred grammar, but implicit in any functional view of language.

3. Extensions: rules

Other operations of combination or arithmetical manipulation of categories have been proposed, each complete with its interpretation in applicative semantics: some are widely accepted among CGs, others marginal or contentious. They lie largely beyond the scope of this article, but it is worth noting the distinction between rules of combination, *binary* rules, and *unary* rules which alter the shape of a single category. Binary rules standardly include both function application (**X/Y Y →** **X**) and function composition (**X/Y Y/Z → X/Z**). Composition offers (among other advantages) a left-to-right incremental analysis of modifier sequences:

20.5. *the   large   red   cat*
NP/N   N/N   N/N   N
————→ C
    NP/N
————————→ C
        NP/N
————————————→ FA
            N

The unary rule most commonly accepted is *type-raising*, which takes an argument category and "raises" it to the form of a functor over an argument which was originally a functor looking for it. This is most often used to raise the subject of a sentence over the verb phrase, again making incremental processing possible:

20.6. *Pepper pounces   Pepper pounces*
NP S\NP   →   S/(S\NP) S\NP
———< BA   ————————→ FA
    S   **S**

Many of the debates within CG turn on trade-offs between the use of binary or unary rules to extend the basic grammar. It is important to note that any CG, as well as being a logical system, is also an algebra with mathematically provable properties of complexity, closure, etc. Alternative possible extensions to the rule system can be precisely compared and their formal properties proven. The benchmark for categorial algebras is the "Lambek Calculus" (Lambek 1958: see Wood 1993 Ch. 3), more flexible than most current linguistically based CGs but setting the standard for arithmetical precision.

4. Extensions: features

Clearly these categories represent only the structural skeleton, as it were, of a word's syntactic behaviour. Lambek himself suggested that some indication of number was needed to ensure agreement: in current terms, say, *this* is NP_{sing}/N_{sing} vs *these* NP_{pl}/N_{pl} (*this cat; these cats*). Person, gender, or any other features required by a language can be added similarly. The notation can begin to look a bit cluttered, so in practice such features are often omitted unless they are central to a discussion, but the principle is simple enough.

Another extension which the basic notation needs for serious linguistic description is an indication of not just the number and position of the arguments to a functor category, but their roles, naturally expressed as deep cases or thematic roles. (CGs are agnostic as to exactly how these are defined or what set is used.) Thus a transitive verb can be more fully described as $(S\backslash NP_{subj})/NP_{obj}$ or $(S\backslash NP_{nom})/NP_{acc}$, a distransitive verb is $((S\backslash NP_{subj})/NP_{obj})/NP_{ben}$, and so on:

20.7. *John gave Albert the fish*

```
NP   ((S\NP_subj)/NP_obj)/NP_ben   NP    NP
     ─────────────────────────────────→ FA
              ((S\NP_subj)/NP_obj)
     ──────────────────────────────→ FA
                   S\NP_subj
     ──────────────────────────→ BA
                        S
```

5. Category ambiguity

The precision of syntactic information encoded in CG categories has the important consequence that each word in a CG lexicon may have a number of distinct category assignments, where in a phrase structure grammar (PSG) a single category can participate in a number of distinct rules. The most obvious case of this is the variable valency of many English verbs: *eat*, for example, is category-ambiguous between $S\backslash NP$ (*Albert ate*) and $(S\backslash NP)/NP$ (*Albert ate the fish*), rather than being a "verb" which is rule-ambiguous between intransitive and transitive.

This is a distinction which the lexicon in any theory must make, but there are more subtle cases where a single PSG part of speech maps to a proliferation of CG categories, corresponding to genuine syntactic ambiguities. An adjective can modify a noun or a noun phrase (*the red cat*; *red cats*) and so has the two categories N/N, NP/NP. Prepositions and adverbs are especially notable. A preposition takes a noun argument to form a phrase modifying a preceding noun (*cat in a basket*) or verb (*sleeps in a basket*), so it has the two categories $(N\backslash N)/NP$ and $((S\backslash NP)\backslash(S\backslash NP))/NP$. An adverb can modify a sentence which either precedes or follows it (*Pepper pounced yesterday; yesterday Pepper pounced*) so has the categories $S\backslash S$ and S/S (among many others: see above, for example).

In the case of coordination, which can apply to words or phrases of any category, one might expect a corresponding proliferation of lexical categories for a conjunction. "And" can be $(NP\backslash NP)/NP$ (*cats and mice*), $(S\backslash S)/S$ (*Pepper pounced and Albert purred*), $((S\backslash NP)\backslash(S\backslash NP))/(S\backslash NP)$ (*pounced and purred*), and so on. This is handled by using a variable to give a *polymorphic* (many-formed) category $(X\backslash X)/X$, meaning, exactly, that a conjunction can link two words or strings of any category, one preceding and one following, to form a complex entity of that category:

20.8. *cats and mice*

```
NP    (X\X)X    NP
      ──────────→ FA
         NP\NP
      ──────────< BA
           NP
```

Since, as we have seen, a CG category describes a phrase in the same way as a single word, phrasal and lexical conjunction are both handled by this schema. These massively multiple lexical category assignments are often cited as a problem with CGs, but arguably the complexity or ambiguity inherent in natural language has simply been localised in the lexicon rather than in a grammar rule component and the mappings between that component and the lexicon. It is certainly true, however, that the coarser-grained categories of PSGs, such as "verb" or "adjective", support important generalizations about patterns such as inflectional morphology, and that CGs would benefit from some formal encoding of these.

6. Omissions

Similarly, and perhaps ironically, CGs do not systematically deal with the relations within the lexicon which motivate and charaterize most lexicalist grammars, such as active/passive or dative object-order alternations. A transitive verb, for example, as well as the active and intransitive categories $(S\backslash NP_{subj})/NP_{obj}$ and $S\backslash NP_{subj}$, will have a bare passive category $S\backslash NP_{obj}$ (*the fish was eaten*), a long passive category which may be written $(S\backslash NP_{obj})/PP_{subj}$ (*the fish was eaten by Albert*), and a gerundive category $(NP\backslash NP_{subj})/NP_{obj}$ (*Albert eating the fish was a disgrace*). Proposals to introduce "lexical rules" to formalize these patterns, parallel to those found in other lexicalist grammars, are in their infancy.

Lexical semantics has also remained outside the standard remit of CGs, more naturally. The representation of the meanings of individual words is an almost entirely distinct issue from the compositional patterns through which word-meanings assemble into sentence-meanings. CGs have developed a rich and precise account of the latter, and can live comfortably with any account of the former which supports compositionality. (There are theories of meaning in which sentence-meaning is determined by other factors, such as aspects of context, as well as by word-meaning: these need not be incompatible. Compositionality claims that "the meaning of the whole is a function of the meanings of the parts", not that nothing else is involved. It is true, however, that to incorporate context- or situation-sensitive semantics would require significant extensions to categorial theory.)

Morphology is another dimension of the word which has not been specifically addressed by CGs. It is easy enough to see what the outline of a categorial morphology would look like: an inflectional affix is a functor from a word stem to a full word, generally specifying its meaning in some way. The English nominal plural -s, for example, will be something like $N_{pl}\backslash N_{stem}$. Derivational affixes will typically take an argument stem of one category and return a word of another: thus -able might be $N\backslash V_{stem}$ (commit; commitment). Problems arise in both cases if we are led to postulate phonologically empty affixes where a full or derived form is the same as the stem or root. For most English nouns, the singular form is the same as the stem. In the pervasive case of noun-verb "zero-derivation", an intransitive or transitive verb can have the same form as its noun root. To assign the categories $N_{sing}\backslash N_{stem}$, $(S\backslash NP)\backslash N_{stem}$, $((S\backslash NP/NP)\backslash N_{stem}$ (and many others) to the null string runs profoundly counter to the minimalism of CGs. In the case of derivation, the compositional semantics which characterises CGs is additionally strained to suggest that -ment brings any semantic element to the meaning of commitment. Other theories of morphology have the same problems, but that does not trivialise their difficulty.

7. Recent developments

The relatively recent development of Unification CGs (eg Zeevat et al 1987) aims to bring into the categorial lexicon a wider range of information than the traditional core of categories encoding only syntactic dependencies and their inherent structural semantics. Like all unification-based theories, UCG represents words, or "signs", as structures of feature-value pairs. The traditional category "skeleton" has the features VAL(ue), DIR(ection), and ARG(ument): thus the intransitive verb category **S\NP** becomes

val: **S**
dir: left
arg: **NP**

It is now easy to add both finer-grained features such as agreement, and additional kinds of information such as lexical semantics and phonology: (schematically)

word: "pounces"
sem: pounces^
phon: /pounces/
val: cat: **S**
     form: finite
dir: left
arg: cat: **NP**
     agr: pers: 3

The development of UCGs has also brought CGs within the family of unification-based grammar formalisms, helping in their move, over the past ten years or so, from an isolated minority interest to a widely recognised and respected contributor to the overall evolution of theoretical and computational linguistics.

8. Literature (a selection)

The most accessible introduction to CGs is Wood (1993). Ades & Steedman (1982), although superseded in some respects, is also a good starting point. The collections of papers in Buskowski et al (eds.) (1988) and Oehrle et al (eds.) (1988) are more technical but give a good idea of the breadth of work on CGs: the former is especially strong on formal issues, the latter on linguistic description.

Ades, A. & M.J. Steedman (1982): On the Order of Worlds. In: *Linguistics and Philosophy* 4: 517–558.

Ajdukiewicz, K. (1935): Die syntaktische Konnexitat. In: *Studia Philosophica* 1: 1–27; translated as "Syntactic connexion" in S. McCall (ed.), *Polish Logic*, Oxford, 1967, pp. 207–31.

Buskowski, W.; W. Marciszewski & J. van Benthem (eds.) (1988): *Categorial Grammar*, Amsterdam: John Benjamins.

Carpenter, R. (1966): *Lectures on Type-Logical Semantics*. MIT Press.

Dowty, D. (1979): *Word Meaning and Montague Grammar: The Semantics of Verbs and Times in Ge-*

nerative Semantics and Montague's PTQ. Dordrecht: Reidel.

Karttunen, L. (1989): *Radical Lexicalism.* In: Baltin, M. & A. Kroch (eds.) *Alternative Conceptions of Phrase Structure.* Chicago: University of Chicago Press.

Lambek, J. (1958): *The Mathematics of Sentence Structure.* Reprinted in Buszowski et al (eds.).

Oehrle, R.; E. Bach & D. Wheeler (eds.) (1988): *Categorial Grammars and Natural Language Structures,* Dordrecht: Reidel.

Partee, B. (ed.) (1976): *Montague Grammar.* New York: Academic Press.

Steedman, M.J. (1988): *Combinators and Grammars.* In: Oehrle et al (eds.).

Wood, M.M. (1993): *Categorial Grammars,* London: Routledge.

Zeevat, H.; E. Klein and J. Calder (1987): Unification Categorial Grammar. In: Haddock, Klein & Morrill (eds.) *Categorial Grammar, Unification Grammar, and Parsing* (Edinburgh Working Papers in Cognitive Science 1).

*Mary McGee Wood, Manchester
(United Kingdom)*

21. Das Wort in funktionalgrammatischen Ansätzen

1. Arten und Wesen der funktionalen Grammatik
2. Das Wort und die sprachlichen Ebenen
3. Morphem – Wort – Wortgruppe
4. Zum Problem der Wortarten
5. Literatur in Auswahl

1. Arten und Wesen der funktionalen Grammatik

Der Titel dieses Artikels sagt bereits, dass es eine ganze Reihe von Ansätzen der funktionalen Grammatik gibt, die im Laufe der Jahre auch unterschiedlich gruppiert worden sind. Wir bringen lediglich die Gruppierung von Helbig (1973, 191 ff.):

„1. Zunächst gibt es die anglo-amerikanische Variante der 'functional grammar', die ihre Wurzeln in einem pragmatisch-utilitaristischen Bildungsideal hat, vornehmlich auf die Nützlichkeit ausgerichtet ist ... Sie versteht unter den Funktionen ... das, was die sprachlichen Erscheinungen in ihrem Zusammenhang leisten ...
2. In Übereinstimmung damit ist auch die westdeutsche Variante der funktionalen Grammatik ... eine vorwiegend unterrichtspraktische Angelegenheit, vor allem für den Fremdsprachenunterricht... Im Unterschied zur anglo-amerikanischen Variante fehlt ihr die utilitaristische Komponente.
3. Damit nicht zu verwechseln ist die funktionale Grammatik, wie sie namentlich von der Pädagogischen Hochschule Potsdam her durch Wilhelm Schmidt in die Schulen der DDR Eingang gefunden hat. Sie möchte ... als wissenschaftliche Theorie wie auch als Unterrichtsmethode verstanden werden und ist primär auf den muttersprachlichen Unterricht gerichtet...
4. Schließlich muss man von diesen Richtungen ... die funktionale Linguistik der Prager Schule unterscheiden, die vorwiegend wissenschaftlich-deskriptiven Charakter hat und das Beiwort 'functional' vor allem deshalb wählt, um sich von den anderen Richtungen der strukturellen Linguistik ... zu distanzieren..." (Helbig 1973, 191 f.).

Wir konzentrieren uns hier auf die unter 3. genannte Richtung. Ihr liegt eine Theorie zu Grunde und sie ist jahrelang in der Schulpraxis angewandt worden, so dass sich auch über ihre Praxiswirksamkeit etwas sagen lässt.

Diese funktionale Grammatik der sogenannten Potsdamer Schule, die von Wilhelm Schmidt Ende der 50er Jahre begründet worden ist, knüpft an Untersuchungsergebnisse der damaligen sowjetischen Germanistik an (u. a. Admoni, Moskalskaja, Schendels) und an die Theorie G.F. Meiers. Wir gehen hier lediglich auf die Funktionsbegriffe Admonis und Meiers ein, weil sie von der Potsdamer Schule weitergeführt worden sind.

Admoni arbeitet mit zwei Arten grammatischer Formen und Kategorien: „Diese Funktionen ... können darin bestehen, dass die betreffende Form einen verallgemeinerten und abstrahierten Bedeutungsgehalt ausdrückt, der die lexikale Semantik der Wörter überlagert... Aber zuweilen dient die grammatische Form dem Zweck, die Struktur irgendwelcher grammatischer Einheiten aufzubauen... Deswegen ist es wohl richtiger, im Allgemeinen von der 'Funktion' der grammatischen Formen zu sprechen, in der Ausdruck von Bedeutung nur einen Teil, wenn auch den wichtigsten, bildet" (Admoni 1986, 11).

Meier sieht Funktion etwas anders. Er geht aus von der Sprache als Mittel der Kommunikation. Die Funktion besteht darin, „mittels eines Mediums einen entsprechenden Kommunikationseffekt auszulösen. Das zu diesem Zweck verwendete Medium ist die Form, der von diesem Medium auszulösende Effekt ist die Funktion der verwendeten Form" (Meier 1961, 23). Meier trennt bewusst die Funktion (= kommunikative Leistung) und die Relation (= strukturelle Abhängigkeit der Teile voneinander).

Auch bei Meier bleiben Fragen offen, mit denen sich die funktionale Grammatik nun auseinanderzusetzen hatte, z. B. mit dem Verhältnis von Funktion und Bedeutung und mit den Arten der Bedeutungen.

Ähnlichen Schwierigkeiten sieht man sich gegenüber, wenn man an die Charakterisierung des Wortes geht. Heute ist es üblich geworden, beim Wort von verschiedenen Aspekten zu sprechen bzw. es auf verschiedenen Ebenen anzusiedeln. (Vgl. Schippan 1972, 27; Bußmann 1990, 849; Sachwörterbuch 1989, 273).

Da die Stellung des Wortes abhängig ist von den theoretischen Grundbegriffen, sich diese Grundbegriffe wie Funktion und Bedeutung aber im Laufe der Zeit entwickelt haben, soll zunächst ein Blick auf diese Entwicklung geworfen werden.

Zunächst ging es darum, die dialektischen Kategorien Inhalt und Form auf die Sprache anzuwenden. Schmidt setzt zunächst Inhalt und Funktion gleich: „Als Inhalt eines sprachlichen Zeichens haben wir demnach seine Funktion zu betrachten, während der Lautkörper das akustisch und visuell wahrnehmbare sprachliche Material, seine Form darstellt" (Schmidt 1963, 12). Ebenso setzt er Inhalt und Bedeutung gleich, so dass wir von einer Identität von Inhalt – Funktion – Bedeutung ausgehen können: „Diese beiden Komponenten, der phonetische und grammatische Bau, also: die Lautgestalt, einerseits und der Inhalt, also: die Bedeutung, andererseits bedingen und bestimmen einander gegenseitig. Der Inhalt, die Bedeutung ist geformt und die Form, die Lautgestalt, ist inhaltsvoll" (Schmidt 1963, 13).

Ende der 60er Jahre wird nun der entscheidende Schritt in der Entwicklung der Theorie der funktionalen Grammatik getan. Es geht jetzt um die beiden Seiten sprachlicher Zeichen, um Form und Bedeutung, und um die Funktion, die sprachexterne Wirkung, den kommunikativen Effekt. Wir bringen für alle drei Termini die wichtigsten Merkmale. Form: „Prinzipiell gehören unter den Begriff Form alle Erscheinungen im sprachlichen Bereich, die der Hervorbringung kommunikativer Effekte dienen" (Schmidt 1969, 141), also: die lautliche Seite der Zeichen, deren Abhängigkeitsverhältnisse sowie Distribution und die lautliche Komponente der suprasegmentalen, prosodischen Zeichen. Bedeutung: „Wir verstehen unter Bedeutung die abstrahierende, die invarianten Bestandteile des Erkenntnisprozesses umfassende Widerspiegelung eines Gegenstandes, einer Erscheinung oder einer Beziehung der objektiven Realität im Bewusstsein der Angehörigen einer Sprachgemeinschaft, die traditionell mit der Form zu der strukturellen Einheit des sprachlichen Zeichens verbunden ist. Gemäß der bilateralen Auffassung des sprachlichen Zeichens wird die Bedeutung als sprachinternes Phänomen betrachtet" (Schmidt 1969, 142).

Funktion: Hinsichtlich der Sprache generell unterscheidet Schmidt die Funktionen, „der Gesellschaft als Mittel der Verständigung und des Gedankenaustausches zu dienen" (Schmidt 1969, 149). Was die Funktionen der einzelnen sprachlichen Zeichen betrifft, so lehnt man sich Ende der 60er Jahre an Bühler und Klaus an. „In dem komplexen kommunikativen Effekt können die folgenden Teilfunktionen der sprachlichen Zeichen abwechselnd dominieren:

a) ...: Symbol- (...) Funktion
b) ...: Signal- (...) Funktion
c) ...: Symptom- (...) Funktion"
(Schmidt 1969, 150).

In den 80er Jahren wendet man sich konsequent den Funktionen zu, klassifiziert sie und schafft eine Theorie der sprachlichen Produktion und Rezeption. Da es in diesem Artikel um das Wort geht, verweisen wir nur auf Literatur: Funktional-kommunikative Sprachbeschreibung (1981) und Sprachliche Kommunikation (1988).

2. Das Wort und die sprachlichen Ebenen

Wesentliche Gemeinsamkeiten gibt es zwischen den Auffassungen der Prager Funktionalisten und der Potsdamer Schule. Angeregt durch die Prager Funktionalisten haben Nerius/Scharnhorst in den 80er Jahren ein Ebenenmodell aufgestellt, das von der Potsdamer Schule im Wesentlichen übernommen wurde und die Grundlage einer Reihe von Lehrbüchern bildet.

Auf die unilateralen Ebenen gehen wir nicht weiter ein, uns interessieren die bilateralen. „Die bilateralen Ebenen ... beziehen sich auf die sprachlichen Zeichen als Einheit von Inhalt und (phonischer bzw. graphischer) Form. Bilaterale Ebenen sind die morphematische, lexikalische und syntaktische sowie die Textebene. Jede Ebene des Sprachsystems hat eine relative Autonomie, d. h., sie hat einerseits bestimmte Eigenschaften, die nur ihr eigen sind und sie damit von den anderen Ebenen unterscheiden, und sie hat andererseits bestimmte Eigenschaften, die ihr mit anderen Ebenen gemeinsam sind." (Theoretische Probleme der deutschen Orthographie 1980, 23 f.) Einheiten niederer Ebenen bilden Einheiten höherer Ebenen (Konstruktionsfunktion).

Uns interessiert hier die lexikalische oder – besser – die lexematische Ebene. Zu den Lexemen gehören die Wörter und die festen Wortgruppen. Die Wörter – um die geht es hier – verfügen also über eine Form (Morpheme, Silben, Buchstabenverbindungen, Akzente) und eine (lexikalische/grammatische) Bedeutung. Grundlage für die Konstruktionsfunktion der Wörter ist die Valenz vor allem der Autosemantika. Die Valenz ergibt sich aus der lexikalischen Bedeutung der Wörter.

Jahrelang richtete sich die funktionale Grammatik nach der bekannten Wortdefinition Schmidts: „Das Wort ist der kleinste selbstständige, potentiell isolierbare Redeteil, der als Einheit des phonetischen und grammatischen Baus und des Inhalts charakterisiert ist und sowohl hinsichtlich seines Lautkörpers als auch seiner Bedeutung mit den übrigen Einheiten der Sprache in Beziehung steht. Diese beiden Komponenten, also: die Lautgestalt einerseits und der Inhalt, also: die Bedeutung, andererseits bedingen und bestimmen einander gegenseitig. Der Inhalt, die Bedeutung ist geformt und die Form, die Lautgestalt, ist inhaltsvoll" (Schmidt 1963, 13).

Später – der allgemeinen Wissenschaftsentwicklung entsprechend – wurden weitere Aspekte/Merkmale einbezogen (vgl. Schippan 1972 und 1984).

„Als Element der Langue enthält das Wort (...) linguistische Merkmale, die seine Einfügung in die Rede (Parole) determinieren:

(1) Es ist morphematisch strukturiert, ist bereits ein Komplex ... von Morphemen ...
(2) Es ist Träger einer Bedeutung, d. h., es kann ein Stück der objektiven Realität bezeichnen und bedeutet etwas ...
(3) Jedes Wort ist mit anderen lexikalischen Einheiten paradigmatisch zu 'Feldern', zu thematischen Gruppen oder Reihen verbunden. Es hat semantische Nachbarn ...
(4) Mit der lexikalischen Bedeutung sind die möglichen semantischen Partner festgelegt. Jedes Wort (besser: jede Variante) besitzt bestimmte Voraussetzungen, mit anderen Einheiten Verbindungen einzugehen (semantische Valenz) ...
(5) Für jedes Wort existieren bestimmte Typen stilistischer Kontexte, in denen es auftreten kann ...
(6) Jedem Wort ist durch seine Zugehörigkeit zu einer bestimmten Wortart die Form seiner Einbettung in die Rede bestimmt ...
(7) Im Zusammenhang mit der Wortartzugehörigkeit ist auch die Gesamtheit der grammatisch-morphologischen Formen zu sehen, die ein Wortparadigma ausbilden kann ...
(8) Mit dem Wort als Element der Langue sind auch die möglichen grammatischen Umgebungen, seine Distribution, seine möglichen syntaktischen Partner (Valenz) gegeben ...
(9) Schließlich tritt uns das Wort als Element der Langue in einer bestimmten phonemischen und graphemischen Form entgegen ..." (Schippan 1972, 29 ff.).

Die erste Bestimmung des Wesens und der Elemente der Wortbedeutung stammt von W. Schmidt, der sich vor allem auf E. O. Erdmann beruft. Schmidt definiert die Wortbedeutung „als inhaltliche Widerspiegelung eines Gegenstandes, einer Erscheinung oder einer Beziehung der objektiven Realität im Bewusstsein der Angehörigen einer Sprachgemeinschaft, die traditionell mit einem Lautkomplex zu der strukturellen Einheit des Wortes verbunden ist" (Schmidt 1963, 16). Er unterscheidet bereits zwischen lexikalischer und grammatischer Bedeutung.

Schippan – sie hat vor allem die lexikalische Bedeutung im Auge – sieht zwei Arten von Elementen, denotative und kommunikative/konnotative. Die denotativen Merkmale (auch: Kernseme) werden mit Hilfe der Semanalyse beschrieben. – Den Kernsemen stehen Kontextseme gegenüber (Semantik der mit dem Lexem verbundenen Kontextpartner). Die Kontextseme geben die Semantik der Kontextpartner (u. a. +Anim, −Anim, Abstr) bzw. die Rolle der Erscheinung im Sachverhalt an (u. a. Agens, Patiens, Instrument). (Vgl. Sommerfeldt/Starke 1992, 19).

„Die Konnotationen dienen in erster Linie dazu, kommunikativen Kontakt herzustellen... Als gesellschaftlich invariante Abbildelemente verschiedener Faktoren kommunikativer Ereignisse, kommunikativen Handelns, sind sie auch Bedeutungselemente des Langue-Wortes, der Languebedeutung" (Schippan 1984, 156f.). Gerade die letzte Feststellung ist nicht unumstritten. Schippan nennt folgende Arten kommunikativer Elemente (1984, 158ff.):

– die emotionalen Bedingungen des Wortgebrauches
– die kommunikative Ebene des Wortgebrauches (ungezwungen, salopp)
– die Funktionsbereiche des Wortgebrauches (fachsprachlich...)
– die soziale Geltung des Wortgebrauches
– die regionale Bindung des Wortgebrauches
– die zeitliche Gebundenheit des Wortgebrauches
– die Modalitäten der kommunikativen Handlungen
– die politisch-weltanschauliche Bindung des Wortgebrauches.

Bei der grammatischen Bedeutung unterscheidet man in Anlehnung an Admoni zwischen der logisch-grammatischen und kommunikativ-grammatischen Bedeutung. Da grammatische Elemente grundsätzlich Beziehungen ausdrücken, hat es sich als günstiger erwiesen, nicht die zwei Arten zu kennzeichnen, sondern von den Arten der Beziehungen auszugehen, also z. B. von den

– Beziehungen zwischen Gegenständen und Merkmalen der objektiven Realität
– Beziehungen zwischen Sachverhalten
– Beziehungen zwischen Sachverhalt und Sprecher (Sprechereinstellung).

(Vgl. Sommerfeldt/Starke 1992, 6).

3. Morphem – Wort – Wortgruppe

Aus den bisherigen Ausführungen wird deutlich, dass die Abgrenzung des Wortes von niederen bzw. höheren Elementen des Sprachsystems nicht immer leicht ist.

Die Abgrenzung von Morphem und Wort ist relativ einfach. Wir bringen zwei Definitionen des Morphems:

– „...kleinste bedeutungstragende Elemente der Sprache, die als phonologisch-semantische Basiselemente nicht mehr in kleinere Elemente zerlegt werden können" (Bußmann 1990, 502).
– „Die kleinsten bedeutungstragenden Einheiten der Wortstruktur – die 'Bauelemente' des Wortes – nennen wir Morpheme ..." (Flämig 1991, 330).

Gemeinsam mit den Wörtern haben die Morpheme Zeichencharakter, verfügen über eine Semantik – lexikalische und/oder grammatische. – Im Gegensatz zu den Wörtern sind sie nicht selbstständig, sondern Teile/Bauelemente von Wörtern.

Schwieriger ist die Abgrenzung des Wortes von der Wortgruppe. Das hängt zunächst einmal davon ab, was man unter einer Wortgruppe versteht. (Vgl. Sommerfeldt 1986; Sommerfeldt/Starke 1992, 182ff.). „Freie Wortgruppen sind ... Satzglieder bzw. Attribute/Satzgliedteile, die aus mehreren Wörtern bestehen. ... Den Kern bilden jene Verbindungen aus wenigstens zwei Wörtern, deren Kern ein Autosemantikon ist, das durch mindestens ein subordiniertes Autosemantikon ergänzt ist" (Sachwörterbuch 1989, 277). Wir bringen einige Beispiele:

(die Absicht), ein Buch zu kaufen
der letzte große Roman des Dichters
(der Fluss), 20 m breit
(Der Brief liegt) ganz oben.

Bezieht man auch Wörter ein, die nur über eine grammatische Bedeutung verfügen, so sind auch folgende Verbindungen Wortgruppen, wenn sie auch syntaktisch zu den Einzelwörtern zu zählen sind:

Artikel und Substantiv
der Lehrer – des Lehrers – dem Lehrer
Verb und temporales Hilfsverb
(Er) wird kommen.

Fraglich sind aber Verbindungen aus zwei „Wörtern", bei denen man streiten kann, ob das eine „Wort" überhaupt über eine Semantik im oben angegebenen Sinne verfügt: Substantiv und bedeutungsleere Präposition

(der Bruder) von meinem Freund
Adjektiv und Hilfswort
(Es ist so) am besten.
zu und der Infinitiv
(Er war bestrebt) zu siegen.

Aber in diesen Fällen, in denen man den Hilfswörtern keine Semantik zuspricht, muss man sich entscheiden, ob es sich bei ihnen überhaupt um Wörter im Sinne der oben angegebenen Merkmale („Einheit von Formativ und Bedeutung") handelt. Oder wir setzen hier Peripherieschichten beim Übergang vom Wort zur Wortgruppe an. (Vgl. Sommerfeldt/Starke 1992, 184 ff.).

4. Zum Problem der Wortarten

Das Grundprinzip der funktionalen Grammatik der Potsdamer Schule, die Einheit von Formativ und Bedeutung als Kennzeichen sprachlicher Zeichen, also auch der Wörter, muss nun ebenfalls bei der Wortklassifikation angewandt werden.

Ausgangspunkt ist für uns das semantische Kriterium der Wortartklassifikation. Wörter haben eine lexikalische Bedeutung, die von der Wortartenbedeutung überlagert wird. Diese stellt ebenso wie die lexikalische Bedeutung eine verallgemeinerte Bedeutung dar, jedoch auf einer höheren Abstraktionsebene. Es geht also um die lexikalische Bedeutung (Sachbedeutung) und die begriffliche Prägung (kategoriale Bedeutung). Für die Wortarten ist die kategoriale Bedeutung der Wörter entscheidend (vgl. Sommerfeldt 1991, 24 ff.):

Wortart	kategoriale Bedeutung
Substantiv	'Gegenstand'
Verb	'Prozess'
Adjektiv	'Merkmal'

Das führt dazu, dass dieselben Erscheinungen der Realität in unterschiedlicher Art begrifflich-kategorial geprägt sein können:

Verb	Substantiv	Adjektiv
danken	*Dank*	*dankbar*
härten	*Härte*	*hart*
sich freuen	*Freude*	*froh*

Diese höchst abstrakten kategorialen Bedeutungen der Wortarten enthalten bestimmte kategoriale Merkmale. Von diesen kategorialen Merkmalen hängen dann die einzelnen grammatischen Kategorien der Wortarten ab. Die grammatischen Kategorien sind also Folge der Wortartsemantik, damit sekundär:

Substantiv, z. B. kateg. Bedeutung	Spiel kateg. Merkmale	gramm. Kategorien
'Gegenstand'	– mit gramm. Geschlecht	Genus
	– zählbar	Numerus
	– deklinierbar	Kasus
Verb, z. B. spielen		
'Prozess'	– bindbar an Person	Person
	– in der Zeit verlaufend	Tempus
	– eine Geltung ausdrückend	Modus
Adjektiv, z. B. groß		
'Merkmal'	– unselbstständig	
	– graduierbar	Komparation

(Vgl. Sommerfeldt/Starke 1992, 40).

In dieser Weise fassen wir das Verhältnis von kategorialer Bedeutung (semantisches Kriterium), morphologischer Prägung (morphologisches Kriterium) und syntaktischem Fügungswert (syntaktisches Kriterium) auf.

Als Ausgangspunkt zur Schaffung eines in der Praxis zu nutzenden Wortartensystems eignet sich das morphologische Kriterium, was aber nichts gegen die Dominanz des semantischen Kriteriums aussagt.

1.	flektierbar	
1.1.	konjugierbar	Verb
1.2.	deklinierbar	
1.2.1.	artikelfähig	Substantiv
1.2.2.	nicht artikelfähig	
1.2.2.1.	komparierbar	Adjektiv
1.2.2.2.	nicht komparierbar	Pronomen
2.	nicht flektierbar	
2.1	mit Satzwert	Modalwort
2.2.	ohne Satzwert	
2.2.1	mit Satzgliedwert	Adverb
2.2.2.	ohne Satzgliedwert	
2.2.2.1.	Fügewort	
2.2.2.1.1.	mit Kasusforderung	Präposition
2.2.2.1.2.	ohne Kasusforderung	Konjunktion
2.2.2.2.	nicht Fügewort	Partikel

(Vgl. Flämig 1991, 358; Sommerfeldt/Starke 1992, 48).

Diese Einteilung erfasst nur den Kern der jeweiligen Wortart. Nun gibt es aber Gruppen von Wörtern, die auf Grund bestimmter semantischer Merkmale nicht über alle grammatischen Kategorien der betreffenden Wortart verfügen. Sie lassen sich als Peripherie der einen Wortart in Richtung auf eine andere Wortart darstellen. Wir verdeutlichen das am Beispiel der Peripheriegruppen des Adjektivs.

1. Peripheriegruppe Adjektiv – Substantiv
Sie bezeichnen nicht eine dem Dinge innewohnende Eigenschaft, eine Qualität, sondern eine Eigenschaft, die sich aus dem Verhältnis des Dinges zu einem anderen Ding ergibt:
chinesischer Tee, philosophische Frage

2. Peripheriegruppe Adjektiv – Verb
Hier handelt es sich um partizipiale Formen, viele ehemals Partizipien des Verbs, die Eigenschaften bezeichnen:
ansprechende Leistungen, reizende Mädchen, spannendes Buch

3. Peripheriegruppe Adjektiv – Adverb
Es gibt Adjektive, die – ähnlich den Adverbien – vor allem temporale und lokale Umstände ausdrücken. Sie sind nur attributiv verwendbar und nicht komparierbar:
hiesig, dortig, heutig, gestrig
(Vgl. Sommerfeldt 1991, 49 ff.).

Nur am Rande sei vermerkt, dass Wörter nicht isoliert im Sprachsystem stehen, sie lassen sich mit Hilfe verschiedener Kriterien auch zu semantischen Gruppen zusammenfassen. Die Gruppen, die wir – wiederum mit Blick auf die Praxis – im Auge haben, sind die bekannten Wortfelder. „Unter einem Wortfeld verstehen wir ein lexikalisches Subsystem, das von sprachlichen Einheiten gebildet wird, die auf paradigmatischer Ebene bedeutungsverwandt sind, einerseits gemeinsame Seme besitzen, sich andererseits aber durch Oppositionsseme oder durch spezielle Seme, die nur mit bestimmten Semen anderer Lexeme kompatibel sind, voneinander unterscheiden." (Schreiber/Sommerfeldt/Starke 1990, 7; vgl. Kleine Enzyklopädie. Deutsche Sprache 1983, 295). Man kann Wortfelder im Rahmen einer Wortart, aber auch unter Einbeziehung von Wörtern mehrerer Wortarten bilden (vgl. Sommerfeldt/Schreiber 1996, 23 f.).

5. Literatur in Auswahl

Admoni, Wladimir (1986): *Der deutsche Sprachbau.* Moskau: Verlag Prosveščenie.

Bondzio, Wilhelm (1993): Funktorenstrukturen in der deutschen Sprache. Ein Beitrag zur Grundlegung einer semantischen Valenztheorie. In: *Probleme der funktionellen Grammatik.* (Hrsg. F. Simmler). Bernd, etc.: Verlag Peter Lang, 21–88.

Bußmann, Hadumod (1990): *Lexikon der Sprachwissenschaft.* Stuttgart: Kröner Verlag.

Duden. *Grammatik der deutschen Gegenwartssprache.* (1984) (Hrsg. G. Drosdowski). Mannheim etc.: Bibliographisches Institut.

Flämig, Walter (1991): *Grammatik des Deutschen.* Berlin: Akademie-Verlag. Funktional-kommunikative Sprachbeschreibung (1981). Theoretisch-methodische Grundlegung (Autorenkollektiv unter Leitung von W. Schmidt). Leipzig: VEB Bibliographisches Institut.

Helbig, Gerhard (1973): *Geschichte der neueren Sprachwissenschaft. Unter dem besonderen Aspekt der Grammatik-Theorie.* Leipzig: VEB Bibliographisches Institut.

Heupel, Carl (1978): *Linguistisches Wörterbuch.* München: Deutscher Taschenbuch Verlag.

Kleine Enzyklopädie. Deutsche Sprache (1983): (Hrsg. Fleischer, W.; W. Hartung; J. Schildt; P. Suchsland). Leipzig: VEB Bibliographisches Institut.

Lewandowski, Theodor (1976): *Linguistisches Wörterbuch. Teile 1–3.* Heidelberg: Verlag Quelle & Meyer.

Meier, Georg Friedrich (1961): *Das Zéro-Problem in der Linguistik.* Berlin: Akademie-Verlag.

Sachwörterbuch für die deutsche Sprache (1989): (Von einem Autorenkollektiv unter Leitung von K.-E. Sommerfeldt und W. Spiewok). Leipzig: VEB Bibliographisches Institut.

Schippan, Thea (1972): *Einführung in die Semasiologie.* Leipzig: VEB Bibliographisches Institut.

Schippan, Thea (1984): *Lexikologie der deutschen Gegenwartssprache.* Leipzig: VEB Bibliographisches Institut.

Schmidt, Wilhelm (1959): *Deutsche Sprachkunde.* Berlin: Volk und Wissen.

Schmidt, Wilhelm (1963): *Lexikalische und aktuelle Bedeutung. Ein Beitrag zur Theorie der Wortbedeutung.* Berlin: Akademie-Verlag.

Schmidt, Wilhelm (1969): Zur Theorie der funktionalen Grammatik. In: *Zeitschrift für Phonetik, Sprachwissenschaft und Kommunikationsforschung* 22 (2), 135–151.

Schmidt, Wilhelm und Kollektiv (1969): Skizze der Kategorien und der Methode der funktionalen Grammatik. In: *Zeitschrift für Phonetik, Sprachwissenschaft und Kommunikationsforschung* 22 (5), 518–531.

Schreiber, Herbert; Karl-Ernst Sommerfeldt; Günter Starke (1990): *Deutsche Wortfelder für den Sprachunterricht. Verbgruppen.* Leipzig: Verlag Enzyklopädie.

Sommerfeldt, Karl-Ernst (1977): Zur Klassifikation der Wortarten. In: *Deutschunterricht* 30 (2/3), 150–152.

–, (1986): Wort – Wortgruppe – Satz. In: *Deutschunterricht* 39 (12), 599–603.

–, (1990): Das Sprachsystem, seine Ebenen und Einheiten. In: *Wirkendes Wort* 40 (3), 450–460.

–, (1991): *Zur Integration von Lexik und Grammatik*. Frankfurt am Main etc.: Verlag Peter Lang.

–, (1993): Zum System deutscher Satz- und Satzgliedformen. In: *Deutschunterricht* 46 (11), 345–354.

Sommerfeldt, Karl-Ernst; Herbert Schreiber (1996): *Wörterbuch der Valenz etymologisch verwandter Wörter*. Tübingen: Niemeyer-Verlag.

Sommerfeldt, Karl-Ernst; Günter Starke (1992): *Einführung in die Grammatik der deutschen Gegenwartssprache* (2., neu bearbeitete Auflage). Tübingen: Niemeyer-Verlag.

Sprachliche Kommunikation (1988): *Einführung und Übungen*. (Autorenkollektiv unter Leitung von G. Michel). Leipzig: VEB Bibliographisches Institut.

Theoretische Probleme der deutschen Orthographie (1980): (Hrsg. D. Nerius und J. Scharnhorst). Berlin: Akademie-Verlag.

*Karl-Ernst Sommerfeldt, Güstrow
(Deutschland)*

22. The word in Word Grammar

1. Word Grammar as a definition of *word*
2. Word-tokens
3. Syntactic lexemes, morphophonlogical lexemes, and lexical items
4. Literature (a selection)

1. Word Grammar as a definiton of Word

Word Grammar (WG) conceives of a grammar as a body of beliefs about what counts as a legitimate word-token; WG's claims are claims about what the content of these beliefs is. For WG, then, 'English' in extension is the set of all actual and potential word-tokens that count as wellformed instances of English, and in intension is a Word Grammar of English. An actual text or utterance is 'in English' to the extent that it can be construed as a wellformed sequence of instances of English.

WG is described most fully in Hudson (1984, 1990), though it has since seen substantial developments. WG is generally taken to be a psychologically real model of language, holding, in the spirit of Cognitive Linguistics, that knowledge of language is part of, and integrated with, general cognition. But these views are neither essential to the theory nor a corollary of it; for example, WG is no less satisfactory as a 'realist' model of grammar as an Abstract, Platonic entity (on which, see Katz & Postal 1991).

§ 2 discusses word-tokens (represented in italics: *cat*), and § 3 wordtypes (*lexemes*; represented in capitals: CAT).

2. Word-tokens

2.1. Word-tokens as actions

For WG, a word-token is an atomic act of verbal communication, performed by the speaker and normally related syntagmatically to other word-tokens in the same sentence. Taking word-tokens to be actions by the speaker provides a straightforward way for the grammar to make reference to utterance context. Grammatically encoded illocutionary force is effected by stating what kind of action the word-token is. For example, tokens of HELLO are greetings; and imperative word-tokens do not encode or represent commands – rather, the grammar says they are commands. Similarly, interrogative words, such as *what* in *So then you bought what?*, not only encode some kind of logical variable, but also are stated by the grammar to be questions themselves. Deictic word-tokens figure in their own meaning. For example, a present tense word-token or a token of NOW involves reference to the time at which the token itself occurs; a token of ME refers to the person performing it; and a token of French VOUS can be an act of respectful reference to its own single addressee (as in *Vous êtes riche*, in contrast to

Vous êtes riches). Some adverbial modifiers can supply information not about the meaning of the modified word-token but about the modified word-token itself. Thus, in *Frankly, you look wonderful,* what is frank is not the looking wonderful but the word-token *look*, which is an act of assertion; and in *Are you thirsty, because I've just made some tea,* the tea being made is the reason not for thirst but for the word-token *are*, which is a question.

2.2. Syntactic words and morphophonological words

Since WG takes the Word-and-Paradigm approach to inflectional morphology (Robins 1959, Matthews 1972), words (rather than stems and inflections) are the minimal units of syntactic structure. Hudson (1984, 1990) does allow for the exceptional possibility of one word containing other words for such phenomena as cliticization and noun-noun compounds (as in *raw súgar content*), but there is no need to recognize such a possibility if Rosta's (1997) *biplanarity hypothesis* is correct.

2.2.1. Biplanarity

In a biplanar model of the syntax-morphophonology interface, sentence structure is organized into two *planes*, one consisting of syntactic word-tokens (SWs) and the other consisting of morphophonological word-tokens (MWs). (The model is reminiscent of Autolexical Syntax (Sadock 1991), though significantly different from it.). MWs ultimately consist of sounds; they are phonetic events. On issues like how to identify MW boundaries, WG has no particular view, for it makes no difference to syntax. Though it is MWs that are closer to the everyday notion of *word* that, say, the length of texts is measured in, it is SWs that WG is essentially formulated as a definition of. SWs are events without duration. From this it necessarily follows that SWs do not consist of sounds or other parts and that there can be no unit in syntax smaller than the word.

2.2.2. Enunciations

Every SW occurs during a sequence of one or more MWs. The MW sequence (MWS) is termed the *enunciation* of the SW, and serves as its symptom. MWSs are represented in //, and SWs in \\; e.g. /chalk/ is enunciation of \chalk\, and /All's well that ends well/ (a MWS of 5 MWs) is enunciation of /All's well that ends well/ (a noun, denoting a certain play by Shakespeare).

2.2.3. Coenunciation

Since a punctual SW must occur during its enunciation, it logically follows (cf. Sagey 1988) that (i) a SW cannot have more than one enunciation, (ii) a single MWS can be enunciation only of a single SW, or, in what is termed *coenunciation*, of each of a sequence of adjacent SWs, and (iii) if one MWS precedes another MWS then SWs enounced by the first MWS must precede SWs enounced by the second. By default, SWs do not share the same enunciation, but Rosta argues that the exceptional cases where they do are, in fact, multifarious and commonplace: e.g. /books'/ is enunciation of \books\ < \'s\, /súgar content / of \sugar\ < \content\, and French /du/ of \de\ < \le\.

2.2.4. Blueprints and signatures

An enunciation is modelled on a *blueprint*, an abstract shape that constrains the phonetic form of the enunciation. The properties of the blueprint of the enunciation of a SW are of course predictable from the identity of the SW. Each SW has a *signature*, an abstract morphophonological shape, and a MWS's blueprint is normally made of the signatures of the SWs that the MWS is enunciation of. If a MWS is enunciation of a single SW, then its blueprint is made up of the SW's signature. When a MWS is enunciation of more than one SW, its blueprint is normally made up of the signatures of the SWs in the same order; e. g. /tàxidriver/ is enunciation of \taxi\ < \driver\, and /an ant/ of \an\ < \ant\. Sometimes the signature of a co-enounced SW does not contribute to the blueprint; e. g. /more/ (< /milk/) is enunciation of \more\ < \much\ (< \milk\), /enough/ (< /milk/) of \much\ < \enough\ (< \milk\), and /worse/ of \more\ < \bad\.

2.3. Word-tokens in syntax

In WG syntax, SWs are not only the minimal but also the maximal units of syntactic structure: there is no need for larger units such as phrases; all nodes in syntactic structure are terminal. WG is therefore a theory of Dependency Grammar, the model of syntax that was used from the beginnings of linguistics in classical times until the advent of American structuralism and Bloomfield's (1914, 1933) immediate constituent analysis (Percival 1976, Matthews 1981), and that was reintroduced into modern linguistics by Tésniere (1959). Although Hudson (1980, 1984, 1990) has conceded that the syntax of coordination exceptionally involves *wordstrings* (i.e. continuos sequences of words), Rosta (1997) shows that this exception is unnecessary and that coordination can satisfactorily be accomodated within a purely dependency-based model.

2.3.1. Nonwords in syntax

Although terminal nodes are almost always SWs, Hudson (1990) has pointed out that there are rare exceptions: instead of being a SW, the complement of *go* (meaning 'produce a perceptible stimulus') can be a vocal sound or, less typically, a nonvocal sound or a corporeal movement:

(1) She went [speaker does wolf whistle/clicks fingers/pulls a face]

A somewhat less rare example of the same phenomenon is perhaps direct speech. In *"I am likely to be late", said she,* it is clear that *"I am likely to be late"* is, in its entirety, the complement of said, and consists of six MWs, but it is not clear whether it is a single SW, or a group of six SWs, or, like the complement of *went* in (1), some other kind of entity not constituted of SWs at all.

2.3.2. 'Lurking' words

Various evidence suggests that some 'lurking' SWs have some properties of ordinary SWs but lack others, including having an enunciation. Just one piece of this evidence will be presented here. According to WG, in the Italian (2a–b), (i) it is an idiosyncratic and unpredictable fact about lexemes FICO and PERA that their instances are masc(uline) and fem(inine) respectively; (ii) \fico\ and \pera\ are complement of \quest-\, and \quest-\ is subject of \essere\ and \matur-\; (iii) the ending of the enunciation of \quest-\ is determined by whether the complement of \quest-\ is masc or fem, and the ending of the enunciation of \matur-\ is determined by whether its subject (or its subject's complement) is masc or fem.

(2a)
\quest-\ \fico\ \essere\ \matur-\
/Questo fico/ /è/ /maturo/

"This fig is ripe"

(2b)
\quest-\ \pera\ \essere\ \matur-\
/Questa pera/ /è/ /matura/

"This pear is ripe"

In (3–5), /fico/ and /pera/ are absent, and in (5a–b) /questo/ and /questa/ are absent, yet the endings of the enunciations of \quest\ in (3a–b), and of \matur\ are unaffected. One way of accounting for this is to assume that 'lurking' enunciationless \quest\ and \matur\ are present in (3–5). In this case, the morphophonological agreement in (3–5) would have the same explanation as that in (2).

(3a)
\quest-\ \fico\ \essere\ \matur-\
/Questo/ /è/ /maturo/

"This [fig] is ripe"

(3b)
\quest-\ \pera\ \essere\ \matur-\
/Questa/ /è/ /matura/

"This [pear] is ripe"

(4a)
\quest-\ \fico\ \essere\ \matur-\
/Quest'è/ /maturo/

"This [fig] is ripe"

(4b)
\quest-\ \pera\ \essere\ \matur-\
/Quest'è/ /matura/

"This [pear] is ripe"

(5a)
\quest-\ \fico\ \essere\ \matur-\
/È/ /maturo/

"This [fig] is ripe"

(5b)
\quest-\ \pera\ \essere\ \matur-\
/È/ /matura/

"This [pear] is ripe"

3. Syntactix lexemes, morphophonological lexemes, and lexical items

It is necessary to distinguish a notion of *morphophonological lexeme* (ML) from *syntactic lexeme* (SL). However, to every ML there corresponds exactly one SL, and vice versa, so we can define *lexical item* (LI) as a ML–SL pair. Thus LI GO is a pairing of SL \GO\, which is a class of SWs, and ML /GO/, which is a class of the morphophonological shapes /go, goes, going, gone, went/. These shapes are SWs' signatures.

3.1. Syntactic lexemes

A Word Grammar is built around a single taxonomic hierarchy whose nodes are various classes of SW and whose root is *English-word/Hungarian-word*/etc. Two kinds of class of SW are primitives of the grammar: part-of-speech (PoS) classes like Noun and Verb, and *morphosyntactic* (MS) classes like Plural and Preterite. SLs are definable in terms of MLs: \GO\ is the class of SWs whose signature is an instance of /GO/.

3.1.1. Sublexemes of SLs

The constraints that instances of a given SL are subject to can be disjunctive. For example, instances of \THIS\ can be either singular or plural, instances of \EAT\ can be transitive or intransitive, and instances of \BECOME\ can have a nominal or adjectival complement. On the basis of these disjunctions, SLs can therefore be subclassified into sublexemes. It is permissible for rules to apply not to all instances of a given SL but just to instances of one of its sublexemes. For example, it is only to intransitive instances of \WANT\ that infinitival \to\ can cliticize (*Who do you wanna get hold of?*, **Who do you wanna get hold of you?*), and only perfect instances of \BE\ can have prepositional \to\ as a complement and have the sense 'have visited' (as in *She has been to Rimini*).

Rules of grammar are rules that attribute properties to the instances of the various SW classes (PoS classes, MS classes, SLs, SLs' sublexemes); a sentence is grammatical if each SW's requirements are satisfied.

3.1.2. 'The Lexicon' as (not) opposed to 'the Grammar'

If 'the lexicon' is a catalogue of information about LIs, and 'the grammar' is a body of rules for building sentences, then in WG the distinction between them has no value. All rules are ultimately well-formedness constraints on SWs, and no special status is given to the subsets of these rules that pertain specifically to LIs on the one hand and to syntactic dependencies on the other. This conception of the macrogrammar has been dubbed *panlexicalist* (Hudson 1981). It must be emphasized that to the extent that *lexicalism* implies a privileged role for LIs, WG is antilexicalist; rather, WG's brand of lexicalism privileges SWs.

Because syntactic properties belong only to SWs, there can be no *lexical rules* altering syntactic properties of SLs or their sublexemes. For example, there is no such thing as a transitive SL; there are only SLs with transitive instances. So there could be no lexical rule of intransitivization (cf. Bresnan 1982a, 1982b) deriving an intransitive SL from a transitive one. The WG equivalent would be a rule stating that a SL with transitive instances also has intransitive instances, or, equivalently, that a SL with transitive instances will contain a subclass with intransitive instances. There is thus no counterpart to Transformational Grammarís distinction between derivation *in the grammar* (affecting SWs, as with e.g. Keyser & Roeper's (1984) Middles) and *in the lexicon* (affecting SLs, as with e.g. Keyser & Roeper's (1984) Ergatives and Fagan's (1988) Middles).

3.2. Morphophonological lexemes

3.2.1. The necessity of MLs

The need for MLs is not immediately apparent; at first sight, it would seem that the simplest way to deal with morphophonological shapes like /go/, /went/ is to associate each one directly with the appropriate subclass of \GO\, by means of rules like "The signature of preterite instances of \GO\ is /went/". But this cannot be correct, for it fails to predict that the signature of preterite instances of the entirely separate SL \UNDERGO\ is /underwent/ rather than the regular */undergoed/. A rule like "The signature of preterite instances of \UNDERGO\ is /underwent/" would make the shared suppletion look like mere coincidence.

It is this fact that irregular morphophonological paradigms can survice derivation (/undertook/, /overridden/, etc.) that makes MLs necessary. Instead of associating instances of SL \GO\ with /go/ by default and with /went/ when they are preterite, the signature of instances of SL \GO\ is simpley required to be an instance of ML /GO/. An instance of /GO/ will by default be /go/, but when it is morphological head of the signature of a preterite SW, it is /went/. The signature of SL \UNDERGO\ contains as its head an instance of /GO/; hence /underwent/, */undergoed/.

3.2.2. Syntactic criteria for recognizing MLs.

Instances of a ML are distinguished from one another by being signature of SWs with different syntactic properties. These properties are typically morphosyntactic (e.g. the present : preterite : perfect distinction among SWs correlates with /go(es)/ : /went/ : /gone/), but in other cases the syntactic basis for treating the different morphophonological shapes as instances of the same ML is more subtle. There are cases where two classes of SWs with different signatures seem, on syntactic grounds, to belong to the same SL, which then leads us to treat the different signatures as instances of the same ML. For example, the pattern of data in (6) suggests that \why\ and \because\ are instances of the same SL, \WHY\, whose associated ML, /WHY/, has as its instances /because/, which is signature of adverbial instances of \WHY\, and /why/, which is signature of the remaining instances of \WHY\.

(6) I wonder why/*because she danced.
I wonder where she danced.
I wonder when she danced.
the reason why/*because she danced
the place where she danced
the day when she danced
Because/*why she danced, there was a hush.
Where she danced, there was a hush.
When she danced, there was a hush.

The following, more complex illustration of the same point better gives the flavour of WG. In any environment where infinitival \for\ (as in *for her to leave*) can occur, infinitival \to\ (as in *to leave*) can occur; the distribution of \for\ is thus a subset of the distribution of \to\. This can be accounted for if \for\ and \to\ are instances of SL \FOR-TO\, with associated ML /FOR-TO/. To instances of \FOR-TO\ are attributed (i) the common distributional properties, (ii) the default signature /for/ and (iii) the object-raising valency of \for\. A subclass of this SL (i) inherit the common distributional properties, (ii) have the signature /to/, (iii) have subject-raising valency, and (iv) have additional distributional properties.

3.3. Distribution of properties between MLs and SWs

Which phonological, syntactic and semantic properties belong directly to SWs, and which are acquired from their associated MLs?

Phonological properties belong not to SWs but to SWs' signatures, which are instances of MLs. Conversely, only SWs belong to PoS and MS classes: the suffix /-ness/ does not convert an adjective into a noun; rather, it attaches to the signature of an adjective and produces the signature of a noun.

Only SWs enter into syntactic dependencies, yet MLs seem to play a role in determining SWs' valency. The fact that some valency patterns survive derivation (*intend/intention to resign, likely/ *likelihood to resign*) suggests that in such cases valency rules should have the form: "SWs whose signature is an instance of /INTEND/ or an instance of a ML derived from /INTEND/ (such as /INTENTION/) have an infinitival predicative complement", instead of the simpler and more intuitive form: "Instances of \INTEND\ have an infinitival predicative complement".

As for meaning, this involves a complex interaction of ML and SW properties. Only SWs have reference, and it is the meaning of SWs that serves as input to the interface with pragmatics and utterance interpretation. The meaning of a SW comes partly from its syntactic properties, and partly from the ML that its signature is an instance of. For example, take SW \peeled\ in *Sophy quickly peeled Edgar a grape*. The dictionary sense, 'remove peel' is associated with ML /PEEL/; this is apparent from the way the sense carries over to MLs derived from /PEEL/, such as /PEELER/. \peeled\ denotes an act of peel-removal, because it is required to denote an instance of the sense that is associated with the ML that the signature of \peeled\ is an instance of. Thus it is through the ML that the SW gets the lexical part of its meaning. The rest of the SW's meaning comes from its syntactic properties. Because \peeled\ is an instance of the MS class Preterite, it denotes a past event. Because *peeled*\ is ditransitive, it must denote an act of creation or preparation (among other possibilities; cf. Pinker 1991: 110ff.). Because *peeled*\ has an adjunct *quickly*\, it denotes an action done quickly. Because *Sophy*\, *Edgar*\ and *a book*\ are subject, indirect object and direct object, their referents are identified as agent, recipient and theme in the event. The combination of these different constraints is that *peeled*\ must denote a past event of Sophy preparing a grape for Edgar by quickly peeling it.

3.4. Distinguishing lexical items

How many lexical items (LIs) should we recognize? Parsimony dictates that their quantity should be kept to a minimum, so if a LI exhibits allomorphy or polysemy, we should therefore not posit subtypes of it distinguished from one another solely by possession of different senses or morphophonological forms (cf. Hudson 1995a: 38–40). The rule, then, would be that it takes at least two differences to make a distinction between LIs. Thus, say, CROAK 'die' and CROAK 'crocitate, coaxitate' might be different LIs because the former can also be transitive (cf. *He was out to croak a scagbaron from Vegas*). COOK 'prepare food' and COOK 'chef' are separate LIs because there is a distinction in both sense and PoS. But noun WALK and verb WALK might be considered the same LI because there is only a PoS distinction.

Yet the evidence suggests that polysemy and allomorphy may both give rise to further differences; that is, one distinctive property becomes a magnet where further distinctive properties accrue. For example, the comparative and superlative of *bad* meaning 'good' are *badder*, *baddest* rather than *worse*, *worst*; and the plural of *mouse*, 'computer's pointing device', can be *mouses* rather than *mice*. For some speakers, óffensive is specialized with the meaning 'attacking' (with antonym *defensive*), while offénsive means 'offending' (with antonym *inoffensive*); likewise, *indices* is plural of *index*, 'identifying marker', while *indexes* is plural of *index*, 'list of key notions and pages where they are discussed'. Through a diachronic process of *exaptation* (Lass 1990), morphophonological free variants can become contrastive: for example, Quirk (1970) has demonstrated that the alternation in some preterites' signatures, such as *knelt*/*kneeled*, *spilt*/*spilled*, have acquired a perfective/imperfective contrast in their meaning.

The lesson seems to be that, given variation in even one dimension of a LI's properties, we should expect variation in other dimensions to appear and, counter to the dictates of parsimony, we should therefore see variation in even a single dimension as sufficient basis for positing distinct LIs.

However, WG nonetheless has the ability to treat LIs as distinct but related. The relatedness pertains to MLs, on the basis of which LIs are defined. One sort of relationship is established by derivational morphology (including zero-derivation), whereby instances of one ML contain instances of another. Thus instances of $/COOK/_{noun}$ and /COOKER/ might both derive from – and hence contain – instances of $/COOK/_{verb}$.

Another, nonderivational, sort of relationship involves classes of MLs. The advantage of this is that the shared properties need be stated only once, being attributed to the instances of the ML class. For example, $CROAK_{generic}$ can be defined as the class containing MLs $/CROAK/_{die}$ and $/CROAK/_{noise}$. The distinct senses of these MLs would be attributed to them in separate rules, but the shared phonological properties could be attributed to them in a generalized rule: Instances of $CROAK_{generic}$ have the shape /croak/. Note that $CROAK_{generic}$ cannot itself be a ML. This is because it has no corresponding SL, for no SW has a signature that is merely an instance of senseless $CROAK_{generic}$, and because derived MLs like /CROAKFEST/ must contain an instance not merely of sense-less $CROAK_{generic}$, but rather an instance of $/CROAK/_{die}$ or $/CROAK/_{noise}$.

An alternative nonderivatinal relationship whereby one ML is a subtype of another must be rejected. If, say, $/CROAK/_{die}$ were a subtype of $/CROAK/_{noise}$, this would wrongly predict that a derivative of $/CROAK/_{noise}$, e.g. /CROAKFEST/, could have the sense 'death or crocitation fest'.

3.5. Word-Grammatic lexicography

If a dictionary is a collection of entries, and a dictionary entry is a description of a lexical item, what would a dictionary on WG principles be like? Though Hudson (1995b) addresses this very question, WG's answer remains sketchy, since WG sees no theoretical need to abstract information about LIs from the rest of the grammar.

The dictionary would contain one entry per LI, giving information about both the ML and the SL that together define the LI. Entries would not be in an unstructured list but rather would be grouped together hierarchically according to any ML classes to which the MLs belong. Generalizable information would be stated at the level of the ML class rather than the individual entry. For MLs, the dictionary would give information about their sense, and about the morphological composition and phonological and orthographic shape of their instances, including any inflectional irregularities or suppletion. For SLs, there would be information about the PoS classes to which the SLs' instances belong. For some SLs, there should also be some specification of their instances' valency: Hudson et al. (1996), while accepting that many valency properties aren't contingent on the identity of the SL, argue that there is nonetheless a residue that is.

4. Literature (a selection)

Automating the lexicon, I. (ed. D. Walker). Oxford: Oxford University Press. (1995).

Bloomfield, Leonard (1914): *Introduction to the study of language*. New York: Henry Holt and Company.

–, (1933): *Language*. New York: Holt, Rinehart and Winston.

Bresnan, Joan (1982a): The passive in lexical theory. In: The mental representation of grammatical relations, 3–86.

–, (1982b): Polyadicity. In: The mental representation of grammatical relations, 149–172.

Fagan, S. M. B. (1988): The English Middle. In: *Linguistic Inquiry* 19, 181–203.

Hudson, Richard A. (1981): A second attack on constituency: A reply to Dahl. In: *Linguistics* 18, 489–504.

–, (1981): Panlexicalism. In: *Journal of literary semantics* 10, 67–78.

–, (1984): *Word Grammar*. Oxford: Blackwell.

–, (1990): *English Word Grammar*. Oxford: Blackwell.

–, (1995a): *Word meaning*. London: Routledge.

–, (1955b): Identifying linguistic foundations for lexical research and dictionary design. In: *Automating the lexicon, I*, 21–51.

Hudson, Richard; Andrew Rosta; J. Holmes; N. Gisborne (1996): Synonyms and syntax. In: *Journal of Linguistics* 32, 439–446.

Katz, Jerrold; Paul M. Postal (1991): Realism vs. conceptualism in linguistics. In: *Linguistics and Philosophy* 14, 515–554.

Keyser, Samuel J.; Thomas Roeper (1984): On the Middle and Ergative constructions in English. In: *Linguistic Inquiry* 15, 381–416.

Lass, R. (1990): How to do things with junk: exaptation in linguistic evolution. In: *Journal of Linguistics* 26, 79–102.

Matthews, Peter H. (1972): *Inflectional morphology*. Cambridge: Cambridge University Press.

–, (1981): *Syntax*. Cambridge: Cambridge University Press.

Percival, W. K. (1976): On the historical source of immediate constituent analysis. In: *Syntax and semantics, 7: Notes from the linguistic underground*, 229–242.

Pinker, Stephen (1989): *Learnability and cognition*. Cambridge, Massachusetts: MIT Press.

Quirk, Randdolph (1970): Aspect and variant inflexion in English verbs. In: *Language* 46, 300–311.

Robins, Robert H. (1959): In defence of WP. In: *Transactions of the Philological Society*, 116–144.

Rosta, Andrew (1997): English syntax and Word Grammar theory. University of London Ph. D. thesis.

Sadock, J. (1991): *Autolexical syntax*. Chicago: University of Chicago Press.

Sagey, E. (1988): On the ill-formedness of crossing association lines. In: *Linguistic Inquiry* 19, 109–118.

Syntax and semantics, 7: Notes from the linguistic underground. (ed. J. D. McCawley). London: Academic Press. (1976).

Tésniere, Lucien (1959): *Eléments de syntaxe structurale*. Paris: Klincksieck.

The mental representation of grammatical relations. (ed. J. Bresnan). Cambridge, Massachusetts: MIT Press. (1982).

*Andrew Rosta,
Preston (United Kingdom)*

23. Das Wort in textgrammatischen Ansätzen

1. Wort und Textsyntax
2. Der Einfluss von Wörtern auf Kohärenz und semantische Akzeptabilität
3. Dynamische Wortsemantik: Wortbedeutung im Text
4. Literatur in Auswahl

Textgrammatiken, die einen ähnlichen Standard wie Satzgrammatiken erreichen, sind in der Linguistik bislang nicht entwickelt worden. Auch wird der Status von Wörtern für textgrammatische Fragestellungen nicht als eigenständiges Thema abgehandelt. Wohl aber untersucht man Phänomene, die in ihren syntaktischen und semantischen Auswirkungen auch Wörter betreffen. Insofern soll der folgende Beitrag Forschungsergebnisse zum Thema „Wort und Text" aus lexikologischer Perspektive auswerten und neu strukturieren. Dabei wird auf Fragestellungen aus Textlinguistik (vgl. Vater 1992), Gesprächsanalyse (vgl. Brinker & Sager 1989) und Dynamischer Semantik (vgl. Kindt 1985) eingegangen.

1. Wort und Textsyntax

Geschriebene oder gesprochene Texte bilden Makroeinheiten natürlichsprachiger Kommunikation, sie stellen im Normalfall Folgen von Sätzen dar (vgl. Kindt 1994, 27), und innerhalb von Sätzen sind Wörter als Einheiten abgrenzbar. Unter diesen drei Voraussetzungen kann man zunächst feststellen, dass in gesprochenen Texten Segmente vorkommen, die Wortstatus haben, aber in Lexika nur unvollständig dokumentiert sind. Dies betrifft einerseits Diskurspartikeln wie z. B. das Hesitationssignal *äh* oder das Rezeptionssignal *hm* und andererseits Ideophone (Lautnachahmungen), also z. B. *plopp*. Diskurspartikeln und Ideophone werden häufig als Interjektionen eingestuft. Die in dieser Kategorie zusammengefassten Wortarten haben aber einen sehr unterschiedlichen grammatischen Status. Teils werden sie in adverbialer Funktion verwendet (z. B. das Ideophon in *und pfff ging die ganze Luft gleich mit raus*), teils wirken sie satzexpandierend und dialogorganisierend (z. B. die Fragepartikel *ne*), teils können sie satzwertig gebraucht werden (z. B. *pst* als Aufforderung, still zu sein), und teils gliedern sie Texte (s. u.).

Außer einer Lexikonerweiterung muss man also die textsyntaktische Funktion einiger Wortarten präziser bestimmen. Ein-Wort-Sätze oder Ein-Wort-Texte können nicht nur mit Interjektionen gebildet werden. Schon Bloomfield (1926, 158) nannte im Bereich von Nomina das Beispiel *Fire!*. Potentiell satzbildende Wörter sind aber auch (vokativisch verwendete) Eigennamen und handlungsthematisierende Komparative wie in *Schneller!*. Konjunktionen wie *denn* und *folglich* fungieren im Deutschen in der Satzanfangsposition als Verknüpfungszeichen, mit dem sich zwei selbstständige Sätze zu einer zweigliedrigen Satzfolge zusammenfügen lassen. Demgegenüber haben Gliederungssignale (z. B. *erstens/zweitens*) die Funktion, bestimmte Textteile voneinander abzugrenzen. Sie lassen sich unterteilen in Anfangs- und Endsignale und sind im Normalfall am Anfang bzw. Ende des betreffenden Textabschnitts positioniert. Gliederungssignale bilden in der gesprochenen Sprache ein Pendant zur Untergliederung schriftlicher Texte durch Absatz- und Abschnittbildung, und sie setzen sich evtl. (je nach Hierarchiestufe) aus mehreren Wörtern zusammen (vgl. Kindt 1993, 160 ff.). Z. B. wird für die Gliederung von mündlichen Erzählungen als Anfangssignal häufig die Kombinaton *ja und dann* benutzt. Allerdings gibt es keine vollständig kontextunabhängige Wortklassenunterteilung in einerseits Verknüpfungs- und Gliederungssignale und andererseits in Anfangs- und Endsignale. So bildet die folgerungsanzeigende Konjunktion *also* auch ein typisches Anfangssignal in mündlichen Texten (z. B. in *Also wir bauen jetzt ein schönes kleines Flugzeug*). Und teilweise verliert die Konjunktion *und* im Gliederungssignal *ja und dann* ihre Verknüpfungsfunktion. Umgekehrt ist *ja* primär ein Endsignal mit der Funktion der Bestätigung; wenn *ja* aber nach einer Äußerungspause am Anfang des folgenden Satzes steht, dann wird kein Bezug mehr zum Vorgängersatz hergestellt, und so ist es kommunikativ ökonomisch, *ja* in diesem Fall als Anfangssignal zu verwenden.

Syntaktische Wohlgeformtheit spielt auf Textebene nur eine untergeordnete Rolle. Z. B. kann man *Zweitens ist Hans krank. Erstens hat Karl keine Zeit.* wegen falscher Reihenfolge der Gliederungssignale als wortbedingt nicht wohlgeformt einstufen. Syntaktische Unvollständigkeit liegt demgegenüber z. B. vor, wenn eine Satzfolge mit *Erstens* beginnt, aber kein mit *Zweitens* eingeleiteter Satz folgt.

2. Der Einfluss von Wörtern auf Kohärenz und semantische Akzeptabilität

Eine für Texte typische semantische Eigenschaft ist ihre Kohärenz, d. h. dass ein deutlich erkennbarer Bedeutungszusammenhang zwischen benachbarten Sätzen oder Textteilen besteht. Kohärenz kann man formal mit Kohäsionsverfahren, also durch syntaktische Verknüpfungsmittel herstellen. Das wichtigste durch Wörter realisierte Kohäsionsmittel bilden Konjunktionen. Weniger bekannt ist demgegenüber die kohäsive Wirkung rhetorischer Figuren durch Wiederholung oder Kontrastierung (prosodisch oder syntaktisch) hervorgehobener Wörter, die ggf. zusätzlich in parallel strukturierten, benachbarten Sätzen an gleicher Position vorkommen. Beispiele hierfür sind das Sprichwort *Ende gut. Alles gut.* (Epipher) und der bekannte Ausruf *Friede den Hütten! Krieg den Palästen!* (Antithese). Ellipsenbildung stellt aber nicht generell ein textuelles Kohäsionsmittel dar. Auf zwei Sprecher verteilte Adjazenzellipsen wie z. B. *Oskar kommt heute. – Gerhard nicht.*, die häufig als textkohäsiv eingestuft werden (vgl. Vater 1992, 35), bilden wegen ihrer grammatischen Abhängigkeit keine zweigliedrige Satzfolge (vgl. Kindt 1994, 41) und sind deshalb kein Beleg für eine Textkohäsion.

Kohärenz kann auch durch Ausnutzung von Standardbeziehungen zwischen Wortbedeutungen hergestellt werden. Z. B. ergibt sich in *Gestern besichtigten wir den Kölner Dom. Der Turm ist 160 Meter hoch.* der Referent für *der Turm* aus dem Referenten für *den Kölner Dom* auf Grund der Tatsache, dass zu den Gebäudeteilen eines Doms im Normalfall auch ein Turm gehört (Teil-Ganze-Relation). Einen weiteren Fall von Kohärenz bilden Pronomina und Pronominaladverbien, sofern für deren Interpretation ein textuell verfügbarer Referent gewählt wird. Diese Verfügbarkeit kann auch auf einer bloß funktionalen Koreferenz (sloppy identity) basieren, wie z. B. bei der Interpretation des Pronomens *ihn* in *Maria hat schon zweimal ihren Haustürschlüssel verloren. Claudia hat ihn noch nie verloren.* Den Einsatz von Proformen stufen viele Autoren als Kohäsionsmittel ein. Dies ist aber nicht ganz korrekt, weil auch rein deiktische Verwendungen wie in *Er ist Lehrer, nein Jurist. Er ist Lehrer.* (dabei zeigt der Sprecher auf zwei verschiedene Personen) möglich sind. Somit wirken Proformen nur bei vorausgehender semantischer Entscheidung für eine Koreferenzlesart kohäsiv.

Wegen der Konzentration auf die Betrachtung von Kohärenz ist in der Textlinguistik unberücksichtigt geblieben, dass es an bestimmten Textstellen umgekehrt darum gehen kann, semantische 'Diskontinuität' herzustellen. Aus verarbeitungsökonomischen und gedächtnispsychologischen Gründen ist es nämlich notwendig, die Reichweite möglicher Kontexteinflüsse einzuschränken. Gliederungssignale haben eine semantische Trennfunktion: Sie wirken dekontextualisierend und setzen lokal das Prinzip außer Kraft, aufeinander folgende Sätze maximal kohärent zu interpretieren. Z. B. wird durch die Gliederungssignale in *Hans kommt also heute nicht, okay. So, ich schlage vor, den Tagesordnungspunkt 4 zu verschieben.* eine Interpretation ohne Kausalzusammenhang gefördert.

Neben Kohärenz gibt es noch andere wichtige semantische Akzeptabilitätskriterien. Grundsätzlich muss man vier verschiedene Arten von Verständigungserwartungen an Texte voneinander unterscheiden, nämlich Korrektheits-, Vollständigkeits-, Relevanz- und Angemessenheitserwartungen (vgl. Kindt 1998). Nachfolgend sollen noch einige semantische Erwartungen angesprochen werden (vgl. auch Cruse 1986, 12 f.). Die Rolle von Relevanzerwartungen demonstriert das Beispiel *Arthur besucht seine Mutter. Sie ist eine Lehrerin.* Wenn hier das Wort *Lehrerin* durch *Frau* ersetzt wird, dann entsteht ein Text, der eine irrelevante, weil bereits inferierbare Information wiederholt. Wortersetzungen können sich auch negativ auf die sachliche Korrektheit eines Textes auswirken. Z. B. entsteht aus der richtigen Information *Die Stadt Köln liegt am Rhein. Sie besitzt einen berühmten Dom.* eine falsche, wenn man *Köln* durch *Bonn* ersetzt. In ähnlicher Weise lassen sich mögliche oder wahrscheinliche in unwahrscheinliche, unmögliche oder logisch inkonsistente Sachverhalte überführen. Diese Erkenntnis wäre lexikologisch nicht übermäßig interessant, wenn sie nicht folgende Konsequenzen hätte. Erstens resultiert aus ihr eine Erklärung, warum lexikalische Standardbedeutungen von Wörtern in Texten häufig erheblich modifiziert werden (vgl. Abschnitt 3). Zweitens ergibt sich eine Methodik zur Ermittlung von Wortbedeutungen. Kommunikationsteilnehmer können semantische Urteile der genannten Art fällen und wenden zur Klärung von Wortbedeutungen selbst Inferenzüberprüfungsverfahren an (vgl. Kindt 1985, 136). Eines dieser Verfahren ist die Widerspruchserklärung wie in folgendem Dialogbeispiel. *Nicht über dieses Thema zu sprechen ist eine Konvention bei uns. – Aber das habt ihr doch nie vereinbart. – Nein, das hat sich so ergeben.* Hier wird interaktiv ausgehandelt, dass EXPLIZIT VEREINBART kein notwendiges semantisches Merkmal des Konventionsbegriffs sein soll. Genau solche Aushandlungsprozesse liefern die verständigungstheoretische Grundlage semantischer Methoden wie dem bekannten *Aber*-Test (vgl. Cruse 1986, 17).

3. Dynamische Wortsemantik: Wortbedeutung im Text

Eine in der linguistischen Semantik weit verbreitete Auffassung besagt, primäres Untersuchungsziel sei und solle sein, die lexikalischen Bedeutungen von Wörtern zu erforschen, und es gehe nicht um die in Äußerungen aktuell angenommenen Bedeutungen (vgl. Schwarz/ Chur 1996, 15). Mit einer solchen Einschränkung verzichtet man auf die Behandlung eines besonders interessanten und praxisrelevanten Phänomenbereichs. Aktuelle Wortbedeutungen weichen in vielfältiger und nur dynamisch zu erklärender Weise von den zugrunde liegenden lexikalischen Standardbedeutungen ab (vgl. Kindt 1981, 1985). Beispielsweise haben Kommunikationsteilnehmer zumeist keine Schwierigkeiten, ein Wort wie *Mutter* in der Bedeutung von *Schraube* zu verwenden bzw. referentiell umzuinterpretieren (Originalbeleg *So und daneben drehst du jetzt auch so eine gelbe Mutter rein*); dieses Phänomen beschrieb schon Donnellan (1966).

Semiotische Grundlage der Dynamischen Semantik kann nicht der bilaterale Zeichenbegriff von de Saussure sein. Vielmehr muss man davon ausgehen, dass die Zuordnung zwischen Wörtern als materialen Gegebenheiten und Bedeutungen gleich welchen semantischen Typs aktualgenetisch durch das Verarbeitungssystem von Kommunikationsteilnehmern vollzogen wird. Verständigung zwischen Kommunikationspartnern gelingt dann, wenn die jeweiligen Zuordnungsleistungen hinreichend ähnlich sind (Kindt 1998). In diesem theoretischen Rahmen sind dann folgende Fragen zu beantworten. Welche Bedeutung wird einem Wort in einem vorliegenden Text an einer Vorkommensstelle aufgrund welcher Kontexteinflüsse zugeordnet? Wie lange bleibt diese Zuordnung im Verarbeitungssystem stabil? Und in welchem Verhältnis steht die zugeordnete Bedeutung zu den Standardbedeutungen des Wortes? Diese Fragen können nachfolgend nur exemplarisch diskutiert werden.

Standardbedeutungen ergeben sich als diejenigen Bedeutungen, die Verarbeitungssysteme im neutralen inneren Ausgangszustand und bei Fehlen oder Nichtberücksichtigung von Außeninformationen zuordnen. Davon ausgehend ist zu untersuchen, welche semantischen Auswirkungen bei welchen Wortarten möglich sind. Grundsätzlich lassen sich drei Typen semantischer Effekte voneinander unterscheiden: Entweder wird von mehreren möglichen Standardbedeutungen eines Wortes eine ausgewählt, oder eine Standardbedeutung wird modifiziert, oder es wird eine neue Bedeutung konstituiert. Pauschal gesagt liegt bei Funktionswörtern im Wesentlichen der erste Fall vor, während bei Inhaltswörtern alle drei Möglichkeiten vorkommen. Einen Sonderfall bilden Proformen, weil deren referentieller Bedeutungsanteil immer neu konstituiert wird.

Bei der Frage nach der Stabilität von Bedeutungszuordnungen sind zwei Sachverhalte voneinander zu unterscheiden. Die Bedeutung, die ein Wort an einer speziellen Vorkommensstelle einer Äußerung erhält, muss schon aus verständigungsökonomischen Gründen sehr stabil sein, und normalerweise sind retrospektive Bedeutungsänderungen nur im Nahkontext möglich. Trotzdem kann ein in einer Äußerung mehrfach vorkommendes Wort evtl. unterschiedlich interpretiert werden (z. B. in *In der Bank setzte sich Karl auf eine Bank*). Natürlich ist eine erneute Bedeutungswahl nicht stets völlig unabhängig von der vorhergehenden Interpretation, und deshalb kann eine abweichende oder neue Bedeutung auch über den gesamten Verlauf einer Kommunikation Bestand haben. Dies gilt etwa für Ad-hoc-Komposita (vgl. Wildgen 1982), genauso aber für abweichende Wortverwendungen wie im obigen *Mutter*-Beispiel, wenn die Kommunikationsteilnehmer durch Verständigungskoordination eine entsprechende Bedeutungszuordnung stabilisieren. Explizite Bedeutungsdefinitionen schließlich haben einen besonders hohen Verbindlichkeitsgrad.

Erklärungswürdig bei neuen und abweichenden Bedeutungen ist vor allem, wie Verständigung über sie hergestellt werden kann. Ein erster, entscheidender Faktor hierfür beruht darauf, dass der Spielraum für derartige Bedeutungszuordnungen durch vorgegebene Konstruktionsmodelle eingeschränkt ist. Es gibt nämlich ein begrenztes Repertoire solcher Modelle, die im Einzelfall nur 'nachgebaut' werden müssen. Auch wenn man das Kompositum *Seetangsuppe* noch nie gehört hat, kann man es ggf. ausreichend verstehen, wenn man das Bedeutungsmodell „Erstwort gibt wesentlichen Bestandteil des mit Zweitwort Bezeichneten" anwendet. Wichtige Vorbilder für Bedeutungskonstruktionen liefern außerdem die aus der Rhetorik bekannten Modelle (z. B. *pars pro toto*) und bestimmte Aspektualisierungen wie z. B. „Universität als Organisation vs. als Gebäude" (vgl. Rickheit 1993, 166).

Der Suchraum für die Wahl einer kontextangemessenen Bedeutung wird durch einen zweiten Faktor eingeschränkt, nämlich durch bestimmte Randbedingungen. Der jeweilige Referenzraum mit seinen Objekten und deren Eigenschaften schließt von vornherein bestimmte Interpretationsmöglichkeiten aus. Z. B. kann das Pronomen *er* nur auf ein Objekt referieren, das momentan im Wahrnehmungsfokus steht. Grammatische und stilistische Kollokationsbeschränkungen kommen hinzu. Der Faktor „Randbedingung" ist allerdings immer im Zusammenhang mit einem dritten Faktor zu sehen, nämlich den in Abschnitt 2 diskutierten Erwartungen. Wenn eine Schraube fälschlicherweise als Mutter bezeichnet wird, dann legitimiert die Randbedingung, dass als Referenzobjekt ohnehin nur eine Schraube in Frage kommt, nur eine abweichende Interpretation von *Mutter*, sofern man unterstellt, dass eine sachlich korrekte Aussage gemeint war.

Insgesamt ist davon auszugehen, dass Bedeutungsentscheidungen durch Inferenzprozesse bei der Sprachverarbeitung zustande kommen (vgl. Kindt 1997), die maßgeblich über den drei genannten Faktoren operieren. Dabei kann der Umstand, dass bei Wahl von Standardbedeutungen eine zugrunde liegende Erwartung nicht erfüllt ist, im Prinzip bei verschiedenen Wörtern alternativ oder gleichzeitig Interpretationsänderungen nahe legen. Der erste Fall lässt sich an Sätzen wie *Arthur besuche heute einen Club für verheiratete Junggesellen* veranschaulichen. Die Erwartung, dass ein korrekter Sachverhalt gemeint ist, könnte einerseits zu einer Uminterpretation für *Junggeselle* entsprechend der Paraphrase *Mann mit typischem Junggesellenverhalten* führen, andererseits aber auch zu einer Uminterpretation für *verheiratet* im Sinne von *mit einem bestimmten Hobby verheiratet*. Der zweite Fall liegt z. B. bei dem Antialkoholikerspruch. *Nur Flaschen müssen immer voll sein* vor. Hier ergeben sich für den unspezifischen Kontext durch die starke Einschränkung der Aussage mit *nur* bei zwei Wörtern Interpretationsverschiebungen (*Nur Schwächlinge müssen immer betrunken sein*).

Die genannten drei Faktoren reichen allerdings noch nicht aus, um die empirisch zu beobachtenden Bedeutungsentscheidungen in jedem Fall eindeutig zu erklären. Dies wird u. a. am letzten Beispiel deutlich. Es ist nämlich zunächst nicht genau erkennbar, warum hier im unspezifischen Kontext die Interpretation mit den Nichtstandardbedeutungen bevorzugt wird, während man für speziellere Kontexte automatisch die Lesart mit den wörtlichen Bedeutungen wählt. Ein solcher Kontext ist z. B. gegeben durch: Zwei Arbeiter stehen an einer Abfüllanlage für Dosenbier und der eine sagt *Nur Flaschen müssen immer voll sein*. Neuere Untersuchungen über die Verknüpfungsmechanismen von Interpretationsprozessen (Kindt 2001) zeigen aber, dass sich der Aufbau von Bedeutungsstrukturen zusätzlich nach bestimmten universellen Strukturbildungsprinzipien vollzieht, die im Übrigen in der Wahrnehmungspsychologie als Gestaltgesetze bekannt sind (vgl. etwa Legewie/Ehlers 1992). Beispielsweise lässt sich eine Abänderung der Standardinterpretation von *Junggeselle* gemäß der Paraphrase *Mann mit typischem Junggesellenverhalten* auf eine Anwendung des Prinzips der Ähnlichkeit zurückführen und bei dem Antialkoholikerspruch ist im Sinne der Prinzipien der Nähe und der guten Fortsetzung offensichtlich eine besonders leichte Anschließbarkeit des formulierten Sachverhalts an bestimmte Alltagssituationen gegeben. Um die zugrunde liegenden Entscheidungsprozesse im Detail rekonstruieren zu können, bedarf es allerdings noch einer wesentlichen Weiterentwicklung der Dynamischen Semantik.

4. Literatur in Auswahl

de Beaugrande, Robert-A. (1980): *Text, discourse and process*. London: Longman.

Bloomfield, Leonard (1926): A set of postulates for the science of language. In: *Language* 2, 153–164.

Brinker, Klaus; Sven F. Sager (1989): *Linguistische Gesprächsanalyse*. Berlin: Schmidt.

Cruse, D. Alan: (1986): *Lexical Semantics*. Cambridge: CUP.

Donellan, Keith S. (1966): Reference and definite descriptions. In: Philosophical Reviews 75, 281–304.

Duncan, Stavkey (1973): Toward a grammar for dyadic conversation. In: *Semiotica* 9, 29–46.

Focus and coherence in discourse processing (eds. Gert Rickheit; Christopher Habel). Berlin: de Gruyter 1995.

Kindt, Walther (1981): Word semantics and conversational analysis. In: *Words, worlds and contexts: New approaches in word semantics* (eds. Hans-Jürgen Eikmeyer; Hannes Rieser). Berlin: de Gruyter 1981, 500–509.

–, (1985): Dynamische Semantik. In: *Dynamik in der Bedeutungskonstitution* (Hrsg. Burkhard Rieger). Hamburg: Buske 1985, 95–162.

–, (1993): Struktur, Funktion und Dynamik von Erzählungen. In: *Kultureller Wandel und die Germanistik in der Bundesrepublik* (Hrsg. Johannes Janota). Bd. 1. Tübingen: Niemeyer 1993, 151–166.

–, (1997): Zu Theorie und Empirie der Inferenzforschung. In: *Methodologische Aspekte der Semantikforschung* (Hrsg. Inge Pohl). Frankfurt a. M.: Lang 1997, 35–59.

–, (1998): Konzeptuelle Grundlagen einer Theorie der Verständigungsprobleme. In: *Verständigungsprobleme und gestörte Kommunikation* (Hrsg. Reinhard Fiehler). Opladen: Westdeutscher Verlag 1998.

–, (2001): Syntax und Pragmatik: Eine zu entdeckende Verwandtschaft. Erscheint in: *Pragmatische Syntax* (Hrsg. Franz Hundsnurscher; Frank Liedtke). Tübingen: Niemeyer Verlag.

Legewie, Heiner; Wolfram Ehlers (1992): *Knaurs moderne Psychologie*. München: Droemer Knaur.

Rickheit, Mechthild (1993): *Wortbildung: Grundlagen einer kognitiven Wortsemantik*. Opladen: Westdeutscher Verlag.

Schwarz, Monika; Jeanette Chur (1996): *Semantik: Ein Arbeitsbuch*. 2. Aufl. Tübingen: Narr.

Stubbs, Monika (1983): *Discourse analysis: The sociolinguistic and logic of natural language*. Oxford: Blackwell.

Vater, Heinz (1992): *Einführung in die Textlinguistik*. München: Fink.

Wildgen, Wolfgang (1982): Zur Dynamik lokaler Kompositionsprozesse. In: *Folia Linguistica* XVI (1–4), 297–344.

*Walther Kindt, Bielefeld
(Deutschland)*

24. Wortbedeutung in Theorien sprachlichen Handelns

1. Grundfragen
2. Bedeutung als Beitrag eines Wortes zum Handlungspotential eines Satzes
3. Sprachliche Handlungen und Teilhandlungen
4. Wahrheitsbedingungen und Bedingungen für sprachliche Handlungen
5. Die dialogische Basis von Bedingungen für sprachliche Handlungen
6. Handlungszusammenhänge und semantische Relationen
7. Kommunikative Aufgaben und grammatisch-lexikalische Mittel
8. Aspekte der semantischen Beschreibung von lexikalischen Einheiten
9. Literatur in Auswahl

1. Grundfragen

1.1. Handlungstheoretische Semantik

Den semantischen Teil von Theorien sprachlichen Handelns kann man als handlungstheoretische Semantik bezeichnen. Die handlungstheoretische Semantik beruht im Wesentlichen auf Wittgensteins Auffassung von der Bedeutung sprachlicher Ausdrücke (der sog. Gebrauchstheorie) und der von Grice und anderen entwickelten intentionalen Semantik (vgl. Grice 1989, Meggle 1987). Zusammenhängende Darstellungen der handlungstheoretischen Semantik finden sich bei Keller (1995) und Gloning (1996). Letzterer behandelt auch die wichtigsten Varianten dieses Theorietyps, zu denen beispielsweise auch die verschiedenen Versionen der Sprechakttheorie gehören.

Einer der Klassiker der Sprechakttheorie trägt den Titel „How to do things with words" (Austin 1962). Dieser Titel scheint nahezulegen, dass für Theorien sprachlichen Handelns der Wortbegriff eine grundlegende Rolle spielt. Das ist aber nicht der Fall, wie wir schon auf der ersten Seite von Austins Buch und beispielsweise auch in Searles Darstellung der Sprechakttheorie sehen (Searle 1969). Sprachliche Handlungen werden – vereinfachend gesprochen – mit Sätzen vollzogen, und insofern ist es konsequent, dass die grundlegende Äußerungsform in Theorien sprachlichen Handelns der Satz ist.

In der Annahme, dass der Satz die grundlegende Einheit der Bedeutungstheorie ist, treffen sich Theorien sprachlichen Handelns mit wahrheitsfunktionalen Semantiken. Wahr oder falsch sind die Propositionen, die mit Sätzen ausgedrückt werden. Dementsprechend werden Wahrheitsbedingungen auch für Propositionen formuliert. Manchmal wird auch verkürzt von den Wahrheitsbedingungen von Sätzen gesprochen. Im Gegensatz zu diesen beiden Theorietypen stehen die traditionelle Vorstellungstheorie, ihre moderne Nachfolgerin, die kognitive Semantik – zumindest in bestimmten Versionen – und die strukturelle Semantik, die jeweils das Wort als semantische Grundeinheit nehmen. Je nachdem, welchen dieser kontrastierenden Theorietypen man wählt, steht man vor der einen oder der andern von zwei komplementären Aufgaben: In einer wortbasierten Bedeutungstheorie muss man zeigen, wie sich die Satzbedeutung aus den Wortbedeutungen (und syntaktischen Konstruktionsprinzipien) aufbaut, in den satzbasierten Theorien muss man zeigen, wie sich die Bedeutung kleinerer Einheiten, also auch des Worts, als Beitrag zur Satzbedeutung rekonstruieren lässt. Allgemein kann man sagen, dass weder im Rahmen der Vorstellungstheorie noch im Rahmen der strukturellen Semantik eine systematische Analyse des Zusammenhangs von Satzbedeutung und Wortbedeutung versucht worden ist. Für die kognitive Semantik lässt sich noch nicht sagen, ob diese Fragestellung in der Theorieentwicklung größeren Raum einnehmen wird. Dagegen ist die komplementäre Frage, nämlich welchen Beitrag Teile von Sätzen zu den Wahrheitsbedingungen von Sätzen leisten, unter dem Schlagwort Kompositionalität in der wahrheitsfunktionalen Semantik ausführlich diskutiert worden (vgl. Partee 1984). Wie steht es nun mit der entsprechenden Frage im Rahmen von handlungstheoretischen Semantiken? Die Antwort ist: Es gibt verschiedene Ansätze und Versuche, die sich unterschiedlicher Analysestrategien bedienen, es gibt aber bis heute noch keine ausgearbeitete Semantik des Worts in handlungstheoretischen Semantiken. Bennett stellte 1976 die Diagnose „philosophers who have begun with whole uttterances have not been expansive about the move to utterance-parts" (Bennett 1976, 212). Diese Diagnose trifft beispielsweise auf Grice zu, der abgesehen von Grice (1968) nur in sehr allgemeiner Form auf den Bedeutungsbeitrag von Einheiten unterhalb der Satzebene eingegangen ist. Seit einigen Jahren gibt es allerdings in der Linguistik Bemühungen, diese Situation zu verändern (vgl. Gloning 1996, Hundsnurscher 1996). Der folgende Artikel skizziert die wichtigsten Problemstellungen und Lösungsvorschläge in diesem Bereich. Die folgenden Abschnitte 1.2. bis 1.4. behandeln zunächst einige Grundlagen für die weitere Darstellung.

1.2. Satz und Wort

Sowohl der Satzbegriff als auch der Wortbegriff sind in unterschiedlichen Theorien theoriespezifisch fixiert. Auf diese divergierenden Auffassungen kann ich an dieser Stelle nicht eingehen. Aus handlungstheoretischer Sicht ist Alstons Definition des Satzes klassisch geworden: „For a sentence is the smallest linguistic unit that can be used to perform a complete action that is distinctively linguistic" (Alston 1964, 33). Diese Satzdefinition erfasst sowohl den traditionellen Prototyp des gegliederten Satzes mit mindestens einem Nominalphrasenausdruck und einem finiten Verb (1) als auch zahlreiche Äußerungsformen, die diesem Prototyp nicht entsprechen (2)–(5):

(1) Das Kind lacht
(2) Guten Morgen!
(3) Aufgepasst!
(4) Den Hammer
(5) Ja

Alstons Definition hat den Vorzug, dass man sich damit der Vielfalt natürlich vorkommender Äußerungsformen für den Vollzug sprachlicher Handlungen nicht von vornherein entzieht. Soweit diese Äußerungsformen gegliedert sind, muss man versuchen zu bestimmen, *ob* einzelne Teile bzw. Kombinationen einzelner Teile einen spezifischen Bedeutungsbeitrag leisten und ggf. *welchen* Bedeutungsbeitrag sie leisten.

Unter einem Wort versteht man im Allgemeinen die kleinste freie Form im Satz, beispielsweise die durch Abstände getrennten Ausdrücke in (6):

(6) Die Kinder lachten über die Geschichten

Von den in diesem Satz repräsentierten Ausdrucksformen sind *Kinder, lachten* und *Geschichten* weiter in bedeutungstragende Elemente analysierbar (*Kind-er, lach-ten* und *Geschichte-n*), die traditionell als lexikalische Morpheme (Lexeme) und grammatische Morpheme bezeichnet werden. Für beide Typen von Ausdrucksformen lassen sich Bedeutungsbeschreibungen machen. Am Beispiel der Kategorien des deutschen Verbs hat Radtke (1998) eine gebrauchstheoretische Beschreibung für grammatische Morpheme vorgelegt. Der vorliegende Artikel dagegen beschäftigt sich ausschließlich mit der Bedeutungstheorie für Lexeme (z. B. *verlassen*) bzw. größere lexikalische Einheiten (z. B. *im Stich lassen*). Aus handlungstheoretischer Sicht sind Lexeme Muster, deren Anwendung einen Formaspekt (z. B. phonetische, grammatische Form) und einen Verwendungsaspekt hat.

1.3. Kompositionalität, ihre Formen und Grenzen

Das ungeheure Ausdruckspotential einer natürlichen Sprache beruht zu einem beträchtlichen Teil darauf, dass ein beschränktes Inventar an sprachlichen Elementen, z. B. Wörtern, in vielfältigen Varianten zu größeren Einheiten verknüpft werden kann. Wenn man nun nach dem Aufbau der Bedeutung des Satzes aus der Bedeutung seiner Teile (und den dabei verwendeten grammatischen Konstruktionsprinzipien) fragt, so stellt man allerdings fest, dass der „kompositionelle" Aufbau kein durchgängiges Prinzip der Sprache ist. Zum einen gibt es grammatisch komplexe Ausdrücke, die nur als Ganze einen Bedeutungsbeitrag leisten. Dazu gehören insbesondere phraseologische Einheiten wie *ins Gras beißen*, ein sarkastisches Gegenstück zu *sterben*. Auch in anderen Fällen leisten zwei oder mehrere Ausdrücke gemeinsam einen Bedeutungsbeitrag, beispielsweise die Ausdrücke *ein Schüler* und *er* in *Wenn ein Schüler gute Noten bekommt, ist er zufrieden*. In Fregescher Redeweise ist der Sinn von *er* hier „unbestimmt andeutend" (Frege 1892a, 1969, 57f.), so dass *er*, quasi als Variable, nur zusammen mit *ein Schüler* verstanden werden kann. Aus handlungstheoretischer Sicht ist es von besonderem Interesse, dass die illokutionäre Funktion einer Äußerung bisweilen mit Kombinationen von Ausdrucksmitteln angezeigt wird, wie in folgenden Beispielsätzen, mit denen man im Deutschen Vorschläge machen kann (vgl. Fritz 1982, 245):

(7) Wir könnten doch mit dem Fahrrad fahren

(8) Könnten wir nicht mit dem Fahrrad fahren?

Charakteristisch für diese gebräuchlichen Vorschlagsformen ist die Kombination aus Modalverb im Konjunktiv (*könnten*), Modalpartikel und Satzart (*doch* + Verbzweitsatz, *nicht* + Verberstsatz). Diese Kombinationen signalisieren konventionell den Vorschlagscharakter der Äußerung.

Zu den Aspekten von sprachlichen Handlungen, die nicht jeweils auf einen bestimmten Ausdruck zurückgeführt werden können, zählen manche der konversationellen Implikaturen, die Grice beschrieben hat. Häufig sind derartige weitergehende Deutungen von Satzverwendungen auch schon routinisiert. So werden Sätze wie (9) regelmäßig zum Vorwerfen verwendet:

(9) Warum hast du schon wieder geraucht?

Bei einem mit (9) gemachten Vorwurf geht der Sprecher die Festlegung ein, dass der Angesprochene nicht hätte rauchen sollen. Diese Festlegung wird aber nicht explizit signalisiert, kann also auch nicht als Bedeutungsbeitrag eines bestimmten Ausdrucks erklärt werden. Nur partiell kompositional sind auch viele komplexe Wörter, wie z. B. die Nominalkomposita vom Typ *Fischfrau*, deren jeweilige Deutung sich auf kontextuell verfügbares gemeinsames Wissen stützt.

Ob der Bedeutungsaufbau eines komplexen Ausdrucks kompositional, teilweise kompositional, auf einer bestimmten Ebene kompositional oder gar nicht kompositional ist, ist eine empirische Frage. Insgesamt ist damit zu rechnen, dass der Anteil von nur teilweise kompositional aufgebauten Äußerungen größer ist als die Diskussion der Kompositionalität in der wahrheitsfunktionalen Semantik erwarten lässt. Aus den in diesem Abschnitt zusammengetragenen Beobachtungen folgt, dass es zu den Aufgaben der handlungstheoretischen Semantik gehört, zu bestimmen, (i) welche Aspekte des mit einer Handlung Gemeinten auf die Verwendung einzelner Ausdrücke zurückzuführen sind, (ii) welche auf Kombinationen von Ausdrücken und (iii) welche Aspekte routinemäßig auf Grund von gemeinsamem Wissen über Festlegungen verstanden oder (iv) als konversationelle Implikaturen gedeutet werden.

1.4. Wortbedeutung und Verwendungsweisen

In manchen Fällen kann derselbe Ausdruck in einem bestimmten Satz unterschiedliche Bedeutungsbeiträge leisten, wie etwa *scharf* in (10), dessen Verständnismöglichkeiten durch drei unterschiedliche Beschreibungen verdeutlicht werden können.

(10) Peter hat eine scharfe Nase

Ein Sprecher kann mit (10) behaupten, dass (a) oder dass (b) oder dass (c):

(a) Peters Nasenrücken eine kantige Form hat,
(b) Peter ein gutes Riechorgan hat,
(c) Peter eine besonders bemerkenswerte Nase hat.

Daraus, dass man mit (10) regelhaft drei unterschiedliche Propositionen ausdrücken kann, können wir schließen, dass *scharf* (mindestens) drei verschiedene Verwendungsweisen hat. Diese drei Verwendungsweisen gehören zu seiner Bedeutung. Die Bedeutung eines Ausdrucks kann man in einer handlungstheoretischen Semantik definieren als das Spektrum der Verwendungsweisen dieses Ausdrucks (vgl. Wittgenstein 1967, § 77; Fritz 1998, 13–17). Kriterien zur Unterscheidung von Verwendungsweisen werden diskutiert in Heringer (1981), Hundsnurscher (1992, 290ff.) und Fritz (1995, 79ff.). Eine wichtige Aufgabe der semantischen Beschreibung besteht darin, die Zusammenhänge der Verwendungsweisen zu zeigen (vgl. Heringer 1988, 731; Fritz 2000).

2. Bedeutung als Beitrag eines Wortes zum Handlungspotential eines Satzes

Eine mit einem Satz gemachte sprachliche Handlung umfasst meist eine Vielfalt von Aspekten, die u. a. durch die Verwendung geeigneter lexikalischer Mittel realisiert werden (Ausdruck einer bestimmten Proposition, Anzeigen einer illokutionären Rolle, Signalisieren von Einstellungen der Sprecher, Verknüpfung mit vorhergehenden Text- und Dialogteilen usw.). Wenn man die Realisierung eines derartigen Aspekts einer Handlung auf die regelhafte Verwendung eines bestimmten Ausdrucks zurückführen kann, lässt sich die Bedeutung des betreffenden Ausdrucks beschreiben als der Beitrag, den der Ausdruck konventionell zum Handlungspotential des Satzes leistet. Damit ist in allgemeiner Form das Verfahren beschrieben, wie man in Theorien sprachlichen Handelns von der Satzbedeutung zur Wortbedeutung kommt. Im Folgenden werden unterschiedliche Möglichkeiten der Ausführung dieses Programms betrachtet.

Der erste Vertreter einer derartigen Theorie, der ausführlicher auf die Frage eingeht, wie die Wortbedeutung relativ zur Satzbedeutung bestimmt werden soll, ist W. P. Alston: „... our ultimate interest is in elucidating the notion of meaning of a word, for talk about the meaning of words is much more common, and much more important, than talk about the meaning of sentences" (Alston 1964, 33). Alstons Analysestrategie besteht darin, von sprachlichen Handlungen – also Verwendungen vollständiger Sätze – auszugehen und dann Teilhandlungen („component parts of these actions", Alston 1964, 33) anzugeben, die mit Teilen des vollständigen Satzes vollzogen werden. Dabei definiert er die Bedeutung eines Satzes als sein Illokutionspotential. Zwei Sätze sind bedeutungsäquivalent, wenn sie dasselbe Illokutionspotential haben (Alston 1964, 36). Aus seinen Beispielen wird deutlich, dass er mit *Illokutionspotential* nicht nur den illokutionären Aspekt meint, sondern auch den propositionalen Aspekt einschließt. Im nächsten Schritt definiert er die Bedeutung eines Wortes als den Beitrag, den das Wort zum Illokutionspotential des Satzes leistet. Dieser spezifische Beitrag wird erkennbar, wenn man das Wort im betreffenden Satz durch ein nicht gleichbedeutendes ersetzt, beispielsweise *good* durch *unfortunate* in *That's good*, so dass man *That's unfortunate* erhält. Mit dieser Ersetzung bekommt der Satz ein anderes Bewertungspotential. Alstons Festlegung des Bedeutungsbegriffs für Wörter liefert ihm gleichzeitig auch ein Kriterium für Synonymie von Wörtern: W_1 bedeutet dasselbe wie W_2 gdw. W_1 und W_2 in einem breiten Spektrum von Sätzen füreinander ersetzt werden können, ohne dass dadurch das Illokutionspotential dieser Sätze verändert würde (Alston 1964, 37). Was die *Beschreibung* der Bedeutung von Wörtern angeht, so gibt Alston nur den Hinweis, dass man eine Bedeutungsbeschreibung machen kann, indem man einen im erwähnten Sinne synonymen Ausdruck angibt. Er diskutiert seinen Synonymiebegriff u. a. am Beispiel von Wortpaaren wie *sweat* und *perspire*, deren Verwendung in bestimmten Fällen in unterschiedlichen sozialen Kontexten angemessen wäre, und kommt zu dem Ergebnis, dass man mit *I'm sweating* und *I'm perspiring* dieselben sprachlichen Handlungen macht (vgl. Alston 1964, 45ff.). Diese Diskussion weist auf das Problem der Unterscheidung von mehr oder weniger feinkörnigen Synonymiebegriffen hin.

Den Vorzug seines Ansatzes formuliert Alston folgendermaßen: „To the extent that this analysis is, or can be made to be, adequate, it has the great merit of showing just *how* the fact that a linguistic expression has the meaning it has is a function of what users of the language *do* with that expression" (Alston 1964, 39). Dieser kreative Anfang, den Alston selbst zu Recht als Pionierarbeit bezeichnet (Alston 1964, 33 Fn. 1), eröffnet mehrere Entwicklungswege, die er selbst aber nicht weiter beschreitet. Zum einen führt er nicht näher aus, was er unter Teilhandlungen versteht und welche Arten von Teilhandlungen es möglicherweise gibt. Hier findet man Näheres bei Searle und anderen Autoren (vgl. Abschnitt 3). Er nutzt auch nicht die Parallelität seiner Auffassung zur wahrheitsfunktionalen Semantik, die darin besteht, dass auch dort von einem „Beitrag" eines Wortes oder einer Phrase gesprochen wird, allerdings von einem Beitrag zu den Wahrheitsbedingungen und nicht zum Illokutionspotential (vgl. Abschnitt 4). Schließlich geht er auch nicht auf die Möglichkeit ein, neben der Synonymie andere Bedeutungsbeziehungen zwischen Ausdrücken handlungstheoretisch zu rekonstruieren, beispielsweise Hyponymiebeziehungen, Konversenbeziehungen oder Unverträglichkeitsbeziehungen (vgl. Abschnitt 5).

3. Sprachliche Handlungen und Teilhandlungen

Aufbauend auf Überlegungen von Austin hat Searle die innere Struktur von Mustern für illokutionäre Akte beschrieben und dabei neben dem Äußerungsakt zunächst zwei Teilhandlungen beschrieben, nämlich das Anzeigen der illokutionären Rolle („illocutionary force indicating") und das Anzeigen der Proposition, auch „propositionaler Akt" genannt. Diesen Teilhandlungen entsprechen zwei Elemente in der Struktur des Satzes, nämlich der Indikator der illokutionären Rolle und der Indikator der Proposition (Searle 1969, 30). In Beispiel (11) sind diese beiden Teile durch den übergeordneten und den untergeordneten Satz realisiert:

(11) Ich verspreche, dass ich morgen komme

Innerhalb des propositionalen Akts unterscheidet Searle wiederum zwei Teilakte, nämlich das Referieren und das Prädizieren (z. B. Searle 1969, 23 ff.). Prototypische Indikatoren der illokutionären Rolle sind die sog. performativen Verben in der 1. Pers. Sing. Ind. (z. B. *I promise*). Ausgehend von dem Grundgedanken, dass die Analyse der Bedeutung von Sätzen im Wesentlichen auf die Analyse von Sprechakten hinausläuft, die man mit den betreffenden Sätzen vollziehen kann (Searle 1969, 18), kann Searle die Bedeutung von Teilen von Sätzen, mit denen die jeweiligen Teilhandlungen realisiert werden, als den regelhaften Beitrag der Teile von Sätzen zum gesamten illokutionären Akt rekonstruieren. Ein Schwerpunkt seiner Darstellung liegt in der Formulierung von Regeln für den Gebrauch der illokutionsanzeigenden Mittel. Da diese Regeln nach Searles Auffassung semantische Regeln sind, liefert die Sprechakttheorie eine Bedeutungstheorie für die explizit performativen Formeln. Damit gewinnt Searle auch einen Ansatz für die Bedeutungsbeschreibung von illokutionären Verben, den er für das Englische in Zusammenarbeit mit Vanderveken auch weiter ausgeführt hat (Searle/Vanderveken 1985, 179 ff.; vgl. auch Vanderveken 1990, 166 ff.). Über andere mögliche Mittel, die Illokution anzuzeigen (oder zu verdeutlichen) äußert Searle sich nur knapp. Neben den von ihm erwähnten grammatischen und morphologischen Indikatoren (z. B. Satztypen, Modus des Verbs) nennen andere Autoren als mögliche Illokutionsindikatoren Adverbien (*alas* oder *frankly*, Vanderveken 1990, 16; *vermutlich* oder *leider*; Liedtke 1998, 201 ff.), Modalverben (*dürfte, darf*, vgl. Fritz 1997, 40 ff., Liedtke 1998, 209 ff.) oder (für das Deutsche) Modalpartikeln (*ja*; vgl. Heringer 1988, 739). Ob man die Bedeutung von Ausdrücken, die prototypisch zum Bewerten verwendet werden, wie beispielsweise das Adjektiv *gut*, (partiell) über ihren Beitrag zur Illokution beschreiben sollte, ist umstritten (vgl. Hare 1952, Teil II; Searle 1969, 136 ff.; Hare 1971; Fritz 1986).

Ich kommt jetzt zu den Teilhandlungen des Referierens und Prädizierens. Beide Teilhandlungen können in der Regel nicht isoliert ausgeführt werden. Dabei ist die Prädikation nach Searle in einem noch schwächeren Sinne eine Handlung, da sie jeweils in spezifischem illokutionären Modus erscheint, z. B. beim Behaupten, Fragen oder Auffordern (vgl. Searle 1969, 122 f.). Einen Sonderstatus der Prädikation könnte man mit Frege auch darin sehen, dass Prädikate semantisch „ungesättigt" sind und erst mit referierenden oder quantifizierenden Ausdrücken verbunden werden müssen, wenn man eine Proposition bilden will (vgl. Frege 1892b/1969, 72 und 80). Zum Referieren werden in erster Linie Ausdrücke der Kategorie Nominalphrase verwendet, d. h. Eigennamen, Personalpronomina und Kennzeichnungen (*die Schlacht von Waterloo*), zum Prädizieren Prädikatsausdrücke (d. h. Verben und Adjektive; zu prädikativ verwendeten Nominalphrasen des Typs (*ist*) *eine Amsel* äußert sich Searle nicht). Syntaktisch ist Searles Theorie nicht differenziert ausgearbeitet. Es wird beispielsweise nicht näher ausgeführt, ob bei mehrwertigen Verben wie im Beispiel (12) die ganze Verbalphrase zum Prädizieren verwendet wird oder ob, was einleuchtender wäre, nur das Verb zum Prädizieren verwendet wird und die Nominalphrasenausdrücke jeweils zum Referieren.

(12) Adrian gibt seiner Schwester das Buch

Wenn wir letzteres annehmen, sind wir bei den Prädikatsausdrücken schon auf der Ebene der Wörter angekommen. Bei den typischen Nominalphrasen, den sog. Kennzeichnungen (*descriptions*) wie *das alte Haus* oder auch bei Präpositionalphrasen wie *auf dem Dach*, wären noch weitere funktionale Zerlegungen notwendig, auf die Searle aber nicht eingeht.

Der Searlesche Versuch, die Bedeutung von Einheiten unterhalb der Satzebene zu beschreiben, zeigt einige Einschränkungen und Probleme:

1. Die Analyse in Teilhandlungen geht teilweise nur bis zur Ebene der Phrase. Zwar lässt sich der besondere Status dieser Ebene damit begründen, dass grundlegende kommunikative Funktionen mit Phrasen realisiert werden und nicht mit Wörtern (Referenz mit Nominalphrasen, Orts- und Zeitangaben mit Präpositionalphrasen: *das Haus, auf dem Dach, am Abend*), aber wir erreichen damit noch nicht das Ziel, den Bedeutungsbeitrag von Wörtern zu bestimmen. Ein Beispiel für eine weitere funktionale Zerlegung, das sich auf Frege zurückführen lässt, finden wir bei Strawson (1971, 21 f.), der Kennzeichnungen der Form *das Haus* behandelt. Mit dem bestimmten Artikel (*das*) kann man nach Strawson signalisieren, dass auf einen bestimmten Gegenstand Bezug genommen werden soll, und mit der Verwendung eines Substantivs (*Haus*) kann man angeben, welche Art von Gegenstand gemeint ist.
2. Der Analyseansatz ist nicht so weit ausdifferenziert, dass Wörter der verschiedenen grammatischen Kategorien behandelt werden könnten (Adverbien, Präpositionen, Konjunktionen, Interjektionen, Modalpartikeln etc.).
3. In einer starken Version der Theorie könnte man den Sprechern bei allen Teilhandlungen Intentionalität unterstellen. Diese Annahme erscheint aber eher unplausibel. Die Sprecher einer Sprache können zwar die einzelnen Aspekte ihrer sprachlichen Handlungen durch geeignete Wahl von Ausdrücken höchst fein austarieren (Grade der Genauigkeit, der Höflichkeit etc.), sie tun das aber offensichtlich eher routinemäßig in einem ganzheitlichen Verfahren als analytisch auf Teilintentionen orientiert. Also folgt daraus, dass jemand eine ganze sprachliche Handlung intendiert, nicht, dass er auch alle Teile der Handlung intendiert. Diese intentionalistische Überinterpretation kann man vermeiden, wenn man ein Programm verfolgt, wie es in Abschnitt 6 skizziert wird.

4. Wahrheitsbedingungen und Bedingungen für sprachliche Handlungen

Eine bisher noch kaum genutzte Möglichkeit der Behandlung der Kompositionalität im Rahmen einer handlungstheoretischen Semantik ergibt sich, wenn man als Gegenstück zu den Wahrheitsbedingungen für Propositionen Bedingungen für das Behaupten formuliert. So könnte man als Gegenstück zu (13), den Wahrheitsbedingungen für *und*-Verknüpfungen, Bedingungen wie (14) oder (15) formulieren.

(13) p und q ist genau dann wahr, wenn p wahr ist und q wahr ist.
(14) A kann genau dann behaupten dass p und q, wenn A behaupten kann, dass p, und (auch) behaupten kann, dass q.
(15) A kann genau dann behaupten dass p und q, wenn A annimmt, dass p, und annimmt, dass q.

Da wir uns nicht nur für den Zusammenhang zwischen Behauptungshandlungen und Propositionen interessieren, sondern für den Zusammenhang zwischen Sätzen, müssen wir (14) und (15) noch genauer spezifizieren, indem wir die Sätze angeben, mit denen die Behauptungen jeweils gemacht werden können:

(16) A kann genau dann behaupten, dass p und q, indem A äußert „S1 *und* S2", wenn A behaupten kann, dass p, indem er „S1" äußert, und (auch) behaupten kann, dass q, indem er „S2" äußert.
(17) A kann genau dann behaupten dass p und q, indem A äußert „S1 *und* S2", wenn A annimmt, dass p, und annimmt, dass q.

Die Formulierung (15)/(17) ist ein Gegenstück zu der Regel, dass derjenige, der behauptet, dass p und q, sich auf die Annahme *festlegt*, dass p und dass q. Daraus folgt nicht, dass jemand, der eine bestimmte Behauptung macht, auch tatsächlich annimmt, dass das Behauptete zutrifft. Aber er legt sich auf diese Annahme fest, und diese Festlegung (auch *Commitment* genannt) kann von den Dialogpartnern eingeklagt werden. Mit den Regelformulierungen (16) und (17) haben wir jeweils elementare Bedeutungseigenschaften von *und* beschrieben. Die in (15)/(17) formulierten Bedingungen für das Behaupten sind mit Wahrheitsbedingungen in einem entscheidenden Punkt nicht äquivalent: Sie gelten nämlich relativ zu den Annahmen bzw. zum Wissen der Sprecher. Es ist zwar wahr, dass ein bestimmter Planet genau dann die Venus ist, wenn er der Abendstern ist. Wir können aber von einem Sprecher nicht ohne weiteres behaupten, er nehme an, er habe die Venus gesehen, wenn er behauptet, er habe den Abendstern gesehen. Das würde voraussetzen, dass der betreffende Sprecher weiß, dass der Abendstern die Venus ist. Aber da es uns bei unserer Beschreibung um die Fähigkeiten der Sprecher geht, ist diese Eigenschaft von Bedingungen für das Behaupten gerade das, was wir suchen. Derartige Regelformulierungen lassen sich auch für andere Arten von Ausdrücken geben, beispielsweise für das Modalverb *müssen* (18) oder das Substantiv *Junggeselle* (19). (Die Formulierung für *müssen* entspricht der wahrheitsfunktionalen Bedeutungsexplikation in Öhlschläger 1989, 144).

(18) A kann behaupten, dass Peter arbeiten muss, indem A äußert *Peter muss arbeiten*, gdw. A auch behaupten kann, dass eine Quelle Q es notwendig macht, dass Peter arbeitet.
(19) A kann behaupten, dass Peter ein Junggeselle ist, indem er äußert *Peter ist ein Junggeselle*, gdw. A auch behaupten kann, dass Peter ein unverheirateter Mann ist.

Der Versuch, Bedingungen für das Behaupten nach dem Muster von Wahrheitsbedingungen zu formulieren, ist nicht nur eine nützliche methodische Strategie, die es ermöglicht, vielfältige Einsichten der wahrheitsfunktionalen Semantik im Rahmen der handlungstheoretischen Semantik aufzugreifen. Er hat noch eine weiterreichende Bedeutung, die darin liegt, dass Bedingungen für das Behaupten nur ein Sonderfall von Bedingungen für beliebige sprachliche Handlungen darstellen. Unter Berücksichtigung der Erkenntnisse aus der Analyse von unterschiedlichen sprachlichen Handlungsmustern kann man deshalb analog Gebrauchsregeln für *alle* Arten von Sätzen formulieren. Damit wird es möglich, die für die wahrheitsfunktionale Semantik charakteristische Einschränkung auf wahrheitswertfähige Handlungsmuster bzw. Satzverwendungsweisen aufzuheben.

5. Die dialogische Basis von Bedingungen für sprachliche Handlungen

Wesentliche Aspekte von Behauptungshandlungen, darunter auch den Aspekt der Wahrheit oder Falschheit des Behaupteten, kann man dadurch rekonstruieren, dass man beschreibt, wie Behauptungshandlungen kritisiert und gerechtfertigt werden können. Dummett (1976, 88) und später Kasher (1987) haben dafür argumentiert, dass der Aspekt der Rechtfertigung von Behauptungen und anderen Handlungen auch für die Grundlegung der Bedeutungstheorie wesentlich ist. Kasher formuliert dieses Programm folgendermaßen: „... we would like to analyse *meaning* in terms of *use*, which in turn has *justification* among its essential ingredients" (Kasher 1987, 293). Wie wir gesehen haben, spielt unter den Gründen, die man für die Berechtigung einer Behauptung angeben kann, der Hinweis auf das Erfülltsein von Bedingungen eine zentrale Rolle, die ein direktes Gegenstück zu den Wahrheitsbedingungen der ausgedrückten Propositionen sind. Dieser Betrachtungsweise liegt die allgemeinere Annahme zugrunde, dass sich die Bedeutung sprachlicher Ausdrücke in den dialogischen Anschlussmöglichkeiten zeigt (vgl. Dummett 1973, 363).

Zur Konkretisierung dieses Programms möchte ich noch drei Hinweise geben:

1. Das Spektrum der Rechtfertigungszüge für Behauptungen spiegelt das Spektrum der Aspekte des Behauptens. Es gibt Rechtfertigungszüge, die sich auf den propositionalen Aspekt beziehen, wie im *Junggesellen*-Beispiel, und es gibt solche, die sich (zusätzlich) auf Aspekte der Illokution beziehen. Nehmen wir an, wir haben folgenden kurzen Dialog:

(20) A1: Im Garten blüht ein Schneeglöckchen
B: Das kann nicht sein
A2: Doch, da drüben steht es (zeigt B das Schneeglöckchen)

Der Rechtfertigungszug A2 berücksichtigt einerseits die Art der Ausgangshandlung A1, nämlich den Charakter einer empirischen Behauptung. Das Belegen der Behauptung durch Zeigen einschlägiger Gegenstände ist ein typischer Zug in „games of seeking and finding", wie Hintikka derartige Dialoge nennt (Hintikka 1973). Andererseits bezieht sich der Rechtfertigungszug auf die ausgedrückte Proposition, u. a. auf die Verwendung des Ausdrucks *ein Schneeglöckchen*. Das zeigt sich darin, dass A eine Blume der erwähnten Art identifizieren muss, aber auch nur *eine*. Hätte A in A1 die Ausdrücke *blühen Schneeglöckchen* verwendet, hätte er zur Rechtfertigung mindestens zwei Blumen der erwähnten Art zeigen müssen.

2. Man kann typische Rechtfertigungszüge für alle Arten von sprachlichen Handlungsmustern beschreiben. Beispielsweise besteht ein typischer Rechtfertigungszug für Fragen darin, dass man zeigt, dass man das Erfragte nicht weiß. Damit ist diese theoretische Konzeption auf alle Arten von sprachlichen Handlungen und die für sie verwendeten Äußerungsformen anwendbar.

3. Die Rechtfertigungszusammenhänge, die in der Formulierung von Bedingungen für das Behaupten und andere sprachliche Handlungsmuster quasi kondensiert sind, lassen sich auch explizit als Dialogregeln formulieren, wie das beispielsweise in formalen Dialogspieltheorien getan worden ist (Lorenzen/Lorenz 1978, Hintikka 1973; Carlson 1983; vgl. Fritz 1994). Auf diese Weise erhält man eine Dialogsemantik oder, wie Hamblin es nennt, „a dialectical theory of meaning" (Hamblin 1970, 285f.). Bisher sind vor allem Bedeutungsregeln für logische Konnektoren und Quantorenausdrücke formuliert worden (vgl. Lorenzen/Lorenz 1978, 109ff.; Hintikkas „language games for quantifiers", Hintikka 1973). Dem Gebrauch in der Alltagssprache näher kommen Carlsons Beschreibungen von Dialogregeln für *but* (Carlson 1983, 162ff.) oder *well* (Carlson 1984, 35ff.).

6. Handlungszusammenhänge und semantische Relationen

Ein zentraler Gegenstand der lexikalischen Semantik ist die Beschreibung von semantischen Relationen zwischen Wörtern (Synonymie, Hyponymie, Konverse, Unverträglichkeit etc.; vgl. Cruse 1986, Lutzeier 1995). In der handlungstheoretischen Semantik wird angenommen, dass die Zusammenhänge zwischen sprachlichen Handlungen grundlegend sind für die Bedeutungsbeziehungen zwischen Sätzen und die daraus wiederum abgeleiteten semantischen Relationen zwischen Wörtern (vgl. Heringer 1974, 151ff.). Aus dieser Perspektive müssen Beschreibungen wie (21) auf Regeln wie (22) zurückgeführt werden:

(21) *Lift* ist synonym zu *Aufzug*
(22) A kann behaupten, dass ein bestimmter Mechanismus ein Lift ist, wenn er behaupten kann, dass dieser Mechanismus ein Aufzug ist.

Entsprechend kann man auch die Hyponymierelation in (23) auf den in (24) beschriebenen Handlungszusammenhang zurückführen:

(23) *Amsel* ist hyponym zu *Singvogel*
(24) Jemand kann nur dann behaupten, dass ein bestimmter Vogel eine Amsel ist, wenn er auch behaupten kann, dass dieser Vogel ein Singvogel ist.

Alternative Formulierungen der für die Hyponymierelation grundlegenden Dialogregeln sind (25) und (26):

(25) Wenn jemand behauptet, dass ein bestimmter Vogel eine Amsel ist, dann hat er sich darauf festgelegt, dass dieser Vogel ein Singvogel ist.

(26) Wenn jemand behauptet, dass ein bestimmter Vogel eine Amsel ist, muss er auch zugeben, dass dieser Vogel ein Singvogel ist.

Analog kann man die Konversenrelation bei *kaufen* und *verkaufen* oder die Unverträglichkeit von *rot* und *grün* auf sprachliche Handlungszusammenhänge zurückführen:

(27) Wenn man behaupten kann, dass Peter von Paul ein Auto gekauft hat, dann kann man auch behaupten, dass Paul Peter ein Auto verkauft hat.

(28) Jemand kann nicht gleichzeitig behaupten, dass ein Gegenstand ganz grün ist und dass derselbe Gegenstand ganz rot ist.

Mit der Beschreibung derartiger Handlungszusammenhänge wird im Rahmen der handlungstheoretischen Semantik der Auffassung Rechnung getragen, dass für das Verstehen der Bedeutung eines Satzes der Zusammenhang dieses Satzes mit anderen Sätzen eine grundlegende Rolle spielt.

7. Kommunikative Aufgaben und grammatisch-lexikalische Mittel

Der in Abschnitt 3 erwähnten intentionalistischen Überinterpretation der Verwendung von Teilen von Sätzen kann man entgehen, wenn man annimmt, dass die Sprecher eine Vielzahl von kommunikativen Aufgaben routinemäßig lösen, die man analytisch der Verwendung von bestimmten Ausdrücken zuordnen kann, von denen man aber nicht annimmt, dass sie mit Einzelintentionen gelöst werden (vgl. Strecker 1986, 88 ff.; Zifonun 1986, 162 ff.). Ähnliches nehmen wir etwa für die komplexen Teilhandlungen beim Autofahren an, die bei erfahrenen Fahrerinnen und Fahrern weitgehend routinisiert und nicht als einzelne intendiert sind.

Wenn man diese Betrachtungsweise in ein Analyseprogramm umsetzt, ist es zunächst nötig, einen Kanon grundlegender kommunikativer Aufgaben zu bestimmen. Ein derartiges Programm hat Strecker im Zusammenhang der „Grammatik der Deutschen Sprache" (1997, Bd. 1, 595 ff.) in größerem Detail ausgeführt. Da es sich dort um ein grammatisches Projekt handelt, sind die semantischen Eigenschaften der behandelten lexikalischen Einheiten zumeist nur in allgemeiner Form bestimmt. Man könnte jedoch diese Eigenschaften für einzelne Lexeme mit den in den vorigen Abschnitten beschriebenen Methoden jeweils näher beschreiben. Anhand von einigen Beispielen will ich zeigen, wie mit Streckers Methode die Beschreibung des Beitrags von einzelnen Ausdrücken zum Handlungspotential von Sätzen über das bisher Dargestellte hinaus ausdifferenziert werden kann.

Eine erste Gruppe von kommunikativen Aufgaben wird mit verschiedenen Arten von Prädikatsausdrücken erfüllt. Strecker spricht hier von Formen der *Charakterisierung*. Soweit wir Prädikate mit lexikalisch einfachem Ausdruck betrachten, können wir damit in allgemeiner Form den Bedeutungsbeitrag von Wörtern dieser Art zur Satzbedeutung beschreiben. Zur Charakterisierung eines Gegenstandes hinsichtlich einer Tätigkeit, eines Vorgangs oder Zustands werden im Deutschen und verwandten Sprachen Verben verwendet (*A sucht B, A fällt um, A liegt auf dem Boden*). Zur Charakterisierung hinsichtlich von Dispositionen können sowohl Adjektive als auch Verben verwendet werden (*Zucker ist wasserlöslich, Holz schwimmt*). Zur Charakterisierung hinsichtlich der Konsistenz werden Adjektive bevorzugt (*Der Schnee ist sulzig, Die Masse ist fest*). Zur Charakterisierung hinsichtlich der Art von Gegenstand dienen Nominalphrasenausdrücke (*Das Ding ist ein Reisklopfer*). Prädikate können zusätzlich spezifiziert werden, beispielsweise mit Adverbien (*Er arbeitet schnell, Er ist sehr alt*).

Prädikate werden durch Argumente zu Propositionen vervollständigt. Als Argumente können u. a. Nominalphrasenausdrücke wie *der Baum* oder *viele Köche* verwendet werden. Auf die verschiedenen Typen und Funktionen von argumenttauglichen Ausdrücken will ich hier nicht eingehen.

Nicht nur Prädikate, auch Propositonen als ganze können spezifiziert werden. Dazu gehören etwa kausale Spezifizierungen wie *weil es geregnet hat*. Nach Streckers Auffassung können derartige Spezifizierungen als isolierbare Teilakte kommunikativer Handlungen verstanden werden. Sie sind eng verwandt mit selbstständigen illokutiven Einzelhandlungen wie Erklärungen oder Begründungen. Die Funktion der Konjunktion *weil* besteht hier darin, den Erklärungs- bzw. Begründungscharakter zu signalisieren.

Weitere kommunikative Aufgaben und Ausdruckstypen für deren Erfüllung sind:

– eine Äußerung als mehr oder weniger sichere Vermutung kennzeichnen (*Er ist wahrscheinlich zu Hause, Er dürfte zu Hause sein*),
– Einstellungen signalisieren (*leider hat es nicht geklappt*),
– signalisieren, dass gemeinsames Wissen vorausgesetzt wird (*Das hat er ja gesagt*),
– Aspekte der Diskursorganisation signalisieren (*zudem stimmen die Zahlen nicht; der obenerwähnte Gegensatz; übrigens, das Buch kann man noch kaufen*).

Wie die letzten Beispiele schon erkennen lassen, zeigt sich bei einem Programm dieser Art eine besondere Stärke der handlungstheoretischen Semantik: Sie erlaubt es, theoretisch begründet sinnvolle semantische Beschreibungen für Lexeme der „kleinen" Wortarten zu machen, beispielsweise für Modaladverbien, für epistemische Verwendungsweisen von Modalverben und für Partikeln unterschiedlicher Art – von Modalpartikeln (*ja, doch*) über Gradpartikeln (*sogar*) bis zu Interjektionen (*ach!*), Konjunktionen (*weil*) und Präpositionen (*auf*).

8. Aspekte der semantischen Beschreibung von lexikalischen Einheiten

Zusammenfassend lässt sich sagen: Eine semantische Beschreibung von lexikalischen Einheiten im Rahmen einer handlungstheoretischen Semantik besteht im Wesentlichen in der Angabe von Verwendungszusammenhängen des Ausdrucks. Die wichtigsten Typen von Verwendungszusammenhängen eines Ausdrucks sind:

(i) die Arten und Aspekte von sprachlichen Handlungen, zu denen seine Verwendung beiträgt, bzw. die kommunikativen Aufgaben, die man mit seiner Verwendung erfüllen kann (Bewerten, Beschimpfen, Erlauben, Bezugnahme auf Gegenstände, Charakterisierung von Gegenständen, Klassifikation von Gegenständen, kausale Verknüpfung von Propositionen, lokale Bezugnahme, Textverknüpfung, höfliche Rede usw.),
(ii) seine regelhaften Text- und Dialogzusammenhänge,
(iii) seine Kollokationen im Satz und Text (*fällen* und *Baum*),
(iv) seine Beziehungen zu Verwendungsweisen anderer Ausdrücke (z. B. Folgerungsbeziehungen *Amsel/Singvogel*, Kontrastbeziehungen *jung/alt*),
(v) die Kommunikationsformen und thematischen Zusammenhänge, in denen der Ausdruck verwendet wird (Verwendung in bestimmten institutionellen Kommunikationen, in speziellen Fachkommunikationen, in einer bestimmten Theorie usw.),
(vi) das (gemeinsame) Wissen, das seine Verwendung normalerweise voraussetzt.

9. Literatur in Auswahl

Alston, William P. (1964): *Philosophy of language*. Engelwood Cliffs, N.J.: Prentice-Hall.

Bennett, Jonathan (1976): *Linguistic behaviour*. Cambridge: Cambridge University Press.

Carlson, Lauri (1983): *Dialogue games. An approach to discourse analysis*. Dordrecht/Boston: D. Reidel.

–, (1984): *„Well" in dialogue games*. Amsterdam/Philadelphia: Benjamins.

Cruse, D. Alan (1986): *Lexical semantics*. Cambridge: Cambridge University Press.

Dummett, Michael (1973): *Frege. Philosophy of language*. London: Duckworth.

–, (1976): What is a theory of meaning? (II). In: *Truth and meaning. Essays in semantics* (eds. G. Evans; J. McDowell). Oxford: Oxford University Press, 67–137.

Frege, Gottlob (1892a/1969): Über Sinn und Bedeutung. In: *Zeitschrift für Philosophie und philosophische Kritik*, NF 100, 25–50. Wieder in: Gottlob Frege: *Funktion, Begriff, Bedeutung. Fünf logische Studien*. 3. Aufl. (Hrsg. G. Patzig). Göttingen: Vandenhoeck, 40–65.

–, (1892b/1969): Über Begriff und Gegenstand. In: *Vierteljahresschrift für wissenschaftliche Philosophie* 16, 192–205. Wieder in: Gottlob Frege: *Funktion, Begriff, Bedeutung. Fünf logische Studien*. 3. Aufl. (Hrsg. G. Patzig). Göttingen: Vandenhoeck, 66–80.

Fritz, Gerd (1982): *Kohärenz. Grundfragen der linguistischen Kommunikationsanalyse*. Tübingen: Narr.

–, (1986): Bedeutungsbeschreibung und die Grundstrukturen von Kommunikationsformen. In: *Dialoganalyse* (Hrsg. F. Hundsnurscher; E. Weigand). Tübingen: Niemeyer, 267–280.

–, (1994): Formale Dialogspieltheorien. In: *Handbuch der Dialoganalyse* (Hrsg. G. Fritz; F. Hundsnurscher). Tübingen: Niemeyer, 131–154.

–, (1995): Metonymische Muster und Metaphernfamilien. Bemerkungen zur Struktur und Geschichte der Verwendungsweisen von *scharf*. In: *Der Gebrauch der Sprache. Festschrift für Franz Hundsnurscher zum 60. Geburtstag* (Hrsg. G. Hindelang; E. Rolf; W. Zillig). Münster: LIT, 77–107.

–, (1997): Historische Semantik der Modalverben. Problemskizze – Exemplarische Analysen – Forschungsüberblick. In: *Untersuchungen zur semantischen Entwicklungsgeschichte der Modalverben im Deutschen* (Hrsg. G. Fritz; Th. Gloning). Tübingen: Niemeyer, 1–158.

–, (1998): *Historische Semantik*. Stuttgart: Metzler.

–, (2000): Extreme Polysemie – der Fall *ziehen*. In: *Sprachspiel und Bedeutung. Festschrift für Franz Hundsnurscher zum 65. Geburtstag* (Hrsg. S. Beckmann; P.-P. König; G. Wolf) Tübingen: Niemeyer, 37–49.

Gloning, Thomas (1996): *Bedeutung, Gebrauch und sprachliche Handlung. Ansätze und Probleme einer handlungstheoretischen Semantik aus linguistischer Sicht*. Tübingen: Niemeyer.

Grammatik der deutschen Sprache (1997): Hrsg. G. Zifonun; L. Hoffmann; B. Strecker. 3 Bde., Berlin/New York 1997.

Grice, H. Paul (1968): Utterer's meaning, sentence meaning, and word meaning. In: *Foundations of Language* 4, 225–244.

–, (1989): *Studies in the way of words*. Cambridge, Mass./London: Harvard University Press.

Hamblin, C. L. (1970): *Fallacies*. London: Methuen.

Hare, Richard Mervyn (1952): *The language of morals*. Oxford: Clarendon Press.

Hare, Richard Mervyn (1971): Meaning and speech acts. In: Hare, Richard Mervyn. *Practical inferences*. London: Macmillan Press, 74–99.

Heringer, Hans-Jürgen (1974): *Praktische Semantik*. Stuttgart: Klett.

–, (1981): Die Unentscheidbarkeit der Ambiguität. In: *Logos Semantikos. Studia Linguistica in honorem Eugenio Coseriu 1921–1981. Vol. III: Semantik* (Hrsg. D. Wolf; H. Geckeler). Berlin/New York: de Gruyter, 93–126.

–, (1988): Ja ja, die Partikeln. In: *Zeitschrift für Phonetik, Sprachwissenschaft und Kommunikationsforschung* 41, 730–754.

Hintikka, Jaakko (1973): Language-games for quantifiers. In: J. Hintikka: *Logic, language-games and information. Kantian themes in the philosophy of logic*. Oxford: Clarendon Press, 53–122.

Hundsnurscher, Franz (1992): Some considerations on the explicitness and completeness of semantic descriptions. In: *Current advances in semantic theory* (ed. M. Stamenow). Amsterdam/Philadelphia: Benjamins, 283–298.

–, (1996): Wortsemantik aus der Sicht einer Satzsemantik. In: *Lexical Structures and language use. Vol. 1.* (eds. E. Weigand; F. Hundsnurscher). Tübingen: Niemeyer, 39–51.

Kasher, Asa (1987): Justification of speech, acts and speech acts. In: *New directions in semantics* (ed. E. Le Pore). London: Academic Press, 281–303.

Keller, Rudi (1995): *Zeichentheorie. Zu einer Theorie semiotischen Wissens*. Tübingen/Basel: Francke Verlag.

Liedtke, Franz (1998): *Grammatik der Illokution. Über Sprechhandlungen und ihre Realisierungsformen im Deutschen*. Tübingen: Narr.

Lorenzen, Paul; Kuno Lorenz (1978): *Dialogische Logik*. Darmstadt: Wissenschaftliche Buchgesellschaft.

Lutzeier, Peter Rolf (1995): *Lexikologie. Ein Arbeitsbuch*. Tübingen: Stauffenburg.

Öhlschläger, Günther (1989): *Zur Syntax und Semantik der Modalverben im Deutschen*. Tübingen: Niemeyer.

Partee, Barbara H. (1984): Compositionality. In: *Varieties of formal semantics* (eds. F. Landman; F. Veltman). Dordrecht/Boston: D. Reidel, 281–311.

Radtke, Petra (1998): *Die Kategorien des deutschen Verbs. Zur Semantik grammatischer Kategorien*. Tübingen: Narr.

Searle, John R. (1969): *Speech acts. An essay in the philosophy of language*. Cambridge: Cambridge University Press.

Searle, John R.; Daniel Vanderveken (1985): *Foundations of illocutionary logic*. Cambridge: Cambridge University Press.

Strawson, Peter F. (1971): On referring. In: P. F. Strawson: *Logico-linguistic papers*. London: Methuen, 1–27.

Strecker, Bruno (1986): Sprachliches Handeln und sprachlicher Ausdruck. Ein Plädoyer für eine kommunikative Ausrichtung der Grammatik. In: *Vorsätze zu einer neuen deutschen Grammatik* (Hrsg. G. Zifonun). Tübingen: Narr, 76–127.

Vanderveken, Daniel (1990): *Meaning and speech acts. Vol. 1: Principles of language use*. Cambridge: Cambridge University Press.

Wittgenstein, Ludwig (1967): *Philosophische Untersuchungen*. Frankfurt am Main: Suhrkamp.

Zifonun, Gisela (1986): *Kommunikative Einheiten in der Grammatik*. Tübingen: Narr.

Gerd Fritz, Gießen (Deutschland)

IV. Die Formseite des Wortes
The form level of the word

25. Morphologische Eigenschaften von Wörtern

1. Lexem und Wortform
2. Morphologische Eigenschaften von Lexemen
3. Morphologische Eigenschaften von Wortformen
4. Literatur in Auswahl

1. Lexem und Wortform

Der Terminus Wort wird in der Linguistik bekanntermaßen nicht einheitlich gebraucht. Unterschiedliche Theorien legen unterschiedliche, jeweils theoriebezogene Wortbegriffe zugrunde. Doch auch wenn man das vernachlässigt, bleiben verschiedene Wortbegriffe, die sich auf die einzelnen Komponenten des Sprachsystems beziehen. In dieser Hinsicht ist zu unterscheiden zwischen dem lexikalischen Wort oder dem Lexem, dem morphologischen Wort oder der Wortform sowie dem phonologischen, dem syntaktischen und dem orthographischen Wort. Zwar sind diese Wortbegriffe nicht völlig unabhängig voneinander (z. B. stimmen morphologische und phonologische Wörter häufig, aber eben nicht immer überein), müssen aber aus methodologischen Gründen sorgfältig unterschieden werden. Wenn im Rahmen der Lexikologie morphologische Eigenschaften von 'Wörtern' ermittelt werden sollen, sind zwei unterschiedliche Wortbegriffe relevant. Das ist zum einen das Lexem, genauer gesagt das Einwortlexem, zum anderen die Wortform, die das Lexem im grammatischen Kontext des Satzes realisiert. Beide Wortbegriffe sind insofern eng miteinander verzahnt, meinen aber etwas Unterschiedliches, was sich nicht zuletzt auch darin zeigt, dass Lexeme und Wortformen jeweils morphologische Eigenschaften recht verschiedener Art aufweisen. In diesem Zusammenhang ist zunächst kurz zu klären, was unter Lexem und Wortform verstanden werden soll (vgl. Matthews 1991: 24 ff.).

Das Lexem (der Terminus steht im Folgenden stets für 'Einwortlexem') ist die Basiseinheit des Lexikons. Ein Lexem umfasst die Gesamtheit der Wortformen eines Stammes. Bei flektierbaren Lexemen sind das immer mehrere Formen, bei nichtflektierbaren ist es genau eine. Beispielsweise sind Wortformen wie (*das*) *Wort*, (*des*) *Wortes*, (*die*) *Wörter* usw. in deutschen Sätzen Instanzen des Lexems *Wort*. Die Anzahl der Wortformen flektierbarer Lexeme schwankt beträchtlich; es können nur zwei sein, wie beim Substantiv im Swahili, wo es jeweils nur eine Singular- und eine Pluralform gibt, aber auch mehrere hundert wie beim finnischen Substantiv, das nach Numerus, Kasus und Possessivität flektiert wird. Das Lexem selbst tritt in den Sätzen nicht auf. In diesem Sinne ist also das Lexem keine konkrete, morphologisch analysierbare Form, sondern eine abstrakte Einheit. Lexeme haben nur eine lexikalische, nicht aber eine grammatische Bedeutung.

Die Wortform ist demgegenüber eine grammatisch bedingte Realisierung des betreffenden Lexems, wie sie in den Sätzen der Sprache erscheint. Die Wortformen eines Lexems unterscheiden sich in ihren grammatischen Kategorien und häufig, aber nicht notwendigerweise, auch in ihrer phonologischen Form. So sind nicht nur (*das*) *Wort* und (*des*) *Wortes* unterschiedliche Wortformen, sondern auch (*das*) *Wort* im N.SG. und (*das*) *Wort* im A.SG. Die Wortform ist eine konkrete, morphologisch analysierbare Form. Wortformen flektierbarer Lexeme haben im Unterschied zu den Lexemen sowohl eine lexikalische als auch eine grammatische Bedeutung.

2. Morphologische Eigenschaften von Lexemen

2.1. Eigenschaften von Lexemen

Lexeme sind per definitionem dadurch gekennzeichnet, dass sie über bestimmte inhärente, 'lexikalische' Eigenschaften verfügen.

Ein Lexem hat jeweils eine Bedeutung, also semantische Eigenschaften. So hat das deutsche Lexem *Mensch* die Bedeutung 'homo' und damit u.a. auch die semantische Eigenschaft der Belebtheit. Ein Lexem weist bekanntlich auch syntaktische Eigenschaften auf. Das Lexem *Mensch* ist ein Substantiv und ist dem maskulinen Genus zugeordnet. Alle Realisierungen des Lexems, d.h. alle seine Wortformen, haben diese semantischen und syntaktischen Eigenschaften. Die semantischen und syntaktischen Eigenschaften von Lexemen sind für den gegebenen Zusammenhang insofern von Bedeutung, als sich an ihnen typischerweise morphologische Eigenschaften der Lexeme festmachen.

Ein Lexem ist ferner dadurch bestimmt, dass seine Wortformen (abgesehen von stark suppletiven Fällen wie *sein*, vgl. *sein, bin, ist, war* usw.) über gemeinsame phonologische Eigenschaften, nämlich einen formal einheitlichen oder doch weitgehend einheitlichen Stamm, verfügen (vgl. 3.1); deshalb können z. B. *Cousin* und *Vetter* trotz übereinstimmender semantischer und syntaktischer Eigenschaften nicht Realisierungen ein und desselben Lexems sein. Doch streng genommen hat das Lexem selbst als abstrakte Einheit keine phonologische Form und damit keine unmittelbare formale Entsprechung. In der lexikographischen Praxis wird dieses Defizit gewöhnlich dadurch kompensiert, dass man jeweils eine bestimmte Wortform des Lexems als dessen Repräsentanten wählt. Eine solche Verfahrensweise ist jedoch nicht nur praktisch gerechtfertigt, sondern sie trägt, vorausgesetzt, es wird die richtige Form gewählt, zugleich auch der Sprachstruktur Rechnung: Die Wortformen eines Lexems sind nicht einfach gleichwertig. Jedes flektierbare Lexem verfügt über eine Wortform, die hinsichtlich ihrer Kategoriensemantik am wenigsten markiert ist. Diese Form ist dadurch charakterisiert, dass sich aus ihren phonologischen Eigenschaften ebenfalls häufig morphologische Eigenschaften der Lexeme ergeben. Diese Wortform hat damit einen spezifischen Status; sie bildet die Grundform des Lexems und damit auch des ihm zugeordneten Flexionsparadigmas. Im Deutschen ist bei substantivischen Lexemen die Form des N.Sg., bei adjektivischen Lexemen die unflektierte Form und bei verbalen Lexemen die Form des Infinitivs die jeweilige Grundform. An dieser Stelle ist darauf zu verweisen, dass die Grundformen von Lexemen als konkrete Wortformen zugleich auch bestimmte Wortstruktureigenschaften haben.

Sie bestehen aus einem oder mehreren Morphemen, und die mehrmorphemigen Grundformen können im Einzelnen sehr unterschiedliche Ausprägungen haben (ausführlich dazu in 3.1). Diese Wortstruktureigenschaften der Grundform sind für den gegebenen Zusammenhang wichtig, weil auch aus ihnen morphologische Eigenschaften der Lexeme resultieren können.

Schließlich haben Lexeme morphologische Eigenschaften, die sich auf ihr Verhalten in der Flexion und in der Wortbildung beziehen; zu ihnen im Folgenden.

2.2. Flexionseigenschaften von Lexemen

2.2.1. Strikt ableitbare Flexionseigenschaften
Wie eben festgestellt, ergeben sich morphologische Eigenschaften von Lexemen häufig aus deren semantischen und syntaktischen Eigenschaften sowie aus den phonologischen Eigenschaften und den Wortstruktureigenschaften ihrer Grundformen. Das gilt in besonders starkem Maße für die Flexionseigenschaften. Es gibt mit großer Wahrscheinlichkeit kein Flexionssystem mit unterschiedlichen Flexionsklassen, das bei der Klassenbildung nicht von unabhängig gegebenen Eigenschaften 'Gebrauch macht'. Das ist kein Zufall.

Die verschiedenen Eigenschaften eines Lexems stehen nicht ungeordnet nebeneinander; sie bilden vielmehr ein hierarchisch gegliedertes System. Den Kern des Lexems stellen die semantischen Eigenschaften und, repräsentiert durch die Grundform, die formalen (phonologischen und Wortstruktur-) Eigenschaften dar. Diese Eigenschaften sind konstitutiv für das Lexem. Ihnen sind in zwei Schichten die weiteren Eigenschaften zugeordnet. Die erste Schicht bilden die syntaktischen Eigenschaften wie z.B. die Wortart, das Genus bei Substantiven und die Transitivität/Nichttransitivität bei Verben. Die syntaktischen Eigenschaften der Lexeme können aufgrund der hierarchischen Gliederung auf die vorhandenen semantischen Eigenschaften Bezug nehmen, was in den verschiedenen Sprachen oft zu beobachten ist. In solchen Fällen sind also syntaktische Eigenschaften aus den übergeordneten semantischen Eigenschaften ableitbar, was den Lernaufwand beim Erwerb der Lexeme einer Sprache beträchtlich reduziert. So sind beispielsweise Lexeme, die Konkreta bezeichnen, generell Substantive; die Bezeichnungen für männliche Personen und Tiere sind in Sprachen, in denen ein maskulines Genus existiert, in der Regel Maskulina; und die Transitivität/Intransitivität von Verben ist weitgehend auf die Verbsemantik zurückzuführen. In einer zweiten Schicht sind dann die morphologischen Eigenschaften der Lexeme angelagert, die sich entsprechend an die semantischen und syntaktischen Eigenschaften des Lexems und an die phonologischen Eigenschaften und die Wortstruktur seiner Grundform anlehnen können, was wiederum bedeutet, dass die Flexionsklassenzugehörigkeit nicht für jedes Lexem einer Sprache im Einzelnen erlernt werden muss.

In allen Sprachen mit Flexion ist das flexionsmorphologische Verhalten der Lexeme von der syntaktischen Eigenschaft der Wortart determiniert. So werden im Deutschen Substantive nach Numerus und Kasus dekliniert, Pronomen nach Numerus, Kasus und Genus dekliniert, Adjektive nach Numerus, Kasus, Genus und Definitheit dekliniert und desweiteren kompariert und Verben nach Person, Numerus, Tempus, Modus und Genus verbi (letzteres allerdings ausschließlich analytisch) konjugiert.

Die Flexionsklassenzugehörigkeit der Lexeme kann auf unabhängig gegebenen Eigenschaften aller vier Typen basieren. So gehören z. B. im Swahili die Bezeichnungen von Werkzeugen und Instrumenten, also Wörter mit einer bestimmten semantischen Eigenschaft, in die 3. Substantivklasse, deren Singular mit dem Präfix *ki-* und deren Plural mit dem Präfix *vi-* gebildet wird, vgl. *kifaa* 'Gebrauchsgegenstand' – Plural *vifaa*, *kifungua* 'Öffner' – Plural *vifungua* und *kisu* 'Messer' – Plural *visu*. Im Englischen bilden die Lexeme der syntaktischen Klasse der Modalverben, die ihrerseits durch die modale Semantik bestimmt ist, eine spezielle Flexionsklasse, die sich u. a. dadurch von der der Vollverben unterscheidet, dass die 3. Ps.Sg. Präs.Ind. ohne das Flexiv *-s* gebildet wird, vgl. *he can, he may, he must* vs. *he works, he goes, he eats*. Und im Althochdeutschen ergibt sich die Zugehörigkeit der Verben zu den einzelnen Konjugationsklassen aus den phonologischen Eigenschaften ihrer Grundformen, d.h. der Infinitive; Verben auf *-an* flektieren nach der starken Konjugation, und Verben auf *-en*, *-ōn* bzw. *-ēn* nach der 1., 2. bzw. 3. schwachen Konjugation, vgl. jeweils den Infinitiv und die 3. Ps.Sg.Präs.Ind.: *neman* 'nehmen' - *nimit*, *suochen* 'suchen' - *suochit*, *salbōn* 'salben' - *salbōt* und *habēn* 'haben' - *habēt*. Aus der Wortstruktur der Grundform resultiert die Flexionsklassenzugehörigkeit der meisten Substantive mit Derivationssuffixen; z. B. gehören alle mit dem Derivativ *-schaft* gebildeten Substantive wie *Freundschaft* oder *Studentenschaft* der schwachen femininen Deklination an. Wie solche Relationen zwischen übergeordneten Eigenschaften und morphologischen Eigenschaften, sind sie einmal etabliert, funktionieren, zeigt sich auch in der Sprachveränderung: Das englische Verb *need* ist ursprünglich ausschließlich ein Vollverb mit der Bedeutung 'benötigen' und flektiert als ein solches, vgl. *he needs*. In bestimmten Kontexten entwickelt es später die modale Bedeutung 'brauchen, müssen' und fungiert auch syntaktisch als Modalverb (*I need not come*). Da die syntaktische Eigenschaft 'Modalverb' die morphologischen Eigenschaften determiniert, tritt das modale *need* entsprechend in die Flexionsklasse der Modalverben über und bildet die 3. Ps.Sg.Präs. Ind. ohne das Flexiv *-s*, vgl. *he need not come*.

In all diesen Fällen wird das Flexionsverhalten der Lexeme von genau einer übergeordneten Eigenschaft bestimmt. In vielen anderen Fällen sind jedoch mehrere Eigenschaften zugleich für die Flexionsklassenzugehörigkeit entscheidend. Ein instruktives Beispiel dafür ist die deutsche Substantivflexion (vgl. Wurzel 1997b). Hier spielt zwar vor allem das Genus eine entscheidende Rolle, doch wo die Flexion überhaupt strikt durch außermorphologische Eigenschaften determiniert ist, sind immer zwei oder sogar drei Eigenschaften gemeinsam dafür verantwortlich. So gehören Lexeme, die Feminina sind und deren Grundform auf *-e* endet, in die schwache feminine Flexionsklasse, vgl. *Katze* – G./D./A.Sg. (*der*/ *der*/*die*) *Katze*, Plural (*die*) *Katzen*. Neutra (aber nicht Maskulina und Feminina) mit dem Wortstrukturmuster 'ge+__+e' wie *Gebirge* und *Gewerbe* zeigen einen *s*-Genitiv und einen ∅-Plural, vgl. G.Sg. (*des*) *Gebirges*, Plural (*die*) *Gebirge*. Lexeme mit den Eigenschaften 'maskulin', 'unbelebt' und 'Grundform auf *-e*' bilden einen speziellen Typ der 'gemischten' Flexion, vgl. *Funke* – G.Sg. (*des*) *Funkens*, D./A.Sg. (*dem*/*den*) *Funken*, Plural (*die*) *Funken*.

2.2.2. Nicht strikt ableitbare Flexionseigenschaften

Die Flexionsklasse der Lexeme ist in vielen Fällen jedoch bekanntlich nicht eindeutig aus übergeordneten Eigenschaften ableitbar, wofür sich gerade im Deutschen viele Beispiele finden. So kann man einem Verb im Neuhochdeutschen (anders als im Althochdeutschen) aufgrund seiner unabhängig gegebenen Eigenschaften eben nicht ansehen, ob es stark oder schwach konjugiert wird. Desgleichen flektieren einsilbige Feminina auf Konsonant teils nach der schwachen und teils nach der starken Deklination, vgl. *Schlacht* – N.Pl. (*die*) *Schlachten* und *Macht* – N.Pl. (*die*) *Mächte*. Einen Extremfall stellen in dieser Hinsicht die einsilbigen Maskulina auf Konsonant dar, die nicht weniger als fünf unterschiedlichen Flexionsklassen angehören können: *Hund* – G.Sg. (*des*) *Hundes*, N.Pl. (*die*) *Hunde*; *Wolf* – G.Sg. (*des*) *Wolfs*, N.Pl. (*die*) *Wölfe*; *Mann* – G.Sg. (*des*) *Mannes*, N.Pl. (*die*) *Männer*; *Bär* – G.Sg. (*des*) *Bären*, N.Pl. (*die*) *Bären*; *Staat* – G.Sg. (*des*) *Staates*, N.Pl. (*die*) *Staaten*; *Park* – G.Sg. (*des*) *Parks*, N.Pl. (*die*) *Parks*. Solche Konstellationen sind aber keineswegs auf das Deutsche beschränkt; sie existieren in nahezu allen Sprachen mit mehreren Flexionsklassen. Man vergleiche z.B. die lateinischen Maskulina auf -*us*, die wie *lūdus* 'Spiel'- G.Sg. *lūdī* nach der *o*-Deklination oder wie *tribus* 'Gau, Bezirk' – G.Sg. *tribūs* nach der *u*-Deklination flektiert werden.

Das bedeutet jedoch nicht, dass in solchen Fällen die Flexionsklassenzugehörigkeit der Lexeme völlig arbiträr ist. Wenn die Lexeme aufgrund ihrer unabhängig gegebenen Eigenschaften unterschiedlichen Flexionsklassen angehören können, so wird dabei doch im Allgemeinen eine der möglichen Klassen von den Sprechern als 'normaler' angesehen und entsprechend präferiert (vgl. Wurzel 1984: 116ff.). Das äußert sich nicht zuletzt in der Sprachgeschichte. So treten im modernen Deutschen starke Verben zur schwachen Klasse über, nicht aber umgekehrt, vgl. z.B. *gären – gor* > *gären – gärte* und *saugen – sog* > *saugen – saugte*, und entlehnte Verben wie *filmen, streiken* oder *joggen* sind grundsätzlich schwach. Ähnlich finden bei den Feminina auf Konsonant Klassenübergänge von der starken zur schwachen Flexion statt, vgl. *Flucht – Flüchte* > *Flucht – Fluchten* und *Sucht – Süchte* > *Sucht – Suchten*. Bereits im klassischen Latein werden viele ursprüngliche *u*-Substantive wie beispielsweise *exercitus* 'Heer' und *senātus* 'Rat, Senat' auch nach der *o*-Deklination flektiert, und für das Vulgärlatein ist ein konsequenter Übergang aller *u*-Maskulina in die *o*-Klasse anzunehmen. Die genauere Untersuchung zeigt, dass jeweils diejenige Klasse präferiert wird, die die meisten Lexeme mit den einschlägigen unabhängigen Eigenschaften enthält. Solche Verhältnisse lassen sich dahingehend interpretieren, dass immer nur die nichtpräferierte Flexionsklassenzugehörigkeit von Lexemen speziell zu erwerben und im Lexikon durch ein idiosynkratisches Flexionsmerkmal zu fixieren ist. Wenn das nicht geschieht, ergibt sich 'automatisch' die präferierte Klassenzugehörigkeit. So muss im Deutschen für ein Verb die Flexion speziell erlernt werden, wenn es wie *geben* stark flektiert, nicht aber wenn es wie *leben* ganz 'normal' schwach flektiert. Der Übertritt von der starken zur schwachen Konjugation wie im Fall von *gären* stellt sich so als Abbau eines idiosynkratischen Flexionsmerkmals dar; die Lexikonrepräsentation des betreffenden Lexems wird vereinfacht.

Damit zeigt sich, dass übergeordnete Eigenschaften die Flexionseigenschaften von Lexemen nicht nur strikt, sondern auch tendenziell determinieren können: Lexeme mit bestimmten unabhängig gegebenen Eigenschaften haben normalerweise auch bestimmte Flexionseigenschaften. Nur wenn ein Lexem davon abweichende Flexionseigenschaften aufweist, muss das speziell angegeben werden. Der Großteil aller flektierbaren Lexeme benötigt deshalb keine explizite Angabe von Flexionsmerkmalen im Lexikon. Zusammengefasst können wir also zwischen strikt ableitbaren, tendenziell ableitbaren und idiosynkratischen Flexionseigenschaften unterscheiden.

2.3. Wortbildungseigenschaften von Lexemen

Aus Lexemen können neue Lexeme gebildet werden. Die Voraussetzung dafür ist, dass sie über bestimmte Potenzen für die Wortbildung, d.h. bestimmte Wortbildungseigenschaften, verfügen. Die Wortbildungseigenschaften von Lexemen basieren ähnlich wie ihre Flexionseigenschaften auf übergeordneten Eigenschaften sowie auf weiteren (noch zu explizierenden) Faktoren, ohne dass sie in vielen Fällen strikt daraus abgeleitet werden können. Die Problematik der Wortbildungseigenschaften soll hier anhand von Beispielen aus der Derivationsmorphologie dargestellt werden. Dabei sind zwei verschiedene Fragestellungen relevant, nämlich erstens die Bedingungen des Auftretens bzw. Nichtauftretens von Derivationsmustern und zweitens die Bedingungen der Verteilung der Lexeme auf unterschiedliche Formklassen eines Derivationsmusters.

Zunächst zum Auftreten von Derivationsmustern. Beispiele, wo sich das Auftreten eines Derivationsmusters strikt und ausschließlich aus einer einzigen übergeordneten Eigenschaft, also etwa der syntaktische Eigenschaft der Wortart, ergibt, sind insgesamt gesehen sehr selten. Ein solcher Fall ist die deutsche 'Infinitivkonversion', durch die aus der Grundform jedes verbalen Lexems ohne Einschränkung ein entsprechendes Substantiv gebildet werden kann, vgl. *das Singen, Können, Joggen, Diskutieren, Heimgehen* und sogar *das Sich-Erinnern*. Typischerweise sind die Möglichkeiten und Grenzen des Auftretens eines bestimmten Bildungsmusters durch sehr unterschiedliche unabhängige Eigenschaften der Ausgangslexeme und weitere Gegebenheiten bestimmt. Ein interessantes, weil komplexes Beispiel dafür bilden die sogenannten 'movierten Feminina' mit dem Derivativ *-in* im Deutschen (vgl. Plank 1981: passim und Wurzel 1988: 181ff.). Die Möglichkeiten ihrer Ableitung sind erstens semantisch bestimmt: *in*-Feminina können nur von Bezeichnungen von Menschen und Tieren gebildet werden, so ist ein weiblicher *Baum* keine **Bäumin* (auch nicht in der Sprache des Gärtners). Zweitens ist sie syntaktisch determiniert: 'Movierte Feminina' als Bezeichnungen für weibliche Lebewesen werden in der Regel nur von Maskulina abgeleitet, nicht aber von Neutra oder Feminina (auch wenn diese die Tierart bezeichnen); es gibt keine **Pferdin* oder **Ziegin* (Ausnahmen sind jagdsprachlich *Kätzin* und die von Grass erfundene *Rättin*). Drittens spielen phonologische Eigenschaften eine Rolle: Ableitungen von Lexemen, deren Stamm auf Vokal/ Diphthong endet, sind ausgeschlossen, vgl. **Realoin*, **Israel(i)in*, **Pfauin*, **Gorillain*. Viertens kann auch die Wortstruktur der Grundform entscheidend sein: Substantive, die mit dem Derivationsmorphem *-ling* gebildet sind, gestatten normalerweise keine *in*-Ableitung: **Flüchtlingin* und **Lehrlingin* sind nicht möglich. Fünftens wirkt sich hier ein Faktor aus, der in der Flexion keine Rolle spielt, nämlich die Beschaffenheit des Lexikons: Wenn das Lexikon bereits ein Lexem mit der entsprechenden Bedeutung enthält, wird im Normalfall kein Femininum auf *-in* gebildet: So gibt es keine **Mönchin* wegen *Nonne* und keine **Neffin* wegen *Nichte*. Sechstens schließlich kommt hier zusätzlich noch ein außergrammatischer Faktor ins Spiel, die kommunikative Relevanz: Substantive wie **Fischin* und **Würmin* werden kaum gebildet, weil einfach kein Bedarf für sie besteht. Damit sind die Möglichkeiten und Grenzen der Bildung von *in*-Femina aus entsprechenden Maskulina im großen und ganzen aus unabhängigen Eigenschaften der Ausgangslexeme und sonstigen Faktoren ableitbar. Es bleiben aber dennoch Einzelfälle, wo das Fehlen des 'movierten Femininums' auf idiosynkratischen Wortbildungseigenschaften des Ausgangslexems beruht und demzufolge auch speziell erlernt werden muss; neben *Gast* steht keine **Gästin* und neben *Knecht* keine **Knechtin* (vgl. dagegen mhd. *gestinne* und fnhd. *knechtin*).

Die Verteilung der Lexeme auf unterschiedliche Formklassen eines Derivationsmusters funktioniert im Prinzip wie ihre Verteilung auf unterschiedliche Flexionsklassen. Als Beispiel dafür bietet sich die deutsche Diminutivbildung an, wo die Derivative *-chen* und *-lein* miteinander konkurrieren. Im Großteil der Fälle sind beide Möglichkeiten gegeben, vgl. *Katze – Kätzchen, Kätzlein* (auf das Auftreten des Umlauts, vgl. *Söhnchen*, aber *Tantchen*, soll hier nicht eingegangen werden). In bestimmten Fällen ist die Auswahl des Derivativs jedoch von phonologischen Eigenschaften abhängig (vgl. Plank 1981: 155ff., Wurzel 1984: 177). Substantive mit einem Stamm auf *-ch*, *-g* oder *-ng* [ŋ], bilden ihr Diminutivum ausschließlich mit *-lein*: *Büchlein*, *Äuglein* und *Ringlein* (**Büchchen*), solche mit einem Stamm auf *-l* (außer *-el*) ausschließlich mit *-chen*: *Bällchen* und *Kerlchen* (**Kerllein*). Hier ist also die Zugehörigkeit zur jeweiligen Formklasse strikt durch die phonologischen Eigenschaften bestimmt. Interessant hinsichtlich ihrer Diminutivbildung sind die Substantive auf *-el*. Sie haben alle Diminutiva mit *-chen*, vgl. *Ferkelchen*, *Schüsselchen* und *Engelchen*. Ein begrenzter Teil von ihnen weist jedoch zusätzlich *lein*-Diminutiva auf, vgl. *Englein*, *Spieglein* und *Vöglein*, aber **Ferklein*. Desweiteren funktionieren Neuwörter dieses Typs ausschließlich nach der *chen*-Klasse; wollte man etwa ein Diminutivum zum entlehnten Lexem *Beagle* [-əl] bilden, so könnte es nur *Beag(e)lchen*, nicht aber **Beaglein* heißen. Die Zugehörigkeit von Lexemen wie *Engel* zur *lein*-Klasse (neben ihrer Zugehörigkeit zur *chen*-Klasse) ist eine nicht ableitbare, idiosynkratische Derivationseigenschaft. Schließlich gibt es auch idiosynkratische Einzelfälle; während z.B. sonst Wörter mit einem Stamm auf *-sch* Diminutiva sowohl mit *-lein* als auch mit *-chen* bilden können, vgl. *Tischlein* und *Tischchen*, ist bei *Mensch* nur das Diminutivum *Menschlein* möglich.

3. Morphologische Eigenschaften von Wortformen

3.1. Die morphologische Struktur von Wortformen

Im Unterschied zu den abstrakten, morphologisch nicht analysierbaren Lexemen haben die Wortformen eine konkrete, morphologisch analysierbare Struktur. Diese Struktur soll im Folgenden der Einfachheit halber als Wortstruktur bezeichnet werden. Wortformen werden der gängigen Terminologie entsprechend auch einfach Wörter genannt. Im Rahmen der Wortstruktur können zwei Ebenen unterschieden werden, die sich auf unterschiedliche Strukturaspekte beziehen, nämlich die Ebene der linearen Morphemstruktur (Verkettungsstruktur) und die Ebene der hierarchischen Konstituentenstruktur.

Zunächst zur Morphemstruktur des Wortes. Die Wörter bilden bekanntlich die Grundeinheiten, aber nicht die kleinsten Einheiten der Morphologie. Wörter sind in Morpheme zerlegbar, vgl. dazu beispielsweise *Katz-e, Hund-e, sag-en, ge-sag-t, gab-en, (die) tief-st-e, Wahr-heit, Ver-fass-ung* und *Bund-es-ver-fass-ung-s-ge-richt*. Die Morpheme sind Bausteine der Wortstruktur. Das Morphem wird im Allgemeinen als die kleinste bedeutungstragende Einheit des Wortes gefasst. Diese nicht unplausible Bestimmung deckt zwar die meisten Fälle ab, sie ist aber nicht genau genug, um wirklich durchgängig funktionieren zu können.

Ein Morphem ist ein sprachliches Zeichen, und Zeichen haben generell eine Zeichenform und einen Zeicheninhalt. Ein einheitliches Morphem hat in allen seinen Instanzen eine einheitliche Zeichenform und einen einheitlichen Zeicheninhalt. So können z.B. das Substantiv *Arm* und das Adjektiv *arm* aufgrund ihrer unterschiedlichen Semantik natürlich nicht Instanzen ein und desselben Morphems sein. Weniger trivial ist, dass andererseits beispielsweise auch die substantivischen Pluralmarker *-e, -er, -en/-n* und *-s* wegen ihrer formalen Verschiedenheit nicht Vorkommen ein und desselben Morphems sein können. Hingegen liegt bei *-en* und *-n* das gleiche Morphem vor, die Verteilung der beiden Varianten ist durch phonologische Regularitäten bedingt, vgl. *(die) Bär-en* vs. *(die) Bauer-n*. Wie ist nun die Zeichenform eines Morphems beschaffen? Aufgrund des zugrunde gelegten Zeichenbegriffs kann es zunächst keine sogenannten Nullmorpheme, d.h. Morpheme ohne Zeichenform, geben. Wörter wie *(den) Hund* oder *(die) Fenster* sind damit einmorphemig, weil die Kategorien des Plurals bzw. des Akkusativs (im Wort selbst) durch keinerlei Zeichenform symbolisiert sind. Hier ergibt sich weiterhin die Frage nach dem Status von morphologischen Alternationen wie Ablaut und Umlaut im Deutschen. Dabei ist entscheidend, dass in Fällen wie *(sie) geben – (sie) gaben* oder *(der) Bruder – (die) Brüder* das Präteritum bzw. der Plural nicht eigentlich durch die Vokale *a* bzw. *ü* symbolisiert sind (was Wörter wie die Präsensform *(sie) haben* und die Singularform *(der) Hüter* zeigen), sondern eben durch den Wechsel *e > a* bzw. *u > ü*. Die Zeichenform ist hier nicht segmental zu fassen, sondern wird durch den Alternationsprozess realisiert. Die Vokale *a* und *ü* sind nicht als Teilketten aus dem Wort herauslösbar (auch *gb-* und *brder* wären keine möglichen Morpheme des Deutschen!) und damit keine eigenen Morpheme, sondern Bestandteile der morphologisch bedingten Morphemvarianten (Allomorphe) *gab-* und *brüder*. Zeichen mit Prozesscharakter sind nichtsdestoweniger Teil der morphologischen Wortstruktur, was sich in der Konstituentenstruktur der Wörter widerspiegelt (vgl. weiter unten).

Auch die Frage, wie der Zeicheninhalt eines Morphems angemessen zu fassen ist, ist nicht so einfach zu beantworten, wie es scheinen könnte. Man vergleiche dazu beispielsweise deutsche Substantive wie *Tante, Katze* und *Rose*. Hier ist das Element *-e* nicht Teil des Basismorphems, was u.a. die zugehörigen Diminutiva *Tantchen, Kätzchen* und *Röslein* erweisen. Entsprechend sollte es ein eigenes Morphem sein. Doch das *-e* trägt nicht zur Wortsemantik bei, hat also keine Bedeutung im eigentlichen Sinne. Aber das Element *-e* hat dennoch einen einheitlichen Zeicheninhalt; es bildet Nominalstämme von Basismorphemen, ist ein Stammbildungsmorphem. Desweiteren symbolisiert es die Zugehörigkeit der entsprechenden Feminina zur schwachen Flexion, also eine gemeinsame Flexionseigenschaft. Ähnliche Verhältnisse finden sich bisweilen auch bei Basismorphemen. So haben z.B. die englischen '*mit*-Verben' auch bei großzügigster Interpretation keine semantischen Gemeinsamkeiten, vgl. *permit* 'erlauben', *remit* 'zurückschicken', *submit* 'unterbreiten' usw. Dass hier jedoch ebenfalls ein einheitliches Morphem vorliegt, zeigen die einheitlichen Wortbildungseigenschaften dieser Lexeme, vgl. *permission – permissive, remission – remissive, sub-*

mission – submissive usw. In beiden Beispielfällen sind den Zeichenformen damit zwar keine einheitlichen Bedeutungen, wohl aber einheitliche nichtphonologische Eigenschaften und insofern einheitliche Zeicheninhalte, zugeordnet (vgl. Aronoff 1976: 10 ff. und Wurzel 1984: 38). Will man den erwähnten formalen und inhaltlichen Kriterien Rechnung tragen, dann lässt sich das Morphem als die kleinste einheitliche Folge von Phonemen definieren, der (wenigstens) eine außerphonologische Eigenschaft zugeordnet ist (wobei diese Folge auch aus einem einzigen Phonem bestehen kann, vgl. nochmals das *-e* der deutschen Feminina).

In Sprachen, die wie das Deutsche über eine Flexion verfügen, werden die Morpheme in Basismorpheme wie *hund, katz-, sag-* und *gut*, Derivationsmorpheme wie *ver-* und *-ung* und grammatische Morpheme wie das Pluralmorphem *-er*, das Morphem *-e* der schwachen Feminina, das Präteritalmorphem *-t-* und das Komparativmorphem *-st-* klassifiziert. Die Möglichkeiten, Morpheme zu Wörtern zu verbinden, unterscheiden sich von Sprache zu Sprache. Am stärksten ist das Vorkommen von grammatischen Morphemen innerhalb eines Wortes restringiert. Im Deutschen kommen höchstens zwei solche Morpheme gemeinsam im Wort vor, vgl. (*die*) *Katz-e-n*, (*den*) *Hund-e-n*, *sag-t-en*, *schön-st-e*. In anderen Sprachen, zumal agglutinierenden, sind die Einschränkungen weniger streng. So können türkische Verbformen bis vier grammatische Morpheme hintereinander enthalten, nämlich je ein Modus-, ein Aspekt-, ein Tempus- und ein Person-Numerus-Morphem. Die Anzahl der Derivationsmorpheme pro Wort ist im Deutschen und anderen Sprachen weniger eingeschränkt als die der grammatischen Morpheme, vgl. Fälle wie *Un-ein-heit-lich-keit* mit vier und *Un-miß-ver-ständ-lich-keit* mit fünf Derivationsmorphemen, womit aber die Möglichkeiten im Wesentlichen erschöpft sind. Eine interessante Ausnahme bilden die Derivationen des Typs *Opa, Ur-opa, Ur-ur-opa, Ur-ur-ur-opa* usw., bei denen keine grammatisch begründete Begrenzung nach oben existiert. Das gilt im Deutschen auch ganz systematisch für das Auftreten von Basismorphemen in Substantiven. Wörter wie *Fuß-ball-welt-meister-schaft-s-qualifikation-s-spiel, Heiz-öl-rück-stoß-dämpf-ung-s-ver-ordn-ung* und *Bund-es-ver-fass-ung-s-ge-richt-s-grund-satz-ur-teil* weisen eine völlig normale Wortstruktur auf. Es gibt im Deutschen kein längstes Wort, wovon auch einschlägige Sprachspiele leben, vgl. *Donau-dampf-schiff-fahrt-s-ge-sell-schaft-s-kapitän-s-witw-e-n-schänd-er* ... usw. Im übrigen existieren auch starke Beschränkungen für das Vorkommen morphologischer Alternationen im Wort. Von der Alternation betroffen ist immer nur der letzte Vollvokal des Stammes, vgl. *Wölfe, Kästen, Marschälle, Hospitäler, größte,* (*er*) *schlägt,* (*sie*) *schwammen*. Bei bestimmten starken Verben treten in den Formen des Konj. Prät. auch Ablaut und Umlaut, also zwei Alternationen, in der gleichen Position zugleich auf, so z. B. im Fall von *geben –* (*sie*) *gaben –* (*sie*) *gäben* ($e > a > ä$).

Die Wortstruktur ist jedoch mehr als eine einfache Abfolge von Morphemen. Das Wort ist eine in sich hierarchisch gegliederte Einheit; Wörter haben eine Konstituentenstruktur, die der syntaktischen Konstituentenstruktur vergleichbar ist. Das gilt nicht nur für derivierte und zusammengesetzte Wörter, sondern ebenso für 'einfache' Wörter, also etwa beispielsweise die Pluralformen (*die*) *Katz-e-n* und (*die*) *Käst-en*. Beide Wörter bestehen jeweils aus einem nominalen Basismorphem, einem Stammbildungsmorphem und einem Pluralmarker. Das Basismorphem und das Stammbildungsmorphem machen zusammen den Stamm des Wortes aus, Stamm und Marker bilden zusammen das Wort, hier in beiden Fällen ein Substantiv mit der Kategorie des Plurals. Als Pluralmarker fungiert im ersten Fall ein Morphem, im zweiten eine Alternation. Die Unterscheidung von Basismorphem und Stamm ist u. a. auch dadurch gerechtfertigt, dass der Stamm die Grundlage für die Flexion bildet, das Basismorphem (meist) die Grundlage für die Suffixderivation (vgl. 3.2): *Kätzchen* und *Käst-chen*. Anders als in diesen Beispielen stimmen jedoch beim deutschen Substantiv in den meisten Fällen Basismorphem und Stamm überein wie in den Formen des Lexems *Hund*, vgl. (*des*) *Hundes*, (*die*) *Hund-e* usw., vgl. auch *Hünd-chen*. Wenn Substantive, gleich in welcher Kategorie sie stehen, keine Kategorienmarker aufweisen, stimmen desweiteren auch Stamm und Wort überein, vgl. (*die*) *Katz-e*, (*der*) *Hund* und die Pluralform (*die*) *Fenster*. Damit ergeben sich für die erwähnten Pluralformen die folgenden Konstituentenstrukturen:

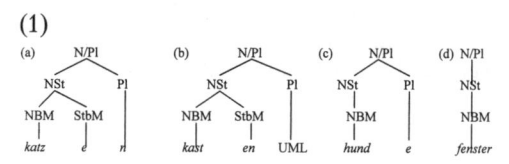

(1)

(a) N/Pl
    NSt   Pl
NBM StbM
katz *e* *n*

(b) N/Pl
    NSt   Pl
NBM StbM
kast *en* UML

(c) N/Pl
    NSt   Pl
NBM
hund *e*

(d) N/Pl
    NSt
NBM
fenster

Auf der Ebene der Konstituentenstruktur haben Marker mit Prozesscharakter den gleichen Stellenwert als morphologische Zeichen wie die Morpheme; auch sie sind damit Teil der morphologischen Wortstruktur.

In ähnlicher Weise stellt sich die Konstituentenstruktur von komplexen, d. h. derivierten und komponierten Wörtern dar, was hier nur durch wenige einfache Fälle exemplifiziert werden kann; vgl. dazu das Derivativum *unlesbar* sowie die Komposita *Holztürrahmen* und *Haustürrahmen* (abgesehen von den Endknoten sind der Übersichtlichkeit halber jeweils nur verzweigende Kategorien berücksichtigt):

(2)

(a) A — DM, A, VBM, DM — un, les, bar
(b) N — N, N — holz, tür, rahmen
(c) N — N, N — haus, tür, rahmen

Die Beispiele zeigen, dass die Bedeutung von komplexen Wörtern von ihrer jeweiligen Konstituentenstruktur abhängig ist. Deutlich wird das vor allem im Fall der beiden Komposita: *Holztürrahmen* ist ein 'Türrahmen aus Holz', *Haustürrahmen* dagegen der 'Rahmen der Haustür'.

Die in den Sprachen möglichen Wortstrukturen sind jeweils durch das Zusammenwirken von universellen Vorgaben und sprachspezifischen Regularitäten bestimmt. Beispielsweise existiert das tendentielle (wiewohl nahezu durchgängig geltende) morphologische Universale, dass im Rahmen des Wortes Derivationsmorpheme näher am Basismorphem stehen als Flexionsmorpheme, wenn sie gemeinsam dem Basismorphem vorausgehen oder ihm gemeinsam folgen (Greenberg 1963: 73). Dagegen ist sprachspezifisch, dass im Deutschen die Flexionsmorpheme (außer dem *ge-* des Part.Perf.) Suffixe sind, während Derivationsmorpheme sowohl Suffixe als auch Präfixe sein können, wobei beide Affixtypen auch in einem Wort zugleich auftreten. Wenn man ferner berücksichtigt, dass im Deutschen mehrere Basismorpheme im Wort vorkommen können, ergibt sich für Wörter, in denen alle möglichen Positionen besetzt sind wie etwa das flektierte Substantiv (*den*) *Vorerkenntnissen* die folgende Morphemstruktur (das Vorkommen von Fugenelementen ist hier nicht berücksichtigt):

(3) # DM(e) + BM(e) + DM(e) + FM(e) #
     # vor + er + kennt + nis + e + n #

Alle Positionen außer der des Basismorphems können auch leer sein, woraus dann die möglichen Morphemstrukturen weniger komplexer deutscher Wörter resultieren. Es gibt allerdings einige wenige Ausnahmen zu dieser Morphemabfolge wie die vielzitierten pluralischen Diminutiva (*die*) *Eierchen* und (*die*) *Kinderchen*, in denen (synchron gesehen) das Flexionsmorphem *-er* dem Derivationsmorphem *-chen* vorausgeht.

Die Wortformen treten im Satzzusammenhang auf. Dabei nimmt die Syntax zwar Bezug auf die Gesamtkategorisierung des Wortes (vgl. Kongruenz und Rektion), aber nicht auf die interne Wortstruktur. Die Satzstruktur ist unabhängig von der internen Wortstruktur (vgl. Chomsky 1970). So ist beispielsweise wohl syntaktisch von Bedeutung, dass ein Wort die Kategorisierung eines Substantivs im N.Pl. hat, aber nicht, ob der Plural am Wort durch ein Morphem wie in (*die*) *Hunde*, eine Alternation wie in (*die*) *Kästen*, durch beides wie in (*die*) *Wölfe* oder überhaupt nicht symbolisiert wird wie in (*die*) *Fenster* bzw. ob es sich bei der Pluralform um ein einmorphemiges Wort wie (*die*) *Fenster* oder ein Kompositum wie (*die*) *Fußballweltmeisterschaftsspiele* handelt.

3.2. Die Wortkohärenz

Wortformen werden häufig als solche grammatischen Einheiten definiert, die nicht durch andere grammatischen Einheiten unterbrochen werden können (so zuerst Bloomfield 1933: 180). Man bezeichnet dieses Phänomen meist als Wortkohärenz. In der Tat ist die Kohärenz eine Eigenschaft, die der überwiegende Teil der Wörter aufweist, vgl. nichtunterbrechbare Wörter wie (*den*) *Hunden*, *tiefste*, (*sie*) *geben*; *Kätzchen*, *Lehrer*; (*sie*) *vergeben*; *Handschuh*, *Donnerstag*, *frühreif*, (*sie*) *vollbringen* usw.usf. Ausnahmen zur Wortkohärenz werden zwar im Allgemeinen konstatiert; sie werden aber als peripher oder gar als 'exotisch' charakterisiert (Bloomfield ebenda). Doch unterbrechbare Wörter kommen eben nicht so selten vor. Dabei sind verschiedene Typen von Wortunterbrechungen zu unterscheiden.

Im Deutschen sind zunächst bestimmte Flexionsformen von Adjektiven und von schwachen Verben generell durch grammatische Morpheme unterbrechbar: *tiefe – tief-er-e, tief-st-e* und (*sie*) *leben* – (*sie*) *leb-t-en*. Desgleichen können verschiedene derivierte Wörter durchaus durch weitere Derivationsmorpheme unterbrochen werden, was Fälle wie *ver-*

sichert – ver-un-sichert, enden – end-ig-en, werken – werk-el-n demonstrieren. In Anbetracht des häufigen Vormommens solcher Beispiele bietet es sich an, das Kriterium der Wortkohärenz dahingehend zu modifizieren, dass Wörter nicht durch Stämme unterbrochen werden können, wodurch dann Beispiele wie die zitierten ihren Ausnahmestatus verlieren (vgl. Wurzel 1997a).

Doch auch mit der Modifizierung des Kriteriums ist das Problem nicht grundsätzlich gelöst, denn auch der größere Teil der deutschen Komposita ist anders als stark lexikalisierte Fälle wie *Handschuh* und *Mittwoch* durchaus unterbrechbar und zwar gerade durch Basismorpheme, vgl. *Holzrahmen – Holz-tür-rahmen, Bundesgericht – Bundes-verfassungs-gericht, Fußballmeisterschaft – Fußball-welt-meisterschaft* usw. Das bedeutet, dass sich hinsichtlich des Kohärenzkriteriums die meisten Komposita des Deutschen (und auch anderer Sprachen wie Englisch) nicht wie Wörter, sondern wie syntaktische Phrasen verhalten, die ja im Allgemeinen durch Wörter unterbrochen werden können. Dieses Faktum ist insofern nicht überraschend, als Komposita abweichend von anderen Wörtern auch weitere Eigenschaften aufweisen, die eigentlich für Phrasen charakteristisch sind: Sie enthalten erstens zwei oder mehrere Stämme und sie werden zweitens häufig ad hoc vom Sprecher gebildet und dann wieder vergessen, ganz wie syntaktische Mehrwortkonstruktionen. Das lässt den Schluss zu, dass Komposita keine typischen Wörter sind (vgl. Bauer 1988: 102ff.). Dazu passt auch, dass die meisten Komposita außerdem auch unter speziellen syntaktischen Bedingungen unterbrochen werden können, nämlich dann, wenn eine Koordination mit Tilgung vorliegt, vgl. *Rotwein – Rot- und Weißwein, Großschreibung – Groß- und Kleinschreibung, handwaschen – hand- und maschinewaschen* und sogar *Himbeeren – Him- und Brombeeren*, aber wiederum nicht *Handschuhe – *Hand- und Schnürschuhe, Donnerstag – *Donners- oder Freitag*.

Doch dieser Typ von Nichtkohärenz kommt auch bei bestimmten Derivationen vor, vgl. *Christentum – Christen- und Judentum, Professorenschaft – Professoren- und Studentenschaft, damenhaft – damen- und zugleich mädchenhaft* sowie *Eingang – Ein- und Ausgang, Urgeschichte – Ur- und Frühgeschichte, überschreiten – über- oder unterschreiten* und selbst *beladen – be- und entladen*. Für den Großteil der Derivationen gilt das jedoch nicht: *Sprecher – *Sprech- und Hörer, Hündchen – *Hünd- und Kätzchen, geistlich – *geist- und weltlich, thüringisch – *thüring- und sächsisch* usw. Die unterbrechbaren Derivationen funktionieren hier also wie Komposita. Dabei sind zwei Gruppen von Fällen zu unterscheiden. Die erste Gruppe bilden Suffixderivationen, die sich erst vor sprachhistorisch relativ kurzer Zeit aus Komposita entwickelt haben, vgl. die Lexeme ahd. *tuom* 'Macht, Würde, Verhältnis, Urteil, Gericht usw.', mhd. *schaft* 'Geschöpf, Gestalt, Beschaffenheit, Eigenschaft' und mhd. *haft* 'gebunden, gefangen'. Solche Derivationen haben bestimmte Kompositaeigenschaften bewahrt, was u.a. auch darin zum Ausdruck kommt, dass vor dem Suffix anstelle des Basismorphems ein Kompositionsstamm (mit 'Fugenelement') auftreten kann: *Christentum* wie *Christenmensch, Professorenschaft* wie *Professorenstelle, damenhaft* wie *Damenhut*. Die zweite Gruppe von Fällen sind Präfixderivationen. Präfixe haben zumindest in Sprachen wie dem Deutschen einen anderen Status als Suffixe: ('Normale') Suffixe verbinden sich mit Basismorphemen zu Wörtern, wie es beispielsweise der Fall $[[les]_{\text{VBM}}[bar]_{\text{ASuff}}]_A$ zeigt, Präfixe dagegen mit Wörtern zu Wörtern wie im Fall von $[[un]_{\text{Präf}}[[les]_{\text{VBM}}[bar]_{\text{ASuff}}]_A]_A$. Präfixe verhalten sich in dieser Hinsicht also wie Erstglieder von Komposita. Die Wortkohärenz von Präfixbildungen ist daher ähnlich wie die von Komposita eingeschränkt, was die Tilgung bei Koordination ermöglicht. Man beachte, dass diese Art von Tilgung einen syntaktischen 'Eingriff' in die Wortstruktur darstellt und damit auch die Autonomie des Wortes verletzt (vgl. 3.1).

Zusammenfassend lässt sich somit sagen, dass die Kohärenz, genauer die Nichtunterbrechbarkeit durch Stämme, eine Eigenschaft von Wörtern ist, die auch ansonsten strikte Worteigenschaften aufweisen, also eine Eigenschaft von prototypischen Wörtern. Hingegen sind die meisten Komposita als nichtprototypische Wörter nicht kohärent. Bei kompositaähnlichen Wörtern wie Präfixderivationen und 'jungen' Suffixderivationen kann die Wortkohärenz partiell eingeschränkt sein, was sich bei den erwähnten Tilgungen zeigt. Wortkohärenz ist also eine graduelle Eigenschaft.

3.3. Die einheitliche Flexion von Wörtern

Wortformen flektierbarer Lexeme, also von Substantiven, Adjektiven, Pronomen und Verben, zeigen im Allgemeinen eine weitere charakteristische Eigenschaft; sie haben eine einheitliche Flexion. Das besagt, dass sie erstens nach einheitlichen grammatischen Kategorien flektiert sind und dass zweitens diese Kategorien durch einheitliche, auf das Gesamtwort bezogene formale Mittel symbolisiert werden (vgl. Wurzel 1984: 36ff.). So sind substantivische Wortformen im Deutschen einheitlich nach den Kategorien Numerus und Kasus dekliniert, die durch einheitliche Marker symbolisiert werden. Das betrifft auch die nominalen Komposita, der Plural von *Gastprofessor* ist *Gastprofessoren* und nicht **Gästeprofessoren*. Flexionsformen von Komposita wie (*des*) *Mondenscheins, Bundesverfassungsgerichts, Fußballweltmeisterschaftsqualifikationsspiels* zeigen deutlich, dass die häufig vorkommenden Fugenelemente im Neuhochdeutschen keine Flexionsmarker der einzelnen Konstituenten (mehr) sein können, denn **Monden, *Verfassungs, *Meisterschafts* und **Qualifikations* sind keine Flexionsformen (zum Status der Fugenelemente vgl. Fuhrhop 1997: 171). Deutsche Komposita, unabhängig von ihrer Länge und Komplexität und unabhängig davon, ob sie unterbrechbar sind oder nicht, erfüllen das Wortkriterium der einheitlichen Flexion.

Demgegenüber haben beispielsweise die analytischen Verbformen des Deutschen wie die Futurform (*ich*) *werde schlafen* (anders als häufig behauptet) keine einheitliche Flexion: Sie sind nach unterschiedlichen Kategorien flektiert, denn die Konstituente *werde* steht in der 1. Ps.Sg.Präs.Ind., die Konstituente *schlafen* aber im Infinitiv, und die unterschiedlichen Kategorien werden entsprechend auch durch unterschiedliche Marker symbolisiert. Da die analytischen Verbformen auch keine einheitliche Wortstruktur haben und bekanntermaßen unterbrechbar sind, verfügen sie über keinerlei Worteigenschaften.

Doch es gibt auch Fälle, wo grammatische Einheiten, die aufgrund ihrer uneingeschränkten Kohärenz normalerweise als Wörter angesehen werden, keine einheitliche Flexion aufweisen. Im Deutschen betrifft das z. B. die Formen weniger Substantivkomposita wie (*das*) *Hohelied* – (*des*) *Hohenliedes* und (*die*) *Langeweile* – (*der*) *Langenweile*. Hier sind die Wörter wohl jeweils nach einheitlichen Kategorien flektiert, aber ihre Glieder weisen separate Marker für diese Kategorien auf; im Kompositum (*des*) *Hohenpriesters* ist der G.Sg. in der ersten Konstituente durch den Marker *-n* und in der zweiten durch den Marker *-s* symbolisiert. In anderen Sprachen kommen solche formal in ihren Bestandteilen getrennt flektierten Wörter bisweilen auch ganz systematisch vor, so ist z. B. die gesamte Flexion der bestimmten Substantivformen im Isländischen durch sie geprägt, vgl. *hund-ur* 'Hund' – bestimmte Form *hund-ur = in-n* – bestimmte Form des N.Pl. *hund-ar = n-ir*. Hier erscheint sowohl das eigentliche Substantiv als auch der sogenannte Schlussartikel nach Numerus und Kasus dekliniert. Man beachte, dass sowohl die deutschen Komposita vom Typ *Langeweile* als auch die isländischen Flexionsformen nicht unterbrechbar sind. Alle diese Wörter mit getrennter Flexion ihrer Bestandteile haben gemeinsam, dass sie erst vor sprachhistorisch kurzer Zeit aus Zweiwortphrasen entstanden sind und Eigenschaften von Phrasen bewahrt haben. Sie sind so gesehen keine 'normalen' Wörter. Das kommt auch darin zum Ausdruck, dass sie auf längere Sicht zur einheitlichen Flexion tendieren. Im moderneren Deutschen treten bereits Formen wie (*des*) *Hohepriesters* und (*der*) *Langeweile* auf, und in den festlandsskandinavischen Sprachen ist anders als im konservativeren Isländischen die ursprüngliche Doppelflexion der bestimmten Substantivformen heute generell durch eine einheitliche Flexion ersetzt, vgl. schwedisch *hund* – bestimmte Form *hund-en* – bestimmte Form des Plurals *hund-ar-na*. Das erlaubt den Schluss, dass Wörter mit getrennter Flexion ihrer Konstituenten faktisch Ausnahmestatus haben.

Wenn man die Wörter hinsichtlich der beiden Kriterien der Wortkohärenz und der einheitlichen Flexion betrachtet, so ergibt sich eine Dreiteilung: Die bei weitem überwiegende Klasse von Wörtern erfüllt beide Kriterien. Eine weiterere Klasse erfüllt zwar das Kriterium der einheitlichen Flexion, aber nicht (so die meisten deutschen Komposita) oder nur eingeschränkt (so die kompositaähnlichen Derivationen des Deutschen) das Kriterium der Kohärenz. Eine dritte Klasse (so die eben diskutierten Fälle) erfüllt das Kriterium der Kohärenz, aber nicht das der einheitlichen Flexion. Damit lassen sich die Fälle der ersten Klasse als prototypische Wörter charakterisieren. Die Fälle der beiden anderen Klassen stellen dagegen nichtprototypische Wörter dar, da sie jeweils eine spezifische Eigenschaft syntaktischer Phrasen aufweisen. Man beachte, dass bei solchen nichtprototypischen Wörtern, die bei Koordination eine Tilgung zulassen, zusätzlich auch die Autonomie des Wortes eingeschränkt ist.

4. Literatur in Auswahl

Aronoff, Mark (1976), *Word Formation in Generative Grammar.* Cambridge/ Mass.: MIT Press.

Bauer, Laurie (1988), *Introducing Linguistic Morphology.* Edinburgh: University.

Bloomfield, Leonard (1933), *Language.* New York: Holt.

Chomsky, Noam (1970), "Remarks on nominalisation". In: Jacobs, R. A. & Rosenbaum, P. S. (eds.), *Readings in English Transformational Grammar.* Waltham/Mass.: Ginn.

Fuhrhop, Nanna (1997), *Grenzfälle morphologischer Einheiten.* Dissertation. Berlin: Freie Universität.

Greenberg, Joseph H. (1963), "Some universals of grammar". In: Greenberg, Joseph H. (ed.), *Universals of Language.* Cambridge/Mass.: MIT Press.

Matthews, P[eter] H[ugo] (^{2}1992), *Morphology.* Cambridge: University [^{1}1974].

Plank, Frans (1981), *Morphologische (Ir-) Regularitäten*: Aspekte der Wortstrukturtheorie. (Studien zur deutschen Grammatik; Bd. 13). Tübingen: Narr.

Wurzel, Wolfgang Ullrich (1984), *Flexionsmorphologie und Natürlichkeit.* Ein Beitrag zur morphologischen Theoriebildung. (Studia Grammatica XXI.) Berlin: Akademie-Verlag.

– (1988), „Derivation, Flexion und Blockierung". *Zeitschrift für Phonetik, Sprachwissenschaft und Kommunikationsforschung* 41, 179–198.

– (1997a), „Probleme mit dem Wort". In: Dressler, Wolfgang Ulrich & Orešnik, Janez & Teržan, Karmen & Wurzel, Wolfgang Ullrich (Hrsg.), *Natürlichkeitstheorie und Sprachwandel,* Band II.

Wolfgang Ullrich Wurzel †, Berlin (Deutschland)

26. Phonology of the word

1. Introduction: Some examples of word phonology
2. Some ideas and proposals originating from classical phonemics
3. Some ideas and proposals originating from early generative phonology
4. The Word as a separate phonological prosodic category
5. Lexical Phonology
6. Literature (a selection)

1. Introduction: Some examples of word phonology

In the standard northern variety of Italian (Nespor and Vogel 1986: 124ff.), intervocalic *s* is voiced to [z]: *a[z]ola* 'button hole', *a[z]ilo* 'nursery school'. The phenomenon occurs within words, and not across word boundaries, cf. *la sirena* 'the siren', *toccasana* 'cure all', *hanno seminato* '(they) have seeded'. Suffixes and some prefixes count as part of the word, but clitics do not: *ca[z]ina* 'little house', *di[z]onesto* 'dishonest' *vs. lo sapevo* '(I) knew it', *telefonatisi* 'having called each other'. In English (Hayes 1989: 206–207) the domain of syllabification is the word. Aspiration, the phonological property that accompanies voiceless obstruents in onsets (t^h*ar* vs. *rat*), is present in decreasing quantities in t^h*élephòne* (onset of a primary stressed syllable), *bárit^{h}òne* (onset of a secondarily stressed syllable), *Winnet^{h}ou* (onset of syllable with a full vowel), and *visit^{h}ed* (onset of a virtually unstressed syllable). It is not present, however, on the corresponding *t* of an utterance that is a near-minimal pair with the last example, but incorporates a clitic rather than a suffix: *visit it*.

These cases are typical of the phonological processes that can be found taking place within the words of natural languages.

2. Some ideas and proposals originating from classical phonemics

To consider words, to discuss what they could contribute to phonology and what phonology could say about them, has been among the goals of the field from the very outset (Van Wijk 1939: 12–17, 115–125). In the *Projet de terminologie standardisée* that appeared in the 1931 *Travaux du cercle linguistique de Prague, phonologie* is defined as „Partie de la linguistique traitant des phénomènes phoniques au point de vue de leurs fonctions dans la langue", and subdivided into the *phonologie du mot,* which investigates the „différences phoniques qui, dans une langue donnée, sont capables de différencier les significations des mots séparés", and the *phonologie syntaxique* which, *inter alia*, studies the „différences phoniques qui, dans une langue donnée, sont capables de délimiter le mot dans un groupe de mots" (this is also called the *phonologie du syntagme*).

The first type of phonology means that the word is typically the domain for which phonemes are established, for instance using a minimal pair test. In a Dutch version of the case from Russian discussed in Halle (1959: 22–23), plosives come in pairs for two places of articulation (labial *pad:bad* 'path/bath' and dental *tak:dak* 'branch/roof'), but there is just a voiceless velar one (*kat* 'cat':*[g]at*). It does not help to point out that the two compounds *dak-balk* ([g-b]) 'roofbeam' and *dam-balk* ([m-b]) 'dam strut' have contrasting consonants involving *g/m*, because compounds do not count. The insight that allophones tend to arise above the level of the word has an equivalent in modern phonological theorizing that will be addressed below.

Illustrations of the second type of phonology run as follows. Many languages (Zonneveld 1983, Yip 1991), including English and Dutch, say that word-internal consonant-clusters must have a dental member (*ski*, *piston*, *act*, *wasp*). This implies that the absence of a dental consonant from a cluster signals a word boundary: E. *think-piece*, D. *denk-beeld* 'think-image = idea'. Conversely, in Dutch short vowels cannot occur word-finally, although long ones can: *knie* [kni] 'knee', *stro* [stro] 'straw', *[knı]. This implies that the occurrence of a short vowel necessarily signals the absence of an immediately following word boundary.

Phonology can be involved in word edge signalling more 'actively' than this, too. Interestingly in Dutch (Zonneveld 1983) clusters of voiceless obstruents occur in underived words (*stem* 'voice', *kastéel* 'castle', *west* 'west') and across word boundaries (*bad-kamer* [t-k] 'bathroom'), but voiced clusters are (virtually) absent from words and typically (arguably exclusively) occur across word boundaries as the result of regressive voicing assimilation (*bad-broek* [d-b] 'swimming trunks'). Thus, clusters of voiced obstruents provide information about the presence of a word boundary (Dutch also has Final Devoicing (*bad* [bát] 'bath' *vs. baden* [bad ə] 'baths', *bad-muts* [t-m] 'bathing cap'), but this is consistently overruled by voicing assimilation where applicable). Word edges can also be indicated by the absence of a phonological effect. In Fe?fe?-Bamileke (Hyman 1975: 77–78), *p* is voiced to *b* after *m*, as in *po* 'hand' *vs. mbo* 'hands'. Within words, these sounds never occur in contrast, and *b* can be considered an allophone of *p*. There is no voicing in word combinations, cf. *tum pi:* 'send the profit'. Thus, phonetic [mp] signals a word boundary. In Dutch (Trommelen 1993) long vowels undergo 'colouring' (perhaps some sort of 'breaking') when the consonant *-r* immediately follows them, not necessarily in the same syllable: *me:[ə]r* 'more', *kantó:[ə]r* 'office', *sté:[ə]reo*; the phenomenon is absent when the sequence is parted by a word boundary, as in a compound: *mée-rìjden*. Thus, pure unmodified *-e:r-* signals morphological (compound) structure.

Although signalling boundaries often seems a natural situation for phonological phenomena to be involved in, it was soon recognized that this is different from having the word as one's *domain*. Consider the case of vowel harmony, for instance that of Hungarian (Vago 1980). In the regular case, combinations of roots and suffixes agree in the value for [back] of their vowels, cf. *város-nak* 'city, dat.' and *tömeg-töl* 'crowd, abl.'. However, some roots (some of them native words (*béka* 'frog') some of them loans (*Europa* 'Europe')) violate this state of affairs root-internally and have the suffix-vowel agree just to its immediate left-hand final root-vowel, showing essentially the 'locality' of the phenomenon: *öropa-nak* 'Europe, dat.', *soför-nek* 'chauffeur, dat.'. In such a system, sequences of vowels of the same class do not necessarily signal a wordedge, consider *amérika-nak* 'America, dat.' Conversely, a switch from one vowel class to the other does not necessarily imply the transition from one word to the next. There is no doubt, on the other hand, that the *domain* of harmony is the word: in compounds, e.g., each member maintains simply its own vowels: *könyv-tár* 'book-collection = library'. In systems of word-stress, the function of word main stress has been called a *delimitative* one (Trubetzkoy 1939/1969: 27), *i.e.* it can be found close to the edge of the word. Thus, when in a language (Hayes 1980) the first syllable is consistently (main-)stressed as in Finnish, Hungarian or Maranungku (Australia), or the final syllable, as in Armenian, French or Weri (Australian New Guinea), or the second syllable from the left, as in Southern Paiute (Amerindian), or the prefinal one, as in Polish or Warao (Venezuela), the fact that a strong amount of stress comes along in an utterance strongly indicates the boundary of a word. In some languages, however, the system, although in principal similar, is less clearcut in the output. In Dutch, English and German, e. g., (Chomsky and Halle 1968, Hayes 1982, Kager 1989, Jessen 1999) the position of word main stress can be calculated from the righthand side of the word, but in effect is placed in a window of three syllables, the precise outcome of the procedure depending on a number of phonological-segmental, prosodic and morphological factors. Eventually, the main stressed syllable in the phonetic form of the word may end up closer to the left edge than to the right one: cf. *América*, in which the third syllable from the right is stressed (similarly so in all three languages mentioned) because, in the three-syllable window at the right edge the two rightmost syllables are light and shun stress. Even so, there can be no doubt that even in these languages the rules of calculation have a directional orientation, and have the word as their domain.

3. Some ideas and proposals originating from early generative phonology

In the first decade of generative phonology (Chomsky, Halle and Lukoff 1956, Chomsky and Halle 1968), interesting attempts were made to show that the notion of *word* was a derived rather than a primitive one. This ambitious strategy was part of an elaborate reaction to some basic tenets of American structuralism, including the latter's strict empiricist prohibition against 'mixing levels'. In this methodological vein, Hockett (1942: 19) had proposed that: „phonological analysis is assumed for grammatical analysis and so must not assume any part of the latter. The line of demarcation between the two must be sharp". Within such a framework Trager and Smith (1951) attempted to come to grips with English suprasegmental phenomena, but their efforts were judged by contemporaries to be less than successful. Using the phenomenon of (word and phrasal) stress as an illustration, CH&L's seminal paper argued against the structural position, showing that there can be said to be a 'simple' set of rules that 'generates' adequate stress contours, assuming that the analysis with these advantages employs constituent structure that is independently motivated, by the morphology and the syntax: the analysis

„describes the distribution of stresses in terms of a hierarchic organization which has morphological and syntactic significance, thus indicating a systematic relation between the phonological and higher levels of linguistic analysis. [...] This correspondence leads to an overall simplification of the grammar of the language, since the constituent structure once stated can be made to serve a variety of functions" (CH & L: 78). Thus, the stress differences between *léttuce*, *líghthòuse*, and *líght hóuse* follow from the 'structural' differences between these utterances: (underived) word *vs.* compound (word) *vs.* phrase. The (partial) model of the grammar that is assumed in this framework looks as in (1 a), and two relevant sample representations look as in (1 b):

(1a) SYNTAX

LEXICON ⇒   ⇓ readjustment
 lexical
 insertion
         PHONOLOGY

(1b)   N
       / \
      N   N
    light house
                or: [#[#light#]$_N$[#house#]$_N$#]$_N$

Fig. 26.1

Syntax(/morphology) generates structures (trees), into which lexical entries are inserted by the process of lexical insertion; the result is representations such as those in the top half of (1 b). The output of the syntax is converted (by 'readjustment') into the input for the phonology, implying a flattening out of the structure by the use of the square bracket notation. This representation is then enriched by the insertion of # boundary symbols, one immediately to the inside of each bracket. This provides essentially two ways of referring to the notion of *word*, without assuming it as a primitive. First, it is possible to refer immediately to the syntactically labelled brackets. An example of this occurs in a subgeneralization of the English word stress system. The three-syllable window mentioned above, which allows the noun *américa* (and *génesis*, *cínnamon*) as a case of right edge stress, is reduced to a two-syllabled one in verbs and adjectives (*astónish$_V$*, *illícit$_A$*) (Chomsky and Halle 1968: 69 ff., Hayes 1982). Somehow it is as if in nouns the edgemost syllable does not count. This phenomenon is known as 'extrametricality', and it seems to be limited to the context_]$_N$. Second, reference to words-in-general, independently of their morphological category, is made by employing the boundary symbols conventionally present. Consider a rule such as Final Devoicing, neutralizing the opposition between voiced and voiceless obstruents at the end of words in languages such as Dutch, German, Russian, and so on. Given the fact that the definition of a word in this framework is that of (2a) (*i.e.*, anything in between # boundary symbols), the formulation of this rule in this framework is that in (2b) (this is the rule applying in a Dutch case such as *bad* [bɑt]).

(2a) *Definition of* WORD   (2b) *Word-final devoicing*

$\quad$ #___#   [-son] → [-voice] /___#
Fig. 26.2

The mirror image of this process occurs, e.g., in Tubatulabal (south-central California), which therefore has obstruent devoicing in the context #___: *ta:wĭg-* 'to see', derived form *a:dawï:k*, next to *tôlo:h-* 'to groan', derived form *ôtôlo:h* (Jensen 1973: 51ff.).

Falling foul to serious criticism towards the end of the second decade of the generative enterprise, this model was stepwise abandoned in the 1970's and 1980's. Two points of criticism are relevant here. The first concerned the fact that frequently the boundary insertion mechanism failed to match the requirements of the language in question (Selkirk 1980): boundaries turned out to be subject to language particular additional insertion, or deletion, or manipulation. As an alternative, the separate notion of *Word* was (re-)introduced, as a domain of phonological rule application. This was not an isolated move, however, but one integrated into a comprehensive theory of prosodic categories in phonology. Second, doubt was raised as to the correctness of the claim that all phonology follows lexical insertion, *i.e.* that all phonology is *post-lexical*.

4. The Word as a separate phonological prosodic category

In Prosodic Phonology, *words* are objects that become available from the lexicon for lexical insertion. But *Word* is also the top node (ω) in a tree that represents the phonological properties of a given lexical item. Thus, a representation such as that in (3) (or an equivalent one) is often found in the literature, including the prosodic categories ω (Word), F (Foot), and σ (Syllable).

(3)

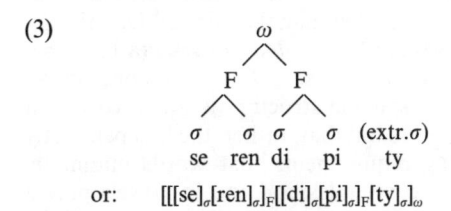

$$\omega$$
$$F \quad F$$
$$\sigma \quad \sigma \; \sigma \quad \sigma \quad (extr.\sigma)$$
$$se \; ren \; di \; pi \quad ty$$

or: [[[se]$_\sigma$[ren]$_\sigma$]$_F$[[di]$_\sigma$[pi]$_\sigma$]$_F$[ty]$_\sigma$]$_\omega$

Fig. 26.3

In such a representation, syllables are assembled into feet (except the final extrametrical one, which is *hors de concours*), and feet are assembled into a word. All of these categories are relevant to the phonology: they serve as domains to phonological processes. A well-known process that takes place at syllable-edges is *r-deletion* in British English: *fa(r)me(r)*, etc. (Kaye 1989: 70ff.). English aspiration, which takes place in syllable-onsets, depends on the Word as a domain of syllabification. Feet are units of rhythm: observe that in each foot the leftmost syllable bears the largest amount of stress as compared to its foot mate (*sèren-dípi-ty*). Finally, at the word level the context of Final Devoicing now is ___)$_\omega$ (There also seem to be languages – and Dutch may be an example – in which its domain is ___)$_\sigma$.) In the example of (3), the Word is the level at which it is established that the strong syllable of the rightmost foot is the one that carries main stress (Liberman and Prince 1977, Hayes 1982): as was indicated earlier, English is a right-oriented word stress language. The Word is the domain within which *s-voicing* takes place in Italian. And so on.

The Word is probably the only prosodic category that is allowed to be recursive. Combinations of words are not necessarily immediately phrases, but may be compounds: words consisting of words. Such a configuration is often the domain of specific rules of compound stress, as in English and other Germanic languages (see above). In Sanskrit (Whitney 1889, Selkirk 1980) obstruents are voiced precisely at the break between the members of a compound: *sat-aha* → *sad-aha* 'good day' *vs.* the affixed form *marut-i* 'wind (loc.)'. Self-embedding of syllables and feet is presumably impossible.

Many languages seem to fruitfully employ the notion of Minimal Word. Examples can be found in the morphological process of reduplication, which often is expressed simply by a doubling of the available stem, cf. Warlpiri (Australia) *kurdu* 'child' → *kurdukurdu* 'children'. Equally often, however, the reduplicant is smaller than the stem, cf. Diyari *wila-wila* 'woman' and *tʼilpa-tʼilparku* (a bird species). The latter case is the relevant one, showing that syllable structure is not involved in the process but that, rather, the independently existing requirements that words minimally have two syllables and end in vowels play a crucial role in determining the shape of the reduplicant (McCarthy and Prince 1998: 286–287).

There may be a mismatch between prosodic phonological structure and morphological structure. In an English past tense form such as *visited*, the morphological structure is bimorphemic [visit]$_V$[ed]$_{past}$, whereas the phonological structure has three syllables [vi]$_\sigma$[si]$_\sigma$[ted]$_\sigma$, as witnessed by the (weak) aspiration possible in the onset of the final syllable. A similar mismatch between phonology and syntax may occur at the level of the word (Nespor and Vogel 1986: 116ff.). The phonological word may be different from the one that serves as a unit for lexical insertion. For instance, in richly suffixing languages prefixes are often attached outside the domain of the word proper. In Hungarian Vowel Harmony, the form *haver-e-tek-hez* 'to your (pl.) friend' has a stem and three harmonic suffixes; a prefix, however, does not participate in stem-harmony, and is presumably a (word) domain on its own: *oda-menni* 'there go'. With respect to Italian *s*-voicing, vowel-final prefixes are separate words, cf. *a-sociale* 'asocial', *bi-sessuale* 'bisexual', whereas consonant-final prefixes are contained within the phonological word of the stem, cf. *di[z]onesto* 'dishonest'. This seems to be so because it is extremely irregular for an Italian word to end in a consonant. In some cases, there is less of a mismatch between the phonological structure and the structure required for (compositional) semantics (assuming that this is a coherent notion): the two-word form *pre-[s]entire* has the comparatively transparent meaning of 'to hear in advance', whereas the meaning of single-word *pre[z]entire* is comparatively opaque 'to have a presentiment'. Situations in which the phonological word is larger than the syntactically inserted one do presumably not exist. Cases of stems and clitics (cf. English *visit it*, French *Je m'en vais* 'I go there' next to *M'-en vais-je?* next to *Je ne m'en vais pas*) are perhaps handled best by introducing the notion of Clitic Phrase, going back to the notion of („avoiding the term *mot*" (Van Wijk 1939: 117)) *molécule syntaxique* of Bally (1932). The Theory of Prosodic Phonology assumes that prosodic categories also exist above the level of the word (Selkirk 1978, Nespor and Vogel 1986): words and surrounding clitics (possibly none) form a Clitic Phrase, these can be assembled into Phonological Phrases (in which rules of phrasal stress can apply, as in English *lìght hóuse*), these phrases can be combined into Intonation Phrases (obviously the domains of intonation contours), and finally these can be combined into an Utterance, which is more or less the equivalent of a syntactic sentence. The study of these higher level domains is known as Phrasal Phonology.

5. Lexical Phonology

In the 'classical' model of generative phonology (cf. (1a)), all phonological rules apply to a flattened out structure which arises out of a syntactic surface phrase marker including lexical entrier supplied by the process of lexical insertion. Thus, all phonology is post-lexical. This picture is probably wrong, however, in the sense that a whole range of phonological phenomena have been discovered which can be accounted for much better when dealt with prior to lexical insertion, in fact *in the lexicon*. Thus, a fundamental distinction seems to exist between lexical and post-lexical phonology. The hingepoint between them is the level of the word (which is why post-lexical and phrasal phonoloy can be considered more or less equivalent terms), *i.e.* phonological processes taking the word or lower prosodic categories as their domain are typically lexical. Although debated, the argument towards lexical phonology briefly runs as follows (Siegel 1974, Kiparsky 1982 *vs.* Halle and Vergnaud 1987, Fabb 1988).

English suffixes can be subdivided into two classes: stress-sensitive ones and stress-neutral ones. Stress-sensitive suffixes behave as if part of an underived word, and also allow the stress rules for underived words to apply to the words they are a part of: *cáptive* → *captív-ity*, cf. underived *america* which has the same phonological structure. Stress-neutral suffixes behave as if they are added completely without accentual consequence: *sérious-ness*, in spite of the fact that English word stress usually observes the trisyllabic window at the right word edge. This difference between two types of affix harks back to Bloomfield's (1933) notion of primary and secondary affixation, and an explanation of the difference *vis-à-vis* (1a) may be this. The lexicon gives as its output all words of the language, whether underived or derived (by morphological rules). The latter come in two types: ones with neutral affixes, and ones with stress-sensitive affixes which largely lump together with underived words. The phenomenon of stress-neutrality is explained when neutral suffixes are added to their bases after the wordstress rules have applied; the phenomenon of stress-sensitivity is explained when we assume that there is a part ('level') of the lexicon where underived words and words derived with stress-sensitive affixes can jointly undergo the wordstress rules. The latter co-inhabit that level. The resulting, revised, model of the grammar is that below:

(4)
LEXICON
Level 1: underived words   SYNTAX
         derived words (stress-sensitive)
         LEXICAL PHONOLOGY I
                (e. g. wordstress)   ⇓
Level 2: derived words (neutral)   ⇓
         LEX PHON II (e. g. Final Devoicing) ⇓
                                        ⇒
                                        lexical
                                        insertion
         POST-LEXICAL PHONOLOGY
Fig. 26.4

From top-to-bottom through the lexicon, this model makes an independent prediction that is largely borne out by the facts: if affixes are stacked, stress-sensitive suffixes systematically occur inside stress-neutral ones, never the other way around: *mýstery* → *mystéri-ous* → *mystérious-ness* (notice also that inflectional suffixes are often neutral).

Models like these have been developed for a large number of languages (cf. Kiparsky (1982, 1985, 1993)), Halle and Mohanan (1985), Kaisse and Shaw (1985), Borowsky (1993), Inkelas (1993), the investigators arguing for lexical levels and assigning phonological rules to them. One of the more interesting questions is whether a principled distinction can be made between Lexical and Post-Lexical Rules, apart from their different domain specifications. Some answers involve the following issues.

Lexical rules are allowed to have exceptions, post-lexical rules are typically excep-

tionless; more specifically: the earlier (deeper) the lexical level, the more common exceptions are. This is independent confirmation that the English rule of Trisyllabic Shortening (cf. *ser[i:]n* → *ser[ɛ]n-ity*) is a Level I lexical rule (cf. *ob[i:]s* > *ob[í:]s-ity*). Lexical rules are typically categorical, *i.e.* they involve the absence vs. presence of a certain featural property; post-lexical rules may be 'gradient'. In Dutch, lexically both *p* and *f* are 'labial' (contrasting with dentals and velars), as shown by full nasal assimilation in the underived words *lamp* 'lamp' and *nimf* 'nymph'. Post-lexically, however, *p* is labial and *f* is labio-dental: *in Polen* [m-p] 'in Poland' *vs. in Frankrijk* [ɱ-f] 'in France'. Introducing such subtleties is typical of post-lexical rules. Cyclicity, *i.e.* keeping track of the derivational history of the word in terms of newly added affixes (by morphological rules), and considering each case of affixation as creating a possible sub-word phonological domain, has been claimed to be a property of lexical rules, more specifically of those associated with level I. The most celebrated case says this (Chomsky and Halle (1968), Halle and Vergnaud 1989: 102ff.)). If in the morphologically derived level I words [[cònd[ɛ]ns]-átion] and [[còmp[ə]nsát]-ion] the word stress rules apply to the base words first (*condéns, cómpensate*) we explain, by taking into account the results of this inner application when figuring out the complete stress patterns of the derived words, why the the possibilities of vowel reduction are different: the earlier stresses affect the properties of the full words. More generally speaking, such cyclic effects can be called paradigmatic, *i.e.* they are examples of the notion that a certain form has a certain property because another morphologically and/or semantically related form has that property (Brame 1974, McCarthy and Prince 1999). In French, to a large degree the distribution of [ö] and [œ] depends on the nature of the syllable: the former vowel in open syllables, both vowels in closed syllables: *jeu* vs. *œuvre*. In the open syllable of *dis[œ]vré*, however, the latter vowel is maintained (the neutralization blocked because of the morphological connection). Finally, lexical rules have been claimed to be structure-preserving, *i.e.* able to link just phonemes of the language in their input and output. The example of nasal assimilation just mentioned is a case in point, out of many. Recall from classical phonemics that the word is considered the domain of the minimal pair test for phonemes. On the other hand, if Fe?fe?-Bamileke voicing (section 2) is lexical, which it seems to be, and if Dutch breaking is lexical, which it seems to be, not all lexical output ('words') can be defined strictly in terms of phonemes; again it may be the case that deeper lexical levels adhere to this restriction more truthfully than more superficial levels do, not unexpectedly so.

6. Literature (a selection)

Bally, Ch. (1932) *Linguistique générale et linguistique française*. Paris.

Bloomfield, L. (1933) *Language*. Holt, Rinehart and Winston, New York.

Booij, G.E., and J. Rubach (1987) Postcyclic vs. postlexical rules in Lexical Phonology. *Linguistic Inquiry* 18, pp. 1–44.

Borowsky, T. (1993) On the Word Level. In S. Hargus and E.M. Kaisse (eds.), *Studies in Lexical Phonology*, Academic Press, New York, pp. 199–234.

Brame, M.K. (1974) The cycle in phonology: Stress in Palestinian, Maltese, and Spanish. *Linguistic Inquiry* 5, pp. 39–60.

Chomsky, N., and M. Halle (1968) *The Sound Pattern of English*. Harper and Row, New York.

Chomsky, N, M. Halle and F. Lukoff (1956) On Accent and Juncture in English. In: *For Roman Jakobson: Essays on the Occasion of his Sixtieth Birthday*, Mouton, The Hague, pp. 65–80.

Fabb, N. (1988) English suffixation is constrained only by Selectional Restrictions. *Natural Language and Linguistic Theory* 6, pp. 527–540.

Halle, M. (1959) *The Sound Pattern of Russian*. Mouton, The Hague.

Halle, M., and K.P. Mohanan (1985) Segmental Phonology of Modern English. *Linguistic Inquiry* 16, pp. 57–116.

Halle, M., and J.-R. Vergnaud (1989) *An Essay on Stress*. M.I.T. Press, Cambridge, Mass.

Hayes, B. (1980) *A Metrical Theory of Stress Rules*. M.I.T. Ph.D. dissertation.

–, (1982) Extrametricality and English Stress. *Linguistic Inquiry* 13, pp. 227–276.

–, (1989) The Prosodic Hierarchy in Meter. In P. Kiparsky and G. Youmans (eds.), *Rhythm and Meter*. Academic Press, New York, pp. 201–260.

Hyman, L. (1975) *Phonology: Theory and Analysis*. Holt, Rienhart and Winston, New York.

Inkelas, S. (1993) Deriving Cyclicity. In S. Hargus and E.M. Kaisse (eds.), *Studies in Lexical Phonology*, Academic Press, New York, pp. 75–110.

Jensen, J. (1973) *Stress and the Verbal Phonology of Tubatulabal*. University Micofilms, Ann Arbor, Mi.

Jessen, M. (1999) German. In M. Trommelen and W. Zonneveld, „Word Stress in West-Germanic Languages", section 8.1. of H. van der Hulst (ed.), *Word Prosodic Systems in the Languages of Europe*, Mouton/De Gruyter, Berlin, pp. 515–544.

Kager, R. (1989) *A Metrical Theory of Stress and Destressing in English and Dutch*. Foris, Dordecht.

Kaisse, E.M., and P.A. Shaw (1985) On the Theory of Lexical Phonology. *Phonology Yearbook* 2, pp. 1–30.

Kaye, J. (1989) *Phonology: a Cognitive View*. Lawrence Erlbaum, Hillsdale, N.J.

Kiparsky, P. (1982) From cyclic phonology to lexical phonology. In H. van der Hulst and N.S.H. Smith (eds.), *The Structure of Phonological Representations I*, Foris, Dordrecht, pp. 131–175.

–, (1985) Some consequences of Lexical Phonology. *Phonology Yearbook* 2, pp. 83–136.

–, (1993) Blocking in nonderived environments. In S. Hargus and E.M. Kaisse (eds.), *Studies in Lexical Phonology*, Academic Press, New York, pp. 277–314.

Liberman, M., and A.S. Prince (1977) On Stress and Linguistic Rhythm. *Linguistic Inquiry* 8, pp. 249–336.

McCarthy, J.J., and A.S. Prince (1998) Prosodic Morphology. In A. Spencer and A.M. Zwicky (eds.), *The Handbook of Morphology*. Blackwell, Oxford, pp. 283–305.

–, (1999) Faithfulness and identity in Prosodic Morphology. In R. Kager, H. van der Hulst and W. Zonneveld (eds.), *The Prosody Morphology Interface*, Cambridge University Press, pp. 218–309.

Nespor, M., and I. Vogel (1986) *Prosodic Phonology*. Foris, Dordrecht.

Selkirk, E.O. (1978) On Prosodic Structure and its Relation to Syntactic Structure. In T. Fretheim (ed.), *Nordic Prosody II*, Tapir, Trondheim, pp. 111–140.

–, (1980) Prosodic domains in phonology: Sanskrit revisted. In M. Aronoff and M.-L. Kean (eds.), *Juncture*. Anma Libri, Saratoga, Cal., pp. 107–129.

Siegel, D. (1974) *Topics in English Morphology*. M.I.T. Ph.D. dissertation.

Trager, G.L., and H.L. Smith (1951) *An Outline of English Structure*, Studies in Linguistics: Occasional Papers 3, Battenburg Press, Norman, Okl.

Trommelen, M. (1993) Lexical word-processes in Dutch. *The Linguistic Review* 10, pp. 161–184.

Trubetzkoy, N.S. (1939/1969) *Principles of Phonology*. University of California Press, Berkeley.

Vago, R.M. (1980) *The Sound Pattern of Hungarian*. Georgetown University Press, Washington D.C.

Van Wijk, N. (1939) *Phonologie, een hoofdstuk uit de structurele taalwetenschap*. Martinus Nijhof, 's-Gravenhage.

Whitney, W.D. (1889) *Sanskrit Grammar*. Harvard University Press, Cambridge, Mass.

Yip, M. (1991) Coronals, Consonant Clusters, and the Coda Condition. In C. Paradis and J.-F. Prunet (eds.), *The Special Status of Coronals: internal and external evidence*. Academic Press, New York, pp. 61–78.

Zonneveld, W. (1983) Lexical and phonological properties of Dutch voicing assimilation. In M. van den Broecke *et al. (eds.)*, *Sound Structures, Studies for Antonie Cohen*. Foris, Dordrecht, pp. 297–312.

Wim Zonneveld, Utrecht (The Netherlands)

27. Graphematische Eigenschaften von Wörtern

0. Einleitende Bemerkungen.
1. Logographische Schriftsysteme.
2. Nicht-logographische Schriftsysteme
3. Die idealisierte Repräsentation von Wortformen.
4. Grenzfälle.
5. Literatur in Auswahl

0. Einleitende Bemerkungen

01. Das Erlesen schriftlicher Texte geschieht über die Ausgliederung von Sinneinheiten. Bei ausgebauten Schriftsystemen erfolgt das auf mehreren Ebenen, von denen die des Lexikons eine Schwelle bildet, deren Einheiten im Folgenden der Einfachheit halber *Wörter* genannt werden; bei Texten findet sich über eventuelle Makrostrukturen (die Auszeichnung von Abschnitten unterschiedlicher Größe) hinaus immer die Ausgliederung der syntaktisch integrierten Sequenzen (*Sätze* im grammatischen Sinne). Der Grad der Auszeichnung und deren Form ist abhängig von der Textart und von sprachexternen kulturellen Traditionen. Die Ausgliederung von sinntragenden Einheiten unterhalb der Wortebene (Morpheme) ist (außer von kulturellen Traditionen) von der Sprachstruktur abhängig: bei isolierenden Sprachen wie z. B. im Vietnamesischen ist eine wortunabhängige Ebene morphologischer Wortformative nur in Ausnahmefällen auszumachen; sie kann in solchen Sprachen auch keinen graphischen Ausdruck finden. So stellt sich die schriftliche Textartikulation in Abhängigkeit von der schriftfundierenden Sprachstruktur auf der einen, von kulturellen Traditionen auf der anderen Seite bei den verschiedenen Schriftsystemen recht unterschiedlich dar.

02. Die Analyse der einzelnen Schriftsysteme muss die relative Autonomie der schriftlichen und mündlichen Zeichensysteme berücksichtigen. Zeichen sind in einem Feld von syntagmatischen und paradigmatischen Dimensionen definiert: Graphische Zeichen haben in diesem Sinne eine eigene Feldstruktur, in der sie durch visuelle (motorisch-gestische) Ähnlichkeiten motiviert sind, unabhängig von ihrer Repräsentationsfunktion für lautsprachliche Zeichen. Im praktischen Umgang mit ihnen können sie sich auch verselbständigen, wie bei *Siglen* sinnfällig ist, die sprachunabhängig fungieren: Zahlzeichen wie 7 (dt. *sieben*, engl. *seven*, frz. *sept*, arab.[maltes.] *sebgħa*, türk. *yedi* usw.), kaufmännische Zeichen wie & (dt. *und*, engl. *and*, frz. *et*, arab.[maltes.] *wa* usw.). Besteht in struktureller Hinsicht ein Nebeneinander, so kommt es durch sprach- bzw. schriftpraktische Zusammenhänge allerdings zu Überlagerungen: Nur ausnahmsweise stehen graphische und mündliche Praktiken unabhängig nebeneinander, wie z. B. eine rein graphische Kurzform *Dir.* für *Direktor* neben dem mündlichen „Kurzwort" *Direx* (im schulinternen Sprachgebrauch) steht. In zunehmend literarisierten Kulturen wie denen der westlichen Welt wirken rein graphische Zeichen als Vorgabe auf die mündlichen Praktiken zurück: Sie werden als lexikalische Wörter auch *gesprochen* wie z. B. ['tyf] „TÜV", ['naːto] „NATO" – unabhängig davon, ob ihre Motivierung durch die „Auflösung" solcher Abkürzungen noch möglich ist.

1. Logographische Schriftsysteme

Der strukturell einfachste Fall eines Schriftsystems liegt vor, wenn jedes Wort mit einem Zeichen dargestellt wird, sodass eine Kette von Schriftzeichen auch direkt als Kette von Wörtern zu interpretieren ist. Die Verknüpfung der Zeichen kann dabei unterschiedlichen Bedingungen unterworfen sein:

- *sprachexternen* Kriterien (Aufzählungen, sachorientierten Zusammenstellungen u. dgl.);
- oder aber *sprachintern* durch syntaktische Strukturen wie insbesondere bei narrativen Texten.

Sprachexterne Vertextungsstrukturen finden sich auch in nicht-logographischen Schrifttraditionen: z. B. bei älteren Güter- oder Steueraufstellungen mittelalterlicher Schreiber in der westlichen alphabetischen Tradition, etwa als „ikonische" Gliederung der sog. *Heberegister* durch die Abfolge bei der „Umfahrung" des Besitzes o. ä.; solche Schreibpraktiken nutzen die spezifischen Potentiale dieser Schriftsysteme nur rudimentär; sie sind daher auch marginal.

Der einfache logographische Fall von Schriftsystemen ist sprach- und schriftgeschichtlich eher eine Ausnahme. Das in manchen Darstellungen in diesem Sinne angeführte chinesische Schriftsystem ist zumindest in der historischen Zeit seiner Überlieferung nicht darunter zu rechnen: Es ist erheblich komplexer, da seine Wortformen nicht notwendig einsilbig sind, sondern z. B. auch Komposita einschließen; die Wortzeichen sind denn auch i.d.R. mehrgliedrig, umfassen zusätzliche Markierungen (Wortdeterminative: Klassifikatoren u. dgl.). Allerdings ist der Aufbau der komplexen Zeichen fest: Die determinierenden Zeichen treten in einer festen Abfolge zu den determinierten hinzu (abhängig von der Schreibrichtung darunter oder rechts daneben). Da diese determinierenden Zeichen aus einem festen Inventar bezogen werden und selbst nicht als determinierte Zeichen Verwendung finden, sind sie i.d.R. eindeutig identifizierbar. Insofern erfüllen sie bei komplexen Zeichen eine delimitative Funktion: Sie markieren das Wortende.

2. Nicht-logographische Schriftsysteme

Alle nicht-logographischen Schriftsysteme produzieren Zeichenketten, deren wörtliche Gliederung für die Leser nicht eindeutig ist. Daher erfordern sie spezielle Markierungen für die Text- bzw. Wortausgliederung. In unterschiedlicher Weise, abhängig von den unterschiedlichen fundierenden Sprachstrukturen, haben sich in den verschiedenen Schrifttraditionen solche Markierungen für die Abgrenzung von Wörtern und evtl. auch größerer syntaktischer Einheiten entwickelt. Ihre Genese und Nutzung ist an funktionale Fragen der Schriftpraxis gebunden.

2.1. Schreibpraxis ohne spezialisierte Gliederungszeichen

Durch den Kontext nur eingeschränkt interpretierbare Textstücke wie Listen, Schuldverschreibungen u.dgl. sind relativ leicht zu desambiguieren. Bei größerem Umfang nutzen sie meist den Schreibplatz zur Textgliederung (durch den Zeilen- bzw. Abschnittsaufbau) und benötigen daher keine spezialisierten Gliederungszeichen. Das trifft so auf einen Großteil der Texte in europäischen Sprachen bis ins hohe Mittelalter zu, für bäuerliche Niederschriften (etwa zur Buchführung am Hof) auch noch weit in die Frühe Neuzeit. Eine ähnliche Praxis entwickeln auch Schreibanfänger spontan in der Grundschule.

Ohne eine extern vorgegebene Normierung (Orthographie) ist die schriftliche Form weitgehend abhängig von den individuellen Präferenzen bzw. Zwängen – bzw. ausgerichtet an der Erwartungshaltung der Abnehmer des Schreibproduktes. Ein entscheidender Faktor ist dabei die jeweilige Lesepraxis: Wenn das Erlesen eines Textes über ein lautes Vorlesen (sich selbst oder durch einen „Vorleser") erfolgt, genügt für das Verständnis des Textes seine Wiederkennung im Lautierten. Auf das Lautieren abgestellte Texte waren daher in Europa bis ins frühe Mittelalter in einer *scriptio continua* abgefasst, und zwar besonders narrative Texte, die in eine solche (Vor-)Lesepraxis eingebettet waren.

2.2. Schreibpraxis mit spezialisierten Gliederungszeichen

Problematisch für Leser sind Texte mit durch den Kontext nur sehr gering eingeschränkten Deutungsmöglichkeiten. Das gilt insbesondere dann, wenn diese Texte auch noch in Sprachen artikuliert werden, deren Wörter eine variable Gestalt haben (durch eine reiche Morphologie geprägt sind), wie es für die alten Schriftsprachen des vorderen Orients gilt (Sumerisch, altsemitische Sprachen), die die Wörter in ihrer Binnenstruktur repräsentieren; unabhängig davon, ob die Einheiten des Schriftsystems Silben repräsentierten oder Silbenkonstituenten (Silbenränder wie traditionell in den semitischen Schriften, später dann auch zusätzlich Silbenkerne wie in den Alphabetschriften), erfolgte die Repräsentation von Wörtern in Zeichenketten, deren Abgrenzung ambig war. Seit der Frühzeit der professionellen Schriftkultur im Vorderen Orient entwickelten die Schreiber in Reaktion darauf Systeme von Worttrennern. Diese sind auch bei epigraphischen Inschriften im europäischen Altertum und im frühen Mittelalter da üblich gewesen, wo diese relativ kontextunspezifisch waren (das war in Griechenland nicht anders als bei den germanischen Runeninschriften).

Die heute übliche Praxis der Wortabtrennung durch Spatien hat sich erst in Verbindung mit dem Druck mit beweglichen Lettern durchsetzen können, bei dem jedes Zeichen einen festen Platz einnahm – insofern auch ein nichtgefüllter Platz eine (graphische) Funktion haben konnte. Handschriftliche Texte zeigen dagegen bis weit in die frühe Neuzeit diese Gliederung nicht – Zäsuren im Schreibfluss sind hier vielmehr überwiegend duktusabhängig, an bestimmte (vor allem auch idiosynkratische) Buchstabenformen gebunden, die u. U. nicht oder weniger ligiert wurden. Die Interpretation eines Zeichenzwischenraums als Wortzwischenraum war hier abhängig von der semantischen Interpretation des Textes – nicht umgekehrt. Relativ spät setzt sich in der Schreibpraxis die Kopie des Druckbildes (Schriftsatzes) mit seinen Spatien durch; zur systematischen Praxis wurde das erst mit dem am Buchdruck orientierten Elementarschulunterricht (auf der Grundlage der dort abzuschreibenden gedruckten Fibeln).

Gegenstück zur Markierung der Trennung von Wörtern durch einen Zwischenraum (*Spatium*) ist die Markierung der Bindung von Zeichen in einem Wort, wenn die Abfolge unterbrochen ist (z. B. durch Zeilenbruch). Bei der interpungierenden Wortausgliederung sind solche Bindungszeichen nicht erforderlich; im Pinzip auch nicht bei der *scriptio continua*. Hier findet sich allerdings schon bei Schreibern der Antike wenn nicht die Präferenz für einen wortende-kongruenten Zeilenbruch, dann doch einen solchen, der wenigstens mit Morphem- oder doch Silbengrenzen zusammenfällt (das letzte offensichtlich in Hinblick auf das Vorlesen). Die Wortbrechung setzte sich in den europäischen Schriftsprachen im Mittelalter wohl nicht zuletzt unter ökonomischen Gesichtspunkten durch (neben ästhetischen Gesichtspunkten des „Blocksatzes"), s. dazu Abschn. 4.5.

Einmal etabliert, konnte ein solches System der Wortausgliederung zu einem der syntaktischen Gliederung der Texte weiterentwickelt werden. Das geschah z. T. wiederum im Rückgriff auf eine ältere Tradition der zusätzlichen (wörtlich: *pros-odischen*) Auszeichnung der Texte für den Vortrag, wie sie schon in der antiken Rhetorikausbildung geübt wurde und dann später im christlichen Mittelater etwa bei Hymnentexen u. dgl. üblich war (Pausengliederung, Intonationsmarkierungen u. dgl.). Der Ausbau und die Systematisierung dieser Markierungssysteme erfolgte im Rückgriff auf die syntaktische Gliederung der Texte in Sätze. Er war Teil der Grammatikkodifizierung des späten Mittelalters, die (orientiert auf den Erwerb einer lateinischen Schreibfertigkeit) ihren Kern ohnehin bei der Syntax hatte. Seit dem 15. Jh. systematisierte die humanistische Grammatik diese Ansätze und bildete damit eine Matrix für die Herausbildung volkssprachiger Grammatiken der frühen Neuzeit, die fast immer eine ausführliche Darstellung der Orthographie (mit Einschluss der Interpunktion) enthalten. Abhängig von zumeist externen (oft pädagogisch begründeten) Präferenzen ist die Grammatikalisierung dieser Gliederungssysteme bei den verschiedenen Schriftsprachen sehr unterschiedlich vorangeschritten – bei den europäischen Schriftsprachen ist die deutsche Orthographie hier am avanziertesten mit der strikt grammatischen Regelung der Kommasetzung wie der satzinternen Wortauszeichnung; aber zumindest in Westeuropa verliefen die Ansätze in diese Richtung in allen Schriftsprachen mehr oder weniger synchron, getragen von der Schicht der einheitlich (humanistisch) ausgebildeten Drucker; außerhalb des Deutschen haben (in diesem Sinne: konservative) Reformen diese Entwicklungen zumeist wieder rückgängig gemacht – z. T. auch in der gesuchten expliziten Abgrenzung vom „deutschen" (oder in religiöser Konnotation: in Abgrenzung vom lutheranisch-protestantischen) Usus.

2.3. Die Gliederung durch unterschiedliche Schrifttypen

Die Herausbildung unterschiedlicher Schriftformen in einer bestimmten Tradition ist einerseits eine Konsequenz des Schreibens unter unterschiedlichen materialen Bedingungen (kantig-lineare Form bei Lapidarschriften, runde, ornamentalere Formen beim Auftragen auf glatte Oberflächen), andererseits eine Folge der Kursivierung bei einer routinisierteren Schreibpraxis, bei der die Zeichenform in Anhängigkeit vom Schreibduktus variiert. An dieser so mehr oder weniger kontingenten Variation der jeweils vorfindlichen Schriftformen setzen früh Versuche an, sie für delimitative

Zwecke zu nutzen. Mittelalterliche Kanzleischreiber in Europa nutzen, unabhängig von der spezifischen Schriftform, z. T. recht konsequent unterschiedliche Schlussformen der Buchstaben (heruntergezogene Schäfte, speziell angesetzte Zusatzstriche u.dgl.) zur Markierung eines Wortendes, geschnörkelte Anläufe der Buchstaben, hervorhebende Zierstriche o. dgl. als Initialzeichen, allerdings ohne dass es hier zu einer Normierung gekommen wäre. Dem stand entgegen, dass eine solche Variation eben nicht notwendig logographisch motiviert war, sondern auch rein graphisch bedingt sein konnte, wodurch solche Kontraste funktional oft neutralisiert waren.

Das Letzte gilt so auch für die semitischen Schriftsysteme, in denen die Formvariation der Schriftzeichen mit eigenen initialen, verbundenen und Schlussformen konventionalisiert worden ist: Da nicht alle Buchstaben nach beiden Seiten ligierbar sind, können z.B. Initialformen zwar einen Wortanfang signalisieren (und sie tun es in bestimmten Kontexten auch), nach einem nicht ligierbaren Zeichen haben sie aber keine Funktion.

2.4. Mischung verschiedener Schrifttypen zu Auszeichnungszwecken

Die oben angesprochene materialgebundene Differenzierung verschiedener Schrifttypen findet sich früh bei allen Schriften, von denen in einer ausgedehnten (professionellen) Praxis Gebrauch gemacht wurde. Solche Differenzen konnten auch für funktionale Zwecke (oder konnotativ) genutzt werden (etwa bei der hieratischen gegenüber der demotischen Schrift im alten Ägypten) – sie signalisierten dann einen bestimmten Texttyp. Ausgeschlossen war in dieser Tradition die Mischung verschiedener solcher Schriftformen in einem Text, oder doch einem Textabschnitt. Das gilt heute z.B. noch im Arabischen, wo die unterschiedlichen Schriftstile: *nasx, ruq'a, kufi* ... verschiedenen Schreibpraxen vorbehalten sind; allenfalls für Auszeichnungszwecke eines Buchtitels, einer Überschrift o. dgl. wird etwa die *Kufi* in einem sonst in *nasx* gesetzten Text verwendet.

In der lateinischen Schrifttradition des Mittelalters, darüber hinaus dann aber in wohl allen daraus (oder aus dem eng verwandten griechischen Schriftsystem) entwickelten Schriften ist es üblich geworden, in einem schreibschriftlichen Text zu Auszeichnungszwecken sonst epigraphisch genutzte Buchstabenformen (die der *Capitalis*) zu nutzen. Im Endergebnis wurde daraus die heute im Buchdruck wie in der schulischen Ausgangsschrift konventionalisierte Gemischtantiqua. Markiert wurden in dieser Weise Initialen – mit einer seit dem frühen Mittelalter fortschreitenden internen Durchdringung des Textes: Von Kapitelinitialen zu Abschnittsinitialen zu Satzinitialen. Seit dem Mittelalter wurde diese Auszeichnungspraxis auch satzintern genutzt, etwa zur Hervorhebung von *Nomina Sacra*, sonstigen Ehrbezeugungen u. dgl.

In diesem Fall ist besonders deutlich, dass hier eine bestimmte kulturelle Praxis fortentwickelt wird, die unabhängig von der jeweiligen schriftfundierenden Sprachstruktur ist. Die Praxis der grammatisch genutzten Mischung von Schrifttypen ist zunächst strikt auf den christlichen Kulturkreis beschränkt (auf das entsprechende lateinische bzw. griechische, und von diesem ausgehend: das kyrillische Schriftsystem); erst in jüngster Zeit, bedingt durch die Kolonialverhältnisse (und diese fortsetzend: die „postkoloniale" Modernisierung) findet es sich auch in anderen kulturellen Räumen. Die arabische Schrifttradition und ihre Weiterentwicklung in den islamischen Gesellschaften kennt diese Schriftmischung ebenso wenig wie die (aus altsemitischen Schriften fortentwickelten) asiatischen Schriftsysteme. Entsprechend wird auch Arabisch in christlichen Gesellschaften mit den entsprechenden Auszeichnungen geschrieben (z.B. das Maltesische), und die Modernisierung des Türkischen führte in Abkehr von der arabisch geschriebenen osmanischen Tradition mit der lateinischen Schrift auch die „europäische" Klein- und Großschreibung ein; mehrschriftige Gesellschaften zeigen die entsprechende Dichotomie bis heute: Das chistliche Koptische in Ägypten hat in der griechischen Tradition diese Differenzierung, während das arabische Schriftsystem sie in Ägypten wie anderswo sonst nicht kennt; Haussa wird in der islamischen Tradition ohne diese Differenzierung in arabischer Schrift geschrieben, in der Nachfolge des englischen Kolonialsystems (und der christlichen Missionierung) aber auch in lateinischen Buchstaben mit dieser Differenzierung. Im deutschsprachigen Kulturraum entspricht dem, dass das in der hebräisch bestimmten jüdischen Tradition geschriebene Jiddisch diese Differenzierung nicht kennt.

Bei der Etablierung dieser graphischen Markierungspraxis bemühten sich die Schreiber (mehr noch aber die Drucker des 16. Jhs., die für einen großen Markt von nicht-professionellen Leser druckten – und auf diesem

Markt mit den „lesbarsten" Produkten konkurrierten!), um eine Optimierung dieser satzinternen Auszeichnung in der Linie der grammatischen Systematisierung der Schreibweisen in Europa im Fahrwasser der humanistischen Reform. Daran schlossen (mit evtl. phasenverschobener Verzögerung) die auch für die Volkssprachen entstehenden Orthographielehren an. Ausgangspunkt waren die Probleme mit der semantisch motivierten Ausweitung der Auszeichnungspraxis, wie sie als „Eigennamenschreibung" in der einen oder anderen Form in allen europäischen Sprachen (und den daran orientierten nicht-europäischen Alphabetschriften) zu finden ist, die sich in Inkonsistenzen der Normierung ausdrücken:

- Namen können mehrgliederig sein: sind sie dann getrennt oder zusammenzuschreiben? Sind alle Elemente auszuzeichnen oder nur eines? Und im letzteren Fall: welches?
- von Namen können weitere Wörter abgeleitet werden: gilt die Auszeichnung auch für denominale Verben? Gilt sie auch bei attributiver Verwendung eines Namens? Gilt sie ggf. nur bei Konversionen (homonymen Formen) oder auch bei Ableitungen (morphologisch markierten Formen), etwa Adjektiven? usw.

Dieses Bündel von Problemen belastet bis heute alle Orthographien, die auf eine solche („Eigen-)Namenauszeichnung gründen: vgl. Unsicherheiten im Engl.: *to R/roentgen, to L/lynch* usw.

Für die Drucker der frühen Neuzeit lag es in der angesprochenen grammatischen Tradition des Humanismus offensichtlich nahe, dieses Dilemma mit einer entschiedenen Grammatikalisierung als Schnitt durch den gordischen Knoten des Auszeichnungswirrwars zu lösen: Entsprechend der syntaktischen Fundierung der leitenden humanistischen Grammatik unternahmen sie es, die satzinterne Auszeichnung als eine Auszeichnung der Komplemente zum Verb vorzunehmen, denen ein Grenzmerkmal zugeteilt wurde: ein Versalbuchstabe, wie es im Deutschen heute noch kodifiziert ist, sich tendenziell aber auch in der Druckerpraxis des 16.–18. Jh. in Frankreich, den Niederlanden, in England findet – erst recht in den skandinavischen Ländern, die bis zum 19. Jh., z.T. sogar bis zum 2. Weltkrieg ebenfalls eine so grammatikalisierte Klein- und Großschreibung kannten.

Das heute im Deutschen kodifizierte orthographische System lässt sich als Fluchtpunkt dieser Schreiber-Drucker-Tradition fassen, als Spiegelbild zu der schulgrammatischen Tradition der syntaktischen Übungspraxis, die vom Lateinunterricht ausgehend zunächst auch den Muttersprachunterricht bestimmte (und als sog. Valenzgrammatik bis heute wohl das sprachdidaktisch verbreiteste Grammatikmodell darstellt). Die Syntax eines Satzes wird verstanden als eine Struktur, die vom (finiten) Verb als seinem „Hauptwort" aufgespannt wird. Die Ergänzungen sind entweder vom Verb regiert oder frei (adverbial), in grammatischer Hinsicht eventuell selbst wieder ausbaubar (zumindest potentiell syntaktisch komplex), dann handelt es sich um nominale Konstituenten (mit entsprechenden Flexionsmerkmalen), oder es sind „Partikel". Gliederungshilfen für den Leser sind bei komplexer werdenden Satzstrukturen offensichtlich da erforderlich, wo parallele Konstituenten von einander abzugrenzen und intern zu strukturieren sind – also bei nominalen Konstituenten. Nach einer Phase des Experimentierens setzte sich auf dem deutschen Druckermarkt am Ende des 16. Jh. die Praxis durch, den Kern der nominalen Konstituenten (und damit in der Regel jeweils deren rechten Rand) mit einer Versalie auszuzeichnen; vgl. das folgende Beispiel (J. Gotthelf) mit der entsprechenden Erläuterung:

[[Der]$_1$ alte Kirchmeier]$_2$ [hatte]$_3$ [einen glücklichen Morgen]$_4$ [gehabt]$_5$

1: D*er*: syntaktisch bedingte Majuskel als Satzanfang, andernfalls klein;
2: Majuskel bei *Kirchmeier* als Kern der nominalen Gruppe *der alte Kirchmeier* (in Subjektsfunktion); zugleich Markierung von deren rechten Rand;
3: *hatte*: finites Verb des komplexen Prädikats aus 3 + 5, keine Majuskel;
4: Majuskel bei *Morgen* als Kern der nominalen Gruppe *einen glücklichen Morgen* (in Objektsfunktion); zugleich Markierung von deren rechten Rand;
5: *gehabt*: infiniter Teil des komplexen Prädikats aus 3 + 5, keine Majuskel.

Etabliert hat sich diese Praxis in Deutschland in einer experimentellen Phase im 16.–17. Jh., und offensichtlich hat sie sich von hier aus über den Bruchdruck vor allem im protestantischen Kulturbereich in die benachbarten Sprachen ausgebreitet. Mit ihrer Normierung wurden auch hier die Probleme deutlich, die bis heute die endemischen Reformdiskussionen im Deutschen bestimmen, die z.T. auch von relativ wenig geklärten grammatischen Problemen abhängen:

- freie Angaben sind nicht als Komplemente zum Prädikat zu fassen (Unsicherheiten wie: *am Morgen/ morgens*)
- nominale Elemente können ins Prädikat inkorporiert werden (*autofahren / Auto fahren*).

In der experimentellen Phase der Etablierung (und den folgenden Reformen) zeigten sich denn auch unterschiedliche Praxen:

- eine radikale Lösung bestand darin, jedes Wort großzuschreiben (als initiale Randmarkierung), wie es sich gelegentlich schon bei mittelalterlichen Kanzleischreibern findet und heute noch in der engl. Praxis der Auszeichnung in Überschriften bewahrt ist;
- z. T. wurden nominale Konstituenten generell mit einer Majuskel versehen, heute nur noch, wenn sie intern komplex (expandierbar) sein können (die Großschreibung von Pronomina findet sich heute nur noch als Auszeichnung bei „Anredeformen").

Die (volks-)schulgrammatische Tradition war gegen diese grammatische Fundierung eingestellt – sie insistiert(e) auf der vorgeblich lernerfreundlicheren vorgrammatischen semantischen Motivierung der Schreibung: durch die Auszeichnung von Eigennamen, verallgemeinert auf die semantisch motivierten Wortarten (Großschreibung der „Dingwörter"), später zusätzlich überformt durch die „spekulative" Grammatikreflexion, die seit dem 16. Jh. die humanistische Tradition ablöste und die Sprachstrukturen vom Denken ableitete (die bei der Satzgliederung nicht vom Verb und seinen Ergänzungen ausgeht sondern an der Logik von Subjekt und Prädikat orientiert ist). Bei den endemischen Reformbemühungen spielt in jüngerer Zeit auch noch der Druck in Richtung auf eine international einheitliche Praxis herein (als Kritik an dem vorgeblichen deutschen Sonderweg).

Auch hier definieren Sprachbaudifferenzen wieder Bedingungen, unter denen sich Orthographiesysteme notwendig unterscheiden müssen. Das gilt so schon als Randbedingung für die unterschiedliche Entwicklung der Majuskelschreibung in den europäischen Orthographien: Die Zurücknahme der satzinternen grammatisch geregelten Majuskelsetzung außerhalb des Deutschen erfolgte eben in Sprachen (Engl., Franz. usw.) mit einer festen Wortstellung, die für die Leser weniger Strukturierungshilfen erforderlich mach(t)en als das Deutsche. Die letzte außerdeutsche Orthographie, die die grammatische satzinterne Majuskelsetzung rückgängig machte, war die dänische, deren Syntax dem Deutchen weitgehend entspricht, vgl. in der älteren Orthographie:

[Saa]$_1$ [var]$_2$ [Stenen]$_3$ [faldet ned]$_4$ [fra Taget]$_5$
dt. „*[So]$_1$ [war]$_2$ [der Stein]$_3$ [vom Dach]$_5$ [heruntergefallen]$_4$*"

1. *Saa:* syntaktisch bedingte Majuskel, sonst klein (Adverb);
2: *var:* finites Verb des komplexen Prädikats aus 2 + 4, keine Majuskel;
3: *Stenen:* Majuskel, da expandierbare nominale Konstituente (in Subjektsfunktion); vgl. bei einer attributiven Erweiterung *den tunge Sten* „der schwere Stein";
4: *faldet ned:* infiniter Teil des komplexen Prädikats aus 2 + 4, keine Majuskel; *ned* ist adverbialer Verbmodifikator, der von 5 abgetrennt ist;
5: *Taget:* Majuskel beim Kern der expandierbaren nominalen Konstituente einer Präpositionalgruppe; vgl. *det sorte Tag* „das schwarze Dach".

Die orthographische Umstellung im Dänischen erfolgte 1948 unter dem Druck der politisch gewollten Abgrenzung vom Deutschen – der Sprache und Schrift der ehemaligen Besatzer.

2.5. Sprachbaubedingte vs. schriftkulturelle Strukturen

Strukturen, die in der Tradition der verschiedenen Schriftkulturen begründet sind, sind von solchen zu unterscheiden, die sprachbaubedingt sind. Auch die Schriftsysteme der den indoeuropäischen Sprachen typologisch relativ nahen semitischen Sprachen (Hebräisch, Arabisch usw.) kennen selbst da, wo sie in modernen Schrift- (d.h. Drucker-) Sprachen genutzt werden, keine funktionale Nutzung von verschiedenen Schrifttypen.

Bei den Sprachbaucharakteristiken sind in dieser Hinsicht vor allem wortbezogene Strukturen bestimmend: Der Wortschatz kann in unterschiedlichem Ausmaß morphologisch transparent integriert sein. Hier findet sich ein Kontinuum, auf dessen einem Extrem die freie syntaktische Konvertierbarkeit von Stämmen oder sogar Wortformen zu finden ist wie bei Sprachen ohne durchgängige sortale Zerlegung des Lexikons, während auf dem andern Extrem die durchgehende lexikalische Spezialisierung in Hinblick auf syntaktische Funktionen steht, wie sie für die indoeuropäischen Sprachen charakteristisch ist; dazwischen liegt die Bandbreite der Sprachtypen, die die Morphologie zur syntaktischen Spezialiserung von Stämmen nutzen, wobei die Markierungen mehr oder weniger mit Flexionselementen fusioniert sein können. Auch bei Sprachen, die in dieser Hinsicht sehr ähnlich sind wie die indoeuropäischen und die semitischen, finden sich hier große Differenzen: Die indoeuropäischen Sprachen kennen die Isolierung semantischer Faktoren durch Präfigierungen, wo die semitischen nur Lexikalisierungen kennen; umgekehrt entsprechen dem reichen Spektrum von Stammmodifikationen der semitischen Sprachen in den indoeuropäischen Sprachen Lexikalisierungen. Graphische Markierungen können solche Strukturen verstärken (wie etwa die Eigennamenmarkierung quer zur syntaktischen Funktion im Englischen: *Lynch - to Lynch*) oder eben orthogonal zu ihnen sein und syntaktische Funktionen repräsentieren wie bei der Grammatikalisierung der Majuskelsetzung im Deutschen.

Die Insensibilität gegenüber typologischen Problemen hat Konsequenzen beim Sprachausbau bzw. bei der Sprachplanung, wo zunehmend unter der Dominanz des Englisch-Französischen deren orthographisches Modell weltweit Sprachen oktroyiert wird, die einen ganz anderen Bau haben, statt Wege zu einer spezifischen, und d.h. sprachstrukturangemessenen Nutzung der graphischen Repräsentation zu suchen. Orthographien müssen zwangsläufig eine Balance zwischen sprachstruktureller Fundierung und nur schriftkulturell tradierten Formen finden. In dieser Hinsicht repräsentieren die englische und die französische Orthographie den Fall eines hohen Grades schriftkultureller Autonomie wie schon der Vergleich mit der deutschen zeigt, die seit den Anfängen ihrer Kodifizierung im 16./17. Jh. von dem Bemühen nach maximaler Regularität i. S. sprachstruktureller Fundierung bestimmt ist: Der Bereich von wortgebundenen (in diesem Sinne also quasi-logographischen) Schreibungen bildet im Deutschen ein kontinuierlich reduziertes Inventar, bei dem graphische Isolate (*My* gegenüber *Müh*, *Plateau* gegenüber *Plato* u. dgl.) zunehmend auch i. S. von graphischen Subregularitäten eingebunden werden (<ie> vs. <i>-Graphien wie bei *Fieber* vs. *Fiber*, <ei> vs. <ai>-Graphien wie bei *Weise* vs. *Waise* u.dgl.), während solche Isolate bzw. nur wenig produktive graphische Strukturmuster geradezu charakteristisch für das Englische und das Französische sind. Die Art, wie sich hier unterschiedliche kulturelle „Stile" orthographisch ausgewirkt haben und noch auswirken (die den orthographischen Reformbestrebungen ein sehr verschiedenes gesellschaftliches Gewicht geben) ist ein hinreichendes Indiz, derartigen Fragen bei Projekten der Sprachplanung ein angemessenes Gewicht beizulegen.

3. Die idealisierte Repräsentation von Wortformen

Mit der Stabilisierung einer Schreibpraxis, erst recht bei einer professionellen Schreibtradition wie bis in die frühe Neuzeit auch in Europa, war die graphische Fixierung auf die Markierung wörtlicher Invarianten ausgerichtet: Bei logographischen Schriftsystemen ist dieser Tatbestand gewissermaßen eingebaut, bei anderen, insbesondere bei den feinkörnigeren Alphabetschriften, geschieht Schreiben immer im Feld einer tendenziellen Transkription von sprechsprachlicher Variation; transkribierendes Schreiben ist immer ein Zeichen von nicht stabiler Schreibpraxis. Das ist zu unterscheiden von eingebetteten, bewusst transkribierten fremdsprachigen Zitaten in andersschriftigen Texten, wenn etwa in lateinisch verfertigten Verhörsprotokollen des europäischen Mittelalters entscheidende Passagen eines Geständnisses *verbatim* nichtlateinisch fixiert wurden, um sie beim Vorlesen lautlich reproduzieren zu können, damit sie von dem oder der [illiteraten] Betroffenen authentifiziert würden.

In Alphabetschriften mit einer zwangsläufig phonographischen Fundierung findet sich das Modell für die invariante Fixierung der wörtlichen Form in maximal „expliziten" Lentoformen. Auf sie wird in der Regel auch der schulische Anfangsunterricht abgestellt, mit der dabei oft provozierten „Schreiblautierung" (im Dt. etwa *Mutter* *['mʊt.tɐ] statt ['mʊ.tɐ]); solche Schreiblautierungen können u. U. sogar orthoepisch fest werden, z.B. dt. *Kommode* orthoepisch [ko.'moː.də] über *[kɔm.'moː.də] statt umgangssprachlich und phonologisch „regulär" [kɔ.'moː.də]; phonographisch weniger transparente Orthographien sind von solchen „spelling pronounciations" geprägt, insbesondere die des Englischen in der Folge von einer älteren Tendenz zur Relatininisierung der Graphien: *horrible* (aus afrz. [ɔʀiblə]), mit [h-] nach lat. *horribilis*;

fault (aus afrz. [faut]) mit [-l-] da zu zu lat. *fallere; schedule* (aus afrz. [sedylə]), mit [sk-] bzw. [ʃ-] da relatinisiert nach *scedula* u. dgl.

Derartige orthographisch induzierte Erscheinungen befinden sich auf einem Extrem einer Skala von sprachlichen Registern, die grundsätzlich unabhängig von ihrer materialen (bzw. medialen) Realisierung ist. Unterschiedliche Grade der Explizitheit charakterisieren solche Registerdifferenzen auch in nicht-literaten Kulturen, wo formorientierte („förmliche") Register, bestimmt durch intensiveres „Monitorieren", Lento-Aussprache u. dgl. nicht nur in metasprachlicher Funktion (zur Verdeutlichung, zur Korrektur) Verwendung finden, sondern vor allem auch in „poetischer Funktion" (in der sog. „oralen Literatur"). Wenn in solchen Kulturen schriftsprachliche Praktiken eingeführt werden, greifen die Menschen spontan zu den in diesem Sinne förmlichsten Registern für die Fundierung ihrer Schreibungen (s. Silverstein/Urban 1996).

Bei der normativen Fixierung der orthographischen Fundierung gehen die einzelnen Schreibtraditionen unterschiedlich weit in der „Abstraktion" wörtlicher Invarianten, was in der neueren Diskussion nach dem Modell der Architektur Generativer Grammatiken gerne als unterschiedliche „Tiefe" bezeichnet wird (d. h. der Differenz zu einer rein phonographischen Repräsentation, s.etwa Meisenburg 1996), besser aber wohl als in phonographischer Hinsicht *über-* bzw. *unterdeterminierte* Graphien zu fassen ist. So werden z. B. silbenstrukturelle Restriktionen/Neutralisierungen in einigen Sprachen phonographisch abgebildet (mit der Folge eventuell variierender Morphemrepräsentation), in anderen nicht:

- „Auslautverhärtung" im Deutschen: *Hund* [ˈhʊnt] wie *Hundes* [ˈhʊn.dəs], aber nicht z. B. im Türkischen (*kitap* „Buch" [Nom.Sg.] aber *kitabı* [Akk.Sg.],
- Notierung vokalischer Quantität morphemkonstant im Deutschen: *Hahn* [ˈhɑːn] und auch *Hähne* [ˈhɛː.nə], aber in Abhängigkeit von der variablen Silbenstruktur der Formenfamilie im Niederländischen *Haan* [ˈhɑːn] aber *Hanen* (Pl.) [ˈhɑː.nən], u.dgl.

In der Regel gilt, dass je weiter eine graphische Praxis konsolidiert und in der langen Dauer tradiert wird, desto invarianter wird sie gegenüber phonographischer Variation. Das gilt auch für außereuropäische Schriftsysteme, wie z.B. die morphemkonstanten Notationen des Arabischen zeigen: die präfigierte Bestimmtheitsmarkierung, morphologisch °l-°, wird invariant gegenüber der Sandhivariation <ʔal> notiert (mit einem sog. *hamza wasl*): [ʔaʃ-ʃams-u] „die Sonne" (Nom.) <ʔalʃamsu> (bzw. ohne die orthographisch normalerweise nicht notierten Hilfszeichen für die Kurzvokale: <ʔlʃms>, [bi-l-kitaːb-i] „mit dem Buch" <biʔalkitaːbi> bzw. <bʔlktaːb>. Lexikalische Formen werden grundsätzlich phonographisch unterbestimmt repräsentiert, z.B. <nbʔ> für eine verbale Wurzel mit der Grundbedeutung „hoch.sei:", wobei die Buchstaben ihren Lautwert in Hinblick auf die Funktion im Silbenanfangsrand haben, vgl. im Perfektiv 3. Singular Maskulin (Suffix [-a]) [nabaʔ-a] „er ist hoch gewesen", graphisch <nbʔ>; Nasale werden im Endrand in der Artikulationsstelle an einen Folgekonsonanten assimiliert; mit dem Kausativ-Präfix [ʔa-] bildet die Wurzel einen Stamm mit der Lautung [ʔa-m.biʔ-] (Bedeutung „mitteil:") wie z.B. in [ʔa-m.bi.ʔ-uː] „teilt mit! (Imperativ Plural)", graphisch <ʔnbʔw>, mit konstant geschriebenem Radikal °-n-°. Derartige Affigierungen bei der Stammbildung führen wie hier zu variablen phonoligischen Formen, die orthographisch „überlesen" werden; in der nur schulisch gelernten Hochsprache werden sie allerdings (anders als in der Umgangssprache) meist auch schreiblautiert gesprochen. Da das bei der Koranlektüre nicht zulässig ist, wird der Koran mit Hilfszeichen gedruckt, die nicht nur die Vokalisierung, sondern auch die assimilierte Lautierung superskribieren (hier also <ʔaⁿmbⁱʔᵘw>).

4. Grenzfälle

Die Wortabgrenzung hat ein Korrelat in der großen Kohäsion der Elemente, die zu einem Wort gehören. Die Sprachen unterscheiden sich danach, wieweit die Grenzen bzw. die Kohäsion kategorisch oder fließend sind. Bei den Sprachen mit fließenden Grenzen ist das Risiko von Ambiguitäten der Lesweise größer, weshalb hier mit den orthographischen Normierungen sekundäre Markierungssysteme geschaffen werden.

4.1. Markierung der morphologischen Kohäsion in einem Wort (Bindestrich)

Ist die Kohäsion morphologischer Bestandteile des Wortes relativ gering, wie häufig im Deutschen und im Englischen, ist ihre Zusammenfassung zu einem Wort nicht selbstverständlich. Hier gibt es Ambiguitäten in der Getrennt- und Zusammmenschreibung – mit der Möglichkeit einer intermediären Stufe durch die Bindestrichmarkierung:

Hermann-Mencker-Straße
Metall-Kombinat

Unabhängig von der Sprachstruktur tradieren die Orthographien verschiedene Präferenzen: Im Deutschen eher die Präferenz für Zusammenschreibung, im Englischen für Bindestriche.

4.2. Markierung der morphologischen Binnenstruktur eines Wortes (Bindestrich, Apostroph)

Invers zu 4.1. kann bei großer Kohäsion zwar nicht die Abgrenzung des Worts problematisch sein, aber die Durchgliederung seiner Binnenstruktur: Im Deutschen wird in solchen Fällen zur Verdeutlichung der sog. „Durchkoppelungsbindestrich" genutzt, z. B. um Unterschiede wie *Druck-Erzeugnis* vs. *Drucker-Zeugnis* (**Druckerzeugnis*) zu markieren.

Einige Orthographien benutzen zu diesem Zweck den Apostroph, so z. B. im Türkischen für die komplexe Morphologie bei unregelmäßigen Stämmen (Eigennamen): *Ankara'da* „in Ankara" (vgl. *tarlada* „in dem Feld").

4.3. Inkongruenz von prosodischem und grammatischem Wort (Klitisierung)

Die Klitisierung von Wörtern schafft Probleme der Segmentierung: Grammatische Wörter werden mit ihrem „Wirtswort" prosodisch integriert (in einem „phonologischen Wort"):

– Artikel stehen proklitisch beim Nomen, dt. *der Mann* [dɐˈman], skandinavisch, rumänisch enklitisch: dän. *manden* [manʔən] (aber mit Attribut: *den gamle mand* „der alte Mann"), rumän. *omul* (*un om* „ein Mann")
– Pronomina am Verb, sowohl in Subjekts- wie Objektsfunktion: dt. *kommst du* [ˈkɔmstə], *er hat es* [ɐˈhats], frz. *il l'a* „er hat es" [ila], *donne-le* „gib es!" [dɔnlə] usw.

Die Beispiele zeigen unterschiedliche Strategien/Präferenzen in den verschiedenen Orthographien/Sprachen. Die deutsche Orthographie repräsentiert das grammatische Extrem mit der graphischen Isolierung der morphosyntaktischen Wörter. Auf dem anderen Extrem stehen Orthographien mit der graphischen Repräsentation phonologischer Wörter, vor allem dann, wenn die inkorporierten Morpheme sich ohnehin in Richtung auf Affixe entwickeln, s.o. zum arab. Artikel; auch Possessiv- und Objektspronomina werden dort suffigiert: [kitaːb-u-hum] „ihr (3. Pl.) Buch (Nom.)" <ktʔbhm>, [ɖarab-a-hum] „er hat sie (3. Pl.) geschlagen" <ɖrbhm>.

In einigen Orthographien werden in solchen Wörtern graphische Trenner eingesetzt, wie z. B. der Bindestrich im Französischen. Im Deutschen wird bei der Notierung von sprechsprachlichen Formen der Apostroph genutzt, wenn zugleich eine Apokope vorliegt: *er hat es* :[ɐˈhats] auch als <er hat's>; ähnlich in den meisten romanischen Sprachen, vgl. katalan. *haurà d'escriure'ns* „er wird uns schreiben müssen" (*'ns* für *ens* „uns"). In den älteren Graphien der romanischen Sprachen wurden in diesem Sinne hochgestellte Punkte genutzt.

4.4. Elliptische Schreibungen

Elliptische Schreibungen stehen in einem Kontinuum zu graphischen Marken mit einem logographischen Charakter, also sprachlich nicht motivierbaren Siglen, die als sog. *Logos* gegenwärtig zunehmend an Bedeutung gewinnen (s. auch unter 0.2. zu Siglen). Sie haben z. T. schon vorschriftliche Quellen: Besitzmarken, Rechenzeichen u. dgl., die in die verschiedenen Schriftsysteme später integriert wurden, wo sie das Modell für unterschiedliche konventionelle Schreibungen boten, die mehr oder weniger normativ festlagen. Davon zu unterscheiden sind tachygraphische Notierungen im engeren Sinne, die schon die Antike kannte (z.B. die sog. „Tironischen Noten", s. dazu Bischoff 1979). Aus beiden Quellen ist das extrem komplexe System der mittelalterlichen Kürzel gespeist (s. Cappelli 1985), die i.S. der diglossischen Sprachverhältnisse des Mittelalters in der lateinischen Schriftkultur fundiert und insofern international bzw. sprachübergreifend waren; einige von ihnen haben sich bis heute als logographische Zeichen gehalten, z.B. & für lat. *et*, dt. *und* usw. Für die frühneuzeitlichen Drucker bildeten sie ein erhebliches Erschwernis, das das bereitzuhaltende Letterninventar befrachtete: frühe Versuche von Druckern, auf sie zu verzichten, scheiterten an den normativen Erwartungen der Leser/Käufer.

In jüngster Zeit nimmt in allen westlichen Kulturen die Praxis der Kurzformen / Kurzwörter rapide zu. Formal folgen sie den tradierten Mustern, setzen z.T. auch überlieferte Formen fort; häufig sind es akronymische Bildung *TÜV = T[echnischer] Ü[berwachungs] V[erein]*, z. T. auch mit Klammerbildungen wie bei dem aus dem Latein. übernommenen *Dr. = D[okto]r* und auch noch komplexere Formen. Nicht einheitlich kodifiziert (bei den verschiedenen Orthographien auch unterschiedlich) dienen spezielle Zeichen zur Markierung der Kurzformen, z. T. auch als Platzhalter für die Kürzungen interpretierbar: So der Kürzungspunkt bei *Dr.* oder der schon aus der Antike stammenden Apostroph: *Lu'hafen = Lu[dwigs]hafen*.

Ein besonders reiches Kürzelsystem hatte auch das Hebräische vor allem in der religiösen Überlieferung, wo Tabuisierungen (vor allem bei der Schreibung des Namen Gottes) und mystische Ausdeutungen von Namen durch die akronymische Auflösung der Graphien sich mit der Abkürzungspraxis überlagerten. Von daher ist diese graphische Praxis auch im Jiddischen üblich, wo sie wie in der jüngeren hebräischen Schreibpraxis durch Kürzelstriche (*gershaim*, Sg. *geyresh*) markiert wird: *r'* für *reb*, *d"r* für *doktor* (Titel), *f"m* für *for mitag* „vormittags" u. dgl.

Bei Schriften mit Typenmischung, wie z. B. bei der in der jüngeren lateinischen Tradition üblichen Gemischtantiqua, ist eine Abfolge von Majuskeln wie etwa bei *NATO* ein hinreichendes Signal für ein Kurzwort; wo eine Typenmischung nicht zulässig ist, ist, soweit dort Abkürzungen überhaupt vorkommen, eine spezielle Markierung erforderlich; das gilt umso mehr, wenn dazu noch, wie in den semitischen Sprachen, eine reine Konsonantenschreibung üblich ist: das Fehlen einer solchen Markierung in der älteren hebräischen Praxis hat zu zahlreichen Überlieferungsfehlern im Bibeltext geführt (s. Encyclopedia Judaica). Im Arabischen wird bei den ohnehin sehr viel weniger als in den europäischen Sprachen gebräuchlichen Abkürzungen nahezu durchgehend ein Schlusspunkt gesetzt.

Die sprachliche Motiviertheit bzw. Repräsentationsfunktion ist ebenfalls nur teilweise kodifiziert (in den verschiedenen Orthographien unterschiedlich). Im Deutschen steht i.d.R. ein Schlusspunkt bei einer rein graphischen Kurzform: *usw.*, *Dr.* u. dgl., die in der „Vollform" gelesen wird ([ʔʊntsoːˈvaɪtə] nicht *[ʔʊsf]); während dieser Punkt nicht steht, wenn die graphischen Zeichen auch phonographisch als (Kurz)Wort gelesen werden können: *NATO* [ˈnaːto]. Die jüngeren Kurzformen resultieren zunehmend nicht mehr aus einem sprachökonomischen Bemühen, sondern fungieren als eigenständiges Stilmittel: Viele Bezeichnungen werden gleich als Kurzformen eingeführt, allenfalls werden sie noch mit einer „Auflösung" bei der Einführung erläutert. Vor allem die phonographisch konvertierbaren Kürzel/Siglen können die Vollformen verdrängen, etwa *Ku'damm* [ˈkuːdam] = *Ku[rfürsten]damm*. Dabei werden sie dann auch den „regulären" phonologischen Filtern zunehmend angepasst, wie bei der fallenden Betonungskontur von [ˈʔɛlkaveː] *LKW* gegenüber dem für akronymische Formen sonst charakteristischen steigenden Muster ([ˌʔɛlkaˈveː]). Häufige solche integrierten Formen sind oft einer etymologischen Motivierung nicht mehr zugänglich: etwa *Aids* [ˈʔeːts]; in solchen Fällen werden sie auch graphisch nicht mehr als Sonderformen markiert (nicht mehr *AIDS*, so wie auch *Lkw* häufiger als *LKW* ist). Auch wenn das Schriftbild kein „reguläres" Wort zeigt, wie bei einer Abfolge von Majuskeln in *NATO*, provoziert eine Nachfrage überwiegend falsche Auflösungen; das, wie auch die trochäische Lautform ([ˈnaːto]), erweist solche Wortformen als eigenständig (nicht mehr als Kürzel), die inzwischen ein eigenes Muster der Wortbildung repräsentieren; deren Besonderheit besteht in einer bedingten Anknüpfbarkeit an eine Langform (= Wortfolge), die selbst allerdings oft nur sekundär geschaffen wird, um die „Kurzform" zu motivieren; von einem Ersetzungsprozess kann hier nicht mehr die Rede sein (s. Cannon 1989).

Allerdings ist es für die orthographische Kodifizierung elliptischer Schreibweisen entscheidend, wieweit explizite Wortformen als Modell dienen (s. o. 3). Bereits in der Antike bildete sich die Praxis einer virtuellen Notation der vollen (expliziten) Form mithilfe des Apostrophs als Stellvertreterzeichens heraus (so als Kompromiss zwischen metrisch geforderter Phonographie und orthographischer Repräsentation schon früh in Griechenland). Von daher ist die Nutzung dieses „Auslassungszeichen" auch in allen europäischen Orthographien üblich, in denen derartige Schreibungen z. T. aber auch umgenutzt wurden: z. B. wurde im Englischen aus der Repräsentation einer Synkope wie bei der Genitivmarkierung *child's* für älteres *childes*, heute ein Gliederungszeichen (auch *king's* für älteres *kings*) (s. o. 4.2.). Die Toleranz gegenüber derartigen Graphien ist sehr unterschiedlich: Im Deutschen sind sie traditionell nur eingeschränkt als prosodische Markierungen zugelassen; sie werden aber zunehmend nach dem englischen Modell i. S. auch von 4.2. üblich und von den jüngsten Reformvorschlägen z.T. auch sanktioniert, z. B. *Grimm's Werke*.

4.5. Wortbrechung am Zeilenende

Die orthographische Kodifizierung der Wortbrechung ist ein relativ junges Phänomen: Bei einer *scriptio continua* besteht das Problem gar nicht – diese führt gewissermaßen von selbst zu einem Block„satz", unabhängig davon ob die Schreibrichtung konstant oder wechselnd war (*boustrophedon*, von oben nach unten o. dgl.). Erst wenn die Wortisolierung (das Spatium) etabliert ist, wird der Zeilenbruch ambig, weil er dann als Wortgrenze interpretierbar wird.

Prinzipiell sind hier zwei Lösungswege möglich:

- die Wortbrechung ist nicht zugelassen, damit ist aber auch der Blocksatz-Effekt nicht möglich. Allerdings sind hier Hilfslösungen möglich, z. B. können *ad libitum* dehnbare Verlängerungsstriche es erlauben, Wörter beliebig hinauszuziehen und damit die Zeilen bis zum Rand zu füllen wie in der arabischen Kalligraphie;
- die Wortbrechung wird durch ein eigenes Verbindungszeichen markiert, das die Kohärenz mit dem folgenden Element in der nächsten Zeile signalisiert (in der orthographischen Nomenklatur wird dieses Zeichen meist spiegelverkehrt als „Trennungszeichen" bezeichnet).

Die europäischen Orthographien haben durchweg den zweiten Weg beschritten, allerdings mit unterschiedlichen Präferenzen/Normierungen der Sollbruchstellen für die Wortbrechung:

- Morphemgrenzen wie im Englischen,
- Silbengrenzen wie im Deutschen oder Niederländischen (hier meist fälschlich „Silbentrennung" genannt).

Bei der sog. orthographischen „Silbentrennung" gibt es Komplikationen, wenn der graphischen Trennung keine phonologische Silbengrenze entspricht, die eine Abtrennung erlaubte (bei *festem Anschluss* im Deutschen, Niederländischen...). Wortbrechungen wie *Mut = ter* sind rein graphisch analog zu *gu = ter*, dem auch auf der phonologischen Ebene zwei abtrennbare Silben entsprechen ([ˈguː] + [tɐ], aber nicht *[ˈmʊ] + [tɐ]).

Die Auszeichnungen der Wortbindung über den Zeilenbruch hinweg, wie sie heute in den europäischen Orthographien normiert ist, wurde im späten Mittelalter, vor allem mit der humanistischen Reform der Schreibpraxis seit dem 15. Jh. üblich. Außerhalb der europäisch-christlichen Tradition ist die Wortbrechung nur selten zu finden: Die arabische Schrift kennt sie gar nicht, s.o. Entsprechend der grammatischen Ausrichtung der Orthographie im traditionellen Lateinunterricht dominierte in Europa zunächst die morphologische Wortbrechung, die auch in einigen modernen Orthographien kodifiziert ist (wie z. B. im Englischen). Die meisten Orthographien kennen eine Kombination von Silben- und Morphemgliederung (wobei die letztere vor allem auch zusätzliche Trennungsvorschriften für das graphische Gewerbe bestimmt, wie z.B. auch im Deutschen). Moderne Schriftreformen haben auch hier die europäischen Vorbilder weltweit verbreitet, auch die „Silbentrennung" wie z. B. im Türkischen oder im Maltesischen, also einer arabischen Sprache.

5. Literatur in Auswahl

Bischoff, Bernhard (1979), *Paläographie des römischen Altertums und des abendländischen Mittelalters*, Berlin: Erich Schmidt

Calvet, Louis Jean (1980), *Les sigles*, Paris: Presses universitaires

Cannon, Garland (1989), Abbreviations and Acronyms in English Word-Formation. In: *American Speech 64*, 99–127

Cappelli, Adriano (1985), *Dizionario di Abbreviature latine ed italiane*, Milano: Hoepli (6. Auflage)

Encyclopedia Judaica (1971), [Artikel] Abbreviations. In: Bd. 2, Sp. 46–52. Jerusalem

Kobler-Trill, Dorothea (1994), *Das Kurzwort im Deutschen*, Tübingen: Niemeyer

Maas, Utz (1992), *Grundzüge der deutschen Orthographie*, Tübingen: Niemeyer

Natural Histories of Discourse (Hrsg. M. Silverstein/ G. Urban). Chicago: Chicago university press 1996

Meisenburg, Trudel (1996), *Romanische Schriftsysteme im Vergleich*, Tübingen: Narr

Scragg, D. G. (1974), *A history of English spelling*, Manchester university press

Schrift und Schriftlichkeit. 2 Bände (Hrsg. H. Günther/O. Ludwig). Berlin: De Gruyter

Ullman, B. L. (1960), *The origin and development of humanistic script*, Rom: Storia e letteratura 79

*Utz Maas, Osnabrück
(Deutschland)*

V. Die Inhaltsseite des Wortes I: Allgemein
The content level of the word I: General overview

28. Fundamental Issues in Lexical Semantics

1. Introduction
2. Lexical Form
3. Meaning of a Lexical Form
4. Whither Lexical Semantics?
5. Literature (a selection)

1. Introduction

The fundamental issues in lexical semantics would seem to revolve uncontroversially around word meaning. Unfortunately, none of the relevant terms – *lexical, semantics, word, meaning* – is in any way transparent. We can meet this problem head on by understanding the basic issues in lexical semantics as answers to the following questions:

(1) What are lexical forms, and how are they related?
(2) What is lexical meaning, what is lexical semantic structure, and how do we state this meaning and structure?
(3) Are there regular form-meaning relationships?

2. Lexical Form

The first problem of lexical semantics is to identify the forms that carry the meanings to be described. This problem has gotten a lot of attention in both theoretical and practical circles, where the common concerns are the usual scientific guideposts: simplicity and efficiency. The variety of obviously related, word-like forms – *kick, kicks, kicking, penalty kick, kickoff, kick the bucket, kick up your heels* – can be reduced to an abstract primitive and its predictable variants – KICK. This single form, distinct from other such abstracted single forms and representative of a family of forms and meanings, has gone under a variety of terms, all of which come down to attempts to answer two questions at once: What are lexical forms? How are lexical forms related?

2.1. Lexical forms are not just words

One consequence of the search for an efficient and simple answer to these two questions is that the lexical form cannot solely be a *word* (classically defined as 'minimal free-standing form'). For one thing, what counts as a minimal free-standing form in one language does not count so in another. In Navajo, for example, *ayiiléél* ('actively floating off such that the subject has greater animacy than the object') behaves like a word. But the English equivalent surfaces in two words (*float away*) which only partially code the Navajo meanings and leave the semantic remainder simply unsaid.

For another thing, from the standpoint of surface form, a word falls somewhere in the middle of a gradient of word-like things – from a *zeroform* all the way up to *a multi-word lexical unit*. At the zero-end lie cases in which the absence of marking conveys meaning by virtue of a structural contrast with the rest of the formal system. The zero-marking of the absolutive case in ergative-absolute languages is typical, as the following Batsbi sentence shows (see Frawley 1997: 204, citing DeLancey):

(1) 0-   txo-   naizdrax
    absolute   we   to ground
    kxitra
    fell
    We fell down

On the other end of the gradient are expressions that consist of many surface forms but function as if they were single units: fixed expressions (e.g., *look out!*), collocations (*very good, very bad, *very delicious*), names (*Bill Clinton*), idioms (*Call in the dogs and spit on the fire, the hunt's over*), borrowings (*court bouillon*), and all sorts of other polymorphemic expressions (see Jackendoff 1997). These forms recommend themselves for treatment in an account of lexical semantics because they are formally discrete and semantically unified.

Clearly, then, *word* is not a useful term to use in talking about the lexical form to be described. Alternatives are *lexical unit* (Cruse 1986), *lexeme* (Palmer 1981, Lyons 1977, 1995; Aronoff 1994), *lemma, headword, entry*, and *citation form* (Landau 1984), and even *listeme* (DiSciullo and Williams 1987). These terms are not always equivalent, however – even cross multiple uses of the same term. *Lexeme* generally means 'family of related meaning-form pairs' and is very much like *lemma*. But *listeme* means 'item that has idiosyncratic formal properties and hence must be listed in the lexicon'.

While no term fully captures the variety of forms that fall within the province of lexical semantics, they all are partial to an established principle of computational efficiency: list the idiosyncrasy once and compute the derivations. Following this line of thought, Jackendoff (1997) has proposed an account of lexical form (not his term) that derives from the role word-like items play in the modular architecture of language. We will follow his account.

2.2. Lexical forms as sound-grammar-meaning triples

Jackendoff (1997, 107) observes: "A word is a way of associating units from distinct levels of representation." A lexical form is a unified triple of phonetic, syntactic, and conceptual features. The lexicon is the way language manages the interfaces of sound, syntax, and meaning.

While Jackendoff's proposal is new and controversial, it is also in many ways the most appealing and useful to lexical semantics. A *lexeme*, or some other general term, is a way of referring to how a language sorts on the convergence of sound, grammar, and meaning. In their normal state, lexical froms surface with all three sets of properties instantiated. But they may also surface with syntax and meaning specified, and no sound (e. g., a zero-form); meaning and sound, but no syntax (e. g., interjections like *hello*); sound only (e. g., *la-de-da*); and so on (Jackendoff 1997, 93). Not only can languages coordinate these relationships differently, but they can also vary the factors independently and so give different surface forms to the same and different meanings. Thus, seeing the lexical form as a sound-syntax-concept triple at once gives us multiplicity (What are lexical forms?) and unity (How are lexical forms related?)

Consider the difference between *greenhouse* as a lexical form and *green house* as a phrase. As a lexical form, it is has the initial stress of compounds and so has distinct phonological properties; it behaves like a simple noun, not a phrase (*the crumbling green house* not *<u>*the green crumbling house</u>*), and so has distinct grammatical properties; its meaning is not the conjunction of *green* and *house* (*the green house was white*), and so has distinct semantic properties. As a phrase, however, it has stress on the second member, can be transformed like any phrase, and has compositional meaning. Lexical semantics thus studies forms as triple interfaces: matrices of phonological, grammatical, and conceptual properties that have to speak to each other and reconcile their differences in a grammar.

3. Meaning of a Lexical Form

Now that we have a sense of the lexical form to be characterized, we turn to the meaning carried by that form. To say that a lexical form has meaning is to say that it "bears some relation to a world" or "is about a world". The aboutness relation comes in two kinds: (1) the form may depict the world and hence convey truth; (2) it may construe the world and hence convey force (see McConnell-Ginet and Chierchia 1990). The first relation, truth, is the domain of semantics; the second, force, is the domain of pragmatics. Lexical forms trigger both kinds of meaning. Thus, the answer to What is lexical meaning? lies in identifying the information forms use to access truth or force.

Consider the expression *fire*. In its depictive, semantic meaning, *fire* implies 'light/heat from combustion', which in turn stands for some state of affairs in the world. That is, whenever there is a fire, there is the necessary inference to light/heat from combustion. This implication is technically known as an *entailment*: a necessary truth-conditional inference such that if the form is true then the depiction is true. Entailment is the workhorse of semantics because it reveals the literal informational structure of a form: the way a form is about a world irrespective of the vicissitudes of context.

Now consider the expression *fire* uttered in a crowded public place. In context, the lexical form has the force of a command ('Get out!'). It is not used to depict a world but to construe a world and force action. You know this by virtue of another inference you make from the expression: *fire* suggests 'danger'. Surprisingly, however, *fire* can trigger this inference irrespective of the truth, so the pragmatic inference form *fire* to 'danger' is not truth-conditional, unlike the semantic inference from *fire* to 'light/heat from combustion'. The pragmatic inference is called an *implicature*, technically a non-truth-conditional inference that is context-sensitive.

The point here is that lexical forms can convey both kinds of meaning and do so through implication. We will restrict our discussion of lexcial meaning to the entailments of lexical forms, but it is important to note that we could also study their pragmatic meanings (see Levinson 1983).

3.1. Lexical semantic structure

Just as speakers have reliable knowledge of grammatical structure – e.g., intuitions about syntactic constituency – they also have reliable intuitions about the organization of lexical meaning. Any theory of lexical semantics must explain three kinds of knowledge about lexical semantic structure: (1) knowledge of the assignment of meanings to forms, (2) knowledge of relations across meanings, and (3) knowledge of compositionality and grammatical meaning.

3.1.1. Assignment of meanings to forms

One of the principal meanings of the word *draw* is something like the entailment 'construct a pictorial representation of X', as in *draw a house*. But you cannot draw without doing so by means of some sort of instrument – *draw a house with a pencil, brush,* etc. Is this information about the instrument an intrinsic part of the form, as automatic as 'construct a pictorial representation of X'? Probably not – the idea of an instrument as a variable, not a particular instrument, is necessary to the meaning. This suggests a distinction between what is specifically included in the domain of truth for this lexical form and what is not. *Draw* entails 'construct a pictorial representation of X with instrument Y', but is vague (hence, is unspecified) for a particular instrument (unlike, say, the verbs *paint* and *brush*). Thus in assigning a meaning to *draw*, we would not expressly state the instrument, but leave it open as a variable that context fills in.

However, *draw* also entails 'pull toward' or 'attract', as in *the accident drew a crowd*. This entailment is unrelated to 'construct a pictorial representation of X with instrument Y', even though both have the same surface form. Because there are two distinct meanings, we assign them to different forms (different lexemes or entries): $draw_1$ and $draw_2$. These two words are homonyms – same overt forms with distinct meanings (see Lyons 1977, 1995). A standard way of identifying homonyms is through an ambiguity test (a test to determine specific multiple interpretations): simultaneous assertion of the form in the positive and negative. If this assertion is acceptable, then the expression is ambiguous (i.e., has two distinct meanings) and the form is homonymous. It is perfectly acceptable to say *I drew a crowd but I didn't draw a crowd,* meaning 'I constructed a pictorial representation of a crowd but I didn't attract a crowd'. Vague expressions, however, fail this test, so $draw_1$ (pictorial) is vague for a particular instrument: **I drew a house but I didn't draw a house* does not distinguish the use of a pencil vs. a pen.

Now consider *draw air, draw water*, and *draw on an account*. It is difficult to see these three instances of *draw* as homonyms since the intuitions about ambiguity are not reliable: *draw but not draw* does not distinguish 'remove water' from 'remove money', 'pull in air' from 'pull in water', or even 'pull in a crowd' from 'pull in air'. In this case, we would want to claim that the entailments of these three expressions are all related, all part of a single lexical form with multiple submeanings. *Draw* in this sense, as 'pull in/away from' (broadly), is polysemous: it subsumes multiple related meanings under a single form.

While the distinction between homonymy and polysemy is clear in principle, in practice it can be a very difficult distinction to make (hence Lyons 1995 differentiates total from partial homonymy). Think about the meanings of *draw* in *draw a comparison, draw the line, draw and quarter, draw a reply, draw a bath,* etc. Are these separate lexical forms or one form with submeanings? And if we can agree on whether some forms are homonymous and others polysemous, are there aspects of those meanings that are just vague and not specifically a part of the entailment? Still, even with these difficulties, we approach the problems in a consistent fashion by adhering to our intuitions on whether a form carries a particular meaning.

3.1.2. Relations across meanings

Another kind of intuition we have about lexical truth is that meanings evoke each other across lexical forms: lexical relations or sense relations. Some lexical forms, synonyms, have identical meaning and appear to be mutually substitutable. We can make this intuition more precise by observing that synonyms occur in paraphrases, expressions that entail each other. *The cat is on the sofa* entails *the cat is on the couch* and vice versa. That is, there can be no situation where the cat is on the couch but not on the sofa, and vice versa. Thus, the lexical forms *sofa* and *couch* are related by synonymy.

We also have intuitions about lexical opposition, *antonymy*: *dead* is the opposite of *alive*, and *hot* is the opposite of *cold*. As with synonymy, we can make these intuitions precise by entailment, but since we are talking about oppositeness of meaning, we have to include negation in the exposition. If something is dead, it is not alive; if something is not dead, it is alive. Moreover, if something is alive, it is not dead; if something is not alive, it is dead. For antonyms like *dead* and *alive*, the positive of one member of the pair requires the negative of the other, and vice versa: such mutually exclusive lexical forms are known as ungradable antonyms or complementaries. But note that *hot* and *cold* do not behave in such an exclusionary way. If something is hot, it is not cold; if something is cold, it is not hot. However, if something is not hot, then it is not necessarily cold; if something is not cold, it is not necessarily hot: in each case, it could be warm, tepid, etc. The failure of mutual exclusion and the intuition of a middle ground between pairs like *hot* and *cold* make them gradable antonyms.

Forms and meanings bear a variety of relations to each other beyond identity and difference (see Cruse 1986): e.g., class inclusion or hyponymy (*dog* is a more specific version of *animal*); part-whole or meronymy (*finger* is part of *hand*, not a member of the class called *hand*). Some of these relations can be more rigorously delineated by entailment. In hyponymy, for instance, the hyponym (subset), *dog*, entails the hyperonym (superset), *animal*, but not vice versa. But for others, the role of entailment is less clear: *finger* and *hand* have no obvious entailment relationship, although our intuition is surely that the meanings of the two forms are related. These problems do not vitiate intuitions about lexical relations: on the contrary, they underscore the need to have a precise account of how lexical meanings evoke each other.

3.1.3. Compositionality and grammatical meaning

The last set of intuitions we have is that lexical meanings are built up compositionally (from parts into a whole) and these meanings interpret entire expressions through interpretation of their grammatical constituents: i.e., grammatical meaning.

First consider how the meanings of lexical forms compositionally sum to the meanings of whole expressions in which they occur. If we say *Bob drew the circle*, from a compositional standpoint, the meanings of the lexical forms add up to the meaning of the sentence. The methodological lesson is that in determining the truth of an expression, we get no meaning remainder.

Compositionality leads to the related intuition of grammatical meaning. Many, many concepts are entailed by a form, and arguably all sum to the meaning of the whole. But not all of them are relevant to way the form contributes to the interpretation of permissible constructions in the language. How do you limit the list of summed meanings in a linguistically useful way? The usual strategy is to distinguish meanings that are constructionally relevant from those that are nonlinguistic (logical or ontological). Because the lexicon is the site of linguistic idiosyncrasy, lexical forms have a dual life: they have meanings that are relevant to the role they play in language, but since they also have to encode the world generally, they may also represent some quite unique properties, given that languages reach out to the world in different ways.

A good illustration of this difference can be found in changes in the use of the word *draw* (after Verkuyl 1993). Prior to the computer, *draw* entailed that the action be composed piecemeal by an agent using mechanical means. But now, one can draw a circle by simply pushing a button on a computer keyboard, and the circle appears instantaneously as a noncomposed object. Arguably, what the verb *draw* now entails about the world is considerably different from what it did in the past, but this ontological change does not affect the verb's constructinal behavior.

The compositionality of grammatical meanings limits the ways expressions can be formed and interpreted. *I drew a circle in an hour* is an acceptable expression whereas **I drew a circle for an hour* is not because of the semantic requirements on the merger of meanings in the bottom-up formation of the expressions. *A circle* designates a bounded entity; this meaning combines with the interval designated by the verb *draw*, compositionally producing the designation of a bounded interval for the entire verb-phrase construction. The phrase *in an hour*, which designates a contained interval, thus is compatible with the meaning of the verb phrase. However, the meaning of *for an hour*, an unbounded interval, is incompatible with the bounded interval of *draw a circle*, and the compositional interpretation of the construction *draw a circle for an hour* crashes.

Now consider *I drew circles for an hour*. Why is this sentence perfectly acceptable with the *for*-phrase? The answer again lies in the compositionality of constructional meaning. The plurality of *circles* (itself compositionally derived from the *circle + s*) places no bound on the interval in which the event can transpire; importantly, it has this effect at the level of the VP – where the meanings of the verb and the noun phrase combine as grammatical constructions. The meaning of the verb phrase *draw circles*, unlike that of *draw a circle*, no longer requires that the event transpire in a contained interval. This composition in turn licenses the meaning of the *for*-phrase.

Compositionality and grammatical meaning go hand in hand. The truth of an expression is built up additively out of its parts, and such composition is sensitive to how the language constructs its expressions.

3.2. Two accounts of lexical meaning and structure

Given that any account of lexical meaning must account for the above described intuitions about lexical semantic structure, how, then, do we state the truth-conveying properties of lexical forms? There are two ways: using minimal formal machinery and no content; using the content of our inferences. Both rely on entailment and, in their own ways, address intuitions about the assignment of meanings to forms, relations across meanings, compositionality, and grammatical meaning.

3.2.1. Formal lexical semantics

How does *dog* convey truth? One might say that *dog* carries with it a definition or set of descriptions – 'four-legged, furry, alive', etc. – technically known as its *sense* or *intension* – and these descriptions are the means by which the form accesses the world – technically has a *reference* or *extension*. The task of stating the meaning of lexical forms is to state the descriptions that lexical forms carry. However, when we begin to think even in minor detail about these lexical descriptions, we run into an insurmountable problem: which descriptions? Not all dogs are four-legged, furry, alive, barking, etc. Such definitions turn out to be either infinite or finite but inconsistent (see Fodor et al. 1980). In fact, you can infinitely vary, or even subtract, all candidate properties from your descriptions and still get successful reference (see Kripke 1980). This suggests that lexical semantic analysis via content descriptions is ultimately unscientific since there can be no replicability.

Now suppose that all linguistic expressions, lexical forms included, refer by some abstract contentless mechanism, not by some kind of variable mediating content. If so, then well-formed lexical expressions could be assigned an interpretation by a semantics that specifies just that much information needed to convey truth – and no more. What would that information be?

Rather than argue about the particulars that count as true instances of *dog*, since this argument seems impossible to settle, we can just say that *dog* designates 'the set of dog properties', whatever those properties might be and however a culture or context might construe them. More technically, *dog* denotes an individual, its logical type, traditionally represented e.

What, then, does the word *run* designate? For running to be true, the event of running somehow needs to be embodied in an individual. This why *run* is often thought of as a predicate: an embodied event or state. More technically, *run* seems to denote 'the set of things that have run properties', rather than just 'run properties' themselves. Abstractly, the interpretation of *run* is like a little machine, characterizable in terms of its input and output. It admits individuals (e) as input and maps them into a (truth) set (t) as output. The logical type of run is therefore a mapping between individuals and a set: $<e,t>$.

When we put the two expressions *dog* and *run* into a larger one and say *The dog ran*, we are asserting that an individual-taking type is admitting an individual: $<e<e,t>>$. Thus the meaning of *the dog ran*, from the standpoint of logical objects, is a relation between an individual and an individual-taking type, however and whatever the real world might construe the particulars to be. Less technically, the expression means 'the dog (i.e., its properties) is in the set of runners'.

This approach immediately eliminates the infinite regress of lexical semantics as an account of lexical descripitons and simplifies lexical semantic analysis in one fell swoop. From a logical standpoint, *dog, cloud, honesty,* and *run* and similar lexical items can all be understood as a function of the same logical object: a set (see Bach 1989, Cann 1993, McConnell-Ginet and Chierchia 1990, Larson and Segal 1995, Heimand Fratzer 1998).

Do individuals and individual-taking relations exhaust the logical types? No. Consider *every* in the expression *every dog*. For the expression as a whole to be true, it must refer to all and only those properties that are shared by all dogs. If we again think along the lines of logical denoting machines, we will see that *every* takes as input the set of properties it modifies ('dog properties' in this case) and outputs the intersection of all property sets denoted by the form it modifies. That is, *every* is function that maps from sets to other sets in a particular way – again, irrespective of what those sets might actually contain.

From a logical standpoint, then, the meaning of the lexical form *dog* and that of the lexical form *every* must be quite distinct because they give access to truth differently. The former is an individual, while the latter is a relation. Construal of lexical meaning as a formal problem commits the lexical semanticist to a certain approach to data and explanation: a tabulation of the logical objects that lexical forms designate to convey truth.

In addition to analysis in terms of abstract objects, formal lexical semantics involves consideration of the entailment properties of lexical forms. We have already considered these briefly in examining identity and difference of meaning (3.1.2.). Synonyms, for instance, entail each other. These necessary inferences are traditionally known as *meaning postulates* (implicational formulas that state the logical universe of a lexical form). Formal lexical semantics clarifies our knowledge of these entailments.

Recent work in semantic theory has revealed a variety of subtle entailment properties that go beyond traditional meaning postulates. Consider the phrase *no dog*. If *no dog* is true, then *no Dalmatian* is also true: the truth of *no X* holds into the subset of the item *no* modifies, technically known as *downward entailment*. The *upward entailment* (*no X* entailing up into the set to which X belongs) does not hold: if *no dog* is true, then *no animal* is not necessarily true. This entailment asymmetry characterizes an entire class of lexical forms: negative polarity items – forms intrinsically negative semantically, though not necessarily negative on the surface (*no, hardly, never, rarely,* etc.). Logically, these forms are all downward entailing: their entailments hold only into the subsets of the items they modify. *Never moved* entails *never jumped*, but not vice versa; *rarely moved* entails *rarely jumped*, but not vice versa (see Ladusaw 1996).

These observations indicate that any account of lexical meaning has to consider the inferential structure of lexical forms in addition to the logical objects or types that these forms denote. Lexical semantics can therefore be understood as a version of formal semantics generally.

3.2.2. Decompositional lexical semantics

While it may be true that *dog* denotes merely the set of dog properties (whatever they may be) and that negative polarity items are downward entailing, these insights appear to miss some important points: particular properties always seem to find their way into the set of dog properties (e.g., 'animate'), and particular properties are always invoked in our judgements of entailment characteristics (e.g., 'animate'). Why do languages repeatedly denote the same pieces of content?

The need to state some minimal, recurrent content in the analysis of lexical meaning motivates a family of approaches that I will call *decompositional lexical semantics* (Nida 1975, Wierzbicka 1972, Frawley 1992, Lehrer 1974, Jackendoff 1983, and Talmy 1985). These approaches seek to identify a set of universal primitive concepts entailed by lexical forms. More technically, lexical forms decompose into these concepts.

Decompositional approaches ask, "What does a form entail?" Answers to this question generate a list of properties. For example, *girl* entails 'female', 'animate', 'young', etc.; *sway* entails 'move', 'slow', 'lateral', etc.; *on* entails 'contact', 'surface', etc. We can factor out the constancies in these properties and type them into primitives: ANIMACY, SIZE, SHAPE, SUBSTANCE, BOUNDEDNESS, SPECI-

FICITY, AGE, SEX, DIMENSIONALITY, CONTACT, AGENCY, MOTION, SPEED, DIRECTION, AUDITORY, PHASE, etc. (See Frawley 1992 for a compilation of universal properties.)

From a decompositional standpoint, to state the meaning of a lexical form is to state the subset of universal primitives entailed by the form. The verb *build* entails the primitives ACT (building requires deliberate actions), CAUSE (building requires actions leading to effects), RESULT (building requires that something be built), INSTRUMENT (building requires a means), etc. These primitives not only capture the meaning of the form, but also help explain our intuitions about the broader behavior of the form in context. For example, the expression *Bob almost built the house* has two interpretations – either he almost began the act of building or he began the act and almost finished. This difference is traceable to what lies in the scope of the adverb *almost*: either the whole set of primitives (almost began the act itself) or just the component RESULT (began the act but almost reached the result).

The appeal of lexical decomposition is that it seems self-evidently correct. Words and word-like forms evoke concepts. Similar words and word-like forms evoke similar concepts. Opposite words and word-like forms evoke opposite concepts. In a single gesture, then, both the content of a form's denotation and the basis for inferences about a form are settled. Still, even with this appeal, all decompositional approaches struggle with the problem of drawing a meaningful line in the set of decomposed primitives. Different versions of decomposition depend on what the analyst sees as the source and role of the primitive.

For many years, Anna Wierzbicka (1972, 1985, 1992, 1996) has been developing a limited and remarkably simple set of universal semantic primitives, based on the argument that the semantic systems of languages reflect universal human conceptualizations. Wierzbicka claims that her list of some fifty-five primitives – I, YOU, SOMEONE, SOMETHING, ONE, TWO, MANY, ALL, THINK, WANT, GOOD, and so on (Wierzbicka 1996, 35–111) – captures not only the essential meanings of all lexical forms, but also semantic differences across languages, traceable to differential structuring of the primitives.

Consider the word *ashamed*, which, in Wierzbicka's system is reducible to the following (1992, 133):

X thinks something like this:
People can know something bad about me
because of this, People can think something bad about me
I don't want this
because of this, i would want to do something
I don't know what i can do
because of this, x feels something bad

This constellation of primitives supports the intuition that *ashamed* means 'X knows that others can know something bad about X and feels powerless and bad as a consequence'.

Contrast this with the meaning of *kuyan* in Ngiyambaa (Australien) (1992, 132):

X thinks something like this:
I am near person Y
this is bad
something bad could happen because of this
people could think something bad about me because of this
I don't want this
because of this, X feels something
because of this, X wants to do something
X wants not to be near this Person

This constellation of primitives supports the Ngiyambaa intuition that *kuyan* is associated with potential bad acts and so is more like a cross between English *ashamed* and *fear*.

Wierzbicka's system, derived as it is from intuitions about universal human conceptualization, is clear and replicable. The primitives elucidate lexical meanings and their convergences and differences cross languages. (A similar commitment to human conceptualization as the source of primitives and insistence on primitives that are grammatically relevant underlie Jackendoff's theory of "lexical conceptual semantics" – Jackendoff 1983, 1990).

3.3. Form-meaning relationships

Heretofore, we have split the issues in lexical semantics into form vs. content, examining each side separately. Is this an artificial distinction? Is there some reason to think of lexical form and lexical meaning as interrelated?

The problem with such talk is that even the newly initiated know that one of the axioms of modern linguistics is that the relationship between form and meaning is arbitrary. There is no logical or structural reason why 'large gray pachyderm' is *elephant* in English and *słoń* in Polish. Why integrate lexical form and meaning at the expense of the axioms of the field?

But there is another way to think about the issue. If lexical form is a triple of phonological, grammatical, and semantic configurations, is there any pattern to the association of sound and meaning or grammar and meaning (sound and grammar associations are not at issue here)? For the phonological and semantic configurations, there is probably not such a pattern – or only a very minimal one. Even onomatopoeia (forms whose sounds seem to reflect meaning transparently) appears to be language-specific: Spanish-barking dogs yelp *guau guau*. So when we say that form-meaning relations are arbitrary, we mean, in part, that the interface between the phonological and semantic configurations in the lexicon is not transparent.

But when we ask about the grammar-meaning associations, and look in detail at how lexical forms work across the world's languages, we see some surprising things. Similar kinds of meaning tend to surface in similar lexico-grammatical constructions. From the standpoint of decompositional accounts, not all nouns are THINGS, but THINGS do seem to surface as nouns. Are there regularities to the association of lexical form and lexical meaning?

The study of close associations between grammar and meaning has gone under a variety of names with a variety of commitments to the strength of the motivation between form and meaning: iconicity (Haiman 1985), lexicalization patterns (Talmy 1985), and grammaticalization (Heine, Claudi, and Hünnemeyer 1991). Disregarding the often unpleasant ideological fights engendered by these sympathies, and grossly simplifying across camps, we can say that there are regular patterns to the associations of lexical forms and lexical semantics when it comes to grammatical meaning.

Adherents of the theory of grammaticalization often argue that form-meaning associations follow a universal scale. Free-standing forms become condensed and dependent over time, ultimately reducing to zero, only to be reinvented as free-standing forms, starting the cycle anew. Related to this formal scaling are patterns of meaning derivation. Languages express notions in a scale from objective external meanings, to internal meanings, to abstracted grammatical and ultimately metalinguistic meanings. Putting the two patterns together, we reinvent the premise of grammaticalization. Free-standing forms reduce in overtness as meanings become grammaticalized. For example, in many languages, free-standing nouns have evolved into particles or prepositions, which in turn have reduced to bound case markings. This surface-form pattern correlates with a change in the meanings associated with the forms, as physical spatial meanings give rise to expressions of abstract or inanimate relations (Heine, Claudi, and Hünnemeyer 1991, 159).

One way these ideas about regular meaning-form associations might inform the larger project of lexical semantics is by guiding answers to fundamental questions. Depending on where a lexical form or meaning is in the cycle and scale, we might be inclined to assign meanings according to polysemy or homonymy. Consider the preposition *for*, which designates 'spatial goal' (*going for home*), 'human benefactor' (*did it for Bob*), or 'abstract cause' (*can't work for pain*). These three follow the grammaticalization cycle of spatial relations giving rise to human ones, in turn giving rise to causal or abstract ones. It is also acceptable to say *I went for Bob but didn't go for Bob*, which distinguishes spatial goal from benefactor. Consequently, we might propose that the spatial goal and benefactor senses of *for* are associated with two different lexical forms, *for*$_1$ and *for*$_2$, rather than saying that a single form is polysemous for the two meanings. After all, the benefactor is not necessarily the spatial goal. Most dictionaries, however, do not differentiate these two senses and lemmatize *for* as if it were polysemous.

The lesson here is a fundamental one for lexical semantics: lexical forms that denote several notions might be treated as having an intrinsic (polysemous) or extrinsic (homonymous) semantic order. An appreciation of the patterns in the drift of meaning-form relations would help us make the proper determination.

4. Whither Lexical Semantics?

Lexical semantics has increasingly become both an object of intense analysis and a frequently used tool in related fields. In all cases, the direction of this work adheres to the fundamental issues heretofore described, though different camps and sympathizers naturally focus on some issues more than others. (See Allan 2001, Cruse 2000 for recent surveys of semantics ad lexical issues.) Lexical acquisition is very much concerned with convergences in meaning and conceptual structure (Golinkoff et al. 1995, e.g.). Lexical relations and formal lexical structure have undergone substantial scrutiny in the cognitive and computational literature (Miller and Fellbaum 1991). Practical lexicography has also shown renewed interest in lexical theory (van der Ejk, Alejandro, and Florenza 1995). No doubt this is because, as the famous Russian psychologist L. S. Vygotsky (1986, 256) remarked, "A word is a microcosm of human consciousness".

5. Literature (a selection)

Allan, Keith (2001): *Natural language semantis*. Oxford: Blackwell

Aronoff, Mark (1994): *Morphology by itself*. Cambridge: MIT Press.

Bach, Emmon (1989): *Informal lectures on formal semantics*. Albany: SUNY Press.

Cann, Ronnie (1993): *Formal semantics*. Cambridge: Cambridge University Press.

Cruse, D. Alan (1986): *Lexical semantics*. Cambridge: Cambridge University Press.

–, (2000): *Meaning in language*. Oxford: Oxford University Press.

DiSciullo, A. and E. Williams (1987): *On the definition of word*. Cambridge, MA: MIT Press.

Fodor, Jerry et al. (1980): Against definitions. In: *Cognition* 8, 263–367.

Frawley, William (1992): *Linguistic semantics*. Hillsdale: Erlbaum.

Golinkoff, Roberta et al. (1995): Lexical principles can be extended to the acquisition of verbs. In: *Beyond names for things* (eds. M. Tomasello; W. Merriman). Hillsdale: Erlbaum 1995, 185–221.

Haiman, John (1985): *Iconicity in syntax*. Cambridge: Cambridge University Press.

Heim, Irene and Angelika Kratzer (1998): *Semantics in generative grammar* – Oxford: Blackwell.

Heine, Bernd; Ulrike Claudi and Friederike Hünnemeyer (1991): *Grammaticalization*. Chicago: University of Chicago Press.

Jackendoff, Ray (1983): *Semantics and cognition*. Cambridge, MA: MIT Press.

–, (1990): *Semantic structures*. Cambridge, MA: MIT Press.

–, (1997): *The architecture of the language faculty*. Cambridge, MA: MIT Press.

Kripke, Saul (1980): *Naming and necessity*. Cambridge, MA: Harvard University Press.

Ladusaw, William (1996): Negation and polarity items. In: *The handbook of contemporary semantic theory* (ed. S. Lappin). Oxford: Blackwell 1996, 321–41.

Landau, Sidney (1984): *Dictionaries: The art and craft of lexicography*. N.Y.: Scribners.

Larson, Richard and Gabriel Segal (1995): *Knowledge of meaning*. Cambridge, MA: MIT Press.

Lehrer, Adrienne (1974): *Semantic fields and lexical structure*. Amsterdam: North Holland.

Levin, Beth and Malka Rappaport Hovav (1996): Lexical semantics and syntactic structure. In: *The handbook of contemporary semantic theory* (ed. S. Lappin). Oxford: Blackwell 1996, 487–507.

Levinson, Stephen (1983): *Pragmatics*. Cambridge: Cambridge University Press.

Lyons, John (1977): *Semantics* (2 vols.). Cambridge: Cambridge University Press.

–, (1995): *Linguistic semantics*. Cambridge: Cambridge University Press.

McConnell-Ginet, Sally and Gennaro Chierchia (1990): *Meaning and grammar*. Cambidge, MA: MIT Press.

Miller, George and Christiane Fellbaum (1991): Semantic networks of English. In: *Cognition* 41, 197–229.

Nida, Eugene (1975): *Compotential analysis of meaning*. The Hague: Mouton.

Palmer, F.R. (1981): *Semantics: A new outline*. Cambridge: Cambridge University Press.

Talmy, Leonard (1985): Lexicalization patterns: Semantic structure in lexical forms. In: *Language typology and syntactic description: Grammatical categories and the lexicon*. (ed. T. Shopen). Cambridge: Cambridge University Press 1985, 57–149.

van der Ejk, Pim, Olga Alejandro, and Maria Florenza (1995): Lexical semantics and lexicographic sense distinction. In: *International Journal of Lexicography* 8, 1–27.

Verkuyl, Henk (1993): *A theory of aspectuality*. Cambridge: Cambridge University Press.

Vygotsky, L.S. (1986): *Thought and language*. Cambridge, MA: MIT Press.

Wierzbicka, Anna (1972): *Semantic primitives*. Frankfurt: Athanäum.

–, (1985): *Lexicography and conceptual analysis*. Ann Arbor: Karoma.

–, (1992): *Semantics, culture, and cognition*. Oxford: Oxford University Press.

–, (1996): *Semantics: Primes and universals*. Oxford: Oxford University Press.

William Frawley, Newark (USA)

29. Die Behandlung der Wortbedeutung in der Geschichte der Sprachwissenschaft

1. Wortarten und Wortbedeutung unter dem Einfluss des Aristoteles
2. Die empiristische Bedeutungslehre
3. Semantik unter dem vorherrschenden Paradigma der Entwicklung
4. Die neuere Erforschung der Wortbedeutung
5. Literatur in Auswahl

1. Wortarten und Wortbedeutung unter dem Einfluss des Aristoteles

1.1. Antike

Das grammatische Denken des Abendlandes geht sicher bis in die Zeit der Vorsokratiker zurück, aber die ersten semantischen Aussagen finden wir bei Plato (427–347). Er unterschied im einfachen Satz (*logos*) „Nomen" (*onoma*) und „Verb" (*rhema*), unter denen er die logischen Elemente des Satzes „Subjekt" und „Prädikat" verstand (*Sophistes 262 c–e*). Da Adjektive prädizieren, musste er sie als „rhematische" Elemente betrachten. Die Bedeutung Platos für das hier behandelte Thema liegt darin, dass in seiner Nachfolge bis weit in die Neuzeit hinein Wortartensemantik auf logischer Grundlage betrieben wurde. (Dass auch Indien und China eine lange grammatische und semantische Tradition besitzen, soll hier zwar vermerkt, aber nicht weiter ausgeführt werden.)

Der Einfluss des Aristoteles (384–322) auf den Gang der Sprachwissenschaft, insbesondere unter dem zu verfolgenden Aspekt, kann gar nicht groß genug veranschlagt werden. Besonders die Wiederentdeckung der aristotelischen Schriften im 12. Jh. führte nicht nur allgemein zu einem Aufblühen der Wissenschaften (Scholastik), sondern auch zu wesentlicher Vertiefung grammatischer Einsichten (Spekulative Grammatik). Sein Einfluss dauerte in rationalistischen Theorien mindestens bis ins 18. Jh. fort.

Unter seinen Definitionen sprachlicher Erscheinungen (in *De interpretatione* und in *De poetica*) finden sich die des Substantivs/Adjektivs, des Verbs und der „Konjunktion". Seine Definitionen rekurrieren auf die Satzlogik (wie bei Plato), fügen aber auch das kategoriale Element „Zeit" hinzu. Substantiv/Adjektiv: „ohne Zeitbedeutung", Verb: „Prädikat mit Zeitbedeutung".

Die Stoiker gelangten dazu, vier Wortarten zu unterscheiden: Nomen, Verb, Konjunktion und Artikel. Schließlich teilten sie das Nomen noch in Eigen- und Allgemeinnamen ein. Auf Grund ihrer Kasustheorie stellten sie das Adjektiv zum Nomen.

Der Alexandrinischen Grammatik kommt das Verdienst zu, die heute noch im Rahmen der traditionellen Grammatik gültigen acht Wortarten etabliert zu haben. Dionysios Thrax (1. Jh. v. Chr.) unterscheidet Nomen, Verb, Partizip, Artikel, Pronomen, Präposition, Adverb und Konjunktion. Die jeweiligen Definitionen sind uneinheitlich. Neben semantischen Merkmalen („das Nomen bezeichnet ein Ding oder eine Handlung") werden morphologische Merkmale wie „Geschlecht", „Zahl", „Kasus" verwendet. Diese acht Wortarten werden in der lateinischen Tradition durch Remmius Palaemon (1. Jh.), Donat (4. Jh.) und Priscian (6. Jh.) dem Mittelalter überliefert, wobei die Interjektion an die Stelle des im Lateinischen fehlenden Artikels tritt.

1.2. Mittelalter

In einer ersten mittelalterlichen Periode, die bis ins 11. Jh. reicht, diente die Beschäftigung mit Grammatik dem praktischen Ziel der Erlernung der internationalen Bildungs-, Kirchen- und Verwaltungssprache Latein. Die zweite, hochmittelalterliche Periode ist, wie bereits gesagt, gekennzeichnet durch die Wiederentdeckung des aristotelischen Originalwerks. Von dem damit verbundenen Aufschwung des intellektuellen Lebens profitierte nun auch die Sprachwissenschaft, indem sie gänzlich unter den Einfluss von Logik und Metaphysik geriet. Spracherscheinungen mussten nun im Rahmen von aristotelischer Logik und Metaphysik begründet werden. Grammatik wurde ein Zweig der spekulativen Philosophie (Theorie der *modi significandi*). D. h., sie wurde durchaus im modernen Sinn zu einer semantischen Theorie.

Jede Bedeutungstheorie lässt sich einer der erkenntnistheoretischen Grundhaltung zuordnen, d. h. sie setzt entweder ein realistisches oder ein idealistisches Weltbild voraus. Das Weltbild der Modisten war realistisch, und zwar in der aristotelischen Variante des Realismus, wonach die wahrgenommene Welt die wirkliche Welt ist und sich das Erkenntnisvermögen des Menschen in Übereinstimmung mit der Wirklichkeit bringen kann. Letztere besitzt ihre Eigenschaften oder „Weisen des Seins" (*modi essendi*). Der menschliche Geist nimmt diese wahr mittels eigener aktiver Erkenntnisweisen (*modi intelligendi activi*). Diese werden dann zu den Eigenschaften der Dinge. Der Geist verbindet diese Eigenschaften mit gewissen Weisen des Ausdrucks (*modi significandi*), sodass also die Bedeutung der Wörter die aktiven Erkenntnisweisen des Geistes angesichts der Dinge sind. Die Erkenntnisweisen konstituieren also die Wortarten (*partes orationis*), die ihrerseits allerdings noch in einem funktionalen Satzverband gesehen werden (*consignificatio*). Vgl. Bursill-Hall (1972: 38–41). Die Wortarten definieren sich bei noch genauerer Sicht über Bündel von Bezeichnungsweisen, von denen die eine oder andere mit anderen Wortarten geteilt werden kann. Die allgemeinste Unterscheidung der Wortarten betrifft Deklinierbarkeit vs. Indeklinierbarkeit. Die deklinierbaren Wortarten sind *nomen, pronomen, verbum, participium*, die indeklinablen sind *adverbium, conjunctio, praepositio, interjectio*. Die Hauptbedeutungsfunktion von *nomen* und *pronomen* liegt im Modus des Seins, des Statischen (*modus entis*), die des Verbs und des Partizips im Modus des Werdens (*modus esse*). Nomen und Pronomen unterscheiden sich nun wieder darin, dass das Nomen mittels der (aristotelischen) Kategorie Substanz und Qualität bezeichnet, das Pronomen nur mittels der Kategorie Substanz. So gelangen die Modisten zu einem immer feineren Geflecht von Bezeichnungsweisen, die hier im Einzelnen nicht nachvollzogen werden können. Die verschiedenen Wortarten werden also auf eine Bedeutungsebene projiziert, deren Elemente dem rationalistischen Apparat der aristotelischen Metaphysik entnommen sind. Siehe hier etwa Pinborg (1967), Bursill-Hall (1972).

1.3. Renaissance

Auch wenn der aristotelische Einfluss auf die Sprachwissenschaft der Zeit des Humanismus unvermindert fortdauert (es findet sich wohl kein grammatisches Traktat aus jener Zeit ohne den offenen Hinweis auf die Lehre des Aristoteles), so kann doch das Entstehen von wirklich Neuem, das sich erst eigentlich in der zweiten Hälfte des 18. Jh.s Bahn bricht, schon hier wahrgenommen werden. Es ist die Konzeption einer geschichtlich-lebendigen Sprache, die Sprache nicht nur als Mittel der Erkenntnis, sondern als lebensgestaltende Kraft sieht. Siehe hierzu Apel (1975).

1.4. Rationalismus

Die in der 1. Hälfte des 17. Jh.s von Descartes begründete erkenntnistheoretische Richtung des Rationalismus schafft sich ihre eigene grammatische Tradition in einer Reihe von „rationalen Grammatiken" (siehe Wagner 1973), die alle auf der *Grammaire Générale et Raisonnée* („Grammatik von Port-Royal") von Antoine Arnauld und Claude Lancelot aus dem Jahre 1660 fußen. Konform dem Grundansatz des Rationalismus werden die Bedeutungen der Wörter auf die Vorgänge im menschlichen Geist (*ce qui se passe dans nostre esprit*, p. 26) zurückgeführt. Bei der Bestimmung dieser Vorgänge geht man aber nicht die neuen Wege, die man auf Grund des erkenntnistheoretischen Neuansatzes von Descartes hätte erwarten können, sondern geht von dem aus, was „alle Philosophen lehren" (p. 27). Genau genommen ist dies die aristotelisch-thomistische Lehre von den drei Operationen des Intellekts, die im *Concevoir, Juger* und im *Raisonner* bestehen, also dem einfachen Erfassen von Dingen, dem Urteilen und dem Ableiten von Urteilen aus Urteilen. Das Urteil besteht aus Subjekt und Prädikat, deren Begriffe durch die Operation des *Concevoir* zustande kommen. Die Verbindung der jeweils zwei Begriffe im Urteil aber ist Leistung der zweiten Operatoin des Intellekts, des *Juger*. Diese „formt" also den durch die erste Operation geschaffenen Gedanken„stoff". Sie kommt am reinsten durch die Copula *ist* zum Ausdruck. Alle anderen Verben drücken demnach sowohl Inhaltliches (1. Operation) wie Form (2. Operation) aus. Die erste Operation schafft sowohl Substanz- als auch Akzidensbegriffe („Erde", „Sonne", „Wasser" bzw. „rund", „rot", „wissend", p. 30). Die Pronomina sind hier nicht wie in der spekulativen Grammatik die eigentlichen Zeichen für Substanzen, sondern Zeichen für Zeichen.

2. Die empiristische Bedeutungslehre

Wie der Rationalismus steht auch der Empirismus an der Wiege der neuzeitlichen Wissenschaften. Realität ist für Letzteren nur in der Wahrnehmung, im Empirischen, vorhanden. Alle Vorstellungen, alle Begriffe sind nur die subjektive Wiederspiegelung des Realen und nicht eine objektive, wie es der Aristotelismus lehrte. Wörter sind demnach für John Locke

(1632–1704) nichts als die Namen für subjektive Vorstellungen und Begriffe („Ideen"). Im dritten Buch seines *Essay* finden wir den Versuch, Arten von Ideen, also in unserem Sinne eben auch Arten von Wortbedeutungen zu unterscheiden, indem er Namen für „einfache Ideen", „komplexe Ideen" oder „Substanzen" und für „gemischte Vorstellungen" anerkennt. So geht aus seinen Darlegungen hervor, dass Adjektive einfache Ideen bezeichnen, wie *weiß* oder *süß*, auch wenn er selbst nicht von „Adjektiven" spricht. Komplexe Ideen kommen unter Substantiven vor, wie *Statue, Mensch* oder *Stern*, und gemischte Vorstellungen zeigen sich im Englischen unter entlehnten Substantiven wie *sacrilege* oder *parricide* (im Deutschen unter Nominalkomposita). Da es nicht Lockes Absicht war, die Bedeutungsfunktionen der Wortarten anzugeben, bleiben seine Überlegungen aus unserer Sicht unvollständig, denn andere Wortarten als die genannten werden von ihm nicht angesprochen.

3. Semantik unter dem vorherrschenden Paradigma der Entwicklung

3.1. Idealismus

Als um die Mitte des 18. Jh.s der Gedanke von der Entwicklung *aller* Dinge aufkommt, wird auch der Bereich der sprachlichen Bedeutung diesem Paradigma unterworfen. Dies äußert sich einerseits in intensiver etymologischer Forschung, d. h. in der Erforschung des Ursprungs und der Entwicklung von Einzelwörtern unter besonderer Berücksichtigung ihrer Bedeutung (etwa das Grimm'sche Wörterbuch der deutschen Sprache), andererseits in der Aufstellung von Stufenfolgen von Sprachtypen (z. B. isolierend, agglutinierend, flektierend) als Ausdruck eines geistigen Entwicklungsstandes eines Volkes (Wilhelm von Humboldt, H. Steinthal). Zu einer Entwicklungsgeschichte der Wort*arten* unter semantischem Aspekt scheint es nicht gekommen zu sein. Diese Idee wurde jedoch erfasst, und zwar u. a. von Schmitthenner in seiner *Ursprachlehre* (1826). Dieses Werk ist im Übrigen für den hier behandelten Gegenstand von besonderer Bedeutung. Es entsteht nämlich auf dem Höhepunkt des Deutschen Idealismus, der seinerseits ja schon die Kantische Erkenntniskritik voraussetzt. Dies ist auch der allgegenwärtige Hintergrund, vor dem Schmitthenner sein Grammatiksystem errichtet. Zwar erinnert bei seinen Darlegungen zur Bedeutung der Wortarten (p. 120ff.) vieles an die rationalistische Grammatik, der sklavische Aristotelismus ist aber längst überwunden. Seine Begrifflichkeit entstammt der kantisch-idealistischen Erkenntnistheorie, und er verknüpft die Bedeutung der Wortarten systematisch mit den Erkenntniskategorien, die er „Arten von Gedanken" nennt. Genauer: die Bedeutung einer Wortart ist die damit verbundene Kategorie, die Bedeutung eines Wortes ist die mit ihm verbundene, kategorial bestimmte Vorstellung. Schmitthenner unterscheidet vier Haupt-Wortarten: „abstraktes Dingwort" (Pronomen), „konkretes Dingwort" (Substantiv), „abstraktes Zeitwort" (*sein*), „konkretes Zeitwort" (Vollverb), und „Bestimmungswörter" der Quantität (Zahlwort, quantitatives Adverb), der Qualität (Adjektiv, qualitatives Adverb) und der Relation (Präposition, relatives Adverb) und schließlich die Konjunktion.

3.2. Semasiologie

Jetzt erst kommt es zur eigentlichen Wortsemantik, d. h. zur Erforschung der Einzelwortbedeutung unter diachronischem Aspekt. Folgende Fragen stehen im Mittelpunkt: Wie ist das Verhältnis von alter und neuer Bedeutung? Wodurch kommt Bedeutungswandel zustande?

Die Semasiologie ist für Ernst Reisig, der diesen Terminus geprägt hat, die Untersuchung der „Grundsätze, welche bei der Entwicklung der Bedeutung gelten" (Reising 1839, II, § 171–183). Die Entwicklung der Bedeutungen erfolge nach eigenen Regeln, die eben Gegenstand der Semasiologie seien. Es seien dies Synekdoche, Metonymie, Metapher, Vertauschung von transitiver und intransitiver Bedeutung, Vertauschung von Raum und Zeit, Bedeutungsmodifizierung durch Präposition. Diese Veränderungsregeln bilden kein System.

F. Heerdegen (1890) und A. Darmesteter (1886) versuchten dagegen, Systeme des Bedeutungswandels auf logischer Grundlage aufzubauen. K. Schmidt (1894) sucht die Gründe des Bedeutungswandels im Psychologischen. Er nennt 1. Bedürfnis nach Bedeutungswandel, 2. Bequemlichkeit, 3. Nachahmungstrieb oder Macht des Beispiels, 4. Beeinflussung durch die Umgebung des Wortes, 5. Sinnliche Kraft des Ausdrucks, 6. Deutlichkeitstrieb, 7. Zartgefühl oder Euphemismus, 8. Zorn und Schmerz, 9. Höflichkeit und Eitelkeit, 10. Willkür.

Das erste große System des Bedeutungswandels bietet Wilhelm Wundt (1832–1920) vom fachpsychologischen Standpunkt aus. Er findet in den bis dahin vorliegenden Betrachtungen des Bedeutungswandels vier Gesichtspunkte: 1. den historischen Gesichtspunkt, 2. den logischen (Begriffsverhältnisse der Über-, Unter- und Nebenordnung), 3. den ethischen (ethische Kräfte der Verschlechterung und Veredelung) und 4. den teleologischen (Bequemlichkeits-, Deutlichkeitstrieb). Wundt selbst erstrebte einen ganzheitlichen Ansatz für die Erklärung des Bedeutungswandels, und zwar im (5.) psychologischen Gesichtspunkt. Dabei unterscheidet er zwei große Gruppen: (I.) den „regulären" Bedeutungswandel, der als Emanation der Volkspsyche zu verstehen ist, und (II.) den singulären Bedeutungswandel, der in der Individualpsychologie begründet ist. (I.) enthält 1. den assimilativen Bedeutungswandel, bei dem innerhalb des gleichen Sinnesgebietes Eindrucks- oder Erinnerungselemente assimiliert werden (*Fuß, Hals, Arm* usw. bei Mensch, Tier, Möbeln, Flaschen, Flüssen usw.). 2. den assimilativen Bedeutungswandel, bei dem es zu Assoziationen zwischen verschiedenen Sinnesgebieten kommt (*hell* visuell und akustisch, *begreifen* taktil und geistig). (II.) enthält 1. Namengebung nach singulären Assoziationen (*moneta* „Münze", weil sich die Prägestätte beim Tempel der Iuno Moneta befand), 2. singuläre Namensübertragung, wenn Namen einzelner Gegenstände zur Bezeichnung einer Gruppe ähnlicher Gegenstände verwendet werden, 2. Metaphernwörter, d. h. Einwortmetaphern, die ursprünglich nicht als Bilder empfunden wurden, nicht kunstmäßige Metaphern, wie *Bock* für „Holzgestell".

Der Entwicklungsgedanke kommt bei Wundt (1912, Bd. 2: 440) insbesondere dadurch zum Ausdruck, dass er eine Entwicklung der Denkformen annimmt, die sich in den Sprachen mit verschiedenem Sprachbau äußern. Die innere Sprachform bewirkte die äußere Sprachform. Die spezifischen Eigenschaften der Vorstellungen und Begriffe verrieten sich in den Wortformen.

Es sind zahlreiche Einwände gegen den Wundt'schen Ansatz erhoben worden. U. a. wies Roswadowski (1901) zu Recht darauf hin, dass jedes Wort aus einem Bedeutungsträger („Wurzel") und einem formativen Element besteht, sodass im Grunde jedes Wort ein semantisches Kompositum sei. Zu den bedeutendsten Kritikern von Wundt gehörte auch der Brentano-Schüler Anton Marty (1908), der im Übrigen die Sprachmittel nach den drei folgenden psychischen Grundphänomenen einteilt: 1. Emotive (interesseheischende Äußerungen wie Bitten, Fragen, Wünsche und Befehle), 2. Urteile (das Bejahen, Leugnen usw. von Vorstellungen). 3. Das Vorstellen (das interesselose Vorstellen auf Grund von Substantiven mit oder ohne Attribute). Diese Einteilung ist von Wundt selbst noch als „neoscholastisch" kritisiert worden. Sie erinnert in der Tat an die zwei ersten Operationen des Intellekts und findet sich im Übrigen in den *speech acts* von Searle (1969) wieder.

Die Tradition der Semasiologie kumuliert und endet mit der großangelegten Zusammenfassung von Gustav Sterns *Meaning and Change of Meaning* (1931).

4. Die neuere Erforschung der Wortbedeutung

Die im 20. Jh. neuentstehenden wissenschaftlichen Paradigmen brechen mit dem Entwicklungsgedanken. Das neue statische Denken zeigt sich, was unser Thema angeht, in unterschiedlicher Form.

4.1. Extremer Skeptizismus

Wir finden ein Wiederanknüpfen an vorevolutionäres Denken bei Fritz Mauthner (1849–1923). Rationalistisches Denken hatte dazu geneigt, immer dogmatischer und objektivistischer, empiristisches, immer skeptischer und subjektivistischer zu werden. Letzteres finden wir bei Mauthner erneut besonders ausgeprägt. Waren alle Überlegungen über die Bedeutung der Wortarten vor ihm doch letztlich immer davon ausgegangen, dass sich in den Wortartkategorien letztlich Kategorien des Wirklichen spiegelten, besteht Mauthner nachdrücklich darauf, dass dies nicht der Fall ist. Er sieht sich dabei in der Tradition Lockes, aber auch in der Immanuel Kants (1724–1804), der die Formen der Erkenntnis der Wirklichkeit absprach und dem Intellekt zuwies (Mauthner 1902: 7). Mit Substantiven bezeichneten wir „die Gesamtheit aller Sinneseindrücke, die wir von einem und demselben Ding als seiner Ursache herleiten", mit dem Adjektiv bezeichneten wir „einen einzelnen Sinneseindruck, den wir unter den von einem Ding hervorgerufenen Empfindungen aus irgendeinem Interesse besonders bemerken wollen oder müssen" (1902: 7/8). Die beiden Wortarten bezeichneten also nichts, was am Ding selbst unterschiedlich wäre. Das Verbum bezeichne „eine Veränderung dieser Ursache in Raum und Zeit" (1902: 8/9). „*Es regnet* sagt ... durchaus nichts anderes als das Substantiv *Regen*, unter Umständen nichts anderes als das Adjektiv *nass*." (1902: 9/10). Sprachliche Kategorisierung ist für Mauthner nicht, wie im lange nachwirkenden Aritotelismus, ein Abspiegeln der Wirklichkeit, sondern ein von subjektiven Interessen geleitetes Bezeichnen der Empfindung.

4.2. Neoscholastik

Brøndal (1928) stellte sich erneut die Frage, ob es eine fixierbare Anzahl von universellen Wortklassen gibt. Seine Antwort: Es gibt keine bestimmte Gruppe von Wortklassen, die in allen Sprachen vorkommt, wie man in der Antike, im Mittelalter und in der rationalistischen Grammatik dachte. Man finde in den Sprachen mal mehr, mal weniger als die acht oder zehn traditionellen Wortarten. Die vier aristotelischen Hauptklassen „Eigennamen" (*Substanz*), „Zahlwörter" (*Quantität*), „Adverben" (*Qualität*) und „Präpositionen" (*Relation*) könnten keinesfalls als universell gelten. Eine Sprache müsse minimal (neben den Interjektionen) zwei korrelative Wortklassen enthalten. Maximal könne es 15 Klassen geben, die die vier logischen Grade (4 abstrakte, 6 konkrete, 4 komplexe, 1 undifferenzierten) realisierten. Die Auswahl der Wortklassen sei in jeder Sprache systematisch. Aber es gäbe kein System *a priori*. Die Glieder des Systems, also die jeweiligen Wortarten, bestünden aus Verbindungen von vier fundamentalen Begriffen: der Substanz und der Relation, der Quantität und der Qualität. Diese Begriffe lägen dem menschlichen Denken und damit auch der menschlichen Sprache zutiefst zugrunde.

Brøndal reiht sich bewusst ein in die rationalistische Tradition der europäischen Erkenntnistheorie, die nicht anders kann, als immer wieder zurückzukehren zu den evidenten ersten begrifflich-logischen Unterscheidungen des Aristoteles.

4.3. Das Problem der „Bedeutung"

Bis dahin waren alle Bedeutungstheorien mehr oder weniger von einem intuitiven Bedeutungsbegriff ausgegangen, den man etwa so umschreiben kann: „Bedeutung ist ein mehr oder weniger umfassendes seelisches Phänomen, das an ein sinnlich wahrnehmbares (vor allem auditives) Symbol gebunden ist" (vgl. Kronasser 1952: 56). Jetzt erscheinen Arbeiten, die sich zentral mit der Klärung der Frage befassen, was Bedeutung eigentlich sei. Hierzu zählen Erdmann (1901), Oertel (1902), der aber auch Wesentliches zum Bedeutungswandel sagt, De Saussure (1916), Ogden und Richards (1923), Weisgerber (1928).

4.4. Strukturalismus

Nachdem De Saussure (1916) die diachronische (historische) von der synchronischen Sprachbetrachtung klar unterschieden und die diachronische unter das Paradigma der Struktur gestellt hatte, wurde auch der Bereich der Bedeutung von letzterem erfasst. Die strukturelle Semantik beruht dabei auf empirisch-deskriptiver Grundlage und vermeidet die Bildung sprachübergreifender Theorien. Sie untersucht Wortbedeutungen im System einer Einzelsprache. Sie fasst Bedeutung auf als von der Stellung eines Wortes im Sprachsystem determinierte Beziehung zwischen Lautform und Vorstellung (Ausdruck und Inhalt). Ihr systematisches Interesse gilt der Struktur des Wortschatzes.

4.4.1. Die „Feldtheorie" der Bedeutung

Die ältere Wortfeldforschung konnte zeigen, dass die Bedeutung eines Wortes abhängt von seiner Stellung im Feld verwandter Wörter. Richtungweisend wurde Jost Triers Werk über den deutschen Intellektualwortschatz (1931). Weitere theoretische Grundlagen sind erforscht worden von Miller, Seiffert, Geckeler u. a. Die Beziehungen zwischen den einzelnen Elementen des Feldes beruhen u. a. auf Hyponymie (*Er kommt um* impliziert *Er stirbt*), Inkompatibilität (*Er erfriert* impliziert *Er verblutet nicht*) und Antonymie (*Er ist alt* impliziert *Er ist nicht jung*). Besonders gewinnbringend waren die Überlegungen von John Lyons (1968) zu den logischen Relationen zwischen den Elementen: Sie beruhen auf Synonymie, Inkompatibilität, Hyponymie, Antonymie und 'Bedeutungsgegensätzen' anderer Art. Von Begriffen des Kochens bis hin zu Ausdrücken der Feindschaft sind alle möglichen Bedeutungsfelder, einschließlich bestimmter Adjektiv- und Verbgruppen, eingehend untersucht worden. Zu überraschenden Ergebnissen ist man auf dem Gebiet der Farbbezeichnungen gekommen (B. Berlin und P. Kay).

Man hat auch die semantischen Tendenzen bestimmter Einzelsprachen zu ermitteln versucht. Für das Griechische und Lateinische E. Struck (1954), für das Deutsche L. Weisgerber

(1953, 1954), für das Englische E. Leisi (1955), für das Französische E. Gamillscheg (1951) und S. Ullmann (1952).

4.4.2. Amerikanischer Strukturalismus

Im amerikanischen Strukturalismus, der von L. Bloomfield (1933) seinen Ausgang nahm, steht der formale Aspekt der Sprachstruktur (die lautliche und syntaktische Gruppenbildung) gegenüber der semantischen Seite fast allein im Vordergrund. O. Funke (1954: 142) hat gezeigt, dass etwa Ch. Fries (1952) bei der Bestimmung der Wortarten eben doch nicht ohne Semantik auskommen konnte. Einen Überblick gibt Hall (1951/2).

4.4.3. Lexikalische Dekomposition

Die neuere lexikalische Semantik präzisiert die Beschreibung von Wortfeldern, indem sie die Bedeutungsbeziehungen zwischen den Wortinhalten eines Feldes ermittelt und diese Inhalte in Teilinhalte („Seme", „semantische Merkmale") zerlegt. Dieses Vorgehen wurde „Komponentialanalyse" genannt. Sie kehrt von „operationalen" zu „intentionalen", d. h. teilinhaltlichen Bedeutungstheorien zurück (Ullmann 1962).

In der transformativ-generativen Grammatik ist als bekanntestes Experiment auf diesem Gebiet die Katz-Fodor-Theorie zu nennen, die zwischen „semantischen Markern", „Distinktoren" und „Selektionsbeschränkungen" unterscheidet. (Fodor und Katz 1964).

In Europa ist die Komponentialanalyse andere Wege gegangen, sie zielt – wie im Werk von Pottier, Greimas, Wotjak u. a. – in erster Linie auf die Entdeckung von „Semen" oder kleinsten distinktiven Bedeutungsmerkmalen ab. Dabei hat sich herausgestellt, dass das Dreieckschema „Symbol – Gedanke – Realität" als Modell zu simpel war; es wurde deshalb durch ein „Trapez" ersetzt, das ein halbes Dutzend verschiedener Faktoren an der Bedeutung beteiligt (Hilty, Heger, Baldinger). Mit der Semanalyse werden die Merkmale herausgearbeitet, die die Inhalte der Lexeme im Feld voneinander unterscheiden. So können z. B. die Lexeme *Sitz, Stuhl, Sessel, Schemel* in einer Matrix durch Zerlegung in die Seme „zum Sitzen", „mit Armlehne", „mit Rückenlehne" analysiert werden.

Die Interpretative Semantik ist als Teil der generativen Grammatik konzipiert worden. Sie beschreibt Satzbedeutungen als Zusammensetzungen von Komplexen einfachster Begriffe, die einem als angeboren und universell aufgefassten Inventar entnommen sind. Die Interpretative Semantik „interpretiert" die in der Syntax generierten Tiefenstrukturen, indem sie den Lexemen Bedeutungen in Form von Bündeln semantischer Merkmale zuordnet, durch Projektionsregeln die Satzbedeutung aus der Bedeutung der Teile ableitet und feststellt, ob ein Satz bedeutungslos, mehrdeutig oder bedeutungsgleich mit einem anderen Satz ist. Katz/Fodor (1963), Chomsky (1965).

Die Generative Semantik verwirft die Trennung von Syntax und Semantik in der generativen Grammatik. Sie generiert Satzbedeutungen als syntaktisch strukturierte Komplexe einfachster Begriffe („atomarer Prädikate") und ihrer Argumente. Darüber hinaus will die Generative Semantik zeigen, wie Sätze auf Gegenstände in der Welt referieren und wie Sätze bestimmte Präsuppositionen (Voraussetzungen) mit ausdrücken (*Klaus weiß, dass zwei mal zwei vier ist* präsupponiert z. B. *Zwei mal zwei ist vier*). Übersicht in Newmeyer (1980).

Die Kognitive Wortsemantik geht davon aus, dass Wörter vor allem auch Namen für die mit den jeweiligen Objekten verbundenen kognitiven Konzepte sind. Letztere sind Wissensbestände über Objekte der menschlichen Realität, die individuell stark variieren können. Dahlgren (1988), Rickheit (1993). Um die Kommunikation gewährleisten zu können, müsse es jedoch allgemeine Kategorien geben, unter die individuelle Erfahrungen gefasst werden. Die Aufgabe der Kognitiven Wortsemantik besteht darin, diese Kategorien ausfindig zu machen und in einem widerspruchsfreien System zu ordnen. Es fällt auf, dass sie im wesentlichen zu den aristotelisch-scholastischen Begriffen zurückkehrt, ohne sich dessen offenbar bewusst zu sein. Die Kategorien werden als Kriterien für Entscheidungen darüber betrachtet, in welchem Bereich die Bedeutung eines sprachlichen Ausdrucks, insbesondere eines Worts zu suchen ist.

Siehe zu Abschnitt 4.4.3. auch die Artikel 33 bis 36 in diesem Handbuch.

4.4.4. Die konzeptuellen Ansätze

Aus psychologischen Fragestellungen haben sich Forschungsrichtungen ergeben, bei denen es um die Untersuchung der Vorgänge geht, die beim Verstehen aktuellen Sprechens ablaufen. Es handelt sich hier um die sog. „konzeptuellen Ansätze". Man geht dabei davon aus, dass es zwischen der Ebene der Zeichen und der Bedeutungen der Einzelwörter eine weitere sprachunabhängige Ebene der „Konzepte" gibt, die universell sind. Man versucht dieser Konzepte experimentell als „typische" und „basale" Begriffe habhaft zu werden. Die Analysemethode bedient sich heuristisch vor allem der logischen Begriffe Antonymie und Markiertheit. Wegen weiterer Einzelheiten hierzu siehe die Artikel 37 bis 42 in diesem Band.

5. Literatur in Auswahl

Apel, Karl Otto (1975): *Die Idee der Sprache in der Tradition des Humanismus von Dante bis Vico.* 2. Aufl. Bonn: Bouvier.

Bloomfield, Leonard (1933): *Language.* New York: Holt.

Brøndal, Viggo (1928): *Ordklasserne. Partes orationis. Studier over de sproglige kategorier.* Kopenhagen: Gad.

Bursill-Hall, Geoffrey L. (1972): *Speculative grammars of the Middle Ages: The doctrine of Partes orationis of the Modistae.* Den Haag: Mouton.

Chomsky, Noam (1965): *Aspects of the theory of syntax.* Cambridge, Mass.: M.I.T. Press.

Dahlgren, Karl (1988): *Naive semantics for natural language understanding.* Boston: Kluwer Acad. Publishers.

Darmesteter, Arsene (1886): *La vie des mots étudiée dans leur signification.* Paris: Delagrave.

Erdmann, Karl Otto (1901): *Die Bedeutung des Wortes.* Leipzig: Avenarius.

Fodor, Jerry A.; J.J. Katz (1964): *The structure of Language. Readings in the philosophy of language.* Englewood Cliffs: Prentice-Hall.

Fries, Charles (1952): *The structure of English, an Introduction to the Construction of English Sentences.* New York; Harcourt, Brace.

Funke, Otto (1954): Form und „Bedeutung" in der Sprachstruktur. In: *Sprachgeschichte und Wortbedeutung. Festschrift A. Debrunner.* Bern: Francke.

Gamillscheg, Ernst (1951): *Französische Bedeutungslehre.* Tübingen: Niemeyer.

Grammaire générale et raisonée, ou la grammaire de Port-Royal [par A. Arnauld et C. Lancelot] (Hrsg. v. H. E. Brekle nach der 3. Ed. 1676). Stuttgart-Bad Cannstadt: Fromann 1966.

Groot, Albert W. de (1948): Structural linguistics and word classes. In: *Lingua* 1, 427–500.

Hall, R.A. (1951/2): American Linguistics 1925–1950. In: *Archivum Linguisticum* 3.

Heerdegen, Ferdinand (1890): *Grundzüge der Bedeutungslehre.* Berlin.

Hjelmslev, Louis (1928): *Principes de grammaire générale.* Kopenhagen: Bianco Lunos.

Katz, Jerrold J.; J.A. Fodor (1963): The structure of a semantic theory. In: *Language* 39, 170–120.

Kronasser, Heinz (1952): *Handbuch der Semasiologie.* Heidelberg: Winter.

Leisi, Ernst (1955): *Das heutige Englisch. Wesenszüge und Probleme.* Heidelberg: Winter.

Lyons, John (1966): Towards a „notional" theory of the „parts of speach". In: *Journal of Linguistics* 2, 209–36.

–, (1968): *Introduction to Theoretical Linguistics.* Cambridge: Univ. Press.

Marty, Anton (1908): *Untersuchungen zur Grundlegung der allgemeinen Grammatik und Sprachphilosophie.* I. Bd. Halle/S.: Niemeyer.

Mauthner, Fritz (1902): *Beiträge zu einer Kritik der Sprache. Dritter Band: Zur Grammatik und Logik.* Stuttgart und Berlin: Cotta.

Newmeyer, Frederick J. (1980): *Linguistic theory in America.* New York – London: Academic Press.

Oertel, Hanns (1902): *Lectures on the Study of Language.* New York – London.

Ogden, Charles K.; I. A. Richards (1923): *The Meaning of Meaning. A Study of The influence of Language upon Thought and of The Science of Symbolism.* London – New York: Kegan ...

Pinborg, Jan (1967): *Die Entwicklung der Sprachtheorie im Mittelalter.* Münster: Aschendorff.

Reisig, Ernst (1839): *Vorlesungen über lateinische Sprachwissenschaft.* Leipzig.

Rickheit, Mechthild (1993): *Wortbildung. Grundlagen einer kognitiven Wortsemantik.* Opladen: Westdeutscher Verlag.

Roswadowski, Jan von (1901): *Wortbildung und Wortbedeutung.* Heidelberg.

Saussure, Ferdinand de (1916): *Cours de linguistique générale.* Paris.

Schmidt, Karl (1894): Die Gründe des Bedeutungswandels. In: *Programm des Kgl. Realgymnasiums zu Berlin* Nr. 92.

Searle, John R. (1969): *Speech Acts. An essay in the philosophy of language.* Cambridge: Univ. Press.

Struck, Erdmann (1954): *Bedeutungslehre. Grundzüge einer lateinischen und griechischen Semasiologie mit deutschen, französischen und englischen Parallelen.* (2. Aufl.). Stuttgart: Klett.

Trier, Jost (1931): *Der deutsche Wortschatz im Sinnbezirk des Verstandes. Die Geschichte eines sprachlichen Feldes. I: Von den Anfängen bis zum Beginn des 13. Jhs.* Heidelberg: Winter.

Ullmann, Stephen (1952): *Précis de sémantique française.* Bern: Francke.

–, (1962): *Semantics: An introduction to the science of meaning.* Oxford: Blackwell.

Wagner, Joachim (1973): *Nicolas Beauzée und die Tradition der Grammaire générale*. Diss. Bochum.

Weisgerber, Leo (1928): *Muttersprache und Geistesbildung*. Göttingen: Vandenhoeck & Ruprecht.

–, (1953, 1954): *Vom Weltbild der deutschen Sprache: 1. Die inhaltbezogene Grammatik.* (2. Aufl.). Düsseldorf: Schwann 1953. *2. Die sprachliche Erschließung der Welt.* (2. Aufl.). Düsseldorf 1954. Ab 3. Aufl. umbenannt in: *I. Grundzüge der inhaltlichen Grammatik. II. Die sprachliche Gestaltung der Welt.*

Wundt, Wilhelm (1912): *Völkerpsychologie. Eine Untersuchung der Entwicklungsgesetze von Sprache, Mythos und Sitte. 1. Teil: Die Sprache*. Leipzig: Engelmann.

Klaus-Peter Lange, Leiden (Niederlande)

VI. Die Inhaltsseite des Wortes II: Lexikalische Dekomposition
The content level of the word II: Lexical decomposition

30. Lexikalische Dekomposition I: Strukturalistische Ansätze

1. Die strukturalistische Wende in der Lexik
2. Der lexematische Ansatz
3. Das methodische Instrumentarium
4. Die Analyse
5. Bilanz
6. Literatur in Auswahl

1. Die strukturalistische Wende in der Lexik

Die Anwendung strukturalistischer Beschreibungsprinzipien auf die Lexik wurde diskutiert auf dem „Eighth International Congress of Linguists" 1957 in Oslo, im Anschluss an die Vorträge von Hjelmslev mit dem Thema «Dans quelle mesure les significations des mots peuvent-elles être considérées comme formant une structure?» (Hjelmslev 1958, 636–654) und Wells (1958, 654–666): „Is a Structural Treatment of Meaning Possible?" Teilnehmer an der anschließenden Diskussion waren u. a. Coseriu und Pottier, die dann Anfang der sechziger Jahre die theoretischen und methodischen Grundlagen schufen für eine Dekomposition der Bedeutung lexikalischer Einheiten nach strukturalistischen Gesichtspunkten (Coseriu 1964, 1966, 1967; Pottier 1963, 1964) und so die Basis schufen für den sogenannten europäischen Strukturalismus (Bidu-Vrănceanu 1976, 7, wo er auch als solcher diskutiert wird, 16–49).

Fast alle inzwischen vorliegenden Untersuchungen zu lexikalischen Inhaltsanalysen europäischer Prägung beziehen sich auf diese beiden Autoren, bauen auf ihren Vorschlägen auf, respektieren sie alle oder teilweise, oder lehnen sie ab. Von Pottier wird vor allem die Darstellungsart in Form einer Matrix übernommen, die auf den vertikalen Achsen die Bedeutungsunterschiede zwischen den einzelnen lexikalischen Einheiten und auf den horizontalen ihre Bedeutungskomponenten anzeigt (Abb. 1). Von Coseriu werden alle oder einige der Grundsätze seiner strukturellen Semantik, der „Lexematik" übernommen. Innerhalb des Wortschatzes sind die Strukturen freizulegen, die sich für eine inhaltliche Dekomposition eignen. Die lexematische Struktur, die sich heuristisch am besten zu bewähren scheint, ist das Wortfeld (nach Schepping 1985, 185: „Das am meisten beachtete Strukturierungsprinzip").

Dieser auch bei Pottier beobachtbare paradigmatische Ansatz liegt zahlreichen Monographien der siebziger, achtziger und neunziger Jahre zu Grunde, deren Autoren versuchen, die Bedeutung der lexikalischen Einheiten durch Konfrontierung mit den anderen Einheiten des Wortfeldes zu fassen und analytisch in unterscheidenden Zügen (Semen) zu beschreiben. Auf sie beschränken sich die folgenden Ausführungen.

Andere viel zitierte Bezugsautoren mit dem gleichen Ansatz sind Hjelmslev, Greimas, Lyons. Mit Hjelmslev und seiner Unterscheidung nicht nur zwischen Inhalts- und Ausdrucksebene, sondern zwischen Form und Substanz auf jeder der beiden Ebenen setzen sich die deutschen Romanisten Baldinger 1967, Heger 1969 und Wotjak 1971 auseinander und entwickeln z. T. sehr differenzierte Bestimmungen der semiotischen Zusammenhänge, die wiederum germanistische Linguisten wie Henne, Wiegand (Henne/Wiegand 1969, 129–173 und Harras 1972) diskutieren.

	s^1	s^2	s^3	s^4	s^5	s^6	
chaise	+	+	+	+	−	+	$= S^1$
fauteuil	+	+	+	+	+	+	$= S^2$
tabouret	−	+	+	+	−	+	$= S^3$
canapé	+	+	−	+	+	+	$= S^4$
pouf	−	+	+	+	−	−	$= S^5$

s^1 = avec dossier s^4 = pour s'asseoir
s^2 = sur pied s^5 = avec bras
s^3 = pour 1 personne s^6 = avec matériau rigide

Abb. 30.1

Greimas' Vorschläge (1966) sollten sich vor allem für die Textlinguistik als ergiebig erweisen, zur Eruierung der Isotopiebeziehungen zwischen Semen auf der syntagmatischen Ebene (Rastier 1987).

Lyons (1968, 443–481) trug wesentlich zur Differenzierung und Bestimmung der inhaltlichen Relationen zwischen den Lexemen eines Wortfeldes – Verhältnis der Synonymie, der Antonymie usw. – bei (Geckeler 1996a, 23–26).

2. Der lexematische Ansatz

Einer der Gründe für die spät einsetzende strukturalistische Beschäftigung mit der Lexik bestand in der Überführung dieser offenen Klasse in eine geschlossene, was Coseriu dadurch ermöglichte, dass er zum einen die Bereiche umgrenzte, in denen Strukturen in der Sprache beobachtbar sind (die „lexematischen Strukturen") und zum andern empfahl, Strukturierungen durch die Sprache nicht mit Strukturierungen, die außerhalb der Sprache vorgenommen wurden, zu verwechseln. Seine Ratschläge hierzu finden sich in den sieben „Vorunterscheidungen" (Coseriu 1966, 181–210).

2.1. Die lexematischen Strukturen

Lexematische Strukturen (Coseriu 1968, 7–16) gibt es sowohl auf der paradigmatischen als auch auf der syntagmatischen Ebene. Die paradigmatischen manifestieren sich als Oppositionen zwischen Lexemen, in inhaltlich „primären" Typen, wie dem „Wortfeld" (*gehen* vs. *laufen* vs. *rennen*, usw.) und der „lexikalischen Klasse" (Substantive für Lebewesen vs. Nicht-Lebewesen, Personen vs. Nicht-Personen usw.) und in „sekundären" (Modifizierung, Entwicklung, Komposition, das sind drei inhaltlich verschiedene Verfahren zur Wortbildung, auf die hier nicht näher einzugehen ist). Die syntagmatischen Strukturen, bekannter als „lexikalische Solidaritäten" (Coseriu 1967), zeigen sich in den Kombinationen von Lexemen (*bellen* + *Hund*, *meckern* + *Ziege*, ...).

2.2. Die Vorunterscheidungen (Coseriu 1966, 181–210)

Sie dienen einmal zur Abgrenzung zwischen innersprachlichen und außersprachlichen Fakten und Strukturen: „Sachen" vs. „Wörter", „Metasprache" vs. „Primärsprache", „Bezeichnung" vs. „Bedeutung" und zum andern zur Homogenisierung des Untersuchungsobjekts: „Diachronie" vs. „Synchronie", „Wiederholte Rede" (sprachliche Fertigteile wie Phraseologismen, Geflügelte Worte, usw.) vs. „Technik der Rede", „historische Sprache", in der sich diatopische, diaphasische und diastratische Systeme überlagern vs. „funktionelle Sprache", ein Synsystem. Das „System" und nicht die Norm, die Rede oder der Sprachtyp ist demnach auch die Ebene, wo Bedeutungen strukturalistisch zu analysieren sind. Es handelt sich also nicht um eine integrale Wortsemantik (Coseriu 1982, 13–16), sondern nur der in Abb. 2 kursiv erscheinenden hierarchisch geordneten Bereiche. Die anderen Bereiche sind nach anderen Prinzipien zu beschreiben.

Befolgt werden diese Ratschläge prinzipiell von den Vertretern der sogenannten „Tübinger Schule" (Azem, Dietrich, Dupuy-Engelhardt, Geckeler, Grossmann, Krassin, Nellessen, Staib), aber auch von Pionieren wie Gre-

Schematische Darstellung:

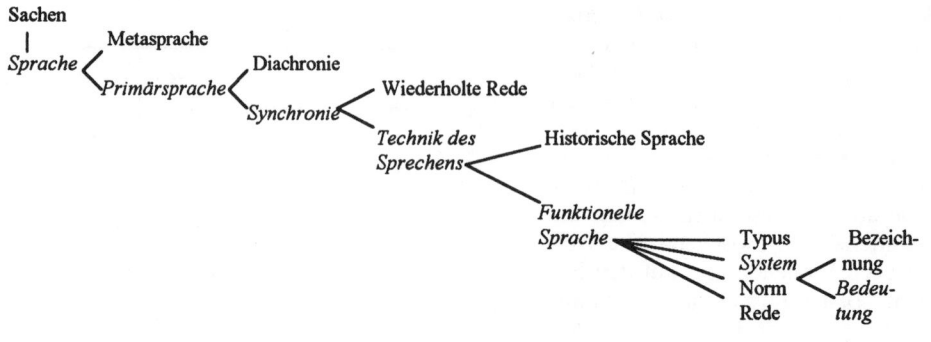

Abb. 30.2

gorio Salvador und Ramón Trujillo, sowie von Bidu-Vrănceanu.

2.3. Wahl, Konstituierung und Abgrenzung des Wortfeldes

2.3.1. Nach lexematischen Gesichtspunkten fällt die Wahl weder auf terminologische Wortfelder, die außersprachliche Taxonomien darstellen, wie Klassifikationen aus Botanik und Zoologie, noch auf volkstümliche Nomenklaturen wie die des Pfluges, des Pferdes u. ä. (Coseriu 1966, 184). Gerade diese werden jedoch gerne zu Demonstrationszwecken benutzt (Wiegand 1973, 40–69). Die meisten Monographien sind allerdings Feldern gewidmet, die auf teils mehr, teils weniger diskrete außersprachliche Bezugspunkte referieren, wie z. B. den Farbadjektiven (Bidu-Vrănceanu 1976, Grossmann 1988), den Sauberkeitsadjektiven (Azem 1990), den Altersadjektiven (Geckeler 1971, Becker 1991), den Bewegungsverben (Wotjak 1971, Diersch 1972, Krassin 1984, Shann 1984, Montibus 1987), den Schallwörtern (Lötscher 1973, Schneiders 1978, Dupuy-Engelhardt 1990), den Verben der Wahrnehmung und Einschätzung (Klein 1981), der auditiven Wahrnehmung (Vliegen 1988), der Lichteindrücke (Le Clerc 1996), den Tageszeiten, Verkehrswegen und dem Feld „schneiden" (Staib 1980).

2.3.2. Die Ausgrenzung des Feldes nach strukturalistischen, d. h. rein innersprachlichen Kriterien wird oft problematisiert. Eine ausführliche Auseinandersetzung mit diesem Problem und den verschiedenen Lösungsvorschlägen findet sich in Schlaefer 1987 (101–186). Entgegen den vorstrukturalistischen onomasiologischen Ansätzen sollte nicht von einem außersprachlichen Begriff oder Sachbereich ausgegangen werden, sondern von dem „Inhaltskontinuum" (Coseriu 1967, 294), das den Feldgliedern gemeinsam ist. Dies scheint *a priori* intuitiv vorhanden zu sein, kann aber erst *a posteriori* belegt werden. So beginnen dann in der Praxis die Wortfeldforscher mit einem hypothetischen Ansatz, sammeln das Inventar mit Hilfe von Wörterbüchern und Textkorpora und versuchen anschließend, ihre Wahl zu objektivieren. Distributionelle Kriterien, wie die Ermittlung eines syntagmatischen Substitutionsrahmens, wo nur die lexikalischen Einheiten, „die an einer bestimmten Stelle der *chaîne parlée* zur Wahl stehen, ein Paradigma, d. h. ein System von Oppositionen, bilden" – von Geckeler 1971, 192 vorgeschlagen, siehe auch Geckeler 1996a, 19 – werden von allen Forschern gesucht, lassen sich aber nicht immer finden. Die momentan aufwendigsten Versuche sind, in dieser Richtung, der von Schlaefer (1987, 187–244) und, in logisch-mengentheoretischer, der von Lutzeier (1981, 82–154, besonders 138–154, auch 1995, 15–25). Wie dieses Inhaltskontinuum dann bestimmt wird, kommt im terminologischen Teil zur Sprache.

2.3.3. Die Homogenisierung des Feldes

Coseriu empfiehlt, innerhalb des Diasystems einer „historischen" Sprache wie des Deutschen, Englischen, Französischen, usw., ein homogenes lexikalisches System abzugrenzen, eine „funktionelle" Sprache, „d. h. eine bestimmte Mundart auf einem bestimmten Sprachniveau und in der Form eines bestimmten Sprachstils. Sie wird deshalb 'funktionell' genannt, weil sie eben die Sprache ist, die unmittelbar im Sprechen funktioniert: Man spricht nie 'Deutsch' schlechthin, sondern immer eine bestimmte Form des Deutschen." (Coseriu 1976, 15). Bevorzugt wird von den meisten Forschern, die dieses Prinzip anwenden, die „Standardebene" (Dupuy-Engelhardt 1990, 19), „ein mittlerer literarischer Prosastil" (Geckeler 1971, 211, Krassin 1984, 121), „eine mittlere Ebene der gebildeten Sprache (Azem 1990, 68), „le français moyen normal" (Shann 1984, 101). Klein (1981, 36–40) thematisiert den Unterschied gesprochene und geschriebene Sprache und stellt fest, dass „ihm keine funktionelle Relevanz zukommt" (40). Es handelt sich also in all diesen Fällen um eine Ebene, die die „sozial-kulturelle Norm darstellt" (Coseriu 1980, 113), deren Abweichungen in den Wörterbüchern als solche verzeichnet sind, wodurch die Erfassung eines Synsystems erleichtert wird. Staib (1980, 165–172) hingegen entscheidet sich für eine Untersuchung diatopischer Varianten anhand von sechs Lokolekten als verschiedene funktionelle Sprachen.

Die funktionelle Sprache muss ebenfalls synchron abgestimmt sein, was alle strukturalistischen Analytiker befolgen, und sollte – eine von Coseriu aufgezeigte Konsequenz davon – die im Laufe der Sprachtradition zu festen Ausdrücken, Wendungen oder Sprichwörtern erstarrten Einheiten ausklammern.

Die meisten Analytiker beschränken sich auf die Untersuchung einer einzigen Wortart. Das hat zunächst praktisch-methodische Gründe, weil die Einheiten so im selben syntaktischen Rahmen kommutiert werden können. Es hat aber sicher auch strukturelle Gründe, denn innerhalb einer Wortart treten die paradigmatischen Oppositionen zwischen den Einheiten deutlicher hervor. Kleiber 1978 und Lötscher (1973,13), beides Untersuchungen zu mittelalterlichem Sprachmaterial, berücksichtigen Substantive, Adjektive und Verben, bei Lötscher allerdings in nach Wortarten getrennten Beschreibungen.

Eine weitere gern befolgte Ausgrenzung ist die der sekundären Einheiten, die über die Wortbildung entstanden sind. Alle Analytiker, die nur primäre Lexeme aufnehmen, berufen sich auf Coseriu, obwohl er dies als Missverständnis, als eine Verwechslung zwischen Typen von Strukturen und Klassen von lexikalischen Einheiten entlarvt hat (Coseriu 1983, 146, dazu Geckeler 1996a, 22–23).

2.3.5. So eingegrenzt lassen sich die lexikalischen Strukturierungen von Feldern oder von Teilfeldern, soweit sie von den einzelnen Autoren vorgestellt werden, noch übersehen. Man könnte sie als das Kernstück des Feldes betrachten und anschließend untersuchen, wie sich sekundäre Lexeme, Phraseologismen und Lexeme aus anderen Diasystemen zu diesem Kern verhalten.

3. Das methodische Instrumentarium

3.1. Terminologien

Es ist hauptsächlich Pottiers Verdienst, ein für die strukturalistische Beschreibung operationelles Instrumentarium zur Verfügung gestellt zu haben. So liest sich Pottier 1964 wie ein terminologisches Wörterbuch mit Termini, die er von anderen Forschern übernommen oder selbst geschaffen hat. Nicht berücksichtigt werden hier die später von Pottier vorgenommenen Änderungen (siehe dazu und zur Geschichte der Termini Geckeler 1996b, 91–96); sie fanden wenig Verbreitung.

Die lexikalischen Einheiten erscheinen in Form eines «monème» (1964, 109). Ein Monem enthält ein «lexème» («chambre-») und ein «morphème» («-s») (1964, 109). «Le monème est l'élément distinctif minimal porteur de substance sémantique. Dans une forme comme *chantons*, l'élément *chant-* peut être remplacé par un nombre non-fini d'autres elements (*ven-, pren-, scrut-* ...): c'est 'un lexème'. L'élément *-ons* peut être remplacé par un nombre fini d'éléments (*-ez, -ait, -erions*...): c'est un 'morphème'.» (1964, 112/113). Untersuchungsobjekt der lexikalischen Semantik ist also das Lexem, der Teil des Wortes, durch den es sich von allen anderen Wörtern unterscheidet.

Inzwischen hat sich dieser Terminus im europäischen Strukturalismus durchgesetzt. In einer so breitenwirksamen Publikation wie dem *Lexikon der Germanistischen Linguistik* findet man in der ersten Auflage – in Anlehnung an Hjelmslev – auch „Plerem" und Weiterentwicklungen wie „Synplerem" und „Pleremik" (Henne/Wiegand 1973, 132–133).

Dazu führt Pottier noch die «lexie» ein, die aber weniger Erfolg hatte, vermutlich wegen ihres zu umfassenden Bezeichnungsbereichs. 1964, 109 wird sie als Einheit aus mehreren lexikalischen Komponenten («chambres froides»), 1964, 119 als Oberbegriff für poly- und monolexikalische Einheiten vorgestellt: „Le lexème peut être simple ou composé. Plutôt que de parler de 'mots', nous parlerons de *lexies* [...]. Une lexie peut contenir un seul lexème (*chaise, à tâtons*) ou plusieurs (*battre la campagne*)». 1964, 134 werden darunter auch noch relationale Morpheme subsumiert.

Die die Lexeme unterscheidenden substantiellen Züge sind die *Seme* (1964, 117: «Chaque trait pertinent peut être appelé un sème, [...]»). Sie gruppieren sich in *Sememen*. Das Semem gibt den semantischen Inhalt eines Lexems wieder: «Chaque forme signifiante a donc un contenu sémantique composé d'un ensemble de sèmes, appelé sémème.» (1964, 122). Die einer Menge von Lexemen gemeinsamen Seme bilden das *Archisemem*. In Abb. 1 sind es die Seme S^1 «pour s'asseoir» und S^2 «sur pieds». Dafür hat das Französische eine lexikalische Entsprechung – siège –, die als *Archilexem* der abgebildeten Teilmenge zu betrachten ist.

Außer dem Semem enthält eine Lexie noch «classèmes» (1964, 125: «Le classème est une caractérisation d'appartenance à des classes génerales sémantico-fonctionnelles: animation, continuité, transitivité"). Zusammen mit den Kategoremen und den Sememen bildet es das *Semantem* einer Lexie (1964, 129).

Allgemein akzeptierte Termini sind Sem, Klassem und Archilexem. Hilty (1971, 244) und in dessen Folge Shann (1984, 19) und Wunderli (1995, 797) übernehmen „Semantem".

Untersucht wird die Inhaltsseite eines Lexems: Pottiers Semem. In paradigmatischer Hinsicht unterscheidet es sich, wie schon erwähnt, von den Sememen aller anderen Lexeme einer Sprache; das Vorkommen von absoluter Synonymie, d.h. von zwei Lexemen mit den gleichen Sememen in allen Verwendungen ist zu bezweifeln. In syntagmatischer Hinsicht ist es in allen Verwendungen des Lexems präsent.

Die Bezeichnung *Semem* für die Varianten eines Lexems findet sich schon bei Heger (1969, 215): „monosemierte Einheit der 'substance du contenu', die Teil eines Signifikats ist" (auch Greimas 1966, 45). Diese Invariante, das Signifikat, kann als Summe der in allen Varianten eines polysemantischen Lexems identifizierten Seme vorgestellt werden, so Hilty (1971, 252). Die Varianten selbst enthalten Reduktionen davon, die „Sememe" (siehe auch Shann 1984, 39, Wunderli 1995, 797), oder sie werden verstanden als Neutralisierungen zwischen Dimensionen (Geckeler 1971, 522–523).

Von der *Tübinger Schule* übernehmen nur Krassin (1984, 24–25 zur eindeutigen Unterscheidung gegenüber dem Archilexem) und Dupuy-Engelhardt (1990, 16) diesen Begriff. Letztere bezeichnet damit die Varianten eines Lexems auf der Ebene der Norm, die „*Polysemie*" (1990, 15). Das ist die Ebene, auf der Coseriu das ansiedelt, was – im Unterschied zu der des Systems – nicht notwendigerweise funktionell ist, aber „traditionnellement (socialement) fixé" (Coseriu 1966, 205). Die Polysemie unterscheidet sich von den Varianten auf der Ebene der Rede, der „Polyvalence" bei Coseriu (1970, 105: „bei der Polyvalenz in der Rede hingegen [handelt es sich] um ein und dieselbe funktionelle Einheit, um *eine* Sprachbedeutung, zu der verschiedene Determinationen durch den Kontext und durch die *Bezeichnung*, d.h. durch die Kenntnis der außersprachlichen Sachverhalte hinzukommen."). Eine terminologische Bereicherung stammt von Wotjak (1993, 123), der zur Unterscheidung von Invariante und Varianten, in Analogie zur Phonologie, den Terminus Allosemem vorschlägt; Semem wird so frei für die Invariante, die Systembedeutung.

Mit dem Übergang von der Ebene des Systems auf die Ebene der Norm können mehrere von Kotschi (1974, 76–79) gegen die Lexematik erhobene Vorwürfe entkräftet werden (Dupuy-Engelhardt 1990, 15–16). Außerdem öffnet sich dadurch ein Weg von der Lexematik als Lexikologie des Systems zu einer Lexikologie der Norm (Dupuy-Engelhardt 1995a, 327–338 und 1996, 37–49). Im Unterschied zu Hilty enthält die Systeminvariante jedoch nur die allen Allosememen gemeinsamen Seme. Welche der Erweiterungen des Semems im jeweiligen Gebrauch des Lexems gemeint ist, bestimmen die *Klasseme*. Das war schon in Pottier (1963, 22) angeklungen und von Greimas (1966, 50–53) expliziert worden. Es ist auch in der Coseriuschen Definition angelegt (1967, 294–295: „Klassen manifestieren sich durch ihre grammatische und lexikalische 'Distribution'", Dupuy-Engelhardt 1990, 48–49).

Die anderen Lexematiker behalten den Terminus des Archilexems, in der Folge von Gekkeler (1971, 457f.), auch dann bei, wenn das Archisemem in der betreffenden Sprache nicht verbalisiert ist (Staib 1980, 180; Azem 1990, 29). Die Beschäftigung mit der sogenannten Polysemie ist weniger relevant, weil sie keine System-, sondern eine „Normbedeutung" ist (Dupuy-Engelhardt 1991, 1168–1171, Dietrich 1997, 233–236).

Pottier, auf der Suche nach einer für die maschinelle Übersetzung geeigneten Sprachbeschreibung, unterscheidet dann noch die «virtuèmes» (1964, 133: «affinités combinatoires issues de l'expérience passée»). Es handelt sich dabei um jenseits des sprachlich-systematischen Bereichs liegende Fakten, wie z. B. das Erfahrungswissen, dass die Kombination von *weiß* mit *Möwe* wahrscheinlicher ist als die mit *Olive* und nicht um unterscheidende Züge, worauf schon Coseriu (1967, 302–303) aufmerksam gemacht hat. Soweit zu Pottiers die lexikalische Ebene betreffenden Termini.

3.2. Fragen der Theorie –
     Antworten der Praxis

3.2.1. Zum Status der Seme

Dieser, so ein immer wiederkehrender Vorwurf an die Merkmalanalytiker europäisch-strukturalistischer Provenienz, sei ungeklärt. Sind es kognitive Einheiten oder reine Deskriptoren, d. h. metasprachliche Konstrukte zur Bezeichnung dessen, was als unterscheidender Zug vom Analytiker ermittelt wird? Erfassen sie wirklich die sprachimmanenten und nicht außersprachliche (enzyklopädische) Fakten? Ist die Unterscheidung zwischen Bedeutung und Bezeichnung, Sprachwissen und Weltwissen überhaupt möglich, ist sie wünschenswert? Eine ausführliche Auseinandersetzung mit diesen Fragen findet sich in Wotjak 1977, 43–47; 124–129; 1996, 211–221; 1997, 31–59, Lorenz/Wotjak 1975, Shann 1984, 56–88. Mit Hegers Unterscheidung zwischen „Sem" (1969, 215: „kleinste distinktive Einheit der 'substance du contenu'") und „Noem" („außersprachliche Einheit der 'substance du contenu'") wird terminologisch der Bereich einer strukturalistischen Untersuchung abgesteckt. Noeme und Seme sind „Bestandteile der Bedeutung" (Lorenz/Wotjak 1977, 286), die Seme sind „Elemente des im Sprachsystem 'gefrorenen' Wissens nicht des Einzelnen, sondern der Gemeinschaft und somit intersubjektiv (in der Dialogbedeutung) und überindividuell (in der Systembedeutung) aufweisbar, [...]". Wotjak sieht sie als Abbilder der außersprachlichen Realität (1977, 281–287). Coseriu sieht in den sprachlichen Bedeutungen Interpretationen davon (1966, 187). Insofern sind also Seme immer auch realitäts- und kognitionsbezogen. (Wotjak 1996, 215). Allerdings impliziert die Beschränkung der strukturalistischen Merkmalanalyse auf die sprachlich relevanten Einheiten die Unterscheidung von sprachlicher und kognitiver Ebene. (Schwarz 1995, 359–367). Für den Analytiker ergeben sich hieraus keine Probleme.

Als schwieriger erweist sich die Trennung zwischen inner- und außersprachlichen Fakten. So ist zu vermuten, dass *chaise* und *fauteuil* sich nicht durch 'mit' oder 'ohne Armlehne', sondern eher wie *Stuhl* und *Sessel* durch 'Gemütlichkeit' vs. 'Zweckbestimmtheit' (Gipper, 1973, 384–385) unterscheiden, was die unterschiedlichen Distributionsverhältnisse – Präposition deutsch *in*, französisch *dans* vs. *auf*, *sur* (Gipper 1973, ibid., Pottier 1963, 14) nahe legen.

Ob es tatsächlich minimale, nicht weiter zerlegbare Züge sind, ist nicht abgesichert, kann aber jederzeit rektifiziert werden. Ob sich darunter empirische Universalien befinden, kann erst festgestellt werden, wenn alle Einzelsprachen strukturalistisch analysiert sind, so Coseriu 1983, 141–142.

3.2.2. Zur Inhaltsbeschreibung

Aus den theoretischen Abgrenzungen ergibt sich für den Analytiker, dass er die Beschreibungssprache als metasprachliches Konstrukt betrachten kann (Baumgärtner 1967, 175). Gesucht wird die Formulierung, die die lexemunterscheidenden Züge am adäquatesten wiedergibt. In welcher Sprache formuliert wird, ist je nach Autor verschieden. Ihr Status als Terminologie tritt jedoch deutlicher hervor, wenn sie nicht mit der Objektsprache zusammenfällt. Was sie im gegebenen Fall bezeichnet, sollte paraphrasiert werden. Lorenz/Wotjak (1977, 310–369 und die beigelegte Falttabelle) enthält ein sehr umfangreiches Semin-

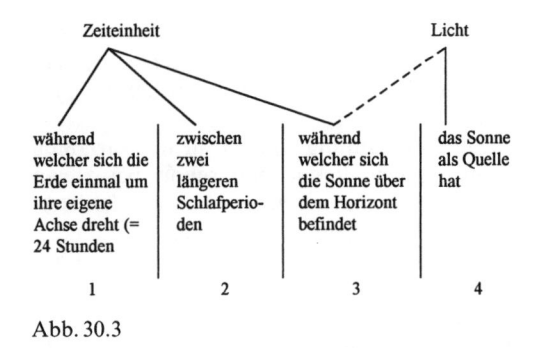

Zeiteinheit			Licht
während welcher sich die Erde einmal um ihre eigene Achse dreht (= 24 Stunden	zwischen zwei längeren Schlafperioden	während welcher sich die Sonne über dem Horizont befindet	das Sonne als Quelle hat
1	2	3	4

Abb. 30.3

ventar in einer international zugänglichen Kunstsprache, die zu einer einheitlichen Beschreibung beitragen könnte.

Zu den strukturellen Beziehungen zwischen den Semen innerhalb eines Semems (Montibus 1987, 35–38) liegen verschiedene Vorschläge vor. Bei Hilty werden die Seme nach Sememvarianten gebündelt und hierarchisiert (1971, 251): die mehreren Sememen (= Allosememen) gemeinsamen Seme stehen an höherer Stelle, die Stammbäume sind aufgebaut nach „einem logischen Ordnungsprinzip, das auf dem Genus-Spezies-Schema beruht", z.B. Abb. 3 für das „Semantem" von *Tag*, (vgl. auch 1972, 43 zu *se déplacer* und die Anwendung von Shann 1984, 161). Die Zahlen stehen für die reduzierten Allosememe.

B. und G. Wotjak haben in der Zwischenzeit ein mehrstufiges Beschreibungsmodell entwickelt, das merkmalanalytische, prädikatenlogische und kognitivistische Ansätze integriert (u.a. B. Wotjak 1982 und G. Wotjak 1989).

Die meisten Analytiker präsentieren die Seme gebündelt in „Dimensionen", eine von Geckeler eingeführte Kategorie, oder in den ihnen vergleichbaren «axes sémantiques» im Sinne von Greimas (1966, 20–21). Sie geben „die Skala für die Oppositionen zwischen bestimmten Lexemen dieses Wortfeldes" ab (Geckeler 1971, 458), insofern als sich die verschiedenen Werte eines Sems ('+' oder '– schnell': Dimension „Geschwindigkeit") oder mehrere Seme, die verschiedene Aspekte eines gemeinsamen Bezugspunktes bezeichnen ('solid' vs. 'gasoid' vs. 'liquid': Dimension „Medium") unter einem Oberbegriff zusammenfassen lassen. Die Dimensionen strukturieren sowohl die Sememe als auch die Felder, was besonders deutlich bei den französischen Verben der Fortbewegung (Krassin 1984, 143–144, Montibus 1996, 144) zu beobachten ist.

Die Differenzierung der Semwerte in der Merkmalmatrix wird ebenfalls unterschiedlich gehandhabt. Die meisten Autoren signalisieren die Markiertheit des Lexems ([+] entspricht dem genannten Wert, [−], entspricht seinem Gegenteil, oder notieren beide Werte getrennt) und die Unmarkiertheit, die Neutralität hinsichtlich der Opposition, für Lexeme, die ihr gegenüber indifferent sind (Coseriu 1971, 186, Lötscher 1973, 16, Schneiders 1978, 89, durch [o]; Geckeler 1971, 414–415, Staib 1980, 231, Shann 1984, 279 durch Lücke). Einige Autoren signalisieren auch die Abwesenheit von Neutralität (durch [−], wenn die Markierungen getrennt sind: Wotjak 1971, 189, Harras 1972, 186, für die Neutralität benutzen beide: [+/−] oder durch ein zusätzliches Symbol: Krassin, 1984, 163, Dupuy-Engelhardt 1990, 28). Dadurch werden also vier verschiedene Werte berücksichtigt: Das Semem enthält den genannten Semwert, den gegensätzlichen, das Semem ist undeterminiert und kann in dieser Hinsicht durch den Ko-text determiniert werden, das Semem ist mit diesem Sem inkompatibel, akzeptiert keine Kotexte mit ensprechendem Inhalt).

Werden in der Merkmalmatrix die distinktiven Semwerte nicht getrennt vermerkt, muss präzisiert werden, um welche Art von Opposition es sich handelt (antonymisch, komplementär, usw., dazu Lötscher 1973, 15–18; Dupuy-Engelhardt, 1990, 32–34; 1995b, 153–154). Graduelle Unterschiede, z. B. hinsichtlich der Intensität oder der Schnelligkeit können mit Ziffern angezeigt werden.

Bei Dupuy-Engelhardt (1990, 26–32) und implizit, jedoch nicht thematisiert auch bei Wotjak 1971, 306, Schneiders 1978, 123 und Staib 1980, 180) findet sich noch ein Symbol für eine im System vorgesehene Neutralisierung, feststellbar bei Lexemen, die in bestimmbaren Ko(n)texten sowohl markiert als auch unmarkiert verwendet werden können, wie engl. *old* vs. *young* (Abb. 4) oder frz. *homme* vs. *femme* im Unterschied zu dt. *Mensch* vs. *Mann* vs. *Frau* in Abb. 5, die die unterschiedlichen Inklusionsverhältnisse veranschaulicht.

4. Die Analyse

4.1. Die heuristische Funktion des Wortfeldes

Ein Wortfeld ist „ein lexikalisches Paradigma, das durch die Aufteilung eines lexikalischen Inhaltskontinuums unter verschiedene in der Sprache als Wörter gegebene Einheiten entsteht, die durch einfache inhaltsunterscheidende Züge in unmittelbarer Opposition zueinander stehen" (Coseriu 1967, 294). Die Bedeutung im Sinne von Saussures „valeur" (1967, 159) wird durch die gegenseitige Abgrenzung der in Opposition stehenden Lexeme gewonnen. Darin besteht der heuristische Vorteil der paradigmatischen Methode. Der Nachteil: Auf diese Weise wird nur der Teil der Bedeutung eines Lexems erfasst, der im Wortfeld relevant ist. Die definitive Invariante kann erst dann ermittelt werden, wenn alle Wortfelder einer Sprache analysiert sind. Der Vorschlag Hiltys (neuerdings 1988, 10–14), diesen onomasiologischen Ansatz mit einem semasiologischen zu verbinden, ist insofern ein Kompromiss, weil, wie die Ausführungen von Shann 1984 zeigen, die verschiedenen Allosememe eines Lexems nur innerhalb eines einzigen Wortfeldes paradigmatisch ermittelt werden und nicht in anderen, in denen sie auch vorkommen (können). Wenn es, wie aus 2.3.1. hervorgeht, Präferenzen für bestimmte Inhaltskontinua gibt, so scheint das u. a. damit zusammenzuhängen, dass manche Sememe stärker feld- und weniger kontextgebunden sind als die anderer Lexeme.

Für die Konstituierung des Feldes hatte Coseriu einen schrittweisen Aufbau aus den direkten Oppositionen vorgeschlagen (1964, 157). Geckeler (1971: („*alt – jung – neu* im heutigen Französisch") z.B. geht diesen Weg. Bevorzugt wird, gerade bei dicht besetzten Feldern, der Weg von oben nach unten, die Ordnung des Inventars nach Dimensionen und Unterdimensionen (Krassin 1984, Montibus 1987), nach Paradigmen mit gemeinsamen Klassemen, Gruppen mit gemeinsamen Sememen, gemeinsamen Dimensionen (Dupuy-Engelhardt 1990, X–XIII), verstanden als Mengen und Teilmengen ((Bidu-Vrănceanu 1976, 86–94).

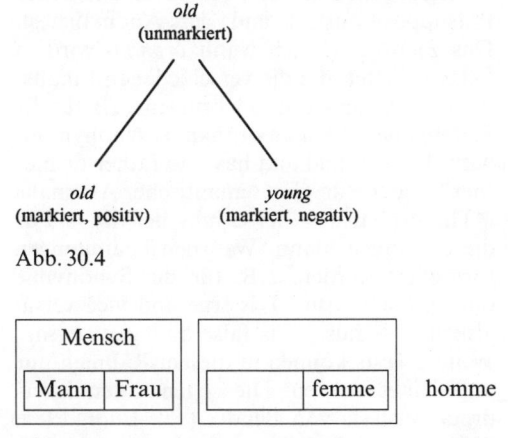

old
(unmarkiert)
/   \
old   *young*
(markiert, positiv)   (markiert, negativ)

Abb. 30.4

Mensch			
Mann	Frau		femme	homme

Abb. 30.5

Der den Lexemen gemeinsame Inhalt wird als *Archisem* definiert (Schneiders 1978, 43: 'Schall' für das französische Wortfeld, Dupuy-Engelhardt 1990, 55: 'audible' für das deutsche), als *Archisemem* bzw. als *archilexematischer Inhalt*, in Form von Paraphrasen (u. a. Azem 1990, 61 „adjektivische Bestimmung der Sauberkeit") oder in Form eines *Archilexems*, wenn dieser Inhalt lexikalisiert ist (als Archilexem (Krassin 1984, 144: *se déplacer*; Becker, 1991: *alt*). Nach diesem Aspekt wird das Wortfeld abgegrenzt. Dabei zeigt sich, dass, entgegen der Trierschen Annahme von scharfen Grenzen zwischen den Feldern, mehrere Felder sich überlappen können: das der akustischen Phänomene mit dem des Lachens oder dem der Bewegung (zum Problem der Abgrenzungen: Geckeler 1971, 144–150 und 225–226, Bidu-Vrănceanu 1976, 18–20).

4.2. Heuristische Prozeduren

Viele wichtige Informationen gewinnt der Analytiker aus der syntagmatischen Umgebung der Lexeme. So liefert die *chaîne parlée* den Rahmen für die Kommutationsprobe und die Distributionsprobe, die beiden ergiebigsten heuristischen Verfahren.

Die Kommutationsprobe wird in der lexikalischen Semantik nicht wie in der Phonologie zur Identifizierung der Einheiten, sondern zur Identifizierung der Bedeutungsunterschiede, also der distinktiven Züge, eingesetzt. Tauscht man in einem bestimmten Kontext zwei Lexeme eines Wortfeldes miteinander aus, so ergibt sich in der Aussage eine Änderung, die Rückschlüsse auf die Bedeutung der Lexeme erlaubt. Es kann nämlich abgefragt werden, in welcher Hinsicht sich die Aussage ändert: konträr, komplementär, graduierend, spezifizierend, verallgemeinernd, anderes Register, usw.

Die meisten Analytiker arbeiten mit umfangreichen Textkorpora. Diese Texte werden auch für heuristische Prozeduren genutzt, deren Ergebnisse durch Informantenbefragung zu verifizieren sind. Besonders gut bewähren sich Lückentests, in denen das Zielwort getilgt ist.

Die Distributionsprobe wertet die syntaktische und semantische Umgebung des Zielworts aus. Von Apresjan (1966, 44–74) von phonologischen an lexikalische Verhältnisse angepasst, erschien sie im Anfangsstadium der strukturalistischen Analysen als das Verfahren, das es erlaubt, mit rein formalen Kriterien das Feld aufzubauen und zu objektivierbaren Analyseergebnissen zu gelangen; diese fielen dann relativ inhaltsarm aus (Kleiber 1978, 402). Aus der semantischen Umgebung erweisen sich als besonders informationsreich die charakteristischen Verbindungen („Kollokationen"), die das Ziellexem eingeht (*rasseln – Ketten; fällen – Baum; scharf – Messer, Senf, Geruch*) ebenso wie die Konteinheiten, die es im Unterschied zu seinen partiellen Synonymen nicht akzeptiert (*Die Glocken hallten/ schallten/tönten... weithin, aber nicht: läuteten*). Mithilfe solcher Filter lassen sich Inhaltsunterschiede eingrenzen.

Weiterhin können sich in der Nachbarschaft des Zielwortes Angaben befinden, die sein unterscheidendes Merkmal unterstreichen, spezifizieren oder verneinen. Lexempaare eines gleichen Paradigmas helfen ebenfalls bei der Suche nach den unterscheidenden Merkmalen, sei es, dass sie als partielle Antonyme oder als partielle Synonyme, z. B. ein markiertes und ein unmarkiertes Lexem verstanden werden, Reihung von Lexemen kann Aufschluss über graduelle Unterschiede geben (Dupuy-Engelhardt 1995a, 332–336).

4.3. Verifizierungstests

Um dem Prinzip der Intersubjektivität gerecht zu werden, benutzen alle Analytiker Wörterbücher, manche allerdings als einzige Informationsquelle. Die meisten jedoch sichern ihre Ergebnisse durch Informantenbefragung ab. Hierfür stehen dem Analytiker zur Verifikation der Bedeutungsbestimmung verschiedene Tests zur Verfügung. Die bekanntesten sind die acht von Leech (1974, 84–85) zusammengestellten „Types of Basic Statement": der Synonymietest, der Implikationstest, der Inkompatibilitätstest, der Tautologietest, der Widerspruchstest, der positive und negative Präsuppositionstest und der Anomalietest. Das Zielwort (Leech wählt *orphan*) wird in Sätze gebettet, die die verschiedenen Inhaltsrelationen zum Ausdruck bringen, z. B. für die Synonymie „'I am an orphan' is synonymous with 'I am a child and have no father or mother'" oder für die semantische Anomalie „'The orphan's father drinks heavily'". Für diese können dann Wahrheitsbedingungen formuliert werden, z. B. für die Synonymie (86): „If X is true, Y is true and vice versa; also if X is false Y is false and vice versa." Weitere Tests können in diesem Rahmen nur angedeutet werden: Die sogenannten Interpretationstests von Bendix (vgl. Lüdi, 1985, 73–74): zwei Zielwörter werden kontrastiert in Sätzen, die in privativer, alternativer oder *aber*-Relation stehen und dem Informanten zur Interpretation vorgelegt. Der von Schepping (1982, 73–74) angewandte Intensitätstest: Der Informant soll entscheiden, welches Satzpaar „ihm richtiger und akzeptabler zu sein scheint": «Il n'a pas contemplé le tableau. Il l'a seulement regardé». – «Il n'a pas regardé" le tableau. Il l'a seulement contemplé». Andere Anweisungen sind denkbar wie: Sammeln der Kollokationen eines Lexems, denn auch sie können Aufschluss über Bedeutungsunterschiede geben (*rattern: Nähmaschine, Maschinengewehr, Räder auf Schienen, Panzer, Wecker*, usw.), Gruppierung von Lexemen mit gemeinsamen Kollokationen (*Wecker: läuten, schrillen, klingeln, rappeln, rasseln, rattern*), Ermittlung der Kollokationsintersektionen (*rasseln, rattern: Panzer, Wecker*); Suche nach Antonymen, Synonymen oder bei graduellen Oppositionen ordnen nach der Intensität usw.

4.4. Multiple Kontrolle

Selbstverständlich kann man auch von einer korpusgestützten Analyse keine unanfechtbaren Definitionen der distinktiven Merkmale erwarten, da diese, vor allem bei Lexembereichen mit vager Referenz nur über Introspektion zugänglich sind. Sie kann diesen vielfach an der Merkmalanalyse kritisierten Nachteil aber dadurch einschränken, indem sie dem Analytiker hilft, seine Kompetenz zu bereichern und seine latente Subjektivität einzudämmen.

Zur weiteren Kontrolle dienen die Matrix, die Konvergenzen und Divergenzen zwischen den Lexemen anzeigt, graphische Darstellungen in Form von Baumgraphen oder in Form von geometrischen Inklusionen, die die Relationen zwischen den Lexemen veranschaulichen ebenso wie die Struktur eines Wortfeldes oder eines Teilfeldes, und die damit die anfangs erwähnte Hjelmslevsche Frage beantworten.

Matrix und Graphiken können wiederum Informanten vorgelegt werden. Eine weitere Kontrolle besteht in der Gruppierung aller Lexeme mit dem gleichen Semwert. Dabei zeigt sich auch das Gewicht des Semwerts innerhalb des Wortfeldes: Markiert er viele Lexeme, ist er typisch für dieses Feld.

5. Bilanz

Aus der folgenden unvollständigen Bibliographie dürfte hervorgehen, dass Merkmalanalysen innerhalb von Wortfeldern zur Beschreibung des lexikalischen Inhalts sich einer relativ großen Beliebtheit erfreuen, was ausführlichere bibliographische Angaben (Dupuy-Engelhardt/G. Wotjak 1996, 227–234) noch unterstreichen. Alle Studien folgen strukturalistischen Ansätzen, europäischen oder nordamerikanischen, mehr oder minder konsequent. Lüdi (1985, 97–98) kam zu dem Schluss, dass sich „keine stichhaltigen Argumente gegen die Merkmalanalyse als solche gewinnen" lassen, forderte aber die Zurücknahme von drei Grundannahmen des in den 60er Jahren entwickelten Strukturalismus: „die Hypothese, dass Wortbedeutungen *restlos* in *distinktive* Merkmale aufgelöst werden können", „die Hypothese, dass das von der Distinktivität reflektierte *kategoriale* Denken für die Sprache *absolut determinierend* sei", „die – von Anfang an umstrittene – Auffassung vom Wortschatz als 'système où tout se tient', als Feld von *konstanten* Größen". Die vorausgehenden Ausführungen mögen gezeigt haben, dass diese Grundannahmen weder den Pottierschen, noch den Coseriuschen Ansatz betreffen, und dass gerade im lexematischen Modell eine Erweiterung der lexikalischen Beschreibung «Au-delà du structuralisme» (Coseriu 1982, 9ff.) vorgesehen ist.

6. Literatur in Auswahl

Apresjan, Ju.D. (1966), Analyse distributionnelle des significations et champs sémantiques structurés. In: *Langages* 1, 44–74.

Azem, Laure (1990), *Das Wortfeld der Sauberkeitsadjektive im heutigen Französisch*. Münster: Kleinheinrich.

Baldinger, Kurt (1967), Structures et systémes linguistiques. In: *Travaux de linguistique et de littérature de Strasbourg* 5, 123–139.

Baumgärtner, Klaus (1967), Die Struktur des Bedeutungsfeldes. In: *Satz und Wort im heutigen Deutsch, Jahrbuch 1965/66 des Instituts für deutsche Sprache*. Düsseldorf: Schwann 1967, 165–197.

Becker, Hans-Joachim (1991), *Das Feld um alt*. Heidelberg: Carl Winter Universitätsverlag.

Bidu-Vrănceanu, Angela (1976), *Systématique des noms de couleurs. Recherche de méthode en sémantique structurale*. București: Editura Academiei Republicii Socialiste România.

Coseriu, Eugenio (1964), Pour une sémantique diachronique structurale. *Travaux de linguistique et de littérature de Strasbourg* 2, II (1), 139–186.

–, (1966), Structure lexicale et enseignement du vocabulaire. In: *Actes du premier colloque international de linguistique appliquée Nancy 26.–31.10.1964*, Nancy 1966, 175–217.

–, (1967), Lexikalische Solidaritäten. In: *Poetica* 1(3), 293–303.

–, (1968), Les structures lexématiques. *Zeitschrift für französische Sprache und Literatur, Beiheft, Neue Folge* 1, 3–16.

–, (1970), Bedeutung und Bezeichnung im Lichte der strukturellen Semantik. In: Sprachwissenschaft und Übersetzen. (Hrsg. P. Hartmann/H. Vernay). München: Hueber, 104–121.

–, (1971), Zur Vorgeschichte der strukturellen Semantik: Heyses Analyse des Wortfeldes 'Schall'. In: E. Coseriu, *Sprache, Strukturen und Funktionen, XII Aufsätze*. Tübingen: Narr, 179–190. [Ursprünglich in: To honor Roman Jakobson. Essays on the Occasion of His Seventieth Birthday. The Hague/Paris 1967, 489–498].

–, (1976), Die funktionelle Betrachtung des Wortschatzes. In: *Probleme der Lexikologie und Lexikographie. Jahrbuch 1975 des Instituts für deutsche Sprache*. Düsseldorf: Schwann 1976, 7–25.

–, (1980), 'Historische Sprache' und 'Dialekt'. In: *Dialekt und Dialektologie, Ergebnisse des internationalen Symposions „Zur Theorie des Dialekts", Marburg/Lahn, 5.–10. September 1977*. (Hrsg. J. Göschel/P. Ivic/K. Kehr). Zeitschrift für Dialektologie und Linguistik, Beiheft, Neue Folge Nr. 26 der Zeitschrift für Mundartforschung. Wiesbaden: Steiner 1980, 106–122.

–, (1982), Au-delà du structuralisme. *Linguistica e letteratura* VII (1/2), 9–16.

–, (1983), Pour et contre l'analyse sémique. In: *Proceedings of the XIIIth International Congress of Linguists, August 29–September 4, 1982. Tokyo*. (eds. S. Hattori/K. Inoue). Tokyo 1983, 137–148.

Diersch, Helga (1972), *Verben der Fortbewegung in der deutschen Sprache der Gegenwart*. Berlin: Akademie-Verlag.

Dietrich, Wolf (1997), Polysemie als 'volle Wortbedeutung' – gegen 'Mehrdeutigkeit der Zeichen'. In: *Kaleidoskop der Lexikalischen Semantik*. (Hrsg. U. Hoinkes/W. Dietrich). Tübingen: Narr 1997, 227–237.

Dupuy-Engelhardt, Hiltraud (1990), *La saisie de l'audible. Etude lexématique de l'allemand*. Tübingen: Narr.

–, (1991), System-, Norm- und Redebedeutung: Lexematische Merkmalanalyse und Lexikographie am Beispiel des Wortfeldes 'HÖRBAR'. In: *Proceedings of the Fourteenth International Congress of Linguists. Berlin, August 10–15, 1987*. (eds. W. Bahner/J. Schildt/D. Viehweger). Berlin: Akademie-Verlag 1991, 2, 1168–1171.

–, (1995a), Zur Analyse von lexikalischer Bedeutung. In: *Signans und Signatum, Auf dem Weg zu einer semantischen Grammatik. Festschrift für Paul Valentin zum 60. Geburtstag*. (Hrsg. E. Faucher/R. Métrich/M. Vuillaume). Tübingen: Narr 1995, 327–338.

–, (1995b), Zur Beschreibung lexikalischer Bedeutung. In: *Panorama der Lexikalischen Semantik. Thematische Festschrift aus Anlaß des 60. Geburtstags von Horst Geckeler*. (Hrsg. U. Hoinkes). Tübingen: Narr, 151–157.

–, (1996), Vers une lexicologie de la norme. Description du contenu lexical par la lexématique. In: *Questions de méthode et de délimitation en sémantique lexicale. Actes d'EUROSEM 1994*. (éd. H. Dupuy-Engelhardt). Reims: Presses Universitaires de Reims 1996, 37–49.

Dupuy-Engelhardt, Hiltraud; Wotjak, Gerd (1996), Bibliographie sommaire. In: *Questions de méthode et de délimitation en sémantique lexicale. Actes d'EUROSEM 1994*. (éd. H. Dupuy-Engelhardt). Reims: Presses Universitaires de Reims 1996, 227–234.

Geckeler, Horst (1971), *Zur Wortfelddiskussion. Untersuchungen zur Gliederung des Wortfeldes „alt – jung – neu" im heutigen Französisch*. München: Fink.

–, (1980), Die Antonymie im Lexikon. In: *Perspektiven der lexikalischen Semantik. Beiträge zum Wuppertaler Semantikkolloquium vom 2.–3. Dezember 1977*. (Hrsg. D. Kastovsky). Bonn: Bouvier 1980, 42–69.

–, (1996a), Einzelsprachliche Analyse von Teilbereichen der lexikalischen Semantik. In: *Lexical Structures and Language Use. Proceedings of the International Conference on Lexicology and Lexical Semantics, Münster, September 13–15, 1994*. (eds. E. Weigand/F. Hundsnurscher). Tübingen: Niemeyer 1966, 17–27.

–, (1996b), La terminologie de la sémantique structurale et la nature des sèmes et des classèmes. In: *Questions de méthode et de délimitation en sémantique lexicale. Actes d'EUROSEM 1994*. (éd. H. Dupuy-Engelhardt). Reims: Presses Universitaires de Reims 1996, 91–101.

Gipper, Helmut (1973), Sessel oder Stuhl? Ein Beitrag zur Bestimmung von Wortinhalten im Bereich der Sachkultur. In: *Wortfeldforschung. Zur Geschichte und Theorie des sprachlichen Feldes*. (Hrsg. L. Schmidt). Darmstadt: Wissenschaftliche Buchgesellschaft 1973, 371–398. [Ursprünglich in: Sprache, Schlüssel zur Welt. Festschrift für Leo Weisgerber. (Hrsg. H. Gipper). Düsseldorf: Schwann 1959, 271–292].

Greimas, Algirdas J. (1966), *Sémantique structurale. Recherche de méthode*. Paris: Larousse.

Grossmann, Maria (1988), *Colori e lessico. Studi sulla struttura semantica degli aggetivi di colore in catalano, castigliano, italiano, romena, latina ed ungherese*. Tübingen: Narr.

Harras, Gisela (1972), *Semantische Modelle diatopischer Teilsysteme. Zur Begriffs- und Bezeichnungsstruktur lexikalischer Paradigmen im Ostlothringischen*. Marburg: Elwert.

Heger, Klaus (1969), Die Semantik und die Dichotomie von Langue und Parole. Neue Beiträge zur theoretischen Standortbestimmung von Semasiologie und Onomasiologie. *Zeitschrift für Romanische Philologie* 85, 144–215.

Henne, Helmut/Wiegand, Herbert Ernst (1969), Geometrische Modelle und das Problem der Bedeutung. *Zeitschrift für Dialektologie und Linguistik* XXXVI, 2, 129–173.

–, (1973), Pleremik: Sprachzeichenbildung. In: *Lexikon der Germanistischen Linguistik*. (Hrsg. H.P. Althaus/H. Henne/H.E. Wiegand). Tübingen: Niemeyer 1973, I, 132–144.

Hilty, Gerold (1971), Bedeutung und Semstruktur. *Vox Romanica* 30, 242–263.

–, (1972), Und dennoch: Bedeutung als Semstruktur. *Vox Romanica* 31, 24–39.

–, (1988), Lexikologie und Semantik. In: *Proceedings ZüriLEX. '86: Papers read at the EURALEX international congress, Univ. of Zürich, September 9–14, 1986*. (ed. M. Snell-Hornby). Tübingen: Francke 1988, 3–15.

Hjelmslev, Louis (1958), Dans quelle mesure les significations des mots peuvent-elles être considérées comme formant une structure? In: *Proceedings of the Eighth International Congress of Linguists Oslo 1958*. Oslo: University Press, 642–645.

Kleiber, Georges (1978), *Le mot «IRE» en ancien francais (XIe–XIIIe siècles). Essai d'analyse sémantique*. Paris: Klincksieck.

Klein, Franz-Josef (1981), *Lexematische Untersuchungen zum französischen Verbalwortschatz im Sinnbezirk von Wahrnehmung und Einschätzung*. Genève: Droz.

Kotschi, Thomas (1974), *Probleme der Beschreibung lexikalischer Strukturen, Untersuchungen am Beispiel des französischen Verbs*. Tübingen: Niemeyer.

Krassin, Gudrun (1984), *Das Wortfeld der Fortbewegungsverben im modernen Französisch*. Frankfurt/Main etc.: Lang.

Le Clerc, Claudia (1996), *Die verbale Erfassung von Lichteindrücken im Französischen. Eine Betrachtung aus lexematischer und prototypensemantischer Sicht*. Genève: Droz.

Leech, Geoffrey (1974), *Semantics*. Middlesex: Penguin Books.

Lorenz, Wolfgang; Wotjak, Gerd (1977), *Zum Verhältnis von Abbild und Bedeutung. Überlegungen im Grenzfeld zwischen Erkenntnistheorie und Semantik*. Berlin: Akademie-Verlag.

Lötscher, Andreas (1973), *Semantische Strukturen im Bereich der Alt- und Mittelhochdeutschen Schallwörter*. Berlin/New York: Walter de Gruyter.

Lüdi, Georges (1985), Zur Zerlegbarkeit von Wortbedeutungen. In: *Handbuch der Lexikologie*. (Hrsg. D. Wunderlich/Chr. Schwarze). Königstein/Ts.: Athenäum, 64–102.

Lutzeier, Peter Rolf (1981), *Wort und Feld. Wortsemantische Fragestellungen mit besonderer Berücksichtigung des Wortfeldbegriffes*. Tübingen: Niemeyer.

–, (1995), Lexikalische Felder – was sie waren, was sie sind und was sie sein könnten. In: *Die Ordnung der Wörter. Kognitive und lexikalische Strukturen. Institut für deutsche Sprache, Jahrbuch 1993*. (Hrsg. G. Harras). Berlin/New York: Walter de Gruyter 1995, 4–29.

Lyons, John (1968), *Introduction to Theoretical Linguistics*. Cambridge: University Press.

Nellessen, Horst (1982), *Die Antonymie im Bereich des neufranzösischen Verbs*. Tübingen: Narr.

Montibus, Marie-Jeanne (1987), *Le champ sémantique des verbes de mouvement en français moderne. Essai d'analyse sémique*. Diss. (masch). Strasbourg. (Micro-fiches 87 Strasbourg II–0050, ISSN 0294–1767. A.N.R.T. Lille-Thèse 1988).

–, (1996), Rapide survol au-dessus du champ sémantique des verbes de mouvement en français moderne. In: *Questions de méthode et de délimitation en sémantique lexicale. Actes d'EUROSEM 1994*. (ed. H. Dupuy-Engelhardt). Reims: Presses Universitaires de Reims 1996, 137–144.

Pottier, Bernard (1963), *Recherches sur l'analyse sémantique en linguistique et en traduction automatique*. Nancy: Publications linguistiques de la Faculté des Lettres et Sciences Humaines.

–, (1964), Vers une sémantique moderne. *Travaux de linguistique et de littérature de l'Université Strasbourg* 2, 2 (1), 107–136.

Rastier, François (1987), *Sémantique interprétative*. Paris: Presses Universitaires de France.

Saussure, Ferdinand de (1967), *Cours de linguistique générale*. Publié par Ch. Bally/A. Sechehaye/A. Riedlinger. Paris: Payot.

Schepping, Marie-Theres (1982), *Kontrastive semantische Analyse von Verben des Visuellen im Französischen und Deutschen*. Tübingen: Narr.

–, (1985), Das Lexikon im Spachvergleich. In: *Handbuch der Lexikologie*. (Hrsg. D. Wunderlich; Chr. Schwarze). Königstein/Ts.: Athenäum, 184–195.

Schlaefer, Michael (1987), *Studien zur Ermittlung und Beschreibung des lexikalischen Paradigmas 'lachen' im Deutschen*. Heidelberg: Winter.

Schneiders, Hans-Wolfgang (1978), *Der französische Wortschatz zur Bezeichnung von „Schall"*. Genève: Droz.

Schwarz, Monika (1995), Kognitivismus, kognitive Wissenschaft und Linguistik. In: *Die Ordnung der Wörter. Kognitive und lexikalische Strukturen. Institut für deutsche Sprache, Jahrbuch 1993*. (Hrsg. G. Harras). Berlin/New York: Walter de Gruyter 1995, 359–367.

Shann, Patrick (1984), *Untersuchungen zur strukturellen Semantik. Dargestellt am Beispiel französi-*

scher Bewegungsverben mit Beschränkung auf das Medium Wasser. Bern: Francke.

Staib, Bruno (1980), *Semantik und Sprachgeographie. Untersuchungen zur strukturell-semantischen Analyse des dialektalen Wortschatzes.* Tübingen: Niemeyer.

Trujillo, Ramón (1970), *El campo semántico de la valorición intelectual en español.* La Laguna.

Vliegen, Maurice (1988), *Verben der auditiven Wahrnehmung. Eine semantisch-syntaktische Analyse.* Tübingen: Narr.

Wells, Rulon (1958), Is a structural Treatement of Meaning Possible?: In: *Proceedings of the Eighth International Congress of Linguistis Oslo 1958.* Oslo: University Press, 645–666.

Wiegand, Herbert Ernst (1973), Lexikalische Strukturen I/Lexikalische Strukturen II. In: *Funk-Kolleg 13, Sprache 2.* Frankfurt/Main, Fischer, 40–69.

Wotjak, Barbara (1982), *Untersuchungen zu Inhalts- und Ausdrucksstruktur ausgewählter deutscher Verben des Beförderns.* Berlin: Akademie-Verlag.

Wotjak, Gerd (1971), *Untersuchungen zur Struktur der Bedeutung.* München: Hueber.

–, (1971), *Untersuchungen zur Struktur der Bedeutung.* Berlin: Akademie-Verlag (2. ergänzte Auflage).

–, (1989), Überlegungen zur Verbbeschreibung. In: *Energeia* 15. Tokyo: Asahi, 1–29.

–, (1993), Semantische Makrostrukturbeschreibung (lexikalisch-semantische Felder) und (enzyklopädische) Wissensrepräsentationen. In: *Studien zur Wortfeldtheorie, Studies in Lexical Field Theory.* (Hrsg. P.R. Lutzeier). Tübingen: Niemeyer 1993, 121–136.

–, (1996), Le statut des sèmes. In: *Questions de méthode et de délimitation en sémantique lexicale. Actes d'EUROSEM 1994.* (éd. H. Dupuy-Engelhardt). Reims. Presses Universitaires de Reims 1996, 211–225.

–, (1997), Bedeutung und Kognition. Überlegungen im Spannungsfeld zwischen lexikalischer und kognitiver Semantik. In: *Kaleidoskop der Lexikalischen Semantik.* In: (Hrsg. U. Hoinkes/W. Dietrich). Tübingen: Narr 1997, 31–59.

Wunderli, Peter (1995), Strukturelle Semantik, Polysemie und Architektur der Sprache. Zu einigen Problemen der Bedeutungsanalyse. In: *Panorama der Lexikalischen Semantik. Thematische Festschrift aus Anlaß des 60. Geburtstags von Horst Geckeler.* (Hrsg. U. Hoinkes). Tübingen: Narr, 791–806.

Hiltraud Dupuy-Engelhardt,
Rombach-le-Franc (Frankreich)

31. Lexical Decomposition II: Conceptual Axiology

1. Introduction
2. Speech act verbs
3. Social categories: The example of *friend*
4. Natural kinds
5. Concluding remarks
6. Literature (a selection)

1. Introduction

This article explains and demonstrates the theory of lexical decomposition originated by Anna Wierzbicka (1972, 1980, 1992, 1996, among other works); cf. Goddard and Wierzbicka (1994, In press), Goddard (1998). Wierzbicka and colleagues refer to their approach as the "natural semantic metalanguage" (NSM) theory. It is sometimes referred to as a version of "conceptual axiology". An earlier designation is the "semantic primitives" approach.

The foundational assumption of the NSM theory is that the meanings expressible in any language can be adequately described by means of language-internal reductive paraphrase. That is, the theory assumes, first, that any natural language is adequate as its own semantic metalanguage, and, second, that any semantically complex expression can be explicated by means of an exact paraphrase composed of simpler, more intelligible terms. By relying on reductive paraphrase the NSM approach is safeguarded against the twin pitfalls of circularity and obscurity which dog other "definitional" approaches to semantic analysis. No technical terms, neologisms, logical symbols, or abbreviations are allowed in NSM explications – only plain words from ordinary natural language.

If it is possible to undertake semantic analysis using reductive paraphrase and at the same time avoid circularity, then every natural language must contain a non-arbitrary and irreducible "semantic core" which would be left after all the decomposable expressions had been dealt with. This semantic core must have a language-like structure, with a lexicon of indefinable expressions ("semantic primes") and a grammar, i. e. principles governing how the lexical elements can be combined. The semantic primes and their principles of combination constitute a kind of "mini-language" with the same expressive power as a full natural language; hence the term "natural semantic metalanguage". The NSM program assumes that the natural semantic metalanguages based on different languages are essentially isomorphic, i. e. that they contain the same semantic primes with the same combinatorial properties.

For over thirty years, Wierzbicka has sought to isolate the irreducible semantic core of language by experimentation; i. e. by an extensive program of trial and error attempts to explicate meanings of diverse types, aiming always to reduce the terms of the explications to the smallest and most versatile set. The current set of 60 or so semantic primes (Wierzbicka 1996) is the fruit of that program of research, which, it must be stressed, is not yet regarded as complete. Examples include: *I, you, someone, something, good, bad, this, happen, do, know, think, want, say, where, when, not, because, maybe, like, kind of, part of.* The claim is that these words are essential for explicating the meanings of numerous other words and grammatical constructions, and that they cannot themselves be explicated in a noncircular fashion. Notice that all these terms identify simple and intuitively intelligible meanings which are "grounded" in ordinary linguistic experience.

Reductive paraphrase in terms of semantic primes in natural language provides a method by which the study of meaning is rendered concrete and tangible (especially by comparison with rival methods which employ abstract and obscure representational devices). Above all, the reductive paraphrase technique makes statements about meanings testable-because explications couched in natural language can be directly or indirectly substituted in place of the expressions they are intended to represent, and so can be submitted to the test of substitution salvo sensu.

The NSM approach has proved to be an extremely productive one. There is a substantial body of descriptive empirical work carried out within the framework-into aspects of lexical, grammatical and illocutionary semantics, cultural pragmatics, and, more recently, into universal grammar. Aside from the authors of this article, others who have published NSM studies include Felix Ameka, Hilary Chappell, Nick Enfield, Jean Harkins, Rie Hasada, Masayuki Onishi, Bert Peeters, Catherine Travis, and David Wilkins. Some representative works are listed in section 5. The languages involved include English, Russian, French, German, Polish, Italian, Ewe, Malay, Lao, Japanese, Chinese, Yankunytjatjara, Arrernte, and Maori, among others.

Wierzbicka's (1972) earliest set of proposed semantic primes comprised only 14 elements, but in recent years the set has expanded substantially. Table 1 lists the current inventory in groups of related elements. Notice that in many ways the inventory of primes looks like a natural language in miniature–which is, of course, exactly what it is intended to be. To a large extent, the meanings listed are the kind of semantic parameters which typologists and descriptive linguists tend to take for granted (and understandably so) in general language description.

Table 1: Proposed semantic primes

(Wierzbicka 1996)
Substantives:
 I, you, someone/person; people; something/thing;
Determiners:
 this, the same, other;
Quantifiers:
 one, two, some, all, many/much;
Attributes:
 good, bad, big, small;
Mental predicates:
 think, know, want, feel, see, hear;
Speech:
 say, word;
Actions, events, movement:
 do, happen, move;
Existence:
 there is; life and death: live, die;
Time:
 when/time, now, before, after, a long time, a short time, for some time;
Space:
 where/place, here, above, below; far, near; side, inside;
"Logical" concepts:
 not, maybe, can, because, if;
Intensifier:
 very;
Augmentor:
 more;
Taxonomy, partonomy:
 kind of, part of;
Similarity:
 like

The "double-barrelled" items in Table 1, such as *something/thing, someone/person,* and *when/time,* indicate meanings which, in English, are expressed by means of variant forms ("allolexes") in different grammatical contexts (Wierzbicka 1996: 26–27). *Something* and *thing,* for example, express the same meaning, except that *something* cannot be used in combination with a specifier. Compare: (a) *something happened,* (b) *the same thing happened again,* (c) *I don't know when this thing happened.* Note also that several additional terms are under consideration as possible semantic primes, including *body, true, touch,* and *have.*

The list in Table 1 is not sufficient in itself to identify the intended meanings, because many of these English expressions are polysemous. Each prime is also provided with a set of "canonical contexts"; that is, a set of sentences exemplifying its charateristic grammatical (combinatorial) contexts. For example, to ascertain which sense of English *know* is intended as a prime one can refer to canonical contexts such as *I don't know where he is* and *This person knows something about you.* It is recognised that equivalents of semantic primes may have different morphosyntactic characteristics, and hence belong to different "parts of speech", in different languages, without this necessarily disturbing their canonical combinatorial properties.

Semantic primes are supposed to be lexical universals in the sense of having an exact translation in every human language, though the term *lexical* is used here in a broad sense. An exponent of a primitive meaning may be a phraseme or a bound morpheme, just so long as it expresses the requisite meaning. For example, in English the meaning *a long time* is expressed by a phraseme, though in many languages the same meaning is conveyed by single word (e.g. Malay *lama,* Lao *don,* Russian *dolgo*). In Yankunytjatjara the primitive *because* is expressed by the ablative suffix *-nguru*. Even when semantic primes take the form of single words, there is no need for them to be morphologically simple (cf. English *someone* and *inside*).

It is not possible here to discuss in any detail how the primes were identified in the first place or to justify the selection, except to repeat that they are the product of a long and wide-ranging program of studies in descriptive semantics. However, an example may be helpful. Consider the word *good*. How could one decompose or explain its meaning in terms which are simpler and not language-specific? It would be no use appealing to terms such as *approve, value, positive,* and *please,* as these are both demonstrably more complex than *good* and highly language-specific. The only plausible route would be to try to decompose *good* in terms of actual or potential desirability; for example, by saying that *this is good* means "I want this" or "people want this"; but such proposals founder for several reasons. Perhaps most importantly, to label something as *good* is to present the evaluation in an objective mode, not as the desire of any specific person, or even of people in general. Explications of *good* in terms of "wanting" yield very peculiar results in cases where *good* is used in contexts such as *X said something good about Y,* or about generic or hypothetical situations, such as *If someone does something good for you, it is good if you do something good for this person.*

The difficulty of finding a satisfactory reductive paraphrase for *good* makes it a candidate for the status of semantic prime. Furthermore, *good* will clearly be required for the explication of innumerable lexical items which imply positive evaluation (such as, to name a handful, *nice, tasty, kind, happy, pretty*) and for grammatical constructions such as benefactives. Upon checking in a range of languages, one finds that all languages appear to have a word with the same meaning as English *good*. For example: Malay *baik,* Yankunytjatjara *palya,* Ewe *nyó,* Japanese *ii.* (Obviously, this does not mean that different cultures share the same views about what kind of things are good.)

It should be noted that polysemy is frequently a complication when trying to identify primes and match them up across languages. Often, the range of use of equivalents of the same prime do not coincide, because aside from the shared, identical meaning, the words in question also have additional meanings which are different from language to language (Goddard 2001). To give just a single example. In many languages (e.g. French, Ewe, Mangaaba-Mbula) the exponent of *happen* has secondary polysemic meanings approximating "appear" or "arrive" (or both). The polysemy is not difficult to understand once we see that appearing and arriving both involve something *happening in a place,* after which something or someone is in the place in question. In the case of *appearing,* there is an additional component of being able to see something, and in the case of *arriving* there is an additional component involving prior motion. Other frequent polysemies in which semantic primes are involved include: *do* with "make", *say* with "speak" or "make sounds", *before* with "first", "go ahead", or "front", *feel* with "taste", "smell", or "hold an opinion", *because* with "from", and *want* with "seek".

In the remainder of this article we demonstrate the NSM approach to lexical decomposition, choosing for this purpose three rather different domains: speech act verbs, social category nouns, and the names of natural kinds (folk genera). We seek to illustrate not only the form of explications, but also the kinds of evidence and argumentation used. (See section 6 for references to NSM descriptive work in the domains of emotions, colours, artefact terms, social values terms, causative verbs, discourse particles, and case constructions among other areas.)

2. Speech act verbs

This section is indebted to Wierzbicka's (1987) *English Speech Act Verbs: A semantic dictionary*, although the treatment diverges in some respects. In particular, we confine ourselves to "reportive" uses of speech act verbs.

One special feature of the semantic structure of speech act verbs is that they involve a "first-person format". This is particularly clear with performatives – obviously, in saying *I order you, I apologise, I agree* and so on, one expresses something about one's own intentions, assumptions and feelings – but even for reportive uses, a first-person format is still required at some level. Suppose person S witnesses person X say to person Y *Sit down*, and suppose that person S later describes what happened as follows: *X asked Y to sit down*. In choosing the word *asked* to depict X's speech act, S is attributing to the original speaker a certain expressed attitude (roughly: "I want you to do something; I don't know if you will do it"). If S were to choose another speech act verb, such as *ordered* (as in *X ordered Y to sit down*), S would be attributing a different expressed attitude (roughly: "I want you to do this; I know you have to do what I say"). The choice of *invited* (as in *X invited Y to sit down*) would attribute yet another attitude (roughly: "I think it would be good for you to do this; because I've said this, you can do it now if you want to").

To exemplify in more detail, we first consider the three verbs *promise, threaten,* and *warn*. Of all speech act verbs *promise* is without doubt the most extensively discussed. For reasons of space we cannot here review Searle's (1969) influential treatment, except to note some points of agreement between his analysis and the reductive paraphrase explication presented in (1) below.

Components (a)–(b) spell out the 'dictum' – the semantic gist of what is actually said. This corresponds roughly to what Searle called the 'propositional content' of a promise: 'predicating some future act A of the speaker'. The precise wording of the dictum (*I want you to know that I will do A*) reflects an affiliation between *promise* and *tell* (*promising* to do A entails *telling* someone that you will do A).

Then follows a bundle of components, (d)–(h), describing the presuppositions and apparent attitude of someone who promises. These components constitute the illocutionary force of the speech act. The illocutionary components are introduced by the specification in component (c): 'people could say that when X said this, X was saying at the same time: –'. Compare Searle's (1969: 65) statement that the 'performance of the [speech] act counts as an expression' of a particular psychological state. (Components (d)–(f) correspond roughly with Searle's 'preparatory rules' and 'sincerity rules', which state that a promise assumes the speaker believes the addressee to be 'positively oriented' toward A; that 'it is not obvious to the addressee prior to this utterance' that the speaker will do A; and that the speaker expresses the intention to do A.)

A crucial feature of a promise is that by promising the speaker accepts an 'obligation'. Component (g) spells this out. Compare Searle's 'essential rule', which states that uttering a promise 'counts as undertaking an obligation to do A'. Finally, component (h) makes explicit the speaker's recognition of the risk of social disapproval if he or she fails to follow through.

(1) X promised Y (to do A) =
a. X said something like this to Y:
b. "I want you to know that I will do A"
c. people could say that when X said this, X was saying at the same time:
d. I know you want me to do this
e. I know you think that maybe I will not do it
f. I don't want you to think this
g. I know I have to do it because I said like this that I will do it
h. I know that if I don't do it after this, people will think something bad about me

To appreciate how this applies in practice consider a reportive use of *promise* such as *X promised she would lend Y the car.* For this sentence to be an accurate report it is not necessary that X actually pronounced the word *promise*. It would have been enough for X to say that he or she would do it, and to back this up with some apparently sincere assurances such as *You can count on it, I won't let you down* or *Don't you worry, you can rely on me.* Saying things like this, with the appropriate intonation, would have the effect of conveying the messages "I know you want me to do this; I know you think that maybe I will not do it; I don't want you to think this". These implied messages prepare the way for the final pair of components: 'I know I have to do it because I said like this that I will do it; I know that if I don't do it after this, people will think something bad about me.' These components, it may be noted, can be seen as reflecting an important aspect of Anglo-Saxon cultural logic.

If *promise* is the standard example of a performative verb, then *threaten* is the standard example of a non-performative, mainly on account of the partial parallelism in meaning between the two words (with *promise* the addressee wants the speaker to do the future action; with *threaten* the hearer does not want this). There are other differences, however. In the case of a *threat* the possible future action which the speaker refers to is conditional. The message is (roughly) "if you don't do what I want, I will do this". Furthermore, there is no obligation involved in a threat.

(2) X *threatened* Y =
a. X said something like this to Y:
b. "I want you to do something (A) if you don't do it, I will do something this will be bad for you"
c. people could say that when X said this, X was saying at the same time:
d. I know you don't want to do this
e. I say this because I want you to do it

Notice that the phrasing of the dictum of *threaten* is compatible with a range of ways in which a threat may be phrased. Often they include an *if*-clause or an *or* construction (*If you don't do it, I'll hit you; Do it or I'll hit you*) to make it explicit what he or she is trying to get the addressee to do, but neither of these wordings is necessary. In the right context, a simple *I'll hit you* could be a threat; for instance, if both mother and child know that the child is not supposed to touch the flowers on the dinner table, and the mother sees the child reaching for them.

The verb *warn* can be used in several syntactic frames. One can *warn* someone *not to do* something; one can *warn* someone *that* something will happen (as in *She warned me that they were coming*); one can also *warn against* doing something or *warn about* a person. For comparison with *threaten* and *promise*, we confine ourselves solely to the *warn not to do* (or *to do*) construction.

Probably the most salient warnings of this kind are, so to speak, threatening ones, as for instance, when an assailant says *I'm warning you, move and you're dead.* Certainly one of the most intriguing things about the verb *warn* is that it can be used to issue threats. But on the other hand, there are also protective and well-intentioned warnings, for instance, a mother saying to a child *Be careful, you might fall.* A warning can also be, in a sense, disinterested, that is, the speaker need not personally want the addressee to do or not do the relevant action. For instance, my doctor can warn me to give up smoking without necessarily conveying the message that he or she wants me to give up smoking. The focus is rather on me. The message is that I should give up smoking for my own good.

Clearly, if someone issues me a warning they (purport to) believe that if I do something, something bad might befall me. The illocutionary purpose is to bring this to my attention. However, it would not be right to formulate the purported motive behind *warning* in terms of *knowing*, for instance, to assign warnings an informative intention such as "I want you to know this", if only because warnings don't have to convey new information. A warning can be prefaced by *remember*, as in *Remember, this gun is loaded.* The point of a warning seems to be focused not on what I know, but on what I am thinking about. The person warning me seems to want me to think about what I am going to do.

What about the dictum of a warning? As with threats, warnings always contain or imply an *if*-clause, a condition. Suppose, for example, that you tell me *You'd better be careful to lock your car. There've been lots of break-ins lately.* Have you *warned* me to lock my car? Not necessarily – your utterance could be seen merely as good advice. If, on the other hand, you articulate a condition and a possible bad consequence (e.g. *Better lock your car. If you don't, it might not be here when you get back* or *Lock your car or it won't be there when you get back*) there can be no doubt that you have given me a warning. Thus it can be argued that the dictum of a warning should be specified as something like: "if you don't do this, something bad can happen to you."

These observations lead to explication (3). Notice that it seems more natural to cast the message behind a warning in terms of *not doing*, rather than *doing*. Admittedly, warnings framed in the positive do occur (for instance, *Be careful, you might fall!*), but even in cases like these, there is still an implicit message not to do something.

(3) X warned Y not to do A =
a. X said something like this to Y:
b. "if you do A, something bad can happen to you"
c. people could say that when X said this, X was saying at the same time:
d. I want you to think about what you will do

For a further example, consider the contrast between *order* and *suggest*. These verbs (along with *tell* and other 'directives') are sometimes viewed as differing merely in 'strength' or 'directness', but in fact they involve qualitatively different illocutionary assumptions and intentions. We begin with *order*, in uses where the addressee appears as the direct object; for example: (a) *I order you to lay down your weapons*; and (b) *What makes you think you can order me around?*

When someone gives an order, they express the assumption that the addressee has no choice but to do as they are told. In addition, however, the illocutionary assumption seems to involve the addressee's recognition or acceptance of this fact. This can be seen if *order* is contrasted with *command*, a speech-act which is expected to trigger an immediate, semi-automatic response. Admittedly the difference is subtle, but it sounds more natural to speak of giving a dog or a horse a command than an order, a fact which makes sense if *order* implies an appeal to the addressee's consciousness. Even in military contexts, where both verbs can be used freely, *order* sounds better than *command* if there is any direct or implicit appeal to the subordinates' consciousness of their own subordinaton. For example, *That's an order, soldier!* sounds far more natural than *That's a command, soldier.*

From these considerations we arrive at explication (4) below. Note that for most orders the dictum "I want you to do this" is conveyed by use of a bare imperative form.

(4) X ordered Y to do A =
a. X said something like this to Y:
b. "I want you to do this (A)"
c. people could say that when X said this, X was saying at the same time:
d. you know that if I say "I want you to do something", you have to do it

The following sentences show turns of phrase which could be reported using the verb *suggest*: (a) *"Well, then, supposing we go and call on him", suggested the Mole.* (b) *"Maybe you should just drop the whole thing and cut your losses", she suggested.* (c) *"How about going to see a doctor?", Harry suggested.* (d) *"Why don't you confide in Mark?", I suggested.* We can see that a suggestion is a mild, unassuming speech act. The speaker thinks (or more accuately, appears to think) that it might be a good thing if the addressee did something, and therefore speaks up so that the addressee will think about doing it. There is no assumption that the addressee will necessarily decide to follow the suggestion. However, consistent with the frequent use of interrogative forms (like *How about...* and *Why don't you...*), the speaker conveys the desire to know the addressee's reaction.

The implicit messages conveyed by a suggestion are of an essentially tentative nature. The speaker distances him or herself from any idea that he or she personally wants the addressee to do it, and also reminds the addressee, as it were, that "you don't have to do it". These observations can be summed up in explication (5) below. Note that the frame explicated here oversimplifies the possible range of roles involved. It is quite possible for X to *suggest* to Y that Z do A, but for the sake of simplicity we assume that the addressee and the prospective actor are the same.

(5) X suggested that Y do A =
a. X said something like this to Y:
b. "maybe it would be good if you do this (A)
c. I want to know what you think about it"
d. people could say that when X said this, X was saying at the same time:
e. I don't want you to think that I want you to do it
f. I don't want you to think that you have to do it

For a treatment of more than 200 other English speech acts verbs, see Wierzbicka (1987).

3. Social categories: The example of *friend*

There is a widespread tendency, even in the social sciences, to believe that the taxonomy of human relations found in the English language represents a universal, objective categorisation. The assumption that *friendship* is a universal human need is a case in point. In fact, taxonomies of human relations are just as culture-specific, and language-specific, as are taxonomies of speech acts, or of emotions. Although the concepts embodied in words from other European languages (such as French *ami*, Italian *amico*, German *Freund*, Polish *przyjaciel*) have much in common with *friend* (especially in its older meaning), there are important differences as well as similarities (cf. Wierzbicka 1997: Ch. 1). Across broader cultural gulfs the differences are even more substantial. Space prevents us from exploring these here. Instead we will undertake a brief excursion into historical semantics, showing how the meaning the English word *friend* has changed in recent times, especially in the fast-moving and mobile society of contemporary America.

The general trend of the transition is illustrated by the emergence of the modern expression *close friend*. Broadly speaking, the meaiwing of *friend* has weakened, so that to achieve anything like its earlier force it is now necessary to use the expression *close friend* – the implication being that friends as such are not expected to be necessarily closely related to that person. Something of the old value of the word *friend* has survived in the derived noun *friendship*: whereas in the older usage, *friends* were related to one another by *friendship*, in the current usage one can have many more *friends* than *friendships*, and only close *friends* can now be said to be linked by *friendship*.

More specifically, the transition involves a number of distinct but interrelated shifts. First, the number of *friends* that a person can be expected to have has increased. A hundred years ago, Henry Adams (in his *Education of Henry Adams*) wrote: 'One friend in a lifetime is much; two are many; three are hardly possible.' But in modern American society people often count their friends by the dozen.

Second, in earlier times *friends* were thought of as long-lasting, as evidenced by numerous traditional sayings, proverbs, the treatment of friendship in well-known works of literature, and collocations such as *faithful friend, steadfast friend,* and *old friend*. These days, however, it is possible, indeed common, to speak of meeting new people and quickly *making new friends*.

Third, the traditional conception of *friendship* implied willingness to help in adversity. As the saying has it, *A friend in need is a friend indeed*. The same expectation is attested (in reverse) in collocations like *fair weather friend, summer friend,* and *false friend*. Samuel Johnson, in his 1755 Dictionary of the English Language, offered the following definition of *friend* (as used at the time): '*friend* – one joined to another in mutual benevolence and intimacy'. But these days the chief expectation of *friends* in that they do things together – specifically, enjoyable, pleasurable things.

As suggested by Johnson's reference to 'intimacy' in the quotation just mentioned, a fourth important aspect of the older concept of *friend* was special trust and willingness to confide in the other person. Compare the following nineteenth century definitions (from Ralph Waldo Emerson and Frank Crane, respectively): 'A friend is a person with whom I may be sincere'; '[A] friend ... is a person with whom you dare to be yourself'. Willingness to confide in a *friend* is of course related to the number of people whom one is willing to regard as friends.

In the older usage, one of the most common collocations involving *friend* was that of *dear friend* or *dearest friend*. In present-day English, however, these collocations are marginal or even archaic. In the older usage, friends were mutually bound by something much closer to love than friends in the present-day sense of the word: people were usually expected to love their friends, but this is certainly not the case now.

The semantic shifts in the meaning of *friend* are reflected in a particularly revealing way in the rise of the *a friend of mine* construction. While some examples of this construction can be found even in 16th century English, it appears that its frequency has increased considerably in modern times, while the use of *friend* with a definite possessive (e.g. *my friend*) has decreased. In present-day English, one would normally say *He is a friend of mine* rather than *He is my friend* (unless under heavy emphasis). (In fact, in current usage the phrase *my friend* has started to be used as a euphemism for "boyfriend" or "girlfriend".) At the same time phrases like such as *my son* or *my brother* are perfectly natural, and expressions such as *a son of mine* or *a brother of mine* would sound off-hand, ironic, and patronizing. The reason is, presumably, that the construction itself implies the existence of a whole class of persons who are all more-or-less equivalent to one another because all are related in the same way to a central figure.

It appears that in the older usage *friend* tended to be seen as an individual related to us in a special way (rather like a brother, or a child), whereas in the current usage *friends* tend to be seen as a multiplicity of people related in an analogous way to a central figure. This suggestion is further suppported by the fact that the range of adjectives with which the word *friend*, and, in particular, *friends* (in the plural), can co-occur has apparently changed. Thus, among 450 or so quoted occurrences of *friends* in Shakespeare, there are numerous examples of *sweet friends, good friends, gentle friends, loving friends, faithful friends, dearest friends, true-hearted friends, worthy friends, noble friends, precious friends, loyal friends*, and so on. All these collocations involve evaluative terms which focus on the personal qualities of the individual and on the value of the relationship. What seems to be missing entirely are descriptive phrases specifying one particular category of people, such as *my American friends, my feminist friends, his English capitalist friends*, and *our Christian friends*. In these phrases (taken from contemporary literature), the adjectives identify a class of people, rather than referring to the nature of the relationship.

On the basis of the foregoing discussion, the two meanings of the word *friend* can be portrayed as in (6) and (7).

(6) (my) friend1
a. I think about this person like this:
b. I know this person very well
c. I think good things about this person
d. when I think something I can say it to this person
e. when I feel something I can say it to this person
f. I want this person to know what I think
g. I want this person to know what I feel
h. I don't want many other people to know these things
i. I want to do good things for this person
j. I think this person thinks the same about me
k. when I think about this person, I feel something very good
l. I think this person feels the same

In the explication for *friend*1, component (b) refers to personal knowledge which goes beyond a mere acquaintanceship or familiarity, component (c) refers to some valued personal qualities, components (d)–(g) define a dimension of something like "confidence" and "intimacy", (h) alludes to a "special" and rather "exclusive" relationship, (i) to "good will", and "willingness to help", (j) and (l) refer to "reciprocity", and (k) to something like "affection".

The modern meaning of *friend* (i. e. *friend*2) can be explicated as follows.

(7) (my) friend2 =
a. I think about this person like this:
b. I know this person well
c. I want to be with this person often
d. I want to do things with this person often
e. when I am with this person, I feel something good
f. I think this person thinks the same about me

In the explication for *friend*2, component (b) refers to a more superficial knowledge, components (c) and (d) substitute something like "gregariousness" for the "confidence" and "intimacy" of *friend*1, whereas (e) refers to the "fun-to-be-with" aspects of the modern friends, replacing the earlier personal "warmth" and "affection".

Certainly, the older sense of the word *friend* lingers on, to some extent, in the collective memory of native speakers of English, who are familiar with it through literature and other cultural echoes from the past. If the modern expression *close friend* reflects the change in the meaning of *friend*, the modern expression *real friend* expresses a sense of continuity in this word's meaning (because it seems to acknowledge, and even celebrate, the older sense of *friend* as a valid meaning of this word, and perhaps even as its 'real' meaning, in contrast to the 'loose' and 'watered down' modern usage).

The semantic history of the word *friend* confirms the validity of Tocquville's observation that 'democracy does not create strong attachments between man and man, but it does put their ordinary relations on an easier footing' (quoted in Bellah et al. 1985: 117). As Bellah et al. comment, with special reference to America, 'in the mobile and egalitarian society of the United States, people could meet more easily and their intercourse was more open, but the ties between them were more likely to be casual and transient. The change was visible by the 1830s, when Tocqueville wrote his classic work, and the trend has continued throughout the 19th and 20th century. ''Friendliness' became almost compulsory as a means of assuraging the difficulties of these interaction, while friendship in the classical sense became more and more difficult' (Bellah et al. 1985: 118).

4. Natural kinds

In a comprehensive review of ethnobiology, Berlin (1992: 26) sums up the motivation behind this field as the convication that:

'[E]thnobiological nomenclature represents a natural system of naming that reveals much about the way people conceptualise the living things in their environment'. A similar view was enunuciated by Apresjan (1992[1974]: 35), who insisted that semantic analysis can reveal 'the naive picture of the world hidden in lexical meanings' which has arisen historically from the experience of a speech community.

Aspirations of this kind presuppose that semantic analysis of the names of natural kinds (folk genera) is possible; so it is worth pointing out that various scholars have held this to be an impossible goal, on account of the great complexity such definitions would require. According to Leech (1969: 85–89) for example, almost all of our shared knowledge about folk genera is non-linguistic, belonging not in the mental dictionary, so to speak, but in the mental encyclopedia. The best we can do by way of semantic analysis of terms like *cat, dog, elephant,* etc., is to assign an arbitrary identifying number to each species, along with the feature -HUM (non-human); for example, -HUM 1SPE for *cat,* -HUM 2SPE for *dog,* -HUM 31SPE for *elephant.* In a similar vein (though for different reasons), Kripke (1972) argued that the naming of natural kinds is analogous to the assignment of proper names. Just as individual people are unique and, so to speak, directly given by the world, so it is with natural kinds. We recognise the members of a natural kind from an undifferentiated 'gestalt', and we accept the name (e.g. *cat*) as something that somebody before us has already provided.

From a semantic point of view, however, there is nothing implausible about the idea that a meaning may be very complex. Nor is there any reason to think that the line between shared, linguistic knowledge and real-world, encyclopedic knowledge is impossible to draw. There are many types of evidence – including endonyms, common collocations, and proverbs – which can help us identify linguistic knowledge (cf. Apresjan 1992). Furthermore, it is not true that languages distinguish the same inventory of 'naturally given' species, as implied by Kripke's view. For example, in Japanese and in Malay no distinction is drawn between *mouse* and *rat*. Similarly, the English word *kangaroo* lumps together several species which are lexically distinguished by Australian Aboriginal languages.

On the other hand, there is a genuine issue raised by Kripke's comparison of natural kind terms with proper nouns. The issue goes back to John Locke's notion that natural kinds like tiger, oak, and gold have 'real essences'. This property is perhaps clearer by comparison with 'nominal kind' words such as terms for artefacts (*cup, pencil, chair,* etc.), which do not reflect anything about our ideas concerning the intrinsic nature of the world. The difference can be dramatised as follows. If we see a creature that looks and acts in every way like a tiger, we would naturally assume that is a tiger. But if we were told, by someone whose judgment we trust, that this creature is not in fact a tiger but only looks and acts like a tiger, we would quite likely accept this statement at face value. On the other hand, if we are presented with an object which looks and feels in every way like a pencil, but were told that it is not a pencil, we would be unlikely to accept this statement so readily. Conversely, we would be much more ready to accept that a particular unusual-looking animal could be a tiger (for example, an albino tiger, lacking any stripes) than we would that an unusual-looking object could be a pencil despite not looking like one (cf. Atran 1987).

It seems intuitively plausible that natural kinds have underlying natures, in a way that artefacts don't. For example, we are not surprised to hear that scientists study tigers or horses, to find out more about their underlying natures, but if we heard of a scientist gathering some specimens of chairs in order to discover the nature of chairs, we would think that he or she was crazy. Somehow we seem to conceptualise a natural kind as having some inherent nature (in the traditional terminology, an *essence*) which makes such a thing of that kind.

Wierzbicka (1996a: 340, 367–70) has suggested that the topmost components of a natural kind explication should begin with the bundle of components in (8), illustrated with *tigers* as an example (the symbol ⇒ indicates that this is a partial explication only).

(8) tigers ⇒
a. a kind of creature
b. people call them "tigers" (or: there is a word for creatures of this kind; this word is tigers)
c. people think that they are all of the same kind
d. because they come from other creatures of the same kind

Component (b) incorporates Kripke's idea that folk genera are similar in some ways to proper names. Component (c) is an attempt to interpret the idea of an essence as follows: in saying that something is a *tiger* (*mouse,* etc.)

people mean not only that the animal in question can be expected to have the characteristic features of a tiger (mouse, etc.) but also that it is an animal of the same kind as all the other animals people call *tigers* (*mice*, etc.).

Component (d) offers an explanation for this fact, namely, that *tigers* (*mice*, etc.) 'all come from creatures of the same kind'. This is meant to refer or allude to the lineage of reproduction which is characteristic of the natural species (*tigers* come from *tigers*, *mice* come from *mice*, etc.), though it must be admitted that the expression 'come from' remains obscure.

To get an idea of kind of components which comprise the rest of the meaning of a natural kind term, consider explication (9), adapted from Wierzbicka (1985: 164). This represents a comparatively simple natural kind term, because tigers are animals which most speakers of English in Australia, the USA and Britain do not have much to do with.

(9) tigers =
a. a kind of animal
b. they live in the jungle
   people keep some of them in special places (zoos)
   so that people can go there to see them
c. they look like cats and they move like cats but they are very much bigger than cats
d. they are yellowish with black stripes they have big sharp claws and big sharp teeth
e. they kill and eat other animals and people
f. people think of them as fierce and powerful
g. people are afraid of them

Component (a) positions *tigers* as a kind of *animal*, where *animal* is a life-form word. This establishes their place in the taxonomic ranking scheme, and it also conveys a good deal of information in virtue of ther semantic content of *animal* itself. Component (b) specifies the habitat. Component (c) compares tigers to cats both in the way they look and the way they move, and also with regard to size. Obviously the reference to cats is specific to this explication, but it is usual to find some reference to size in the explication of a folk genus. The components in (d) describe the distinctive appearance of tigers. In this explication, these components are very brief, mainly because a great deal of appearance information has already been conveyed by the statement that, except for size, they look like cats. Appearance components often run to a dozen or more lines. Component (e) describes characteristic behaviour. For better-known animals, behaviour components too can be very lengthy.

Finally, under (f) are components which describe their relation with people, including people's attitudes toward them. Some linguists would deny that these are part of the meaning of tiger, but suppose we imagine that somebody has learnt (say, from pictures or films) to distinguish tigers from all other animals, without having learnt that they are thought to be fierce animals, dangerous to humans (Wierzbicka 1985: 173–4). Surely we would not accept that this person has learnt in full the concept encoded in the ordinary English word *tiger*.

If *tiger* has a relatively simple semantic structure, at the opposite end of the scale of complexity is a word like *cat*, which names an animal which has shared the homes (and lives) of speakers of English for centuries. The following explication is adapted from Wierzbicka (1985: 167). It follows the same general layout: (a) category, (b) habitat, (c) size, (d) appearance, (e) behaviour, (f) relation with people. The last three of these groupings are so thick with information that it is convenient to divide them into separate sub-sections. Because the explication is over 40 lines long, we will work through it in stages, beginning with sections (a)–(d). It would take a long time to fully discuss and justify each component in an explication like this, so we will just touch briefly on each of them.

The (a) component establishes *cats* as a kind of *animal*. The (b) components claim that *cats* are conceptualised primarily as domestic animals which are cared for by people. In support of this, one can note that cats which do not fit this description are usually referred to in combination with a modifier; so we have *feral cats* and *stray cats*. Notice that the size component (c) is defined in relation to the human body. This kind of anthropocentrism is a feature of size components in countless words of diverse types. In the case of *cats*, the size component mentions handling by humans, further confirming their status as a domestic animal. The components in (d) identify the distinctive physical features of *cats* as nice soft fur, a round head with pointy ears, a special kind of eyes, whiskers, long tail, and soft feet with retractable sharp little claws. Sections (a)–(d) of the *cats* explication is as follows.

(10) cats ⇒
a. a kind of animal
b. they live with people, in or near people's houses
   people look after them

c. they are small enough for a person to be able to pick one up easily with both hands
d. they have soft fur which is nice to stroke
they have a round head with pointed ears sticking out on both sides of the top of the head
their eyes are not like people's eyes, they are shiny
they have some stiff hairs sticking out sideways on both sides of the mouth
they have a long tail
they have soft feet with sharp little claws which they can keep inside if they want to

The behavioural sections of the explication are elaborate, reflecting the opportunity people have long had to observe the distinctive behaviour of these animals which share their lives.

(10) (continued)
e1. they lick themselves to keep clean
they chase small creatures
sometimes they eat the small creatures they catch
sometimes they play with them before eating them
they can climb up to and move around in high places without falling
they can jump down from high places without hurting themselves
they can move quickly and without noise
they can see in the dark
they can use their teeth and claws to fight
they sleep often for a short time during the day
sometimes one of them will fight another one of the same kind
e2. they make a long sound which other animals don't make
starting through the nose with the mouth closed then opening it wide
it sounds as if they wanted to say that they want something
when something is making them feel good they make a short sound which other animals don't make
they make this sound with the mouth closed, repeating it many times in a short time
they often do this when people stroke them
e3. there is another kind of animal which people often have living with them
this other kind of animal likes to chase and fight animals of this kind

The first part of section (e1) details the well-known cleanliness of *cats*, the fact that they chase, kill and sometimes play with 'small creatures' (e.g. mice, birds, and insects), the climbing ability, agility, and stealthiness of *cats*, and the fact they can see in the dark. Under (e1) is also found the reference to *cats* liking to sleep during the day, as well as to the fact they can and do fight if they have to. Some of the linguistic evidence in support of these components comes in the form of phrases and sayings about or involving *cats* such as: *a game of cat and mouse, a cat-nap*, the belief that *cats have nine lives* (reflecting their abilities to escape from tricky situations, and perhaps especially from high places), the expressions *cat-burglar* (one who depends on climbing ability), *cat-walk* (a narrow footway), and *catfight* (for a vicious argument among people of the same kind, especially women). Note also that the word *cat-like* evokes graceful motion (interestingly, there is no comparable word *dog-like* or *mouse-like*).

The components in (e2) describe the two distinctive sounds associated with *cats*, namely meowing and purring, both endonyms of *cat* (so it is not possible to use the actual words *meow* or *purr* in the cat explication). Finally, in (e3) there is a reference to the special relationship *cats* have with another kind of animal that often lives with people (that is, dogs).

The final sections of the explication are explicitly 'people-oriented'. The components in (f1) describe how *cats* figure in people's lives as pets. Those in (f2) acknowledge their usefulness in catching mice (cf. word *mouser*). Then, finally, in (f3) come the attitudinal components, specifying that *cats* are seen as graceful, vain, independent, and lazy.

(10) (continued)
f1. many people have animals of this kind living with them
because they like to have animals living with them to whom they can show good feelings and who show good feelings towards them
f2. they can do something which is good for people when they catch and kill small creatures of a certain kind which live in people's houses and eat things that people keep to eat
f3. people think things like this about them:
they move in a way which is nice to look at
they think good things about themselves
they don't do things they don't want to do
they like to be comfortable

The complex explication presented in (10) can be seen as an elaborate conceptual theory or conceptual model of *cats*. There is a good deal of evidence that over the process of language acquisition children unconsciously construct rich conceptual models of this kind. (cf. Markman 1989, Carey 1985).

It should be pointed out that although the explications for *tigers* and for *cats* are entitled to be called reductive paraphrases (because all the terms they employ can be explicated independently of the word being defined), they do not consist solely of semantic primes. On the contrary, they contain many words which are semantically complex. The theoretical implications are worthy of some comment. Using complex words in an explication amounts to the claim that they function as units ('semantic molecules') at this intermediate level of explication. The use of intermediate semantic constituents has long been advocated by the so-called 'Moscow School' linguists Igor Mel'čuk, Jurij Apresjan and Alexander Zholkovsky (cf. Mel'čuk 1989); and also by R.M.W. Dixon (1982).

Common semantic molecules include body-part words, action verbs (such as *eat, drink, chase, kill, fight, catch, pick up*), shape and dimension words (such as *long, flat, round*), physical properties (such as *hard, soft, smooth, sharp*) and oriented regions (*top, middle, bottom*). One can presume that having recurrent semantic complexes packaged into word-like 'chunks' makes it easier for people to acquire and manipulate the huge amounts of semantic information involved. Presenting explications at the intermediate level rather than trying to resolve them all the way down to the level of semantic primes, allows us to 'see' the recurrent chunks or semantic molecules appearing in the form of relatively simple (though not primitive) words.

5. Concluding remarks

As Wierzbicka (1996: 241) has observed: 'constructing a definition which matches a word's entire range of use is a huge task requiring much more work than most are prepared to put in; and the temptation to give up after the first two minutes or the first two hours may well be overwhelming'. To establish semantic explications which are precise and exhaustive requires literally weeks, months, or even years, of sustained effort. Nevertheless, the corpus of NSM descriptive semantics shows that the approach can be successfully applied to lexical meanings of many different kinds, as well as to grammatical and illocutionary phenomena. This in itself is sharp contrast to some rival semantic approaches, which may cope relatively well with some particular domains but which do not fare well outside these. There can be little doubt that the NSM approach offers the most comprehensive and well-developed system of semantic description on the contemporary linguistic scene.

On the question of the scale of semantic differences versus semantic similarities across languages, semantic analysis within the NSM approach indicates that the differences enormously outshadow the similarities. Even between genetically related languages spoken by people of relatively similar cultures (such as the languages of Europe), there are sizable semantic differences in all aspects of the lexicon-not just in words for material culture and social institutions, but also in speech-act verbs, emotions, value terms, discourse particles, and so on. In view of the scope of semantic differences between languages, it is clear that Sapir (1949: 27) was right when he said that 'vocabulary is a very sensitive index of the culture of a people'. It should also be remembered that although meanings are specifiable and determinate, they are not in any sense fixed, but shift and change in parallel with socio-historical conditions.

Yet though the vast majority of words in any language have meanings which are language-specific and culture-specific, the existence of a small stock of universal semantic primes provides a semantic bridgehead by which cross-linguistic semantics is possible.

6. Literature (a selection)

Apresjan, Yuri D. (1992): *Lexical semantics: User's guide to contemporary Russian vocabulary*. Ann Arbor. Karoma.

Atran, Scott (1987): Ordinary constraints on the semantics of living kinds: a commonsense alternative to recent treatments of natural-object terms. In: *Mind and Language* 2, 27–63.

Bellah, Robert N.; Richard Madsen; William M. Sulivan; Ann Swidler; Steven M. Tipton (1985): *Habits of the heart: Individualism and commitment in American life*. Berkeley: University of California Press.

Berlin, Brent (1992): *Ethnobiological Classification: Principles of categorization of plants and animals in traditional society*. Princeton, N.J.: Princeton University Press.

Carey, Susan (1985): *Conceptual Change in Childhood*. Cambridge Mass.: MIT Press.

Dixon, R.M.W. (1982): *Where Have All the Adjectives Gone? and other essays in Semantics and Syn-*

tax. Janua Linguarum, Series maior, No. 107. The Hague: Mouton.

Goddard, Cliff (1991): Anger in the Western Desert – A case study in the cross-cultural semantics of emotion. In: *Man* 26, 602–19.

–, (1996): The "social emotions" of Malay (Bahasa Melayu). In: *Ethos* 24 (3), 426–464.

–, (1998): *Semantic Analysis: A Practical Introduction*. Oxford: Oxford University Press.

–, (2001): Lexico-semantic universals: A critical overview. In: Linguistic Typology 5 (1), 1–66.

Goddard, Cliff; Anna Wierzbicka (eds.) (1994): *Semantic and Lexical Universals-Theory and Empirical Findings*. Amsterdam: John Benjamins.

Goddard, Cliff; Anna Wierzbicka (eds.) (In press): *Meaning and Universal Grammar*. Amsterdam: John Benjamins.

Harkins, Jean (1996): Linguistic and cultural differences in concepts of shame. In: *Shame and the Modern Self*. (eds. D. Parker; R. Dalziell; I. Wright). Melbourne: Australian Scholarly Publishing 1996, 84–96.

Hasada, Rie (1996): Some aspects of Japanese cultural ethos embedded in nonverbal communicative behaviour. In: *Nonverbal Communication in Translation*. (ed. F. Poyatos). Amsterdam: John Benjamins 1996, 83–103.

Kripke, Saul (1972): Naming and Necessity. In: *Semantics of Natural Language*. (ed. D. Davidson; G. Harman). Dordrecht: Reidel 1992, 253–355.

Leech, Geoffrey N. (1969): *Towards a Semantic Description of English*. Harlow: Longman.

Markman, Ellen M. (1989): *Categorization and Naming in Children: Problems of induction*. Cambridge, MA: MIT Press. Mel'čuk, Igor A. (1989), Semantic Primitives from the Viewpoint of the Meaning-Text Linguistic Theory. In: *Quaderni Di Semantica* 10(1), 65–102.

Onishi, Masayuki (1997): The grammar of mental predicates in Japanese. In: *Language Sciences* 19 (3), 219–233.

Peeters, Bert (1993): *Commencer* et *se mettre à*: une description axiologico-conceptuelle. In: *Langue française* 98, 24–47.

Sapir, Edward (1949): *Selected Writings of Edward Sapir in Language, Culture and Personality*. (ed. D. Mandelbaum). Berkeley: University of California Press.

Searle, John (1969): *Speech acts: An essay in the philosophy of language*. Cambridge: Cambridge University Press.

Travis, Catherine (1997): *Omoiyari* as a core Japanese value: Japanese-style empathy? In: *Speaking of Emotions: Conceptualization and expression*. (ed. A. Athanasiadou; E. Tabakowska). Berlin: Mouton de Gruyter 1997, 55–82.

Wierzbicka, Anna (1972): *Semantic Primitives*. Frankfurt: Athenaum.

–, (1980): *Lingua Mentalis. The semantics of natural language*. Sydney/New York: Academic Press.

–, (1985): *Lexicography and Conceptual Analysis*. Ann Arbor: Karoma.

–, (1987): *English Speech Act. Verbs. A semantic dictionary*. Sydney/New York: Academic Press.

–, (1992): *Semantics, Culture, and Cognition*. Oxford: Oxford University Press.

–, (1996): *Semantics, Primes and Universals*. Oxford: Oxford University Press.

–, (1997): *Understanding Cultures through their Key Words*. Oxford: Oxford University Press.

Wilkins, David (1986): Particles/clitics for criticism and complaint in Mparntwe Arrernte (Aranda). In: *Journal of Pragmatics* 10, 575–596.

Cliff Goddard, Armidale, NSW (Australia)
Anna Wierzbicka, Canberra (Australia)

VII. Die Inhaltsseite des Wortes III: Konzeptuelle Ansätze
The content level of the word III: Conceptual approaches

32. Conceptual Approaches I: An Overview

1. Introduction
2. Summary of the conceptual approach
3. Linguistic arguments against a conceptual approach
4. Evidence from linguistics and psycholinguistics
5. Remaining issues
6. Literature (a selection)

1. Introduction

The conceptual approach to the content of words arises from a psychological approach to the study of word meaning in which people's actual speech and comprehension of language is taken to be the focus. This approach can be and has been questioned in traditional approaches to linguistic meaning. A major philosophical objection was raised by Putnam (1988), who argued that a large component of linguistic meaning is provided by the environment itself. The actual meaning of a natural kind term like *water* is determined by whatever the chemical content of water is in the acutal world – not by our ideas such as "water is transparent, drinkable, etc." Thus, the determination of what *water* means is essentially carried by the substance itself in the lakes, rivers and faucets – not by human understanding. For example, suppose we had some transparent, drinkable fluid that fit our mental description of *water* and then found out that it was not chemically the same as samples of water. Putnam argued that we would no longer call this stuff *water*, even though it fit our mental definition. Based on such considerations, Putnam (1973, 704) famously concluded "Cut the pie any way you like, 'meanings' just ain't in the head!" That is, it is the chemical-physical structure of the substance water that ultimately provides the meaning of *water* – not our understanding.

This conclusion can be questioned on philosophical grounds, but a more relevant point to make here is that it assumes a certain answer to the question of what meaning is: Meaning is the thing that determines precisely what is and is not in the extension of a word, and since people generally do not know these criteria, they do not know meanings. For example, we typically do not know the physical basis that makes something *jade* or a *dog* or other natural kinds.

However, if meaning were to be conceived of differently, as the aspect of language that gives it significance to its users, then no such conclusion could be reached. It is clear that speakers know a great deal about the significance of words and that this is an important determinant of their use. That is, they generally choose words in speech based on their significance, and in comprehension, the content of the word is obviously critical to understanding. Putnam's arguments cannot deny this – what they end up denying is that the thing that controls people's language behavior should be called *meaning*. That is, he cannot deny that speakers know to call a dog *dog*, and listeners know what is meant by the word, but what he does deny is that this is done through knowing the meaning: The meaning is in the nature of dogs, which is probably not known to either speaker or listener. However, this argument has now become a definitional question of what to call *meaning*, rather than an argument over substantive matters. Putnam chooses to restrict the term *meaning* to the ultimate criteria for what makes something a *dog* or *water* or *jade*, rather than what people actually know about these words. Thus, we will pass this argument by and focus instead on what it is that people actually know and how it explains linguistic behavior.

The conceptual approach to word meaning takes seriously the goal of explaining speakers' behavior, and so it attempts to define the knowledge (mental representations) that underlies the significance of words and sentences.

This is not to deny that other approaches will be possible and useful, but it does argue that one cannot understand the content of words without explaining how people know whatever it is that they know about words, and how that knowledge influences language processing.

2. Summary of the conceptual approach

Unsurprisingly, the main component of the conceptual approach is the assumption that word meanings are represented by concepts. I will define *concepts* as the mental representations of classes of objects and entities in the world, which are used in thinking about those entities. For example, one's concept of *dog* is the mental representation that helps one to identify dogs, make predictions about their behavior, talk about them, remember to feed them, etc. The main claim is that word meanings are built out of concepts, or that they pick out concepts. This claim is interesting because concepts themselves are not intrinsically linguistic entities – they are cognitive representations that control our thoughts about and interactions with actual objects in the world in a wide variety of ways. Thus, it is a substantive empirical claim to argue that those representations underlie word meaning as well.

It is important to emphasize that there is not a one-to-one relationship between word meanings and concepts. Some word meanings are quite complex and may refer to an elaborate structure involving multiple concepts. Furthermore, it is widely recognized that people have concepts that do not correspond to any word meaning. Thus, the claim is that meanings are made out of concepts, and not that every concept is involved in a word meaning.

In some cases, a meaning may be constructed of a number of component parts that are related by conceptual relations. This is often the preferred analysis of verbs (e.g., Jackendoff 1990), in which words like *give* will be analyzed in terms of components such as an agent, recipient, and object, which bear certain relations to one another. One can enter a discussion of whether *give* therefore is based on multiple concepts or a single complex concept, but little seems to hinge on such a question. The critical issue for our purposes is that the components and their relations are cognitive representations that are also used in nonlinguistic thought. For example, in (silently) planning what to give my niece for her birthday, I am thinking about the same giving event as forms the basis for the word meaning, with the same agent, object, and recipient roles.

What exactly is gained by taking a conceptual approach to word meaning? One important benefit is a direct way of relating word meaning to language use. If meanings are built out of psychological representations, then there is a straightforward explanation of how meaning (partly) controls language production and comprehension, since the meanings are part of the cognitive system that manages language use. That is, if I view a situation in which A gives B a dog, my concepts of giving and of dogs allow me to evoke the English words *give* and *dog* to form the sentence *A gave B a dog* to describe this situation. This is possible because the words were directly related to the concepts that were in turn activated by my viewing of the scene.

This important benefit is lacking from other approaches, such as referential accounts of meaning, in which word meaning is described as a relation between word forms and the world. In that approach, a meaning is a complex set-theoretic relation involving infinite numbers of objects across possible worlds. Since these objects and worlds cannot be mentally represented (they are infinite, after all), there is no clear way that speakers can have access to meanings. This has led even proponents of this view to admit that the relation between word meaning and language use is "an exceedingly vexed question" in the referential approach (Dowty/Wall/Peters 1981, 13).

Another general point about the conceptual view is that it takes a position on the controversy between "dictionary" and "encyclopedia" word meanings. Because meanings are built out of representations of the classes of objects in the world, they must contain all kinds of information about those classes of objects – not only information that might be considered defining, which has often been taken as all that is included in word meaning (Katz/Fodor 1963). For example, one's concept of a dog includes considerable information on the looks, smells, behaviors, and other characteristics of dogs, even though it is hardly definitional that dogs have all those properties. Clearly, an animal that did not smell like a normal dog would still be a dog if it had all the other dog properties. Thus, if one's meaning of *dog* is represented as the concept of dogs one has built up through everyday experience, then the meaning is likely to contain many different kinds of information that are not usually considered linguistic.

This property of the conceptual approach might appear to be a problem (see e. g., Clark/ Clark 1977, 413), but it is so only if this nondefinitional information is truly irrelevant to language use. In fact, it is not uncommon for those aspects of the category to be important for what speakers are saying. For example, *I was treated like a dog* does not refer to the definitional aspects of the word *dog*, but to the stereotypical social place of dogs in our society (which is clearly not part of the definitional word meaning).

Thus, the fact that concepts may include more than the traditional aspects of word meaning could be an advantage, especially in explaining evaluative aspects of words, metaphor, and conversational implicature that depends on nondefinitional information.

3. Linguistic arguments against a conceptual approach

Linguists have often objected to a conceptual analysis of word meaning (e.g. Fodor 1977; Lyons 1977). For example, the approach has been criticized as having no empirical predictions. This criticism will be answered in the sections describing empirical results below. Another criticism is that people's concepts are thought to differ greatly, whereas word meaning is constant across the linguistic community: "One assumes that even though other people possess different facts about dogs, they nevertheless have the same *meaning* for ***dog***" (Clark/Clark 1977, 413). Furthermore, one might argue that word meaning must be constant for communication to be successful. However, there is in fact no necessary requirement for two people to have identical meanings in order for communication to be successful. It is not unusual to speak to someone from a different culture, or even to a child, whose word meanings seem somewhat different from one's own. To the degree that there is overlap, and to the degree that any differences are known by the interlocutors, communication can be successful. (For example, it does not bother adults when a child incorrectly refers to a goose as *duck* – the intended meaning is close enough to allow comprehension.) Indeed, much academic and legal discourse surrounds differences in the interpretation of various technical terms (such as *meaning*, as noted in section 1.), in which the disputants each cling to their own interpretation of the term in question. Yet, such people continue to talk and communicate in spite of these differences. So, the fact that concepts may differ between people to some degree may in fact be an accurate representation of differences in word meaning.

Part of the traditional linguistic objection to a conceptual approach is well expressed by Lyons (1977, 113): "As the term 'concept' is used by many writers on semantics, it is simply not clear what is meant by it..." Since 1977, however, many advances have been made in the psychology of concepts, which have explored the learning of concepts, their use in categorization and reasoning, and some aspects of their linguistic expression. Although there is not yet wide agreement on a single theory of concepts, there has been considerable empirical progress, and there is agreement in general on what kind of things concepts are and what aspects of behavior they are intended to explain (Ross/Spalding 1996 is a good review). Thus, Lyons's quite legitimate complaint in 1977 is much less of a problem now.

4. Evidence from linguistics and psycholoinguistics

The psychology of concepts has documented a number of important phenomena that have been found in linguistic contexts. In the cases to be discussed, the explanation for the phenomenon has been based on cognitive structures and processes that are not themselves linguistic. Thus, finding these phenomena in a linguistic context suggests that they are based on a common nonlinguistic cognitive structure. I will review a number of such phenomena in the next sections. In addition, I discuss some linguistic and psycholinguistic phenomena that can be analyzed in terms of conceptual structures.

4.1. Typicality structure

Perhaps the most familiar result in concept research in the past 20 years has been the finding that category members differ in their centrality or *typicality*. For example, many people agree that apples and oranges are typical examples of fruit, but that limes are less typical. Furthermore, there are borderline cases, such as tomatoes, which some people believe to be fruit and others do not. Simplifying somewhat, psychological models have explained this phenomenon by proposing that concepts are not definitional, but instead are represented by the most frequent properties of concept members. For example, the concept of an apple is represented by properties such as being round, eaten in pies, red or green, having a certain flavor, growing on trees, etc., even though not all apples have all of these properties. A novel item that one encounters might contain all of these properties (making it prototypical), or some of these properties (less typical), or only a few (a borderline case). Typicality structure has been found in categories named by common nouns (like *dog* or *wedding*), as well as in artificial stimuli that have no names. It is in fact a pervasive effect in the concept literature, and it does not seem tied to language per se.

Nonetheless, typicality has been found to be important in language use. (The following summary is based on a more detailed review in Murphy 1991, 22f.). For example, people are faster to name a picture of a typical item than an atypical item. They find it difficult to verify that a picture of a chicken is *a bird*, compared to a picture of a robin (the prototypical North American bird). People are also faster at verifying statements like *An apple is a fruit* than *A lime is a fruit*. In language production, speakers are likely to place a typical item before an atypical item in a sentence (e. g., they are more likely to say *I bought an apple and lime* than *I bought a lime and apple*). And in understanding anaphoric category references in a story, readers find it easier when the item is typical. For example, they find it easier to understand a sentence about *the bird* when the object being referred to is a robin than when it is a turkey. Typicality effects have been found in psycholinguistic performance virtually whenever they have been looked for, suggesting a conceptual basis of meaning.

4.2. The basic level

Most objects simultaneously fit into a number of different categories. For example, if you had an Alsatian as a pet, it would also be a dog, a mammal, and an animal. This hierarchical structure of concepts is typical for many object domains. Rosch/Mervis/Gray et al. (1976) identified one level in this hierarchy as being preferred: the *basic level*. Rosch et al. showed that the basic level has linguistic consequences: In a neutral context, people would be likely to call your pet *a dog*, and they would also be fastest in so identifying it in a timed task. The naming preference is found across many cultures and languages (Berlin 1992).

The preference in naming at the basic level comes about through its advantageous conceptual structure: Basic level concepts like *dog* are extremely informative (they carry much information) and distinctive (they are different from contrast categories). More general categories, like *animal*, are much less informative; there are few observable properties that are true of all or most animals. More specific categories, like *Alsatian*, are much less distinctive; their properties are shared with contrast categories like terrier. Thus, basic-level concepts carry much useful information but do not suffer from competition from similar concepts.

The basic-level advantage is found not only in naming but also in word-learning, as children are much likelier to learn the basic level name before more specific or general names. Indeed, the linguistic structure of object names often indicates the basic level, as the basic-level category usually has a short, single-lexeme name (e. g., *hammer, chair*), whereas more specific categories often have multi-lexeme names that are modifications of the basic-level name (e. g., *claw hammer, armchair*). Rosch et al. also documented formal differences between basic-level names and more general names in American Sign Language. Thus, the processes that gave rise to preferential naming also seem to have influenced the historical process of lexicalization. In short, this aspect of conceptual structure has had important influences on language and language processing. (See Murphy/Lassaline 1997 for a review of findings on the basic level.)

4.3. Lexical relations

4.3.1. Basic issues

A central part of lexical semantics for many years has been the question of lexical relations such as synonymy, antonymy, meronymy, and so on (Cruse: 1986). There have been two general sorts of accounts of these relations. The first is one in which a given relation is described in terms of the meaning relations between the two words involved. This account is consistent with a conceptual approach to meaning, so long as the semantic relations can be expressed in terms of conceptual properties. The second explanation of these relations is an associative theory, in which words happen to be associated to their antonyms or synonyms, and the semantic relation is considered to be secondary. On this account, the conceptual relations do not play an important role in specifying the lexical relation, and a more purely "linguistic" relation is proposed. In this section, I will focus on the lexical relation of antonymy and the related issue of linguistic markedness.

4.3.2. Associative vs. conceptual models of antonymy

Let me begin by describing the nonconceptual alternative in more detail, based on a proposal by Gross/Miller (1990), which describes in part Miller's WordNet model. These authors point out that words that are synonyms often do not have the same antonym. For example, the opposite of *high* is *low*, but if *lofty* (a synonymy of *high*) has an opposite, it is probably *base*. This consideration leads Gross and Miller to argue that antonymy, at least, is not determined by semantics, or else *high* and *lofty* would have the same antonym. Instead, they argue that antonyms are associated through frequent co-occurrence, and so antonymy is a relation between word forms rather than between word meanings (Gross/Miller 1990, 268). The semantic relation between antonyms that we observe is a "semantic reflex" (or perhaps one could argue that it is only a post-hoc decision about what to call the associative relation between two words), rather than being determinative of the relation. Although Gross and Miller do not make similar claims about all lexical relations (and in fact have a quite different view of synonymy), this kind of account could be extended to other lexical relations as well.

Murphy/Andrew (1993) provided a number of theoretical and empirical arguments against this proposal. One point is that co-occurrence is an inherently weak explanation of lexical relations, because it remains to be explained why antonyms co-occur so often. It seems likely that the reason that *hot* and *cold* often appear in the same sentences (Charles/Miller 1989) is due to their semantic relation. This is, because *hot* and *cold* have similar properties except for a value on one dimension, it is often useful to contrast them. Therefore, their underlying meanings result in their being used in close proximity. In this way, the semantic similarity may explain why they co-occur, rather than using (unexplained) co-occurrence to explain why they are perceived as antonyms. Furthermore, it is clear that many word pairs are associated and co-occur frequently but are not considered antonyms (e. g., *bread-butter, doctor-nurse*). This suggests that the conceptual relation between the words is primary in determining the oppositeness relation.

Borrowing from Cruse (1986) and other linguistic sources, Murphy/Andrew (1993, 305) made a proposal about adjective antonyms: "Antonyms are gradable adjectives that differ solely in one conceptual dimension, such that the values of the two adjectives on that dimension are equal distances in opposite directions from a neutral point." This definition helps to explain problems such as *high* and *lofty* having different antonyms, even though they are similar in meaning. *High* and *lofty* appear to differ in connotation (*lofty* having a more evaluative sense) and register (*lofty* being more formal). Thus, the antonym for *lofty* must share those connotative and register properties in order to meet the above definition for antonyms. That is, good antonyms differ only in a particular conceptual property, which means that they must match on other properties (conceptual and nonconceptual). *Base* is a better antonym for *lofty*, because it more closely matches it on these dimensions than *low* does.

Finally, drawing on research in conceptual combination, Murphy and Andrew predicted that adjectives would take on different antonyms when they were combined with different nouns. As is well known, the interpretation of an adjective seems to vary from context to context (e. g., Cruse 1986, 152). This suggests that the conceptual representation of the adjective's interpretation varies from context to context, and that therefore its antonym should vary as well. In fact, Murphy and Andrew showed that naive readers agreed that adjectives have different antonyms when part of different phrases. For example, the antonym provided for *fresh* in isolation might be *stale*. However, in the context *fresh shirt*, subjects were likely to provide the antonym *dirty shirt*; or for *fresh paint*, the antonym *dry paint*. For *fresh*, readers gave the same antonym in a noun context as they gave in isolation only 32 per cent of the time. This is quite contrary to the idea that antonyms can be explained by an association between word forms, as this view does not predict that the association should change in context. In contrast, one's concept of shirts explains why it is that the opposite of a *fresh* shirt is a *dirty* one: Shirts are fresh after they have been washed (and therefore are clean), and so the opposite of this is one that has not been recently washed (and therefore is dirty). Rather than a purely lexical relation, one's detailed knowledge of shirts seems to be involved in predicting the antonym.

4.3.3. Markedness of adjectives

A well-known linguistic phenomenon is that of *markedness*, in which one term of a set of terms is considered the more neutral one, often being formally simpler. This *unmarked* item is in contrast with a *marked* item or items, which are less preferred and often formally more complex (Lyons 1977: 305ff.). Consider the pair *long-short*. The first can be used neutrally to indicate measurement as in *5 meters long* but not **5 meters short*. Furthermore, asking *How long is Kris's hair?* does not presuppose that Kris's hair is long, but asking *How short is Kris's hair?* does presuppose that it is short. Thus, *long* is the neutral, unmarked item. In other pairs, the unmarked item is morphologically simpler, as in *polite-impolite*. The name of the dimension is usually based on the unmarked term: *length* (not *shortness*), *politeness* (not *impoliteness*), etc.

What determines which member of a set becomes the unmarked one? That is, why is *long* unmarked rather than *short*; why is our concept for politeness encoded as the morphologically unmarked term *polite*? H. Clark (1973) argued that markedness could be predicted from an analysis of the perceptual and conceptual world that language is based on. He starts with the premise that "The child is born into a flat world with gravity, and he himself is endowed with eyes, ears, an upright posture, and other biological structure. These structures alone lead him to develop a perceptual space, a P-space, with very specific properties. Later on, the child must learn how to apply English spatial terms to this perceptual space, and so the structure of P-space determines in large what he learns and how quickly he learns it" (p. 28).

According to Clark, this perceptual structure causes us to find positively valenced properties as being salient and important. For example, large things are more salient than small ones, tall things more salient than short ones, and presence more salient than absence. Similarly, things that are above ground are more salient than those below ground, and those in front of us are more evident than those behind us. These simple perceptual facts relate to the linguistic data mentioned above. In almost every case, it is the word referring to the positive, more salient property that is unmarked. So, tall things are more salient than short things, and therefore *tall* is the unmarked term, and *short* is marked. This pattern holds not only for perceptual salience but also applies to more abstract terms like politeness. Being polite is conceived of as having a given property, and being impolite is the absence of that characteristic, which is less conceptually salient. As a result, *polite* is the unmarked term, and we say neutrally *How polite was Kris?* rather than *How impolite was Kris?*

This analysis of perceptual space also led Clark to make comparisons among different spatial terms. He argued that width is conceptually more complex than size, for example, because to describe width requires the specification of more spatial information (width applies to things that are extended in at least two dimensions and refers to the second dimension; size is undifferentiated extent). This analysis correctly predicts, Clark argued, the order in which children acquire spatial terms. Children learn words like *big* quite easily, but may take years to master *wide*. Furthermore, terms that refer to less perceptually salient properties, such as *shallow*, take even longer to acquire. E. Clark (1983) makes the argument that the order of children's acquisition of content words in general depends on the meaning's conceptual complexity. (Her article also provides a general discussion of the conceptual approach to word meaning.)

In short, the phenomenon of the markedness of adjectives can be related to an underlying perceptual/conceptual structure, and this also has implications for language acquisition. Furthermore, if one accepts that the meanings of adjectives are related to the way in which people conceive of the dimension being picked out, one can then work backwards from the word use to predictions about the perception of the dimension. For example, Cruse (1992) develops schemas of perceptual dimensions based on the patterns of use of the adjectives that denote them.

4.4. Bilingualism

The final topic I will discuss is one that the conceptual view has not strongly influenced (yet) but that illustrates how the conceptual view might have been empirically disconfirmed. This topic is the representation of meaning in bilinguals. For some time in the history of the study of the bilingual lexicon, it was believed that bilinguals have two different semantic systems – one for each language – which I will argue would be a problem for the conceptual approach. For experimental psychologists, the claim for separate semantic representations was generally not based on Whorfian theory but on certain experimental findings.

One popular way to study lexical structure is the lexical decision task, e.g., deciding whether *dog* or *tol* are English words. In a standard experiment of this sort, subjects view many such strings of letters and decide as quickly as possible if each one is a word. The time to make this decision is the dependent measure. If a subject identifies *dog* as a word early in such an experiment, this will significantly speed up a second decision about *dog* later in the experiment, a phenomenon known as repetition priming. However, Kirsner/ Smith/Lockhart et al. (1984) and others have found that this priming does not occur across languages in bilinguals. So, making a decision about *dog* early in the experiment does not help a decision about whether *chien* is a French word later in the experiment, even though the two words are translation equivalents. Based on this and other evidence, Kirsner et al. concluded that the translations were not connected by underlying semantic representations. If they did share a semantic representation, then experience with a word would have benefitted the judgment about its translation, they argued.

This proposal would contradict the conceptual approach I outlined in 2 above, because concepts are thought to be one's nonlinguistic representations of the world, and so they would not generally be language-dependent. One's representations of dogs or other classes of things in the world should not vary depending on whether one happens to be speaking French or English at the moment. Thus, although some inconsistency of word meaning might be expected (e.g., there is no guarantee that what *dog* means in English will exactly match what *chien* means in French), the conceptual approach generally expects that closely related words in different languages would involve many of the same concepts in their semantic representations. Therefore, the utter lack of any repetition priming across languages seems to be a problem for the conceptual view.

This possible problem has to some degree been resolved by more recent work. There is now a better understanding that different lexical tasks use different sorts of information about words. The tasks that have not found transfer across languages are usually those that involve superficial, very fast processing – such as a simple decision about whether an item is a word. In this task, people make a fast decision about a word based on its visual appearance – no judgment about meaning is required. In contrast, tasks that involve the active use of meaning, such as memory recall, do show considerable cross-language transfer (Durgunoglu/Roediger 1987). Furthermore, conceptual manipulations can influence translations of single words (Kroll/Stewart 1994). These results suggest that when the meaning is used in a task, there is indeed transfer across languages, as the conceptual view predicts.

Bilingualism is an intricate topic which has only recently begun to get sufficient attention in the psycholinguistic literature. It is nonetheless interesting to observe that the new results are generally consistent with the position that meanings are built out of on a nonlinguistic conceptual base and so are shared across languages to at least some degree. The exact form in which meanings are represented in the bilingual lexicon is not directly specified by the conceptual view, but if there were truly no transfer across languages for words with related meanings, this would have been a problem for the approach.

5. Remaining issues

I have discussed a number of pieces of evidence for the conceptual approach, and I have also argued that it provides the clearest link between thought and language use of any present account, a link that is required for a psychological explanation of meaning. Nonetheless, there are a number of issues yet to be resolved and potential problems that need to be addressed by both empirical work and theoretical development of this approach.

To start, concepts can be rather messy things. It is not clear, for example, just what is and is not included in my concept of dogs. Does it include every fact that I know about dogs? Does it include episodic memories of every dog I have seen or only generalizable information about the entire category? Indeed, some psychological views of concepts say that they are nothing more than the collection of instances we have encountered. This leaves open the possibility that somewhat idiosyncratic information could be in someone's concept, and therefore could be involved in word use. This creates a potential problem, as I cannot expect listeners in general to be familiar with my personal experiences of dogs, and yet these experiences may be the basis for my use of the word dog.

One possible way to address this concern is to try to distinguish the aspects of concepts that are relevant to meaning and those that are not. For example, most people believe that certain biological properties are critical to animal concepts, like *dog*. That is, it is central to being a dog that it have dog parents, that it have a genetic structure of a certain kind, that it display species-specific behaviors, and so on. In contrast, it is not central to being a dog that it be a pet, even though most dogs encountered in the US probably are pets. The psychology of concepts has recently begun to explore the importance of people's theories of a domain, which specify in greater detail the essential vs. the inessential properties of concepts (see Murphy 1993 for a review). However, before such an explanation is developed further, it is probably necessary to gain more empirical information about what aspects of conceptual information are and are not generally involved in language use. For example, it is possible that people may include idiosyncratic information in deciding which word to use, even though this could lead to misunderstandings (see Keysar 1994 for an analogous demonstration).

Another shortcoming of the approach so far has to do with the construction of more complex concepts. Psychological models of language use have not yet gone very far in specifying how complex sentence meanings are constructed from lexical meanings. Similarly, models of lexical meaning have not gone very far in saying how complex meanings are formed, and most of the work that has been done is from a linguistic perspective (e.g., Jackendoff 1990) rather than being based on the psychology of concepts. For example, to what degree does the learning of a complex word amount to the formation of a new concept, and how does it in turn affect other aspects of conceptual structure? This question has primarily been addressed within the realm of language acquisition (e.g. Gelman/Byrnes 1991), but there is no widely accepted answer within the conceptual approach as a whole. An important future direction for research in this area, then, is to more specifically address more complex words as well as the more complex meanings of whole sentences.

6. Literature (a selection)

Berlin, Brent (1992): *Ethnobiological classification: Principles of categorization of plants and animals in traditional societies.* Princeton, NJ: Princeton University Press.

Clark, Eve V. (1983): *Meanings and concepts.* In: *Handbook of child development: Vol. 3 Cognitive development* (eds. J.H. Flavell; E.M. Markman). New York: Wiley, 787–840.

Clark, Herbert H. (1973): Space, time, semantics, and the child. In: *Cognitive development and the acquisition of language* (ed. T.E. Moore). New York: Academic Press, 27–63.

Clark, Herbert H.; Eve V. Clark (1977): *Psychology and language.* New York: Harcourt Brace Jovanovich.

Cruse, D.A. (1986): *Lexical semantics.* Cambridge: Cambridge University Press.

–, (1992): Antonymy revisited: Some thoughts on the relationship between words and concepts. In: *Frames, fields, and contrasts: New essays in semantic and lexical organization* (eds. A. Lehrer; E.F. Kittay). Hillsdale, NJ: Erlbaum, 289–306.

Dowty, David R.; Robert E. Wall; Stanley Peters (1981): *Introduction to Montague semantics.* Dordrecht: D. Reidel.

Fodor, Janet Dean (1977): *Semantics: Theories of meaning and generative grammar.* New York: Crowell.

Gelman, Susan A.; James P. Byrnes (eds.) (1991): *Perspectives on language and thought: Interrelations in development.* Cambridge: Cambridge University Press.

Jackendoff, Ray (1990): *Semantic structures.* Cambridge, MA: MIT Press.

Katz, Jerrold J.; Jerry A. Fodor (1963): The structure of a semantic theory. In: *Language* 39, 170–210.

Keysar, Boaz (1994): The illusory transparency of intention: Linguistic perspective taking in text. In: *Cognitive Psychology* 26, 165–208.

Kroll, Judith F.; Erika J. Stewart (1994): Category interference in translation and picture naming. In: *Journal of Memory and Language* 33, 149–174.

Lyons, John (1977): *Semantics.* Cambridge: Cambridge University Press.

Murphy, Gregory L. (1991): Meaning and concepts. In: *The psychology of word meanings* (ed. P. Schwanenflugel). Hillsdale, NJ: Erlbaum, 11–35.

–, (1993): Theories and concept formation. In: *Categories and concepts: Theoretical views and inductive data analysis* (eds. I. van Mechelen; J. Hampton;

R. S. Michalski; P. Theuns). London: Academic Press, 173–200.

Murphy, Gregory L.; Jane M. Andrew (1993): The conceptual basis of antonymy and synonymy in adjectives. In: *Journal of Memory and Language* 32, 301–319.

Murphy, Gregory L.; Mary E. Lassaline (1997): Hierarchical structure in concepts and the basic level of categorization. In: *Knowledge, concepts and categories* (eds. K. Lamberts; D. Shanks). London: UCL Press.

Putnam, Hilary (1973): Meaning and reference. In: *Journal of Philosophy* LXX, 699–711.

–, (1988): *Representation and reality*. Cambridge, MA: MIT Press.

Rosch, Eleanor, et al. (1976): Basic objects in natural categories. In: *Cognitive Psychology* 7, 573–605.

*Gregory L. Murphy,
New York (USA)*

33. Konzeptuelle Ansätze II: Einebenen-Ansatz vs. Mehrebenen-Ansatz

1. Konzeptuelle Ansätze und Ebenenproblematik
2. Einebenen-Ansätze
3. Mehrebenen-Ansätze
4. Gemischte Ansätze und Fragen der zukünftigen Forschung
5. Literatur in Auswahl

1. Konzeptuelle Ansätze und Ebenenproblematik

1.1. Grundannahmen

Konzeptuelle Ansätze in der Wortsemantik sind dem Paradigma der Kognitiven Semantik zuzuordnen. Dieser Forschungszweig ist im Zuge der Kognitiven Wende entstanden und hat sich mittlerweile als ein eigenständiger Bereich mit bestimmten Grundannahmen und Zielsetzungen etabliert (vgl. Schwarz 1994, 10ff.). Bedeutungen werden in der Kognitiven Semantik als mentale Einheiten betrachtet, die im Lexikon repräsentiert sind und in Sprachverarbeitungsprozessen aktiviert werden. Dementsprechend steht die kognitive Realität semantischer Phänomene im Vordergrund der Untersuchungen. Die Modelle und Theorien der Kognitiven Semantik sollen folglich kompatibel sein mit den Untersuchungsergebnissen und Daten der allgemeinen Kognitionsforschung. Kernfragen der Kognitiven Semantik betreffen die Organisation und Repräsentation semantischen Wissens im Gedächtnis und dessen Aktivierung in aktuellen Verarbeitungsprozessen. Den konzeptuellen Ansätzen geht es dabei einerseits um die Explikation der mentalen Ebene von Wortbedeutungen als ein Subsystem der Kognition, andererseits um die Beziehung zwischen Bedeutungen und außersprachlichen Referenten bei der semantischen Interpretation. Für kognitive Semantiktheorien ist die Analyse sprachlicher Bedeutungen nicht mehr losgelöst von Aspekten der Struktur und Prozessualität des konzeptuellen Systems durchzuführen (vgl. Bierwisch 1983, 54ff.; Jackendoff 1983, 3ff.; Schwarz 1992, 55ff.). Daraus folgt aber nicht notwendigerweise die völlige Gleichsetzung von semantischer Ebene und konzeptueller Ebene. Differenzen bestehen in der Forschung hinsichtlich der Beziehung zwischen Lexikonbedeutungen und Weltwissensinformationen im Gedächtnis sowie zwischen Lexikonbedeutungen und kontextuellen Informationen bei der Bedeutungsinterpretation. Beide Problembereiche sind eng miteinander verknüpft, da Annahmen, die die Repräsentation betreffen, auch Einfluss auf Aspekte der Interpretationsmechanismen nehmen.

1.2. Zur Relevanz des konzeptuellen Systems

Konzepte werden in den Kognitiven Wissenschaften übereinstimmend als die strukturellen Bausteine der menschlichen Kognition betrachtet (vgl. Snodgrass 1984, 4ff.; Barsalou 1991, 9ff.; Schwarz 1996, 87ff.). Sie stellen die grundlegenden Organisations- und Speichereinheiten unserer Kognition dar. Konzeptuelle Einheiten repräsentieren unser Wissen über die Welt in einem weitgehend abstrakten Format und ermöglichen eine effiziente Verarbeitung von Umweltreizen durch Kategorisierung. Beim derzeitigen Kenntnisstand lassen sich folgende Annahmen über das konzeptuelle System unserer Kognition machen: Das konzeptuelle Kenntnissystem speichert in Form von kognitiven Kategorien unser allgemeines Weltwissen. Der konzeptuellen Ebene wird ferner eine vermittelnde, synthetisierende Funktion innerhalb der Kognition zugesprochen. Unsere Kognition besteht aus verschiedenen mentalen Subsystemen, die nach spezifischen Prinzipien aufgebaut sind (motorisches, taktiles, räumlich-perzeptuelles Wissen usw.) und mit modalitätsspezifischen Repräsentationen operiert. In unseren perzeptuellen und kognitiven Prozessen beziehen wir Informationen aus diesen verschiedenen Kenntnissystemen aufeinander, d. h. wir integrieren Informationen zu holistischen Einheiten und Wahrnehmungserlebnissen. Einer Hypothese der Kognitionsforschung zufolge, wird dieser Prozess durch die abstrakte Ebene des konzeptuellen Systems, die Informationen amodal oder zumindest intermodal speichert, ermöglicht. Dadurch ist auch die prinzipielle Übersetzbarkeit einer modalitätsspezifischen Repräsentation in eine andere gewährleistet: Wir können motorische Handlungen bildlich und/oder sprachlich repräsentieren, perzeptuelle Repräsentationen durch sprachliche Ausdrücke beschreiben usw.

Das konzeptuelle System stellt ein Raster von ontologischen Kategorien zur Verarbeitung und Klassifizierung unserer Umweltreize bereit und vermittelt zwischen Sprache und Welt, da wir nicht direkt und unvermittelt Zugang zu den Repräsentationen der uns umgebenden Realität haben, sondern nur über unsere internen Repräsentationen. Extensionen sprachlicher Einheiten sind somit stets über die vermittelnde Ebene der konzeptuellen Struktur zu identifizieren und zu beschreiben (vgl. Bierwisch 1983, 55f.; Jackendoff 1983, 26ff.). Bei der Interpretation sprachlicher Äußerungen im Sprachverarbeitungsprozess spielt das konzeptuelle System eine immense Rolle, da Bedeutungen auf Grund ihrer Variabilität und Kontextabhängigkeit in aktuellen Prozessen durch Rückgriff auf konzeptuelles Wissen verarbeitet werden.

1.3. Kontroversen

In den konzeptuellen Ansätzen der Kognitiven Semantik spielt die konzeptuelle Ebene sowohl bei der Frage nach der semantischen Repräsentation im mentalen Lexikon als auch bei der Interpretation sprachlicher Einheiten und Strukturen eine entscheidende Rolle. Für kognitiv ausgerichtete Ansätze ergeben sich somit Fragestellungen, die Aspekte der sogenannten Schnittstellen-Problematik betreffen. Von einer Schnittstelle im kognitiven System spricht man, wenn Repräsentationen zweier (oder mehrerer) Subsysteme interagieren und einander zugeordnet werden. Es stellt sich hinsichtlich der Beschreibung der mentalen Ebene von Wortbedeutungen die Frage, inwieweit semantische und konzeptuelle Ebene in Interaktion stehen.

Es sei hier vermerkt, dass der Begriff der konzeptuellen Repräsentation oft nicht einheitlich benutzt wird und zum Teil mit mehreren Definitionen belegt wird. So wird in einigen Ansätzen die konzeptuelle Repräsentationsebene nur mit dem allgemeinen Wissen über die Welt gleichgesetzt (vgl. Lakoff 1987, Taylor 1994), in anderen Ansätzen zusätzlich noch als abstrakte, intermodale Vermittlerebene betrachtet, auf der modalitätsspezifische Informationen miteinander kompatibel sind (vgl. Jackendoff 1983, Bierwisch 1983, Schwarz 1992), zugleich wird sie in einigen Ansätzen als Bestandteil der aktuellen Äußerungsebene definiert, und man spricht von einer konzeptuellen Ausdifferenzierung semantischer Lexikoneinheiten in einem spezifischen Kontext (Bierwisch 1983, Bierwisch/Lang 1989, Wunderlich 1991, 1993).

Auch der Begriff der Ebene oder Stufe ist in vielen Ansätzen meist noch vage und allgemein gehalten, also in hohem Maße erklärungsbedürftig. Manchmal wird in den kontrovers geführten Diskussionen nicht klar dargestellt, ob es sich um Repräsentationsstufen unterschiedlicher kognitiver Systeme oder um Verarbeitungsstufen, also prozedurale Phasen handelt.

In der kognitiven Semantik haben sich zwei theoretische Ansätze herausgebildet, die sich in unterschiedlicher Weise mit semantischen Lexikoneinträgen und deren Interpretierbarkeit beschäftigen. Ausgangspunkt der Kontroverse ist dabei die Frage, wie die mentale Repräsentation von Wortbedeutungen im Lexikon und insbesondere die Repräsentation polysemer und vager Lexeme zu modellieren ist, wobei beide Ausrichtungen den Anspruch auf kognitive Realität erheben. Während der sogenannte Einebenen-Ansatz keine Trennung zwischen Welt- und Sprachwissen bei der Repräsentation von Bedeutungen im mentalen Lexikon vorsieht, postuliert der Mehrebenen-Ansatz eine Unterscheidung zwischen semantischen und konzeptuellen Repräsentationen.

Im Folgenden werde ich zunächst die wesentlichen Grundlagen der beiden kontroversen Ansätze vorstellen und deren Vorgehensweise an Hand von Beispielen erörtern. Dann werde ich auf offene Fragen und Probleme sowie alternative Lösungsvorschläge der neuesten Forschung eingehen.

2. Einebenen-Ansätze

2.1. Holistische Semantik und enzyklopädisches Lexikon

Kognitive Sprach- und Semantiktheorien liefern keineswegs ein homogenes Forschungsbild. Die gegenwärtige Forschung ist vielmehr von einer tiefgreifenden Kontroverse geprägt, die sich um die Positionen von Modularismus und Holismus bewegt (vgl. Schwarz 1996, 47f.). Vertreter des holistischen Kognitivismus nehmen an, dass weder allgemein zwischen Sprache und Kognition noch spezifisch zwischen Semantik und Weltwissen eine Trennung gezogen werden kann (vgl. Lakoff 1987, Langacker 1988a, b). Sprache wird nicht als ein autonomes System innerhalb der Kognition verstanden, sondern als ein offenes und funktionales Kenntnissystem, dessen Komponenten Informationen unterschiedlicher Erfahrungsbereiche aufeinander beziehen. In der kognitiven Semantik holistischer Ausrichtung werden konzeptuelle und semantische Einheiten gleichgesetzt. Demzufolge sind semantische Repräsentationen einheitlich in einem kognitiven System zu beschreiben, das unser gesamtes Weltwissen umfasst. Ein formaler Beschreibungsapparat, wie er beispielsweise in der modelltheoretischen, wahrheitswertorientierten Semantik benutzt wird, wird (insbesondere in der Cognitive Grammar) für die Darstellung und kognitive Erklärung semantischer Phänomene als nicht adäquat erachtet. Das semantische Kenntnissystem (wie auch die Sprache allgemein) soll durch generelle Kognitionsprinzipien erklärt werden, die auch anderen kognitiven Fähigkeiten wie Wahrnehmung und Denken zugrunde liegen (vgl. Lakoff 1987, Langacker 1988a,b, 1991, Taylor 1995, 4f.). Dementsprechend wird die enge Beziehung zwischen Linguistik und Kognitionspsychologie hervorgehoben (vgl. Jackendoff 1983, 3). Der Realitätsbezug sprachlicher Einheiten und Strukturen wird nicht länger ausgeklammert und in den Bereich der Ontologie abgeschoben, sondern als integraler Bestandteil der Semantik berücksichtigt, wobei auf den mentalen Charakter der Realitätserfahrung hingewiesen wird. Welt, wie wir sie erfahren, ist immer eine projizierte Welt, eine projizierte Struktur, die von einem universalen konzeptuellen System determiniert wird, das die spezifische Erfahrbarkeit der Welt erst ermöglicht (vgl. Jackendoff 1983, 17ff.; eine ähnliche Position wird diesbezüglich auch von Bierwisch (1983, 55ff.) vertreten). Die Referenten sprachlicher Ausdrücke sind in der projizierten Welt zu lokalisieren und sind somit als mentale Phänomene definiert.

Charakteristisch für holistisch orientierte Semantikansätze ist, dass die (für die strukturelle Semantik zentrale) Annahme einer spezifisch sprachlichen Bedeutungsebene aufgegeben wird. Bedeutungen fallen mit den konzeptuellen Einheiten zusammen, in denen das allgemeine und das spezifische Wissen der Sprachbenutzer gespeichert wird. Eine strikte Trennung von semantischem, enzyklopädischem und pragmatischem Wissen wird nicht mehr gezogen. Semantische Einheiten sind Bestandteile kognitiver Domänen, d. h. sie sind eingebunden in komplexe mentale Strukturen, die Wissen über die Welt in geordneten Zusammenhängen im Gedächtnis repräsentieren. Das mentale Lexikon hat somit einen ausgesprochen enzyklopädischen Charakter und ist als Kenntnissystem nicht autonom, sondern voll integriert im kognitiven Gesamtsystem zu beschreiben.

2.2. Lexikoneinträge als konzeptuelle Informationsknoten

Den Einebenen-Ansatz par excellence gibt es in der Forschung nicht. Es existieren vielmehr mehrere Ansätze, die sich dem holistischen Paradigma zuordnen lassen. Ihre Gemeinsamkeit besteht darin, dass keine strikte Unterscheidung zwischen Semantik und Weltwissen gemacht wird.

Jackendoff (1983, 95ff.; 1990, 9ff.), einer der prominentesten Vertreter der Einebenensemantik, identifiziert Bedeutungen als Einheiten der konzeptuellen Struktur als mentale Repräsentationseinheiten, die zwar dekomponiert werden können, für deren Dekomposition aber keine notwendigen und hinreichenden Bedingungen, sondern vielmehr typische Standardwerte anzugeben sind. Zwischen lexikalischer und enzyklopädischer Information wird keine strikte Grenze gezogen. Beide Informationstypen sind auf der Ebene der konzeptuellen Struktur anzusiedeln. Syntaktische Strukturen werden direkt durch Korrespondenzregeln auf konzeptuelle Strukturen abgebildet. Das Verhältnis zwischen lexikalischen und aktuellen Bedeutungen erklärt Jackendoff (1983, 35 f., 128 ff.) über das Operieren von Präferenzregeln. Die Präferenzregeln, die Jackendoff aus der Gestaltpsychologie übernimmt, sind Mechanismen, die kognitive Kategorisierungen und sprachliche Interpretationen gleichermaßen determinieren. Jackendoff (1983, 139 f.) nimmt an, dass Präferenzregeln auf allen Ebenen mentaler Verarbeitung operieren. Sie determinieren gleichermaßen perzeptuelle Analysen, Kategorisierungsurteile bei lexikalischen Entscheidungstests und die Auswahl bestimmter Interpretationsvarianten. Je nach Präferenz wird ein Gefäß als Tasse, Schüssel oder Vase klassifiziert, eine perzeptuelle Gruppe von Reizen als Gruppe oder wahllose Kollektion gesehen, ein Wort wie *Universität* mit der Lesart GEBÄUDE oder INSTITUTION verstanden. Präferenzregeln stellen also kontextsensitive Entscheidungsregeln dar, die unter einer Anzahl von möglichen Strukturanalysen oder Interpretationsvarianten eine auswählen. Es handelt sich aber nicht um rigide Entweder-Oder-Mechanismen. In einem Satz wie (1) existieren zwei Lesarten von *Universität* (Universität als Gebäude und als Institution) simultan (vgl. Jackendoff 1983, 145):

(1) Die Universität, die im Jahre 1896 gebaut wurde, ist linksorientiert.

Langacker (1988a und b, 1991), der mit seiner Cognitive Grammar eine besonders holistische Position bei der Untersuchung und Erklärung kognitiver Phänomene vertritt, nimmt ebenfalls keine Trennung zwischen lexikalischer Semantik und enzyklopädischem Weltwissen vor. Bedeutungen und Konzepte werden wie bei Jackendoff gleichgesetzt. Anders als Jackendoff aber sieht Langacker die Kompositionalität von Bedeutungen, also die Zerlegung in kleinere kognitive Bestandteile, nicht als wesentlich an.

Die Bedeutung eines Wortes wie *öffnen* zu kennen, involviert auch die Kenntnis über den Umgang mit unterschiedlichen Entitäten (z. B. Fenster, Bücher, Bankkonten). Damit wird Lexemen prinzipiell ein großes Maß an Polysemie zugesprochen, da die Lesarten eines mehrdeutigen Wortes als Bestandteil der semantischen Repräsentation direkt im Lexikon gespeichert sind. Semantische Lexikoneinträge sind Bestandteile komplexer Netzwerke, die im Gedächtnis repräsentiert sind. In diesem Netzwerkansatz zur Repräsentation von Wortbedeutungen werden verschiedene semantische Lesarten von Lexemen als miteinander durch bestimmte Relationen verknüpfte Informationsknoten eines Netzwerkes dargestellt (vgl. Norvig/Lakoff 1987). Verbindet man den Netzwerkansatz mit der Annahme prototypenbasierter Kategorisierung, ergibt sich, dass es zu jedem Lexem eine besondere, präferierte Lesart im Lexikon gibt, die bevorzugt aktiviert wird (vgl. Taylor 1995, 20). Das Verb *laufen* z. B. hat als saliente, prototypische Lesart die Bedeutungsrepräsentation (schnelle Fortbewegung von Menschen mit zwei Beinen). Weitere Bedeutungsvarianten, die im lexikalischen Netzwerk gespeichert werden, sind (schnelle Fortbewegung von Tieren mit vier Beinen), (wettbewerbsmäßige schnelle Fortbewegung), (lineare Fortbewegung beim Wasser), (zyklische Fortbewegung beim Motor) etc. (vgl. Taylor 1995, 19). Eine strikte Abgrenzung von Ambiguität, Polysemie und Vagheit wird nicht gezogen. Vielmehr wird hervorgehoben, dass auf der mentalen Ebene oft ein gradueller Übergang zwischen diesen Phänomenen besteht (vgl. Deane 1988, Geeraerts 1993). Der Tatsache, dass Wörter in verschiedenen Kontexten verschiedene Bedeutungen, also kontextuell bestimmte Äußerungsbedeutungen haben, trägt der Einebenenansatz dadurch Rechnung, dass er die jeweiligen Interpretationsvarianten als im mentalen Lexikon abgespeicherte Repräsentationen auflistet. Je nach Kontext wird dann die jeweilige Lesart aktiviert. Die Verarbeitung polysemer Lexeme erfolgt so, dass die jeweilige Liste der Lesarten mit dem aktuellen Kontext verglichen wird und alle möglichen Lesarten bis auf die adäquate, die dann als aktuelle Äußerungsbedeutung fungiert, ausgeschlossen werden. Ob dieses Modell der kognitiven Realität entspricht, muss durch empirische Untersuchungen überprüft werden (vgl. 4.).

3. Mehrebenen-Ansätze

3.1. Semantik und Modularität

Als Alternative und in Opposition zu den Einebenen-Ansätzen stehen im Bereich der kognitiven Wortsemantik Ansätze, die zwischen semantischen und konzeptuellen Repräsentationen bei der Analyse und Modellierung von Bedeutungsrepräsentation und -interpretation unterscheiden. Ansätze, die eine solche Unterscheidung vornehmen, werden allgemein als Mehrebenen- oder Zweistufenansätze bezeichnet. In diesem Beschreibungsparadigma ist allerdings ebenfalls keine einheitliche

Vorgesehensweise zu verzeichnen. Die Gemeinsamkeit der Ansätze besteht darin, dass sie zwischen lexikalischem und konzeptuellem Wissen unterscheiden und der kontextuellen Differenzierung bei der Erstellung aktueller Bedeutungslesarten ein größeres Gewicht einräumen. Zweistufigkeit bedeutet einerseits, dass eine Unterscheidung getroffen wird zwischen den vom Sprachsystem determinierten Bedeutungen und den vom Weltwissenssystem geprägten Konzepten, und andererseits zwischen den im Lexikon gespeicherten Bedeutungen und den im Kontext aktualisierten Äußerungsbedeutungen. Zweistufigkeit impliziert somit auch die strikte Trennung der lexikalischen Bedeutungen sprachlicher Ausdrücke von deren situationsabhängigen referentiellen Werten (vgl. Wunderlich 1991, 41 f.). Mehrebenen-Ansätze sind dem modularen Paradigma zuzuordnen. Der in der Kognitionswissenschaft weit verbreiteten Modularitätshypothese zufolge besteht unsere Kognition aus verschiedenen Subsystemen (Modulen), die jeweils eigenen Gesetzmäßigkeiten folgen. Die strukturell und zum Teil auch prozedural relativ autonomen Module stehen in vielfältigen (bisher noch unzureichend erforschten) Beziehungen zueinander und interagieren bei komplexen kognitiven Aktivitäten. Die Semantik wird dem Sprachmodul zugerechnet. Die Ebene der semantischen Form (SF), welche die lexikalischen Einheiten in ihrer morphologischen und syntaktischen Sprachgebundenheit umfasst, gehört demnach zur Ebene der Grammatik und ihrer einzelsprachlichen Parametrisierung (vgl. Bierwisch 1982, 80ff.; 1983, 29ff.; Lang 1990, 122ff.; 1991, 128ff.). Die Ebene der aktuellen Bedeutungen wird entscheidend vom konzeptuellen Kenntnissystem (CS) determiniert. Die beiden Ebenen werden unterschiedlichen Modulen im Kognitionssystem des Menschen zugeordnet. SF ist sprachgebunden, lexikon-basiert und komponentiell. CS ist dagegen sprachunabhängig, intermodal und kombinatorisch (vgl. Lang 1994, 27 f.).

3.2. Kernbedeutungen und kontextuelle Spezifizierungen

Die Annahme einer mehrstufigen Bedeutungsrepräsentation ist seit den Arbeiten von Bierwisch (1982, 1983) und Lang (1990, 1991) zentral für die Semantiktheorien innerhalb der modular orientierten Kognitiven Linguistik. Unter dem Namen Zwei-Stufen-Theorie findet sich hier die Unterscheidung der semantischen, globalen und abstrakten Lexikonbedeutung und der konzeptuellen, im Kontext ausdifferenzierten Äußerungsbedeutung (vgl. Lang 1991, 127 ff., Bierwisch/Schreuder 1992, 24 ff., Wunderlich 1991, 41 ff.). Grundlage für die Unterscheidung zweier Ebenen ist die Beobachtung, dass die lexikalische Bedeutung (also die im mentalen Lexikon gespeicherte Kernbedeutung) eines Wortes und die aktuelle Bedeutung (die in einer bestimmten Äußerungssituation entstehende Bedeutung) voneinander abweichen. Ein Wort kann in unterschiedlichen Kontexten ganz unterschiedliche semantische Lesarten haben. Kontextabhängigkeit und Variabilität von Bedeutungen zeigen z. B. Analysen von Dimensionsadjektiven, deiktischen Ausdrücken und Präpositionen. In *Ameisen sind klein* werden Ameisen mit der Durchschnittsgröße von Tieren verglichen, in *diese Ameise ist klein* vergleicht man dagegen eine bestimmte Ameise mit dem Durchschnittswert von Ameisen. Der Bezug auf räumliche Normen ist also kontextuell ermittelbar, ergibt sich nicht aus der wörtlichen Bedeutung der Lexeme (vgl. Lang 1990, 130 ff.; 1991, 127 ff.). Theoretische Ansätze, die sich mit indexikalischen Ausdrücken einer Sprache beschäftigt haben, implizierten eine solch zweistufige Semantik bereits früher (vgl. Wunderlich 1991, 41 f.). Der Ausdruck *ich* bezeichnet kontextinvariant immer den jeweiligen Sprecher, der referentielle Wert aber hängt vom jeweiligen situativen Gebrauch ab. Bei der Präposition *in* variiert die Interpretation ebenfalls je nach Kontext:

(2) Wasser in der Vase
(3) Sprung in der Vase
(4) Blumen in der Vase

In (2) befindet sich das Wasser im Hohlraum der Vase, in (3) wird der Sprung in der materiellen Substanz der Vase lokalisiert, und in (4) befindet sich der untere Teil der Blumen im Hohlraum der Vase. Als gemeinsamer Bedeutungskern, der im Lexikon gespeichert ist, lässt sich (X IST ENTHALTEN IN Y) angeben, alle weiteren Spezifizierungen ergeben sich durch kontextuelle Informationen (vgl. Herweg 1988). Grundannahme der Zwei-Stufen-Semantik ist, dass es einen nicht weiter zu reduzierenden Bedeutungskern im Lexikon gibt. Dieser stabile und kontextinvariante Bedeutungsbeitrag ist in semantische Elemente dekomponierbar. Der kontextuell bedingten Variabilität von Bedeutungen wird dadurch Rechnung getragen, dass den Bestandteilen der Kernbedeutung eine konzeptuelle Interpretierbarkeit zugesprochen wird. Vertreter der Zweistufensemantik nehmen somit eine weitgehend minimalistische Position bei der Beschreibung und Erklärung von lexikalischen Wortbedeutungen ein, d. h. sie nehmen möglichst wenige Elemente bei der Repräsentation von Lexikoneinträgen an und führen kontextuelle Lesarten und Bedeutungsvariabilitäten auf nicht-semantische Komponenten oder auf die Interaktion verschiedener Komponenten zurück. Das semantische Potential eines Ausdrucks muss dessen spezifische Bedeutung noch nicht festlegen; der jeweilige Bedeutungsgehalt wird oft erst im Kontext einer bestimmten Äußerungssituation festgelegt. Semantische Repräsentationen sind im Lexikon somit unterspezifizierte Repräsentationen, die aus einer Komposition von semantischen Primitiven mit Parametern und Variablen bestehen, die im aktuellen Gebrauch instanziiert werden. Im Falle der Bedeutung von *in* (DAS ZU SITUIERENDE OBJEKT X IST ENTHALTEN IN EINER REGION VON Y) ergeben sich dementsprechend die Interpretationen von x und y durch kontextuell abhängige Instanziierungen.

Die Intension sem einer Lexikoneinheit wird als Funktion verstanden, die relativ zu einem Kontext (ct) eine Äußerungsbedeutung (m) auswählt.

(5) sem (ct) = m

Bierwisch (1983, 58f.) definiert die Äußerungsbedeutung als spezifizierte konzeptuelle Repräsentation. Durch die mentale Operation der konzeptuellen Spezifizierung wird ein Konzept abhängig vom Kontext mit einem spezifischen Wert belegt. m ist also die konzeptuell ausdifferenzierte Bedeutung von sem. Bierwisch (1983, 56 ff.) nimmt an, dass semantische Intensionen nicht auf einzelne Konzepte, sondern vielmehr auf Konzeptfamilien abgebildet werden. Die Konzeptfamilien fungieren als Extensionen der semantischen Intensionen. Institutsnomina wie *Schule, Universität* und *Museum*, die systematisch miteinander verknüpfte Interpretationsvarianten aufweisen, werden nicht als polysem, sondern vielmehr als vage betrachtet. Das Wort *Schule* lässt verschiedene konzeptuelle Varianten zu.

(6) (a) Die Schule steht neben dem Sportplatz.
    (b) Die Schule wird von der Gemeinde unterstützt.
    (c) Die Schule langweilt ihn nur gelegentlich.
    (d) Die Schule ist aus der Geschichte Europas nicht mehr wegzudenken.
    (e) Die Schule macht ihm Sorgen.

In (a) wird die *Schule* als Gebäude, in (b) als Institution, in (c) als Beschäftigungsart, in (d) als Institutionstyp interpretiert; in (e) sind die drei ersten Konzeptvarianten alternative Interpretationen für *Schule*. Alle Verwendungsweisen nehmen aber Bezug auf den gemeinsamen Bedeutungskern (Zweck von X: Lehr- und Lernprozesse).

Diese Konzeption basiert auf der Annahme, dass alle möglichen Äußerungsbedeutungen des jeweiligen Nomens gleichberechtigt sind, und es folglich keine präferierte Lesart gibt. Es ist aber empirisch zu überprüfen, ob diese Generalisierung immer zutrifft und es für bestimmte Lexeme nicht doch präferierte Basisbedeutungen gibt (vgl. Dölling 1992, 26, Meyer 1994, 37).

4. Gemischte Ansätze und Fragen der zukünftigen Forschung

Mittlerweile gibt es eine Reihe von Studien, die sich kritisch mit den Annahmen und Untersuchungen beider Ansätze auseinandergesetzt haben (vgl. z. B. Schwarz 1992, 1995a, b, Meyer 1994, Egg 1994, Dölling 1992, 1994). Dabei zeichnet sich zunehmend die Einsicht ab, dass die Annahmen beider Richtungen nicht durchgängig unvereinbar sind, sondern zum Teil mit heuristischem Gewinn für die Modellierung der semantischen Lexikonebene miteinander verbunden werden können. Dementsprechend etablieren sich zunehmend gemischte Ansätze, die Aspekte der beiden Modelle integrieren.

Der von mir vorgeschlagene Drei-Stufen-Ansatz unterscheidet zwischen der modalitätsunspezifischen Basisebene des konzeptuellen Systems, der von sprachlichen Prinzipien determinierten (lexikalischen) semantischen Komponente und der postlexikalischen Stufe der kontextuell und kognitiv ausdifferenzierten Ebene der Äußerungsbedeutungen (Schwarz 1992, 71; 98 ff.; 1995a, 362 f.). Semantik und konzeptuelles System sind nicht strikt voneinander abgrenzbar und unterschiedlichen Modulen zugeordnet, sondern stehen in einer untrennbaren Interaktion. Die semantische Komponente einer Sprache bezieht demzufolge ausschnittartig ihre Inhalte aus dem konzeptuellen System, ist aber durch ihre modalitätsspezifische und strukturell spezifische Kopplung an die formale Komponente der Sprache zwar nicht substantiell, aber doch formal anders als die konzeptuelle Basisebene und dadurch zum Teil mittels eigener

Prinzipien zu beschreiben. Semantische Einträge im mentalen Lexikon sind an konzeptuelle Domänen geknüpft, die quasi deren kognitiven Skopus bzw. kognitionsinhärenten Kontext darstellen. Unterschiedliche Lesarten von Bedeutungen entstehen im Sprachverarbeitungsprozess auf der post-lexikalischen Stufe durch systematische, vom kognitiven und situativen Kontext beeinflusste Spezifizierung. Eine ähnliche Konzeption zur mentalen Repräsentation von Bedeutungen findet sich im Ansatz von Pustejowski (1995), der semantische Lexikoneinträge als Informationsstrukturen mit sogenannten Qualia-Strukturen (also konzeptuellen Repräsentationen) beschreibt. Pustejowski spricht zudem auch der Rolle des Rezipienten bei der Bedeutungsinterpretation ein größeres Gewicht zu.

Bei Berücksichtigung empirischer Untersuchungsergebnisse zur Sprachverarbeitung zeigt sich, dass die Interpretation von sprachlichen Ausdrücken nicht einfach nur eine Abbildung von syntaktischen Strukturen auf semantische Repräsentationen ist, sondern durch verschiedene Stufen der semantischen und kontextuell-konzeptuellen Differenzierungen und Umwandlungen geprägt sein kann (vgl. Paul/Kellas/Martin u. a. 1992, 703 ff., Schwarz 1992, 120 ff.). Dieser kognitiven Flexibilität und kontextuellen Variabilität werden die Ansätze des Einebenenmodells bisher oft nicht gerecht. Unklar im Rahmen des Mehrebenenansatzes ist, wie beide Ebenen einander zugeordnet werden und wie sich die Beziehung zwischen den beiden Ebenen ausformulieren lässt. Es fehlt also ein kognitiv plausibler Mechanismus, der beide Repräsentationsebenen aufeinander abbildet.

Um die Frage nach dem Verhältnis zwischen konzeptueller und semantischer Ebene umfassend und kognitiv adäquat beantworten zu können, bedarf es in erster Linie ausführlicherer Untersuchungen des konzeptuellen Systems. Es bleibt empirisch zu untersuchen, welchen Status diese Ebene im Kognitionssystem des Menschen besitzt und welche strukturellen und prozeduralen Eigenschaften charakteristisch für sie sind. Die Formulierung vieler Hypothesen, die Bezug auf das Verhältnis zwischen semantischer und konzeptueller Ebene nehmen, setzt eine weitaus präzisere Bestimmung der konzeptuellen Ebene voraus, als dies zur Zeit möglich ist. Wissenschaftlich abgesicherte Kenntnis über das konzeptuelle System liegt derzeit nur ausschnittartig vor. Dies liegt u. a. daran, dass der methodische Zugang zu dieser kognitiven Ebene stets ein indirekter, d. h. über andere Modalitätsstrukturen vermittelter Zugang ist.

5. Literatur in Auswahl

Bierwisch, Manfred (1982): Semantische und konzeptuelle Repräsentation lexikalischer Einheiten. In: *Untersuchungen zur Semantik*. (Hrsg. R. Ruzicka; W. Motsch). Berlin: Akademie-Verlag 1982, 61–99.

–, (1983): Psychologische Aspekte der Semantik natürlicher Sprachen. In: *Richtungen der modernen Semantikforschung*. (Hrsg. W. Motsch; D. Viehweger). Berlin: Akademie Verlag 1983, 15–64.

Bierwisch, Manfred; Rob Schreuder (1992): From Concepts to Lexical Items. In: *Cognition* 42, 23–60.

Bierwisch, Manfred; Ewald Lang (1989): Dimensional Adjectives: Grammatical Structure and Conceptual Interpretation. (Eds. M. Bierwisch/E. Lang). Berlin: Springer Verlag 1989.

Deane, Paul (1988): Polysemy and Cognition. In: *Lingua* 75, 325–361.

Dölling, Johannes (1992): Flexible Interpretationen durch Sortenverschiebung. In: *Fügungspotenzen*. (Hrsg. I. Zimmermann; A. Strigin). Berlin: Akademie Verlag 1992, 23–62.

–, (1994): Sortale Selektionsbeschränkungen und systematische Bedeutungsvariationen. In: *Kognitive Semantik/Cognitive Semantics* 1994, 41–59.

Egg, Markus (1994): Zur Repräsentation extrem polysemer Lexeme. In: *Kognitive Semantik/Cognitive Semantics* 1994, 163–177.

Geeraerts, Dirk (1993): Vagueness's Puzzles, Polysemy's Vagaries. In: *Cognitive Linguistics* 4(3), 223–272.

Herweg, Michael (1988): Zur Semantik einiger lokaler Präpositionen des Deutschen: Überlegungen zur Theorie der lexikalischen Semantik am Beispiel von *in, an, bei* und *auf. LILOG-Report* 21, IBM Deutschland.

Jackendoff, Ray (1983): *Semantics and Cognition*. Cambridge, Mass.: MIT Press.

–, (1990): *Semantic structures*. Cambridge, Mass.: MIT Press.

Kognitive Semantik/Cognitive Semantics. Ergebnisse, Probleme, Perspektiven. (Hrsg. M. Schwarz). Tübingen: Narr Verlag 1994.

Lakoff, George (1987): *Women, Fire, and Dangerous Things*. What Categories Reveal about the Mind. Chicago: The University of Chicago Press.

Lang, Ewald (1990): Primary Perceptual Space and Inherent Proportion Schema: Two Interacting Categorization Grids Underlying the Conceptualization of Spatial Objects. In: *Journal of Semantics* 7, 121–154.

Lang, Ewald (1991): A two-level approach to projective prepositions. In: *Approaches to Prepositions.* (Ed. G. Rauh). Tübingen: Narr 1991, 127–167.

–, (1994): Semantische vs. konzeptuelle Struktur: Unterscheidung und Überschneidung. In: *Kognitive Semantik/Cognitive Semantics* 1994, 25–40.

Langacker, Ronald W. (1988a): An Overview of Cognitive Grammar. In: *Topics in Cognitive Linguistics* (ed. B. Rudzka-Ostyn). Amsterdam: J. Benjamins 1988, 3–48.

–, (1988b): A View of Linguistic Semantics. In: *Topics in Cognitive Linguistics.* (ed. B. Rudzka-Ostyn). Amsterdam: J. Benjamins 1988, 49–90.

–, (1991): *Foundations of Cognitive Grammar.* Vol. II. Stanford: Stanford University Press.

Meyer, Ralf (1994): Probleme von Zwei-Ebenen-Semantiken. In: *Kognitionswissenschaft* 4 (1), 32–46.

Norvig, Peter; George Lakoff (1987): Taking: a study in lexical network theory. In: *Proceedings of the 13th Annual Meeting of the Berkeley Linguistics Society*, 195–207.

Paul, Stephen T.; George Kellas; Michael Martin; Matthew B. Clark (1992): Influence of contextual features on the activation of ambiguous word meanings. In: *Journal of Experimental Psychology: Learning, Memory, and Cognition* 18, 703–717.

Pustejovsky, James (1995): *The generative lexicon.* Cambridge: MIT Press.

Schwarz, Monika (1992): *Kognitive Semantiktheorie und neuropsychologische Realität. Repräsentationale und prozedurale Aspekte der semantischen Kompetenz.* Tübingen: Niemeyer Verlag.

–, (1994): Kognitive Semantik – State of the Art und Quo vadis? In: *Kognitive Semantik/Cognitive Semantics* 1994, 9–21.

–, (1995a): Kognitivismus und Lexikon. In: *Die Ordnung der Wörter.* (Hrsg. G. Harras). Berlin: Walter de Gruyter 1995, 359–367.

–, (1995b): Accessing semantic information in memory – the mental lexicon as a semi-module. In: *Current approaches to the lexicon.* (eds. R. Dirven; J. Vanpararys). Frankfurt: Peter Lang 1995, 63–71.

–, (1996^2): *Einführung in die Kognitive Linguistik.* Tübingen: Francke.

Taylor, John R. (1994): The two-level approach to meaning. In: *Linguistische Berichte* 149, 3–26.

–, (1995): Models of Word Meaning in Comparison: The Two-Level Model (Bierwisch) and the Network Model (Langacker). In: *Current Approaches to the Lexicon* (eds. R. Dirven; J. Vanpararys). Frankfurt: Peter Lang 1995, 3–26.

Wunderlich, Dieter (1991): Bedeutung und Gebrauch. In: *Semantik. Ein Handbuch der zeitgenössischen Forschung.* (eds. D. Wunderlich; A. von Stechow). Berlin: de Gruyter 1991, 3–52.

–, (1993): On german *um*. Semantic and Conceptual Aspects. In: *Linguistics* 31, 111–133.

Monika Schwarz, Jena (Deutschland)

34. Conceptual Approaches III: Prototype Theory

1. Characterizing prototype theory
2. An illustration
3. Queries about prototypicality
4. Literature (a selection)

1. Characterizing prototype theory

In lexical semantics, prototype theory is a specific conception of the internal semantic structure of lexical items, highlighting the differences in structural weight of the elements in those structures, together with the flexible boundaries of lexical categories. In the present paragraph, basic aspects of prototype theory are presented: its history, the phenomena that it encompasses, and the way in which it defines the unity among those phenomena. In the following paragraph, a detailed illustration of lexical-semantic prototypicality is given, and in the final paragraph, additional theoretical questions will be dealt with.

1.1. The development of prototype theory

Prototype theory originated in the mid 70s with Eleanor Rosch's psycholinguistic research into the internal structure of categories. Overviews may be found in Rosch (1978, 1988), and Mervis/Rosch (1981); the basic research is reported on mainly in Heider (1972), Rosch (1973, 1975, 1977), Rosch/Mervis (1975). From its psycholinguistic origins, prototype theory has moved mainly in two directions. On the one hand, Rosch's findings and proposals were taken up by formal psycholexicology (and more generally, information-processing psychology), which tries to devise formal models for human conceptual memory and its operation. This type of prototypicality research falls outside the scope of the present article; see Smith/Medin (1981), Medin/Smith (1984), Neisser (1987) for overviews and examples of the kind of psycholinguistic work meant here. On the other hand, prototype theory has had a steadily growing success in linguistic semantics since the early 80s, as witnessed by a number of monographs and collective volumes in which prototype theory and its cognitive extensions play a major role. Introductory monographs are Kleiber (1990) and especially Taylor (1995). An important collective volume is Tsohatzidis (1990). Prototypicality is also one of the cornerstones of the conception of semantic structure underlying Cognitive Linguistics; see Lakoff (1987), and compare Ungerer/Schmid (1996) for an introduction that places prototypicality in the wider context of semantic studies in Cognitive Linguistics. An extensive bibliography of work in prototype theory is to be found in MacLaury (1991). Mangasser-Wahl (1996) offers an instructive short history of the development of prototype-theoretical studies.

1.2. Prototypicality effects

The starting-point of the prototypical conception of categorial structure is summarized in the statement that "when describing categories analytically, most traditions of thought have treated category membership as a digital, all-or-none phenomenon. That is, much work in philosophy, psychology, linguistics, and anthropology assumes that categories are logical bounded entities, membership in which is defined by an item's possession of a simple set of criterial features, in which all instances possessing the criterial attributes have a full and equal degree of membership. In contrast, it has recently been argued ... that some natural categories are analog and must be represented logically in a manner which reflects their analog structure" (Rosch/Mervis 1975: 573–574). More specific features that are frequently mentioned as typical of prototypicality are the following.

[a] Prototypical categories exhibit degrees of typicality; not every member is equally representative for a category.
[b] Prototypical categories exhibit a family resemblance structure, or more generally, their semantic structure takes the form of a radial set of clustered and overlapping readings.
[c] Prototypical categories are blurred at the edges.
[d] Prototypical categories cannot be defined by means of a single set of criterial (necessary and sufficient) attributes.

1.3. The relationship among the features

The features [a]–[d] are not necessarily co-extensive; they do not always co-occur. There is now a consensus in the linguistic literature on prototypicality that the characteristics enumerated above are prototypicality effects that may be exhibited in various combinations by individual lexical items, and may have very different sources. Also, the four features are systematically related along two dimensions. On the one hand, the first and the third characteristic take into account the referential, extensional structure of a category. In particular, they have a look at the members of a category; they observe, respectively, that not all members of a category are equal in representativeness for that category, and that the referential boundaries of a category are not always determinate. On the other hand, these two aspects (non-equality and non-discreteness) recur on the intensional level, where the definitional rather than the referential structure of a category is envisaged. For one thing, non-discreteness shows up in the fact that there is no single definition in terms of necessary and sufficient attributes for a prototypical concept. For another, the clustering of meanings that is typical of family resemblances and radial sets implies that not every reading is structurally equally important (and a similar observation can be made with regard to the components into which those meanings may be analysed). If, for instance, one has a family resemblance relationship of the form AB, BC, CD, DE, then the cases BC and CD have greater structural weight than AB and DE.

The concept of prototypicality, in short, is itself a prototypically clustered one in which the concepts of non-discreteness and non-equality (either on the intensional or on the extensional level) play a major distinctive role. Non-discreteness involves the existence of demarcation problems and the flexible applicability of categories. Non-equality involves the fact that categories have internal structure: not all members or readings that fall within the boundaries of the category need have equal status, but some may be more central than others; categories often consist of a dominant core area surrounded by a less salient periphery.

The distinction between non-discreteness (the existence of demarcation problems) and non-equality (the existence of an internal structure involving a categorial core versus a periphery) cross-classifies with the distinction between an intensional perspective (which looks at the senses of a lexical item and their definition), and an extensional perspective (which looks at the referential range of application of a lexical item, or that of an individual sense of that item). The cross-classification between both relevant distinctions (the distinction between non-discreteness and non-equality, and the distinction between an intensional and an extensional perspective) yields a two-dimensional conceptual map of prototypicality effects, in which the four characteristics mentioned before are charted in their mutual relationships. Figure 34.1 schematically represents these relationships.

	EXTENSIONALLY (on the referential level)	INTENSIONALLY (on the level of senses)
NON-EQUALITY (salience effects, internal structure with core and periphery)	[a] differences of salience among members of a category	[b] clustering of readings into family resemblances and radial sets
NON-DISCRETENESS (demarcation problems, flexible applicability)	[c] fluctuations at the edges of a category	[d] absence of definitions in terms of necessary and sufficient attributes

Fig. 34.1

Characteristic [a] illustrates the extensional non-equality of semantic structures: some members of a category are more typical or more salient representatives of the category than others. Characteristic [b] instantiates intensional non-equality: the readings of a lexical item may form a set with one or more core cases surrounded by peripheral readings emanating from the central, most salient readings. Characteristic [c] manifests the notion of extensional non-discreteness: there may be fluctuations at the boundary of a category. And characteristic [d] represents intensional non-discreteness: the definitional demarcation of lexical categories may be problematic, measured against the background of the classical requirement that definitions take the form of a set of necessary attributes that are jointly sufficient to delimit the category in contrast with others.

2. An illustration

Let us consider a category that is a typical example of prototypicality, in the sense that it exemplifies all four characteristics mentioned above. The category *fruit* is, to begin with, among the categories originally studied by Rosch (1975, Rosch/Mervis 1975). The experimental results exemplify characteristic [a]: for American subjects, oranges and apples and bananas are the most typical fruits, while pineapples and watermelons and pomegranates receive low typicality ratings.

But now consider coconuts and olives. Is a coconut or an olive a fruit? Notice, first, that we are not concerned with the technical, biological reading of *fruit*, but with folk models of fruit as a certain category of edible things. Technically, any seed-containing part of a plant is the fruit of that plant; as such, nuts in general are fruit. In ordinary language, on the other hand, nuts and fruit are basically distinct categories (regardless of the possible boundary status of the coconut): nuts are dry and hard, while fruits are soft, sweet, and juicy; also, the situations in which nuts and fruits are eaten are typically different. Second, category membership is not the same thing as typicality: a pinguin is undoubtedly an uncharacteristic kind of bird, but it is a bird nonetheless; as to the olive, the question is not just whether it is a typical fruit, but rather whether it is a fruit at all.

This indeterminacy establishes characteristic [c], but it also has an immediate bearing on characteristic [d]. In fact, a definitional analysis is initially hampered by the uncertainty surrounding the boundaries of the category. If there is a consensus that olives are not fruit, we should not include the olive in an analysis of *fruit*. Conversely, if an olive is considered to be a fruit (however peripheral and uncharacteristic), it will have to be included. To circumvent the problem with olives and their likes, let us restrict the definitional analysis to clear cases of fruit, that is, cases for which doubts about membership do not play a role. Even for these clear cases, it can be shown that characteristic [d] holds true, that is, that *fruit* cannot be defined by means of a single minimally specific set of necessary attributes. A starting-point for the discussion can be found in the definition of the category proposed by Anna Wierzbicka (1985: 299–300), who actually intends the definition to be a classical one. In order to show that her proposal does not constitute a classical, necessary-and-sufficient definition, it has to be established, on the one hand, that not all attributes of fruit as mentioned by Wierzbicka are general (even within the set constituted by the examples of fruit that are high on Rosch's typicality ratings), and on the other hand, that the remaining set of general attributes is not minimally specific, that is, does not suffice to distinguish fruit from, for instance, vegetables.

The following characteristics mentioned by Wierzbicka are not general, that is, they are not shared by all examples of fruit. (Wierzbicka's formulations are repeated here, though not in the order in which she presents them.)

(a) They have a skin harder than the parts inside.
(b) They have some small parts inside, separate from the other parts, not good to eat. These parts put into the ground could grow into new things of the same kind growing out of the ground.
(c) They are good to eat without being cooked, without having anything done to them, without any other things, and people can eat them for pleasure.
(d) Eating them uncooked makes one feel good.
(e) Before they are good to eat they can be sour.
(f) They have a lot of juice.
(g) Their juice is good to drink.
(h) They are also good to eat dried.

Characteristic (a) is contradicted by the strawberry, which has no skin worthy of that name. Strawberries likewise do not have the seeds mentioned in (b); bananas are another case in point. Attributes (c) and (d) incidate that fruit can be eaten (with pleasant results) without further preparation, but this does not seem to hold for the lemon, whose sour taste generally requires sugaring. Even if this counterexample were not accepted, adding (c) and (d) to the list of attributes that are general for *fruit* would not solve the problem that that list does not suffice to distinguish fruits from some vegetables and nuts. Attributes (e) and (f) are not valid for the banana: first, an unripe banana is bitter rather than sour, and second, there is no juice in banana. Because the generality of (g) depends on the generality of (f), it may likewise be discarded. Finally, as far as (h) is concerned, it is difficult to imagine a dried melon as being good to eat.

Next, there is a set of characteristics whose non-generality seems to be accepted (or at least, implied) by Wierzbicka herself.

(i) Wanting to imagine such things, people would imagine them as growing on trees.
(j) They can be small enough for a person to be able to put easily more than one thing of this kind into the mouth and eat them all at the same time, or too big for a person to be expected to eat a whole one, bit by bit, at one time, but wanting to imagine such things, people would imagine them as too big for a person to put a whole one easily into the mouth and eat it, and not too big for a person to be expected to eat a whole one, bit by bit, at one time, holding it in one hand.
(k) After they have become good to eat they are sweet, or slightly sweet, or sour but good to eat with something sweet.
(l) Wanting to imagine such things after they have become good to eat, people would imagine things which are slightly sweet.
(m) Things on which such things can grow can also grow in some places where people don't cause them to grow, but wanting to imagine such things, people would imagine them as growing on things growing out of the ground in places where people cause them to grow.

While (k) is a disjunctively defined attribute (that is, is a superficial combination of two characteristics that are each not general when taken separately), the other features are introduced by the formula 'wanting to imagine such things, people would imagine them as'; this would seem to indicate that the attribute is merely typically associated with the concept, rather than being general. For instance, the sweetness mentioned in (l) does not hold for lemons, and berries do not grow on trees, in contradistinction with the feature involved in (i).

The set of general characteristics that is left over after the elimination of the previous sets contains the following features.

(n) They grow as parts of certain things growing out of the ground.
(o) They don't grow in the ground.
(p) They become good to eat after they have grown long enough on the things growing out of the ground.
(q) Before they are good to eat they are green or greenish outside.
(r) People cause things of this kind to grow in many places because they want to have those things for people to eat.
(s) They are good to eat cooked with sugar, or cooked as part of some things which have sugar in them.

Is this set minimally specific? Up to characteristic (r), the set applies not only to fruit, but also to nuts, herbs, and large collections of vegetables (though not to the ones that grow *in* the ground, like carrots), so that the crucially distinctive attribute would be (s). However, if one takes into consideration the use of almonds and other nuts in certain types of pastry, the use of herbs (such as tansy) in pancakes, and the habit of cooking rhubarb with sugar, it soon becomes clear that there are counterexamples with regard to (s) in each of the three categories (nuts, herbs, and vegetables). All in all, most of the attributes mentioned by Wierzbicka are not general, whereas those that are, taken together, apparently do not suffice to exclude non-fruits.

Given, then, that we cannot define the uncontroversial core members of *fruit* in a classical, necessary-and-sufficient fashion, we have not only illustrated characteristic [d], but we can also appreciate the importance of characteristic [b]. If *fruit* receives a classical definition in terms of necessary and sufficient attributes, all the definitional attributes have the same range of application (viz. the category *fruit* as a whole). However, because such a classical definition cannot be given, the attributes that enter into the semantic description of *fruit* demarcate various subsets from within the entire range of application of *fruit*. As a whole, the description of *fruit* then takes the form of a cluster of partially (but multiply) overlapping sets.

The importance of characteristic [b] may be illustrated in yet another way. So far, we have been concerned only with the most common, everyday meaning of *fruit* (roughly, 'soft and sweet edible part of tree or a bush'). There are other meanings to *fruit*, however. In its technical sense ('the seed-bearing part of a plant or tree'), the word also refers to things that lie outside the range of application of the basic reading, such as acorns and pea pods. In an expression like *the fruits of nature*, the meaning is even more general, as the word refers to everything that grows and that can be eaten by people (including, for instance, grains and vegetables). Further, there is a range of figurative readings, including the abstract sense 'the result or outcome of an action' (as in *the fruits, of his labour* or *his work bore fruit*), or the somewhat archaic reading 'offspring, progeny' (as in the biblical expressions *the fruit of the womb, the fruit of his loins*). These meanings do not exist in isolation, but they are related in various ways to the central sense and to each other. The technical reading ('seed-containing part') and the sense illustrated by *the fruits of nature*, are both related to the central meaning by a process of generalization. The technical reading generalizes over the biological function of the things covered by the central meaning, whereas the meaning 'everything that grows and that can be eaten by people' focuses on the function that those things have for human beings. The figurative uses, on the other hand, are linked to the other meanings by a metaphorical link, but notice also that the meaning 'offspring' is still closer to the central sense, because it remains within the biological domain. The overall picture, in short, is similar to that found within the single sense 'soft and sweet edible part of tree or a bush': we find a cluster of mutually interrelated readings. Characteristic [b], then, does not only apply *within* a single sense of a word like *fruit*, but it also characterizes the relationship *among* the various senses of a word.

3. Queries about prototypicality

To clarify things further, we may review a number of frequently asked questions (and, to a certain extent, frequently mentioned misconceptions) concerning prototypicality.

3.1. The scope of prototype theory

Is the prototypical model of lexical-semantic categorization applicable to all lexical items, or is it more particularly suited to deal with specific classes of words? Let us first consider this question at the level of principles. Because (as noted above in paragraph 1.3.) the various prototypicality effects as summarized by [a]–[d] are no co-extensive, not all categories lend themselves as easily to a prototypical treatment. This is hardly a problem: the prototype-theoretical rejection of the universality of the classical model remains intact when at least some concepts turn out to be classically definable. In principle, at any rate, prototypicality need not be a universal characteristic of natural language categories for the model to be valid; classically organized categories are a limiting case for prototype theory, but proponents of prototype theory do not deny the existence of limiting cases.

On a more empirical level, it is sometimes suggested that prototype theory is better suited to describe the semantics of nouns than of other categories. However, the by now vast literature on the meaning of prepositions situated within a prototype-theoretical approach should suffice to reject that hypothesis (see, among many others, the studies in Zelinsky-Wibbelt 1993). Further, it is observed (already in Rosch's original research) that prototypicality is more outspoken at the basic level (in the terms of Berlin 1978 – see Art. 43) than at other levels of conceptual taxonomies. A term like *bird* is more likely to have a prototype structure than e.g. a higher-level term like *vertebrate*. The reason for this is assumed to be of an informational nature: the members of the category *bird* have more features in common than the members of the more abstract category *vertebrate*, and hence, it is easier to conceive of the category *bird* in terms of one of its members than it would be for *vertebrate*. The prototypical member of the category, in fact, is the member that has the highest predictive value with regard to the category as a whole, i.e. that combines a maximum of relevant features. Notice, though, that this characteristic is formulated in terms of the extensional definition of prototypicality, where salience among the members of a category is at stake. If we broaden the perspective to include the intensional level, it seems likely that the intensional prototypicality effects become more important. (Compare Schmid 1993 for a study on the effect of abstractness and taxonomical status on semantic structure.)

3.2. Prototype theory and componential analysis

Is there an incompatibility between prototype theory and componential analysis? Prototype theory has sometimes been defined in (historical) contrast with the componential model of semantic analysis that was current in transformational grammar and that is typically associated with Katz & Fodor's analysis of *bachelor* (Katz & Fodor 1963). In an early defense of a prototypical approach, Fillmore (1975) called this the 'checklist theory' of meaning. The prototypists' reaction against this featural approach had, however, the negative side-effect of creating the impression that prototypical theories rejected any kind of componential analysis. This is a misconception for the simple reason that there can be no semantic description without some sort of decompositional analysis. As a heuristic tool for the description and comparison of lexical meanings, a componential analysis retains its value (and the example presented in paragraph 2 should suffice to illustrate this heuristic value). Rather, the difficulties with the kind of feature analysis that grew out of structuralist field theory lie elsewhere; it is not the use of decomposition as a descriptive instrument that causes concern, but the status attributed to the featural analysis. Two important points have to be mentioned.

In the first place, featural definitions are classically thought of as criterial, i.e. as listing attributes that are each indispensable for the definition of the concept in question, and that taken together suffice to delimit that concept from all others. (It may be noted that there are some more recent forms of structuralist, feature-based analysis that take a less strict view of features; see e.g. Lipka 1990). In contrast, prototype theory claims that there need not be a single set of defining attributes that conform to the necessity-cum-sufficiency requirement.

In the second place, prototype theory is reluctant to accept the idea that there is an autonomous semantic structure in natural languages which can be studied in its own right, in isolation from the other cognitive capacities of man. In particular, meaning phenomena in natural languages cannot be studied in isolation from the encyclopaedic knowledge individuals possess; it is precisely the presupposition that there exists a purely linguistic structure of semantic oppositions that enables semantics of a structuralist orientation to posit the existence of a distinction between semantic and encyclopaedic knowledge. Prototype theory tends to minimize the distinction primarily for methodological reasons: because linguistic categorization is a cognitive phenomenon just like the other cognitive capacities of man, it is important to study it in its relationship to these other capacities.

3.3. The unity of prototype theory

Is it acceptable to situate prototypicality both on the level of senses and on the referential level? The question is forcefully asked by Kleiber (1990): are not the kind of phenomena studied at the the level of senses, like characteristic [b] above, so theoretically different from the phenomena studied at the extensional, referential level, that it might be better to keep them apart? There are two ways of approaching this question: a terminological one and a theoretical one. Terminologically speaking, it is indeed important to distinguish between the various phenomena, and the danger of confusion is in fact real: some authors prefer to restrict the term *prototype*, for the extensional perspective (and in particular, for characteristic [a]), while others take a broader view, in which all four phenomena summarized in [a]–[b] are considered 'prototypicality effects' that belong organically together. Those who favour the former approach should avoid the danger of then simply leaving the other phenomena undiscussed. Conversely, those who favour the latter approach should avoid the danger of unreflectingly equating the various phenomena.

At the same time, the broader conception of prototypicality should make clear why it is relevant to bring together the various phenomena; this is the theoretical aspect of the question. In the first place, then, the structural homology that exists between the two levels provides a motivation for treating them together: the same structural features (viz. differences of structural weight and demarcational fuzziness) appear to determine the organization of senses and the organization of extensional sets. In the second place, the observation that the structural characteristics found among the readings of a lexical item are basically the same as those found among the referents of a single reading, may further supported by the recognition that the distinction between the semantic level (that of senses) and the referential level (that of category members) may be less important than is suggested by the tradition of structuralist semantics (which tends to restrict the description of linguistic meaning to the level of senses). Recent findings suggest, in fact, that from a theoretical point of view, the borderline between both levels does not appear to be stable. The synchronic unstability of the borderline between the level of senses and the level of referents is discussed in Taylor (1992), Geeraerts (1993), Tuggy (1993). The common strategy of these articles is to show that different polysemy criteria (i.e., criteria that may be invoked to establish that a particular interpretation of a lexical item constitutes a separate sense rather than just being a case of vagueness of generality) may be mutually contradictory, or may each yield different results in different contexts. The importance that prototype theory attaches to the structural similarities that exist between the referential and the semantic levels, then contrasts with Kleiber's view (1990) that the extrapolation of prototype-theoretical studies from the referential to the semantic level somehow weakens the theory.

By contrast, the impossibility of maintaining the distinction between both levels in a stable way makes the extrapolation more plausible.

4. Literature (a selection)

Berlin, Brent (1978): Ethnobiological classification. In: *Cognition and Categorization.* (eds. E. Rosch; B. B. Lloyd). Hillsdale, N. J.: Lawrence Erlbaum Associates 1978, 9–26.

Fillmore, Charles (1975): An alternative to checklist theories of meaning. In: *Papers from the First Meeting of the Berkeley Linguistic Society* (eds. C. Cogen; H. Thompson; G. Thurgood; K. Whistler). Berkeley: Berkeley Linguistic Society 1975, 123–131.

Geeraerts, Dirk (1993): Vagueness's puzzles, polysemy's vagaries. *Cognitive Linguistics* 4: 223–272.

Heider, Eleanor R. (1972): Universals in color naming and memory. *Journal of Experimental Psychology* 93: 10–20.

Katz, Jerrold; Jerry A. Fodor (1963): The structure of a semantic theory. *Language* 39: 170–210

Kleiber, Georges (1990): *La sémantique du prototype. Catégories et sens lexical.* Paris: Presses Universitaires de France.

Lakoff, George (1987): *Women, Fire, and Dangerous Things. What Categories Reveal about the Mind.* Chicago: The University of Chicago Press.

Lipka, Leonhard (1990): An Outline of English Lexicology. Tübingen: Niemeyer.

MacLaury, Robert E. (1991): Prototypes revisited. *American Review of Anthropology* 20: 55–74.

Mangasser-Wahl, Martina (1996): Eine Chronologie der Entstehung und Entwicklung der Prototypentheorie. *Jahrbuch der ungarischen Germanistik* 1996: 83–100.

Medin, Douglas; Edward Smith (1984): Concepts and concept formation. *Annual Review of Psychology* 35: 113–138.

Mervis, Carolyn B.; Eleanor Rosch (1981): Categorization of natural objects. *Annual Review of Psychology* 32: 89–115.

Neisser, Ulrich (ed.) (1987): *Concepts and Conceptual Development. Ecological and Intellectual Factors in Categorization.* Cambridge: Cambridge University Press.

Rosch, Eleanor (1973): On the internal structure of perceptual and semantic categories. In: *Cognitive Development and the Acquistion of Language* (ed. T. E. Moore). New York: Academic Press 1973, 111–144.

–, (1975): Cognitive representations of semantic categories. *Journal of Experimental Psychology* 104: 192–233.

–, (1977): Human categorization. In: *Studies in Cross-Cultural Psychology I* (ed. N. Warren). New York: Academic Press 1977, 3–49.

–, (1978): Principles of categorization. In: *Cognition and Categorization* (eds. E. Rosch; B. B. Lloyd). Hillsdale, N. J.: Lawrence Erlbaum Associates 1978, 27–48.

–, (1988): Coherences and categorization: a historical view. In: *The Development of Language and Language Researchers. Essays in Honor of Roger Brown* (ed. F. S. Kessel). Hilssdale, N. J.: Lawrence Erlbaum Associates 1988, 373–392.

Rosch, Eleanor; Carolyn B. Mervis (1975): Family resemblances: studies in the internal structure of categories. *Cognitive Psychology* 7: 573–605.

Schmid, Hans-Jörg (1993): *Cottage und Co., idea, start vs. begin. Die Kategorisierung als Grundprinzip einer differenzierten Bedeutungsbeschreibung.* Tübingen: Niemeyer.

Smith, Edward E.; Dougles Medin (1981): *Categories and Concepts.* Cambridge, Mass.: MIT Press.

Taylor, John (1992): How many meanings does a word have? *Stellenbosch Papers in Linguistics* 25: 133–168.

–, (1995): *Linguistic Categorization. Prototypes in Linguistic Theory.* Oxford: Clarendon Press (2nd ed.).

Tsohatzidis, Savas L. (ed.) (1990): *Meanings and Prototypes. Studies on Linguistic Categorization.* London: Routledge.

Tuggy, David (1993); Ambiguity, polysemy, and vagueness. *Cognitive Linguistics* 4: 273–290.

Ungerer, Friedrich; Hans-Jörg Schmid (1996): *An Introduction to Cognitive Linguistics.* London/New York: Longman.

Wierzbicka, A. (1985): *Lexicography and Conceptual Analysis.* Ann Arbor: Karoma.

Zelinsky-Wibbelt, Cornelia (ed.) (1993): *The Semantics of Prepositions.* Berlin: Mouton de Gruyter.

Dirk Geeraerts, Leuven (Belgium)

35. Konzeptuelle Ansätze IV: Die Stereotypensemantik

1. Einleitung
2. Sprachphilosophischer Hintergrund
3. Stereotypen in der semantischen Theorie und Praxis
4. Schluss
5. Literatur in Auswahl

1. Einleitung

In der Soziologie und Sozialpsychologie, sowie auch in der Alltagssprache, wird der Begriff des Stereotyps verwendet, um in einer Gesellschaft verbreitete Vorstellungen von charakteristischen Zügen und Verhaltensweisen der Mitglieder sozialer und ethnischer Gruppen zu beschreiben (vgl. den Überblick in Stangor & Lange 1994, v. a. 360). Umso erstaunlicher mag es auf den ersten Blick erscheinen, dass der Ausgangspunkt der Stereotypentheorie in der Sprachphilosophie und linguistischen Semantik in der Betrachtung von vergleichsweise nüchternen Bezeichnungen für natürliche Arten wie *Wasser, Gold, Tiger* und *Zitrone* lag. Führt man sich aber vor Augen, dass es in beiden Fällen darum geht, konzeptuelles Wissen einzelner Menschen und kulturelles Wissen von Gesellschaften und Sprachgemeinschaften zu erfassen, treten die gemeinsamen Erkenntnisinteressen hervor. Die Stereotypensemantik ist durch das Bemühen gekennzeichnet, gesellschaftlich determinierte mentale Repräsentationen zu erfassen, die den Bedeutungen und somit dem Verständnis und der Verwendung alltäglicher Begriffe zugrunde liegen.

2. Sprachphilosophischer Hintergrund

Der philosophische Ursprung des Stereotypenkonzepts liegt in Hilary Putnams (1975) Kritik am sprachphilosophischen Kernstück des logischen Empirismus, der Verifikationstheorie der Bedeutung (vgl. Spohn 1978). Als Ziel seiner Attacke formuliert er zwei grundsätzliche Annahmen des Empirismus, erstens, dass die Intension eines Wortes als psychischer Zustand zu verstehen sei, und zweitens, dass dieser psychische Zustand die Extension des Wortes determiniere, da er mit der Kenntnis der Verifikationsmethode für den wahren, d. h. korrekten Gebrauch des Wortes gleichzusetzen sei. Aus der Kombination beider Annahmen resultiert, dass zwei Sprecher einer Sprache, die die Bedeutung eines bestimmten

Wortes kennen, in einer bestimmten Situation nicht nur im selben psychischen Zustand sein, sondern auch ihre Auffassungen im Hinblick auf die Extension des Wortes teilen müssten.

Dieses Postulat wird von Putnam an Hand des Wissens über natürliche Arten wie Wasser oder Gold und die Verwendung ihrer sprachlichen Bezeichnungen widerlegt. Demgemäß liegt der Verwendung normaler Sprachbenutzer lediglich stereotypisches Wissen über Wasser und Gold zugrunde: dass Wasser eine durchsichtige, durstlöschende und weitgehend geschmacklose Flüssigkeit und dass Gold ein wertvolles und symbolträchtiges Metall ist. Experten, in Bezug auf diese Beispiele etwa Chemiker, verfügen über spezifischeres Wissen über die fraglichen natürlichen Arten. Dies befähigt sie, nicht nur über sie zu sprechen wie andere Sprachbenutzer, sondern konkrete Exemplare oder Proben zu identifizieren und die Richtigkeit der Referenz im konkreten Verwendungsfall nachzuweisen, und damit auch die Extension des Wortes zu bestimmen. Sie wissen, dass Wasser H_2O ist, und dass Gold das chemische Element mit der Nummer 79 und einer relativen atomaren Masse von 197,0 ist. Die im Stereotyp enthaltenen Annahmen über die Gegenstände, auf die Sprecher mit einem Ausdruck referieren können, dienen normalen Sprachbenutzern zwar als Hinweise auf die Extension einer Bezeichnung einer natürlichen Art. Die tatsächliche Bestimmung oder Festlegung der Extension jedoch bleibt den Experten überlassen. Obwohl viele es vielleicht können, müssen nicht alle Sprachbenutzer eine Fichte von einer Tanne oder einen Alligator von einem Krokodil unterscheiden können, um erfolgreich mit den sie bezeichnenden Wörtern umzugehen. Die zentralen Teile der Intension, nämlich die semantische Markierung als Pflanze oder Baum bzw. Tier oder Reptil und die jeweiligen Stereotypen, sind ihnen bekannt, ohne dass sie deswegen in der Lage sein müssen, wie Experten die korrekte Referenz einer Verwendung der Wörter *Fichte*, *Tanne*, *Alligator* und *Krokodil* in einer konkreten Situation zu überprüfen.

Insofern besteht innerhalb einer Sprachgemeinschaft eine sprachliche Arbeitsteilung (Putnam, 1975, 227f.). Normale Sprecher kennen das mit einem Wort assoziierte Stereotyp und verlassen sich bei der Verwendung des Wortes darauf, dass Experten das nötige Wissen über geeignete Identifikationsprozeduren haben. Ein individueller 'normaler' Sprecher einer Sprache und sein psychischer Zustand beim Erwerb und der Verwendung eines Wortes sind somit nicht an der Bestimmung von dessen Extension beteiligt. Es ist vielmehr die allerdings arbeitsteilig organisierte Sprachgemeinschaft als Ganzes, die die Extension festlegt.

Die Extension eines Wortes ist aber nicht allein gesellschaftlich, sondern auch durch die als real existierend verstandene Welt determiniert. Gemäß Putnams Weiterentwicklung von Kripkes kausaler Referenztheorie (Kripke, 1972) wird die Extension von Bezeichnungen natürlicher Arten von deren Vorkommen in der Umwelt einer Sprachgemeinschaft vorgegeben. Wörter wie *Wasser* enthalten demnach eine indexikalische Bedeutungskomponente, die eine Beziehung zu den Flüssigkeiten herstellt, die in der Umgebung einer Sprachgemeinschaft auftreten.

Putnams Bedeutungstheorie hängt entscheidend von der kausalen Referenztheorie ab, die nur bei Eigennamen, natürlichen Arten und physikalischen Größen nachhaltig überzeugt. Sie kommt in Schwierigkeiten, wenn man versucht, sie in ihrer ursprünglichen Form auf Artefaktbezeichnungen zu übertragen (Putnam 1975, 242; Schwartz 1977, 39), und bricht schließlich völlig zusammen bei Abstrakta, Adjektiven oder Verben, die nicht als referierende Ausdrücke eingesetzt werden können. Dass Putnam die Rolle der Extension von Wörtern und die Möglichkeit ihrer wissenschaftlichen Überprüfung durch Experten stark hervorhebt, hat Anlass dazu gegeben, seinen Bedeutungsansatz als wissenschaftlichen Realismus (Schwartz 1977, 40) oder gar metaphysischen Realismus zu verstehen. Dieser Interpretation stellt er sich in späteren Werken (Putnam 1981, 49) massiv entgegen und propagiert seine Theorie als internalistische Form des Realismus, aus deren Sicht Fragen nach der 'echten' Zusammensetzung der Welt überhaupt nur im Rahmen einer kohärenten Beschreibungstheorie sinnvoll sind.

3. Stereotypen in der semantischen Theorie und Praxis

3.1. Charakteristika von Stereotypen in der Semantik

Für die heutige semantisch orientierte Auseinandersetzung mit dem Stereotypenbegriff muss dieses Konzept aus dem ursprünglichen philosophischen Kontext herausgelöst werden. So hat auch die Tatsache, dass Putnam (1975, 269) in eine Bedeutungsbeschreibung des Wortes *Wasser* neben dem Stereotyp (farblos, durchsichtig, geschmacklos, durstlöschend, etc.) und der Extension (H$_2$O) auch die von ihm so genannten *syntaktischen Marker* 'Massennomen' und 'konkret' und die *semantischen Marker* 'natürliche Art' und 'Flüssigkeit' integriert, angesichts der Veränderungen des linguistischen Klimas seit den frühen 70er Jahren wohl vorwiegend wissenschaftshistorischen Wert. Neben der zweifelhaften Unterscheidung zwischen syntaktischen und semantischen Eigenschaften eines Wortes sticht vor allem ins Auge, dass mehrere Unterbedeutungen eines Wortes, also Fälle von Polysemie, nicht vorgesehen sind. Trotz dieses drastischen Mangels, der, wie weiter unten gezeigt werden wird, in jüngeren, stärker semantisch orientierten Versionen der Stereotypentheorie behoben worden ist, öffnet auch schon Putnams Stereotypenbegriff neue Perspektiven für die semantische Analyse, wenn der enge Anwendungsbereich erweitert wird.

Stereotypen sind als Wissensstrukturen zu verstehen, die die Eigenschaften von Prototypen kognitiver Kategorien in normalen Kontexten repräsentieren. Dieses Wissen, das im Rahmen der kognitiven Semantik in Form von *Idealized Cognitive Models* (Lakoff 1987, 68 ff.) oder kulturellen Modellen (Ungerer & Schmid 1996, 49 ff.) erfasst wird, wird von den Mitgliedern einer Sprachgemeinschaft geteilt. Im Gegensatz zur Extension beruht das mit einem Wort assoziierte Stereotyp ausschließlich auf Konventionen und kann aus Expertensicht auch empirisch inkorrekt sein. In Einklang mit dem sozialpsychologischen Stereotypenbegriff sind auch die Stereotypen in der Semantik explizit so konzipiert, dass sie negative evaluative Elemente beinhalten können, die ebenso wie neutrale Merkmale zur Kategorisierung und Subkategorisierung von Objekten, Lebewesen und vor allem Menschen herangezogen werden (Lakoff 1982, 2; 1987, 81 ff.).

Aus theoretischer Sicht machen die im letzten Abschnitt erwähnten Charakteristika von Stereotypen – der Bezug auf eine *Standardverwendung* (Schwarze 1982, 5) sowie die Möglichkeit empirisch falscher und abwertender Merkmale – dieses Konzept zu einem äußerst flexiblen semantischen Werkzeug. Aus onomasiologischer Sicht ist vorteilhaft, dass Mitglieder konzeptueller Kategorien, die von der kategorie-definierenden Norm abweichen, z. B. Vögel, die nicht fliegen können, oder Säugetiere, die im Meer leben, trotzdem mit einer generellen semantischen Beschreibung der jeweiligen Kategorien in Einklang gebracht werden können. Dasselbe gilt aus semasiologischer Sicht für emotionale, evaluative und andere konnotative Bedeutungselemente. Eines der Hauptprobleme so genannter klassischer Bedeutungstheorien, der Anspruch, dass die Bedeutungen von Wörtern mit einer begrenzten Anzahl notwendiger und hinreichender Merkmale beschrieben werden müssen, wird so gelöst. In die semantische Beschreibung englischer Häuserbezeichnungen beispielsweise können demnach Hinweise auf die folgenden unter Briten weit verbreiteten Stereotypen integriert werden (Schmid 1993, 160): *Cottages* werden mit älteren Ehepaaren, anheimelnder Gemütlichkeit, Wärme und unschuldiger pastoraler Ruhe assoziiert, *bungalows* mit kühler Nüchternheit, mangelnder Größe, billiger Ausstattung und biederen, uninteressanten Bewohnern, und *mansions* mit Protzigkeit, Übergröße und neureichen Besitzern. Angesichts der enormen Bereicherung, die auch der semantischen Analysepraxis zugute kommt, ist verwunderlich, dass die Stereotypentheorie keine detaillierten praktischen Umsetzungen erfahren hat, die mehr als exemplarischen Charakter haben (vgl. Lutzeier 1985, 115 ff.; 1995, 49 ff.). Als mögliche Ursachen sind der ursprünglich eng begrenzte Anwendungsbereich der Stereotypentheorie, die Unschärfe des Stereotypenkonzepts, mangelnde Erfahrung mit der Heuristik und Formalisierung von Stereotypen (vgl. Schwarze 1982, 13 f.) sowie die Dominanz der Pragmatik, Textlinguistik, Psycholinguistik und kognitiven Semantik bei der Untersuchung sprachlich relevanter Wissensstrukturen in Betracht zu ziehen.

3.2. Stereotypen und die Disambiguierung von Lexembedeutungen

Um die Stärken des Stereotypenkonzepts selbst voll zur Geltung zu bringen, muss es in eine umfassendere semantische Theorie eingebaut werden. Wie eine solche Theorie aussehen kann und an welcher Stelle das Stereotypenkonzept seinen Platz findet (vgl. Lutzeier 1985, 115 ff.; 1995, 49 ff.), soll hier an Hand der Bedeutung des Wortes *Antenne* in dem Satz *Vor Einfahrt in die Waschanlage bitte Antenne einfahren* aufgezeigt werden. Leitfrage der folgenden Überlegungen ist, wie eine semantische Theorie erklären kann, dass ein Decoder dieser Äußerung in der Lage ist, die Bedeutung des Wortes *Antenne* als 'ausziehbares, stabförmiges Metallteil an einem Auto, das zum Empfang elektromagnetischer Wellen geeignet ist', zu identifizieren. (Diese Charakterisierung wird im folgenden als Stereotyp (1) bezeichnet). Zwei theoretische Probleme stehen hierbei im Vordergrund: Erstens, wie disambiguiert der Decoder das polyseme Lexem *Antenne* und wählt die genannte aktuelle Interpretation aus? Und zweitens, wie ist das Wissen des Decoders über die oben erwähnten Details des denotierten Objekts in die Theorie zu integrieren? Für die Beantwortung beider Fragen spielt der Stereotypenbegriff eine zentrale Rolle.

Die Stereotypen stellen diejenige Ebene in der Stereotypentheorie dar, auf der vorwiegend die Differenzierung der als ganzheitlich und gestaltartig empfundenen lexikalischen Bedeutung des Lexems *Antenne* stattfindet. Neben dem oben skizzierten Stereotyp (1) für das Wort *Antenne* in dem aktuellen Beispielsatz kommen folgende weitere Stereotypen für das Lexem *Antenne* in Frage:

(2) '(meist) ausziehbares, stabförmiges Metallteil an einem Radio zum Empfang elektromagnetischer Wellen'
(3) 'bügelförmiges Metallteil an (vor allem alten) Fernsehgeräten zum Empfang elektromagnetischer Wellen'
(4) 'aus mehreren Metallstäben bestehende Struktur auf Hausdächern zum Empfang elektromagnetischer Wellen für Fernseher und Radios'
(5) 'paarig angeordnete Geruchs- und Tastorgane an den Köpfen von Insekten und Krustentieren'
(6) 'Sensibilität, Anteilnahme, Feinfühligkeit, Empathiefähigkeit eines Menschen'.

Die Auswahl eines Stereotyps aus dieser Liste wird durch die Vorgabe semantischer Information im Kontext gesteuert. Diese lässt sich auf unterschiedlichen Abstraktionsebenen beschreiben. Auf der ersten semantischen Ebene fundamentaler ontologischer Bereiche ist es sinnvoll, zwischen den konkreten Stereotypen (1) bis (5) und dem Stereotyp (6), das zum abstrakten Bereich gehört, zu unterscheiden. Konzentrieren wir uns nun auf die Stereotypen im konkreten Bereich, so fallen diese als nächstes durch die Unterscheidung zwischen Stereotypen von nicht-belebten Objekten (bzw. deren Teilen) und von Teilen von Lebewesen in die zwei Gruppen (1) bis (4) einerseits und (5) andererseits. Noch spezifischere semantische Gesichtspunkte erlauben eine weitere Differenzierung unter den Stereotypen (1), (2), (3) und (4). Im Fall des obigen Beispiels evozieren die Wörter *Einfahrt* und *Waschanlage* den Gesichtspunkt 'am Auto', der die Aktivierung des entsprechenden Stereotyps A steuert. Für die Aktivierung der anderen Stereotypen sind die Gesichtspunkte 'am Radio', 'am Fernseher' und 'auf Häusern' maßgeblich.

Die bisherigen Überlegungen erklären in erster Linie den Prozess der disambiguierenden Differenzierung der holistischen Bedeutung eines Lexems. Das Grundprinzip ist, dass durch verschiedene Gesichtspunkte jeweils verschiedene der mit einem Lexem assoziierten Stereotypen profiliert werden.

Offen ist weiterhin die zweite Frage nach dem involvierten Detailwissen über Referenten. Hier findet sich der engste Anknüpfungspunkt zwischen der jüngeren semantischen Stereotypentheorie und der ursprünglichen Putnamschen version. Detailwissen über Referenten von Wörtern ist in Form von zentralen Annahmen oder Merkmalen als Teil eines Stereotyps gespeichert. Im vorliegenden Beispiel wären dies die verschiedenen Merkmale, die in den obigen Beschreibungen der Stereotypen genannt sind. Vor allem bei sehr ähnlichen Stereotypen, die wie hier mit ein und dem selben Wort oder auch mit bedeutungsverwandten Wörtern assoziiert werden, bietet sich in strukturalistischer Manier ein Vergleich von Merkmalen im Hinblick auf gemeinsame Dimensionen an. So haben beispielsweise die Stereotypen (1), (2), (3) und (4) die gemeinsamen Werte 'aus Metall' auf der Dimension MATERIAL und 'Empfang elektromagnetischer Wellen' auf der Dimension FUNKTION. Sie unterscheiden sich in erster Linie im Hinblick auf ihren Vorkommensort und die Komplexität ihrer Struktur. Bei Stereotyp (5), das dem Gesichtspunkt 'Tier' zugeordnet war, finden sich nicht nur abweichende Werte auf gemeinsamen Dimensionen (z. B. 'aus organischem Gewebe' bei MATERIAL), sondern ganz andere Dimensionen werden relevant (z. B. ANZAHL, ANORDNUNG). Dies ist ein Indiz dafür, dass in struktureller Hinsicht Stereotypen (1), (2), (3) und (4) eng zusammengehören, während (5) vergleichsweise isoliert ist, solange man bei den Stereotypen zum Wort *Antenne* bleibt und nicht weitere Wörter in die vergleichende Betrachtung mit einbezieht. Dies gilt umso mehr für Stereotyp (6), das schon auf einer fundamentaleren semantischen Ebene ausbricht und keine Dimensionen mit den anderen Stereotypen teilt, sondern durch eine metaphorische Beziehung mit ihnen verbunden ist.

Lutzeier (1995, 50 ff.) versucht, den verschiedenen semantischen Abstraktionsebenen auch terminologisch Rechnung zu tragen, in-

Holistische lexikalische Bedeutung			*Antenne* 'Antenne'			
Domänen		'konkret' ↓				'abstrakt' ↓
Domänenzentrierte Bedeutungen		'Teil von etwas'				'Psychischer Zustand'
Aspekte	'Lebewesen' ↓		'Technik' ↓			
Lesarten	'Körperteil'		'(Geräte)-Teil'			'Psychischer Zustand'
Gesichtspunkte		'am Radio' ↓	'am Fernsehgerät' ↓	'auf dem Dach' ↓	'am Auto' ↓	
Stereotypen mit zentralen Annahmen	Geruchs- und Tastsinn paarweise Insekten Krustentiere	Empfang v. Wellen Metall ausziehbar drehbar	Empfang v. Wellen Metall bügelförmig drehbar	Empfang v. Wellen Metall mehrteilig	Empfang v. Wellen Metall ausziehbar kann auch beweglich sein oder in Scheibe integriert	Empathie Sensibilität etc.

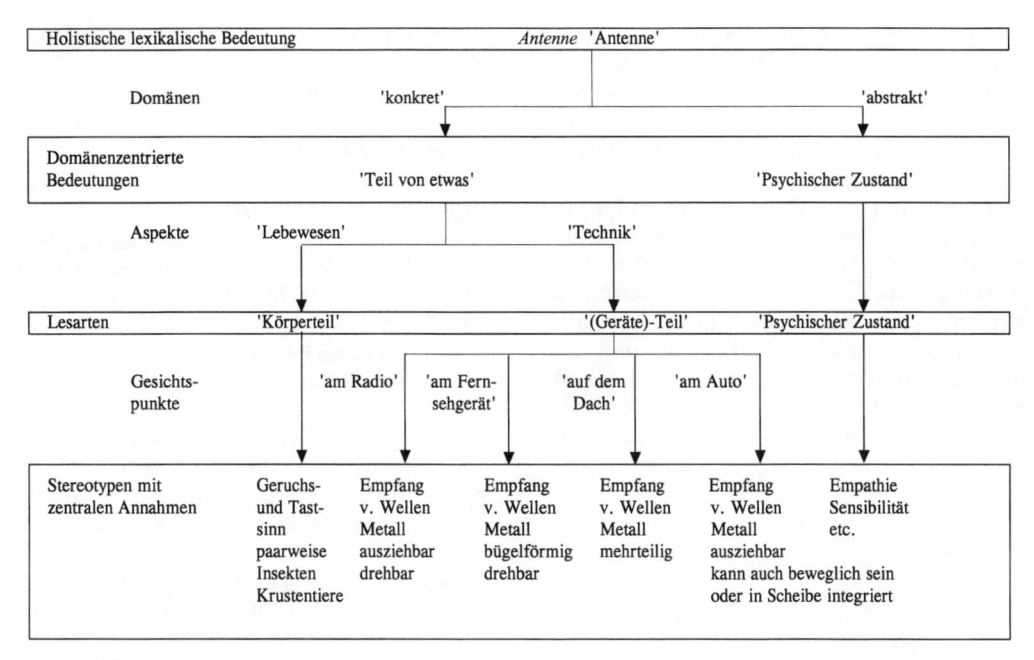

Abb. 35.1: Stereotypensemantisches Modell lexikalischer Bedeutung am Beispiel *Antenne* (Modell basiert auf Lutzeier 1995, 51, Beispiel neu)

dem er zwischen *Domänen, Aspekten* und *Gesichtspunkten* unterscheidet, die jeweils für die Aufspaltung der *holistischen Bedeutung* zuerst in *domänenzentrierte Bedeutungen*, dann in *Lesarten* und schließlich in *Stereotypen* verantwortlich sind. Seine Gesamtkonzeption der Inhaltsseite des Wortes wird aus Abbildung 1 ersichtlich, wo sie in modifizierter Form auf das Beispiel Antenne angewendet wird.

Abbildung 35.1 demonstriert, dass die Ebene der Stereotypen die feinste Differenzierungsebene innerhalb einer systematischen semantischen Betrachtung ist; eine weitere Differenzierung führt zu einzelnen realen Vorkommensfällen auf der Ebene des Gebrauchs. Die Stereotypenebene wird als Hort von empirisch korrektem, vagem und zum Teil eben auch aus Expertensicht empirisch unkorrektem Detailwissen aufgefasst, das von den Sprechern einer Sprachgemeinschaft mit den Gegenständen verbunden wird, die von einem Wort bezeichnet werden. Stereotypen sind sowohl intersubjektiver Variabilität unterworfen als auch kontextuell bedingt intrasubjektiv veränderlich. So können zum Wort *Antenne* unter dem Gesichtspunkt 'am Auto' je nach Sprecher auch Stereotypen über bewegliche Kurzantennen und in Windschutzscheiben integrierte Antennen profiliert werden. Auch das Wissen, dass Autoantennen abgebrochen werden können, ist potenziell im Stereotyp enthalten, so dass auch Referenzakte mit dem Wort *Antenne* auf kurze Überreste von Autoantennen ermöglicht bzw. erklärbar werden. Ein wunder Punkt der Konzeption ist, dass kein Versuch unternommen wird, eine Beschreibung der holistischen lexikalischen Bedeutung zu liefern.

4. Schluss

In ihren jüngsten Variationen (Lutzeier 1985; 1995) präsentiert sich die Stereotyphentheorie als dynamischer, kognitiv, pragmatisch und soziolinguistisch orientierter semantischer Ansatz. Sowohl semasiologische als auch onomasiologische Variation sind mit dieser Theorie erklärbar. Darüber hinaus versucht sie, den Erkenntnissen Rechnung zu tragen, dass Wörter mehr beinhalten können als rein sprachliche Information und dass sie eine gesellschaftliche Dimension haben. Vor allem der letzte Aspekt hebt die Stereotypentheorie aus anderen konzeptuellen semantischen Ansätzen heraus. Auch die ausdrückliche Integration evaluativer semantischer Komponenten auf der Ebene der Stereotypen verdient besondere Beachtung. Vom komplexen Phänomen 'lexikalische Bedeutung' erfasst die Theorie sicher einen beachtlichen Teil.

Kehrseite dieses hohen Anspruchs ist, dass praktische Analysen auf der Basis der Stereotypentheorie außerordentlich vielschichtig wären. Nach wie vor stehen heuristische Verfahren und Methoden zur empirischen Überprüfung der Theorie aus. Trotz der bisher vorliegenden exemplarischen Anwendungen ist auch weiterhin unklar, inwieweit eine so konzipierte Stereotypensemantik auf andere Wortarten als konkrete Nomina übertragen werden kann. Insbesondere für die semantische Untersuchung von Adjektiven und abstrakten Nomina, bei denen evaluative und emotive Aspekte ja oft eine zentrale Rolle spielen, könnte sich die kognitive und soziolinguistische Ausrichtung fruchtbar erweisen.

5. Literatur in Auswahl

Kripke, Saul (1972): Naming and necessity. In: *Semantics of natural language.* (Ed. Donald Davidson & Gilbert Harmann), Dordrecht: Reidel, 253–355.

Lakoff, George (1982): *Categories and cognitive models,* Trier: LAUT (A 96).
–, (1987): *Women, fire and dangerous things.* Chicago: University of Chicago Press.

Lutzeier, Peter R. (1985): *Linguistische Semantik,* Stuttgart: Metzler.

–, (1995): *Lexikologie, Ein Arbeitsbuch.* Tübingen: Stauffenberg Verlag.

Putnam, Hilary (1975): *Mind, language and reality. Philosophical papers,* Vol. II. Cambridge etc.: Cambridge University Press.

–, (1981): *Reason, truth and history.* Cambridge: Cambridge University Press.

Schmid, Hans-Jörg (1993): *Cottage and Co., idea, start vs. begin. Die Kategorisierung als Grundprinzip einer differenzierten Bedeutungsbeschreibung.* Tübingen: Niemeyer.

Schwartz, Stephen P. (1977): *Naming, necessity, and natural kinds.* Ithaca – London: Cornell University Press.

Schwarze, Christoph (1982): Stereotyp und lexikalische Bedeutung. In: *Studium Linguistik* 13, 1–16.

Spohn, Wolfgang (1978): Putnams philosophische Aufsätze. In: *Philosophische Rundschau* 25, 199–217.

Stangor, Charles & James E. Lange (1994): Mental representations of social groups: Advances in understanding stereotypes and stereotyping. In: *Advances in experimental social psychology* 26, 357–416.

Ungerer, Friedrich & Hans-Jörg Schmid (1996): *An introduction to cognitive linguistics.* London etc.: Longman.

Hans-Jörg Schmid, Bayreuth
(Deutschland)

36. Conceptual approaches V: Concepts and domains

1. Introduction
2. Concepts
3. Domains
4. Related notions
5. Metaphor and metonymy
6. Literature (a selection)

1. Introduction

There is intense disagreement amongst semanticists about the nature of word meaning and the proper way to study it. One point, though, on which many theorists agree, is the need to embed a characterisation of a word's meaning in conceptual structures which strictly speaking do not belong to word meaning as such. I use *domain* as a cover term for any background knowledge configuration which provides the context, as it were, for the characterisation of a word's meaning. The word's meaning as such I call a *concept*.

In various ways, and with varying degrees of explicitness, different semantic approaches appeal to domains. Below, I briefly review structuralist, feature-based, and cognitive-linguistic approaches to word meaning, from this perspective.

1.1. Saussure (1964) argued against a view of a language's lexicon as a nomenclature, i.e. as a list of names for independently established concepts. On the contrary, the semantic value of an expression emerges as a function of the syntagmatic and paradigmatic relations that the expression contracts with other expressions. Saussure's views profoundly influenced several generations of structuralists. A typical representative is Lyons (1968). For Lyons, the meaning of a word was nothing other than "the set of relations" (p. 443) between the word and other items in a lexical field.

Structuralist approaches lead inevitably to a view of a language's lexicon as a vast calculus of language-internal relations. It might be objected that a language, surely, has to make contact at some point with speakers' conceptualisations of extralinguistic reality (Taylor 1995, 83). Be that as it may, even to structuralist accounts the sense of a word is not something with autonomous existence in and of itself, it emerges from the position of the word within a broader knowledge constellation, i.e. knowledge of other lexical items within the language. These broader aspects of a word's meaning therefore constitute a domain, in the sense introduced above (Fillmore 1985).

1.2. Decompositional approaches view word meanings as constellations of semantic components, or features; such approaches gained currency in the wake of Katz/Fodor (1963). Features are established on the basis of contrasts within the lexicon. *Woman* and *girl, man* and *boy, cat* and *kitten*, contrast in virtue of the feature [± young]; the contrast itself sanctions the postulation of the feature.

Feature decomposition therefore also invokes semantic relations within the lexicon. But there is another respect in which featural theories must appeal to broader knowledge configurations. Consider the question of the applicability of a feature to some word meanings but not to others. Whereas [young] is applicable to words pertaining to humans and some other higher mammals, it plays no role at all in the meanings of words designating some lower organisms, such as *amoeba*. Whereas *young man* is an acceptable expression, *young amoeba* is not. The reason for the contrast arguably lies as much with the semantics of *young* as with the semantics of *amoeba*. If a decompositional approach is pursued, there comes a point at which the conceptual content of the features has to be clarified; features cannot be taken as self-defining primitives. In the case in point, it is necessary to embed [young] in knowledge of the life cycle of humans and other higher mammals. This is the domain for the understanding of *young*, and explains the applicability of [young] to some, but not to all, living things.

1.3. Structuralist and decompositional approaches have tended to make a clean distinction between lexical-semantic knowledge and encyclopedic knowledge. Whether the line can be drawn so cleanly, or even at all, is an issue that cannot be discussed here. (In my above remarks I have given some hints as to why I believe the distinction could be problematic.) In contrast, semantic approaches developed by self-styled "cognitive linguists," such as Langacker, Lakoff, and Fillmore, are explicit in advocating an encyclopaedist semantics. These linguists appeal explicitly to domains (if not always by this name) as the proper context for the characterisation of word meanings. Domains can in principle incorporate any aspects of a person's knowledge or belief. I discuss some of their proposals, and their affinities with other recent trends, in section 3.

2. Concepts

Lyons (1977, 113) recommended that any semanticist who writes about concepts "owes his [*sic*.] readers some explanation of what kind of thing [a] concept might be". The admonishment reflects widespread scepticism about the usefulness of concepts in semantic analysis. Lyons (1968, 443) commended a structuralist approach, which gave pride of place to sense relations, precisely because it enabled the linguist to "avoid commitment on the controversal question ... of 'concepts'". On the other hand, Saussure (1964), Sapir (1963), and Chomsky (1988: 30–4) have been less reluctant to talk about concepts. An interesting case is Langacker (1987, 1991). While Langacker scrupulously avoids all mention of concepts, he makes extensive use of various derivations, such as *conceptual, conceptualiser, conceptualisation*.

2.1. The prevailing view amongst psychologists (Komatsu 1992) is that a concept is a mental representation of a category. To possess a concept C is to be able to recognise entities and states of affairs as valid instances of C (cf. Sapir 1963, 13). Many (though obviously not all) concepts are lexicalised, i.e. are denoted by established lexical items in a language. Knowledge of the concept designated by a lexical item L is therefore crucial for the appropriate use of L in the language, and, as far as the semantic pole of the linguistic sign is concerned, can be equated with the meaning of L. Chomsky (1988: 191) suggests that (many) words are but "labels" for concepts.

Komatsu (1992) is a good review of proposals for category representation and for mechanisms of categorisation. The above characterisation of concepts is non-committal with respect to these issues. Nor will I defend a conceptual, intensionalist approach to word meaning. However, in order to ward off a possible objection, I would mention that concepts, as understood, are by no means restricted to nominal categories, i.e. names for things, but are equally applicable to all words and morphemes in a language (Sapir 1964, Langacker 1987, 53–54). It is just as reasonable to speak of the concept ON as it is to speak of the concept TABLE. The appropriate use of the preposition (in its spatial sense) depends on the appropriate categorisation of spatial relations between entities.

2.2. An important question in any linguistic or psychological theory of meaning, is why some concepts/categories achieve stability and the privilege of lexicalisation in the first place. It would be naive to suppose that concepts emerge purely in response to correlations of features in the environment, although for some natural kind terms such may indeed be the case (Rosch 1978). And while the ability to categorise and form concepts is presumably innate, it would be bizarre to claim that all the concepts that a person attains are genetically determined (although Fodor 1980, for one, does come close to this position). It is now becoming increasingly recognised that a concept's stability and coherence is a function of its role in a person's theory, whether these be folk theories, or expert scientific theories (Murphy/Medin 1985, Keller/Lehman 1991). This is a view which Rosch also came increasingly to emphasise (Rosch 1987). Theories, here, are understood as (reasonably) coherent bodies of knowledge against which concepts are delineated. As such, theories, qualify as an important component of domains.

The role of theories in category coherence offers the possibility of a solution to a longstanding problem in categorisation research. Two entities, we like to say, get recognised as instances of the same category on the basis of some similarity between them. Boys, girls, and kittens are similar in that they are all young; they share the feature [young], and the predicate *young* is equally applicable to them. Appeal to similarity, however, is actually a weak basis for explanation. Any two randomly selected entities can be regarded as similar in some respect. What needs explanation is why some similarities get singled out as relevant for linguistic-conceptual categorisation, while others are overlooked.

The idea that categories are based in theories suggests that categories cohere because of the role they play in broader knowledge configurations. The set of objects weighing between 10 kg and 50 kg and which did not exist prior to 1980, make up a purely ad hoc category, which fails to link up in a systematic way with anything else in our conceptual system. On the other hand, a category comprising humans that have not yet reached physical maturity and that are emotionally and financially dependent on adults, fits in with so many aspects of our social, cultural, and emotional life, that we readily form a category to comprise just these kinds of individuals. That we are prepared also to apply the predicate *young* to individuals of some other species (but not of every other species), reflects folk-biological theories of affinities between ourselves and others (Carey 1982).

It is manifest that many categories cohere, not on the basis of objectively perceivable similarities between their members, but through our recognition of the role that they play within a broader conceptual framework (Sweetser 1987). Making marks on paper, and depressing keys on a computer keyboard, objectively speaking, do not share any properties that might lead one to group these activities together, to the exclusion of, e.g., piano playing. It is in virtue of a broader understanding of written communication, and of technologies that support it, that both can be categorised as writing. On the other hand, writing (a message) on paper with a pen, and drawing (a picture) on paper with a pen, in spite of their evident similarity, happen not to be categorised (by English speakers) as instances of the same activity; there is no English verb which subsumes just these two kinds of activity. Writing and drawing are different concepts (categories). They are differentiated because the two activities are construed (by English speakers) against two different domains, viz. linguistic communication and artistic expression.

2.3. Recent views of concepts and categorisation have emphasised the flexible, and even temporary nature of many concepts (Barsalou 1987). Tsohatzidis (1995, 91) aptly remarks that there is no Great Book in which entities are categorised once and for all. How an entity is to be categorised (how it is to be called) on any specific occasion is to some extent a function of the concerns of the speaker, the purpose of the communication, the conceptual model established in prior communicative acts, and such like. While (some of) the meanings of (some) words in a language are fairly stable and constitute entrenched aspects of a person's linguistic knowledge, others are subject to negotiation in discourse. Moreover, as we shall see below, various uses of a word are likely to activate different aspects of domain-based knowledge.

3. Domains

Langacker (1987) introduced a range of terms to refer to various aspects of an expression's meaning: profile and base, scope of predication, domain, and domain matrix. A clear demarcation of these terms is not always easy, no doubt because the categories themselves exhibit the fuzzy boundaries typical of prototype concepts. The basic distinctions, though, are clear enough. They have to do, first, with the contrast between what an expression designates (its profile) and the conceptual context against which designation takes place, and, secondly, with the intrinsicness of the conceptual context to the designation. A few examples will illustrate.

3.1. The word *hypotenuse* designates (or *profiles*) a straight line, no more, no less (Fillmore 1985). Although *hypotenuse* and *straight line* designate the same entity, they are not synonyms. A hypotenuse is a straight line that functions as the longest side of a right-angled triangle. Someone who does not know what a right-angled triangle is, has no basis for understanding what a hypothenuse is. The notion of a right-angled triangle constitutes the *base*, or *base of predication*, against which the hypotenuse is profiled. It is the association of profile and base that constitutes the concept of HYPOTENUSE; a straight line is categorised as a hypotenuse only if the base structure is cognitively activated.

But just as *hypotenuse* needs to be characterised against the notion of a right-angled triangle, so too the notion of triangle is embedded in knowledge of planar figures, of which a triangle is but an example. The notion of planar figure is in turn embedded in general notions of Euclidean geometry. These, in turn, rest on a conceptualisation of space and configurations in space. There is, then, a continuum of background knowledge, ranging from conceptions that are directly and intrinsically evoked by a linguistic expression, to more generalised knowledge configurations, which remain unfocused, presupposed, and in the background, as it were.

Langacker (1987, 488) defines *domain* as "a coherent area of conceptualisation relative to which semantic structures can be characterised", adding that domains can exhibit "any degree of complexity". The *base of predication* is the domain that is intrinsically invoked by the concept. A *basic domain* is one that cannot be understood against still further domains. Basic domains include conceptualisations of space and time.

Observe that whatever is predicated of *hypotenuse* is predicated of the profile, not of elements in the domain(s) against which it is characterised. *The hypotenuse is 10 cm long* predicates a property of the hypotenuse *qua* straight line. *The hypotenuse is right-angled* is conceptually incoherent, even though 'is right-angled' is necessarily a property of the triangle of which the hypotenuse is a part, and which figures prominently in the conceptualisation of the hypotenuse.

3.2. For most concepts, a full characterisation will need to invoke more than one domain. The set of domains against which an entity is profiled is the *domain matrix*. *Photograph* designates a kind of physical object, which is understood against the domain of objects, their composition, shape, size, dimensionality, etc. At the same time a photograph is a visual representation of a scene, created in a certain way, by a certain technology. Different uses of the word will tend to highlight one or the other of the domains against which the concept is characterised. *The photograph is torn* highlights the material substance, *faded photograph* activates the status of a photograph as a chemically produced image, *a photograph of me* activates the status of a photograph as a representation of some entity, *a photograph of mine* activates merely the notion of a photograph as a possessible entity.

3.3. Cognitive linguists have emphasised that any bit of circumstantial knowledge can in principle get associated with a concept, and may even come to function as the base of predication. Consider the word *uncle*. The word designates a male human, construed, in the base of predication, in terms a kinship relation to a reference individual. But *uncle* has uses which are strictly speaking inconsistent with this characterisation. It would not be unusual for a child to refer to an adult male, who is an acquaintance of the child's parents and who displays a friendly attitude towards the child, as *uncle*, even in the absence of any kinship relation. The concept has become associated with stereotypical aspects of the child-uncle interaction, and the avuncular stereotype can even displace the basic sense. Observe that in such a situation the designation of the word remains unchanged – *uncle* still designates a male human. What has changed is the domain against which the individual is profiled.

3.4. Meaning changes over time are often associated with changes in domain-based knowledge; diachronic evidence therefore indirectly supports the view of concepts presented here. What was peripherally associated with a concept can become a domain intrinsic to its characterisation, and can even displace the initial characterisation. The classic example is the evolution of *bead* from 'prayer' to 'decorative spherical object on string' in English (Langacker 1987, 383–4). One can imagine that at a time when it was the practice to keep track of the repetitions of a prayer by counting off beads on a string, the concept PRAYER became associated with 'bead'. The circumstantial association then achieved intrinsic status within the semantic structure of the world.

4. Related notions

Notions akin to base of predication, domain, and domain matrix have been proposed by a number of scholars. Some of these are reviewed here.

4.1. What Lakoff calls an *Idealised Cognitive Model*, or *ICM*, and what Fillmore calls a *frame*, largely coincide with Langacker's base of predication. Lakoff (1987: 70 f.), following Fillmore (1982), observes that a definition of *bachelor* as an unmarried adult male is inadequate for a full account of how the word is used. For example, the featural definition fails to predict that, or to explain why, it is odd to say of the Pope, or of a man in a long-term homosexual relationship, that they are bachelors. The notion of bachelorhood is understood relative to a "model" in which all people are heterosexual, and all are expected to marry round about a certain age. The model is an idealisation, in that it does not fully fit with social reality; it ignores, for example, celibate priests and non-marrying homosexuals, amongst others. *Bachelor* is only appropriately used against the assumptions of the ICM, of a man who is eligible to marry, but has not yet done so, for reasons that are also implicit in the ICM. One can easily extend the account to include *spinster*. On a featural definition, *spinster* differs from *bachelor* only with respect to [+female] vs. [+male]. The decidedly negative connotations of *spinster* fall out from the sexist bias of the ICM, which offers different explanations for why a woman, in contrast to a man, might attain the marriageable age without having yet married (Taylor 1995, 97).

4.2. *Scenarios*, i.e. expectations concercing a typical sequence of events, have played an important role in studies of emotion-denoting words, such as *anger, pride, sadness*, etc. Austin (1979, 109) remarks that *being angry* is not just a feeling, it is "a description of a whole pattern of events, including occasion, symptoms, feeling and manifestation". In our terms, the anger scenario is the cognitive domain against which the emotion is understood. Scenarios associated with emotion concepts are extensively discussed in Kövecses (1990).

4.3. Constructs closely resembling Langacker's domain matrix have been proposed by Pustejovsky (1991). *John began a novel* can be intepreted in various ways, e.g. 'John began to write a novel', 'John began to read a novel', and several more. To explain these effects, Pustejovsky proposed that a semantic representation of *novel* incorporates the noun's *qualia structure*. Qualia structures contain four kinds of argument structures, with variables specifying various kinds of roles: what the entity is made of (*constitutive role*); factors pertaining to its perceptual identification, such as size, shape, dimensionaity (curiously called, by Pustejovsky, the *formal role*); the purpose of function of the object (*telic role*); and knowledge about how the entity was created, or came about (*agentive role*). All this "structures our basic knowledge about the object" (Pustejovsky 1991, 427). This knowledge is differentially activated by context. In *Read a novel, Write a novel, Buy a novel, Print a novel*, a different component of qualia structure is activated. One difference between Pustejovsky's theory and Langacker's, is that Pustejovsky's formalisations circumscribe the range of interpretations that a noun can elicit; Langacker's model emphasises the openendedness of the domain matrix, while allowing at the same time that certain domains might be more intrinsic to the conceptualisation than others.

4.4. In a number of contributions (e. g. Searle 1980), Searle discusses what he calls the *Background*. The Background is understood as a network of knowledge and abilities, against which expressions are interpreted. In *cut the grass* and *cut the cake, cut* is understood differently, against knowledge of two different *practices* (two different domains, in our terms). If told to *cut the cake*, you would not run the lawnmower over it, and if told to *cut the grass* you would not jab it with the kitchen knife. If told to *cut the mountain*, you would have no idea at all of what you were supposed to do, what implement you were supposed to use, or the criteria by which success or failure could be measured. This is because there is no accepted practice of cutting mountains.

Searle stresses that the Background cannot be fully explicated, for two reasons. First, the Background comprises a network of interlocking and interrelated information. To explicate any one portion would require explication of other portions, these in turn would require explications of yet other portions, and so on. The second reason is that the Background contains nonpropositional knowledge, e. g. knowledge pertaining to motor skills and abilities. These cannot in principle be reduced to a propositional format. For Searle, therefore, the Background is what its name suggests – presupposed, non-focused information, which for the most part is rarely brought to consciousness. We only become aware of the Background when presented with unusual collocations, which we find difficult to interpret, as when we are told to *cut the mountain*.

An issue arising from Searle's discussion is whether *cut* has the same meaning in *cut the grass* and *cut the cake*. Searle suggests that it does, *cut* just happens to be interpreted differently, relevant to different practices. One can imagine another solution, i. e. that the verb is polysemous, each sense being characterised against a different conceptual domain. The same question arises in connection with Pustejovsky's theory. That *window*, in *crawl through the window* and *The window is cracked* designates different kinds of entities (an aperture in the wall vs. pane of glass) could be evidence of its polysemy (Lakoff 1987, 416). Pustejovsky (1991) assigns the word a constant semantic representation; what varies is the "foregroundig or backgroundig of [the] nominal's qualia" (p. 432).

4.5. Wierzbicka (1996) proposes semantic definitions that incorporate a great deal of circumstantial knowledge about an entity. Her definition of *mouse* (pp. 340–1) includes such facets as the typical colour of mice, the fact that mice are reputed to like cheese, that cats are supposed to catch them, and much else. The breadth of information in the semantic definition is motivated by the existence of various idiomatic phrases involving the word *mouse* (e. g. the fact that a cat can be described as a *good mouser*). In spite of the incorporation of much encyclopaedic knowledge into the definition, Wierzbicka insists on a strict division between linguistic-semantic knowledge and encyclopedic knowledge. Many things that a person could know about mice, she argues, are not part of the linguistic meaning of the word. This rigorous distinction contrasts with the open-endedness of the domain matrix, in Langacker's theory (Taylor 1996, 80).

4.6. A number of psychologists have studies the activation of domain-based knowledge in the comprehension and recall process (see Greenspan 1986, and references cited therein). *The young man played the piano* activates the status of a piano as a musical instrument. *The young man lifted the piano* presents the piano merely as a heavy object. A typical finding is that *heavy* serves as an effective cue for the recall of the second sentence, but not for the recall of the first sentence. Such findings validate the idea that the context in which a word is used may activate only some facets of a domain matrix.

5. Metaphor and metonymy

The notion of domain is often invoked in connection with metaphor and metonymy. Metaphor may be defined as a transfer of designation across domains, as when *high* designates, not location in the spatial domain, but a position in the domain of power and social status. Metonymy may be defined as a transfer of designation from one entity to another within a given domain, as when *kettle*, in *The kettle is boiling,* designates, not the kettle, but the water that it contains (Croft 1993; Taylor 1995, Ch. 7). Taylor (1995, 138) comments upon the close relation between metaphor and metonymy, in that many metaphors may be ultimately based in metonymies. Metaphorical uses of *high* may have been enabled by metonymic associations between physical structure and power.

5.1. Metaphor and metonymy are ubiquitous. *The University* can designate an institution (*work for the University*), a building (*live near the University*), or a person or persons employed by the institution (*The University just telephoned*). This raises the question of how a hearer selects the speaker's intended meaning. Croft (1993) deals with this matter in terms of the principle of domain unity. Parts of a complex expression have to be interpreted against the same conceptual domain. *(To) live near* designates a configuration in space. *(To) live near the University* thus imposes a 'place' interpretation on *the University*. Pustejovsky (1991) handles this under *coercion*. One component of a complex expression coerces a reading of a sister constituent.

5.2. A further issue concerns the direction of coercion – what coerces what? I suggested above that the spatial reading of *near to* coerces a place reading of *the University*. But would it not also be possible for the institutional reading of *the University* to coerce a non-spatial reading of *near to*?

One can easily think up sentences which display this kind of ambiguity. *John left the University a short time ago* can be interpreted against the domain of space: John departed from the University premises. Equally, the sentence can be interpreted against the domain of institutions and employment relations: John resigned his position at the University. Observe that the two readings suggest different time scales for the interpretation of *a short time ago*. On the spatial reading, *a short time ago* would be taken to mean 'a few minutes/hours ago'. On the institutional reading, *a short time ago* would probably be taken to mean 'a few weeks/months ago'. These differences reflect domain-based knowledge concerning 'leaving a building' and 'leaving a job'. Specification of the time scale can itself coerce a spatial vs. institutional reading: *John left the University a few minutes ago* involes the spatial reading; John left the University a few months ago suggests the institutional reading.

Croft (1993) concludes that there are no general principles that might predict the directionality of domain interpretation. Essentially, a sentence is interpreted against the domain that is supplied by the broader communicative situation.

6. Literature (a selection)

Austin, John L. (1979): *Philosophical papers*. Oxford: Clarendon Press (3rd edition).

Barsalou, Lawrence W. (1987): The instability of graded structure. Implications for the nature of concepts. In: *Concepts and conceptual development. Exological and intellectual factors in categorisation.* (ed. U. Neisser). Cambridge: Cambridge University Press, 101–140.

Carey, Susan (1982): Semantic development. The state of the art. In: *Language acquisition. The state of the art.* (eds. E. Wanner; L. R. Gleitman). Cambridge: Cambridge University Press, 347–389.

Chomsky, Noam (1988): *Language and problems of knowledge*. Cambidge, MA: MIT Press.

Croft, William (1993): The role of domains in the interpretation of metaphors and metonymies. In: *Cognitive Linguistics* 4, 335–370.

Fillmore, Charles (1982): Towards a descriptive framework for spatial deixis. In: *Speech, place and action. Studies in deixis and related topics.* (eds. R. J. Jarvella; W. Klein). Chichester: Wiley, 31–59.

–, (1985): Semantic fields and semantic frames. In: *Quaderni di semantica* 6, 222–254.

Fodor, Jerry (1980): The present status of the innateness controversy. In: *Representations. Philosophical ssays on the foundation of cognitive science*. Cambridge, MA: MIT Press, 257–316.

Greenspan, Steven L. (1986): Semantic flexibility and referential specificity of concrete nouns. In: *Journal of Memory and Language* 25, 539–57.

Katz, Jerrold; Jerry Fodor (1963): The structure of a semantic theory. In: *Language* 39, 170–210.

Keller, Janet Dixon; F. K. Lehmann (1991): Complex concepts. In: *Cognitive Science* 15, 271–91.

Komatsu, Lloyd (1992): Recent views of conceptual structure. In: *Psychological Bulletin* 112, 500–526.

Kövecses, Zoltán (1990): *Emotion concepts*. New York: Springer.

Langacker, Ronald W. (1987): *Foundations of cognitive grammar*. Vol. 1. Stanford: Stanford University Press.

–, (1991): *Foundations of cognitive grammar*. Vol. 2. Stanford: Stanford University Press.

Lyons, John (1968): *Introduction to theoreticla linguistics*. Cambridge: Cambridge University Press.

–, (1977): *Semantics*. 2 Vols. Cambridge. Cambridge University Press.

Murphy, Gregory; Douglas Medin (1985): The role of theories in conceptual coherence. In: *Psychological Review* 92, 289–316.

Pustejovsky, James (1991): The generative lexicon. In: *Computational Linguistics* 17, 409–441.

Rosch, Eleanor (1978): Principles of categorization. In: *Cognition and categorization*. (eds. E. Rosch, B. B. Lloyd). Hillsdale: Erlbaum, 27–48.

–, (1987): Wittgenstein and categorization research in cognitive psychology. In: *Meaning and the growth of understanding*. (eds. M. Chapman; R. A. Dixon). Berlin: Springer, 151–166.

Sapir, Edward (1963): *Language. An introduction to the study of speech*. London: Rupert Hart-Davis (First published 1921).

Saussure, Ferdinand de (1964): *Cours de linguistique générale*. Paris: Payot (First edition 1916).

Searle, John R. (1980): The background of meaning. In: *Speech act theory and pragmatics*. (eds. J. R. Searle; F. Kiefer; M. Bierwisch). Dordrecht: Reidel, 221–232.

Sweetser, Eve (1987): The definition of lie. An examination of the folk models underlying a prototype. In: *Cultural models in language and thought*. (eds. D. N. Holland; N. Quinn). Cambridge: Cambridge University Press, 43–66.

Taylor, John R. (1995): *Linguistic categorization. Prototypes in linguistic theory*. Oxford: Clarendon Press. (First edition 1989).

–, (1996): *Possessives in English. An exploration in cognitive grammar*. Oxford: Clarendon Press.

Tsohatzidis, Savas (1995): What lack needs to have. A study in the cognitive semantics of privation. In: *Language and cognitive construal of the world*. (eds. J. R. Taylor; R. E. MacLaury). Berlin: Mouton de Gruyter, 81–93.

Wierzbicka, Anna (1996): *Semantics. Primes and universals*. Oxford: Oxford University Press.

John R. Taylor, Dunedin (New Zealand)

VIII. Die Inhaltsseite des Wortes IV: Die Strukturierung des Inhalts

The content level of the word IV: Structuring of word meaning

37. Structuring of word meaning I: An overview

1. Introduction
2. Basic distinctions
3. Characteristics of semasiological structures
4. Characteristics of onomasiological structures
5. Extension and nuances
6. Non-denotational meaning
7. The development of lexical semantics
8. Literature (a selection)

1. Introduction

How can we go about describing the meaning of words? What are the phenomena to be incorporated into the description, and what is the relationship among them? The purpose of the present chapter is to give an overview of the various forms of semantic structuring that may be distinguished, with special emphasis on their mutual relationships. The overview tries to provide a framework in which the various semantic phenomena (and hence also, the various descriptive and theoretical approaches that concentrate on one or the other of those phenomena) fit together in a coherent overall pattern. The focus is on the pattern rather than on the individual phenomena (which are discussed in more detail elsewhere in this Handbook).

The outline of the chapter is as follows. In section 2, three crucial distinctions are introduced: that between semasiology and onomasiology, that between sense and reference, and that between denotational and non-denotational forms of meaning. Section 3 then reviews the various types of semasiological structuring that are traditionally (and less traditionally) studied in lexical semantics. Section 4 shifts the attention towards the study of onomasiological structures. In particular, it tries to prove that the descriptive phenomena and the structuring principles are basically the same from both perspectives. Section 5 adds some nuances to the picture painted in sections 3 and 4, and section 6 discusses non-denotational meaning. Section 7 rounds off the chapter with an analysis of the way in which the various theoretical approaches that have dominated the historical development of lexical semantics, have dealt with the different types of structuring presented in sections 3 and 4: the classification of the different structurings of word meaning will turn out to yield an illuminating perspective onto the history of the discipline.

2. Basic distinctions

2.1. Semasiology and onomasiology

Uncontroversially, words have a phonological form on the one hand, and a semantic value on the other. This distinction is often referred to by means of the French terminology introduced by Ferdinand de Saussure: the formal aspect is called the *signifiant* (signifier), the content the *signifié* (signified). This distinction yields a basic difference of perspective for semantic research, according to whether the signifiant or the signifié is taken as the point of departure.

Starting from the formal side constitutes the most common type of analysis. Given a word, the description analyses the various semantic values that the word occurs with — basically, lists the meanings of the word in question. This is what is known as a *semasiological* analysis: going from the signifiant to the signifié. It is the type of analysis that one finds (with practical rather than theoretical purposes) in alphabetic dictionaries.

The reverse perspective is called an *onomasiological* approach. Starting from the signifié, it investigates what words may be used to express the meaning in question. Given, for instance, the notion of anger, what expressions for anger (like *rage* or *fury* or *wrath*) are there in English? Whereas polysemy (the fact that one word may have more than one meaning) constitutes the typical subject matter of semasiology, onomasiology is concerned with the presence of alternative expressions for a given meaning (synonymy and near-synonymy), and with the selection of one particular expression from among those alternatives.

2.2. Sense and reference

From a semasiological point of view, it is useful to distinguish between two levels of analysis: the semantic level and the referential level. Consider the word *fruit*. This is a polysemous word: next to its basic, everyday reading ('sweet and soft edible part of a plant, containing seeds'), there are various other readings conventionally associated with the word. In a technical sense, for instance ('the seed-bearing part of a plant or tree'), the word also refers to things that lie outside the range of application of the basic reading, such as acorns and pea pods. In an expression like *the fruits of nature*, the meaning is even more general, as the word refers to everything that grows and that can be eaten by people (including, for instance, grains and vegetables). Further, there is a range of figurative readings, including the abstract sense 'the result or outcome of an action' (as in *the fruits of his labour* or *his work bore fruit*), or the somewhat archaic reading 'offspring, progeny' (as in the biblical expressions *the fruit of the womb, the fruit of his loins*).

Each of these readings constitutes a separate *sense* of *fruit*, but in turn, each sense may be thought of as a set of things in the outside world. The basic sense of *fruit*, for instance, corresponds with a set including apples, oranges, and bananas (and many other types of fruit). If you think of fruit in this central sense as a category, the set consists of the members of the category. These members are 'things' only in a broad sense. In the *fruit*-example, they happen to be material objects, but in the case of verbs, they could be actions, or situations, or events; in the case of adjectives, they could be properties; and so on. Also, the 'things' featuring in the set need not exist in the real world. The set contains all real and imaginary apples and oranges (etc.) that *fruit* could possibly name, in the same way in which *goblin* will have a set of members associated with it, regardless of whether goblins are real or not.

Semanticists use various terms for identifying the set of category members associated with a word meaning. One common term is to say that the set is the *extension* of the semantic category; the more abstract sense that defines and delimits the extension is then called the *intension*. Other terms are *denotation* or *reference*, the referential or denotational level of analysis may then be contrasted with the *semantic* level, i.e. level of the senses.

It should be noted, however, that the term *reference* is sometimes used in a more restricted sense, as a name for the particular 'things' (in the broadest possible interpretation of that term) that a word refers to in a particular utterance. If a statement like *she held a fruit in each hand* is made by an actual speaker in specific circumstances, two individual fruits might be identified as the referents of *fruit*. The *denotation*, then, is the set of potential referents of a word in a particular meaning, whereas the *reference* is the actual subset referred to in an actual utterance.

2.3. Denotational and non-denotational meaning

If we use the term *sense* broadly, i.e. to indicate the word's informative value as a whole, then the denotational meaning of a word is that part of its sense that contributes to the truth-functional properties of the larger expressions in which the word features. It is not exactly identical with the word's referents (the extralinguistic entities, situations, relations, processes etc. that it may refer to), but it so to speak allows the word to refer. It is not identical with the referents, because the latter are 'things' in the outside world, and meaning is a property of the language, not of the outside world. The *denotational* meaning of a word is also referred to as its *denotative, referential, descriptive, cognitive* or *logical* meaning. But the sense of a word is not purely denotational: words also exhibit *non-denotational* types of meaning: they may have specific emotive values, or stylistic overtones, or pragmatic values, and these will have to be included in any systematic approach to lexical semantics.

3. Characteristics of semasiological structures

Given the distinction between the referential and the semantic level, the next step is to identify the structural characteristics of both levels. Three of them will be treated in some detail here: the differences of salience among the elements at each level, the structured nature of the levels, and the potential difficulty of giving a rigid definition of what belongs to each level. Crucially, these three characteristics recur at each of both levels; there is, so to speak, a structural homology between both levels.

3.1. Differences of structural weight

Differences in salience involve the fact that not all the elements at one level of analysis have the same structural weight. On the semantic level, for instance, the everyday reading of *fruit* occupies a more central position than the archaic reading 'offspring' or the technical reading. Various indications may be adduced for this central position. For one thing, the central reading more readily springs to mind when people think of the category: on being asked what *fruit* means, you are more likely to mention the edible parts of plants than a person's offspring. For another, the 'edible part' reading is more frequent in actual language use.

In addition, the 'edible part' reading is a good starting-point for describing the other readings. It would probably be more easy to understand the expression *fruit of the womb* (if it is new to you) when you understand the 'edible part' reading than the other way round. The basic reading, in other words, is the center of semantic cohesion in the category; it holds the category together by making the other readings accessible. Three features, in short (psychological salience, relative frequency of use, interpretative advantageousness), may be mentioned as indications for the central position of a particular reading.

Centrality effects are not restricted to the level of senses, however, but may also be invoked at the referential level. When prompted, Europeans will more readily name apples and oranges as types of fruit than avocados or pomegranates, and references to apples and oranges are likely to be more frequent in a European context than references to mangos. (This does not exclude, to be sure, cultural differences among distinct parts of Europe.)

The terminology used to describe these differences of structural weight is quite diverse, and our own discussion has featured such (intuitively transparent) terms as *salience, typicality*, and *centrality*. The most technical term however is *prototypicality*: the central reading of an item or the central subset within the extensional range of a specific reading is the prototype.

3.2. Structural relations

The relationship that exists between the various elements at each level of the analysis is not restricted to the quantifiable phenomena described in the previous section: the links between those elements may also be described in a more qualitative way. On the level of senses, in particular, it appears that the relationship between the meanings of a word may be described in terms of a more or less limited set of basic conceptual links. The senses of *fruit*, for instance, do not exist in isolation, but they are related in various ways to the central sense and to each other. The technical reading ('seed-containing part') and the sense illustrated by *the fruits of nature* are both related to the central meaning by a process of generalization. The technical reading generalizes over the biological function of the things covered by the central meaning, whereas the meaning 'everything that grows and that can be eaten by people' focuses on the function that those things have for human beings. The figurative uses, on the other hand, are linked to the other meanings by a metaphorical link, but notice also that the meaning 'offspring' is still closer to the central sense, because it remains within the biological domain. The overall picture, in short, takes the form of a cluster of mutually interrelated readings.

The terminology used to describe the links among senses originated with diachronic semantics, i.e. the study of changes of meaning. The basic idea, then, is that the links that hold among senses at one particular period of the development of the language are the outcome of earlier historical changes. The metaphorical relationship between 'edible part of a plant' and 'offspring', for instance, is the result of a metaphorical process that led from the former sense to the latter. Although there are many competing classifications of changes of word meaning, the major links that are mentioned in the literature are the following.

– *Specialization and generalization*
If the semantic range of application of an item is conceived of in set-theoretical terms, specialization implies that the range of application of the new meaning is a subset of the range of the old meaning. In the case of generalization, the new range includes the old one. Terminologically, *restriction* and *narrowing* of

meaning equal *specialization*, and *expansion, extension* und *broadening* of meaning equal *generalization*. Examples of specilization are *corn* (originally a cover-term for all kinds of grain, now specialized to 'wheat' in England, to 'oats' in Scotland, and to 'maize' in the USA) and *queen* (originally 'wife, woman', now restricted to 'king's wife or female sovereign'). Examples of generalization are *moon* (primarily the earth's sattelite, but extended to any planet's sattelite), and French *arriver* (which etymologically means 'to reach the river's shore, to come to the bank', but which now signifies 'to reach a destination' in general).

– *Metaphor*
Metaphor is a semantic relation between two senses of a lexical item which is based on similarity. A lexical item undergoes a metaphorical extension of meaning when one of its basic senses is used to denote another concept, which is then understood as being somehow similar to the initial sense. This initial sense is the *source* of the metaphor, the newly denoted concept is the *target*. *Foot,* for instance, should not be interpreted literally in the expression *foot of the mountain* because in its literal sense *foot* is restricted to denoting an anatomical part of the (human) body. When we speak of the *foot of a mountain* our concept of the human body (the source domain) is projected onto the mountain (the target domain), and the name of the lowest part of the body is applied to the lowest part of the mountain. Crucially, the similarity that lies at the basis of metaphors need not be generally recognized before someone starts using a newly coined metaphorical expression: metaphorical language may draw the attention to similarities that were not recognized beforehand.

– *Metonymy*
Metonymy is a semantic link between two senses of a lexical item that is based on a relationship of contiguity between the referents of the expression in each of those senses. When, for instance, one drinks 'a whole bottle', it is not the bottle but merely its contents that are consumed: *bottle* can be used to refer to a certain type of recipient, and to the (spatially contiguous) contents of that recipient. The concept of contiguity mentioned in the definition of metonymy should not be understood in a narrow sense as referring to spatial proximity only, but broadly as a general term for various associations in the spatial, temporal, or causal domain. Specifically, contiguity contrasts with similarity as the basis of metaphorical transfer of meaning. The broad character of the notion of metonymy may be illustrated by a brief look at the classification of types of metonymy.

Such classifications are most often based on an identification of the target and source concepts involved. Thus, the bottle-example mentioned above exhibits the name of a recipient (source) being used for its contents (target), a pattern that can be abbreviated as 'recipient for contents'. The same pattern is active in an example such as *to smoke a pack per day*. Making use of this abbreviated notation, other common types of metonymy are the following: 'a spatial location for what is located there' (*the whole theatre was in tears*); 'a period of time for what happens in that period, for the people that live then, or for what it produces' (*the nineteenth century had a historical orientation*); 'a material for the product made from it' *(a cork)*; 'the origin for what originates from it' (*astrakhan*); 'an activity or event for its consequences' (when the blow you have received hurts, it is not the activity of your adversary that is painful, but the physical effects that it has on your body); 'an attribute for the entity that possesses the attribute' (*majesty* does not only refer to 'royal dignity or status', but also to the sovereign himself); 'part for whole' (*a hired hand*). Two remarks are necessary with regard to this list (which is far from exhaustive, and serves purposes of illustration only). First, the relations can often work in the other direction as well. *To fill up the car*, for instance, illustrates a type 'whole for part' (as the counterpart of the 'part for whole' case just mentioned). Second, the part/whole-relationship is sometimes (specifically in traditional rhetorical treatises) classified as a separate type, named 'synecdoche'.

The theoretical basis of the definitional opposition between similarity and contiguity is not yet as well elucidated as one might wish. When the notion of contiguity has not just been taken for granted, it is often operationally defined negatively as that which is not a relationship of similarity (or specialization/generalization). There are, however, two ways of characterizing contiguity in a positive sense that deserve to be mentioned separately. First, whereas similarity exists as a paradigmatic relation that connects entities across different domains of experience, contiguity is a syntagmatic relationship that holds between entities in the same 'chunk of experience'. Second, whereas entities that are similar need not have anything to do with each other objectively (that is, before the similarity is noticed or apart from its being noticed), entities that are related by contiguity can be said to have something to do with each other in an objective sense.

3.3. Demarcation problems

The elements at one particular level of the semasiological analysis need not necessarily be clearly distinguishable with regard to each other. As an illustration, let us consider the question whether the central sense of *fruit* can be delimited in a straightforward fashion. Such a delimination will take the form of a definition that is *general* and *distinctive*: it is general in the sense of naming characteristics that are common to all fruits, and it is distinctive in the sense of being sufficient to distinguish the category 'fruit' (in the relevant sense) from any other category. (If a definition is not distinctive, it is too general: it will cover cases that do not belong in the category to be defined.)

Now, many of the characteristics that one might be inclined to include in a definition of the central reading of *fruit* do not have the required generality: they are not necessarily sweet (lemons), they to not necessarily contain parts that are immediately recognizable as seeds (bananas), they are not necessarily soft (avocados). There are, to be sure, a number of features that do have the required generality: all fruits grow above the ground on plants or trees (rather than in the ground); they have to ripen before you can eat them, and if you want to prepare them (rather than eat them raw), you would primarily use sugar, or at least use them in dishes that have a predominantly sweet taste. Taken together, however, these features do not suffice to prevent almonds (and other nuts), or a vegetable like rhubarb (which is usually cooked with sugar), from being wrongly included into the category that is to be defined.

We have to conclude, then, that the central sense of *fruit* cannot receive a definition that is both general and distinctive. If we shift the attention to the demarcation of *fruit* at the referential level, similar effects may be observed (see Art. 39). These demarcational problems do not mean, on the other hand, that our *conceptualization* of fruit (what we think when we think of fruit) is necessarily fuzzy and ill-defined. It could very well be that the image of fruit that spontaneously comes to mind when we think of fruit, is rather clear-cut. But all the same, even then we will have to accept that the image need not fit all fruits equally well.

3.4. Summarizing semasiology

The semasiological model arising from the previous pages may be summarized in the following graphical format. Without in any way being exhaustive, the picture shows how a word like *fruit* can, on a first level of analysis, be associated with various senses. On a second level of analysis, each of those senses is itself associated with a set of referents. These sets are represented in a form that resembles the representation with Venn-diagrams that is usual in mathematics. Examples of entities at the referential level are included only in the set associated with the sense 'edible part'. This is, of course, a matter of graphical economy rather than principle. At each level, specific structural characteristics have to be taken into account. Of the three basic characteristics mentioned above, two have received a graphical expression in the picture. The differences of centrality and structural weight among the elements at each level are indicated by drawing them in different sizes and by topologically ordering them in a way that reflects the cline from center to periphery. The structured nature of the relations between the elements is indicated by an explicit identification of the relevant links. (Again for reasons of graphical economy, this is restricted to the level of senses.)

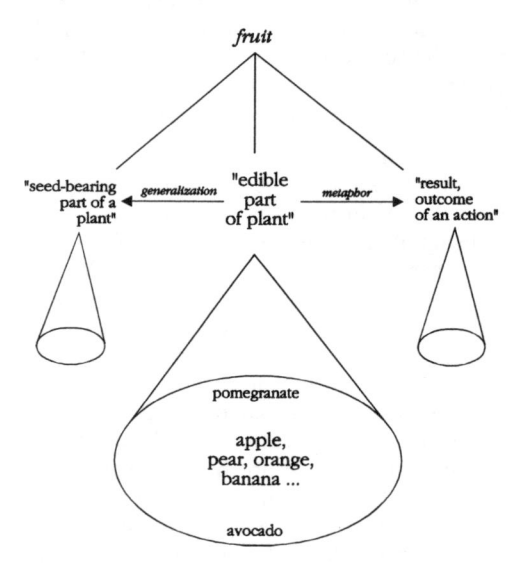

Fig. 37.1

It was suggested above that there is an outspoken homology between the structure of the referential level and the structure of the semantic level: the same structural characteristics shape both levels. This suggests that both levels are less far apart than has traditionally been thought. The structuralist view of lexicology in particular tends to suggest that only the semantic level (the level of senses) is worthy of linguistic analysis. By contrast, the so-called Cognitive Semantic conception that has meanwhile arisen in opposition to this earlier structuralist view, stresses the fact that the referential level has to be included in the analysis. Similarly, while structuralist approaches tend to be reluctant to take into account differences of structural weight and demarcational fuzziness, Cognitive Semantics readily accepts these phenomena as relevant aspects of semantic structure.

It is quite important to note that the way in which a particular approach to lexical semantics conceives of the range of 'admissible' semantic structurings (that is, aspects of semantic structure that may be legitimately incorporated into the investigation) influences the definition that may be given of some key notions in lexicology. As an example consider the case of *synonymy*. Synonymy is a relationship of semantic identity between words. It is common practice to use the term *synonymy* not just for cases of total identity, but also for cases of partial identity (although the latter case is often referred to with the term *near-synonymy*). Synonymy may be defined on the level of lexemes (the underlying word types as they are permanently stored in the lexicon), or on the level of the word forms as they surface in particular contexts: the distinction is between comparing words with their full range of applications, and comparing words as they appear with a specific reading in a specific sentence. Now consider the definitional alternatives that may arise in the former case, depending on the view one takes of semantic structurings. If the perspective is restricted to the level of senses, and if differences of structural weight and demarcational fuzziness are not taken into account, it suffices for two words to have the same range of senses to be considered synonyms. But if one takes a broader view of semantic structuring, two words might express the same senses, but with a different structural relationship among them: the central sense of one item might be peripheral in the structure of the other item (and the other way round). In such a case, the items had probably better be considered near-synonyms rather than absolute synonyms. More generally (but hardly surprisingly), the definition of lexical semantic concepts appears to be theory-dependent.

4. Characteristics of onomasiological structures

Onomasiological research may take at least three distinct forms. In the first place, one may take a basically diachronic perspective, focussing on the question 'Where do lexical items come from? What are the mechanisms introducing different onomasiological alternatives into the vocabulary of a language?' In the second place, one may envisage the onomasiological structures that are present within the lexicon: what are the structural characteristics of groups of words? This question obviously mirrors the question asked in section 3 concerning the characteristic features of semasiological structures. In the third place, the onomasiological approach may focus on the actual process of lexical selection: what are the factors determining the selection of one lexical category rather than the other in a particular context? In the present section, we will concentrate on the second question, and in section 5.2 say something more about the third. The first type of onomasiological question basically falls outside the scope of a semantically orientated chapter: not only does it involve changes in the lexicon rather than the synchronic description of structures, but also, it involves the formal rather than the semantic aspects of words.

If we now concentrate on the second type of onomasiological research as just mentioned, we are in fact studying sets of conceptually related words. The first question to be asked, then, involves the classification of such groups of related words: what kinds of conceptual links may be referred to as the basis for onomasiological structures in the lexicon? This question obviously mirrors the question of section 3.2, where we examined the conceptual relations that interconnect the elements of semasiological structures. And in fact, we will be able to suggest that the structural links that hold among the elements of onomasiological structures, are of essentially the same kind as the relations identified in the semasiological part of the investigation. More generally, we will show that all three basic phenomena that were discussed in section 3 (conceptual structure, salience effects, fuzziness) may also be discerned from an onomasiological perspective.

4.1. Onomasiological links

The three major types of conceptual structure in the lexicon that we may focus on are the following: lexical fields and taxonomies, generalized metaphors, and semantic frames. We will successively have a brief look at each of them, and then indicate how these three types of conceptual structure relate to the semasiological structural links that we discussed in section 3.2.

– Taxonomies and lexical fields
Lexical field theory is the general name for those approaches in lexical semantics that reject the view that the vocabulary of a language is an unordered set of items, but that instead take the view that the lexicon is organized into groups of items that belong together on the basis of their meaning. A lexical field, then, is such a set of semantically related lexical items, specifically in the sense of belonging together under the same overarching concept (in the sense in which, for instance, *chair, bench, couch,* and *stool* are subordinate concepts of *seat*). When various levels of hierarchical structure appear in the analysis, the notion *taxonomy* is used. A taxonomy of items of furniture, for instance, could first distinguish between seats, tables, and cupboards, subclassify the seats into chairs, benches, couches, and stools, and then further subclassify chairs into kitchen chairs, Chippendale chairs, office chairs, Louis XVI-chairs, and so on (see section 4.3 for an other example).

– Generalized (or 'conceptual') metaphors
In the *foot of the mountain*-example of metaphor (see section 3.2), a whole conceptual domain such as the human body is used to structure and grasp another conceptual domain such as the structure of a mountain. In some cases, the same metaphorical source domain may lie at the basis of a number of different metaphorical expressions for a specific target domain. Especially our understanding of abstract, conceptual domains, such as reasoning and emotions, is largely affected by many conceptual metaphors. Thus George Lakoff proposes an underlying metaphorical pattern AR-GUMENT IS WAR for all the concrete metaphors found in English to denote arguing, such as *to win or lose arguments, to give up indefensible positions, to attack someone's views,* and many more. Likewise, emotions are conceptualized as HEAT OF A FLUID IN A CONTAINER, so that we can *boil with anger,* or *make someone's blood boil, reach a boiling point,* or *explode.* Such metaphorical patterns are called *conceptual metaphors,* where 'conceptual' should be interpreted as 'transcending the level of the individual expression'. To avoid the impression that there are metaphors that are not in some sense conceptual, an alternative name *generalized metaphors* is sometimes used.

– Frames
Charles Fillmore's 'scenes-and-frames' approach to semantics takes its starting-point in the assumption that the human conceptual apparatus does not consist of isolated concepts, but is organized into larger, internally structured wholes. These larger chunks of knowledge, comprising coherent sets of human beliefs, actions, experiences, or imaginations, are called *scenes. Frames,* on the other hand, are the linguistic means available to refer to (aspects of) the scene. An example is the 'scene of commercial transaction', prototypically involving the selling and buying of goods. (Because a scene is a flexible entity, there may also be peripheral instantiations of the scene that deviate from the prototypical case.) The frame correlated with the commerical transaction scene comprises verbs such as *buy, sell, charge* and *pay,* but also nouns such as *price, cost* and *money,* and grammatical constructions such as the fact that the buyer is identified by a *to*-phrase with the verb *sell,* but appears as the subject of the sentence when the verb *buy* is used. The semantic description of various expressions thus refers to a single conceptual scene.

Given these three forms of onomasiological structuring, let us note that the three types as discussed here are systematically related to the three basic types of semantic links discussed in 3.2: the same kinds of relations that shape semasiological structures appear to shape onomasiological structures. First, hierarchical categorization lies at the basis of onomasiological research into lexical *taxonomies and lexical fields.* (For a nuance, see section 5.1). Second, Lakovian *generalized metaphor research* transposes the concept of metaphor from the semasiological to the onomasiological domain: generalized metaphors combine various individual lexical expressions, rather than senses of lexical items (as is the case in the traditional, semasiological conception of metaphor). Third, the typical perspective of Fillmorean *frame semantics* is of a metonymical kind. To consider an example first, studying verbs like *buy* and *sell* by bringing buyers and sellers and goods and prices into the picture, equals studying the 'referential syntagmatics' of a lexical item: the way in which the referent of the item (in this case, a particular commercial transaction) occurs in reality in temporal and spatial and functional conjunction with other entities, locations, processes, activities, or whatever. Such co-occurrence of referents is precisely what is meant by contiguity as the basis of metonymy in the semasiological sense. When in cases of synecdoche the name of the whole occurs as the name of the part (*fill up the car*), the semantic shift is made possible by the referential contiguity, the co-occurrence, the spatial conjunction of the part and the whole. Similarly, the onomasiological 'field' studied by frame semantics includes such items as *buyer* and *product* and *price* next to *buy* and *sell*, because there is a contiguity in reality between the activity denoted by *sell* and the referents of *price* and *product*. A traditional analysis of lexical fields, by contrast, would mostly be restricted to the analysis of the verbs *buy* and *sell* (which belong together under the superordinate concept of 'commercial transactions').

The correspondences between the semasiological and the onomasiological conceptual links are summarized in Figure 2.

4.2. Onomasiological salience effects

Salience effects in lexicology may be defined both semasiologically and onomasiologically. Semasiological salience is a major aspect of all brands of prototypicality research. Onomasiological salience, on the other hand, has been much less intensively studied. Differences of onomasiological salience have so far been described primarily in terms of the *basic level hypothesis*. The background of the hypothesis is the ethnolinguistic recognition (brought to the fore by the American anthropologist Brent Berlin) that folk classifications of biological domains usually conform to a general organisational principle, in the sense that they consist of five or six taxonomical levels. Figure 3 illustrates the idea with two sets of examples. The highest rank in the taxonomy is that of the 'unique beginner', which names a major domain like *plant* and *animal*. The domain of the unique beginner is subdivided by just a few general 'life forms', which are in turn specified by 'folk genera' like *pine, oak, beech, ash, elm, chestnut*. (The 'intermediate' level is an optional one.) A folk genus may be further specified by 'folk specifics' and 'varietal taxa'. To the extent that the generic level is the core of any folk biological category, it is the basic level. The generic level, in other words, is onomasiologically salient: within the lexical field defined by the taxonomy, the generic level specifies a set of preponderant items. In this

CONCEPTUAL RELATION	SEMASIOLOGY STRUCTURE	ONOMASIOLOGY STRUCTURE
taxonomical categorization	specialization/ generalization	taxonomies and lexical fields
similarity	metaphor	generalized metaphor
contiguity	metonymy	frame semantics

Fig. 37.2

	Ethnobiological examples (English)		*Clothing terms (Dutch)*
KINGDOM	plant	animal	kledingstuk 'garment'
LIFE FORM	tree	fish	bovenkledingstuk 'outer garment'
INTERMEDIATE	evergreen	fresh water fish	–
GENERIC	pine	bass	broek 'trousers'
SPECIFIC	whitepine	black bass	skibroek 'ski pants'
VARIETAL	Western whitepine	large mouthed bass	stretch skibroek 'stretch skipants'

Fig. 37.3

sense, the basic level embodies a set of naming preferences: given a particular referent, the most likely name for that referent from among the alternatives provided by the taxonomy will be the name situated at the basic level.

Apart from embodying a concept of onomasiological salience, basic level categories exhibit a number of other characteristics. From a psychological point of view, they are conceptualized as perceptual and functional gestalts. From a developmental point of view, they are early in acquisition, i. e., they are the first terms of the taxonomy learned by the child. From a linguistic point of view, they are named by short, morphologically simple items. And from a conceptual point of view, it has been claimed that the basic level constitutes the level where prototype effects are most outspoken, in the sense that they maximize the number of attributes shared by members of the category, and minimize the number of attributes shared with members of other categories.

Applying the basic level model to the lexical field of clothing terminology in contemporary Dutch, items like *broek* 'trousers', *rok* 'skirt', *trui* 'sweater', *jurk* 'dress' are to be considered basic level categories: their overall frequency in actual language use is high, and they typically have the monomorphemic form of basic level categories. A further extrapolation yields the right-hand side of Figure 3, in which *kledingstuk* 'garment' is considered a unique beginner in contrast with, say, *gereedschap* 'utensil' or *speelgoed* 'toys'.

Note, however, that differences of onomasiological preference also occur *among* categories on the same level in a taxonomical hierarchy. The basic level model contains a hypothesis about alternative categorizations of referents: if a particular referent (a particular piece of clothing) can be alternatively categorized as a garment, a skirt, or a wrap-around skirt, the choice will be preferentially made for the basic level category 'skirt'. But analogously, if a particular referent can be alternatively categorized as a wrap-around skirt or a miniskirt, there could just as well be a preferential choice: when you encounter something that is both a wrap-around skirt and a miniskirt, what is the most natural way of naming that referent? If, then, we have to reckon with intra-level differences of salience next to inter-level differences, the concept of onomasiological salience has to be generalized in such a way that it relates to individual categories at any level of the hierarchy (or what is left of it when all forms of hierarchical fuzziness are taken into account). Terminologically, this concept of *generalized onomasiological salience* can be equated with the notion of *entrenchment*. Ronald Langacker introduces the concept in connection with the process of unit formation: a particular linguistic construct (such as a new compound, or the use of a word in a new reading) may gradually transcend its initial incidental status by being used more often, until it is so firmly entrenched in the grammar or the lexicon that it has become a regular well-established unit of the linguistic system. Metaphorically speaking, entrenchment is a form of conceptual 'wiring in': a well-entrenched concept is more firmly anchored in the language user's knowledge of the language.

The generalized concept of entrenchment, defined as onomasiological salience, may be operationally defined as the ratio between the frequency with which the members of a lexical category are named with an item that is a unique name for that category, and the total frequency with which the category occurs in a corpus. For instance, the lexical category 'apple' will be highly entrenched if, of a total of 100 references to apples, 60 percent or so occurs with the name *apple* rather than with hyperonyms like *fruit* or hyponyms like *Granny Smith* or *Cox Orange Pippin*.

4.3. Onomasiological fuzziness

The classification of types of onomasiological structures that was presented in section 4.1 might seem to suggest that the various types of onomasiological structures constitute neatly delineated entities that avoid the kind of demarcational vagueness that characterizes semasiological structures. This is, however, a mistaken impression: the conceptual structure of the lexicon as a whole is no less subject to fuzziness than the conceptual structure of individual words. As an illustration, we may have a look at some problems involving the taxonomical structure of the lexicon.

The basic level model introduced in 4.2 would seem to presuppose the existence of a clear taxonomical organisation of the lexicon that seems to rely on a mosaic-like picture of conceptual structures. Even apart from the general point (often made in discussions of the lexical field model as originally introduced by Jost Trier) that such a picture may not be the most adequate one, there are specific reasons for questioning the neatness of the division in levels that is presupposed by the basic level model. For one thing, uncertainties about inclusion relations undermine the stability of the taxonomical hierarchy. If, for instance (returning to the example of the Dutch clothing terms), it is indeterminate whether *broekrok* 'culottes' is a hyponym of *broek* 'trousers' or *rok* 'skirt', it is also unclear whether *broekrok* is to be situated one level below these terms, or rather on the same level. Such indeterminacies can indeed be shown to exist on the basis of actual language data. They follow, in fact, from the existence of semasiological salience effects, when these are realised in the form of degrees of membership status: if it is unclear whether *broekrok* is a member of the category *broek*, the structure of the taxonomy incorporating *broek* and *broekrok* likewise becomes diffuse.

For another, the lexicon is not a single taxonomical tree with ever more detailed branchings of nodes, but is rather characterized by multiple overlapping hierarchies. Consider, for instance, how an item like *dameskledingstuk* 'woman's garment, item of clothing typically or exclusively worn by women' would have to be included in a taxonomical model of the lexicon. As Figure 4 shows, such a classification on the basis of gender-specificity cross-classifies with a classification based on functional gestalts like *broek* and *rok*. So can we say that *dameskledingstuk* belongs to the same level as *broek* and *rok*? Whereas the latter items would probably be basic level terms, this could hardly be the case for *dameskledingstuk*. But how can the level of *dameskledingstuk* be determined at all, if it does not fit into the same taxonomical hierarchy as *broek* and *rok*? In a basic level model of onomasiological salience, the lower degree of salience of *dameskledingstuk* would have to result from its taxonomical position with regard to the level where *broek* and *rok* are situated; but this taxonomical position is unclear because *dameskledingstuk* cross-classifies with the *broek/rok*-classification.

4.4. Summarizing onomasiology

In the same way in which we encountered a structural homology between the referential level and the sense level when we considered the semasiological structuring of words, we have now come across a similar homology between characteristics of semasiological and onomasiological structures. Onomasiological structures no less than semasiological structures are characterized by fuzziness and differences of structural weight; and the same type of conceptual links that characterize the semasiological relation between the meanings of one word, characterize the onomasiological relations between the meanings of different words. This homology should not really surprise us: why should semantic categories have different characteristics when they are found within the structure of a single word, or when they are found across different words, within the vocabulary as a whole? The patterns of thought at work in both cases remain the same, and semantic categories remain semantic categories, whether they have an infralexical or a supralexical status.

5. Extensions and nuances

As a footnote to section 4, the present section briefly discusses a nuance and an addition with regard to the picture painted in section 4. Section 5.1 suggests a slightly different classification than the one used so far. Section 5.2 is an elaboration, taking up the third type of onomasiological research mentioned at the beginning of section 4.

5.1. Literal similarity

The correspondence between semasiology and onomasiology that was established in section 4.1 depends on the classification of semantic links that one starts from. A classification with three basic categories was used, but it is typical for semasiological research into sense relations, that different researchers may come up with rather different classifications. (The tradition of prestructuralist diachronic semantics in particular is a huge repository of such different classifications.) Would the correspondence still hold if we started from a different classification of semasiological links? It is evi-

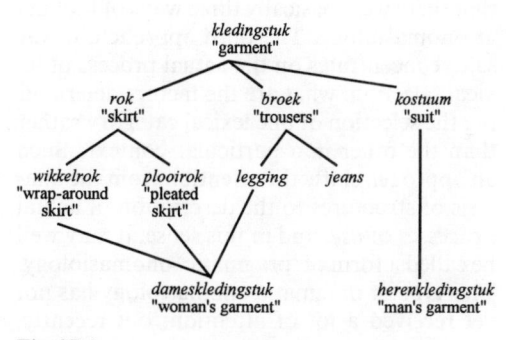

Fig. 37.4

dently impossible to review all the potential alternatives, but let us consider one of them.

The starting-point is the recognition that there is a certain mismatch between the notion 'metaphor' and the concept of 'semantic relation based on similarity'. Many semantic links that are undoubtedly based on similarity are not metaphorical in nature. An example would be *artillery*. When the medieval bows and catapults and slings (the original extension of *artillery*) are replaced by guns and canons, the new weapons take over the name *artillery*. There is an obvious similarity between the new weapons and the old ones, in the sense that both are of a ballistic kind; they involve throwing or hurling projectiles towards the enemy. One would not say, however, that *artillery* is being used in a metaphorical way when applied to firearms; rather, the similarity involved is of a non-figurative kind. If this is correct, the category of 'sense relations based on similarity' should be split up between metaphor and literal similarity. The distinctive characteristic of metaphorical changes within the group of changes based on similarity, would then seem to be the *figurative* nature of metaphors: metaphorical changes are based on figurative rather than literal similarity. Literal similarity, on the other hand, seems to be typical of prototypical clustering at the referential level; one may think here of the similarity between the different members of the category 'fruit'. Even though the distinction between literal and figurative changes is likely to be a continuous rather than a dichotomous one (and although it should be noted that lexical semantics has not yet come up with an adequate, operational definition of figurativeness), we may now distinguish between four basic conceptual relations as the basis of semasiological relations between senses: taxonomical categorization, contiguity, literal similarity, and figurative similarity.

Can such a change be carried through on the onomasiological side as well? It can, by refining the relationship between taxonomical structures and lexical fields. When it was said in section 4.1 that a hierarchical categorization lies at the basis of onomasiological research into lexical taxonomies and lexical fields, lexical fields were implicitly equated with sets of co-hyponyms in a taxonomy. But co-hyponyms are typically related by (literal) similarity, whereas the hierarchical taxonomical relationship strictly speaking applies only to the relationship between a hyponym and its hyperonym. Moreover, defining lexical

CONCEPTUAL RELATION	SEMASIOLOGY STRUCTURE	ONOMASIOLOGY STRUCTURE
taxonomical categorization	specialization/ generalization	taxonomies
literal similarity	similarity (of the *artillery*-kind)	lexical fields
figurative similarity	metaphor	generalized metaphor
contiguity	metonymy	frame semantics

Fig. 37.5

fields in terms of a literal similarity relation instead of co-hyponymy has the additional advantage of greater flexibility. Not all the terms that would customarily be considered to constitute a lexical field, need be co-hyponymous: the superordinate concept is not necessarily lexicalized. For instance, terms such as *cupboard, wardrobe, cabinet, dresser,* and *locker* intuitively belong together in the field of 'pieces of furniture for storing things', but there is no single term to act as hyperonym for the set.

So, by separating the 'vertical' relations in a taxonomy from the 'horizontal' relationship of similarity between co-hyponyms, the parallelism between semasiological and onomasiological structuring is maintained. It would seem, in short, that the correspondence between semasiology and onomasiology is a fairly stable one: changes in the classificatory basis need not disrupt the correspondence. The resulting revision of Figure 4 is presented in Figure 5.

5.2. The interplay of semasiology and onomasiology

At the beginning of section 4, it was suggested that there were basically three ways of looking at onomasiology. The third approach, it was said, concentrates on the actual process of lexical selection: what are the factors determining the selection of one lexical category rather than the other in a particular context? Such an approach shifts the attention from the analysis of structures to the description of actual processes of *use*, and in this sense, it may well be called a form of 'pragmatic' onomasiology. This type of pragmatic onomasiology has not yet received a lot of attention, but recently, attempts have been made to develop a framework for the study of lexical selection. Interestingly, it appears that the quantitative aspects of semasiological and onomasiological structure (i.e. those having to do with differences of structural weight) are among the crucial factors determining lexical selection.

The basic principles of a pragmatic form of onomasiology, in fact, are the following. The selection of a name for a referent is simultaneously determined by
1) the degree of prototypicality of the referent with regard to the semasiological structure of the category (*semasiological salience*)
2) the onomasiological entrenchment of the category represented by the name (*onomasiological salience*).

The first hypothesis implies that a referent is more readily named by an item if it is a salient member of the category represented by that item. There is a positive correlation between the prototypicality of a referent with regard to a word (its centrality in the semasiological structure of the word), and the choice of that word – in comparison to alternatives – for naming the referent. The latter concept may be expressed by a *cue validity* measure: a referent (or a set of referents) in the extension of a category has a high cue validity with regard to that category if the category is readily chosen as a name for designating the referent. For instance, given that coconuts are highly peripheral members of the category 'fruit', the name *fruit* is less likely to be selected for designating coconuts.

The second hypothesis may now be formulated as follows: a referent is more readily named by an item if the item represents a highly entrenched lexical category. That is so say, there is a positive correlation between the entrenchment of categories A and B, and the choice for either A or B as a name for the referents in the intersection of A and B.

In short, recent research establishes that the choice for a lexical item as a name for a particular referent is determined both by the degree of prototypicality of the referent with regard to the semasiological structure of the category, and by the onomasiological entrenchment of the category represented by the name. This recognition points the way towards a truly integrated conception of lexicological research, in which the semasiological and the onomasiological approach are logically combined from a 'pragmatic', usage-based perspective. Also, the importance for pragmatic onomasiology of prototypicality at the referential level of semantic structure indicates that a restriction of the investigation to the level of senses might be an unnecessary impoverishment of lexical semantics.

6. Non-denotational meaning

So far, we have discussed denotational meaning in its semasiological and onomasiological form. But what about the non-denotational type of meaning? It has traditionally received much less attention than the denotational one, but it can certainly not be excluded from an overview like the present one. First, we will have a look at the criteria that may in principle be invoked to distinguish between different types of non-denotational meaning. Next, we will see what the application of those principles amounts to. A brief discussion of the distinction between semasiology and onomasiology with regard to non-denotational meaning rounds off the discussion.

6.1. Classificatory principles for non-denotational meaning

If it can be accepted that the denotational meaning type is the basic one, criteria for distinguishing non-denotational meanings should take into account circumstances where the denotational meaning does not suffice for the description of the meaning of an item. There would basically seem to be two such criteria: distinct types of non-denotational meaning should only be posited, first, to describe the differences in informative content between lexical items that have the same denotational meaning, and second, to describe the informative content of lexical items that lack denotational meaning. The first criterion is the basic one, in the sense that it has the widest range of application; it leads to the postulation of, for instance, an emotive type of meaning to explain the distinction between denotationally synonymous items such as *homosexual* and *queer*. The second criterion is a subsidiary one; as it applies mostly to interjections and formulaic elements (such as *hi!*, whose value as a greeting expression is not a matter of denotational meaning), its scope is more restricted than that of the first criterion.

6.2. Emotive, stylistic, and discursive meaning

Applying the first criterium to the distinction between the more or less neutral term *homosexual* and derogatory terms such as *queer* leads to the postulation of an *emotive* type of meaning. This kind of meaning (which is also called *expressive* or *affective*) involves that part of the meaning of an item that communicates the speaker's evaluation of, or his attitude towards the referent of the expression. According to the second criterion, an expression of pain such as *ouch!*, or an expression of disgust such as *ugh!* (which both have no identifiable denotational meaning) also illustrate the emotive type of lexical meaning.

The notion *stylistic* meaning is necessary to distinguish between a neutral word such as *bycicle* and a more informal word such as *bike*: they are denotationally synonymous, but the latter will normally be used in other, less formal circumstances, than the former. As such, stylistic meaning appears to communicate something about the speaker's assessment of the speech situation, including his relationship to the addressee (such as when an increase in the familiarity between speaker and addressee entails the use of more informal terms). To the extent that particular stylistic characteristics correlate with permanent speaker characteristics rather than with contextual variables (as in the case of typically lower class or upper class items), stylistic meaning communicates something of the speaker's overall position within the speech community. Differences in emotive meaning may clearly correlate with differences in stylistic meaning (in the sense that, for instance, *homosexual* is stylistically more neutral than *queer*), but the distinction between *bicycle* and *bike* (where no emotive difference can be noticed) illustrates the independence of the notion of stylistic meaning.

Although *gentleman* as used in forms of address is denotationally synonymous with *man*, the latter cannot be substituted for the former in expressions such as *ladies and gentlemen*. If, then, the discursive meaning of a lexical item is defined as that part of the item's informative value that communicates something of the speaker's interactive intentions with regard to the addressee, specifically regarding the establishing, maintaining, and completing of the communicative interaction itself, it should be clear that (taking into account the second criterion discussed above) expressions such as *hallo?, hallo!, hi!, bye bye, with sincere regards*, and so on similarly illustrate the notion of *discursive* meaning.

Whereas the emotive and (to a smaller extent) the stylistic meaning types are quite common in classifications of types of meanings, the discursive type often passes unnoticed. It is included here to show how a systematic application of distinctive criteria might lead to improvements with regard to the existing classifications (but its inclusion is not meant to exhaust the possible modifications that such a systematic endeavour might entail).

6.3. Semasiology and onomasiology

We have introduced non-denotational types of meaning in a typically onomasiological way: by contrasting different expressions with the same denotational value but with a difference in overall communicative effect. Does that mean that non-denotational meaning is semasiologically irrelevant? Not exactly, but its relevance is basically of a diachronic nature: the major point of contact between the study of non-denotational meaning and semasiology lies in the definition of *pejorative* and *ameliorative* changes of meaning. The former implies a shift towards a (more) negative emotive meaning, whereas the latter involves a shift towards a (more) positive emotive meaning.

7. The development of lexical semantics

The bottom line of the overview given in the previous sections, involves the recognition that the following features allow for an insightful classification of the structurings of word meaning: first, a very basic homology between semasiological and onomasiological structurings; second, a classification of content-based semantic links in terms of hierarchical relations, literal and figurative similarity, and contiguity; third, the structural importance of difference of structural weight and demarcational fuzziness. For ease of terminological reference, the content-based relations might be called 'qualitative', whereas structural salience and boundary effects might be called 'quantitative' phenomena. The overall field of research of lexical semantics may then be represented as in Figure 6, which functions as a 'conceptual map' of the field of lexical semantics. (Or at least, of its core part: diachronic semantics and non-denotational types of meaning are not included.)

The relevance of the classification in Figure 6 may now be further established by taking a historical perspective. Each of the major areas in the overview presented in the figure is, in fact, typically covered by one of the dominant theoretical traditions from the history

	SEMASIOLOGY	ONOMASIOLOGY
'Qualitative' approach: Content-based relations	metaphor, metonymy, specialization, generalization	taxonomies, fields, frames, conceptual metaphors
'Quantitative' approach: Differential weights	prototypicality, salience	basic levels, entrenchment

Fig. 37.6

	SEMASIOLOGY	ONOMASIOLOGY
'Qualitative' approach: Content-based relations	prestructuralist, diachronic semantics	structural semantics
'Quantitative' approach: Differential weights	cognitive semantics (prototype theory)	cognitive semantics (basic level research)

Fig. 37.7

of lexical semantics. Simplifying, these traditions are: *prestructuralist diachronic semantics* (which dominated the scene from 1850 to 1930 approximately), *structuralist semantics* (from 1930 onwards), and *Cognitive Semantics* (starting in the early 1980s). A fourth major tradition that should be distinguished is the formalized approach that takes its starting-point in the generative tradition of the 1960s, as in the work of Bierwisch and Katz. Incorporating ideas from logical semantics, it leads to the contemporary framework developed by Jackendoff, Pustejovsky and others. From the perspective of the present overview, this approach is probably closer to the structuralist approach than the other two, specifically in the sense that it is reluctant to take over the Cognitive Semantic extension of the field of research to the referential level of semantic structure. From this point of view, the approach might be dubbed *neostructuralist formalized semantics*.

Except perhaps for the latter approach, each of the major traditions has an innovative effect by extending the field of lexical-semantic research to a new area of the conceptual map. The prestructuralist tradition of diachronic semantics, to begin with, deals predominantly with the 'qualitative' aspects of semasiology – with processes like metaphor and metonymy, that do not just function as mechanisms of semantic extension, but that constitute, at the same time, the synchronic links between the various readings of a lexical item. Structuralist semantics, on the other hand, focusses on 'qualitative' phenomena of an onomasiological kind, such as field relations and taxonomical hierarchies. Neostructuralist formalized semantics takes its empirical starting-point in the structuralist tradition, but devotes more attention to the phenomena that consti-

tuted the hallmark of the prestructuralist tradition (specifically, to semasiological relations of the metaphor/metonymy type). Cognitive semantics, finally, shifts the attention towards the 'quantitative' aspects of lexical structure: all forms of prototypicality effects in the semasiological realm, and basic levels on the onomasiological side.

This overview of the different descriptive focus of the various traditions of lexical semantics also shows how the conceptual map presented in Figure 6 gets gradually filled out by different theoretical approaches with different descriptive priorities. There is a historical progression from 'qualitative' semasiology to 'qualitative' onomasiology, and hence to an interest in 'quantitative' phenomena on the semasiological as well as on the onomasiological level. The actual historical development from prestructuralist semantics over structuralism to Cognitive Semantics constitutes a gradual extension of the descriptive scope of lexical semantics. It will also be recognized, on the other hand, that the field is not yet completely covered: as mentioned before, the area of pragmatic onomasiology has so far received only minimal attention, and non-denotational kinds of meaning should be more systematically explored.

The overview of the descriptive preferences of the major traditions of lexical semantics is summarized in Figure 7. In order to avoid misunderstanding, it is important to strike a note of warning: the figure charts the fields of innovation of the traditions, rather than strictly confined areas of activity. The various traditions, that is, are certainly not restricted in their activities to the empirical areas mentioned in the overview. Let us consider important nuances with regard to each of the major traditions. *First*, prestructuralist semantics does not have an exclusively semasiological orientation. Onomasiological considerations may enter the classification of types of semantic change wherever necessary. The notion of analogical changes of meaning, in particular, presupposes an onomasiological perspective. ('Analogical change' is the general name for semantic extensions that copy the meaning of another, related word. Semantic loans or 'calques' are a case in point.) *Second*, structuralist semantics does not have an exclusively onomasiological orientation. By focussing on distinctiveness as a basic phenomenon to be considered in lexical semantics, it generally proclaims the primacy of onomasiological phenomena over semasiological phenomena. The research strategy of componential analysis, for instance, is basically to derive the semasiological description of the meaning of individual lexical items from an analysis of the onomasiological relations that the item in question entertains with other items in the same lexical field. Semasiological analysis, in short, is far from absent from the structuralist approach, but depends on an initial onomasiological analysis. In the contemporary 'neostructuralist' approach, the semasiological orientation is even more outspoken. *Third*, Cognitive Semantics is not restricted to prototype theory and basic level research. Specifically, there are two important contributions that Cognitive Semantics has made to the structural onomasiological perspective: on the one hand, the development of the Fillmorean frame model of semantic analysis, and on the other hand, the introduction of generalized metaphor research in the line of Lakoff.

Even given these nuances, the overall pattern remains: the historical development of lexical semantics takes the form of a gradual extension of the field of research, in which the major forms of semantic structuring that may be distinguished, successively and more or less systematically move into the center of theoretical and descriptive attention.

8. Literature (a selection)

Berlin, Brent (1978): Ethnobiological classification. In: *Cognition and Categorization*. (eds. E. Rosch; B. B. Lloyd). Hillsdale, N. J.: Lawrence Erlbaum Associates 1978, 9–26.

Fillmore, Charles (1977): Scenes-and-frames semantics. In: *Linguistic Structures Processing*. (ed. A. Zampolli). Amsterdam: North Holland Publishing Company 1977, 55–81.

Geeraerts, Dirk (1997): *Diachronic Prototype Semantics*. Oxford: Clarendon Press.

Geeraerts, Dirk; Stefan Grondelaers, Peter Bakema (1994): *The Structure of Lexical Variation*. Berlin: Mouton de Gruyter.

Lakoff, George (1987): *Women, Fire, and Dangerous Things. What Categories Reveal about the Mind*. Chicago/London: The University of Chicago Press.

Lakoff, George; Mark Johnson (1980): *Metaphors we Live by*. Chicago/London: The University of Chicago Press.

Langacker, Ronald W. (1987): *Foundations of Cognitive Grammar I. Theoretical Prerequisites*. Stanford: Stanford University Press.

Lehrer, Adrienne (1974): *Semantic Fields and Lexical Structure*. Amsterdam: North Holland Publishing Company.

Lehrer, Adrienne; Eve Kittay (eds.) (1992): *Frames, Fields and Contrasts*. Hillsdale, N. J.: Lawrence Erlbaum Associates.

Lutzeier, Peter R. (ed.): *Studien zur Wortfeldtheorie. Studies in Lexical Field Theory*. Tübingen: Max Niemeyer Verlag.

Nerlich, Brigitte (1991): *Semantic Theories in Europe 1830–1930. From Etymology to Contextuality*. Amsterdam: John Benjamins Publishing Company.

Pustejovsky, James (1994): *The Generative Lexicon: A Theory of Computational Lexical Semantics*. Cambridge, Mass.: MIT Press.

Panther, Klaus; Günter Radden (in press), *Metonymy in Cognition and Language*. Amsterdam: John Benjamins Publishing Company.

Taylor, John (1995): *Linguistic Categorisation. An Essay in Cognitive Linguistics*. Oxford: Clarendon Press (2nd edition).

Ungerer, Friedrich; Hans-Jörg Schmid (1996): *An Introduction to Cognitive Linguistics*. London/New York: Longman.

Dirk Geeraerts, Stefan Grondelaers,
Leuven (Belgium)

38. Structuring of word meaning II: Aspects of polysemy

1. Introduction
2. Polysemy in the linguistic tradition
3. Polysemy and homonymy
4. Polysemy and monosemy
5. Testing polysemy
6. Further directions for the study of polysemy
7. Literature (a selection)

1. Introduction

"Polysemy" is one of the most controversial terms in linguistic. To a certain degree, this can be attributed to the fact that the expression "polysemy" is itself polysemous. This means that "polysemy", although a scientific term, has a number of related but partly distinct interpretations when used in context, just as ordinary words in natural languages typically have. These overlapping interpretations or "senses" of "polysemy" cluster around a prototype. It is this prototype that most linguists probably think of when coming across this term without an explicit defintion in a neutral, model-independent context. This prototype exhibits most of the criterial features employed for defining polysemy in the history. And just as the lack of necessary criteria in the case of natural language categories may lead to disagreement among speakers about whether or not a non-prototypical object in the world can properly be named by a word (manifesting a categorial instance of that word), linguists do not always agree whether or not certain kinds of multiple senses should be subsumed under the metalinguistic category of "polysemy".

So, what is polysemy? Let us begin with an approximative description of polysemy reflecting the prototypical idea of this term and some illustrating examples. Later, in the course of this paper, we will successively refine this first definition, pointing out different understandings of polysemy and problems resulting from the non-coextensive character of some of the features which have been attributed to polysemy in the history. Polysemy designates the phenomenon that a word has more than one semantically related meaning, where

(a) "word" is understood as a lexical item abstracted from inflectional variation rather than as an inflected word form,
(b) the formal identity of "word" is partly presupposed on historical grounds and partly established on the basis of morphological and syntactic considerations in that polysemy is only assumed
  – if etymological knowledge guarantees that the morphological material associated with the meanings in question goes back to the same historical origin (i. e. to a "historical word"), and
  – if the meanings in question are associated with the same parts of speech (i. e. with a "morphosyntactic word"),
(c) "semantically related" means, roughly, that speakers are conscious of the fact that there is a certain semantic affinity between the meanings in question, and linguists are able to determine this affinity in terms of a shared semantic component.

In this sense, the verb *run*, the noun *ring*, and the adjective *high* are each polysemous with respect to the senses given by the paraphrases in (1) and illustrated by the sentences following them:

(1) a. *run*: (1) '[humans] to move quickly on foot by using the limbs': *John ran to the house.*; (2) '[machines/systems] operating': *The motor is running.*; (3) '[public cars/trains, etc.] to transport people on schedule': *The train runs every hour.*; (4) '[organizations] functioning': *The office runs well.*; (5) '[liquids] to flow': *The color is running.*; (6) [roads/mass objects/events, etc.]: *The manuscript runs to eighty pages.*; (7) '[humans] to candidate in an election': *John is running for the election.*
b. *ring*: (1) 'a piece of jewelry for wearing on the finger': *He took the wedding ring from her finger.*; (2) 'a circular line or mark': *Sue had dark rings around her eyes.*; (3) 'an object in the shape of a circle': *Slice the onions into rings.*; (4) 'a group of people cooperating for illegal purposes': *Police suspect a drug ring may be operating in the area.*
c. *high*: (1) '[physical objects] having a great distance upward or situated at a great distance above the ground': *Two high, narrow towers rose over the trees.*; (2) '[non-local dimensions] increased above an average in strength, speed, pressure, temperature, price, etc.': *A car was approaching at high speed.*; (3) '[humans/organizations] elevated in rank, eminence, etc.': *You are the second highest expert in Europe*; (4) '[abstract concepts] very good': *Sue had a very high opinion of his work.*; (5) '[humans] exited and happy': *She was still high on her success.*

2. Polysemy in the linguistic tradition

It is commonly assumed that "polysemy" as a technical term is a creation of nineteenth century semantics, in contrast with "homonymy", which can be traced back to a classical source and is known to be used, for instance, by Aristotle (as "homōnymia") (cf. Gragg 1978: 174; Robins 1987: 72–73; Hospers 1993: 115). It is true that it was almost exactly a century ago, in 1897, that the expression "polysemia" was coined by Michel Bréal from Greek *poly* ('numerous') and *sēmeion* ('sign(ification)') in order to cover roughly the same phenomenological area as today. However, Bréal may have been influenced by Greek sources, which attest the use of terms such as "polysēmos" and "polysēmantos", and even to the existence of a (lost) work titled "Peri polysēmantōn lexeōn" ('About polysemous words') by the author Orus as early as the 5th century AD (cf. Reitzenstein 1897/1964: 335 ff.). Bréal, who also introduced the term "semantique", tried to account for the observation that when "a new signification is given to a word, it appears to multiply and produce fresh examples, similar in form, but differing in value", resulting in a situation where the same form "can be em-ployed alternately in the strict or in the metaphorical sense, in the restricted or in the expanded sense, in the abstract or in the concrete sense" (cf. 1964: 139).

What is interesting in Bréal's work is the fact that be simultaneously paid attention to two natural facets of polysemy which are sometimes separated today or are taken to be contradictory properties. On the one hand, he emphasized the role of context, especially the role of situational context, which prevents us from running into trouble when we use words with multiple menaings. He took the view that in the course of communication, both speakers and hearers would automatically select the meaning which is appropriate in the situational context given, at least in some cases of polysemy. For instance, we would immediately select the sense 'written instruction from a physician' of the word *prescription* rather than, say, its legal sense, when we see a doctor or a pharmacy. Moreover, he presumed that, in such cases, the inappropriate sense do not even cross our consciousness. On the other hand, Bréal attached great importance to the observation that meaning extension can make two or even several words out of a single one. In this respect, he went further than most linguists today considering the very fact that when a new meaning is generally accepted (i.e. "conventionalized") in the speech community, this is an indication of a new word having emerged. Probably, it should also be noted that Bréal gave some hints on the application of tests proving that two meanings are sufficiently remote from each other. He mentioned that if a word arrives at a certain threshold of distinctness with respect to two meanings we must repeat the forms in question when successively referring to these two meanings, instead of dropping the second occurrence. And, under such conditions, we are allowed to use the same form twice for making "word rhyme", which would be forbidden in the case of a single word with a single meaning (cf. ibid: 142). It is easy to recognize that the first piece of evidence mentioned by Bréal makes use of the same insight as the ambiguity test known today as the "zeugma test" (see further below). As we can see, at the birth of the concept of polysemy, the unconscious selection of senses in context, as it appears in ordinary communication, and abstract knowledge of sense differences, as reflected in special situations, were not yet seen as contradictory properties. This is, probably, due to two factors. First, the influence of the context was located more on the level of actual utterances than on the level of abstract lexical knowledge. Second, one was strongly aware of the fact that, when we look at the vocabulary at a particular point of time, single words always display different historical stages in their development of polysemy, ranging from very old to fresh examples of meaning differences and thus not necessarily producing the same linguistic effects.

Today, the theoretical treatment of polysemy is strongly connected to the question of how to distinguish between polysemy and homonymy (cf. the enormous literature discussing this problem: Weinreich 1966; Nida 1975; Lyons 1977; Gragg 1978; Haiman 1978; Panman 1982; Paul 1982; Willems 1983; Ci 1987; Kubczak 1987; Robins 1987; Hirtle 1989; Durkin/Manning 1989; Lehrer 1990; Hospers 1993; Kjellmer 1993a, 1993b; Fuchs 1994; van der Eik et al. 1995; Kilgariff/Gazdar 1995; Uhlenbeck 1996; Pause et al. 1995). Usually, students of linguistics are instructed at the very beginning of their studies that they have to distinguish between two types of association of a single linguistic from with multiple meanings: homonymy and polysemy. In homonymy, the linguistic form is said to constitute the formal side of different words (or morphemes or lexemes), each one connected with meanings which have nothing in common but share the same form accidentally (i.e. due to sound changes, etc.). By contrast, in polysemy, the linguistic form manifests a single word within which there is a semantic variation between semantically related senses. Nevertheless, so students are finally taught, the problem of how to draw the boundary between homonymy and polysemy is still unsolved.

It is absolutely necessary to take a closer look at the different concepts of lexicon, against the background of which the theoretical discussion about homonymy and polysemy has evolved. In mainstream American structuralism, the European concept of polysemy developed in historical semantics disappears almost entirely. The only possible way of expressing the fact that a lexical form has distinct meanings consisted in calling it homonymous. This, in turn, entailed a representation in the form of separate morphemes. Bloomfield (1933/1973: 145), for instance, discusses the questions whether or not the English verb *bear* in *bear a burden, bear troubles, bear fruit, bear offspring* should be considered as a "single form" or as "homonyms". That is, the obvious solution to consider it as a single form with distinct but related meanings, as it was and is still known from the lexicographic practice for languages with a long tradition of dictionary writing, was not taken into account. This is quite understandable since the lexicon was conceived of as a list of morphemes that contains the minimum information necessary for the grammar. Hence, the "basic set of irregularities" which (and only which) according to Bloomfield's famous statement (1933/1973: 274) had to be listed for each lexical item were intended to involve **grammatically** relevant information, i.e. unpredictable morphological and syntactic behavior, rather than unpredictable semantic interpretation (cf., however, Bloomfield ibid.: 150). Consequently, different senses not correlating with obvious grammatical differences could, in principle, be ignored and treated in the same way as actually monosemous morphemes in the lexical description, irrespective of how distinct and how strongly conventionalized they are. On the other hand, sense differences correlating with grammatical differences considered relevant, such as differences in parts of speech, tended to be generally assigned to different morphemes irrespective of whether this correlation constitutes a regular pattern of the vocabulary (as in the case of can_{NOUN} ('container') vs. can_{VERB} ('to put in a container')) or a fortuitous identity of form (as in the case of can_{NOUN} ('container') vs. can_{VERB} ('to be able')). That is to say, both of them were lumped together under the general heading of "homonymy" (for different structuralist approaches to this problem cf. Kastovsky 1982: 78–80).

It is worth noting that a great deal of the present bewildering terminological confusion concerning the question whether or not polysemy is a type of ambiguity and whether or not certain distinct but related senses manifest ambiguity can be attributed to the incompatibility of terminology and scientific interest found between the structuralist and the non-structuralist (i.e. pre- and post-structuralist) traditions. Some linguists use the term **polysemy in contrast to ambiguity**, following the structuralist tradition in which homonymy and ambiguity tended to be used interchangeably on the lexical level and even on other levels of description (i.e. sentence homonymy/sentence ambiguity) (cf. Tuggy 1993). Other linguists, especially those interested in genuine lexical-semantic rather than grammatical issues and focussing on the continuous character of sense distinctions between a strongly related and a non-related end, refer to **homonymy and polysemy** as to **two different types of lexical ambiguity** (cf. Allen 1986: 147).

In the late 1950s and in the 1960s polysemy made a comeback in mainstream linguistics, which basically adopted the structuralist concept of lexicon as a maximally economical repository of minimal meaningful units (i.e. morphemes). A crucial factor in this development was that the term "lexeme" gained more and more influence in this type of lexicon, the "grammarian's lexicon" in Pawley's (1996) terms, in addition to its use in the "lexicographer's lexicon". It had been recognized that morphemes, defined basically on formal criteria, cannot be the only type of representational units in the lexicon since there are "segmentally complex expressions whose semantic structure is not deducible jointly from their syntactic structure and the semantic structure of their components" (cf. Weinreich 1966: 450). Thus, the term "lexeme" was established as a sort of higher-order representational unit which is semantically defined (i.e. on the basis of semantic unity) and subsumes both single morphemes and combinations of morphemes. A further point contributing to the revival of "polysemy" was the growing interest in lexicographic issues. For theoretical linguists, the main motivation in investigating printed dictionaries at that time consisted in working out the principal differences between lexicon as an abstract theoretical construct reflecting linguistic insights about speakers' mental knowledge and lexicon as a commercial product. Weinreich (1964), for instance, tries to demonstrate in a well-known article that printed dictionaries such as Webster's Third fail to account for a very important organizational principle by ignoring the difference between two types of polysemy: (a) **contrastive polysemy** consisting of two distinct and mutually contrastive senses which may occur in the same environment and cause sentence ambiguity (e. g. the two senes of *turn* 'rotate' and 'shape' as shown by the ambiguous sentence *This is the man who turned the figurines.*); (b) **complementary polysemy** consisting of two distinct senses which never occur in the same environment (e. g. the two senses of *turn* illustrated by the sentences *He turned the crank* and *He turned a somersault.*).

In this context, it is significant that the term "dictionary" and later the term "lexicon" were used for a long time in a systematically ambiguous way referring both to the internalized mental repository of lexical knowledge and to the usually alphabetized collection of lexical elements and their definitions in printed form (cf. Caramazza/Grober 1976: 201, footnote 1; Robins 1987: 52). Though a great deal of effort has been made to arguing for the different nature of these two types of lexicon, there are some hints which indicate that the mental lexicon was (and still is?) actually conceived to be organized in a way rather similar to that employed in printed dictionaries, except, of course, being much more systematic, free of redundancies, etc. First, it was usually taken for granted that it is the form of lexical elements rather than their meaning that provides the primary organizational principle in the mental lexicon: the mental lexicon would have the structure of standard monolingual dictionaries (except that the latter are alphabetically sorted), rather than, for example, that of thesauri. Second, according to a common underlying assumption it has also been taken for granted that the entries of dictionaries in book form (i. e. "lemmata") can be identified with the linguistic concept of lexeme, and similarly, the **typographic device of listing meanings as subentries** under a single headword with the theoretical phenomenon of "polysemy", as well as the **typographic device of multiple enumerating of identical headwords** with the theoretical phenomenon of "homonymy". Only few linguists such as Schmidt (1982) provide a critical discussion of these presumably incorrect assumptions. Schmidt argues against considering lemmata as genuine linguistic signs and also against a simplifying reduction of polysemy to the existence of subentries within lemmata. For him, polysemy (considered as a phenomenon) is a higher-order grouping of form-meaning pairs joined together from a semasiological point of view and hence the exact counterpart of synonymy groups, the latter being associative collections of form-meaning pairs grouped together on a higher level of abstraction from an onomasiological perspective.

3. Polysemy and homonymy

So far we have identified four different dimensions on which the distinction between polysemy and homonymy has been interpreted in the past: (a) etymological dimension (historical relatedness), (b) semantic dimension (synchronic relatedness of meaning), (c) grammatical dimension (belonging to the same or to different grammatical classes), and (d) representational dimension (representation by distinct subentries or by distinct main entries).

3.1. The etymological and the semantic dimension

From the moment "polysemy" came to be used in contrast to "homonymy" there has been a high awareness of the fact that definitions made on the etymological and on the semantic dimensions do not necessarily correspond to each other, as noted earlier in this paper. This state of affairs is usually described by statements such as "polysemy may turn into homonymy and homonymy into polysemy" or "polysemy may originate form homonymy and homonymy from polysemy", etc. (cf. Bloomfield 1933/1973: 436; Gragg 1978: 178; Kjellmer 1993a: 15–16, 1993b: 120; Hospers 1993: 118). This is, of course, to be read as "etymologically defined polysemy may result in semantically defined homonymy, while etymologically defined homonymy may result in semantically defined polysemy", and so forth. Similarly, the statement that "synchronic homonymy is a kind of polysemy" (Baldinger 1980: 22) means that semantically defined homonymy (often) originates from etymologically defined polysemy. The latter case is, of course, much more common since (metaphorically, metonymically or otherwise) extended senses are in a constant process of conventionalization resulting in an increasing semantic distance from one another. At a certain time in the course of this process a state will certainly be reached where speakers are no longer able to recognize any shared features between the extended senses and the etymologically basic sense or any of the other senses. Consider, for example, the senses of *ring* (JEWELRY, CIRCLE/MARK, CIRCLE/OBJECT, CRIMINALS) or those of *high* (DISTANCE, LARGE AMOUNT, RANK, VERY GOOD, HAPPY) illustrated in example (1) above. Presumably, most native speakers of English are aware of the semantic relatedness between these respective senses or at least between parts of them. It is, however, doubtful whether many speakers would find a meaningful connection between the sense 'a small square area where people box' of *ring* or the sense '[food] not fresh, having a strong smell or taste' of *high* and the other senses of *ring* or *high* respectively.

Nevertheless, the opposite case also seems to happen: speakers tend to create semantic links between linguistic forms of different origin, as several examples of popular etymology clearly demonstrate. The most frequently cited example is the Modern English form *ear* which is the result of the phonetic collapsing of the Old English forms *ēar* ('organ of hearing' < Comm. Germ. *auzo·n*) and *ēare* ('spike of corn' < Comm. Germ. **axuz*). Bloomfield (1933/1973: 436) and a great number of linguists after him (Menner 1936; Lyons 1977; Gragg 1978; Lipka 1986) took the view that *ear* is likely to be subjected to a psychological reinterpretation of the historically unrelated forms as semantically related, i.e. speakers now consider the CORN-sense as an extended sense of the BODY-PART sense (cf. however Panman's (1982: 135) experimental tests about meaning similarity whose results do not prove this popular hypothesis). Kjellmer (1993a) provides another interesting example for the discrepancy between historical relatedness of forms and synchronic relatedness of meanings. He discusses three noun-verb pairs, namely *buffalo, cow,* and *bully,* where each one shows a quite similar verbal meaning ('frighten into submission') but only the first one (*buffalo*) actually manifests a historical connection between this verbal sense and an original ANIMAL-sense underlying the noun, while the formal identity of the noun *cow* and the verb *cow* just as the formal similarity between the nouns *bull* and *bully* is an accidental fact. Nevertheless, some speakers tend to associate the verbal meaning with an ANIMAL-sense in the case of *bully* and *cow* as well, reinterpreting *bully* as a morphological derivation of *bull* and thus as an indirect base of the noun-to-verb conversion, while they reinterpret the meaning of *cow* as a metaphorical extension ('intimidator') of the ANIMAL-sense serving as the direct base of the noun-to-verb conversion. The remarkable fact about this example is that it demonstrates that introducing (semantic) polysemy by reinterpretation is not necessarily restricted to nonce cases but can extend across small lexical patterns.

Even if we disregard such contradictory cases, the use of the etymological criterion is not without problems. First of all, there are many lexical forms of which the history is uncertain. This is the case even in a language such as English, which looks back to a recorded history of more than a millennium and for which there is a long tradition of historical investigation. For the majority of the approx. 6.000 languages of the world, we lack reliable and well-documented historical information entirely. Consequently, for such languages the etymological criterion is totally irrelevant (cf. Lyons 1977: 550–551; Paul 1982: 294). Moreover, Lyons (ibid.) has pointed out that we are confronted with a serious methodological problem even in cases in which safe etymological information is available: how far should we go back in establishing historical identity of forms? Should we, for instance, consider *port* ('harbor'; derivate of Latin *portus*) and *port* ('sweet wine'; going back to Portuguese *vinho d'Oporto* which contains the name of the city "Porto") as the same in etymological respect since both of them ultimately can be traced back to the same Latin origin? Most linguistis, including those who would like to retain the etymological criterion, would say no. Similarly, they would argue that German *Bank* ('bench') and *Bank* ('bank/financial institute') are homonymous not only due the semantic criterion and due to the different plural morphology (*Bänke* vs. *Banken*) but also for historical/etymological reasons: the meaning 'financial institute' was developed under Italian influence in the 16th century, i.e. an older meaning of Modern German *Bank* ('table') merged with the Italian meaning on the basis of the formal correspondence between German *bank* and Italian *banco*. There is a tendency to restrict the issue of historical identity to the separate life of a language. Only little attention has been paid to the question of how to deal with borrowing in terms of the homonymy-polysemy distinction. The reason is probably that those linguists considering polysemy as a historical collection of meanings are normally interested in "natural" patterns of meaning extension ("meaning chains") rather than in investigating all accidental derivates of a prime form. However, this brings us into new difficulties since borrowing is ubiquitous in natural languages. Contrary to the common assumption (cf. Taylor 1995: 104), it is not extremely rare even to encounter cases where some forms in typologically unrelated languages share the same meanings as forms in European languages traditionally considered by linguists as homonymous (such as German *Bank*, Spanish *banco*). This is, of course, not a pure coincidence but the result of borrowing. Consider, for example, the case of the Tagalog homograph *bangko*, borrowed from Spanish with both meanings 'bench' and 'financial institution'. When borrowing new meanings, people do not appear to worry very much about whether or not the new meanings constitute a coherent set of related meanings with the old ones. If the borrowing language and the source language have cognate forms (i.e. forms of the same origin), it is often extremely difficult to decide whether a new meaning has been borrowed together with the source language form or only a new sense on the basis of an established form (or form-meaning) correspondence between the two languages. At any rate, in the case of fairly distinct senses imported from different languages at different times both the etymological and the semantic criteria are insufficient for giving preference to either a homonymic or a polysemic analysis. This can be illustrated by the German examples *Kurs* (1. 'rate of exchange' < Italian *corso*, 2. 'direction of a vehicle' < French *cours*, 3. series of lessons < Latin *cursus*) and *realisieren* (1. 'put into practice' < French *réaliser*, 2. 'understand' < English *realize*).

In addition to the above-mentioned problems, there is, of course, one very simple criticism against the use of the etymological criterion: being a historical argument, it should be considered eo ipso as irrelevant in the synchronic analysis of languages (cf. Lyons 1977: 551). In dispensing with the etymological criterion in favor of the semantic one, there is, however, a methodological point we should keep in mind. The concept of "semantic relatedness" is itself rather vague and connected with slightly different linguistic ideas. To say that two senses are semantically related can mean (among other things) (a) that they can be subsumed under an abstract unique core meaning, or (b) that they can described as sharing a certain semantic component (note that (a) is stronger than (b) since semantically unrelated senses may also share common features (cf. Deane 1988: 326; Pause et al. 1995: 253)), or (c) that speakers are able to recognize the semantic relation as an instance of a productive or at least familiar pattern of sense extension, or solely (d) that speakers guess that the relation between the senses is probably semantically motivated without exactly knowing in which way. One wonders how strongly postulates of synchronic relatedness in a stronger sense ((a), or (b), or (c) rather than (d)), especially core-meaning hypotheses, are influenced by the historical knowledge of the linguists themselves. From a methodological point of view it is important to make sure that the assumption of a core meaning is not just the synchronic reinterpretation of historical facts, or, when linguists deliberately ignore these facts, that it is not only the personal popular etymology of the respective linguists (cf. Lipka's (1986: 135–136) discussion of the two senses of *pupil* ('scholar' and 'iris of eye') with respect to their shared semantic component).

3.2. The semantic and the grammatical dimension

Bréal (1964: 143–144) has already pointed out that "meaning bifurcation" may, occasionally or systematically, be accompanied by grammatical correlates. Semantic relatedness and the existence of (complementary or overlapping) grammatical correlates are logically independent properties insofar as we consider non-recurring cases of association between multiple senses and different grammatical environments in which these senses may occur: that is, restricting ourselves to nonrecurring cases, we find semantic-grammatical associations both

– in the area of multiple senses which are clearly unrelated in semantic respect (and either related or unrelated in etymological respect) such as *box* ('to fight'/verb vs. 'container'/noun), *port* ('sweet wine'/mass noun vs. 'harbor'/count noun), German *Bank* ('financial institute'/plural: *Banken* vs. 'bench'/plural: *Bänke*), *can* ('to be able'/past tense: *could* vs. 'to put in a can'/past tense: *canned*), and
– in the area of multiple senses which are clearly related such as *mouse* ('animal'/plural: *mice* vs. 'computer equipment'/plural: *mouses*), German *Licht* ('light'/plural: *Lichter* vs. 'candle'/plural: *Lichte*), *See* ('lake'/gender: masc. vs. 'sea'/gender:

fem.), French *pendule* ('pendulum'/gender: masc. vs. '(pendulum) clock'/gender: fem.), *hang* ('to fasten from above'/past tense: *hung* vs. 'to kill'/past tense: *hanged*).

The reverse is also true: grammatical difference may be absent (at least on the normal coarse-grained level of grammatical descriptions) both in the case of semantically related and non-related senses (see *head* ('top of the body' vs. 'top person') and *palm* ('surface of the hand' vs. 'tree')). In contrast to this independence of the semantic and grammatical dimensions, recurrent correlations between grammatical properties and multiple senses presuppose semantic relatedness. Recurrence, as it is used in lexical semantics (cf. Cruse 1986: 26) and employed to characterize **"regular polysemy"**, does not mean the phenomenon simply that the vocabulary contains repeated examples of a mutual assignment of two (types of) grammatical environments to two senses having any possible relation to each other. Rather, a recurrent semantic-grammatical correlation is to be understood as a lexical pattern in which a specific semantic contrast between two senses is intrinsically connected with two different grammatical properties in that the latter regularly evoke the respective senses for a series of lexical forms. Thus, the semantic difference in *German* See ('lake' vs. 'sea') is arbitrarily associated with the difference between masculine and feminine gender, and even if we would find further similar (likewise arbitrary) examples of gender variation, we would not say that it constitutes a recurrent lexical pattern of German. In contrast to this, some languages have a recurrent gender alternation systematically exploited for semantic differences; in certain dialects of Danish, for example, this is a difference between a semantic interpretation similar to that of English mass nouns (marked by the "Genus commune" (masc./fem.): *det egetræ* ('oak (wood)')) and an interpretation similar to that of English count nouns (marked by neuter: *den egetræ* (oak (tree)') (cf. Ringgaard 1971: 30–31). Lack of recurrence in this specific sense does not imply total arbitrariness with respect to the choice of grammatical forms. There is a cross-linguistic tendency to use regular morphology for metaphorical senses when the corresponding literal senses are subjected to irregular morphology as shown by the English noun *mouse* (see above). Nevertheless, it would not be appropriate to say that regular morphology is a marking device for metaphors.

For the sake of simplicity, we can identify two factors which traditionally receive much attention in dealing with the interplay of the semantic and the grammatical criterion. The first one is precisely recurrence as described here (for further discussion see section 6.), the second one is the relevance of the grammatical properties in question as stated in a certain theory of grammar or in a certain philological tradition. According to a common practice both in linguistics and lexicography, only those grammatical properties which are regarded as generally relevant and highly indicative of "word-hood" may result in the grouping of semantically related senses into distinct lexical entries, i.e. their treatment as homonymous instead of polysemous. With regard to lexical classes, these are typically major classes (i.e. parts of speech such as noun, verb, adjective) but seldom minor classes (i.e. sub-classes such as mass and count noun, transitive and intransitive verb). Thus, the noun-verb pair *can* ('container' vs. 'to put in a container') or the adjective-verb pair *open* ('not closed' vs. 'cause to become not closed') are traditionally regarded as cases of homonymy, while the transitive and intransitive variants of *open* ('cause to become not closed' vs. 'become not closed') tend to be subsumed under polysemy (cf. however Cruse's (1986: 74–76, 80) discussion of *can* and *open*). Considering inflectional properties, gender and number are often treated in a different way: the first one is counted as an indicator of different lexical words (or lexemes), while the second one, just like membership in a verbal paradigm, is accepted as diverging features of the senses of a single polysemous word. Thus, the cited senses of *mouse* (different plural forms) or *hang* (different past tense forms) have a better chance of still being treated as manifestations of polysemy than the cited senses of German *See* or French *pendule* (gender difference).

There are good reasons to criticize this rather inconsistent tradition. One of them is the fact that languages may considerably differ with respect to the status of their (corresponding) lexical categories (as major vs. minor categories) and with respect to their inflectional systems. When dealing with the problem of the conflicting results we obtain by applying the semantic and the grammatical criterion we can invent two opposite strategies: either we dispense with the grammatical criterion as an appropriate device for distinguishing between polysemy and homonymy, arguing that the difference is essentially a semantic one cross-cutting the boundaries of morphosyntactic words. Or we focus on the grammatical criterion as the main device for defining separate lexical words and take every morphological or syntactic correlate seriously. In this way, we would abandon the claim of capturing and representing the degree of semantic relatedness sui generis, i.e. independently of the presence of grammatical correlates.

It comes as no surprise that proponents of the first approach chiefly work in the fields of cognitive semantics or psycholinguistics. Lehrer (1990: 207–208), for instance, emphasizes that she defines "polysemy" as a phenomenon including all cases wherever there is a semantic relationship. She points out that the traditional understanding of the polysemy-homonymy distinction (one word with two or more senses vs. two or more words with the same form) leaves out the cases "where we would say that there is more than one word, but the meanings are related" (cf. also Traugott 1986). Similarly, Caramazza and Grober (1976: 194–195) argue for giving precedence to the semantic criterion over the grammatical one, claiming that grammatical form, unlike semantic category membership, is not a psychological salient dimension and may be a derivate of a fairly superficial sort (cf. also further psycholinguistic literature about polysemy such as Durkin/Manning 1989).

Not surprisingly as well, advocates of the second approach are more or less firmly rooted in the structuralist tradition (cf. Lyons 1977, 1981; Paul 1982). For Lyons, the homonymy-polysemy problem is closely connected with the question of how to define the lexeme. He takes the view that probably the only way of solving this complex problem is by abandoning semantic criteria entirely and by relying on syntactic and morphological criteria (1981: 148). In this connection, he considers two methodological decisions, called „maximizing homonymy" and "maximizing polysemy" (1977: 553 ff.). The strategy of "maximizing homonymy" means that we distinguish different senses for each variation in meaning. It receives its name from the (in our view wrong) assumption that the only possibility of doing this is to represent the distinguished senses in the same way as (etymological) homonymy is usually represented, namely by separate lexemes. The opposite strategy of "maximizing polysemy" – favored by Lyons – refers to the method of collapsing all possible senses under a single lexeme, unless the senses in question show syntactic or morphological differences in which case we should assume distinct lexemes. It is worth noting that Lyons addresses the question of "granularity", pointing out that using this method, the number of lexemes sharing the same lexical stem will heavily depend on how fine-grained our system of syntactic and morphological categories is. Though Lyons allows to use different sets of morphosyntactic categories in different theoretical frameworks in order to define lexemes, he requires a more systematic account than commonly provided by traditional approaches. Nevertheless, for linguists associating polysemy with distinct senses within a lexeme, the expression "maximizing polysemy" is likely to be a misnomer, since it just stands for rejecting to mark any sense differences within a lexeme explicitly. But this terminological point is, of course, not the most important drawback of this strategy. Maximized polysemy, which ignores meaning difference for its own sake when it cannot be expressed in terms of morphosyntactic differences and ignores recurrence as well, deliberately makes it impossible

– to distinguish between free variation in morphology or syntax and meaningful variation (e.g. between *burn* (*burnt/burned*) and *hang* (*hung/hanged*)),
– to distinguish between systematic and accidental variation (e.g. between the mass/count alternation *much apple* vs. *many apples* and the mass/count difference *much port* ('much sweet wine') vs. *many ports* ('many harbors'), and so between *lime* ('fruit') creatively used as a mass noun (*much lime*) and *lime* ('white substance')),
– to capture positive results of ambiguity tests applied to lexical forms occurring in the same morphological and syntactic environment as opposed to negative results, i.e. to distinguish between genuine lexical ambiguity and generality (for discussion of ambiguity tests see section 5.), and
– to capture speakers' intuition about relatedness of meaning when experimentally tested (cf. Panman 1982, van der Eijk et al. 1995, and Behrens 1998a for a more detailed discussion of Lyons' approach).

One wonders what the theoretical status of lexeme in such an approach is. Recall that originally lexeme was intended to cover (morphologically simplex or complex) semantic units of the lexicon. And Lyons still seems to continue having this view in that he defines sense relations (synonymy, antonymy, etc.) as relations between lexemes rather than between senses. However, detecting semantic relations holding between different lexical forms cannot be done without detecting subtle semantic differences existing within the same lexical form and vice versa. From a synchronic point of view, it thus seems to me very difficult to maintain the idea of total convergence between morphosyntactic and semantic word.

3.3. Representational dimension

Finally, we have to address those cases where the representational understanding of polysemy does not match with the other criteria. First of all, it is not entirely clear whether or not the homonymy-polysemy distinction is applicable to morphologically complex lexical forms (e. g. compounds). There may be two different reasons why a compound has more than one meaning. First, compounds may acquire new meanings as a whole just a simple lexical elements, i. e. by metaphorical or metonymical extension, etc. (e. g. *sunshine*, which also means 'happiness' as in *You are the sunshine of my life*). Second, identical compound forms may arise by different compound rules or by a composition out of different senses where these senses can themselves be classified either as polysemous or homonymous. Take, for instance, the German compound *Kulturraum* which means 'culture area' (← *Kultur* ('culture in a society') + *Raum* ('area') and 'room for social activities' (← *Kultur* ('activities related to art, music, etc.') + *Raum* ('room')). Dictionaries often use the same typographic device for marking multiple meanings of such complex forms as for marking standard polysemy (etymological and semantic polysemy). However, some linguists such as Schmidt (1982) refuse to consider multiple meanings associated with a citation form as polysemy when these result from different compositions as in the case of *Kulturraum*, and argue that they have a stronger similarity with homonymy.

It should be emphasized that polysemy, understood as a general linguistic phenomenon, is not a property of the citation form found in dictionaries. For many languages, the citation form is not even a lexical stem but an inflected word form arbitrarily determined by the lexicographic tradition. Rather, except probably in isolating languages, polysemy is a common property of a set of inflected word forms sharing the same multiple meanings, or, alternatively, a property of an abstract lexical stem. There is a crucial difference in this respect between the terms polysemy and homonymy. The term homonymy, as already mentioned, is often used to refer to word tokens alone rather than to lexical elements. This is what linguists have in mind when they subclassify homonymy into homography (identical spelling, but not necessarily identical pronunciation) and homophony (identical pronunciation, but not necessarily identical spelling) and illustrate the first by examples such as $read_{VERB}$ ('to look at written words...': present tense) vs. $read_{VERB}$ (same sense: past tense) and the second by examples such as $read_{VERB}$ (same sense: present tense) vs. $reed_{NOUN}$ ('tall grass') and $read_{VERB}$ (same sense: past tense) vs. red_{ADJ} ('color') (cf. Lipka 1986: 129; Kjellmer 1993b: 116). When, using the same line of reasoning, we want to characterize inflected word forms containing homographic or homophonic affixes themselves as homonymous forms, it is necessary to allow word forms to be simultaneously polysemous (with respect to their lexical content) and homonymous (with respect to their grammatical instantiation). In a model of "intercategorial" polysemy (as advocated by Lehrer (1990) and Caramazza/Grober (1976)) therefore, the word-form pairs $convicts_{VERB(3.SG)}$ /kən'vɪkts/ vs. $convicts_{NOUN(PLURAL)}$ /'kɒnvɪkts/ and $breaks_{VERB(3.SG)}$ vs. $breaks_{NOUN(PLURAL)}$ should have the following analysis when considered for corresponding noun-verb senses: both polysemous and homographic, but only the second homophonic. In such an extended model of polysemy, we must, of course, consider the reverse possibility as well: all word forms belonging to distinct categories (e. g. nouns and verbs) are totally distinct, both in pronunciation and in spelling. In other words, unlike in English, only abstract lexical roots and stems would show an association with related senses across categories, but no single phonetically realized word token.

This is not to say that we should not take care of word forms when studying polysemy. Some linguists such as Panman (1982) claim that it is preferable to regard both polysemy and homonymy as relations between word tokens rather than between lexical elements. Form a methodological point of view, this claim is clearly correct since the best way of investigating meaning difference (e. g. by ambiguity tests) and semantic relatedness (e. g. by experimental tests such as employed by Panman) is looking at words as used in context (i. e. at word tokens) (cf. Cruse 1986: 16). Drawing conclusions from such results for the organization of the mental lexicon is a linguistic task on a higher level of abstraction.

4. Polysemy and monosemy

The concept of polysemy is situated within a double system of oppositions: it is not only contrasted with homonymy but also with monosemy (cf. Hospers: 1993: 115–116). As noted above and discussed by several authors (cf. Taylor 1992: 137), twentieth century linguistics has witnessed a strong skepticism against polysemy. There is an old game, which we will refer to as the Polysemy-Monosemy Game, played by people who either hate or love polysemy. Those loving polysemy praise it as the manifestation of the creative power and the economy of language in that it enables speakers to express an endless number of subtle semantic nuances on the basis of restricted resources, i. e. with considerable fewer forms than meanings (cf. Bréal 1964; Ricoeur 1973; Hospers 1993). Those hating polysemy see it as a sort of degeneracy violating the "one form, one meaning" principle ("isomorphic principle"), i.e. in a similar way as homonymy has been interpreted in a long linguistic tradition, probably first by Aristotle, then by historical linguists and dialectologists (e.g. by Gilliéron) and, of course, by the majority of structuralists (e. g. by Zellig Harris) (cf. Geeraerts's (1985) discussion of "homonymiphobia" and "polysemiophobia"). Enemies of polysemy devote a great deal of energy to show that, in most cases in which other linguists or dictionaries assume polysemy, we can detect a single abstract sense (a **"core meaning"**) underlying all supposed senses. In other words, they claim that polysemy is in fact a case of monosemy where people have failed to recognize this abstract meaning as the real linguistic meaning and to distinguish it from contextual factors giving rise to ephemeral senses.

According to a popular (and somewhat humorous) explanation, it is the temperament of a linguist which finally determines the part he takes in the Polysemy-Monosemy Game (cf. Nida 1975: 120; Louw 1995: 363–364). Some linguists are "lumpers", tending to experience meaning on a more generic level and so to focus on shared features. Others, the "splitters" or "dividers", seem to favor finer distinctions. Apart from this, it is certainly not by chance that a significantly high number of lumpers make a strong division between pure linguistic knowledge and encyclopedic knowledge, between pure lexical semantics and (non-linguistic, language independent) conceptualization and/or pragmatic inferences, and between competence and performance (cf. Ruhl 1989; Horn 1989; Herweg 1989; Bierwisch 1983; Schwarze 1989; Wunderlich/Kaufmann 1990; Pause et al. 1995). On the other hand, almost all people insisting on the acceptance of lexical sense differences reject the possibility of drawing such distinctions in a clear-cut manner. This is part of the program in prototype theory, which has actually developed the most influential approach to polysemy alternative to the **"core meaning approach"**: the **"prototype approach"**, also referred to as the "radial sets model" (after Lakoff's concept of radial category structure) or as the "family resemblance approach" (after Taylor's focussing on the Wittgensteinian idea of family resemblance) (cf. Lakoff 1987; Taylor 1992, 1995; Geeraerts 1993; Langacker 1986; with respect to alternative pro-polysemy approaches rejecting the traditional competence-performance distinction see Fuchs 1994, Harris 1994, and Schütze 1994).

So, what are the most popular arguments presented in favor of a monosemous or a polysemous analysis?

One important argument of monosemists is the problem that has come to be known as **"infinite polysemy"** or **"polysemy inflation"**. When we begin to mark potential semantic differences as distinct senses in the mental lexicon many words would turn out to be infinitely polysemous since nothing in the external world would prevent us from continuing this procedure ad infinitum. As pointed out by Weinreich (1966: 411), one could argue that *eat* as occurring in *eat bread* and *eat soup* realizes two different senses since there is a recognizable difference between eating something with and without a spoon. Accepting this, we would be obliged to introduce sense differences in the case of eating different things with a spoon and different things without a spoon as well, and so on. This is a nice Gedanken experiment nut not the real issue in linguistic practice. What Weinreich in fact addresses is not so much the epistemological difficulty but the representational one in introducing distinctive features in a componential analysis (i.e. the questionable status of a feature "+/- spoon" for *eat*). Normally, linguists and lexicographers do not establish distinct senses just for fun but only after having some generally accepted indications of sense distinction such as ambiguity effects in discourse, capability of being used in puns, different synonyms or antonyms, different derivational behavior, different translation (and here, the monolingual criteria are assigned a much stronger status than the crosslinguistic criterion). Moreover, an overwhelming majority of analyses opting for monosemy do not start with utterance-specific meanings (which are presumable infinite). Rather, they operate with a finite number of senses distinguished prior to the analysis on a middle level of abstraction due to such criteria, and here the number of involved senses may be quite small (approx. 2–6) – especially in the case of metonymically related senses or in the case of sense differences found with grammatical elements (cf. Bierwisch 1983; Pustejovsky 1995; Horn 1989; Bennett 1973; cf. Taylor's (1994: 6–7) remarks to this point criticizing the Two-Level Approach). Of course, in this respect there is no difference between pro- and contra-polysemy approaches; both put off the problem of how to generate utterance-specific meanings depending on speaker's subjective intention and knowledge for another day (cf. Harris 1994: 205). Not even that which Cruse (1986: 53) calls **"highlighting of semantic traits"** has ever been systematically investigated, at least not if we understand this term as unpredictably fore-grounding different attributes of the referents (e.g. the price, the weight, the performance, etc. of a car) rather than as applying recurrent lexical patterns such as the varying interpretations found with aperture-denoting nouns (*window, door,* etc.; cf. Lakoff 1987; Pustejovsky 1995). Thus, that which is normally at issue is the question of whether a finite number of pre-theoretically distinguished senses are represented in the mental lexicon or are created online in the course of communication.

Considering the factor of abstractness, at least three, rather than only two, different options are available here (cf. Nida 1975: 134): (a) we may set up a "dummy" central meaning which underlies all senses and represent only this highly abstract meaning in the mental lexicon; (b) we may select a single, less abstract sense as the starting-point from which all other senses can be derived most plausibly or most easily and represent only this "primary sense" in the mental lexicon; (c) we represent all conventionalized senses in the mental lexicon and mark the semantic links between them and perhaps also their status.

The first strategy is the classical "core-meaning" approach and can be illustrated by Caramazza/Grober's (1976) analysis of *line*: the authors assume a core meaning "UNIDIMENSIONAL EXTENSION" subsuming among other things the following (nominal and verbal) senses: 'long mark' (as in *draw a line*), 'sequence of words' (as in *a line from Keats*), 'row of people' (as in *standing in line*)/ 'to build a row of people' (as in *line up*), 'telephone line', 'demarcation in war' (as in *enemy line*), 'kind or type' (as in *that line of business*), 'filling' (as in *line someone's pocket*). The more specific senses are derived from the core meaning by using semantic features such as CONCRETE, BOUNDARY CONCEPT, etc. in instruction rules of the kind "realize x (core meaning) as...". Another example of a core meaning would be "ADVANCED-STUDY_AND_TEACHING" used to cover the metonymically related senses of the German noun *Schule* ('school') (i.e. for the senses 'institution', 'building', 'time at school during the day', 'time at school during the whole life') (cf. Bierwisch 1983; Taylor 1994). Instead of this, Schwarze/Schepping (1995) simply propose the empty label SCHOOL.

In order to demonstrate the second strategy we may cite Schwarze's (1989) work on the French preposition *chez*: after distinguishing between a number of senses (*chez* governs a noun denoting (a) a person pointing to his home, (b) a profession pointing to the respective establishment, (c) an artist pointing to his work, (d) a territory, and finally (e) *chez* governs a generically used noun), Schwarze decides on the (a)-sense as that sense which has to be represented in the mental lexicon; the other senses are said to derived from this starting sense by "replacement rules", replacing, for instance, "home" by "territory" and other things.

A good demonstrations for the third strategy is Langacker's (1986) analysis of *ring* according to the network structure of the prototype approach. Here, all conventionalized senses (i.e. all those mentioned in example (1b) above) are said to be represented and connected to each other in the mental lexicon. Connecting is done by two basic types of links, one link indicating relations between more schematic senses (a kind of partial core meaning) and more specific senses and another link indicating sense extensions with conflicting semantic values. So, the "best-member" prototype 'a circular piece of jewelry worn on finger' is linked with the most schematic top node 'circular entity' by the intermediate senses 'a circular piece of jewelry' and 'circular object'. The sense 'a circular line' is analyzed as a second schematic descendant from the to pnode, while the other senses are judged as non-schematic sense extensions ('group of criminals' and 'arena' from the top node, 'a circular piece of jewelry worn in the nose' from the prototype).

In the last two decades, it was recognized that the **core-meaning strategy** has some serious conceptual drawbacks:

For lexical elements with a long history and many frozen uses we are forced to assume core meanings at such a high degree of abstractness that it becomes impossible to distinguish them from each other (cf. Picoche 1994). If, however, a great number of lexical elements have the same or nearly the same empty meanings, one wonders how it is possible that the context (i.e. the verbal context) helps in narrowing down the meanings, since combining semantically empty forms into a context trivially yields semantically empty context (cf. Hirtle 1989). In order to avoid this problem and to arrive at the rather specific senses, we had to set up very specific instruction rules unique to single lexical elements which enumerate the possible (verbal and situational) contexts and their effects at a lower level of abstraction. But at this point, the presumed representational difference between listing and generating by rules becomes vacuous and a cosmetic one. Lexically established senses in the case of (etymological) polysemys are nothing mere than motivated semantic interpretations which are conventionally associated with certain context types. Moreover, trying to deal with dead metaphors and other sorts of conventionalized interpretations on the one hand and with productively created fresh uses on the other hand, i.e. lumping together extremely narrow "rules" with really productive ones, would considerably weaken the power of the latter.

The core-meaning approach fails to identify those sense differences which may cause ambiguity effects in discourse. The reason for this is probably that from a correct observation, namely that tentative sense differences do not yield serious problems in communication and contexts usually make interpretation more precise, the wrong conclusion is drawn, namely that indicative contexts are always readily present to do their job. The crucial question is, however, what happens when indicative contexts are completely absent or when the context contains elements which have themselves more than one (tentatively) distinct senses (cf. Kjellmer 1993b; Sommerfeldt 1990). One of the main linguistic arguments we actually have for the classification of certain sense differences as "lexical ambiguity" rather than as "generality" is the fact that exactly in such situations sentence ambiguity arises as in Weinreich's example cited above (*This is the man who turned the figurines.*) or in the example *I forgot my dissertation.* In this second case, the senses of *forget* ('to be unable to recall sth' vs. 'to leave behind unintentionally') co-vary with those of *dissertation* (physical object vs. content) resulting in two different sentence interpretations ('I cannot remember the content of my dissertation.' vs. 'I left the book containing my dissertation at home.') (cf. Behrens 1998b).

The core-meaning approach also turns out to be problematic with respect to the internal structure. As noted earlier, the concept of "core meaning" and the concept of "shared features" are not identical. We often encounter a situation in which only pairs, triples, etc. in the set of senses collapsed under a core meaning actually share a common feature, forming different sense chains or sense clusters, i.e. a complex structure which is usually referred to as "family resemblance" (cf. Wittgenstein 1953/1984: 278). One of the factors which play a role here is the historical source of the sense relatedness: metaphorically related senses (except for dead metaphors) trivially display common features, while, strictly speaking, this does not hold for metonymically related senses, i.e. senses construed on the basis of relations of contiguity (cf. Deane 1988: 326). Furthermore, there seems to be good empirical evidence that speakers usually create new (metaphorical or metonymical) senses not on the basis of a unitary abstract representation but starting at rather specific senses (cf. Taylor 1994: 11, 20). Especially in the case of recurrent sense variation with syntactic correlates, it appears to be obvious that they operate on a lower level of specificity. Considering, for instance, the example *line*, we can see that there is no general noun-verb conversion but, rather, different senses allow different types of conversion and some senses refuse a conversion altogether.

Linquists tend to take the view that a single model as developed on the basis of a rather restricted set of data could suffice to cover all possibly related phenomena. However, it could be the case that there is a certain complementarity between concurring models (cf. Sweetser 1986). It is probable that the core-meaning approach has its chief merits in the grammatical domain where we have to deal with more abstract entities from the outset (cf. Jakobson's (1936/1971 famous essay about the "Gesamtbedeutung" of the Russian dative).

The starting-point model looks like a more realistic processual approach to polysemy structure. But, here too, general applicability is not to be excepted. As noted by several linguists (cf. Nida 1975; Nunberg 1979; Deane 1988), semantically related senses of lexical elements can be of two types: in the first (asymmetrical) case, it is intuitively clear for speakers which sense is basic and which is derived. In the second (symmetrical) case, this intuition disappears (cf. Deane's (1988) distinction between **"open"** and **"closed" polysemy**). Some adherents of this model would reply that this is not a problem since "primary sense" is understood by them as a pure structural notion defined solely in terms of simplicity of analysis. It thus does not need to coincide either with speaker's rating of basicness of senses or with the temporal ordering of the accessed senses during the processing of utterances (cf. Schwarze 1989).

The prototype approach consciously tries to find solutions for the problems posed by the core-meaning model. One could, however, criticize that the prototype approach does not really come to terms with the problem of category boundaries **within** single lexical forms (i.e. the problem that etymological polysemy may turn into semantic homonymy). At first glance, this is a little surprising since prototypists traditionally attach great importance to the question of category boundaries, emphasizing that they are normally fuzzy. However, fuzziness seems to pertain mainly to the semantic interpretation of neighboring categories whose distinctness is already established by distinct lexical forms, whereas for single etymologically defined forms, it is normally taken for granted that all senses constitute a single semantic category. But why should we assume that, for instance, the sense of *ring* 'arena' is a peripheral member of the same semantic category whose central member is defined as 'piece of jewelry', instead of establishing two distinct categories? There is probably one reason for such a historically oriented view. According to Lakoff's (1987) postulate, polysemy is a motivated (rather than idiosyncratic) collection of senses, which (often) form a single category on the basis of **idealized cognitive models** ("ICMs"), i.e. models rooted in humans' general cognitive ability on the one hand and shaped by cultural and historical influences on the other. So we may argue that even senses moved very far from each other may reveal aspects of a certain speech community's ICM by explicating the way it has been developed.

Although linguists, regardless of persuasion, normally work with senses which are abstracted from the mass of real texts they occur in and in this way are already distinguished from each other, there is a general agreement about the following point: **senses**, seen as phenomena rather than as linguistic abstractions, are **not distinct** but blur into each other. Apart from the question of meanings in real utterances, there are, however, two different ways by which we can arrive at this claim. One way is starting from a lexical perspective and trying to find out how many senses a lexical form has when we think of it in isolation or imagine hypothetical contexts for it. Alternatively, we may proceed from certain semantic distinctions we have in mind and then look whether these will be preserved or neutralized in some selected contexts. It is often reported that the impression of (non-)distinctness, considered from the first perspective, varies with the type of relation between senses and the lexical-semantic domain: metaphorical and metonymical relations with clear sortal leaps are usually perceived as fairly distinct, especially in the nominal area of the vocabulary, whereas abstract nouns with scattered sense nuances (e.g. *culture*) often inevitably evoke a feeling of vagueness (cf. Stock 1984; Rizk 1989). This latter impression may be further strengthened by difficulties in providing good meaning definitions, be it by paraphrases or semantic components. But problems of representation do not imply neutralization in context. Sense differences difficult to recognize by reflection and difficult to represent may still survive in context. And conversely, a number of metonymically related senses which appear as clearly distinct (eg. the "newspaper" metonymy ('publisher' and 'copy') or the "artist-work" metonymy) can be neutralized under certain conditions, as shown by several authors (cf. Copestake/Briscoe 1995; Nunberg 1995; Behrens 1998a). For this reason, it is important not to confuse non-distinctness as experienced on the level of abstract competence and non-distinctness in the sense of neutralization as measured by ambiguity tests. Consequently, we should also keep apart "core meaning" and that which we call **"wider sense in context"**.

5. Testing polysemy

Many linguists have pointed out that there is no readily available test for diagnosing polysemy as opposed to homonymy or monosemy (cf. Taylor 1995; Geeraerts 1993; Tuggy 1993). This is true, but not because of the poor performance of tests sometimes classified as polysemy tests (e. g. by Geeraerts ibid., Lipka 1986) but for the following reason: There is no and cannot be such thing as a discriminating test for polysemy if we understand polysemy as a complex phenomenon displaying two properties which are not mutually exclusive: semantic relatedness of senses and linguistic relevance of the difference between senses.

Linguistic (unlike psycholinguistic) tests concentrate on investigating the second property. Traditionally, a distinction is made between tests exploiting paradigmatic relations and tests referring to syntagmatic relations (cf. also Cruse's (1986) distinction between "indirect" and "direct" ambiguity tests).

Paradigmatic tests run as follows: to test a hypothetical sense distinction we look for parallel overt manifestations of the same semantic distinction elsewhere, e. g. for distinct synonyms, antonyms, etc. or distinct morphological derivates (for the latter cf. Robin's (1987: 70–71) analysis of the distribution of *highness, height,* and *high* (noun) over the sense spectrum of *high* (adjective). Tests relying on sense relations usually take the form of substitution tests: for instance, the failure of successfully substituting both of two different synonyms (i. e. without significantly changing or destroying sentence meaning) is interpreted as an indirect symptom of the fact that the sense distinction in question is also relevant for the substituted form. Consequently, the tested form is regarded as lexically ambiguous. Note that the two sentences in (2 a) complementarily tolerate a substitution of *running* by *operating* and *jogging*, and that the substitution by *jogging* and *candidating* in (2 b) makes the sentence unambiguous in the relevant sense (cf. Alston 1971; for combining syntagmatic and paradigmatic tests see Behrens 1998a).

(2) a. *The engine is still runnig.* vs. *John is still running.* (*operating* vs. *jogging*)
b. *John is still running.* (*jogging* vs. *candidating (for President)*)

Syntagmatic tests are those called "ambiguity tests" in a narrow sense. Here, it is necessary from the outset to distinguish between two complementary types of tests: the first type helps to find out what happens in the absence of indicative contexts, while the second type explores the effects which arise when contexts biasing opposite interpretations are yoked together. The former, which includes both the **"crossed-interpretation test"** of Lakoff-style (also called **identity test**") and the **"negation test"**, is thus essentially a test for proving sentence ambiguity rather than a direct test of lexical ambiguity (cf. Lakoff 1970). However, from positive results of such tests, we may infer the existence of lexical ambiguity, given that our test sentence does not contain further ambiguous elements responsible for its ambiguity. In contrast to thisk, the second test type, to which the **"zeugma test"** belongs, is a genuine test for lexical ambiguity, directly revealing dissonance between remote senses. Apart from this functional difference, the crossed-interpretation test and the zeugma test have an important property in common, which is also manifest in their constructional similarity: both of them are based on the observation that in certain constructions, including anaphora and conjunction with ellipsis, **identity of sense** is required between the semantic interpretation of an antecedent form and that of the following pro-form or elliptical gap. The classical "crossed-interpretation test" works with the "*so*-auxiliary construction" and makes the following prediction: considering the first potentially ambiguous clause in a sentence such as (3 a), the whole sentence has four possible interpretations. In two of them, the sense of *run* selected first would remain constant (i. e. both John and Pete are either jogging or candidating for an office) and two of them would display a crossed interpretation (i. e. John is jogging and Pete is candidating for an office or vice versa). In this way, the possibility of a crossed interpretation would show that the two tested senses can be neutralized under a wider sense in context, or, to put it in other words, that we have to deal here with **"generality"** (or **"vagueness"**) of meaning with respect to the test distinction. And, on the other hand, a restriction to only two sentence interpretations would serve as indirect evidende for **ambiguity**, showing the incompatibility of the supposed senses. Actually, (3 a) allows only two interpretations, while (3 b), applied for the distinction between 'younger brother' and 'older brother', permits crossed readings and thus confirms that this is not a relevant lexical distinction in English.

(3) a. *John is still running, so is Pete.*
b. *John has two brothers, so does Pete.*

The examples under (4) serve to illustrate how the zeugma test works. Here, special effects such as oddness or humorous flavor, which may arise by bringing together incompatible senses with their collocates, are interpreted as evidence for lexically established ambiguity. Obviously, the (a) sentence evokes such an effect, proving that the two relevant senses of *miss* ('be too late for' and 'feeling sad without') cannot be subsumede under a wider sense. In contrast to this example, the (b) sentence sounds quite normal, pointing to the lack of lexical specification within the sense of *run* 'be in charge of'.

(4) a. *John missed his wife and the train.*
    b. *John runs an investment trust and a couple of apartments.*

The negation test makes use of the fact that there is only one possibility for a sentence and its negation being simultaneously true in the same situation without contradiction: the sentence with the positive assertion must be ambiguous. Since the two sentences in (5a) fulfil this condition (i.e. they could be uttered, for instance, by two persons involved in a dialogue), we are allowed to conclude that the sense distinction we are testing (still the same as in (2b) and (3a)) is likely to be responsible for the sentence ambiguity. Moreover, the negation test also confirms the generality of *brother* with respect to relative age: the negative sentence in (5b) necessarily negates both possible interpretations of its positive partner (implying that John has no brother at all, neither a younger one nor an older one).

(5) a. *John is still running. – John is not running anymore.*
    b. *John has two brothers. – John has no brothers.*

A detailed discussion of ambiguity tests would go beyond the scope of the present article. For more information on methodological difficulties in applying ambiguity tests, the reader should consult Zwicky/Sadock (1975), Kempson (1977), Cruse (1986), and Behrens (1998a). The latter work also addresses puns and misunderstandings as "spontaneous" manifestations of ambiguity tests. Geeraerts (1993) and Tuggy (1993) discuss the tests from the perspective of cognitive semantics. Finally, van der Eik et al. (1995) provide interesting insights about the applicability of ambiguity tests in lexicography. Nevertheless, there is one point I would like to emphasize. Some linguists (cf. Geeraerts and Tuggy ibid.) are concerned about the observation that (a) testing by different tests may produce conflicting results, and (b) ambiguity tests yield opposite results when applied to different sense pairs in the sense spectrum of the same lexical form. In our view, this is exactly what we have to expect. First, there are functional differences between the tests mentioned which have to be taken into account, e.g. the crossed-interpretation test and the negation test are – as tests for sentence ambiguity – much more sensitive for discourse-relevant distinctions than the zeugma test. Second, ambiguity tests are only able to prove hypotheses about particular sense distinctions rather than to verify or falsify the polysemous status of a lexical form as a whole. For this reason, ambiguity tests can only help in subclassifying binary relations between senses among the set of those senses which have already been judged as semantically related to each other (cf. van der Eik and Behrens ibid.; Deane 1988).

The other important property of polysemy, the speaker's intution about semantic relatedness, is typically examined in psycholinguistic experiments. The main issue of psycholinguistic experiments in the past has been to explore speaker's rating of relatedness (or similarity) among different senses or between a sense judged as dominant and the other senses, and then to compare the results with linguists' judgements on the one hand and with results of processing experiments on the other (cf. Panman 1982; Durkin/Manning 1989; Williams 1992). To put it simply, subjects' judgements seem to significantly correlate both with etymological relatedness and with modalities of sense activation during the processing. However, what is interesting are the following results: linguistically untrained native speakers tend to perceive relationships between senses throughout as less strong than linguists (cf. Panman ibid.). Furthermore, native speaker's intuition seem to vary with a number of factors such as relative frequency of senses, salience of senses in particular subject fields, etc.

6. Further directions for the study of polysemy

Long before linguists in Western Europe and North America became interested in the systematic character of polysemy, Russian researchers paid much attention to a phenomenon that Apresjan (1974) refers to as **"regular polysemy"**. Apresjan sharply distinguishes cases of polysemy where the same semantic relationship holds between the senses for a series of polysemous elements (regular polysemy) from those where the semantic relationship is particular to a single lexical element (irregular polysemy). In other words, "regularity" is understood by Apresjan exclusively in terms of paradigmatic recurrence rather than in terms of cognitive or pragmatic motivation. Given this, he correctly argues that "regularity" is a characteristic feature of metonymically related senses while metaphorically based polysemy is typically "irregular" (cf. ibid: 16), irrespective of whether or not the latter is deeply rooted in our idealized cognitive models or can be considered as "idiosyncratic" in the usual sense (for a similar distinction between polysemy due to metonymy and polysemy due to metaphor cf. Pustejovsky 1995: 4; for critique of Apresjan's term "regularity" cf. Kilgariff/Gazdar 1995: 2). Apresjan (1974) also draws attention to the striking **analogy between regular polysemy and morphological derivation**. Semantic relationships between polysemous senses are often very similar to the semantic relationships between distinct lexical forms within a certain type of word formation. The concurrence between a polysemic and a morphological solution can be observed both within a given language and across different languages in that some languages prefer the polysemic strategy, other languages the strategy of overt marking (e.g. the linguistic manifestation of the semantic relation between 'plant' and 'fruit of that plant') (cf. also Willems 1983; Norrick's (1981) metonymical principles). It comes as no surprise that linguists influenced by Apresjan's writings and working on English (a language with rather poor morphology) emphasized the intricate **connection between polysemy and associated syntactic effects**. Systematic diathesis alternations as prominently described by Levin (1993) – argument-changing alternations accompanied by further semantic changes and changes in syntactic structure – appear in this language as a kind of polysemy. Similarly, English displays a rather rich system of recurrent meaning changes shadowed by syntactic variation in the nominal area – nowadays commonly referred to as cases of **"logical polysemy"** after Pustejovsky's work (cf. 1995). Pustejovsky tries to show that different subtypes of logical polysemy such as the Figure/Ground Alternation, the Product/Producer Alternation, or the Plant/Fruit Alternation are organized around "lexical conceptual paradigms" and can be best captured by a combination of a rich lexical structure and generative compositional devices. There is a further type of metonymical process usually discussed in context of "regular" or "systematic" polysemy: ad hoc metonymies such as *ham sandwich* used for referring to a restaurant guest in the sentence *The ham sandwich is sitting at table 20*. In contrast to other metonymy types, such cases of referential shift are strongly restricted to the concrete situation and resist conventionalization and therefore do not produce new lexical senses (cf. Nunberg (1979), who gave the first detailed account of this phenomenon).

There is an increasing interest in cross-linguistic differences in polysemy structure both with respect to the metaphorical and to the metonymical area. Minakova (1994), for instance, shows that Russian and German differ in their preferred metaphorical patterns, while Birkenmaier (1987) points to differences between these languages in the metonymical domain. We also find significant differences between languages (a) with respect to the average number of senes (or course, in dependence on morphological richness) and with respect to the most frequent type of intercategorial polysemy (i.e. noun-verb polysemy, noun-adjective polysemy, etc.) (cf. Levickij et al. 1996; Moskovitch 1977). On the other hand, Brown (1989) tries to look behind superficial differences between languages such as the preference of the polysemy strategy or the overtmarking strategy; after investigating widely occurring semantic relationships in a greater sample of languages, he postulates the existence of deeper constraints such as relative salience of the paired meanings. In general, cross-linguistic research suggests that earlier accounts of productive polysemy exclusively in terms of cognitive or pragmatic principles cannot be adequate. Rather, these have to be complemented by a language-specific "filter" on the general processes which takes lexical dependence and semi-productivity in individual languages into account (cf. Copestake/Brisco 1995). Further investigation of cross-linguistic similarities and divergences in the context of polysemy is therefore an important task for future research.

Another area where research is strongly needed is the re-evaluation of the outdated distinction between competence and performance and the abandonment of the structuralist concept of "lexical entry". This could bring us closer to the crucial problem of polysemy: the tension between abstract lexical concepts and specific contextual senses.

7. Literature (a selection)

Allan, Keith (1986): *Linguistic Meaning. Vol. One.* London: Routledge and Kegan Paul.

Alston, William (1971): How Does One Tell Whether a Word Has One, Several or Many Senses? In: Steinberg, Danny D.; Leon A. Jakobovits (eds.), *Semantics. An Interdisciplinary Reader in Philosophy, Linguistics and Psychology.* Cambridge: Cambridge University Press, 35–47.

Apresjan, J. D. (1974): Regular Polysemy. In: *Linguistics 142*, 5–32.

Baldinger, Kurt (1980): *Semantic Theory. Towards a Modern Semantics.* Oxford: Blackwell.

Behrens, Leila (1998a): *Ambiguität und Alternation. Methodologie und Theoriebildung in der Lexikonforschung.* Habilitationsschrift. München.

–, (1998b): Polysemy as a Problem of Representation – "Representation" as a Problem of Polysemy. Review article on: James Pustejovsky, The Generative Lexicon. In: *Lexicology 4*, 105–154.

Bennett, David C. (1973): A Stratificational View of Polysemy. In: Makkai, Adam; David G. Lockwood (eds.), *Readings in Stratificational Linguistics.* Alabama: The University of Alabama Press.

Bierwisch, Manfred (1983): Semantische und konzeptuelle Repräsentation lexikalischer Einheiten. In: Růžička, R.; W. Motsch (eds.), *Untersuchungen zur Semantik.* Berlin: Akademie-Verlag 1983, 61–99.

Birkenmaier, Willy (1987): *Einführung in das vergleichende Studium des deutschen und russischen Wortschatzes.* Tübingen: Francke.

Bloomfield, Leonard (1933/1973): *Language.* London: George Allen & Unwin LTD.

Bréal, Michel (1964): *Semantics: Studies in the Science of Meaning.* New York: Dover Publications.

Brown, Cecil H. (1989): Universal Constraints on Polysemy and Overt Marking. In: *Quaderni di Semantica 10 (1)*, 33–50.

Caramazza, Alfonso; Ellen Grober (1976): Polysemy and the Structure of the Subjective Lexicon. In: Rameh, Clea (ed.), *Semantics: Theory and Application.* Georgetown: GURT, 181–206.

Ci, Jiwei (1987): Synonymy and Polysemy. In: *Lingua 72*, 315–331.

Copestake, Ann; Ted Briscoe (1995): Semiproductive Polysemy and Sense Extension. In: *Journal of Semantics 12*, 15–67.

Cruse, D. Alan (1986): *Lexical Semantics.* Cambridge: Cambridge University Press.

Deane, Paul D. (1988): Polysemy and Cognition. In: *Lingua 75 (4)*, 325–361.

Durkin, Kevin; Jocelyn Manning (1989): Polysemy and the Subjective Lexicon: Semantic Relatedness and the Salience of Intraword Senses. In: *Journal of Psycholinguistic Research 18 (6)*, 577–612.

Fuchs, Catherine (1994): The Challenges of Continuity for a Linguistic Approach to Semantics. In: Fuchs, Catherine; Bernard Victorri (eds.), *Continuity in Linguistic Semantics.* Amsterdam: Benjamins, 93–107.

Geeraerts, Dirk (1985): Polysemization and Humboldt's Principle. In: *Cahiers de l'Institut de Linguistique de Louvain 11 (3–4)*, 29–50.

–, (1993): Vagueness's Puzzles, Polysemy's Vagaries. In: *Cognitive Linguistics 4–3*, 223–272.

Gragg, Gene B. (1978): Redundancy and Polysemy: Reflexions on a Point of Departure for Lexicology. In: Farkas, Donka; Wesley M. Jacobsen; Karol W. Todrys (eds.), *Papers from the Parasession on the Lexicon, April 14–15, 1978.* Chicago: Chicago Linguistic Society, 175–183.

Haiman, John (1978): A Study in Polysemy. In: *Studies in Linguistics 2 (1)*, 1–34.

Harris, Catherine L. (1994): Coarse Coding and the Lexicon. In: Fuchs, Catherine; Bernard Victorri (eds.), *Continuity in Linguistic Semantics.* Amsterdam: Benjamins, 205–229.

Herweg, Michael (1989): Ansätze zu einer semantischen Beschreibung topologischer Präpositionen. In: Habel, Christopher; Michael Herweg; Klaus Rehkämpfer (eds.), *Raumkonzepte in Verstehungsprozessen.* Tübingen: Niemeyer, 99–127.

Hirtle, Walter (1989): The Challenge of Polysemy. In: Tobin, Yishai (ed.), *From Sign to Text: A Semiotic View of Communication.* Amsterdam: Benjamins, 135–41.

Horn, Laurence R. (1985): Metalinguistic Negation and Pragmatic Ambiguity. *Language 61 (1)*, 121–174.

Hospers, Johannes Hendrik (1993): Polysemy and Homonymy. In: *Zeitschrift für Althebraistik 6 (1)*, 114–27.

Jakobson, Roman (1936/1971): Beitrag zur allgemeinen Kasuslehre: Gesamtbedeutungen der russischen Kasus. In: *Selected Writings, Vol. 2, 1971.* The Hague: Mouton, 23–71.

Kastovsky, Dieter (1982): *Wortbildung und Semantik.* Düsseldorf: Bagel/Bern: Francke.

Kempson, Ruth M. (1977): *Semantic Theory.* Cambridge et al.: Cambridge University Press.

Kilgariff, Adam; Gerald Gazdar (1995): Polysemous Relations; Essays in Honour of Sir John Lyons. In: Palmer, F.-R. (ed.), *Grammar and Meaning.* Cambridge: Cambridge University Press, 1–25.

Kjellmer, Göran (1993a): Cowed by a Cow or Bullied by a Bull? On Distinguishing Homonymic and Polysemantic Words. In: *Moderna Språk, 87 (1)*, 15–18.

–, (1993b): Multiple Meaning and Interpretation: The Case of Sanction. In: *Zeitschrift für Anglistik und Amerikanistik (ZAA) 41 (2)*, 115–123.

Kubczak, Hartmut (1987): Polysemie, Homonymie, idiolektale Zeichen und Diazeichen. In: *Cahiers de l'Institut de Linguistique de Louvain 13 (1–2)*, 33–55.

Lakoff, George (1970): A Note on Vagueness and Ambiguity. In: *Linguistic Inquiry 1 (3)*, 357–359.

–, (1987): *Women, Fire and Dangerous Things*. Chicago: Chicago University Press.

Langacker, Ronald W. (1986): An Introduction to Cognitive Grammar. In: *Cognitive Science 10*, 1–40.

Lehrer, Adrienne (1990): Polysemy, Conventionality, and the Structure of the Lexicon. In: *Cognitive Linguistics 1 (2)*, 207–246.

Levickij, V.-V.; J.-J. Kiiko; S.-V. Spolnicka (1996): Quantiative Analysis of Verb Polysemy in Modern German. In: *Journal of Quantitative Linguistics 3 (2)*, 132–35.

Levin, Beth (1993): *English Verb Classes and Alternations. A Preliminary Investigation*. Chicago/London: The University of Chicago Press.

Lipka, Leonhard (1986): Homonymie, Polysemie oder Ableitung im heutigen Englisch. In: *Zeitschrift für Anglistik und Amerikanistik 34 (2)*, 128–138.

Louw, Johannes P. (1995): How Many Meanings to a Word? In: Kachru, Braj B.; Henry Kahane, (eds.), *Cultures, Ideologies, and the Dictionary. Studies in Honor of Ladislav Zgusta*. Tübingen: Niemeyer, 357–365.

Lyons, John (1977): *Semantics*. Cambridge et al.: Cambridge University Press.

–, (1981): *Language, Meaning and Context*. London: Fontana.

Menner, Robert J. (1936): The Conflict of Homonyms in English. In: *Language 12*, 229–244.

Minakova, Elena E. (1994): Die konfrontative Analyse der regulären lexikalischen Polysemie im Deutschen und Russischen. In: *Zeitschrift für Slawistik 39 (2)*, 175–184.

Moskovitch, W. A. (1977): Polysemy in Natural and Artificial (Palnned) (sic!) Languages. In: *Statistical Methods in Linguistics 1*, 5–28.

Nida, Eugene A. (1975): *Componential Analysis of Meaning*. The Hague/Paris: Mouton.

Norrick, Neal R. (1981): *Semiotic Principles in Semantic Theory*. Amsterdam: Benjamins.

Nunberg, Geoffrey D. (1979): The Non-Uniqueness of Semantic Solution: Polysemy. In: *Linguistics and Philosophy 3*, 143–184.

–, (1995): Transfer of Meaning. In: *Journal of Semantics 12*, 109–132.

Panman, Otto (1982): Homonymy and Polysemy. In: *Lingua 58 (1–2)*, 105–136.

Paul, Peter (1982): Homonyms, Semantic Divergence and Valency. In: *Lingua 58 (3–4)*, 291–307.

Pause, Peter E.; Achim Botz; Markus Egg (1995): Partir c'est quitter un peu. A Two-Level Approach to Polysemy. In: Egli, Urs; Peter P. Pause; Christoph Schwarze; Arnim von Stechow; Götz Wienold (eds.), *Lexical knowledge in the organization of language*. Amsterdam/Philadelphia: Benjamins, 245–282.

Pawley, Andrew (1996): Grammarian's Lexicon, Lexicographer's Lexicon: Worlds apart. In: *KVHAA Konferenser 36*. Stockholm, 189–211.

Picoche, Jacqueline (1994): A 'Continuous Definition' of Polysemous Items: Its Basis, Resources and Limits. In: Fuchs, Catherine; Bernard Victorri (eds.), *Continuity in Linguistic Semantics*. Amsterdam: Benjamins, 77–92.

Pustejovsky, James (1995): *The Generative Lexicon*. Cambridge, MA/London, England: The MIT Press.

Reitzenstein, Richard (1897/1964): *Geschichte der griechischen Etymologika*. Amsterdam: Verlag Adolf M. Hakkert.

Ricoeur, P. (1973): Creativity in Language: Word, Polysemy, Metaphor. In: *Philosophy Today 17*, 97–111.

Ringgaard, K. (1971): *Danske Dialekter*. Aarhus: Akademisk Boghandel.

Rizk, Omneya A. (1989): *Sense Disambiguation of Word Translations in Bilingual Dictionaries: Trying to Solve the Mapping Problem Automatically*. IBM Research Report RC 14666 (#65812). Yorktown Heights, N.Y.: T.J. Watson Research Center.

Robins, R. H. (1987): Polysemy and the Lexicographer. In: Burchfield, Robert (ed.), *Studies in Lexicography*. Oxford: Clarendon, 52–75.

Ruhl, Charles (1989): *On Monosemy. A Study in Linguistic Semantics*. Stony Brook: State University of New York Press.

Schmidt, Günter Dietrich (1982): Kann ein "elementares Sprachzeichen" polysem sein? In: *Linguistische Berichte 79*, 1–11 (1982).

Schütze, Hinrich (1994): Towards Connectionist Lexical Semantics. In: Lima, Susan D.; Roberta L. Corrigan; Gregory K. Iverson (eds.), *The Reality of Linguistic Rules*. Amsterdam: Benjamins, 171–191.

Schwarze, Christoph (1989): Polysemie als Prozedur, am Beispiel von frz. *à travers* und *chez*. In: Habel, Christopher; Michael Herweg; Klaus Rehkämpfer (eds.). *Raumkonzepte in Verstehensprozessen: Interdisziplinäre Beiträge zu Sprache und Raum*. Tübingen: Niemeyer, 310–338.

Schwarze, Christoph; Marie-Therese Schepping (1995): Polysemy in a Two-Level Semantics. In: Egli, Urs; Peter P. Pause; Christoph Schwarze; Arnim von Stechow; Wienold Götz (eds.), *Lexical Knowledge in the Organization of Language*. Amsterdam/Philadelphia: John Benjamins, 282–300.

Sommerfeldt, Karl-Ernst (1990): Probleme mit der Präposition 'mit'? Zur Aktualisierung lexisch-semantischer Varianten polysemer Wörter. In: *Sprachpflege und Sprachkultur: Zeitschrift für Gutes Deutsch, 39 (1)*, 8–11.

Stock, Penelope F. (1984): Polysemy. In: Hartmann, Reinhard R. K. (ed.), *LEXeter '83 Proceedings. Papers from the International Conference on Lexicography at Exeter, 9–12 September 1983*. Tübingen: Niemeyer, 131–140.

Sweetser, Eve E. (1986): Polysemy vs. Abstraction: Mutually Exclusive or Complementary? In: Nikiforidou, Vassiliki; Mary VanClay; Mary Niepokuj; Deborah Feder (eds.), *Proceedings of the Twelfth Annual Meeting of the Berkeley Linguistics Society February 15–17, 1986.* Berkeley, CA: BLS, 528–538.

Taylor, John R. (1992): How Many Meanings Does a Word Have? In: Botha, Rudolf P.; Melinda Sinclair; Cecile Le Roux; Walter Winckler (eds.), *Linguistics and the Language Professions (SPIL 25).* Stellenbosch: Department of General Linguistics, University of Stellenbosch, 133–68.

–, (1994): The Two-Level Approach to Meaning. In: *Linguistische Berichte 149*, 3–26.

–, (1995): (Second Edition), *Linguistic Categorization: Prototypes in Linguistic Theory.* Oxford: Clarenton Press.

Traugott, Elisabeth Closs (1986): From Polysemy to Internal Semantic Reconstruction. In: Nikiforidou, Vassiliki; Mary VanClay; Mary Niepokuj; Deborah Feder (eds.), *Proceedings of the Twelfth Annual Meeting of the Berkeley Linguistics Society, February 15–17, 1986.* Berkeley, CA: BLS, 539–550.

Tuggy, David (1993): Ambiguity, Polysemy, and Vagueness. In: *Cognitive Linguistics 4 (3)*, 273–290.

Uhlenbeck, E.-M. (1996): Some Remarks on Homonymy and Polysemy. In: Partee, Barbara H.; Petr Sgall (eds.), *Discourse and Meaning. Papers in Honor of Eva Hajičová.* Amsterdam: Benjamins, 119–26.

van der Eijk, Pim; Olga Alejandro, Maria Florenza (1995): Lexical Semantics and Lexiographic Sense Distinction. In: *International Journal of Lexicography, 8 (1)*, 1–27.

Weinreich, Uriel (1964); Webster's Third: A Critique of Its Semantics. In: *International Journal of American Linguistics 30*, 405–409.

–, (1966): Explorations in Semantic Theory. In: Sebeok, Thomas A. (ed.), *Current Trend in Linguistics. Vol. III. Theoretical Foundations.* The Hague/Paris: Mouton, 395–477.

Willems, Dominique (1983): Syntax and Semantics: On the Search of Constants in Verbal Polysemy. In: Hattori, Shiro; Kazuko Inoue (eds.), *Proceedings of the XIIIth International Congress of Linguists, August 29– September 4, 1982, Tokyo.* Tokyo: CIPL, 425–429.

Williams, John N. (1992): Processing Polysemous Words in Context: Evidence for Interrelated Meanings. In: *Journal of Psycholinguistic Research 21 (3)*, 193–218.

Wittgenstein, Ludwig (1953/1984): Philosophische Untersuchungen. In: Wittgenstein, Ludwig; *Tractatus logico-philosophicus. Werkausgabe Band 1.* Suhrkamp-Taschenbuch Wissenschaft 501. Suhrkamp: Frankfurt am Main, 225–618.

Wunderlich, Dieter; Ingrid Kaufmann (1990): Lokale Verben und Präpositionen – semantische und konzeptuelle Aspekte. In: Felix, Sascha W. et al. (eds.), *Sprache und Wissen, Studien zur Kognitiven Linguistik.* Opladen: Westdeutscher Verlag, 223–252.

Zwicky, Arnold M.; Jerrold M. Sadock (1975): Ambiguity Tests and How to Fail Them. In: Kimball, John P. (ed.), *Syntax and Semantics 4*, 1–36.

Leila Behrens, Köln (Germany)

39. Structuring of word meaning III: Figurative use of language

1. Levels of figurativity; cognitive strategies
2. Synaesthesia versus metonymy and metaphor
3. Similarity and contrast in figurativity
4. The concrete as road into abstract domains
5. Literature (a selection)

1. Levels of figurativity; cognitive strategies

It may be useful to make a distinction, from the very outset, between literal, non-literal, and figurative language as exemplified in the senses of *sweet* in *sweet apple, sweet water* (i.e. 'not salty'), and *sweet child*, respectively. The non-literal and non-figurative use of *sweet* in *sweet water* invites us to step away from a somewhat simplistic dichotomy between literal and figurative language. At the same time, it may also be useful to recognise that there are degrees in figurativity so that, just as a distinction is made between low and high metaphoricity, we can also distinguish between low and high figurativity.

With these distinctions in mind we can now scrutinise the three main cognitive strategies to create non-literal and figurative meanings in the lexis and grammar of the language. These strategies are synaesthesia, metonymy and metaphor. They are here called *cognitive strategies* since they are not unique to languge, but may be encountered in all symbolic expressions of the human mind, especially in the arts, but also in architecture, scientific theorising, etc. Thus the Eiffel Tower in Paris can be seen as an architectural metaphor symbolising the upward surge of human intellect and engineering technology which has come to replace the religious vigour of medieval cathedral builders. The difference between such general cognitive acts of symbolisation and the figurative symbolisation in language is that in the former there is no 'literal' meaning to start from, which, in a certain sense, also delimits the possible figurative meanings developed along the various lines followed by the various cognitive strategies. In terms of word classes, it is more or less predictable – as will be pointed out below – that synaesthesia will especially occur with linguistic expressions centring around the adjective, that metonymy centres around the noun, and that metaphor is allpervasive and occurs in all word classes and at all levels of linguistic expression.

In most studies, both literary and linguistic, figurative language is mainly restricted to metaphor. This was already pointed out by Jakobson in the fifties and sixties (see Jakobson 1971). But also in the cognitive approach to linguistics, it was metaphor that received most of the attention (Ortony 1970, Kövecses 1986, Lakoff 1987, 1989, Lakoff & Johnson 1980, Lakoff & Turner 1989). It is only very recently that metonomy has been focused upon, e. g. in Dirven (1985, 1993), Goossens (1990), Croft (1993), Panther and Radden (1999). Synaesthesia is given far less attention. These different degrees of attention need not really surprise us since they more or less correspond to the different degrees of figurativity that can be reached by each of these cognitive strategies. Nonetheless, given this still unbalanced concentration of attention in recent research, it seems necessary to give more equal weight to each of these three cognitive strategies and to lay bare their possibilities and constraints in creating figurative use of language.

2. Synaesthesia versus metonymy and metaphor

Synaesthesia, derived from the Greek *synaisthanomai* 'to experience two things at the same time', denotes a process whereby one sensory

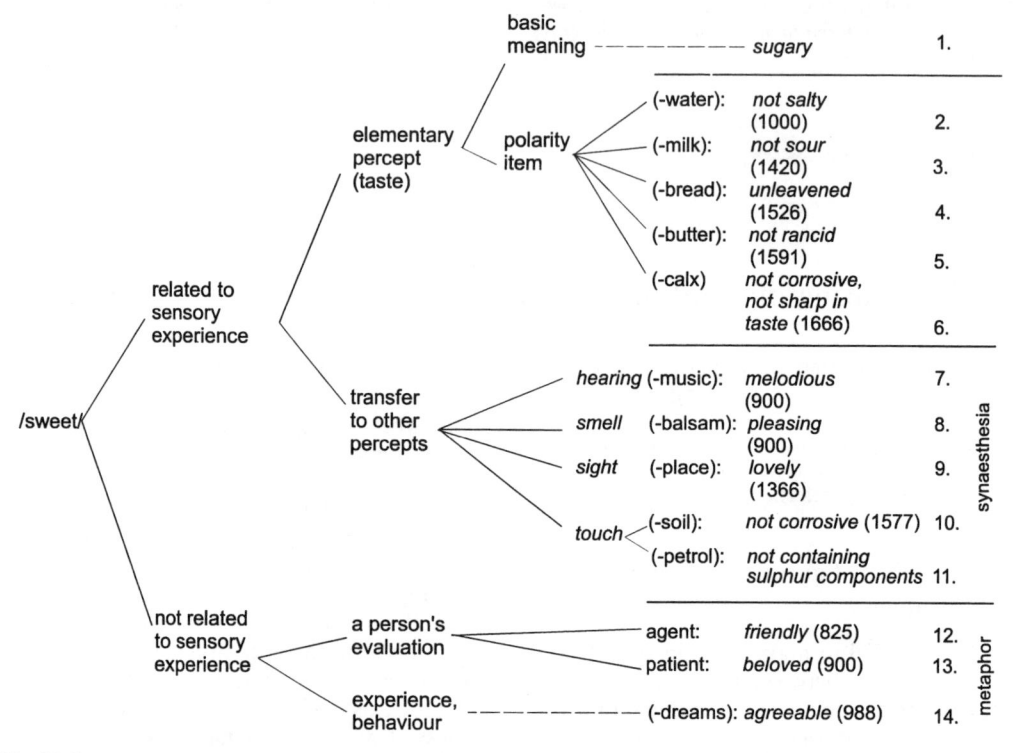

Fig. 39.1

stimulus may (also) evoke a stimulus in a different sensory organ. The difference between pathological synaesthetes and synaesthetic processes in average people is that the former may have two percepts (the sight of mathematical shapes or figures and different tastes), whereas the latter tend to have one percept only, that is to say, *a sweet melody* only applies to hearing and not to taste and hearing simultaneously as might be the case with a synaesthetic patient.

If we now survey the systematic meaning extensions of the adjective *sweet*, we first of all notice a number of non-literal meanings (2–6), in which *sweet* is used in antonymic polarity with some other item, e. g. *sweet water* vs. *salty water*, next we notice a series of synaesthetic uses (7–11), which are all figurative, just like the metaphoric uses (12–14).

The polarity meanings of *sweet* in (2–6) are non-literal extensions of the basic meaning of 'sugary in taste' in that the association with a positive presence of this taste is absent, but they are also non-figurative in that they mainly remain within the domain of taste. The synaesthetic extensions of *sweet* in (7–11) are figurative in that they manifest a transfer from one domain to another, albeit very close domain. In this respect, they are somewhat comparable to metaphor, and indeed some scholars such as Leech (1969: 158) call them "synaesthetic metaphors". The lower figurativity of synaesthetic meaning extensions may reside precisely in the very close presence of the donor domain and the receiver domain: we remain there in the world or domain of the sensory impressions and only witness a transfer from one subdomain to another subdomain. It is no wonder either that synaesthesia is typically at work with adjectives, since these denote properties in things. Whereas the operation of the senses is typically indicated by verbs (*to taste, to smell, to hear, to feel, to see*), the properties sensed are typically categorised as adjectives. In this context of properties of things it is hardly conceivable that metonymic strategies could become operative. In the metaphoric extension of *sweet* (12–14) we witness a transfer from the physiological, sensory domain to that of psychological emotional experienes in connection with people as in *sweet children, a sweet personality, sweet dreams*, etc. Here the degree of figurativity follows from the contrast between the two domains. This also reveals an aspect of metaphor which has been only very poorly recognised in the literature on metaphor, except by Roman Jacobson (1971) and one of his greatest followers, Claude Lévi-Strauss (1962, 1966). That is, metaphor does not only thrive on similarity as most proponents of the similarity theory of metaphor, such as, for instance, Max Black (1962), Searle (1979), and many other scholars maintain, but also and fundamentally, by the contrast between the two domains involved.

3. Similarity and contrast in figurativity

Precisely in this respect we find one of the strongest differences between metonymy and metaphor. In a sense, metonymy is a much more ubiquitous process than metaphor. In order to become operative, the strategy of metaphor needs the possibility of seeing contrast(s), which is needed as much as the presence of conceived similarity or similarities. Since this is not always and not immediately given, metaphor requires far more conditions to be fulfilled in order to become operative than metonymy. Metonymy is extremely active everywhere and all of the time.

Metonymy, just like synaesthesia, may lead both to non-literal extensions, which are also non-figurative, and to figurarive ones. A good example is that of *heart*, which in its basic sense denotes the central blood-pumping vessel in the animal and the human body. But this bodily organ was also believed to be the seat of life itself, or the seat of the mind, of memory, and of emotions; some of these meanings are illustrated in expressions such as *In my heart of hearts I must admit that he is right, I agree with you with all my heart/from the bottom of my heart, He is a hunter in heart and soul, to follow the voice of one's heart, to learn and know by heart*. In all such expressions we are no longer dealing with the basic, literal meaning of heart as a blood-pumping organ, but we have rather to do metonymically with this bodily organ as the seat of mental faculties, which are now rather attributed to the brain. But they are non-figurative in that the heart was conceived of as the real location of these faculties. This location was thought of as a very deep container with many internal depths (*in my heart of hearts*). In fact, heart and soul were very much identified with one another as the life principle. We arrive at figurative meanings when the heart comes to stand for single emotions such as courage, love, cordiality and tenderness as in the expression *My heart sank into my shoes*. Here the heart as the seat of the feeling of courage is no longer a location, but stands for the feeling itself and as such can go up or down according to the emotional state of the person concerned. Similar expressions for suffering as in *with bleeding heart*, for fear as in *I had my heart in my mouth/throat* or for pity as in *My heart shrank with pity*. What all these metonymical uses of *heart* have in common is that they constitute the simultaneous presence of two (sub-)domains, i.e. the first domain of the heart as a localisable entity in the body and the second domain of either mental faculties such as mind, memory, feeling or of single concrete feelings. The two (sub-)domains in a metonymy are said to be contiguous, i.e. they are seen as bordering on or overlapping each other. In fact, it is often claimed that metonymy only presupposes one domain of experience, and in that respect it is to be fundamentally contrasted with metaphor, which is claimed to cover two domains (see especially Lakoff 1987: 114, Lakoff and Johnson 1980).

This view is not necessarily wrong, but the problem is rather: how do we and how are we able to delimit domains or subdomains in a given domain? The notion of *domain* must be refined anyway (see also Croft 1995), and on top of that, what is especially needed is the notion of contrast. In metaphor the two domains or subdomains are strongly contrasted; in metonymy, however, because of the contiguity of the two (sub-)domains they can never be drastically contrasted. But minimal contrast will do in order to generate a figurative reading. In the expression *to learn by heart* there is contiguity of the heart as an organ and the seat of feeling. In the metaphor *His heart sank into his shoes*, the heart is metonymically seen as the seat of emotions and metaphorically as a container for a single emotion. The combination of metonymy and metaphor in one expression has been intensively investigated by Goossens (1990), who introduced a very apt name for this phenomeon, i.e. *metaphtonymy*. Here, in this case, there is not only metaphtonymy, but at the same time there is a contrast between the heart as container and the feeling of courage which has filled the whole container so that the latter becomes a mentally movable entity and can be perceived as sinking or rising as the feeling forces the body to. The relationship between the two subdomains in a non-figurative metonymy such as *to learn by heart* is that between a locality and its occupant, whereas that in *heart* in the sense of 'courage' is rather the relationship between container and contained. Obviously the latter relationship allows us as conceptualisers greater flexibility in perceiving contrasts. This figurative flexibility is still greater in the metonymic relationship of part vs. whole, since here the link of contiguity can be seen as an enveloping link. Metonymy based on the part-whole contiguity is known as synecdoche and it occurs in address forms

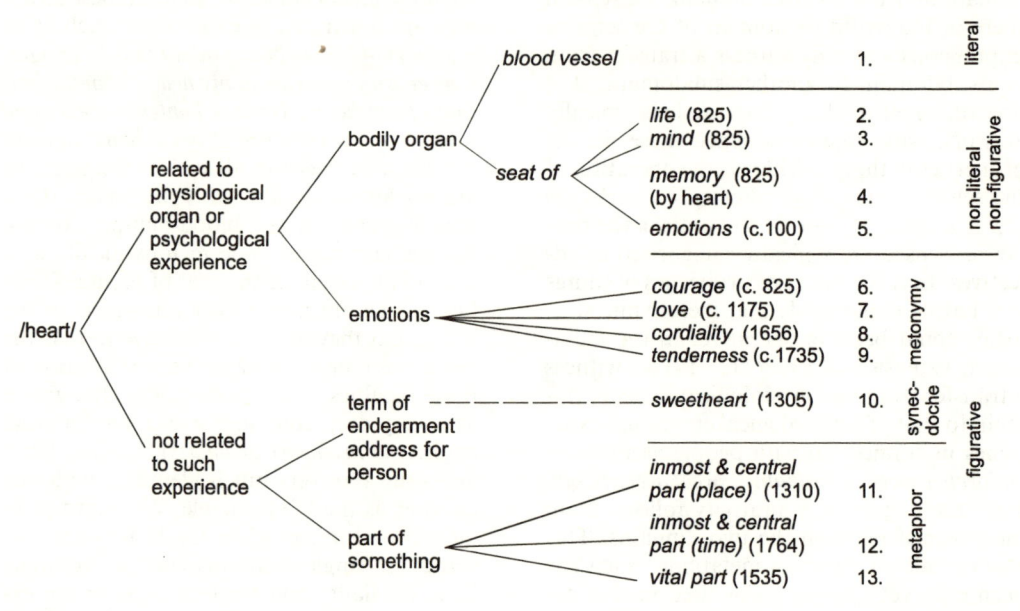

Fig. 39.2

such as *my heart* or *my sweethart* for one's wife, or other loved ones. Here the part (*heart*) stands for the whole person and the affections evoked by that person. As an expression such as *Come here, sweethart* shows, such metonymies have full referential capacity. In its metaphorical extension the term *heart* no longer refers to persons or living beings but to central parts of objects, especially to the central and inmost areas of a place such as a city, or, at a more abstract level, to the central point of a problem. What makes a metaphor so fundamentally different from metonymy is that the two domains involved in it cannot remain side by side, but the source domain, here *heart* as the central point in the living organism, is, as a complex structural whole, mapped onto some other domain, the target domain and, in that mapping process, loses its own existence. In other words, the heart is no longer a heart when it is used in phrases such as *It is in the heart of the city*, *It happened in the heart of winter* or *That's the heart of the matter*. The contrast between the living organ as the centre of an organism and the central part of some lifeless unit is so great that with such metaphors the figurative sense, and hence the degree of figurativity, is extremely strong.

4. The concrete as a road into abstract domains

Whereas many nouns leave room for meaning extensions via both metonymical and metaphorical paths, verbs are far less apt to become the input for metonymical extensions. On the contrary, verbs of concrete perception such as *see* or *hear* tend to be mapped onto abstract domains of knowledge and obeisance and assume meanings of 'understanding' and 'obeying' (see Sweetser 1990 with the impressive list of examples in the Chapter entitled *Metaphor and perception*). Olaf Jäkel (1997) has widened this to the whole of mental activity, which is seen as "manipulation", as in expressions such as *catching an idea, having a good grasp of a problem, holding that sth. is true, taking someone's meaning, getting hold of facts, picking up ideas, taking up one problem at a time, putting ideas into someone's head, putting a problem aside*. Here the source domain of 'doing things with your hands to objects' (manipulation) is mapped onto the abstract domain of the human intellect and its processes. Jäkel shows that the mind itself is seen as a mental workshop in which each of the phases that material objects can go through in a workshop is mapped onto all the possible phases of mental acitivty. So metaphor is no longer only a question of language, but rather an orientation of the mind: it is the human mind itself that grasps its own workings on the basis of the way the human hands manipulate tools.

Such insights were first developed by Ortony (1979) for human communication (the conduit metaphor), by Lakoff and Johnson (1980) for a large number of domains such as 'more is up' or 'life is a journey', by Sweetser (1990) for perception, i.e. 'seeing as understanding', and by many others.

These insights have now shown that the traditional way of looking at figurative use of language from antiquity to the present day, (for instance, in the writings of Searle (1979) or Black (1962)), have by and large fully misinterpreted the role of figurative language as a kind of expressive embellishment of things which could also be said otherwise.

The view developed in cognitive science and cognitive linguistics is that figurative language is not something that serves as an embellishing alternative for some so-called literal meaning, but that figurative use of language is the only instrument of seeing and grasping the more abstract domains of human experience, and that it is not language that is metaphorical in the first place, but the human mind itself. By mapping the structures discerned in the domains of concrete experience to the domains of abstract experience, man has gradually achieved a grasp of the structure of this mental world of his. The figurative use of language in its various manifestations is then but a consequence of simultaneous mental operations of the sensory organs in synaesthesia, contiguity in metonomy, and similarity in metaphor. In all of these, the tension between one element and the other is built upon a different interaction of likeness and difference, of similarity and contrast. The greater the contrast between the two elements, the greater also the degree of figurativity, or in its higher realisation, the higher the degree of metaphoricity. Seen from this angle, it may now also have become quite understandable that so much attention has been given to metaphor research. It is indeed here that the great progress in the unveiling of man's mind is possible, not only in his grasping for a fictional reality, as attempted in Lakoff and Turner (1989), but also and especially in his attempts to see how his abstract reasoning is based on metaphorical structures as well in his everyday folk theories, as in science itself, in religion and all other major domains of life.

5. Literature (a selection)

Black, Max (1962): *Models and Metaphors*. Ithaca, NY: Cornell.

Croft, William (1993): The role of domains in the interpretation of metaphors and metonymies. In: *Cognitive Linguistics* 4(4), 335–370.

Dirven, René (1985): Metaphor as a means of extending the lexicon. In: *The Ubiquity of Metaphor. Metaphor in Language and Thought* (eds. W. Paprotté; R. Dirven). Amsterdam: Benjamins.

–, (1993): Metonymy and Metaphor: Different mental strategies of conceptualisation. In: *Leuvense Bijdragen*, (21(1), 1–28.

Goossens, Louis (1990): Metaphtonymy. The interaction of metaphor and metonymy in linguistic action. In: *Cognitive Linguistics* 1(4); 323–340.

Jäkel, Olaf (1997): *Der handgreifliche Intellekt oder: Mental Activity as Manipulation*. Frankfurt: Lang.

Jakobson, Roman (1971): *Selected Writings Vol. 2. Word and Language*. The Hague: Mouton.

Kövecses, Zoltan (1986): *Metaphors of Anger, Pride, and Love. A lexical approach to the structure of concepts*. Amsterdam/Philadelphia: Benjamins.

Lakoff, George (1987): *Women, Fire and Dangerous Things. What Categories Reveal about the Mind*. Chicago: University of Chicago Press.

–, (1989): The Invariance Hypothesis: Is abstract reason based on image-schemas? In: *Cognitive Linguistics* 1(1); 39–74.

Lakoff, George and Mark Johnson (1980): *Metaphors we Live by*. Chicago: University of Chicago Press.

Lakoff, George and Mark Turner (1989): *More than Cool Reason. A Field Guide to Poetic Metaphors*. Chiacgo: University of Chicago Press.

Leech, Geoffrey (1969): *A Linguistic Guide to English Poetry*. London: Longman.

Lévi-Strauss, Claude (1966): *The Savage Mind*. London: Weidenfeld and Nicholson. (Translation of *La Pensée Sauvage*, 1962, Paris: Plon).

Ortony, R. (1979) (ed.): *Metaphor and Thought*. Cambridge: Cambridge University Press.

Panther, Klaus-Uwe and Radden, Günter (ed.) 1999. *Inetonymy in Language and Thoupht*. Amsterdam/Philadelphia: Benjamins.

Searle, John R. (1979): Metaphor. In: Ortony, R. (ed.), 113–120.

Sweetser, Eve (1990): *From Etymology to Pragmatics. Metaphorical and Cultural Aspects of Semantic Structure*. Cambridge: Cambridge University Press.

René Dirven, Duisburg (Germany)

IX. Die Inhaltsseite des Wortes V: Dimensionen der Bedeutung
The content level of the word V: Dimensions of meaning

40. Dimensionen der Bedeutung I: Ein Überblick

1. Der Begriff *Dimension der Bedeutung*
2. Die drei Bühlerschen Bedeutungsdimensionen
3. Denken, Fühlen, Wollen
4. Zur kognitiven Dimension der lexikalischen Bedeutung
5. Zur emotiven Dimension der lexikalischen Bedeutung
6. Zur volitiven Dimension der lexikalischen Bedeutung
7. *Attitude, Einstellung, Haltung*
8. Literatur in Auswahl

1. Der Begriff *Dimension der Bedeutung*

Der Begriff *Dimension der Bedeutung* (kürzer: *Bedeutungsdimension*) ist als *Terminus* der Linguistik ganz neu; wie es scheint, wird er in diesem Handbuch erstmalig verwendet, wenn auch von den *Dimensionen lexikalischer Semantik* schon etwas früher gesprochen wurde (Hermanns 1995a). Der *Gedanke* aber, dass man (drei) Bedeutungsdimensionen unterscheiden sollte, ist erheblich älter.

Man findet ihn schon bei Bühler (1927, 134), der, wenn auch nur im Vorübergehen, von den drei sprachlichen *Sinndimensionen* redet (Ammann 1988, 55). Von den drei *Dimensionen der Sprache* spricht dann wieder Max Black (1968, 153), der „zwischen dem *expressiven*, dem *präsentativen* oder darstellenden und dem *dynamischen* Aspekt oder Dimension einer Äußerung" unterscheidet (Black 1968, 155), wobei er (ibid.) die Rede von *Aspekt* und *Dimension* damit begründet, dass es bei sprachlichen Äußerungen in der Regel so sei, dass in ihnen „alle drei Aspekte, obwohl unterscheidbar, zusammengenommen da sind und wirksam sind. Eine Äußerung, der jegliches 'expressive' und 'dynamische' Moment fehlt, ist genauso unmöglich vorzustellen wie ein Körper, der nur Länge ist ohne Breite oder Höhe." Black (ibid., Fußnote) verweist übrigens auf Bühler.

Zu beachten ist, dass weder Black noch Bühler auf dem Wort *Dimension* insistieren. In der Tat spricht man – je nach dem Kontext – manchmal besser von den dreierlei *Funktionen* einer Äußerung oder eines sprachlichen Zeichens oder auch von dreierlei *Aspekten* oder *Komponenten* der Bedeutung oder den dreierlei *Bedeutungskomponenten* oder *Bedeutungsanteilen*, und zwar ebenso bei Äußerungen (parole) wie bei lexikalisierten Zeichen (langue).

Sinn der Rede von den *Dimensionen* der Bedeutung ist es also, mit diesem Wort darauf hinzuweisen, dass im Sprechen wie in Sprache regelmäßig mehr geleistet wird bzw. vorgeprägt ist als nur „Darstellung" (von Sachverhalten, Gegenständen und Personen), nämlich außerdem auch „Ausdruck" (von Gefühlen) und „Appell" (an einen Hörer), wie es Bühler (1934, 28) nannte (vgl. 2.); dass also die expressiven und appellativen Funktionen und Aspekte von Rede und Sprache nicht weniger wichtig sind als deren deskriptive Funktionen und Aspekte; und dass deskriptive, expressive und appellative Funktionen und Aspekte in Rede wie Sprache eine Einheit bilden (Hermanns 1995a, b). Zweck dieses Artikels ist es, Sinn und Relevanz des Begriffs *Bedeutungsdimension* speziell für die Lexikologie (die lexikalische Semantik) darzulegen. Es geht also hier um Dimensionen der Bedeutung von Lexemen.

2. Die drei Bühlerschen Bedeutungsdimensionen

Das ist insofern nicht selbstverständlich, als sich Black wie Bühler (jedenfalls in seinem Hauptwerk) vor allem auf Äußerungen, also Sprechakte, beziehen, wenn sie von den drei *Bedeutungsdimensionen* (respektive *Sinn-* bzw. *Sprachfunktionen*) sprechen.

Bühlers epochale Leistung für die Linguistik und die Semiotik besteht in seiner Entdeckung, dass sprachliche Äußerungen in dreifacher Hinsicht Zeichen sind – und also nicht, wie man bis Bühler meist geglaubt hat, nur in einer Hinsicht, nämlich insofern sie (einen Sachverhalt) „darstellen". So weiß man seit Bühler, dass durch Äußerungen außerdem auch immer etwas (insbesondere eine Emotion, ein Affekt) „ausdrückt" wird (wenn dies auch im Trivialfall fehlender Gemütsbewegung ein seelischer Gleichmut sein kann) und dass Äußerungen außerdem an ihre Adressaten „appellieren", also „illokutionär" sind, wie die Sprechakttheorie es dann genannt hat. Das sind die Funktionen und Sinndimensionen des sprachlichen Zeichens, die von Bühler in seinem bekannten „Organon-Modell" als *Darstellungsfunktion*, *Ausdrucksfunktion* und *Appellfunktion* bezeichnet und den „Gegenständen" oder „Sachverhalten", dem „Sender" bzw. dem „Empfänger" von Äußerungen zugeordnet werden, so dass eine Äußerung zugleich *Symbol*, *Symptom*, *Signal* ist (Bühler 1934, 24 ff.; 1918, 1 ff.).

Man kann sich das am Beispiel eines Hilferufs vor Augen führen (Hermanns 1995a, 140 ff.; dort auch Weiteres zur Interpretation und zur Kritik von Bühler). Der Ruf *Hilfe! Hilfe!* „appelliert" an seine Hörer, jemandem (dem Rufer oder jemand anderem) zu helfen. Aber außerdem ist er auch „Ausdruck", nämlich des Gefühls der Angst. Ein Hilferuf muss Angst zum Ausdruck bringen, sonst ist er misslungen. Schließlich ist der Hilferuf auch die „Darstellung" (das Anzeigen) eines Sachverhaltes, nämlich des Bestehens einer Not- und Gefahrenlage. Sollte eine solche nicht bestehen, dann verwendet man den Hilferuf missbräuchlich. Dieses Beispiel zeigt im übrigen bereits, dass Bühlers Unterscheidung dreier Sprachfunktionen und Sinndimensionen auch für lexikalisierte Zeichen relevant ist; denn bei *Hilfe! Hilfe!* handelt es sich ja um eine Art – wenn man so sagen kann – Routineformel.

Dass es genau drei Sprachfunktionen gibt, ist in der Linguistik alles andere als unumstritten. Ortner (1992, 274–276) bietet einen Überblick über die sprachwissenschaftliche Sprachfunktionenlehre. Danach werden von den Theoretikern bis zu acht Sprachfunktionen unterschieden. Bei der Sprachfunktionenlehre, wie sie Ortner resümiert hat, handelt es sich aber immer um Funktionen von Sprechakten, also Rede (parole). Jakobson (1960, 353; 357) z. B. spricht zwar von den *functions of language*, dann aber genauer von den *six basic functions of verbal communication*, Hymes (1962, 56 ff.) von *Funktionen des Sprechens* (und, wie er ausdrücklich sagt, nur zur Abkürzung auch von *Sprachfunktionen*). Dass die zusätzlichen Funktionen des sprachlichen Ausdrucks in der Rede, wie sie Jakobson und Hymes aufzählen, zugleich lexikalische Funktionen, also Bedeutungsaspekte von Lexemen wären, ist noch nicht behauptet worden. Daher scheint es schon aus diesem Grund nicht sinnvoll, mehr als nur drei Dimensionen lexikalischer Bedeutung anzusetzen. Eine nähere Betrachtung würde zeigen, dass dies auch aus anderen Gründen wohl kaum sinnvoll wäre.

3. Denken, Fühlen, Wollen

Bühlers Bezeichnungen *Symbol*, *Symptom* und *Signal* wie auch *Darstellung*, *Ausdruck* und *Appell* sind semiotische Begriffe. Doch lässt sich sein Organon-Modell auch psychologisch deuten; nämlich als das Schema der drei sprachlichen Funktionen des Zeigens von *Kognitionen* (Darstellung), von *Emotionen* (Ausdruck) und von *Intentionen* (Appell). Diesbezüglich spricht Kainz (1941, 177) in seiner „Psychologie der Sprache" von einer „geradezu in die Augen springenden Zuordnung" der Bühlerschen Funktionen „zu den Hauptbereichen des seelischen Lebens", und zwar so („so zwar", schreibt Kainz heideggerisierend), „dass die Kundgabe dem *Fühlen*, der Appell (Auslösung) dem *Wollen*, der informierende Bericht [Darstellung] dem *Erkennen und Denken* an die Seite gestellt wird".

Außerhalb wie innerhalb der Linguistik findet man die Trias der Begriffe *Denken, Fühlen, Wollen* oder *Kognition, Emotion, Volition* immer wieder einmal gebraucht. So z. B. in der Encyclopaedia Britannica (1995, im Artikel „The Philosophy of Mind"), die ohne weiteres behauptet: „Mental phenomena are traditionally divided into three areas: the *cognitive*, which is concerned with knowledge; the *affective*, with feeling; and the *volitional*, with action." Mit etwas mehr Pathos sagt die Einleitung zu einem Reader „Zur Philosophie der Gefühle" (Fink-Eitel/Lohmann 1993, 7): „Neben dem *Meinen* und dem *Wollen* ist das *Fühlen* die Fähigkeit, die bewusstes menschliches Leben wesentlich ausmacht".

In der Sprechakttheorie verwendet (fast) dieselbe Trias Austin, der in „How to Do Things with Words" (1962, 15) die Bedingungsgruppe Gamma der „felicity conditions" von gelungenen Illokutionen charakterisiert mit der Bemerkung, dass im Falle vieler illokutionärer Akte „the procedure [der Ausführung eines Sprechakts] is designed for use by persons having certain *thoughts* or *feelings*" und dass oft von den sprechhandelnden Personen weiterhin verlangt sei, dass sie „*intend* so to conduct themselves", d. h. die Absicht haben, so zu handeln, wie durch ihren Sprechakt angekündigt. Dies zusammenfassend, benutzt Austin (ibid., Fußnote) explizit die Formel „these *thoughts*, *feelings*, and in-

tentions". Deren Dreiheit wird von Austin (1962, 40) noch einmal hervorgehoben, wenn er dann ausführlicher behandelt „1. Feelings", „2. Thoughts", „3. Intentions", also Fühlen, Denken, Wollen, als entscheidende Merkmale von vielen Sprechakten, die zwar über deren Geltung nicht entscheiden, aber doch über ihr „glückliches" Gelingen. Wenn man sich entschuldigt oder wenn man jemanden beglückwünscht, bringt man eine Emotion zum Ausdruck; wenn man urteilt, eine Kognition; und wenn man jemandem etwas verspricht, dann eine Absicht, d.h. eine Volition, ein Wollen.

Dafür, dass die Trias der Begriffe für die drei Bedeutungsdimensionen in der Lexikologie als brauchbar angesehen und gebraucht wird, gibt es m.W. bisher nur ein prominentes (wenn auch systematisch marginales, da nur einen kleinen Teilbereich der Lexik betreffendes) Beispiel: Wierzbicka (1991, 285ff) unterscheidet zwischen *emotiven* („I feel something), *volitiven* (die zum Ausdruck bringen: „I want something"), *kognitiven* („I think something", „I know something") Interjektionen. Emotive Interjektionen sind *pfui, ach, oh*; volitive sind z.B. *psst* und *hallo* (Schweigen / Aufmerksamkeit heischend); eine kognitive Interjektion ist *aha* (als Ausdruck des Verstehens).

Weder Kainz (1941) noch Austin (1962) noch Wierzbicka (1991) sagen, woher sie die Trias *Denken / Fühlen / Wollen* haben. Kainz verweist nur ganz pauschal auf den „Bereich derjenigen psychischen Funktionen ..., die man seit der Erfahrungsseelenkunde des 18. Jahrhunderts unter den Begriffen Fühlen, Wollen und Denken zusammenfasst". Auch die *Encyclopaedia Britannica* (1995) und Fink-Eitel/Lohmann (1993) schweigen über ihre Quellen.

Also ist die philosophisch-psychologisch traditionelle Unterscheidung dreier „Hauptbereiche des seelischen Lebens" für die Linguistik bereits fruchtbar. Sie trägt dazu bei, die Unterscheidung von drei Dimensionen der Bedeutung plausibler zu machen. Denn die Dimension der Darstellung (nach Bühler) oder der Präsentation (nach Black) lässt sich in der Tat mit ihrer Hilfe als die Dimension der Kognition, des Denkens und Erkennens re-interpretieren; die des Ausdrucks (Bühler) oder der Expression (Black) als die der Emotion, des Fühlens; und die des Appells (Bühler) oder der Dynamik (Black) als diejenige der Volition, des Wollens. Dementsprechend kann man auch die *deskriptive, expressive* und *appellative Dimension* von Äußerungen und von Sprache synonym die *kognitive, emotive* (oder *affektive*) respektive *volitive Dimension* von Äußerungen und von Sprache nennen und von *kognitiven, emotiven (affektiven)* oder *volitiven Sprachfunktionen* und *-aspekten, Bedeutungen* und *Bedeutungskomponenten* reden.

Jakobson (1960, 353–357) bezeichnet Bühlers Darstellungsfunktion als *referential* (alternativ als *denotative* und *cognitive*) *function*, seine Ausdrucksfunktion als *emotive* (*expressive*), seine Appellfunktion als *conative function* (von lat. *conari* 'versuchen'); Hymes (1962, 59) bezeichnet Jakobsons *conative function* als *direktive* (alternativ als *pragmatische, rhetorische, persuasive*) Funktion. Aus diesem Benennungsangebot ist auszuwählen.

4. Zur kognitiven Dimension der lexikalischen Bedeutung

Da der folgende Artikel dieses Handbuchs (Art. 41) von den kognitiven (deskriptiven) Aspekten der lexikalischen Bedeutung handelt, kann sich dieser Abschnitt auf nur drei Bemerkungen beschränken. Sie betreffen alle das Zusammenspiel der drei Bedeutungsdimensionen in der lexikalischen Bedeutung.

(1) Anders, als man meinen könnte, ist es nicht so, dass sich die Lexeme einer Sprache hinsichtlich ihrer Bedeutungsdimensionen in disjunkte Klassen teilen ließen. Denn es gibt zwar Wörter, die vielleicht – doch ist dies eine Frage der Betrachtungsweise – entweder rein deskriptiv oder rein affektiv oder rein volitiv sind, so dass sie bezüglich beider jeweils anderen Bedeutungsdimensionen nichts zum Ausdruck bringen. Doch ist stets damit zu rechnen, dass für die Verwendung eines Wortes mehr als eine der Bedeutungsdimensionen relevant ist. So hat bereits Erdmann (1900, 107ff.) darauf hingewiesen, dass zahlreiche Wörter neben ihrem *begrifflichen Inhalt* (ihrer deskriptiven Bedeutung) auch einen, wie er es nennt, *Stimmungsgehalt* oder *Gefühlswert* haben, d.h. einen affektiven Bedeutungsanteil. Ferner haben viele auf den ersten Blick rein deskriptive Wörter volitive Bedeutungsanteile (vgl. 6.).

(2) Dass zahlreiche Wörter nicht nur einfach deskriptiv sind, hängt damit zusammen, dass mit Wörtern – trivialerweise – niemals einfach ausgesagt wird, wie die Dinge (Gegenstände, Sachverhalte und Personen) wirklich *sind*, auf die sie referieren, sondern immer nur, wie sie vom jeweils Sprechenden *gesehen werden*. Dies jedoch hängt ab von dessen „Standpunkt" (Frege 1892, 45; Erdmann 1900, 110), von seinem „Blickwinkel", seiner „Perspektive", seiner „Seh-" oder „Sichtweise". Eine Konsequenz der Standpunkthaftigkeit des menschlichen Erkennens ist es, dass wir Dinge (Gegenstände, Sachverhalte und Personen) unter gewissen „Aspekten" sehen und bezeichnen. Der Stern Venus wird als *Abend-* oder als *Morgenstern* wahrgenommen, und Napoleon als *Sieger von Austerlitz* oder als *Besiegter von Waterloo* – so die berühmten Beispiele. Dem Aspekt, unter dem man etwas betrachtet und bezeichnet, entspricht in der lexikalischen Bedeutung das, was Mill (1843, 30–40, 978–985) die *connotation*, Frege (1892, 41) den *Sinn* und Erdmann (1900, 107ff.) den *Nebensinn* eines Wortes nennt (Dieckmann 1979, 96ff.).

(3) Mit dem „Standpunkt" und „Aspekt" ist oft zugleich auch eine ganz bestimmte „Einstellung" (engl., franz. *attitude*) gegeben (s.u., 7.).

5. Zur emotiven Dimension der lexikalischen Bedeutung

Von den emotiven (affektiven) Aspekten der lexikalischen Bedeutung handelt gleichfalls ein besonderer Artikel dieses Handbuchs (Art. 42).

6. Zur volitiven Dimension der lexikalischen Bedeutung

In der lexikalischen Semantik bisher kaum beachtet wird der Umstand, dass in der Gesamtbedeutung vieler Wörter neben Kognition und Emotion auch Volitionen lexikalisiert sind (zum Folgenden: Hermanns 1995a, 154ff.). So wird die Bedeutungsdimension des Wollens in der Linguistik in der Regel nur im Rahmen der Pragmatik, z.T. auch im Rahmen der Grammatik (Syntax), kaum jedoch in dem der Lexikologie behandelt. Für Pragmatik und Grammatik dürfte beispielsweise unbestritten sein, dass ebenso im Sprechakt wie auch in der Satzform der Aufforderung (im Deutschen mit besonderer Wortstellung und im Modus des Imperativs) der Wunsch des jeweils Sprechenden zum Ausdruck kommt, der Angesprochene möge sich so-und-so (wie ausgesagt) verhalten. Und dass ebenso im Sprechakt wie auch in der Satzform einer Frage der Wunsch ausgedrückt wird, dass der Angesprochene mit seiner Antwort eine (ganz bestimmte) Information geben möge. Der Ausdruck des Wunsches (Wollens), der in diesen (und in anderen Fällen syntaktisiert und grammatikalisiert ist, kann jedoch auch lexikalisiert sein – nämlich in Lexemen, die, wie man es nennen kann, eine *deontische Bedeutung* haben. Alternativ kann man auch von der *Sollensbedeutung* oder von der *präskriptiven* oder *Präskriptionsbedeutung* eines Lexems sprechen.

6.1. *Unkraut, Ungeziefer*

Dafür ist ein Standardbeispiel (Hermanns 1986, 154ff.) das Wort *Unkraut*. Mit dem Satz *Das ist ein Unkraut* sagt man aus: *Das darf man, ja das soll man ausreißen oder sonst irgendwie vernichten*. Zwar hat *Unkraut* außerdem auch eine Deskriptionsbedeutung, denn *Unkraut* sind „Pflanzen, die zwischen angebauten Pflanzen wild wachsen (und deren Entwicklung behindern)" (*Duden Deutsches Uni-* *versalwörterbuch*, s.v.). Aber das Entscheidende für den Gebrauch und also die Bedeutung dieses Wortes ist die deontische, pragmatische Komponente der Bedeutung: *etwas, das vernichtet werden soll(te)*. Daher liegt in diesem deontischen Bedeutungsanteil die Pointe dieses Wortes.

Ähnlich ist es auch bei dem Wort *Ungeziefer*, was nicht einfach nur rein *deskriptiv* ein Wort ist für „(schmarotzende) tierische Schädlinge", z.B. „Flöhe, Läuse, Wanzen, Milben, Motten, auch Ratten und Mäuse" (*Duden Deutsches Universalwörterbuch*, s.v.), also, kann man hinzufügen, solche kleinen Tiere, vor denen man sich typischerweise ekelt (dieses ist der affektive Anteil der Bedeutung dieses Wortes). Sondern außerdem bezeichnet *Ungeziefer*, ebenso wie *Unkraut*: etwas, das vertilgt, vernichtet werden muss. Und genau darin liegt auch das Perfide, wenn man Menschen metaphorisch *Ungeziefer* nennt, wie das ja in der jüngeren Geschichte immer wieder vorgekommen ist. Denn das bedeutet nicht nur metaphorisch: *Das sind keine Menschen, sondern Tiere, nämlich Schädlinge, vor denen man sich ekelt*, sondern speziell und vor allem: *Diese Menschen soll man töten und vernichten*. Die deontische Bedeutung bleibt erhalten im uneigentlichen, metaphorischen Gebrauch des Wortes. Weitere Beispiele werden gleich gegeben.

6.2. *Sollen* als Ausdruck von *Wollen*

Dass ein Wollen sich – grammatisch oder lexikalisch – als ein Sollen ausdrückt, ist nicht ungewöhnlich. Es erscheint dann in der Weise, dass in seinem Ausdruck von dem jeweils Sprechenden (Wollenden) abstrahiert ist. Im Imperativ (*Geh!, Komm!*) wird nur der jeweils Angesprochene (in der „2. Person" des Verbums) thematisch, in der Frage (*Wie spät ist es?*) noch nicht einmal dieser. Klar ist aber trotzdem, dass der jeweils Angesprochene beim Gebrauch solcher Formen etwas tun *soll* (gehen, kommen, eine Antwort geben), weil und insofern der Sprechende dieses *will*. Überhaupt ist nämlich der Ausdruck des Sollens gar nichts anderes als das Äquivalent und das Resultat eines Wollens. Es „soll" jemand etwas tun genau dann, wenn ein anderer will, dass er es tue. „*Soll ich* dir noch einen Kaffee machen?", fragt man etwa und meint damit: „*Willst du*, dass ich dir noch einen Kaffee mache?" In den Zehn Geboten sagt Gott seinen Willen: „Ich bin der Herr, dein Gott [...]. Du sollst [...]". Manche (noch nicht alle) Wörterbücher erklären daher zutreffenderweise das Wort *sollen* mit Hilfe des Wortes *wollen*, so das *Wörterbuch der deutschen Gegenwartssprache* (s.v.), das den Satz *N soll etwas tun* erläutert mit der Paraphrase: *jemand will, fordert, das N etwas tut*. Jedenfalls ist aber jeder Ausdruck eines Sollens immer auch der Ausdruck eines Wollens; in der Regel dessen, der spricht. Denn es wäre widersprüchlich, wenn ein Sprecher sagen würde „Du sollst ..." beispielsweise „... das-und-das tun", ohne dass er selber wollen würde, dass der Angesprochene es tue (außer, wenn er damit nur berichtet, dass ein anderer will, dass der Angesprochene es tue). Eine Sollensäußerung ist daher im Normalfall eine Willensäußerung. Und daraus folgt, dass auch Lexeme mit deontischer Bedeutung eine voluntative Bedeutungskomponente haben. Sie ist identisch mit der deontischen Bedeutung.

6.3. Deontische Adjektive

Im Folgenden sollen einige Beispiele deontischer Wörter zweier Wortarten erläutert werden: deontische Adjektive sowie deontische Substantive.

In Bedeutungsparaphrasen deutscher Adjektive ist deren deontische Bedeutung oft gut zu erkennen, so besonders in denen des Standardwerkes zur Wortbildung deutscher Adjektive (Kühnhold/Putzer/Wellmann 1978, 474–478). Danach dienen einem „Ausdruck der Empfehlung" (also eines Wollens) u.a. folgende Adjektive: *lesenswert* (mit dem Beispiel „lesenswertes Buch" und der Bedeutungsparaphrase: „das gelesen werden sollte"); *erwähnenswert* (was „zu erwähnen ist/erwähnt werden sollte [...]"); *lobenswert* (mit dem Beispiel „lobenswerter Fleiß" und der Erläuterung „Fleiß, der zu loben ist/gelobt werden sollte"); *vertrauenswürdig* (vertrauenswürdige Person": „der man Vertrauen schenken sollte/ kann").

Allgemein wird dort zu Adjektiven auf *-würdig* gesagt: „Die modale Leistung reicht vom 'können' (*glaubwürdige Darstellung, abbauwürdige Kohle*) über die zentrale Bedeutung 'sollen' (*erhaltungswürdige Gebäude, vertrauenswürdige Person*) bis zu 'müssen' (*fluchwürdige Tat, verabscheuungswürdige Bluttat*)". Weitere dort aufgeführte Gruppen (z.T.) deontischer Adjektive sind die Adjektive auf *-bedürftig*, z.B. *revisionsbedürftig* (mit dem Beispiel „revisionsbedürftiges Programm" und der Erläuterung: „Programm, das (dringend) revidiert werden sollte") und die Adjektive auf *-reif*, z.B. *schrottreif* („schrottreife Gewehre": „die (bald) verschrottet werden sollten"); *abbruchreif* („abbruchreifes Haus": „Haus, das bald abgebrochen werden sollte"). Alle diese Adjektive bringen zweifelsfrei ein Sollen und damit auch ein Wollen zum Ausdruck.

Außerdem gibt es noch viele andere Adjektive mit deontischer Bedeutung. *Zahlbar* beispielsweise (wie in Rechnungen verwendet: *zahlbar bis zum 1.5.1998*) sagt natürlich nicht aus, dass man einen Rechnungsbetrag bis zu einem Termin (und danach dann nicht mehr) zahlen *kann*, wenn man das möchte, sondern dass man das bis dahin tun *soll*. Ähnlich ist eine *strafbare Handlung* eine solche, die – von den juristischen Instanzen – bestraft werden *soll* (und nicht: *kann*). (Weitere Beispiele findet man bei Hermanns 1995a, 159f.)

6.4. Deontische Substantive

Es gibt Substantive, deren deontische Bedeutung gewissermaßen (jedenfalls etymologisch) explizit ist. Dieses sind im Deutschen Wörter mit den Lehnmorphemen *-andum, -and, -end, -endum*, die also das Gerundivum des Lateinischen fortsetzen, in dem die deontische Bedeutung explizit grammatikalisiert ist. Daher ist ein *Explikandum* etwas, was expliziert werden soll, ein *Definiendum* etwas, was definiert werden soll; und ähnlich ein *Analysand, Habilitand, Konfirmand, Exmaninand* jemand der analysiert, habilitiert, konfirmiert, examiniert werden soll. Ganz genauso wie ein *Auszubildender* – auch dann noch, wenn er sich auf den *Azubi* reduziert hat – jemand ist, der ausgebildet werden soll.

Was in diesen Wörtern explizit ist, kann in anderen Substantiven als Bedeutungsanteil implizit sein. Manche dieser Substantive mit deontischer Bedeutung werden in der Tat in Wörterbüchern als deontisch ausgewiesen. Hier in bunter Reihenfolge einige Beispiele (alle folgenden Zitate aus dem *Duden Deutsches Universalwörterbuch* (1989), unter dem jeweils genannten Lemma): *Einbahnstraße* wird erklärt als „Straße, die nur in eine Richtung befahren werden *darf*"; nicht etwa: *wird* bzw. *kann*. Dies erklärt, dass man beim Autofahren eine Äußerung wie *Das ist eine Einbahnstraße!* als Warnung, d.h. als (negative) Aufforderung versteht: *Fahr da nicht rein!* Das Sollen (bzw. negativ: *Nicht-Dürfen*) ist in der Bedeutung dieses Wortes mitenthalten. – Eine *Miete* ist der „Preis, den man für das Mieten von etwas [...] zahlen *muss*". Das Sollen steckt auch hier in der Bedeutung mit darin, denn eine Miete, die man gar nicht zahlen müsste, wäre keine, sondern ein Geschenk an den Vermieter. – Ähnlich ist die Steuer ein „bestimmter Teil des

Lohns, Einkommens od. Vermögens, der an den Staat abgeführt werden *muss*"; und sind *Schulden* ein „Geldbetrag, den jmd. einem anderen schuldig ist", und hier bedeutet *schuldig*, dass jemand „zu geben *verpflichtet*" ist. – Die Rechnung ist eine „schriftliche Aufstellung [...] mit der Angabe des Preises, der [...] *zu zahlen ist*". – Ein *Ziel* ist (u.a.) „etwas, was beim Schießen, Werfen o.ä. [...] getroffen werden *soll*". – Eine Arbeit ist – in einer der Bedeutungen des vielfach polysemen Wortes – wie die alten (aber nicht die neuen) deutschen Wörterbücher wissen, nicht nur „dasjenige, was durch Arbeit hervorgebracht worden [ist]", sondern ebenso auch „dasjenige, was durch die Arbeit hervorgebracht werden *soll*" (Adelung 1774, s.v.). Aber *Arbeit* ist auch heute noch (u.a.) das, was getan werden *soll*. Denn nur so ist es erklärlich, dass, wenn man etwa sagt: *Das ist deine Arbeit*, dieser Satz so viel bedeuten kann wie: *Das sollst du tun* oder: *Mach das!*

Soweit also eine kleine Liste deontischer Substantive. Auf die wirklich interessanten Fälle einzugehen, ist hier nicht der Ort: die großen Wörter insbesondere der sozialen und politischen Bewusstseinsbildung wie z.B. *Nation* oder *Deutschland* (beides war in Deutschland lange das, was noch geschaffen werden sollte), *Demokratie* (im 19. Jahrhundert eine Staatsform, die man je nach Standpunkt und nach Gruppenzugehörigkeit (und also Gruppensprache) schaffen oder auch verhindern wollte oder sollte, heute eine Staatsform, die man verteidigen soll), *Sozialismus* (die Gesellschaftsform, die in der DDR aufgebaut werden sollte, bis man dann gefunden hat, es gebe sie schon „real existierend"), *Umwelt* (die man schützen soll oder nicht verschmutzen darf (vgl. Hermanns 1991)). Oder Wörter des moralischen Bewusstseins wie das eben schon genannte *Arbeit* und das Verb *arbeiten*. „Wer nicht arbeitet, soll auch nicht essen" – dieser Satz ist prägend nicht nur für das europäische und deutsche Denken, sondern auch für die Semantik dieses Wortes sowie seiner Synonyme in den anderen europäischen Sprachen (Hermanns 1993).

7. *Attitude, Einstellung, Haltung*

Eine argumentative Stütze kann die Unterscheidung von drei Dimensionen lexikalischer Bedeutung im Begriff der *attitude* (dt. *Einstellung* und *Haltung*) finden. Eine *attitude to something* ist im Englischen „the way you think and feel about it" (*Collins Cobuild English Dictionary* 1995, s.v.). Aber das Wort lässt (ausnahmsweise ist die Etymologie nicht irreführend) zugleich an die „Attitüde" (fr. *attitude*) denken, an die „Pose", also an die „Haltung", nämlich an die Körperhaltung, in der sich eine Einstellung ausdrückt. Sie kann beispielsweise unterwürfig, ängstlich, drohend oder liebevoll sein. In ihr zeigt sich, wie wir einen Gegenstand wahrnehmen *und* wie wir auf ihn wahrscheinlich reagieren werden. So ist sie gewissermaßen die Zusammenfassung unseres Denkens (unserer Wahrnehmung), unseres Fühlens und unseres Wollens in Bezug auf etwas oder jemand in einer körperlich-psychisch-geistigen Gebärde.

In der Linguistik werden bisher fast nur „propositionale Einstellungen" (*propositional attitudes*) behandelt, also Einstellungen, die sich vermeintlich auf Propositionen, eigentlich jedoch auf die in ihnen dargestellten Sachverhalte richten. Dabei werden aber genau die drei Arten der Einstellung unterschieden, die zu den Bedeutungsdimensionen passen: *kognitive*, *emotive* und *voluntative* (volitive) Einstellungen (Lenzen 1995, 1175f.).

Ihrem Ausdruck dienen u.a. Satzadverbien: eine kognitive propositionale Einstellung wird ausgedrückt durch Wörter wie *vermutlich* und *wahrscheinlich*, eine emotive z.B. durch *gottseidank* und *leider*, eine volitive z.B. durch *bitte* (etwa in dem Satz: *Du kommst jetzt bitte*).

Doch beziehen sich Einstellungen nicht nur auf Sachverhalte, sondern potentiell auf alle Gegenstände unseres Denkens und unserer Erfahrung, insbesondere auch auf Personen. Das wird in der Sozialpsychologie ausdrücklich gesagt, für die der Begriff der *attitude* zentral ist (Deprez/Persoons 1987, 125). Auch hier werden – allerdings von unterschiedlichen Autoren jeweils anders – drei Aspekte oder Komponenten von *attitudes* unterschieden, die z.B. heißen: *cognitive, evaluative* und *conative*, wobei „values" als „emotional" betrachtet werden und die „konative" Komponente deshalb so heißt, weil sie sich auf „Intentionen" bezieht (allerdings nur auf „behavioral intentions"; ibid., 125f.).

Ein neueres Buch (Eagly/Chaiken 1993, 10–14) unterscheidet ähnlich *kognitive, affektive* und *behaviorale* Einstellungen, wobei letztere betrachtet werden als „encompassing *intentions* to act" (hier ist wieder die Einschränkung auf das jeweils eigene Handeln zu beachten).

Diese wenigen Zitate müssen hier genügen, um auf die (vorerst nur potentielle) Relevanz des sozialpsychologischen Begriffs der *attitude* für Linguistik und Lexikologie hinzuweisen. Jedenfalls scheint der Begriff der *attitude* die Möglichkeit zu schaffen, Kognition, Emotion und Volition als interdependent zu denken.

Denn es ist wohl in der Tat so, wie dies der Begriff der *attitude* voraussetzt: dass oft, wenn etwas z. B. als „x" erkannt (und benannt) ist, usuell (in einer ganzen Sprachgemeinschaft) mit einem ganz bestimmten Gefühl „y" und einem ganz bestimmten Wollen „z" auf dies „x" reagiert wird. Umgekehrt kann aber die Art unseres Denkens über etwas oder jemand auch davon abhängen, wie wir emotiv gestimmt sind, und davon, welcherlei Volitionen wir gerade haben (vgl. das Wort *Wunschdenken*); schließlich hängen auch Emotionen ab von Wünschen und Wünsche von Emotionen. Sprachliche Ökonomie und Ganzheitlichkeit des Erlebens führen dazu, dass der Komplex von Wahrnehmung (Denken und Erkennen) Fühlen, Wollen auch sprachlich in eins gefasst, d.h. in einem einzigen Wort lexikalisiert wird. So ist die Dreiheit wie auch die Einheit der Bedeutungsdimensionen vielleicht zu erklären.

8. Literatur in Auswahl

Adelung, Johann Christoph (1774), *Versuch eines vollständigen grammatisch-kritischen Wörterbuches der Hochdeutschen Mundart [...]. Erster Teil, von A-E.* Leipzig: Breitkopf.

Ammann, Hermann (1988), Die drei Sinndimensionen der Sprache. Ein kritisches Referat über die Sprachtheorie Karl Bühlers. In: *Karl Bühler's Theory of Language.* (Hrsg. A. Eschbach). Amsterdam/Philadelphia: Benjamins, 53–76.

Austin, J. L. (1962), *How to Do Things with Words. The William James Lectures Delivered at Harvard University in 1955.* Oxford: Clarendon Press 1975 (2. Auflage).

Black, Max (1968), The Labyrinth of Language. London: Pall Mall. Zitiert nach: M. Black, *Sprache. Eine Einführung in die Linguistik.* München: Fink 1973.

Bühler, Karl (1918), Kritische Musterung der neuern Theorien des Satzes. In: *Indogermanisches Jahrbuch* 6, 1–20.

Bühler, Karl (1927), *Die Krise der Psychologie.* Stuttgart: G. Fischer 1965 (3. Auflage).

Bühler, Karl (1934), *Sprachtheorie. Die Darstellungsfunktion der Sprache.* Jena: Gustav Fischer. Neudruck Stuttgart/New York: Gustav Fischer 1982.

Collins Cobuild English Dictionary (1995) [Neuauflage.] London: HarperCollins.

Deprez, Kas/Persoons, Yves (1987), Attitude. In: *Sociolinguistics. Soziolinguistik. Ein internationales Handbuch zur Wissenschaft von Sprache und Gesellschaft. Erster Halbband.* (Hrsg. U. Ammon/N. Dittmar/K. J. Mattheier). Berlin/New York: de Gruyter, 125–132 [Art. 20].

Duden Deutsches Universalwörterbuch. Mannheim etc.: Dudenverlag 1989 (2. Auflage).

Eagly, Alice H.; Chaiken, Shelly (1993),*The Psychology of Attitudes.* Fort Worth etc.: Hartcourt Brace Jovanovich College Publishers.

Encylopaedia Britannica (1995), *Britannica CD 2.0* [CD-Version]. Chicago: Encyclopaedia Britannica.

Erdmann; Karl Otto (1900), *Die Bedeutung des Wortes. Aufsätze aus dem Grenzgebiet der Sprachpsychologie und der Logik.* Leipzig: Haessel 1925 (4. Auflage). Neudruck Darmstadt: Wissenschaftliche Buchgesellschaft 1966.

Fink-Eitel, Hinrich; Lohmann, Georg (1993), Einleitung. In: *Zur Philosophie der Gefühle.* (Hrsg. H. Fink-Eitel; G. Lohmann. Frankfurt a.M.: Suhrkamp 1993, 7–19.

Frege, Gottlob (1892), Über Sinn und Bedeutung. Zitiert nach: G. Frege, *Funktion, Begriff, Bedeutung. Fünf logische Studien.* Göttingen: Vandenhoeck & Ruprecht 1966 (2. Auflage), 40–66.

Hermanns, Fritz (1986): Appellfunktion und Wörterbuch. Ein lexikographischer Versuch. In: *Studien zur neuhochdeutschen Lexikographie VI.1.* (Hrsg. H. E. Wiegand). Hildesheim etc.: Olms 1986, 151–182.

–, (1991), „Umwelt". Zur historischen Semantik eines deontischen Wortes. In: *Diachrone Semantik und Pragmatik. Untersuchungen zur Erklärung und Beschreibung des Sprachwandels.* (Hrsg. D. Busse). Tübingen: Niemeyer 1991, 235–257.

–, (1993), „Arbeit". Zur historischen Semantik eines kulturellen Schlüsselwortes. In: *Jahrbuch Deutsch als Fremdsprache 19*, 43–62.

–, (1995a), Kognition, Emotion, Intention. Dimensionen lexikalischer Semantik. In: *Die Ordnung der Wörter. Kognitive und lexikalische Strukturen. Jahrbuch 1993 des Instituts für deutsche Sprache.* (Hrsg. G. Harras). Berlin/New York: de Gruyter 1995, 138–178.

–, (1995b), Sprachgeschichte als Mentalitätsgeschichte. Überlegungen zu Sinn und Form und Gegenstand historischer Semantik. In: *Sprachgeschichte des Neuhochdeutschen. Gegenstände, Methoden, Theorien.* (Hrsg. A. Gardt/K. J. Mattheier/O. Reichmann). Tübingen: Niemeyer 1995, 69–101.

Hymes, Dell (1962), Die Ethnographie des Sprechens. Zitiert nach: D. Hymes, *Soziolinguistik. Zur Ethnographie der Kommunikation.* Frankfurt a.M.: Suhrkamp 1979, 29–97.

Jakobson, Roman (1960), Linguistics and Poetics: In: *Style in Language.* (Hrsg. Th. A. Sebeok). Cambridge (Mass.): The Technology Press of M.I.T.//New York/London: John Wiley & Sons 1960, 350–377.

Kainz, Friedrich (1941), *Psychologie der Sprache.* Erster Band. Stuttgart: Enke.

Kühnhold, Ingeburg; Putzer, Oskar; Wellmann, Hans (1978): *Deutsche Wortbildung. Typen und Ten-*

denzen in der Gegenwartssprache. Dritter Hauptteil. Das Adjektiv. Düsseldorf: Schwann.

Lenzen, Wolfgang (1995), Propositionale Einstellung. In: *Sprachphilosophie. Philosophy of Language. La philosophie du langage. Ein internationales Handbuch zeitgenössischer Forschung. 2. Halbband.* (Hrsg. M. Dascal/D. Gerhardus/K. Lorenz/G. Meggle). Berlin/New York: de Gruyter 1995, 1175–1187 [Art. 80].

Mill, John Stuart (1843), *A System of Logic, Ratiocinative and Inductive.* Zitiert nach: J. St. Mill, *Collected Works.* Vol. VII & VIII. Toronto/Buffalo: University of Toronto Press/London: Routledge & Kegan Paul 1974.

Ortner, Hanspeter (1992), Nachdenken über die Funktionen der Sprache. In: *Zeitschrift für germanistische Linguistik 20,* 271–297.

Wierzbicka, Anna (1991), *Cross-Cultural Pragmatics. The Semantics of Human Interaction.* Berlin/New York: Mouton de Gruyter.

Wörterbuch der deutschen Gegenwartssprache. (Hrsg. R. Klappenbach/W. Steinitz). 5. Band. Berlin: Akademie 1976.

Fritz Hermanns, Heidelberg (Deutschland)

41. Dimensions of meaning II: Descriptive meaning

1. The importance of descriptive meaning
2. The delimitation of descriptive meaning
3. Varieties of primary content
4. Basicness in descriptive meaning
5. Transparency and motivation
6. Expectedness, diagnosticity and prototypicality
7. Foregrounding and backgrounding of descriptive features
8. Literature (a selection)

1. The importance of descriptive meaning

Lyons (1977:80) suggests that the capacity to convey descriptive meaning is a major feature differentiating human language from animal communication systems. This being so, it is scarcely surprising that descriptive meaning (under various names, such as *propositional meaning, ideational meaning, logical meaning, denotative meaning,* which for the moment can be regarded as more-or less equivalent) has occupied a central position in linguistic semantics, often to the exclusion of other types of meaning. (Interestingly, Lyons, although granting a prime position to descriptive meaning, is highly critical of approaches to meaning which do not pay due attention to other types.)

The notion of *descriptive meaning* is usually placed in opposition to other sorts of meaning such as *expressive meaning, stylistic meaning, interpersonal meaning,* and so on (the varieties recognised and the labels assigned vary greatly from scholar to scholar). However, it bears pointing out that descriptive meaning is not a specific domain of meaning. Take the case of expressive meaning and a sentence like *Stop that damn noise!* It would normally be said that the meaning of *damn* was not descriptive: a *damn noise* is not a referentially distinct subtype of *noise,* as would be the case with *a loud noise,* nor, although annoyance is expressed, does the speaker actually state that s/he is annoyed by the noise. However, s/he could easily have stated the fact, which would then enter the realm of descriptive meaning: *That noise is annoying me – stop it.* A similar argument could be given for the stylistic value of *kick the bucket* as opposed to *pass away,* or the social significance of *vous* as opposed to *tu* in French. Thus, the difference between descriptive and (for instance) expressive meaning does not lie in difference of semantic domain, but in mode of signification: in *That noise is annoying me,* the annoyance is *conveyed descriptively,* while in *Stop that damn noise,* it is *conveyed expressively.* It seems doubtful, in fact, whether there are any domain restrictions on descriptive meaning, although there probably are such restrictions on, for instance, expressive meaning.

2. The delimitation of descriptive meaning

In this section we shall examine two possible ways of delimiting descriptive meaning. As we shall see, there is considerable overlap between the semantic aspects of an utterance singled out by the two approaches.

2.1. Descriptive meaning = propositional meaning

A dichotomy within types of meaning with widespread currency is that between *propositional* and *non-propositional* meaning. Propositional meaning is meaning which determines the truth conditions of declarative sentences. If two declarative sentences differ in propositional meaning, then the range of propositions that they can be used to express, when used literally, will be different. By this criterion, *Last night's concert began at 7.30 pm*, and *Last night's concert commenced at 7.30 pm* are identical in propositional meaning, because there are no conceivable circumstances in which one could be true and the other false (assuming referential identity). Since the sentences differ only in respect of the words *begin* and *commence*, we can further conclude that these make the same contribution to the propositional meaning of the sentences. On the other hand, *Last night's concert stopped at 10.00 pm* and *Last night's concert ended at 10.00 pm* do differ in propositional meaning, because if the concert was temporarily interrupted at 10 pm due to a bomb scare, the former would be true and the latter false. Hence, *stop* and *end* are not identical in descriptive (i.e. propositional) meaning.

The principal lexically-relevant aspects of meaning which come out as non-descriptive by the propositional criterion are as follows: (i) expressive meaning, (ii) stylistic meaning, (iii) conventional implicatures (for instance, *pass away* conventionally implicates 'human', whereas *die* does not), (iv) expected but not necessary features, such as 'can bark' for *dog*.

2.2. Descriptive meaning = referential meaning

Another way of dividing meaning is between meaning which determines reference and meaning which does not function in this way. Comparing this division with the previous one, it seems that propositional meaning is automatically referential. It is equally clear that certain aspects of non-propositional meaning are not referential. For instance, expressive meaning and register allegiance tell us nothing about potential referents. To this extent the two dichotomies converge. However, I would like to reconsider the cases of presupposition and non-necessary (especially prototype) features.

Taking *referential* to mean 'relevant to the selection of referents' it is arguable that both lexical presuppositions and prototype features should fall into category of referential meaning. Take the case of someone who has both a brother and a dog called *Tom*, who hears the message: *I'm sorry to tell you that Tom has passed away*. It seems undeniable that the presupposition of *pass away* will assist that person in identifying the referent of *Tom*. Likewise, in a situation where one can hear an animal barking, this feature will be of help in identifying the referent of *that dog*. It is this generous interpretation of *referential meaning* which will be adopted in what follows. The rest of this chapter will be devoted to an examination of the principal varieties and salient properties of descriptive meaning, with emphasis on those aspects which are of particular relevance to lexical meaning.

3. Varieties of primary content

3.1. Regions of semantic space

This is the central, crucial gamut of potential variation within descriptive meaning, in virtue of which it is able to perform its characteristic functions. It is along this parameter that *cat* and *dog* vary, and *red* and *green*, and *kiss* and *cuddle*, and *angry* and *sad, imagine* and *believe*, and so on, and all these among each other. We may think metaphorically in terms of the basic geography of semantic or conceptual space, different locations corresponding to the meanings of different linguistic expressions. It is this realm of possibilities which a work like *Roget's Thesaurus* attempts to map out exhaustively and systematically. No attempt will be made here to provide a map of semantic space. There is in fact no agreed way of doing it.

The meanings of many lexical items represent syntheses of features or aspects of meaning from distinct content areas. A frequent type is the combining of functional features with perceptual features. For instance, whereas the noun *cover* is defined by what it does, and the noun *streak* (as in *a streak of paint*) by how it looks, a noun such as *cup* has both a perceptual component (its shape) and a functional component (what a cup is used for). On occasions these can behave differently: for instance, the verb *to cup* (as in *to cup one's hands*), takes over only the perceptual aspect of the meaning of the noun, since it means "to form one's hands into the shape of a cup", without any implications as to the purpose.

Some words unite in their meanings components of even more dramatically disparate provenance in terms of content area. For instance *book* in *This book is too heavy to carry around* ('physical object') and *This book is too difficult for us to read* ("abstract text"), or *school* in *That school is often vandalised* ("premises") and *The whole school has gone on a trip to France* ("human members"). Words with complex meanings of this type have characteristic properties; for a more detailed account see Cruse (1995).

3.2. Specificity and intensity

Within the overall conception of variation in content domain, a number of further distinctions are worth making. First of all, *dog* and *animal* represent a difference of *specificity/generality*: *dog* is more specific, *animal* more general, in that the class denoted by *animal* includes that denoted by *dog*, or, thinking intensionally, the meaning of *dog* includes that of *animal*. This is taxonomic specificity. Another type of specificity, meronymic specificity, is shown by *John has a boil on his finger* in relation to *John has a boil on his hand*.

A dimension of variation related to specificity, but at least partly distinct from it, is *intensity or degree*. This involves different values of some single scaled property. Take the example of *hot* and *warm*, which belong in the same area of semantic space, but differ in degree. The same applies to, for instance, *fog* and *mist*. In these cases we can say that intensity is quite distinct from specificity, since there is no hyponymic relation between the terms in each pair. In the majority of cases, however, a difference of intensity is combined with a difference of specificity. This is the case, for example, with *large* and *huge* (something which is *huge* is necessarily *large*, but not vice versa), *hot* and *scorching, angry* and *furious, break* and *smash*.

Another dimension of variation, related to but not identical either with specificity or intensity is *well-definedness*. The connection with specificity is that a well-defined term must be more specific about its range of application than a less well-defined term. It is not uncommon to find differences in well-definedness in otherwise closely-related items. For instance, *middle-aged* overlaps strongly with *fifty-something*, but is less well-defined; *twelve* and *a dozen* may appear well-nigh identical in propositional meaning, but there is little doubt that the latter is more tolerant of approximate use.

3.3. Ontological type and syntactic category

A way of dividing up descriptive meaning which at least partially cross-classifies with content area is in terms of basic ontological type. For one suggestion of this sort we may turn to Jackendoff, who puts forward the following set of basic ontological types (without, however, claiming that the list is definitive). The ontological type which subsumes everything else is [ENTITY]. Jackendoff then suggests the following at the first level of subdivision: [THING], [EVENT], [PROPERTY], [MANNER], [AMOUNT], [[PLACE], [PATH], [DIRECTION]. [EVENTS] further subdivide into (at least), [STATES], [PROCESS], [ACTIONS]. These are established in the first instance on the basic of the possibility of direct reference ("pragmatic anaphora"):

What did you buy? Apples [THING]
Where is my coat? Here [PLACE]
Where did they head? North [DIRECTION]
Where did they go? Along the river [PATH]
What did you do? Scream [ACTION]
What happened next? Pandemonium [EVENT]
How did you do it? With a rope [MANNER]
How long is your nose? 10 cm [AMOUNT]
How was the film? Excellent [PROPERTY]

Jackendoff claims: "It is reasonable to assume that the asker of a wh-question is seeking to fill in information in a conceptual structure. However, ,.., one can formulate a wh-question only if the gap in one's knowledge is a PROJECTABLE gap. In other words, the answer to a wh-question must be a phrase denoting a projectable //entity// ... " (1983, p. 53).

Jackendoff espouses a conceptual theory of meaning, according to which semantic structure is not to be distinguished from conceptual structure. The above basic ontological categories play a major role in his analysis of meaning.

The question of ontological categories such as those outlined above is of course not unconnected with semantic correlates of (at least the major) syntactic categories. Here, too, variation cross-classifies with variation in content area: in one sense, *red*(n.), *red*(adj.) and *redden* occupy the same content area, but the first denotes a THING, the second a PROPERTY and the third an EVENT (in Jackendovian terms). Without claiming a one-to-one mapping between semantic and syntactic categories we can see a special affinity of THING with the category noun, PROPERTY with adjective and EVENT with verb.

3.4. Combinatorial properties and valency

The combinatorial properties of linguistic elements constitute a significant component of their descriptive meaning. Two aspects can be distinguished. First, there is the *valency* of the element: what other elements are necessary to complete its meaning, together with their semantic roles such as agent, instrument, location, and so on; second, there are the necessary, or at least prototypical, properties of the combinants. So, for instance, it is part of the descriptive meaning of the verb *see* that it requires or implies the existence of two entities: in a literal interpretation of *A sees B*, A prototypically denotes an animate experiencer and B a concrete visible entity, not affected by the process of seeing.

3.5. Viewpoint

An important dimension of variation in linguistic (lexical) meaning is illustrated by *A is above B* and *B is below A*. The truth conditions of the two sentences are indentical: both (can) describe the same state of affairs. Each sentence takes one item as a reference point and locates the second item relative to it, but a different item in each case. This may be referred to as a difference of viewpoint. Members of a pair of lexical converses, *buy:sell, lend:borrow, parent:offspring, in front of:behind*, and so on, are typically capable of imposing a different viewpoint on the same event or state of affairs.

4. Basicness in descriptive meaning

Some meanings can be regarded as more basic than others. There are several ways of interpreting this notion; we shall look at four. The first sees the distinction between basic and non-basic as essentially one between 'close to concrete experience' and 'far from concrete experience'. The second is mainly a matter of simplicity: some meanings are complex and are built out of simpler meanings, and the simpler meanings are the more basic. The third focuses on the cognitive linguistic/psychological notion of basic level concepts. The fourth sees meaning with grammatical significance as more basic.

4.1. Closeness to concrete physical experience

In many, extremely varied, approaches to language and meaning a distinction is made between words or features which are close to concrete everyday experience, (sometimes referred to by philosophers of language as the *observation vocabulary*) and those which though in some way ultimately derived from these, are to varying degrees remote from actual experience. For instance, the meaning of *hot* can be directly experienced, but the meaning of *gradable* as applied to adjectives (e.g. *hot*) cannot, though there is undoubtedly an inferential link of some sort between the two. The distinction referred to here corresponds in some degree to one meaning of *concrete* ('has spatio-temporal location') as opposed to *abstract* ('does not have spatiotemporal location'). A general assumption is that the concrete/observable terms will be the first learnt, probably the first to arise in the evolution of human language, the most accessible in psycholinguistic terms, the most likely to be points of convergence between widely different languages, and so on. Cognitive linguistis believe that cognition is built up as it were from concrete to abstract, and concrete domains function as source domains for metaphorical processes involved in creating abstract domains (see, for instance, Lakoff & Johnson 1980).

4.2. Semantic primes

Another way of looking at more and less basic meanings is in terms of constituency: some meanings are complex and are built up out of simpler meanings, which for this reason are more basic. For instance, the meaning of *stallion* is built up out of the meanings 'horse' and 'male', and *acceleration* is ultimately defined in terms of 'physical object', 'location', 'change' and 'time'.

On this view, the most basic meanings are the so-called *semantic primes* – elementary notions out which all other meanings are built. There is currently no agreement on any set of primes. For a well-developed proposed set of primes, see Wierzbicka (1996).

4.3. Basic level concepts

Cognitive psychologists and others have developed a different notion of basicness which applies to concepts. Paradoxically, although basicness is generally associated with simplicity, the so-called 'basic-level concepts' are in fact the most complex and richly-developed.

A given entity can often be correctly referred to by a range of different lexical items at different levels of specificity:

(i) object – machine – vehicle – CAR – hatchback
(ii) object – living thing – animal – DOG – spaniel
(iii) object – implement – item of cutlery – SPOON – teaspoon

In each chain of items, one item has a special status (capitalised in (i) – (iii)) and is designated as being a *basic level concept* (anthropological linguists have a similar notion of *generic level* in a folk taxonomy). Basic level categories tend to maximise informativeness, internal homogeneity and distinctiveness from neighbouring categories. They are often the earliest learnt, and are typically associated with morphologically simple labels. (A fuller account can be found in Ungerer & Schmid (1996)).

4.4. Grammatical meaning

Some linguists, e.g. Frawley, restrict the scope of *linguistic semantics* to meaning which is of grammatical significance. For them, such meaning is in one sense 'more basic'. The question therefore arises of whether there is anything special about the sort of meaning carried by grammatical elements, or otherwise involved in grammatical regularities: is there a distinctive category of *grammatical meaning*? The fact that many meanings can be expressed either lexically or grammatically may suggest that there is no such distinction. However, while there is probably no meaning that cannot at least in principle be expressed lexically, characteristic or prototypical lexical meaning does differ from prototypical grammatical meaning. There is a fairly straightforward reason for this. Grammatical elements, by their very nature, have to be able to combine with a wide range of lexical elements without semantic anomaly. This tends to rule out the rich conceptual meanings characteristic of full lexical items and favour general, widely-applicable, uni-dimensional, conceptually 'thin' meanings like number, tense, intensity or degree, aspect, animacy, salience, and so on.

5. Transparency and motivation

5.1. Transparency

The meanings of some expressions seem to be clearly built up out of simpler meanings, while for others their compositional nature is less obvious. There is an obvious understanding of the notion of transparency and a less obvious one. The obvious sense is that in which, for instance, *black bird* is compositional, whereas *blackbird* is not. A rather different and less obvious sense is illustrated by the difference between *horse* and *stallion*. In some obvious sense, the meaning of *stallion* can be analysed as being built up out of simpler meaning components MALE and HORSE. Each of these has its own independent life in the language: MALE occurs in e.g. *ram* and *bull* and *uncle*, and HORSE recurs in *mare* and *foal*, etc. Anyone can supply the missing element in
A stallion is a ????? horse. In the case of horse, on the other hand, the situation is arguably different. There is no obvious analytic definition of the word *horse*: naive informants stumble if asked to fill the gap in *A horse is a ????? animal*.

One influential analysis argues that the meanings of words like *horse* cannot be captured by any sort of analytic definition, but function in a manner similar to proper names. Just as, say, *Alan Cruse* is the name of an individual, whose association with that individual is not due to any features of meaning attribut-able to the term, but to some original event of naming, in a similar way, *horse* functions as the name of a kind of entity, whose association with the kind is similary not to be accounted for by an analysis of its semantic features, but by traceability back (in principle) to some baptismal event. Terms like *horse* are termed *natural kind terms*; terms like *stallion* are called *nominal kind terms*. (The arguments on this topic are subtle and complex; see, for instance Kripke (1980)).

5.2. Motivation

The expression *black bird* is both transparent in the first sense (i.e. compositional) and motivated, in that the entities it denotes are both black in the normal sense and birds. (We may take it that all fully compositional expressions are ipso facto motivated.) Expressions which are not transparent in the first sense, may be motivated or not, independently of whether they are transparent in the second sense. So, for example, *stallion*, which is transparent in the second sense, is arbitrary in form, whereas *blackbird* and *redbreast*, although not transparent in either sense, are both motivated by characteristics of their denotata (as, in a more direct way, is *cuckoo*).

6. Expectedness, diagnosticity and prototypicality

6.1. Expectedness

There are some properties which features of meaning display in relation either to other features, or in relation to the global meaning of which they are a part. One such relational property is *expectedness* or *degree of necessity*. Take the feature CAN BARK in relation to *dog*. Knowledge of the truth of *X is a dog* leads to a natural expectation of the truth of *X can bark*. This expectation will be greater than that of *X is brown*, which in turn will be greater than that of *X can sing* (indeed most would have an expectation of the falsity of this). On the other hand, the expectation of *X can bark* is less than that of *X is an animal*; this latter can either be regarded as having an extreme value on the scale of expectation, but not different in kind than *X can bark*, or one can assign it to a different category, of logical truth.

6.2. Diagnosticity

A kind of converse of expectedness is diagnosticity: given the presence of a particular feature, how confident are we that a particular global meaning also applies. For instance, the truth of *X can bark* has a reasonably high diagnosticity for *dog* (although not as high as for instance *X has feathers* for *bird*), since not many animals can bark; but *X is an animal*, although possessing the highest degree of necessity for *dog*, has a low diagnosticity.

6.3. Prototypicality

The prototypical features of a category can be defined as those which contribute to the 'goodness-of-exemplar' ratings of potential members: if a feature is prototypical, then its presence (other things being equal) should lead to a higher GOE score than its absence. So, for instance, a creature that can fly will be judged, other things being equal, a better example of the category BIRD than one that cannot fly. Generally speaking, expected features are also prototypical. But they too can be separated. For instance, a prototypical wild mushroom is well-formed, although the typical specimen is not; similarly, a prototypical student may be hard-working, intelligent, abstemious, reliable, while the (popular image of a) typical student may fall short of this.

7. Foregrounding and backgrounding of descriptive features

Features of meaning of a word which have the highest logical status may nonetheless differ in prominence. Consider the word *triangle*. The features 'has three angles' and 'has three sides' are both necessary, but the form of the word is motivated by the former feature, which for this reason is more prominent. Not all relative prominence is due to motivation, however. Take the case of *mother*. There is a sense in which if one says *That's my mother*, one is thereby saying *That's one of my parents*, but one is not thereby saying *That person is female* (even though it is true). It seems that the feature 'parent' is more prominent, or foregrounded, and the feature 'female' is more backgrounded, in the meaning of *mother*. In the case of *stallion*, 'male' is more prominent than 'horse', since the principle motivation for the existence of the term is as a contrast to *mare*.

8. Literature (a selection)

Cruse, D. A. (1995), Polysemy and related phenomena from a cognitve linguistic viewpoint: In: *Computational Lexical Semantics* (Hrsg. P. St. Dizier & E. Viegas). Cambridge: Cambridge University Press, 1995, 33–49.

Jackendoff, Ray (1983): *Semantics and Cognition*. Cambridge, MA: MIT Press.

Kripke, Saul (1980): *Naming and necessity*. Oxford: Basil Blackwell.

Lakoff, George; Johnson, Mark (1980): *Metaphors We Live By*. Chicago and London: Chicago University Press.

Lyons, J. (1977); *Semantics*. Cambridge: Cambridge University Press.

Ungerer, F.; Schmid, H.-J. (1996); *An Introduction to Cognitive Linguistics*. London: Longman.

Wierzbicka, Anna (1996); *Semantics: Primes and Universals*. Oxford: Oxford University Press.

D. Alan Cruse, Manchester (United Kingdom)

42. Dimension der Bedeutung III: Aspekte der Emotion

1. Terminologieprobleme
2. Emotionsbegriffe
3. *Emotionsbedeutung* und *emotive meaning*
4. Emotive Wörter
5. „Konnotation"
6. Literatur in Auswahl

1. Terminologieprobleme

Dieser Artikel behandelt einen Aspekt (oder auch: Teil) der Bedeutung von Lexemen, den man in der englischsprachigen Philosophie und Linguistik als *emotive meaning*, als *affective meaning* oder als *expressive meaning* bezeichnet hat. Die *emotive meaning* von Lexemen ist die Eigenschaft dieser Lexeme, Emotionen zum Ausdruck zu bringen, aber auch zu evozieren. (Auf die Doppelheit der Funktion wird von Stevenson 1974, 139 und von Alston 1967b, 487 hingewiesen.)

In der deutschsprachigen Linguistik gibt es dafür bislang keine gängige Bezeichnung. Der Begriff *Gefühlswert* (Erdmann 1900, 107ff.) wird zwar noch zitiert, jedoch kaum noch verwendet. Daher soll hier (synonym) von der *Emotionsbedeutung*, der *Affektbedeutung* oder auch der *emotiven* oder *affektiven Bedeutung* gesprochen werden; es bleibt abzuwarten, ob sich eine dieser Bezeichnungen oder vielleicht eine andere durchsetzt. Wörter mit einer Emotionsbedeutung sollen *emotive* oder *affektive Wörter* (*emotive* oder *affektive Adjektive, Substantive* usw.) heißen, die Gesamtheit aller emotiven Wörter und Lexeme einer Sprache deren *emotiver Wortschatz* oder deren *emotive Lexik* (dazu und zu allem Folgenden vgl. Hermanns 1995, 144–154; 1996).

Leider kann man diese Wörter nicht mehr *Gefühlswörter*, diesen Wortschatz nicht mehr *Gefühlswortschatz* nennen, weil diese Bezeichnungen bereits für andere Wortklassen eingeführt sind, nämlich für Lexeme, die Affekte (Emotionen) nicht ausdrücken, sondern deskriptiv kennzeichnen; Gefühlswörter sind z. B. *Liebe, Haß, Angst, Eifersucht* und *Trauer*, doch auch *lieben, hassen, fürchten* usw., *liebreich, haßerfüllt* und *ängstlich* usw. (Jäger/Plum 1988, 37; 1989, 851; Plum 1992). Der Gefühlswortschatz wird auch als *Emotionswortschatz* bezeichnet (Fiehler 1990, 17). Im Englischen gibt es für die Gefühlswörter den Begriff *emotion-terms* (Alston (1967a, 479) nennt als Beispiele *fear, anger, indignation, remorse, embarrassment, grief, distress, joy, craving, disgust*) und *emotion concepts* (Kövecses (1990) behandelt unter diesem Titel *anger, fear, pride, respect* und *romantic love*). In Anlehnung daran sollen sie hier *Emotionsbegriffe* heißen.

2. Emotionsbegriffe

Emotive Wörter (Wörter mit Emotionsbedeutung) sind demnach *emotionsausdrückende* Lexeme, Emotionsbegriffe sind *emotionsbezeichnende* Lexeme. Allerdings können auch manche Emotionsbegriffe manchmal – insbesondere in Phrasemen – zum Gefühlsausdruck verwendet werden; darauf hat schon Alston (1967b, 490) hingewiesen: „Thus, [...] although, expressing a feeling and stating that one has it are not identical, they coincide in an important range of cases". So in Sätzen wie *Ich habe Angst, Ich schäme mich. Ich freue mich*. Demgegenüber sind jedoch die selben Emotionsbegriffe in den Sätzen *Er hat Angst, Sie freut sich* usw. emotionslos und gewissermaßen diagnostisch, weil sie das Vorhandensein bestimmter Emotionen lediglich feststellen (nicht: ausdrücken). Sie dienen der (alltags-)psychologischen Beschreibung psychischer Zustände von Personen. Doch auch Sätze wie *Ich habe Angst* können genauso emotionslos – sozusagen autodiagnostisch – ausgesprochen und gemeint sein wie normalerweise Sätze über Emotionen anderer Personen. Emotionsbegriffe sind daher im Allgemeinen keine emotiven Wörter, sondern nur in speziellen Fällen der Verwendung.

Für die Lexikologie der emotiven Wörter sind die Emotionsbegriffe trotzdem wichtig, weil wir sie für die semantische Beschreibung emotiver Wörter brauchen. Wenn wir nämlich den Begriff der emotiven Wörter so bestimmen, dass wir sagen, dass in ihnen eine Emotion zum Ausdruck komme, dann ist klar, dass wir im Einzelfall spezifizieren müssen, welche. Das ist aber nur mit Emotionsbegriffen möglich. Diese müssen wir aus unserer Umgangs- oder Bildungssprache nehmen. Die Psychologie hat offenbar noch kein System universaler Emotionsbegriffe ausgebildet, das in dieser Disziplin schon allgemeine Geltung hätte, auf das man sich also ohne Weiteres beziehen könnte. Auch ist fraglich, ob es überhaupt gelingen kann, Emotionen kultur- und sprachunabhängig zu bestimmen. (Zur Kultur- und Sprachgebundenheit von Emotionsbegriffen s. insbesondere Wierzbicka 1992, 117ff.).

Außerdem hat die Angabe ausgedrückter Emotionen durch die Emotionsbegriffe einer natürlichen Sprache zusätzlich den Vorteil, dass dadurch semantische Zusammenhänge zwischen speziellen Emotionsbegriffen und speziellen emotiven Wörtern dieser Sprache deutlich werden.

Auch bezüglich der Begriffe *Emotion, Affekt, Gefühl* ist seitens der Psychologie – so scheint es – derzeit keine Klärung zu erwarten. (Psychologische und philosophische Literatur in *Zur Philosophie der Gefühle* 1993, 345ff.) Einigkeit darüber, was eine Emotion „ist", scheint es unter Psychologen nicht zu geben. Dieser Umstand wird verständlich aus der Analyse des Begriffs *emotion*, die wir Alston (1967a) verdanken. Danach handelt es sich bei den Emotionen um „Zustände von Personen" („state[s] of a person"), die allein aufgrund einer „Familienähnlichkeit" im Sinne Wittgensteins zusammenfassend *Emotionen* genannt werden; es gibt kein (allenfalls: eines, das jedoch zur Definition nicht genügt) Bedeutungsmerkmal, das den Emotionsbegriffen insgesamt gemeinsam wäre. Als ein Prototypsemantiker *avant la lettre* unterscheidet Alston zwischen typischen, zentralen Emotionen („central (paradigm) cases") und den nichtzentralen („lacking some central feature"), die gleichwohl als Emotionen gelten (Alston 1967a, 479; 486). Für die Lexikologie der emotiven Wörter ist im Übrigen eine Definition von *Emotion* (bzw. *Affekt* oder *Gefühl*, hier stets synonym verwendet) gar nicht nötig. Es genügt für deren Zwecke, Emotionen in traditioneller Weise als „Gemütsbewegungen", „Gemütszustände" oder „seelische Zustände" aufzufassen sowie einige prototypische Emotionen (wie z. B. *Liebe, Hass, Angst, Eifersucht* und *Trauer*) aufzuzählen, damit klar ist, was gemeint ist – um dann ihre eigentliche Frage zu behandeln, nämlich: wie der Ausdruck „solcher" Emotionen lexikalisiert ist.

3. *Emotionsbedeutung und emotive meaning*

In der Linguistik findet die emotive Bedeutung (Emotionsbedeutung) von Lexemen bisher theoretisch noch nicht die gebührende Beachtung. Immerhin lässt sich, das Folgende zusammenfassend, konstatieren, dass der Begriff der *Emotionsbedeutung* (respektive der *emotive meaning*) in der Linguistik eingeführt und definiert ist. Er wartet gewissermaßen nur noch darauf, in der Lexikologie genutzt zu werden.

3.1. Lyons, Leech und Alston

In dem Standardwerk der linguistischen Semantik (Lyons 1977) wird nur darauf hingewiesen, dass der Terminus *emotive meaning* von Ogden/Richards (1923) verwendet wurde, um damit die Eigenschaft von Wörtern und Ausdrücken zu bezeichnen, „to produce a certain emotional effect upon the hearer or listener" (Lyons 1977, 175). Lyons nennt keine Beispiele.

Leech (1974, 18) erklärt *emotive meaning* als die Eigenschaft von Sprache, „[to] reflect the personal feelings of the speaker, including his attitude to the listener, or his attitude to something he is talking about". Er meint aber: „Affective meaning is largely a parasitic category" (nämlich in dem Sinne, dass beim Ausdruck von Gefühlen in der Regel primär andere Aspekte der Bedeutung wirksam seien), wenn er auch (man hat den Eindruck: widerwillig) einräumt, dass es „elements of language" gebe, deren Hauptfunktion („main function") es sei, Emotionen auszudrücken („to express emotion"), und zwar „chiefly interjections, like *Aha!* and *Yippee!*": „When we use these, we communicate feelings and attitudes without the mediation of any other kind of semantic function." Andere Beispiele (die nach „chiefly" zu erwarten wären) gibt Leech nicht an.

Ähnlich wie Leech definiert schon Alston (1967b, 493): „A word has emotive meaning provided its presence in a sentence is sufficient to give that sentence the potentiality of being used to express some feeling or attitude". Durch den Begriff *attitude* bei Leech und Alston bekommt der Begriff *emotive meaning* eine weitere Bedeutung, als er sie bei Lyons hat, denn der Begriff der *attitude* (Einstellung) umfasst zwar auch Emotionen (emotive Einstellungen), beschränkt sich jedoch nicht auf diese (vgl. Art. 40, Abschnitt 7). Darum scheint es ratsam, für das von Leech und Alston Gemeinte den Begriff *expressive meaning* (deutsch: *Ausdrucksbedeutung*) zu verwenden (vgl. Abschnitt 3.3.). Mit *Emotionsbedeutung* (*emotive, affective meaning*) soll im Folgenden stets nur die Eigenschaft von Wörtern oder anderen Lexemen gemeint sein, Emotionen (nicht: auch andere Einstellungen) zum Ausdruck zu bringen.

3.2. Bühler, Erdmann, Dieckmann

In der deutschsprachigen Sprachtheorie hat der Terminus *emotive meaning* Entsprechungen in dem Begriff *Ausdrucksfunktion*, den

Bühler geprägt hat, und den beiden Termini *Gefühlswert* und *Stimmungsgehalt* von Erdmann (1900). Bühler zielt mit seinem Begriff in seinem Hauptwerk (Bühler 1934) zwar vor allem auf die Funktion von Äußerungen (nicht: Lexemen), hebt jedoch in einem frühen Aufsatz ab auf Wörter, die dem Ausdruck von Affekten dienen: „Wörter wie *au* oder *aha* zeigen Erlebnisse des Sprechers an (Schmerz, aufleuchtende Erkenntnis)". Wörter haben eine Ausdrucksfunktion, wenn sie in vielen Anwendungen eine „Affekt-Konstanz" aufweisen, so dass „ein Abhängigkeitsverhältnis [zwischen Affekt und Wort] vorliegt" und „das Wort gleichsam aus dem Affekt hervorfließt und dadurch sein Vorhandensein anzeigt" (Bühler 1918, 1–3). Ausdrucksfunktion (aber zugleich auch Appellfunktion) haben nach Bühler (1934, 32) auch die „Kose- und Schimpfwörter".

Erdmann (1900), der über „Die Bedeutung des Wortes" schreibt, interessiert sich ausschließlich für Emotionsbedeutung von Lexemen (nicht: von Äußerungen) und kann insofern als erster Theoretiker der lexikalischen Emotionsbedeutung gelten. Er versteht unter *Gefühlswert* oder *Stimmungsgehalt* eines Wortes „alle reaktiven Gefühle und Stimmungen, die es erzeugt", und zwar „gewohnheitsmäßig" sowie „unwillkürlich" (Erdmann 1900, 107). Als Beispiele von Lexemen mit Gefühlswert nennt er zunächst „Ausdrücke wie *Vaterland, Mord, Kuss, Folter, Revolution*". Dazu führt er aus, es sei zwar „selbstverständlich, dass die Art des auftretenden Gefühls in erster Linie vom begrifflichen Inhalt [eines Wortes] abhängt", also von der Deskriptionsbedeutung. Es liege „im Wesen des Begriffes *Mord*, Gefühle des Entsetzens und der Empörung wachzurufen." Doch sei dies bei anderen Wörtern anders, bei denen es einen bestimmten Gefühlswert gebe, „der mit den objektiven Merkmalen des begrifflichen Inhalts nichts zu tun hat. Der Gefühlswert kennzeichnet dann nicht sowohl das, wovon gesprochen wird, als vielmehr den, der spricht. Sagt man z. B. statt *betrügen*: *bemogeln* oder *beschummeln*, statt *betrunken*: *benebelt* oder *besoffen*, so wird dem Hörenden nicht nur Mitteilung von dem Zustand oder der Handlung eines Dritten gemacht: ihm wird gleichzeitig ein Seelenzustand des Sprechenden übermittelt, eine strenge oder leichtfertige, eine liebenswürdige oder rohe Auffassungsweise" (Erdmann 1900, 109f.). An der letzten Formulierung kann man übrigens erkennen, dass Erdmann bei seinem Terminus *Gefühlswert* nicht allein an die Erregung, sondern auch den Ausdruck von „Seelenzuständen" gedacht hat. Kritisch wäre gegen Erdmanns Argumentation zu seinem ersten Beispiel – *Mord* – zu sagen, dass auch hier das damit ausgedrückte Gefühl keineswegs allein durch den „begrifflichen Inhalt" des Wortes festgelegt ist; das zeigen auch hier bedeutungsähnliche Lexeme (u.a. *Euthanasie* und *Liquidierung*).

Eine präzisierende Ergänzung haben Erdmanns Erkenntnisse durch Dieckmann (1979) erhalten. Insbesondere zwei Unterscheidungen, die Dieckmann trifft, sind für die Theorie der lexikalischen Emotionsbedeutung nützlich. Dieckmann (1979, 83f.) unterscheidet erstens *okkasionelle* (kontextspezifische) sprachliche Erscheinungen von *usuellen* sowie *individuelle* (idiolektale) von *konventionellen*, die für eine ganze Sprachgemeinschaft gelten; gruppenspezifische Sprachgebräuche (die für einen Teil der Sprachgemeinschaft, also eine sprachliche Varietät, charakteristisch sind) nennt Dieckmann *eingeschränkt konventionelle*. Für die Lexikologie sind offensichtlich nur die usuellen und zugleich konventionellen (unter Einschluss der nur eingeschränkt konventionellen) Phänomene, speziell Bedeutungen, von Interesse. Zweitens unterscheidet Dieckmann (1979, 123ff.) (im Anschluss an Ullmann) zwischen zweierlei emotiven Effekten, die mit dem Gebrauch von Wörtern verbunden sein können. Manche Wörter gehören zwar in dem Sinne, dass sie allgemein verstanden werden, zur Sprache einer gesamten Sprachgemeinschaft, werden aber aktiv in der Regel nur gebraucht von einem Teil der Sprachgemeinschaft, einer ganz bestimmten sozialen Gruppe, also gruppensachlich. Daher haben sie für die übrige Sprachgemeinschaft einen semiotischen Symptomwert (der auch emotiv sein kann), wie sie ihn in der Gruppensprache selbst nicht haben. Dieckmann zitiert Bloomfield (1933, 151f.), der dies bereits festgestellt hat: „Seaterms sound ready, honest, and devil-may-care [...], legal terms precise and a bit tricky." Oft sind Wörter insbesondere charakteristisch für soziale Schichten: „A form which is used by a less privileged class of speakers often strikes us as coarse, ugly, and vulgar". (Solcherlei Effekte nennt Bloomfield *Konnotationen*.) Der Gebrauch von gruppenspezifischen Wörtern kann demnach Wirkungen – u.a. emotive – haben, die mit deren eigentlichen, nämlich gruppensprachspezifischen Bedeutungen nichts zu tun haben. Andere Wörter aber haben sozusagen schon von Haus aus die Funktion und Eigenschaft, Emotionen auszudrücken. Und nur diese sind (im Sinne Erdmanns) Wörter mit Gefühlswert, d.h. Wörter mit Emotionsbedeutung, also emotive Wörter.

3.3. *Expressive* vs. *evaluative meaning*

Mehrere Bedeutungen hat in der Linguistik der Begriff *expressive*. So nennt Fudge (1970, 162f.) *expressive* eine bunte Reihe verschiedenster Wörter (u.a. Onomatopoetika, besondere Bewegungsverben, spezielle „emotive" Wörter und Kurzwörter), die oft phonologische Auffälligkeiten haben. Samarin (1970) meint feststellen zu können, dass in vielen Sprachen zum Ausdruck von Emotionen „ideophonische" Wörter gebraucht werden; ihre Gesamtheit nennt er *expressive language*. Wie man sieht, hat hier *expressive* eine völlig andere Bedeutung als *emotive*.

Cruse (1986, 270ff.) definiert *expressive meaning* durch Abgrenzung von *propositional meaning* (von Lexemen wie von Äußerungen). Dabei ist *expressive meaning*, was einerseits zur Propositionalbedeutung (Deskriptivbedeutung) eines Satzes oder Wortes nichts Eigenes beiträgt, also für den Wahrheitswert einer Proposition (wenn eine solche formuliert wird) keine Relevanz hat, andererseits aber eine Einstellung (*attitude*) zum Ausdruck bringt, die u.a. emotiv sein kann. Als Beispiele für Lexeme mit Ausdrucksbedeutung zitiert Cruse Interjektionen (*Ouch!*), aber auch Adjektive und Adverbien (*blasted, blooming, damn*), Substantive und Phraseme, nämlich „exclamations", insbesondere mit „expletives" (*Holy shit!, Balls!* usw.). Soweit sind seine Beispiele zugleich auch Beispiele emotiver Wörter. Andere Beispiele zeigen aber, dass Cruses Begriff *expressive meaning* eine weitere Bedeutung hat als der Begriff *emotive meaning*. Zwar gilt: „Expressed meaning most charcteristically conveys some sort of emotion or attitude [...]". Aber auch Wörter wie z.B. *still, already, yet* sind expressive Wörter, insofern sie eine Einstellung ausdrücken. Diese nicht auf Emotionen beschränkte Verwendung von *expressive* (oder *Ausdruck*) ist in der Sprachwissenschaft sonst insbesondere bei Bezug auf propositionale Einstellungen (*propositional attitudes*) gebräuchlich. U.a. hat Bartsch (1972, 52) festgestellt, dass man mit Wörtern wie *vermutlich* ein Vermuten nicht konstatiert, sondern ausdrückt. Ausgedrückt werden also in der Tat nicht nur Emotionen. Eben darum ist es zu empfehlen, den Begriff *Emotionsbedeutung* (statt *Ausdrucksbedeutung* und *expressive meaning*) zu verwenden, wenn speziell der lexikalisierte Emotionsausdruck gemeint ist. Aber selbstverständlich gilt, dass jede Emotionsbedeutung (*emotive meaning*) eo ipso auch eine Ausdrucksbedeutung (*expressive meaning*) ist, und nur das Umgekehrte ist falsch. – Cruse weist auch darauf hin, dass expressive und propositionale Bedeutungsanteile in Lexemen gleichzeitig präsent sein können – seine Beispiele dafür sind *daddy, mummy, paw* (im Sinne von 'Hand'), *mug* (für 'Gesicht') und das Verb *blubber* (für *weep*) – und dass manche Wörter, die nicht immer expressiv sind (so z.B. *baby*), expressiv sein können, also immerhin ein expressives Potential besitzen, was für andere Wörter (so z.B. *neonate* und *infant*) nicht gilt. Auch die evaluative Bedeutung sei vielleicht partiell als expressiv zu deuten, so bei Wörtern wie *nag* ('Klepper'), *banger* ('Karre' im Sinne von 'Auto'), *mean* ('geizig'): „Some of the evaluative meaning may well be expressive", wozu man anmerken könnte, dass evaluative Wörter jedenfalls oft zugleich emotiv sind (in den Beispielen: verächtlich).

Wertungen und Emotionen gehen oft zusammen, so dass es natürlich ist, dass sie auch sprachlich oft zugleich zum Ausdruck kommen; so sind beispielsweise Hass und Liebe Emotionen, die sich (jedenfalls typischerweise) auf als negativ bzw. positiv gewertete Personen richten. Umso wichtiger ist es daher, Wertung und Emotion – sowie Ausdruck von Wertung und Ausdruck von Emotion – zu unterscheiden. Es gibt nämlich ebenso emotionsfreie, rationale Wertung wie auch umgekehrt Emotion ohne Wertung, nämlich jedenfalls bei allen nicht auf einen Gegenstand (einen Sachverhalt, eine Person) bezogenen Gefühlen (so z.B. Heiterkeit und Gutgelauntheit, Traurigkeit und Ärger, die sich zwar auf einen Gegenstand beziehen können, doch nicht müssen). Daher ist auch die evaluative Bedeutung etwas anderes als die emotive. Leider hat jedoch die Subsumtion des Ausdrucks von Wertungen unter den Ausdruck von Emotionen in der Linguistik eine Tradition seit Ogden/Richards, die als den „emotive use of words" all das bezeichnen, was nicht der „symbolic use" ist, d.h. alles, was nicht deskriptiv (propositional) ist (Odgen/Richards 1923, 149), und aufgrund der immer noch andauernden Nachwirkungen der „emotive theory of ethics" (dazu Brandt 1967). Umgekehrt gelten aber auch Emotionen als Wertungen, so bei Fiehler (1990, 45 u.ö.): Emotionen seien „ein spezifisches Verfahren und eine spezifische Form der Bewertung".

Dass *emotive* und *evaluative* zweierlei sind, betont insbesondere Volek (1987, 27), deren Buch „Emotive Signs in Language" die mit weitem Abstand beste Publikation zum Thema *Emotion und Lexik* darstellt.

4. Emotive Wörter

Wie aus Obigem ersichtlich, sind die meistgenannten emotiven Wörter Interjektionen. Erdmann (1900) zitiert als Lexeme mit „Gefühlswert" Substantive sowie Verben, Cruse (1986) als Beispiele von Lexemen mit „expressive meaning" außerdem auch Adjektive, Adverbien, Substantive, Verben und Phraseme, Fries (1992, 15f.) nennt insbesondere derivierte (deutsche) Wörter, bei denen Affixe Emotivität zum Ausdruck bringen, Volek (1987) behandelt systematisch derivierte emotive Substantive (des Russischen).

Im Folgenden werden (nach Hermanns 1996; dort auch Literaturangaben) einige weitere Beispiele solcher emotiven Wörter und Lexeme angegeben. Manche der genannten Wörter werden durch Gebrauchshinweise und Bedeutungsparaphrasen aus (wegen Platzmangel nur) zwei Wörterbüchern als tatsächlich emotiv plausibel gemacht. Dabei zeigt sich, dass der Lexikologie die Lexikographie in der Beachtung lexikalisch ausgedrückter Emotivität manchmal um einiges voraus ist. Sie kennt nämlich – das zeigt bereits die folgende kleine Auswahl – emotive lexikalisierte Ausdrucksmittel, die man in der theoretischen Lexikologie noch kaum beachtet. Alle Beispiele sind (gleichfalls aus Platzgründen) aus dem Deutschen. Zitiert wird aus: *Duden Deutsches Universalwörterbuch* (1989; Abkürzung: *DUW*), *Langenscheidts Großwörterbuch Deutsch als Fremdsprache* (1993; Abkürzung: *LGW*).

Emotive Interjektionen. Deutsche emotive Interjektionen sind – z.T. nur in einer von mehreren Verwendungsweisen – u.a.: *ach, ächz, ätsch, ah, au, bäh, brr, buh, ei, hu, huch, hurra, i, igitt, o, kotz, pfui, uff, uh*. – So ist *ah* ein „Ausruf der Verwunderung, der (bewundernden) Überraschung, der Freude" (DUW), „verwendet, um Erstaunen, (angenehme) Überraschung, Bewunderung auszudrücken" und „um Wohlbehagen oder Erleichterung auszudrücken" (LGW). – *Ätsch* ist ein „Ausruf zum Ausdruck schadenfrohen Spotts" (DUW). – *I* (und *igitt, igittigitt*) ist „Ausruf der Ablehnung, Zurückweisung voller Ekel, Abscheu" (DUW), „verwendet, um auszudrücken, dass man sich vor jemandem/etwas ekelt" (LGW).

Emotive Satzadverbien. Emotiv sind u.a. folgende Satzadverbien (wenn sie auch z.T. wenig emotiv klingen): *ärgerlicherweise, bedauerlicherweise, betrüblicherweise, beunruhigenderweise, bewundernswerterweise, blödsinnigerweise, enttäuschenderweise, erfreulicherweise, erstaunlicherweise, glücklich, glücklicherweise, gottlob, gottseidank, hoffentlich, leider unerfreulicherweise, unglücklicherweise.* – *Leider* wird „verwendet, um auszudrücken, dass man etwas bedauert, etwas schade findet" (LGW). – *Echt* wird – insbesondere jugendsprachlich – (u.a.) „verwendet, um Überraschung, Begeisterung o.ä. auszudrücken". (Beispiel: *Ich habe im Lotto gewonnen! – Echt?*) (LGW). – *Endlich* „(meist emotional) bezeichnet das Ende einer als lang empfundenen Wartezeit" (DUW); *endlich* (so eine vorzügliche Gebrauchsbeschreibung) wird „verwendet, um (nach einer langen Wartezeit) Erleichterung auszudrücken" (LGW).

Emotive Adjektive. Emotiv sind viele deutsche Adjektive, was jedoch in Wörterbüchern meistens nicht deutlich gemacht wird. Vielmehr werden solche Adjektive meist als kausativ beschrieben, so *sympathisch* (ein Wort, das natürlich das Gefühl der Sympathie zum Ausdruck bringt), als „Sympathie erweckend" (DUW), *scheußlich* als „Entsetzen erregend" (DUW; besser wäre vielleicht „Abscheu erregend"), *langweilig* als „Langeweile verursachend" (DUW). Solche Bedeutungsangaben sind zwar nicht falsch, zeigen aber Emotivität nur indirekt an. *Langweilig* z.B. ist ein Wort, mit dem man seine *eigene* Langeweile *ausdrückt*, und nicht einfach eines, das besagt, dass etwas oder jemand irgend jemand langweilt. Eine kleine Auswahl emotiver Adjektive: *angenehm, blöd, gemein, hübsch, öde, abstoßend, anheimelnd, bezaubernd, deprimierend, rührend, verletzend, katastrophal, amüsant, dramatisch, eklig, gruselig, fürchterlich, entsetzlich, schrecklich, peinlich, appetitlich, lecker, monströs, seltsam, komisch.* – *Arm* ist (wie entsprechend engl. *poor*, franz. *pauvre*, ital. *povero* usw.) das wichtigste Wort des Deutschen, um das Gefühl *Mitleid* auszudrücken. Deutsche Wörterbücher sagen das jedoch nicht, sondern geben bestenfalls an: „in einem Zustand, der jemandes Mitleid erregt" (LGW). – Auch *niedlich* wird (allerdings durchaus nicht schlecht) nur als kausativ erläutert: „durch zierliche, anmutige Bewegungen o.ä. Gefallen erregend, Entzücken hervorrufend" (DUW), „so hübsch und lieb, dass man es sofort gern hat" (LGW). – *Schade*, neben *leider* das wichtigste Wort des Deutschen, um *Bedauern* auszudrücken, wird sogar falsch – und gleichfalls kausativ – paraphrasiert als Wort der *Trauer*: „so, dass man darüber traurig ist" (LGW).

Emotive Substantive. Emotiv sind hier speziell die sogenannten Schimpf- und Kosenamen: *Arschloch, Schwein* und *Drecksau; Schätzchen, Herzchen, Liebling*. Zum Ausdruck von zärtlichen Gefühlen dienen im Deutschen die (insofern nicht ganz treffend benannten) Diminutivsuffixe *-chen* und *-lein*; in anderen Sprachen gibt es unvergleichlich größere Repertoires von suffixalen emotiven Ausdrucksmitteln (Volek 1987, Wierzbicka 1991, 51–56). In der deutschen Sprache übernehmen deren Funktion oft Präfixoide, wie z.B. in *Dreckswetter, Scheißfilm*. Das fäkale *Scheiß*, obwohl bzw. weil Tabuwort, ist – wie franz. *merde* und engl. *fuck(ing)* – das (wahrscheinlich nicht nur gruppensprachlich) meistgebrauchte und das stärkste Wort bzw. Morphem zum Ausdruck des Ärgers; etwas weniger anstößig ist *Mist*, gleichfalls als Präfixoid verwendet. Emotiv sind aber auch Simplizia wie *Köter* (für *Hund*), *Schrieb* (für *Brief*) und *Schlampe* (für *Frau*).

Emotive Verben. Zum Ausdruck von Ärger und Verachtung dienen in der deutschen Sprache insbesondere manche Sprechaktverben (*labern, rätschen, quatschen, lamentieren, mosern*), manchmal emotiv verstärkt und vereindeutigt durch ein Präfix (*herumlabern, herummosern*). Eine andere Gruppe emotiver Verben zeigen Verachtung und Ärger über schlechte Arbeit (*pfuschen, hudeln, murksen, schlampen, schludern, stümpern*). Verachtung für Feigheit oder Faulheit liegt in *kneifen* und *sich drücken*. Hass oder Verachtung werden ausgedrückt in einigen Verben des Sterbens (wie *verrecken* und *abkratzen*).

Emotive Phraseologismen. Emotiv sind wohl alle Grußformeln, insofern sie jedenfalls Respekt ausdrücken, sei es auch nur einen minimalen, oft jedoch auch (das Gefühl der) Sympathie oder Vertrautheit. Andere Phraseme dienen dazu, Wut und Ärger auszudrücken, so die Flüche. Wieder andere dienen (wie norddeutsch *Nein sowas!*) dem Ausdruck des (manchmal nur geheuchelt ungläubigen) Staunens.

5. Konnotation

Statt von *Emotionsbedeutung* spricht man in der Linguistik oft von den *emotiven Konnotationen*, die jedoch manchmal als „psychische und außersprachliche [!] Mitbedeutungen verstanden" werden (Rössler 1979, 88); dann sind sie für die Sprachwissenschaft nicht von Interesse. Gegen die Verwendung von *Konnotation* statt *Emotionsbedeutung* wäre sonst nichts einzuwenden, wenn es sich dabei um einen sinnvoll definierten Begriff handeln würde, was jedoch nicht zutrifft. Dieckmann (1979), der den linguistischen Gebrauch von *Konnotation* untersucht hat, sagt zum Diskussionsstand, er sei „schlicht chaotisch" und konstatiert weiter: „Die Erscheinungen, die mit diesem Wort bezeichnet werden, sind so verschiedenartig, dass für sie zusammengenommen auch kein vernünftiger Begriff gebildet werden kann" (ibid., 100 f.). Dieckmann erklärt dies plausibel aus der negativen Funktion, die der Ausdruck in der linguistischen Semantik habe: *Konnotation* werde „für alle die Phänomene verwendet, die in irgendeiner Weise mit der Bedeutung etwas zu tun haben, jedoch nach Auffassung des jeweiligen Sprachwissenschaftlers [...] nicht oder nur am Rande zum Gegenstandsbereich der lexikalischen Semantik oder gar der Linguistik gehören". Das Wort diene also primär dazu, Missliebiges aus der linguistischen Betrachtung auszugliedern. So sei das Wort *Konnotation* für die Linguistik eine „Rumpelkammer" (ibid., 111 f.). Ausführliche Referate und Zitate von verschiedensten Autoren in den Studien von Rössler (1979, 18–59) und (historisch noch weiter ausgreifend) Garza-Cuarón (1991) bestätigen diese Analyse; Garza-Cuarón (1991, 121) resümiert: „The word *connotation* serves, in all its extension and confusion of meaning, as a deposit for every kind of unsolved problem".

Anders steht es um den klaren, sinnvoll definierten Konnotationsbegriff Bloomfields (1933, 151f.), der jedoch nicht auf die lexikalische Bedeutung, sondern auf die emotive Wirkung gruppenspezifischer Wörter auf Personen außerhalb der ursprünglichen Sprechergruppe abhebt (s.o., 3.2).

Speziell sind es oft die emotiven Bedeutungsaspekte eines Wortes, von denen mit dem Wort *Konnotation* kontrafaktisch suggeriert wird, sie seien nur individuelle oder nur okkasionelle „Assoziationen" beim Gebrauch des Wortes, also nicht Teil von dessen Bedeutung, die das Wort in jede einzelne Verwendung bereits mitbringt. Wenn man meint, dass Wörter mehr ausdrücken als nur Kognitives, wird man daher in der Linguistik und besonders in der lexikalischen Semantik auf den Gebrauch des Nicht-Terminus *Konnotation* verzichten und – genauer und unmissverständlich – von den *emotiven* oder *affektiven Bedeutungsanteilen* in der lexikalischen Bedeutung reden.

6. Literatur in Auswahl

Alston, William P. (1967a), Emotion and Feeling. In: *The Encyclopedia of Philosophy* 1967, 479–486.

–, (1967b), Emotive Meaning. In: *The Encyclopedia of Philosophy* 1967, 486–493.

Bartsch, Renate (1972), *Adverbialsemantik. Die Konstitution logisch-semantischer Repräsentationen von Adverbialkonstruktionen*. Frankfurt a.M.: Athenäum.

Bloomfield, Leonard (1933), *Language*. New York: Holt, Rinehart, and Winston. Reprint: Chicago/London: University of Chicago Press 1984.

Brandt, Richard B. (1967): Emotive Theory of Ethics. In: *The Encyclopedia of Philosophy* 1967, 493–496.

Bühler, Karl (1918), Kritische Musterung der neuern Theorien des Satzes. In: *Indogermanisches Jahrbuch* 6, 1–20.

–, (1934), *Sprachtheorie. Die Darstellungsfunktion der Sprache*. Jena: Gustav Fischer. Neudruck Stuttgart/New York: Gustav Fischer 1982.

Cruse, D. A. (1986), *Lexical Semantics*. Cambridge etc.: Cambridge University Press.

Dieckmann, Walther (1979), K. O. Erdmann und die Gebrauchsweisen des Ausdrucks „Konnotationen" in der Linguistischen Literatur. Zitiert nach:

W. Dieckmann, *Politische Sprache – Politische Kommunikation. Vorträge, Aufsätze, Entwürfe.* Heidelberg: Winter 1981, 78–136.

Duden Deutsches Universalwörterbuch. 2. Aufl. Mannheim etc.: Dudenverlag 1989.

Erdmann, Karl Otto (1900), *Die Bedeutung des Wortes. Ausätze aus dem Grenzgebiet der Sprachpsychologie und der Logik.* Leipzig: Haessel 1925 (4. Auflage). Neudruck Darmstadt: Wissenschaftliche Buchgesellschaft 1966.

Fiehler, Reinhard (1990), *Kommunikation und Emotion. Theoretische und empirische Untersuchungen zur Rolle von Emotionen in der verbalen Interaktion.* Berlin/New York: de Gruyter.

Fries, Norbert (1992), *Emotionen und sprachliche Struktur.* Lund: Germanistisches Institut der Universität Lund (= Sprache und Pragmatik 30).

Fudge, Erik (1970), Phonological structure and 'expressiveness'. In: *Journal of Linguistics 6*, 161–188.

Garza-Cuarón, Beatriz (1991), *Connotation and Meaning.* Berlin/New York: Mouton de Gruyter.

Hermanns, Fritz (1995), Kognition, Emotion, Intention. Dimensionen lexikalischer Semantik. In: *Die Ordnung der Wörter. Kognitive und lexikalische Strukturen. Jahrbuch 1993 des Instituts für deutsche Sprache.* (Hrsg. G. Harras). Berlin/New York: de Gruyter 1995, 138–178.

–, (1996), Emotion im Wörterbuch. In: *Wörterbücher in der Diskussion II. Vorträge aus dem Heidelberger Lexikographischen Kolloquium.* (Hrsg. H. E. Wiegand). Tübingen: Niemeyer 1996, 256–278.

Jäger, Ludwig/Sabine Plum (1988), Historisches Wörterbuch des deutschen Gefühlswortschatzes. Theoretische und methodische Probleme. In: *Zur historischen Semantik des deutschen Gefühlswortschatzes.* (Hrsg. L. Jäger). Aachen: Alano 1988, 5–55.

Jäger, Ludwig/Sabine Plum (1989), Probleme der Beschreibung von Gefühlswörtern im allgemeinen einsprachigen Wörterbuch. In: *Wörterbücher. Dictionaries. Dictionnaires. Ein internationales Handbuch zur Lexikographie. Erster Teilband.* (Hrsg. F. J. Hausmann; O. Reichmann; H. E. Wiegand; L. Zgusta). Berlin/New York: de Gruyter, 849–855 [Art. 78].

Kövecses, Zoltán (1990): *Emotion Concepts.* New York usw.: Springer.

Langenscheidts Großwörterbuch Deutsch als Fremdsprache. (Hrsg. D. Götz; G. Haensch; H. Wellmann). Berlin usw.: Langenscheidt 1993.

Leech, Geoffrey (1974), *Semantics.* Harmondsworth: Penguin.

Lyons, John (1977), *Semantics.* Cambridge/New York/Melbourne: Cambridge University Press.

Ogden, C. K.; I. A. Richards (1923), *The Meaning of Meaning. A Study of the Influence of Language upon Thought and of the Science of Symbolism.* London: Routledge & Kegan Paul (10. Auflage 1949).

Plum, Sabine (1992), Gefühlswörter im Wörterbuch. Überlegungen zur lexikographischen Bedeutungserläuterung des emotionalen Wortschatzes. In: *Worte, Wörter, Wörterbücher.* (Hrsg. G. Meder; A. Dörner). Tübingen: Niemeyer 1992, 169–182.

Rössler, Gerda (1979), *Konnotationen. Untersuchungen zum Problem der Mit- und Nebenbedeutung.* Wiesbaden: Steiner.

Samarin, William J. (1970), Inventory and Choice in Expressive Language. In: *Word 26*, 153–169.

Schippan, Thea (1992), *Lexikologie der deutschen Gegenwartssprache.* Tübingen: Niemeyer.

The Encyclopedia of Philosophy. (Hrsg. P. Edwards). Vol. 1. New York: Macmillan/The Free Press/London: Collier Macmillan 1967.

Volek, Bronislava (1987): *Emotive Signs in Language and Semantic Functioning of Derived Nouns in Russian.* Amsterdam/Philadelphia: Benjamins.

Wierzbicka, Anna (1991), *Cross-Cultural Pragmatics. The Semantics of Human Interaction.* Berlin/New York: Mouton de Gruyter.

Wierzbicka, Anna (1992), *Semantics, Culture, and Cognition. Universal Human Concecpts in Culture-Specific Configurations.* New York/Oxford: Oxford University Press.

Zur Philosophie der Gefühle. (Hrsg. H. Fink-Eitel/ G. Lohmann). Frankfurt/M.: Suhrkamp 1993.

Fritz Hermanns, Heidelberg (Deutschland)

43. Dimensionen der Bedeutung IV: Stilistische Aspekte

1. Einleitung: Stilsignifikanten und Stilsignifikate
2. Stil in Text und Wort
3. Stilmerkmale in verschiedenen Wortschätzen
4. Personen- und Zeitgebundenheit in stilistisch relevanten Wortschätzen
5. Wortzuordnungen nach Stilrang, Stilhöhe und Stilfärbungen
6. Makrostilistischer und mikrostilistischer Sprachgebrauch
7. Innertextliche Stilstrukturen
8. Literatur in Auswahl

1. Einleitung: Stilsignifikanten und Stilsignifikate

Die Bedeutung aller sprachlichen Zeichen beruht auf deren Doppelnatur als *signifié* und *signifiant*, als Signifikate und Signifikanten (um Saussures Termini anzuführen) eines gemeinten Sinnes, der auf Referenten in der Wirklichkeit, im Bewusstsein oder in der sprachlichen Mitteilung verweist. Dort, wo die Referenten auf physische und psychische Wirklichkeiten bezogen sind, kann eine Referenzsemantik oder eine Merkmalsemantik leicht die jeweilige Bedeutung der Signifikanten bestimmen. Wo wir es aber mit innersprachlichen Referenzen zu tun haben (z. B. Satzformen, suprasegmentalen Merkmalen etc.), ist die semantische Fixierung weniger leicht und plausibel möglich.

Der Stil eines Textes, seine charakteristische Füllung und Ordnung, ist als Bedeutungsfaktor ein solches innersprachliches Merkmalsgefüge. Es hat in der semantischen Forschung bisher wenig Beachtung gefunden, trägt jedoch zur Bedeutungskonstitution des Textes entscheidend bei, und zwar in mehrfacher Hinsicht. Seine Signifikanten sind bestimmte auffallende und weniger auffallende Strukturmerkmale (z. B. Reim, Strophik, Rhythmus, Wort- und Bildwahl, Intention etc.); als Signifikate kann man deren Stil- und Gefügewirkung und/oder -funktion konstatieren. Diese allgemeinen Angaben bedürfen der Präzisierung.

2. Stil in Text und Wort

2.1. Stil als Textphänomen und als Wortphänomen

Zunächst ist festzuhalten, dass es sich beim Stil um eine textgebundene Erscheinung handelt. Erst in einem kleineren oder größeren Textganzen kann Stil erkennbar und wirksam werden. Erst im Zusammenwirken mehrerer Merkmale kann der Stil dieses Textes erfasst werden. Zwar können bereits das isolierte Einzelwort, die Einzelzeile und der Einzelsatz bestimmte Stilzuordnungen und Stilwirkungen signalisieren (z. B. als Archaismus, als Preziosum, Fachstilerscheinung o. ä.). Der komplexe Wiederholungscharakter, der den meisten Stilrealisationen eigen ist, ist jedoch an größere Texteinheiten gebunden. Dabei muss es sich nicht um einen abgeschlossenen Text mit eigenem Titel handeln, es genügt bereits ein bestimmter Textabschnitt oder Textausschnitt, um daran bestimmte charakteristische Stilmerkmale zu erkennen. Allerdings erlauben Textteile meistens auch nur Texteinsichten in die stilistische Struktur des betreffenden Textes. Will man z. B. den Stil eines bestimmten Gedichts, einer Erzählung oder einer Abhandlung bestimmen, so empfiehlt es sich, auf den gesamten Text zurückzugreifen. Mit der Zahl der stilistischen Signifikanten wächst die Komplexität des stilistischen Signifikats.

Die meisten Einzelwörter können demnach in vorhandenen oder gedachten Kontexten Träger einer stilistischen Teilbedeutung werden, und zwar im Rahmen einer Zuordnung zu funktionalstilistischen und gattungs- bzw. textsortenstilistischen Bereichen, in zeitstilistischer oder individualstilistischer Hinsicht und im Hinblick auf bestimmte Gebrauchsnormen und soziale Bewertungen.

2.2. Einzelwort und Wortkombination und ihr Stilwert

Die Wörter gehören zu den Elementen der Sprache, die am häufigsten in Wörterbüchern u. ä. erfasst werden. Über ihre stilistische Relevanz orientieren eigene Stil- und Synonymwörterbücher. Die kleinsten Bedeutungsträger, allerdings ohne besonderen Stilwert, sind die Morpheme. Im Rahmen der Wortbildungsregeln jeder Sprache können Morpheme wie auch Einzelwörter zu neuen Wortkombinationen verbunden werden, die einen eigenen Stilwert aufweisen, der von dem ihrer Einzelelemente verschieden ist. Die Wörter *Eisen* als Metall (Element) und *Bahn* als Verkehrsweg sind ebenso wie das daraus gebildete Kompositum *Eisenbahn* stilistisch neutral. Wenn aber von *Eisenbahngüterverkehr* und von *Eisenbahngüterverkehrsexperte* die Rede ist, so kommt hier die Stilfärbung [+verwaltungssprachlich] hinzu. Auf diese Weise können ständig neue Kompositabildungen ihren Stilwert ändern. Auch in der Literatursprache werden durch neue Kompositabildungen immer wieder neue Sinngehalte und neue Stilwerte ausgedrückt. Man denke nur an Klopstocks Neubildungen wie *blütenumduftet, flammenverkündend* usw., die dann auch den jungen Goethe zu ähnlichen Neubildungen veranlassten: *heiligglühend, schlangenwandelnd, Sternenblick*.

Auch bei festen Wortkombinationen in der Form von Redewendungen und Phraseologismen können sich Veränderungen im Stilwert ergeben. So gehören z. B. die Einzelwörter der Redewendung *auf Draht sein* (= aufpassen, überlegt handeln) der normalsprachlichen Stilschicht an; die Redewendung selbst ist jedoch 'umgangssprachlich'. Ähnliches gilt für die neuerdings häufigsten Streck- und Funktionsverben wie z. B. *zum Abschluss bringen* (= abschließen), *die Preisverleihung vornehmen*, die als Ganzes bürokratisch-gespreizt wirken.

2.3. Stilwerte der Wortarten und anderer grammatischer Kategorien

Alle Wörter gehören bestimmten Wortarten an. Den Wortarten wird seit langem eine bestimmte Stilrelevanz zuerkannt, die sich auf die ihnen zugesprochene semantische Leistung wie auch auf stilstatistische Häufigkeitsuntersuchungen gründet. Vor allem die wichtigsten Wortarten, Verben und Substantive, finden besondere Beachtung bei der Kennzeichnung von 'Nominalstil' und 'Verbalstilen'. Verben wird dabei der Eindruck des Dynamischen, Substantiven und Adjektiven der Eindruck des Statischen zuerkannt. Wilhelm Schneider hat solche Wirkungen in einer besonderen 'Stilistischen Grammatik' festgeschrieben, die den Untertitel trägt: 'Die Stilwerte der Wortarten, der Wortstellung und des Satzes.' Wie auch andere Autoren, konstatiert er bei den einzelnen Wortarten, unabhängig von ihrem jeweiligen Verwendungskontext, feste stilistische Konnotationen. Selbst wenn man diese Kontextfreiheit für fragwürdig hält, wird man auch unter stilsemantischem Aspekt auf die Dominanz und Distribution der einzelnen Wortarten achten müssen, da ihre jeweilige Selektion nicht ohne Einfluss auf die Stilwirkung ist. Dieser methodische Grundsatz gilt auch für andere grammatische Kategorien im Text, z. B. die Wortstellung, die Tempus- und Modusformen, die Aktiv/Passiv-Alternative u. a.

Wie schon bei der Wortartenwahl, so ist auch hierbei auf die jeweils gewählten Alternativen zu achten, besonders wenn diese von der üblichen Gebrauchsnorm abweichen und so besondere Stilwirkungen zeitigen.

3. Stilmerkmale in verschiedenen Wortschätzen:

3.1. Allgemeiner Wortgebrauch

Die in der Neuzeit zunehmende Spezialisierung des Lebens und der Arbeit der Menschen hat mit sich gebracht, dass mit der Differenzierung der Lebensverhältnisse auch der Wortschatz der Menschen zunehmend differenziert wurde. Es gibt in allen Sprachen einen Wortschatz, der für die täglichen Bedürfnisse des menschlichen Zusammenlebens ausreicht. Er wird bei jedem Menschen verschieden sein nach Alter, Bildung, Beruf und Lebenssituation, jedoch als Mindestwortschatz feststellbar und am Fehlen von Zuordnungsmerkmalen zu anderen Wortschichten und -gruppen erkennbar sein. Man kann diesen Wortschatz im Sinne der Wirkungskategorien R. Klappenbachs (s. u.) als '*normalsprachlich*' bezeichnen. Ergänzt wird er ständig aus anderen Wortschätzen, aus den Fachwortschätzen ebenso wie aus der spontaneren Umgangssprache, in bestimmten Landschaften auch aus den Mundarten. Diese Übernahmen erfolgen dann, wenn Wörter aus diesen Sonderwortschätzen Allgemeingut werden, z. B. wenn Wörter wie ‚*Herzinfarkt, Kollaps, Komplex*' aus dem Wortschatz der Mediziner bzw. Psychologen auch außerhalb dieser Gruppen gebraucht werden.

3.2. Mündlicher und schriftlicher Wortgebrauch

Der allgemeine oder normalsprachliche Wortschatz bietet in mündlicher und schriftlicher Verwendung unterschiedliche Stilformen; er weist Signifikanten auf, die sich vor allem im Satzbau zeigen. Der wenig reflektierte mündliche Sprachgebrauch weist häufiger kurze und unvollständige Sätze auf, auch Interjektionen, Prolepsen, Anakoluthe, Aposiopesen, Apokopen und Synkopen, andere Lautverschleifungen und ungenaue Lautrealisationen.

Der schriftliche Sprachgebrauch ist dagegen reflektierter und selektiver in Wortwahl und Schreibweise, in zumeist längeren und vollständigeren Sätzen, in der Realisation des Textaufbaus und der Textintention.

3.3. Fachwortschätze

Die heute bestehende Differenzierung der Berufe und Arbeitsbereiche wie auch der Zwang zur genauen Bezeichnung von Maschinen, Werkzeugen, Gegenständen und Waren in Wissenschaft, Technik und Wirtschaft (u.a. in Patentschriften) haben eine Vielzahl von Fachwortschätzen bedingt, die oft nur den jeweiligen 'Fachleuten' vertraut und verständig sind. Innerhalb dieser Fachwortschätze gibt es oft noch Trennungen nach Theoretiker- und Praktikersprachen oder nach Ingenieur-, Verkäufer- und Werkstattsprachen (z.B. in der KFZ-Branche), die sich zumeist durch unterschiedliche Grade an Genauigkeit unterscheiden (*Ischreyt 1965*). Auf das Überwechseln von Fachwörtern in den allgemeinen Wortschatz wurde bereits verwiesen (s.o.). Auch ist zu bedenken, dass jede Fachsprache nur durch gleichzeitigen Rückgriff auf die Allgemeinsprache verständlich gemacht werden kann.

3.4. Verwaltungssprache

Die Sprache der Verwaltung (der Administration im weiten Sinn) ist wie auch die der Wissenschaft und der Presse eine Fachsprache besonderer Art, insofern sie weniger der Verständigung zwischen Fachkollegen dient, sondern vielmehr an möglichst viele außenstehende Personen gerichtet ist. Die Verwaltungssprache mit ihrem Sonderwortschatz spiegelt sich nicht nur in Texten der Verwaltungskorrespondenz, sondern auch in Anweisungen, Verordnungen, Gesetzen, Urteilen und Begründungen udgl. Dabei ist im Interesse der Allgemeinheit das rechte Maß einer auf Klarheit, Genauigkeit und Verständlichkeit gerichteten Mischung aus Allgemeinsprache und Fachsprache zu finden.

3.5. Wissenschaftssprache

Innerhalb der Funktionalstilistik (vgl. Art. 283) gilt die Wissenschaftssprache als eigener Bereich mit eigenen Sonderwortschätzen. Wie in den Fachsprachen der Verwaltung und des Rechts kommt es hier in Wortschatz und Syntax auf Verständlichkeit, vor allem für die Fachwelt, an (in populärwissenschaftlichen Texten auch auf Allgemeinverständlichkeit). Der Anteil an Fremdwörtern (Internationalismen), mitunter auch an Neologismen, ist hier in der Regel größer als in anderen Textbereichen.

3.6. Pressesprache

Auch die Texte der Pressesprache werden funktionalstilistisch als eigener Bereich betrachtet. Wortschatz und Syntax müssen hier stärker als in anderen Stilbereichen auf eine allgemeine Verständlichkeit ausgerichtet sein. Die sprachlichen Möglichkeiten der schriftlichen Allgemeinsprache werden hier mit dem spezifischen Wortschatz einzelner Fachbereiche verbunden, über die informiert werden soll (z.B. Politik, Wirtschaft, Sport, Technik). Dabei unterscheiden sich die einzelnen Zeitungen häufig im Niveau und in der Leserzusammensetzung.

3.7. Regionalwörter und Fremdwörter

Der stilistisch relevante 'Normalwortschatz' wird nicht nur aus den Fachwortschätzen ständig ergänzt. Auch aus anderen Sprachen und Sprachbereichen dringen immer wieder neue Wörter in ihn ein.

Hier sind zunächst die Wörter zu nennen, die aus regionalen deutschen Umgangssprachen und Mundarten okkasionell und usuell in die 'Normalsprache' (oder 'Hochsprache') aufgenommen werden, entweder um Fehlendes in ihr zu ergänzen oder vorhandene Wörter stilistisch wirksam zu variieren und regional zu kolorieren. Aufgrund der langwährenden territorialen Zersplitterung Deutschlands und der dadurch begünstigten noch heute lebendigen Mundarten steht der 'Hochsprache' ein großes Repertoire mundartlicher oder regionalsprachlicher Ausdrücke zur Seite. Neben den allgemein bekannten Doppelformen wie '*Sonnabend / Samstag, Frühling / Frühjahr, dieses Jahr / heuer, ich habe ... / ich bin ... gestanden*' usw. gibt es für zahlreiche Wortfelder eine Fülle von mundartlichen Varianten. Man denke z.B. an das Wortfeld des Redens mit den vielen landschaftsgebundenen Lexemen (z.B. *schwätze, babbeln, kallen, klönen, quatschen, snaken, spreche* usw.) oder an die vielen variierenden Tier- und Pflanzenbezeichnungen.

In manchem ähnlich, aber auch anders, verhält es sich mit den oft umstrittenen 'Fremdwörtern', worunter hier wenig oder nicht veränderte Wörter aus fremden Sprachen gemeint sind. Obwohl von puristisch eingestellten 'Sprachreinigern' immer wieder angefochten, kommen sie ebenfalls im Deutschen zumeist als Ersatz für fehlende deutsche Bezeichnungen oder als fremdartiges Kolorit vor, mit dem man auch prunken oder verschleiern kann. Dabei erscheinen sie in bestimmten Fachsprachen (Wissenschaften, Elektronik etc.) als unerlässliche 'Internationalismen', in anderen Bereichen aber auch als entbehrlicher

Zusatz mit dem Stilwert des Fremdartigen, mitunter auch Unverständlichen.

3.8. Wortschatz pragmatischer Texte

Unter dem Begriff 'Pragmatische Texte' wird hier die Vielzahl zweckbestimmter Texte verstanden, die in den letzten Jahrzehnten immer häufiger in Stiluntersuchungen einbezogen wurden (*Sandig 1986*). Diese Texte sind in Wortschatz und Satzbau zumeist an die Allgemeinsprache und an Fachsprachen gebunden und unterscheiden sich darin vor allem von poetischen Texten, oft aber auch von persönlichen Texten (z.B. Privatbriefen u.ä.).

3.9. Wortschatz literarischer Texte

Der Wortschatz literarischer Texte ist einerseits Teil des allgemeinen Wortschatzes (des allgemeinen Sprachgebrauchs), andererseits ein poetischer Sonderwortschatz, den der Autor zusammenstellt, mitunter auch selbst gebildet hat, um seiner Dichtung eine besondere Form zu verleihen. Dabei bemüht sich jeder ernstzunehmende Autor darum, in seiner Sprachwahl abgenutzte Wendungen nach Möglichkeit zu meiden, vielmehr originell und kreativ zu wirken. Der eingeschliffenen, gleichsam automatisierten Sprache der alltäglichen Kommunikation oder der bereits bekannten Sprachauswahl anderer Autoren sucht er eine 'deautomatisierte' Sprache entgegenzustellen (n. Mukarovsky). Diese muss nicht völlig neuartig sein, er kann vielmehr alte und neue Sprachelemente zu einer ungewohnten Ausdrucksweise verschmelzen. Poetische Stilmittel wie Reim, Rhythmus, Alliteration, Metaphern usw. tragen oft zur Wirksamkeit dieser Literatursprache bei. Am häufigsten ist diese jeweils andere Sprachbildung in der Lyrik zu beobachten. Zwei Beispiele mögen dies zeigen:

Matthias Claudius (1740–1815) z.B. beginnt sein volksliedhaftes '*Abendlied*' (vor 1779) mit einer geläufigen volkstümlichen Redewendung („*Der Mond ist aufgegangen*"), ergänzt sie sogleich zu einem märchenartig formulierten Gesamtbild unter Verwendung des im Norddeutschen wenig geläufigen Diminutivs -*lein* und der Assoziation von Farbe und Glanz („*die goldnen Sternlein prangen am Himmel hell und klar*"), verlängert dann die Bildachse von oben nach unten, unter erneuter Verwendung von Doppelformen und Alliterationen sowie archaisierender Verbflexion (-*et*) („*der Wald steht schwarz und schweiget*"), um dann in einer weiteren Bildwendung nach unten mit erneuter Alliteration und archaisierend nachgestelltem Adjektiv die Strophe abzuschließen („*und aus den Wiesen steiget der weiße Nebel wunderbar.*"). Bilderwahl und Morphemfolge werden zudem durch Rhythmus, Reim und Vokalwechsel in harmonischer Abfolge ergänzt. Ein modernes Gedichtbeispiel diene zur Ergänzung: Die erste 'Strophe' von Sarah Kirschs (*1935) ,*Hirtenlied*' verbindet schon am Eingang konkrete und 'abstrakte' Bilder und erschmilzt so idyllische und bedrohlich wirkende Assoziationen: („*Ich sitz über Deutschlands weißem Schnee | der Himmel ist aufgeschlitzt*"), ähnlich im nächsten Bild: („*Wintersamen | kommt auf mich wenn nichts Schlimmres*"). Und auch der Strophenausgang assoziiert die Bedrohtheit des seine Situation kennzeichnenden lyrischen Subjekts: („*Haar wird zum Helm | die Flöte splittert am Mund*"). Ohne auf weitere Deutungen einzugehen, sei nur auf die Andersartigkeit dieser modernen Lyriksprache hingewiesen, die sich zugleich nicht nur stärker von der Alltagssprache, sondern auch von älterer harmonisierender Dichtung abhebt, um in einer von traditionellen Lyrikelementen wie Reim, Rhythmus, Versmaß freien, nur symbolisch andeutenden Bildsprache, die moderne Lebenssituation zu umreißen.

4. Personen- und zeitgebundener Stil

4.1. Individualstilistischer Sprachgebrauch

Zu den wichtigsten Signifikanten, die die stilistische Bedeutung eines Textes ausmachen, gehört neben anderen auch die individuelle Stilprägung. Sie entsteht durch die wiederholte Bevorzugung bestimmter Stilsignifikanten durch einen Autor, wodurch sich dieser Autor von anderen Autoren unterscheidet, die zur gleichen Zeit gleiche oder ähnliche Texte bearbeiten. Solche individualstilistischen Eigenheiten finden sich vor allem in literarischen und in privaten, weniger in pragmatischen Texten, wo der Zweck des Textes und nicht der individuelle Ausdruck maßgebend ist. Der individuelle Stil eines Autors kann das Ergebnis der Entwicklung seiner Schreibkompetenz sein; er kann aber auch durch die Nachahmung bestimmter Vorbilder oder Muster entstehen. Während die Nachahmung anerkannter Vorbilder während der Geltung rhetorischer Regeln vorherrschend war, wurde seit dem späten 18. Jh. der Individualstil in Dichtungen und Briefen bevorzugt, die Nachahmung von Mustern und Vorbildern als epigonal verworfen.

Der Individualstil eines Autors kann allerdings auch je nach Textgattung und Lebensalter variieren. Der Stil von Goethes Drama *Götz von Berlichingen* (1773) ist ein anderer als der des wenig später (1774) entstandenen *Werther*-Romans, von dessen Stil sich wiederum die *Wilhelm Meister*-Romane (1795, 1821) und *Die Wahlverwandtschaften* (1809) stilistisch unterscheiden.

4.2. Zeitgebundener Sprachgebrauch

Während der Individualstil oft das Resultat bewusster Stilformung und Stilkontrolle durch den Autor ist, sind die zeitbedingten Merkmale von Texten, die deren Zeit- oder Epochenstil ausmachen, meistens das Ergebnis unbewusster Prägungen durch den Verfasser. Ein geschickter Autor ist zwar in der Lage, einen älteren Stil nachzuahmen, einen Text zu archaisieren (so wie es ja auch Imitatoren von Individualstilen gibt, z.B. in Plagiaten und Parodien). Es wird ihm aber kaum gelingen, zeitbedingte Signifikanten einer künftigen Zeit zu verwenden, da er diese noch nicht kennen kann.

Der Zeit- oder Epochenstil eines Textes prägt sich sowohl im Wortschatz mit seinen Wortformen und Wortbedeutungen als auch in morphologischen und syntaktischen Eigenheiten aus.

Die Tatsache, dass viele Wörter im Laufe der Zeit ihren Sinn ändern oder selbst verschwinden, weil sie durch andere ersetzt werden oder weil ihr Referent verschwindet (vgl. z.B. mhd. *brünne*) führt dazu, dass es Wörter mit zeitlich begrenzter Geltung gibt. Wenn sie in späterer Zeit verwendet werden, wirken sie als 'Archaismen', mitunter auch als 'Anachronismen', oft mit einem poetischen Zusatzwert. So wurden z.B. in der Romantik viele Archaismen aktualisiert, z.B. *Minne, Brünne, Degen, Recke, Knappe, Maid*, usw. Andererseits gibt es Wörter, die 'Neologismen' die neu in eine Sprache eingeführt werden und für kürzere oder längere Zeit Geltung erlangen. Weniger häufig begegnen Archaismen im Formenbereich und in den Satzstrukturen.

5. Wortzuordnungen nach Stilrang, Stilhöhe und Stilfärbung

Bereits die antike Rhetorik kannte in ihren Texten stilistische Rangunterschiede zwischen einem hohen, einem mittleren und einem niederen Stil, die man exemplarisch an Werken Vergils explizierte. Danach entsprachen, der mittelalterlichen *Rota Vergilii* gemäß, sein *Aeneas*-Epos dem hohen Stil (genus sublime), seine *Georgica* dem mittleren Stil (genus medium) und seine *Eclogen* dem einfachen Stil (genus humile). In der Neuzeit wurde diese schematische Textzuordnung, die mit einem unterschiedlichen Anteil an Stilmitteln verbunden war, aufgegeben; doch werden noch immer ähnliche Wertungen in der Wortwahl und Stilfügung beachtet, wenn es darum geht, den Stilrang und die Stilhöhe von Wörtern und Texten zu bestimmen.

Mit der bewussten oder unbewussten Vermischung von sprachlichen Gebrauchsnormen in neuerer Zeit hat es sich ergeben, dass auch bisher sozial gebundene Sprachschichten mit ihrem Wortschatz und Satzformen in früher davon freie Texte eingedrungen sind und linguostilistische Beachtung verdienen. Ruth Klappenbach hat daher in dem von ihr betreuten 'Wörterbuch der deutschen Gegenwartssprache' eine dementsprechende Wertungsskala für den hier erfassten Wortschatz aufgestellt, die in ihrer Gliederung nach 'Stilschichten' oder 'Stilebenen' sowohl stilistische als auch soziale Gebrauchsnormen der Wörter berücksichtigt:

Schema der Stilschichten (Stilebenen) nach R. Klappenbach (zit. n. C. Agricola 1970 S. 1051).

Stilschichten (Stilebenen)
dichterisch
gehoben
normalsprachlich
umgangssprachlich
salopp-umgangssprachlich
vulgär

Wie jede Schematisierung, so bedarf natürlich auch diese der Kommentierung und Ergänzung. So bedeutet z.B. die erste Rubrik („dichterisch") nur, dass solche Wörter nicht (nicht mehr) 'normalsprachlich' sind, keinesfalls, dass nur solche Wörter die Dichtersprache ausmachen.

Der Bereich des gehobenen Wortschatzes ließe sich seinerseits noch differenzieren in einen üblichen gehobenen und einen preziösen ('gesuchten, seltenen') Wortschatz, wobei letzterer mitunter auch dem dichterischen Bereich angehören kann.

Als eine weitere Variante des 'gehobenen' Wortschatzes, die sogar in die Umgangssprache eindringt, nennt R. Klappenbach das Amts- oder Papierdeutsch und zählt dazu auch die funktionsverbalen Streckformen (z. B. *zum Ausdruck bringen*) und veraltete Präpositionen (z. B. *vermöge, vermittels*).

Den Bereich der 'normalsprachlichen' Stilschicht, der hier mit dem 'allgemeinen Wortgebrauch' (> 4.1.) identisch erscheint, differenziert C. Agricola (s. o. S. 1051, 1127) aspektmäßig noch in einen weiteren Bereich: die 'Gebrauchssprache'.

Auch im Bereich des vulgären Wortschatzes wären weitere Gruppierungen möglich. So gab es früher mancherorts bestimmte 'Händler'- und 'Gaunersprachen', die Wörter aus dem Jiddischen und Hebräischen enthielten und über Studentenjargons auch an die Umgangssprache vermittelt wurden, oder auch Geheimsprachen asozialer Gruppen, die durch Wortverdrehungen und -umstellungen entstanden, so wie es heute auch bestimmt Jugend- und Schülersprachen (-jargons) gibt, die über einen eigenen Sonderwortschatz verfügen. Stilistisch erscheinen die vorstehend aufgeführten Rang- und Höhenstufen innerhalb der Sprache, vor allem des Wortschatzes, besonders dort interessant, wo sie die 'Stilschichten bewusst oder unbewusst kreuzen oder vermischen. Durch Kontrastwirkungen, ironische Verfremdungen und Distanzierungen werden dann besondere Rezeptionseffekte erreicht (Aufmerksamkeit, Zweifel, Abgrenzung u. ä.). Wenn Heinrich Böll z. B. in seiner Weihnachtssatire *Nicht nur zur Weihnachtszeit* mitten im normalsprachlichen, wenn auch ironisierendem Duktus plötzlich ein umgangssprachliches Wort einfügt („*Im Krieg wird gesungen, geschossen, geredet, gekämpft, gehungert und gestorben – und es werden Bomben geschmissen ...*"), so erregt dieser leichte 'Stilbruch' besondere Beachtung für den satirischen Kontext.

Ein weiteres Mittel stilistischer Sinnlenkung mit Hilfe des Wortschatzes stellen die 'Stilfärbungen' (oder auch 'Stilqualitäten') dar. Es handelt sich dabei – den Darlegungen C. Agricolas bzw. R. Klappenbachs und von Krahl/Kurz 1986 folgend – um Wortverwendungen, die eine bestimmte Ausdrucksabsicht (z. B. abwerten, spötteln, scherzen, verniedlichen, gespreizt reden, verdunkeln) oder ein bestimmtes Stilkolorit (z. B. landschaftlich-provinziell, wissenschaftlich, technisch, religiös oder politisch gebunden u. ä.), verdeutlichen wollen. So kann man z. B. einen älteren Herrn scherzhaft-spöttisch „*Alterchen*" nennen, eine „*Hose*" gespreizt-archaisierend als „*Beinkleid*" bezeichnen, den „*Storch*" oder „*Veilchen*" poetisierend-aufwertend „*Frühlingsboten*" heißen.

Wie die Wörter aus bestimmten Stilschichten, so können auch die zur Stilfärbung verwendeten Wörter und Formen in ihrem Sinn nur aus dem historischen und textlichen Kontext erfasst werden. Die Verwendung des Wortes „*echt*" z. B. kann bei Goethe oder Eichendorff, in einem heutigen Werbetext oder im heutigen Jugendjargon jeweils einen anderen Sinn haben.

6. Makrostilisitische und mikrostilistische Textmerkmale

Geht man davon aus, dass alle charakteristischen Ausdrucksformen eines Textes dessen Stil ausmachen, so muss sich die Stilbestimmung auf alle quantitativen und qualitativen Textmerkmale erstrecken. Es empfiehlt sich dabei, (nach *Riesel/Schendels 1975* und *Sowinski 1983*) zwischen größeren und kleineren Stilmerkmalen (Stilistika) zu differenzieren. Im Folgenden sollen daher alle satzgebundenen und satzübergreifenden Stilbesonderheiten als 'makrostilistisch', die die Satzgrenze unterschreitenden Stilmerkmale als 'mikrostilistisch' gekennzeichnet werden. Beide Kategoriengruppen zählen zu den Signifikanten der Stilbedeutung, deren Zusammenwirken im Text erst das Gesamtsignifikat des Stils ausmacht.

6.1. Makrostilistische Stilmerkmale

Unter dem Aspekt der Stilprägung aufgrund von Wahlentscheidungen zwischen alternativen Ausdrucksmöglichkeiten, kann eine Analyse von makrostilistischen Kategorien auch solche einbeziehen, die z. B. von der Literaturwissenschaft und Textlinguistik als 'Bauformen' (o. ä.) anderer Untersuchungsansätze ermittelt wurden. So kann etwa die Entscheidung eines Autors, einen Stoff oder ein Motiv oder ein Problem in einer bestimmten Gattung zu behandeln, bereits eine stilistische Entscheidung sein. Die gewählte Literaturgattung (bei nichtliterarischen Texten: Textsorte) gehört so bereits zu den makrostilistischen Kategorien. Daraus ergeben sich weitere Subkategorisierungen, je nachdem, ob es sich um dramatische, epische oder lyrische Texte handelt. Bei dramatischen Texten (Lust-, Trauer-, Hör-, Fernsehspiel, Featcher) kämen z. B. als weitere Einheiten: Aufbauformen (progressiv, analytisch, offen, geschlossen), Akte, Szenen, Auftritte, Sprachform hinzu; bei epischen Texten (Novelle, Erzählung, Roman, Märchen, Fabel, Parabel etc.): z. B. Erzählweise (auktorial, ichbezogen, personal, neutral), -aufbau, -formen, -haltung, -perspektive, Motivgestaltung, Sprechweise (monologisch, dialogisch, erlebte Rede), Darstellungsformen, Sprachformen etc.; bei lyrischen Texten: Gedichtaufbau, Strophik, Versform, Reim, Rhythmus, Sprachbilder, Sprache etc. Zusätzliche Kategorien für alle Gattungen sind z. B. Motive, Satzformen, Figurenkennzeichnungen, Sprecherrollen, Kohärenzen u.a.m. Die makrostilistische Analyse eines Textes, die der literarischen Interpretation vorausgehen oder mit ihr verbunden werden kann, vermag so wichtige Grundlagen für das Werkverständnis zu bieten.

6.2. Mikrostilistische Merkmale

Die mikrostilistischen Merkmale, die für alle Literaturgattungen gelten können, haben ihre Obergrenze im komplexen Satz, ihre Untergrenze beim einzelnen Laut. Dementsprechend kann man bei der Satzanalyse mit Angaben über Satzgrößen, Satztypen, Paraphrasen (Tiefenstrukturen), Satzgliedern und ihrer Realisation, Wortstellungen beginnen und fortschreiten mit Analysen der Wortwahl, Wortkombinationen und Sprachbilder. Die Figuren und Tropen der klassischen Rhetorik, die durch modernere Aspekte und Analysen ergänzt werden können, gehören ebenfalls hierher wie auch Personifikationen, Wortsymbole, Wortspiele und Lautmalereien udgl. Die Grenzen zwischen der Makrostilistik und der Mikrostilistik sind zudem fließend und sollten nicht starr gezogen werden.

7. Innertextliche Stilstrukturen

7.1. Stilprinzipien

Jeder Text folgt, sofern er nicht ein wirres Durcheinander von Gedanken und Bildern oder eine bloße Assoziationenansammlung ist, bestimmten Grundsätzen oder Prinzipien der Textgestaltung, die meistens vom Zweck oder einer andersartigen Bestimmung des Textes abhängig ist, darüber hinaus aber auch durch eine allgemeinere Anordnung bestimmt wird. Solche Gestaltungsprinzipien gehören somit zu den Signifikanten eines Textes; sie werden durch Regelungen und Selektionen im Text, die zu den Signifikanten zählen, verwirklicht. Als solche allgemeinen oder oberen Stilprinzipien kämen z. B. in Frage: die 'Einheit' des Textes, die thematischer, fiktiver, aber auch sprachlicher Natur sein kann, ferner dessen 'Klarheit', die gedankliche Konsequenz und eine gewisse Übersichtlichkeit erfordert. Auch die 'Anschaulichkeit' kann ein solches Stilprinzip sein, das vor allem die Bildlichkeit in Beispielen und Sprachbildern bestimmt. Ein Stilprinzip, das nicht immer gegeben ist, ist die 'Gewandtheit' der Darstellung und Darlegungen, die sich in der Eleganz und Flüssigkeit der Sprache äußert. Schließlich verdient hier auch das Prinzip der 'Variation', des Ausdruckswechsels, genannt zu werden, das vor Eintönigkeit und Trockenheit im Ausdruck bewahrt und Wiederholungen nur als Stilmittel einsetzt.

7.2. Aufbauprinzipien

Formen des textlichen Aufbaus gehören in der Regel zur Makrostilistik der verschiedenen Literaturgattungen und Textsorten. Es gibt aber auch Aufbauprinzipien auf verschiedenen Textebenen, die zur inneren Struktur von Texten zählen. So existieren bereits auf der Wortebene bestimmte Aufbauformen der Anreihung und Steigerung (z. B. accumulatio, Klimax usw.). In der Satzebene finden wir bestimmte Strukturformen des Satzbaus, besonders in der Periodenbildung, nach 'natürlicher' Gedanken- und Reihenfolge (*ordo naturalis*) oder kunstvollem Aufbau (*ordo artificialis*), z. B. als 'steigender, sinkender, anfügender, rahmender, unterbrechender, entfaltender und spannender Satzbau. In der Epik gibt es ebenfalls verschiedene 'Bauformen des Erzählens' (E. Lämmert), wobei progressiver und analytischer Aufbau nur die bekanntesten sind, die auch für dramatische Texte gelten.

Auch in Briefen verschiedener Art werden bestimmte Aufbauformen beachtet, ebenso in den literarischen und schulischen 'Darstellungsformen' (Erzählen, Berichten, Beschreiben, Schildern, Erörtern, Disputieren).

7.3. Stilzüge

In mehreren Arbeiten zur Stilistik findet sich bei den innertextlichen Kategorien oft der Begriff der 'Stilzüge', die jedoch uneinheitlich definiert werden. In der Regel versteht man darunter bestimmte Kennzeichnungen der stilistischen Einheit eines Textes. Sie ergibt sich zumeist aus dem Gesamteindruck, den der Text vermittelt, könnte daher als eine Art von

Eindruckswert verstanden werden, der zwar nicht immer mit der Ausdrucksabsicht des Verfassers identisch ist, oft aber durch diese bedingt wird. Unter dem Aspekt der Stilbedeutung sind Stilzüge Teil des Textsignifikats, das durch bestimmte Textsignifikanten vermittelt wird.

Als solche Stilzüge können z. B. erscheinen: die Tendenz zur Kürze oder Ausdrucksknappheit, wie auch deren Gegenteil: die Weitschweifigkeit, ferner: Prägnanz (Genauigkeit), Sprachökonomie, Rationalität und Logik, Sachlichkeit, Hast, Lehrhaftigkeit, Sentimentalität, Feierlichkeit, Pathos, Preziosität, Volkstümlichkeit, Naivität, Sentimentalität, Trivialität, Witz, Humor, Komik, Ironie, Bildhaftigkeit, Unsinnigkeit u.a.m. In früheren Zeiten wurden solche Stilzüge durch eine 'Tönepoetik' (F. Sengle) festgelegt, woran Schillers Abhandlung 'Über naive und sentimentalischer Dichtung' noch erinnert.

8. Literatur in Auswahl

Agricola 1970, Christiane Agricola: Kap. 9 Stilistik, In: E. Agricola; W. Fleischer; H. Protze (Hg.): *Die deutsche Sprache. Zweiter Band*, Leipzig: VEB Bibliographisches Institut 1970 (Kl. Encyclopädie).

Blanke 1973, Gustav H. Blanke: *Einführung in die semantische Analyse*. München: Hueber Verlag 1973 (Hueber Hochsch.-R-15).

Fleischer; Michel; Starke 1993, Wolfgang Fleischer/ Georg Michel; Günter Starke: *Stilistik der deutschen Gegenwartssprache*. Frankfurt: Peter Lang 1993.

Hoffmann 1999, Hoffmann, Michael: Stil und Semantik. Alte Fragen – neue Antworten? In: Inge Pohl (Hrsgn.): *Interdisziplinarität und Methodenpluralismus in der Semantikforschung*. Frankfurt: Peter Lang 1999, 43–61.

Ischreyt 1965, Heinz Ischreyt: *Studien zum Verhältnis von Sprache und Technik*. Düsseldorf: Schwann 1965 (Sprache u. Gemeinschaft Studien IV)

Krahl/Kurz 1984, Siegfried Krahl/Josef Kurz: *Kleines Wörterbuch der Stilkunde*. Leipzig: VEB Bibliographisches Institut [6]1984.

Riesel, E.; Schendels 1975, Elise Riesel; Elisabeth Schendels: *Deutsche Stilistik*. Moskau: Verlag Hochschule 1975.

Sanders 1973, Willy Sanders: *Linguistische Stiltheorie. Probleme, Prinzipien und moderne Perspektiven des Sprachstils*. Göttingen: Vandenhoek & Ruprecht 1973 (Vandenhoek-R. 1386).

Sandig 1986, Sandig, Barbara: *Stilistik der deutschen Gegenwartssprache*. Berlin: de Gruyter 1986 (Slg. Göschen 2229).

Schneider 1967, Wilhelm Schneider: *Stilistische deutsche Grammatik. Die Stilwerte der Wortarten, der Wortstellung und des Satzes*. Freiburg: Herder [4]1967.

Sowinski Bernhard 1978: *Deutsche Stilistik. Beobachtungen zur Sprachverwendung und Sprachgestaltung im Deutschen*. Frankfurt: S. Fischer [2]1978 (Fischer-Taschenbuch 6147).

–, 1983, Kategorien der Makrostilistik – eine Übersichtsskizze. In: Stilistik Hg. von Barbara Sandig Bd. 1: Probleme der Stilistik, In: Germanisitsche Linguistik 3–4/81 Hildesheim: Olms 1981 S. 77–95.

–, 1983, *Textlinguistik*. Eine Einführung. Stuttgart: Kohlhammer 1983 (Urban-Taschenbücher 325).

–, 1991, *Stilistik. Stiltheorien und Stilanalysen*. Stuttgart: Metzler 1991 [2]1999 (Slg. Metzler SM 263).

Bernhard Sowinski, Köln (Deutschland)

X. Die Beziehungen zwischen Form- und Inhaltsseite
Relations between the level of form and the level of content

44. Arbitrarität, Ikonizität und Motivation

1. Einleitung
2. Saussures Zeichenkonzeption
3. Der Beitrag der Semiotik nach Peirce
4. Lexikalische Belege der Ikonizität
5. Die Rolle der Motivation
6. Schluss: Motivation, Ikonizität und Natürlichkeitsparameter
7. Literatur in Auswahl

1. Einleitung

Das linguistische Interesse am Verhältnis von Wortform und Wortinhalt, genauer die Frage, ob es sich dabei um eine willkürliche bzw. 'arbiträre' Beziehung handelt oder aber um eine abbildende 'ikonische' Beziehung, gründet in dem viel umfassenderen Bestreben, von dem das Denken der Menschen und die Philosophie zu allen Zeiten bestimmt waren: das Verhältnis von Sprache und Welt einer Klärung zuzuführen.

Am häufigsten wird, wenn von den Anfängen dieser Suche die Rede ist, auf Platos Kratylos-Dialog verwiesen, in dem die beiden Positionen von den Gesprächspartnern Hermogenes und Kratylos vertreten werden. Hermogenes steht für die Auffassung, dass die Wortwahl auf Gewohnheit bzw. Übereinkunft beruht (die Konventionalitätsthese, das alter ego der Arbitraritätsthese); Kratylos vertritt die Position, dass sich die Wörter an der Natur der Dinge orientieren (die ikonische Position). Beide Auffassungen werden von Sokrates, dem dritten Gesprächsteilnehmer, erörtert und kritisiert, wobei viele Argumente, die in der heutigen linguistischen Debatte eine Rolle spielen, schon vorweggenommen werden. Abschließend allerdings werden beide Positionen als unbefriedigend charakterisiert. Der Grund ist, dass weder die Konventionalitätsthese noch die ikonische Sprachkonzeption voll der Zielsetzung entsprechen, die Plato der Sprache zuerkennen möchte: nämlich das Wesen der Dinge zu ergründen.

Auch in dieser Hinsicht ist der Kratylos-Dialog exemplarisch. Konventionalität sowie Ikonizität werden als Mittel verstanden, die einem übergreifenden Zweck untergeordnet sind. Dies gilt ebenso für viele andere Philosophen, die sich mit dem Verhältnis von Wort und Welt beschäftigt haben. Auch für Charles Sanders Peirce (1839–1914), auf den wir noch genauer eingehen werden, ist die von der Linguistik genutzte Klassifizierung, insbesondere der Begriff des Ikons, nur Teil eines viel umfassenderen Zeichenkonzepts, aus dem heraus er seine Philosophie des Pragmatismus entwickelt.

Eine Ausnahmestellung nimmt aus philosophischer Sicht Ferdinand de Saussure ein, der zwar Elemente der Stoischen Tradition übernimmt, sich als Linguist aber auf die Arbitraritätsthese konzentriert (sein *Cours de linguistique générale* wurde posthum 1916 veröffentlicht). Saussures Zeichenkonzept ist erst später in philosophische und kulturkritische Systeme integriert worden, u. a. von Levi-Strauss, Barthes und Foucault (Holdcroft 1991, 5).

Aus linguistischer Sicht ist Saussures Konzept ohne Zweifel das folgenreichste gewesen. Von der deskriptiven Linguistik lange Zeit als Axiom betrachtet, verkörpert es auch heute noch die klassische linguistische Position. Allerdings hat in den letzten Jahrzehnten, vor allem seit Jakobsons 'Quest'-Artikel (Jakobson 1965), das Zeichenkonzept von Peirce auch in der Linguistik wachsende Beachtung gefunden und in den letzten fünfzehn Jahren zu einer intensiven Suche nach ikonischen Phänomenen in der Sprache geführt.

2. Saussures Zeichenkonzeption

Eine Darstellung von Saussures Zeichenbegriff kann nicht an der berühmten Skizze des sprachlichen Zeichens in seinem *Cours* (Saussure 1985) vorbeigehen; in Abb. 1 wird sie in

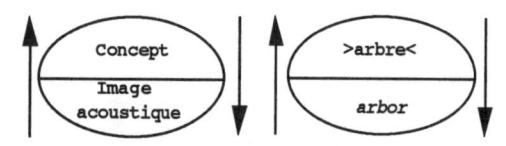

Abb. 44.1: Saussures Darstellung des sprachlichen Zeichens, links die Begriffe, rechts ein Beispiel (Saussure 1985, 99)

ihrer originalen Form wiedergegeben (vgl. Saussure 1985, 441, Anm. 132).

Mit der Wahl der kreisähnlichen, ovalen Form für das sprachliche Zeichen signalisiert Saussure zweierlei: Einmal wird das sprachliche Zeichen als Einheit seiner Bestandteile nach außen deutlich abgegrenzt; das Verhältnis von Wort und Welt, das im Mittelpunkt der traditionellen philosophischen Überlegungen stand, wird vernachlässigt. Das Wort wird zum Bestandteil eines autonomen sprachlichen Systems, der Weltbezug ersetzt durch ein Begriffskonzept. Zum andern wird deutlich gemacht, dass Lautbild (*image acoustique*) und Begriffskonzept unzertrennlich miteinander verbunden sind, dass sie „eine psychische Einheit mit zwei Gesichtern" (Saussure 1985, 99) bilden; sie bedingen sich gegenseitig, was in der Abbildung auch durch die gegenläufigen Pfeile angedeutet wird.

Die Koppelung von Lautbild (oder 'Signifikant') und Konzept (oder 'Signifikat') garantiert jedoch nicht, dass sich das Signifikat aus dem Signifikanten erschließen lässt oder umgekehrt. Das lateinische Beispielswort *arbor* hat ebenso wie die französischen, englischen oder deutschen Entsprechungen *arbre*, *tree* und *Baum* nichts an sich, was auf natürliche Weise das Konzept 'Baum' suggerieren würde. Der philosophischen Tradition gemäß muss hier der Rückgriff auf die Konventionalisierungsthese erfolgen; die Verbindung von Wort und bezeichnetem Objekt gilt als durch die Sprachgemeinschaft vereinbart. Saussure dagegen stellt im Text seines *Cours* (Saussure 1985, 100) diejenige Eigenschaft in den Vordergrund, die im Einklang mit seinem von der Objektwelt abgekoppelten Zeichenbegriff steht, eben die Arbitrarität des Bezugs zwischen Signifikant und Signifikat, oder wie er selbst vereinfacht, die **Arbitrarität** des sprachlichen Zeichens.

Die Wirkung, die die Arbitraritätsthese auf die Entwicklung der deskriptiven Linguistik gehabt hat, ist kaum zu überschätzen, konnte sie doch als Legitimation für die form- und inhaltsbezogenen Einzeldisziplinen verstanden werden: Phonologie und Morphologie auf der einen Seite, Lexikologie auf der anderen – eine Einteilung, die sich ja auch in diesem Handbuch widerspiegelt.

Kein Wunder, dass Saussure für das Arbitraritätsprinzip, für ihn das wichtigste Merkmal des sprachlichen Zeichens, nicht viele Ausnahmen zulassen wollte – und auch hier war sein Urteil für Generationen von Linguisten maßgebend. So verweigert er auch den Onomatopoetika (wie franz. *ouaoua* und dt. *wauwau*) und spontanen Ausrufen (wie fr. *aie* und dt. *au*) einen Sonderstatus. Sein Hauptargument ist, dass auch diese Wörter in gewisser Weise arbiträr sind, weil sie in verschiedenen Sprachen unterschiedliche Form haben (Saussure 1985, 101f.).

Was nun die besondere Qualität der Arbitrarität bei Saussure betrifft, so gehen die Meinungen der Kommentatoren auseinander. Heftig diskutiert wird, in welchem Maß sich hinter der Arbitraritätsthese die Benennung durch gesellschaftliche Konvention verbirgt (Saussure 1985, 442–445); Saussure selbst führt die Konventionalität ganz unbefangen in die Diskussion ein (Saussure 1985, 102). Unklar bleibt auch, ob Saussure den Bezug zur Objektwelt völlig aufgeben will. Hier wird er schon bald von Ogden/Richards (1985 [1923]) korrigiert, die Saussures binäres System durch eine explizite triadische Relation von 'Symbol' (Signifikant), 'Thought' oder 'Reference' (Signifikat) und Referent (Element der Objektwelt) ersetzen.

Eine weitere Verbindung, die Saussure selbst herstellt, die Beziehung zwischen Arbitrarität und Nichtmotivation, verdient ebenfalls eine genauere (und kritische) Betrachtung (vgl. Abschnitt 5). Zunächst aber erscheint es vordringlich, der Arbitraritätsthese die Alternative, das Ikonizitätsprinzip, gegenüberzustellen.

3. Der Beitrag der Semiotik nach Peirce

Die Ikonizität ist Teil einer Zeichentheorie, die Peirce in vielen Einzelveröffentlichungen über einen Zeitraum von vier Jahrzehnten entwickelt hat (Peirce 1931ff). Sie beruht auf der triadischen Relation des Zeichens an sich, des Objektbezugs und der Wirkungskomponente (von Peirce als '*interpretant*' bezeichnet). Obwohl auch der *interpretant* wegen seiner pragmatischen Orientierung für die Linguistik in-

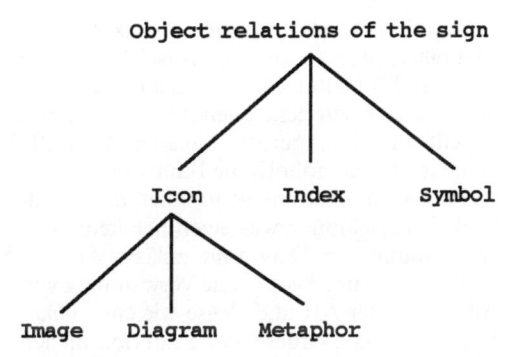

```
         Object relations of the sign

                    Icon      Index      Symbol

         Image   Diagram   Metaphor
```

Abb. 44.2: Formen des Objektbezugs von Zeichen nach Peirce

teressant ist und zum Vergleich mit Bühlers Organonmodell anregt (Nagl 1992, 43; 56ff.), konzentriert sich das linguistische Interesse bislang auf die Komponente des Objektbezugs (dass nach Peirce auch das 'Objekt' als Zeichen zu verstehen ist, soll im Folgenden außer Betracht bleiben). Diese Komponente des Objektbezugs umfasst in sich wiederum ganz unterschiedliche Zeichenrelationen. Vergleiche hierzu die Übersicht in 2.

Es empfiehlt sich, bei der Erläuterung von Abb. 2 mit der übergeordneten Gliederung in *icon*, *index* und *symbol* zu beginnen und hier wiederum vom Begriff des *symbol* auszugehen (im Folgenden werden die deutschen Begriffe verwendet). Die Verwendung des Terminus **Symbol** bei Peirce hat – das ist vorweg zu sagen – nichts mit Ogden & Richards Symbolbegriff im Sinn von Signifikant zu tun, auch nichts mit der gemeinsprachlichen Verwendung des Worts Symbol, der ebenfalls die Vorstellung der Abbildung zugrunde liegt. Mit dem Begriff Symbol erfasst Pierce Zeichen, die sich allein aufgrund von allgemeinen Regeln, d.h. durch Konventionalisierung, auf ein Objekt beziehen. Weitgehend handelt es sich um eben die Zeichen, die Saussure als arbiträr bezeichnet (ein Begriff, der der Peirceschen Konzeption fremd ist). Peirce und Saussure stimmen jedoch darin überein, dass diese Symbole bzw. arbiträren Zeichen einen Großteil der sprachlichen Interaktion ausmachen. Der grundsätzliche Unterschied aber ist, dass Saussure für das arbiträre Zeichen praktisch einen Alleinvertretungsanspruch postuliert, zumindest für die Simplizia. Für Peirce dagegen existieren auch andere Zeichentypen, die vielleicht weniger häufig, für die Sprache (und das Denken) aber ebenso nötig sind und die übrigens oft nichtsprachlicher Natur sind, die indexikalischen und ikonischen Zeichen.

Was die Kategorie **Index** betrifft, so dienen diese Zeichen der Orientierung und Verankerung in Raum und Zeit und entsprechen so im Kern den Deiktika. Im sprachlichen Bereich gehören dazu die Personal- und Demonstrativpronomen, aber auch Adverbien wie *hier, dort, jetzt, damals* und deren Zusammensetzungen. Peirce weist auch auf nichtsprachliche Indices hin, z. B. den Wetterhahn, der in direkter Abhängigkeit vom Wind die Windrichtung anzeigt, oder den Rauch, der ein Feuer signalisiert. Bei Saussure spielen die indexikalischen Zeichen keine Rolle. Da bei den Indices das Zeichen als Ganzes einen existentiellen, oft deiktischen Kontakt mit der Wirklichkeit herstellt, bieten sie keine alternative Erklärung für das Verhältnis von Signifikant und Signifikat und beeinträchtigen so das Arbitraritätsprinzip nicht nennenswert.

Anders ist dies bei der dritten objektbezogenen Zeichenkategorie von Peirce, dem **Ikon**. Hier beruht der Objektbezug des Zeichens nicht auf bloßer Konvention, das Zeichen ist vielmehr mit dem Bezugsobjekt durch eine Ähnlichkeitsrelation verbunden, wie das z. B. von den Onomatopoetika bekannt ist. Es liegt jene Orientierung an den Objekten vor, die schon im Kratylos-Dialog als 'natürliche' Gegenposition zur Konventionalitätsthese diskutiert wird. Das ikonische Zeichen ist also nicht-arbiträr, sein Auftreten stellt die Allgemeingültigkeit des von Saussure aufgestellten Arbitraritätsprinzips durchaus in Frage.

Dies ist natürlich der Grund, warum sich das linguistische Interesse an der Peirceschen Konzeption auf das Ikon konzentriert hat, und zwar um so mehr, als Peirce eine Subklassifizierung vorschlägt, die den linguistischen Anwendungsbereich der Ikonizität zu erweitern verspricht. Wie aus Abb. 2 hervorgeht, unterscheidet Peirce drei Untergruppen: *images*, Diagramme und Metaphern.

Dabei entspricht die Subkategorie des *image* am ehesten den gemeinsprachlichen Erwartungen, die sich mit dem Begriff Ikon verbinden. Hier liegt ein einfacher, sinnlich erfassbarer, mimetischer Bezug vor; die Substitution des abgebildeten Objekts im Zeichen ist fast vollständig, wie etwa bei einer Fotografie. Im sprachlichen Bereich gelten natürlich die Onomatopoetika als Paradebeispiel dieser am stärksten ikonischen Variante.

Interessanter als die *image*-Kategorie ist für die linguistische Forschung jedoch die zweite Subkategorie der Ikonizität, das **Diagramm**.

Hierzu zählen, um mit nichtsprachlichen Beispielen zu beginnen, etwa die Abbildung einer Kurve auf einem Verkehrsschild, aber auch Landkarten und Wetterkarten, Partituren, Farbmuster sowie die verschiedenartigen Diagramme in wissenschaftlichen Darstellungen. Ihnen allen ist gemeinsam, dass eine strukturelle Ähnlichkeit mit dem Bezugsobjekt ausgedrückt wird, dass das Zeichen also nicht nur aufgrund einer freien Vereinbarung verwendet wird.

Die diagrammatische Ikonizität tritt im Wesentlichen in drei Varianten auf, als sequenzielle Anordnung, Proximität und Quantität (Givon 1990, 996ff.); alle drei sollen hier an jeweils einem Beispielpaar illustriert werden. **Ikonische Sequentialität** wird durch das erste Beispielpaar belegt, bei dem die natürliche Abfolge der Ereignisse in der Objektwelt bei parataktischer Reihung die Variante (1) erzwingt:

(1) *Der Cowboy schwang sich aufs Pferd und ritt auf die untergehende Sonne zu.*
(2) **Der Cowboy ritt auf die untergehende Sonne zu und schwang sich aufs Pferd.*

Ikonische Proximität spiegelt sich beispielsweise in der Plazierung der attributiven Adjektive vor einem Substantiv wieder. Je enger das adjektivische Konzept mit dem nominalen Konzept verknüpft ist, um so näher steht das Adjektiv beim Substantiv, wenn nicht andere Prinzipien dies verhindern (Posner 1986). Dies führt zur Bevorzugung von (3) gegenüber (4):

(3) *dieser berühmte würzige Allgäuer Käse*
(4) **dieser Allgäuer berühmte würzige Käse*

Für die **quantitative Ikonizität** nennt Givon (1990, 969) als Beispiel u. a. die Korrelation zwischen dem Umfang des sprachlichen Materials und der Masse der vermittelten Information; vgl. (5) und (6):

(5) *Das Mädchen stieg ein.*
(6) *Das schlanke, blondhaarige Mädchen mit dem flatternden T-Shirt stieg ein.*

Bei dieser quantitativen Ausprägung scheint es allerdings schwieriger, die Ikonizität als einen Ähnlichkeitsbezug zwischen sprachlichem Zeichen und Objektwelt zu verstehen. Eine Art Durchbruch wurde hier erreicht, indem als Bezugsobjekt des Zeichens nicht mehr das reale außersprachliche Objekt, sondern – der Konzeption der kognitiven Linguistik folgend – die kognitiven Konzepte und Modelle angesetzt werden, die wir von den Dingen der Welt bilden.

Die dritte Subkategorie des Ikons, die **Metapher**, führt in der linguistischen Diskussion der Ikonizität ein Schattendasein, ganz im Gegensatz zur generellen Aktualität dieses Begriffs in der Linguistik. Dressler (1995, 21) definiert die metaphorische Ikonizität als eine „ad hoc wahrgenommene Parallel- oder Ähnlichkeitsbeziehung", was eigentlich keine klare Trennung vom Diagramm zulässt. Als Beispiel mag die ungewöhnliche Verwendung von Adverbien der Art und Weise wie engl. *unnaturally* in kommentierender Funktion dienen (*'Unnaturally, he kept his mouth shut'*); der metaphorische Bezug wird hier ad hoc mit prototypischen kommentierenden Adverbien wie *fortunately* aufgebaut.

Wie dieses Beispiel zeigt, ist die ikonische Wirkung bei den Metaphern natürlich viel geringer als bei den *images*, während den Diagrammen (soweit man sie von den Mataphern abgrenzen kann) wohl eine mittlere Position zukommt. Vergleiche hierzu Abb. 3, in die auch das Symbol – und damit das arbiträre Zeichen – einbezogen ist, hier unter Einebnung der Peirceschen Klassifikationshierarchie.

Abb. 3 soll nicht nur zeigen, dass Ikonizität und damit auch Arbitrarität als graduelle Phänomene aufzufassen sind; die Pfeile sollen auch verdeutlichen, dass Ikonizität häufig zusammen mit arbiträren Symbolen auftritt. Typisch ist z. B. die Kombination von nichtsprachlicher diagrammatischer Ikonizität und sprachlichen Symbolen, etwa die Verknüpfung von visueller Darstellung und sprachlicher Legende in einer Landkarte. Sprachliche Diagramme werden praktisch ausnahmslos mit Hilfe von Symbolen, d. h. arbiträren Wörtern, vermittelt. Für den Bereich der *images* ist die Einwirkung der Symbole zwar etwas geringer (deshalb die durchbrochene Pfeil-

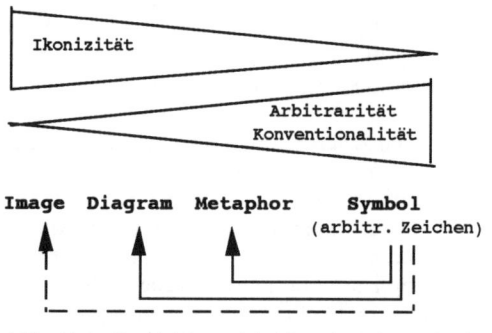

Abb. 44.3: Ikonizität und Arbitrarität als graduelle Phänomene

linie in der Abbildung), aber durchaus vorhanden.

Insgesamt lassen sich aus der Diskussion des semiotischen Konzepts für die linguistische Analyse vor allem drei Schlüsse ziehen:

– Ikonizität und Arbitrarität sind nicht als unvereinbare Gegensätze zu verstehen, die sich ausschließen; vielmehr sind sie in den sprachlichen Phänomenen in unterschiedlichem Maß verkörpert.
– Das Konzept der Ikonizität hat durch die Semiotik von Peirce vor allem im Bereich der Diagramme eine beträchtliche Ausweitung erfahren.
– Die diagrammatische Ikonizität lässt sich, wie dies auch die bisherigen Beispiele belegen, vor allem im Bereich der Morphologie, Syntax und der Textphänomene einschließlich der Intonation beobachten. Oder, wie es Haiman (1985a, 10) pointiert ausdrückt, „the 'words' of a language (…) are themselves symbolic: but their 'grammar' (…) is diagrammatically iconic".

Dies spiegelt sich nicht nur in Haimans eigener Monographie wider (Haiman 1985a), sondern auch in den verschiedenen Sammelbänden, die in den letzten Jahren zur Ikonizität erschienen sind (Haiman 1985b, Bouissac et al. 1986, Landsberg 1995, Simone 1995, Naenny & Fischer, 1999, Fischer & Naenny, 2000.).

Angesichts dieser Sachlage mag man sich fragen, ob die Ikonizität in einem Handbuch für Lexikologie überhaupt diskutiert werden muss, abgesehen vielleicht von den eher marginalen Onomatopoetika und Phonästhemen. Diese Phänomene werden in der folgenden Bestandsaufnahme deshalb nur den Ausgangspunkt bilden (Abschnitt 4.1); das Hauptaugenmerk wird sich, der heutigen Forschungssituation gemäß, jedoch darauf richten, ob und in welchem Maß die diagrammatische Ikonizität trotz ihrer grammatischen Orientierung in den Bereich der Lexikologie hereinreicht (Abschnitt 4.2).

4. Belege der lexikalischen Ikonizität

4.1 Onomatopoetika und Phonästheme

Um einen schnellen Überblick über die in Frage kommenden 'lautsymbolischen' Phänomene zu gewinnen, empfiehlt sich eine Dreiteilung, die auf einer Kompilation verschiedener Klassifizierungen beruht (insbesondere von Marchand 1966 und Waugh/Newfield 1995, 193ff.). Danach sind zu unterscheiden (Ungerer 1991, 164):

– 'lautsymbolische' Phänomene, die Laute und Bewegungen nachahmen und die ganze Lexeme umfassen können (die eigentlichen Onomatopoetika) oder die als Phonästheme einzelne Phoneme und Phonembündel betreffen, z.B. dt. *Kuckuck*, engl. *cuckoo*; engl. *crack, creak, crush, crackle* (Wörter mit anlautendem kratzend klingendem [kr]-Laut; Marchand 1969, 410);
– phonästhetische Elemente, die allgemeine emotionale Qualitäten ausdrücken, aber nicht auf diskrete Bedeutungen rückführbar sind (evokative Phonästheme), z.B. /p/, /t/, /k/ für 'harte' vs. /l/ und Nasale für 'weiche' Laute; /i/ für 'klein, leicht, fröhlich' vs. /u/ für 'dunkel, schwermütig'; solche phonemischen Oppositionen finden sich besonders in poetischen Texten (Jakobson 1965, 34)
– sekundäre phonästhetische Zentren, die sich durch die Ansammlung von Lexemen mit verwandter Lautform und verwandter Bedeutung entwickeln, z.B. engl. *swing, sway, sweep, swirl, swagger* (Wörter, die durch [sw] eingeleitet werden und eine Bewegung des Schwingens ausdrücken; Marchand 1969, 415).

Was nun das Ikonizitätspotential betrifft, so muss selbst für die Onomatopoetika der ersten Gruppe die These, dass sie in der Natur beobachtbare Tierlaute und andere Geräusche objektiv wiedergeben, nicht mehr ernsthaft diskutiert werden; dazu sind die Unterschiede zwischen vergleichbaren Onomatopoetika in den verschiedenen Sprachen zu offensichtlich. In Frage kommt nur die Erklärung, dass die Nachahmung durch die kulturellen Modelle der Sprecher gefiltert und durch die spezifischen phonologischen Restriktionen der Einzelsprache eingeschränkt ist.

Zu bedenken ist allerdings die Möglichkeit, dass zumindest Teile der Wortform, etwa die Konsonantenkonstellation oder die Silbenzahl, nicht auf die Einzelsprache oder Sprachfamilie beschränkt sein müssen. Aus kognitiver Sicht stellt sich außerdem die Frage, inwiefern verschiedene Sprachen unterschiedliche Phasen ein und desselben Naturlauts abbilden und ob sich auf diese Weise nicht doch sprachübergreifende Zusammenhänge herstellen lassen. Hier fehlen die entsprechenden systematischen Untersuchungen.

Für die evokativen Phonästheme der zweiten Gruppe ist das Ikonizitätspotential insgesamt schwerer festzulegen. Selbst eine sprachspezifische Bestimmung der Ikonizität leidet hier darunter, dass etwa die beobachtete (oder gefühlte) Empathie zwischen palatalen Vokalen und dem Konzept der Kleinheit sowie zwischen velaren Vokalen und dem Konzept der Größe nicht einmal für die Adjektive einer Sprache durchgängig zutrifft, so dass sich keine befriedigende kognitive Basis für eine solche Beziehung anbietet. Allerdings muß man auch hier feststellen, dass bisher oft nur exemplarisch mit Beispielen und Gegenbeispielen gearbeitet wurde; eine befriedigende Klärung müsste von einer gründlichen, am besten komparativen Analyse ganzer Wortfelder ausgehen.

Relativ unproblematisch ist dagegen das Ikonizitätspotential der dritten Gruppe, der sekundären phonästhetischen Zentren. Denn hier beruht der ikonische Bezug auf einem kognitiven Konzept, das sich erst durch die Ansammlung von parallelen phonologische Wortformen in einer Sprache oder Sprachfamilie herausgebildet hat und dann als Basis für weitere ikonische Bildungen dient. Dies ist ein gutes Argument für die These, dass der ikonische Bezug sinnvollerweise nur zwischen Wortform und mentalem Konzept anzusetzen ist, nicht zwischen Wortform und außersprachlichem Objekt.

Nicht vergessen werden darf bei der Beurteilung der lautsymbolischen Erscheinungen schließlich, dass zumindest bei den evokativen und sekundären Phonästhemen stets nur ein Teil der Wortform ikonischer Natur ist, dass also auch bei der am stärksten ikonischen Zeichenrelation, dem *image*, nur mit einer partiellen Ikonizität zu rechnen ist.

4.2 Diagrammatische Ikonizität

Da die diagrammatische Ikonizität vor allem bei grammatischen Strukturen nachgewiesen wurde, darf man sie im lexikalischen Bereich am ehesten dort erwarten, wo das Lexikon über das Einzelwort hinausgreift und damit eine sichtbare morphologische oder syntaktische Strukturierung erreicht, im Bereich der Phraseologie.

In besonderem Maß hat man sich hier mit den Paar- und Mehrfachformeln beschäftigt, die zumindest teilweise idiomatischen Charakter haben, generell aber unumkehrbar oder 'eingefroren' sind, sog. *frozen locutions* oder *freezes*. Diagrammatische sequentielle Ikonizität wurde hier mit Bezug auf eine Reihe von konzeptuellen Sequenzen festgestellt, die sich aus dem egozentrischen Grundprinzip *me first* ableiten lassen; hierzu eine Übersicht nach Landsberg (1995, 71; Beispiel z. T. geändert):

belebt vor unbelebt: *Mensch und Maschine*
menschlich vor belebt: *mit Mann und Maus*
erwachsen vor nicht erwachsen:
Vater und Sohn
männlich vor weiblich: *Adam und Eva*
positiv vor negativ: *pro und kontra*
nah vor fern: *hier und dort*
stark vor schwach: *Whisky und Soda*

Für diese Form der Ikonizität wird nicht nur universelle Geltung beansprucht, sie wird nachweislich auch von Kindern früh erworben (Birdsong 1995). Allerdings ergibt eine Durchsicht von phraseologischen Handbüchern, dass die genannten kognitiven Prinzipien keineswegs für alle Paarformeln zutreffen, so dass der obige Katalog zumindest der Ergänzung bedarf.

Was die ikonische Proximität angeht, so kann man sie nicht nur an grammatischen Morphemen studieren (Bybee 1985); betroffen von dieser Art der Ikonizität sind auch die Derivationsmorpheme komplexer Wortformen. Im Vergleich mit den grammatischen Affixen nehmen die Derivationsmorpheme bei Simplizia die unmittelbar an das Basislexem angrenzende Position ein, weil die zugrundeliegenden Konzepte entweder direkt die Bedeutung des Lexems beeinflussen (etwa durch Intensivierung oder Negation bei den Präfixen) oder weil das Affix die Wortart festlegt (so im Fall von Suffixen), was die Voraussetzung für die weitere grammatische Affigierung darstellt. Ikonische Proximität kann auch beim Zusammentreffen mehrerer Wortbildungsmorpheme eine Rolle spielen und äußert sich dann in der Unumkehrbarkeit der Affixe, z. B. bei Bildungen mit mehreren Präfixen wie *unmissverständlich* oder *überbeansprucht*.

Auch die quantitative Ikonizität lässt sich im lexikalischen Bereich belegen, und zwar nicht nur durch das lexikalisch-grammatische Grenzphänomen, dass Superlativformen mehr Sprachmaterial aufweisen als Positivformen (Jakobson 1965, 29). Bei Reduplikationen mit phonästhetischem Hintergrund, wie z. B. engl. *wishywashy*, hat die Verdoppelung iterativen oder intensivierenden Charakter. Noch deutlicher und auf der Basis arbiträrer Zeichen fußend wird dieser ikonische Bezug in Pidgin-Sprachen hergestellt, so im Cameroon Pidgin *toktok* ('long, uninterrupted talk') und *bigbig* ('very big'). Auch in der Kindersprache, die generell besonders ikonisch ist, sind solche Sprachformen anzutreffen.

Eine beträchtliche Ausweitung erfährt die Ikonizitätsanalyse, wenn man das 1:1-Verhältnis zwischen Wortform und konzeptuellem Inhalt als quantitative Ikonizität, genauer als **Isomorphie** auffasst (Haiman 1985a, 11ff.; Waugh/Newfield 1995, 211, Anm. 16). Die Form-Inhalt-Beziehung, die wir mit Saussure gerne als selbstverständliche Eigenschaft des sprachlichen Zeichens verstehen, ist, wenn man sie genauer betrachtet, von zahlreichen und gewichtigen Abweichungen betroffen. Verstoßen werden kann gegen dieses Prinzip durch Polysemie (z.T. auch durch Homonymie und Synonymie; Haiman 1985a, 11) sowie bei der Wortbildung.

Grundsätzlich gilt, dass jede Verletzung der 1:1-Relation das Bedürfnis nach Wiederherstellung der Form-Inhalt-Ikonizität erweckt, u.a. auch weil sie eine effiziente kognitive Verarbeitung des lexikalischen Konzepts erleichtert (Geeraerts 1990, 71). Dabei scheint der Sprachbenutzer im Fall einer konzeptuellen Differenzierung, wie sie mit Polysemie einhergeht, toleranter zu sein, da sich viele Bedeutungsveränderungen so unmerklich vollziehen, dass nicht sofort das Bedürfnis nach einer neuen Isomorphie in Form einer lexikalischen Einheit entsteht. Auf längere Sicht wird jedoch stets die Schaffung einer eigenen, ikonisch befriedigenden lexikalischen Einheit angestrebt.

Wortbildungsprozesse unterscheiden sich von solchen semantisch-konzeptuellen Entwicklungen dadurch, dass meist auch die Formseite Änderungen unterliegt, und hier scheint die Toleranzschwelle des Sprachbenutzers zur Duldung von Übergangsphänomenen wesentlich geringer zu sein. So ist bei der Wortbildung die Verletzung der Isomorphie der beteiligten Basen Anlass zur raschen Schaffung einer neuen isomorphen Form-Konzept-Beziehung. Diese Isomorphie steht in Konkurrenz mit einer zweiten Form der diagrammatischen Ikonizität, die den Wortbildungsprozess betrifft. So bilden – zunächst theoretisch – die Komposita ikonisch die Addition von Konzepten ab, Wortmischungen ihre Verschmelzung und Akronyme ihre Reduktion (Ungerer, 1999).

Was nun die tatsächliche Situation betrifft, so ergibt sich bei den Komposita nur für die (seltenen) völlig rückführbaren Beispiele (*Apfelsaft*, etc.) eine Kooperation der beiden ikonischen Prinzipien: eine Abbildung des Additionsprozesses und eine neue isomorphe Form-Inhalt-Relation, bestehend aus jeweils zwei Wortformen und zwei Konzepten. Im Normalfall umfasst ein Kompositum jedoch zusätzliche konzeptuelle Information und damit mehr als zwei Konzepte; eine neue Isomorphie lässt sich nur erreichen, indem die Information des Kompositums zu einem einzigen neuen Konzept verschmolzen und die Wortform nicht mehr analysiert wird; insofern kann man die Form-Inhalt-Isomorphie als treibende Kraft hinter dem Lexikalisierungsprozess verstehen, dem Komposita unterworfen sind.

Anders bei den Wortmischungen oder *blends*, einer vor allem im Englischen oft erprobten Form der Wortbildung, die von *smog* und *brunch* bis zu *infotainment* (aus *information* und *entertainment*) reicht. So anschaulich hier die Fusion der beiden Wortformen den konzeptuellen Prozess ikonisch nachzubilden scheint, so wenig ist damit garantiert, dass die Fusion der Konzepte zu einem neuen, von den Sprachbenutzern akzeptierten Konzept auch wirklich stattfindet. Das Ziel einer neuen Form-Inhalt-Isomorphie wird also keineswegs immer erreicht, wie die Kurzlebigkeit vieler Wortmischungen zeigt.

Bei den Akronymen ist die Lage komplizierter. Die formale Reduktion auf Ketten von Anfangselementen der Basen spiegelt zwar eine Prozessikonizität vor, der konzeptuelle Reduktionsprozess ist aber so schwierig, dass ein neues einheitliches Konzept oft gar nicht zustande kommt, das Akronym also nur ein embryonales sprachliches Zeichen bleibt. Alternativ kann die konzeptuelle Verschmelzung durch die Analogie mit sog. 'Stützlexemen' gefördert werden; ein Beispiel wäre das engl. Akronym *SPOT* (aus **S**atellite **P**ositioning and **T**racking), das durch das Verb *spot* ('auffinden') wirkungsvoll unterstützt wird. Es ist offensichtlich, dass auf diese Weise eher ein vollwertiges sprachliches Zeichen mit einer entsprechenden Form-Inhalt-Isomorphie entstehen kann.

Diese Beispiele sollen exemplarisch zeigen, dass diagrammatische Ikonizität auch im lexikalischen Bereich auftritt und neue Forschungsperspektiven bietet.

5. Die Rolle der Motivation

Im Vergleich mit Arbitarität und Ikonizität ist Motivation ein Begriff, der seinen psychologischen Hintergrund nicht verleugnen kann. Als Saussure diesen Terminus in sein Konzept des sprachlichen Zeichens einführte, waren dessen Grundbegriffe, *image acoustique* und *concept*, noch stark psychologisch geprägt – erst mit den semiotisch orientierten Begriffen Signifikant und Signifikat kam es zu einer terminologischen Distanzierung von der psychologischen Sicht, die den immanent psychologischen Begriff der Motivation isolierte.

Das Problem bei Saussure liegt darin, dass er Motivation (und ihr Ergebnis, die Motiviertheit des Zeichens) nur negativ definiert. Ausgangspunkt ist für ihn, dass ein großer Teil der sprachlichen Zeichen „radicalement arbitraire" ist. Eine „relative Motiviertheit" erkennt Saussure nur Komposita zu (sein Beispiel ist das Zahlwort *dix-neuf*), da sie auf zwei Basen beruhen („rapport systématique") und außerdem mit anderen sprachlichen Zeichen, mit denen sie eine der Komponenten gemeinsam haben (z. B. *dix*), durch Assoziation verknüpft sind („rapport associatif") (Saussure 1985, 180; Holdcroft 1991, 99ff.). Den von ihm problematisierten Onomatopoetika gesteht Saussure zwar explizit keine Motivation zu, aber da er sie als 'symbolisch' bezeichnet (im gemeinsprachlichen, nicht im Peirceschen Sinn), darf man auch hier eine gewisse Motiviertheit annehmen.

Hilfreicher als Saussures Beschreibung erscheint die von Ullmann (1963, 86ff.) vorgenommene Klassifizierung der linguistischen Motivation, die von einer positiven Sicht ausgeht. Ullmann unterscheidet zwischen drei Arten von Motivation, einer phonetischen Motivation (die für die oben genannten drei Gruppen von Onomatopoetika und Phonästhemen gilt), einer morphologischen Motivation (die an Saussures syntagmatische Motivation der Wortbildungsformen anknüpft) und – als zusätzliche Spielart – der semantischen Motivation. Letztere beruht auf Metapher und Metonymie und bereitet den Boden für den Motivationsbegriff vor, der heute die kognitive Linguistik dominiert (Motivation durch konzeptuelle Metaphern und *image schemata*; Lakoff 1987, 438).

Trotz der Fortschritte, die Ullmanns Klassifizierung bringt, ist auch sie noch verbesserungsbedürftig. Klargestellt werden muss vor allem, dass die morphologische Motivation ein komplexes Phänomen ist, das phonologische, graphische und semantische Bezüge zu den Basislexemen umfasst; vor allem aber ist auch die auf Ikonizität beruhende Motivation mit einzubeziehen.

Diese Überlegungen führen zu einem weiten, wirkungsorientierten Motivationsbegriff (der u. a. im Gegensatz zu Haimans (1985a, 11 ff.) Vorschlag steht, die Motivation als Subkategorie der diagrammatischen Ikonizität zu betrachten). Motivation wird hier als Summe

```
┌─────────────────────────────┐
│ Arbiträres Zeichen          │
│ als Motivationsbasis        │
│  ('Symbol' nach Peirce)     │
│                             │
│ 1 phonologisch/             │
│   graphische Form           │
│ 2 Bedeutungskonzept:        │
│   direkte Wirkung           │
│ 3 Metonymische/metaphorische│
│   Extension des Konzepts    │
│ 4 Konnotative Assozia-      │
│   tionen des Konzepts       │
└─────────────────────────────┘

  5 Sprachspezifische phono-
    logische/graphische
    Charakteristika
  6 Generelle phonologische
    Erscheinungen
    (Alliteration, Reim)
  7 Vorsprachliche konzep-
    tuelle Metonymien und
    Metaphern, image schemata

┌─────────────────────────────┐
│ 8 Isomorphie Form/Konzept   │
│ 9 Ikonische Proximität      │
│ 10 Ikonische Sequentialität │
│ 11 Evokative und sekundäre  │
│    Phonästheme              │
│ 12 Onomatopoetischer Bezug  │
│                             │
│ Ikonizität als              │
│ Motivationsbasis            │
└─────────────────────────────┘
```

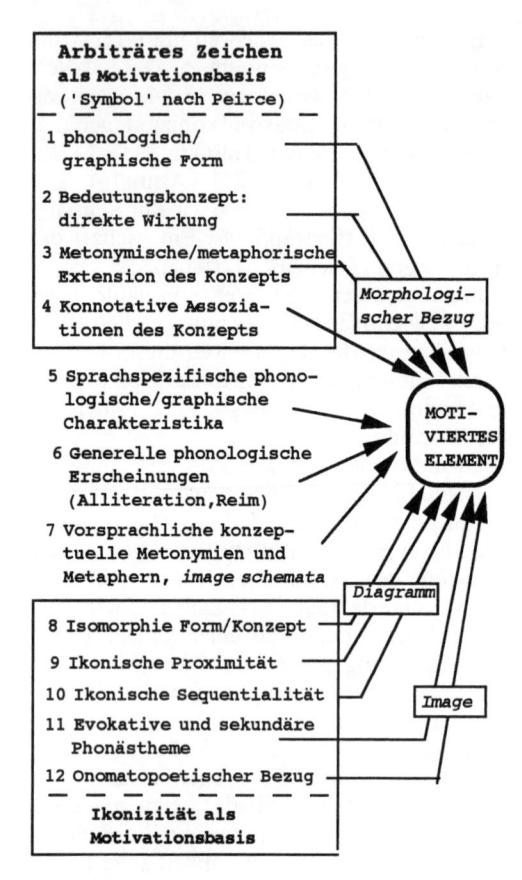

[Pfeile verweisen auf: Morphologischer Bezug, MOTIVIERTES ELEMENT, Diagramm, Image]

Abb. 44.4: Wichtige Quellen und Typen der linguistischen Motivation

aller Phänomene verstanden, durch die Existenz eines Wort linguistisch begründet werden kann. Vergleiche Abb. 4, in der eine Auswahl aus dem breiten Spektrum der Motivationstypen und Motivationsquellen aufgeführt ist.

Wie sich aus der Abb. ergibt, umfasst die linguistische Motivation demnach sowohl die komplexe Wirkung eines in sich arbiträren (oder nach Peirce symbolischen) Zeichens (Typ 1–4) als auch die besprochenen ikonischen Motivationstypen (Typ 8–12); erstere betrifft nur sekundäre Bildungen, z. B. Wortbildungsformen, die ikonischen Motivationstypen dagegen können (abgesehen vom onomatopoetischen Bezug) bei allen sprachlichen Zeichen wirksam werden. Darüber hinaus ist in diesem weiten Motivationskonzept auch Raum für Phänomene, die über das einzelne Zeichen hinausgehen, ohne dass ein ikonischer Bezug im Sinn von Peirce überzeugend nachgewiesen werden kann. Dies gilt z. B. für sprachspezifische phonologische (und graphische) Merkmale (Typ 5), etwa die für das

Englische und Deutsche typische Kombination von betonter Frontsilbe und unbetonter Folgesilbe auf *-er*, wie sie zur Motivation des Akronyms *laser* genutzt wird. Motivierend können aber auch Alliteration und Reim wirken (Typ 6), wie dies etwa in den invariablen Paarformeln *Kind und Kegel* oder *walkie talkie* der Fall ist. Ein Motivationspotential haben schließlich, um nur ein Beispiel für Typ 7 zu nennen, auch generell angewendete metonymische Extensionen, wie die Übertragung von lokalen Konzepten in die temporale Sphäre – die hier von Haiman (1985b, 4) postulierte innersprachliche oder 'automorphe' Ikonizität erscheint allerdings nicht unproblematisch.

Auch wenn sich so die Motivation bereits als ein äußerst vielfältiges Phänomen erweist, so eröffnet sich doch noch eine andere Dimension, wenn man Motivation und Ikonizität in den größeren Zusammenhang der Natürlichkeitsparameter stellt, die Dressler und andere der Sprachbeschreibung zugrunde legen.

6. Schluss: Motivation, Ikonizität und Natürlichkeitsparameter

Versteht man die Ikonizität als eine Komponente, die zur 'Natürlichkeit' der Sprache beiträgt und die deshalb mit einem Motivationspotential ausgestattet ist, so legt dies nahe, dass auch andere derartige Parameter existieren und das Lexikon motivieren. Für Haiman (z. B. 1985a, 157), ist dies vor allem die Ökonomie in der Sprache; Dressler postuliert eine ganze Reihe weiterer relativ abstrakter Parameter, wie Indexikalität, Binarität, semiotische Transparenz und Prominenz (im Sinn des *figure/ground*-Kontrasts; Dressler 1995, 24f.). Gleichgültig in welcher Weise diese Parameter interagieren, ob sie sich verstärken oder einschränken, in jedem Fall kann man das Ergebnis als das Motivationspotential betrachten, das für ein spezifisches sprachliches Zeichen in Frage kommt.

Angesichts dieser Vernetzung von Motivation und Ikonizität (und sei es in Kombination mit anderen Parametern) mag man sich abschließend die Frage nach der Rolle der Arbitrarität im heutigen wissenschaftlichen Kontext stellen. Hilfreich erscheint hier die These von Engler (1995, 39), der ähnliche Gedanken von Beneviste wieder aufnimmt, dass trotz seiner grundsätzlichen, beobachtbaren Arbitrarität die ikonische Natur des sprachlichen Zeichens im Bewusstsein des Sprechers über die Arbitrarität dominiert. Insofern illustriert die Verschiebung des Interesses von der Arbitrarität zu Motivation und Ikonizität den umfassenderen Paradigmenwechsel von der strukturalistischen zur funktionalen sprecherorientierten Betrachtungsweise.

7. Literatur in Auswahl

Birdsong, David (1995), Iconicity, markedness, and processing constraints in frozen locutions. In Landsberg 1995a, 31–45.

Bouissac, Paul; Herzfeld, Michael; Posner, Roland (Hrsg.) (1986), *Iconicity: Essays on the Nature of Culture; Festschrift for Thomas A. Sebeok on His 65th Birthday*, Tübingen: Stauffenburg.

Bybee, Joan (1985), Diagrammatic iconicity in stem-inflection relations. In: Haiman 1985b, 11–47).

Dressler, Wolfgang U. (1995), Interactions between iconicity and other semiotic parameters in language. In: Simone 1995, 21–37.

Engler, Rudolf (1995), Iconicity and/or arbitrariness. In: Simone 1995, 39–45.

Fischer, Olga; Max Naenny (Hrsg.), (2000), *The motivated sign. Iconicity in Language and Literature* 2, Amsterdam: Benjamins.

Geeraerts, Dirk (1990), Homonymy, iconicity, and prototypicality. In: *Belgian Journal of Linguistics* 5, 49–74.

Givon, Talmy (1990), *Syntax*, Band 2. Amsterdam: Benjamins.

Haiman, John (1985a), *Natural Syntax*, Cambridge: Cambridge University Press.

–, (Hrsg.) (1985b), *Iconicity in Syntax*, Amsterdam: Benjamins.

Holdcroft, David (1991), *Saussure. Signs, system, and arbitrariness*. Cambridge: Cambridge University Press.

Jakobson, Roman (1965), The Quest for the essence of language. In: *Diogenes* 51, 21–37.

Lakoff, George (1987), *Women, Fire, and Dangerous Things. What Categories Reveal about the Mind*. Chicago: Chicago University Press.

Landsberg, Marge E. (Hrsg.) (1995a), *Syntactic Iconicity and Linguistic Freezes: The Human Dimension*, Berlin: Mouton de Gruyter.

Landsberg, Marge (1995b), Semantic constraints on phonologically independent freezes. In: Landsberg 1995a, 65–78.

Marchand, Hans (1969), *The Categories and Types of Present-Day English Word-Formation*. 2. Auflage, München: Beck.

Naenny, Max; Fischer Olga (Hrsg.), (1999), *Form miming meaning. Iconicity in Language and Literature*, Amsterdam: Benjamins.

Nagl, Ludwig (1992), *Charles Sanders Peirce*, Frankfurt/Main: Campus.

Ogden, C. K.; Richards, I. A. (1949), *The Meaning of Meaning*, 10. Auflage, London: Routledge. 1. Auflage 1923.

Peirce, Charles, Sanders (1931–35; 1958), *Collected Papers*. 8 Bände. Cambridge/Mass.: Harvard University Press.

Platon, Sämtliche Dialoge (1993), (Hrsg.) Otto Apelt, Band II, Leipzig: Meiner.

Saussure, Ferdinand de (1985), *Cours de linguistique générale. Edition critique préparée par Tullio de Mauro*, Paris: Edition Payot. 1. Auflage des Cours 1916.

Posner, Roland (1986), The natural order of attributes. In: Bouissac, et al. 1986, 305–337.

Simone, Raffaele (Hrsg.) (1995), *Iconicity in Language*, Amsterdam: Benjamins.

Ullmann, Stephen (1963), *The Principles of Semantics*. 2. Auflage, Blackwell, Oxford.

Ungerer, Friedrich (1991), What makes a linguistic sign successful?. *Lingua* 83, 155–181.

–, (1999), Iconicity in word-formation. In: Naenny/Fischer (Hrsg.) 1999, 307–324.

Waugh, Linda R.; Newfield Madeleine (1995), Iconicity in the lexicon and its relevance for a theory of morphology. In: Landsberg 1995a, 189–221.

Friedrich Ungerer,
Rostock (Deutschland)

45. Das Worten der Welt

1. Einführung
2. Das „Worten der Welt" bei Leo Weisgerber
3. Das sprachliche Relativitätsprinzip
4. Die Rezeption des sprachlichen Relativitätsprinzips
5. Das sprachliche Relativitätsprinzip in neuem Licht
6. Schluss
7. Literatur in Auswahl

1. Einführung

Die Verschiedenheit der menschlichen Sprachen sei, so Wilhelm von Humboldt (1843, 262), nicht eine „von Schällen und Zeichen, sondern eine Verschiedenheit der Weltansichten selbst". Diese Auffassung widerspricht der naiven Alltagsvorstellung, dass Wörter Namen für vorfindbare Dinge sind und dass verschiedene Sprachen gleichen Dingen einfach verschiedene Namen geben. Am entschiedensten hat Leo Weisgerber (1899–1985; Gipper 1984) eine solche auf Humboldt gegründete Ansicht mit der Auffassung von Sprache als Ergebnis eines Prozesses des „Wortens der Welt" vertreten. In der amerikanischen Sprachwissenschaft verbindet sich diese Auffasung in etwas anderer Form mit dem Namen von Benjamin L. Whorf (1897–1941), der vom „sprachlichen Relativitätsprinzip" spricht. Er steht dabei, wie Koerner (1990; 1992) zeigt, in der Tradition Humboldts.

2. Das „Worten der Welt" bei Leo Weisgerber

Der Terminus „Worten der Welt" wurde 1954 von Leo Weisgerber eingeführt (Weisgerber ³1962, 81; vgl. Wüster 1959/60). „Worten" ist zu verstehen als „ins Wort bringen, versprachlichen"; „Welt" wird als menschlich angeeignete Form der „Wirklichkeit" verstanden (Weisgerber 1962, 244ff.). In früheren Arbeiten sprach Weisgerber von der „muttersprachlichen Zwischenwelt" (Weisgerber 1971a, 25ff.). Der Wechsel der Terminologie hängt mit der Unterscheidung von inhaltbezogener, statischer und „energetischer", prozessbezogener Sprachbetrachtung ab, die sich auf Humboldts Satz stützt, wonach die Sprache „kein Werk (*ergon*), sondern eine Thätigkeit (*energeia*)" sei (Humboldt 1848, 42; Jost 1960).

Weisgerber entwickelt seine inhaltbezogene Grammatik seit den Zwanziger Jahren in Auseinandersetzung mit der traditionellen Auffassung des Wortes, die er lautbezogen nennt, die also als sprachlich im engeren Sinn nur die Lautseite des Wortes begreift. Er fordert statt dessen eine Unterscheidung von „Wortgestalt" (Ausdrucksseite) und „Wortinhalt" (Inhaltsseite), die beide zum Wort gehören und es konstituieren. Die Wortinhalte nun sind nicht einfach Abbilder außersprachlicher

Wirklichkeit, sondern sind vermittelt über eine geistige, genauer „muttersprachliche" Zwischenwelt. Er demonstriert das an Beispielen wie *Beere* oder *Kraut*. Was eine Beere oder ein Kraut ist, lässt sich nicht durch botanische Definitionen bestimmen, vielmehr hat die deutsche Sprachgemeinschaft in einem langen Prozess des Umgehens mit der pflanzlichen Umwelt diese versprachlichten geistigen Gegenstände geschaffen. Das wird auch deutlich im Vergleich mit dem frz. *les herbes*, das den Bereich der beiden deutschen Gegenstände *Kräuter* und *Gräser* umfasst. Ähnlich analysiert Weisgerber die Verwandtschaftswörter des Deutschen. Er zeigt, dass dt. *Onkel* ein Element einer sprachlichen Zwischenwelt darstellt, das die beiden begrifflich unterscheidbaren Kategorien des Bruders der Mutter und des Bruders des Vaters umfasst; im Latein dagegen gibt es keinen dem dt. *Onkel* entsprechenden sprachlichen Gegenstand; es gibt dort die zwei Gegenstände *patruus* (Bruder des Vaters) und *avunculus* (Bruder der Mutter) (Weisgerber 1971a, 66 ff.). In seinen frühen Arbeiten sichtet Weisgerber u. a. die Versprachlichung von Gerüchen (Weisgerber 1928, auch Weisgerber 1964, 99–121) und von Gesichtsempfindungen (Weisgerber 1929, auch Weisgerber 1964, 138–174) – Beispiele, die in den vier Bänden seines Hauptwerkes „Von den Kräften der deutschen Sprache" immer wieder erwähnt werden. Generell vertritt er die Ansicht: „Was wir hier beobachtet haben, dürfen und müssen wir allgemeiner in dem Sinn auslegen, dass grundsätzlich den muttersprachlichen Lautformen auch eine muttersprachliche Zwischenwelt zugeordnet ist. Mit anderen Worten: dass die sprachlichen Benennungen weder unmittelbar Tatbestände der Außenwelt noch geistige Gebilde anderer Herkunft treffen, sondern primär eine ihnen spezifisch zugeordnete muttersprachliche Denkwelt. Mit dieser aber erscheinen sie so unzertrennlich verbunden, dass man beide als zwei Seiten einer Ganzheit anzusehen hat; d. h., die sprachlichen Lautzeichen sind erst dadurch „Sprache", dass sie in Wechselwirkung zu einer muttersprachlichen Zwischenwelt stehen; und diese geistige Zwischenwelt gewinnt ihrerseits erst dadurch Dasein, dass ihr in der Zeichenwelt einer bestimmten Sprache Halt und Dauer zuwächst." (Weisgerber 1971a, 70, ohne Sperrungen zit.). Damit ist weitgehend gesagt, dass die Inhalte einer Sprache von der Sprache her vorgegeben sind und dass die Sprachteilhabenden mit der Sprache auch diese Inhalte übernehmen (so etwa Weisgerber 1962, 30). Der individuelle Sprachbesitz wird so dem Sprachbesitz der Sprachgemeinschaft untergeordnet; in Anlehnung an den Soziologen Alfred Vierkandt betrachtet Weisgerber die Sprache als ein „soziales Objektivgebilde" (Weisgerber 1964, 44 u. ö.; vgl. hierzu die Festlegung der Sprache als „fait social" bei Ferdinand de Saussure (1916, 21)).

Diesem Objektivgebilde schreibt Weisgerber die beiden Strukturgesetze des Zeichens und des Feldes zu (Weisgerber 1971a, 77). Wörter gehören zu den künstlichen, nichtnatürlichen Zeichen. Dabei stellt sich allerdings die Frage nach der Einheit des Wortes als Zeichen; lautbezogene Zeichenauffassungen begründen die Einheit in der gleichen Lautung. Weisgerber dagegen gründet sie auf der Einheit des Wortinhalts. In beiden Fällen ergibt sich das Problem der Homonymie (z. B. *Bank* als Sitzgelegenheit vs. *Bank* als Geldinstitut), resp. der Polysemie (z. B. intransitives *kochen* vs. transitives *kochen*). Zweitens sind die Inhalte vom sprachlichen Feld abhängig. Den Feldbegriff übernimmt Weisgerber von Jost Trier (Trier 1931); danach ist der Inhalt eines Wortes von seiner Stellung innerhalb eines Wortfeldes mitbestimmt (zur „Wortfeldtheorie" siehe Hoberg 1970; Schmidt (Hg.) 1973; für neuere Ansätze Lutzeier 1995, 100–125). Das Feld bildet ein Sinnganzes, das in der Sprache in einzelne Segmente aufgegliedert wird. Dabei begrenzen sich die einzelnen Inhalte gegenseitig; innerhalb des Feldes ergeben sich weitere Gliederungsstrukturen. Weisgerber zeigt dies etwa am Wortfeld „Aufhören des Lebens" (Weisgerber 1971a, 184), wo er die drei Wörter *sterben*, *verenden* und *eingehen* als zentrale Einheiten je für Menschen, Tiere und Pflanzen darstellt. Die drei Wörter sind nicht bedeutungsgleich, jedes rückt das Aufhören des Lebens „auf seine Weise in die gedankliche Zwischenwelt" (aaO.). Das energetische Gegenstück zum „Feld" ist für Weisgerber der „Sinnbezirk" (Weisgerber 1962, 260). Dieser Terminus erscheint ihm geeignet, „um in der energetischen Betrachtung größere Einheiten des Wortens der Welt zu kennzeichen" (261, ohne Sperrung zitiert).

Ist in der inhaltbezogenen Sicht noch vom „Weltbild der deutschen Sprache" die Rede, ändert Weisgerber seine Begrifflichkeit in energetischer Hinsicht und spricht von der „sprachlichen Gestaltung der Welt" und dem „Worten der Welt". Das „Worten der Welt" als die geistige Gestaltung der Welt durch die Sprache ist durch die „Gerichtetheit der Sprachzugriffe" (Weisgerber 1962, 207) bestimmt. Etwas vereinfacht lässt sich darunter verstehen, wie das sprachliche Verfahren des Zugriffs auf die Welt vor sich geht: als Zugriff auf die Sachen, als „zeichengebundene Zusammenordnung" (gemeint sind ikonische und onomatopoetische Verfahren), als Ausgliederung aus einem gemeinsamen Sinnganzen (oder Sinnbezirk), als abgeleitete Bestimmtheit im Bereich der Wortbildung, durch Sprachlenkung (wie Normierung oder Fremdwortintegration) und in einigen Sonderfällen als z. B. individuelle Schöpfung. Dieses „Worten der Welt" findet an vier „Schauplätzen" statt (Weisgerber 1962, 242), wo Sprachkraft, Welt und Wirklichkeit aufeinandertreffen. Der erste Schauplatz wäre das direkte Aufeinandertreffen von Sprachkraft und Wirklichkeit, das zu „geworteter Welt" führt; Weisgerber führt hierzu jedoch kein Beispiel an. Der zweite Schauplatz betrifft schon vermenschlichte Wirklichkeit (z. B. durch Sinneswahrnehmung), die die Sprachkraft sprachlich gestaltet; ausführlich wird hierzu das Problem der Farbwörter diskutiert. Der dritte Schauplatz betrifft andere, von den außersprachlichen Kräften des Menschen gestaltete Wirklichkeit (Weisgerber führt Emotionen und Wertungen an), und der vierte von der Sprachkraft schon gestaltete Wirklichkeit, die weiter sprachlich ausgebaut wird; als Beispiel gibt Weisgerber die Bildung *rötlich*, die aus dem Farbwort *rot* und dem Ableitungstyp *-lich* entsteht und so das abstrakte Farbwort weiter ausbaut.

War bisher vor allem vom Wortschatz (einfach und ausgebaut) die Rede, weist Weisgerber sowohl in statischer wie in prozesshafter Weise auf den Einfluss der Wortarten hin, die „Denkkreise" (so Weisgerber 1971a, 296) oder „Gestaltungskreise" (so Weisgerber 1962, 322) bilden. Damit ist gemeint, dass die Zugehörigkeit eines Wortes zu einer Wortart etwas zum Wortinhalt hinzufügt, resp. dieses als ein Ding, einen Vorgang, eine Eigenschaft darstellt (so etwa auch Leisi (^{5}1975)). So wird noch einmal betont, dass die Sprache die Welt „gestaltet". Und zwar tut sie das sozusagen von den Sprachteilhabenden unbemerkt; sie sind sich dieser Gestaltung nicht bewusst. Deswegen erkennen sie die „sprachliche Zwischenwelt", das „Worten der Welt" nicht als eigenständige Leistung der Sprache. Es ist vielmehr Aufgabe der Sprachwissenschaft, dies bewusst zu machen, zu „erhellen", wie Weisgerber sagt. Er führt diese Erhellung praktisch immer nur am Beispiel des Deutschen durch, obwohl er an mehreren Stellen auf die vergleichende Sprachforschung zu sprechen kommt (so an zentraler Stelle in Weisgerber 1962, 30). Weisgerber begründet dies mit der Sicherheit des Urteils (des „Sprachgefühls") in der Muttersprache. Einen anderen Weg ging H. Gipper (1959) bei der Untersuchung der Abgrenzung von *Sessel* und *Stuhl*: er befragte Versuchspersonen. Andere Autoren, so etwa M. Wandruszka (1969), erarbeiten Unterschiede der Sprachen im Vergleich, konkret im Vergleich von Übersetzungen. Beispiele: das Deutsche unterscheidet *Blume* und *Blüte*, wo die romanischen Sprachen nur einen Ausdruck kennen, frz. *la fleur*, it. *il fiore*. Oder *Frucht* und *Obst*, gegenüber frz. *les fruits*, it. *la frutta* (Weiteres bei Wandruszka 1969, 27–41). Und schon bei Saussure (Saussure 1916, 166) findet sich die Unterscheidung von engl. *sheep* und *mutton* gegenüber dem frz. *le mouton*. Bei solchen Vergleichen zeigen sich auch die „unübersetzbaren" Wörter vom Typ des dt. *Heimat* oder *Sehnsucht* (Hilty 1971).

Implizit vertritt die Auffassung vom „Worten der Welt" die Position, dass Wörter als lexikalische Einheiten zugleich geistige Einheiten, moderner gesprochen kognitive Repräsentationen, darstellen, die sprachlich bedingt, resp. gefasst sind. Dagegen wird argumentiert, dass jede Sprache alles ausdrücken kann, aber nicht jede die gleichen lexikalischen Einheiten hat (siehe Lucy 1992a, 136); häufig wird dieses Argument verbunden mit dem Hinweis auf die kommunikativen Bedürfnisse der jeweiligen Sprachgemeinschaft (so schon Boas 1911).

Ein ausführlich diskutiertes Beispiel stellen die Farbwörter dar. Es ist bekannt, dass eine Reihe von Sprachen den Bereich, den das Deutsche mit den Farbwörtern *blau* und *grün* lexikalisiert hat, nur mit einem Farbwort bezeichnen (z. B. die mexikanische Sprache Tarahumara, vgl. Kay/Kempton 1984) – dafür hat sich das englische Kunstwort GRUE eingebürgert (dt. BLÜN). Natürlich ist es nicht sinnvoll anzunehmen, dass die Tarahumara einen Farbton im deutschen Blaubereich nicht von einem Farbton im deutschen Grünbereich unterscheiden. Aber das begriffliche Umgehen mit Farben müsste sich nach dieser Annahme unterscheiden. Wie Kay/Kempton zeigen, gibt es tatsächlich einen Unterschied: bei der Lösung von Diskriminationsaufgaben verstärken Englischsprechende den Unterschied zwischen Grünbereich und Blaubereich entsprechend ihrer sprachlichen Unterscheidung; von Kay/Kempton wird dies als Einfluss der Benennungsstrategie gewertet und das wäre genau die Worteinheit, die hier eine Rolle spielt (vgl. dazu auch Lakoff 1987, 330–334).

Weisgerber selbst verfolgt in seinen Schriften eine andere Strategie der Begründung: er sammelt Beispiele und will so die sprachliche Gestaltung der Welt durch die deutsche Sprache aufweisen (z.B. Weisgerber 1971a, 30). Deswegen bleiben seine Überlegungen weitgehend programmatisch – Beispiele beweisen nichts, sondern weisen hin auf die behauptete Sprachlichkeit des Denkens; sie lassen sich aber oft auch anders interpretieren.

Da Weisgerber von der Sprache als sozialem Objektivgebilde ausgeht, betrachtet er nicht den individuellen Sprachgebrauch, sondern den Bestand der Sprache, also z.B. den Wortschatz. Der Inhalt eines Wortes wie *Beere* lässt sich dann als natürliche, prototypische Kategorie verstehen (vgl. dazu Lakoff 1987). Im Kontext eines Satzes wie *Ich hätte gern von den Beeren da* verweist das Wort *Beeren* nicht auf die Kategorie, sondern auf eine Menge von Individuen, die zur Kategorie gehören. Für Weisgerber sind solche Kategorien im wesentlichen sprachlicher Art, obwohl er – soweit man sehen kann –, das Wort „Kategorie" selbst nicht verwendet (er spricht vom „sprachlichen Gegenstand"). Die Sprachlichkeit der Kategorien würde implizit die These von der Sprachbedingtheit des Denkens vertreten. Weisgerber ist hier trotz seiner Weitschweifigkeit nicht ganz klar. Sein Schüler Helmut Gipper ist da präziser: er postuliert ein Sprachapriori (Gipper 1987), also eine grundsätzliche Abhängigkeit des (artikulierten) Denkens von der Sprache.

Ein kritischer Punkt in Weisgerbers Werk ist das Fehlen einer Reflexion zur Problematik der Metasprache. Sobald in der Sprachwissenschaft nicht mehr nur von der Ausdrucksseite, sondern von der Inhaltsseite der Wörter die Rede ist, muss geklärt werden, wie sich Wortinhalte ausdrücken lassen. Selbst wenn man sagt, der Inhalt des Wortes *Baum* sei 'Baum', kommt man dabei nicht aus der Sprache heraus, die man beschreibt. Weisgerber hält diese Problematik offenbar für unwesentlich. Aus seinem „Sprachgefühl" (Weisgerber 1971a, 163ff.) heraus entscheidet er, was die Wörter bedeuten, und er umschreibt ihre Bedeutung aufgrund der Wortfeldanalysen, ohne den Status der Beschreibungen als solche zu reflektieren.

Weisgerber prägt die deutsche Sprachwissenschaft nach dem Zweiten Weltkrieg, geriet aber in den Sechziger Jahren in Misskredit (vgl. dazu Gipper 1984, 24f.). Ohne hier auf die politischen Aspekte einzugehen (vgl. z.B. Simon 1982), ist zu sagen, dass Weisgerbers Terminologie seine Rezeption außerhalb des deutschen Sprachraumes sehr erschwerte. Helmut Gipper hat in mehreren Werken (Gipper ²1969, 1972) Verknüpfungen von Weisgerbers Denken mit anderen Ansätzen vorgenommen. Dabei weist er insbesondere hin auf die Ähnlichkeiten mit Benjamin L. Whorfs sprachlichem Relativitätsprinzip hin.

3. Das sprachliche Relativitätsprinzip

Benjamin L. Whorf (1897–1941; Carroll 1956; Lee 1996) ist der wohl meistverkannte Sprachwissenschaftler der ersten Hälfte des 20. Jahrhunderts. Die Form, in der sein sprachliches Relativitätsprinzip in manchen Einführungsbüchern weitertradiert wurde, ist eine Karikatur (vgl. Lee 1996). Das hängt damit zusammen, dass er als „Amateur"-Linguist gilt. Ausgebildet im Bereich des Chemical Engineering, arbeitete er als Brandschutzingenieur bei einer Feuerversicherung. Sein Interesse an sprachwissenschaftlichen Fragestellungen führte ihn zur Zusammenarbeit mit Edward Sapir (1884–1939). Das sprachliche Relativitätsprinzip, formulierte er erst kurz vor seinem Tod. Lee (1996) und Darnell (1990, 375ff.) machen seine Stellung in der zeitgenössischen Linguistik deutlich; für Lakoff (1987, 330) ist Whorf „the most interesting linguist of his day". Man kann heute davon ausgehen, dass Whorf zwar nicht berufsmäßig Sprachwissenschaft betrieb, aber durchaus auf der Höhe seiner Zeit in dieser Wissenschaft war, allerdings nicht in der Tradition des klassischen amerikanischen Strukturalismus von L. Bloomfield, sondern in jener von Franz Boas und Edward Sapir (Lucy 1992a; Werlen 1989). Deswegen spricht Hoijer (1954) als einer der ersten auch von der Sapir-Whorf-Hypothese, einer eigentlich unzutreffenden Bezeichnung. Whorf hat zwar klarerweise Anregungen von Boas und Sapir aufgenommen (vgl. Carroll 1956, 78). Die spezifische Ausprägung des Prinzips findet sich aber bei Boas und Sapir nicht und weder Sapir noch Whorf selbst haben das Prinzip als eine zu überprüfende Hypothese betrachtet (vgl. Lucy 1992a).

Es ist interessant, dass Whorf den Ausdruck sprachliches Relativitätsprinzip in einem Artikel prägte, der 1940 in der *Technological Review* des M.I.T. in Boston erschien, sich also an ein naturwissenschaftlich gebildetes Publikum richtete, dem Whorf die Wichtigkeit der Sprache und der Sprachwissenschaft deutlich machen wollte. Die Stelle lautet: „... no individual is free to describe nature with absolute impartiality but is constrained to certain modes of interpretation even while he thinks himself most free. [...] We are thus introduced to a new principle of relativity, which holds that all observers are not led by the same physical evidence to the same picture of the universe, unless their linguistic backgrounds are similar, or can in some way be calibrated." (Carroll 1956, 214).

Zum Verständnis dieser Stelle ist wichtig zu wissen, was mit „linguistic background" gemeint ist. Whorf führt aus, dass Personen, welche die gleiche Sprache sprechen, zum gegenseitigen Verständnis gelangen, weil es in dieser Sprache eine überindividuelle Übereinkunft darüber gibt, was die Termini einer Sprache bedeuten, und dass die Sprecherinnen und Sprecher sich nur deswegen verstehen, weil es diese überindividuelle Übereinstimmung gibt (Whorf verwendet das Wort *Agreement*). Diese Übereinstimmung hat Hintergrundcharakter (daher: *background*), sie ist den Sprachteilhabern nicht bewusst: „the phenomena of a language are to its own speakers largely of a background character and so are outside the critical consciousness and control of the speaker" (Carroll 1956, 211). Jede Sprache wird von Whorf als ein strukturiertes Gebilde aufgefasst (*pattern*); diese Struktur formt die Art und Weise, wie die Sprecherinnen und Sprecher die physikalische Evidenz interpretieren. Die Eichung (*calibration*) von sprachlichen Hintergründen würde eine gleiche Interpretation möglich machen – das ist, so Whorf in seinem bekanntesten sprachwissenschaftlichen Aufsatz in der Sapir-Gedenkschrift von 1941 – bei den Sprachen des westlichen Paradigmas der Fall, die eine lange gemeinsame Geschichte haben; er nennt sie dort „Standard Average European (SAE) Languages". Der Titel des Aufsatzes („The Relation of Habitual Thought and Behavior to Language" (Carroll 1956, 134)) ist aufschlussreich für einen weiteren Aspekt: es geht Whorf um habituelles, gewohnheitsmäßiges Denken und Verhalten, nicht um kritisch reflektiertes, aktuelles Denken (siehe Lee 1996; Lucy 1992a). Insofern ist nach Whorf der einzelne Sprecher, die einzelne Sprecherin seiner oder ihrer Sprache nicht einfach ausgeliefert. Whorf ist hier deutlich: „That modern Chinese or Turkish scientists describe the world in the same terms as Western scientists means, of course, only that they have taken over bodily the entire Western system of rationalizations, not that they have corroborated that system from their native posts of observation." (Carroll 1956, 214).

Es geht Whorf, entgegen etwa populären Beispielen (siehe unten *snow*), nicht primär um lexikalische Verschiedenheiten, sondern um unterschiedliche grammatisch-lexikalische Strukturen, die eine Sprache durchziehen. Den Bereich der „lexation" (Carroll 1956, 253 u.ö.), also der Prozess „of giving words (names) to parts of the whole manifold of experience" (ebda.), betrachtet er als weniger wichtig als „the patterns of the sentence structure" (ebda.). Whorf sagt explizit, dass „large-scale patterning of grammatical categories, such as plurality, gender and similar classifications [...], tenses, voices, and other verb forms, classifications of the type of „parts of speech," and the matter of whether a given experience is denoted by a unit morpheme, an inflected word, or a syntactical combination" (Carroll 1956, 137) die Interpretation von Erfahrung mitbestimme. Entsprechend geht dann auch seine Analyse der Verschiedenheit von Hopi und den SAE-Sprachen von solchen Aspekten aus wie der Unterschiedlichkeit des Ausdrucks von Pluralität und Zählbarkeit, der Behandlung von Phasen zyklischer Art, der temporalen Formen, der Behandlung von Dauer, Intensität und Gerichtetheit. Er leitet daraus zwei Gedankenwelten („thought world" (Carroll 1956, 147)) ab, die er Mikrokosmen nennt, welche Interpretationen des Makrokosmos darstellen. Die Inhalte dieser Mikrokosmen sind durch das gegenseitige Geben und Nehmen von Sprache und Kultur bestimmt, wobei vieles darin nicht sprachlich ist, aber den formenden Einfluss der Sprache („shaping influence of language" (Carroll 1956, 147) zeigt. Whorf will mit seiner Analyse zeigen, dass für unsere eigene Kultur zentrale Begriffe wie Materie oder Zeit nicht in der substantiell gleichen Weise für alle Menschen aus der Erfahrung gegeben sind, sondern dass sie aus der Art und Weise der Analyse und des Redens über Erfahrung folgen, die sich in der Sprache als integrierte sprachliche Bräuche („fashions of speaking" (Carroll 1956, 158)) herausgebildet haben. Diese Bräuche können lexikalische, morphologische, syntaktische und andere, systematisch verschiedene Mittel in einem konsistenten Rahmen zusammenfassen. Daraus wird deutlich, dass nicht Einzelbeispiele entscheidend sind, sondern nur eine Analyse der Sprache als Ganzer in Kontrast zu anderen Sprachen solche Weltinterpretationen erhellen kann.

Whorf unterscheidet an mehreren Orten (so in „Grammatical categories" (1937, in Carroll 1956, 87–101; „Thinking in primitive communities", 65–86)) zwischen offenen und verdeckten sprachlichen Kategorien, für die er die Termini „phenotype" und „cryptotype" einführt. Phänotypische Kategorien werden durch morphemische Mittel ausgedrückt und erscheinen obligatorischerweise; kryptotypische dagegen werden erst in ihrer Reaktanz („reactance" (Carroll 1956, 89)) sichtbar, d.h. sie wirken in bestimmten Umgebungen und werden dann erkennbar. So ist, um ein Beispiel zu geben, das Genus im Englischen ein Kryptotyp, da es nur sichtbar wird, wenn Personal- oder Possessivpronomina im Zusammenhang mit dem Nomen erscheinen. Im Deutschen dagegen ist Genus ein Phänotyp, weil die Artikel in jedem Fall offen das Genus zum Ausdruck bringen. Whorf postuliert, dass Kryptotypen schlecht fassbare, subtile und nicht offen daliegende Bedeutungen sind, in denen prägende Züge des Denkens der jeweiligen Gemeinschaft zum Ausdruck kommen. Er demonstriert das am Beispiel der „Wolke" im Hopi, die in Gebeten als Person angesprochen wird. Erst die Tatsache, dass das Wort für „Wolke" sich kryptotypisch wie ein belebtes Nomen verhält, zeigt, dass Wolken konzeptuell für die Hopisprecher als lebendige Wesen gelten (Carroll 1956, 79).

Obwohl der Bereich der Lexik für Whorf weniger wichtig ist als die grammatischen und semantischen Aspekte der Sprache, betont er doch, dass auch hier die Sprache eine künstliche Aufteilung des kontinuierlichen Fließens und Sich Ausbreitens der Existenz vornehme. Englisch *sky* z.B. wird von der Sprache genauso behandelt wie etwa *board* – als ein Gegenstand (*the sky, a sky, skies, some skies, piece of sky* etc.), obwohl es sich um eine optische Erscheinung handle. *Hügel* oder *Sumpf* führen dazu, dass Höhenveränderungen oder die Zusammsetzung des Bodens als distinkte Dinge wie etwa Tische oder Stühle betrachtet werden (Carroll 1956, 253).

Auch im Zusammenhang mit „lexation" steht das vielleicht bekannteste Beispiel für das sprachliche Relativitätsprinzip, jenes von den (je nach Quelle) drei oder vier Wörtern des Eskimo für *snow* (für eine ironische und kritische Darstellung siehe Pullum (1991, 163). Das Beispiel hat eine seltsame Karriere gemacht. Franz Boas (1911, 25) erwähnt es und zwar im Zusammenhang mit seiner Sprachauffassung, wonach aus der prinzipiell unendlichen Menge möglicher Artikulationen und aus der prinzipiell ebenfalls unendlichen Menge möglicher Konzepte (Boas sagt: „ideas") eine beschränkte Anzahl zu festen Assoziationen geworden sei. Er fährt weiter: „It seems important at this point of our considerations to emphasize the fact that the groups of ideas expressed by specific phonetic groups show very material differences in different languages, and do not conform by any means to the same principles of classification." (Boas 1911, 25). Als Beispiel dafür gibt er zuerst das Englische, das die Idee von Wasser als *liquid, river, brook, rain, dew, wave, foam* fasse; entsprechend habe das Eskimo für die Idee von Schnee die Fassung *aput* (snow on the ground), *qana* (falling snow), *piqsirpoq* (drifting snow) und *qimuqsuq* (snowdrift). Für Boas ist hier entscheidend, dass diese vier Konzepte voneinander unabhängige lexikalische Einheiten sind, also nicht durch Ableitungen oder Zusammensetzungen mit dem gleichen lexikalischen Material entstanden sind. Whorf nimmt das Beispiel auf (in Carroll 1956, 207–219) und zwar in einer Grafik, in der einem englischen Wort (*snow*) bildlich drei Konzepte gegenübergestellt werden, die als drei Wörter bezeichnet sind; es ist unklar, warum er Boas ursprüngliche Zahl von vier Wörtern auf drei verändert. In der Legende zur Grafik steht: „Languages classify items of experience differently. The class corresponding to one word and one thought in language A may be regarded by language B as two or more classes corresponding to two or more words and thoughts." (Carroll 1956, 210). Der Kommentar zu dieser Grafik folgt weiter hinten im Text und der Kontext ist etwas anders als erwartet: er sagt nämlich, dass die Hopi das gleiche Wort für alles Fliegende außer den Vögeln verwendeten, also beispielsweise für Insekten und Flugzeuge, was einem Englischsprachigen als eine zu weite Kategorie erscheine. Aber dasselbe wäre das Englisch Wort *snow* für einen Eskimo – es sei als Kategorie zu weit und beinahe undenkbar.

Was hier nur als Beispiel gedacht ist, wird in der Rezeption häufig als wesentliche Aussage dargestellt. Dem widersprechen nicht nur Whorfs eigene Ausführungen, sondern auch Interpreten Whorfs wie Lucy (1992a, 148) oder Lakoff (1987, 308). Lucy weist auf ein wichtiges Problem hin: der Gebrauch des Englischen als Metasprache. Wenn etwa gesagt wird, die Eskimo unterschieden „three varieties of snow", wird ein englisches Konzept „snow" unterstellt; aber genau dafür gibt es keine Lexikalisierung im Eskimo. Man kann – um einen leichter fassbaren Vergleich zu bringen – im Deutschen die Wörter *Wasser, Eis, Schnee, Regen, Dampf, Nebel* unterscheiden – alles Erscheinungsweisen der gleichen Substanz H_2O. Dennoch wird für den alltäglichen und unreflektierten Sprachgebrauch nicht postuliert, dass die sechs deutschen Wörter sechs Varietäten von *Wasser* darstellen, auch wenn die Sprachteilhabenden wissen, dass eine Schneeflocke sich beim Schmelzen in Wasser verwandelt und ein Eisstück im Whisky sich in Wasser auflöst.

Ein interessanter, weiterer Aspekt der Auffassung Whorfs betrifft den Einfluss der Sprache auf das Verhalten (also nicht nur auf das Denken). Whorf hatte es mit Brandschutz zu tun; aus den Schadensfallberichten wurde ihm klar, dass in manchen Fällen nicht nur die physikalische Situation selbst, sondern die Bedeutung der Situation für die Beteiligten am Brandausbruch beteiligt war; und die Bedeutung kam am klarsten in der sprachlichen Benennung einer Situation zum Ausdruck. Er demonstriert das am Beispiel eines Lagers von leeren Benzinfässern. Der Ausdruck *leer* (oder englisch *empty*) – so Whorf – wird in zwei sprachlichen Mustern verwendet: (1) als ein mögliches Synonym zu *null und nichtig, negativ, träge*; (2) angewandt auf die Analyse einer Situation ohne Rücksicht von Überresten, Gas oder Strohabfall in einem Behälter. In einer Situation, die Typ (1) entspricht, kann man sich sorglos verhalten; wenn nun dieses Verhalten auf die Situation von Typ (2) übertragen wird, kann sorgloses Verhalten (z. B. Wegwerfen von brennenden Zigaretten) zum Brandausbruch führen, weil Benzindämpfe in einem „leeren" Benzinfass sehr explosiv sind.

Whorfs Werk als Ganzes ist in sich alles andere als einheitlich und es wurde auch in sehr unterschiedlicher Art und Weise gelesen. Neuere wissenschaftshistorische Arbeiten (vor allem Lee 1996; Schulz 1990) haben deutlich gemacht, dass innere Widersprüche vorhanden sind, die in einem fruchtbaren Spannungsgegensatz zueinander stehen. Es wird aber ebenso deutlich, dass Whorf ein origineller Denker und Forscher war, der den Einfluss der Sprache auf das Denken und Verhalten als Hintergrundphänomen ernst nahm.

4. Die Rezeption des sprachlichen Relativitätsprinzips

Whorfs Auffassungen stießen zuerst auf positive Aufnahme im Umkreis der sogenannten General Semantics (siehe das Vorwort von Stuart Chase zu Carroll 1956); ein eigentliches wissenschaftliches Interesse entstand erst etwa zehn Jahre nach Whorfs Tod. Wie u. a. Gipper (^{2}1969, 1972), Lucy (1992a) und Werlen (1989) gezeigt haben, gibt es verschiedene Rezeptionswege; zu den amerikanistischen Arbeiten vgl. Hymes/Fought (1981, 97–100) und Darnell (1990, 375–382).

Während die anthropologisch orientierte Weiterführung der Gedanken Whorfs (u. a. D. Lee, M. Mathiot) die Fremdheit der fremden Sprachen betonte (siehe dazu Lucy 1992a, 69–126), aber weitestgehend im Bereich der Sprachanalyse selber blieb, waren es vor allem Psycholinguisten wie E. Lenneberg und Roger W. Brown, die eine empirische Überprüfung der Sapir-Whorf-Hypothese versuchten (vgl. Lucy 1992a, 127–187). Das Schwergewicht lag dabei auf einer Reihe von Untersuchungen zur Enkodierung von Farben. Das ist überraschend, gibt es doch keine einzige Stelle, an der Whorf selbst die Farbwörter als Beispiel bringt. Lenneberg möchte mit den Farben eine objektive Realität für alle normal Farbensehenden haben, die leicht kontrollierbar ist, um so Einflüsse der Sprache auf das Umgehen mit den gleichen Sinneseindrücken messen zu können. Zugleich sind die Farbwörter beliebt als Beispiele für die Verschiedenheit der Sprachen und ihre Arbitrarität bei der Festlegung der Farbgrenzen (so etwa bei L. Hjelmslev 1961, 53). Da auch Weisgerber und Gipper über die (deutschen) Farbwörter gearbeitet haben, lassen sich hier gut unterschiedliche Vorgehensweisen vergleichen.

Die psycholinguistische Forschung ist experimentell angelegt und bezieht sich anfänglich auf die Kodierbarkeit der Farben; in späteren Studien auf die Kommunikationsgenauigkeit. Kodierbarkeit würde in etwa besagen: wenn es für Farben in einer Sprache kurze, kennzeichnende Wörter (statt Phrasen z. B.) gibt, dann können die Sprecher die diesen Wörtern entsprechenden Farben leichter erkennen, memorisieren und wiedererkennen.

Kommunikationsgenauigkeit meint, dass die Identifikation einer Farbe durch einen Hörer aufgrund der Beschreibung, die ihm ein Sprecher liefert, von der Beschaffenheit des Farbwortschatzes der jeweiligen Sprache abhängig ist. In beiden Sorten von Tests wurden den Testpersonen farbige Chips aus einem bestimmten Farbmuster gezeigt und sie mussten die gezeigten Chips in einem zweiten vorgelegten Muster wiedererkennen, resp. – im zweiten Fall – es wurden ihnen die Enkodierungen einer ersten Person vorgeführt und sie hatten aufgrund dieser Enkodierung die Farbe aus dem Muster auszuwählen. In Brown/Lenneberg (1954) wurde ein Effekt gefunden, der einen Zusammenhang zwischen Kodierbarkeit und Wiedererkennen der Farben bestätigte, damit also einen Zusammenhang von Sprache und Kognition feststellte (zur Kritik siehe Lucy 1992a, 169f.). In späteren Arbeiten wurde jedoch dieser Effekt nicht bestätigt und eine Reihe von Autoren versuchten, die Testanordnung zu verbessern.

In der Folge veränderte sich aber die Ausgangssituation mit der Publikation von Berlin/Kay (1969) und einer Reihe darauf folgender Publikationen. Berlin/Kay beschränkten sich auf die Untersuchung von „basic color terms", also grundlegenden Farbwörtern des Typs *rot*, *blau*, *grün*, sie schlossen dabei stoffgebundene Farbwörter wie *golden*, Ableitungen wie *rötlich*, und eingeschränkt verwendbare wie *blond* aus der Betrachtung aus. Aufgrund der Untersuchung von zwanzig und Angaben von weiteren 69 Sprachen postulierten sie ein Set von elf Grundfarbwörtern (WHITE, BLACK, RED, GREEN, YELLOW, BLUE, BROWN, PURPLE, PINK, ORANGE, GREY). Weiter ergab sich aus ihrer Untersuchung, dass die einzelnen Sprachen zwischen zwei und elf dieser Grundfarbwörter besaßen. Dabei postulierten sie eine implikative Skala: alle Sprachen verfügten über WHITE und BLACK (in späteren Untersuchungen teilweise LIGHT-DARK oder WARM-COLD benannt); sofern eine Sprache drei Termini besaß, kam RED hinzu, bei vier Termini waren es entweder YELLOW oder GREEN, bei fünf kam das jeweils andere Farbwort hinzu, bei sechs war es dann BLAU, gefolgt von BRAUN bei sieben und danach folgten eines oder mehrere der übrigbleibenden Farbwörter. Trotz harscher Kritik methodischer und inhaltlicher Art bestätigten Folgeuntersuchungen weitgehend dieses Bild mit einigen Veränderungen (so etwa die fehlenden Grün-Blau und Gelb-Orange-Unterscheidungen in einigen Sprachen). Weiter zeigte sich bei Berlin/Kay, dass die Sprecherinnen und Sprecher der einzelnen Sprachen die „besten Beispiele" für die einzelnen Farbwörter mehr oder weniger im gleichen Bereich des Farbspektrums lokalisierten. Damit wurde die Grundannahme der frühen Farbuntersuchungen, wonach alle Teile des Farbspektrums in der Wahrnehmung gleich behandelt würden, hinfällig. Es zeigte sich vielmehr, dass bestimmte Farbtöne besonders salient sind; es wird von fokalen Farben gesprochen. Fokalität ist nun ihrerseits offenbar nicht abhängig von der jeweiligen Sprache, obwohl es auch kulturelle Salienz geben kann (z. B. PINK im amerikanischen Kontext). Berlin/Kay betrachteten ihre Studie als einen expliziten Nachweis semantischer Universalien, den sie der von vielen behaupteten „total semantic arbitrariness of the lexical coding of color" (Berlin/Kay 1969, 2) entgegensetzten (siehe auch Holenstein 1985, 22–50). Es ist klar, dass Berlin/Kay und die danach folgenden Untersuchungen einen Rahmen für typologische Vergleiche zwischen den Sprachen geschaffen haben. Aber, wie Lucy (1992a) ausführt, stillschweigend wird als Referenz- und Metasprache das Englische genommen. Nicht jede Sprache verfügt z. B. über das abstrakte Konzept, das im Englischen mit *color* bezeichnet wird (Wierzbicka 1996, 287 ff.). Und die Restriktion auf „basic color terms" blendet einen großen Teil des Farbwortschatzes der Sprachen aus. Wie schon die klassische Studie von Conklin (1955) gezeigt hatte, sind teilweise andere Aspekte als der Farbwert für die Kategorisierung verantwortlich; so etwa der zwischen TROCKEN/VERTROCKNET und NASS/FRISCH. Die Präsentation von Farbplättchen oder eines Farbmusters in einer Laborsituation dagegen nimmt nur Bezug auf den Farbwert, folgt also einer technischen Farbdefinition und nicht der Definition der jeweiligen Sprache. Dabei kann auch die Wahl der Farbmuster einen Einfluss auf die Testergebnisse haben (Lucy 1992a, 182).

Helmut Gipper hat, aufbauend auf Weisgerbers Annahme, dass die Farben ein Wortfeld bilden, sich in einer Reihe von Aufsätzen (abgedruckt in Gipper 1993, Bd. 3, 207–293) mit dem Farbwortschatz des Deutschen befasst. Er bemüht sich dort zu zeigen, dass die Versprachlichung des Farbensehens eine wesentliche Leistung der Sprachgemeinschaft ist. Insbesondere verfolgt er die Entstehung der „abstrakten" Farbwörter wie *rot*, *blau*, *grün* und *gelb*, deren Benennungsmotivik nicht mehr erkennbar ist. Innerhalb des Wortfeldes begrenzen sich die verschiedenen abstrakten Farbwörter; daneben sieht er auch weitere Fälle wie Zusammensetzungen des Typs *kirschfarben* oder mit dem abstrakten Farbwort zusammen *kirschrot* über Farbstoffadjektive wie *karmesin* bis hin zu Komposita wie *graublau*, *blaugrün* usw. In Gipper (1978, 202–205) kritisiert er die Untersuchung von Berlin/Kay, gesteht aber einen gewissen Universalismus zu. Dennoch bleibt er bei der Meinung, dass die „Existenz sprachlich bedingter Feldordnungen" (Gipper 1978, 205) davon nicht berührt sei. Es ist auch einigermaßen einsichtig, dass für einen Sprecher, eine Sprecherin einer Sprache, die nur die beiden Termini LIGHT und DARK aufweist, die Bandbreite der Farben, die sich mit den beiden Termini bezeichnen lassen, erheblich größer sein wird, als das für ein ausgebautes System wie das Englische zutrifft; darauf weist auch Heider in ihren Studien zu den Dani hin (Heider/Olivier 1972).

Versucht man, die Sicht der Einzelsprache mit den implikativen Universalien von Berlin/ Kay zu verbinden, erkennt man, dass es nichtsprachliche Bedingungen gibt, Invarianten, wie die Physiologie des Farbensehens, welche die Beliebigkeit des Aufbaus eines Farbwortschatzes einschränken. Dennoch sind die Farbwortschätze von Einzelsprachen deutlich voneinander verschieden und stellen den Sprachteilhabenden unterschiedliche Mittel zur Beschreibung von Farben zur Verfügung. Invarianten und Variation müssen daher zueinander in Beziehung gesetzt werden.

5. Das sprachliche Relativitätsprinzip in neuer Sicht

In den letzten Jahren sind einige Arbeiten erschienen, die einerseits Whorfs eigene Position deutlicher machen (Lee 1996; Schultz 1990), andererseits neue empirische Befunde vorlegen (Lucy 1992b) oder die Fragestellung als solche noch einmal aufnehmen (Gumperz/Levinson (eds.) (1996)). Weiter betonen kognitive Linguisten wie Lakoff (1987) oder Langacker (1991) die Rolle von kognitiv-sprachlichen Aspekten wie Metaphern, Metonymien, Foregrounding und Backgrounding.

Sehr umfassend ist Lucy (1992b), der einen Vergleich zwischen Yucatec Maya und Englisch unternimmt. Whorf folgend analysiert er zuerst in den beiden Sprachen ausführlich das gesamte System des Numerusausdrucks. Er stellt dabei fest, dass Yucatec Maya lexikalische Nomina wie Massennomina behandelt, die durch Numeralklassifikatoren zum Ausdruck von Einzeldingen verwendet werden können, während Englisch bekanntlich Individuennomina (z.B. *horse*) und Massennomina (z.B. *water*) unterschiedlich behandelt. Wenn Massennomina individualisiert werden sollen, wählt das Englische so etwas wie einen Behälter oder ein Maß (*a glass of water*). Auf der Grundlage dieser Unterscheidung erarbeitete Lucy ein Versuchsdesign, bei dem diese unterschiedlichen Vorgehensweisen sich auf die Identifizierung und Memorisierung von Objekten und Bildelementen auswirken sollte.

Spezifisch erwartete er, dass Englischsprecher die Anzahl von Objekten und Gegenständen häufiger erwähnen sollten als Yucatecsprecher und dass Englischsprecher mehr auf die Form von Objekten, Yucatecsprecher mehr auf den Stoff achten müssten. Beide Annahmen bestätigen sich und zwar in einem Versuchsdesign, das keine sprachlichen Vorgaben enthielt: es ging darum, Zeichnungen von Situationen zu beschreiben und später zu erinnern, resp. Vergleichsobjekte zu sortieren. Besonders auffällig ist das Kriterium von Form vs. Stoff bei den Sortierungsaufgaben. Wenn den Probanden eine Schachtel aus Karton, eine Schachtel aus Kunststoff und ein Stück Karton vorgelegt wurde und sie diese nach Ähnlichkeit klassifizieren sollten, wählten alle Englischsprecher die beiden Schachteln (also die Form), und beinahe alle Yucatecsprecher die beiden Gegenstände aus Karton (also den Stoff).

Die Beiträge in Gumperz/Levinson (1996) sind von unterschiedlicher Art und Weise – es geht den Herausgebern um eine neue Reflexion der sprachlichen Relativitätshypothese. Bowerman (1996) etwa zeigt, dass raumbezogene Ausdrücke im Englischen und Koreanischen unterschiedlich verwendet werden, und dass die Kinder in beiden Sprachen diese Unterscheidungen leicht lernen. Sie kommt zum vorsichtigen Schluss, dass keine vorsprachlichen, kognitiven Raumstrukturen das Lernen der spezifisch sprachlichen Strukturen verhindern. Ebenfalls mit Raumbeschreibung und -konzeptualisierung beschäftigt sich Levinson (1996), gestützt auf eine Reihe von Vorarbeiten. Er zeigt, dass es Sprachen gibt, z.B. die australische Sprache Guugu Yimidhirr, die ein geographisches *Nord-Süd-Ost-West*-System benützen und nicht ein anthropomorphes *hinten-vorn, links-rechts*-System. Guugu Yimidhirr lokalisiert Gegenstände „im Süden von", „im Osten von" usw.; es verfügt über keine präpositionale Ausdrucksmöglichkeiten wie *vor, hinter* usw. Ein anderes System verwenden die Tzeltal: bei ihnen muss jede Raumangabe mit „bergwärts-talwärts" angegeben werden, auch wenn man sich auf einer Ebene befindet. Diese Systeme, so Levinson, widersprechen Annahmen verschiedener Vertreter von räumlichen Universalien, die z.B. den anthropomorphen und egobezogenen Raumausdruck als Enkodierung universaler Raumorientierung darstellen. Vielmehr müsse man annehmen, dass allfällig vorhandene kognitive Einschränkungen den Bereich der sprachlich-kulturellen Variabilität stark unterdeterminieren (Levinson 1996, 192; siehe auch Pederson et al. 1998). Einen eigenen Ansatz vertreten auch Mühlhäusler/Harré (1990), die pronominale Systeme in verschiedenen Sprachen im Hinblick auf die sprachliche Konstruktion sozialer und personeller Identität untersuchen.

Selten explizit (z.B. Cameron 1990, 12f.), häufiger implizit wird das sprachliche Relativitätsprinzip in der feministischen Sprachkritik aufgegriffen, insbesondere von der – wie Pusch (1990, 11) formuliert – „systemlinguistischen" Ausprägung. Eine Sprache mit einem Genussystem, das mindestens ein Femininum und ein Maskulinum kennt, wird immer dann eine Entscheidung für eines der Genera treffen müssen, wenn Menschen verschiedenen Geschlechts durch einen gemeinsamen Terminus bezeichnet werden sollen, wie etwa dt. *Mensch*, frz. *homme*, engl. *man*. Typischerweise wird in solchen Fällen das Maskulinum als sog. „generisches" Genus eingesetzt; von der feministischen Kritik wird das als Dominanz der Männer interpretiert. In einigen empirischen Arbeiten (z.B. Khosroshahi 1989; Scheeler/Gauler 1993) wurde untersucht, ob sprachliche Genussysteme Einfluss auf die kognitive Rezeption haben, etwa beim Zeichnen von Personen nach einer Beschreibung in Abhängigkeit von sprachlichen Merkmalen der Beschreibung; in den meisten der erwähnten Studien wurde ein solcher Effekt festgestellt. Da Genussysteme sich nicht nur im Bereich der Nomina selbst auswirken, sondern auch – je nach Sprache unterschiedlich – bei anaphorischen Personalpronomina und bei Possessivpronomina, sind jeweils ganze Texte von der Problematik betroffen. Personenbezeichnungen und Berufsbezeichnungen, Konnotationen wie in Fällen von *Weib* vs. *Mann*, sexistische Metaphern und Sprichwörter sind einige weitere Stichwörter (vgl. Breiner 1996). Das Interessante daran ist, dass hier durch eine Veränderung der Sprache und des Sprechens eine Veränderung des Denkens und Verhaltens erreicht werden soll – so explizit Pusch (1990, 85–103). Damit wird angenommen, dass sich in den Strukturen der Sprache geronnene soziale Strukturen widerspiegeln; Weisgerber würde dies als sprachliche Weltgestaltung betrachten, als Worten der Welt, in dem sich die patriarchalische Struktur der Sprachgemeinschaft in der Sprache zeigt.

6. Schluss

Das sprachliche Relativitätsprinzip lässt sich empirisch nur schwer überprüfen; es beruht auf einer Sprachauffassung, in der die jeweilige Sprache nicht einfach eine Einkleidung eines von ihr unabhängigen Denkens ist. Umstritten bleibt jedoch, ob das, was in der einzelnen Sprache lexikalisiert wird, auch eine kognitive Einheit darstellt und wie sich dieses sprachliche Wissen verhält zum sogenannten Weltwissen, das nicht sprachlich bedingt ist.

7. Literatur in Auswahl

Berlin, Brent; Paul Kay (1969), *Basic color terms. Their universality and evolution*. Berkeley etc.: University of California Press.

Boas, Franz (1911), Introduction. In: *Handbook of American Indian Languages*. Part 1. Oosterhout N.B.: Anthropological Publications (1969, Nachdruck der Ausgabe Washington, Bureau of American Ethnology (Bulletin 40)), 1–83.

Bowerman, Melissa (1996), The origins of children's spatial semantic categories: cognitive versus linguistic determinants. In: *Rethinking linguistic relativity* (Eds. J.J. Gumperz; St.C. Levinson), 145–176.

Breiner, Ingeborg (1996), *Die Frau im deutschen Lexikon. Eine sprachpragmatische Untersuchung*. Wien: Edition Praesens.

Brown, R.W.; Lenneberg, Eric H. (1954). A study in language and cognition. In: *Journal of Abnormal and Social Psychology* 49, 454–462.

Cameron, Deborah (ed.) (1990), *The feminist critique of language*. London: Routledge.

Conklin, Harold (1955), Hanunóo Color Categories. In: *Southwestern Journal of Anthropology* 1, 339–344.

Darnell, Regna (1990), *Edward Sapir: Linguist, anthropologist, humanist*. Berkeley etc., University of California Press.

Gipper, Helmut (1959), Sessel oder Stuhl? Ein Beitrag zur Bestimmung von Wortinhalten im Bereich der Sachkultur. In: *Sprache, Schlüssel zur Welt*. FS. für L. Weisgerber. (Hrsg. H. Gipper). Düsseldorf, Schwann, 271–292. (Wiederabgedruckt in: *Wortfeldforschung*. (Hrsg. L. Schmidt). Darmstadt, Wissenschaftliche Buchgesellschaft 1973, 371–398; und in Gipper 1993, Bd. 3, 3–44).

–, (1972), *Gibt es ein sprachliches Relativitätsprinzip? Untersuchungen zur Sapir-Whorf-Hypothese*. Frankfurt a.M.: Fischer (Conditio humana).

–, (1978), *Sprachwissenschaftliche Grundbegriffe und Forschungsrichtungen. Orientierungshilfen für Lehrende und Lernende*. München, Hueber (Lehrgebiet Sprache Bd. 1). .

–, (1984), Leben und Werk Johann Leo Weisgerbers. In: *Schriftenverzeichnis Leo Weisgerber* zusammengestellt von Klaus D. Dutz. Leo Weisgerber zum 85. Geburtstag. (Hrsg. H. Gipper). Münster: Institut für Allgemeine Sprachwissenschaft der Westfälischen Wilhelms-Universität (Studium Sprachwissenschaft 8), 11–32.

–, (1987), *Das Sprachapriori. Sprache als Voraussetzung menschlichen Denkens und Erkennens.* Stuttgart-Bad Cannstatt, Fromman-Holzboog (Problemata 110).

–, (1992) *Theorie und Praxis inhaltbezogener Sprachforschung. Aufsätze und Vorträge 1953–1990.* 3 Bde. Münster: Nodus.

–, (^{2}1969), *Bausteine zur Sprachinhaltsforschung. Neuere Sprachbetrachtung im Austausch mit Geistes- und Naturwissenschaft.* 2., verbesserte Aufl. Düsseldorf, Pädagogischer Verlag Schwann [1. Aufl. 1963 in der Reihe Sprache und Gemeinschaft. Studien Bd. 1].

Hartmann, Peter (1958), *Wesen und Wirkung der Srpache im Spiegel der Theorie Leo Weisgerbers.* Heidelberg: Winter.

Heider, Eleanor Rosch; Olivier, Donald C. (1972), The structure of the color space in naming and memory for two languages. In: *Cognitive Psychology* 3, 337–354.

Hill, Jane H./ Mannheim, Bruce (1992), Language and world view. In: *Annual Review of Anthropology* 21, 381–406.

Hilty, Gerold (1971), Sehnsucht. In: *Interlinguistica. Sprachvergleich und Übersetzung.* (Hrsg. K.-R. Bausch; H.-M. Gauger), Tübingen: Narr, 438–447.

Hjelmslev, Louis (1961), *Prolegomena to a theory of language* (Omkring sprogteoriens grundlæggelse, engl.). Translated by Francis J. Whitfield. Madison: University of Wisconsin Press (dänisch schon 1943).

Hoberg, Rudolf (1970), *Die Lehre vom sprachlichen Feld: ein Beitrag zu ihrer Geschichte, Methodik und Anwendung.* Düsseldorf: Pädagogischer Verlag Schwann (Sprache der Gegenwart 11).

Hoijer, Harry (1954), The Sapir-Whorf Hypothesis. In: *Language in culture: proceedings of a conference on the interrelations of language and other aspects of culture.* (Ed. H. Hoijer), Chicago: Chicago University Press, 92–105.

Holenstein, Elmar (1985), *Sprachliche Universalien. Eine Untersuchung zur Natur des menschlichen Geistes.* Bochum, Brockmeyer (Bochumer Beiträge zur Semiotik 1).

Humboldt, Wilhelm von (1843), Ueber das vergleichende Sprachstudium in Beziehung auf die verschiedenen Epochen der Sprachentwicklung. In: *Wilhelm von Humboldt's Gesammelte Werke.* 3. Bd. Berlin: Reimer (Photomechanischer Nachdruck, Berlin: de Gruyter 1988), 241–306.

–, (1848), Ueber die Verschiedenheit des menschlichen Sprachbaues und ihren Einfluß auf die geistige Entwickelung des Menschengeschlechts. In: *Wilhelm von Humboldt's gesammelte Werke.* 6. Bd. Berlin: Reimer (Photomechanischer Nachdruck, Berlin: de Gruyter 1988), 1–425. [erstmals gedruckt 1836].

Hymes, Dell; Fought, John (1981), *American Structuralism.*The Hague: Mouton (Janua Linguarum, Ser. Major 102).

Jost, Leonhard (1960), *Sprache als Werk und wirkende Kraft: Ein Beitrag zur Geschichte und Kritik der energetischen Sprachauffassung seit Wilhelm von Humboldt.* Bern: Haupt (Sprache und Dichtung N.F. 6).

Kay, P.; Kempton, W. (1984), What is the Sapir-Whorf-Hypothesis? In: *American Anthropologist* 86, 65–79.

Kay, P.; McDaniel, C.K. (1978), The linguistic significance of the meanings of basic color terms. In: *Language* 54, 610–664.

Khosroshahi, Fatemeh (1989), Penguins don't care, but women do: A social identity analysis of a Whorfian problem. In: *Language in Society* 18, 505–525.

Koerner, E.F. Konrad (1990), Wilhelm von Humboldt and North American ethnolinguistics. Boas (1894) to Hymes (1961). In: *Historiographia Linguistica* 17, 1/2, 111–128.

–, (1992), The Sapir-Whorf-Hypothesis: A preliminary history and a bibliographical essay. In: *Journal of Linguistic Anthropology* 2 (2), 173–198.

Lakoff, George (1987), *Women, fire, and dangerous things. What categories reveal about the mind.* Chicago etc.: Chicago University Press.

Langacker, Ronald (1991), *Concept, image and symbol: the cognitive basis of grammar.* Berlin etc.: Mouton de Gruyter (Cognitive linguistic research 1).

Language, thought and reality. Selected Writings of Benjamin Lee Whorf. Edited and with an introduction by John B. Carroll. Boston: Technology Press of M.I.T., New York: John Wiley & Sons, London: Chapman & Hall. [zit. als Carroll 1956].

Lee, Penny (1996), *The Whorf Theory Complex. A Critical Reconstruction.* Amsterdam etc.: John Benjamins (Amsterdam Studies in the Theory and History of Linguistic Science. Series 3, Vol. 81).

Leisi, Ernst (^{5}1975), *Der Wortinhalt. Seine Struktur im Deutschen und Englischen.* 5. Aufl. Heidelberg: Quelle & Meyer. [1. Aufl. Heidelberg 1953].

Levinson, Stephen C. (1996). Relativity in spatial conception and description. In: *Rethinking linguistic relativity* (Eds. J.J. Gumperz; St.C. Levinson), 177–202.

Lucy, John A. (1992a), *Language diversity and thought. A reformulation of the linguistic relativity hypothesis.* Cambridge: Cambridge University Press.

–, (1992b), *Grammatical categories and cognition. A case study of the linguistic relativity hypothesis.* Cambridge: Cambridge University Press.

Lutzeier, Peter R. (1995), *Lexikologie. Ein Arbeitsbuch.* Tübingen: Stauffenburg Verlag.

Mülhäusler, Peter; Harré, Rom (1990), *Pronouns and people: The linguistic construction of social and personal identity.* Oxford: Blackwell.

Pederson, Eric et al. (1998), Semantic typology and spatial conceptualization. In: *Language* 74, 3, 557–589.

Pullum, Geoffrey K. (1991), *The great Eskimo vocabulary hoax and other irreverent essays on the study of language*. Chicago: Chicago University Press.

Pusch, Luise F. (1990), *Alle Menschen werden Schwestern*. Frankfurt a. M., Suhrkamp (Edition Suhrkamp, N.F. Bd. 565).

Rethinking linguistic relativity. (Ed. John J. Gumperz; Stephen C. Levinson). Cambridge: Cambridge University Press (Studies in the Social and Cultural Foundations of Language 17), 1996.

Saussure, Ferdinand de (1916), *Cours de linguistique générale*. Publié par Charles Bally et Albert Sechehaye. Lausanne etc.: Payot (zit. nach der 4. Aufl. 1949).

Scheele, Brigitte; Eva Gauler (1993), Wählen Wissenschaftler ihre Probleme anders aus als Wissenschaftlerinnen? Das Genus-Sexus-Problem als paradigmatischer Fall der linguistischen Relativitätshypothese. In: *Sprache & Kognition* 12, 59–72.

Schriftenverzeichnis Leo Weisgerber. Zusammengestellt von Klaus D. Dutz. (Hrsg. H. Gipper) Münster: Institut für Allgemeine Sprachwissenschaft der Westfälischen Wilhelms-Universität (Studium Sprachwissenschaft 8) 1984.

Schultz, Emily A. (1990), *Dialogue at the margins. Whorf, Bakhtin, and linguistic relativity*. Madison, Wisconsin: Wisconsin University Press.

Simon, Gerd (1982), Zündschnur zum Sprengstoff. Leo Weisgerbers keltologische Forschungen und seine Tätigkeit als Zensuroffizier in Rennes während des 2. Weltkriegs. In: *Linguistische Berichte* 79, 1982, 30–52.

Trier, Jost (1931), *Der deutsche Wortschatz im Sinnbezirk des Verstandes*. Heidelberg: Winter.

Wandruszka, Mario (1969), *Sprachen: vergleichbar und unvergleichlich*. München: Piper.

Weisgerber, Leo (1962b), *Die sprachliche Gestaltung der Welt.*. 3., neubearb. Auflage. Düsseldorf: Pädagogischer Verlag Schwann (*Von den Kräften der deutschen Sprache* Bd. 2).

–, (1964a), Zum Sinnbezirk des *Geschehens* im heutigen Deutsch. In: *Festschrift für Jost Trier zum 70. Geburtstag*. (Hrsg. W. Foerste; K. H. Borck). Köln etc.: Böhlau, 23–46.

–, (1964b), *Zur Grundlegung der ganzheitlichen Sprachauffassung*. Aufsätze 1925–1933. Zur Vollendung des 65. Lebensjahres Leo Weisgerbers herausgegeben von Helmut Gipper. Düsseldorf: Pädagogischer Verlag Schwann.

–, (1971a), *Grundzüge der inhaltbezogenen Grammatik*. 4. Auflage (unv. Nachdruck der 3., neu bearb. Aufl. 1962). Düsseldorf: Pädagogischer Verlag Schwann (*Von den Kräften der deutschen Sprache* Bd. 1).

–, (1971b), *Die Muttersprache im Aufbau unserer Kultur*. 3. Aufl. (unveränderter Nachdruck der 2., erweiterten Aufl. 1957). Düsseldorf: Pädagogischer Verlag Schwann (*Von den Kräften der deutschen Sprache* Bd. 3).

–, (1971c), *Die geschichtliche Kraft der deutschen Sprache*, 3. Aufl. (unverändert. Nachdruck der 2., erweiterten Aufl. 1959). Düsseldorf: Pädagogischer Verlag Schwann (*Von den Kräften der deutschen Sprache* Bd. 4).

–, (1971d), *Die geistige Seite der Sprache und ihre Erforschung*. Düsseldorf, Pädagogischer Verlag Schwann.

–, (1977), Zum Ausbau der energetischen Sprachbetrachtung. In: *Wirkendes Wort* 27, 71–81.

Werlen, Iwar (1989), *Sprache, Mensch und Welt. Geschichte und Bedeutung des Prinzips der sprachlichen Relativität*. Darmstadt: Wissenschaftliche Buchgesellschaft (Reihe Erträge der Forschung).

Wierzbicka, Anna (1996), *Semantics. Primes and Universals*. Oxford: Oxford University Press.

Wortfeldforschung: zur Geschichte und Theorie des sprachlichen Feldes. (Hrsg. L. Schmidt). Darmstadt: Wissenschaftliche Buchgesellschaft (Wege der Forschung 150) 1973.

Wüster, Eugen (1959/60), Das Worten der Welt, schaubildlich und terminologisch dargestellt. In: *Sprachform, Zeitschrift für angewandte Sprachwissenschaft zur überfachlichen Erörterung gemeinwichtiger Sprachfragen aller Lebensgebiete* 3, 183–206.

Iwan Werlen, Bern (Schweiz)

XI. Besondere Formen lexikalischer Einheiten I: Phraseologismen
Special forms of lexical units I: Idioms

46. Die Charakteristika phraseologischer Einheiten: Ein Überblick

1. Objektbereich und Grundbegriffe
2. Polylexikalität
3. Festigkeit
4. Gebräuchlichkeit
5. Idiomatizität
6. Motiviertheit
7. Graduierung der Anomalie – Prototypikalität des Idioms?
8. Literatur in Auswahl

1. Objektbereich und Grundbegriffe

Für den Gesamtbereich der phraseologischen Einheiten steht der Terminus „Phraseologismus", für die wichtigste Teilklasse der Terminus „Idiom".

In Anknüpfung an die im „Handbuch der Phraseologie" (Burger/Buhofer/Sialm 1982, 1) gegebene Formulierung seien Definitionen der beiden Begriffe vorangestellt:

(1) Als „Phraseologismus" bezeichnen wir eine Verbindung von zwei oder mehr Wörtern dann, wenn die Wortverbindung in der Sprachgemeinschaft, ähnlich wie ein Lexem, als feste Verbindung gebräuchlich ist.

(2) Diejenige Teilklasse der Phraseologismen, deren Komponenten eine durch die syntaktischen und semantischen Regularitäten der Verknüpfung nicht voll erklärbare Einheit bilden (= Merkmal der „Idiomatizität"), bilden den Bereich der „Idiome". Wenn man den Gesamtbereich der Phraseologismen meint (= Kriterium 1), spricht man auch von „Phraseologie im weiteren Sinne". Die Brauchbarkeit der Definitionen hängt davon ab, ob es gelingt, den Begriff „Festigkeit" zu operationalisieren, eine Kategorie wie „Gebräuchlichkeit" über intuitive Einschätzung hinaus intersubjektiv festzumachen und die „Irregularität" der Verknüpfung differenziert zu erfassen. Schließlich ist auch die stillschweigende Voraussetzung, dass es bei einem Phraseologismus um die Verbindung mindestens zweier Wörter (was als „Polylexikalität" bezeichnet wird) geht, nicht unumstritten. Im Folgenden sollen die Grundbegriffe, die zugleich die hauptsächlichen Charakteristika der Phraseologismen benennen, einzeln diskutiert werden. (Vgl. dazu Burger 1998, 15 ff.)

2. Polylexikalität

Dieses Merkmal ist relativ unproblematisch. Ob ein Ausdruck mehrere Wörter umfasst, ist in der Regel leicht entscheidbar, sofern man sich darauf einigen kann, was ein „Wort" ist. Eine obere Grenze der Wortmenge wird nicht definiert, da die maximale Ausdehnung eines Phraseologismus üblicherweise syntaktisch festgelegt ist: der Satz gilt als die obere Grenze phraseologischer Wortverbindungen. Kleine Texte, die mehr als einen Satz umfassen, also Sprüche, Gedichte, Gebete, Wetterregeln usw., können einen Status haben, der demjenigen der Phraseologismen vergleichbar ist, wenn sie nicht nur von einzelnen Personen auswendig gelernt werden, sondern zum Sprachbesitz größerer Gruppen, u.U. ganzer Generationen gehören. Da dieser Bereich aber sehr diffus und nach oben nicht abgrenzbar ist, wird man ihn allenfalls zur Peripherie der Phraseologie zählen. Stein (1995, 317) schlägt allerdings vor, „formelhafte Texte" als „komplexe Routineformeln" zu betrachten, was wohl eine sehr extensive Auslegung des Terminus „Routineformel" darstellt.) Einen Grenzfall bilden die sog. „Sagwörter" (oder „Wellerismen"), bei denen Sprichwörter oder sprichwortartige Ausdrücke in dem Sinne erweitert werden, dass eine – meist mit den normalen Erwartungen auf witzige Art kontrastierende – Situation angegeben wird, in der jemand den Ausdruck sagt (z. B. *Was ich nicht weiß, macht mich nicht heiß, sagte der Ochse, als er gebraten wurde*).

Bezüglich der unteren Grenze der Wortmenge ist man sich überwiegend einig, dass mindestens zwei Wörter vorhanden sein müssen. Doch besteht keine Einigkeit darüber, ob es sich dabei um Autosemantika und/oder Synsemantika handeln soll. Da es m.E. keine plausiblen Kriterien für die eine oder die andere Entscheidung gibt, nehme ich keine Präzisierungen vor und rechne jede feste Kombination von zwei Wörtern zur Phraseologie, also auch Ausdrücke wie *an sich, bei weitem, wenn auch, im Nu, so dass*. „Minimale" Phraseologismen, die keine Autosemantika enthalten oder bei denen die ursprünglichen Autosemantika in ihrer Bedeutung „verblasst" sind, tendieren dazu, phonetisch und graphisch zu einem Wort zu werden („Univerbierung"). Vor der Rechtschreibreform 1998 war die Kleinschreibung von Substantiven ein erstes graphisches Indiz für Phraseologisierung, wie *acht* in *sich in acht nehmen*; mit der Neuregelung soll es nun wieder *sich in Acht nehmen* heißen. Ein weiteres Problem bilden „unikale Komponenten" von Phraseologismen, wie *frank* in *frank und frei*. Da die Komponente *frank* außerhalb des Phraseologismus nicht verwendet wird und ihr innerhalb des Phraseologismus keine isolierbare Bedeutung zugeschrieben werden kann, ist ihr zeichentheoretischer Status und damit auch ihr Status als „Wort" fraglich (Čermák 1988, 425, spricht von einer Art von „zero sign"). Neuerdings wurde vorgeschlagen (Duhme 1995), auch Komposita, die eine „idiomatisierte" Bedeutung (vgl. 5.) aufweisen – wie *Lauschangriff, Bauernfängerei, Drahtesel, Schlammschlacht* usw. –, der Phraseologie zuzurechnen (als „Einwortphraseologismen"). Trotz dieser semantischen Verwandtschaft mit den Idiomen würde ich sie gleichwohl nicht zur Phraseologie rechnen, da sie in morphosyntaktischer Hinsicht klar den Status von Wörtern und nicht von Phraseologismen haben. Man könnte, wenn man terminologisch korrekt bleiben will, durchaus von „idiomatischen" oder „teilidiomatischen" Komposita sprechen, da „Idiomatizität" eine Eigenschaft ist, die zwar vorzüglich in der Phraseologie anzutreffen ist, die aber nicht auf die Phraseologie beschränkt sein muss.

3. Festigkeit

Der Begriff der Festigkeit ist sehr viel schwerer fassbar als derjenige der Polylexikalität. Mindestens drei Ebenen der Betrachtung sind zu unterscheiden:

3.1. Psycholinguistische Ebene

Der Phraseologismus ist mental als Einheit „gespeichert" ähnlich wie ein Wort, er kann als ganzer abgerufen und produziert werden. Diese Betrachtungsweise ist wohl die aktuellste, wenn sie auch nicht erst von der sog. „kognitiven" Linguistik entdeckt wurde. Bereits L. I. Rojzenzon (referiert in Burger/Buhofer/Sialm 1982, 62 und passim) hatte in verschiedenen Publikationen aus eher linguistischer Perspektive den in diesem Zusammenhang zentralen Begriff der „Reproduzierbarkeit" von Phraseologismen diskutiert. Buhofer (in Burger/Buhofer/Sialm 1982, 168 ff.) behandelt ausführlich die psycholinguistischen Implikationen der Festigkeit, den Status von Phraseologismen als psycholinguistische Einheiten sowie die Prozesse der Produktion und des Verstehens von Phraseologismen. Evidenz dafür, dass Phraseologismen als Einheiten gespeichert sind, liefern psycholinguistische Tests. Bei Sprichwörtern – als relativ langen und oft syntaktisch zweiteiligen Kombinationen – kann man beispielsweise den einfachen Test machen, Versuchspersonen nur den Anfang des Sprichwortes vorzulegen und sie den Rest ergänzen zu lassen (vgl. Grzybek/Chlosta 1993). Dies ist eine spezielle Variante von „Lückentests", die für Phraseologismen jeder Ausdehnung Anwendung finden können. Während bei freien Wortverbindungen entsprechende Lücken durch lexikalisches Material aus einem Wortfeld auffüllbar sind, kommt bei einem Phraseologismus in der Regel nur ein bestimmtes Wort (bzw. beim Sprichwörtertest der ganze Wortlaut des zweiten Teils) bzw. eine begrenzte Menge von Varianten in Frage.

Auch Beobachtungen an mündlicher und schriftlicher Sprachproduktion zeigen, dass Phraseologismen psycholinguistische Einheiten sind, die aber in der Aktualgenese durchaus aufgebrochen und deren Teile mit „normal" produzierten Syntagmen verknüpft werden können (vgl. Burger/Buhofer/Sialm 1982, 192 ff., zum „auffälligen Gebrauch" von Phraseologismen). Das schon von Rudolf Meringer 1895 dokumentierte und sprachwissenschaftlich untersuchte Phänomen der „Versprecher" liefert viele einschlägige Indizien. Neuerdings bietet die Sammlung von Leuninger (1993) psycholinguistisch relevante Beispiele.

Festigkeit auf der psycholinguistischen Ebene zu erfassen, hat einen großen Vorteil: Das psycholinguistische Kriterium gilt für alle Phraseologismen, wenn auch in unterschiedlichem Grade. Der Nachteil des Verfahrens ist aber evident: Psycholinguistische Kriterien eignen sich nicht für die Abgrenzung eines linguistischen Gebietes auf der System-Ebene. Außerdem sind psycholinguistische Prozesse nicht ohne aufwendige empirische Studien nachweisbar.

3.2. Strukturelle Ebene

Festigkeit im strukturellen Sinne ist für Phraseologismen im weiteren und im engeren Sinne unterschiedlich zu definieren. Ein Phraseologismus im weiteren Sinne wie *sich die Zähne putzen* weist keinerlei Besonderheiten der Wortverknüpfung auf, außer der Tatsache, dass man im Deutschen zur Bezeichnung des gemeinten Vorgangs eher das Verb *putzen* als andere synonyme Verben (wie *reinigen, sauber machen* o.ä.) verwendet (für *Zähne* gibt es wohl kaum eine Alternative). Es wäre durchaus möglich, wenn auch etwas ungewöhnlich, ein anders Verb zu wählen, aber es besteht ein Präferenz für genau diese syntagmatische Verknüpfung. D.h. das Paradigma der mit *Zähne* verbindbaren Verben (in der gemeinten Bedeutung des Ausdrucks) ist üblicherweise auf ein Element reduziert. Die Festigkeit anderer Gruppen aus dem weiteren phraseologischen Bereich – z. B. der gesprächsspezifischen Phraseologismen (vgl. 3.3) – lässt sich überhaupt nicht mit strukturellen, sondern nur mit pragmatischen Kriterien fassen.

Die strukturelle Festigkeit der Phraseologismen im engeren Sinne (der Idiome) ergibt sich aus dem Kontrast zu den nicht-phraseologischen Wortkombinationen. Als Gegenbegriff zu „phraseologische Wortverbindung" gilt der (missverständliche) Terminus „freie Wortverbindung". „Frei" bedeutet dabei, dass die nicht-phraseologische Kombination von Wörtern nur durch die morphosyntaktischen und syntagmatisch-semantischen Regeln eingeschränkt ist. (Wir sprechen im Folgenden von der „freien" Verwendung eines Wortes, wenn wir seine Verwendung außerhalb des Phraseologismus meinen. Daneben werden in der Literatur gleichbedeutend auch die Termini „wendungsinterne" [= phraseologische] vs. „wendungsexterne" [= freie] Verwendung gebraucht.) Demgegenüber weisen phraseologische Wortverbindungen häufig Irregularitäten auf sowie Restriktionen, die über die normalen Regularitäten hinausgehen. Diesen Komplex von „Anomalien" fasst man unter dem Terminus „Idiomatizität" zusammen. Viele Autoren bezeichnen jedoch mit „Idiomatizität" nur den Bereich der semantischen Anomalien (vgl. 5.).

3.2.1. Irregularitäten

Bei einer Gruppe von Phraseologismen sind morphosyntaktische Irregularitäten zu beobachten (vgl. Fleischer 1997, 47ff.), die meist auf ältere Sprachverhältnisse zurückgehen und in der älteren Form „eingefroren" sind (*auf gut Glück* – unreflektiertes attributives Adjektiv; *in (des) Teufels Küche kommen* – vorangestelltes Genitivattribut, das im heutigen Deutsch zwar noch verständlich, aber nicht mehr produktiv ist). Eine andere Gruppe enthält Irregularitäten in der Verwendung des Pronomens, insofern sich das Pronomen textlinguistisch „auf nichts" bezieht, also weder anaphorisch noch kataphorisch verstanden werden kann (*es schwer haben*).

Weniger offensichtlich sind Irregularitäten, die die Valenz betreffen (vgl. dazu Korhonen 1995, 95ff.). Einerseits gibt es Idiome, bei denen die Valenz des Verbs nicht von derjenigen des entsprechenden freien Verbs abweicht. Bei diesen Idiomen besteht eine syntaktische „Isomorphie" zwischen der phraseologischen und der wörtlichen Lesart (vgl. 5.). So kann man das Idiom *jmdm. Sand in die Augen streuen* als eine mögliche „Aktualisierung" des freien Verbs *streuen* mit seiner Valenz auffassen (vgl. Wotjak 1992, 56). Dabei bleibt das Dativobjekt *jmdm.* als „externe" Valenz erhalten, während die „interne" (d.h. zum festen lexikalischen Bestand des Idoms gehörende) Valenz lexikalisch aufgefüllt wird (*Sand/in die Augen*). Der Phraseologismus unterscheidet sich also strukturell nicht von einer freien Wortverbindung mit dem Verb *streuen* als syntaktischem Zentrum. Andererseits gibt es Idiome, bei denen diese Isomorphie fehlt. Bei *an jmdm. einen Narren gefressen haben* lässt sich die präpositionale Ergänzung *an jmdm.* kaum als eine mögliche Aktualisierung von *fressen* auffassen. In solchen Fällen ist die Valenz-Abweichung nicht selten aus der phraseologischen Bedeutung erklärbar. *Auf die Nase fallen* in der Bedeutung 'scheitern, Misserfolg haben (mit etw.)' hat als Ergänzung die Präpositionalphrase *mit etw.*, die beim freien Verb *fallen* (und auch beim Idiom in seiner konkreten Bedeutung 'umfallen') nicht üblich (wenn auch durchaus möglich) ist, die aber aus der Bedeutung 'scheitern' unschwer ableitbar ist (vgl. Hyvärinen 1996, 377).

3.2.2. Restriktionen

(a) Morphosyntaktische Restriktionen

Man kann bestimmte morphologische und/ oder syntaktische Operationen, die bei freien Wortverbindungen möglich sind, mit einem Phraseologismus nicht vornehmen:

Wenn man beim Ausdruck *Das ist kalter Kaffee* in seiner phraseologischen Bedeutung 'das ist längst bekannt, uninteressant' das Adjektiv in prädikative Position (*Der Kaffee ist kalt*) versetzt, geht die phraseologische Bedeutung verloren und der Ausdruck wird zu einer freien Wortverbindung. Man kann das Adjektiv auch nicht in einen Relativsatz umwandeln oder den ganzen Ausdruck in den Plural setzen, ohne dass die phraseologische Bedeutung verloren geht.

Bei manchen verbalen Idiomen ist nur ein bestimmtes Tempus möglich (*Otto hat den Narren an Emma gefressen*, aber nicht: **Otto frisst den Narren an Emma* oder **Otto fraß den Narren an Emma*; in diesem Beispiel wird nicht die wörtliche Lesart der Verbindung hervorgerufen, sondern es entsteht eine inakzeptable Formulierung, da das Idiom keine wörtliche Lesart hat – jedenfalls nicht unter normalen kontextuellen Bedingungen). In Burger (1973, 75ff.) wurde meines Wissens der erste Versuch gemacht, morphosyntaktische Beschränkungen als „funktionale und transformationelle Defekte" von Phraseologismen für die deutsche Sprache zu erfassen. Dieser Versuch lehnt sich an amerikanische Arbeiten aus dem Umkreis der damaligen Phase der generativen Grammatik an, und das leitende Konzept bestand darin, eine Skala der „Gefrorenheit" (frozenness) für Phraseologismen zu erstellen. Dieser Ansatz ist seither fürs Deutsche in einigen Bereichen weitergeführt worden (vgl. Möhring 1996a, 1996b zum Passiv und zur Negation, Piitulainen 1996a, 1996b zu Erweiterung und Reduktion, Dobrovol'skij 1999 zum Passiv aus kognitiver Sicht), doch ist eine eigentliche Systematik bis heute nicht geleistet. Wahrscheinlich ist sie auch nicht zu leisten, weil es sich vielfach um idiosynkratische Eigenschaften einzelner Phraseologismen handelt, die sich einer Generalisierung auf Klassen von Phraseologismen widersetzen.

Insbesondere hat sich nicht generell nachweisen lassen, dass die morphosyntaktischen Anomalien letztlich auf semantische Besonderheiten des Idioms zurückzuführen wären.

(b) Lexikalisch-semantische Restriktionen

Die offensichtlichste Beschränkung liegt darin, dass der Phraseologismus eine (relativ) feste lexikalische Besetzung aufweist. Man kann eine Komponente nicht (vorsichtiger wäre zu sagen: nicht ohne weiteres bzw. nicht in jedem Fall, vgl. 3.2.3) durch ein synonymes oder bedeutungsähnliches Wort ersetzen, ohne dass das Idiom seine phraseologische Bedeutung verliert, also zur freien Wortverbindung wird (*die Flinte ins Korn werfen* →** das Gewehr ins Korn werfen*/ **die Flinte in den Hafer werfen*).

D.h. während in einer nicht-phraseologischen Wortverbindung die syntagmatische Verknüpfbarkeit von Autosemantika nicht auf einzelne Wörter beschränkt ist, sondern sich auf Paradigmen (semantische Felder o.ä.) von Wörtern bezieht, handelt es sich bei den Idiomen um Paradigmen mit nur einem Element (als Grenzfall) oder Paradigmen mit einem sehr begrenzten Inventar (dazu Čermák 1988).

Am stärksten ausgeprägt sind die lexikalischen Restriktionen bei den unikalen Komponenten. Es ist klar, dass man in *gang und gäbe* weder die Komponente *gang* noch die Komponente *gäbe* austauschen kann, da beide Komponenten in freier Verwendung nicht vorkommen, also auch keinem Paradigma zugehören können. Diese Art von Anomalie hat zur Folge, dass sich die Festigkeit der entsprechenden Verbindungen auf der Basis der syntagmatischen Wahrscheinlichkeitsstruktur formulieren lässt: *gang* hat genau einen unmittelbaren Kontext, ebenso *gäbe*, d.h.: Wenn *gang* vorkommt, dann auch *gäbe*, und umgekehrt. Während hier eine doppelseitige Determiniertheit vorliegt, ist sie in Fällen wie *klipp und klar* oder *im Nu* nur einseitig (wenn – *klipp*, dann auch – *und klar*, wenn – *Nu*, dann auch *im* –, aber nicht umgekehrt; vgl. Burger 1973, 8ff.).

Die genannten Beschränkungen im formalen und semantischen Bereich gelten aber nicht für alle Phraseologismen, und sie gelten für manche in stärkerem, manche in schwächerem Grade. Wichtiger jedoch als die mangelnde „Systematik" der Verfestigungssymptome ist folgendes: Die syntaktischen, und erst recht die lexikalischen Beschränkungen, denen Phraseologismen unterliegen, haben nicht den gleichen Status wie grammatische Regularitäten. Es handelt sich generell um „schwache" Regelmäßigkeiten, deren Verletzung nicht zu fehlerhaften Äußerungen führt. Nahezu alle Operationen, die man aufgrund der eigenen Sprachintuition für „nicht möglich" halten würde, lassen sich in realen Texten auffinden, gesprochenen und – was man noch weniger erwarten würde – geschriebenen Texten. In der Regel wirken sie dann nicht als zufällige und unbeabsichtigte Verstöße gegen irgendwelche Normen, sondern als beabsichtigte Formulierungen mit deutlichen funktionalen und stilistischen Effekten (vgl. 3.2.3).

Die verschiedenen Arten von Anomalien sind untereinander sehr stark verknüpft. Morphosyntaktische Anomalien sind meist gekoppelt mit lexikalischen Beschränkungen, das Umgekehrte gilt allerdings nicht in gleichem Maße. Grundsätzlich aber gilt für alle Erscheinungsformen struktureller Festigkeit, dass sie sich nur fassen lässt unter gleichzeitiger Berücksichtigung des folgenden grundlegenden semantischen Kriteriums: Die phraseologische Bedeutung kommt nur dann zustande, wenn die Wortverbindung in einer bestimmten morphosyntaktischen Ausprägung und einer bestimmten lexikalischen Besetzung formuliert wird.

3.2.3. Relativierung von struktureller Festigkeit

Nun ist die strukturelle, insbesondere die lexikalische Art von Festigkeit in Bezug auf weite Bereiche der Phraseologie sehr stark zu relativieren. Die jüngere Phraseologie-Forschung hat gezeigt, dass absolute lexikalische Festigkeit nur bei wenigen Phraseologismen (vor allem bei denjenigen mit unikalen Komponenten) tatsächlich zu beobachten ist, dass die Mehrheit jedoch in bestimmten Grenzen Ersetzungsmöglichkeiten aufweist. Hier sind zwei Begriffe zu unterscheiden, die unterschiedliche Aspekte einer Relativierung von lexikalischer Festigkeit betreffen: „Variation" und „Modifikation".

(a) Variation
Für viele Phraseologismen gibt es nicht eine, vollständig fixierte Nennform, sondern zwei oder mehrere sehr ähnliche Varianten. Über die relative Üblichkeit der Varianten lässt sich dabei in der Regel nichts Genaues aussagen, da entsprechende Frequenzuntersuchungen fehlen.

Es sind im Wesentlichen die folgenden Typen zu unterscheiden (vgl. Fleischer 1997, 205 ff.; Korhonen 1995, 67 ff.):

(1) Es gibt grammatische Varianten in einer Komponente (oder mehreren Komponenten) des Phraseologismus, z. B. im Numerus (*seine Hand/seine Hände im Spiel haben*).

(2) Eine Komponente des Phraseologismus kann durch zwei oder mehr lexikalische Varianten ausgefüllt werden. Es kommen dabei sowohl Elemente mit lexikalischer (Substantiv, Verb, Adjektiv) als auch mit strukturell-grammatischer (Präposition, Konjunktion usw.) Bedeutung infrage: bis *an/über* den Hals in Schulden stecken, ein schiefes Gesicht *machen/ziehen*, ein Gesicht wie *drei/sieben/zehn/vierzehn* Tage Regenwetter machen (Duden 11).

(3) Es gibt eine kürzere und eine (oder mehrere) längere Variante(n) des Phraseologismus (*sich etw. [rot] im Kalender anstreichen*).

(4) Die Reihenfolge der Komponenten ist variabel, besonders bei komparativen und bei satzwertigen Phraseologismen (*aussehen wie Milch und Blut/wie Milch und Blut aussehen; nach jmdm., etw. kräht kein Hahn/kein Hahn kräht nach jmdm., etw.*).

(5) Die externe Valenz weist Varianten auf: Sie entstehen oft durch unterschiedliche, aber phraseologisch an die Wortverbindung gebundene syntaktische Anschlüsse, je nachdem ob die Valenz durch eine Nominalgruppe oder einen Teilsatz ausgefüllt wird (*sich die Schuhsohlen ablaufen nach etw./um etw. zu bekommen*). Auch Kasus und Präpositionalobjekt können miteinander variieren (*jmdm./für jmdn. eine Extrawurst braten*).

Die Variation hat fließende Grenzen zur Synonymie (*jmdn. auf den Arm nehmen/jmdn. auf die Schippe nehmen*). Dass man hier besser nicht von Varianten eines Phraseologismus, sondern von zwei synonymen Phraseologismen sprechen sollte, ergibt sich daraus, dass die mit der wörtlichen Bedeutung verbundenen und noch durchaus aktiven (beim zweiten Beispiel nur regional aktiven) Vorstellungen deutlich verschieden sind. Doch ist im Einzelfall die Abgrenzung zur Variation schwierig. Es gibt noch eine ganze Reihe weiterer Erscheinungen, die im Umkreis von Variation anzusiedeln sind und die strukturelle Festigkeit des Idioms relativieren:

Im Deutschen existieren zahlreiche Idiome, die – ähnlich wie die Funktionsverbgefüge (die in der Regel entweder nicht mehr zur Phraseologie gerechnet oder an der Peripherie des phraseologischen Bereiches angesiedelt werden) – in unterschiedlichen Aktionsarten auftreten und so zur „aktionalen Reihenbildung" (vgl. dazu Hyvärinen 1996, 409 ff.), mit unterschiedlicher, idiosynkratischer Besetzung der aktionalen „Leerstellen" tendieren, wobei oft noch die Opposition kausativ/nicht-kausativ eine Rolle spielt: *sich jmdm. in den Weg stellen/ jmdm. im Wege stehen/jmdm. aus dem Wege gehen; etw. in Schwung bringen/in Schwung sein/ etw. in Schwung halten.* Es sind – wie bei den Funktionsverbgefügen – immer dieselben Verben, die für die aktionalen Differenzen und den Unterschied der Kausativität verantwortlich sind, z. B. *liegen, stehen, sitzen* vs. *legen, stellen, setzen* usw. (*etw. in Schutt und Asche legen/in Schutt und Asche liegen* usw.). Dieses Phänomen ist besonders auch für eine kontrastive Sprachbetrachtung aufschlussreich. Für das Sprachenpaar Deutsch – Finnisch z. B. hat Hyvärinen (1996, 415ff.) gezeigt, dass das Finnische zu vollständigeren Reihen neigt als das Deutsche.

Auch die Antonymie (*auf dem aufsteigenden/absteigenden Ast sitzen, auf der richtigen/ falschen Fährte sein*) ist ein Strukturprinzip, das die Festigkeit von Idiomen zu relativieren vermag (vgl. Dobrovol'skij 1988, 167ff.; Hyvärinen 1996, 401ff.).

Es hat sich in den letzten Jahren die Einsicht durchgesetzt, dass Phraseologismen in weit höherem Maße variabel sind, als man das früher annahm. Das gilt zunächst für die alltägliche Sprachverwendung. Wenn man spontane gesprochene Sprache auf Phraseologie hin untersucht, wird man vielfältigste Abweichungen von den in den Wörterbüchern anzutreffenden Nennformen finden. Ähnliches zeigt sich auch, wenn man Versuchspersonen auffordert, Phraseologismen zu produzieren. Barz (1995) hat (anhand der Verwendungsbeispiele aus Duden 11) mit Vpn. einen Lückentest durchgeführt. Die Resultate ergeben ein hohes Maß an individueller Variabilität: Nur bei 4 der 50 untersuchten Idiome entsprechen die Nennungen durchwegs der lexikographisch kodifizierten Form, bei 46 dagegen werden zahlreiche Varianten gebildet (7 im Durchschnitt).

Für Sprichwörter scheint diese Variabilität in noch höherem Maße zu gelten als für sonstige Phraseologismen. Dies zeigt sich einerseits historisch, insofern viele Sprichwörter in zahlreichen Varianten lexikographisch belegt sind, andererseits auch im aktuellen Sprachgebrauch und bei empirischen Befragungen (vgl. Schindler 1994 zum Tschechischen).

(b) Modifikation

Während es sich bei der Variation um usuelle Erscheinungen handelt, ist mit Modifikation die okkasionelle Abwandlung eines Phraseologismus gemeint (vgl. Burger/Buhofer/Sialm 1982, 68ff., wo die wichtigsten Typen der Modifikation erstmals unterschieden werden; weitere Differenzierung bei Wotjak 1992; vgl. auch Sabban 1998). So zeigt ein (beliebiges) Beispiel aus der Werbung im Bild den WC-Reiniger mit dem Namen „WC-Ente", der mit dem Text „WC-Ente verdient Ihr Vertrauen. *Ente gut, alles gut.*" angepriesen wird. In heutigen Texten der Massenmedien wie auch in der Belletristik spielen Modifikationen eine zentrale Rolle bei der Idiomverwendung.

3. Pragmatische Ebene

Schließlich lässt sich Festigkeit im Hinblick auf typische (mündliche und schriftliche) Kommunikationssituationen bzw. auf typische Aufgaben in kommunikativen Situationen betrachten, wofür wir zusammenfassend den Terminus „pragmatisch" verwenden. Hier sind zwei hauptsächliche Typen von Phraseologismen zu unterscheiden, deren Festigkeit unterschiedlich zu beurteilen ist:

(1) Den ersten Typ bilden Gruß-, Glückwunsch- und andere Arten von Formeln (vgl. Coulmas 1981: „Routineformeln"), die in sehr allgemein zu definierenden Situationstypen verankert sind; aber auch solche Formeln, die sich auf spezifischere Situationstypen beziehen, wie der Ausdruck *Ich eröffne die Verhandlung,* der nur in einer Gerichtsverhandlung seinen Platz hat und dessen Äußerung nur dem Vorsitzenden zusteht. Diese Gruppe von Ausdrücken ist häufig in dem Sinne fest, dass sie in den betreffenden Situationstypen an bestimmten, funktional definierten Stellen auftreten. Ein Teil von ihnen weist auch ein gewisses Maß an struktureller Festigkeit auf.

(2) Der zweite Typ enthält Formeln wie *nicht wahr?/meines Erachtens/ich meine/hör mal/siehst du?,* die vorwiegend in mündlicher Kommunikation eine Rolle spielen (vgl. Burger/Buhofer/Sialm 1982, 123ff. zu den „gesprächsspezifischen Phraseologismen") und deren Funktionen (nach Stein 1995, der eine ausführliche Typologie entwirft) in den Bereichen der Gesprächssteuerung (Übernahme, Beibehaltung und Übergabe der Sprecherrolle usw.), der Textgliederung und der Partnerbeziehung (Imagesicherung, Aufmerksamkeitsappell usw.) liegen. Zwischen den formalen Typen und bestimmten Funktionen gibt es allerdings keine eins-zu-eins-Entsprechung. Generell kann jeder Ausdruck verschiedenartige Funktionen erfüllen. Doch zeigt sich immerhin, dass sich für jeden Ausdruck eine do-

minante Funktion ermitteln lässt. Die strukturelle Festigkeit dieser Formeln ist durchwegs gering, die Variabilität sehr groß. Ihre Festigkeit lässt sich vorwiegend dadurch bestimmen, dass sie den Sprechern als abrufbare Einheiten zur Bewältigung wiederkehrender kommunikativer Aufgaben, insbesondere in exponierten bzw. kritischen Phasen der Kommunikation zur Verfügung stehen.

4. Gebräuchlichkeit

Aussagen zur Festigkeit ebenso wie zur synchronen „Lebendigkeit" (vgl. 5.) von Phraseologismen bleiben solange spekulativ, wie sie nicht durch empirische Befunde zur „Gebräuchlichkeit" abgesichert werden. Die Wörterbücher konservieren vielfach ältere Sprachzustände, die der synchronen Sprachpraxis nicht mehr entsprechen, und tradieren phraseologische Bestände, die den heutigen Sprechern nicht mehr geläufig sind. Außerdem stellen sie oft nicht in Rechnung, dass die Gebräuchlichkeit von Phraseologismen areal beschränkt sein kann. Bei empirischen Studien ist zu unterscheiden zwischen dem aktiven „Gebrauchen" und dem passiven „Kennen" (und „Verstehen"). Studien zum Gebrauchen können sich einerseits auf Textkorpora stützen, andererseits auf Informantenbefragungen, während eine Erhebung der passiven Kenntnisse nur über Befragung von und Tests mit Versuchspersonen möglich ist. Während zur Analyse von Texten schon eine Vielzahl von Arbeiten vorliegt, steckt die empirische Arbeit mit Versuchspersonen noch in den Kinderschuhen (erste Ansätze finden sich in Ďurčo 1994, Häcki Buhofer/Burger 1994; für die Sprichwörter sind empirische Fragen mit der Erhebung von „parömiologischen Minima" wichtig geworden, vgl. Grzybek/Chlosta 1993).

5. Idiomatizität

Im Folgenden ist nur vom semantischen Aspekt der Idiomatizität die Rede (vgl. 3.2). Für diesen Aspekt ist die Frage ausschlaggebend, wie sich die freie Bedeutung der Komponenten zur phraseologischen Bedeutung des gesamten Ausdrucks verhält. Je nachdem in welchem Maße die Komponenten am Zustandekommen der phraseologischen Bedeutung beteiligt sind (in welchem Maße sie „semantisch transformiert" sind), liegt ein unterschiedlicher Grad an Idiomatizität vor. Es ist zu beachten, dass dies die Sehweise des rekonstruierend-analysierenden Linguisten ist, nicht aber diejenige des realen Sprechers.

Weiterhin ist einschränkend festzuhalten, dass eine Charakterisierung der semantischen Idiomatizität als eine Art von semantischer Anomalie dort befremdlich wirken muss, wo z. B. metaphorische Prozesse im Spiel sind, die ja durchaus zu den „normalen" semantischen Mechanismen der Sprache gehören. Mit diesen Vorbehalten lassen sich folgende Ausprägungen von semantischer Idiomatizität feststellen: Nicht idiomatisch sind Ausdrücke, deren Bedeutung unmittelbar auf der Basis der Komponenten zustande kommt (vgl. 3.2). Als „teil-idiomatisch" bezeichnet man Ausdrücke, bei denen eine Komponente ihre freie Bedeutung beibehält, die andere eine von der freien abweichenden Bedeutung hat (*einen Streit vom Zaun brechen, eine Dividende ausschütten*). Alle anderen Phraseologismen sind „idiomatisch", jedoch in sehr unterschiedlicher Ausprägung. Die Art der Idiomatizität lässt sich durch die Frage näher bestimmen, ob das Idiom neben der phraseologischen noch eine (potentielle) wörtliche „Lesart" hat und wenn ja, wie sich diese zur phraseologischen Lesart verhält. Dann erhält man folgende Typen:

1. Idiome mit unikalen Komponenten haben nur eine phraseologische Lesart.

2. Viele Idiome haben zwei Lesarten, die sich disjunktiv zueinander verhalten (d.h. die in Texten bei nicht-modifiziertem Gebrauch nicht gleichzeitig gemeint sind). Dabei ist zu unterscheiden zwischen dem Typ (a), bei dem keine synchron erkennbare Beziehung zwischen den beiden Lesarten besteht (*jmdm. einen Korb geben*) und dem Typ (b), bei dem synchron ein metaphorischer Zusammenhang zwischen den Lesarten hergestellt werden kann (*die Wogen glätten, Öl ins Feuer gießen*).

3. Beide Lesarten werden simultan realisiert bei den „Kinegrammen" (vgl. Burger/Buhofer/Sialm 1982, 56) wie *die Achseln zucken*.

Außerdem gibt es Übergangstypen und spezielle Ausprägungen, die hier nicht im einzelnen diskutiert werden können (vgl. dazu Burger 1989, 26ff. und Wotjak 1992, 35f.). Die Unterscheidung zwischen (2a) und (2b) ist im Einzelfall schwierig zu treffen, da die metaphorische Übertragung nicht in jedem Fall für alle Sprecher in gleicher Weise nachvollziehbar ist. Grundsätzlich ist dabei zu bedenken, dass die Metaphorizität in der Regel nur für den muttersprachlichen Sprecher, der die phraseologische Bedeutung schon kennt, evident ist, während für Fremdsprachige die genaue Richtung der metaphorischen Übertragung nicht ohne weiteres erschließbar ist.

Die Idiome der Typen (1) und (2a) gelten als „opak" (Gegenbegriffe: „transparent", „durchsichtig"). Im Rahmen einer kognitiv-linguistischen Betrachtung der Idiome (z.B. Dobrovol'skij 1995) ist die Tendenz zu beobachten, den Idiomen ein höheres Maß an Durchsichtigkeit zuzuschreiben, als dies insbesondere in strukturell orientierten Arbeiten der Fall war und ist (z.B. Čermák 1988). Es sind insbesondere die folgenden Aspekte, die in den Vordergrund gerückt werden:

(1) Zwischen der formalen und der semantischen Struktur des Phraseologismus besteht bei manchen Idiomen eine „Isomorphie" (die nichts zu tun hat mit der oben beschriebenen Isomorphie zwischen der syntaktischen Struktur des Phraseologismus und der entsprechenden freien Wortverbindung). So kann man das Idiom *den Wald vor lauter Bäumen nicht sehen* sozusagen Stück für Stück paraphrasieren als 'das große Ganze' (: *den Wald*) vor lauter Einzelheiten (: *vor lauter Bäumen*) nicht erkennen (: *nicht sehen*) (Dobrovol'skij 1995, 30). Ob man dieser Zuschreibung von Isomorphie zustimmt, hängt im Wesentlichen davon ab, ob man die Paraphrase als zwingend akzeptiert. (Duden 11 gibt z.B. eine andere Bedeutungserläuterung, bei der auch die Interpretation des Metaphorisierungsprozesses eine leicht andere ist: 'weil es so viele Möglichkeiten gibt, das Naheliegende nicht zu erkennen'.)

Eine schwächere Form dieser Auffassung von semantischer „Teilbarkeit" besteht darin, dass man einer Komponente oder einzelnen Komponenten ein gewisses Maß an „semantischer Autonomie" zuschreibt. In *einen Haken haben* kann man *Haken* als 'problematischer Punkt' isolieren oder in *keinen Bock auf etwas haben* die Komponente *Bock* als 'Lust' (Dobrovol'skij 1995, 28f.). Dass semantische Autonomie vorhanden ist, ist vor allem dann plausibel, wenn die betreffende Komponente auch außerhalb des Idioms eine Bedeutung hat, die derjenigen innerhalb des Idioms entspricht. Das ist insbesondere der Fall bei Wörtern, die Elemente eines kulturellen Symbolfeldes sind, wie der Farben, der Tiere u. dergl. (dazu Dobrovol'skij/Piirainen 1996). In *schwarz sehen* oder *jetzt schlägt's dreizehn* haben die Komponenten *schwarz* und *dreizehn* eine Bedeutung, die an allgemeinere Symbolik anknüpfbar ist.

Mit einer gewissen Systematik scheinen bestimmte Komponenten von Idiomen, nämlich Superlative, Negationselemente und Modalverben, in ihrer nicht-phraseologischen Bedeutung erhalten zu bleiben (z.B. *in den sauren Apfel beißen müssen* 'etwas Unangenehmes tun *müssen*'; vgl. Sternkopf 1995).

(3) Die weitestgehende Neuinterpretation eines Teil-Bereiches der Idiome findet im Rahmen der kognitiven Metaphern-Theorie statt (vgl. dazu etwa Lakoff 1993, fürs Deutsche etwa Liebert 1992, Dobrovol'skij/Piirainen 1992). Hier wird postuliert, dass ein Großteil derjenigen Idiome, deren metaphorischer Charakter „lebendig" (zur Problematik des Begriffs vgl. Burger 1996) ist, zu konzeptuellen Metaphern-Feldern gehören (z.B. *vor Wut kochen* würde einem Metaphernfeld 'Heat of a fluid in a container' zuzuweisen sein). Damit würde der idiosynkratische, „anomale" Charakter der Idiome in beträchtlichem Ausmaß aufgehoben zugunsten einer grundlegenden kognitiven Strukturiertheit metaphorischer Systematik. Die anfängliche Euphorie gegenüber diesem Ansatz ist inzwischen wohl einer nüchternen Betrachtungsweise gewichen, bei der Chancen und Grenzen der Konzeption für die Phraseologieforschung noch abzuklären sind.

6. Motiviertheit

In weiten Bereichen der Phraseologie-Forschung wurde Motiviertheit (vs. Unmotiviertheit) als graduierbarer Grundbegriff betrachtet, durch den man verschiedene semantische Klassen von Phraseologismen definieren könne. Ganz allgemein gefasst, meint man mit Motiviertheit, dass die Bedeutung eines Phraseologismus aus der freien Bedeutung der Wortverbindung oder aus den Bedeutungen der Komponenten verstehbar ist. Zeichentheoretisch entspricht er in etwa dem Begriff der „sekundären Motiviertheit" bei F. de Saussure und steht damit im Kontrast zur „Arbitrarität". In diesem Sinne ist „Motiviertheit" auch der Gegenbegriff zur semantischen „Idiomatizität": je stärker ein Phraseologismus motiviert ist, umso schwächer ist seine Idiomatizität und vice versa. Wenn man nichts anderes als diese Komplementarität meint, ist der Begriff entbehrlich und man kann sich mit einer Typologie der Idiomatizität begnügen. Meistens sind aber mit „aus der freien Bedeutung ... verstehbar" noch andere, häufig nicht klar unterschiedene Aspekte gemeint. Ein Phraseologismus kann z.B. für bestimmte Sprecher „verstehbar" sein, weil ihnen die Bildlichkeit „einleuchtet" oder weil sie Assoziationen zu einzelnen konkreten Komponenten bilden (= psycholinguistischer Aspekt, vgl. Häcki Buhofer 1993; Cacciari/Glucksberg 1994; Gibbs 1994), er kann in einem Text durch Kontextarrangements z.B. als metaphorisch erkennbar werden (= textlinguistischer Aspekt), und er kann durch etymologische Erklärungen in seiner Genese nachvollziehbar werden (= historischer Aspekt). Noch missverständlicher ist der Begriff der „Remotivierung". Damit ist meist das textlinguistische Phänomen gemeint, dass durch Modifikationen (vgl. 3.2.3.) die wörtliche Ebene des Phraseologismus aktiviert wird. Bei diesen Prozessen semantischer Aktivierung geht es aber nicht um eine Remotivierung (sozusagen als Umkehrung des genetischen Prozesses), sondern um eine Aktivierung nahezu beliebiger Aspekte einer möglichen wörtlichen Lesart einer oder mehrerer Komponenten des Phraseologismus (vgl. Burger 1989). Da der Begriff der „Motiviertheit" dermaßen überstrapaziert wurde, fragt es sich, ob man nicht besser auf ihn verzichten sollte. Andernfalls müsste er in jedem einzelnen Fall definitorisch präzisiert werden.

7. Graduierung der Anomalie – Prototypikalität des Idioms?

Wenn wir abschließend noch einmal alle Arten von Anomalien, durch die Idiome auffallen, und damit die Arten von Idiomatizität überblicken, so lässt sich feststellen, dass es Idiome gibt, die mehr Anomalien (im formalen wie semantischen Bereich) aufweisen als andere. Man könnte daraus folgern, dass diejenigen, die die größte Menge an Anomalien haben, den höchsten Grad an Idiomatizität aufweisen. Eine solche Graduierung ist aber sehr problematisch, weil man die Anomalitätsmerkmale gegeneinander gewichten können müsste, wenn man sie zu einem „Wert" auf einer Skala aufsummieren wollte. Eine derartige Gewichtung lässt sich m.E. nicht stichhaltig begründen. (Innerhalb ein und desselben Kriteriums – z.B. der semantischen Idiomatizität – ist es plausibler, von Graden der Idiomatizität zu sprechen. So sind die opaken Idiome sicherlich idiomatischer als diejenigen, deren Metaphorizität noch transparent ist.) Noch problematischer scheint es mir, den Begriff des „Prototyps" auf das Idiom anzuwenden, wie es Dobrovol'skij in verschiedenen Publikationen tut (z.B. 1995, 45ff.) Dass es „bessere"

und „schlechtere" Vertreter der Kategorie „Idiom" geben soll, ist wenig einleuchtend – wenn damit nicht einfach der Grad an Idiomatizität gemeint sein soll. Wenn dann noch die einzelnen Parameter (wie unikale Komponenten, semantische Simplizität etc.) hinsichtlich der Prototypikalität quantitativ gewichtet werden (Dobrovol'skij 1995, 47f.), so scheint mir dies zu spekulativen Rangordnungen zu führen. Es ist wohl eine Frage der Perspektive (z.B. ob man den strukturellen oder den psycholinguistischen Aspekt in den Vordergrund rückt oder ob man nach der textlinguistischen Verknüpfbarkeit fragt), welches Idiom in einer bestimmten Hinsicht als besonders typisch gelten soll.

Weitere zentrale Aspekte der Semantik bestimmter Idiom-Typen (wie „Bildlichkeit", „Vagheit", „Expressivität" usw.) können hier nicht mehr behandelt werden. Es sei dafür auf die größeren einschlägigen Arbeiten verwiesen (z.B. Koller 1997, Burger/Buhofer/Sialm 1982, Fleischer 1997, Gréciano 1983, Wotjak 1992, Dobrovol'skij 1995).

8. Literatur in Auswahl

Barz, Irmhild (1995), Idiolektale Aspkete der phraseologischen Variation. In: *Chronologische, areale und situative Varietäten des Deutschen in der Sprachhistoriographie. Fs. für R. Große.* (Hrsg. G. Lerchner/M. Schröder/U. Fix). Bern, Frankfurt a.M.: Lang Verlag, 345–356.

Burger, Harald, unter Mitarbeit von Harald Jaksche (1973), *Idiomatik des Deutschen.* Tübingen: Max Niemeyer.

Burger, Harald; Annelies Buhofer; Ambros Sialm (1982), *Handbuch der Phraseologie.* Berlin/New York: Walter de Gruyter.

Burger, Harald (1989), „Bildhaft, übertragen, metaphorisch ..." – zur Konfusion um die semantischen Merkmale von Phraseologismen. In: *Europhras 88, Phraséologie contrastive.* (Hrsg. G. Gréciano). Strasbourg: Département d'etudes allemandes Strasbourg, 1989, 17–29.

–, (1996), Phraseologie und Metaphorik. In: *Lexical Structures and Language Use.* (Hrsg. E. Weigand/F. Hundsnurscher). Bd. 2, 167–178. Tübingen: Max Niemeyer.

–, (1998), *Phraseologie. Eine Einführung am Beispiel des Deutschen.* Berlin: Erich Schmidt.

Cacciari, Cristina; Sam Glucksberg (1994): Understanding Figurative Language. In: *Handbook of Psycholinguistics.* (Hrsg. Morton Ann Gernsbacher). San Diego etc.: Academic Press, 447–477.

Čermák, František (1988), On the Substance of Idioms. In: *Folia Linguistica* 22, 413–438.

Coulmas, Florian (1981), *Routine im Gespräch. Zur pragmatischen Fundierung der Idiomatik.* Wiesbaden: Athenaion.

Dobrovol'skij, Dmitrij (1988), *Phraseologie als Objekt der Universalienlinguistik.* Leipzig: VEB Verlag Enzyklopädie.

–, (1995), *Kognitive Aspekte der Idiom-Semantik. Studien zum Thesaurus deutscher Idiome.* Tübingen: Gunter Narr.

–, (1999), Zur syntaktischen Flexibilität der Idiomstruktur: Kognitivsemantische Aspekte. In: *Revista de Filología Alemana* 7, 209–238.

Dobrovol'skij, Dmitrij; Elisabeth Piirainen (1992), Zum Weltmodell einer niederdeutschen Mundart im Spiegel der Phraseologie. In: *Niederdeutsches Wort* 32, 137–169.

–, (1996), *Symbole in Sprache und Kultur. Studien zur Phraseologie aus kultursemiotischer Perspektive.* Bochum: N. Brockmeyer.

Duden. *Redewendungen und sprichwörtliche Redensarten* (= Duden Band 11) (Hrsg. G. Drosdowski/W. Scholze-Stubenrecht). Mannheim: Dudenverlag 1992.

Duhme, Michael (1995), Lauschangriff und Rollkommando – „Einwortphraseologismen" in der Pressesprache am Beispiel des Nachrichtenmagazins FOCUS. In: *Von der Einwortmetapher zur Satzmetapher.* (Hrsg. R. S. Baur/Ch. Chlosta). Bochum: N. Brockmeyer, 83–93.

Ďurčo, Peter (1994), *Probleme der allgemeinen und kontrastiven Phraseologie – am Beispiel Deutsch und Slowakisch.* Heidelberg: Julius Groos.

Fleischer, Wolfgang (1997), *Phraseologie der deutschen Gegenwartssprache.* 2., durchgesehene und ergänzte Auflage. Tübingen: Niemeyer.

Gibbs, W. Raymond, Jr. (1994): Figurative Thought and Figurative Language. In: *Handbook of Psycholinguistics.* (Hrsg. Morton Ann Gernsbacher). San Diego etc.: Academic Press, 411–446.

Gréciano, Gertrud (1983), *Signification et dénotation en allemand. La sémantique des expressions idiomatiques.* Metz, Paris: Librairie Klincksieck.

Grzybek, Peter; Christoph Chlosta (1993), Grundlagen der empirischen Sprichwortforschung. In: *Proverbium* 10, 89–128.

Häcki Buhofer, Annelies (1993): Psycholinguistik der Phraseologie – zum Stand der Forschung. In: *Phraseology in Education, Science and Culture.* (Hrsg. E. Krošláková/P. Ďurčo). Nitra: Vysoká škola pedagogická Nitra, Fakulta humanitných vied, 148–160.

Häckie Buhofer, Annelies; Harald Burger (1994), Phraseologismen im Urteil von Sprecherinnen und Sprechern. In: *Europhras 92 – Tendenzen der Phraseologieforschung.* (Hrsg. B. Sandig). Bochum: N. Brockmeyer, 1–33.

Hyvärinen, Irma (1996), Zur Semantik von deutschen und finnischen Verbidiomen. In: *Studien zur Phraseologie des Deutschen und des Finnischen II.* (Hrsg. J. Korhonen). Bochum: N. Brockmeyer, 345–439.

Koller, Werner (1977), *Redensarten. Linguistische Aspekte, Vorkommensanalysen, Sprachspiel.* Tübingen: Max Niemeyer.

Korhonen, Jarmo (1995), *Studien zur Phraseologie des Deutschen und des Finnischen.* Bochum: N. Brockmeyer.

Lakoff, George (1993), The contemporary theory of metaphor. In: *Metaphor and thought.* (Hrsg. A. Ortony). Cambridge: Cambridge University Press, 2nd edition, 202–251.

Leuninger, Helen (1993), *Reden ist Schweigen, Silber ist Gold. Gesammelte Versprecher.* Zürich: Ammann.

Liebert, Wolf-Andreas (1992), *Metaphernbereiche der deutschen Alltagssprache. Kognitive Linguistik und die Perspektiven einer Kognitiven Lexikographie.* Frankfurt a.M.: Peter Lang.

Möhring, Jörg (1996a), Passivfähigkeit verbaler Phraseologismen. In: *Studien zur Phraseologie des Deutschen und des Finnischen II.* (Hrsg. J. Korhonen). Bochum: N. Brockmeyer, 41–52.

–, (1996b), Negation verbaler Phraseologismen. In: *Studien zur Phraseologie des Deutschen und des Finnischen II.* (Hrsg. J. Korhonen). Bochum: N. Brockmeyer, 69–79.

Piitulainen, Marja-Leena (1996a), Erweiterung als Modifikation in deutsch-finnischer Verbidiomatik. In: *Studien zur Phraseologie des Deutschen und des Finnischen II.* (Hrsg. J. Korhonen). Bochum: N. Brockmeyer, 125–147.

–, (1996b), Reduktion als Modifikation von Verbidiomen im Deutschen und im Finnischen. In: *Studien zur Phraseologie des Deutschen und des Finnischen II.* (Hrsg. J. Korhonen). Bochum: N. Brockmeyer, 149–156.

Sabban, Annette (1998), *Okkasionelle Variationen sprachlicher Schematismen.* Tübingen: Gunter Narr.

Schindler, Franz (1994), „Als Zeichen gehören die sprichwörtlichen Wendungen zur Sprache und als Modelle zur Folklore" – Versuch der Klärung einer Unklarheit bei Permjakov. In: *Sprachbilder zwischen Theorie und Praxis.* (Hrsg. Ch. Chlosta/P. Grzybek/E. Piirainen). Bochum: N. Brockmeyer, 209–233.

Stein, Stephan (1995), *Formelhafte Sprache. Untersuchungen zu ihren pragmatischen und kognitiven Funktionen im gegenwärtigen Deutsch.* Frankfurt a.M.: Peter Lang.

Sternkopf, Jochen (1995), Wörtliche Kategorien in metaphorischen Komplexen. In: *Deutsch als Fremdsprache* 32, 234–237.

Wotjak, Barbara (1992), *Verbale Phraseolexeme in System und Text.* Tübingen: Max Niemeyer.

Harald Burger, Zürich (Schweiz)

47. Typologien der Phraseologismen: Ein Überblick

1. Dimensionen der Typologisierung
2. Morphosyntax
3. Semantik
4. Morphosyntax + Semantik
5. Pragmatik
6. Weitere Klassifikationsmöglichkeiten
7. Fazit
8. Literatur in Auswahl

1. Dimensionen der Typologisierung

Der phraseologische Bestand einer Sprache kann unter vielen verschiedenen Aspekten klassifiziert werden. Beschreibungen, die sich auf das Sprachsystem beziehen, können z.B. die syntaktische Struktur und Funktion sowie die Lexik und Semantik zum Gegenstand haben, während es in sprachverwendungsorientierten Beschreibungen u.a. um Gesichtspunkte der Stilistik, Rhetorik und Pragmatik gehen kann. In diachronischer Dimension sind sprach- und kulturhistorische Klassifizierungen möglich, so etwa im Hinblick auf die Herkunftsbereiche phraseologischer Einheiten. Eine weitere Dimension ergibt sich aus der kontrastiven Beschäftigung mit der Phraseologie, bei der die einander gegenübergestellten Ausdrücke nach dem Grad der Äquivalenz gruppiert werden. (Vgl. z.B. Pilz 1983, 344ff.)

Dies ist nur eine Auswahl der vielfältigen Klassifikationsmöglichkeiten, von der unten lediglich ein Teil genauer darstellbar ist. In den Mittelpunkt werden morphosyntaktische, semantische und pragmatische Klassifikationen gestellt, auf einige weitere Ansätze wird in Kap. 6. kurz hingewiesen. Zu den phraseologischen Merkmalen, die für besonders viele Klassifikationsversuche den Ausgangspunkt bilden, gehören die Polylexikalität und die Idiomatizität. Dagegen wurde das Kriterium der Stabilität wesentlich seltener bei der Klassifizierung des phraseologischen Materials angewendet. Die Forschungsliteratur weist Typologisierungen auf, bei denen entweder nur ein Kriterium oder aber zwei oder mehr Kriterien zugrunde gelegt wurden. Methodisch am saubersten ist es, Klassen nach einem Kriterium zu erstellen, doch dieses Verfahren ist als wenig zweckmäßig kritisiert worden. Als brauchbarer werden Klassifikationen eingestuft, die beispielsweise auf einer gleichzeitigen Verwendung morphosyntaktischer und semantischer Kriterien beruhen (vgl. Burger/Buhofer/Sialm 1982, 30 und Burger 1998, 49f.).

Wird „Phraseologismus" (= PHR) im Sinne einer weiten Phraseologieauffassung als ein generischer Oberbegriff verstanden, dann lassen sich darunter Einheiten subsumieren, die entweder die Form eines (vollständigen) Satzes haben oder kleiner sind als ein Satz. Unter dieser Voraussetzung reicht die Skala der phraseologischen Einheiten von zweiteiligen Konjunktionen und Präpositionen bis zu SatzPHR und Sprichwörtern. Der Umfang der PHR wird im Zusammenhang mit der morphosyntaktischen Beschreibung in Kap. 2. am deutlichsten zum Ausdruck kommen. Für die nachstehenden Darlegungen wurden nur Typologisierungsvorschläge berücksichtigt, die sich primär auf das Phraseologiegut des Deutschen beziehen. Wie es sich aber unten zeigen wird, haben nicht wenige Typen einen universellen Charakter, so dass sie unschwer auf viele andere Sprachen übertragbar sind.

2. Morphosyntax

Bei einer morphosyntaktischen Klassifizierung könnte zunächst zwischen einer kategorialen und einer funktionalen Erfassung der Ausdrücke unterschieden werden. Die kategoriale Beschreibung orientiert sich an der Wortklasse der syntaktisch regierenden Basiskomponente, die funktionale wiederum an der syntaktischen Funktion bzw. an der Satzgliedrolle des PHR (vgl. Korhonen 1995, 22). Zu den kleinsten Einheiten zählen erstens die konjunktionalen PHR, die sich hinsichtlich der syntaktischen Funktion in die folgenden drei Subklassen einteilen lassen: nebenordnende Konjunktionen (*sowohl – als/wie [auch], weder – noch, nicht nur – sondern auch, entweder – oder*), Infinitivkonjunktionen (*[an]statt – zu, ohne – zu, um – zu*) und unterordnende Konjunktionen (*als dass, [an]statt dass, ohne dass, so dass, wenn auch*). Kennzeichnend für die Konjunktionen ist, dass sie keine Satzgliedrolle übernehmen können. Zweitens gehören zu den Minimaleinheiten die präpositionalen PHR, mit denen hier Strukturen folgenden Typs gemeint sind: Präposition + Adverb (*von – an, von – aus*), Präposition + Präposition (*um – willen, von – wegen*) und Präposition + Substantiv (*in Anbetracht, auf Grund, mit Hilfe, auf Seiten, an Stelle*). Auch die präpositionalen PHR stellen keine Satzglieder dar, sondern treten als abhängige Teile eines Satzglieds auf.

Wortklassen, denen der Status der Basiskomponente eines PHR in der Rolle eines bestimmten Satzglieds zugesprochen werden kann, sind Verben, Substantive, Adjektive und Adverbien. Entsprechend lassen sich die PHR mit diesen Eigenschaften in die Subklassen verbale, substantivische, adjektivische und adverbielle PHR differenzieren. Für die verbalen PHR kann eine erste Untergliederung auf der Basis der Verbkomponente vorgenommen werden. Sie steht meistens im Infinitiv oder im Indikativ Präsens, selten ist sie ein Wortpaar ohne abhängige Glieder (*Fersengeld geben, jmdn. sticht der Hafer, jmdn./etw. hegen und pflegen*). Für PHR mit einem verbabhängigen Glied lässt sich eine Vielfalt von Strukturen belegen. Das abhängige Glied kann u. a. folgende Formen haben: Verb im Infinitiv oder Partizip (*flöten gehen, von jmdm./etw. angetan sein*), kasuelles oder präpositionales Substantiv (*jmdm. Beine machen, auf Abwege geraten*), Substantivgruppe mit Wortpaar, Attribut, Pronomen oder Zahlwort (*außer Rand und Band sein, auf des Messers Schneide stehen, alle Register ziehen, sich zwischen zwei Stühle setzen*), Adjektiv mit oder ohne Präposition (*jmdn./etw. nicht für voll nehmen, leer ausgehen*), Adjektivgruppe mit Wortpaar oder Attribut (*mit jmdm. durch dick und dünn gehen, zu kurz kommen*), Adverb oder Pronomen mit Präposition (*jmdn. von hinten ansehen, in sich gehen*), Zahlwort (*jmdm. zwanzig aufzählen*), Interjektion (*nicht [einmal] piep sagen*), Nebensatz (*lügen, dass sich die Balken biegen*). Ebenso sind bei PHR mit zwei verbabhängigen Gliedern zahlreiche Strukturtypen festzustellen, z. B.: kasuelles + präpositionales Substantiv (*Öl auf die Wogen gießen*), kasuelles Substantiv + Adjektiv (*jmdm. die Hucke voll lügen*), zwei präpositionale Substantive (*mit der Tür ins Haus fallen*), präpositionales Substantiv + Adverb (*weg vom Fenster sein*), Adjektiv + Pronomen (*jmdm. nichts schuldig bleiben*). Demgegenüber sind PHR mit drei verbabhängigen Gliedern selten, wobei eines der Glieder fakultativ sein kann. Beispiele dafür sind die Strukturen: zwei präpositionale Substantive + Adjektiv (*mit beiden Beinen [fest] auf der Erde stehen*) und präpositionales Substantiv + Adjektivgruppe + *es* (*jmdm. wird es grün und blau vor den Augen*). Die häufigste syntaktische Funktion verbaler PHR ist die des Prädikats. Darüber hinaus kommen u. a. die Satzgliedrollen Objekt und Adverbial in Frage.

Unter Benutzung syntaktischer Anschlussmittel können die substantivischen PHR in die beiden größeren Gruppen nichtpräpositionale bzw. präpositionale PHR zerlegt werden. Erstere Gruppe umfasst neben rein kasuellen auch mit einer Partikel versehene Ausdrücke; es handelt sich dabei um die Negationspartikel *nicht* und die Vergleichspartikel *wie*. Konstruktionsmuster nichtpräpositionaler PHR sind u.a.: Wortpaar (*das Wohl und Wehe*), *nicht* + Substantiv (*nicht die Bohne*), Substantiv mit Adjektiv-, Partizip-, Genitiv- und Präpositionalattribut (*großer Bahnhof, wie ein geölter Blitz, die Herren der Schöpfung, der Mann auf der Straße*), Substantiv mit Apposition (*Otto Normalverbraucher*). Eine Untergliederung präpositionaler PHR ergibt u. a. folgende Subklassen: Präposition + Substantiv bzw. Substantivgruppe mit Wortpaar (*auf Anhieb, in Bausch und Bogen*), Präposition + Substantiv mit Attribut (*am grünen Tisch, aus aller Herren Länder[n]*), Präposition + Substantiv + Adverb (*von Haus[e] aus*), Präposition + Substantiv + Präposition + Substantiv (*vom Scheitel bis zur Sohle*). Die substantivischen PHR können in den Satzgliedrollen Subjekt, Objekt, Adverbial, Prädikativ und Attribut auftreten.

Wie die substantivischen lassen sich die adjektivischen und adverbiellen PHR in nichtpräpositionale und präpositionale Einheiten einteilen. Ein besonderes strukturelles Kennzeichen dieser PHR ist das Wortpaar; in den meisten Vertretern der beiden Klassen kommt eine solche Struktur vor. Ein adjektivischer PHR ist z.B. *über kurz oder lang*, zu den adverbiellen gehören z. B. *dann und wann* und *von je*. Die Komponenten eines Wortpaars können verschiedenen Wortklassen angehören, was eine spezifische Untergruppe (adjektivisch-adverbielle PHR) entstehen lässt (*frank und frei, gut und gern*). Hinsichtlich ihrer Satzgliedrolle sind die adjektivischen und adverbiellen PHR Adverbiale. (Vgl. Korhonen 1995, 22 ff., 285 ff.; zu weiteren morphosyntaktischen Klassifikationen s. Rothkegel 1973, 84 ff., Pilz 1978, 51 ff.; 1981, 60 ff.; 1983, 345 f., Burger/Buhofer/Sialm 1982, 23, Duden 1998, 12, Fleischer 1997, 138 ff. und Palm 1997, 41 ff.)

Die satzförmigen PHR zerfallen in die beiden Subklassen SatzPHR und Sprichwörter. Als Unterscheidungskriterium ist die Textintegrierbarkeit anwendbar: Ist im Ausdruck ein verweisendes Element (z. B. Pronomen oder Adverb) vorhanden, das ihn an die Textumgebung anschließt, liegt ein SatzPHR vor (vgl. etwa *Das kannst du mir glauben!, Da/Jetzt haben wir den Salat!*); andernfalls hat man es mit einem Sprichwort zu tun. Für die SatzPHR ist entweder eine explizite oder implizite Satzstruktur nachweisbar. In ersterem Falle besteht der PHR aus einem zusammengesetzten Satz, einem Hauptsatz oder einem Nebensatz (*Wer's glaubt, wird selig!*, *Du kriegst die Tür nicht zu!*, *Dass ich nicht lache!*), in letzterem Falle ist die Satzstruktur reduziert (*Nach mir die Sintflut!*). Im Unterschied zu diesen satzwertigen Einheiten sind die Sprichwörter mit ihrer strukturellen Selbstgenügsamkeit als Mikrotexte und damit als textwertige PHR zu klassifizieren (vgl. Korhonen 1995, 43ff., außerdem Burger 1973, 53; 1998, 39, 100, Burger/Buhofer/Sialm 1982, 23, Fleischer 1997, 125 und Lüger 1999). Es sind bestimmte Strukturmodelle und Satzmuster klar erkennbar, z.B.: A ist B (*Zeit ist Geld*), A ist nicht B (*Aufgeschoben ist nicht aufgehoben*), Es ist nicht alles A, was B (*Es ist nicht alles Gold, was glänzt*), Ohne A kein B (*Ohne Fleiß kein Preis*), Kein A ohne B (*Keine Rose ohne Dornen*), Wie A, so B (*Wie der Herr, so's Gscherr*), Besser A als B (*Besser ein Spatz in der Hand als eine Taube auf dem Dach*), A macht B (*Kleider machen Leute*), A macht nicht B (*Eine Schwalbe macht noch keinen Sommer*) (vgl. Röhrich/Mieder 1977, 60ff.).

3. Semantik

Kriterien, mit deren Hilfe die PHR unter dem Gesichtspunkt der Semantik in Klassen eingeteilt werden können, sind vor allem die Motivierbarkeit und die Idiomatizität. Die Motivierbarkeit bezieht sich auf das Verhältnis zwischen der wörtlichen und der phraseologischen Bedeutung eines PHR; damit lässt sich für jeden PHR feststellen, ob bzw. wie eine phraseologische Bedeutung von der wörtlichen Bedeutung her zu verstehen ist. Dabei kann die wörtliche Bedeutung wie folgt charakterisiert werden: Sie ist auch gebräuchlich oder in gewissen Kontexten akzeptabel oder konstruiert. Ist die phraseologische Bedeutung einer festen Wortverbindung von den wörtlichen Bedeutungen der einzelnen Komponenten her zu verstehen, dann liegt eine „direkt motivierbare" phraseologische Einheit vor, z.B. *jmdm. für etw. Dank sagen, die öffentliche Meinung, zu jeder Zeit*. Von „teilmotivierbaren" PHR wird dann gesprochen, wenn die phraseologische Bedeutung auf der Basis einer oder mehrerer, jedoch nicht aller Komponenten durch die wörtliche Bedeutung verstehbar ist. In diesem Falle kann also einer oder mehreren Komponenten keine wörtliche Bedeutung zugeordnet werden, z.B. *Stein und Bein schwören, in Hülle und Fülle, klipp und klar*. In „metaphorisch motivierbaren" PHR ist die phraseologische Bedeutung von den wörtlichen Bedeutungen der Komponenten her nur dann verstehbar, wenn sie als eine summative Bedeutung im nichtwörtlichen, d.h. bildlichen oder übertragenen Sinn verstanden wird, z.B. *etw. auf die lange Bank schieben, den Kopf verlieren*. Eine vierte Gruppe bilden die „unmotivierten" PHR, Ausdrücke, in denen die phraseologische Bedeutung nicht von der summativen wörtlichen Bedeutung her verstanden werden kann, z.B. *gang und gäbe sein, an jmdm. einen Narren gefressen haben*. (Vgl. Burger/Buhofer/Sialm 1982, 4, s. auch Burger 1973, 26; 1998, 66ff.)

Unter dem Aspekt der Idiomatizität ergibt sich für die PHR eine Unterteilung in drei Gruppen. Feste Wortverbindungen, deren Gesamtbedeutung durch die wörtlichen Bedeutungen ihrer Komponenten gegeben ist, werden als nichtidiomatische PHR klassifiziert; sie entsprechen den direkt motivierten PHR (weitere Beispiele: *gesammelte Werke, das Beste hoffen*). Teilidiomatisch sind phraseologische Einheiten, in denen zumindest eine Komponente in einer wörtlichen Bedeutung gebraucht wird, z.B. *Bauklötze[r] staunen, eine Fahrt ins Blaue* (vgl. dazu die teilmotivierbaren PHR oben). Nach Fleischer (1983, 190) gehören dazu auch PHR mit Nachvollziehbarkeit des metaphorischen Prozesses (u.a. *das Heft in die Hand nehmen*); diese Untergruppe würde eine Parallele zu den metaphorisch motivierbaren PHR darstellen. Ist eine feste Wortverbindung semantisch nicht aufzugliedern, handelt es sich um einen vollidiomatischen PHR, einen Ausdruck mit synthetischer Bedeutung, vgl. etwa *das Herz auf der Zunge haben, das Auge des Gesetzes* (Entsprechung zu den unmotivierten PHR). (Vgl. Korhonen 1995, 13, auch Fleischer 1997, 30ff., 58ff. und Palm 1997, 12)

Für ein weiteres semantisches Unterteilungsprinzip wurden die Begriffe endosememisch und exosememisch herangezogen. Endosememische PHR sind wörtlich zu verstehen, entsprechen also den direkt motivierbaren bzw. nichtidiomatischen Ausdrücken. Exosememische PHR zerfallen in drei Teile: partiell exosememische (teils wörtlich zu verstehen, vgl. die teilmotivierbaren bzw. teilidiomatischen PHR), endo-exosememische (phraseologisch und wörtlich verstehbar, vgl. die metaphorisch motivierbaren bzw. teilidiomatischen PHR im Sinne von Fleischer 1983) und total exosememische PHR (nicht wörtlich zu verstehen, vgl. die unmotivierten bzw. vollidiomatischen PHR). (Vgl. Pilz 1978, 516ff.; 1981, 57; 1983, 344)

4. Morphosyntax + Semantik

Für eine morphosyntaktisch-semantische Klassifizierung gibt es grundsätzlich drei Vorgehensweisen: 1. Man geht von der Form aus uns stellt für die ermittelten Klassen z.B. den Grad der Idiomatizität fest. 2. Man geht von der Bedeutung, beispielsweise anhand des Idiomatizitätsgrads, aus und teilt das Material in morphosyntaktische Klassen ein. 3. Man erstellt die Klassen auf der Grundlage morphosyntaktischer und semantischer Kriterien. Während 1. und 2. jeweils einen systematischen Beschreibungsansatz darstellen, handelt es sich bei 3. um ein heterogenes Verfahren, aus dem eine struktursemantische Mischklassifikation resultiert. Charakteristisch für 3. ist, dass die Klassen nicht durchweg disjunktiv sind. Einmal kommt es zur Überschneidung von Klassen, zum anderen werden nicht alle Subklassen (z.B. teilidiomatische verbale PHR) voll erfasst. Die nachstehende Übersicht basiert weitgehend auf der Darstellung der Mischklassifikation bei Häusermann (1977, 18ff.) und Burger/Buhofer/Sialm (1982, 30ff.).

Die erste Subklasse, die „phraseologischen Ganzheiten", umfasst Ausdrücke, deren Gesamtbedeutung nicht aus den Bedeutungen der einzelnen Komponenten des PHR ableitbar ist. Für die Ausdrücke ist eine ganzheitliche Bedeutung anzusetzen, d.h. keine der Komponenten tritt in ihrer wörtlichen Bedeutung auf. In diese Klasse fallen folglich (verbale usw.) PHR, die vollidiomatisch bzw. unmotiviert oder (gesamthaft) metaphorisch motivierbar sind. Kennzeichen der „phraseologischen Verbindungen und bevorzugten Analysen" ist die lexikalisch-semantische Stabilität: 1. Eine Komponente A ist in einer speziellen Bedeutung an genau eine Komponente B gebunden, wobei die Komponente B in ihrer wörtlichen Bedeutung erscheint, z.B. *blinder Passagier* (= phraseologische Verbindung). 2. Aus einer Anzahl möglicher Wortverbindungen ist eine bestimmte Kombination ausgewählt und als Norm verfestigt (die lexikalisch-semantische Bindung der Komponenten ist weniger eng), z.B. *sich die Zähne putzen*. Die „Modellbildungen" sind als ein Typus von Wortverbindungen aufzufassen, der nach einem syntaktischen Schema fixiert ist. Die syntaktischen Positionen sind lexikalisch mehr oder weniger frei ausfüllbar, z.B. *von Kopf bis Fuß, ein Mann von Ausdauer*. In ihrer lexikalisch-semantischen Festgeprägtheit erinnern die „phraseologischen Vergleiche" an die phraseologischen Verbindungen bzw. bevorzugten Analysen. Bezüglich der Bedeutung können die Vergleiche jedoch mehr oder weniger idiomatisch sein, was mit der Durchschaubarkeit des tertium comparationis zusammenhängt, z.B. *saufen wie ein Loch, sich freuen wie ein Schneekönig*. „Streckformen des Verbs" („Funktionsverbgefüge") sind Gebilde, die aus einem Verb mit verblasstem Inhalt und einem Verbalabstraktum im Akkusativ oder mit Präposition bestehen, vgl. *ein Geständnis ablegen, zur Durchführung gelangen*. Ein Teil der Funktionsverbgefüge ist idiomatisiert, z.B. *zum Vorschein kommen*. Die „Zwillingsformeln" (Wortpaare) weisen folgende Struktur auf: 1. zwei verschiedene Wörter (fast ausnahmslos) der gleichen Wortklasse, verknüpft durch eine Konjunktion (zu Beispielen vgl. oben), 2. zwei identische Wörter, verknüpft durch Konjunktion oder Präposition (z.B. *Schulter an Schulter*). Semantisch können die Zwillingsformeln voll-, teil- und nichtidiomatisch sein. Die „phraseologischen Termini" sind vorwiegend substantivische PHR, die semantisch einerseits meist direkt motivierbar sind und andererseits eine spezialisierte Gesamtbedeutung aufweisen. Sie bezeichnen z.B. eine singuläre Institution oder einen innerhalb eines außersprachlich abgegrenzten Systems definierten Gegenstand bzw. Sachverhalt, vgl. *Das Rote Kreuz, indirekter Freistoß*. Die „festen Phrasen" entsprechen den oben morphosyntaktisch charakterisierten SatzPHR. Semantisch ist hier eine Dreiteilung (voll-, teil- und nichtidiomatisch) möglich. Das Gleiche gilt für die Sprichwörter, einen Teil der neunten und letzten Subklasse (zu strukturellen Merkmalen vgl. oben). Der andere Teil besteht aus „Gemeinplätzen", d.h. aus vorgeformten Sätzen ohne textlinguistische Anschlussmittel und Idiomatisierung, z.B. *Wir sind alle nur Menschen*. (Vgl. auch Černyševa 1986, 180ff. und Burger 1998, 42ff., zu weiteren Mischklassifikationen z.B. Schemann 1993, XLI ff. und Wotjak 1996)

5. Pragmatik

Für eine pragmatisch orientierte Klassifikation von PHR ist die kommunikative Funktion ausschlaggebend. Die meisten PHR sind in Bezug auf ihre pragmatische Verwendbarkeit nicht festgelegt; sie sind als pragmatisch neutrale Einheiten zu betrachten. Demgegenüber könnten diejenigen phraseologischen Ausdrücke, für die eine besondere kommunikative Leistung nachweisbar ist, als pragmatisch markierte PHR bezeichnet werden. Hinsichtlich ihrer pragmatischen Beschaffenheit lassen sich unter diesen Einheiten die sog. gesprächsspezifischen PHR als eine relativ einheitliche Gruppe herausstellen. Ein Charakteristikum der gesprächsspezifischen PHR ist, dass die eigentliche Bedeutung meistens zugunsten einer kommunikativen Funktion zurücktritt. Morphosyntaktisch weisen sie sehr verschiedene Formen auf (vor allem Ausdrücke mit expliziter und impliziter Satzstruktur, daneben auch satzgliedwertige PHR). (Vgl. Burger/Buhofer/Sialm 1982, 41 f., s. aber auch Lüger 1992, Stein 1995, 129 ff., Gülich 1997 und Burger 1998, 52 ff.)

Für die gesprächsspezifischen PHR wurden in der einschlägigen Literatur mehr oder weniger detaillierte Typologien erstellt. Ein Beispiel einer genaueren Klassifikation ist die Zusammenstellung der „phraseologischen Formeln" bei Pilz (1978, 53 ff.; 1981, 73 ff.; 1983, 348 f.) (in der Darstellung ist auch ein Ausdruck des schriftlichen Gebrauchs enthalten). Es werden u.a. folgende Klassen unterschieden: 1. Höflichkeits-/Kontaktformeln. 1.1. Grußformeln mit Begrüßungs- (*Guten Tag!*), Anrede- (*Meine Damen und Herren!*), Abschieds- (*Auf Wiedersehen!*), Festtagsgruß- (*Frohes Fest!, Herzlichen Glückwunsch!*), Gruß- und Wunschformeln (*Hals- und Beinbruch!, Petri Heil!, Glück auf!*). 1.2. Konversationsformeln (*Hätten Sie [vielleicht] die Freundlichkeit/Güte, ...?*). 1.3. Tischformeln mit Mahlzeit- (*Guten Appetit!*) bzw. Trinkformeln (*Zum Wohl!*). 2. Kommentarformeln mit Entgegnungs- (*Du hast Recht und ich hab meine Ruhe.*), Beschwichtigungs- (*[Nur] ruhig Blut!*), Erstaunens- (*Sachen gibt's [, die gibt's gar nicht]!*), Schelt- und Fluchformeln (*Verflixt und zugenäht!*) sowie mit „eigentlichen" Kommentarformeln (Nötigen zum Essen: *Genötigt wird nur einmal.* usw.). – Zu einer etwas allgemeiner gehaltenen Typologie vgl. Coulmas (1981, 119 f.). Dass es sinnvoll ist, auch eine Gruppe der schreibspezifischen PHR (vgl. etwa den Formelschatz von Briefen, vorgedruckte Formulare sowie Aufschriften und Schilder an öffentlichen Plätzen, in der Eisenbahn usw.) zu bilden, wird von Burger/Buhofer/Sialm (1982, 123) hervorgehoben.

6. Weitere Klassifikationsmöglichkeiten

Innerhalb der morphosyntaktischen, semantischen und pragmatischen Klassifizierung können anhand verschiedener Kriterien noch spezifischere Gruppierungen vorgenommen werden. So ließen sich beispielsweise unter Zugrundelegung der Stabilität bzw. Variabilität Subklassen erstellen, desgleichen ist der Begriff der morphosyntaktischen Anomalien als Einteilungskriterium brauchbar. Weiterhin könnte sich eine Subklassifizierung an funktionalen und transformationellen Defekten orientieren: Ersteres bezieht sich auf Restriktionen in der Satzgliedrolle, Letzteres auf die Durchführbarkeit von Transformationen wie Imperativ, Passiv, Negation und Nominalisierung bei verbalen PHR. Über die oben besprochenen Domänen hinaus sind im Bereich der Lexik mehrere Einteilungsmöglichkeiten gegeben. Es finden sich z.B. PHR mit Eigennamen, für die eine Unterteilung auf der Basis der Unterscheidung von Anthroponymen und Toponymen in Betracht kommt. Eine intensiv erforschte Untergruppe sind die Somatismen, PHR mit einer Körperteilbezeichnung als Basiskomponente. Zu den neuesten Verfahren gehört die Anwendung einer kultursemiotischen Perspektive: Es kann z.B. untersucht werden, welche Tiere, Farben und Zahlen als Symbole in PHR vorkommen und welche symbolischen Bedeutungen sich ihnen jeweils zuordnen lassen (vgl. dazu Dobrovol'skij/Piirainen 1996, 157 ff.).

7. Fazit

Auf Grund ihres komplexen Wesens bereiten die PHR für eine genauere Typologisierung nicht unerhebliche Schwierigkeiten. In der Forschungsliteratur wird denn auch vor der Überbewertung von Klassifikationsversuchen bzw. vor starren Ordnungsschemata gewarnt. Ebenso wird postuliert, dass die Klassifizierung von PHR nicht zu einem Selbstzweck werden sollte (vgl. etwa Burger/Buhofer/Sialm 1982, 20 und Gréciano 1983, 236). Mit Eindringen theoretischer Prämissen der kognitiven Linguistik in die Phraseologieforschung bahnt sich eine Umstellung an: Man strebt nicht mehr exakte Kategorisierungen an, sondern nimmt die Existenz unscharfer Begrifflichkeiten, labiler Relationen und fließender Grenzen an und operiert mit offenen Merkmalkatalogen. Wenn man aber an bestimmte Anwendungsmöglichkeiten denkt, werden klassifikatorische Bemühungen wohl auch in Zukunft ihre Berechtigung behalten. Gemeint sind hier u.a. die kontrastive Linguistik mit Konzentration auf ausgewählte Klassen des Phraseologiebestandes von meist zwei oder drei Sprachen und die strukturtypologische Universalienforschung (vgl. dazu Dobrovol'skij 1988; 1991), der es um die Ermittlung von Regelmäßigkeiten bzw. Gesetzmäßigkeiten der phraseologischen Systeme mehrerer verschiedener Sprachen geht. Und nicht zuletzt ist der mutter- und fremdsprachliche Unterricht zu erwähnen, bei dem theoriebasierte Klassifikationen des Lehrstoffs auch in Bezug auf die Phraseologie einen nicht zu unterschätzenden didaktischen Wert haben werden.

8. Literatur in Auswahl

Burger, Harald unter Mitarbeit von Harald Jaksche (1973), *Idiomatik des Deutschen*. Tübingen: Max Niemeyer Verlag.

Burger, Harald (1998), Phraseologie. Eine Einführung am Beispiel des Deutschen. Berlin: Erich Schmidt Verlag.

Burger, Harald; Annelies Buhofer; Ambros Sialm (1982), *Handbuch der Phraseologie*. Berlin/New York: Walter de Gruyter.

Černyševa, I. I. (1986), Phraseologie. In: Stepanova, M.D.; Černyševa, I.I., *Lexikologie der deutschen Gegenwartssprache*. (2., verb. Auflage). Moskau: Vyssaja Škola 1986, 175–230.

Coulmas, Florian (1981), *Routine im Gespräch. Zur pragmatischen Fundierung der Idiomatik*. Wiesbaden: Akademische Verlagsgesellschaft Athenaion.

Dobrovol'skij, Dmitrij (1988), *Phraseologie als Objekt der Universalienlinguistik*. Leipzig: VEB Verlag Enzyklopädie.

–, (1991), Strukturtypologische Analyse der Phraseologie: theoretische Prämissen und praktische Konsequenzen. In: „EUROPHRAS 90". Akten der internationalen Tagung zur germanistischen Phraseologieforschung Aske/Schweden 12.–15. Juni 1990. (Hrsg. Chr. Palm). Uppsala: Almqvist & Wiksell International 1991, 29–42.

Dobrovol'skij, Dmitrij; Elisabeth Piirainen (1996), *Symbole in Sprache und Kultur. Studien zur Phraseologie aus kultursemiotischer Perspektive*. Bochum: Universitätsverlag Dr. N. Brockmeyer.

Duden. Redewendungen und sprichwörtliche Redensarten. Wörterbuch der deutschen Idiomatik. (Bearb. G. Drosdowski; W. Scholze-Stubenrecht). Mannheim etc.: Dudenverlag 1998.

Fleischer, Wolfgang (1983), Zur Bedeutungsbeschreibung von Phraseologismen. In: *Die Lexikographie von heute und das Wörterbuch von morgen*. (Hrsg. J. Schildt; D. Viehweger). Berlin: Akademie der Wissenschaften der DDR 1983, 187–206.

–, (1997), *Phraseologie der deutschen Gegenwartssprache*. (2., durchges. und erg. Auflage.) Tübingen: Max Niemeyer Verlag.

Gréciano, Gertrud (1983), Forschungen zur Phraseologie. In: *Zeitschrift für germanistische Linguistik* 11, 232–243.

Gülich, Elisabeth (1997), Routineformeln und Formulierungsroutinen. Ein Beitrag zur Beschreibung ‚formelhafter Texte'. In: *Wortbildung und Phraseologie*. (Hrsg. R. Wimmer; F.-J. Berens). Tübingen: Gunter Narr Verlag 1997, 131–175.

Häusermann, Jürg (1977), *Phraseologie. Hauptprobleme der deutschen Phraseologie auf der Basis sowjetischer Forschungsergebnisse*. Tübingen: Max Niemeyer Verlag.

Korhonen, Jarmo (1995), *Studien zur Phraseologie des Deutschen und des Finnischen I*. Bochum: Universitätsverlag Dr. N. Brockmeyer.

Lüger, Heinz-Helmut (1992), *Sprachliche Routinen und Rituale*. Frankfurt a. M. etc.: Peter Lang.

–, (1999), *Satzwertige Phraseologismen. Eine pragmalinguistische Untersuchung*. Wien: Verlag Edition Praesens.

Palm, Christine (1997), *Phraseologie. Eine Einführung*. (2., durchges. Auflage.) Tübingen: Gunter Narr Verlag.

Pilz, Klaus Dieter (1978), *Phraseologie. Versuch einer interdisziplinären Abgrenzung, Begriffsbestimmung und Systematisierung unter besonderer Berücksichtigung der deutschen Gegenwartssprache*. Göppingen: Verlag Alfred Kümmerle.

–, (1981), *Phraseologie. Redensartenforschung*. Stuttgart: J. B. Metzlersche Verlagsbuchhandlung.

–, (1983), Zur Terminologie der Phraseologie. In: *Muttersprache* 93, 336–350.

Röhrich, Lutz/Mieder, Wolfgang (1977), *Sprichwort*. Stuttgart: J. B. Metzlersche Verlagsbuchhandlung.

Rothkegel, Annely (1973), *Feste Syntagmen. Grundlagen, Strukturbeschreibung und automatische Analyse*. Tübingen: Max Niemeyer Verlag.

Schemann, Hans (1993), *Deutsche Idiomatik. Die deutschen Redewendungen im Kontext*. Stuttgart/Dresden: Ernst Klett Verlag für Wissen und Bildung.

Stein, Stephan (1995), *Formelhafte Sprache. Untersuchungen zu ihren pragmatischen und kognitiven Funktionen im gegenwärtigen Deutsch*. Frankfurt a. M. etc.: Peter Lang.

Wotjak, Barbara (1996), Redewendungen und Sprichwörter. Ein Buch mit sieben Siegeln? Einführung in den Themenschwerpunkt. In: *Fremdsprache Deutsch* 15, 4–9.

Jarmo Korhonen, Helsinki (Finnland)

48. Wortkombinationen

1. Probleme der Abgrenzung
2. Phraseologische Wortpaare („Zwillingsformeln") als Prototyp
3. Phraseologische Verbindungen (feste Kollokationen)
4. Phraseologische Termini
5. Modellbildungen
6. Funktionsverbgefüge
7. Phraseologische Vergleiche
8. Literatur in Auswahl

1. Probleme der Abgrenzung

Die Abgrenzung des Gegenstandsbereichs dieses Artikels, „Wortkombinationen" als phraseologische Einheiten, ist nicht problemlos; dies liegt nicht nur daran, dass eine konsensgeeignete Klassifikation der Phraseologismen bisher nicht erreicht werden konnte, vielmehr ist der Gegenstandsbereich der Phraseologie selbst zum einen so heterogen bzw. vielfältig, dass eine an einheitlichen Kriterienkatalogen orientierte Klassifikation notwendigerweise scheitern muss, zum anderen bedingen unterschiedliche Schwerpunktsetzungen bei den selbst wiederum sehr divergenten linguistischen Betrachtungsebenen jeweils disparate Grenzziehungen, die zu unterschiedlichen Phänomengruppierungen führen. Dennoch besteht in Bezug auf den Gegenstandsbereich dieses Artikels zumindest in Kernbereichen hohe Übereinstimmung in der Klassifikation, Bezeichnung und Analyse der wichtigsten Untergruppen. Entsprechend einer im Fach mittlerweile üblich werdenden Übertragung des semantischen Prototypen-Modells auf die linguistisch-wissenschaftlichen Begriffe selbst unterscheide ich im Folgenden zwischen einem (mit prototypischen Merkmalen ausgestatteten) Kernbereich der „Wortkombinationen" und solchen Phänomenen, deren eindeutige Zuordnung zu dieser Kategorie und mögliche Überschneidung mit anderen Phrasemklassen offen bis strittig ist (oder zumindest sein könnte). Der Einfachheit halber und um langwierige Erörterungen über Klassifikationskriterien und -ansätze zu vermeiden beziehe ich mich für die Zwecke dieses Artikels weitgehend auf die „struktursemantische Mischklassifikation" von Burger/Buhofer/Sialm 1982, an der ich gegebenenfalls kleine Modifikationen bzw. Ergänzungen vorgenommen habe.

Als „Wortkombinationen" (dieser von der Artikelstruktur dieses Handbuchs vorgegebene Begriff kommt bislang in keiner der verfügbaren phraseologischen Publikationen vor) verstehe ich im Folgenden phraseologische Einheiten, die nicht als vollständige syntaktische Struktur oder Teilstruktur verwendet werden können und die daher nicht über das Merkmal der (relativen) syntaktischen Selbständigkeit verfügen. Da „syntaktische Selbständigkeit" wegen der Allgemeinheit des Begriffs „Satzglied" selbst wiederum ein relatives Kriterium ist, soll das Kriterium hier eingeschränkt werden auf die oberste Konstituenten-Ebene (also z. B. Verbalphrase und Nominalphrase). Aber auch diese Einschränkung ist offensichtlich noch nicht ausreichend bzw. terminologisch unpräzise, weil zu den so bestimmten Satzgliedern auch reine Nominalgruppen (als Nominalphrasen) zählen, die – soweit sie phraseologisiert sein können – durchaus noch unter den Gegenstandsbereich dieses Artikels fallen würden. Anscheinend ist das Kriterium „verbal", oder präziser: „prädikativ", das entscheidende Merkmal der Abgrenzung, der Wortkombinationen von syntaktisch komplexeren Phraseologismen; Wortkombinationen wären dann die nicht als vollständiger Prädikatsteil eines Satzes einsetzbaren, ansonsten aber satzgliedfähigen Phraseologismen. Das Kriterium „satzgliedfähig" allein erweist sich allerdings ebenfalls noch als unzureichend, weil einige Wortkombinationen (als Nominal- oder Präpositionalgruppen) Satzgliedeigenschaft aufweisen, andere Phänomenbereiche, die hier dazu gezählt werden sollen (v.a. die Funktionsverbgefüge und die – bzw. zumindest ein Teil der – phraseologischen Vergleiche unterhalb der Satzebene) aber nicht als selbständige Satzglieder vorkommen können. Letztere können zwar Verben enthalten (so dass das Kriterium „verbal" bzw. „nicht-verbal" unzureichend wäre), aber nicht als selbständige Prädikate auftreten (in den Funktionsverbgefügen fehlen als phraseologisierte Bestandteile die notwendigen Objektsergänzungen, bei den nicht-satzwertigen phraseologischen Vergleichen häufig das Verb). Zu den „Wortkombinationen" zähle ich also die folgenden Untergruppen: Phraseologische Wortpaare („Zwillingsformeln") als Prototyp der Klasse, Phraseologische Verbindungen (feste Kollokationen), Phraseologische Termini, Modellbildungen, Funktionsverbgefüge, (nicht-satzwertige) Phraseologische Vergleiche.

2. Phraseologische Wortpaare („Zwillingsformeln") als Prototyp

Phraseologische Wortpaare (Zwillingsformeln, Paarformeln) stellen sozusagen den Prototyp der phraseologischen Wortkombinationen dar; sie weisen eine relativ feste Struktur auf: zwei Wörter (nur selten drei, ausnahmsweise auch vier, auch: zweimal dasselbe Wort), die der gleichen Wortart angehören müssen, werden durch eine Konjunktion oder eine Präposition zu einem festen phraseologischen Gefüge verknüpft; die konjunktional verknüpften nominalen Kombinationen werden teilweise durch eine Präposition eingeleitet, die selbst Teil des Phraseologismus sein kann; prototypisch ist eine idiomatische Bedeutung, jedoch können auch nicht-idiomatische Wortpaare eine feste Struktur (strukturelle Stabilität, hier v.a. die feste Reihenfolge der Bestandteile) aufweisen; eine Teilgruppe der phraseologischen Wortpaare ist gekennzeichnet durch Vorhandensein einer unikalen Komponente (die als einzeln verwendetes Lexem nicht mehr existiert). Hinsichtlich der beteiligten Wortarten ist die Kombination von Nomen und Adjektiven/Adverbien prototypisch; die ebenfalls vorkommende Kombination von Verben und anderen (nicht autosemantischen) Wortarten bedarf näherer Eingrenzung (s.u.):

Nomen: *das Hab und Gut, das Wohl und Wehe, Hals über Kopf, mit Sack und Pack, mit Kind und Kegel, Hand und Fuß, auf Knall und Fall, auf Biegen und Brechen, Schulter an Schulter, Soll und Haben, das Drunter und Drüber, das Für und Wider, das Kommen und Gehen, mit Zittern und Zagen, unter Seufzen und Klagen, Krethi und Plethi*

Adjektive/Adverbien: *null und nichtig, klein und hässlich, kurz und bündig, fix und fertig, klipp und klar, wohl oder übel, kurz und gut, angst und bang, gang und gäbe, weit und breit, da und dort, frank und frei, hin und wieder*

Verben: *hegen und pflegen, drehen und deuteln, sich recken und strecken, bitten und betteln, schalten und walten,*

andere Wortarten: *nach und nach, dann und wann, nach wie vor, mir nichts dir nichts, ab und an, ab und zu*

Es hat den Anschein, als kämen die nicht idiomatisierten phraseologischen Wortpaare in größerer Zahl nur in den Wortarten der Nomen und Verben (bei denen Wortpaare allerdings ohnehin selten sind) vor; die adjektivischen Wortpaare sind offenbar mehrheitlich idiomatisiert; generell gilt dies für die nichtautosemantischen Wortarten. Die Einteilung der Phraseologischen Wortpaare nach Wortarten kann nicht befriedigen, da daraus keine eindeutige Aussage über die syntaktische Position der idiomatischen Kombinationen geschlossen werden kann. Schon ein kurzer Blick auf die obigen Beispiele zeigt, dass z.B. *Hals über Kopf* adverbial verwendet wird, obwohl (was sonst in dieser Position nicht möglich ist) von einem Nomen eingeleitet. Bei den Adjektiven fällt auf, dass sie überwiegend in prädikativer Funktion erscheinen und nicht als eigentliche (attributive) Adjektive; ansonsten herrscht adverbialer Gebrauch vor. Das Phrasem *kurz und gut* kann am ehesten als Interjektion oder gesprächs-(strukturierende) Partikel charakterisiert werden. Problematisch sind vor allem auch die Verben: Auffällig ist, dass sie kaum je als finiter Verbteil eines Satzes auftauchen; eher herrscht infinitivische Verwendung vor, wobei es sich bei vielen Verwendungsfällen syntaktisch gesehen um Nominalgruppen handelt, die morphologisch betrachtet als Wortbildungserzeugnisse (Konversionen) bestimmt werden können (das *Kommen und Gehen,* möglicherweise auch *Bitten und Betteln,* vgl.: *Da half kein Bitten und Betteln*). Typisch scheint eine Verwendung als infinitivischer Prädikatsteil nach einen finiten Modalverb zu sein (*Daran kann man nicht drehen und deuteln; Er konnte schalten und walten, wie er wollte*).

Die phraseologische Stabilität der nominalen Wortpaare kann dadurch gestützt werden, dass nur das letzte Element mit Flexionsmerkmalen versehen wird (*des Hab und Guts*), obgleich dieses Merkmal im Gegensatz zu der bei Fleischer 1982 geäußerten Auffassung nicht obligatorisch ist. Die zahlreichen nominalen Wortpaare in Präpositionalgruppen zeichnen sich überwiegend durch eine feste Bindung an eine bestimmte Präposition aus, die dann als Teil des Phrasems betrachtet werden müsste (*in Bausch und Bogen, an Ort und Stelle, zwischen Tür und Angel, mit Hängen und Würgen, bei Nacht und Nebel, auf Gedeih und Verderb, nach Jahr und Tag*). Diese Fälle machen den Begriff „Wortpaare" noch problematischer, als er (wegen des konjunktionalen oder präpositionalen Bindeglieds; „Wort" wird hier offenbar ausschließlich im Sinne von „Autosemantikon" verwendet) ohnedies schon wäre. Da jedoch der Aspekt der Paarung/Doppelung in den ansonsten nur mit *einem* der gleichen Wortart angehörenden Element besetzten Konstituenten für Phraseme dieses Typs konstitutiv ist, kann man von „Phraseologismen mit Konstituenten-Dopplung/Wiederholung" sprechen (die ältere Bezeichnung „Zwillingsformeln" besagt dasselbe, da „Formel" offen ist hinsichtlich möglicher weiterer Wortbestandteile des Phrasems). Da nominale Wortpaare auch als Nominalgruppen frei mit Präpositionen verbindbar sind (dies aber nur, wenn das interne Bindeglied keine Präposition, sondern eine Konjunktion ist), ist aber nicht jede Präposition unbesehen als Phrasemteil einzustufen. Prädikative Verwendung gilt nicht nur für die meisten adjektivischen, sondern auch für viele nominale Wortpaare (*ein Herz und eine Seele sein, Feuer und Flamme sein, in Amt und Würden kommen*); hier kann die prädikativ verwendete Nominalgruppe auch elliptisch, z. B. als nachgestelltes Attribut, verwendet werden (*Die Kinder, Feuer und Flamme, riefen begeistert: ja*). Eine feste Bindung des phraseologischen Wortpaares kann auch zu einem bestimmten Verb bestehen (*Mund und Nase aufsperren, alles kurz und klein schlagen, sich krumm und bucklig lachen, bei jmd. ist Hopfen und Malz verloren, von Tuten und Blasen keine Ahnung haben*); in solchen Fällen ist das Wortpaar Teil eines umfassenderen verbalen (oder besser: prädikativen) Phraseologismus.

Merkmal der phraseologischen Wortpaare in semantischer Hinsicht ist die zwischen den gedoppelten Konstituenten bestehende semantische Verwandtschaft bzw. Nähe: sie sind Synonyme, Antonyme oder in anderer Weise (häufig als Komplementärbegriffe) durch die Übereinstimmung semantischer Merkmale lexikalisch miteinander verbunden. Die Bedeutung des Phrasems kann eine an die Kombination beider Komponenten gebundene Metapher sein (*zwischen Tür und Angel*); häufiger ist aber wohl die Funktion der Verstärkung, Expressivierung oder sonstigen Nuancierung der Bedeutung einer der Komponenten (*Tun und Treiben, Grund und Boden, Hab und Gut, null und nichtig, hegen und pflegen*). Die emphatische Funktion der Wortpaare wird gestützt durch charakteristische phonologische und morphologische Merkmale: Alliteration/Stabreim (*ab und an*), Endreim (*dann und wann, mit Ach und Krach*), auch kombiniert (*geschniegelt und gestriegelt*), Assonanz (*angst und bang*); auch dort, wo keine lautliche Ähnlichkeit besteht (*ab und zu, Hab und Gut, bitten und betteln*) scheint aber zumindest eine morphophonologische Strukturähnlichkeit zu bestehen, die funktional wohl hauptsächlich die Ebene der (ähnlichen) Silbenstruktur betrifft. Einen morphologischen Sondertyp stellen die Klammerfügungen dar (*hieb- und stichfest, Buß- und Bettag*), z.T. mit frei besetzbarer oder variierbarer Konstituente (*Leib- und Magen-...*). Die phonologischen Verhältnisse sind wohl auf das Entstehen vieler deutscher Wortpaare in einer mündlichen Sprach- und Gedächtniskultur zurückzuführen, in der Laut- und Strukturähnlichkeiten die Funktion der Gedächtnisstütze hatten; im Mittelalter und der frühen Neuzeit waren Wortpaare im Deutschen hochfrequent, besonders in der Rechtssprache. Dies deutet aber auch auf ein anderes mögliches Motiv hin: die pragmatische Funktion der Bekräftigung von Rechtsakten (*null und nichtig*). Jedoch müssen auch zeitweise vorherrschende Stilmoden (etwa im Frühneuhochdeutschen) in Rechnung gestellt werden. Das hohe Alter vieler phraseologischer Wortpaare schlägt sich in dem großen Anteil idiomatisierter Phraseme nieder und dort u.a. auch in dem sprachlichen Weiterleben unikaler Elemente (*mit Kind und Kegel*, mit *Fug* und Recht).

Im weiteren Sinne zur Klasse der Paarformeln sind Phraseme mit mehr als zwei Komponenten derselben Wortart zu rechnen, vor allem Drillingsformeln (*heimlich, still und leise; Jubel, Trubel, Heiterkeit; Wein, Weib und Gesang; Friede, Freude, Eierkuchen; höher, schneller, weiter*); nur vereinzelt kommen Vierlingsformeln vor (*frisch, fromm, fröhlich, frei*).

3. Phraseologische Verbindungen (feste Kollokationen)

Phraseologische Verbindungen oder feste Kollokationen sind solche syntagmatischen Kombinationen von Lexemen ohne „Formelcharakter", die als vollständige Einheiten aus dem mentalen Lexikon abgerufen werden können. (Unter Kollokationen verstehe ich im Folgenden alle regelmäßig auftretenden syntagmatischen Kombinationen von Lexemen; feste – und damit phraseologische – Kollokationen sind eine Teilmenge aus ihnen.) Phraseologische Verbindungen führen an die Grenze der Phraseologie; dies liegt v.a. an der Unbestimmbarkeit des Terminus „phraseologisch" (oder „fest" und „feste Kollokationen"), der keinen eindeutig abgrenzbaren Referenzbereich hat (eher wird man auch hier von prototypischen Eigenschaften sprechen müssen). Im Grunde lässt sich der Referenzbereich des Begriffs „Phraseologismus" ohne Bezugnahme auf kognitiv-semantische Modelle und Daten nicht genau festlegen; Kriterium ist nämlich (ob ausgesprochen oder nicht) die „fertige" Abrufbarkeit aus dem mentalen Lexikon. Diese ist bei den (proto-)typischen idiomatisierten Phrasemen nicht fraglich, ergibt jedoch bei den nicht-idiomatisierten Verbindungen ein eminentes Abgrenzungsproblem. Dies gilt gerade auch für kürzere Phraseologismen wie die phraseologischen Verbindungen oder Kollokationen.

Die in der Literatur (Burger/Buhofer/Sialm 1982, 31 ff.) genannten Phraseologischen Verbindungen sind überwiegend Nominalgruppen des Typs *der blinde Passagier, der kalte Krieg*, auch mit Präposition: *auf kaltem Weg*; daneben werden mit Bezug auf sowjetische Forschungsergebnisse „bevorzugte Analysen" unterschieden, worunter man sich feste Verbindungen z. B. einer Nominalgruppe mit einem bestimmten Verb (statt anderer möglicher Varianten) vorzustellen hat: *sich die Zähne putzen* (statt *waschen, reinigen, säubern*; vgl. frz. *se laver les dents*, span. *limpiarse los dentes*); *die Telefonnummer wählen* (statt *bilden, zusammensetzen, zusammenstellen, auswählen* usw.; vgl. frz. *composer le numéro/former le numéro*). Der Unterschied zwischen beiden Fallgruppen liegt im idiomatisierten (metaphorischen) Charakter der zuerst genannten Beispiele: durch feste Kollokation eines einzelnen frei verwendeten (nominalen) Lexems mit einem bestimmten metaphorischen Attribut wird die gesamte Verbindung zu einer idiomatischen Einheit. Rechnet man die zweite Fallgruppe ebenfalls zu dieser phraseologischen Klasse, dann müsste sie jedoch m.E. ausgeweitet werden auf bislang in der Literatur in diesem Zusammenhang nicht genannte und auch durch andere der bekannten Phrasemklassen nicht abgedeckte Beispielgruppen wie: *lebendigen Leibes, mangels Masse, höheren Ortes, stehenden Fußes, frei Haus, starkes Stück, Gewehr bei Fuß, Vater Staat* usw. Diese Verbindungen sind teils elliptisch (*frei Haus* = ?„frei von weiterem Porto ins Haus geliefert"), teils idiomatisch (*stehenden Fußes*, ?*starkes Stück*), z. B. metaphorisch (*Vater Staat*); häufig genug jedoch keines von beidem (*mangels Masse, lebendigen Leibes*). Typisch (und phraseologisches Charakteristikum) für die zuletzt genannten Beispiele ist die Verwendung morphosyntaktischer Archaismen, als die man solche Genitiv-Konstruktionen auffassen muss. Phraseologische Muster der genannten Art können reihenbildend wirken: *der kalte Krieg, die kalte Progression, die kalte Aufwertung*. Hier wird das Abgrenzungsproblem der Phraseologie besonders deutlich, da entschieden werden müsste, wie lange man noch von einem Phraseologismus sprechen soll, und ab wann von der freien Verwendung eines neugebildeten (idiomatisierten, lexikalisierten) Lexems (*kalt* in der hier einschlägigen metaphorischen Bedeutung).

4. Phraseologische Termini

Ein Sonderfall der festen Kollokationen oder phraseologischen Verbindungen sind die phraseologischen Termini: ursprünglich frei gebildete syntagmatische Wortkombinationen werden zu feststehenden Begriffen, meist mit der Funktion von Eigennamen (meist orthographisch durch Großschreibung der nicht-nominalen Komponenten indiziert): *das Rote Kreuz, die Deutsche Demokratische Republik, das Weimarer Reich, die Französische Revolution, die Generative Grammatik, die Praktische Semantik, die Strukturierende Rechtslehre, der Radikale Konstruktivismus, der Deutsche Idealismus, der Sturm und Drang, der Deutsche Bundestag, die 13. Olympischen Spiele, das Linguistische Kolloquium* usw. Es handelt sich hierbei um vorwiegend nominale satzgliedwertige Phraseologismen, deren Bedeutung meist direkt motiviert ist, wobei aber eine aus den Komponenten allein nicht ableitbare Spezialisierung eintritt. Diese Spezialisierung ergibt sich aus dem Bezug auf konkrete Gegenstände, Ereignisse, Sachverhalte (referentielle Funktion), den solche Ausdrücke haben; d.h. sie bezeichnen – wie ein Eigenname – ein Einzelding (Individuum), z. B. eine Institution, ein konkretes, raumzeitlich verortbares historisches Ereignis, ein außersprachlich fest definiertes (und häufig institutionalisiertes) Bezugsobjekt (z. B. Wissenschaften und wissenschaftliche Theorien, Modelle, Richtungen, kulturelle und ideologische Richtungen und Strömungen, technische Systeme, politische und gesellschaftliche Institutionen, institutionalisierte Spiele). Ihre Bedeutung ist – wie bei fachsprachlichen Bezeichnungen – klar definiert und damit „normiert". Dabei sind Idiomatisierungen (z. B. aufgrund metaphorischer oder metonymischer Übertragungen: *das Rote Kreuz*) möglich.

5. Modellbildungen

Mit dem Terminus „Modellbildungen" (anderswo auch als „Phraseoschablonen", „syntaktische Idiomatizität" bezeichnet) wird bei Burger/Buhofer/Sialm (1982, 35) ein Typ von Phraseologismen bezeichnet, bei dem ein bestimmtes syntaktisches Schema regelmäßig phrasemhaft reproduziert werden kann, das mit einer spezifischen (typisierten) Semantik ausgestattet ist; die lexikalische Besetzung der (meist vor allem: autosemantischen) syntaktischen Positionen ist dabei meist (mehr oder weniger) frei. Beispiele sind (hier mit Variable X dargestellt): *X hin, X her; X ist X; von X zu Y; auf X und Y; (Abwasch hin, Abwasch her, [ich gehe jetzt jedenfalls ins Kino]; sicher ist sicher; gesagt ist gesagt; von Tag zu Tag; von Mann zu Mann; auf Gedeih und Verderb; auf Biegen und Brechen).*

Es können (nach Palm 1995, 68 ff.) folgende Schablonen unterschieden werden: (a) Wiederholung von Lexemen, verbunden durch *ist*: *sicher ist sicher, gewonnen ist gewonnen*; (b) Wiederholung des finiten Verbs, verbunden durch *und*: *Das wird und wird nichts; er rührt und rührt sich nicht; er kommt und kommt nicht*; (c) emphatische Konstruktion, eingeleitet mit *was* oder *wer*: *Was zuviel ist, ist zuviel; Wer zuletzt lacht, lacht am besten; Wer zuspät kommt, den bestraft das Leben*; (d) die Doppelung desselben Substantivs, verbunden durch Präposition: *Schulter an Schulter, Arm in Arm, Schritt für Schritt*; (e) die Doppelung desselben Substantivs, kombiniert mit antonymischen Adverbpaaren: *Vater hin, Vater her, [der Junge ist trotzdem ohne Vater aufgewachsen]*; (f) Personal- oder Demonstrativpronomen mit *und* und Substantiv (mit unbestimmtem Artikel) oder Adjektiv oder Adverb (bei elliptischer Auslassung des finiten Verbs/der Kopula): *Der und ein Freund? Du und pünktlich? Das und funktionieren?* (g) Substantiv und *von* und (unbestimmter) Artikel und Substantiv: *ein Baum von einem Mann; dieses Loch von einer Wohnung; ein Bild von einem Mädchen; eine Dame von Welt*. Auffällig ist, dass das bei Burger u.a. genannte Beispiel: Präposition und Substantiv und Konjunktion und anderes Substantiv (*auf X und Y; auf Biegen und Brechen*) bei Palm nicht aufgeführt wird; hier scheinen Abgrenzungsprobleme gegenüber den Phraseologischen Wortpaaren zu bestehen, von denen viele typischerweise mit diesem syntaktischen Konstruktionsmuster gebildet sind. Burger u.a. weisen in diesem Zusammenhang darauf hin, dass das genannte Schema keine einheitliche Semantik aufweist; dies könnte ein Grund für den Ausschluss bei Palm gewesen sein. (Phraseologismen wären dann Einheiten des sprachlichen Wissens, die als Kombination von Ausdruck *und* Bedeutung phraseologisiert sind, ohne Möglichkeit der phraseologischen Isolation eines der Zeichenelemente; fraglich ist allerdings, ob eine solche enge Fassung des Phrasembegriffs auf alle Phänomene zutrifft, die in der Phraseologie-Forschung als Phraseologismen beschrieben werden.) Diese Probleme zeigen anschaulich, dass Phraseologie eher eine Sache der (verschiedenen) sprachlichen Ebenen (als Ebenen der Organisation/Konstruktion komplexer sprachlicher Zeichen[ketten] bzw. Äußerungen) ist als eine wesenhaft festschreibbare Eigenschaft fester lexikalischer Einheiten; es kann zur Kombination verschiedener phraseologischer Prozesse auf mehreren sprachlichen Ebenen zugleich kommen, deren Wechselwirkung dann noch (was bisher in der Forschung kaum geschehen ist) näher beschrieben werden müsste (in der bisherigen Forschung ist dieses Problem bisher kaum erkannt, geschweige denn systematisch angegangen worden).

6. Funktionsverbgefüge

Die Funktionsverbgefüge (oft auch als „Streckformen des Verbs" bezeichnet) bilden einen Grenzbereich zwischen phraseologischer und syntaktischer Analyse. Es handelt sich um Kombinationen eines weitgehend einer selbstständigen lexikalischen Bedeutung entleerten finiten Verbs mit einer Nominal- oder einer Präpositionalgruppe, welche dann die volle Prädikatsbedeutung trägt. Häufig sind die Nomen der Nominal- oder Präpositionalgruppe durch Wortbildungsprozesse (Derivation, Konversion) erzeugte Nominalisierungen ursprünglicher Verben, an deren Stelle sie im Funktionsverbgefüge semantisch stehen. Deshalb sind Funktionsverbgefüge häufig (manche ästhetische Sprachkritiker meinen: meist, wenn nicht immer) in die (ursprünglichen?) reinen Verbformen (rück-)übersetzbar. Folgende Typen können unterschieden werden: (a) Verb und (Artikel und) Nomen im Akkusativ (*Lob zollen, Angst machen, einer Sache [keinen] Abbruch tun, Dank sagen, Wache stehen, eine Anzeige erstatten, ein Geständnis ablegen*); (b) Verb und Präpositionalphrase (*zur Durchführung gelangen, zur Anwendung kommen, zur Abstimmung bringen, in Anspruch nehmen, in Gang bringen, zum Stehen kommen*, usw.). Die zweite Gruppe ist weitaus produktiver als die erste. Für Funktionsverbgefüge gelten nach Burger u.a. (1982, 37) folgende Kriterien: (1) Es gibt ein einfaches Verb, das als (ungefähres) Synonym des Gefüges gelten kann. (2) Dieses Verb gehört zur gleichen Wurzel wie das Substantiv des Gefüges; diese (etymologische) Beziehung muss synchron noch bewusst sein (das Gefüge muss also noch semantisch motiviert sein). (3) Das Substantiv der Verbindung ist ein Verbal-Abstraktum, das auch in freier Verwendung vorkommt.

Da Funktionsverbgefüge (v.a. in den fünfziger bis siebziger Jahren) in der öffentlichen sprachkritischen und stilnormativen Debatte sehr umstritten waren und geradezu als Synonym des „Amts- und Behördenstils" galten, als dessen Symbol sie besonders heftig bekämpft wurden, entspann sich auch in der Sprachwissenschaft eine heftige Debatte darüber, ob Funktionsverbgefüge mit den entsprechenden (semantischen) Vollverben bedeutungsidentisch sind, und daher überflüssig, weil problemlos durch diese ersetzbar, oder ob nicht doch semantische Unterschiede zwischen beiden Formen erkennbar sind, die ein ernsthafter Grund für die überaus hohe Produktivität dieser phraseologischen Schablone im modernen öffentlichen Sprachgebrauch (im Übrigen auch in der Wissenschaftssprache, z. B. der Linguistik!) sein könnten. Besonders von Polenz (zuerst 1963, hier v.a. 1985, 114ff.) konnte zeigen, dass Funktionsverbgefüge häufig die grammatisch-semantische Funktion der Andeutung von Aspekt haben, der als eigene grammatische (z. B. flexivische) Kategorie im Deutschen (im Unterschied etwa zu den slawischen Sprachen) nicht existiert. So bezeichnet das Funktionsverbgefüge *zur Abstimmung bringen* nicht nur deutlicher als das zugrundeliegende Verb *abstimmen* den institutionellen Charakter des Vorgangs (in dem – im rechtlichen Sinne – Abstimmung ein eigenes rechtliches Institut darstellt, das mit bestimmten Regularien ausgestattet sein muss, um juristisch wirksam sein zu können); die Streckform bringt dazu aber auch einen Unterschied im Aspekt zum Ausdruck, da sie das Initiieren eines Vorgangs (einer Handlung) bezeichnet, während das Vollverb den aktuellen Vollzug des Vorgangs/der Handlung ausdrückt. Wer etwas *zur Abstimmung bringt*, der beantragt oder fordert erst auf, die Handlung *abstimmen* zu vollziehen; wer *abstimmt*, ist dagegen gerade (schon) dabei, die Handlung *abstimmen* zu vollziehen. Allerdings sind solche semantischen Abweichungen (Aspekt) nicht bei allen Funktionsverbgefügen eindeutig semantisch zu isolieren, so dass der stilistischen Kritik zumindest teilweise das Argument der Bedeutungsgleichheit zwischen „Streckform" und Grundform nicht entzogen werden kann. Nach Pilz (1981, 87) besteht der Vorteil der Funktionsverbgefüge darin, in einem relativ wenig differenzierten Wortschatzbereich (er-innert sei hier an die relativ gesehen geringere Produktivität der Wortbildung der Verben, im Vergleich mit der hoch produktiven Bildung von Nomen und Adjektiven) über die Möglichkeiten einfacher Verben hinaus prädikative Informationen zu nuancieren, wie z. B.: Beginn (*in Gang setzen*), Verlauf (*in Gang halten*), Ende (*zum Stillstand bringen*), Spezialisierung/Differenzierung (*Wache stehen*), Intensität (*Dank sagen*, vgl. etwa: *Ich möchte Ihnen meinen tiefen Dank sagen für ...*, aber *Ich bedanke mich bei Ihnen tief für ...*) usw.

7. Phraseologische Vergleiche

Phraseologische Vergleiche stehen am Rande des in diesem Artikel zu behandelnden Gegenstandsbereiches, da sie insgesamt ein recht weites Spektrum unterschiedlicher Strukturen abdecken können, die von nicht-verbalen kürzeren Kombinationen wie Adjektiv plus Vergleichspartikel plus Nominalgruppe bis zu ganzen Sätzen reichen können. Wie bei den Modellbildungen können auch sie sowohl hinsichtlich ihrer gesamten Struktur als auch hinsichtlich ihres syntaktischen Aufbaus allein als Phraseologismen aufgefasst werden. Es handelt sich um einige strukturelle Grundmuster, die durch verschiedene lexikalische Füllung konkretisiert werden können. Eine eindeutige Abgrenzung von den Modellbildungen fällt daher schwer. Nach Burger u.a. (1982, 35ff.) ist an ihnen allerdings weniger die syntaktische Struktur phraseologisch als vielmehr die bestimmte Füllung, die aus einigen Vergleichsmöglichkeiten nur eine bestimmte auswählt (was durch einen Vergleich mit anderen Sprachen leicht nachgewiesen werden kann: z. B. dt. *saufen wie ein Loch* vs. engl. *drink like a fish*). Manche Vergleiche sind semantisch durchsichtig bzw. motiviert (*schweigen wie ein Grab*) andere dagegen sind idiomatisiert (*frieren wie ein Schneekönig*). Pilz (1981, 83) unterscheidet drei Motivationsstufen: primär motiviert (*weiß wie Schnee*), partiell motiviert (*dastehen wie der Ochs vorm Berge*), unmotiviert (*frech wie Oskar*). Phraseologische Vergleiche unterscheiden sich von Metaphern dadurch, dass der Vergleich hier ausdrucksseitig explizit ist. Palm (1995, 45ff.) unterscheidet nach strukturellen Kriterien folgende Typen: (a) Verb oder Adjektiv/Adverb plus *wie* plus Substantiv: *flink wie ein Wiesel, regelmäßig wie ein Uhrwerk, strahlen wie ein Honigkuchenpferd, reden wie ein Buch, angeben wie Graf Koks*; (b) Verb plus *wie* plus Partizip: *sich fühlen wie gerädert, lügen wie gedruckt, kommen*

Phrasemtyp	Kriterien	Konstituenten-typ	syntaktische Position	besondere Merkmale
Obertyp: **Wortkombinantion**	nicht satzgliedfähig, keine syntaktische Selbstständigkeit, nicht als Prädikat einsetzbar			
Untertypen: 1. Phraseologische Wortpaare („Zwillingsformeln")	Konstituenten-doppelung (-vermehrung)	a. Nomen	Nominalgruppe, Adverbiale, Prädikatsnomen	Prototyp der Wort-kombinationen
		b. Adjektive/ Adverbien	Prädikatsadjektiv, Adverbiale, Interjektion	
		c. Verben	NG; nichtfiniter Verbteil (z. T.: fin. Verbteil)	
		d. Präpositionen	Adverbiale	
2. Phraseologische Verbindungen (feste Kollokationen)	im mentalen Lexi-kon fest gespei-cherte, „fertig abrufbare" Kollokationen	a. Nomen + Adjektiv b. NG + Verb.	a. Nominalgruppe, b. Verb + Objekt	a. idiomatisch, z. T. reihenbildend, z. T. morphosyn-taktische Archaismen
3. Phraseologische Termini	feste Kollokationen mit Funktion von Eigennamen	Nomen + Adjektiv	Nominalgruppe	normierte Bedeutung
4. Modellbildungen	ein allgemeines syntaktisches Schema kann mit unterschied-lichen Lexemen ausgefüllt werden	Nomen	[siehe Haupttext]	keine einheitliche Semantik
5. Funktionsverb-gefüge	Kombination der Nominalisierung eines Vollverbs mit Funktionsverb	a. Verb + Nomen/NG b. Verb + Präp. Phrase	Prädikat	Ausdruck von Aspekt; hoch produktiv
6. Phraseologische Vergleiche	strukturelle Grund-muster mit unter-schiedlicher lexikali-scher Füllung	uneinheitlich	uneinheitlich [siehe Haupttext]	Grenzbereich zu satzwertigen Phrasemen

wie gerufen; (c) Verb plus *wie* plus Satz: *reden, wie einem der Schnabel gewachsen ist*; (d) Verb oder Adjektiv/Adverb plus andere Strukturen als mit *wie*: *dümmer als die Polizei erlaubt, jmd. tut, als hätte er die Weisheit mit Löffeln gefressen*. Gerade die Beispiele mit einem satzförmig ausgedrückten Vergleichsobjekt verlassen den Bereich der (oben als nicht-satzförmig defi-nierten) Wortkombinationen und müssten in anderem Zusammenhang näher untersucht werden. Manche Phraseologische Vergleiche haben Ähnlichkeit mit Phraseologischen Wortpaaren bzw. enthalten solche: *zusammen-halten wie Pech und Schwefel; mehr schlecht als recht*.

8. Literatur in Auswahl

Burger, Harald (1973), *Idiomatik des Deutschen*. Tü-bingen: Niemeyer.

Burger, Harald; Annelies Buhofer; Ambros Sialm (1982), *Handbuch der Phraseologie*. Berlin/New York: de Gryter.

Fleischer, Wolfgang (1982), *Phraseologie der deutschen Gegenwartssprache.* Leipzig: Bibliographisches Institut.

Földes, Csaba (1997), *Idiomatik/Phraseologie.* (Bibliographie). Heidelberg: Groos.

Palm, Christine (1995): *Phraseologie. Eine Einführung.* Tübingen: Narr.

Pilz, Klaus Dieter (1981), *Phraseologische Redensartenforschung.* Stuttgart: Metzler. [mit weiteren Literaturnachweisen zu den einzelnen Subtypen]

Polenz, Peter von (1963): *Funktionsverben im heutigen Deutsch. Sprache in der rationalisierten Welt.* (= Wirkendes Wort, Beiheft 5) Düsseldorf.

Polenz, Peter von (1985): *Deutsche Satzsemantik. Grundbegriffe des Zwischen-den-Zeilen-Lesens.* Berlin: de Gruyter.

Schemann, Hans (1993), *Deutsche Idiomatik. Die deutschen Redewendungen im Kontext.* Stuttgart: Klett.

Dietrich Busse, Köln (Deutschland)

49. Mehrwortlexeme

1. Phraseologismen und Wortbildungen
2. Wortbildung
3. Literatur in Auswahl

1. Phraseologismen und Wortbildungen

Die bedeutendste Parallele zwischen Phraseologismen (PGn) und Wortbildungen (WBn) besteht darin, dass beide als komplexe Nominationseinheiten dienen. Nach der üblichen sprachrealistischen Deutung heißt dies, dass sprachlos entstandenen Dingen nachträglich deskriptive Namen zugelegt werden. Verschieden sind die PGn und die WBn vor allem insofern als die Inhalte und die syntaktischen Formen der letzteren aus deren konstitutiven Komponenten erschlossen werden können, was bei den ersteren nicht möglich ist. Ferner gelten die PGn (die „Multiverbierungen") als Lexeme genauso wie die WBn (die „Univerbierungen") (Fleischer 1992, 53–65).

Die Grenze zwischen den PGn und den WBn ist jedoch fließend. Dies zeigt sich vor allem bei den nicht oder teilweise motivierten WBn, die in der Regel unerforscht bleiben. Bei *Schornstein* erlauben beide Teile keine synchrone Analyse, bei *Goldhaar* kaum mehr (d.h. realistisch: sie sagen über die Referenten fast nichts aus). Sie müssten somit PGn sein, werden aber Komposita genannt. Da eventuell die meisten WBn keine oder sehr dürftige synchrone Motivation aufweisen, so bleibt der WB in der realistischen Forschung wenig Spielraum.

Der funktionale Strukturalismus sieht die Frage ganz anders. Die „Nomination" ist für ihn die primäre Schöpfung der Sprachbedeutungen, deren Weltbezug als sekundär erscheint. Damit werden die PGn und die WBn zur zentralen Domäne der sprachlichen Kreativität erhoben. Die PGn verlieren jedoch den Lexemstatus, denn der Strukturalismus verlangt eben die synchrone Analysierbarkeit, da sonst keine Oppositionen möglich sind. Die satzförmigen PGn sind Gegenstand u.a. der Literaturwissenschaften, die wortgruppenförmigen PGn fallen der Syntagmatik zu. Die durch einfache Lexeme ersetzbaren PGn, die „lexikalischen Periphrasen", z.B. *vis-à-vis*, bilden zwar Oppositionen und gehören zur Lexikologie, aber als eigene Art (Coseriu 1973, 218–223). Schließlich werden weite Bereiche für die WB „gerettet": sogenannte „idiomatisierte" WBn wie *Großvater* sind echte Komposita, sie haben nur antonomastische Bedeutungen (vgl. 2.2.).

Bei vorläufig ungeklärter Forschungslage und fraglichem Lexemcharakter der PGn muss sich ein Artikel über die Mehrwort*lexeme* heute speziell auf die WBn konzentrieren.

2. Wortbildung

2.1. Standpunkt der realistischen Semantik

2.1.1. Ideenrealismus

Der theoretische Status der Mehrwortlexeme (MWLe) gab immer schon Anlass zu kontroversen Deutungen, die letztlich durch philosophische und semantische Positionen bedingt waren. Unter den verschiedenen Arten des ontologischen Realismus ist der bis heute einflussreiche Aristotelisch-scholastische Ideenrealismus für unsere Darstellung deshalb wichtig, weil er eine theologisch zentrale und daher gut durchdachte Theorie der MWLe entwickelte. Dieser extreme Realismus besagt, dass die Sprache nur passiver Reflex der aktiven Realität ist, die aus einer strengen Ordnung der realen und erkennbaren Ideen (der Formen) der Dinge besteht. Ein Sprachelement kann folglich nur durch die einschlägige Dingform (Idee) gedeutet werden. Da diese Form das Sprachelement kausal hervorbringt und allein dessen Bedeutung ist, herrscht zwischen den beiden idealiter ein striktes 1:1-Verhältnis.

Nach dieser Ontologie sind die Urelemente der Welt die je durch eine Idee beherrschten Substanzen. Der Wandel der Welt wird durch Affinität der ähnlichen Qualitäten der Substanzen verursacht, die zu deren Zusammenfall führen kann. So entstehen die sogenannten Mischwesen, die mixta. Wichtig ist, dass das mixtum eine echte Neuschöpfung mit nur einer Wesensform (Idee) ist. Z. B. im mixtum *benedictio* bestehen die ursprünglich autonomen Teile *bene* und *dictio* nur noch akzidentell, denn die Realdefinition von *benedictio* lautet: Ein durch bestimmte Handgebärden des Priesters gespendetes Sakramentale. Hier haben *bene* und *dictio* offenkundig keine Rolle mehr (Thomas Aquinas 1955, I, 545; Sertillanges 1954, 345 ff.).

Das MWL ist Abbild des realen mixtums. Dabei ergeben sich mehrere bis heute diskutierte Lösungsversuche der Kompositionsforschung. Erstens kann nur ein MWL wie *benedictio* als echt gelten, weil ihm eine bekannte Realidee zugrundeliegt. Das von Aristoteles genannte *Bockhirsch* hingegen ist nur ein erfundenes figmentum (heute: ein ad hoc-MWL), da ein solches Tier nicht erkennbar ist und folglich nicht existiert. Zweitens wird das MWL dem Satz gegenüber scharf abgegrentz. Im Satz *(x) dicit bene* haben die beiden Teile ihre eigenen Bedeutungen und vertreten zwei autonome Substanzen; er behauptet etwas. Im MWL schrumpfen die Teile jedoch zu bloßen Akzidentien, denn es hat nur eine Bedeutung und vertritt bloß eine Substanz. Das MWL ist eine ungeteilte Einheit, es unterscheidet sich von einem Simplex nur in der unwesentlichen Hinsicht, dass in ihm akzidentelle Merkmale explizit ausgedrückt sind. Drittens: Das in *benedictio* steckende verbale Element *dicere* berechtigt nicht, aus ihm eine Behauptung zu machen, denn in *benedictio* ist materiell nichts dergleichen vorhanden. Es war nicht gestattet, dem von der einzelnen Idee erzeugten Wort etwas hinzuzufabulieren. Als einfaches Wort behauptet das MWL nichts, es ist umgekehrt Bedingung des wahren oder falschen Behauptens (Thomas Aquinas 1955a; Arens 1984, 523).

2.1.2. Konzeptualismus

Mit dem ontologischen Ideenrealismus konkurriert der epistemisch-repräsentative, konzeptualistische Ralismus. Real sind hier die durch die Eizeldinge der äußeren Welt verursachten seelischen Vorstellungen und Begriffe, oder angeborene Organismen. Die einflussreichsten Richtungen dieses psychologistischen Realismus in unserem Jahrhundert sind die junggrammatische und in den letzten Jahrzehnten die generativistische Schule.

2.1.2.1. Junggrammatiker

Die Junggrammatiker haben an der Aristotelischen Kompositionslehre nicht viel auszusetzen. Ihr Theoretiker Hermann Paul hält die Sprache für ein bloßes Abbild, allerdings nicht der Ideen, sondern der „durch die Außenwelt gegebenen (Vorstellungs)gruppen" (1970, 26). Die Urelemente der Psyche sind die einfachen Vorstellungen, die der Sprache die Simplicia. Werden die Primitiva in der Psyche analogisch miteinander verbunden, so entstehen in der Sprache entsprechende Zeichenverbindungen, z. B. MWLe. Voraussetzung eines eigentlichen MWLs ist eine sozial gewordene psychische Verbindung, ein „fester Begriff" (1970, 25 ff.), sonst sind Wortverbindungen „uneigentlich".

Die junggrammatischen Kompositionsforscher stellen sich (wie schon Jacob Grimm) neben der historischen die wichtige synchrone Frage, ob das MWL einen syntaktischen oder lexikalischen Status hat. Als Synthetiker sagt Paul, psychologisch real (primär) seien die Teile (Wörter), aus denen sekundär Ganzheiten (z. B. Sätze) synthetisiert würden; darum sei das MWL ein Syntaktikum, allerdings mit sehr starken Einschränkungen. Ein *Wandgemälde* z. B. sei keine Verkürzung von etwa *Gemälde für die/an der Wand/jemand macht Gemälde für die Wand* etc. ins Unendliche, denn da es nichts als das Eintreten der psychischen, festen Determinativverbindung der Primitiva *Wand* und *Gemälde* in die äußere Erscheinung ist, darf man ihm weder etwas hinzufügen noch wegnehmen. Konsequenterweise lehnt Paul (auch wegen fehlender Determination und abweichender Bedeutung des ersten Kompositionsgliedes) dann alle syntaktischen Züge des determinativen MWLs ab, bis auf einen:

(Im determinativen MWL) „wurde das zweite Glied in irgend welcher Art durch das erste bestimmt" (1959, 8). Nur in diesem generischen Sinn ist das MWL ein Syntaktikum. Darin waren Jacob Grimm und die Junggrammatiker einer Meinung (zu Einzelheiten vgl. Seppänen 1977, 127ff., 139ff.).

Im Gegenstaz zu Paul war Karl Brugmann Analytiker (im Sinne Wilhelm Wundts). Er meinte, die Psyche apperzipiere in der konkreten Rede primär keine atomaren Einzelvorstellungen, sondern holistische Einheitsvorstellungen. Die Paulschen Syntaktika wie Satz und MWL sind für Brugmann in dieser grundlegenden Erfahrung also asyntaktische (unanalysierte), miteinander äquivalente Blöcke. Nur in der sekundären, semantisch-syntaktischen Analyse gehen die zwei auseinander, sogar radikal. Z. B. der holistische, feste Begriff *Landesverrat* lautet als analytischer Satz (als Realdefinition): Jemand gefährdet durch verräterische Handlungen die äußere Sicherheit des Staates. Das analysierte MWL *Landesverrat* hingegen sagt nur, dass *Verrat* durch *Land* irgendwie determiniert ist (1906, 69f.). Das MWL ist somit als Definition viel zu kanpp und meistens irreführend, es ist dem Satz gegenüber „isoliert", d. h. ein konventionelles Zeichen. Die analysierten MWLe sind zwischen Satz und Simplex liegend Syntaktika sui generis. Aber als primär apperzipierte Ganzheiten sind sie absolut asyntaktisch, etwa so wie die Aristotelischen mixta, d.h. Simplicia: (Das MWL ist) „konventioneller Ausdruck für irgendwie einheitliche Gesamtvorstellung" (1981, 139). Die morphologische Form des MWLs ist irrelevant (1981, 139f.); jede Sprachform, z.B. eine phraseologische Einheit, der ein fester Begriff zugrundeliegt, ist ein Kompositum.

Für andere Junggrammatiker wie auch für Grimm spielte die Morphologie eine gewisse Rolle. Paul hielt die Zusammenschreibung für wichtig, weil damit die bestimmungsfreie attributive Funktion des ersten Kompositionsgliedes sichtbar wurde (1981, 183). Für Grimm war das (nur historisch belegbare) morphologische Zeichen der eigentlichen Zusammensetzung der „compositionsvocal", der einem *haushund* eine vom *gottesfurcht* völlig verschiedene Bedeutung verleiht, denn letzterem wohnt ein Flexionszeichen inne (1967, 386). Unter dem sematischen Druck des „festen Begriffes" musste Paul jedoch zugeben, dass z.B. der *siebenjährige Krieg* ein MWL ist (1981, 181ff.), und Grimm, dass manches MWL mit Flexionszeichen die Bedeutung eines eigentlichen MWLs erhalten hat und umgekehrt (1967, 414).

2.1.2.2. Generative Transformationsgrammatik

Real für die GTG ist der angeborene psychische Organismus (Kompetenz) des Sprechers/Hörers. Er wird als Mechanismus definiert, der alle korrekten Sätze einer Sprache erzeugt und die inkorrekten ausschließt. Da dieser als biologisch hingestellte Mechanismus als bloße Hypothese nicht direkt beobachtbar ist, muss er in der wahrnehmbaren Sprache abgebildet werden, was durch Intuition möglich sein soll. Mit ihrer Hilfe konstruiert man ständig neue Modelle bzw. Grammatiken, bis eine gefunden wird, die zumindest annähernd dasselbe wie das Original leistet, und zwar ebenfalls mechanisch.

Die generativistische Kompositionslehre ist gleich der Paulschen synthetisch. In der Intuition des Generativisten ist der psychische Organismus eine aus primären Teilen gesetzmäßig kombinierte, sekundäre Einheit. Deshalb muss ihr sprachliches Abbild ein strenger Regelapparat sein, der aus primären Formativen sekundäre, satzförmige Ketten (Tiefenstrukturen, TSn) konstruiert und diese durch formale Transformationen zu konkreten MWLn (Oberflächenstrukturen, OSn) umgestaltet. Die TS ist abstrakt, im Falle von *Waldblume* informell etwa NP (*Blume*) – V (*befindet sich*) – PP (*im Walde*). Die GTG greift also die alte Idee auf, dass die MWLe „verkürzte Sätze" sind, deren Teile nicht wie bei Aristoteles zerstört, sondern in der TS voll da und immer abrufbar sind.

Streitfrage im Lager der GTG ist zunächst die Art der zugrundeliegenden Primitiva. Robert Lees (1960) gründete sein Modell auf formalgrammatischen Relationen und erhielt so acht Hauptklassen der englischen MWLe, z.B. Subjekt-Prädikat (*the bird is black → blackbird*) etc. Wenn die Regel Verb-Subjekt aus *playboy* einen *boy, who plays* macht, so sieht man, dass formale Regeln ohne Sematik mindestens bei der Deutung der MWLe wenig Sinn haben (zur Kritik vgl. Downing 1977, 811f.).

Das Semantikdefizit wurde von Charles Fillmore (1968) auf eine Weise behoben, die viel Nachfolge fand. Er ersetzte in der TS die Funktionsbegriffe wie „Subjekt von", „Objekt von" und die Präpositionalphrase durch sogenannte semantische Kasus, d. h. durch eine finite Menge mit Platonischen Ideen vergleichbarer universeller und angeborener Entitäten wie Agentiv, Instumental, Lokativ,

Objektiv etc. Das für die Ableitung der MWLe lästige Problem der Satzmodalitäten (der im MWL fehlenden Tempora, Modi, Negationen etc.) löste Fillmore so, dass er die Wortableitungen aus einer modalitätsfreien, propositionalen Komponente („Satzbegriff") ableitete und damit die Anzahl der Transformationen verringerte. Die TSn bestehen jetzt aus Prädikaten (Tiefenverben) und einer endlichen Menge der von diesen abhängigen Kasusrelationen.

Eine gründliche Einführung in die (leicht modifizierte) Kasusgrammatik Fillmores und deren Anwendung auf deutsche MWLe findet man in der Monographie Wilfried Kürschners (1974). Mit anderen Generativisten schließt er zunächst die lexikalisierten Bildungen aus, z.B. *Großvater*, das mit seiner Paraphrase *Vater, der groß ist* nicht bedeutungsgleich ist, so auch die ad hoc-MWLe, z.B. *Brautstau* (der Spiegel), das keine prädikable Paraphrase hat. Übrig bleiben lediglich die regelmässigen MWLe wie *Holzhaus*, dem die Paraphrase *Haus, das aus Holz ist* recht gut entspricht. Auch *Putzfrau* geht noch, denn außer *Frau, die putzt* enthält es nur den geringen Zusatz „habituell". Das heißt, dass nur ein kleiner Teil der deutschen MWLe transformationell abgeleitet werden kann. Da beim MWL die Satzmodalitäten fehlen, geht es nun nicht mehr auf dieselbe TS zurück wie der einschlägige Satz, sondern nur auf eine „verwandte" TS (1974, 82), woraus folgt, dass die MWLe keine „verkürzten Sätze", sondern – wie schon bei den Junggrammatikern – Bildungen zwischen Satz und Simplex sind.

Dem Leeschen Modell gegenüber bedeutet das von Kürschner einen Fortschritt, weil dies die Lücke zwischen Paraphrase und MWL verringert. Sie scheint aber kaum schließbar zu sein, weshalb die Kritik in beiden Fällen ähnlich war. Zum einen ergibt die unmittelbare psychische Intuition fast immer nur eine Paraphrase, z.B. bei *Fischfrau Frau, die Fische transferiert* obwohl unzählige andere möglich wären. Ziel der Grammatik ist aber gerade das Mögliche. Zum anderen ist die so gewonnene Paraphrase wohl immer inadäquat, da sie keine reine Sprachbeschreibung im Sinne der paradigmatischen Oppositionen, sondern eher Dingbeschreibung ist. Somit scheint sich die Zahl der transformationell ableitbaren MWLe sehr zu verringern, wenn nicht gleich Null zu sein. Die MWLe wären jedenfalls arbiträre Zeichen. Die grundlegende Annahme, den MWLn liege eine finite Menge der TSn zugrunde, durch welche jene präzise klassifiziert werden könnten, wird nicht bestätigt (zur Kritik vgl. Heringer 1984, 1–13).

Ähnliche Überlegungen führten zur weitgehenden Aufgabe der transformationalistischen Hypothese zugunsten der lexikalistischen. Pamela Downing (1977) ließ Testpersonen gewisse Bilder durch ad hoc-MWLe (vom Typ N+N) benennen und interpretieren. Es ergab sich eine große Menge von MWLn und deren Paraphrasen, die durch keine kurze Liste von metaphysischen Strukturen, sondern durch allgemeines Weltwissen sowie durch konkrete Kontexte und Situationen erzeugt und interpretiert wurden. Das Resümee: „[…] any attempt to formalize […] a list of possible compounding relationships is bound to fail […]" (1977, 840f.). Diese Revolution der GTG initiierte Chomsky (1970) selbst insbesondere mit der Behauptung, dass im Vergleich mit den Satzregeln die der Wortbildungen nur beschränkt produktiv seien. Deshalb sei es begründet, sie ins Lexikon zu verlegen (und dort durch rekursive Lexikonregeln zu beschreiben), womit die TSn der Sätze entlastet werden. Vor allem wegen der Autorität Chomskys erlahmten weitere transformationalistische Versuche für lange Zeit.

Charakteristisch für die weitere Entwicklung des Generativismus ist die starke Verdünnung der TS. Ferner wurden die von Chomsky ursprünglich vernachlässigten morphologischen und phonologischen Regeln und Restriktionen der MWLe betont, vgl. Aronoff (1981, 51–86), Spencer (1991, 309–344); für einschlägige deutsche Regeln auf generativer Grundlage vgl. Wurzel (1970, 91–104). Schließlich folgte aus Chomsky (1970) die zunehmende Modularisierung der Ableitungsregeln. Nun hieß es allgemein, die Wortbildungsregeln operierten ganz im Rahmen des Lexikons und hätten mit denen des Satzes nichts zu tun (Aronoff 1981, 22f.).

Brennpunkt der gegenwärtigen generativen Kompositionsforschung ist einmal der Unterschied zwischen den Wurzel- und den synthetischen Komposita (root und synthetic compounds), zweitens und vor allem die thematischen (theta) bzw. semantischen Rollen und die Valenzbeziehungen (Argumentstrukturen) der letzteren.

Ein Wurzelkompositum ist z.B. *mosquito-net*, weil sein zweites Glied (head) kein verbales Element enthält. Deshalb ist sowohl seine quantitative als auch qualitative Valenz unbestimmt: es hat keine prädikable Interpretation. Allgemein wird angenommen, dass die Wurzelkomposita direkt in der Basis und nicht aus strukturell verschiedenen Tiefenformen durch syntaktische Regeln konstruiert werden. Ihre Problematik, insbesondere die Beschränkung ihrer Produktivität, wurde vorläufig nur wenig untersucht (Spencer 1991, 319—324). Hört man ein solches MWL zum ersten Mal, kann man höchstens durch pragmatische Umstände oder durch Analogie ähnlicher OS-MWLe erraten, was gemeint ist (Carstairs-McCarthy 1992, 109). Einem synthetischen MWL hingegen gibt das im head steckende verbale Element eine klare Argumentstruktur, d. h. eine endeutige Interpretation. Da die verbabhängigen Valenzbeziehungen gemeinhin als syntaktisch angesehen werden, flammte der alte Streit zwischen den Lexikalisten und den Transformationalisten wieder auf. Jetzt scheinen die letzteren sogar zu dominieren.

Eingeleitet wurde die neue Phase von den quasi-Lexikalisten Thomas Roeper und Muffy Siegel (1978). Grundlegend ist für sie die generelle Regel „First Sister Principle": Alle Verbalkomposita werden durch die Einfügung eines Wortes in die „first sister position" des Verbes gebildet (1978, 208). Grob formuliert: In der regelmäßsen Valenzstruktur [[empty] + $build_v$ + ed] [$by hand$ (Instrument)] wird durch die lexikalische Bewegungstransformation (wenn wir von +ed und by absehen) die Leerstelle mit $hand$ gefüllt, womit $handbuilt$ erreicht ist. (Zur Kritik Roeper/Siegels und zu weiteren Lexikalisten vgl. Spencer 1991, 326—333.)

Nigel Fabb (1984) gründete als erster die MWLe auf einer rein syntaktischen Valenz. Nach dem von ihm angenommenen „Projection Principle" müssen die obligatorischen Valenzergänzungen auf allen Stufen der Ableitung präsent sein. Z. B. *Gesetzgeber* enthielt nur eine Ergänzung (Gesetz) des (mindestens) dreiwertigen *geben* und war deshalb ein Lexem, denn die Affixe galten nicht als Ergänzungen. Da die Government-Binding-Theorie Chomskys dies jedoch erlaubte, wurde es möglich, dem MWL die syntaktische TS vom Typ *geb* (Prädikat) — *er* (Agens) — *Gesetz* (Thema) zugrundezulegen, woraufhin die syntaktischen Transformationen operierten. Damit sind wir wieder bei verkürzten Sätzen angelangt: Gesetzgeber ist jemand, der Gesetze gibt. (Zu den Syntaktikern vgl. Spencer 1991, 333—340.)

2.2. Standpunkt der sprachlichen Semantik

Die sprachliche Semantik (SpS) vertritt den gemäßigten, Ockhamschen Nominalismus, der in der westlichen Welt schon lange Kulturhegemonie hat. Sie verwirft den metaphysischen Ballast des Realismus (den „Mythos des Gegebenen" wie die Ideen und die angeborenen Seelenkräfte) und lässt die ganze Sprache freies Menschenwerk sein. Damit fällt das Abbilddenken, denn Seele und Welt haben keine vorsprachlich erfahrbaren, abbildbaren Strukturen. Der Linguist hat daher zu allererst zu fragen, was die Sprache selbst außerhalb aller Kontexte sagt. Was z. B. ein MWL bedeutet, darf nicht von außen, etwa aus TSn, hergeholt werden, denn von materiellen Zeichen unabhängige Bedeutungen sind nach der SpS metaphysische Chimären: Laut der Saussureschen Bilateralitätsthese sind beide schon immer untrennbar. Nachdem die sprachinterne Bedeutung untersucht ist, kann die Frage nach dem Weltbezug der Sprache gestellt werden. Drei Stufen sind dabei zu unterscheiden: Systembedeutung, Norm und Bezeichnung.

Die Bedeutung eines Wortes wie *Goldwaage* ergibt sich aus seiner Stellung («valeur») im innersprachlichen System von Oppositionen, die aus unterscheidenden Zügen bestehen, hier aus dem Zug *Gold* gegenüber *Brief* bei *Briefwaage*. Die ganze Sprache ist ein System von Oppositionen. Nur die in *Goldwaage* materiell begründete, hochabstrakte Bedeutung *Waage durch Gold irgendwie bestimmt*, d. h. das rein sprachliche Wissen, vermag als Opposition zu funktionieren; als potentielle Bedeutung bildet sie den Rahmen für die Realisierungen. Eine kontextuelle Ralisierung wie *Waage, mit der man Gold wiegt* bildet keine sprachlichen Oppositionen, denn sie ist mit viel Weltwissen gemischt und materiell nicht begründet.

Sieht man nominalistisch von der Welt (den Realisierungen) ab, so ergibt sich der Vorteil, dass hier im Gegensatz zu den anderen Schulen kein aus autonomen Wörtern bestehendes determinativistisches MWL (kopulative und Satzkomposita sind eine unbedeutende Ausnahme) ausgeschlossen wird, weder *Großvater* und *Edelmann*, noch *Bockhirsch* und *Brautstau*, denn rein sprachlich vertreten sie alle denselben Bedeutungstyp Zweitglied durch Erstglied irgendwie bestimmt. Da die MWLe per definitionem Möglichkeiten sind, ist keines von ihnen auf nur eine (psychologisch-spontan zuerst einfallende) Realisierung (*Papierkorb = Korb für Papier*) beschränkt, wie zumeist in der GTG, sondern prinzipiell auf unzählbare Weisen deutbar (*Korb aus Papier etc.*). Ferner ist ein realistisch als lexikalisiert gestempeltes MWL wie *Großvater* von seinem Referenten *Vater des Vaters* unabhängig, d. h.

ein arbiträres Zeichen, das wie viele Simplicia (vgl. *Löwe* im Salon) eine antonomastische Bezeichnung hat. Dasselbe gilt für die sogenannten Exozentrika: *Dickkopf* ist sprachlich nichts anderes als *dicker Kopf*. Schließlich sind die realistisch gesehen problematischen ad hoc-Komposita wie *Bockhirsch* und *Brautstau* nominalistisch ganz in Ordnung, denn die Wörter sind nicht an Existenz und Wahrheit gebunden, sie sind umgekehrt Bedingung der Möglichkeit von beiden, wie schon Aristoteles bemerkte.

Den Weltbezug der Bedeutung machen Norm und Bezeichnung aus. In einer Anzahl von Fällen wie *Hauptmann* und *Hauptstadt* ist die Realisierung so stark fixiert, dass zumindest in der Alltagsrede sicherlich nur eine Deutung möglich ist; sie ist die Norm. Sonst herrscht eine geräumige Freiheit, die durch keine finite Menge von Sprachregeln, sondern von der Bezeichnung, d. h. vom Weltwissen (von pragmatischen Kontexten und Situationen) gesteuert ist. *Papierkorb* wird als *Korb für Papier* gedeutet, weil hierzulande zur Zeit ein solches Ding allgemein bekannt ist. *Korb für Papier* ist deshalb keine Bedeutung, sondern eine Realdefinition des Papierkorbes. Die für die GTG zentralen Restriktionen sind nach der SpS ebenfalls meistens nicht sprachlich, sondern pragmatisch bedingt. *Handmensch* klingt abweichend nur, weil *Mensch, der Hände hat* in unserer Welt keine Information enthält. Außer dem allgemeinen Weltwissen ist noch ein aktuelles nötig. Vom Grimmschen Beispiel *bettsprung* wissen wir allgemein nur, dass wohl kein Bett, sondern eher ein Mensch einen Sprung macht. Aber nur das aktuelle Wissen, dass jemand abends ins Bett und nicht etwa aus dem Bett springt, macht die Bezeichnung von *bettsprung*, d. h. dessen Realgehalt in einer bestimmten Situation, aus.

Die Stärke der SpS ist, dass sie mit nur einem Kriterium (Semantik) auskommt, zwischen Sprache und Welt strikt trennt, praktisch alle MWLe einheitlich beschreiben kann, die MWLe als einen autonomen Bereich zwischen Satz und Simplex (eine „grammatikähnliche" Struktur) etabliert und dass vor allem die Bildung der MWLe, ein zentraler Prozess der sprachlichen Kreativität, nicht auf autonomen Aktionen eines asozialen, angeborenen Organismus beruht, sondern auf den sozialen Bedürfnissen der Alltagsrede. Eine Schwäche der SpS ist, dass in ihrem theoretischen Rahmen den MWLn vorläufig nur relativ wenig empirische Untersuchungen gewidmet sind.

(Zum ganzen Kapitel 2 vgl. Coseriu 1970, 104–121; Heringer 1984, 1–13.)

3. Literatur in Auswahl

Arens, Hans (1984), *Aristotle's Theory of Language and its Tradition*. Amsterdam/Philadelphia: John Benjamins.

Aronoff, Mark (1981), *Word Formation in Generative Grammar*. (2. printing.) Cambridge, Mass.: The MIT Press.

Brugmann, Karl (1906), *Vergleichende Laut- Stammbildungs- und Flexionslehre nebst Lehre vom Gebrauch der Wortformen der indogermanischen Sprachen*, II, 1, Straßburg: Karl J. Trübner.

–, (1981), Über das Wesen der sogenannten Wortzusammensetzung. In: *Wortbildung* (Hrsg. Lipka, L.; Günther, H.). Darmstadt: Wissenschaftliche Buchgesellschaft, 135–178.

Carstairs-McCarthy, Andrew (1992), *Current Morphology*. London/New York: Routledge.

Chomsky, Noam (1957), *Syntactic Structures*. The Haque: Mouton.

–, (1970), Remarks on Nominalization. In: *Readings in English Transformational Grammar* (eds. Jacobs, R./Rosenbaum, P.), Waltham, Mass.: Blaisdell, 184–221.

Coseriu, Eugenio (1970), Bedeutung und Bezeichnung im Lichte der strukturellen Semantik. In: *Sprachwissenschaft und Übersetzen* (Hrsg. Hartmann, P.; Vernay, H.), München: Hueber, 104–121.

–, (1973), Einführung in die strukturelle Betrachtung des Wortschatzes. In: *Tübinger Beiträge zur Linguistik* 14. Tübingen, 193–238.

Downing, Pamela (1977), On the Creation and Use of English Compound Nouns. In: *Language* 53, 810–842.

Fabb, Nigel (1984), *Syntactic Affixation*. PhD dissertation, MIT.

Fillmore, Charles (1968), The case for case. In: *Universals of Grammar* (eds. Bach, E./Harms, R.). New York: Holt, Rinehart etc., 1–88.

Fleischer, Wolfgang (1992), Konvergenz und Divergenz von Wortbildung und Phraseologisierung. In: *Phraseologie und Wortbildung – Aspekte der Lexikonerweiterung* (Hrsg. Korhonen J.). Tübingen: Max Niemeyer Verlag, 53–65.

–, (1995), *Wortbildung der deutschen Gegenwartssprache*. (2. Auflage.). Tübingen: Max Niemeyer Verlag.

Grimm, Jacob (1967), *Deutsche Grammatik* II. Hildesheim: Georg Olms. (2. Auflage.).

Heringer, Hans Jürgen (1984), Wortbildung: Sinn aus dem Chaos. In: *Deutsche Sprache* 12, 1–13.

Kürschner, Wilfried (1974), *Zur syntaktischen Beschreibung deutscher Nominalkomposita*. Tübingen: Max Niemeyer Verlag.

Lees, Robert (1960), *The Grammar of English Nominalizations.* Bloomington: Indiana University Press.

Marchand, Hans (1969), *The Categories and Types of Present-Day English Word-Formation.* (2. edition.) München: Beck.

Paul, Hermann (1959), Deutsche Grammatik V. (4. Auflage.) Halle (Saale): Max Niemeyer Verlag.

-, (1970), *Prinzipien der Sprachgeschichte.* (9. Auflage.) Tübingen: Max Niemeyer Verlag.

-, (1981), Das Wesen der Wortzusammensetzung. In: *Wortbildung* (Hrsg. Lipka, L.; Günther, H.). (2. Auflage.) Darmstadt: Wissenschaftliche Buchgesellschaft, 179–186.

Roeper, Thomas; Siegel, Muffy (1978), A Lexical Transformation for Verbal Compounds. In: *Linguistic Inquiry* 9, 199–260.

Seppänen, Lauri (1977), Zur Beziehung zwischen Satz (Wortgruppe) und Kompositum bei Grimm, Paul und Brugmann. In: *Neuphilologische Mitteilungen* 2/LXXVIII, 126–164.

Sertillanges, Antonin-Gilbert (1954), *Thomas von Aquin.* (Frz. Original 1910: Saint Thomas D'Aquin.) Köln Olten: Jakob Henger.

Spencer, Andrew (1991), *Morphological Theory.* Oxford: Basil Blackwell.

Thomas Aquinas (1955), *Summa Theologiae* I Madrid: Biblioteca de Autores Cristianos.

-, (1955a), *In Aristotelis libros Peri Hermeneias et Posteriorum analyticorum Expositio.* Taurini/Romae: Marinetti.

Wurzel, Wolfgang (1970), *Studien zur deutschen Lautstruktur.* Berlin: Akademie-Verlag

Lauri Seppänen, Tampere (Finnland)

50. Pragmatische Phraseologismen

1. Gegenstandsbereich und Terminologie
2. Funktionen und Typen
3. Phraseologie und Pragmatik – ein Ausblick
4. Literatur in Auswahl

1. Gegenstandsbereich und Terminologie

Als *pragmatische Phraseologismen* werden feste Wendungen bezeichnet, „die nur mit pragmatischen Kategorien beschrieben werden können" (vgl. Burger/Buhofer/Sialm 1982, 105). Die entsprechenden Ausdrücke weisen zwar charakteristische Merkmale von Phraseologismen (Polylexikalität, Idiomatizität, Festigkeit, Reproduzierbarkeit etc.) auf, ihre Bedeutungsbeschreibung lässt sich jedoch nicht mit den traditionellen Beschreibungskategorien der Phraseologie vornehmen. Konstitutiv für diese Gruppe ist, dass eine adäquate Bedeutungsbeschreibung für die pragmatischen Phraseologismen nur auf der Grundlage einer Analyse ihrer pragmatischen Funktion geleistet werden kann.

Syntaktisch und semantisch ist die Gruppe der pragmatischen Phraseologismen sehr heterogen: Neben syntaktisch vollständigen Wendungen wie *Die Sitzung ist eröffnet* oder *Haben Sie noch einen Wunsch?* und Ausdrücken mit „impliziter Satzstruktur" (Fleischer 1997, 125) wie *Guten Tag* oder *Hand aufs Herz* werden den pragmatischen Phraseologismen Syntagmen wie *offen gesagt* oder *um es kurz zu sagen* zugeordnet; neben idiomatischen Formeln wie *Grüß Gott, Koste es was es wolle* oder *Du kriegst die Motten* stehen nicht- und teilidiomatische Ausdrücke wie *Was meinst Du dazu?* und *Abwarten und Tee trinken.*

Zur Bezeichnung entsprechender Phraseologismen führt Burger (1973, 58) in Anlehnung an Makkai (1972, 134) den Terminus *Pragmatisches Idiom* ein. Wie die genannten Beispiele zeigen, gilt das Kriterium der Idiomatizität jedoch nicht für alle Elemente der Gruppe; im Rahmen des Zentrum-Peripherie-Modells werden diese deshalb der Phraseologie i.w.S. – und nicht der Idiomatik als deren Kernbereich – zugeordnet (vgl. Fleischer 1997, 69; 125ff.; kritisch dazu Feilke 1996, 193ff.). Folgerichtig modifizieren Burger/Buhofer/Sialm (1982, 105) den Terminus und sprechen von *pragmatischen Phraseologismen.*

Im Rahmen unterschiedlicher Paradigmen wurden eine Reihe alternativer Termini vorgeschlagen, deren Extension sich z.T. erheblich von der des hier skizzierten Begriffs unterscheidet. So spricht Reichstein (1973, 212) von „festgeprägten Sätzen", Lüger (1999) von „satzwertigen Phraseologismen", Fleischer

(1997, 125ff.) von „kommunikativen Formeln", Daniels/Pommerin (1979, 572) von „sprachlichen Schematismen", Quasthoff (1983, 5) von „formelhaften Wendungen", Eckert/Günther (1992, 81) von „Phraseotextemen", Feilke (1996, 265f.) von „pragmatischen Prägungen". (Vgl. auch die Übersicht in Lüger 1991, 29f.)

In der neueren Literatur wird zur Bezeichnung derartiger Ausdrücke häufig der Terminus *Routineformel* verwendet (vgl. z. B. Coulmas 1981; Lüger 1992; Burger 1998), meist als Synonym für „pragmatischer Phraseologismus" bzw. „pragmatisches Idiom" (vgl. z. B. Gülich/Henke 1979, 514; Kühn 1989, 830; Stein 1994, 153). Durch diese Bezeichnung werden die entsprechenden Phraseologismen in die Nähe der „linguistic routines" im Sinne von Hymes (1968, 126ff.) gerückt, zum anderen wird der Aspekt der Formelhaftigkeit betont.

Coulmas (1981, 69) charakterisiert Routineformeln als „funktionsspezifische Ausdrücke [...] zur Realisierung rekurrenter kommunikativer Züge". Durch ihre Präfiguriertheit komme ihnen eine wichtige Funktion in vielen Bereichen der alltäglichen Interaktion zu.

„Routineformeln sind das sprachliche Gewand kollektiver Strategien zielorientierten Handelns und Reagierens. In ihrer normalen d. h. den Normen der jeweiligen Gruppe entsprechenden Verwendung transformieren sie gegebene Situationen auf vorhersagbare Weise in andere Situationen. Gerade die mit ihnen verbundene Antizipierbarkeit des Ablaufs sozialer Ereignisse verleiht ihnen so große Wichtigkeit für die soziale Interaktion". (Coulmas 1981, 68)

Eingehender wendet sich Coulmas (1981) den situationsspezifischen Routineformeln zu, die selbständige Äußerungseinheiten darstellen, also Formeln wie *Ich entschuldige mich* oder *Guten Morgen*; aufgrund ihrer engen situativen Bindung kann derartigen Formeln in der Regel jeweils eine bestimmte kommunikativ-pragmatische Funktion zugeschrieben werden. Darüber hinaus erwähnt Coulmas nichtselbständige Routineformeln wie *ich glaube* und *nicht wahr?*, die z. B. der Gesprächssteuerung oder der Verständigungssicherung dienen (vgl. Coulmas 1981, 69; 119f.). Diese können den „situationsunabhängigen" pragmatischen Phraseologismen zugeordnet werden (vgl. Stein 1995, 50). Derartige diskursstrukturierende Wendungen werden in der Literatur auch im Zusammenhang der „gambits" (vgl. Keller 1979; Elspaß 1998, 91ff.), „hedges" (vgl. Lakoff 1972; Clemen 1997, 242f.), „äußerungskommentierenden Gesprächsformeln" (Hindelang 1975, 253) und „Diktumscharakterisierungen" (Hagemann 1997) untersucht. (Vgl. hierzu die Übersicht in Niehüser 1987, 24f.)

Umstritten ist, ob den pragmatischen Phraseologismen neben vollständigen Äußerungseinheiten auch unvollständige Äußerungsteile zugeordnet werden sollen. Vor allem im Rahmen von Ansätzen, die in der sowjetischen Forschungstradition (vgl. z. B. Reichstein 1973; Telija 1975) stehen, konstituiert sich die entsprechende Gruppe phraseologischer Formeln in erster Linie über formale Eigenschaften. Da der Satzbegriff dabei den wesentlichen Orientierungspunkt darstellt, kommen Funktionen im pragmatischen Sinn vorwiegend als Funktionen von „Satzlexemen" (Pilz 1978, 629) oder „festen Phrasen" (Häusermann 1977, 40ff.) in den Blick; pragmatische Aspekte spielen eine eher nachgeordnete Rolle (vgl. Eismann 1995, 106).

Auch Fleischer (1997, 125f.) nimmt in seine Klasse der „kommunikativen Formeln" nur „festgeprägte Sätze" auf, schließt neben verbalen Stereotypen mit „expliziter" aber auch solche mit „impliziter Satzstruktur" (z. B. *Bis dann!*) ein. Noch einen Schritt weiter geht Pilz (1978, 634), wenn er Einwort-Äußerungsformeln wie *Tschüß* aufgrund ihrer funktionalen Äquivalenz zu Grußformeln wie *Auf Wiedersehen* als „Satzlexeme" bezeichnet. Derartige Klassenzuordnungen zeigen, dass aus einer kommunikativ-pragmatischen Perspektive die relevante Bezugsgröße nicht der Satzbegriff ist, sondern die Äußerungseinheit zum Vollzug einer sprachlichen Handlung. Deshalb wurde in Beckmann/König (1991, 266f.) vorgeschlagen, den Begriff der *Satzwertigkeit* durch den der *Äußerungswertigkeit* zu ersetzen (vgl. hierzu auch Feilke 1996, 269; Lüger 1999, 54ff.). In einem solchen Rahmen können auch nichtselbständige Äußerungseinheiten wie *offen gesagt* als Handlungseinheiten beschrieben werden (vgl. Kapitel 2).

Eine weitere Schwierigkeit bei der Eingrenzung des Gegenstandsbereichs besteht darin, dass das Kriterium der Notwendigkeit einer pragmatischen Beschreibung große Interpretationsspielräume lässt. Das Kriterium wird einerseits im Sinne einer negativen Bestimmung interpretiert: Pragmatische Phraseologismen zeichnen sich demnach primär nicht durch eine gemeinsame Eigenschaft aus, sondern dadurch, dass sie sich einer Bedeutungsbeschreibung mit den Mitteln der traditionellen Phraseologie entziehen; die Gruppe pragmatischer Phraseologismen erscheint damit als eine Art 'Restkategorie'.

Aus pragmatischer Perspektive ist eine solche Interpretation des Definitionskriteriums nicht hinreichend; vielmehr stellt sich die Frage nach der spezifischen Leistung pragmatischer Phraseologismen. Zahlreiche Untersuchungen zeigen, dass neben den Routineformeln auch andere – vor allem äußerungswertige – Phraseologismen in ihrer Funktion adäquat nur mit pragmatischen Kategorien beschrieben werden können, so die Gemeinplätze (vgl. z.B. Gülich 1981; Fritz 1981; Sabban 1994), Geflügelten Worte, Sprichwörter (vgl. z.B. Schemann 1987, 30f.; Harnish 1995, Eikelmann/Tomasek i.E.) etc.; entsprechendes gilt für komplexere Einheiten wie formelhafte Texte (vgl. z.B. Stein 1995, 302ff.; Gülich 1997). Von einigen Autoren wird der Terminus *pragmatischer Phraseologismus* deshalb in einem weiten Sinn gebraucht (vgl. z.B. Stein 1995, Gülich 1997).

In der neueren Diskussion hat sich der Fokus von der Frage der taxonomischen Zuordnung hin zu der grundlegenderen Frage verschoben, welche Phraseologismen zur Beschreibung ihrer spezifischen Leistung eine pragmatische Analyse erforderlich machen (vgl. Kapitel 3). Während die terminologische Diskussion keineswegs als abgeschlossen gelten kann (vgl. z.B. Fleischer 1997, 76; 258f.), besteht weitgehend Einigkeit darüber, dass die pragmatische Betrachtung von Phraseologismen nicht auf den Kernbereich der Routineformeln beschränkt werden darf, sondern auf Einheiten wie Sprichwörter, Gemeinplätze und Maximen ausgeweitet werden muss.

2. Funktionen und Typen

Einen frühen Versuch der Beschreibung pragmatischer Funktionen von Phraseologismen hat Koller (1977) vorgelegt; der Entwurf blieb jedoch – wie die seither vorgelegten alternativen Konzeptionen – nicht unumstritten, vor allem aufgrund des vagen Funktionsbegriffs und der unsystematischen Funktionsklassen (vgl. z.B. Kühn 1987, 129). Koller (1977, 69) unterscheidet zwischen pragmatischen Funktionen von Redensarten in Bezug auf „die mit ihnen bezeichneten Sachverhalte, Situationen und Handlungen" und pragmatischen Funktionen in Bezug auf Sprecher und Adressat. Für die erste Gruppe führt Koller (1977, 70ff.) Funktionen wie „Wertungs- und Bewertungsfunktion" und „Anschaulichkeitsfunktion" an, für die zweite Gruppe nennt er z.B. „Ein-verständnisherstellungs- und -bestätigungsfunktion", „Anbiederungsfunktion", „Argumentations-Ersparungsfunktion" und „Emotionalisierungsfunktion" (vgl. Koller 1977, 72f.).

Coulmas (1981, 94ff.) unterscheidet in Bezug auf Routineformeln zwischen „sozialen Funktionen" (Kontaktfunktion, Verstärkung der Verhaltenssicherheit, Schibboleth-Funktion, Konventionalitätsfunktion) und „diskursiven Funktionen" (gesprächssteuernde, evaluative, metakommunikative und entlastende Funktion). Quasthoff (1983, 13ff.) nennt für die formelhaften Wendungen neben „kommunikativen Funktionen" (Verstehenssignal, argumentative Funktion, qualifizierende Funktion) die „interaktiven Funktionen" der Interaktionsstrukturierung und Beziehungsdefinition.

Wie die genannten Beispiele zeigen, wird der Funktionsbegriff – abhängig vom jeweiligen Forschungsansatz und vom untersuchten Phraseologismustyp – sehr unterschiedlich gefasst. In der Heterogenität der Funktionsbegriffe spiegeln sich die Komplexität des Phänomens und die Vielgestaltigkeit des Gegenstandsbereichs. Die Funktion von Phraseologismen ist nach Fleischer (1987, 51) unter mehr als einem Aspekt zu beschreiben; dabei ist nicht jeder Beschreibungsansatz für jede Teilgruppe in gleicher Weise geeignet. Angesichts der Heterogenität der Klasse pragmatischer Phraseologismen ist eine differenzierte Betrachtung des Funktionsaspekts erforderlich (vgl. Lüger 1999, 286), und dies gilt um so mehr, wenn die Analyse auf Sprichwörter, Gemeinplätze etc. ausgedehnt wird.

2.1. Bei der Gruppe selbständiger äußerungswertiger Phraseologismen kann unterschieden werden zwischen Einheiten, die eindeutig einem Handlungsmuster bzw. einer begrenzten Anzahl von Handlungsmustern zugeordnet werden können, und solchen, bei denen dies nicht möglich ist (vgl. Beckmann/König 1991, 266ff.). So ist eine Kontaktformel wie *Guten Tag* in ihrer Funktion wesentlich festgelegter als ein Gemeinplatz wie *Wir sind alle nur Menschen*.

2.1.1. Im Rahmen des sprechakttheoretischen Ansatzes lassen sich bestimmte äußerungswertige Phraseologismen als konventionelle Äußerungsformen zum Vollzug bestimmter Sprechakte auffassen. Burger/Buhofer/Sialm (1982, 41) bezeichnen diese als „pragmatisch markiert". Die Funktion solcher Routineformeln besteht darin, den entsprechenden illokutionären Akt zu konstituieren und zu indizieren. Sofern zum Vollzug des Sprechakts Formulierungsalternativen bestehen, ist darüber hinaus zu fragen, ob der gewählten Wendung im Vergleich zu alternativen phraseologischen und nicht-phraseologischen Äußerungsformen eine spezifische (z. B. stilistische, rhetorische oder strategische) Funktion zugeschrieben werden kann.

Für die Gruppe der selbständigen Routineformeln wurden einige Klassifikationsvorschläge erarbeitet, die sich in erster Linie an funktionalen Kriterien orientieren (vgl. z. B. Coulmas 1981, 117ff.; Gläser 1986, 129ff.). In diesem Zusammenhang ist auch Pilz (1978, 633ff.) zu nennen, der sich in seiner Klassifikation phraseologischer Formeln im wesentlichen auf Routineformeln bezieht:

I. Höflichkeitsformeln (*Guten Tag*)
II. Entgegnungs- und Erwiderungsformeln (*Tu, was Du nicht lassen kannst*)
III. Beschwichtigungs- und Ermahnensformeln (*Ruhig Blut!*)
IV. Erstaunensformeln (*Mir fehlen die Worte*)
V. Schelt- und Fluchformeln (*Hol's der Henker*)
VI. Kommentarformel (*Langt kräftig zu*)

Auf einer zweiten und dritten Stufe erfolgen z.T. weitere Differenzierungen, so vor allem für die Höflichkeitsformeln:

– Grußformeln
  Begrüßungsformeln (*Guten Tag*)
  Anredeformeln (*Meine Damen und Herren*)
  Schlussformeln (*Mit freundlichen Grüßen*)
  Abschiedsformeln (*Auf Wiedersehen*)
  Festtagsgrußformeln (*Frohes Fest*)
  spezielle Gruß- und Wunschformeln (*toi, toi, toi*)
– Konversationsformeln (*Hätten Sie die Freundlichkeit*)
– Tischformeln (*Guten Appetit*)
  etc.

Vor allem im Zusammenhang der Kommentarformeln wird deutlich, dass viele selbständige Phraseologismen nicht nur an spezifische Funktionen, sondern auch an charakteristische Situationstypen gebunden sind (vgl. Lüger 1999, 126ff.). Was unter Situationsabhängigkeit von Routineformeln zu verstehen ist, hat Coulmas unter dem Aspekt der „Voraussagbarkeit" und unter deren subjektivem Korrelat „Obligiertheit" sowie den Aspekten der „Abhängigkeit der Bedeutung und Verständlichkeit von der Äußerungssituation" und der „Kulturspezifik" zu präzisieren versucht (vgl. Coulmas 1981, 81f.). Der Aspekt der Kulturspezifik wurde in einer Reihe kontrastiver Arbeiten herausgearbeitet. So werden z. B. in der Gegenüberstellung der Systeme der Begrüßungsformeln für das Polnische und das Deutsche (vgl. Miodek 1994) bzw. für das Japanische und Deutsche (vgl. Coulmas 1981, 140ff.) neben einigen Entsprechungen erhebliche Unterschiede erkennbar. Derartige Ergebnisse – wie diese auch durch andere kontrastive Untersuchungen belegt sind – sind vor allem im Zusammenhang übersetzungswissenschaftlicher, zweitsprachendidaktischer und lexikographischer Überlegungen von Bedeutung.

Der Grad der Situationsabhängigkeit von Routineformeln kann variieren: Während eine Äußerung wie *Ist hier noch frei?* in verschiedenen Situationen verwendbar ist, nimmt die Formel *Ich eröffne die Verhandlung* einen ganz bestimmten Platz in spezifischen stereotypen Situationen ein. Formeln wie *Ich eröffne die Verhandlung* sind „in ihrer Vorkommensbedingung so restringiert, dass das Äußern der Formel für die Konstituierung einer bestimmten Situation unverzichtbar ist: Sprechakttheoretisch gesehen, wird erst durch das Aussprechen dieser (oder einer ähnlichen) Formel die Handlung 'eine Verhandlung eröffnen' vollzogen" (Stein 1995, 48).

Zur Situationsabhängigkeit von Formeln kann – wie in dem zitierten Beispiel – als weiteres Kennzeichen die institutionelle Gebundenheit treten; Lüger (1992, 23) spricht in Bezug auf sprachliche Handlungen und Handlungssequenzen, die über sich hinaus „auf ein gegebenes Ordnungs- und Wertesystem" verweisen, von Ritualen (vgl. auch Werlen 1984, 81ff.; Paul 1990, 21ff.; Rauch 1992, 25ff.). Als „Rituale im engeren Sinn" werden Äußerungen bezeichnet, die an eine bestimmte Institution gebunden sind und für deren Vollzug in der Regel schriftlich fixierte Anweisungen vorliegen (vgl. Lüger 1992, 27). Neben der Funktion der Konstitution und Indikation der sprachlichen Handlung besteht die spezifische Funktion ritueller Formeln in ihrem Verweischarakter auf eine bestimmte soziale Ordnung (vgl. Lüger 1992, 23).

2.1.2. Im Unterschied zu den Routineformeln lassen sich für andere äußerungswertige Phraseologismen wie Sprichwörter, Geflügelte Worte und Gemeinplätze (Tautologien, Truismen, Erfahrungssätze) in der Regel keine kontext-unabhängigen Illokutionszuordnungen vornehmen; für diese können jedoch mögliche Funktionen angegeben und entsprechende Funktionspotentiale herausgearbeitet werden. Häufig fungieren sie als zweite Züge im Rahmen dialogischer Kommunikationsspiele, wie Fritz (1981, 410; 413) dies für die tautologischen Sätze demonstriert hat. Durch eine genaue Analyse von Sprechaktsequenzen kann geklärt werden, auf welche Weise sich entsprechende Phraseologismen auf die spezifischen Bedingungen initialer Sprechakte beziehen können und wie die Wahl eines Phraseologismus die Möglichkeiten des sequentiellen Anschlusses beeinflusst. So wurde gezeigt, dass Sprichwörter und Gemeinplätze in besonderer Weise geeignet sind, im Rahmen von Argumentationen als Schlussregel zu fungieren und diese abzuschließen (vgl. Beckmann 1991, 91; vgl. auch Quasthoff 1978; Lüger 1993; 1999, 224ff.; Feilke 1996, 281).

2.2. Für die Gruppe der nicht-selbständigen situationsunabhängigen Routineformeln, der Stein zum einen die gesprächsspezifischen, zum anderen die schreibspezifischen Phraseologismen zuordnet, stellt sich die Frage nach der Funktion anders. Sie „kommen meist nur unselbständig als Teil von Äußerungen vor" und „sind multifunktional, d.h. sie können mehrere verschiedene Funktionen zugleich übernehmen" (vgl. Stein 1995, 50). Zu den pragmatischen Phraseologismen werden sie gezählt, da auch sie nur in einem „kommunikativ-funktionalen Rahmen beschrieben werden können" (vgl. Stein 1995, 48).

2.2.1. Hagemann (1997, 63) fasst einen Teil der nicht-selbständigen Gesprächsformeln als Handlungseinheiten auf, wenn er „Diktumscharakterisierungen" wie *offen gesagt, kurz und gut* und *um nicht zu sagen* als „nicht-zentrale Sprechakte" charakterisiert. Als „Assertionen in bezug auf bestimmte quantitative, qualitative, relationale oder modale Aspekte des vom Sprecher selbst Gesagten" sieht er sie an die Griceschen Konversationsmaximen (in einer erweiterten Fassung) zurückgebunden (vgl. Hagemann 1997, 91f.; ähnliche Überlegungen in Hindelang 1975, 257ff.; Quasthoff 1983, 17f.; Stein 1995, 223ff.). Wie vollständigen metakommunikativen Äußerungseinheiten können solchen Wendungen „stützende komplementäre Illokutionen" (Techtmeier 1991, 98) zugeschrieben werden (vgl. hierzu auch Hundsnurscher 1996).

Eine umfassendere Funktionsbeschreibung für diese Gruppe hat Stein (1995) vorgelegt. Ausgangspunkt der von Stein entworfenen Typologie, die auf der Basis von Beispielanalysen aus dem Freiburger Korpus erstellt wurde, ist die Feststellung, dass die gesprächsspezifischen Formeln zwar multifunktional sind, dass aber dennoch jeweils eine Funktion dominant ist. Für eine Formel wie *ich denke* kann demnach einerseits ein Spektrum von Funktionen wie „Gesprächssteuerung: Übernahme oder Sicherung der Sprecherrolle, Vagheitsindikator" angegeben werden, daneben ist aber auch eine dominante Funktion – in diesem Fall die als „Gliederungssignal" – benennbar (vgl. Stein 1995, 238f.). Auf diese Weise wird jedem Ausdruck ein spezifisches Funktionspotential zugeschrieben, zudem ergeben sich bestimmte Funktionsklassen: Die von Stein beschriebenen Funktionen lassen sich den Bereichen der Gesprächssteuerung (z.B. Beanspruchung der Sprecherrolle: *wenn ich unterbrechen darf*), der Textgliederung (z.B. Gliederungssignal: *ich meine*) und der Ausgestaltung der Partnerbeziehung (z.B. Betonung pointierter Ausdrucksweise: *das will ich ganz deutlich sagen*) zuordnen.

2.2.2. Als schreibspezifisch bezeichnet man z.B. formulartypische Wendungen (*für Ihre Akten, gültig ohne Unterschrift*), textuelle Verweise (*siehe oben, siehe Anlage*) sowie Formeln, die für Briefe (*sehr geehrte Frau, mit freundlichen Grüßen*) oder andere Textsorten charakteristisch sind (vgl. Burger/Buhofer/Sialm 1982, 123). Über einige der Funktionen hinaus, die im Zusammenhang der gesprächsspezifischen Routineformeln bereits angesprochen wurden (z.B. Textgliederung), kann den textsortenspezifischen Wendungen eine textbildende Funktion zugeschrieben werden – allerdings nicht im Sinne textueller Entfaltung, wie dies Gréciano (1983) und Černyševa (1980) für Idiome herausgearbeitet haben (vgl. auch Dobrovol'skij 1980); gemeint ist vielmehr die Funktion, die formelhaften Ausdrükken als konstituiven Elementen spezifischer Textsorten zukommt. Gülich (1997) hat an Beispiel von „Danksagungen in wissenschaftlichen Arbeiten" und „Todesanzeigen", Stein (1995, 318ff.) am Beispiel von „Dankanzeigen" und „Ausflugsankündigungen" demonstriert, dass formelhafte Ausdrücke hier textkonstituierende und textsortenindizierende Funktionen übernehmen (vgl. auch Antos 1987, 162ff.). Die Überlegungen weisen über die Gruppe der Routineformeln hinaus und münden im Konzept des formelhaften Texts, der nach Gülich (1997, 148f.) als „Phraseoschablone" aufgefasst werden kann:

„Über das Vorkommen von formelhaften Ausdrücken hinaus, sehe ich es als konstituierend für einen formelhaften Text an, daß er aus konstanten inhaltlichen Komponenten besteht und eine feste Gesamtstruktur aufweist."

Im Bereich der Phraseologieforschung ist dieses Konzept z.T. auf Kritik gestoßen (vgl. Fleischer 1997, 258f.), es hat der regen Diskussion im Schnittfeld von Phraseologie und Textlinguistik (vgl. Wotjak 1994, 619ff.; Fleischer 1997, 264ff.), die mit den Arbeiten von Koller (1977), Reger (1980) sowie vor allem von Černyševa (1980) und Gréciano (1983) einsetzte, aber ohne Zweifel einen weiteren Impuls gegeben.

3. Phraseologie und Pragmatik – ein Ausblick

Die pragmatisch orientierte Phraseologieforschung hat sich in den vergangenen Jahrzehnten allmählich konsolidiert (vgl. z.B. die entsprechenden Einträge in Földes 1997). Dennoch ergeben sich für pragmatische Ansätze im Rahmen der traditionell eher am Paradigma des Wortes orientierten Phraseologie immer noch grundlegende Probleme, und umgekehrt ist die Integration pragmatischer Fragestellungen für die Phraseologie nicht unproblematisch.

Einen zentralen Diskussionspunkt stellt nach wie vor das Problem der internen Abgrenzung dar. Strittig ist aber nicht nur, wie pragmatische Phraseologismen, Routineformeln etc. von anderen phraseologischen Erscheinungen abgegrenzt werden (vgl. Kapitel 1), strittig ist auch, auf welche Einheiten sich eine pragmatische Analyse von Phraseologismen beziehen muss. Kühn (1984; 1987; 1989) hat im Rahmen lexikographischer Überlegungen, Strässler (1982, 45f.) im Zusammenhang allgemeinerer Überlegungen zur Analyse englischer Idiome gefordert, die Umsetzung des pragmatischen Ansatzes nicht auf eine Gruppe von Phraseologismen zu beschränken, sondern auf alle phraseologischen Einheiten auszudehnen. Funktionale Analysen nicht-äußerungswertiger Formeln haben z.B. Sandig (1991) und Fix (1994) vorgelegt.

Eine konsequente Berücksichtigung pragmatischer Aspekte hat darüber hinaus auch Auswirkungen auf die Frage der externen Abgrenzung. Aus pragmatischer Sicht stehen eingliedrige Begrüßungsformeln wie *Hallo* gleichberechtigt neben mehrgliedrigen Einheiten wie *Guten Tag*, während in der Phraseologie – von wenigen Ausnahmen abgesehen – bis in die jüngste Zeit am Definitionskriterium der Polylexikalität festgehalten wird (vgl. z.B. Burger 1998, 15).

Solche und ähnliche Überlegungen haben zur Neuinterpretation der Definitionskriterien phraseologischer Einheiten (vgl. z.B. Schemann 1987) und zur Herausarbeitung alternativer Klassifikations- und Strukturierungsvorschläge geführt. Den wohl weitreichendsten Versuch eines Neuansatzes hat Feilke (1996) vorgelegt, der im Rahmen seines Common sense-Modells das Konzept idiomatischer Prägung in das Zentrum einer allgemeinen Sprach- und Kommunikationstheorie rückt und auf dem Hintergrund systemtheoretischer Überlegungen zu einem Klassifikationsvorschlag gelangt, der quer zu den bislang im Rahmen der Phraseologie entwickelten Entwürfen steht. Die Erweiterung des Begriffs der Idiomatizität um die Variante der „ausdrucksexternen Idiomatizität", der Prägung eines Ausdrucks in Bezug auf den Gebrauchszusammenhang, ist aus pragmatischer Perspektive konsequent; sie führt allerdings zu einer – aus der Sicht der traditionellen Phraseologie nicht unproblematischen – Ausweitung des Gegenstandsbereichs.

4. Literatur in Auswahl

Antos, Gerd (1987), Textmusterwissen. Beschreibungsprobleme am Beispiel von Grußworten. In: *Wissensrepräsentation und Wissensaustausch. Interdisziplinäres Kolloquium der Niederländischen Tage in Saarbrücken, April 1986.* (Hrsg. J. Engelkamp/K. Lorenz/B. Sandig). St. Ingbert: Röhrig, 157–189.

Beckmann, Susanne (1991), „So wie man is, is man". Zur Funktion von Phraseologismen in argumentativen Zusammenhängen. In: *Neue Fragen der Linguistik. Akten des 25. Linguistischen Kolloquiums, Paderborn 1990. Bd. 2.* (Hrsg. E. Feldbusch/R. Pogarell/C. Weiß). Tübingen: Niemeyer, 85–91.

Beckmann, Susanne/König, Peter-Paul (1991), „Ich zähle bis drei…" – „Zählen kann jeder". Überlegungen zur pragmatischen Funktion von Phraseologismen am Beispiel einiger Dialogsequenzen aus Elias Canettis Roman „Die Blendung". In: *Dialoganalyse III. Referate der 3. Arbeitstagung, Bologna 1990. Teil 2.* (Hrsg. S. Stati/E. Weigand/F. Hundsnurscher). Tübingen: Niemeyer, 263–273.

Beiträge zur allgemeinen und germanistischen Phraseologieforschung. Internationales Symposium in Oulu, 13.–15. Juni 1986. (Hrsg. J. Korhonen). Oulu: Universität Oulu 1987.

Burger, Harald (1973), *Idiomatik des Deutschen. Unter Mitarbeit von Harald Jaksche.* Tübingen: Niemeyer.

Burger, Harald (1998), *Phraseologie. Eine Einführung am Beispiel des Deutschen.* Berlin: Schmidt.

Burger, Harald/Buhofer, Annelies/Sialm, Ambros (1982), *Handbuch der Phraseologie.* Berlin/New York: de Gruyter.

Černyševa, Irina I. (1980), *Feste Wortkomplexe des Deutschen in Sprache und Rede.* Moskau: Vysšaja škola.

Clemen, Gudrun (1997), The Concept of Hedging: Origins, Approaches and Definitions. In: *Hedging and Discourse.* (eds. R. Markkanen/H. Schröder). Berlin/New York: de Gruyter, 235–248.

Coulmas, Florian (1981), *Routine im Gespräch. Zur pragmatischen Fundierung der Idiomatik.* Wiesbaden: Athenaion.

Daniels, Karlheinz/Pommerin, Gabriele (1979), Die Rolle sprachlicher Schematismen im Deutschunterricht für ausländische Kinder. In: *Die Neueren Sprachen 6,* 572–586.

Dobrovol'skij, Dmitrij (1980), Zur Dialektik des Begriffs der textbildenden Potenzen von Phraseologismen. In: *Zeitschrift für Phonetik, Sprachwissenschaft und Kommunikationsforschung 33,* 690–700.

Eckert, Rainer/Günther, Kurt (1992), *Die Phraseologie der russischen Sprache.* Leipzig etc.: Langenscheidt.

Eikelmann, Manfred/Tomasek, Tomas, *Katalog der Sentenzen und Sprichwörter im höfischen Roman des 12. und 13. Jahrhunderts.* Unter Mitarbeit von S. Reuvekamp und H. Rüther. (erscheint demnächst).

Eismann, Wolfgang (1995), Pragmatik und kulturelle Spezifik als Problem der Äquivalenz von Phraseologismen. In: *Von der Einwortmetapher zur Satzmetapher.* (Hrsg. R. S. Baur/Ch. Chlosta). Bochum: Brockmeyer, 95–119.

Elspaß, Stephan (1998), *Phraseologie in der politischen Rede.* Opladen/Wiesbaden: Westdeutscher Verlag.

Europhras 92. Tendenzen der Phraseologieforschung. (Hrsg. B. Sandig). Bochum: Brockmeyer 1994.

Feilke, Helmut (1996), *Sprache als soziale Gestalt. Ausdruck, Prägung und die Ordnung der sprachlichen Typik.* Frankfurt a.M.: Suhrkamp.

Fix, Ulla (1994), Die Beherrschung der Kommunikation durch die Formel. Politisch gebrauchte rituelle Formeln im offiziellen Sprachgebrauch der „Vorwende"-Zeit in der DDR. Strukturen und Funktionen. In: *Europhras 92* 1994, 139–152.

Fleischer, Wolfgang (1987), Zur funktionalen Differenzierung von Phraseologismen in der deutschen Gegenwartssprache. In: *Beiträge zur allgemeinen und germanistischen Phraseologieforschung* 1987, 51–63.

Fleischer, Wolfgang (1997), *Phraseologie der deutschen Gegenwartssprache.* (2., durchgesehene und ergänzte Auflage). Tübingen: Niemeyer. [1. Auflage Leipzig: VEB Bibliographisches Institut 1982].

Földes, Csaba (1997), *Idiomatik, Phraseologie.* Heidelberg: Groos.

Fritz, Gerd (1981), Zur Verwendung tautologischer Sätze in der Umgangssprache. In: *Wirkendes Wort 31,* 398–415.

Gläser, Rosemarie (1986), *Phraseologie der englischen Sprache.* Tübingen: Niemeyer.

Gréciano, Gertrud (1983), *Signification et Dénotation en Allemand. La Sémantique des Expressions Idiomatiques.* Paris: Klincksieck.

Gülich, Elisabeth (1981), „Was sein muß, muß sein." Überlegungen zum Gemeinplatz und seiner Verwendung. In: *Logos Semantikos. Studia linguistica in honorem Eugenio Coseriu. Vol. II.* (Hrsg. H. Geckeler/B. Schlieben-Lange/H. Weydt). Berlin etc.: de Gruyter/Gredos, 343–363.

Gülich, Elisabeth (1997), Routineformeln und Formulierungsroutinen. Ein Beitrag zur Beschreibung 'formelhafter Texte'. In: *Wortbildung und Phraseologie.* (Hrsg. R. Wimmer/F.-J. Berens). Tübingen: Narr 1997, 131–175.

Gülich, Elisabeth/Henke, Käthe (1979), Sprachliche Routine in der Alltagskommunikation. Überlegungen zu „pragmatischen Idiomen" am Beispiel des Englischen und des Französischen (I). In: *Die Neueren Sprachen 78,* 513–530.

Hagemann, Jörg (1997), *Diktumscharakterisierung aus Gricescher Sicht.* Opladen/Wiesbaden: Westdeutscher Verlag.

Harnish, Robert M. (1995), Proverbs and Pragmatics I: Prolegomena to a Comparison of English and Hungarian. In: *Grazer Linguistische Monographien 10,* 135–146.

Häusermann, Jürg (1977), *Phraseologie.* Tübingen: Niemeyer.

Hindelang, Götz (1975), Äußerungskommentierende Gesprächsformeln. „Offen gesagt", ein erster Schritt. In: *Beiträge zur Grammatik und Pragmatik.* (Hrsg. V. Ehrich/P. Finke) Kronberg/Ts.: Scriptor, 253–263.

Hundsnurscher, Franz (1996), Metakommunikation im Dialog. In: *Runa 26. 1. Internationaler Kongress des Portugiesischen Germanistenverbandes (APEG),* 775–781.

Hymes, Dell H. (1968), The Ethnography of Speaking. In: *Readings in the Sociology of Language.* (ed. J. A. Fishman). The Hague etc.: Mouton, 99–138.

Keller, Eric (1979), Gambits: Conversational Strategy Signals. In: *Journal of Pragmatics 3,* 219–238.

Koller, Werner (1977), *Redensarten. Linguistische Aspekte, Vorkommensanalysen, Sprachspiel.* Tübingen: Niemeyer.

Kühn, Peter (1984), Pragmatische und lexikographische Beschreibung phraseologischer Einheiten: Phraseologismen und Routineformeln. In: *Germanistische Linguistik 1–3/83,* 175–235.

Kühn, Peter (1987), Phraseologismen: Sprachhandlungstheoretische Einordnung und Beschreibung. In: *Aktuelle Probleme der Phraseologie. Symposium, 27.–29.9.1984 in Zürich.* (Hrsg. H. Burger/R. Zett). Bern etc.: Lang, 121–137.

Kühn, Peter (1989), Die Beschreibung von Routineformeln im allgemeinen einsprachigen Wörterbuch. In: *Wörterbücher. Ein internationales Handbuch zur Lexikographie. Erster Teilband.* (Hrsg. F.-J. Hausmann/O. Reichmann/H.E. Wiegand u.a.). Berlin/New York: de Gruyter, 830–835.

Lakoff, George (1972), Hedges: A Study in Meaning Criteria and the Logic of Fuzzy Concepts. In: *Papers from the eighth Regional Meeting Chicago Linguistic Society, April 14–16*, 183–228.

Lüger, Heinz-Helmut (1992), *Sprachliche Routinen und Rituale.* Frankfurt a.M. etc.: Lang.

Lüger, Heinz-Helmut (1993), Phraseologismen als Argumentationsersatz? Zur Funktion vorgeprägten Sprachgebrauchs im politischen Diskurs. In: *Germanistische Liguistik 111–112/92*, 255–285.

Lüger, Heinz-Helmut (1999), *Satzwertige Phraseologismen: eine pragmalinguistische Untersuchung.* Wien: Edition Praesens.

Makkai, Adam (1972), *Idiom Structure in English.* The Hague/Paris: Mouton.

Miodek, Wacław (1994), *Die Begrüßungs- und Abschiedsformeln im Deutschen und im Polnischen.* Heidelberg: Groos.

Niehüser, Wolfgang (1987), *Redecharakterisierende Adverbiale.* Göppingen: Kümmerle.

Paul, Ingwer (1990), *Rituelle Kommunikation.* Tübingen: Narr.

Pilz, Klaus Dieter (1978), *Phraseologie. Bd. 2.* Göppingen: Kümmerle.

Quasthoff, Uta M. (1978), The uses of stereotype in everyday argument. In: *Journal of Pragmatics 2*, 1–48.

Quasthoff, Uta M. (1983), Formelhafte Wendungen im Deutschen: zu ihrer Funktion in dialogischer Kommunikation. In: *Germanistische Linguistik 5–6/81*, 5–24.

Rauch, Elisabeth (1992), *Sprachrituale in institutionellen und institutionalisierten Text- und Gesprächssorten.* Frankfurt a.M. etc.: Peter Lang.

Reger, Harald (1980), *Metaphern und Idiome in szenischen Texten, in der Werbe- und Pressesprache.* Hamburg: Buske.

Reichstein, Aleksandr D. (1973), Zur Analyse der festgeprägten Sätze im Deutschen. In: *Deutsch als Fremdsprache 10*, 212–222.

Sabban, Annette (1994), „Une femme est une femme" – Zur pragmatischen Fixierung tautologischer Sätze. In: *Europhras 92* 1994, 525–547.

Sandig, Barbara (1991), Formeln des Bewertens. In: *Europhras 90.* (Hrsg. Chr. Palm). Uppsala: Studia Germanistica Upsaliensia, 225–252.

Schemann, Hans (1987), Was heißt „Fixiertheit" von phraseologischen oder idiomatischen Ausdrükken? In: *Beiträge zur allgemeinen und germanistischen Phraseologieforschung* 1987, 23–36.

Stein, Stephan (1994), Neuere Literatur zur Phraseologie und zu ritualisierter Sprache. In: *Deutsche Sprache 22*, 152–180.

Stein, Stephan (1995), *Formelhafte Sprache.* Frankfurt a.M. etc.: Lang.

Strässler, Jürg (1982), *Idioms in English. A Pragmatic Analysis.* Tübingen: Narr.

Techtmeier, Bärbel (1991), Metakommunikative Äußerungen und die Handlungsstruktur des Textes. In: *Sprache und Pragmatik 24*, 88–100.

Telija, Veronika N. (1975), Die Phraseologie. In: *Allgemeine Sprachwissenschaft. Band II: Die innere Struktur der Sprache.* (Hrsg. B. A. Serébrennikow). München/Salzburg: Fink, 374–429.

Werlen, Iwar (1984), *Ritual und Sprache.* Tübingen: Narr.

Wotjak, Barbara (1994), Fuchs, die hast du ganz gestohlen: Zu auffälligen Vernetzungen von Phraseologismen in der Textsorte Anekdote. In: *Europhras 92* 1994, 619–650.

Susanne Beckmann, Peter-Paul König, Münster (Deutschland)

51. Phraseologisch isolierte Wörter und Wortformen

1. Definition – Terminologie
2. Kriterien der lexikalischen Isoliertheit, Gebundenheit, Unikalität
3. Einzelsprachliche Charakteristika/Universalien
4. Einbettung in die Sprachgeschichte
5. Unikale Elemente aus kognitiver Perspektive
6. Literatur in Auswahl

1. Definition – Terminologie

Phraseologisch isolierte Wörter und Wortformen (im Folgenden „Unikalia" genannt) sind Wörter bzw. Wortformen, die außerhalb des Konstituentenbestandes der Phraseologismen nicht vorkommen (Fleischer 1982, 42 ff.; 1988, 87 und 104), die es also per definitionem synchronisch als gleichlautende freie Lexeme bzw. Lexemformen der Sprache nicht gibt, wie z. B. „klipp" im Ausdruck „klipp und klar". Cermak (1988) spricht in Fällen wie „frank" (in „frank und frei") von „zero sign", weil die Komponente außerhalb des Phraseologismus nicht verwendet wird und ihr deshalb keine isolierbare Bedeutung zugeschrieben werden kann.

Wenn diese Elemente dennoch als Wörter oder Wortformen bezeichnet werden, so u. a., weil sie als veraltete Wörter gesehen werden oder weil gegebenenfalls doch gleichlautende Elemente (von denen es in den Sammlungen bei Fleischer (1982), Dobrovol'skij (1988) und Dobrovol'skij/Piirainen (1994) sehr viel mehr gibt, als die Definition vermuten lassen würde) als homonyme (morphologische oder lexikalische) Formen aufgefasst werden (z. B. „Fug" – auch in „Befugnis", aber auch „Bockshorn", nicht nur in der Wendung „jmdn. ins Bockshorn jagen", sondern auch als Horn des Bockes). (Zur phraseologischen Gebundenheit generell vgl. Smelev 1981).

Der Terminus der Unikalität stammt aus der Morphologie: Ein unikales Morphem ist ein Pseudomorphem oder „Himbeermorphem", das in einer Sprache nur einmal als Stamm- bzw. Kompositionsglied auftritt und dessen Bedeutung synchron nicht mehr analysierbar ist. Das bekannteste Beispiel ist „him-" in „Himbeere": Seine bedeutungstragende Funktion ist erkennbar durch den Vergleich mit „Erd-, Stachel-, Blaubeere" usw., aber die Bedeutung selbst lässt sich nicht angeben. Diesen methodischen Hinweis sollte man bei der Anwendung auf die Phraseologie beachten. In der Phraseologie gibt es nämlich keine identischen Strukturen, die sich nur durch das unikale Element unterscheiden (wie beispielsweise „ins Bockshorn jagen", „ins Nadelöhr jagen"). Trotzdem muss in vielen Fällen Homonymie des phraseologischen Elementes mit einem außerphraseologischen festgestellt werden können, damit man überhaupt von lexikalischer Gebundenheit sprechen kann (vgl. „auf der Hut sein" mit „der Hut").

Das Konzept der Unikalität setzt eine überindividuelle, als sozial aufgefasste langue-Konzeption im Sinne de Saussures voraus und muss sinnvollerweise strukturell bestimmt werden (vgl. dagegen aus kognitiver Sicht 5). Unter dieser Perspektive kann Unikalisierung als semantischer Strukturverlust analysiert werden, als Endpunkt der Lexikalisierung, als stärkste lexikalische Restriktion, die aus der Perspektive der Grammatik den Verlust von Merkmalen der kombinatorischen Strukturiertheit und Einbuße der Produktivität darstellt (vgl. Feilke 1996, 181). Unikale Komponenten in Phraseologismen gelten als Erscheinungen, die prototypisch die Festigkeit und Fixiertheit von Phraseologismen zeigen. Unikale Komponenten gelten zudem als Zeichen für besondere Idiomatizität, weil in der Unikalität einer der Gründe dafür liegt, dass sich die Gesamtbedeutung nicht als Summe der Elementbedeutungen ermitteln lässt (vgl. Burger/Buhofer/Sialm 1982, 24 f.), bzw. dafür, dass gewisse Phraseologismen nur eine Lesart haben (vgl. Burger 1989). In lexikographischer Hinsicht gibt es eine Tendenz, unikale Elemente als Lemmata anzusetzen und dazu allenfalls anzugeben „nur in der Wendung". Dies trifft vor allem für unikale Elemente zu, deren Anteil an der Gesamtbedeutung mehr oder weniger plausibel angegeben werden kann wie z. B. bei „Bock" in der Wendung „keinen Bock auf etwas haben", wobei „Bock" als 'Lust' aufgefasst wird (allerdings in der Bedeutung, die das Wort in der ebenfalls phraseologischen Wendung „keine Lust haben" aufweist).

Die Phänomene der phraseologischen Gebundenheit sind in der slawistischen, vor allem der russisch publizierten Forschung, aber auch in älteren ehemals ostdeutschen Arbeiten seit einigen Jahrzehnten immer wieder bearbeitet worden, aber aus sprachlichen bzw. publikationstechnischen Gründen z. g. T. vom Westen aus vor allem für Nicht-Slawisten schwer zugänglich (vgl. jedoch für deutschsprachige Darstellungen und Übersetzungen

Burger/Buhofer/Sialm 1982 und Jaksche/Sialm/Burger 1981).

2. Kriterien der lexikalischen Isoliertheit, Gebundenheit, Unikalität

Als Abgrenzungskriterien werden (bei Fleischer 1982, 1989, Dobrovol'skij 1988 und Dobrovol'skij/Piirainen 1994) die folgenden genannt:

(1) Veraltete Wörter: Eine Komponente kann unikal werden, weil sie im „freien" Gebrauch veraltet ist: z. B. „Präsentierteller" in der Bedeutung 'Teller, auf dem besonders Visitenkarten überreicht werden' (Fleischer 1982, 45). Nach Fleischer (1989) ist eine Zwischenstufe des Unikalisierungsprozesses erreicht, wenn eine lexikalische Einheit im autonomen Gebrauch als „veraltet" (oder evtl. auch „gehoben") bezeichnet wird. Der Fall der veralteten, fossilierten bzw. „eingefrorenen" Elemente wird als prototypisch am häufigsten genannt, liegt aber in vielen Fällen nicht vor (vgl. z. B. „Geldhahn" in „jmdm. den Geldhahn zudrehen", „Hutnummer" in „jmdm. ein paar Hutnummern zu groß sein", s. Kap. 4). Das kommt implizit, aber nicht explizit darin zum Ausdruck, dass weitere Kriterien zur Konstituierung des Gegenstandsbereiches herangezogen werden:
(2) Fachsprachliche Wörter: „Eine Komponente kann als unikal aufgefasst werden, weil sie als freies Einzellexem an eng fachsprachlichen Gebrauch gebunden ist" (Fleischer 1982, 46) z. B. „den Drehwurm haben", wobei mit 'Drehwurm' eine Bandwurmfinne gemeint ist, die die Drehkrankheit erzeugt und dem Allgemeinwortschatz völlig fremd sei.
(3) Homonyme: Eine Komponente soll als unikal aufgefasst werden, wenn sie außerhalb des Phraseologismus nur Homonyme (oder gar nur „Quasihomonyme", vgl. Dobrolvol'skij/Piirainen 1994, 455 f.) hat, so dass von zwei Wörtern auszugehen ist: z. B. „Kegel" im Sinne von 'spitz zulaufender Körper mit runder oder ovaler Grundfläche' und „Kegel" in „mit Kind und Kegel" im Sinne von 'mit der gesamten Familie' (Fleischer 1982, 46).
(4) Die Darstellungen an Hand von phraseologischen Beispielen zeigen, dass auch morphologische Besonderheiten wie festes oder fehlendes Dativ-e unikale Elemente begründen sollen (vgl. „zu Buche schlagen" oder „für die Katz") (vgl. Fleischer 1982, 50). (Singuläre Kombinationen wie „blondes Haar", „die Zähne blecken", deren Komponenten wie „blond" und „blecken" eine sehr spezielle Semantik haben, die aber auch außerhalb der Kombination isolierbar ist, werden nicht als unikale Phänomene betrachtet).

Zu diesen Kriterien lässt sich erstens festhalten, dass unter den „veralteten Wörtern" sehr viele „veraltete" bzw. auf eine bestimmte geschichtliche Zeit bezogene Denotate bzw. „Historismen" (Fleischer 1994, 123) auszumachen sind wie „Fersengeld", „Schindluder" etc., die mit einer bestimmten gesellschaftlichen, rechtlichen etc. Praxis verbunden sind. Solche Wörter enthalten oft morphologische Elemente, die nicht grundsätzlich veraltet sind, deren Bedeutungen sich aber über einen Zeitraum von mehreren hundert Jahren verändert haben wie z. B. „luder". Andere Historismen sind durch die unveränderte Produktivität der Wortbildung und der dafür verwendeten Morpheme ohne weiteres auch auf heutige Denotate zu beziehen wie „Bockshorn", „Präsentierteller" etc. Veraltete Wörter sind demgegenüber „feilhalten", „anheischig", „Urständ" etc., deren interne morphologische Struktur nicht mehr durchschaubar ist, bzw. deren Morphologie „Himbeermorpheme" enthält. In einer Zeit, in der die Gemeinsprache durch Zuwächse aus den Fachsprachen unglaublich rasch anwächst, ist es zweitens wenig sinnvoll, strikte Trennungen vorzunehmen und fachsprachliche Wörter in der Gemeinsprache als unikal zu betrachten, u. a. auch, weil alle Sprechenden durch die Medien, ihre eigene Berufsausbildung und ihre Hobbies Anteil an Fachsprachen haben. Phraseologisch gebundene Homonymie schließlich ist als phraseologisch gebundene Bedeutung nicht leicht auszumachen bzw. muss in vielen phraseologischen Fällen postuliert werden, weil der Bedeutungsanteil des unikalen Elementes nicht zugeordnet werden kann. Abschließend ist festzuhalten, dass diese Kriterien theoretisch unverbunden nebeneinander gestellt werden und so keine Klasse bilden, deren Einheit theoretisch begründbar wäre.

Der Gebrauch von „unikal" bzw. „phraseologisch gebunden" oder „isoliert" ist damit insgesamt nicht derselbe wie in der Morphologie und allenfalls als metaphorischer Gebrauch aufzufassen.

Den verschiedenen Gesichtspunkten der Gegenstandskonstitution entsprechen verschiedene Konzepte von Gebundenheit, die hier nicht näher ausgeführt werden können, aber als formale Gebundenheit in einer engen und einer weiten Auslegung, als inhaltlich-semantische

Gebundenheit sowie als hohe Wahrscheinlichkeit, mit der bestimmte unikale Elemente die übrigen Elemente des Phraseologismus voraussagen, unterschieden werden müssen.

Die Analyse der verwendeten Kriterien zeigt, dass eine enge prototypische Konzeption von Phraseologismen mit unikalen Elementen, die in einem morphologischen Sinne wirklich unikal bzw. gebunden oder isoliert sind, einer erweiterten Konzeption gegenüberzustellen ist, deren Heterogenität mit der Inanspruchnahme von weiteren Kriterien zunimmt. Ihr zusätzliches Hauptkriterium ist die Unikalität der Bedeutung in der Gemeinsprache, deren methodische Festlegung allerdings mit einigen Schwierigkeiten verbunden sein kann. Die Heterogenität der Gruppe von Phraseologismen mit unikalen Komponenten, die schon Fleischer (1982, 48) feststellt, zeigt sich sowohl bei den Korpora mit über 300 bzw. 500 Phraseologismen (Dobrovol'skij 1978, 1988) als auch in dem bedeutend kleineren Korpus „mental präsenter" Phraseologismen, die von den Sprechenden entweder gebraucht oder wenigstens verstanden werden (Dobrovol'skij/Piirainen 1994).

Das letztere Korpus (von nur 188 Phraseologismen) enthält – in Bezug auf die Unikalität, Gebundenheit oder Isoliertheit – so Verschiedenartiges wie: „auf der Abschussliste stehen" (weil das Homonym Abschlussliste an eine bestimmte Fachsprache gebunden sei und demzufolge als Element eines anderen Lexikonmoduls im mentalen Thesaurus des Durchschnittssprechers nicht präsent sei) (455), „am Hungertuch nagen" (weil nicht jeder Muttersprachler Bestandteile wie „Hungertuch", „Pranger", „Daumenschrauben", „Kerbholz" „als freie Bestandteile in seinem Wortschatz" habe (456), wobei die Bedingung „jeder Muttersprachler" die Maximalforderung darstellt, die ohnehin für die meisten Elemente des Wortschatzes nicht erfüllt werden kann), „das Kriegsbeil ausgraben" (weil „Kriegsbeil" wie „Friedenspfeife" in unseren Kulturen kein freies Korrelat habe und nur durch Literatur bekannt sein könne) (vgl. 456), ferner „ad acta legen", „Schindluder treiben", „einen Rückzieher machen", „sich von seiner Schokoladenseite zeigen" etc.

Die Problematik von ziemlich wahrscheinlich allgemein bekannten fachsprachlichen Wörtern wie „Rückzieher" (Fußball) oder „Abschussliste" (Jagdwesen) ist offensichtlich, ebenso dass „Friedenspfeife" und „Kriegsbeil" – wenn auch nicht als Realien, so doch als Vorstellungen (und als Kinderspielzeuge) – auch in der europäischen Kultur hinreichend bekannt sind. Sachkulturelle Historismen, die von den lexikalischen Komponenten her und von der Wortbildung nicht lexikalisch gebunden sind, deren geschichtliche sachkulturelle Motivation aber nicht mehr allgemein bekannt ist (vgl. „Hungertuch", „Fersengeld" etc.), stellen ein Feld für sich dar.

3. Einzelsprachliche Charakteristika/ Universalien

Eine typologische Ordnung (vgl. Dobrovol'skij 1978 bzw. die Darstellung in Fleischer 1982) unterscheidet die gebundenen Elemente ihrer Struktur nach als Grundmorpheme (vgl. „frank" in „frank und frei" oder Wortbildungskonstruktionen (vgl. „habhaft" in „einer Sache habhaft werden"). Das von Dobrovol'skij (1978) untersuchte Korpus des Deutschen erfasst 547 Phraseologismen: 142 bzw. 26 Prozent mit unikalem Grundmorphem, 349 bzw. 64 Prozent mit unikaler Wortbildungskonstruktion (vgl. auch die Darstellung auf Grund eines modifizierten Korpus' von Dobrovol'skij (1988, 113), die zu ähnlichen Resultaten kommt).

Im Deutschen sind nach Rajchstejn (1980) die gebundenen Substantive weitaus am häufigsten (80 Prozent). Fleischer (1989) weist demgegenüber auch auf die Adjektive hin („dingfest", „vorstellig", „unbenommen", „ausfindig" etc.), währenddem Verben am seltensten auftreten („auswetzen" in „eine Scharte auswetzen", „bewenden" in „es bei/mit etw. bewenden lassen" (121).

Nicht nur die Bildung von Phraseologismen an sich gilt als Universale (Burger/Buhofer/Sialm 1982, 315), auch Phraseologismen mit unikalen Elementen sind Gegenstand von Universalienhypothesen geworden (vgl. Dobrovol'skij 1988, 115 ff.).

4. Einbettung in die Sprachgeschichte

Unikale Elemente gelten generell als Relikte eines älteren Sprachstandes. Das trifft allerdings nur für diejenigen unikalen Elemente zu, die auf Grund einer engen Unikalitätskonzeption bestimmt werden, wie „Hehl" in „keinen Hehl aus etwas machen", „Urständ" in „fröhliche Urständ feiern". Es handelt sich dabei um „Archaismen" (Korhonen 1995, 139) bzw. „Nekrotismen (Amosova 1963). Burger/Linke (1995) sehen in Elementen, die als freie Lexeme aussterben, einen der Gründe, die zum Aussterben der ganzen Phraseologismen führen können (vgl. „Schindmesser" in „das Schindmesser im Arsch haben" ('dem Tod sehr nahe sein', das im 15. und 16. Jh. sehr dicht bezeugt war (2024, vgl. ebenso Korhonen 1995, 143). Burger/Linke weisen aber explizit darauf hin, dass diese unidirektionale Entwicklung bis hin zum Aussterben des ganzen Phraseologismus nicht zwingend erfolgt und der Entwicklungsprozess auch umkehrbar ist (vgl. 2025 und Korhonen 1995, 159).

Dass ein Wort nur bzw. nur noch innerhalb einer bestimmten Wortverbindung auftritt, gilt allgemein als sicherster Hinweis auf die hochgradige Phraseologisierung der entsprechenden Wortkette. Auch bei einem großen und vielfältigen Korpus kann aber nicht ausgeschlossen werden, dass das potentiell unikale Lexem – außerhalb des Korpus – auch als freies Lexem gebraucht werden kann, vor allem, wenn es durch reguläre Wortbildung aus regulären Komponenten gebildet wurde (vgl. „Schokoladenseite"). Für eine historische Sprachstufe kann es sich immer auch um ein zufälliges Fehlen handeln.

Der Versuch einer rein synchronen Betrachtung muss deshalb bei einem Phänomen, das man wesentlich auf Veralten zurückführt, offensichtlich unbefriedigende Ergebnisse zeitigen, zu denen die starke, unerklärte Heterogenität der versammelten Phänomene gehört. Es gibt bisher keine größeren korpusgestützten Untersuchungen, in denen die These von der Unikalisierung durch Veralten überprüft und differenziert wird. Auch über die Geschwindigkeit der vermuteten Entwicklung ist nichts weiter bekannt (vgl. dazu Häcki Buhofer 1998, wonach sich ein großer Teil der heute als Phraseologismen mit unikalen Elementen aufgefassten Bedeutungen vom 17./18. Jahrhundert bis Anfang 19. Jahrhundert entwickelt hat).

5. Unikale Elemente aus kognitiver Perspektive

„Unikalität", „phraseologische Gebundenheit" oder „Isoliertheit" sind Eigenschaften von Lexemen, die nur strukturell in Bezug auf ein definiertes Lexikon bestimmt werden können. Strukturell gesehen kann man „Kegel" innerhalb des Phraseologismus „mit Kind und Kegel" als ein unikales Element bezeichnen, wenn die Homonymie mit dem „Kegel" als Formbezeichnung bzw. Element eines Spieles dafür ausschlaggebend sein soll. Wie solche Elemente gelernt und benutzt werden, ob man eine Teilbedeutung auch dem Element „Kegel" zuweist, sie mitversteht und mitverwendet oder nicht, das hängt gänzlich vom individuellen bzw. situationsbedingten Verstehen und Gebrauchen der Sprache ab und ist in der ganzen realen Vielfältigkeit nicht spekulativ, sondern nur in empirisch konkreter Erhebung zu erfassen (vgl. Burger/Buhofer/Sialm 1982, 25 f., „jmdm durch die Lappen gehen" sowie generell Kap. 5 u. 6). Dabei stellt sich heraus, dass aus kognitiver Sicht von einem (praktischen und handlichen) Durchschnittssprecher nicht ausgegangen werden kann, sondern sich verschieden große, variierende Gruppen von Verstehenden herausbilden. Der „Kegel" in der phraseologischen Wendung kann – sprach- und sachgeschichtlich unzutreffend, aber synchron durchaus befriedigend – auch als letztes und unwichtigstes Bestandteil des familiären Haushalts aufgefasst werden. Aus kognitiver Sicht liegt es nahe, die meisten Idiome für „irgendwie motiviert" zu halten, „weil die Sprecher intuitiv nach einer sinnvollen Interpretation suchen" (Dobrovol'skij/Piirainen 1996, 106). Das Phänomen ist als Remotivierung von opaken Elementen durch die Sprechenden seit bald 20 Jahren immer wieder beobachtet und untersucht worden. Das Konzept der Unikalität ist mit psycholinguistisch relevanten Prozessen unvereinbar, und die Forderung nach psycholinguistischer Adäquatheit würde es auflösen. Die phraseologische Teilgruppe der unikalen Phraseologismen kann ihre Legitimation nicht aus Argumenten des mentalen Lexikons beziehen, sondern muss sich primär im sprachgeschichtlichen oder universaltheoretischen Diskurs als brauchbar erweisen.

Von Bedeutung ist die kognitive Perspektive auf Phraseologismen mit unikalen Elementen, weil auf diesem Hintergrund die Möglichkeit beschreibbar und erklärbar wird, dass unikale Elemente aus ihrer phraseologischen Gebundenheit herausgelöst und in remotivierter Bedeutung (noch bzw. auch wieder) frei verwendet werden können: so z. B. „Schnippchen" im Sinne von 'lustiger Streich', „Fettnäpfchen" als 'Faux-pas', wobei viele freie Verwendungen nicht möglich sind, aber auch nicht jedes „Schnippchen" „geschlagen" werden muss, nicht in jedes „Fettnäpfchen" „getreten" werden muss und nicht jedes „Scherflein" „beizutragen" ist. Durch kognitive Prozesse der Remotivierung von unikalen Elementen (deren Resultat nicht ihrer historischen Bedeutung entspricht), kann die scheinbar unidirektionale Entwicklung in Richtung von zunehmender lexikalischer Restriktion über den

Status des Nekrotismus bis zum tatsächlichen Sprachtod eines Lexems aufgehalten, gestoppt oder umgedreht werden.

6. Literatur in Auswahl

Burger, Harald; Annelies Buhofer; Ambros Sialm (1982): *Handbuch der Phraseologie*. Berlin: Walter de Gruyter.

Burger, Harald; Angelika Linke (1985): Historische Phraseologie. In: *Sprachgeschichte. Ein Handbuch zur Geschichte der deutschen Sprache und ihrer Erforschung.* (Hrsg. Werner Besch; Oskar Reichmann; Stefan Sonderegger) Bd. II. Berlin/New York: de Gruyter 1985, 2018–2026.

Burger, Harald (1988): „Bildhaft, übertragen, metaphorisch...". Zur Konfusion um die semantischen Merkmale von Phraseologismen. In: *Europhras 88. Phraséologie Contrastive. Actes du Colloque International 12–16 mai 1988.* (Hrsg. Gertrud Gréciano). Strasbourg 1989, 17–29.

Cermak, Frantisek (1988): On the Substance of Idioms. In: *Folia Linguisticas* 22, 413–438.

Dobrovol'skij, Dmitrij (1978): *Phraseologisch gebundene lexikalische Elemente der deutschen Gegenwartssprache. Ein Beitrag zur Theorie der Phraseologie und zur Beschreibung des phraseologischen Bestandes.* Diss. A. Leipzig.

–, (1988): *Phraseologie als Objekt der Universalienlinguistik.* Leipzig.

Dobrovol'skij, Dmitrij; Elisabeth Piirainen (1994): Sprachliche Unikalia im Deutschen: Zum Phänomen phraseologisch gebundener Formative. In: *Folia Linguistica* XXVII/3–4, 449–473.

Dobrovol'skij, Dmitrij; Elisabeth Piirainen (1996): *Symbole in Sprache und Kultur. Studien zur Phraseologie aus kultursemiotischer Perspektive.* Bochum.

Feilke, Helmuth (1996): *Sprache als soziale Gestalt.* Frankfurt a. M.

Feyarts, K. (1994): Zur lexikalisch-semantischen Komplexität der Phraseologismen mit phraseologisch gebundenen Formativen. In: *Sprachbilder zwischen Theorie und Praxis. Akten des Westfälischen Arbeitskreises „Phraseologie/Parömiologie" (1991/1992).* (Hrsg. Chlosta, Chr. u. a.) (1994) Bochum (= Studien zur Phraseologie und Parömiologie 2), 133–162.

Fleischer, Wolfgang (1982): *Phraseologie der deutschen Gegenwartssprache.* Leipzig: VEB Bibliographisches Institut Leipzig.

–, (1989): Deutsche Phraseologismen mit unikaler Komponente. Struktur und Funktion. In: *Europhras 88. Phraséologie Constructive. Actes du Colloque International 12–16 mai 1988.* (Hrsg. Gertrud Gréciano). Strasbourg 1989, 117–126.

Häcki Buhofer, Annelies (1997): *Processes of idiomaticity – idioms with unique components.* In: Durco, Peter (ed.): Europhras '97. Phraseology and Paremiology. International Symposium, September 2–5, 1997. Akadémia PZ, Bratislava 1998: 162–169.

Korhonen, Jarmo (1995): Zur historischen Entwicklung von Verbidiomen im 19. und 20. Jahrhundert. In: Korhonen, Jarmo, *Studien zur Phraseologie des Deutschen und des Finnischen.* Bochum: Universitätsverlag Dr. N. Brockmeyer. 135–169.

Reader zur sowjetischen Phraseologie. (Hrsg. Jaksche, Harald; Ambros Sialm; Harald Burger). Berlin 1981.

Smelev, D. N. (1981): Der Begriff der phraseologischen Gebundenheit. In: *Reader zur sowjetischen Phraseologie.* (Hrsg. Jaschke, Harald; Ambros Sialm; Harald Burger). Berlin 1981, 51–62.

Annelies Häcki Buhofer, Basel
(Schweiz)

52. Semantik und Herkunftserklärungen von Phraseologismen

1. Zur semantischen Aktualität der Herkunftsproblematik
2. Herkunft nach physikalischen Dimensionen
3. Herkunft nach philologischen Aspekten
4. Herkunft nach Sachbereichen
5. Literatur in Auswahl

1. Zur semantischen Aktualität der Herkunftsproblematik

Es überrascht nicht, dass die Frage nach der Bedeutung der Phraseologismen/Phraseolexeme/Phraseme (PH) unwillkürlich zu der ihres Ursprungs führt. Steht die Zugehörigkeit der PH zum Lexikon seit Weinreich (1969) nicht mehr zur Debatte, so fesselt die semiotische Beschaffenheit dieser Mehrwortlexeme seit mindestens einer Generation das Forschungsinteresse. Das spezifische Semantikproblem, das durch phraseologische (ph) Lautgestalt und ph Motivierung gegeben ist, wird mit mengentheoretischer Erklärung zu lösen versucht: im lexikographisch gehorteten Sprachsystem verhält sich die ph Begriffsbedeutung als Ganzheit entsprechend den Prinzipien der

Übersummativität und der Demotivierung: *Auf sehr verschiedene Weise kann der Mensch auf den Hund kommen* (K. Lorenz); im Sprachgebrauch entfaltet sich die ph Bildbedeutung als kompositionelle Gesamtheit und als Remotivierung: *Wie der Mensch jedoch auf den leibhaftigen Hund gekommen ist...* (K. Lorenz). Kluge und gute Verwendung von PH in Literatur, in Gebrauchs- und Fachsprache besteht in Rekomposition von Dekomposition, so dass diese empirisch nachgewiesene alternative Semantik oft nicht ohne Rückwirkung bleibt auf das PH als Sprachzeichen und die Komplexität der ph Bedeutung nicht zusammenhanglos steht mit den sehr unterschiedlichen Forschungsansätzen zur Phraseologie, deren Gegensätzlichkeit sich nicht als kontradiktorisch, sondern als konvers entfaltet.

Geschichtliche Arbeiten orten die Herkunft auch dieses Sprachphänomens nach den physikalischen Dimensionen Raum und Zeit; volkskundliche erfassen es nach Lebens- und Gesellschaftsbereichen, Sitten und Bräuchen. In Europa wurden Sprichwörter und Redensarten nach diesem Prinzip durch Jahrhunderte hindurch gesammelt, was wesentlich zum Erfolg auch von Röhrich (^{2}1977, 34) beigetragen hat, der Ethnologie und Philologie verbindet, die Stichwörter und Belege seiner Vorgänger vervielfacht, ausführlich erklärt, aber „vor allem ein historisches Wörterbuch" sein und auf die Frage antworten will „Woher kommt?".

Die Diachronie scheint auf der Synchronie lange gelastet zu haben (Gaatone 1984) und linguistische Arbeiten beginnen erst mit der letzten Generation. Angesichts der lexikalischen Mehrgliedrigkeit der PH und deren semantischen Folgen bekommt die Frage nach der Herkunft ein besonderes Gewicht. Sie konzentriert sich auf das Sprachmaterial, die Mehrworthülsen. In den USA richtet sich die Erklärung nach den jeweiligen semantischen Tendenzen: distributionale Semselektion (Weinreich 1969), funktionale bzw. soziale Verhaltensmatrix (Makkai 1969, Pike 1971), gesplitterte, weil komplexe und unlineare Konfiguration (Chafe 1968). Die semantische Herkunftserklärung der PH entwickelt sich vorwiegend metapherntheoretisch, so dass Lurati (1984) gerade an Hand von italienischen, deutschen und französischen Wendungen, Sprüchen und Formeln des Rechts zeigen kann, wie der Begriffskalkül deren kulturelle Bedingtheit verfehlen und wie historische Unkenntnis zur Volksetymologie führen kann. Z.Z. ereignet sich eine fruchtbare Begegnung von kognitionssemantischen und kultursemiotischen Ansätzen (Dobrovol'skij/Piirainen 1997), die rational und real den demotivierten Symbolkern mit der remotivierten Bildperipherie verbinden. Es ist eine ganzheitliche Interpretation, die sowjetische, europäische und amerikanische Forschungsergebnisse verbindet und die Neubesinnung auf eine historische Phraseologie (Burger 1985, 1997) ist eine natürliche Folge davon.

Phraseologie als Untersuchungsgegenstand und Forschungsgebiet ist ein übereinzelsprachliches Phänomen, das insofern spontan zum Sprachvergleich anregt, als PH mehr als Einwortlexeme zwischensprachlich entlehnt, transferiert oder integriert werden, was nicht zuletzt ihre Unikalität und Idiosynchrasie mitbegründet (*mir wird blümerant* 'mir wird schwindelig/schwarz vor den Augen' aus frz. *bleu mourant* 'blassblau'). Die Frage nach der Herkunft – hier keineswegs Selbstzweck, sondern Mittel semantischer Erkenntnis – ist somit grenzüberschreitend, was zu mehrsprachigen Beispielen anregt und diese rechtfertigt.

Übereinstimmend wird heute die äußere und innere Dynamik der starren, stehenden, festen Wendungen hervorgehoben. Textarbeit belegt die Flexibilität ph Formen, so dass die Festgeprägtheit im System als Auf- und Herausforderung an den kompetenten Sprecher zu deren Auflösung betrachtet wird. Kompetenz bedeutet hier Vertrautheit mit bestimmten Spielregeln und Kreativität zugleich. Die Einsicht in diese Sprachwirklichkeit hat bereits zu einem Perspektivenwechsel in der Systembeschreibung geführt. Als Definitionsmerkmale gelten fortan nicht mehr die Mehrgliedrigkeit und Festgeprägtheit, sondern die Teilbarkeit und Variabilität als die entsprechenden Verhaltensformen der PH im Sprachgebrauch. Diese empirische Erklärung der semantischen Auswirkung auf die Motivierung als diskursive Remotivierung der phraseographischen Demotivierung bleibt kohärent zur formalen Flexibilität.

Burger (1997) und Burger/Linke (1997) deuten dasselbe Phänomen historisch und erklären die Dynamik der PH durch eine wechselseitige Integration von Diachronie und Synchronie. Die Universalität des Phraseologierungsprozesses erlaube die Einarbeitung aktueller kognitiver Erkenntnisse in die Diachronie. Die Berücksichtigung von Kultur- und Weltwissen in der gegenwärtigen Forschung möge als zusätzlicher Beweis für die notwendige Eingliederung der Diachronie in die Synchronie gelten.

Die Vorstellung des 19. Jahrhunderts von Sprache als Organismus macht aus der Biologie den Bildspender für eine metaphorisch anschauliche Erklärung dieses Sprachphänomens ganz besonders. Es ist die Rede von den Quellen und vom Versiegen eines PH, von seiner Entstehung, seinem Wandel und seinem Aussterben, von seinem Leben und Tod. Die innere Dynamik der PH ist vergleichbar mit dem Lebenszyklus der anorganischen und der organischen Natur. Herkunft, gebunden an Entwicklung und Bewegung, ist darüber hinaus eine der Komponenten der für viele Bereiche gültigen Transportmodelle. Für PH ist sie ganz entschieden nicht der mathematische Nullpunkt. Da PH aus anderen Zeichen entstanden sind, bedeutet Herkunft hier Aufhebung der primären zu Gunsten einer sekundären Nomination, die die primäre nicht löscht, sondern verfügbar und je nach Bedarf abrufbar hält. In Alltag und Wissenschaft stellt sich die Frage nach Ursprung und Herkunft; sie entspricht naiver Logik und Psychologie und die Antwort, welcher Art auch immer, befriedigt den Geist und beruhigt das Herz. Im Fall Phraseologie ist sie kultur- und kognitionssemantisch begründet und sie soll wie folgt auf der Ebene der physikalischen Dimensionen (2.), der philologischen Aspekte (3.) und der Sachbereiche (4.) gegeben werden.

2. Herkunft nach physikalischen Dimensionen

Ziemlich regelmäßig äußert sich Skepsis (Düringsfeld/Reinsberg-Düringsfeld 1872, Thun 1978, Burger et al. 1985) bezüglich der linguistischen Verwertbarkeit von sprachgeschichtlichen Arbeiten der Vergangenheit. Dennoch bleibt für PH aus kulturellen Gründen die Frage nach Raum und Zeit der Herkunft von Bedeutung, nicht zuletzt, weil sie häufiger als Einwortlexeme und Primärnominationen von einer Sprachkultur in die andere wandern. Da sich synchrone Arbeiten bisher prinzipiell nicht damit beschäftigen, werden im folgenden die einschlägigen Erkenntnisse dreier bekannter diachronischer Arbeiten auf ihren kultursemantischen Gewinn geprüft. Zu vermerken ist eine gewisse Undifferenziertheit der Dimensionen Raum und Zeit; so bedeutet die Bibel Vorderer Orient vor und nach Christi Geburt, die Antike Athen und Rom vor und nach Christus, der Humanismus das 16. und 17. Jh. von den Niederlanden bis zu den Alpen.

Quellensuche ist Teil der Sprachdiachronie. Zu Recht ordnet Eckert (1987) in der Phraseologieforschung die Synchronie vor der Diachroie, die, wie Burger (1997) bestätigt, auch weiterhin erst im Entstehen ist. Dennoch ist die motivierte Bedeutung der PH in Willkür und historisch gewachsen; sie reicht daher über die Gegenwartssprache hinaus.

Die Frage nach der raum-zeitlichen Herkunft der ph Bedeutung setzt notwendigerweise bei einem weiten PH-Begriff und bei altem Sprachmaterial an. Etymologie ist in den Wörterbüchern des 19. und 20. Jahrhunderts gut erforscht, in denen allerdings, Kluge (1929) ausgenommen, PH jedoch nur wenig Beachtung finden. Sprichwörterbücher entstehen parallel dazu und unabhängig davon, Lebenswerke von Sammlern und Volkskundlern, veröffentlicht als Lexika und in Blättern, für das Deutsche, Englische und Französische in ihrer Chronologie sorgfältig zusammengestellt und kommentiert von Pilz (1978).

Mit seinen ca. 2 Millionen Sprichwörtern, zusammengetragen zwischen 1830–60 aus Sammlungen, der Literatur vom 15. bis 19. Jh. und dem Volksmund, gilt Wander (1866/78) als das Werk seines Jahrhunderts; es ist das Ergebnis von mehr als 75 Mitarbeitern unter Einbeziehung von mehr als 500 Autoren- und 100 Zeitschriftensammlungen. Fern von Lexikographie bleibt der Autor (1866, VII) hilflos gegenüber den „neuen Eintheilungs- und Gesichtspunkten ... Unterrubriken ... Das Ordnen der gesammelten Sprichwörter kostete mich mehr Zeit als das Sammeln selbst ... aber zuletzt entschloss ich mich, müde des ewigen erfolglosen Suchens, zur alphabetisch-sprachlichen Anordnung". Das Lexikon bleibt wortkarg zu Herkunft und zu sinn, weil „sie (die lexikalische – sprich alphabetische – Anordnung) auf Sinnverwandtschaft nicht Rücksicht nehmen kann". Unter *Aal* z. B. folgen 32 Einträge, 9 davon mit fremdsprachlichen bzw. lateinischen Äquivalenten, die von patriotischen Zeitgenossen sehr angegriffen, dennoch keineswegs ein Hinweis auf die Herkunft sind. Dennoch werden unregelmäßig und spärlich Herkunftsandeutungen kulturhistorischer Art hinzugefügt: aus dem Altgriechischen *Aale fangen* (Körte 4), aus dem Lateinischen *den Aal beim Schwanz fassen/halten* (Erasmus 398), auch Bedeutungsumschreibungen des menschlichen Verhaltens *'Wenn jemand mit unverlässigen, treulosen Menschen zu tun hat'*, gefolgt von einer Aufzählung der je 60 deutschen und lateinischen Sprichwörter *'erfolgloser, vergeblicher, überflüssiger, un-*

nöthiger und dgl. Arbeiten, Bestrebungen, Mühen'.

Ganz einschlägig für das hier gestellte Thema ist der Untertitel von Borchardt et al. (⁶1925): Sprichwörtliche Redensarten im deutschen Volksmund nach Sinn und Ursprung erläutert. Hauptquellen des gespeicherten Schatzes sind zusätzliches Schrifttum, auf das Wander wegen der fehlenden Aufbereitung verzichtet hat: die Bibel, das Mittelalter, die Klassik, sowie Geschichtsschreibung. Es ist ein Fortschritt in Richtung Lexikographie mit Ansätzen von Mikro- und Mediostruktur. Sinnerläuterungen sind bei geläufigen Sprichwörtern natürliche Begriffsdefinitionen: *Es hieße, den Aal beim Schwanz fassen: 'du darfst dem Menschen nicht trauen'. Es ist noch nicht aller Tage Abend: 'Die letzte Entscheidung ist noch nicht gefallen'*, bei ungeläufigen Sprichwörtern entfalten sie sich zur kulturhistorischen Explikation: *das Abendmahl auf etwas nehmen 'Diese Beteuerungsformel hat ihren Ursprung in den Gottesurteilen des Mittelalters...'*. Ursprungserläuterungen verweisen auf Autoren und Texte oder zitieren sie, ähnlich den Korpus- und Gebrauchsbelegen der aktuellen Lexikographie; diese Sinn- und Ursprungserläuterungen würden die nicht schwierig zu erstellende makrostrukturelle Umsetzung in einen Index verdienen! Als großzügige Sprichwortspender erscheinen die Bibel: *einen Gottlosen machen, die Babylonische Verwirrung*, die lateinische Klassik: *Glatt wie ein Aal* (Plautus), das Mittelalter: *für jdn. die Lanze brechen* (Turnierwesen), *zum einen Ohr herein und zum anderen hinauslassen* (Wolfram von Eschenbach, Parzival), der Humanismus: *Wer einen Ahl hätt bey dem Schwantz, dem bleibt er weder halb noch ganz: Non tenet anguillam, qui per caudam tenet illam* (Seidel, Loci commuens, Basel 1560 und Gartner, Proverbia, Frankfurt 1566), Luther: Briefwechsel I, 293: *Aber ich besorge, ich werde zuletzt den ahl bey dem schwantze nich halten, so ringet und dringet er sich zu drehen*, die deutsche Klassik: *sich auf den Pfiff verstehen* (Schiller, Fiesko), Bismarck: *Kastanien aus dem Feuer holen, Öl auf die Lampe des Kulturkampfes gießen*. Wie in den anderen vergleichenden Sprichwortzusammenstellungen dieser Zeit, z. B. der germanischen und romanischen Sprachen (Wander 1866, Düringsfeld/Reinsberg-Düringsfeld 1872), sind die Parallelen zu Fremdsprachen auch hier kein Hinweis auf Herkunft.

Schwierigkeiten bei der Herkunftsbestimmung von PH bereitet die Datierung. Die lexikalische Mehrgliedrigkeit und semantische Mehrdeutigkeit bzw. Mitbedeutung erklären das oft langjährige parallele und getrennte Fortbestehen von PH in Wort und Schrift. Auch bei Frühbelegen im Text bleibt der Quellenwert umstritten, weil ihnen anhaltender anonymer Gebrauch im Volksmund vorausgegangen sein kann. Aus diesem Grunde sind Röhrichs (²977, 29) Beispiele als chronologische Textvorkommen zu betrachten, ohne Gewähr für ihren Erstgebrauch. Historische Phraseologie leidet besonders an den Lücken in der empirischen Aufarbeitung des Sprachmaterials. Es ist der lexikalische Teilbereich, der von der Schwierigkeit der Bestimmung von Illokution in der Diachronie am meisten betroffen ist. Fehlende Möglichkeiten der Selbst- und Subjektbefragung machen aus der diachronen Phraseologie einen Forschungszweig, den Eckert (1987, 44) als hypothetisch und fragmentarisch bezeichnet. Autoren- und Textverweise situieren ein PH im Sprachgebrauch, bestätigen jedoch nicht so sehr die zeitliche Herkunft als vielmehr die Tatsache ph Meinens und Verstehens zu einem gewissen Zeitpunkt; die Vorkommensfrequenz belegt ihre Geläufigkeit. Phraseographischer Erstbeleg bedeutet keineswegs ph Erstgebrauch; auch Erstveröffentlichungen sind nicht gleichzeitig mit der Redaktion eines Textes. Datierung ist rückläufige Vorkommenssuche, besonders aufschlussreich für Perioden wie Humanismus und Mittelalter, als Umgangs- und Hochsprache unscharf getrennt waren. Duneton/Claval (1990, 18) zeigen, dass im Französischen der Einfluss des Milieus, des gehobenen, die Verbreitung besonders gefördert hat. So wird ein Wortwitz des Hofes im 17. Jahrhundert in wenigen Tagen zur schriftlichen Form, eine Entwicklung, für die ein Schusterspruch mehr als ein Jahrhundert brauchen kann. In ihrem Lexikon sprachlicher Blüten und Bilder markieren Duneton/Claval (1990) typographisch ihre differenzierte Periodisierung: für Beginn, Mitte und Ende des Jahrhunderts, für einzelne Jahreszahlen. Noch schwieriger als das Aufkommen eines PH lässt sich sein Aussterben zeitlich festsetzen, angesichts der relativ konservativen Lexikographie, die ihrerseits aber auch die Renaissance veralteter und ungebräuchlicher Formen möglich macht. Burger et al. (1985, 346) erklären das Verklingen durch Funktionsverlust. Nicht unerheblich ist die Frage des Wandels, vom Ausklang, Übergang zur Neugeburt oder Wiederkehr eines PH: *tout battant neuf* (+ 1640) → *tout flambant neuf* (*1867) → *tout* *battant neuf* (20. Jh.) 'ganz neu'. Wie zu diesem Transfer durch Raum und Zeit auch die Übersetzung beigetragen hat, zeigen u. a. die Bibelzitate seit dem 17. Jh. in den unterschiedlichsten Sprachen der Welt.

3. Herkunft nach philologischen Aspekten

Im Gegensatz zu den Wendungen, die über dunkle und wirre Pfade aus dem Volksmund in das Schrifttum gewandet sind, ist der Weg von der Schrift, von Autor und Text, in die Umgangssprache genau nachvollziehbar. Geflügelte Worte bezeichnen seit Büchmann (1864) allgemein geläufige, schriftlich beurkundete Redensarten, d. h. mit nachweisbaren historischen Urhebern oder literarischem Ursprung. Sie sind dem Sprichwort nahe und bilden den Übergang vom Autorenzitat zum allgemein gefestigten Sprachgut. Aphorismen, Maximen und Sentenzen gehören zu diesen Autoren-PH, deren Kernbestand die wiederholten Zitate sind; ihre Lexikalisierung ist weiterhin aktueller Forschungsgegenstand.

Sie entstehen als individuelle und einmalige Sprachschöpfungen, die ihr Entstehen veranlassen. Wortwahl, Kombinatorik und Syntagmatik gründen auf Sprecherkreativität. Die Dauerhaftigkeit dieser Prägungen jedoch bedarf der Akzeptanz und der Kooperation der Sprechergemeinschaft durch deren Wiedergebrauch. Das Zitieren kann als erste Zwischenstufe angesehen werden, die sich für die „fremde Rede" (Coseriu 1980) noch graphisch (" "), intonatorisch oder an Hand von metasprachlichen Verweisen (*,laut…*) rechtfertigt. Diachronische Rezeptionsforschung steht in diesem Bereich noch an ihrem Anfang. Man erkennt, dass Textsorten mit starkem Adressatenbezug ihren Einfluss auf den Lexikalisierungsprozess haben. Duneton/Claval (1990) zeigen für das Französische, und bereits Büchmann (1864[1]) für das Deutsche, dass das Theater schlechthin ein besonders effizienter Vermittler ist für Kandidaten der Phraseologie. Fördernd wirkt dabei die metrische Form, für die Klassik z. B. der Alexandriner: *La valeur n'attend pas le nombre des années* (Corneille). Wie in der mündlichen Überlieferung bietet die Metrik auch in der Literatur das Gerüst für die Festgeprägtheit. Entscheidend haben dann die Schauspieler und ihr Publikumserfolg zur Lexikalisierung dieser ph Formen aus literarischen Quellen beigetragen, was erklärt, dass die Lexikalisierung der Zitate aus der Klassik erst im 19. Jh. erfolgt ist. Die Textsortenpräferenz, einmal für das Theater und seine volkssprachlichen Wendungen, zum anderen für poetische Formeln wurde bereits von der sowjetischen Forschung belegt (Burger et al. 1985, 343), so dass man darin ein übereinzelsprachliches, wenn nicht universales ph Merkmal vermuten kann.

Adressatenbezug ist das Merkmal auch von Fabeln; er erklärt, dass viele ihrer Sprüche seit Aesop ph Allgemeingut geworden sind, unterstützt vom generischen und universalen propositionalen Gehalt, von der Zeitlosigkeit der belehrenden Sprecherintention, weil sie die Lebenserwartungen dieser Sinnsprüche erhöhen und aus ihnen, dank humanistischer und aufgeklärter Volksbildung, einen Teil der Gemeinsprache machen. Lexikalisierung ist die Folge der Vulgarisierung dieser literarischen Formen, zu der die Didaktik des 19. Jh. entschieden beigetragen hat. Fabeln waren Lese- und Lernstoff, Gedächtnishilfe und Verhaltensregel. Alphabetisierung erfolgte über Erkennen, Behalten und Wiederverwenden der den Fabeln entlehnten Lehrsprüche. So wanderte z. B. *prendre/se tailler la part du lion* von La Fontaine (1668) über Vidocq (1828) in den Dictionnaire de la langue française (1855).

Der Erfolg von Büchmanns Zitatenschatz ([40]1995) mag an seiner philologischen Ausrichtung liegen. Die Sammlung ist als Hand- und Hausbuch gedacht zur Verbreitung der Gelehrtensprache und Festigung des Bildungsgutes. Die Herkunft nach Gattungen und nach Sprachkultur dient als Klassifikationskriterium. Die literarischen Zitate verteilen sich nach der Bibel, den Sagen und Volksmärchen, sowie 9 Sprachen und 2 Sprachräumen der entsprechenden Autoren. Die historischen Zitate konzentrieren sich auf die Antike, 9 europäische Länder und Amerika, gefolgt von Namens- und Zitatenregistern für den Benutzer. Der Wert dieser philologischen Sammlung liegt in der bereits geleisteten lexikographischen Aufbereitung des Materials. Die Bibel wird zum Merkmalspender anhand expliziter und impliziter ph Vergleiche: *weise wie Salomon, ein ungläubiger Thomas*. In der Mediostruktur erscheinen vor dem Bibelwort in Luthers Übersetzung Verweise auf die Bibelstelle der ersten Verwendung: 1. Mos. 2,9: *Vom Baum der Erkenntnis essen*. Manche Zitate werden mit ihren Variationen belegt, so 2. Mos. 23,6: *das Recht beugen*; 5. Mos. 27,19: *das Recht verdrehen*, daran anschließend *Rechtverdreher/-ung*. Die Bedeutung der Bibelzitate wird nur sehr selten wiedergegeben, die Semantik wird jedoch nicht erklärt.

Von den Wendungen der deutschen Schriftsteller zwischen dem 13. und 16. Jh. sind dem Sprecher des ausgehenden 20. Jh. nur mehr wenige vertraut: *den Mantel nach dem Wind kehren* (Gottfried von Straßburg, Tristan und Isolt, 1215 und Bartsch, Deutsche Lieder, 1879). Die deutsche Klassik und Romantik bleiben großzügige Spender, wobei Büchmann dank seiner universellen philologischen Ausbildung bis auf die fremdsprachigen Textstellen zurückzuverfolgen vermag: *das Glück verbessern* (Lessing, Minna 4,2) /*falsch spielen*/ *corriger la fortuna* (Reccaut de la Marnières; Boileau, 5. Satire, 125. Vers; Terenz, Adelphi IV, 7). Aus Gattungen wie Liedern und Lyrik, die sich in das Gedächtnis der Menschen eingeprägt und so im Sprachsystem festgeprägt haben, kommen häufig heute noch geläufige Sprüche und Wendungen, die die Dichter gerne einander entlehnen: *im wunderschönen Monat Mai* (Heine, Intermezzo 1823), *the charming monat of Mai* (Burns 1887).

Die fremdsprachigen PH stammen vorwiegend aus der Antike und das humanistische Gymnasium vermittelte über sie die Bildung. Sie erscheinen meistens mit deutscher Übersetzung und, im Unterschied zu den deutschen Zitaten, mit Bedeutungsangabe und Gebrauchsanweisung, *pro domo:* „vom Titel der Rede Ciceros zum allgemeinen Ausdruck der Selbstverteidigung"; *les moutons de Panurge:* „zur Bezeichnung von Nachäffern angewendetes Wort findet seine Erklärung darin, dass...". Büchmann erklärt die Entwicklung der literarischen Herkunft und der sozialen Bedeutung. Der explikative Weg führt über die mehrsprachigen Textstellen in die jeweiligen Kulturen. Die Kompetenz des Philologen steht hier im Einsatz des Bildungsbürgertums. Das Werk entspricht einem didaktischen Anliegen; es ist eine Schule der Konversation und der Ton gleitet dementsprechend öfter ins Anekdotische. Auch für das Französische, italienische und Englische überwiegen die klassischen Autoren, denen die Schlagwörter: *noblesse oblige, la comédie humaine* entlehnt sind, nicht ohne falsche Meinungen und Zueignungen zu korrigieren: *l'art pour l'art:* Novalis bereits vor Cousin.

Die Herkunft der letzten PH-Gruppe bei Büchmann ist die Geschichte. Chronologisch werden Bonmots, *querelle d'Allemands*/*deutsche Zänkerei* aber auch ph Termini, *drakonische Gesetze, Politik der freien Hand* von Hellas und Rom bis zum aktuellen Zeitgeschehen vorgestellt, nach dem bewährten informativen und unterhaltsamen Ductus. Politische Reden, Kriegsberichte, Rechtsschriften, philosophische Abhandlungen und Selbstdarstellungen sind die zitierten Quellen. Die Belege umfassen PH, Wortbildungen und Eigennamen; ihre Herkunftserklärung wird für den gebildeten Durchschnittsbürger zur Gebrauchsanweisung und zur Begriffsdefinition.

4. Herkunft nach Sachbereichen

Bedeutungswandel ist eine natürliche Erscheinung der Sprachentwicklung. Die aus der Lexikologie bekannten Phänomene der Verengung, Erweiterung, Verschiebung und Umkehrung finden sich auch in der Phraseologie. Sowohl die Zeichennatur als auch die Sprechereinstellung zum dargestellten Sachverhalt, die PH besonders gut zum Ausdruck bringen, zeichnen verantwortlich dafür. So kann sich die Polysemie eines Lexems auf das Polylexem übertragen: *ins Blaue hineinreden* 'planlos reden': *das Blaue vom Himmel herunterreden* 'lügen'; *keine blaue Ahnung haben* 'nichts wissen' und kann die Bewertung je nach Kontext von der Tugend in die Untugend wechseln: *kalt und warm aus einem Munde blasen* 'bald so bald anders reden'.

In der Anpassungsfähigkeit von PH an eine Vielzahl von Benennungsbedürfnissen beruht ihre Widerstands- und überlebenskraft. Die Zeichenhaftigkeit dieser motivierten, mehr oder weniger fixierten Mehrwortlexeme gestattet einen interessanten synchronen Zugriff auf ihre Herkunft auf Grund ihrer kognitionssemantischen Erklärung. Trotz Festgeprägtheit und Demotivierung birgt die Polylexikalität die Möglichkeit zur remotivierenden Selbstreflexivität. Als Zeichen bestehend aus anderen Zeichen übernehmen sie im sekundären Nominationsprozess begriffsbildende und anschauungsfördernde Funktionen. Als Geschehensträger und Bild liefern Primärbedeutungen ihren erkenntnissteuernden und meinungsbildenden Beitrag. Das Sprachbild ist zugleich Denkbild, das abstrakte Phänomene sichtbar, greifbar und verständlich macht. Metaphorologen sprechen von den verblassten Bildern und Phraseologen stellen fest, dass diese Demotivierung von einer mehr oder weniger fixen Kombinatorik gefördert wird. Die Herkunft der Formative vermittelt Sachbereiche als teilhabende Instanzen und als Bildspender; diese Erklärung gilt für PH sowohl der Gemein- als auch der Fachsprache; sie wird in Gréciano/Rothkegel (1997) für mehrere Bereiche überprüft.

Was die Gemeinphraseologie betrifft, so lassen sich die Sachbereiche für Bildspender den Makrostrukturen ph Wörterbücher entnehmen. Eine systematische Erhebung der Metaphernfelder des Deutschen steht noch aus. Für das Französische haben Duneton/Claval (1990) den ersten Versuch in dieser Richtung unternommen: 25000 Wendungen sind nach 18 Hauptthemen gruppiert, die Begriffe (Charakter, Werte, Urteile, Gefühl, Gewalt, Geist) und Bilder (Körper, Lebewesen, Tätigkeiten, Verhalten, Rede, Geld, Gesellschaft, Raum, Gegenstände) verbinden. Für das Deutsche erarbeitet Schemann (1993, CI–CXIII) fruchtbare Herkunftsbereiche über die produktivsten Formative, die sich als Stützen der Anschaulichkeit entpuppen; so Körperteile: *von Kopf bis Fuß*, Umwelt, Naturphänomene, Tiere, Pflanzen: *ans Licht kommen, auf dem Hund sein, durch die Blume sagen*, soziale Welt: *alles aufs Spiel setzen*, Sprache: *das letzte Wort haben*, Religion: *zum Teufel jagen*, Raum – Zeit: *ein gutes Ende nehmen*, Vorgänge und Tätigkeiten: *tragisch nehmen*. Es folgt ein aufschlussreicher Versuch der Herleitung, besser Annäherung zwischen Begriff und Bild als Zusammenspiel von außersprachlichem Sachwissen, Sprachwissen über Raum und Zeit der Entstehung, sowie über die „Grammatik der Figuren" im Sinne von Versprachlichung als kreative energeia, die zu unendlicher Bedeutungsbildung befähigt: „Die vielfachen Bedeutungen bilden einen potentiellen Bezugsrahmen, der für die volle Erklärung (nur) einen (semantischen) Hintergrund ohne den kausalzwingenden Erklärungsgrund abgibt."

Dass Herkunft als bildspendender Sachbereich auch onomasiologisch gedeutet werden kann, zeigt eine junge Forschungsarbeit (Drillon 1993, 66). Zum Deutschen und Französischen werden kontrastiv die Leitbilder zum Begriff 'Gelingen' aufgezeigt; sie stammen zwischensprachlich konvergent und vorrangig aus den Sachbereichen Weltall und Natur: *Stern, Sonne, Berg, Gipfel, Himmel, Erde, Land, Luft, Planet, Wind, Welle, Flut, Sommer, Zeit, Uhr, Eisen, Feuer, Flamme, Blatt, Lorbeer: auf dem Gipfel des Ruhmes sein; auf einer Welle des Erfolges schwimmen; das Blatt hat sich gewendet, noch nicht über dem Berg sein; wo viel Licht ist, ist viel Schatten; Lorbeeren ernten.*

Für Fachphraseologie sind Herkunftserklärungen angesichts des Benennungsbedarfs und der -funktion von besonderer Bedeutung. Bereits Hahn (1980, 390) stellt für die Fachsprache fest, dass die Wortgruppen stark zunehmen und gemeinsprachliche Wörter gerne metaphorisch benutzt werden. Polylexikalität und Motiviertheit bewirken die Phraseologisierung von Terminologie und machen aus PH treffende Benennungen komplizierter Sachverhalte. Auch Burger et alii (1985, 322) erkennen in der Metaphorik den Auslöser von Phraseologisierung. Die lexikalische Herkunft der Konstituenten vermittelt Sachwissen über Sachdarstellung und Sachvorstellung und, je nach Kontext und Situation, die Kenntnis der Geschehensträger und die Wirkung deren Bildwertes. Fach-PH sind häufig Wortbildungen und gehören als solche zur weiten PH-Definition. Abschließend seien Forschungsergebnisse zitiert und kommentiert aus den Empfängerbereichen Geschichte, Politik und Medizin.

Die Arbeiten von Demandt (1978) und Rigotti (1994) zu den Metaphern des historischpolitischen Denkens geben interessante Aufschlüsse zur ph Semantik. Sie erlauben Rückschlüsse auf Rollenkonstellation und Bildkonfiguration der PH. Das dort gesammelte Beispielmaterial zeigt die häufige Wechselwirkung von fester Syntagmatik und Motiviertheit. Beide Autoren bestätigen für diese Domäne die erklärenden und propagandistischen Werte der Bilder. Mit der metaphorischen Kompetenz steige das politische Prestige der Sprecher, Bismarck bleibt, siehe bereits Büchmann, eine ergiebige Quelle. Synchron deckt die sprachliche Herkunft dieser PH folgende Sachbereiche auf als Bildspender für historiographisches und (europa)politisches Geschehen (Gréciano 1995, 1997).

Organische Natur: *Vater Staat, Mutter Kirche, brüderliches Verhalten, Elsaß-Lothringen als das jüngste Kind der deutschen Familie (Bismarck 1987[1]), Zusammenwachsen der Völker, im Herzen Europas, Zahn der Zeit, Antlitz der Macht, Wurzeln des Staates/der Gesellschaft/ der Ideen, Verpflanzung eines Menschen/Volkes, Baum des Lebens, Keim der Verwesung, Parasit der Gesellschaft/Kindheit/Jugend, hohes Alters unseres Geschlechts, Kern der Bewegung/des Konflikts/der Neutralität, Herbst des Mittelalters.*

Technik: *Triebräder der Natur, Triebfedern der Geschichte/der Gründung der EU, Zahnräder/Hebel der Macht, Uhrwerk des Staates, Säule/Pfeiler/Stütze der Gesellschaft, Fundament des Staates, Umsturz und Zusammenbruch der Macht, Haus Israel/Juda/Europa, das gemeinsame Dach, Schwelle des Kriegs/ zum Frieden, Gefäß der Barmherzigkeit, Pforte des Glücks, einen Staat gründen, einen Grundstein legen, einen Plan untergraben, die Waage halten.*

Die Vorteile dieser motivierten Mehrworttermini liegen in ihrer Anschaulichkeit und Präzision, in der Verständlichmachung von Komplexem und Abstraktem durch die natürliche Sprache. Die Bildlichkeit schützt diese Fachphraseologie vor szientistischem Selbstverständnis und verhilft ihr dank Vertrauen erweckender Sprachgestaltung zu Leserfreundlichkeit und Bürgernähe.

Die konkrete Auseinandersetzung mit den Wendungen der Medizin (Gréciano 1996) zeigt überraschenderweise ihren gemeinsprachlichen Ursprung und ihre ph Tendenz. PH dienen der terminologischen Nomination und Definition; wobei die Mehrzahl der Formative der Alltagssprache entlehnt sind, um beschreibend das Symptom zu benennen oder es bewertend zu qualifizieren: *rückläufige Vorhoferregung, vorzeitige Rechtsverspätung, Zusammenziehung des Herzmuskels.* Die technischen Formative übernehmen die sachliche Begriffsdetermination:

linksanteriorer/linksposteriorer Faszikel. Gemeinsprachliche Formative erlauben einen synchronen Zugriff auf das Sach- und Fachgeschehen. Sie stellen medizinische Phänomene dar: Handlungen, Vorgänge, Zustände und Eigenschaften: *Aufhören des Pulsschlages, die Störung/Beschleunigung/der Stillstand des Herzens, Kammerflimmern.* Fach- und gemeinsprachliche PH-Konstituenten bezeichnen Organe, bzw. deren Teile, deren Rollen und Befindlichkeiten und machen aus ihnen die Träger des Geschehens: *Herzmuskelerkrankung, tachykarder Rhythmus.* Der Bildwert der hauptsächlich gemeinsprachlichen Formative steht im Einsatz von Analogiedenken. Die Spendebereiche der untersuchten PH der Medizin sind Geometrie und Physik: *elektrische Herzachse, ST-Hebung, ST-Senkung;* Botanik und Geographie: *Kranzgefäße, Aufzweigung der Aorta*; Technik und Architektur: *Herzhöhle, Herzwand, Herzklappe.* Die analogen Erkenntnismuster bedienen sich des Wortschatzes aus dem Alltag und stützen sich auf Alltagserfahrung; sie schaffen Ähnlichkeit und Vertrautheit und stoßen via Wissenstransfer in neue Sachbereiche vor. Mit der Festigung der Mehrworttermini festigt sich das Fachwissen und verblasst die Bildhaftigkeit der Komponenten. Auch andere Fachphraseologien sind und werden unter diesen und ähnlichen Aspekten erklärt (Gréciano/Rothkegel 1997).

Die Frage nach der Herkunft trifft bestimmte PH-Arten ganz besonders, so Sprichwörter, Geflügelte Worte und Phraseotermini. Sie ist hier aus der synchronen Perspektive der Kultur- und Kognitionssemantik nach physikalischen, philologischen und referentiellen Kriterien beantwortet worden. Ausgewählte Wörterbucheinträge, Textstellen und Glossare dienten als Belegmaterial. Eine systematische Überprüfung der älteren Lexikographie, besonders Adelung, Grimm, Gottschalk, Tobler-Lommatsch, ist für die Klärung der Herkunftsproblematik fortan unvermeidlich. Inhaltliche Herkunftserklärungen nach Raum und Zeit, nach Autoren, Werken und Strömungen, sowie nach Primär- und Sekundärnomination nähren sich von sprach-, Sach- und Weltwissen, das sie ihrerseits weitervermitteln. Beurteilt Eckert (1987, 44) die historische Phraseologie aus linguistischer Sicht noch als fragmentarisch, so entfaltet sie sich dennoch als Bereicherung der anthropologischen Nachbardisziplinen. Syn-diachronie fördert, wie hier gezeigt, Kultur- und Kognitionssemantik. Burger et al. (1985; 1997) rufen konsequent und progressiv zur linguistischen Auffindung und historischen Aufarbeitung der Phraseologie auf. Ihre einleitende Diskussion der sowjetischen Forschung zu den Herkunftsquellen der anonymen umgangssprachlichen Wendungen, sowie der poetischen Formeln mag weiterhin als übereinzelsprachliche Forschungsanregung dienen. Die konkreten Vorschläge für das Deutsche konzentrieren sich auf die Einarbeitung von Kommunikationssituation und -funktion, von (meta)sprachlichen, kontrastiven Indizien, sowie von Beobachtungen aus alten bisher wenig beachteten Grammatiken, Lehr- und Wörterbüchern. Der hier gebotene Beitrag ist ein Schritt auf dem vorgezeigten Weg.

5. Literatur in Auswahl

Borchardt, Wilhelm et al. ([6]1925): *Die sprichwörtlichen Redensarten im deutschen Volksmund nach Sinn und Ursprung erläutert.* Leipzig: Brockhaus.

Büchmann, Georg (1950): *Geflügelte Worte und Zitatenschatz.* Konstanz etc.: Asmus Verlag. [1]1864.

Burger, Harald (1997): Problembereiche einer historischen Phraseologie. In: *Europhras 95.* (Hrsg. W. Eismann). Bochum: Brockmeyer, 79–108.

Burger, Harald; Angelika Linke (1997): Historische Phraseologie. In: *Sprachgeschichte. Ein Handbuch zur Geschichte der deutschen Sprache und ihrer Erforschung. Zweite, veränderte und erweiterte Auflage.* (Hrsg. W. Besch et alii). Berlin: de Gruyter.

Burger, Harald et alii (1985): Historische Phraseologie. In: *Handbuch der Phraseologie*. (Hrsg. H. Burger et al.). Berlin: de Gruyter, 315–380.

Chafe, Wallace (1968): Idiomaticy as an anomaly in the Chomskyan paradigm. In: *Foundations of Languge* 4, 109–127.

Coseriu, Eugenio (1980): *Textlinguistik*. Tübingen: Narr.

Coulmas, Florian (1985): Lexikalisierung von Syntagmen. In: *Handbuch der Lexikologie*. (Hrsg. Ch. Schwarze; D. Wunderlich). Königstein.

Demandt, Alexander (1978): *Metaphern für Geschichte. Sprachbilder und Gleichnisse im historisch-politischen Denken*. München: Beck.

Dobrovol'skij, Dimitrij; Elisabeth Piirainen (1996): *Symbole in Sprache und Kultur. Studien zur Phraseologie aus kultursemiotischer Perspektive*. Bochum: Brockmeyer.

Drillon, Marie Laurence (1993): REUSSIR/GELINGEN: die phraseologische Produktivität des Begriffes im Deutschen und Französischen. Unveröffentlichte Magisterarbeit. Strasbourg: Université II.

Duneton, Claude; Sylvie Claval (1990): *Le Bouquet des expressions idiomatiques*. Paris. Seuil.

Düringsfeld, Ida von; Hans von Reinsberg-Düringsfeld (1872): *Sprichwörter der germanischen und romanischen Sprachen*. Leipzig: Verlag Fries.

Eckert, Rainer (1987): Synchronische und diachronische Phraseologieforschung. In: *Beiträge zur allgemeinen und germanistischen Phraseologieforschung*. (Hrsg. J. Korhonen). Oulu: Universität Oulu, 37–50.

Gaatone, David (1984): La locution ou le poids de la diachronie dans la synchronie. In: *La Locution*. (Hrsg. G. Di Stefano; R. McGillery. Montreal: CERES, 70–82.

Gréciano, Gertrud (1995): Fachphraseologie. In: *Rand und Band. Abgrenzung und Verknüpfung als Grundtendenzen des Deutschen*. (Hrsg. R. Métrich; M. Vuillaume). Tübingen: Narr, 183–195.

–, (1996): Herzrhythmusphraseologie aus der Sicht der kontrastiven Textologie. In: *Lexicology* 2.2, 155–175.

–, (1997): Europhraseologie im Vergleich. In: *Europhras 95*. (Hrsg. W. Eismann). Bochum: Brockmeyer, 247–262.

Gréciano, Gertrud; Annely Rothkegel (Hrsg.) (1997): *Phraseme in Kontext und Kontrast*. Bochum: Brockmeyer.

Hahn, Wolfgang von (1980): Fachsprache. In: *Lexion für Germanistische Linguistik*. Tübingen: Niemeyer, 390–402.

Kluge, Friedrich (1989): *Etymologisches Wörterbuch der deutschen Sprache*. Berlin/New York: de Gruyter. [1]1883.

Lurati, Ottavio (1984): La locution entre métaphore et histoire. In: *La Locution*. (Hrsg. G. Di Stefano; R. McGilleray. Montréal: CERES, 82–102.

Makkai, Adam (1969): The two idiomaticity areas in English and their membership: a stratificational view. In: *Linguistics* 50, 44–58.

Mokienko, Valeire (1997): Phraseologisierung von Europäismen oder Europäisierung von Phraseologismen? In: *Europhras 95*. (Hrsg. W. Eismann). Bochum: Brockmeyer, 539–556.

Pike, Kenneth (1971): *Language in relation to a unified theory of the structure of human behavior*. The Hague: Mouton.

Pilz, Klaus Dieter (1978): *Phraseologie. Versuch einer interdisziplinären Abgrenzung, Begriffsbestimmung und Systematisierung unter besonderer Berücksichtigung der deutschen Gegenwartssprache*. Göppingen: Kümmerle.

Rigotti, Françesca (1994): *Die Macht und ihre Metaphern: über die sprachlichen Bilder der Politik*. Frankfurt: Campus.

Röhrich, Lutz ([2]1977): *Lexikon der sprichwörtlichen Redensarten*. Freiburg etc.: Herder.

Schemann, Hans (1993): *Deutsche Idiomatik: deutsche Redewendungen im Kontext*. Stuttgart/Dresden: Verlag für Wissenschaft und Kunst

Thun, Harald (1978): *Probleme der Phraseologie*. Tübingen: Niemeyer.

Wander, Karl Friedrich Wilhelm (1867/1963): *Deutsches Sprichwörter-Lexikon in 5 Bänden*. Aalen, Scientia Verlag. Neudruck der Ausgabe Leipzig, 1867.

Weinreich, Uriel (1969): Problems in the analysis of idioms. In: *Substance and Structure of Language*. (Hrsg. J. Puhvel). Berkley: University Press, 23–81.

Gertrud Gréciano, Straßburg (Frankreich)

53. Phraseologismen in kontrastiver Sicht

1. Zur Terminologie und Begriffsbestimmung
2. Aspekte der vergleichenden Phraseologieforschung
3. Aktuelle Probleme der kontrastiven Phraseologieforschung
4. Fazit
5. Literatur in Auswahl

1. Zur Terminologie und Begriffsbestimmung

In der Fachliteratur finden sich verschiedene Lesarten des Begriffs „kontrastive Phraseologie".

1.1. Zum einen wird darunter ganz allgemein eine interlinguale Analyse von Phraseologismen verstanden. Dabei spielt es keine Rolle, wie viele Sprachen in die Untersuchung einbezogen werden, unter welchen Gesichtspunkten und mit welchen Methoden die phraseologischen Einheiten analysiert werden. Diese Interpretation setzt somit den synonymen Gebrauch der Termini „kontrastiv" und „(sprach)vergleichend" voraus (z.B. Burger/Buhofer/Sialm 1982, 274ff.; Palm 1995, 113ff.). Auf ähnliche Weise wird in manchen Arbeiten der Terminus „konfrontative Phraseologie" gebraucht (vgl. Eckert 1979, 75; Fleischer 1997, 25f.; Wotjak 1992, 197ff.).

1.2. Zum anderen wird unter der kontrastiven Phraseologieforschung eine spezifische Art der interlingualen Analyse verstanden, die den anderen Arten des Phraseologie-Vergleichs (z.B. der strukturtypologischen Analyse, der Universalienforschung, der historisch-vergleichenden oder areal-vergleichenden Analyse) gegenübersteht. Bei dieser Lesart, die auf die Pionierarbeit von Rojzenzon/Avaliani (1967) zurückgeht, wird der Terminus „vergleichend" als Hyperonym und „kontrastiv" bzw. „konfrontativ" als Hyponym interpretiert. Die so verstandene kontrastive Phraseologie setzt sich von den anderen Richtungen und Aspekten des Phraseologie-Vergleichs vor allem dadurch ab, dass sie ihre Aufgaben in der Ermittlung von Gemeinsamkeiten und Unterschieden der Phraseologismen zweier Sprachen sieht (ausführlicher s. unter 2.).

1.3. Schließlich begegnet man einer noch engeren Auffassung des Begriffs „kontrastive Phraseologie", die diese Forschungsrichtung auf die Ermittlung und Beschreibung von Kontrasten in der Semantik und Struktur der Phraseologismen zweier Sprachen beschränkt (vgl. Hinweise bei Rajchštejn 1980, 8; Ďurčo 1994, 24; Földes 1996, 15). In diesem Fall wird die „kontrastive" Phraseologie als Unterbegriff der „konfrontativen" Phraseologieforschung verstanden, die ihrerseits als Unterbegriff der „vergleichenden" Analyse interpretiert wird.

Im Folgenden wird die Auffassung favorisiert, die in der Fachliteratur am stärksten verbreitet ist und hier unter 1.2 vorgestellt wurde, d.h. wir unterscheiden zwischen der vergleichenden und kontrastiven bzw. konfrontativen Phraseologieforschung, wobei die erstgenannte als Oberbegriff für eine ganze Palette von Richtungen und Aspekten der sprachvergleichenden Phraseologie-Analyse, darunter auch für ihre kontrastiven Aspekte, verstanden wird. Dies hat zur Folge, dass sich die weitere Darstellung im Wesentlichen auf die kontrastive bzw. konfrontative Analyse im engeren Sinne (1.2) beschränkt. Um jedoch auch andere Richtungen der interlingualen Phraseologieforschung nicht aus den Augen zu verlieren und den entsprechenden Lesererwartungen entgegenzukommen, wird in Abschnitt 2 auch auf einige andere Aspekte des Phraseologie-Vergleichs kurz eingegangen. Für die Einbeziehung anderer Forschungsaspekte in die Problemschilderung spricht auch die Tatsache, dass bestimmte Fragestellungen ein interdisziplinäres Herangehen verlangen (s. auch unter 3.1).

1.4. Ferner sei auf die terminologische Unterscheidung zwischen Phraseologismus und Idiom eingegangen, weil sie für die weitere Darstellung relevant ist. Der Terminus „Phraseologismus" wird hier zur Bezeichnung aller Klassen fester Wortverbindungen (der Idiome, Parömien, Kollokationen, Routineformeln, grammatischen Phraseologismen) gebraucht (im Sinne von Burger/Buhofer/Sialm 1982, 1). Die Klasse der Idiome wird als der zentrale Bereich des phraseologischen Systems betrachtet. Unter den Idiomen werden hier also feste, reproduzierbare Wortverbindungen verstanden, die als Lexikoneinheiten verarbeitet werden und sich (im Unterschied zu Phraseologismen anderer Klassen) durch einen hohen Grad an Irregularität auszeichnen: z.B. *ins Gras beißen* oder *ein Schlag unter die Gürtellinie* im Unterschied zu *Maßnahmen treffen* oder *wie dem auch sei* (Dobrovol'skij 1995,

13 ff.). Phraseologie ist demnach der Oberbegriff für feste Wortkomplexe verschiedener Typen. Der vorliegende Beitrag konzentriert sich auf die Idiomatik, also auf die Phraseologie in engerem Sinn.

2. Aspekte der vergleichenden Phraseologieforschung

2.1. Als erstes seien hier die eigentlich kontrastiven Aspekte des Phraseologie-Vergleichs charakterisiert. Der kontrastive Sprachvergleich richtet sich im Standardfall nach folgenden Kriterien:

(a) es handelt sich um die Gegenüberstellung zweier Sprachen L1 und L2;
(b) die kontrastive Analyse erfolgt auf der synchronen Ebene und setzt sich zum Ziel, sowohl Gemeinsamkeiten als auch Unterschiede zwischen Idiomen von L1 und L2 aufzudecken;
(c) die genetische Verwandtschaft, typologische oder areale Nähe der zu vergleichenden Sprachen spielen dabei keine Rolle;
(d) der Sprachvergleich verfolgt vorwiegend praktisch orientierte Ziele.

Die genannten Kriterien ermöglichen es, die kontrastive Linguistik von anderen sprachvergleichenden Richtungen abzugrenzen: von Komparatistik, Sprachtypologie bzw. Universalienlinguistik, von Areallinguistik und kultursemiotisch basierten sprachwissenschaftlichen Studien (zu relevanten Unterschieden in Bezug auf die Phraseologie vgl. u. a. Dobrovol'skij 1988, 62 ff.; Abraham 1989; Dobrovol'skij/Piirainen 1997).

Die bisherigen Studien zur kontrastiven Phraseologie legten besonderes Gewicht auf die Ermittlung jener Faktoren, die die zwischensprachliche Äquivalenz von Idiomen beeinflussen. Von den Arbeiten, die die Forschungsszene der letzten Jahrzehnte mitgestaltet haben, seien hier vor allem Sammelbände (EUROPHRAS 88; Untersuchungen zur Phraseologie des Deutschen und anderer Sprachen 1992; Phraseology in education, science and culture 1993) und Monographien (Rajchštejn 1980; Hessky 1987; Ďurčo 1994; Földes 1996) genannt sowie die kontrastiven Projekte, und zwar zum deutsch-finnischen (unter der Leitung von Jarmo Korhonen; s. dazu (Korhonen 1995; Studien zur Phraseologie des Deutschen und des Finnischen II 1996)) und zum deutsch-französischen Phraseologie-Vergleich (CONPHRAS unter der Leitung von Gertrud Gréciano und Annely Rothkegel; s. dazu (Gréciano/Rothkegel 1995; Phraseme in Kontext und Kontrast 1997)).

2.2. Das strukturtypologische bzw. universalienlinguistische Herangehen gestattet den Vergleich mehrerer Sprachen, wobei die Idiomforschung in den Kreis allgemeinlinguistischer Fragestellungen einbezogen wird. Ziel dieser Forschungsrichtung ist die Aufdeckung allgemeiner Gesetzmäßigkeiten, die die innere Organisation des phraseologischen Systems bestimmen, sowie die Beschreibung regulärer Beziehungen der Phraseologie, darunter auch der Idiomatik, zu anderen Subsystemen der Sprache. Das strukturtypologische Herangehen konzentriert sich primär auf Fragen, die die konstitutiven Besonderheiten der Sprachstruktur und deren Widerspiegelung in der Phraseologie betreffen. Welche Konsequenzen hat z. B. der Analytismusgrad einer Sprache für die innere Organisation des phraseologischen Systems? Wie korrelieren Phraseologie und Wortbildung? Gibt es Zusammenhänge zwischen der in der betreffenden Sprache dominierenden Wortbildungstechnik (Affigierung, Zusammensetzung, Konversion) und der Anzahl von Phraseologismen mit unikalen Konstituenten (wie *ins Fettnäpfchen treten*, *um Haaresbreite*, *auf dem Holzweg sein*)? Welche Faktoren beeinflussen die Fähigkeit eines Idioms, sich verschiedenartigen syntaktischen Transformationen zu unterziehen? Gibt es in diesem Bereich übereinzelsprachliche Regularitäten? (Zum Forschungsüberblick vgl. Abraham 1989 und Černyševa 1989). Die Betrachtung der Phraseologie als Objekt der Universalienlinguistik setzt neben den sprachsysteminternen Forschungsaspekten auch allgemein semiotische Fragen nach dem Wesen der Idiomatizität als Ergebnis bestimmter Arten von Zeichenkombination und -verarbeitung (Makkai 1978; 1993) sowie extralinguistische, kognitiv orientierte Fragestellungen (Dobrovol'skij 1988, 36 ff.) voraus.

2.3. Abschließend seien noch die historisch-vergleichende (z. B. Eckert 1991), areallinguistische (eine Kombination dieser Ansätze findet sich in Mokienko 1980 und Soloducho 1989) und kultursemiotisch orientierte Forschungsrichtung erwähnt. Das letztgenannte Herangehen setzt sich zum Ziel, das Phänomen des Idiomatischen in einen umfassenden Kulturkontext zu setzen. Verglichen werden dabei nicht nur Phraseologismen verschiener Sprachen, sondern auch die korrespondierenden Erscheinungen der entsprechenden Kulturen, die in verschiedenen semiotischen Systemen ihren Ausdruck finden können (Dobrovol'skij/ Piirainen 1997). Dem kultursemiotischen Ansatz kommt die ethnolinguistische Phraseologieforschung nahe (vgl. Stedje 1989).

2.4. Ausgehend vom sprachlichen Material, das zur vergleichenden Analyse herangezogen wird, kann zunächst unterschieden werden zwischen jenen Studien, bei denen der phraseologische Bestand der verwandten Sprachen das Untersuchungsobjekt bildet, und jenen, die das phraseologische Material genetisch heterogener Sprachen untersuchen. Diese Differenzierung braucht nicht unbedingt mit der Unterscheidung des komparatistischen und typologischen Ansatzes zusammenzufallen. Während sich die historisch-vergleichenden Studien notwendigerweise auf das Material genetisch verwandter Sprachen beschränken, kann eine typologisch orientierte Untersuchung beliebige, darunter auch nah verwandte Sprachen, zum Forschungsobjekt haben. Wichtiger ist dabei, dass die betreffenden Sprachen bestimmte in typologischer Hinsicht relevante Unterschiede aufweisen (Dobrovol'skij 1988, 72ff.). Beim kultursemiotischen bzw. ethnolinguistischen Ansatz kommt es primär auf die Heterogenität der zu vergleichenden Kulturen sowie auf sprachliche Reflexe von Kulturkontakten an. Die Besonderheiten der Sprachstruktur sind dabei völlig irrelevant (Dobrovol'skij/Piirainen 1997, 448). Für die kontrastive Analyse spielen weder genetische noch kulturelle noch typologische oder areale Parameter eine Rolle (vgl. unter 2.1.).

Aus der Perspektive der Materialauswahl lassen sich ferner Studien zur vergleichenden Phraseologie hervorheben, die sich nicht auf die Standardsprachen beschränken, sondern das mundartliche Material in die Analyse einbeziehen (z.B. Ivaško 1981; Burger/Buhofer/Sialm 1982, 274ff.; Piirainen 1994; Burger 1998, 193ff.). Diese Arbeiten enthalten oft neues, zum Teil bis dahin schriftlich nicht fixiertes Material. Für die Phraseologieforschung ist dies bedeutsam, weil das Funktionieren der Idiome in spontanen kommunikativen Situationen ohne den normierenden Druck der literarischen und lexikographischen Tradition im Hintergrund viele relevante Spezifika aufweist. So wird z.B. die herkömmliche Gegenüberstellung der „richtigen" Form eines Phraseologismus und seinen „normabweichenden" Realisationen in der Rede aus der Dialekt-Perspektive stark relativiert, weil man bei der Beschreibung einer Mundart ohne literarische und/oder lexikographische Tradition nicht auf die kodifizierten Formen zurückgreifen kann.

3. Aktuelle Probleme der kontrastiven Phraseologieforschung

In diesem Abschnitt sei auf einige ausgewählte Probleme der kontrastiven Phraseologie eingegangen, die u. E. zur Zeit besonders aktuell sind, weil sie bestimmte Lücken in der gegenwärtigen Forschung aufzeigen und deshalb weitere Untersuchungen in diesem Bereich anregen können (zur Problematik dieser Forschungsrichtung vgl. den Fragenkatalog zur „konfrontativen Phraseologie" in Wotjak 1992). Die aktuellen Aufgaben, die die kontrastive Phraseologieforschung zu bewältigen hat, kann man mit einigen Einschränkungen in theoretische und praxisbezogene unterteilen. Im Folgenden konzentrieren wir uns auf die letztgenannten, weil sich der kontrastive Sprachvergleich primär mit praktisch orientierten Zielen verbindet (s. 2.1). Die Ergebnisse einer kontrastiven Analyse müssen für den Sprachunterricht, die Übersetzungspraxis und die Lexikographie unmittelbar verwertbar sein (vgl. Fleischer 1997, 25).

3.1. Was die theoretisch orientierten Fragestellungen betrifft, so lässt sich an Hand einschlägiger Arbeiten feststellen, dass, allgemein gesprochen, das Problem des Verhältnisses von Idiosynkratischem und Übereinzelsprachlichem im Mittelpunkt des Interesses steht.

3.1.1. Besonders aktuell erscheinen kognitive und kultursemiotische Aspekte dieses Verhältnisses. Diese Forschungsrichtung setzt die Beantwortung vieler konkreter Fragen voraus. Wenn sich in der Idiomatik der zu vergleichenden Sprachen Gemeinsamkeiten finden, so ist zu fragen, worauf diese zurückzuführen sind: auf zufällige interlinguale Übereinstimmungen, auf Entlehnungsprozesse, auf genetische Faktoren oder gar auf den universellen Charakter der Konzeptualisierung der betreffenden Erscheinungen? Ferner ist zu fragen, worauf interlinguale Kontraste in der Idiomatik zurückzuführen sind: auf den zufälligen Charakter der Wahl des jeweiligen metaphorischen Bildes, auf die Präferenz bestimmter konzeptueller Metaphern (Metaphernmodelle) durch die entsprechenden Sprachgemeinschaften, d.h. auf kognitive Faktoren, oder auf relevante Unterschiede in den betreffenden nationalen Kulturen? Es ist evident, dass die Beantwortung dieser Fragen nicht im Rahmen der kontrastiven Phraseologie im eigentlichen Sinn möglich ist, sondern ein interdisziplinäres Herangehen verlangt.

Die quasiuniversellen Metaphernmodelle zeugen von den tieferliegenden konzeptuellen Gesetzmäßigkeiten, die bei der Versprachlichung bestimmter Entitäten unabhängig von der Spezifik der jeweiligen Sprache und Kultur aktiviert werden. Wenn das gleiche Konzept in vielen Sprachen durch die gleichen Ausgangsvorstellungen versprachlicht wird, zeugt das vom allgemeinen Charakter bestimmter Denkprozesse. Wenn sich in diesem Bereich Unterschiede finden, handelt es sich um eine empirisch begründete nationale Spezifik, die möglicherweise einer kultursemiotischen Interpretation bedarf. Der Grad der Übereinzelsprachlichkeit ist in den Fällen besonders hoch, in denen es sich um biologisch verwurzelte Übereinstimmungen bei der Wahl der Bildspenderbereiche handelt. So werden die basalen Emotionen (wie Wut, Angst, Freude) in vielen verschiedenen Sprachen mit Hilfe ähnlicher bildlicher Domänen versprachlicht (vgl. dt. *jmdm. stehen die Haare zu Berge*, engl. *someone's hair stands on end*, ndl. *zijn haren rijzen te berge*, russ. *volosy vstaly dybom u kogo-libo*; dt. *mit weichen Knien, jmdm. werden die Knie weich*, engl. *someone's knees knock (together)*, ndl. *met knikkende knieen*, russ. *kolenki /koleni drožat/trjasutsja/podgibajutsja u kogo-libo, podžilki trjasutsja u kogo-libo (ot stracha)*; dt. *sich in die Hosen machen*, engl. *have one's pants full*, ndl. *in zijn broek doen*, russ. *naložit'/nadelat' v štany (ot stracha)*). Diese Übereinstimmungen resultieren aus der biologisch bedingten Universalität relevanter Symptome, folglich ist für ihre Erklärung die Hinwendung zu Methoden der kognitiven Linguistik, der Universalienforschung und sogar der experimentellen Psychologie erforderlich.

3.1.2. Ferner sind an die kontrastive Phraseologie Fragen zu stellen, deren Beantwortung zuvor akribische Untersuchungen der entsprechenden Phänomene in den Einzelsprachen verlangt: Welche Bildspenderbereiche kommen in der jeweiligen Sprache vor? Welche Inhalte werden durch Bildliches versprachlicht? Was ist der Grund dafür, dass sich für bestimmte konzeptuelle Bereiche zahlreiche Idiome finden, für andere Bereiche dagegen überhaupt keine? Sind die Ursachen vorwiegend kognitiver oder kultureller Natur? Erst wenn diese Fragen in Bezug auf jede zu vergleichende Sprache geklärt sind, kann zu deren Gegenüberstellung, d. h. zur eigentlichen kontrastiven Analyse übergegangen werden. Da all diese Probleme (ähnlich wie die unter 3.1.1. behandelten Fragen) im Kompetenzbereich anderer Disziplinen liegen (darunter der kognitiven Metapherntheorie, Kultursemiotik, allgemeinen Theorie der Phraseologie), wird ersichtlich, dass theoretische Aufgabenstellungen in der kontrastiven Phraseologieforschung keine klar einzugrenzende Domäne bilden, sondern die Hinwendung zu verschiedenen Richtungen der modernen Sprachwissenschaft erforderlich machen.

3.2. Von den praxisorientierten Aufgaben der kontrastiven Analyse seien vor allem lexikographische Aspekte des zwischensprachlichen Phraseologie-Vergleichs erwähnt. Die primäre Relevanz der Lexikographie resultiert aus der bekannten Tatsache, dass die Wörterbücher, die die sprachlichen Fakten in adäquater Weise darstellen, sowohl für den Fremdsprachenunterricht als auch für die Übersetzungspraxis als beschreibende und erklärende Grundlage dienen. Die wichtigste Aufgabe der kontrastiven Phraseologieforschung besteht also darin, dass sie eine brauchbare Grundlage für die Entwicklung zweisprachiger Phraseologie-Wörterbücher verschiedener Typen liefert. Die Forschungsergebnisse der letzten Jahre zeigen aber, dass die eigentlich lexikographischen Fragestellungen bis auf einige Ausnahmen kaum Diskussionsgegenstand waren (vgl. die Forschungsübersichten in Gréciano 1989; Korhonen 1993; Ďurčo 1994; Földes 1996).

3.2.1. Einer der am intensivsten erforschten Aspekte der kontrastiven Phraseologie, der angeblich einen unmittelbaren Bezug zur Lexikographie haben sollte, ist die Typologisierung von Äquivalenzbeziehungen zwischen den Phraseologismen der betreffenden Sprachen. Auf verschiedene Typen der zwischensprachlichen phraseologischen Äquivalenz wird u.a. in (Eckert 1979, 77f.) und (Rajchštejn 1980, 23ff.) eingegangen. Arten von Äquivalenzbeziehungen, die am konkreten Material ermittelt werden, können zu folgenden drei Haupttypen zusammengefasst werden (ausführlicher s. Dobrovol'skij 1988, 58ff.; Eismann 1989, 87ff.):

(a) absolute Äquivalente – das sind Phraseologismen, die in den zu vergleichenden Sprachen die gleiche Bedeutung, den prinzipiell gleichen Konstituentenbestand und eine isomorphe morphologisch-syntaktische Struktur aufweisen;
(b) partielle Äquivalente – sie werden ihrerseits in zwischensprachliche phraseologische Varianten und Synonyme verschiedener Arten unterteilt, die sich entweder durch eine strukturell-semantische Teilidentität oder nur durch die funktional-semantische Äquivalenz auszeichnen;
(c) das Fehlen von Äquivalenten (äquivalenzlose Idiome).

Die lexikographische Relevanz von Äquivalenztypen dieser Art ist jedoch fraglich, denn vom Standpunkt des Wörterbuchbenutzers aus ist es unwichtig, ob ein Idiom der Ausgangssprache L1 in die Zielsprache L2 mit einem absoluten (a), einem partiellen (b) oder einem nichtidiomatischen Äquivalent (c) übersetzt wird. Wichtig ist nur der Grad der funktionalen Äquivalenz, d.h. wenn der Benutzer die L2-Übersetzung in den gleichen funktionalen Domänen wie die entsprechende L1-Einheit gebrauchen kann, erfüllt der betreffende Wörterbuchartikel seine Aufgabe. So ist das russische Idiom mit der Struktur Adjektiv + Substantiv *dochlyj nomer* „eine tote Nummer" das beste Äquivalent zum deutschen Idiom *das kannst du vergessen!* 'daraus wird nichts' (zumindest in seiner sententionalen Verwendungsweise). Entscheidend ist dabei die Tatsache, dass in den Situationen, in denen ein deutscher Muttersprachler *das kannst du vergessen!* sagen würde, im Russischen normalerweise *dochlyj nomer!* gesagt wird (Dobrovol'skij 1997b, 188). Vgl. Textbeispiel (1).

(1) „Das kannst du vergessen", schimpfte sie, „es ist jetzt nämlich kurz nach 23 Uhr!" (Mannheimer Morgen, 16.09.1995).

(1') „Dochlyj nomer, – skazala ona vozmuščenno, – ved' uže dvenadcatyj čas noči!"

3.2.2. Die funktionale Äquivalenz setzt sich aus mehreren Faktoren zusammen. Sehr wichtig ist neben der Bedeutungsäquivalenz die Äquivalenz der syntaktischen Rolle und illokutiven Funktion. Ein wichtiger Faktor, der in den kontrastiven Studien bis jetzt kaum Beachtung gefunden hat, ist der Geläufigkeitsgrad des L1-Idioms und seiner L2-Übersetzung; vgl. z.B. diesbezügliche Unterschiede zwischen dem deutschen Idiom *etw. auf dem Kerbholz haben* und seinem slowakischen Korrelat *mat' niečo na rováši* (Ďurčo 1994, 165). Einen weiteren Faktor der funktionalen Äquivalenz stellt eine (teilweise) Übereinstimmung der in den betreffenden Idiomen fixierten Bilder dar. Die Bildlichkeit, deren Relevanz aus kognitiv-psychologischer Sicht inzwischen experimentell nachgewiesen ist (vgl. u.a. Gibbs 1990), ist eine wichtige Komponente des Inhaltsplanes jeder motivierten Lexikoneinheit, weil quasisynonyme Ausdrücke, die auf verschiedenen Bildern beruhen, nicht in allen Kontexten einander ersetzen können (ausführlicher dazu Dobrovol'skij 1997a, 106–112). Bei der Beurteilung der funktionalen Äquivalenz der L1- und L2-Einheiten spielen die bildlichen Korrelationen allerdings eine weniger wichtige Rolle als die erstgenannten Faktoren (vgl. das Beispiel des Idiompaars *das kannst du vergessen!* und *dochlyj nomer!*).

Im Gegensatz zur traditionellen Auffassung erweisen sich Faktoren wie Isomorphismus der morphologisch-syntaktischen Struktur der zu vergleichenden Idiome oder Identität ihres Konstituentenbestandes als irrelevant. D.h. wenn sich in der Sprache L2 ein Idiom findet, das mit dem L1-Idiom strukturell und lexikalisch völlig übereinstimmt, dabei aber weniger geläufig ist oder vorwiegend eine andere syntaktische Position in der Äußerung einnimmt (z.B. Subjekt vs. Prädikativum), sind L1-Idiom und L2-Idiom keine funktionalen Äquivalente. Mehr noch: ein gutes L2-Äquivalent des L1-Idioms braucht kein Idiom zu sein. Ein Wort, das in der Sprache L2 die gleiche kommunikative Funktion ausübt wie das L1-Idiom, ist ein besseres Übersetzungsäquivalent dieses Idioms als eine phraseologische Wortkombination, die aus funktionaler Sicht abweichende Merkmale aufweist.

3.2.3. Die Überbetonung der formalen Seite bei der Bestimmung der Äquivalenzbeziehungen im Bereich der Idiomatik führte zur Kodifizierung zahlreicher Pseudo-Äquivalente in den zweisprachigen Phraseologie-Wörterbüchern. Dazu ein Beispiel. Das deutsche Idiom *Eulen nach Athen tragen* wird mit dem russischen Idiom *ezdit' v Tulu so svoim samovarom* „mit dem eigenen Samowar nach Tula fahren" sowie mit dem englischen Idiom *carry coals to Newcastle* u.ä. traditionell in Verbindung gebracht; vgl. (2–5).

(2) *Eulen nach Athen tragen* 'vezti čto-libo tuda, gde étogo imeetsja v izbytke' [etwas an einen Ort bringen, an dem es im Überfluss vorhanden ist]; wörtlich „vezti sov v Afiny"; vgl.

echat' v Tulu so svoim samovarom (Binovič/ Grišin 1975, 160);

(3) *Eulen nach Athen tragen* fig. *to carry coals to Newcastle; to take milk to the cow* (Taylor/Gottschalk o. J., 121);

(4) *carry coals to Newcastle* [...] 'vozit' čtolibo tuda, gde étogo i tak dostatočno' [etwas an einen Ort bringen, an dem es zur Genüge vorhanden ist] vgl. *echat' v Tulu so svoim samovarom* (Kunin 1984, 156);

(5) *v Tulu so svoim samovarom ne ezdjat* [...] 'there is no need to bring sth. to a place that already has an abundance of it' ≅ *why ⟨don't⟩ carry water to the river*. Cf. *it's useless to carry ⟨it would be like carrying⟩ coals to Newcastle* (Lubensky 1995, 716).

Selbst wenn in diesen Wörterbüchern in der einen oder anderen Form auf die national-kulturellen Unterschiede hingewiesen wird, gehen die betreffenden lexikographischen Beschreibungen von der prinzipiellen Äquivalenz dieser Idiome aus. Diese Annahme kann durch die Hinwendung zu Kontexten (6–14) jedoch in Frage gestellt werden.

(6) „Ich trage eine Eule nach Athen" heißt eine der schönsten Geschichten von Wolfgang Hildesheimer. [...] An diese meisterliche Erzählung mag sich erinnern, wer [...] Günther Christiansen zu seinem 70. Geburtstag gratulieren will. Welches Loblied auch immer er auf den Jubilar singen möchte: Irgendeiner war immer schon vor ihm da. (Börsenblatt für den deutschen Buchhandel, 26.11.1996);

(7) Sie tragen, was den Neuigkeitswert ihrer Mitteilungen betrifft, Eulen nach Athen. (Mannheimer Morgen, 05.01.1989);

(8) Über „Musikprofessor" Werner Beidinger Worte verlieren hieße Eulen nach Athen tragen. (Mannheimer Morgen, 06.02.1996);

(9) As the Gallic Elvis, he [Johnny Hallyday] has enjoyed three decades of French superstardom. But the utter fealty of his constituents is no longer enough. In March he travelled to America to make his first English-language single. Although this raises the inevitable argument about carrying coals to Newcastle (or, rather, spangly suits to Memphis), his effort should not be dismissed out of hand. (The Times, 25.01.1992);

(10) Who says you can't send coals to Newcastle? The National Theatre production of Lope De Vega's Fuente Ovejuna is just back from Expo 92 in Seville. Not only did it put on this classic account by one of Spain's greatest writers of a Spanish village's resistance to tyranny in the Teatro Lope de Vega; the present mayor of Fuente Ovejuna liked Declan Donnellan's production so much that he has invited it to put it on in the village square later this year. (The Times, 07.11.1992);

(11) Now as before, the cure for ever-declining linguistic and literary standards is for the English to teach English to the English. Bernie Shaw complained that the Anglo-Saxons „have no respect for their language and will not teach their children to speak it." Of course not – they can't handle it any better than their children because they couldn't be bothered to learn it themselves on the arrogant theory that it would be something like hauling coals to Newcastle. Linguistic anarchy tells us a great deal about the English, far more than just their charming eccentricity. (The Guardian, 12.04.1995);

(12) V Tulu so svoim samovarom, kak izvestno, echat' bessmyslenno. A v Japoniju so svoim videomagnitofonom? Okazyvaetsja, vovse net. Japoncy, priznannye mirovye lidery v oblasti bytovoj élektroniki, prodajut vsë men'še videoapparatury za rubež i, naoborot, vsë bol'še vvozjat eë iz drugich stran. [Nach Tula mit dem eigenen Samowar zu fahren ist bekanntlicherweise unsinnig. Und mit dem Videorecorder nach Japan? Anscheinend gar nicht. Denn die Japaner, die international als führend auf dem Gebiet der Elektronik gelten, verkaufen immer weniger Videogeräte ins Ausland, sie importieren sie im Gegenteil sogar immer mehr.] (Svobodnaja Gruzija, 14.09.1996);

(13) So storony želanie Rossii vnedrit'sja na „lesnoj" rynok SŠA čem-to napominaet poezdku v Tulu so svoim samovarom. Étot rynok kontroliruetsja severoamerikanskimi proizvoditeljami. [Russlands Wunsch, auf dem US-amerikanischen „Holzmarkt" ins Geschäft zu kommen, sieht aus wie die Fahrt nach Tula mit dem eigenen Samowar. Dieser Markt wird von den nordamerikanischen Produzenten kontrolliert.] (Segodnja, 13.03.1996);

(14) Prošlo eščë dva goda. My poechali na more vdvoëm. [...] Ty šutlivo vozmuščalsja: – I začem ja edu v Tulu so svoim samovarom? – Chorošo, – podygrala ja, – esli chočeš', davaj otdochnëm otdel'no. [Es vergingen noch zwei Jahre. Wir fuhren zu zweit an die See. [...] Du hattest im Scherz gesagt: „Wozu sollte ich mit meinem eigenen Samowar nach Tula fahren?" „Na gut", spielte ich mit, „wenn du willst, können wir getrennt Urlaub machen."] (Novočerkasskie vedomosti, 13.02.1997).

Das russische Idiom *ezdit' v Tulu so svoim samovarom* „mit dem eigenen Samowar nach

Tula fahren" dient zur Bezeichnung und Bewertung inadäquater Handlungen, die sich vor allem darin äußern, dass bestimmte materielle Objekte (Waren, Gebrauchsgegenstände, Ressourcen, Menschen) an einen Ort gebracht werden, an dem es gleiche Dinge bereits im Überfluss gibt (12–14). Die Idiome *Eulen nach Athen tragen* und *carry coals to Newcastle* weisen dagegen auch auf die Unmöglichkeit hin, bestimmte geistige Inhalte (Ideen, künstlerische Leistungen u.ä.) an einem Ort als innovativ und originell zu präsentieren, an dem sie längst bekannt sind (6–11). Diese Unterschiede scheinen mit der bildlichen Komponente der Idiombedeutung verbunden zu sein: *Samowar* als Artefakt prädisponiert gewissermaßen die Gebrauchsbedingungen (vgl. auch das im Amerikanischen Englisch verbreitete Idiom *sell refrigerators to Eskimos*, das wegen der Artefakt-Konstituente *refrigerators* eindeutige Präferenzen für materielle Objekte aufweist). Wichtig ist auch, dass *Samowar* im Singular und in Kombination mit einem Possessivpronomen steht. Das erschwert die Interpretation des Idioms im abstrakten Sinn und ermöglicht z.B. die in (14) vertretene Lesart 'die Ehefrau dorthin mitnehmen, wo es viele schöne Mädchen gibt'. Die Verwendung des deutschen Idioms *Eulen nach Athen tragen* in dieser Lesart ist ausgeschlossen. An diesem Beispiel kann ferner die Rolle der pragmatischen Komponente des Idiom-Inhaltsplanes gezeigt werden. Selbst in Kontexten, in denen die besprochenen semantischen Unterschiede neutralisiert werden (vor allem das englische Idiom *carry coals to Newcastle* zeichnet sich dadurch aus, dass es auch in Verbindung mit Bezeichnungen materieller Objekte, ähnlich wie *ezdit' v Tulu so svoim samovarom*, gebraucht wird), kann das Idiom der einen Sprache kaum durch das Idiom der anderen Sprache übersetzt werden, weil sowohl *carry coals to Newcastle* als auch *ezdit' v Tulu so svoim samovarom* eine klar ausgeprägte nationalkulturelle Spezifik aufweisen (nicht aber *Eulen nach Athen tragen*).

3.2.4. Eine noch kompliziertere Situation liegt vor, wenn das L1-Idiom mit dem L2-Idiom nahezu hundertprozentig äquivalent ist, jedoch die Substitution nicht in allen Situationen möglich ist. So hat das deutsche Idiom *etw. aufs Spiel setzen* ein russisches Äquivalent, das auf den ersten Blick mit diesem L1-Idiom sowohl in der Struktur als auch in der Semantik völlig übereinstimmt, und zwar *postavit' na kartu čto-libo*. Die Analyse der Gebrauchsbedingungen der beiden Idiome anhand vieler Kontexte zeigt aber, dass das russische Idiom eine spezifische Art von Risiko bezeichnet, und zwar handelt es sich um das Risiko in der Hoffnung auf einen bestimmten Gewinn (s. ähnliche Beobachtungen in Kosteva 1996, 11). Das deutsche Idiom setzt diese Bedeutungskomponente nicht unbedingt voraus, deshalb ist es z.B. nicht möglich, im folgenden Satz *etw. aufs Spiel setzen* mit *postavit' na kartu čto-libo* zu übersetzen: *Rettungsschwimmer setzen ständig ihr Leben aufs Spiel*. In der russischen Übersetzung dieses Satzes sollte man die nichtidiomatische Kollokation *podvergat' svoju žizn' opasnosti* „sein Leben in Gefahr bringen" gebrauchen. Vgl. auch (15).

(15) Offenbar wollte sie nicht unbedingt wegen des etwas exzentrischen Autors Rushdie die gerade erst reparierten Beziehungen zum Iran wieder aufs Spiel setzen. (Mannheimer Morgen, 09.03.1989).

Das deutsche Idiom *alles auf eine Karte setzen*, das formal gesehen dem russischen Idiom *postavit' na kartu čto-libo* ähnlich ist, hat eine andere Bedeutung, die sich aus der Gegenüberstellung der Konstituenten *alles* und *eine Karte* ergibt. Dieses deutsche Idiom ist eher mit dem englischen Idiom *put all one's eggs into one basket* und dem russischen Idiom *stavit' vsë na odnu kartu* „alles auf eine Karte setzen" äquivalent und versprachlicht nicht so sehr die Idee des Risikos, als viel mehr die Situation, in der alle Mittel zum Erreichen eines Ziels in nur einem Bereich eingesetzt und alle Hoffnungen auf Erfolg mit nur einem Tätigkeitsfeld verbunden werden.

Ein ähnliches Beispiel für nichtvollständige zwischensprachliche Äquivalenz stellt das Idiompaar (16–17) dar.

(16) dt. *den Bock zum Gärtner machen* 'einer Person, die fähig zu sein scheint, in einem bestimmten Tätigkeitsbereich, der mit Verantwortung und/oder Macht verbunden ist, großen Schaden anzurichten, erlauben, eben diesen Tätigkeitsbereich zu übernehmen'.

(17) russ. *puskat' kozla v ogorod* [wörtlich „den Ziegenbock in den Gemüsegarten hineinlassen"] 'einer Person, die fähig zu sein scheint, in einem bestimmten Tätigkeitsbereich, der mit Verantwortung und/oder Macht verbunden ist, großen Schaden anzurichten und selbst davon zu profitieren, erlauben, eben diesen Tätigkeitsbereich zu übernehmen'.

Wegen der semantischen Unterschiede zwischen den beiden Idiomen kann man die folgenden Textbelege (18) und (19) nicht mit Hilfe des Idioms (17) ins Russische übersetzen: Die Bedeutungskomponente 'selbst davon profitieren' wird in (18) und (19) nicht realisiert, folglich ist das russische Idiom *puskat' kozla v ogorod* mit diesen Kontexten nicht kompatibel.

(18) [...] einige Zeit später stieß er im Rahmen eines Beweissicherungsverfahrens darauf, daß er sozusagen den Bock zum Gärtner gemacht hatte, denn es stellte sich heraus, daß bei der Planung der Flachdächer der Architekt fehlerhaft gearbeitet hatte. (Mannheimer Morgen, 26.04.1986);

(19) Mit dem tölpelhaften Karagöz ist flugs der Bock zum Gärtner oder, um im Bild zu bleiben, der fast blinde Mann zum Lotsen eines Schiffes avanciert. (Mannheimer Morgen, 25.09.1989).

3.2.5. Derartige Fälle sind vom Phänomen der „falschen Freunde" (vgl. dazu u. a. Rajchštejn 1980, 29) zu unterscheiden, das in seiner reinen Form relativ selten ist. Unter den „falschen Freunden" in der Idiomatik werden jene Einheiten verstanden, die bei einer ähnlichen bildlichen Grundlage und bei vergleichbarem Konstituentenbestand völlig unterschiedliche Bedeutungen haben. So fällt der Konstituentenbestand des russischen Idioms *puskat' pyl' v glaza komu-libo* mit dem Konstituentenbestand des englischen Idioms *throw dust in/into someones's eyes* zusammen. Diese Idiome weisen aber recht unterschiedliche Bedeutungen auf: das englische Idiom bedeutet 'to confuse (someone) or take his attention away from something that one does not wish him to see or know about' (Longman dictionary of English idioms 1979, 90), während das entsprechende russische Idiom soviel wie 'versuchen, seine Situation besser darzustellen als sie in Wirklichkeit ist' bedeutet (vgl. Gurevič/Dozorec 1995, 387).

3.2.6. Ferner können bestimmte grammatische Charakteristika der Idiome (vor allem die Besonderheiten ihrer syntaktischen Einbettung) für ihre zwischensprachliche Äquivalenz von Bedeutung sein. Das lässt sich an folgendem Beispiel verdeutlichen. Bei der kontextfreien Präsentation scheinen das deutsche Idiom *ich fresse einen Besen* und die russischen Idiome *provalit'sja mne na meste* „ich möge auf der Stelle in den Boden sinken" und *lopni moi glaza* „meine Augen mögen bersten" in bestimmten Verwendungsweisen äquivalent zu sein. Beim deutschen Idiom ist jedoch zwischen „Beteuerungskontexten" (20–21) und „Zweifelskontexten" (22) zu unterscheiden.

(20) Wenn es nicht klappt, fresse ich einen Besen (= ich glaube fest, daß es klappt). (Duden – Redewendungen und sprichwörtliche Redensarten 1992, 101);

(21) Zuversicht grassiert bei der Hälfte der bundesdeutschen Europacup-Delegation. „Ich fresse einen Besen, wenn wir jetzt im Rückspiel noch aus den Latschen kippen", versprach Uerdingens Torwart Vollack nach dem 3:0 über den FC Jena. (Tageszeitung, 19.09.1986).

(22) Ich will einen Besen fressen, wenn das stimmt (= ich glaube nicht, daß es stimmt) (Duden – Redewendungen und sprichwörtliche Redensarten 1992, 101).

Die russischen Idiome drücken nur die Beteuerung aus, so bleibt der zwischensprachliche Vergleich auf Kontexte wie (20) und (21) beschränkt, in denen die funktionale Äquivalenz zunächst gegeben scheint. Aber auch in derartigen Kontexten ist die Übersetzung des L1-Idioms durch eines dieser L2-Idiome wegen der Besonderheiten der syntaktischen Einbettung nicht immer gewährleistet. So hat der Konditionalsatz mit *wenn* bzw. *esli*, den diese Idiome in den beiden Sprachen einleiten, relevante Strukturunterschiede. Während Sätze wie (21) unter Verwendung der Idiome *provalit'sja mne na meste* „ich möge auf der Stelle in den Boden sinken" und *lopni moi glaza* „meine Augen mögen bersten" übersetzt werden können (wobei das erstgenannte Idiom in diesem Fall aus pragmatischen Gründen besser passt), scheitert der Versuch, Sätze wie (20) wörtlich ins Russische zu übersetzen. Man kann nicht sagen **Esli éto ne udastsja, provalit'sja mne na meste* „Wenn es nicht klappt, möge ich auf der Stelle in den Boden sinken" bzw. **Esli éto ne udastsja, lopni moi glaza* „Wenn es nicht klappt, mögen meine Augen bersten", weil der Hauptsatz in diesem Fall im Russischen nicht nachgestellt werden darf.

Am Beispiel dieser Idiome kann noch ein weiterer kommunikativ-syntaktischer Unterschied zwischen L1 und L2 gezeigt werden, der in bestimmten Kontexten ihre zwischensprachliche Äquivalenz beeinträchtigt. Das deutsche Idiom *ich fresse einen Besen* ist nicht nur in dialogischer (20–22), sondern auch in narrativer Verwendungsweise (23–24) möglich.

(23) So begann unser neues Leben. Gleich am nächsten Tag tauchte der Aufseher in unserer Baracke auf und erklärte [...] er würde eher einen Besen fressen und an den lieben Gott anfangen zu glauben, als daß wir jemals

nach Polen zurückkehrten. (Tageszeitung, 05.11.1991);

(24) Seit dreizehn Jahren wurde umgeplant, verworfen und neu geplant. Schon vor sechs Jahren wollte Bausenatorin Lemke-Schulte einen Besen fressen, wenn sie nicht in Kürze gebaut würde. Doch erst jetzt ist sie wirklich fertig: die direkte Ost-West-Verbindung für RadlerInnen durch die Bremer Innenstadt. (Tageszeitung, 25.06.1996).

Bei der Übersetzung dieser Kontexte ins Russische ist nur das Idiom *provalit'sja mne na meste* „ich möge auf der Stelle in den Boden sinken", nicht aber *lopni moi glaza* „meine Augen mögen bersten" denkbar: Vgl. *čto on skoree provalitsja na meste, čem...* „dass er eher auf der Stelle in den Boden sinken würde, als..." versus **čto u nego skoree lopnut glaza, čem...* „dass seine Augen eher bersten würden, als..." in (23) und *čto ona provalitsja/ gotova privalit'sja na meste, esli...* „dass sie auf der Stelle in den Boden sinken wird/bereit ist, auf der Stelle in den Boden zu sinken, wenn..." versus *?čto pust' u neë lopnut glaza, esli...* „dass ihre Augen bersten mögen, wenn..." in (24).

4. Fazit

Die kontrastive Phraseologie muss also imstande sein, im Ergebnis einer empirischen Untersuchung, die hauptsächlich im Vergleich vieler authentischer Kontexte in L1 und L2 besteht, alle relevanten Gebrauchsspezifika des betreffenden Idiompaars zu beschreiben. Es handelt sich dabei sowohl um semantisch-pragmatische als auch um grammatische Besonderheiten. Eine wesentliche Rolle spielt der Geläufigkeitsgrad der betreffenden Phraseologismen in jeder zu vergleichenden Sprache. Die Suche nach funktional adäquaten Äquivalenten kann erleichtert werden, wenn die in Frage kommenden L1- und L2-Idiome im ersten Arbeitsschritt zu konzeptuell-semantischen Gruppierungen (semantischen Feldern) zusammengefasst werden. Bemerkenswert ist die Tatsache, dass die kontrastive Phraseologieforschung diesem Aspekt bis jetzt nahezu keine Beachtung geschenkt hat.

5. Literatur in Auswahl

Abraham, Werner (1989), Idioms in contrastive and in universally based typological research: toward distinctions of relevance. In: *Proceedings of the first Tilburg workshop on idioms.* (eds. M. Everaert/ E.-J. van der Linden). Tilburg: ITK 1989, 1–22.

Binovič, Leonid E.; Nikolaj N. Grišin (1975), *Nemecko-russkij frazeologičeskij slovar' = Deutsch-russisches phraseologisches Wörterbuch.* Moskva: Russkij jazyk.

Burger, Harald (1998), *Phraseologie: Eine Einführung am Beispiel des Deutschen.* Berlin: Erich Schmidt.

Burger, Harald; Annelies Buhofer; Ambros Sialm (1982), *Handbuch der Phraseologie.* Berlin/New York: Walter de Gruyter.

Černyševa, Irina I. (1989), Strukturtypologische Phraseologieforschung in der sowjetischen Germanistik: Überblick und Ausblick. In: *EUROPHRAS 88: Phraséologie contrastive* 1989, 43–49.

Dobrovol'skij, Dmitrij (1988), *Phraseologie als Objekt der Universalienlinguistik.* Leipzig: Enzyklopädie.

–, (1995), *Kognitive Aspekte der Idiom-Semantik: Studien zum Thesaurus deutscher Idiome.* Tübingen: Narr.

–, (1997a), Idiome im mentalen Lexikon: Ziele und Methoden der kognitivbasierten Phraseologieforschung. Trier: WVT Wissenschaftlicher Verlag Trier.

–, (1997b), *Nemecko-russkij slovar' živych idiom = Idiome der lebendigen Sprache: Deutsch-russisches Wörterbuch.* Moskva: Metatext.

Dobrovol'skij, Dmitrij; Elisabeth Piirainen (1997), *Symbole in Sprache und Kultur: Studien zur Phraseologie aus kultursemiotischer Perspektive.* Bochum: Brockmeyer.

Duden – Redewendungen und sprichwörtliche Redensarten. Wörterbuch der deutschen Idiomatik. (Hrsg. G. Drosdowski/ W. Scholze-Stubenrecht). Mannheim etc.: Dudenverlag 1992.

Ďurčo, Peter (1994), *Probleme der allgemeinen und kontrastiven Phraseologie: Am Beispiel Deutsch und Slowakisch.* Heidelberg: Groos.

Eckert, Rainer (1979), Aspekte der konfrontativen Phraseologie. In: *Linguistische Studien, Reihe A* 56, 74–80.

–, (1991), *Studien zur historischen Phraseologie der slavischen Sprachen.* München: Sagner.

Eismann, Wolfgang (1989), Zum Problem der Äquivalenz von Phraseologismen. In: *EUROPHRAS 88: Phraséologie contrastive* 1989, 83–93.

EUROPHRAS 88: Phraséologie contrastive. (ed. G. Gréciano.). Strasbourg: USHS 1989.

Földes, Csaba (1996), *Deutsche Phraseologie kontrastiv: intra- und interlinguale Zugänge.* Heidelberg: Groos.

Fleischer, Wolfgang (1997), *Phraseologie der deutschen Gegenwartssprache.* (2., durchgesehene und ergänzte Auflage). Tübingen: Niemeyer. [1. Auflage Leipzig: Bibliographisches Institut, 1982].

Gibbs, Raymond W. (1990), Psycholinguistic studies on the conceptual basis of idiomaticity. In: *Cognitive linguistics* 1–4, 417–451.

Gréciano, Gertrud (1989), Von der Struktur zur Kultur: Entwicklungstendenzen im deutsch-französischen Phraseologievergleich. In: *Zeitschrift für Germanistik* 5, 517–527.

Gréciano, Gertrud; Annely Rothkegel (1995), CONPHRAS – Phraséologie Contrastive/Kontrastive Phraseologie im Rahmen von PROCOPE (Programme de Coopération Scientifique). In: *Von der Einwortmetapher zur Satzmetapher.* (Hrsg. R. S. Baur/C. Chlosta). Bochum: Brockmeyer 1995, 191–202.

Gurevič, Valerij V.; Žanna A. Dozorec (1995), *Kratkij russko-anglijskij frazeologičeskij slovar'.* Moskva: Vlados.

Hessky, Regina (1987), *Phraseologie. Linguistische Grundlagen und kontrastives Modell deutsch-ungarisch.* Tübingen: Niemeyer.

Ivaško, Ljudmila A. (1981), *Očerki russkoj dialektnoj frazeologii.* Leningrad: Izdatel'stvo Leningradskogo universiteta.

Korhonen, Jarmo (1993), Zur Entwicklung der kontrastiven Phraseologie von 1982 bis 1992. In: *Germanistik und Deutschlehrerausbildung.* (Hrsg. C. Földes). Szeged/Wien: Praesens 1993, 97–116.

–, (1995), *Studien zur Phraseologie des Deutschen und des Finnischen I.* Bochum: Brockmeyer.

Kosteva, Viktoria M. (1996), *Sposoby predstavlenija frazeologizmov v dvujazyčnom slovare (na materiale nemeckogo jazyka).* AKD. Moskva: MPGU.

Kunin, Aleksandr V. (1984), *Anglo-russkij frazeologičeskij slovar' = English-Russian phraseological dictionary.* Moskva: Russkij jazyk (4th edition).

Longman dictionary of English idioms. (eds. T. H. Long; D. Summers; C. Boyle u. a.). Harlow/London: Longman 1979.

Lubensky, Sophia (1995), *Random House Russian-English dictionary of idioms.* New York: Random House.

Makkai, Adam (1978), Idiomaticity as a language universal. In: *Universals in human language. Vol. 3: Word structure.* (ed. J. H. Greenberg). Stanford: Stanford University Press 1978, 401–448.

–, (1993), Idiomaticity as a reaction to *L'Arbitraire du Signe* in the universal process of semeio-genesis. In: *Idioms: processing, structure, and interpretation.* (eds. C. Cacciari; P. Tabossi). Hillsdale: Erlbaum 1993, 297–324.

Mokienko, Valerij M. (1980), *Slavjanskaja frazeologija.* Moskva: Vysšaja škola.

Palm, Christine (1995), *Phraseologie. Eine Einführung.* Tübingen: Narr.

Piirainen, Elisabeth (1994), Niederdeutsche und hochdeutsche Phraseologie im Vergleich. In: *EUROPHRAS 92: Tendenzen der Phraseologieforschung.* (Hrsg. B. Sandig). Bochum: Brockmeyer 1994, 463–496.

Phraseme in Kontext und Kontrast. (Hrsg. G. Gréciano/A. Rothkegel). Bochum: Brockmeyer 1997.

Phraseology in education, science and culture. (eds. E. Krošláková/P. Ďurčo). Nitra: VŠPN 1993.

Rajchštejn, Aleksandr D. (1980), *Sopostavitel'nyj analiz nemeckoj i russkoj frazeologii.* Moskva: Vysšaja škola.

Rojzenzon, Leonid I.; Julia J. Avaliani (1967), Sovremennye aspekty izučenija frazeologii. In: *Problemy frazeologii i zadači eë izučenija v vysšej i srednej škole.* Vologda: VGPI 1967, 68–81.

Soloducho, Éduard M. (1989), *Teorija frazeologičeskogo sbliženija (na materiale jazykov slavjanskoj, germanskoj i romanskoj grupp).* Kazan': KGU.

Stedje, Astrid (1989), Beherztes Eingreifen oder ungebetenes Sich-Einmischen. Kontrastive Studien zu einer ethnolinguistischen Phraseologieforschung. In: *EUROPHRAS 88: Phraséologie contrastive* 1989, 441–452.

Studien zur Phraseologie des Deutschen und des Finnischen II. (Hrsg. J. Korhonen). Bochum: Brockmeyer 1996.

Taylor, Ronald; Walter Gottschalk (o. J.), *A German-English dictionary of idioms. Idiomatic and figurative expressions with English translations.* München: Hueber (4. Auflage).

Untersuchungen zur Phraseologie des Deutschen und anderer Sprachen: einzelsprachspezifisch – kontrastiv – vergleichend. (Hrsg. J. Korhonen). Frankfurt am Main etc.: Lang 1992.

Wotjak, Barbara (1992), Mehr Fragen als Antworten? Problemskizze – (nicht nur) zur konfrontativen Phraseologie. In: *Deutsche Phraseologie in Sprachsystem und Sprachverwendung.* (Hrsg. C. Földes). Wien: Praesens 1992, 197–217

Dmitrij Dobrovol'skij, Moskau (Russland)

XII. Besondere Formen lexikalischer Einheiten II: Kurzwörter, Abkürzungen und sonstige lexikalische Einheiten mit wortähnlichem Status

Special forms of lexical units II: Shortened words, abbreviations and other lexical units with a status similar to words

54. Die Formseite der Abkürzungen und Kurzwörter

1. Begriffsklärung: Abkürzung vs. Kurzwort
2. Das Basislexem
3. Die Formseite der unisegmentalen Kurzwörter
4. Die Formseite der partiellen Kurzwörter
5. Die multisegmentalen Kurzwörter
6. Literatur in Auswahl

1. Begriffsklärung: Abkürzung vs. Kurzwort

Da die terminologische Situation bezüglich der Begriffe „Abkürzung" (engl. abbreviation; frz. abréviation, formation de sigles) und „Kurzwort" (engl. clipping, stump word; frz. mot tronqué) sehr verwirrend ist, soll einleitend zunächst die Abgrenzung der beiden Termini behandelt werden.

Eine von unserer Auffassung abweichende Interpretation lässt sich exemplarisch belegen an der Behandlung der Wortkürzung als eine der vier Hauptgruppen der Wortbildung durch Günther (1993, 694). Er beschreibt als die zwei Untergruppen der Kürzung einerseits „Abkürzungen, die wie Wörter benutzt und flektiert werden, z. B. LKW 'Lastkraftwagen', PC wörtl. 'Personalcomputer', Krad wörtl. 'Kraftrad', Ufo 'unbekanntes Flugobjekt'", andererseits „Kurzwörter, z. B. Trafo aus Transformator, Prof aus Professor, Bus aus Omnibus". Zu „Abkürzungen" rechnet er außerdem aber auch auf die Schrift beschränkte Kürzel, wie *trans.* zu *transitiv, a.a.O.* aus *am angeführten Ort*. (Vgl. Günther 1993, 2.) Wir haben diese verbreitete, von unserer Auffassung abweichende Klassifikation in der folgenden Tabelle (Abb. 54.1) in den unteren Spalten festgehalten: die reinen Schriftabkürzungen, die nur in ihrer vollen Form ausgesprochen werden, und die sogenannten „Abkürzungswörter" werden also bisweilen gemeinsam als „Abkürzungen" betrachtet, so z. B. im Titel von Koblischkes „Lexikon der Abkürzungen" (1994). Wir wollen hingegen nur die Schriftabkürzungen als eigentliche „Abkürzungen" bezeichnen, und als ein Phä-

hier angewandte Klassifikation und Terminologie	ABKÜRZUNG	KURZWORT	
		INITIALKURZWORT	KOPFWORT
	Dr. < *Doktor* *usw.* < *und so weiter*	*LKW* < *Lastkraftwagen* *TÜV* < *Technischer Überwachungsverein*	*Limo(nade)* *Alu(minium)*
abweichende Klassifikation und Terminologie	„Schriftabkürzung"	„Abkürzungswort" oder „Akronym"	
		„Abkürzung"	„Kurzwort"

Abb. 54.1: Abkürzung vs. Kurzwort

nomen, das mehr die Verschriftung als den Wortschatz selbst betrifft, in den folgenden Überlegungen ausschließen (vgl. ausführlicher Kobler-Trill 1994, 4–13).

So wird also im vorliegenden Artikel nur von Kurzwörtern die Rede sein. Sie haben eine eigene, der Schreibung folgende phonisch realisierbare Form. Dazu gehören dann aber auch einige Typen, die bisweilen als Abkürzungen bezeichnet werden, nämlich vor allem solche, deren Bildung von der geschriebenen Sprache her geschieht, wie die Beispiele der Abbildung: *LKW* oder *TÜV*.

2. Das Basislexem

Ein Kurzwort, wie wir es verstehen, ist ferner die Reduktion einer zumindest anfangs gleichbedeutenden längeren Wortschatzeinheit, dem Basislexem.

Mit „Lexem" sollen hier auch Einheiten des Wortschatzes, die aus mehr als einem Wort bestehen, Wortgruppenlexeme, mitgemeint sein. Solche Wortgruppen müssen, um als Basislexem bezeichnet werden zu können, nicht unbedingt idiomatisiert bzw. demotiviert sein, aber sie sollen „fest", das heißt, nicht permutierbar oder expandierbar sein. Beispiele für mehrwortige Basislexeme sind *Bank für Gemeinwirtschaft > BfG, Zweites Deutsches Fernsehen > ZDF*.

Mit dieser Beziehung des Kurzwortes zu einem Basislexem lassen sich mehrere Wortbildungsarten, bei denen Kürzung ebenfalls eine Rolle spielt, von den eigentlichen Kurzwörtern abgrenzen. Zwei Beispiele für solche abweichenden Wortbildungsarten sind zum einen sogenannte „Wortkreuzungen", auch „Kontaminationen" genannt. In der Regel aus Anfang und Ende von zwei einzelnen Wörtern, die also kein einheitliches Lexem darstellen, wird ein neues Wort gebildet, vgl. *br(eakfast) + (l)unch > brunch*. Wir zählen solche Bildungen nicht zu den Kurzwörtern, da ihnen kein Basislexem zugrunde liegt. Ebenfalls von den eigentlichen Kurzwörtern zu unterscheiden sind der Typ der „Kunstwörter", die vor allem als Waren- oder Firmennamen fungieren, vgl. *Perborat + Silikat > Persil*. Auch hier sind die zugrunde liegenden Wörter keine synonyme Wortschatzeinheit zu dem durch Kürzung und Kombination entstandenen Produktnamen. In beiden Fällen liegen also keine definitionsgemäßen Kurzwörter vor.

3. Die Formseite der unisegmentalen Kurzwörter

Bei der Beschreibung der Formseite der Kurzwörter steht an erster Stelle die Frage nach der Anzahl der Segmente, die aus dem zugrunde liegenden Basislexem übernommen werden. Dies entspricht dem Schritt (1) in Abbildung 54.2. Unter einem Segment wird hier ein zusammenhängender Teil des Basislexems verstanden. Dies kann ein Wort, ein Morphem, eine Buchstabengruppe oder ein einzelner Buchstabe sein.

Für die unisegmentalen Kurzwörter (vgl. Bellmann 1980, 370) ist, wie der Name bereits ausdrückt, charakteristisch, dass sie aus nur einem Segment des Basislexems bestehen. Je nach der Position, die dieses Segment im Basislexem hat, unterscheiden wir Kopf- und Endwörter sowie Rumpfwörter, aus der Mitte des Basislexems (Schritt (2) in der Abbildung). Belege für letztere sind im Deutschen auf einige wenige Vornamenkürzungen beschränkt, beispielsweise *Lisa < Elisabeth, Resi < Theresia, Basti < Sebastian*. Ein Beleg aus dem Englischen ist *flu < influenza*.

Je nachdem, ob die im Kurzwort erhaltenen Segmente freien Morphemen oder nur Morphemteilen entsprechen, lassen sich bei den Kopf- und den Endwörtern jeweils zwei formale Subtypen unterscheiden, vgl. auch Paraschkewow 1994. Gleichlautende freie Morpheme gibt es z. B. für die folgenden, verschiedenen Kopfwortbelege: *Hoch < Hochdruckgebiet, Tochter < Tochtergesellschaft* und *Korn < Kornschnaps/Kornbranntwein*. Nur Morphemteile sind dagegen in den häufig eher umgangssprachlichen Kopfwörtern wie *Alu(minium), Demo(nstration), Uni(versität)* erhalten.

Bei den Endwörtern sind Belege dieser Art, wo – zumindest deutsche – Morphemgrenzen missachtet werden, *Cello < Violoncello* und *Bus < Omnibus*. Diese beiden sind in der gesamten Forschung die einzigen Belege von Appellativa, die für die Endwörter aus einem Morphemteil gegeben werden. Sonst lassen sich nur noch Vornamenkürzungen wie *Thea < Dorothea* oder *Hannes < Johannes* hier einordnen. Als wesentlich umfangreicher kann dagegen die Gruppe der auf das zweite Glied gekürzten Komposita betrachtet werden, z. B. *Schallplatte > Platte, Fingerring > Ring*. Solche Kürzungen sind prinzipiell bei jedem Determinativkompositum möglich, so dass „in den meisten Fällen keine Wortneubildung" vorliegt (Wellmann 1995, 411; dazu auch

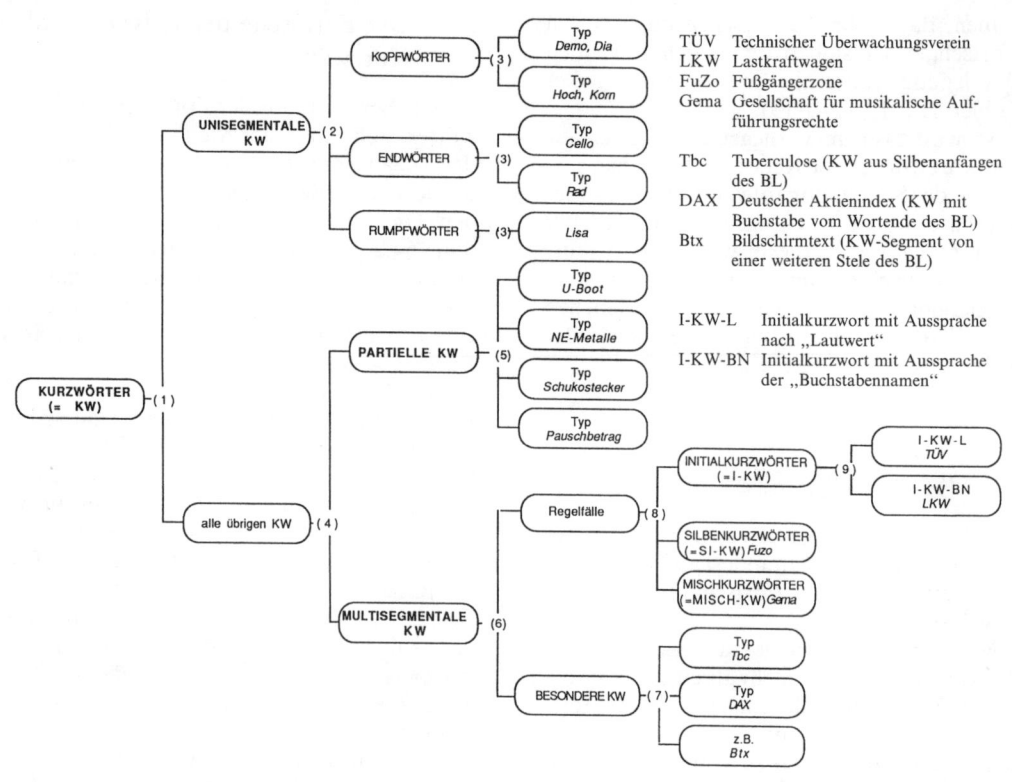

Abb. 54.2: Stemma der Kurzworttypen (Kobler-Trill 1994, 88)

Schröder 2000, 96f.,). Will man einzelne Belege, die bereits als „feste Prägungen in den allgemeinen Sprachgebrauch eingegangen" sind (Wellmann ebd.), als Kurzwörter aufnehmen, so sollte dies doch in einem eigenen Untertyp erfolgen, da eben die morphologische Struktur der im Kurzwort erhaltenen Teile sehr unterschiedlich ist.

Eine formale Besonderheit, die die Kopfwörter betrifft, ist noch zu ergänzen. Es gibt einige Kopfwörter, die nicht nur durch Kürzung des Basislexems entstehen, sondern bei denen die gekürzte Form gleichzeitig, vor allem mit *-i*, suffigiert wird. Ein Beispiel dafür ist *Pulli < Pullover*. Es gibt kein Kopfwort *Pull*, das dann nachträglich suffigiert würde, vielmehr gehören Kürzung und Suffigierung beide parallel zum Wortbildungsprozess. Hier sollen diese Bildungen als ein Sonderfall zu den Kopfwörtern gerechnet werden. Weitere Beispiele sind *Ami < Amerikaner* und *Studi < Student(in)* sowie zahlreiche Vor- und Familiennamenkürzungen mit meist hypokoristischer Konnotation: *Sus-i < Susanne, Rud-i < Rudolf*.

4. Die Formseite der partiellen Kurzwörter

Innerhalb der Kurzwörter, die aus mehr als einem Segment bestehen, lässt sich der Typ der partiellen Kurzwörter ausgliedern.

Charakteristisch für sie ist, dass hier das als Basislexem dienende Kompositum nur in seinem ersten Teil gekürzt wird, während die zweite unmittelbare Konstituente ungekürzt bleibt, vgl. *U-Bahn < Untergrundbahn*. Dieser Typ darf nicht mit Komposita verwechselt werden, in die ein bereits existierendes Kurzwort als erste Konstituente eingeht, wie beispielsweise *FH-Absolvent* mit *FH < Fachhochschule*. Während hier also als letzter Wortbildungsprozess Komposition vorliegt, ist dies bei den partiellen Kurzwörtern die Kürzung. Die beiden Prozesse laufen nicht gleichzeitig ab, sondern hintereinander – in umgekehrter Reihenfolge.

Die Reichhaltigkeit an verschiedenen Kurzwort-Typen zeigt sich auch bei den auf sehr unterschiedliche Weise gekürzten Elementen, die in partielle Kurzwörter eingehen (vgl.

Schritt (5)). Neben dem dominierenden Typ mit einer Initiale gibt es auch Bildungen mit mehreren Initialen als Erstglied, z. B. *NE-Metalle < Nichteisenmetalle*, mit mehreren Silben wie *Schukostecker < Schutzkontaktstecker* oder auch einem größeren Element: *Pauschbetrag < Pauschalbetrag*.

5. Die multisegmentalen Kurzwörter

Die dritte und letzte große Untergruppe der Kurzwörter sind die multisegmentalen Kurzwörter. Sie bestehen, wie der Name schon sagt, aus mehreren Segmenten des zugrunde liegenden Basislexems. Die Vielfalt der Bildungsmöglichkeiten ist hier besonders groß und differenziert.

5.1. Regelfälle vs. besondere multisegmentale Kurzwörter

In Schritt (6) wird die Relation der Kurzwortsegmente zur Struktur des Basislexems ermittelt: Im Regelfall werden als Kurzwortsegmente Buchstaben(gruppen) verwendet, die am Anfang der Morpheme des Basislexems stehen. Ich nehme hier auf Morpheme und nicht auf Wörter Bezug, da die komplexen Basislexeme oft Wortbildungskonstruktionen, vor allem Komposita, sind (*Industriegewerkschaft > IG*) oder solche enthalten (*Elektronische Datenverarbeitung > EDV*). So gehen also nicht nur Anfangsbuchstaben freier Wörter in Kurzwörter ein, sondern auch von Wörtern, die im Basislexem als Wortbildungskonstituenten fungieren. Neben freien Grundmorphemen sind dies bisweilen übrigens auch gebundene, dann meist entlehnte Morpheme, wie *poly-* in *Polytechnisches Zentrum > PTZ*.

Die Segmente der besonderen Kurzwörter stehen dagegen im Basislexem in sehr verschiedenen Positionen, eben nicht nur an Morphemanfängen, sondern auch

- am Anfang einer Silbe: *Tbc < Tuberculose, ddp < Deutscher Depeschendienst*,
- am Ende des Basislexems: *DAX < Deutscher Aktienindex, GUWELIN < Gummiwerke Berlin*,
- an anderen Stellen, wie 'x' in *Btx < Bildschirmtext*. Die Unterteilung nach diesen Kriterien wird in Schritt (7) vorgenommen. Bei einer weiteren Beschreibung der Belege könnte man noch den Umfang der Segmente und die Aussprache des Kurzwortes – mit dem Namen der Buchstaben (*Tbc*) oder mit ihrem Lautwert (*DAX*) – berücksichtigen.

5.2. Initial-, Silben- und Mischkurzwörter

Die Kurzwörter, die aus Morphemanfängen des Basislexems gebildet werden, lassen sich in drei Typen gliedern, vgl. Schritt (8): Initial-, Silben- und Mischkurzwörter. Die Initialkurzwörter sind, wie der Name sagt, aus den Anfangsbuchstaben, den Initialen, von Basislexemmorphemen gebildet. (Weiteres unten 5.3.).

Der zweite Typ, die Silbenkurzwörter, lässt sich allerdings nicht einfach analog zu den Initialkurzwörtern beschreiben, wie es in der Forschungsliteratur versucht wurde: Sie sind nämlich nicht immer „aus den Anfangssilben" der Vollformen gebildet, wie die dann von den Autoren selbst herangezogenen Beispiele zeigen; vgl. *Schiri < Schiedsrichter, Stuka > Sturzkampfflieger*. Beide Male entsprechen die Kurzwortsegmente keinen Silben des Basislexems, sondern sind nur Silbenteile. Die Bildung der genannten Beispiele lässt sich zutreffender so beschreiben, dass von den Anfängen von Morphemen des Basislexems die kleinsten „silbenfähigen" Elemente entnommen werden, in obigen Beispielen also *schi* nicht *schieds, ri* nicht *rich*. Ab der Übernahme des Vokals, der als notwendiger Silbengipfel dient, ist eine vollständige, offene Silbe gewonnen. Die folgenden Konsonanten werden nicht mehr übernommen. Offene Silben sind übrigens typisch für die Silbenkurzwörter (vgl. allgemein zur Silbenstruktur deutscher und französischer Kurzwörter Ronneberger-Sibold 1995 und 1996): *Chero < Chemieroboter, Fuzo < Fußgängerzone, Gestapo < Geheime Staatspolizei, Helaba < Hessische Landesbank, Stasi < (Ministerium für) Staatssicherheit, Stupa < Studentenparlament*. Der Typ Silbenkurzwort lässt sich adäquat also so beschreiben, dass sich bei ihm Kurzwortsegmente und Kurzwortsilben decken.

Dies trifft auf den dritten Typ der multisegmentalen Kurzwörter, den wir hier als Mischkurzwörter bezeichnen, nicht zu. Zunächst gehören hierher Kurzwörter, in denen nicht nur Einzelbuchstaben, sondern teilweise auch zusätzliche Buchstaben aus dem Basislexem entnommen wurden: *AStA < Allgemeiner Studentenausschuss, Bafög < Bundesausbildungsförderungsgesetz*. Auch andere multisegmentale Kurzwörter, die weder unter die Definition der Initial- noch der Silbenkurzwörter fallen, aber aus Morphemanfängen des Basislexems gebildet sind, sollen hier gestellt werden, z. B. solche, in denen einzelne Segmente größer als die Kurzwortsilben sind: *Euratom < European Atomic Energy Community*.

5.3. Zwei Untertypen der Initialkurzwörter

Anhand ihrer Aussprache lassen sich die Initialkurzwörter in zwei Untertypen gliedern: Diejenigen, die mit dem Lautwert der einzelnen Buchstaben ausgesprochen werden, z. B. *DIN* < *Deutsche Industrienorm*, *TÜV* < *Technischer Überwachungsverein*, *Ufa* < *Universum-Film-AG*; *Nato* < *North Atlantic Treaty Organization* und diejenigen, bei denen die einzelnen Buchstaben mit ihrem „alphabetischen Buchstabennamen" genannt werden, z. B. *FCKW* < *Fluorchlorkohlenwasserstoff*, *LKW* < *Lastkraftwagen*, *NRW* < *Nordrhein-Westfalen*, *UKW* < *Ultrakurzwelle*. Teilweise wird für den Typ mit Lautwertaussprache der im Englischen geprägte Terminus Akronym verwandt. Manchmal sind damit aber auch alle aussprechbaren Kurzwörter oder beide Untertypen der Initialkurzwörter bezeichnet. Wegen dieser Unklarheiten soll hier auf diesen Begriff verzichtet werden.

Nur ganz wenige Belege haben beide Aussprachevarianten, beispielsweise *FAZ* < *Frankfurter Allgemeine Zeitung*, das neben der üblichen Buchstabierversion mehr umgangssprachlich auch mit Lautwert, als [fats], ausgesprochen werden kann.

Eine besondere Teilgruppe sind noch diejenigen Kurzwörter, bei denen die Buchstabennamen ausgeschrieben werden, z. B. *Edeka* < ursprünglich *Einkaufsgenossenschaft deutscher Kolonialwarenhändler* oder *Debeka* < *Deutsche Beamtenkrankenversicherung*.

6. Literatur in Auswahl

Bellmann, Günter (1980): Zur Variation im Lexikon. Kurzwort und Original. In: *Wirkendes Wort* 30, 369–383.

Günther, Hartmut (1993): Stichwörter „Wortbildung" und „Abkürzung". In: *Metzler-Lexikon Sprache*. (Hg. H. Glück). Stuttgart/Weimar: Metzler.

Kobler-Trill, Dorothea (1994): *Das Kurzwort im Deutschen. Eine Untersuchung zu Definition, Typologie und Entwicklung*. Tübingen: Niemeyer.

Koblischke, Heinz (1994): *Lexikon der Abkürzungen. Über 50000 Abkürzungen, Kurzwörter, Zeichen und Symbole*. Gütersloh: Bertelsmann.

Paraschkewow, Boris (1994): Die Wortkürzung als Quelle lexikalischer Varianten und etymologischer Dubletten im Deutschen. In: *Germanistisches Jahrbuch. Schriften Bulgarischer und Deutscher Germanistik*. Sofia, 41–62.

Römer, Jürgen (1996): Abkürzungen. In: *Schrift und Schriftlichkeit*. (= *HSK*, Bd. 10, 2. Halbband) (Hrsg. H. Günther; O. Ludwig) Berlin/New York: de Gruyter, 1506–1515.

Ronneberger-Sibold, Elke (1995): Die Optimierung von Lautgestalten durch Wortkürzung und durch langfristigen Sprachwandel. In: *Beiträge zum internationalen Symposium über „Natürlichkeitstheorie und Sprachwandel" an der Universität Maribor vom 13.5.–15.5.1993*. (Hrsg. N. Boretzky; W. Dressler; J. Oresnik; K. Terzan; W. Wurzel). Bochum: Brockmeyer, 31–44.

–, (1996): Preferred sound shapes of new roots: On some phonotactic and prosodic properties of shortenings in German and French. In: *Natural Phonology: The State of the Art*. (Hrsg. B. Hurch; R. A. Rhodes). Berlin/New York: Mouton de Gruyter, 261–292.

Schröder, Marianne (2000): Kurzwörter im Wörterbuch. Lexikographische Aspekte der Kurzwortbildung. In: *Praxis- und Integrationsfelder der Wortbildungsforschung*. (Hrsg. I. Barz; M. Schröder; U. Fix) Heidelberg: Winter, 91–105.

Steinhauer, Anja (2000): *Sprachökonomie durch Kurzwörter. Bildung und Verwendung in der Fachkommunikation*. (= Forum für Fachsprachenforschung 56) Tübingen: Narr.

Wellmann, Hans (1995): Die Wortbildung. In: *Duden-Grammatik der deutschen Gegenwartssprache*. (Hrsg. G. Drosdowski) 5. Auflage. Mannheim: Dudenverlag, 399–539.

Dorothea Kobler-Trill, Passau (Deutschland)

55. Die Inhaltsseite von Kurzwörtern und Abkürzungen

1. Gegenstand und Definitionen
2. Referentielle Unterschiede
3. Bedeutungsunterschiede
4. Unterschiede in der Evokation
5. Zur Leistung der Kurzformen
6. Literatur in Auswahl

1. Gegenstand und Definitionen

1.1. Als (lexikalische) Kurzformen (Kurzwörter und Abkürzungen) seien die lexikalischen Einheiten bezeichnet, die durch Kürzung einer Langform (eines Wortes oder einer Wortgruppe) gebildet sind (*Auto* < *Automobil, DB* < *Deutsche Bahn, etc.* < *et cetera*). Die Forderung, dass die Kurzform mit einer zur gleichen Sprache gehörigen Langform „in der Sprachverwendung variiert" (Bellmann 1980, 369; vgl. auch Kobler-Trill 1994, 14), engt den Gegenstand unzweckmäßig ein, weil sie die semantisch interessanteren Fälle von vornherein ausklammert, bei denen die Kurzform nur in einer anderen Sprache oder in einer anderen Varietät oder historischen Stufe derselben Sprache funktioniert. Zu *Aids* gibt es keine deutsche, sondern nur die englische Langform *acquired immune deficiency syndrome*, *Hiwi* ist die studentensprachliche Entsprechung der amtlichen *wissenschaftlichen Hilfskraft*, und zu *Auto* gibt es nur das veraltete *Automobil*.

Die Klassifikation der Kurzformen erfolgt gewöhnlich nach der Ausdrucksseite (vgl. Artikel Nr. 60 und Bellmann 1980, Kobler-Trill 1994, Wellmann 1995). Hinsichtlich der Verteilung der Kurzformtypen auf die Varietäten sei grob zwischen reiner Schriftlichkeit, konzeptioneller Schriftlichkeit und konzeptioneller Mündlichkeit unterschieden (Koch-Oesterreicher 1985). Nur in der Schrift finden wir Schreibsymbole, Siglen und Abkürzungen (*$, 1, kg, usw.*), in der schriftlich konzipierten, aber auch mündlich realisierten Sprache treten vor allem buchstabierte und lautierte Initialkurzwörter (*BSE, Aids*) auf, und in der mündlich konzipierten Sprache haben wir vor allem unisegmentale Kurzformen (*Max, Lisa, Uni*) oder deren Ableitung mit dem Suffix *-i* (*Schumi* < *Schumacher, Kindi* < *Kindergarten*).

1.2. Da die Inhaltsseite der Kurzformen grundsätzlich der des übrigen Wortschatzes entspricht, ist hier nur das inhaltliche Verhältnis von Kurz- und Langformen zu behandeln. In der neueren Literatur herrscht die Auffassung vor, dass die Kurzformen dieselbe Bedeutung hätten wie die Langformen; teilweise wird die Bedeutungsgleichheit sogar in die Definition der Kurzform aufgenommen („symbolbegrifflich gleiches Zeichen" – Menzel 1983; 15; „Dublette zu einer gleichbedeutenden längeren Wortschatzeinheit" – Kobler-Trill 1994, 14). Wäre dies durchweg so, bräuchte man Kurzformen nur auf der Ausdrucksseite zu untersuchen. Viele Autoren (einschließlich derer, die von Bedeutungsgleichheit ausgehen) weisen aber auch auf inhaltliche Unterschiede hin: auf größere Abstraktheit und neue Homonymie- und Synonymierelationen (Menzel 1983, 181) auf „Demotivation" und „prädikationsfreie Referenz" (Bellmann 1980, 375–77), auf „semantische Umdeutung" (Kobler-Trill 1994, 16) auf „slangy or colloquial tinge" (Marchand 1969, 448) oder auf Unterschiede „in the more elusive matter of expressive quality" (Kreidler 1994, 5029). Zur Systematisierung der Inhaltsbeziehungen zwischen Kurz- und Langformen unterscheiden wir in Anlehnung an Coseriu (1970; 1980) zwischen Unterschieden in der Bezeichnung (Referenz, Bezug des Zeichens zur Wirklichkeit), Unterschieden in der Bedeutung (Gestaltung der Bezeichnung: Grad der Motivation, Stellung in einem Sprachsystem u. ä.) und Unterschieden in der Evokation (Assoziation, Konnotation: Herstellung von Relationen zu anderen Zeichen, Zeichensystemen sowie zu Umfeldern und Wissensbeständen).

2. Referentielle Unterschiede

2.1. Die Bezeichnungsmöglichkeiten der Kurzform können enger oder weiter sein als die der Langform. Dt. *Osten* steht auch für den politisch-kulturellen Raum, die Abkürzung *O.* aber nur für die Himmelsrichtung (Schmitz 1983, 16); engl. *vamp* < *vampire* steht nur für die verführerische Frau, nicht auch für den blutsaugenden Untoten. Umgekehrt referiert das Kopfwort *Sex* nicht nur auf die allgemein-abstrakte *Sexualität*, sondern auch auf die konkrete Tätigkeit (*Sex machen*), die Darstellung (*Sexfilm*) oder den Reiz einer Person (*Sexbombe*). Amer. *divvy* < *dividend* meint nicht nur den Anteil, sondern auch – als Verb in Verbindung mit *up* – den Vorgang des Aufteilens (Kreidler 1979, 33).

2.2. Die Kurzformen können metonymisch auf Referenten bezogen werden, die bei der Langform nicht möglich sind, d. h. sie erfahren eine „konzeptionelle Verschiebung" (Bierwisch 1983). Man kann einen *BMW* fahren, kaufen oder reparieren, aber nicht die *Bayerischen Motorenwerke*. Ein Auto kann noch ein Jahr *TÜV* haben, aber nicht ein Jahr *Technischen Überwachungsverein*. Die Referenz verschiebt sich vom Produzenten zum Produkt bzw. von der Prüfinstitution auf die Gültigkeit der Prüfbescheinigung. Studierende, die *Bafög* beziehen, bekommen nicht das *Bundesausbildungsförderungsgesetz*, sondern ein Stipendium nach diesem Gesetz. Beispiele für metaphorische Referenz sind schwerer zu finden. Angeführt seien das Kunstwort *Persil < Perborat + Silikat*, das in *Persilschein* vom Waschmittel auf die Reinigung vom Vorwurf (nationalsozialistischer) Schuld übertragen wird, und das Kompositum *Umwelt-TÜV* statt *Umweltverträglichkeitsprüfung*.

3. Bedeutungsunterschiede

3.1. Kurzformen funktionieren nicht selten in anderen Sprachsystemen als die zugehörigen Langformen. Fasst man Kurzformen sehr eng als bloße lexikalische Varianten auf, so sind *Laser, Aids* oder *s.t.* keine Kurzformen, sondern einfach unmotivierte deutsche Wörter englischer bzw. lateinischer Herkunft. Setzt man dagegen Langformen in anderen Sprachsystemen an, so muss man auch bei Referenzgleichheit einen Bedeutungsunterschied annehmen, weil die Kurzform einen anderen „Wert" (nach Saussure) hat, d. h. in anderen Wortfeldern und lexikalischen Kombinationen funktioniert. Ohne die englischen Langformen *light amplification by stimulated emission of radiation* und *acquired immune deficiency syndrome* bestimmt man die Bedeutungen von *Laser* und *Aids* eher ganzheitlich als 'Gerät zur Erzeugung eines gebündelten Lichtstrahls' bzw. 'tödliche Immunschwächekrankheit' und ordnet sie in die Wortfelder der optischen Geräte bzw. der Krankheiten ein. Die lautierten Initial-Kurzformen *s.t.* und *c.t.* [ɛs'te:, tse:'te:] gehören sowohl zur geschriebenen wie zur gesprochenen Sprache akademisch Gebildeter. Sie fungieren als Adverbien mit den Bedeutungen 'pünktlich' bzw. 'mit akademischem Viertel', z. B. *9 Uhr s.t., 12 Uhr c.t.* Die Langformen *sine tempore, cum tempore* ('ohne Zeit', 'mit Zeit') fungieren im Lateinischen dagegen als Präpositionalgefüge ohne Festlegung auf fünfzehn Minuten. Ein Test hat gezeigt, dass die Bedeutung von *s.t.* zwar den meisten Studierenden bekannt ist, die korrekte Langform aber nur etwa einem Drittel. Die Kurzformen haben sich gegenüber den Langformen inhaltlich und formal verselbständigt und verweisen allenfalls noch durch die Schreibweise auf ihre Herkunft. Analoge Unterschiede treten auf, wenn die Langformen nicht in anderen Sprachen, sondern nur in anderen Varietäten derselben Sprache fungieren, z. B. *PVC*, wo der naive Sprecher nicht auf die ihm unverständliche fachsprachliche Langform *Polyvinylchlorid* zurückgreifen, sondern eher ganzheitlich die Bedeutung 'Kunststoff für Bodenbeläge u. a.' zuweisen wird.

3.2. Durch die Kürzung verlieren Wörter oder Wortgruppen ihre semantische Durchsichtigkeit. Die Langformen sind motiviert oder wenigstens potentiell motiviert auf Grund der Bedeutung ihrer Teile, die Kurzformen allenfalls andeutungsweise. Es gibt also analog zu *Morgenstern* und *Abendstern* einen „Unterschied in der Art des Gegebenseins des Bezeichneten" (Frege 1892/1969, 26). Die Abkürzung *u.A.w.g.* oder das silbische Initialkurzwort *Kripo* muss man als Lexeme kennen, um sie zu verstehen, die zugehörigen Langformen *um Antwort wird gebeten* und *Kriminalpolizei* lassen sich dagegen aus den Teilen konstruieren. Der Motivationsverlust kann zu Homonymien führen (*GHS* als *Gesamthochschule* und *Grund- und Hauptschule*; für die französische Abkürzung *C.C.* weist Menzel (1983, 164–167) 92 Langformen nach, von *Cabinet civil* bis *cru côntrolé*). Er ermöglicht Euphemismen (*Tb (c)* für Tuberkulose) und Abgrenzung gegenüber Außenstehenden (*NDL* für die *Neuere deutsche Literaturwissenschaft* in Tübingen), führt aber auch zu Tautologien und Pleonasmen (*ABM-Maßnahme < Arbeitsbeschaffungsmaßnahme-Maßnahme, Super-GAU < super-größter anzunehmender Unfall*), was jedoch wegen der ganzheitlichen Bedeutung der Kurzformen eher Sprachkritikern als naiven Sprechern auffällt.

3.3. Während bei den appellativen Kurzformen zwischen dem ersparten Artikulationsaufwand und dem Motivationsverlust abzuwägen ist, sind die Kurzformen gegenüber den Langformen die besseren Eigennamen. Wird auf einen individuellen Gegenstand durch eine definite Beschreibung referiert, so erfolgt seine Identifikation über die Bedeutungen der verwendeten Wörter. Bei den Eigennamen wird dagegen im Namengebungsakt eine Bezeichnungsrelation fixiert (Wimmer 1995, 378), so dass Bedeutungsmerkmale fakultativ und redundant werden oder nur noch als Konnotationen fungieren. Der Ausdruck *Arbeitsgemeinschaft der öffentlich-rechtlichen Rundfunkanstalten der Bundesrepublik Deutschland* fungiert nicht nur als Eigennamen des institutionellen Trägers des ersten Fernsehprogramms in Deutschland, sondern beschreibt auch explizit die komplizierte Organisationsform dieses Programms; das Initialkurzwort *ARD* präsentiert den Namen dagegen „prädikationsfrei". In einem Test haben von 25 Studenten nur drei die Langform richtig angegeben. Die meisten lösten die *ARD* falsch als *Allgemeiner Rundfunk Deutschlands* auf oder boten nur die Angabe 'erstes Programm im Fernsehen'. Die Referenz erfolgt unmittelbar über die Kenntnis der Beziehung zum Referenten und nicht über die Bedeutung der Langform. Tatsächlich fungieren die meisten Kurzformen als Eigennamen von Firmen, Vereinen, Parteien, Gewerkschaften, staatlichen und internationalen Institutionen u. a., z. B. *BASF < Badische Anilin- und Sodafabrik, SKET < Schwermaschinenbaukombinat Ernst Thälmann, CDU < Christlich-demokratische Union, GEW < Gewerkschaft Erziehung und Wissenschaft, NATO < North Atlantic Treaty Organization* usw. Ein Zeitungskorpus von Kurzformen (Kobler-Trill 1994, 207–215) enthält zu ca. 80 v. H. derartige Eigennamen. Die referentielle Funktion des Kurznamens kann auch dann weiter genutzt werden, wenn sich die in der Langform beschriebenen Eigenschaften des Namensträgers ändern, z. B. *DB < früher Deutsche Bundesbahn, jetzt Deutsche Bahn AG*. *SKET* eignet sich zwar nicht zur Ehrung Thälmanns (Pohl 1991, 131), konnte aber nach der Privatisierung weiter verwendet werden. Die redundanzarme Erfüllung der Bezeichnungsfunktion macht die Kurzformen so zu optimalen Eigennamen.

3.4. Kurzformen können grammatische Funktionen ausüben, die den Langformen verschlossen sind. Vor allem dienen sie bei der Wortbildung als Bestimmungswörter in Komposita (*BMW-Fahrer, BSE-gefährdete Rinderbestände < bovine spongiforme Enzephalopathie*), als Präfixe (*Biomüll, Biotonne, bioaktiv < biologisch; Ökobauer, Ökoladen < ökologisch*) oder als Basislexeme von Ableitungen mit einem *i*-Suffix (*Edi < Edmund, Gorbi < Gorbatschow, Pulli < Pullover*), „das dem Wortinhalt eine kosende (hypokoristische) Nuance verleiht" (Greule 1983/84, 207).

4. Unterschiede in der Evokation

4.1. Neben den Bezeichnungs- und Bedeutungsunterschieden treten evokative (expressive, assoziative, konnotative) Unterschiede auf. Die Kurzform kann in einer zufälligen oder beabsichtigten Homonymiebeziehung zu einem anderen Wort stehen und von dessen positivem oder negativem Wert profitieren. Dies wird vor allem bei der Bildung von Eigennamen beachtet. Eher unerwünscht war die Homonymie von *CREEP < commitee to re-elect the President* mit *creep* 'kriechen' (Kreidler 1979, 26); wohlüberlegt dürfte dagegen die Homonymie von *OBST < Osnabrücker Beiträge zur Sprachtheorie* und *Erfolg < Ermittlungssystem für optimal lukrative Geldanlagen* sein. Provokativ wirkt *GIFT < Gesellschaft für interdisziplinäre Forschung Tübingen*.

4.2. Die Kurzform kann lautliche oder grammatische Eigenschaften haben, durch die andere Sprachen oder Varietäten evoziert werden. Die Langform *Auszubildender* evoziert wegen des sonst kaum gebräuchlichen Gerundivs die Verwaltungssprache, die Kurzform *Azubi* dagegen das Italienische oder eine jugendlich-familiäre Sprache, die mittels des hypokoristischen *-i* Vertrautheit schafft. Eine schon euphemistisch als *Solidaritätszuschlag* bezeichnete Steuererhöhung wirkt noch akzeptabler, wenn man sie *Soli* nennt.

4.3. Tritt die Kurzform in anderen Umgebungen auf als die Langform, so kann sie ihre ursprüngliche Umgebung evozieren. Kurzformen wie *Uni, UB, Studi, Prof, Demo* usw. vergegenwärtigen so das studentische Milieu. Um die Langform *Bundesrepublik Deutschland* und die Kurzform *BRD* gab es vor allem in den siebziger Jahren den „Kürzelstreit". Sachlich beklagte man die mangelnde Motivation von *BRD* und fürchtete, dass das Wort *Deutschland* „aus dem Sprachgebrauch und damit aus dem politischen Bewusstsein verschwinden könnte"; bezüglich des Verwendungskontexts vermutete man „ein aus östlicher Richtung soufflierts Kürzel" oder eine „kommunistische Agitationsformel" (Hahn 1995, 318–319).

5. Zur Leistung der Kurzformen

Kurzformen sind – mindestens sobald sie auch gesprochen werden – neue Wörter und damit Manifestationen des Sprachwandels. Sie sind einerseits bedingt durch das Bedürfnis, neue

Gegenstände zu benennen (z. B. *Dos* < *disc operating system*) und Namen für neue Individuen zu gewinnen, andererseits durch das sprachökonomische Bestreben, Artikulations- und Gedächtnisaufwand gering zu halten. Während demotivierte appellative Kurzformen zu gleichsprachigen Langformen das Gedächtnis zusätzlich belasten und nur bei hoher Frequenz ökonomisch sind, bieten Kurzformen aus fremdsprachigen Langformen und referenzfreie Eigennamen in doppelter Hinsicht einen sprachökonomischen Gewinn, weil sie leichter zu merken und leichter zu produzieren sind.

6. Literatur in Auswahl

Bellmann, Günter (1980): „Zur Variation im Lexikon. Kurzwort und Original". In: *Wirkendes Wort* 30, 369–383.

Bierwisch, Manfred (1983): „Semantische und konzeptionelle Repräsentation lexikalischer Einheiten." In: *Untersuchungen zur Semantik* (Hrsg. R. Ruzicka; W. Motsch). Berlin: Akademie Verlag, 61–99.

Cannon, Garland (1994): „Alphabet-based Wordcreation." In: *The Encyclopedia of Language and Linguistics* 1 (eds. R.E. Asher; J.M.Y. Simpson). Oxford u. a.: Pergamon Press, 80–82.

Coseriu, Eugenio (1970): „Bedeutung und Bezeichnung im Lichte der strukturelle Semantik." In: *Sprachwissenschaft und Übersetzen* (Hrsg. P. Hartmann; H. Vernay), München: Hueber, 104–121.

–, (1980): *Textlinguistik. Eine Einführung* (Hrsg. J. Albrecht). Tübingen: Narr.

Frege, Gottlob (1892/1969): „Über Sinn und Bedeutung." In: *Funktion, Begriff, Bedeutung* (Hrsg. G. Patzig). Göttingen: Vandehoeck & Ruprecht, 40–65.

Greule, Albrecht (1983/84): „'Abi', 'Krimi', 'Sponti': Substantive auf -i im heutigen Deutsch." In: *Muttersprache* 94, 207–217.

Hahn, Silbe (1995): „Vom zerrissenen Deutschland zur vereinigten Republik." In: *Kontroverse Begriffe* (Hrsg. G. Stötzel; M. Wengeler u. a.). Berlin: de Gruyter, 285–353.

Kobler-Trill, Dorothea (1994): *Das Kurzwort im Deutschen. Eine Untersuchung zu Definition, Typologie und Entwicklung.* Tübingen: Niemeyer.

Koch, Peter; Wulf Oesterreicher (1985): „Sprache der Nähe – Sprache der Distanz. Mündlichkeit und Schriftlichkeit im Spannungsfeld von Sprachtheorie und Sprachgeschichte." In: *Romanistisches Jahrbuch* 36, 15–43.

Kreidler, Charles W. (1979): „Creating new words by shortening." In: *Journal of English Linguistics* 13, 24–36.

–, (1994): „Word-formation: Shortening." In: *The Encyclopedia of Language and Linguistics* 9 (eds. R.E. Asher; J.M.Y. Simpson). Oxford u. a.: Pergamon Press, 5029–5031.

Marchand, Hans (1969): *The Categories and Types of Present-Day English Word-Formation.* 2. Aufl. München: Beck.

Menzel, Hans-Bernd (1983): *Abkürzungne im heutigen Französisch.* 2 Bde. Rheinfelden: Schäuble.

Pohl, Inge (1991): „Rom-Speicher, Interlauch, Plantainer – Spielräume in der Verwendung von Kurzformen." In: *Sprachwissenschaft und Sprachkultur* (Hrsg. K.-E. Sommerfeldt).Frankfurt: Lang, 121–133.

Schmitz, Ulrich (1983): „Vorbemerkungen zur Linguistik der Abkürzung." In: *Sprache, Diskurs und Text. Akten des 17. Ling. Koll. Brüssel 1982* (eds. R. Jongen; S. de Knop): Tübingen: Niemeyer, 10–27.

Vieregge, Werner (1983): „Zum Gebrauch von Kurzwörtern im Neuhochdeutschen." In: *Sprachwissenschaft* 8, 207–235.

Steinhauer, Anja (2000): *Sprachökonomie durch Kurzwörter: Bildung und Verwendung in der Fachkommunikation.* Tübingen: Narr.

Wellmann, Hans (1995): „Die Wortbildung." In: *Duden-Grammatik der deutschen Gegenwartssprache* (Hrsg. G. Drosdowski) 5. Auflage Mannheim: Dudenverlag, 399–539.

Wimmer, Rainer (1995): „Eigennamen im Rahmen einer allgemeinen Sprach- und Zeichentheorie." In: *Namenforschung. Name Studies. Les noms propres* (Hrsg. E. Eichler u. a.). Berlin u. a.: de Gruyter, 372–379.

Heinrich Weber, Tübingen (Deutschland)

56. Lexikalische Einheiten mit wortähnlichem Status

1. Mögliche Kriterien eines Wortbegriffs
2. Anähnlichungen
3. Unähnlichkeiten
4. Zurufe
5. Ausrufe
6. Literatur in Auswahl

1. Mögliche Kriterien eines Wortbegriffs

Was unter „wortähnlich" zu verstehen ist, wird jeweils von der Definition des Begriffes „Wort" abhängen. Dieser orientiert sich sowohl an der artikulatorisch/graphischen *Oberfläche* als auch am semantischen *Inhalt* bzw. der pragmatischen *Funktion* bestimmter lingualer Äußerungsmuster. Grob gesagt, können (mindestens) die folgenden Kriterien als maßgeblich für den Wort-Status herangezogen werden, an denen Ähnlichkeit oder Unähnlichkeit verschiedener Lautkonfigurationen mit der von („echten") Wörtern abzuschätzen wäre.

1.1. *Funktional* kennzeichnet sich ein Wort durch die interaktionelle und strukturelle Anschließbarkeit an umfangreichere, semantisch und pragmatisch komplexere Gebilde. Als kommunikatives Element, d.h. als Zeichen (wenn auch nur als Symptom), ist ein Wort semantisch und pragmatisch *verstehbar*, u. zw. so, dass darauf (entsprechend) reagiert werden kann.

1.2. Als *artikulatorische* Einheiten sind Wörter aus dem Ko-Text isolierbare Redeteile, die wiederholt, d.h. imitiert bzw. zitiert werden können: „Was heißt hier *hm*?"
„Ein *Aaah* ging durch die Reihen der Zuschauer."

1.3. Wörter sollten in einem anderen als dem auditiven Medium (z.B. schriftlich) *darstellbar* und nachvollziehbar gemacht werden können.

2. Anähnlichungen

Es gibt verschiedene Versuche zur *Anähnlichung*. Volksetymologien etwa passen fremdartige lexikalische Zeichen dem (vermeintlich) Gemeinten an: *maulhängolisch = melancholisch*.

2.1. Versuche zur Lautimitation können als universell gelten: die *onomatopoetischen* Wortattrappen (nach Bühler 1965:198 gehören sie zum sog. Malfeld) sollten (fast) ohne Erlernen verstehbar sein. In verringertem Ausmaß gilt dies auch für lautsymbolische Figuren. Solche Gebilde sind allerdings nicht unabhängig von den Apperzeptionsgewohnheiten für den input und von den phonotaktischen Grundmustern bestimmter natürlicher Sprachen: *Kikeriki*, eng. *cockadoodledoo*. Nur wenige (*Kuckuck, Zilpzalp*) haben Eingang ins Normallexikon gefunden.

Da man nicht-sprachliche Klänge und Geräusche mit Sprachlauten nur annnäherungsweise imitieren kann, sind solche Versuche nicht wirklich als ikonische, sondern eher als indexikalische Unterfangen anzusehen. Außerdem ist die Imitation von (mechanischen) Geräuschen seltener als die von tierischen Kommunikationslauten (vornehmlich von Vogelrufen).

schmatz = frz. *scrontch* = it. *scronc; quietsch* = frz. *tchriii; wum(s)* = frz. *plaf; auaaa* = frz. *ouaille* = it. *ahii*

Die Imitation ist nur begrenzt möglich, was sich deutlich beim Versuch der Verschriftlichung (z.B. in phonet. Umschriften und in der comics-Literatur) zeigt: *Klatsch, Padabam* (Pferdegetrampel), eng. *vlat vlat* (Hubschrauber), türk. *çat* (Pfeil), türk. *gümp* (Boxer fällt um), türk. *sıkır sıkır* (Kastagnetten), kroat. *čiv čiv* (Küken), kroat. *gav gav* (Hund = *wau wau*).

2.2. *Neologismen* werden immer wieder nötig, u. zw. für Dinge, die entweder noch keinen Namen haben oder deren Namen momentan nicht verfügbar sind: *Dingsda* (Ortsname), eng. *thingumbob* (Personen-Name). Allerdings gibt es kaum „echte" Neologismen, also solche, die sich nicht phonologisch, morphologisch oder semantisch an Vorhandenes anschließen (vgl. Morgensterns *Nasobēm*). Am häufigsten treten Derivate auf: *Ostalgie* (vgl. *Ossies* vs. *Wessies*), davon: *Ossifizierung, angeostet; workoholic; schnurz, schwupp*; „... *durchaus unbodyge, schmale Herren* ..." (Corti 1994:118); „... *die Legende der Chassidim* ... *ist nicht* ... *zu bewehrweisen*" (Corti 1994:185).

Kunstwörter zur Erprobung oder Erzielung von lautsymbolischen Effekten spielen in manchen Disziplinen (u. a. auch im semantischen Differential) eine wichtige (Labor-) Rolle und sind naturgemäß den Klientensprachen angepasst: *Maluma, Nobebe, Takete* u. ä. m. Die Dechiffrierung einer möglichen Bedeutung bleibt dem Rezipienten überlassen. „... *einen auch nur einigermaßen sinnvollen, angebünftelten Absatz zustande bringen* ..." (Corti 1994:160)

Die Fälle, in denen Taburücksichten die Verstümmelung verstehbaren Wortguts verursacht haben, sind bekannt. Hier dient nonsense der Camouflage; das getarnte Wort soll aber nach wie vor erkennbar bleiben: eng. *Dickens* < *devil, Teixel* < *Teufel*.

Andererseits kann intendierte Bedeutungsverdunkelung auch rein (dadaistisch-) artistischen Motiven entspringen, möglicherweise zur Darstellung der Absurdität einer als solcher erlittenen Realität. In diesem Bereich treten die verschiedensten Grade der Abweichung vom Gewohnten auf: das reicht bis zur totalen Unartikulierbarkeit, u. U. trotz der scheinbar vertrauten Morphologie und syntaktischen Sequenzierung. Das klassische Beispiel ist Carrolls *Jabberwocky*, das interessanterweise mehrfach übersetzt worden ist:

'Twas brillig, and the slithy toves
Did gyre and gimble in the wabe;
Der Jammerwoch
Es brillig war. Die schlichte Toven
wirrten und wimmelten in Waben;
Der Zipferlake
Verdaustig wars, und glasse Wieben
Rotterten gorkicht im Gemank;
frz. *Le Jaseroque*
Il brilgue: les tôves lubricilleux
Se gyrent....;
ital. *Era rombo ed i fungagili chiotti*
Girascavano e succhiellavano i pratiali;
russ. БАРМАГЛОТ *(Barmaglot)*
Варкалось. Хливкие шорьки
(Varkalos'. Chlivkije šor'ki)
Пырялись по наве;
(Pyrjalis', po nave);
Leilied bei Ungewinster
Tschill tschill mein möbliges Krieb
Draußen schnirrt höhliges Stieb
(Fried 1993; 2:390);
Aufgezwackt und hingemotzt (Halbey 1988);
die Fingur (Morgenstern 1963:82);
ele mele mink mank (Abzählvers);
döppelte der Gottelbock (Jandl 1991:37).

Die Grenze zum pathologischen Wortzerfall scheint dort überschritten, wo außer der Verstehbarkeit auch die Artikulierbarkeit nicht mehr gegeben ist:

Karawane
Jolifante bambla ô falli bambla
grossiga m'pfa habla horem ...
wulubu ssubudu uluw ssubudu (Ball; in Dencker 1978:201);
Monolog des verrückten Mastodons
Zépke! Zépke!
Mekkimápsi – muschibróps.
Okosôni! Mamimûne ... *Quilliwaûke?* ...
(Scheerbart; in Dencker 1978:168).

2.3. Als Neuwörter können auch wortähnliche Lautgruppen gelten, die durch Beibehaltung von Wortresten (z. B. der Anlaute) an Worte erinnern sollen: *Abbreviaturen* und *Kurzwörter* (vgl. Praninskas 1968 und zuletzt Kobler-Trill 1994; vgl. auch Art. 54, 55). Dabei wird auf die Artikulierbarkeit geachtet, diese richtet sich entweder silbisch nach den Morphemresten oder, bei Initialwörtern, nach den Buchstabier-Regeln: *es-pe-de (SPD), ce-de-u (CDU), u-es-a (USA), i-er-a (IRA), HIV, BSE; DNS* (Desoxyribonukleinsäure); *FBI; OPEC, ETA, NATO; CD; PC; OSZE* = eng. *OSCE*; und das Schein-Wort *Aids*.

3. Unähnlichkeiten

3.1. Die frühkindlichen *Lall*-Monologe enthalten (wiederholbare und wiederholte) Lautfolgen, die, obschon sie nicht dem Sprachsystem der Pflegepersonen angehören (vgl. Jakobson 1969) und auch nicht voll verstehbar sind, dennoch imitiert und als motiviert interpretiert werden. Allerdings sind sie nicht mit den gängigen graphemischen Mitteln darstellbar. Sie enthalten systemfremde idiolektale Elemente, die im Zuge der Sozialisierung den standardisierten Erwachsenenmustern angeähnlicht werden. Einige Imitate (*mama, baby*) haben Eingang in das (über-idiolektale) Normallexikon gefunden, wodurch sie schreibbar werden. Ihre Herkunft als somatisch motivierte Spontansymptome äußert sich darin, dass sie von Prozessen des Lautwandels nicht affiziert werden.

3.1.1. Pidginisierte (also „fehlerhafte") Wort-Versuche kindlicher oder fremdsprachiger Sprecher (*BLABLA*) sind als Wörter einer natürlichen Sprache geplant und gemeint, können auch u. U. als solche verstanden werden, u.zw. abhängig von der Art und Stärke der (auch mechanischen) Störungen: „... *schickt sich an, meinen Anruf* ... *mit irgendeinem Gegenüber zu besprechen. 'Wu mmm un unu war bassazummun?' Höre ich. Und dann ein entferntes 'Dillaa drummiunderiummm!' Und da weiß ich's nun"* (Corti 1994:131). Ein Lesefehler aus Hitlers Tagebüchern ist zum Filmtitel geworden: *Schtonk.*

3.2. *Idiolektale* (privatsprachliche) Gebilde sind meist kurzlebig; sie sind aber innerhalb ihres Geltungsraumes, also für Verfertiger und Vertraute, voll funktionsfähig.

3.3. Durch *pathogene* Verzerrungen entstandene (solipsistische) Gebilde weichen noch stärker von der artikulatorischen Norm ab, weshalb sie kaum schreib- oder lesbar sind. Sie sind oft gekennzeichnet durch die Ignorierung der Wortgrenzen, Verwischung der syntaktischen Beziehungen, Verfremdung der phonotaktischen Passformen u.ä.m.: „... *doch in Isabelle macht es 'grompen, ranke donkel Zagen'; sie hört nichts..."* (Egner 1996:108);

„... *die Welt manifestiert sich, so sie spricht, nur noch durch 'Sruubnumsdiaffgi? Hmundasstebrilniok!!'* „ (Corti 1994:131);
Kroklokwafzi? Sememeṁi!
Seiokrontro -prafriplo:
Bifzi, bafzi; hulaleṁi:
quasti basti bo .... (Morgenstern 1963:20);
Kikakokú!
Ekoralaps! ... (Scheerbart; in: Dencker 1978:168).

Versuche, ganze Texte (mit eigener Grammatik) aus Neologismen zu erstellen, sind im literarischen Bereich eher selten (Scheerbart, J. Joyce), als pathogene Syndrome sind sie häufiger:

„*Ctabinoh Goabwonmatl Goabwonmatbcmet Goabwonmatbcmeptl in Ajhanmecto.?*
GROSSMUTTERS TODGESPRÄCH.
GOABWONMATBPAEROBOP.?
Hitlerkpancpah." (Navratil 1971:64)

4. Zurufe

Interjektionelle Muster sind holophrastische Redeteile, deren Bedeutung im Ko-Text verstehbar und quittierbar ist. Es sind Lautfolgen mit erheblicher Variabilität, (auch innerhalb der eigenen Phonetik). Ehlich hat (1986:120ff. et passim) auf die Rolle von Ton (pitch) und Intonation aufmerksam gemacht. Auch wenn Lexeme des Normalwortschatzes als Interjektionen (vgl. Art. 91) fungieren (*Scheiße, Wehe, Schade, verdammt, Hilfe*) gelten eigene prosodische Regeln. Interjektionen spielen eine wichtige (perlokutive) Rolle im interaktiven Raum (auch die sog. Hörersignale gehören zum Bühlerschen expeditiven Lenkfeld); auch ihre Kombinierbarkeit ist auffallend: *NA + und/ + ja/ + schön/ + bitte/+ wenn schon/ + also;* die Abgrenzung zu „echten" langue-Elementen ist unklar (nach Helbig-Buscha 1975:470 zählen *psch, pst, sch* zu den Interjektionen); grammatisch fällt auf, dass sie zwar imitierbar, aber nicht zitierbar sind: sie kommen ebensowenig wie Deiktica in indirekter Rede vor; Interjektionen sind weder berufbar noch widerrufbar. Neben der Unterscheidung zwischen konventionalisierten und spontanen kann man (nach semantisch-pragmatischen Kriterien) unterscheiden: *emotive,* also monologisch orientierte, geradezu symptomatische *Ausrufe* von affektiven, also dialogisch fokussierten *Zurufen;* und schließlich *expressiv* motivierte, referenzbezogene *Bewertungen.*

Zurufe an Menschen und Tiere folgen auch häufig eigenen morphologischen Gepflogenheiten, es gibt Kurz- und Langformen, häufig reduplizierte Varianten (*Ogottogott = Igittigitt*), weswegen ihre Notierbarkeit fraglich, ihre Imitierbarkeit aber durchaus gegeben ist. Emphatische Veränderungen sind z.B. an Hundekommandos: (*Sitz! Fass! Fuß!*) zu beobachten; Ähnliches gilt für Kommandos an Menschen (*Rutt* (= ruht), *Ha:ptácht!*); auch Grüße werden häufig emphatischen Veränderungen unterworfen: *'ß Gott, Morjn, Tach!* Interjektionen bilden im Lexikon eine eigene Sondergruppe: *Hurra! dalli-dalli (=hoppaufhoppauf!); Pfui, Hipp Hipp Hurra, Halali, Horrido!*

Bemerkenswerterweise überwiegen bei Zurufen auf geringe Distanz die Konsonanten (*Psst*), bei größerer Entfernung die Vokale (*Hallo, Heda,* Jodelrufe).

Die Zurufe an Tiere (*Hot und Hü*), Lock- und Scheuchrufe lehnen sich oft an onomatopoetische Imitate an (*Miiiitz* (Katze)), andere wieder nicht: *Brrrr* (= Halt f. Maultiere). Die einzelsprachliche Verschiedenheit ist auffallend: *hoppa hoppa Reiter* = ital. *'o 'o* (glottal stop) *cavallo;* türk. *ho:op* = „Halt!"; „... *und lockte die Pferde mit dem Rufe 'Choruu, choruu, choruu'"* (Schamanengeschichten 1987:116).

4.1. Wesentliche Bereiche humaner (geglückter) Interaktion hängen mit *paralingualen* Signalen zusammen und von ihnen ab (z.B. hesitation phenomena: ə...ə): *Ha? tja, mhm, hm,* eng. *tut tut,* türk. *ha:* (= habe verstanden), eng. *ùn-húh* („yes") vs. *ú-'ù* (= no) (Campbell/Anderson 1976:84).

Ihre phonetische Systemfremdheit bedingt wohl auch ihre grammatische und lexikographische Randstellung.

5. Ausrufe

5.1. Den paralingualen Signalen verwandt sind *Ausrufe* (spontane, monologische Reaktionslaute): *Au, Ach, Oh; Pfui; Uff, Aua*, d. h. somatisch-physiologisch und psychologisch bedingte und gesteuerte (nicht immer nur lautliche) Empfindungs- und Gefühlsäußerungen für Schmerz, Freude, Ekel, Irritation, Müdigkeit u.ä. *(Ätsch! Heißa!)* Die verursachenden Reize mögen universell sein, ihre lautlichen und gestisch-mimischen Reaktionen sind es offenbar nicht, wie die Übersetzungen literarisch verewigter Exemplare zeigen können: Ajas 694: ιωιω = i – o – i – oh; Philoktet 732 αἰ αἶ; Jeremiah IV:10 *achach*; lat. *heu, heu*; frz. *hélas*; span. *!ay ay*; eng. *Ah*

Die emphatischen Verzerrungen treten hier noch stärker in Erscheinung als bei Zurufen: *Oh Gawd, it is gawn!* (Ähnliches gilt für Schimpfwörter.)

Sie sind weder grammatikalisiert noch gibt es Notationsregeln: „*wörck oder so ähnlich*" (Artmann 1984:271); sie sind, trotz starker situativer und idiolektaler Varianz, dennoch (theatralisch) imitierbar (Stöhnen, Rülpsen) und interpretierbar. Wenn nötig, kann man über sie berichten, indem man sie – anhand ihrer gestisch-mimischen und lautlichen Begleitsymptome (schluchzen, knurren) (häufig lautsymbolisch) beschreibt. Da Emotionalisiertheit auch ein öffentliches Phänomen ist, unterliegen deren Äußerungen auch der Evalutation: *keifen*.

5.2. Die populäre Literaturgattung comics bietet – neben Geräusch- und Lautimitationen (*Grrr, Crash*) – eine Fülle von symptombeschreibenden meta-Ausrufen: es sind holophrastische, (meist verbale) infinite Wortstämme. In Übersetzungen treten sie zunächst in ihrer ursprünglichen anglophonen Form auf: *Uargh; Gulp; Sob, Sigh, Gasp, Blush, Roar; Gloom;* frz. *Kof Kof* = eng. *cough*. Später übernehmen die Übersetzer dieselbe Praxis, nämlich, den Wortstamm (auch einer flektierenden Sprache wie des Deutschen) eines symptombeschreibenden Lexems als meta-Interjektion zu benützen: *Seufz, Keuch, Stöhn*. Schließlich werden auch expressiv bedeutsame Geräusche auf diese Weise dargestellt und hervorgehoben: kroat. *tresk*, kroat. *griz*. Es kommt zu neuen Kategorien modischer Interjektionen: einerseits anglophone Entlehnungen: *Wau < Wough*, andererseits symptombeschreibende Wortstämme in interjektioneller Funktion: *Rümpf, Jaul, Lechz, Seufz, Hast*, ja sogar zu einheimischen Derivaten: *Schluchzl, Grumml, Sobber*.

5.3. Isolierte holophrastische Elemente können in größere Sequenzen eingebaut werden, zunächst in Parenthese: *die ach so klugen Leute (vgl. eng. fucking, kroat. kurac)*. Sodann können sie einer der üblichen Wortkategorien zugeordnet werden: *das Weh und Ach, ein Prosit, ein großes Vergeltsgott*. Davon gehen weitere Derivationen aus: *ächzen, (russ.* охать, *(ochat')), krächzen, glucksen,* eng. *hurraying*. *„.. heftig, jäh, pardauzend tritt er auf wie ein Kaschper aus der Kiste, Pffrruzzda, steht (er) in der Tür"* (Corti 1994:156).

6. Literatur in Auswahl

Artmann, H.C. (1984), *Der handkolorierte Menschenfresser. Ausgewählte Prosa*, (Hrsg. R. Fischer). Berlin: Volk & Welt.

Ball, Hugo (1978), in: *Deutsche Unsinnspoesie 1978, 201.*

Bühler, Karl (1965), *Sprachtheorie* (2.Aufl.). Stuttgart: G. Fischer.

Campbell, Mary Ann; Lloyd Anderson (1976), Hocus Pocus Nursery Rhymes. In: Chicago Linguistic Society 12, 72–95.

Carroll, Lewis (1970), *The Annotated Alice*, (ed. M. Gardner). Harmondsworth: Penguin.

Corti, Axel (1994), *Der Schalldämpfer. Texte aus den Jahren 1970–1993*. Wien: Kremayr & Scheriau..

Das war Dada. Dichtungen und Dokumente. (Hrsg. P. Schifferli). München: dtv 1963..

Dencker, s. *Unsinnspoesie.*

Egner, Eugen (1996), *Getaufte Hausschuhe und Katzen mit Blumenmustern. Kurze Texte*. Leipzig: Reclam.

Ehlich, Konrad (1986), *Interjektionen*. Tübingen: Niemeyer.

Fiehler, Reinhard (1990), *Kommunikation und Emotion*. Berlin/New York: de Gruyter.

Fried, Erich (1993), *Gesammelte Werke*. (Hrsg. V. Kaukoreit; K. Wagenbach). Berlin: Wagenbach.

Halbey, Hans A. s. *Schmurgelstein* (1988).

Jakobson, Roman (1969), *Kindersprache, Aphasie und allgemeine Lautgesetze*. Stuttgart: Suhrkamp.

Jandl, Ernst (1991), *Laut und Luise*. Stuttgart: Reclam.

Kobler-Trill, Dorothea (1994), *Das Kurzwort im Deutschen. Eine Untersuchung zu Definition, Typologie und Entwicklung*. Tübingen: Niemeyer.

Kutzelnigg, Arthur (1973), Die aus dem Lippen-r hervorgegangene Konsonanz br(r) als Bedeutungsträger: 1. Mitteilung: Interjektionen. In: *Linguistics* 103, 24–43.

Morgenstern, Christian (1963), *Galgenlieder, Gingganz*, München: dtv.

Navratil, Leo (1971), *a + b leuchten im Klee. Psychopathologische Texte*. München: Hanser.

Praninskas, Jean (1968), *Trade Name Creation. Processes and Patterns*. Paris: Mouton.

Schamanengeschichten aus Sibirien (aus d. Russ. A. Friedrich/G. Buddruss). Berlin: Clemens Zerling 1995.

Scheerbart, Paul s. *Deutsche Unsinnspoesie* 1978, 168.

Schmurgelstein so herzbetrunken. Verse und Gedichte für Nonsense-Freunde von 9–99. (Hrsg. H. Halbey). München: Hanser 1988.

Sophokles (1942), *Tragödien* (übertragen v. R. Woerner). Leipzig: Insel.

Sornig, Karl (1986), *Holophrastisch-expressive Äußerungsmuster*. Graz: Eigenverlag.

Deutsche Unsinnspoesie. (Hrsg. K.P. Dencker). Stuttgart: Reclam 1978

Karl Sornig, Graz (Österreich)

XIII. Lexikalische Strukturen auf der Grundlage von Sinnrelationen I: Allgemein, Inklusion und Identität

Lexical structures based on sense relations I: General overview, inclusion and identity

57. Sense relations: An overview

1. Sense and sense relations
2. Syntagmatic and paradigmatic relations
3. Synonymy
4. Antonymy
5. Incompatibility
6. Hyponymy
7. Concluding remarks
8. Literature (a selection)

1. Sense and sense relations

1.1. Structuralism

The concept of sense relations, if not the term itself, is traditional enough in lexical semantics. Sense is one of several kinds of meaning encoded in, or expressed by language: sense relations are therefore a subclass of the wider class of relations of meaning studied by semanticists. They are exemplified most notably by synonymy and antonymy, which, defined as sameness and oppositeness of meaning respectively, have long been recognised both by linguistis and by lexicographers. In terms of this nontechnical, but as far as it goes perfectly acceptable, definition of synonymy and antonymy (which employs the more general term *meaning*, rather than the more specific term *sense*), the English words *wide* and *broad* are synonyms and *long* and *short* are antonyms. Synonymy and antonymy, it will be noted, are relations that hold between words – or, more precisely and more technically, between lexemes (or lexical expressions) – by virtue of their meaning. This is how, not only synonymy and antonymy, but all sense relations are traditionally conceived.

The term *sense relation* is not, however, a traditional term and its use (by those who do use it) reflects a decidedly untraditional approach to lexical semantics: a structuralist, more specifically a post-Saussurean, approach. This is based on the view that the sense of a lexeme is the product of, and indeed can be identified with, the sense relations that hold between it and other lexemes in the vocabulary of the language. Central to this view of lexical semantics is the characteristically Saussurean (and post-Saussurean) idea that the vocabulary (and more generally the whole language, *la langue*, is an integrated relational system ("un système où tout se tient") and that lexemes as vocabulary units are (like all units of the language-system) logically secondary to the relations in terms of which they are defined and from which they derive both their existence and their essence. This view of the structure of the vocabulary stands in sharp contrast with the more normal and more naive, everyday, non-structuralist view that such traditionally recognised relations are definable in terms of a logically prior (and independently definable) notion of lexical meaning. To make the point by way of the examples cited above: the non-structuralist would say that *wide* and *broad* are synonyms and *long* and *short* are antonyms by virtue of their meaning (or sense): the structuralist, that these and other sense relations are constitutive of their meaning (or sense). In all that follows in this article the structuralist view is taken for granted.

1.2. 'Word-to-word' and 'word-to-world' relations

Generally, if not universally, the use of the term *sense relation* by linguists implies a commitment not only to the structuralist approach, but also to a technical definition of the term *sense* which restricts it to an aspect of lexical meaning that is wholly internal to the language-system. *Sense*, thus defined, contrasts with *denotation* and *reference*. Both of these (whatever further distinction, if any, is drawn between them) are applied to relations that hold – typically and basically – between units of the language system and entities, properties, processes, etc. in the outside world. In short, sense relations are what may be called word-to-word relations, whereas both denotation and reference are word-to-world relations.

This distinction between (language-internal) word-to-word relations, on the one hand, and word-to-world relations, on the other, has been drawn in a variety of ways by linguists, philosphers and logicians, independently of whether they adopt a structuralist approach to semantics or not. For example, it can, but need not, be associated with Frege's (1982) terminological distinction between *Sinn* and *Bedeutung* or the standard logical distinction between *intension* and *extension*. It can also, but again need not, be explicated with reference to the traditional triangle of *word, concept* and *thing*. As a matter of historical fact, the notion of sense relations that is now more or less well established in the literature was developed by Lyons (1963) by using a particular version of Frege's *Sinn/Bedeutung* distinction to explicate the theory of lexical fields introduced into linguistic semantics by such scholars as Trier (1931) and Porzig (1934). However, in Lyons (1963), as also in Lyons (1968), sense relations were referred to as meaning relations (and *denotation* was not distinguished from *reference*). In later work, Lyons (1977, 1995) has not only distinguished *sense* from *meaning* (in a particular way), but he has also invoked, and exploited, the now familiar and widely accepted distinction between the context-independent meaning of words, phrases and sentences as units of the language-system (*la langue*) and the context-dependent (*pragmatic*) meaning that they acquire on particular occasions of utterance. This latter distinction, which is commonly associated nowadays with semantics (in a narrow sense of the term) and pragmatics, is not entirely uncontroversial; but it will be taken for granted in all that follows.

Structuralists have always maintained that sense relations are wholly internal to the language-system and are independent of the context of utterance; i.e., looked at from a psychological, or cognitive, point of view, they are a matter of competence, rather than performance. Granted that this is so, it is now clearer than it was to semanticists of an earlier generation that there are two kinds of word-to-world relations that need to be taken into account in describing the way in which (as one common metaphor puts it) language "hooks on to" the world. The former, like sense, is encoded in the context-independent (semantic) meaning that words (and other lexical expressions) have by virtue of being units of a particular language-system; the latter is part of the (pragmatic) meaning that expressions acquire (as a function of their denotation and the relevant contextual factors) on particular occasions of utterance. Frege's term *Bedeutung* and the term *reference*, as it has been used by most linguists and philosophers until recently, confuses or conflates these two different ways in which words "stand for" things. Neither denotation nor reference is of direct concern to us in this article. It must be emphasied, however, that sense and denotation, not sense and reference are the two complementary components of lexical meaning that are encoded in the vocabulary of a language.

2. Syntagmatic and paradigmatic sense relations

Sense relations, in the post-Saussurean tradition (in which, historically, the theory of semantic fields finds its place), may be classified as being either *paradigmatic* or *syntagmatic*. Paradigmatic relations between linguistic units, of whatever level (phonological, grammatical, lexical, etc.), are established on the basis of intersubstitutabilty (in a given environment or construction); syntagmatic relations, on the basis of co-occurrence (in a given environment or construction). For example, the adjectives *big, large, small, round, heavy*, etc., being intersubstitutable in a wide range of environments, including *a ... ball*, are paradigmatically related to one another (in this set of environments); and some or all of them are sytagmatically related to a set of nouns, including, not only *ball*, but *box, table, book, tree*, etc., by virtue of being combinable with (able to co-occur in construction with) particular members of the set in question. The criteria of substitutability, on the one hand, and of (potential) co-occurrence, on the other, are, self-evidently, interdependent, since the environment or construction in which intersubstitutability operates is determined by syntagmatic constraints, and conversely. There is therefore no logical, or methodolgial, priority of the one kind of relations over the other.

In the past, however, there have been some schools of structural linguistics that have placed greater emphasis on paradigmatic relations, at all levels of analysis, and others that have emphasised syntagmatic relations. As far as the founding fathers of the theory of semantic fields are concerned, Trier (1931) belonged to the former, and Porzig (1934), to the latter, school. But the difference of emphasis between what might be called the "paradigmaticists" and the "syntagmaticists" is relevant not only in semantics: it is much more general.

2.1. Acceptability

At all levels of analysis, the first constraint upon the application of the criterion of inter-substitutability or co-occurrence is that of what is initially and pre-theoretically identifiable, in everyday terms, as "acceptability". For example, at the lexical level, the phrase *a big boulder* is both grammatically and semantically acceptable; *a one-dimensional boulder* is grammatically, but not semantically, acceptable; and *a one-dimensional big* is both grammatically and semantically unacceptable. When what is pre-theoretically identified – intuitively, by informant reaction, or otherwise – as acceptability has been satisfactorily accounted for theoretically, it may be described as well-formedness. Thus, on the assumption that a satisfactory theoretical account can be given of the semantic unacceptability of *a one-dimensional boulder* (in terms of one theory of linguistic semantics or another), the phrase in question can be described as semantically ill-formed. Its semantic ill-formedness, by contrast with the semantic well-formedness of such phrases as *a big boulder*, will be accounted for, presumably, in terms of the syntagmatic incompatibility of the adjective *one-dimensional* and the noun *boulder*: more generally, in terms of the syntagmatic incompatibility of members of the (relevant) sub-class of adjectives to which *one-dimensional* belongs and members of the (relevant) sub-class of nouns to which *boulder* belongs.

In the case of *a one-dimensional boulder*, its semantic ill-formedness is readily, and plausibly, accounted for ontologically rather than linguistically: i.e., in terms of the structure of the world, rather than in terms of the structure either of language in general or of particular languages. The noun *boulder* denotes a class of (three-dimensional) physical objects which, in the nature of things, cannot have the property denoted by the adjective *one-dimensional*. This kind of ontologically explicable syntagmatic incompatibility may be referred to as *categorial incongruity*. This term is not widely used these days (although it has a sound historical pedigree). Its employment in this context rests on the traditional assumption that the world has a structure which is, to some considerable degree if not wholly, independent of the structure of language (and of the human mind) and that the categories of language – in particular the parts of speech and their sub-categories – reflect the language-independent "categorial" structure of the world. According to a more or less standard version of this (realist) theory of the lexicological and grammatical structure of language, sub-classes of nouns denote sub-classes of entities (*natural kinds*), adjectives denote their properties (or qualities), verbs denote kinds of actions processes, states, etc., prepositions (and such nominal cases as the genitive, dative or ablative in Latin) denote relations, and so on.

There are many other cases of syntagmatic incompatibility, whether grammatical or semantic, which cannot be accounted for in terms of categorial incongruity and must be attributed to the apparently arbitrary lexical and grammatical structure of particular languages. For example, that *une fille blonde* and *a blonde girl* are syntagmatically compatible in French and English, respectively, whereas the French phrase *une bière blonde* is syntagmatically compatible but the English phrase *a blond beer* is not, is obviously inexplicable in terms of what they denote. Also inexplicable in such terms is the fact that the words *blonde* and *blond*, respectively, cannot be used appropriately to describe indefinitely many other things in the world that are, or in certain states, might be, of exactly the same colour as blond hair: e.g. a particular dress or the leaves of certain deciduous trees in autumn, or even the hair of certain animals. Words whose syntagmatic lexical relations are arbitrarily constrained in this way ("arbitrarily") in the Saussurean sense of the term) are said to be *collocationally* (or, in an alternative but essentially equivalent terminology, *phraseologically*) restricted.

Collocationally well-formed phrases, such as *blond hair, rancid butter* or *bandy legs* are commonly referred to as *collocations*. They have been studied with particular attention, on the one hand, by Porzig (1934) and his followers in the German tradition of field-theory semantics and, on the other, by the so-called London School of linguistics, founded by Firth (1957). They will not be discussed further in this section (see Chapter XVI, Article 76). The point to be made here is that, although the term *sense relations* is conventionally limited to paradigmatic lexical relations of sense, the paradigmatic and the syntagmatic are, in semantics as also at the grammatical and phonological levels of analysis, interdependent and neither of them is logically prior to the other. It should also be emphasised that, like the intension and the extension of a term in traditional logic (and modern formal semantics), they are inversely related: generally speaking, the more collocationally restricted a word is, the richer is its sense. One of the corollaries is that, in the course of time (or in particular contexts), the sense of a word can be enriched by encoding paradigmatically what was previously (or is in other contexts) expressed syntagmatically. For example, the verb *starve* in Modern Standard English, means 'to die of hunger', rather than 'to die', as it did in earlier states of the language (cf. German *sterben*): 'of hunger' has been (diachronically) "absorbed" or "sedimented", as it were, into the sense of the verb.

2.2. Descriptive meaning and sense relations

The term *sense relations* is not only restricted, in common usage, to paradigmatic relations of sense. Usually (and more particularly in the work that derives from Lyons (1977)), it is further restricted by adopting, for technical purposes, a narrow interpretation of the word *sense*. Under this deliberately narrow, technical, interpretation of the term, the sense of a word – or, more generally, of any lexical expression, simple or composite – is not the whole of its meaning, but what is variously referred to as its *cognitive, descriptive* or *propositional* meaning, in contrast with such other layers of meaning as are variously referred to as *evaluative, affective, socio-expressive*, etc. In effect, this makes sense the equivalent of what Frege (1982) called *Sinn*. (It must be emphasised, however, that Frege's famous distinction between *Sinn* and *Bedeutung* has nothing to do with two kinds, or layers, of meaning – propositional and non-propositional – encoded in the vocabulary of languages and is irrelevant in the present context. It has also nothing to do with the distinction commonly drawn by German semanticists between *Bezeichnung* and *Bedeutung*). In the further development of 20th-Century Fregean, or post-Fregean, formal semantics, sense is commonly identified, terminologically, with what logicians call the *intension* of an expression. Everything that is said about sense relations in this article could, in fact, be reformulated in the technical terminology of truth-conditional intensional logic. Since this overview is intended to be accessible to linguists who do not necessarily have the requisite background in formal semantics, the sense relations referred to below will be defined in terms that are more familiar to the majority of linguists.

3. Synonymy

The most familiar of all sense relations, no doubt, is what is commonly called cognitive, descriptive or referential synonymy: i.e. sameness of sense. It is generally accepted that there are very few words in at least the everyday vocabulary of well-studied natural languages that are absolutely synonymous in that they can be used in the same range of contexts without any difference of affective, emotive or socio-expressive meaning. There are, however, in many, if not all, natural languages sets of two or more words that are cognitively or descriptively synonymous (in one or more of their meanings): e.g. *big* and *large*, or *broad* and *wide* in English. That these two pairs of words have the same sense is perhaps intuitively clear to all native speakers of English. It can be demonstrated, if necessary, by showing that the substitution of one for another (in any sentences in which they are intersubstitutable) produces a sentence with exactly the same cognitive, descriptive or propositional meaning as the sentence in which the substitution was made: e.g. by substituting *large* for *big* in *He lives in a big house*.

At first sight, it may seem that, by defining sameness of sense in this way, one has merely transferred the problem of defining it from words to sentences. The point is, however, that whether two sentences have the same cognitive meaning is empirically testable. For example, informants will agree that to say that someone lives in a big house is to imply that he or she lives in a large house, and conversely: one cannot without contradiction simultaneously assert that X lives in a big house and deny that X lives in a large house. The one sentence implies – or, more precisely, *entails* (i.e. strictly implies) – the other. In fact, it is not sentences as such, but the propositions that are expressed when sentences are uttered, that entail, or alternatively, do not entail, one another. In the present article, however, for simplicity of exposition and to avoid circumlocution, we shall talk of entailment as a relation that holds between sentences. Readers with the necessary background in propositional logic, on the other hand, and in linguistic pragmatics, on the other, can supply for themselves all the technical underpinnings that are necessary in order to make this "shorthand" way of talking theoretically acceptable (cf. Lyons, 1995).

Cognitive synonymy, or sameness of sense, may not be described as such (and may not be explicated in terms of entailment) in older, or more traditional, treatments of lexical semantics, but the concept is familiar enough, to linguists and to non-linguists alike. Difference of sense (cognitive non-synonymy) is of course equally familiar. As such, how-ever, it is theoretically less interesting, and is not usually regarded as a sense relation: given any two randomly selected words that have sense, in the vocabulary of (presumable) any natural language, the chances are that they will differ in sense. Difference of sense, as such, is not a structural relation.

4. Antonymy

Theoretically more interesting than mere difference of sense are the particular kinds of difference that structure the vocabulary semantically into sets, or families, of lexical cognates. One of these which, like synonymy, has long been recognised by semanticists and lexicographers is *antonymy*, or *oppositeness*. Antonyms, like synonyms, can have both a cognitive and a non-cognitive layer of meaning. Since we are here concerned with sense relations, we will restrict our attention to the cognitive layer of lexical meaning and will define antonymy narrowly, not as "oppositeness of meaning", but as "oppositeness of sense".

Intuitively obvious examples of (cognitive) antonymy, in English, are *long* and *short, high* and *low, rich* and *poor*. All of these, and hundreds if not thousands of others, including in particular many everyday adjectives of size and quality, in the vocabulary of English and other familiar languages are **gradable** in terms of more or less by using what is traditionally described as *the comparative degree*. That is to say, the property they denote can be attributed to what they describe, not only 'absolutely' (i.e. without explicit qualification), but also to a greater or lesser degree. For example, one can say, not only that X is long (i.e. 'absolutely'), but also that X is longer than Y (i.e. one can grade the property of length in terms of more or less). Indeed, a case can be made for the view that typically, if not always, gradable antonyms are implicitly comparative, even when they are used (absolutely) without this kind of explicit qualification: that, typically if not always, when one says that X is long, one means that X is longer than Y, where Y either is given in the context or is something of the relevant standard length. For example, to say of an ordinary domestic dining table that it is long is to imply that it is longer than some previously mentioned dining table or longer than the average domestic dining table. Gradable (or **polar**) antonymy is arguably the most typical kind of oppositeness of sense, and it is pervasive throughout the vocabulary, especially, but by no means exclusively, in languages such as English, among adjectives. There are many distinguishable kinds of gradable antonyms, which will not be discussed here (see Article 68).

There are also various kinds of non-gradable (non-polar) antonymy. These can be grouped together under the term *complementarity*. Complementaries can be though of as dividing the world of things to which they apply (the *universe of discourse*) into two mutually exclusive (i.e. complementary) subsets, A and B, such that everything to which they apply is in either A or B, nothing is in both A and B (i.e. there is no intersection or overlap), and if something is not in the one subset, it must be in the other (*tertium non datur*: 'the law of the excluded middle'). Examples of paired complementaries are *single* (in the relevant sense) and *married*, or *true* and *false*. Granted, in the appropriate contextual conditions, it is possible to grade these complementaries and use them in the comparative degree in grammatically well-formed and pragmatically interpretable sentences: *X is more married than Y*. But in such cases it is clear that one is not grading the sense of the word *married* as such, but aspects of its non-cognitive associations or connotations.

5. Incompatibility

Polar antonymy and complementarity are worthy of separate mention because of the importance of binarity in the lexical and grammatical structure of languages. But they are in fact sub-types of a much more general paradigmatic relation of sense: *incompatibility*. Incompatibility, like its more specific sub-type complementarity, is definable in terms of negation and entailment (strict implication). For example, it is because the complementaries *married* and *single* are incompatible that *X is married* entails *X is not single* (and conversely). Similarly, basic colour terms such as *black, white, red, yellow* and *blue* are incompatible in that no two of them can be used simultaneously without contradiction to describe the (same part of the) same thing: e.g. *X is red* necessarily implies (i.e. entails) *X is not blue*. But *X is not red* does not of course entail *X is blue*. This is because the set of colour terms in English has more than two members and no two of them are complementaries (except in particular collocations): the 'law of the excluded middle' does not therefore apply. Incompatibility is one of the two major sense relations in the lexical structure of all languages and must be clearly distinguished from mere difference of meaning. Incompatibility is a particular kind of difference that holds within a domain or dimension of sameness. For example, the terms *black, white, red, green,* etc. all share the meaning "coloured": this is their dimension of sameness; it is the *field* or *domain* that they structure by virtue, primarily, of their incompatibility and, secondarily, of their position relative to one another in the lexical field that they constitute.

6. Hyponymy

Another major sense relation is what is referred to technically as *hyponymy* and less technically as *inclusion*. For example, *scarlet* and *crimson* are hyponyms of (included in) their superordinate (*hyperonym*) *red*: they are (mutually incompatible) co-hyponyms. Hyponymy, like all sense relations, is definable in terms of (in this case unilateral) entailment: e.g. *X is scarlet* entails *X is red*, but not conversely. Similarly, the hyponymy of *robin, thrush, sparrow* etc. in relation to *bird* is guaranteed by the fact that *X is a robin/thrush/sparrow/* ... entails *X is a bird*.

Incompatibility and hyponymy are the two most important, arguably indispensable, paradigmatic relations of sense in the vocabularies of all natural languages. As will be clear from the examples given here, co-hyponyms are typically (though not necessarily) incompatible. They may also of course be cognitively synonymous.

7. Concluding remarks

The sense relations mentioned above will be discussed in greater detail and exemplified further in the following articles. In this overview it now remains to make a few general points that are not always made in treatments of lexical semantics and to give them due emphasis.

The first point is that sense relations, as they have been defined in this article, are held to be empirically demonstrable independently of the way in which they are explicated in particular theories of semantics. For example, they can be explicated and formalised equally well in terms of componential analysis, field theory or meaning postulates. Indeed, the three theories just referred to are not necessarily incompatible. What distinguishes them from one another, as they are usually presented, are the philosophical and methodological assumptions and presuppositions with which, for historical reasons, they tend to be associated. The theory of lexical and semantic fields (*Wortfelder* and *Sinnfelder*) originated in an intellectual climate that was strongly conditioned by a relativistic version of structuralism which emphasised on the one hand, the uniqueness of particular language-systems and, on the other, the interdependence of language and culture. Componential analysis, in contrast, has generally (though not always) been associated with one version or another of universalism, the thesis that the grammatical and lexical (and phonological) structure of all languages is analysable in terms of different combinations of (possibly different subsets of) the same inventory of basic components. But field theory and componential analysis as such, are compatible with either relativism or universalism (as also is structuralism). As for the term *meaning postulates*, this was the *ad hoc* creation of Carnap (1952) in his seminal work in Fregean logical semantics. In using this term, Carnap sought to extend the notion of logical form (and thus of analyticity and entailment) from what a linguist might regard as the non-lexical to the lexical content of propositions. With the more recent development of linguistic, rather than purely logical, formal semantics the term *meaning postulate* has tended to be used for a very particular, and restricted, approach to lexical semantics. But what the term in itself denotes is traditional enough and has long been familiar to lexicographers and linguists. It is unfortunate that in the present state of linguistic semantics historically accidental differences of terminology that characterise one school or other frequently obscure identities and similarities of theoretical viewpoint as far as essentials are concerned.

The second point to be made follows on from the preceding one and has to do with the specifically post-Saussurean, structuralist, view of sense relations taken in this article. Although this view has been taken for granted throughout, most, if not all, that has been said about sense relations could be formulated in non-structuralist terms. In particular, it is quite possible, in principle, to define cognitive synonymy and antonymy, hyponymy and other sense relations in terms of a logically prior and independently definable notion of lexical sense: e.g. in terms of (syntactically structured) 'molecular combinations of atomic' sense components (independently of whether these are taken to be language-universal or language-particular).

It is also possible – and this is a third point related to the first two – to interrelate sense and denotation (as intension and extension, respectively) and to define the former in terms of the latter: this, in effect, is what is commonly done in current versions of formal semantics.

8. Literature (a selection)

Carnap, R. (1952): Meaning postulates. In: *Philosophical Studies* 3, 65–73.

Firth, J. R. (1957): *Papers in Linguistics 1943–1951*. Oxford: Oxford University Press.

Frege, G. (1892): Über Sinn und Bedeutung. In: *Zeitschr. f. Philosophie und philosoph. Kritik* 100, 25–50.

Lyons, J. (1963): *Structural Semantics*. Cambridge: Cambridge University Press.

–, (1968): *Introduction to Theoretical Linguistics*. Cambridge: Cambridge University Press.

–, (1977): *Semantics* (2 vols.). Cambridge: Cambridge University Press.

–, (1995): *Linguistics Semantics*. Cambridge: Cambridge University Press.

Porzig, W. (1934): Wesenhafte Bedeutungsbeziehungen. In: *Beiträge zur deutschen Sprache und Literatur* 58, 70–97.

Trier, J. (1931): *Der deutsche Wortschatz im Sinnbezirk des Verstandes*. Heidelberg: Winter.

*Sir John Lyons,
Verneuil-en-Bourbonnais (France)*

58. Paradigmatic relations of inclusion and identity I: Hyponymy

1. Introduction
2. Taxonomy
3. Folk versus specialist taxonomy
4. Principles of folk biological taxonomy
5. Development of life-form categories
6. The privileged status of generics
7. Natural kinds versus artifacts
8. Societal scale and folk biological taxonomy
9. Intellectualism versus utilitarianism
10. Explanations of societal scale differences
11. Literature (a selection)

1. Introduction

Hyponymy entails the inclusion of one labeled class in another (Cruse 1986, 88), structured by the semantic relation "kind of." For examples, a nuthatch is a kind of bird, and a mare is a kind of horse, wherein *nuthatch* and *mare*, respectively, are hyponyms of *bird* and *horse*. A system of hyponymic relationships constitutes a *taxonomy* or, in other words, a branching lexical hierarchy based on inclusiveness. For example, *creature* includes (has the kinds) *bird* and *horse*, *bird* includes *nuthatch* and *robin*, *nuthatch* includes *white-breasted nuthatch* and *red-breasted nuthatch*. (*Taxonomy* is from biosystematics and has come to be used in linguistics and anthropology to refer to analyses concerned with classification (cf. Crystal 1980, 351)). Hyponymic relations share with those of meronymy ("part of") the logical properties of (1) non-reflexivity, (2) non-symmetricality, and (3) transitivity (Lyons 1977, 154). With regard to (1), an entity x cannot be included in (or cannot be a kind of) itself; with regard to (2), an entity y that shows x as a kind cannot also be a kind of x; with regard to (3), if x is a kind of y, and y is a kind of z, then x is necessarily a kind of z. Only relations demonstrating all three of these properties are hyponymic and allow structuring of semantic space into taxonomies.

2. Taxonymy

Cruse (1986, 137–145) recognizes a sub-type of hyponymy which he calls *taxonymy*, wherein a taxonym is viewed as a kind of hyponym. For example, of the pair *nuthatch* and *mare*, both of which are hyponyms of their respective superordinate classes (*bird* and *horse*), only *nuthatch* also constitutes a taxonym (of *bird*). There are several criteria outlined by Cruse for distinguishing taxonyms from non-taxonymic hyponyms. For example, with regard to words for living things, a non-taxonymic hyponym can be substituted by a complex label consisting of a superordinate term and a modifier, e.g., *female horse* for *mare*, while this is not so of taxonyms. There is no extant modifier in English which can stand for X in a label such as *X bird* that will yield a nominal term appropriate for *nuthatch* in the way that *female horse* is appropriate for *mare*. While one can isolate a single feature, i.e., "sex," to differentiate a *mare* from a *stallion* – another non-taxonymic hyponym of *horse* – one cannot similarly find a single property differentiating a *nuthatch* from other taxonyms of *bird* such as *robin, eagle,* or *hawk*. Readers may wish to consult Cruse (1986: 141) for additional criteria for sorting taxonyms from non-taxonymic hyponyms. Consideration of these here is precluded by space limitations. The remainder of this discussion, for the most part, is restricted to hyponymic classes that clearly are taxonymic by the criteria outlined by Cruse.

3. Folk versus specialist taxonomy

As noted parenthetically in 1., biosystematics, the scientific approach to biological classification, is the source of the word *taxonomy*. The systematic classification of plants and animals, developed by scientists over several centuries, involves the categorization of species through use of Latinate labels. For example, the species *Sitta carolinensis* (white-breasted nuthatch) belongs to the genus *Sitta*, which is part of the family Sittidae within the order Passeriformes.

Usually non-specialists in biology do not know the scientific (Latin) names of plants and animals or how classes with which they are associated are related through hierarchic inclusion. However, many mature speakers of English are familiar, for example, with categories such as *nuthatch, bird,* and *creature*. Hence, we can distinguish two types of classificatory systems: (1) those commonly known to most people, the folk, who live in the same community and speak the same variety of a language; and (2) those known primarily to specialists such as botanists and zoologists. (Here the notion of "specialist" is not restricted just to scientists, but extended to any individuals with specialized classificatory knowledge such as plumbers, birders, and blacksmiths). The following discussions treat only "folk taxonomy" or, in other words, how the folk rather than specialists classify things. Work undertaken by linguistic anthropologists such as Brent Berlin (1973, 1974, 1992), Eugene Hunn (1977, 1982), and myself (1984a, 1985) over the past quarter of a century has shown that systems of folk taxonomy, especially those involving the classification of natural kinds (living things), display certain striking similarities across unrelated languages and cultures found in all parts of the world. Generalizations based on these similarities constitute principles of folk taxonomy.

4. Principles of folk biological taxonomy

More than any other scholar, Berlin (1972, 1992; Berlin, Breedlove, and Raven 1973, 1974) is responsible for fleshing out principles of folk taxonomy involving the classification of living things. At the core of Berlin's proposals is the concept of ethnobiological rank ("ethno-" = "folk"). Each class within a folk biological taxonomy is associated with one of six such ranks. The most inclusive class of a folk taxonomy belongs to the *unique beginner* or *kingdom* rank. For example, the unique beginner in American English folk botanical taxonomy is *plant*. It is common for unique beginner classes comparable to English *plant* and *animal* not to be found in taxonomies, especially in those of peoples of small-scale societies such as hunter-gatherers (see 8.).

The next most inclusive rank is the *life-form*, illustrated by American English *tree* and *grass*, which are immediately included in *plant*. Life-forms are found at *Level 1* in folk biological taxonomies. Classes of *Level 2*, that are immediately included in *life-form* categories, are affiliated with the *generic* rank, e.g., *oak* and *maple* immediately included in *tree*. (Some generic classes also occur at Level 1 and are not subordinates of life-forms.). Generics may or may not immediately include other labeled categories. If they do, classes immediately included in them are associated with the *specific* rank, e.g., *white oak* and *black oak* included in *oak*. Specific categories immediately included in Level 2 generics are found at *Level 3*. Classes immediately included in specific categories are affiliated with the *varietal* rank, e.g., *northern white oak* and *swamp white oak*, which are immediately included in *white oak* and occur at *Level 4*. Varietal classes are found only rarely in taxonomies. Also rarely occurring are classes of the *intermediate* rank, which are found between life-forms of Level 1 and generics of Level 2, e.g., *evergreen tree*, which is immediately included in tree and immediately includes generic classes such as *pine, fir*, and *cedar*.

Classes of the unique beginner, life-form, and generic ranks are typically labeled by *primary lexemes*. These are usually simple unitary words such as *plant, tree, bird, oak*, and *robin*. Labels for classes of the specific and varietal ranks are typically *secondary lexemes*. A secondary lexeme is composed of the term for the class in which the plant or creature it labels is immediately included and a modifier (e.g., *white oak*, a kind of *oak*; *white-breasted nuthatch*, a kind of *nuthatch*; and *swamp white oak*, a kind of *white oak*). Secondary lexemes are also known as *binomial labels*.

5. Development of life-form categories

Since Berlin's initial formulation of principles of folk biological taxonomy, other cross-language patterns have become apparent. I have assembled evidence from a large number of globally distributed languages showing that both plant and animal life-form categories are typically added to languages (lexically encoded) in more-or-less fixed sequences (Brown 1984a). These encoding sequences are described in Figures 58.1 and 58.2. These are interpreted as series of stages in the growth of plant and animal folk taxonomies, one life-form class being added at each stage.

In the plant sequence (Figure 58.1), Stage 1 languages lack terms for botanical life-form categories. Moving to Stage 2, a first botanical life-form class is added to a language. This is always *tree*. *Tree* designates large plants of a particular locale whose parts are chiefly woody. At Stage 3, either *grerb* or *grass* is added as a second plant life-form. *Grerb* (grass + herb) denotes small plants of a particular locale whose parts are mainly leafy or herbaceous. At Stages 4–6, *grass* or *grerb* and *vine* and *bush* are added but in no particular order. *Tree, grass, vine,* and *bush* classes are more-or-less comparable in membership to American English categories with those names. The American English label for "grerb" is *plant*, a term also (polysemously) used to denote botanical organisms in general, i.e., the botanical unique beginner. In the animal encoding sequence (Figure 58.2), Stage 1 languages lack terms for zoological life-form categories. From Stages 2–4, *bird, fish,* and *snake* life-forms are added to languages, but in no particular order. From Stages 5–6, *wug* and *mammal* are added but in no particular order. *Wug* is a category that encompasses small creatures other than those pertaining to *bird, fish,* and *snake* life-forms. *Wug* (worm + bug) always includes bugs, i.e., insects and other very small creatures such as spiders, and is extended to worms in some languages. *Mammal* designates a class that includes large creatures other than those pertaining to *bird, fish,* and *snake*. The class always extends to mammals and often to other large creatures such as iguanas and crocodiles. *Bird, fish,* and *snake* are more-or-less comparable in content to American English classes of the same names. There are two American English words for *wug, bug* and *insect*. In American English, *mammal* is designated by *animal* (in some dialects), a term which also denotes the zoological unique be-

$$[\text{no life-forms}] \rightarrow [\text{tree}] \diagup \begin{matrix} [\text{grerb}] \rightarrow \begin{bmatrix} \text{vine} \\ \text{grass} \\ \text{bush} \end{bmatrix} \\ [\text{grass}] \rightarrow \begin{bmatrix} \text{grerb} \\ \text{bush} \\ \text{vine} \end{bmatrix} \end{matrix}$$

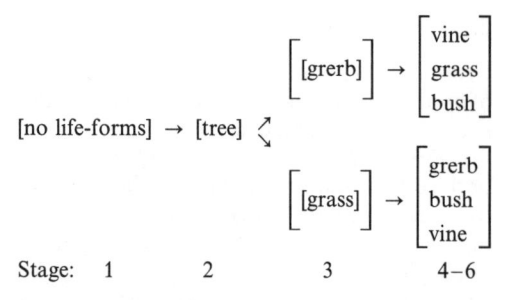

Stage: 1   2   3   4–6

Fig. 58.1: Plant life-form encoding sequence (Brown 1984a)

$$[\text{no life-forms}] \rightarrow \begin{bmatrix} \text{bird} \\ \text{fish} \\ \text{snake} \end{bmatrix} \rightarrow \begin{bmatrix} \text{wug} \\ \text{mammal} \end{bmatrix}$$

Stage: 1   2–4   5–6

Fig. 58.2: Animal life-form encoding sequence (Brown 1984a)

ginner. In addition to these encoding regularities, size of life-form vocabularies is found to be positively correlated with societal scale. Languages lexically encoding most or all of these life-form classes tend to be spoken by peoples who live in large-scale, nation-state societes such as those of the United States and Britain, while languages lacking them or encoding only a few tend to be spoken by peoples who live in small-scale societies, such as those of hunter-gatherers. The positive correlation between number of life-form classes and societal scale indicates that, as societies increase in size and complexity over time, moving from a foraging way of life to small-scale agriculture and, ultimately, to nation-state society, life-form vocabularies tend to increase in size as well.

6. The privileged status of generics

Among classes of the six ethnobiological ranks, those of the generic rank are viewed by Berlin as especially psychologically privileged or salient, constituting the basic level of folk biological taxonomy. Berlin follows Bartlett (1940, 356) in viewing the folk genus as "the smallest grouping requiring a distinctive name" (Berlin 1976, 387). Exemplars of generic classes can be identified "without close study" (Berlin 1976: 386, following Cain 1956: 97), because these manifest well-bounded gestalten or, in other words, highly distinctive configurational properties. Thus, the membership of a generic class is established in terms of a concept of a specimen as a whole – for example, in terms of single features such as "oakness" or "nuthatchness" (Hunn 1976, 1977). The privileged status of generics is also reflected by the fact that these categories are considerably more frequent in occurrence in folk taxonomies than are classes of other ranks.

Atran (1990) proposes that all humans are innately predisposed to believe that an "underlying nature" is associated with each generic class (*generic-specieme* in his jargon) in folk biological taxonomy. All exemplars of a single generic category are presumed to have the same underlying essence, even if people do not know exactly what this may be. Thus, a tiger with only three legs is nonetheless judged to be a tiger because, even though so truncated, it still has the underlying nature of a tiger. The panhuman belief in the essential natures of living things contributes to the cognitive ease all folk enjoy in the process of determining the category affiliations of organisms. According to Atran, an innate belief in the essential nature of biological entities is the cognitive basis for the universal hierarchical structuring by people of the domain of living things.

7. Natural kinds versus artifacts

Some years ago, colleagues and I (Brown et al. 1976) assembled cross-language data suggesting Berlin's principles of "biological" classification to extend to the classification of artifacts as well as natural kinds. This mainly involved observations concerning nomenclatural patterns found pertinent in non-biological taxonomies treating such things as tools, automobiles, and winter vehicles. Lower-level classes in non-biological taxonomies, like specific and varietal categories of biological ones, tend to be labeled by secondary lexemes (e. g., *ball peen hammer* and *Phillips screwdriver*), while higher-level classes, like those of the life-form and generic ranks, tend to be labeled by primary lexemes (e. g., *hammer* and *screwdriver*). Atran (1990) calls into question the very existence of artifactual taxonomies, asserting that of all concrete things, only natural kinds are ranked into transitively structured hierarchies (see 1.). An argument supporting this claim is that for artifacts and, perhaps, for natural (non-biological) substances as well such as minerals, there are no categories comparable to the biological life-form. Classes such as English *furniture, vehicle,* and *musical instrument* superficially resemble life-form classes and hence are often confounded with them. However, artifactual items can be associated with more than one such superordinate class: a *wheelchair* can be both *furniture* and *vehicle*; a *piano* can be both *furniture* and *musical instrument*. In such cases, the transitivity of hierarchic inclusion breaks down. For example, if one knows that a certain artifact is a piano, one does not also know a priori that it will be used as a piece of furniture (in someone's formal living room) rather than as a musical instrument (in a concert hall). Artifacts are recognized by the functions they serve, rather than by their inherent perceptual features. Thus, while a piano is sometimes used as a piece of furniture and sometimes as a musical instrument, a nuthatch is always a bird. Since artifacts are defined primarily by their uses, they are not presumed to have underlying natures as are living things. If, as Atran (1990) suggests, the presumption of the essential natures of things is the necessary basis for transitive hierarchical structuring, such structuring cannot pertain to the domain of artifacts. Under this interpretation artifactual hyponymy is an impossibility.

But what of inorganic natural substances? Atran (1990: 77) writes that "the basic stock of substances (e.g., *air, earth, fire, water*) rangeses widely across history (e.g., *brimstone, lime, caloric*) and across cultures in a way that basic notions of species or life-forms do not." He adds that such domains have been barely explored and that there is hence little actual evidence that people everywhere regularly treat physical and chemical substances as having underlying natures.

8. Societal scale and folk biological taxonomy

As noted above, size of life-form vocabularies is positively correlated with societal scale. Languages that lexically encode many life-form classes tend to be spoken by peoples who live in large-scale, nation-state societies, while languages that lack them or encode only a few tend to be spoken by peoples who live in small-scale societies. Other data have been compiled indicating differences between the folk biological taxonomies of small-scale versus larger-scale groups (Brown 1985, 1986, Hunn and French 1984). Folk taxonomies of foragers tend to differ from those of small-scale agriculturalists in two major respects: (1) the number of labeled biological categories in evidence; and (2) the extent to which these classes are named through use of secondary lexemes (binomial labels) such as *white oak* and *white-breasted nuthatch*. While hunting-and-gathering peoples typically possess sizable inventories of labeled biological classes, the inventories of small-scale agrarian groups tend to be substantially larger. Small-scale cultivators on the average have roughly five times as many labeled plant classes as hunting and gathering groups and nearly twice as many labeled animal categories (Brown 1985). In addition, binomial labels are very common in folk taxonomies of agrarian peoples and very rare in those of hunter-gatherers. On the average, only 3.6 percent of plant classes and only 7.6 percent of animal classes in taxonomies of foragers are labeled binomially. In striking contrast, small-scale agriculturalists on the average have binomial labels for 35 percent of all plant classes and for 32 percent of all animal classes (Brown 1985). Folk biological taxonomies of hunter-gatherers look very different from those of agrarians. First, in addition to usually lacking rare unique beginner, varietal, and intermediate categories (see 4.), forager taxonomies strongly tend to have few, if any, biological classes affiliated with life-form and specific ranks. While taxonomies of small scale agrarian peoples closely follow Berlin's original principles by showing several levels of hierarchic inclusion, those of hunter-gatherers tend to have only one level, consisting almost entirely of generic classes labeled by primary lexemes. These findings indicate that, as societies increase in size and complexity, associated biological taxonomies tend to expand up and down, adding more inclusive life-form and less inclusive specific classes to preexisting generic categories (cf., Berlin 1972, and Brown 1986). Findings also indicate that the sheer number of biological categories is increased significantly.

9. Intellectualism versus utilitarianism

Berlin (1992) outlines positions of proponents of two contemporary schools of thought regarding the fundamental nature of folk biological taxonomy and naming. He dubs these respectively the utilitarianists and the intellectualists. Proponents of utilitarianism (e.g., Hunn 1982; Morris 1984; Randall 1987) argue that folk classification of plants and animals is a means for people to adjust to their environments by classifying and assigning names to those species that have important, practical consequences for human existence. In contrast, the intellectualists (e.g., Atran 1990) propose that living things are categorized and named independent of the practical values and uses species may possess for people. In this view, ethnobiological knowledge is motivated by intellectual curiosity: plants and animals are of interest to humans mainly because they are there. Berlin himself is a strong advocate of the intellectualist position. For example, he assembles evidence from two Jivaroan groups (Peru) showing that folk naming of vertebrate animals in their habitats can be predicted on the basis of how these are treated in scientific classification (Berlin 1990). Western scientific taxonomy is not based on knowledge of the cultural importance of these animals, but rather solely on similarities and differences among species. Since Jivaroan ethnobiological classifications accord closely with scientific taxonomy, these systems similarly are not informed primarily by utilitarian considerations. Rather, they are largely products of intellectualism. The classification and naming of organisms by folk observers of nature is not always restricted just to those plants and animals of practical significance. In this regard, Berlin again cites his work among Jivaroan groups and challenges the utilitarian view when writing that "[m]ore than half of the mammals given linguistic recognition by the Aguaruna and Huambisa of Peru have 'no direct use either as food or for material goods'" (1992, 89). Further, he states that the "majority of vertebrate animals known to the Jivaro cannot be shown to have any immediate utilitarian importance" (1992, 90). Similarly, the majority of wild plant species named by Tzeltal speakers of southern Mexico "have little dietary importance and many have only minimal direct adaptive significance" (Berlin 1992: 287).

My (Brown 1995, 1999) investigation of lexical acculturation in languages of Native Americans also favors the intellectualist interpretation. This entails examination of the semantic content of native labels from Amerindian languages for living things introduced by Europeans to the New World such as horses, sheep, rice, and wheat. Such terms are reither "utilitarian" in nature, for example, Cherokee *he carries heavy things* for horse, or "morphological" in nature, for example, Mataco *large tapir* for horse. This nomenclatural evidence indicates that the utility of living things is not an especially salient aspect of their conceptual cognition and, thus, lends support to the intellectualist argument.

Clearly, Berlin and other intellectualist proponents would not deny that some biological categories are based on utilitarianist considerations. Most students of folk biological taxonomy recognize the existence of "special-purpose" biological categories that are defined primarilly in terms of the use of plants and animals. Such categories are contrasted with "general-purpose" classes whose memberships are determined solely in terms of morphological characteristics (form, shape, color, etc.) of potential exemplars (Berlin, Breedlove, and Raven 1966; Bulmer 1970; Hays 1982, 1983; Hunn 1982). A special-purpose class is one whose membership is based primarily on some single functional feature of exemplars rather than on morphology. For example, inclusion of plants in the English category *vegetable* is determined primarily by their edibility. Sometimes functional features are negative in nature; for instance, the membership of English *weed* extends to those plants totally lacking in use to humans and which interfere with the growth of other more desirable plants. Special-purpose biological classes are, then, logically similar to artifactual classes such as *furniture* and *musical instrument* mentioned above (see 7.). Since *vegetable* and *weed* are functional categories which are not presumed to have essential natures, like furniture and musical instrument, they cannot form the necessary basis for transitive hierarchical structuring. (In terms of Cruse's framework, words for special-purpose categories would appear always to be non-taxonymic hyponyms). In contrast, inclusion in general-purpose categories is based on the complex overall morphology of biological organisms; for example, birds are classed as such because they all share certain morphological features such as feathers, wings, beaks or bills, and characteristic legs. Such categories clearly can be structured by transitive relationships underlying inclusive hierarchies. (In Cruse's analytical scheme, general-purpose classes are always denoted by taxonyms.)

Principles of folk biological taxonomy (see 4.) outlined by Berlin pertain only to those categories recognized as general-purpose classes. Thus, special-purpose categories such as *vegetable* and *weed* do not fit into an analysis of folk biological classification in which ethnobiological ranks are recognized. Because such categories are of a different analytical order than that pertaining to general-purpose categories, they cannot be appropriately assigned to ethnobiological ranks such as life-form, generic, or specific.

Eugene Hunn (1982) takes issue with my study of the growth of folk biological life-form vocabularies, claiming that it inappropriately integrates special-purpose classes with general-purpose categories in developmental sequences (see Figures 58.1 and 58.2). In brief, he points out that categories such as *tree, wug,* and *mammal* are not true life-forms since, like special-purpose classes, they are not morphologically based in the same way as true life-forms such as *grass, bird, fish,* and *snake*. Clearly, this analysis is correct with respect to the classes *wug* and *mammal*. These categories are "residual" groupings since they extend to those creatures which are "left over" after the lexical encoding of *fish, bird,* and *snake* by a language (Brown 1984a). Since members of these categories have in common only their "residualness," their inclusion in *wug* and *mammal* is not determined with respect to morphology and, hence, these groupings are not true life-form categories. A similar argument can be made regarding *grerb* in the plant sequence since it encompasses all those plants of a local habitat that are left over after the encoding of *tree* (Brown 1984a).

In a paper entitled "Do Life-Forms Evolve or Do Uses for Life? Some Doubts about Brown's Universals Hypotheses," Randall and Hunn (1984) develop additional utilitarianist arguments against the proposed life-form encoding sequences. For example, they argue that the Sinama (Philippines) category *kayu*, which I regard as a *tree* life-form (Brown 1984b), is not in fact a true life-form category, but rather a special-purpose or utilitarian class extended to trees whose wood is regularly used for fuel or construction. I have responded to these and related arguments in depth elsewhere (Brown 1984b). Nevertheless, I concede that so called life-form categories of the encoding sequences (Figures 58.1 and 58.2) may in fact be a mixture of general-purpose and special-purpose classes. However, whatever the status of such categories, assembled cross-language data still strongly suggest that these classes are lexically encoded by languages in the orders described. This indicates that utilitarianist and intellectualist considerations may be more closely integrated in explanations of folk biological classification than previously thought.

The debate concerning utilitarianism versus intellectualism has recently turned to the issue of explaining some of the differences between small-scale agrarian and hunter-gatherer biological taxonomies discussed above (see 8.). I have proposed an explanation for these differences (Brown 1985) that Berlin (1992) characterizes as a utilitarianist argument. He responds to the latter with his own intellectualist approach.

10. Explanations of societal scale differences

My explanation of why binomial terms (secondary lexemes) are considerably more prominent in folk biological taxonomies of small-scale agriculturalists than in those of hunter-gatherers is, in part, as follows (Brown 1985). As noted above, my work and that of Hunn and French (1984) show that agrarian peoples name substantially more plants and animals in their environments than do hunter-gatherers. This indicates that farmers' knowledge of plants and animals in their local environments is typically vastly greater than that of noncultivators. A major consequence (benefit?) of agriculture is that it supports human population densities many times greater than those that can be maintained by a foraging way of life. However, this consequence becomes a liability if broad crop failure occurs. In such an event, small-scale farmers must exploit wild plant and animals – as "famine foods" – more intensively than hunters and gatherers, since there are vastly more mouths to feed. Consequently, expanded knowledge of and interest in wild plants and animals in fact may be essential to the existence of small-scale agricultural groups.

Foraging peoples are also subjected to fluctuations in available food resources; however, hunter and gatherers are seldom pressured to exploit wild plants and animals as intensively as small-scale agriculturalists under stress of broad crop failure. First, wild plants and animals are considerably less vulnerable than domesticated ones to hazards such as drought and disease. Given this natural resistance, fluctuation in the food supply of foragers is rarely as severe as that of small-scale agriculturalists. Additionally, there are vastly fewer people to feed in foraging societies than in agricultural societies, so that even in times of scarcity no exceptional efforts need be undertaken by hunters and gatherers to acquire food. In sum, farmers' greater knowledge of plants and animals in their local environments and their resulting larger biological taxonomies are linked, at least in part, to their reliance on "famine foods," a situation that typically does not pertain to foraging peoples.

The extent of use of binomial labels, such as *white oak* and *white-breasted nuthatch*, is a function of the size of biological taxonomies – the larger the taxonomy, the greater the percentage of binomial labels used – since binomial terms help humans remember the plants and animals they designate (Brown 1985). For example, the binomial construction *white-breasted nuthatch* enhances the human ability to remember the bird it denotes (1) by calling attention to the general category of birds (i.e., nuthatch) of which its referent is a member and (2) by signaling some special feature of the designated bird (i.e., a whitish abdomen and breast) that sets it apart from other members of the general category.

Since folk biological taxonomies of small-scale agrarians are significantly larger than those of hunter-gatherers, there is a significantly greater strain on the memories of farmers to remember named biological objects than exists for foragers. Consequently, cultivators tend to reduce this strain by employing in their folk biological taxonomies a considerably greater percentage of binominal labels than hunter-gatherers do in theirs.

Clearly, as Berlin (1992) observes, such arguments are utilitarianist rather than intellectualist in nature since they appeal to the usefulness to humans of ways of naming and classifying living things. In response to my arguments (and similar ones by Hunn and French [1984]), he offers the following "intellectualist" interpretation of differences between taxonomies of foragers and those of small-scale agriculturalists:

"There seems to be little doubt that domestication led, and continues to lead, to the creation of folk specific taxa [i.e., classes labeled by secondary lexemes]. It also follows that a cognitively qualitative difference manifests itself as part of the process of human beings' conscious construction and manipulation of new and perceptually different forms of life [i.e., domesticated plants and animals]. Based on this qualitative difference in their interaction with living things ... individuals [i.e., farmers] begin to take what might be called a second, more careful look at nature. People begin to be more systematic in the way they deal with the biological world. Regions of the biological space that they had known all along [i.e., when they were foragers] as undifferentiated generic gestalten are now looked upon in greater detail, perhaps even submitted to close study. Heretofore unnoticed objective differences are recognized explicitly for the first time. Two closely related but unimportant species, at one time unremarkable from a cognitive point of view, now become worthy of linguistic recognition [i.e., through the use of secondary lexemes] – as distinct parts of what was once a single folk generic [class]..." (Berlin 1992, 286).

Neither Berlin's argument nor mine logically rules out the other. Indeed, both accounts may constitute significant parts of an overall explanation of observed differences between the folk biological taxonomies of hunter-gatherers and those of small-scale agrarians.

11. Literature (a selection)

Atran, Scott (1990): *Cognitive foundations of natural history: Towards an anthropology of science*. Cambridge etc.: Cambridge University Press.

Bartlett, H. H. (1940): The concept of genus. I. History of the generic concept in botany. In: *Bulletin of the Torrey Botanical Club* 67, 349–362.

Berlin, Brent (1972): Speculations on the growth of ethnobotanical nomenclature. In: *Language in Society* 1, 51–86.

–, (1976): The concept of rank in ethnobiological classification: Some evidence from Aguaruna folk botany. In: *American Ethnologist* 3, 381–399.

–, (1990): The chicken and the egg-head revisited: Further evidence for the intellectualist bases of ethnobiological classification. In: *Ethnobiology: Implications and applications*, Volume 1: Proceedings of the First International Congress of Ethnobiology. (eds. Darrell A. Posey; William Leslie Overal; Charles R. Clement; Mark J. Plotkin; Elaine Elisabetsky; Clarice Novaes da Mota; Jose Flavio Pessa de Barros). Belem, Brazil: Museu Paraense Emilio Goeldi.

–, (1992): *Ethnological classification: Principles of categorization of plants and animals in traditional societies*. Princeton, New Jersey: Princeton University Press.

Berlin, Brent; Dennis E. Breedlove; Peter H. Raven (1966): Folk taxonomies and biological classification. In: *Science* 154, 273–275.

Berlin, Brent; Dennis E. Breedlove; Peter H. Raven (1973): General principles of classification and nomenclature in folk biology. In: *American Anthropologist* 75, 214–242.

Berlin, Brent; Dennis E. Breedlove; Peter H. Raven (1974): *Principles of Tzeltal plant classification*. New York etc.: Academic Press.

Brown, Cecil H. (1984a): *Language and living things: Uniformities in folk classification and naming*. New Brunswick, New Jersey: Rutgers University Press.

–, (1984b): Life-forms from the perspective of *Language and Living Things*: Some doubts about the doubts. In: *American Ethnologist* 11, 589–593.

–, (1985): Mode of subsistence and folk biological taxonomy. In: *Current Anthropology* 26: 43–62.

–, (1986): The growth of ethnobiological nomenclature. In: *Current Anthropology* 27: 1–19.

–, (1995): Lexical acculturation and ethnobiology: Utilitarianism versus intellectualism. In: *Journal of Linguistic Anthropology* 5: 51–64.

–, (1999) *Lexical acculturation in Native American language*. New York: Oxford University Press.

Brown, Cecil H.; John Kolar; Barbara J. Torrey; Tipawan Truong-Quang; Phillip Volkman (1976): Some general principles of biological and non-biological folk classification. In: *American Ethnologist* 3: 73–85.

Bulmer, Ralph N. H. (1970): Which came first, the chicken or the egg-head? In: *Échanges et communications, mélanges offerts à Claude Lévi Strauss à l'occasion de son 60ème anniversaire*. (eds. J. Pouillon and P. Maranda). The Hague: Mouton.

Cain, A.J. (1956): The genus in evolutionary taxonomy. In: *Systematic Zoology* 5: 97–109.

Cruse, D.A. (1986): Lexical semantics. Cambridge etc.: Cambridge University Press.

Crystal, David (1980): *A first dictionary of linguistics and phonetics*. Boulder, Colorado: Westview Press.

Hays, Terence E. (1982): Utilitarian/adaptationist explanations of folk biological classification: Some cautionary notes. In: *Journal of Ethnobiology* 2: 89–94.

–, (1983): Ndumba folk biology and general principles of ethnobiological classification and nomenclature. In: *American Anthropologist* 85: 592–611.

Hunn, Eugene S. (1976): Toward a perceptual model of folk biological classification. In: *American Ethnologist* 3: 508–524.

–, (1977): *Tzeltal folk Zoology: The classification of discontinuities in nature*. New York etc.: Academic Press.

–, (1982): The utilitarian factor in folk biological classification. In: *American Anthropologist* 84: 830–847.

Hunn, Eugene S.; David French (1984): Alternatives to taxonomic hierarchy: The Sahaptin case. In: *Journal of Ethnobiology* 3: 73–92.

Lyons, John (1977): *Semantics*. Volume I. Cambridge etc.: Cambridge University Press.

Morris, Brian (1984): The pragmatics of folk classification. In: *Journal of Ethnobiology* 4: 45–60.

Randall, Robert (1987): The nature of highly inclusive folk botanical categories. In: *American Anthropologist* 89: 143–146.

Randall, Robert; Eugene S. Hunn (1984): Do lifeforms evolve or do uses for life? Some doubts about Brown's universals hypotheses. In: *American Ethnologist* 11: 329–349.

Cecil H. Brown, DeKalb, Illinois, (USA)

59. Paradigmatic relations of inclusion and identity II: Meronymy

1. Introduction
2. Transitivity
3. The semantic diversity of part of
4. Part of as a lexical universal
5. Part of as a semantic prime
6. Meronymic polysemy
7. Meronymy and language universals
8. Meronymy and societal complexity
9. Literature (a selection)

1. Introduction

Meronymy, after the Greek *meros* "part," refers to a branching lexical hierarchy based on the inclusive relation "part of" (Cruse 1986: 157). For example, the eye is part of the face, the face is part of the head, and the head is part of the body. Meronymic relations can also be expressed, as they commonly are in languages, through possessive construction, e.g., *the body has a head, neck, trunk, arms, etc.; the head has a face, ears, temples, etc.; the face has eyes, a nose, mouth, etc.* The word *partonomy* is also employed to denote part-whole hierarchies. (*Partonomy*, in analogy with *taxonomy*, is a term I coined and first used in Brown et al. [1976]. A similar, but less commonly used word, *partonymy*, in analogy with *hyponymy*, has been proposed by Miller and Johnson-Laird [1976]).

Relations of meronymy share with those of hyponymy ("kind of") the logical properties of (1) non-reflexivity, (2) non-symmetricality, and (3) transitivity (Lyons 1977: 154). With regard to (1), an entity cannot be part of itself; with regard to (2), if an entity, x, is part of another entity, y, y cannot also be part of x; and with regard to (3), if x is part of y, and y is part of z, then x is necessarily part of z. Only relations demonstrating all three of these properties allow the structuring of semantic space into inclusive hierarchies such as hyponymies (taxonomies) and meronymies (partonomies).

2. Transitivity

The very existence of meronymy has been called into question by those who propose that "part of" may not be transitive. For example, a handle is part of a door, and a door is part of a house, but to conclude that *a handle is part of a house* seems peculiar (cf., Lyons 1977: 312–313). Similarly, that fingers are parts of hands, and hands parts of arms leads to the rather strained observation that *fingers are parts of arms*. If these syllogistic results are semantically unacceptable, then "part of" is not a transitive relation.

Cruse (1979, 1986) deals with the problem of meronymic transitivity by calling attention to *functional domains* of parts of things. Thus, for example, the functional domain of the handle in question is the door to which it is attached. The door (not the house) is the thing moved when force is applied to its handle. Consequently, it is odd to say *a handle is part of a house* since the handle, of course, does not (usually) move the house.

Cruse's discussion of *attachments* is especially enlightening. He suggests that people sometimes refer to a thing as being a part of another thing when the former is canonically viewed as *attached to* the latter. While he finds *the hair is part of the head* somewhat peculiar, he does not feel *the handle is part of the door* or *a hand is part of an arm* to be altogether inappropriate, noting that in all three instances attachments (hair to head, handle to door, and hand to arm) are involved rather than true parts (1979: 33). Under this interpretation the peculiarity of *the handle is part of the house* is not explained by the intransitivity of "part of," but rather by the disjunctivity of relations found across syllogistic propositions which seem to motivate it. Thus, while a door is part of a house, its handle is not also part of the house since the handle constitutes a door attachment rather than a door part. Similarly, fingers are not parts of arms since hands, of which fingers are a part, are attached to arms rather than being parts of arms (cf., Brown 1976: 407).

3. The semantic diversity of part of

Cruse's view of English *part of* suggests it to be semantically variable since it appears applicable both to the classic (transitive) meronymic relation and to "attached to." Winston, Chaffin, and Herrmann (1987) flesh out the semantic variability of *part of* in considerable detail, producing a classification of six types of meronymic relations including (1) component-integral object (pedal-bike), (2) member-collection (ship-fleet), (3), portion-mass (slice-pie), (4) stuff-object (steel-car), (5) feature-activity (paying-shopping), and (6) place-area (Everglades-Florida). These authors also note a tendency to associate (confuse) meronymic relations with other types of inclusive relations such as spatial and class inclusion and with non-inclusive semantic relations such as attachment, attribution, and ownership.

According to Winston et al. (1987), "part of" is unambiguously a transitive relation. The appearance of intransitivity arises from the tendency of English speakers to slip back and forth between different meanings of the term *part of*. For example, the following syllogism seems to attest to the failure of meronymic transitivity: *the refrigerator is part of the kitchen; the kitchen is part of the house*; therefore (and unacceptably), *the refrigerator is part of the house*. This syllogism confuses the component-object sense of *part* (*refrigerator-kitchen*) with its place-area sense (*kitchen-house*). As long as the same sense of *part* is maintained in syllogisms, the part-whole relation is always transitive.

4. Part of as a lexical universal

As a corollary of a theory of meaning primitives (see 5.), Wierzbicka (1996) proposes that "part of," in addition to being one of 55 semantic primes, is probably lexically encoded in all human languages. The English sense of *part* thought by her to be universally lexicalized is that entailing the notion of "'things' identifiable, so to speak, within larger things as in ... *The foot is a part of the leg* ... *A knife has two parts: a blade and a handle* ... *A petal is part of a flower*" (1996: 60). Thus, Wierzbicka appears to limit her notion of "part" to the meronymic relation involving component-integral object (see 3.).

To my knowledge, no one has undertaken a systematic cross-language survey to determine the universality of "part of" involving a sample of (genetically and historically) independent languages large enough to permit statistical significance. In support of her proposal, Wierzbicka (1996) refers instead to comparative evidence assembled in 14 chapters of an edited book (*Semantic and Lexical Universals*, 1994) whose authors respectively discuss the lexical occurrence, or non-occurrence, of proposed semantic primes (including "part [of]") in individual languages studied in considerable depth (these being Ewe, Mangap-Mbula, Mandarin, Thai, Mandarin, Acehnese, Kayardild, Yankunytjatjara, Miskitu, Northern Sumu, Southern Sumu, Mparntwe Arrernte, Longgu, Samoan, Japanese, Kalam, and French). My evaluation of this evidence is that four of these languages, Acehnese, Kayardild, Longgu, simply do not lexically encode "part of." Furthermore, the lexical encoding of "part of" is questionable in at least three others: Yankunytjatjara, Mparntwe Arrernte, and Kalam. In three languages, Miskitu, Northern Sumu, and Japanese, words for "part of" are terms borrowed from other languages. Despite Wierzbicka's (1994: 488–492) special pleadings, these data clearly indicate "part of" not to be a lexical universal of languages. (Other studies, e. g., Swanson and Witkowski's treatment (1977) of Hopi ethnoanatomy and Palmer and Nicodemus's study of Coeur d'Alene body parts (1985), report the nonelicitability of "part [of]" for some languages).

5. "Part of" as a semantic prime

According to Wierzbicka (1996: 212), "[t]o state the meaning of a word is to reveal the configuration of simple concepts encoded in it…"; semantic analysis is all about "ways of saying the same thing in other words" (1996: 107), where those "other words" are semantic primes that cannot themselves be defined. Such basic meanings are innate to the human species and, consequently, universally known to humans. Wierzbicka has devoted nearly three decades to fleshing out primitives of meaning through careful and sometimes, it seems, tortuous analysis of word usage. Originally, a list of fourteen primitives was posited which included "part of." In its current manifestation (Wierzbicka 1996), the list comprises 55 semantic primes of which "part of" is still a member.

Wierzbicka (1996) believes that all semantic primes should be found to be lexically encoded in all languages. Consequently, that "part of" is not a lexical universal (see 4.), seems to present something of a dilemma for her (1994: 488–492). There are, of course, many concepts that can be expressed in languages that are not necessarily lexically encoded in them in the sense of there being a widely known word or phrase associated with that concept. Wierzbicka (1994: 489) recognizes this when she writes, …while a special word for PART … may be lacking there is always some lexical material which – in combination with some grammatical machinery – allows the speakers to express the idea of HAVING PARTS." In my opinion, Wierzbicka in her many writings has convincingly argued the semantic primacy of "part" of," a position I also took in an early publication on partonomy and lexical change (Brown 1979: 271).

6. Meronymic polysemy

Often in languages a single term is found to denote both a part (meronym) and the whole (holonym) of which it is an immediate constituent. For example, the Hebrew term *yad* is polysemous in this way, referring to both the whole arm and more specifically to its hand. Similarly, Hebrew *regel* denotes both the whole leg and the foot (Petruck 1986: 133, 149). Meronymic polysemy also extends to other phenomena. For example, the referents "seed" and "fruit" are frequently designated by the same term in languages (Brown and Witkowski 1983). Seeds, of course, are parts of normal fruits, although the relationship of these respective referents might be conceived as involving center-periphery rather than part-whole.

That meronymic polysemy typically develops through referential extension (synecdoche) is amply documented (Brown 1979; Brown and Witkowski 1983; Witkowski and Brown 1985; Witkowski, Brown, and Chase 1981). For example, Buck (1949: 237) observes that the "hand" term of Ancient Greek now denotes both hand and arm in the modern language. Thus, in the history of Greek its term for hand has expanded to arm and become polysemous. A contemporary example of foot to leg expansion occurs in the variety of English spoken on the island of Grenada in the Caribbean (Peter M. Tobias, personal communication). In the English of Grenada *foot* labels both "foot" and "leg" in ordinary speech. Although speakers are familiar with the term *leg* from exposure to other varieties of English, only high status individuals regularly use this term and only in careful speech.

Several studies assemble cross-language evidence attesting to polysemous relationships involving meronymy that occur widely in languages (Brown and Witkowski 1983; Witkowski and Brown 1985; Witkowski, Brown, and Chase 1981). For example, roughly 21 percent of the world's languages use the same term to designate two major parts of the head, the eye (meronym) and the face (holonym) (Brown and Witkowski 1983). ("Eye/face" polysemy may conceptually entail the relation center-periphery rather than part-whole similar to "seed/fruit" as mentioned above). Also, on a worldwide basis, 46 percent of languages polysemously relate "hand" and "arm," and 39 percent so relate "foot" and "leg" (Witkowski and Brown 1985).

Patterns are observed with respect to which languages do and do not show these kinds of meronymic polysemies. Speakers of languages having "eye/face" polysemy typically live in small-scale societies (e.g., hunter-gatherer groups, horticultural groups), while speakers of languages not doing so usually live in large-scale, nation-state societies (Brown and Witkowski 1983). The occurrence of "hand/arm" and "foot/leg" polysemies relates to environment. Speakers of languages showing (upper and/or lower) limb polysemy typically inhabit warm zones near the equator while those lacking it commonly live in cold regions away from the equator (Witkowski and Brown 1985).

Explanations of these patterns entail recognition of conditions that affect the salience of the parts involved (Brown and Witkowski 1983; Witkowski and Brown 1985; Witkowski, Brown, and Chase 1981). When two referents which could be conceived as related through "part of" (such as eye-face, hand-arm, and foot-leg) are both highly salient, they strongly tend to be designated by distinct terms and, thus, are not involved in lexical polysemy. When one of two such referents is not highly salient (typically, face, arm, and leg), the two items may be named by the same term and, thus, involve polysemy.

Large-scale societies compared to small-scale ones typically encourage cultural activities enhancing the salience of the face. These include such things as special cleansing, hair removal, and decoration through use of innovations such as the looking glass and development of fine control over color through special techniques of dyeing, painting, staining, and powdering. Such cosmetic activity may elevate the cultural importance of the face as a distinct body part and result in a tendency for this part to be labeled with a term separate from and unrelated to the intrinsically highly salient eye (Brown and Witkowski 1983). People inhabiting colder environments tend to have more extensive and elaborate limb apparel (e. g., gloves, mittens, socks, shoes, sleeves, trouser legs, etc.) than people of warmer climes. Such clothing may enhance the perceptual distinctiveness of limb parts by providing more cultural occasions for referring to them and, thus, increase salience (especially of arm and leg). This, in turn, tends to promote use of separate and unrelated terms, respectively, for hand and arm and, respectively, for leg and foot (Witkowski and Brown 1985).

7. Meronymy and language universals

"Eye/face," "hand/arm," and "foot/leg" polysemies, in addition to occurring frequently in the world's languages (see 6.), are respectively found in languages which are both genetically and geographically unrelated. The widespread and independent development of these nomenclatural relationships is due to strong universal tendencies in naming behavior and, as such, recognition of these relationships contributes to the study of language universals. Documentation and explanation of language universals can expand knowledge of essential processes and capacities underlying human language and culture.

Other universal tendencies involving meronymy have been identified. For example, many languages grammatically distinguish between things that are inalienably possessed and those that are alienably possessed. The former includes entities that are closely connected with the person, while the latter encompasses things less closely so connected. Words for human body parts are typically grammatically identified as inalienable in possessive and in other constructions as well, almost certainly because of their close biological bond with humans. As Chappell and McGregor (1996: 3) note, "[r]emarkably, this dichotomy represents a basic semantic pattern that recurs across many languages, regardless of genetic affiliation or grammatical type." At least two studies are dedicated to fleshing out language universals relating to human anatomical partonomy by comparing meronymic systems pertaining to large numbers of languages. Brown (1976), which employs a sample of 41 globally distributed languages, is the earliest of these. From these languages, 12 principles of classification and nomenclature in human anatomical partonomy are deduced. A subsequent comparative study, Andersen (1978), is basically a summary of Brown (1976) which employs in its comparative sample a few additional languages and derives a few additional principles. Some of the listed principles entail regularities across languages relating to partonomic structure, e. g., human anatomical partonomies rarely exceed five hierarchical (inclusive) levels in depth (Brown 1976: 404). Other involve regularities related to nomenclature associated with meronyms, e. g., if both hand and foot are labeled, they are always denoted by different unanalyzable primary lexemes (Brown 1976: 405). An absolute universal of language involving nomenclature is that while languages sometimes denote toes by a compound label translating literally "fingers of the foot (or leg)," they never designate fingers through use of "toes of the hand (or arm)." Nomenclature for parts of the human body constitutes the focus of another comparative study. Brown and Witkowski (1981) compile extensive evidence attesting to figurative names for certain body parts that occur over and over again in globally distributed languages. For example, in a sample of 118 languages, 42, or 36 percent, nomenclaturally equate one or more digits of the hand or foot with people, usually kinsmen. The basic design of this metaphor identifies the thumb and big toe by use of a term for an older, ascending generation relative, usually a parent, while the remaining digits (fingers and toes) are labeled by terms for younger relatives, usually offspring. Another widely occurring metaphor equates the pupil of the eye with a human being or a humanlike object, usually small in size, e.g., a baby, a small girl, a doll (cf. Tagliavini 1949). This figurative usage is also found in roughly 36 percent of the world's languages. Also widespread are figurative expressions applying terms for various small creatures to muscle in general or to particularly muscular parts of the body such as the thighs, biceps, and calves of the leg. Creatures whose names are used include animals such as mice, rats, rabbits, cats, and lizards. As it happens, English *muscle* traces to such an application: namely, Latin *musculus*, which translates literally as "little mouse."

8. Meronymy and societal complexity

Palmer and Nicodemus (1985) assemble data from Coeur d'Alene, a Salishan language, calling into question principles of human anatomical partonomy described in Brown (1976) and, by implication, in Andersen (1978) (see 7.). While the universality of several individual principles is challenged, the nub of the critical argument is that the semantic structure relating to terms for body parts in Coeur d'Alene is not organized in terms of partonomy or, in other words, in terms of part-whole relationships. Rather, the language's words for surface parts of the human body primarily reference a set of spatial relations. For example, the word for cheek is literally translatable as "the surface below the eye" and the label for eye is literally "on the face." Palmer and Nicodemus cite similar examples from other Salishan languages.

The Coeur d'Alene study suggests that the degree of emphasis placed on meronymic relations in a language may vary according to the societal scale of the people who speak it (cf. Palmer and Nicodemus 1985: 354). Plausibly, people of small-scale societies focus less on the partitive relation than do those of large-scale ones. Along these lines, Wierzbicka (1996: 61) writes, "It is undoubtedly true that cultures differ in the amount of interest they show in the concept 'part' ... modern Western culture places a great emphasis on viewing various aspects of reality in terms of complexes analysable into 'parts', whereas, for example, Australian Aboriginal culture does not." Wierzbicka (1994: 491) further speculates that "growth of technological inventions facilitates an expansion of talk about parts." Coeur d'Alene and other Salishan languages, like aboriginal languages of Australia, are spoken by non-agricultural people. On the other hand, most of the languages which constitute the sample surveyed by Brown (1976), and which seem to extensively use the "part of" relation, are spoken by agriculturalists, most of whom live in nation-state groupings. Further investigations describing the semantic organization of human body parts in languages spoken by peoples of small-scale societies, especially hunter-gatherers, is needed before such observations move beyond mere speculation.

9. Literature (a selection)

Andersen, Elaine S. (1978): Lexical universals of body-part terminology. In: *Universals of human language*, Volume 3: *Word structure*. (ed. Joseph H. Greenberg). Stanford, California: Stanford University Press 1978: 335–368.

Brown, Cecil H. (1976): General principles of human anatomical partonomy and speculations on the growth of partonomic nomenclature. In: *American Ethnologist* 3: 400–424.

–, (1979); A theory of lexical change (with examples from folk biology, human anatomical partonomy and other domains). In: *Anthropological Linguistics* 21: 257–276.

Brown, Cecil H.; John Kolar, Barbara J. Torrey; Tipawan Truong-Quang; Phillip Volkman (1976): Some general principles of biological and non-biological folk classification. In: *American Ethnologist* 3: 73–85.

Brown, Cecil H.; Stanley R. Witkowski (1981): Figurative language in a universalist perspective. In: *American Ethnologist* 8: 596–615.

Brown, Cecil H.; Stanley R. Witkowski (1983): Polysemy, lexical change, and cultural importance. In: *Man* 18: 72–89.

Buck, Carl Darling (1949): *A dictionary of selected synonyms in the principal Indo-European languages*. Chicago: University of Chicago Press.

Chappell, Hilary; William McGregor (1996): Prolegomena to a theory of inalienability. In: *The grammar of inalienability: A typological perspective on body part terms and the part-whole relation.* (eds. Hilary Chappell; William McGregor). Berlin/New York: Mouton 1996: 3–30.

Cruse, D. A. (1979): On the transitivity of the part-whole relation. In: *Journal of Linguistics* 15: 29–38.

Cruse, D. A. (1986): *Lexical semantics.* Cambridge etc.: Cambridge University Press.

Lyons, John (1977): *Semantics.* Volume I. Cambridge etc.: Cambridge University Press.

Miller, George A.; Philip N. Johnson-Laird (1976): *Language and Perception.* Cambridge, Massachusetts: Harvard University Press.

Palmer, Gary B.; Lawrence Nicodemus (1985): Coeur d'Alene exceptions to proposed universals of anatomical nomenclature. In: *American Ethnologist* 12: 341–359.

Petruck, Miriam Rachel Leah (1986): Body part terminology in Hebrew: A study in lexical semantics. (unpublished Ph. D. dissertation) University of California Berkeley.

Semantic and lexical universals: Theory and empirical findings. (eds. Cliff Goddard; Anna Wierzbicka). Amsterdam/Philadelphia: Johns Benjamins 1994.

Swanson, Richard A.; Stanley Witkowski (1977): Hopi ethnoanatomy: A comparative treatment. In: *Proceedings of the American Philosophical Society* 121: 320–337.

Tagliavini, Carlo (1949): Di alcune denominazioni della "pupilla". In: *Annali dell' Instituto Universitario di Napoli* 3: 341–378.

Wierzbicka, Anna (1994): Semantic primitives across languages: A critical review. In: *Semantic and lexical universals: Theory and empirical findings* 1994: 445–500.

–, (1996): *Semantics: Primes and universals.* Oxford/New York: Oxford University Press.

Winston, Morton E.; Roger Chaffin; Herrmann Douglas (1987): A taxonomy of part-whole relations. In: *Cognitive Science* 11: 417–444.

Witkowski, Stanley R.; Cecil H. Brown (1985): Climate, clothing, and body-part nomenclature. In: *Ethnology* 24: 197–214.

Witkowski, Stanley R.; Cecil H. Brown; Paul K. Chase (1981): Where do tree terms come from? In: *Man* 16: 1–14.

*Cecil H. Brown,
DeKalb, Illinois (USA)*

60. Paradigmatic relations of inclusion and identity III: Synonymy

1. Preliminary remarks
2. Theoretical preliminaries
3. Degrees of synonymity
4. Permissible differences between synonyms
5. Varieties of synonymy
6. Synonym clusters
7. Concluding remarks
8. Literature (a selection)

1. Preliminary remarks

At first sight, there would seem to be no particular problem about the notion of synonymy; indeed, it is one of only two sense relations likely to be familiar to an educated layperson (the other one being antonymy, or oppositeness). Ordinary monolingual dictionaries commonly indicate synonyms, either implicitly, as part of definitions, or explicitly, in occasional articles; there are also specialised dictionaries of synonyms, whose main function is to provide lists of synonyms rather than definitions; many modern word-processing programmes offer a range of synonyms for selected words at a click of the mouse. For instance, the programme used to create this document gives the following synonyms for the italicised words (chosen at random):

modern: current, attendant, present, temporary, immediate, existing, existent, latest

range: extent, magnitude, scope, reach, limits, sweep, confine, compass.

To someone who has not given the topic much thought, synonyms are simply words that mean the same. However, some dictionaries define synonymy as "sameness or similarity of meaning", thereby opening a can of worms: how similar do meanings have to be to constitute synonymy? (In the examples given above, there is clearly some variation in the degree of resemblance of the suggested synonyms to the target. We shall return to this point later.) In spite of the vagueness of the characterisation, there is some intuitive consensus as to which word pairs are synonyms and which are not. People generally speaking are not surprised by the contents of a synonym dictionary. For instance, in spite of the obvious overlaps of meaning, no one would accept *mare* and *stallion* as synonyms, or *stallion* and *bull*; however, although *chuckle* and *giggle* are hyponyms of *laugh*, all three are acceptable as at least near-synonyms.

By gently probing the intuitive notion of synonymy, it is not difficult to reveal a certain degree of complexity, if not paradox. For instance, most people, if asked whether, say, *hide* and *conceal* mean "exactly the same", will say 'no, not exactly'; on the other hand, if asked by a child or foreign language learner what *conceal* meant, would happily reply 'It means the same as *hide*'. Furthermore, while accepting *laugh*, *giggle* and *chuckle* as sisters in a synonym dictionary, most laypersons would hesitate to declare that they 'meant the same' under any circumstances. What this seems to show is that even at the intuitive level, we operate with a complex notion of synonymy, with different conceptions for different purposes.

2. Theoretical preliminaries

Before a systematic survey of the field of synonymy can be embarked on, certain theoretical assumptions must first be clarified.

2.1. Synonymy, paraphrase and definition

Since the present Handbook is dedicated to topics in lexicology, the present discussion will be confined to semantic relations of sameness and similarity between lexical items (prototypically single words, but they may be non-compositional sequences, i.e. idioms). This means that no extended treatment of paraphrase relations or definitions will be attempted. For present purposes, a paraphrase of a lexical unit will be taken to be a compositional sequence of lexical units which stands in some defined relation of semantic similarity or equivalence with it. For instance, *male horse* is a paraphrase of *stallion*, because it can be substituted for it in any statement 'salva veritate'. A definition, on the other hand, although it may take the form of a paraphrase, has a different status: it is a metalinguistic statement which is not intended to be functionally substitutable for its definiendum (c. f. Wiegand (1999)).

2.2. The unit of description

Many, if not all, words are susceptible of varying readings in different contexts, and the question arises of what exactly we are talking about when we say that one lexical entity has the same meaning as another. Lyons, as a matter of principle, considers that the appropriate relata of sense relations are lexemes, and he therefore distinguishes a category of *full synonymy*, which holds between lexemes when all their component senses are identical in meaning (Lyons (1981:50–1)). (It is normal to regard homonymous words as representing different lexemes, so what we are talking about here are polysemous lexemes.) However, the notion of full synonymy as defined depends on a more basic notion of synonymy between senses, and the discussion henceforward will concentrate on this.

We shall take synonymy, then, to be a relation of similarity/identity of meaning between senses associated with two (or more) different lexical forms. Notice that in the case of identity of meaning, one could equally well speak of two lexical forms being associated with the same sense (and indeed, in cognitive semantic terms, one would want to say that they were mapped onto the same concept); however, this is more questionable in the case of similarity, and since absolute identity is at least rare, nothing of importance will be lost by thinking of synonymy as a relationship between two semantic entities.

The notion of a sense, is of course not an unproblematic one. Two points are worth signalling here. The first is that synonymy can in principle hold between any two autonomous 'chunks of meaning'. However, autonomy is a graded feature, and what are normally regarded as distinct senses show the feature to a high degree. This means that, for instance, distinct senses of a word show relational, compositional and truth-conditional independence of one another, have no accessible superordinate sense and are mutually antagonistic in the sense that they cannot be activated simultaneously without zeugma. A decision to restrict discussion of synonymy to senses therefore means that semantic units with a lesser degree of autonomy are excluded. For instance, the sense of *book* has two facets (see Cruse 2000), [TEXT] and [TOME] which show some autonomy, but not antagonism. For some purposes, one might want to say that the [TOME] facet of *book* is synonymous with the tome facet of, say *dictionary*, on the grounds that both can be physically manifested in the same range of forms. The second point is that discussion here will be restricted to senses which are fully established. Establishment, like autonomy, is a graded phenomenon, and as with senses, there is no sharp cut-off point, as a comparison of any two monolingual dictionaries will confirm. In other words, with regard to the scope of the enquiry, a lexicographer's viewpoint will be adopted here.

2.3. Synonymy and context

Lyons (1963, 1968) is at pains to emphasise that synonymy, like all sense relations, is context-dependent. In one sense, this follows from his definition of synonymy in terms of the mutual implication of containing sentences (see more detailed discussion below). However, it is doubtful whether this is the most useful line to pursue, since there is a danger of obscuring important aspects of word meaning, and indeed, of confusing different levels or stages in the construction of complex meanings. There are two aspects of the effects of context to be considered: the first is where context adds features to the meaning of a word (contextual enrichment), and the second is where context selects from the meaning of a word (contextual suppression).

2.3.1. Contextual enrichment

The addition of features is shown by cases like 1 and 2:

1. Our mare has just given birth to a foal.
2. Our horse has just given birth to a foal.

Here, the substitution of *horse* for *mare* has no effect on the truth conditions of the sentence, so *horse* and *mare* are synonyms by Lyons's definition. But this is so only in particular contexts, since 3 and 4 do not have identical truth-conditions:

3. The mare died.
4. The horse died.

However, it is arguably not very illuminating to say that the relationship between *horse* and *mare* is different in 1 and 2 from what it is in 3 and 4. It would seem more accurate to say that *mare* is a hyponym of *horse* in all circumstances, but that in 2, the feature which distinguishes *mare* from *horse*, namely [FEMALE], is inferable from the context. (In 1, one could therefore say that femaleness is signalled twice.) The fact that *mare* and *horse* are not rendered identical in 1 and 2 is shown by the fact that 5 and 6 are not logically equivalent:

5. Our youngest mare has just given birth to a foal.
6. Our youngest horse has just given birth to a foal.

(Note should also be taken, perhaps, of the possibility – envisaged by Lyons himself in another context – that 1 and 2 are not LOGICALLY equivalent, but simply have a high degree of pragmatic equivalence.)

The relationship between *mare* and *horse* in 1 and 2 would of course be different if there was a distinct sense of *horse* meaning "mare", which was selected in 2; this would of course be synonymous with *mare*. Such a distinct sense occurs in the case of *dog*. In 7, the second occurrence of *dog* represents a different sense from the first occurrence:

7. We have two dogs, a dog and a bitch.

The difference between *horse* and *dog* in this respect shows up in the fact that referring to a female dog, 8 has both 'yes' and 'no' as true answers:

8. Is that a dog?

9, on the other hand, referring to a male horse, has only one true answer:

9. Is that a horse?

In other words, it is the same sense of *horse* which occurs in 2 and 4, in spite of the contextual restriction of meaning which operates in 2. In this paper, then, we shall regard synonymy as a context-independent relation between word senses, while recognising the existence of sometimes-profound contextual effects.

2.3.2. Contextual suppression

Another possible contextual effect is the suppression by context of potential differences between two meanings, thus producing an apparent 'context-dependent synonymy'. An example of this (from Cruse 1986) is the following:

10. I want you to go on taking these tablets, Miss Smith.
11. I want you to continue taking these tablets, Miss Smith.
12. He went on complaining about it for hours afterwards.
13. He continued complaining about it for hours afterwards.

It seems that *go on* has a potential expressive component which manifests itself in some contexts but not others: the suggestion in Cruse (1986) is that in contexts which already manifest some expressiveness, the expressiveness is amplified. Here again, there is no evidence that two different senses of *go on* are involved, so we shall not say that *go on* and *continue* are (absolutely) synonymous in 10 and 11 but not in 12 and 13.

2.4. Figurative and non-figurative contexts

Metaphorical and metonymic extensions of meaning are regarded here as separate senses. So, for instance, the fact that *big* has metaphorical extensions that *large* does not have is not directly relevant to the question of whether *big* in *a big house* is or is not synonymous with *large* in *a large house*. (That is to say, *big* in *He's a big man in the City* will be regarded as a separate sense from *big* in *He lives in a big house*.) (Of course, it may well be indirectly relevant in that the extensibility of one term may arise from a difference of meaning between the terms.)

3. Degrees of synonymity

3.1 Synonymity vs. semantic overlap

It is important to distinguish two notions of semantic similarity, namely, semantic overlap and synonymity. These are by no means the same thing. Semantic overlap is simply the sharing of semantic features, of whatever sort. However, an increase in the amount of semantic overlap does not automatically entail an increase in degree of synonymity. This can be seen in the following examples:

organism	*object*
animal	*insect*
dog	*lion*
spaniel	*collie*

Although as we go down the list, the degree of semantic overlap steadily increases, the degree of synonymity does not: in fact *spaniel* and *collie* are fully contrastive, and hence no more synonymous than *dog* and *lion*. Obviously, a significant degree of semantic overlap is a prerequisite for synonymy. But this is not enough: it is also necessary that there be no relationship of mutual exclusion between the terms. We might say that synonyms must not belong to one another's primary contrast sets.

Synonymity is clearly a matter of degree, and the scale of synonymity is a continuous one. However, two signposts on the scale can be distinguished fairly readily. The first is complete identity of meaning, or zero difference; the second is propositional identity without complete identity. (Complete identity of course entails propositional identity.)

3.2. Absolute synonymy

We may define absolute synonymy as two distinct lexical forms being associated with senses that are identical. Two points should be made regarding absolute synonymy. The first is that there is very little semiotic motivation for such a state of affairs in a natural language: the only possible utility for absolute synonyms is aesthetic, to avoid repetition of forms (notice that languages differ greatly in their tolerance of repetition of form). This fact is reflected in the paucity of prima facie candidates for the status of absolute synonyms: some examples will be considered below.

The second is that it is not at all easy for native speakers to agree on/decide on whether or not two forms carry identical meanings. One approach which facilitates a decision is that which originated with W. Haas (for a summary of Haas's position, see Cruse 1986, ch.1). Haas took the position that all true differences of meaning will be reflected in differences in contextual relations, hence absolute synonyms are words with identical contextual relations. An intuitively sensitive way of determining this is in terms of 'normality in context', 'normality' being taken as an unanalysed primitive. This leads to a definition of absolute synonyms as 'words that are equinormal in all contexts'. The advantages of this definition are (i) that native speakers are extremely sensitive to differences of normality, and (ii) speakers are not required to specify what the differences are. Some examples will illustrate how the test works. In the following examples, the difference in normality between the 'a' and the 'b' sentences indicates that the italicised words are not absolute synonyms.

13a. He was unable to work during his *illness*.
 b. ? He was unable to work during his *disease*.
14a. We have very *nearly* finished.
 b. ?We have very *almost* finished.
15a. Our puppy was very *brave* when the big dog came into the garden.
 b. ?Our puppy was very *courageous* when the big dog came into the garden.

16a. Apparently he *died* in considerable pain.
  b. ?Apparently he *kicked the bucket* in considerable pain.
17a. He's a *big* baby, isn't he?
  b. ?He's a *large* baby, isn't he?
18a. They were quite *calm* just a few minutes ago.
  b. ?They were quite *placid* just a few minutes ago.

It is clear that absolute synonyms are at the very least somewhat rare. If a pair were discovered, one might hazard a guess that the relationship would be an unstable one, and that a general semiotic principle that a difference of form preferably signals a different meaning would result eventually in a semantic differentiation.

Another method of detecting non-identity of meaning is to investigate prototypical uses. This can sometimes work for extremely subtle differences which are difficult to detect by differential normality. For instance, the differences between *brave* and *courageous* are, at least for some speakers, scarcely detectable in terms of differential normality in contexts. (Most dictionaries define these terms circularly.) However, a difference can be shown if speakers are asked to choose the best 'prototype' for the terms, between the following:

(i) A person jumps into a dangerously fast-flowing river to save someone who has fallen in.
(ii) A person risks dismissal or imprisonment to publicly draw attention to an injustice.

English speakers unhesitatingly choose (i) as the 'best example' of a brave action, and (ii) as the best example of a courageous action.

The Haasian definition of synonymy presupposes that all differences in contextual normality are semantically motivated. However, this is denied by Lyons (1981), and in Cruse (1986:281) examples are given of what are called 'idiosyncratic collocational restrictions', which have no apparent semantic explanation. (For instance, one's behaviour can be *impeccable*, but not *flawless*, whereas one's performance of a piano concerto can be either.) Obviously, these must be discounted if the test is to be 100 percent reliable. Cruse suggests that semantically motivated collocational restrictions can be recognised by the fact that anomalous contexts fall into natural semantic classes.

3.3. Propositional synonymy

3.3.1. Definition

Lyons defines propositional synonymy (which he simply calls 'synonymy') as follows (1969:450):

'If one sentence, S_1, implies another sentence, S2, and if the converse also holds, S1 and S2 are equivalent; .... If now the two equivalent sentences have the same syntactic structure and differ from one another only in that where one has lexical item x, the other has y, then x and y are synonymous.'

For example, *start* (on the relevant interpretation) and *commence* are propositional synonyms, because the two sentences *The concert started at seven-thirty* and *The concert commenced at seven-thirty*, (i) imply one another, (ii) have the same syntactic structure, and (iii) differ only in respect of one lexical item.

This definition is clearly less strict than that of absolute synonymy, in that many pairs pass the propositional test but not the absolute test. *Start* and *commence* are a case in point, since a mother might well say to her young child *Hurry up, darling, Blue Peter is going to start in a minute*, but hardly *Hurry up, darling, Blue Peter is going to commence in a minute*! (We shall examine below in section 4.1 what kinds of meaning difference do not affect propositional synonymy.)

3.3.2. The nature of entailment

The definition of synonymy given above depends on a notion of mutual 'implication' between two entities. Both the relation of implication and the entities related deserve a closer inspection. To begin with the latter matter, according to Lyons, the related items are sentences. However, as Wiegand (1999) rightly points out, this cannot be so, because sentences do not, as such, have truth-values, merely truth-conditions. Sentences are at best proposition-schemas, and it is propositions (or statements, which are propositions uttered with 'epistemic commitment') that have truth-values. A possible reformulation of Lyons's definition is as follows:

'If one contextualised sentence S1 (i.e. a sentence all of whose definite referring expressions have been assigned referents and which therefore expresses a proposition) implies another contextualised sentence S2, S1 and S2 are (propositionally) equivalent. If now the two equivalent sentences have the same syntactic structure and the same referential relations, and differ from one another only in that where one has lexical item *x*, the other has *y*, then *x* and *y* are synonymous.'

The other question which requires elucidation is the nature of the relation of 'implication'. As Wiegand points out, the logician's notion of 'material implication' will not serve here. What is needed is what Seuren calls 'semantic entailment', which is dependent on the semantic content of the related propositions. Lyons himself explains the notion of implication as follows:

'One sentence, S1, is said to imply another, S2, ..., if speakers of the language agree that it is not possible to assert explicitly S1 and deny explicitly S2.'

Wiegand points out that it is necessary to add 'without contradiction' to the above definition. The question then arises as to what is meant by 'contradiction' in this context. Both Lyons and Wiegand deny that the relevant concept for semantic analysis is logical contradiction (analyticity, etc.). With regard to analyticity, Lyons says:

'What the linguist requires is a *pragmatic* concept of analyticity – one which gives theoretical recognition to the tacit presuppositions and assumptions in the speech-community and takes no account of their validity within some other frame of reference assumed to be absolute or linguistically and culturally neutral.'

In one sense this is no doubt true, but two comments are in order. The first is that it is arguable that the 'tacit presuppositions and assumptions' referred to by Lyons are built into the meanings of lexical items. The second is that native speakers are able to distinguish intuitively between implications that are inexorable and unavoidable without doing some sort of violence to, or extension of, accepted meaning, and those which are merely highly expected, or difficult to imagine otherwise. The former are very close to 'logical implications', and are independent of 'the way the world is'; the latter are 'contingent'. My student informants unanimously agree that the implications in (a) have a different epistemological status from those in (b):

(a) *X is pregnant* implies
    X is female X is water implies *X has the chemical formula H_2O*
(b) *X began at time t* implies *X commenced at time t*
    X stopped V-ing implies *X did not continue V-ing*.

This is a complex matter, which cannot be conclusively settled here. The position to be taken here is that the relevant relation of implication is a stricter one than either Lyons or Wiegand seem to have in mind, and is close to a logical relation.

3.3.3. Non-declarative contexts

There is another condition that must be placed on Lyons's definition, and that is that the sentences referred to in the definition must be declarative in form. This is because interrogatives and imperatives, for instance, do not have truth-conditions or truth-values. An alternative would be to extend the notion of implication to cover questions and commands. In principle, this would not be impossible. There is, for instance, a definable sense in which *When did the concert begin?* asks 'the same question' as *When did the concert commence?*, the relevant sense being that both questions have the same set of true and false answers in all situations. Similarly, *I order you to begin the proceedings forthwith!* issues the same command as *I order you to commence the proceedings forthwith!*, in the sense that in both cases the same set of actions will count as compliance in all contexts.

3.3.4. Use vs. mention

Yet another restriction is that the lexical items being tested in a Lyons-type synonymy test must be in a context sentence where they are 'used' rather than merely 'mentioned'. Thus, the fact that *'Begin' begins with the letter 'b'* does not entail/imply *'Commence' begins with the letter 'b'* is not a reason for rejecting *begin* and *commence* as (propositional) synonyms. Wiegand argues that such cases make an equation of synonymy with 'sameness of meaning' untenable (1999: 45). However, it is a characteristic of 'mention' cases that the conventional meaning of a word does not engage with its context, and since this is a well-recognised distinction, it does not seem to present any particular difficulty.

3.4 Plesionymy

What was called in Cruse (1986) *plesionymy* (sometimes called *near-synonymy* or *parasynonymy*) is the least-studied and at the same time the most familiar variety of synonymy. It is also the hardest to characterise in a satisfactory fashion. It is the most familiar because while absolute synonyms are vanishingly rare, and propositional synonyms, though commoner than the absolute variety, are nonetheless relatively infrequent, the majority of synonyms encountered in the lexicographic field are plesionyms.

The domain of plesionymy is bounded on one side by propositional synonymy, which has already been discussed. It is the opposite boundary, the one between plesionymy and non-synonymous difference of meaning (*heteronymy*), that is difficult to pin down. It is highly probable that it is a somewhat fuzzy boundary, but there seems little doubt that the class of plesionyms is intuitively recognisable by untrained native speakers. One piece of evidence for this is the *or rather* test:

19. He was murdered, or rather executed.
20. She was observed to giggle, or rather, chuckle.

This expression signals that a difference exists between the two lexical items or expressions, but that it is relatively minor. It is anomalous with propositional synonyms:

21. ?The concert began, or rather, commenced, at eight o'clock.
22. ?They stopped, or rather ceased, work immediately.

It is also anomalous if used with straightforward heteronyms:

23. ?Her husband is a butcher, or rather, a policeman.
24. ?They have a cat, or rather, a dog.

Synonymy enters in two main ways into the lexicographic domain. First, when a single word is given as a definition of another, the relationship is likely to be propositional synonymy. Thus, *murder* can be ruled out as a possible single-word definition of *execute*, while *begin* and *start* are both given in the Oxford Advanced Learner's Dictionary as single-word definitions of *commence*. Secondly, synonyms are grouped together, either in dictionaries of synonyms, or in special articles in a standard dictionary, usually with some indication as to how they may be discriminated. Groupings in the second case are by no means restricted to propositional synonyms, in fact the majority are not propositional synonyms, but plesionyms.

4. Permissible differences between synonyms

With the exception of absolute synonyms, for each degree of synonymy, there are permissible differences of meaning between synonyms which do not compromise their status as such. The following accounts should be seen as illustrative rather than exhaustive.

4.1. Propositional synonyms

An overall generalisation which covers permissible differences in meaning between propositional synonyms, is, not surprisingly, that they must not differ in propositional meaning, but may differ in non-propositional meaning.

4.1.1. Expressive meaning

One type of non-propositional meaning which arguably does not affect truth-conditions is expressive meaning. Consider the following:

25. The old man died.
26. The old man passed away.
27. The old man kicked the bucket/popped his clogs.

Sentence 25 can be said to be expressively neutral; sentence 26 has an additional component of respect; both variants of 27 have an element of disrespect. All three have the same truth conditions, that is to say, 28, for instance, is a contradiction (on the relevant interpretation of *pass away*):

28. *The old man passed away, but he did not die.

Expressive meaning may be positive, as in 26, or negative, as in 27. It has to be said that the encoding of expressive meaning by lexical items, at least in English, is predominantly negative. A difference purely in expressive meaning between lexical items is probably rare; most expressive differences also imply a difference of default register. For instance, 26 is characteristic of a more formal register, and 27, of a more informal register. However, as we shall see, register differences do occur which are not attributable to expressive differences. The following are examples of propositional synonyms differing mainly in respect of expressive meaning: *cry : blubber (vb.); horse : nag : steed; ear : lug; hand : paw : mitt; woman : skirt : lady.*

Pairs of words which differ in respect of implied evaluative judgements seem in general not to be propositional synonyms: the evaluative component appears to be propositionalised. Thus, the following are not contradictory:

29. The house where they live is not a slum.
30. That newspaper is not a rag.
31. This isn't plonk, it's a cru classé.

It is probable that the boundary between propositionalised and non-propositionalised evaluation is a fuzzy one.

4.1.3. Register

Some propositional synonyms differ primarily in respect of their default register (adopting a simplistic characterisation of registers as different varieties of a language spoken by a single speaker in different contexts, as opposed to dialects, which are varieties of a language associated with different speakers). For the sake of simplicity, we shall adopt a traditional sub-division of register, namely, field (area of discourse), mode (written or spoken) and style/tenor (degree of formality).

Cases no doubt occur of propositional synonyms belonging to two distinct technical fields, but probably the most frequent types under this heading involve pairs of which one is a technical term within some field, and the other is an everyday term. This is a tricky area, since some putative pairs will in fact differ propositionally in that the technical term will have a more precise definition (for instance *speed* and *velocity*). Then again, some differences may be accounted for by saying that the everyday term has a greater tolerance of 'loose use': this could be argued to be not a propositional difference (a possible example is *twelve:a dozen*). However, there are undoubtedly cases where everyday and technical terms have equivalent propositional content. Examples are *knee-cap*: *patella*, and *donkey*: *ass*. (In the latter case, it is interesting that metaphorical extensions are more readily derived from the technical term than the everyday term. This is probably because they originated when the now technical term was, in fact, the everyday term.)

An example of a pair of synonyms differing in mode is *re:concerning/about*, the former being almost exclusively found in written English.

Synonym pairs differing along the dimension of formality are probably the most familiar under this general heading. There seems to be a general tendency for synonyms to proliferate in areas which are to some degree taboo, such as sex, bodily functions, and to a lesser extent death. This is presumably because of a felt need to adjust language more precisely to the situational context. Formality tends also to correlate with expressivity in this area.

4.1.3. Prototype centre

Some synonymous pairs, although they have the same denotational range (which is why they are propositional synonyms) differ in the location of their prototype occurrences. A probable example of this has already been mentioned, namely, *brave* and *courageous*. Native speakers find *He was brave, but he was not courageous* contradictory, and at the same time, make differing judgements as to what are 'the best examples' of brave and courageous behaviour, respectively.

4.1.4. Presupposed features

A more debatable type of propositional synonym pair are those which differ in respect of presupposed meaning. It is first necessary to distinguish between logical presuppositions and 'arbitrary' presuppositions. Take the case of *X died*. Here it is logically presupposed that X is an organism or 'living thing': if this is not the case, the predicate "became not alive" is not literally interpretable. Presumably there are no propositional synonyms with different logical presuppositions. However, consider the case of *X passed away* or *X kicked the bucket*. Both of these carry the logical presupposition that X is an organism of some kind, but in addition, carry a presupposition that X is human. (The evidence that this is a presupposition is, for instance, that *X did not pass away* carries the same implication.) This latter presupposition has arguably a different status from the "X is an organism" presupposition. Consider the following scenario: X gives Y her favourite plant to look after while she is on holiday; Y forgets to water the plant and it dies. Now, would Y be able honestly to answer 'No' to X's question *Did my plant pass away when I was away?*. The vast majority of (student) informants agree that it would not be possible, although it would be normal to object to the wording of the question. The conclusion is that "X is human" is not part of the propositional content of the meaning of *X passed away*. It might be objected that *Did my plant pass away?* is semantically anomalous, and that requiring informants to judge the truth conditions of anomalous sentences is illegitimate. This would have some force if informants were hesitant about answering, but they are not. Another possible example is *aid* and *abet*. The usual interpretation of *abet* is "assist in the performance of something illegal or wrong". However, if X helped Y to pass an exam, the question *Did you abet Y in preparing his exam?* cannot truthfully be answered negatively by X, on the grounds that there is nothing wrong with passing an exam.

4.1.5. Semantic transparency

Langacker (1991:10) opines that there is a semantic contrast between, for instance, *father* and *male parent*, even on the assumption that they have identical connotations, since explicit mention of semantic components affects their salience. This therefore furnishes a potential difference between propositional synonyms, although it has to be said that examples where this relationship holds between single words are hard to find. One possibility is one reading of *rectangle* and *oblong* in English. The word *rectangle* is arguably ambiguous between a reading which includes *square* as a sub-type (a mathematician's interpretation) and the more everyday sense which excludes squares. (Cases of ambiguity where one sense is hyponymous to another are not uncommon.) It is the second reading which is propositionally synonymous with *oblong*. Taking Langacker's line, it can be argued that *rectangle* is more semantically transparent than *oblong*, and gives greater salience to a characteristic defining property of rectangles, namely that their angles are right-angles. A similar point could be made about *vixen* and an alternative given in the Concise Oxford Dictionary (which I admit I had never before encountered), namely *bitch-fox*.

4.2. Plesionyms

Stating the possible meaning differences between plesionyms is more problematic. As a start, it can be said that plesionyms must share central features of meaning, but may differ in respect of peripheral features. This would seem fairly obvious. The difficulty, however, lies in stating what 'central' and 'peripheral' mean in this context. One tentative approach is as follows. Word meanings can often be readily divided into components or features. Usually one such feature plays a role analogous to the 'head' of a construction and other component or components play roles analogous to modifiers of heads. For instance, *stallion* can be analysed as [MALE][HORSE]. With [HORSE] playing the role of head, and [MALE] the role of modifier. Now, the relative 'strength' of these components can vary, and this shows up in the default readings of simple negations of the words in question.

Consider the default reading of *That is not a dog*: it is that the referent is some other kind of animal. If we accept (although there are counter-arguments) that *dog* can be given an analysis on the lines of [ANIMAL] [CANINE]. Then what happens when *dog* is negated is that [ANIMAL] does not fall within the scope of the negation. The interpretation given here is that this pattern of behaviour is diagnostic of components of equal strength. (The situation is similar with the components of *stallion*: *That is not a stallion* is likely to be interpreted as *That is a mare*.) Consider, now, *pretty*. This can be roughly analysed as [GOOD-LOOKING] [OF A FEMALE], with the latter component restricting the application of the former, i.e. modifying it. If we now negate *pretty*, as in *His secretary is not pretty*. What happens? This time the effect is different: we do not look for an alternate subordinate feature under the same capital feature; rather, we negate the capital feature, and conclude that the secretary in question is not good-looking. This, we shall say, indicates a strong capital feature and a weak subordinate feature. Finally, contrast both the above with *murder*, which we shall (over-simplistically) analyse as [CRIME] [KILLING]. (The reasons for analysing this way rather than, say, [KILL] [ILLEGALLY] are presented in Cruse (1986). Basically, the evidence is that *murder* belongs to the taxonomy of crimes (*A murder is a type of crime*) and not to the taxonomy of killing (*?Murdering someone is a way of killing them*). When *murder* is negated, as in *X was not murdered*, we tend to assume either that X was not killed, or that X died but not as a result of an illegal act. This pattern is interpreted here as showing that there is a weak capital feature and a strong subordinate feature. Coming back now to plesionymy, the generalisation that emerges is that plesionyms may only differ in respect of weak components. (The question of the relative salience of components within word meanings has not been extensively researched.)

5. Varieties of synonymy

5.1. Lyons's varieties

Lyons's categories of synonymy (Lyons 1981:50–1) are different from the categories suggested above, and thus deserve closer scrutiny. Lyons recognises three basic types of synonymy:

(i) Full synonymy: synonyms are *fully* synonymous if, and only if, *all their meanings* are identical

(ii) Total synonymy: synonyms are *totally* synonymous if, and only if, they are synonymous *in all contexts*.

(iii) Complete synonymy: synonyms are *completely* synonymous if, and only if, they are identical *on all (relevant) dimensions of meaning*.

We may presume that these definitions are to be taken together. That is to say, *identical* in (i) is presumably meant in the sense of "identical on all relevant dimensions of meaning", as in (iii). (*Relevant* here presumably means those dimensions of meaning that are represented in the meaning of the particular lexical items in question; it is not clear why this restriction is necessary.) Likewise, *synonymous [in all contexts]* in (ii) is to be taken in the sense of "identical *on all (relevant) dimensions of meaning*", as in (iii).

Lyons's 'full synonymy' is not given any recognition in the present account. This has particular significance for Lyons because he regards sense relations as holding between lexemes. The position taken here is that they hold between senses; whether all the senses of two lexemes match is of relatively minor significance.

The distinction between 'total synonymy' and 'complete synonymy' is necessary, according to Lyons, to allow for the possibility that identical senses may have differing distributions due to collocational restrictions. Notice that this can only be semantically arbitrary collocational restrictions (see, for example, the example in Cruse (1986)): semantically motivated restrictions are presumably to be incorporated as semantic properties of the word. Lyons suggests the example of *big* and *large*: he says that *large* cannot be substituted for *big* in *You are making a big mistake*. Lyons's point here depends on *big* and *large* being identical on all dimensions of meaning. This is arguably not the case: *large* denotes a high value on properties that are measurable (notice that *a large error*, in a measurement, say, is perfectly normal), whereas *big* denotes "felt size", or "impressiveness".

Our absolute synonymy is close to Lyons's complete synonymy. Lyons does not say what a 'dimension of meaning' is, or how many there are (can we be sure they are not infinite in number?), or how to determine whether two words are, or are not, complete synonyms. Notice that on Lyons's scheme, substitutability cannot be used, because that is a test for totality. (Notice that substitutability is meaningless without a further criterion such as 'without change of grammaticality/ normality'. (Lyons is not specific on this point.)

Lyons mentions, but makes no attempt to define, 'near synonymy', but he insists on a distinction between it and 'partial synonymy', which denotes synonymy on more than one but less than three of the basic types. It is not clear that this is a useful notion.

5.2 Cross-varietal synonymy

In our account of absolute synonymy in Section 3.3, the fact that two words were characteristic of different varieties or domains was taken as evidence that they were not absolute synonyms. This position has the virtue of simplifying definitions. However, it is possible, and possibly useful, to create a degree of synonymy intermediate between absolute synonymy so defined and propositional synonymy. Some language varieties are semantically comprehensive in the sense that within them, all dimensions of meaning (other than variety allegiance) are operative. This being so, it is in principle possible for two words belonging to two different varieties to be identical in all other respects. The extreme case of this would of course be exact translational equivalents in two distinct languages, but the same is true of words in different dialects of one language, or words that simply signal different levels of formality.

The problem of determining whether two items in different varieties are identical on all other dimensions of meaning is a severe one. Some cases are, of course, easy: for instance, although *lake* and *loch* (which we shall assume belong to different dialects of English) share many features of meaning, they are not identical, because a loch may have an opening to the sea, whereas a lake may not; a stronger case could probably be made for *glen* and *valley*. Presumably *wireless* and *radio* (belonging to different temporal dialects) would not qualify on the grounds that their characteristic ranges of normal and abnormal collocations are not the same, mainly because of technological change. The basic problem of applying the 'equinormality in all grammatical contexts' test for equivalence is that we do not have an independent way of checking the equivalence of contexts. In spite of the difficulties, the concept of cross-varietal synonymy has some utility.

The case for considering items belonging to two different 'fields' as cross-varietal synonyms is, it seems to me, weaker. Take the case of *patella* and *knee-cap*, the former being the technical term used by doctors. The reason that the case is weaker is that the putative 'variety', namely, 'medical terminology', is not 'semantically comprehensive', and thus does not have the same language-like status as a dialect or even a register.

6. Synonym clusters

Synonyms tend to occur in clusters, rather than being evenly spread throughout the vocabulary. Generally speaking, synonym clustering is much more frequent in verbs and adjectives than in nouns; this contrasts with the fact that hyponymous relations are markedly more frequent in nouns.

There is an interesting question of whether there are content areas which are more prone to the proliferation of synonyms than others. This is a difficult question, but it seems that synonyms are particularly frequent in areas which are in some way emotionally or socially sensitive for human beings, and where there is hence a special need to tailor language precisely to context, especially in its non-propositional aspects. Hence, taboo areas of discourse are particularly rich in synonyms: it is claimed, for instance, that English has over 120 terms for sexual intercourse; there is also a rich treasury of words for the sex organs, for urination and defecation, and so on. Other typical emotionally sensitive areas are death and money. Synonym clusters covering taboo areas are remarkable in the high proportion of propositional synonyms they contain; clusters in non-taboo areas tend to consist mainly of plesionyms.

6.1. Centred synonym clusters

Synonym clusters are of two main sorts, namely, centred clusters, which have a more or less clear central member, the 'core term', and non-centred clusters, which are distributed over a spectrum, without any member having a more central status. Let us look first of all at centred clusters.

The core term in a centred synonym cluster typically shows some combination of features from the following list:

(i) It stands in a superordinate relation to the other members of the cluster.
(ii) It is the least collocationally restricted of the terms in the cluster.
(iii) It is likely to be unmarked, or at least, the least marked, in terms of non-propositional features.
(iv) It is likely to be a basic level item.
(v) In elicitation studies it will be cited more frequently than any of the other members of the cluster, and when used as the cue itself it will activate more synonyms than any of the others. Similarly, in dictionary definitions, it will appear more frequently than its peers in definitions of other synonyms in the cluster.

An example of a cluster with a clear core term is the following:
walk, amble, saunter, stroll, waddle, march, strut, trudge, stride, tramp, promenade, plod, etc.

In this set, *walk* clearly emerges as the core term:

(a) It is superordinate to all the others, which variously combine adverbial and/or evaluative features. Thus *John ambled/sauntered/strolled/waddled/marched/strutted/trudged/strode/tramped/promenaded/plodded/ to the shops* all unilaterally entail *John walked to the shops*.
(b) It is the least collocationally restricted of all the terms.
(c) It is a neutral term, unmarked evaluatively, or expressively, or in terms of register allegiance.
(d) It is a basic-level term
(e) It appears in the OALD definitions of all the other terms, while it itself is defined without reference to the others.
(This phenomenon of what are technically hyponyms being perceived as plesionyms is characteristic of verbs and adjectives, and rarely, if ever, occurs with nouns.)

The notion of 'core term' appears to have intuitive status. In an unpublished series of experiments by Deborah Black (PhD student at Manchester University), informants were presented with a list of synonyms, and were asked the following question:

'If you were to compile a synonym guide which word would you choose as the *headword* for the entry? Below are sets of words which span the whole range of the synonymy scale. Some sets relate to taboo areas and here you should assume your readership is unshockable; if you think the set in question would best be represented by a word which may cause offence to some speakers then do not hesitate to choose it. You may choose either a word from the list or if you feel it is appropriate or more accurate you may use your own. N.B. Please take care to keep to the same grammatical category; if the words in the list are adjectives then the head-word must be an adjective.'

In many cases there was a high degree of informant agreement on a single word. The following are some examples (core terms/head words are given first):

laugh: giggle, chuckle, snigger, guffaw, cackle, chortle
shy: bashful, meek, quiet, coy, modest, reserved, sheepish,
dirty: filthy, fouled, greasy, grimy, grubby, mucky, putrid, scummy, sordid, squalid, sullied, soiled, unclean, yucky.
cry: blubber, snivel, sob, weep, wail, whimper
happy: glad, joyful, joyous, ecstatic, blissful, blithe, cheerful, gay, delighted, contented
fat: chubby, plump, corpulent, portly, stout, obese, gross, huge
have sex: have relations, screw, bonk, have sexual intercourse, shaft, copulate, shag, fornicate, sleep together, fuck, make love, go to bed, perform coitus, have it off

The above set shows one characteristic of synonym clusters in taboo areas, namely, the high number of propositional synonyms. Another notable characteristic is the distinction between dysphemistic terms (*fuck, screw, shag*, etc.) and euphemistic terms (*make love, sleep with*, etc.). There is another category of terms recognisable here, namely, humorous terms, as with *bonk*, which parallels similar terms in related areas such as *willy* and *boobs*.

In some cases the core of a cluster appears to consist of a pair, or small group of items, which are nonetheless clearly demarcated from the rest. For instance, in the following set: *blue, dejected, melancholy, despondent, dispirited, distraught, sad, distressed, doleful, depressed, unhappy, miserable, down,* although *unhappy* received the highest score from informants choosing 'the best word to represent the concept', it was not sharply distinguished in this respect from *sad* and *depressed*; as a group, however, these three were clearly distinguished. In the group, *caress, feel, finger, fondle, fumble, grope, handle, stroke, touch,* *paw,* both *feel* and *touch* were clearly distinguished from the other members of the cluster.

6.2. Non-centred clusters

Non-centred clusters are not organised round a core term. They tend to articulate a content area mosaic-wise. In some, a clear dimension of variation can be identified, along which the items can be ordered:

mound, hillock, hill, mountain
puddle, pool, pond, lake, inland sea, sea, ocean

Sets like these have the characteristic that adjacent items qualify as synonyms (plesionyms), but more distant items may not. So, for instance, *pool* and *pond*, *pond* and *lake*, and *lake* and *inland sea* are plesionyms, but *puddle* and *ocean* most definitely are not.

Some such clusters are multidimensional, like those referring to short, sharp sounds:

rap, tap, snap, crack, bang, click, tick, knock, pop, thump, thud, etc.

An unknown aspect of synonym clusters is whether (and to what extent) they form discrete 'islands' in the vocabulary, or whether they readily overlap in terms of 'content'.

7. Concluding remarks

Mariana Tuțescu, writing about synonymy, describes it as a '... relation que le sens commun estime claire, mais que les logiciens ne cessent de proclamer cruciante.' (Tutescu 1975). However, as we have seen, it is not only logicians who find problems with the relation. Probably the questions which currently stand in most need of further research are (i) how best to discriminate synonyms lexicographically, (ii) how to characterise plesionymy and (iii) to discover and explain the distribution and internal structure of synonym clusters.

8. Literature (a selection)

Cruse, D Alan, *Lexical semantics*, Cambridge, Cambridge University Press, 1986.

–, *Meaning in language: An introduction to semantics and pragmatics*, Oxford, Oxford University Press, 2000.

Lyons, John, *Semantics*, Cambridge, Cambridge University Press, 1977.

–, *Language, meaning and context*, London, Fontana, 1981.

Oxford Advanced Learner's dictionary, A P Cowie (ed.), Fourth Edition, Oxford, Oxford University Press, 1989.

Tuțescu, Mariana, *Précis de sémantique française*, Paris, Klincksieck, 1975.

Wiegand, Herbert Ernst, Synonymy and its role in monolingual lexicography, In: Immken, Antje/Wolski, Werner (eds.) *Herbert Ernst Wiegand, Semantics and lexicography, selected studies (1976–1996)*, (Lexicographia, Series Maior 97), Tübingen, Niemeyer, 1999, pp. 11–53.

*D. Alan Cruse,
Manchester (United Kingdom)*

XIV. Lexikalische Strukturen auf der Grundlage von Sinnrelationen II: Exklusion und Opposition, Ableitungsbeziehungen

Lexical structures based on sense relations II: Exclusion and opposition, derivational relations

61. Paradigmatic relations of exclusion and opposition I: Gradable antonymy and complementarity

1. Introduction
2. Uncommitted antonyms (polar antonyms)
3. Committed antonyms
4. Asymmetrical antonyms
5. Gradable complementaries
6. Lexicalizing subparts of the scales
7. Entailments and implicatures
8. Antonymy in verbs and nouns
9. Significant contrasts involving multiple scales
10. Antonymy in other languages
11. Complementarity
12. Other categories of opposition
13. Creating antonyms morphologically
14. Antonymy in psycholinguistics
15. Conclusion
16. Literature (a selection)

1. Introduction

There are many varieties of antonymy (and opposition), of which the structurally most interesting and complex is gradable antonymy. What all types of gradable antonyms have in common is that they name opposite sections of a scale containing a midpoint or a midinterval. In addition to the scale being divided, there is directionality, indicated by comparative structures and modifiers such as *very*, which will move an expression towards the ends, and *somewhat* which will move it toward the middle.

$$\leftarrow \text{very} \quad\quad M \quad\quad \text{very} \rightarrow$$
$$\text{somewhat} \rightarrow \;\leftarrow \text{somewhat}$$

Fig. 61.1

For example, if we consider the antonyms *tall* and *short*, *taller* and *very tall* place the referent farther away from the middle point or middle interval than *less tall* and *somewhat tall*. The same is true of *shorter* and *very short*.

2. Uncommitted antonyms (polar antonyms)

The most typical antonyms are those that Cruse (1976) has termed *uncommitted* and Bolinger (1977) has called *unbiased*. This set is not the largest numerically in English, and it tends to apply to objectively measurable predicates, such as size, age, and weight. Uncommitted antonyms have the following properties:

(a) There are symmetrical entailments, such that *A is X-er than B* entails that *B is Y-er than A*, where *A* and *B* are antonyms. For example, *Jane is taller than Mary* entails that *Mary is shorter than Jane*.

(b) When the comparative is used, it does not entail the presence of the property named. *A is X-er than B* does not entail *A is X*. The same is true for the antonym. For example, *Jane is taller than Mary, but both are short* and *Mary is shorter and Jane, but both are tall* are both acceptable sentences.

(c) One member of the pair is unmarked and the other is marked. The unmarked member can be neutralized in questions of certain sorts. For example *How tall is Jane?* makes no assumption that Jane is tall. *How old is Bill?* does not assume that Bill is old. In contrast, the marked member presupposes a given property. *How short is Jane?* and *How young is Bill?* assume that Jane is short and Bill is young.

(d) In a few cases there are morphologically related nouns in which the contrast is neutralized, and it will be the unmarked member of the pair: *length, breadth, height, width, depth,* and *strength*. The sentence *The height of the ceiling is unusual* does not presuppose that the room is high. By contrast, nominalizations of the marked terms are always biased. *The lowness of the ceiling surprised me* assumes a low ceiling. This property of a neutral noun is very limited. In fact, most nominalizations presuppose the presence of the property named.

(e) In a small number of cases there is an amount phrase with the structure Amount Measure Adjective, eg. *six feet tall, nine inches deep, twelve years old*. Only the unmarked member of an antonymous pair can occur in this frame. *This table is six feet short* cannot be used to mean 'This table is six feet and it is short'; it can only mean 'This table is six feet shorter than it should be'.

Property (e) is also highly limited, applicable largely to linear measures, with a few exceptions: *The army was 60,000 men strong, The child is eight years old, The woman is three months pregnant, The glass is half full/empty, He arrived five minutes late/early*.

M. Murphy (1996) shows that the limitation is due to pragmatic factors. Measure adjectives occur only where the adjective alone would be ambiguous. *The table is three feet* could be a measure of length, width, or height.

(f) Polar antonyms have a middle interval where neither member of the pair applies; in other words, we can say *X is neither tall nor short – but somewhere in between*. The middle interval is designated by a general expression, such as *medium* or *in between*. Occasionally this region is lexicalized, as with *tepid* or *lukewarm* on the temperature scale, but only for liquids.

(g) Polar antonyms typically denote quantities, with the marked member denoting less and approaching zero if there is an interval scale. Figure 61.2 presents the absolute scale that can also be used for at least many of these adjectives.

```
0           marked    M    unmarked→
------------------------------------>
                 x-ness
```

Fig. 61.2

The unmarked member denotes more of a quantity. For example, *big* is more and *small* is less. But something has to have some size to be small. If there is an interval scale beginning with zero, ratios are possible only with the unmarked member of the pair. *Twice as tall, wide, old, deep* make sense and are grammatical; *twice as short, narrow, young, shallow* are unacceptable and puzzling unless used metaphorically, as in *When the boss frowns at me I feel small, but when he yells at me, I feel twice as small*.

(g) Both members of polar antonym pairs can be modified by intensifiers and hedges like *very* and its synonyms (*extremely, exceedingly*) and *not very, somewhat*, etc. But neither sounds entirely felicitous with intensifiers like *absolutely*. Even when the marked member approaches zero extension, *absolutely small* is odd, compared to *absolutely minuscule*. Likewise, *absolutely big* is unacceptable, although *absolutely gigantic* is fine.

3. Committed antonyms

In the case of committed antonyms (Cruse, 1977), we do not find the kind of neutralization discussed above. Moreover, it is not as obvious what the relevant scales are, and often an adjective can have more than one antonym. For example, *happy* can be contrasted with both *unhappy* and *sad; graceful* can be opposed to either *clumsy* or *awkward*. For this reason, Cruse (1986: 211) has proposed that we are dealing with two related scales rather than a single one.

(a) In committed antonyms both members of the pair are biased, and the entailments found with polar antonyms do not hold. Examples of committed antonyms are *beautiful – ugly, ferocious – meek, hot – cold, pungent – bland,* and *graceful – clumsy*. Therefore, we do not accept entailments of the form, *If A is X-er than B, B is Y-er than A*. For example, *Helen is more beautiful than Martha* does not entail *Martha is uglier than Helen*. Nor would we say *Helen is more beautiful than Martha but both are ugly* or *Martha is uglier than Helen but both are beautiful*.

(b) Like polar antonyms, there is usually a middle interval where both members can be rejected on the appropriate scale, e. g. *As a dancer Sam is neither graceful nor clumsy – he's just average*.

(c) Usually one member of a pair of committed antonyms has a positive connotation while the other has a negative one. However, these norms are easily overridden by pragmatic factors. For example, *beautiful* is positive and *ugly* negative, but a film producer looking for an ugly person to play a role in a film would attach a positive value to ugliness for this purpose. There are also other contextual and cultural norms involved; *aggressive* is positive in some contexts and negative others.

(d) Like the polar antonyms, usually one member of the pair is more neutral in question than the other, and this is usually the same member as the one with the positive connotation, if there is one. For example, compare the questions in (1) and (2):

(1a) How happy is Jack?
(1b) Is Jack happy?
(2a) How unhappy is Jack?
(2b) Is Jack unhappy?

The questions in (1) are certainly more neutral than those in (2), even if they are not as neutral as the unmarked member of polar antonyms.

(e) Most of the pairs of the antonyms have no objective measurement scale. Although it is possible to use expressions involving ratios, such as *twice as X* or *half as X*, these expressions are to be taken non-literally, and therefore, they can be used for both members of the antonymous pair, eg. *Sue is twice as beautiful as Hannah; Frank is twice as ugly as Morris*. However, the interpretation is simply 'more'.

4. Asymmetrical antonyms

A third class of antonyms show asymmetrical entailments (Cruse, 1980, 1986). Antonyms in this class include *good – bad, intelligent – unintelligent, clever – stupid*, and *healthy – unhealthy (sick)*.

(a) One member of the pair is neutral, the other is committed. One can say *Joan's novel is better than Nan's novel, but both are bad*, but not *Nan's novel is worse than Joan's novel, but both are good*. That is, A can be better than B without being good, but it can't be worse than B without being bad. Similarly, *Nan's novel is worse than Joan* entails *Joan's novel is better than Nan's*, but the converse entailment does not hold. *Joan's novel is better than Nan's* does not entail *Nan's novel is worse than Joan's*.

(b) One member of the pair is neutral in questions. *How good was the movie? and Was the movie good?* are uncommitted, unlike the other member of the pair, *How bad was the movie and Was the movie bad?*, which presuppose that the movie was bad.

(c) One member of the pair is evaluatively positive, and the other is negative. *Clever, beautiful*, and *good* are positive while their antonyms, *stupid, ugly*, and *bad* are negative.

(d) In this asymmetrical class antonyms differ with respect to whether there is a middle interval where neither term applies or simply a middle point. *Good – bad* and *clever – stupid* have midintervals, so we can say *That movie was neither good nor bad, just average*; or *John isn't clever or stupid, he's just average in intelligence*.

5. Gradable complementaries

There is subclass of asymmetrical antonyms, which Cruse (1986: 202) calls *gradable complementaries*, with a midpoint, but no midinterval. In other words, the two terms exhaust the scale. Exemples are *clean – dirty, healthy – sick, safe – dangerous, pure – impure, accurate – inaccurate*.

(1) Comparisons and entailments are asymmetrical. *A is cleaner than B, but both are dirty* is acceptable, but not *B is dirtier than A, both are clean*. *Dirtier* entails *dirty*, whereas *cleaner* does not necessarily entail *clean*. Also *B is dirtier than A* entails *A is cleaner than B*, but the inference does not necessarily hold in the opposite direction.

(b) One member of the pair is neutral is questions. *How clean was the room?* and *Was the room clean?* are neutral, whereas *How dirty was the room?* and *Was the room dirty?* presuppose a dirty room.

(c) One member of the pair is clearly positive (*healthy, pure, accurate, safe*) while the antonym is negative.

(d) Since there is no midinterval, it is infelicitous to say *A is neither healthy nor the least bit sick either* or *This report is neither accurate nor inaccurate, but somewhere in the middle*. Speaker's intuitions vary on this point because a structure with a midinterval can be forced on a complementary one, but this requires the hearer to make appropriate semantic and pragmatic judgements. For example, *A is neither healthy nor sick, but in between* can be interpreted as 'A is recovering from an illness and is no longer sick, but she still is not feeling energetic'.

(e) With gradable complementaries and possibly some of the other asymmetrical antonyms, the committed (biased) member, (the one which is not neutral in questions) denotes more of a property, while the uncommitted one denotes less. Lyons (1977: 279) calls these oppositions *privative*. In fact, there is a theoretical zero point. This fact contrast with the polar antonyms discussed above, where it is the uncommitted member (*big, tall, deep*) which denotes more. *Clean* is the absence of dirt, not the presence of some property. *Accurate* is the absence of mistakes, but *inaccurate* denotes the presence of errors.

(f) The positive and uncommitted member of the pair can be modified by intensifiers like *very* and *absolutely*, whereas the committed and negative member can only be modified naturally by *very* and its synonyms. Thus one can say *very accurate* and *absolutely accurate* or *very clean* and *absolutely clean* whereas the antonyms *absolutely inaccurate* and *absolutely dangerous* sound odd to many speakers.

(g) For most pairs of antonyms, proportional modifiers like *twice as* and *half as* are possible, but the interpretation is nonliteral. *Politician X is twice as bad/good as politician Y* is not a literal measure of goodness or badness. Even in the case of terms for which scales have been devised, such as intelligence, the scales do not have a zero point. *Bess is twice as smart as Ann* is to be interpreted as 'Bess is much more intelligent than Ann'. Where interval scales with a zero exist, eg. accuracy, purity, perfection, with conventional numerical units, then *twice as* could be interpreted literally, but need not be. For example, *Bess's test was twice as inaccurate as Ann's* could mean 'Bess's test has twice as many errors as Ann's. However, *Ann's test was twice as accurate as Bess's* is still puzzling. Does it mean that Ann made half as many errors as Bess?

6. Lexicalizing subparts of the scales

Occasionally there are inner and outer antonyms on the same scale; and very frequently there are words for naming the 'ends' of scales. One scale with inner and outer antonyms is the temperature scale.

hot	warm	(tepid)	cool	cold
←		M		→

Fig. 61.3

Warm and *cool* act like polar antonyms, whereas *hot* and *cold* are both committed. For example, *The coffee is warmer than the tea* entails and is entailed by *The tea is cooler than that coffee*. Similarly, we can say *The coffee is warmer than the tea, but both are cool* and *The tea is cooler than the coffee but both are warm*. These criteria fail with *hot* and *cold*. Eg. **The coffee is hotter than the tea but both are cold*.

The *beautiful – ugly* scale also has inner antonyms: *pretty* and *homely* and also *attractive – unattractive*. There are however, distributional and collocational restrictions on words in this scale. The reason for this is that although the scale may be linguistically unidirectional, in terms of application of words to the world it involves many possible, different properties. In addition, each word has a range of senses that are not entirely parallel.

It is very common to have several words which lexicalize the linguistic ends of the scale. For example the *big* end of the size scale is lexicalized by *huge, gigantic, elephantine, colossal*, etc., the latter three being derivations of nouns denoting very large objects. At the *little* end there is *wee, tiny,* and *minuscule*. The value scale includes *fine, great, excellent*, and *super* at the *good* end and *terrible, horrible, awful* among other expressions, at the *bad* end. The *clean – dirty* scale names the ends with *spotless* and *filthy*. The words at the ends of a scale constitute partial synonyms, which differ in terms of connotation and collocation.

The kinds of intensifiers used reflect the place of a word on a scale. *Very, somewhat* and their synonyms can be felicitously used for inner expressions (*very warm, somewhat cool, very attractive*). *Absolutely* is most felicitous with expressions at the ends of the scales: (*absolutely spotless, absolutely huge*). Although it is perfectly meaningful to say *Both the Burgundy and the Bordeaux were excellent, but the Burgundy was more excellent than the Bordeaux*, the sentence is more natural with *better* in place of *more excellent*. Apparently, words at the far ends of scales tend to lose their gradability and denote absolute properties.

Kennedy (2001), Hay *et al* (1999) and Kennedy and McNally (1999) examine event structure and telicity to explain the distributional properties of scalar and oppositional terms.

Occasionally there are specific words for the middle interval. The temperature scale is unusual in having lexical items naming the middle interval, *tepid* and *lukewarm*, although these terms are restricted to liquids. When used literally, *the coffee is more tepid/lukewarm than the tea* does not have any standard interpretation, showing that these words indeed name the middle, not any part of the warm or cool scale. However, the conventional metaphorical use of *lukewarm*, as a evaluative word, must be placed with *cool*, in spite of its morphology. *Critic A's review the book was more lukewarm than critic B's* means that A's review was *cooler* = 'less positive, more negative' than A's.

7. Entailments and implicatures

When there are inner and outer antonyms, we can specify the relationships among the items. Anything on one side of the middle interval or middle point is the opposite (antonym) of anything on the other side and entails its negation. Lehrer and Lehrer (1982) used the label *perfect antonyms* for pairs that occupy analogous portions of the opposite sides of a scale and *imperfect antonyms* in other cases. For example *hot* and *cold* are perfect antonyms, as are *warm* and *cool*, while *hot* and *cool* and *warm* are imperfect antonyms.

A sentence asserting the property denoted by any member of an antonymous scale entails the negation of any word on the other side of the midpoint or midinterval. For example, *X is hot* entails *X is not cool, X is not cold, X is not freezing*, etc. Similarly, *Y is cool* entails *Y is not hot, Y is not warm, Y is not boiling*. However, what kind of semantic relationship exists between *hot* and *warm* and between *cold* and *cool*? There seems to be a contrast, in that *X is cold* implies *X is not cool* and vice versa, but is this implication one of entailment? Horn (1972) and Gazdar (1979) argue that *X is cool* implicates *X is not cold* but does not entail it. The relevant principle here is "Say the strongest thing for which you have evidence" (Grice, 1975). Since *X is cold* is stronger than *X is cool*, a speaker uttering *X is cool* would not be speaking falsely if in fact X is cold; he could only be accused of speaking in a misleading way. With this analysis, the implicature can be canceled by explicit denial, and it is acceptable to say *X is cool – in fact X is cold*. This analysis is controversial and some speakers find that *cold* and *cool* as well as *hot* and *warm* are incompatible.

The word that names the scale from the middle to the end serves as a superordinate to the words at the end of that sclae. Consider the relationship of *good* and *excellent* (and synonyms of excellent). *X is excellent* entails *X is good*, but the converse is not the case, since something can be good without being excellent, and explicit denial is possible: *X is not excellent – it's only good*. Apparent contrasts, as in *That movie wasn't good, it was excellent* can be best treated as cases of metalinguistic negation (Horn 1989), where the speaker is not denying the property of goodness, only rejecting the word as not strong enough.

8. Antonymy in verbs and nouns

Although the prototypical part of speech in which we find antonyms is adjectives along with some manner adverbs (Miller & Fellbaum, 1991), similar structures can be found in verbs. One example is *love* and *hate*, with an inner pair of antonyms *like* and *dislike* and strong words at the end *adore* and *despise*. This scale also has an expression for the middle interval, namely *indifference*. We find similar entailments. *Jack adores Barbara* entails *Jack loves Barbara. Only* and *not only* operate with such verbs as they do with adjectives (Horn 1989).

(3) I don't love ice cream, I only like it.
(4) I not only dislike beer, I loathe it.

What complicates the *love-hate* scale is that it is probably a multidimensional scale rather than a single dimensional one. There are many different ways in which one can love, like, dislike, or hate someone or something.

The major types of nouns that are likely to enter into scaler antonymous relations are nominalizations of antonymous adjectives or semantically (and sometimes morphologically) related nouns. Examples are *happiness – sadness, unhappiness; intelligence – stupidity; breadth – narrowness, aggression – timidity, heat – cold, distance – nearness*, and *speed – slowness*. However, there are also antonymous pairs of nouns, such as *advantage* and *disadvantage* that serve as the basis for their respective adjectives *advantageous* and *disadvantageous*. And finally there are mixed pairs where one member of the antonym set has a noun base and the other an adjectival base, eg. *beauty – ugliness*.

9. Significant contrasts involving multiple scales

The notion of opposition is broader than that of antonymy and includes a variety of significant contrasts, some scaler, some nonscaler. In the semantic field of taste words, we find as basic taste words *sweet, sour, bitter*, and *salty*. On one analysis they are simply co-hyponyms of a superordinate term *taste*. However, another analysis contrasts *sweet* with the other three on three different gradable scales, each with somewhat different collocations:

(5) sweet – bitter [taste, personality, success-defeat]
sweet – sour [taste personality, expression, milk]
sweet – salty [taste, bodies of water, butter]

In many cases there are clusters of synonyms that can be opposed to another cluster of synonyms, and it looks like a multiplicity of scales are involved. For example, *nice* can be opposed to *nasty, naughty, rude, unpleasant*, and other words, while *naughty* can be opposed to *good, well-behaved, decent* and other words as well as *nice*.

10. Antonymy in other languages

Cruse (1992) has investigated committedness in English, French, Turkish, Macedonian, Arabic, and Chinese for sample antonyms. For 'longer' and 'shorter' all languages allow an impartial or uncommitted use. For 'better' and 'worse' all languages except Macedonian show the asymmetry found in English: the words translated as 'better' have an uncommitted use, while those translated as 'worse' are committed to the property of badness. In French *chaud* 'hot' and *froid* 'cold' are both uncommitted, in Turkish only the word *sicak* 'hot' is committed, and in Macedonia, neither temperature term is committed. (It is possible that no antonyms in Macedonian are committed).

In comparing languages with respect to neutralization, all six language show that 'long' and 'good' are impartial in questions and nominalizations, eg. 'The length of the table is one meter' and 'Is the book good?' in contrast to biased questions like 'The shortness of the table surprised me' or 'Was the book bad?' Both antonyms in the temperature pair are committed in all languages except Turkish where the translation for 'hot' can be impartial.

Cruse notes that possibilities for neutralization of nominations are more restricted and that there is more similarity among the six languages than for comparatives. He also proposes an implicational hierarchy for impartiality, where if a word is uncommitted at any point in the hierarchy it is also uncommitted for all points above. [L = 'long', S = 'short', G = 'good', H = 'hot']

Table 1: (Cruse, 1992: 304)

	English	French	Turkish	Arabic
comparative	L,S,G	L,S,G	L,S,G,H	L,S,G
as X as	L,G	L,G	L,S,G,H	–
not as X as	L,G	L,G	L,G,H	–
less X than	G	L,G	–	–

11. Complementarity

Complementary antonyms (also known as contradictories) involve a special case of incompatibility holding over a set of two. The domain is divided exhaustively, so that if the domain is applicable, the following entailments hold: If A and B are complementaries, A entails not B and not A entails B. Similarly, B entail not A and not B entails A.

Examples include *dead – alive, married – single, licensed – unlicensed,* and possibly *male – female*. As can be seen, these term are restricted to certain universes of discourse, such as the domain of living things, of humans eligible to marry, or of animals (and a few plants) that are unisexual.

Although it is sometimes possible to convert these antonyms into gradables, it requires special contexts or stories to construct a plausible interpretation. *Henry is neither single nor married* could mean that he is in the process of getting a divorce that is not yet final, that he has a common-law wife but lives in a place where common-law marriages are not recognized, or that he is in the middle of a marriage ceremony.

Similar accounts can be constructed for *dead* and *alive*. *X is deader than Y* requires special work to interpret:

"If someone says to us Is X still alive then? and we reply Very much so or And how!, we are not thereby challenging the ungradability of 'dead': 'alive' in the language-system. What we are grading, presumably, are the various secondary implications, or connotations." (Lyons, 1977, p. 278).

12. Other categories of opposition

Mettinger (1994) distinguishes between systematic and nonsystematic opposition (a distinction which is tangential to gradable vs. non-gradable antonyms). Systematic oppositions are hyponyms of a superordinate. Eg. *boy* and *girl* are contrasting lexemes, which are hyponyms *child*, and the semantic feature that distinguishes them is, of course, sex. Nonsystematic opposition relies on world knowledge and pragmatic information. Many of Mettinger's examples rely on the contrasts established in particular texts: *theory* vs. *practice; living by one's wits* vs. *living by one's looks; cat* and *mouse; venial sin* vs. *mortal sin; life* and *literature; heaven* and *earth*.

Directional opposition "both deictic and non-deictic ... is all pervasive in both the grammatical and the lexical structure of languages" (Lyons, 1977: 281), and it involves location, motion, and changing states. Examples of such antonyms are *up – down, come – go, arrive – depart, left – right, front – back, marry – divorce, remember – forget,* and *to – from.*

A further distinction drawn by Lyons (1977: 282–283) is that between *orthogonal* and *antipodal* opposites. If we consider the set of directions *north, east, south, west, north* is antipodally (diametrically) opposed to *south* and orthogonally opposed to *east* and *west.* Antipodal opposition can be applied to some color terms; certainly *black* and *white,* but also *red.* vs. *green* and perhaps *blue* vs. *yellow.*

13. Creating antonyms morphologically

It is common for languages to have productive derivational morphemes to produce antonyms. English has five negative (antonymy creating) prefixes: *un-* from Germanic, the most productive prefix, *in-* (and various allomorphs), *non-* and *dis-* from the Latinate vocabulary, and *a-* from Greek.

Both *un-* and *in-* can produce contradictories and contraries (gradable) antonyms (Jespersen, 1917: 144; Zimmer, 1964: 21). *Mortal – immortal, true – untrue,* and *licensed – unlicensed* are contradictories, while *wise – unwise, intelligent – unintelligent,* and *happy – unhappy* are gradable, committed antonyms.

Although *un-* is the most productive of these affixes and has been displacing *in-* (Zimmer, 1964), there are interesting restrictions on its application. First, it does not attach to simple words that have negative connotations. Words like **uncruel, *unsick,* and **unstupid* are rejected, whereas *unkind, unwell,* and *unintelligent* are normal. Secondly, *un-* does not attach to many common positive and neutral adjectives, either, so that words like **ungood, *unnice, *unrich* and **untall* are also unacceptable. Although *un-* attaches quite freely to stems with deverbal suffixes, especially *-able* and the participles *-ing* and *-ed* (OED, Zimmer, 1964; Horn, 1989: 277)), it will not attach if the stem already has another negative prefix, eg. **undishonest, *undisagreeable,* or **undiscourteous.*

Non creates complementaries, and therefore, antonymous pairs with *non* are not gradable. *Nongrammatical sentences* are the complement of *grammatical sentences.* Compare the following: *Sentence A is more ungrammatical than sentence B;. *Sentence A is more nongrammatical than sentence B.* Zimmer (1964: 34) notes that most of the *non-* derivatives listed in Webster's International Dictionaries have neutral stems, with a few negative ones, eg. *nonmalicious.* A more recent use of *non,* noted by Algeo (1971), is a voguish and pejorative use, which attaches to nouns, with the meaning 'possessing the superficial form but not the values of'.

The prefix *a-* (*an-*) is very limited, applying to neutral bases and producing complementaries (Zimmer, 1964: 27). Examples are *amoral, asexual, ahistorical,* and *acaudal* 'having no tail'. The OED suggests that its sense parallels that of the suffix *-less.*

Dis- is also of limited productivity, attaching to items in the Romance vocabulary. This prefix can create contradictories (*discontinuous*) or contraries (*disrespectful, discourteous*) (Zimmer, 1964: 28).

Blocking, a phenomenon where the existence of a word with a particular meaning, prevents the creation of an exact synonym, explains why one does not find **injust* or **unjustice. Un-* and *in-* have the same meaning, but *non* has a different sense. Therefore, one finds doublets with *non* and *un-* (or *in-*) because the *un-* creates gradable antonyms while *non* does not, and there is a difference of meaning with such doublets, such as, *nonprofessional'* anyone who is not a professional' vs. *unprofessional* 'one who does behave the way a professional is expected to behave'. One finds also a few doublets with *dis-* and *a-: distasteful* vs. *untasteful* and *immoral* vs. *amoral* (Zimmer, 1964: 28–9).

A word may have more than one antonym, one lexical and another morphological:

happy – unhappy, sad
interested – uninterested
(disinterested), bored

(The semantic contrast between *disinterested* and *uninterested* has been lost to most young speakers in the US, and *uninterested* is not in their vocabulary).

healthy – unhealthy, sick

In most of these cases, the morphological antonym will have a more general meaning than the lexical antonym. For example, one can be unhappy in various ways, by being sad, angry, or depressed. *Bored* lies farther from the middle of the *interest* scale than does *uninterested* and can be considered a hyponym. In the case of *unhealthy* and *sick,* as with most synonyms, the two words have distributions that only partially overlap: *That man is unhealthy, sick.; Smoking is unhealthy, *sick; That joke is sick, *unhealthy.*

Zimmer (1964) has investigated morphological negation in other languages and has found morphological elements which create antonyms to be widespread, although not universal. Zimmer found negative affixes in English, French, German, Russian, Chinese, Finnish, Japanese, Thai, and Yoruba, but not in Arabic, Hungarian, Ilokano, Kabardian, or Tamil.

14. Antonymy in psycholinguistics

Antonyms, especially polar antonyms, have played a large role in psycholinguistic research. Osgood, Suci, and Tannenbaum (1957) used antonymous scales to measure responses to many stimuli, including words. Factor analysis revealed that evaluation (*good-bad*), potency (*strong-weak*), and activity (*active-passive*) are three important scales that organize the responses of the subjects. Although the Osgood, Suci, and Tannenbaum concept of meaning does not correspond to that of linguists or philosophers, it provides information on connotation and affect.

Deese (1964, 1965), using word association tasks, found that with respect to frequent adjectives, each member of an antonym pair elicited the other, and he concluded that antonymy is a central principle for organizing semantic memory for adjectives (1965: 111).

More recent work that builds on this conclusion can be found in Charles & Miller (1989), Gross, Fischer, & Miller (1989), and Miller & Fellbaum (1991). Gross, Fischer, & Miller propose that "predicate adjectives are organized in semantic memory in clusters of synonymous (or near synonymous) terms and that pairs of clusters are held together conceptually by bipolar attributes". For example, *wet* clusters with *moist, soggy, damp*, and *waterlogged*, while *dry* clusters with *arid, baked, parched, dehydrated* and *thirsty*. Each cluster is connected by the relationship of antonymy. These researchers also distinguish between direct and indirect antonyms. Direct antonymy is a relation between pairs of words, eg., *big* and *little*, or *large* and *small*, whereas indirect antonymy is mediated by the semantics of similarity, eg., by the synonymy of the clusters. Therefore *small* (and *tiny, minuscule*, etc.) are indirect antonyms of *big*. Evidence for this distinction is supported by tasks showing that response times for identifying direct antonyms is faster than for indirect ones and error rates are lower (Gross, Fisher, & Miller, 1989). Juteson & Katz (1991) examined the Brown Corpus to see how often antonyms co-occur in the same sentence. Using 35 antonym pairs from Deese, they found that 25 of these pairs occurred together more frequently than would be expected by chance.

The conclusion that some antonyms are lexical (as well as conceptual) and that others are only conceptual has been challenged by G. Murphy & Andrew (1993) and M. L. Murphy (1996, 2000), who argue that all antonymy is conceptual. Murphy & Andrew argue that one should find little influence of context with direct antonyms. However, when subjects were asked to find the opposite of words in noun phrase contexts, for example, to give the opposite of *fresh* in different contests. eg. _____ *shirt*, vs. _____ *water*, there was little consistency in selecting the same antonym. Subject selected the same antonym only 34 percent of the time on 14 pairs of antonyms. M. Lynne Murphy (1995: 65–78) suggests that the explanation for apparent lexical association is that if we examine the range of meanings of size words, *big* and *little* have corresponding senses in domains where *large* and *small* are not found and vice versa. In addition, there are differences in register as well between the two pairs of antonyms.

However, lexical antonymy is a plausible relation for explaining interpretations of novel uses some words in appropriate contexts. For example, in isolation *cold car* is interpreted as a car that is cold to touch or one whose engine has been off. But in a sentence context like *He traded his hot car for a cold one*, two more senses emerge, based on conventional senses of *hot*: (1) 'he traded his fast, sporty car for an ordinary one, like a sedan' and (2) 'he traded his stolen car for a legally acquired one'.

15. Conclusion

We see that gradable antonyms and complementaries are important and basic lexical-semantic relations, apparently found in all languages. Raybeck and Hermann (1990, 1996) find strong evidence for opposition cross-culturally, and moreover they find it to be one of the most stable of the semantic relationships they investigated. (However, they examined only complementaries, reversives and directional opposites in their studies).

There are various subtypes of gradable antonyms, each with a slightly different set of inferences. Polar antonyms are the prototypical types of antonyms, although they are numerically the smallest. The markedness properties associated with pairs of antonyms are all found in this subset, and it is easy to decide which member of a pair is the unmarked one. However, with committed antonyms, the notion of markedness is hardly applicable.

16. Literature (a selection)

Algeo, John (1971): The voguish uses of non. In: *American Speech* 46, 87–105.

Bierwisch, Manfred; Ewald Lang (1987): *Grammatische und konzeptuelle Aspekte von Dimensionsadjektiven*. Berlin (Studia Grammatica 26–27).

Bolinger, Dwight D. (1977): *Neutrality, norm, and bias*. Bloomington: Indiana University Linguistics Club.

Charles, Walter/G. George A. Miller (1989): Contexts of antonymous adjectives. In: *Applied Psycholinguistics* 10 (3), 357–375.

Cruse, D. Alan (1976): Three classes of antonym in English. In: *Lingua* 38, 281–92.

–, (1980): Antonyms and gradable complementaries. In: *Perspektiven der lexikalischen Semantik. Beiträge zum Wuppertaler Semantikkolloquium vom 2.–3. Dezember 1977*. (Hrsg. D. Kastovsky). Bonn: Bouvier 1980, 14–25.

–, (1986): *Lexical Semantics*. Cambridge: Cambridge University Press.

–, (1992): Antonymy revisited: Some thoughts on the relationship between words and concepts. In: *Frames, fields, and contrasts: New essays in semantic and lexical organization*. (eds. A. Lehrer/E. F. Kittay). Hillsdale, NJ: Lawrence Erlbaum & Associates, 289–306.

Cruse, D. Alan; Pagona Togia (1995): Towards a cognitive model of antonymy. In: *Lexicology* 1 (1), 113–141.

Deese, James (1964): The associative structure of some English adjectives. In: *Journal of Verbal Learning and Verbal Behavior* 3, 347–57.

–, (1965): *The Structure of associations in language and thought*. Baltimore: John Hopkins Press.

Gazdar, Gerald (1979): *Pragmatics: Implicature, presupposition, and logical form*. New York: Academic Press.

Grice, H. Paul (1975): Logic and conversation. In: *Syntax and semantics 3: Speech acts*, (eds. P. Cole/J. L. Morgan). NY: Academic Press 1975, 41–58.

Gross, Derek/Ute Fischer/George A. Miller (1989): The organization of adjectival meanings. In: *Journal of Memory and Languages* 28, 92–106.

Hay, Jennifer/Christopher Kennedy/Beth Levin (1999). Scalar *structure underlies* telicity in 'degree achievements'. In: *The Proceedings of SALT* 9

Horn, Lawrence (1972): On the Semantics of Logical Operators in English. Unpublished ULCA dissertation. Los Angeles. Also 1974, Bloomington: Indiana University Linguistics Club.

–, (1989): *A Natural history of negation*. Chicago: University of Chicago Press.

Jespersen, Otto (1966): *Negation in English and other languages*. (2nd edition) Copenhagen: Ejnar Munksgaard.

Juteson, John S./Slava M. Katz (1991): Co-occurrences of antonymous adjectives and their context clues. In: *Computational Linguistics* 17 (1), 1–19.

Kennedy, Christopher (2001): Polar opposition and the ontology of 'degree'. In: *Linguistics and Philosophy* 24: 33–70.

Kennedy, Christopher/Louise McNally (1999): From *event stucture* to scale structure: Degree modification in deverbal adjectives. In: *The Proceedings of SALT* 9.

Lang, Ewald (1995): Das Spektrum der Antonymie. In: *Die Ordnung der Wörter* (Hrsg. G. Harras). Berlin/NY: de Gruyter 1993, 30–98.

Lehrer, Adrienne (1985): Markedness and antonymy. In: *Journal of Linguistics* 21, 397–421.

Lehrer, Adrienne/Keith Lehrer (1982): Antonymy. In: *Linguistic and Philosophy* 5, 483–501.

Lenz, Barbara (1991): Un-Affigierung im Lexikon. Theorie des Lexikons, (Arbeitspapier des Sonderforschungsbereichs Nr. 9). Düsseldorf/Wuppertal.

Lutzeier, Peter R. (1995): *Lexikologie*. Tübingen: Stauffenberg.

Lyons, John (1963): *Structural semantics*. Oxford: Blackwell.

–, (1977): *Semantics*, Vol. 1. Cambridge: Cambridge University Press.

Mettinger, Arthur (1994): *Aspects of Semantic Opposition in English*. Oxford: Clarendon Press.

Miller, George A./Christiane Fellbaum (1991): Semantic networks of English. In: *Lexical and conceptual semantics* (eds. B. Levin; S. Pinker). Amsterdam: Elsevier Science Publications 1991, 197–229.

Murphy, Gregory/Jane A. Andrew (1993): The conceptual basis of antonymy and synonymy in adjectives. In: *Journal of Memory and Language* 32, 301–19.

Murphy, M. Lynne (1996): Why adjectives occur (or don't) in measure phrases. Paper read at the Linguistic Society of America Meetings, December, 1996. (Unpublished) Johannisburg, South Africa.

–, (1995): In Opposition to an organized lexicon. Pragmatic principles and lexical semantic relations. Unpublished PhD dissertation, University of Illinois, Urbana-Champaign.

–, 2000. Knowledge of words versus knowledge about words: the conceptual basis of lexical relations. In: *The Lexicon/Encyclopedia Interface.* (Ed. B. Peeters). Amsterdam: Elsevier, 317–48.

Osgood, Charles E./G.J. Suci/P.H. Tannenbaum (1957): *The measurement of meaning.* Urbana, IL: University of Illinois Press.

Raybeck, Douglas/Douglas Herrmann (1990): A cross-cultural examination of semantic relations. In: *Journal of Cross-Cultural Psychology,* 21, 452–473.

–, (1996): Antonymy and semantic relations: the case for a linguistic universal. In: *Cross-Cultural Research* 30(2), 154–183.

Sapir, Edward (1944): On grading: A study in semantics. In: *Philosophy of Science* 2, 93–116.

Zimmer, Karl E. (1964): Affixal Negation in English and Other Languages. Supplement to *Word* 20 (2).

Adrienne J. Lehrer,
Tucson Arizona (USA)

62. Paradigmatic relations of exclusion and opposition II: Reversivity

1. Introduction
2. Formal aspects of reversive oppositions
3. Transitivity
4. Relations with antonymy
5. Restitutivity
6. Polarity
7. Literature (a selection)

1. Introduction

Reversives constitute a fairly well defined subclass of lexical opposites (Cruse 1979, 1986). The following are typical examples: *rise: fall; lengthen: shorten; damage: repair; dress: undress.* The class consists fundamentally of verbs which denote either changes in opposite directions between two terminal states (intransitives) or the causation of such changes (transitives); in some cases, there are derived nominals referring to the processes which can also be considered to be reversives: *rise*(n.): *fall*(n.). Reversive verbs characteristically do not encode any adverbial information concerning the processes of change, such as manner or path of change.

Prototypically, reversives denote changes between two states which form an inherently binary system. The states may be defined relative to one another, or they may be defined absolutely. Reversives based on relatively defined states denote counterdirectional changes in some gradable property, such as length, temperature or speed. They are often formally related to antonymous adjectives, as are, for instance, *lengthen* and *shorten.* Reversives denoting changes between absolute states are typically not related formally to adjectives. The following are examples: *pack: unpack; dress: undress; roll: unroll; tie: untie; screw: unscrew; wind: unwind; mount: dismount; embark: disembark; assemble: disassemble; connect: disconnect; arm: disarm.*

It is not a logical necessity for reversives to involve binary states, but non-binary examples are rare. An example is *evaporate* ("change form liquid state to gaseous state") and *condense* ("change from gaseous state to liquid state"). *Liquid* and *gaseous* are not opposites (i.e. they do not form a binary system) because of the existence of the third term *solid* in the same contrast set.

A test which permits the delimitation (for English) of a fairly coherent set of reversible verbs (that is, verbs which are potential members of a reversive opposition) is the *again*-test. This depends on the possibility of using unstressed *again* without the process denoted by the verb having happened before. Consider the following:

(1a) The spacecraft left the earth's atmosphere.
(1b) Five days later, the spacecraft entered the atmosphere again.
(1c) The alien spacecraft entered the earth's atmosphre.
(1d) Five days later, the spacecraft left the atmosphere again.

The verbs *enter* and *leave* form a reversive pair. In neither (1a) nor (1d) is it presupposed that the process denoted by the verb has happened before. What is presupposed, is that the final states have occurred previously. We may gloss the (relevant) meanings of *enter* and *leave* as follows:

enter X: "change from not being in X to being in X"
leave X: "change from being in X to not being in X".

Notice that in (2), in which an adverbial element falls within the scope of *again*, a repetition of the process is entailed:

(2) The spacecraft left the earth's atmosphere with a damaged rocket engine again.

The same effect occurs if the adverbial element is an integral part of the meaning of the verb. Thus, (3) has a 'first-time' interpretation (for process, but not, of course, for state):

(3) The crazy scientist brought his monstrous creation to life, but immediately killed it again.

Sentence (4), on the other hand, does not have a 'first-time process' reading:

(4) The crazy scientist brought his monstrous creation to life, but immediately drowned it again.

The test works equally well with relative reversives. Thus (5) does not presuppose a previous deceleration, only a previous state of slower motion:

(5) The driver accelerated, then decelerated again.

A pair of reversives, then, are reversible verbs which differ only in respect of direction of change between two states.

2. Formal aspects of reversive oppositions

Reversives may have identical stems or different stems. We shall consider same stem pairs first. The following remarks apply principally to English.

There are two basic possibilities where a pair of reversives share the same stem: either one form is affixed while the other form is unaffixed, or both forms are affixed. In English, with same stem pairs, the affix is always a prefix.

Pairs in which only one member bears an affix are very much in the majority in English. There are two main sub-types. In the major sub-type, the affixed form is deverbal. Reversives of this type typically denote changes between absolute states. The majority of such cases carry the prefix *un-*: *dress: undress; pack: unpack; screw: unscrew; coil: uncoil; tie: untie; fold: unfold*. A minority have *dis-*: *mount: dismount; connect: disconnect; engage: disengage; embark: disembark; appear: disappear*. It is not clear whether there is a semantic difference between *dis-* and *un-*, The results of attempting to coin new forms suggests that there might be. For instance, if one attempts to create a new reversive partner for, say, *improve* or *enhance*, *disimprove* and *disenhance* are infinitely preferable to *unimprove* and *unenhance*. Further research is needed here.

In the second group of mono-affixal pairs the derived form is not felt to be a deverbal derivation, but denominal. In fact, it might be more accurate to say that both members of the pair are denominal, the non-affixed member being zero derived. Reversives belonging to this group, too, denote changes between absolute states. The normal prefix for such items is *de-*: *defrost, delouse, derust, demist*, etc. One or two may have *dis-*: *arm: disarm*.

In the case of items with the prefix *de-*, the non-prefixed verb is often happier with the particle *up*:

(6) If you leave the fridge too long it will frost up /?frost.

(7) As soon as you get into the car the windows mist up /?mist.

In some reversive pairs both verbs carry an affix. These are of various semantic types, and may be absolute or relative reversives. Three main sub-groups can be recognised: (i) *import: export; inhale: exhale*; (ii) *increase: decrease; inflate: deflate; increment: decrement*; (iii) *accelerate: decelerate; attach: detach; afforest: deforest*. Less common patterns are: *progress: regress; revalue: devalue*.

In many reversive pairs, the members have different stems. A quite well-represented pattern is for a pair of verbs to be derived from a pair of antonyms. These are normally relative reversives, although in some cases an absolute interpretation is also possible. Non-zero affixes in such cases are nearly always suffixes (*enrich* is an exception), but zero derivation is quite common, and not predictable. A derivation may be based on the bare adjective, the comparative of the adjective, the related nominal, or a suppletive form may occur: *lengthen: shorten; thicken: thin; quicken: slow; weight: lighten; harden: soften; clean: dirty; widen: narrow; warm: cool; heighten: lower; better: worsen; roughen: smooth; wet/moisten: dry*.

Not all languages have an equivalent to the reversive affixes in English. This is true, for instance, of Turkish and Arabic, where the translational equivalents for *dress: undress* or *tie: untie* are pairs of unrelated forms. Most languages seem to have reversive verbs which are morphologically related to antonymous adjectives.

3. Transitivity

We may presume that the most elementary reversives form a conceptual/semantic point of view are intransitive, since they designate a simple change of state. However, transitive verbs denoting the causation of counterdirectional changes between two states display most if not all the characteristics of reversivity.

Some reversives are intransitive, without a transitive reading. In some cases, as with *rise* and *fall*, the corresponding transitive notion is carried by a separate pair of lexical items, namely, in this case, *raise* and *lower*. Other cases are intransitive orphans, with neither a distinct transitive partner nor a transitive reading, as with *appear: disappear*. Here there is no corresponding transitive pair, although there is no semantic or pragmatic implausibility about such a notion (*reveal* and *hide* are in the right semantic area, but are probably not felt to be close enough in meaning to *appear* and *disappear* to serve as transitive equivalents).

Some reversives are transitive orphans. This is true, typically, of reversives which denote human actions aimed at bringing about effects which are unlikely to happen spontaneously. For instance, there is no true intransitive (as opposed to pseudo-reflexive) reading of *dress: undress* in *Mary dressed/undressed*.

The norm for reversives, provided there is no semantic/pragmatic impediment, or lexically distinct transitive and intransitive forms, is for a reversive verb to function both transitively and intransitively. Of course, in languages like Turkish and Arabic which have morphological ways of signalling causativity, transitive and intransitive forms are normally different.

4. Relations with antonymy

Relative reversives which correspond to a pair of antonyms often show committedness properties parallel to those of the antonyms. For instance, just as *longer* and *shorter* are uncommitted, in that they operate over the whole scale of length, so are *lengthen* and *shorten*. On the other hand, while anything can *improve*, irrespective of its position on the scale of merit, only bad things can *worsen*, thus following the pattern of *better* and *worse*. Interestingly, this is not true of *deteriorate*, which seems to have the same impartial quality as *poor* (in the sense of "poor quality", etc.).

Even the property of (de-adjectival) reversives of being absolute or relative mirrors certain properties of the underlying adjectives. For instance, just as something which is stationary cannot be described as *completely slow*, (that is to say, the end-point of the scale of speed lies outside the denotation of *slow*), the process of *deceleration* cannot cover the notion of coming to a complete standstill. On the other hand, just as *clean* can designate either the complete absence of dirt, or a relatively clean state, the verb *to clean* can either mean *make clean* or *make cleaner*.

5. Restitutivity

Most reversive pairs are logically independent of one another in the sense that the applicability of neither verb presupposes that the other has previously applied. So, for instance, for something to be *lengthened*, it is not necessary for it to have been previously *shortened*, nor vice versa. In many cases there is a more or less strong pragmatic presupposition of the previous occurrence of a counter-directional change, but this is not logically necessary. For instance, one would expect that someone who *disembarked* from a ship had previously *embarked*; however, it is possible that the person in question was born on the ship. A plausible scenario is admittedly less likely in the case of someone *dismounting* from a horse, but again, this is a practical difficulty, not a logical impossibility. On the other hand, there are reversive pairs where one of the members is logically dependent on the other. These are called 'restitutive' reversives. Examples are: *leave X: return to X; damage: repair; remove: replace* (not in the sense of "supplant", but "put back"); *swallow: regurgitate; play: rewind* (video tape); *pawn: reedem; fall ill: recover; lose: recover; stop: resume; pay: reimburse*. In these cases, it is interesting that the dependent item is prefixed with *re-*, even though the words are not fully compositional. In a separate sub-class the dependent items are compositional: *detach: re-attach; dismantle: reassemble*.

6. Polarity

An interesting question arises in connection with reversive pairs in which only one member of the pair carries an affix. The question is this: is it possible to predict on conceptual or semantic grounds which member of the pair will carry the affix? For instance, given two meanings, (a) "put on one's clothes" and (b) "take off one's clothes", and the knowledge that these are carried by a pair of reversive verbs, only one of which bears an affix, is there any reason for expecting (a) to be unaffixed, and (b) affixed (as they are in English)? That there is some sort of semantic motivation is suggested by the fact that *strip: unstrip*, with the affixes reversed, feels not only unfamiliar, but 'wrong' as a lexification of the contrast. Two different answers may be suggested to this question.

We have already seen that reversive verbs denote counter-directional change between two states. If we examine the two states, it is usually possible to identify a relatively dependent state and a relatively independent state (it is pragmatic dependence which is crucial here, not logical dependence). Thus, in general, one has to get dressed before one can get undressed, mount a horse before one can dismount, tie one's shoelaces before one can untie them; and threads have to become entangled before they can be disentangled, and so on. Looking now at reversive pairs, we find that there is a very strong correlation between the dependence of a denoted state and the presence of an affix. Furthermore, the actions or processes denoted by unaffixed verbs are in a sense more basic. They are either natural human actions in that, like dressing, mounting a horse, or tying shoe-laces, they involve the expenditure of energy to bring about humanly desirable states that would not spontaneously come about, or, like rusting or becoming entangled, they are natural processes, in that they supervene spontaneously due to the nature of the physical world.

The other explanation is due to Boons (1984). (Boons' study was of French reversive verb pairs with and without the prefix *de-*, e. g. *charger: décharger, sceller: désceller*, etc. He made no explicit claims as to the generalisability of his results to English verbs. But it is interesting to make the comparison). Boons' characterization of reversivity is similar to the one presented above: reversives are verbs differing only in respect of direction of change between two states. (His terms of reference restrict his scope to what were called above 'absolute reversives', i.e. those involving determinate states). The 'purity' of the reversive relation is guaranteed by requiring that the two verbs have identical selectional restrictions. Boons then distinguishes three types of what he calls 'aspectual polarity': initial, medial and final. These may be illustrated (from outside the domain of reversives) by the verbs *depart, travel* and *arrive*. The verb *depart* has initial polarity, because it implies a determinate starting-point, but does not require a determiate endpoint, *arrive* implies a determinate endpoint, but is uncommitted as to starting point, and hence has final polarity; *travel* implies neither, and illustrates medial polarity.

Using these concepts, Boons makes the following generalisations. First, only verbs with final polarity can have a reversive partner prefixed with *de-*. Second, such a reversive partner always manifests, initial polarity. (Boons' explanation for the infelicity of *strip: unstrip* would presumably be that *strip*, like *undress*, has initial polarity). Let us examine the claim that unprefixed verbs in reversive pairs always show final polarity, and prefixed verbs initial polarity.

The problem is that there are two ways of interpreting a claim that a verb has, say, final polarity. One is that it encodes a definite endpoint of a process or action, but no definite starting point; the other is that the resultant state is the point of or basic reason for the action or process. The first of these would be the more standard view. But this would not yield a perfect correlation with the absence of an affix, since, for instance, the state to which *dress* leads is not obviously more determinate than the state to which *undress* leads. The other interpretation yields a better correlation; but besides being non-standard, it seems to lead to an explanation of the position of the affix which amounts to much the same as the first explanation, at least as far as 'natural human actions' are concerned.

7. Literature (a selection)

Boons, J.-P. (1984): Sceller un piton dans le mur; desceller un piton du mur. *Langue Française*, pp. 95–128.

Cruse, D. Alan (1979): Reversives. *Linguistics, 17*, 957–66.

–, (1986): *Lexical Semantics*. Cambridge: Cambridge University Press.

D. Alan Cruse, Manchester (United Kingdom)

63. Paradigmatische Relationen der Exklusion und Opposition III: Konversivität

1. Vorbemerkung
2. Bedeutungsrelation und Konversivität
3. Lexikalisierte Konversivität
4. Grammatikalisierte Konversivität
5. Konversivität und Sprachgeschichte
6. Literatur in Auswahl

1. Vorbemerkung

Konversivität stellt eine Gegensatzrelation dar, die wie beispielsweise im Falle von *geben* und *nehmen* auf einer unterschiedlichen Betrachtungsweise ein und desselben Verhältnisses beruht. Sie erscheint sprachlich entweder lexikalisiert oder grammatikalisiert; die jüngere sprachwissenschaftliche Bestimmung und Beschreibung dieser Relation erfolgt nach verschiedenartigen Ansätzen. Vor diesem Hintergrund sind im Folgenden zunächst einige grundsätzliche Bemerkungen zu Bedeutungsrelationen und Konversivität im allgemeinen erforderlich; im Anschluss hieran werden lexikalisierte und grammatikalisierte Konversivität sowie Konversivitätswandel unter besonderer Berücksichtigung des Deutschen erörtert.

2. Bedeutungsrelation und Konversivität

Eine Relation ist im vorwissenschaftlichen Verständnis als so etwas wie ein Verhältnis zwischen Gegenständen oder Sachverhalten anzusehen. Im Falle lexikalischer Bedeutungsrelationen handelt es sich somit um das Verhältnis, das zwischen einzelnen Wörtern bzw. deren Bedeutungen besteht; hierbei ist etwa an Über-, Neben- oder Gegenordnungen zu denken. In der modernen Logik wird eine Relation demgegenüber zunächst extensional als eine Menge geordneter Paare (bzw. Tripel, Quatrupel usw.) von Elementen (den sog. Fundamenten) verstanden; sie wird beispielsweise als R (x, y), R (x, y, z) usw. notiert (vgl. Ebbinghaus 1979, 34–54; Menne 1991, 138–156). Eine solche Relation kann intensional hinsichtlich der Art und Weise ihrer Ordnung interpretiert werden. Eine (zweistellige) lexikalische Bedeutungsrelation ist hiernach dann als eine Menge geordneter Paare von Wörtern bzw. Wortbedeutungen aufzufassen, die intensional jeweils durch dieselbe semantische Interpretation als einander zum Beispiel über-, neben- oder gegengeordnet aufgefasst werden.

Unter Konversivität wird im vorwissenschaftlichen Verständnis so etwas wie ein Gegensatz verstanden, der in verschiedenen Blickrichtungen auf ein und dieselbe Erscheinung besteht: Wenn eine Person beispielsweise einer anderen Person ein Geschenk überreicht, so ist diese Handlung aus Sicht der ersten Person als geben, aus Sicht der zweiten Person hingegen als nehmen aufzufassen, wobei die erste Person dementsprechend als Geber und die zweite Person als Nehmer auftritt. Innerhalb der Logik wird Konversivität als Äquivalenz von Relationen im Hinblick auf deren Fundamente aufgefasst: Die zu R konverse Relation R' ist danach diejenige, die bei vertauschten Fundamenten äquivalent zu R ist (vgl. auch Lutzeier 1985, 110): $R(x, y) \equiv R'(y, x)$ bzw. $R(x, y, z) \equiv R'(z, y, x)$. Die lexikalische Bedeutungsrelation der Konversivität besteht hiernach in einer Menge geordneter Paare von Wörtern bzw. deren Bedeutungen, die bei vertauschten Fundamenten jeweils als äquivalent interpretiert werden. Hierbei ist nun zu beachten, dass die lexikalische Bedeutungsrelation der Konversivität (LK) eine Menge geordneter Paare von Wörtern und deren Bedeutungen (LB) darstellt, die ihrerseits als Prädikate einer (hierzu untergeordneten) Relation verstanden werden, die wiederum über wenigstens zwei geordnete Fundamente bzw. Argumente verfügen: LK (LB (x, y), LB' (y, x)) bzw. LK (LB (x, y, z), LB' (z, y, x)) usw. Eine solche Definition einer Relation über einer anderen Relation gilt aus mengentheoretischer Sicht als nicht unproblematisch, entspricht jedoch der gängigen linguistischen Praxis und Terminologie, in der die Konversivität relational interpretierter Wort- bzw. Bedeutungspaare selbst als (Konversen-)Relation angesehen wird.

Die semantische Interpretation solcher Bedeutungspaare kann nun auf recht unterschiedliche Weise erfolgen und hängt dabei in starkem Maß von der gewählten semantischen Konzeption und der Beschreibung einzelner Wortbedeutungen selbst ab. Dabei stehen im Bereich der Relationensemantik in der jüngeren Forschung zwei unterschiedliche Ansätze im Vordergrund (vgl. zusammenfassend zuletzt Lyons 1995, 107–114): Zum einen der merkmalsemantische Ansatz, bei dem einzelne

Wortbedeutungen in kleinere Bedeutungseinheiten zerlegt und diese wiederum miteinander verglichen werden; und zum anderen der äquivalenzsemantische Ansatz, der in einem aussagenlogischen Vergleich von Sätzen unter Berücksichtigung der betreffenden Wörter bzw. Wortbedeutungen besteht. Der äquivalenzhat dabei gegenüber dem merkmalsemantischen Ansatz den Vorteil, dass hier keine Rechenschaft über den theoretischen Status und den methodischen Ansatz einzelner Bedeutungseinheiten abzulegen ist. Er steht jedoch gleichzeitig unter dem Druck, dass seine Ergebnisse kaum überprüfbar sind, wenn dabei lediglich (quasi-)objektsprachliche Beispielsätze herangezogen werden. Dieses Problem kann nun durch einen äquivalenzsemantischen Vergleich gelöst werden, der nicht an objektsprachlichen Beispielsätzen selbst, sondern vielmehr an metasprachlichen und somit überprüfbaren Beschreibungen der betreffenden Wortbedeutungen ansetzt (vgl. Roelcke 1992a).

Eine lexikalische Bedeutungsrelation ist vor dem Hintergrund dieser beschreibungssemantischen Konzeption als eine Menge geordneter Paare von Wörtern bzw. Wortbedeutungen zu bestimmen, die intensional dadurch ausgezeichnet ist, dass die Beschreibungen der Bedeutungen jeweils die gleiche äquivalenzsemantische Interpretation zulassen. Im Falle lexikalischer Konversivität handelt es sich dabei dann um eine Äquivalenz bei vertauschten Argumenten solcher Bedeutungsbeschreibungen, so dass hier abschließend folgende Definition aufgestellt werden kann (vgl. Roelcke 1992b, 322): Die lexikalische Bedeutungsrelation der Konversivität besteht in einer Menge geordneter Paare von Wörtern bzw. Wortbedeutungen, die intensional dadurch ausgezeichnet ist, dass die Beschreibungen dieser Bedeutungen bei vertauschten Argumenten jeweils als äquivalent aufzufassen sind. Auf eine nähere Bestimmung von Wort und Bedeutung kann in diesem Zusammenhang verzichtet werden, da dieser deskriptionssemantische Ansatz mit verschiedenartigen Wortdefinitionen und Bedeutungskonzeptionen vereinbar und somit von diesen weitgehend unabhängig zu verfolgen ist.

3. Lexikalisierte Konversivität

Lexikalisierte Konversivität liegt vor, wenn die Beschreibung der lexikalischen Bedeutungen das Wortschatzsystem und nicht den Wortgebrauch in einzelnen Äußerungen betreffen. Sie wird im Folgenden zunächst merkmalsemantisch und äquivalenzsemantisch beschrieben und daraufhin klassifiziert.

3.1 Beschreibung

Die merkmalsemantische Beschreibung von Konversivität setzt an den Bedeutungselementen an, in die eine einzelne lexikalische Bedeutung zerlegt wird. Dies wird anhand der Beispiele *senden* und *empfangen* aus dem Deutschen oder *sell* und *buy* aus dem Englischen deutlich. Deren merkmalsemantische Bedeutungsbeschreibungen und bedeutungsrelationale Interpretationen können etwa folgendermaßen lauten: *senden* bedeutet {'geben', 'vermittelt'}, *empfangen* hingegen hierzu konvers {'nehmen', 'vermittelt'}; *sell* bedeutet {'geben', 'gegen Geld'}, *buy* im konversen Gegensatz hierzu {'nehmen', 'gegen Geld'}. In beiden Beispielen wird die Konversivität aus den als konvers aufzufassenden Bedeutungselementen 'geben' und 'nehmen' heraus erklärt, die von den anderen Bedeutungselementen 'vermittelt' bzw. 'gegen Geld' unterschieden werden. Die Problematik des ungeklärten erkenntnistheoretischen Status dieser Bedeutungselemente sowie deren methodischer Gewinnung treten offen zutage; darüber hinaus wird hier die Äquivalenz der Bedeutungen bei vertauschten Fundamenten nicht deutlich, da sie ohne eine weitere Erläuterung (vor allem hinsichtlich dieser Argumente selbst) lediglich von einer einzelnen Bedeutung auf ein Bedeutungselement verschoben bzw. eingegrenzt wird.

Dieses Defizit wird im Rahmen einer äquivalenzsemantischen Beschreibung lexikalischer Konversivität zumindest partiell aufgehoben. Dabei werden die betreffenden Wörter als Prädikatsausdrücke aufgefasst, die über zwei oder mehr Argumente verfügen. Hiernach ist die Aussage möglich, dass *senden* (x,y,z) zu *empfangen* (z,y,x) sowie *sell* (x,y,z) zu *buy* (z,y,x) äquivalent sind, und diese Paare jeweils Konversen bilden. Der Nachweis der Äquivalenz wird hierbei in der Regel anhand eines Vergleichs (quasi-)objektsprachlicher Beispielsätze geführt, in denen die betreffenden Wörter und Argumente ausgetauscht werden (vgl. Cruse 1986, 231–240). Dieser Permutationstest hat in den genannten Beispielen etwa die Form: Der Satz „Die Person X sendet das Ding Y an die Person Z" ist äquivalent mit dem Satz „Die Person Z empfängt das Ding Y von der Person X"; „Mr. X sells the product Y to Mr. Z" ist äquivalent mit dem

Satz „Mr. Z buys the product Y from Mr. X". Die Problematik dieser Vorgehensweise besteht nicht allein in der bereits erwähnten mangelnden Überprüfbarkeit der Kompetenzbeispiele, sondern darüber hinaus auch darin, dass dieser Test anhand des Wortgebrauchs in einzelnen Äußerungen vorgenommen wird und somit in der vorliegenden Form methodisch nicht von dem Nachweis grammatikalisierter Konversivität (vgl. unten) zu unterscheiden ist.

Diese Probleme können durch eine äquivalenzsemantische Beschreibung lexikalischer Konversivität behoben werden, in deren Rahmen der Nachweis von Konversivität nicht mit (quasi-)objektsprachlichen Kompetenzbeispielen, sondern anhand von metasprachlichen Bedeutungsbeschreibungen geführt wird. Hierbei sind zunächst solche Bedeutungsbeschreibungen der betreffenden Wörter selbst vorzunehmen. In den bereits angeführten Fällen lauten diese etwa (wenn auch nicht sehr elegant): *senden* 'jemandem etwas vermittelt geben', *empfangen* 'von jemandem etwas vermittelt nehmen', *sell* 'jemandem etwas gegen Geld geben' und *buy* 'von jemandem etwas gegen Geld nehmen'. Bei diesen Bedeutungsbeschreibungen fällt zum einen auf, dass der lexikographischen Praxis folgend jeweils ein Argument ausgespart bleibt, wobei es sich um dasjenige des Subjekts handelt. Zum anderen ist hier eine gewisse Parallelität mit den oben genannten merkmalsemantischen Bedeutungsangaben zu bemerken, indem in diesen Beschreibungen neben den einzelnen Argumenten ebenfalls von „geben" und „nehmen" sowie von „vermittelt" und „gegen Geld" die Rede ist. Diese Parallelität besteht durchaus nicht zwangsläufig, soll aber in diesem Zusammenhang darauf hindeuten, dass die Aufzählung von Bedeutungselementen wie die diskursiv angelegte Bedeutungsbeschreibung eine interpretative Leistung des Sprachbetrachters darstellen. Dieser Hinweis ist insofern wichtig, als diese Interpretation in beiden Verfahrensweisen von bestimmten Gesichtspunkten des Betrachters gelenkt wird und somit zur Hervorhebung einzelner Aspekte der betreffenden Bedeutungen (vgl. auch Lutzeier 1995, 83) führt. Gerade diese in der Bedeutungsbeschreibung ausdrücklich erwähnten Bedeutungsaspekte sind es nun, die es erlauben, die Bedeutungsbeschreibung zu überprüfen und auf der Grundlage der metasprachlichen Kompetenz die Konversivität der betreffenden Bedeutungen zu bestimmen (vgl. Roelcke 1992b, 322f.): Hierbei wird dann auf einer metasprachlichen Ebene festgestellt, dass etwa die Bedeutungsbeschreibungen von *senden* ,(selbst) etwas jemandem vermittelt geben' und *empfangen* ,(selbst) etwas von jemandem vermittelt nehmen' aufgrund der von der Vermittlung des Vorgangs unabhängigen Konversivität von *geben* (x,y,z) und *nehmen* (z,y,x) und damit unter dem interpretativen Gesichtspunkt des Besitzübergangs selbst als konvers aufzufassen sind. Danach gilt: *senden* (x,y,z) ist konvers zu *empfangen* (z,y,x). Mit dieser Verfahrensweise sind zumindest einige wichtige Probleme, die mit der semantischen Beschreibung lexikalisierter Konversivität verbunden sind, zu bewältigen: Zum einen erfährt die Beschreibungskompetenz des Sprachbetrachters hierbei volle Berücksichtigung, und zum anderen erfolgen die metasprachliche Bedeutungsbeschreibung wie die metasprachliche Konversivitätsbestimmung unter Berücksichtigung einzelner Argumente im Hinblick auf das Wortschatzsystem und nicht in Bezug auf den Gebrauch von Wörtern in einzelnen Äußerungen.

3.2 Klassifikation

Der metasprachlich orientierte deskriptionssemantische Ansatz bringt neben der „philologischen Objektivität" einige weitere Vorteile mit sich: So lassen sich zunächst auf der Grundlage einer metasprachlichen äquivalenzsemantischen Beschreibung lexikalisierter Konversivität zum einen Konversivität im onomasiologischen Paradigma (Konversonymie) und Konversivität im semasiologischen Paradigma (Konversosemie) unterscheiden. Im ersten Fall handelt es sich um Konversivität zwischen verschiedenen Wörtern wie etwa *senden* und *empfangen* oder *sell* und *buy*, im zweiten hingegen um eine solche, die zwischen verschiedenen Einzelbedeutungen ein und desselben Wortes auftritt. Als Beispiel hierfür kann das polyseme Wort *leihen* herangezogen werden, dessen Bedeutung zum einen als '(selbst) jemandem etwas zeitweise geben' und zum anderen als '(selbst) etwas von jemandem zeitweise nehmen' beschrieben werden kann. Anhand dieser Beschreibungen ist dann in einem weiteren Schritt festzustellen, dass *leihen* (x,y,z) zu *leihen* (z,y,x) konvers ist. – Des weiteren gestattet die metasprachliche äquivalenzsemantische Beschreibung die Unterscheidung zwischen varietätenimmanenter und -transzendenter Konversivität, also einer solchen innerhalb einer historisch, regional, sozial und funktional bestimmten Varietät und einer solchen, die zwischen verschiedenen Varietäten besteht. Beispiele für varietätenimmanente Konversivität stellen hier wiederum *senden* (x,y,z) und *empfangen* (z,y,x) sowie *sell* (x,y,z) und *buy* (z,y,x) innerhalb der deutschen bzw. englischen Standardsprache der Gegenwart dar. Ein Beispiel für varietätentranszendente Konversivität ist etwa *Schwiegervater*, dessen Bedeutung im westlichen Niederalemannisch als 'Vater des Ehepartners' zu beschreiben ist, und *Schwiegersohn*, dessen Bedeutung im östlichen Niederalemannischen als 'Gatte der Tochter' wiederzugeben ist, während diese Bedeutungsbeschreibung im westlichen Niederalemannischen allein dem Wort *Tochtermann* zukommt.

Diese beiden Unterscheidungen schließen einander nicht aus, sondern lassen sich vielmehr miteinander kombinieren, so dass hiermit vier verschiedene Typen lexikalisierter Konversivität zu definieren sind (vgl. hierzu Roelcke 1992a und 1992b, 324f.). 1. Varietätenimmanente Konversonymie: Menge geordneter Paare von Bedeutungen jeweils verschiedener Wörter derselben Varietät, deren Bedeutungsbeschreibungen bei vertauschten Argumenten jeweils als äquivalent aufzufassen sind; zum Beispiel *senden* (x,y,z) und *empfangen* (z,y,x). 2. Varietätenimmanente Konversosemie: Menge geordneter Paare von Bedeutungen jeweils desselben Wortes derselben Varietät, deren Bedeutungsbeschreibungen bei vertauschten Argumenten jeweils als äquivalent aufzufassen sind; zum Beispiel *leihen* ((x,y,z), (z,y,x)). 3. Varietätentranszendente Konversonymie: Menge geordneter Paare von Bedeutungen jeweils verschiedener Wörter verschiedener Varietäten, deren Bedeutungsbeschreibungen bei vertauschten Argumenten jeweils als äquivalent aufzufassen sind; zum Beispiel *Schwiegervater* (x,y) im westlichen Niederalemannisch und *Schwiegersohn* (y,x) im östlichen Niederalemannisch. 4. Varietätentranszendente Konversosemie: Menge geordneter Paare von Bedeutungen jeweils desselben Wortes verschiedener Varietäten, deren Bedeutungsbeschreibungen bei vertauschten Argumenten jeweils als äquivalent aufzufassen sind; zum Beispiel *Arbeitgeber* im marktwirtschaftlichen (x,y) und im planwirtschaftlichen Sprachgebrauch (y,x).

Neben diesen vier Typen werden in der Forschungsliteratur zahlreiche weitere Typen und Sonderfälle lexikalisierter Konversivität unterschieden. Zu den wichtigsten gehören dabei die folgenden: 1. Hypo- bzw. Superkonversivität (vgl. Cruse 1986, 95f.; Leech 1981, 262; Lyons 1968, 468f.): Konversivität von Wörtern bzw. Wortbedeutungen mit unterschiedlicher Extension; zum Beispiel (*Groß-*)*Vater* ($x_{(1)}$, $y_{(1\&2)}$) bzw. (*Groß-*) *Mutter* ($x_{(2)}$, $y_{(1\&2)}$) und (*Enkel-*)*Tochter* ($y_{(1)}$, $x_{(1\&2)}$) bzw. (*Enkel-*)*Sohn* ($y_{(2)}$, $x_{(1\&2)}$). 2. Direkte und indirekte Konversivität (vgl. etwa Cruse 1986, 234): Die Unterscheidung dieser beiden Typen wird nicht anhand der semantischen Extension, sondern anhand des syntaktischen Status der Argumentsausdrücke getroffen. Im Falle direkter Koversivität sind Argumente vertauschbar, die syntaktisch durch Subjekt und direktes Objekt repräsentiert werden; zum Beispiel *vorgehen* ($x_{(Subj)}$, $y_{(dirObj)}$) und *nachfolgen* ($y_{(Subj)}$, $x_{(dirObj)}$). Im Falle indirekter Konversivität sind dies hingegen Argumente, denen einerseits Subjekt oder direktes Objekt und andererseits indirektes Objekt entsprechen; zum Beispiel *senden* ($x_{(Subj)}$, $y_{(dirObj)}$, $z_{(indObj)}$) und *empfangen* ($z_{(Subj)}$, $y_{(dirObj)}$, $x_{(indObj)}$). 3. Permutationelle Konversivität (Lyons 1968, 469): Wort- bzw. Bedeutungspaare, deren Bedeutungsbeschreibungen bei vertauschten Argumenten nicht (vollständig) äquivalent sind, da sich die Argumente zum Teil unterscheiden, diese unterschiedlichen Argumente jedoch unter einem bestimmten Beschreibungsaspekt nahe miteinander verwandt sind; vgl. beispielsweise *fragen* (x, $y_{(AspSuk)}$, z) und *antworten* (z, y'$_{(AspSuk)}$, x) unter dem gemeinsamen Aspekt der Sukzession.

Angesichts der genannten Beispiele wird deutlich, dass lexikalisierte Konversivität in verschiedenartigen Bereichen des Wortschatzes bedeutsam ist. Hierzu zählen unter anderem Verwandtschaftsbeziehungen (*Eltern* und *Kind*, *Vater* bzw. *Mutter* und *Sohn* bzw. *Tochter*, *Onkel* bzw. *Tante* und *Nichte* bzw. *Neffe*); soziale Rollen (*Arbeitgeber* und *Arbeitnehmer*, *Lehrer* und *Schüler*, *Regent* und *Untertan*); Tausch- oder Wechselvorgänge (*geben* und *nehmen*, *senden* und *empfangen*, (*ver-* und *ent-*) *leihen*); Vergleiche (*besiegen* und *unterliegen*, *ähneln*, *gleich*, *verschieden*); räumliche sowie zeitliche Verhältnisse (*unterhalb* und *oberhalb*, *nach* und *vor*, *bei*, *neben*). Die Wortarten, bei denen Konversivität beobachtet werden kann, umfassen insbesondere Verben und Nomina (vor allem Substantive, weniger Adjektive), darüber hinaus aber auch Adverbien und Präpositionen (vgl. etwa für das Deutsche Agricola/Agricola 1992; Rachidi 1989, 90–96; Schippan 1992, 216–217).

4. Grammatikalisierte Konversivität

Im Gegensatz zur lexikalisierten liegt grammatikalisierte Konversivität dann vor, wenn die Beschreibungen der Wortbedeutungen nicht das Wortschatzsystem, sondern den Gebrauch von Wörtern in einzelnen Äußerungen betreffen und somit in Abhängigkeit von grammatischen Erscheinungen zu betrachten sind (vgl. Kastovsky 1981; Cruse 1986, 231 – 233). Eine solche grammatikalisierte Konversivität zeigt sich in den Bereichen der Form- wie der Wortbildung; ein Übergangsbereich zur lexikalisierten Konversivität besteht dabei hinsichtlich der Lexikalisierung einzelner Komposita und Derivata (vgl. unten).

Aus dem Formbildungsbereich ist hier zunächst auf die Bildung des Genus Verbi hinzuweisen (vgl. für das Deutsche von Polenz 1985, 181–186). So sind etwa die Sätze „Eine Person sieht eine Sache" und „Eine Sache wird von einer Person gesehen" bei vertauschten Argumenten des gleichen Wortes äquivalent, während die Sätze „Eine Person sieht eine Sache" und „Eine Sache sieht eine Person" zwar vertauschte Argumente des gleichen Wortes aufweisen, dabei jedoch keine Äquivalenz zeigen. Die Konversivität der ersten beiden Sätze beruht somit nicht auf einer Lexikalisierung, sondern auf der grammatischen Operation der Aktiv- bzw. Passivbildung. Wie die lexikalisierte Konversivität nicht anhand von (quasi-)objektsprachlichen Beispielsätzen hinreichend zu bestimmen ist, ist nun auch die grammatikalisierte Konversivität nicht ohne weiteres anhand von Kompetenzbeispielen wie diesen nachzuweisen, sondern bedarf hierzu vielmehr entsprechender grammatischer Funktionsbeschreibungen. Im Falle der vorliegenden Aktiv- und Passivkennzeichnung lautet die Argumentation dabei vereinfacht etwa folgendermaßen: Das Aktiv hat die Funktion, das Agens eines transitiven Satzes als Subjekt, das Patiens hingegen als (direktes) Objekt zu kennzeichnen, während das Passiv die Funktion hat, das Agens als (direktes) Objekt und das Patiens als Subjekt auszuweisen und somit allein die Argumente des Verbs als Prädikatsausdrucks zu vertauschen; Aktiv- und Passivformen sind hiernach bei vertauschten Argumenten äquivalent und somit konvers.

Die Komparation von antonymen Adjektiven ist ebenfalls mit einer Vertauschung von Argumenten verbunden (vgl. Lyons 1968, 467f). Im Gegensatz zu der Bildung von Aktiv und Passiv, bei der bereits im Wortschatzsystem angelegte Argumente durch eine grammatische Operation vertauscht werden, ist bei der Komparation zunächst ein mit der grammatischen Operation verbundenes Anwachsen der Argumente zu beobachten. Dies wird anhand von *groß* (x) und *klein* (y) deutlich, deren Komparativformen *größer* (x,y) und *kleiner* (y,x) lauten. Ein Vergleich dieser beiden antonymischen Komparativformen zeigt, dass hier wiederum keine lexikalisierte, sondern eine grammatikalisierte Konversivität vorliegt. Diese lässt sich nun auf der Grundlage metasprachlicher Funktionsbeschreibungen verkürzt etwa wie folgt bestimmen: Der Komparativ hat die Funktion, dem Positivargument eines Adjektivs ein Komparationsargument hinzuzufügen, wobei im Falle zweier antonymer Adjektive das Positivargument des einen jeweils genau dem Komparationsargument des anderen Adjektivs entspricht (und umgekehrt); die Komparativformen antonymer Adjektive sind hiernach bei vertauschten Argumenten äquivalent und somit konvers.

Im Rahmen der Betrachtung grammatikalisierter Konversivität ist nicht zuletzt auch die Wortbildung von großer Bedeutung. Dies zeigt sich zunächst angesichts des Beispiels *Briefsender* (x,z) und *Briefempfänger* (z,x) aus dem Bereich der Komposition. Die Konversivität dieser beiden (nichtidiomatisierten) Komposita ist dabei von einzelnen Wortbildungskomponenten abhängig: Dies sind unter dem Gesichtspunkt des Wechselvorgangs die Nomina -*sender* mit der Bedeutung 'jemand, der etwas vermittelt gibt' und -*empfänger* mit der Bedeutung 'jemand, der etwas vermittelt nimmt'. Die Bedeutung von *Brief*- ist hier im Hinblick auf die Konversivität ohne Belang, da sie jeweils unter derselben Einzelbedeutung in die Wortbildung eingeht und dabei das nicht vertauschte Argument besetzt. Die Konversivität von *Briefsender* (x,z) und *Briefempfänger* (z,x) ist hiernach also aus derjenigen von -sender (x,y,z) und -empfänger (z,y,x) herzuleiten. Die Bestimmung grammatikalisierter Konversivität im Bereich der Komposition ist vor diesem Hintergrund gehalten, sowohl die Funktionsbeschreibung des Wortbildungsverfahrens selbst als auch die Bedeutungsbeschreibung der einzelnen Wortbildungsbestandteile zu erfassen. Sie lautet demnach etwa folgendermaßen: Die Komposition hat die Funktion, durch die Kombination von bereits im sprachlichen Inventar bestehenden lexikalischen Einheiten neue lexikalische Einheiten hervorzubringen; unterscheiden sich zwei solcher Komposita allein im Hinblick auf ein

Paar lexikalisierter konverser Komponenten, dann ist das betreffende Wortbildungspaar selbst ebenfalls durch Konversivität gekennzeichnet.

Neben der Komposition ist auch die Derivation im Rahmen grammatikalisierter Konversivität von Interesse. Dies wird am Beispiel *verleihen* (x,y,z) und *entleihen* (z,y,x) deutlich. Diese beiden Präfixbildungen sind mit den genannten Kompositionsbildungen insofern vergleichbar, als deren Konversivität wiederum von einzelnen Wortbildungsbestandteilen abhängt. Im Unterschied zur Komposition verfügen die Präfixe als konversivitätsbedingende Komponenten hier jedoch selbst über keine Argumente, sondern tragen lediglich zu einer Ordnung der Argumente anderer Komponenten bei. So konstituiert bei *verleihen* das Präfix *ver-* die Bedeutung '(selbst) etwas jemandem zeitweise geben', während das Präfix *ent-* das Verb *leihen* auf die Bedeutung '(selbst) etwas von jemandem zeitweise nehmen' hin festlegt. Wird die Bedeutung von *leihen* als 'zeitweise den Besitz wechseln' aufgefasst, handelt es sich bei der Derivation mit *ver-* und *ent-* um eine grammatikalisierte konversivische Hyponymenbildung; wird *leihen* hingegen bereits als konversosem unter den beiden Bedeutungen '(selbst) etwas jemandem zeitweise geben' sowie '(selbst) etwas von jemandem zeitweise nehmen' betrachtet (vgl. 3.2), trägt die Derivation zu einer grammatikalisierten konversivischen Monosemierung bei. Die Konversivitätsbestimmung schließlich verläuft hierbei zusammengefasst etwa wie folgt: Derivation bzw. Präfixbildung haben die Funktion, durch die Kombination von bereits im sprachlichen Inventar bestehenden lexikalischen und grammatischen Einheiten neue lexikalische Einheiten hervorzubringen; unterscheiden sich zwei solcher Derivata allein im Hinblick auf ein Paar konversivitätsbedingender bzw. argumentvertauschender Komponenten, dann ist das betreffende Wortbildungspaar selbst ebenfalls durch Konversivität gekennzeichnet.

5. Konversivität und Sprachgeschichte

Wie andere sprachliche Erscheinungen sind auch Bedeutungsrelationen wie die Konversivität von geschichtlichen Entwicklungen betroffen. Dies gilt nicht für die Intension einer solchen Relation, welche auf logischer Grundlage erfolgt, sondern für deren Extension, d.h. für die Menge an Wort- bzw. Bedeutungspaaren, die als Elemente der Relation erachtet werden. Hierbei sind grundsätzlich zwei verschiedene Entwicklungsmöglichkeiten denkbar (vgl. Roelcke 1995b). 1. Enrelationaler Bedeutungswandel: Die Beschreibung zweier Bedeutungen zu einer früheren Zeit lässt keine bestimmte äquivalenzsemantische Interpretation zu, während dies bei der (anders lautenden) Beschreibung dieser Bedeutungen zu einer späteren Zeit der Fall ist. 2. Derelationaler Bedeutungswandel: Die Beschreibung zweier Bedeutungen zu einer früheren Zeit lässt eine äquivalenzsemantische Interpretation zu, während dies bei der (anders lautenden) Beschreibung dieser Bedeutungen zu einer späteren Zeit nicht möglich ist. Führt diese äquivalenzsemantische Interpretation zur Feststellung von Konversivität, liegt im Falle enrelationalen Bedeutungswandels Konversonymierung, im Falle derelationalen Bedeutungswandels hingegen Dekonversonymierung vor.

En- und derelationaler Bedeutungswandel sind sowohl im Bereich lexikalisierter als auch im Bereich grammatikalisierter Konversivität zu beobachten. Dabei ist zu bemerken, dass der ohnehin nicht übermäßig hohe Bestand an lexikalisierten Konversen, die von Wortbildungserscheinungen unberührt sind, kaum einem en-, sondern eher einem derelationalen Wandel unterliegt; vgl. etwa die Dekonversonymierung von frühneuhochdeutsch *Herr* (x,y) und *Knecht* (y,x) zu *Herr* (z) und *Knecht* (y,x) in der neuhochdeutschen Gegenwartssprache. Dieser Befund ist vor dem Hintergrund verständlich, dass der Wortschatz jeder Einzelsprache lediglich über eine begrenzte Menge solcher lexikalisierten Konversenpaare verfügt, die im Zuge der sprachgeschichtlichen Entwicklung zumeist eher verloren gehen als allein durch Bedeutungsveränderungen neu motiviert werden.

Enrelationaler Sprachwandel ist demgegenüber im Bereich der grammatikalisierten Konversivität verhältnismäßig häufig festzustellen. Hierbei nehmen jedoch in der Regel nicht (allein) die grammatischen Form- und Wortbildungsmöglichkeiten selbst zu, sondern vielmehr (auch) deren Ausschöpfung in einzelnen Äußerungen. Dies gilt im Deutschen beispielsweise sowohl für die Systematisierung und den Häufigkeitsanstieg von Passivkonstruktionen als auch für den Ausbau und die Zunahme von Komposition und Derivation (vgl. zusammenfassend Roelcke 1997, 97–146; Sonderegger 1979, örtl.). Im Zuge dieser Entwicklung, die als Charakteristikum der frühneuhochdeutschen Periode zu gelten hat (vgl. Roelcke 1995a, 325–328), werden zahlreiche Komposita und Derivata derart häufig verwendet, dass sie nicht mehr als Wortbildungen innerhalb einzelner Äußerungen, sondern bereits als Einheiten des Wortschatzes (d.h. des sprachlichen Inventars) selbst aufzufassen sind. Unter diesen Wortschatzeinheiten ist nun eine ganze Reihe von Paaren auszumachen, die durch Konversivität gekennzeichnet sind. Viele dieser konversen Bildungen haben bereits Eingang in die Wörterbücher des Deutschen gefunden und werden (wie auch hier) darüber hinaus in der sprachwissenschaftlichen Literatur oftmals schon als Beispiele lexikalisierter Konversivität herangezogen. Vor diesem Hintergrund ist nun im Deutschen ein enrelationaler Sprachwandel im Bereich lexikalisierter Konversivität auf der Grundlage grammatikalisierter Konversivität festzustellen. – Gerade im Bereich der Konversivität wird somit die Nähe von lexikalischer Semantik und lexikalischer Grammatik in besonderer Weise deutlich.

6. Literatur in Auswahl

Agricola, Christiane/Erhard Agricola (1992), Duden: *Wörter und Gegenwörter. Wörterbuch der sprachlichen Gegensätze.* (2., durchgesehene Auflage). Mannheim etc.: Dudenverlag

Cruse, David Alan (1986), *Lexical Semantics.* Cambridge: Cambridge University Press

Ebbinghaus, Heinz-Dieter (1979), *Einführung in die Mengenlehre.* (2., durchgesehene Auflage). Darmstadt: Wissenschaftliche Buchgesellschaft

Kastovsky, Dieter (1981), Interaction of Syntax and Lexicon: Lexical Converses. In: *Forms and Functions. Papers in General, English, and Applied Linguistics presented to Vilém Fried on the occasion of his sixty-fifth birthday.* (Ed. J. Esser; A. Hübler). Tübingen: Narr 1981, 123–136.

Leech, Geoffrey (1981), *Semantics. The Study of Meaning.* (2nd ed.). Harmondsworth: Penguin

Lutzeier, Peter Rolf (1985), Die semantische Struktur des Lexikons. In: *Handbuch der Lexikologie.* (Hrsg. Chr. Schwarze; D. Wunderlich). Königstein/Ts.: Athenäum 1985, 103–133

–, (1995), *Lexikologie. Ein Arbeitsbuch.* Tübingen: Stauffenburg

Lyons, John (1968), *Introduction to Theoretical Linguistics.* Cambridge: Cambridge University Press

–, (1977), *Semantics. 2 Volumes.* Cambridge: Cambridge University Press

–, (1995), *Linguistic Semantics. An Introduction.* Cambridge: Cambridge University Press

Menne, Albert (1991), *Einführung in die formale Logik. Eine Orientierung über die Lehre von der Folgerichtigkeit, ihre Geschichte, Strukturen und Anwendungen.* (2., unveränderte Auflage). Darmstadt: Wissenschaftliche Buchgesellschaft

von Polenz, Peter (1985), *Deutsche Satzsemantik. Grundbegriffe des Zwischen-den-Zeilen-Lesens.* Berlin/New York: de Gruyter

Rachidi, Renate (1989), *Gegensatzrelationen im Bereich deutscher Adjektive.* Tübingen: Niemeyer

Roelcke, Thorsten (1992a), Lexikalische Bedeutungsrelationen. Varietätenimmanenz und Varietätentranszendenz im onomasiologischen und im semasiologischen Paradigma. In: *Zeitschrift für Dialektologie und Linguistik 59,* 183–189

–, (1992b), Lexikalische Konversen. Definition und Klassifikation. In: *Zeitschrift für germanistische Linguistik 20,* 318–327

–, (1995a), *Periodisierung der deutschen Sprachgeschichte. Analysen und Tabellen.* Berlin/New York: de Gruyter

–, (1995b), Lexikalische Bedeutungsrelationen und Sprachwandel. In: *Sprachgeschichte des Neuhochdeutschen. Gegenstände, Methoden, Theorien.* (Hrsg. A. Gardt; K.J. Mattheier; O. Reichmann). Tübingen: Niemeyer 1995, 227–248

–, (1997), *Sprachtypologie des Deutschen. Historische, regionale und funktionale Variation.* Berlin/New York: de Gruyter

Schippan, Thea (1992), *Lexikologie der deutschen Gegenwartssprache.* Tübingen: Niemeyer

Sonderegger, Stefan (1979), *Grundzüge deutscher Sprachgeschichte. Diachronie des Sprachsystems. Band I: Einführung, Genealogie, Konstanten.* Berlin/New York: de Gruyter

*Thorsten Roelcke,
Heidelberg/Freiburg (Deutschland)*

64. Polarität, Dualität und Markiertheit

1. Einführung
2. Polarität
3. Dualität
4. Literatur in Auswahl

1. Einführung

Polarität und Dualität bezeichnen Erscheinungen, die bei in Opposition zueinander stehenden lexikalischen Einheiten häufig auftreten. Gemeinsame Charakteristika beider Erscheinungen sind einerseits ein negationsinvolvierender Kontrast, der Lexeme – im Regelfall Paare von Lexemen – verbindet, andererseits die Tatsache, dass bei den betreffenden Lexem(paar)en jeweils Markiertheitskriterien eine Rolle spielen.

Die traditionell weite Auffassung von Polarität als Bezeichnung für ganz unterschiedliche paarige Lexembeziehungen erfuhr durch Lyons (besonders 1963 und 1977) und Nachfolger eine Einschränkung auf den Bereich der semantischen Gegensatzrelationen, innerhalb derer konträre und kontradiktorische Antonympaare von besonderer Bedeutung sind.

Neben den verschiedenen Ausprägungen von Antonymie hat Dualität als weitere negationsinvolvierende Beziehung schon seit Aristoteles die Sprachphilosophen beschäftigt (vgl. dazu die detaillierten Ausführungen in Horn 1989). Ein speziell linguistisches Interesse an Fragen der Dualität wurde jedoch erst in den Arbeiten von Horn (besonders 1989) und von Löbner (besonders 1990) deutlich. Dualitätsgruppen im Lexikon natürlicher Sprachen beruhen weder auf den für Wortfelder konstitutiven Exklusionsbeziehungen noch auf derivationellen oder etymologischen Beziehungen zwischen diesen Einheiten, sondern lediglich auf einer spezifischen Auswahl negationsinvolvierender semantischer Relationen.

2. Polarität

Polare lexikalische Einheiten sind, wie Lyons (1977, 280f.) in seiner wegweisenden Arbeit ausführt, durch eine Dichotomisierung, durch einen binären Kontrast gekennzeichnet, der sich in seiner sprachlichen Realisierung in Form von Antonympaaren darstellt. Dabei sind zwei Arten von Antonymen zu unterscheiden, 'konträre' und 'kontradiktorische'. Diese Termini werden im Folgenden im Sinne von Horn (1989, Kap. 5) verwendet:

(a) 'Konträre' Antonyme können nicht zusammen wahr, wohl aber zusammen falsch sein. Beispiel: *glücklich/unglücklich*,
(b) 'Kontradiktorische' Antonyme können weder zusammen wahr noch zusammen falsch sein. Beispiel: *verheiratet/unverheiratet*.

Im aristotelischen, streng logischen Sinne fällt auch (b) in den Bereich 'konträre Antonymie', da es Fälle gibt, in denen beides, also – um beim obigen Beispiel zu bleiben – sowohl *verheiratet* als auch *unverheiratet* falsch ist, nämlich bei Individuen, für die beides irrelevant ist, etwa bei Briefmarken oder Computern. Um den Unterschied zu (a) deutlich zu machen, unterscheidet Horn „strong contraries" (wie *verheiratet/unverheiratet*) von „weak contraries" (wie *glücklich/unglücklich*). Im Rahmen seiner einzelsprachlichen Ausführungen weicht er allerdings von Aristoteles ab und verwendet den Terminus 'konträr' nur für „weak contraries", für „strong contraries" verwendet er 'kontradiktorisch'. In genau diesem Sinne sind die Termini auch in den folgenden Ausführungen zu verstehen.

Der Unterschied zwischen konträren und kontradiktorischen Antonymen lässt sich mit Hilfe von Skalen darstellen. Konträre Antonyme bilden die Endpunkte, die Pole einer Skala, welche zwischen diesen Polen noch einen Bedeutungsbereich umfasst, auf den keines der beiden Antonyme zutrifft (vgl. (1a)). Kontradiktorische Antonyme hingegen teilen sich den gesamten Skalenbereich, es gibt keine dritte Möglichkeit, vgl. (1b):

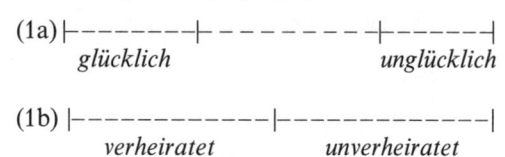

(1a) |⎯⎯⎯⎯⎯⎯⎯+⎯⎯⎯⎯⎯⎯⎯+⎯⎯⎯⎯⎯|
      glücklich   *unglücklich*

(1b) |⎯⎯⎯⎯⎯⎯⎯⎯⎯⎯⎯|⎯⎯⎯⎯⎯⎯⎯⎯⎯⎯|
      verheiratet   *unverheiratet*

Allerdings sind nicht alle konträren Antonyme skalar zu erfassen, sondern nur diejenigen, die traditionell als 'polar', in der Terminologie von Horn als 'absolut konträr' bezeichnet werden. 'Einfach konträre' Antonyme hingegen sind nicht wie in (1a) zu erfassen, da es sich um Ausdrücke gleicher semantischer Dimension handelt, wie etwa Wochentags- und Monatsnamen, Farb- und Personenstandsbezeichnungen, die auch unter der Bezeichnung 'Heteronyme' bekannt sind; sie werden in die folgenden Betrachtungen nicht mit einbezogen.

Die Unterscheidung 'konträr vs. kontradiktorisch' korreliert bei Adjektiven, die sicherlich den interessantesten und in der Literatur am detailliertesten untersuchten Bereich antonymischer Lexeme darstellen, mit der Unterscheidung 'gradierbar vs. nicht-gradierbar'. So kann – um bei den Beispielen in (1) zu bleiben – ein Mensch wohl *glücklicher* oder *unglücklicher* als ein anderer sein, nicht aber *verheirateter* oder *unverheirateter*. (Vgl. dazu Cruse 1976, Lehrer/Lehrer 1982, Bierwisch/Lang 1989). Kontradiktorische Antonyme wie in (1b) sind, wenn man sie überhaupt als polar betrachten will, dann nur als Spezialfall, als Grenzfall von Polarität anzusehen.

Die durch konträre Antonyme belegten Pole einer Skala lassen sich, wie die Untersuchungen einer Reihe von Sprachen zeigen, jeweils in einen positiven und einen negativen Pol aufteilen, d. h. die Bedeutung eines der antonymen Lexeme wird von den Sprecher/innen der jeweiligen Sprache intuitiv als (eher) positiv, die Bedeutung des anderen als (eher) negativ aufgefasst. Leicht einsehbar ist dies bei Antonympaaren, die Rachidi (1989) unter dem Stichwort 'Wertungspolarität' behandelt, wie *gut/schlecht* oder *Freund/Feind*. Analoges gilt für weitere Polaritätsarten: Bei Antonymen mit 'Richtungspolarität', wie *oben/unten*, *auf/ab* oder *vorn/hinten*, *vorwärts/rückwärts*, belegen die auf den oberen und vorderen spatialen Bereich referierenden Lexeme den positiven, die auf den unteren und hinteren Raum referierenden Lexeme den negativen Pol. Bei Antonymen mit 'Gradpolarität', wie *lang/kurz* oder *alt/jung*, wird der positive Pol demjenigen Lexem zugeordnet, dessen Bedeutung im quantitierend-messenden Bereich über der Norm liegt (*lang* und *alt*), und der negative Pol dem Lexem unter der Norm (*kurz* und *jung*). Bei 'absoluten' Adjektivpaaren wie *voll/leer* belegt das Lexem, das einen oberen Grenzwert bezeichnet, den positiven, das Lexem, das einen unteren Grenzwert bezeichnet, den negativen Pool (vgl. Rachidi 1989, 103 ff.).

Diese Bewertung der beiden Pole findet in vielen Sprachen auch in der Morphosyntax ihren Niederschlag. So sind z. B. im Deutschen viele Lexeme, die den negativen Pol belegen, mit einem negationsbeinhaltenden Präfix versehen: *zufrieden/UNzufrieden*, *formell/INformell*, *Vergnügen/MISSvergnügen*. In der Regel ist es so, dass der negative Pol entweder durch ein solcherart präfigiertes Element oder durch ein primäres Antonym des positiven Poleelements belegt ist. Bei scheinbaren Ausnahmen, wo zu einem Lexem sowohl ein primäres als auch ein abgeleitetes Gegenwort existieren (vgl. (2a)), erweisen sich die beiden Gegenwörter jedoch als nicht synonym: das primäre Lexem bildet das polare Gegenstück, das abgeleitete Wort drückt einen weniger starken Gegensatz zum Basiswort aus, vgl. die skalare Darstellung in (2b):

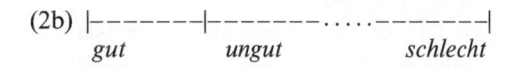

(2a) *gut – ungut* vs. *schlecht*
    klug – unklug vs. *dumm*
    rein – unrein vs. *schmutzig*
    schön – unschön vs. *hässlich*

(2b) |-------+------ .... ------|
      gut   *ungut*   *schlecht*

Eine derartige Differenzierung im 'negativen' Bereich der Skala stellt allerdings eine Ausnahme dar.

Die Belegung des negativen Pols mit primären oder mit abgeleiteten Antonymen folgt keiner logischen Notwendigkeit, oft ist die Wahl, die eine Sprache synchron trifft, historisch begründet; auch in eng miteinander verwandten Sprachen findet man diesbezüglich deutliche Unterschiede. Nicht alle Sprachen haben lexikalische Antonyme, denn "there is no logical necessity for languages to have lexical opposites at all", wie Lyons (1977, 276f.) konstatiert. Als extremes Beispiel sei die Plansprache Esperanto angeführt, bei der aus Gründen der Ökonomie und Systematik Antonyme grundsätzlich mittels Präfix abgeleitet werden, kontradiktorische Antonyme durch *ne-* (vergleichbar dem deutschen Präfix *nicht-*: *respekto/ nerespekto = Achtung/Nichtachtung*), die hier besonders interessierenden konträren Antonyme durch *mal-*, und zwar in sämtlichen Kategorien:

(3) deutsch: esperanto:
hoch – niedrig   *alta – malalta*
oft – selten   *ofte – malofte*
lieben – hassen   *ami – malami*
Segen – Fluch   *beno – malbeno*

Auch diese Plansprache folgt der den natürlichen Sprachen eigenen Polzuweisung: Das primäre Lexem belegt den positiven, das abgeleitete Lexem den negativen Pol.

2.1. Markiertheit

Eine Reihe von Kriterien deuten darauf hin, dass die Lexeme des positiven Pols die jeweils 'unmarkierten' Elemente eines Antonympaares darstellen, während die Lexeme des negativen Pols 'markiert' sind. Auf ein Kriterium wurde bereits hingewiesen: Viele Lexeme des negativen Pols sind in ihrer morphologischen Form von den entsprechenden Lexemen des positiven Pols abgeleitet. Dies korreliert mit den auf Greenberg (1966) zurückgehenden universellen Beobachtungen, dass markierte sprachliche Einheiten in der Regel morphologisch komplexer sind als die entsprechenden unmarkierten; so ist *Bären* als Pluralform markierter als der Singular *Bär*, *Großmutter* in der Verwandtschaftshierarchie markierter als *Mutter* und *grasgrün* als Farbbezeichnung markierter als *grün*.

Weitere Kriterien lassen sich unter 'Neutralisation' zusammenfassen, einem Phänomen, dessen Bezeichnung auf Lyons (1977) zurückgeht und das in einer Reihe von Arbeiten ausführlich behandelt wurde (vgl. etwa Lehrer 1985, Cruse 1986, Rachidi 1989). Neutralisation meint, dass unter bestimmten kontextuellen Umständen die semantische Opposition eines Antonympaares neutralisiert werden kann, indem das unmarkierte Lexem die gesamte Bedeutungsskala abgedeckt und somit als Hyperonym fungiert. So beispielsweise bei Nominalisierungen (vgl. (4a)), Fragen (4b), Maßphrasen (4c) oder Äquativkonstruktionen (4d):

(4a) *Die geringe Länge des Tisches überraschte mich*
 ? *Die Kürze des Tisches überraschte mich*

(4b) *Wie hoch ist die kleine Hütte?*
 ? *Wie niedrig ist die kleine Hütte?*

(4c) *Das Kind ist nur 80 cm groß*
 ? *Das Kind ist nur 80 cm klein*

(4d) *Unser Baby ist so alt wie eures*
 ? *Unser Baby ist so jung wie eures*

Die Auswahl dieser Beispiele zeigt, dass in neutralisierten Kontexten das unmarkierte Lexem (*lang, hoch, groß, alt*) auch für denjenigen Skalenbereich verwendet wird, der in oppositionellen Kontexten durch das jeweilige Antonym (*kurz, niedrig, klein, jung*) belegt wäre; die mit '?' versehenen Phrasen verdeutlichen deren als abweichend zu wertende Verwendung in neutralisierten Kontexten. In Wechselwirkung mit der Hyperonym-Funktion der unmarkierten Antonympartner steht ein von Lehrer (1985, 399) zusätzlich angeführtes Kriterium, nämlich die höhere Frequenz dieser Lexeme.

Ein wenig beachtetes Kriterium, das von Lyons (1977, 276) nur am Rande erwähnt wird, ist die Reihenfolgebeziehung von einander zugeordneten Lexemen in sog. 'irreversiblen Binominals', also Ausdrücken wie *kurz und gut, hier und heute, In- und Ausland*. Schon Malkiel (1959) fiel auf, dass die im Sprachgebrauch fixierte Reihenfolge der beiden Lexeme jeweils nicht beliebig ist, sondern einer gewissen Systematik folgt; Lambrecht (1984) stellt Ähnliches bei seiner Untersuchung deutscher Binominals fest. Präzisiert wurden die den Binominals zugrunde liegenden Reihenfolge-Kriterien von Cooper/Ross (1975), die neben einer Reihe von phonologischen auch semantische Kriterien analysierten. Im Kontext der hier relevanten polaren Antonyme ist vor allem ein Aspekt interessant: Lexempaare mit Wertungs- und Richtungs-Polarität sind in irreversiblen Binominals in der Regel so angeordnet, dass das markierte Lexem dem unmarkierten folgt. Beispiele:

(5a) Wertungspolarität:
Freud u. Leid   ? *Leid u. Freud*
Gut u. Böse   ? *Böse u. Gut*
Freund u. Feind   ? *Feind u. Freund*
Gedeih u. Verderb   ? *Verderb u. Gedeih*

(5b) Richtungspolarität
Berg u. Tal   ? *Tal u. Berg*
auf u. ab   ? *ab u. auf*
hier u. da   ? *da u. hier*
Kommen u. Gehen   ? *Gehen u. Kommen*

2.2. NPIs und PPIs

'Polarität im Lexikon' umfasst nicht nur die bisher beschriebenen Lexempaare mit positiver vs. negativer Polzuweisung und entsprechender (Un-)Markiertheit, sondern auch solche einzelnen lexikalischen Einheiten, die in der Literatur als 'negativ polare Elemente' (engl. *Negative Polarity Items, NPIs*) oder 'positiv polare Elemente' (engl. *Positive Polarity Items, PPIs*) eingeführt sind. NPIs und PPIs sind für viele Sprachen beschrieben worden, im Folgenden wird dieses Phänomen kurz an Hand einiger deutscher Beispiele erläutert.

NPIs sind lexikalische Einheiten, die nur im Skopus von Negation oder in negationsähnlichen Kontexten vorkommen;

Beispiele:
(6) *Er glaubt nicht, dass sie JEMALS kommt*
 × *Er glaubt, dass sie JEMALS kommt*
 Sie BRAUCHT nicht zu kommen
 × *Sie BRAUCHT zu kommen*

Phrasale NPIs finden sich erstaunlich häufig im Bereich der idiomatischen Wendungen, z. B.:

(7)
Er tut keiner Fliege etwas zuleide
?? *Er tut einer Fliege etwas zuleide*

Das geht auf keine Kuhhaut
?? *Das geht auf eine Kuhhaut*

PPIs hingegen zeichnen sich dadurch aus, dass sie im Skopus von Negation gerade nicht angemessen interpretiert werden können; Beispiele:

(8)
Sie ist SCHON gekommen
× *Sie ist nicht SCHON gekommen*

Er war SOGAR pünktlich
× *Er war nicht SOGAR pünktlich*

Schon Jespersen (1917) befasste sich mit derartigen Polaritätsphänomenen in verschiedenen Sprachen. In den letzten Jahrzehnten hat sich die Forschung verstärkt dieser Thematik angenommen; diskutiert werden vor allem Fragen der Klassifizierung und der Lizensierung solcher polaren Einheiten. Einen fundierten Überblick hinsichtlich der Forschungslage bietet Ladusaw (1996), detaillierte Ausführungen finden sich in van der Wouden (1997).

3. Dualität

Dualität bezeichnet Äquivalenz-Relationen zwischen sprachlichen Ausdrücken unter Einbeziehung von Negation – und zwar 'äußerer Negation', 'innerer Negation' und 'dualer Negation' –, was zur Konstituierung sog. 'Dualitätsgruppen' führt. Diese bestehen jeweils aus maximal vier sprachlichen Ausdrücken, sog. 'dualen Operatoren', die zueinander lexikalisch in keinem regulären Wortzusammenhang stehen müssen und in den meisten Fällen weder etymologisch verwandt sind noch lexikalische Antonym-Paare darstellen (siehe 3.1). Die Gemeinsamkeiten sämtlicher Dualitätsgruppen zusammenfassend unterscheidet Löbner (1990) vier Typen von Operatoren:

(9) Typ 1   Typ 2   Typ 3   Typ 4
      ∃   ∀   ~∃   ~∀

Typ-1-Operatoren entsprechen dem prädikatenlogischen Existenzquantor, Typ-2-Operatoren dem Allquantor, Typ-3- und Typ-4-Operatoren jeweils der Negation des Existenz- bzw. Allquantors. Die Äquivalenz-Beziehungen zwischen den einzelnen Typen verdeutlicht das Dualitäts-Diagramm in (10):

(10)

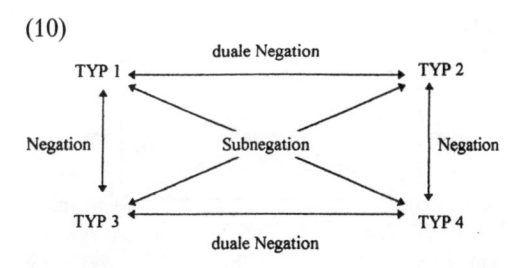

Abb. 64.1

'Negation' (= äußere Negation) bedeutet Negation des Operators, 'Subnegation' (= innere Negation) bedeutet Negation des Operanden, 'duale Negation' bedeutet Negation plus Subnegation. Die Unterscheidung dieser Negationsarten beruht somit auf Unterschieden in den Skopusverhältnissen.

Für die Beziehungen der Operatoren zueinander ist charakteristisch, dass die Anwendung je zwei verschiedener Operationen äquivalent zu der Anwendung der dritten ist. So ist das Dual eines Quantors Q die Negation der Subnegation zu Q, aber auch die Subnegation zur Negation von Q; die Negation von Q ist das Dual der Subnegation zu Q und so weiter (siehe Löbner 1990, 71 f.):

(11) $S(N(Q)) = N(S(Q)) = D(Q)$
      $S(D(Q)) = D(S(Q)) = N(Q)$
      $(N(D(Q))) = (D(N(Q))) = S(Q)$

Formaler ausgedrückt (vorstehendes '~' steht für Negation, nachstehendes '~' für Subnegation, vor- und nachstehendes '~' für duale Negation, '↔' symbolisiert hier und im folgenden Äquivalenz):

(12) $(\sim Q\ ) \leftrightarrow \sim(\ Q\sim) \leftrightarrow \sim Q\sim$
      $(\sim Q\sim)\sim \leftrightarrow \sim(\ Q\sim)\sim \leftrightarrow \sim Q$
      $\sim(\sim Q\sim) \leftrightarrow \sim(\sim Q\ )\sim \leftrightarrow Q\sim$

Die Realisierung von Dualitätsbeziehungen in natürlicher Sprache soll zunächst an Hand der von Löbner (1990) detailliert untersuchten Dualitätsgruppe *schon/noch/noch nicht/nicht mehr* erläutert werden. (13) zeigt das einschlägige Dualitäts-Diagramm; die Verteilung der Operatoren auf die verschiedenen Typen ergibt sich im Vergleich mit Diagramm (10). *Noch nicht* und *nicht mehr* sind Suppletivbildungen unterschiedlicher Art. Da es sich um die äußeren Negationen von *schon* und *noch* handelt, müssten an deren Stelle regulär ei-gentlich die Formen 'nicht schon' und 'nicht noch' stehen; beide Formen sind jedoch im Deutschen als lexikalische Einheiten nicht belegt:

(13)

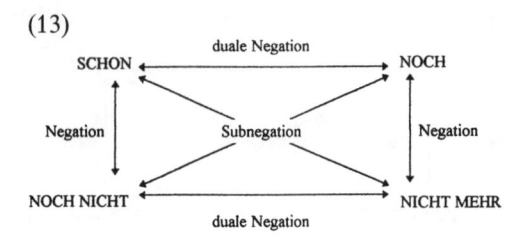

```
        SCHON  ←── duale Negation ──→  NOCH
          ↑ ↖                         ↗ ↑
     Negation    Subnegation      Negation
          ↓ ↙                         ↘ ↓
    NOCH NICHT ←── duale Negation ──→ NICHT MEHR
```

Abb. 64.2

Um die unterschiedlichen Negationsbeziehungen zwischen den einzelnen Operatoren deutlich zu machen, sei als Beispiel *noch* – im Diagramm oben rechts – herausgegriffen: *nicht mehr* – im Diagramm unten rechts – ist die äußere Negation von *noch*, das wird klar, wenn man die Sätze in (14) betrachtet:

(14) *Das Licht ist NOCH an* ↔
      *Es trifft nicht zu: das Licht ist
      NICHT MEHR an*

Die Sätze sind bedeutungsmäßig äquivalent. Hier handelt es sich um äußere Negation, realisiert durch *Es trifft nicht zu*, der Operator (*nicht mehr*) befindet sich mit im Skopus der Negation. Anders liegt es in den Sätzen (15):

(15) *Das Licht ist NOCH an* ↔
      Das Licht ist NOCH NICHT aus

Hier handelt es sich um innere Negation, realisiert durch die Antonymie von *an/aus*. Entscheidend ist dabei, dass hier lediglich *an* negiert wurde, der Operator (*noch nicht*) steht nicht mit im Negationsskopus. Wenn sowohl äußere als auch innere Negation vorliegt, dann handelt es sich um duale Negation, wie in den Sätzen (16):

(16) *Das Licht ist NOCH an* ↔
      *Es trifft nicht zu: das Licht ist
      SCHON aus*

Vergleicht man die Äquivalenz-Paare in (14) bis (16) miteinander, so wird deutlich, dass – je nachdem, ob es sich um äußere, innere oder duale Negation handelt – unterschiedliche Operatoren gewählt werden müssen, um eine Äquivalenz mit dem *noch*-Satz zu erreichen. Genau dies zeigt auch Diagramm (13): *noch* steht zu *nicht mehr* im Verhältnis äußerer Negation, zu *noch nicht* im Verhältnis innerer Negation, zu *schon* im Verhältnis dualer Negation. *Schon* und *noch* sind demnach 'duale Operatoren', d. h. sie stehen in der Beziehung dualer Negation zueinander. Auch *nicht mehr* und *noch nicht* sind duale Operatoren, vgl.

Diagramm (13) sowie die Äquivalenz der Sätze in (17):

(17) *Das Licht ist NICHT MEHR an* ↔
      *Es trifft nicht zu: das Licht ist
      NOCH NICHT aus*

Den hier vorgeführten Beispielen entsprechend lassen sich auch die übrigen Negationsbeziehungen dieser Gruppe lexikalisieren, vgl. (11).

3.1. Dualitätsgruppen

Die Operatoren einer Dualitätsgruppe, d. h. maximal vier Lexeme, gehören in der Regel zur selben morphosyntaktischen Kategorie. Duale Operatoren gehören ganz unterschiedlichen Kategorien an; eine übersichtliche Auflistung verschiedener Dualitätsgruppen findet sich bei Löbner (1990, 89), einige Beispiele:

(18)

Typ 1	Typ 2	Typ 3	Typ 4
möglich	*notwendig*	*unmöglich*	*unnötig*
manchmal	*immer*	*nie*	
manch-	*jed-*	*kein*	
Recht	*Pflicht*		
akzeptieren	*fordern*	*ablehnen*	*verzichten*

Allerdings weisen, wie auch in (18) zu sehen, die lexikalischen Belegungen der vier Typen eine deutliche Asymmetrie auf: Die Typen 1 und 2 'begründen' jeweils eine Dualitätsgruppe und sind durchgängig in allen Gruppen mit einem primären Lexem belegt; Typ 3 und Typ 4 sind häufig defektiv in dem Sinne, dass Typ 3 in vielen Fällen Lücken aufweist und Typ-4-Quantoren überhaupt nur in Einzelfällen primär lexikalisiert sind. Die vorhandenen Lücken können aber jeweils durch Ersatzkonstruktionen gefüllt werden, in der Regel durch explizite Negation, vgl. etwa (19):

(19)

Typ 1	Typ 2	Typ 3	Typ 4
manchmal	*immer*	*nie*	*nicht immer*
manch-	*jed-*	*kein*	*nicht jed-*

In einigen Dualitätsgruppen werden primärlexikalische Lücken durch Suppletivformen gefüllt, so wie in der oben erläuterten *schon/noch*-Gruppe die Typ-3- und Typ-4-Belegungen *noch nicht* und *nicht mehr*. In diesen Fällen handelt es sich nicht um syntaktische Negation mit *nicht* (welche hier 'nicht schon' bzw. 'nicht noch' heißen müsste)!

Andere Beispiele für suppletive Typenbelegung finden sich im Bereich der deutschen Modalverben:

(20)

Typ 1	Typ 2	Typ 3	Typ 4
können	*müssen*	*nt. können*	*nt. müssen/ nt. brauchen*
dürfen	*sollen*	*nt. dürfen*	*nt. sollen/ nt. brauchen*

Neben der regulären Negation der Typ-2-Operatoren weist hier Typ 4 jeweils alternativ eine Suppletiv-Belegung (*nicht brauchen*) auf. Beispiel: Die Negation von Satz (21a) kann entweder wie (21b) oder wie (21c) realisiert werden:

(21a) *Sie muss arbeiten*
(21b) *Sie muss nicht arbeiten*
(21c) *Sie braucht nicht zu arbeiten*

Die Dualitätsbeziehungen im Bereich der deutschen Modalverben sind allerdings insgesamt komplizierter als hier zu erläutern möglich ist, vgl. dazu Lenz (1996a).

Einige Aspekte der Dualitätsforschung im Bereich der Modalverben behandelte bereits Bech (1951), wenn auch in noch untechnischer Form. Bech erstellte hinsichtlich seiner für Modalverben relevanten Inhaltsfiguren 'Notwendigkeit' und 'Möglichkeit' vier „formeln" (Bech 1951, 6), die sowohl Negation als auch Subnegation beinhalten und auf diese Weise die Dualitätsverhältnisse zwischen Möglichkeits-Operatoren (Typ 1) und Notwendigkeits-Operatoren (Typ 2) exakt wiedergeben:

(22)
X ist notwendig = nt.-X ist nt. möglich
X ist nt. notwendig = nt.-X ist möglich
nt.-X ist notwendig = X ist nt. möglich
nt.-X ist nt. notwendig = X ist möglich

Ungebundenes *nicht* realisiert hier jeweils äußere Negation, gebundenes *nicht-* Subnegation. Der in (12) eingeführten Notation angepasst, finden Bechs „formeln" in (23) ihre jeweilige Entsprechung:

(23)
notwendig (X)   ↔ möglich ∼ (X ∼)
notwendig ∼ (X)   ↔ möglich (X ∼)
notwendig (X ∼)   ↔ möglich ∼ (X)
notwendig ∼ (X ∼)   ↔ möglich (X)

Eine weitere beachtenswerte Dualitätsgruppe begründen die Kopula-Verben *werden* (Typ 1) und *bleiben* (Typ 2), in der Typ 3 und Typ 4 nicht primär lexikalisch belegt sind, sondern die äußere Negation jeweils durch *nicht* realisiert wird. Unter Einbeziehung eines anderen Kopula-Verbs, nämlich *sein*, lässt sich anschaulich klarmachen, worin sich duale Negation (äußere plus innere Negation) von Doppelnegation (im Sinne von zweimal äußerer Negation) unterscheidet, *sein* ist kein dualer Operator. Kommt es in Verbindung mit zweifacher kontradiktorischer Negation vor, so sind beides äußere Negationen, die sich gegenseitig aufheben, d. h. der Satz mit Doppelnegation ist bedeutungsmäßig äquivalent mit dem entsprechenden negationslosen Satz:

(24) *Peter ist kein Nichtraucher* ↔
Peter ist ein Raucher

werden und *bleiben* hingegen sind duale Operatoren. Kommen sie in Verbindung mit zweifacher kontradiktorischer Negation vor, so heben sich die beiden Negationen nicht gegenseitig auf, d. h. der Satz mit zweifacher Negation ist bedeutungsmäßig nicht äquivalent mit dem entsprechenden negationslosen Satz:

(25) *Peter wird kein Nichtraucher* ↔
Peter wird ein Raucher
Peter bleibt kein Nichtraucher ↔
Peter bleibt ein Raucher

Äquivalent werden die jeweiligen Sätze erst, wenn der Dualität von *werden* und *bleiben* Rechnung getragen und im negationslosen Satz der Operator durch sein Dual ersetzt wird:

(26) *Peter wird kein Nichtraucher* ↔
Peter bleibt ein Raucher
Peter bleibt kein Nichtraucher ↔
Peter wird ein Raucher

Dem Dualitäts-Diagramm in (10) entsprechend ergeben sich najtürlich noch andere Äquivalenzbeziehungen, etwa folgende:

(27) *Peter wird ein Nichtraucher* ↔
Peter bleibt kein Raucher
Peter bleibt ein Nichtraucher ↔
Peter wird kein Raucher

Für detailliertere Ausführungen hinsichtlich dieser Thematik vgl. Lenz (1996b).

Sprachhistorisch betrachtet, bilden Dualitätsgruppen vermutlich nur Koalitonen auf Zeit. Die diachrone Untersuchung deutscher Modalverbgruppen (vgl. Bech 1951, Lenz 1992 und 1996a) legt eine solche Vermutung nahe. Allerdings besteht hinsichtlich der diachronen Erfassung von Dualitätsgruppen noch erheblicher Forschungsbedarf.

Dies gilt gleichermaßen für das Problem der Präsuppositionen, die mit den einzelnen Dualitäts-Gruppen oder -Gruppenmitgliedern assoziiert sind. Ansätze in dieser Richtung finden sich etwa bei Pasch (1992), die die von König (1991) postulierte Dualität von kausalen und konzessiven Konjunktionen wie *weil/ obwohl* zurückweist und unter Einbeziehung der jeweiligen Präsuppositionen diese Gruppe als 'unechte' Dualitätsgruppe identifiziert.

3.2. Markiertheit

Löbner (1990) konstatierte für die dualen Operatoren innerhalb der vier Typen eine von Typ 1 nach Typ 4 hin zunehmende Markiertheit, hinsichtlich der Lexikalisierung und hinsichtlich der Verarbeitungskomplexität. Zusammenfassend lässt sich diesbezüglich Folgendes festhalten:

– Typ 1 und Typ 2 sind in der Regel mit lexikalischen Basiselementen belegt.
– Die Belegung von Typ 3 ist manchmal, die von Typ 4 häufig lückenhaft.
– Typ-3- und Typ-4-Operatoren sind, falls vorhanden, als lexikalische Einheiten morphologisch komplexer als Typ-1- und Typ-2-Operatoren. Sie enthalten häufig Negationselemente, sei es als Präfix (*un-möglich, un-nötig*) oder als Wortbestandteil (*k-ein, n-iemand*).
– Typ-3- und Typ-4-Operatoren sind oft syntaktisch komplexer. Beispiele: Typ 3 *auf keinen Fall* zu *möglicherweise/sicher*, Typ 3 *weder noch* zu *oder/und*, Typ 4 *nicht brauchen* zu *können/müssen* und *dürfen/sollen*.
– Typ 4 ist, falls belegt, häufiger als Typ 3 mit suppletiven Formen und negativ polaren Elementen gefüllt. Beispiele: *nicht brauchen* in den modalen Gruppen, *nicht einmal* zu *sogar/wenigstens*.

Dieser Markiertheitsanstieg wird von Löbner auf die wachsende semantische und konzeptuelle Komplexität von Typ 1 nach Typ 4 zurückgeführt.

4. Literatur in Auswahl

Bech, Gunnar (1951): *Grundzüge der semantischen Entwicklungsgeschichte der hochdeutschen Modalverba*. Kopenhagen: Historik-filologiske Meddelser 32/6.

Bierwisch, Manfred; Ewald Lang (Hrsg.) (1989): *Dimensional Adjectives*. Berlin etc.: Springer.

Cooper, William E.; John R. Ross (1975): World Order. In: *Papers from the Parasession on Functionalism*. (Hrsg. E. Grossman et al.). Chicago: Chicago Linguistic Society 1975, 63–111.

Cruse, D. Alan (1976): Three classes of antonym in English. In: *Lingua* 38, 281–292.

–, (1986): *Lexical Semantics*. Cambridge etc.: Cambridge University Press.

Greenberg, Joseph (1966): *Language Universals*. The Hague: Mouton.

Horn, Laurence R. (1989): *A Natural History of Negation*. Chicago/London: The University of Chicago Press.

Jespersen, Otto (1917): *Negation in English and other languages*. Kopenhagen: Historisk-filologiske Meddelelser 1/5.

König, Ekkehard (1991): Concessive relations as the dual of causal relations. In: *Semantic universals and universal semantics*. (Hrsg. D. Zaefferer). Dordrecht: Foris 1991, 190–209.

Ladusaw, William A. (1996): Negation and Polarity Items. In: *The Handbook of Contemporary Semantic Theory*. (ed. S. Lappin). Oxford: Blackwell 1996, 321–341.

Lambrecht, Knud (1984): Formulaicity, frame semantics, and pragmatics in German binominal expressions. In: *Language* 60, 753–796.

Lehrer, Adrienne (1985): Markedness and antonymy. In: *Journal of Linguistics* 21, 379–429

Lehrer, Adrienne; Keith Lehrer (1982): Antonymy. In: *Linguistics and Philosophy* 5, 483–501.

Lenz, Barbara (1992): *Modalverben und Dualität im Deutschen*. Wuppertal/Düsseldorf: Arbeiten des SFB 282, Nr. 19.

–, (1995): *'un'-Affigierung: unrealisierte Argumente, unausweichliche Fragen, nicht unplausible Antworten*. Tübingen: Narr.

–, (1996a): Wie 'brauchen' ins deutsche Modalverbsystem geriet und welche Rolle es darin spielt. In: *Beiträge zur Geschichte der deutschen Sprache und Literatur* 118, 3, 393–422.

–, (1996b): 'sein', 'bleiben' und 'werden' im Negations- und Partizipial-Kontext. In: *Linguistische Berichte* 162, 161–182.

Löbner, Sebastian (1990): *Wahr neben Falsch. Duale Operatoren als die Quantoren natürlicher Sprache*. Tübingen: Niemeyer.

Lyons, John (1963): *Structural Semantics*. Oxford: Blackwell.

–, (1977): *Semantics*, Vol. I. Cambridge etc.: Cambridge University Press.

Malkiel, Yakov (1959): Studies in irreversible binominals. In: *Lingua* 8, 113–160.

Pasch, Renate (1992): *Sind kausale und konzessive Konstruktionen Duale voneinander?* Wuppertal/Düsseldorf: Arbeiten des SFB 282, Nr. 31.

Rachidi, Renate (1989): *Gegensatzrelationen im Bereich deutscher Adjektive*. Tübingen: Niemeyer.

van der Wouden, Ton (1997): *Negative Contexts*. London etc.: Routledge.

Barbara Lenz, Wuppertal (Deutschland)

65. Semantic relations of derivational affixes

1. Introduction
2. Comparing and contrasting derivational affixes and lexemes
3. Paradigmatic relations
4. Bound roots
5. Syntagmatic relations
6. Summary
7. Literature (a selection)

1. Introduction

Derivational processes enable speakers of languages to create new words out of conventional words and/or pieces of conventional words. Formally, the commonest type of derivation is the addition of a morpheme to a base, although subtraction and metathesis also exist. Conversion, or in some theories, the 'addition' of a zero, where there is no visible change in form, is also a common derivational process. Most commonly, at least in English, the base is a word (free morpheme); however, affixes and neoclassical compounds and other combining forms, such as *neo-*, *pseudo-*, *-phile*, and *-phobe* can be added to bound forms as well. See Bauer (1983), Warren (1990) and Lehrer (1998) for analyses of combining forms.

1.1. Iconicity

In general, there is an iconic principle, where greater morphological complexity correlates with greater semantic complexity (Cruse, 1986, Croft, 1990). In other words, adding form also adds meaning. Consider verbal affixes in English:

Noun/Adjektive + *ize* 'to make/cause':
modernize X	'to make X modern'
winterize X	'to get X ready for winter'
terrorize X	'cause X to experience terror'

Adjective + *-en* 'make (more) X':
sadden	'make sad'
widen	'make wider'
blacken	'make black' or 'make blacker'

re + Verb 'do again' or 'back':
regain	'gain again' or 'gain back'
retell	'tell again'

Noun + *ful* 'having, containing a great deal of X':
useful	'having great use'
respectful	'having much respect'

Adj + *ness* 'having X' 'being X':
goodness
happiness

In Japanese, causatives are marked by the suffix *–(s)ase*.

Examples are from Shibatani (1976: 241):
hatarak-u 'work'	hatarak-ase-re 'make work'
mi-re 'look'	mi-sase-ru 'make look'

Taroo ga hatarak-u. 'Taro works.' Hanako ga Taroo o hatarak-ase-ru. 'Hanako makes Taro work.'

Taroo ga e o mi-ru. 'Taro looks at the picture.' Hanako ga Taroo ni e o mi-sase-ru. 'Hanako makes Taro look at the picture.'

In French, the prefix *re-*, as in English, means 'back' or 'again':
armer 'load'	rearmer 'load again, reload'
chauffer 'to heat'	rechauffer 'heat again, reheat'
lire 'to read'	relire 'to read again'

In German, the affix *ent-*, prefixed to verbs, is a reversive, in one of its senses:

laden 'to load'	entladen 'to unload'
erben 'to inherit'	enterben 'to disinherit'
mutigen 'to encourage'	
entmutigen 'to discourage'	

It is easy to find counterexamples, however. The commonest sense of *remark* does not mean 'mark again'; *awful* no longer means 'full of awe'. In the German word *entrichten* 'to pay' the prefix is not a reversive of *richten* 'to direct, repair, adjust'.

Affixes more often than not have limited productivity. *–En* is limited to a small class of adjectives that end in certain consonants. There is competition between the English causatives *-ify* and *-ize*, where *beautify* blocks [compare Art. 61] **beautifulize* and *winterize* blocks **winterfy*. However, *terrify* and *terrorize* both exist, with slightly different meanings. In addition, affixes are often added to bound-bases; eg., *beautify* 'make beautiful; *specify* 'make specific', where the verb seems semantically more complex but is not morphologically more complex.

1.2. Semantic drift

In the case of morphologically complex words that have been in the language a long time, semantic drift has altered the compositional meaning, often by the addition of pragmatic inferences. *Rewrite an essay* is not just to write it over again but to alter it. A *readable book* is not just a book that someone can read, but one that is easy or pleasant to read, that is, well written. *Awful* has drifted in meaning from 'full of awe' to 'very bad'.

Finally, many affixes are used with bases that do not exist as independent words, or where the meaning of the base is different from that of the complex word, such as *report, reply* and *regard* where the meaning of the whole word is not compositional. *Aggression* and *aggressive* have suffixes added to *aggress*, which is a potential, but not yet fully accepted independent verb. Deleting *-ion* or *-ive* could take hold and make *aggress* a normal verb by a process known as **backformation**.

1.3. Conversion

Conversion (or zero derivation) involves no change in form; therefore, other, usually semantic, criteria must be used to decide which is the base and which the derived form, and decisions will vary from item to item. Consider the following noun-verb pairs in English:

> *mop, sponge, bench, crate, ape, mine, bike, tree, oil*

These items are artifacts or natural kinds, and the action involves doing something with or like the noun. In some cases the objects exist independently of the verbal use.

> *The younger children aped the older ones.*
> *The dog treed the squirrel.*

With artifacts, the verbal use is sometimes more specific than the noun. *The coach benched the player* is more specific than 'sit on an bench'.

With some artifacts, since they are created for specific functions, the action and the instrument are closely allied: A mop is used to mop with; a sponge is used to sponge something with. Intuitively, the noun seems basic and the action derived. (See Cruse, 1986: 133, for an alternative analysis.) We can clean the room with a mop; but we don't mop the room with a broom. Also it's odd to say:

> **We crated oranges into cartons.*
> **We hammered the nail with a rock.*
> **We nailed the paper to the door with a pin.*

(Clark & Clark (1980 provide an analysis of denominal verbs.)

Another set of items involves items like *cook* and *guide*, which can be used as nouns and verbs. As nouns these words denote agents, and as we see by analogy, most derived agents have suffixes, of which *-er* is the most productive: *baker, farmer, runner*. Therefore, it is reasonable to conclude that the verbal sense is basic. Also by examining definitions, it is more plausible to define *a cook* as 'some who cooks' and than to define *to cook* as 'what a cook does'.

Another set of words is exemplified by *light, scratch, walk, break*, and *crack*. With these words the verbal use is also basic and the noun derived because the object denoted by the noun comes in being as the result of the action or event denoted by the verb. A scratch is produced by scratching/or by being scratched; a tear (in the cloth) comes about because someone or something tears it. This class of deverbal nouns derived by conversion is quite large and productive.

1.4. Prefixes and Suffixes

There is an important difference in English between most prefixes and most suffixes. In general, English prefixes have a clear meaning (or range of meanings), are productive, and play a lexical-like role in word formation, as opposed to a grammatical role. Only a few prefixes can change part of speech, eg. *pro-, anti-* (Boertien, 1988), *en-* and *be-*. The prefixes that are most lexical can be combined freely (subject to the semantic and syntactic constraints), and they can even be used recursively. The scope is predictable: the outer prefix takes scope over everything to the right.

> *metalanguage* 'about language' or 'foundations of language'
> *anti-metalanguage* 'against metalanguage'
> *pro-anti-metalanguage* 'in favour of [being] against metalanguage'
> *anti-anti-metalanguage* 'against [being] anti metalanguage'

(Lehrer, 1995)

By contrast, suffixes have more general – often grammatical – meanings, which often serve to change category membership.

Some suffixes have clear meanings, eg. agentives suffixes (*-er, -ist*), instrumental (*-er*), and those resulting from the grammaticization of full words (*-ful, -less, -man*). However, most derivational suffixes serve a grammatical function; they change a base into another part of speech and/or add a very abstract meaning, like 'state of X', 'property of X', 'cause', 'results' etc.

> Adjective (or root) + *-ity*: *puritiy* 'state or quality of being pure'; *security*, 'state of being secure'.
> Adjective + *-ness*: *happiness* 'state of being happy; *greatness*, 'quality of being great'.

See also the causatives above.

2. Comparing and contrasting derivational affixes and lexemes

Since derivational affixes are meaningful, we can compare their semantic properties and relationships with those of lexemes. The commonest semantic relations among lexemes will be examined: first polysemy, then the most important paradigmatic relations (synonymy, antonymy, hyponymy and meronymy) and some syntagmatic relations. (See Cruse, 1986, for analyses of these concepts.)

2.1. Polysemy

Like most lexemes, derivational affixes are polysemous, and the study of their development over time mirrors semantic shifts found in lexemes. For example, the prefix *meta-* has two related currently productive senses: The first sense is '(an) X about (an) X' as in *metalanguage*, *metarule*, *metaquotation*, and *metastatement*. Thus a *metarule* is 'a rule about a rule or rules' and a *metalanguage* is 'a language about a language or about languages'. The second sense is 'a foundational study of X' as in *metapsychology* or *metahistory*. In this case, *metapsychology* is the foundational study of psychology. Historically, the first sense developed from the second, and we can see the beginning of a semantic shift from the first sense 'about' to 'of' in words like *metapopulation*, glossed as 'a population of populations', not 'a population about populations'.

Another example of polysemy involves the suffix *-ist*, which has a very general meaning – 'one who is or does X', but there are three related senses: (1) 'one who performs an action involving X', eg., *violinist*, *harpist*; (2) 'one who holds an ideology', eg., *socialist*, *capitalist*; (3) 'one who is prejudiced against some group', eg., *racist*, *sexist*. These last two senses are paired with *-ism*, and the third sense developed out of the second. *Racism*, (*racialism*) was the ideology that there are differences among races, and since this ideology was used to justify discrimination, it acquired a negative connotation in contemporary social and political climates. This last sense is found in neologisms like *ageist* and *classist* 'one who discriminates against people because of their age or class' respectively, and *speciesist* 'one who unjustifiably discriminates in favor of humans over other animals' or 'one who discriminates in favour of some species over others'.

A study of derivational affixes in English will show that polysemy is the norm and that few affixes have only one sense.

3. Paradigmatic relations

The most important paradigmatic relationships found among lexemes are antonymy (of various types), synonymy, hyponymy, and meronymy.

3.1. Antonymy

Antonymy is widely found in English prefixes from both Latinate and Germanic origins. Below are some examples.

super – sub	*superordinate*	*subordinate*
	superset	*subset*
hyper – hypo	*hyperactive*	*hypoactive*
	hypernym	*hyponym*
pre – post	*prewar*	*postwar*
	prenatal	*posnatal*
pro – anti	*pro-choice*	*anti-choice*
	pro-education	*anti-education*
micro –	*micro-economics*	
macro	*macro-economics*	
mini – maxi	*miniskirt*	*maxiskirt*
in – ex	*inhale*	*exhale*
	introvent	*extrovert*
over – under	*overachieve*	*underachieve*
	overworked	*underworked*
up – down	*upgrade*	*downgrade*
	upstairs	*downstairs*
in – out	*input*	*output*
	inlet	*outlet*

There is also one antonymous pair of suffixes: *-less* and *-ful*.

-less -ful	*careless*	*careful*
	harmless	*harmful*

Several of the morphemes among the prefixes are identical to free morphemes, either prepositions or adverbs, and in many cases they are the result of grammaticalization, that is, the evolution of free morphemes to bound. The meaning of most affixes is largely limited to concepts involving space, time, and quantity – that is, to concepts that are frequently expressed by grammatical means in languages. There are also many instances where affixes have no antonym formed from the morpheme paired above (*expert, beautiful*, but no *inpert, (*beautiless); in other cases the pairs of words are not antonymous, eg. *inlaw – outlaw*.

As mentioned earlier, derivational morphemes, including the most productive ones, are not as productive in word formation as full lexemes are in phrase and sentence production. But in general, we see that antonymy is well represented as a semantic relations among affixes.

3.2. Synonymy

As often noted, synonymy is rarely absolute in that one usually does not find complete interchangeability. Rather we must think of synonyms as words whose meaning and distribution are very similar; there may be subtle connotative differences but substitution can occur in a wide range of cases. Parallels can be found among some derivational affixes. Consider some of the agentive suffixes in English: *-er, -ist, -ster, -eur, -eer*, and *-ian*. The first two are highly productive, and their difference in distribution can be accounted for in terms of the different bases they attach to: *-er* attaches to verbs and *-ist* to nouns.

The other four are not highly productive, but they do occur in neologisms, and when they are so used, they exhibit subtle differences of connotation. *-Ster* has a negative connotation that ranges from naughty to very bad, found in words like *trickster, huckster, gangster*, and *mobster*. This point was clearly illustrated the attempted Coup in the Soviet Union in 1991, when a television news commentator referred to the anti-Gorbachev agents as *coupsters*. (This word was created during a discussion, not read from a prepared script.) More recently *fraudster* was used to describe a scientist who had published research based on lies.

-Eur, because it is found in French loan words, carries a cluster of connotations of something exotic and foreign, but also with an association of skillfulness, as found in words like *raconteur, masseur, restauranteur,* and *provocateur*.

-Eer also has a very slight negative connotation, and it refers to agents who are enthusiastic about banal activities, or perhaps activities which are shady or undesirable, eg., *mutineer*.

Neologisms listed in Algeo (1991) include the following:

aeroneer 'enthusiast of model airplanes'
balloteer
concerteer 'a concert goer'
conventioneer
       'one who attends a convention'
privateer
pigeoneer 'keeper or trainer of homing pigeons'
pulpateer 'one who writes for pulp magazines'
sloganeer
weaponeer
dandelioneer
       'a state employee designated to dig dandelions'

A dean in charge of promoting a new program described himself as a *marketeer*.

The agentive use of the suffix *-ian* that is of interest here is that attached to nouns and adjectives ending *-ic* or nouns ending in *-ics*, where the *-s* is dropped before *-ian*. Examples are *phonetician, mathematician, electrician, magician, geometrician, musician, theoretician, politician, physician, statistician, optician* and *academician*. The suffix here refers to a skilled or professional practitioner of the occupation or specialty named in the base.

Even though there are words that do not carry these connotations for each of these suffixes, eg., *engineer, youngster, chauffeur*, the existence of numerous words that do outweighs any exceptions, providing a general meaning that is found when neologisms are created.

Subtle semantic differences have been observed for different negative prefixes, for example *un-/in-* versus *non-/a*, as in pairs such as *immoral* vs. *amoral* and *nonchristian* vs. *unchristian*. Semantic differences can also be found in the reversives *un-* vs. *de-* (*unfrock* vs. *defrock*; *uncode* vs. *decode*).

Finally, in examining the list of antonyms above, we find synonyms among them, for example. *hyper-* and *super-*; *hypo-* and *sub-*; *pre-* and *ante-*; *mini-* and *micro-*; *maxi-* and *macro-*.

When we look at the distribution of roughly synonymous, rival affixes and compare them to the distribution of lexical synonyms, we see a great difference, however. On the whole, affixes tend to be in complementary distribution, (van Marle, 1985) whereas in the case of lexical synonyms we find tolerance for most combinations. To be sure, we do find doublets, as illustrated below (with examples from Szymenek, 1989: 156 and Bauer, 1983: 290).

falseness	*falsity*
morbidness	*morbidity*
impecuniousness	*impecuniosity*
inextricableness	*inextricability*
flippantness	*flippancy*
recentness	*recency*
zesty	*zestful*
grammaticalize	*grammaticize*
minimalize	*minimize*
lech	*lecher*
normality	*normalcy*
complacence	*complacency*
defectiveness	*defectivity*

Doublets for agent suffixes with differences of meaning, include the items below:

jokester	*joker*
spinster	*spinner*
copiest	*copier*
informant	*informer*

Most often we find doublets for a short time, while rival affixes compete for acceptance, and a choice is made. This reflects an indeterminacy about the most appropriate new word for a new concept (or new to the lay public). For example, when many new linguistics departments were established in the United States in the 1960s, a member of such a department was often called a *linguistician* by nonlinguists, analogous to *mathematician* and *phonetician*, since the word *linguist* had the meaning to many nonlinguists of 'a person who speaks many languages', a concept that linguists have lexicalized as *polyglot*. In time, however, *linguistician* ceased to be used because linguists did not call themselves by this expression.

3.3. Hyponymy and meronymy

One of the commonest and most important lexical relationships is that of hyponymy. In most semantic fields there is a superordinate term with several incompatible co-hyponyms. However, among the English affixes, the only example found, and a marginal one at that, is *multi-* which serves as a superordinate for *bi-*, *tri-*, etc. Another common lexical relationship is meronymy, the part-of relationship, and this is one, like hyponymy, is missing from the inventory of affixes.

Beard (1995) explains the restricted types of lexical semantic properties found in English affixes and the affixes of most other languages by pointing out that the meanings expressed by affixes (derivational and inflexional) are the same as those found in function words. In English, for example, meanings of affixes can also be expressed by prepositions or by logical words, like *not*; or else they are affixes that can be paraphrased by very general words (ACTION, AGENT, EVENT, STATE, QUALITY); or they can be paraphrased by highly restricted modifiers, like *former*. Beard observes that in most languages affixes and function words are alike in that the meanings they express are limited and are similar to each other.

A related explanation is suggested by the work of Miller and Fellbaum (1991), who have looked at the linguistic networks of words in English and the kinds of lexical semantic relationships that are found among the different parts of speech. Whereas taxonomy, hyponymy, and meronymy are the commonest kinds of relationships found in nouns, scales and antonyms are the commonest found in adjectives. Verbs are in between, and among the verbs one can find some examples of hyponymy and some of antonymy. Almost all nouns in languages are rich in lexical content, denoting many specific things (concrete and abstract), persons, and places, and through nominalization, states, events, and properties. Although there are a variety of nominalizing suffixes (*-tion*, *-ness*, *-ity*, etc.) their meaning is so general that it is not possible to specify any noun-like categories. This fact may provide a partial explanation for why hyponymy and meronymy are missing from affixes.

3.4. Affixes with lexical meaning

Mithun (1996) has provided several case studies which challenge the view that affixes express only the limited meanings found in grammatical or functional morphemes. She summarizes meanings found in affixes in languages of North America, representing nine different language families. One example from Mithun's work on Central Pomo (a language of California) can be seen in the examples below. *lólo-ṭoč* can be glossed as 'to squash or crush something'.

ča-*lólo·ṭoč*	'with the seat; by sitting'
da-*lólo·ṭoč*	'with the hand; by pushing'
ma-*lólo·ṭoč*	'with the foot; by kicking'
qa-*lólo·ṭoč*	'with the teeth; by biting'
s-*lólo·ṭoč*	'with the tongue; by sucking'
h-*lólo·ṭoč*	'with a stick; by jabbing or poking'

Below are examples which use the same prefix *m-* with different roots, meaning 'by kicking' (Mithun, 1996: 3):

m-*tóš* 'kick something or someone'
m-*tʰi·č* 'kick something open or knock it up out of the ground'
m-*dé·n* 'dance along, kick something along'
m-*čékčiw* 'trip'
m-*tóščiw* 'move by kicking'
m-*łáš* 'miss when trying to kick, or miss in marbles'
m-*tólčiw* 'knock something over with the foot or elbow'
m-*néw* 'butt, as a bull or ram does'
m-*šéw* 'notice an odor'
m-*lúš* 'cap of a bottle comes off as it is being used'

According to Mithun's analysis, the morphemes in bold are derivational prefixes, not agreement markers or classifiers. Although the translations above use nouns and verbs, the morphemes show less categorical behavior than either nouns or verbs in Pomo (Mithun: 1996: 3). The prefixes are distinct from roots both formally and functionally in that they always precede the root and they comprise a closed class. Finally, although they are productive, like derivational morphology in generally, they are not completely productive; that is, they cannot be prefixed to any root, even one that is semantically compatible.

Another language discussed by Mithun is Bella Coola, a Salish language in the pacific Northwest. Bella Coola has a closed set of suffixes, called 'lexical suffixes' which share the distributional properties of other affixes, not those of roots. Below are some examples (Davis & Saunders, 1980 and Nater, 1984, cited in Mithun):

-*i·xʷ* 'head'	-*us* 'face'	-*lxs* 'nose'
-*alic* 'tooth'	-*ał* 'foot'	-*lnqs* 'tail'
-*a·x* 'bottom'	-*anł* 'convering'	-*lst* 'rock'
-*ulmx* 'eath, floor'	-*mx* 'tribal member'	-*an* 'ear'
-*aq̓ʷs* 'eye'	-*uc* 'mouth'	-*ak* 'hand'
-*ank* 'side'	-*ič* 'feather'	-*li·c* 'skin'
-*lp* 'tree'	-*alus* 'piece'	-*lt* 'child'

Bella Coola also has a set of lexical prefixes, historically derived from roots, which are now prefixes that must precede roots and may no longer serve as roots (from Nater, 1984: 93–94; cited in Mithun).

tam- 'make, construct'
tutu- 'prepare, work on'
txuł- 'go to [a place]'
ʔus- 'crave'
ʔun- 'be fond of'
ʔis- 'wear'
kił- 'lack'
ʔanus- 'be deprived of'
ʔas- 'have, contain, use
tix- 'catch'
kał- 'gather'
ʔis- 'gather, take in, consume'
ʔasi- 'consider the taste of'
ʔit- 'speak the language of'
ʔus 'don put-on'
xł – 'have possess'
kuł – 'have much'

The glosses of the examples from Central Pomo and Bella Coola suggest that there may well be instances of meronymy and hyponymy, but such an analysis requires tapping into the intuitions of native speakers.

Mithun shows that the meanings of affixes, though more lexical than what is found in more familiar languages, are more general and abstract than corresponding meanings found in the roots in these languages. Sometimes they serve to background information or to subordinate previously mentioned information. Therefore, although these languages provide counter-examples to the view that affixes contain very limited concepts, they do show that even the lexical-like meanings are somewhat more abstract than are found in typical nouns and verbs.

4. Bound roots

There are some bound morphemes that a few linguists and lexicographers have classified as affixes but others consider to be bound roots. These have sometimes been described as **neoclassical compounds**, such as *bio-*, *Euro-* and *eco-*, and **splinters** from blends that have become productive, such as *-gate*, meaning 'political scandal' from *Watergate*. Neo-classical compounds and splinters from blends have been called **combining forms**, and Bauer, 1983, Warren, 1990, Beard, 1995, and Lehrer, 1998 present strong arguments for classifying these as bound roots, not as affixes. Since the meanings expressed are those found in typical nouns and verbs, if they are classified as affixes, then we might well find instances of meronymy, hyponymy, etc., and we would have to give up the hypothesis that affixes express a limited set of meanings. The evidence supports the view that these items are not affixes.

5. Syntagmatic relations

Lexemes are often related to one another by specific collocations and semantic field associations. Syntagmatic relationship also include selection restrictions between a verb and its arguments. Examples are the relationship between *eat* and *foot*, *drink* and *beverage*, *read* and *book*, *cook* and *chef*, and *play* and *game*. There are also syntagmatic relationships of the sort described as semantic incorporation, such as *kick* and *foot*, *punch* and *fist*, and *hurry* and *fast*, where an instrument or manner is part of the meaning of the verb. This type of syntagmatic relationship does not appear among English affixes nor among affixes in most languages, (but the Native American languages described above are striking exceptions). This fact follows from the nature of the meanings of affixes since affixes generally do not encode the highly specific types of meanings found in lexemes. The verbal meanings are very general, such as CAUSE, BEGIN, DO, HAVE, and the nominal meanings are like THING, PERSON, and PLACE. Although we can see an analogy between the agent and action in lexemes like *A chef cooks*, to generalize this to an expression like *An X-er X-izes*, is too forced to be plausible.

6. Summary

There are many parallels in the meanings expressed between affixes and free lexical items, but there are differences as well. In particular, the meanings of affixes in most languages are restricted to those found in function words, that is, the most grammatical and least lexical. And even in North American languages where affixes express noun-like and verb-like meanings, the affixes are more general than that of corresponding nouns and verbs in those languages.

There are also restrictions in the lexical relationships found in affixes. Although antonymy and synonymy are common, instances of hyponymy and meronymy are not found in English and most other languages, but this fact follows from the nature of the meanings. Polysemy, however, is common in both affixes and lexemes. In English and many other European languages, prefixes are generally more lexeme-like than suffixes.

Derivational affixes show strong iconic tendencies, in that the addition of a morpheme adds meaning. However, conversion (or zero affixation), which is common in English, is especially productive in turning nouns that name tools and other instruments into verbs meaning 'perform the appropriate activity with the thing' and in turning verbs into nouns meaning 'result of the action'.

7. Literature (a selection)

Algeo, John (1971), The voguish uses of *non*. In: *American Speech* 46 (1), 87–105.

Algeo, John (1991), *Fifty Years Among the New Words: A Dictionary of Neologisms, 1941–1991*. Cambridge: Cambridge University Press.

Andrews, Edna (1986), A synchronic semantic analysis of *de-* and *un-*in American English. In: *American Speech* 61(3), 221–232.

Bauer, Laurie (1983), *English Word Formation*. Cambridge: Cambridge University Press.

Beard, Robert (1995), *Lexeme-Morpheme Base Morphology*. Albany, NY: State University of New York Press.

Boertien, Harmon S. (1992), Problems with the righthand rule, relativized or not. Paper read at LASSO, Tucson, Arizona, October 17, 1992.

Clark, Eve V./Herbert Clark (1980), When nouns surface in verbs. In: *Language* 55 (4), 767–811.

Croft, William (1990), *Typology and Universals*. Cambridge: CUP.

Cruse, D. Alan, (1986), *Lexical Semantics*. Cambridge: Cambridge University Press

Davis, Philip W./Saunders, Ross (1980), *Bella Coola Texts*. British Columbia Provincial Museum Heritage Record No. 10. Victoria.

Funk, Wolf-Peter (1986), Toward a definition of semantic constraints on negative prefixation in English and German. In: *Linguistics Across Historical and Geographical Boundaries* 1986, 876–889. (Eds. K. Kastovsky/A. J. Szwedek/B. Ploczinska/J. Fiasiak). Berlin/New York: Mouton de Gruyter.

Horn, L.R. (1989) *A Natural History of Negation*. Chicago: University of Chicago Press.

Lehrer, Adrienne (1987), A note on the semantics of *-ist* and *-ism*. In: *American Speech* 63 (2), 181–185.

–, (1995), Prefixes in English word formation. In: *Folia Linguistica* 29 (1–2), 133–148.

–, (1998), Scapes, Holics, and Thons: The semantics of combining forms. In: *American Speech* 3 (1), 3–28.

Marle, Jaap van (1985), *On the Paradigmatic Dimension of Morphological Creativity*. Dordrecht: Foris.

Miller, George A./Christiane Fellbaum (1991), Semantic networks of English. In: *Lexical and Conceptual Semantics*, (Eds. B. Levin/S. Pinker). Amsterdam: Elsevier Science Publications, 1991, 197–229.

Mithun, Marianne (1996), The meanings of roots and affixes. Paper presented at the Seventh International Morphology Conference, Vienna, Austria. February, 1996.

Nater, H. F. (1984), *The Bella Coola Language*. Canadian Ethnology Service Mercury Series Paper 92. Ottawa.

Shibatani, Masayoshi (1976), Causativization. In: *Japanese Generative Grammar. Syntax and Semantics* 5, (Ed. M. Shibatani) New York: Academic Press, 1976, 2391–294.

Szymanek, Bogdan (1989), *Introduction to Morphological Analysis,* Warsaw: Panstwowe Wydawnictwo Naukowe.

Warren Beatrice (1990), The importance of combining forms. In: *Contemporary Morphology*, (Eds. W. V. Dressler/H. C. Luschützky/E. Pfeiffer/J. R. Rennison). Berlin: Mouton de Gruyter 1990, 111–32.

Zimmer, Karl. E (1964), *Affixal Negation in English and Other Languages*. Supplement to *Word* 20.2, Monograph 5.

Adrienne Lehrer, Tucson Arizona (USA)

XV. Lexikalische Strukturen auf der Grundlage von Sinnrelationen III: Beschreibungsansätze
Lexical structures based on sense relation III: Descriptive models

66. Beschreibungansätze für Sinnrelationen I: Strukturalistische (Merkmals-)Ansätze

1. *Sinnrelationen*: Gegenstand, Ziele, Theorien, Methoden, Modelle
2. Psycho-, sozio-, ethno-, anthropologische Ansätze
3. Strukturalistisch-linguistische Ansätze
4. Fort- und Weiterentwicklungen
5. Anwendungsfelder
6. Literatur in Auswahl

1. *Sinnrelationen*: Gegenstand, Ziele, Theorien, Methoden, Modelle

1.1. Gegenstand

Strikt strukturalistisch ist die Bedeutung eines Lexems (L) als seine Sinnrelationen (SRen) zu anderen Len in Form distinktiver Oppositionen unter Reduktion auf die diese kennzeichnenden notwendigen und hinreichenden Merkmale (Me) beschreibbar – vs. vor- wie poststrukturalistische Beschreibungen, die mentales Bild bzw. situationsangemessenen Gebrauch der strukturellen Beschreibung bei- oder vorordnen. Zur Entwicklung von Ansätzen zur Klassifikation von SRen – von Bally (1950): *plurivocité*; zu Ullmann (1951) *reine Synonymie* vs. *Homoionymie*; zur Insistenz auf kontextuellen Bedingungen (vs. blossen Substitutionstests à la '*deep*' vs. *shallow + water*, aber '*profound*' vs. *superficial + remark*) von Quine (1953); zu Lyons' ab 1963 zunehmender Systematik:

(1) *Kontrast*, beruhend auf (a) *Oppositionen* (binär), so *Antonymie, Komplementarität, Wechselseitigkeit* und verschiedenen Arten von *Direktionalität* oder auf (b) *Unvereinbarkeit* (nicht binär; zyklisch wie *Frühling, Sommer*... oder *seriell* wie *heiß, warm, kühl, kalt* oder als *Ränge* wie bei Schulnoten) vs.

(2) *Hyponymie*, wie strikte *H.* (z.B. *Eiche/Tanne* als Arten ihres *Hyperonyms Baum*), *Quasi-H.* (z.B. *süß, sauer, bitter*... – ohne Hyperonym gleicher Wortart), oder *Teil-Ganzes-Beziehung* (z.B. *Ehrlichkeit* als Teil sowie Art von *Tugend*); zu alternativen Ansätzen wie von Nida (1975): *Inklusion, Überschneidung, Komplementierung*, von Leech ([1974] 1981), von Palmer (1976), von Cruse (1986) unter Öffnung zur Prototypik – vgl. Kastovsky (1982), Cruse (1986), Lipka (1990).

1.2. Ziele

Legitimiert wurde das Studium von SRen außersprachlich (z.B. philosophisch, sozio-, psychologisch) oder/und innersprachlich. Dem 17. und 18. Jhd. war z.B. Synonymie Anlass zur Kritik an der Aufgabe von Sprache, Wirklichkeit darzustellen und zugleich Ursache für zwei „Therapie"-Ziele: entsprechendes 'Perfektionieren' natürlicher Sprachen und universell darstell- und verstehbare Pasigraphien zu entwickeln. Beide bedürfen metasprachlichen Erfassens von Sren, wobei z.B. Wilkins (1668) bereits lexikalische Abstraktionen im Sinne semantischer Me notiert. Dem 19. Jhd. waren Studien von Sren eher sprachpsychologischen und vergleichend-kulturhistorischen Zielen dienlich, als philologischen; sie blieben (a) präskriptiv-evaluativ (Synonymie als „Überfluss") und (b) isolativ (begnügten sich z.B. damit, als „SR" den bloßen Wandel der Bedeutung von lat. *femina* zu frz. *femme* als „Verengung" von [jedwedes weibliche Wesen (Mensch oder Tier)] auf [Frau (Mensch)] zu konstatieren, wohingegen erst strukturalistisch-systemhafte Ansätze des 20. Jhds. zu einer *Erklärung* gelangen können, qua

Einbeziehens der SRen mit lat. *mulier, uxor, femella* und ihren altfrz. Entsprechungen.

1.3. Theorien

Ihre theoretische Fundierung beziehen diese Ansätze weitgehend aus den Wortfeldtheorien. Deren Entwicklung von Tegnér (1874) über Meyer (1910) und Ipsen (1924) zu Trier (1931), Jolles (1934), Porzig (1934) zeichnen u.a. kritisch nach: Öhmann (1951), Kühlwein (1967), Seiffert (1968), Geckeler (1971a,b), Lutzeier (1982).

1.4. Methoden

Wesentliche Reaktion auf die Kritik an den ganzheitlichen Feldtheorien war, Bedeutungen von Len in elementare, 'atomare' Einheiten zu zerlegen. Diese 'Me' oder 'Komponenten' sind metasprachlicher Natur und ermöglichen größere Ökonomie der Sprachbeschreibung und universellen Sprachvergleich. Die Verfahren zum Ermitteln und Kombinieren der Me, – 'Merkmalsanalyse' (MA) –, sind Hjelmslevs Strukturalismus und der Prager Phonologie besonders verpflichtet. Wie diese hat sie die Unterscheidung zwischen emischen (distinktiven) und etischen (nicht distinktiven) Men eines Elements – dort eines Lautes, hier eines Ls – zu treffen. Es ist mithin das jeweilige System, innerhalb dessen ein Element ein Glied ist, das den emischen vs. etischen Status (*valeur*) von Men des betreffenden Elements bestimmt. Konzeptualisierung sowie Terminologie der semantischen Me/Marker/Züge/Faktoren/Seme/Komponenten u.a. variieren beträchtlich; Sprengel (1980) gibt eine Übersicht.

Als kontroverseste Punkte der MA gelten: (a) ihre Reichweite bezüglich unterschiedlicher Arten sprachlicher Daten; (b) ihr Verwenden objektsprachlicher Notation für metasprachliche Funktionen; (c) die Frage ihrer psychologischen Realität; (d) die Abstraktheit der Me (vs. Beschreibung auf objektsprachlicher Ebene mittels Bedeutungspostulaten im Carnapschen Sinne); (e) der Universalitätenanspruch; (f) ihr Verhältnis zur Unschärfe von L-Bedeutungen (*fuzziness*); (g) methodische Probleme wie Auswahl und Abfolge der an die Le eines Paradigmas anzulegenden Unterscheidungsparameter.

1.5. Modelle

Gemessen an der je nach Affiliierung mit unterschiedlichen Sprachtheorien (sehr) umfangreichen Literatur zu Theorie- und Methodenbildung für die Beschreibung von SRen ist die Zahl großformatiger empirischer Untersuchungen dann vergleichsweise gering, wenn man von ihnen Modellcharakter erwartet. Diesen gewinnen sie, wenn ihr Beschreiben der jeweils thematisierten SR zugleich zum Prüfstein für ihre Theorie und Methode wird und für diese erweist oder sie so fortbildet, dass sie auch Erkenntnisgewinn für das Beschreiben weiterer SRen zu liefern vermögen. Diesem Kriterium unterlag die Auswahl der nachfolgend umrissenen Ansätze.

2. Psycho-, sozio-, ethno-, anthropologische Ansätze

So prägend struktural-linguistisches Denken in Oppositionen wie System vs. Struktur, etisch vs. emisch etc. für benachbarte Disziplinen war, so viel verdanken gerade die frühen Stadien der sprachlichen MA deren *feedback*.

2.1. Noch vor Formalisierung der semantischen MA seitens der Linguistik entwickelte die Psychosemantik von und um **Osgood** (1971) einen abstakten multidimensionalen Raum, dessen Dimensionen von zahlreichen bipolaren Adjektivpaaren gebildet werden. Die beiden Adjektive eines Paares (z. B. *schön* vs. *hässlich*) bilden die einander entgegengesetzten Endpunkte einer (siebenstufigen) Skala (= einer *Dimension*). Auf jeder Skala weisen die Versuchspersonen jedem untersuchten L (z. B. *Hund, Köter*, etc.) einen Wert zu. Damit werden die Skalen zu Maßstäben für das Messen der Bedeutung der Le; *Köter* wird dabei geringere Werte in Bezug auf den Pol *schön* erzielen, als *Hund*. Skalenübergreifend ergeben sich unterschiedliche *Bedeutungsprofile* für *Hund, Köter*, etc. Um der Darstellbarkeit willen werden die zahlreichen bipolaren Skalen durch Faktorenanalyse auf drei Dimensionen reduziert: *potency* (*strong* vs. *weak*), *activity* (*active* vs. *passive*) und *evaluation* (*good* vs. *bad*). Im so geschaffenen dreidimensionalen Raum ergibt sich für jedes untersuchte L in Relation zu den übrigen sein in Bezug auf die Maßstäbe spezifischer und fest definierter Ort. Der Platz eines Ls auf jeder Skala kann als eines seiner semantischen Me aufgefasst werden: eine quantifizierte MA also. Sie wurde auf zahlreiche Wortschatzbereiche angewendet, doch geht aus ihr zwar hervor, welche Me für ein L als mehr oder weniger ausgeprägt betrachtet werden, nicht aber welche Me für SRen notwendig vs. nicht notwendig sind. Was so gemessen wird, sind konnotative Me.

Von für strukturalistische MA eher untergeordneter Bedeutung, wenngleich modellhaft konzipiert, sind Studien von *champs associatifs*, wie von **Bally** (1932) entworfen, die z. B. *bœuf* weit über seine SRen etwa zu *vache, taureau*, etc. hinaus noch in Beziehung setzen zu *labour, charrue*, zu *idées de force, d'endurance, de travail patient* etc., deren leitendes Erkenntnisinteresse mithin nicht linguistischer, sondern assoziationspsychologischer Natur ist. – Ähnlich greifen Studien nach **Guirauds** (1956) noch beträchtlich weiteren *champs morpho-sémantiques* zu weit und zu unstrukturiert in den assoziativen Bereich aus, um für MA sehr fruchtbar werden zu können.

2.2. Bezogen nicht auf psychologisches, sondern auf soziologisches leitendes Erkenntnisinteresse gilt mutatis mutandis die gleiche Einschränkung für **Matoré**s (1951) Analysen gemäß seines Modells des *champ notionel*.

2.3. Erheblich prägende Impulse verdankt die sprachliche MA von SRen zahlreichen und umfänglichen Untersuchungen aus Anthropologie und Ethnologie bereits der 50er und 60er Jahre. Deren hauptsächlich untersuchte sprachlichen Systeme sind Taxonomien und Paradigmata, Verwandtschafts-, Krankheits-, Nahrungsmittel-, Farbbezeichnungen in einer Vielfalt von Sprachen. Wir umreißen den Ansatz für das semantische System 'Verwandtschaftsbezeichnungen' am Beispiel einer Studie von **Goodenough** (1956) – neben **Lounsbury** (1956) und **Conklin** (1953) herausragender Vertreter der *Ethnoscience*- zur *Truk*-Sprache.
1. Schritt: Sammeln möglichst aller Le, deren Denotata darauf schließen lassen, dass sie Verwandtschaftsbezeichnungen sind. Dies ergibt als L – Denotata-Entsprechungen u.a. beispielsweise: Das L *semenapej* hat als Denotata: Fa sowie FaFa sowie MoFa (zu lesen als father, father's father, mother's father). Das L *mwääninyki* hat als Denotata: im Falle eines männlichen ego: y.Br, y.MoSiSo, SiSo; im Fall eines weiblichen ego: o.Si, o.MoSiDa (wobei *y* bzw. *o* für younger bzw. older steht, *Si* für sister, *So* für son, *Da* für daughter). Das L *mwääni* hat im Falle eines männlichen ego keine Denotata, im Falle eines weiblichen ego: Br, MoSiSo, FaBrSo, FaMoBrSo, FaSiSoSo.
2. Schritt: Ermitteln der Gruppierungsmöglichkeiten der Le gemäß ihrer Denotata (Distribution). Das Verfahren lehnt sich ausdrücklich an die Technik phonematischer Analyse an. Es ergibt Gruppen wie: (a) alle Le, deren Denotata alle das gleiche Geschlecht haben, unabhängig vom Geschlecht des ego (wie z. B. *semenapej*), (b) alle Le, deren Denotata alle entweder das gleiche Geschlecht wie ego haben (wie z. B. *mwääninyki*), oder die alle das ego entgegengesetzte Geschlecht haben (wie z. B. *mwääni*). Alle Le etwa der Gruppe (a) übergreifend lassen sich dann z. B. als Schlüsse ziehen: Unter den Verwandten ersten Grades gehören alle Denotata dieser Gruppe der älteren Generation an; unter den entfernteren Verwandten befinden sich alle Denotata dieser Gruppe, welche keiner älteren Generation angehören, in matrilinearen Verwandtschaftsgruppen des Vaters von ego (z. B. FaSiDa, FaSiDaDa). Beide Schlüsse zusammengesehen legen den Schluss nahe, dass die matrilinearen Verwandtschaftsgruppen des Vaters als in 'ältere Generationen' inkludiert gesehen werden.
3. Schritt: Ermitteln der Signifikata und ihrer Komponenten mit deren Werten (= z. B. für die Komponente *Generation* die Werte *älter, gleich, jünger*). Das *Significatum* (Terminus im semiotischen Sinne von Morris; von Goodenough mit *Semem* gleichgesetzt) z. B. des Ls *semenpej* hat die Komponentenkonstellation [VERWANDT; GENERATION: ÄLTER; GESCHLECHT: MÄNNLICH; KOLLATERALITÄT: DIREKT]; kein anderes L teilt mit ihm dieses Significatum. 4. Schritt: Ermitteln der Struktur der Paradigmata. Die Signifikata lassen sich ihrerseits zu Gruppen zusammenfügen, z. B. das Paradigma aller Signifikata mit der Komponente [GENERATION: ÄLTER] oder aller mit der Komponente [ABKUNFT: MÜTTERLICH]. Hierbei wird ersichtlich, dass im Vergleich zu ihnen den Komponenten [GESCHLECHT DER VERWANDTEN PERSON]; [BEZIEHUNGSART: BLUTSVERWANDT/NICHT BLUTSVERWANDT] und [VERWANDTSCHAFTGRAD: DIREKT/INDIREKT] im Paradigma des Truk nur geringere strukturierende Kraft zukommt und dass manche theoretisch möglichen Konstellationen von Komponenten nicht lexikalisiert sind. – Zur Kritik vgl. u.a. Kühlwein (1973).

Über MA aufzudecken, wie unterschiedliche Kulturen ihr Universum klassifizieren, ist das jenseits der Deskription liegende Forschungsziel. –

Nicht kulturelle, sondern perzeptionelle Bedingungen für diese Klassifizierungen aufzudecken, ist Anliegen der Komponentenanalysen zu Farbbezeichnungen. Anhand der Farbbezeichnungen aus 98 Sprachen versuchen **Berlin/Kay** (1969), die extreme Form der Hypothese sprachlicher Relativität im Wahrnehmen und Klassifizieren der Wirklichkeit, hier also das arbiträre Segmentieren des Farbkontinuums je nach einzelner Sprache, zu widerlegen. Sie postulieren die Existenz von elf perzeptuellen „basic color categories" als semantische Universalien. Von deren rechnerisch möglichen 2.048 Kombinationen werden nur 22 realisiert – und dies gemäß relational bedingten Verteilungsregeln: selbst wenn eine Sprache über weniger als elf Farbbezeichnungen verfügt, wenn sie z. B. außer für *weiß* und *schwarz* nur noch eine dritte Farbbezeichnung hat, ist es eine für *rot*; hat sie eine vierte, ist dies entweder eine für *grün* oder für *gelb* usw. Die Distribution gelte auch für sprachliche Entwicklungsstufen: eine sprachliche Spezifizierung von *grün* erfolge stets erst nach einer solchen für *rot* usw. Angehörige jedweder Sprache identifizieren die Foci der elf Kategorien trotz unscharfer Ränder nahezu gleichartig.

3. Strukturalistisch-linguistische Ansätze

Wenngleich noch ohne strikt formalisierte Methode, verweist **Oksaar**s (1958) Untersuchung des „Sinnbereichs" *Schnelligkeit* auf Differenzieren von Elementen innerhalb einer SR – hier Synonymie – im Sinne einer MA vor. Sie gliedert das ganze Feld nach den Men *punktuelle* vs. *lineare Schnelligkeit* und kennzeichnet z. B. das „Zentralwort" ersterer, *plötzlich*, gegenüber ihren „peripheren" Wörtern durch eine Untergliederung in Inhaltssphären" [momentan und unerwartet], [abrupt] und [schnell – sofort]. Über paradigmatische Feldstudien à la Trier gelangt Oksaar in zweierlei Hinsicht hinaus: durch starkes Beachten (1) nicht nur sprachlichen, sondern auch situationellen Kontextes und (2) der „Gebrauchsnorm" für jedes Wort, z. B. für *plötzlich* das Auffassen des Vorganges als [momentan] mit gewisser [Intensität] und [Wirkung] usw. – Desgleichen noch eher diskursiv, heben auch die von und um **Leisi** bereits in den 50er und 60er Jahren entstandenen Arbeiten auf „Das Wort als Brauch" ab. Dessen vollständige Beschreibung umfasst sowohl den „Akttypus" (z. B. einen Kuss) als auch den „Bedingungstypus", der den Akt erfordert oder erlaubt. Diese „Bedingungen" zielen wesentlich bereits auf sprachliche Kategorien hin; z. B. für den ganzen Bereich der Adjektiva u.a. 'statisch' vs. 'dynamisch' (*groß* vs. *flink*), 'aktuell' vs. 'potenziell' (*well* nur aktuell, *healthy* nur potenziell, *gesund* neutral für beides), objektgebundene Eigenschaften (*thick* für Dinge, *fat* für Tiere und Menschen, *plump* für Menschen, *buxom* für Frauen, vs. dt. *dick* oh-

ne Beschränkung). – Eine rigorose Abkehr vom Verständnis von Bedeutung als Referenz (= *extension* = *denotation* = „application" von Wörtern auf Sachen) zu Gunsten von Bedeutung als Intension (= *sense*) vollzieht **Lyons** (1963). Damit wird strukturelle Semantik gleichbedeutend mit dem Studium von SRen, die jedoch kontextabhängig sind. Für deren Beschreibung überträgt Lyons, wo vorteilhaft, komponentenanalytische Technik der ethnowissenschaftlichen Ansätze, beschreibt aber wesentlich mittels Bedeutungspostulaten. – **Lehrer** (1974) projiziert Komponentenanalyse ethnolinguistischer Prägung sprachkontrastierend auf Lyons' SRen und gelangt zu sprachlichen Universalien betreffenden, mit Berlin/Kay korrespondierenden Ergebnissen wie:

"If a language has three or more cooking words, in addition to a term for boiling, the nonboiling domain will be subdivided." (165).

– **Pottier** (1964) integrierte seinen Ansatz zur Beschreibung von SRen in ein umfassendes Konzept struktureller Semantik, dessen Kategorien wir an seinem Beispiel, dem französischen Wortfeld für *Sitzgelegenheiten* (*siège*), illustrieren. Die fünf *Lexien* frz. *chaise, fauteuil, tabouret, canapé* und *pouf* sind als fünf *Sememe* darstellbar, deren jedes aus einer Konstellation von 6 *Semen* besteht, so z. B. das Semem für *chaise* aus den *Semen* [MIT RÜCKENLEHNE, AUF BEINEN, FÜR 1 PERSON, ZUM HINSETZEN, MIT ARMLEHNEN, FESTES MATERIAL], wobei das erstgenannte dasjenige ist, das es von *tabouret* unterscheidet, das sich seinerseits von *pouf* durch Absenz des letztgenannten Sems unterscheidet etc. Die allen fünf Sememen gemeinsame Teilmenge ist ihr *Archisemem*; es besteht aus den beiden Semen [AUF BEINEN; ZUM HINSETZEN]. Alle fünf Sememe gehören zum semantisch-funktionalen *Klassem* 'diskontinuierlicher materieller Gegenstand'. Hinzu treten, aber nicht mit Men beschrieben, für jede Lexie ihre *Virtueme*, die Anzahl ihrer kombinatorischen Virtualitäten. Die Kritik würdigt Systematik des methodischen Instrumentariums und bemängelt Unvollständigkeit der untersuchten Gruppe von Lexien für *Sitzgelegenheit* sowie unklare Scheidung zwischen Extension und Intension der angesetzten Seme. – Weitgehend kongenial ist der etwa gleichzeitige Ansatz von **Greimas** (1966, 31ff.). Das von ihm thematisierte Lsystem für *Räumlichkeit* (*spatialité*) ist in die vier Paare *haut / bas, long / court, large / étroit* und *vaste / épais* gliederbar und mittels der folgenden Semoppositionen differenzierbar: (1) *dimensionalité* vs. *non-dimensionalité*, (2) *horizontalité* vs. *verticalité*, (3) *perspectivité* vs. *latéralité* und (4) *superficie* vs. *volume*. Wesentlich ist, dass dieses Semsystem als hierarchisiert beschrieben werden konnte: die beiden unter (2) genannten Seme werden von *dimensionalité* dominiert (d.h. sind *Werte* im Sinne von Goodenough), wobei *horizontalité* seinerseits dem Sempaar (3) übergeordnet ist, *non-dimensionalité* dem Sempaar (4). – Umfänglicher noch als Pottier und hierarchisierter noch als Greimas hat **Coseriu** ([1966] 1978) seinen Beschreibungsansatz für SRen in eine kohärente Sprachtheorie integriert und ihn auch strukturiert:

Jeder Untersuchung lexematischer Strukturen seien Entscheidungen vorgelagert für (1) *Sprachliches* (vs. Außersprachlich-*Sachliches*), (2) die *Primärsprache* (deren Objekt die nichtsprachliche Wirklichkeit ist; vs. *Metasprache*), (3) *Synchronie* (vs. *Diachronie*), (4) die *Technik der Rede* (= die frei verfügbaren und kombinierbaren Äußerungen (vs. den festen, erstarrten Redewendungen, Zitaten etc. *wiederholter Rede*), (5) *funktionelle Sprache* (d.h. jeweils eine der vielen Varietäten einer Sprache, vs. *historische Sprache* als Gesamtheit der Varietäten), (6) das *System* der Sprache (d.h. deren distinktive Oppositionsstrukturen, mithin die Gesamtheit aller möglichen Realisierungen umfassend (vs. aktualisierter *Rede* sowie vs. *Norm*, die nur bereits Realisiertes umfasst), (7) Beziehungen zwischen *signifiés*, also zwischen *Bedeutungen*, Signifikation (vs. solche zwischen *Bezeichnungen*, Designation).

Innerhalb der lexematischen Strukturen schließlich werden SRen qua deren Unterscheidung in paradigmatische (oppositive) vs. syntagmatische (kombinatorische) Strukturen sehr unterschiedliche Orte zugewiesen. Letztere sind „Solidaritäten" zwischen Len, so (a) z.B. *buxom* und *woman* („Affinität"), (b) z.B. *fahren* und *Zug* („Selektion") und (c) z.B. *rodeln* 'mit einem Schlitten fahren' („Implikation"). Erstere umfassen neben den „Sekundären Strukturen" (in etwa die Wortbildung umfassend) die „Primären Strukturen", zu denen neben den „Lexikalischen Klassen" (= eine durch ein „Klassem" determinierte Klasse von Len – vgl. Pottier) die „Wortfelder" (mit ihren in unmittelbarer Opposition zueinander stehenden lexikalischen Einheiten, die sich eine gemeinsame Bedeutungszone teilen) gehören. Deren Aufbau sei anhand der umfassendsten der zahlreichen im Umfeld Coserius entstandenen Studien, **Geckeler** (1971a,b, 1973) zum frz. Wortfeld „Alt-Jung-Neu", dargestellt. Die syntagmatische Analyse der einschlägigen Le (d.h. deren Distribution) erfolgt im Hinblick auf inhaltliche Kriterien, indem sie die Klassematik der Substantiva ermittelt, mit denen die untersuchten Adjektiva Verbindungen eingehen; diese für die „Solidaritäten" maßgebenden *Klasseme* sind „+/–Belebtes", unter „+Belebtes": „+/–Personen", unter „– Personen": „Tiere/Pflanzen"; Ergebnis ist das Zuordnen eines klassematischen Msbündels für jedes der untersuchten Le; etwa für *âgé* besteht es lediglich aus dem einen M „für Personen", weshalb *un sapin âgé* nicht annehmbar ist. Die paradigmatische Analyse in unterscheidende Me ergibt z.B. als Inhalt des Ls *vétuste* die Konfiguration: *Archilexem* „Altersadjektiv" + Kombination der *Dimension* („Eigenalter") mit *Sem* ('in relativ hohem Grad') einerseits sowie der *Dimension* („Zustand") mit *Sem* ('relativ sehr stark gebraucht') andererseits + *Stilem* („höhere Stilebene") zuzüglich *Klassem* („für Nicht-Belebtes" mit Einschränkung). – Ähnlich ergibt sich für **Nida** (1975) Bedeutung aus Kontrast in SRen. Er manifestiert sich in der Opposition von Komponenten. Deren Analyse umfasst z.B. für *magazine* (im Sinne von *Publikation*) fünf Schritte: (1) vertikal-aufwärts: es ist inkludiert in *periodical*; (2) vertikal-abwärts: es inkludiert *slicks, pulps, comics*, etc.; (3) horizontal: auf gleicher hierarchischer Ebene benachbart oder sich überschneidend mit z.B. *brochure newspaper, journal*; (4) Ermittlung der minimalen diagnostischen Komponenten für *magazine* als [+periodisch erscheinend] (vs. *brochure*), [+gebundene Form] (vs. *newspaper*), [reltiv popular in content and presentation] (vs. *journal*); (5) Formulieren der hierauf gründenden Definition von *magazine*. Für Abstrakta sei die Sequenz abzuwandeln, aber trotz ihrer Überlappungen erfolgt auch ihre Definition in Kontrasten. – Herausfordernd ist Nidas Fazit (205):

"A serious deficiency in many approaches to referential meaning is the tendency to regard meaning from only one perspective":

die Analyse der Signifikation allein reduziere Bedeutung auf eine digital manipulierbare „series of pluses and minuses", kümmere sich bei einem unterscheidenden M also nur um die Frage „vorhanden oder nicht"; hingegen laufe die Analyse der Konnotationen allein Gefahr, Bedeutung auf ihr analoges Potenzial von Bedeutungsschattierungen und metaphorischen Extensionen zu reduzieren. Sprache aber sei beides: digital und analog. Indes: beim Gewichten von Komponenten werde erkennbar, wie grundlegend analoges Bedeuten sei:

"it [i.e. language] can be strictly digital only when some of the semantic potentialities of meanings and borders between meanings are temporarily overlooked.

In diesem Sinne greift der Ansatz **Kühlwein**s (1967, 1968) über das Konfigurieren von Sembündeln hinaus in Richtung einer vergleichenden Bestimmung der relativen Abstände von Len einer SR untereinander. Wittgenstein verbunden gründet er die Analyse von SRen auf den *Gebrauch* der Le (vgl. Leisis *Brauch*), ihre „Verwendung" (vs. ausschließlich designationsbesimmte „Anwendung"). Der Ansatz ist mithin operationell (vgl. Ullmann) und im weiten Sinne Firthscher Tradition kontextuell, indem er sprachliche wie außersprachliche Bedingungen für die Verwendung gleichermaßen berücksichtigt. Er gelangt damit über bloße Digitalität eines Ms hinaus zu unterschiedlichen Graden von Vorliebe für bzw. Abneigung gegen bestimmte Verwendungen eines Ls. Dem dient auf das Sprachsystem bezogene MA im Sinne der Signifikation als wesentliches, aber nicht alleiniges Instrument. – Als Instrumente, „Parameter" (P), werden z.B. für die Beschreibung der vielen altenglischen Le von Bereichen wie *Feindseligkeit* (1967) oder *Blut* (1968) herangezogen: „innersprachlich etymologische" (Distribution der Fächerung eines Ls in verschiedene Wortarten und Wortbildungstypen und deren Korrelation mit Genre- und Stil-Men); „syntaktische" (Kollokierbarkeit mit Verben, Adjektiva, Pronomina) unter einer Synthese aus Trierscher Paradigmatik mit Porzigscher Syntagmatik; „morphologische" (Verwendung in Kompositionsbildungen als modifiziertes vs. modifizierendes Element); auf „außersprachliche Extensionen" und auf Assoziationen bezogene „onomasiologische" (z.B. für *Blut*: [Hervorhebung von Farbe, Wärme, im Körper, ausfließend, geronnen, menschliches, nicht menschliches; Assoziation mit Kampf, Wasser, Erde etc.]. Die Analyse erfolgt in vier Schritten:
   1. Schritt: Jeder (Sub-)P fördert, an das gesamte Wortfeld angelegt, eine auf ihn bezogene Durchschnittsnorm im alle Le des Wortfeldes übergreifenden Verhalten zu ihm zu Tage. 2. Schritt: Mit ihr wird jedes L des Wortfeldes sodann für jeden (Sub-)P einzeln konfrontiert. Es ergeben sich hieraus spezifische Werte der einzelnen Le des Wortfeldes in Bezug auf jeden (Sub-)P. 3. Schritt: Der Vergleich der Werte aller Le auf jedem einzelnen (Sub-)P ergibt ihre relativen Abstände untereinander hinsichtlich ihrer Vorliebe für bzw. Abneigung gegen ihre Verwendung in Bezug auf das vom betreffenden (Sub-)P spezifizierte M. 4. Schritt: Der Vergleich der Werte aller Le auf allen (Sub-)Pn ergibt für jedes L sein im Kontrast zu allen anderen spezifisches Verwendungsprofil. – Da die Untersuchungen auf Textkorpora beruhen, sind alle Verwendungsweisen frequenz- und distributionsmäßig bestimmt- und mithin gradierbar. – Der Ansatz erfuhr je nach dem Grad angestrebter *delicacy* des offenen Systems von Parametern Verfeinerungen, so u.a. von **Strauss** (1974) für den assoziativ-konnotativen und den situationskontextuellen Bereich, von **Eckert** (1977) bezüglich des Verhältnisses zwischen sprachlichen vs. nichtsprachlichen Kriterien unter Ausgriff auf die Pragmatik. – In einen von der marxistischen Widerspiegelungstheorie ausgehenden Rahmen stellt **Wotjak** ([1971], 1977) seine MAn, deren semkonstituierenden Seme jedoch – gerade im Gegensatz etwa zur 'Tübinger Schule' um Coseriu – stark deduktiv ermittelt werden, typologisch sehr weitgefasst sind und Bedeutungs- von Bezeichnungsbeziehungen weit weniger stringent trennen. – Einen stratifikationsgrammatischen Ansatz verfolgt **Ikegami** (1969) mit seiner Unterscheidung der Me in *tactial features* (Beschränkungen der Kombinierbarkeit, z.B. *male*) und *components* (inhaltliche, z.B. *distance, direction* für Bewegungsverben), doch bleiben die für SRen der Sememe aussagekräftigen Beziehungen letzterer untereinander unausgeformt. –

4. Fort- und Weiterentwicklungen

Mit dem Strukturalismus rivalisierende und später entstandene Theorien haben die semantische MA teils fortentwickelt, teils in anderer, oft weiterer Weise funktionalisiert.

4.1. Generative Linguistik

Die semantische Theorie der frühen Generativen Grammatik, ab 1963 geformt von **Katz, Fodor** und **Postal**, übernimmt strukturalistische Elemente wie Feldgliederung, SRen und Komponentenanalyse in einem Ausmaß, dass sie selbst noch als strukturalistisch bezeichnet werden könnte (vgl. Geeraerts 1988, 669). Für sie besteht die semantische Komponente einer Grammatik aus einem Wörterbuch und einem System von Projektionsregeln. Letztere sind die syntagmatische Maschinerie, die die Elemente aus ersterem in die Satzstruktur einfügen. Das Wörterbuch glossiert (gem. Katz 1972, 44) z. B. *handsome* wie folgt:

handsome; [+Adj, ...]; (Physical), (Object), (Beautiful), (Dignified in appearance), <(Human v (Artifact)> (Gracious), (Generous), <(Conduct)> (Moderately large), <Amount>.

Damit sind drei unterschiedliche Bedeutungen von *handsome* gekennzeichnet, wie in *a handsome chair, a handsome welcome, a handsome sum of money*. Die wesentlichen Me stehen in runden, die sog. Selektionsbeschränkungen in spitzen Klammern. Letztere entscheiden über die syntaktische Kombinierbarkeit; so kann *handsome* nur im Sinne seiner ersten Lesart mit *chair* verbunden werden, da im Wörterbucheintrag für *chair* weder das semantische M (Conduct) noch (Amount) enthalten sein wird. Diese (vielfältig variierte und überaus kontrovers diskutierte) Semantiktheorie sieht ihre Funktion darin, der zugrundeliegenden syntaktischen Komponente semantische Interpretationen so zuzuordnen, dass die Sätze inhaltlich plausible Lesarten erhalten. Diese der Syntagmatik nachgeordnete Funktion erklärt auch, weshalb dieser Ansatz – trotz Nutzens für Wörterbucheintragungen – kaum paradigmatische Feldstudien größeren Umfangs zu Sren zeitigte. – Weitgehend beeinflusst von **Weinreich**, für den es ebenfalls die Aufgabe semantischer Theorie war, die Bedeutung eines Satzes aus der seiner Elemente herzuleiten, liefert **Bendix** (1966) eine kontrastive Analyse für den Ausdruck 'A has B', *give, get, take, lose* etc. umfassend. Er verfeinert die von der Ethnowissenschaft übernommene Komponentenanalyse metatheoretisch, erweitert sie indes, indem er Le als verkürzte Funktionen oder Beziehungen auffasst und mithin auch Funktionen oder schematische Sätze als Komponenten definiert. Es schälen sich sprachübergreifend mittels sprachlicher Tests (zur Problematik vgl. Kühlwein 1973) Begriffe wie *inherence, negation, relation, cause, activity, state, change* etc. als Komponenten heraus.

4.2. Pragmalinguistik/Soziopragmatik/ Soziosemiotik

Weit greift **Fillmore** bereits 1971 für das Ermitteln von SRen, z. B. zwischen *accuse, blame, criticize* etc., auf den pragmalinguistischen Bereich aus. Ein Lexikoneintrag wie

ACCUSE [Judge, Defendant, Situation (of)]
Meaning: SAY [Judge, 'X', Addressee]
      X = RESONSIBLE [Situation, Defendant]
Presupposition: BAD [Situation]

verrät Wurzeln von MA, umgedeutet in pragmatische Rollen. – Eine Öffnung strukturalistischer MA von SRen über Soziopragmatik hinaus zur Soziosemiotik (Hallidayscher Provenienz) lässt sich aus dem Ansatz von **Nies** (1979) herleiten. Auf ein umfangreiches Korpus von Informationsurteilen und Tests für die beiden von ihm untersuchten Sprachgemeinschaften gestützt, spezifiziert er in Weiterentwicklung des Ansatzes von Kühlwein deren Ab-/Neigung gegenüber dem Zuerkennen von *Schönheit* (bezogen auf Personen) generell, also deren kulturspezifische semiotische Bedeutsamkeit. Damit ist eine onomasiologische Basis geschaffen, gegenüber der die einzelnen Le des untersuchten Wortfelds semasiologisch ins Relief gesetzt werden und die semiotische Relevanz der einzelnen sie konstituierenden Komponenten sprach- bzw. kulturspezifisch ermittelbar wird. Zeigt sich z. B., dass das Verhältnis zwischen explizitem Zuerkennen vs. Aberkennen von Schönheit für die Frau im Französischen 4 : 1, im Englischen 2 : 1 beträgt, so hat die aktuelle Äußerung *she is a very elegant woman* eine ungleich stärkere soziosemiotische Intensität als ihre rein signifikativ äquivalente Entsprechung *elle es une très élegante femme* im Französischen; und wenn sich z. B. weiterhin erweist, dass solche Adjektiva, in deren Mssatz das M [+GUTE PHYSISCHE ERSCHEINUNG] semiotisch stark gewichtet ist, auch das M [+GUT GEKLEIDET] assoziieren, dies aber z. B. für Männer im Französischen in geringerem Maße erfolgt, als im Englischen, ist dies neben den rein signifikativen Men für angemessenes *cross-language understanding* relevant.

4.3. Kognitive Linguistik/ Prototypensemantik

Konzediert man mit der Kognitiven Liguistik, dass *slippery boundaries* und *fuzzy edges intrinsic properties of word meaning* sind, so sind auch nicht-kontrastierende Me in die Beschreibung von Beziehungen zwischen Len einzubeziehen. Deren Auswahl jedoch ist selbst für prototypische Kernbedeutungen nicht besser abgesichert, als die der kontrastierenden. Auch einer ausgeformten Integration strukturalisitischer Mssemantik in kognitive Sprachmodelle ermangelt es noch – obschon kognitiv orientierte Linguistik ihre Position der 70er Jahre, wonach der ganze Ansatz einer Semantik diskreter Me fehlgeleitet gewesen und durch einen quantitativen, nicht-diskreten zu ersetzen sei, inzwischen weitestgehend zu Gunsten einer komplementären Sicht zurückgenommen hat. – Repräsentativ für das Potenzial letzterer dürfte bereits **Wierzbicka** (1985) sein. So ersetzt ihre Beschreibung der SR zwischen *devil* und *satan* nicht etwa deren Ms-Kontrastierung, sondern inkludiert sie – wenngleich als *by-product* – in der Beschreibung ihrer *conceptual structure = meaning* und, ebenso wesentlich: einer „conceptual analysis in perfectly discrete terms" (17). Da scheinen in Wierzbickas Eintragung für die beiden Elemente der SR *cup* vs. *mug*, so weit von den unterschiedlichen Denotata möglich, die gleichen Me auf, wie [PURPOSE, MATERIAL, SIZE ...], doch werden diese 'Komponenten' nicht als unabhängig voneinander gesehen (vgl. bereits Nies, 1979, dort jedoch noch nicht metatheoretisch behandelt), sondern sie werden mit einer umfassenden Beschreibung versehen, die ihre Verwendung in der Sprache erklärt (vgl. bereits Kühlwein 1967/68; bei Wierzbicka nunmehr jedoch lexikographisch systematisch durchgeformt); z.B.

Cup [PURPOSE]: they are made for people to use repeatedly for drinking hot liquids from such as tea or coffee; one person from one thing of this kind; being able to put them down on something else vs. *Mug* [PURPOSE]: they are made for people to use repeatedly for drinking liquids from; of the kind that one wants to be able to drink more than a little of; drinking slowly; etc.

Vergleichen wir den Ansatz mit denjenigen der o.a. Ansätze, die allein auf Präsenz vs. Absenz von auf Signifikata gestützten unterscheidenden Men abhoben, so erscheint dieser – im Sinne von Th. S. Kuhns *Scientific Revolutions* (1962) – insofern als das weiterführende *Paradigma*, als er jene inkludiert, sie indes um die Dimension von Gebrauch und darüber hinausgehend um dessen Kultur- bzw. Sprachspezifik erweitert. Weiteres methodisches Ausformen der in dieser Form komplementär gesehenen Ansätze ist dringliches Desiderat.

5. Anwendungsfelder

Am unmittelbarsten schlug sich Wandel von Msansätzen zur Beschreibung von SRen stets in allgemein- wie fachsprachlicher Lexikographie nieder, die einer adäquaten Metasprache bedarf. – Auf Nachbarwissenschaften strahlt die von der Semantik verfeinerte MA methodisch zurück; z.B. in ihrer Anwendung auf kulturgeschichtliches Beschreiben von Stufen, Sprüngen und Retardierung kultureller Evolution mittels skalierter Analyse der Korrelation zwischen Kulturkreisen und kulturellen Men. Experimenteller Psychologie liefern semantische Me und Msbündel Parameter zur differenzierten Untersuchung von Perzeption und Konzeption. Zugleich zeitigen diese, so z.B. die Worterkennungstests, *feedback* für die trotz so zahlreicher Studien (z.B. zur Frage der Korrelation zwischen Typ, Zahl und Strukturierung semantischer Me verschiedener Le und der für ihr Erkennen erforderlichen Reaktionszeit) noch lange nicht hinreichend beantwortete Frage nach der psychologischen Realität sprachlicher Me als *God's Truth or [the linguist's] hocus-pocus*. – Die von eben dieser interdisziplinären Anwendung gezeigten Ergebnisse schlagen sich in der Praxis sprachbezogener Problemfelder unmittelbar nieder; z.B. in didaktischer Programmierung und Sequenzierung der Wortschatzarbeit im Fremdsprachenunterricht ebenso wie im Entwickeln und Anwenden von Verfahren für Diagnose und Therapie von Sprach(entwicklungs)behinderungen und Sprach(entwicklungs)störungen.

6. Literatur in Auswahl

Bally, Charles ([1932]; 1965), *Linguistique générale et linguistique française*. (4me ed.). Berne: Francke.

Bendix, Edward H. (1966), *Componential Analysis of General Vocabulary: The Semantic Structure of a Set of Verbs in English, Hindi, and Japanese*. Bloomington: Indiana University/The Hague: Mouton & Co.

Berlin, Brent; Paul Kay (1969), *Basic Color Terms. Their Universality and Evolution*. Berkeley and Los Angeles: University of California Press.

Conklin, H. C. (1953), *Hanunóo – English Vocabulary*. Berkeley: University of California Publications in Linguistics.

Coseriu, Eugenio (1972), *Probleme der Strukturellen Semantik*. (Autorisierte und bearbeitete Vorlesungsnachschrift von Dieter Kastovsky). Tübingen: Gunter Narr Verlag.

Coseriu, Eugenio (1978), Einführung in die strukturelle Betrachtung des Wortschatzes. In: *Strukturelle Bedeutungslehre* 1978, 193–238. [Ursprünglich: Structure lexicale et enseignement du vocabulaire. In: *Actes du premier colloque international de linguistique appliquée, Nancy 1966*, 175–210.]

Cruse, D. Alan (1986), *Lexical Semantics* (Cambridge Textbooks in Linguistics). Cambridge: Cambridge University Press.

Eckert, Hartwig (1977), *Lexical Field Analysis and Interpersonal Terms in German*. Hamburg: Isko-Press.

Fillmore, Charles J. (1971), Verbs of Judging: an Exercise in Semantic Description. In: *Studies in Linguistic Semantics*. (Hrsg. Charles J. Fillmore; D. Terence Langendoen). New York etc.: Holt, Rinehart and Winston 1971, 273–290.

Geckeler, Horst (1971a), *Zur Wortfelddiskussion*. Untersuchungen zur Gliederung des Wortfeldes „Alt – Jung – Neu" im heutigen Französisch. München: Wilhelm Fink Verlag.

–, (1971b), *Strukturelle Semantik und Wortfeldtheorie*. München: Wilhelm Fink Verlag.

–, (1973), *Strukturelle Semantik des Französischen*. Tübingen: Max Niemeyer Verlag.

Geeraerts, Dirk (1988), Cognitive Grammar and the History of Lexical Semantics. In: *Topics in cognitive linguistics*. (Hrsg. B. Rudzka-Ostyn). Amsterdam/Philadelphia: John Benjamins 1988, 647–677.

Goodenough, Ward.H. (1956), Componential Analysis and the Study of Meaning. In: *Language* 32, 195–216.

Greimas, Algirdas Julien (1966), *Sémantique structurale. Recherche de méthode*. Paris: Larousse.

Guiraud, P. (1956), Les champs morpho-sémantiques (Critères externes et critères internes en étymologie). In: *Bulletin de la Société de Linguistique de Paris* 52, 265–288.

Ikegami, Y. (1969), *The Semological Structure of the English Verbs of Motion*. New Haven: Yale University Linguistic Automation Project.

Ipsen, Gunther (1924). Der alte Orient und die Indogermanen. In: *Festschrift für W. Streitberg*, 200–237.

Jolles, André (1934), Antike Bedeutungsfelder. In: *PBB* 58, 97–109.

Kastovsky, Dieter (1982), *Wortbildung und Semantik*. Düsseldorf: Pädagogischer Verlag Schwann-Bagel und Bern/München: Francke.

Katz, Jerrold J. (1972), *Semantic Theory*. New York etc.: Harper International Edition.

Katz, Jerrold/Fodor, Jerry A. (1963), The Structure of a Semantic Theory. In: *Language* 39, 170–210.

Kühlwein, Wolfgang (1967), *Die Verwendung der Feindseligkeitsbezeichnungen in der altenglischen Dichtersprache*. Neumünster: Karl Wachholtz Verlag.

–, (1968), *Modell einer operationellen lexikologischen Analyse: Altenglisch 'Blut'*. Heidelberg: Carl Winter Universitätsverlag.

–, (1973), *Die Komponentenanalyse in der Semantik*. In: *Linguistics* 96, 33–55.

Kuhn, Thomas S. ([1962] 1970), *The Structure of Scientific Revolutions*. (2nd ed.). Chicago: Chicago UP.

Leech, Geoffrey N. (1974, 1981), *Semantics. The Study of Meaning*. (2nd ed.). Harmondsworth: Penguin.

Lehrer, Adrienne (1974), *Semantic Fields and Lexical Structure*. Amsterdam/London: North Holland – New York: American Elsevier.

Leisi, Ernst (1952; 1975), *Der Wortinhalt. Seine Struktur in Deutschen und Englischen*. (5. Auflage). Heidelberg: Quelle & Meyer.

Lipka, Leonhard (1990), *An Outline of English Lexicology*. Tübingen: Max Niemeyer Verlag.

Lounsbury, Floyd G. (1956), A semantic analysis of Pawnee kinship usage. In: *Language* 32, 158–194.

Lutzeier, Peter Rolf (1982), The Notion of Lexical Field and its Application to English Nouns of Financial Income. In: *Lingua* 56, 1–42.

Lyons, John (1963), *Structural Semantics. An Analysis of Part of the Vocabulary of Plato*. Oxford: Blackwell.

–, (1977), *Semantics*. 2 vols. Cambridge: CUP.

Matoré, G. (1951), *Le Vocabulaire et la société sous Louis-Philippe*. Genf-Lille: Slatkine.

Meyer, Richard M. (1910), Bedeutungssysteme. In: *Zeitschrift für vergleichende Sprachforschung* 43, 352–368.

Nida, Eugene A. (1975), *Componential Analysis of Meaning: an introduction to semantic structures*. The Hague/Paris: Mouton.

Nies, Guy (1979), *Onomasiologisch-semasiologische Analyse ausgewählter französischer und englischer Schönheitsadjektive*. 3Bdd. Diss. (masch.) Trier.

Öhmann, Suzanne (1951), Theories of the „Linguistic Field". In: *Word* 9, 123–134.

Oksaar, Els ([1958] 1971), *Semantische Studien im Sinnbereich der Schnelligkeit*. „**Plötzlich, schnell**" und ihre Synonymik im Deutsch der Gegenwart und des Früh-, Hoch- und Spätmittelalters. Stockholm: Almqvist/Wiksell.

Osgood, Charles Egerton/Suci, George J./Tannenbaum. Percy H. ([1957] 1971), *The Measurement of Meaning*. (8th ed.) Urbana: Illinois UP.

Palmer, Frank (1976), *Semantics. A New Outline*. Cambridge: CUP.

Perspektiven der lexikalischen Semantik. Beiträge zum Wuppertaler Semantikkolloquium vom 2.–3. Dezember 1977. (Hrsg. Dieter Kastovsky). Bonn: Bouvier Verlag Hermann Grundmann 1980.

Porzig, Walter (1934), Wesenhafte Bedeutungsbeziehungen. In: *Beiträge zur Geschichte der deutschen Sprache und Literatur* 58, 70–97.

Postal, Paul M. (1970), On the Surface Verb REMIND. In: *Linguistic Inquiry* 1, 37–120.

Pottier, Bernard (1964), Vers une sémantique moderne. In: *Travaux de Linguistique et de Littérature*. 2/1, 107–137.

Quine, Willard van Orman (1953), *From a logical point of view*. Cambridge, Mass.: Harvard University Press.

Seiffert, Leslie (1968), *Wortfeldtheorie und Strukturalismus*. Stuttgart: Kohlhammer.

Sprengel, Konrad (1980), Über semantische Merkmale. In: *Perspektiven der lexikalischen Semantik* 1980, 145–177.

Strauß, Jürgen (1974), *Eine Komponentenanalyse im verbal- und situationskontextuellen Bereich. Die Bezeichnungen für „Herr" und „Gebieter" in der altenglischen Poesie*. Heidelberg: Carl Winter Universitätsverlag.

Strukturelle Bedeutungslehre. (Hrsg. H. Geckeler). Darmstadt: Wissenschaftliche Buchgesellschaft 1978.

Tegnér, E. (1874), *Språk och nationalitet. Ur språkens värld*. Stockholm: Svensk Tidskrift.

Trier, Jost (1931), *Der deutsche Wortschatz im Sinnbezirk des Verstandes. Die Geschichte eines sprachlichen Feldes I: Von den Anfängen bis zum Beginn des 13. Jh.* (repr. 1973). Heidelberg: Winter.

Ullmann, Stephen ([1951], 1963), *The Principles of Semantics*. (3rd ed., repr. 1967). Oxford: Basil Blackwell – Glasgow: Jackson, Son & Co.

Ullmann, Stephen (1964), *Language and Style*. Oxford: Basil Blackwell.

Weinreich, Uriel ([1966] 1972), *Explorations in Semantic Theory*. (Hrsg. W. Labov). The Hague/Paris: Mouton.

Wierzbicka, Anna (1985), *Lexicography and Conceptual Analysis*. Ann Arbor: Karoma Publishers.

Wilkins, John (1668), *An Essay Towards a Real Character, And a Philosophical Language*. London. Facsimile reprint In: English Linguistics 1500–1800. (ed. R. C. Alston), Nr. 109 (1969).

Wotjak, G. (1971), *Untersuchungen zur Struktur der Bedeutung. Ein Beitrag zu Gegenstand und Methode der modernen Bedeutungsforschung unter besonderer Berücksichtigung der semantischen Konstituentenanalyse*. München: Hueber.

Wolfgang Kühlwein, Trier (Deutschland)

67. Descriptive models for sense relations II: Cognitive semantics

1. Types of sense relation
2. Approaches to the study of sense relations
3. Concepts and sense relations
4. Paradigmatic sense relations as prototypes
5. The role of image-schemas in the description of sense relations
6. Literature (a selection)

synonymy:	*hide:conceal*
hyponymy:	*daffodil:flower*
incompatibility:	*apple:orange*
meronymy:	*finger:hand*
complementarity:	*true:false*
antonymy:	*strong:weak*
reversivity:	*rise:fall*
converseness:	*buy:sell*

1. Types of sense relation

Sense relations are systematic semantic relations between units of sense. They are of three major types: *paradigmatic sense relations* hold between senses of words which are substitutable for one another in the same syntactic frame; *syntagmatic sense relations* hold between senses of words in the same syntagma (consider, for instance, the different relations between adjective and noun in *elderly uncle*, *?male uncle* and *?female uncle*); *derivational sense relations* hold between senses of word containing the same root (for instance, the relation between *cook(v)* and *cooker* is not the same as that between *paint(v)* and *painter*). Interest within lexical semantics has largely centred on paradigmatic relations, and this chapter will concentrate on these.

Several types of paradigmatic sense relation have been recognised; the following are the main ones:

2. Approaches to the study of sense relations

2.1. Structuralist semantics: the componential approach

Sense relations can be represented by means of feature analyses. For instance, if we analyse the meaning of *horse* as [ANIMAL] [EQUINE] and that of *mare* as [ANIMAL] [EQUINE] [FEMALE] then we can "read off" from this analysis that *mare* is a hyponym of *horse*, since all the features constituting the meaning of *horse* are contained in the set of features which constitute the meaning of *mare*. We would know from the analysis of *horse* (as above) and that of *sheep* [ANIMAL] [OVINE] that *horse* was an incompatible of *sheep*, because the features [OVINE] and [EQUINE] belong to what in Katz & Fodor (1964) is called an *antonymous n-tuple*, a set of features only of which can be present at a time. The fact that a pair such as *dead* and *alive* are opposites is represented by the fact that they contain features belonging to an antonymous n-tuple with only two members.

2.2. Structuralist semantics: the non-componential approach

Sense relations can also be treated non-componentially, as in Lyons (1968) and Cruse (1986). In this approach they are defined largely in terms of relations between sentences containing the lexical items in question. For instance, the relation of unilateral entailment between *It's a dog* and *It's an animal* is diagnostic of the relation of hyponymy between *dog* and *animal*; and the fact that *It's a dog* and *It's a cat* stand in a contrary relationship (i.e. both can be false of a particular individual, but both cannot be true) is sufficient to justify a conclusion that *dog* and *cat* are incompatibles. The meaning of a word on this view is not a set of semantic features, but its position in a network of sense relations.

2.3. Formal semantic approach

Sense relations can be described in terms of formal logic. For instance, A typical formal definition of hyponymy using the first order predicate calculus runs as follows (from Cann (1993:219), but slightly modified so as to exclude synonymy):

(2) X is a hyponym of Y iff there exists a meaning postulate relating X' and Y' of the form:
$\forall x[X'(x) \rightarrow Y'(x)]$, but none of the form:
$\forall x[Y'(x) \rightarrow X'(x)]$.

X' and Y' in the above definition represent the logical constants corresponding to the lexical items X and Y. The definition thus states that the extension of X is included in the extension of Y, but not vice versa (see Cruse (1994) for more detailed discussion).

2.4. Sense-relations as conceptual relations

An approach different from either of the two previous ones regards sense relations as holding primarily between concepts and only secondarily between words (with the exception of propositional synonymy, which is only possible between words). Furthermore, and crucially, the relations themselves are concepts, which can be described using notions current in the cognitive linguistic approach to meaning. What follows is mainly an exploration of the possible application of prototype theory to the study of sense relations.

3. Concepts and sense relations

Concepts, or equivalently, conceptual categories, are cognitive entities in terms of which human knowledge is stored and experience is categorised and structured. Concepts provide an essential link between memory and present and future experience. It will be assumed here that the starting point for an act of language production and the end-point of an act of language comprehension is a conceptual structure of some sort: in other words, it is assumed that a major component of meaning is conceptual in nature. No distinction is made here between linguistic and encyclopaedic aspects of meaning.

3.1. Word-concept mapping

There are various ways of relating linguistic structure and conceptual structure. In this paper, a simple view will be taken: it will be assumed that the conceptual content of a word-meaning is implemented (in the simplest case) by a direct mapping between the word-form and an item or items in the conceptual network. A word-form which maps onto more than one concept is ambiguous, and only one of those mappings will be operative at any given moment. Word-forms which represent alternative mappings onto the same concept are propositional synonyms. It will be further assumed that semantic relations like that between *horse* and *animal* are not represented by simultaneous mappings from the word-form *horse* to the concepts HORSE and ANIMAL: in this case there is a single mapping from *horse* to HORSE, and the link between *horse* and *animal* is represented within the concept network. That is to say, most so-called sense relations are regarded under this approach as primarily conceptual relations, and only secondarily as lexical relations.

Given that propositional synonyms are word forms which map onto the same concept (on the (perhaps simplistic) assumption that concepts can be individuated by their truth-conditional properties), and given that synonyms are rarely, if ever, identical in respect of all aspects of meaning, it follows that at least some meaning properties (for instance, expressive or evocative features) must be properties of individual lexical items. However, it has already been mentioned that concepts are assumed to contain encyclopaedic information. Hence, in terms of the current distinction between 'single-level' and 'two-level' approaches within conceptual semantics, the model adopted here must be classified as 'mixed'.

3.2. The prototype theoretical approach to sense relations

In what follows, the usefulness of the prototype model of conceptual structure as an approach to sense relations is explored. The relevant characteristics of the prototype model for our purposes are (i) that natural categories have an internal structure, in the sense of a centre and a periphery: some items are more central in the category than others, or are better examples of the category than others; (ii) the boundaries of the category are fuzzy.

There are several versions of prototype theory: here, a feature version will be adopted. A concept will be assumed to be represented by a list of features. These features are not individually necessary and jointly sufficient, as in the classical picture of category structure, yielding sharp boundaries and no internal structure. Rather, the more features an item manifests, the more central that item is in the category. More sophisticated versions allow features to be differentially weighted; it is also possible to conceive of an open-ended list of features with progressively weaker weightings, but no determinate cut-off point.

The principal strategy adopted will be to attempt to identify features which contribute to high goodness-of-exemplar (henceforward GOE) judgements for particular sense relations. This is of course less problematical where there is an everyday name for the relation, an ordinary native speaker intuition can be relied on. This is the case with *opposite*, *kind of* and *part of*. Some relations, however, such as reversiveness and complementarity are only known to specialists, and this poses something of a problem. While the treatment of these is more speculative, it will be assumed that the relations they designate are intuitively clear, that we do indeed have the relevant concepts, even though names for them are not in common use.

4. Paradigmatic sense relations as prototypes

4.1. Hyponymy and taxonymy

There are two closely related senserelations of the class-inclusion variety, namely hyponymy and taxonymy. The relation of hyponymy between two elements X and Y is expressed in ordinary language by *An X is a Y* or *X's are Y's*, and the relation of taxonymy between X and Y is expressed by *An X is a kind/sort/type of Y*. Taxonymy can be regarded as a sub-type of hyponymy. We shall illustrate the approach first with the more specific relation, as it is associated with sharper intuitions.

There is evidence that the concept of taxonymy has a prototype structure; indications of particular importance are (a) the fact that there are good and less good examples (of pairs of items manifesting the relation), and (b) the fact that the concept has no clear boundaries. Consider the following (based on Cruse 1994:175f.) as candidates for a prototype specification of the concept [KIND OF]:

(3a) F'(X) entails F'(Y), where F(–) is a sentential function satisfied by X and Y.

(This is an oversimplification: there are various sentence types for which this entailment relation does not hold. See Cruse (1986:88f.) for some discussion.)

(3b) X and Y have the same 'perspective'.
(3c) X and Y occupy adjacent nodes within a coherent taxonomy.
(3d) X is one of a set of basic level incompatibles.

The term *perspective* (as in (3b) above) is used to refer to the fact that *ewe*, for instance, is in some sense oriented towards the animal's sex – 'femaleness' is highlighted, and 'sheephood' is backgrounded or presupposed. This is why, for instance, *That's not a ewe* is likely to be interpreted as referring to a ram, rather than to a female of some other species. *Sheep*, in the other hand, has no such special orientation, or if there is, it is an orientation toward the animal's species. Hence the perspectives, which can be regarded as part and parcel of the meanings of the items, are different. The effect of this difference of perspective is that the pair *ewe:sheep* are less good as an example of items related by [TYPE OF] than the pair *sheep:animal*. Other examples of pairs showing a difference of perspective are *blonde:woman*, and *king:man*. Compare the oddness of

(4a) and (4b) with (4c), where the terms in the pair share the same perspective:

(4a) ?A king is a type of man.
(4b) ?A blonde is a type of woman.
(4c) An ash-blonde is a type of blonde.

The function of feature (3c) is to account for the fact that, for example, the pair *spaniel:dog* exemplify the relation better than *spaniel:animal* or *spaniel:creature* (*?A spaniel is a type of animal/creature*), where one or more taxonomic levels have been skipped.

Feature (3d) accounts for the fact that the pair *apple:fruit* exemplify taxonymy better (even if only marginally) than the pair *ash-blonde:blonde*.

The relation of hyponymy is more difficult to delimit using this approach, partly because of the more diffuse nature of intuitive judgements of sentences of the form *An X is a Y*. However, it is interesting to compare the normalities of pairs of items in *An X is a Y* and *An X is a kind of Y*. For many pairs, the results are similar: *A dog is an animal/A dog is a kind of animal, ?A doggie is an animal/?A doggie is a kind of animal*. But other pairs yield different normalities, and it is these which point to the differences between the two concepts: *A king is a man/?A king is a kind of man, A spaniel is an animal/?A spaniel is a kind of animal*. The fact that there are no pairs which are markedly more normal in *An X is a kind of Y* than in *An X is a Y* and many that are equally normal in either is an indication of the fact that taxonymy is a subvariety of hyponymy. The most important differentiating factors seem to be that taxonymy prefers identity of perspective and immediate domination. The [IS A] concept is sensitive only or predominantly to the inclusion factor, i.e. the degree of expectation that *It's a Y* follows from *It's an X* (feature (2a)).

4.2. Incompatibility and co-taxonymy

The relations of incompatibility and co-taxonymy can be treated in a way parallel to that adopted for hyponymy and taxonymy, that is to say, as natural categories with a prototypic structure. Again, co-taxonymy is easier to deal with than incompatible co-hyponymy. In this case the concept can be designated as [DIFFERENT TYPE OF]; this is a three-place relation:

(5) [(X) – A DIFFERENT TYPE OF – (Z) – FROM – (Y)].

It can be expressed in everyday language by means of sentences such as: *X is a kind of Z; Y is a different/another kind*. Obviously this is to some extent parasitic on [TYPE OF] and will inherit some of its properties. The distinctive prototypical features of this relation will thus include:

(6a) The truth of F'' (X) entails the falsity of F'' (Y).
(6b) X and Y are (immediate) taxonyms of Z.
(6c) X and Y are at the same taxonomic level.
(6d) X and Y have the same perspective.

The concept of incompatibility can be designated as [IS NOT A], and will be expressed in natural language as *An X is not a Y*. Unlike co-taxonymy, it is a 2-place relation. Co-taxonymy is clearly a subvariety of incompatibility. Incompatibility is defined mainly by the exclusion feature and graded judgements are mainly due to degree of expectation of exclusion.

4.3. Meronymy

Meronymy is perhaps the relation which is most successfully treated under this approach. The conceptual relation corresponding to the lexical relation of meronymy is [PART OF] and it is expressed in such ordinary language forms as *An X is one of the parts of a Y*. The main prototypical features of this concept are as follows:

(7a) spatial/temporal inclusion of X by Y.
    This is the central, most important feature.
(7b) integrality of X and Y

This is the feature which *handle:spoon* manifest but *handle:door* do not (see Cruse (1986:167f.). Typically, integral parts cannot be described as "attachments": *The handle is attached to the door; ?The handle is attached to the spoon*. (It is assumed here, on intuitive grounds, that *handle:spoon* exemplify the part-whole relation better than *handle:door*.)

(7c) type consistency between X and Y

Feature (7c) refers to matching in respect of type of part; for instance, *finger:hand* are of the same type (termed *segmental* in Cruse 1986:169), but *vein:hand* are not, *vein* being of the type termed *systemic* in Cruse (ibid).

(7d) no temporal disjunction between X and Y

This feature distinguishes *ingredients*, which are not necessarily true parts, from *consti-*

tuents, which are. For instance, *flour* is an ingredient of *bread*, but not a constituent, since it is no longer distinguishable in the final product; *flour:bread* is therefore not a prototypical example of the [PART OF] relation:

(7e) X has motivated boundaries

This feature is one of those which distinguishes between pieces and parts, the former having arbitrary boundaries. The motivation might arise from, for instance, detachability, or shape, where a narrow region separates two broad regions.

(7f) X has sharp boundaries

Other things being equal, sharp boundaries lead to better parts than indeterminate boundaries. This feature would predict that *tip:tongue* would have a lower GOE for [PART OF] than, say, *nail:finger*.

(7g) X has a determinate function relative to Y

This feature is the second main feature, along with feature (7e), which distinguishes pieces from parts. A major reason why the tip of the tongue counts as a part of the tongue, although there is little or no visible demarcation, is because it has a distinctive function.

(7h) the relation between X and Y is canonical

Parts may be canonical or facultative: a well-formed hand must have fingers, therefore *finger* is a canonical part of *hand*, but a door does not have to have a handle to qualify as well-formed, so *handle* is a facultative part of *door*. It is assumed that other things being equal, canonical parts are 'better' than facultative ones.

(7i) X is an immediate part of Y

This feature is exactly parallel to feature (2c) for taxonymy.

4.4. Oppositeness

The general category of opposites can be profitably treated as a prototypic category. This category is one about which linguistically naive native speakers – even as young as three years, if the author's son is typical – have clear intuitions; anyone can answer questions like *What's the opposite of long/hot/good/undress/up/give?* The factors which affect the 'goodness' of a pair of words as examples of opposites would appear to include the following:

(8a) diametric opposition

This feature is difficult to define in a general way, although it is clear enough intuitively. A few examples will have to suffice. It is probably clearest in connection with spatial notions. For instance, *north* and *south* are diametric opposites, but *north* and *west* are not (cf. Lyons's notion of 'orthogonal opposition', (1977: 282); *top* and *bottom* are diametrical opposites, but *top* and *front* are not. For a verb denoting a change from some state A to another state B, its diametric opposite would denote a change from state B to state A; for an adjective denoting a relative abundance of some property, its diametric opposite would denote a relative lack of the property, and so on. Thus, for instance, *tall* and *squat* are not prototypical opposites because they are not diametrically opposed, since something or someone can become more squat without becoming less tall.

(8b) binarity

The terms of a prototypical pair of opposites must form a set with only two members. Inherent binarity is the more central. For instance, a unidimensional axis can logically have only two extremes, so *top* and *bottom* form an inherently binary pair. Likewise, there are only two possibilities of change between two states, so *tie* and *untie* are diametrically opposed. Oppositions that are contextually dependent, such as *tea:coffee, town:country*, or that are not logically binary, such as *double-decker:single-decker* are thus less good as opposites.

(8c) symmetry

A pair such as *huge* and *small* are diametrically opposed, but are not symmetrically disposed about the mid-point; they are thus less good opposites than *huge* and *tiny* or *long* and *short*, which are symmetrical.

(8d) congruence

This means that the members of a pair properly apply to the same set of entities. This can also be expressed by saying that they have the same selectional restrictions. According to this criterion, *shorten* and *prolong* are not congruent because the latter is limited to time, whereas the former can apply to either temporal or spatial shortening. This pair are therefore less good opposites than *shorten:lengthen* or *prolong:curtail*.

(8e) saturation

Stallion and *mare* would be classified by most speakers as opposites; however, the features which make them opposites, namely [MALE] and [FEMALE] do not exhaust their meanings, which also contain the feature [EQUINE), hence they are 'impure' opposites. In contrast, *dead* and *alive* carry no meaning other than what makes them opposites, and for this reason, they are more central in the category.

Once the general properties of opposites are established, the various sub-varieties seem to be characterisable by one or two features. Thus, antonyms can be described as opposites which are also gradable adjectives, reversives are opposites which are also change-of-state verbs and for converses, a logical definition will capture the essence. In most cases, peripheral examples of these subvarieties of opposites are also peripheral as opposites. An exception to this generalisation can be found in the case of antonymy, since the property of being a gradable adjective is itself gradable: marginally gradable adjectives such as *open* and *shut*, and *dead* and *alive* will thus be marginal in the subcategory of antonyms (but not in the global category of opposites), and only fully gradable terms like *long* and *short* will be prototypical.

4.5. Synonymy

Full propositional synonymy is not, according to the position adopted here, a conceptual relation but a lexical one. However, this does not apply to the relation of near-synonymy, or parasynonymy, which arguably does have a conceptual basis. It is perhaps useful to draw a distinction between the lexical relation of (propositional) synonymy and the conceptual relation of parasynonymy; the centrality of a pair of items within the category of synonyms will be related to the degree of resemblance between the non-propositional features of the members of the pair. The centrality of a pair of items in the category of parasynonymy might at first be thought to be governed simply by the degree of resemblance between concepts. This turns out not to be adequate, because although *spaniel* and *alsatian*, for instance, are propositionally closer than *dog* and *cat*, i.e. they resemble one another to a greater degree, they are intuitively no more synonymous. What prevents *spaniel* and *alsatian* from being parasynonyms is the fact that they are strongly incompatible. We must therefore specify that the centrality of a pair of items in the category of parasynonymy is governed by something like 'resemblance without incompatibility'.

4.6. Lexical and conceptual relations

In some cases there are aspects of the relation between two words which can only with difficulty be attributed to the relation between the associated concepts. In such cases it seems necessary to distinguish lexical and conceptual relations. For instance, it seems undeniable that *dog*, *cat*, *horse*, etc. are better hyponyms of *animal* than are *doggy* or *pussy* or *moggy*, or *nag* or *steed*, even though it is doubtful whether, say, *pussy* and *cat* can said to be associated with different concepts (by the test of propositional identity, they represent the same concept, but modulate it differently). From this it follows that the prototypic specification of the lexical relation of hyponymy needs to include features such as 'belongs to same register', 'has same evaluative force', and so on; more generally, the non-propositional as well as the propositional features need to be matched, for the lexical relation. This applies to all relations, not just hyponymy; so, for instance, *dirty* is a better antonym for *clean* than *mucky*, and *head* is a better meronym of *body* than *loaf* (Cockney rhyming slang for head).

4.7. Summary: what has been achieved

The picture of sense relations which has been presented goes some way towards accounting for the fact that the dividing line between pairs of items which manifest a particular relation and pairs which do not is fuzzy, and also for the fact that some instances of a particular relation are felt to be better examples than others.

There are various refinements which can be applied to the relatively simple version of prototype theory presented above. For instance, in our version, the features which constitute a prototypic representation were presented as atomic and either present or absent; that is to say, the difference between them and classical defining features was simply that membership in the category did not require all of them to be present. However, a more satisfactory account can be obtained if at least some of the features are gradable, with the proviso that the higher the degree of the feature, the more central the pair, ceteris paribus. This point can be illustrated with hyponymy. One of the features suggested for this was entailment from F (X) to F (Y). It is in the nature of entailment that this feature is either present or absent. As it stands, it can explain why for instance *dog:animal* provide a better example of hyponymy than *dog:pet*, but not why *dog:pet* is better than, say *hammer:weapon*. Both examples can be accommodated if instead of entailment we propose a gradable feature of 'degree of expectation', or some such, which has 'logically necessary' as a maximum. Using this feature we can say that the higher the degree of expectation, other things being equal, the more central a particular relation is in the category of hyponymy. Another refinement would be to attach variable weighting to the features so that some had a greater effect on centrality than others (as, for example, in the version of prototype theory presented in Hampton 1991).

4.8. Predicting relations from specifications of relata

It would appear to be a reasonable requirement on a satisfactory account of lexical relations in prototype terms that the relation holding between two lexical items should be predictable from prototype representations of the items concerned. However, the proposals considered above do not unequivocally allow this and must therefore be considered only partially successful. Suppose we have two categories A and B, such that anything which possesses the prototypical features of A automatically possesses those of B also. In such a case, we can say confidently that a lexical item which maps onto A will be a hyponym of a lexical item which maps onto B. Thus, we might expect that anything which satisfies the prototype specification of APPLE will thereby satisfy those of FRUIT, too. So far, so good. The problem arises with items which do not satisfy all the features of A. Without a knowledge of the location of the boundaries of A and B, we have no way of knowing whether it is the case that anything which qualifies for membership of A thereby qualifies for membership of B also. Some improvement would follow from a specification of boundary location (as in Hampton 1991), but it bears pointing out that many prototype theorists deny that natural categories have any boundaries (cf. Langacker 1991: 266). Even a specification of boundaries would not solve all problems, since in the case of co-hyponyms, for instance, we would not know to what extent they excluded one another (hence, how good they were as examples of incompatibility), without some specification which was functionally equivalent to Katz's antonymous n-tuples.

5. The role of image-schemas in the description of sense relations

A characteristic construct of cognitive linguistics which has not been mentioned so far, but which may useful in studying sense relations is the Lakoff/Johnson 'image-schema' (see, for example Johnson 1987). Image-schemas are elementary conceptual units which enter into the structure of more complex cognitive constructs in various ways. An image-schema, according to Johnson (1987:29) is a "recurrent pattern, shape or regularity" in the way humans pattern and order their actions, perceptions and conceptions. They are dynamic in that they "are structures *of an activity* by which we organise our experience in ways that we can comprehend. They are primary means by which we *construct or constitute* order and are not mere passive receptacles into which experience is poured" (29f.). Their nature has never been precisely formulated, but they are to various extents intuitively plausible. Prototype and image-schematic approaches to sense relations are not necessarily mutually exclusive, since several of the features proposed above can be seen as image-schemas.

Both hyponymy and incompatibility, and meronymy and co-meronymy can be seen as governed by the CONTAINER image schema, which structures experience in terms of "inside/outside", "inclusion/exclusion". For instance, the goodness of a pair as an example of meronymy can be explicated in terms of the ease with which the CONTAINER schema can be projected onto the perceptual/conceptual field, such that one of the terms contains or includes the other, and likewise with exclusion and co-meronymy. Hyponymy and incompatibility require a metaphorical extension of the CONTAINER schema to an abstract domain; but otherwise the principle is the same – ease of projection correlates with GOE.

Image-schemas are useful in discussions of oppositeness, too. For instance, COUNTER-DIRECTIONALITY, which appears above as a feature of opposites, is an image-schema par excellence. An image schema which is arguably essential to the understanding of antonymy, but which did not appear above, is the SCALE schema, which structures experience in terms of more or less of some unitary property such as length or temperature (see, for instance, Cruse & Togia 1995:116f., Mettinger 1996:20f.). (The image-schematic notion of a scale is embedded in the concept of 'gradable adjective' used as a feature for antonyms.) According to Johnson, "... SCALARITY does seem to permeate the whole of human experience, even where no precise quantitative measurement is possible. Consequently, this experientially basic, value-laden structure of our grasp of both concrete end abstract entities is one of the most pervasive image-schematic structures of our understanding." (1987:122f.)

The problem with image-schemas is that although they are intuitively appealing, they are still rather ill-defined and do not have precise enough properties for their explanatory powers to be properly tested. It may well be that at some point in an account of sense relations image-schemas will turn out to be necessary, but for the moment the prototype approach seems to yield more concrete results.

6. Literature (a selection)

Cann, R. (1993), *Formal Semantics*. Cambridge: Cambridge University Press.

Cruse, D. Alan (1986), *Lexical Semantics*. Cambridge: Cambridge University Press

–, (1994), Prototype theory and lexical relations. In: *Rivista die Linguistica*, 6.2, 167–188.

Cruse, D. Alan/Togia, Pagona (1995), Towards a cognitive model of antonymy. In: *Lexicology* 1.95, 113–141.

Hampton, James A. (1991), The combination of prototype concepts. In: Paula J. Schwanenflugel, (Ed.) *The psychology of word meanings*. Hillsdale, New Jersey: Lawrence Erlbaum Associates, (1992:91–116).

Johnson, Mark (1987), *The Body in the Mind: The Bodily Basis of Meaning, Imagination, and Reason*. Chicago and London: University of Chicago Press.

Katz, Jerrold J./Jerry A. Fodor (1964), The structure of a semantic theory. In: Jerry A. Fodor; Jerrold. J. Katz, (Eds.), (1964), *The Structure of Language: Readings in the Philosophy of Language*. Englewood Cliffs, N.J.: 479–518.

Lakoff, George (1990), The invariance hypothesis: is abstract reason based on image-schemas?. In: *Cognitive Linguistics* 1.1, 39–74.

Langacker, Ronald W. (1991), *Concept, image and symbol: The cognitive basis of grammar*. Berlin, etc.: Mouton de Gruyter.

Lyons, John (1968), *Introduction to Theoretical Linguistics*. Cambridge: Cambridge University Press.

Lyons, Sir John (1977), *Semantics*. Cambridge University Press.

Mettinger, Arthur (1996), (Image-)schematic properties of antonymous adjectives. In: *Vienna English Working Papers*, 5, 1/2, 12–26.

Alan Cruse, Manchester (United Kingdom)

68. Descriptive Models of Sense Relations III: Formal Semantics

1. Formal Semantics
2. Lexical Decomposition
3. Meaning Postulates
4. Sense Relations
5. Questions and Problems
6. Literature (a selection)

1. Formal Semantics

Formal approaches to natural language semantics are usually based on mathematical logic and are thus principally concerned with the construction of theories that capture the logically valid inferences that hold between the sentences of the object language. Such theories typically make use of a logical metalanguage (which may, or may not, be central to the enterprise, see Kamp and Reyle (1993)) into which sentences of the object (natural) language are translated. In the most common of such theories, some variant of predicate logic is used as the logical metalanguage, but there are alternative formalisms, cf. Discourse Representation Theory and Situation Semantics. Within all such frameworks, however, the content words of the object language (like *student, run, love* in English) are translated into the basic expressions (the non-logical constants) of the logical metalanguage, whereas grammatical expressions (such as *if, every, some* etc.)

are normally analysed as logical operators over the basic expressions. Content words are thus standardly given a translation as predicate symbols like S, R and L in predicate logic or as primed expressions like student', run', love' in Montague Semantics and so on. The semantic content of the system is provided, not by the logical metalanguage, but by a formal theory of interpretation, which, in most current formal semantics, is model-theoretic. Model theory provides the characterisation of a set of admissible (mathematical) models that can be used to interpret expressions in the logical language. The model theory may be, as in Montague Semantics, based on set-theory or some other algebra (e.g. lattice theory, boolean semantics). Only those models that have the appropriate set-theoretic (or other) structure and in which the statements of the model theory (the axioms) are true are admissible as models for interpretation (see Partee et al. 1990:200ff.). Models themselves consist minimally of an *ontology* specifying the basic elements of the model, and a function that assigns to each basic expression (non-logical constant) of the language to be interpreted some combination of entities provided by the model. This *denotation assignment function* specifies what properties entities have according to what is named by the language. The model thus conceptually specifies a state-of-affairs (possibly temporally or modally structured) that a particular language can be used to describe. In more elaborated models, other structures and objects may be added. For example, to provide an interpretation for a language that has spatio-temporal properties and modality times, locations and possible worlds, and their associated structures must be added. Only those things to which the basic expressions in a language refer directly are, however, included in the ontology and form part of the range of the denotation assignment function.

Within model theory, logical operators are given meaning by the model theory itself and their interpretation is thus invariant from model to model. The meanings of the non-logical constants, on the other hand, are given by the denotations they are assigned which may vary from model to model. The type of denotation assigned depends on the sort of expression (its logical type), the ontology of the model and the sort of theory, whether extensional or intensional. Extensional systems assign denotations that consist of the set of entities (or combinations of entities) within a model to which a particular lexeme can be truthfully applied at a particular time and place (and possible world) (Frege (1892)'s *Bedeutung* 'reference'). Thus, for example, in Montague Semantics, a one-place predicate like **run**' extensionally denotes some specific set of individual entities, the things that are running at a particular index; a two-place predicate like **love**' extensionally denotes a set of ordered pairs of individual entities where one loves another at a particular time and place, and so on. Intensional systems, on the other hand, assign more complex denotations more akin to the layman's idea of meaning. Similar to Frege (1892)'s *Sinn* 'sense', an intension may be thought of as the property or concept associated with that expression that enables its extension to be identified. Formally, intensions are often defined as functions from indices (n-tuples of a world, a time and a place and perhaps other things, see Lewis 1972) to extensions. Thus, the intension of **run**' (symbolised as ˆ**run**' in Montague (1973)'s intensional logic), is that function that picks out the things that are running given any index (the concept of running or 'runningness'). (See any number of introductory textbooks to formal semantics, e.g. Chierchia and McConnel-Ginet (1993), Cann (1993), Gamut (1991)).

Although the exact sorts of object denoted by particular types of expression may change from theory to theory (e.g. in event-based theories all verbs extensionally denote sets of events, not n-tuples of individuals), the general approach to the meaning of lexical expressions remains the same: the meaning of content expressions consists entirely of their specified denotations within the model used to interpret the object language. However, no constraints are directly imposed on the denotations that such expressions can have. Thus, *run* could have a denotation containing only humans in one model, but one that contained only trees in another or that had a mixture of furniture, humans, monkeys and perennial plants in another. Furthermore, it is logically possible that the denotation of *run* would be co-extensive with the denotation of *walk* or have no overlap with that of *move*. In other words, no relations are specified as holding between the denotations of different content expressions and the meaning of such expressions is thus not captured as part of the semantic framework. Thus, while the validity of the inference from the sentence *Kim fell over and hurt her leg* to *Kim hurt her leg* is determined by the theory of interpretation, that from *Kim is a bachelor* to *Kim is not married* is determined by the meaning of the expression *bachelor* and does not fall within the domain of the model theory itself, but must be accounted for in some other way.

2. Lexical Decomposition

Montague (1973), one of the earliest attempts to provide a formal analysis of a fragment of a natural language, uses two different mechanisms for specifying the interpretations of basic expressions. In the first place, certain expressions with a logical interpretation, like *be* and *necessarily*, are decomposed into complex logical expressions, reflecting their truth-conditional content. For example, *necessarily* receives the translation $\lambda p \; \Box \; [\text{'p}]$, where the abstracted variable, p, ranges over propositions and the decomposition has the effect of equating the semantics of the adverb with that of the logical necessity operator, $\Box$. By translating object language expressions into logical ones in this way, their uniformity of interpretation from model to model is guaranteed, since the interpretation of logical expressions is invariant and it is the decomposed translation that is interpreted and not the natural language lexeme. Montague restricted decomposition of this sort to grammatical expressions whose truth conditional meaning can be given a purely logical characterisation and, in other works, many other grammatical expressions are given decompositional analyses (as already for quantifiers in Montague 1970 and see Dowty, Wall and Peters 1981 for other examples). In a detailed analysis of word meaning within Montague Semantics, Dowty (1979) argues that certain entailments associated with contentives are constant from model to model in the same way as those associated with logico-grammatical expressions and he thus extends the decompositional approach to analyse contentive expressions in order to capture such apparently model-independent entailments.

Dowty's exposition is concerned primarily with an account of aktionsart (verbal aspect) within Montague Semantics. He thus deals primarily with inferences from verbs (and more complex predicates) that involve tense and modality. By defining three logical operators **DO, BECOME** and **CAUSE,** he is able to decompose the meanings of a range of different types of verbs, including activities, accomplishments, inchoatives and causatives, to account for the entailments that can be drawn from sentences containing them. For example, he provides lexical rules for de-adjectival inchoative and causative verbs that modify the predicative interpretation of base adjectives in English. In the inchoative, Dowty uses the propositional operator **BECOME** and the inchoative verb *cool* is thus given the translation in (1), where **cool'** is the translation of the adjective and the semantics of **BECOME** ensures that the resulting predicate is true of some individual just in case it is now cool but just previously was not cool. The transitive verb also utilises the **CAUSE** operator as in (2) which guarantees the entailment between (e.g.) *Jo cooled the soup* and *Jo caused the soup to become cool.* (Here and elsewhere, the variable $\mathscr{P}$ ranges over the denotations of direct object noun phrases and x is the individual variable associated with the referent of the subject noun phrase.)

(1) (inchoative): $\lambda x[\textbf{BECOME cool'}(x)]$
(2) (causative): $\lambda \mathscr{P} \lambda x \mathscr{P}\{\hat{y}[\exists P[P\{x\}]$ **CAUSE BECOME cool'**(y)]\}

Dowty also gives more complex (and less obviously logical) decompositions for other content expressions, like *kill* in (3) which is to be interpreted as 'x causes y to become not alive'. This ensures that in any model the denotation of the verb is necessarily related to that of the adjective *alive* and also to the denotations of *die* (decomposed as $\lambda x[\textbf{BECOME} \sim \textbf{alive'}(x)]$) and *dead* ($\lambda x[\sim \textbf{alive'}(x)]$).

(3) $\lambda \mathscr{P} \lambda x \mathscr{P}\{\hat{y}[\exists PP[x]$ **CAUSE BECOME** $\sim$ **alive'**(y)]\}

3. Meaning Postulates

Lexical decomposition can easily be extended to other areas of vocabulary to provide the structure necessary to capture the sense relations between different lexical items. However, this approach, at least in the form in which it appears in Dowty (1979), is generally eschewed in favour of the second means of providing content to the denotations of words utilised in Montague (1973). This approach involves the use of Meaning Postulates which were introduced in Carnap (1947/1956) and consist of universally quantified conditional or bi-conditional statements in the logical mentalanguage which constrain the denotation of the constant that appears in the antecedent. In addition to meaning postulates that ensure that certain intensional expressions have an extensional interpretation, Montague (1973) also includes an example that relates different non-logical expressions. This postulate is given in (4) and relates the denotations of the verb *seek* and the phrase *try to find*.

(4) $\forall \mathcal{P} \forall x\ [\textbf{seek}'(x,\mathcal{P}) \leftrightarrow \textbf{try-to}'(x,\hat{}\,\textbf{find}'(\mathcal{P}))]$

Because the translation of *seek* is not directly associated with that of *try to find*, as in the decompositional approach of Section 2, the use of the necessity operator, $\Box$, is essential to ensure that the relation holds in all admissible models, i.e. in all states-of-affairs that we can talk about using the object language. In other words, the necessity operator raises the bi-conditional statement to the status of a logical truth (an axiom) which ensures that on every occasion in which it is true to say of someone that she is seeking something then it is also true to say that she is trying to find that something (and vice versa, because of the bi-conditional).

Meaning postulates provide a powerful tool for encoding detailed information about the non-logical entailments associated with particular lexemes (or their translation counterparts). For example, the principal properties of a (stereotypical) act of kissing are specified in the postulate in (5) (which glosses over a number of issues for the sake of simplicity).

(5) $\forall x \forall y \Box [\textbf{kiss}'(x,y) \leftrightarrow \textbf{touch}'(x,y)\ \&\ \textbf{concrete}'(y)\ \&\ \textbf{animate}'(x)\ \&\ \textbf{has-lips}'(x)\ \&\ \textbf{AGENT}(x)\ \&\ \textbf{THEME}(y)]$

Other meaning postulates associated with the other constants in the consequent of (5), such as those in (7) and (6), provide further information with respect to animacy and concreteness that need not be directly specified with respect to *kiss* since they can be deduced using standard logical inferences such as modus tollens and modus ponens.

(6) $\forall x \Box [\textbf{concrete}'(x) \leftrightarrow \sim \textbf{abstract}'(x)]$
(7) $\forall x \Box [\textbf{animate}'(x) \rightarrow \textbf{concrete}'(x)]$

Notice that in (7) the connective is a conditional and not a bi-conditional. This has the effect of requiring the set of animate objects to be a subset of the set of concrete ones, while in (6) the bi-conditional ensures that the set of concrete objects is co-extensive with the complement of the set of abstract ones (and vice versa, by modus tollens).

The ability of meaning postulates to specify conditional, as opposed to bi-conditional, relations is one of the reasons that they are generally preferred to lexical decomposition. In the latter theory, for example, the decomposition of *kill* in (3) requires that any causing-to-die event is always a killing event and vice versa. However, as has been argued a number of times, it may not be the case that the causer of someone's death is their killer (e.g. if Mary caused her father to die by playing a game of tennis with him which brings on a fatal heart attack, it is not true that May killed him). Many other arguments for the non-identity of the denotations of lexemes and their putative decompositions have been proposed in the literature and it is now generally accepted that there are few, if any, fully bi-conditional semantic relationships between contentive lexemes and complex decompositions (in much the same way as there are few truly synonymous expressions within a single language). Since one-way conditional relationships cannot be encoded in decompositional theories, meaning postulates have a distinct advantage.

A further criticism of logical decomposition, as with all decompositional theories of meaning, concerns the nature of the primitives used. Thus, while it is reasonably uncontroversial to treat standard (&, ↔, ∼, etc.) and non-standard (**DO, BECOME, AT**, etc.) logical operators as primitives, it is more problematic to identify which out of a set of semantically related basic expressions is conceptually primitive and so to be used as the decompositional base. For example, *girl* might be decomposed equally as $\lambda x[\textbf{human}'(x)\ \&\ \sim \textbf{adult}'(x)\ \&\ \sim \textbf{male}'(x)]$ or as $\lambda x[\textbf{human}'(x)\ \&\ \textbf{young}'(x)\ \&\ \textbf{female}'(x)]$, or in a number of other ways. With meaning postulates, however, the problem does not arise as the statements merely specify the semantic links that hold in the vocabulary of a language and all basic expressions have the same status within the theory. Although some theories accept some decomposition (e.g. in certain event-based semantics verb meanings are partially decomposed to separate off participants in an event from the event itself, see Schein 1995), the fact that meaning postulates are weaker, but generally more accurate, than decomposition ensures their continued use as the principal tool for the analysis of lexical meaning within formal semantics.

4. Sense Relations

The two meaning postulates in (6) and (7) have the structures associated with two of the traditional sense relations. The form in (6) shows the logical relationship between the denotations of two complementaries, since the semantics of the statement requires the extensions of the two basic expressions to completely partition the entities in the model into two distinct sets. The postulate in (7), on the other hand, requires the extension of the basic expression in the antecedent to be a subset of the extension of that in the consequent and so encapsulates the relationship between a hyponym (*animate*) and its superordinate (*concrete*). It is straightforward to provide schematic meaning postulates that encode the necessary extensional relationships of a number of the more common sense relations, as in (8) to (11), taken from Cann (1993, 215–223). (X and Y range over basic expressions of the object language.)

(8) Hyponymy: $\forall x \Box [X'(x) \rightarrow Y'(x)]$.
(9) Synonymy: $\forall x \Box [X'(x) \rightarrow Y'(x)]$.
(10) Opposites: $\forall x \Box [X'(x) \rightarrow \sim Y'(x)]$.
(11) Complementaries: $\forall x \Box [X'(x) \leftrightarrow \sim Y'(x)]$

Other types of traditional sense relations can be defined in this way which use more sophisticated logical theories than first or second order predicate logic. Hence, different formal theories allow different relations to be stated. For example, in lattice-theoretic frameworks (like Link (1981) and many event-based theories e.g. Parsons (1991), Krifka (1992)), it is possible to provide formal analyses of concepts like part-whole relations, as well as subpart and overlap. This allows the statement of lexical entailments associated with mass terms, as (simplistically) in (12) which states that every subpart of water is water (< indicates the proper subpart relation).

(12) $\forall x \forall y \Box [\mathbf{water'}(x) \& y < x \rightarrow \mathbf{water'}(y)]$.

As meaning postulates have the full power of their associated logic, the limits to the sorts of relation that can be captured depends on the limits of the theory of interpretation. Dowty (1979) uses the full power of Montague (1973)'s intensional logic which allows the lexical entailments of intensional expressions like control verbs, propositional attitude verbs and so on to be defined. In intensional (and other complex) logics, it is often the case that the system requires the 'default' property of a class of expressions is, in fact, a property that applies only to a small, and intuitively unrepresentative, subset of the class. For example, in the intensional Boolean Semantics of Keenan and Faltz (1985), the 'default' interpretation for attributive adjectives is that they are intensional, i.e. modify the property denoted by a common noun, allowing for the possibility that the extension of the adjective-noun combination is totally distinct from that of the noun on its own (as found with intensional adjectives like *former* and *fake*). To account for the more common intersecting and transparent properties of attributive adjectives, these must be associated with particular meaning postulates (through the use of features in Keenan and Faltz (1985) like those in (13) and (14), where α is the translation of an attributive adjective, α* is its predicative counterpart and P is the intensional denotation of a common noun. (The original boolean formalism has been translated here into Montague's intensional logic).

(13) transparent: $\forall x \Box [(\alpha(P))(x) \rightarrow {}^{\vee}P(x)]$.
(14) intersecting: $\forall x \Box [(\alpha(P))(x) \rightarrow {}^{\vee}P(x) \& \alpha^*(x)]$.

The general semantic theory adopted thus determines what properties are basic to the system and what requires ancillary specification. In this way, formal semantic theories may not (and often do not) directly encode general regularities within the language or basic cognitive properties of classes of expressions.

5. Questions and Problems

Despite the power and elegance of meaning postulates to capture lexical inferences within formal semantics, there are questions that have not received satisfactory answers and there are problems with some of their implications for both lexical and inferential semantic theory.

For example, one question that has not yet received a satisfactory resolution concerns the nature of the necessity stated in meaning postulates. It appears to be normal to take this to be alethic (or logical) necessity and to thus raise these postulates to the status of axioms. There are, however, problems with this interpretation. In the first place, if meaning postulates constrain models, as required by an alethic interpretation of $\Box$, it should not be possible to talk of, understand or believe in situations in which meaning postulates may not hold, since in all admissible models all relevant meaning postulates must be true. However, this means that a sentence like *Cats are robots from Mars* is raised to the status of a logical falsehood and so *Hilary believes that cats are robots from Mars* has the same status as *Hilary believes Jo is a man and Jo is not a man*, i.e. an extension of the well-known propositional attitude problem within formal semantics (see Dowty et al. 1981, Cresswell 1985 and elsewhere for discussion). Since the objects of belief are not themselves models, but given within a model, it must be the case that the necessity of meaning postulates is not alethic. Related to this observation is the fact that lexical entailments are defeasible in ways that logical entailments are not. For example, *That woman is a bachelor* is not perceived as a straightforward contradiction in the same way as *That woman is not a woman*, an entailment which can be derived from the sense of *bachelor*. That lexical meaning (specifically the meaning of contentives) is not alethic seems to have been recognised in Carnap (1956:225) where it states: "those who construct systems [...] are free to choose their postulates, guided not by their beliefs concerning facts in the world, but by their intention with respect to the meanings, i.e. the ways of use of descriptive constants". It would thus seem that the necessity associated with meaning postulates is not alethic and not always of the same kind. It may thus be that $\Box$ should be interpreted as non-alethic and that different accessibility relations should be imposed on the modal operator to analyse different types of meaning postulates.

Another general problem is identified in Pustejovsky (1995) where it is pointed out that the use of meaning postulates requires the existence of large amounts of homonymy in the lexicon. Pustejovsky (1995) describes a number of approaches to lexical semantics, one of which he claims uses a "sense enumerative lexicon" in which distinct (or partially distinct) senses of a word are associated with different lexemes. He points to a number of problems that such theories face in accounting for creative uses of words, the "permeability" of word meanings and the use of different syntactic forms with the same expression. That meaning postulates imply a sense enumerative lexicon can be seen by considering how the theory would encode the inchoative and causative versions of the adjective *cool* discussed in Section 2. In (15) (the counterpart to (1)), the inchoative verb is represented as **cool**$_i$' while the causative in (16) (the counterpart of (2)) is shown as **cool**$_t$', both of which are distinct from the translation of the adjective **cool'**.

(15) $\forall x \Box [\textbf{cool}_i\text{'}(x) \rightarrow \textbf{BECOME cool'}(x)]$
(16) $\forall x \forall \mathcal{P} \Box [\textbf{cool}_t\text{'}(x,\mathcal{P}) \rightarrow \mathcal{P}\{\hat{y}[\exists P[P\{x\}]$
 CAUSE BECOME cool'$(y)]\}$

While it could be argued that the different instantiations of *cool* are indeed homonymous, because of their differing semantics, it is much less easy to argue that a verb like *believe* is multiply homonymous simply because of the different syntactic complements it can take (noun phrase, infinitival VP, finite clause). Yet this is what a meaning postulate analysis of this verb requires. In any realistic semantic analysis of a natural language, therefore, the amount of homonymy will be extremely large. While there is nothing *a priori* wrong with this (and certain syntactic theories, like Generalized Phrase Structure Grammar, also require a considerable amount of homonymy), Pustejovsky (1995) points out that generalisations are being missed and that a polysemous approach provides a more realistic picture of the nature of lexical meaning. This is particularly apparent, not only in cases of verbs taking differing syntactic complements, but also in more subtle cases where it is the interpretation of the event denoted by the verb that differs according to the semantic characteristics of its complement. An example is provided by the word *bake* which when combined with a noun phrase like *a cake* denotes an event that brings into existence an object of the sort denoted by the complement. However, when combined with *a potato* there is no entailment that the baking causes the potato to exist, but just that the potato has changed its state (from uncooked to cooked). Pustejovsky (1995)'s solution is to develop a theory of lexical representation which has a number of levels of structure (argument, event and qualia) that encode different semantic properties of an expression (the number and type of its arguments, the sort of event it denotes along with subeventual information and complex type information relating to the hierarchical semantic structure of the vocabulary). A set of generative devices allow single expressions to combine with a range of different arguments with the appropriate interpretation without assuming homonymy. While Pustejovsky (1995) rightly criticises the classical approach to lexical meaning within formal semantics, his theory utilises the conditional structures defined by meaning postulates and builds on much research on word meaning that has been carried out within formal semantics in recent years.

It is clear that the power and versatility of current formal semantic techniques provide a rich descriptive framework for analysing lexical meaning and accounting for numerous types of sense relation. However, there is much scope for development, particularly in relation to encoding cognitive constraints on word meaning and to capturing cross-linguistic regularities.

6. Literature (a selection)

Cann, Ronnie (1993), *Formal semantics*. Cambridge: Cambridge University Press.

Carnap, Rudolf (1956), *Meaning and necessity*. Chicago: Chicago University Press (revised edition).

Chierchia, Gennaro; McConnel-Ginet, Sally (1990), *Meaning and grammar: An introduction to semantics*. Cambridge, Mass.: MIT Press.

Cresswell, Max J. (1985), *Structured meanings*. Cambridge, Mass.: MIT Press.

Dowty, David (1979), *Word meaning and Montague grammar*. Dordrecht: Reidel.

–, (1985), On recent analyses of the semantics of control. In: *Linguistics and Philosophy* 8: 291–331.

Dowty, David; Robert Wall; Stanley Peters (1981), *Introduction to Montague semantics*. Dordrecht: Reidel.

Frege, Gottlob. (1892), Über Sinn und Bedeutung. In: *Zeitschrift für Philosophie und philosophische Kritik*, 22–50.

Gamut, L. T. F. (1991), *Logic, language and meaning*. Chicago: Chicago University Press.

Kamp, Hans; Uwe Reyle (1993), *From discourse to logic*. Dordrecht: Reidel.

Keenan, Edward; Leonard M. Faltz (1985), *Boolean semantics for natural language*. Dordrecht: Reidel.

Krifka, Manfred (1992), Thematic relations as links between nominal reference and temporal constitution. In: *Lexical matters*. (Eds. I.A. Sag; A. Szabolcsi). Stanford: CSLI 1992, 29–53.

Lewis, David (1972), General semantics. In: *Semantics for natural language*. (Eds. D. Davidson; G. Harman) Dordrecht: Reidel 1972, 169–218.

Link, Godehard (1983), The logical analysis of plural and mass terms: a lattice-theoretic approach. In: *Meaning, use and interpretation of language*. (Eds. R. Baüerle; C. Schwarze; A. von Stechow). Berlin: de Gruyter. 1983, 302–323.

Montague, Richard (1970), Universal grammar. *Theoria* 36: 373–398.

Montague, Richard (1973), The proper treatment of quantification in English. Reprinted in *Formal Philosophy*. (Ed. R. Thomason). New Haven: Yale University Press 1974, 247–270.

Partee, Barbara H.; ter Meulen Alice; Wall, Robert (1990), *Mathematical methods in linguistics*. Dordrecht: Reidel.

Pustejovsky, James (1997), *The generative lexicon*. Cambridge, Mass.: MIT Press.

Schein, Barry (1995) *Plurals and events*. Cambridge, Mass.: MIT Press.

Words, worlds and contexts: New approaches to word semantics. (Ed. H.-J. Eikmeyer). Berlin: de Gruyter 1981.

Ronnie Cann, Edinburgh
(United Kingdom)

XVI. Lexikalische Strukturen aus syntagmatischer Sicht
Lexical structures in a syntagmatic perspective

69. Syntagmatische Beziehungen: Ein Überblick

1. Versuch einer Bestandsaufnahme und allgemeinen Bestimmung wesentlicher Arbeitsbegriffe und Untergruppen
2. Zu den sememotaktischen und morphosyntaktischen Aspekten des syntagmatischen Potentials verbaler LEtype
3. Syntagmatische Beziehungen in – verbalen – Mehrwortkonstruktionen: Funktionsverbgefüge, Substantiv-Verb-Kollokationen
4. Literatur in Auswahl

1. Versuch einer Bestandsaufnahme und allgemeinen Bestimmung wesentlicher Arbeitsbegriffe und Untergruppen

Unter Syntagmatik versteht man im Allgemeinen die sequenziell-lineare Aneinanderkopplung von zwei oder mehr lexikalischen Einheiten (LE) in der Rede (LEtoken). Wenn sich solche produzierten LEtoken-LEtoken-Abfolgen überindividuell-konzeptuell wie kommunikativ usuell verfestigen, d.h. Kollokationen mit einem höheren Grad an Fixiertheit entstehen, handelt es sich um „Halbfertigteile" bzw. sogar „Fertigteile der Rede". Die Komponenten solcher kollokationell gehäuft zusammenvorkommender LEtoken-Komplexe sind als erwartbare komplementäre Kombinationspartner in höherem Grade disponibel, vorhersagbar als sonstige produzierbare Komplexionen der betreffenden LEtoken mit übrigen Kombinationspartnern in der Rede, bzw. sie sind vollständig als Mehrwortlexem lexikalisiert und damit als „Fertigteile der Rede" in toto reproduzierbar.

Dabei sind auch die üblichen frei produzierten Kombinationen von LEtoken keineswegs „frei" im Sinne von beliebig wählbar, sondern unterliegen in ihrer Kombinatorik spezifischen morphosyntaktischen, semantischen wie kommunikativ-pragmatisch-situativen Vorgaben des kommunikativen Potentials der Systemeinheiten/LEtype und außerdem spezifischen zusätzlichen Einwirkungen des Äußerungskontextes. In diesem Sinne reflektieren die meisten der im Diskurs beobachtbaren syntagmatischen Beziehungen zwischen LEtoken systemhafte Verknüpfungsvorgaben der betreffenden LEtype im Lexikon, kann also auch im Hinblick auf LEtype verkürzt von syntagmatischen Beziehungen gesprochen werden. In diesem Kontext wären kombinatorische Präferenzen wie Restriktionen im Hinblick auf das mögliche oder blockierte Zusammenvorkommen von wenigsten zwei LEtype als LEtoken in der Rede herauszuarbeiten, d.h. das kommunikativ-syntagmatische Potential der jeweiligen LEtype zu umreißen.

1.1. In dem Bemühen um die Darstellung des syntagmatisch-kombinatorischen Potentials von Wortschatzelementen werden (so etwa bei Lutzeier 1995) u.a. solche Phänomene thematisiert wie die Fügepotenz/Verknüpfbarkeit/Valenz, die Kollokabilität/-Kompatibilität (vgl. etwa die semantische Kongruenz bei Leisi 1961, die mit Nutzen auf eine sogenannte „syntagmatische Kongruenz" ausgeweitet werden könnte, die bspw. auch die morphosyntaktische Konkordanz und die kommunikativ-pragmatische Akzeptanz/Angemessenheit mit umfasst); die sogenannten lexikalischen Solidaritäten von Coseriu 1967 bzw. die wesenhaften Bedeutungsbeziehungen von Porzig 1934; die Kollokationen sowie das wenig beschriebene Phänomen der Assoziation.

1.1.1. Die von Lutzeier (1995, 91) als „spontane Antwort auf die Vorgabe eines (Reiz)-Wortes" bestimmten Assoziationen sind in der Linguistik generell stark vernachlässigt worden; immerhin haben auf sie u.a. bereits Sperber 1923 mit seinem Konsoziationsbegriff; Pottier 1974 mit seinem „halo" und Guiraud 1956 mit seinen morphosemantischen Feldern verwiesen. Da sich unter Assoziationen faktisch sowohl syntagmatisch-kombinatorische wie auch paradigmatische, semantische wie morphosyntaktische Phänomene sowie die Koaktivierung von kognitiven Strukturen und nicht zuletzt auch die Kollokationen zusammenfassen lassen, werden wir es hier mit dem Hinweis auf Strube 1984 bewenden lassen.

1.1.2. Mit Bezug auf die lexikalischen Solidaritäten Coserius 1967 könnten die von diesem unterschiedenen Untergruppen *Affinität, Selektion* und *Implikation* wie folgt näher bestimmt werden (vgl. dazu Dupuy-Engelhardt 1997, 281f.): Unter Affinität im Sinne Coserius sei das Vorhandensein sogenannter Klasseme wie etwa < von Menschen gesagt/erzeugt > zu verstehen in Verben wie *reden, sprechen, flüstern, grölen*, etc. Bei den Selektionen dagegen würde es sich um Lexeme handeln, die ein Archilexem determiniert, d.h. im Hinblick auf zahlreiche Verben, die als zu dem durch das betreffende Archisemem/Archilexem bestimmten Feld gehörig ausgewiesen würden, müsste von Selektion gesprochen werden. Unter *Implikationen* schließlich wären – den wesenhaften Bedeutungsbeziehungen analog – solche LEtype zu zählen, in deren Bedeutung sich ein bestimmtes konkretes Lexem/Semem (und nicht wie bei den Affinitäten ein generisches Klassem) als Kombinationsvorgabe eingespeichert findet; vgl. z. B. *Hund* in *anschlagen, belfern, bellen, blaffen; kleffen, knurren* etc.

1.1.3. In den letzten Jahren sind von den syntagmatischen Beziehungen zum einen vor allem die Bindefähigkeit; d.h. die sememotaktisch, morphosyntaktisch, weniger die kommunikativ-pragmatisch bedingten Vorgaben des kommunikativen LEtype-Potentials und zum anderen insbesondere die Kollokationen intensiver untersucht worden (u.a. Hausmann 1984; Irsula Peña 1994; Bahns 1996; Lehr 1996 – vgl. dazu unter 3).

1.2. Zum Verständnis der syntagmatischen Vorgaben ausgewählter LEtype, hier ausschließlich von Verben (auf weitere – durchaus auch heteroinzidente Wortarten – dazu Pottier 1971, darunter Adjektive und Substantive, kann nur verwiesen werden), die über Fügepotenz, ein entsprechendes syntagmatisches Bindepotential, verfügen, ist ein Bezug auf deren lexikalische Bedeutung unerlässlich. Eine Beschreibung dieser semantischen Mikrostruktur (des Semems) als Systembedeutungsvorgabe der betreffenden LEtype verdeutlicht nicht nur die *sememotaktische Bindefähigkeit/* Kollokabilität und Kompatibilität der betreffenden Wortschatzeinheit mit semantisch-sememisch-semisch kongruenten bzw. kongruierbaren LE (dazu u.a. Viehweger et al. 1977). Sie schafft vielmehr auch eine Basis dafür, um ausgewählte Assoziationen wie auch morphosyntaktisch-distributionelle syntagmatische Beziehungen als semembasiert, *sememindiziert*, ausweisen zu können.

1.2.1. In den lexikalischen (System)Bedeutungen (Sememen) von Verben finden sich anteilig „eingefrorene", kommunikativ usualisierte und sozialisierte, d.h. mehrheitlich akzeptierte, generische Prädikationsvorgaben (Verhaltensstereotypkenntnis bzw. Handlungsmusterwissen), einschließlich sememisierter Komponenten der durch die Sememe koaktivierten bzw. koaktivierbaren Sachverhaltswissenskonfigurationen. Damit dient das Semem als generische Brücke, als synchron relativ invarianter Schlüssel zum letztlich je individuell divergierenden konkreten und variablen enzyklopädischen Wissensbesitz (dazu bereits Lorenz/Wotjak 1977; Wotjak 1988). Die im Wesen der lexikalischen Bedeutung als kognitiver Entität *sui generis* begründete enge Wechselbeziehung zur Kognition bedeutet keine Deckungsgleichheit zum enzyklopädischen Wissen als sememinduzierter, aufs engste mit dem Semem verbundener, aber eben vorsprachlich-kognitiver Größe (vgl. auch die Zweiebenensemantik in Bierwisch 1983). Im Lichte der durch die Gedächtnispsychologie/Psycholinguistik, Künstliche Intelligenzforschung/KI, kognitive Linguistik (u.a. Schank 1982; Klix 1987), aber auch Frame-Semantik in den letzten Jahren besonders beachteten Wissenskonfigurationen/kognitiven Strukturen der Szenen, Szenarien, aber auch der Frames oder Skripts (= als kognitiv-konzeptuelle Pendants zur Bedeutung – dazu u.a. auch Heringer 1984; Welke 1988) können die Sememe als idiosynkratisch-einzelsprachspezifisch abweichende anteilige Sememisierungen ausgewählter Komponenten dieser induzierten Wissenskonfigurationen verstanden werden. In Fortführung der Auffassungen von Tesnière 1959 zum „petit drame" und von Postulaten der logisch-semantischen Valenztheorie (Bondzio 1971, 1993) scheinen sich die etwa im *predicate frame* von Dik 1989 aufgezeigten kombinatorischen Vorgaben (*fillers*/Belegungen füllen allgemein in der Frame-Semantik und KI im Frame vorgegebene Leerstellen/*slots* auf) sememinhärent bestimmen zu lassen. Dabei handelt es sich nach Auffassung mehrerer Linguisten (u.a. Heringer 1984, Welke 1988) um

Sememisierungen etwa von Ko-Partizipanten in von durch das betreffende Semem koaktivierten, induzierten Szenen bzw. auch Geschehenstypen (vgl. BEHANDELN bei Klix 1987 – dazu Wotjak 1988).

1.2.2. Für die syntagmatischen Beziehungen von LEtoken in der Rede sind über die als besonders bedeutsam herausgestellten semantischen Angaben hinaus die folgenden Vorgaben des kommunikativen Potentials der LEtype zu beachten:

(i) morphosyntaktische, insbesondere valenzmäßig bestimmte Beziehungen, die zumindest partiell auf Vorgaben der lexikalischen Systembedeutung basieren;

(ii) kommunikativ-pragmatische Beziehungen, die als Grundlage die entsprechenden kommunikativ-situativ-pragmatischen Charakterisierungen auf der Ausdrucksebene der LEtype als kommunikatives Potential im engeren Sinne (dazu detailliert Wotjak 1991) haben;

(iii) logisch-konzeptuelle Beziehungen, die durch Rekurs auf das sememinduzierte enzyklopädische Weltwissen bedingt sind.

1.3. Die syntagmatischen Vorgaben des kommunikativen Potentials stehen als intertextuell im Ergebnis zahlreicher diskursiver Akte bestätigtes, sozialisiertes wie usualisiertes Vorwissen für die Bildung von normgeleiteten, syntaktisch, semantisch wie kommunikativ-pragmatisch kongruenten LEtoken-Kombinationen dem Sprachbenutzer abrufbar zur Verfügung. Zum Nachweis vorhandener kombinatorischer Regularitäten führen wir im Folgenden vor allem nicht korrekt gebildete LEtoken-Kombinationen an, die im Kontrast die Herausarbeitung der kombinatorisch regulären, prototypischen „normalen" syntagmatischen Beziehungen ermöglichen. In einem ersten Schritt helfen uns solche Kontrastverfahren bspw. auch zu ermitteln, um welche der unter (i) bis (iii) aufgeführten syntagmatischen Beziehungstypen/Regularitäten es sich tatsächlich im gegebenen Fall handelt.

1.4. Die Kombinationsverstöße/Verletzungen der syntagmatisch-sememotaktischen, partiell auch der syntagmatisch-morphosyntaktischen Kongruenz lassen sich vor allem auf drei Charakteristika der semantischen Mikrostruktur, der Sememe als Systembedeutungen, zurückführen:

(i) – die semantisch-funktionale, kasusrollenmäßige wie vor allem auch die semantisch-denotativ-klassematische Charakteristik der sogenannten Argumentenpotentiale der Kernprädikationen der Sememe (vgl. unter 2.1.3);

(ii) – die sogenannten Modifikatorvorgaben als Spezifikationen/Modalisationen der Sememe, die einzelne Bedeutungen untereinander differenzieren (vgl. unter 2.4);

(iii) – das Vorhandensein von Teilpropositionen in den Kernprädikationen, die als Voraussetzungen fungieren (1.4.3).

1.4.1. Sememotaktische Voraussetzungen von LEtype für deren semantisch kongruente Verknüpfung in der Rede/im Diskurs lassen sich unter Bezug auf Leisi 1961, 71 an Verben wie *schießen* + Akkusativobjekt bzw. *schießen auf* (*Er schießt auf Hasen*; **Er schießt Menschen.* ⇒ *Er schießt auf Menschen*), sowie *versammeln* verdeutlichen.

1.4.2. *Versammeln* ist charakterisiert durch das semantische Merkmal 'mehrere Personen' (nicht aber durch das syntaktische Kongruenz/Konkordanzmerkmal „Plural"), so dass (1.1.) ausgeschlossen wird.

(1)   *Er versammelte seine Söhne um sich.*
(1.1) **Er versammelte seinen Sohn um sich.*
(1.2) *Er versammelte seine Familie um sich.*

Bei (2) fordert das Verb *wälzen* als sememotaktische Bedingung einen physikalischen Gegenstand, eventuell auch einen in seiner Eigenbeweglichkeit eingeschränkten tierischen/menschlichen Körper, der spezifiziert erscheint als 'schwer', wobei bei (2.1) der Akkusativaktant *Stein* die Interpretation als 'schwer' zulässt, die Belegung *Kieselstein* dagegen das zur Gewährleistung einer semantischen Kongruenz geforderte Merkmal 'schwer' explizit ausschließt, eine solche syntagmatische Beziehung also unangemessen erscheint.

(2)   **Er wälzte den Kieselstein vor die Tür.*
(2.1) *Er wälzte den Stein vor die Tür.*

Für sememotaktisch bedingte Verstöße gegen wohlgeformte syntagmatische LEtoken-Verbindungen, also gegen die semantische Kongruenz und Kompatibilität/Verträglichkeit, finden sich u.a. bei Schwarz/Chur 1995, 16; 18ff. sowie bei Schippan 1992, 198 noch viele weitere einleuchtende Beispiele (vgl. analoge Beispiele unter 3–5).

(3) **Das Haus lief uns entgegen.*
(4) **Er hat sich den Schlips unentgeltlich/für Geld gekauft.*
(5) **Sie kaufte sich ein blondes Kleid.*

Wie (6) und (7) zeigen, benutzt der Sprecher alle sich bietenden Möglichkeiten, um inkompatible Lesarten, nicht angemessene, unkorrekte syntagmatisch-semantische Kombinationen von LEtoken auszuschließen. Dazu rekurriert er auf prozeduralsemantisches Wissen, das ihm Bedeutungstranspositionen – bspw. bei (6) – als Metonymie (*Fahrzeug* steht für Insassen) erschließt (vgl. auch die konzeptuellen Verschiebungen bei Bierwisch 1983). Eine andere Interpretation verlangt dagegen *Zeug*, hier wird eine Semübertragung durch das offenbar dominante Verb auf den entsprechend durchlässigen, permeablen, d.h. mit dem Merkmal 'liquid' anreicherbaren Akkusativaktanten vorgenommen.

(6) *Der ganze Bus soff das Zeug.*

Bei (7) dagegen wird die bereits lexikalisierte metaphorische Verwendung von *grün* in der figurativen Systembedeutung „unreif" aktualisiert und der Sprecher rekurriert außerdem bei der Interpretation des Kontrasts von *blau*, *rot* und *grün* auf sein Weltwissen.

(7) *Wenn die Blaubeeren rot sind, dann sind sie noch grün.*

1.4.3. Systemhaft relevante semantische Vorgaben anderer Art, die auf komplexere Präsuppositionen in den betreffenden Verbsememen zurückgehen (und weder die sogenannten Modifikator- noch die Argumentleerstellenvorgaben betreffen), kommen schließlich bei der Gewährleistung der semantischen Kongruenz, etwa bei Verben wie *zurückgeben* (Voraussetzung: was bereits im Besitz/Verfügungsgewalt vom Dativobjekt war); *herauskommen* (Voraussetzung: der Bewegungsträger verlässt einen umgrenzten Raum, in dem sich der Sprecher nicht befindet); *einschlafen* (Voraussetzung: „wach sein"); *sterben* (auch für *einschlafen* in Variante 2 ⇒ Voraussetzung: „lebendig sein") zum Tragen.

1.5. Die enge Beziehung und gleichzeitig die Nichtdeckungsgleichheit von sememotaktisch-semantischen und syntaktischen Vorgaben zeigt sich u.a. an den Beispielen unter (8, 8.1–8.4). So wäre bspw. der Satz unter (8) unter morphosyntaktisch-kombinatorischem Gesichtspunkt ein wohlgeformter, der Satz unter (8.1) dagegen aber nicht, weil sich die syntaktische Wertigkeit von *stehlen* und *bestehlen* eben nicht decken, für *bestehlen* im Unterschied zu *stehlen* eine Kombination mit drei Aktanten nicht denkbar ist (vgl. 8.2; fakultative Mitspieler/Aktanten in runden Klammern).

(8) *Peter hat (ihr) (den ganzen Schmuck) gestohlen.*
(8.1) **Peter bestahl sie ihres ganzen Schmuckes.* aber ⇒
(8.2) *Peter hat sie bestohlen.*

Beispiel (8.3) verdeutlicht, dass *stehlen* als maximal dreiwertiges Verb unter spezifischen kommunikativen Umständen auch eine Realisierung mit nur einem Aktanten zulässt:

(8.3) *Er hat gestohlen.*

Eine zweiwertige Verwendung von *stehlen* ist nur mit der konkreten Aktantensequenz Subjekt als AGENS und Akkusativobjekt/Sa/direktes Objekt als PATIENS (vgl. unter 8.4), nicht aber mit einem direkten Objekt-Komplement als ADRESSAT der Handlung möglich.

(8.4) *Er stahl den ganzen Schmuck.*

Offenbar können beide Verben das Dativobjekt/Sd mit dem Subjekt nicht aktantifizieren (*bestehlen* lässt Sd überhaupt nicht, *stehlen* nur in Kombination mit Sa zu). Soll das ADRESSAT-Argument instantiiert werden, so muss/kann der Sprecher im Deutschen auf das Verb *bestehlen* zurückgreifen, das als obligatorisch zweiwertiges Verb immer das direkte Objekt/Sa als ADRESSAT wie unter (8.2) aktantifiziert, dafür aber das PATIENS-Argument unspezifiziert lässt.

1.6. Als Beispiele für empfundene Inkongruenzen infolge Nichtbeachtung der syntagmatischen Kongruenz, hier der kommunikativ-pragmatischen Verträglichkeit, sei auf das nachstehende Beispiel (9) Bezug genommen.

(9) *?Klaus senkte ergriffen seinen Nischel, während Peter den Gast ehrfürchtig anglotzte.*

Auf die kommunikativ-pragmatischen Inkompatibilitäten verweisen in (9) vor allem die Adverbien *ergriffen* sowie *ehrfürchtig*, die auf eine feierliche Kommunikationssituation hinweisen, zu der die als „umgangssprachlich" markierten LE *Nischel* und *anglotzen* deutlich kontrastieren. Eine Korrektur des stilistisch-situativen Normbruchs, des Verstoßes gegen die kommunikativ-pragmatische Kongruenz also, etwa durch Ersatz dieser LE durch *Haupt/Kopf* bzw. *anschauen* würde als im Einklang mit der prototypischen Verwendungssituation stehend, also als auch diskursiv-kommunikativ angemessen, betrachtet werden.

1.7. Unsere Beobachtungen auf der Ebene der Rede haben belegt, dass die LEtype in ihre Kombinatorik als LEtoken bestimmte syntagmatisch-kombinatorisch relevante Vorgaben mitbringen, dass aber nicht alle im Diskurs ablaufende Phänomene allein durch Rekurs auf den Beitrag der Systemeinheit zur Äußerungsbedeutung, selbst nicht durch Einbeziehung generischer Transpositionsmechanismen (Metonymie, Metapher, Semtransfer), erklärt werden können.

2. Zu den sememotaktischen und morphosyntaktischen Aspekten des syntagmatischen Potentials verbaler LEtype

Bei Beschreibung der Schnittstelle zwischen Syntax und Semantik wollen wir terminologisch exakt zwischen semantischer und morphosyntaktischer Ebene unterscheiden (so sprechen wir dezidiert von Argumenten und von Aktanten, respektive Modifikatoren und Zirkumstanten) und eine semantikbasierte Beschreibung anstreben.

Die syntaktische Valenz, insbesondere von Verben, ist vor allem im deutschsprachigen Raum und der germanistischen Linguistik seit dem Ende der 60er Jahre sehr intensiv erforscht worden. Dabei wurden sehr detaillierte und subtile Verfahren (vgl. Helbig 1992) entwickelt, um die grundlegende Unterscheidung in Ergänzungen/Aktanten und sogenannte „freie" Angaben/Zirkumstanten/Adjunkte abklären zu können. Wird die syntaktische Valenz, bspw. das maximale Aktantenpotential, die Wertigkeit, als durch die Argumentleerstellenzahl des Semems vorbedingt bestimmt, so wären alle sonstigen Mitspieler des Verbs, die keiner Argumentvorgabe entsprechen, dann als nicht zum Aktantenpotential gehörig ausgewiesen.

2.1. Für die syntagmatisch-kombinatorische Potenz der LEtype sowohl in semantischer wie in syntaktischer Hinsicht ist nach unserem Verständnis das Semem, die jeweilige semantische Mikrostruktur, von entscheidender Bedeutung. Die LEtype unterscheiden sich im Hinblick auf ihr sememindiziertes wie sememinduziertes Fügepotential. Verfügen die LEtype über ein relationales Semem, d.h. über eine Systembedeutung, in der sich eine spezifische Relation synchron relativ invariant und anteilig sememisiert eingespeichert findet, so haben wir es mit heteroinzidenten LEtype zu tun, die in ihrem kombinatorischen Verhalten über sich hinaus auf weitere LEtoken rekurrieren. Zu den heteroinzidenten LEtype gehören an besonders ausgezeichneter Stelle die Verben; neben ihnen aber bspw. auch Substantive und Adjektive sowie weitere Wortarten (Präpositionen z.B.). Nach Tesnière ist das Verb der alle weiteren Mitspieler im Satz auch *syntaktisch dominierende Knoten*; das Verb besitzt eine satzstrukturierende wie aber auch eine szenen-/skriptinduzierende, instaurierende, Sachverhaltswissen instantiierende Potenz. Die Verben evozieren – über die belegten Argumentvorgaben (als Aktanten), aber auch die Modifikatorbelegungen (als Zirkumstanten) – mehr oder minder komplexe, i.d.R. weitere Ko-Partizipanten koaktivierende Sachverhaltswissenskonfigurationen, etwa als Handlungsmusterwissen, Verhaltensstereotypkenntnis, Konzeptualisierungen von Zuständen, Prozessen/Vorgängen, Aktivitäten, etc. Sie können diese szeneninstaurierende Funktion aber bspw. auch an deverbative Substantive vererben. Letztere haben damit auch eine sememindizierte syntaktische Valenz, sie verfügen jedoch nicht gleichermaßen über weitere (ausschließlich bis dominant verbzentrierte) morphosyntaktische (und semantische) Charakteristika, wie die Angabe von Tempus, Modus, Numerus, Person etc. (zur syntaktischen und semantischen Valenz und Distribution/zu den syntagmatischen Beziehungen von Substantiven und Adjektiven, auf die wir an dieser Stellen nicht eingehen können, vgl. vor allem Sommerfeldt/Schreiber 1977, 1983; Helbig 1992; Welke 1988).

2.1.1. Die syntagmatisch-sememotaktischen Vorgaben resultieren faktisch automatisch aus einer feinauflösenden dekomponierenden Beschreibung der Mikrostrukturen, die ihrerseits als den logisch-semantischen Valenzanalysen von Bondzio 1971, 1993 analoge Beschreibungen zu verstehen sind. Für die valenzrelevanten Argumentvorgaben finden sich mehr oder minder konkret hinsichtlich Intension wie Extension abgrenzbare, d.h. letztlich durch die zu bezeichnende Sachverhaltswissensdomäne mehr oder weniger klar umrissene, ausgewählte LEtoken-Mitspieler-Belegungen. Bei dem Versuch einer Auflistung von Subjekt- wie Objektaktantifizierungen in großen Korpora ließen sich mehr oder minder umfangreiche Mengen von LE-Fillers, im Extremfall aber bspw. auch nur eine einzige LEtoken-Belegung, nachweisen.

2.1.2. Für die Bestimmung der Aktanten als Bestandteile der syntaktischen Valenz erweist sich der Bedeutungskern, genauer die darin angelegten Argumente, als besonders wichtig. Bei Verben handelt es sich um eine kondensierte generische Prädikation, die faktisch allen Sememen der dem gleichen Feld angehörenden LEtype gemeinsam ist. Wir sprechen daher von der *archisemformelhaften Kernprädikation* von Verben; diese besteht ihrerseits aus sehr generischen und hoch rekurrenten semantischen Prädikaten/Prädikatoren bzw. Funktoren und den durch letztere geforderten Argumenten, die in ihrer Gesamtheit das *Argumentenpotential* ausmachen.

2.1.3. Dabei kann es sich – (so i.d.R.) – um variable, aber – in selteneren Fällen – auch um konstante *Argumentleerstellenvorgaben* der Kernprädikation handeln. Diese Argumentvorgaben (= slots) sind – so sie nicht eindeutig als Konstanten auf eine konkrete LE festgelegt sind – hinsichtlich der sie in der konkreten Äußerung belegenden, ausfüllenden LEtoken-Mitspieler/Aktanten [als *filler* für diese *slots*] *semantisch-funktional* (durch Kasusrollenangaben wie AGENS, ADRESSAT, INSTRUMENT, PATIENS etc.) wie *semantisch-denotativ-referentiell* generisch (klassematisch) und/oder auch speziell prädeterminiert (Hum; Abstr; Liquid etc.).

2.2. Für die Darstellung der Kombinatorik von Verben und Mitspielern, die im Kontext bzw. sprachlichen Kotext des betreffenden Verbs als Teil seiner Distribution vorkommen können, ist auf die die syntaktische Valenz des Verbs charakterisierenden, semantisch-funktional wie semantisch-denotativ bestimmten Argumentvorgaben im Sinne der sogenannten semantischen Satzmodelle, aber auch auf die syntaktischen Satzmodelle (dazu besonders Helbig 1992) zu rekurrieren.

2.2.1. Für ein Verb wie *schenken* (in seiner Bedeutung als Verb des Besitzwechsels) ergäbe sich als semantisches Satzmodell:
P(rädikat) – AGENS/Hum – ADRESSAT/-Hum – PATIENS/Phys. Objekt vs. Belebt/-Hum
Es liegt im Wesen der intersubjektiv geteilten Kernprädikation als gemeinsamer Hauptnenner für weitere Verben des Unterfeldes GEBEN begründet, dass sich für Verben wie bspw. *vererben, vermachen, übereignen; übergeben; aushändigen* (mit identischer Bedeutung bzw. auch mit divergierenden Funktoren/semantischen Prädikaten – POSS = Besitzen vs. HAB = Verfügen über) die gleichen semantischen Satzrahmen nachweisen lassen.

2.2.2. Die den Argumentvorgaben entsprechenden LEtoken-Belegungen in der intraphrastischen wie auch transphrastischen Verbumgebung sind als Aktanten Bestandteil der syntaktischen Valenz und bestimmen die Wertigkeit des Verbs. Auch wenn nicht unbedingt und durchgehend von einer isomorphen Beziehung zwischen Semem (noch konkreter: Argumentenzahl/Stelligkeit) und zugeordneter syntaktischer Valenz (Wertigkeit) gesprochen werden kann, so finden doch semantische Aspekte bis zu einem gewissen Umfang ihren Niederschlag in der Anzahl und Beschaffenheit der morphosyntaktischen syntagmatischen Beziehungen der Verben. So stimmen bspw. die lexikalisch-systemhafte Bedeutung von *senden*, aber auch die sememotaktisch geforderten Mitspieler: AGENS [Sie] – ADRESSAT [Vater] – PATIENS [Brief] in (10), überein. In den beiden syntaktisch divergierenden Sätzen unter (10) zeigen sich jedoch hinsichtlich der Aktantifizierung des ADRESSATEN (Sd bzw. pS) wie auch der Thema-Rhema-Spezifikation in funktionaler Satzperspektive Unterschiede.

(10) *Sie sandte ihrem Vater einen Brief. Sie sandte einen Brief an ihren Vater.*

2.2.3. Zur Charakterisierung der syntagmatischen Bindefähigkeit des Verbs ist über die Angabe der Wertigkeit auch die morphosyntaktische Spezifikation der Aktanten erforderlich (syntaktische Distributionsangaben: kategorial – bspw. durch *Substantiv im Nominativ/Sn* bzw. funktional – etwa durch *Subjekt, Akkusativ- wie Dativobjekt*). Analog zu den semantischen Satzmodellen kann dann auch ein syntaktisches Satzmodell erstellt werden; neben den syntaktisch-kategorialen wie syntaktisch-funktionalen Charakterisierungen der Aktanten in (11) könnten prinzipiell etwa auch die syntaktisch-kategorialen bzw. funktionalen Angaben mit semantisch-funktionalen Kasusrollenangaben, etwa des semantischen Satzmodells/der semantischen Valenz nach Helbig, kombiniert werden (11i).

(11) *verkaufen* 1+(3):
Vf(konjugierte Verbform) – Sn/Subjekt – Sa/direktes Objekt/Od – Sd/ind. Objekt/Oi – pS/präp. Objekt (p=für) bzw.
(11i) **Sn/AGENS – Vf/P (Prädikat) – Sa/PATIENS – Sd/ADRESSAT – pS/INSTRUMENT**

2.2.4. Nicht alle potentiell durch das Verb als syntagmatisch-syntaktische slots/Leerstellen (Argumentvariablen; Argumentkonstanten haben spezifische Konsequenzen für die Aktantifizierung – vgl. unter 2.3) für die Aktantifizierung eröffneten kombinatorischen Möglichkeiten werden in der konkreten Äußerung auch genutzt. Die Fakultativität von Aktanten wird häufig durch runde Klammern markiert, Mitspieler/syntagmatische Kombinationspartner des Verbs (der heteroinzidenten LEtype) ohne Klammern werden als obligatorische Aktanten interpretiert, wobei die Summierung beider Arten von Aktanten die Wertigkeit, das maximale Aktantenpotential, ergibt; vgl. für *schenken* 2+(1), für *stehlen* 1+(2), für *rauben* dagegen 2+(1). Andererseits sind nicht alle Kombinationen von Aktanten untereinander (Aktantensequenzen) sowie mit Zirkumstanten möglich. Daher reicht bspw. auch eine Angabe der Wertigkeit, etwa in Gestalt des Aktantenpotentials, einschließlich dessen Obligatheit bzw. Fakultativität, allein nicht aus; vielmehr sind Fehlkombinationen minimierende Angaben in Gestalt von Aktantensequenzen (Busse/Dubost 1977; Wotjak 1986) sinnvoll (12).

(12) *Vater fährt von Leipzig. Dagegen: Vater fährt über Magdeburg. Vater fährt nach Hamburg. Vater fährt von Leipzig über Magdeburg. Vater fährt von Leipzig nach Hamburg. Vater fährt über Magdeburg nach Hamburg.

2.3. Wie eine nähere Betrachtung der Argumentkonstanten zeigt, weisen diese hinsichtlich ihrer möglichen Aktantifizierung im Diskurs eine Reihe von Besonderheiten auf (vgl. die wesenhaften Bedeutungsbeziehungen Porzigs bzw. die Implikationen bei Coseriu). So erscheint die intraphrastische Aktantifizierung einer solchen sememisch implizierten Argumentkonstantenvorgabe blockiert, es sei denn, es erfolgt eine kommunikative Spezifizierung/zusätzliche Konkretisierung des LE-token-Mitspielers, die die sonst als tautologisch empfundene Erwähnung des mitverstandenen Lexems kompensiert (vgl. 13).

(13) **Er küsste sie mit seinen Lippen.* ⇒ Er küsste sie mit seinen nach Tabak schmeckenden Lippen. Er küsste sie. Seine Lippen rochen nach Tabak.

2.3.1. Dabei kann es sich um eine sememisch mitverstandene Argumentkonstante handeln, kann sich die Argumentkonstante aber auch als Teil des Lexems selbst aktantifiziert finden (*hämmern; schultern; schneien*). Immerhin aber finden sich neben Blockierungen von Aktantifizierungen intrasememischer wie intralexematischer Argumentkonstanten ohne kommunikative Spezifizierung wie in (13) auch Fälle von sememotaktisch nicht erklärbaren nichtspezifizierten Aktantifizierungen wie unter (14). Letztere werden wohl nicht von ungefähr als der Phraseologie zugehörig empfunden, bzw. sind – wie unter (15) – dem Umstand geschuldet, dass die implizite AGENS-Argument-/Aktantenkonstante als Subjektbelegung morphosyntaktisch-kombinatorisch obligatorisch miterwähnt werden muss. Als Alternative wird aber auch auf ein unpersönlich-generisches, expletives „es"-Subjekt rekurriert, das semantisch durch die Argumentkonstante aufgefüllt wird (16).

(14) *Er ging lieber zu Fuß.*
(15) *Hunde* (hier wären prinzipiell auch Schakale, Koyoten als Subjektaktantifizierungen möglich) *bellten, zwei Katzen miauten und die Frösche quakten um die Wette.*
(16) *Hier bellt es; hier quakte es; hier miaut es.*

2.3.2. Morphosyntaktisch-syntagmatische Kombinationserfordernisse, bspw. die obligatorische Komplementierung von *fletschen, blecken* durch einen Filler in der Position des direkten Objekts, führen, analog zur immer vorzunehmenden Subjektbelegung in (15), dazu, dass in (17) bei den erwähnten Verben mit Argumentkonstante diese gewissermaßen als eine Art lexikalisierter Mehrwortkonstruktion auch die implizierte Aktantenbelegung stets – kommunikativ deutlich tautologisch – miterwähnt bei sich führen.

(17) *Er* (der Köter/Hund; Mensch) *fletschte/ bleckte die Zähne.*

2.4. Für die sememotaktischen LEtype-Vorgaben kommen zu diesen, faktisch allen Sememen mit dem gleichen archisemformelhaften Hauptnenner der Kernprädikation gemeinsamen Argumentvorgaben, noch die in der Regel verbsememspezifisch divergierenden semantisch-denotativen Spezifikationen hinzu. Diese werden als Modifikatoren im Sinne der logisch-semantischen Valenztheorie von Bondzio 1971 als nicht für die Valenz relevant eingestuft.

Die als Modifikatoren bezeichneten Sememisierungen ausgewählter Ko-Partizipanten kognitiver Wissenskonfiguration in Gestalt des sememdifferenzierenden Modifikatorenpotentials (mit Variablen wie Konstanten) sind für die Kombinatorik wie Distribution der betreffenden Verben von Interesse (Wotjak 1996). Dabei entsprechen ihnen im Diskurs als LEtoken-Belegung i.d.R. Adverbien bzw. adverbiale Ausdrücke, die gegenüber den Aktanten als Argumentleerstellenbelegungen als *Zirkumstanten* in der Terminologie von Tesnière, als satellites bei Dik 1989 bzw. als Adjunkte, abzuheben und bislang vergleichsweise noch weniger detailliert beschrieben sind.

Solche Modifikatoren können bspw. als alternativ-hyponymische Spezifikationen 'gut' vs. 'schlecht' zu einem hyperonymen Modifikator wie MODALITÄT/Art und Weise oder auch zu GESCHWINDIGKEIT – kohyponymisch antonymisch-polär subspezifiert als 'schnell' vs. 'langsam' – auftreten. Dabei können ausgewählte Verbsememe u.U. sogar eine solche hyponymisch-konkretisierende Charakteristik als Modifikatorkonstante beinhalten (*stinken/duften; rasen/schleichen*) – vgl. (18) und (19).

(18) *Die Pilze riechen gut/schlecht. Die Pilze riechen schon* (= 'schlecht'). *Die Pilze stinken* (= immer schlecht). *Ihre Kleider duften (gut)* ⇒ **Ihre Kleider duften schlecht.*

(19) *Er raste zum nächsten Telefon.* (nicht kombinierbar mit „langsam", da diese Spezifikation in inakzeptablem Kontrast zur Modifikatorkonstante 'schnell' steht). *Er schlich (langsam) zum nächsten Telefon.* ⇒ **Er schlich schnell zum nächsten Telefon.*

Modifikatorvorgaben können u.U. eine obligatorische Vertextung, bspw. anstelle eines Lokalaktanten, bzw. eine fakultative „Zirkumstantiierung", zusammen mit einem solchen, erfahren wie unter (20).

(20) *Peter stellte die Kiste auf den Tisch. Peter stellte die Kiste hochkant. Peter stellte die Kiste hochkant auf den Tisch.* ⇒ **Peter stellte die Kiste.*

3. Syntagmatische Beziehungen in Mehrwortkonstruktionen: Funktionsverbgefüge, Substantiv-Verb-Kollokationen

Syntagmatische Beziehungen ergeben sich nicht nur als LEtoken-LEtoken-Konstruktionen, die auf systemhaft vorgegebenen Kombinationsrestriktionen wie -präferenzen syntaktischer und sememotaktischer sowie kommunikativ-pragmatischer Art basieren. Wir finden als Teil des Lexikons auch lexikalisierte LEtype-LEtype-Mehrwortlexeme, die in toto eingespeichert sind und im Diskurs reproduziert werden. Sie sind der sich stürmisch entwickelnden Phraseologie zuzurechnen und können weiter in idiomatische (voll- wie teilidiomatisierte) wie nicht-idiomatische Phraseologismen unterteilt werden. Neben diesen lexikalisierten Mehrworteinheiten finden sich aber auch Kombinationspräferenzen zwischen ausgewählten LEtype, die noch nicht lexikalisiert sind. Solche Mehrwortkonstruktionen/*Kollokationen* sind noch keine systemhaft rekurrent abrufbare, fixierte LEtype-Kombinationen (= Fertigteile der Rede); sie sind aber mehr oder minder stark vorhersagbar und damit auf dem Wege zu einer Lexikalisierung (Halbfertigteile der Rede). Dabei weisen nichtidiomatische wie idiomatische Phraseologismen, wie etwa Nominationsstereotype nach Fleischer 1982 und bspw. Funktionsverbgefüge/FVG (dazu gibt es eine sehr umfangreiche Bibliographie zum Deutschen – vgl. etwa Polenz 1963; Heringer 1968; Schmidt 1968; Helbig 1984) neben markanten Gemeinsamkeiten auch spezifische Unterschiede auf, denen an dieser Stelle leider nicht im einzelnen nachgegangen werden kann.

3.1. Bei allen uns hier interessierenden Mehrwortkonstruktionen ist neben einem Substantiv ein Verb beteiligt. Dabei belegt das ausgewählte Substantiv faktisch eine Argumentleerstelle des mit ihm vorhersagbar zusammenvorkommenden Verbs, das in der Mehrzahl der Fälle (ausgenommen die Kollokationen als Halbfertigteile der Rede) mit dem Substantiv zusammen Bestandteil der betreffenden lexikalisierten Mehrwortkonstruktion ist.

3.1.1. Bei den Funktionsverbgefügen/FVG steht einem eindeutig desemantisierten Funktionsverb ein intralexematischer Substantivaktant zur Seite, der i.d.R. als heteroinzidentes LEtype die Hauptlast der durch das FVG als Ganzes instantiierten Sachverhaltswissensprädikation trägt und wohl als Aktantifizierung eines propositionalen Arguments, wenn nicht gar als Lexikalisierung von Prädikatoren/Funktoren selbst verstanden werden kann.

3.1.2. Im Unterschied zu den FVG erscheint die Substantivkomponente bei allen übrigen verbalen Mehrworteinheiten als Aktantifizierung eines durch ein nicht desemantisiertes Verb instantiierten Ko-Partizipanten einer koaktivierten Wissenskonfiguration. Letztere kann zum geteilten Wissensbestand der ganzen Sprachgemeinschaft gehören oder aber auch nur zum geteilten Besitz einer speziellen Kommunikationsgemeinschaft (ausgewählte, themenbezogen besonders stark erwartbare Kollokationen), bzw. auch in hohem Maße stereotypisiert sein (Nominationsstereotype).

3.2. Auch solche lexikalisierten verbalen Mehrwortkomplexe (FVG, verbale Phraseolexeme, etc.) weisen analog zu den übrigen Einzel-LEtype selbst wieder Vorgaben für die wendungsexterne syntaktische wie sememotaktische Kombinatorik auf (dazu B. Wotjak 1985).

4. Literatur in Auswahl

Bahns, Jens (1996) Kollokationen als lexikographisches Problem. In: *Lexicographica*, Series Maior 74. Tübingen, Niemeyer.

Bierwisch, Manfred (1983), Semantische und konzeptuelle Repräsentationen lexikalischer Einheiten. In: *Untersuchungen zur Semantik*. (Hrsg. R. Růžička). Berlin 1983, 61–99.

Bondzio, Wilhelm (1971), Valenz, Bedeutung und Satzmodelle. In: *Beiträge zur Valenztheorie*. (Hrsg. G. Helbig). Halle 1971, 85–103.

–, (1993), Funktorenstrukturen in der deutschen Sprache. In: *Probleme der funktionellen Grammatik*. (Hrsg. F. Simmler). Bern etc.: Peter Lang 1993, 21–89.

Busse, Winfried/Dubost, Jean Pierre (1977), *Französisches Verblexikon*. Stuttgart.

Coseriu, Eugenio (1967), Lexikalische Solidaritäten. In: *Poetica* 1, 293–303.

Dik, Simon C. (1989), *The Theory of Functional Grammar*. Dordrecht: Foris.

Dupuy-Engelhardt, Hiltraud (1997), Syntagmatische Strukturen im Wortschatz und andere Substantiv-Verb-Kollokationen. In: *Kaleidoskop der Lexikalischen Semantik*. (Hrsg. U. Hoinkes/W. Dietrich). Tübingen: Narr 1997, 281–290.

Fleischer, Wolfgang (1982), *Phraseologie der deutschen Gegenwartssprache*. Leipzig: Bibliographisches Institut.

Guiraud, Pierre (1956), Les champs morphosémantiques. In: *Bulletin de la société linguistique* 1. Paris 1956, 265–288.

Hausmann, Franz Josef (1984), Wortschatzlernen ist Kollokationslernen. In: *Praxis des neusprachlichen Unterrichts* 31, 395–406.

Helbig, Gerhard (1984), Probleme der Beschreibung von Funktionsverbgefügen im Deutschen. In: *Studien zur deutschen Syntax*, Bd. II. (Hrsg. G. Helbig) Leipzig 1984, 163–188.

–, (1992), *Probleme der Valenz- und Kasustheorie*. Tübingen: Niemeyer.

Heringer, Hans-J. (1968), *Die Opposition von 'kommen' und 'bringen' als Funktionsverben*. Düsseldorf: Schwann.

Heringer, Hans-J. (1984), Neues von der Verbszene. In: *Pragmatik in der Grammatik*. (Hrsg. G. Stickel). Düsseldorf: Schwann 1984, 34–64.

Irsula Peña, Jesús (1994), *Substantiv-Verb-Kollokationen. Kontrastive Untersuchungen Spanisch-Deutsch*. Frankfurt a.M. etc.: Peter Lang.

Klix, Friedhart (1987), On the role of knowledge in sentence comprehension. In: *Preprints of the Plenary Session Papers. XIVth International Congress of Linguists*. Berlin 1987, 11–124.

Lehr, Andrea (1996) Kollokationen und maschinenlesbare Korpora. In: Reihe *Germanistische Linguistik*, 168. Tübingen: Niemeyer.

Leisi, Ernst (1961), *Der Wortinhalt. Seine Struktur im Englischen und Deutschen*. Heidelberg: Quelle & Meyer.

Lorenz, Wolfgang/Wotjak, Gerd (1977), *Zum Verhältnis von Abbild und Bedeutung*. Berlin: Akademie-Verlag.

Lutzeier, Peter Rolf (1995), *Lexikologie*. Tübingen: Niemeyer.

Polenz, Peter von (1963), Funktionsverben im heutigen Deutsch. In: *Wirkendes Wort*. Beiheft 5. Düsseldorf: Schwann.

Porzig, Walter (1934), Wesenhafte Bedeutungsbeziehungen. In: *Beiträge zur Geschichte der deutschen Sprache und Literatur* 58., 70–97. Berlin.

Pottier, Bernard (1971), *Gramática del español*. Madrid: Cátedra.

–, (1974), *La linguistique*. Paris.

Schank, R. (1982), *Dynamic Memory*. Cambridge.

Schippan, Thea (1992), *Lexikologie der deutschen Gegenwartssprache*. Tübingen: Niemeyer.

Schmidt, Veronika (1968), *Die Streckformen des deutschen Verbums*. Halle: Niemeyer.

Schwarz, Monika; Chur, Jeannette (1995), *Semantik. Ein Arbeitsbuch*. Tübingen, Narr.

Sommerfeldt, Karl-Ernst; Schreiber, Herbert (1977), *Wörterbuch zur Valenz und Distribution deutscher Substantive*. Leipzig: Bibliographisches Institut.

–,– (1983), *Wörterbuch zur Valenz und Distribution deutscher Adjektive*. (3. Auflage). Leipzig: Bibliographisches Institut.

Sperber, Hans (1923), *Einführung in die Bedeutungslehre*. (3. Auflage 1965). Bonn.

Strube, Gerhard (1984), *Assoziation. Der Prozess des Erinnerns und die Struktur des Gedächtnisses*. Berlin.

Tesnière, Lucien (1959), *Eléments de syntaxe structurale*. Paris: Klincksieck.

Viewweger, Dieter et al. (1977), *Probleme der semantischen Analyse*. Berlin: Akademie-Verlag.

Welke, Klaus (1988), *Einführung in die Valenz- und Kasustheorie*. Leipzig: Bibliographisches Institut.

Wotjak, Barbara (1985), Zu Inhalts- und Ausdrucksstruktur ausgewählter somatischer Phraseolexeme. In: *Deutsch als Fremdsprache* 4, 216–223 und 5, 270–277; 6, 323–329. Leipzig: Enzyklopädie.

Wotjak, Gerd (1986), Zu den Interrelationen von Bedeutung, Miteilungsgehalt, kommunikativem Sinn und kommunikativem Wert. In: *Übersetzungswissenschaftliche Beiträge* IX., 1986, 67–127. Leipzig: Enzyklopädie.

–, (1988), Verbbedeutung und Geschehenstypbeschreibung. In: *Zeitschrift für Psychologie* 4., 325–334. Leipzig.

–, (1991), Zum kommunikativen Potential lexikalischer Einheiten. In: *Deutsch als Fremdsprache* 1, 3–10. Leipzig.

–, (1996), Funktoren, Argumente (actants) und Modifikatoren (circonstants). In: *Lucien Tesnière – Syntaxe structurale et opérations mentales*. (Hrsg. G. Gréciano/H. Schumacher). Tübingen 1996: Niemeyer, 101–115.

Gerd Wotjak, Leipzig (Deutschland)

70. Syntagmatic processes

1. Historical remarks
2. Determination of selection
3. Argument selection
4. Subcategorization and verbal polysemy
5. Selective binding
6. Solidarity and polysemy
7. Literature (a selection)

1. Historical remarks

Traditionally, *syntagmatic processes* refer to the influence of "horizontal" elements on a word or phrase, in contradistinction to paradigmatic processes, which refer to "vertical" or alternative substitutions in a phrase. The term had significant currency in early and midtwentieth century linguistics from Saussure on, and helped to define the formal study of syntax as widely practised today. The phrase was, however, not widely adopted in the generative linguistics tradition; this is perhaps largely because classical paradigmatic variation was co-opted to provide supporting evidence for a general notion of syntactic structure in the form of complementary distribution in a syntagmatic or syntactic construction. Hence, some of the more interesting aspects of paradigmatic processes, as studied by structuralists and traditional linguists, were ignored, since they did not lend support to the developing view of linguistics as syntax. Hence, with the emergence of a purely formal syntax there was no further need to refer to syntagmatic processes by themselves. For Hjelmslev (1943), there are two possible types of relations that exist between elements in a syntagmatic process (e.g., words in a phrase): *interdependence* and *determination*; an interdependence between terms in a process was referred to as "solidarity" between the constituents; alternatively, when one element unilaterally determined another one, the relation was termed *selection* by that element. It is this latter sense which is related to the notion of selectional restrictions as developed by Chomsky (1965), as noted by Cruse (1986). In the present discussion, syntagmatic processes will refer primarily to the "determination of selection" as construed in contemporary linguistic frameworks.

2. Determination of selection

By far the most widely studied type of selection process involves the constraints imposed on adjacent (in a broad syntactic sense) phrases by a word, by virtue of its lexical properties (cf. Chomsky, 1965, Lyons, 1968, and others). For example, the selectional constraints imposed on the subject by the verbs *fall* and *die* are distinguished by the absence and presence of the feature of [+animacy], respectively.

(1) a. The man / the rock fell.
 b. The man / *the rock died.

Selectional constraints can determine the acceptability of arguments in all positions in the grammar, and are logically associated with any lexical item acting as a functor in composition, including prepositions and all verbal argument positions; consider *force* versus *convince* and *into* versus *on*, in the sentences below:

(2) a. John forced / *convinced the door to open.
    b. John forced / convinced the guest to leave.
(3) a. John poured milk into / *on his coffee.
    b. John poured water into / on the bowl.

In fact, selectional constraints have been enlisted to determine the appropriate selection of manner adverbials for verbs such as *behave* and *perform*, as well:

(4) a. Mary behaved *(well).
    b. John performed *(admirably).

It is fair to say that interest in selection processes waned during the 1970s and 1980s, with the ascendancy of abstract models of grammatical description, utilizing syntactic subcategorization frames and named semantic roles at best (cf. Chomsky, 1981; Gazdar/Pullum/Klein/Sag 1985). One major problem with integrating selectional restrictions into mechanisms of grammatical selection and description is that, if they are imposed strictly, the grammar is forced to make two decisions:

1. The entailment relations between selectional restrictions as features must be modelled formally, in order to contribute to the computation of a syntactic description;
2. The manner in which selectional features or constraints contribute to the determination of the meaning of expressions must be enriched in order to exploit these very features.

Solutions to the first problem were briefly discussed in the context of distinctive feature theory and appealed to a theory of markedness (cf. Chomsky/Halle, 1968). The view that the second problem is essentially intractable has led some early componential semanticists such as Fodor to abandon semantics as an enterprise altogether (cf. Fodor, 1998). Neither problem, however, was adequately addressed in the generative literature of the 1970s or 1980s.

Ironically, the conclusion seems to be that, if syntagmatic processes (in the current sense) are to be seriously deployed in grammatical description, they will need to make explicit reference to paradigmatic systems. In fact, Hjelmslev (1943) says as much in the following passage: "a [syntagmatic] process is unimaginable ... without a [paradigmatic] system lying behind it."

Recently, with the convergence of several areas in linguistics (lexical semantics, computational lexicons, type theories) several models for the determination of semantic selection have emerged which integrate these central syntagmatic processes explicitly into the grammar, by making explicit reference to the paradigmatic systems which allow for grammatical constructions to be partially determined by selection. Examples of this approach are Generative Lexicon Theory (Pustejovsky, 1995, Busa; 1996, Copestake/Briscoe, 1992), and to a certain extent, Construction Grammar (Goldberg, 1995) and HPSG (Pollard/Sag, 1994).

Given these remarks, let us consider some examples of how syntagmatic processes in grammar are modelled when the paradigmatic systems of the language have been explicitly formalized. There are essentially three areas of the grammar that are significantly impacted by such considerations:

1. The specificity of argument selection by a predicate;
2. The treatment of verbal polysemy and multiple subcategorization;
3. The treatment of type mismatches and the semantics of solidarities.

By making reference to a rich lexically-based type system these cases of "determination of selection" can be explained fairly directly and elegantly. Each of these areas will be discussed briefly below, illustrating the interdependence of paradigmatic systems (semantic type systems) and syntagmatic processes.

3. Argument selection

The most direct impact of semantic type systems on the syntactic aspects of selection can be seen with the analysis of argument selection. Returning to the example in (1), consider how the selectional distinction for the feature [+/−animacy] is modelled. For the purpose of illustration, the arguments of a verb will be represented in a list structure, where each argument is identified as being typed with a specific value.

(5) a. $\begin{bmatrix} \text{fall} \\ \text{ARGSTR} = [\text{ARG}_1 = x:\text{phys\_obj}] \end{bmatrix}$

b. $\begin{bmatrix} \text{die} \\ \text{ARGSTR} = [\text{ARG}_1 = x:\text{animate}] \end{bmatrix}$

This value is a type within a lattice structure of types, such as that shown below (cf. Pustejovsky, 1995, Copestake/Briscoe, 1992, Copestake, 1992, and Pustejovsky/Boguraev, 1993):

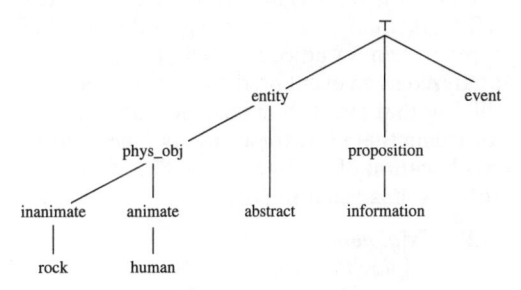

```
                    T
                   / \
             entity   event
             /    \     \
       phys_obj  proposition
        /   \      |
  inanimate animate abstract information
     |        |
    rock    human
```

Abb. 70.1: Fragment of a Type Hierarchy

In the sentences in (1) above (*The man/*rock died*), it is intuitively clear how rocks can't die and men can, but it is still not obvious how this inference is computed, given what we would assume are the types associated with the nouns *rock* and *man*, respectively. What accomplishes this computation is a rule of subtyping (Θ in Pustejovsky, 1995) that allows the type associated with the noun *man* (i.e., human) to also be accepted as the type animate, which is what the predicate *die* requires of its argument as stated in (5b).

(6) Θ[*human* ⊆ *animate*]: *human* → *animate*

The rule Θ applies since the concept human is subtyped under animate in the type hierarchy. Parallel considerations rule out the noun *rock* as a legitimate argument to *die* since it is not subtyped under animate. Hence, one of the concerns given above for how syntagmatic processes can systematically keep track of which "selectional features" are entailed and which are not is partially addressed by such "lattice traversal" rules as the one presented here.

4. Subcategorization and verbal polysemy

The second major area where formal paradigmatic systems have impacted the design of grammar is the problem of multiple subcategorization. The formalization of paradigmatics in the form of semantic type systems allows the grammar to make reference to semantic selection, when it would otherwise not be possible. Consider the three examples below, where the verbs *begin*, *enjoy*, and *hate*, each take multiple, overlapping subcategorization frames.

(7) a. Mary *began* to read the novel.
    b. Mary *began* reading the novel.
    c. Mary *began* the novel.

(8) a. John *enjoyed* watching the movie.
    b. John *enjoyed* the movie.

(9) a. John would *hate* Bill to leave.
    b. John *hates* (it) that Bill left.
    c. John *hated* to lose the game.
    d. John *hated* losing the game.
    e. John *hated* that he lost the game.

Typically, each subcategorization is listed as one possible argument realization, resulting in lexical entries such as that shown below for the verb *enjoy*:

(10) $\begin{bmatrix} \text{enjoy} \\ \text{CAT} = \text{verb} \\ \text{ARGSTR} = \begin{bmatrix} \text{ARG1} = \text{NP} \\ \text{ARG2} = \{\text{NP}, \text{VP}[+\text{ING}]\} \end{bmatrix} \end{bmatrix}$

The multiple complement forms for (7) and (9) would be represented in a similar fashion.

The problem with this approach is that it fails to capture the generalization of what is actually being semantically selected in all the subcategorized forms. For example, the verb *enjoy* always interprets its complement as an event description while *like* and *hate* always interpret their complement as the object of an attitude (cf. Pustejovsky, 1995). These are both identifiable semantic categories within the semantic typing system. In other words, the information from the paradigmatic system is not being deployed in the grammatical description. One of the most direct ways to encode semantic selection in such cases is by employing a generative technique called *type coercion* (cf. Pustejovsky, 1993). Type coercion can be seen as a device to ensure the strict determination of selection by a functor, e.g., the verb *enjoy* in the above sentences. Formally, it is a semantic operation that converts an argument to the type which is expected by a function, where it would otherwise result in a type mismatch. To illustrate, consider the manner in which the NP complement in (8b) actually satisfies the determination of selection by the verb *enjoy*. Part of the type structure of the noun *movie* makes reference to an event description of its purpose, part of its qualia structure, i.e., its TELIC qualia-role. This event is exploited by the coercion rule to satisfy the selectional requirements of the verb. Generally, if the complement does not directly satisfy the typing requirements imposed by the governing verb, as in (8b), then type coercion acts as a kind of metonymic reconstruction over the semantics of the NP. This is illustrated below in (Figure 70.2), where QS refers to qualia structure:

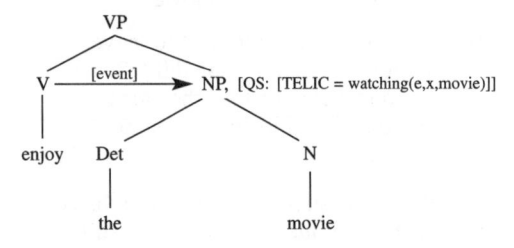

```
              VP
          ╱────────╲
      [event]
    V ─────────→ NP, [QS: [TELIC = watching(e,x,movie)]]
    │           ╱      ╲
    │          Det      N
  enjoy        │        │
               the     movie
```

Abb. 70.2: Example of Type Coercion

Type coercion formally models the ability of one semantic type to express itself in many syntactically distinct ways. From the perspective of syntactic categories, what this says is that a syntactic expression deos not denote a single semantic type; rather, it assumes a particular semantic interpretation by virtue of its governing context, a view Hjelmslev would have found particularly familiar.

5. Selective binding

There are many constructions in language where the standard or conventional interpretive rules do not seem adequate to the degree of semantic selection required. This is particularly true in adjective-noun modifications, such as those illustrated below.

(11) a. a fast boat / typist / watch / motorway
     b. a long album / book / road
     c. a bright bulb / room / color
     d. a noisy car / room
     e. a good knife / chair / umbrella

There are two problems to point out about these adjectives: first, the selectional properties of these adjectives is such that no straightforward intersective treatment adequately accounts for their interpretation; second, even if there were, it would not explain their polysemy. For example, a long album is not something that is both long and an album, e.g.,

$\lambda x[long(x) \wedge album(x)]$.

Each of the constructions above exhibits a property that has been called *selective binding* (Pustejovsky, 1995). These adjectives can be seen as selecting a portion of the semantic content of the noun it is modifying. For example, if a typist is represented as a person who has a TELIC qualia-role referring to the event of typing, then an adjective such as *fast* can be analyzed as an event predicate, selectively modifying that event. Similarly, a long album is an album that plays for a lengthy time, a direct modification of its function or TELIC qualia-role, as illustrated in (12).

(12) $\lambda x[album(x) \wedge Telic = \lambda e[play'(x)(e) \wedge long(e)] \ldots]$

This strategy might also help explain the apparent type mismatches seen in (11d). The issue is that while cars can be noisy, rooms are typically not noisy without a "noise-maker" present. What lexical strategy accounts for the polysemy of this adjective under both interpretations? Selective binding into the TELIC qualia-role of *room* provides a partial explanation, but something more is involved, since the adjective appears to require generic reference to the noise-makers in the room. The mechanism of selective binding can be seen as providing the input to other sense transfer operations, such as those outlined in Nunberg (1995).

6. Solidarity and polysemy

The final area of syntagmatic processes that is impacted by formal paradigmatic systems involves solidarity between constituents. Recall that solidarity exists when there is an interdependence between two (or more) terms in a phrase. This occurs primarily with verb-complement constructions. To illustrate the problem, consider how a verb typically combines its meaning with a range of argument types, while preserving the central meaning of the predicate.

(13) Bill carried a table/book/ball/glass/dog home with him.

The verb *carry* selects for carriable or moveable things, and the resulting VP meaning is a fairly transparent or direct projection of the verb's meaning; namely, given what we normally take to be the semantics of *carry*, the object doesn't contribute anything to the VP in any noticeable way. This kind of behavior is what most contemporary models of semantics consider to be a typical instance of the principle of compositionality, where the meaning of an expression is the function of its parts. From the discussion above, it is clear that this is an example of (unilateral) determination of selection. While this behavior is fairly typical, it is by no means without significant exception; that is, counterexamples to the simple model of compositionality are ubiquitous in natural language. Consider the examples below in (14) and (15).

(14) a. Mary opened the letter / door trail / book.
b. John cut the bread / the string / his hair / the grass / his finger.
c. John baked the potato / the cake.

(15) a. John used the new knife on the turkey.
b. Mary has used soft contact lenses since college.
c. This car uses unleaded gasoline.
d. My wife uses the subway every day.

What these examples illustrate is a process called co-composition, a "bilateral semantic selection" between the verb and its complement, giving rise to a novel sense of the verb in each context of use (Pustejovsky, 1995). Co-compositionality is the ability to take a category and refine its semantics in a novel context. For example, although all the sentences in (14b) involve the predicate *cut*, there are four distinct senses involved: SEPARATE, SHORTEN, OPEN, and SLICE. However, the different uses of the verb do not denote a unique sense with each complement type, but rather each exhibits a fair degree of permeability of word sense (Atkins, 1991). In order to model these types of solidarities, semantic selection in a phrase must be able to go in both directions. The operation of co-composition results in an interpretation for the VP in (14b) that reflects aspects of both constituents. These include the following properties:

(A) The governing verb selects its complement
(B) The complement selects the verb;
(C) The composition of the qualia structures of the two results in a derived sense of the verb at the VP level.

Such examples of solidarity demonstrate an economy of expression in language while also illustrating the creative use of words in novel contexts. A better understanding of the syntagmatic processes in language brings us hopefully closer to a better description of how our language expressions have content, and how this content appears to undergo continuous modification and modulation in new contexts. The theoretical approach presented above is an attempt to realize the semiotic integration of syntagmatic processes that are grounded on paradigmatic systems.

7. Literature (a selection)

Atkins, Beryl T S. (1991), Building a Lexicon: The Contribution of Lexicography. In: *International Journal of Lexicography*, 4,3, 167–204

Busa, Federica. Compositionality and the Semantics of Nominals, Ph.D. Dissertation, Waltham, Brandeis University, 1996.

Chomsky, Noam (1965), *Aspects of the Theory of Syntax*. Cambridge: MIT Press.

Chomsky, Noam (1981), *Lectures on government and Binding*. Dordrecht: Foris Publications.

Chomsky, Noam/Halle, Morris (1968), *The Sound Patterns of English*. Evanston: Harper and Row.

Copestake, Ann (1993), *The Representation of Lexical Semantic Information*, CSRP 280, University of Sussex.

Copestake, Ann/Briscoe, Ted (1992), Lexical Operations in a Unification-based Framework. *Lexical Semantics and Knowledge Representation* (eds. J. Pustejovsky and S.Bergler). Berlin: Springer Verlag, 1992, 101–119.

Cruse, D. Alan (1986), *Lexical Semantics*. Cambridge: Cambridge University Press.

Fodor, Jerry. (1998), *Concepts*. New York: Oxford University Press.

Gazdar, Gerald/Klein, Ewan/Pullum, Geoffrey/Sag, Ivan (1985), *Generalised Phrase Structure Grammar*. Cambridge: Harvard University Press.

Goldberg, Adele (1995), *Constructions: A Construction Grammar Approach to Argument Structure*. Chicago: University of Chicago Press.

Hjelmslev, Louis (1961), *Prolegomena to a Theory of Language*, translated by F. Whitfield. Madison: University of Wisconsin Press, (first published in 1943).

Lyons, John (1968), *Introduction to Theoretical Linguistics*. Cambridge: Cambridge University Press, 1968.

Nunberg, Geoffrey (1995) Transfers of Meaning. In: *Journal of Semantics* 12, 109–132.

Pollard, Carl; Sag, Ivan (1994), *Head-Driven Phrase Structure Grammar*. Chicago: University of Chicago Press and Stanford CSLI.

Pustejovsky, James (1993) Type Coercion and Lexical Selection. In: *Semantics and the Lexicon* 1993, 73–94.

–, (1995), *The Generative Lexicon*. Cambridge, MA.: MIT Press.

Pustejovsky, James; Boguraev, Bran (1993), Lexical Knowledge Representation and Natural Language Processing. In: *Artificial Intelligence* 63: 193–223.

Saussure, Ferdinand de. (1959, 1916), *Course in General Linguistics*. New York Philosophical Library, 1959, 1916.

Semantics and the Lexicon (ed. J. Pustejovsky), Dordrecht, The Netherlands: Kluwer Academic Publishers, 1993.

James Pustejovsky, Waltham (USA)

71. Kompositionalität und ihre Grenzen

1. Semantische Funktionen
2. Syntaktisch-semantische Kompositon
3. Kompositionalität und Kontextualität
4. Grenzen der Kompositionalität
5. Kontextabhängige Interpretation
6. Wortbildung
7. Kompositionalität als Methode
8. Literatur in Auswahl

Kompositionalität bedeutet, dass man aus Wörtern als Basiseinheiten komplexe Ausdrücke und schließlich Sätze formen kann, wobei die Bedeutung des komplexen Ausdrucks eine Funktion der Bedeutungen der Teilausdrücke ist, und schließlich eine Funktion der Bedeutungen der Wörter, aus denen der Ausdruck geformt ist. Über die Funktion, die mit den Teilbedeutungen die Gesamtbedeutung formt, werden wir informiert durch die syntaktisch-morphologische Zusammenstellung der Teilausdrücke zum Gesamtausdruck. So enthalten die beiden Ausdrücke *das Pferd auf der Decke* und *die Decke auf dem Pferd* dieselben lexikalischen Einheiten, aber in verschiedener syntaktischer Position mit verschiedener morphologischer Markierung, sodass beide Ausdrücke bei gleichem lexikalischen Material doch eine verschiedene Bedeutung haben. Aus der syntaktischen Form erschließen wir eine semantische Funktion, d.h. eine Weise der Verbindung der Bedeutungen der Teile.

1. Semantische Funktionen

Die semantische Funktion kann man durch eine logische Repräsentation übersichtlich darstellen: $X(i)$ & $AUF(i,j)$ & $Y(j)$, wobei X und Y Prädikatsvariablen sind, die durch die Prädikatsfunktion PFERD und DECKE instantiiert werden. Diese logische Repräsentation drückt die kompositionelle Semantik direkt aus, d.h. sie kann in einem Stückchen Welt interpretiert werden dadurch, dass man i und j als Objekte in dem Interpretationsbereich auffasst und die für X und Y eingesetzten Prädikate, hier PFERD und DECKE, in diesem Bereich als die charakteristische semantische Funktion auffasst, die die im Bereich vorkommende Menge der Pferde identifiziert, beziehungsweise die Menge der dort vorkommenden Decken. Die erste bildet alle Pferde auf den Wert 1 (wahr) ab und alle Objekte, die keine Pferde sind, auf den Wert 0 (falsch) Entsprechendes tut die charakteristische Funktion, die durch den Prädikatsausdruck *Decke* bezeichnet wir. Die semantische Operation ist hier also die Anwendung einer Funktion, nämlich des Prädikats, auf ein Argument, wobei sich der Wert 1 oder 0 ergibt.

Die semantischen Operationen, die die indefiniten und definiten Artikel im Diskurs darstellen, werden in der Dynamischen Semantik (Groenendijk und Stokhof 1988, 1991) formal und kompositionell beschrieben. Die Kontextabhängigkeit der Interpretation des definiten Artikels kann hier kompositionell behandelt werden dadurch, dass der Bedeutungsbegriff auf die Rolle von Sätzen in Texten basiert wird. In der dynamischen Semantik ist somit die Bedeutung eines Satzes durch das Kontextprinzip bestimmt, nämlich als das Informationsveränderungspotential des Satzes. Der Informationszustand, der mittels der Interpretation des Textes bereits erreicht ist, wird durch Interpretation des betreffenden an den Text hinzugefügten Satzes überführt in einen neuen Informationszustand. Die Bedeutung eines Satzes ist, m.a.W., eine Funktion, die einen alten Informationszustand auf einen neuen Informationszustand abbildet. Mittels dieses auf die Rolle des Satzes im Text zugeschnittenen Bedeutungsbegriffs, ist es möglich nicht nur Sätze, sondern auch Texte kompositionell zu interpretieren. Die definiten Artikel vor den Nomen *Pferd* und *Decke* in unserem Beispiel geben an, dass zwei bereits als Decke und als Pferd im Interpretationsbereich zur Verfügung stehende Referenten aufgenommen werden, über die dann im weiteren Verlauf des Satzes etwas prädiziert wird, z.B. *hat einen Abzeß* in dem Satz *Das Pferd mit der Decke hat einen Abzeß*. Dieser Satz führt einen neuen Referenten, etwa k ein, der durch die Prädikate ABZESS und HABEN auf 1 abgebildet wird, wenn der Satz wahr ist, andernfalls auf 0. Der Informationszuwachs, der durch den Satz über das betreffende Pferd mit der Decke erreicht wird liegt also in der Einführung eines neuen Referenten k durch den indefiniten Artikel, sodass ABZEß(k) und HABEN(i,k).

2. Syntaktisch-semantische Komposition

Die formal am besten ausgearbeitete Definition von Kompositionalität auf der Ebene von Syntax und Semantik wird durch Janssen (1996) gegeben. Janssen entwickelt dabei die Prinzipien der kompositionellen Syntax und Semantik der Montague-Grammatik (Montague 1974) weiter. Partee (1995) geht von der am meisten gebrauchten Formulierung aus: „The meaning of an expression is a function of the meanings of its parts and of the way they are syntactically combined". In dieser Standarddefinition sehen wir die Parallele von syntaktischer und semantischer Kompositionalität: die semantische, d.h. die Bedeutungskomposition, folgt der syntaktischen Komposition. Die syntaktische Ableitung des Satzes aus Regeln gibt an, in welchem Aufbau durch die parallelen semantischen Regeln die semantischen Kompositionen stattfinden. Dies wird deutlich sichtbar in der Montague-Grammatik und den daraus entwickelten Flexiblen Kategorialen Grammatiken (Hendriks 1993, Bartsch 1995, Ch. 3). In der Montague-Grammatik wird die Konstituentenstruktur nicht gleichgesetzt mit der syntaktischen Struktur als Ableitungsstruktur mittels syntaktischer Regeln. Ein und dieselbe Konstituentenstruktur kann auf verschiedene Weise abgeleitet sein, und dies kann einen Unterschied für die semantische Interpretation zur Folge haben, die der betreffenden syntaktischen Ableitung folgt. So ist der Satz *Jeder Student spricht zwei Sprachen* doppeldeutig entsprechend zwei verschiedenen syntaktischen Ableitungen, die in der Montague-Grammatik darauf hinauslaufen, dass in der einen Ableitung dieser Satz der Konstituentenstruktur folgend aufgebaut wird als *[jeder Student [spricht [zwei [Sprachen]]]]* und in der anderen Ableitung durch Hineinquantifizieren des Nominalausdrucks *[zwei [Sprachen]]* in die Struktur *[jeder Student spricht [x]]*, wobei der Nominalausdruck gemäß einer syntaktischen Regel für die syntaktische Variable x eingesetzt wird. Den beiden syntaktischen Ableitungen entsprechen zwei semantische Ableitungen gemäß dem Kompositionalitätsprinzip, denen zufolge es in der ersten Ableitung für jeden Studenten zwei, möglicherweise verschiedene Sprachen gibt, die er spricht, und in der zweiten Ableitung es zwei Sprachen gibt, die jeder Student spricht, z.B. Deutsch und Englisch. In der Flexiblen Kategorialen Grammatik braucht man keine syntaktischen Variablen und finden beide Ableitungen einfach der Konstituentenstruktur folgend statt, wobei aber die Verschiedenheit der Interpretation durch die Annahme von Typenunterschieden der semantischen Funktionen, dem 'typeshifting', zustande kommt.

3. Kompositionalität und Kontextualität

Das Kompositionalitätsprinzip wurde zuerst von Frege (1891, 1892) explizit formuliert für die Extensionen von Ausdrücken, in seiner Terminologie „Bedeutungen", die er unterscheidet vom „Sinn", der es uns möglich macht, die Extensionen oder Bedeutungen von Ausdrücken in der Welt anzugeben. Der Sinn des Wortes *Pferd* ist der Inhalt der Funktion, der es uns möglich macht, Pferde von Nicht-Pferden zu unterscheiden. Diese Funktion wird auf Objekte einer Welt angewendet und ergibt dann jeweils den Wert 1 (wahr) oder 0 (falsch), je nachdem ob das Objekt ein Pferd ist oder nicht. Die Rolle der Prädikation *ein Pferd sein* in einem Urteil besteht darin, dem Gegenstand, auf den sich die Prädikation bezieht, einen Wahrheitswert zuzuweisen. Ist der Wahrheitswert der Wert wahr, so drückt das Urteil Kenntnis aus über die Welt. Die Rolle eines Prädikats ist demnach die einer charakteristischen Funktion: Eine solche Funktion bildet die Objekte aus ihrem Grundbereich auf einen von zwei Werten $<1, 0>$ ab, und charakterisiert die Objekte auf diese Weise als ein Kriterium erfüllend oder nicht erfüllend.

Die Kompositon der Sinne, Intensionen, von Ausdrücken ist entsprechend eine Kompostition von Funktionen, die Welten auf die Extensionen der Ausdrücke in diesen Welten abbilden. Die Funktionskomposition kann somit definiert werden auf der Basis der Komposition der Extensionen per Welt, wobei dann über die Weltindizes abstrahiert wird: $F * G = \lambda w(F(w) . G(w))$.

Der Satz *Dies ist ein Pferd* drückt also die folgende semantische Konstellation aus: PFERD(u) = 1. Hierbei ist u das Objekt, wonach verwiesen wird, und PFERD ist die charakteristische Funktion, die Bedeutung des Lexems *Pferd* in seinem Gebrauch als Prädikat. Die Anwendung eines Prädikats auf ein Objekt ist also ein Urteil über dieses Objekt, das wahr oder falsch sein kann. Entsprechend bildet die Verbindung eines Prädikatausdrucks mit einem Ausdruck, der ein Objekt anweist, einen Urteilssatz. Diese Überlegung zeigt uns, dass die Bedeutung der Teile eines Urteilssatzes die Rolle ist, die sie in so einem Satz spielen. Nur im Kontext eines Satzes, der im Urteil als ganzer auf die Welt bezogen wird, erlangen die Teile eine Bedeutung. Die Bedeutungen von Teilausdrücken, insbesondere von Wörtern, die in Urteilssätzen gebraucht werden, sind also gewonnen gemäß Freges (1884: XXII) Kontextprinzip, das komplementär ist zu dem später formulierten Kompositionalitätsprinzip.

Das Kontextprinzip besagt, dass die Bedeutungen von Ausdrücken aus ihrem Gebrauch in Kontexten, insbesondere ihrer Rolle in Sätzen zu bestimmen sind, und geht somit von der Bestimmung von Wortbedeutungen aus der Beobachtung des Gebrauchs von ganzen Sätzen aus, die auf die Welt bezogen sind dadurch, dass sie da erfüllt oder nicht erfüllt, wahr oder falsch sind. Wir hatten oben bereits gesehen, dass die Bedeutung von definiten und indefiniten Artikeln sich nicht allein aus dem Gebrauch in Sätzen, sondern aus dem Gebrauch in Situationen und in Texten ergibt. Das Kompositionalitätsprinzip ist erst dadurch anwendbar, dass man die Bedeutungen der Wörter bereits aus ihrem Gebrauch in anderen Kontexten, zusammen mit den dazu gehörigen Gebrauchs- und Erfüllungssituationen bestimmt hat. Beide Prinzipien ergänzen einander, wobei dem Kontextprinzip unter dem Gesichtspunkt des Erlernens von Bedeutungen das Primat zukommt.

Das Kontextprinzip besagt grundsätzlich für alle Ausdrücke, dass ihre Bedeutung ihre Rolle in Kontexten ist, und insbesondere ihr Gebrauch in Äußerungen von Sätzen und selbst Texten. Die Rolle, die sie bei ihrem Gebrauch in einigen Kontexten spielen, nehmen sie mit in andere neue Kontexte. Das Kontextprinzip ist somit die Basis des Kompositionalitätsprinzips. Wir können neue Ausdrücke dadurch interpretieren, dass wir in ihnen die Teilausdrücke dieselbe Rolle erfüllen lassen, die sie bisher in ihrem Gebrauch in anderen Ausdrücken hatten.

Keine natürliche oder formale Sprache kann ohne Kompositionalität ein ausreichendes Ausdrucksmittel für menschliche Kenntnis, Planen und Handeln sein. Aber das besagt nicht, dass in der Sprache das Kompositionalitätsprinzip in allen Fällen des Gebrauchs von Ausdrücken auf gleiche Weise gelten muss. Schon aus dem Kontextprinzip wird deutlich, dass ein Ausdruck in verschiedenen Kontexttypen verschiedene Bedeutungen haben kann, und er dann entsprechend in neuen Kontexten gemäß den Typen dieser Kontexte interpretiert werden muss.

In traditionellen formalen und logischen Sprachen wird ein Ausdruck, und insbesondere ein Wort, in allen Kontexten auf die gleiche Weise gebraucht und damit ist seine Bedeutung in allen Kontexten diegleiche. Der Gebrauch von Ausdrücken ist, wie man sagt, kontextunabhängig, und darum gilt hier das Kompositionalitätsprinzip unbeschränkt. In natürlichen Sprachen, die nicht so starr, sondern viel flexibler sind, werden viele Ausdrücke in verschiedenen Kontexten auf verschiedene Weise gebraucht. Allerdings kann die Bedeutung eines Ausdrucks in verschiedenen Kontexten nicht willkürlich variieren, sondern muss an Kontexttypen gebunden sein, bzw. muss erschließbar sein aus dem neuen Kontext und einer Bedeutung in früheren Gebrauchskontexten, wie es beim metaphorischen und metonymischen Gebrauch von Ausdrücken der Fall ist (Bartsch 1998).

4. Grenzen der Kompositionalität

Eine Sorte von Fällen, wo das Kompositionalitätsprinzip nicht gilt, sind die Idiome. Ein Idiom ist ein komplexer Ausdruck, der als ganzer in einem bestimmten Kontexttyp eine andere Bedeutung hat als die, die sich aus der Komposition seiner Teile ergeben würde. Der Ausdruck *den Bach herunter gehen* in dem Satz *Der gestern gemachte Plan ist heute schon den Bach hinunter gegangen* hat die Bedeutung 'ist zunichte gemacht', was sich nicht kompostionell aus *Bach, hinunter, gehen* ableiten lässt.

Man muss i.a. ein Idiom als ganzes lernen; in vielen Fällen hat das Idiom einen metaphorischen Ursprung, und so könnte man in unserem Beispiel durch eine metaphorische Interpretation die Bedeutung erschließen. Aber das ist nicht bei allen Idiomen so, z.B. bei dem englischen Idiom *to kick the bucket*, das in einem Satz wie *John kicked the bucket* bedeutet das John gestorben ist, es sei denn der Kontext macht deutlich, dass es sich um eine Situation handelt, in der ein umgefallener Eimer eine Rolle spielt.

5. Kontextabhängige Interpretation

Außer der Idiomatik gibt es viele Fälle, die auf den ersten Blick hin nicht kompositionell erscheinen. Doch zeigt es sich, dass man durch Einbezug von Kontextfaktoren die Gesamtbedeutung sehr wohl kompositionell aus den Bedeutungen der Teile, die durch bestimmte Kontexteigenschaften mitbestimmt sind, errechnen kann. Dies wurde von den Logikern Montague (1970a) und Kaplan (1979) ausgearbeitet für die Interpretation von Demonstrativa und deiktischen Ausdrücken, wie *heute, gestern, hier, nun, dies, jenes, ich, du*, usw. Hier muss man die Äußerungssituation des Satzes kennen, in dem sie gebraucht sind, um ihre Bedeutung, d.h. ihren Beitrag zu dem Urteil zu bestimmen, das durch den betreffenden Satz ausgedrückt wird. Die Interpretation des Satzes *Ich bin müde* umfasst Information aus der Äußerungssituation c: das Präsens gibt relativ zu dieser an, auf welchen Zeitraum sich das Urteil bezieht, PRÄSENS(c), was der Sprechzeitpunkt t ist, und das Pronomen *ich* gibt relativ zu der Äußerungssituation an, über welche Person hier etwas prädiziert wird, über ICH(c), den Sprecher s. Die semantische Komposition ist PRÄSENS(c) [MÜDE(c) (ICH(c))], was ergibt: BEI t: [MÜDE(s) = 1], wenn der Sprecher s tatsächlich müde ist.

Die Funktion MÜDE ist konstant über alle Kontexte c. Das ist nicht bei allen Adjektiven so. Bartsch (1987a,b) behandelt die Kontextabhängigkeit der Interpretation von Adjektiven. Auch hier wird an der Kompositionalität festgehalten dadurch, dass bei der Komposition einen Kontext-Index mitgeführt und so allen Ausdrücken ein Sinn per Kontext oder thematischer Dimension zugewiesen wird, der dann weiterhin die extensionale Interpretation in einer Welt und zu einem Zeitpunkt bestimmt. So hat das Adjektiv *stark* in verschiedenen Kontexten einen verschiedenen Sinn, z.B. in: *ein starker Mann, ein starker Trinker, ein starker Schnaps, ein starker Diskussionsbeitrag, ein starker Charakter, ein starker Wind, ein starker Glaube, ein starkes Tau*. Im Prinzip muss man bei allen Ausdrücken einen Kontext-Index mitführen, aber viele Ausdrücke sind stabil hinsichtlich verschiedener Kontexte und damit konstante Funktionen auf Kontext-Indizies: sie drücken per Kontext stets denselben Sinn aus, wie z.B. *Frau, Kind, müde, verheiratet*. Die kontextabhängigen Ausdrücke dahingegen sind über Kontexte hin gesehen instabil. In vielen Fällen können wir bei diesen Wörtern einen gemeinsamen Wortinhalt erkennen, der durch die verschiedenen Kontexte verschieden spezifiziert wird.

So kann man zum Wort *stark* eine schwache gemeinsame Bedeutung angeben, etwa 'einen hohen Grad habend in Dimension X', wobei dann für X der Grad der körperlichen Kraft, der Grad des Alkoholgehalts, der Grad der Qualität eines Arguments, der Grad der Beständigkeit im Glauben, der Grad des Aushaltevermögens, usw. einzusetzen ist. Wenn wir jedoch diese schwache Bedeutung für *stark* annehmen, so ist diese nicht mehr zu unterscheiden von der entsprechenden schwachen Bedeutung für *groß* in *großer Mann, großer Glaube, großer Ärger*, usw. Diese schwache Bedeutung ist zwar ein notwendiger Aspekt der Bedeutung von *stark*, aber er ist nicht hinreichend, um den Gebrauch von *stark* von dem Gebrauch von anderen Lexemen zu unterscheiden. Darum ist es angebracht, für das Wort *stark* statt der zu schwachen Bedeutung einen polysemen Komplex von Bedeutungen anzunehmen, mit einer primären, Default-Bedeutung, für *stark* „einen hohen Grad von Kraft besitzend" und im Kontrast für *groß* „einen hohen Grad von räumlicher Ausdehnung besitzend".

Per Kontexttyp oder thematischer Dimension werden durch Analogie, d.h. durch Feststellen von relationaler Ähnlichkeit, aus bereits in bestimmten Dimensionen oder Kontexten bekannten Bedeutungen von *stark* die Bedeutungen in neuen Gebrauchsweisen abgeleitet: Der Grad x bezüglich des Alkoholgehalts ist im Verhältnis in etwa gleich dem Grad der durch *stark* bezüglich körperlicher Kraft ausgedrückt wird. So können wir dann *stark*, wenn es bezüglich des Alkohols gebraucht wird, verstehen nach Analogie mit dem Gebrauch von *stark* bezüglich eines Mannes. Die Default-Dimension für die Beurteilung von Alkohol mittels des Wortes *stark* ist der Alkoholgehalt, während die Default-Dimension für die Beurteilung eines Mannes mittels des

Wortes *stark* die Körperkraft ist. In diesen Dimensionen findet man dann die Analogie im Wortgebrauch.

Relevant für die Interpretation ist nicht allein das Objekt, worüber mittels des Adjektivs prädiziert wird, sondern auch die thematische Dimension oder Perspektive. Eine thematische Dimension oder Perspektive wird z. B. durch eine implizite oder explizite Frage eröffnet, auf die etwa der Satz *Hans ist stark* eine Antwort sein kann. Ohne weitere Information, also im Defaultfall, nimmt man an, dass *stark* hier bedeutet, dass er eine große Körperkraft besitzt. Geht aber die Frage voraus, ob Hans mit diesem oder jenem Schicksalsschlag fertig werden wird, dann bedeutet obiger Satz als Antwort, dass er charakterfest ist. Ebenso kann das Wort *ordentlich* angewendet auf ein Glas Schnaps Verschiedenes bedeuten, je nachdem in welcher thematischen Dimension oder Perspektive es gebraucht wird: *Das ist aber ein ordentlicher Schnaps* kann bedeuten: das ist aber ein großes Glas voll Schnaps; das Glas ist aber sehr gut gefüllt; der Schnaps ist aber sehr stark. Die Bewertung findet unter verschiedenen Gesichtspunkten statt. Die Interpretation ist also abhängig von der Annahme einer bestimmten Bewertungsperspektive. Diese ist im Kontext vorgegeben oder wird einfach implizit angenommen. Bei einer kompositionellen Behandlung wird man gezwungen, diese Dimensionen oder Perspektiven als Kontextfaktoren explizit zu machen und in der Berechnung der Bedeutung mitzunehmen.

Die Frage bei der Berücksichtigung der Kontextabhängigkeit ist natürlich, ob alle diese kontextuellen Informationen vollständig erfasst werden können. Sie sind nicht immer explizit im Kontext zu finden. Aber um sie zu erschließen in den Fällen, in denen sie nur implizit sind, ist eine reiche Welt- und Kulturkenntnis nötig. Diese kann sicherlich nicht Teil der Linguistik sein, so dass wir hier nur formal durch Kontextparameter oder Kontextindizes Arten von kontextuellen Informationen, z. B. Parameter der Sprechsituation, sowie häufige Perspektiven und thematische Dimensionen angeben können, die prinzipiell in die kompositonelle Interpretation einbezogen werden müssen. Wir sehen hier, dass Interpretation, wenn sie formal in kognitiven Systemen imitiert werden sollte, sehr schnell von dem sogenannten Frame-Problem betroffen ist, das für Regelsysteme natürlichen Schließens im Prinzip unauflösbar ist.

Die metaphorische Interpretation von Ausdrücken ist besonders stark kontextabhängig. Aus dem Gebrauch des Ausdrucks in früheren Kontexten muss abgeleitet werden, was der Ausdruck in einem neuen andersartigen Kontext bedeutet (Bartsch 1984, 1996). So enthält der primäre Kontexttyp für das Wort *Fuchs* die Perspektive 'natürliche Sorte', die sich zeigt in der Frage *Was für ein Tier ist das?* Wenn aber auf die Frage *Kann Hans so ein Auto noch gut verkaufen?* geantwortet wird: *Sicher, er ist ein Fuchs*, dann wird hier das Wort *Fuchs* in der durch die Frage eingeführten Perspektive 'Dimension von Charaktereigenschaften, relevant für Verkäufer' gebraucht und interpretiert. Durch diese Dimension wird eine vermeintlich typische Charaktereigenschaft und nicht die typische biologische Eigenschaft des Fuchses selektiert und, mit passender Modifikation, an den Menschen Hans zugeschrieben. Wenn es in der Gebrauchssituation des Satzes *Hans ist ein Fuchs* um die Haare von Hans geht, dann selektiert die Defaultdimension für die Bestimmung von Haaren die Haarfarbe und damit die entsprechende typische Farbe des Fuchsfells. Der Kontextparameter 'thematische Dimension' oder 'Perspektive der Prädikation' selektiert also aus den durch vorherigen Gebrauch eines Ausdrucks gelernten Bedeutungsaspekten diejenigen, die in der neuen Gebrauchssituation passend und relevant sind. Wenn wir systematisch diese Kontextparameter in die Interpretation einschließen, können wir im Prinzip kompositionell interpretieren, wobei ganz allgemein ein Ausdruck relativ zu bestimmten Kontextparametern interpretiert wird. Auch hier besteht das grundsätzliche Problem, dass die relevanten Kontextfaktoren nicht ohne viel Weltwissen und Erfahren zu erkennen sind und darum nicht vollständig vorhersagbar und formalisierbar sind.

6. Wortbildung

Ein weites Feld, in dem Kompositionalität nur sehr beschränkt gilt, ist das der Wortbildung. Dowty (1979) und Moortgat (1986) haben Beispiele von kompositionaler Behandlung der Wortbildungssyntax gegeben. Jedoch kann man i.a. die Bedeutung eines zusammengesetzten Wortes nicht einfach aus den Bedeutungen der Teile ableiten. Hier muss Weltkenntnis, bzw. Lernen der Bedeutung von komplexen Wörtern aus ihren Gebrauchssituationen hinzukommen. So ist z.B. eine Sandburg eine Burg aus Sand, aber eine Wasserburg keine Burg aus Wasser. Die kompositionelle Zusammensetzung kann nicht mehr angeben, als dass es sich jeweils um eine Burg handelt, die eine Relation zu Sand, bzw. zu Wasser hat. Was aber diese Relation ist, muss man extra lernen. Auch die Verb-Präfixe, z.B. *er-, ver-, zer-, ent-*, tragen nicht in allen Fällen dasselbe zu der Bedeutung des damit gebildeten Wortes bei. Wenn wir wissen, wie ein Reißen zu einem Zerreißen wird, so wissen wir damit noch lange nicht wie ein Stören zu einem Zerstören wird. *Zerstören* lässt sich nicht einfach dadurch verstehen, dass man dem Kompositionalitätsprinzip entsprechend in der Bedeutung von *zerreißen* die Bedeutung von *reißen* ersetzt durch die von *stören*.

Man kann jedoch Gruppen von Wörtern finden, wo der Gebrauch eines bestimmten Präfixes in etwa die gleiche Bedeutungsmodifikation zustande bringt. Aber diese lässt sich nicht verallgemeinern, sondern bleibt an die betreffende Klasse von Wörtern gebunden. Betrachten wir einige Beispiele von Verben mit dem Präfix *ent-*, z.B. *entgelten, entzerren, entnehmen, enthaaren, entstopfen, entschuldigen, entsetzen, entreißen, entlaufen, entkommen*, so erkennen wir, dass dieses Präfix bei Verben, die einen Zustand ausdrücken, angibt, dass durch die durch das komplexe Verb angegebene Handlung dieser Zustand aufgehoben wird. Die Verstopfung wird aufgehoben durch das Entstopfen, die Behaarung wird aufgehoben durch das Enthaaren, und die Schuld wird aufgehoben durch das Entschuldigen. Das Präfix *ent-* gibt an, dass man durch die Handlung aus diesem Zustand herauskommt: *enthaaren, entstopfen, entschuldigen*. Bei den übrigen genannten Verben ist das anders. Hier wird eine Handlung ausgedrückt, wobei durch die in der verbalen Komponente des komplexen Verbs, z.B. *kommen, laufen, nehmen, zerren, setzen* ausgedrückte Aktivität oder Aktion etwas aus einem Ort oder einer Situation herausgenommen wird; wobei bei intransitiven Verben der Aktor durch das Verb, z.B. *kommen* und *laufen*, ausgedrückten Aktivität selbst aus einer Situation herauskommt, während bei den transitiven Verben, z.B. *reißen, nehmen, setzen* ein Objekt durch den Aktor der Handlung aus der Situation, dem Zustand oder dem Ort herausgenommen wird. So versuchen die Besetzer des Bahngeländes der Polizei zu entkommen und wird der Castor-Transport durch die Polizei entsetzt werden, wie der Polizeisprecher ankündigte. Wir können die betreffenden Wortgruppen als bestimmte Kontexttypen auffassen, und per Typ, z.B. [+Zustand], [+Aktivität], [+Aktion], Kompositionalität erreichen durch Einbeziehung der für diesen Kontexttyp kennzeichnenden Faktoren.

Die unterschiedlichen Weisen des Funktionierens von *ent-* zeigen eine Verwandtschaft, wie sie für polyseme Komplexe (Bartsch 1998) typisch ist: Handlung um aus einem Zustand heraus zu kommen, der durch den Verbteil angegeben ist; Handlung um selbst aus etwas anderem durch die Aktivität, die im Verbteil angegeben ist, heraus zu kommen; Handlung um etwas anderes aus etwas anderem durch die Handlung, die im Verbteil angegeben ist, heraus zu holen. Das Wort *entschlafen* ist hierbei z.B. ein neuer Fall, der am besten an *entkommen, entlaufen* anzuschließen ist: 'durch Schlafen aus etwas, dem Leben, heraus gehen', ein Euphemismus für 'sterben'. Die Verwandtschaftsbeziehungen zwischen den Gebrauchsweisen von *ent-* in den verschiedenen Kontexttypen sind von metaphorischer und metonymischer Art, d.h. sie sind in (relationeller) Ähnlichkeit und sachlichen Zusammenhängen begründet. Im Prinzip sind neue Wortbildungen nach diesen Mustern möglich, im Anschluss an schon bestehende Kontexttypen, entweder ganz gemäß diesen, oder als eine erkennbare Modifikation eines solchen Gebrauchstyps. Der Generierungsprozess von neuen Wortbedeutungen geschieht hier wie bei der Bildung von anderen polysemen Komplexen: Die Gebrauchsweisen von *ent-* bilden einen polysemen Komplex, wobei die verschiedenen Kontexttypen Klassen von Verben sind, eventuell mit weiteren Kontextmerkmalen.

Auch bei der Wortbildung ist es mehr als fraglich, ob es vollständig möglich ist, alle relevanten Kontextmerkmale vorherzusagen und so alle möglichen neu zu bildenden Bedeutungen zu generieren. Analog zu *entlaufen* und *entkommen* könnten wir auch *entwachen* bilden mit der Bedeutung 'aus einem anderen Zustand, nämlich dem des Schlafs, durch Wachen herauszukommen'. Diese Form haben wir im Niederländischen *ontwaken*, was ins Deutsche als *erwachen* zu übersetzen ist. Im Deutschen wird das Präfix *er-* gebraucht, das bei Zustandsverben bedeutet, dass man in den durch den verbalen Teil des komplexen Verbs angegebenen Zustand hineinkommt. Im Deutschen und im Niederländischen wird derselbe Übergang von einem Zustand in den anderen also unter entgegengesetzter Perspektive beschrieben.

Entsprechende Beobachtungen und Überlegungen können wir auch für die anderen Präfixe anstellen und dabei sehen, dass die Wortbildungsprozesse beschränkt kompositionell sind, dass nämlich für verschiedene Kontexttypen, hier hauptsächlich Verbtypen, ein und derselbe Präfix in verschiedener Funktion auf den Verbinhalt angewandt wird. Im Prinzip können wir so Neubildungen verstehen, wie wir auch andere neue Gebrauchsfälle von Wörtern verstehen, als eine Gebrauchsweise, die entweder der Gebrauchsweise in einem schon bekannten Kontexttyp völlig entspricht, oder die damit verwandt ist durch eine (relationelle) Ähnlichkeit, Similarität, oder durch einen sachlichen Zusammenhang, Kontiguität.

7. Kompositionalität als Methode

Janssen (1996) diskutiert Arten von Gegenbeispielen gegen das Kompositionalitätsprinzip, wie sie z.B. durch Pelletier (1993, 1994) vorgebracht wurden. Auch er zeigt, dass diese Beispiele, insbesondere die Beispiele von lexikalen Ambiguitäten sehr wohl kompositionell behandelt werden können durch systematisches Einbeziehen des Kontexts mittels Kontextindizes, die per Gebrauchsfall aus dem Kontext spezifiziert werden und so in die kompositionelle Interpretation eingehen. Pinkal (1985) zeigt, wie man bei Vagheit und Ambiguität von Ausdrücken, die er zusammenfasst unter der Term 'semantische Unbestimmtheit', durch Hinzuziehen von Kontextfaktoren Präzisierungen erreichen kann, wodurch dann kontext-bestimmte präzisere Wortbedeutungen zustande kommen, die in die semantische Komposition eingehen.

Syntaktische Ambiguitäten werden, wie Janssen zeigt, dahingegen kompositionell behandelt durch die Annahme von verschiedenen syntaktischen Ableitungen oder durch type-shifting in der Flexiblen Kategorialen Grammatik (Hendriks 1993). Die Schlussfolgerung von Janssen ist, dass eine kompostionelle Behandlung immer möglich ist, und dass darum das Kompositionalitätsprinzip keine Tatsache über unsere Sprachen aussagt, sondern dass es ein methodisches Prinzip ist, dass uns anleiten kann, solche Grammatiken und eine solche Semantik zu konstruieren, gemäß der die Sprache als ein kompositionell arbeitendes System zu verstehen ist.

Partee, in ihrem Appendix zu Janssen (1996), lässt dies sehen für die Behandlung von genitivus subjectivus und genitivus objectivus. Ein Beispiel ist *Das Jagen der Hunde war erbärmlich*, wobei entweder die Hunde selbst jagen oder aber gejagt werden. Partee merkt an, dass eine kompositionelle Behandlung kostbar sein kann, die hier die Einführung von transitiven Nomina verlangt, so dass die Aktorrolle und Objektrolle in dem Nominalausdruck *das Jagen der Hunde* unterscheidbar sind. Es entsteht eine Komplizierung der Grammatik: Wenn man diese zwei Klassen von Nomen syntaktisch unterscheidet, so muss man eine solche Nomenklassifizierung überall machen, auch an Stellen wo sie nicht nötig ist. Wenn man besondere Kontextindizes einführt, um bestimmte Ausdrücke kompositionell interpretieren zu können, dann muss man das überall tun und diese Indizes überall beregeln, was zu einer Komplexität führt, die man in vielen Teilen des Lexikons und der Syntax eigentlich nicht nötig hat. Dasselbe trifft zu auf die Einführung von 'typeshift' in Flexiblen Kategorialen Grammatiken zur Behandlung der Verschiedenheit in Quantoren-Bereichen in Sätzen wie *Jeder Student kennt zwei Sprachen*, oder der alternativen Einführung von syntaktischen Variablen in der Montague-Grammatik. Beide führen zu unnötiger Übergeneration von Ambiguitäten, die dann wieder auf anderem Wege eingeschränkt werden muss. Es ist darum die Frage, ob Kompositionalität ein methodisches Prinzip ist, dass unter allen Umständen Vorrang haben sollte. Partee tritt ein für eine Abwegung per Fall zwischen einer kompositionellen Behandlung und einer nicht kompositionellen, aber eventuell weniger komplexen.

Janssen kann man auf jeden Fall insoweit Recht geben, dass das Streben nach einer kompositionellen Behandlung Einsichten gibt in die bei der Interpretation mitspielenden Faktoren und in ihr Zusammenspiel, zwingt doch das Kompositionalitätsprinzip größte formale Explizitheit ab. Und diese ist wichtig für eine beweisbar funktionierende Interpretationstheorie und für alle theoretisch in der formalen Semantik fundierte automatische Sprachverarbeitung.

8. Literatur in Auswahl

Bartsch, R. (1984), The Structure of Word-Meaning: Polysemy, Metaphor, Metonyny. In: F. Landman and F. Veltman (eds.), *Varieties of Formal Semantics*. Dordrecht: Foris Publications, 25–54.

–, (1987a), Context-Dependent Interpretation of Lexical Items. In: J. Groenendijk, D. De Jongh, and M. Stokhof (eds.), 1–26.

–, (1987b), The Construction of Properties under Perspectives. In: *Journal of Semantics*. 5, 293–320.

–, (1995), *Situations, Tense, and Aspects*. Berlin: De Gruyter.

–, (1996), The Myth of Literal Meaning. In: E. Weigand and F. Hundsnurscher (eds.), *Lexical Structures and Language Use*. Tübingen: Max Niemeyer Verlag, 3–16.

–, (1998), *Dynamic Conceptual Semantics*. CSLI – Publications. Stanford. (Vertrieb: Cambridge University Press).

Dowty, D. R. 1979, *Word Meaning and Montague Grammar*. Dordrecht, Boston: D. Reidel Publishing Company.

Frege, G. (1967), *Kleine Schriften*. Herg. durch I. Angelelli. Hildesheim: Georg Olms Verlag. Darin Frege (1891), Funktion und Begriff und (1892), Begriff und Gegenstand und Über Sinn und Bedeutung.

Groenendijk, J., D. De Jongh, and M. Stokhof (eds.) (1987), *Foundations of Pragmatics and Lexical Semantics*. Dordrecht: Foris Publications.

Groenendijk, J. and M Stokhof (1988), Context and Information in Dynamic Semantics. In: B. Elsendoorn and H. Bouma (eds.), *Working Models of Human Perception*. New York Academic Press.

Groenendijk, J. and M Stokhof (1991), Dynamic Predicate Logic. In: *Linguistics and Philosophy*. 4, 39–100.

Hendriks, H. (1993), *Studied Flexibility. Categories and Types in Syntax and Semantics*. Ph.D-dissertation. ILLC. University of Amsterdam.

Janssen, Th. (1997), Compositionality. In: J. Van Benthem and A. Meulen (eds.), *Handbook of Logic and Language*. Amsterdam-New York: Elsevier Science Publishers, 417–473.

Kaplan, D. (1979), The Logic of Demonstrative. In: *Journal of Philosophical Logic* 8, 81–98.

Montague, R (1970a), Pragmatics and Intensional Logic. In: *Synthese* 22, 68–94. Auch in Thomason (ed.) (1974).

–, (1970b), Universal Grammar. In: *Theoria* 36, 373–398. Auch in Thomason (ed.) 1974.

–, (1973), The Proper Treatment of Quantification in Ordinary English. In: R. H. Thomason (ed.) (1974), *Formal Philosophy. Selected Papers of Richard Montague*. New Haven: Yale University Press, 247–270.

Moortgat, M. (1987), Compositionality and the Syntax of Words. In: Groenendijk, de Jongh, Stokhof (eds.) (1987), 41–63.

Pelletier, F. J. (1993) On an Argument against Semantic Compositionality. In: D. Westerståhl (ed.), *Logic, Methodology, and Philosophy of Science*. Dordrecht: Kluwer.

–, (1994), The Principle of Compositionality. In: *Topoi* 13, 11–24.

Partee, B. (1995), Lexical Semantics and Compositionality. Ch.11 In: L. R. Gleitman and M. Lieberman (eds.), *An Invitation to Cognitve Science, Vol. 1: Language*. (general editor: D. Osherson) Cambridge, Mass.: MIT Press, 311–360.

Renate Bartsch, Amsterdam (Niederlande)

XVII. Die Architektur des Wortschatzes I: Die Wortarten
The architecture of the vocabulary I: Word classes

72. Das Wortartenproblem in lexikologischer Perspektive: Ein historischer Überblick

1. Einleitende Bemerkungen
2. Die Wortarten im Rahmen der früh- und hochmittelalterlichen Glossare
3. Die Wortarten im Rahmen der spätmittelalterlichen Vokabularien und frühneuzeitlichen Wörterbücher
4. Die Wortarten im Rahmen der Wörterbücher des Barock
5. Die Wortarten im Rahmen der Wörterbücher des 18. Jahrhunderts
6. Die Wortarten im Rahmen der Wörterbücher des 19. Jahrhunderts
7. Die Wortarten im Rahmen der Wörterbücher des 20. Jahrhunderts
8. Schlussbemerkungen
9. Literatur in Auswahl

1. Einleitende Bemerkungen

Die Wortarteneinteilung ist dem Mittelalter vor allem durch den ersten Teil der „Ars grammatica" des Aelius Donatus, der meist unter dem Titel „De octo partibus orationis ars minor" (*Grammatici Latini IV* 1864, 355–366) überliefert ist, vertraut gewesen. Da diese Kurzgrammatik als Grundlage für die Anfangsstufe des lat. Grammatikunterrichts gedient hat (Ising 1970, 21ff.; Henkel 1988, 237ff.), der wiederum nach Flavius Magnus Aurelius Cassiodorus „origo et fundamentum liberalium litterarum" (Cassiodor 1961, 91) gewesen ist, ist davon auszugehen, dass die hier zugrunde gelegten acht partes orationis – nomen, pronomen, verbum, adverbium, participium, coniunctio, praepositio, interiectio – zum elementaren Wissensbestand gehört haben. Aber auch im Rahmen der „grammatica speculativa", dem „entscheidende[n] Beitrag des lateinischen Mittelalters zur Entwicklung einer Philosophie der Sprache" (Schneider 1995, 1462), spielen die Wortarten eine zentrale Rolle. Vor allem die sogenannten Modisten in ihren „Modi significandi" betitelten Schriften (Pinborg 1967, 309ff.) haben versucht, die bei Donat und in den „Institutiones grammaticae" des Priscian (*Grammatici Latini II* 1855; *III* 1859, 1–384) grammatisch behandelten partes orationis philosophisch zu begründen. Dies zeigt beispielsweise das auch anderweit überlieferte Schema von Robert Kilwardby in seinem Kommentar „Super Priscianum maiorem", nach einer Cambridger Handschrift zitiert von Jan Pinborg (1967, 50):

Pars significat:
I. mentis affectum: interiectio
II. mentis conceptum
1. rem (vel per modum rei)
a. ut in habitu et quiete
aa. informata et determinata qualitate: nomen
ab. non informata etc.:   pronomen
b. ut in actu et motu
ba. actu unito substantie: participium
bb. actu distanti a substantia: verbum
2. per modum circumstantie rei
a. substantie ad actum: prepositio
b. actus ad substantiam: adverbium
c. indifferenter
(i.e. utriusque ad invicem):   coniunctio

Die nur im Rahmen einer umfassenden Geschichte der abendländischen Grammatik bzw. Sprachphilosophie sachgerecht zu behandelnde Problematik der Wortarten hinsichtlich ihrer linguistischen bzw. sprachphilosophischen Begründung, ihrer Entwicklung der Anzahl nach und ihrer gegenseitigen Abgrenzung, und dies jeweils in Abhängigkeit zu den Einzelsprachen, kann hier nicht umfassend thematisiert werden. Hier soll vorwiegend versucht werden, an ausgewählten Beispielen anhand von Vokabularien und Wörterbüchern die Rolle der Wortarten bei der Dokumentation des Wortschatzes vom Mittelalter bis zur Gegenwart in Umrissen aufzuzeigen.

2. Die Wortarten im Rahmen der früh- und hochmittelalterlichen Glossare

Der größte Teil der spätantiken und frühmittelalterlichen lateinisch-lateinischen Glossare, deren handschriftliche Überlieferung erst im 7. Jh. einsetzt und die vor allem in Kodizes des 9. Jh.s auf uns gekommen sind, hat Georg Goetz in den Bänden IV und V des Corpus Glossariorum Latinorum (CGL) in Form von vollständigen Handschriftenabdrucken oder Auszügen zugänglich gemacht. Da es sich hier in erster Linie um texterschließende Wörtersammlungen handelt, die entweder dem Verlauf des exzerpierten Textes folgen oder nachträglich alphabetisiert worden sind, sind die Lemmata in der Regel nicht auf eine Normalform gebracht. Vielfach erscheinen sogar ganze Syntagmen als Lemmata wie beispielsweise *Si qua fata sinant* mit dem Interpretament *si quo modo paciantur* in den Glossae Virgilianae (CGL IV, 464, 12) zur gleichlautenden Aeneisstelle (I, 18). Erst eine durchgehende Lemmatisierung hätte einen Ansatzpunkt geboten, eine Wortartkennzeichnung wie in modernen Wörterbüchern einzuführen. Immerhin boten die vereinzelt in ihnen überlieferten sogenannten Grammatikerglossen die Gelegenheit, auf morphologische oder syntaktische Besonderheiten aufmerksam zu machen. So ist z.B. in einem der Glossare des Placidus die Glosse *Pixis pixidis pixidem quam nos corrupte buxidem dicimus* (CGL V, 93, 7) überliefert, die über die angeführten Wortformen indirekt auf die Wortart verweist. Eine direkte Bezugnahme liegt dagegen in den Glossen *Porro autem aduerbium temporis* (CGL V, 93, 28) bzw. *Protinus aduerbium temporale est ut mox continua statim* (CGL V, 95, 13) vor. Nur schlichter Worterklärung verdanken sich dagegen die Wortartnennungen in den die griechischen Termini übersetzenden Glossen *Antonoma pronomen* (CGL IV, 18, 41), *Onomia [= Onomata?] nomina* (CGL V, 126, 20) und *Sindesmos coniunctio* (CGL IV, 99, 7).

Die mit dem Abrogans im 8. Jh. einsetzenden lateinisch-althochdeutschen Glossare (Samanunga worto, Affatim-Glossar, Salomonisches Glossar) schließen sich als Übersetzung der genannten lateinisch-lateinischen Glossare unmittelbar an diese an. Dementsprechend dienen auch sie in erster Linie der Erschließung von Texten, und zwar wie diese von lateinischen Texten, besonders der Vulgata. Eine lexikographische Aufarbeitung des volkssprachigen Wortschatzes – und das gilt für das gesamte Mittelalter – ist damit nicht intendiert.

Vermischungen mit enzyklopädischen und grammatischen Einträgen sind auch hier vielfach anzutreffen, wobei die Erfassung der Vokabelbedeutung vorherrscht. So geht beispielsweise die morphologische Information in der Grammatikerglosse *Senum senium* (St. I, 246, 32f.) des Abrogans (Splett 1976, 362) bei der Übersetzung verloren; denn die althochdeutschen Interpretamente *alt* 'alt' und *alti* 'Alter' berücksichtigen nur die lexikalische Seite, nicht aber den hier gegebenen Hinweis auf die Nebenform *senium*.

Ebenfalls eine untergeordnete Rolle spielen die Wortarten in den sachlich geordneten Glossaren. Die sogenannten 'Versus de volucribus bestiis arboribus piscibus vermibus canibus herbis membranis hominis', die sich von einer Interlinearglossierung, über Kontextglossen in einer Glossensammlung zu einem alphabetisch geordneten Glossar entwickeln (Wegstein 1996, 313ff.), enthalten entsprechend ihrem Titel Vogel-, Tier-, Baum-, Fisch-, Insekten-, Hunde-, Pflanzen- und Körperteil-Bezeichnungen, also nur Substantive. Die fachsprachliche Ausrichtung derartiger Sachglossare ist der Grund, weshalb der nominale Wortschatz zumindest dominiert. Das gilt auch für das umfangreichste unter den glossierten Sachglossaren, das auf der Schwelle zum Mittelhochdeutschen stehende Summarium Heinrici (Hildebrandt 1974–1982). Die weit über 4000 volkssprachigen Glossen, die zumeist wie vereinzelte Einsprengsel im lateinischen Text wirken, glossieren in erster Linie lateinische Substantive. Das erste, nach Wortarten gegliederte Buch „de grammatica" der in zehn Büchern eingeteilten ersten Fassung des Summarium Heinrici beruht auf Priscian, ist aber nicht glossiert, so dass hier noch nicht einmal die entsprechenden volkssprachigen Wortartenbezeichnungen überliefert sind.

3. Die Wortarten im Rahmen der spätmittelalterlichen Vokabularien und der frühneuzeitlichen Wörterbücher

Eine nahezu durchgehende Kennzeichnung jedes Wortes nach seiner Wortart bietet erst der Vocabularius Ex quo, das verbreitetste lateinisch-deutsche Schulwörterbuch des Spätmittelalters. Wie es in der Vorrede ausdrücklich heißt – ... *ante hoc cuius generis et declinacionis seu cuius partis oracionis quelibet diccio fuerit, per litteras ibi positas est ostensum.* (Grubmüller/Schnell/Stahl u.a. II 1988, 1) – stehen diese

Kennzeichnungen in Siglenform vor dem jeweiligen lateinisch-deutschen Wortartikel. Er knüpft damit an eine Gepflogenheit an, die im Wörterbuchteil des Catholicons, des a. 1286 vollendeten umfangreichen Kompendiums des Johannes Balbus von Genua, wenn auch nur sporadisch, anzutreffen ist und im 14. Jh. durch den Brevilogus aufgegriffen wird (Grubmüller 1967, 33). Die folgende Auflistung (Grubmüller/Schnell/Stahl u.a. I, 238f.) zeigt die differenzierte, dem Grammatikunterricht dienende Einteilung:

a ic	activum inconsequens
a p	activum prime (coniugacionis)
a q	activum quarte (coniugacionis)
a s	activum secunde (coniugacionis)
a t	activum tercie (coniugacionis)
adv	adverbium
c in	communis (generis) indeclinabile
co p	communis (generis) prime (declinacionis)
co s	communis (generis) secunde (declinacionis)
co t	communis (generis) tercie (declinacionis)
con	coniunccio
d ic	deponens inconsequens
d p	deponens prime (coniugacionis)
d q	deponens quarte (coniugacionis)
d s	deponens secunde (coniugacionis)
d t	deponens tercie (coniugacionis)
du q	dubii (generis) quarte/quinte (declinacionis)
du t	dubii (generis) tercie (declinacionis)
ep p	epicenum prime (declinacionis)
ep s	epicenum secunde (declinacionis)
ep t	epicenum tercie (declinacionis)
epi	epicenum
etro	(h)etroclitum
et s	etroclitum secunde (declinacionis)
f in	femininum indeclinabile
f p	femininum prime (declinacionis)
f q	femininum quarte/quinte (declinacionis)
f s	femininum secunde (declinacionis)
f t	femininum tercie (declinacionis)
g in	grecum indeclinabile
g p	grecum prime (declinacionis)
g s	grecum secunde (declinacionis)
g t	grecum tercie (declinacionis)
ger	gerundivum
gre	grecum, grece
h in	(h)ebraicum indeclinabile
heb	(h)ebraicum, (h)ebraice
inc	inconsequens
ind	indeclinabile
int	interieccio
m in	masculinum indeclinabile
m p	masculinum prime (declinacionis)
m q	masculinum quarte/quinte (declinacionis)
m s	masculinum secunde (declinacionis)
m t	masculinum tercie (declinacionis)
n ic	neutrum inconsequens
n in	neutrum indeclinabile
n p	neutrum prime (coniugacionis)
n q	neutrum quarte (coniugacionis)
n s	neutrum secunde (declinacionis/coniugacionis)
n t	neutrum tercie (declinacionis/coniugacionis)
o in	omne indeclinabile
o t	omne tercie (declinacionis)
p	prime (coniugacionis)
p fu	participium futuri
p pn	participium presentis
p pr	participium presentis/preteriti
part	participium
ppo	preposicio
pron	pronomen
q	quarte (coniugacionis)
s	secunde (coniugacionis)
t	tercie (coniugacionis)
v an	verbum anomale
v de	verbum defectivum
v fr	verbum frequentativum
v gr	verbum grecum
v ic	verbum inconsequens
v ip	verbum impersonale
v n	verbum neutrum

Die auf Donat und Priscian fußende, aber keineswegs alle dort relevanten Aspekte berücksichtigende Kennzeichnung dient nicht einer Wortschatzgliederung, sondern gibt für jedes einzelne Wort die grammatischen Hinweise, um das zugehörige Flexionsparadigma aufzufinden. Die mit dem 12. Jh. einsetzende Aufteilung des Nomens in Substantiv (nomen substantivum) und Adjektiv (nomen adiectivum) ist hier noch ohne Auswirkung. Quer dazu stehen Hinweise auf hebräische u. griechische Wörter, die allerdings bei einem auf die Erklärung des Bibelwortschatzes ausgerichteten Vokabular nicht verwundern.

Entsprechende Kennzeichnungen der Wortart finden sich mehrfach in den lateinisch-deutschen Glossaren. In dem bisher unedierten Vocabularius Principaliter, einem auf den schwäbischen Raum beschränkten, um a.1400 entstandenen Universalglossar in alphabetischer Anordnung, gehören derartige Siglen zum obligatorischen Bestandteil des jeweiligen Wortartikels (Klein 1997, 478f.). Dagegen sind sie im nichtalphabetischen Vocabularius optimus erst in der Augsburger Redaktion C$_2$ aus der Inkunabelzeit hinzugefügt worden (Bremer I 1990, 81).

Eine wenn auch nur grobe Einteilung des Wortschatzes unter dem Gesichtspunkt der Wortarten bietet explizit der lateinisch-deutsche Liber ordinis rerum, auch „Esse-Essencia-Glossar" genannt (Schmitt 1983). Die vier Großabschnitte dieses nichtalphabetischen Sachglossars, dessen Langfassung ins Ende des 14. Jh.s datiert wird, sind: Nomina substantiva (Kap. 1–130), Nomina adiectiva

(Kap. 131–170), Verba (Kap. 171–230) und Determinativa (Kap. 231–250) (Schmitt 1985, 766.) Die zu den Adjektiven gehörenden Abstrakta – z.B. *Persona* bei den Personalpronomina, *Vnitas, Binitas, Dualitas Trinitas* … bei den Ordinalzahlen oder *Jnfirmitas, Egritudo, Langwor* bei den Adjektiven, die den Gesundheits- bzw. Krankheitszustand bezeichnen – werden nicht zu den Substantiven gestellt, weil der Substantivbegriff offensichtlich nicht scharf genug vom Substanzbegriff unterschieden wird, wobei Inkonsequenzen und die grundsätzliche Problematik der Unterscheidung von konkret/abstrakt auf der lexikalischen Ebene eine klare Trennung der Wörter ohnehin nicht zulassen. In der vierten Gruppe stehen neben Präpositionen, Konjunktionen und Interjektionen vor allem Adverbien. Im Kap. 249 mit der Überschrift *Hec in composicione tantum significant* werden in dieser Gruppe sogar lateinische Präfixe einschließlich ihrer durch das jeweilige Grundwort bedingten Varianten aufgeführt. Nach dem augenblicklichen Stand der Forschung zu urteilen, ist diese Art der Wortschatzdarbietung in einem Sachglossar ohne Vorbild und hat auch keine Nachfolge gefunden. Der Bezug zum Grammatikunterricht ist aber offensichtlich. Das Glossar wurde vor allem als stilistisches Hilfsmittel, als Handbuch zur lateinischen Synonymik verwendet, wie die komplementäre Überlieferung mit alphabetischen Wörterbüchern zeigt (Schmitt 1985, 766f.).

Einzelne Glossare bieten den Wortschatz nur einer Wortart. Zu diesen Nominarien ist der Vocabularius optimus zu rechnen, der von dem Luzerner Stadtschreiber und Notar Johannes Kotman a. 1328 zusammengestellt worden ist (Bremer I 1990, 13ff.). Dieses wiederum hat seine Spuren im Vocabularius de significatione nominum des Jakob Twinger von Königshofen hinterlassen, der eine beträchtlich erweiterte Bearbeitung von Fritsche Closeners Vokabular darstellt (Kirchert/Klein I 1995, 65*ff.). Wie aber die Mitüberlieferung einiger Handschriften von Twingers Erstfassung zeigt, ist die Beschränkung auf Substantive und Adjektive als ein Mangel empfunden worden, dem man durch Hinzufügung von entsprechenden Teilen – einem Indeklinabilienteil, besonders aber von Verbglossaren – abhalf (Kirchert/Klein I 1995, 108*f.). Das Vorbild war hier der nur sporadisch volkssprachig glossierte lateinisch-lateinische Brevilogus, der den Wortschatz getrennt nach Nomina, Verba und Indeclinabilia in alphabetisch geordneten Abschnitten darbietet (Grubmüller 1978, 1033f.). Aber selbst das hat nicht verhindern können, dass Twingers Wörterbuch aufgrund seiner streng nominalen Ausrichtung auf Straßburg und seine nähere Umgebung beschränkt geblieben und der Konkurrenz des Vocabularius Ex quo als eines Universalglossars unterlegen ist. Im Falle des in 12 Drucken aus der zweiten Hälfte des 15. Jh.s überlieferten Vocabularius rerum des Wenzeslaus Brack ist dem universalen Aspekt schon von Anfang an Rechnung getragen, indem das lateinisch-deutsche Nominalglossar nur den Einleitungsteil dieses fünfteiligen Werkes bildet und durch ein entsprechendes Verbglossar ergänzt wird, das dem Stichwortbestand nach dem Brevilogus entnommen ist (Schmitt 1978, 983).

Der im Rahmen der Wörterbuchgeschichte bedeutsame Schritt zu deutsch-lateinischen Glossaren ist hinsichtlich des Wortartaspekts zunächst von keiner Relevanz. Das zu Closeners Wörterbuch entstandene Abgründe-profundum-Glossar (Kirchert/Klein I 1995, 79*ff.) ist nur ein Register, um den lateinischen Wortschatz vom Volkssprachlichen her zu erschließen. Die ersten gedruckten Vokabularien dieses Typs wie etwa der Vocabularius teutonico-latinus – auch 'Rusticanus terminorum' genannt – sind mehr oder weniger nur Umkehrungen zu lateinisch-deutschen (Grubmüller 1986, 153). Nach diesem „Umsetzverfahren" ist auch noch Josua Maalers „Die Teütsch spraach", Zürich 1561, entstanden, das Jacob Grimm als „das erste wahrhafte deutsche wörterbuch" (Grimm 1854, XXI) bezeichnet hat und das als eines der wichtigsten humanistischen Wörterbücher gilt, die Ausgangspunkt und Vorbild der folgenden lexikalischen Bemühungen geworden sind. Im Gegensatz zum Vocabularius teutonico-latinus, Nürnberg 1482, und dem zweiten Teil des Wörterbuchs von Petrus Dasypodius – Dictionarium Germanicolatinum, Straßburg 1536 –, die überhaupt keine Hinweise auf die Wortart geben, vermerkt Maaler, wenn auch nicht durchgehend und systematisch, das Genus und kennzeichnet so diese Lemmata als Substantive: Käfer (der) *Scarabeus*. Kälte (die) frost. *Frigus*. Kalb (das) *Vitulus, Buculus*. Mitunter stellt er den Artikel auch vor das Lemma wie in: Der Kinbacken. *Maxilla, Mandibula*. Die Kål dadurch man athmet. *Trachea, siue Trachia*. Das Kaltwee. *Febris, Febricula, Diaria febris*. Im Vorwort begründet Maaler dieses Vorgehen damit, dass die Genera der heimischen Wörter nicht mit denen des Lateinischen übereinstimmen, wobei er interessanterweise die Verwechslungsgefahr auf Seiten der Muttersprache sieht (Maaler 1561, *2v):

Nominum genera plerunque per parenthesim sunt interposita, in ijs tamen potißimum, quæ variant à lingua Latina. Exempli gratia, Oculus, m.g. apud Latinos, nobis est neutrius: *Das aug/vnd nit der aug.*

In seinem Wörterbuch sucht man aber vielfach vergebens nach dieser Kennzeichnung, wie beispielsweise die folgenden, keineswegs nur vereinzelt anzutreffenden Beispiele zeigen: Bart/... *Barba, Barbitium* – Bericht/Verstand. *Scientia, Traditio, Peritia, Eruditio, Institutio.* – Bloch. *Truncus Tignus, tigni.* Andererseits werden die entsprechenden Artikel auch dann gesetzt, wenn die lateinischen Interpretamente im Genus nicht differieren: Bauch (der) *Venter.* – Begird (die) *Appetentia, Auiditas, Appetitio, Concupiscentia, Desyderatio, Desiderium.* – Bein (das) *Os ossis.* Auch bei wechselndem Genus wie etwa bei frühneuhochdeutsch *Bast* M./N. (Frühnhd. Wb. III 1995, 97) – Bast/Rinden an den bŏumen/zarten heütlinen geleych. *Membrana ligni, Liber.* – fehlen entsprechende Angaben, wobei in diesem Fall in Hinblick auf den Eintrag „Bast (der) *Clitellœ.* Saumsattel." eine entsprechende Kennzeichnung sehr hilfreich gewesen wäre. Andererseits werden Lemmata, deren Genus durch ihr Suffix zu erschließen ist, markiert: Baerin (die) das weyble deß Båren. *Vrsa.* – Bårtlin (das) *Barbula.* Bårtle. – Boßfertigkeit. (die) *Improbitas, Facinus illiberale.* – Blůtspŏuwung. (die) *Hœmoptysis.* Obwohl nicht im Vorwort erwähnt, dient die Genusangabe auch zur Unterscheidung von Homonymen:

Erb. (der) *Hæres.* – Das Erb/Erbschafft. *Hæreditas.*
Heid (der) *Ethnicus, Gentilis.* – Heid (die) groß weyt fåld. *Campus.*
Leiter (der) Regierer. *Gubernator, Moderator.* – Leiter (die) *Scala, Scalæ scalarum, Climax.*
Ofen (das) Buda. Ein statt – Ofen (der) *Fornax, Furnus, Clibanus, Caminus.*
Thor (das) *Porta, Pyla, Fores, Valuæ.* – Thor (der) Geborner vnnd natürlicher narr. *Morio, Stolidus.* Sůch im Tor.

Bei den beiden Wortartikeln „Winden (die) Zaungloggen. *Conuoluolus, Concilium, Clema, clematis.*" und „Winden (die) Auffzug. *Ergata, Sucula.*" leisten dies erst die unterschiedlichen Interpretamente.

Die adjektivischen Lemmata werden, falls sie überhaupt entsprechend gekennzeichnet sind, zumeist als Maskulina aufgeführt: Bŏßwillig (der) Verbünstig/Vbel wŏllend. *Malignus, Maleuolus.* Aber auch Einträge wie „Bauchechtig (der, die) *Ventricosus, a, um."* oder „Besser. *Melior* (der/die/das)" finden sich. Die Verben bleiben unbezeichnet, die übrigen Wortarten werden sporadisch im Rahmen der lateinischen Erläuterung des jeweiligen Wortartikels als solche genannt:

Sein. *Suus,* Pronomen possess.
Wo/wohin. *Quo,* Aduerb. inter. ad locum.
Vnd. *Et.* coniunc. copul. *Ac, atque.*
Auff. *Super. Præpos. Desuper,* Auff/*De.* Auff sein kosten. *De suo.*
Wee/O wee wee/Geschrey eines bekümberten/vnnd der schmertzen leydet. *Væ,* Interiectio.

Sehr wahrscheinlich sind diese Angaben aus den entsprechenden Artikeln der zugrunde liegenden lateinischen Wörterbücher übernommen; wie der Eintrag „Heia/O/Ein frŏlich geschrey / Juheya. *O, Io, gestientis particula.*" zeigt, legt Maaler dabei noch nicht einmal Wert auf eine stringente Terminologie bei der Bezeichnung der Wortarten. Aber Schwerpunkt und Vorzug dieses Wörterbuchs liegen bekanntlich auf der Vermittlung der charakteristischen Verwendungsweisen der volkssprachigen Wörter bis hin zu den Redewendungen, die im Anschluss an die knappen Hauptlemmata aufgeführt werden, und nicht in der Systematisierung eines vorgegebenen Wortschatzes.

4. Die Wortarten im Rahmen der Wörterbücher des Barock

In der Barockzeit konzentriert sich die Beschäftigung mit dem Wortschatz gemäß ihrem normativen Programm, die Grundrichtigkeit der Sprache zu erforschen, auf die Stammwörter und ihre Ausbaumöglichkeiten durch Ableitung und Zusammensetzung. Ihre Sammlung muss nach Julius Georg Schottelius die Hauptaufgabe eines deutschen Wörterbuchs sein und entsprechend listet er im 5. Buch seiner „Ausführliche[n] Arbeit Von der Teutschen HaubtSprache" rund 5000 Stammwörter auf (Schottelius 1663, 1269–1450). Allerdings baut er diese Liste nicht zu einem *Lexicon Linguæ Germanicæ* aus, sondern entwirft nur in der 10. Lobrede (Schottelius 1663, 159ff.) einen entsprechenden Plan und nennt die Anforderungen, die es zu erfüllen hätte. Hinsichtlich der Wortartenbezeichnung heißt es dort: „Es mŭste aber eines jeden Staṁwortes *Genus, Casus Genitivus & Numerus pluralis* dabeygefŭget werden ... Bey jedem Stamm = Zeitworte (*Verbo primitivo*) mŭste angezeiget werden / obs *regular* oder *irregular,* gleichfliessend oder ungleichfliessend were /

und zwar dasselbe in der ersten und anderen Person / wie auch im *imperfecto* und *participio*, denn dahero das gantze Zeitwort richtig zu erkennen ist ...". Diese Kennzeichnung, wenn auch nicht immer konsequent angewendet, findet sich auch in seiner Stammwortliste. Die übrigen Wörter erhalten nur ganz vereinzelt eine Wortartbezeichnung, wie die folgenden Beispiele zeigen:

Ein ist auch der *articulus indefinitus. p. 693.*
So *pronomen, qui, quæ, quod, omnibus casibus & numeris respondens p. 343* [recte: 543]
Taug taugen ... tŭgend taugend *propriè est participium, illud quod prodest, ...*
potz *interjectio. vid. p. 667.*

Etwas häufiger werden Präpositionen gekennzeichnet, wobei die trennbaren und untrennbaren Präfixe mit darunter gefasst sind:

Ab *est præpositio, de, ab. p. 716.* [recte: 617]
Dar *(est præpositio) eò, usq(ue) ad locum, ibi, præsto. p. 626. machet viele Composita vid. all. loc. & sæpe adverbiascit.*
Ertz *est particula aliquid summè augendi p. 255.*
Ge *est præpositio inseparabilis. v. pag. 632.*
Neben *juxta. vid. p. 640. est præpositio.*

Die Suffixe sind allerdings nur durch den Eintrag **Ung** *est terminatio derivandi. p. 384.* vertreten. Die Adjektive, die als beistendige zusammen mit den Substantiven als den selbstendigen Nennwörtern eine Untergattung des Nomens bilden, werden nicht eigens als solche hervorgehoben. Eine differenzierte Markierung ist auch nicht erforderlich, da der Lexikonteil in die Grammatik integriert und durch die häufigen Verweise auf das zweite Buch die gewünschte Auskunft zu erhalten ist. Denn in den Kapiteln 4–19 (Schottelius 1663, 231– 667) werden vor allem die flexivischen bzw. syntaktischen Eigenheiten der Wortarten „Geschlechtswort (articulus), Nennwort (nomen), Vornennwort (pronomen), Zeitwort (verbum), Mittelwort (participium), Vorwort (præpositio), Zuwort (adverbium), Fügewort (conjunctio) und Zwischenwort (interjectio)" ausführlich behandelt.

Erst mit Karl Stielers „Der Teutschen Sprache Stammbaum und Fortwachs oder Teutscher Sprachschatz" liegt rund drei Jahrzehnte später ein entsprechendes Stammwörterbuch vor, das sich eng an die Vorgaben von Schottelius hält. Die wesentlich kürzere Grammatik ist nun als separater dritter Teil ausgegliedert, und die Wortartenlehre in den Kapiteln 7–23 (Stieler 1691, III, 50–194) entspricht inhaltlich und terminologisch – nur die Interjektion heißt nun Triebwort – weitgehend ihrem Vorgänger. Die Kennzeichnungen im Wörterbuch unterscheiden sich nur dadurch, dass die beistendigen Nennwörter durchgehend die Abkürzung *adj.* erhalten und damit im Gegensatz zur Einordnung in der Grammatik als eigene Wortart hervorgehoben sind. Die starken Verben sind mit Ausnahme des ersten Wörterbuchartikels „**Båren ... Gebåren** / ich **gebar** / **geboren** / *parere, eniti, partum edere, fœtum educere. Anomalon est*" (Stieler 1691, I, 95) nicht eigens mehr bezeichnet, sondern nur durch die Nennung der veränderten Stammformen als solche charakterisiert und von den sonstigen Verben abgehoben. Außerdem werden die bei Schottelius nur sporadisch aufgeführten lateinischen Wortartbezeichnungen nun konsequenter zur Markierung der jeweiligen Lemmata eingesetzt.

5. Die Wortarten im Rahmen der Wörterbücher des 18. Jahrhunderts

Mit dem Paradigmenwechsel vom normativen Aufweis der Sprachrichtigkeit zur Dokumentation des Sprachgebrauchs einer zeitlich, geographisch und soziologisch fixierten Sprachgemeinschaft, wie er sich in Johann Christoph Adelungs „Grammatisch-kritische[m] Wörterbuch der Hochdeutschen Mundart, 1793" zeigt, ändert sich an der Rolle der Wortarten im Wörterbuch nichts Wesentliches. Gemäß den Vorgaben der Aufklärung ist allerdings ein klareres, systematischeres und differenzierteres Vorgehen festzustellen. Auch hier steht eine eigene Grammatik im Hintergrund, die Adelung aber separat und in mehreren Fassungen veröffentlicht hat. Die Wortarten werden dort anders als bisher begründet, teilweise anders aufgeteilt und in veränderter Reihenfolge abgehandelt (Adelung 1781, 83–92; 1782, I 267–288):

Substantivum (Hauptwort)
Artikel (Geschlechtswort)
Numerale (Zahlwort)
Adjektiv (Eigenschaftswort [Beywort])
Pronomen (Personwort [Fürwort])
Verbum (Zeitwort)
Adverbium (Beschaffenheitswort)
Präposition (Umstandswort)
Conjunction (Verhältniswort)
Interjection (Empfindungswort)

Das im Anschluss an das Verbum behandelte Participium (Mittelwort) zählt Adelung nicht zu den Wortarten, während er das Zahlwort ausdrücklich dazurechnet. Im Gegensatz zu Stieler ist besonders die genaue u. differenzierte Kennzeichnung des Verbs hervorzuheben. Durch die Abkürzungen *verb. reg.* bzw. *verb. ireg.* werden die schwachen (regulären) und die starken (irregulären) Verben unterschieden, die wiederum durch jeweils hinzugefügtes *act., neutr.* bzw. *recipr.* als transitive, intransitive oder reziproke Verben bestimmt werden:

Abaasen, *verb. reg. act.* ...
Abarten, *verb. reg. neutr.* ...
Sich Abächzen, *verb. reg. recipr.* ...
Abbeißen, *verb. irreg. act.* ...
Ansteigen, *verb. irreg. neutr.* ...
Aufschwingen, *verb. irreg. recipr.* ...

An weiteren Unterteilungen aufgrund eines „Nebenbegriffs" finden sich die Bezeichnungen Factitiva, Iterativa (Frequentativa), Intensiva, Deminutiva, Desiderativa und Imitativa, die aber nicht als Siglen zum Lemma gestellt werden, sondern im Wortartikel, zumeist im Zusammenhang der Bedeutungsbeschreibungen, erscheinen. Dasselbe gilt für die Kennzeichnungen einzelner Verben als persönliche oder unpersönliche, als Hilfswörter oder Defectiva (Adelung 1781, 265–268; 1782, I 750–755). Wie Adelung selber in seiner Grammatik vermerkt, ist die Bestimmung der Transitiva (neutr.) nicht unproblematisch, denn „es gibt Fälle, wo das Intransitivum nicht allein mit dem Accusativ verbunden werden kann, sondern auch, wo es eines Passivi fähig ist" (Adelung 1781, 820). Joachim Heinrich Campe in seinem vierbändigen Wörterbuch der Deutschen Sprache versucht diesen Widerspruch dadurch zu beseitigen, dass er unter semantischem Aspekt zwischen Tätigkeitsverben (act.) und Zustandsverben (ntr.) und unter syntaktischem Aspekt zwischen überleitend (trs.) und unüberleitend (intrs.) unterscheidet (Campe I 1807, XVIII; [1969, I XVIII*f.]). Die konkrete Anwendung im Wörterbuch ergibt jedoch – auch abgesehen von der Unschärfe bei der Unterscheidung von „thåtlich" und „zuståndlich" – keine überzeugendere Einteilung, da in vielen Fällen bei der Markierung der Wörter die Ebene gewechselt wird:

Abarten, *v.* I) *nrt.* mit sein, von der ursprünglichen Art abweichen. ... II) *trs.* anders arten, (s. d.) anders bestimmen, (modificare).
Ansteigen, *v. unregelm.* (s. Steigen) I) *ntr.* mit sein, in die Höhe steigen, sich erheben. ... II) *intrs.* mit sein u. kommen, sich mit großen, langsamen Schritten nähern.

Zudem verändert Campe damit die Kriterien der Adelungschen Einteilung, die primär grammatische waren. Weitere Unterschiede gehen darauf zurück, dass die Beschränkung auf eine geographisch und soziologisch eingegrenzte Sprachschicht aufgegeben und insgesamt eine quantitative Ausweitung angestrebt wird. So ist beispielsweise die Lesart „III) *trs.* durch Donnern, und in weiterer Bedeutung, durch das Gewitter bewirken, hervorbringen. ..." im Wortartikel **Donnern** bei Adelung nicht aufgeführt.

6. Die Wortarten im Rahmen der Wörterbücher des 19. Jahrhunderts

Durch den Paradigmenwechsel zu einer historisch-vergleichenden Sprachwissenschaft bedingt spielen die Wortarten im Rahmen der Lexikologie nur noch eine untergeordnete Rolle. Gegenstand der zu erforschenden geschichtlichen Entwicklung ist nun das Einzelwort, nicht die Verflechtung oder systematische Einteilung des Wortschatzes. Um die Entfaltung und Veränderung der Grundbedeutung eines Wortes bis hin zu den gegenwärtigen, unterschiedlichsten Bedeutungen darzustellen, bedarf es nach Jacob Grimm einer alphabetischen Anordnung und einer weitgehenden Zurückdrängung der Grammatik im Wörterbuch. Für ihn reduziert sich die Frage der Wortartmarkierung zu einer bloß terminologischen (Grimm I 1854, XXXVIII f.). Dabei plädiert er nachdrücklich für die Verwendung der lateinischen Kunstwörter um der allgemeinen, auch außerhalb des deutschen Sprachraums zu gewährleistenden Verständlichkeit willen. Bei den Substantiven werden daher

„Mit den buchstaben m. f. n. ... die drei geschlechter auf das einfachste bezeichnet, besser als durch vorangestellten artikel, der den anlaut der wörter versteckt, ihnen nachfolgend und eingeklammert ein steifes ansehn gewinnt."

Das Adjektiv bleibt unbezeichnet, und dasselbe gilt für die Verben, da sie durch den Auslaut auf *-en* bereits markiert seien. Die Unterscheidung in transitiv und intransitiv werde im Zusammenhang der Bedeutungsbeschreibung relevant und entsprechend vermerkt. Auch die übliche Kennzeichnung der Verben als gleichfließende regelmäßige und ungleichfließende unregelmäßige entfällt; statt dessen werden derartige Unterschiede durch Beispielsätze oder entsprechende Hinweise verdeutlicht. Da sich im Laufe der Entwicklung die Zuordnung ändern kann, Besonderheiten und Übergangsformen bedeutsam sind, ist eine generelle Kennzeichnung der Lemmata kaum möglich und auch nicht sinnvoll. Außerdem ersetzt

Grimm die alte Nomenklatur durch die Unterscheidung in stark und schwach, weil vom historischen Standpunkt aus die bisher als unregelmäßig bezeichneten ablautenden Verben nunmehr als regelmäßig erwiesen sind. Wilhelm Grimm und dann wieder die unmittelbar nachfolgenden Bearbeiter des Deutschen Wörterbuchs halten sich im Großen und Ganzen an Jacobs Vorgehensweise mit der einzigen Ausnahme, dass sie die Adjektive durchgehend mit der Sigle *adj.* kennzeichnen. Erst in der letzten Bearbeitungsphase in diesem Jahrhundert werden dann auch die Verben entsprechend markiert: *verb.* und bei erforderlicher Differenzierung wie etwa bei **winden** 'biegen, drehen, wenden' und **winden** 'wehen, windig sein' *st.v.* bzw. *schw.v.* So erhalten schließlich alle Lemmata eine entsprechende Sigle.

Das Vorbild des Grimmschen Wörterbuchs wirkte sich auch auf die an Adelung anknüpfenden lexikographischen Arbeiten aus, die den Wortschatz nicht geschichtlich, sondern unter dem Aspekt des gegenwärtigen Gebrauchs kodifizieren. So übernimmt etwa Daniel Sanders in seinem dreibändigen Wörterbuch der deutschen Sprache die Grimmsche Art der Wortartkennzeichnung. Differenzierter sind allerdings seine Angaben im Bereich Adjektiv und Adverb:

Die Adjektiva (Eigenschaftswörter), die zugleich als Adverbia (Nebenwörter) vorkommen, sind durch nachfolgendes *a.* bezeichnet; Wörter, die nur der einen oder der anderen Klasse angehören, durch *adj.* oder *adv.* (Sanders I 1860, VIIb).

Durchgesetzt hat sich in diesem Zusammenhang auch der Gebrauch der lateinischen Kunstausdrücke (Sanders I 1860, VIIc). Campe hatte seinerzeit zu dieser Frage eigens eine Umfrage gestartet, aufgrund der widersprüchlichen Resonanz aber auf eine Verwendung der deutschen Termini weitgehend verzichtet, zumal er auf eine einheitliche volkssprachige Nomenklatur nicht zurückgreifen konnte (Campe I 1807, XVII). Je nach Wörterbuchtyp, Zweckbestimmung, angestrebter Benutzerschicht, Umfang und individuellen Präferenzen ergeben sich die unterschiedlichsten Verfahrensweisen, die Wortarten im Wörterbuch zu markieren. Das gilt sogar für Friedrich Ludwig Karl Weigand und Moriz Heyne, die zu den wichtigsten Mitarbeitern am Grimm zählten und trotz nahezu gleicher Zielsetzung in ihren eigenen Wörterbüchern jeweils anders verfahren. Der zunehmende Bedarf an Nachschlagewerken im Zeitalter des Positivismus führe außerdem zu einer kaum mehr überschaubaren Fülle von deutschen Wörterbüchern (Zaunmüller 1958, 47ff.), so dass ein hinreichend abgesicherter Überblick nicht gegeben werden kann.

7. Die Wortarten im Rahmen der Wörterbücher des 20. Jahrhunderts

Da das Grimmsche Wörterbuch, das erst nach über hundert Jahren 1960 abgeschlossen werden konnte, nahezu alle bedeutenden Lexikographen in Anspruch genommen hat, entsteht erst nach der Jahrhundertmitte mit dem Wörterbuch der deutschen Gegenwartssprache von Ruth Klappenbach und Wolfgang Steinitz ein größeres, mehrbändiges Werk. Entsprechend den veränderten Prioritäten der sprachwissenschaftlichen Forschung handelt es sich um ein synchrones, semasiologisches Wörterbuch, das an die Arbeiten der Moskauer lexikographischen Schule anknüpft. Da die Bedeutungsbeschreibung im Mittelpunkt steht, sind die Kennzeichnung der Wortarten wie auch sonstige grammatische Angaben für den Artikelaufbau nicht bestimmend. Die Substantive werden durch den nachgestellten Artikel gekennzeichnet, die starken bzw. unregelmäßigen Verben durch Anführen der entsprechenden Stammformen. Die regelmäßigen schwachen Verben, die Adjektive und die Adverbien werden durch Siglen markiert: *Vb., Adj., Adv.* „Die anderen Wortarten werden durch Termini der traditionellen Grammatik oder durch Hinweise, die die Wortart ersetzen, gekennzeichnet." (Klappenbach/Steinitz I 1964, 022). Letzteres geschieht durchgehend bei den Interjektionen. Terminologisch werden lateinische Kunstwörter und volkssprachige Termini verwendet: *Präp., Konj.* einerseits, *Kard.zahl, Ord.zahl* andererseits. Ähnlich wie beim Numerale werden auch beim Artikel und dem Pronomen jeweils die Unterarten durch entsprechende Siglen: *best.Art., unbest. Art.* bzw. *Dem.pron., Indef.pron., Interrog.pron., Pers.pron., Poss.pron., Refl.pron., Rel.pron.* markiert. In ähnlicher Weise wird auch bei gewissen Unterarten des Adjektivs – **gesalzen** *part.Adj.* – und des Adverbs – **danach** *Pronominaladv.* – verfahren. Die in neuerer Zeit verstärkt ins Blickfeld gerückte Wortart Partikel ist noch nicht systematisch mit einbezogen, wie die folgende unterschiedliche Behandlung zeigt:

bloß² *Adv.*
halt *Adv. ... partikelhaft, ohne eigentliche Bedeutung; ... steht oft in resignierenden Feststellungen oder in*

Feststellungen, die man ohne nähere Begründung lassen will ...
ja ... II. *partikelhaft, ohne eigentliche Bedeutung; intensiviert und belebt den Satz* ...
genau Adj. 1. ... umg. *bejahende Antwort auf eine Frage* ...
also *Konj.; bezeichnet die Folgerung* 1. ... 2. umg. *dient als Einleitung* a) *einer Zustimmung* ... b) *der Bestätigung einer Vermutung*... c) *einer Aufforderung* ... d) *einer Androhung* ... e) *einer Entscheidungsfrage* ... 3. umg. na a. (*da siehst du's*)!

Abgesehen von einigen Variationen verfährt das nunmehr achtbändige DUDEN-Wörterbuch, 1993f., in gleicher Weise, während der sechsbändige BROCKHAUS/WAHRIG (Wahrig/Krämer/Zimmermann 1980–1984) durch bandweise vorangestellte Flexionstabellen und Auflistungen von Satzmustern die grammatische Komponente verstärkt.

Eine wichtigere Rolle spielt die Wortart im onomasiologischen Wörterbuch. Zwar ist dem Typus entsprechend die Synonymie das erste Gliederungskriterium und damit das jeweils zugrunde gelegte Begriffssystem. Aber dann folgt die Auflistung wortartenweise wie beispielsweise im „Deutsche[n] Wortschatz" von Hugo Wehrle und Hans Eggers:

a) Substantive
b) Verben und verbale Ausdrücke
c) Adjektive, Adverbien und adverbiale Fügungen, soweit erforderlich Präpositionen, Konjunktionen und andere Wortarten
d) Sprichwörter und sprichwörtliche Redensarten
(Wehrle/Eggers 1967, XIV).

Wie aus dem Untertitel „Ein Wegweiser für den treffenden Ausdruck" hervorgeht, dienen diese Art Wörtersammlungen als Hilfsmittel bei der Textproduktion. Da die für einen bestimmten Begriff gesuchte Bezeichnung in eine Satzstruktur eingefügt werden muss, kommt nur ein Wort einer entsprechenden Wortart in Frage. So ist eine wortartspezifische Darbietung in den jeweiligen synonymischen Wortgruppen erforderlich. Auch Franz Dornseiffs „Der deutsche Wortschatz nach Sachgruppen" zeigt diese Struktur, nur in einer anderen Anordnung – Interjektionen, Partikeln, Präpositionen, Konjunktionen, Adverbien, Verben, Adjektive, Substantive – und ohne eigene Gruppe der bei Wehrle/Eggers aufgeführten Phraseologismen. Gleiches gilt im Prinzip für die alphabetischen Synonymen- und Antonymenwörterbücher. Die zu einem Lemma aufgeführten Synonyme bzw. Antonyme gehören jeweils derselben Wortart an.

Aus der Vielzahl der übrigen sehr unterschiedlichen Wörterbuchtypen ist der des Wortfamilienwörterbuchs erwähnenswert, weil hier der Wortartaspekt bei der Anordnung des Wortschatzes eine wesentliche Rolle spielt. So ist etwa in Jochen Spletts Althochdeutschem Wörterbuch die Wortfamilie in der Art strukturiert, dass auf der ersten Gliederungsebene nach der Unterscheidung von Simplex bzw. Flexionstyp (1) und Suffixbildung (2) die Wortarten in der Reihenfolge starkes Verb (1.0), schwaches Verb (1.1), Substantiv (1.2), Adjektiv (1.3), Adverb einschließlich der verbleibenden Wortarten (1.4) die Anordnung bestimmen. Im Rahmen der Suffixbildungen wiederholt sich diese Sequenz, aber ohne die Position 2.0, da es keine suffigierten starken Verben gibt (Splett 1993 I, XXIII). Die Wortartmarkierung beim einzelnen Wort ist dagegen die der konventionellen semasiologischen Wörterbücher.

8. Schlussbemerkungen

Der hier nur anhand einer eingeschränkten Perspektive gegebene Überblick zeigt bei aller Variation im Einzelnen eine kontinuierliche Entwicklung der Wortartkennzeichnung in dem hier vor allem behandelten semasiologischen Wörterbuchtyp. Darüber hinaus ist eine gewisse Konstanz im Bereich der Autosemantika festzustellen, bei der nur die Aufspaltung des Nomens in Substantiv und Adjektiv einen wichtigen Entwicklungsschritt darstellt. Die antike Tradition der partes orationis ist zumindest in den Wörterbüchern der bestimmende Hintergrund der Wortartkennzeichnung. Ein ganz anderes Bild ergäbe sich, wenn man die vor allem im Rahmen der automatischen Lemmatisierung erforderliche Einteilung nach Wortklassen einbeziehen würde. Hier ist eine strikt auf das Flexionsparadigma einschließlich aller graphisch möglichen Varianten bezogene Differenzierung notwendig (Weber 1969, 62ff.; 1996, 23ff.), deren Feinheitsgrad sich nach Zielsetzung, erforderlicher Trefferquote und Arbeitsaufwand richtet. Mit dem Problem der Wortarten im Rahmen der Lexikologie hat diese Art des Zugriffs allerdings nur am Rande etwas zu tun.

9. Literatur in Auswahl

Adelung, Johann Christoph (1781), *Deutsche Sprachlehre*. Berlin: Voß und Sohn. [Nachdruck Hildesheim/New York: Georg Olms Verlag 1977].

–, (1782), *Umständliches Lehrgebäude der Deutschen Sprache, zur Erläuterung der Deutschen Sprachlehre für Schulen. 2 Bände*. Leipzig: Breitkopf. [Nachdruck Hildesheim/New York: Georg Olms Verlag 1971].

–, (1793), *Grammatisch-kritisches Wörterbuch der Hochdeutschen Mundart mit beständiger Vergleichung der übrigen Mundarten, besonders aber der Oberdeutschen.* 4 Bände. Leipzig: Breitkopf. [Nachdruck hrsg. Helmut Henne. Hildesheim/New York: Georg Olms Verlag 1970].

Campe, Joachim Heinrich (1807–11), *Wörterbuch der Deutschen Sprache.* 5 Bände. Braunschweig: In: der Schulbuchhandlung. [Nachdruck hrsg. Helmut Henne. Hildesheim/New York: Georg Olms Verlag 1969].

[Cassiodor, Flavius Magnus Aurelius] 1961, *Cassiodori senatoris Institutiones.* 2. Auflage (Hrsg. R. A. B. Mynors). Oxford: University Press.

Corpus Glossariorum Latinorum (CGL). 7 Bände. (Hrsg. Georg Goetz): Leipzig: Teubner 1888–1923.

Dornseiff, Franz (1970), *Der deutsche Wortschatz nach Sachgruppen.* 7. Auflage. Berlin/New York: Walter de Gruyter.

Duden. Das große Wörterbuch der deutschen Sprache in acht Bänden. (Hrsg. G. Drosdowski). Mannheim: Dudenverlag 1993f. (2. Auflage).

Frühneuhochdeutsches Wörterbuch, Bd. I ff. (Hrsg. Robert R. Anderson; Ulrich Goebel; Oskar Reichmann). Berlin/New York: Walter de Gruyter. 1989ff.

Grammatici Latini. 8 Bände. (Hrsg. Heinrich Keil). Leipzig: Teubner 1855–78.

Grimm, Jacob u. Wilhelm (1854–1960)/(1983ff.), *Deutsches Wörterbuch, Bd. I–XVI. Neubearbeitung: Bd. 1ff.* (Stuttgart/) Leipzig: S. Hirzel.

Grubmüller, Klaus (1967), *Vocabularius Ex quo. Untersuchungen zu lateinisch-deutschen Vokabularen des Spätmittelalters.* München: Verlag C. H. Beck.

–, (1978), 'Brevilogus'. In: *Verfasserlexikon, Bd. 1.* 1978, 1033f.

Henkel, Nikolaus (1988), *Deutsche Übersetzungen lateinischer Schultexte. Ihre Verbreitung und Funktion im Mittelalter und in der frühen Neuzeit.* München/Zürich: Artemis Verlag.

Ising, Erika (1970); *Die Herausbildung der Grammatik der Volkssprachen in Mittel- und Osteuropa. Studien über den Einfluß der lateinischen Elementargrammatik des Aelius Donatus De octo partibus orationis ars minor.* Berlin: Akademie-Verlag.

Klappenbach, Ruth; Steinitz, Wolfgang (1964–77), *Wörterbuch der deutschen Gegenwartssprache.* 6 Bände. Berlin: Akademie-Verlag.

Klein, Dorothea (1997), 'Vocabularius Principaliter'. In: *Verfasserlexikon. Bd. 10., Lfg. 2* 1997, 478f.

Liber ordinis rerum. (Esse-Essencia-Glossar). 2 Bände. (Hrsg. Peter Schmitt). Tübingen: Max Niemeyer Verlag 1983.

Maaler, Josua (1561), *Die Teütsch spraach. Dictionarium Germanicolatinum novum.* Zürich: Froschauer. [Nachdruck hrsg. Gilbert de Smet. Hildesheim/New York: Georg Olms Verlag 1971].

Pinborg, Jan (1967), *Die Entwicklung der Sprachtheorie im Mittelalter.* Münster: Aschendorffsche Verlagsbuchhandlung.

Sanders, Daniel (1860–65), *Wörterbuch der Deutschen Sprache.* 3 Bände. Leipzig: Verlag von Otto Wigand. [Nachdruck der 2. unveränderten Auflage 1876 hrsg. Werner Betz. Hildesheim/New York: Georg Olms Verlag 1969].

Schmitt, Peter (1978), 'Brack, Wenzeslaus'. In: *Verfasserlexikon, Bd. 1.* 1978, 983.

–, (1985), 'Liber ordinis rerum'. In: *Verfasserlexikon, Bd. 5.* 1985, 765–767.

Schneider, Jakob Hans Josef (1995), Sprache II. In: *Historisches Wörterbuch der Philosophie, Bd. 9.* (Hrsg. Joachim Ritter; Karlfrid Gründer). Basel: Schwabe & Co. 1995, 1454–1468.

Schottelius, Justus Georg (1663), *Ausführliche Arbeit Von der Teutschen HaubtSprache.* Braunschweig: Christoff Friederich Zilligern. [Nachdruck hrsg. Wolfgang Hecht. Tübingen: Max Niemeyer Verlag 1967].

Splett, Jochen (1976), *Abrogans-Studien. Kommentar zum ältesten deutschen Wörterbuch.* Wiesbaden: Franz Steiner Verlag.

–, (1993), *Althochdeutsches Wörterbuch. 3 Bände.* Berlin/New York: Walter de Gruyter.

Stieler, Kaspar (1691), *Der Deutschen Sprache Stammbaum und Fortwachs oder Teutscher Sprachschatz.* 3 Bände. Nürnberg: Johann Hofmann. [Nachdruck hrsg. Stefan Sonderegger. München: Kösel-Verlag 1968].

Summarium Heinrici. 2 Bände. (Hrsg. Rainer Hildebrandt). Berlin/New York: Walter de Gruyter 1974–82.

Verfasserlexikon. Die deutsche Literatur des Mittelalters. Bd. I ff. (Hrsg. Kurt Ruh). Berlin/New York: Walter de Gruyter 1978ff. (2. Auflage).

Die Vokabulare von Fritsche Closener und Jakob Twinger von Königshofen. Überlieferungsgeschichtliche Ausgabe. 3 Bände. (Hrsg. Klaus Kirchert; Dorothea Klein). Tübingen: Max Niemeyer Verlag 1995.

>Vocabularius Ex quo<. Überlieferungsgeschichtliche Ausgabe. 5 Bände. (Hrsg. Klaus Grubmüller; Bernhard Schnell; Hans-Jürgen Stahl u.a.). Tübingen: Max Niemeyer Verlag 1988f.

Vocabularius optimus. 2 Bände. (Hrsg. Ernst Bremer). Tübingen: Max Niemeyer Verlag 1990.

Wahrig, Gerhard; Krämer, Hildegard; Zimmermann, Harald (1980–1984), *Brockhaus Wahrig. Deutsches Wörterbuch.* 6 Bände. Wiesbaden: F. A. Brockhaus; Stuttgart: Deutsche Verlags-Anstalt.

Weber, Heinz Josef (1969), Die Bestimmung der Wortklassen. In: *Elektronische Syntaxanalyse der deutschen Gegenwartssprache.* Ein Bericht von Hans

Eggers und Mitarbeitern. Tübingen: Max Niemeyer Verlag 1969, 62–89.

–, (1996), *Homographen-Wörterbuch der deutschen Sprache*. Berlin/New York: Walter de Gruyter.

Wegstein, Werner (1996), 'Versus de volucribus, bestiis, arboribus...'. In: *Verfasserlexikon. Bd. 10, Lfg. 1*. 1996, 313–316.

Wehrle, Hugo; Eggers, Hans (1967), *Deutscher Wortschatz*. 13. Auflage. Stuttgart: Ernst Klett Verlag.

Zaunmüller, Wolfram (1958), *Bibliographisches Handbuch der Sprachwörterbücher*. Stuttgart: Anton Hiersemann.

Jochen Splett, Münster (Deutschland)

73. The word class 'Noun'

1. Introduction
2. General characteristics
3. Subclasses of Nouns
4. Literature (a selection)

1. Introduction

As a first approximation, a noun (N) can be defined as a lexical category which denotes an entity of some kind. The terms used for the various subclasses of N reflect typical properties of what kind of entity the Ns denote, i.e. they are based on semantic criteria. These subclasses, however, correlate with the fact that, to varying degrees depending on the language in question, they each exhibit a different syntactic behaviour; in other words, nominal subclasses defined on different distributional criteria have a 'semantic core'. The primary distinction is between common Ns whose prototypical members denote general, i.e. nonindividual entities (e.g. *girl, table, love, water*), and proper Ns (e.g. *Shakespeare, the Netherlands, John*), which in contrast are names of individual entities. Within the field of common Ns, a further distinction is drawn between abstract Ns denoting abstract (*love, science*) and concrete Ns denoting concrete entities (*water, flower, table*); another contrast is the distinction between count Ns for entities which denote 'natural units' and, therefore, can be counted (*flower, table*), and (noncount) mass Ns (*water, sand*), whose prototypical members denote substances. It is for this reason that nominal features such as [± abstract], [± count], [± animate], [± human] are not purely syntactic in nature; they are semanto-syntactic features. It must be kept in mind, however, that these features are not the properties of entities which exist in extralinguistic reality, but names of these properties. Consequently, to say that a N such as *dog*, apart from the categorial feature [+N(oun)] (cf. 2.1.), contains the features [-abstract], [+count], [+animate], is an abbreviation for this N having the property to belong to that subclass of N which denote entities which are concrete, countable and animate in extralinguistic reality (cf. 3.2.1. for the relevance of this distinction).

2. General characteristics

Morphologically, the lexical category of Ns can be distinguished from other lexical categories by inflectional categories which are constitutive of the nominal paradigm in a given language. In many languages (e.g. Indo-European), these are gender, number, and case. Syntactically, in contrast to the other major lexical categories V(erb), A(djective) and P(reposition), a N is able to function as the (semantic) head of either a referential expression or a non-referential, predicative one (cf. the N *flower* in *She picked a beautiful flower* vs. *the rose is a beautiful flower*). Such an alternative use can be regarded as a property which is constitutive of N. This aspect, however, presupposes that it is possible to distinguish between the N and other lexical categories in the lexicon of a given language, which poses no principle problem in Indo-European languages. From a typological point of view, however, this aspect is far from being uncontroversial. The problems with regard to the universality of N as a lexical category as well as the relationship between lexical and syntactic categorization are discussed extensively in Sasse (1993a) and (1993b) as well as in Broschart (1997) (cf. also Art. 85). (For parts of speech in traditional grammar, comprising morphological, syntactic and semantic aspects, especially with regard to Greek *ónoma* 'noun', cf. Robins (1966)).

Another problem to be mentioned in this context is conversion or zero-affixation (cf. *a bottle (of wine)* vs. *to bottle (the wine)*, cf. Art. 84). The notion of conversion, however, presupposes that a formal distinction between verbal and nominal paradigms exists, i.e. a distinction on the morphological or morphosyntactic level. This kind of distinction, however, is not applicable to strongly isolating languages such as Vietnamese, which systematically lack such paradigms. For many lexemes, it is only the syntactic slot, i.e. the position in the sentence by which Ns can be distinguished from Vs (cf. Vietnamese *báo* (a) 'to inform (V)', (b) 'information, newspaper (N)'). Accordingly, it is difficult to decide which lexeme is to be considered the 'basic' one. For cases like these, it is the syntactic position and, therefore, the syntactic level which is decisive for assigning a given lexical item to a specific lexical category and not the lexical level.

2.1. Categorial features

Since Chomsky (1970) proposed the feature specification [± N, ± V] for characterizing major lexical categories with [+N, -V] for Ns, [+N, +V] for Adjs, and [-N, +V] for Vs, several proposals have been made to elaborate this system by using other types of categorial features in order to avoid this kind of categorization (Ns having nominal features, Vs having verbal features). In Jackendoff (1977, 33), Ns are classified as [+Subject, -Object] in contrast to V as [+Subject, +Object], Bresnan (1982) considers the feature specification [-transitive, -predicative] as constitutive for N in contrast to V[+transitive, +predicate], and Déchaine (1993, 39) uses the feature specification N[+Nominal, +Referential] in contrast to V[-Nominal, +Referential]. Distributional criteria, i.e. grammatical categories which are constitutive of N, are taken as the defining criterion in Grimshaw (1991), where Ns not only project to noun phrases (NPs); the projections are 'extended' to the corresponding functional (i.e. grammatical) categories which head the lexical category N, namely D for 'Determiner'. More recent proposals are Wunderlich (1996) on the basis of the features 'referentially dependent' (dep), i.e. whether or not they lack a referential argument, and 'articulated' (art), i.e. whether or not they have an articulated argument structure. Accordingly, Ns are classified as [-dep, -art] in contrast to V[-dep, +art]. Steinitz (1997) uses the feature contrast 'referentially dependent/independent' [Dep] vs. 'situation-related/individual-related' [T]; accordingly, N is specified as [-Dep, -T] in contrast to V[-Dep, +T].

The following sections, however, deal with languages where the problem of distinguishing between major word classes, especially N and V, is not of primary importance.

2.2. The ontological basis

It is a well-known fact that Ns are not confined to denote persons, places and things, as more traditional definitions of the noun might suggest (cf. Robins (1966)), i.e. nouns are said to denote entities. In order to define the noun in semantic terms, Lyons (1977, 439ff.) distinguishes between first-order, second-order and third-order entities. Physical objects are called first-order entities, the primary distinction being that between persons and non-personal entities (animals and things). These entities are such that „they are relatively constant as to their perceptual properties" and „that they may be referred to, and properties may be ascribed to them" (Lyons 1977, 443). Second-order entities are „events, processes, states-of-affairs etc., which are located in time and which, in English, are said to occur or take place, rather than to exist", and third-order entities are „such abstract entities as propositions, which are outside space and time" (ibid.). Accordingly, Ns which denote classes of first-order entities can be classified as first-order Ns (e.g. *boy, cat, table*), Ns such as *event* or *process* as second-order, and *proposition* or *theorem* as third-order Ns. Although *event, theorem*, etc. do not denote entities, they are *hypostatized* as entities, i.e. they are represented as entities and treated as such in a particular language. This aspect is also dealt with in Leisi (1975, 26): „So drängt uns also die Sprache mehr oder weniger, in *Reise, Hüfte, Familie, Woge* einen selbständigen, abgelösten 'Gegenstand' zu erblicken, [...]. Das Substantiv stellt das Bezeichnete (bzw. das Gemeinte) als Ding dar, das Adjektiv als Eigenschaft und das Verb als Tätigkeit".

2.3. Reference and denotation

Another important aspect with regard to the characteristic properties of N is its semantic function. Whereas Adjs (cf. Art. 74), according to Wierzbicka (1986, 365), indicate a mere description, in contrast to pronouns whose main function is pure reference, the two prototypical functions of a N are said to be reference and categorization. Adjs designate properties, Ns designate 'kinds of things' endowed with certain properties: „[...] the adjective *blond* suggests a single property (blond colour of the hair), but the noun *blonde* suggests [...] at least two (blond hair + womanhood), and probably more (sexy, glamorous, etc.)."

In Croft (1990, 53), the lexical semantic classes of objects, properties and actions are correlated with the pragmatic functions of reference, modification and predication. For Ns, reference is said to be the unmarked function for nouns (*vehicle, whiteness, destruction*), whereas modification of Ns makes morphosyntactic devices such as genitive marking (*vehicle's, of the vehicle*) necessary. The notion of reference, however, needs some clarification. What Wierzbicka and Croft are actually talking about with respect to reference are not Ns, but Ns used as noun phrases, i.e. sentence constituents. Croft himself is careful in pointing out explicitly the distinction between denotation intended to signify a relation between a word and the entity it names, and the action of referring as a property of the discourse (Croft 1990, 51). In the latter case, i.e. in the case of reference, however, it its only by means of the article, i.e. by using a syntactic device, that count Ns such as *vehicle* can be used as (part of) a referring expression (*the/a vehicle*). Whereas, due to the obligatory occurrence of the article in English, there is a formal distinction between the N *vehicle* as a lexical category and the N used as part of a referring expression, it is often the case that for abstract Ns such as *whiteness* or *destruction*, an article is not always necessary if they are used as referring expressions; this holds true even more in languages without articles such as Latin. Therefore, for nouns such as Lat. *puella* (Nom., fem.) 'girl', a distinction must be made with regard to the nominative whether this case, being the unmarked one, is used in its function as a citation form (denotation), or whether it is used as a case marker for a syntactic function such as subject (referring expression). Cases such as these illustrate the necessity of distinguishing between a referring expression and the *potential* of a N to be used as such.

Within generative grammar, this fundamental distinction is explicitly accounted for by distinguishing between a N as a lexical category and its (lexical) projections (NP), and a N used as or being part of a referring expression; in the latter case, the NP is headed by the functional (i.e. grammatical) category D(eterminer), yielding a Determiner Phrase (DP). The prototypical lexical instantiations of D are the determiners (DP-Syntax, cf. Abney 1987). D functionally selects a NP. Pronouns, being purely referring expressions, are DPs by themselves, i.e. they do not necessarily select a NP (for D as a functional category and the corresponding literature, cf. Art. 77). The basic idea behind the concept of DP consists of an explicit distinction between a semantic head (the noun) and a syntactic head (D resp. the determiners as lexical instantiations or realisations of it). For a detailed discussion of the notion of head, especially with regard to the NP, cf. Corbett/Fraser/McGlashan (eds.) 1993.

An interesting functional overlap between pronouns and Ns can be illustrated for languages where Ns denoting persons, especially kinship terms, may fulfill the function of personal pronouns; in the following Vietnamese sentences (1), the kinship terms are used in a way similar to *Daddy* in 'Daddy will fix it', said by a father to his child:

(1) a Mẹ   di   với   con
VIET   Mother go   with   child
       'I will go with you'
       (said by a mother to her child)
    b Con   di   với   ba
       Child go   with   father
       'I will go with you'
       (said by a child to his father)

3. Subclasses of nouns

Parallel to the problems regarding the delimitation of Ns from other lexical categories, it is also a well-known fact that even in languages where there is good reason to speak of a lexical class of N, there are numerous problems not only for the definition of nominal subclasses, but also for their delimitation. This is due to the fact that many Ns may have distinct senses, which can be illustrated by the well-known metonymic alternations such as count/mass (*lamb*), plant/food (*apple*), process/result (*examination*, i.e. 'nomen actionis' vs. 'nomen acti'), place/people (*city*), etc. (examples from Pustejovsky 1995, 92). More often than not, these alternations correlate with a difference in syntactic (e.g. obligatory vs. optional use of an article for count/mass) and/or semantic behaviour (cf. different selectional restrictions for whether a N is used as denoting a place or people (*the city decided*)). Roughly, the description for these lexical alternations can be distinguished into three different approaches: (a) the more traditional view is sense enumeration (*lamb*: sense (1) = mass N, meat; sense (2) = count N, animal) which, according to Pustejovsky (1995, 37f.), has the advantage that the lexicon remains a separate or independent component. This approach is sufficient for contrastive ambiguity, but does not capture the real nature of lexical knowledge (creative use of words, etc.). Pustejovsky, therefore, proposes (b) a meta-entry in which these senses are not treated as different senses, but as different aspects to it. His generative lexicon comprises four levels of representation (argument, event, qualia and lexical inheritance structure) which are connected by semantic transformations (type coercion, selective binding and composition) providing for "the compositional interpretation of words in context" (Pustejovsky 1995, 61). Somewhere between these two extreme approaches are (c) descriptions in which one of the senses of a N is taken as basic, the other ones being derived. Jackendoff (1991) can be regarded as a representative of this kind of approach (cf. also Copestake & Briscoe (1992)). He uses conceptual functions which may be expressed overtly (e.g. morphological affixes for the conceptual function PL(ural) or constructions such as 'N of NP' for the conceptual function ELT ('element of') in *a grain of rice*); conceptual functions may also be unexpressed, being introduced into the conceptual structure by 'rules of construal': the lexical features of the N *dog* denoting a substance in *There was dog all over the street* are not changed; well-formedness is preserved by introducing a function GR(inder), whose argument is the lexical conceptual structure of *dog* (Jackendoff 1991, 26).

Another important distinction within Ns is relationality. Thematic proto-roles of relational nouns are discussed in Barker & Dowty (1993); for the argument structure of relational Ns cf. Grimshaw (1990). In Löbel (2001) it is argued that it is necessary to distinguish within relational Ns between Ns such as *end* in *the end (of a story)* which select a referential argument (the NP consists of two constituents and two referents), and relational Ns such as *grain* in *a grain of rice* or *pound* in *a pound of butter*, which select a non-referential argument (the NP consists of two constituents, but only one referent); these Ns, therefore, can be characterized as 'semi-lexical'. Other Ns such as *place*, *thing*, *people* can be characterized as 'grammatical' Ns as they are "the most frequently used and least semantically specified members" (Emonds 1985, 162) of the lexical category of N.

In the following, some of the major formal correlates of distinguishing the major nominal subclasses are presented.

3.1. Proper nouns vs. common nouns

Typically, the main distinction between proper and common Ns is that the former may have reference, but not sense, where reference may be either unique (e.g. names such as *Paris*, *London*), or not unique (personal names such as *John*, *Mary*); in the latter case, uniqueness of reference is dependent upon the *use* of these names. There are, however, also common Ns with unique reference, such as *(the) sun* or *(the) moon*; these Ns, as they denote locatable and/or identifiable objects by themselves, typically occur with the definite article (Hawkins (1978); Chesterman (1991); cf. also Art. 77).

For proper Ns, however, the article is either a constitutive part of the name (*the Netherlands/*Netherlands*), i.e. it has no distinctive force or it is necessary for syntactic reasons, e.g. in connection with restrictive modification (*the Paris of the twenties*, *the John I used to know*). For syntactic aspects of proper names, cf. Longobardi (1994) (Italian, English) and Gallmann (1997) (German).

Not surprisingly, there are borderline cases, namely proper Ns with "descriptive backing" (Lyons 1977, 220); these are names of prominent persons or places, which may be used as common Ns (2a,b), or can develop into ordinary common nouns (2c):

(2) a Ich bin kein Krösus
    I   am   no   Croesus
    'I am not made of money.'
  b London is the Mecca for pop stars.
  c He wants to buy a Porsche/Mercedes.

There are quite a number of proper Ns, especially personal names, which have developed from common Ns (*Smith* vs. *the/a smith*, *Daisy* vs. *the/a daisy*). This difference, apart from orthography, is signaled by the obligatory occurrence vs. non-occurrence of an article. In contrast, there are languages such as Greek where common and proper Ns are not distinguished in this way, as both types of N obligatorily occur with the definite article when used as referring expressions (*i Maria* '(the) Maria', *o Sokrates* '(the) Sokrates'). In this language, the occurrence vs. non-occurrence of an article correlates with the referential vs. non-referential, i.e. predicative use of a proper N:

(3) a afti ine i catina.
GREE   this is the Catina
       'This is Catina.'
   b   afti ine catina
       this is   Catina
       'This is a Catina (i.e. a gossip).'

Another means of distinguishing proper from common Ns are phonological criteria. Hua, a language spoken in Papua New Guinea, has a large number of proper names which are also common Ns; proper names obligatorily end with a final glottal stop (Haiman 1980, 84):

(4) a *kiafuri* 'yellow flower'
HUA   *kiafuri'* (male name)
     b *butupa*   'bird of paradise'
        butupa' (male name)

Conventionalized occurrences of proper Ns based on common Ns must be distinguished from the general function of naming. In fact, every lexical item or expression may subsume this function, such as titles (*the film 'Gone With the Wind'*), or metalinguistic use (*the conjunction and, the noun dog*); in these cases, however, the respective items constitute 'anaphoric islands', i.e. they cannot be referred to by means of a pronoun (cf. Löbel 1991).

3.1.1. Functional vs. sortal nouns

An important aspect which cuts across proper and common Ns is the distinction elaborated in Löbner (1985) between sortal Ns ('Gattungsbegriffe') which classify their referent, and functional Ns ('Funktionalbegriffe') which identify their referent. This fundamental distinction is based on the observation that there are subclasses of Ns "that differ in the range of determiners with which they combine in certain contexts" (Löbner 1985, 292). Functional Ns are those which refer to unique parts of objects (*head, surface*, etc.), or to certain events which occur only once (*beginning, end*). These Ns, in general, are used with the definite article or a possessive pronoun. *Woman* constitutes a sortal N in contrast to *wife* which is a functional N. Apart from this classification within the class of N, Löbner explicitly distinguishes between Ns as such and uses of Ns (functional and sortal concepts). The relational noun *mother*, when used with a possessive or the definite article (*my mother, the mother of John*), constitutes a functional concept: it only allows for one referent (in contrast to *a good mother* (sortal concept)). The use of proper names as a referring expression also constitutes a functional concept together with other semantic definites such as *the kitchen* in the context of 'apartment' (an apartment normally has only one kitchen). Löbner's distinction is also valid for language comparison. In English, only functional nouns may be used without an article in the predicative position (*He is president/*teacher/a teacher*), whereas there is no such restriction in German (*Er ist Präsident/(ein) Lehrer*). In Löbel (1996), it is illustrated that functional concepts correlate with the obligatory non-occurrence of a classifier in Vietnamese, a typical classifier language (*cửa* (i) 'door' as a physical object, with classifier *cái* 'thing' (sortal concept); (ii) 'door' as a means of entrance or exit (no classifier) (functional concept; a house usually has only one (main) entrance)). The non-occurrence of a classifier (Clf) is due to the fact that its main function is individualization (cf. 3.2.1.), which is not applicable in this case.

3.1.2. Animacy

Another important distinction which cuts across proper and common Ns is animacy, as is exhibited by the following animacy hierarchy (Dixon 1979, 85): first, second-person pronouns < third-person pronoun < proper names < human common noun < nonhuman animate common noun < inanimate common noun. The correlations with syntactic aspects are manifold. In Croft (1990, 112), this hierarchy is described in correlation with number distinctions and obligatory case-marking from a typological point of view. In Comrie (1989, 185ff.), animacy is correlated primarily with definiteness and/or topic-worthiness, which again is "the result of the interaction of a number of factors, such as animacy in the strict sense, definiteness, singularity, concreteness, assignability of a proper name" (Comrie 1989, 199). Another important domain is variation in agreement for animate Ns. In Swahili, a Bantu language with noun classes, animate Ns agree with classes 1 (singular) and 2 (plural). In the augmentative (5/6) and the diminutive (7/8) classes, however, animate Ns allow for variation; in (6b), the augmentative connotation (class 5) is emphasized:

(5) a zee   yu-le
SWA   Cl.5-old-man Cl.1-that
       'that old man'
    b zee   li-le
       Cl.5-old-man Cl.5-that
       'that extremely old man'

This observation also holds true for German diminutives for N[+human] (cf. *der Bruder* (masc.) 'the brother', *das Brüderchen* (neutr.) 'the little brother') with respect to variation in the case of anaphoric pronouns, which is not possible for N[-animate] (e.g., *der Tisch* (masc.) 'the table' vs. *das Tischchen* (neutr.) 'the tiny little table'):

(6) Er hat ein Schwesterchen bekommen.
'He has got a little sister.'
Es/Sie soll Barbara heißen.
'Her name will be Barbara.'

3.2.   Count Nouns vs. Mass Nouns

In general, the criteria which are constitutive of a count N to be used as a referring expression in German and English are the obligatory use of an article and/or plural marking (for plural words from a typological perspective cf. Dryer (1989)). As a rule, the latter one is a pre-requisite for the combination with numbers >1 (*He will buy *apple/an apple/ (five) apples*); in contrast, mass N do not require an article (*He will buy milk*). These criteria, however, are language-specific (cf. French **eau* 'water' vs. *l'eau* '(the) water', *de l'eau* '(some) water'; for a contrastive analysis of German, English and Hungarian, cf. Behrens (1995)). MassNs are combinable with numbers only by means of mensural classifiers (Lyons 1977, 463), i.e. Ns of quantification; these Clfs may denote natural (*grain* (*of sand*)) or artificial units (*slice* (*of bread*), *pound* (*of butter*)) (cf. Löbel (1986) for German, and Angelo (1987) for English). Ideally, these distributional criteria correlate with an ontological distinction: a countN is a N which denotes a discrete and (therefore) countable entity (entity-denoting N, Lyons (1977, 463)), in contrast to a N denoting amorphous stuff or substance (mass-denoting N). Collectives such as *cattle* (*a head of cattle*) or *furniture* (*a piece of furniture*) crosscut this kind of distinction, as they denote discrete entities but are not 'countable' in the sense of 'being combinable with numerals', i.e. they are non-countN; as their syntactic behaviour is similar to massN, they are more than often subsumed under this subclass due to the fact that both types of N are trans-numeral, i.e. they lack the singular/plural contrast. This means that, for many contexts, 'mass' is to be understood as 'non-count'. In fact, the opposition 'count/mass' comprises two independent parameters, namely (i) the syntactic parameters of countability, and (ii) a non-syntactic one (entity vs. mass) (Löbel 1990, 141). The term 'mass', therefore, is systematically ambiguous; especially in cases where a countN occurs without an article and/or plural marking, it is said to be 'used' as a massN. In this use, it may correlate with the ontological criterion, i.e. *apple* in (7a) denotes a substance. Conversely, massN occurring with the indefinite article or plural marking are said to be used as 'countN', denoting either individual portions (7b,c) or different sorts (7d,e):

7 a There is a lot of apple in the salad.
  b a (glass of) beer
  c zwei Kaffee 'two cups of coffee'
  d a (sort of) wine
  e two coffees 'two sorts of coffee'

These phenomena are described in the literature as 'Universal Grinder' (7a), 'Universal Packer' (7b,c) and 'Universal Sorter' (7d,e) (Dölling (1992), Wiese (1997, 159ff.), Eschenbach (1995)). Given the appropriate context, however, countNs, too, may be interpreted as denoting different sorts or types (Lyons (1977, 463); Chestermann (1991, 75)), especially if they are used as predicative NPs:

(8) a Boskop und Cox Orange sind *zwei Äpfel*, die sich gut zum Kochen eignen
    b Boscop and Cox Orange are *both apples* which are suitable for cooking.

Apart from the relevance of the respective context, these uses of N correlate with the occurrence of the respective N with articles, numbers and/or plural marking. This distinction, therefore, is possible only on the syntactic level. But even on this level, there may be accidental 'dual' uses such as Germ. *ein Eisen* which, as in English, has two readings: (i) 'a kind of iron', (ii) 'an implement made of iron' (Leisi 1975, 35). This example is representative of the relevance of the lexicon with regard to language-specific uses and restrictions. Vietnamese, e.g., constitutes a counterexample of the alleged universality of 'Packer' and 'Sorter' insofar as only grinding (9b) is possible (Löbel 2000), which is due to the fact that this isolating language lacks the grammatical categories of plural and articles:

(9)   a một con   cá
VIET   one animal   fish
            'a fish'
         b một cân   cá
            one pound   fish
            'a pound of fish'

    c một thứ   cá
       one kind   fish
       'a (kind of) fish'
(10) a *hai bia
        two beer
     b hai   cốc   bia
       two   glass beer
       'two glasses of beer'

Ns such as (*an*) *iron* denote the substance an entity/object is made of, in contrast to Ns such as *ring*, *cube*, which denote shape. In general, the majority of countNs denoting concrete objects comprise both shape and substance in meaning. There is, however, the possibility of emphasizing one of these two aspects. According to Rigter (1986), alternative uses for *stone* or *oak* as in (a) *The wall is stone, the stick is oak* vs. (b) *The wall is of stone, the stick is of oak* illustrate that these two options may correlate with a substance (a) or with a shape (b) conceptualization of the referent of the subject. In other languages such as Turkish and Greek, this alternative is also available (ABL 'ablative'):

(11) a bu   vazo   bakir   (-dan- dir).
TURK   this vase   copper   (ABL copula)
        'This vase is (of) copper.'
     b to   tavani itan   (apo) xilo.
GREE   the   ceiling copula   (of)   wood
        'The ceiling was (of) wood.'

In Pustejovsky's generative lexicon, both material and shape are part of the qualia structure of a lexical item (1995, 87). For Jackendoff (1991, 18f.), however, these two components are secondary; it is boundedness, hence the feature [±bounded], by which individual objects (countNs such as *apple*) are distinguished from (unbounded) substances (massNs such as *water*). Both types of N have in common that they lack internal structure, which in contrast is constitutive of collectives such as *committee* [+bounded, +internal structure] or *cattle* [-bounded, +internal structure]. The plural constitutes a conceptual function with the features [-bounded, +internal structure], thus grouping both bare massNs and bare plurals together as [-bounded].

There are, however, many languages where the standard criteria (plural, articles) for a countN to be used as a referring expression are not applicable. One such language is Finnish which lacks articles, but has an elaborate case system. For Chesterman (1991, 93f.), in his contrastive analysis of Finnish and English, it is not unboundedness which both massNs and bare plurals have in common, but divisibility; a singular countN is non-divisible, as its referent is an individual unit. All Finnish NPs are either divisible or non-divisible, and this criterion is decisive for case alternation, as the following contrasts illustrate (Part 'partitive case'); non-divisibility (12a) is marked by nominative, divisibility (12b,c) by partitive:

(12) a Henry   on   mies.
FINN   Henry   is   man-Nom.
        'Henry is a man.'
     b Paitani   on   villaa
        shirt-my-Nom.   is   wool Part.
        'My shirt is (made) of wool.'
     c He   ovat   opettajia.
        They-Nom. are   teachers-Part.
        'They are teachers.'

3.2.1. Nouns in classifier languages

As it is mentioned in 3.2., the 'count/mass' opposition, in fact, comprises (at least) two parameters: denotation of entity vs. mass and countability vs. non-countability of a N. This distinction is especially relevant in Clf languages.

In general, no difficult arises with regard to the question of how many genders or noun classes the gender/noun class system of a given language exhibits. For these systems, the determining criterion is agreement (Corbett 1991, 4). Furthermore, gender/noun classes constitute an obligatory system, each noun is said to belong to one of these classes, with genders being more abstract in meaning and more limited in size (comprising 2 to 4) than noun classes (up to 40) (for a comparison, cf. Dixon (1986)); that gender is by no means totally devoid of meaning, is illustrated in Zubin/Köpcke (1986) for German). Furthermore, gender/noun class systems imply the grammatical category of number, whereas Ns of Clf languages are transnumeral, i.e. they lack the singular/plural contrast. MassNs are combinable with numbers only by means of mensural Clfs (13a) and, analogously, countN by means of sortal Clfs (Lyons 1977, 463) (13b). This can be illustrated in Vietnamese, a language which is unambiguously regarded to be a typical Clf language (the noun in the N1 slot, the 'classifier' slot, denotes a single entity, whereas the one in the N2 slot is transnumeral; for this reason, the numeral *một* 'one' is optional):

(13) a (một)   N₁   N₂
VIET (one)   cục   vàng
              lump   gold
       'a lump of gold'
     b (một) quả   cam
       (one) fruit   orange
       'an orange'

Due to the syntactic parallelity exhibited in (13), Ns in Clf languages are said to behave all somewhat like massN because both kinds of N use pure form Ns (mensural and sortal Clfs) in order to make them countable (Cao 1988, 46).

It is, however, far more difficult to determine the exact number of sortal Clfs (such *as quả* 'fruit' in (13b)) in a Clf language than the number of gender or noun classes. The reason for this uncertainty has been studied extensively in Löbel (2000) for Vietnamese, especially with regard to whether or not (i) Clfs constitute a lexical subclass of its own, (ii) a distinction can be made between classified and nonclassified Ns and (iii) countNs can be delimited from massNs.

First of all, identity of syntactic behaviour of countNs and massNs, as illustrated in (13), not necessarily implies identity on the lexical level. In fact, as it is already suggested in Greenberg (1974, 21), the primary distinction within Ns are those denoting structured concepts (countN in the sense of entity-denoting N) in contrast to nonstructured concepts (massNs in the sense of mass-denoting N). Ns[-structured] may *not* occur in the N1 slot, even elliptic constructions such as (10a) are not allowed. In contrast, abstract measure Ns such as *lít* 'liter, *cân* 'pound' are confined to the N1 slot. On the other hand, even so-called general Clfs such as *cái* 'thing', *con* 'living being, animal' can occur in both positions. For Ns[+structured], as a rule, there are two strategies of making them countable, namely by using a noun which stands either in (i) a taxonomic (14a), or (ii) a meronomic (14b,c) relationship to the N to be enumerated (cf. Cruse (1995) for taxonomy and meronomy):

           N₁   N₂
(14) a (một) con   chó
       (one) animal dog
       'a dog'
     b (một) chân   chó
       (one) leg   dog
       'a leg of a dog'
     c (một) đầu   chó
       (one) head   dog
       'a head of a dog'
     d (một) chó   eskimo
       (one) dog   eskimo
       'an eskimo dog'

The contrast of (14a) and (14d) shows that a N[+structured] such as *chó* 'dog' can be transnumeral in its use as an enumerated N (14a), or it may denote one single unit, i.e. it is *not* transnumeral (14d). This again means that the primary function which number fulfills, namely, to indicate the opposition between denoting one entity vs. more than one entity, also exists in Vietnamese; it is tied to a syntactic position and, therefore, constitutes a syntactic function. As a rule, every N[+structured] may be used in this way: If it appears in the N1 slot, the 'classifier slot', it denotes a single entity and, at the same time, is conceived of as part of a larger entity (15a); if it is transnumeral, it is not conceived of as such and needs a Clf on its own (15b):

(15) a (một) kiến   (xe hơi)
       (one) mirror (car)
       'a mirror (of a car)'
     b (một) cái   kiến
       (one) thing   mirror
       'a mirror'

It is important to point out that for grammatical notions such as transnumerality and countability, it is not relevant how dogs and mirrors as such are counted (extralinguistic aspect, i.e. individualization and/or categorization of object/entities), but how the respective *nouns* which denote these entities behave (particularization of the noun as a word form, linguistic aspect). This corresponds to the well-known semiotic triangle as follows:

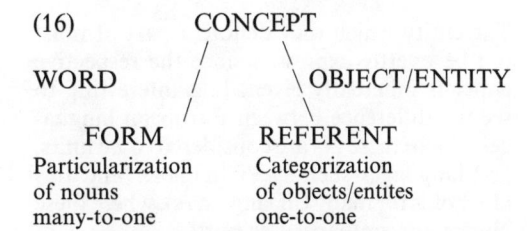

(16)   CONCEPT
                 /   \
                /   \
WORD   /   \   OBJECT/ENTITY
              /   \
           FORM   REFERENT
    Particularization   Categorization
    of nouns   of objects/entites
    many-to-one   one-to-one

On the right-hand side of the triangle, there is a one-to-one mapping between the categorization of objects or entities and one corresponding classifier (e.g., *con* 'animal' for *chó* 'dog'). This is the common denominator of both gender/noun class systems and classifier systems such as Vietnamese. On the left-hand side of the triangle, however, there is a one-to-one correspondence for gender/noun class systems implying the grammatical category of number (e.g. Germ. *der Hund, die Hunde* 'the dog(s)' being always masculine in gender) in contrast to a many-to-one mapping in a classifier system such as Vietnamese, as one and the same noun can be made countable by a series of other nouns denoting parts. What is more, examples such as (17b,c) are ambiguous, as they may be interpreted as meronomy or taxonomy (a celery bulb as a subspecies of bulbs, a celery leaf as a subspecies of leaves, etc.), which illustrates the strong interaction of these two relations:

(17) a rau   cần
     vegetable plant celery
     'a celery'
   b củ   cần
     bulb   celery
     'a celery bulb'
   c lá   cần
     leaf   celery
     'a celery leaf'

It is important to note, however, that the difference between nouns which denote structured concepts are not confined to nouns denoting 'concrete' objects. There are quite a lot of nouns which are said to be nonclassified nouns, namely, nouns denoting units of time, speech, and currency:

(18) a hai ngày   (troi)
     two day   (heaven = time)
     'two days'
   b hai câu   (nói)
     two sentence (speech)
     'two sentences'
   c hai đồng (bac)
     two piaster (silver = money)
     'two piasters'

The entity which they denote a part of must not be overtly expressed since the respective entity is inherently given. It is interesting to see the difference between European languages, where these Ns are considered to be units, and languages such as Vietnamese (and this also holds for many Clf languages), where these Ns are conceptualized as parts.

Classifiers in Vietnamese, therefore, do not constitute a lexical subclass of its own, but a syntactic function for particularizing Ns denoting structured concepts and/or categorizing objects conceptualized as being structured. It must be kept in mind, however, that Clf languages and their respective Clf systems are just as diverse as gender systems in languages exhibiting gender, a phenomenon amply illustrated in Corbett (1991).

4. Literature (a selection)

Abney, Steven (1987), *The English Noun Phrase in its sentential Aspect*. PhD dissertation Cambridge: MIT.

Angelo, Thomas Anthony (1987). *What's a bunch? Integrating and applying syntactic, semantic and sociolinguistic analyses to explain the partitive construction in English*. PhD dissertation, Harvard University.

Barker, Chris & David Dowty (1993), Non-verbal Thematic Proto-Roles. In: *NELS* (Proceedings of the North East Linguistic Society) 23 (1), 49–62.

Behrens, Leila (1995), Categorizing between lexicon and grammar: The Mass/Count distinction in a crosslinguistic perspective. In: *Lexicology* 1(1), 1–112.

Bresnan, Joan (1982), Control and complementation. In: J. Bresnan (ed.) *The Mental Representation of Grammatical Relations*. Cambridge, MA: MIT Press, 282–390.

Broschart, Jürgen (1997). Why Tongan does it differently: Categorial distinctions in a language without nouns and verbs. In: *Linguistic Typology* 1/2, 123–165.

Cao, Xuan Hao (1988), The Count/Mass Distinction in Vietnamese and the Concept of 'Classifier'. In: *Zeitschrift für Phonetik Sprachwissenschaft und Kommunikationsforschung* 41, 38–47.

Chesterman, Andrew (1991), *On Definiteness. A Study with Special Reference to English and Finnish*. Cambridge etc.: Cambridge University Press.

Chomsky, Noam (1970), Remarks on Nominalization. In: R.A. Jacobs & P. S. Rosenbaum (eds.). *Readings in English Transformational Grammar*. Waltham. MA: Ginn, 184–221.

Comrie, Bernhard (1989), *Language Universals and Linguistic Typology*. Oxford etc.: Blackwell.

Copestake, A. & T. Briscoe (1992), Lexical Operations in a Unification-Based Framework. In: Pustejovsky, J. & S. Bergler (eds.), *Lexical Semantics and Knowledge Representation*. Berlin: Springer Verlag.

Corbett, Greville G. (1991), *Gender*. Cambridge etc. Cambridge University Press.

Corbett, Greville G., Norman N. Fraser & Scott McGlashan (eds.) (1993), *Heads in grammatical theory*. Cambridge etc.: Cambridge University Press.

Craig, Colette (ed.) (1986), *Noun classes and categorization*. Amsterdam etc.: Benjamins.

Croft, William (1991), *Syntactic Categories and Grammatical Relations: The Cognitive Organization of Information*. Chicago: University of Chicago Press.

Cruse, D.A. (1995 (=1986)), *Lexical Semantics*. Cambridge etc.: Cambridge University Press.

Déchaine, Rose-Marie (1993), *Predicates Across Categories*. Ph. Dissertation. University of Massachussetts, Amherst. Graduate Linguistic Student Association.

Dixon, R. M. W. (1979), Ergativity. In: *Language* 55:59-138.

-, (1986), Noun Classes and Noun Classification in Typological perspective. In: Craig (ed.) (1986):105-112.

Dryer, Matthew (1989), Plural words. In: *Linguistics* 27:865-895.

Dölling, Johannes (1992), Flexible Interpretation durch Sortenverschiebung. In: Zimmermann, Ilse & Anatoli Strigin (Hg.), *Fügungspotenzen. Zum 60. Geburtstag von Manfred Bierwisch*. Berlin: Akademie-Verlag.

Emonds, Joseph E. (1985), *A Unified Theory of Syntactic Categories*. Studies in Generative Grammar 19. Dordrecht. Foris.

Eschenbach, Carola (1995), *Zählangaben – Maßangaben, Bedeutung und konzeptuelle Interpretation von Numeralia*. Wiesbaden: DUV.

Gallmann, Peter (1997), Zur Morphosyntax der Eigennamen im Deutschen. In: Löbel & Rauh (Hg.), 73-86.

Greenberg, J. H. (1974), Numeral Classifiers and Substantival Number. Problems in the Genesis of a Linguistic Type. In: L. Heilmann (ed.) *Proceedings of the 11th International Congress of Linguists*, Bologna, 17-37.

Grimshaw, Jane (1990), *Argument Structure*. Cambridge etc.: The MIT Press.

-, (1991), Extended Projections. Manuscript, Brandeis University.

Haimann, John (1980), *Hua. A Papuan Language of the Eastern Highlands of New Guinea*. Amsterdam etc.: John Benjamins.

Hawkins, John (1978). *Definiteness and Indefiniteness: A Study in Reference and Grammaticality Prediction*. London: Croom Helm.

Hengeveld, Kees (1992), *Non-Verbal Predication: Theory, Typology, Diachrony*. Berlin: Mouton de Gruyter.

Jackendoff, Ray (1977), *X-bar Syntax: A Study of Phrase Structure*. Cambridge. MA: MIT Press.

-, (1991), Parts and boundaries. In: Levin, Beth & Steven Pinker (eds.). *Lexical and Conceptual Semantics*. Cambridge etc.: Blackwell, 9-45.

Leisi, Ernst (1975). *Der Wortinhalt. Seine Struktur im Deutschen und Englischen*. UTB 95, Heidelberg: Quelle & Meier (5. Auflage).

Löbel, Elisabeth (1986), *Apposition und Komposition in der Quantifizierung*. Syntaktische, semantische und morphologische Aspekte quantifizierender Nomina im Deutschen. Linguistische Arbeiten 166. Tübingen: Niemeyer.

-, (1990), Typologische Aspekte funktionaler Kategorien in der Nominalphrase. In: *Zeitschrift für Sprachwissenschaft* 9, 135-169.

-, (1991), Apposition und das Problem der Kasuszuweisung und Adjazenzbedingung in der Nominalphrase des Deutschen. In: Fanselow, Gisbert & Sascha W. Felix (Hg.), *Strukturen und Merkmale syntaktischer Kategorien*. Tübingen: Narr, 1-32.

-, (1996), Function and Use of Vietnamese Classifiers. In: Weigand, Edda & Franz Hundsnurscher (eds.), *Lexical Structures and Language Use*, Vol. 2. Tübingen: Niemeyer, 293-304.

-, (2000), Classifiers vs. genders and noun classes: A case study in Vietnamese. In: Unterbeck, Barbara & Matti Rissanen (eds.), *Gender in Grammar and Cognition*. Vol. I Approaches to Gender, Berlin: Mouton de Gruyter, 259-319.

-, (2001), Classifiers and the Notion of 'Semi-Lexical Head'. In: van Riemsdijk. Henk van & Norbert Corver (eds.) (in print.). *Semi-lexical Categories*. Berlin: Mouton de Gruyter.

Löbel, Elisabeth & Gisa Rauh (Hg.) 1997, Lexikalische Kategorien und Merkmale. Linguistische Arbeiten 366. Tübingen: Niemeyer.

Löbner, Sebastian (1985), Definites. In: *Journal of Semantics* 4, 279-326.

Longobardi, Guiseppe (1994), Reference and proper names. In: *Linguistic Inquiry* 25, 609-666.

Lyons, John (1977), *Semantics*. Cambridge et al.: CUP.

Lucy, John A. (1992), *Grammatical categories and cognition*. Cambridge etc.: Cambridge University Press.

Pustejovsky, James (1995), *The Generative Lexicon*. Cambridge etc.: The MIT Press.

Rigter, Bob (1986), Shape and Substance, In: *Lingua* 70, 285-303.

Robins, R. H. (1966), The Development of the Word Class System of the European Grammatical Tradition. In: *Foundations of Language* 2, 3-19.

Sasse, Hans-Jürgen (1993a), Syntactic categories and subcategories. In: J. Jacobs; A. von Stechow; W. Sternefeld/T. Vennemann (eds.), *Syntax* (Handbücher zur Sprach- und Kommunikationswissenschaft) Vol. 1, Berlin: de Gruyter, 646-686.

-, (1993b), Das Nomen – eine universale Kategorie? In: *Sprachtypologie und Universalienforschung* 46/3, 187-221.

Steinitz, Renate (1997), Lexikalische Kategorisierung: Ein Vorschlag zur Revision. In: Löbel & Rauh (Hg.), 1-26.

Wierzbicka, Anna (1986, What's in a noun (or how do nouns differ in meaning from adjectives?). In: *Studies in Language* 10, 353-389

Wiese, Heike (1997), *Zahl und Numerale*. Eine Untersuchung zur Korrelation konzeptueller und sprachlicher Strukturen. studia grammatica 44, Berlin: Akademie Verlag.

Wunderlich, Dieter (1996), Lexical categories. In: *Theoretical Linguistics* 22, 1/2, 1-48.

Zubin, David A. & Klaus-Michael Köpcke (1986), Gender and folk taxonomy. In: Craig (ed.) 1986, 139-181.

Elisabeth Löbel, Köln (Deutschland)

74. Die Wortart 'Adjektiv'

1. Semantische und syntaktische Eigenschaften von Adjektiven
2. Semantik der prädikativen und attributiven Verwendung von Adjektiven
3. Restriktive und appositive Interpretation
4. Semantik der adjunktiven Verwendung
5. Die Semantik der adjektiv-modifizierenden Verwendung
6. Adjektive und alternative sprachliche Ausdrücke
7. Literatur in Auswahl

1. Semantische und syntaktische Eigenschaften von Adjektiven

Viele der üblicherweise als Adjektiv klassifizierten Wörter können in fünf verschiedenen syntaktischen Konstruktionen verwendet werden, die wir attributiv, appositiv, prädikativ, adjunktiv und adjektivmodifizierend nennen wollen. Wir verzichten hier auf eine genauere syntaktische Analyse im Rahmen einer speziellen Grammatiktheorie und gehen davon aus, dass unsere sehr offen formulierten syntaktischen Angaben ausreichen, um die erwähnten Positionen hinreichend genau bestimmen zu können.

Attributive Verwendung liegt vor, wenn das Adjektiv Bestandteil einer Nominalphrase ist. Das Adjektiv ist in diesem Fall auf ein Nomen bezogen, das den Kern einer Nominalphrase bildet. Attributive Adjektive werden in Abhängigkeit von der Flexion des Nomens und determinierender Einheiten – z.B. des Artikels – flektiert. Die Einordnung attributiver Adjektive in Nominalphrasen ist somit im Deutschen morphologisch gekennzeichnet:

(ein$_D$ auserlesener$_A$ Geschmack$_N$)$_{NP}$
(der$_D$ neue$_A$ Direktor$_N$)$_{NP}$

Von **appositiver Verwendung** spricht man, wenn das zu einer Nominalphrase gehörende Adjektiv dem Nomen nachgestellt ist. In diesem Falle wird es nicht flektiert:

(Sein Geschmack$_N$, auserlesen$_A$,)$_{NP}$ hinderte ihn an einer zu schnellen Entscheidung.

Bei **prädikativer Verwendung** bildet das Adjektiv zusammen mit einem Hilfsverb eine Prädikatphrase, die auf das Subjekt eines Satzes bezogen ist:

(sein Geschmack$_{NP}$ (ist$_{HV}$ auserlesen$_A$)$_{VP}$)$_{Satz}$
(Der neue Direktor)$_{NP}$ (ist$_{HV}$ streng$_A$)$_{VP}$)$_{Satz}$

Von **adjunktiver Verwendung** sprechen wir, wenn das Adjektiv in die Verbalphrase eines Satzes integriert ist:

((Er)$_{NP}$ (greift$_V$ plötzlich$_A$ an)$_{VP}$)$_{Satz}$
((Die Schauspieler)$_{NP}$ (verlassen$_V$ schnell$_A$ die Bühne)$_{VP}$)$_{Satz}$

Adjektivmodifizierende Verwendung liegt vor, wenn ein Adjektiv ein anderes Adjektiv – oder Adverb – als Bezugswort hat, d.h. wenn es als modifizierendes Element in eine Adjektivphrase eingeht:

(außerordentlich$_A$ empfindlich$_A$)$_{AP}$
(ungewöhnlich$_a$ schnell$_A$)$_{AP}$
(stark$_A$ verschmutzt$_A$)$_{AP}$

In den meisten Grammatiken werden lexikalische Modifikatoren, die attributiv, appositiv und prädikativ verwendet werden können, als Adjektive klassifiziert, Modifikatoren die adjunktiv und adjektmodifizierend verwendbar sind, *Adverbien*. Als Adverbien werden darüber hinaus auch Wörter klassifiziert, die Sätze modifizieren:

(vermutlich$_{Adv}$ (hat er sich verletzt)$_{Satz}$)$_{Satz}$)
gewöhnlich$_{Adv}$ (kommt er zu spät)$_{Satz'}$)$_{Satz}$)

Die Bezeichnung Adverb (zum Verb gehörend) ist offensichtlich irreführend. Sie trifft allenfalls auf die adjunktive Verwendung zu. Tatsächlich ist die so definierte Klasse der Adverbien syntaktisch heterogen. Satzadverbien bilden eine Klasse für sich. Adjunktiver und adjektivmodifizierender Gebrauch bilden ebenfalls recht unterschiedliche syntaktische Klassen. Am schwerwiegendsten ist jedoch, dass auch die klassischen Adjektive in der Regel adjunktiv und adjektivmodifizierend verwendet werden können. Diese syntaktischen Positionen haben somit keine klare distinktive Funktion. Tatsächlich kann eine große Zahl aller traditionell als Adjektiv klassifizierten Wörter auch Positionen einnehmen, die zur Definition von Adverbien in Anspruch genommen werden, d.h. diese Adjektiv-Adverbien können auch adjunktiv oder adjektivmodifizierend verwendet werden:

attributiv: *eine feinsinnige Erwiderung.*
prädikativ: *Die Erwiderung ist feinsinnig.*
adjunktiv: *Sie erwiderte feinsinnig.*
adjektivmodifizierend: *eine feinsinnig erwiderte Frechheit*

74. Die Wortart 'Adjektiv'

Dieses Beispiel verdeutlicht ein Klassifikationsdilemma. Nimmt man die syntaktischen Positionen als Grundlage für die Wortartbestimmung, so könnte jede Position – außer der appositiven – eine Wortart definieren. Es gibt Wörter, die nur attributiv verwendbar sind:

Pariser Gespräche
väterliche Wohnung
die hiesigen Verhältnisse

Andere sind nur prädikativ verwendbar. Hier handelt es sich aber um Ausnahmen von der Regel, dass prädikativ verwendbare Adjektive auch attributiv verwendet werden können: Beispiele für nur adjunktiv verwendbare Wörter sind:

bereits, stets, links, hier, dort, heute, morgen

Nur adjektivmodifizierend sind:

sehr, besonders, etwas

Allerdings kommen diese graduierenden Wörter auch in adjunktiver Position vor. Sie setzen dann aber stets eine graduierende Eigenschaft voraus.

Sie weinte sehr
Sie weinte sehr heftig

Die satzmodifizierenden Wörter sind in der Regel auf eben diese syntaktische Funktion festgelegt.

Eine solche Klassifizierung muss aber zwangsläufig zur Mehrfacheinordnung zahlreicher Wörter in die vier Klassen führen. Eine Mehrfacheinordnung wird aber auch durch die Annahme zweier Klassen, Adjektive und Adverbien, nicht vermieden. Als Ausweg böte sich an, eine einzige Wortart anzunehmen, die Wörter umfasst, die alle fünf syntaktischen Funktionen ausüben können. Diese Wortart könnte Adjektiv oder *Modifikativ* genannt werden. Die Beschränkungen einiger Modifikative auf bestimmte syntaktische Funktionen müssen dann als besonderes lexikalisches Merkmal ausgewiesen werden.

Die Bedeutung von Adjektiven ist sehr eng mit der Bedeutung von *Nomen* und anderen möglichen Bezugswörtern verbunden. Eine semantische Beschreibung muss diesen Zusammenhang systematisch erfassen und aufzeigen, welcher Typ von Eigenschaften mit welchen Typen von Bezugswörtern in Verbindung gebracht werden kann. Wenn wir sehr generell davon ausgehen, dass Nomen typischerweise Gegenstände, Verben typischerweise Geschehen und Adjektive typischerweise Eigenschaften bezeichnen, ergibt sich ein Rahmen für die Untersuchung der semantischen Verknüpfungspotenz von Adjektiven, der kurz umrissen werden soll. Betrachten wir zunächst die folgenden Beispiele:

heißes Wetter
gesunder Patient
Er arbeitet flink.
Er arbeitet fleißig.
Er ist unheilbar krank.

In der Nominalphase *heißes Wetter* bezeichnet das Nomen *Wetter* eine als Gegenstand gefasste Summe von Naturerscheinungen, die u.a. im Hinblick auf Temperaturwerte spezifiziert werden kann. Genauer: die semantische Repräsentation von *Wetter*, d.h. das zu diesem Wort gehörende Prädikatkonglomerat, enthält die spezifizierbare Dimension Temperatur. Die Eigenschaft HEISS ist ein Temperaturmodifikator, d.h. sie charakterisiert einen bestimmten Wertbereich innerhalb der Temperaturskala.

Die semantische Repräsentation von *Patient* enthält neben den Eigenschaften GEGENSTAND und PERSON – und vielen weiteren Merkmalen – eine Komponente für das physische Befinden. *Gesund* bezeichnet eine Eigenschaft, die eben diese Komponente spezifiziert.

Arbeiten bezeichnet ein Prädikat, das Tätigkeiten charakterisiert. Tätigkeiten werden von Tätern ausgeführt und sie können u.a. im Hinblick auf den Zeitaufwand spezifiziert werden. *Flink* bezeichnet eine Eigenschaft, die einen geringen Zeitaufwand charakterisiert.

Fleißig bezeichnet eine Verhaltenseigenschaft von Personen. Im angeführten Beispiel bezieht sich FLEISSIG primär auf den Täter, sekundär aber auch auf die Art und Weise des Arbeitens, speziell auf die Menge der bearbeiteten Gegenstände oder Arbeitsaufgaben. Die Bedeutung schließt deshalb die Interpretation ein 'er produziert viel' oder 'er bewältigt viele Aufgaben'. Wir können also von einem Doppelbezug ausgehen, der bereits in der Bedeutung von *fleißig* angelegt ist.

KRANK ist eine Eigenschaft, die sich auf den Gesundheitszustand von Lebewesen, speziell von Menschen und den Menschen nahestehenden Tieren, bezieht. Es handelt sich um eine skalare, d.h. um eine gradierbare Eigenschaft. UNHEILBAR spezifiziert einen extremen Grad des Krankseins.

Zwischen Eigenschaften und möglichen Bezugswörtern besteht also ein Selektionsverhältnis. Die genauere semantische Beschreibung von Adjektiven muss deshalb Kontextangaben enthalten, die feststellen, welche Kategorien von Bezugswörtern grundsätzlich für Verknüpfungen in Frage kommen. Die durch Adjektive ausgedrückten Eigenschaften können in vielen Fällen in Eigenschaftsklassen eingeteilt werde, die Komponenten von Gegenstands- oder Geschehensrepräsentationen darstellen. Das Grundprinzip besteht darin, dass Klassen von Eigenschaftskonzepten systematisch mit Eigenschaftskomponenten von Gegenständen, Geschehen und Eigenschaften korrespondieren.

Viele Adjektive sind mehrdeutig. Sie können deshalb mehreren Dimensionen zugeordnet werden. Zum Teil beruht die Mehrdeutigkeit auf Umdeutungen primärer Bedeutungen. Man kann primäre von *metaphorischen* Bedeutungen unterscheiden. (Vgl. Aarts/Calbert 1979, 12)

heißer Tee
ein heißer Kopf
ein heißes Gefecht

heiß bezeichnet eine Eigenschaft der Temperaturdimension. *Heißer Tee* erreicht einen hohen Temperaturgrad. Ein *heißer Kopf* mag tatsächlich *heiß* in diesem Sinne sein, gemeint sein kann aber auch, dass es sich um einen Menschen handelt, der sich in einem Zustand heftiger geistiger Erregung befindet. Ein *heißes Gefecht* bezeichnet 'ein Gefecht, das mit höchster Anspannung geführt wird'.

Das Beispiel macht deutlich, dass die Deutung von Konstruktionen mit Adjektiven in sehr vielen Fällen eine beachtliche Interpretationsleistung verlangt. Häufig muss nicht nur zwischen mehreren Lesarten und metaphorischen Uminterpretationen gewählt werden, sondern es müssen semantische Komponenten interpoliert, d.h. hinzu gedacht werden.

ein glücklicher Gewinner
ein glückliches Lächeln
eine glückliche Woche
eine glückliche Reise

Im ersten Beispiel bezieht sich *glücklich* direkt auf das Bezugswort. Im zweiten Beispiel muss hinzugedacht werden, dass 'das Lächeln einen Glückszustand dessen *manifestiert*, der lächelt'. Im dritten Fall ist die Interpretation 'Woche, in *deren Verlauf* eine Person(engruppe) einen Glückszustand erlebt' anzunehmen. Das vierte Beispiel ist zu interpretieren 'Reise, die bei den Reisenden einen Glückszustand *bewirkt*'.

Die semantischen Beziehungen zwischen Typen von Eigenschaften und semantischen Kategorien von Bezugswörtern, die hier nur angedeutet werden können, bilden auch die Grundlage der Interpretation syntaktischer Konstruktionen mit Adjektiven.

Von Adjektiven bezeichnete Eigenschaften können relativ oder absolut sein. *Relative* Eigenschaften sind gradierbar, d.h. sie sind auf Skalen beziehbar, die einen +Pol und einen −Pol haben. Zum +Pol nimmt der Grad der Eigenschaft zu, zum −Pol nimmt er ab.

Relative Adjektive bezeichnen einen Normalwert, der zu- oder abnehmen kann. Die Zunahme im Vergleich zum Normalwert oder im Vergleich verschiedener Bezugswörter kann durch den Komparativ ausgedrückt werden:

ein älteres Haus
das Haus ist älter als sein Besitzer

Der Superlativ bietet die Möglichkeit, einem Element in einer Vergleichsmenge den höchsten Grad einer Eigenschaft zuzusprechen:
das älteste Haus der Stadt.

Eine Gradierung in der Richtung zum +Pol kann auch durch lexikalische Mittel ausgedrückt werden:

sehr alt
äußerst müde
höchst betroffen

Die Richtung zum −Pol kann nur mit lexikalischen Mitteln ausgedrückt werden:

wenig erfahren
etwas sauer
geringfügig erkältet

Einige Eigenschaften sind nach Maßsystemen messbar. Sie haben Maßangaben als mögliche Spezifikatoren.

drei Meter lang
fünf Jahre alt

Andere skalierbare Eigenschaften setzen unscharfe Maßsysteme voraus. Auch der Normalwert bleibt unscharf:

klug, bekannt, süß

Der Normalwert von messbaren Eigenschaften ist abhängig von den Bezugswörtern. *Ein großer Hund* ist verglichen mit *Elefanten* klein. Der Normalwert von GROSS variiert also von Kategorie zu Kategorie.

Die Gradskalen einer Reihe von Eigenschaften überlagern sich, d.h. es besteht die

Möglichkeit, diese Skalen zu einer Skala zu vereinen, in der eine Eigenschaft näher am +Pol liegt und die andere näher am −Pol. Als bestimmende Eigenschaft gilt die näher am +Pol stehende:

−⟵———KLEIN——— GROSS ———⟶+

Adjektive, die in dieser Weise aufeinander bezogen werden können, bilden Antonymenpaare:

groß – klein
dick – dünn
süß – sauer
klug – dumm

Bei messbaren Eigenschaften ist das Adjektiv, das die näher am +Pol stehende Eigenschaft bezeichnet, dadurch herausgehoben, dass nur dieses Adjektiv mögliche Maßangaben als Ergänzung zulässt:

er ist 1,80 m groß
es ist 1,80 klein

Eine weitere Besonderheit besteht darin, dass die Nominalisierung dieses Adjektivs eine Bezeichnung für die vereinigte Skala ist:

Größe: groß – klein
Länge: lang – kurz

Nicht alle skalierbaren Eigenschaften haben lexikalisierte Antonyme. Die Möglichkeit, entsprechende Eigenschaften herauszustellen und sprachlich zu benennen, besteht jedoch grundsätzlich.
 Antonymenpaare von skalierbaren Adjektiven charakterisieren *konträre Eigenschaften*. Eigenschaften sind *konträr*, wenn die Negation nicht das Zutreffen der Eigenschaft des entsprechenden antonymen Adjektivs impliziert, sondern nur einen Wertebereich auf der Skala zum +Pol oder zum −Pol. Das wird deutlich an adversativen Ausdrücken:

Das Auto ist nicht groß aber auch nicht klein.
'das Auto ist kleiner als normal, aber nicht unbedingt klein'

Die Apfelsine ist nicht sauer aber noch lange nicht süß.

Absolute Eigenschaften lassen keine Skalenbildung zu. Sie sind deshalb weder morphologisch noch lexikalisch skalierbar

tot, verheiratet, lebend, hölzern, schriftstellerisch, eckig

Auch Adjektive, die absolute Eigenschaften bezeichnen, können Antonymenpaare bilden. Voraussetzung dafür ist jedoch eine Domäne, die durch zwei komplementäre Zustände gekennzeichnet ist. Wenn diese Domäne durch eine Eigenschaft charakterisiert wird, gilt grundsätzlich die Negation der zweiten, zu dem Paar gehörenden Eigenschaft. Adversative Konstruktionen sind nicht zulässig oder verlangen Uminterpretationen:

tot – lebend
verheiratet – unverheiratet

Die Schlachttiere sind nicht tot *aber auch nicht lebend.
Er ist nicht verheiratet *aber auch nicht unverheiratet

Nicht alle absolute Eigenschaften bezeichnenden Adjektive haben komplementäre Eigenschaften. So können die sogenannten '*relationalen Adjektive*' keine komplementären Paare bilden:

ein dreirädiges Fahrzeug
die väterliche Wohnung
der ärztliche Rat
ein sprachwissenschaftlicher Begriff
die polizeiliche Anordnung

Zu fragen ist nun, welche semantische Interpretation mit den syntaktischen Verwendungsweisen verbunden ist. Bevor wir diese Frage zu beantworten versuchen, ist auf eine Besonderheit der Beziehungen zwischen Syntax und Semantik hinzuweisen, die auf Wortbildungsprozesse zurückzuführen ist.
 Durch eine Umkategorisierung der Bezugswörter von Adjektiven kann sich die syntaktische Position eines Adjektivs ändern. Vgl. dazu die folgenden Beispiele:

Er greift hastig nach der nächsten Zigarette.
sein hastiger Griff nach der nächsten Zigarette
Er ist außerordentlich zähe.
seine außerordentliche Zähigkeit

Im ersten Beispielpaar nimmt das Adjektiv eine adjunktive Position ein, im zweiten eine attributive. Die semantische Beziehung zwischen Adjektiv und Verb bzw. Adjektiv und Verbalnomen ändert sich durch den Wortbildungsprozess nicht, sie wird gewissermaßen vererbt. Im zweiten Beispielpaar wird das Adjektiv des ersten Satzes adjektivmodifizierend verwendet, im zweiten Satz dagegen attributiv. Wiederum stellen wir keine Veränderung der semantischen Beziehung zwischen modifizierendem und modifiziertem Adjektiv fest.

2. Semantik der prädikativen und attributiven Verwendung von Adjektiven

Wir gehen davon aus, dass die semantische Repräsentation von Adjektiven mindestens eine Argumentstelle für das Bezugswort enthält. Einige Adjektive können weitere Argumentstellen haben:

frei von NP
befasst mit NP/Satz
froh über NP/Satz

Bei der prädikativen Verwendung von Adjektiven wird die Argumentstelle für das Bezugswort durch das Nomen der Subjektnominalphrase eines Satzes besetzt. Bei der Attribution besetzt das Nomen, das den Kern der Nominalphrase bildet, zu der das Adjektiv gehört, die Argumentstelle für das Bezugswort. Das gleiche gilt für den appositiven Gebrauch. Der generelle semantische Effekt ist im Prinzip der gleiche: das Prädikatkonglomerat eines Nomens wird durch das adjektivische Prädikat ergänzt, d.h. einem Gegenstand oder einer Gegenstandsmenge wird zusätzlich zu den Prädikaten, die mit der Bedeutung des Nomens verbunden sind, ein weiteres Prädikat zugeordnet:

(RUND(BALL)

Der Ball ist rund.
der runde Ball

Die semantische Repräsentation, die die Bedeutung von *Ball* beschreibt, wird durch die Eigenschaft RUND angereichert.

Der eigentliche Unterschied zwischen prädikativer und attributiver Verwendung liegt auf einer anderen Ebene. Mit der prädikativen Verwendung ist eine explizite Information über einen Sachverhalt verbunden, der durch Prädikatoperatoren zugleich zeitlich und modal eingeordnet wird. Darüber hinaus und das unterstreicht den besonderen Charakter der prädikativen Verwendung – muss die Kernproposition eines Satzes, die durch die Besetzung der Argumentstellen des Adjektivkonzepts zustande kommt, durch einen Satzmodus ergänzt werden, der angibt, ob der Sprecher den mit der Kernproposition charakterisierten Sachverhalt als existent, problematisch oder deontisch möglich bzw. notwendig erachtet. Der Satz muss als Deklarativ-, Interrogativ- oder Imperativsatz erkennbar sein.

Bei der attributiven Verwendung erscheint die Zuordnung eines Prädikats zu einem durch ein Nomen identifizierten Gegenstand dagegen als ein in eine nominale Struktur integrierter Schritt oder als eine nebengeordnete Information. Prädikative und attributive Verwendung sind somit Mittel der 'Informationsgewichtung', das bedeutet, sie dienen primär der Unterscheidung kommunikativer Kategorien. Mit prädikativen Adjektiven werden Sprechakte vollzogen, mit attributiven dagegen Modifikationen von Gegenstandskonzepten im Rahmen von Sätzen.

3. Restriktive und appositive Interpretation

Man unterscheidet zwischen **restriktiver** und **appositiver Interpretation** des Bezugs von Adjektiven auf Nomen und Nominalphrasen. Bei der restriktiven Interpretation ist das Prädikat, das die semantische Repräsentation des Adjektivs beinhaltet, an der Charakterisierung der Klasse beteiligt, die zur Bestimmung der Referenz eines Nomens benutzt wird. Bei der appositiven Interpretation *genügen die semantische Repräsentation des Nomens und die referenzfixierenden Operatoren*, um den Gegenstand bzw. die Gegenstände festzulegen, denen Prädikate zugeordnet werden. Appositiv interpretierte Adjektive tragen eine zusätzliche Information. Dieser Unterschied wird in der linguistischen Literatur auch als **klassifizierender** und deskriptiver Gebrauch bezeichnet. (Vgl. Bolinger 1967). Durch klassifizierende Adjektive wird der Referenzbereich des Bezugsnomens eingeschränkt. Deskriptive Adjektive schränken dagegen den Referenzbereich des Bezugswortes nicht ein.

Bei der restriktiven Verwendung wird das zu einem Adjektiv gehörige Prädikat in die semantische Repräsentation des Nomens integriert. Bei der appositiven Verwendung wird das adjektivische Prädikat separat auf die Referenzstelle des Nomens bezogen. Appositive Verwendung kann deshalb auch als sekundäre Prädikation aufgefasst werden, als Vermittlung einer zwar separaten aber im Vergleich zur eigentlichen Prädikation untergeordneten Information. Diese Unterscheidung spielt eine wichtige Rolle bei der Ermittlung von elementaren Einheiten der Textstruktur. (Vgl. Brandt 1996, Motsch 1996, 12ff.)

Einige Adjektive lassen keine appositive Interpretation zu:

die gestrige Sitzung
die besondere Vorsicht
die ärztliche Praxis
die polizeilichen Ermittlungen.

Diese Beschränkung ist damit zu erklären, dass in diesen Fällen keine sekundäre Prädikation möglich ist. Die Integration der Adjektivbedeutung in die des Nomens gehört zum Wortbildungsmuster.

Die appositive Verwendung, d.h. dem Nomen nachgestellte Adjektive innerhalb einer Nominalphrase, lässt nur die appositive Interpretation zu:

Der Lehrer, unzufrieden mit den Ergebnissen, lässt die Arbeit wiederholen.
Die Urlauber, braungebrannt, berichten von ihren Erlebnissen.

4. Semantik der adjunktiven Verwendung

Aus syntaktischer Sicht nehmen adjunktiv verwendete Adjektive bestimmte Positionen in der Verbalphrase ein. Auf Details der komplizierten Adverbialsyntax, die zahlreiche Subklassen zu berücksichtigen hat, verzichten wir hier. Zu den Besonderheiten der Interpretation adjunktiv verwendeter Adjektive gehört es, dass das vom Adjektiv bezeichnete Prädikat unterschiedliche Bestandteile eines Geschehens oder Zustands modifizieren kann. Obwohl es syntaktisch Konstituente einer Verbalphrase ist, kann es sich semantisch auch auf das Subjekt eines Satzes beziehen. Grundlage für die semantische Interpretation ist somit das Verb mit seiner ganzen Argumentstruktur.

Adjunktiv verwendete Adjektive können das ganze Geschehen, das durch die Kernproposition charakterisiert wird, modifizieren:

*Er kam **zeitig** nach Hause.*

In anderen Fällen werden Aktanten eines Geschehens, die durch besetzte Argumentstellen des Verbs bezeichnet werden, durch das adjunktive Adjektiv modifiziert. In folgenden Beispielen bezieht sich das Prädikat des Adjektivs auf die semantische Repräsentation des Subjektnomens:

Der Urlauber kam braungebrannt nach Hause.
Der Besitzer bewacht eifersüchtig sein Eigentum.

Beispiel für den Bezug auf syntaktische Objekte sind:

Er traf ihn betrunken an.
Er trinkt den Kaffee kalt.
Er streicht die Tür weiß.

Bei Objektbezug ergeben sich zusätzlich unterschiedliche Interpretationen, je nachdem, welcher Kategorie von Sachverhalten die Verben der Sätze zuzuordnen sind. Im ersten Beispiel handelt es sich um einen Zustand, der den Teilzustand 'betrunkener Aktant' einschließt. Im zweiten Beispiel wird ein nicht terminierter Vorgang TRINKEN mit einem betroffenen Aktanten KAFFEE bezeichnet. Die Eigenschaft KALT kommt dem durch KAFFEE charakterisierten Gegenstand zu, wenn der aktive Aktant in trinkt. Im dritten Beispiel wird ein Prozess STREICHEN bezeichnet, der mit einer Zustandveränderung des betroffenen Aktanten TÜR endet. WEISS charakterisiert eben diese Zustandsveränderung.

Schließlich besteht auch die Möglichkeit, das vom Adjektiv bezeichnete Prädikat auf die semantische Repräsentation des Verbs zu beziehen und diese zu modifizieren:

Er trinkt den Kaffee hastig

Die Tätigkeit TRINKEN erfolgt HASTIG. Der KAFFEE, der von der Tätigkeit betroffene Gegenstand, wird dadurch nicht berührt.

Die hier nur angedeuteten Möglichkeiten hängen in jedem Fall von den Eigenschaftstypen und ihrer Verknüpfbarkeit mit Typen und Subtypen von Gegenständen ab. Aber nicht jedes Geschehen oder Zustände bezeichnende Verb lässt alle Arten des Bezugs zu. Vgl.:

*Sie trinkt den Kaffee rothaarig.
*Sie beobachtete ihn blond.

Die einschlägigen Beschränkungen müssen genauer erforscht werden.

Die adjunktive Verwendung von Adjektiven in Konstruktionen, die Zustände bezeichnen, ist semantisch beschränkt. Spezifizierbar sind jedoch Zeitspanne oder Zeitpunkt, für die der Zustand gilt:

Er liegt stundenlang in der Sonne.
Er ist ganztägig beschäftigt.

In anderen Fällen bezieht sich das Adjektiv auf das als Subjekt fungierende Nomen:

Er steht breitbeinig in der Tür.
Er wartet angetrunken auf den Abschluss.

5. Die Semantik der adjektivmodifizierenden Verwendung

Adjektive, die andere Adjektive modifizieren, charakterisieren vor allem den Grad skalarer Eigenschaften:

*ungewöhnlich müde,
außerordentlich heiß,
wenig erfreulich*

Eine zweite Möglichkeit ist die Beschränkung des Geltungsbereichs einer Eigenschaft:

*gesundheitlich zufrieden,
gehaltsmäßig unterbezahlt,
klanglich gut,
geistig rege*

Eine weitere Möglichkeit ist die Angabe eines Vergleichsgegenstandes:

*riesig groß,
damenhaft elegant,
knabenhaft schüchtern*

Schließlich besteht die Möglichkeit, Eigenschaften durch Adjektive, die Einstellungen bezeichnen, zu modifizieren:

*erfreulich billig,
merkwürdig still,
unglaublich bescheiden*

6. Adjektive und alternative sprachliche Ausdrücke

Mit der *attributiven Verwendung* von Adjektiven alternieren einige andere Formen von syntaktischen Attributen: Präpositionalphrasen (PP), Nominalphrasen im Genitiv (NP_{gen}), Relativsätze (Rel.). Auch das erste Glied eines Nominalkompositums (NN) entspricht attributiv verwendeten Adjektiven:

	das große$_A$ Haus
PP:	*das Haus am See*
NG_{gen}:	*das Haus des Nachbarn*
Rel.:	*das Haus, das meinem Nachbarn gehört*
NN:	*das Nachbarhaus*

Mit **prädikativ verwendeten** Adjektiven alternieren prädikative Nominalphrasen und Präpositionalphrasen:

	Peter ist närrisch
NP:	*Peter ist ein Narr*
PP:	*Peter ist wie ein Narr*

Die **adjunktive Verwendung** von Adjektiven alterniert mit Präpositionalphrasen und adverbialen Sätzen (AS):

	Peter verlässt die Partei unwiderruflich.
PP:	*Peter verlässt die Partei ohne Widerruf.*
AS:	*Peter verlässt die Partei, ohne dass ein Widerruf möglich ist.*

7. Literatur in Auswahl

Aarts, Jan M.G., Calbert, Joseph P. (1979), *Metaphor and Non-Metaphor. The semantics of Adjective-Noun Combinations.* Tübingen: Niemeyer.

Bierwisch, Manfred (1967), *Some Semantic Universals of German Adjectivals.* In: Foundations of Language 3, 1–36.

Bierwisch, Manfred; Ewald Lang (1987) (Hrsg.), *Grammatische und konzeptuelle Aspekte von Dimensionsadjektiven.* Berlin: Akademie-Verlag. (= studia grammatica XXVI–XXVII).

Bolinger, Dwight (1967): *Adjectives in English: Attribution and Predication.* In: Lingua 18, 1–34.

Brandt, Margareta (1996), *Subordination und Parenthese als Mittel der Informationsstrukturierung in Texten.* In: Ebenen der Textstruktur (Hrsg. W. Motsch). Tübingen: Niemeyer, 211–240.

Bickes, Gerhard (1984), *Das Adjektiv im Deutschen.* Frankfurt/M. etc.: Peter Lang.

Eisenberg, Peter (1976), *Oberflächenstruktur und logische Struktur. Untersuchungen zur Syntax und Semantik des deutschen prädikativen Adjektivs.* Tübingen: Niemeyer.

Givón, Talmy (1970), *Notes on the semantic structure of English adjectives.* In: Language 46, 816–637.

Helbig, Gerhard (1977), *Zu einigen Problemen der Wortklassifizierung im Deutschen.* In: Beiträge zur Klassifizierung der Wortarten. (Hrsg. G. Helbig). Leipzig: Bibliographisches Institut, 90–118.

Hundsnurscher, Franz; Jochen Splett (1982), *Semantik der Adjektive des Deutschen. Analyse der semantischen Relationen.* Opladen: Westdeutscher Verlag.

Motsch, Wolfgang (1971), *Syntax des deutschen Adjektivs.* 6. Aufl. Berlin: Akademie-Verlag.

Motsch, Wolfgang (1996), *Ebenen der Textstruktur. Begründung eines Forschungsprogramms.* In: Ebenen der Textstruktur (Hrsg. W. Motsch). Tübingen: Niemeyer, 3–36.

*Wolfgang Motsch,
Altkalen-Lüchow (Deutschland)*

75. Die Wortart 'Verb'

1. Einleitung
2. Der kategoriale Inhalt des Verbs
3. Konsequenzen der kategorialen Bestimmung des Verbs
4. Ausblick: die Doppelstruktur des Verbs
5. Literatur in Auswahl

1. Einleitung

1.1. Probleme der Definition des Verbs

Eine gültige Definition des Verbs ist eine Definition, die über die Beschreibung von einzelsprachlichen Vorkommen des Verbs hinausgeht und Verben in einem übereinzelsprachlichen Maßstab adäquat charakterisiert. Dabei stellt sich die Frage, ob die Wortart Verb in allen Sprachen vorkommt oder nicht. Eine Antwort darauf setzt die Arbeit mit einem übereinzelsprachlich anwendbaren Merkmalsinventar voraus. Die Arbeit mit einem begrenzten Merkmalsset ist auch notwendig, um die systematischen Relationen zwischen dem Verb und den anderen Wortarten transparent zu machen. Diese Merkmale dürfen nicht mit den sogenannten Kriterien der Wortartdifferenzierung verwechselt werden. In den Vordergrund rückt in diesem Zusammenhang die Frage nach der grammatischen Semantik des Verbs. Eine rein formale Definition des Verbs, beispielsweise durch die Zuweisung des Merkmals [+ konjugierbar], war bislang nur für spezifische Einzelsprachen zutreffend. Schwerwiegender ist der Einwand, dass sie im Grunde banal ist. Coseriu (1987:38) hat sie als unsinnig zurückgewiesen: ein Semantem ist nicht deshalb ein Verb, weil es eine spezifische Form aufweist; es wird ganz im Gegenteil mit einer spezifischen formalen Ausstattung versehen, damit es ein Verb ist. Die Form ist also der Funktion untergeordnet. Auf der formalen Seite allein wird man somit die wesentlichen Merkmale einer Wortart nicht entdecken können. Die Form kann variieren, nur die Funktion bleibt konstant und stellt damit den einzigen Kandidaten für eine universale Definition des Verbs dar. Obwohl Coseriu das klar formuliert hat, überwiegen in der Praxis, d.h. in der Grammatikographie, immer noch die formalen Definitionen. Der Grund dafür dürfte sein, dass eine inhaltliche Definition, also eine Definition, die auf der lexikalischen Semantik basiert, keinen Ausweg darstellt. Das zeigt allein das Beispiel der Wortartkonversion, bei der die semantischen Merkmale unverändert bleiben (*Leid* vs. *leiden*). Dennoch kann die Definition einer Wortart nur semantisch erfolgen, so die nachvollziehbare Forderung von Coseriu (1972/1987:24). Verwechselt man Semantik nicht mit lexikalischer Semantik, bedeutet das, dass man die grammatische Semantik des Verbs zu bestimmen hat. Es geht also um die Bestimmung des kategorialen Inhalts des Verbs. Dieser kann nur funktional ermittelt werden. Lässt man sich von der Tatsache, dass ein und derselbe lexikalische Inhalt in verschiedenen Wortarten vorliegen kann, nicht entmutigen, sondern nimmt diese Beobachtung zum Ausgangspunkt für die weitere Reflexion über die Wortarten, so ist man der Lösung schon sehr nahe: Die Wortarten haben die Funktion, identische lexikalische Inhalte mit einem jeweils unterschiedlichen kategorialen Design auszustatten. Coseriu (1972/1987:27) spricht von „Gußformen, in denen sich der lexikalische Inhalt im Sprechen organisiert". In funktionaler Hinsicht stellen die Wortarten – und damit auch die Verben – Perspektivierungsalternativen ein und desselben lexikalischen Inhalts bereit. Die grammatische Semantik des Verbs und damit sein zentrales, definierendes Merkmal lässt sich über seine wortartspezifische Perspektivierungsleistung ermitteln. Dabei werden Auffassungen, wonach das Verb als 'Zeitwort' in erster Linie die Kategorie Tempus zum Ausdruck bringe, bald relativiert.

1.2. Thematische Schwerpunkte

Sobald die Wortarten als Perspektivierer bestimmt sind, gelangen zwei bislang periphere Bereiche in den Mittelpunkt des Interesses: die Wortartkonversion und die Translation, d.h. die morphologischen und syntaktischen Verfahren zur Erzeugung von Wortartoppositionen. Interessant wird dabei auch die bislang vernachlässigte Frage nach dem Umfang des Verbs: Sind bei analytischen Verbkonstruktionen eine oder mehrere Wortarten beteiligt? Gerade die analytisch gebildeten Verben zeigen, wie problematisch die Praxis ist, prinzipiell jedes Wort einer Wortart zuordnen zu wollen. Außerdem wird deutlich, dass nur eine eng begrenzte Anzahl der bisherigen Wortarten imstande ist, einen Wechsel der Grundperspektivierung bereitzustellen. Die analytischen Verbkomplexe führen darüber hinaus auf eine weitere Fragestellung hin: Über wie viele Verben muss eine Sprache tatsächlich verfügen, damit ihr der 'Besitz' der Wortart Verb metasprachlich zuerkannt werden darf? Damit wird die Wiederaufnahme der Reflexion über den Status des Kopulaverbs eingeleitet. In einem Ausblick wird die Annahme einer 'Doppelstruktur' des Verbs, parallel zu der längst akzeptierten Doppelstruktur des Satzes, zur Diskussion gestellt.

2. Der kategoriale Inhalt des Verb

2.1. Auf dem Weg zu einer funktionalen Definition

Will man die Wortart Verb verstehen, muss man zunächst Abschied von der Vorstellung nehmen, das Verb sei Teil einer unstrukturierten Liste von Wortarten. Tatsache ist, dass solche „Wortartlisten" für jede Sprache anders ausfallen: Sie weisen jeweils eine unterschiedliche Anzahl von Wortarten auf. Ganz gleich jedoch, wie lang oder kurz die Listen im konkreten Fall auch sein mögen, das Verb ist als Wortart immer beteiligt, ebenso das Substantiv bzw. das Nomen. Verb und Nomen verfügen somit unter den bekannten Wortarten über die höchste übereinzelsprachliche Rekurrenz. Da keine der bislang bekannt gewordenen Sprachen auf die Differenzierung des Wortbestands nach Wortklassen verzichtet, läuft das auf die Feststellung hinaus, dass Verb und Nomen einen quasi-universalen Status haben. Die Differenzierung von Verb versus Nomen stellt somit das Minimum an Wortartdifferenzierung dar, vergleichbar mit der Basisopposition von Konsonant versus Vokal im Bereich der Phonologie. Boisson/Basset/Kirtchuk 1994 schlagen für diese beiden Basiseinheiten im Bereich der Wortarten die Begriffe „Supernomen" und „Superverb" vor, um Verwechslungen zwischen den übergeordneten Großklassen im Bereich der Wortarten ('superparties du discours', so Lemaréchal 1994) und den in den verschiedenen Einzelsprachen unterschiedlich ausfallenden Ausdifferenzierungen dieser Oppositionen zu unterscheiden. Die ständigen Verwechslungen von Wortarttermini z.B. von Nomen und Substantiv beruhen im Grunde nur auf einer unzulässigen Gleichsetzung von übergeordneten Wortklassen mit deren Subklassen. Die terminologische Korrektur von Boisson/Basset/Kirtchuk 1994 sollte Berücksichtigung finden: doch empfiehlt es sich, anstelle von 'Supernomen' und 'Superverb' die Termini 'Makronomen' und 'Makroverb' zu verwenden – in Übereinstimmung mit den Tendenzen im Bereich der Terminologiebildung in anderen Bereichen der strukturalistisch und funktional orientierten Sprachwissenschaft: so werden beispielsweise die Grunddifferenzierungen im Bereich der 'basic color terms' heute als makroschwarz bzw. makroweiß bezeichnet – in Abgrenzung zu den Termini 'schwarz' und 'weiß' als Bezeichnungen von Grundfarben in einem spezifisch ausdifferenzierten System (vgl. Franzen 1995). Genau so gut könnte man natürlich die vielfach missverstandenen Termini *Onoma* und *Rhema* von Aristoteles beibehalten. Aristoteles hat sich damit weder auf die Subklassen Verb und Substantiv bezogen noch die syntaktischen Einheiten Subjekt und Prädikat gemeint (für Subjekt und Prädikat verwendet er andere Begriffe; vgl. Weidemanns Kommentar zum 3. Kapitel der *Peri hermeneias*). Gemeint waren vielmehr die den einzelnen Wortartdifferenzierungen übergeordneten Klassen. Brøndal (1928/1948:47) hat darauf hingewiesen, dass die strukturierte Darstellung der Wortarten durch Aristoteles aufgrund von Fehlrezeption verloren ging: aus dem System der Wortarten wurde durch ein Missverständnis die 'Wortartenliste', die bis heute den Grammatikunterricht und das Wortartverständnis maßgeblich prägt. Verloren ging damit für lange Zeit auch die Einsicht, dass die Wortarten hierarchisch aufgebaut sind. Am meisten betroffen von dieser Fehlrezeption war die Wortart Verb: vergessen wurde mit der Etablierung der Wortartliste vor allem der zentrale Status des Verbs innerhalb der Wortklassen, auch innerhalb der Basisopposition Makroverb (Rhema) vs. Makronomen (Onoma). Folgende Überlegung ebnet den Weg zu einer funktionalen Definition der Wortarten: sprachliche Oppositionen sind in der Mehrzahl ungleichgewichtig aufgebaut (sog. privative Oppositionen). Das bedeutet, dass ein Pol der Opposition sich durch ein zusätzliches Merkmal auszeichnet, über das der gegensätzliche Pol nicht verfügt. Ein stimmhafter Verschlusslaut ist beispielsweise nicht nur das Gegenteil eines stimmlosen Verschlusslautes. Er verfügt über das zusätzliche Merkmal [+ stimmhaft]. Diese Einsicht ist nicht trivial. Sie besagt beispielsweise, dass eine scheinbar äquivalente Beschreibung der stimmhaften Verschlusslaute als [-stimmlos] und der stimmlosen Verschlusslaute als [+ stimmlos] falsch wäre. Man kann die Plus- und Minuskennzeichen von Merkmaloppositionen also nicht beliebig zuweisen, jedenfalls dann nicht, wenn es sich um privative Oppositionen handelt. Im Fall der Wortartdifferenzierung liegen solche privativen Oppositionen vor. Hier ist das Verb der merkmalhaltigere und damit schwergewichtigere Pol der Opposition: ein Makroverb lässt sich definieren als Makronomen + Merkmal x. Wiederum wurde bereits bei Aristoteles der zentrale Status des Verbs hervorgehoben. Diese Position gehörte zwar lange nicht zum Mainstream der Wortartforschung, dafür aber zum besten, was sie hervorgebracht hat. Sie tradiert sich über die spätmittelalterliche Grammatiktheorie der Modisten – wo das Verb als die Regentin aller Wortarten bezeichnet wird (vgl. Rosier 1983:130) bis zu Tesnière, der nachweislich diese Tradition wieder aufgreift (vgl. Zemb 1979:35). Geht man von der Ungleichgewichtigkeit der Opposition Makronomen vs. Makroverb aus, so verbietet sich eine Charakterisierung des einen Pol als [+N, −V] und des anderen als [−N, +V], wie das Chomsky 1981 vorgeschlagen hat (ganz abgesehen, dass die Wahl der Merkmale unsinnig ist: man stelle sich vor, man würde die Vokale als [+V, −K] 'definieren' und die Konsonanten als [−V, +K], dann hat man gleich eine Vorstellung vom 'Erkenntniszuwachs'. Auch wenn man konzediert, dass man [N] und [V] ja als Symbole von Merkmalskombinationen lesen könnte, fehlt hier das Konzept der Merkmalsinklusion: die komplexere Einheit Verb enthält die Merkmale der weniger komplexen Einheit Nomen. Dieses Konzept der Wortartinklusion wurde eindrucksvoll bereits von Max Wilhelm Götzinger 1839 formuliert. Knobloch 1988 und Knobloch/Schaeder 1992 haben auf diesen schon vergessenen Beitrag von Götzinger aufmerksam gemacht. Götzinger (1836/1992:97) beschreibt das Verb als die Inklusion aller anderen Wortarten. Aufschlussreich ist vor allem die Beschreibung der zentralen Eigenschaft des Verbs als die der Behauptung bzw. Affirmation (Knobloch 1988:95). Götzinger steht hier offensichtlich in der Tradition der *Grammaire de Port-Royal*, die ihrerseits die spekulative Grammatik der Modisten (vgl. Pinborg 1967, Rosier 1983, Kobusch 1996) in Teilen fortsetzt, wobei die modistische Sprachtheorie sich wiederum aus den Kommentaren zu Aristoteles' Schriften speist. Die 'verbozentrische Sprachauffassung', wonach das Verb die Spitze der Wortarthierarchie darstellt, reicht somit von Aristoteles bis zu Tesnière. Die Auffassung, wonach das Verb an der Spitze der Wortarthierarchien steht, lässt sich so zusammenfassen: Das Verb ist ein Pol der Basisopposition, von dem sich alle weiteren Differenzierungen ableiten lassen. Es stellt innerhalb dieser grundlegenden Opposition seinerseits wieder die wesentliche, d.h. die oppositionsstiftende Einheit dar. Dieser komplexe Sachverhalt lässt sich wiederum an einem Beispiel aus der Phonologie veranschaulichen: die Verschriftungspraxis der hamito-semitischen Sprachen, die nur die Konsonanten, nicht aber die Vokale transkribiert, zeigt, dass die Konsonanten wesentlicher sind als die Vokale. Eine spiegelbildliche Verschriftungspraxis, bei der nur die Vokale transkribiert würden, nicht aber die Konsonanten, wäre undenkbar wegen des zu großen Informationsverlusts. Vergleichbar verhält es sich mit den Wortarten: Denkbar wäre eine Sprache ohne Nomen (auch wenn es sie genauso wenig gibt wie eine Sprache ohne Vokale), undenkbar jedoch eine Sprache ohne Verben! Wenn das Verb nun tatsächlich die komplexere, d.h. merkmalhaltigere und damit informationshaltigere Einheit darstellt, die das Nomen als Einheit sozusagen inkorporiert, dann müssten Kinder zunächst Nomen (im Sinne von noch nicht differenzierten Makronomen) und erst im Anschluss daran Verben (Makroverben) erwerben. Dass es sich genauso verhält, ist bekannt. Bei Sprachabbau (z.B. Aphasie) müsste sich das Verb als die anfälligste Kategorie erweisen. Auch das ist der Fall (Klatt 1978:344). Die hier vorgelegte Charakterisierung des Verbs ist allerdings noch unterdeterminiert: Bestimmt werden muss noch das 'exklusive' Merkmal des Verbs, d.h. das definierende Merkmal, von dem alle anderen Wortarten ausgeschlossen sind.

2.2. Ist das Verb ein „Zeitwort"?

Das Verb wird bevorzugt als „Zeitwort" definiert. In der Praxis heißt das, dass die grammatische Kategorie Tempus dem Verb als dessen wesentlicher kategorialer Inhalt zugeordnet wird. Bei dieser Definition beruft man sich regelmäßig auf Aristoteles als maßgeblicher und unwidersprochener Autorität. Die Gewissheit, dass die Kategorie Tempus den zentralen Inhalt des Verbs darstellt, wurde und wird dennoch regelmäßig erschüttert, wenn die Wortarten im übereinzelsprachlichen Maßstab verglichen werden: Tempusmorpheme fusionieren durchaus auch mit anderen Wortarten als nur mit Verben (vgl. Lazard 1984). Solche Schocks führen regelmäßig zu Zweifeln am universalen Status des Verbs (vgl. Broschart 1997). Diese Skepsis ist die notwendige Folge einer verfehlten Definitionspraxis, die darin besteht, dass das Verb 'eurozentrisch' über die Kategorie Tempus bestimmt wird. Man beruft sich dabei regelmäßig auf Aristoteles' Definition des Verbs als „Zeitwort". Wieder liegt jedoch eine folgenreiche Fehlrezeption von Aristoteles vor, die in diesem Fall sogar Brøndal entgangen ist. Colaclidès 1968 weist darauf hin, dass Aristoteles bei der Definition des Verbs als Zeitwort offensichtlich nicht an die Kategorie Tempus denkt, sondern an das dem Verb implizite zeitlose Präsens. Die Tempusmorpheme sind nach Aristoteles nichts anderes als eine „temporale Abwandlung" (Aristoteles, *Peri hermeneias*: Kap. 3) des Verbs, das auch ohne diese „ein die Zeit mit hinzubedeutender Ausdruck" ist. Worin besteht dann die wesentliche Eigenschaft des Verbs, und wie kommt die Temporalität des Verbs zustande, wenn sie längst vor der Realisierung durch Tempusmorpheme präsent ist?

2.3. Verbale Perspektivierung

Das Merkmal 'Tempustransport' ist offensichtlich nicht das charakteristische Merkmal von Verben. Soviel zeigt der Sprachvergleich, mehr nicht, aber auch nicht weniger. Nicht folgern lässt sich daraus die These von der Nichtuniversalität des Verbs. Will man die Leistung der Wortart Verb bestimmen, geht man am besten von der Basisopposition aus: Worin besteht der Unterschied zwischen *das Leid* und *leiden* genau? Bei solchen Vergleichspaaren lassen sich nicht nur implizite Ableitungen heranziehen. Jespersen 1911 nennt beispielsweise auch explizite Ableitungen wie *movement* vs. *move*, um auf die Semisomorphie beider Lexeme hinzuweisen und um deutlich zu machen, dass sich eine Wortart nicht über den gemeinsamen lexikalisch-semantischen Nenner der Lexeme, die dieser Wortart zugehören, definieren lässt. Bei dem Unterschied zwischen *Leid* und *leiden*, *Reise* und *reisen*, *Bewegung* und *bewegen* handelt es sich um einen Unterschied in der Konzeptualisierung eines Sachverhalts. Man kann ein und denselben Sachverhalt aus unterschiedlicher Perspektive darstellen. *Das Leid* wird quasi in seiner Gesamtheit, als abgeschlossenes Ganzes dargestellt. Es wird als Gegenstand mit Konturen konzipiert. Die französische Linguistik verwendet hier den Terminus der „chosification", im englischsprachigen Bereich wird dieser Konzeptualisierungsleistung als „reification" (z.B. von Langacker 1987) bezeichnet. Das Verb *leiden* stellt einen Sachverhalt im Gegensatz zu *Leid* als prinzipiell nicht begrenzt dar. Der Sachverhalt wird beim Verb nicht als ganzheitlich, d.h. als nicht holistisch, dargestellt. Was ist ganzheitlich? Es ist das, was sich in einem sogenannten 'Augenblick' wahrnehmen lässt. Beim Menschen dauert ein Augenblick ca. 4–6 Sekunden. Alle Sachverhalte, die für uns Augenblickscharakter haben, empfinden wir als zeitlos. Bei der Verwendung eines Substantivs wie *Leid*, d.h. bei der 'Verkleidung' eines lexikalischen Inhalts mit dem Konzept Substantiv verleihen wir dem Inhalt eine holistische Form. Das heißt auch: Wir verleihen ihm konzeptionell Zeitlosigkeit. Wir können beispielsweise das Universum prinzipiell niemals vollständig wahrnehmen. Verwenden wir aber das Substantiv *Universum*, wird das Bezeichnete so konzeptionalisiert, als ließe es sich in einem Augenblick erfassen. Substantive sind gleichsam 'Zeitraffer'. Bei der Verwendung der Wortart Substantiv wird die Zeit sozusagen zum Augenblick, d.h. zur zeitlosen Gegenwart zusammengezogen. Das gilt nicht nur für die Subklasse der Substantive, sondern für die Nomen ganz allgemein. Auch bei Adjektiven, z.B. bei *rot*, werden die verstreuten Vorkommen des Bezeichneten konzeptionell zusammengeführt und damit vergegenwärtigt. Bei der Verwendung eines Nomens kommt das Denken gleichsam zum Stehen bzw. zum Stillstand, wie es Aristoteles (im 3. Kapitel von *Peri hermeneias*) formuliert. Die Analyse des zum Augenblick Zusammengefassten wird so unmöglich – und damit auch die Beurteilung des so Dargestellten. In Bewegung kommt das Denken erst, sobald ein finites Verb verwendet wird: Denn beides – Denken und die Leistung des finiten Verbs – sind dadurch charakterisiert, dass sie zwei verschiedene Gegenstände miteinander in Beziehung setzen. Sofort kommt Zeitlichkeit mit ins Spiel, da gewissermaßen eine Bewegung zwischen zwei holistisch dargestellten Gegenständen stattfinden muss. Wo mehr als nur eine Einheit gegeben ist, ist die Voraussetzung für die Analysierbarkeit und damit wiederum für die Beurteilung des Sachverhalts erfüllt. Sowohl Nomen als auch Verb sind Perspektivierer. Der Unterschied zwischen dem Wortartkonzept eines Nomens und dem eines Verbs ist ein Unterschied in der Perspektivik, die gewählt wird, um ein Lexem, genauer ein Bündel semantischer Merkmale darzustellen. Dieses noch wortartindifferente Bündel von Semen soll hier in Anlehnung an Zemb 1979 als Archilexem bezeichnet werden. Die Funktion von Wortarten besteht also darin, Archilexeme mit einer jeweils spezifischen Perspektive zu versehen. Die gemeinsame Leistung der Wortarten fordert geradezu dazu auf, diese auch über ein gemeinsames Set von Merkmalen, die am Aufbau der jeweiligen Perspektiven beteiligt sind, zu beschreiben. Solche Merkmalanalysen wurden von Langacker 1987, Leiss 1992 und Vogel 1996 vorgelegt. Gemeinsam ist diesen Ansätzen, dass neben der Wortartcharakteristik auch die Beschreibung weiterer spezifischer nominaler und verbaler Qualitäten erreicht wird: die Differenzierung von Massennomina vs. zählbaren Nomina wird mit der aspektuellen Differenzierung von Verben in Zusammenhang gebracht. Die bedeutende metasprachliche Erkenntnis, dass Wortarten Perspektivierer sind, ist der spekulativen Grammatik des Mittelalters zu verdanken (deren bekanntester Vertreter Thomas von Erfurt ist). Die Wortarten wurden als unterschiedliche Art und Weisen (modi) des Konzeptualisierens verstanden (vgl. Rosier 1983: 71–135). Abgelehnt wurde die lexikalisch-semantische Definition der Wortarten wie sie von der älteren lateinischen Grammatikschreibung (Priscian) vorgenommen wurde. Die Erkenntnis, dass Wortarten dasselbe bezeichnen, nur jeweils in einem anderen Modus (deshalb modistische Grammatiktheorie genannt) geriet in der Neuzeit in Vergessenheit. Erst die „Kognitive Grammatik" kommt – mehr unbewusst als bewusst – der scholastischen und damit auch der aristotelischen Tradition wieder näher. In heutiger Terminologie ließe sich sagen: Die Wortarten sind die Schnittstelle zwischen Semantik und Grammatik. Mit der Wortart wird einem Archilexem die erste Schicht von Grammatik zugewiesen, die zum Ansatzpunkt aller weiteren Grammatik in Form von grammatischen Kategorien wird.

2.4. Die grammatischen Merkmale des Verbs

Die grammatischen Merkmale des Verbs ergeben sich aus seiner Perspektivierungsfunktion. Eine genaue Beschreibung der grammatischen Merkmale des Verbs enthält außerdem in spiegelverkehrter Form eine ebenso genaue Beschreibung des Nomens. Der Grund dafür ist, dass Verben und Nomen eine jeweils gegensätzliche Perspektive signalisieren. Prototypische Verben implizieren einen innenperspektivischen Standort, prototypische Nomen dagegen einen Standort außerhalb des betrachteten Gegenstands oder Geschehens. Bach 1981 hat zur Charakterisierung von Verben Merkmale aus der Mereologie (der Logik der Teil-Ganzes-Relation) entlehnt, die eine präzise Beschreibung der Perspektivierungsleistung und damit der Wortartqualität von Verben erlauben. Es handelt sich um die Merkmale der Additivität/Nonadditivität und der Teilbarkeit/Nichtteilbarkeit einer Verbalsituation. Auf der Basis dieser Merkmale lassen sich die Verben in zwei Klassen gruppieren (Leiss 1992: 47–48): Einmal in Verben, die eine Situation so darstellen, dass sie in beliebig viele, miteinander identische Phasen zerteilbar ist. Die jeweiligen Phasen können jeweils mit demselben Verb benannt werden. Solche Verben sind z.B. *lieben* oder *suchen*. Man kann einen Schlüssel in beliebig aufeinander folgenden Phasen jetzt und jetzt und jetzt suchen. Das Merkmal der Teilbarkeit (in Phasen) ist eng mit dem der Additivität (von Phasen) verbunden. Die zweite Klasse von Verben weist genau die gegensätzlichen Merkmale auf, nämlich die der Nonadditivität und der Nichtteilbarkeit. Dazu gehören Verben wie *finden* oder *erobern*. Hierbei handelt es sich um holistische Verbalkonzepte. Die Ganzheit der Verbalsituation ist unvereinbar mit der Einteilung in homogene Phasen: Das Konzept, das durch ein Verb wie *finden* evoziert wird, ist inkompatibel mit Sätzen wie **ich finde jetzt und jetzt und jetzt etc. den Schlüssel*. Jedes Verb weist eine dieser beiden Perspektivierungsqualitäten auf. Wenn in einer Sprache ein Archilexem mit beiden verbalen Perspektivierungsqualitäten erscheinen kann, liegt eine Aspektopposition vor. Nomen lassen sich prinzipiell durch dieselben Merkmale charakterisieren. So evozieren zählbare Substantive ('count nouns') wie z.B. *Haus* das Konzept der Unteilbarkeit im Gegensatz zu den Massennomina ('mass nouns') wie *Wasser*, die sich über die Merkmale der Teilbarkeit und Additivität charakterisieren lassen. In Langacker 1987 findet sich bereits in vergleichbarer Terminologie eine unifizierende Beschreibung von Nomen und Verben. Langacker geht allerdings soweit und behauptet eine Identität der Merkmalsstruktur von imperfektiven Verben und 'mass nouns' (und umgekehrt von perfektiven Verben und 'count nouns'). Hier ist zu berücksichtigen, dass in der Regel jeweils unterschiedliche Markiertheitswerte vorliegen: Für Verben ist das Konzept der Innenperspektivik prototypisch. Es handelt sich um das unmarkierte Basiskonzept, zu dem sekundär Außenperspektive aufgebaut werden kann. Bei Nomen liegt ein spiegelverkehrter Aufbau der Perspektivik vor (genauer in Leiss 1992: 47–54 und Vogel 1996). Die unifizierenden Beschreibungen von

Verb und Nomen speisen sich alle aus einer gemeinsamen Quelle – der mereologisch inspirierten Tempuslogik. Auffällig ist die starke Übereinstimmung der unabhängig voneinander erfolgten unifizierenden Beschreibungen von Verb und Nomen.

Die Merkmale, die sich als die kategorialen Bausteine und damit Elementarteilchen von Nomen und Verb herausgestellt haben, lassen sich alle aus der Betrachterperspektive ableiten. Mit der Wahl der Betrachterperspektive ist die Wahl der Wortart unauflöslich verbunden. Innerhalb dieser wortartspezifischen Grundperspektive können dann weitere Oppositionen aufgebaut werden. Nomen und Verb unterscheiden sich trotz der Bereitstellung von zwei Perspektiven in einem entscheidenden Punkt, der über die unterschiedliche Verteilung der Markiertheitswerte noch hinausgeht. Verben haben eine temporale Qualität, über die Nomen nicht verfügen. Da Verben diese Qualität nicht aus den Tempusmorphemen beziehen, stellt sich die Frage, wie die Temporalität von Verben zustande kommt. Als entscheidend stellt sich hier die Kategorie der Person heraus.

2.5. Die Definition des Verbs über die Kategorie der Person

Das zentrale und exklusive Merkmal des Verbs ist die Kategorie der Person. Das mag zunächst überraschend erscheinen, weil diese Kategorie bei der Aufzählung der Verbalkategorien häufig fehlt. Genannt werden die Kategorien Aspekt, Tempus, Modus und Genus verbi. Die Kategorie der Person wird dagegen meist nicht erwähnt und als bloßes Kongruenzphänomen eingeordnet. Tatsächlich ist die Kategorie der Person dem Verb inhärent. Allein sie erzeugt die temporale Qualität der „Zeitwörter", und nicht die Kategorie Tempus, welche diese temporale Qualität lediglich modifiziert. Der Zusammenhang zwischen der Kategorie der Person und Temporalität bedarf einer genaueren Erläuterung. Die Erinnerung an die „Nichtzeitwörter", d.h. an die Nomen, ist dabei hilfreich. Nomen sind Archilexeme, die aufgrund ihrer holistischen Perspektive konzeptionell Augenblickscharakter und damit die Qualität der Zeitlosigkeit erhalten. Die holistische Perspektive ist beim Nomen das Ergebnis der Außenperspektivik. Der Betrachter ist außerhalb des betrachteten Sachverhalts lokalisiert. Wenn die Zeitlosigkeit des Nomens etwas mit Außenperspektive zu tun hat, dann liegt es nahe, die temporale Qualität von Verben mit ihrer Innenperspektivik in Verbindung zu bringen. Innenperspektivik entsteht dadurch, dass die Person (im Sinne von Bühlers 'Origo') als Teil des Sachverhalts dargestellt wird. Der zentrale Status der Kategorie der Person und der sekundäre Status der Kategorie Tempus für die Definition des Verbs wird ferner deutlich, wenn man ein finites Verb im Präsens genauer betrachtet: es sind faktisch keine Tempusmorpheme vorhanden, weshalb das Präsens auch als 'Prätempus' bezeichnet wurde. Aristoteles denkt aber bei seiner Definition des Verbs als Zeitwort immer zuerst an die Präsensformen. Die einzige Kategorie, die bei der maximal unmarkierten Verbform im Präsens sichtbar markiert wird, ist die Kategorie der Person. Die Zentralität der Kategorie der Person für das Verb (und nicht für das Nomen) wird außerdem transparent, wenn man sich vor Augen hält, dass die Kategorie der Person grundsätzlich nicht mit Nomen, d.h. nicht mit Substantiven oder Adjektiven kombiniert werden kann, sondern nur mit Verben. Es ist unmöglich zu sagen: *ich Haus, *es Kind. Personalpronomen können nur in der Funktion von Possessivpronomen mit Nomen kombiniert werden: mein Haus, sein/ihr Kind (Appositionen wie ich, Elisabeth, lassen sich selbstverständlich nicht als Gegenbeispiel anführen). Die Kategorie der Person bleibt beim Nomen formal und konzeptionell immer äußerlich. Dagegen ist der personale Standort beim Verb formal und konzeptionell immer nach innen verlegt. Das gilt auch für die perfektiven Verben, die nur über eine sekundär erzeugte holistische Perspektive verfügen. Auch hier bleibt die Kategorie der Person substantieller Teil der von außen betrachteten Verbalsituation. Die Bedeutung der Kategorie der Person für die Definition des Verbs wurde bereits von Sandmann 1940/1969 deutlich formuliert, von Touratier (1983:185) vermutet und zuletzt von Kirtchuk 1994 erneut herausgearbeitet. Ausgangspunkt ist dabei das finite Verb. Die infiniten Verbformen erfordern eine gesonderte Betrachtung (vgl. Abschnitt 3). Interessanterweise heißen die finiten Verbformen auch „persönliche Verben" (vor allem in der französischen Grammatikschreibung), die infiniten Verbformen, denen der verbale Status vielfach abgesprochen wird, dagegen „unpersönliche Verben". Sandmann (1940/1969:204) verweist darauf, dass das finite Verb immer potentiell auf eine Person verweist. Sandmann arbeitet nicht mit Merkmalen aus der Mereologie; seine Charakterisierung liest sich wie eine poetische Darstellung von Langacker 1987, Kirtchuk 1994 und anderen. Sie ist deshalb nicht weniger präzise. In Bezug auf das Nomen *Reise* spricht Sandmann von „Vogelperspektive", wodurch Ursprung und Endpunkt ins Blickfeld gerückt seien und die Umrisse genau gefasst werden. Dagegen setzt das finite Verb *ich reise* (als Beispiel für alle finiten Verbformen) eine grammatische Person, die sich in einem Erlebnisstrom ohne Ausgangs- und Endpunkt befinde, voraus. Sandmann beschreibt hier sehr genau die imperfektiven Verben. Er erfasst schließlich jedoch Verben jeglicher Aspektualität, wenn er von einem „Erlebniszentrum" spricht, das durch ein Verb mittransportiert wird. Die verschiedenen grammatischen Personen sind nach Sandmann nur unterschiedliche „Rollen", mit denen dieses Erlebniszentrum modifiziert zum Ausdruck gebracht wird. Sandmanns „Erlebniszentrum" lässt sich ohne Bedeutungsverlust durch Bühlers Terminus der 'Origo' ersetzen. Genau das ist mit der Aussage, dass dem Verb die Kategorie der Person inhärent sei, gemeint. Durch die Relation zwischen einer Person bzw. Origo und einem Sachverhalt entsteht nach Sandmann das Konzept der Dauer. Diese Aussage ließe sich verallgemeinern als: Immer wenn Relationalität zugrunde liegt, ist auch Temporalität involviert. Die elementare Relation ist dabei offensichtlich die zwischen der Person und der Welt bzw. der Gesamtheit der Sachverhalte. Nach Sandmann sind auch die sogenannten „unpersönlichen Verben" wie *es regnet* genaugenommen „persönliche Verben". „Unpersönliche Verben" sind allein die infiniten Verben – so wie es auch in der französischen Terminologie zum Ausdruck kommt. Man gewinnt bei der Lektüre der Wortartliteratur ganz allgemein den Eindruck, dass die frankophone Linguistik zur Definition des Verbs über die Kategorie der Person am meisten zu sagen hat. Die Nähe der modistischen Tradition ist dabei unübersehbar, auch wenn den Autoren nicht immer bewusst sein muss, dass sie diese Traditionslinie fortsetzen. Für Kirtchuk (1994:193) ist allein die Kategorie der Person konstitutiv für die Wortart Verb. Die Kategorie der Person hat beim Verb demnach nicht die Aufgabe grammatische Kongruenz mit dem Subjekt herzustellen. Die Person ist dem Verb vor aller syntaktischen Verwendung inhärent. Das Personalpronomen in Subjektsposition ist demnach nichts anderes als die Expansion des Verbs. Ein Satz (im Sinne von Proposition) ist demnach ein 'entfaltetes Verb'. Die Nomen in Subjektsfunktion sind wiederum nur Expansionen der Personalpronomen. Nomen in Subjekts- (und auch in Objektsfunktion) sind nach dieser Auffassung strenggenommen „Pro-Pronomen": Sie stehen für die Pronomen, und nicht umgekehrt die Pronomen für die Nomen. Kirtchuks Auffassung von der Priorität der Personalpronomen gegenüber den Nomen und von der Inhärenz dieser Pronomen im Verb entspricht wiederum der modistischen Auffassung (gut nachlesbar in Hülsen 1994). Zusammenfassend lässt sich festhalten: Das Verb ist definierbar als Archilexem + eine spezifische Perspektive. Diese Perspektive ist definiert durch Innenperspektivik, die durch das Teil-Ganzes-Verhältnis zwischen Origo und dem archilexematischen Inhalt zustande kommt. Die Relationalität, die zwischen dem Teil (der Person bzw. der Origo) und dem Ganzen etabliert wird, ist verantwortlich für die Temporalität, die mit dem Wortartkonzept des Verbs verbunden ist. Mit der 'Präsenz' der Person wird die temporale Lokalisierung des Urteils bzw. der Affirmation erst möglich. Mit dem Verb kommt das Denken, das bei den Nomen „stillsteht", in Gang. Im Sinne dieser Definition können nur die finiten Verben als Verben gelten.

3. Konsequenzen der kategorialen Bestimmung des Verbs

3.1. Die Neutralisation von Verben

In der Literatur ist umstritten, ob die infiniten Verbformen (Infinitive und Partizipien) tatsächlich Wortformen von Verben sind oder ob sie nicht vielmehr Derivationen, d.h. deverbale Substantive oder Adjektive (vgl. Sandberg 1976) darstellen. Einigkeit besteht jedoch darüber, dass der Infinitiv nicht die grundlegende Wortform des Verbs darstellt. In vielen Sprachen gibt es keine Infinitive (z.B. im Pali), in anderen Sprachen ist die Verwendung des Infinitivs mehr oder weniger ausgeprägt oder im Rückgang (z.B. im Neugriechischen; vgl. Mayerthaler/Fliedl/Winkler 1993:18). Die Tatsache, dass in Wörterbüchern die Infinitivform als die Zitierform des Verbs erscheint, darf nicht dazu verleiten, diese Form als die typische Verbform zu werten. Es gibt Sprachen ohne infinite 'Verbformen', solche ohne finite Verbformen gibt es dagegen nicht. Nur die finiten Formen können also die Grundlage für die Verbdefinition darstellen. Hier stellt sich die Frage, ob infinite Verben (Infinitive und Partizipien) überhaupt als Verben eingeordnet werden können. Sandmann (1940/

1969:203) spricht von „nominalen Verbformen", wobei sich die Frage stellt, ob es sich dann um Nomen oder Verben handelt. Coseriu (1972/1987:32) verhält sich dieser Terminologie gegenüber ablehnend. Seiner Auffassung nach verhält sich jemand, der von den Nominalformen des Verbs spricht wie jemand, der von den Dreiecksformen des Quadrats spricht. Doch so absurd, wie Coseriu meint, ist diese Terminologie vielleicht doch nicht. Verben enthalten ja die Merkmalsausstattung von Substantiven, und zwar in dem doppelten Sinn, dass sie sie 'aufheben'. Diese 'hegelianische Redeweise' kommt Coserius philosophischen Vorlieben entgegen und erlaubt es auch, die Logik des von Coseriu gewählten Bildes fortzusetzen. So wie jedes Quadrat sich in Dreiecke zerlegen lässt, ebenso lassen sich Verben so dekomponieren, dass Einheiten von nominaler Qualität erscheinen. Aristoteles, die höchste Autorität, die Coseriu akzeptiert (vgl. Coseriu 1997), soll hier gegen Coseriu angeführt werden. Aristoteles ordnet die infiniten Verbformen nicht als Verben ein. „Werden sie für sich allein ausgesprochen, so sind die Aussagewörter [Verben] Nennwörter [Nomen]" (*Aristoteles, Peri hermeneias*, Kap. 3, Übersetzung von Weidemann, S. 5). Und im Anschluss daran folgt seine Aussage, dass jemand, der ein für sich ausgesprochenes Verb, d.h. eine infinites Verb und damit ein Nomen ausspricht, sein Denken zum Stehen bringt. Infinite 'Verben' werden hier aufgrund ihrer Funktion eindeutig als Nomen definiert. Das Nomen umfasst nun Substantive und Adjektive gleichermaßen. Die qualitative Verwandtschaft der Infinitive mit den Substantiven und die der Partizipien mit den Adjektiven ist offensichtlich und sie wird in der Literatur auch mit großer Übereinstimmung hervorgehoben. Das einzig Verbale an den infiniten 'Verben' ist ihre 'verbale Vergangenheit'. Man sieht ihnen noch an, dass sie von Verben abgeleitet sind. Genaugenommen stellen die 'infiniten Verbformen' bzw. die 'Infinita' das Ergebnis eines Neutralisationsprozesses dar. Infinitive sind das Ergebnis der Neutralisation der Wortartopposition Verb vs. Substantiv; Partizipien sind das Ergebnis der Neutralisation der Opposition Verb vs. Adjektiv. Das Ergebnis solcher Neutralisationsprozesse sind allerdings nicht Zwischenformen, die in der Mitte zwischen Verb und Substantiv bzw. Adjektiv angesiedelt sind. Bei der Neutralisation von privaten Oppositionen bleibt immer der merkmallose Pol erhalten. Das Archiphonem, das beispielsweise beim Neutralisationsprozess der Auslautverhärtung entsteht, stellt nichts anderes dar als den unmarkierten Pol dieser Opposition: den stimmlosen Verschlusslaut. Ebenso verhält es sich bei Neutralisationen im Bereich der Wortarten. Infinitive sind Archilexeme mit denselben Merkmalen wie Substantive. Partizipien sind Archilexeme mit denselben Qualitäten wie Adjektive. In Bezug auf die beiden Klassen von Infinitiven lässt sich auch eine Neutralisationshierarchie aufstellen. Partizipien enthalten noch verbale Kategorien, über die Infinitive nicht mehr verfügen, z.B. die Kategorie des Aspekts, die bei der Gegenüberstellung von Partizip I und Partizip II sichtbar wird. Die erste Neutralisationsstufe eines Verbs stellen demnach die Partizipien dar, die zweite die Infinitive. In Bezug auf den Infinitiv wurde immer wieder diskutiert, welche Verwendung des Infinitivs die grundlegendere sei, die nominale oder die verbale. Eine nominale Verwendung liegt vor in *Das Lesen ist ein Vergnügen*, ein verbale Verwendung in *Es ist ein Vergnügen zu lesen*. Rémi-Giraud (1988:47) entscheidet sich für die nominale Verwendung als die grundlegendere, und zwar mit dem Hinweis auf das Arabische, wo nur der 'nominale Infinitiv' vorkommt. Geht man davon aus, dass der Infinitiv eine Neutralisation und damit ein Archilexem darstellt, lösen sich solche Fragen von selbst auf: Als Archilexem wird der Infinitiv von der jeweiligen syntaktischen Umgebung monosemiert. Die scheinbar einmal mehr nominalen, dann wieder mehr verbalen Qualitäten sind der syntaktischen Umgebung geschuldet. Dass dies so ist, wird beim sogenannten 'merkmallosen Infinitiv' deutlich, wo die Charakterisierung als 'verbal' oder 'nominal' nicht möglich ist, weil die syntaktische Umgebung keine monosemierenden Hinweise enthält. Sandmann (1940/1969:13) führt dafür *Irren ist menschlich* als Beispiel an, das sowohl als *Zu irren ist menschlich* als auch als *Das Irren ist menschlich* aufgelöst werden kann. Der Infinitiv selbst ist wortartneutral. Als Archilexem passt er sich an die syntaktische Umgebung an. Archilexematische Qualität haben auch die Partizipien, deren Lesart in Abhängigkeit vom syntaktischen Kontext zwischen 'adjektivisch' und 'verbal' variieren kann.

3.2. Das Verb und seine semisomorphen Partner

Durch Neutralisation entstehen neben dem Verb semisomorphe Lexeme mit (potentiell) anderer Wortartzugehörigkeit. Die lexikali-

sche Semantik bleibt dabei erhalten. Was sich ändert, ist die Wortartperspektivik. Damit ist die Frage nach der Motivation solcher Prozesse angesprochen und auch schon fast beantwortet: Man muss sich zunächst klarmachen, dass die Wortartdifferenzierung in der Grammatikschreibung den Status einer grammatischen Kategorie hat. Das konstitutive Merkmal einer grammatischen Kategorie ist die Wahlmöglichkeit zwischen kategorialen Alternativen. So stellt etwa die grammatische Kategorie Aspekt die Wahl zwischen den imperfektiven und perfektiven Aspektpartnern bereit. Fehlt eine solche Wahlmöglichkeit, verbietet es sich, das Vorhandensein der entsprechenden grammatischen Kategorie zu postulieren. In Bezug auf die Kategorie der Wortarten hat man bislang inkonsequenterweise nicht mit diesen strengen Maßstäben gearbeitet. Verdienen die Wortarten den Status einer grammatischen Kategorie, so haben auch sie mehrere Perspektiven bereitzustellen. Es muss also möglich sein, ein lexikalisch-semantisches Sembündel mit jeweils unterschiedlicher Wortartspezifik versehen zu können. Diese Wahlmöglichkeit ist tatsächlich vorhanden und wird durch mehrere Prozesse geleistet.
1) Durch die erwähnte Neutralisation der komplexesten Wortart Verb, wodurch die inhärenten Wortartqualitäten Substantiv und Adjektiv als niedrigere Organisationsformen des Verbs zum Vorschein kommen. 2) Durch Wortartkonversion. Dabei werden mittels impliziter und expliziter Ableitung produktiv Wortartpartner zur Verfügung gestellt. 3) Durch den Prozess der Translation, so wie ihn Tesnière beschrieben hat. Hier werden durch syntaktische Verfahren zusätzliche Wortartfunktionen geschaffen. 4) Durch lexikalische Partnerbildung.

Der Prozess der Neutralisation wurde hier beschrieben. Den zentralen Stellenwert der Wortartkonversion hat Vogel 1996 hervorgehoben. Sie hat gezeigt, dass die Konversion keinen marginalen Status im Bereich der Wortbildung hat. Konversion kann in diesem Sinn auf alle Formen der morphologischen Transposition von Wortarten ausgedehnt werden. Wortartkonversion wird nicht immer mit morphologischen Mittel geleistet. Tesnière hat in seinen Kapiteln über die Translation von Wortarten die syntaktischen Verfahren zur Erzeugung von Wortartpartnern aufgezeigt. So ist beispielsweise in *le bleu de Prusse* 'preussisch-blau' die Wortfolge *de* Prusse als Adjektiv einzuordnen. Mithilfe des 'Translators' *de* wird das Substantiv zu einem Adjektiv. Man könnte von einem analytisch gebildeten Adjektiv sprechen. Tesnières Beitrag zur syntaktischen Wortartkonversion wurde beim Ausbau seines dependenzgrammatischen Ansatzes in der Regel nicht rezipiert. Die Transposition von Wortarten ist im Esperanto im Übrigen besonders transparent durchgeführt: *ekster* ist eine Präposition und bedeutet 'außerhalb von'. Das Substantiv dazu ist *ekstero*, das Adjektiv *ekstera*, das Verb wird mit einem i-Suffix gebildet (Beispiele aus Duc Goninaz 1983:64). Interessanterweise bezieht Tesnière seine Wortartabkürzungen (A, E, I, O) explizit aus dem Esperanto. Er hat sich von der Transparenz dieser Kunstsprache inspirieren lassen und offensichtlich die weniger transparenten Transpositionsprozesse in natürlichen Sprachen aufzudecken versucht. Auf die vierte Form der Bereitstellung von Wortartpaaren hat Warnke 1995 die Aufmerksamkeit gelenkt. Semisomorphie liegt beispielsweise bei den Lexemen *Tod* und *sterben* vor, die Warnke mit 'Aufhören des Lebens' und 'aufhören zu leben' paraphrasiert. Es liegen offensichtlich dieselben lexikalisch-semantischen Merkmale vor; nur die Wortartzugehörigkeit ist jeweils eine andere. Viele Prozesse, die bislang unabhängig voneinander beschrieben worden sind, lassen sich offensichtlich als Ausdruck von nur einer, übergeordneten Funktion erklären – der Funktion, alternative Wortartperspektiven bereitzustellen.

3.3. Wieviel Wortartpartner hat das Verb?

Beschreibt man die Wortarten über die Perspektivierungsfunktion, muss die Frage erneut aufgerollt werden, wie viele Wortarten tatsächlich angesetzt werden können. Wenn die Wortartperspektive die erste Form von grammatischer Ausstattung eines Archilexems darstellt, auf der alle anderen grammatischen Kategorien erst aufbauen, dürfen dann Wörter, die keine solche Perspektivik transportieren, überhaupt als Wortarten eingeordnet werden? Am Beispiel der Translation wurde bereits deutlich, dass *de* in *de Prusse* als Translator einzuordnen ist, d.h. als wortartkonstituierendes Element, das selbst keine Wortart darstellt. Dieselbe Skepsis ist in Bezug auf freie Morpheme bzw. auf Wörter erforderlich, die einzig grammatische Kategorien zum Ausdruck bringen oder transportieren, aber keine Seme, wie z.B. der Artikel oder Personalpronomen. Bei diesen Wörtern fehlt die archilexematische Basis. Damit fehlt die Basis für die Wortartfunktion, die in der perspektivischen Darstellung des Archilexems besteht. In vielen Wortartdarstellungen werden tatsächlich oft nur Verb, Substantiv und Adjektiv behandelt. Bereits das Adverb wird vielfach ausgeklammert bzw. aufgelöst (vgl. Feuillet 1981). Das Problem der Abgrenzung des Verbs in stark analytischen Sprachen hat Hopper 1997 angesprochen. Geht man von der Perspektivierungsfunktion aus, gibt es tatsächlich nur Verben und Nomen. Die auf Aristoteles zurückgehende Unterscheidung zwischen synsemantischen und autosemantischen Wörtern wird heute als eine Unterscheidung zwischen syn- und autosemantischen Wortarten verstanden. Tatsächlich lassen sich nur die Autosemantika den Wortarten zuordnen. Die Synsemantika sind grammatische Einheiten, die für die Wortarten und ihre spezifischen Funktionen arbeiten, selber aber keine Wortarten bzw. Wortklassen darstellen. Solche Klassenbildung ist bei Synsemantika auch nicht notwendig, weil sie selbst eine endliche Anzahl von Einheiten darstellen. Die Verben, Adjektive und Substantive sind dagegen in potentiell unendlicher Anzahl vorhanden. Hier ist Klassenbildung notwendig: die Funktion von Klassifikation besteht ja in der Verendlichung von unendlich vielen Einheiten. Nur den sogenannten 'offenen Wortklassen' kann damit strenggenommen der Status einer Wortart zugesprochen werden.

3.4. Wieviel Verben braucht eine Sprache?

Jedes Verb lässt sich dekomponieren in einen finiten und einen infiniten Teil. Das zeigt das Beispiel der besonders transparenten analytischen Verbalkonstruktionen, die aus einem finiten Auxiliar und einem Archilexem (Infinitiv oder Partizip) bestehen. Berücksichtigt man die Affinität des Infinitivs zum Substantiv und die des Partizips zum Adjektiv, muss man konsequenterweise auch jede Konstruktion, die aus einem Auxiliar + Substantiv oder Adjektiv besteht als analytisches Verb einordnen, also auch: *x ist tot* und *x ist ein Toter* und nicht nur *x ist gestorben*. Eine maximal analytisch konstruierte Sprache könnte potentiell also mit einem Verb auskommen, mit dem Kopulaverb *sein*. Andere Auxiliare wie *haben* müssen in einer Sprache nicht vorhanden sein, wie das Beispiel des Russischen und anderer Sprachen zeigt. Alle weiteren Auxiliare lassen sich nämlich ebenfalls analytisch mithilfe des Kopulaverbs *sein* bilden (vgl. *mir ist kalt* mit frz. 'ich habe kalt': *j'ai chaud*). Aristoteles hat bereits jedes Verb als bestehend aus einer finiten Verbform von *sein* und einer infiniten Verbform (bei seinem Beispiel: ein Partizip) beschrieben. Diese Auffassung des Verbs findet sich noch bei Condillac (vgl. Pariente 1982). Nach Condillac ist das Verb *sein* das einzige Verb, das es gibt (Pariente 1982: 260). Die systematische Analyse eines Verbs in lexematische, synsemantische und verbspezifische Anteile macht deutlich, dass es schwer werden dürfte, eine 'verblose' Sprache zu entdecken. Wer behauptet, dass es eine Sprache ohne Verben gibt, müsste nachweisen, dass auch nicht ein Verb explizit oder implizit vorhanden ist. Der Hinweis auf das implizite Vorhandensein des Kopulaverbs *sein* ist notwendig, weil häufig Sätze wie russ. *ona bol'na* 'sie (ist) krank' zu unrecht als verblos bezeichnet werden. In maximal unmarkierten Sätzen (hier: Präsens Indikativ) ist die Ellipse des Verbs selbstverständlich. Sie ist ja nur deshalb möglich, weil das Verb immer präsupponiert wird.

4. Ausblick: die Doppelstruktur des Verbs

Die vorausgegangenen Überlegungen machen deutlich, dass jedes Verb eine Doppelstruktur aufweist. Jedes Verb besteht aus einem finiten und einem infiniten Anteil. Der finite Anteil lässt sich durch Analyse bis auf das Kopulaverb *sein* (in seiner finiten Form) reduzieren. Sein infiniter Anteil hat nominale Qualität. In diesem Sinn enthält das Verb 'die anderen Wortarten'. Zu diesen anderen Wortarten zählen nur die offenen Wortklassen (Substantiv und Adjektiv). Jede Wortart besteht aus einem Archilexem + zusätzlicher Perspektive. Das Verb stellt eine Art Superwortart dar, weil allein durch Neutralisationsprozesse jede andere Wortart produktiv aus ihm erzeugt werden kann. Es ist die komplexeste Wortart überhaupt. Jede Wortart, vor allem aber das Verb, kann aus mehreren Wörtern analytisch gebildet werden. Die Praxis, jedes einzelne Wort mit einer Wortartzugehörigkeit zu bedenken, ist also durchaus problematisch. Die Annahme der Doppelstruktur des Verbs, die von Aristoteles bis Condillac zu den Kernaussagen des grammatischen Diskurses gehörte, gewinnt heute wieder an Plausibilität. Die Annahme von der Doppelstruktur des Satzes, bestehend aus Proposition und Illokution, hat sich mit der Rezeption der Sprechakttheorie vollständig etabliert. Dass sich diese Doppelstruktur als Konstruktionsprinzip wiederum auf der Ebene der Proposition fortsetzt, ist plausibel. Da das Verb die Proposition gleichermaßen als Konzentrat enthält, lässt sich durch die eingehende Analyse des Verbs diese Doppelstruktur auch sichtbar machen.

5. Literatur in Auswahl

Aristoteles, *Peri hermeneias*. Übersetzt und erläutert von H. Weidemann. Berlin: Akademieverlag 1994 (Aristoteles Werke in deutscher Übersetzung; 1, 2).

Auroux, Sylvain (1984), Du nom au verbe: la grammaire générale de Port-Royal à Destutt de Tracy. In: *Modèles linguistiques* 6, 11–21.

Bach, Emmon (1981), On Time, Tense, and Aspect: An Essay in English Metaphysics. In: *Radical Pragmatics*, 63–81.

Boisson, Claude; Basset, Louis; Kirtchuk, Pablo (1994): Problématiques des parties du discours. In: *Les classes de mots* 1994, 9–45.

Brøndal, Viggo (1928/1948), *Les parties du discours. Etudes sur les catégories linguistiques*. (Traduction française par P. Naert). Copenhague: Munksgaard 1948. [Dänisch 1928].

Broschart, Jürgen (1997), Why Tongan does it differently: Categorial distinctions in a language without nouns and verbs. In: *Linguistic Typology* 1, 123–165.

Bühler, Karl (1934/1982), *Sprachtheorie. Die Darstellungsfunktion der Sprache*. (Mit einem Geleitwort von F. Kainz). Stuttgart, New York: Gustav Fischer (Uni-Taschenbücher; 1159). [Ungekürzter Nachdruck der Ausgabe von 1934].

Chomsky, Noam (1981), *Lectures on Government and Binding. The Pisa Lectures*. Dordrecht, Cinnaminson: Foris (Studies in Generative Grammar; 9).

Les classes de mots: traditions et perspectives. (Hrsg. L. Basset; M. Pérennec). Lyon: Presses universitaires de Lyon 1994.

Colaclidès, Pierre (1968), Note sur la définition du verbe par Aristote. In: *Glotta* 46, 56–58.

Coseriu, Eugenio (1972/1987), Über die Wortkategorien ('partes orationis"). In: *Coseriu, Eugenio, Formen und Funktionen. Studien zur Grammatik*. Tübingen: Niemeyer 1987, 24–44. [Ursprüngliche spanische Fassung 1972].

–, (1997), „*Die Sachen sagen, wie sie sind ...*". Eugenio Coseriu im Gespräch mit J. Kabatek; A. Murguía. Tübingen: Narr.

Duc Goninaz, Michel (1983), Les parties du discours en espéranto. In: *Travaux* 1, 61–71.

Feuillet, Jack (1981), Peut-on parler d'une classe de l'adverbe. In: *La linguistique* 17(1), 19–27.

Franzen, Winfried (1995), Die Sprache und das Denken. Zum Stand der Diskussion über den 'linguistischen Relativismus'. In: *Sprache denken. Positionen aktueller Sprachphilosophie*. (Hrsg. J. Trabant). Frankfurt am Main: Fischer 1995, 249–268 (Fischer TB; 12777).

Götzinger, Max Wilhelm (1836/1992), Von den Wortarten. In: *Wortarten* 1992, 83–98. [Zuerst in: Götzinger, Max Wilhelm: Die deutsche Sprache. 2 Bde. Bd. 1. Stuttgart: Hoffmann'sche Verlagsbuchhandlung 1836, 287–299].

Hopper, Paul J. (1997), Discourse and the Category 'Verb' in English. In: *Language & Communication* 17, 93–102.

Hülsen, Reinhard C. (1994), *Zur Semantik anaphorischer Pronomina. Untersuchungen scholastischer und moderner Theorien*. Leiden etc.: Brill (Studien und Texte zur Geistesgeschichte des Mittelalters; 41).

Jespersen, Otto (1911), The Role of the Verb. In: *Germanisch-Romanische Monatsschrift* 3, 152–157.

Kirtchuk, Pablo (1994), Deixis, Anaphore, „Pronoms": Morphogenèse et fonctionnement. In: *Les classes de mots* 1994, 169–205.

Klatt, Heinz Joachim (1978), Die Lesbarkeit von Wörtern als Funktion der grammatischen Wortklasse bei Aphasikern. Beitrag zu einer Neudefinition der Anomie. In: *Archiv für Psychiatrie und Nervenkrankheiten* 225, 333–348.

Knobloch, Clemens (1988), Der Schulgrammatiker Maximilian Wilhelm Götzinger. In: *Zeitschrift für Literaturwissenschaft und Linguistik* 72, 92–100.

Knobloch, Clemens; Schaeder, Burkhard (1992), Einleitung zu: *Wortarten* 1992, 1–42.

Kobusch, Theo (1996), Grammatica speculativa. In: *Klassiker der Sprachphilosophie. Von Platon bis Noam Chomsky*. (Hrsg. T. Borsche). München: Beck 1996, 77–93, 459–464.

Langacker, Ronald W. (1987), Nouns and Verbs. In: *Language* 63, 53–94.

Lazard, Gilbert (1984), La distiction entre nom et verbe en morphologie et en syntaxe. In: *Modèles linguistiques* 6, 29–39.

Leiss, Elisabeth (1992), *Die Verbalkategorien des Deutschen. Ein Beitrag zur Theorie der sprachlichen Kategorisierung*. Berlin, New York: de Gruyter (Studia linguistica Germanica; 31).

Lemaréchal, Alain (1994), Désignation et dénomination: superparties du discours. In: *Les classes de mots* 1994, 149–168.

Mayerthaler, Willi; Fliedl, Günther; Winkler, Christian (1993), *Infinitivprominenz in europäischen Sprachen. Teil I: Die Romania (samt Baskisch)*. Tübingen: Narr (Tübinger Beiträge zur Linguistik; 390).

Pariente, Jean-Claude (1982), Sur la théorie du verbe chez Condillac. In: *Condillac et les problèmes du langage*. (Hrsg. J. Sgard). Genf, Paris: Editions Slatkine 1982, 257–274.

Pinborg, Jan (1967), *Die Entwicklung der Sprachtheorie im Mittelalter*. Münster: Aschendorffsche

Verlagsbuchhandlung 1967 (Beiträge zur Geschichte der Philosophie und Theologie des Mittelalters. Texte und Untersuchungen; XLII, 2).

Rémi-Guiraud, Sylvianne (1988), Les Grilles des Procuste: description comparée de l'infinitif en français, grec ancien, allemand, anglais et arabe. In: *L'infinitif*. (Hrsg. S. Rémi-Guiraud). Lyon: Presses universitaires de Lyon 1988, 11–68.

Rosier, Irène (1983), *La grammaire spéculative des Modistes*. Lille: Presses universitaires de Lille.

Sandberg, Bengt (1976), *Die neutrale-(e)n-Ableitung der deutschen Gegenwartssprache. Zu dem Aspekt der Lexikalisierung bei den Verbalsubstantiven*. Göteborg: Acta Universitatis Gothoburgensis (Göteburger germanistische Forschungen; 15).

Sandmann, Manfred (1940/1969), Substantiv, Adjektiv-Adverb und Verb als sprachliche Formen. Bemerkungen zur Theorie der Wortarten: In: *Das Ringen um eine neue deutsche Grammatik. Aufsätze aus drei Jahrzehnten (1929–1959)*. (Hrsg. H. Moser). Darmstadt: Wissenschaftliche Buchgesellschaft 1969, 186–216 (Wege der Forschung; 25). [Zuerst: Indogermanische Forschungen 57 (1940), 81–112].

Tesnière, Lucien (1959/1980): *Grundzüge der strukturalen Syntax*. (Hrsg. und Übersetzer U. Engel). Stuttgart: Klett-Cotta 1980. [Übersetzung der 2. Auflage der *Eléments de syntaxe structurale* von 1965. Erstauflage 1959].

Thomas of Erfurt, *De modis significandi sive grammatica speculativa*. (Hrsg. und Übersetzer G. L. Bursill-Hall). London: Longman 1972.

Touratier, Christian (1983), Définition du verbe (á propos de l'indonésien et du malgache). In: *Travaux I*, 179–200.

Vogel, Petra Maria (1996), *Wortarten und Wortartwechsel. Zu Konversion und verwandten Erscheinungen im Deutschen und in anderen Sprachen*. Berlin, New York: de Gruyter (Studia linguistica Germanica; 39).

Warnke, Ingo (1995), Sem-Isomorphie. Überlegungen zum Problem wortartenheterogener Bedeutungsverwandtschaft. In: *Zeitschrift für Dialektologie und Linguistik 62, 166–181*.

Wortarten. Beiträge zur Geschichte eines grammatischen Problems. (Hrsg. C. Knobloch; B. Schaeder). Tübingen: Niemeyer 1992 (Reihe Germanistische Linguistik; 133).

Zemb, Jean-Marie (1979), Comment définir les parties du discours. In: *Sémantique, Codes, Traductions*. (Hrsg. N. Mouloud). Lille: Presses universitaires de Lille 1979, 25–79.

Elisabeth Leiss, Bamberg (Deutschland)

76. Zum Pronominalen

1. Übersicht
2. Linguistische Referenz
3. Zur Prowortsemantik
4. Offene Fragen
5. Semverzeichnis/Kurzdefinition
6. Modifikatorenverzeichnis
7. Literatur in Auswahl

Die traditionelle Klasse der Pronomina ist zweifellos ein besonders umstrittener und zentraler Ausschnitt des Wortschatzes, für den lange Zeit keine im engeren Sinne semantisch deskriptive Aufarbeitung vorgenommen wurde. Dieser Artikel zeigt nach einer Übersicht über die traditionelle Bestimmung der Pronomina, wie Prowortsemantik ermittelt werden kann und welche Besonderheiten sie aufweist. Dabei wird sich auf Prowörter beschränkt, die substantivisch, schriftlich und synchron gebraucht werden (zum deiktischen Gebrauch im Mündlichen, Tauch 1995). Auch umgangssprachliche Wendungen wie *Die Frida, was unsere Jüngste ist, hat sich verheiratet*, werden berücksichtigt. Lexeme, die dialektal determiniert sind oder Personifizierungen, die für literarische Genres typisch sind, finden keine Berücksichtigung. Die Bezeichnung „Sprecher" bezeichnet im Folgenden „den oder die Verfasser(in) einer schriftlichen Äußerung" (analog dazu „Hörer"). Wird vom „Gegenstand" gesprochen, so ist immer „Gegenstand im weiteren Sinne" gemeint. Der Beitrag sieht seine theoretischen Wurzeln in Überlegungen und Erfahrungen des Prager Strukturalismus, in den Analogien zu den Prinzipien der Phonologie, die eine Analysierbarkeit der Sprache annehmen und durch distinktive Merkmale und Minimalpaaranalyse die Unterscheidung von Zentrum und Peripherie ermöglichen; er basiert weiterhin auf der – durch die Diskussion des Standard-Modells der amerikanischen Transformationsgrammatik – entstandenen Rückbesinnung auf die Inhaltsseite der sprachlichen Zeichen und der in der Nachfolge von Chomsky eingeführten Methode der Ausnutzbarkeit sprachlicher Introspektion.

1. Übersicht

Bei der traditionellen Systematisierung beachtet man vor allem morphologische, syntaktische und auch semantische Kriterien. Zu Recht werden dabei immer wieder die Uneinheitlichkeit und inkonsequente Anwendung respektive die fehlende Transparenz im Umfang mit den einzelnen Kriterien kritisiert. Zum morphologischen Kriterium zählen Aspekte der Konjugierbarkeit, Deklinierbarkeit, Graduierbarkeit und Flektierbarkeit. Nach der „Einführung in die Grammatik der deutschen Gegenwartssprache" (1988), den „Grundzügen einer deutschen Grammatik" (1984) u.a. hebt sich die Wortart Pronomen durch die grammatischen Merkmale „deklinierbar", „nicht artikelfähig", „nicht komparierbar" ab. Nach Hentschel/Weydt können Pronomina „im Gegensatz zu den Substantiven normalerweise nicht von Adjektiven oder Artikeln begleitet werden" (1990, 214). D.h. zusammenfassend, Pronomen sind deklinierbar, folglich gehören Wörter wie *etwas* oder *nichts* nicht zu dieser Klasse. Sie sind „normalerweise" nicht artikelfähig – somit gehören Lexeme wie *der meine*, *ein jeder* und *der eine* oder *der andere* nicht unbedingt zu den Pronomina. Der Versuch, Pronomina mittels morphologischer Kriterien zu erfassen, kann sie also im wesentlichen von anderen Wortarten abheben, die Kriterien reichen jedoch nicht aus, um sie in ihrer spezifischen Leistungsfähigkeit befriedigend zu beschreiben.

Einer syntaktischen Identifizierung scheinen sich Pronomina – da im Satz „stellvertretend für eine grammatische Kategorie beliebiger Art" stehend (Koller 1985, 169) – überhaupt zu entziehen. Engel (1988) und Helbing/Buscha (1988) argumentieren für eine ausschließliche Stellvertreter-Funktion; Jung (1982), die Autoren der „Einführung in die Grammatik der deutschen Gegenwartssprache" (1988), der „Grundzüge einer deutschen Grammatik" (1984), des DUDEN (1984) sowie Erben (1972) und Eichler/Büntig (1989) sprechen sich für eine Stellvertreter- und Begleiterfunktion aus. In der „Grammatik der deutschen Sprache" (1997) werden die traditionellen Pronomina wie Eigennamen als „Proterme" betrachtet. „Proterme" bezeichnen selbst keine Wortart, nur dessen neun Unterkategorien. In der Transformationsgrammatik stellt ein Pronomen ein Substitut für eine vollständige NP der Tiefenstruktur auf der Oberflächenstruktur dar. Der semantische Unterschied zwischen einem wiederholt auftretenden Nomen (NP-NP) und einem NP-Pronomen-Paar wird durch Indexierung gesichert. Dougherty (1969) verwirft die Idee, Pronomen als Substitute für NPs anzusehen. Sämtliche Pronomen sind Komponenten der Tiefenstruktur und erhalten keine Indexierung.

Eine umfassende semantische Beschreibung scheiterte lange Zeit an der Annahme, dass Prowörter durch ihre hohe Situations- und Kontextabhängigkeit generell über keine eigenständige Bedeutung verfügen (Griesbach 1986, Jung 1982, Engel 1988) bzw. nur über relative bzw. geringe (Erben 1980, Eichler/Bünting 1989, Helbing/Buscha 1988, Braunmüller 1977, „Grammatik der deutschen Sprache" 1997).

2. Linguistische Referenz

Ein Sprecher nutzt eine Äußerung, um auf einen Gegenstand zu verweisen, von dem er eine bestimmte mentale Repräsentation besitzt, die das beinhaltet, von dem er glaubt, dass es ein bestimmter Gegenstand sei, und er ist dann erfolgreich, wenn der Hörer einen mentalen Zustand erreicht, der ermöglicht, dass sie wissen, worüber sie sich austauschen. D.h., will ein Sprecher erfolgreich kommunizieren (das bedeutet nicht unbedingt „grammatisch richtig"), beabsichtigt er eine Veränderung des mentalen Zustandes des Hörers. Er geht davon aus, dass sich seine Vorstellungen („individuelles Bündel" an Informationen) vom besprochenen Gegenstand zu einem gewissen Grad mit denen des Hörers gleichen. Sie sind jedoch nicht identisch. Sprecher und Hörer glauben, dass der Sprecher das Ziel hat, dass der Hörer glaubt, es sei das Ziel des Sprechens, dass der Hörer und der Sprecher glauben, dass P ist (P = Prädikat) (Appelt/Kronfeld 1987). Erfolgreiche Kommunikation ist also eine Verwirklichung des Prinzips des „Glaubens an den beiderseitigen Glauben". Syntaktische Mittel verwirklichen einen Teil der beabsichtigten Wirkung. Da sich Prowörter nicht direkt auf einen Gegenstand der außersprachlichen Welt beziehen, funktionieren sie wie eine Art „Scharnier" zwischen Begriffswörtern und ihren jeweiligen Designata. D.h., bevor eine konkrete Vorstellung über den Gegenstand der außersprachlichen Welt möglich wird, muss eine Beziehung zwischen dem pronominalen Ausdruck und einer anderen, meist vorher erwähnten sprachlichen Einheit (Antezedens) hergestellt werden, z.B. durch Monosemierungen und Unifikationen. Das Erkennen sprachlicher Referenzen genügt aber nicht unbedingt, um die vom Sprecher intendierte(n) Beziehung(en) herzustellen, dazu ist auch die Berücksichtigung des sogenannten „Weltwissens" unentbehrlich. Beispiel: A und B wissen voneinander, dass sie über das Programm eines bestimmten Theaters Tage voraus informiert sind. Wenn A also B am Nachmittag der Aufführung fragt, ob B den Autor des Stückes, das am Abend gespielt wird, kennt, dann geht A davon aus, dass B schon seit Tagen weiß, welches Stück gespielt wird. Liegt nun eine kurzfristige Spielplanänderung vor und A nimmt an, dass B sie nicht kennt/nicht kennen kann, dann fragt A – wenn er den Namen des Autors des ursprünglich angesetzten Stückes wissen möchte – um es nicht kompliziert zu machen, einfach: „Von wem ist das Stück?". Sollte B wider A's Erwarten doch von der Änderung erfahren haben, so würde sich B natürlich auf die Spielplanänderung beziehen und den Autor des anderen Stückes nennen. A und B würden sich damit über zwei verschiedene Stücke unterhalten. Geht B aber davon aus, dass A annimmt/annehmen muss, dass B nicht über die Spielplanänderung Bescheid weiß/wissen kann, bezieht sich B auf das ursprünglich angekündigte Stück und damit auf das Stück, das A mit seiner Frage gemeint hat.

Da eine erfolgreiche Kommunikation darüber hinaus auch immer abhängt vom jeweiligen psychischen Zustand des Sprechers (Unsicherheiten, Müdigkeit, Zerstreutheit, Begrenztheit des Gedächtnisses, Ambiguitäten, Verschiebung der Absicht im Verlauf des Sprechens etc. und analog dazu vom Zustand des Hörers), sind bei der Beschreibung des Wortschatzes die Kriterien Vagheit und Unschärfe sprachimmanent: Bei der sogenannten „Logik der unscharfen Mengen" (fuzzy set theory) – in der Linguistik als Prototypentheorie etabliert – hängt die Mitgliedschaft eines Wortes zu einer Klasse nicht mehr von einer exakt erfüllten Menge von Bedingungen ab (Zadeh 1965, Schäffner 1990). Es entsehen Orte mit einer hohen Konzentration an bestimmten Merkmalen – sogenannte Zentren oder Kerne – und Orte, an denen diese weniger intensiv (Peripherie) oder gar nicht vorhanden sind. Durch die Berücksichtigung des Prinzips des „Glaubens an den beiderseitigen Glauben" und durch die Anwendung der Kriterien der Unbestimmtheit und Unschärfe, auch bei der semantischen Beschreibung der Prowörter, wird der Versuch aufgegeben, Sprache exakter zu machen als sie ist. Man kann nicht behaupten: „Mit Sprache können wir uns über alles verständigen, was unsere Welt ausmacht" (Grammatik der deutschen Sprache 1997, 2) – wir können lediglich daran glauben.

3. Zur Prowortsemantik

Für die Ermittlung semantischer Merkmale gibt es keine zwingende Methode. Eine Verflechtung sich ergänzender Verfahren ermöglicht eine relativ vollständige Beschreibung, es wäre jedoch illusorisch zu behaupten, durch Merkmalanalyse oder Addition von Semen, den Inhalt eines Lexems wiederzugeben. Jedes Sem kann durch einen Modifikator spezifiziert werden. Ein Modifikator wird als logisches Zeichen einem Sem vor- oder nachgestellt (siehe 6). Für die semantische Aufarbeitung der Prowörter werden folgende Methoden angewendet: Nutzung von Bedeutungsangaben einschlägiger Lexika und Grammatiken (sie sind trotz aller Unklarheiten und Ungenauigkeiten ihrer Ermittlungsgrundlagen eine umfangreiche Informationsquelle, auf die nicht zu verzichten ist), empirische Ergebnisse, Intuition/Introspektion, Befragung von Informanten, Minimalpaaranalyse und Distributionsvergleiche, Auswertung eines Substitutionstest. Eine kleine Auswahl zeigt im Folgenden das Verfahren für *ich*:

3.1. Zum PRO-Kern

Lexikon- und Grammatikeintragungen werden kompiliert: *ich*: „[...] Person, in der man von sich selbst spricht; Bezeichnung für die eigene Person [...]" (Meyers Grosses Universal Lexikon 1986, 1310), „[...] meine Person, der Sprecher selbst" (Deutsches Wörterbuch 1981, 699), „[...] die erste oder sprechende Person: *ich*" (Jung 1982, 323), „[...] der Sprecher normalerweise mit *ich* bezeichnet. [...] Gemeint ist MAN [...] *Wie lösche ich einen Brand?* [...] Äußerungen, mit denen bestimmt logische Operationen [...] über allgemeingültige Zusammenhänge ausgedrückt werden: *Wenn ich 3 mit 5 multipliziere, so erhalte ich 15* [...] Verwendung von *man* stilistisch neutral und immer möglich [...] Ähnlich wie im Falle von *du* [...] *ich* im Sinne von *ich und meine Gruppe* [...], falls der Sprecher in Bezug auf die Gruppe die führende Rolle innehat: *Wenn ich das Haus umstellt habe, rufe ich die Leute heraus*" (Grundzüge einer deutschen Grammatik 1984, 652ff.).

Die Angaben werden durch Intuition/Introspektion überprüft und mit Informationen von Muttersprachlern verglichen, dann die

Schlüsselwörter wie „Bezeichnung für eigene Person", „der Sprecher selbst", „Sprecher hat führende Rolle in einer Gruppe" gekennzeichnet und zu Semen zusammengefasst (weitestgehende Nutzung bereits eingeführter Seme, Lorenz/Wotjek 1977, dort auch zur Struktur der Bedeutung und zur Sem-Hierarchisierung). Aus den hier zitierten Eintragungen können folgende Seme abgelesen werden: PRO, DEF, GENER, IND, HUM, SOLO, COLLEC, SPEAKER, SPOKTO, DISCUSSED (zu Semverzeichnis/Kurzdefinitionen siehe 5., zu ausführlichen Definitionen Tauch 1995). Unter Beachtung der Semhierachie werden die Seme angeordnet; es entstehen Sememe:

PRO DEF HUM(SOLO) SPEAKER, z.B.: *Ich lese Zeitung.*
PRO GENER/IND HUM(COLLEC) SPEAKER, z.B.: *Wenn ich 3 mit 5 multipliziere, so erhalte ich 15.*
PRO DEF HUM(COLLEC) SPEAKER, z.B.: *Wenn ich das Haus umstellt habe, rufe ich die Leute heraus.*

Hochfrequente Sememe werden als gewöhnliche (usuelle) markiert (also Sememe, die in der (all)täglichen Kommunikation gebraucht und in (fast) allen grammatischen Arbeiten sowie Lexika angeführt werden etc.). Eine klare Unterscheidung zwischen gewöhnlichen und ungewöhnlichen bzw. ungewöhnlicheren Sememen ist nicht immer möglich.

In allen o.g. *ich*-Sememen kommen die Seme PRO und SPEAKER vor. Es wird nun gefragt, ob diese Seme für die gesamte traditionelle Klasse der Pronomina typisch sind. Dabei zeigt sich, dass das Sem SPEAKER – entgegen PRO – nicht alle Prowörter kennzeichnet, z.B.: *Welches Baujahr ist deiner?*: PRO SPOKTO(SOLO) DEF POSSESSIV APPEAR = 1 TRUST.

3.2. Zum Sem PRO

Durch PRO wird auf etwas bzw. jemanden hingewiesen, der/die/das dadurch ersetzt wird; PRO kennzeichnet eine Beziehung bzw. eine Zuordnung und Übereinstimmung zwischen dem PRO-Semen und etwas bzw. jemanden. Es ist deshalb anzunehmen und wird nachzuweisen sein, dass PRO-Sememe generell eine (sehr) hohe Bindungsfreudigkeit mit dem Verb des Satzes aufweisen.

Fordert beispielsweise das Verb *diskutieren* für sein Subjekt das Sem HUM (Helbig/Schenkel 1982), so sind alle mit HUM bzw. NEG(HUM) gekennzeichneten Prowörter kompatibel (z.B. *ich, jemand, man, niemand*). Aber auch Prowörter, die durch ANIM beschrieben werden, können sich mit *diskutieren* verbinden, da ANIM das Sem HUM einschließt. Diese Öffnung wird durch Semhierarchie möglich. Die hinzukommen Prowort-Sememe verhalten sich folglich weniger bindungsfreudig; dies kann durch Messung der Reaktionszeit oder durch „Direct Rating" (Lakoff 1982, Schneider 1988) nachgewiesen werden. Weniger bindungsfreudig sind in diesem Fall auch Prowörter mit grammatischem Neutrum *Es diskutiert*, denn hier dominiert Referenz auf Unbelebtes. Referenz auf Belebtes ist ungewöhnlicher und beschränkt sich hauptsächlich auf Junges oder/und Kleines oder auf Tiere. Ein durchgeführter Substitutionstest mit 46 Probanden bestätigt das (Tauch 1995). Prowörter, die vor allem durch andere Seme als HUM bzw. ANIM beschrieben werden (z.B. *nichts*), verbinden sich nicht mit *diskutierten*.

Ändert sich die Valenzforderung durch ein anderes Verb (z.B. *stehen*), wird das eben noch inkompatible Prowort wie *nichts* kompatibel *Nichts steht an seinem Platz*. D.h., PRO-Kern und Peripherie konstituieren sich in Abhängigkeit von der Valenzforderung des Verbesständig neu; weniger bindungsfreudige Prowörter wandern auf die Außenbahnen, bindungsfreudigere zum Kern. Da sich die einzelnen Außenbahnen in einem unterschiedlichen Abstand zum jeweiligen Kern befinden, wird vorgeschlagen, die Peripherie durch PRO' PRO"... zu kennzeichnen. Je höher die Anzahl von '(Strich), desto größer die Entfernung vom jeweiligen PRO-Kern. Und je größer die Entfernung eines Semems vom PRO-Kern, desto geringer die jeweilige Bindungsfreudigkeit.

3.3. Zur Maskierung von PRO

Ein wichtiger Aspekt semantisch deskriptiver Aufarbeitung ist die unterschiedliche Semantik von den Lexemen, die sich nicht auf morphologischer, sondern ausschließlich auf syntaktischer Ebene unterscheiden. Um dieser Schwierigkeit beizukommen, differenziert man zum Teil zwischen Prowörtern, pränominalen Pronomina, Pronominalphrasen (Helbing/Buscha 1988). Beispiel:

Dieser junger Mann steht auf dem Bahnsteig und wartet. vs.:
Dieser steht auf dem Bahnsteig und wartet.

Semantisch sind die Phrasen *dieser junge Mann* und *dieser* identisch, nicht aber der Sembestand von *dieser*. Semantische Ungleichheit bei formaler Gleichheit soll durch den Begriff <*Maskierung*> beschrieben werden: Bei attributivischem Gebrauch wie in *Dieser junge Mann steht auf dem* ... liegt also das Sem PRO maskiert vor und das Wort *dieser* ist weder Bestandteil des PRO-Kerns noch Bestandteil von dessen Peripherie. Bei substantivischem Gebrauch wie in *Dieser steht auf dem* ... gehört es zum PRO-Kern. <*Maskierung*> ist das „Abdecken" eines Sems (in diesem Fall vom Sem PRO); es ist eine Semem-Modifikation mit veränderter Sem-Gewichtung. Im genannten Beispiel tritt durch die Maskierung von PRO (*Dieser junge Mann steht auf dem* ...) das hinweisende Sem DEMO hervor und wird zum Konstituierungssem. Bei Aktualisierung von PRO bzw. Demaskierung (*Dieser steht auf dem* ...) wirkt PRO konstituierend, das Sem DEMO wird zum Subkonstituierungssem.

Durch die Fähigkeit von Prowörtern, ihr Konstituierungssem PRO zu maskieren bzw. demaskieren, könnte die vor allem auf syntaktischer Ebene aufgeworfene Frage, ob traditionelle Pronomina ausschließlich als Stellvertreter fungieren oder aber, ob sie Stellvertreter und Begleiter sind, neu verhandelt werden.

4. Offene Fragen

a) Die Schwierigkeit einer Bedeutungsanalyse wird bei der Bestimmung des generischen GENER, definitiven DEF und indefinitiven IND Charakters besonders deutlich. Das betrifft vor allem Lexeme, die sich relativ auf bestimmte Mengen beziehen wie *die meisten, ein paar, manch einen, einige*. Hilfreich ist hierbei die Bezugsmenge, ob deren Elemente „identifizierbar", im Sinne von „auffindbar", d.h. übersehbar oder ob sie unübersehbar oder/und verallgemeinernd sind. Durch Modifikatoren (siehe 6.) kann eine genauere Inhaltsangabe erfolgen.

b) Als pronominale Ausnahmen gilt das Wort *es*. Nur ein Teil seiner Sememe geht Koreferenzbeziehungen ein und kann nach den aufgeführten Methoden analysiert werden.

c) *Selbst/Selber* zählen nicht als Prowörter. Sie heben das Subjekt bzw. das Objekt hervor, stehen aber nicht für etwas oder jemanden und ersetzen es.

d) *Sich* gilt nur dann als Prowort, wenn es kein Prädikatsbestandteil ist.

e) Prowörter, die auf bestimmte prädikative Fügungen festgelegt und damit eingeschränkt bindungsfähig sind, können der PRO-Kern-Peripherie zugerechnet werden, z.B. *Aus dir wird mal was.* Oder: *Das Glas ist alle.*

f) Auch Lexeme der Form da/hier/wo + Präposition (z.B. *daneben*) und Verben mit hoher Bewegungs-Pronominalität wie *tun, machen* könnten der PRO-Peripherie angehören.

5. Semverzeichnis/Kurzdefinition

ANIM = belebt, APPEAR = Vorkommen, COLLEC = Kollektiv, DEF = definit, DEMO = hinweisen, DISCUSSED = BesprocheneRS, FEM = female, GENER = generisch, HUM = Mensch, IND = indefinit, NEG = Negation, POSSESSIV = zugehörig, PRO = für stehend, RELAT = Relation, SOLO = allein, SPEAKER = VerfasserIn, SPOKTO = AdressatIn, TRUST = Vertrauen, VARIETY = Verschiedenheit

6. Modifikatorenverzeichnis

Modifikatoren können als logische Zeichen dem Sem vor- oder nachgestellt werden. Ihr Inhalt wird unabhängig von den Semen definiert, die sie modifizieren. Ein in runde Klammern gesetztes Sem gibt den Status eines Postmodifikators an, z.B. POSSESSIV(SOLO): zugehörig (allein).

= 1: einmal vorhanden
≤ 2: mindestens zweimal vorhanden
− : Gegensätzlichkeit
↑: Tendenz steigend
↓: Tendenz fallend, abnehmend
→: tendiert zu

7. Literatur in Auswahl

Appelt, D.E.; A. Kronfeld (1987), *A computational model of refering*, (ed.) J. McDermott. Los Altos: Morgan Kaufman Publishers, Inc, 640–647.

Braunmüller, Kurt (1977), Referenz und Pronominalisierung. In: *Linguistische Arbeiten 46. Deutsches Wörterbuch in sechs Bänden.* (Hrsg. G. Wahrig; H. Zimmermann). Wiesbaden: Deutsche Verlagsanstalt 1981.

Dougherty, Ray C. (1969), An interpretive theory of pronominal reference. In: *Foundations of Language* 5, 488–519.

Eichler, Wolfgang; K.-D. Büntig (1989) *Deutsche Grammatik*. FaM: Athenäum.

Engel, Ulrich (1988), *Deutsche Grammatik*. Heidelberg: Julius Groos Verlag.

Erben, Johannes (1980), *Deutsche Grammatik. Ein Abriss.* München: Max Hueber Verlag (12. Aufl.).

Grammatik der deutschen Sprache. Drei Teilbände. (Hrsg. H.-W. Eroms; G. Stickel; G. Zifonum). Berlin/New York 1997.

Griesbach, Heinz (1986), *Neue deutsche Grammatik.* Berlin etc.: Langenscheidt.

Grundzüge einer deutschen Grammatik. (Hrsg. Autorenkoll. und Ltg. v. K. E. Heidolph; W. Flämig; W. Motsch). Berlin: Akademie Verlag 1984.

Helbig, Gerhard; J. Buscha (1988), *Deutsche Grammatik.* Leipzig: Verlag Enzyklopädie.

Helbig, Gerhard; W. Schenkel (1982), *Wörterbuch zur Valenz und Distribution deutscher Verben.* Leipzig: Bibliographisches Institut (6. Aufl.).

Hentschel, Elke; H. Weydt (1990), *Handbuch der deutschen Grammatik.* Berlin/New York: Walter de Gruyter.

Jung, Walter (1982), *Grammatik der deutschen Sprache.* Leipzig: Bibliographisches Institut (7. Aufl.).

Koller, Erwin (1985), Zum deutschen Pronominalsystem und -gebrauch. In: *Germanistische Reihe Bd. 25*, 169–189.

Lakoff, George (1982), Categories: An Essay in Cognitive Linguistics. In: *Linguistics in the Morning Calm. Selected Papers from SICOL-1981*, 139–195.

Lorenz, W.; G. Wotjak (1977), Zum Verhältnis von Abbild und Bedeutung. In: *Sammlung Akademie Verlag 39.*

Meyers Grosses Universal Lexikon. Mannheim etc.: Meyers Lexikonverlag. 1986.

Schäffner, Christina (1990), Prototypen-Konzept, In: *Linguistische Studien, Reihe A, 202*, 1–19.

Schneider, Edgar (1988), Variabilität, Polysemie und Unschärfe der Wortbedeutung, In: *Linguistische Arbeiten 197.*

Tauch, Heike (1995), *Prowortsemantik und Pronomina.* FaM etc.: Peter Lang.

Zadeh, L. A. (1965), Fuzzy sets. In: *Information and Control 8*, 338–353.

Heike Tauch, Berlin (Deutschland)

77. The word class 'Article'

1. Articles/Determiners
2. The functional category D
3. The semantics of determiners (articles)
4. Literature (a selection)

1. Articles/Determiners

1.1. The traditional word class 'article'

From classical Greek grammar up to our century, the word class 'article' was included in the 'partes orationis' ('parts of speech'; cf. Art. 79). It contains only two elements: the 'definite article' (Germ. *der/die/das*, Engl. *the*, Frch. *le/la*) and the 'indefinite article' (Germ. *ein(e)*, Engl. *a(n)*, Frch. *un(e)*). In some languages, e.g. in Frisian, a second definite article occurs (cf. Ebert 1971), in which case the word class contains three elements. The term '(in)definite article' suggests that the article designates definiteness and indefiniteness respectively (cf. 3.1). The assumption of a zero article can hardly be justified (cf. Confais 1985, Bisle-Müller 1991, 4ff., Pérennec 1993): A nominal phrase (NP) like *tea* in *I am drinking tea* simply does not contain an article – in the same way as it does not contain an adjective (where nobody would suggest anything like a "zero adjective"). An NP is a phrase having a noun (N) as a head; this one can very often form an NP of its own: *I am drinking* [(*the green*) *tea*]$_{NP}$ (cf. Art. 20).

1.2. The class of determiners

In structural linguistics, Togeby (1951) and Fries (1952) proposed an extension of the traditional class of articles for French and English respectively. The authors argued that demonstratives (Frch. *ce(t)*, Engl. *this/that*), possessives (Frch. *mon*, engl. *my*), and indefinites (Frch. *quelque, plusieurs, chaque, tout* etc.; Engl. *some, any, several, most* etc.) showed the same syntactic behavior as the traditional articles.

In Vater (1963), I proposed a corresponding class for German, called "Artikelformen" ("article forms") containing (besides *der* and *ein*) demonstratives like *dieser, jener, derjenige*, possessives like *mein (dein, unser* etc.), and indefinites like *manch, mehrere, jeder, all*. When Chomsky (1965), within the framework of generative grammar, coined the term "determiner", it was taken over by German linguists (as "Determinans" or "Determinierer") to designate the extended class of articles. Most of the determiners occur in all genders and in both numbers (*dieser/mancher Staat; diese/manche Bewegung, dieses/manches Buch; diese/manche Häuser*). In the case of Germ. *all-* and *einig-*, I will refer to the roots rather than to the masc. sing. forms because these elements rarely occur in the singular (cf. *alle Arbeit* 'all work', *einiges Geld* 'some money'; usually, they occur in the plural (*alle/einige* Tage "all/some days"); *mehrere* occurs only in the plural, like Engl. *several*.

The main criterion for the extension of the class of articles was that all demonstrative, possessive and indefinite elements behave like articles in syntagmatic and paradigmatic respects: they combine with adjectives and nouns to form noun phrases, and they can be inserted in the same positions as the articles ("/" in the following examples separates alternative elements):

(01) Der / dieser / unser / ein / mancher / jeder Baum blüht schon.
The / this / our / a / some / every tree is blossoming.
(02) Die / diese / unsere / einige / alle Studenten essen in der Mensa.
The / these / our / some / all students eat in the canteen.

1.3. Determiners and numerals

Glinz (1952) substitutes two classes for the traditional class of articles: "Größenhinweise" like *der, dieser, jener, derjenige* and *mein (dein, unser* etc.) and "Größenumrisse" like *ein, manch, mehrere, jeder, all* etc. In doing this, he anticipates the division into determiners and quantifiers proposed in Vater (1981, 1982, 1984, etc.).

According to this proposal, the class of determiners comprises only the demonstratives *der, dieser, jener, derjenige* and the possessives (*mein, dein, sein, ihr, unser* etc.) whereas *ein*, along with *manch, mehrere, wenig, jeder, all* belong to the class of numerals (which is a subclass of the class of quantifiers). A similar suggestion was made by Perlmutter (1970) for English. Also Heidolph et al. (1981, 277) consider *ein* to be a numeral ("Zahlwort"). For this division, there are syntactic as well as semantic reasons:

– In German, determiners (articles) and numerals (with the exception of a few like *jed-, einig-* und *mehrere*) can be combined. This is normally not true of members of the same class

(03) Der eine / dieser eine / mein einer Ring ist sehr wertvoll.
(04) Die / diese / unsere vielen / wenigen Bücher haben wir geerbt.
(05) Die / diese / unsere fünf / hundert Schafe grasen am Waldrand.
(06) Alle die/ diese/ meine Kinder sind sehr lebhaft.

In English, these sequences have to be rendered, in most cases, by complex NPs containing an *of*-phrase, like *one of the (these / my) rings* or *all of the (these my) children*.

– Determiners make an NP definite, numerals quantify an NP:

(07) Paul hat den / diesen Reifen repariert.
Paul has repaired the / this tyre.
(08) Paul hat einen / zwei / einige Reifen repariert.

Paul has repaired a tyre / two / some tyres.

In (08) – in contrast to (07) –, we do not learn whether we have to do with a definite tyre (or definite tyres) mentioned before or are present in the communicative situation. Numerals do not indicate definiteness (nor indefiniteness) but quantification (cf. 3.1).

In what follows, I will apply the term "determiner" (or "article") only to those words which were formerly called definite determiners. "To determine" is synonymous with "to make definite". Morphosyntactic problems in connection with the combination of the definite article and demonstratives in some languages are dealt with by Plank (1992).

2. The functional category D

The Government and Binding Theory (GB-Theory), a revision of classical generative transfomational grammar (cf. Chomsky 1965), holds that a child can only master the complicated grammar of a language in a very short time, because this happens on the basis of a few principles which can be learned easily. Among these, the "X-bar principle" and the "Move a principle" are especially important. Language specific properties can be explained by the fact that each of the principles has several parameters which are set in a special way for each language. According to the X-bar-principle, syntactic phrases in all languages have the same basic structure, which can be represented by formula (09):

(09) ... X^n ... → ... X^{n-1} ...

Every phrase is subdivided into several layers (projections); each layer contains a head plus complements and/or freely addible adjuncts. "X" is a variable ranging over category-symbols like N(oun), V(erb), A(djective), and P(reposition). The position of the complements and adjuncts is indicated by primes. The index of the head is always lower by one degree in relation to that of the dominating category. Chomsky (1986, 3) claims that S(entence) can be considered to be some kind of phrase; it is a maximal projection of the functional category I(NFL), i.e. I". A functional category is distinguished from a lexical one like N or V by the fact that it does not have to be filled with lexical material. INFL(ection) is a functional category responsible for agreement in the clause (i.e. S). In a parallel way, S' (a complex sentence) is considered to be a maximal projection C" of C(OMP), a functional category governing subordinate clauses; it is represented by a complementizer like *that* or *whether*. In main clauses, it is usually not realized on the surface; in German, it serves as a "landing place" for the finite verb (cf. *liest* in (10)). The specifer of COMP serves as a landing place for "topicalized" constituents placed into the first position of the sentence.

Diagram (10) illustrates the underlying structure (D-structure) of the Germ. sentence *Der Junge liest ein Buch* "The boy is reading a book". The triangles represent the global structure of the NP and VP:

(10) GB scheme of sentence structure

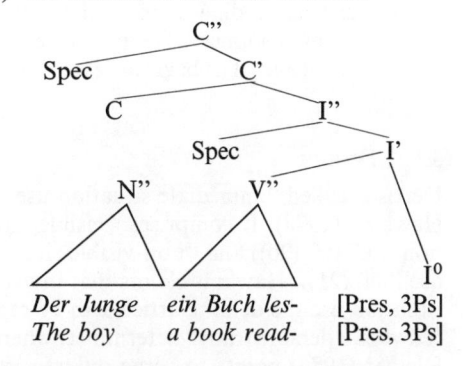

```
              C"
         ╱    
      Spec    C'
           ╱  
          C    I"
            ╱  
         Spec   I'
         ╱  ╲    ╲
        N"   V"   I⁰
        △    △
Der Junge  ein Buch les-    [Pres, 3Ps]
The boy    a book read-     [Pres, 3Ps]
```

The surface structure is the result of transformations (cf. Art. 21).

Abney (1987) claims that determiners are realizations of a functional category D(et) which forms the head of a determiner phrase (DP). Haider (1988) applied this analysis to German. In the conjoined DP *die jungen Mädchen und alten Damen* ("the young girls and old ladies") *die* governs the two NPs *jungen Mädchen* and *alten Damen*; the two conjuncts *jungen Mädchen* and *alten Damen* are constituents because only constituents can be conjoined. They are NPs rather than DPs because they share D. NP is a phrasal category that can contain an adjectival phrase (AP) and can form a DP by being combined with a determiner (cf. (11)). In order to be systematic, in what follows, I will employ D" rather than DP, N" rather than NP und A" rather than AP:

(11)
```
            D"
         ╱
       D'
      ╱  ╲
     │    N"
     │   ╱
     │  A"
     │  │
     │  A'   N'
     │  │    │
     D  A    N
    die jungen Mädchen
    the young  girls
```

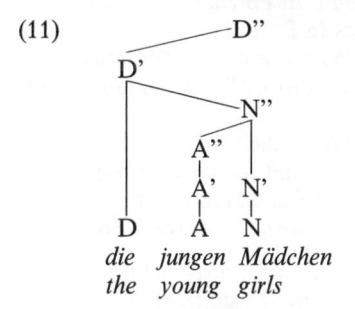

Bhatt (1990) gives a detailed representation of the structure of simple and complex DPs in German, including the positions of quantifiers, relative clauses and genitive modifiers. Like Olsen (1989 and 1991), she assumes that possessives do not belong to the class of determiners, since they are pro-elements substituted for prenominal genitives and thus fill a different syntactic position within the DP.

The conception of determiners (articles) as realizations of a functional category D allows for a more adequate description of the relationship between articles and pronouns, which in traditional and structural grammar was fraught with many problems. Pronouns are now considered to be intransitive determiners, i.e. realizations of D filling a whole DP, like intransitive verbs, which fill a whole VP (cf. Haider 1988 and Vater 1991). Thus, *der* is a determiner that can be used in a transitive way as in (11) and in an intransitive way as in (12). *The* in English and *le* in French are employed exclusively in a transitive way:

(12) Der / die / das gehört mir.
    *The/This one belongs to me.
    *Le/Ceci appartient à moi.

3. The semantics of determiners (articles)

3.1. Definiteness

Determiners (articles) indicate definiteness. To mark an NP (or DP, as a result of the DP approach) as definite means, according to the "theory of localization" by Hawkins (1978), to localize its referent in a set that is common to speaker and hearer. This "referential set" is stored in the memory of the speaker and the addressee.

Definiteness does not always have to be marked. In German, proper names, DPs with an adjective in the superlative, and conjoined DPs can occur without the definite article:

(13) Hans wohnt in Polen.
John lives in Poland.
(14) Ich tue das mit größtem Vergnügen.
I am doing this with (the) greatest pleasure.
(15) Stühle und Tische waren kaputt.
(The) chairs and tables were broken.
(16) Stuhl und Tisch waren kaputt.
The chair and the table were broken.

Proper names are inherently definite; therefore, they do not need a mark of definiteness. Personal names like *Hans* and *John* and national names *Polen* and *Poland* are normally used without an article (cf. (13)). River names (*der Rhein*) as well as feminine, neuter and plural national names in German (*die Schweiz, das Elsaß, die Niederlande*) have a nondistinctive (non-exchangeable) definite article;. In French, all national names and many city names are used with an article (*la France, le Portugal, La Haye*). Personal names In German can be used with or without an article without any semantic difference: (*der*) *Fritz*, (*die*) *Maria*. Superlatives always being definite (only one element of a set can be the greatest) can occur without an article in German.

In conjoined definite DPs or NPs, the definite article can be omitted (cf. Vater 1992); (15) can be interpreted in a definite or indefinite way, like in a language without articles (e.g. Russian or Polish). Conjoints in the singular, on the other hand, are not ambiguous; (16) can only receive a definite interpretation. *Stuhl* and *Tisch* designate countable entities; in the singular they need the quantifier *ein* as soon as they are not used in a definite way: *Ein Stuhl/*Stuhl war kaputt*.

There are several procedures for localizing a referent and thus marking it as definite. Hawkins (1978) describes four possibilities, which are dealt with in the following paragraphs.

3.1.1. anaphora

A DP is used anaphorically if it refers to the same referent as an antecedent (an expression in the preceding text):

(17) Ins Zimmer trat ein Mann. Der Mann / Kerl / Mensch grinste.
A man entered the room. The man /guy / person was grinning.

The anaphoric DP can contain the same N (*Mann/man*), a synonym (*Kerl/guy*) or a hyperonym (*Mensch/person*).
The antecedent can belong to a different syntactic category, e.g. a VP:

(18) Friedrich reiste nach Rom. Die Reise dauerte fünf Tage.
Friedrich travelled to Rome. The journey took five days.

3.1.2. Associative anaphora

If the recapitulating DP refers to a referent which is in some way associated with the referent of the antecedent, Hawkins (1978) calls this case "associative anaphora". This use had already been described by Christophersen (1939). According to Hawkins (1978, 123), the antecedent serves as a "trigger" for all kinds of associations. In this case, everyday knowledge plays an important role: the speaker (or writer) can presuppose that the addressee knows that a village has a church, a wedding has a bride, a book has an author, a title, pages, etc.

(19) Peter las ein Buch. Der Autor war Philosoph / Die Seiten waren schon vergilbt / Der Anfang war langatmig.
Peter was reading a book. The author was a philosopher / The pages were yellow with age / The beginning was boring.

3.1.3. Deixis

Deixis is called "immediate situation use" by Hawkins (1978); it comprises "visible situation use" (cf. (20)) and "non-visible situation use" (cf. (21)). Hawkins claims that in visible situation use the definite article can be replaced with a demonstrative determiner, whereas Kleiber (1984) points to some differences in their use.

(20) Geben Sie mir die / diese Lampe.
Give me the / this lamp.

The definite article can be employed in visible and non-visible situation use; in Hawkins' example (21), visibility is not even desired!

(21) Beware of the dog!

3.1.4. Larger situation use

This use of definite DPs is exclusively marked by the definite article; it can, therefore, be regarded as its essential domain (cf. Vater 1984). (22) does not identify the pub nor the church; it indicates only that Fritz is in a certain pub or church or opera house, maybe the one he frequently visits, or the only one to be expected in the neighborhood or city. The addressee must only know that in all places in question there is (at least) an institution of that kind.

(22) Fritz ist in der Kneipe / Kirche / Oper.
Fritz is in the pub / church / opera house.

It may happen that the addressee fails to pick out the referent the speaker intended, e.g. if the speaker in uttering (23) wants to refer to the president of the Deutsche Bank, whereas the addressee thinks that the president of the Federal Republic of Germany is meant.

(23) Der Präsident hat eine Rede gehalten.
The president has delivered a speech.

"Larger situation use" (I call it "abstrakt-situativer Gebrauch" in German) is, to a large extent, dependent on "world knowledge", although it is not confined to acquainted items, as suggested by some grammar books.

All of these uses have in common that they mark a DP as definite, i.e. they force the addressee to consider the referent(s) as delimited or "localized" and under appropriate circumstances as (absolutely or relatively) unique, i.e. as the element (or subset of elements) which the speaker intended to pick out from a class of referents.

3.2. Definiteness, indefiniteness, quantification

Some linguists (e.g. Werner 1978 and Koseska-Toszewa 1991) claim that determiners are quantifiers:

"Thus on the 'axis': unique → existential → universal, definiteness is defined as uniqueness, while existential and universal quantification cover the contents of indefiniteness."
(Koseska-Toszewa 1991, 8)

This view is highly disputable (and has been rejected by Oomen 1977, 32f. and others): determination and quantification display considerable syntactic and semantic differences in natural languages (cf. 1.3). The combinability of determiners and quantifiers is a syntactic indication of the fact that they belong to different categories.

Members of a closed class (i.e. prepositions, conjunctions etc.) are usually not combinable. Also from a logical point of view a significant distinction has to be established:

"A quantifier is put in front of an open sentence and makes it into a sentence, but the iota operator makes an open sentence into a term (an individual constant)."
(Allwood / Anderson / Dahl 1977, 152)

The so-called "indefinite article" does not mark indefiniteness but quantification (cf. Oomen 1977 and Vater 1982) and is, in this respect, similar to other numerals; it designates a set consisting of one element (in German: an "Einermenge").

In German, definite count nouns in the singular suppress *ein*, since they do not have to indicate that the set they refer to consists of one element – there is no other possibility for countable nouns in the singular. In this case, definiteness has to be marked because it is not predictable; reference to a set consisting of one element, on the other hand, does not have to be indicated because there is no alternative: der *Tisch* "the table" designates "one element of the class of tables". The combination of countability and singular cannot mean anything else but "set consisting of one element". Perlmutter (1970) advocated the same view for the corresponding quantifier in English: underlying *one* surfaces as *a(n)* if it is not combined with a definite determiner; otherwise, it is suppressed (*the one* → the). Convincing evidence for the suppression of *ein/one* is the fact that nouns that are neutral in the countability opposition, like *Brot* "bread", are ambiguous in the definite form, being interpretable as countable or noncountable; this is the case with *das Brot* "the bread" in (24), which can mean that the addressee should pick up a loaf or a certain set of loaves (e.g. ten) ordered from the baker. The definite form *das Brot* is opposed to the two (unambiguous) forms *ein Brot* and *Brot*.

(24) Würdest du bitte das Brot vom Bäcker holen?
Would you please pick up the bread from the baker?

Determiners mark definiteness but are unmarked (in the sense of Jakobson 1936) in all quantifying oppositions: they do not indicate anything about countability (cf. (24)) or about totality (cf. (25)a/b).

(25)a Paul hat die Bücher verkauft.
　　　Paul has sold the books.
　　b Paul hat alle Bücher verkauft.
　　　Paul has sold all (the) books.

The plural of nouns has to be counted as a quantifier (cf. Krifka 1989 and Löbner 1990). *Die Bücher* in (26)a is quantified by the plural, not by the determiner *die*; *Bücher* in (26) is quantified but not determined:

(26) Paul hat Bücher verkauft.
　　　Paul has sold books.

The hypothesis that definite expressions refer to a totality of objects, advocated by Hawkins (1978), is too strong; determiners – unlike totalizing quantifiers like *all, both* and *every* – allow for exceptions (cf. Oomen 1977, Vater 1979[2] and 1984): (25)a does not necessarily refer to each single book in the set under consideration.

3.3. Genericity

Whereas Oomen (1977) considers genericity to be a special area of meanings of determiners, Burton-Roberts (1976, 438) illustrates by examples like (27) that the generic use of noun phrases leaves intact the definite or quantifying meaning of the determiner or quantifier:

(27)a The beaver is extinct.
　　b A beaver is extinct.

(27)b is ungrammatical because the predicate *is extinct* is incompatible with the indication of a single element; the same is true of the corresponding Germ. example *ist ausgestorben*. (27)a is correct because the definite aricle is neutral in regard to all quantifying oppositions (see above): in this case, it does not say anything about the opposition between singularity and plurality (the singular being the unmarked member of the number opposition).

This is even more obvious in German, where you can utter a sentence like (28), which does not mean that the children lifted one hand but that each child lifted its hand (e.g. 25 children lifted 25 hands!). In English, possession (and plurality) has to be marked in this case.

(28) Alle Schüler hoben die Hand.
　　　All the pupils lifted their hands.

Also Chur (1993) – developing ideas presented in Heyer (1987) – holds that genericity is a special use of (in)definite and quantified DPs rather than a separate area of meaning besides definiteness and indefiniteness (or rather: quantification). On the other hand, she makes a distinction between S-genericity (where reference is made to classes, as in (29)), and (prototypical) P-genericity, as in (30).

(29)a Der / dieser / ein / Dinosaurier ist ausgestorben.
　　　The / this / a dinosaur is extinct.
　　b Die / diese / einige / alle Dinosaurier sind ausgestorben.
　　　The / these / some dinosaurs are extinct.
(30)a Der / ein Kreter lügt.
　　　The / a Cretan lies.
　　b Manche / viele / alle Kreter lügen.
　　　Some / many / all Cretans lie.

All cases of (29) refer to a class or kind; *manche Dinosaurier sind ausgestorben* means that some subclasses of dinosaurs are extinct. In all cases, the generic noun can be replaced with an "Art-Konstruktion" (Chur 1993, 36ff.), a construction containing the noun *Art* ("kind"), e.g. *die Art(en), die N genannt werd-* "the kinds that are called N" (with the same determiner or quantifier).

In (30), however, reference is made to prototypical elements of a class or kind; *ein Kreter lügt* is more or less "a typical Cretan lies". For this reason, Oomen (1977, 107) calls this use of *ein* "exemplary".

4. Literature (a selection)

Abney, Steven (1987), *The English Noun Phrase in its Sentential Aspect*. Cambridge/MA: MIT (PhD Dissertation).

Allwood, Jens; Andersson, Lars-Gunnar; Dahl, Östen (1977), *Logic in Linguistics*. Cambridge: Cambridge University Press.

van der Auwera, Jan (ed.) (1980), *The Semantics of Determiners*. London: Croom Helm.

Bhatt, Christa (1990), *Die syntaktische Struktur der Nominalphrase im Deutschen*. Tübingen: Niemeyer (= *Studien zur deutschen Grammatik 38*).

Bisle-Müller, Hansjörg (1991), *Artikelwörter im Deutschen. Semantische und pragmatische Aspekte ihrer Verwendung*. Tübingen: Niemeyer (= *Linguistische Arbeiten 267*).

Braunmüller, Kurt (1977), *Referenz und Pronominalisierung. Zu den Deiktika und Proformen des Deutschen*. Tübingen: Niemeyer (= *Linguistische Arbeiten 46*).

Burton-Roberts, Noel (1976), On the Generic Indefinite Article. *Language* 52: 427–435.

Chesterman, Andrew (1991), *On definiteness. A study with special reference to English and Finnish*. Cambridge: Cambridge University Press.

Chomsky, Noam (1965), *Aspects of the Theory of Syntax*. Cambridge/MA: MIT Press.

–, (1986), *Barriers*. Cambridge/MA: MIT Press.

Christophersen, Paul (1939). *The Articles. A Study of their Theory and Use in English*. Copenhagen, London: Munksgaard.

Chur, Jeanette (1993), *Generische Nominalphrasen im Deutschen. Eine Untersuchung zu Referenz und Semantik*. Tübingen: Niemeyer (= *Linguistische Arbeiten 291*).

Confais, Jean-Paul (1985), Article zéro ou absence d'article? *Nouveaux Cahiers d'Allemand* 1985/1: 21–31; 2: 123–137.

Dahl, Östen (1975), On Generics, In: Keenan, E. (ed.), 1975 *Formal Semantics of Natural Language*. Cambridge: Cambridge University Press, 99–111.

Duden (1995[5]), *Grammatik der deutschen Gegenwartssprache*. (Duden vol. 4). Mannheim, Wien, Zürich: Dudenverlag.

Ebert, Karen H. (1971), *Referenz. Sprechsituation und die bestimmten Artikel in einem nordfriesischen Dialekt (Fering)*. Bredstedt: Nordfriisk Institut.

Eisenberg, Peter (1986, 1994[3]), *Grundriss der deutschen Grammatik*. Stuttgart: Metzler.

Erben, Johannes (1980[12]), *Deutsche Grammatik – Ein Abriss*. München: Hueber.

Eschenbach, Carola (1995), *Zählangaben – Maßangaben. Bedeutung und konzeptuelle Interpretation von Numeralia*. Wiesbaden: Deutscher Universitäts-Verlag (= *Studien zur Kognitionswissenschaft*).

Fanselow, Gisbert (1988), Aufspaltung von NPen und das Problem der "freien" Wortstellung. *Linguistische Berichte* 114: 91–113.

Fanselow, Gisbert; Felix, Sascha (1987, 1993[3]), *Sprachtheorie*. 2 vols. Tübingen: Francke (= *UTB* 1441/1442).

Flückiger-Studer, Therese (1983), *Quantifikation in natürlichen Sprachen. Zu Semantik und Syntax französischer und deutscher Beschreibungen*. Tübingen: Niemeyer (= *Linguistische Arbeiten 132*).

Fries, Charles C. (1952), *The Structure of English*. New York: Harcourt, Brace & Co.

Glinz, Hans (1952), *Die innere Form des Deutschen*. München, Bern: Francke.

Haider, Hubert (1988), Die Struktur der deutschen NP. *Zeitschrift für Sprachwissenschaft* 7.1: 32–59.

Harweg, Roland (1973), Grundzahlwort und unbestimmter Artikel. *ZPSK* 26: 312–327.

Hawkins, John (1978), *Definiteness and Indefiniteness: A Study in Reference and Grammaticality Prediction*. London: Croom Helm.

Heidolph, Karl Erich et al. (1981, 1984[2]), *Grundzüge einer deutschen Grammatik*. Berlin: Akademie-Verlag.

Heim, Irene (1982), *The semantics of definite and indefinite noun phrases*. Phil. Diss. Univ. of Massachusetts. Published 1988, New York: Garland.

Heyer, Gerhard (1987), *Generische Kennzeichnungen. Zur Logik und Ontologie generischer Bedeutung*. München, Wien: Philosophia.

Jakobson, Roman (1936), Beitrag zur allgemeinen Kasuslehre. *Travaux du Cercle Linguistique de Prague* 6: 240–288.

Keenan, Edward (1971), Quantifier Structures in English. *Foundations of Language* 7, 2: 255–284.

Kleiber, Georges (1984), Sur la Sémantique des Descriptions Demonstratives. *Lingvisticae Investigationes* VIII: 1, 63–85.

–, (1990), *L' article LE générique. La généricité sur le mode massif*. Genève: Droz.

Kniffka, Gabriele (1986), Zur Distanzstellung von Quantoren und Qualifikatoren. In: Vater, H. (ed.), 1986, 57–82.

Koseska-Toszewa, Violetta (with the cooperation of G. Gargov) (1991), *The Semantic Category of Definiteness / Indefiniteness in Bulgarian and Polish*. Warszawa: WPAN (= *Prace Slawistyczne*).

Krámsky, Jiři (1972), *The Article and the Concept of Definiteness in Language*. The Hague: Mouton (= *Janua linguarum, Series minor* 125).

Krifka, Manfred (1989), *Nominalreferenz und Zeitkonstitution. Zur Semantik von Massentermen, Pluraltermen und Aspektklassen*. München: Fink.

Leys, Odo (1973), Nicht-referentielle Nominalphrasen. *Deutsche Sprache* 2: 1–15.

Link, Godehart (1974), Quantoren-Floating im Deutschen. In: Kiefer, F.; Perlmutter, D. M. (eds), 1974. *Syntax und generative Grammatik*, vol. 2. Frankfurt/M.: Athenaion, 105–127.

Löbel, Elisabeth (1989), Q as a Functional Category. In: Bhatt, C.; Löbel, E.; Schmidt, C. (eds.) 1989. *Syntactic Phrase Structure Phenomena*. Amsterdam: Benjamins (= *Linguistik aktuell / Linguistics Today* vol. 6), 133–158.

Löbner, Sebastian (1990), *Wahr neben Falsch. Duale Operatoren als die Quantoren natürlicher Sprache*. Tübingen: Niemeyer (= *Linguistische Arbeiten* 244).

Olsen, Susan (1989), Das Possessivum: Pronomen, Determinans oder Adjektiv? *Linguistische Berichte* 120: 133–153.

–, (1991), Die deutsche Nominalphrase als "Determinansphrase". In: Olsen, S.; Fanselow, G. (eds.), 1991: 35–56.

Olsen, Susan; Fanselow, Gisbert (eds.) (1991), *>DET, COMP und INFL<. Zur Syntax funktionaler Kategorien und grammatischer Funktionen*. Tübingen: Niemeyer (= *Linguistische Arbeiten* 263).

Oomen, Ingelore (1977), *Determination bei generischen, definiten und indefiniten Beschreibungen des*

Deutschen. Tübingen: Niemeyer (= *Linguistische Arbeiten* 53).

Pérennec, Marie Hélène (1993), Was leistet der Null-Artikel, falls es ihn gibt? In: Vuillaume, M.; Marillier, J.-P.; Behr, I. (eds.), 1993: 19–40.

Perlmutter, David M. (1970), On the article in English, In: Bierwisch, M.; Heidolph, K.E. (eds.), 1970. *Progress in linguistics.* The Hague: Mouton, 233–248.

Plank, Frans (1992), Possessives and the distiction between determiners and modifiers (with special reference to German). *Journal of Linguistics* 28, 453–468.

Sadziński, Roman (1996), *Die Kategorie der Determiniertheit und Indeterminiertheit im Deutschen und im Polnischen.* Częstochowa: Wydawnictwo WSP.

Togeby, Knud (1951), *Structure immanente de la langue française.* Kopenhagen: Nordisk Sprog- og Kulturforlag (= *Travaux du Cercle linguistique de Copenhague 6*).

Vater, Heinz (1963, 1979²), *Das System der Artikelformen im gegenwärtigen Deutsch.* Tübingen: Niemeyer (= *Linguistische Arbeiten* 78).

–, (1980), Quantifier Floating in German. In: Van der Auwera, J. (ed.), 1980: 232–249.

–, (1981), Les déterminants: délimitation, syntaxe, sémantique. *DRLAV* 25: 145–173.

–, (1982), Der "unbestimmte Artikel" als Quantor. In: Welte, W, (ed.), 1982. *Sprachtheorie und Angewandte Linguistik: Festschrift für Alfred Wollmann zum 60. Geburtstag.* Tübingen: Narr, 67–74.

–, (1984), Determinantien und Quantoren. In: *Zeitschrift für Sprachwissenschaft* 3,1: 19–42.

–, (ed.) (1986), *Zur Syntax der Determinantien.* Tübingen: Narr (= *Studien zur deutschen Grammatik 31*).

–, (1986a). Zur Abgrenzung der Determinantien und Quantoren. In: Vater, H. (ed.), 1986: 13–31.

–, (1991), Determinantien in der DP. In: Olsen, S./Fanselow, G. (eds.), 1991: 15–34.

–, (1992), Determinantien in koordinierten NPs. In: Vuillaume, M./Marillier, J.-F.; Behr, I. (eds.), 1993: 65–83.

Vuillaume, Marcel; Marillier, Jean-François; Behr, Irmtraud (eds.), (1993), *Studien zur Syntax und Semantik der Nominalgruppe.* Tübingen: Narr.

Werner, Otmar (1978), Der bestimmte Artikel als All-Quantor. In: Hartmann, D. et al. (eds.), 1978. *Sprache in Gegenwart und Geschichte. Festschrift für H. M. Heinrichs zum 65. Geburtstag.* Köln: Böhlau, 215–235.

Wilmet, Marc (1986), *La détermination nominale.* Paris: Presses Universitaires de France.

Zimmermann, Ilse (1991), Die Syntax der Substantivgruppe: Weiterentwicklungen der X'-Theorie. In: Zimmermann, I. (ed.), 1991, *Syntax und Semantik der Substantivgruppe.* Berlin: Akademie-Verlag (= *Studia grammatica xxxiii*), 1–32.

Heinz Vater, Köln (Deutschland)

78. The word class 'Numeral'

1. Definition
2. Cardinals and ordinals
3. Nominal and adjectival behaviour of numerals
4. Inflected variants of numerals
5. Counting v attributive
6. Numeral classifiers
7. Word order
8. Compound numerals
9. Other numerical expressions
10. Literature (a selection)

1. Definition

The class of words that one finds under the heading 'Numerals' in a typical pedagogical or reference grammar is defined by a combination of semantic and syntactic criteria. The essential semantic criterion is that a numeral denote a number; the principal syntactic criterion is that a numeral must have a similar distribution either to nouns or to adjectives (or to both). Not all languages have a word class 'Numeral'; many, if not most, Australian aboriginal languages have no numerals (Dixon 1980, 107–08).

2. Cardinals and ordinals

In languages with numerals, the subclass 'Cardinal' is always present. Examples of cardinal numeral words are English *three, fifty, thousand* and German *vier, siebzig, Million.* A cardinal numeral is one used to describe how many individual items there are in some collection. Cardinal numerals are typically used attributively to a noun, as in *seventeen cows,* but in many languages they can also be used predicatively, as in German *Wir sind jetzt vier* ('There are now four of us').

Some, but not all, languages with cardinal numerals also have the morphologically distinct subclass 'Ordinal'. An ordinal numeral is one used to locate the position of an item in some ordered sequence of items. Examples of ordinal numeral words are English *fifth, nineteenth, millionth* and German *erste, neunte, tausente*. Like cardinals, ordinals are typically used attributively to a noun, as in *the seventh seal*, but they also can be used predicatively in many languages, as in *John was fourth*.

Morphologically distinct ordinals are derived from cardinals, never the other way around; the cardinal subclass is in this sense universally more basic than the ordinal subclass. The morphological formation of an ordinal is most often by suffixing, as in French *cinq-ième* '5-Ord' = 'fifth'; much less frequently (i.e. in far fewer languages), it is by prefixing, as in Mandarin *ti-sān* 'Ord-3' = 'third'; Semitic languages, not surprisingly, use a template morphological process, as in Egyptian Arabic for 'third' *taalit*, imposing the pattern $C_1aaC_2iC_3$ on the triconsonantal root t-l-t, 'three'. In many languages the ordinals corresponding to 1 and 2 are irregular suppletive forms, as with English *one/first*, or Spanish *dos/segundo*.

3. Nominal and adjectival behaviour of numerals

An observation due to Corbett (1978a, 1978b) is that, across languages, if there is any difference in the morphosyntactic behaviour of different numerals, it is the lower-valued numerals which tend to behave as adjectives and the higher valued ones which tend to behave as nouns. Thus, in Welsh, for instance, just the numerals for 1, 2 and 4 inflect for gender, as do adjectives. In Arabic, the numeral for 1, used attributively, follows the noun, like an adjective, but other attributive numerals precede their head nouns.

In arithmetical discourse, numerals typically become proper names, as in *Three is the square root of nine*, where the numeral *three* constitutes the subject NP of the sentence and *nine* is the object of a preposition.

4. Inflected variants of numerals

The inflection of nouns for grammatical number (singular, plural, dual, trial, paucal) is often independent of the particular numerals used to modify such nouns. In English and German, a numeral other than that for 1 is followed by a plural noun. In Hungarian, nouns modified by a numeral are always singular. In Arabic, the numerals from 2 to 10 take a plural noun, while higher-valued numerals take a singular noun.

In some languages, for example Russian and Finnish, some numerals may be deemed to be the head of a [Numeral Noun] construction, with the noun taking a partitive case, and the numeral taking a case determined by the external relationship of the phrase to the whole clause in which it occurs.

Finnish distinguishes a class of 'singular' numerals from a class of 'plural' numerals, for all numerical values.

Albanian distinguishes, for some numerals, between definite and indefinite forms.

See Hurford (2001) for an extensive survey of all the possible morphological effects on numerals triggered by head nouns and on nouns triggered by attributive numerals, especially, but not exclusively, in European languages.

5. Counting v attributive

In a few languages, there is a distinction, often restricted to a small set of numerals, between numerals used in the recited counting sequence, and numerals used attributively. Thus, Mandarin Chinese has two words for 2. In counting, one recites: *i, èrh, sān, ...* 'one, two, three, ...: but 'two books' is expressed as *liáng bǔn shū* '2 Classifier book'.

6. Numeral classifiers

In some languages, it is not possible to combine a numeral directly with a noun: a word of the 'Classifier' category is used with the numeral and the noun. An example was just given in the previous paragraph, from Chinese. In such constructions, the classifier and the numeral together form a subconstituent; the classifier and the numeral are always adjacent to each other, in either possible order, either before or after the noun. Classifiers are often clearly historically derived from nouns denoting some general semantic class, such as humans, animates, flat things, long things, or plants.

7. Word order

Attributive numerals often behave as adjectives. But while the relative order of adjectives and nouns is quite variable across languages, there is a definite preference for numerals to precede their head nouns. Thus, languages in which the adjective follows the noun, but the numeral precedes, are quite common; but the reverse, where the adjective precedes, but the numeral follows the noun, are rare (Sinhala is an example). See Hurford (2001) for further details.

8. Compound numerals

Multi-word constructions expressing a number, such as *three thousand, two hundred and fifty six* are formed in most languages according to rules which mirror the arithmetical operations of addition and multiplication, and which have no exact parallel with the rules forming other phrases, such as NPs and VPs. In an NP, for instance, there is usually a particular noun which acts as its head, with words such as adjectives and determiners acting as modifiers or specifiers. But compound numeral expressions have no clear syntactic head. Within a compound numeral, one can typically distinguish words of a more nominal character, which act as the multiplicative base of the expression, from other numeral words. English examples of such nominal numerals are *hundred*, *thousand* and *million*. See Hurford (1975) for detailed discussion.

9. Other numerical expressions

In many languages, there are minor classes of words expressing meanings of a numerical nature, and these are often derivative of the cardinal numerals, although they are not themselves numerals in the sense defined here. Examples include the English adverbials *twice* and *thrice*, Old English *sixesum* 'with six others', and French *quinzaine* 'fortnight'. Many languages, of course, have conventionalized ways of expressing dates, times of day, fractions, telephone numbers, along with more esoteric conventions for reading out expressions in scientific notation. Naturally, such expressions all draw on the basic numerals of the language.

10. Literature (a selection)

Conant, Leonard Levi (1923), *The Number Concept: its origin and development*, New York: MacMillan.

Corbett, Greville (1978a), Universals in the syntax of cardinal numerals. In: *Lingua* 46, 355–368.

–, (1978b), Numerous squishes and squishy numerals in Slavonic. In: *International Review of Slavic Languages*, 3, 43–73.

Corstius, B. (ed.) (1968) *Grammars for number names, Foundations of Language Supplementary Series* Vol.7 Dordrecht: Reidel.

Dixon, Robert M.W. (1980), *The languages of Australia*. Cambridge: Cambridge University Press.

Greenberg, Joseph H. (1972), Numeral classifiers and substantival number: problems in the genesis of a linguistic type. In: *Proceedings of the 11th congress of linguists, Bologna*. Also in *Working papers in language universals* (Stanford University), Vol.9, 1–39.

–, (1975), Dynamic aspects of word order in the numeral classifier. In: *Word order and word order change* (ed. C.Li). Austin: University of Texas Press 1975, 27–45.

Hurford, James R. (1975), *The linguistic theory of numerals*. Cambridge: Cambridge University Press.

–, (1987), *Language and number*. Oxford: Blackwells.

–, (2001), The interaction between numerals and nouns. In: *Noun Phrase Structure in the Languages of Europe* (ed. F. Plank). Berlin: Mouton de Gruyter.

Kluge, Theodor (1937–42), I. *Die Zahlenbegriffe der Sudansprachen*; II. *Die Zahlenbegriffe der Australier, Papua und Bantuneger*; III. *Die Zahlenbegriffe der Voelker Americas, Nordeurasiens, der Munda und der Palaioafricaner*; IV. *Die Zahlenbegriffe der Dravida, der Hamiten, der Semiten und der Kaukasier*; V. *Die Zahlenbegriffe der Sprachen Central- und Suedostasiens, Indonesiens, Micronesiens und Polynesiens*. Berlin: published by the author.

Lean, Glenn A. (1985–86), *Counting systems of Papua New Guinea*, Vols. 1–11 and research bibliography (draft editions). Port Moresby: Papua New Guinea University of Technology.

James R. Hurford, Edinburgh (UK.)

79. Die Wortart 'Adverb'

1. Zur Problematik der Wortart „Adverb"
2. Terminologiegeschichtliches
3. Wortartcharakteristika
4. Sprachvergleich
5. Literatur in Auswahl

1. Zur Problematik der Wortart 'Adverb'

Das Adverb ist eine der umstrittensten Wortarten, wenn nicht die umstrittenste schlechthin. Das gründet sich nicht zuletzt in der Unzulänglichkeit des aus der lat. Grammatik übernommenen Begriffs, denn ein Adverbium (lat. *ad verbum*) ist eben nicht nur ein Wort, das einem Verb zugeordnet ist (vgl. z.B. Bußmann 1990, 49). Als Bezugselemente können vielmehr alle Bestandteile des Satzes fungieren, ja der ganze Satz selbst. Hinsichtlich des Deutschen kommt noch die generelle Formengleichheit von Adjektiv und Adjektivadverb hinzu, die in anderen Sprachen so keine Entsprechung hat (s.u. 4.).

In der neueren Forschungsliteratur zum Deutschen spielt damit insbesondere die Abgrenzung zu Partikeln wie *eben/nur*, die allerdings generell nicht erfragbar sind, eine große Rolle (Eisenberg 1994, 204–208). Die Differenzierung zwischen Adverb und verbalem Kompositionsglied (Flämig 1991, 535) wird durch die Neuregelung der deutschen Rechtschreibung zum 1.8.1998 (bzw. nach der sich anschließenden Übergangszeit) hinfällig, da *auseinander halten* 'getrennt halten, unterscheiden' gilt (Duden 1996, 135). Zu weiteren Überschneidungsbereichen s.u. 3.2.

2. Terminologiegeschichtliches

Von der Heterogenität der Wortart zeugen u.a. bereits die zahlreichen Verdeutschungsversuche in den Grammatiken des 17. und 18. Jhs. Sie spiegeln die Unmöglichkeit, das Beschreibungsobjekt terminologisch sachgerecht zu erfassen. So konnten sich weder *Beywort* (Ratichius 1619, Gueintz 1641, Antesperg 1749) noch *Zuwort* (Gueintz 1641, Schottel 1663, Pudor 1672, Stieler 1691, Bödiker 1746) oder *Nebenwort* (Prasch 1687, Aichinger 1754, Gottsched 1748, Adelung 1782) behaupten (Heinle 1991, 16). Von J. C. Adelungs Aufteilung in *Beschaffenheitswort* ('adverbia qualitatis') und *Umstandswort* ('adverbia circumstantiae') hat sich nur der letztere Begriff das 19. Jh. hindurch als Synonym für *Adverb* gehalten. Wörterbücher bedienen sich nach wie vor des lat. Terminus 'Adverb' (z.B. Duden 1993–1995; Langenscheidts Großwörterbuch 1993).

3. Wortartcharakteristika

Adverbien können semantisch, morphologisch und syntaktisch beschrieben werden.

3.1. Semantik

Die semantischen Hauptgruppen des Deutschen, die sich teilweise noch weiter auffächern lassen, sind:

- Lokaladverbien (wo? *da, dort*; direktional: wohin? woher? *daher, dorthin, rückwärts*)
- Temporaladverbien (wann? *damals, irgendwann*; frequentativ: wie oft? *meistens, oft*; durativ: wie lange? *zeitlebens*)
- Modaladverbien (wie? *so, gern*; instrumental: womit? *hiermit*)
- Kausaladverbien (warum? *daher, deswegen*; final: wozu? *dafür*)
- Konsekutiv- (*demzufolge*) und Konzessivadverbien (*gleichwohl*)

(vgl. Hentschel/Weydt 1994, 236f.; Grammatik der deutschen Sprache I 1997, 55).

Die einst dem Lateinischen angepasste Bandbreite der semantischen Einteilung hat jedoch im Laufe der Grammatikschreibung des Deutschen zugunsten einer überwiegend morphologisch-syntaktischen Zuordnung an Umfang verloren (Jellinek II 1914, 357; Vortisch, 1910, 55f.; Heinle 1991, 38). Der semantisch-syntaktischen Einteilung nach G. Helbig (1983, 127) genügen sogar nur drei Kriterien, nämlich die kommunikative Autonomität (z.B. *immer*), die subjektive Relationalität (z.B. *links*) und der Prowort-Charakter (z.B. *dort*).

3.2. Morphologie

Das herausragendste morphologische Merkmal der Adverbien ist ihre Unflektierbarkeit. Diese zeigen auch die sog. Adjektivadverbien, die adverbial gebrauchte Adjektive darstellen und morphologisch im allgemeinen zu den Adjektiven gerechnet werden (vgl. z.B. Gelhaus 1995, 355). Deren Merkmal der Komparierbarkeit weisen Adverbien nur in Ausnahmefällen auf, z.B. *oft – öfter – am öftesten*, *wohl – wohler – am wohlsten* und mit Suppletivformen *bald – eher – am ehesten, gern – lieber – am liebsten*.

Während z.B. das Englische mit *-ly* (Greenbaum 1996, 143, 458) und das Französische mit *-ment* (Thiele 1981, 151) über ein charakteristisches und häufig gebrauchtes Suffix zur Adverbbildung verfügen, begegnet das ehemalige Adverbialisierungsmorphem *-lich* (vgl. engl. *-ly*) nur noch in den adverbial gebräuchlichen Relikten *bitterlich, ewiglich, neulich, schwerlich* und *hoffentlich*. Dem ehemals funktionsgleichen *-e*, z.B. in *gern(e), lang(e)*, kommt gegenwartssprachlich der Status einer lautlichen Variante zu.

Kennzeichnend für die denominalen Adverbableitungen im Deutschen ist das Suffix *-s* (*morgens, eilends, bestens*). Zur Adverbialisierung von Superlativen und Ordinalzahlen dient *-ens* (*bestens, erstens*). Adverbiales *-s* ist auch in den lexikalischen Bildungen mit *-dings, -lings, -mals, -seits* oder *-wärts* (vgl. engl. *-ward/-wards*) erkennbar: *allerdings, rücklings, beiderseits, rückwärts*. Noch produktive (Halb-) Suffixe liegen mit *-maßen* und *-weise* (vgl. engl. *-wise*) vor, die über eine *-er-*Fuge vor allem mit einem Partizip II bzw. Adjektiv Satzadverbien/Modalwörter bilden (*bekanntermaßen, möglicherweise*). Entstehungsgeschichtlich sind sie den vereinzelt nachweisbaren Konversionsbildungen (Zusammenrückungen) wie *jederzeit, außerdem* nahe, die auf das entsprechende Syntagma zurückgeführt werden können, so dass das Letztglied nicht die Wortart bestimmt (Wellmann 1995, 427; Heinle 1993, 77f.). Komposita werden vor allem mit den Richtungsadverbien *her* und *hin* gebildet, wobei das Erstelement in erster Linie wiederum aus einem Adverb besteht (*daher, dorthin*), gefolgt von Präposition (*nachher*) bzw. Adjektiv (*weithin*).

Dadurch, dass viele Adverbbildungen Präpositionen als Letztglied aufweisen, ist auch gegenwartsprachlich noch ein Zusammenhang zwischen den Wortarten Adverb und Präposition gegeben (z.B. *hinaus, bevor*). Wenn Komposita bzw. Inversionsbildungen (Wellmann 1995, 534) aus den Adverbien *da/hier/wo* und einer Präposition (z.B. *damit, hierauf, wofür*) vorliegen, spricht man allgemein von Pronominaladverbien. Diese können anstelle eines Nomens stehen, und zwar z.T. in demonstrativem, relativem, interrogativem oder auch korrelativem Gebrauch), so dass sie auch den Pronomina zugeordnet werden (so z.B. Helbig/Buscha 1984, 341f.; vgl. Hentschel/Weydt 1994, 241).

Die Gruppe der Konjunktionaladverbien dokumentiert die Affinität zu den Konjunktionen insofern, als ihre Vertreter, wie z.B. *(je)doch* oder *dennoch*, koordinierende Funktion und Erststellenfähigkeit vor dem finiten Verb aufweisen (vgl. Thim-Mabrey 1985, 34f., 38; Helbig/Buscha 1984, 341).

Der Übergang in die Wortart Adjektiv ist darüber hinaus in den meisten Fällen möglich, und zwar durch

a) Suffigierung mit dem Adjektivsuffix *-ig* (z.B. *dortig, hiesig*),
b) Form-/Lautvarianten für die adjektivische Flexion: *untere, obere* (zu *unten, oben*); umgangssprachlich auch *zu(n)e*,
c) Nichtkennzeichnung des Wortartwechsels (z.B. *selten, zufrieden*; zu *-weise* s.u. 3.3). Als nicht usuell haben spezielle Adjektivierungen der Dichter- (z.B. Rilke „müde von zu oftem Erinnern") oder Umgangssprache (z.B. *ein aufes Fenster*) zu gelten (Duden 1985, 33).

3.3. Syntax

Adverbien besitzen syntaktisch generell die Eigenschaft, sich auf das Verb beziehen zu können. Sie lassen sich um die Satzadverbien/Modalwörter (z.B. *hoffentlich, glücklicherweise*) erweitern, die sich als Sprecherkommentar auf die Aussage eines Satzganzen beziehen. Doch nicht alle Adverbien können auch prädikativ verwendet werden; dies ist z.B. bei Richtungsadverbien satzsemantisch ausgeschlossen (**Er ist dorthin*).

Der attributive Gebrauch in Bezug auf ein Nomen kommt nur bei bestimmten Adverbien vor, wobei diese dem Bezugswort Substantiv nachgestellt werden (z.B. *der Weg heute/hier/dorthin*; Helbig/Buscha 1985, 342f.). Adjektive auf *-weise* (vorangestellt, flektiert) dokumentieren noch den Übergang der Wortart Adverb zur Wortart Adjektiv; sie sind über die Attribuierung von deverbalen Substantiven (*die abschnittsweise Ausbildung*) entstanden (Heinle 1991, 349–352; vgl. Ronca 1975, 149). Teilweise sind Adverbien selbst auch attribuierbar: *weiter rechts, erst gestern* (Engel 1988, 760–762), wobei die Attribute „gestuft" verwendet werden können: *das hier leider oft sehr feuchte Klima* (Weinrich 1993, 556).

Satzsemantisch gesehen weisen deiktische Adverbien die Merkmale der Negierbarkeit sowie Erfragbarkeit auf und können selber unnegiert in einem negierten Satz stehen (*Hier ist er nicht*), während die Negierbar- und Erfragbarkeit von relationalen Adverbien (z.B.

rückwärts, oft) nicht immer gegeben ist. Satz- und Modaladverbien verhalten sich bezüglich der genannten Kriterien komplementär: Satzadverbien (*leider, hoffentlich*) sind nicht negierbar oder erfragbar, treten aber auch unnegiert in negierten Sätzen auf, während für Modaladverbien (*so, gern*) jeweils das Gegenteil zutrifft (Hentschel/Weydt 1994, 238–244).

4. Sprachvergleich

Vergleicht man die Ausstattung der Wortart „Adverb" im Deutschen mit anderen Sprachen, z.B. dem Englischen, Französischen und Russischen, fällt vor allem die Affinität der Adverbien zu den Adjektiven auf, sei es dass letztere adverbiell gebraucht werden können (Greenbaum 1996, 144; Thiele 1981, 152) – am konsequentesten im Deutschen durchgeführt – oder dass deren Formen zur Suffigierung (neutr. *-e/-o* im Russischen) genutzt werden. Das Russische bietet morphologisch die größte Vielfalt, da die Adverbbildung nicht nur durch Suffixe und Präfixe bzw. deren Kombination erfolgt, sondern auch flexionsmorphologisch, z.B. durch den Instrumental (Leitfaden 1983, 112–114). Es kennt jedoch nicht die Adverbkomposita, die das Deutsche, Englische und Französische auch hinsichtlich der Suffixentstehung morphologisch-semantisch prägen, und besitzt – wie auch das Deutsche gegenüber dem Englischen und Französischen – kein spezielles adverbkennzeichnendes Suffix (s.o. 3.2). Die herangezogenen Sprachen weisen dagegen alle ursprüngliche Adverbien auf, haben adverbiale Steigerungsformen und nutzen die Adverbialphrase als Umschreibung, wenn auch unterschiedlich gestaltet (Präpositionalausdruck/Instrumental mit Adjektiv).

5. Literatur in Auswahl

Bußmann, Hadumod (1990): *Lexikon der Sprachwissenschaft*. (Kröners Taschenausgabe 452). Stuttgart: Alfred Kröner Verlag (Zweite, völlig neu bearbeitete Auflage).

Duden (1985): *Richtiges und gutes Deutsch. Wörterbuch der sprachlichen Zweifelsfälle*. (Bearbeitet von D. Berger und G. Drosdowski unter Mitwirkung von O. Käge und weiteren Mitarbeitern der Dudenredaktion). Mannheim/Wien/Zürich: Dudenverlag (3., neu bearbeitete und erweiterte Auflage).

Duden (1993–1995): *Das große Wörterbuch der deutschen Sprache in acht Bänden*. Mannheim/Wien/Zürich: Dudenverlag (2., völlig neu bearbeitete und stark erweiterte Auflage. Hrsg. und bearbeitet vom Wissenschaftlichen Rat und den Mitarbeitern der Dudenredaktion unter Leitung von G. Drosdowski).

Duden (1996): *Rechtschreibung der deutschen Sprache*. (Duden 1). Mannheim/Leipzig/Wien/Zürich: Dudenverlag (21., völlig neu bearbeitete und erweiterte Auflage. Hrsg. Dudenredaktion. Auf der Grundlage der neuen amtlichen Rechtschreibregeln).

Eisenberg, Peter (1994): *Grundriss der deutschen Grammatik*. Stuttgart/Weimar: Verlag J. B. Metzler (3., überarbeitete Auflage).

Engel, Ulrich (1988): *Deutsche Grammatik*. Heidelberg: Julius Groos Verlag (2., verbesserte Auflage).

Flämig, Walter (1991): *Grammatik des Deutschen. Einführung in Struktur- und Wirkungszusammenhänge. Erarbeitet auf der theoretischen Grundlage der „Grundzüge einer deutschen Grammatik"*. Berlin: Akademie Verlag.

Gelhaus, Hermann (1995): Die Wortarten. In: *Duden. Grammatik der deutschen Gegenwartssprache*. (Duden 4). Mannheim/Leipzig/Wien/Zürich: Dudenverlag (5., völlig neu bearbeitete und erweiterte Auflage. Hrsg. und Bearb. G. Drosdowski in Zusammenarbeit mit P. Eisenberg; H. Gelhaus; H. Henne; H. Sitta; H. Wellmann), 85–398.

Grammatik der deutschen Sprache (1997): von Gisela Zifonun, Ludger Hoffmann, Bruno Strecker und Joachim Ballweg, Ursula Brauße, Eva Breindl, Ulrich Engel, Helmut Frosch, Ursula Hoberg, Klaus Vorderwühlbecke. Band 1 (Schriften des Instituts für deutsche Sprache 7.1.). Berlin/New York: Walter de Gruyter.

Greenbaum, Sidney (1996): *The Oxford English Grammar*, Oxford/New York: Oxford University Press.

Heinle, Eva-Maria (1991): *Diachronische Wortbildung unter syntaktischem Aspekt. Das Adverb*. Habil. Augsburg.

–, (1993): Die Zusammenrückung. In: *Synchrone und diachrone Aspekte der Wortbildung im Deutschen*. Hrsg. H. Wellmann. (Sprache – Literatur und Geschichte 8) Heidelberg: Carl Winter Universitätsverlag, 65–78.

Helbig, Gerhard; Joachim Buscha (1984): *Deutsche Grammatik. Ein Handbuch für den Ausländerunterricht*. Leipzig: VEB Verlag Enzyklopädie.

–, (1983): Bemerkungen zu den Pronominaladverbien und zur Pronominalität. In: G. Helbig: *Studien zur deutschen Syntax. Band 1*. (Linguistische Studien) Leipzig: VEB Verlag Enzyklopädie, 125–141.

Hentschel, Elke; Harald Weydt (1994): *Handbuch der deutschen Grammatik*. Berlin/New York: Walter de Gruyter (2., durchgesehene Auflage).

Jellinek, Max Hermann (1914): *Geschichte der neuhochdeutschen Grammatik von den Anfängen bis auf Adelung. Zweiter Halbband*. (Germanische Bibliothek. Zweite Abteilung: Untersuchungen und Texte 7). Heidelberg: Carl Winter's Universitätsbuchhandlung.

Langenscheidts Großwörterbuch (1993): Deutsch als Fremdsprache. Das neue einsprachige Wörterbuch für Deutschlernende. Hrsg. D. Götz; G. Haensch; H. Wellmann. In Zusammenarbeit mit der Langenscheidt-Redaktion. Leitende Redakteure V. J. Docherty; G. Jehle. Berlin/München/Leipzig/Wien/Zürich/New York: Langenscheidt.

Leitfaden der russischen Grammatik (1975): Ausgearbeitet von einem Autorenkollektiv der Karl-Marx-Universität Leipzig. Leipzig: VEB Verlag Enzyklopädie (10., unveränderte Auflage).

Ronca, Dorina (1975): *Morphologie und Semantik deutscher Adverbialbildungen. Eine Untersuchung zur Wortbildung der Gegenwartssprache*. Diss. Bonn 1974. Bonn: Rheinische Friedrich-Wilhelms-Universität.

Thiele, Johannes (1981): *Wortbildung der französischen Gegenwartssprache. Ein Abriß*. Leipzig: VEB Verlag Enzyklopädie.

Thim-Mabrey, Christiane (1985): *Satzkonnektoren wie allerdings, dennoch und übrigens. Stellungsvarianten im deutschen Aussagesatz*. (Regensburger Beiträge zur deutschen Sprach- und Literaturwissenschaft 28). Frankfurt am Main/Bern/New York: Verlag Peter Lang.

Vortisch, Rudolf (1910): *Grammatikalische Termini im Frühneuhochdeutschen 1500–1663*. Diss. Freiburg im Breisgau. Basel: Friedrich Reinhardt.

Weinrich, Harald (1993): *Textgrammatik der deutschen Sprache unter Mitarbeit von M. Thurmair, E. Breindl, E.-M. Willkop*. Mannheim/Leipzig/Wien/Zürich: Dudenverlag.

Wellmann, Hans (1995): Die Wortbildung. In: *Duden. Grammatik der deutschen Gegenwartssprache*. (Duden 4). Mannheim/Leipzig/Wien/Zürich: Dudenverlag (5., völlig neu bearbeitete und erweiterte Auflage. Hrsg. und Bearb. G. Drosdowski in Zusammenarbeit mit P. Eisenberg; H. Gelhaus; H. Henne; H. Sitta; H. Wellmann), 399–539.

Eva-Maria Heinle,
Augsburg (Deutschland)

80. Die Wortart 'Konjunktion'

1. Problemgeschichte und Zugangsweisen
2. Aus- und Untergliederung: syntaktische Kriterien
3. Aus- und Untergliederung: semantische Kriterien
4. Diachronische Aspekte und universelle Tendenzen
5. Literatur in Auswahl

1. Problemgeschichte und Zugangsweisen

1.1. Seit dem Dionysius Thrax (150 v. Chr.) zugeschriebenen Fragment „peri syndesmou" [de coniunctione] gehören die sog. Konjunktionen (forthin: K) – als Belegung eines prätheoretischen Wortartbegriffs [pars orationis] wie als Gegenstand philologischer Inventarisierung und theoretischer Betrachtung zum festen Bestand (indo-)europäischer Grammatikschreibung. Innerhalb dieser Tradition sind K unstrittig Teil der synsemantischen Lexik, aber strittig sind ihre Aus- und Untergliederung und kaum durchschaut ihre kategorialen Eigenschaften als sog. Funktionswörter. Unter Benutzung tradierter Terminologie versucht der Artikel, die Heterogenität des unter K gefassten Wortschatzbereichs als dessen Spezifikum auszuweisen und so zu verdeutlichen, wieso in den Begriff „K" steter Präzisierungs- und Komplettierungsbedarf eingebaut ist. Ausgangspunkt sei folgende Bestimmung: Als Verknüpfer von Ausdrücken in der syntaktischen Funktion von (Teil-) Satzgliedern oder (Teil-) Sätzen dienen die K der Erweiterung von Simplex-Sätzen zu komplex(er)en Sätzen bzw. zu Satzfolgen und somit der via Verknüpfung elaborierten Bildung von entsprechend mehrdimensional strukturierten Texten. Dies begründet die für K spezifischen Problemaspekte 1.2–1.5, die in 2.–4. am Dt. illustriert und sprachvergleichend kommentiert werden.

1.2. Die K sind in ihren kombinatorischen und semantischen Eigenschaften als Exponenten der „Grammatik zweiter Stufe" (Lang 1984, 1991) geprägt, so dass Einsichten in Struktur und Umfang des K-Inventars abhängen von den jeweiligen Einsichten in die Prinzipien der Satzbildung. Genau dies zeigt der Verlauf der Erforschungsgeschichte der K: von Dionysius Thrax bis ins 18. Jhd. gab es nur Bestandslisten, die Begriffe „Hypotaxe" und „Parataxe", die u.a. Verknüpfungen ohne K wie Asyndese, Juxtaposition umfassen, kamen im 19. Jhd. ins Spiel (cf. Bednarczuk 1971), die Semantik der K wurde partiell im Konnex zur Aussagenlogik untersucht (Döhmann 1974, Lang 1984), die Syntax hat sich erst im 20. Jhd. sporadisch (qua „Koordination" vs. „Subordination") mit K befasst, ganz rezent sind typologische Studien zur Form-Funktions-Verteilung bei K (Kortmann 1997).

1.3. Die K sind – wie keine andere Wortart – nach Bestand, Funktion und Form diachron relativiert auf die graphische Fixierung der Sprachen. Das gilt für den Schritt vom präliteralen zum verschriftlichten Stadium (vgl. 4.1), für die Perioden zunehmender Zirkulation und Einflussnahme von Schrifttexten seit dem Mittelalter (wie u.a. Raible 1992, Schlieben-Lange 1991 für die Romania, Kortmann 1997 fürs Engl. zeigen) und auch für hier und heute, wo mündliche und schriftliche Kommunikation u.a. nach Auswahl, Frequenz und Stilregister der K differieren. Die so bedingte Diversifikation der K ist und bleibt eine lexikologische Herausforderung.

1.4. Die K heben sich – in zu explizierender Korrelation zu 1.2 und 1.3 – von den anderen Wortarten deutlich ab: (1) durch morphosyntaktisch heterogenen Formenbestand, d.h. K sind weder in Paradigmen gruppiert (wie die flektierenden Wortarten) noch haben sie produktive Bildungsmuster (wie die Hauptwortarten N, V, Adj, Adv), vielmehr umfassen sie (darin den Präp ähnlich) einmorphemige Primäreinheiten (*und, weil*), semi-transparente Komplexe (*des-halb, trotz-dem*), Wortkombinationen (*auf dass, anstatt dass, je nachdem ob*) sowie phrasale Fügungen (*es sei denn, das heißt*); (2) durch synsemantische Eigenschaften, die über ein differenziertes Bedeutungskonzept mit 1.4 (1) zu korrelieren sind (cf. 3.1–3.3).

1.5. Aus 1.2–1.4 erhellt, weshalb der tradierte Begriff „K" keine (geschlossene oder offene) Wortklasse abdeckt, sondern eine lexikologisch vage Domäne, (1) deren Reichweite je nach aufgebotenen Definitionskriterien von ein paar Dutzend Einheiten (in Grammatiken) bis zu ca. 200 Einträgen variiert (in Spezialarbeiten wie Martin 1983, Buscha 1989, bes. HdK [= Pasch/Brausse et al. (2002)], dem gründlichsten Handbuch der dt. K, das vom Oberbegriff „Konnektor" ausgeht; (2) deren Bestand nach der Teilhabe am gesamtgrammatischen Fügungspotential zu gliedern ist.

2. Aus- und Untergliederung: syntaktische Kriterien

2.1. Die Sortierung der K nach Verknüpfungsmerkmalen (cf. 1.1) basiert auf folgenden Bestimmungsstücken: ein Element aus K verknüpft zwei Konnekte [X], [Y], wobei X, Y als Variablen für syntaktisch als (sub-)phrasal, klausal oder sentential kategorisierte Ausdrücke stehen, zur Bildung eines intern komplexen Satzes S^+. In diesem Rahmen sind die K zunächst durch **morphosyntaktische** Kriterien aus den übrigen Wortarten auszugliedern:

(i) K sind formkonstant: keine Flexion, keine Derivation
(ii) K weisen Konnekten weder Kasus noch klassische Theta-Rollen zu
(iii) K verknüpfen zwei Ausdrücke X, Y explizit als Konnekte

(i-ii) trennt K von den Hauptwortarten N, V, Adj, Präp, Adv sowie von Artikeln und Pronomina, (iii) von Operatoren wie *nicht*, Fokuspartikeln wie *nur, auch*, Phasenadverbien wie *schon, noch*, Modalpartikeln wie *wohl, halt*, die sich alle direkt nur auf einen Satz Y beziehen und ihn ggf. indirekt (per Präsupposition, Implikatur) mit einem Satz X verbinden.

2.2. Die weitere Differenzierung der K und Rekonstruktion der gängigen Unterscheidung „Subordination" vs. „Koordination" verlangt **konfigurationell-syntaktische** Kriterien. Zum Aus- und Untergliedern der koordinierenden K diene als Schablone das Strukturschema für **Koordination** (I):

(I) $S^+ = [(Z) \ [\ [X] \ K \ [Y] \ (K'[Y'] \ )^n \ ] \ (W)]$

[[X] K [Y]] ist die **koordinative Verknüpfung**, die ggf. (1) mehr als 2 Konnekte und verschiedene K – (K' [Y'])^n – umfasst; (2) mit einer Rahmenstruktur – (Z), (W) – den Satz S^+ ergibt. Die bez. (I) kriteriale Bedingung für sog. koordinierende K lautet:

(iv) Die Konnekte X,Y sind **syntaktisch gleichwertig**, so dass auch X bzw. Y allein mit der (ggf. qua Kongruenz modifizierten) Rahmenstruktur einen grammatischen Satz ergibt (Details in Lang 1984, 1991; HdK).

2.2.1. Da syntaktische Gleichwertigkeit reguläre Tilgungen in den Konnekten nicht ausschließt, gliedert (iv) die koord. K aus, umfassend den typischen Kernbestand (*und, oder, aber*, ... bzw. ihre engl., frz., russ. usw. Äquivalente) sowie sprachspezifische Elemente (im Dt. etwa *es sei denn, respektive, will sagen*). Die Untergliederung erwächst aus Beschränkungen/Modifikationen für die Belegung von (I). Dabei gibt es eine Schwelle zwischen generellen und einzelsprachlichen Kriterien.

2.2.2. Weithin zwischensprachlich übertragbar gilt: den weitesten grammatischen Aktionsradius bzw. interpretatorischen Spielraum hat *und*. Es ist am wenigsten beschränkt bez. Anzahl, Format, interner Struktur und Gleichartigkeit der Konnekte, belegt [[X] K [Y]] auch als Wortbildungsmuster (Zahlwörter *dreiundzwanzig*; Binome *Hab und Gut, dann und wann*) und als zum Plural alternativen Ausdruck für Mengen via Aufzählung (*Hans und Anna / Sie sind ein Paar*), kann statt anderer K stehen (nicht umgekehrt), ist ikonischer (temporaler, konsekutiver etc.) Interpretation der Konnektabfolge zugänglich (Posner 1979) – all dies ist auf die elementare Bedeutung von *und* zu beziehen (cf. 3.3.1). Wenig beschränkt ist auch die andere sog. Boolesche K *oder*, die mit *nicht, und, weder – noch* ein eigenes Subsystem bildet, ebenfalls übereinzelsprachlich (cf. 3.3.2).

2.2.3. Die weitere Untergliederung der K nach (I) involviert diverse einzelsprachliche Beschränkungen über X, Y und Positionsvarianten von K:

(1) **adversative** K wie *aber, sondern* erlauben nur 2 Konnekte, *aber* erlaubt pure NPs nur als Prädikativ, *sondern* verlangt eine Negation in [X] (nicht so engl. *but*, frz. *mais* etc. – cf. 3.3.2)
(2) K gesplittet zu [[K1 [X] K2 [Y] (K2 [Y'])^n] belegen mehrgliedrige (sog. **korrelative**) K wie *entweder – oder, sowohl - als auch*, die (a) im Dt. als Vorfeldbesetzer positionsbedingt mit der Verbzweit-Stellung kollidieren, ihre engl. Gegenstücke nicht (man übersetze *He both sang and danced* ins Dt.); (b) ihre Konnekte in S$^+$ fokussieren; (c) im Ggs. zu *und* (cf. 2.2.2) nur distributiv interpretierbare Konnekte erlauben (*Hans und Anna schlafen / sind (k)ein Paar* – **Sowohl H. als auch A. / *Weder H. noch A. sind ein Paar*); (d) bez. der Numeruskongruenz Unsicherheit erzeugen: *Sowohl H. als auch A. / Weder H. noch A. $^?$schlafen / $^?$schläft.*
(3) Wenn K nicht zwischen X und Y steht, sondern in Y syntaktisch integrierbar ist (als Vorfeld oder „floatend"), ergeben sich als Untergruppen (a) **Konjunktionaladv** *also, allerdings, jedenfalls, jedoch, hingegen, immerhin, obendrein, vielmehr*; (b) **Pronominaladv** *außerdem, deshalb, deswegen, ohnehin, stattdessen, trotzdem* – meist mit einem *d*-deiktischen und einem präpositionalen Bestandteil. Zu weiteren (Unter-) Gruppen innerhalb von (I) cf. HdK.

2.3. Weit verwickelter ist die auf K beziehbare Rekonstruktion des Begriffs **Subordination**, wofür das Strukturschema (II) anzunehmen ist

(II) S$^+$ = [X [K [Y]]]

mit gegenüber (I) distinktiven Belegungsbedingungen wie:

(1) Die Konnekte X, Y sind auf 2 komplette (Teil-)Sätze begrenzt und unter folgenden Aspekten syntaktisch nicht gleichwertig:
(2) [Y] ist vermittels K in den Satz [X [[...]]] eingebettet
(3) [K [Y]] hat in [X [...]] den Status eines Satzglieds
(4) [Y] ist syntaktisch Komplement von K, [X] ist das nicht
(5) [K [Y]] kann verschoben, d.h. vor X anteponiert [[K [Y]] [X [...]]] oder in X intraponiert [X1 [K [Y]] X2 [..]] werden
(6) [X] und [Y] differieren in Stellung, Finitheit, Modus des Verbs.

Übereinzelsprachlich treffen diese Kriterien nur in – bei (5) und (6) abnehmenden – Auswahlen zu. (6) ist somit einzelsprachlich, liefert aber fürs Dt. das zur Ausgliederung **subordinierender** K klarste Kriterium (cf. HdK):

(v) K induziert in [X [K [Y]]] Verbletztstellung für [Y]

Die Gliederung unterhalb von (v) erfolgt nach 2.3 (1) – (5) und weiteren syntaktischen Bedingungen. Bei Erfüllung von (1) – (2) ist die Belegung von (3) bis (5) in (II) distinktiv:

2.3.1. Ist [K [Y]] in (II) Argument (valenznotwendige Ergänzung) eines Prädikats in X, so steht K für **Komplementierer** wie *dass, ob* und solche *w*-Wörter, die (1) Subjekt- und Objektsätze bilden (*Dass / ob / wo es schneit, zeigt, dass / ob / wo es kalt ist*) und (2) V (*wissen, dass / ob / w–*), Adj (*wahr, dass /*ob /*w–*; *ungewiss, *ob / *w– / dass*), N (*die Tatsache, dass /ob /w–*) für ihre Komplemente bez. Faktivität subkategorisieren.

2.3.2. Hat [K [Y]] in (II) den Status eines Adjunkts (freie Angabe), steht K für **adverbialsatzeinleitende** K, die neben (1) dem Kernbereich *bevor, da, damit, falls, obwohl, seit, so, weil, wenn* ... (2) Kombinationen wie *als wenn, anstatt dass, ohne dass, vorausgesetzt dass* umfassen. Sie erfüllen die Bedingung 2.3 (5), d.h. die Verschiebbarkeit von [K [Y]] vor oder in [X].

2.3.3. Ist [K [Y]] in (II) durch Adjunkte belegt, die nicht vor (und nur schwer in) X verschiebbar sind, steht K für sog. **postponierende** K. Sie gliedern sich auffällig in (1) Wortkombinationen wie *als dass, auf dass, es sei denn dass, nur dass, so dass*; (2) zweimorphemige K wie *weshalb, weswegen, wobei, wodurch*, die kompositorisch den koord. Pronominaladv (cf. 2.2.3 (3b)) gleichen, aber als *w*-relative K Verbletztstellung auslösen (weiterführende Relativsätze einleiten) und so zu den subord. K zählen.

2.4. Die angedeutete syntaktische Rasterung bestätigt die These, dass es keine Regel der Grammatik gibt, die auf den Begriff „Konjunktion" Bezug nähme und ihn so als kategorialen Wortart-Begriff rechtfertigen würde (Pasch 1994). Was grammatisch und lexikologisch zählt, ist wie in 1.2–1.5 benannt und in 2.1–2.3 illustriert die Differenzierung der nach (i–iii) ermittelten K bez. ihrer Interaktion mit der Syntax (iv–v), die nun mit semantischer Differenzierung in Bezug zu setzen ist.

3. Aus- und Untergliederung: semantische Kriterien

3.1. Anders als die Einteilung in Autosemantica vs. Synsemantica suggeriert, umfasst die sprachlich codierte **Bedeutung** von Wörtern stets **deskriptive** Anteile zur Identifizierung von (gedächtnisfixierten oder aktual generierten) Begriffen, **operative** Anteile zur Verarbeitung solcher Begriffe und **referentielle** Anteile zur Regelung ihres sprachlich vermittelten Bezugs auf außersprachliche Entitäten (Individuen, Relationen, Sachverhalte) – wenngleich in wortartspezifisch verschiedener Richtung. So haben lexikalische Hauptkategorien wie N, V, Adj einen ausgeprägt deskriptiven Bedeutungsanteil, einen operativen Anteil je nach Argumentstuktur (relationale N, transitive V) und einen nach wortartspezifischen Projektionseigenschaften als Flexion, Determination etc. ausbuchstabierbaren referentiellen Anteil.

Diese Wortarten bilden lexikalisch projizierte Phrasen, die bei funktionaler Abgeschlossenheit außersprachliche Entitäten denotieren und so auch als Konnekte figurieren können.

3.2. Anders die K: sie bilden sog. funktionale Phrasen, die aus lexikalisch projizierten Phrasen Konnekte machen. Für K prägend ist – wie auch bei *nicht* – der operative Anteil: semantisch sind K Instruktionen nicht zur Identifizierung von Konzepten im Hinblick auf mögliche Denotate, sondern zur Verknüpfung von begrifflichem Wissen, das auf unabhängige Weise bereitgestellt ist. Deskriptive und referentielle Anteile der K regeln, wie die Konnekte in S^+ und wie somit S^+ insgesamt denotativ zu interpretieren sind.

3.2.1. Gemäß ihrer Eigenschaft, Konnekte [Y] als Argumente nach ihrer Faktivität zu kennzeichnen, ist der referentielle Anteil distinktiv für die Komplementierer (2.3.1). Weithin übereinzelsprachlich sichtbar an *d*-deiktischen (*dass, that,* slav. *t-* ...) bzw. *w*-relativen/ interrogativen Bestandteilen (*ob, wie, whether,* slav. *k-* ...) spezifizieren diese K den im Konnekt [Y] benannten Sachverhalt als „gegeben" bzw. als „möglich, aber offen" (vergleichbar dem Merkmal [± definit] bei Artikeln) und bringen dies auch in Kombination (*anstatt dass, ohne dass* – cf. 2.3.2 (2), *auf dass, so dass* – cf. 2.3.3 (1)) ein.

3.2.2. Der deskriptive Anteil der übrigen subord. K, deren Konnekte Adjunkte sind, besteht darin, den im Konnekt [Y] benannten Sachverhalt zu dem im Konnekt [X] benannten in eine nicht-symmetrische Relation zu setzen, unterteilt seit der Antike in kausal, temporal, konzessiv, konsekutiv, final etc. Das feinste Raster (6 Typen, 32 Unterklassen) mit Daten aus 50 europ. Sprachen bietet Kortmann 1997 – für K-Lexikologen ein Muss. Aufschlussreich ist das Verhältnis der K zu den Präpositionen: (1) Präp sind die primäre Domäne für lokale (abgeleitet: temporale), instrumentale, komitative Relationen, die Domäne der subord. K ist primär die der kausalen, konsekutiven, konzessiven, finalen etc. – also eine Arbeitsteilung nach konkret (Präp) vs. abstrakt (K); (2) Wie Kortmann 1997 zeigt, sind Präp eine Quelle für das Inventar der subord. K durch direkten Übergang (*während, seit, after, since*) sowie als Baustein für mehrmorphemige K bzw. Kombinationen *bevor, indem, nachdem; außer dass, anstelle dass* – cf. 2.3.2 (2); *außerdem, deswegen, stattdessen* – cf.

2.2.3 (3b); *wodurch, wobei, weswegen* – cf. 2.3.3 (1), wobei Präp den deskriptiven Anteil, *d*-deiktische oder *w*-relative Bausteine den referentiellen stellen. Das Muster [*d-/w*-[Präp]] ist parallel, aber distinktiv belegt von Pronominaladv (*dabei, dagegen* cf. 2.2.3 (3b)) und subord. Postponierern (*wobei, wogegen* – cf. 2.3.3 (2)).

3.3. Bei den sog. koord. K (zumal im Kernbereich) dominiert der operative Anteil: die Denotate der Konnekte in S^+ (Eigenschaften, Individuen, Sachverhalte) werden nicht direkt, sondern nur mittelbar verknüpft, nämlich als gleichwertige Beleginstanzen eines aus den Konnektbedeutungen im Kontext von S^+ abzuleitenden Oberbegriffs (= **"Common Integrator"** (CI), cf. Lang 1984, 1991). Der referentielle Anteil ist auf semantische Gleichwertigkeit der Konnekte relativiert, der deskriptive betrifft die Verknüpfungsoperationen, denen die Konnekte im Rahmen des CI unterworfen werden.

3.3.1. Generell gilt: ein S^+ mit bzw. aus koordinativen Verknüpfungen muss kontingent und informativ sein. Relevant sind dabei (1) die zwischen den Konnekten per se gegebenen Relationen, d.h. ob die Konnekte verträglich (z. B. synonym, hyponym, unabhängig) oder unverträglich (konträr, kontradiktorisch) sind. Jede koord. K ist dafür sensitiv: *und, oder, denn, aber* erfordern verträgliche (unabhängige usw.) Konnekte, *entweder – oder, nicht – sondern* erfordern unverträgliche (konträre bzw. kontextuell kontrastierbare) Konnekte; (2) die durch die koord. K hergestellte Verknüpfung der Konnekte. Sie beruht auf elementaren mentalen Operationen über den Konnekten, die mit Negation und Zusatzbedingungen etwa so umschreibbar sind

(a) BÜNDELN („X, Y gelten zugleich"): *und, sowie*;
    (a) + „X, Y sind in Kontrast": *aber, jedoch, hingegen*;
    (a) + Negation („nicht X, nicht Y gelten zugleich"): *weder - noch*;
(b) WÄHLEN („von X, Y gilt eins – welches"?): *oder, ob … ob*;
    (b) + „und nur eins": *entweder – oder, sonst*;
(c) ERSETZEN („nicht X gilt : Y gilt"): *nicht – sondern, anstatt* etc.

und die als lexikalische Bedeutung der koord. K das ausmachen, was traditionell „kopulative, adversative, disjunktive Relation" genannt wird.

Die hier skizzierte Semantik der K verdeutlicht, (1) was die bevorzugte Domäne der koord. K ist: die durch sie zwischen den Konnekten operativ hergestellte Verknüpfung kann als Relation gerade nicht von der Art sein, wie sie zwischen den Konnektbedeutungen per se besteht (cf. 3.3.1 und Lang 1984, 1991), und sie ist anders als die durch die (präpositionsbasierten) subord. K hergestellten; (2) weshalb koord. K nicht untereinander (**aber und, *denn oder*), aber mit anderen K sinnvoll kombinierbar sind (*und deshalb, oder vielmehr* etc.), (3) wieso ihre Interpretation bei referentiell und deskriptiv minimalen Anteilen wesentlich vom strukturellen oder situativen Kontext abhängt (am klarsten bei *und* – cf. 2.2.2 und 3.3.2).

3.3.2. Weitere lexikologisch relevante Eigenschaften der koord. K zeigen sich an ihrer Interaktion mit der **Negation**. Die koord. K sind nicht nach lexikalischen Sinnrelationen wie Synonymie, Antonymie etc. zu paaren. Jedoch bilden die sog. Booleschen K (*und, oder*) mit der Negation gemäss $[[X] \, K \, [Y]] = [\neg [X] \, K' \neg [Y]]$ etc. eine Dualitätsgruppe (vgl. Art. 64), was konstruktionelle Synonymie (a) oder Antonymie (b) definiert und den Austausch von *und* und *oder* „salva veritate" in sog. De Morganschen (modalen, komparativen etc.) Kontexten begründet (c):

(a) Teuer oder langsam sind die Drucker nicht
    = Die Drucker sind nicht teuer und nicht langsam
(b) Die Drucker sind teuer oder langsam
    Die Drucker sind weder teuer noch langsam
(c) Peter ist anders als Fritz oder Rudi / Schüler oder Studenten dürfen das tun
    = Peter ist anders als Fritz und Rudi / Schüler und Studenten dürfen das tun

Besonders intrikat sind negationshaltige K. Wortinterne Negation hat interpretatorisch fixierten Skopus – cf. *keiner = nicht einer, ≠ einer nicht*; *either = einer (von beiden), neither = keiner (von beiden), ≠ einer (von beiden) nicht*. Dies erhellt, (1) wieso der Ausdruck mit der eindeutigen Lesart $[[\neg X] \& [\neg Y]]$ in (b) mehrteilig sein muss (*weder noch, ni ni* etc.) und nicht etwa **nund* lauten kann; (2) warum engl. *… nor Y = … und / auch Y nicht*, statt *… oder nicht Y*, entsprechend, dass *neither X nor Y = keiner (von X, Y) = X nicht und Y nicht*; (3) weshalb es offenbar kein X **noder* Y gibt für *X nicht oder Y nicht* (Döhmann 1974, Lang 1984). Speziell sensitiv für Position und Skopus der Negation im Konnekt X sind die adversativen K. In Sprachen, wo die Unterscheidung von Kontrast und Korrektur nicht (wie Dt. *aber* vs. *sondern*, span. *pero* vs. *sino* etc.) lexikalisiert ist, muss dies eine K (lat. *sed*, engl. *but*, frz. *mais*, ndl. *maar* etc.) im Konnex mit distinktiven syntaktischen und prosodischen Bedingungen leisten (cf. 4.3.2 und Lang 1984, Rudolph 1996) – eine Aufgabe für lexikologische Typologie.

4. Diachronische Aspekte und universelle Tendenzen

4.1. Synchron betrachtet reflektieren Bestand und Formenbildung des K-Inventars einer Sprache eine diachronische Schichtung, die wesentlich durch die „culture of writing" und die dadurch ermöglichte elaborierte Textbildung bestimmt ist. Es gibt dabei klare Ausgangsunterschiede mit gravierenden Folgen: (1) präliterale, lokal begrenzte Sprachen sind angelegt auf situationspräsente Kommunikation und sind bez. der sprachlichen Verknüpfung von außersprachlichen Entitäten daher (a) kontextuell (nicht-autonom), (b) implizit (gestützt of „shared knowledge") und (c) ikonisch (Erwähnungsfolge von Denotaten wird gedeutet als logische, temporale etc. Reihenfolge); (2) verschriftlichte sog. Weltsprachen haben die sprachlichen Mittel für situationsferne Kommunikation entwickelt und sind bez. der sprachlichen Verknüpfung daher (a) kontextunabhängig (autonom), (b) explizit (nämlich mit K), (c) nicht-ikonisch (cf. 2.3 (5)). Zwischen diesen Grenzwerten erstreckt sich das Arbeitsfeld der diachronischen K-Lexikologie.

4.2. Im Hinblick auf die in 1.2–1.4 genannten lexikologischen Dimensionen sind **universelle Entwicklungstendenzen** („ > " = geht voraus) erkennbar:

(1) Asyndese > Koordination > Subordination [als syntaktische Verfahren];
(2) etym. verdunkelte primes > semi-transparente mehrmorphemige K > phrasale Wortkombinationen [als Strukturdesign der K quer zu (1)];
(3) V, Präp > K > Kompositionen aus Präp + K [als Quellen quer zu (2)];
(4) Sachverhaltsebene > Epistemische Ebene > Sprechaktebene.

Die in (4) erwähnte Tendenz betrifft die Diversifikation der Bezugsebenen für die Interpretation der Konnekte (cf. Sweetser 1990, Lang 2000) im Verlauf des Übergangs von nichtautonomer impliziter zu autonomer expliziter Textelaboration.

4.3. Im durch 4.1 und 4.2 (1)–(4) abgesteckten Rahmen sind dann z.B. auch Polysemie und Interferenz im Bereich der K lexikologisch zu behandeln.

4.3.1. **Polysemie**, angesichts von 4.2 bei K gehäuft, ist im o.g. Rahmen als Momentaufnahme der Eigenschaften eines Elements im Übergangsprozess zwischen Wortarten zu betrachten. Die Teilhabe des Elements an verschiedenen Wortarten, d.h. der Spielraum seiner Polysemie, ist nach den Kriterien in 2. kategoriell ausdifferenzierbar. Für einen Problemfall wie das dt. einmorphemige *wie* ergibt sich innerhalb von K die Einordnung als (a) Komplementierer nach 2.3.1, (b) temporale subord. K nach 2.3.2, (c) *w*-relativer Satzadv-Einleiter (Subgruppe von 2.3.3) sowie außerhalb von K als (d) Äquativmorphem (kombinierbar mit *so* …), (e) Exklamativsatz-Einleiter und (f) Fragewort. Bemerkenswerter Beleg für die in 2.4 erwähnte These ist, dass sich syntaktisch der *w*-relative Anteil an *wie* in (a) – (e), also quer durch K und Nicht-K, qua Verbletztstellung niederschlägt, der *w*-interrogative Anteil durch *w*-Bewegung zur Satzspitze hingegen nur in (f).

Für mehrmorphemige K, Kombinationen und phrasale Fügungen gilt, dass die Polysemie (Polyfunktionalität) eines Elements aus K umgekehrt proportional ist zu seiner strukturellen Komplexität, wie Kortmann 1997 im Konnex mit anderen generellen Tendenzen zeigt.

4.3.2. **Interferenz**. In den modernen (Literatur-)Sprachen Europas sind die K Teil des nativen oder adaptierten Grundwortschatzes und resistent gegen Entlehnung und dadurch bedingte Bestandsveränderung. Es gibt jedoch, als Spur der Wechselwirkung von Verschriftung und elaborierter Textbildung, einige Belege dafür, dass auch die K Interferenzprozessen unterliegen. (1) Die frühen Stadien der finn.-ugr. Sprachen kennzeichnet (a) das Fehlen koord. und subord. K; (b) eine von der Wort- bzw. Satzgliedebene bis zum Satz durchgängige Präferenz für den „parallelismus membrorum" – ein asyndetisches Verbindungsverfahren (vgl. Lewy 1911); (c) der Ausdruck von Zusammenhängen, die in den ie. durch K konstruiert werden, durch Infinitive,

Partizipien, Gerundien. Mit der Verschriftlichung haben sich (a)–(c) in den finn.-ugr. Sprachen spürbar, wiewohl nach Epoche und Region verschieden, verändert. Die ostseefinn. Sprachen weisen für (a) Entlehnungen aus dem German. auf – cf. finn., estn. *ja* (< got. *jah* „und"), finn. *eli* (< altnord. *ella* „oder"), die ugr. Sprachen direkte Übernahmen aus dem Russ. – cf. ostjak. *i* („und"), *ali, ili* („oder"), *ni – ni* („weder – noch"), *esle* („wenn"), *xotja* („obwohl"). Zugleich hat sich in diesen Sprachen aber die Präferenz für parallelistische Konstruktionen gemäss (b) erhalten, wobei sich die importierten koord. K strukturell gut einfügen. Die Übernahme von subord. K wie *xotja, esle* ... tritt hingegen in Konkurrenz zur Grammatik nach (c) – der Verlauf dieses K – induzierten, typologisch relevanten Veränderungsprozesses ist bislang unerforscht.

(2) Bemerkenswerte Integrationsfähigkeit für entlehnte K zeigt das Bulgarische. Sein Reichtum an adversativen K ist aus drei Quellen gespeist (*a, no, obače, pâk* < slav., *ala, ami* < griech., *ama* < türk.) und hat sich durch Differenzierung im Stilregister und in der Strukturbildung erhalten. Als Lexeme gehören *ama* (< türk.) und *pâk, obače* (< slav.) zur mündl. Umgangssprache, *ala* (< griech.) zur gehobenen Schriftsprache, die gemeinslav. K *a, no* sind stilistisch neutral. Als Teil der „Grammatik zweiter Stufe" indes realisieren diese K im Konnex mit der Negation *ne* in [X] syntaktisch und semantisch arbeitsteilig den Unterschied von Kontrast vs. Korrektur:

(a) Toj ne može da piše {ama, no, obače, ⁿpâk, ⁿa} može da čete
Er kann nicht schreiben, aber (er kann) lesen = Kontrast

(b) Toj može ne da piše {a, ami} (*može) da čete
Er kann nicht schreiben, sondern lesen = Korrektur

(c) Toj može da čete, {a, ama, no, obače, pâk} ne može da piše
Er kann lesen, aber (er kann) nicht schreiben = Kontrast

Während *ama, no, obače* lexikalisch auf Kontrast („aber", = (a)) und *ami* auf Korrektur („sondern", = (b)) fixiert sind, ist die Interpretation von *a, pâk* abhängig von der syntaktischen Umgebung: für Korrektur sind vorausgehende replazive Negation und folgende Tilgung gefordert (b), für Kontrast sind vorausgehende Negation und folgende Tilgung ausgeschlossen (c). Weil (a) keine dieser Bedingungen erfüllt, sind *a* und *pâk* – im Ggs. zu *ama, no, obače* – dort weniger akzeptabel.

Schon die Diversifikation einer K-Gruppe und erst recht die in 4.2 entworfenen globalen Tendenzen machen deutlich, dass Lexikologie und Lexikographie der K (cf. Lang 1982, 1989) einer Neuorientierung bedürfen: von der bloßen Auflistung der K als Wortschatzeinheiten über die in 2.–3. erläuterten Merkmale hin zur Differenzierung der K als Schaltstellen im Fügungspotential der Grammatik.

5. Literatur in Auswahl

Bednarczuk, Leszek (1971), *Indo-European Parataxis*. Kraków: Wydawnictwo Naukowe 1971.

Buscha, Joachim (1989), *Lexikon deutscher Konjunktionen*. Leipzig: Enzyklopädie 1989.

Döhmann, Karl (1974), Die sprachliche Darstellung logischer Funktoren. In: *Logik und Sprache*. (Hrg. A. Menne/A. Frey). Bern/München: Francke 1974, 28–56.

HdK = Pasch, Renate/Brausse, Ursula et al. (2002), *Handbuch der deutschen Konnektoren*. Teil 1, Mannheim: Institut für deutsche Sprache.

Kortmann, Bernd (1997), *Adverbial Subordination. A Typology and History of Adverbial Subordinators Based on European Languages.* (EALT 18). Berlin/New York: de Gruyter 1997.

Lang, Ewald (1982), Die Konjunktionen im einsprachigen Wörterbuch. In: *Wortschatzforschung heute*. (Hrg. E. Agricola et al.). Leipzig: Enzyklopädie 1982, 72–106.

–, (1984), *The Semantics of Coordination*. (SLCS 9) Amsterdam/Philadelphia: John Benjamins 1984.

–, (1989), Probleme der Beschreibung von Konjunktionen im allgemeinen einsprachigen Wörterbuch. In: *Wörterbücher. Dictionaries. Dictionnaires. Ein Internationales Handbuch zur Lexikographie.* (HSK 5.1) Art. 80. Berlin/New York: de Gruyter 1989, 862–868.

–, (1991), Koordinierende Konjunktionen. In: Semantik. *Semantics. Ein internationales Handbuch der zeitgenössischen Forschung.* (HSK 6). Art. 26. Berlin/New York: de Gruyter 1991, 597–623.

–, (2000), Adversative Connectors on Distinct Levels of Discourse: a Re-examination of Eve Sweetser's Three-level Approach. In: *Cause – Condition – Concession – Contrast. Cognitive and Discourse Perspectives.* (Hrsg. E. Couper-Kuhlen/B. Kortmann). Berlin/New York: Mouton de Gruyter 2000, 235–256.

Lewy, Ernst (1911), *Zur finnisch-ugrischen Wort- und Satzverbindung*. Göttingen: Vandenhoeck & Ruprecht 1911.

Martin, Jim R. (1983), Conjunction: the Logic of Englisch Text. In: *Micro and Macro Connexity of Texts*. (Hrg. J. S. Petöfi; E. Sözer). Hamburg: Buske 1983, 1–72.

Pasch, Renate (1994), Benötigen Grammatiken und Wörterbücher des Deutschen eine Wortklasse „Konjunktionen"? Deutsche Sprache 22.2, 97–116.

Posner, Roland (1979), Bedeutung und Gebrauch der Satzverknüpfer in den natürlichen Sprachen. In: *Sprechakttheorie und Semantik*. (Hrg. G. Grewendorf). Frankfurt/Main: Suhrkamp 1979, 345–384.

Raible, Wolfgang (1992), *Junktion. Eine Dimension der Sprache und ihre Realisierungsformen zwischen Aggregation und Integration*. Heidelberg: Winter 1992.

Rudolph, Elisabeth (1996), *Contrast: adversative and concessive relations and their expressions in English, German, Spanish, Portuguese on sentence and text level*. (Research in text theory 23). Berlin/New York: de Gruyter 1996.

Schlieben-Lange, Brigitte (1991), Les conjonctions dans les langues romanes. In: *Analyse et synthèse dans les langues romanes et slaves*. (Hrg. H. Stammerjohann). Tübingen: Narr 1991, 27–40.

Sweetser, Eve E. (1990), *From Etymology to Pragmatics*. Cambridge/New York etc.: Cambridge University Press 1990

*Ewald Lang,
Berlin (Deutschland)*

81. Die Wortart 'Prä- und Postposition'

Prä- und Postpositionen. Nach ihrer Stellung (Position) zu dem jeweiligen Bezugswort (nominale Einheiten, deren Prowörter und seltener Adverbien) benannte unflektierbare Wortart, z. B.

(1) Sie kommt *aus* Berlin / *von* dort.
(2) Sie fährt *zu* ihren Eltern / *zu* ihnen. (PRÄposition)
(3) Sie saß ihm *gegenüber*. (Obligatorische POSTposition bei Pronomen)
(4) Calais liegt Dover *gegenüber*. / *Gegenüber* Dover liegt Calais. POST- oder PRÄposition.

Zu ergänzen ist die CIRCUMposition, z.B.

(5) *Um* der Kinder *willen* blieben die Eltern zusammen.
[Nicht: *Um der Kinder blieben ...]

Dazu wären auch Kombinationen zu rechnen wie *von ... an/ab, von ... auf, von ... her*. Für indoeuropäische Sprachen ist Voranstellung dominant, im Japanischen ist Nachstellung obligatorisch.

Funktion der Prä- und Postpositionen (P) ist es, auf der syntagmatischen Ebene Relationen zu ihren Bezugswörtern herzustellen. P sind also selbst nicht satzgliedfähig, aber satzglied- oder gliedteilkonstituierend, indem sie mit dem Bezugswort Präpositionalphrasen (PP) bilden. Solche PP sind als Adverbialien oder Objekte Satzglieder oder, von ihnen abgeleitet, meist P-gleiche Attribute. Diese Funktion lässt P als Wortart an der Grenze von Lexikon und Grammatik stehen. Vgl.

(6a) Das Haus steht *im* Garten. (Adverbial)
(6b) Das Haus *im* Garten ist klein. (Attribut)
(7a) Sie ärgert sich *über* den Verlust. (Objekt)
(7b) Der Ärger *über* den Verlust ist groß. (Attribut)

Eine Verbindung von P und Bezugswort führt in Sprachen mit einem ausgebildeten Deklinationssystem dazu, dass die nominalen Einheiten regiert werden (Rektion durch Präpositionen), also in einem, wenn auch nicht immer leicht erkennbaren obliquen Kasus stehen, z.B. in den slawischen Sprachen, im Deutschen, aber im Englischen nur noch bei Pronomen. Rektion erweist sich so als eine Oberflächenerscheinung. Eine agglutinierende Sprache wie das Japanische kennt keine solche Kasusmarkierung. Seine Postpositionen können sowohl zu den Kasus wie auch den Präpositionen indoeuropäischer Sprachen in Beziehung gesetzt werden. So kann ein japanischer Satz unter Umständen mehrere Übersetzungen im Bereich der PP haben:

(8) Daigaku   *ni*
    Die Universität P(Lokativ/Dativ)
    Seminarhouse *ga*
    Seminarhaus   P(Nominativ)
    arimasu
    sich befinden/sein
(8a) *An* der Universität gibt es ein Seminarhaus.
(8b) *Zur* Universität gehört ein Seminarhaus.

Will man ausdrücken, dass sich dieses Gebäude „im Gelände" der Universität befindet, müsste eine Konstruktion mit dem Relationspronomen *Naka* gewählt werden:

(8') Daigaku *no* Naka *ni*
P(Genitiv) „Inneres" P
(*Im* Inneren der Universität / *In* der Universität)
Auf dem Gelände der Universität ...

Dieses Beispiel zeigt zugleich, dass die Spannbreite von P in den Einzelsprachen sehr verschieden ist.

Im Zuge angestrebter Präzisierung hat sich die Zahl der P und ihnen vergleichbarer Einheiten erweitert, so dass man nur bedingt von einer geschlossenen Klasse der P sprechen kann. So kann z.B. lokales *in* im Deutschen durch *mitten* präzisiert werden: *mitten in / inmitten* (P), dem im Englischen *in the midst / middle of* oder aber *amidst* (P) entspricht. Besonders auffällig ist dies dort, wo es um die Wiedergabe von kausalen bzw. kausal-modalen Beziehungen geht: *an Hand* → *anhand, auf Grund* → *aufgrund, infolge*, die sämtlich den sonst in Adverbialien im Schwinden begriffenen Genitiv regieren oder mit der P *von* das Bezugswort anschließen. Das Englische zeigt hier mit solchen wie P gebrauchten PP wie in *the light of, on the basis of, as a result of* eine vergleichbare Struktur, die zugleich darauf hinweist, dass *of* wie deutsch *von* Genitivsubstitut geworden ist. Im Japanischen erfüllt die P *no* (s.o.) diese Aufgabe, so dass sie aus europäischer Sicht Genitivpräposition genannt wird.

Alternanz zwischen grammatischem Kasus und P ist aber auch bei Objekten möglich, z.B.

(9a) Sie schreibt einen Brief an ihre Eltern.
(9b) Sie schreibt ihren Eltern einen Brief.

Trotz unterschiedlicher Herausstellung zum einen des Adressaten, zum anderen des Briefes ist die Bedeutung beider Sätze gleich. Im Japanischen stände in beiden Fällen *ni* [vgl. (8)].

Solche und ähnliche Fälle wie auch die Lokalkasus finno-ugrischer Sprachen (z.B. finnischer Inessiv: *talossa* – im Haus, Adessiv: *kadulla* – auf der Straße, *ranalla* – am Strand) könnten dazu verführen, P als rein syntaktische Verbindungsglieder ohne eigene Bedeutung anzusehen. Dann wäre ihr Platz nicht in der Lexikologie, sondern in der Grammatik, doch werden sie meist in den auf die jeweilige Einzelsprache als Muttersprache bezogenen Grammatikographien recht stiefmütterlich behandelt.

Wäre eine solche Reihung von P mit gleichem Pronomen wie in Kurt Tucholskys Gedicht „Das Lächeln der Mona Lisa" überhaupt möglich, wenn P nur dem Bau der syntaktischen Struktur diente?

„Ja ... warum lacht die Mona Lisa? / Lacht sie über uns, wegen uns, trotz uns, mit uns, gegen uns / oder wie ?"

Gefragt wird hier nach Grund oder Art und Weise. Eingeordnet sind die PP sowohl als Objekte [*über uns, mit uns*(?), *gegen uns*(?)] und Adverbialien [*wegen uns* statt *unsertwegen, trotz uns*], die eben in Verbindung mit den unterschiedlichen P verschiedene Bedeutungen realisieren.

Sie erweisen sich damit aus grammatischer Sicht als Funktionswörter und lexikalisch betrachtet als Synsemantika. Doch auch hier gehen die Meinungen auseinander. Für die einen ist die lexikalische Bedeutung bei den Objekt-P verblasst, für die anderen bekommen sie in Adverbialien zusätzlich zu ihrer grammatischen Funktion eine lexikalische Bedeutung.

Ausgehend von der in Grundzügen, S. 372ff., vertretenen Meinung, dass PP als typische Realisation von Adverbialien, Nominalphrasen ohne P aber als die der Objekte zu gelten haben, sind P in Objekten von solchen in Adverbialien zu trennen:

1. In Adverbialien können die PP in Klassen, für die Adverbien (z.B. *dort, dorthin, heute, ab heute*) existent sind, durch diese substituiert werden, in Objekten nicht.

2. P in Adverbialien sind nicht durch ein Verb, ein Substantiv oder Adjektiv im Prädikat regiert (obligatorisch bestimmt). Bei präpositionalen Objekten bilden P mit o.g. Vollwörtern des Prädikats eine semantische Einheit. Vgl.

deutsch	englisch	polnisch
bestehen auf	*to insist on*	*składać się z*
bestehen aus	*to consist of*	*obstawać przy*
bestehen in	*to insist in*	*polegać na*

3. Für P in Adverbialien stehen je nach dem wiederzugebenden Sachverhalt alle P der jeweiligen Sprache zur Verfügung, aus denen nach dem jeweiligen Mitteilungsgehalt und den zur Verfügung stehenden sprachlichen Mitteln (P + Bezugswort als semantische Einheit) eine Auswahl getroffen wird, für Objekte dagegen nur die sehr frequenten, historisch alten Primär-P. So ist beispielsweise eine „Hebung" des japanischen *ni* über ein Relationsnomen nur dann möglich, wenn es sich um ein Satzglied handelt, das einem Adverbial einer indoeuropäischen Sprache entspricht, nicht aber bei Objektbeziehungen. Vgl.

Dativobjekt	/Lokaladverbial	Adverbial
ni	no Naka ni	in
	no Ue ni	auf
	no Mae ni	vor/(an)
	no Ushiro ni	hinter

Damit ist zwar die Frage nach der Bedeutung der P nicht geklärt, zumal bis heute die Suche nach einer Gesamtbedeutung oder einem Grundwert der einzelnen P anhält, für die V. Brøndal die Anregung gab, zu der aber H.-W. Eroms (1981, 147) treffend bemerkte: „Die Feldgliederung nach Brøndalschem Muster lässt sich nicht für eine lexikalische und erst recht nicht für eine syntagmatische Beschreibung der Semantik der Präpositionen anwenden." So sollte man von einem Doppelcharakter der P ausgehen, der in einer gewissen Entsemantisierung und zugleich Polysemierung liegt, wobei Ersteres in stärkerem Maße auf die P in Objekten, Letzteres eher auf die unterschiedlichen Gebrauchsweisen in Adverbialien zutrifft, ohne dass hier fließende Übergänge ausgeschlossen werden dürfen. So ist ein Zusammenhang zwischen den Verben *bestehen, es anlegen, bauen, reflektieren, sich verlassen, vertrauen* + *auf* sicherlich nicht nur willkürlich, aber ebensowenig lexikalisch eindeutig zu beschreiben wie *bestehen in* und gleicher P bei *sich bewähren* und *sich beweisen*, während *bestehen aus* Assoziationen zu *zusammensetzen, zusammenfügen*, aber auch *resultieren aus* und damit der „Herkunft der Teile" hervorruft. Zu beachten ist in dem Zusammenhang auch, dass einander bedeutungsähnliche Verben mit gleichem Adverbialzusatz gleiche P fordern können, z.B. *sich umdrehen, sich umgucken, sich umschauen, sich umsehen*, aber auch *sich umhören* die Direkt-P *nach*, zweifellos ein Reflex adverbialer Bedeutung in den präpositionalen Objekten.

Dennoch scheint auf absehbare Zeit das geeignete Mittel für die lexikalische Beschreibung nur in der Kombination von P mit den sie regierenden lexikalischen Einheiten zu liegen. Dass dabei auch Gruppen von Verben mit gleicher P unter einem Oberbegriff zusammengefasst werden können, ist nicht auszuschließen. Man denke zum Beispiel an Verben mit *über* zur Wiedergabe von Gefühlsregungen, die dann aber auch nur eine Teilmenge der Verben mit *über* enthielte und zur Überschneidung mit anderen Gruppen führte: *sich freuen über/auf – hoffen auf, warten auf* (Erwartung).

So blieben also für die lexikalische Beschreibung nur P in Adverbialien. Dafür scheint zu sprechen, dass historisch jüngere P oft nur in einem bestimmten Bedeutungsbereich der Adverbialien angewandt werden, so z.B. *seit* und *während* im temporalen, *wegen* im kausalen Bereich, ohne dass auch sie immer ganz eindeutig wären. So ist *wegen* im folgenden Satz nicht einfach kausal, sondern final, was die P *po* in der polnischen Übersetzung deutlich macht:

(10) Man müsste auf die Post der Rente wegen und wegen des Päckchens aus Heidelberg ...
Trzeba by pójsc na pocztę po rentę i paczkę z Heidelbergu ...

Auch ein deutscher Nebensatz anstelle der Phrasen mit Post- bzw. Präposition macht das wie so manche Nebensatztransformation von temporalen bzw. kausalen PP deutlich:

(10') ..., weil man Rente und ein Päckchen holen will.

Als Infinitivkonstruktion mit *um ... zu*:

(10") ..., um Rente und ein Päckchen zu holen.

Es ist nicht einfach damit getan, den P Bedeutungsetiketten aufzukleben, sondern es bedarf einer referenz-semantischen Analyse, für die Ansätze allerdings schon dann gegeben sind, wenn man Adverbialien selbst als heterogene Klasse auffasst, die weniger durch positive Kriterien konstruiert wird „als vielmehr durch eine Vielzahl verschiedener Bestimmungskriterien, die jedoch direkt zur Subklassifizierung der Adverbiale führen." (Grundzüge, S. 372)

Die Crux besteht dabei allerdings darin, dass die P daran zwar ihren Anteil haben, aber nicht eigentlich deren Bedeutung beschrieben wird, sondern die Bedeutung der Relation, also das, was an spezifischen Beziehungen zwischen mindestens zwei Trägern der Relation zu Tage tritt. Dennoch erlaubt eine solche primär semantische Subklassifizierung eine Aussonderung der P, die in den jeweiligen Adverbialklassen vorkommen und daraufhin auch den gegenüberstellenden Vergleich der in den Subklassen auftretenden P, um aus ihrem Gebrauch heraus ihre spezifische Leistung zu erfassen. Dabei zeigen sich deutliche Hierarchisierungen, aber auch additive Komponenten. Neben den aus den geläufigen Beschreibungen der Adverbialien bekannten Einordnungsmerkmalen erscheinen gesondert Instrument, Komparativ, Maßangabe u.ä. Hierbei wird deutlich, dass die modale Verwendung aufgesplittert werden muss, zum einen, weil es sich bei INSTRUMENT um eine semantische Kasusfunktion handelt, sein *mit* eben anders ist als das der Begleitung. Lexikalischer Reflex dessen ist, dass es kein Antonym *ohne* hat. Modalangaben andererseits verfügen an der Oberfläche nicht über eine oder mehrere spezifische P, obwohl ihnen Nomen zugeordnet werden können.

Als Ansatzpunkt der Beschreibung sei der lokale Kernbereich gewählt. In dessen Zentrum stehen im Deutschen *in, auf* und *an*. Man kann annehmen, dass *in* hier wiederum eine Sonderrolle spielt. Für die erste Annahme spricht die durchgehende Grammatikalisierung in finnisch-ugrischen Sprachen wie auch die P *ni* im Japanischen, womit wesentliche Anwendungsbereiche der o.g. deutschen P abgedeckt werden. Damit wird aber die zweite Annahme zur Grundbedeutung problematisch. Geht man nun davon aus, dass *in* Raumbezug hat, *auf* und *an* aber Flächenbezug, wird die Bedeutung klarer, zumal, wenn man berücksichtigt, dass solche Bezüge in einer Kommunikationsgemeinschaft in einer jahrhundertelangen Entwicklung geprägt sein können und auch Vorstellungen über solche Bezüge einschließen (*in der Stadt : auf dem Land : im Dorf/auf dem Dorf*). Der Unterschied zwischen *auf* und *an* liegt u. E. darin, dass *auf* sich auf horizontale Flächen bezieht und Kontakt dazu signalisiert ([−Kontakt] ist *über*), während *an* die vertikale Fläche (auch als gedachte Trennfläche zweier Entitäten: *an der Grenze, am Ufer, am Meer* realisiert oder aber eine horizontale Fläche als Deckfläche von unten (*an der Zimmerdecke, am Himmel*), was aber schon ein anderes *an* ist. In beiden Fällen scheint es entscheidend, ob *an* [+Kontakt] oder [−Kontakt] hat. Bei [−Kontakt] rückt es vom Zentrum ab und steht in Bezug zu *vor* (*in front of*) bzw. *hinter* (*at the back of*) und *neben* (*beside/by/at the side of*) – hier „sprechende" Übersetzungen –, die die Lage/Stellung zu den Seitenflächen eines Raumes präzisieren, aber eben nicht kontaktieren. So hat deutsches *an* [−Kontakt] nach J. Schröder (1987, 51) eben mindestens sechs polnische Entsprechungen. Die Abkopplung dieses geordneten Bezugs zum Zentrum erfolgt bei *bei*. Diese strikte Trennung Raum : Fläche durchzieht im Deutschen Lokales i.w.S.:

	Raum	Horizontale	Vertikale
Verbleib	in	auf	an
Direktion	in	auf (zu/nach)	an (zu)
Ausgang	aus	von	von
Passage	durch	über	von

Nach ist dabei eine obligatorische Variante des *in/auf* bei bestimmten geographischen Eigennamen bzw. abhängig von Artikelregularitäten, *zu* oft nur eine Annäherung [−Kontakt]:

(11) Man geht *auf* den Friedhof.
(12) Man fährt *zum* Friedhof.

Dazu kommt obligatorischer Kasuswechsel: Dativ-Verbleib: Akkusativ-Direktion, wenn nicht eine andere Paarigkeit vorliegt, z.B. *bei den Eltern sein / zu den Eltern gehen*. Ausgang ist anscheinend nur durch *aus* und *von* zu realisieren, doch gibt es Kombinationen von *hervor*-Verben und *unter* sowie *hinter*, denen im Polnischen die kombinierten P *spod* und *zza* (z: *aus+pod: unter,* z: *aus+za: hinter*) entsprechen. Für die Passage erfolgt keine weitere Explikation, zu erwähnen wäre noch *entlang*, das aber oft auch Verbzusatz ist.

Aus diesem Beschreibungsansatz dürfte deutlich werden, dass er mit Begriffen arbeitet, die nur für die Lokation gelten. Er ist also in seinen Merkmalen nicht auf andere Bereiche zu übertragen, wohl aber in der Art des Herangehens.

So sind für temporale P bestimmt solche Merkmale wichtig wie Vor-, Nach- und Gleichzeitigkeit, Sprech- und Betrachtzeit, außerdem die zeitliche Perspektivierung. Schließlich ist zu berücksichtigen, ob ein von einer P in Relation gesetztes Substantiv selbst Zeitbegriff ist oder nicht. So unterscheiden sich folgende Aufforderungen im Deutschen nicht in der P:

(13) Komm *in* einer Stunde! (*nach Ablauf*)
(14) Komm *in* dieser Stunde! (*im Verlauf*)

Der Unterschied beider *in* liegt in ihrem unterschiedlichen Bezug zur Simultanität und in Quantifizierung bzw. Qualifizierung der Zeiteinheit, während im Polnischen *za* und *o* distinkt sind.

Denkt man an den gesamten Bereich der über P hergestellten kausalen Beziehungen, so fallen einem sofort solche P wie *wegen, aufgrund, infolge* ein, doch schon (10) macht deutlich, dass hier vorschnelle Schlüsse unangebracht sind. Die Transformation in einem Nebensatz macht manches klarer. So ist eben gerade anders als in (10) für die oft finale P *für* keine Finalrelation anzusetzen:

(15) Für seine gute Arbeit erhält er eine Gehaltserhöhung.
(15') Weil er gut gearbeitet hat, ...

Dabei muss auch mit Überschneidungen zwischen einzelnen Bereichen gerechnet werden. *Infolge* ist i.e.S. kausal. Es benennt das, was die Ursache des folgenden Geschehens ist, *durch* steht an der Grenze zwischen eigentlich kausalen und medialen Beziehungen, indem es auf einen (ursächlichen) Prozess orientiert. Wird ein solcher Prozess positiv oder ironisch bewertet, kann *dank* eintreten.

Wenn die P *bei*, beeinflusst von ihrer temporalen Komponente, ihre Domäne auch in der Konditionalität hat, so ist doch ein Umschlag in die Konzessivität möglich:

(16) Bei all der Lauferei und all den Abgaben war der Gewinn gering.

Erwartete Folge der Lauferei: Gewinn + Nicht erwartet, aber eingetreten: G. – *bei all...* = *trotz all...* konzessiv Erwartete Folge der Abgaben: Gewinn. Erwartet und eingetreten: Gewinn – *bei all...* = *aufgrund/infolge all...* kausal-konditional.

Damit stehen wir eigentlich wieder am Anfang der Bemerkungen zu prä- bzw. postpositionaler Bedeutung und den Schwierigkeiten der Beschreibung. Dennoch ist anzunehmen, dass P als Wortart ein System bilden, dessen einzelne Glieder in ein von Sachwissen und Muttersprachwissen bestimmtes Raster eingeordnet sind, wobei aber die Knotenpunkte sowohl vom lexikalischen System als auch den syntaktischen Strukturen bestimmt sind.

Die Anordnung dieses Systems unterliegt dazu noch historischen und/oder stilistischen Einflüssen (*auf Schloss Nymphenburg, Dom zu Mainz*), regionalen Besonderheiten (*innert weniger Minuten* [schweizerisch], *die Boje achtern Strom* [niederdeutsch]), fachsprachlichen Ausprägungen (*auf Zimmer 402* [Klinik, Hotel]) und dem Einfluss fremder Sprachen (*per Post*, aber auch: *an Bord/ an Deck/ an Land gehen*). So ändert sich der Gebrauch der P auch weiterhin systemgerecht oder auch weniger erklärbar, z.B. *auf dem Markt* [+ Fläche], *im Supermarkt* [+ Raum], *am Arbeitsmarkt* [?].

Noch weiter kompliziert sich die Betrachtung, wenn man die P-Systeme verschiedener Sprachen miteinander vergleicht. So scheint es wohl aus indoeuropäischer Sicht ungewöhnlich, wenn nach N. Chino (1991, 43)

(17) I came to Japan *by* boat.
(18) Please write *with* a ball-point pen.
(19) This cake is made *of* eggs and sugar.
ebenso die P *de* verlangen wie
(20) Yesterday I had a dinner *at* a restaurant in Ginza.

Die Ursache ist darin zu sehen, dass *de* in *resturan de* lokales *ni* dann obligatorisch ersetzt, wenn es um den Zusammenhang zwischen einem von einem Agens (i.w.S.) bewirkten Geschehen an dem genannten Ort geht, so eben wie die Tätigkeit die Wahl des Instruments bzw. der Substanz bestimmt:

fune de	by boat	mit dem Schiff
borupen de	with a ball-point pen	mit dem Kugelschreiber
tomogo to sato de	of eggs and sugar	mit Eiern und Zucker

Diese Beispiele zeigen, dass eben auch die zur Analyse angesetzten Bereiche nicht so fest sein dürfen, aber einen Ansatz erlauben, der in der Forschung bei der Beschreibung möglichst verschieden strukturierter Sprachen zu besser fundierten Erkenntnissen über Universelles und Einzelsprachliches auch bei der Wortart P führen dürfte.

Bei den deutschen P sind folgende Besonderheiten zu berücksichtigen:
1. Die Kausal-P *wegen, halber* und *um...willen* verbinden sich fest mit Personalpronomen, z.B. *unsretwegen/unsertwegen, ihrethalben, um seinetwillen*.
2. Historisch alte P [Kerngruppe] wie *an, auf, bei,...* bilden mit *da-, wo-* bei konsonantischem Anlaut und *dar-, wor-* bei vokalischem Anlaut sowie *hier-* Pronominaladverbien wie *daran, woran, hierauf*.
3. Auch die Konjunktionaladverbien – eben nicht Konjunktionen – *deshalb, deswegen, trotzdem, demnach* – gehen auf festgewordenen Verbindungen mit P zurück.
4. Die unter 2. genannten Pronominaladverbien mit *wo[r]*- können interrogativ gebraucht werden ebenso wie die zu *deshalb* und *deswegen* in Beziehung stehenden *weshalb* und *weswegen*.
5. Die Postposition *gemäß* geht mit Substantiven [oft Deverbativa] feste Verbindungen ein und bildet so Adverbien, z.B. *erwartungsgemäß, anweisungsgemäß, wunschgemäß*.

Damit entfernen sich die P bzw. die PP allerdings von der Wortart P und sind so unter anderen Klassen einzuordnen.

Literatur in Auswahl

Bartsch, Renate (1972), *Adverbialsemantik*, Frankfurt a. M.: Athenäum-Verlag.

Brauße, Ursula (1994), *Lexikalische Funktionen der Semantika*, Tübingen: Gunter Narr Verlag.

Breindl, Eva (1989), *Präpositionalobjekte und Präpositionalsätze im Deutschen*, Tübingen: Max Niemeyer Verlag.

Chino, Naoko (1991), *All about particles*, Tokyo etc. Kodansha International.

Eroms, Hans-Werner (1981), *Valenz, Kasus und Präpositionen*, Heidelberg: Julius Groos Verlag.

Grundzüge einer deutsche Grammatik (1981) (Hrsg. Autorenkollektiv unter der Leitung von Karl Erich Heidolph, Walter Flämig und Wolfgang Motsch), Berlin: Akademie-Verlag.

Schröder, Jochen (1987), *Deutsche Präpositionen im Sprachvergleich*, Leipzig: Verlag Enzyklopädie.

–, (1990), *Lexikon deutscher Präpositionen*, Leipzig: Verlag Enzyklopädie.

Steinitz, Renate (1969), *Adverbial-Syntax*, Berlin: Akademie-Verlag.

Steube, Anita (1980), *Temporale Bedeutung im Deutschen*, Berlin: Akademie-Verlag.

Jochen Schröder, Fukuoka (Japan)

82. Die Wortart 'Partikel'

1. Abgrenzung der Wortart
2. Partikeln im weiteren Sinne
3. Partikeln im engeren Sinne
4. Probleme
5. Literatur in Auswahl

1. Abgrenzung der Wortart

Abgrenzung und Binnengliederung der Klasse „Partikeln" werfen eine große Zahl theoretischer und praktischer Probleme auf. In der Forschungsliteratur finden sich unterschiedliche Definitionen und Einteilungen; diese Uneinheitlichkeit zeigt sich bereits bei verschiedenen Beschreibungen ein und derselben Sprache. So ist die Gesamtheit der Partikeln im Deutschen gut untersucht; es finden sich jedoch kaum durchgehende Übereinstimmungen in den Definitionen der Gesamtklasse, der Subkategorien und bei den verwendeten Kriterien. Noch weniger Gemeinsamkeiten finden sich, wenn die Beschreibungen verschiedener Sprachen verglichen werden. Gelegentlich (Sasse 1993, 682) wird sogar angenommen, dass die Partikeln einer sprachübergreifenden Beschreibung generell nicht zugänglich seien.

Zur Wortarteneinteilung werden traditionell morphologische, syntaktische und semantische Kriterien verwendet. Als definierendes Merkmal für die Kategorie Partikel (von lat. *particula* 'Teilchen') steht oft das morphologische Kriterium der Unveränderlichkeit im Vordergrund (z.B. Bußmann 1990, s.v. 'Partikel'). In der Tat sind Wörter, die zu den Partikeln gezählt werden, normalerweise auch in flektierenden und agglutinierenden Sprachen unveränderlich. Als entscheidendes Einteilungskriterium ist diese Eigenschaft jedoch schon deshalb nicht geeignet, weil Sprachen ohne morphologische Veränderungen ihres Wortschatzes bei einer solchen Definition ausschließlich aus Partikeln bestehen würden. Folglich muss man, um zu einer sprachübergreifenden gültigen und sinnvollen Definition zu gelangen, syntaktische und semantische Kriterien benutzen. Semantisch sind Partikeln dadurch definiert, dass sie weder lexikalische (autosemantische) Bedeutungen haben, d.h. nichts aus der außersprachlichen Wirklichkeit ausgliedern, noch deiktische. Sie sind Synkategoremata (oder Synsemantika) und entfalten ihre Bedeutung nur zusammen mit anderen Elementen des Wortschatzes, die ihrerseits Autosemantika oder Deiktika sind. Auch Interjektionen gehören, da sie keine Synkategoremata sind, nicht zu den Partikeln. Syntaktisch sind Partikeln meist satzintegriert, haben aber normalerweise keine Satzgliedfunktion.

2. Partikeln im weiteren Sinne

Die Klasse der Synsemantika als ganze soll im Folgenden als die der „Partikeln im weiteren Sinne" bezeichnet werden. Damit ist zugleich die größtmögliche Menge von Partikeln definiert.

Diese große und heterogene Gruppe umfasst auch die Gruppe der Konjunktionen, Adpositionen sowie einige nicht deiktische Konjunktionaladverbien. Diese Untergruppe dient zur Verknüpfung von Wörtern oder Syntagmen und nimmt somit primär syntaktische Funktionen wahr; in der Mehrzahl der Sprachbeschreibungen wird sie daher nicht zu den Partikeln im engeren Sinne gerechnet. Syntaktische Funktionen nehmen auch Kopulae oder Existenzmarker wahr, die nicht zu den Verben gehören, wie z.B. türkisch *var/yok* 'es existiert/nicht'. Dasselbe gilt für die in vielen Sprachen verwendeten Fragepartikeln wie z. B. polnisch *czy*, türkisch *-mI-*, die den Satzmodus markieren; auf dem Wege, sich zu einer solchen Fragepartikel zu entwickeln, ist auch französisch *est-ce que*. Gesondert betrachtet werden müssen auch diejenigen selbständigen Morpheme, die dem Ausdruck grammatischer Kategorien wie Person, Tempus, Aspekt, Modus etc. beim Verb oder Kasus, Genus, Klassifikation, Definitheit/Indefinitheit etc. beim Substantiv dienen. Hierher gehören z.B. Infinitivpartikeln (z.B. dt. *zu*, englisch *to*) sowie auch der Artikel als grammatisches Element, das eine Kategorie des Nomens ausdrückt.

Ob Klitika an der Grenze zwischen den selbständigen und den unselbständigen Morphemen wie z.B. lat *-que*, serbisch *će*, mit sehr unterschiedlichen semantischen und sytaktischen Funktionen, in die Gruppe der Partikeln gehören, muss von Fall zu Fall entschieden werden.

3. Partikeln im engeren Sinne

Im Unterschied zu den bisherigen Klassen wären Partikeln im engeren Sinne als Synsemantika ohne grammatische oder syntaktische Funktionen zu definieren, die als selbständige Morpheme zumeist satzintegriert auftreten.

Damit ist die Gruppe immer noch sehr umfangreich und heterogen. Sie umfasst die im folgenden behandelten Partikeln.

3.1. Modalwörter

Unter dem Begriff „Modalwörter" (nach Admoni, vgl. ders. 1982, 207f.; gelegentlich auch: „Satzadverbien", frz. *adverbes de phrase*), wird eine formal sehr heterogene Gruppe von Wörtern wie *vielleicht, möglicherweise, bestimmt* zusammengefasst. Gemeinsam ist ihnen, dass sie die Modalität im Kantischen Sinne, also den Grad der Bestimmtheit kennzeichnen, mit dem gesagt werden kann, dass die Proposition zutrifft. Viele Modalwörter erscheinen auch in anderen Wortklassen (z.B. ist *bestimmt* auch Adjektiv). Distributionell stimmen sie mit Adverbien überein, sie sind jedoch im Gegensatz zu diesen nicht erfragbar und nicht negierbar. Sie können Antworten auf Ja-Nein-Fragen bilden: *Kommt Maja auch? – Vielleicht.*

3.2. Abtönungspartikeln

Abtönungspartikeln (Terminus nach Weydt 1969), oft auch „Modalpartikeln", sind bisher am umfassendsten für das Deutsche beschrieben worden; zu der Frage, ob und in welchem Umfang sie auch in anderen Sprachen erscheinen, werden unterschiedliche Positionen vertreten. Sie treten in germanischen Sprachen, aber auch in unverwandten Sprachen wie dem afrikanischen Kera (Ebert 1979), dem Toura (Bearth 1971), dem Guaraní Paraguays (Bossong 1983) und dem White-Mountain-Apache (Liebe-Harkort 1983) auf. Es handelt sich um eine Gruppe von unbetonten Elementen wie z.B. *denn* (*Was ist denn los?*) oder *ja* (*Da bist du ja endlich!*), und sie haben die Funktion, die Äußerung im *univers du discours* zu verankern, Bezüge zu Ko- und Kontext herzustellen und die Einstellung der Sprechenden zum Gesagten zu verdeutlichen. Frühere Annahmen, denen zufolge Abtönungspartikeln illokutive Funktionen hätten („Ilokutive Partikeln"), betreffen nicht ihre primäre Bedeutungsebene: ein und dieselbe Partikel kann in ganz unterschiedlichen Sprechakten auftreten (vgl. 4). Bei gleichbleibender Grundbedeutung entwickelt sich ihre pragmatische Funktion erst aus dem Zusammenspiel mit Proposition, Satzmodus, Kontext etc.

Abtönungspartikeln können nicht am Satzanfang (im Deutschen: nicht im Vorfeld) stehen. Alle Abtönungspartikeln des Deutschen haben Homonyme in anderen Wortklassen (z.B. *denn* als Konjunktion, *ja* als Antwortpartikel etc.) oder betonte Varianten, mit denen sie bis auf eine Ausnahme (die Partikel *halt* hat nichts mit dem Verb *halten* zu tun) etymologisch verwandt sind und meist auch noch synchronisch zusammenhängen. Die Abtönungspartikeln des Deutschen sind Ergebnisse von Grammatikalisierungsprozessen, die ihren Ausgang von durchweg deiktischen Elementen genommen haben (vgl. Hentschel 1986, Abraham 1991). Zu Beginn der 80er Jahre wurde vielfach versucht, einzelne Abtönungspartikeln semantisch in eine Vielzahl von bedeutungsverschiedenen Partikeln aufzuspalten (vgl. z.B. Franck 1980). Inzwischen hat sich weitgehend die Annahme einer einheitlichen, übergreifenden Bedeutung, die in den meisten Fällen auch ihren Homonymen zugrunde liegt, durchgesetzt (vgl. Weydt/ Hentschel 1983).

3.3. Situativpartikeln

Ganz ähnliche Funktionen wie die Abtönungspartikeln nehmen Situativpartikeln wie dt. *immerhin, leider, jedenfalls* oder *sowieso*, engl. *anyway*, frz. *malheureusement* etc. wahr, die auch als „Satzadverbien" oder als „abtönungs-ähnliche Partikeln" bezeichnet werden. Im Gegensatz zu den Abtönungspartikeln verhalten sie sich distributiv wie Adverbien; sie sind aber im Unterschied zu diesen weder erfragbar und noch negierbar. Auch diese Partikeln dienen dazu, die Äußerung im Kontext einzubetten und Einstellungen der Sprechenden zum Gesagten auszudrücken. Die Gruppe ist relativ heterogen und umfasst u.a. auch stilistische Synonyme wie *ohnehin – sowieso – eh* (Weydt 1983). Einige Situativpartikeln können als Einwortäußerungen verwendet werden (z. B. *leider* oder *allerdings*, wobei sich im zweiten Fall die Bedeutung verändert). Partikeln dieses Typs scheinen im Gegensatz zu den Abtönungspartikeln in fast allen Sprachen aufzutreten.

Eine Untergruppe der Situativpartikeln bilden „Fragepartikeln mit modaler Bedeutung". Obgleich sie einerseits als grammatische Morpheme, die den Satzmodus markieren, nicht zu den Partikeln im engeren Sinne gehören, müssen sie andererseits als Träger modaler Markierungen gesondert behandelt werden. Hierher gehört z.B. russisch *razve*, serbisch *zar* 'etwa'.

3.4. Intensivpartikeln

Intensivpartikeln oder Intensifikatoren, engl. *intensifiers* (Quirk/Greenbaum 1984, 214ff.), frz. *particules de degré*, zuweilen auch „Gradpartikeln" genannt (ein Terminus, der in der deutschsprachigen Linguistik sehr unterschiedlich gebraucht wird), sind Partikeln, die die „Intensität" ihres Bezugswortes ausdrücken (vgl. auch Hentschel/Weydt 1994, 289f.). Sie geben an, in welchem Grad die entsprechende Eigenschaft (der Vorgang, Zustand etc.) gegeben ist. In *Patrick ist sehr/etwas müde* wird durch die Intensivpartikel der Grad der Müdigkeit angegeben.

Die Klasse der Intensivpartikeln unterliegt einer besonderen Grammatikalisierungsdynamik. Um die Intensivierung besonders wirkungsvoll zu gestalten, entwickeln sich ständig neue Partikeln, meist zunächst umgangssprachlich (vgl. z. B. deutsch *wahnsinnig, irre, echt*); diese verlieren bei häufigem Gebrauch nach und nach ihre besondere Ausdruckskraft und werden dann durch neue ersetzt. Aber auch etablierte Intensivpartikeln sind häufig noch durchsichtig: vgl. *zutiefst, äußerst, ganz, etwas*. In anderen Fällen zeigt die Etymologie die Grammatikalisierung auf: lat. *valde* < *valide* 'geltend', frz. *très* < *trans* 'durch' (vgl. dt. *durch und durch*), port. *muito* < lat. *multum* 'viel', dt. *sehr* < *sêre* 'schmerzlich' engl. *very* < lat. *verum*, (vgl. frz. *vrai*).

3.5. Fokuspartikeln

Unter Fokuspartikeln, engl. *focusing adjuncts, focusing adverbs* (Quirk/Greenbaum 1984, 211ff.) oder *focus particles* (König 1993), versteht man eine Gruppe von Partikeln wie engl. *only, even*, dt. *nur, gerade, sogar*, die mit ihrem Skopus zusammen den Fokus eines Satzes bilden. In *Nur Claudia hat der Film gefallen* ist der Skopus von *nur Claudia*; beide zusammen bilden den Fokus des Satzes. Fokuspartikeln lassen sich semantisch nach den Relationen einteilen, die sie implizit oder explizit zu alternativen Propositionen herstellen. Im obigen Beispielsatz wird ausgeschlossen, dass der Film noch jemand anderem gefallen hat. Es handelt sich um eine „exklusive" (König 1993, 979) oder „restriktive" Fokuspartikel. Dagegen impliziert der Satz *Sogar Claudia hat der Film gefallen*, dass der Film auch anderen gefallen hat; *sogar* ist eine „inklusive" Partikel. Weiterhin unterscheidet man Fokuspartikeln danach, ob sie sich auf Werte beziehen, die sich auf einer Skala anordnen lassen. „Skalierend" (engl.: *scalar particles*) sind z.B. *sogar, wenigstens, schon*. *Sogar* impliziert einen Extremwert auf einer Wahrscheinlichkeits- oder Erwartungsskala: es war relativ unwahrscheinlich, dass Claudia der Film gefallen würde. Dagegen sind engl. *also, too*, dt. *auch* „nicht-skalare" (oder quantifizierende) Fokuspartikeln. Die beschriebenen Eigenschaften teilen die Fokuspartikeln mit einer großen Anzahl von Wortgruppen (dt. *geschweige denn, nicht einmal*; engl. *let alone*, frz. *ne ... que*) und einigen Wörtern anderer Wortklassen wie Adverbein und Adjektiven, die wie Fokuspartikeln funktionieren können (z.B. *allein, einzig, ausgerechnet*).

3.6. Antwortpartikeln

Unterschiedliche Zeichen können als Antworten auf Fragen verwendet werden: Interjektionen (z. B. *mh-mh*, Schnalzlaute) nonverbale mimische und gestische Zeichen (z. B. Kopfschütteln, Handzeichen), aber auch spezielle Antwortpartikeln (z. B. deutsch *nein*, türkisch *hayır*, Navajo *dooda* 'nein' etc.). Diese Antwortpartikeln können meist nur als Antwort gebraucht werden, sind also anaphorisch, und haben sich historisch z. B. aus Äußerungen wie 'so ist es!' (vgl. ital. *si* < lat. *sic*, frz. *oui* < *hoc ille*, poln. *tak* etc.) oder aus Deiktika ('das!', im Sinne von: 'genau das ist richtig'; vgl. auch dt. *doch*, das ebenfalls aus einer deiktischen Wurzel stammt) entwickelt. In manchen Sprachen wird für die negative Antwort und für die satzinterne Negation dieselbe Partikel verwendet (z. B. serbisch *ne*, ungarisch *nem*). Wenn eine Sprache Antwortpartikeln aufweist (was keineswegs immer der Fall ist, vgl. z. B. das Lateinische oder das Chinesische) ist es naturgemäß immer möglich, sie als Antwort auf Entscheidungsfragen zu verwenden. Ob sie darüber hinaus auch als Antwort auf Imperativsätze oder als Reaktion auf Assertionssätze benutzt werden können, wie dies etwa im Deutschen möglich ist, ist einzelsprachabhängig. Auch die Anzahl der Antwortpartikel hängt von der Einzelsprache ab. Neben der positiven und der negativen Antwortpartikeln kann auch eine zusätzliche Partikel zur positiven Antwort auf negierte Fragen wie z. B. dt. *doch*, frz. *si* vorhanden sein. Gibt es ein solches 'doch' nicht, so wird je nach Sprache die positive (vgl. z. B. engl. *Aren't you hungry? – Yes, I am*) oder die negative (vgl. z. B. serbisch *Nećeš li doći?* 'Kommst du nicht? *Ne, doćiću* 'Nein, ich komme') Antwortpartikel zum Ausdruck einer positiven Antwort verwendet.

3.7. Negationspartikeln

3.7.1. Propositionale Negation

Negation kann durch verschiedene sprachliche Elemente ausgedrückt werden, so z. B. durch negierte Pronomina und Proadverbien (vgl. deutsch *kein, nichts, nie*), gebundene Negationsmorpheme (vgl. türkisch *-me-*) und durch Negationspartikeln. Unter den zur Negation eingesetzten Partikeln muss zwischen nichtverbalen negierten Kopulae und Existenzmarkern (vgl. türkisch *değil, yok*), die an der Grenze zwischen den Partikeln im engeren und im weiteren Sinne stehen, und Negationspartikeln wie dt. *nicht* oder fr. *ne...pas* unterschieden werden, die außer der Negation keine weiteren Funktionen erfüllen.

3.7.2. Nicht-propositionale Negation

Das *nicht*, das in negierten Sätzen wie *Ist das nicht komisch?* (positive Antworterwartung) und *Was du nicht alles erlebt hast!*) (negierter Ausdruck positiven Erstaunens) auftritt, ist immer unbetont und fusioniert im Unterschied zum „normalen" Negator nicht mit indefiniten Elementen im Satz; vgl. *Ich habe keinen Job. *Ich habe nicht einen Job. Hast du keinen Job?* vs. *Hast du nicht einen Job?* (= nur als Vergewisserungsfrage). Es wird in der deutschen Forschung meist als Modal- oder Abtönungspartikel aufgefasst (vgl. z. B. Helbig 1988, Thurmair 1989, Brauße 1991 und 1994). In Wirklichkeit handelt es sich jedoch um eine interessante, nahezu universell auftretende Verwendung der ganz normalen Negation (vgl. Hentschel 1997, Kap. 6). Die paradox anmutende positive Wirkung der Negationspartikel kann logisch dadurch erklärt werden, dass sich die Negation nicht auf die Proposition des Satzes, sondern statt dessen auf den Satzmodus bezieht. Der Satzmodus 'Interrogation' des Typs „Ja-Nein-Frage" schränkt die Gültigkeit der Proposition stark ein; indem die Negation diese Einschränkung wieder aufhebt, bewirkt sie eine insgesamt positive Tendenz der Äußerung (ebd.). Negierte erstaunte Äußerungen wie *Was es nicht alles gibt! Was du nicht alles erlebt hast!* etc. kommen ebenfalls in vielen Sprachen vor. Auch bei diesem Satztyp bezieht sich die Negation in den angeführten Fällen offensichtlich nicht auf die Proposition – man staunt nicht darüber, was es nicht gibt, sondern darüber, was es gibt. Statt dessen bezieht sich die Negation auf den Satzmodus 'W-Frage' und negiert damit, dass die als offen gesetzte Variable wirklich offen ist, denn die sprechende Person weiß natürlich, was es alles gibt, und will nicht danach fragen. Darüber hinaus ist die Verwendung des Satzmodus W-Frage ein vermutlich universales Mittel, Staunen auszudrücken, und die Äußerung kann auch ohne zusätzliche Markierung durch den Negator leicht als Ausdruck der Überraschung identifiziert werden (vgl. hierzu ausführlicher Hentschel 1997, Kap. 6).

3.8. Topikalisierungspartikeln

Einige Sprachen verfügen über Partikeln, die die Topik einer Äußerung markieren, wie z. B. japanisch *wa* und *mo* (daher „Topikalisierungspartikeln" oder „Topikalisierer") (vgl. Martin 1987). Sie führen eine Thema-Rhema-

Gliederung durch. Topikalisierungspartikeln dürfen nicht mit kasusmarkierenden Elementen verwechselt werden; sie können in der Mehrheit der Fälle zusätzlich zu Kasusmarkern verwendet werden und haben von der Kasuszuweisung unabhängige Funktionen.

3.9. Weitere Partikelgruppen

Über die bisher genannten hinaus müssen in den Sprachen der Welt mit Sicherheit noch weitere Typen von Partikeln angenommen werden, wobei die Abgrenzung zu anderen Wortklassen sich im einzelnen schwierig gestalten kann. Dabei sind insbesondere zwei potentielle Klassen zu diskutieren, die sich deutlich von den anderen Partikeln abheben und sich funktionell nicht in deren Gruppen unterbringen lassen: Phatische Partikeln und Sequenzpartikeln.

Als „phatische Partikeln" können Wörter bezeichnet werden, die dazu dienen, den Kontakt zwischen den Sprechenden zu etablieren, aufrechtzuerhalten oder zu beenden. Hierzu gehören: Grüße wie *tschüss, ade, hallo*, frz. *salut*, engl. *bye-bye*; tags oder tag-questions (Refrain-Fragen), mit denen das Einverständnis des Gegenübers eingeholt wird, vgl. z. B. dt. (dialektal) *gell(e)*, sogenannte back-channel-Signale, die anzeigen, dass die Kommunikation aufrecht gehalten wird, und schließlich eine Reihe von Wörtern mit verschiedenen Funktionen wie z. B. *bitte, danke*, frz. *chiche* (Herausforderung zu einer Wette), türkisch *haydi* (etwa: 'auf', 'komm') etc.; vokativische Elemente wie dt. *na, he*, türkisch/serbisch *bre*, *o* in der Anrede (vgl. lat. *o domine*).

Die meisten dieser Funktionen können auch von anderen Wortarten oder Syntagmen übernommen werden, tag-questions z. B. werden oft durch routinisierte Fragesätze oder deren Ellipsen wie dt. *nicht wahr?*, span. *¿(no es) verdad?* statt durch Spezialelemente wie *gell* realisiert. Auch *danke, bitte* können als Ellipsen (*ich danke dir*) aufgefasst werden. Ähnlich verhält es sich bei phatisch gebrauchten ursprünglichen Substantiven wie span. *hombre* ('Mann'), port. *(sim) Senhor*, serbisch *brate* 'Bruder' oder dt. *Mann* (vgl. auch *Manno* und *Mannomann*), die häufig auch dann eingesetzt werden, wenn sie nicht an Männer gerichtet sind. Hier liegen wie auch in anderen Bereichen der Partikeln i.w.S. (vgl. z. B. Präpositionen wie dt. *dank, kraft, während* etc.) Kontinua mit fließenden Übergängen vor.

Ein zusätzliches Problem stellt die Abgrenzung der phatischen Partikeln gegenüber den Interjektionen dar, da phatische Partikeln häufig von Interjektionen ersetzt werden und auch in die Klasse der Interjektionen übergehen.

Als „Sequenzpartikeln" könnte eine Klasse bezeichnet werden, die dazu dient, Bezüge auf Textebene herzustellen. Sie berührt sich mit den sogenannten „Gliederungssignalen" (Gülich 1970). Es handelt sich dabei um Wörter wie dt. *also*, engl. *well*, frz. *alors*, serbisch *dakle*, durch die eine Textsequenz im situativen oder verbalen Kontext verankert wird. Oft werden solche Funktionen durch ursprüngliche Adverbien mit der Bedeutung 'gut' (engl. *well*, frz. *bien* etc.) oder 'folglich' (dt. *also*, serbisch *dakle* etc.) erfüllt. Sie beziehen sich jedoch häufig semantisch/syntaktisch nicht auf den unmittelbaren Kontext, so dass hier Ansätze zur Herausbildung einer eigenen Gruppe erkennbar sind.

4. Probleme

Die größten linguistischen Probleme sind semantischer Art und ergeben sich aus der Schwierigkeit, der semantischen Variabilität der Partikeln in einer angemessenen Beschreibung Rechnung zu tragen. Auch wenn einer Partikel je nach Kontext unterschiedliche Bedeutungen zugeordnet werden können, wäre es nicht sinnvoll, anzunehmen, dass es sich um ganz verschiedene, zufällig gleichlautende Wörter handelt, falls die betreffenden Einheiten trotz ihrer Verschiedenheit semantisch miteinander zusammen hängen. Angemessene Beschreibungen müssen also einerseits die Ähnlichkeiten, die einzelne Partikeln miteinander verbinden, berücksichtigen – was dazu zwingt, relativ inhaltsarme, abstrakte Bedeutungen herauszuarbeiten – und andererseits die Spezifika der Einzelbedeutungen erfassen, was wiederum genaue Inhaltsbeschreibungen verlangt. Um dieser widersprüchlich erscheinenden Aufgabe gerecht zu werden, müssen vorab einige Klärungen vorgenommen werden.

Zu unterscheiden ist zunächst zwischen „Grundbedeutungen" (übergreifenden Bedeutungen), die den Partikeln konstant zukommen, und erzielten Wirkungen. Einerseits sind genaue Analysen nötig, die man „bedeutungsminimalistisch" (vgl. z. B. Posner 1979) nennen kann, um die Wirkungen auf eine allen Varianten gemeinsame Basisbedeutung zurückzuführen. Andererseits treten in einigen Fällen auch verschiedene, aber durchaus verwandte Grundbedeutungen auf. Hier lässt sich eine allmähliche semantische Ausdifferenzierung etymologisch verwandter Elemente feststellen. Selbst wenn es für die lexikographische Erfassung nötig ist, an einer bestimmten Stelle einen Schnitt durch die graduellen semantischen Differenzen vorzunehmen und damit verschiedene Einheiten festzulegen, kann es durchaus noch gemeinsame semantische Kerne geben.

Dieser Problemkomplex soll anhand von dt. *denn* exemplifiziert werden. *Denn* erscheint in folgenden semantisch/syntaktischen Varianten:

a) Als kausale, koordinierende Konjunktion: Bsp.: *Ich muss mich beeilen, denn ich will den Zug um 14 Uhr erwischen.*
b) Als Situativpartikel in Fragen (betont): *Wie heißt Du DENN?* (Bitte um Korrektur einer falschen Annahme.)
c) Als Abtönungspartikel in eingeschobenen Konditionalsätzen: *Diese Bemerkung, wenn sie denn ernst gemeint ist/ist sie denn ernst gemeint, verdient Beachtung.*
d) Als Abtönungspartikel in Bestimmungsfragen. In: *Wie heißt Du denn?* drückt *denn* meistens Freundlichkeit aus; in anderen, bestimmbaren Fällen kann *denn* aber auch Ärger ausdrücken: *Was hast du denn jetzt schon wieder angestellt?*
e) Als Abtönungspartikel in Entscheidungsfragen: (*Können Sie denn Japanisch?*) Hier drückt *denn* eine erstaunte Haltung der sprechenden Person aus.

Die Fälle d) und e) lassen sich systematisch durch eine konstante Bedeutung der Partikel *denn* erklären. Entsprechend ihrer Herkunft aus dem temporalen Deiktikon *dann* verweist die Partikel auf den situativen Kontext und gibt an, dass der Grund für die Frage in der Situation liegt. Alle anderen semantischen Komponenten, die man der Entscheidungs- bzw. Bestimmungsfrage mit *denn* zuweisen kann (Freundlichkeit bzw. Erstaunen), sind Wirkungen und der Partikelbedeutung selbst fremd. Sie ergeben sich als Kombinationen der Grundbedeutung von *denn* mit weiteren Elementen (vgl. hierzu ausführlicher Weydt/Hentschel 1983).

Auch zwischen den Bedeutungen von *denn* in Bestimmungs- (d) und Entscheidungsfragen (e) einerseits und in Konditionalsätzen (c) andererseits lässt sich weitgehend Identität feststellen. Ohnehin besteht eine Verbindung zwischen Konditionalsatz und Entscheidungsfrage (der Konditionalsatz *ist sie denn ernst gemeint* lässt sich von der Entscheidungsfrage *Ist sie denn ernst gemeint?*, ableiten, vgl. hierzu auch Hentschel 1997, Kap. 5); im Konditionalsatz (c) verweist *denn* auf ein zurückliegendes Motiv für den angedeuteten Zweifel, so wie es in den beiden Fragesatztypen auf die Motivation der Frage verweist.

b) unterscheidet sich zwar deutlich und unverwechselbar von dem Abtönungspartikel, es besteht jedoch zu dieser ein enger inhaltlicher Bezug. Betontes *denn* verweist wie das unbetonte auf ein vorhergehendes Element des Wortwechsels. Zu diesem gemeinsamen Merkmal tritt nun noch hinzu, dass die im vorhergehenden Element enthaltene Aussage als unrichtig erkannt wurde. *Ich heiße nicht Schmidt. – Wie heißen Sie DENN?*

Auch die Konjunktion (a) *denn* bezieht sich immer – und das ist das Gemeinsame aller *denn* – auf einen vorhergehenden Redeteil. Dies ist auch der Grund dafür, dass der mit *denn* eingeleitete Satz im Unterschied zu anderen kausalen Konjunktionen wie *da* und *weil* nicht vor dem zu begründenden Sachverhalt stehen kann (vgl. *Weil/Da ich Hunger habe, esse ich* vs. **Denn ich habe Hunger, esse ich*). Zur vollständigen Beschreibung der Konjunktion gehört darüber hinaus, dass sie neben diesem Bezug weitere Merkmale wie 'Kausalität' aufweist sowie Verwendungsrestriktionen unterliegt wie der Beschränkung auf den Hauptsatz und der Regel, dass sich die mit *denn* begründete Proposition ebenfalls in einem Hauptsatz befinden muss. So ist der Satz *Ich weiß, dass er da ist, weil das Licht brennt* insofern ambig, als der Kausalsatz sowohl den Haupt- als auch den Nebensatz begründen kann; der Satz *Ich weiß, dass er da ist, denn das Licht brennt* ist dagegen eindeutig: Der Kausalsatz begründet den Hauptsatz.

Das Beispiel *denn* zeigt, dass eine adäquate Beschreibung einerseits den semantischen Kern aller beteiligten Varianten erfassen und damit deren Zusammenhang erklären und andererseits die semantischen und syntaktischen Spezifika der Einzelvarianten aufzeigen und darstellen muss, da die einzelnen Vorkommen mit der Angabe der Grundbedeutung unterbestimmt sind.

Überlegungen zu Verschiedenheit und Identität von Partikeleinheiten, zur Notwendigkeit der Einteilung und zur Schwierigkeit, strikte Trennungen vorzunehmen, finden ihre Begründungen nicht nur in Nützlichkeitserwägungen im Hinblick auf möglichst einfache Wörterbuchdarstellungen. Es geht auch nicht um die Problematisierung von Wortartenklassifikationen, denn diese werden davon, dass nahezu gleiche Bedeutungen über Wortartgrenzen hinaus bestehen, kaum berührt (so wie auch *bluten, Blut* und *blutig* trotz der gemeinsamen lexikalischen Bedeutung kategoriell verschiedenen Wortarten angehören). Auch das Sichtbarmachen etymologisch begründeter und bis in die Synchronie hinein nachwirkender Gemeinsamkeiten ist nur ein Nebenprodukt dieser Art von Analyse. Ihr liegen vielmehr Annahmen über die mentale Realität sprachlicher Strukturen zugrunde, die besagen, dass, da Sprachen zumindest bis zu einem gewissen Grad nach ökonomischen Prinzipien organisiert sind, eine durchgehende Aufspaltung der einzelnen Lexikoneinträge in unterschiedliche Homonyme wenig wahrscheinlich ist. Für das Verständnis von Sprachproduktion und Hörverständnis ist die Idee naheliegender, dass eine Basisbedeutung von Einheiten wie dt. *denn* oder *doch* vorliegt, die das Verständnis des Gesagten und das Funktionieren der verbalen Kommunikation überhaupt erst garantiert, als dass aus einer gedächtnisbelastenden Vielzahl von völlig disparaten Einheiten die passende ausgewählt bzw. identifiziert werden müsste.

Damit zusammenhängende Problembereiche stellen Bedeutungswandel und Grammatikalisierung dar. Historisch entstehen Partikeln: a) aus selbständigen lexikalischen Lexemen, z.B. die frz. Negationspartikel *pas* (aus *passum 'Schritt'), engl. *while*/dt. *weil* (aus einer germanischen Wurzel 'Weile'), lat. *vel* 'oder' aus der 2. Person Singular von indogermanisch „wollen"; b) aus anderen Partikeln im weiteren Sinn (wie span. *si* 'ja' < lat. *sic* 'so', dt. *eh* < *eher*, die Abtönungspartikel *vielleicht* aus dem Modalwort *vielleicht*); c) aus mehrteiligen Syntagmen. In vielen Fällen ist noch aus der synchronischen Form einer Partikel ersichtlich, dass sie sich aus einer Wortverbindung herleitet, die im Diskurs eingesetzt wurde, um eine komplexe Argumentationsstruktur auszudrücken, mit der Einzelpropositionen im Kontext verankert wurden. Aus sehr zahlreichen Beispielen sei verwiesen auf. frz.: *quand même, pourtant, néanmoins, peut-être*; engl. *anyway, however*; span. *sin embargo, todavía*; dt. *sowieso, ohnehin, vielleicht, obgleich, womöglich*.

In all diesen Fällen werden Etyma grammatikalisiert. Relativ autonome Elemente verlieren an Autonomie, gleichzeitig werden ihre konkreten Bedeutungen abstrakter (Lehmann 1994). So wie aus dem lat. Verb *habere* (*portare habeo) die französische Futur-Endung *-ai* (*porterai*) entstand oder aus dem Verb *venir* ein Element, das zur periphrastischen Tempusbildung verwendet werden kann (*elle vient de mourir*), entwickeln sich Wortgruppen oder Autosemantika zu Partikeln.

Der künftigen Forschung stellt sich in historischer Sicht die Aufgabe, systematisch Prinzipien der Partikelentstehung und -veränderung zu erforschen. Diese Aufgabe setzt zunächst umfangreiche Einzeluntersuchungen zu den Etymologien von Partikeln in verschiedenen Sprachen voraus, wie sie vereinzelt bereits vorliegen (vgl. z.B. Hentschel 1986, Abraham 1991). Dabei sollte es nicht um Einzelrekonstruktionen gehen; hilfreich wären vielmehr Forschungen, die sich an der Erarbeitung allgemeiner Prinzipien des Sprachwandels orientieren und ihr Material aus verschiedenen Sprachen beziehen. Sie sollten ferner Bezüge zu anderen Bereichen der Sprachgeschichte herstellen und die dort erarbeiteten Ergebnisse zu integrieren versuchen.

Partikeln, die als Wörter ohne lexikalische Bedeutung und ohne referentielle Funktion besonders flexibel gehandhabt werden können, stellen für weiterführende Forschungen zu allgemeinsemantischen Problemen wie dem Sprachwandel, den semantischen Gemeinsamkeiten von gleichlautenden „Varianten", aber auch zu Gemeinsamkeiten und Unterschieden von Grammatikkategorien in verschiedenen Sprachen ein herausforderndes und noch weitgehend unerschlossenes Feld dar.

5. Literatur in Auswahl

Abraham, Werner (1991), The grammaticalization of the German modal particles. In: *Approaches to grammaticalization II.* (eds. E.C. Traugott; G. Heine). Amsterdam: Benhamins, 331–380.

Admoni, Wladimir (1982), *Der deutsche Sprachbau.* (4. überarbeite und erweiterte Auflage). München: Beck.

Bearth, Thomas (1971), *L'énoncé toura (Côte d'Ivoire).* Norman, Oklahoma: Summer Institute of Linguistics.

Bossong, Georg (1983), Über einige Besonderheiten der Tupi-Guarané-Sprachen. *Kipu. Revista Bilingüe de Cultura sobre América Latina* 11, 39–44.

Brauße, Ursula (1991), Nichtpropositionales *nicht* oder Modalpartikel? *Zeitschrift für Phonetik, Sprachwissenschaft und Kommunikationsforschung* 44 (4), 439–453.

–, (1994), *Lexikalische Funktionen der Synsemantika.* Tübingen: Narr.

Coseriu, Eugenio (1987), Über die Wortkategorien ('partes orationis'). In: *Formen und Funktionen: Studien zur Grammatik.* Tübingen: Narr, 24–44.

Ebert, Karen H. (1979), *Sprache und Tradition der Kera*. Teil III *Grammatik*. Berlin: Reimer.

Franck, Dorothea (1980), *Grammatik und Konversation. Stilistische Pragmatik des Dialogs und die Bedeutung der deutschen Modalpartikeln*. Königstein/Ts: Scriptor.

Gülich, Elisabeth (1970), *Makrosyntax der Gliederungssignale im gesprochenen Französisch*. München: Fink.

Helbig, Gerhard (1988), *Lexikon deutscher Partikeln*. Leipzig: VEB Verlag Enzyklopädie.

Hentschel, Elke (1986), *Funktion und Geschichte deutscher Partikeln. Ja, doch, halt und eben*. Tübingen: Niemeyer.

Hentschel, Elke (1991), Apect versus particle: Contrasting German and Serbo-Croatian. *Multilingua* 101 (2), 139–149.

–, (1997), *Negation und Interrogation. Studien zur Universalität ihrer Funktionen*. Tübingen: Niemeyer (im Druck).

Hentschel, Elke; Weydt, Harald (1983), Der pragmatische Mechanismus: *denn* und *eigentlich*. In: *Partikeln und Interaktion* 1983, 263–273.

–, (1989), Wortartenprobleme bei Partikeln. In: *Sprechen mit Partikeln*. (Hrsg. H. Weydt). Berlin/New York: de Gruyter, 3–18.

–, (1994), *Handbuch der deutschen Grammatik*. (2. Auflage). Berlin/New York: de Gruyter.

Hentschel, Elke/Weydt, Harald (1995), Die Wortarten des Deutschen. In: *Grammatik und deutsche Grammatiken*. (Hrsg. V. Agel; R. Brdar-Szabó). Tübingen: Niemeyer, 39–60.

König, Ekkehard (1993), Focus particles. In: *Syntax. Ein internationales Handbuch zeitgenössischer Forschung*. (Hrsg. J. Jacobs et al.). Berlin etc.: de Gruyter, 978–987.

Lehmann, Christian (1994), *Thoughts in Grammaticalization*. LINCOM Studies in Theoretical Linguistics 1. München: Lincom Europa.

Liebe-Harkort, Marie-Louise (1983), Zu den Partikeln in den Apachen-Sprachen. In: *Partikeln und Interaktion* 1983, 106–117.

Martin, Samuel E. (1987), *A reference grammar of Japanese*. Rutland/Vermont etc.: Charles E. Tuttle.

Métrich, René/Faucher, Eugène (1992–1998): *Les invariables difficiles: dictionnaire allemand-français des particules, connecteurs, interjections et autres „mots de la communication"*. Nancy: Univ. de Nancy II (= *Bibliothèque des nouveaux cahiers d'Allemand 2; Collection outils*). Band 2: *Bald – geradezu* – 1. éd. 1995; 4. éd., rev. et corr. 1999. Band 1: *Aber – außerdem* – 1. éd. 1992; 5. ed., revue et corr. 1998. Band 3: *Gern – nur so* – 1. éd. 1998.

Posner, Roland (1979): Bedeutungsmaximalismus und Bedeutungsminimalismus in der Beschreibung von Satzverknüpfern. In: *Partikeln und Interaktion* 1983, 378–394.

Quirk, Randolph; Greenbaum, Sydney (1984), *A universitiy grammar of English*. (13th edition). Harlow: Langman.

Rudolph, Elisabeth (1996), *Contrast. Adversative and Concessive Expressions in English, German, Spanish, Portuguese on Sentence and Text Level*. Berlin etc: de Gruyter.

Sasse, Hans-Jürgen (1993): Syntactic categories and subcategories. In: *Syntax. Ein internationales Handbuch zeitgenössischer Forschung*. (Hrsg. J. Jacobs et.al.). Berlin etc.: de Gruyter, 646–686.

Thurmair, Maria (1989), *Modalpartikeln und ihre Kombinationen*. Tübingen: Niemeyer.

Weydt, Harald (1969), *Abtönungspartikel. Die deutschen Modalwörter und ihre französischen Entsprechungen*. Homburg: Gehlen.

–, (1983), Semantische Konvergenz. Zur Geschichte von *sowieso, eh, ohnehin*. Ein Beitrag zum Bedeutungswandel von Partikeln. In: *Partikeln und Interaktion* 1983, 172–187.

–, (1999), Partikelforschung/Particules et modalité, erscheint in Holtus u.a. (Hrsg.) Lexikon der Romanistischen Linguistik.

Weydt, Harald; Ehlers, Klaas-Hinrich (1987), *Partikelbibliographie*. Frankfurt a.M. etc.: Lang.

–, et al. (1983), *Kleine deutsche Partikellehre*. Stuttgart: Klett.

Weydt, Harald; Hentschel, Elke (1983), Kleines Abtönungswörterbuch. In: *Partikeln und Interaktion* 1983, 3–24.

Elke Hentschel, Bern (Schweiz)
Harald Weydt, Frankfurt/Oder (Deutschland)

83. Die Wortart 'Interjektionen'

1. Interjektionen als umstrittener Gegenstand linguistischer Forschung
2. Interjektionen als Lexemklasse
3. Sprachlich-formale Eigenschaften von Interjektionen
4. Semantik und Pragmatik von Interjektionen
5. Literatur in Auswahl

1. Interjektionen als umstrittener Gegenstand linguistischer Forschung

Unter Interjektionen werden im Folgenden einzelsprachliche lexikalische Formen verstanden (Punkt 2). In grammatisch-formaler Hinsicht sind sie nicht flektierbar und unterliegen für sie typischen Regularitäten (Punkt 3). In semantisch-pragmatischer Hinsicht dienen sie typischerweise dazu, spezifische selbstständige Äußerungsakte zu vollziehen (Punkt 4).

Wie alle nicht flektierbaren Wörter erlauben Interjektionen nur unter Bezugnahme auf verschiedene linguistische Beschreibungsebenen eine Klassenbildung. Die postulierten Klassen konstituieren sich je nach Perspektive aus mehr oder weniger unterschiedlichen Lexembeständen bzw. Syntagmen. Der Begriff Interjektionen wird in der Forschung dementsprechend auf heterogene Phänomenkomplexe bezogen und bezeichnet daher in lexikologischer Hinsicht einen eher vagen Bereich.

Interjektionen scheinen für alle natürlichen Sprachen nachweisbar zu sein (vgl. Interjections 1992, 101f., 153). Im Unterschied zu anderen Wortklassen spricht man ihnen allerdings nicht selten den Status des Wortes oder Lexems ab, negiert ihren Stellenwert als sprachliche Zeichen und ordnet sie unter anderem Satzarten oder Mischkategorien zu, etwa Phrasen-Äquivalenten, Sprechaktpartikeln, routines (vgl. Interjections 1992, 274, 289) oder expliziert sie (wie Trabant 1983) als Symbole oder (wie Scherer 1977) als Embleme oder vokale Gesten (vgl. Interjections 1992, 183). Trivialerweise lässt sich die heterogene Klassifikation der involvierten Phänomene mit ihren lautlichen, formal-grammatischen, semantischen und pragmatischen Eigenschaften begründen: Bei Interjektionen scheint jener für die Linguistik wesentliche Zuordnungsmechanismus zwischen Lautformen und Bedeutungen bzw. Funktionen über formal-grammatische und logisch-semantische Konstrukte gleich in mehrfacher Hinsicht zu scheitern. Interjektionen sind häufig durch idiosynkratische Lautformen gekennzeichnet, sie verfügen über spezifische Tonmuster und Silbenstrukturen (vgl. deutsch *hm, pst, tja*) sowie über sprachunübliche Segmente (vgl. das bilabiale [r] bzw. den Diphthong [ui] in deutsch *brr* bzw. *hui, pfui*). Sie sind durch marginale Wortbildungsmuster gekennzeichnet wie Reduplikationen (vgl. deutsch *aha, hmhm, dalli dalli, toi toi toi*) oder Wortkreuzungen (vgl. deutsch *herrjemine, sapperlot*); auch Lautdeformationen und Amalgierung von Wortketten spielen für ihre Bildung eine Rolle (vgl. deutsch *potz* < *Gottes, sapperlot* < *sakkerlot* < frz. *sacré nom* [*de Dieu*]). Syntaktisch treten Interjektionen isoliert auf und besitzen kaum restringierbare syntaktische Distributionen, insbesondere die parenthetische Distribution außerhalb der Größe Satz. Schließlich verfügen sie über semantisch-pragmatische Eigenschaften, die, vor allem weil nicht einer wahrheitswert-orientierten Semantik und hiermit verbundenen interpretativen kompositionellen Prinzipien zugänglich, eher mit Gesten (vgl. deutsch *Aua!, Pst!*) oder in bestimmten Fällen (vgl. deutsch *äh, hm*) mit Pausen vergleichbar sind als mit sprachlichen Zeichen. Darüber hinaus sind sie stark kontextgebunden und werden von sozialen Strukturen zumindest mit determiniert. Typischerweise stellen diese Phänomene Übergänge dar zwischen sprachlichem und nicht-verbalem Verhalten (vgl. Kutzelnigg 1973; 1974, Ehlich 1986, 258ff.). Man interessierte sich daher auch immer dann verstärkt für Interjektionen, wenn solche Übergänge im Fokus der Forschung standen, etwa bei Spekulationen über den Sprachursprung im 18. Jahrhundert, für die Explikation gesprochener Sprache, spontaner Rede und bestimmter Textsorten in jüngster Zeit oder in bestimmten psycholinguistischen Zusammenhängen, welche z.B. den Ausdruck von Affekten oder das Monitoring betreffen. Nicht zuletzt spiegeln sich diese Umstände in den Schwierigkeiten wider, Interjektionen im Spracherwerb, sprachübergreifend kontrastiv, im Sprachunterricht, in der Aphasieforschung und schließlich lexikologisch zu explizieren und lexikografisch zu erfassen.

2. Interjektionen als Lexemklasse

Im Gegensatz zu nicht-vokalischem Ausdrucksverhalten und zu Affektlauten, die als Auswirkung physiologischer Prozesse analysierbar sind (vgl. Scherer 1977), handelt es sich bei Interjektionen um einzelsprachlich-spezifische Elemente: Sie müssen dementsprechend hinsichtlich ihrer Lautformen, ihrer Morphologie und Syntax, ihrer Bedeutungen und pragmatischen Funktionen erlernt werden. Im Erstspracherwerb erfolgt dies insbesondere bei gesprächsgliedernden Interjektionen relativ spät, etwa ab dem 5. Lebensjahr. Einzelsprachliche interjektionale Lexeme liegen z.B. vor bei deutsch *ätsch, hallo, prost*, französisch *flist*, italienisch *cincin, oibo*, neugriechisch *ftu ftu ftu, sut, ust*, Thai *(h)oey, woey*, Swahili *labeka, jambo, makiwa, salala, shabashi*, Ewe *atúù, bóbóbói, dzáà*. Für ihren Status als sprachliche Zeichen spricht neben ihrer einzelsprachlichen Spezifik, dass sie dialektaler und diachroner Variation unterliegen: Für deutsch *pfui* sind z.B. unter anderem mittelhochdeutsch *phah, phe, phei, phi, phiu, phu, phui* nachweisbar; die deutsche Interjektion *ei* konnte bis ins 18. Jahrhundert reaktive Sprechakte der Zurückweisung einleiten und ist heute auf den Ausdruck einer Überraschung und, vor allem im babytalk, einer positiven Einstellung gegenüber dem Hörer eingeschränkt (Ehlich 1986, 90). Drittens zeigt sich der sprachliche Status von Interjektionen in ihrer Verschriftlichung: Im Gegensatz zu z.B. mimischem Ausdrucksverhalten, das in der modernen elektronischen Kommunikation durch Emoticons codiert wird (z.B. :( ), treten Interjektionen als durch Spatien abgetrennte literale Wörter mit verschiedenen orthografischen Idiosynkrasien auf, vgl. z.B. deutsch *hm* für diverse Nasal-Vokal-Kombinationen. Als literale Wörter können sie über textsortenspezifische Funktionen verfügen. So dienen Interjektionen wie deutsch *ach, haha, hihi* usw. in Dramentexten als Anweisungen für entsprechende nonverbale Handlungen wie Seufzen, Lachen, Kichern. In Comics treten Interjektionen wie *arrgh, dip-dip-dip, tam tam tam* als Beschreibungen von Empfindungen und von mit Geräuschen verbundenen Prozessen und Handlungen auf.

Die unterschiedlichen diachronen Beziehungen zwischen Interjektionen und anderen Wortarten werden spätestens seit Wundt (1907) mit der Differenzierung zwischen primären und sekundären Interjektionen bezeichnet, vgl. detailliert Reisigl (1999). Sekundäre Interjektionen wie deutsch *Donnerwetter, Junge Junge*, englisch *dear me, goodness me, by golly* sind demnach Ausdrücke anderer Wortarten bzw. Syntagmen, welche über mehr oder weniger näher bestimmte grammatische und pragmatische Eigenschaften von Interjektionen verfügen.

3. Sprachlich-formale Eigenschaften von Interjektionen

Interjektionen sind in allen Sprachen unflektierbar und weisen diverse sprachspezifische Besonderheiten auf: Sie unterlaufen häufig in prosodischer, silbischer, segmentaler und morphologischer Hinsicht für den Kernbestand von Lexemen einer Sprache geltende Wortkonstituierungsprinzipien (vgl. detailliert Fries 1990, 8ff., 1992, 301ff.).

Da mit Interjektionen häufig ein Diskursbeginn, ein Neueinsatz oder eine Redeübernahme verbunden ist (vgl. Willkop 1988, 248, Rasoloson 1994, 43ff., 180), besteht vor allem Klärungsbedarf hinsichtlich des Stellenwerts prosodischer Faktoren für die Explikation der entsprechenden Form-Funktionsverhältnisse. Diesen wie Ehlich (1986) mit einer ad hoc-Zuschreibung eines Ton-Systems für Interjektionen zu lösen, scheint nicht völlig angemessen: Erstens sind für prosodische Varianten einzelner Interjektionen gemeinsame Grundbedeutungen nachweisbar, was selbst für Tonsprachen zutrifft (vgl. Interjections 1992, 292ff.). Zweitens entsprechen die jeweiligen Tonvarianten in Intonationssprachen für Sätze charakteristischen Intonationskonturen; sie sind somit als generelles Phänomen zu erfassen.

Wie Fries (1990, 13ff.; 1992, 301ff.) zeigt, können Interjektionen (INT^0) in syntaktischer Hinsicht Interjektionsphrasen (INTP) bilden, und zwar (a) [$_{INTP}$ INT^0 (INT^0)], z.B. deutsch *ach hm, i pfui*, mit spezifischen Restriktionen (vgl. *I oh!, *Prost pfui!*); (b) [$_{INTP}$ INT^0 X^0], z.B. deutsch *ach ja, na vielleicht, oh nein*, wiederum mit spezifischen Restriktionen (vgl. *na nein* und ausführlich Ehlich 1986, Interjections 1992), und (c) [$_{INTP}$ INT^0 XP], vgl. deutsch *o mich vergeszlichen* (Lessing), *o dem verhängnis* (Opitz), *pfui des Bösewichts* (Herder), *pfui übers hocken* (Schiller), *jesses diese Handbücher!* Im Gegensatz zu früheren Sprachstufen sind im neueren Deutsch für XP in [$_{INTP}$ INT^0 XP] nur noch eine nominativische Substantivgruppe oder ein Satz möglich. Dass es sich hierbei um Interjektionsphrasen handelt und nicht z.B. um

NPs, folgt nicht nur aus ihrer Semantik und Pragmatik, welche sich kompositionell nach dem interjektionalen Kopf richtet, sondern auch daraus, dass sie die syntaktische Distribution von Interjektionen aufweisen, vgl. z.B. deutsch *Ach/Pfui (Peter), komm her!* vs. *Komm her, Peter!* vs. *Komm her, ach/pfui Peter!* Auch Sätze in der Interjektionsphrase [$_{INTP}$ INT⁰ SATZ] scheinen bestimmten Restriktionen zu unterliegen. So handelt es sich im Deutschen zumindest bei schriftlichen Belegen zumeist um Imperativsätze oder um mit *wenn, dass* oder mit einem *w*-Wort eingeleitete Sätze, die eine direktive oder exklamativ-expressive Äußerungsbedeutung erlauben, vgl. *ach dasz er käme* (Luther), *hui dasz sich das blätgen umkehrt* (Weise). Interjektionen scheinen in der Interjektionsphrase mit ihrem Komplement eine prosodisch-intonatorische Einheit mit nur einem Phrasenakzent zu bilden.

Interjektionen stellen im Rahmen von X-Bar-Theorien also komplementfähige X⁰-Elemente dar, was erklärt, dass sie selbst (ebenso wie z.B. Substantive, Verben, Präpositionen oder Adjektive) nicht als Modifikatoren oder Spezifizierer anderer Phrasen auftreten können. Innerhalb nicht-interjektionaler Phrasen können Interjektionen hierarchisch integriert demnach nur dann auftreten, wenn sie als Komplemente selektiert werden (vgl. deutsch *Deine ständigen Achs und Aus gehen mir auf den Wecker!*) oder wenn sie Funktionen anderer Wortarten übernehmen können, beispielsweise die von Graduierungspartikeln wie in deutsch *die ach so liebe Tante*. Alternative Strukturierungen werden teilweise durch Akzente und intonatorische Muster disambiguiert, vgl. deutsch *Die, ach, so liebe Tante!, Achttausend Peseten!* vs. *Ach! Tausend Peseten!* oder *Pfui was hast du da gemacht!* vs. *Pfui! Was hast du da gemacht?*/!

Distributionen von Interjektionen wie z.B. deutsch *m̀m̀m̀, àù, äh, naja*, in Belegen wie *m̀m̀m̀ àù ob das klappt das Auto durchn Tüff na ja* (Willkop 1988, 241), *über den Holger noch äh bin ich noch* (Willkop 1988, 247) sind dementsprechend sowohl in prosodischer wie in syntaktischer und semantischer Hinsicht als nicht-hierarchisch in eine Phrase integriert zu analysieren, also als [$_{XP}$ ... [$_{INTP}$ INT⁰] ...]. Solche parenthetisch auftretenden Interjektionen wie deutsch [ɔː], [ɛː], *hm* usw. gliedern die betreffende Äußerung in kognitiv und prozessual relevante Sub-Einheiten und besitzen sprachspezifische diskurs- bzw. textrelevante Funktionen (vgl. Willkop 1988, Rasoloson 1994, Liedke 1994). Ihr komplexes Funktionsspektrum scheint der Grund für ihr relativ spätes Auftreten im Erstspracherwerbsprozess zu sein.

4. Semantik und Pragmatik von Interjektionen

Schon Peirce charakterisierte Interjektionen als „indexical legisigns" und wies daraufhin, dass sie mit deiktischen Pronomen und Adverbien die Eigenschaft teilen, auf die aktuelle Äußerungssituation zu referieren: „When I say 'Yippee!' I am indexing myself and something (i.e. this thing) here which just now made me feel excited and more than happy (here and now), and so I say [jIpiː!] in order to show how I'm feeling right now." (Interjections 1992, 132). Teilklassen von Interjektionen können eine Emotion (deutsch *ach, oh*, vgl. Fries 2000, 80ff.), eine körperliche Empfindung (deutsch *aua, brr, uff*) oder einen Appell des Sprechers an den Hörer (deutsch *hallo, prost, pst*) ausdrücken. Prinzipiell können mithin Interjektionsphrasen mit semantischen Strukturen wie EM ($\H{y}$, $\H{x}$) bzw. AP ($\H{y}$, $\H{x}$) expliziert werden, in welchen EM bzw. AP Variablen für Elemente der Menge von Emotions- bzw. Appell-Typen darstellen, $\H{x}$ dasjenige Objekt bzw. denjenigen Sachverhalt, über welchen EM bzw. AP vom Sprecher $\H{y}$ kundgetan wird; zur formalen Explikation vgl. Fries (1990, 31ff.; 1992, 329ff.), Interjections (1992, 132ff., 163ff., 245ff.); zur Differenzierung verschiedener zu berücksichtigender Emotions- bzw. Appelltypen Ehlich (1986), Interjections (1992). Von Prädikationen unterscheiden sich diese semantischen Strukturen unter anderem dadurch, dass sie nicht negierbar sind (vgl. deutsch **Nicht pst!*) und Beschränkungen für diverse logische Verknüpfungen aufweisen (vgl. deutsch **Ach oder ich!*, **Igitt oder pfui!*).

Onomatopoetische Ausdrücke wie *doing, tuut, wumm, zack* sind semantisch als einstellige Funktionen explizierbar: Sie referieren auf bestimmte Realitätsaspekte als Töne bzw. Geräusche (vgl. Fries 1990, 36). Für sie sind sprach- und textsortenspezifische Bildungsmuster nachweisbar: Für Comics hat sich beispielsweise ein Bildungssystem entwickelt, das mit [k(a)] beginnende Lautfolgen (z.B. *krk, krash*) mit Gewalt verbundene Geräusch codiert; auf [ɛʃ] endende Lautfolgen zeigen Zerstörung an, auf [oɪŋ] endende (z.B. *boing, doing*) deuten auf durch elastische Vorgänge entstehende Geräusche.

Aufgrund ihrer semantischen Eigenschaften können Interjektionen in pragmatischer Hinsicht expressive (Ausdruck von Emotionen und Körperempfindungen des Sprechers), reaktive (Reaktionen auf Hörerhandlungen), appellative und darstellende Funktionen besitzen. Vor allem im mündlichen Sprachgebrauch dienen sie (a) der Segmentierung des Sprachflusses, insofern sie ihn mit kognitiven Verarbeitungsprozessen beim Sprecher bzw. Hörer in Übereinstimmung bringen (vgl. Scherer 1977, Rasoloson 1994), (b) der Regulierung des Gesprächsablaufs, das heißt als Gliederungssignale (vgl. Willkop 1988, Liedke 1994), z.B. als Signale zur Diskurseröffnung oder zur Steuerung des Sprecherwechsels, (c) der Kennzeichnung von affektiven und sozialen Relationen (wie Sympathie oder Dominanz) der Interaktionspartner.

5. Literatur in Auswahl

Ehlich, Konrad (1986), *Interjektionen*. Tübingen: Niemeyer 1986.

Fries, Norbert (1990), Interjektionen und Interjektionsphrasen. In: Sprache und Pragmatik. Arbeitspapiere des Forschungsprogramms Sprache und Pragmatik, Lund 1990, 17, 1–43.

–, (1992), Interjektionen, Interjektionsphrasen und Satzmodus. In: *Satz und Illokution I*. (Hrsg. I. Rosengren). Tübingen: Niemeyer 1992, 301–341.

–, (2000), *Sprache und Gefühl*. Bergisch-Gladbach: Lübbe 2000.

Havlik, E.J. (1981), *Lexikon der Onomatopäien*. Frankfurt: Fricke 1981.

Interjections (1992). (Hrsg. Felix Ameko). Amsterdam etc.: Elsevier Science Publisher. (Journal of Pragmatics 18) 1992.

Kutzelnigg, Arthur (1973; 1974), Die aus dem Lippen-r hervorgegangene Konsonanz *br(r)* als Bedeutungsträger. In: Linguistics 1973, 103, 24–43; 1974, 131, 27–38.

Liedke, Martina (1994), *Die Mikro-Organisation von Verständigung. Diskursuntersuchungen zu griechischen und deutschen Partikeln*. Frankfurt etc.: Lang 1994.

Rasoloson, Janie N. (1994), *Interjektionen im Kontrast. Am Beispiel der deutschen, madegassischen, englischen und französischen Sprache*. Frankfurt etc.: Lang 1994.

Reisigl, Martin (1999), *Sekundäre Interjektionen*. Frankfurt etc.: Lang 1999.

Scherer, Klaus R. (1977), Affektlaute und vokale Embleme. In: *Zeichenprozesse*. (Hrsg. R. Posner; H.P. Reinecke). Wiesbaden: Athenäum 1977, 199–214.

Schwentner, Ernst (1924), *Die primären Interjektionen in den indogermanischen Sprachen*. Heidelberg: Winter 1924.

Trabant, Jürgen (1983), Gehören die Interjektionen zur Sprache? In: *Partikeln und Interaktion*. (Hrsg. H. Weydt). Tübingen: Niemeyer 1983, 69–81.

Willkop, Eva-Maria (1988), *Gliederungspartikeln im Dialog*. München: Indicum 1988.

Wundt, Wilhelm (1907), Schallnachahmungen und Lautmetaphern in der Sprache. In: Beiträge zur Allgemeinen Zeitung München 16.02.1907, Nr. 40, 313–316.

*Norbert Fries,
Berlin (Deutschland)*

84. Wortartwechsel

1. Begriff und Implikationen
2. Substantivierung
3. Adjektivierung
4. Verbierung
5. Resümee
6. Literatur in Auswahl

1. Begriff und Implikationen

1.1. Konkurrierende Termini

Mit *Wortartwechsel* wird das Überführen eines Wortes in eine andere Wortart durch Wortbildungsverfahren (mit Affixen oder ohne Affixe) bezeichnet. Die Qualifizierung des Wortartwechsels als Wortbildungsprozess bedeutet, zwischen Basis(wort) („Quellwortkategorie") und Zielwort („Endkategorie", Vogel 1996, 239ff.) ein Ableitungs- und Motivationsverhältnis anzunehmen. Die Erscheinung der Polyfunktionalität oder „Heterosemie", d.h. das Auftreten gleichlautender Formative in mehreren Wortarten ohne Ableitungsbeziehung (z.B. *seit, während* als Präposition und Konjunktion; vgl. Meibauer 1995, 49), gehört nicht zum Wortartwechsel in dem hier bestimmten Sinn. Ebenso wenig sollte die Neutralisierung der Wortartmerkmale von Erstgliedern in Komposita als Wortartwechsel qualifiziert werden.

Die Erscheinung Wortartwechsel anzunehmen impliziert die Auffassung, dass Grundmorpheme bzw. primäre Wörter im Lexikon wortartmarkiert und nicht wortartneutral sind. Als zentrale Argumente für diese allgemein übliche Sichtweise werden die folgenden ins Feld geführt: die Subkategorisierungsmöglichkeit von Affixen nach ihrer Wortartumgebung, die Gebrauchskonventionen für primäre Wörter, die Wortartbewahrung bei Versprechern sowie bevorzugte Richtungen des affixlosen Wortartwechsels (vgl. die Argumentation Olsens 1986, 121ff., 1990). Gegenteilige Ansätze haben sich nicht behaupten können.

Als die allgemeinste Funktion des Wortartwechsels kann gelten, die Stämme bzw. Wörter der einen Wortart für ihre Verwendung in den anderen Wortarten verfügbar zu machen. Durch Wortartwechsel entstehen vor allem Substantive, Verben, Adjektive und Adverbien. In längeren historischen Zeiträumen gedacht, sind auch andere Wortarten von Wandlungsprozessen betroffen (Naumann 1986, 12f.). Sie bleiben hier außer Betracht, ebenso aus Raumgründen die Adverbbildung, die im Deutschen – anders als die grammatikalisierte Adverbierung z.B. im Englischen und Russischen – nur relativ schwach ausgebaut ist.

Bezogen auf die morphologischen Veränderungen des Basiswortes beim Wortbildungsprozess sind ein engerer und ein weiterer Begriff des Wortartwechsels zu unterscheiden. Der engere steht meist für affixlose Verfahren ohne Veränderung der „wortartspezifischen Lexikonform" der Basis (*essen – Essen*) (Müller 1993, 39), der weitere schließt sämtliche wortartändernden Wortbildungsverfahren ein, also auch *Derivation* und Verbstammkonversion (*lesen – Leser, binden – Band*).

Als partiell oder vollständig konkurrierende Termini zum engeren Wortartwechselbegriff treten u.a. (syntaktische) *Konversion*, Ableitung mit Nullelement, syntaktische Umkategorisierung, seltener Transfiguration und Hypostasierung auf (zu letztgenannten Henzen 1965, 244), die je nach sprachtheoretischer Position, Objektsprache und spezifischem Erkenntnisinteresse unterschiedlich definiert sind, vgl. zuletzt den detaillierten Forschungsüberblick für den „merkmallosen Wortartwechsel" bei Vogel (1996).

1.2. Zur Gradualität der Wortartausprägung

Einem Wortartwechsel können sich nur Einheiten unterziehen, die einer Wortart angehören. Diese Bedingung erfüllen naturgemäß Wörter, nicht jedoch Affixe, Konfixe und gebundene unikale Morpheme. Einen Sonderfall stellen Phrasen als Basen dar (*blaue Augen – blauäugig*). Hier vollzieht sich Univerbierung mit Wortartfestlegung, ohne dass im strengen Sinn von Wortartwechsel gesprochen werden kann. Das wäre nur zu rechtfertigen, wenn man die Wortart des Heads der Phrase als Ausgangswortart ansieht.

Welcher *Wortart* primäre Wörter zugeordnet werden, hängt von der zugrunde gelegten Wortartenklassifikation ab. Die vielen verschiedenen Klassifikationsvorschläge haben gezeigt, dass eine restfreie trennscharfe Kategorisierung der Wortarten nicht gegenstandsadäquat erfolgen kann. Dem ist man überzeugend mit dem Zentrum-Peripherie-Ansatz begegnet (Charitonova 1977). Für die Beschreibung des Wortartwechsels erweist sich der Gedanke eines Kontinuums, inzwischen auf prototypentheoretischer Grundlage weiterentwickelt, als fruchtbar. Es wird von verschiedenen Seiten vorgeschlagen, eine prototypische Ordnung des Wortbestandes anzunehmen (vgl. für die Entstehung von Präpositionen Meibauer 1995; Lindqvist 1996). Sie erlaubt es, mit Graden der „Wortarthaftigkeit" zu arbeiten. Dadurch lässt sich der Wortartwechsel insofern angemessener modellieren, als bei Wortbildungsprozessen nicht immer alle Merkmale der Basiswortart aufgegeben werden, oder anders ausgedrückt, vom Wortbildungsprodukt nicht alle Merkmale der Zielwortart übernommen werden. Solche „defektiven" Produkte des Wortartwechsels können mit dem prototypischen Ansatz nach Graden der Zugehörigkeit zu ihrer Zielwortart beschrieben werden, die Bestimmung des jeweiligen *Prototyps* vorausgesetzt.

1.3. Morphologische Typen der Wortbildungsverfahren

In den Lehr- und Handbüchern zur deutschen Wortbildung ist der Wortartwechsel dort strukturierendes Ordnungsprinzip, wo *Transposition* und *Modifikation* als Grundkategorien angesetzt werden (Kühnhold/Wellmann 1973, Wellmann 1975, Kühnhold u.a. 1978, v. Polenz 1980, Wellmann 1998). Die strukturell ausgerichteten Darstellungen (Fleischer/Barz 1995, Naumann 1986, Olsen 1986) ordnen die Wortbildungsprodukte primär nach deren morphologischer Struktur.

Wortartwechsel mit Affixen erfolgt durch die Derivationsarten Suffigierung und kombinatorische Derivation, ohne Affixe durch die Konversion unter Beibehaltung der wortartspezifischen Lexikonform oder mit deren Veränderung. An der Produktion von Substantiven, Verben und Adjektiven sind alle diese Verfahren beteiligt (Beispiele in der Reihenfolge Derivation/Konversion):

Bildung von Substantiven (i) aus Verben: *Leser, Gesinge/Schreiben, Band, Besuch*, (ii) aus Adjektiven: *Schönheit/Hoch, Fremder*.

Bildung von Adjektiven (i) aus Verben: *lesbar, unaufhaltsam*/(aus Partizip I oder Partizip II) *reizend, ausgezeichnet*, (ii) aus Substantiven: *sandig/angst*.

Bildung von Verben (i) aus Adjektiven: *blödeln, veruntreuen/reifen*, (ii) aus Substantiven: *kriseln, bevollmächtigen/ölen*.

Wörter der Hauptwortarten Substantiv, Verb, Adjektiv können in der Gegenwartssprache grundsätzlich in jede andere Hauptwortart wechseln, und zwar sowohl durch Derivation als auch durch Konversion. Lediglich die Konversion von Substantiven zu Adjektiven ist ein unproduktives Verfahren.

Die Formengleichheit zwischen Basis und Produkt bei Infinitivkonversionen und die Beibehaltung der adjektivischen Flexion bei der Substantivierung von Adjektiven und Partizipien führen dazu, dass diese Konversionsarten mitunter aus der Wortbildung ausgegrenzt werden (Olsen 1986, 112; Müller 1993, 41). Dagegen sprechen allerdings der Status „anderes Wort" auf Grund der veränderten kategoriellen Bedeutung, die Lexikalisierungspotenz der Wörter einschließlich potentieller semantischer Idiosynkrasien (Bierwisch 1989, 2) sowie paradigmatisches Zusammenwirken mit Derivaten (Konvergenz und Konkurrenz). Dagegen spricht aber auch die Tatsache, dass Wortbildungsprodukte grundsätzlich sowohl lexikalischen als auch syntaktischen Zwecken dienen können und auch bei Dominanz nur einer der beiden Aufgaben für die andere potentiell zu Verfügung stehen.

2. Substantivierung

2.1. Das prototypische Substantiv

Die prototypischen primären Substantive des Deutschen verfügen über die Eigenschaften Genushaftigkeit und Genuskonstanz, Pluralbildung, Artikelfähigkeit, konkrete Denotation und Attribuierbarkeit (Lindqvist 1996, 249). Sie werden als Individuativa bezeichnet. Als weniger typisch erscheinen die Klassen Kontinuativa und Propria. Ihre geringere Typikalität beruht auf der Defektivität ihres Merkmalinventars in Bezug auf Pluralbildung, Artikelgebrauch, konkrete Denotation und – bei den Propria – in Bezug auf besondere Flexionseigenschaften. Kollektiva und Abstrakta werden je nach Merkmalbündelung auf die drei Klassen aufgeteilt (Eisenberg 1989, 183) oder den Kontinuativa zugeordnet (Vogel 1996, 153).

Prototypische sekundäre Substantive sind darüber hinaus formal und semantisch deutlich von ihrer Basis verschieden. Formal unterscheiden sich Basis und Wortbildungsprodukt durch Affixe („derivationsmorphologische Determiniertheit", Naumann 1992, 105) und mitunter durch Stammvokalwechsel, wenn man vom Infinitiv und nicht vom Präteritalstamm als Basis ausgeht. Semantisch differieren Basis und Wortbildungsprodukt durch die intrakategorielle Nuancierung bei der Modifikation oder durch interkategorielle Veränderungen bei der Transposition. Die kategoriell-semantischen (morphosyntaktischen) Transpositionen (*klug – Klugheit*) verändern primär die kategorielle, nicht die lexikalische Bedeutung der Basis. Entsprechende Wortbildungsprodukte sind daher wegen ihrer semantischen Nähe zur Basis weniger typische sekundäre Substantive.

2.2. Derivation

Deverbale und deadjektivische Individuativa weisen sich durch die vollständige Übernahme des substantivischen Flexionsparadigmas einschließlich der o.g. anderen Merkmale deutlich als Substantive aus. Durch Derivation werden sowohl typische (Individuativa) als auch untypische Substantive (Abstrakta) erzeugt.

2.3. Konversion

Produkte der Infinitivkonversion stellen untypische Substantive dar (Sonderfälle wie *Essen* 'Gericht', *Schreiben* 'Brief' hier vernachlässigt). Sie verfügen über grammatische und semantische Besonderheiten, die im Vergleich mit derivativen „Ereignisnominalisierungen" auf *-ung* herausgearbeitet worden sind (Bierwisch 1989; Ehrich 1991, 442). Untypisch sind sie auf Grund der im Normalfall fehlenden Pluralformen, der Einschränkungen beim Gebrauch bestimmter Artikelwörter sowie wegen der morphologischen Unmarkiertheit der Nominalität an der Grundform der Wörter und wegen ihres Bezuges auf Denotatssituationen ohne zeitlichen Abschluss (Ehrich 1991, 452).

Den in flektierten Formen nominalisierten Adjektiven und Partizipien (*Fremder, Abgesandter*) fehlen die Merkmale und substantivische Flexion, außerdem die derivationsmorphologische Markierung.

Durch die Verbstammkonversion entstehen Abstrakta, die im Vergleich zu den nominalisierten Infinitiven einen geringeren Abstand zum typischen Substantiv aufweisen (*Ruf, Wurf*). Sie werden substantivisch flektiert, sind größtenteils pluralfähig und semantisch angereichert um das Element der Resultativität. Substantive in der Form der Präteritalstämme entsprechen zwar häufig einer flektierten Verbform (*Band, Trieb*; Ausnahmen sind Produkte mit heute im Verbalparadigma fehlendem Vokal wie *Wurf*), nehmen aber im Satz keine Position ein, die auch der Verbform zukäme. Dadurch haben auch sie einen stärker distinktiven Charakter gegenüber der Basis als der nominalisierte Infinitiv (*der Band – das Binden*).

3. Adjektivierung

3.1. Das typische Adjektiv

Adjektive gelten als eine hochgradig uneinheitliche Wortart, nicht zuletzt deshalb, weil ihre morphologischen und syntaktischen Eigenschaften stärker als bei Substantiven von der lexikalischen Bedeutung der jeweiligen Wörter bestimmt sind. Das typische Adjektiv ist deklinierbar, komparierbar und kann attributiv, prädikativ und adverbial verwendet werden. In diesem Sinne typisch können sowohl primäre als auch sekundäre Adjektive sein. Engt man das Prototypische auf die Hauptfunktionen des Adjektivs ein (Argumente bei Eichinger 1982, 68, 72), dann sind die Determinierungsfunktion der Adjektivs in attributiver und adverbialer Stellung sowie die Bezeichnung einer Qualität, die mit morphologischer Graduierbarkeit einhergeht, die Merkmale des Prototyps. Für die Beschreibung des Wortartwechsels erweist sich diese Sicht als zweckmäßig, sie bietet eine Erklärungsmöglichkeit für Produktivitätsunterschiede zwischen Derivations- und Konversionsmodellen.

3.2. Derivation

Für die derivierten Adjektive lassen sich Typikalitätsgrade in Bezug auf die syntaktischen Positionen z.T. an Wortbildungsmodelle binden, d.h. regelhaft verallgemeinern: deadverbale Adjektive auf *-ig* (*heutig*) sind auf attributiven Gebrauch beschränkt. Sie stellen sich auch insofern als untypische Adjektive dar, als sie keine Grundform haben (Eisenberg 1989, 244) und nicht kompariert werden können. Desubstantivische Adjektive auf *-isch, -lich, -ig* sind als qualitative Adjektive syntaktisch in allen drei Positionen möglich, als relative oder „Zugehörigkeitsadjektive" (Eichinger 1982, 80) sind sie wie die Derivate von Adverbien auf die attributive Funktion beschränkt.

Die Komparation steht offenbar nicht in direktem Zusammenhang mit den Derivationseigenschaften von komplexen Adjektiven, sie ist primär semantisch bestimmt.

3.3. Konversion

Als Konversionsprodukte können desubstantivische (*angst, sand*) und departizipiale Adjektive (*ausgezeichnet*) aufgefasst werden (anders Olsen 1986, 112). Bei den desubstantivischen korrespondiert die Unproduktivität des Modells mit extrem schwacher Typikalität. Diese Adjektive sind weder deklinierbar noch komparierbar. Die morphologische Gleichheit und die semantische Ähnlichkeit zwischen Basis und Wortbildungsprodukt (nicht hinreichende Distinktheit) sowie die syntaktische Restringiertheit verhindern offensichtlich eine höhere Produktivität des Modells.

Die Qualifizierung attributiv verwendbarer Partizipien als Adjektive ist insofern strittig, als einige der dafür geltend gemachten Merkmale (*Un*-Präfigierung und Komparierbarkeit) nur partiell zutreffen und z.B. gerade bei semantisch völlig isolierten Adjektiven in Partizipform wie *reizend* in *reizendes Kind* oder *geschlagen* in *eine geschlagene Stunde* fehlen können; andererseits fehlen sie aber auch bei Partizipien, die semantisch direkt durch (resultative) Verben motiviert und eher Verbformen als Adjektive sind (*beauftragt, immatrikuliert*, vgl. Eisenberg 1989, 240). Zuverlässiger sind syntaktische Merkmale. Adjektivisch ist das Partizip I zu sehen, wenn es prädikativ gebraucht werden kann und mit Graduierungsadverbien kompatibel ist (*der Film ist äußerst spannend*); letzteres gilt auch für den Adjektivgrad des Partizips II. Außerdem nähert sich das Partizip II dem Adjektiv, wenn es nur schwer oder gar nicht auf eine Vorgangspassivform zurückgeführt werden kann (*gebildete Lehrerin, zerstreuter Professor*).

4. Verbierung

Verben sind durch das Merkmal der Konjugierbarkeit hinreichend klar von anderen Wortarten geschieden (von Partizipien abgesehen). Und auch nur Verben kommt das Gebrauchsmerkmal zu, flexionsmorphologisch immer als Wort dieser einen bestimmten Wortart ausgewiesen zu sein. Das betrifft primäre und sekundäre Verben gleichermaßen. In Bezug auf die verbalen Kategorien Tempus, Modus, Genus, Person und Numerus und die syntaktisch-semantischen Eigenschaften wie Rektion und Valenz sind kaum regelhafte Restriktionen bekannt, die durch einen wortartändernden Wortbildungstyp verursacht werden. Lediglich die sog. Rückbildungen weisen unvollständige Paradigmen auf (*schutzimpfen, zweckentfremden*).

Die morphologische Typisierung der Verbbildung hängt wesentlich von der Statusbestimmung des Infinitivmorphems *-en* ab. Wird es als Suffix angesehen, gehören Verben wie *ölen, weiten* zu den Derivaten (Šimečková 1994, 21ff.; Wellmann 1998, 472ff.). Gegen diese Auffassung werden die Tilgung des *-en* in den flektierten Formen, seine semantische „Leere" sowie seine Bifunktionalität als nicht suffixtypisch eingewendet. Es ist daher üblicher geworden, dem Morphem *-en* ausschließlich den Status eines Flexivs zuzusprechen, so dass die entsprechenden sekundären Verben als Konversionen zu klassifizieren sind. Als transponierende Derivationen dagegen haben jene sekundären Verben zu gelten, die mit Hilfe der Suffixe *-(e)l(n)*, *-ier(en)*, *-ig(en)* oder mittels einer Kombination aus Präfigierung und Konversion oder Präfigierung und Suffigierung entstehen (*kriseln, bezuschussen, verunreinigen*).

5. Resümee

Beim Wortartwechsel zeigt sich eine deutliche Differenz zwischen nominaler und verbaler Wortbildung. Im Nominalbereich repräsentieren Produkte des Wortartwechsels die Zielwortart in unterschiedlichen Typikalitätsgraden. Verbale Derivations- und Konversionsprodukte dagegen weisen gegenüber primären Verben keine wortbildungsbedingten Eigenschaften auf, die ihre Typikalität graduieren.

6. Literatur in Auswahl

Bierwisch, Manfred (1989), Event-Nominalizations. Proposals and Problems. In: *Linguistische Studien*, Reihe A 194. Berlin: Akademie Verlag, 1–73.

Charitonova, Irina J. (1977), Zur Frage von Zentrum und Peripherie einer Wortart im Deutschen. In: *Beiträge zur Klassifizierung der Wortarten*. (Hrsg. Gerhard Helbig). Leipzig: Bibliographisches Institut, 28–38.

Ehrich, Veronika (1991), Nominalisierungen. In: *Semantik. Ein internationales Handbuch der zeitgenössischen Forschung. HSK 6*. (Hrsg. Arnim v. Stechow; Dieter Wunderlich). Berlin/New York: Walter de Gruyter, 441–458.

Eichinger, Ludwig M. (1982), *Syntaktische Transposition und semantische Derivation. Die Adjektive auf -isch im heutigen Deutsch*. Tübingen: Max Niemeyer Verlag.

Eisenberg, Peter (1989), *Grundriss der deutschen Grammatik*. Stuttgart: J. B. Metzlersche Verlagsbuchhandlung.

Fleischer, Wolfgang; Irmhild Barz (1995), *Wortbildung der deutschen Gegenwartssprache*. Unter Mitarbeit von Marianne Schröder. Tübingen: Max Niemeyer Verlag.

Henzen, Walter (1965), *Deutsche Wortbildung*. Tübingen: Max Niemeyer Verlag.

Kühnhold, Ingeburg; Hans Wellmann (1973), *Deutsche Wortbildung. Typen und Tendenzen in der Gegenwartssprache. Erster Hauptteil. Das Verb*. Düsseldorf: Pädagogischer Verlag Schwann.

Kühnhold, Ingeburg; Otmar Putzer; Hans Wellmann (1978), *Deutsche Wortbildung. Typen und Tendenzen in der Gegenwartssprache. Dritter Hauptteil. Das Adjektiv*. Düsseldorf: Pädagogischer Verlag Schwann.

Lindqvist, Christer (1996), Gradualität als Organisationsprinzip der Lexik und ihre Verschriftung. In: *Lexical Structures and Language Use. Proceedings of the International Conference on Lexicology and Lexical Semantics*. Münster, September 13–15, 1994. Volume I. (Ed. Edda Weigand; Franz Hundsnurscher). Tübingen: Max Niemeyer Verlag, 243–253.

Meibauer, Jörg (1995), Komplexe Präpositionen – Grammatikalisierung, Metapher, Implikatur und *division of pragmatic labour*. In: *Implikaturen*. (Hrsg. Frank Liedtke). Tübingen: Max Niemeyer Verlag, 47–74.

Müller, Peter O. (1993), *Substantiv-Derivation in den Schriften Albrecht Dürers*. Berlin/New York: Walter de Gruyter.

Naumann, Bernd (1986), *Einführung in die Wortbildungslehre des Deutschen*. Tübingen: Max Niemeyer Verlag.

– (1992), Das Wort und seine Bausteine. In: *Offene Fragen – offene Antworten in der Sprachgermanisitk* (Hrsg. Vilmos Ágel; Regina Hessky). Tübingen: Niemeyer, 95–109.

Olsen, Susan (1986), *Wortbildung im Deutschen. Eine Einführung in die Theorie der Wortstruktur*. Stuttgart: Alfred Kröner Verlag.

– (1990), Konversion als ein kombinatorischer Wortbildungsprozess. In: *Linguistische Berichte* 127, 185–215.

Polenz, Peter v. (1980), Synpleremik I. Wortbildung. In: *Lexikon der germanistischen Linguistik.* (Hrsg. Hans Peter Althaus; Helmut Henne; Herbert E. Wiegand). Tübingen: Max Niemeyer Verlag, 169–180.

Šimečková, Alena (1994), *Untersuchungen zum 'trennbaren' Verb im Deutschen I.* Praha: Univerzita Karlova.

Vogel, Petra Maria (1996), *Wortarten und Wortartenwechsel. Zu Konversion und verwandten Erscheinungen im Deutschen und in anderen Sprachen.* Berlin/New York: Walter de Gruyter.

Wellmann, Hans (1975), *Deutsche Wortbildung. Typen und Tendenzen in der Gegenwartssprache. Zweiter Hauptteil. Das Substantiv.* Düsseldorf: Pädagogischer Verlag Schwann.

– (1998), Die Wortbildung. In: *Duden. Grammatik der deutschen Gegenwartssprache.* 6., neu bearbeitete Auflage. Mannheim/Leipzig/Wien/Zürich: Dudenverlag, 408–557.

Irmhild Barz, Leipzig (Deutschland)

85. The characteristics of word classes from a crosslinguistic perspective

1. The problem of universals and typology in word class research
2. The history of word class research
3. Modern definitions of word classes
4. Some model cases of variation in (opinions about) word classification
5. Nouns and verbs
6. Adjectives
7. Prepositions
8. Adverbs and other categories
9. Lexical subcategories
10. Different types of categorization
11. Grammaticalization of word classes
12. Further research
13. Abbreviations
14. Literature (a selection)

1. The problem of universals and typology in word class research

Linguistics generally sees its goal in investigating the forces which are active at any time and anywhere in language (cf. Saussure 1916/1949, 20). Given the fact that languages actually differ in their structure, it has always been difficult to determine how the same forces can bring about the variation encountered, and what any linguist can fall back upon for the analysis of very different languages in question. These problems are particularly prominent in the area of word classes, since word classes have not just been the object of linguistic analysis, but to a large extent word class terminology (*noun, nominal,* etc.) has been used as a metalanguage for language description. Therefore, research in the typology of word class distinctions should provide linguists with a better idea of what can be taken for granted for linguistic analysis, but this also implies that progress in word class research largely depends on being able to dissociate what one studies from the metalanguage of description, and on being able to relate crosslinguistic variation to the "universal forces" mentioned above.

Most of these basic problems, however, have hardly been solved or even addressed in word class research. The major disputes center around whether a given language has or does not have a specific category, whether nouns and verbs are universal while other categories are not, what are the necessary criteria for a word class in question (ontological or linguistic, syntactic or semantic), whether languages which lack a distinction on word level will still draw an equivalent distinction on phrase level (NP, VP), whether a particular word class is a lexical class or a grammatical one (cf. prepositions), and whether word classes differ by degree (with reference to a prototype) or can and must be defined categorially. Of the works that do address the metatheoretical aspects mentioned above, Croft (1991, 37) holds that "no theory of grammar [...] should be considered adequate unless it provides a universal definition of the basic grammatical categories that can be applied in a straightforward fashion to any human language". Neither Croft nor Hopper/Thompson (1984; 1985) challenge the basic universality of the (classical) categories in question. Though they do not assume any *a priori* concepts, they explain the rise or "emergence" of these categories in terms of principles of the discourse, and for them, languages only differ by the degree of the distinction in question. Hengeveld (1992) employs an approach based on predicate logic, which does not assume any necessary categorial distinction between so-called "predicates" of all kinds, but he formulates implicational hierarchies in the marking of different lexical categories, which will then largely correspond to the word classes known from antiquity. By way of contrast, Broschart (1997) shows that there are parametrizations which are diagonally opposite to the distinction selected in "classical" languages, even though all these variants are subject to the same "prototypicality conditions" of the discourse. In the sections below the various arguments will be discussed in more detail, and a survey of the history of word class research will be given.

2. The history of word class research

The traditional definition of word classes goes back to the classical work of the Alexandrian grammarian Dionysios Thrax, the Latin counterpart by Varro ("de lingua latina"), the literal translation of Dionysios' work by Remmius Palaemon ("ars grammatica"), and the definitive work of Priscian ("institutiones rerum grammaticarum" (see Arens 1955, 21ff.)). Dionysios distinguished eight "parts-of-speech": noun, verb, participle, article, pronoun, preposition, adverb, and conjunction. The Latin grammarians added the interjections (while excluding the article, which did not exist in Latin). No distinction was originally made between substantives and adjectives: the latter differentiation goes back to the twelfth century (nomen substantivum and nomen adiectivum). Participles are nowadays not regarded as a separate word class (they are forms of verbs or "frozen" forms functioning as adjectives), and some authors (Jespersen 1924 and Jackendoff 1973) do no longer distinguish between prepositions and conjunctions. Chomsky's (1970) four-part classification of major word classes by feature clusters (see section 3) eventually led to a further conflation of adjectives and adverbs (see Radford 1988, 138). On the other hand, adverbs have always been a "left-over" category with many different functions and structural properties (Dionysios had included interjections in the adverbial category).

Traditionally, the definitions in question combine semantic, syntactic, and morphological criteria. A noun, for instance, was defined by Dionysios as a constituent [syntactic criterion] marked for case [morphological criterion] which denotes a thing [semantic criterion], e.g. a stone, or an action, e.g. education, which is used to designate a general class (e.g. human being, horse) or a specific individual (e.g. Socrates). The noun was said to have five "accidentia": gender, kind (derived vs. underived), form (composite and simple), number and case (cf. Arens 1955, 21). "Derived" vs. "underived" and "simple" vs. "compounded" are nowadays not treated on a par with, for instance, nominal gender, number, and case inflection, but still the kinds of derivation which are possible for each word class are constitutive for the word class in question just like the inflection. In traditional grammar it became customary to list word classes in paradigms: What would nowadays be called a "lexeme" is an abstract unit represented by a number of different inflected (or derived) word forms according to the regular inflectional and derivational potential of the word class in question. Thus, a word form like *puellam* would be a form (ACC.SG.F) from the noun paradigm *puella*, *puellae*, etc. 'girl'. Accordingly, a "noun" is an abstraction over many forms of the noun.

The classical word classes were elaborated with respect to two fairly similar language types (Classical Greek and Latin respectively), where the criteria could be used almost interchangeably (compatibility with gender, tense, etc.). As hardly any work had been done on Non-Indo-European languages until the nineteenth century, it was generally felt that the classical divisions were compatible not only with Greek and Latin, but represented a useful framework for the classification of word classes in other languages as well. Since then, familiarity with very different language types (e.g. American Indian languages) has led more and more people to doubt the universal applicability of traditional word class terminology. The attempt to arrive at a more suitable analysis for languages in general consisted in a strictly taxonomic, descriptivist approach: Every item was classified according to all the contexts it was able to occur in, yielding a multitude of classes which were often not even given names, but abstract numbers for the language under discussion (cf. Fries 1952). However, this extreme position was soon felt to be too hermeneutic and of little use for the comparison of languages (for modern solutions of these problems in the area of connectionist networks see section 12). Many authors have since then been trying to achieve comparability by using a prototype approach (cf. Walter 1981). There are certain areas where languages appear to behave relatively alike, and there seem to be implicational hierarchies holding between the categories in question. Thus, for instance, if a language has tense, the class which is compatible with tense always includes action expressions, and if a language in question has adjectives, it also has nouns (but the reverse is not true). Givón's "time stability hierarchy" (Gión 1984) seems to be a useful way of ordering translational equivalents from a "nominal" to a "verbal" extreme, with the intermediate position of translational equivalents of adjectives (cf. Pustet 1989). Nevertheless, the prototype approach does not explain why languages differ, and the mere reference to what is "prototypical" does not define what is special for each of the languages in question. Apart from that, the prototype analysis will usually disregard the difference between a syntactic (syntagmatic) and lexical (paradigmatic) analysis (cf. Hjelmslev 1959, and see section 3), so those items which used to be called "lexical classes" have sometimes between called "syntactic categories" in modern works (Croft 1991). Other approaches, which are not based on prototypes, try to reduce the relevant parameters to syntactic characteristics and argument structure in terms of predicate logic respectively (Wunderlich 1996).

3. Modern definitions of word classes

As for the formal approaches mentioned, Chomsky (1970) had defined nouns by the feature combination [+N/−V], verbs by [−N/+V], adjectives by [+N/+V], and prepositions by [−N/−V]. Wunderlich (1996) reorganizes Chomsky's schema of major word classes by employing the features [+/− referentially dependent (+/− dep)] and [+/− articulated argument structure (+/− art)]. In his system, nouns are characterized as [− dep/− art], verbs as [− dep/+ art], adjectives (and adverbs) as [+ dep/− art], and pre/postpositions as [+ dep/+ art]. Accordingly, nouns and verbs share the feature [-referentially dependent], while "V's differ from N's in both their referential capacity and their potential for argument structure" (Wunderlich 1996: 1), represented by the feature [+/− articulated]. "Referentially dependent" means that the category has no "referential argument" of its own (this means, roughly, that it may not govern a "subject", but figures as a modifier). Both nouns and verbs are "predicates" which may govern a referential external argument ["subject"], but only verbs are "predicates" which require an "articulated [complex and explicit] argument structure" in their logical form. This means that unlike nouns, verbs are characterized by having a "situational argument" (referring to an event) as well as an argument referring to an individual. The latter argument figures as a "possessor of the act" in action nominalizations or will become encoded as an agent noun, which requires a participial deverbal nominalization. Adjectives (and adverbs) must be able to figure as modifiers ([+ dep]), while they are unmarked for argument structure ([−art]). Prepositions must be able to modify a nucleus, and they must be able to govern additional arguments ([+art]). The major difference between Wunderlich's system and the Chomskyan one is the fact that Wunderlich tries to set the markedness conditions right (the '−'-sign stands for being unmarked in the sense of Jakobson 1971): Adjectives and prepositions are more marked word classes than the classes nouns and verbs (which are also regarded to be more basic than the former in the typological literature).

Leaving the technical details aside, Wunderlich's formal analysis is in principle not very different from the ones suggested in the functionalist typological literature; Hengeveld (1992) actually combines a formal and a functionalist approach. For Hengeveld, like Wunderlich, lexical classes of any kind are "predicates" in the sense of predicate logic, though these "predicates" differ in the way they can enter particular constituents in an actual clause. A verb, according to Hengeveld, is a category which is unmarked in its predicative use, but marked elsewhere, i.e. it is "a category which, without further measures being taken, has a predicative use only" (Hengeveld 1992, 58), whereas a noun is regarded as a category "which, without further measures taken, can be used as the head of a term" (Hengeveld 1992, 58). Adjectives and adverbs are "predicates" – which without further measures being taken – can be used as modifiers (of expressions referring to first order entities (individuals) or second order entities (events)). Croft's (1991) account of what he calls "syntactic categories" also basically differentiates between items which are unmarked (used without derivation) for reference ("nouns" prototypically designating objects), predication ("verbs" prototypically designation actions), and modification ('adjectives" ('property words") and "adverbs").

A good deal of variation can be explained in these frameworks. As we said earlier, predicate logic does not require a universal distinction between nouns and verbs, etc. (note that nouns and verbs share certain features according to Wunderlich 1996, while they differ in other respects). Thus, there might be languages where all lexical items enter the same syntactic slot or display largely the same potential of use. In fact, in certain Salishan languages lexical items translating as 'dog' or 'run' can figure in predicate phrases just as well as in referential phrases without derivation or any major categorial difference in their structural behaviour (cf. Bella Coola (Davis/Saunders 1984, 210) *ðikm ti-wač-tx* (run(3) DEIC-dog-DEIC 'the dog is running') vs. *wač ti-ðikm-tx* (dog(3) DEIC-run-DEIC 'the one running is a dog') as well as Shuswap (Gibson 1973:80) *teʔ k-s-čum-s* (be.not(PAST.3) IN-DEF-"NL"-cry-3SG.POSS 'his crying was not', 'he did not cry') vs. *taʔ k-s-qəníməgl-s* (be.not(3) INDEF-"NL"-mosquito-3SG. POSS 'its being a mosquito is not, 'it is not a mosquito' (Kuipers 1974, 97). For discussion see Broschart 1991; for a generative account of Salish see Jelinek/Demers 1994. Iroquoian Cayuga has been claimed to be a language where most "words" are predicatively inflected "wordsentences" (cf. Sasse 1988, 186ff.), which occasionally show only slight combinatorial differences between what translates as nominal and verbal lexical material (*h-ǫkwe-h* (he.(it)-man STAT 'he is a man') vs. *ha-hyatǫ-ha'* (he.it-write-IMPF 'he is writing it').

Hengeveld (1992, 69) classifies languages into "flexible", "rigid" and "specialized" types. In the first case, lexical material may freely be employed in various morphosyntactic functions in the clause, in the second case there may only be few types of constructions, to the effect that all lexical items must go to this limited set, and "specialized" languages are "classical" ones which display a variety of syntactic functions which are associated with specific word classes. Hengeveld establishes implicational hierarchies between these extremes leading from "flexible" to "specialized" to "rigid" languages. From this point of view, variation seems to be more or less a matter of choice between whether languages "prefer" to be rather tolerant of multifunctionality and transcategoriality in the lexicon or not. As for other traits of variation, it has been frequently claimed that if the languages in question fail to draw the distinction consistently in the lexicon, it is always the syntactic environment which will determine the function of the "underspecified" (Schiller 1989) items in the clause, but this appears to be doubtful (see Broschart 1997a).

In any case, every lexical analysis must a) base its results on formal criteria such as syntactic distribution, morphological inflection, derivational potential, etc., b) observe possible correlations with ontological (object-semantic) categorizations, c) seek for correspondences with basic functions of the discourse (reference, predication, modification), and d) distinguish methodologically between a lexical (paradigmatic) and a syntactic (syntagmatic) level of analysis.

That one always has to draw a methodological distinction between a paradigmatic and a syntagmatic analysis already follows from a simple consideration: Supposing there are only two syntactic environments, A and B. From a paradigmatic point of view there may be a category which allows A, but not B, B, but not A, and A as well as B. Thus, there can be three paradigmatically defined lexical categories, when there are only two syntactic categories. It is true that it will probably be felt that the category which allows A, but not B, is "prototypically" distinct from the one which allows B, but not A, yet the difference between a lexical and a syntactic analysis remains, and one has to investigate this inequality because it is the major source of variation and confusion in the description of languages which choose a different form of categorization compared to classical Latin and Greek (see section 5).

On the other hand, while the methodological distinction between the lexical and the syntactic level is important, one must also account for their relationship. Plank (1984, 495) specifically points out that word classes must never be defined with respect to one random criteria, but that the classification must reflect systematic relations throughout the language system: "WA-Unterscheidungen [sind] nicht in einem Vakuum zu treffen und [sind] nicht Selbstzweck, motiviert [...] durch ein [...] Bestreben, den Wortschatz einer Sprache sei es wie es wolle zu ordnen, sondern [müssen] in notwendigem Zusammenhang mit der gesamtgrammatischen Struktur der jeweiligen Sprachen erfolgen". The relationship between lexical and syntactic categories from a typological point of view is discussed prominently in Sasse 1993a and 1993b, as well as Broschart 1997a.

4. Some model cases of variation in (opinions about) word classification

In spite of the fact that at least the formal apparatus of predicate logic does not require any categorial distinction between translational equivalents of nouns and verbs, most linguists take the universality of nouns and verbs for granted, while there is doubt about other categories such as adjectives, etc. (cf. Dixon 1982, 2). This assumption with respect to nouns and verbs has been challenged at various times (e.g. by Kinkade 1983, Tchekhoff 1984, Himmelmann 1987, Sasse 1988 and 1993a, Broschart 1997a) and for various languages (Salish, Tongan, Tagalog, Iroquoian, etc.) but there have always been experts on the same or similar languages who insist that the distinction is actually present (see, for instance, Jacobsen 1979 on Nootkan and Salish, and Vonen 1997 on Tokelauan). These problems are largely due to the fact that there is no universally accepted definition of what a "nominal" and a "verbal" category is, so that Schachter (1985, 6) suggests that "whether or not all languages make a distinction between nouns and verbs [...] may ultimately turn out to be more a matter of terminology than of substance". On the other hand, as long as there is not agreement on how one use of "nominal" and "verbal" relates to the other, and as long as there is no way of determining which use is more appropriate than the other, the terminology in question is highly confusing for linguistic typology and ceases to be useful for linguistic analysis. We shall illustrate some of these issues below.

5. Nouns and verbs

A "verb" is commonly assumed to be a "word" (for various readings of "word" see Matthews 1992 and Lieb 1992) which carries or occurs in combination with tense, aspect or mood. Semantically, the class of verbs will always contain word forms which express actions as opposed to "time-stable" expressions of individuals. In discourse, verb forms are typically used for predication, as opposed to noun forms, whose "time-stable" relation to their referents makes them inherently more suited for the function of establishing a constant reference in the discourse. This concept of a "verbal" category applies with no difficulty to a Latin verb form *laudabat* 'he was praising' from the verb paradigm *laudo, laudas*, etc., as opposed to *puer* 'boy' from the noun paradigm *puer, pueris*, etc., which does not immediately combine with tense/aspect/mood and which needs copula support in predicative function. Conversely, Latin verbs, unlike nouns, occur in special "non-finite" forms (e.g., participles) if they are not to be predicated and occur in referential argument function. However, the above "definition" of a verb or verbal category would also apply in problematic cases, which are only superficially similar to the Latin verb. Consider, for instance, Tagalog *bumibili* (buy: IMPF.REAL:AG.FOC '(is) buying') marked for aspect and mood, but which may either be used in predicative function or in referential function after the referential marker *ang* (*ang bumibili* 'the one buying'), like an Indo-European participle. In Cayuga, there is some categorial distinction between different types of roots (most translational equivalents of nominal roots must be incorporated into some relic of a "verbal" root predicate), but both a word form such as *ha-hní:no-hs* (he.(it)-buy-PRES.IMPF 'he buys (it)') and *ka-nhóh-a-'* (it.(it)-door-(COP)-STAT 'it is a door') look as if they were fully predicative wordsentences marked for aspect. In Tongan, a tense marker such as *na'e* (PAST) and a continous marker *kei* 'still' are typical in combination with translational equivalents of verbs (*na'e kei lele* (PAST still run) '(he) was still running'), but they are also possible in connection with words such as *tamasi'i* 'boy' (lit. 'little (*si'i*) person (*tama*)') as in *na'e kei tamasi'i* (PAST still boy) '(he) was still a boy'. In other words, in comparison with the classical definition, "verbality" could be defined only on phrase level in Tongan, but not on word level, in Cayuga "verbality" could only be defined on root level, but not on word level, and in Tagalog "verbality" may be defined with respect to the aspectual marking of a specific word form, but there is no finiteness involved (apart from the fact that *bili* can also occur without aspect marking (as 'act of buying'), while *batà* ('child/boy') can actually combine with aspect and focus forms, too : *bumatà* 'to grow or look younger')). No doubt, the various uses and facets of "verbality" are related in terms of "family resemblance" (Wittgenstein 1953, Section 66–67), but so far, the terminology remains highly confusing for in-depth studies into the nature of categorial distinctions.

As far as the relationship between lexical and syntactic categories is concerned, some authors assume an obligatory "slot-filler"-relation between "nominal" material and

"DPs", or "verbal" material and "IPs" (Grimshaw 1991, for "DP" and "IP" see Abney 1987), while others assume the levels to be theoretically independent (Steinitz 1997), such that there could be languages with IPs and DPs, but without lexical nouns and verbs. It is still a matter of controversy whether the occurrence of lexical material in a DP or IP automatically "converts" the material into "nominal" and "verbal" material or not. Taraldsen 1995 presents a good survey of relevant questions on how to determine whether languages draw word class distinctions of a particular type.

Broschart (1997a) offers a new solution to the problems of noun/verb typology and the relationship between lexical and syntactic categorization. While he acknowledges the partial similarity of the behaviour of lexical material in the languages of the world, and while there is no doubt about the prototype tendency of action expressions to combine with tense in a predicative function (as opposed to non-action expressions to combine with case and articles in referential argument function), there are nevertheless clear typological differences beneath the level of prototype similarity. Tongan, for instance, is suggested to be a "type/token-language", which unlike a classical noun/verb-language does not draw a major distinction between a lexical word class with markedly predicable ("finite") word forms ([+pred])' and a word class which does not have finite word forms (i.e. which is not markedly predicable ([-pred]), but which, by way of contrast, strictly distinguishes between a non-referential lexical "type" ([-ref]) and a referential, syntactic "token" ([+ref]). The referential tokens may then either be article-marked "DPs" (usually referring to individuals) or tense-marked "IPs" (referring to events). In a "type/token"-language like this, translational equivalents of lexical nouns or verbs share the same features ([-ref] and [-pred]), which explains their similar behaviour (they can occur after tense as non-referential predicates and after articles as non-predicative material without any derivation), but there is always a clear distinction between the plain lexical non-referential "type" material (a word) and the phrasal referential "token" construction. The token may then be a tense syntagm ([+ref, +pred]) or an article syntagm ([+ref, +pred]). In a classical noun/verb-language, the lexical material differs by the feature [+/−pred] (the word class of verbs always contains markedly predicable, "finite" word forms as opposed to nouns), but there is no clear, overt distinction between non-referential lexical material and phrasal material (a Latin word form such as *puella* can be a word form from a lexical paradigm or translate as a phrasal item 'the/a girl'). In other words, the language types differ by the relative dominance or strength of one of the basic distinctions possible: [+/−referential] and [+/−predicable].

As a consequence, compatibility with tense, etc. may have a different systematic status in different language types. In Tongan, all sorts of Tongan predicates may follow a tense marker, as long as the predicate is non-referential (not article-marked), while in Latin tense combines only with finite word forms from a "verbal" paradigm. And while tense in Latin will automatically imply that the predicate refers to an action or situation, a Tongan tense marker does not (*'oku pa'anga 'e tolu* (PRES dollar LNK 3) means that something has the value of three dollars (lit. "is three dollars (in worth)") as opposed to *ko e pa'anga 'e tolu* (PRST ART dollar LNK 3) which means that something has the identity of being three dollars (as coins)). Even certain indefinite pronouns and proper names (as names) may occur after tense (*'oku hā* (PRES what) 'how is that? (asked unbelievingly)' vs. *ko e hā* (PRST ART what) 'what is that?', *na'e toe Sēmisi I* (PAST also James I) 'he also held the name James I' vs. *ko Sēmisi I* (PRST James I) 'he is James I'). There are also hardly any absolute distinctions with respect to the compatibility of lexical items with derivations and grammatical material in Tongan (for details see Broschart 1997a). In Latin, verbal and nominal paradigms and their syntactic constructional potential are clearly distinct, and transitional cases need to be derived.

Nonetheless, even a language like Tongan does have different lexical classes, though they cannot be identified with nouns and verbs. Here it may be true that one individual construction or criterion (e.g. compatibility with tense) does not yet suffice for the identification of the word class, but the classes differ in terms of their total paradigmatic potential. From this "paradigmatic" point of view, many word classes can be established, including the class of body part words, relatives, sex specification, action words, etc. In classical languages, however, it is possible to distinguish the word classes not only with respect to the full paradigmatic potential, but with respect to any occurrence of word forms in syntax, too. For instance, the predicative use of verbs in Latin will involve specific morphological forms such as *laudat* 'praises', while nouns require special copula constructions like *lupus est* 'is a wolf'; attributive uses of verbs require participle forms such as in *domina laudanda* 'a mistress to be praised' vs. an ordinary adjectival attribute as in *domina beata* 'a rich mistress'. Again, the syntagmatic and the paradigmatic go hand in hand in Latin, while the levels are largely kept separate and independent in a language such as Tongan.

Regardless of these typological differences, there are universal ways of ordering the data encountered. One of the implications which seem to be valid for all languages is that if there is a morphological person marking similar to verbs on a predicative noun form (as in Tamil *makan-en* (son-ISG) 'I am the son') vs. *azu-kir-e-en* (weep-PRES-AFF-ISG) 'I am weeping'), this does not yet imply a morphological tense marking. If there is a morphological tense marker similar to verb marking on predicative noun forms (as in Turkish adam-di (= *adam i-di* (man(-)COP-3SG.PAST) 'he was a man')) and *elmaydi* (= *elma i-di* (apple (-)COP-3SG.PAST) vs. *sev-di* (love-3-SG.PAST) 'he loved)), this does not yet imply that there is a "nominalization" similar to translational equivalents of verbs as in Salish ('its being a mosquito' being parallel to 'its crying' (see section 3)). Conversely, if case-like items combine with underived translational equivalents of verbs (as in English *to send*), this does not yet imply that the form is compatible with articles (? *the send*, vs. *the sending*). There are languages where underived translational equivalents of verb forms are compatible with articles, but only in few languages will these constructions refer to individuals rather than actions (cf. Salish 'the one running' (see section 3) vs. English 'the run'). "Deverbal" forms which are compatible with articles (gerunds and participles, or underived forms) do not necessarily have inherent gender and number (cf. German ? *zwei Gehen* 'two goings' vs. *das Gehen* 'the going', *zwei Gänge* 'two courses', *der Gang* 'the course', and *der/die Gehende* 'the one (M/F) going' as opposed to der *Fußgänger* 'the pedestrian'). Prototypically, therefore, a "true" equivalent of a verbal construction refers to something abstract, is tense- and person-marked, as well as predicative. A prototype equivalent of a nominal construction refers constantly to an individual, is referential, and subjected to some predicate, but there are different stages of overlap between these requirements (for details see Broschart 1991).

6. Adjectives

Dixon (1977) is the standard reference to research on adjectives. There is further information on the typological order of the category in Pustet (1989), Thompson (1989), Bhat (1994), Wetzer (1996), and Wierzbicka (1986). Dixon (1977; 1991) distinguishes various semantic types such as "dimension" (big, thin), "physical property" (hard, sick), "speed" (fast, slow), "age" (new, old), "color" (white, black), "value" (good, bad), "difficulty" (easy, simple), "qualification" (definite, possible), "human propensity" (angry, clever) and "similarity" (like, different). It appears from his sample that even in the case of languages that have only a small class of adjectives, it will be items denoting age, dimension, value and color, which are most likely to be in the adjectival set. By way of contrast, human propensity words tend to cluster with nouns, and words denoting physical propensity and speed are likely to cluster with verbs. Wetzer (1996) differentiates languages with "nouny" adjectives from languages with "verby" adjectives as well as "mixed" languages which have a "split adjective" class (with many subgroups in one group) and "switch adjective" languages (where the same "adjectives" allow "nouny" and "verby" uses alike). Wetzer (1996, 287) observes, too, that "a) if a language has an open class of nouny adjectivals, then it will be tensed. If a language is tensed, then it will have an open class of nouny adjectivals", and "b) if a language has an open class of verby adjectivals, then it will be non-tensed. If a language is non-tensed, then it will have an open class of verby adjectivals". In other words, the so-called "tensedness universals" suggest that adjectives will tend to behave similarly to verbs, as long as the language does not have a tense category. Accordingly, it is assumed (1996, 294) that adjectives are predicates by default much like verbs, but that tense is ontologically not inherent in the category (Wetzer also discusses some apparent counterexamples to this hypotheses). Thompson (1989), too, shows that the "normal" use of adjectives is a predicative one in terms of sheer frequency (though adjectives are still best differentiated from other categories in the attribute slot). Wierzbicka (1986) offers a valuable discussion beyond the prototypical delimitation of adjectives. Her central concern is to show how adjectives differ from nouns, and she claims (1986, 356) that it is not just core nouns which differ from core adjectives. There seems to be a persistent, systematic difference throughout. A particularly strong trait of nouns is "typicality", and whenever a translational equivalent of an adjective figures as a noun in a specific language, it will be associated with a degree of typicality and identificational "noticeability" beyond what is inherent in the adjectival counterpart. Compare, for instance, the different behaviour of *deaf* and *blind* vs. *hunchback* and *cripple*. While both are from the same domain of "human propensities" or "physical properties", the latter are more pertinent to the identification of person in question. Furthermore, while 'old' is usually regarded to be a "prototype adjective", in many languages there are "nounal" words specifically denoting old people (e.g. Fr. *vieillard* 'old man'). It is only in contexts where age is supplied as an additional means of identification that it becomes a prototype adjective. As Jespersen (1924/1968, 75) observes, the "extension of a substantive is less, and its intension is greater than that of an adjective, The adjective indicates and singles out one quality, one distinguishing mark, but each substantive suggests [...] many distinguishing features]...]: a botanist easily recognizes a [...] blackberry bush even at the season when [it has] no black berries" (but a black berry must be black at the time of identification (cf. Bhat 1994: 31). Like in the case of the "prototype" distinction between nouns and verbs, Givón's "time-stability" hierarchy can be used to order different types of adjectives (cf. Pustet 1989). For correlations between adjectives and classifiers see below. A formal discussion of the subclass of dimensional adjectives is presented in Bierwisch/Lang 1987. Conceptual and typological aspects of color expressions are described in Berlin/Kay (1969). For details on subcategorization from a typological point of view see section 9.

7. Prepositions

Prepositions (sometimes called adpositions as a neutral term for pre- and postpositions) are an interesting category from various point of view. They generally seem to "oscillate" between a lexical and a grammatical category ("case"), and it is comparatively easy to reconstruct the historical development of the items in question (thus they are of great importance for research in grammaticalization (see Heine et al. 1991 and Bowden 1992). Apart from that, they usually represent a closed set of very basic propositional notions (identity, concomitance, possession, location, etc.), which makes them interesting for research on cognition, especially spatial cognition. The typological discussion of variation in their syntax is a relatively new topic (see Broschart 1994).

Most frequently, adpositions develop from relational nouns (body part words), which then become general spatial nouns or spatial adverbs before they turn into canonical adpositions (cf. English *at the back of the house* > *to be back* > *back the house*). Another prominent source are verb-like expressions, which might first become coverbs (as in Chinese, see Hagège 1975 and Paul 1982) before they figure as actual adpositions. According to Heine 1989, motion adpositions tend to go back to verbs more easily than stationary concepts.

Much of the debate on the syntax of prepositions from a generative point of view focuses of whether they represent a lexical category or a grammatical (functional) one (see Rauh 1991). From a typological point of view, the evidence suggests that prepositions are notoriously "in between" theses levels, i.e. that it is the function of prepositions to intermediate between the major categories (grammar and lexicon, noun and verb, etc.). This also includes the fact that adpositions are typically placed between a VP and an oblique NP (if the VP precedes, the language always has prepositions, if the VP is final, the languages with overwhelmingly greater than chance frequency have postpositions (cf. Greenberg 1963/1966, 78), such that the adposition will nearly always occur between the major phrases (VP PREP NP, NP POST VP).

Apart from intermediating between the major categories, adpositions also have characteristics setting them off from any other category. All prepositions must be able to modify a nucleus and they must be able to govern a ('nominal'') constituent. This does not mean that every use of the items in question must fulfill all these requirements. In fact, since there appear to be rather regular correspondences between a "canonical" use (e.g. *to live inside a box, to stand before a house*) and "non-canonical" ones (e.g. *to be inside, to know something before anybody told you*), Jespersen (1924) and Jackendoff (1973) conflate traditional prepositions, conjunctions, and certain particles in one category. Broschart (1994) argues that the correspondences between prepositions, conjunctions and particles need not be prominent in every language, while there are languages where prepositions show systematic overlap with other categories, but not with the ones expected from the point of view of English. In comparison with Tongan, the only criterion which unites adpositions in English and Tongan is the fact that each item may modify a nucleus and may govern an NP or DP respectively. What is typologically different is the fact that in English all items from the adpositional class are always used as oblique ("adverbial") modifiers, while the form of the complement is largely unspecific (it may be an NP, a clause or nothing), whereas in Tongan the complement is nearly always a DP, while the adpositional item need not be a modifier of a predicate or introduce a prepositional attribute of a "nominal" nucleus. Broschart claims that some members from the prepositional category can be used as copula-like predicates on DPs (*ko e tangata* (PRST/ESS ART man) 'there/opposite is a man'), and others may function as "pseudoverbal" predicates introduced by tense ('*oku 'i he falé* (PRES LOC ART house: DEF) '(it) is at the house'). In the first case, the DP following the preposition can be regarded as a "subject of the preposition", rather than an "object of the preposition". There are also cases in Tongan where the prepositional element does not govern, but modify the NP it precedes. Thus the comitative *mo* 'with' translates as English 'too' if it is used in front of an absolutive phrase (*na'e kata mo Pita* (PAST laugh COM Pita) 'Peter, too, was laughing'). In English as well as in Tongan we find different degrees of prototypicality as compared to the standard function of the preposition to be used adverbially while it governs an NP or DP respectively.

8. Adverbs and other categories

Because the category "adverb" and its translational equivalents are so heterogeneous, typological work usually concentrates on certain subsystems of traditional adverbs. For reference see Van Baar (1997) on counterparts of so-called "phasal" adverbs. European adverbs and adverbials are discussed in a very recent book by Van der Auwera & Ó Baoill (1997). "Particles" seem to exist in every language apart from lexical words (Sasse 1993b: 652), but their set membership is different.

A survey on the typology and the development or "emergence" of articles is given in a new book by Himmelmann (1997; see section 11).

Pronouns and pronominals are a category where crosslinguistic variation is most obvious: A reference to a speaker, for instance, can be established by a pronominal affix, a free deictic, or occasionally by a certain lexical item (e.g. 'servant' as in Japanese). What also differs is the extent of the marking of gender, number, etc. on these items.

In addition, there are word classes which have not been found in classical Greek or Latin. The category of classifiers, for instance, (see Craig 1986) is a word class of its own. On the other hand, classifiers share some properties with morphological types of nominal classification ("gender"), and they are are partly similar to mensurals ("a unit of") and adjectives respectively ("big (object)", etc.). Therefore, while the assignment to specific morphosyntactic classes may differ from language to language, the assignment does not vary randomly and indefinitely. Typological traits and subcategories of classifiers are discussed in Bisang (1993), Löbel (1996), and Broschart (1997b).

9. Lexical subcategories

Research on lexical classification beyond the standard, classical set has demonstrated that languages reveal a great variety of paradigmatic lexical differences, irrespective of whether or not the languages generally seem to follow the classical pattern or not. According to Mattissen (1995), Japanese basically distinguishes between inflected and non-inflected lexemes; it is the uninflected ones which can be subclassified into translational equivalents of nouns and adverbs, while the inflected ones can be subclassified into verbs and adjectives of a specific king. In Greenlandic, by way of contrast, nouns and verbs are both inflected categories, which are set off from a small category of uninflected "adverbs". Therefore, the systematic status of the "word classes" may differ from language to language. In addition, the so-called "nouns" of Japanese are a quite heterogenous class whose members share morphosyntactic characteristics only to a certain degree. One of the "nominal" subclasses contains "property words" which are halfway between the "prototype" substantives and the "inflected adjectives". But the "squish" between the translational equivalents of adjectives is categorially disrupted by the superclasses mentioned above. In Tamil, on the other hand, there is a very large number of different lexical subclasses which traditionally have been called adjectives, or where people claimed that the "adjectives" in question were actually nouns, etc. For instance, there is one class of non-tensed words which will occur in their plain form as attributes and as a forms carrying a "verb-like" person inflection (type 1) in predicate function (e.g. *putu* 'new', *putu-cu* 'it is new'. (The "adverbial" form is *putu-c-aa* 'newly')). Another class ends in stem-final-a in attributive function, may take an "non-finite" person inflection (type 2) in predicate function or take a "finite" person inflection (type 1) in predicative function, each without tense marking (*nall-a* 'good', *nall-avan* '(he) is good', *nall-en* 'I am good'. (The adverbial form is *nall-aa* 'nicely')). Again, it is necessary to emphasize the need for a paradigmatic analysis, which is more or less independent from a specific syntactic function or a specific word form in a specific syntactic slot.

10. Different types of categorization

There are also languages which seem to contradict one's usual expectations concerning the canonical morphology of "nominal" and "verbal" constituent. In Nama (Khoekhoe), for instance, there is a fairly clear distinction between "verbal" and "nominal" lexemes, inasmuch as only "verbal" ones may combine with tense. On the other hand, representatives of "verbal" lexemes appear to combine with items which are most similar to affix-like tense markers only inside "nominalizations" (cf. *haa(-)ko-p* (come(-)REC.PAST-3SG.M: TOP/SUBJ) 'the one who has just come' vs. *ko haa* (REC:PAST come) '(has) just come'), and only "nominal" constituents may receive a predicative "inflection" and take person subject affixes (cf. *ʔao-pà* (man-3SG.M: FOC/PRED) 'it is the man' and *ʔao-p ke ko haa* (man-3SG:TOP/SUBJ ASS REC.PAST come) 'the man has just come'). These peculiarities are probably a historical consequence of extremely liberal syntactic permutations under pragmatic circumstances (see *haa(-)ko-p ke ʔao-pà* (come(-)REC.PAST-3SG.M: TOP/SUBJ ASS man 3SG.M: FOC/PRED), lit. 'having just come did the man', vs. *ʔao-p ke ko haa* the man has just come' (see above). These permutations bring items into contact with each other which would not be likely to coincide in languages with a more rigid word order.

Indonesian, too, is a language where the classical word class terminology does not seem to fit. There are, no doubt, different expressions for activities, states, individuals, etc., but the morphological potential for lexical roots of all kind is more or less identical, and every morphological word form can be placed in rather similar syntactic environments (cf. *membirukan itu* 'the/that act of dyeing cloth' (with an action expression containing a *men-* prefix and the demonstative *itu*) and the plain word form *anak* 'child' as in *anak itu* 'that child', besides *ber-anak* 'to have or be with (a) child' with a prefix *ber-*, which is usually employed with translational equivalents of intransitive "verbs" (cf. *berbicara* 'to talk')). The alleged categorial distinction between "nouns" taking *bukan* and "verbs" taking *tidak* in negation is not strict, either. The relevant classification in Indonesian is essentially a categorial distinction between classes of word forms (underived ones include expressions for concrete referents, derived ones usually represent not timestable, transitive concepts etc.), but not a distinction between classes of lexemes, as in Latin. A detailed analysis of an Indonesian language is given in Gil (1994). (The facts of Indonesian are not quite the same as in Polynesian Tongan. For the categorization of Tongan as a "type/token-language" see section 5).

The problem in languages like Iroquoian Cayuga has been briefly addressed in sections 4 and 5. Here there are some fairly clear distinctions between lexical roots, but most word forms have been claimed to be a fully inflected "wordsentence" (Sasse 1988; 1993a), resulting in a fairly "shallow" syntax of appositive character. However this may be, Iroquoian is also not a language lacking lexical differentiations altogether, even though the categorization is not identical with or easily translatable into languages with nouns and verbs. Further research will be necessary to investigate the full extent of variation in lexical categorization.

11. Grammaticalization of word classes

The diachronic dimension of the development of word classes has already been alluded to in our discussion of prepositions. Claudi/Mendel (1991) and Sasse (1993c) discuss the development of other word class distinctions. In Egyptian Coptic, for instance, there has been a continual shift from a clear noun/verb-distinction to a weaker one through the grammaticalization of participles as regular verb forms. In English, on the other hand, the loss of most inflection has led to an enormous freedom of "conversion" (Marchand 1964) on the basis of the same stem morpheme. Himmelmann (1997) discusses the development of the category of "articles" in many languages from the point of view of "emergent grammar". It is claimed that there is no universal categorization of the type "noun" + " determiner", and that there is no general teleological process of reaching this "ideal". What is universal are "self-evident" principles of the discourse leading to different results on different levels of grammaticalization. As Hopper/Thompson (1985) have shown, categorial distinctions are strongest with respect to "discourse-manipulable" items, so that word classes "emerge" through the activity of dealing with words in the discourse, rather than just by giving expression to ontological concepts.

12. Further research

New techniques of representation may one day enable researchers to largely overcome the problems faced by traditional taxonomic approaches to variation in lexical categorization. Honkela et al. (1995), Honkela (1997), Zavrel (1996) and Zavrel/Veenstra (1995) have developed computer models which automatically group lexical items according to multi-dimensional similairies of their uses in a text corpus of relatively great size, and which allow a "map" display of the categories in questions, allowing crosslinguistic comparison. Since their research has largely been restricted to European languages, the categorizations, so far, appear to be not very different (in spite of the fact that the languages all differ from each other, and though no languages shows any absolute correspondence with "ideal" nouns and verbs). It would be very interesting to test these techniques in languages that appear to differ quite strongly from the European mould. One problem could be, however, that sheer frequency may override the criterion of possibility of use, such that all language will eventually look the same again from a "prototypical" point of view, but leaving the details unexplained. In any case, what is needed are adequate, in-depth studies which force us to look at the distinctions languages really make, rather than to look for distinctions only because we have inherited them from the study of Indo-European.

13. Abbreviations

ACC – accusative, AFF – affix, AG – agentive, ART – article, ASS – assertive element, COM – comitative, COP – copula, DEF – definite, DEIC – deictic, DP – determiner phrase, F – feminine, FOC – focus, IMPF – imperfective, INDEF – indefinite, INF – infinitive, IP – INFL – phrase (Abney 1987), LNK – linker, LOC – locative, NL – nominalization, M – masculine, NP – noun phrase, PAST – past tense, POSS – possessive, POST – postposition, PRED – predicative, PREP – preposition, PRES – present tense, PRST – presentative, SG – singular, REAL – realis, REC – recent, STAT – stative, SUBJ – subject, TOP – topic, VP – verb phrase.

14. Literature (a selection)

Abney, Steven (1987), *The English Noun Phrase in its Sentential Aspect*. Cambridge, MA: MIT Press.

Arens, Hans (1955), *Sprachwissenschaft. Der Gang ihrer Entwicklung von der Antike bis zur Gegenwart*. Freiburg: Karl Alber.

Berlin, Brent; Paul Kay, (1969), *Basic Color Terms. Their Universality and Evolution*. Berkeley: University of California Press.

Bhat, D. N. Shankara (1994), *The Adjectival Category: Criteria for Differentiation and Identification*. Amsterdam: Benjamins.

Bierwisch, Manfred; Ewald Lang, (eds.) 1987), Grammatische und konzeptuelle Aspekte von Dimensionsadjektiven. *Studia grammatica* 26 and 27.

Bisang, Walter (1993), 'Classifiers, quantifiers and class nouns in Hmong'. In: *Studies in Language* 17/1, 1–51.

Bowden, John (1992), *Behind the Preposition. Grammaticalisation of Locatives in Oceanic Languages*. (Pacific Linguistics Series B-107). Canberra: Australian National University.

Broschart, Jürgen (1991), 'Noun, verb, and PARTICIPATION. (A typology of the noun/verb-distinction). In: H. Seiler; W. Premper (eds.) *PARTIZIPATION. Das sprachliche Erfassen von Sachverhalten*. Tübingen: Narr, 65–137.

–, (1994), *Präpositionen im Tonganischen. Zur Varianz und Invarianz des Adpositionsbegriffs*. Bochum: Brockmeyer.

–, (1997a), 'Why Tongan does it differently: Categorial distinctions in a language without nouns and verbs'. In: *Linguistic Typology* 1/2, 123–165.

–, (1997b), 'Locative classifiers in Tongan'. In: G. Senft (ed.) *Referring to Space – Studies in Austronesian and Papuan Languages*. Oxford: Clarendon Press; 287–316.

Chomsky, Noam (1970), 'Remarks on nominalization'. In: R. A. Jacobs & P. S. Rosenbaum (eds.), *Readings in English Transformational Grammar*. Waltham, MA: Ginn, 184–221.

Claudi, Ulrike; Mendel, Daniela (1991), 'Noun/verb-distinction in Egyptian-Coptic and Mande: A grammaticalization perspective" In: U. Claudi; D. Mendel (eds.), *Gedenkschrift Peter Behrens*. (Afrikanistische Papiere, Sondernummer 1991). Köln: Instiut für Afrikanistik, 31–53.

Craig, Colette (ed.) (1986), *Noun classes and categorization*. Amsterdam/Phil.: Benjamins).

Croft, William (1991), *Syntactic Categories and Grammatical Relations: The Cognitive Organization of Infomation*. Chicago: University of Chicago Press.

Davis, Philip; Saunders, Ross (1984), 'Propositional organization: the s- and si-prefixes in Bella Coola. In: *International Journal of American Linguistics* 50, 208–231.

Dixon, Robert M.W. (1977), 'Where have all the adjectives gone?'. In: *Studies in Language* 1, 19–80.

–, (1991), *A New Approach to English Grammar on Semantic Principles*. Oxford: Oxford University Press.

Fries, Charles (1952), *The Structure of English*. New York: Harcourt, Brace & World.

Gibson, J. (1973), Shuswap Grammatical Structure. *Hawaii Working Papers in Linguistics*, vol. 5/5.

Gil, David (1994), 'The structure of Riau Indonesian'. In: *Nordic Journal of Linguistics* 17, 179–200.

Givón, Talmy (1984), *Syntax. A Functional Typological Introduction. Vol. 1*. Amsterdam: Benjamins.

Greenberg, Joseph (1963/1966), 'Some universals of grammar with particular reference to the order of meaningful elements'. In: J. Greenberg (ed.) 1966, *Universals of Language*. Cambridge, MA: MIT Press.

Grimshaw, Jane (1991), *'Extended projection'*. Unpublished MS. Waltham, MA: Brandeis University.

Hagège, Claude (1975), *Le problème des prépositions et la solution chinoise (avec un essai de typologie à travers plusieurs de langues)*. Leuven: Editions Peeters.

Heine, Bernd (1989), 'Adpositions in African Languages'. In: *Linguistique Africaine* 2, 77–127.

Heine, Bernd; Claudi, Ulrike; Hünnemeyer, Friederike (1991), *Grammaticalization: A Conceptual Framework*. Chicago etc.: Chicago University Press.

Hengeveld, Kees (1992), *Non-Verbal Predication: Theory, Typology, Diachrony*. Berlin: Mouton de Gruyter.

Himmelmann, Nikolaus (1987), *Morphosyntax und Morphologie: Die Ausrichtungsaffixe im Tagalog*. München: Fink.

–, (1997), *Deiktikon, Artikel, Nominalphrase: Zur Emergenz syntaktischer Struktur*. Tübingen: Niemeyer.

Hjelmslev, Louis (1959), *Essais linguistiques*. (Travaux du Cercle Linguistique de Copenhague, 12). Copenhagen: Nordisk Sprog-og Kulturforlag.

Honkela, Timo (1997), *'Learning to understand – general aspects of using self-organized maps in natural language processing'*. MS. Helsinki University of Technology: Neural networks research centre. To app. in the proceedings of the CASYS 97.

Honkela, Timo; Pulkki, Ville; Kohonen, Teuvo (1995), 'Contextual relations of words in Grimm's tales, analyzed by self-organizing map'. In: *Proceedings of the International Conference on Artifical Neural Networks, Vol. 2*. Paris: EC2 & Cie, 3–7.

Hopper, Paul; Thompson, Sandra (1984), 'The discourse basis for lexical categories in universal grammar'. In: *Language* 60, 703–752.

–,– (1985), 'The iconicity of the universal categories "noun" and "verb". In: J. Haiman (ed.), *Iconicity in Syntax*. Amsterdam: Benjamins, 151–186.

Jackendoff, Ray (1973). 'The base rules for prepositional phrases'. In: S. Anderson/P. Kiparsky (eds.), *Festschrift Morris Halle*. New York: Holt, Rinehart & Winston, 345–356.

Jacobsen, William (1979), 'Noun and verb in Nootkan'. In: B. Efrat (ed.), *The Victoria Conference on North-Western Languages*, (Heritage Record, 4). Victoria, B.C.: British Columbia Provincial Museum, 83–155.

Jakobson, Roman (1971), 'Zur Struktur des russischen Verbums. In: S. Rudy (ed.), *Roman Jakobson. Selected Writings, Vol. 2*, 1–15. The Hague: Mouton.

Jelinek, Eloise & Richard Demers (1994), Predicates and pronominal arguments in Straits Salish. In: *Language* 70, 697–736.

Jespersen, Otto (1924), *The Philosophy of Grammar*. New edition 1968. London: Allen & Unwin.

Kinkade, Dale (1983), 'Salish evidence against the universality of 'noun and 'verb'". In: *Lingua* 60, 25–40.

Kuipers, Aert (1974), *The Shuswap Language*. The Hague: Mouton.

Lieb, Hans-Heinrich (1992), 'Paradigma und Klassifikation: Explikation des Paradigmen-begriffs'. In: *Zeitschrift für Sprachwissenschaft* 11/1, 3–46.

Löbel, Elisabeth (1996), *Klassifikatoren. Eine Fallstudie am Beispiel des Vietnamesischen*. Habilitationsschrift. Universität zu Köln.

Marchand, Hans (1964), 'A set of criteria for the establishing of derivational relationship between words unmarked by derivational morphemes'. In: *Indogermanische Forschungen* 69, 10–19.

Matthews, Peter (1992), *Morphology*. 2nd edition. Cambridge University Press.

Mattissen, Johanna (1995), *Das Nomen im Japanischen – Abgrenzung und Subklassifizierung. Theorie des Lexikons* (Arbeiten des SFB 282) 65. Universität Düsseldorf.

Paul, Waltraud (1982), *Die Koverben des Chinesischen (with an English Summary)*. Arbeitspapier 40, Köln: Institut für Sprachwissenschaft.

Plank, Frans (1984), '24 grundsätzliche Bemerkungen zur Wortarten-Frage'. In: *Leuvense Bijdragen* 73, 489–520.

–, (1997), 'Word classes in typology: Recommended reading'. In: *Linguistic Typology* 1/2, 185–192.

Pustet, Regina (1989), *Die Morphosyntax des "Adjektivs" im Sprachvergleich*. Frankfurt: Lang.

Radford, Andrew (1988), *Transformational Grammar. A First Course*. Cambridge: Cambridge University Press.

Rauh, Gisa (ed.) (1991), *Approaches to Prepositions*. Tübingen: Narr.

Sasse, Hans-Jürgen (1988), 'Der irokesische Sprachtyp'. In: *Zeitschrift für Sprachwissenschaft* 7/2, 173–213.

–, (1993a), 'Das Nomen – eine universale Kategorie?'. In: *Sprachtypologie und Universalienforschung* 46/3, 187–221.

–, (1993b), 'Syntactic categories and subcategories'. In: J. Jacobs; A. von Stechow; W. Sternefeld; T. Vennemann (eds.), *Syntax* (Handbücher zur Sprach- und Kommunikationswissenschaft), Vol. 1. Berlin: Walter de Gruyter, 646–686.

–, (1993c), 'The Rise and Fall of Nouns and Verbs'. Paper presented at the Workshop "Lexikalische Kategorien", *DGfS-Tagung Münster*, March 9–11, 1993.

Saussure, Ferdinand de (1916), *Cours de linguistique générale*. (Ed. by C. Bally and A. Sechehaye). New edition 1949. Paris: Payot.

Schachter, Paul (1985), 'Parts-of speech systems'. In: Timothy Shopen (ed.), *Language Typology and Syntactic Description. Vol. 1: Clause Structure*. Cambridge: Cambridge University Press, 3–61.

Schiller, Eric (1989), 'Syntactic Polysemy and Underspecification in the Lexicon'. In: K. Hall; M. Meacham; R. Shapiro (eds.), *Proceedings of the 15th Annual Meeting of the Berkeley Linguistic Society*, 278–290.

Steinitz, Renate (1997), 'Lexikalische Kategorisierung: Ein Vorschlag zur Revision'. In: E. Löbel/G. Rauh (eds.), *Lexikalische Kategorien und Merkmale*. Tübingen: Niemeyer, 1–26.

Taraldsen, Knut (1995), Doctoral disputation of Arnfinn Muruvik Vonen: Parts of speech and linguistic typology. Open classes and conversion in Russian and Tokelau, Oslo, Sept. 14, 1994. In: *Norsk Lingvistisk Tidsskrift* 13, 214–228.

Tchekhoff, Claude (1984), Une langue sans opposition verbo-nominale: le tongien. In: *Modèles linguistiques* 6, 125–132.

Thompson, Sandra (1989), 'A discourse approach to the crosslinguistic category 'adjective'. In: R. Corrigan; F. Eckman; M. Noonan (eds.) *Linguistic Categorization*. Amsterdam: Benjamins, 245–265.

Van der Auwera, Johan & Dónall P. Ó Baoill (eds.) (1997), *Adverbial constructions in the languages of Europe*. Berlin: Mouton de Gruyter.

Van Baar, Tim (1997), *Phasal Polarity*. PhD-thesis, University of Amsterdam.

Vonen, Arnfinn (1997), *Parts of Speech and Linguistic Typology; Open Classes and Conversion in Russian and Tokelau*. Oslo: Scandinavian University Press.

Walter, Heribert (1981), *Studien zur Nomen-Verb-Distinktion aus typologischer Sicht*. München: Fink.

Wierzbicka, Anna (1986), 'What's in a noun (or how do nouns differ in meaning from adjectives?)'. In: *Studies in Language* 10, 353–389.

Wittgenstein, Ludwig (1953), *Philosophische Untersuchungen. Part 1 and 2*. New ed. 1984. Frankfurt: Suhrkamp.

Wunderlich, Dieter (1996), 'Lexical categories'. In: *Theoretical Linguistics* 22, 1/2, 1–48.

Zavrel, Jakub (1996), *Lexical Space. Learning and Using Continuous Linguistic Representations*. PhD-thesis, University of Utrecht.

Zavrel, Jakub; Veenstra, Jorn (1995), 'The language environment and syntactic word-class acquisition'. MS. University of Tilburg. *GALA-proceedings 1995, Groningen*.

*Jürgen Broschart,
Köln (Deutschland)*

XVIII. Die Architektur des Wortschatzes II: Wortfamilien
The architecture of the vocabulary II: Word families

86. Das Wortfamilienproblem in der Forschungsdiskussion

1. Theoretisch-methodologischer Hintergrund
2. Barocke Sprachgelehrsamkeit
3. Das Konzept der frühen Sprachstufen-Wörterbücher des Deutschen
4. Wortfamilienbezogene Initiativen
5. Wortfamilien als Verbände von Morphemstrukturen
6. Lexikographie versus Lexikologie
7. J. Spletts Wortfamilien-Wörterbuch des Althochdeutschen
8. Der aktuelle Diskussionsstand
9. Literatur in Auswahl

1. Theoretisch-methodologischer Hintergrund

Wenn man nach den Gliederungsmöglichkeiten des Gesamtwortschatzes einer Sprache fragt, so bieten sich drei grundlegende Gliederungsformen an:

– nach Wortarten (partes orationis)
– nach Wortfeldern (Bedeutungsbeziehungen zwischen Wörtern)
– nach Wortfamilien (Ableitungsbeziehungen zwischen Wörtern)

Die Wortfamilien sind Wortverbände, die durch den Bezug auf ein gemeinsames Element („Stamm") charakterisiert sind. Sie bilden die methodische Voraussetzung für die Untersuchung des Strukturwandels eines Wortschatzes, weil an ihnen der Aus-, Ab- und Umbau des Wortschatzes beschreibbar und erklärbar wird.

2. Barocke Sprachgelehrsamkeit

Im Zusammenhang der Legitimationsversuche, durch die nachgewiesen werden sollte, dass die deutsche Sprache zum Kreis der „Hauptsprachen" gehöre und sich an der Babylonischen Sprachverwirrung vorbei bis auf die Sprache des Paradieses zurückführen ließe, entwickelte Justus Georg Schottelius (1612–1676) in seiner „Ausführlichen Arbeit zur Teutschen HaubtSprache" (1663) ein Sprachkonzept, das eine bestimmte Menge von „Stammwörtern" postulierte, aus denen sich durch die Wortbildungsmöglichkeiten des Deutschen der gesamte Wortschatz dieser Sprache herstellen ließe. Die Zahl dieser Stammwörter ist nach Schottelius ausreichend und begrenzt; im Laufe der Zeit seien durch Unachtsamkeit viele davon verlorengegangen; dennoch habe das Deutsche, im Gegensatz zu anderen Sprachen, einen großen Teil dieses Schatzes bewahrt. „Also einer jeglichen Sprache Kunstgebäu bestehet gründlich in ihren uhrsprünglichen natürlichen Stammwörtern: welche als stets saftvolle Wurtzelen den ganzen Sprachbaum durchfeuchten." (S. 50) [4. Lobrede] Die Stammwörter einer Sprache erkennt man daran, „1. Daß sie in ihren eigenen Natürlichen / und nicht in frömden Letteren bestehen: 2. Daß sie wollauten / und ihr Ding eigentlich ausdrükken: 3. Daß ihre Anzahl völlig und gnugsam sey. 4. Daß sie von sich reichlich auswachsen und herleiten lassen / was nötig ist". (Ausf. Arb., S. 51) [6. Lobrede] J. Schottelius unterscheidet vier Typen von Wortbildung, mit deren Hilfe ausgehend von einem festen Bestand an Stammwörtern sich der deutsche Wortschatz aufbaut: 1. Verdoppelung: Wörter entstehen durch zwei- bis sechsfache Kombination von Stammwörtern (z.B. *Un-wieder-ab-treib-lich-keit*). 2. „Welche aus dem Nennworte und Zeitnennworte zusammen gesetzt", z.B. *Groß-sprecher*. 3. Verdoppelung durch Vorwörter, z.B. *setzen, ersetzen, wieder-setzen, un-wieder-er-setzlich*. 4. Verdoppelung der Hauptendungen, z.B. *Eigen-tümlichkeit*.

Im sechsten Tractat des fünften Buches liefert Schottelius ein Verzeichnis der „Wurtzelen oder Stammwörter der Teutschen Sprache"; er unterscheidet „dreyerlei gattung": echte, solche zweifelhaften Ursprungs und „aus frömden Sprachen angenommene" und kommt auf eine Zahl von etwa 5200 Stammwörtern; Eigennamen nimmt er aus. Letztlich hängt für Schottelius das Wortverständnis von der Rückführbarkeit auf das Stammwort ab: „Die Stammwörter sind das erste und letzte im Sprachwesen / von welchen / so man ein Wort recht verstehen will / muß anfangen und in welchen / so man einem Worte nachsinnet / man muß bestehen bleiben" (Bd. II, S. 1276).

Von Schottelius die Anregung aufgreifend hat Caspar von Stieler (1632–1707) unter dem Gesellschaftsnamen „der Spate" den Versuch unternommen, ausgehend von Schottelius' Stammwortliste den deutschen Wortschatz in einem Wörterbuch („Der Teutschen Sprache Stammbaum und Fortwuchs", Nürnberg 1691) darzustellen.

Der Untertitel fasst das Programm zusammen: „Worinnen alle und jede teutsche Wurzeln oder Stammwörter so viel deren annoch bekannt und ietzo in Gebrauch seyn nebst ihrer Ankuft / abgeleiteten / duppelungen und vornemsten Redarten mit guter lateinischer Tolmetschung und kunstgegründeten Anmerkungen befindlich" Das Stielersche Wörterbuch erfasst die Stammwortlemmata alphabetisch (ca. 600), reiht in Einzelartikeln verschiedene Ableitungen aneinander und vermerkt innerhalb dieser Artikel Ableitungen von Ableitungen z.B. *Dank*, nachgeordnet *Dankbar*, dem zugeordnet *Dankbarlich* und *Undankbar*. Den Wörtern wird eine lateinische Erläuterung beigegeben und ihre Verwendung in Form von Redensarten veranschaulicht; in vielen Fällen aber entsteht der Eindruck, dass die Wortableitung mechanisch erfolgt und die Bedeutungsangaben spekulativ sind (Vergl. Kühn/Püschel 1990). Als später Fortsetzer dieser Tradition ist Chr. E. Steinbach, Vollständiges Deutsches Wörter-Buch (1725/1734) zu nennen; er setzt in erster Linie Verbwurzeln als Stämme an und ordnet ihnen die Wörter zu.

3. Das Konzept der frühen Sprachstufen-Wörterbücher des Deutschen

Die beiden wichtigsten Wörterbücher auf diesem Gebiet für das Althochdeutsche E. G. Graff; Althochdeutscher Sprachschatz (Berlin 1834–1846), für das Mittelhochdeutsche G. F. Benecke/W. Müller/F. Zarncke, Mittelhochdeutsches Wörterbuch (Leipzig 1854–1861) folgen dem sog. Stammwortprinzip, indem sie den Wortschatz nach „genetischen" Zusammenhängen ordnen, die aufgrund der Wortbildungsmöglichkeiten jeweils bezogen auf ein gemeinsames Element vorhanden sind. Graff begründet die Anwendung dieses Prinzips mit wissenschaftlichen Argumenten: „Da der Gebrauch eines althochdeutschen Wörterbuchs sich nicht auf die Aufsuchung einzelner, der Erklärung bedürftiger Wörter beschränkt, sondern dasselbe auch und vorzüglich zum Studium der Sprache, zur Übersicht ihres Gebiets und Organismus und zur Vergleichung mit den Schwestersprachen gelten soll, so habe ich einem rein alphabetischen Verzeichnisse der Wörter eine Anordnung derselben nach den einfachen Wortstämmen vorgezogen und diesen nicht allein ihre composita und derivata untergeordnet, sondern ihnen auch ... ihre Wurzeln vorgesetzt". (Vorrede VII) Da Graff sein Ahd. Wb. in erster Linie unter etymologischer Perspektive sieht, interessieren ihn vor allem Fragen der richtigen Zuordnung einzelner Wörter und nicht so sehr die interne Ausgestaltung der Wortfamilien.

Die Entstehungsgeschichte des Mhd. Wb. ist erheblich komplizierter. Aus einem alphabetisch geordneten Glossar Beneckes, das dieser in Teilen schon zu wortfamilienähnlichen Gruppeneinträgen erweitert hatte, schuf W. Müller ein Wörterbuch, das im Rahmen der damaligen Möglichkeiten Vollständigkeit anstrebte und sich im ganzen an das von Benecke vorgegebene Konzept hielt („auf Etymologie ist es nicht abgesehen" „es ist kein Glossarium, sondern ein Wörterbuch des Mittelhochdeutschen"). Obwohl Müller die Schwierigkeiten der Umsetzung von (meist alphabetischen) Glossarien in ein nach dem Stammwort organisierten Wb. und die damit verbundene Unsicherheit der Zugehörigkeit beklagt, hält er fest: „so ist das alles doch nicht gegen den gewinn anzuschlagen, der sich aus der zusammenstellung aller zu einer familie gehörenden wörter ergibt" (Vorrede XI), ohne diesen „Gewinn" allerdings explizit zu machen.

Für die neuhochdeutsche Sprachstufe ist B. Liebich (1899, ²1905) zu nennen. Er erhebt keinen Vollständigkeitsanspruch und bietet eine Sammlung „nackter Wörter" ohne Bedeutungsangaben und ohne Einbau in Äußerungsformen dar.

Liebich tritt mit einem, wenn auch ziemlich im allgemeinen bleibenden theoretischen Anspruch auf. Er stellt sein Wortfamilienwörterbuch (WfWb.) in den Rahmen der Grundlegung einer umfassenden Bedeutungslehre; Voraussetzung dafür ist ihm „die möglichst vollständige Aufzeichnung der Wortfamilien"

(S. 6). „Unter Wortfamilie im weitesten Sinn verstehen wir alle uns bekannten Wörter desselben Sprachstammes, die aus derselben Wurzel hervorgegangen sind. Unter Wurzel verstehen wir einen Lautkomplex mit einem Bedeutungszentrum, die beide, wenn auch noch so abgewandelt, in sämtlichen Ableitungen nachweisbar sein müssen". (S. 6) „Das WfWb. ist eine Ergänzung des alphabetischen Wb. in sofern es alle verwandten Wörter an einer Stelle vereinigt, die im alphabetischen zerstreut sind" (Liebich ²1905, S. 6). Der Rückgriff auf die Wurzel eröffnet einen sprachhistorischen Raum, in dem sich Familien von Wortfamilien abzeichnen; es gibt Wortfamilien unterschiedlichen Alters: indogermanische, germanische, deutsche, daneben Familien von Lehn- und Fremdwörtern z.B. aus dem Lateinischen und Griechischen. In einem Anhang dokumentiert Liebich Alter und Herkunft der Wortfamilien; für das Deutsch listet er 2679 Wortfamilien auf und stützt sich dabei materialmäßig auf das dreibändige Deutsche Wörterbuch von Moriz Heyne (Leipzig 1890–95).

4. Wortfamilienbezogene Initiativen

Durch die markigen Worte Jacob Grimms, der jedes Abweichen vom alphabetischen Prinzip als Sünde wider den Geist der Philologie bezeichnete, war für das 19. Jh. das alphabetische Anordnungsprinzip im Wörterbuchbereich durchgesetzt und das Stammwortprinzip weitgehend diskreditiert. Das Interesse für „genetische" Zusammenhänge im Wortschatz reduzierte sich auf zwei Aspekte

– auf die wortgeschichtlichen Zusammenhänge in etymologischen Wörterbüchern, bezogen auf das Einzelwort, wobei die begriffliche Unterscheidung von Etymologie und Wortgeschichte zuweilen eingeebnet wurde (vgl. Kluge/Mitzka 1967).
– auf ein gewisses sprachpädagogisches Interesse, das sich von der „Zusammenstellung deutscher Wortfamilien" einen Anreiz für die schulische Sprachbetrachtung („Freude und Ergötzen") und einen nicht näher zu bestimmenden „Gewinn" für die Sprachbeherrschung versprach. Beispiele für diesen Typ von Beschäftigung mit den Wortfamilien und den an ihnen sichtbar werdenden Umgestaltungen im Wortschatz sind neben Liebich (²1905) z.B. Georg Wagner, Streifzüge durch das Gebiet der deutschen Sprache, Hamburg 1889; Georg Stucke (1912, ²1925); Karl Bergmann, Deutsches Wörterbuch [...] alphabetisch und nach Wortfamilien geordnet, Leipzig 1923.

Diese Darstellungen erheben keinen wissenschaftlichen Anspruch und lassen entsprechend methodologische Reflexion und systematische Beschreibung weitgehend vermissen. Das vorwiegende Interesse ist ein etymologisches, und man versucht durch einen Anschluss an eine Wortfamilie etymologische und wortgeschichtliche Zusammenhänge zu stützen oder zu veranschaulichen. Wegen der durchgängigen Unvollständigkeit des zusammengetragenen Materials verbleibt der Ertrag im Anekdotischen und führt nicht zu generellen Einsichten.

5. Wortfamilien als Verbände von Morphemstrukturen

In Übereinstimmung mit der Sprachauffassung des Strukturalismus, nach der die Wortbildung ein morphemkombinatorisches Kalkül darstellt (Fleischer 1969; Fleischer/Barz 1992) entstanden seit Mitte der 70er Jahre Wörterbücher, die zum größten Teil gegenwartssprachliche Morpheminventare sind, d.h. sie erfassen Klassen formaler Bauelemente von Wörtern und machen die Strukturmuster komplexer Wortbildungen explizit. Sie stehen deshalb am Rande einer Wortfamilienbetrachtung, weil sie sich strikt auf den morphologischen Aspekt beziehen und Selektionsfaktoren und Bedeutungsbeziehungen weitgehend außer Acht lassen (G. August 1975, H. H. Keller 1973, W.D. Ortmann 1983, G. Kandler/St. Winter 1992).

Auf der Materialbasis des „Handwörterbuchs der dt. Gegenwartssprache" von 1984 hat G. August 1998 ein „Wortfamilienwörterbuch der deutschen Gegenwartssprache" vorgelegt, das, orientiert an dem Konzept des Morpheminventars und mit ähnlicher Fragestellung und Begründung wie Liebich, allerdings ergänzt durch die moderne Auffassung, dass das Wissen um die Wortfamilienzugehörigkeit eines Worts zu lexikalischen Kompetenz des Sprecher/Hörers gehöre, ca. 8000 Wortfamilien beschreibt. Neben der üblichen lexikographischen Charakterisierung werden Hinweise auf die verschiedenartigen internen Motivationszusammenhänge geboten; es handelt sich dabei überwiegend um „idealtypische Unterstellungen" (Einleitung; S. XIX). Von diesem Gesamtentwurf her eröffnet sich eine Fülle theoretischer und methodischer Diskussionspunkte, die noch in vieler Hinsicht ungeklärt sind.

6. Lexikographie versus Lexikologie

In der ersten Hälfte des 19. Jh. stehen die alphabetische Anordnung und die Gliederung des Wortschatzes in stammwortbezogene Verbände als konkurrierende lexikographische Prinzipien nebeneinander. Mit Verweis auf den Darstellungszweck versucht z.B. J.H. Campe (Wörterbuch der Deutschen Sprache 3 Bde); zwischen beiden Positionen zu vermitteln: „Auf die Frage: in welcher Ordnung die Wörter aufgeführt werden sollten? ob familienweise, d.i. nach der Abstammung oder nach der Buchstabenfolge? würden wir uns unstreitig für die erste Art erklärt haben, wenn die Absicht gewesen wäre, ein Wörterbuch für Sprachkenner und Sprachforscher von Beruf, und nicht ein Wörterbuch zum allgemeinen Gebrauch... zu schreiben" (Vorwort XVIII). J. Grimm streitet für das alphabetische Prinzip, weil er in historischer Perspektive die Geschichte des einzelnen Wortes von den Anfängen bis zu seiner Gegenwart verfolgen will; eine Geschichte des Wortschatzes ergibt sich für ihn als die Gesamtheit aller Einzelwortgeschichten. Die Vernetzung des Wortschatzes und der Gedanke einer Geschichte des Wortschatzes als Gesamtheit aller Wortfamiliengeschichten liegt ihm fern.

Neben dem Gegensatz Alphabet/Stammwörter ist seit Leibniz auf lexikalischem Gebiet der Gegensatz zwischen dem Gesichtspunkt „von dem Wort zur Sache" (semasiologischer Aspekt) und „von der Sache zum Worte" (onomasiologischer Aspekt) in der Diskussion. Diese Auseinandersetzung wird insbesondere von Kurt Baldinger (1985) aufgegriffen (unter Rückgriff auf F. de Tollenaere): Auslöser dieser Diskussion war die Publikation des Hallig-Wartburgschen Begriffsystems (1952). Für das Deutsche ist neben dem ersten Entwurf von Dornseiff vor allem das „Wörterbuch nach Sachgruppen" von Wehrle/Eggers von Bedeutung.

Hinsichtlich des Wortfamilienbuchs vertritt Baldinger einen schwankenden Standpunkt (S. 45): Bei der Ausgangseinheit „Stamm" handle es sich um ein „Wörterbuch nach Wortfamilien"; in einem solchen werde die Einheit des Wortes durch morphologische Kriterien aufgehoben. Baldingers Position beruht auf der Annahme, dass die Wortbedeutung als Begriff anzusehen sei, und er übersieht die Möglichkeit einer weitgehend konstant bleibenden Wortform bei erheblicher Bedeutungsänderung. Die gesamte Diskussion leidet darunter, dass man die Wortfamilie nicht als einen lexikalischen Zusammenhang sieht, sondern sie nur nach ihren lexikographischen Möglichkeiten befragt.

Bei dem schwerpunktmäßigen Interesse des 19. Jh. am Bedeutungswandel, das bis ins 20. Jh. hinein anhielt, trat vor allem aufgrund des Forschungsansatzes von Jost Trier ein anderes zusammenhangstiftendes Gliederungsprinzip für den Wortschatz hervor, nämlich das Wortfeld. Dieses lexikologische Konzept stand von Anfang an im Dienste der Erforschung des Bedeutungswandels; erst durch Coseriu wurde es für die synchrone strukturelle Wortsemantik vereinnahmt (Coseriu 1978), was eine Zurückstellung der diachronen Betrachtungsweise zur Folge hatte.

7. J. Spletts Wortfamilien-Wörterbuch des Althochdeutschen

Ein wichtiger Markstein bei der Erforschung der Wortfamilienstruktur des deutschen Wortschatzes ist Jochen Spletts „Althochdeutsches Wörterbuch. Analyse der Wortfamilienstrukturen des Althochdeutschen", 3. Bde., Berlin 1993. Es stellt für die althochdeutsche Sprachstufe den gesamten überlieferten Wortschatz von 28.491 überlieferten Wörtern des Althochdeutschen in 2845 Wortfamilien dar, wobei, bedingt durch die Überlieferungslage, die umfangreichste Wortfamilie 220 Wörter umfasst und in 207 Fällen nur jeweils ein (meist komplexes) Wort als minimale Spur einer möglichen Wortfamilie festzustellen ist; 778 stehen isoliert da. Der zugrundegelegte methodische Rahmen ermöglicht es, den Ableitungszusammenhang eines Wortes bis hin zum Stamm-Lemma explizit zu machen und in einer „Strukturformel" zu verdeutlichen, deren Wert vor allem darin liegt, dass fehlende Ableitungsglieder erkennbar werden und alternative Ableitungswege sichtbar werden. Mit Spletts Wörterbuch ist die Grundlage für einen sprachstufenübergreifenden Wortschatzvergleich geschaffen. Durch ein derzeit laufendes Projekt zur Wortfamilienstruktur des Wortschatzes der Gegenwartssprache (auf der Basis des 8-bändigen Duden-Wörterbuchs) wird von J. Splett ein geschlossener Rahmen geschaffen, innerhalb dessen durch entsprechende Wortschatzbeschreibungen der einzelnen Sprachepochen (z.B. Mittelhochdeutscher Wortschatz, Frühneuhochdeutscher Wortschatz, Wortschatz der Goethezeit) die Wortschatzverschiebungen im einzelnen untersucht werden können.

8. Der aktuelle Diskussionsstand

Die Wortfamilie ist eine genuine Gliederungseinheit des Wortschatzes (Hundsnurscher (1997). Sie lediglich als lexikographisches Darstellungs-Prinzip zu betrachten ist ebenso eine Verkürzung wie in ihr nur eine Möglichkeit der Morpheminventarisierung zu sehen. Den spezifischen Gegensatz zu der formalen Systematik, die bei einer alphabetischen Wortschatzanordnung eine Rolle spielt, bildet die begriffliche Systematik der „ideologischen" Wörterbücher (F. de Tollenaere); der entscheidende Punkt, die strikte Ortszuweisung eines Wortes (damit seine Auffindbarkeit), ist beim alphabetischen Wörterbuch trivialerweise durch das Formalsystem Alphabet gewährleistet, beim Begriffswörterbuch aber aufgrund der Aspektvielfalt der Bezüge verbindlich nicht zu erreichen. Das gilt auch für das Wortfeld; wegen der verschiedenen konventionalisierten Kontextbezüge (Kollokationen) ist von einer prinzipiellen Mehrdeutigkeit der Wörter auszugehen; eine strikte Ortszuweisung ist unter begrifflichen und semantischen Gesichtspunkten nicht möglich. Dagegen hat jede Wortfamilie auf den verschiedenen Sprachstufen ihr spezifisches Profil ausgebildet, so dass ein Vergleich von Wortfamilie zu Wortfamilie über die Sprachstufen hinweg möglich wird. Der Wandel der Wortfamilienprofile ist ein unmittelbares Indiz für den Aus-, Ab und Umbau des Wortschatzes. Der methodologische Status der Wortfamilie als eine überschaubare Organisationsform des Wortschatzes wird erst im Rahmen einer übergreifenden Fragestellung deutlich, die sich auf den Strukturwandel des Wortschatzes in der Geschichte einer Sprache bezieht. Kommunikative Bedürfnisse führen zu Gebrauchsveränderungen an vorhandenen Wörtern, zu Übernahmen aus anderen Sprachen und zur Bildung neuer Wörter unter Rückgriff auf vorhandene Wörter. Die Auswirkungen der stets semantisch-pragmatisch motivierten Wortbildung finden ihren Niederschlag in den Veränderungen der Wortfamilie und können so in ihren Ursachen und Tendenzen, ausgehend vom Einzelwort und bezogen auf seine Vernetzung in der Wortfamilie und im Lesartenbestand, erfasst werden.

9. Literatur in Auswahl

Augst, Gerhard (1975), *Lexikon zur Wortbildung. Morpheminventar S.Z.* Tübingen: Narr. (Forschungsberichte des Instituts für Deutsche Sprache, Mannheim, 24.3)

–, (1990), Das Wortfamilienwörterbuch. In: Hausmann, Franz Josef u.a. (Hrsg.): *Wörterbücher. Ein internationales Handbuch zur Lexikographie.* Berlin/New York: de Gruyter, 1145–1152. (HSK, 5.2)

–, (1998), *Wortfamilienwörterbuch der deutschen Gegenwartssprache.* Max Niemeyer Verlag GmbH, Tübingen.

Baldinger, Kurt (1985), Alphabetisches oder begrifflich gegliedertes Wörterbuch. In: Zgusta, Ladislav, *Probleme des Wörterbuchs.* Darmstadt: Wissenschaftliche Buchgesellschaft. (Wege der Forschung, 612)

Benecke, Georg/Müller, Wilhelm/Zarncke, Friedrich (1863), *Mittelhochdeutsches Wörterbuch mit Benutzung des Nachlasses von Georg Friedrich Benecke,* ausgearbeitet von Wilhelm Müller u. Friedrich Zarncke. 3 Bde. Leipzig 1854–1863. [Nachdruck Georg Olms Verlag, Hildesheim/Zürich/New York, 1986.]

Coseriu, Eugenio (1978), Die lexematischen Strukturen. In: Geckeler, Horst (Hrsg.): *Strukturelle Bedeutungslehre.* Darmstadt, 254–273.

Dornseiff, Franz (1970), *Der deutsche Wortschatz nach Sachgruppen.* 7. Aufl. Berlin/New York: de Gruyter.

Fleischer, Wolfgang (1969), *Wortbildung der deutschen Gegenwartssprache.* Leipzig: Bibliographisches Institut.

Fleischer Wolfgang; Barz, Irmhild (1992), *Wörterbuch der deutschen Gegenwartssprache.* Tübingen: Max Niemeyer.

Graff, E.G. (1834), *Althochdeutscher Sprachschatz oder Wörterbuch der althochdeutschen Sprache.* Berlin: Nikolaische Buchhandlung.

Heyne, Moriz (1905), *Deutsches Wörterbuch.* Leipzig: Hirzel. [Nachdruck: Stuttgart: Hirzel, 1970]

Hundsnurscher, Franz/Splett, Jochen (1982), *Semantik der Adjektive des Deutschen.* Opladen.

Hundsnurscher, Franz (1985), Wortfamilienforschung als Grundlage einer Bedeutungsgeschichte des deutschen Wortschatzes. In: Stötzel, Georg (Hrsg.): *Germanistik. Forschungsstand und Perspektiven. Vorträge des deutschen Germanistentages 1984.* Berlin/New York: de Gruyter, 116–123.

–, (1997), Gliederungsaspekte des Wortschatzes. In: Hoinkes, Ulrich; Dietrich, Wolf (Hrsg.): *Kaleidoskop der Lexikalischen Semantik.* Tübingen: Narr, 185–191.

Kandler, Günther; Winter, Stefan (1995), *Wortanalytisches Wörterbuch. Deutscher Wortschatz nach Sinn-Elementen in 10 Bdn.* München: Fink.

Keller, Howard H. (1973), *German Root Lexicon.* Miami Linguistics Series No. 11. Coral Gables, Florida: University of Miami Press.

Kluge, Friedrich (1967), *Etymologisches Wörterbuch der deutschen Sprache.* 20. Aufl., bearbeitet von Walther Mitzka. Berlin/New York: de Gruyter.

Kühn, Peter/Püschel, Ulrich (1990), Die deutsche Lexikographie vom 17. Jahrhundert bis zu den Brüdern Grimm ausschließlich. In: Hausmann, Franz Josef u.a., *Wörterbücher. Ein internationales Handbuch zur Lexikographie.* Berlin/New York: de Gruyter, 2049–2077. (HSK, 5.2)

Liebich, Bruno (1905), *Die Wortfamilien der lebenden hochdeutschen Sprache als Grundlage für ein System der Bedeutungslehre.* 2., unveränderte Aufl. (1. Aufl. 1899) Breslau: Preuss & Jünger.

Ortmann, Wolf Dieter (1983), *Materialien zur Didaktisierung der Phonemik des Deutschen, Teil 2: Minimalpaare.* München: Max Hueber. (Schriften der Arbeitsstelle für wissenschaftliche Didaktik des Goethe-Instituts, Bd. 7.2).

Schottelius, Justus Georg (1663), *Ausführliche Arbeit Von der Teutschen HauptSprache.* Braunschweig: Christoff Friederich Zilligern. [Nachdruck hrsg. V. Wolfgang Hecht. Tübingen: Max Niemeyer, 1967]

Splett, Jochen (1985); Wortfamilien im Althochdeutschen. In: Stötzel, Georg (Hrsg.), *Germanistik Forschungsstand und Perspektiven. Vorträge des Deutschen Germanistentages 1984, I: Germanistische Sprachwissenschaft. Didaktik der Deutschen Sprache und Literatur.* Berlin/New York: de Gruyter, 134–153.

–, (1986), Lexikalische Beschreibungsprobleme am Beispiel der althochdeutschen Wortfamilie *swerien*. In: Hauck, Karl u.a. (Hrsg.), *Sprache und Recht. Beiträge zur Kulturgeschichte des Mittelalters. Festschrift für Ruth Schmidt-Wiegand zum 60. Geburtstag.* Berlin/New York: de Gruyter, 930–943.

–, (1988), Bedeutung und Bedeutungsindizierung im Rahmen der Wortfamilien des Althochdeutschen; ZDPh 106, 34–45.

–, (1988), Zur Abgrenzung des mittelhochdeutschen Wortschatzes vom althochdeutschen im Bereich der mittelalterlichen Glossenüberlieferung. In: Bachofer, Wolfgang (Hrsg.), *Mittelhochdeutsches Wörterbuch in der Diskussion. Symposium zur mittelhochdeutschen Lexikographie Hamburg, Oktober 1985.* Tübingen: Max Niemeyer, (= Reihe Germanistische Linguistik 84) 107–118.

Splett, Jochen (1990), Zur Strukturierung des Wortschatzes im Rahmen eines althochdeutschen Wortfamilienwörterbuchs. In: Goebel, Ulrich u.a. (Hrsg.), *Historical Lexicography of the German Language I.* The Edwin Mellen Press. Lewinston/Queenston/Lampeter (= Studies in German-Language and Literature I), 81–105.

–, (1991), Die Strukturen der althochdeutschen Wortfamilien und die Probleme ihrer Formalisierung im Rahmen von Datenbanksystemen. In: Gärtner, Kurt u.a. (Hrsg.), *Maschinelle Verarbeitung altdeutscher Texte IV. Beiträge zum Vierten Internationalen Symposium Trier 28. Februar bis 2. März 1988.* Tübingen: Max Niemeyer, 113–128.

–, (1993), *Althochdeutsches Wörterbuch. 3 Bde.* Berlin/New York: de Gruyter.

–, (1996), Aspekte und Probleme einer Wortschatzstrukturierung nach Wortfamilien. In: Hundsnurscher, Franz/Weigand, Edda (Hrsg.), *Lexical Structures and Language Use. Proceedings of the International Conference on Lexicology and Lexical Semantics, Münster, September 13–15, 1994, Volume I.* Tübingen: Max Niemeyer, 133–149.

Steinbach, Christoph Ernst: *Vollständiges Deutsches Wörterbuch.* Hildesheim/New York: Georg Olms, 1973.

Stieler, Kaspar (1691), *Der Deutschen Sprache Stammbaum und Fortwuchs oder Teutscher Sprachschatz. 3 Bde.* Berlin/New York: de Gruyter.

Stucke, Georg (1925), *Deutsche Wortsippen. Ein Blick in den Verwandtschaftszusammenhang des deutschen Wortschatzes.* 2., erweiterte Aufl. (1. Aufl. 1912) Bühl: Konkordia.

De Tollenaere, Felicien (1960), *Alfabetische of ideologische lexicografie?* Leiden.

Trier, Jost (1931), *Der deutsche Wortschatz im Sinnbezirk des Verstandes. Die Geschichte eines sprachlichen Feldes.* Heidelberg.

–, (1934), Das sprachliche Feld. Eine Auseinandersetzung. In: *Neue Jahrbücher für Wissenschaft und Jugendbildung*, Bd. 10, 428–449.

Wagner, Georg (1889), *Streifzüge durch das Gebiet der deutschen Sprache. Eine Zusammenstellung deutscher Wortfamilien.* Hamburg: Otto Meißner.

Wehrle, Hugo; Eggers, Hans (1967), *Deutscher Wortschatz. Ein Wegweiser zum treffenden Ausdruck.* 13. Aufl. Stuttgart: Klett.

*Franz Hundsnurscher,
Münster (Deutschland)*

87. Typen von Wortfamilien

1. Basis der Wortfamilien: relative Motiviertheit
2. Synchrone vs. diachrone Wortfamilien
3. Teilwortfamilien
4. Besonderheiten der Wortfamilien
5. Fremde Wortfamilien
6. Literatur in Auswahl

1. Basis der Wortfamilien: relative Motiviertheit

Das Phänomen der *Wortfamilie* (= Wf.) fußt auf der relativen Motiviertheit der Mehrzahl der Wörter. Sie sind entweder *morphologisch-semantisch* durch (wiederholte) Ableitung oder Zusammensetzung oder *figurativ-semantisch* motiviert durch Metapher, Metonymie oder Synekdoche (Munske 1993, 489). Es lässt sich somit die *Funktionsbedeutung* eines Wortes als „Wert" in der Kommunikation, die jedem Zeichen zukommt, von der Motivations- oder *Motivbedeutung* unterscheiden, die die meisten Zeichen, aber nicht alle aufweisen. Es gehört zum sprachlichen metakommunikativ verfügbaren Laienbewusstsein, dass sprachliche Zeichen motiviert sein können. Man kann zwei Stufen (natürlich mit fließenden Übergängen) unterscheiden: eine spontane Erklärung der Motiviertheit und eine Erklärung nach längerem Nachdenken. Dabei kann es in manchen Fällen auftreten, dass die Sprachteilhaber Wörter, die sie spontan für motiviert halten, beim Nachdenken nicht mehr als solche einstufen. Das Umgekehrte ergibt sich ebenso. Da die Sprachteilhaber generell um das Phänomen der Motiviertheit wissen, geben sie im Extremfall an, dass sie zwar selbst die Motivation des Wortes nicht kennen, aber analog unterstellen, dass andere die Motivation kennen, z.B. bei Tier- und Pflanzennamen. Ermittelt die Sprachwissenschaft das Wissen um Motiviertheit – und damit die Basis der Wf.en – so kann man drei Stufen unterscheiden: (1.) die konkrete Frage an den einzelnen Sprachteilhaber, ob ein Wort für ihn motiviert ist. Dabei soll er das *Basiswort* bei morphologisch-semantischer Motiviertheit angeben, auf das sich das motivierte Wort bezieht, und das verbindende Motiv, z.B. *Läuferin → Läufer*: Motivierung mit *-in*. Ist das Basiswort nicht mehr weiter zerlegbar, so ist es *Kernwort*, z.B. *Läufer → laufen*: Nomen agentis mit *-er*. *laufen* bildet damit den Kopf einer Wortfamilie. Die gleiche Prozedur gilt bei figurativ-semantischer Motivation. (2.) Die Aufmerksamkeit des Probanden kann dadurch gesteuert werden, dass die Sprachwissenschaft ihm ein mögliches Basiswort bzw. eine mögliche Basisbedeutung vorgibt und dann nur nach der Motivation fragt. So ist z.B. *bügeln* ohne Vorgabe unmotiviert, mit Vorgabe von *biegen* kann der Proband möglicherweise eine Beziehung herstellen. Dies kann z.B. genützt werden, um eine historische Primärmotivation zu testen, z.B. *Ameise → emsig*. Verneint der Sprachteilhaber eine solche Motivation, so kann die Sprachwissenschaft sicher sein, dass für ihn der historische Zusammenhang gekappt ist. Im Fall der Motivation kann das zu einem Aha-Erlebnis führen oder aber zu einer (weither geholten) Motivbegründung, die der Proband selbst oft auch als konstruiert einstuft. Es empfiehlt sich daher bei (1) und (2) dem Sprachteilhaber keine Ja- oder Nein-Entscheidung, sondern drei Übergangsstufen zwischen: 'ganz sicher motiviert' bis 'auf keinen Fall motiviert'. (3.) Genau diese Verknüpfung wird in der dritten Möglichkeit aufgegeben. Es gibt nicht mehr die subjektive Erklärung des einzelnen Sprachteilhabers, die dessen individuelle Motivationsstrukturen mit daraus sich ergebenden individuellen Wfen spiegelt, sondern eine Rekonstruktion der Motivationsstrukturen und der sich daraus ergebenden Wf.en als kollektives Wissen der Sprachgemeinschaft. Die Sprachwissenschaft, die durch ein semasiologisches Wörterbuch Zugriff hat auf „alle" Wörter und alle ihre unterschiedlichen Funktionsbedeutungen, kann so Wf.en rekonstruieren, die in ihrer Gesamtheit dem einzelnen Sprachteilhaber teilweise verschlossen sind, weil er bestimmte Wörter und/oder Wortbedeutungen nicht kennt oder gerade nicht präsent hat. So mag ein Sprachteilhaber *Niedertracht* für nicht motiviert ansehen, aber die Kenntnis von *Eintracht, Zwietracht* stellt für die Sprachwissenschaft die Zusammenhänge her. Solche (Re)konstruktionen der Sprachwissenschaft müssen jedoch dadurch an das Laienwissen zurückgekoppelt bleiben, dass die Sprachwissenschaft für die jeweiligen Teile ihrer Motivationsstrukturen immer einige Sprachteilhaber findet, die diese oder jene Motivation nach Stufe 1 oder 2 nennen können. Geht man in der beschriebenen Weise vor, so ordnet sich der gesamte Wortschatz einer Sprache zu Wortfamilien, eine Ordnungsstruktur, die jeweils mehr oder weniger viele Wörter umfasst. Das

HdG hat rund 60.000 Einträge, diese lassen sich zu rund 7.000 Wf.en ordnen, was ca. 9 Wörter pro Wf. ausmacht. Natürlich gibt es hier erhebliche Schwankungen. Es gibt erstaunlich viele „Singles", d.h. Wörter, zu denen keine Ableitungen oder Zusammensetzungen gehören: andererseits hat z.B. die Wf. *liegen/legen* 141 Ableitungen und 155 Zusammensetzungen im HdG (alle Berechnungen nach Augst 1999).

2. Synchrone vs. diachrone Wortfamilien

Kategorial verschieden von der Rekonstruktion der synchronen Wf.en auf Grund des Sprachbewusstseins des Laiens ist die Rekonstruktion historischer Wf.en auf Grund von Expertenwissen. Unter Einbeziehung der Belege älterer Sprachstufen und der „Verwandtschaftsverhältnisse" der verschiedenen Sprachen und Dialekte auf Grund von Lautgesetzen werden synchron nicht motivierte Wörter zurückverfolgt bis in die vorschriftliche Zeit zu weiter nicht mehr zerlegbaren Wurzeln des Indoeuropäischen. Unter Einschluss von Lehnwörtern werden dann z.B. alle Wörter des heutigen Deutschen zusammengestellt, die auf eine indoeurop. Wurzel zurückgehen, z.B. zur idg. **per* 'durchbohren, hinüberbringen' (nach Stucke 1912: Nr. 146): *fahren, Fahrt, Erfahrung, Fährte, Gefähr(t), Gefährte, Gefahr, Fährde, ungefähr, willfährig, Hoffart, Fähre, Ferge, fertig, führen, Furt*; und, über das Ahd. hinausgehend, (nach Bergmann 1923, 67–69) *Fjord, Oxford, Bosporus, opportun, Pore, porös, Pram*. Einerseits können den heutigen deutschen Wörtern zur Wf. **per* Wörter hinzugestellt werden aus früheren Sprachstufen, die aber heute nicht mehr belegt sind, z.B. *fährlich*, oder aber auch (je nach historischer Tiefe) Wörter aus anderen oder gar idg. Sprachen. Andererseits kann man aber auch versuchen, die Wortfamilien bestimmter früherer Sprachstufen (analog den synchronen heutigen Wf.en) zu rekonstruieren, z.B. des Frühnhd., des Mhd., des Ahd. (vgl. Splett 1993), soweit die Sprachwissenschaft über die Kopräsenz von Wörtern durch Quellen informiert ist. Vergleicht man nun die Motiviertheit einzelner Wörter (und damit ihre Zugehörigkeit zu bestimmten Wf.en) einer früheren zu einer späteren, z.B. der heutigen Stufe, so ergibt sich (August 1996, 28), dass entweder die Motiviertheit oder Nicht-Motiviertheit in beiden Zeitstufen gleich ist oder dass sich Veränderungen ergeben haben. Es gibt drei Möglichkeiten: (1.) Ein Wort, das auf Stufe 1 motiviert ist, ist in der Stufe 2 nicht mehr motiviert, z.B. ahd. *hiu tagu* – nhd. *heute*. Man nennt dies eine *Demotivierung* oder Dissoziierung. (2.) Ein Wort ist auf der Stufe 1 und 2 innerhalb derselben Wf. motiviert, aber die Zusammenhänge haben sich geändert, z.B. mhd. *fündec* zu *fund*, dieses zu *finden* nhd. *findig* direkt zu *finden*. Man nennt dies eine *Ummotivation*. (3.) Ein (meist isoliertes) Wort der Stufe 1 wird in der Stufe 2 auf ein anderes Wort bezogen und dadurch in eine neue Wf. eingeordnet, z.B. ahd. *kutti* 'Schar' nicht verwandt mit dem Lehnwort ahd. *ketin(n)a* (zu lat. *catena*) 'Metallband aus Gliedern' – nhd. *Kette* 'Metallband aus Gliedern' → <metaphor.> 'Schar (der Rebhühner)'. Man nennt diesen Vorgang Attraktion, Volksetymologie (vgl. Olschansky 1996), sekundäre Motivation oder (wertneutral) *Neumotivation*. Die Gleichmotivation, identische Nichtmotivation, die Demotivation, Ummotivation und Neumotivation zwischen zwei Sprachstufen weisen darauf hin, dass jede neue Sprachgeneration sich die Motivation der Wörter und damit die Wf.en neu erarbeitet auf Grund morphologisch- und figurativ-semantischer Strukturen; dabei kann die Änderung der lautlichen Form des oder der Wörter und/oder die Änderung inhaltlicher Sachverhalte zu einer Änderung im Bezug auf die Motivation führen, was dann auch einen anderen Aufbau der Wf. oder neue Wf.en zur Folge hat. Wichtig ist es zu bedenken, dass einerseits Motiviertheit und Wf.en früherer Sprachstufen immer nur Rekonstruktionen sind, wenn auch nach strengen sprachhistorischen Methoden. Andererseits besagt aber der historische Wandel auch, dass es zu einem bestimmten Zeitpunkt für die Sprachteilhaber nicht die eindeutige homogenen Menge von Wf.en und deren eindeutige innere Struktur gibt, sondern dass auf Grund des Wandels oft verschiedene Strukturierungsmöglichkeiten nebeneinander bestehen können, und zwar wegen unterschiedlicher synchroner Motivierung durch die Sprachteilhaber. Das wird uns im Folgenden beschäftigen.

3. Teilwortfamilien

Oben wurden als Grundlage der Wf.en die morphologisch-semantische und die figurativ-semantische Motiviertheit genannt. Man kann dabei Ableitungen oder Zusammensetzungen ersten Grades, also vom Kernwort, unterscheiden von Ableitungen 2., 3., 4.... Grades vom jeweilgen Basiswort, z.B. *Unrit-*

terlichkeit → *unritterlich* → *ritterlich* → *Ritter* → *Ritt* → *reiten*. 76 Prozent aller 13.830 Ableitungen des HdG sind Ableitungen ersten Grades. Ebenso lassen sich die Zusammensetzungen nach Graden ordnen. Harlass/Vater (1974) haben ermittelt, dass 90 Prozent aller Zusammensetzungen auf den ersten Grad entfallen. Offensichtlich strukturieren die Grade der Ableitungen und Zusammensetzungen eine Wf. nur schwach. Wesentlich klarer ausgeprägt ist eine Gliederung nach *Teilwortfamilien*. Sie kombiniert die beiden Motivationstypen: morphologisch-semantisch und figurativ-semantisch. Eine Ableitung oder Zusammensetzung bezieht sich immer auf eine bestimmte Bedeutung des Kern- bzw. Basiswortes: So ist der Vorgang und das Produkt des *Abschreibens* eines Textes eine *Abschrift*; im wirtschaftlichen Bereich ist es eine *Abschreibung*. Die *Kuchenform* geht zurück auf *Form* 'Gefäß', die *Tanzform* auf *Form* als 'vorgeschriebener Ablauf'. Gibt es zu den Bedeutungen 1, 2, 3 ... jeweils mehrere Ableitungen und Zusammensetzungen, so entstehen 1, 2, 3 ... Aufteilungen der gesamten Wf., die hier als Teilwf.en bezeichnet werden. Diese Teilwf.en sind Teil eines Handlungsfeldes und schaffen damit eine Brücke zu einer anderen wichtigen Gliederung des Wortschatzes nach Handlungsfeldern (frames). So kann man *malen* auf das 'Handwerk' (1) oder auf die 'Kunst' (2) beziehen, und es entstehen dadurch zwei Teilwf.en:

	mal	*en*	1	2
	Mal	*er*	×	×
an	*mal*	*en*	×	×
aus	*mal*	*en*	×	×
be	*mal*	*en*	×	×
Be	*mal*	*ung*	×	×

Solche komplexen Strukturen lassen sich zweifach verstehen: jede der Ableitungen entwickelt analog zum Kernwort eine abgeleitete Bedeutung; es ist aber ebenso gut möglich, dass sich zu der „abgeleiteten" Bedeutung analog zur Kernbedeutung eigene Ableitungen bilden, so dass eine doppelte Vernetzung entsteht, hier zunächst einmal absolut gleichläufig vorgeführt an *Drama* (1) <Kernbedeutung> 'Schauspiel', (2) <abgeleitete Bedeutung> 'aufregendes Geschehen':

Dram	1 → 2
	↓ ↓
Dram atik	1 → 2
	↓ ↓
dram atisch	1 → 2
	↓ ↓
dram atisieren	1 → 2

Dass die Teilwf.en ihre eigene Berechtigung haben, kann man an zwei Sachverhalten zeigen: (1.) Es gibt Ableitungen und Zusammensetzungen jeweils nur zur ersten oder zweiten Bedeutung, z.B.:

	trüb	<konkret>	<metaphor>
	Trüb heit	×	
	Trüb nis		×
	Trüb sal		×
be	*trüb en*		×
Be	*trüb nis*		×
ein	*trüb en*	×	
Ein	*trüb ung*	×	

(2.) Es gibt das Phänomen, dass es morphologisch dasselbe Wort gibt, aber keine abgeleitete Bedeutung zur Basisbedeutung, z.B.:

Punkt	'Fleck'	→	'/im Sport/'
	↓		↓
punkt en	×	‖	×

Der senkrechte Doppelstrich soll ausdrücken: *punkten* hat nicht zwei Bedeutungen, sondern es gibt zwei Verben *punkten*: das eine ist eine Ableitung zu *Punkt* 'Fleck', das andere zu *Punkt* '/im Sport/'. Über die Teilwf.en ist jede Wf. sehr genau darzustellen als eine zweidimensionale Struktur aus einerseits – senkrecht – Ableitungen und Zusammensetzungen und andererseits – waagerecht – der Menge der Bedeutungsaspekte, die das Kernwort in seinem Bedeutungsfeld aufspannt. Quantitativ mag der Hinweis noch nützlich sein, dass sich ca. 78 Prozent aller Ableitungen auf die Kernbedeutung beziehen, 15 Prozent auf die zweite, 4 Prozent auf die dritte und 3 Prozent auf alle weiteren Bedeutungen der Bedeutungsfelder (berechnet nach Augst 1999).

4. Besonderheiten der Wortfamilien

Im Folgenden sollen eine Reihe von Besonderheiten der Wf.en abgehandelt werden, die in den allermeisten Fällen auf historische Veränderungen zurückzuführen sind. Dabei werden die „fremden" Wf.en in einem eigenen Kapitel vorgeführt. Wegen des beschränkten Raumes müssen Andeutungen genügen.

4.1. Kopfbildung

In indigenen Wf.en bildet normalerweise ein selbständiges Wort den Kopf einer Wf., wobei Verben die Endung *-en* haben. Zieht man bei Verben dieses *-en* ab, so sind knapp die Hälfte aller indigenen Kernwörter einsilbig. Die anderen sind morphologisch ohne semantische

Funktion links erweitert mit präfix- oder rechts erweitert mit suffixähnlichen Wortausgängen, z.B. *be+reiten, Brud+er*. Bei den Wortausgängen treten *-e, -er, -el, -en* (in abnehmender Reihe) häufig auf, alle anderen sind marginal, z.B. *-ig, -isch* (Augst 1975, 286). Nur in ca. 2 Prozent aller indigenen Wf.en ist das Kernwort kein selbstständiges Wort, z.B. *Dam(hirsch)*. In manchen Fällen tritt ein unselbstständiges Lexem mit mehreren Affixen auf, so dass es sich morphologisch-semantisch isolieren lässt, z.B. *däm-lich/Däm-lack/Dämel/dam-isch*. In allen genannten Fällen leisten die abspaltbaren Affixe morphologisch genau dasselbe wie in der Verbindung mit selbstständigen Lexemen, z.B. die Angabe der Wortart, so ist *fertig* ein Adjektiv wie *lust-ig*. Ist dieser Tatbestand nicht gegeben, z.B. in *König*, so handelt es sich um eine pseudo-morphologische Durchsichtigkeit. Ganz selten treten im indigenen Wortschatz nicht semantisch motivierte, aber morphologisch transparente Zusammensetzungen auf, z.B. *Wiedehopf*. In anderen Fällen erkennt man nur noch die Zusammenhänge als Reste eines alten Wortes, z.B. *etlich/etwas*. In einer Reihe von Wf.en ist auch nicht eindeutig, welches Wort zum Kopf der Wf. gemacht werden soll: *stolz ↔ Stolz*; oft stehen Gerät und Tätigkeit nebeneinander: *Pinsel ↔ pinseln*; oder auch Person und Tätigkeit: *pilgern – Pilger*. Da üblicherweise Gerät und Person mit *-er* vom Verb abgeleitet sind, z.B. *fischen ← Fischer*, tendiert die semantische Dependenz in diese Richtung, aber ein Fall wie *Sattel ↔ satteln ←Sattler* zeigt auch den umgekehrten Weg. Ähnliche Analogien drängen sich bei den Verbalabstrakta auf, z.B. *heilen ← Heilung, fahren ← Fahrt*, deshalb auch *brüten ← Brut*. Bisher stehen systematische Untersuchungen darüber aus, wie sich die Kongruenz von morphologischen Dependenzen und morphologisch-semantischen Analogien im Einzelnen auswirkt.

4.2. Die Ordnung des Bedeutungsfeldes

Da Ableitungen und Zusammensetzungen sich immer auf bestimmte Bedeutungsaspekte des Basiswortes bzw. Kernwortes beziehen, ist die Entfaltung des Bedeutungsfeldes zentral für den Aufbau der Teilwf.en. Die erste Frage ist die nach Homonymie oder Polysemie, d.h.: Gibt es zwei Kerne und damit (potenziell) zwei Wf.en oder einen Kern mit zwei Bedeutungen und damit nur eine (potenzielle) Wf.? Da es sowohl Demotivierungen als auch Um- und Neumotivierungen historisch gibt, kann es keinesfalls verwundern, dass die Sprachteilhaber in einer Reihe von Fällen schwanken. Die Literatur über das Phänomen Polysemie vs. Homonymie ist sehr umfangreich; je nach Perspektive dient dasselbe Wort, z.B. *Schloss*, dem einen als Beispiel für Polysemie, dem anderen für Homonymie. Wir können das hier nicht weiter verfolgen. Aber auch wenn die Sprachteilhaber sich eindeutig für Polysemie entscheiden, ist in manchen Fällen das Problem noch nicht behoben, denn es ist manchmal fraglich, was die Kernbedeutung und was die abgeleitete Bedeutung ist. Der Vergleich der Entfaltung eines Bedeutungsfeldes in verschiedenen semasiologischen Wörterbüchern macht deutlich, dass die lexikographische Darstellung in ihrer Differenziertheit und Hierarchisierung der Bedeutungsaspekte ein für lexikographische Zwecke entwickeltes Konstrukt ist. Sowohl in der Anzahl als auch in der Hierarchie der Bedeutungsaspekte stimmen die Wörterbücher oft nicht überein. Aus der Perspektive der Sprachteilhaber konkurrieren oft psychologische Bedeutsamkeit und semantische Motivierung (Werner 1989). So können sie *Schild* 'Verkehrsschild' psychologisch als primär ansetzen, erkennen aber bei Nachdenken, dass der 'Ritterschild' aus historischen Gründen der Sachlogik die Kernbedeutung sein muss. In manchen Fällen kann man so zu einem unterschiedlichen Aufbau der Teilwortfamilien kommen; so lässt sich *Programm* gliedern entweder als (1.) 'Aufstellung des Ablaufs', (2.) '/in Technik, speziell Datenverarbeitung/', (3.) <metaphor.> 'Grundsatz' oder (1.) <abstrakt> 'Gesamtheit der Grundsätze', (2.) <konkret> 'Plan', (3.) <speziell> 'Veranstaltung (Theater, Film)', (4.) <speziell> '/in der Datenverarbeitung/'. In wenigen Fällen der Multisemie treten beide Probleme (Homonymie vs. Polysemie sowie Bedeutungshierarchisierung) gemeinsam auf. So kann man zu *Stock* drei Homonyme und damit drei Wf.en ansetzen: I. 1. 'Rute', 2. 'Teil der Rebe', 3. 'Baumstumpf'; II. 1. 'Behausung für Bienen', 2. <metaphor.> 'Sockel (Berg, Vermögen)', 3. 'Etage'; III. *stock-* '/Steigerungspartikel/' z.B. *stockfinster, -besoffen*. Es liegt auf der Hand, dass manche Sprachteilhaber III und II 1. figurativ-semantisch auf I.3 beziehen können. Dies macht die unterschiedliche Präsentationen in den semasiologischen Wörterbüchern verständlich. Ebenso ergeben sich daraus unterschiedliche Präsentationen in Wortfamilienwörterbüchern (Augst 1999).

4.3. Zusammensetzungen

Aus einer Verknüpfung von Bedeutungsfeld und Zusammensetzung ergibt sich der Umstand, dass bei rein taxonomischer Betrachtung ein Bedeutungsaspekt des Kernwortes auftreten kann, der sich bei genauerer Analyse als verkürzte Zusammensetzung erweist. Wenn z.B. *Bronze* für 'olympische Medaille' steht, dann kann das als <spezieller Gegenstand aus dem Material> motiviert werden, aber besser als <Kurzform> zu *Bronzemedaille*, da die Zusammensetzung vorgängig ist. Ein ähnliches Phänomen ergibt sich aus dem Widerstand, abgeleitete Adjektive als Bestimmungswort mit Substantiven zu verbinden, so dass stattdessen das substantivische Basiswort zum Adjektiv in die Zusammensetzungen eintritt; so korrespondiert z.B.: *künstlicher Honig* ← *Kunsthonig*. Die morphologische Durchsichtigkeit divergiert also hier mit der semantischen Motiviertheit. In vielen Fällen verbinden sich morphologisch- und figurativ-semantische Motivation; so ist in der Zusammensetzung *Fingerhut* 'Nähgerät' *Hut* metaphorisch gebraucht (hingegen ist die 'Pflanze' metaphorisch motiviert zur ganzen Zusammensetzung 'Nähgerät'). Manchmal ist es nicht klar, ob eine metaphor. Motivation der ganzen Zusammensetzung vorliegt, z.B. *Kinderkrankheit* '/beim Kind/' ← <metaphor.> '/beim Auto/', oder ob mit einer virtuellen Stufe gearbeitet wird, z.B. *Katzenauge* 'Auge der Katze' ← <metaphor.> '/am Fahrrad/' oder direkt <metaphor. wie das Auge einer Katze>. In anderen Fällen führt die genaue Beachtung der morphologischen Motivierung zur Auflösung scheinbarer polysemer Bedeutungsaspekte (wie sie die semasiologischen Wörterbücher angeben). So gibt es nicht ein, sondern zwei Wörter *Fahrschüler*: einmal als Zusammensetzung aus *fahren* + *Schüler*, zum anderen als Ableitung *Fahrschule* + *-er*. Analog liegt keine figurativ-semantische Beziehung vor bei der *Oberleitung* (der Tram) oder (des Theaters), da zwei verschiedene Bedeutungen von *Leitung* zugrunde liegen.

4.4. Ableitungen

Wie bei den Kernwörtern gibt es gelegentlich Probleme, zu welcher Wf. eine Ableitung gehört. So stellen Sprachteilhaber (*Daten in den Computer*) *einlesen* teilweise zu II. *lesen* 'sammeln', teilweise zu I. *lesen* 'Text aufnehmen'. Auf der anderen Seite driften die Morpheme bei der Ableitung lautlich auseinander, so dass gelegentlich dadurch der Zusammenhang verloren geht, besonders dann, wenn auch die semantische Motivation schwierig ist. So stellen die Sprachteilhaber *setzen* zu *sitzen*, aber bei *führen* zu *fahren* gibt es schon Probleme. Eine Demotivierung ist eingetreten bei *küren* und *kören*, die nur noch die historische Betrachtung auf das veraltete *erkiesen (erkor)* bezieht. Im Bereich der Verbalabstrakta durch Ableitung ergibt sich das Phänomen, dass nicht mehr produktive Bildungsformen an die abgeleiteten Verben in den allermeisten Fällen vererbt werden, z.B. in Analogie zu *fahren* ← *Fahrt* auch *abfahren* ← *Abfahrt* usw. Absolut verlässlich ist die Vererbung natürlich nicht: So ist das Verbalabstraktum zu *erfahren* nicht *Erfahrt*, sondern *Erfahrung* (was die Tendenz stützt, synchron *erfahren* aus der Wf. *fahren* herauszulösen). Gelegentlich stehen unterschiedliche Nominalisierungen nebeneinander: *die Ehe schließen* ← *Eheschließung*, aber *einen Frieden, Vertrag schließen* ← *Friedensschluss, Vertragsschluss*; hingegen gibt es zu *Freundschaft schließen* weder die eine noch die andere Zusammenbildung. Umgekehrt liegt folgender Fall: *eine Aufgabe, eine Frage stellen* ← *Aufgaben-, Fragestellung*, aber *Zielstellung* nicht zu *ein Ziel stellen*. Ähnlich gelagert ist der Sachverhalt, dass eine Ableitung oder der Bedeutungsaspekt einer Ableitung in einer Zusammensetzung auftritt, den sie isoliert nicht hat, z.B. *Fassungsvermögen*; es gibt nicht → *das Vermögen der* *Fassung*. Teilweise wirken hier auch Analogien: zu *Rotznase* gehört *rotznäsig* und zu *Stubsnase* ← *stubsnäsig*, aber es gibt nicht *Hochnase* ← *hochnäsig*. Gelegentlich gibt es sogar zwei Bildungen zu einem nicht belegten Basiswort, z.B. *abgeneigt* und *Abneigung*: beide zu *abneigen*. In einigen Fällen stehen Ableitungen und Zusammenbildungen phänomengleich nebeneinander: *Ärmel* ← *Hemdsärmel* ← *hemdsärmelig*; aber da *Kurzärmel* nicht belegt ist, geht *kurzärmelig* auf eine analoge Zusammenbildung *mit kurzem Ärmel* + *-ig* zurück. Manchmal fehlen auch Zwischenstufen z.B. *unausgesetzt* → *ausgesetzt*, *kündbar* gehört morphologisch zu *kund*, semantisch zu *kündigen*. Ein besonderer Fall sind die Rückbildungen. Diachrone Rückbildungen, wie zum Substantiv *Bettler* das Verb *betteln*, werden synchron ummotiviert *betteln* ← *Bettler* als Nomen agentis. Aber es gibt auch synchron der morphologischen Durchsichtigkeit entgegenlaufende semantische Motivierungen wie *Uraufführung* semantisch zu *uraufführen*, bei denen die Sprachteilhaber deutlich die Rückbildung empfinden. Zum

Schluss sei noch darauf hingewiesen, dass es
– analog zu den Zusammensetzungen – auch
bei den Ableitungen innerhalb der Wf. homonyme Wörter gibt. Entgegen der Präsentation
der semasiologischen Wörterbücher hat *verschreiben* nicht zwei Bedeutungen 'ärztlich
verordnen' und 'falsch schreiben', sondern es
gibt zwei Wörter: *verschreiben* 'ärztlich verordnen' und *verschreiben* 'falsch schreiben'.
Dies liegt daran, dass die Affixe und Partikeln
selbst ein Bedeutungsfeld haben, z.B. *-er* 'Nomen agentis', 'Nomen instrumenti', 'Herkunft
von, Zugehörigkeit zu' usw.
oder sogar homonym sind, z.B. *ver-* 'zu Ende
gehen', z.B. *versickern*, und *ver-* 'etwas falsch,
zu viel machen', z.B. *versalzen*. Auf jeden Fall
ist es bei der Erarbeitung der Wf.en geboten,
genau darauf zu achten, mit welcher Variante
eines Affixes oder einer Partikel eine Ableitung gebildet ist, um so zu unterscheiden, ob
Wf.-interne Homonymie oder Polysemie vorliegt. Nur so kann es auch zum Gegensinn
kommen: *den Teppich aufrollen* 'auseinander
rollen', *den Teppich aufrollen* 'zusammenrollen'.

4.5. Doppelte Wege

Bisher sind wir immer davon ausgegangen,
dass eine Ableitung oder Zusammensetzung
sich auf nur eine Weise über das Basiswort an
das Kernwort anschließt. Gelegentlich kann
es bei Ableitungen oder Zusammensetzungen
zweiten Grades aber auch zwei Wege geben:

```
       fähig                    Arzt
       ↗ ↖                      ↗ ↖
 unfähig  Fähigkeit      Frauenarzt  Ärztin
       ↖ ↗                      ↖ ↗
     Unfähigkeit              Frauenärztin
```

Lagerverwalter kann zurückgeführt werden
auf *Verwalter des Lagers* oder *das Lager verwalten + -er¹*. Eine Überlagerung findet bei
Schirmherrschaft statt, das einerseits auf
Schirmherr + -schaft zurückgeht, aber das
auch als *Herrschaft des Schirmherrn* zu deuten
ist, wobei dann einmal *-herr-* ausgefallen ist.
Diese Deutung hat ihre Stütze in parallelen
Fällen bei reinen Zusammensetzungen:
Sprichwörterbuch ein *Wörterbuch der Sprichwörter*; mit Tilgung des doppelten Elementes
-wörter-.

4.6. Analoge Wortfamilien

Die morphologische Durchsichtigkeit und semantische Motiviertheit führen in vielen Fällen bei synonymen Basiswörtern zu vom
Sprachteilhaber erkannten proportionalen
Verhältnissen; z.B. das Präfix *er-* in Wörtern
des Tötens: *erdolchen, erschießen, ermorden,
erwürgen, erstechen*. Das von *Bühnenbild* mit
-ner abgeleitete Wort *Bühnenbildner* führt zur
Analogie *Maskenbildner*, obwohl es *Maskenbild nicht gibt. Die Zusammenbildung aus
Maske bilden + -ner geschieht also nach dem
konkreten Vorbild *Bühnenbildner* und dies ist
vielen Sprachteilhabern auch bewusst. Die oppositive Verwendung der Präfixe *ver-* vs. *ent-*,
z.B. – *verkoppeln entkoppeln*, ist so stark, dass
es analog auch auf *vererben – enterben* durchschlägt, obwohl der Enterbte ja gar nichts bekommen hat/soll, so dass auch nichts rückgängig gemacht werden kann. In manchen
Fällen ist die Analogie groß, wie bei *ab-, ein-,
ver-, zu- -riegeln/-schließen*, in anderen Fällen
partiell: *er-, aus- -saufen* sind in etwa gleich
er-, aus- -trinken; aber *absaufen* und *abtrinken*
thematisieren unterschiedliche Bedeutungsaspekte.

4.7. Diachrone, diatopische, fachsprachliche Schichtungen

Auch synchron gibt es für die Sprachteilhaber
in der Sprache ältere Sprachschichten, die sich
auch auf den Aufbau einer Wf. auswirken
können. Während *Fußgang gänzlich untergegangen ist, so dass *Fußgänger* ummotiviert ist
zu der Wendung < *zu Fuß gehen + -er¹* >, gibt
es noch das alte Wort *Gülte*. Wer es kennt, wird
die Motiviertheit *gelten ← Gülte ← gültig* ansetzen, wer es nicht kennt, wird *gültig* direkt
auf *gelten* beziehen. In vielen Fällen geht jedoch die die Bezeichnung stiftende Primärmotivation verloren und es setzt eine Ummotivation ein, z.B. bei *Jupiterlampe*. Ebenso verhält
es sich mit dem regionalen Wortschatz. Einerseits gibt es Wf.en, die nur regionale Geltung
haben, z.B. norddt. *Stake, staken, Stakete,
stakig, staksen*, andererseits können sie den
nicht belegten Kopf einer standardsprachlichen Wf. bilden. Wer z.B. /dial./ *Melm* 'Staub'
kennt, für den ist *zermalmen* motiviert. Dasselbe gilt für fachsprachliche Wörter: Wer die
fachsprachliche Bedeutung *Hechel* 'kammartiges Gerät' kennt, der schließt hier *durchhecheln* literal und metaphor. an, wer das Gerät
nicht kennt, motiviert *durchhecheln* neu auf
hecheln '/vom Hund/'. Die Bekanntheit älterer, dialektaler oder fachsprachlicher Wörter
oder Bedeutungsaspekte führt also (in Details)
zum Aufbau anderer Wf.en.

5. Fremde Wortfamilien

Alle besonderen Phänomene, die im letzten Kapitel 4.1–4.7 thematisiert wurden, lassen sich bei den Fremdwörtern im schärferen Maße aufzeigen. Es ist daher gerechtfertigt, ihre Ordnung zu Wf.en eigens und zusammenhängend abzuhandeln. Fremdwörter zeichnen sich auf der Ausdrucksseite nicht nur durch fremde Laute und Lautfolgen, fremde Orthographie und eine oft fremde Morphologie (z.B. Pluralbildung) aus, sondern auch durch besondere Probleme bei der relativen Motiviertheit und damit der Basis für den Aufbau von Wf.en. Bei morphologisch offensichtlich komplexen Wörtern ist nicht klar, was der Stamm und die Affixe sind und ob „Verwandtschaft" zu anderen Wörtern besteht. Dabei unterscheidet sich dieses Wissen (bzw. Nichtwissen) ganz stark dadurch, ob der Sprachteilhaber die Quellsprache(n) kennt oder nicht. Da die meisten deutschen Fremdwörter (auch vermittelt über das Englische und die lat. Tochtersprachen) auf Stämme des Griechischen und Lateinischen zurückgehen, ergeben sich sehr unterschiedliche Möglichkeiten, ein Wort als motiviert anzusehen und im Zusammenhang mit anderen komplexen Wörtern zu einer Wf. zusammenzustellen. Trotz aller individuellen Besonderheiten wird man idealtypisch diejenigen, welche die Bildungssprache des Deutschen und/oder eine Fachsprache kennen, abheben von jenen, denen Fremdwörter ohne diese Kenntnis begegnen. Man kann also davon ausgehen, dass die erstere Gruppe wesentlich mehr einzelne Fremdwörter zu nur einer Wf. (auch sprachübergreifend) zusammenstellen kann, während die anderen Sprachteilhaber viel kleiner zugeschnittene Wf.en aufbauen oder im Extrem ein Wort nicht als motiviert ansehen (trotz morphologischer Durchsichtigkeit). So können Fachleute viele Wörter mit *-gramm-* zusammenstellen: *Monogramm, Auto-, Ana-, Ideo-, Steno-, Dia-, Kardio-, Psycho-, Tele-, Epi-, Parallelo-, Pro-, Grammatik, Gramm (Kilo-, Milli-), Grammophon*. Für andere ordnen sich nur kleinere Gruppen zusammen. Wie ordnen sich *Statik, Station, Statist, Statistik, Statue, statuieren, Statur, Status, Statut* zusammen für den alltäglichen Sprecher und den gebildeten Laien (Augst 1996)? Das Erkennen desselben Stammes wird obendrein erschwert durch ungewohnte morphologische Alternanten, z.B. *Poesie – poetisch, Psalm – Psalter, Präsidium – präsidieren*, und durch die vielen Affixe, deren Bedeutung und Reichweite nicht überschaubar ist. Natürlich gibt es oft synonyme Parallelen zwischen indigenen und fremden Affixen, z.B. *-er* = *-ist, wieder-* = *re-*; und auch Partikeln: *ein-* = *in-*, aber andere sind synchron kaum vergleichbar, z.B. *-and, -esk, -(a)tur*. Außerdem treten die fremden Suffixe meist suppletiv auf im Gegensatz zu dem additiven Verfahren bei indigenen Suffixen, z.B. *informieren – informativ – Information – informell*. Dadurch ist es in vielen Fällen schwieriger zu entscheiden, was der Kopf der Wortfamilie ist, z.B. *Diskrepanz* ↔ *diskrepant*. In manchen Fällen kehrt die derivationale Dependenz die indigenen Erwartungen um, z.B. wenn *Psychologie* morphologisch als aus *Psychologe* abgeleitet erscheint. Wahrscheinlich beeinflussen indigene derivationale Muster auch die Ordnung fremder Wf.en gegen deren quellsprachliche Ordnung, z.B.:

– morphologisch: *Garant* ← *garantieren, Garantie*
– semantisch: *Garantie* ← *Garant, garantieren*
– indigen-analog: *garantieren* ← *Garantie, Garant*.

Ein besonderer Fall der Wf. ist die *Paronymie*, d.h., wenn eine Wf. sich zusammensetzt aus klangähnlichen Wörtern verschiedener Sprachen, z.B. *cool* zu *kühl*. Manchmal ordnen sich auch stammgleiche Wörter aus verschiedenen fremden Sprachen zu einer Wf. Das diachrone Faktum ist zwar synchron nicht durchschlagend, erklärt aber oft die derivationalen Ordnungsprobleme, z.B. *Monster* (aus dem Engl.) – *Monstrum* (aus dem Lat.) – *monströs* (aus dem Franz.). Dasselbe gilt für die Übernahme verschiedener Bedeutungen eines Wortes zu unterschiedlichen Zeiten aus unterschiedlichen Sprachen, z.B. *Kurs*; 15. Jh. 'Lauf, Gang', 16. Jh. 'Börsenkurs', 16. Jh. 'Fahrroute, Ausfahrt', 17. Jh. 'Lehrgang'. Natürlich ist wiederum der historische Sachverhalt synchron nicht relevant, aber er liefert eine Begründung für die Schwierigkeit, die einzelnen Bedeutungen synchron motivational durch Metonymie oder Metapher aufeinander zu beziehen. Ähnliche Probleme können sich auch gelegentlich bei der Bedeutungsentlehnung einstellen. Synchron ist es generell und für die Wf. ohne Belang, dass *Geburtenkontrolle* nach engl. *birth control* gebildet ist, aber in manchen Fällen lässt sich die fremde Motivation nicht ins Deutsche vermitteln, so dass synchron im Deutschen Homonyme entstehen, z.B. frz. *le canard* 'Ente' 'Falschmeldung' > im Deutschen I. *Ente* 'Geflügelart'; II. *Ente* 'Falschmeldung'. Alles in allem wird es am besten sein, bei fremden Wf.en eine unterschiedliche Gliederung vorzunehmen für den alltäglichen Sprecher und den gebildeten Laien. Genauere, theoriegeleitete empirische Untersuchungen fehlen.

6. Literatur in Auswahl

Augst, Gerhard (1975), *Untersuchungen zum Morpheminventar der deutschen Gegenwartssprache*. Tübingen: Narr.

–, (1996), Motivationstypen und diasystematische Differenzierung der semantischen Motiviertheit. In: Ernst Bremer; Hildebrand Reiner (Hrsg.): *Stand und Aufgabe der deutschen Dialektgeographie*. Berlin/New York: de Gruyter, 17–28.

–, (1997a), Wort – Wortfamilie – Wortfamilienwörterbuch. In: Franz-Josef Berens/Rainer Wimmer (Hrgg.): *Wortbildung und Phraseologie*. Tübingen: Narr, 83–113.

–, (1999), *Wortfamilienwörterbuch der deutschen Gegenwartssprache*. Tübingen: Niemeyer.

–, (2000), „Jedes Wort hat seine Geschichte" – Oder jede Wortfamilie? – Überlegungen zu Ordnungsstrukturen des Wortschatzes in diachroner und synchroner Sicht. In: Gerd Richter/Jörg Rieke/Britt-Marie Schuster: *Raum, Zeit, Medium – Sprache und ihre Determinanten. FS für Hans Ramge*. Darmstadt, 303–328.

Bergmann, Karl (1923), *Deutsches Wörterbuch*. Leipzig: Brandstetter.

Harlass, Gertrud; Heinz Vater (1974), *Zum aktuellen deutschen Wortschatz*. Tübingen: Narr.

(HdG =) *Handwörterbuch der deutschen Gegenwartssprache*. Berlin: Akademie-Verlag. 2 Bde. 1984.

Hundsnurscher, Franz (1985), Wortfamilienforschung als Grundlage einer Bedeutungsgeschichte des deutschen Wortschatzes. In: *Germanistik. Forschungsstand und Perspektiven*. Hrsg. v. Georg Stötzel. Berlin: de Gruyter, 116–123.

Munske, Horst Haider (1993), Wie entstehen Phraseologismen? In: *Vielfalt der deutsche Sprache. FS für Werner Besch*. Frankfurt/M. etc.: Lang, 481–516.

Olschansky, Heike (1996), *Volksetymologie*. Tübingen: Niemeyer.

Splett, Jochen (1993), *Althochdeutsches Wörterbuch*. 2 Bde. Berlin: de Gruyter.

Stucke, Georg (1912), *Deutsche Wortsippen*. Ansbach: Seybold.

Werner, R. (1989), Probleme der Anordnung der Definitionen im allgemeinen einsprachigen Wörterbuch. In: *Wörterbücher: Dictionaries, Dictionnaires. Ein internationales Handbuch zur Lexikographie. Drei Teilbände*. (Hrsg. F.J. Hausmann; O. Reichmann; H.E. Wiegand; L. Zgusta). Berlin/New York: de Gruyter, 917–930.

Gerhard Augst, Siegen (Deutschland)

88. Bedingungen des Aufbaus, Umbaus und Abbaus von Wortfamilien

1. Einleitende Bemerkungen
2. Die Ausgangslage im Althochdeutschen
3. Bedingungen des Aufbaus von Wortfamilien
4. Bedingungen des Umbaus von Wortfamilien
5. Bedingungen des Abbaus von Wortfamilien
6. Ausblick
7. Literatur in Auswahl

1. Einleitende Bemerkungen

Die Erweiterungen, Umgestaltungen und Verluste im Wortschatz einer Sprache sind in erster Linie auf die Kommunikationsbedürfnisse zurückzuführen, die zu einer bestimmten Zeit herrschen. Mit dem Einsetzen der Überlieferung bis hin zur Gegenwartssprache lassen sich diese Vorgänge sukzessive am konkreten Sprachmaterial erfassen. Der Bereich vor dieser Zeitgrenze, der durch das sprachvergleichende und rekonstruierende Verfahren der Etymologie erschlossen werden kann, ist im vorliegenden Zusammenhang von keiner unmittelbaren Relevanz. Die Veränderungen, um die es hier geht und die in die Zuständigkeit der Wortgeschichte gehören, erfolgen jeweils im Rahmen eines schon immer vorgegebenen Wortschatzes. Dieser ist nun keineswegs eine nur durch das ihm äußerliche Prinzip einer alphabetischen Anordnung erfassbare Menge von isolierten Einzelwörtern, die je ihre eigene Geschichte haben, sondern er ist in Wortfamilien gegliedert. Die Wortfamilie aber konstituiert sich durch die Motivation der ihr angehörenden Wörter und beruht somit auf einem Moment, das unmittelbar mit der Bildung von Wörtern zusammenhängt. Denn die hier angesprochene relative Motivation geht letztlich auf die Bedeutungsindizierung zurück, mit der das zwischen den Konstituenten eines komplexen Wortes bestehende semantische Verhältnis bezeichnet wird, das die durch den Sprachgebrauch etablierte Bedeutung 'indiziert'. Die

Bedeutungsindizierung und nicht die Bedeutung ist schon immer das zentrale Forschungsobjekt der Wortbildungslehre gewesen (vgl. Herbermann 1981, 73f.). Alternative Möglichkeiten, den Wortschatz nach anderen Prinzipien zu gliedern, wird damit nicht geleugnet. So etwa die Einteilung in Wortfelder, die in die Zuständigkeit einer historischen Wortsemantik gehört. Abgesehen davon, dass der Wortfeldbegriff methodologisch in vieler Hinsicht ungeklärt ist, liegen diese Zusammenhänge gleichsam auf einer anderen Ebene, weil die kleinste Einheit der Bedeutungsbeschreibung die Bedeutungsposition eines Wortes und nicht das Wort ist (Hundsnurscher/Splett 1982, 11). Um diese Ebene zu erreichen, müssen zuvor die Wortfamilienstrukturen als Strukturen der lexikalischen Ebene offen gelegt werden. Ein gangbarer Weg, diesem Ziel näher zu kommen, dürfte das Erstellen von Wortfamilienwörterbüchern sein. Solche sprachstufenbezogenen Wörterbücher – angefangen vom Althochdeutschen, über das Mittelhochdeutsche, das Frühneuhochdeutsche und die Goethezeit bis hin zum gegenwartssprachlichen Deutsch – wären dann die Grundlage für einen Vergleich von Wortstrukturen, der detaillierte Aussagen über den Wandel des Wortschatzes ermöglichen würde. Solange diese grundlegende Arbeit nicht geleistet ist, bewegt man sich notgedrungen auf unsicherem Boden, wenn es darum geht, die Bedingungen des Auf-, Um- und Abbaus von Wortfamilien und damit des gesamten Wortschatzes in seiner historischen Erstreckung aufzuweisen.

2. Die Ausgangslage im Althochdeutschen

Da die starken Verben bedingt durch den Ablaut eine vielgestaltige 'Wurzel' haben und in der Mehrzahl zum Grundwortschatz gehören, sind Wortfamilien, die ein solches Kernwort aufweisen, in der Regel besonders ausbaufähig. Dieser Sachverhalt zeigt sich schon beim Einsetzen der Überlieferung. Im Althochdeutschen nimmt der Anteil der starken Verben unter den Kernwörtern der Wortfamilien mit höherer Wortanzahl erheblich zu, wie der folgenden Auflistung (Splett 1996, 139ff.) zu entnehmen ist. Die erste Prozentzahl bezieht sich auf die Kernwörter aller 2845 Wortfamilien, die zweite Prozentzahl auf die Kernwörter der 118 Wortfamilien mit der Wortanzahl 51–220. In Klammern sind die absoluten Zahlen angegeben:

st. Verben 12,4 Prozent (353)–47,5 Prozent (56)
sw. Verben 10,4 Prozent (297)– 4,2 Prozent (5)
Substantive 61,1 Prozent (1737)–33,1 Prozent (39)
Adjektive 12,2 Prozent (346)–12,7 Prozent (15)
übrige
Wortarten 3,9 Prozent (112)– 2,5 Prozent (3)

Eine günstige Ausgangslage für einen möglichen Ausbau ist auch dann gegeben, wenn das Kernwort polysem ist. Das beruht darauf, dass sich bei der Bildung komplexer Wörter die Bedeutungsindizierung zumeist jeweils auf eine von mehreren Bedeutungspositionen der den Konstituenten zugrunde liegenden Wörter bezieht. Ganz unterschiedliche Bezeichnungsbedürfnisse lassen sich so durch Bildungen innerhalb einer Wortfamilie erfüllen, wofür sonst Neubildungen im Rahmen verschiedener Wortfamilien erforderlich wären. So fächern sich beispielsweise die substantivischen Suffixbildungen zur ersten Ablautstufe bei BERAN (Splett 1993, I, 1, 51) wie folgt auf: direkt bzw. vermittelt beziehen sich a) *ber-d* st.N. 'Gewächs, Frucht' / *bir-îgî* st.F. 'Fruchtbarkeit' / *un-bir-îgî* st.F. 'Unfruchtbarkeit' / *bera-haftî* st.F. 'Fruchtbarkeit, Natur' / *un-bera-haftî* st.F. 'Unfruchtbarkeit' auf *beran* st.V. im Sinne von 'etw. hervorbringen, aus sich erzeugen', b) *bir-il* st.M. 'Korb' / *bir-ul* st.M. 'Topf, Krug' auf *beran* im Sinne von 'etw. hervorholen, herbringen, herschaffen' und c) *be-râri* st.M. 'Erzeuger, Vater' / *bir-id* st.N. 'Mutterschoß, -tier' auf *beran* im Sinne von 'etw. gebären, zur Welt bringen' (vgl. Karg-Gasterstädt/Frings 1968, 884ff.). Dieses Phänomen ist im Althochdeutschen vor allem im Bereich der Verben zu beobachten. Andererseits kommt es auch vor, dass sich die Polysemie des Kernwortes den übrigen Wörtern der Wortfamilie ganz oder teilweise vererbt und so die Möglichkeit zu einem gefächerten Ausbau nicht genutzt wird. Das ist etwa bei SARPF (Splett 1993, I, 2, 794) der Fall, wie sich an *sarpf* Adj. 'scharf, rau, rissig, stachelig; heftig, höhnisch, hart, streng, ernst; grausam, wütend, furchtbar' gegenüber *sarpfî* st.F. 'Rauheit, Schärfe, Strenge, Härte, Hartherzigkeit; Wüten' zeigt.

Hinsichtlich der Ausgangslage für zukünftige Veränderungen ist außerdem die unterschiedliche interne Struktur der althochdeutschen Wortfamilien wichtig. In einem ersten Zugriff ist die sogenannte 'Stufung' zu nennen d.h. die Angabe, über wie viele Zwischenstufen die Wörter einer Wortfamilie mit ihrem Kernwort verbunden sind. Unter diesem Gesichtspunkt hat jede Wortfamilie das ihr eigene Stufungsprofil. Die beiden Darstellun-

Kernwort	1. Stufe	2. Stufe	3. Stufe	4./5. Stufe
zeman	← gizeman	← ¹gizâmi^S	← ¹ungizâmi^S	
		↑	← ¹gizâmunga	
		↑	← ¹gizâmlîh	
	↑	← [gizâm]	← ungizâm	
	↑	← gizâmi^A	← ²gizâmi^s	← ²ungizâmi^S
			↑	← ²gizâmunga
			↑	← ²gizâmlîh
		↑	← gizâmî	
		↑	← gizâmida	
		↑	← ungizâmi^A	← ³ungizâmi^S
		↑	← ³gizâmlîh	
		↑	← gizâmi^AD	
		↑	← gizâmo	
		↑	← gizâmlîhho	
	↑	← gizumft	← gizumften	
		↑	← ungizumft	← ungizumften
			↑	← ¹ungizumftida
			↑	← ²ungizumftîg
		↑	← gizumftida	← gizumftidôn
		↑		← ²ungizumftida
		↑	← gizumftîg	← gizumftîgôn
		↑		← ¹ungizumftîg
		↑		← gizumftîglîh
		↑		← gizumftîgo
		↑	← [gizumftlîh]	← [#eban-gizumftlîh]
				↑
				← #eban-gizumftlîhho
↑	← missizeman	← missizumft	← missizumften	
		↑	← missizumftôn	
	↑	← ¹missizimîg		
↑	← zumft	← zumften	← ¹zumftil	
	↑	← ²zumftil		
	↑	← zumftiling		
	↑	← zumftîg		
	↑	← zumftlîh	← zumftlîhho	
↑	← zimîg	← zimîgî		
	↑	← ²missizimîg		
	↑	← unzimîg		
		← zimîgo		
↑	← zimilîh			
1	5	12 + (2) + [1]	18 + (2) + [1]	7 + (6) + [1] / 1

Stufenformel: 44 + (10) + [3] #1 + [1]#

Abb. 88.1: Stufungsprofil der Wortfamilie ZEMAN

gen (Abb.: 88.1; 88.2) sind von rechts nach links und jeweils den Pfeilen folgend zu lesen. Sie fußen im Wesentlichen auf den Strukturformeln (Splett 1993, I, 1, XXX f.), mit deren Hilfe die Einbindung der Wörter in eine bzw. mehrere Wortfamilien in kompakter Form aufgewiesen wird. Mehrfache Strukturformeln signalisieren mehrfache Einbindungen; in den Darstellungen erscheinen entsprechende Wörter also mehrmals, jeweils unterschieden durch eine vorangestellte Hochzahl. Dabei zeigen sich auch nicht bezeugte (oder lexikographisch nicht erfasste) Zwischenglieder, markiert durch Einschluss in eckige Klam-

Kennwort	1. Stufe	2. Stufe	3. Stufe
hunt	← #fogal-hunt		
↑	← #halb-hunt		
↑	← #hella-hunt		
↑	← #hessi-hunt		
↑	← #jaga-hunt		
↑	← #meri-hunt		
↑	← #spuri-hunt		
↑	← #wind-hunt		
↑	← #wîs-hunt		
↑	← #hunt-âz		
↑	← #hunt-distil		
↑	← #hunt-distila		
↑	← #hunt-flioga		
↑	← #hunt-houbito	← #hunt-houbit	
↑	← #hunt-hûs		
↑	← #hunt-kella		
↑	← #hunt-louh		
↑	← #hunt-ribbi		
↑	← #hunt-swammo		
↑	← #hunt-wurm		
↑	← #hunt-zunga		
↑	← #huntes-beri		
↑	← #huntes-bluoma		
↑	← #huntes-bluomo		
↑	← #huntes-distil		
↑	← #huntes-flioga		
↑	← #huntes-kanal		
↑	← #huntes-kervila		
↑	← #huntes-klobalouh		
↑	← #huntes-kurbiz		
↑	← #huntes-mugga		
↑	← #huntes-ribbi		
↑	← #huntes-satul		
↑	← #huntes-tilli		
↑	← #huntes-tropfo		
↑	← #huntes-wurz		
↑	← #huntes-zand		
↑	← #huntes-zunga		
↑	← huntin		
↑	← huntilîn		
↑	← huntîn		
↑	← huntisc		
1	42	1	

Stufenformel: 44 + (−) + [−] #39#

Abb. 88.2: Stufenprofil der Wortfamilie HUNT

mern. Ebenso lässt sich die vor allem im Bereich der Komposita anzutreffende Verzahnung mit anderen Wortfamilien ablesen, markiert durch ein vorangestelltes Numbersign #. Die Stufenformel fasst diese Komponenten summarisch zusammen, wobei die Anzahl der zusätzlichen Einbettungswege in runden Klammern angegeben ist. Die Wortfamilie ZEMAN zeigt einen Ausbau bis zur 5. Stufe, einen Schwerpunkt auf der 3. und 4. Stufe sowie eine relativ hohe Zahl mehrfacher Einbettung. Im Gegensatz dazu ist dem Stufungsprofil der gleich umfangreichen Wortfamilie HUNT zu entnehmen, dass die Ausbaustufen 3 bis 5 entfallen und der Ausbau fast ausschließlich auf der 1. Stufe erfolgt ist. Zusätzliche Einbettungswege und zu konjizierende Zwischenstufen sind bei so kurzen Ableitungswegen nicht zu erwarten. Andererseits ist die Verflechtung mit anderen Wortfamilien extrem ausgeprägt. In der Tendenz ist dieser Gegensatz zwischen den Stufungsprofilen – einerseits eine verhältnismäßig breit gefächerte, mehrere Stufen umfassende Aufgliederung, andererseits eine Konzentration auf die 1. Stufe – ein charakteristischer Unterschied zwischen Wortfamilien mit einem starken Verb bzw. einem Substantiv als Kernwort (Splett 1996, 145).

3. Bedingungen des Aufbaus von Wortfamilien

Anhand der Gegenüberstellung der althochdeutschen und der mittelhochdeutschen Wortfamilie NATŪRA bzw. NATŪRE (vgl. Abb.: 88.3; 88.4) lässt sich exemplarisch der Ausbau einer Wortfamilie aufweisen, der primär auf fachsprachliche Erfordernisse bei der volkssprachigen Rezeption von Scholastik und Mystik zurückzuführen ist. Dass allerdings gerade diese Wortfamilie betroffen ist, hat seine eigenen Gründe. Zunächst ist festzuhalten, dass im Althochdeutschen vielfach versucht worden ist, lat. *natura* mit heimischem Wortgut wiederzugeben (Köbler 1971, 128; Gindele 1976, 146–151). In der Ahd. Benediktinerregel wird es ausschließlich mit *chnuat* (4 Belege), das sonst als Äquivalent für *substantia* (Weißenburger Katechismus), *consparsio* (Glosse zu Gregors 'Cura pastoralis') und *genealogia* (Glosse zum Matthäuskommentar des Hieronymus) bezeugt ist, und *naturaliter* mit dem Hapaxlegomenon *chnuatlîhho* übersetzt. Bei Notker finden sich außer der Eindeutschung folgende direkte Entsprechungen zu *natura*:

berahaftî st.F. 'Fruchtbarkeit' (P I, 833, 12)
maht st.F. 'Fähigkeit, natürliche Veranlagung' (P I, 352, 19)
gislaht Adj. (*naturam habere* : *geslaht sîn* 'von Natur aus besitzen, naturgemäß haben' – P I, 471, 6, 24; 485, 12).
Hinzu kommen beim Notker-Glossator:
burt st.F. 'Gestalt' (P II, 281, 13)
anaburt st.F. 'Wesen, Natur' (P II, 66, 6; 263, 22; 281, 13; 364, 13)
anaburti Adj. (subst.: 'das Wesensmäßige, Natur' – P II, 135, 19. Vgl. Karg-Gasterstädt/ Frings 1968, 414)
anawist st.F. 'Wesen, Natur' (P II, 367, 16).

NATŪRA (1)

1.2	natûra st. F.	wS/	'Natur, Wesen' – Otfrid, Notker, Boethius-Glosse (St. II, 78, 20)'
	natûra-sago sw. M.	((wS) + (wV))San/	'Naturforscher' – Notker-Glossator
2.3	natûr-lîh Adj.	(wS)sA/	'natürlich, naturgemäß, von Natur aus, angeboren; von Natur gegeben; wirklich' – Notker
2.4	natûr-lîhho Adv.	((wS)sA)AD/	'von Natur, dem Wesen nach' – Notker

(1) KLUGE/SEEBOLD, 500.

Abb. 88.3: Althochdeutsche Wortfamilie NATŪRA

NATŪRE

1.1	natûren sw. V.	(wS)V/	'erschaffen, bilden; (vorher)bestimmen; lenken, leiten (zu)'
	ver-	p((wS)V)/	'zur Natur von jmdm., etw. machen' – Gindele
1.2	natûre st.sw.F.	wS/	'Natur, Wesen, Vererbung, (angeborene) Art, Eigenschaft, Beschaffenheit; Instinkt; Geschlechtstrieb' – Lexer, Findebuch
	menschen- st.F.	(wS)(wS)/	'das menschliche Vermögen' – Findebuch
	über-	p(wS)/	'übernatürliche Begabung' – Findebuch
	natûr-getât st.F.	(wS)(p((wV)sS))/	'menschliche Beschaffenheit' – Findebuch
	natûren-hitze	(wS)([wA]S)/	'natürliche Wärme' – Findebuch
1.3	–		
	an-ge-natûrt Adj.	p(((wS)V)Vpart2)A/	'der Natur von jmdm., etw. zukommend' – Gindele
2.2	natûr-lic-heit st.F.	((wS)sA)sS/	'Natur, Körperlichkeit' – Lexer, Findebuch
	über-	(p((wS)sA))sS/	'übernatürliche Begabung' – Findebuch
2.3	natûr-eclich Adj.	(wS)sA/	'natürlich' – Findebuch
	natûr-haft Adj.	(wS)sA/	'natürlich, von Natur' – Lexer
	natûr-lich Adj.	(wS)sA/	'natürlich, körperlich, sinnlich, leiblich; angeboren' – Lexer, Findebuch
	glîch-	(wA)((wS)sA)/	'mit der Natur von jmdm., etw. gegeben' – Gindele
	mite-	p((wS)sA)/	'mit der Natur von jmdm., etw. gegeben' – Findebuch
	über-	/	'übernatürlich' – Lexer, Findebuch
	un-	/	'nicht der Natur entsprechend' – Lexer, Findebuch
	wider-	/	'wider-, unnatürlich' – Lexer, Findebuch
2.4	natûr-lîche Adv.	((wS)sA)AD/	'von Natur aus, der Natur entsprechend' – Lexer, Findebuch
	über-	(p((wS)sA))AD/	'übernatürlich, in übernatürlicher Weise' – Lexer, Findebuch
	natûr-lîchen Adv.	((wS)sA)AD/	'natürlich, wesenhaft; von Natur aus; der Natur entsprechend' – Lexer

Abb. 88.4: Mittelhochdeutsche Wortfamilie NATŪRE

Aus den Murbacher Hymnen ist hier noch anzuführen: *giburt* st.F. 'Ursprung' (IV, 1, 4).

Alle diese Übersetzungsversuche haben sich nicht durchsetzen können. Bei *chnuat* ist sogar die gesamte Wortfamilie KNUO- (Splett 1993, I, 1, 471), die nur fünf Wörter umfasst und bei der aufgrund des nicht bezeugten Kernwortes der innere Zusammenhang nur sehr locker ist, bereits im Mittelhochdeutschen untergegangen. Notkers Übersetzungsgleichungen fassen jeweils nur ganz bestimmte Aspekte von *natura* und empfehlen sich schon deshalb nicht als Kristallisationspunkte für den in Scholastik und Mystik zentralen Begriff. In der Psalmenübersetzung ließ Notker die *natura*-Belege unübersetzt, die dann etwa fünfzig Jahre später der Notker-Glossator mit Wörtern aus der Wortfamilie BERAN – mit Ausnahme der speziellen Wiedergabe mit *anawist*

– glossiert hat. Hier liegt mit *(ana)burt* durchaus ein Ansatzpunkt für einen entsprechenden späteren Ausbau vor, aber die Aspekte 'Gebären, Fruchtbarkeit, Nachkommen' waren offensichtlich so dominierend, dass sich nicht einmal ein Seitenzweig gegenüber dem zentralen *giburt* hat verselbständigen können. Das Simplex *natûra*, dessen Semantik nicht diese einseitige Ausrichtung hat – auch Campes späterer Ersetzungsversuch von *Natur* durch *Zeugmutter* war unter anderem wohl aus ähnlichen Gründen erfolglos – trug den Sieg davon, zumal die Integration dieses Fremdwortes und eine erste Ausweitung zu einer Wortfamilie bereits im Althochdeutschen stattgefunden hatten.

Ein Gegenbeispiel zu ahd. *anaburt*, dass nämlich eine Präfixbildung innerhalb einer größeren Wortfamilie zum Ausgangspunkt einer 'Unterwortfamilie' werden kann, ist nhd. *Umwelt*. Für die Einschränkung, dass dieses Wort bei der Schaffung neuer Komposita vor allem als erste Konstituente verwendet wird, dürften morphologische Gründe ausschlaggebend sein. Die Ursache für seine immer noch anhaltende Produktivität liegt in der Notwendigkeit, die neuen Sichtweisen, Tatbestände und Produkte zu bezeichnen, die durch das seit der Mitte dieses Jahrhunderts stetig wachsende Problembewusstsein für ökologische Fragen entstanden sind. Das achtbändige Duden-Wörterbuch (VII, 1995, 3538f.) führt allein 69 derartige Bildungen an, die durch weitere 11 aus dem Brockhaus-Wahrig (Wahrig/Krämer/Zimmermann 1984, VI, 378f.) und weitere 13 aus dem Wörterbuch 'Brisante Wörter' (Strauß/Haß/Harras 1989, 531–553; 775f.) ergänzt werden können. Innerhalb dieser Gruppe hat sich wiederum um das Wort *Umweltschutz* eine ausbaufähige Untergruppe gebildet (vgl. Abb.: 88.5).

Mit den Bildungen auf *Umwelt-* konkurriert das Konfix *Öko-*, das in ähnlicher Weise verwendet wird und quantitativ nur geringfügig schwächer vertreten ist. Die entsprechende Anzahl der in den drei genannten Lexika gebuchten Bildungen beträgt 61, davon über die Hälfte im Wörterbuch 'Brisante Wörter' (Strauß/Haß/Harras 1989, 475–483). Abgesehen von einigen fachwissenschaftlichen Bildungen wie etwa *Ökosystem* oder *Ökosphäre* gehören sie zumeist der Umgangssprache an und werden dem Jargon zugeordnet. Trotz einiger Überschneidungen gehören die beiden Ausbaurichtungen stilistisch getrennten Bereichen an, so dass sie nur bedingt als Konkurrenten auftreten. Hinsichtlich der syntaktischen Einbindung hat die Wortfamilie ÖKO- mit dem Adjektiv *ökologisch* außerdem ein sprachliches Mittel, durch Syntagmen weite Begriffsfelder abzudecken. Das zeigen u.a. auch die Schlagwörter *ökologisches Gleichgewicht*, *ökologische Nische* oder *ökologischer Anbau*, für die keine direkten Entsprechungen mit *Umwelt-* existieren.

4. Bedingungen des Umbaus von Wortfamilien

Für den Umbau von Wortfamilien im Laufe der Überlieferung sind in erster Linie morphologische Veränderungen verantwortlich. Der Untergang starker Verben bzw. ihre in Stufen erfolgende Umwandlung zu schwachen haben vielfach zu einer Umstrukturierung von Wortfamilien mit einem starken Verb als Kernwort zu solchen mit einem Substantiv als Kernwort geführt. Der Typ, bei dem sich der Umbau innerhalb der Wortfamilie abgespielt hat, ist anhand der Fallstudie QUELAN ausführlich dargelegt. Ein anderer Typ, bei dem sich die Wortfamilie aufspaltet, liegt bei der althochdeutschen Wortfamilie ZEMAN (vgl. Abb.: 88.6) vor. Mit der Entwicklung ahd. *zeman*, mhd. *zemen* – mit ersten Ansätzen eines Übergangs zur schwachen Flexion –, frühnhd. *zimmen* – durch überwiegenden Gebrauch der 3. Pers.Sg.Ind.Präs. Wechsel von *e* zu *i* –, nhd. *ziemen* haben die durch Ablaut unterschiedenen Zweige ihre Bindung an das Verb verloren. Während die Wortgruppe um *gizâmi* im Frühneuhochdeutschen außer Gebrauch kommt (Grimm 1949, IV, 1, 4, 6893ff.), verselbständigt sich der Zweig um *zumpft* und bildet eine neue Wortfamilie. Im Rahmen vor allem der

Ausgangswort	1. Unterstufe	2. Unterstufe
Umweltschutz	← Umweltschützer	← Umweltschützerin
↑	← #Umweltschutzgesetz	
↑	← #Umweltstschutzgesetzgebung	
↑	← #Umweltschutzkosten	
↑	← #Umweltschutzmaßnahme	
↑	← #Umweltschutzpapier	
↑	← umweltschützerisch	

Abb. 88.5: Stufungsprofil des Wortfamilienausschnitts UMWELTSCHUTZ

ZEMAN (1)

1.0	zeman (*) st.V.	wV/	'sich geziemen, sich gehören; angemessen, üblich, notwendig, unumgänglich sein (für); sein sollen; seinen Platz haben; sein müssen; [jemandem] zukommen, auferlegt sein; sich ziemen (gegenüber); richtig, zutreffend, entsprechend sein, übereinstimmen'. **zimit**, m. Dat.: 'es steht [jemandem] (gut)'
	gi- (*)	p(wV)/	'sich geziemen; angemessen, notwendig sein (für); feststehen, entschieden sein für; [jemandem] zukommen; passen, seinen Platz haben; abgesprochen sein; auferlegt sein, sein sollen'
	missi- (*)	/	'unvereinbar sein mit, nicht übereinstimmen'

1.2.3 –

gi-zâmi (*) st.N.	(p(wV))Sja ((p(wV))Aja)S/	'das Geziemende, Schickliche, Angemessene; was geziemend, schicklich, angemessen ist; Wunder(bares), (wunderbare) Handlung, Handlungsweise, Denk-; Geschehen, Tatsache; Macht, Herrlichkeit; Hilfe, Gnade, Heil', **des kunnes g.** 'das ausgezeichnete Geschlecht'
un-	p((p(wV))Sja) p(((p(wV))Aja)S) (p((p(wV))Aja))S/	'Mißgeschick'

gi-zâmî st.F.	((p(wV))Aja)S/	'Anstand', **mit g.** 'auf geziemende, gebührende Weise'

1.3.3 –

un-gi-zâm *Adj.	p[(p(wV))A]/	'widersprechend, zwieträchtig'

gi-zâmi Adj.	(p(wV))Aja/	'passend, angemessen, entsprechend; richtig, treffend, schicklich; beschaffen, solcher Art; genehm; herrlich, schön'
un- (*)	p((p(wV))Aja)/	'unziemlich, unpassend, unangenehm, unwillkommen; ungleich; häßlich, greulich'

1.4.3 –

gi-zâmi Adv.	((p(wV))Aja)AD/	'in geziemender, angemessener Weise; auf wunderbare Weise; entsprechend'

gi-zâmo * Adv.	((p(wV))Aja)AD/	'treffend, passend'

2.1.4	zum-ften * sw.V.	((wV)sS)Vjan/	'ausarbeiten, zurüsten, schmücken'
	gi- (*)	((p(wV))sS)Vjan/	'verbinden, in Übereinstimmung bringen; (sich) vereinigen; in Eintracht leben'; m. Refl.-Pron.: 'übereinkommen, vereinbaren'
	un- *	(p((p(wV))sS))Vjan/	'nicht übereinstimmen'
	missi- *	((p(wV))sS)Vjan/	'nicht übereinstimmen, abweichen'

missi-zum-ftôn * sw.V.	((p(wV))sS)Vôn/	'nicht übereinstimmen'

gi-zum-ft-idôn * sw.V	(((p(wV))sS)sS)Vôn/	m. Refl.-Pron.: 'übereinkommen, vereinbaren'

gi-zum-ft-îgôn (*) sw.V.	(((p(wV))sS)sA)Vôn/	'(ver)einigen, verschwören'

2.2.1 zim-îgî st.F.	((wV)sA)S/	'Würde'

2.2.3 –

gi-zâm-ida * st.F.	((p(wV))Aja)sS/	'Übereinkommen, Vereinbarung, -einigung; Genüge'

gi-zâm-unga * st.F.	((p(wV))Sja)sS (((p(wV))Aja)S)sS/	'Vereinbarung'

2.2.4 zum-ft (*) st.F.	(wV)sS/	'Gemeinschaft, Konvent; Vertrag'
gi- (+*)	(p(wV))sS/	'Übereinkunft, Vereinbarung, -trag; -bindung, Bund; Einverständnis, Übereinstimmung, Versöhnung'
un- (+*)	p((p(wV))sS)/	'Uneinigkeit, Zwietracht, Streit, Zwistigkeit'
missi- (*)	(p(wV))sS/	'Uneinigkeit, Streit'

―

gi-zum-ft-ida * st.F.	((p(wV))sS)sS/	'Vereinigung'
un-*	(p((p(wV))sS))sS	
	p(((p(wV))sS)sS)/	'Zwietracht, Aufruhr'
zum-ft-il * st.M.	(((wV)sS)Vjan)sS	
	((wV)sS)sS/	'Versöhner'

―

zum-ft-iling * st.M.	((wV)sS)sS/	'Friedfertiger'
2.3.1 zim-îg Adj.	(wV)sA/	'geziemend, würdig, schicklich, anmutig'
missi- ? *	(p(wV))sA	
	p((wV)sA)/	'verkehrt'
un- (*)	p((wV)sA)/	'nicht geziemend, schimpflich, böse'

―

zimi-lîh (*) Adj.	(wV)sA/	'geziemend, schicklich'

2.3.3 –		
gi-zâm-lîh Adj.	((p(wV))Sja)sA	
	(((p(wV))Aja)S)sA	
	((p(wV))Aja)sA/	'geziemend'

2.3.4 zum-ft-îg * Adj.	((wV)sS)sA/	'friedfertig'
gi-	((p(wV))sS)sA/	'übereinstimmend'
un- (*)	p(((p(wV))sS)sA)	
	(p((p(wV))sS))sA/	'streitend, unverträglich'

―

gi-zum-ft-îg-lîh * Adj.	(((p(wV))sS)sA)sA/	'passend, angemessen'

zum-ft-lîh * Adj.	((wV)sS)sA/	'die Gemeinschaft betreffend'

2.4.1 zim-îgo Adv.	((wV)sA)AD/ Komp.:	'mit vollem Recht'

2.4.3 –		
gi-zâm-lîhho * Adv.	((p(wV))Aja)sAD/	'geschmückt, herrlich'

2.4.4 –		
gi-zum-ft-îgo * Adv.	(((p(wV))sS)sA)AD/	'übereinstimmend'

zum-ft-lîhho ? * Adv.	(((wV)sS)sA)AD/	'in angemessener Weise'

―

eban-gi- *	[(wA)[((p(wV))sS)sA]]AD/	'übereinstimmend'

(1) SEEBOLD, 501f.

Abb. 88.6: Althochdeutsche Wortfamilie ZEMAN

spätmittelalterlichen Stadtkultur und ihres Zunftwesens erfährt sie besonders im Bereich der Komposita einen erhebliche Zuwachs (Grimm 1954. XVI, 579ff.) und die heutige ist in ihrer reduzierten Form gleichsam nur ein Nachklang aus vergangener Zeit.

Durch den Untergang eines Kernworts kommt es häufig dazu, dass eine Wortfamilie gleichsam aufgespalten wird. So hat z.B. durch den Verlust von ahd. *frô* 'Herr' und durch entsprechende Lautentwicklungen diese Wortfamilie (Splett 1993, I, 1, 267f.) ihren inneren Zusammenhalt verloren. In en Wortfamilien mit den neuen Kernwörtern nhd. *Frau* und *Fron* haben sich die nicht untergegangenen Bildungen neu gruppiert. In der Festbezeichnung *Fronleichnam* aus mhd. *vrônlîchname* 'Leib des Herrn' ist reliktbaft der ursprüngliche Zusammenhang noch zu erkennen.

Die Verlagerung des Schwerpunktes innerhalb einer Wortfamilie ist bei WINNAN (Splett 1993, I, 2, 1128f.) zu beobachten. Das starke Verb selbst und seine Präfixbildungen gehen unter bis auf *giwinnan* und dem größten Teil der von diesem Wort abhängigen Bildungen. Diese nhd. *gewinnen* bildet zusammen mit *Gewinn* im Neuhochdeutschen den Ansatzpunkt für den Ausbau einer semantisch und morphologisch klar konturierten und in sich geschlossenen Wortfamilie. Die schon im Althochdeutschen nur spärlich besetzten Ablautstufen – unsicheres *wannâri* st.M. 'Diener, Dienstmann' und *giwunst* st.M./F. 'Erlangung, Erwerb' – werden in der Gegenwartssprache wortbildungsmäßig nicht genutzt, obwohl es für einen Übergang zu einem schwachen Verb keinerlei Anzeichen gibt.

Häufig kommt es vor, dass sich einzelne Wörter von untergegangenen Wortfamilien oder einzelne isolierte Wörter durch Neumotivierung anderen Wortfamilien anschließen. So hat sich ahd. *frîthof* aus der nunmehr obsoleten Wortfamilie FRÎTEN (Splett 1993, I, 1, 266), in der außerdem nur *frîten* sw.V. 'hegen, verwöhnen' und *frîtlîh* Adj. 'angenehm' überliefert sind, durch Umdeutung seines Bestimmungsworts der Wortfamilie FRIEDEN angeschlossen (Kluge/Seebold 1995, 286). Durch das Nebeneinander der Variante *biever* zu mhd. *fieber* 'Fieber' und ahd./mhd. *biber* 'Biber' sind viele Pflanzenbezeichnungen auf *Biber-* bzw. *Fieber-* aufgrund von entsprechenden Umdeutungen entstanden, wobei nicht immer einwandfrei zu klären ist, welches Wort ursprünglich zugrunde gelegen hat (Marzell 1943, I, 393; 1977, III, 171f.).

5. Bedingungen des Abbaus von Wortfamilien

Der extremste Fall des Abbaus von Wortfamilien ist ihr gänzlicher Untergang. So sind beispielsweise im Bereich des Buchstaben L 25 von den 131 althochdeutschen Wortfamilien – die 14 Wortfamilien mit jeweils nur einem Wort bleiben hier unberücksichtigt – mit folgenden Kernwörtern (die jeweilige Wortanzahl in Klammern) in der Gegenwartssprache nicht mehr vertreten (Splett 1993, I, 1, 505–578):

label st.M. '(Wasch)becken, …'	(2)
laffa F. 'Ruderblatt'	(2)
lâh st.M. 'Grenzzeichen'	(2)
lanna sw.F. 'Metallplatte, …'	(2)
len Adj. 'lind'	(3)
lêo st.M. 'Grabhügel, …'	(2)
lesa sw.F. 'Falte, …'	(2)
lêwes Interj. 'ach, …'	(3)
lîban st.V. 'verschonen, …'	(5)
lîd st.N. '(Obst)wein, …'	(4)
lîhhen sw.V. 'Gefallen finden, …'	(5)
limman st.V. 'grunzen, …'	(2)
lîna F. 'Spitzahorn'	(2)
linz st.N. 'Schleiertuch, …'	(2)
liodar st.N. 'Rauschen'	(6)
liohhan st.V. '(aus)rupfen'	(6)
liohsan Adj. 'hell, …'	(2)
liwen sw.V. 'verantwortlich sein'	(2)
liz st.M. 'Vorwand'	(4)
losci st.N. 'Saffianleder, …'	(8)
luoen sw.V. 'brüllen, …'	(8)
luog st.N. 'Schlupfwinkel, …'	(3)
lûra sw.F. 'Nachwein, …'	(2)
lûstaren sw.V. '(an)staunen, …'	(3)
luzzi Adj. 'klein, …'	(19)

Hinzu kommen noch 8 Wortfamilien, bei denen das Kernwort nicht bezeugt ist:

LAVANT- (5), LÂHH- (14), -LÂRI (2), -LÂWEN (2), -LINNAN (2), -LIR (3), -LUF (4), -LUZZI (6).

Für diese Entwicklung dürften sehr unterschiedliche Gründe verantwortlich sein, wobei eine hinreichende Begründung im Einzelfall kaum möglich ist. In der Mehrzahl der Fälle handelt es sich um schon im Althochdeutschen nur ansatzweise ausgebaute Wortfamilien. Aber wie z.B. die keineswegs kleinen gegenwartssprachlichen Wortfamilien LEDIG oder LEISE zeigen, ist dies kein überzeugendes Argument, denn sie sind im Althochdeutschen sogar nur durch je ein Wort vertreten: *ledîgen* 'erledigen' bzw. *lîso* 'sanft, bedächtig'. Der Ausbau von Synonymen zu einer konkurrierenden Wortfamilie ist mitunter die – wenngleich nicht ausschließliche – Bedingung für eine Reduzierung, die dann bis zum Erlöschen führen kann. So steht das stetige Anwachsen der Wortfamilie KLEIN ganz sicher im Zusammenhang mit dem allmählichen Untergang der relativ umfangreichen Wortfamilie LUZZI, die allerdings im dialektischen Bereich und im Namenschatz ihre deutlichen Spuren hinterlassen hat. Ähnliches ist auch für LÂHH- und ARZÂT zu konstatieren, wo die zweite gleichsam auf Kosten der ersten Wortfamilie sich ausbreitet. Das fehlende Kernwort dürfte dabei keine Rolle gespielt haben; denn das Nebeneinander von ahd. *lâhhi* 'Arzt'/*lâhhin* 'Heilmittel, Arznei' ist auch bei ahd. *arzât* / *arzintuom* bzw. nhd. *Arzt*/*Arznei* anzutreffen.

Der Umfang einer Wortfamilie und ihre komplexe interne Struktur sind sicher ein beharrendes Moment, das vor allem einem sehr

ZIEMEN

1.0	ziemen sw.V.	wV/	**1. sich z.** 'sich gehören, sich geziemen (2)' **2.** 'passend, angemessen sein; geziemen (1)'
	ge-	p(wV)/	veraltend: **1.** 'jmdm. aufgrund seiner Stellung, Eigenschaften o.ä. gebühren, gemäß sein' **2. sich g.** 'sich gehören, schicken'
1.3	–		
	ge-ziemend Adj.	((p(wV))Vpart1)A/	geh.: 'dem Takt, der Höflichkeit, der Rücksicht auf die Würde einer Person entsprechend'
	un-	p(((p(wV))Vpart1)A)/	geh.: 'ungehörig'
	un-	p((wV)Vpart1)A/	selten: 'unziemlich'
2.2	–		
	Un-ziem-lich-keit F.	(p((wV)sA))sS/	**1.** <o.Pl.> 'das Unziemlichsein' **2.** 'etw. Unziemliches'
2.3	ziem-lich Adj.	(wV)sA/	**1.** ugs.: '(in Ausmaß, Menge o.ä.) nicht gerade gering; beträchtlich' **2.** veraltend: 'schicklich' **3.** <adv.> 'in verhältnismäßig hohem, großem, reichlichem o.ä. Maße' **4.** <adv.> 'annähernd, fast; ungefähr'
	un-	p((wV)sA)/	geh.: 'sich nicht geziemend, gegen das, was sich gehört, verstoßend'

Abb. 88.7: Gegenwartssprachliche Wortfamilie ZIEMEN

ZUNFT

1.2	Zunft F.	wS/	**1.** bes. im MA.: 'Zusammenschluss von dasselbe Gewerbe treibenden Personen (bes. von selbständigen Handwerkern u. Kaufleuten) zur gegenseitigen Unterstützung, zur Wahrung gemeinsamer Interessen, zur Regelung der Ausbildung u.a.' **2.** ugs.: 'Berufsgruppe, Branche, Fach'
	Bäcker-	((wV)sS)(wS)/	bes. im MA.: 'Zunft der Bäcker'
	Diebs-	(wS)(wS)/	abwertend: 'Diebsgesindel'
	Schneider-	((wV)sS)(wS)/	bes. im MA.: 'Zunft der Schneider'
	Hand-werker-	(((wS)(wS))sS)(wS)/	'Zunft der Handwerker'
	Hand-werks-	((wS)(wS))(wS)/	'Handwerkerzunft'
	Zunft-brief M.	(wS)(wS)/	'Urkunde, in der die Satzung, die Zunftordnung einer Zunft niedergelegt ist'
	-bruder	/	'Zunftgenosse'
	-geist	/	abwertend: <o.Pl.> 'engstirniges Denken, auf die eigene Gruppe beschränktes Interesse'
	-genosse	(wS)(p[wS])/	'Angehöriger der gleichen Zunft'
	-haus N.	(wS)(wS)/	'Haus für Zusammenkünfte der Zunftgenossen'
	-meister M.	/	'Vorsteher, Repräsentant einer Zunft'
	-ordnung F.	(wS)((wV)sS)/	'Satzung einer Zunft'
	-rolle	(wS)((wV)S)/	'Zunftbrief, -ordnung'
	-wappen N.	(wS)(wS)/	'Wappen einer Zunft'
	-wesen	(wS)(((wV)Vinf)S)/	<o.Pl.> 'Gesamtheit dessen, was mit den Zünften, ihren Gesetzen, Gebräuchen o.ä. zusammenhängt'
	-zeichen	(wS)(wS)/	'Symbol einer Zunft'
	-zwang M.	(wS)((wV)S)/	<o.Pl.> 'Zwang, als Gewerbetreibender einer Zunft anzugehören'
	zunft-gerecht Adj.	(wS)(p(wA))/	veraltend: 'fachgerecht'
2.2	Zünft-ler M.	(wS)sS/	'Angehöriger einer Zunft'
2.3	zünft-ig Adj.	(wS)sA/	**1.** veraltend: 'fachmännisch, fachgerecht' **2.** 'ordentlich (5, 6), urig' **3.** 'zu einer Zunft, den Zünften gehörend' **4.** 'mit dem Zunftwesen zusammenhängend, von ihm geprägt, auf ihm beruhend'

Abb. 88.8: Gegenwartssprachliche Wortfamilie ZUNFT

LOUFAN (1)

2.2.1

louf-t (*) st.M.F.	(wV)sS/	'Lauf, das Laufen, Rennen'
ana- (*)	(p(wV))sS/	'Ansturm, Angriff'
brût (*)	(wS)((wV)sS)/	'Hochzeit'
emizzi- st. M.	[wA]((wV)sS)/	'beständiger Umlauf'
saman- * st. M./F.	p((wV)sS)/	'das Zusammenlaufen'
strît- st. M.	((wV)S)((wV)sS)/	'Wettlauf'
umbi- * st. F.	(p(wV))sS/	'Umlauf'
zuo- *	/	'Zusammenlauf, Auf-'

louf-t-mâl st. N.   ((wV)sS)(wS)/   'Stadion [Längenmaß]'

—

    hint-louf-to ** sw. M.   [(wS)((wV)sS)]San/   'Wegwarte, Beifuß ?' (2)

2.3.1 –

    brût-louf-t-îg Adj.   ((wS)((wV)sS))sA/   'hochzeitlich'

—

    brût-louf-t-lîh Adj.   ((wS)((wV)sS))sA/   'hochzeitlich'

(1) KLUGE/SEEBOLD, 447; PFEIFFER, Etym. Wb., 1029.
(2) MARZELL I, 994f. Überzeugender die etymologische Erklärung von HERMODSSON, StN 62 (1990) 81ff., als 'Spitzblatt'. Unter dem sprachstufenbezogenen Aspekt der Wortfamilienstruktur ist aber aufgrund der erfolgten Umdeutung eine Zuordnung zu den Wortfamilien HINTA und LOUFAN statt zu HANTAG und LOUB angemessener.

Abb. 88.9: Zweig *louft* der althochdeutschen Wortfamilie LOUFAN

schnellen Abbau und Untergang entgegenwirkt. Doch auch hier gibt es Ausnahmen wie z.B. die Wortfamilien QUEDAN, die – wie ihre Stufenformel 48 + (5) + [4]#9# und ihr Ausbau bis zur vierten Stufe zeigen – hier einzureihen ist, aber dennoch im Mittelhochdeutschen erheblich reduziert und im Frühneuhochdeutschen nahezu ausgestorben ist. Die Frage, warum gerade diese Wortfamilie und nicht eine der Konkurrenten SPREHHAN oder SAGĒN davon betroffen worden ist, ist wohl nicht zu beantworten. Im Hinblick auf die Entwicklung von ahd. *queman* zu nhd. *kommen* ohne Beeinträchtigung des Ausbaus dieser Wortfamilie, kann die Veränderung des Anlauts jedenfalls nicht der Grund dafür sein. Die eingeschränkten Gebrauchsbedingungen von *quedan* mögen zwar dessen Zurücktreten gegenüber den beiden vorherrschenden Verba dicendi plausibel zu machen (Kolb 1969, 9ff.), nicht aber den Untergang der gesamten Wortfamilie. Denn die semantische Eigenart, ein gehobenes im Gegensatz zu einem unmarkierten Sprechen zu bezeichnen, gilt weithin nicht für die übrigen Wörter dieser Wortfamilie.

Der Abbau von Wortfamilien betrifft vielfach nicht eine Wortfamilie insgesamt, sondern nur bestimmte Zweige von ihr. Das gilt etwa für ahd. *louft* und die davon abhängigen Wörter (vgl. Abb.: 88.9) der Wortfamilie LOUFAN, wobei mitunter Bildungen auf *-louf* / *-lauf* an deren Stelle treten. Ohne einen Ausgleich innerhalb derselben Wortfamilie kommen ahd. *heilisôn* 'wahrsagen' und die darauf zu beziehende Wortgruppe *heilisâri* 'Wahrsager', *heilisâra* 'Wahrsagerin', *heilisôd* bzw. *heilisunga* 'Wahrsagerei; Vorbedeutung' (Splett 1993, I, 1, 369ff.) außer Gebrauch. Während dieser Vorgang im Zusammenhang der Reduktion der Suffixbildung auf *-isôn* steht (Wilmanns 1899, 106), dürfte der Untergang der Gruppe *heillîh* 'gesund, heilsam', *unheillîh* 'unheilbar', *heillîhho* 'gesund' damit zusammenhängen, dass im Laufe der Entwicklung derartige Suffixbildungen mit auf *-l* auslautendem Grundwort – im Althochdeutschen sind noch 33 solcher Adjektive bezeugt (Splett 1993, II, 303 ff.) – untergehen bzw. durch Bildungen mit anderen Suffixen, vor allem *-ig* und *-isch*, ersetzt werden (Winkler 1995, 236 ff.).

6. Ausblick

Um die Wortgeschichte nicht nur als Einzelwortgeschichte, sondern als Entwicklung von Wortverbänden zu konzipieren, die durch Motivationsbeziehungen konstituiert werden, ist eine methodologische Umorientierung erforderlich. Die Verbindung der damit gegebenen strukturellen Komponente mit einer geschichtlichen Perspektive ist erst im Rahmen einer pragmatisch fundierten Sprachauffassung möglich. Als Grundlage für eine konkrete Durchführung ist der Typ eines entsprechenden Wortfamilienwörterbuchs entworfen und für die erste Sprachstufe des Deutschen erstellt worden (Splett 1993). Ein entsprechendes, allerdings erheblich umfangreicheres für die deutsche Gegenwartssprache ist in Arbeit. Wenn auch für die übrigen Sprachstufen solche aufeinander abgestimmte Wörterbücher vorliegen, wird man über den Aus-, Um- und Abbau der Wortfamilien im Deutschen umfassender unterrichtet sein, als es jetzt der Fall ist.

7. Literatur in Auswahl

Duden. Das große Wörterbuch der deutschen Sprache in acht Bänden. (Hrsg. G. Drosdowski). Mannheim: Dudenverlag 1993–1994 (2. Auflage).

Gindele, Hubert (1976), *Lateinische Scholastik und deutsche Sprache.* München: Wilhelm Fink.

Grimm, Jacob u. Wilhelm (1854–1960/1983 ff.), *Deutsches Wörterbuch, Bd. I–XVI.* Neubearbeitung: Bd. 1 ff. (Stuttgart/)Leipzig: S. Hirzel.

Herbermann, Clemens-Peter (1981), *Wort, Basis, Lexem und die Grenze zwischen Lexikon und Grammatik.* München: Wilhelm Fink.

Hundsnurscher, Franz; Jochen Splett, (1982), *Semantik der Adjektive des Deutschen. Analyse der semantischen Relationen.* Opladen: Westdeutscher Verlag.

Karg-Gasterstädt, Elisabeth; Theodor Frings, (1968), *Althochdeutsches Wörterbuch, Bd. I: A und B.* Berlin: Akademie-Verlag.

Kluge, Friedrich; Elmar Seebold, (1995), *Etymologisches Wörterbuch der deutschen Sprache.* 23. Auflage. Berlin/New York: Walter de Gruyter.

Köbler, Gerhard (1971), *Lateinisch-althochdeutsches Wörterbuch.* Göttingen/Zürich/Frankfurt: Musterschmidt-Verlag.

Kolb, Herbert (1969), Über das Aussterben eines Wortes: althochdeutsch 'quedan'. In: *Jahrbuch für Internationale Germanistik* I, 2, 9–34.

Marzell, Heinrich (1943–1979), *Wörterbuch der deutschen Pflanzennamen.* 5 Bände. Leipzig/Stuttgart: S. Hirzel; Wiesbaden: Franz Steiner.

Splett, Jochen (1993), *Althochdeutsches Wörterbuch* 3 Bände. Berlin/New York: Walter de Gruyter.

–, (1996), Aspekte und Probleme einer Wortschatzstrukturierung nach Wortfamilien. In: *Lexical Structures and Language Use. Proceedings of the International Conference on Lexicology and Lexical Semantics Münster, September 13–15, 1994.* (Hrsg. E. Weigand, F. Hundsnurscher). Tübingen: Max Niemeyer 1996, 133–149.

Strauß, Gerhard; Ulrike Haß; Gisela Harras, (1989), *Brisante Wörter von Agitation bis Zeitgeist. Ein Lexikon zum öffentlichen Sprachgebrauch.* Berlin/New York: Walter de Gruyter.

Wahrig, Gerhard; Hildegard Krämer; Harald Zimmermann, (1980–1984), *Brockhaus Wahrig. Deutsches Wörterbuch. 6 Bände.* Wiesbaden: F. A. Brockhaus; Stuttgart: Deutsche Verlags-Anstalt.

Wilmanns, Wilhelm (1899), *Deutsche Grammatik. Bd. II: Wortbildung.* 2. Auflage. [Nachdruck 1967]. Straßburg: Karl J. Trübner.

Winkler, Gertraud (1995), *Die Wortbildung mit -lich im Alt-, Mittel- und Frühneuhochdeutschen.* Heidelberg: Universitätsverlag C. Winter.

Jochen Splett, Münster (Deutschland)

89. The analysis of word families and their motivational relations

1. Content
2. Motivation
3. Close motivation
4. Loose motivation
5. Aspects of motivation
6. Conclusion
7. Literature (a selection)

The notion of motivation is closely linked to those of content, referent, representation, sense, meaning and signification. Such notions are defined within the scope of a relation between world and language, the speaker's worldview being to a large extent the projection of his own language.

1. Content

1.1. Content and representation

Among the notions mentioned above, content comes first. In the lexical field, to which I limit myself, content is the psychic representation of an object (by "object" I mean a thing, a person, an idea, an action, etc.) conveyed by a given lexical form.

1.2. Referent

The referent is the object expressed by a lexical item.

The word *père* "a man who has one or several children" denotes every man who has such a characteristic, each of whom is an **individual referent**. The term *père* also designates the class of men who fulfil the condition, this class constitutes the **generic referent**.

The referents can be divided into subclasses. Thus the referents of *parrain* belong to different semantic fields, for instance, that of religion (*parrain* 1 "godfather"), of an association (*parrain* 2 "referee"), of sports (*parrain* 3 "sponsor"), etc.

1.3. Sense

The sense of a word is its content considered in its relation with the content of other words linked to it within the semantic system of a language.

The relation between sense and the lexical form is direct, it is not mediatized by any linguistic information: the speaker knows or does not know that a sponsor is a man who gives financial aid to an athlete.

1.4. Meaning

In French, *parrain* 3 is synonymous with *sponsor*, but the two words diverge from the point of view of use: *sponsor* is the noun commonly used, while the derivatives used are *parrainer* or *parrainage*. On the other hand, *sponsor* can never be used to translate the other senses of the form *parrain*.

The meaning of a word is the actual use of this word in a given language.

Meaning is mediatized by the syntagmatic context (*le parrain d'un enfant baptisé/le sponsor d'un sportif, le parrainage d'un sportif*); thus, it has a pragmatic dimension (cf. Weigand 1996).

1.5. Signification

Every item of a linguistic system is integrated into the particular network of a language.

The term *parrain* is morphologically derived from *père*, which means that it has semantic and formal relations with that word. From the semantic point of view, a *parrain* assumes, in different ways, the protective function of a father. From the formal point of view, one notices the consonantal pattern *p-r(r)*, the recurrent vocalic alternation *E/A* and the addition of the suffix *-ain*. These formal links are indications which institute a connection influencing the psychic representation that the speaker has of the word *parrain*, which is not the case with sponsor.

The signification of a word is its content seen in its relations with the content and form of other words linked to it within the semantic and formal system of a language.

Signification is mediatized by the paradigmatic context: one speaker will have access to it in so far as he makes a connection between *parrain* and *père*; consequently, signification implies a psychological process.

2. Motivation

2.1. Definition and aspects

Motivation is the formal and semantic relation which expresses the connection between the content of root words and that of derived or inflected words.

This motivation is formally expressed through rules of word-building proper to the system of a given language, most of the time through the presence of common phonemic and/or graphemic sequences in the terms. In French, such sequences may be, to a certain extent, systematised (cf. C. Gruaz 1988b).

Formal motivation is **full** when the complete root word is maintained in the constructed words, for ex. *mond(e)* in *mondial* or *mondain* (the final *e* is not accounted for by morphemic rules but by graphemic ones).

Formal motivation is **partial** when rules concern parts of the root words, for ex. alternation E/A for *sel/saler, mer/marin*, presence of the consonantal patterns *s-l, m-r*.

Formal motivation **by substitution** is met with when the root form is replaced by a substitutive form, for ex. *-pole* or *urb-* for *ville* in *mégalopole* or urbain.

Formal motivation is **complex** when several types of motivation are found, for ex. *père/ patern-* in *paternel* or *jour/diurn(e)*

2.2. The synchronic word family as a network of motivated terms

If motivation as I have just defined it is a necessary condition to (help to) understand the content of a word, it is not a sufficient one: in the cases of homonymy, the formal motivation is present, yet the meanings of the words have nothing in common. As a matter of fact, the motivational relationships form a real network: the **synchronic word family**.

A synchronic word family is distinct from world field since it is composed of words linked by a derivational relationship, which is not (always) the case of world fields. While we could find *boutique* and *magasin* in a world field, we would find *boutique* and *boutiquier* but in no way *magasin* in the same synchronic derivational family.

Two word-family dictionaries appeared in recent years, written by J. Splett (1992) and G. Augst (1998). In the *Dictionnaire synchronique des familles dérivationnelles de mots français* (DISFA), our purpose is to find out the motivations between words belonging to the contemporary synchrony (cf. C. Gruaz 1992, R. Hovault 1992, and for the present content of the dictionary: C. Gruaz 1998a, 1998b, 1998c, 1998d, 1998e).

The expression "synchronic family" refers to the words which are linked by etymology (to avoid meeting *magasin* and *boutique* within the same family for instance) and content in the definitions of a contemporary language dictionary (cf. in particular C. Gruaz 1987, 1988, 1990, 1992, 1994, 1995, 1996a, C. Gruaz, C. Jaquemin, E. Tzoukermann 1996b, R. Honvault 1992).

3. Close motivation

The synchronic word family, in the narrow use of the word, gathers root words and the words derived from them whose components have a transparent meaning. Close motivation is based on the fact that the derivatives share a common semantic basis and have transparent derivational affixes. How are we to identify it? What is the link between the words retained in the family and this semantic basis?

3.1. Direct derivational motivation

When the headword of a family has a unique definition, this definition is the semantic basis, for instance "la première des quatre saisons" for *printemps*, which is present in the derivative *printanier*.

Cases in which a word has a single meaning are exceptional. Most of the time, a headword has several meanings. Two possibilities occur then, depending on whether there is a hierarchy between these or not.

3.2. Cumulative close motivation

When the derivatives are organized into a hierarchy, the paradigm progresses by "successive accumulations" as L. Guilbert puts it (1975, p. 178). The relation between the root and a polysemic word in the case of improper derivation, or the radical of a derivative in other cases, is what R. Martin (1983, p. 63 et sv.) calls polysemy of acception which covers facts accounted for in terms of extension, restriction, metaphor and metonymy. An example from the DISFA is that of *jour* 1 whose basic meaning is "length of time corresponding to the earth's rotation". To that basic meaning is joined the extended meaning "light thrown on the earth by the sun". That meaning is associated to a word *jour* 2 which is the head of a **microfamily in sucession**.

Cumulative motivation adduces two types of extensions which can be described in terms of the prototype theory.

The first type contains the basic meaning: this is the case of *jour* 2 in its derivative relation to *jour* 1, the full meaning of *jour* 2 being "light thrown on the earth by the sun during the length of time corresponding to the earth's rotation". The basic meaning is here the prototype as it is defined in the extended version of this theory (cf. Kleiber 1990, p. 160).

Another extension is *jour* 3 defined as "any opening that lets light pass through". Here the basic meaning is absent. The only semantic link between the meanings of *jour* 2 and *jour* 3 is the seme "light". The model is that of the family resemblance of Wittgenstein in which "elements A, B, C, D, E are bound by relations of association: AB, BC, CD, DE" (cf. Kleiber 1990, p. 156–159, the translation is mine). In such a case, the definitions of *jour* 1 and *jour* 3 have no seme in common.

3.3. "Fan-shaped" close motivation

When the definitions of the words are not organized into a hierarchy, derivation has a "fan-shaped" representation, to take up L. Guilbert's image (ibid, p. 177). In certain cases of "fan-shaped" derivation there exists no root word to express the basic meaning. This meets the polysemy of sense of R. Martin (op. cit.). In such a case, the root is not a lexeme but a **archilexeme**, or virtual lexeme. One can refer then to the specific case of the prototype theory when the prototype is a "mental construction" (Kleiber (1990, p. 63). For instance, the basic sense of the family of *petit* is "under average, characterised by a small amount". Two derivational series develop from it whose headwords are *petit* 1 "what can be measured (dimensions, age, quantity, intensity)" and *petit* 2 "what can be appreciated (social or moral quality)". Each of these series is a **microfamily in association**. Each of the two lexemes has its own derivatives (ex. *rapetissement* for *petit* 1, *petitesse* for *petit* 2).

3.4. Close motivation and categorisation of the components

The structure of the derivatives can be accounted for from the distributional and functional points of view exposed in the homological grammar (cf. C. Gruaz 1987 et 1990). From the distributional point of view, they can be analysed in lexes and morphs, which are defined as recurring formal units, and from the functional point of view, in regular lexemes and morphemes, in marked lexemes and marked morphemes, or in lexons and morphons, depending on whether their meaning is the basic one, a marked one or an empty one.

This theoretical framework allows one to describe terms linked by close or by loose motivation. In the case of close motivation, the meaning of the components are regular morphemes, for instance *vis-* and *-ible* in *-visible* "which can be seen".

4. Loose motivation

In some derivatives components are not transparent in the contemporary synchrony, but these words can however be considered as derivatives since there is no semantic rupture between them and the headword. They are linked by a loose motivation.

Loose motivation refers to two derivational relations. The first one is that of subfamilies within families, for example, *parfaire* "agir jusqu'à achèvement complet", *contrefaire* "faire la même chose en déformant" in the family of *faire*, the suffixes *par-* and *contre-* having here a meaning which is not the basic one. The second one is that of derived families within macrofamilies, such as the family VÉHICULE "moyen de transport" (degree 1), and the family WAGON "véhicule roulant sur une voie ferrée" (degree 2), in the macrofamily VOIE. Let us point out that subfamilies in families as well as families in macrofamilies may be, on the same principles of inclusion and exclusion defined in the case of microfamilies, in succession or in association.

5. Aspects of motivation

5.1. Partial motivation

What headwords of subfamilies within families from derived words within a family is, as I said above, the fact that only some components of the former are transparent. The motivation is thus partial. The other component(s) is/are either marked morphemes or morphons. For instance, *trans-* is a marked morpheme in *transcrire* "reproduce a text by copying it out" (it does not simply mean "through" or "beyond", as is the case in *transatlantique* "on the other side of the Atlantic" ou "crossing the Atlantic"), and *in-* in *ingénieur* is a morphon, since its meaning has become quite opaque.

5.2. Remotivation

A morpheme may be remotivated. Such is the case of the substitution of the suffix *(u)al* in *visualiser* "make visible", in which the suffix – *(u)al* takes the meaning of the suffix *-ible*, the expected verb being *visibiliser*.

---

* I wish to thank Susan Baddeley for rereading this paper.

5.3. New motivation

The etymological criterion in fundamental to select the words which will be inserted in a macrofamily or in a family. Yet it is infringed in cases of popular etymology, with usage imparting to a phonographemic sequence a meaning which it did not originally possess. An example is to be found in the word *bikini* "a woman's two-piece swimsuit" in which *bi-* is nowadays a prefixal morpheme and means "two" as the word *monokini* "woman's one-piece swimsuit with only the bottom" shows.

5.4. Overmotivation

If it is true to say that the components of derivatives subject to close motivation are transparent, that does not mean that the meaning of those derivatives is simply the sum of the meanings of these components. In fact most of such morpholexical derivatives are overmotivated. The components of *monoplan* "aeroplane with only one lifting plane", are overmotivated since *mono* means "one and only one", *plan* means "lifting plane"; moreover the whole word *monoplan* refers to an "aeroplane".

5.5. Demotivation

Among the words present after *dire* in the *Dictionnaire ètymologique du français* by J. Picoche, *lendit, bénédictine, indication, judiciaire*, etc. are not retained in the synchronic family and macrofamily of *dire* in the DISFA since their definition does not contain the notion of "to say". Such words are formally motivated since they contain the forms *di-, dic-* or *dict-* but they are no longer semantically motivated. Demotivation is defined as the absence of the content of a (macro)family headword in the definition of a candidate word.

In the DISFA, demotivated terms are indexed in the **extrafamilial section**. This section has two parts. In the etymoformal extrafamilial section are assembled the terms which have the same etymological origin and a common form with words of the family but no common meaning (ex. *diplôme* "solemn act emanating from an authority" is excluded from the family of *deux*). In the formal extrafamilial section are gathered the words which have a common form with words of the family but a different etymological origin and no common meaning (ex. *moniteur* "instructor" or "control program", from lat. *monere* "to warn" is excluded from the family of *un*).

6. Conclusion

The notion of motivation is closely linked to those of meaning and signification. Both take into account the context, and in that sense, they have a pragmatical dimension. That can be seen in the structure of a family where the place of a word is determined by its semantic and formal characteristics. The conditions imposed on the syntaxic level (ex. use of the form *parrain* or of the form *sponsor*) are thus mirrored in the paradigmatic structure (the different meanings of the form *parrain* correspond to different positions in the family configuration). The *Dictionnaire synchronique des familles dérivationnelles du français* is founded on two types of motivations, close motivation or loose motivation. Close motivation may be direct, cumulative or fan-shaped, while looser motivation may be inclusive or exclusive. From another point of view, motivation is closely linked to the life of the language, which appears through the notions of partial motivation, remotivation, new motivation, overmotivation and demotivation. The information offered by such a dictionary concerns the actual use of words and should be a great help for lexical and morphological studies. An extension would allow contrastive studies, the derivational process being quite different for example in German, a language in which composition is largely used, from the French one. Such contrastive were, and still are, the object of the Programme *Eurolexique*.

7. Literature (a selection)

Augst G. (1998), *Wortfamilienwörterbuch der deutschen Gegenwartssprache*, Niemeyer-Verlag, Tübingen.

Gruaz C. (1987), *Le mot français, cet inconnu*, Presses Universitaires de Rouen.

–, (1988a), *La dérivation suffixale en français contemporain*, Presses Universitaires de Rouen.

–, (1988b), "Règles d'inférence des graphèmes du français contemporain", dans *Pour une théorie de la langue écrite, édité* par N. Catach, Editions du CNRS, Paris.

–, (1990), *Du signe au sens*, Presses Universitaires de Rouen.

–, (1992), "Le Programme EUROLEXIQUE: dictionnaires morphosémantiques du français et d'autres langues; Dictionnaire structurel du lexique français. Principes, méthodologie et contenu". In: *Actes du XXe Congrès International de Linguistique et Philologie Romanes*, Zurich.

–, (1998a), "Nouveaux aspects théoriques du *Dictionnaire synchronique de familles dérivationnelles de mots français*", dans *Actes du Colloque international La journée des dictionnaires*, Université de Cergy-Pontoise.

–, (1998b), "Composition Principles within the Word and within Ways of Use of Words", dans *(Contrative) Lexical Semantics*, Amsterdam/Philadelphia: Benjamins (*Current Issues in liguistic Theory*).

–, (1998c), "La stratification dérivationnelle dans les familles synchroniques de mots du français contemporain", dans *Actes du IIIe Colloque International de Linguistique française*, Salamanque.

–, (1998d), "Structure homologique et traintement de la polysémie et de l'homonymie" dans le *Dictionnaire synchronique des familles dérivationnelles de mots français*, dans *Acest du XVIe Congrès International des Linguistes*, Paris, CDRom.

–, (1998e), "La hiérarchie dérivationnelle dans les familles synchroniques. Prototypie, polysémie et homonymie", dans *Actes du XXIIe Congrés International de Linguistique et Philologie Romanes*, Bruxelles, à paraitre.

–, (under the direction of, redaction by Gruaz C. and Honvault R.), *Dictionnaire synchronique des familles dérivationnelles de mots français (DISFA)*, in progress.

Guilbert L. (1975), *La créativité lexicale*, Coll. Langue et langage, Larousse Université, Paris.

Honvault R. (1992), "Le Dictionnaire morphosémantique des familles synchroniques de mots français". In: *Actes du XXe Congrès International de Linguistique et Philologie Romanes*, Zürich.

Kleiber G. (1990), *La sémantique du prototype, catégories et sens lexical*, PUF, Paris.

Martin R. (1983), *Pour une logique du sens*, PUF, Paris.

Picoche J. (1979), *Dictionnaire étymologique du français contemporain*, Les usuels du Robert, Paris.

Splett J. *Althochdeutsches Wörterbuch*, de Gruyter-Verlag, Berlin.

Weigand E. (1996), "Words and their Role in Language Use". In: E. Weigand et F. Hundsnurcher (ed.), *Lexical structures and Language Use*, Niemeyer, Tübingen.

Claude Gruaz, Avrilly (France)

90. Die Wortfamilienstrukturen in kontrastiver Sicht

1. Bedingungen der kontrastiven Betrachtung
2. Anhaltspunkte für ein *tertium comparationis* aus der Wortbildungsforschung
3. Wortfamilien als Ergebnisse divergierender morphologisch-semantischer Prozesse
4. Kontraste in den Wortfamilienstrukturen und Sprachverwendung
5. Literatur in Auswahl

1. Bedingungen der kontrastiven Betrachtung

1.1. Die kontrastive Betrachtung zweier oder mehrerer Sprachen ist letztlich ein Vergleich von Beschreibungen dieser Sprachen. Grundbedingung für unseren Gegenstandsbereich ist also, dass für die zu vergleichenden Sprachen Beschreibungen von *Wortbildung*sverhältnissen vorliegen, die auf *Wortfamilienstruktur*en abzielen und in denen die gleichen generellen Beschreibungsmittel verwendet werden. Folgende Kriterien sind für die kontrastive Gegenüberstellung von Sprachen im Hinblick auf ihre *Wortbildung*sverhältnisse nützlich (Kaneko/Stickel 1984, 111): (1) Vorhandensein oder Nichtvorhandensein einzelner Muster, (2) Unterschiede in der Produktivität eines einzelnen Musters, (3) Entsprechungen oder Nichtentsprechungen der syntaktisch-semantischen Funktionen eines einzelnen Musters in den beteiligten Sprachen. Bei der Beschreibung typologisch mehr oder weniger verschiedener Sprachen kommt erschwerend hinzu, dass kaum an gemeinsame Traditionen der Grammatikschreibung angeknüpft werden kann. Die Vergleichbarkeit der einzelsprachlichen Wortklassen (Nomen, Adjektiv, Verb) muss jedoch durch die semantischen und funktionalen Entsprechungen zwischen Elementen dieser Wortklassen in den betrachteten Sprachen gerechtfertigt sein.

1.2. Als Voraussetzung zu betrachten ist auch die Frage, ob ein Vergleich von *Wortfamilienstruktur*en nur die *synchron* gegebenen Verhältnisse betreffen soll oder ob deren Entstehung und mögliche soziokulturelle Determinanten *diachron*er Prozesse einbezogen werden sollen. Mit der Herstellung eines Bezugs der *Motivier*theitsverhältnisse in *Wortfamilien* zum metakommunikativ verfügbaren Laienbewusstsein (vgl. Art. 95, 1.) ist eine Entscheidung für die *Synchron*ie impliziert, die vergleichende Betrachtungen erleichtert, aber möglicherweise soziokulturell bedingte historische Differenzen in der *Lexikalisierung* nicht ausklammern muss. Auch die Ergebnisse figurativ-semantischer Entwicklungen sollen als Bestandteile von *Wortfamilienstruktur*en betrachtet werden. Als Erscheinungen der *Polysemie* oder Homonymie stellen sie unter *semasiologischem* Gesichtspunkt Bedeutungsauffächerungen von einer gemeinsamen Form her dar, die in einigen Fällen aufgrund gemeinsamer Etyma und/oder paralleler kulturhistorischer Entwicklungen in mehreren Sprachen gleich sind, überwiegend jedoch im Ergebnis differenzierter Bedeutungsübertragungen zu unterschiedlichen Ergebnissen geführt haben. So ist die *metaphorische* Übertragung der Bezeichnungen für das 'Blatt am Baum' auf das 'Blatt Papier' oder die metonymische von 'Presse' ('Druckerpresse' – 'Presseerzeugnisse') in mehreren europäischen Sprachen erfolgt, während etwa die französische Bezeichnung *pied-de-biche* im Unterschied zu dt. *Brechstange* nicht den Zweck des Werkzeugs, sondern die *metaphorisch* genutzte Ähnlichkeit der Form zum Fuß einer Hirschkuh als Bezeichnungsmotiv hervorhebt. Wie jede Kontrastierung sprachlicher Erscheinungen setzt eine vergleichende Betrachtung von *Wortfamilienstrukturen* ein *tertium comparationis* voraus.

2. Anhaltspunkte für ein *tertium comparationis* aus der *Wortbildungsforschung*

2.1. Während Beschreibungen der *Wortbildung* einzelner Sprachen immer weniger mit dem Begriff der *Wortfamilie* arbeiten und von daher kaum verlässliche Grundlagen für eine kontrastive Betrachtung der *Wortfamilienstrukturen* bilden, haben theoretische Entwicklungen innerhalb der Morphologie die Basis für entsprechende Forschungen verbreitert. Einer der Gründe dafür, die *Wortbildung* in das Lexikon, nicht mehr in die Syntax einzuordnen, war die Erkenntnis mehrerer idiosynkratischer Relationen in den durch Wortbildung entstandenen *Wortfamilien* (vgl. Welte 1996, 95, gegenüber Lees 1960, 119, Chomsky 1965, 184ff.). So erweisen sich die morphologischen Möglichkeiten bereits insofern als völlig idiosynkratisch, als die morphologische Relation zwischen Sätzen und abgeleiteten Nomina höchst unsystematisch ist, vgl.

horror horrid horrify
terror *terrid terrify
candor candid *candify

Auch die semantische Relation zwischen dem Verb und dem abgeleiteten Nomen ist idiosynkratisch und nicht vorhersagbar, Ähnliches ist für die Produktivität festzustellen (vgl. Welte 1996, 95). In den Beispielen *imagine – imagination, erect – erection, try – trial, do – deed, revolve – revolution* haben die abgeleiteten Nomina Bedeutungen, über die die entsprechenden Verben nicht verfügen. Als Lösungsversuch wurde hier ein idiomatischer Filter zwischengeschaltet, der auch auf die einzelsprachliche Spezifik der *Wortfamilienstrukturen* verweist. In ihrer Grundtendenz ist die lexikalistische Morphologie universalistisch, sollte daher also auch für einen unmittelbaren Vergleich der *Wortfamilienstrukturen* geeignet sein. Dass die Empirie dieser Hoffnung widerspricht, zeigt sich bereits am Beispiel von Chomskys strikter Unterscheidung zwischen 'Gerundivnominalen' (2) und 'abgeleiteten Nominalen' (3):

(1) John is easy to please.
   John amused the children with his stories.
   John has refused the offer.
(2) John's being easy to please.
   John's amusing the children with his stories.
   John's refusing the offer.
(3) *John's easiness to please.
   *John's amusement of the children with his stories.
   John's refusal of the offer.

Ein Übersetzen mit den jeweils zur gleichen *Wortfamilie* gehörenden deutschen Entsprechungen würde nicht zur gleichen Verteilung akzeptabler Phrasen führen. So könnte der englischen Gerundivform, wenn ihr überhaupt eine Entsprechung zugeordnet werden kann, eher *Johns Leichtigkeit* **im** *Gefallen* entsprechen, die Akzeptabilität einer Phrase wie **Johns Ämüsieren der Kinder mit Geschichten* ist zweifelhaft. Schließlich wurde das ursprünglich für die Syntax entwickelte Konzept der Argumentstrukturen auf die *Wortbildung* übertragen. In diesem Zusammenhang wurde auch das Prinzip postuliert, dass in komplexen morphologischen Strukturen nicht nur eine Konstituente den besonderen Status eines Kopfs (head) habe, sondern dass dieser Kopf stets die rechte unmittelbare Konstituente sei (Welte 1996, 102). Von diesem ließe sich eine besondere Rolle des Kopfes innerhalb der *Wortfamilien*struktur ableiten, insofern er für die semantische Interpretation der Wortstrukturen von entscheidender Bedeutung ist (vgl. *Hausboot/Bootshaus*). Allerdings gibt es zahlreiche Gegenbeispiele gegen die Rechtspositionsregel des Kopfes (vgl. *Dreikäsehoch, Neunmalklug*), und ihr universeller Geltungsanspruch wird durch Sprachen wie das Bretonische widerlegt, die prinzipiell linksköpfig sind. Problematisch wird im Zusammenhang mit der Untersuchung der *Wortfamilienstrukturen* jedoch insbesondere die Annahme, dass auch Affixe Köpfe sein können, wenn sie syntaktische Umkategorisierungsfunktionen erfüllen und die betreffenden Merkmale an die Gesamtbildung weitergeben. Wenn man also annimmt, dass sowohl ein Wort als auch ein Suffix Determinatum oder Kopf sein können, wie etwa *boat* und *-er* in *steamboat* und *steamer*, wird ein Kontinuum zwischen Komposition und Derivation abgesteckt, in dem auch die Problematik der Konstituierung von *Wortfamilien* unscharf wird. Als Ausgangspunkte für *Wortfamilien* anzunehmende Basis- und freie Wortbildungsmorpheme sind im Vergleich zu den grammatischen Morphemen auf einer niedrigeren Abstraktionsstufe angesiedelt und verkörpern die Konstituenten der lexikalischen Bedeutung. Wenn auf dieser Grundlage noch festlegbar ist, dass Präfixe und Suffixe nicht *Wortfamilien*, sondern Wortbildungsmuster konstituieren sollen, deren kontrastive Betrachtung zu *synchron* ergebnisbezogenen Aussagen führen kann, erscheint eine Aussage über die Fähigkeit von Affixoiden zur Konstituierung von *Wortfamilien* nicht ohne weiteres möglich (vgl. *-zeug* in *Regenzeug, Arbeitszeug, Handwerkszeug, Spielzeug, Nähzeug, Strickzeug, Feuerzeug, Flugzeug*). Ähnliche Probleme stellen sich bei Suffixen mit sehr speziellen Bedeutungen, etwa innerhalb der Nomina loci im Spanischen bei den Suffixvarianten *-edo*, *-eda*, die ausschließlich 'Anpflanzung, Gesträuch, Plantage, Hain, Wald' bedeuten (*castañeda* 'Kastanienhain', *robledo* 'Eichenwald').

2.2. Auch Versuche, Weltwissen und linguistisches Wissen bei der Repräsentation von Wortbedeutungen zu integrieren und die durch *Wortbildung*sprozesse angestoßenen Veränderungen relativ zu diesen beiden Faktoren zu beschreiben (Rickheit 1993) geben nur mittelbar Anregungen für die kontrastive Betrachtung von *Wortfamilienstrukturen*. Zum Beispiel lässt sich für das Deutsche feststellen, dass bezüglich der 'Medium'-Relation eindeutige Suffixe *-e* und *-er* Verbstämme der Kategorie 'Ereignis' suggerieren und mit ihnen zusammen Nomina bilden, welche die Argumentstelle 'Medium' in den verbalen Wortkonzepten belegen: *pfeifen – Pfeife, stützen – Stütze, fühlen – Fühler, leuchten – Leuchter, trocknen – Trockner, fliegen – Flieger* (vgl. Rickheit 1993, 268). Die Annahme kognitiver Kriterien wie der 'Medium'- Relation oder der 'Handlungsträger'-Relation als *tertium comparationis* lässt es zu, *Motivierth*eitsbeziehungen zwischen analogen Wortpaaren aufeinander zu beziehen und dabei selbst zwischen nah verwandten Sprachen Unterschiede festzustellen. So finden sich *morphosemantische Motiviertheits*verhältnisse vom Typ *waschen – Wäscherin* in poln. *prać – praczka*, tschech. *prát – pradlena*, jedoch nicht in russ. *stirat' – pračka*; *morphosemantisch motiviert* ist die 'Medium'-Relation in tschech. *sekat – sekera*, poln. *sieć – siekiera*, jedoch nicht in russ. *rubit' – topor* und der deutschen Entsprechung *hacken – Beil*. Die Tatsache, dass eine in bestimmten Sprachen als *morphosemantische Motiviertheit* auftretende Relation in anderen durch völlig verschiedene Wörter ausgedrückt wird, fassen einige Autoren als Erscheinung des Suppletivwesens in der *Wortbildung* auf (Uluchanov 1991, 98). Als Voraussetzung für den Vergleich von *Wortfamilienstrukturen* in verschiedenen Sprachen wird auch zu berücksichtigen sein, dass sprachgeschichtliche, phonologische und distributionelle Faktoren Morphem- und Graphemvariationen hervorgebracht haben können, die den Grad der morphosemantischen Motiviertheit auf den ersten Blick einschränken. Zu der ohnehin sehr umfangreichen *Wortfamilie – agua-* im Spanischen (vgl. Thiele 1992, 16: *aguacal, aguaceral, aguacero, aguachar, aguado, aguafuerte, aguallita, aguamar, aguardiente, agüera, agüita, aguosidad, desaguar, desaguazar, enaguachar, enaguar* usw.) wäre auch das erst nach dem Abschluss der Sonorisierung der intervokalischen Verschlusslaute aus der lateinischen Morphemvariante gebildete *acuatico* zu rechnen. Morphemvarianten, die durch das sekundäre, auf lateinische und griechische Morpheme gegründete *Wortbildung*ssystem der verschiedenen Fachwortschätze entstanden sind, finden sich in vielen Sprachen und fallen besonders in den romanischen durch die Relationsierung mit erbwörtlichen Morphemen in *Wortfamilien* auf. Im Spanischen wird durch das Vorherrschen des phonologischen Prinzips in der Orthographie der Unterschied auch graphematisch besonders deutlich: *ded·o – digit·al, obisp·o – episcop·ado, pobr·e – depauper·ar*. Wir gehen in solchen Fällen von der prinzipiellen

Zugehörigkeit der Wörter mit unterschiedlichen Morphemvarianten zu einer *Wortfamilie* aus und lassen dabei die Frage offen, inwieweit diese Zuordnung auch im Sprachbewusstsein der einzelnen Sprecher präsent ist.

2.3. Ausgehend von der Annahme, dass *Wortfamilien* auf morphosemantischen Motiviertheitsbeziehungen beruhen, zu denen auch die *Metapher* als Spezialfall einer vollständigen formalen und partiellen semantischen Übereinstimmung gerechnet werden kann, lassen sich jedoch bestimmte übereinzelsprachliche semantische Relationierungsmöglichkeiten von Wortkonstituenten festlegen. Ein produktiver Ansatzpunkt ist dabei die Untersuchung von *Wortbildung*sketten und *Wortbildung*snestern, die sich nicht zufällig vor allem ausgehend von eher synthetischen Sprachen mit vielfältigen morphologischen Beziehungen entwickelte (vgl. Gak 1977, Moiseev 1991, Ohnheiser 1991, Uluchanov 1991). Als besonders erfolgversprechend erwies sich dabei eine Theorie der Nomination, die sich vergleichenden Gesichtspunkten öffnet (vgl. Ohnheiser 1991, 222). Sie verfolgt ausgehend von Bezeichnungsbedürfnissen eher eine *onomasiologische* Fragestellung und postuliert unabhängig von Verwandtschaftsverhältnissen in den zu vergleichenden Sprachen Kategorien, die Nominationsprozesse global determinieren. Demgegenüber ist die *semasiologische* Betrachtungsweise eher resultatorientiert und wählt die in einer Sprache gegebenen *Wortfamilienstrukturen* als Ausgangspunkt. Die *semasiologische* Betrachtungsweise kann insbesondere zu didaktischen Zwecken, zur Beschreibung von Übersetzungsproblemen und im Zusammenhang mit der zweisprachigen Lexikographie eindeutig in den Vordergrund treten. Mehr Gewinn verspricht jedoch auch dann eine Kombination mit der *onomasiologischen* Blickrichtung, wenn durch den Gegenstand der *Wortfamilien* von vornherein ein formbezogener Ansatz vorgegeben ist. Bei derartigen Gegenüberstellungen wird eine Betrachtungsweise gewählt, die Wörter und ihre *Motiviertheitsbeziehungen* als *synchron* vergleichbares Ergebnis auffasst und sie nicht in statu formandi im Zusammenhang mit einer verbreiteten syntaktischen Denkweise betrachtet, welche primär Reihenfolgebeziehungen erkennen würde. Schließlich erscheint es selbst für klassische Domänen der Wortsyntax sinnvoll, nicht wortsyntaktische, sondern durch konzeptuelle Prinzipien geprägte und von *Wortbildung*sprozessen unabhängige Er-

klärungsweisen zu wählen. Schließlich ist die Herstellung von Bezügen zu umfassenderen semantischen Strukturen und zum 'Weltwissen' für die Erfassung der Verhältnisse in *Wortfamilien* auch deshalb sinnvoll, weil die Form einer Konstituente im komplexen Wort nicht mit Notwendigkeit Aufschluss über die Art der *morphosemantischen Motiviertheit* geben muss. So verweist Rickheit (1993, 47) darauf, dass die Erstkonstituenten in den deutschen Wörtern *Raubvogel*, *Raubzug* und *Rennstall* sowohl auf Verben als auch auf Substantive zurückgehen können (z.B. *Raubvogel* als ein Vogel der raubt oder der auf Raub aus ist). Die Kategorisierung von Wortkonstituenten ist ohne Bezugnahme auf übergreifendes sprachstrukturelles Wissen, das auch semantische Felder einschließt, und sogar auf externes Wissen nicht denkbar. Kontrastiv angelegte bzw. auf kognitiver Grundlage zu einem *tertium comparationis* führende Forschungen stellen eher die Differenzen in *Wortbildung*smustern heraus. *Wortfamilien* hingegen sind Ergebnisse solcher Verfahren, für deren Isolation aus dem Kontinuum sprachlicher Phänomene Formidentitäten beteiligter Morpheme unter *synchron*em Gesichtspunkt erforderlich sind. Die kontrastive Betrachtung von *Wortfamilienstrukturen* setzt somit eine Bündelung mehrerer *Wortbildung*sprozesse unter ihrem *synchron*en Ergebnisaspekt voraus.

3. *Wortfamilie*n als Ergebnisse divergierender morphologisch-semantischer Prozesse

3.1. *Wortbildung*spaare, *Wortbildung*sketten, *Wortbildung*sfächer und *Wortbildung*sbäume als Strukturen von *Wortfamilien*

Als Ausgangspunkt für vergleichende Untersuchungen lassen sich vier verschiedene Strukturtypen von *Wortfamilien* unterscheiden (vgl. 3.1.1. bis 3.1.4.).

3.1.1. Eindimensionale *Wortbildung*spaare bilden auf der Grundlage eines *morphosemantisch* herausgehobenen Merkmals geschlossene Nester innerhalb möglicherweise größerer *Wortfamilie*n. So ist die adjektivisch lexikalisierte Zugehörigkeitsrelation Ausgangspunkt der Nester *König – königlich*, *Bauer – bäuerlich*, die insbesondere bei ansonsten morphologisch wenig integrierten Lehnwörtern zur einzigen Konstituente einer *Wortfamilie* werden kann (russ. *gavan' Hafen' – gavanskij*).

Derartige eindimensionale *Wortbildungs*paare bieten sich in der kontrastiven Analyse vor allem für die Feststellung analoger und funktionsgleicher *Wortbildungs*muster oder des Vorhandenseins suppletiver Formen an.

3.1.2. *Wortbildung*sketten gehen von der Vorstellung hintereinander ablaufender *Wortbildung*sverfahren aus, die jedoch in ihrem *synchron*en Ergebnis aufeinander bezogen werden: russ. *busy* 'Glasperlen' – *busina* '(einzelne) Glasperle' – *businka* 'kleine bzw. schöne, angenehme (Diminut.) einzelne Glasperle'. Die Beziehung der deutschen Entsprechungen *Glasperle – Glasperlen* wäre flexioneller Art, im Fall des Diminutivums *Glasperlchen* kämen neben der zwar produktiven, aber kaum durch den Gebrauch sanktionierten Bildung möglicherweise auch abwertende semantische Nuancen hinzu.

3.1.3. *Wortbildung*sfächer bestehen aus *morphosemantisch motivierten* Wörtern, die ausgehend von einem gemeinsamen Ausgangswort durch in unterschiedliche Richtungen verlaufende *Wortbildung*sprozesse entstanden sind und *synchron* eine fächerförmige Struktur ergeben haben. Als Beispiele ließen sich ausgehend von einem Verb gebildete Präfigierungen und Suffigierungen nennen, wie etwa bei Moiseev (1991, 85) *lelejat'* ('hätscheln, verzärteln') – *lelejat'sja* (refl.) – *lelejanie* (Subst. Prozess) – *lelejatel'* (Agens) – *vzlelejat'* ('hegen und pflegen') – *vylelejat* ('liebevoll aufziehen') – *polelejat'* ('ein wenig verwöhnen') – *ulelejat'* ('liebevoll, zärtlich von etwas abbringen bzw. zu etwas bewegen'). Wären im Deutschen analog (vgl. *Hätschler, Hätschelei, Verzärtler, Verzärtelei*) oder nach anderen *Wortbildung*smustern (z.B. Konversion: das *Hätscheln*, das *Verzärteln*) gebildete Substantive noch denkbar, so ließen sich insbesondere für die präfigierten Verben keine deutschen Entsprechungen finden, die in der gleichen Weise *morphosemantisch motiviert* wären. Die Möglichkeit der Auffächerung morphosemantischer Beziehungen ausgehend von einem Wort wird somit durch die für eine Sprache charakteristischen *Wortbildung*smuster bestimmt und kann zu beträchtlichen, letztlich nur syntaktisch kompensierbaren Unterschieden zwischen den Sprachen führen.

3.1.4. *Wortbildung*sbäume entstehen durch die Kombination fächer- und kettenförmiger Strukturen in *Wortfamilie*n. So entstanden ausgehend von dem Lehnwort *naivnyj* (adj., 'naiv') im Russischen die folgenden fächerförmig auf das Ausgangswort bezogenen Ketten: (a) *naivno* (adv.) – *naivnost'* (subst. 'Naivität'), (b) *prenaivnyj* (adj., 'außerordentlich naiv') – *prenaivno* (adv.), (c) *naivničat'* (sich naiv verhalten bzw. stellen') – *naivničanje* ('das Sich-Naiv-Stellen') *snaivničat'* ('anfangen bzw. sich darauf verlegen, sich naiv zu stellen'). Kontrastive Aussagen betreffen bei derartigen Strukturen sowohl die Auffächerung als solche als auch die Kettenbildung. Im Deutschen nicht im gleichen Maße vorhandene Möglichkeiten der Präfigierung und Suffigierung reduzieren die entsprechende *Wortfamilie* auf *naiv* (adj. und adv.) und *Naivität*, hinzu kämen hier nicht weiter betrachtete Bezeichnungen der Merkmalsträger (*Naivling*). Doch auch die Richtung, in der die Bestandteile möglicherweise sogar analog strukturierter *Wortfamilie*n aufeinander bezogen sind, kann zur Feststellung einzelsprachlicher Spezifika Anlass geben. Dies zeigt bereits ein eindimensionales Wortpaar wie *frech – Frechling* in seinem Kontrast zu russ. *nachal – nachal'nyj*, denn im Deutschen dient das Adjektiv, im Russischen das Substantiv als Ausgangswort für die entsprechende Suffigierung.

3.1.5. Als ein Spezialfall der fächerförmigen *Wortfamilien*struktur kann die Auffächerung unterschiedlicher Bedeutungen bei *polysemen* und homonymen Wörtern angesehen werden (*Schiff*: 'Wasserfahrzeug', 'Kirchenschiff', 'Werkzeug beim Weben'). Dabei wird das Vorhandensein unterschiedlicher Bedeutungen durch jeweils differenzierte Entsprechungen in anderen Sprachen besonders hervorgehoben. Gak (1977, 258) verweist im Vergleich des Französischen und des Russischen auf im Französischen nicht unterschiedene Tier- und Fleischbezeichnungen (frz. *porc* – russ. *svinja* 'ein Schwein' vs. *svinina* 'Schweinefleisch'), Ganzheits- und Teilbezeichnungen (*paille* – russ. *soloma* 'Stroh' vs. *solomina* 'Strohhalm') sowie auf Beispiele wie *jeunesse* (dagegen russ. *molodost'* 'Jugendalter' und *molodjož* 'Jugend als Generation'). Die unterschiedliche Auffächerung der Bedeutungsstrukturen *polysemer* und homonymer Wörter und die sprachspezifische Verteilung dieser Asymmetrien zwischen Bezeichnetem und Bezeichnendem überhaupt stellen insbesondere in der zweisprachigen Lexikographie eine Herausforderung dar.

3.2 Unterschiedliche Verarbeitung begrifflicher Kontinua und Relationen in *Wortfamilien*

Für die Tatsache, dass Sprachen einen unterschiedlichen Zugriff auf die Erscheinungen der Außenwelt repräsentieren, wurden auch die

Wortfamilienstrukturen als Beispiele angeführt. Mit Tendenz zu einer Verallgemeinerung wurde sogar behauptet, dass das Französische im Vergleich mit dem Lateinischen und mit dem Deutschen eine arbiträre, abstrakte Sprache sei, da für den französischen Wortschatz eine geringere *Motiviertheit* charakteristisch sei (Trier 1931, 2, vgl. hierzu Ricken 1983, 117). Als Belege dafür wurden die im Französischen entstandenen zahlreichen Homonyme (*côte* 'Küste', 'Hügel, Steigung' und 'Rippe') und Demotivierungen (*paix* 'Frieden' – *payer* 'bezahlen', ursprünglich motiviert: 'befrieden'; *pain* 'Brot' – *copain* 'Freund, Kumpel', urspr. motiviert: 'jemand, mit dem man das Brot teilt') genannt. Ebenso wird dieser Eindruck unterstützt durch die fehlende oder geringe *morphosemantische Motiviertheit* zwischen Erbwörtern und Buchwörtern (z.B. buchwörtliche Adjektive zu erbwörtlichen Bezeichnungen für Körperteile: *main – manuel, doigt – digital, coeur – cordial*; außerdem auch *mois – mensuel* 'Monat – monatlich'; *semaine – hebdomadaire* 'Woche – wöchentlich') sowie die im Vergleich zum Deutschen weit geringeren Möglichkeiten zur Bildung von Einwortkomposita besonders im nominalen Bereich. Für die Illustration des anschaulicheren, weniger abstrakten Charakters des Deutschen gegenüber dem Französischen wurden Komposita wie *Handschuh* gegenüber *le gant*, *Erdteil* gegenüber *continent*, *Hungersnot* gegenüber *la famine* angeführt, ferner Wortpaare wie, *essen – essbar, trinken – trinkbar*, im Vergleich zu den nicht *morphosemantisch motivierten* französischen Wortpaaren *manger – comestible, boire – potable*. Unverkennbar tritt bei der paarweisen Betrachtung der angeführten Beispiele im Französischen tatsächlich ein stärkeres Suppletivwesen in den Vordergrund. Andererseits erlauben jedoch die in größerer *morphosemantischer Motiviertheit* zum Lateinischen stehenden Buchwörter des Französischen im Deutschen nicht mögliche *Motiviertheit*sbeziehungen zu den Fachwortschätzen, schließlich stehen auch die französischen Entsprechungen deutscher Komposita in anderen, für das Französische spezifischen *Motiviertheit*sbeziehungen (*gant → ganter, se ganter* '(sich) Handschuhe anziehen' → *déganter* 'Handschuhe ausziehen', *ganterie* 'Herstellung von bzw. Handel mit Handschuhen'). Während *gant* tatsächlich nicht mehr weiter in Morpheme zerlegt werden kann, ist *Handschuh* durch den Bezug auf *Hand* und *Schuh* motiviert, eine Beziehung die allerdings eine *metaphorische* Entwicklung bei der Konstituente *Schuh* voraussetzt und ohne 'Weltwissen' nichts über die referentielle Bedeutung aussagt. Aufgrund dieser Konstituente wäre *Handschuh* einer *Wortfamilie* mit von *-schuh-* ausgehender fächerförmiger Struktur zuzuordnen, zu der auch die Wörter *Schuhe, Schuhwerk, Schnürschuh, Lederschuh, Holzschuh, Arbeitsschuh, Hausschuh, Bundschuh, beschuhen, Hemmschuh, Schuster* gehören. Als Gliederungsdimension innerhalb des 'Fächers' *-schuh-* ließen sich semantische Merkmale wie 'Beschaffenheit', 'Material', 'Zweck', 'Vorgangsbezeichnung', 'Produzentenbezeichnung' unterscheiden. Einige der genannten Elemente setzen noch weitere Bedeutungsentwicklungen bei der Ausgangskonstituente voraus als *Handschuh*: ein *Hemmschuh* ist nicht nur kein Schuh, sondern zunächst eine zum Bremsen dienende Einrichtung auf einem Rangiergleis, dann bei weiterer Bedeutungsübertragung etwas Behinderndes schlechthin. Der Versuch, die genannten Wörter mit analogen im Französischen zu relationieren würde bei den Komposita überwiegend auf präpositionale Syntagmen zurückgreifen müssen (*Lederschuhe – chaussures de cuir*), in anderen gibt es lexikalisierte, aber *morphosemantisch* nicht entsprechend *motivierte* Bezeichnungen (*Hausschuh – pantoufle*); die technische Bezeichnung des 'Hemmschuhs' (*cale, sabot d'enrayage*) kann im Französischen nicht ohne weiteres als *metaphorische* Entsprechung von *obstacle* verwendet werden. Wie das Beispiel verdeutlicht, kann nicht von mehr oder weniger *Motiviertheit*srelationen in einer Sprache im Vergleich zu einer anderen ausgegangen werden, vielmehr ist die Art dieser Relationen und damit die Strukturierung der *Wortfamilien* sprachspezifisch. Dabei ist nicht auszuschließen, dass bestimmte *morphosemantische* Beziehungen eine größere konzeptuelle Nähe, etwa von *Schuh* und *Handschuh*, aufdrängen können. Die Korrigierbarkeit im Sprachgebrauch und die letztlich nicht gegebene Identität zwischen *morphosemantischer Motiviertheit* und referentieller Bedeutung begrenzen jedoch die Tragweite derartiger Aussagen.

3.3. Kontrastive Betrachtung der *Wortfamilienstrukturen* in typologisch sehr verschiedenen Sprachen

Die kontrastive Betrachtung der *Wortfamilienstrukturen* in typologisch sehr verschiedenen Sprachen baut darauf auf, dass syntaktisch-semantische Analogien zwischen bestimmten *Wortbildung*skonstituenten festgestellt werden können und Relationen zwischen ihnen zu *Wortbildungs*mustern verallgemeinert sowie schließlich unter einem Ergebnisaspekt als *Wortfamilien* beschrieben werden können. In diesem Sinne lässt sich für so unterschiedliche Sprachen wie das Deutsche und das Japanische von Komposition, Derivation und Präfigierung sprechen (Kaneko/Stickel 1984, 112) und für beide Sprachen zwischen determinativer Komposition (*Groß·stadt*, *Wohn·zimmer;* *ao·zora* 'blauer Himmel', *tobi·uo* 'fliegender Fisch') und kopulativer Komposition (*schwarz·weiß, Hemd·hose;* *si-ro·kuro* 'weiß-schwarz', *oya·ko* 'Eltern und Kinder') unterscheiden. Ebenso wird für beide Sprachen angenommen, dass komplexe Determinativkomposita eine binäre Struktur haben, z.B. [[[Lohn][steuer]][[jahres][ausgleich]]]. Vergleichbarkeit besteht zwischen dem Deutschen und dem Japanischen etwa im Hinblick auf *Wortbildungs*muster, nach denen aus einem verbalen Basismorphem und einem Suffix die Bezeichnung eines Handlungsträgers gebildet wird, wie in den folgenden Beispielen nach Kaneko/Stickel (1984, 138):

[V – Suff. ('Subjekt')] – V·Suff. – N
-te: uru 'verkaufen' – *uri·te*, 'Verkäufer'; *yomi·te* 'Leser', *kari·te* 'Leiher', *hataraki·te* 'der Tüchtige'.
-syu: unten suru 'fahren' – *unten·syu* 'Fahrer'; *kookan·syu* 'Telefonistin'.
-hu: kango suru 'pflegen' *kango·hu* 'Krankenschwester', *soozi·hu* 'Putzfrau'; *suizi·hu* 'Köchin'.
-er: lehren – Lehr·er, Maler, Besuch·er, Einbrech·er.
*-ler.*abweichen – Abweich·ler, Gewinn·ler, Versöhn·ler.
-ling: ankommen – Ankömm·ling; Eindring·ling, Nachkömm·ling, Schäd·ling)

Obwohl beide Sprachen über Möglichkeiten einer deverbalen Bildung von substantivischen Bezeichnungen für Handlungsträger verfügen, gehen diese in durchaus unterschiedlicher Weise in die *Motivationsverhältnis*se der *Wortfamilien* ein. Zusätzlich erschwert wird ein *onomasiologisch* angelegter Vergleich auch dadurch, dass in einer der beteiligten Sprachen gerade auf völlig andere *Wortbildungs*verfahren zurückgehende oder nicht motivierte Lexeme zu usuellen Bezeichnungen werden konnten. Relationen zwischen den Konstituenten explizierende Paraphrasierungen, die von einer der am Vergleich beteiligten Sprachen ausgehen, treffen dann auf die andere Sprache semantisch, jedoch für die usuelle Bezeichnung nicht *morphosemantisch* zu: *kango sur, kango·nin, kango·hu – pflegen, Krankenpfleger, KrankenSCHWESTER.* Für die Bezeichnung der 'Frau, die Kranke im Krankenhaus pflegt' wird hier im Deutschen die Analogie der Reihe (vgl. *Krankenpflegerin*) durchbrochen und es wird auf die kulturhistorisch erklärbare konventionelle Bezeichnung zurückgegriffen. Einige Strukturdimensionen weisen auf noch grundsätzlichere Unterschiede hin. So gibt es im Japanischen Suffixe, mit denen die Einstellung des Sprechers zum Angesprochenen oder einem Dritten gekennzeichnet wird (vgl. Kaneko/Stickel 1984, 161): *musume·san* '(Ihre) Tochter', *Hanako·tyan* 'Klein-Hanako'. Im Deutschen gibt es zur Kennzeichnung der Gefühlseinstellung eine lediglich partielle Entsprechung in den Diminutivsuffixen (*Mütter·lein, Häns·chen*). Dagegen bezeichnen im Japanischen die honorativen Suffixe nicht nur die persönliche emotionale Einstellung des Sprechers, sondern auch seine soziale Beziehung zum Angesprochenen. Die Verwendung solcher Suffixe ist deshalb in vielen Fällen gesellschaftlich konventionalisiert und damit obligatorisch (z.B. *o·kyaku·san* 'Gast'/'Kunde').

3.4. Diminutiva in Wortfamilien

Dass Diminutiva in größere strukturelle und kulturhistorische Zusammenhänge eingebunden sind, die sie zu einem interessanten Zug der *Strukturierung von Wortfamilien* werden lassen, wird nicht nur anhand des besonders deutlichen deutsch-japanischen Kontrasts sichtbar. Die Möglichkeiten im Deutschen sind im wesentlichen auf die Suffixe *-chen* und *-lein* beschränkt, die in Abhängigkeit von der Basis der Ableitung und bestimmten diatopischen und diaphasischen Präferenzen (vgl. Henzen 1957, 149; Fleischer 1983, 178–182) Derivate mit bereits sehr unterschiedlichen semantischen Nuancen bilden können. Im Spanischen stehen die Diminutivsuffixe in einem weit ausdifferenzierten Kontinuum der quantifizierend-qualifizierenden Suffixe, die in quantitativer Hinsicht zwar eine Modifizierung des Stammes in Richtung auf das Kleine im Falle des Diminutivs und auf das Große im Falle des Augmentativs bewirken können, darüber hinaus jedoch vor allem in qualitativer Hinsicht die Bedeutung abwandeln (Thiele 1992, 63). Diminutive und Augmentative sind Ausdruck einer Haltung des Sprechers und koppeln die Kennzeichnung der Größenordnung des Designats mit einer affektiven Bewertung, die kontextabhängig sein kann. Ihr affektiver Gehalt kann von Verniedlichung, Zärtlichkeit über Bewunderung bis hin zu Abneigung, Geringschätzung oder gar Verachtung gehen, wobei der Begriff des Kleinen oder

Großen in den Hintergrund treten kann, so in *¿quiere Ud. echar aqui una firmita?* (Etwa: 'Darf ich Sie um Ihre geschätzte Unterschrift bitten?'). Teilweise bringen die Suffixe selbst Bedeutungsnuancen in die Ableitungen ein (*-illo* gegenüber *-ito* meist eine Steigerung der Anteilnahme, größere Gefühlsbetontheit, mehr Zärtlichkeit, Weichheit und Wärme: *pobrecito / pobrecillo, pajarito / pajarillo*). Lässt ein Basismorphem die Kombination mit mehreren Diminutiv- und Augmentativsuffixen zu, werden in dem entstehenden Fächer bereits systematisch Bedeutungsnuancen möglich (*hombrazo* 'großer, plumper, unförmiger Mensch', *hombracho* oder *hombrote* 'hässlicher, ekelhafter Kerl', *hombrón* 'großer, starker Mann', weitere quantifizierend-qualifizierende Ableitungen von *hombre: hombrachón, hombrachote, hombronazo, hombrecillo, hombrecito, hombretón*). Es kommt nicht selten vor, dass eigentlich diminutive oder augmentative *Wortbildung*en völlig lexikalisiert sind: *camarilla* 'Kamarilla, Hofpartei' (< *cámara* 'Zimmer, Stube, Kammer'), *glorieta* 'Gartenlaube, Platz in einer Stadt' (< *gloria* 'Ruhm, Seligkeit, Wonne'), *manzanilla* 'Kamille' (< *mazana* 'Apfel'). Die Derivate können, oft lexematisch bedingt, eine ironische Tönung erfahren (*sabidillo* 'sich gelehrt dünkend', *rojillo* '(scheinbar) mit den politischen Linken sympathisierend'). Diminutive sind schließlich auch ein Beispiel für die stützende Funktion von *Wortfamilien*beziehungen für den Erhalt einer bestimmten Bedeutung. Diminutivbildungen, die ihr Grundwort verloren haben oder sich gegen dieses isoliert haben, büßen ihre verkleinernde Bedeutung wesentlich ein (Henzen 1957, 151), z.B. auch dt. *Kaninchen, Zipperlein, Nelke*; frz. *banquet, bataillon, chapelet*; engl. *maiden, pencil, stalk*; ital. *fratello*, russ. *lampočka* 'Glühbirne', *pečka* 'Ofen (in einem Zimmer)', *molotok* 'Hammer (als Werkzeug, nicht Vorschlaghammer = *molot*)'.

4. Kontraste in den *Wortfamilienstrukturen* und Sprachverwendung

4.1. Im Normalfall stellen sich *Wortfamilie*n als paradigmatische Strukturen dar, aus denen in der Sprachverwendung ausgewählt wird, wobei eine Häufung mehrerer Elemente einer *Wortfamilie* eher der Ausnahmefall ist. Eine Reihe von Sonderfällen führt jedoch gerade unter kontrastiven Gesichtspunkten zu interessanten Effekten. So können Homophonie- und Paronymiebeziehungen einzelner Konstituenten der Wörter zur Erzielung von Doppelbedeutungen genutzt werden, die in einer anderen Sprache nicht ohne weiteres herzustellen wären: *Soylent steaks. Weedcrackers. Ener-G powder made of plankton (...). Much of that futuramic grocery list is already in production.* (Welte 1996, 32). Auffällig ist auch die Häufung von Ad-hoc-Bildungen innerhalb einer *Wortfamilie* zur Erzielung komischer Effekte insbesondere in Werbetexten. Dabei können in bestimmter Weise konnotierte *Wortbildung*smittel einer anderen Sprache oder Varietät gezielt eingesetzt werden. Im Folgenden trifft dies auf fachsprachlich markierte *Wortbildung*selemente und lateinische Wortformen zu:

Schweppsodent, Mittel gegen – *Schweppsodontose*. Bekommt man, wenn man dem Körper die notwendige Menge *Schweppes* vorenthält und statt dessen andere Getränke zuführt. *Schweppsodent* zur Pflege der Zähne hat den Vorteil, dass man es auch gurgeln und trinken kann. Dies sollte man vor, nach und während des Essens machen. – *Schweppsenschuss*.
schweppsare (lat.), (schweppen), Vergl.: schweppso (ich scheppe), schweppsas (du schweppst), schweppsat (er, sie, es schweppt) etc. Trinksitte im alten Rom, bei der der Imperator je nach Stimmung sein Schweppes-Glas hoch oder runter hielt und damit dem Publikum im Circus Schweppsicus kundtat, wann sein Glas leer war. – schweppso ergo sum. [...] (Welte 1996, 33)

Selbst solche ungewöhnlichen Verwendungsweisen beruhen auf der allgemeingültigen Tatsache einer Relevanz *morphosemantischer Motiviertheits*beziehungen für die Sinngebung. Andererseits wird durch das Beispiel die Hypothese illustriert, dass mit einem Wort nicht automatisch seine Bedeutung gegeben ist, sondern dass Wortbedeutungen ebenso wie Satz- und Textbedeutungen durch kreative Abstimmungsprozesse auf mehreren konzeptuellen Ebenen entstehen, die letztlich zur referentiellen Semantik des Textworts führen (vgl. Rickheit 1993, 147).

4.2. Einen interessanten Fall der Nutzung sprachlicher Spezifika der *Wortfamilienstrukturen* findet man auch in literarischen Texten, die kulturelle Besonderheiten, Denk- und Verhaltensweisen eines anderen Volkes darstellen sollen. So mutet Michel Tournier dem französischen Leser seines *Le Roi des Aulnes* ein deutsches Mehrfachkompositum wie *Oberforstmeister* zu, das einem gängigen Stereotyp über den Charakter der deutschen Sprache entspricht. Ein deutscher Übersetzer muss an dieser Stelle den *Wortbildung*styp übertreiben, da das an sich normale deutsche Einzelwort zur im Ausgangstext vorhandenen Kontrastierung nicht ausreicht.

Auch das gehäufte Auftreten von Elementen einer *Wortfamilie* in einer Textstelle zu bestimmten stilistischen und expressiven Zwecken kann sich für den Übersetzer aufgrund anderer Verhältnisse in der Zielsprache als Problem erweisen. So weist Michel Tournier nicht nur gleich am Anfang auf den etymologischen Zusammenhang zwischen *monstre* 'Monstrum' und *montrer* 'zeigen' hin, sondern er verwendet kurz hintereinander gleich fünfmal *monstre(s)*, zweimal *montre(r)*, jeweils einmal *monstrueux* und *démontrer*. In der Übersetzung beginnt die entsprechende Textstelle mit einem Ausweichen ins Lateinische (*monstrare*) zur Erklärung des thematisierten, im Deutschen aber zwischen *Monstrum, monströs* und *zeigen* nicht nachvollziehbaren etymologischen Zusammenhangs.

4.3. Die Wiederholung einzelner Morpheme in verschiedenen oder formal gleichen Lexemen wirkt als partielle Rekurrenz für einen Zusammenhalt des Textes an der Oberfläche (Kohäsion) und im begrifflichen Bereich (Kohärenz). Insofern die *Wortbildung* zur Verdichtung der Information und zur Substitution syntaktischer Konstruktionen durch Derivate und Komposita beiträgt, können unterschiedliche *Strukturen von Wortfamilien* in den einzelnen Sprachen auch verschiedene Möglichkeiten für die kataphorische und anaphorische Textverbindung schaffen. Die Betrachtung von *Wortbildungs*systemen kann einen Beitrag zur Lösung des Problems lexikalischer Repräsentationen leisten. Unter kontrastivem Blickwinkel ist dabei jedoch stets präsent, dass die unterschiedliche *Lexikentwicklung* in den einzelnen Sprachen zu idiosynkratischen *Wortfamilienstrukturen* geführt hat.

5. Literatur in Auswahl

Chomsky, Noam (1965), *Aspects of the Theory of Syntax*. Cambridge, Mass.: MIT Press.

Die Beziehungen der Wortbildung zu bestimmten Sprachebenen und sprachwissenschaftlichen Richtungen. (Hrsg. Herbert Jelitte; Gennadij A. Nikolaev). Frankfurt am Main etc.: Peter Lang 1991.

Fleischer Wolfgang (1983), *Wortbildung der deutschen Gegenwartssprache* (5. Auflage). Leipzig: Bibliographisches Institut.

Fleischmann, Suzanne (1977), *Cultural and linguistic factors in word formation: an integrated approach to the development of the suffix -age*, Berkeley: University of California Press.

Gak, Vladimir Grigor'evič (1977), *Sravnitel'naja tipologija francuzskogo i russkogo jazykov*. Leningrad: Prosveščenie.

Henzen, Walter (1957), *Deutsche Wortbildung*. Tübingen: Max Niemeyer Verlag.

Kaneko, Tohru; Gerhard Stickel (1984), *Japanische Schrift, Lautstrukturen, Wortbildung*. Heidelberg: Groos. (Deutsch und Japanisch im Kontrast; Bd. 1).

Lees, Robert B. (1960), *The Grammar of English Nominalizations*. Bloomington, Den Haag: Mouton.

Lipka, Leonhard (1977), Lexikalisierung, Idiomatisierung und Hypostasierung als Probleme einer synchronischen Wortbildungslehre. In: *Perspektiven der Wortbildungsforschung* 1977, 155–164.

–, (1994), Wortbildung, Metapher und Metonymie – Prozesse, Resultate und ihre Beschreibung. In: *Münstersches Logbuch zur Linguistik* 5, 1–15.

Moiseev, A. I. (1991), Slovoobrazovanie i leksika. In: *Die Beziehungen der Wortbildung zu bestimmten Sprachebenen und sprachwissenschaftlichen Richtungen* 1991, 75–95.

Ohnheiser, Ingeborg (1991), Slovoobrazovanie i konfrontativnaja lingvistika. In: *Die Beziehungen der Wortbildung zu bestimmten Sprachebenen und sprachwissenschaftlichen Richtungen* 1991, 221–239.

Perspektiven der Wortbildungsforschung. (Hrsg. Herbert E. Brekle; Dieter Kastovsky). Bonn: Bouvier 1977.

Ricken, Ulrich (1983), *Französische Lexikologie. Eine Einführung*. Leipzig: Verlag Enzyklopädie.

Rickheit, Mechthild (1993), *Wortbildung. Grundlagen einer kognitiven Wortsemantik*. Opladen. Westdeutscher Verlag.

Thiele, Johannes (1992), *Wortbildung der spanischen Gegenwartssprache*. Leipzig etc.: Langenscheidt.

Trier, Jost (1931), *Der deutsche Wortschatz im Sinnbezirk des Verstandes*. Heidelberg.

Uluchanov, I.S. (1991): Slovoobrazovanie i semantika. In: *Die Beziehungen der Wortbildung zu bestimmten Sprachebenen und sprachwissenschaftlichen Richtungen* 1991, 97–121.

Welte, Werner (1996), *Englische Morphologie und Wortbildung: ein Arbeitsbuch mit umfassender Bibliographie*. (2., völlig neu bearb. Auflage). Frankfurt am Main etc.: Peter Lang.

Wortbildung. (Hrsg. Leonhard Lipka; Hartmut Günther). Darmstadt: Wissenschaftliche Buchgesellschaft 1981.

Gerda Haßler, Potsdam (Deutschland)

XIX. Die Architektur des Wortschatzes III: Wortfelder
The architecture of the vocabulary III: Lexical fields

91. Anfänge und Ausbau des Wortfeldgedankens

1. Anfänge und Darstellung der Wortfeldtheorie
2. Vorläufer
3. Diskussion um die Wortfeldtheorie
4. Unterschiedliche Auffassungen vom Feldbegriff
5. Ausbau der Wortfeldtheorie – Erste Phase: in der Sprachinhaltsforschung
6. Ausbau der Wortfeldtheorie – Zweite Phase: durch die Verbindung mit der strukturellen Semantik
7. Literatur in Auswahl

Terminologischer Hinweis: In diesem Beitrag wird durchgängig der Terminus *Wortfeld* (engl. *lexical field*, frz. *champ lexical* usw.) gebraucht; konkurrierende Terminologie, wie z.B. *Bedeutungsfeld* (engl. *semantic field*, frz. *champ sémantique*), *Begriffsfeld* (*conceptual field*; *champ conceptuel, champ notionnel*), *sprachliches Feld* u.a., wird nur in forschungsgeschichtlichen Zusammenhängen verwendet. Die von Lipka (1980, auch 1990) vorgeschlagene Unterscheidung zwischen „lexical field" und „word-field", nach der letzteres eine Unterklasse des ersteren darstellt (ein „word-field" enthält keine komplexen, sondern ausschließlich morphologisch einfache Lexeme), wird in diesem Beitrag nicht gemacht. Mounin (1972, 108) stellte die terminologische Frage: „Système ou champ?", ähnlich auch Ščur (1977, 110ff. Vgl. zur terminologischen Unsicherheit: Peeters 1991 b). Aus der Martinet-Schule führt Peeters (1991 a) den Begriff des „champ axiologique", das verschiedene partes orationis umfasst, ein.

1. Anfänge und Darstellung der Wortfeldtheorie

1.1. Anfänge

1.1.1. Die Systematizität der phonischen und er grammatischen Strukturen der Einzelsprachen wurde in der Sprachwissenschaft früh erkannt und anerkannt, wohingegen die Systemhaftigkeit des Wortschatzes spät entdeckt und zum Teil bis heute kontrovers diskutiert wird. Vor der Entwicklung der Wortfeldtheorie Ende der zwanziger/Anfang der dreißiger Jahre unseres Jahrhunderts wurde der Wortschatz üblicherweise – sieht man einmal von den nicht sehr zahlreich existierenden begrifflich geordneten Wörterbüchern, von den Synonymiken und von der synchronen onomasiologischen Forschungsrichtung ab – als eine Ansammlung von heterogenen Einheiten angesehen, er wurde atomistisch betrachtet („chaque mot existe pour ainsi dire isolément", Meillet 1914/1958, 84). Eine derartige Auffassung ist nicht weiter erstaunlich, denn einen solchen – aus semantischer Sicht – unzusammenhängenden Eindruck vom Wortschatz einer Sprache vermitteln die gängigen Wörterbücher, und dies sind eben die alphabetisch geordneten Lexika. Da diese nach den graphisch realisierten signifiants aufgebaut sind, erlauben sie es nicht, Beziehungen zwischen den signifiés, also Bedeutungsbeziehungen, unmittelbar aufzudecken.

1.1.2. Der Begründer der Wortfeldtheorie, der deutsche Germanist Jost Trier (1894–1970; vgl. zu Triers Leben, Werk und Werdegang: Mahler und Höfer-Lutz in Zillig 1994, 11–70 und 71–128), brach mit dieser atomistischen Vorstellung vom Wortschatz („Kein ausgesprochenes Wort steht im Bewußtsein des Sprechers und Hörers so vereinzelt da, wie man aus seiner lautlichen Vereinsamung schließen könnte", Trier 1931 a, 1). Er entwickelte die Theorie der Feldbetrachtung für den Wortschatz unter dem Einfluss bestimmter Ideen Wilhelm von Humboldts (diese offenbar besonders über die Vermittlung durch Leo Weisgerber) – so insbesondere der Idee der „Gliederung" in den Sprachen – und Ferdinand de Saussures – hier spielt generell der Systembegriff, speziell der Begriff der „valeur" und auch ein bestimmter Typ der „rapports associatifs" – gemeint sind die paradigmatischen lexikalischen Beziehungen – eine wichtige Rolle. In einer alliterierenden Trias benennt Trier die „Ideen der Ganzheit, der Gliederung und des Gefüges" als die „Leitsterne" seiner Arbeit und fährt fort: „Jene Ideen der Ganzheit, der sinngebenden Gliederung von oben herab und des Gefüges, Ideen, die eng und notwendig miteinander verbunden sind, streben in allen Geisteswissenschaften empor. Nur in der Sprachwissenschaft scheinen sie noch zu zögern, die ihnen vorbestimmte Herrschaft anzutreten. Es wäre auch verfehlt, sie dogmatisch von den Nachbarwissenschaften aus hereinzutragen. Das geschieht hier nicht. Sie sind auf dem eigenen Boden sprachlicher Fragen erwachsen" (Trier 1931 a, 25–26).

1.2. Darstellung

1.2.1. Im Jahre 1931 erschien im Druck Jost Triers Marburger Habilitationsschrift von 1928 mit dem Titel *Der deutsche Wortschatz im Sinnbezirk des Verstandes. Die Geschichte eines sprachlichen Feldes.* Band 1: *Von den Anfängen bis zum Beginn des 13. Jahrhunderts.* Im Einleitungskapitel zu seinem Werk legte Trier die Grundzüge seiner Feldauffassung dar. Trier fasst den Wortschatz einer Sprache innerhalb eines synchronen Sprachzustandes als eine gegliederte Ganzheit auf, gegliedert in „Wortfelder", die auf einer Stufe nebeneinander oder in hierarchischer Ordnung zueinander stehen. Unter „Wortfeld" versteht Trier „einen inhaltlich zusammengehörigen Teilausschnitt des Wortschatzes" (Trier 1931 a, 1). Das „Wortfeld" („sprachliches Zeichenfeld" oder „Wortzeichenfeld", wie Trier auch sagt) stellt selbst wiederum „ein gegliedertes Ganzes, ein Gefüge", dar, in dessen noch ungegliederten Inhalt (Trier 1931 a, 1 spricht von „Begriffskomplex", „Begriffsblock", „Begriffsbezirk") durch die das Feld konstituierenden Wörter Grenzen gezogen werden, wodurch dieser „begrifflich", genauer: semantisch, aufgeteilt, d.h. strukturiert wird. Die in einem Wortfeld funktionierenden Wörter, also die Feldglieder, nennt Trier „Begriffsverwandte" bzw. „begriffliche Nachbarn". Unglücklich ist in Triers Terminologie die Trennung von „Wortfeld" (verstanden als „Zeichenmantel", also nur als die signifiant-Seite) und „Begriffsfeld" (im Sinne der dem Wortfeld entsprechenden signifié-Seite). Zuweilen spricht er auch von „sprachlichen Feldern", was aber zu weit gefasst ist. In moderner Sicht umfassen die Wortfelder die lexikalischen Einheiten als vollständige Zeichen mit signifiant und signifié. Wortfelder sind – anders ausgedrückt – Subsysteme oder Mikrosysteme innerhalb des Wortschatzganzen; Coseriu (explizit 1967a, 294) wird sie als „lexikalische Paradigmen" definieren (vgl. 6.2.).

Die Interdependenz der Feldglieder und ihre oppositiven Beziehungen untereinander werden von Trier (1931 a, 2, 3) wie folgt ausgedrückt: „Die Worte im Feld stehen in gegenseitiger Abhängigkeit voneinander. Vom Gefüge des Ganzen her empfängt das Einzelwort seine inhaltliche begriffliche Bestimmtheit." Die inhaltliche Bestimmtheit des Wortes „entsteht durch Abgrenzung gegen Nachbarn". „Die Bedeutung des Einzelwortes ist abhängig von der Bedeutung seiner begrifflichen Nachbarn. Alle schließen sich zu der Aufgabe zusammen, in den Block ungegliederten Bewußtseinsinhalts gliedernde Grenzen einzuziehen, ihn zu klären, ihn begrifflich faßbar zu machen."

Trier (1931 a, 6–7, Hervorhebung von Trier) führt zur Veranschaulichung einer Feldstruktur das Feld der Zeugnisnoten („Leistungsbewertung") im Deutschen an – wohl wissend, dass es sich hierbei um ein vereinfachendes Beispiel eines Wortfeldes handelt – und zieht daraus folgenden als generell gültig angesehenen Schluss: „die Einzelworte bestimmen sich *durch Zahl und Lagerung* im Gesamtfeld gegenseitig ihre Bedeutungen". Anders formuliert: „jegliches Einzelwort im Feld [empfängt] seinen Inhalt von der Struktur des Feldes, oder mit anderen Worten: vom Inhalt seiner begrifflichen Nachbarn" (Trier 1931 a, 7–8). „Durch ihr Heranrücken" lassen die begrifflichen Nachbarn „die Grenzen des ausgesprochenen Wortes scharf hervortreten" (Trier 1931 a, 8).

Trier (1931 a, 4) spricht sehr deutlich aus, dass das Wortfeld eine Einheit des Sprachsystems im Sinne der Saussureschen „langue" darstellt. Auch sieht er völlig klar, dass Inhaltsrelationen (im Sinne von J. Lyons) wie Antonymie (i.w.S.) – Trier selber spricht von „Gegensinn" (S. 1), „opponierenden Worten" (S. 6) und „Kontrastworten" (S. 8) – und Synonymie (S. 24, 26) eine wichtige Funktion im Gefüge der Wortfelder haben.

Kritik wird Triers Rede vom „lückenlosen Zeichenmantel" (S. 2) und vom „mosaikartig zusammengesetzten Zeichenmantel" (S. 17) mit Bezug auf das Wortfeld hervorrufen (vgl. 3.2.3.).

Aus heutiger Sicht verwunderlich erscheint die Tatsache, dass Trier in seiner Habilitationsschrift nicht eine Wortfeldstudie zu einem aktuell-synchronen Sprachzustand als Anwendung und zur Überprüfung seiner Lehre vom Feld in Angriff nahm – wie wir das heute selbstverständlich tun würden. Nein, er begann nicht mit einer solchen, von den Sprachfakten her prinzipiell einfacheren Analyse, sondern wagte sich sofort an die schwierige Aufgabe einer „Geschichte des Wortschatzes nach Feldern" (S. 22). Diese anspruchsvolle Form der historischen Semantik, den „Feldgliederungswandel" (auch „Umgliederung" genannt), konzipierte er als „komparative Statik, d.h. als eine sprungweise von Querschnitt zu Querschnitt fortgehende, stets und immer von neuem das Gesamtfeld ins Auge fassende zeitlich rückwärts und vorwärts vergleichende Beschreibung" (S. 13). So untersuchte er in seiner Habilitationsschrift „den Wortgebrauch" der alt- und mittelhochdeutschen (bis zur klassischen Epik) Texte „im Sinnbezirk des Verstandes", ohne diese Untersuchung jemals bis zum Neuhochdeutschen fortzuführen.

Forschungsgeschichtlich und nach Aussage von Trier selbst sieht es so aus, dass er die „Feldbetrachtung als Konsequenz aus der Notlage der historischen Onomasiologie" (Höfer-Lutz in Zillig 1994, 83) entwickelt hat, vgl. Trier 1931a, 16–18, Trier 1968/1973, 191 und Trier 1932b/1973, 98: „Aber es läßt sich doch schon sagen, daß die Feldbetrachtung am nützlichsten da sein wird, wo es sich um Wortinhalte undinglicher Art handelt. [...] Onomasiologische Versuche herkömmlicher Art sind ja hilflos gegenüber undinglichen Inhalten. Es gibt keine Bezeichnungsgeschichte der Klugheit wie es eine Bezeichnungsgeschichte der Sichel geben kann."

1.2.2. In fünf Aufsätzen aus den Jahren 1931–1934 (Trier 1931b, 1932a, 1932b, 1934a, 1934b) resümierte Trier zum einen Ergebnisse seiner Habilitationsschrift, bekräftigte zum andern seine Feldkonzeption und grenzte sie gegen die konkurrierenden Ansätze von G. Ipsen, A. Jolles und W. Porzig (vgl. 4.1.) ab. Im Jahre 1936 ging Trier (1938) in einem Kongressbeitrag nochmals kurz auf die Wortfeldforschung ein. Sein wissenschaftliches Interesse sollte sich im Laufe der Jahre jedoch auf andere Bereiche verlagern, so auf die volkskundliche und die etymologische Forschung. In der Folgezeit kam er nur noch bei drei Anlässen (Trier 1959, 1968 und 1972 (posthum)) auf die Wortfeldtheorie zurück, um Missverständnisse auszuräumen und einige Modifizierungen an seiner Konzeption vorzunehmen.

Bibliographischer Hinweis: Triers Aufsätze zur Wortfeldtheorie sowie das Einleitungskapitel zu seiner Habilitationsschrift sind inzwischen leicht zugänglich in folgendem Sammelband: van der Lee/Reichmann (1973), z.T. auch in Schmidt (1973), in welchem überdies wichtige Aufsätze von anderen Autoren zur Wortfeldtheorie wieder abgedruckt sind. Die Sekundärliteratur zur Wortfeldtheorie und zu ihrer Entwicklung ist Legion; hingewiesen sei hier nur auf die mehr oder weniger ausführlichen Darstellungen in: Seiffert (1968, 9–47), insbesondere Hoberg (1970) und Geckeler (1971 b), van der Lee/Reichmann (1973, 9–39), z.T. Sčur (1977) u.a.

Aus einigen der Trierschen Aufsätze sollen nur die uns am wichtigsten erscheinenden Gedanken bzw. Formulierungen angeführt werden.

'Jene [menschenkundlichen] Ausdrücke liegen dort bereit nicht als ein Haufen von Vokabeln, auch nicht in Art eines Arsenals nach äußeren Gesichtspunkten geordnet (wie im alphabetischen Lexikon), sondern in einer gefügten sinnhaften Ordnung, in einer inneren Gliederung und gegenseitigen Stützung und Begrenzung, aus welcher der einzelne Ausdruck erst seine volle und klare Bedeutung empfängt" (Trier 1932a/1973, 80).

Das Wortfeld definiert Trier hier als „die Gesamtheit aller zum gleichen Sinnbezirk gehörenden Worte".

„[...] blinde Flecke gibt es nicht in den Feldern, die Einzelteile schließen sich immer zu einem geschlossenen Ganzen zusammen, das gehört zum Wesen des Feldes" (Trier 1932a/1973, 83).

„Es ist das Wesen der gegliederten Gebilde, dass jedes Kleinste zwar überhaupt zum Ganzen, aber nicht unmittelbar zum Ganzen steht, daß eine Stufung übereinander liegender Systeme statthat. In der Sprache ist das nicht anders" und „das neue Wort Feld [verdeutlicht] in einer zutreffenden Weise die neue Art des Blicks, der jetzt auf solchen Gruppen von Sinnverwandten liegt" (Trier 1932b/1973, 95).

„Es kommt der Feldbetrachtung an auf die Binnengrenzen, die ein vorhandener Wortschatz in einem gegebenen Augenblick durch einen Sinnbezirk zieht" (Trier 1932b/1973, 97).

Trier sieht die Möglichkeit einer neuen Art 'vergleichender Sprachwissenschaft' als „Vergleich, der die Sprachen daraufhin ansähe, wie jede einen Weltausschnitt sprachlich-begrifflich aufteilt; ein Vergleich der Sprachen auf den Gehalt hin, ein Vergleich der Sprachinhalte, der Weltbilder von Sprachen" (Trier 1932b/ 1973, 109).

Anstatt der traditionellen Bedeutungslehre will Trier „Sprachinhaltsforschung" betreiben, die er mit „Gliederungsforschung" gleichsetzt (Trier 1934a/1973, 112). „Der praktisch wie theoretisch einzig mögliche Ansatzpunkt der Sprachinhaltsforschung ist das FELD. [...] In der Sprache ist alles Gliederung. Wie die Worte sich aus dem Feld ergliedern und darin ihr Wesen haben, so SIND die Felder auch nur in der Gliederung übergeordneter Größen und so stufenweise aufwärts bis zum Ganzen der Sprache" (Trier 1934a/1973, 127–128).

„Felder sind die zwischen den Einzelworten und dem Wortschatzganzen lebendigen sprachlichen Wirklichkeiten, die als Teilganze mit dem Wort das Merkmal gemeinsam haben, daß sie sich ergliedern, mit dem Wortschatz hingegen, daß sie sich ausgliedern" (Trier 1934b/1973, 148, das ganze Zitat von Trier im Text hervorgehoben).

„Darin liegt die Bedeutsamkeit des Feldbegriffes: er ist das Denkmittel, das es einer empirischen Forschung ermöglicht, zur Erfassung und Darstellung des Gliederungswandels und damit zur Geschichte des Sprachinhalts vorzudringen" (S. 148–149).

In „Meine drei Ansätze zur Wortforschung" formuliert Trier seinen „3. Grundsatz", der sich auf die Feldlehre bezieht, mit auf L. Weisgerber zurückgehenden Modifizierungen gegenüber früheren Aussagen wie folgt: „Es gibt im Gesamtwortschatz verteilt gewisse Bereiche, in denen die zugeordneten Wörter ihre Inhalte aus Zahl und Lagerung der demselben Bereich zugeordneten Wörter zugewiesen erhalten, so wie sie ihrerseits ihren Begriffsnachbarn Inhalte zuordnen. Die Nachbarn bilden zusammen das Feld, und es hängt vom Gefüge dieses Feldes ab, auf welche Weise der Bereich begrifflich gegliedert und als gegliederter den Sprachgenossen dargeboten wird" (Trier 1959/1975, 8). Auch wird in diesem Beitrag die Auffassung, dass die Konturen der Wörter so aneinander passen, dass sie ein „geschlossenes Mosaik" bilden, als „nicht allgemeingültig" zurückgenommen (S. 10). „Nicht alle Begriffe haben scharfe Außengrenzen, sind Umgriffe. Sehr viele Begriffe sind Ingriffe, injunktive, nicht disjunktive Begriffe" (S. 10–11). Hier haben wir die strukturalistische Auffassung von den exklusiven und den inklusiven Oppositionen, letztere mit extensiven und intensiven Gliedern, vorliegen. Im Anschluss daran verweist Trier ganz knapp darauf, dass es „eine Schwerezone des Begriffs und eine ins nachbarliche verfließende Randzone" (S. 11) gebe, wofür die zweite Prager Schule der Linguistik die Termini „Zentrum" und „Peripherie" verwendet.

In der letzten zu Triers Lebzeiten erschienenen Stellungnahme unter dem Titel „Altes und Neues vom sprachlichen Feld" gibt er folgende Definition des Feldes, die zum Ende hin wiederum den Einfluss von Weisgerber zeigt: „Ein Wortfeld ist eine Gruppe von Wörtern, die inhaltlich einander eng benachbart sind und die sich vermöge Interdependenz ihre Leistungen gegenseitig zuweisen" (Trier 1968/ 1973, 189). Trier ist mit B. Quadri darin einig, dass man „die Feldlehre als eine weiterentwickelte Onomasiologie betrachten" (S. 193) kann. Was nun den Terminus *Feld* betrifft, so führt Trier aus, dass ihm Ipsens Ausdruck *Feld* (Ipsen gebrauchte „Bedeutungsfeld") von 1924 „eine große Hilfe" war, „ja er wirkte auf mich wie eine plötzliche Erleuchtung" (S. 193). Trier kritisiert an Ipsens Feldbegriff, dass er „im wesentlich statisch", nicht genügend „dynamisch" war. „Daher drängte sich mir sehr früh unter dem Worte Feld ein ganz anderes Bild in den Vordergrund, nämlich das Bild der im Rennen liegende Pferde, das Feld der Pferde, die in Raum und Zeit zum Ziel rennen und zwischen denen die gegenseitigen Stellungsverhältnisse und damit Stellenwerte sich unaufhörlich verschieben. Ich sah es ja ab auf das Weitereilen eines gegliederten Ganzen durch die Zeit und zugleich auf die dabei sich verschiebenden Lageverhältnisse innerhalb dieses Ganzen. Es galt, das Simultane und zugleich das Sukzessive zu sehen" (S. 193). In der Tat ist diese letztere Interpretation (ähnlich bereits 1959) der Metapher *Feld* für den Feldgliederungswandel nützlich, nicht jedoch für die synchrone Betrachtung des Wortfeldes (Zillig 1994, 163 hält dieses Bild für eine „Ad-hoc-Konstruktion"). Die übliche Auffassung vom *Feld* für die deskriptive Sicht dürfte die geometrische sein („Aber für die Wortfeldforschung ist dieses Bild einer geteilten [oder gegliederten] Fläche maßgeblich gewesen", Seiffert 1968, 37), die jedoch nicht auf Ein- oder Zweidimensionalität eingeschränkt sein muss (so auch Trier 1959/ 1975, 10). Auf eine andere Auffassung weist Trier (S. 11) hin: „Seitdem das Denkmittel Feld in die Wortkunde eingeführt ist, ist oft die Meinung geäußert worden, es handle sich um ein Bild aus der Physik, aus dem Bereich der Theorie elektromagnetischer Erscheinungen. [...] Mein Gedanke nährte sich aber aus einer sehr viel schlichteren Anschauung. Bei einem Pferderennen [...] in der Sportsprache nennt man das Insgesamt der rennenden Einheiten ein *Feld*." Trotz der Trierschen Skepsis hinsichtlich der physikalischen Interpretation der Metapher ist die Auffassung von „Feld" als „Kraftfeld" (etwa bei Weisgerber und Gipper) eine hilfreiche, denn sie vermittelt eine Vorstellung von den oppositiven Beziehungen, in denen die lexikalischen Einheiten funktionieren. Herbermann (1995, 270) hat gezeigt, dass „die allgemeine Attraktivität des Ausdrucks *Feld* im wissenschaftlichen Diskurs jener Jahre [...] für Trier ein Anlaß zu seiner Übernahme gewesen sein [mag]." Zu den unterschiedlichen Verwendungen von „Feld" in der Linguistik und in anderen Wissenschaften vgl. Sčur 1977.

Durch die Eliminierung der viel diskutierten, von Ipsen übernommenen Mosaik- (oder Puzzle-Spiel-)Vorstellung von den Wortkonturen im Feld unternahm Trier (1968) selbstkritisch eine wichtige Korrektur gegenüber seinen früheren Schriften. Sein Gegenvorschlag erscheint uns als Bild allerdings keineswegs hilfreich: „Das Bild der scharf sich aneinander legenden Wortumrandungen ist daher zu ersetzen durch ein Miteinander sternförmig ausstrahlender Kerne, die so zueinander liegen, daß die äußersten Strahlenspitzen eines Kerns zwischen die Strahlenspitzen der benachbarten Kerne eingreifen oder eingreifen können. Der Gedanke der wechselseitigen inhaltlichen Abhängigkeit der Glieder im Feld bleibt auch nach der Korrektur ganz in seinem Recht" (Trier 1968/1973, 195).

Der im *Historischen Wörterbuch der Philosophie* von J. Ritter posthum erschienene kurze Artikel „Feld, sprachliches" (Trier 1972/1973, 200–205) hat vorwiegend resümierenden Charakter und entspricht in weiten Teilen dem Trierschen Beitrag von 1968.

2. Vorläufer

Wenn man von „Vorläufern" einer Theorie spricht, müssen auch in der Historiographie der Sprachwissenschaft zwei Fragestellungen mit jeweils gesondertem Erkenntnisinteresse unterschieden werden: Zum einen ist es historiographisch gewiss interessant zu erforschen, wann und von wem „zum ersten Mal" eine bestimmte Idee geäußert bzw. schriftlich festgehalten wurde. Diese Forschungsrichtung wird sich – ausgehend von der genealogisch zu untersuchenden Theorie – in sukzessiven, meist kleinen Schritten nach rückwärts vorantasten und immer wieder noch ältere Ansätze entdecken. Eine zweite Sache hingegen ist, die Wirkungsgeschichte einer Idee zu verfolgen. So nützt es für die Einschätzung der Entwicklung der Wortfeldtheorie durch Trier nichts, wenn festgestellt werden kann, dass bereits im 18. Jahrhundert Ansätze zu einem feldmäßigen Denken existierten, dieser Ansatz aber nicht rezipiert und tradiert wurde bzw. den Sprachwissenschaftlern – und so auch Trier – gar nicht bekannt war.

In der Literatur zur Wortfeldtheorie, aber auch schon bei Trier selbst, wird in der Tat gelegentlich darauf hingewiesen, dass auch für diese Theorie – wie sollte es anders sein – Vorläufer existieren bzw. entdeckt wurden. Als solche werden unter den bekannten Namen Herder, Goethe, Humboldt, Hermann Paul, Ferdinand de Saussure angeführt, des Weiteren E. Tegnér, R. von Jhering, C. Abel, H. Osthoff, R. M. Meyer (er spricht von „Bedeutungssystemen"), A. Stöhr, H. Werner, G. Ehrismann, E. Cassirer, G. Ipsen. Coseriu (1967 b) hat K.W.L. Heyses Analyse des 'Wortfeldes' „Schall" (1856) als einen „frühen und sozusagen *Ante-litteram*-Beitrag zur strukturellen Semantik" – und speziell zur Wortfeldforschung – gewürdigt.

Trier selber erkennt eine prinzipielle Beeinflussung durch Ferdinand de Saussure und Leo Weisgerber an (vgl. 1.1.2.) und schließt eine Miteinwirkung von Ideen G. Ipsens auf die Ausarbeitung seiner Theorie der Feldbetrachtung (vgl. 4.1.) nicht völlig aus.

3. Diskussion um die Wortfeldtheorie

3.1. Obwohl die Wortfeldtheorie von Anfang an viele Anhänger, jedoch auch zahlreiche Opponenten aufzuweisen hat, sei einleitend angemerkt, dass ein zeitgenössischer Kenner der Semantik wie J. Lyons (1977, 250) dem älteren Urteil eines 'Klassikers' der Semantik, S. Ullmann (1962, 7), beipflichtet, wenn dieser Triers Habilitationsschrift von 1931 als ein „work which opened a new phase in the history of semantics" einschätzte (Ullmann 1951, 160 schrieb sogar mit Bezug auf Triers Feldtheorie: „The whole perspective has changed: a 'Copernican revolution' has taken place in semantics").

3.2. Die Diskussion um die Wortfeldtheorie kann folgendermaßen gegliedert (3.2.1.–3.2.4.) und dargestellt werden (vgl. dazu auch

Geckeler 1971b, 115–167); vgl. auch die Darlegung der „wichtigsten kritischen Einwände gegen die Feldlehre" bei Hoberg (1970, 101–119). Zur Kritik an der Wortfeldtheorie ist festzustellen, dass sie sich fast ausschließlich auf Triers früheste Darstellungen, insbesondere in seiner Habilitationsschrift von 1931, beschränkte und neuere Entwicklungen und Korrekturen nicht oder kaum beachtete.

3.2.1. Unmittelbare Übernahme und Anwendung der Wortfeldkonzeption besonders durch Triers direkte Schüler

In seiner Zeit als Ordinarius der Germanistik an der Universität Münster ab 1932 betreute Trier zahlreiche Dissertationen, darunter auch eine beträchtliche Zahl an Untersuchungen zu Wortfeldern. Diese Doktorarbeiten (vgl. H. Frankes Verzeichnis der unter Jost Trier als Referenten entstandenen Dissertationen in Beckers/Schwarz 1975, 385–391) betreffen Wortfelder – einige zum intellektuellen Wortschatz – aus älteren Sprachstufen insbesondere des Deutschen (bis ins 17. Jh. reichend) und aus deutschen Mundarten, z.T. auch sprachvergleichend. Diese Arbeiten werden u.a. im *Bibliographischen Handbuch zur Sprachinhaltsforschung* besprochen. Als bekannteste Schüler Triers im Hinblick auf die Wortfeldforschung sind H. Schwarz und indirekt auch H. Beckers zu nennen.

3.2.2. Kritik an der Feldtheorie als Gesamtkonzeption

– Von verschiedenen Seiten (W. von Wartburg, S. Öhman) wurde trotz prinzipiell positiver Einschätzung des Feldbegriffs vor einer Verabsolutierung desselben gewarnt.
– Triers Felder seien „auf logischem Wege gefundene Sachgruppen" (so die Kritik des erklärten Gegners der Wortfeldtheorie F. Dornseiff).
– Die Feldtheorie wird als ein apriorisches Konstrukt (von F. Scheidweiler) abgelehnt.
– Das Feld sei wirklichkeitsfremd, allenfalls sei es als „ein erstes (und später zu differenzierendes) Leitbild einer etwaigen Sprachpädagogik" (W. Betz) geeignet.
– Der Feldbegriff bedürfe dringend der „Anpassung an die sprachliche Realität" (E. Oksaar).
– Eine letztlich mit der Nichtbeachtung der Widerspiegelungstheorie begründete Ablehnung erfährt die Feldtheorie von Seiten bestimmter Vertreter der Onomasiologie aus der früheren DDR, so von U. Ricken und W. Bahner. Trier wird seine rein „innersprachlich-strukturelle Methode" vorgeworfen.

Zur Bewertung dieser verschiedenen kritischen Stellungnahmen, vgl. Geckeler 1971b, 150–160.

3.2.3. Kritik an bestimmten Charakteristika des Feldbegriffes (ausführlicher in Geckeler 1971b, 116–150).

Wir folgen in unserer Darstellung weitgehend der von G. Kandler (1959/1973, 351–370) versuchten Systematisierung der Einwände gegen bestimmte Charakteristika des Feldbegriffs.

– Für den Feldbegriff, nach dem „jedes Wort inhaltlich vom Ganzen des Feldes inhaltlich verwandter Wörter abhänge" (S. 355), trifft das „Ganzheitsprinzip" mit seinem Hauptsatz: „Das Ganze ist mehr als die Summe seiner Teile" zu. Die Umkehrung des Satzes, also „das Einzelne ist mehr als bloß Glied im Ganzen", bereitet nach Kandler der Feldbetrachtung jedoch Schwierigkeiten.
– Das „Prinzip der Geordnetheit" meint, dass „die Wortinhalte untereinander in ein wohlgefügtes System passen" (S. 358). Kandler kritisierte, dass der Begriff des Feldes „dem Begriff des phonologischen Systems nachgebildet" sei. Dieser Vorwurf lässt sich historisch für Trier in keiner Weise aufrechterhalten. Im übrigen wurden die Analogien und Unterschiede zwischen phonologischen und lexikalischen Strukturen erst in den sechziger Jahren von den Vertretern der strukturellen Semantik, v.a. von E. Coseriu (1964), explizit herausgearbeitet. Durch eine vielfach fälschlich vorgenommene Gleichsetzung von systemhaften Zügen und Symmetrie erhob W. Betz gegen die Feldtheorie den Einwand der unbewiesenen „prästabilierten Harmonie der Feldglieder".
– Für das „Prinzip der Wechselbestimmtheit", das fordert, dass „jedes Einzelwort seinen Inhalt von dem Inhalt seiner begrifflichen Nachbarn empfängt, wobei jedes durch die anderen bestimmt wird" (S. 358), sah Kandler im „negativen Distinktionsprinzip" logische Schwierigkeiten. Diese lassen sich aber durch das Zurückgreifen auf den archilexematischen Feldinhalt leicht beheben, denn jedes Feldglied weist diesen gemeinsamen archilexematischen Feldinhalt + eine differentielle Bedeutung auf.

- Beim „Vollständigkeitsprinzip", das behauptet, dass „kein Wort fehlen dürfe, wenn der Inhalt eines der Worte im Felde richtig verstanden werden soll. Jedes hinzutretende Wort verändere den Inhalt jedes Feldgliedes" (S. 358), erkannte Kandler einerseits völlig richtig, dass bei der Integration einer neuen lexikalischen Einheit in ein Wortfeld die Feldstruktur sich je nach Feld nur partiell verändert. Andererseits verwechselten Kandler und andere Opponenten (wie etwa W. Betz, E. Oksaar) die Verhältnisse im Sprachsystem mit der individuellen Teilhabe an diesem und mit dem Grade des bewussten Präsenthabens desselben durch die Sprecher.
- Beim „Prinzip der Wohlgeschiedenheit" geht es für Kandler um die Behandlung des wohlbekannten Problems der traditionellen Semantik 'Homonymie oder Polysemie?' in der Feldtheorie, derzufolge „jedes Wort zu einem und nur einem Felde gehöre" (S. 360). Kandler spricht sich gegen das „Zerreißen primärer Zusammenhänge zwischen ganz eng verwandten Wortbedeutungen" (S. 361) aus.
- Das „Prinzip der Lückenlosigkeit" versteht Kandler folgendermaßen: „In der Feldtheorie ist natürlich eine scheinbare Lückenlosigkeit des Weltbildes für jeden Sprachangehörigen gemeint, d.h. daß er alles Vorgefundene in die Kategorien des betreffenden Wortfeldes einordnet" (S. 362). Wichtiger als die Frage einer eventuellen Lückenlosigkeit des Weltbildes erscheint in unserem Zusammenhang diejenige, ob sprachliche Lücken (vgl. dazu u.a. Geckeler 1974) in Wortfeldern innereinzelsprachlich auf derselben Gestaltungsebene existieren. Triers frühe Formulierungen vom „lückenlosen Zeichenmantel" und sein Mosaikvergleich boten den Kritikern (z.B. W. von Wartburg, W. Betz) eine verwundbare Flanke. Dass diese Auffassung in der in den Anfängen formulierten Form nicht zu halten war, haben die Vertreter der Sprachinhaltsforschung (Weisgerber, Gipper, Schwarz) deutlich ausgesprochen und schließlich auch Trier selbst. Aus heutiger Sicht ist zu sagen, dass das Problem der Lücken im Wortfeld immer in Bezug auf die jeweilige Stufe der Gestaltung betrachtet werden muss. Eventuelle Lücken werden auf einer höheren Stufe der Gestaltung dadurch geschlossen, dass das betreffende Wortfeld durch ein anderes allgemeineren Inhalts überbaut wird. Der Vergleich mit dem Mosaik ist simplifizierend, da er nur reine Flächenhaftigkeit der Wortfeldstrukturen suggeriert (Hoberg 1970, 64 gibt dazu folgenden Hinweis: „Die Mängel des Mosaik-Bildes, besonders seine Starrheit, scheint Trier von Anfang an gesehen zu haben; er spricht daher in der Regel auch nur vorsichtig von 'mosaikartig' und hat dieses Bild später ganz aufgegeben").
- Die Thematik der Abgrenzung betrifft zwei unterschiedliche Arten von Grenzen: zum einen die Binnengrenzen des Wortfeldes, d.h. die inhaltlichen Abgrenzungen der einzelnen Feldglieder untereinander, zum andern die Außengrenzen des Wortfeldes, d.h. seine Abgrenzung gegenüber benachbarten Feldern, wobei die Außengrenzen das schwierigere Problem darstellen. Trier (1934b/1973, 165, im Text hervorgehoben) machte hierzu nur eine sehr globale, die Kritik geradezu herausfordernde Aussage: „Aus der Machtvollkommenheit unseres heutigen, uns gemeinsamen Sprachbesitzes und seiner inhaltlichen Ordnung setzen wir das Feld." Mit der in der Tat schwierigen Frage der Außenabgrenzung des Wortfeldes haben sich nicht nur die Vertreter der Sprachinhaltsforschung, sondern auch solche der strukturellen Semantik (Coseriu, Lyons) befasst. Ein generell akzeptiertes Verfahren zur Lösung dieser Frage ist unseres Wissens noch nicht gefunden worden; das Zurückgreifen auf das Archilexem (vgl. auch den „Leuchtrahmen" von H. Schwarz) bzw. den archilexematischen Inhalt oder auf die Inhaltsrelation der Inkompatibilität leisten aber inzwischen gute Hilfestellung.

3.2.4. Kritik an der Anwendung und an den materiellen Ergebnissen der Feldforschung

Zwei Besonderheiten wurden von der Kritik an der praktischen Feldforschung Triers und seiner Schule hauptsächlich herausgehoben: zum einen der Anspruch, dass die Wortfeldtheorie insbesondere zur Erforschung des sog. abstrakten Wortschatzes geeignet sei, zum andern, dass sich die praktische Feldforschung auf ältere Sprachepochen konzentrierte. Zum ersten Punkt ist anzumerken, dass es weder theoretische noch praktische Gründe gibt, die eine Einschränkung der Feldforschung auf die Bereiche des abstrakten Wortschatzes rechtfertigen. Triers Präferenz für den „menschenkundlichen Wortschatz" erklärt sich durch die

Entstehung der Feldlehre aus „der Notlage der historischen Onomasiologie", die „ja hilflos gegenüber undinglichen Inhalten" sei. Dieser wissenschaftsgeschichtliche Grund mag auch die zweite Besonderheit, nämlich das ausgeprägte Forschungsinteresse an älteren Sprachzuständen, erklären, denn die Philologien in jener Zeit waren weitgehend historisch ausgerichtet. Einige Kritiker (W. Betz, E. Oksaar), die von neueren Verhältnissen ausgehen, warfen Trier vor, seine Feldlehre nicht an der Fülle des verfügbaren Sprachmaterials moderner Sprachzustände, etwa einer lebendig gebrauchten Sprache, entwickelt und – noch wichtiger – erprobt zu haben, ja es wird als fraglich hingestellt, ob die Feldlehre dieser Aufgabe überhaupt gerecht werden könne. In der Tat stellte Trier (1931 a, 26) eine Fortsetzung seiner großen Felduntersuchung in die Neuzeit hinein in Aussicht und koppelte die endgültige Entscheidung über die Gangbarkeit seines Weges an diese Weiterführung. Dieser Plan wurde jedoch leider nicht verwirklicht. Von dieser Nichtverwirklichung eines ins Auge gefassten Projektes auf das Scheitern der zugrunde liegenden Konzeption zu schließen, ist jedoch trotz Triers dazu geradezu einladender Formulierung methodologisch unzulässig. Es ist aus heutiger Sicht sicher richtig festzustellen, dass sich Trier bei seinen Analysen mit moderner lebender Sprache leichter getan hätte als mit der Untersuchung alt- und mittelhochdeutscher Texte. Die faktischen Ergebnisse von Triers Textanalysen für seine Felduntersuchung wurden vor allem von F. Scheidweiler in Frage gestellt. Aber Scheidweilers Einwände wurden ihrerseits von dritter Seite kritisiert. Für einen Nichtaltgermanisten ist es unmöglich, die Fakten zu überprüfen. Klar ist, dass auf dieser Stufe der Diskussion kein abschließendes Urteil über Wert oder Unwert der Wortfeldtheorie gefällt werden kann.

4. Unterschiedliche Auffassungen vom Feldbegriff

4.1. Zur Zeit der Entstehung der Trierschen Feldlehre

4.1.1. Bereits im Jahre 1924 findet sich in einem Beitrag von Gunther Ipsen zur Streitberg-Festschrift eine erste explizite Formulierung des Feldgedankens, die derjenigen von Trier also chronologisch vorausgeht. Trier kann schon 1931 nicht mehr sagen, ob die „kurzen 12 Zeilen bei IPSEN" (Trier 1931a, 11, Anm. 1) auf die Entwicklung seiner Wortfeldtheorie „miteingewirkt" haben. In der Tat spricht Ipsen (1924, 225) davon, dass die Wörter in einer Sprache „nie allein [stehn], sondern [...] in Bedeutungsgruppen [eingeordnet sind]; [...]. Diese Verknüpfung aber ist [...] so, daß die ganze Gruppe ein '*Bedeutungsfeld*' absteckt, das in sich gegliedert ist; wie in einem Mosaik fügt sich hier Wort an Wort, jedes anders umrissen, doch so, daß die Konturen aneinander passen [...]." Trier (1931a, 11 Anm. 1) präzisiert in seiner Habilitationsschrift mit Bezug auf Ipsen: „Ich bin nicht der erste, der von den Feldern redet. Aber ich darf feststellen, daß das Thema dieser Arbeit und die Form seiner praktischen Bearbeitung mir seit 1923 deutlich waren. In der Form der Bearbeitung ist die Idee des Feldes schon gegeben." Der in der Wortfeldtheorie vieldiskutierte Mosaikvergleich (vgl. 3.2.3.) scheint bei Ipsen seinen Ausgangspunkt zu haben. – Acht Jahre später unterwirft Ipsen (1932) sein „Bedeutungsfeld" einer unnötigen Restriktion, indem er für inhaltlich nahe stehende Wörter eine Angleichung auf der Ausdrucksebene postuliert. Damit verliert sein Bedeutungsfeld an Realitätsnähe und wird zu einem Sonderfall.

4.1.2. A. Jolles (1934) begründet als Kontrast zu Trier seinen eigenen Typ des „Bedeutungsfeldes", das als Minimalfeld mit jeweils nur zwei Feldgliedern charakterisiert werden kann (Trier nennt es „ein 'Mosaik' von zwei Steinen"). In Wirklichkeit haben wir es hier mit antonymischen Strukturen zu tun, die Teilfelder oder bestenfalls Grenzfälle von Feldern darstellen.

4.1.3. An eigene Ansätze aus den zwanziger Jahren anknüpfend entwickelt W. Porzig (1934) sein Konzept der „elementaren bedeutungsfelder", die er auch „wesenhafte bedeutungsbeziehungen" nennt. Porzig hat offenbar als erster Sprachwissenschaftler auf die semantische Beziehung, die zwischen Lexemen wie dtsch. *sehen – Auge, lecken – Zunge, wiehern – Pferd* bestehen, hingewiesen und dieselbe als „wesenhaft" und „elementar" erkannt. Porzig meinte, es hier mit Minimalfeldern zu tun zu haben. Später sah er jedoch ein, dass es grundsätzlich zwei Arten von „Feldern" gibt; er nennt die Trierschen Wortfelder zunächst (1950) „aufteilende", dann (1957) „parataktische Felder" (adäquater wäre „paradigmatische Felder") und bezeichnet seine eigenen, die elementaren Bedeutungsfelder, zunächst als „einbegreifende", dann als „syntaktische Felder" (auch hier wäre „syntagmatisch" angemessener; Porzig hat auf jeden Fall erkannt, dass es sich bei seinen „Feldern" um kombinatorische semantische Strukturen handelt). Porzigs Entdeckung wurde, da es sich um inhaltliche Strukturen handelt, die keine Wortfelder darstellen, für die weitere Feldforschung nicht bestimmend, aber diese kombinatorischen semantischen Strukturen nehmen in der Folgezeit – mit unterschiedlichen Bezeichnungen – einen festen Platz im Gebäude der lexikalischen Semantik ein. E. Leisi spricht von „semantischer Kongruenz", H. Schwarz von „Prädikativklammer" oder „Wertigkeitsbereich", H. Gipper von „fester Sinnkopplung" und E. Coseriu nennt sie „lexikalische Solidaritäten" (innerhalb derer er drei Untertypen identifiziert).

4.2. Nach der Etablierung der Wortfeldtheorie

4.2.1. Ch. Bally (1940) führte den Begriff des 'Assoziationsfeldes' in die Diskussion ein. Unter einem „champ associatif" versteht er „un halo qui entoure le signe et dont les franges extérieures se confondent avec leur ambiance" (Bally 1940, 195). Die von Bally am Beispiel frz. *bœuf* aufgezeigten 'Assoziationen' sind nur zum Teil sprachlicher Natur, zum größeren Teil jedoch sind sie durch die außersprachliche Wirklichkeit (Kopräsenz der Sachen) begründet. Daher darf das 'Assoziationsfeld' nicht mit dem „Wortfeld" verwechselt werden.

Kritisch zum Verhältnis von Assoziationen zur strukturellen Semantik: vgl. Geckeler (1997).

4.2.2. Für G. Matoré (1953) gehört das 'Begriffsfeld' (*champ notionnel*) zur 'Lexikologie', die er als eine soziologische Disziplin, die mit sprachlichem Material – mit Wörtern – arbeitet, definiert. Das hierarchisch gegliederte „champ notionnel" besteht aus einem „mot-clé", das sich im Zentrum des Feldes befindet, und den „mots-témoins". Diese Einheiten werden jedoch nicht von der Sprache, sondern von den gesellschaftlichen Zusammenhängen her bestimmt; so ist Matorés Opposition zwischen frz. *artiste* und *bourgeois* nicht sprachlicher, sondern soziologischer Natur.

4.2.3. P. Guiraud (1956) definiert sein 'morpho-semantisches Feld' (*champ morpho-sémantique*) als „le complexe de relations de formes et de sens formé par un ensemble de mots" (Guiraud 1962, 82). Guirauds Felder stellen ausgedehnte Konstellationen von semantischen und materiellen Assoziationen dar und sind auf Grund der geforderten signifiant-Assoziationen nicht mit Trierschen Wortfeldern zu vergleichen.

4.2.4. Der Brünner Romanist O. Ducháček (1960) legte ein differenziertes Schema von „sprachlichen Feldern" (*champs linguistiques*) vor. Seine „champs liguistiques" unterteilen sich in „champs linguistiques de mots" und „champs linguistiques d'idées". Erstere untergliedern sich in „champs morphologiques" und „champs syntagmatiques (syntaxiques)" – diese beiden Untertypen von Feldern betreffen nicht die semantischen Strukturen des Wortschatzes und sind deshalb keine „Wortfelder" in dem hier vertretenen Verständnis; ähnlicher sind ihnen die „champs linguistiques d'idées", die die „champs conceptuels" und die „champs sémantiques" umfassen. Die „champs conceptuels" sind unseren Wortfeldern in etwa vergleichbar, beziehen jedoch Bedeutungszonen ein, die wir eher angrenzenden Feldern zuordnen würden. Sie umfassen nicht nur jeweils eine, sondern alle lexikalischen Wortarten und lassen die Antonyme – nach Ausweis von Ducháčeks Analyse des „champ conceptuel de la beauté en français moderne" – unverständlicherweise beiseite. Die „champs sémantiques", die später in „champs conceptuels complexes" umbenannt wurden, können mehrere Tausend Wörter umfassen und stellen somit Makrostrukturen des Wortschatzes dar, für deren direkte Untersuchung kein Modell existiert. Schließlich sieht Ducháčeks Schema auch noch „champs associatifs" (vgl. 4.2.1.) bzw. „champs contextuels" vor.

5. Ausbau der Wortfeldtheorie Erste Phase: in der Sprachinhaltsforschung

5.1. Die Wortfeldtheorie bei Vertretern der Sprachinhaltsforschung

„Sprachinhaltsforschung als eigenständiger Zweig der Sprachwissenschaft ist nach Wesen und Umfang bestimmt durch den Gegenstand, auf den sie sich richtet: den Sprachinhalt", wobei „Sprachinhalt" verstanden wird als „der Inhalt jeweils jeder S p r a c h e (*langue* im Sinne F. de SAUSSUREs) in seiner Gesamtheit, das Ganze der gegliederten und gliedernden überpersönlichen Ordnung von Sinngestalten" (Schwarz 1966, XV). Oder, wie

Trier (1934 a/1973, 112) schon sagte: „Sprachinhaltsforschung ist Gliederungsforschung", was zeigt, dass auch Trier – über Weisgerber und Humboldt – zu dieser Ausrichtung der Sprachwissenschaft zu rechnen ist. Mit der Sprachinhaltsforschung ist aber in erster Linie der Name Leo Weisgerber als deren Hauptvertreter verbunden; vor allem über die Enzyklopädie dieser Forschungsrichtung, das *Bibliographische Handbuch zur Sprachinhaltsforschung*, sind es ganz besonders die Namen Helmut Gipper und Hans Schwarz.

5.1.1. Leo Weisgerber (1899–1985) führte, als sich Trier nach 1934 über 20 Jahre lang nicht mehr in neuen größeren Veröffentlichungen zur Feldlehre geäußert hatte, diesen Ansatz im Sinne des Begründers der Wortfeldtheorie weiter, so dass man unserer Auffassung nach mit Fug und Recht vom Wortfeldbegriff Trier-Weisgerberscher Prägung als von einer recht einheitlichen Konzeption sprechen darf (Herbermann 1995 unterscheidet dagegen ein „Ipsen-Triersches WF-Modell", einen „Trier-Weisgerberschen WF-Begriff" und eine „Trier-Schwarzsche WF-Konzeption"). Trier (1968/1973, 196) sieht die Rolle Weisgerbers folgendermaßen: „Weisgerber war ihrem [der Feldlehre] Entstehn hilfreich und hat später mehr als irgendein andrer ihren Ausbau gefördert."

Der besondere Verdienst Weisgerbers war es nun, die Feldlehre aus ihrer diskutierten und isolierten Existenz herausgeführt und in ein umfassendes sprachtheoretisches Gebäude integriert zu haben, das auf Humboldts wichtiger Unterscheidung zwischen Sprache als Ergon und Sprache als Energeia gründet. Die „statische Sprachbetrachtung" umfasst nach Weisgerber die „gestaltbezogene" und die „inhaltbezogene" Betrachtungsweise, zur „energetischen Sprachbetrachtung" gehören die „leistungbezogene" und die „wirkungbezogene" Betrachtungsweise. Dies sind 'die vier Stufen in der Erforschung der Sprachen' (Weisgerber 1963). Weisgerber vertritt die Auffassung, dass die leistungbezogene Betrachtung dem Wesen der Sprache, das er im „Worten der Welt" sieht, am nächsten steht. Weisgerbers „sprachliche Felder" umfassen sowohl „Wortfelder" als auch „syntaktische Felder" (auf die hier nicht eingegangen wird). Die Wortfelder werden der inhaltbezogenen Sprachbetrachtung zugeordnet: „Dem *Aufzeigen des Bestandes* und der Struktur der in einer Sprache vorhandenen *Wortfelder* gilt die *Hauptarbeit der inhaltbezogenen Wortlehre*" und „Eine *Ordnung des Wortschatzes nach Feldern* wird die angemessenste inhaltbezogene Darstellungsform bleiben" (Weisgerber 1963, 70, 71). Andererseits warnt Weisgerber verschiedentlich vor einer Überbewertung des Feldbegriffs, da es noch andere Formen inhaltlicher Bestimmtheit gebe.

Über Trier hinausgehend hat Weisgerber auch bereits den Versuch einer ersten Typologie der Wortfelder unternommen. So unterscheidet er „einschichtige Felder" mit den Untertypen „Reihengliederung", „Flächengliederung" und „Tiefengliederung" sowie „mehrschichtige Felder".

Nachdem Weisgerber das Wortfeld der inhaltbezogenen Sprachbetrachtung zugeordnet hatte, wies er der leistungbezogenen Perspektive den „Sinnbezirk" zu. „Der methodische Hauptbegriff der leistungbezogenen Betrachtung ist der des *sprachlichen Zugriffs*. Er ist das energetische Gegenstück zum statischen *Sprachinhalt*" (Weisgerber 1963, 96). Wichtige Formen des sprachlichen Zugriffs sind das Wortfeld als „Ausgliederung aus einem übergeordneten Sinnganzen" und die Wortbildung als „abgeleitete Bestimmtheit aus dem Wortstand" und „Typen der Zusammensetzung".

Weisgerber präzisierte den bei Trier nicht klar gegen das „sprachliche Feld" abgegrenzten Begriff „Sinnbezirk" in zweifacher Weise: „Einmal als übergreifenden Begriff, innerhalb dessen die Betrachtung nach Feldern, aber auch die anderen Formen des Aufzeigens der Bestimmtheit von Wortinhalten zu ihrem Recht kommen. Sodann kann man ihn eher der leistungbezogenen Forschung zuweisen" (Weisgerber 1963, 104). Weisgerbers anvisiertes Endziel ist aber die „ganzheitliche Sprachbetrachtung". Weisgerbers Schriften enthalten modellhaft Skizzen verschiedener Wortfelder der deutschen Sprache, so beispielsweise der Verwandtschaftswörter, des Feldes „sterben", des Feldes „veranstalten" (Weisgerber 1962), der Farbwörter und – im Anschluss an E. Oksaar – den Sinnbezirk der Schnelligkeit (Weisgerber 1963).

5.1.2. Eines der vielfältigen Arbeitsgebiete Helmut Gippers, der sich 1961 bei L. Weisgerber habilitierte und über ihn zu Humboldt und zur Sprachinhaltsforschung kam und so auch Mitherausgeber des *Bibliographischen Handbuchs der Sprachinhaltsforschung* wurde, ist „der Inhalt des Wortes und die Gliederung des Wortschatzes" (Gipper 1959, 392) bzw. „der Sprache" (Gipper 1984, 502). Innerhalb dieser Fragestellung musste er sich selbstverständlich auch mit dem Begriff des sprachlichen Feldes bzw. des Wortfeldes auseinandersetzen. Seine wichtigsten Beiträge zu dieser Thematik sind jetzt in dem Sammelband Gipper (1993) leicht zugänglich.

Hinsichtlich des „sprachlichen Feldes" oder, spezieller, des „Wortfeldes" führt Gipper (1984, 543) aus: „'Feld' ist dabei allerdings nicht als Bild für zweidimensionale Gebilde, etwa im Sinne von Wortmosaiken zu verstehen, sondern eher im Sinne von Kraftfeld, womit zum Ausdruck gebracht werden soll, daß Wörter nicht isoliert stehen, sondern daß zwischen ihnen Wechselbeziehungen wirksam sind." In Kenntnis der unter 3. besprochenen Kritik an der Wortfeldtheorie warnt Gipper allerdings vor einer zu 'strengen Formulierung' dieser Theorie. Gipper kommt für die Exemplifizierung deutschsprachiger Wortfelder auf solche Felder zurück, die z.T. von Trier, mehr noch von Weisgerber bereits in Angriff genommen worden waren und führt diese teilweise weiter aus (Zensurenskalen, normierte Felder, Verwandtschaftswörter, Farbwörter, Temperaturwörter, Sinnbezirk *klug* und *dumm*). In seinem neuesten Beitrag (Gipper 1995) stellt er die Frage: „Jost Trier und das sprachliche Feld. Was bleibt?" Der Autor kommt darin zu dem Ergebnis: „Es mag auch andere Wege zur Beschreibung der semantischen Seite des Wortschatzes geben, aber der Feldgedanke bleibt eine so vorzügliche Hilfe für eine angemessene Beschreibung, daß man nicht auf ihn verzichten sollte" (S. 340).

5.1.3. Hans Schwarz wurde 1950 in Münster mit der von J. Trier betreuten Arbeit „Ahd. *liod* und sein sprachliches Feld" promoviert. Seine Sprachauffassung ist „tiefgreifend von den Anschauungen Jost Triers geprägt. Das heißt zugleich, daß sie Wilhelm von Humboldt und Ferdinand de Saussure zu ihren Ahnherren zählt und Leo Weisgerber, dem Weggefährten Triers, entscheidende Anregungen verdankt" (H. Gipper in Schwarz 1993, XV). Der Sammelband der Aufsätze von H. Schwarz (1993) vereint seine wichtigen Arbeiten zur Wortfeldlehre, seinem Hauptarbeitsfeld; das *Bibliographische Handbuch zur Sprachinhaltsforschung*, an dem er 33 Jahre lang maßgebend als Mitherausgeber gearbeitet hat, enthält nicht nur in der „Einleitung" der Lieferung 7 (1966), einer Einführung in die Sprachinhaltsforschung, sondern auch in der großen Zahl der von ihm selbst erarbeiteten Besprechungen viele wertvolle Gedanken zur Feldforschung.

An dieser Stelle müssen wir uns darauf beschränken, auf seinen aus neuester Sicht der Sprachinhaltsforschung in Form einer Synthese verfassten wichtigen Beitrag „Zwölf Thesen zur Feldtheorie" in der letzten Fassung (erstmals 1966, überarbeitet 1973, hier zitiert nach Schwarz 1993, 134–142) zu verweisen. Hier nur einige Bemerkungen zu einzelnen der 12 „Thesen". Zu These 3: „Über die Zugehörigkeit der einzelnen Sprachmittel zu einem bestimmten Feld und über ihre Stellung zu ihm – ihren *Stellenwert* – entscheidet ihre wechselseitige *Sinnspannung*. Deren Stärke richtet sich nach Anzahl und Gewicht der gemeinsamen und der unterscheidenden *Inhaltsmerkmale*." Hier wird deutlich, dass Elemente der strukturellen Semantik in die neueste Form der Sprachinhaltsforschung integriert wurden. Zu These 6: „Die Verhältnisse der Feldglieder zueinander können verschiedenartig sein: Über-, Unter- und Nebenordnungen sowie Überschneidungen der Begriffskreise bis zu vielfacher Überlagerung sind zu beobachten. Ebenso lassen sich zwischen den Feldern selbst häufig keine scharfen Grenzen ziehen. Mit Verzahnungen und gegenseitigen Durchschichtungen bleibt auch hier allenthalben zu rechnen, so daß mitunter demselben Sprachmittel Zugehörigkeit zu verschiedenen Feldern zuerkannt werden muß." Hier wird das von Porzig und Weisgerber vertretene Verfahren der Auflösung von „Bedeutungsklumpen" (insbesondere im Falle von Homonymen) durch den Nachweis des Funktionierens in ganz verschiedenen Wortfeldern außer Kraft gesetzt. Zu These 7: Schwarz führt hier „Gliederungsgesichtspunkte", bestimmt als „die inneren Beziehungen, die den Zusammenhang zwischen den Feldpartnern ordnen", in die Wortfelddiskussion ein. Wir haben diese Anregung, in Verbindung mit Ausführungen bei F. G. Lounsbury und E. Coseriu, als „Dimension" in das Instrumentarium der strukturellen Semantik (Geckeler 1971a, 458) eingeführt. Zu These 8: „Das Bild des 'Mosaiks', der 'Parzellen' usw. ist […] falsch und – gleich anderen allzu starren und flächigen Vorstellungen – tunlichst fernzuhalten." Das Mosaikbild wird hier 1966 von Schwarz in programmatischer Form, zwei Jahre vor Triers entsprechender Stellungnahme, aufgegeben (Gipper verwarf es bereits 1959).

Die „zwölf Thesen zur Feldtheorie" von Schwarz zeigen einen gangbaren Weg der Feldforschung innerhalb der Sprachinhaltsforschung auf. Es muss jedoch festgestellt werden, dass die Rezeption und vor allem die Anwendung der Feldlehre Triers und der Sprachinhaltsforschung leider weitgehend auf den deutschsprachigen Raum beschränkt blieb – Ausnahmen wie K. Reuning in den USA sollen aber nicht unerwähnt bleiben. Diese geringe Resonanz lässt sich auf verschiedene Faktoren zurückführen (Erklärungsansätze dazu in Geckeler 1995, 34–35). Diese Beschränkung änderte sich jedoch grundlegend mit der zweiten Phase des Ausbaus der Wortfeldtheorie.

6. Ausbau der Wortfeldtheorie – Zweite Phase: durch die Verbindung mit der strukturellen Semantik

6.1. Im Zuge der Ausweitung der strukturellen Methode in der Sprachwissenschaft wurden ihre Prinzipien, die an den phonischen Strukturen (d.h. in der Phonologie) entwickelt wurden, zunächst auf die Grammatik und mit einigem zeitlichen Abstand schließlich auch auf den Wortschatz angewendet. Nachdem L. Hjelmslev (1943) einen richtungsweisenden Ansatz vorgelegt hatte, den er 1957 auf dem Osloer Linguistenkongress wieder aufgriff, begründeten zu Beginn der sechziger Jahre drei Sprachwissenschaftler – B. Pottier, A.-J. Greimas und E. Coseriu – nahezu gleichzeitig, jedoch unabhängig voneinander – die strukturelle Semantik nach den Prinzipien des europäischen analytischen Strukturalismus, die da sind: Funktionalität, Opposition (mit Analyse in unterscheidende Züge), Systematizität, Neutralisierung (mit Archieinheiten) (Coseriu 1988, 171–172). Es ergibt sich bereits vom Ansatz her, dass sich die erwähnten Linguisten in der Theorie mehr oder weniger explizit, in der Praxis jedoch direkt mit der Strukturform des Wortfeldes zu befassen hatten. Pottier (1963, 1964) hat Vorbehalte gegen den Terminus *Feld*, und auch Greimas (1966) gebraucht ihn nicht – ersterer spricht von „petit *ensemble lexical*" (Pottier 1967, 26), letzterer von „système sémique" –, während Coseriu (1964) die Trier-Weisgerber-Tradition der Wortfeldtheorie expressis verbis in seine strukturelle Semantik, die Lexematik, einbindet und weiterentwickelt. Auf den Ansatz von J. Lyons (1968, 1977), dessen „lexical systems" durch die verschiedenen Inhaltsrelationen strukturiert werden, sei hier nur hingewiesen. Da das Wortfeld in der Konzeption der strukturellen Semantik von Coseriu und seiner Tübinger Schule eine wichtige Rolle spielt, stellen wir diesen Ansatz nachfolgend etwas ausführlicher dar (vgl. Coseriu 1966, 1967a, 1968, Coseriu/Geckeler 1981).

6.2. Die Konzeption der strukturellen Semantik Coserius weist gegenüber anderen Ansätzen bedeutende Vorteile auf. Sie zeichnet sich zunächst dadurch aus, dass in dieser Theorie das Untersuchungsobjekt von Anbeginn genau abgegrenzt wird. Über die Anwendung einer Stufenfolge von sieben Vorunterscheidungen, die neben ihrer Relevanz für die Methode gleichzeitig für den Zweck der konkreten Analyse den Vorteil einer provisorischen Reduzierung des zu untersuchenden komplexen lexikalischen Materials zur Folge hat, gelangt Coseriu zu dem beabsichtigten homogenen Untersuchungsobjekt, das erst nach dieser Prozedur einer semantischen Strukturanalyse zugeführt werden kann. Für eine Darlegung der Hierarchie der sieben Vorunterscheidungen (vgl. Coseriu 1966, 180–210) fehlt an dieser Stelle der Platz; wir können die Unterscheidungen nur aufzählen, wobei die für die strukturelle Analyse in Frage kommende Kategorie hier kursiv erscheint: Sachen (außersprachliche Wirklichkeit) / *Sprache*, Metasprache / *Primärsprache*, Diachronie / *Synchronie*, wiederholte Rede / *Technik des Sprechens*, historische Sprache / *funktionelle Sprache*, Norm der Sprache / *System der Sprache*, Bezeichnung / *Bedeutung*.

Ein weiterer Vorteil der strukturellen Semantik Coserius, diesmal gegenüber der Feldlehre Triers und der Sprachinhaltsforschung, ist, dass sie über eine voll ausgebildete Wortfeldmethode verfügt. Eine solche fehlt der letzteren gerade, was auch bemängelt wurde, denn sie unternahm die Felduntersuchungen vorwiegend auf intuitiver Basis. Dies schließt allerdings nicht aus, dass sie „philologisch" arbeitet, was Schwarz (1993, 142) betont. Durch die strukturelle Interpretation des Wortfeldes werden bei Coseriu und der Tübinger Schule die Beziehungen im Wortfeld als funktionelle Oppositionen aufgefasst (Schwarz sieht dies allerdings in seiner These 12 ab 1973 auch vor), und die Analyse in inhaltsunterscheidende Züge wird mittels der Kommutationsprobe vorgenommen; vgl. z.B. die Wortfelduntersuchungen von Geckeler 1971a, Krassin 1984, Azem 1990.

Eine weitere wichtige Besonderheit der Coseriuschen strukturellen Semantik ist die, dass es sich bei ihr um den unseres Wissens bisher umfassendsten und kohärentesten Entwurf einer Semantik der lexikalischen Strukturen handelt. Sie umfasst zum einen die paradigmatischen Strukturen des Wortschatzes, und zwar die primären Strukturen, repräsentiert durch das Wortfeld und die lexikalische Klasse, sowie die sekundären Strukturen, die den folgenden drei inhaltlich bestimmten Verfahren der Wortbildung entsprechen: „Modifizierung", „Entwicklung" und „Komposition" (letztere untergliedert in „lexematische" und „prolexematische Komposition"). Die Integration der Wortbildung in die lexikalischen Strukturen stellt ein weiteres Charakteristikum der Coseriuschen Lexematik dar. Zum anderen umfasst diese Konzeption auch die syntagmatischen lexikalischen Strukturen, d.h. die auf der Ebene der inhaltsunterscheidenden Züge kombinatorischen Strukturen, die „lexikalischen Solidaritäten", die Porzigs „wesenhaften Bedeutungsbeziehungen" entsprechen. Coseriu (1967) geht aber über Porzig hinaus, indem er diese Bedeutungsbeziehungen in die drei Untertypen „Affinität", „Selektion" und „Implikation" ausdifferenziert.

Das Wortfeld ist bei Coseriu nicht irgendeine Form lexikalischer Gestaltung, sondern es hat seinen systematischen Ort im Gesamtentwurf der lexematischen Strukturen. Er gibt folgende sehr präzise Definition des Wortfeldes: „Ein *Wortfeld* ist in struktureller Hinsicht ein lexikalisches Paradigma, das durch die Aufteilung eines lexikalischen Inhaltskontinuums unter verschiedene in der Sprache als Wörter gegebene Einheiten entsteht, die durch einfache inhaltsunterscheidende Züge in unmittelbarer Opposition zueinander stehen" (Coseriu 1967a, 294).

Wir müssen uns hier auf einige wenige Erläuterungen zu dieser Definition beschränken.

– Das Wortfeld wird als eine paradigmatische, d.h. oppositive Struktur des Wortschatzes definiert, die zur Ebene des Sprachsystems gehört. Daher funktionieren in einem Wortfeld nur Lexeme *einer* bestimmten pars orationis.
– Das „lexikalische Inhaltskontinuum" entspricht dem globalen, genauer: dem archilexematischen Inhalt des Wortfeldes.
– Im Wortfeld selber funktionieren realiter die Lexeme und das Archilexem, wenn es tatsächlich lexikalisch realisiert ist. Unterhalb der Zeichenschwelle werden die inhaltsunterscheidenden Züge von den Dimensionen (vgl. 5.1.3.) mit den Semen sowie von den Klassemen repräsentiert.

Der Inhalt eines Lexems setzt sich aus dem archilexematischen Inhalt des Feldes, in dem es funktioniert, aus den Dimensionen und Semen sowie aus den Klassemen zusammen.

Nach Weisgerber hat Coseriu (1975) einen eigenen, sehr differenzierten Entwurf zur Typologie der Wortfelder vorgelegt.

Abschließend sollen noch einige als Negationen formulierte Charakteristika des Wortfeldes angeführt werden (ausführlicher in Gekkeler 1996 und Geckeler 1997):

– Wortfelder sind keine Sachbereiche
– Wortfelder sind keine Taxonomien
– Wortfelder sind keine Assoziationsfelder
– Wortfelder fallen nicht mit Begriffsfeldern zusammen
– Wortfelder sind keine Wortfamilien
– Wortfelder haben nichts mit dem semasiologischen Feld eines bestimmten Lexemsignifiants zu tun.

Auf der Grundlage der strukturellen Wortfeldmethode sind seit den siebziger Jahren in verschiedenen Ländern, so insbesondere in Deutschland, in Frankreich und ganz besonders in Spanien (aus der Schule der Hispanisten G. Salvador und R. Trujillo, aber auch bei den klassischen Philologen), eine Reihe von Wortfelduntersuchungen zu verschiedenen Sprachen veröffentlicht worden, die aber in Anbetracht der riesigen Aufgabe der Erforschung des Wortschatzes unserer Sprachen noch bei weitem nicht ausreichen. Eine bedeutsame Besonderheit verschiedener spanischer Wortfeldstudien ist die Tatsache, dass sie, wie Trier es intendierte, auch den „Feldgliederungswandel" untersuchen. Eine Auswahl solcher Studien mit kurzer Charakterisierung findet sich angeführt in Geckeler 1981 und 1993; vgl. zu weiteren Beispielen für Wortfeldstudien die entsprechenden Artikel in diesem Handbuch.

Zu den Grenzen, Desiderata und Perspektiven der strukturellen Wortfeldforschung: vgl. Geckeler 1981a, 1981b, 1993 und 1997.

Hier nur einige Punkte aus der Sicht dieses Artikels. Die Probleme der Abgrenzung und der Hierarchie der Wortfelder zueinander sind nicht definitiv gelöst, ebenso wenig die Frage nach möglichen Neutralisierungen zwischen Feldern. Um diese Fragen lösen zu können, benötigen wir aber weitere abgeschlossene Wortfelduntersuchungen. Dies gilt auch für eine eventuelle Weiterentwicklung der Typologie der Wortfelder. Auch wird eine Verbindung der strukturellen Wortfeldmethode mit der Variationslinguistik angeregt. Das Hauptdefizit liegt jedoch darin, dass zur Zeit zu wenig Wortfeldanalysen unternommen werden.

Dieses Manko ist nicht der Wortfeldmethode anzulasten, es ist wohl vielmehr auf bestimmte modische Trends in der Sprachwissenschaft zurückzuführen. Angesichts dessen, was auf diesem Gebiet unbestreitbar bisher geleistet wurde, hören wir aus der Frage „Quo vadis Wortfeldtheorie?" weniger Skepsis heraus als G. Wotjak (1992, 112) dies wohl intendierte.

7. Literatur in Auswahl

Aufsätze und Vorträge zur Wortfeldtheorie von Jost Trier. (Hrsg. A. van der Lee/O. Reichmann). The Hague/Paris: Mouton 1973.

Azem, Laure (1990), *Das Wortfeld der Sauberkeitsadjektive im heutigen Französisch.* Münster: Kleinheinrich.

Bally, Charles (1940), L'arbitraire du signe. Valeur et signification. In: *Le français moderne* 8, 193–206.

Bibliographisches Handbuch zur Sprachinhaltsforschung. Teil I: *Schrifttum zur Sprachinhaltsforschung in alphabetischer Folge nach Verfassern mit Besprechungen und Inhaltsverweisen.* Teil II: *Systematischer Teil.* (Register). (Hrsg. H. Gipper/H. Schwarz). Opladen: Westdeutscher Verlag 1962–1989.

Coseriu, Eugenio (1964), Pour une sémantique diachronique structurale. In: *Travaux de Linguistique et de Littérature* 2 (1), 139–186.

–, (1966), Stucture lexicale et enseignement du vocabulaire. In: *Actes du premier colloque international de linguistique appliquée.* Nancy: Faculté des Lettres 1966, 175–217.

–, (1967a), Lexikalische Solidaritäten. In: *Poetica* 1, 293–303.

–, (1967b), Zur Vorgeschichte der strukturellen Semantik: Heyses Analyse des Wortfeldes 'Schall'. In: *To Honor Roman Jakobson. Essays on the Occasion of His Seventieth Birthday.* The Hague/Paris: Mouton 1967, 489–498.

–, (1968), Les structures lexématiques. In: *Probleme der Semantik.* (Hrsg. W. Th. Elwert). Wiesbaden: Steiner 1968, 3–16.

–, (1975), Vers une typologie des champs lexicaux. In: *Cahiers de lexicologie* 27, 30–51.

–, (1988), *Einführung in die allgemeine Sprachwissenschaft.* Tübingen: Francke.

Coseriu, Eugenio/Geckeler, Horst (1981), *Trends in Structural Semantics.* Tübingen: Narr.

Ducháček, Otto (1960), *Le champ conceptuel de la beauté en français moderne.* Praha: Státní pedagogické nakladatelství.

Geckeler, Horst (1971a); *Zur Wortfelddiskussion. Untersuchungen zur Gliederung des Wortfeldes „alt – jung – neu" im heutigen Französisch.* München: Fink.

–, (1971b, ³1982), *Strukturelle Semantik und Wortfeldtheorie.* München: Fink.

–, (1974), Le problème des lacunes linguistiques. In: *Cahiers de lexicologie* 25, 31–45.

–, (1981a), Progrès et stagnation en sémantique structurale. In: *LOGOS SEMANTIKOS. Studia linguistica in honorem Eugenio Coseriu* (Hrsg. H. Geckeler/...). Berlin/New York/Madrid: de Gruyter/Gredos 1981, Band III, 53–69.

–, (1981b), Structural Semantics. In: *Words, Worlds, and Contexts. New Approaches in Word Semantics.* (Hrsg. H.-J. Eikmeyer/H. Rieser). Berlin/New York: de Gruyter 1981, 381–413.

–, (1993), Strukturelle Wortfeldforschung heute. In: *Studien zur Wortfeldtheorie – Studies in Lexical Field Theory.* (Hrsg. P. R. Lutzeier). Tübingen: Niemeyer 1993, 11–21.

–, (1995), Le champ lexical – hier et aujourd'hui. In: *Temas de lingüística aplicada.* (Hrsg. J. Fernández-Barrientos Martín/C. Wallhead). Granada: Universidad 1995, 31–51.

–, (1997), Le champ lexical, structure fondamentale du lexique. In: *Kaleidoskop der Lexikalischen Semantik.* (Hrsg. U. Hoinkes/W. Dietrich). Tübingen: Narr 1997, 93–103.

–, (1997), Reflections on the Lexical Field. In: *The Locus of Meaning. Papers in Honor of Yoshihiko Ikegami.* (Hrsg. K. Yamanaka/T. Ohori). Tokyo: Kurosio 1997, 83–94.

Gedenkschrift für Jost Trier. (Hrsg. H. Beckers/H. Schwarz). Köln etc.: Böhlau 1975.

Gipper, Helmut (1959), Der Inhalt des Wortes und die Gliederung des Wortschatzes. In: *Duden. Grammatik der deutschen Gegenwartssprache.* Mannheim: Bibliographisches Institut/Dudenverlag 1959, 392–429.

–, (1984), Der Inhalt des Wortes und die Gliederung der Sprache. In: *Duden. Grammatik der deutschen Gegenwartssprache.* Mannheim etc.: Bibliographisches Institut/Dudenverlag ⁴1984, 502–558.

–, (1993), *Eigen- und Stellenwert der Wortinhalte in Feld und Wortschatz.* Münster: Nodus Publikationen.

–, (1995), Jost Trier und das sprachliche Feld. Was bleibt? In: *Zeitschrift für germanistische Linguistik* 23, 326–341.

Greimas, Algirdas Julien (1966), *Sémantique structurale. Recherche de méthode.* Paris: Larousse.

Guiraud, Pierre (1956), Les champs morpho-sémantiques (Critères externes et critères internes en étymologie). In: *Bulletin de la Société de Linguistique de Paris* 52, 265–288.

–, (³1962), *La sémantique.* Paris: Presses Universitaires de France.

Herbermann, Clemens-Peter (1995), Felder und Wörter. In: *Panorama der Lexikalischen Semantik. Thematische Festschrift aus Anlaß des 60. Geburtstags von Horst Geckeler.* (Hrsg. U. Hoinkes). Tübingen: Narr 1995, 263–291.

Hjelmslev, Louis (1943/1963), *Prolegomena to a Theory of Language*. Translated by Francis J. Whitfield. Madison: University of Wisconsin Press.

Hoberg, Rudolf (1970), *Die Lehre vom sprachlichen Feld*. Düsseldorf: Schwann.

Ipsen, Gunther (1924), Der Alte Orient und die Indogermanen. In: *Stand und Aufgaben der Sprachwissenschaft. Festschrift für Wilhelm Streitberg*. Heidelberg: Winter 1924, 200–237.

–, (1932), Der neue Sprachbegriff. In: *Zeitschrift für Deutschkunde* 46, 1–18. (Neudruck In: *Wortfeldforschung* 1973, 55–77.)

Jolles, André (1934), Antike Bedeutungsfelder. In: *Beiträge zur Geschichte der deutschen Sprache und Literatur* 58, 97–109. (Neudruck In: *Wortfeldforschung* 1973, 104–115.)

Jost Trier. Leben – Werk – Wirkung. (Hrsg. W. Zillig). Münster: Aa Verlag 1994.

Kandler, Günther (1959), Die „Lücke" im sprachlichen Weltbild. Zur Synthese von „Psychologismus" und „Soziologismus". In: *Sprache, Schlüssel zur Welt. Festschrift für Leo Weisgerber.* (Hrsg. H. Gipper). Düsseldorf: Schwann 1959, 256–270. (Neudruck In: *Wortfeldforschung* 1973, 351–370.)

Krassin, Gudrun (1984), *Das Wortfeld der Fortbewegungsverben im modernen Französisch.* Frankfurt am Main etc.: Lang.

Lipka, Leonhard (1980), Methodology and representation in the study of lexical fields. In: *Perspektiven der lexikalischen Semantik.* (Hrsg. D. Kastovsky). Bonn: Bouvier 1980, 93–114.

–, (1990), *An Outline of English Lexicology*. Tübingen: Niemeyer.

Lyons, John (1968): *Introduction to Theoretical Linguistics.* Cambridge: Cambridge University Press.

–, (1977), *Semantics.* (2 vols.).Cambridge etc.: Cambridge University Press.

Matoré, Georges (1953), *La méthode en lexicologie. Domaine français.* Paris: Didier.

Meillet, Antoine (1914/1958), Le problème de la parenté des langues. In: *Scientia (Rivista di scienza)* 15, 1914. Neudruck In: Meillet, A. (1958), *Linguistique historique et linguistique générale.* Band I. Paris: Champion, 76–101.

Mounin, Georges (1972), *Clefs pour la sémantique.* Paris: Seghers.

Peeters, Bert (1991a), Champs associatifs et champ axiologique. In: *Cahiers des lexicologie* 58, 45–61.

–, (1991b), A Few Remarks on Terminological Insecurity in Semantic Field Theory. In: *Quaderni di Semantica* 12, 335–343.

Porzig, Walter (1934), Wesenhafte Bedeutungsbeziehungen. In: *Beiträge zur Geschichte der deutschen Sprache und Literatur* 58, 70–97. (Neudruck In: *Wortfeldfoschung* 1973, 78–103.)

–, (1950/²1957/⁹1993), *Das Wunder der Sprache. Probleme, Methoden und Ergebnisse der modernen Sprachwissenschaft.* Bern/München: Francke.

Pottier, Bernard (1963), *Recherches sur l'analyse sémantique en linguistique et en traduction mécanique.* Nancy: Faculté des Lettres et Sciences.

–, (1964), Vers une sémantique moderne. In: *Travaux de Linguistique et de Littérature* 2 (1), 107–137.

–, (1967), *Présentation de la linguistique. Fondements d'une théorie.* Paris: Klincksieck.

Schwarz, Hans (1966), Gegenstand, Grundlagen, Stellung und Verfahrensweise der Sprachinhaltsforschung, erörtert an den Gegebenheiten des Wortschatzes. In: *Bibliographisches Handbuch zur Sprachinhaltsforschung.* Teil I, Lieferung 7, 1966, XV–LXVI.

–, (1993), *Wort und Welt. Aufsätze zur deutschen Wortgeschichte, zur Wortfeldlehre und zur Runenkunde.* Münster: Nodus Publikationen.

Ščur, Georgij S. (1977), *Feldtheorien in der Linguistik.* Düsseldorf: Schwann.

Seiffert, Leslie (1968), *Wortfeldtheorie und Strukturalismus. Studien zum Sprachgebrauch Freidanks.* Stuttgart etc.: Kohlhammer.

Strukturelle Bedeutungslehre. (Hrsg. H. Geckeler). Darmstadt: Wissenschaftliche Buchgesellschaft 1978.

Trier, Jost (1931a), *Der deutsche Wortschatz im Sinnbezirk des Verstandes. Die Geschichte eines sprachlichen Feldes*, Band 1: *Von den Anfängen bis zum Beginn des 13. Jahrhunderts.* Heidelberg: Winter. (Nachdruck 1973)

–, (1931b), Die Worte des Wissens. In: *Mitteilungen, Universitätsbund Marburg* 3, 33–40. (Neudruck In: *Aufsätze und Vorträge zur Wortfeldtheorie* 1973, 66–78.)

–, (1932a), Die Idee der Klugheit in ihrer sprachlichen Entfaltung. In: *Zeitschrift für Deutschkunde* 46, 625–635. (Neudruck In: *Aufsätze...* 1973, 79–92.)

–, (1932b), Sprachliche Felder. In: *Zeitschrift für Deutsche Bildung* 8, 417–427. (Neudruck In: *Aufsätze...* 1973, 93–109.)

–, (1934a), Deutsche Bedeutungsforschung. In: *Germanische Philologie. Ergebnisse und Aufgaben. Festschrift für Otto Behaghel.* (Hrsg. A. Goetze/ W. Horn/F. Maurer). Heidelberg: Winter 1934, 173–200. (Neudruck In: *Aufsätze...* 1973, 110–144.)

–, (1934b), Das sprachliche Feld. Eine Auseinandersetzung. In: *Neue Jahrbücher für Wissenschaft und Jugendbildung* 10, 428–449. (Neudruck In: *Aufsätze...* 1973, 145–178.)

–, (1938), Über die Erforschung des menschenkundlichen Wortschatzes. In: *Actes du quatrième Congrès International de Linguistes*, Copenhague, 92–98. (Neudruck In: *Aufsätze...* 1973, 179–187.)

–, (1959), Meine drei Ansätze zur Wortforschung. In: *Gedenkschrift für Jost Trier.* (Hrsg. H. Beckers/ H. Schwarz). Köln etc.: Böhlau 1975, 1–12.

–, (1968) Altes und Neues vom sprachlichen Feld. *Duden-Beiträge* Heft 34, 9–20. (Neudruck In: *Aufsätze*... 1973, 188–199.)

–, (1972), Feld, sprachliches. In: *Historisches Wörterbuch der Philosophie*. (Hrsg. J. Ritter). Basel: Schwabe 1972, Bd. 2, Sp. 929–933. (Neudruck In: *Aufsätze*... 1973, 200–205.)

Ullmann, Stephen (1951/²1959), *The Principles of Semantics*. Oxford: Blackwell etc.

–, (1962), *Semantics. An Introduction to the Science of Meaning*. Oxford: Blackwell.

Weisgerber, Leo (³1962), *Grundzüge der inhaltbezogenen Grammatik*. Düsseldorf: Schwann.

–, (1963), *Die vier Stufen in der Erforschung der Sprachen*. Düsseldorf: Schwann.

Wortfeldforschung. (Hrsg. L. Schmidt). Darmstadt: Wissenschaftliche Buchgesellschaft 1973.

Wotjak, Gerd (1992), Quo vadis Wortfeldtheorie? In: *Zeitschrift für germanistische Linguistik* 20, 112–117.

Zillig, Werner: siehe *Jost Trier. Leben – Werk – Wirkung*.

Horst Geckeler, Münster (Deutschland)

92. Ausprägungen der Wortfeldtheorie

1. Grundannahmen von Wortfeldauffassungen
2. Die Wortfeldtheorie und ihre Verwandten
3. Typen von Wortfeldern
4. Arten von Wortfeldanalysen
5. Rezeption und Wirkung von Grundgedanken der Wortfeldtheorie
6. Probleme der Wortfeldtheorie im Spiegel ihrer Kritiker
7. Perspektiven der Wortfeldtheorie
8. Literatur in Auswahl

1. Grundannahmen von Wortfeldauffassungen

Ausgangspunkt für Wortfeldauffassungen ist die Beobachtung, dass es Verwendungsweisen von Ausdrücken gibt, die in einigen semantischen Aspekten übereinstimmen und die sich in anderen semantischen Aspekten unterscheiden. Als Wortfeld im engeren Sinn kann man eine Menge von Ausdrücken bezeichnen, die (1) zur selben Wortart gehören und sich in einem bestimmten verbalen Kontext gegeneinander austauschen lassen und die (2) im Hinblick auf eine bestimmte Verwendungsweise mindestens einen gemeinsamen semantischen Aspekt aufweisen. So kann man in einem Kontext wie „Dies ist ein X" u.a. die Ausdrücke *See*, *Tümpel* oder *Teich* für X einsetzen, wenn man folgenden gemeinsamen semantischen Aspekt annimmt: „Wenn ein Sprecher des Deutschen X als *See*, *Tümpel* oder *Teich* bezeichnet, legt er sich darauf fest, dass X ein stehendes Gewässer ist". Die Wörter *See*, *Tümpel* oder *Teich* gehören demnach zumindest mit einer Verwendungsweise zum Wortfeld der Bezeichnungen für stehende Gewässer. – In einer erweiterten Perspektive kann es durchaus fruchtbar sein, die Bedingung (1) zu lockern und auch Verwendungsweisen von Ausdrücken zu berücksichtigen, die nicht zu ein und derselben Wortart gehören. – Wortfelder bilden eine Schnittstelle zwischen der Bedeutung von Ausdrücken und der Organisation des Wortschatzes. Wortfeldauffassungen sind zum einen Beiträge zur Theorie der Wortbedeutung und des Bedeutungswandels, zum anderen Beiträge zur Theorie der Wortschatzarchitektur.

Die Grundannahmen von Wortfeldauffassungen lassen sich mit folgenden Stichworten umreißen: (i) Gliederung des Wortschatzes; (ii) wechselseitige Bestimmung der Bedeutung von Wortschatzelementen; (iii) These vom 'Weltbild' der Sprache; (iv) Bedeutungswandel als Wandel im Gefüge von Wortfeldern; (v) Verwendungsweisen von Wörtern als Wortfeldmitglieder; (vi) Verfahren der lexikalischen Dekomposition. – (i) Wortschätze sind nicht einfach eine chaotische Ansammlung von Wörtern, sondern sie sind gegliedert, sie sind organisiert. Eine wichtige Gliederungseinheit ist das Wortfeld. Ein Wortfeld enthält Ausdrücke bzw. Verwendungsweisen von Ausdrücken mit einer semantisch-begrifflichen Gemeinsamkeit bzw. mit einem gemeinsamen Gebrauchsaspekt. Dem Wortfeld stehen nach Triers Auffassung Begriffsfelder oder Sinnbezirke gegenüber, die von den Wortfeldern abgedeckt und erschlossen werden. Wortfelder können in sich nach mehreren Organisationsprinzipien gegliedert sein (vgl. etwa zu den

Wörtern des Veranlassens Weisgerber 1939, 212f.). – (ii) Der Gedanke der wechselseitigen Bestimmung durch Feldnachbarn besagt, dass die Bedeutungen der einzelnen Wörter eines Wortfelds bestimmt oder mitbestimmt sind von ihrer Stellung zu den Feldnachbarn. Die zugrundeliegende Konzeption der Bedeutung bzw. des Sprachinhalts war geprägt von der Tatsache, dass die älteren Wortfeldtheoretiker sich abzugrenzen hatten gegen Auffassungen, die den sprachlichen Zeichen unmittelbar die Gegenstände oder Tatsachen der Welt zuordnen wollten. Demgegenüber machten die Vertreter der unterschiedlichen Wortfeldtheorien zunächst geltend, dass die Form der sprachlichen Ausdrücke und die Gliederung der Bedeutungen in Wortfeldern eine einzelsprachliche Angelegenheit ist, die zunächst von den Verhältnissen in der Welt unterschieden werden muss. Die zugrundeliegende Bedeutungskonzeption ist meist eine Art Begriffstheorie der Bedeutung, ergänzt durch die Berücksichtigung von Stilwerten und ähnlichen Gesichtspunkten. Die Lautzeichen stehen dabei für Begriffe und bekommen ihre spezifische Geltung durch ihre Stellung im Feld und ihr Verhältnis zu den Feldnachbarn. Im Prinzip sind viele Auffassungen einer Feldtheorie aber auch verträglich mit anderen Bedeutungsbegriffen, z.B. der Auffassung, dass die Bedeutung eines Ausdrucks in seinem regelhaften Gebrauch durch die Sprecher einer Sprachgemeinschaft besteht (vgl. Keller 1995; Gloning 1996) und dass die konventionellen Gebrauchsaspekte der einzelnen Verwendungsweisen systemhaft strukturiert sein können. – (iii) Die These vom Weltbild der Sprache besagt, dass eine Einzelsprache (die „Muttersprache") und die darin vorliegende Gliederung des Wortschatzes den Sprechern dieser Sprachgemeinschaft auch ein bestimmtes Begriffssystem, eine bestimmte Art, 'die Dinge zu sehen', vorgibt. Umgekehrt führt die kulturelle und sprachgeschichtliche Entwicklung im Lauf der Zeit dazu, dass im Wortschatz einer Einzelsprache genau diejenigen Gesichtspunkte verankert werden, die für die betreffende Sprachgemeinschaft von Bedeutung sind: „der Wortschatz unserer Muttersprache aber [ist] die Gesamtheit dieser für uns gültigen sprachlich-begrifflichen Denkmittel, das Weltbild, das unsere Sprachgemeinschaft als den für uns besten Weg der gedanklichen Beherrschung unseres leiblichen und geistigen Lebensraumes erarbeit hat" (Weisgerber 1939, 200). – (iv) Der Bedeutungswandel von Ausdrücken wird in der Wortfeldtheorie nicht als Wandel von einzelnen Wörtern ("Einzelwortschicksale") aufgefasst, sondern als Wandel in einem Gefüge zusammengehöriger Ausdrücke, deren Bedeutungen sich wechselseitig bestimmen ("Systemwandel"). – (v) Sofern Wörter mehrere Verwendungsweisen ("Bedeutungen") haben, sind als Mitglieder eines Wortfeldes nicht die Wörter mit ihrem gesamten Spektrum an Verwendungsweisen anzusehen, sondern einzelne Verwendungsweisen dieser Wörter. Dieser Überzeugung ist in den Anfängen der Wortfeldtheorie noch kaum erkennbar, und sie spielte auch in der strukturellen Semantik keine prominente Rolle (vgl. Blank 1996). Sie wurde erst später als wichtige methodische Forderung formuliert, z.B. bei Schwarz (1973, 428): „Da man häufig auch die unter einer Lautung vereinigten (…) Bedeutungen als 'Feld' bezeichnet findet, scheint es nicht überflüssig zu betonen, dass in der wissenschaftlichen Feldlehre ausschließlich begriffsverwandte Sprachmittel zum gleichen Feld gerechnet werden dürfen und von den Bedeutungen eines Sprachzeichens immer nur jene in Betracht kommen, die unter einen einheitlichen Begriff fallen: die 'Flügel des Vogel' und die 'Flügel der Tür', die 'Flügel des Heeres' und die 'Flügel der Schraube' usw. tun das nicht und gehören daher in völlig verschiedene Felder". Nimmt man den Gedanken ernst, dass die einzelnen Verwendungsweisen von Ausdrücken als Grundeinheiten der lexikalischen Wortschatzstrukturierung gelten müssen, dann gibt es im strengen Sinne keine Wortfelder, sondern nur „Verwendungsweisen-Felder" (vgl. Hundsnurscher 1993). – (vi) Der Gedanke, dass sich Verwendungsweisen von Wörtern in bestimmten Hinsichten ähneln und unterscheiden können, wurde vor allem in den jüngeren Ansätzen mit unterschiedlichen Verfahren der lexikalischen Dekomposition umgesetzt. Grundgedanke ist, dass sich eine Bedeutung bzw. eine Verwendungsweise als eine geordnete Konstellation von semantischen Aspekten auffassen lässt. Je nach bedeutungstheoretischer Ausrichtung wurden diese semantischen Aspekte als Inhaltsfiguren, Seme, Noeme, Gebrauchsaspekte usw. bezeichnet (z.B. Bech 1951; Katz/Fodor 1963). Der Abgleich dieser Konstellationen von semantischen Aspekten liefert zum einen die Grundlage für die Beurteilung von Ähnlichkeiten und Unterschieden zwischen lexikalischen Einheiten, zum anderen stellen die semantischen Aspekte zugleich auch Aspekte der Organisation des Wortschatzes dar.

Diese Grundannahmen sind in der sprachwissenschaftlichen Tradition des 19. und des beginnenden 20. Jahrhunderts alle andeutungsweise vorhanden: Hermann Paul z.B. forderte, die isolierte Behandlung einzelner Wörter in der Wortforschung zu überwinden bzw. zu ergänzen und Wortfamilien sowie Zusammenhänge auf der „begrifflichen" Seite mit zu berücksichtigen (Antonymiebeziehungen, Konkurrenz zwischen bedeutungsverwandten Ausdrücken); Wilhelm von Humboldt gilt als wichtiger Vorläufer einer These vom sprachlichen Weltbild; frühe Feldauffassungen unterschiedlicher Art sind z.B. in den Arbeiten von Heyse, Meyer oder Jolles fassbar.

2. Die Wortfeldtheorie und ihre Verwandten

Als Begründer der Wortfeldtheorie gilt Jost Trier, der in den 30er Jahren die grundlegenden Arbeiten hierzu geschrieben hat (Trier 1931; Sammlung kleinerer Schriften: Trier 1973; siehe auch Schmidt 1973). Trier konnte sich dabei zwar auf einige zeitgenössische und ältere Aufsätze und Arbeiten berufen, darunter auch auf den Begründer des linguistischen Strukturalismus, Ferdinand de Saussure, aber Trier hat die wichtigsten Aspekte des Wortfeldgedankens zum ersten Mal zusammenhängend dargestellt. Vor allem aber hat er mit seiner grundlegenden Untersuchung über den Wandel des deutschen Intellektualwortschatzes im 13. Jahrhundert gezeigt, dass Wortschatzuntersuchungen der von ihm vorgeschlagenen Art durchführbar und fruchtbar sind. (Zu Einschränkungen und Kritik siehe Abschnitt 6.)

Trier hat sich über die Verwandtschaft seiner Auffassungen mit anderen Auffassungen in späteren Jahren wiederholt geäußert: Verwandtschaften sah er selbst vor allem mit der Sprachinhaltsforschung, mit der strukturellen Semantik und mit der anthropologischen Linguistik (Trier 1968, 461ff.). – Zu den Hauptvertretern der inhaltsbezogenen Sprachwissenschaft bzw. der Sprachinhaltsforschung gehör(t)en vor allem Leo Weisgerber, Helmut Gipper und Hans Schwarz. Die Vertreter dieser Richtung teilen die wesentlichen Grundannahmen der Trierschen Wortfeldlehre wie z.B. die These von der Gliederung des Wortschatzes und die wechselseitige Bestimmung der Elemente von Wortfeldern. Sie haben besonders die Rolle der Muttersprache und die Rolle einzelsprachlicher Wortschatzgliederungen für das Weltbild der Sprache und der Sprecher betont und entsprechende Folgerungen vor allem für den Sprachunterricht gezogen. Zur Sprachinhaltsforschung erscheint seit 1962 das „Bibliographische Handbuch der Sprachinhaltsforschung". – Zu den Hauptvertretern der strukturellen Semantik, die auf der Wortfeldtheorie aufbaut, gehören z.B. Eugenio Coseriu und Horst Geckeler, die damit eng verwandte Theorie der Sinnrelationen geht vor allem auf John Lyons zurück. Im Rahmen der strukturellen Semantik wurde vor allem die Lehre von den bedeutungsunterscheidenden Zügen und den Bedeutungsbeziehungen weiterentwickelt (siehe z.B. Lyons 1977, Kap. 8 und 9; Fritz 1998, Kap. 4.2). – Zum Hauptinteresse von Anthropologen und anthropologischen Linguisten gehört es, Kultur, Lebensweise und damit zusammenhängend die Sprache von Menschen in unterschiedlichen Kulturkreisen zu untersuchen. Bei der Beschreibung und dem Vergleich von Wortschätzen in unterschiedlichen Kulturen kamen anthropologische Linguisten z.T. zu ähnlichen Ergebnissen wie in der Wortfeldlehre: die einzelsprachlichen Strukturen im Wortschatz strukturieren auch die Erfahrungen und die Sichtweisen der Angehörigen der betreffenden Sprachgemeinschaft. Dabei wurden z.T. auch strukturelle Methoden der Beschreibung von Wortschatzeinheiten verwendet (vgl. etwa Lounsbury 1956 über Verwandtschaftsbezeichnungen).

3. Typen von Wortfeldern

Viele Eigenschaften von Wörtern, größeren lexikalischen Einheiten bzw. ihren Verwendungsweisen, die in irgendeiner Hinsicht semantisch relevant sind, sind auch Ansatzpunkte für eine Unterscheidung von Typen von Wortfeldern. Zwei dieser Eigenschaften sind dabei von besonderer Bedeutung: (i) die semantischen Aspekte und Gebrauchseigenschaften, die für die interne Strukturierung und die Abgrenzung von Wortfeldern nach außen herangezogen werden, und (ii) die Frage nach der Art der internen Strukturierung.

(i) Ein wichtiger Ausgangspunkt vieler Wortfeldauffassungen ist der Grundgedanke, dass sich die Elemente von Wortfeldern, also die Wörter, lexikalischen Einheiten bzw. ihre Verwendungsweisen durch die spezifische Konstellation von Gemeinsamkeiten und Unterschieden in den konventionellen Gebrauchsaspekten (semantischen Merkmalen, bedeutungsunterscheidenden Zügen usw.) charakterisieren lassen. Dieser Grundgedanke erlaubt zunächst einen konstruktivistischen Zugang zu einer Typologie der Wortfelder. Denn die ganze Vielfalt der in einer Sprache konventionalisierten Gebrauchsaspekte kann zusammen mit den Möglichkeiten ihrer Kombination für die 'Erzeugung' möglicher Wortfelder genutzt werden, die dann auf die interne Strukturierung und die einzelsprachliche Belegung hin befragt werden kann. Im Deutschen sind zum Beispiel Gebrauchsaspekte wie die folgenden konventionalisiert: 'ist weiblich' (explizit: Bei der Verwendung des Ausdrucks X legt man sich darauf fest, dass das damit Charakterisierte weiblichen Geschlechts ist; z.B. *Oma*), 'ist männlich' (z.B. *Rüde*), 'ist ein Mensch' (z.B. *Kugelstoßer*), 'dient zur Bewertung' (z.B. *hässlich, zum Kotzen; Faulpelz*), 'dient zur Kennzeichnung von Zusammenhängen zwischen Äußerungen' (z.B. *obwohl*). Diese und viele andere Gebrauchsaspekte können – auch in Kombination – verwendet werden, um Außengrenzen von Wortschatzsektoren zu erzeugen, die dann daraufhin untersucht werden können, ob es andere Gebrauchsgesichtspunkte gibt, mit denen sich die Elemente des betreffenden Wortschatzsektors intern weiter strukturieren lassen. Zum Beispiel kann man mit Hilfe der oben genannten Gebrauchsaspekte den Wortschatzsektor der Bezeichnungen für Menschen, mit deren Gebrauch konventionellerweise eine Bewertung verbunden ist, erzeugen. Neben dem schon erwähnten *Faulpelz* gehören z.B. Wörter wie *Lügner, Genie* oder *Schlampe*, die sich u.a. im Hinblick auf Art und Einschränkung der Bewertungsdimension unterscheiden. Die konstruktive Nutzung von etablierten Gebrauchsaspekten für eine Typologie von Wortschatzsektoren und Wortfeldern hat vor allem einen nicht zu unterschätzenden heuristischen Wert. Sie lenkt den Blick auf Zusammenhänge im Wortschatz, die auf einzelnen Gebrauchsaspekten und ihrem Zusammenwirken beruhen.

Die Differenzierung von Wortfeldern und Wortschatzsektoren anhand von Wortarten hängt zumindest auf höherer Abstraktionsebene auch mit semantischen und funktionalen Gesichtspunkten zusammen. Bezeichnungen für Arten von Gegenständen sind z. B. typischerweise Nomina, Bezeichnungen für Eigenschaften sind typischerweise Adjektive, Bezeichnungen für Ereignisse oder Zustände sind typischerweise Verben und Nomina, Ausdrücke zur Kennzeichnung von Zusammenhängen zwischen Äußerungen sind typischerweise Konjunktionen usw. Gebrauchskriterien von hohem Abstraktionsgrad führen meist zu sehr großen Wortschatzsektoren bzw. Wortfeldern. Wortschatzausschnitte dieser Größe wurden zwar bislang kaum im Lichte der Wortfeldmethodik betrachtet, aber dies scheint eher auf der Komplexität als auf der Art der lexikologischen Strukturierung zu beruhen.

Besonders vielversprechend erscheint auch die Untersuchung derjenigen Arten von Wortfeldern, deren Elemente besondere Textfunktionen erfüllen. Abgrenzbare Textfunktionen sind z.B. Ortsangabe, Zeitangabe, Querverweis innerhalb von Texten (*oben erwähnt, besagt*), Vagheitsindikatoren (*ungefähr, etwa*) oder Aufzählung und Textstrukturierung (z.B. *erstens, zum zweiten, weiter, schließlich, endlich*). Die interne Strukturierung solcher Wortfelder ergibt eine Art von textfunktionaler Onomasiologie, deren Leitfragen man folgendermaßen formulieren könnte: „Mit welchen sprachlichen Mitteln kann eine bestimmte Textfunktion realisiert werden?" Und: „Welches sind die internen Gebrauchsunterschiede, die für die einzelnen Elemente charakteristisch sind?" Bei Untersuchungen dieser Art kann es unter Umständen nützlich sein, auch Ausdrücke in die Betrachtung mit einzubeziehen, die zwar nicht zu ein und derselben Wortart gehören, die aber dennoch in dasselbe textfunktionale Feld gehören (z.B. *erstens, zum ersten*).

(ii) Ein anderes Kriterium für die Wortfeld-Typologie kann die Frage nach der Art der internen Strukturierung von Wortfeldern sein. Ein klassischer Aspekt der internen Organisation ist die binäre Opposition: im Hinblick auf einen Beschreibungsaspekt (eine semantische Dimension) gibt es hier genau zwei mögliche Belegungen. Sodann gibt es aber auch Beispiele für Wortfelder, in denen es vorteilhaft ist, Beschreibungsaspekte mit mehrfachen Belegungsmöglichkeiten vorzusehen. Hinzu kommt die Frage, wie viele semantische Dimensionen bei der Beschreibung eines Wortfelds im Spiel sind und in welcher Relation die jeweiligen Belegungen zueinander stehen (z.B. skalare Relation im Hinblick auf den semantischen Aspekt der relativen Temperatur bei Temperaturadjektiven wie *kalt, kühl, lau, warm, heiß*; vgl. Coseriu 1975). Generell scheint es, dass die unterschiedlichen Strukturierungseigenschaften von Wortfeldern noch nicht sehr gut beschrieben sind (z.B. matrixartige Merkmalstrukturen, netzartige Strukturen, Prototypen-Strukturen, Rolle der Anwendungsreihenfolge von Gebrauchskriterien).

Fazit: Produktiv an der Frage nach Arten von Wortfeldern erscheint vor allem der Gedanke der Typologie als einer 'Erzeugung' unterschiedlicher Wortschatzsektoren und Wortfeldstrukturen, die dann auf ihre interne Organisation und die einzelsprachliche lexikalische Belegung hin überprüft werden können. Dieses Verfahren fördert die Suche nach nützlichen Aspekten der Wortschatzstrukturierung und der semantischen Charakterisierung.

4. Arten von Wortfeldanalysen

Im Anschluss an Jost Triers programmatische Arbeiten sind eine Fülle von Wortfeldanalysen unterschiedlichster Art erschienen. Folgende *Haupttypen* lassen sich unterscheiden: (i) synchronische Untersuchungen zu einem Wortschatzausschnitt eines einzigen Zeitschnitts bzw. Sprachstadiums (z.B. Kühlwein 1967; Lehrer 1969; Radtke 1980). (ii) Untersuchungen, bei denen auch die historische Entwicklung von Wortfeldern bzw. Wortschatzausschnitten berücksichtigt wird (z.B. Trier 1931; Oksaar 1958; Schlaefer 1987; Koller 1990); (iii) kontrastiv orientierte, sprachvergleichende Untersuchungen zur Ausprägung eines bestimmten Wortfeldes in zwei oder mehreren Sprachen (z.B. Reuning 1941); (iv) Untersuchungen zu besonders kennzeichnenden oder aufschlussreichen Wortschatzausschnitten bestimmter Texte oder Autoren (z.B. Braun 1968; Lyons 1963; Puente Santidrián 1980; Seiffert 1968). (v) Untersuchungen zu Bedeutung bzw. Wortgeschichte einzelner Wörter, wobei die Feldnachbarn zur Kontrastierung und zu schärferer Herausarbeitung von semantischen und bedeutungsgeschichtlichen Gesichtspunkten dienen (z.B. Schwarz 1964 über *verschmitzt*). (vi) Untersuchungen mit formalen Beschreibungsmitteln (z.B. Roberin 1985; Lutzeier 1981, 155ff.). – Bei solchen Untersuchungen sind insgesamt sehr unterschiedliche Grade der Detaillierung und verschiedene Möglichkeiten der Kombination mit anderen Prinzipien der Wortschatzstrukturierung erkennbar (z.B. globale Strukturierung von Wortschatzausschnitten mit Frames oder thematischen Gesichtspunkten, Mikrostrukturierung von Teilfeldern mit Wortfeldmethodik). Das Spektrum der verwendeten *Beschreibungsmittel* reicht von Formen der mehr oder weniger alltagssprachlich orientierten Paraphrasierung und Kontrastierung semantischer Aspekte über Formen der Sem-Analyse bis hin zu stark formalisierten Rekonstruktionen von Wortfeldern. Für alle Arten der alltagssprachlichen, halbformalen oder formalen Beschreibung gilt aber, dass sie gleicherweise als Versuche zu zählen sind, die semantischen Aspekte des herrschenden 'normalen' Sprachgebrauchs zu erfassen. – Mit Wortfeldanalysen waren und sind nicht selten auch *weiterführende Ziele* verbunden, z.B. bei Vorschlägen zur Anbindung der Wortfeldtheorie an die kognitive Linguistik (z.B. Lutzeier 1992), in der Lexikographie (z.B.: Aertsen 1988/89), bei der Beschreibung und der (computergestützten) Dokumentation großer Wortschatzausschnitte (z.B. Hundsnurscher/Splett 1982) oder in der Sprachdidaktik (z.B. Kluge 1987). Die Analyse von Wortfeldern wurde darüber hinaus auch als „Spiegel" der sozialen Organisation und als Aufschlussmittel genutzt, das von der Wortschatzorganisation her Rückschlüsse zulässt auf Aspekte der sozialen Organisation der betreffenden Kultur, z.B. in Lounsburys Untersuchung zu Verwandtschaftsbezeichnungen im Pawnee und ihren Zusammenhängen mit der Organisation der Familie und der Sexualität der Heranwachsenden. Auf soziale und kommunikative Hintergründe verweisen auch Befunde zu sog. lexikalischen Lücken: Verwendungsweisen von Ausdrücken werden im Lauf der Sprachgeschichte in der Regel nur dann lexikalisiert, wenn es einen entsprechend hohen Kommunikationsbedarf gibt (Keller 1995). Zum Beispiel sind bei den Bezeichnungen für Personen, die nahestehende Menschen durch Tod verloren haben, im Deutschen nur *Waise* und *Witwe* (und das spät entstandene *Witwer*) belegt. Das deutet darauf hin, dass bei der Ausbildung dieses Wortschatzsektors in erster Linie der rechtliche und gesellschaftliche Gesichtspunkt der Versorgung und der entsprechende Kommunikationsbedarf in Rechtskontexten eine Rolle gespielt hat.

Die Beschreibung unterschiedlicher *Wortarten* hat auch Folgen für die verwendeten *Bedeutungskonzeptionen*. Lässt sich eine Begriffstheorie der Bedeutung für Wortfeldanalysen zu Substantiven, Verben und Adjektiven zur Not verteidigen, so zeigen Beschreibungen zu Präpositionen, Konjunktionen, Adverbien und Partikeln, dass die Wortfeldmethodik in diesem Bereich mit anderen, z.B. funktionalen Bedeutungsauffassungen verbunden werden muss (vgl. z.B. Weydt 1979; Lutzeier 1980 zu „German adverbs which *can be used* to order events, states and actions in a temporal sequence"). Die Grundgedanken der Wortfeldauffassung sind, wie bereits in Abschnitt 1 erwähnt, prinzipiell verträglich mit unterschiedlichen Bedeutungskonzeptionen, und so sind in der Geschichte der Wortfeldtheorie bzw. in verschiedenen Untersuchungen auch durchaus unterschiedliche Bedeutungsauffassungen erkennbar.

5. Rezeption und Wirkung von Grundgedanken der Wortfeldtheorie

Über die von Trier selbst gesehenen Zusammenhänge hinaus sind auch spätere Anknüpfungen bzw. positionelle Übereinstimmungen zu erkennen. Zunächst lässt sich festhalten, dass die beiden Grundgedanken (1) der Bedeutungszerlegung in minimale Bedeutungsaspekte und (2) der systemhaften Organisation von lexikalischen Einheiten durch Opposition hinsichtlich minimaler Bedeutungsaspekte heute in der einen oder anderen Form zum sprachwissenschaftlichen Gemeingut ganz unterschiedlicher Auffassungen in der lexikalischen Semantik gehören. Die Wortfeldtheorie stellt zumindest *eine* Traditionslinie dieser Gedanken dar.

Die Grundannahmen und die Methodik der Wortfeldlehre gewinnen derzeit neues Interesse im Zeichen der kognitiven Sprachwissenschaft (Lutzeier 1992; Aitchison 1994). Wenn es eines der Hauptziele der kognitiven Sprachwissenschaft ist, aus der Organisation von Sprachen Rückschlüsse zu ziehen auf die kognitive Organisation von Sprechern und womöglich auf die universale kognitive Ausstattung des Menschen, dann stellen Wortfelduntersuchungen aus zwei Gründen ein wichtiges Instrument dar: Zum einen hofft man damit herauszufinden, welche Aspekte der Wortschatzorganisation kulturspezifisch sind und welche möglicherweise universal und kognitiv bedingt sind. Zum anderen gewähren einzelsprachliche Wortschätze und ihre übereinzelsprachlichen Gemeinsamkeiten aufgrund der Kategorisierungsfunktion von sprachlichen Ausdrücken besser als andere sprachliche Ebenen (wie z.B. Syntax oder Morphologie) Zugang zur begrifflichen Ausstattung des Menschen. Hinzu kommen Hinweise aus psycholinguistischen Untersuchungen, dass semantische Zusammenhänge, wie sie etwa in Wortfelduntersuchungen rekonstruiert werden, auch bei der Organisation des mentalen Lexikons eine Rolle spielen könnten (Aitchison 1994).

Einige Vorschläge zur Frame-Semantik knüpfen einerseits an Überlegungen zu prototypischen bzw. stereotypen Wissensbeständen von Sprechern, andererseits – zumindest teilweise – an gebrauchstheoretische Überlegungen an. Grundgedanke ist zum einen die Annahme, dass bestimmte Ausdrucksklassen, z.B. die deutschen Sprechaktverben, jeweils ein bestimmtes Raster von konventionellen Gebrauchsaspekten eröffnen, das für eine systematische semantische Beschreibung der Elemente dieser Ausdrucksklassen genutzt werden kann. Hinzu kommt die Annahme, dass das sprachliche Wissen (bzw. die sprachlichen Fähigkeiten) der Sprecher in der Beherrschung der in einem solchen Raster vorgesehenen Gebrauchsaspekte besteht, dass also umgekehrt die Beschreibung von semantischen Frames auch einen Beitrag zur Rekonstruktion typischer sprachlicher Fähigkeiten von Sprecherinnen und Sprechern einer Sprachgemeinschaft darstellt. Die Verwandtschaft mit Wortfeldansätzen besteht darin, dass die Frame-Matrix mit ihren semantischen Aspekten einen systematischen Abgleich von Ähnlichkeiten und Unterschieden zwischen den Verwendungsweisen unterschiedlicher Lexeme erlaubt (Konerding 1993; 1996). – In einer anderen Spielart stellen Frametheorien Alternativen bzw. Ergänzungen zu Wortfeldanalysen dar, die z.T. auch schon früher unter Stichwörtern wie z.B. „semantisches Feld" diskutiert wurden. Frames organisieren das stereotype Wissen über Arten von Gegenständen, Ereignisstrukturen, Themen oder Situationen und auch das Wissen über typische sprachliche Mittel, mit denen man sich über entsprechende Gegenstände, Ereignisse und Themen bzw. in entsprechenden Situationen verständigen kann (vgl. u.a. die Beiträge in Lehrer/Kittay 1992). Ein Beispiel für das Zusammenspiel von Frames und Wortfeldstrukturen bei der Organisation eines Wortschatzsektors bietet die Studie von Puente Santidrián: Zum semantischen Feld der Rede über die Auferstehung bei Tertullian gehören unterschiedliche Ausdrucksgruppen wie verbale und nominale Bezeichnungen für Ereignisse, Bezeichnungen für die Beteiligten und die dabei vorausgesetzten Ursprungs- und Endzustände usw. Da diese Ausdrücke zu ganz verschiedenen Wortarten gehören, stellt dieser Wortschatzsektor kein Wortfeld, sondern eine Art thematischen Frame dar. Innerhalb dieses Frames sind aber Untergruppen von Ausdrücken erkennbar, die wortfeldähnliche Strukturen aufweisen. – Zu den Desideraten der Lexikologie gehört es, das Verhältnis und das Zusammenspiel unterschiedlicher Prinzipien der Wortschatzorganisation, z.B. Wortfelder und Frames, näher zu bestimmen und in exemplarischen Analysen zu erläutern.

Weiterhin sind Grundgedanken der Wortfeldtheorie, der strukturellen Semantik, der Theorie der Sinnrelationen und Verfahren der lexikalischen Dekomposition auch eingegangen in die Bearbeitung von maschinenlesbaren Lexika und lexikalischen Datenbanken. Wichtigster Grundgedanke ist es dabei, elementare semantische Aspekte und ihre Konstellationen als Beschreibungsmittel für formale Bedeutungsangaben und damit auch als Beschreibungsmittel für die Wortschatzarchitektur zu nutzen. Maschinenlesbare Lexika sind elektronische Datenbasen, in denen Ausdrücke und ihre Verwendungsweisen z.B. mit sog. *typed feature structures* beschrieben werden. Solche *typed feature structures* dienen u.a. dazu, Zusammenhänge zwischen semantischen Aspekten in ökonomischer Weise zu erfassen. Weist ein Eintrag zu einer Verwendungsweise etwa das Merkmal bzw. den semantischen Aspekt 'ist ein Tier' auf, dann kann ein solcher Eintrag mithilfe von formal spezifizierten Merkmalszusammenhängen auf ein entsprechend höheres Merkmal 'ist ein Lebewesen' verweisen. Bei lexikalischen Datenbankabfragen können auf diese Weise auch Einträge zu semantischen Aspekten gefunden werden, die nicht explizit markiert sind, sondern z.B. nur durch Merkmale, die an anderer Stelle in der Merkmalsverwaltung stehen. Auch wenn die Grundgedanken der Wortfeldauffassung in dieser Umgebung nur in z.T. veränderter, hochgradig formalisierter Form und oft ohne explizite Anknüpfung an die Ursprünge genutzt werden, so ist der Einsatz von großen lexikalischen Datenbanken doch ein vielversprechendes Mittel, um die bisher unbewältigte Komplexität der Organisation von Wortschätzen, Teilwortschätzen und Wortschatzsektoren in ihren netzartigen Zusammenhängen zu erfassen. – Vgl. zur Computerunterstützung in der Lexikologie und zur Struktur maschineller Lexika etwa Calziolari 1989; Heid 1997; Fontenelle 1997.

6. Probleme der Wortfeldtheorie im Spiegel ihrer Kritiker

Die Wortfeldtheorie hat seit ihren Anfängen auch Widerspruch und Kritik hervorgerufen, und sie ist heute umstrittener denn je. Bereits früh wurden methodische und konzeptuelle Unklarheiten der Trierschen Position kritisiert. Zu den methodischen Hauptproblemen gehörte u.a. die Frage, wie man ein bestimmtes Wortfeld überhaupt abgrenzt und welche Reichweite den einzelnen Grundthesen zur Wortschatzarchitektur zuzuschreiben ist: Ist der gesamte Wortschatz vollständig durch Wortfelder organisierbar? Sind Wortfelder nur ein Organisationsprinzip für einzelne Wortschatzsektoren? Wie ernst sind die bildhaften Formulierungen vom mosaikartigen bzw. sternförmigen Aufbau des Gefüges von Wortbedeutungen innerhalb des Wortfeldes zu nehmen? Muss man die These von der wechselseitigen Bestimmung von Bedeutungen als These über sprachliche Strukturen oder als These über die Fähigkeiten von Sprechern ansehen, wie die Eingangspassage von Trier (1931) möglicherweise nahelegt? Die Auffassung, dass die Kenntnis einer Wortbedeutung die Beherrschung des gesamten Wortfeldes notwendig voraussetzt, wurde jedenfalls in Versuchen von Betz (1954) und Gabka (1967) als unplausibel erwiesen, da zahlreiche Sprecher nicht einmal alle Elemente der betreffenden Wortfelder kannten. Hinzu kamen bereits früh gewichtige sachliche Einwände gegen Triers Untersuchungen (Scheidweiler 1941a, b). Sie sprechen zunächst nicht gegen die Methode selbst, sie führen aber wichtige Prinzipien für die Anwendung der Methode ein, z.B. die Forderung, die Verteilung und die Prominenz von Verwendungsweisen in unterschiedlichen Texttraditionen angemessen zu berücksichtigen.

Ein weiteres Problem ist der Status von Wortfeldern: *gibt* es die Wortfelder oder sind sie (bloße) Beschreibungsprodukte? Hierzu sind u.a. folgende Positionen erkennbar: (i) Wortfelder gibt es. (ii) Wortfelder gibt es nicht. Sie sind bloße sprachwissenschaftliche Beschreibungsartefakte. (iii) Wortfeldbeschreibungen sind Produkte sprachwissenschaftlicher Analyse; die damit erfassten Bedeutungszusammenhänge, Aspekte der Kategorisierung und Aspekte der Wortschatzorganisation haben aber eine reale Grundlage im herrschenden Sprachgebrauch (vgl. zu Kritik und Verteidigung Gipper 1996). – Die Frage, welchen Status Wortfelder für die Praxis der Sprecher haben, ist eine empirische Frage, die bislang noch nicht befriedigend beantwortet ist. Es gibt aber zweifellos Hinweise, dass Sprecher in vielen Fällen Oppositionen und Bedeutungszusammenhänge der Art sehen, wie sie in strukturellen semantischen Analysen rekonstruiert worden sind. Sie spielen u.a. in folgenden kommunikativen Zusammenhängen eine Rolle:

(i) Fähigkeit zu genauem und nuanciertem Ausdruck („Mein erster Liebhaber/Freund/Schwarm");
(ii) Fähigkeit zur Beurteilung lexikalischer Variationsmöglichkeiten für bestimmte Zwecke und Verwendungszusammenhänge (z.B. *abkratzen – sterben – das Zeitliche segnen – abberufen werden – ins Gras beißen*);
(iii) Fähigkeit zur Beurteilung nuancierten Sprachgebrauchs von Gesprächspartnern und von lexikalisch vermittelten Sichtweisen („Wenn er ein ungetrübtes Verhältnis zur Kirche hätte, dann hätte er *Pfarrer* gesagt und nicht *Pfaffe*");
(iv) Korrekturen, Berichtigungen und darauf bezogene Begründungen („Er ist zwar unverheiratet, aber man sagt von Mönchen nicht, sie seien Junggesellen, weil es bei ihnen vorgeschrieben ist, unverheiratet zu sein");
(v) Kommunikative Formen der Spezifizierung („Er hat mich geschlagen, genauer gesagt: geohrfeigt").

Unabhängig von der Klärung dieser Frage lässt sich festhalten, dass die Wortfeldmethodik, insbesondere das Prinzip des semantischen Vergleichs und der Kontrastierung von Feldnachbarn, sich bislang zumeist als nützlich, fruchtbar und erkenntnisfördernd erwiesen hat. Wichtig ist allerdings die Tatsache, dass in vielen Fällen nicht Wörter, sondern bestimmte Verwendungsweisen polysemer Wörter als Gegenstand bzw. Ergebnis des semantischen Abgleichs betrachtet werden müssen.

Ein weiterer gewichtiger Einwand gegen Wortfeldauffassungen ergibt sich aus den Einsichten in die Rolle prototypischer Strukturen und Effekte bei der Kategorisierung und im herrschenden Sprachgebrauch. Ein Grundgedanke von Prototypen-Semantiken besagt, dass die Kenntnis der Bedeutung zahlreicher Ausdrücke nicht in der Beherrschung von notwendigen und hinreichenden Bedingungen besteht, sondern in der Kenntnis prototypischer Strukturen, z. B. der Kenntnis des besten und der weniger guten Exemplare einer Kategorie sowie der Übersicht über Familienähnlichkeiten (vgl. Kleiber 1993; Taylor 1995). Eine erste Konsequenz aus diesem Einwand besteht darin, semantische Aspekte im Rahmen von Wortfeldbeschreibungen nicht als notwendige Voraussetzungen zu betrachten, sondern sie mit Operatoren wie *normalerweise* oder *typischerweise* näher zu qualifizieren und sie ggf. als Beitrag zur Beschreibung von Stereotypen zu verstehen (vgl. Lutzeier 1980, 297). Zum anderen erscheint gegenwärtig noch unklar, ob prototypische Strukturen und Effekte nicht überschätzt werden und welche Rolle sie im Gesamthaushalt der Sprache überhaupt spielen (vgl. Keller 1995; Wierzbicka 1996, Kap. 4 und 5).

7. Perspektiven der Wortfeldtheorie

Die Wortfeldtheorie war trotz dieser Bezeichnung nie eine Theorie in irgendeinem strengeren Sinne, und sie ist es auch heute nicht. Sie bleibt aber, was sie seit den Anfängen schon immer war: eine Heuristik mit wertvollen methodischen Einsichten, die sich auch weiterhin als produktiv erweisen dürften. In Bezug auf die Einzelwortsemantik hat sich besonders der Abgleich und die Kontrastierung von Verwendungsgesichtspunkten mit den Verwendungsgesichtspunkten bedeutungsverwandter Wörter bzw. Verwendungsweisen von Wörtern als fruchtbar erwiesen. Ein solcher Abgleich liefert unter anderem konventionelle Verwendungsaspekte, die bei einer Einzelwortanalyse vielfach gar nicht in den Blick gelangen. – Wortfelder stellen offenbar im Bereich der Mikrostrukturierung von Wortschätzen ein Organisationsprinzip dar, dessen Anwendung in manchen Sektoren durchaus fruchtbar sein kann, das aber nicht als generelles Strukturprinzip von Wortschätzen gelten kann. – Produktive Anwendungsmöglichkeiten sind auch weiterhin in den Bereichen der sprach- und kulturvergleichenden Wortschatzanalyse, der Sprachdidaktik und der profilierenden Text- und Autorenanalyse zu erkennen.

Als wichtigste Desiderate erscheinen gegenwärtig vor allem: (i) eine genauere empirische Bestimmung der Rolle von notwendigen und hinreichenden Bedingungen und von prototypischen Strukturen im Wortschatz; (ii) eine Aktualisierung der bedeutungs- und sprachtheoretischen Grundlagen; (iii) eine Diskussion des Zusammenhangs und des Zusammenwirkens von Wort- bzw. Verwendungsweisenfeldern mit anderen Strukturierungsprinzipien des Wortschatzes.

8. Literatur in Auswahl

Aertsen, Hendrik (1987), *Play in Middle English. A contribution to word field theory*. Amsterdam: Free University Press.

–, (1988/89), Word field semantics and historical lexicography. In: *Folia Linguistica Historica* IX/2, 33–57.

Aitchison, Jean (1994), *Words in the mind. An introduction to the mental lexicon.* Second edition. Oxford/Cambridge, Mass.: Blackwell.

Bech, Gunnar (1951), *Grundzüge der semantischen Entwicklungsgeschichte der hochdeutschen Modalverba.* Kopenhagen: Munksgaard.

Betz, Werner (1954), Zur Überprüfung des Feldbegriffs. In: *Zeitschrift für vergleichende Sprachforschung auf dem Gebiete der indogermanischen Sprachen* NF 71, 189–198.

Bibliographisches Handbuch zur Sprachinhaltsforschung. (Hrsg. H. Gipper; H. Schwarz). Band 1ff. Köln/Opladen [später: Opladen]: Westdeutscher Verlag 1962, 196ff.

Blank, Andreas (1996), Der Beitrag Eugenio Coserius zur Historischen Semantik: „Für eine strukturelle diachrone Semantik" – 30 Jahre danach. In: *Lexical structures and language use.* Vol. 2. (Hrsg. E. Weigand; F. Hundsnurscher). Tübingen: Niemeyer 1996, 341–354.

Braun, Peter (1968), Zahlen und Vergleiche zum adjektivischen Wortschatz der Romantik. In: *Wirkendes Wort* 18, 155–167.

Calzolari, Nicoletta (1989), Computer-aided lexicography: Dictionaries and word data-bases. In: *Computational Linguistics. Computerlinguistik. An international handbook. Ein internationales Handbuch.* (Hrsg. I. Bátori; W. Lenders; W. Putschke). Berlin/New York: Walter de Gruyter 1989, 510–519.

Coseriu, Eugenio (1964), Pour une sémantique diachronique structurale. In: *Travaux de littérature et linguistique* II. 1, 139–186. Deutsch: Für eine strukturelle diachrone Semantik. In: *Strukturelle Bedeutungslehre.* (Hrsg. H. Geckeler). Darmstadt: Wissenschaftliche Buchgesellschaft 1978, 90–163.

–, (1975), Vers une typologie des champs lexicaux. In: *Cahiers de lexicologie* XXVII/2, 30–51.

Fontenelle, Thierry (1997), *Turning a bilingual dictionary into a lexical-semantic database.* Tübingen: Niemeyer.

Fritz, Gerd (1998), *Historische Semantik.* Stuttgart: Metzler.

Gabka, Kurt (1967), *Theorien zur Darstellung eines Wortschatzes. Mit einer Kritik der Wortfeldtheorie.* Halle a.d. Saale: VEB Max Niemeyer.

Geckeler, Horst (Hg.) (1978), *Strukturelle Bedeutungslehre.* Darmstadt: Wissenschaftliche Buchgesellschaft.

–, (1982), *Strukturelle Semantik und Wortfeldtheorie.* Dritte Auflage. München: Fink.

Gipper, Helmut (zuerst 1959), Sessel oder Stuhl? In: Schmidt 1973, 371–398.

–, (1996), Jost Trier und das sprachliche Feld. Was bleibt? In: *Zeitschrift für Germanistische Linguistik* 23, 326–341.

Gloning, Thomas (1996), *Bedeutung, Gebrauch und sprachliche Handlung. Ansätze und Probleme einer handlungstheoretischen Semantik aus linguistischer Sicht.* Tübingen: Niemeyer.

Heid, Ulrich (1997), *Zur Strukturierung von einsprachigen und kontrastiven elektronischen Wörterbüchern.* Tübingen: Niemeyer.

Hundsnurscher, Franz (1993), Die „Lesart" als Element der semantischen Beschreibung. In: *Studien zur Wortfeldtheorie.* (Hrsg. P. R. Lutzeier). Tübingen: Niemeyer 1993, 239–250.

Hundsnurscher, Franz; Splett, Jochen (1982), *Semantik der Adjektive des Deutschen. Analyse der semantischen Relationen.* Opladen: Westdeutscher Verlag.

Katz, Jerrold J.; Fodor, Jerry A. (1963), The structure of a semantic theory. In: *Language* 39, 170–210.

Keller, Rudi (1995), *Zeichentheorie. Zu einer Theorie semiotischen Wissens.* Tübingen/Basel: UTB-Francke.

Kleiber, Georges (1993), *Prototypensemantik. Eine Einführung.* Tübingen: Narr.

Kluge, Wolfhard (1987), Das Wortfeld als Denkfigur. In: *Praxis Deutsch* 85, 59–61.

Koller, Erwin (1990), »Nu müez iuch got bewarn, fruot unde geil gesparn!« Zur Geschichte des Wortfelds 'gesund'. In: *Deutsche Sprachgeschichte. Festschrift für J. Erben.* (Hrsg. W. Besch). Frankfurt a.M. etc.: Lang 1990, 129–140.

Konerding, Klaus-Peter (1993), *Frames und lexikalisches Bedeutungswissen. Untersuchungen zur linguistischen Grundlegung einer Frametheorie und zu ihrer Anwendung in der Lexikographie.* Tübingen: Niemeyer.

–, (1996), Konzept, Bedeutung und sprachliche Handlung. Grundzüge einer methodisch fundierten Framesemantik für Sprechaktverben. In: *Lexical structures and language use.* Vol. 2. (Hrsg. E. Weigand/F. Hundsnurscher). Tübingen: Niemeyer 1996, 77–88.

Kühlwein, Wolfgang (1967), *Die Verwendung der Feindseligkeitsbezeichnungen in der altenglischen Dichtersprache.* Neumünster: Karl Wachholtz Verlag.

Lehrer, Adrienne (1969), Semantic cuisine. In: *Journal of Linguistics* 5, 39–55.

–, (1974), *Semantic fields and lexical structure.* Amsterdam etc.: North-Holland.

Lehrer, Adrienne; Kittay, Eva Feder (eds.) (1992), *Frames, fields, and contrasts. New essays in semantic and lexical organization.* Hillsdale, N.J.: Erlbaum.

Lounsbury, Floyd G. (1956), A semantic analysis of the Pawnee kinship usage. In: *Language* 32, 158–194.

Lutzeier, Peter Rolf (1980), Ordering adverbs like „erst", „zuvor", „darauf", „danach" etc. as a case of a lexical field. In: *Time, tense and quantifiers.* (Ed. C. Rohrer). Tübingen: Narr 1980, 293–314.

–, (1981), *Wort und Feld. Wortsemantische Fragestellungen mit besonderer Berücksichtigung des Wortfeldbegriffes*. Tübingen: Niemeyer.

–, (1992), Wortfeldtheorie und kognitive Linguistik. In: *Deutsche Sprache* 20, 62–81.

–, (1995), *Lexikologie. Ein Arbeitsbuch*. Tübingen: Stauffenburg.

–, (Hrsg.) (1993), *Studien zur Wortfeldtheorie. Studies in lexical field theory*. Tübingen: Niemeyer.

Lyons, John (1963), *Structural semantics. An analysis of part of the vocabulary of Plato*. Oxford: Blackwell.

–, (1977), *Semantics*. Two vols. Cambridge: Cambridge University Press.

Oksaar, Els (1958), *Semantische Studien im Sinnbereich der Schnelligkeit*. Stockholm: Almqvist & Wiksell.

Puente Santidrián, Pablo (1980), El campo semántico de la resurreción en Tertuliano. In: *Helmantica* 31, 383–404.

Radtke, Edgar (1980), *Typologie des sexuell-erotischen Vokabulars des heutigen Italienisch. Studien zur Bestimmung der Wortfelder PROSTITUTA und MEMBRO VIRILE unter besonderer Berücksichtigung der übrigen romanischen Sprachen*. Tübingen: Narr.

Reuning, Karl (1941), *Joy and Freude. A comparative study of the linguistic fields of pleasurable emotions in English and German*. Swarthmore, Pa.: Swarthmore college bookstore.

Robering, Klaus (1985), *Die deutschen Verben des Sehens. Eine semantische Analyse*. Göppingen: Kümmerle.

Scheidweiler, F. (1941a), Kunst und List. In: *Zeitschrift für deutsches Altertum und deutsche Literatur* 78, 62–87.

–, (1941b), Kluoc. In: *Zeitschrift für deutsches Altertum und deutsche Literatur* 78, 184–233.

Schlaefer, Michael (1987), *Studien zur Ermittlung und Beschreibung des lexikalischen Paradigmas 'lachen' im Deutschen*. Heidelberg: Winter.

Schmidt, Lothar (Hrsg.) (1973), *Wortfeldforschung. Zur Geschichte und Theorie des sprachlichen Feldes*. Darmstadt: Wissenschaftliche Buchgesellschaft.

Schwarz, Hans (erstmals 1964), Verschmitzt. Von Leistung und Werden eines Wortinhalts im Sinnsprengel der Schlauheit. In: Schwarz, Hans, *Wort und Welt. Aufsätze zur deutschen Wortgeschichte, zur Wortfeldlehre und zur Runenkunde*. Münster: Nodus Publikationen 1993, 62–103.

–, (1973), Zwölf Thesen zur Feldtheorie. In: Schmidt 1973, 426–435.

Seiffert, Leslie (1968), *Wortfeldtheorie und Strukturalismus. Studien zum Sprachgebrauch Freidanks*. Stuttgart etc.: Kohlhammer.

Taylor, John R. (1995), *Linguistic categorization. Prototypes in linguistic theory*. Second edition. Oxford: Clarendon Press.

Trier, Jost (1931), *Der deutsche Wortschatz im Sinnbezirk des Verstandes. Von den Anfängen bis zum Beginn des 13. Jahrhunderts*. Heidelberg: Winter.

–, (erstmals 1968), Altes und Neues vom sprachlichen Feld. In: Schmidt 1973, 453–464.

–, (1973), *Aufsätze und Vorträge zur Wortfeldtheorie*. (Hrsg. A. van der Lee/O. Reichmann). The Hague/Paris: Mouton.

Weisgerber, Leo (erstmals 1939), Vom inhaltlichen Aufbau des deutschen Wortschatzes. In: Schmidt 1973, 193–225.

Weydt, Harald (1979), Partikelanalyse und Wortfeldmethode: „doch", „immerhin", „jedenfalls", „schließlich", „wenigstens". In: *Die Partikeln der deutschen Sprache*. (Hrsg. H. Weydt). Berlin/New York: Walter de Gruyter 1979, 395–413.

Wierzbicka, Anna (1996), *Semantics. Primes and universals*. Oxford/New York: Oxford Universitiy Press.

Thomas Gloning, Marburg (Deutschland)

XX. Die Architektur des Wortschatzes IV: Begriffsbezogene Strukturierungen

The architecture of the vocabulary IV: Structurings related to concepts

93. Die onomasiologische Sichtweise auf den Wortschatz

1. Vorbemerkung
2. Onomasiologie als Begriff und Methode
3. Phasen und Formen onomasiologischer Forschung
4. Onomasiologische Wörterbücher
5. Literatur in Auswahl

1. Vorbemerkung

Die onomasiologische Sichtweise auf den Wortschatz ist auf das engste mit dem lexikalischen Strukturalismus verbunden, für den das Wort die kleinste isolierbare Einheit der Sprache gewesen ist. Insofern erscheint diese Richtung im Blick auf die moderne Kommunikationsforschung in manchen Punkten überholt. Das Wort des Romanisten Karl Voßlers (1919), dass die Onomasiologie die „grundlegende und primäre Disziplin der Wortforschung" sei, gilt nicht mehr uneingeschränkt. Die besondere Aufgabe der Onomasiologie, die schriftsprachlichen und mundartlichen Bezeichnungen für einen Begriff oder einen mehr oder weniger fest abgegrenzten Vorstellungsinhalt zu untersuchen (Quadri 1952), sieht man heute – dank des Strukturalismus – um vieles differenzierter. Dies ist das Ergebnis onomasiologischer Forschung während des 20. Jahrhunderts, über die im Folgenden zu berichten ist. Diese Forschung hat ihre entscheidenden Anstöße und Impulse immer wieder aufs neue von der Romanistik erhalten. Von hier aus hat die Onomasiologie in verschiedener Beziehung immer ihre Aktualität erhalten. Dazu gehört, dass die Onomasiologie aufgrund des Begriffssystems, von dem methodisch gesehen auszugehen ist, einen universellen und dies heißt zugleich interdisziplinären Charakter besitzt: Indogermanistik und Allgemeine Sprachwissenschaft, Romanistik, Anglistik, Germanistik, Latinistik und Gräzistik, um nur einige Philologien zu nennen, bedienen sich in der Wortforschung oder Lexikologie im Zuge kombinierter Methoden immer wieder der onomasiologischen Verfahren.

2. Onomasiologie als Begriff und Methode

2.1. Onomasiologie und Semasiologie

Die Begriffe Onomasiologie und Semasiologie sind in der Lexikologie vor dem Hintergrund der Sprachzeichentheorie F. de Saussures (1916) zu sehen, nach der sich das sprachliche Zeichen aus dem Bezeichnenden und dem Bezeichneten aufbaut, – aus *Signifiant* und *Signifié*, auch *Signifikant* und *Signifikat*, *Name* und *Sinn*, *Lautbild* und *Vorstellung*, *Ausdruck* und *Inhalt*, *Wort* und *Bedeutung* genannt. Die Verbindung beider Seiten ist nach de Saussure arbiträr oder willkürlich bzw. beliebig, wird aber in jeder Einzelsprache durch Konvention festgelegt. Die von dem Sprecher gemeinte Sache als der außersprachliche Bezugspunkt wird *Denotat* oder *Referent* genannt.

Onomasiologie (zu griech. *onoma* 'Name') ist die Lehre von den Benennungen, also Bezeichnungslehre im Gegensatz zu Semasiologie (zu griech. *sema* 'Zeichen'), der Lehre von den Bedeutungen. Während die Onomasiologie von der Sache bzw. von dem Begriff ausgeht und nach den dazugehörigen Bezeichnungen fragt, hat die Semasiologie ihren Ausgangspunkt bei den Bezeichnungen und fragt nach deren Bedeutung(en). Beide Sichtweisen, die onomasiologische und die semasiologische, ergänzen einander besonders dann, wenn die synchrone Ebene im Blick auf die Diachronie eines Wortes oder Begriffes verlassen wird. Festzuhalten ist, dass sich *Sache* im zeichentheoretischen Verständnis auf mehr als das rein Gegenständliche bezieht, nämlich auf alle Bestände, Qualitäten, Vorgänge und Beziehungen der Realität (Schmidt-Wiegand, 1975, 52). Ferner, dass bei der Onomasiologie stets die Referenten der sprachlichen Zeichen in der außersprachlichen Realität in die Untersuchung mit einzubeziehen sind.

2.2. Onomasiologische Modelle und Verfahren

In der vorstrukturalistischen Phase der Onomasiologie, für die das methodische Prinzip 'Wörter und Sachen' bezeichnend ist (s. u. 3.1) kam man mit einem einfachen, unilateralen Zeichenmodell aus, weil man von einer direkten Beziehung zwischen Wort und Sache ausging. Was dieses Modell ausdrückt lässt sich in den Satz zusammenfassen: *Das Wort bezeichnet die Sache.* Unter dem Einfluß des Strukturalismus trat zwischen Wort und Sache als neue Größe der Begriff, auch Vorstellung oder Bedeutung genannt, wodurch die direkte Verbindung zwischen Wort und Sache aufgehoben zu sein scheint. Dies kann mit einer ganzen Reihe von Sätzen umschrieben werden wie: *das Wort bezieht sich auf (bildet ab, bezeichnet, symbolisiert, stellt dar u. ä.) die Sache.* Dies läßt sich an dem erstmals von Ogden und Richards (1923) benutzten und von St. Ulmann (1952) und K. Baldinger (1957 u. ö.) weiterentwickelten Dreiecksmodell veranschaulichen. Danach enthält das Wort den Wortkörper (Nom, Bezeichnung, Name) und den Begriff (sens, signifié) und ist allein über den Begriff mit der Sache (chose) verbunden (Baldinger 1957, 14). Die direkte Verbindung zwischen Bezeichnung und Sache ist hier also als rein fiktiv zu denken. Die Kritik an diesem Modell richtete sich gegen die mangelnde Unterscheidung von langue und parole, da es sich – wie bei Onomasiologie und Semasiologie zunächst generell – auf die langue bezieht. Die Entwicklung der Sprachzeichenmodelle im Blick auf onomasiologische und semasiologische Operationen ist von H. Henne und H. E. Wiegand (1969) dargestellt worden. Hier findet sich auch eine Beschreibung und die Kritik an dem wichtigsten, weiterführenden Modell von K. Heger (1964), einem nach unten hin offenen Trapez, bei dem Sache und Begriff als sprachexterne und nur das Lautkontinuum und der Bedeutungsumfang als sprachinterne Größen aufgefasst werden. Neu waren an diesem Modell die Begriffe *Monem* für die kleinste bedeutungstragende Einheit einer Phonemfolge und *Semem* für den Inhalt der kleinsten bedeutungstragenden Einheit des Morphems oder Monems. Hinzugekommen ist der Begriff des *Plerems* für das kleinste sprachliche Zeichen aus Monem (Lautkörper) und Semem (Inhalt).

Von hier aus lassen sich die Schritte onomasiologischer Operationen wie folgt beschreiben: Am Anfang steht die Definition des Begriffs, – etwa „größere Fläche mit dichtem Baumbewuchs", der als eine besondere Art der Gattung „größere Fläche mit dichtem Baumpflanzenbewuchs" zu verstehen ist und von den anderen Arten wie „größere Fläche mit dichtem Bewuchs von Kulturpflanzen" oder „größere Fläche mit dichtem Grasbewuchs" zu unterscheiden ist (Henne/Wiegand, 159). In einem zweiten Schritt erfolgt die Feststellung der Semsumme, die dem Begriff zuzuordnen ist, und in einem dritten die Identifikation der entsprechenden Plereme bzw. Lexeme durch möglichst sprachkompetente Informanten, denen etwa die Frage zu stellen ist: „Welche Wörter kennen Sie, die dem Begriff 'größere Fläche mit dichtem Baumbestand' entsprechen?". Die Antworten *Wald, Forst, Schonung, Gehege* usw. werden sich unterscheiden, bilden aber gleichwohl gemeinsam die Grundlage für eine Aussage über die Wiedergabe des Begriffs, in der Hoch-, Schrift- oder Standardsprache der Gegenwart bzw. in einer ihrer Mundarten, Fach- oder Sondersprachen. Nicht allein Personen können durch Interview, mündliche oder schriftliche Befragung die notwendigen Informationen liefern, sondern auch ein Lexikon wie das 'Deutsche Wörterbuch' von G. Wahrig (1997), in dem die eingangs erwähnte Definition 'größere Fläche mit dichtem Baumbestand' den Artikel *Wald* eröffnet. Dort geht es um die Erfassung eines Wortschatzes auf synchroner Ebene, die H. E. Wiegand unter dem Titel 'Synchronische Onomasiologie und Semasiologie. Kombinierte Methoden zur Strukturierung der Lexik' (1970), mit zahlreichen Schaubildern, Modellen und systemimmanenten Paradigmen wie 'Viereck', 'Schuh', 'größere Fläche mit dichtem Baumbewuchs' und 'finanzielle Bezahlung' eingehend beschrieben hat.

2.3. Aufgaben und Ziele der Onomasiologie

Die Onomasiologie oder Bezeichnungslehre in einem übergreifenden Sinn, zu der auch der Vergleich mit dem Wortschatz anderer Sprachen gehört, hat die Ursachen und Voraussetzungen der Prozesse zu erklären, die zu den einzelnen Bezeichnungen geführt haben. Dazu bedient sie sich der Etymologie, die Auskunft über die Herkunft und ursprüngliche Bedeutung gibt; der Morphologie, die zusätzliche Motivationen erkennen lässt; der Wortgeschichte, die den Wandel auf der Inhalts- wie auf der Ausdrucksseite erfasst. Die Erkenntnisse werden in einer wissenschaftlichen Monographie, in einem Aufsatz oder in einem sonstigen Diskussionsbeitrag (Rezension) niedergelegt, in Interviews oder einer Diskussion zur Ermittlung sog. Standardsprache u. a. m. Die Onomasiologie im engeren Verständnis, die man auch als Onomasiographie bezeichnen kann, hat die Bezeichnungen, die zu einem bestimmten Begriff gehören, zu sammeln, zu klassifizieren und zu beschreiben, d. h. auch zeitlich und räumlich möglichst genau festzulegen. Dies geschieht in der Form des Lexikons, des onomasiologischen Wörterbuchs (s. u. 4.) und in der onomasiologischen Karte. Hier treffen die Arbeiten des Lexikologen und Lexikographen mit der des Dialektgeographen und Sprachhistorikers zusammen. Entsprechend breit ist das Spektrum der Quellen, die der Onomasiologischen Forschung zur Verfügung stehen: Enzyklopädische Handbücher und Nachschlagewerke, Sprachatlanten (ALF, DSA, DWA) und Atlaswerke kulturmorphologischen Inhalts (ADV) gehören ebenso dazu wie allgemeinsprachliche und sondersprachliche Wörterbücher historischer Sprachstufen wie des Alt- und Mittelhochdeutschen, des Mittelniederdeutschen und Frühneuhochdeutschen, eines bestimmten Raumes wie eines besonderen Dialektes oder einer Region, Fachwörterbücher, Glossare und Wörterbücher zu einzelnen Werken der Literatur oder zum Wortschatz bestimmter Dichter. Schließlich sind hier die direkten oder unmittelbaren Quellen, die ahd. Glossen und Glossare, lat./dt. Vokabularien, Urkunden, Urbare, Weistümer, Protokolle u. a. m. zu nennen; in Bezug auf Mundartwörterbücher und Wörterbücher der Gegenwartssprache, die mündliche oder direkte Befragung durch Exploratoren oder die indirekte Form der Befragung mittels eines Fragebogens, der Mitschnitt eines Interviews oder einer Diskussion zur Ermittlung sog. Standardsprache. Auch die Videoaufnahme ist als eine Quelle onomasiologischer Studien denkbar.

Hier ist ein Wort der Erklärung zu den Sprachatlanten und den in ihnen mitenthaltenen onomasiologischen Wortkarten nötig: Der Atlas linguistique de la France (ALF, 1902–1910) von J. Gilliérons, der auf direkter Befragung beruhte und der von G. Wenker (1876) begründete und von F. Wrede fortgeführte Deutsche Sprachatlas, von dem zwischen 1927 und 1956 128 Karten veröffentlicht worden sind, waren laut- und formenorientiert. Doch zeigte die Umsetzung der Wenkerschen Fragen in die deutschen Mundarten wie bei *Pferd* (DSA Karte 8) eine Teilung des dt. Sprachgebiets durch die Synonyme *Pferd*, *Gaul* und *Roß*. Auch die Karte *Dorf* mit gleichbedeutendem *Flecken* (DSA Karte 47) zeigte die Notwendigkeit, die laut- und formenorientierten Karten des DSA durch ein Werk mit onomasiologischen Wortkarten zu ergänzen. Den Durchbruch brachte hier der von K. Jaberg und J. Jud geschaffene Sprach- und Sachatlas Italiens und der Südschweiz (1928–1937), mit dem das Prinzip der sachlichen (und das heißt zugleich einer begrifflichen) Gliederung in das Kartenbild umgesetzt worden ist. Nach Jaberg und Jud ist ein Sprachatlas eine Materialsammlung, die sich durch zwei wesentliche Eigenschaften auszeichnet: 1. Der Stoff wird nach onomasiologischen Gesichtspunkten gesammelt und dargestellt, und 2. die mundartlichen Entsprechungen zu den in den schriftsprachlichen Fragen genannten Wörter werden auf einer Karte an den ihnen geographisch zukommenden Stellen eingetragen, so dass die geographische Verbreitung der onomasiologischen Typen sichtbar wird. Schon früh (1917) ist von Jaberg Sprache nicht nur als Äußerung, sondern auch als Mitteilung verstanden worden. Damit sind Grundprobleme der Onomasiologie wie ihr Verhältnis zu Psychologie und Kulturgeschichte berührt worden. Fragen wie die nach den Ursachen von sprachlicher und begrifflicher Unsicherheit, von Wortarmut und Wortreichtum, nach dem Verkehrswert von Bezeichnungen, nach dem okkasionellen und usuellen Gebrauch von Neubenennungen. Hier besonders glaubte man, an einem „Kreuzweg" zu stehen (Jaberg 1917, 183): „Für den, der die Sprache nur als Äußerung ansieht, ist die onomasiologische Betrachtung erschöpft mit der Beantwortung der Frage, wie, wann und warum okkasionelle Benennungen oder Neubenennungen entstehen und worauf ihre Verschiedenheit, ihre Mannigfaltigkeit oder Einförmigkeit beruht; wem die Sprache auch Mitteilung ist, der wird weiter fragen, von welchen Bedingungen es abhängt, ob Benennungen oder Neubenennungen usuell werden oder ihren subjektiven Wert verlieren." Dieser offene Charakter einer Onomasiologie als Wortforschung im weitesten Sinn hat ihren Fortbestand über Jahrzehnte hinweg gesichert.

3. Phasen und Formen onomasiologischer Forschung

Im Rückblick auf die wissenschaftliche Stellung der Onomasiologie lassen sich deutlich vier Phasen unterscheiden: 1. die vorstrukturalistische Phase mit ihrem Kern, der Wörter und Sachen-Forschung, die sich mit den unilateralen Zeichenmodellen veranschaulichen lässt; 2. die Phase der „klassischen" Onomasiologie (Reichmann 1984), welche die traditionellen Ansätze und Methoden mit dem Sprachzeichenbegriff de Saussures in Verbindung bringt. Sie kann durch das Dreiecksmodell gekennzeichnet werden; 3. die strukturalistische Onomasiologie im engeren Sinne, in der die Vorgehensweisen der vorangegangenen Stufen kritisch geprüft und in differenzierter Weise ergänzt wurden. Bezeichnend hierfür ist die Diskussion um das Trapezmodell Hegers; 4. die handlungsorientierte Onomasiologie, bei der die kommunikative Funktion der Sprache, das Verhältnis von Sprecher und Hörer, Sender und Empfänger in die onomasiologische Untersuchung einbezogen wird. Sie leitet die Loslösung der Onomasiologie vom herkömmlichen Zeichenbegriff, jedenfalls in seiner Verengung auf das Wort, ein.

Diese Phasen sind zeitlich nicht scharf voneinander abzugrenzen, sondern überlappen sich teilweise, da Prinzipien und Methoden älterer Phasen (wie 1) in die jüngeren übernommen werden und so (wie besonders bei 2 und 3) nebeneinander Bestand haben. Im Folgenden geht es darum festzuhalten, welche besonderen Leistungen aus diesen Phasen hervorgegangen sind, die für die Wortforschung im allgemeinen wie die Lexikographie im besonderen weiterführend gewesen sind.

3.1. Wörter und Sachen.

Die Forschungsrichtung 'Wörter und Sachen', von dem Indogermanisten R. Meringer (1904) auf den Weg gebracht, hatte die wechselseitige Erhellung von Wort- und Sachgeschichte zum Ziel. In Abgrenzung zu der stark laut- und formenbezogenen Richtung der Junggrammatiker mit der einseitigen Betonung der Etymologie, richtete sich hier das Interesse auf die Inhaltsseite, also auf die Bedeutung des Wortes. Im Vorwort zu der von Meringer mit dem Romanisten W. Meyer-Lübke begründeten Zeitschrift (WuS, 1909–1942/43), die den bezeichnenden Untertitel 'Kulturhistorische Zeitschrift für Sprach- und Sachforschung' trug, heißt es so: „Bedeutungswandel hängt oft mit Sachwandel zusammen. Bei den Etymologien muss dieser berücksichtigt werden wie die Lautgesetze". Die Herausgeber der Zeitschrift beriefen sich auf Jacob Grimm, der im Jahr 1850 in einer „linguistischen Abhandlung über „Das Wort des Besitzes" geschrieben hat: „Wenn überall die wörter aus den sachen entsprungen sind, so müssen, je tiefer wir noch in ihr inneres einzudringen vermögen, auf diesem wege uns verborgene bezüge auf die dinge kund gethan werden und um der dinge willen forschenswert erscheinen". Jacob Grimm stellte damit die Wortforschung in den Dienst der Sachforschung, indem er davon ausging, dass die Bezeichnungen von den Bezügen in der Realität abhängig und von daher Zeugen kultureller Entwicklung sind. Diese Prämisse wurde nach der Jahrhundertwende Gegenstand einer lebhaften Diskussion (Lochner von Hüttenbach 1951) zwischen Meringer (1909) und dem Romanisten H. Schuchardt (1912), bei der sich zunächst Meringer, nicht zuletzt durch die Zeitschrift WuS, durchsetzte. Über Jahrzehnte hinweg war diese Zeitschrift eine Pflegestätte der Onomasiologie, sei es, dass es um konkrete Gegenstände wie die 'Ruhestätten des Menschen, Bett und Grab' (Posch 1934) oder um abstrakte Begriffe wie den der 'Strafe' (v. Kienle 1934) ging. Nach dem Zweiten Weltkrieg konnte die Zeitschrift nicht fortgesetzt werden. Doch wurden ihre Anliegen voll in die Wortforschung, vor allem in die Sprachgeographie (Mitzka 1938), integriert (s. u.).

Für die Sachforschung war und blieb der Wechselbezug von Wörter und Sachen stets ein spannendes Thema. Man erhofft sich von den Wörtern oder Bezeichnungen, ihrer Etymologie und Geschichte aus, Aufschluss über Form und Funktion einer Sache in Vergangenheit und Gegenwart (Schmidt-Wiegand 1980). Gerade diese Möglichkeit wird von linguistischer Seite bestritten: Der arbiträre oder willkürliche Charakter des sprachlichen Zeichens scheint Rückschlüsse dieser Art auszuschließen. Doch führt onomasiologische Forschung auf Gegenbeispiele, so wenn in den dt. Maa. der 'Ahorn' (Mitzka 1950) auch als *Tellerbaum*, *Spindelbaum* oder *Holtschenholt* 'Holzschuhbaum' bezeichnet wird, – also mit Bezeichnungen, die von der wirtschaftlichen Bedeutung des Baumes für die Schuh- und Geräteherstellung aus motiviert sind. Der Zug zum Terminus oder Quasi-Eigennamen, der Hang zur Verdeutlichung durch Wortkomposition, die Neigung zu sekundär gebildeten Bezeichnungen wie die Übertragung ein und derselben Bezeichnung von einer Sache auf die andere, sog. Metonymie, gehören in der Sprachwissenschaft zu den Erscheinungen, die nach wie vor nur mit Hilfe der Sachforschung aufgeklärt werden können. Hier hat die Fragestellung von WuS vor allem im Rahmen einer europäischen Ethnologie (Svensson 1978) ihr Gewicht behalten, wie auch die Arbeiten von G. Wiegelmann (1970) und H. L. Cox (1967) zeigen. Im Gefolge der Wörter und Sachenforschung steht die Arbeit von U. Meiners über 'Die Kornfege in Mitteleuropa' (1983), der von dem Gerät ausgehend, nach den verschiedenen Benennungen in den dt. Maa. (*Mühle, Putzmühle, Stöwer* u. ä.) gefragt hat. Durch die Einbeziehung der Bezeichnungen für den funktionalen Vorgänger (*Wanne, Wannemühle* u. ä.) werden hier Innovationszentren (Wiegelmann 1970) und Diffusionswege sichtbar und damit Probleme deutlich, die für den Ethnologen wie für den Sprachwissenschaftler nur gemeinsam zu klären sind. Es ist das bleibende Verdienst der Wörter und Sachen-Forschung, die kulturhistorische Betrachtung des Wortschatzes begründet und innovativ weitergeführt zu haben.

Durch die Forschungsrichtung 'Wörter und Sachen' ist die onomasiologische Sichtweise auf den Wortschatz, die von der Sache ausgeht und nach den Bezeichnungen fragt, durch ihre Anwendung auf konkrete Gegenstände der Sach- wie Wortforschung in ihren Grundzügen gefestigt worden. Gleichzeitig wurde das Kernstück onomasiologischer Forschung zu einem Prinzip, das weder aus der modernen Sprachforschung noch aus der Kulturgeschichte wegzudenken ist.

3.2. Wortatlas und Lexikographie

Dies wird bereits in der zweiten Phase onomasiologischer Forschung deutlich, die a) die Intergration des methodischen Prinzips 'Wörter und Sachen' in die Wortforschung und b) die Aufnahme des Zeichenbegriffs in diese Sichtweise mit sich gebracht hat. Es war dies eine Hochzeit onomasiologischer Forschung, nicht zuletzt durch die Institutionalisierung des Deutschen Wortatlas (DWA) in Marburg, der später durch regionale Atlanten mit entsprechenden onomasiologischen Wortkarten ergänzt werden sollte. An dieser positiven Entwicklung hat die Lexikographie durch die Erfassung des Wortschatzes auf verschiedenen zeitlichen, räumlichen und sozialen Ebenen wie durch die Sicherung und Differenzierung der Belege nach der inhaltlichen Seite hin entscheidenden Anteil gehabt.

So entschloss sich F. Wrede, die notwendige Ergänzung des DSA durch onomasiologische Wortkarten von der Basis der Dialektwörterbücher aus in Angriff zu nehmen. 1921 wurden vom DSA aus 24 Wortfragen über die Arbeitsstellen der Wörterbücher verbreitet und von B. Martin für die Zeitschrift Teuthonista in den Jahren 1924–1934 in Wortkarten umgesetzt, die mit Kurzkommentaren versehen waren. In diese Zeit fallen auch die ersten Kontakte des DSA mit der Volkskunde, die der Integration des Prinzips 'Wörter und Sachen' in die Planungen zu einem deutschen Wortatlas besonders günstig gewesen sind. Der Atlas der deutschen Volkskunde (ADV, 1937ff.), dessen Material in den Jahren 1930–1935 gesammelt worden ist, enthält so auch einige Karten lexikologischen oder onomasiologischen Inhalts (Cox 1967, 1989) wie umgekehrt später die Sachkarten des ADV der Interpretation der Wortkarten des DWA zugute gekommen sind. Ein Beispiel für die Verbindung von Sach- und Wortforschung hatte bereits W. Peßler mit dem 'Plattdeutschen Wortatlas von Nordwestdeutschland' 1928 gegeben. Er setzte sich außerdem wiederholt für die Verbindung von Wort- und Sachgeographie ein, die das ganze Sprachgebiet des Deutschen, ja den europäischen Raum, umfassen sollte. – Wrede regte auch die Aufnahme von Wortkarten in die Dialektwörterbücher an, wie in das von ihm begründete Hessen-Nassauische Volkswörterbuch (Berthold/Friebertshäuser 1943ff.). Dies führte schon bald zu der Erkenntnis, dass onomasiologische Karten auch für die semasiologische Seite des Wortes aufschlussreich sein können, wie L. Berthold (1938) am Beispiel von *kneifen* zeigen konnte, wo sich zwischen nördlichem *kneipen* und südlichem *pfetzen* ein Mischgebiet mit erheblichen Bedeutungsverschiebungen bei beiden Wörtern befindet.

Auf alle diese Vorarbeiten konnte sich W. Mitzka stützen, als er am Marburger Institut des DSA die Arbeit am 'Deutschen Wortatlas' (DWA) 1938 aufnahm. Unter dem Druck der Verhältnisse entschied er sich für die Verwendung von Fragebögen. Die Form der indirekten Methode erschien für die Lexik weniger störend als beim laut- und formenorientierten DSA. Für die Auswahl der 188 Wortfragen und 12 Sätze bildete der Bestand der Dialektwörterbücher die Basis, indem nur die Begriffe ausgewählt worden sind, die wie *Ahorn, Backtrog, Brotscheibe, Deichsel, Ente, Frosch, Handwerker* u.a.m., eine reiche Ausbeute an Synonymen oder Heteronymen erwarten liessen. Eine gewisse Schwierigkeit lag in der Festlegung eines Wortinhalts, der gemeinten Sache oder Vorstellung, die für alle Ortsmundarten verbindlich war und in hochsprachlicher Form auf dem Fragebogen zu erscheinen hatte. Bisweilen hat diese Angabe wie bei *Pflugwende* die Antwort der Informanten gestört. Ein Beispiel ist auch die Frage '(irdener) Topf', durch deren Beantwortung sich herausstellte, dass nicht das Material – wie anfänglich angenommen – für die Benennung des Gefäßes ausschlaggebend gewesen ist, sondern seine Form oder Funktion. Nachdem Mitzka 1942 die Sammeltätigkeit abgeschlossen hatte, erschien bereits 1951 der erste Band des DWA. Zwischen 1951 und 1980 waren es 22 Bände mit insgesamt 200 onomasiologischen Wortkarten. W. Mitzka, der sich selbst weder zur Sprachzeichentheorie noch zur Unterscheidung von Onomasiologie und Semasiologie geäußert hat, versuchte mit einem Sammelband 'Wortgeographie und Gesellschaft' (1968) vom DWA aus für die Regionen des dt. Sprachraums eine Synthese zwischen Wortgeographie und Wortsoziologie zu ziehen: In ihm hat sich R. Hildebrandt in programmatischer Weise zum DWA als Forschungsinstrument der Sprachsoziologie geäußert. Nachfolger Mitzkas im 'Forschungsinstitut für deutsche Sprache. Deutscher Sprachatlas' wurde Ludwig Erich Schmitt, der ab Bd. 5 (1957) Mitherausgeber und später alleiniger Herausgeber des DWA gewesen ist. Der ursprünglichen Konzeption entsprechend, enthält der DWA keine Kommentare zu den Karten überwiegend onomasiologischen Inhalts. Diesen Mangel hat Schmitt durch Schaffung einer Reihe 'Deutsche Wortforschung in europäischen Bezügen' (DWEB, 1958ff.) auszugleichen versucht, in der Kartenbeispiele von exemplarischem Wert wie den Bezeichnungen für die Heiratsverwandtschaft (Debus 1958), den Gefäßen 'irdener Topf' (Hildebrandt 1963) und 'Backtrog' (Schilling-Thöne 1964), den Getreidebezeichnungen (H. Höing 1958) und den Bezeichnungen der Kopfbedeckungen (H.-F. Foltin 1963). In diesen Untersuchungen kommt das Prinzip 'Wörter und Sachen' z.B. durch die Heranziehung von Sachkarten des ADV (H. Höing) wiederholt zur Geltung. Gleichzeitig wird der Übergang von einer rein onomasiologischen Sichtweise zu ihrer Ergänzung durch semasiologische Verfahren erreicht. Dies gilt auch für die Monographien aus der Schule L.E. Schmitts wie R. Müller 'Die Synonymik von „Peitsche", semantische Vorgänge in einem Wortbereich' (1966) und B. Peters 'Onomasiologie und Semasiologie der Preißelbeere' (1967). Den europäischen Bezug betonen besonders die Arbeiten von M. Tallen über die 'Wortgeographie der Jahreszeitnamen in den germanischen Sprachen' (1963) und P. v. Polenz über 'Slavische Lehnwörter im Thüringisch-Obersächsischen' (1963). Eine Bibliographie der den DWA begleitenden Arbeiten 1939–1971 stammt von E. Barth (1972). Anfänge, Aufbau, Geschichte und Problematik des DWA behandeln H.E. Wiegand und G. Harras (1971). R. Hildebrandt hat nach Abschluss des Projekts DWA aufgrund seiner überwiegend onomasiologischen Karten eine Typologie der arealen lexikalischen Gliederung der deutschen Dialekte entworfen (1983).

3.3. Historische Onomasiologie

Im Blick auf die onomasiologischen Verfahren sind die Karten des DWA, indem sie die geographische Verbreitung der Bezeichnungen für eine bestimmte Sache in einem Areal übersichtlich darstellen, auch Forschungsinstrument. „Sie bringen nicht fertige Ergebnisse, sie fordern sie erst von uns" (Bischoff 1954). Die Auswertung der Karten ist an zwei Grundvoraussetzungen gebunden: eine umfangreiche Sachforschung auf der einen und historische Wortforschung auf der anderen Seite. Neben die synchron angelegten Karten des DWA sollten also diachron aufgebaute Wortkarten treten, was vom Gegenstand her aber nur in einzelnen Fällen wie bei 'Pflugwende' (DWA 5, 1955 und 8, 1958) und gleichbedeutendem *Anwende* (Schmidt-Wiegand 1985) möglich ist. Das Zutreffende der von Bischoff schon früh erhobenen Forderung ist von G. Wiegelmann unlängst (1996) bestätigt worden. Er bewies an den Bezeichnungen für das Butterbrot, dass die Interpretation der Karte 'bestrichene Brotscheibe' (DWA 12, 1962) durch E. Kringe (1964) zu Fehldeutungen führen musste, weil die Sachgeschichte (d.h. der wirtschaftsgeschichtliche Hintergrund des Nahrungswesens) und die historischen Wort- und Sachquellen des 16./17. Jh. nicht genügend beachtet worden sind.

Beispiele historischer Wortkarten hatte vom Archivmaterial des 'Deutschen Rechtswörterbuchs' aus Eberhard Frhr. von Künßberg bereits 1926 vorgelegt (Schmidt-Wiegand 1989). Seine 'Rechtssprachgeographie' enthält 20 Deckblätter zu synonymen Wortgruppen wie *Pranger, Kāk, Schreiat, Staupe, Halseisen*, meist onomasiologische Verbreitungskarten, auf denen die historischen Belege durch besondere Zeichen nach Jahrhunderten unterschieden sind. Diese, an den Vorarbeiten des DSA für den DWA (Martin) orientierten Wortkarten sollten lange die einzigen historischen Wortkarten dieser Art bleiben. Denn als nach längerer Zeit die Rechtswortgeographie wieder aufgenommen wurde (Hyldgaard-Jensen 1964, H. H. Munske 1973) geschah dies zunächst ohne Beigabe von onomasiologischen Karten. Erst eine von den Belegen in Volksrechten, Rechtsbüchern und Weistümern aufgebaute Rechtswortgeographie (Schmidt-Wiegand 1978) fand durch die Verbindung der historischen Überlieferung mit den Erhebungen des 'Atlas der deutschen Volkskunde' (ADV 1937ff.) zum Thema 'Verbotszeichen' zu Wort- und Brauchtumskarten im Sinne Künßbergs zurück. Methoden und Quellenprobleme sind in einem Sonderband zu Text- und Sachbezug in der Rechtssprachgeographie (Schmidt-Wiegand 1985) zusammengefasst, in dem G. Steer die Bedeutung der Textgeschichte für die Rechtswortgeographie am Beispiel *gerhab* in der 'Rechtssumme' Bruder Bertholds herausgearbeitet hat. Mit der Rechtswortgeographie der deutschen Schweiz befasst sich z. Zt. A. Garovi (1984).

Rechtsbücher, Urkunden, Weistümer und Urbare, die relativ sicher zu datieren und zu lokalisieren sind, bieten mit ihren Belegen aus dem allgemeinen wie fachsprachlichen Wortschatz eine ideale Grundlage für historische Wortgeographie, ganz im Unterschied zu literarischen Quellen im engeren Sinne, die dafür weniger geeignet sind. Es sei denn, es handelt sich um einen Text, der durch wiederholtes Abschreiben eine weite Verbreitung erfahren hat und dadurch ein plastisches Bild sprachlicher Ausgleichsprozesse auch auf dem Gebiet des Wortschatzes bietet (Besch 1969). Eine Spitzenstellung unter den Rechtsquellen kommt den Urbaren zu, jenen deutschsprachigen Güter- und Zinsverzeichnissen, die seit Ende des 13. Jahrhunderts aufkommen und durch ihren allgemeinsprachlichen Wortschatz für die historische Onomasiologie besonders aufschlussreich sind. Auf ihren Belegen beruht der Historische Sprachatlas Südwestdeutschlands (HSS) von W. Kleiber, K. Kunze und H. Löffler (1979).

Historische Onomasiologie (Schmidt-Wiegand 1975) beschränkt sich nicht auf die Gewinnung und Auswertung von onomasiologischen Karten. Sie erstreckt sich ebenso auf die Wortgeschichte mit Onomasiologie und Semantik als der notwendigen Ergänzung zur Etymologie (Ullmann 1972). Die methodische Schwierigkeit liegt wie bei der Kartierung bei der Festlegung des Begriffs, von dem bei der Erfassung der Bezeichnungen auf onomasiologische Wege auszugehen ist, weil sich dessen Inhalt häufig nicht mit dem der historischen Belege deckt: 'Bauer' oder 'Genossenschaft' mit *Zunft* und *Gilde, Innung* und *Hanse* sind Beispiele hierfür (Schmidt-Wiegand 1985).

Aus der Fülle der Arbeiten zur historischen Onomasiologie sollen hier nur einige wenige genannt werden, die für das Verhältnis verschiedener Textsorten zueinander aufschlussreich sind wie die Arbeit von D. Hüpper-Dröge über Schild und Speer (1983), in der die Belege für Waffen dem ahd. Ludwigslied, den frühmittelalterlichen Leges und den ahd. Glossen entnommen sind. Die Untersuchung von B. Meineke über *Chind* und *barn* im Hildebrandtslied (1987) beruht vergleichend auf der ahd. Überlieferung in ihrer ganzen Breite. Onomasiologische Monographien bedürfen wie onomasiologische Karten der Synonyme und Heteronyme in ausreichender Menge, wie dies etwa bei 'Bernstein' mit den ahd. Entsprechungen *agatstein, brennstein, fernis, fliod, gler, glas* und *gesmelzi* (E. Meineke, 1984) der Fall ist. Von hier aus sind bestimmte Themen wie die Bezeichnungen der 'Ehefrau' (Bischoff, de Smet, Åsdahl-Holmberg, Erben) häufig bearbeitet worden. Entsprechendes gilt für *Zunft* und *Gilde* (v. Künßberg, Obst, Schmidt-Wiegand). Auch das Thema 'Bauer' (s. Nr. 120) ist hier zu nennen. Wie Munske (1968) für die Rechtssprachgeographie betont hat, ist auch hier die ganze Germania in die Betrachtung einzubeziehen.

3.4. Onomasiologische Felder und Wortfamilien

Die strukturelle Onomasiologie, die mit einer differenzierten Bewertung der Bedeutung eine Verbindung mit komplimentär-semasiologischen Verfahren verlangt, führt damit zwangsläufig auf eine feldmäßige Betrachtung des Wortschatzes. Ein Beispiel mag dies verdeutlichen. *Arbeit* mit der Gesamtbedeutung 'Tätigkeit' und den Spezialisierungen 'Beruf', 'Stellung', 'Anstrengung', 'schriftliche oder mündliche Prüfung', 'Herstellung', 'Leistung' bildet mit allen diesen Bedeutungen ein semantisches Feld. Man spricht hier von Polysemie, die aus onomasiologischer Sicht auch als Homonymie zu bezeichnen ist (Bergmann 1977), oder von signifikantgleichen Zeichen (Wichter 1988). Dem semantischen Feld von *Arbeit* steht im Frühneuhochdeutschen (Anderson/Goebel/Reichmann 1984) mit einer Anzahl von sinnverwandten Wörtern wie *abenteuer, streit, kampf, krieg* ein onomasiologisches Feld gegenüber, bei dem die Übereinstimmung mit *arbeit* nur auf einem Bedeutungsmerkmal (Semem) beruht. Als Sonderfall des onomasiologischen Feldes ist die Wortfamilie anzusehen bei der mehrere Lexeme unterschiedlicher Wortklassen aber mit einer gemeinsamen etymologischen Wurzel wie etwa bei ahd. *swerien* (Splett 1986) zusammengeschlossen sind.

Aus der Erkenntnis onomasiologischer und semasiologischer Felder ergab sich für J. Trier (1928) in bezug auf die Wortgeschichte, dass sie nicht isolationistisch, auf das Einzelwort beschränkt bleiben kann, sondern Feldgeschichte werden muss, wie er selbst es am Wortschatz im „Sinnbezirk" des Verstandes gezeigt hat. Die „Wortfeldtheorie" Jost Triers hat ihre Anziehungskraft – wohl nicht zuletzt durch die Feld-Metapher (Zillich 1994) – bis auf den heutigen Tag behalten. Sie bietet für die Beschreibung der inhaltlichen Seite des Wortschatzes dank der weiterführenden Arbeiten von L. Weisgerber und H. Schwarz heute ein differenziertes Instrumentarium der Sprachbetrachtung, das – wie H. Gipper unlängst (1995) betont hat –, über ihre Anfänge weit hinausreicht.

Die feldmässige Erfassung von Bezeichnungen, die in einem 'Sinnbezirk', 'Wortfeld' oder onomasiologischen Feld stehen, ist so längst zu einer Selbstverständlichkeit geworden, gerade auch dann, wenn es um historische Abschnitte wie das Alt- und Mittelhochdeutsche, das 16. Jh. u. a. m. geht. E. Oksaar (1958) berücksichtigte in den 'Studien über die Bezeichnungen des Deutschen im Sinnbereich der Schnelligkeit', ausgehend von der Sprache der Gegenwart, auch das Früh-, Hoch- und Spätmittelalter. W. de Cubber 'Zu den Bezeichnungen für das Kultgebäude im Deutsch des 11./ 12. Jahrhunderts' (1988) und Ch. Funk 'Fortbewegungsverben in Luthers Übersetzung des Neuen Testaments' (1995) beschränken sich auf einen begrenzten Ausschnitt der sprachhistorischen Entwicklung. G. Hindelang 'Zur Onomasiologie des Gebrechens' (1992) liefert eine subtile Analyse des gegenwärtigen Sprachgebrauchs in Bezug auf körperliche Behinderung und Verlust eines bestimmten Körperteils. Diese Arbeit gehört ihrem Ansatz nach bereits zu den weiterführenden Formen onomasiologischer Forschung, die das Defizit einer rein strukturalistischen Onomasiologie, welche die kommunikative Funktion der Sprache weitgehend unberücksichtigt gelassen hat, auszugleichen versucht. Vergeblich hat man gehofft, wie Hundsnurscher (1997a) ausführt, von der Wortfeldtheorie aus zu einer Strukturgeschichte des Wortschatzes und des Bedeutungswandels zu kommen. Dies ist sehr viel eher vom Konzept der Wortfamilien aus (Splett 1983) zu erwarten. Denn die ca. 6000 Wortfamilien des Deutschen, nach einheitlichen Kriterien gegliedert, welche die Motivationszusammenhänge erkennen lassen, garantieren im Gegensatz zur Wortfeldtheorie Vollständigkeit, Eindeutigkeit und Explizitheit der Untersuchungsergebnisse. Eine andere Möglichkeit, über die strukturalistische Onomasiologie mit ihrer einseitigen Bindung an den Zeichenbegriff hinauszukommen, bietet die handlungsorientierte Onomasiologie, bei der die Kommunikationsebene von Sprecher und Hörer, Sender und Empfänger bzw. auch die Sprechsituation von vornherein in die Untersuchung einbezogen sind und die Verwendung des Wortes im Satz im Vordergrund steht (Hundsnurscher 1996, 1997b). Der Sprecher benutzt die Bezeichnungen aufgrund ihrer Bedeutung, um einen Sachverhalt darzustellen oder eine Intention zu vermitteln, auf die der Hörer durch seine Antwort und/oder sein Handeln zu reagieren vermag. Er kann dies, weil die Kommunikation nach bestimmten obligatorischen Regeln verläuft, so dass die Aussage oder Botschaft aufgrund der Bedeutung des verwendeten Wortschatzes vom Empfänger entschlüsselt, beantwortet und befolgt werden kann. Die Onomasiologie der Frage (Burkhardt 1986), Formen der Anrede (Grober-Glück 1994, Macha 1997) sind im Sinne handlungsorientierter Onomasiologie Gegenstände, die auch Bedeutung für die lexikographische Erfassung von Phraseologismen haben (Ol'šanskij, 1981). Hier spielt der Kontext im weitesten Sinne eine ganz entscheidende Rolle, wie die Untersuchungen 'Kartoffeln häufeln' (Seidelmann 1968) und 'ein Instrument spielen' (Relleke 1980) gezeigt haben. Unter dem Stichwort *Auffordern* hat G. Hindelang die Untertypen des Aufforderns und ihrer sprachlichen Realisierungsformen (1978) umfassend behandelt. Die Beispiele ließen sich vermehren. Festzuhalten bleibt, dass bei diesem Zweig der Onomasiologie die Problematik der methodischen Vorgehensweise bereits bei der Frage nach den Ursachen der Wortwahl beginnt. Sie sind im Fall der Gefäßbezeichnungen, wie S. Wichter (1984) bei einer Nachbefragung zu den Labov'schen Thesen festgestellt hat, bei *Tasse* und *Becher* etc., von den Gefäßproportionen wie vom jeweiligen Kontext abhängig, wobei eine festzustellende Vagheit der Verwendung die Unsicherheit der Sprecher im situationsbedingten Zusammenhang der Rede verrät. Es wird daran deutlich, dass sich die Untersuchung des Gegenständlichen – das alte Thema und Kernstück der Wörter- und Sachen-Forschung – nicht allein auf die onomasiologische Forschung stützen kann, sondern – wie H. Gipper am Beispiel der Sitzmöbel *Sessel* und *Stuhl* gezeigt hat (1959) – nach kombinierten Methoden verlangt, um dem Ineinanderwirken von sprachhistorischen, synchron-inhaltlichen, sachlichen und psychologischen Faktoren in der heutigen Wortgeltung und im gegenwärtigen Sprachgebrauch gerecht zu werden.

4. Onomasiologische Wörterbücher

Die meisten Sprach-Lexika sind semasiologisch angelegt, d. h. zu den alphabetisch angeordneten Lexemen werden die Bedeutungen verzeichnet. In den onomasiologischen Wörterbüchern wird von den Begriffen aus, die nach sachlichen Gesichtspunkten angeordnet sein können, nach den Bezeichnungen mit ihren besonderen Relationen gefragt. Es sind dies die Synonymen-Wörterbücher, die den Zugriff auf den passenden Ausdruck erleichtern sollen. Dabei ist festzuhalten, dass Synonyme nicht bedeutungsgleiche, sondern bedeutungsähnliche Wörter sind. Sie decken sich nicht vollständig, sondern nur in einem oder in mehreren Hauptmerkmalen, den Begriffskernen oder Dominanten. Die synonymische Anordnung solcher Lexika macht vor allem begriffliche Zusammenhänge deutlich. Ihre Darstellungsform hat von hier aus mit der Wortfeldforschung erneut an Gewicht gewonnen. Die Tradition des Synonymenwörterbuchs ist indessen alt. Hier ist Johann August Eberhard 'Versuch einer allgemeinen deutschen Synonymik in einem kritisch-philosophischen Wörterbuch der sinnverwandten Wörter der hochdeutschen Mundart' (1795) zu nennen, ein Lexikon, das erst mit der 17. Auflage, dem 'Synonymischen Handwörterbuch' (1910) abbricht und bis in den modernen Strukturalismus hinein seine exemplarische Bedeutung behalten hat (Henne 1972); ferner Daniel Sanders 'Deutscher Sprachschatz geordnet nach Begriffen zur leichten Auffindung und Auswahl des passenden Ausdrucks. Ein stilistisches Hilfsmittel für jeden Deutsch Schreibenden' (1873–1877). Sein Wiederabdruck (1985) hat zu Überlegungen über Nutzen und Gebrauch der Begriffswörterbücher (Kühn) von grundsätzlicher Bedeutung geführt. Da zur Auffindung des passenden Ausdrucks bei dem Benutzer die Kenntnis der Wortbedeutungen und semantischen Beziehungen des verzeichneten Wortschatzes vorausgesetzt werden muss, hat das Synonymenwörterbuch vor allem eine dokumentierende wie mnemotechnische Zielsetzung; darüber hinaus eine sprachpädagogische Funktion und durch die Erfassung aller prinzipiellen Bezeichnungenmöglichkeiten seinen Wert für die Sprachkritik.

Unter den Synonymenwörterbüchern ist 'Der Deutsche Wortschatz nach Sachgruppen' (1933, [7]1970) des Altphilologen Franz Dornseiff noch immer ein Klassiker. Er wollte mit seinem Synonymenwörterbuch den ganzen Reichtum der deutschen Ausdrucksmittel, sowohl der Wörter wie der ausführlichen Redensarten, von der feierlich gehobenen Sprache bis zur Gebärde, nach Begriffen geordnet aufzeichnen, mit Einschluss der Umgangs- und Gossensprache neben der Schrift-, Hoch- und Literatursprache, um auf diese Weise die „Wortdecke der Gedanken" möglichst vollständig zu erfassen. Dargestellt werden 20 Hauptabteilungen, die von der anorganischen Welt der Stoffe bis zu Recht, Ethik und Religion mit je 20 Untergruppen führen. Semantische Erklärungen werden nicht gegeben. Ein alphabetisches Verzeichnis der aufgeführten Stichwörter am Ende des Werkes ermöglicht eine gezielte Benutzung. Dornseiff sah in der Bezeichnungslehre, Onomasiologie oder Onomastik, die Betrachtungsrichtung der Sprachwissenschaft mit der größten Zukunft: Deshalb hat er seinen „Thesaurus synonymorum" als ein „Hauptinstrument" dieser Betrachtungsweise geschrieben, wie er in seiner noch immer lesenswerten Einleitung 'Wortschatzdarstellung und Bezeichnungslehre' (29–67) ausgeführt hat.

Den Rang eines „Volksbuches" mit einer Gesamtauflagenzahl von über 100000 Stück hat der 'Deutsche Wortschatz' von H. Wehrle in der Neubearbeitung von H. Eggers ([15]1989) erlangt, – ein Doppellexikon, das in einem ersten Teil durch ein System von Grund-, Haupt-

und Einzelbegriffen den dt. Wortschatz erfasst und in einem zweiten, alphabetischen Teil die verschiedenen Bedeutungen der erfassten Lexeme angibt. Diesen Aufbau hatte bereits der erste Bearbeiter, A. Schlessing 'Der passende Ausdruck' (1881), von dem Engländer P. M. Roget 'Thesaurus of English Words and Phrases' (1852) übernommen. Auch H. Wehrle, der mit der 7. Auflage (1940) die Herausgabe des Werkes mit dem Titel 'Deutscher Wortschatz. Ein Wegweiser zum treffenden Ausdruck' übernommen hatte, folgte noch weitgehend dem englischen Vorbild. Dies änderte sich erst grundlegend, als H. Eggers (1961) eine völlige Neubearbeitung vorlegte: In ihr werden besonders die Ergebnisse der Wortfeldforschung stärker als bisher berücksichtigt. Dies ist den Begriffsgruppen zugute gekommen und hat zu neuen Erkenntnissen wie diesen geführt, dass die Felder von Begriff und Gegenbegriff oft verschiedenartig besetzt sind.

Die 'Sinn- und sachverwandten Wörter' des Duden mit dem Untertitel 'Wörterbuch der treffenden Ausdrücke' (²1986) verstehen sich als ein praxisbezogenes Werk, das außer dem Wortwahlangebot auch sachliche Anmerkungen enthält. In den Begriffsgruppen finden sich zudem erklärende Zwischentexte oder Hinweise auf den Gebrauch und die spezielle Bedeutung eines bestimmten Wortes.

Festzuhalten ist, dass in der Lexikographie des Deutschen die Onomasiologie gegenüber der Semasiologie quantitativ wie qualitativ lange vernachlässigt worden ist. Vorschläge zu einer onomasiologischen Aufbereitung semasiologischer Wörterbücher sind aber mehrfach vorgebracht worden (Anderson, Goebel, Reichmann 1983). Danach sollte der Benutzer künftig in einem semasiologisch angelegten Lexikon außer über die Bedeutungen auch über die mehrfachen Ausdrucksmöglichkeiten für die ihn interessierten Begriffe informiert werden, etwa durch die Beigabe onomasiologischer Indices im Anhang des semasiologischen Lexikons. Forderungen wie diese haben mit Beispielen wie dem 'Neuhochdeutschen Index zum mittelhochdeutschen Wortschatz' von Koller, Wegstein und Wolf (1990) zu einer „onomasiologischen Umkehrlexikographie" (Plate 1992) geführt, die sich indessen noch zu bewähren hat. In die gleiche Richtung führt das 'Wörterbuch der Synonyme und Antonyme' von E. und H. Bulitta (1995), das erste systematische Wörterbuch der deutschen Sprache, das Begriffe und Gegenbegriffe übersichtlich miteinander verbindet.

5. Literatur in Auswahl

Anderson, Robert R./Goebel, Ulrich/Reichmann, Oskar (1983): Ein Vorschlag zur onomasiologischen Aufbereitung semasiologischer Wörterbücher. In: *Zeitschrift für Deutsche Philologie* 102, 391–428..

–, (1984): Frühneuhochdeutsch *arbeit* und einige zugehörige Wortbildungen. In: *Fs. für Elfriede Stutz*, hrsg. von Alfred Ebenbauer, Wien: Braumüller, S. 1–29.

Åsdahl Holmberg, Märta: Zur Benennung von Ehefrauen und anderen Frauen im Mittelniederdeutschen. In: *wortes anst. verbi gratia, donum natalicium gilbert a. r. de smet*, hrsg. h. l. cox, v. f. vanacker, u. e. verhofstadt, leuven/amersfoort: acco, 29–36.

Atlas der Deutschen Volkskunde (ADV), Lieferung 1–6 von Heinrich Harmjanz und Erich Röhr, Leipzig 1937–1940; ADV NF. Lieferung 1–3 von Matthias Zender, Lf. 4–5 von Matthias Zender in Zusammenarbeit mit Gerda Grober-Glück und Günter Wiegelmann, Lf. 6–7 von Matthias Zender in Zusammenarbeit mit Heinrich L. Cox, Gerda Grober-Glück und Günter Wiegelmann, Marburg 1958–1977: Elwert.

Baldinger, Kurt (1957): *Die Semasiologie. Versuch eines Überblicks*. Deutsche Akademie der Wissenschaften zu Berlin, Vorträge und Schriften 61, Berlin: Akademie-Verlag.

–, (1979): Der freie Bauer im Alt- und Mittelfranzösischen. In: *Frühmittelalterliche Studien* 13, 125–149.

–, (1986): Mlat. sanctuarius-ahain.-sainteur. In: *Sprache und Recht. Fs. für R. Schmidt-Wiegand*, hrsg. K. Hauck u. a., Bd. 1, Berlin/New York: Walter de Gruyter, 10–42.

Barth, Erhard (1972): Deutscher Wortatlas 1939–1971. Eine Bibliographie. In: *Germanistische Linguistik* 1972, Heft 1, 125–156.

Bergmann, Rolf (1977): Homonymie und Polysemie in Semantik und Lexikographie. In: *Sprachwissenschaft* 1977, Heft 1, 27–59.

Berthold, Luise (1938): Die Wortkarte im Dienste der Bedeutungslehre. In: *Zeitschrift für Mundartforschung* 14, 101–106.

Berthold, Luise; Friebertshäuser, Hans (1943ff.): *Hessen-Nassauisches Volkswörterbuch*, Marburg: Elwert.

Besch, Werner (1967): *Sprachlandschaften und Sprachausgleich im 15. Jahrhundert. Studien zur Erforschung der spätmittelalterlichen Schreibdialekte und zur Entstehung der neuhochdeutschen Schriftsprache*. München: Francke.

Bischoff, Karl (1954): Über den deutschen Wortatlas. In: *Das Institut für Deutsche Sprache und Literatur. Vorträge gehalten auf der Eröffnungstagung* (Dt. Akad. d. Wiss. zu Berlin. Veröffentlichungen des Instituts für Deutsche Sprache und Literatur I), 19–37; Berlin: Akademie-Verlag.

–, (1977): *'wif', 'vrowe' und ihresgleichen im mittelalterlichen Elbostfälischen. Eine wortgeschichtliche Studie* (Abhh. d. Ak. d. Wiss. u. d. Lit. Mainz, Geistes- und Sozialwiss. Kl. Jg. 1977, Heft 6), Wiesbaden: Franz Steiner Verlag GMBH.

Breidbach, Winfried (1994): *Reise – Fahrt – Gang. Nomina der Fortbewegung in den altgermanischen Sprachen.* Frankfurt a.M.: Peter Lang.

Bullitta, Erich und Hildegard (1990): *Wörterbuch der Synonyme und Antonyme*, Frankfurt a. M.: Fischer Taschenbuch Verlag GmbH.

Burkhardt, Arnim (1986): Zur Phänomenologie, Typologie, Semasiologie und Onomasiologie der Frage. In: *Deutsche Sprache* 14, 23–57.

Coseriu, Eugenio (1987): Bedeutung, Bezeichnung und sprachliche Kategorien. In: *Sprachwissenschaft* 12, 1–23.

Cox, Heinrich L. (1967): *Die Bezeichnungen des Sarges im Kontinental – Westgermanischen* (ADV. Beiheft 2: Studia theodisca Bd. 7), Marburg/Assen: Elwert.

–, (1989): Der Atlas der deutschen Volkskunde (ADV). In: *Sprachatlanten des Deutschen. Laufende Projekte*, hrsg. von Werner Veith und Wolfgang Putschke, Tübingen: Max Niemeyer Verlag, 109–131.

De Cubber, Walter (1988): Zu den Bezeichnungen für das Kultgebäude im Deutschen des 11. und 12. Jahrhunderts. In: *Studia Germanica Gandensia* 14, 3–119.

Debus, Friedhelm (1958): Die deutschen Bezeichnungen für die Heiratsverwandtschaft. In: *DWEB* 1, 1–112.

–, (1983): Deutsche Dialektgebiete in älterer Zeit: Probleme und Ergebnisse ihrer Rekonstruktion. In: *Dialektologie. Ein Handbuch zur deutschen und allgemeinen Dialektforschung* (HSK 1.2), Berlin/New York, Walter de Gruyter, 930–960.

Dickel, Günther; Heino Speer (1979): Deutsches Rechtswörterbuch, Konzeption und lexikographische Praxis während acht Jahrzehnten (1897–1977). In: H. Henne (Hrsg): *Praxis der Lexikographie. Berichte aus der Werkstatt*, Tübingen: Niemeyer, 20–32.

Dornseiff, Franz ([7]1970): *Der deutsche Wortschatz nach Sachgruppen*. 7. unveränderte Aufl., Berlin/New York: Walter de Gruyter.

Duden. Sinn- und sachverwandte Wörter. Wörterbuch der treffenden Ausdrücke. 2. neu bearbeitete, erweiterte und aktualisierte Aufl., hrsg. u. bearb. von W. Müller, Mannheim/Wien/Zürich: Duden-Verlag 1986.

DWA = Deutscher Wortatlas, hrsg. von Walther Mitzka, 1951ff. ab Bd. 5 (1957) von demselben und Ludwig Erich Schmitt, ab. Bd. 18 (1971) redigiert von Reiner Hildebrandt, Bd. 20 (1973), Bd. 21. u. 22, hrsg. von Reiner Hildebrandt, Gießen: Wilhelm Schmitz-Verlag, 1951–1980.

DWEB = Deutsche Wortforschung in europäischen Bezügen. Untersuchungen zum Deutschen Wortatlas, Bd. 1–6, hrsg. von Ludwig Erich Schmitt, 1958–1972, Bd. 7 hrsg. von Reiner Hildebrandt, 1978, Gießen: Wilhelm Schmitz-Verlag.

Eberhard, Johann August (1795, [17]1910): *Versuch einer allgemeinen deutschen Synonymik in einem kritisch-philosophischen Wörterbuch der sinnverwandten Wörter der hochdeutschen Mundart*, Halle und Leipzig.

Erben, Johannes (1986): 'Ehefrauen' in der Sprache Martin Luthers. Eine onomasiologische Studie. In: *wortes anst. verbi gratia donum natalicium gilbert a.r. de smet*, leuven/amersfoort, acco, 137–142.

Fleischer, Wolfgang/Kubrâkova, Elena S. (1990): Nominationstheorie und aktuelle Probleme der Onomasiologie. Round table 2. In: *Proceedings of the fourteenth International Congress of Linguists* (= Akten des XIV, Internationalen Linguistenkongresses Berlin, 10.–15. August 1987) Akademie-Verlag.

Foltin, Hans-Friedrich (1963): Die Kopfbedeckungen und ihre Bezeichnungen im Deutschen. In: *DWEB* 3, 1–292.

Funk, Christine (1995): *Fortbewegungsverben in Luthers Übersetzung des Neuen Testaments.* Frankfurt a. M.: Peter Lang-Verlag.

Gipper, Helmut (1959, 1973): Sessel oder Stuhl? Ein Beitrag zur Bestimmung von Wortinhalten im Bereich der Sachkultur. In: *Wortfeldforschung* (s. u.), 371–398.

–, (1995): Jost Trier und das sprachliche Feld. Was bleibt? In: *Zeitschrift für germanistische Linguistik* 23, 1995, 326–341.

Goossens, Jan (1969): *Strukturelle Sprachgeographie. Eine Einführung in Methodik und Ergebnisse*, Heidelberg: Carl Winter Verlag.

–, (1977): *Deutsche Dialektologie*. Berlin/New York, Walter de Gruyter Verlag.

Grober-Glück, Gerda (1982): Die Leistungen der kulturmorphologischen Betrachtungsweise im Rahmen dialektgeographischer Interpretationsverfahren. In: *Dialektologie. Ein Handbuch zur deutschen und allgemeinen Dialektforschung* (HSK 1.1), Berlin/New York, Walter de Gruyter, 92–113.

–, (1994): *Die Anrede des Bauern und seiner Frau durch das Gesinde in Deutschland um 1930 unter volkskundlichem und soziolinguistischem Aspekt, nach Materialien des Atlas zur deutschen Volkskunde,* Frankfurt a. M./Berlin-Paris-New York: Peter Lang Verlag.

Heger, Klaus (1964): Die methodischen Voraussetzungen von Onomasiologie und begrifflicher Gliederung. In: *Zeitschrift für Romanische Philologie,* 80, 486–516.

–, (1969): Die Semantik und die Dichotomie von Langue und Parole. Neue Beiträge zur theoretischen Standortbestimmung von Semasiologie und Onomasiologie. In: *Zeitschrift für Romanische Philologie* 85, 144–215.

Henne, Helmut (1972): *Semantik und Lexikographie. Untersuchungen zur lexikalischen Kodifikation der deutschen Sprache*, Berlin/New York: Walter de Gruyter.

Henne, Helmut; Herbert Ernst Wiegand (1969): Geometrische Modelle und das Problem der Bedeutung. In: *Zeitschrift für Dialektologie und Linguistik* 36, 129–173.

Hildebrandt, Reiner (1963): Ton und Topf. Zur Wortgeschichte der Töpferware im Deutschen. In: *DWEB* 3, 297–441.

–, (1968): Der Deutsche Wortatlas als Forschungsmittel der Sprachsoziologie. In: *Wortgeographie und Gesellschaft*, hrsg. von Walther Mitzka, Berlin: Walter de Gruyter, 149–169.

–, (1983): Typologie der arealen lexikalischen Gliederung der deutschen Dialekte aufgrund des deutschen Wortschatzes. In: *Dialektologie. Ein Handbuch zur deutschen und allgemeinen Dialektforschung*, hrsg. von Werner Besch, Ulrich Knoop, Wolfgang Putschke und Herbert Ernst Wiegand, (HSK 1, 2), Berlin/New York, Walter de Gruyter, 1331–1367.

Hindelang, Götz (1978): *Auffordern. Die Untertypen des Aufforderns und ihre sprachlichen Realisierungsformen* (Göppinger Arbeiten zur Germanistik Nr. 247), Göppingen: Verlag Alfred Kümmerle.

–, (1992): Zur Onomasiologie des Gebrechens. In: *Münstersches Logbuch zur Linguistik* 1, 1–15.

Höing, Hans (1958): Deutsche Getreidebezeichnungen in europäischen Bezügen, semasiologisch und onomasiologisch untersucht. In: *DWEB* 1, 117–190.

HSS = *Historischer Südwestdeutscher Sprachatlas. Aufgrund von Urbaren des 13. bis 15. Jahrhunderts* (1979), von Wolfgang Kleiber; Konrad Kunze; / Heinrich Löffler. *Bd. I: Text. Einleitung. Kommentare und Dokumente. Bd. II: Karten, Einführung, Haupttonvokalismus, Nebentonvokalismus, Konsonantismus.* Bern/München.

Hüpper-Dröge, Dagmar: *Schild und Speer. Waffen und ihre Bezeichnungen im frühen Mittelalter* (Germanistische Arbeiten zu Sprache und Kulturgeschichte 3), Frankfurt a. M./Bern/New York: Peter Lang Verlag.

Hundsnurscher, Franz (1994): Dialog – Typologie. In: *Handbuch der Dialoganalyse*, hrsg. F. Fritz und F. Hundsnurscher, Tübingen: Max Niemeyer Verlag, 203–238.

–, (1996): Wortsemantik aus der Sicht einer Satzsemantik. In: *Lexical Structures and Language Use. Proceedings of the International Conference on Lexicology and Lexical Semantics, Münster, September 13–15, 1994, Volume 1, Plenary Lectures and Session papers*, ed. by E. Weigand und F. Hundsnurscher, Tübingen: Max Niemeyer Verlag, 39–51.

–, (1997a): Gliederungsaspekte des Wortschatzes. In: *Kaleidoskop der lexikalischen Semantik* (Hrsg. U. Hoinkes, W. Dietrich), Tübingen: Gunter Narr Verlag, 185–191.

–, (1997b): Characterising Speech. In: *Dialoganalyse V. Referate der 5. Arbeitstagung Paris 1994*, hrsg. E. Pietri, Tübingen: Max Niemeyer Verlag. 9–20.

Hyldgaard-Jensen, Karl (1964): *Rechtswortgeographische Studien. I. Zur Verbreitung einiger Termini der westlichen und nördlichen Mittelniederdeutschen Stadtrechte vor 1350* (Acta Universitatis Gothoburgensis, Göteborger Germanistische Forschungen Nr. 7), Göteborg/Uppsala: Almquist & Wiksells Boktryckeri AB.

Jaberg, Karl (1917, ²1965): *Sprache als Äußerung und Sprache als Mitteilung* (Grundfragen der Onomasiologie). Wiederabdruck in: Ders., Sprachwissenschaftliche Forschungen und Erlebnisse, Bern: Francke-Verlag, S. 137–185.

Jaberg, Karl und Jud, Jacob (1928–1940): *Sprach- und Sachatlas Italiens und der Südschweiz, Bd. 1–8*, Zofingen: Ringies.

Kienle v., Richard (1934): Zum Begriffsbezirk der Strafe. In: *WuS* 13, 67–80.

Kleiber, Wolfgang (1979): Historische Wortgeographie im Alemannischen unter besonderer Berücksichtigung der Maßbezeichnungen. In: *Frühmittelalterliche Studien* 13, 150–183.

Kringe, Elli (1964): Sprach- und kulturgeschichtliche Untersuchungen im deutschen Wortbereich von 'Brot', dargestellt an der Synonymik für bestrichene Brotscheibe. In: *DWEB* 4, 201–353.

Kuhn, Peter (1985a): 'Wegweiser zum treffenden Ausdruck' oder gibt es sinnvollere Zielsetzungen für Synonymenwörterbücher? In: *Wirkendes Wort* 35, 39–52.

–, (1985b): Gegenwartsbezogene Synonymenwörterbücher des Deutschen. Konzept und Aufbau. In: *Lexicographica. Internationl annual for lexicography* 1, 1985, 51–82.

Künßberg, Eberhard Freiherr von (1926): *Rechtssprachgeographie* (Sitzungsberichte der Heidelberger Akademie der Wissenschaften, Phil.-Hist. Kl., Jg. 1926/27, 1. Abh.) Heidelberg: Carl Winter.

–, (1935): Rechtswortkarte 1.1. Gilde, 2. Zunft. In: *Zeitschrift für Mundartkunde* 11, 242–245.

Kunze, Konrad (1982): Der 'Historische Südwestdeutsche Sprachatlas' als Muster historischer Dialektgeographie. In: *Dialektologie*, (HSK 1, 1), Berlin/New York, 169–177.

Lochner von Hüttenbach, Fritz (1980): Sachen und Wörter – Wörter und Sachen. In: *Schuchardt-Symposium 1977 in Graz. Vorträge und Aufsätze*, hrsg. von Klaus Lichem, Hans Joachim Simon, Wien, 159–172.

Macha, Jürgen (1997): Konstanz, Variation und Wandel familiärer Anredeformen. In: *Brennpunkte der Familienerziehung*, hrsg. von Hildegard Macha und Lutz Mauermann, Weinheim: Deutscher Studien Verlag, 199–218.

Martin, Bernhard (1924–1934): Deutsche Wortgeographie. In: *Teuthonista* 1, 65–70, 186f., 227f.; 2, 64–67, 134–136; 3, 63f., 310–314; 4, 182–284; 5, 212–214; 6, 55–57; 8, 108–110; 9, 47–50; 10, 103–106.

Meineke, Birgit (1987): *Chind und barn im Hildebrandslied vor dem Hintergrund ihrer althochdeutschen Überlieferung* (Studien zum Althochdeutschen Bd. 9), Göttingen: Vandenhoek & Ruprecht.

Meineke, Eckhard (1984): *Bernstein im Althochdeutschen. Mit Untersuchungen zum Glossar* Rb (Studien zum Althochdeutschen Bd. 6), Göttingen: Vandenhoek & Ruprecht.

Meiners, Uwe (1983): *Die Kornfege in Mitteleuropa*, Münster: F. Coppenrath Verlag.

Meringer, Rudolf (1904): Wörter und Sachen. In: *Indogermanische Forschungen* 16, 101–196.

–, (1912): Zur Aufgabe und zum Namen unserer Zeitschrift. In: *Wörter und Sachen* 3, 22–56.

Mitzka, Walther (1938): Der deutsche Wortatlas. In: *Zeitschrift für Mundartforschung* 14, 40–55.

Müller, Rolf (1966): *Die Synonymik von „Peitsche", Semantische Vorgänge in einem Wortbereich*. Marburg: N.G. Elwert Verlag.

Mumm, Peter Arnold (1995): Generative Bezeichnungen. Onomasiologische Aufgaben und ihre Lösungen durch das neuhochdeutsche Artikelsystem. In: *Sprachwissenschaft* 20, 420–467.

Munske, Horst Haider (1968): Rechtswortgeographie. In: *Wortgeographie und Gesellschaft*, Berlin: Walter de Gruyter, 349–370.

–, (1973): *Der germanische Rechtswortschatz im Bereich der Missetaten. Philologische und sprachgeographische Untersuchungen. I. Die Terminologie der älteren westgermanischen Rechtsquellen* (Studia Linguistica Germanica 8/1), Berlin/New York: Walter de Gruyter.

Obst, Karin (1985): Probleme der Rechtswortkartographie am Beispiel Zunft und Gilde. In: *Text- und Sachbezug in der Rechtssprachgeographie* (s.u.), München: Fink 104–122.

Ogden, C.K.; Richards, I.A. (1923, [10]1969): *The meaning of meaning:/*; Routhege Regan Paul; Dt.: Die Bedeutung von Bedeutung. Frankfurt a.M. 1974: Suhrkamp.

Oksaar, Els (1958): *Semantische Studien im Sinnbezirk der Schnelligkeit. Plötzlich, schnell und ihre Synonymik im Deutsch der Gegenwart und des Früh-, Hoch- und Spätmittelalters*, Stockholm: Almquist u Wiksells.

Ol'sansig, I.G. (1981): Das onomasiologische Prinzip der lexikograhischen Erfassung von Phraseologismen. In: *Wissenschaftliche Zeitschrift der Karl-Marx-Universität Leipzig. Gesellschafts- und sprachwissenschaftliche Reihe* 30, 465–469.

Pessler, Wilhelm (1928): *Plattdeutscher Wortatlas von Nordwestdeutschland*, Hannover: Verlag des Vaterländischen Museums Hannover.

–, (1933): Deutsche Wortgeographie: Wesen und Werden, Wollen und Weg. In: *WuS* 15, 1–80.

Peters, Bernhard (1967): *Onomasiologie und Semasiologie der Preißelbeere*, Marburg: Elwert.

Plate, Ralf (1992): Onomasiologische Umkehrlexikographie auf dem Prüfstand. Anläßlich des Erscheinens von Erwin Koller, Werner Wegstein, Norbert Richard Wolf: Neuhochdeutscher Index zum mittelhochdeutschen Wortschatz. In: *Zeitschrift für Dialektologie und Linguistik* 59, 312–329.

von Polenz, Peter (1963): Slavische Lehnwörter im Thüringisch-Obersächsischen (nach dem Material des Deutschen Wortatlas). In: *DWEB* 2, 265–296.

–, (1980): *Sympleremik I: Wortbildung*. In: *Lexikon für Germanistische Linguistik* I, 2. Aufl. Tübingen: Max Niemeyer Verlag, 145–163.

Posch, Hadwig (1934): Die Ruhestätten des Menschen, Bett und Grab, bei den Indogermanen. In: *WuS* 16, 1–47.

Praxis der Lexikographie. Berichte aus der Werkstatt (1979), hrsg. von Helmut Henne, Tübingen: Max Niemeyer Verlag.

Putschke, Wolfgang (1970): Entwurf eines worttopologischen Darstellungsmodells. Ein Beitrag zur strukturellen Onomasiologie. In: *Germanistische Linguistik* 5/70, 497–639.

Quadri, Bruno (1952): *Aufgaben und Methoden der Onomasiologie. Eine entwicklungsgeschichtliche Darstellung*, Bern: A. Francke AG Verlag.

Reichmann, Oskar (1976): *Germanische Lexikologie*, Stuttgart: Sammlung Metzler.

–, (1984): Historische Lexikographie. In: *Sprachgeschichte. Ein Handbuch zur Geschichte der deutschen Sprache und ihrer Erforschung* (HSK 2.1), Berlin/New York: Walter de Gruyter, 460–492.

–, (1986): Das Frühneuhochdeutsche Wörterbuch 3: Die Aufbereitung semasiologischer Sprachstadienwörterbücher vorwiegend unter onomasiologischem Aspekt. In: Vilmos A'gel u.a. (Hrsg.): *Beiträge zur historischen Lexikographie*. Budapest, 83–109.

–, (1998): Historische Lexikologie. In: *Sprachgeschichte. Ein Handbuch zur Geschichte der deutschen Sprache und ihrer Erforschung* (HSK 2.1, 2. Aufla.), Berlin/New York: Walter de Gruyter, 610–629.

Relleke, Walburga (1980): *Ein Instrument spielen. Instrumentenbezeichnungen und Tonerzeugungsverben im Althochdeutschen, Mittelhochdeutschen und Neuhochdeutschen*, Heidelberg: Carl Winter.

Sanders, Daniel (1873–1877): *Deutscher Sprachschatz geordnet nach Begriffen zur leichten Auffindung und Auswahl des passenden Ausdrucks. Ein stilistisches Hülfsbuch für jeden Deutsch Schreibenden*. Nachdruck der Ausgabe Hamburg 1873–1877. Mit einer ausführlichen Einleitung und Bibliographie von Peter Kuhn, Bd.1 u. 2, Tübingen 1985: Max Niemeyer.

de Saussure, Ferdinand (1916): *Cours linguistique générale*, Lausanne-Paris, dt. Übersetzung von Herman Lommel, 2. Aufl., Berlin 1967, Walter de Gruyter.

Schilling-Thöne, Anneliese (1964): Wort- und sachkundliche Untersuchung zur Synonymik des Backtrogs. Ein Beitrag zu Typologie der Gefäßbezeichnungen. In: *DWEB* 4, 1–200.

Schmidt-Wiegand, Ruth (1975): Historische Onomasiologie und Mittelalterforschung. In: *Frühmittelalterliche Studien* 9, 49–78.

–, (1978): *Studien zur historischen Rechtswortgeographie. Der Strohwisch als Bann- und Verbotszeichen* (= Münstersche Mittelalter-Schriften Bd. 18) München: Wilhelm Fink Verlag.

–, (1980): *Neue Ansätze im Bereich „Wörter und Sachen"*. In: Günter Wiegelmann (Hrsg.): *Geschichte der Alltagskultur. Aufgaben und neue Ansätze*, Münster: E. Coppenrath Verlag, 87–102.

–, (1985a): Anwende im Licht von Dialektologie und Rechtssprachgeographie. In: *Text- und Sachbezug in der Rechtssprachgeographie* (= Münstersche Mittelalter-Schriften Bd. 52) München: Wilhelm Fink Verlag, 146–178.

–, (1985b): Die Bezeichnungen Zunft und Gilde in ihrem historischen und wortgeographischen Zusammenhang. In: *Kaufmännische und gewerbliche Genossenschaften im frühen und hohen Mittelalter*, hrsg. von Berent Schwineköper (Vorträge und Forschungen Bd. XXIX) Sigmaringen: Jan Thorbecke Verlag, 31–52.

–, (1989): Rechtssprachgeographie als Sonderfall historischer Wortgeographie. In: *Ergebnisse und Aufgaben der Germanistik am Ende des 20. Jahrhunderts*, Fs. Ludwig Erich Schmitt, hrsg. von Elisabeth Feldbusch, Hildesheim/Zürich/New York: Olms-Weidmann, 39–95.

Schmitt, Ludwig Erich (1957–1966): *Wissenschaftliche Jahresberichte des Forschungsinstituts für deutsche Sprache. Deutscher Sprachatlas*. Universität Marburg.

Schröder, Marianne (1980): Zum Zusammenhang zwischen Benennungsmotiv, Motivbedeutung und Wortbedeutung. In: *Deutsch als Fremdsprache* 17, 327–330 u. 383.

Schuchardt, Hugo (1912): Sachen und Wörter. In: *Anthropos* 7, 827–839.

Schwarz, Hans (1993): *Wort und Welt. Aufsätze zur deutschen Wortgeschichte, zur Wortfeldtheorie und zur Runenkunde*. Münster: Nodus Publikationen.

Seidelmann, Erich (1968): 'Kartoffeln häufeln'. Bezeichnungsgeschichte und Wortgeographie eines neuzeitlichen Arbeitsbegriffs. In: *DWEB* 5, 267–333.

de Smet, Gilbert A.R. (1975): 'Ehefrau' in den altdeutschen Originalurkunden bis zum Jahre 1300. In: *Fs. Karl Bischoff*, Köln/Wien: Böhlau Verlag, 27–39.

Splett, Jochen (1983): *Althochdeutsches Wörterbuch. Analyse der Wortfamilienstrukturen des Althochdeutschen*. Berlin/New York: Walter de Gruyter.

–, (1986): Lexikalische Beschreibungsprobleme am Beispiel der althochdeutschen Wortfamilie swerien. In: *Sprache und Recht, Fs. Ruth Schmidt-Wiegand*, hrsg. Karl Hauck u. a., Berlin/New York, Walter de Gruyter, Bd. 2, 930–943.

Tallen, Maria (1963): Wortgeographie der Jahreszeitennamen in den germanischen Sprachen. In: *DWEB* 2, 159–222.

Text- und Sachbezug in der Rechtssprachgeographie (1985), hrsg. von Ruth Schmidt-Wiegand (Münstersche Mittelalter-Schriften Bd. 52) München: Wilhelm Fink-Verlag.

Trier, Jost (1931, ²1973): *Der deutsche Wortschatz im Sinnbezirk des Verstandes. Von den Anfängen bis zum Beginn des 13. Jahrhunderts*, 2. Aufl. Heidelberg: Carl Winter.

–, (1931, 1973): Über Wort- und Begriffsfelder (1931), Wiederabdruck in: *Wortfeldforschung* (s.u.), 1–38.

Ullmann, Stephan (1957): *The Principles of Semantics. A linguistic approach to the meaning*, Oxford: Basil Blackwell & Mott; Deutsche Fassung von Susanne Koopmann (1967): Grundzüge der Semantik. Die Bedeutung in sprachwissenschaftlicher Sicht, Berlin: Walter de Gruyter.

Ulrich, Winfried (1972): *Wörterbuch linguistischer Grundbegriffe*, Kiel: Ferdinand Hirt.

Wahrig, Gerhard (+) (1997): *Deutsches Wörterbuch*, hrsg von Renate Wahrig-Burfeind, Bd. 1 u. 2, Gütersloh: Bertelsmann Lexikon Verlag GmbH, Bd. 2, S. 1342.

Weber, Nico (1991): Onomasiologie und Semasiologie im maschinellen Lexikon. In: *Zeitschrift für Phonetik, Sprachwissenschaft und Kommunikationsforschung* 44, 614–633.

Wehrle, Hugo; Hans Eggers (¹⁵1989): *Deutscher Wortschatz. Ein Wegweiser zum treffenden Ausdruck*, Stuttgart: Ernst Klett Verlag.

Weisgerber, Leo (1954, 1973): Die Sprachfelder in der geistigen Erschließung der Welt; Wiederabdruck in: *Wortfeldforschung* (s.u.), 318–335.

Wichter, Sigurd u. a. (1984): Einflüsse bei der Wahl von Bezeichnungen. Nachuntersuchungen des Gefäß-Experiments von Labov im Deutschen. In: *Zeitschrift für Germanistische Linguistik* 12, 156–180.

Wichter, Sigurd (1988): *Signifikantgleiche Zeichen*, Tübingen: Gunter Narr Verlag.

Wiegand, Herbert Ernst unter Mitarbeit von Gisela Harras (1971): Zur wissenschaftshistorischen Beurteilung des deutschen Wortatlas. In: *Germanistische Linguistik* 1–2.

–, (1970, ²1978): Synchronische Onomasiologie und Semasiologie. Kombinierte Methoden zur Strukturierung der Lexik. In: *Germanistische Linguistik. Berichte aus dem Forschungsinstitut für deutsche Sprache. Deutscher Sprachatlas* 3, 243–384.

Wiegelmann, Günter (1970): *Innovationszentren in der ländlichen Sachkultur und Geschichte. Fs. Josef Dünninger*, hrsg. Dieter Harmening u. a., Berlin: Erich Schmidt, 120–136.

Wiegelmann, Günter; Matthias Zender; Gerhard Heilfurth (1977): *Volkskunde. Eine Einführung* (Grundlage der Germanistik 12), Berlin: Erlich Schmidt.

Wiegelmann, Günter (1996): Butterbrot und Butterkonservierung im Hanseraum. In: *Nahrung und Tischkultur im Hanseraum*, hrsg. von Günter Wiegelmann, Münster/New York: Wachsmann, 463–499.

Wörterbuch der vergleichenden Bezeichnungslehre. Onomasiologie, begr. und hrsg. von Johannes Schröpfer, Bd. I: Die Bezeichnungsweisen eines Grundbegriffsvorrates in 30 Sprachen Europas synchron und diachron. Region Mittel-, Ost- und Südeuropa mit Vorgänger- und Nachbarsprachen, Ausgabe A, Heidelberg: Carl Winter 1979 ff.

Wortfeldforschung. Zur Geschichte und Theorie des sprachlichen Feldes (1973), hrsg. von Lothar Schmidt, Darmstadt: Wissenschaftliche Buchgesellschaft (Wege der Forschung Bd.CCL).

Wortgeographie und Gesellschaft (1968), hrsg. von Walther Mitzka, Berlin: Walter de Gruyter.

WuS = Wörter und Sachen (1909–1943): Kulturhistorische Zeitschrift für Sprach- und Sachforschung, hrsg. von Rudolf Meringer, Wilhelm Meyer-Lübke u. a., Bd. 1–18, 1909–1937, fortgesetzt als Zeitschrift für indogermanische Sprachwissenschaft, Volksformen und Kulturgeschichte, hrsg. von Hermann Güntert, NF. Bd. 1–4, 1938–1942/43.

Wörter und Sachen im Lichte der Bezeichnungsforschung, hrsg. von Ruth Schmidt-Wiegand (Arbeiten zur Frühmittelalterforschung Bd. 1), Berlin/New York: Walter de Gruyter. „Wörter und Sachen" als methodisches Prinzip und Forschungsrichtung I u. II, hrsg. von Ruth Schmidt-Wiegand, Germ. Ling. 145–146 u. 147–148, 1998, Hildesheim, Zürich, New York: Georg Olms Verlag.

Zillich, Werner (Hrsg. 1994): *Jost Trier. Leben – Werk – Wirkung*, Münster: Aa Verlag

Ruth Schmidt-Wiegand,
Marburg (Deutschland)

94. Onomasiologische Fallstudien

1. Einführung
2. Onomasiologische Wörterbücher
3. Onomasiologische Studien mit wortgeographischen Zielsetzungen
4. Onomasiologische Studien zur religiösen Sprache
5. Onomasiologische Studien zu Vogelbezeichnungen
6. Literatur in Auswahl

1. Einführung

1.1. Obwohl offenbar erst der österreichische Romanist A. Zauner (1903) in seinem Werk über die romanischen Namen der Körperteile die Bezeichnungen onomasiologisch und Onomasiologie geprägt hat, ist die onomasiologische Praxis zweifellos deutlich älter. Allerhand sachlich geordnete Vokabulare und Synonymensammlungen aus alten und älteren Kulturen (wie China, Indien, Babylon, Griechenland, Rom u. a.) spiegeln nämlich trotz der zeitlichen und inhaltlichen Distanz zur modernen Onomasiologie schon die onomasiologische Grundidee wider, nach der man, ausgehend von einem wie auch immer festgelegten oder theoretisch definierten (nicht selten kritisierten) Begriff, nach den Bezeichnungen fragt, die diesem Begriff entsprechen. Auch in der Überlieferung der deutschen Sprache selbst lässt sich der onomasiologische Ausgangspunkt sehr früh nachweisen, und zwar schon im Ahd., in dem die rege Übersetzungstätigkeit nicht selten z. B. sachlich geordnete Vokabulare zustande gebracht hat; auch das Verfahren mehrerer früher lexikographischer Erzeugnisse aus dem deutschen Sprachgebiet seit dem Ende des 15. Jhs. kann als wenigstens teilweise onomasiologisch bezeichnet werden. Praktische Onomasiologie in Ansätzen finden wir weiter ebenfalls schon bei keinem Geringeren als Jacob Grimm. Dass solche und andere ältere Werke onomasiologisch vorgingen, ohne dass sie von einer breiten theoretischen Basis in Bezug auf die Onomasiologie ausgehen konnten, schmälert ihre Bedeutung keineswegs.

1.2. Erst im Zuge der Entwicklungen, die seit dem 19. Jh. innerhalb der ganzen Sprachwissenschaft zu beobachten sind, hat auch die Onomasiologie allmählich zu einer genaueren Festlegung ihrer theoretischen Grundlagen gefunden, zunächst vor allem in der Romanistik und der Indogermanistik, bald aber auch in der Germanistik. Einige bedeutsame theoretische Stationen, über die sich die Onomasiologie zu ihren heutigen Ansichten entwickelt hat, sind die Wörter- und Sachenforschung, die klassische Onomasiologie (und Semasiologie) und die strukturalistisch bedingte Onomasiologie (und Semasiologie).

1.3. Bei einer solchen Skizze der Entwicklung der onomasiologischen Theorie darf gleichwohl nicht übersehen werden, dass die Grenzen zwischen den einzelnen theoretischen Stufen eher fließend sind und dass konkrete Studien nicht immer den jeweiligen Stand der Theorie widerspiegeln. Außerdem liegt die wesentliche Bedeutung der Onomasiologie nicht im theoretischen, sondern im praktischen Bereich, und zwar in der Fülle von konkreten, vollständig oder wenigstens in Ansätzen onomasiologischen Fallstudien, aus denen sogar nicht selten erst im Nachhinein auf induktivem Wege theoretische onomasiologische Ansichten abgeleitet wurden. Alles in allem weisen allein schon das späte 19. und das 20. Jh. eine reiche Ernte an onomasiologischen Studien auf. Reichliche bibliographische Informationen zu onomasiologischen Fallstudien etwa bis zur Mitte dieses Jhs. finden sich u. a. bei Quadri (1952), bei Dornseiff (1970) (unverändert seit der 5. Auflage 1959) und bei Gipper/Schwarz (1962–1985), zu neueren Fallstudien u. a. in Germanistik (1960ff.). Eine ausführliche und systematische bibliographische Gesamtübersicht steht jedoch noch aus. Ein Problem bei der Suche nach onomasiologischen Werken ist übrigens, dass die Bezeichnungen onomasiologisch und Onomasiologie selbst selten in Titeln hervortreten und sich somit aus dem Titel einer Untersuchung nicht immer die onomasiologische Ausrichtung eindeutig feststellen lässt. Bei solchen Untersuchungen bestimmen weiter nicht selten die onomasiologische Fragestellung oder das onomasiologische Interesse nur teilweise den Inhalt eines wissenschaftlichen Beitrags oder verbinden sie sich eng mit der im Strukturalismus als komplementär-semasiologisch bezeichneten Verfahrensweise (cf. Wiegand 1970, 255).

1.4. Herkömmlicherweise beziehen sich onomasiologische Studien auf Bezeichnungen im engen Sinn des Wortes, aber im Prinzip können auch Phraseologismen und sogar grammatische Formen Gegenstand der Forschung sein, vorausgesetzt, dass sie auf irgendeine Weise einen Begriff sprachlich zum Ausdruck bringen (vgl. Schippan 1992, 36f.). Schwerpunkte onomasiologischer Untersuchungen sind außer der Materialsammlung, die nur die einfachste Stufe einer solchen Untersuchung darstellt, vor allem die eingehende Erklärung des gesammelten Materials (etymologisch, was die Verbreitung betrifft, in Bezug auf die Bezeichnungsmotivik usw.) und, für eine onomasiologische Forschung mit diachronischer Zielsetzung, natürlich auch der beobachtete Bezeichnungswandel. Welcher onomasiologische Aspekt bzw. welche onomasiologischen Aspekte untersucht wird bzw. werden, hängt von dem vorhandenen Material, aber auch von den Interessen und den Zielsetzungen des jeweiligen Forschers ab.

1.5. Weder in der Darstellung noch in der Bibliographie kann im Rahmen dieses Beitrags Vollständigkeit angestrebt werden. Hier sei bloß die konkrete onomasiologische Praxis anhand von repräsentativen ausgewählten Beispielen aus dem Bereich der Germanistik illustriert. Der Reihe nach werden behandelt: onomasiologische Wörterbücher (vgl. 2), onomasiologische Studien mit wortgeographischen Zielsetzungen (vgl. 3), onomasiologische Studien zur religiösen Sprache (vgl. 4) und onomasiologische Studien zu Vogelbezeichnungen (vgl. 5).

2. Onomasiologische Wörterbücher

Wörterbücher, die für die makrostrukturelle Gliederung ihrer Lemmata statt der alphabetischen Ordnung ein Begriffssystem zugrunde legen und zu jedem einzelnen Begriff in diesem System die dazugehörenden Bezeichnungen verzeichnen, nennt man onomasiologische, ideologische, systematische oder auch Begriffs- oder Bezeichnungswörterbücher (Dobrovol'skij 1995, 71 schlägt als Terminus ideographisch vor, weil seiner Meinung nach die Ideen der Menschen über die Welt und nicht die Begriffe den Ausgangspunkt für die Suche nach Bezeichnungen bilden). Solche Wörterbücher gibt es im Deutschen schon seit langem. Modernere onomasiologische Wörterbücher des Deutschen sind vor allem Wehrle/Eggers (1961) (1. Auflage 1881 von A. Schlessing) und Dornseiff (1970) (1. Auflage 1933) (vgl. Haß-Zumkehr 2001, 285–289). Beide

Werke weisen eine begrifflich gegliederte Makrostruktur auf, die jeweils über einen alphabetischen Index erschlossen werden kann. Jener fußt in seiner Einteilung auf dem für die angelsächsische Welt wichtigen, 1852 zum ersten Mal erschienenen, nachher immer wieder neu verlegten Thesaurus von P. M. Roget (Roget 1852). Der Altphilologe F. Dornseiff wollte seinerseits eine Vorarbeit eines griechischen Synonymenwörterbuchs zustande bringen. Dabei sei ihm nach seinen eigenen Worten (Dornseiff 1970, 37) ein Wörterbuch von D. Sanders (Sanders 1873–1877) am wichtigsten gewesen. Dornseiff teilt den gesamten deutschen Wortschatz in 20 begriffliche Hauptabteilungen ein (z. B. 1. Anorganische Welt. Stoffe, 2. Pflanzen. Tier. Mensch (körperlich), 3. Raum. Lage. Form usw.) und bringt in jeder dieser Hauptabteilungen 20 bis 90 Begriffsnummern, denen jeweils eine Reihe von in Frage kommenden Bezeichnungen zugeordnet wird. Von der Forschung wurde und wird das Werk einerseits mit Lob begrüßt (vgl. Dornseiff hat sich mit seinem Werk „zum eigentlichen Anwalt der onomasiologischen Forschungsrichtung gemacht", Quadri 1952, 166), andererseits jedoch getadelt (vgl. „Dornseiffs Sammlung [konnte] wegen ihrer vielen Fehler und Ungenauigkeiten [...] von Anfang an nur als Notbehelf gelten", Gipper/Schwarz 1989, VI). Zwar ist Dornseiff (1970) weder fehlerlos noch lückenlos und bildet das Werk rein äußerlich nur eine begrifflich geordnete Sammlung mit rohem, unerklärtem lexikologischem Material, für den Muttersprachler und für den fortgeschrittenen DaF-Lerner, der mit der deutschen Sprache umzugehen weiß, ist es jedoch ein Werk, das bei produktiver Sprachverwendung oder bei einer sonstigen onomasiologischen Fragestellung dem Benutzer gute Dienste erweisen kann.

3. Onomasiologische Studien mit wortgeographischen Zielsetzungen

3.1. Entscheidenden Auftrieb bekam die onomasiologische Praxis u. a. von der Sprachgeographie, deren Höhepunkte in Frankreich bei J. Gilliéron und E. Edmont (*Atlas linguistique de la France* 1902–1910) und in Deutschland bei G. Wenker und seinem Schüler und Nachfolger F. Wrede mit ihrem *Deutschen Sprachatlas* (1926–1956) (DSA) zu suchen sind. Schon seit den letzten Jahrzehnten des 19. Jhs. versuchten die erwähnten Forscher mit der sog. direkten Fragemethode bzw. der sog. indirekten Fragemethode (schriftliche Antworten auf Fragebogen) sprachliche Daten zu sammeln, die im untersuchten Gebiet geographische Lagerungen aufdecken. Im Zuge der junggrammatischen Forschungen galt das Hauptinteresse Wenkers der Laut- und Formengeographie, aber sehr bald kam man zu der Erkenntnis, dass die Antworten auch Wortschatzvariationen oder Synonyme aufwiesen (nach Bellmann 1968, 229 besser als Heteronyme zu bezeichnen) und dass sie daher auch Material für wortgeographische und folglich für onomasiologische Untersuchungen boten. Schon 1877 wurde eine Karte gezeichnet, die die geographische Verteilung von *achter/henger* verzeichnet und somit als die erste Wortkarte des deutschen Sprachgebiets betrachtet werden kann (Knoop/Putschke/Wiegand 1982, 69). Noch im 19. Jh. entstanden auf der Grundlage des sog. DSA-Materials weitere Wortkarten. Allmählich fingen aber Forscher an eigens zu wortgeographischen Zwecken Wörter abzufragen und kartographisch zu verarbeiten.

3.2. Unabhängig von der Sammeltätigkeit im Rahmen des DSA erschien 1918 die erste Auflage der ersten bedeutenden wortgeographischen Studie im Deutschen, und zwar P. Kretschmer (Kretschmer 1969; diese zweite Auflage verarbeitet auch Kretschmers hinterlassene Notizen für die 1938 geplante zweite Auflage, die aber erst 1969 erschien). Der Wiener Indogermanist Kretschmer sammelte und untersuchte (ohne Hinzufügung von Wortkarten) die Wortgeographie der Heteronyme für etwa 350 Begriffe in der hochdeutschen Umgangssprache. Darunter versteht er die mündliche Gemeinsprache der Gebildeten, die sich zwischen der Mundart einerseits und der Schriftsprache andererseits befindet, ohne dass die Grenzen (zumal zu den mundartlichen Ausdrücken hin) immer genau festgelegt werden können. Das Material sammelte er zwischen 1909 und 1915 in insgesamt 150–170 Orten, was bedeutet, dass seine Ergebnisse nicht notwendigerweise mit dem heutigen Befund übereinstimmen müssen. Die Begriffe, für die auffallenderweise jeweils die Berliner Bezeichnung als Stichwort gilt, gehören vorwiegend zum Bereich des alltäglichen Lebens (Haus und Haushalt, Kleider, Speisen, Kinderspiele und Verwandtes usw.). Ein sehr einfach zu beschreibendes Beispiel ist die umgangssprachliche Bezeichnung für den ersten Monat des Jahres (Kretschmer 1969, 241): Gegenüber in Deutschland üblichem *Januar* gilt in Österreich das Wort *Jänner*, das sich als richtig mundartliches Wort auch ab und zu in Deutschland und in der Schweiz findet. Etwas komplizierter muten die umgangssprachlichen Bezeichnungen für das weiche Innere des Brotes an (Kretschmer 1969, 308f.), für welchen Begriff nicht allen Informanten eine Bezeichnung bekannt war. In fast ganz Deutschland, im nördlichen Teil Österreichs und sogar stellenweise in der Schweiz wird *Krume* gebraucht, das seine ursprüngliche Verbreitung, die sich offenbar auf das Niederdeutsche und das Mitteldeutsche beschränkte, deutlich erweiterte. In Süddeutschland ist *Brosame* (*Brosem*) heimisch, genauso wie in Lothringen und in Luxemburg. Im Bairisch-Österreichischen findet sich eine dritte Bezeichnung, nämlich *Schmolle* (vulgär *Schmollen*), eine alte Nebenform von *Molle* (cf. Adjektiv *môl, moll* 'weich, überreif'), welche Bezeichnung innerhalb desselben Gebietes ebenfalls stellenweise vorkommt. Eine seltene Bezeichnung ist *(Brot)musel*, von Kretschmer als mundartlich eingestuft. Letzten Endes wird statt einer prägnanten Bezeichnung ab und zu ein allgemeines Wort wie *das Innere, das Weiche, die Weichel, das Weichliche, das Linde* oder *das Weiße* gebraucht. Eine reiche Heteronymik gibt es auch für den Mann, der das Vieh schlachtet, zerteilt und das Fleisch verkauft (Kretschmer 1969, 412ff.). Wenn man ältere, inzwischen verschwundene Bezeichnungen (z. B. *Kuter*) und vereinzelt vorkommende Bezeichnungen (z. B. *Selcher* in Österreich) für den Metzger außer Betracht lässt, verteilen im Großen und Ganzen nicht weniger als fünf verschiedene Bezeichnungen, die alle auch in der Schriftsprache begegnen, die Umgangssprache des ganzen deutschen Sprachgebiets untereinander (Überlappungen kommen aber vor): *Schlächter/Schlachter* (eine norddeutsche Bezeichnung, die als Simplex noch nicht im Mittelalter begegnete, außer in der Zusammensetzung *vleischslahter*), *Fleischer* (ostdeutsch), *Knochenhauer* (als nd. *knokenhouwer* im Mittelalter sehr verbreitet; heute nur noch wenig üblich), *Fleischhacker/Fleischhauer* (welche Ausdrücke sich südlich an das *Fleischer*-Gebiet anschließen) und schließlich *Metzger* (im übrigen Gebiet, also im westlichen Österreich, in der Schweiz und in West- und Süddeutschland). Zum Teil dürfte die geographische Verschiedenheit dieser Bezeichnungen zusammenhängen mit der geographischen Beschränkung der zugrunde liegenden Verben (*schlachten, metzgen*) oder auch mit einer Arbeitsverteilung, bei der der betreffende Mann nicht selber schlachtet, sondern nur das Fleisch zerhaut oder verkauft (cf. *Fleischer, Fleischhacker, Knochenhauer*).

3.3. Eine nicht unbedeutende wortgeographische Tätigkeit entwickelte in den Zwanziger- und Dreißigerjahren unseres Jhs. B. Martin (cf. Martin 1980), der eine Reihe von auf dem Material des DSA basierenden Wortkarten veröffentlichte. Auch der *Atlas der deutschen Volkskunde* (1937–1940) bereicherte die Forschung zur deutschen Sprache um mehrere Wortkarten. Entscheidend in diesem Zusammenhang waren aber die Bestrebungen von W. Mitzka, der 1938 nach dem Vorbild des DSA schriftliches Sprachmaterial zu sammeln anfing. Im Gegensatz zum DSA, dem vor allem Laute und Formen am Herzen lagen, richtete Mitzka sein Augenmerk auf das Sammeln von Wörtern. Aus mehr als 48 000 Orten im ganzen deutschen Sprachgebiet brachte er um 1940 für 200 Stichwörter ein reiches Wortmaterial zusammen, das die Grundlage für den seit 1951 von ihm, bald in Zusammenarbeit mit L. E. Schmitt, veröffentlichten Deutschen Wortatlas (DWA) bildete (Mitzka/Schmitt 1951–1980). Genauso wie die Karten des DSA bedeuteten die Karten des DWA keinen Endpunkt, kein endgültiges Ergebnis der Forschung, sondern nur ein Instrument für weitere Forschung. Die Karten wurden denn auch bald der Ausgangspunkt für allerhand konkrete, nicht selten onomasiologische Untersuchungen, obwohl auch mit anderen Interessen an das Material herangegangen wurde. Eine bibliographische Übersicht über derartige Studien (zum Teil Wortkartenstudien) findet sich u. a. in Siegel (1942), Siegel (1957), Siegel (1964), von Polenz (1963), Mitzka/Schmitt (1951–1980) und Barth (1972). Einige von den vielen Untersuchungen, die, von dem Wortmaterial des DWA ausgehend, allerhand onomasiologische Zielsetzungen verfolgen, seien hier kurz dargestellt.

3.4. Den Ausgangspunkt für Neubauer (1958) bilden die Bezeichnungen der Wortatlaskarte zum Begriff „wiederkäuen". Das heutige Nebeneinander der einzelnen mundartlichen Bezeichnungen, das eine bunte Vielfalt aufzuweisen scheint, wird stark nuanciert durch sprachgeschichtliche Untersuchungen, die zeigen, wie diese Karte sich durch relativ wenige Heteronyme kennzeichnet. Als einzige Bezeichnung für „wiederkäuen" belegt die ahd. Zeit das zusammengesetzte Verb *itaruchen* (*ita* 'wieder' und *ruchen* 'erbrechen, aufstoßen'), das gemeingermanischen Ursprungs war. Als in bäuerlichen Kreisen wichtige Bezeichnung hat sich *itaruchen* in den meisten Mundarten problemlos behaupten können, aber seine beiden Teile waren bald etymologisch so stark isoliert und deswegen so undurchsichtig geworden, dass sie auf allerlei Weisen deformiert wurden, was im Laufe der deutschen Sprachgeschichte zu einer Fülle von Formen Anlass gegeben hat (Neubauer 1958, 313ff.). Sogar die üblichen niederdeutschen Bezeichnungen der heutigen Wortkarte für „wiederkäuen", die scheinbar auf eine andere Bezeichnung als *itaruchen* zurückgehen, sind als Deformationen von mnd. *ed(d)erkouwen* oder *ad(d)erkouwen* über mndl. (und wahrscheinlich mnd.) *ederichen* letzten Endes wieder auf *itaruchen* zurückzuführen. Nur in relativ wenigen Mundarten ersetzten früher oder später andere (etymologisch auch nicht immer durchsichtige) Bezeichnungen die völlig undurchsichtig gewordenen Fortsetzungen von *itaruchen*: *dauen* (und seine Varianten) im Schwäbischen, im Niederalemannischen und teilweise auch im Süd- und Ostfränkischen, *maien* (und seine Varianten) im Alemannischen, *grameila* in Tirol, *undarna* (und *undarlo*) im Niederalemannischen, *urkäuen* im Ostfränkischen, *anderweiden* in der Zips. Abgesehen von einigen wenigen ungeklärten, aber recht seltenen Synonymen (Neubauer 1958, 513f.) weist das deutsche Sprachgebiet daneben noch eine Reihe von sogenannten Verlegenheitsbildungen auf, die sich wegen ihrer größeren Durchsichtigkeit statt der üblichen undurchsichtigen Ausdrücke in älterer Zeit seltener, in jüngerer Zeit häufiger durchsetzen konnten (*abkäun, auflörpsen, aufstoßen* usw.; cf. Neubauer 1958, 488ff.). Zu ihnen gehört auch das jüngere durchsichtige Kompositum *wiederkäuen*, das als Haupttyp des ostdeutschen Sprachgebiets seine allmähliche Ausdehnung außerhalb dieses Gebiets auf Kosten anderer Heteronyme in hohem Maße seiner einstigen und jetzigen Förderung durch die Schriftsprache verdankt.

3.5. Zwar bildet auch für Foltin (1963) das DWA-Material (der sog. Karte „Mütze") den Ausgangspunkt, aber seine Untersuchung misst den aus diesem Material sich ergebenden wortgeographischen Ergebnissen nur eine relativ geringe Bedeutung bei, weil der in der DWA-Frage abgefragte Kontext nicht deutlich genug besage, für welchen Begriff genau man eine Bezeichnung verlange, und weil die Bezeichnung *Mütze* selbst nicht in jeder Region Deutschlands dieselbe Bedeutung habe, so dass die Ergebnisse auf der betreffenden Wortkarte nicht unproblematisch seien.

3.5.1. Außer dem DWA-Material zieht Foltin deshalb noch andere wortgeographisch interessante Untersuchungen, Mundartwörterbücher, kostümgeschichtliche und trachtenkundliche Darstellungen, allerhand Wörterbücher (auch in Bezug auf die älteren Sprachperioden des Deutschen) und sonstige Quellen heran, um auf diese Weise eine reiche Materialsammlung von Bezeichnungen für den Begriff „Kopfbedeckung" auszubauen. Diesen allgemeinen Begriff kann man, vorwiegend nach der Form der Kopfbedeckung (aber auch nach dem Material oder dem Träger), in verschiedene sog. Sachtypen weiter untergliedern. Unterschieden werden die Sachtypen „Hut", „Kappe-Mütze(-Haube)", „Kapuze", „Kopftuch", „Haarband-Kranz", „Helm" und weiter noch einige ganz spezifische Kopfbedeckungen („Tropenhelm", „Südwester", „Taucherhelm" u. ä.; Zeichnungen: Foltin 1963, 293ff.). Eine sprachliche Untersuchung nach den Bezeichnungen der Kopfbedeckung sollte diesen sachlichen Hintergrund nicht aus den Augen verlieren.

3.5.2. Eine Übersicht über die Sachgeschichte der Kopfbedeckungen von der Antike bis heute lehrt uns, dass Kopfbedeckungen im Laufe der Geschichte bald seltener, bald häufiger waren. Man hat sich nach wie vor ihrer bedient, weil sie eine bestimmte Funktion erfüllten bzw. erfüllen, und zwar entweder eine Schutzfunktion (u. a. gegen bestimmte klimatische Erscheinungen oder im militärischen Bereich) oder eine Zeichenfunktion (z. B. Autorität, Zugehörigkeit zu einer Gruppe) oder eine Schmuck- und Reizfunktion oder schließlich eine Funktion im Aberglauben. Am ausgeprägtesten ist heute bei Kopfbedeckungen noch die Schmuck- und Reizfunktion vorhanden.

3.5.3. Diese sachgeschichtliche Darstellung bietet den notwendigen Hintergrund für die Untersuchung nach der Herkunft der (wichtigsten früheren und heutigen) deutschen Kopfbedeckungsbezeichnungen. Da sie nicht selten wegen der Schmuck- und Reizfunktion des betreffenden Gegenstandes zusammen mit der Sache über alle Sprach- und Staatsgrenzen hinweg übernommen wurden, versteht es sich, dass diese Bezeichnungen, egal welcher Herkunft sie sind, wenn möglich nicht nur im

Deutschen, sondern in einem breiteren, einem gesamteuropäischen Rahmen behandelt werden, so dass sich in dieser Übersicht dem aufmerksamen Leser allerhand kulturgeschichtliche Einflüsse und Zusammenhänge öffnen. Relativ wenige deutsche Kopfbedeckungsbezeichnungen (insgesamt 6) sind Erbwörter germanischer (oder indogermanischer) Herkunft: *Hut, Haube, Helm, Band,* mhd. *chuppha* (im Spätmittelalter mit der Sache verschwunden), *Wimpel* (hat eine Bedeutungsverschiebung erfahren). Viel zahlreicher sind im Deutschen in diesem Bereich jedoch Lehnwörter, Fremdwörter und Bedeutungsentlehnungen aus allerhand (vor allem, aber nicht ausschließlich) europäischen Sprachen. Foltin (1963, 101) verzeichnet insgesamt 86 ähnliche Fremdwörter, und zwar aus dem Latein (z. B. *Krone*), aus dem Französischen (nicht weniger als 43, z. B. *Barett*) und anderen romanischen Sprachen, aus germanischen Sprachen, aus den (benachbarten) slawischen Sprachen, aus dem Litauischen, aus dem Ungarischen und sogar aus semitischen und iranischen Sprachen und aus dem Türkischen. Die dritte Gruppe bilden die Kopfbedeckungsbezeichnungen, die das Deutsche selbst im Laufe der Jahrhunderte mit eigenem Wortmaterial geschaffen hat. Abgesehen von 15 als wichtig umschriebenen Bezeichnungen (wie z. B. *Tuch*) betrifft es hier vor allem Zusammensetzungen, entweder vollständig oder teilweise aber auch überhaupt nicht aus Material der drei genannten Gruppen entstanden, und Bildungen, die nur einen lokalen oder einen Gelegenheitscharakter erlangt haben.

3.5.4. Das Material der Kopfbedeckungsbezeichnungen enthüllt eine reiche Bezeichnungsmotivik, wobei auch mehr als ein Motiv zu einer einzigen Bezeichnung beigetragen haben mag. Während die Bezeichnungsmotive für den etymologisch Ungeschulten bei den Erbwörtern, bei den Lehnwörtern u. ä. und bei Bezeichnungen, die durch Bedeutungsverschiebung aus Bezeichnungen anderer Kleidungsstücke entstanden sind, meist im Dunkeln liegen, sind die meisten Bezeichnungen von ihrer Motivierung her durchsichtig und anschaulich. In der weitaus größten Gruppe ist die Bezeichnung aus der Hervorhebung eines subjektiv als dominant erfahrenen Merkmals der Kopfbedeckung erwachsen. Nicht weniger als 28 ähnliche Bezeichnungsmotive können unterschieden werden. Quantitativ die wichtigsten unter ihnen sind: Gesamtform (z. B. *Sonnenblume*), Form eines Teils (z. B. *Bandhaube*), Material (z. B. *Pelzmütze*), Funktion (z. B. *Kardinalshut*), Verwendungszweck (z. B. *Badekappe*), geographische Herkunft oder Verbreitung (z. B. *Berliner Haube*). In einer zweiten, ebenfalls nicht unerheblichen Gruppe sind die Bezeichnungen (vorwiegend) durch affektische Motivierung (Scherz, Abwertung u. ä.) zu erklären (z. B. *Dreimaster*). Viel kleiner schließlich ist die Gruppe, in der Kopfbedeckungsbezeichnungen als Kontaminationsformen (z. B. *Dreispalter,* aus *Dreispitz* und *Nebelspalter*) oder als tautologische Bildungen (z. B. *Schappkenmütze*) zu verstehen sind.

3.5.5. Von onomasiologischem Interesse zeugt auch die kurze Untersuchung nach den (schwer zu fassenden) Ursachen des diachronen Bezeichnungswandels bei Kopfbedeckungsbezeichnungen. In diesem Bereich erscheinen vor allem der Sachwandel (und die damit zusammenhängende Notwendigkeit der Unterscheidung) und psychologische und sozialpsychologische Ursachen (cf. Affekt) wichtig; weniger wichtig sind wahrscheinlich innersprachliche Ursachen (Sprachökonomie).

3.6. Wie aus der Untersuchung von Foltin (1963) hervorgeht oder wie allein schon der Titel von Schmitt (1958–1972) suggeriert, ist die Forschung seit mehreren Jahrzehnten zu der Einsicht gelangt, dass die Wortgeographie nicht an den eigenen Sprachgrenzen Halt machen, sondern über mehrere Sprachgebiete hinweg u. a. onomasiologische Untersuchungen anstellen sollte. Neuere praktische Ergebnisse dieser Bemühungen sind z. B. der *Atlas Linguarum Europae* (1975 ff.) und das *Wörterbuch der vergleichenden Bezeichnungslehre* (1979–1994).

4. Onomasiologische Studien zur religiösen Sprache

4.1. Nicht selten haben sich sprachliche Untersuchungen darauf konzentriert, mit welchen Bezeichnungen das Deutsche Begriffe aus dem Bereich der Religion wiederzugeben versuchte. Vor allem in der älteren Periode seiner Geschichte sah sich das geschriebene Deutsch wegen der nahezu ausschließlich religiösen Ausrichtung der damals entstehenden Denkmäler gezwungen, sich immer wieder mit dem Problem der Suche nach deutschen Bezeichnungen für religiöse Begriffe auseinanderzusetzen. Musste doch die eigene Terminologie für die dem Deutschen vorwiegend in lateinischer Gestalt erscheinende, ihm völlig neue Gedankenwelt der christlichen Kirche geschaffen werden, eine Lage, die Lexikologen gleichsam zu onomasiologischen Untersuchungen herausfordert.

4.2. Schon so früh wie bei von Raumer (1845) treten onomasiologische Interessen in den Vordergrund, indem er für mehrere religiöse Begriffe die ahd. Bezeichnungen verzeichnet. So zieht das Ahd. z. B. für die „Dreifaltigkeit" die Ausdrücke *thrinissi, trinussida* und *drisgheit* heran, für das Letzte Gericht *der lezisto tag, der jungisto tag, enditago, tuomes tag (tuomtag), suonatag (suonatago), stuatago* und *taga girihti*. Trotz seines unverkennbaren Verdienstes beschränken sich von Raumers Bemühungen dennoch vor allem auf eine bloße Beschaffung des Materials, das übrigens von späteren Forschern nicht selten um weitere Ausdrücke ergänzt worden ist. Im Laufe der folgenden anderthalb Jahrhunderte, zumal im 20. Jh., sind für allerhand religiöse Begriffe die frühesten deutschen Bezeichnungen eingehender untersucht worden. Nur einige wenige repräsentative Bereiche seien im Folgenden kurz dargestellt.

4.3. De Smet (1961) sammelt und untersucht die deutschen Bezeichnungen bis etwa 1250–1300 für die Begriffe „auferstehen" und „Auferstehung" (in Bezug auf Christus, auf die Auferstehung aus der Sünde und auf die Auferstehung beim Letzten Gericht). De Cubber (1978) konzentriert sich u. a. auf dasselbe Thema, aber nur im Rahmen der frühmhd. geistlichen Dichtung. Um diese frühesten deutschen Bezeichnungen, ihr Nebeneinander und ihren Wandel zu verstehen, empfiehlt es sich weit in die Geschichte zurückzugehen, und zwar bis zu der gotischen Bibel. Ihr Verfasser Wulfila gebraucht für „auferstehen" und „Auferstehung", nach dem unterschiedlichen Wortlaut seiner griechischen Vorlage für diesen Begriff, ohne jeden Bedeutungsunterschied Bezeichnungen aus zwei Sippen: *urreisan/urrists* (cf. *reisan*) und *usstandan/usstass* (cf. *standan*). Die Bezeichnungen aus jener Sippe waren jedoch, auch aus theologischen Gründen, den Bezeichnungen aus dieser weit überlegen und wurden zusammen mit den Bezeichnungen für andere zentrale religiöse Begriffe (wie z. B. für „glauben", „schaffen", „erlösen") von den gotischen Mönchen bei ihrer Missionierungsarbeit als Terminologie für die betreffenden religiösen Begriffe mitgetragen und weitergetragen, so dass die Nachfahren von *urreisan/urrists* einmal in einem Gebiet von der Donau bis nach England geherrscht haben. Zu Anfang des Ahd. müssen also *arrîsan* und *urrist* für das ganze hochdeutsche Sprachgebiet die üblichen Bezeichnungen gewesen sein. Aber bald, kurz nach 700, sollte die Wortsippe *rîsan* gerade in diesem Gebiet eine Bedeutungsänderung erfahren. Von da an bezeichnete die Wortsippe hier eine Bewegung von oben nach unten (und nicht mehr eine von unten nach oben). Auf diese Weise wurde den Bezeichnungen *arrîsan* und *urrist* für „auferstehen" bzw. „Auferstehung" die etymologische Grundlage genommen und waren sie folglich in ihrem Weiterbestehen gefährdet. In Niederdeutschland, in den Niederlanden und in England änderte sich die ursprüngliche Bedeutung von *rîsan* nicht und konnten sich für die behandelten Begriffe Nachfolger der *rîsan*-Sippe behaupten (bis auf Niederdeutschland sogar bis heute). Im Ahd. aber zogen nur noch einige wenige frühe ahd. Denkmäler (genauso wie der as. Heliand) im verbalen Bereich *a(r)rîsan* heran (im Heliand jedoch ausschließlich als Variation nach *astandan*). Das dazugehörige Substantiv *urrist* konnte sich zwar offenbar etwas länger als das Verb halten, aber bald waren sowohl das Verb wie das Substantiv, beides alte Bildungen, aus der deutschen Kirchensprache verschwunden. Schon in den frühesten Denkmälern des Ahd. übernahmen jedoch *stantan*-Ableitungen die zentrale Stellung als Bezeichnungen für „auferstehen" und „Auferstehung"; ihre Nachfahren haben sich bis in unsere Zeit erhalten. Im verbalen Bereich bekam *arstantan*, das an sich die allgemeine Bedeutung 'aufstehen, sich erheben' besaß, prägnanten Sinn, der sich auf die Dauer als der übliche Sinn durchsetzte. Schon ganz alte katechetische Denkmäler aus Sankt Gallen und Weißenburg belegen *arstantan* mit dem neuen Sinn als technischen Ausdruck. Im 9. und im 10. Jh. war das Verb, das seine prägnante Bedeutung am wahrscheinlichsten im deutschen Südwesten erhalten hat, von Sankt Gallen bis ins Mittel- und Ostfränkische und über Fulda und Köln sogar bis ins norddeutsche Gebiet der geläufige Ausdruck für „auferstehen", abgesehen von einigen frühen nördlichen Bildungen mit *up-* oder mit *gi-*. Wie gesagt konnte sich im Bereich des Substantivs das alte *urrist* etwas länger halten als das zugehörige Verb, aber auch hier setzten sich bald *stantan*-Ableitungen durch: Schon im Abrogans und anschließend häufig im Frühahd. begegnete *arstant(an)nessi*, nach der Wortbildung zu urteilen (cf. *-nissi*) ein fränkischer

Ausdruck, der sich bald bis auf den Südwesten in einem weiten Gebiet durchsetzen konnte. Der Südwesten zog inzwischen andere Bezeichnungen heran, alles aber auch *stantan*-Ableitungen, und zwar: *urstôdali*, *urstendida* (cf. das hier geläufigere Suffix *-ida*) und seit etwa 1030 *urstendi/urstendî* (eine Rückbildung aus *urstendida*, die zunächst beim Notker-Glossator begegnet). Abgesehen von einigen selteneren Bezeichnungen (u. a. *erstantununga* als Hapax legomenon bei Otloh) eroberte die Bezeichnung *urstendi/urstendî* in den folgenden Jahrzehnten den ganzen Süden des hochdeutschen Sprachgebiets, von Kärnten bis zum Moselgebiet, und drängte sie die fränkische Neubildung *arstant(an)nessi* nach Norden. Wenn man einige unwesentliche Einzelfälle außer Betracht lässt, so beherrschten also gegen Anfang des Frühmhd. das Verb *erstân* und das Substantiv *urstende* das deutsche Feld. Offenbar wurde aber im mitteldeutschen Fränkisch, welches Gebiet auch heute dem Präfix *er-* nicht gerade geneigt ist, dieses Präfix nicht mehr als deutlich genug für die Bezeichnung einer Bewegung von unten nach oben erfahren. Dem versuchte die Sprache abzuhelfen, entweder indem ein weiteres verdeutlichendes Präfix *ûf-* vorgefügt wurde oder indem im verbalen Bereich ein schon vorhandenes Wort (*ûfarstantan*) herangezogen und mit prägnantem Sinn gefüllt wurde. Zum ersten Mal finden sich sowohl das Verb *ûferstân* als das deverbale Substantiv *ûferstende* in dem um 1120–1130 entstandenen rheinfränkischen Gedicht Friedberger Christ belegt. In ihrem Ursprungsgebiet, dem Fränkischen, scheint vor allem die substantivische Neubildung das ältere *urstende* bald besiegt zu haben, während *ûferstân* noch deutlicher *erstân* neben sich fand. Vor 1300 reichten aber sowohl *ûferstân* als *ûferstende* als kirchensprachliche Ausdrücke für „auferstehen" und „Auferstehung" noch nicht über den mitteldeutschen Raum hinaus. Erst später sollten die *ûfer*-Bildungen *auferstehen* und *Auferstehung* im Deutschen den Sieg davontragen (vgl. DeCubber 2000).

4.4. In De Cubber (1979–1981) wird untersucht, mit welchen ahd., as. und frühmhd. Bezeichnungen die Begriffe „schaffen" (creare), „Schöpfer" (nomen agentis), „Geschöpf" (Nomen acti) und „Schöpfung" (Nomen actionis) wiedergegeben werden. Auffallend ist die Fülle von Bezeichnungen, die in diesem Rahmen nicht alle aufgeführt werden können. Auch hier hat die deutsche Sprache offenbar über mehrere Wege versucht, eigene Bezeichnungen für religiöse Begriffe zu finden. Aber diejenigen Bezeichnungen, die schon in dieser alten Periode für jeden von den vier Begriffen wenigstens den Kernbestand bilden, sind doch alles Ableitungen ein und desselben gemeingermanischen Verbstamms **skap*, der offenbar schon vor der Christianisierung die Bedeutung 'schaffen, gestalten' aufwies, später für die Bezeichnung des christlichen „schaffen"-Begriffs herangezogen wurde und sich letzten Endes im ganzen Bereich durchgesetzt hat. Übrigens ist das Verb *schaffen*, genauso wie das oben schon behandelte *arrîsan*, einer derjenigen zentralen kirchlichen Ausdrücke, die wahrscheinlich durch die gotische Missionierung sehr früh eine weite geographische Verbreitung gefunden haben. Im verbalen Bereich gab es in der untersuchten Periode zwar ein Durcheinander an Formen und Ableitungen von *scepfen*, *scaffan* (und ihren lautgesetzlichen Entwicklungen) und seltener von schwachem *scaffôn*, aber auffallend ist vor allem die im Laufe der untersuchten Periode immer häufiger auftretende Ableitung mittels der Vorsilbe *gi-* (*giscepfen*, *giscaffan*). Diese *gi*-Ableitungen dürften schon früh lexikalisiert worden sein, können aber auch inhaltlich und syntaktisch begründet sein. Unter den Nomina agentis setzte sich nach anfänglichen, wenig erfolgreichen Versuchen wie *sceffant*, *sceffanto*, *kiscaft*, *scheffidh* und etwas wichtigerem *scepfo*, bei Notker sogar noch der wichtigsten Bezeichnung für den Schöpfer, wenigstens seit Otfrid *scepferi* durch, das im Frühmhd. nahezu ohne Konkurrenz das Feld behauptete. Im Bereich der Nomina acti herrschte *giscaft* vor, das gleichwohl seit dem Spätahd. *gescepfeda* neben sich bekam. Trotz der Suche nach neuen *skap*-Ableitungen im Frühmhd. blieben die zwei erwähnten Vokabeln die üblichen Bezeichnungen für das Nomen acti. Wahrscheinlich sind sie als Bezeichnungen für das Nomen actionis entstanden und wurden sie nachträglich in den Bereich der Nomina acti hineingezogen, in welchem Bereich sie häufiger waren als in ihrem ursprünglichen. Außer durch solche *skap*-Ableitungen wurden die vier untersuchten religiösen Begriffe im Frühdeutschen auch zum Ausdruck gebracht mittels Bezeichnungen (Simplizia oder deverbaler Ableitungen), die an sich eine ganz allgemeine Bedeutung haben (die Verben z. B. bedeuten an sich: 'tun, machen, bilden') und die nur dem Kontext ihre Verwendung als (nicht technische) Bezeichnung für „schaffen", „Schöpfer", „Geschöpf" und „Schöpfung" verdanken: *tuon*, *wirken*, *bilidôn*, *mahhôn* u. ä. für „schaffen"; *felaho, felahanto, machære, tuanti* und vor allem die Zusammensetzungen *orthabære, orthabe* und *ortfrumo* für „Schöpfer"; *getât* und die Zusammensetzungen mit *hant-*, vor allem *hant(ge)tât*, für „Geschöpf"; *getât* und *stiftido* für „Schöpfung". Natürlich mögen der Wille zur literarischen Variation oder die Reimbedürfnisse eines Gedichts ähnliche Ausdrücke mitveranlasst haben, aber es ist ebenfalls unverkennbar, dass die Vertreter dieser Gruppe, wenn sie mittelbar oder unmittelbar mit einer lateinischen Vorlage verbunden werden können, selten den prägnanten lat. Ausdrücken *creare, creator, creatura, creatio* entsprechen, sondern häufig einem weniger prägnanten lat. Äquivalent, das auch erst durch den Kontext Prägnanz erlangt hat: etwa *facere, formare, fingere, plasmare* u. ä. statt *creare*; *conditor, auctor* u. ä. (cf. 'Urheber') statt *creator*; *opus/opera manuum suarum* statt *creatura*; *constitutio* statt *creatio*. Im verbalen Bereich wies das Frühdeutsche noch eine dritte relevante Gruppe Bezeichnungen auf. Es handelt sich um die Verbalausdrücke *heizzan (ge)werdan, (ge)lâzan gewerdan, ze lebene gebieten* und *daz leben gebieten*, die erst seit Notker zahlreicher zu werden scheinen. Genauso wie die Bezeichnungen der vorigen Gruppe wurden sie nur selten herangezogen, wenn der Kontext eindeutig lat. *creare* aufweist oder vermuten lässt. Sie finden sich übrigens vor allem dann, wenn im Kontext der gesprochene Befehl Gottes bei der Schöpfung irgendwie stärker in den Vordergrund tritt. Schließlich sei darauf hingewiesen, dass nur beim Nomen acti und erst gegen Ende der frühmhd. Periode in dem untersuchten Bereich überhaupt ein Lehnwort (*creatiure*) begegnet.

Mit Rücksicht auf die bisher skizzierte Entwicklung ist es denn auch fast selbstverständlich, dass der sprachgeschichtlich in die folgende Periode gehörende Dichter Hartmann von Aue (cf. De Cubber 1995, 155f.) für „Schöpfer" nur *schepfære* und für „schaffen" vorwiegend *geschepfen* heranzog. Wenn er im verbalen Bereich seltener außerdem noch *(ge)bilden* und *gemachen* verwendete, liegt das auch auf der Hand. Im Hinblick auf die soeben skizzierte vorangehende und auf die spätere Entwicklung im Bereich des Nomen acti (wo die *skap*-Ableitungen nach wie vor eine zentrale Stelle einnehmen) muss es gleichwohl wundernehmen, dass Hartmann für „Geschöpf" keine einzige *skap*-Ableitung belegt. Zwar setzen die von ihm verwendeten Bezeichnungen *creatiure* und *hantgetât* frühmhd. Bezeichnungen weiter, aber die Lage, dass wir bei Hartmann überhaupt keine *skap*-Ableitungen für das Nomen acti vorfinden, mahnt uns bei der Interpretation historischen Wortmaterials in onomasiologischen Fallstudien doch zur Vorsicht (vgl. Foltin 1963, 28). Bieten schließlich schriftliche historische Quellen, aus denen in solchen Studien das Material notwendigerweise gesammelt wird, nur einen Ausschnitt aus der gesamten zeitgenössischen Sprache, so dass Zufallsfaktoren das Vorkommen oder das Fehlen von Bezeichnungen (mit)bestimmen und somit die Interpretation der belegten Bezeichnungen beeinträchtigen dürften.

5. Onomasiologische Studien zu Vogelbezeichnungen

5.1. Genauso wie die Bezeichnungen für Begriffe aus dem religiösen Bereich haben sich die Bezeichnungen von Vogelarten und -gattungen häufiger des Interesses der Forschung erfreuen können. Material für ähnliche Untersuchungen findet sich im Deutschen schon seit der ältesten Periode seiner Überlieferung, unter anderem in Glossaren und Vokabularen. In unserem Jh. beschafften mehrere Mundartwörterbücher und u.a. der Fragebogen für den DWA, in dem auch einige Vogelbezeichnungen erfragt wurden, moderneres mundartliches Material zu den Vogelbezeichnungen. Bei onomasiologischen Untersuchungen ist für diesen Bereich immer noch Folgendes zu beachten: Einerseits hat die seit dem 16. Jh. (vor allem seit Konrad Gesner) entstehende ornithologische Fachliteratur die Vogelwelt allmählich wissenschaftlich untersucht, aufgeteilt und terminologisch festgelegt, während andererseits die Vogelwelt nach wie vor zur Alltagswelt des nicht ornithologisch geschulten Laien gehört, der wenigstens teilweise von einer anderen Taxonomie ausgeht und nicht selten für Vögel andere Bezeichnungen als die rein wissenschaftlichen verwendet.

5.2. Eine Fundgrube für die Untersuchung deutscher Vogelbezeichnungen ist Suolahti (1909). Der Verfasser hat ein reichhaltiges Material gesammelt, das nicht nur allerhand ahd., mhd. und auch neuere Vogelbezeichnungen, einschließlich derjenigen in der zwischen dem 16. und dem 18. Jh. in Deutschland entstandenen Fachliteratur, sondern auch modernere mundartliche und anderssprachige Bezeichnungen berücksichtigt. Was ihre Herkunft betrifft, sind Vogelbezeichnungen im Deutschen entweder Lehnwörter (aus dem Latein, dem Französischen, dem Italienischen, dem Slawischen, dem Skandinavischen und sogar dem Arabischen) oder sind sie aus eigenem, germanischem Material gebildet. In letzterer Gruppe sind die Bezeichnungen u. a. motiviert durch die Stimme des Vogels (z. B. *Kuckuck*), die äußere Erscheinung (z. B. die Farbe wie bei *Rotkehlchen*), äußere Lebensumstände (z. B. *Bachstelze*), die Heimat des Vogels (z. B. *Türkischer Kiebitz* für den Austernfischer), aber auch volkstümliche Vorstellungen in Bezug auf bestimmte Vögel (z. B. *Neuntöter*) können Vogelbezeichnungen motivieren (vgl. Mooijman 1993). Als Beispiel für die Verfahrensweise Suolahtis bei der Behandlung der einzelnen Vogelarten und -gattungen seien die Bezeichnungen für den „Storch" angeführt. Schon seit dem Ahd. ist die Bezeichnung *storach* belegt, die sich bis in die heutige Zeit in der deutschen Hochsprache gehalten hat und der in mehreren germanischen Sprachen ein Wort desselben Stammes (**sterg-* 'steif sein') entspricht (z. B. englisches und schwedisches *stork*; vgl. Mooijman 1993, 201). In der Zusammensetzung *Klapperstorch* ist das erste Element als onomatopoetisch zu deuten. Aber neben den Bezeichnungen mit dem **sterg*-Element findet sich ebenfalls schon seit (späterer) ahd. Zeit die Bezeichnung *odoboro*, die sich ihrerseits in der deutschen Hochsprache nicht hat durchsetzen können (im Gegensatz zum Niederländischen, wo die hochsprachliche Bezeichnung für den „Storch" *ooievaar* geworden ist). Die älteren deutschen *odoboro*-Belege scheinen vor allem aus Nieder- und Mitteldeutschland zu stammen, wo *Adebar* noch heute, und zwar vor allem in Niederdeutschland, in zahlreichen lautlichen Varianten in der Mundart weiterlebt. *Adebar* ist häufig als Zusammensetzung aus **auda* ('Besitz, Reichtum, Segen') und dem Nomen agentis *bero* ('Träger') als 'Bringer des Glücks, des Reichtums' aufgefasst und gedeutet worden, aber wahrscheinlicher ist, dass sich die Bezeichnung zusammensetzt aus **ud* ('morastig, feucht') und einem Nomen agentis, das von dem Verb ahd. *faran* abgeleitet wurde, und dass sie folglich als 'Morastgänger' zu deuten ist (übrigens ist der Storch ein sog. Sumpfvogel). Möglicherweise hat das erste Element des Kompositums seine Durchsichtigkeit verloren und hat die Zusammensetzung unter dem Einfluss volkstümlicher Auffassungen die soeben erwähnte Interpretation erfahren und so die Bedeutung 'Glücksbringer' bekommen (Mooijman 1993, 199f.). Auf den ersten Blick liegt diese Deutung auch bei dialektalem *Heileboar* vor, aber dieses Kompositum ist einfach die Umdeutung von *Heini-boar*, dessen erster Teil eine Form des für den Storch in mehreren Gebieten verwendeten Eigennamens Heinrich darstellt, der sich auch in dialektalen Formen wie *Heinotter*, *Hanotter* für den Storch findet (der zweite Teil der Zusammensetzung wurde hier bei schwächerer Betonung zu *-otter* assimiliert). Weitere Dialektbezeichnungen wie *Knäkerbên*, *Knackosbot* u. ä. scheinen durch die langen, steifen Beine des Storchs motiviert zu sein.

5.3. Ergänzungen zu Suolahti (1909) und Beiträge zur historischen Wortgeographie in einem zeitlich eingeschränkten Rahmen wollen De Cubber (1985) und De Cubber (1986) sein. Für einige Vogelarten und -gattungen („Spatz", „Täuberich", „Star", „Rebhuhn" und „Elster") werden die Heteronyme in lexikographischen Erzeugnissen des späten 15. und des 16. Jhs. gesammelt und vor allem wortgeographisch untersucht. Wenn man sich der Zusammenhänge und der Unterschiede zwischen den herangezogenen Quellen in ausreichendem Maße bewusst ist, verspricht eine solche Materialsammlung tatsächlich wortgeographisch Wertvolles, weil man in dieser relativ homogenen Gruppe gedruckter Quellen zu dieser Zeit noch mit dem Vorkommen regionalen und lokalen Wortschatzes rechnen kann und weil sich bei diesem Material immer (bis auf „Rebhuhn") ein vorsichtiger Vergleich mit der modernen Wortkarte zum untersuchten Begriff im DWA anstellen lässt. Als Beispiel sei hier der Begriff „Spatz" behandelt. Die Quellen belegen nicht weniger als sechs Bezeichnungen (*spatz, sperling, spar, sperk, lüning* und *mussche*). Genauso wie auf der heutigen Wortkarte sind *spatz* und *sperling* vorherrschend; die Grenzen ihrer Verbreitungsflächen decken sich aber nicht mit den heutigen. *spatz*, eine Koseform zu ahd. *sparo*, die seit dem 13. Jh. bezeugt ist, hat sich bis zum 16. Jh. offenbar schon ein umfangreiches Gebiet erobert und war bis dann zur üblichen Bezeichnung für „Spatz" im Süden des deutschen Sprachgebiets geworden. Die Nordgrenze ihrer Verbreitung (etwa Frankfurt – Marburg – Nürnberg) verlief aber südlicher als bei der heutigen Bezeichnung *Spatz*. Außerdem hatte *spatz* innerhalb seines Verbreitungsgebietes zwei Mitbewerber neben sich: *spar* und *sperk*. *spar*, die Fortsetzung von *sparo*, der gemeingermanischen und normalen ahd. Bezeichnung für „Spatz", hat im Vergleich zum Ahd. im 15.–16. Jh. offensichtlich an Bedeutung verloren und hat sich in den untersuchten Quellen fast nur noch im Südwesten des deutschen Sprachgebietes gehalten, und zwar nie allein, sondern immer in Begleitung von *spatz* (und eventuell noch anderen Synonymen). Heutzutage ist die Bezeichnung sogar völlig aus dem deutschen Sprachgebiet verschwunden. Das damalige Verbreitungsgebiet von *sperk* seinerseits, einer Ableitung aus *sparo* mittels eines k-Suffixes, scheint die Gegend von Nürnberg (und Augsburg?) gewesen zu sein, größer als das heutige gewesen zu sein und vor allem südlicher als das heutige gelegen zu haben. Ein Problem ist dabei auf jeden Fall, dass uns für das heutige kleinere *sperk*-Gebiet aus dem 15. und das 16. Jh. lexikographische Quellen zu einem Vergleich fehlen. Es erweist sich also, dass die Bezeichnung *spatz* damals im Süden nicht so uneingeschränkt wie heute vorherrschte. Wenn die Bezeichnung damals nördlich der oben skizzierten Grenze auftauchte, war dies wohl der lexikographischen Tradition zuzuschreiben. Denn im nördlicheren Bereich begegneten damals andere Bezeichnungen für „Spatz": *sperling, lüning, mussche*. Im Ostniederdeutschen und im Ostmitteldeutschen beherrschte *sperling*, eine Ableitung aus *sparo* mit dem Diminutivsuffix *-linga*, das Feld, und zwar im äußersten Osten ausschließlich, mehr nach Westen etwas weniger ausschließlich. Am nordwestlichen Rand des damaligen *sperling*-Gebiets und um Köln begegnet *lüning*, das als *hliuning* schon im As. belegt wurde. Wenn wir den damaligen Wortgebrauch in anderen Textsorten als nur in der Textsorte Wörterbuch heranziehen, dann zeigt sich, dass das damalige Verbreitungsgebiet von *lüning* bis auf das Gebiet um Rostock wohl ungefähr dasselbe wie heute war. Die „Spatz"-Bezeichnung *mussche* schließlich beschränkte sich damals im deutschen Sprachbereich ausschließlich auf Köln (und Umgebung?).

6. Literatur in Auswahl

Atlas der deutschen Volkskunde. (Hrsg. H. Harmjanz/E. Röhr). Leipzig: Verlagsbuchhandlung S. Hirzel 1937–1940.

Atlas linguarum Europae (1975ff.). (Hrsg. A. Weijnen, M. Alinei/M. Alvor u.a.). Assen: Vom Goreum.

Atlas linguistique de la France. (Hrsg. J. Gilliéron/E. Edmont). Paris: Honoré Champion 1902–1910.

Barth, Eberhard (1972), Deutscher Wortatlas 1939–1971. Eine Bibliographie. In: *Germanistische Linguistik* 1/72, 125–156.

Bellmann, Günter (1968), Zur Abgrenzung und Terminologie bedeutungsgleicher und bedeutungsverwandter lexikalischer Einheiten. In: *Zeitschrift für Mundartforschung* 35, 218–233.

De Cubber, Walter (1978), *Zum religiösen Wortschatz in der frühmittelhochdeutschen geistlichen Dichtung.* Diss. (masch.) Gent.

–, (1979–1981), Schöpfer, schaffen, Geschöpf und Schöpfung im Frühdeutschen. In: *Studia Germanica Gandensia* 20 (1979), 137–152, und 21 (1980–1981), 271–294.

–, (1985), Zu einigen Vogelbezeichnungen in deutschen lexikographischen Werken des ausgehenden 15. und des 16. Jahrhunderts. In: *Sprachwissenschaft* 10, 10–25.

–, (1986), Die Bezeichnungen für die Elster in deutschen lexikographischen Werken des ausgehenden 15. und des 16. Jahrhunderts. In: *wortes anst. verbi gratia. Donum natalicium Gilbert A.R. de Smet* (Hrsg. H.L. Cox/V.F. Vanacker/E. Verhofstadt). Leuven/Amersfoort: Uitgeverij Acco 1986, 93–100.

–, (1995), Einige Beobachtungen zum Gebrauch des religiösen Wortschatzes bei Hartmann von Aue. Ein Vergleich mit dem Frühmittelhochdeutschen. In: *sô wold ich in fröiden singen. Festgabe für Anthonius H. Touber zum 65. Geburtstag.* (Hrsg. C. Dauven-van Knippenberg/H. Birkhan). Amsterdam/Atlanta: Editions Rodopi B.V. 1995, 151–159.

–, (2000), Zu den Bezeichnungen für 'auferstehen/Auferstehung' in mittelalterlichen Spielen. Eine onomasiologische Untersuchung. In: *Zeitschrift für deutsches Altertum und deutsche Literatur* 129, 420–444.

Deutscher Sprachatlas auf Grund des von Georg Wenker begründeten Sprachatlasses des Deutschen Reichs in vereinfachter Form begonnen von Ferdinand Wrede, fortgesetzt von Walther Mitzka und Bernhard Martin. Marburg (Lahn): N.G. Elwert'sche Verlagsbuchhandlung 1926–1956.

Dobrovol'skij, Dmitrij (1995), *Kognitive Aspekte der Idion-Semantik. Studien zum Thesaurus deutscher Idiome.* Tübingen: Gunter Narr Verlag.

Dornseiff, Franz (1970), *Der deutsche Wortschatz nach Sachgruppen.* Berlin: Walter de Gruyter (7. Auflage).

Foltin, Hans-Friedrich (1963), Die Kopfbedeckungen und ihre Bezeichnungen im Deutschen. In: Schmitt 1958–1972, Bd. 3, 1–296.

Germanistik. Internationales Referatenorgan mit bibliographischen Hinweisen. Tübingen: Max Niemeyer, 1960ff.

Gipper, Helmut/Schwarz, Hans (1962–1985), *Bibliographisches Handbuch zur Sprachinhaltsforschung. Teil I. Schrifttum zur Sprachinhaltsforschung in alphabetischer Folge nach Verfassern mit Besprechungen und Inhaltshinweisen.* Köln/Opladen: Westdeutscher Verlag.

–, (1989), *Bibliographisches Handbuch zur Sprachinhaltsforschung. Teil II: Systematischer Teil (Register) B. Ordnung nach Sinnbezirken (mit einem alphabetischen Begriffsschlüssel): Der Mensch und seine*

Welt im Spiegel der Sprachforschung. (Erarbeitet von Kristina Franke). Opladen: Westdeutscher Verlag.

Haß-Zumkehr, Ulrike (2001), *Deutsche Wörterbücher – Brennpunkt von Sprach- und Kulturgeschichte.* Berlin/New York: Walter de Gruyter.

Knoop, Ulrich/Putschke, Wolfgang/Wiegand, Herbert Ernst (1982–1983), Die Marburger Schule: Entstehung und frühe Entwicklung der Dialektgeographie. In: *Dialektologie. Ein Handbuch zur deutschen und allgemeinen Dialekforschung.* (Hrsg. W. Besch/U. Knoop/W. Putschke/H. E. Wiegand). Berlin/New York: Walter de Gruyter 1982–1983, 38–92.

Kretschmer, Paul (1969), *Wortgeographie der hochdeutschen Umgangssprache.* Göttingen: Vandenhoeck und Ruprecht (2. Auflage).

Martin, Bernhard (1980), Deutsche Wortgeographie (aus Teuthonista 1–6, 8–10; 1924–1934) mit 13 Wortkarten (am Schluß des Bandes) und einem Nachtrag von W. Ziesemer (Seite 67). In: *Sprache und Brauchtum. Bernhard Martin zum 90. Geburtstag.* (Hrsg. R. Hildebrandt/H. Friebertshäuser). Marburg: N. G. Elwert Verlag 1980, 28–67.

Mitzka, Walther/[ab Band 5] Schmitt, Ludwig Erich (1951–1980), *Deutscher Wortatlas.* 22 Bde. Gießen: Wilhelm Schmitz Verlag.

Mooijman, Ellen M. (1993), Onomasiology and Anthropology. In: *Historische Dialektologie und Sprachwandel. Sprachatlanten und Wörterbücher. Verhandlungen des Internationalen Dialektologenkongresses Bamberg 29.7.–4.8.1990.* (Hrsg. W. Viereck). Stuttgart: Franz Steiner Verlag 1993, Bd. 2, 191–208.

Neubauer, Walter (1958), Deformation isolierter Bezeichnungen. 'wiederkäuen' in deutscher Wortgeographie. In: Schmitt 1958–1972, Bd. 1, 297–521.

von Polenz, Peter (1963), Arbeiten zum Deutschen Wortatlas. In: Schmitt 1958–1972, Bd. 2, 525–548.

Quadri, Bruno (1952), *Aufgaben und Methoden der onomasiologischen Forschung. Eine entwicklungsgeschichtliche Darstellung.* Bern: A. Francke AG. Verlag.

von Raumer, Rudolf (1845), *Die Einwirkung des Christenthums auf die Althochdeutsche Sprache. Ein Beitrag zur Geschichte der Deutschen Kirche.* Stuttgart: Verlag Samuel Gottlieb Liesching.

Roget, Mark Peter (1852), *Thesaurus of English Words and Phrases.* London: Longman, Brown, Green and Longmans.

Sanders Daniel (1873–1877), *Deutscher Sprachschatz.* Hamburg: Hoffmann und Campe.

Schippan, Thea (1992), *Lexikologie der deutschen Gegenwartssprache.* Tübingen: Max Niemeyer Verlag.

Schmitt, Ludwig Erich (1958–1972), *Deutsche Wortforschung in europäischen Bezügen.* 6 Bde. Gießen: Wilhelm Schmitz Verlag.

Siegel, Elli (1942), Fünfzig Jahre deutsche Wortkarte (1890–1940). In: *Zeitschrift für Mundartforschung* 18, 1–30.

–, (1957), Deutsche Wortkarte 1941–1955. In: *Zeitschrift für Mundartforschung* 25, 193–208.

–, (1964) Deutsche Wortkarte 1890–1962. Eine Bibliographie. In: Schmitt 1958–1972, Bd. 4, 629–691.

de Smet, Gilbert (1961), Auferstehen und Auferstehung im Altdeutschen. In: *Beiträge zur Geschichte der deutschen Sprache und Literatur* (Halle) 82 (Sonderband), 175–198.

Suolahti, Hugo (1909), *Die deutschen Vogelnamen. Eine wortgeschichtliche Untersuchung.* Straßburg: Verlag von Karl J. Trübner.

Wehrle, Hugo/Eggers, Hans (1961), *Deutscher Wortschatz. Ein Wegweiser zum treffenden Ausdruck.* Stuttgart: Ernst Klett Verlag.

Wiegand, Herbert Ernst (1970), Synchronische Onomasiologie und Semasiologie. Kombinierte Methoden zur Strukturierung der Lexik. In: *Germanistische Linguistik* 3/70, 243–384.

Wiegand, Herbert Ernst/Harras, Gisela (1971), Zur wissenschaftshistorischen Einordnung und linguistischen Beurteilung des Deutschen Wortatlas. In: *Germanistische Linguistik*, 1–2/71.

Wörterbuch der vergleichenden Bezeichnungslehre. Onomasiologie. Bd. I. Die Bezeichnungsweisen eines Grundbegriffsvorrates in 30 Sprachen Europas synchron und diachron. Region Mittel-, Ost- und Südosteuropa mit Vorgänger- und Nachbarsprachen. Ausgabe A. (Hrsg. J. Schröpfer). Heidelberg: Carl Winter Universitätsverlag 1979–1994.

Zauner, Adolf (1903), Die romanischen Namen der Körperteile. Eine onomasiologische Studie. In: *Romanistische Forschungen* 14, 339–530.

Walter De Cubber, Gent (Belgien)

95. Bildfelder in historischer Perspektive

1. Geschichte des Bildfeldbegriffs
2. Weinrichs Bildfeldtheorie und ihre 'feldtheoretische' Verortung
3. Definition
4. Probleme des modifizierten Bildfeldbegriffs
5. Literatur in Auswahl

1. Geschichte des Bildfeldbegriffs

Während der Terminus 'Bildfeld' erstmals von Fricke (1933, 34f.) als Synonym für 'Sachgebiet' und im Gegensatz zum 'Bedeutungsfeld' verwendet wurde, geht der Bildfeldbegriff auf die verschiedenen linguistischen Feldtheorien (dazu Geckeler, Kertscheff) zurück, die seit den 30er Jahren lebhaft diskutiert wurden und deren Relevanz für die Metaphorik von Trier (1934, 195ff.) zwar erkannt (vgl. Art. Nr. 105, Gliederungspunkt 1), aber noch nicht terminologisch präzisiert wurde. Erst Weinrich (1958) entwickelt aus primär literaturwissenschaftlichem Interesse eine elaborierte Bildfeldtheorie und legt den Grundstein für ihren Erfolg. Er orientiert sich terminologisch an Claudels 'champs de figures' und methodisch an Triers Wortfeldtheorie, von dem er auch die Termini 'bildspendendes' und 'bildempfangendes' Feld übernimmt (Weinrich 1958, 514f.), und bietet damit der literaturwissenschaftlichen Metaphernanalyse eine neue Grundlage, die dankbar genutzt, aber erst in den 80er Jahren auch theoretisch diskutiert und modifiziert wurde (Peil, Wessel). In der linguistisch ausgerichteten Metaphernforschung, die sich lange Zeit hindurch aus naheliegenden Gründen mit der Analyse von Einzelwortmetaphern beschäftigt hatte, gerät die Bildfeldtheorie erst mit der Weiterentwicklung der Textlinguistik (Kallmeyer/Klein/Meyer-Hermann u. a. 1980, 161–176) und der kognitiven Linguistik in den Blick (Liebert 1992, 83–97), ohne gegen Missverständnisse (Strauß 1991, 164–178) geschützt zu sein.

2. Weinrichs Bildfeldtheorie und ihre 'feldtheoretische' Verortung

Weinrichs Bildfeldtheorie ist der Versuch, die literaturwissenschaftliche Metaphernanalyse linguistischen Methoden zu verpflichten, indem die seit de Saussure übliche Unterscheidung von langue und parole sowie die Differenzierung von diachronischem und synchronischem Ansatz auch auf die Metaphorik angewandt wird. Damit rückt neben die Metaphernkritik, die sich seit eh und je mit den individuellen Metaphern eines Autors befasst hatte, die Frage nach einer „überindividuelle(n) Bildwelt als objektive(m), materiale(m) Metaphernbesitz einer Gemeinschaft" (Weinrich 1976a, 277), die Weinrich am Beispiel der Münzmetaphorik erörtert. Dabei geht er von dem in der Literaturwissenschaft gängigen weiter gefassten Metaphernbegriff aus, der alle Formen bildlichen Sprechens mit einschließt. Als „diachronische Metaphernlehre" (Weinrich 1976a, 278) versteht er die von Curtius begründete Toposforschung und präsentiert als Beispiel einer „diachronische(n) Metaphorik" der Münzmetapher Belege für den Vergleich von Wörtern mit Münzen vom 18. Jahrhundert bis zur Antike (1976a, 278f.). Dieser Methode wirft Weinrich vor, den für das „Gesamtbild der metaphorischen Tradition" notwendigen synchronischen Aspekt sowie „den Stellenwert einer Metapher im individuellen Werk" unberücksichtigt zu lassen und die „einzelne Metapher vom Sprachsystem" (1976a, 279) zu isolieren. Als Gegenbeispiel führt er eine Sammlung von Belegen vor, die alle einen Zusammenhang zwischen dem Finanzwesen und der Sprache herstellen und verschiedenen Jahrhunderten und Nationalliteraturen entnommen sind (1976a, 280–82). Darunter finden sich neben verschiedenen Vergleichen der Wörter mit Münzen auch Metaphern wie die von den „Wechslertische(n) der scholastischen Wortkrämer" und der „Falschmünzerei eines Neologismus". Die Summe dieser Metaphern und Vergleiche ergibt das „Bildfeld der Sprache als eines Finanzwesens" (1976a, 282); die „Aufgabe der synchronischen Metaphorik" (1976a, 282) ist es, solche Bildfelder zu skizzieren und damit eine Metapher in ihren sprachinternen Zusammenhängen mit anderen Metaphern deskriptiv-systematisch darzustellen, während die diachronische Metaphorik nur die Kontinuität der Tradition einer Einzelmetapher aufzeigt.

Den Terminus Bildfeld versteht Weinrich als eine begründete Analogiebildung zu dem linguistischen Begriff des Wort- und Bedeutungsfeldes, denn wie das Einzelwort existiert auch die Einzelmetapher (meistens) nicht isoliert. „In der Metapher Wortmünze ist nicht nur die Sache 'Wort' mit der Sache 'Münze' verbunden, sondern jeder Terminus bringt seine

Nachbarn mit, das Wort den Sinnbezirk der Sprache, die Münze den Sinnbezirk des Finanzwesens. In der aktualen und scheinbar punktuellen Metapher vollzieht sich in Wirklichkeit die Koppelung zweier sprachlicher Sinnbezirke" (1976a, 283). An anderer Stelle definiert Weinrich das Bildfeld als „Verbindung zweier Bedeutungsfelder" (1976b, 326), scheint also Wort- und Bedeutungsfeld als Synonyme aufzufassen. Auf eine genaue Differenzierung zwischen Sinnbezirk, Wort- und Bedeutungsfeld verzichtet Weinrich, wenn er behauptet, „Wir können dabei durchaus die Frage offen lassen, von welcher formalen Struktur diese Sinnbezirke sind, ob Wortfeld, Bedeutungsfeld, Sachgruppe, Partnerschaft usw. Entscheidend ist nur, dass zwei sprachliche Sinnbezirke durch einen sprachlichen Akt gekoppelt und analog gesetzt worden sind" (1976a, 283).

Unproblematischer als Weinrichs Verzicht auf die genauere Bestimmung des sprachlichen Feldes, das im Bildfeld als doppelgliedrige Verbindung oder Kopplung erscheint, sind die weiteren Punkte seiner Bildfeldtheorie. Danach sind im Bildfeld ein bildspendendes und ein bildempfangendes Feld verbunden; für diese Unterscheidung bietet die Metaphernforschung verschiedene Begriffspaare (vgl. die Zusammenstellung bei Wessel [1984, 49, Anm. 189]). Das Bildfeld ist nach der jeweiligen Zentralmetapher (Weinrich 1976a, 284) zu benennen. Solche Zentralmetaphern sind außer der Wortmünze auch das Welttheater, die Liebesjagd, das Textgewebe oder der Geistesacker, ohne dass Weinrich Regeln zur Bestimmung einer Zentralmetapher formuliert. Zwischen den verschiedenen Bildfeldern sind Überschneidungen möglich, denn manche Einzelmetaphern können als „Bildstellen" je nach Kontext verschiedenen Bildfeldern zugewiesen werden. So kann die Metapher von den goldenen Worten zum Bildfeld der Wortmünze gehören, aber auch zum Bildfeld vom Sprachmetall (Weinrich 1976a, 286). Nicht jede Metapher kann einem Bildfeld zugewiesen werden, aber isolierte Metaphern sind seltener, weniger erfolgreich und in ihrer Existenz leichter gefährdet (1976a, 286f.). Bildfelder sind meistens nicht auf eine Einzelsprache beschränkt, sondern „gehören zum sprachlichen Weltbild eines Kulturkreises", der dann, wie etwa das Abendland, als eine „Bildfeldgemeinschaft" verstanden werden kann (Weinrich 1976a, 287).

Obwohl Weinrich sich für seine Bildfeldtheorie auf einen genuin linguistischen Ansatz beruft, ist bei kritischer Prüfung überraschend festzustellen, dass die Kopplungsglieder des Weinrich'schen Bildfeldes mit keinem der gängigen linguistischen Feldbegriffe (vgl. Hoberg 1970; Kertscheff 1979) zur Deckung zu bringen sind.

Die von Franz Dornseiff vorgenommene und in der Linguistik energisch kritisierte (vgl. Geckeler 1971, 98f.; 151f.) Einteilung des Wortschatzes in Sachgruppen (Dornseiff 1979) gibt für Weinrichs Bildfeldtheorie nichts her. Dornseiff gliedert den deutschen Wortschatz in 20 Gruppen, die 12 bis 121 Untergruppen umfassen können. Die aus außersprachlichen Gesichtspunkten resultierenden Sachgruppen sind weder mit den bildspendenden, noch mit den bildempfangenden Feldern voll identisch. Für Weinrichs Beispiel der Wortmünze dürfte das bildempfangende Feld sich (mindestens) auf die Sachgruppen 13 (Zeichen, Mitteilung, Sprache) und 14 (Schrifttum, Wissenschaft), das bildspendende Feld sich auf die Sachgruppen 1 (Anorganische Welt, Stoffe), 4 (Größe, Menge, Zahl, Grad) und 18 (Wirtschaft) verteilen. Mit Hilfe der Dornseiffschen Sachgruppen lassen sich Bildfelder bzw. ihre bildspendenden und -empfangenden Hälften vielleicht erweitern, ohne dass dadurch die Struktur eines Bildfeldes adäquat erfasst werden könnte.

Auch der von Trier eingeführte Begriff der Partnerschaft trägt zum Verständnis der Bildfeldtheorie wenig bei. Trier versteht unter Partnerschaft die (außersprachliche) Zusammengehörigkeit von Phänomenen wie die von Firstsäule, Firstbaum und Giebel und sieht den Inhalt eines Wortes durch seine Partnerschaft bestimmt. So soll germanisch *sul* durch die Partnerschaft mit dem Firstbaum bestimmt sein, die „Verbindungsstelle zwischen beiden heißt *gibel* (...). Wird nun die Welt wie ein großes Haus gesehen, wird also die *sul* des Hauses unter dem Namen *irminsul* zur Stütze des Weltgebäudes, dann wird der Firstbaum zur Achse der täglichen Himmelsdrehung, *gibel* zur Bezeichnung der Himmelspole. Die Partnerschaften sind erhalten, die Maße und – teilweise – die Funktionen sind verändert" (Trier 1957, 308). Dieses Beispiel zeigt, dass die 'Partnerschaft' einem tertium comparationis vergleichbar ist und deshalb die Herstellung von metaphorischen Bezügen (und damit auch von Bildfeldern) möglich macht. 'Partnerschaft' ist jedoch nicht mit einem der beiden im Bildfeld gekoppelten Felder identisch, sondern bezeichnet nur die besondere Beziehung zwischen verschiedenen Elementen, die in ihrer Kombination (neben anderem) durchaus in ein bildspendendes Feld eingehen können. Aber insgesamt gesehen werden sich nur wenige der vielfältigen Beziehungen zwischen den verschiedenen Bildstellen eines Bildfeldes mit dem Begriff der 'Partnerschaft' erfassen lassen; auch dieser Begriff ist für die Abklärung des Bildfeldbegriffs unergiebig.

Vielversprechender als 'Sachgruppe' und 'Partnerschaft' scheint zunächst der Rückgriff auf das Wortfeld zu sein, zumal Weinrich selbst das Bildfeld zunächst als „Verbindung jeweils zweier Wortfelder" (1967, 13), später als „Verbindung jeweils zweier Bedeutungsfelder" (1976c, 326), definiert. Aber der Hinweis auf Wortfelder wie das der Farb- und Verwandtschaftbezeichnungen oder auf den von Trier untersuchten Sinnbezirk des Verstandes (Trier 1931/1973) macht die wesentlichen Unterschiede zwischen Triers Wortfeld und Weinrichs Bildfeld unmittelbar einsichtig. Die Beziehungen zwischen *Onkel* und *Tante*, *rot* und *grün* oder *list* und *kunst* sind völlig anderer Art als die zwischen *Münzprägung*, *Münzstätte*, *Wechsel*, *Banquier* und *sparen*. Triers Wortfelder beschränken sich jeweils auf eine Wortart und sind im Wesentlichen paradigmatisch strukturiert; im Bildfeld können zwar auch paradigmatische Beziehungen vorkommen (wie etwa zwischen Gold, Silber- und Kupfermünzen), doch reichen sie bei weitem nicht aus, um die Struktur des Bildfeldes 'Wortmünze' oder auch nur des bildspendenden Feldes 'Finanzwesen' hinreichend zu erfassen. Auch syntagmatische Beziehungen prägen die Struktur des Bildfeldes, das verschiedene Wortarten einschließt. Bild- und Wortfeld unterscheiden sich aber auch aufgrund der „semantisch-funktionalen Struktur", denn Bildfelder „sind im Unterschied zu Wortfeldern offen, prinzipiell ergänzbar, und zwar ohne dass die Hinzufügung oder Wegnahme von Bildstellen eine innere oder äußere Umschichtung, Umgliederung des Bildfeldes bedeutete, also in den Sprachinhalt eingriffe" (Wessel 1984, 68). Während die Bedeutung des Einzelwortes durch seinen Stellenwert im Wortfeld und somit aufgrund paradigmatischer Beziehungen bestimmt wird, besitzt die Bildstelle eine „größere paradigmatische Eigenständigkeit" (ebd.) und ist als metaphorischer Ausdruck stärker durch syntagmatische Beziehungen determiniert. Im Sinne der Konterdeterminationstheorie Weinrichs (Weinrich 1967/1976c) bringt das Einzelwort seine Bedeutung aus dem (paradigmatisch strukturierten) Wortfeld mit und erhält durch den (syntagmatischen) Kontext seine Meinung, während die Metapher als Bildstelle eines Bildfeldes durch ihren Kontext konterdeterminiert wird und dabei die ursprüngliche Bedeutung aufgibt, denn „die durch den Kontext bestimmte Meinung liegt nicht innerhalb, sondern außerhalb des Bedeutungsumkreises" (Weinrich 1976c, 320).

Der in der Wortfeldforschung unterschiedlich verstandene Begriff des Bedeutungsfeldes (vgl. *Wortfeldforschung* 1973, 71−73; 80−103; 112−115) ist für die Bildfeldtheorie vor allem hinsichtlich des von Porzig entwickelten Begriffs des elementaren Bedeutungsfeldes oder der wesenhaften Bedeutungsbeziehungen (Porzig 1934/1973) relevant. Wenn als wesenhafte Bedeutungsbeziehung die semantische Zusammengehörigkeit von Wortpaaren wie *greifen* und *Hand* (Porzig 1973, 78) oder *fällen* und *Baum* (Porzig 1973, 80) verstanden werden soll, liegen keine paradigmatischen Beziehungen eines Trierschen Wortfeldes vor, sondern syntagmatische Beziehungen, wie sie Coseriu (1967) als 'lexikalische Solidaritäten' bezeichnet hat. In Weinrichs Sinnbezirk des Finanzwesens lässt sich eine solche 'wesenhafte Bedeutungsbeziehung' etwa zwischen *Münze* und *prägen* feststellen, doch machen derartige Relationen nur einen Bruchteil der syntagmatischen Kombinationsmöglichkeiten eines Wortes aus. Selbst zusammen mit Triers Wortfeld kann Porzigs elementares Bedeutungsfeld Weinrichs bildspendendes Feld (als die eine Hälfte des Bildfeldes) nicht voll abdecken.

Einen umfassenderen Feldbegriff als Trier und Porzig bietet Charles Bally mit dem Assoziationsfeld („champ associatif"), dessen weit abgesteckte Grenzen das von Bally angeführte Beispiel *bœuf* erahnen lässt (vgl. Geckeler 1971, 168). Einem Wortfeld gehören die Wörter *bœuf*, *vache*, *taureau* und *veau* an, eine wesenhafte Bedeutungsbeziehung nach Porzig besteht zwischen *bœuf* und *beugler*. Auf den Kontext der Sachen begründet (und insofern teilweise über eine Gliederung nach Sachgruppen erfassbar) sind die von *bœuf* ausgelösten Assoziationen wie *charrue* und *joug* oder *abattoir* und *boucherie*, während die in Ballys dritter Gruppe angeführten Assoziationen (wie Stärke, Ausdauer und Schwerfälligkeit) schon in eine Richtung weisen, in der die bildempfangenden Felder zum Umfeld von *bœuf* liegen dürften. Ballys Assoziationsfeld, das z. T. dem von Otto Ducháček (1973, 443f.) eingeführten Begriff des Kontextfeldes („champ sémantique") entspricht und das durchaus auch Systematisierungsversuchen zugänglich ist (Blanke 1973, 114f.), schließt das Bildfeld im Weinrichschen Sinne zumindest teilweise mit ein; da die Assoziationen nicht unbedingt nur sprachlich, aber individuell und (potentiell) unendlich sind, geht das Assoziationsfeld weit über das Bildfeld mit seinen auf eine Zentralmetapher ausgerichteten Assoziationen hinaus und ist wenig geeignet, das Bildfeld zu strukturieren.

Vor dem Hintergrund des von Bally eingeführten Assoziationsfeldes erscheinen die in Weinrichs Bildfeld gekoppelten Sinnbezirke, Bedeutungs- oder Wortfelder in einem anderen Licht. Es handelt sich nicht um durchstrukturierte linguistische Felder, sondern um sprachlich vermittelte, mehr oder weniger chaotische Realitätsausschnitte, letztlich also um wie auch immer geartete ontologische (mitunter vielleicht auch nur gedanklich konzipierte) Referenzzusammenhänge. Für das Bildfeld von der Wortmünze bedeutet dies, das bildspendende Feld referiert auf einen Zusammenhang, in dem der Münze oder dem Geld ein zentraler Platz zukommt, im Referenzzusammenhang des bildempfangenden Feldes steht eine sprachliche Äußerung oder Sprache/Literatur überhaupt im Mittelpunkt. Das Bildfeld gibt den Rahmen ab, in dem die Möglichkeit besteht, einerseits Zusammenhänge oder Sachverhalte des bildempfangenden Feldes mit sprachlichen Ausdrücken zu beschreiben, wie sie für die Zusammenhänge oder Sachverhalte des bildspendenden Feldes angemessen sind, oder andrerseits die Referenzzusammenhänge der beiden Felder miteinander zu vergleichen. Mithin ist das Bildfeld die Summe aller möglichen metaphorischen Äußerungen im Umkreis der jeweiligen Zentralmetapher oder metaphorischen Leitvorstellung. Dabei ist mitzubedenken, dass im Bildfeld ein bildspendender und ein bildempfangender Bereich miteinander verbunden sind und dass das Bildfeld nicht mit einem der beiden Bereiche allein identifiziert werden darf. Aus der Perspektive der Textlinguistik, die den bildspendenden und den bildempfangenden Bereich auf verschiedenen Isotopie-Ebenen ansiedelt (Kallmeyer/Klein/Meyer-Hermann u. a. 1980, 170), lässt sich das Bildfeld auch definieren als die Summe aller Projektionsmöglichkeiten (vgl. Köller 1975, 201) zweier, voneinander unabhängiger, sprachlich vermittelter Referenzzusammenhänge.

3. Definition

Nachdem die für die Bildfeldtheorie relevanten Feldbegriffe diskutiert worden sind, lässt sich Weinrichs Definition des Bildfeldes als Kopplung zweier wie auch immer gearteter linguistischer Felder wie folgt modifizieren: das Bildfeld ist ein prinzipiell offenes, systemähnliches Gebilde, also eine unbestimmte Menge von verschiedenen (Bild-)Elementen in unterschiedlicher Ausprägung, zwischen denen verschiedene Relationen bestehen oder denen (im Sinne der Prädikatenlogik) verschiedene ein- oder mehrstellige Prädikate zugesprochen werden können (dazu einführend Kamlah/Lorenzen 1967, 34–37; Michel 1987, 31–50 [§§ 25–54]). Im Bildfeld vom Staatskörper (dazu Peil 1983, 302–488) gibt es u. a. die Metaphern (Bildstellen) von den verschiedenen Gliedern des Staatskörpers und vom politischen Chirurgen oder Arzt. Die Glieder können gesund oder erkrankt sein (einstellige Prädikate), der Arzt kann ein ausgewiesener Fachmann oder ein Stümper sein, er hat jedenfalls in der Regel die Verfügungsgewalt über den Körper, der Kranke sollte seine Ratschläge befolgen (zweistelliges Prädikat). Da die Bildelemente je nach Bedarf dem bildspendenden Bereich entnommen werden, kann ihre Anzahl ziemlich umfangreich werden. Die verschiedenen Bildelemente können in unterschiedlicher Anzahl und Ausprägung sich zu Teilbildern oder Bildvarianten zusammenschließen. Die Grenzen zwischen Bildelement, Teilbild und Bildvariante sind nicht immer eindeutig festzulegen. Bildelemente können durch weitere Ausdifferenzierung zu Teilbildern werden; so wird aus dem Bildelement des Staatskörpers ein Teilbild, wenn der Blick auf die einzelnen Glieder fällt, wenn also über Augen, Ohren, Hände und Füße des Staatskörpers gesprochen wird. Der Terminus 'Teilbild' soll an die Möglichkeit zur Kombination mit anderen Teilbildern erinnern und betont die unterschiedliche Anzahl der verschiedenen im Teilbild enthaltenen Bildelemente, während der Terminus 'Bildvariante' stärker auf die unterschiedliche Ausprägung der Bildelemente verweist. Von der Bildlogik her ist eigentlich nicht zwischen Teilbild und Bildvariante, sondern nur zwischen den verschiedenen Varianten eines Teilbildes zu unterscheiden. Teilbilder lassen sich miteinander kombinieren und stehen insofern in syntagmatischer Beziehung zueinander. Bildvarianten desselben Teilbildes können gegeneinander ausgetauscht werden. Gelegentlich erlaubt es die Bildlogik auch, zwei Bildvarianten zu einem Teilbild zusammenzufügen. So können etwa Regierung und Opposition als Ärzte unterschiedlicher Reputation gleichzeitig dem kranken Staat ihre Dienste anbieten.

'Bildelement', 'Teilbild' und 'Bildvariante' sind wie 'Bildfeld' auf die Sprache als System zu beziehen und deshalb als Klassenbezeichnungen zu verstehen. Um die sprachlich realisierten Repräsentanten dieser Klassen (ihre Aktualisierungen) zu erfassen, kann auf die Terminologie der Rhetorik zurückgegriffen werden; die Realisierungen eines Bildelementes lassen sich als Metaphern, die Realisierungen von Teilbildern oder Bildvarianten als Allegorien (verstanden als fortgesetzte Metaphern) oder Gleichnisse bezeichnen (zur Unterscheidung von Metapher, Gleichnis und Allegorie vgl. Michel 1987). Da das Bildfeld jedoch als Summe aller denkbaren Teilbilder und ihrer Varianten zu denken ist, kann es keine in sich abgeschlossenen Bildfelder geben, die in einem in sich kohärenten Text vollständig realisierbar wären.

4. Probleme des modifizierten Bildfeldbegriffs

4.1. Die Zuordnung von Bild- und Bedeutungselementen

Die Modifizierung von Weinrichs Bildfeldtheorie präzisiert den Feldbegriff und kann ihn gegen andere linguistische Felder absetzen, doch bleiben einige Probleme weiterhin ungeklärt. So sind die einzelnen Elemente des bildspendenden Feldes keineswegs starr ihren Korrelaten im bildempfangenden Feld zugeordnet, sondern können variieren. Der absolutistische Herrscher kann mit dem Haupt als dem alle anderen Glieder lenkenden Körperteil des Staatskörpers gleichgesetzt werden, er kann jedoch auch als mit uneingeschränkter Verfügungsgewalt ausgestatteter Arzt des erkrankten Staatskörpers figurieren. Die Hände des Staatskörpers können als Krieger (vgl. Peil 1983, 325), aber auch als Kämmerer (Peil 1983, 336; 1990b, 320f.) verstanden werden.

4.2. Das Prinzip des überquellenden Details

Mitunter sind für manche Elemente des bildspendenden Feldes im bildempfangenden Feld überhaupt keine Korrelate nachzuweisen. Wenn etwa Heinrich Heine die überaus komplexe Dampfmaschine des englischen Staatsschiffes beschreibt, um die der Premierminister sich aufopferungsvoll zu kümmern hat (Peil 1990a, 223), so will der Autor keineswegs dazu anregen, für jedes Teil der Dampfmaschine nach einer politischen Entsprechung zu suchen, sondern will mit seinem Rückgriff auf das Prinzip des überquellenden Details (Lausberg 1949/1987, 133 [§ 402]) nur eindringlich (und ironisch) das Ausmaß der Amtslast und Sorge des englischen Premierministers vermitteln. Dieses Beispiel verbietet übrigens die Annahme einer generellen Isomorphie zwischen Bild- und Bedeutungsebene, während die Auffassung des Bildfeldes als Kopplung zweier Wortfelder oder als Summe zahlreicher Einzelwortmetaphern (mit jeweils sauber trennbarer Bild- und Sachhälfte) die Isomorphie-Hypothese geradezu herausfordert. Darüber hinaus macht Heines Bild vom englischen Staatsschiff – für Kapitän und Passagiere ein Vergnügungsdampfer – auch auf ein weiteres Problem aufmerksam: Bildfelder können sich nicht nur in einzelnen Bildstellen überschneiden, sondern als Teilbilder auch in ein anderes Bildfeld integriert werden, so wie Heine das Bildfeld von der Staatsmaschine (dazu Peil 1983, 489–595; Stollberg-Rilinger 1986) als Teilbild im Bildfeld vom Staatsschiff verwendet.

4.3. Strukturäquivalenzen

Eine komparatistisch orientierte Bildfeldanalyse, die die verschiedenen Bildfelder untersucht, die auf denselben Bildempfänger projiziert werden wie z. B. im Bereich der historischen (Demandt 1978; Schlobach 1980) oder politischen Metaphorik (Peil 1983; Rigotti 1994), wird unweigerlich mit dem Problem der Strukturäquivalenzen oder Strukturanalogien konfrontiert. So lässt sich etwa 'Herrschaft' auf eine dichotomische Grundstruktur zwischen dem Herrscher und den Beherrschten reduzieren, wobei jenem gegenüber diesen ein autoritativer Führungsanspruch zugestanden wird. Diese Grundstruktur, die in der staatstheoretischen Literatur von der Antike bis weit in die Neuzeit hinein nie in Frage gestellt wurde, spiegelt sich wider im Verhältnis zwischen dem Steuermann oder Kapitän und der Mannschaft des Staatsschiffes, zwischen dem Baumeister und den Bauarbeitern des Staatsgebäudes, zwischen dem Haupt oder der Seele und den übrigen Gliedern des Staatskörpers oder auch zwischen Roß und Reiter (Peil 1993a, 228–231). Allerdings ist die Kombination von dichotomischer Grundstruktur und autoritativem Führungsanspruch keineswegs immer ausschlaggebend für die Verwendung der genannten Bilder; so kann etwa mit der Steuermannsmetapher auch die höhere Verantwortung der politischen Führung oder ihre Verpflichtung zu einer besonderen fachlichen

Qualifikation begründet werden. Selbst eine scheinbar eindeutig-einsinnige metaphorische Wendung wie 'im selben Boot' kann durchaus unterschiedlich interpretiert werden (Peil 1986).

Die Strukturäquivalenzen zwischen den verschiedenen Bildfeldern ermöglichen jedoch die metaphorische Reihenbildung wie auch die (erweiterte) metaphorische Reversibilität. Eine Reihenbildung liegt vor, wenn z. B. der Staatsmann nacheinander mit dem Arzt, dem Steuermann und dem Baumeister verglichen oder wenn der Grundsatz der Harmonie durch Vielfalt mit dem Hinweis auf die Musik, die kosmische Ordnung und die Unterschiedlichkeit der Körperteile veranschaulicht wird (Peil 1984, 413f.). Die metaphorische Reversibilität, die schon Aristoteles kennt (Peil 1983, 880), zeigt sich darin, dass Bildspender und Bildempfänger ihre Funktionen tauschen, so wie die Hierarchie zwischen Steuermann und Matrosen das Verhältnis zwischen Herrscher und Beherrschten spiegelt, kann auch der Despotismus als Vorbild der Führung eines Schiffes ausgegeben werden (vgl. Peil 1983, 789). Die metaphorische Reversibilität lässt sich über die einfache Vertauschung hinaus zum metaphorischen 'Dreisatz' erweitern: „Der Vergleich des Staates mit einem Schiff einerseits und mit einem Körper andrerseits legt auch die Gleichsetzung des Körpers mit einem Schiff nahe, und die Auffassung des Körpers als Maschine ermöglicht die Metapher von der Staatsmaschine und erlaubt schließlich auch die Beschreibung des Bienenstaates als Organismus oder Maschine" (Peil 1983, 880).

Aufgrund der Strukturäquivalenzen lassen sich verschiedene Bildfelder (genauer: Bildvarianten) zu „Bildfeldsystemen" (Schlobach 1980) zusammenschließen; doch werden die mit der Bildfeldtheorie für die Metaphernanalyse verbundenen methodischen Vorteile durch die Beschränkung auf strukturäquivalente Bildvarianten wieder aufgegeben.

4.4. Die Übertragung der de Saussureschen Kategorien auf die Metaphernanalyse

Die Frage nach den Möglichkeiten der Rekonstruktion eines Bildfeldes wirft ein methodisches Problem auf, das eng mit der Anwendung der Kategorien de Saussures in der Metaphernanalyse zusammenhängt. Der Gegensatz zwischen langue und parole kommt in der Metaphernforschung zur Geltung, wenn differenziert wird zwischen der Untersuchung des Metaphernbesitzes einer Sprachgemeinschaft einerseits und der Analyse des Metapherngebrauchs eines Individuums andrerseits. Schwieriger ist die Übertragung der Unterscheidung zwischen der diachronischen und der synchronischen Betrachtungsweise. In der Linguistik zielt die diachronische Analyse auf die historische Ableitung eines aus dem System isolierten sprachlichen Einzelphänomens ab, während die synchronische Analyse nach dem funktionalen Wert der Einzelphänomene innerhalb des (zeitlich fixierten) Systems fragt. Sofern das Sprachsystem der Gegenwart unter synchronischem Aspekt untersucht wird, kann der Linguist sich in der Regel auf seine eigene Sprachkompetenz berufen; er muss seine Beispiele nicht individuellen Sprachäußerungen ablauschen, sondern kann sie selbst entwickeln, denn die Sprache als System ist ihm als Benutzer frei verfügbar. Dieser Weg wäre auch für die Metaphernanalyse möglich, wird aber nur selten – vor allem in der linguistischen Metaphernforschung – beschritten. Natürlich könnte man das Bildfeld von der Wortmünze selbst entwickeln, könnte etwa ein Wörterbuch mit einer Geldbörse, die Bibliothek mit einer Sparkasse und ein hochgeschätztes Buch mit einer Gedenkmünze auf polierter Platte vergleichen. Doch bliebe die allgemeine Akzeptanz dieser Metaphern fragwürdig; sie könnten auch als 'Falschgeld' zurückgewiesen werden. Offensichtlich ist die metaphorische Kompetenz eines jeden Sprachbenutzers nicht in gleicher Weise intersubjektiv überprüfbar wie die sprachliche Kompetenz. Eine sprachliche Äußerung kann grammatikalisch richtig oder falsch sein, eine metaphorische Äußerung hingegen kann nur als angemessen oder als unangemessen, als gewohnt oder ungewohnt klassifiziert werden. Deshalb wird man bei der Rekonstruktion eines Bildfeldes nur in sehr beschränktem Maße auf eigene Einfälle zurückgreifen und sich weitgehend auf objektiv überprüfbare, d. h. literarisch tradierte, Belege stützen. Der gemeinschaftliche Metaphernbesitz ist nur über den individuellen Metapherngebrauch zugänglich, das Bildsystem lässt sich nur über die verschiedenen Bildgebrauchsvarianten rekonstruieren, die saubere Trennung von Metaphernsystem und -gebrauch muß daher aufgegeben werden. Aus dieser Zwangslage ergibt sich als Konsequenz: sofern die synchronische Metaphernanalyse ein Bildfeld erfassen will, wird sie sich nicht auf Belege aus einem eng umgrenzten Zeitraum beschränken, sondern auf zeitliche Fixierungen verzichten und die literarisch tradierten Belege unter einem vornehmlich systematischen Aspekt zusammentragen. Bildfelder aus synchroner Perspektive unterscheiden sich von den Bildfeldern aus historischer Perspektive allenfalls hinsichtlich des überwiegenden erkenntnisleitenden Interesses, nicht jedoch hinsichtlich ihrer Rekonstruktionsmöglichkeiten. Da es in diesem Punkt keinen Unterschied gibt, fragt es sich, ob die Differenzierung zwischen einem diachronen und synchronen Ansatz in der Bildfeldforschung nicht generell obsolet geworden ist. Eine diachrone Metaphernforschung, die sich nicht im Nachweis historischer Kontinuität bestimmter sprachlicher Bilder erschöpfen will, sondern immer auch den Wandel (und seine Bedingungen) im Blick hat, wird dabei von der Frage nach Struktur- und Funktionsdifferenzen nicht absehen können. Andrerseits werden einer synchron ausgerichteten Metaphernforschung, die sich nicht auf eine spekulative Materialbasis einlassen will, sondern von einem intersubjektiv nachprüfbaren Belegbefund ausgehen möchte, Struktur- und Funktionsdifferenzen erst vor dem Hintergrund eines – wenn auch noch so minimalen – historischen Kontextes im Sinne einer zeitlich gestaffelten Belegreihe erkennbar.

5. Literatur in Auswahl

Bally, Charles (1940), L'arbitraire du signe. Valeur et signification. In: *Français Moderne* 8, 193–206.

Blanke, Gustav H. (1973), *Einführung in die semantische Analyse*. München: Hueber.

Coseriu, Eugenio (1967), Lexikalische Solidaritäten. In: *Poetica* 1, 293–303.

Demandt, Alexander (1978), *Metaphern für Geschichte. Sprachbilder und Gleichnisse im historisch-politischen Denken*. München: Beck.

Dornseiff, Franz (1979), *Der deutsche Wortschatz nach Sachgruppen*. Berlin: de Gruyter (5. Auflage).

Ducháček, Otto (1973), Über verschiedene Typen sprachlicher Felder und die Bedeutung ihrer Erforschung. In: *Wortfeldforschung* 1973, 436–452. [Ursprünglich u. d. T.: Differents types de champs linguistiques et l'importance de leur exploration. In: *Zeitschrift für französische Sprache und Literatur*. Beiheft NF 1: *Probleme der Semantik* (Hrsg. W. Th. Elwert.) Wiesbaden: Steiner 1968, S. 25–36.].

Fricke, Gerhard (1933), *Die Bildlichkeit in der Dichtung des Andreas Gryphius. Materialien und Studien zum Formproblem des deutschen Literaturbarock*. Berlin: Junker und Dünnhaupt.

Geckeler, Horst (1971), *Strukturelle Semantik und Wortfeldtheorie*. München: Fink.

Hoberg, Rudolf (1970), *Die Lehre vom sprachlichen Feld. Ein Beitrag zu ihrer Geschichte, Methodik und Anwendung*. Düsseldorf: Schwann.

Kallmeyer, W./Klein, W./Meyer-Hermann, R./Netzer, K./Siebert, H. J. (1980), *Lektürekolleg zur Textlinguistik*. Bd. 1: *Einführung*. Königstein/Ts.: Athenäum (3. Auflage).

Kamlah, Wilhelm/Lorenzen, Paul (1967), *Logische Propädeutik oder Vorschule des vernünftigen Redens*. Mannheim etc.: Bibliographisches Institut.

Kertscheff, Bojan (1979), Die Semantik und der Feldbegriff. In: *Deutsche Sprache* 7, 35–56.

Köller, Wilhelm (1975), *Semiotik und Metapher. Untersuchungen zur grammatischen Struktur und kommunikativen Funktion von Metaphern*. Stuttgart: Metzler.

Lausberg, Heinrich (1960; 1990), *Handbuch der literarischen Rhetorik. Eine Grundlegung der Literaturwissenschaft*. Stuttgart: Steiner (3. Auflage).

–, (1949; 1987), *Elemente der literarischen Rhetorik*. München: Hueber (9. Auflage).

Liebert, Wolf-Andreas (1992), *Metaphernbereiche der deutschen Alltagssprache. Kognitive Linguistik und die Perspektiven einer Kognitiven Lexikographie*. Frankfurt/M.: Lang.

Michel, Paul (1987), Alieniloquium. Elemente einer Grammatik der Bildrede, Bern: Lang.

Peil, Dietmar (1983), *Untersuchungen zur Staats- und Herrschaftsmetaphorik in literarischen Zeugnissen von der Antike bis zur Gegenwart*. München: Fink.

–, (1984), Concordia discors. Anmerkungen zu einem politischen Harmoniemodell von der Antike bis in die Neuzeit. In: *Geistliche Denkformen in der Literatur des Mittelalters*. (Hrsg. R. Schmidt-Wiegand/K. Grubmüller/K. Speckenbach). München: Fink 1984, 401–434.

–, (1986), 'Im selben Boot'. Variationen über ein metaphorisches Argument. In: *Archiv für Kulturgeschichte* 68, 269–293.

–, (1990a), Überlegungen zur Bildfeldtheorie. In: *Beiträge zur Geschichte der deutschen Sprache und Literatur* 112, 209–241.

–, (1990b), *Hende, arme, fuss und beyne*. Anmerkungen zur organologischen Metaphorik in den Ratsgedichten des Johannes Rothe. In: *Zeitschrift für deutsches Altertum und deutsche Literatur* 119, 317–332.

–, (1993a), Roß und Reiter, Zaum und Zügel. Notizen zur politischen Hippologie. In: *Il potere delle immagini. La metafora politica in prospettiva storica. Die Macht der Vorstellungen. Die politische Metapher in historischer Perspektive*. (Hrsg. W. Euchner/F. Rigotti/P. Schiera). Bologna: Società editrice il Mulino 1993, 195–239.

–, (1993b), Zum Problem des Bildfeldbegriffs. In: *Studien zur Wortfeldtheorie. Studies in Lexical Field Theory*. (Hrsg. P. Lutzeier). Tübingen: Niemeyer 1993, 185–202.

Porzig, Walter (1973), Wesenhafte Bedeutungsbeziehungen. In: *Wortfeldforschung* 1973, 78–103. [Ursprünglich in: *Beiträge zur Geschichte der deutschen Sprache und Literatur* 58, 1934, 70–97.].

Rigotti, Francesca (1994), *Die Macht und ihre Metaphern. Über die sprachlichen Bilder der Politik*. Frankfurt: Campus Verlag.

Schlobach, Jochen (1980), *Zyklentheorie und Epochenmetaphorik. Studien zur bildlichen Sprache der Geschichtsreflexion in Frankreich von der Renaissance bis zur Frühaufklärung*. München: Fink.

Stollberg-Rilinger, Barbara (1986), *Der Staat als Maschine. Zur politischen Metaphorik des absoluten Fürstenstaats* Berlin: Duncker & Humblot.

Strauß, Gerhard (1991), Metaphern – Vorüberlegungen zu ihrer lexikographischen Darstellung. In: *Wortbedeutungen und ihre Darstellung im Wörterbuch*. (Hrsg. G. Harras/U. Haß/G. Strauß). Berlin etc.: de Gruyter, 125–211.

Trier, Jost (1931; 1973), *Der deutsche Wortschatz im Sinnbezirk des Verstandes. Die Geschichte eines sprachlichen Feldes*. Bd. 1: *Von den Anfängen bis zum Beginn des 13. Jahrhunderts*. 2. Auflage – Heidelberg: Winter.

–, (1957), Partnerschaft. – In: *Gestaltprobleme der Dichtung*. (Hrsg. R. Alewyn/H.-E. Hass/C. Heselhaus). Bonn: Bouvier, 307–314.

Weinrich, Harald (1958; 1976a), Münze und Wort. Untersuchungen an einem Bildfeld. In: Weinrich, Harald (1976b), *Sprache in Texten* 1976, 317–327. [Ursprünglich in: *Romanica. Festschrift für Gerhard Rohlfs*. (Hrsg. H. Lausberg/H. Weinrich). Halle: Niemeyer 1958, 508–521].

–, (1967), Semantik der Metapher. In: *Folia linguistica* 1, 3–17.

–, (1976b), *Sprache in Texten*. Stuttgart: Klett 1976.

–, (1976c), Allgemeine Semantik der Metapher. In: Weinrich, Harald (1976b), *Sprache in Texten* 1976, 317–327. [Leichte Überarbeitung von Weinrich (1967).].

Wessel, Franziska (1984), *Probleme der Metaphorik und Minnemetaphorik in Gottfrieds von Straßburg 'Tristan und Isolde'*. München: Fink.

Wortfeldforschung. Zur Geschichte und Theorie des sprachlichen Feldes. (Hrsg. L. Schmidt). Darmstadt: Wissenschaftliche Buchgesellschaft 1973

Dietmar Peil, München (Deutschland)

96. Bildfelder in synchroner Perspektive

1. Geschichte des Bildfeldbegriffs
2. Definition
3. Valenz, Morphosyntax und Wortbildung von Bildfeld-Lexemen
4. Semantische Innovation durch Bildfelder
5. Pragmatische Aspekte – Bildfelder in Texten und in der verbalen Interaktion
6. Studien zu einzelnen Bildfeldern
7. Praktische Anwendung von Bildfeldanalysen
8. Offene Fragen
9. Ausblick
10. Literatur in Auswahl

1. Geschichte des Bildfeldbegriffs

Der Terminus „Bildfeld" wird zuerst von Fricke (1933, 34) im Rahmen einer Arbeit über Gryphius eingeführt und noch im gleichen Jahr von Dornseiff rezipiert (Dornseiff 1933). Etwa zur gleichen Zeit erkennt Trier (1934), dass die von ihm begründete Theorie vom sprachlichen Feld (1931) eine völlig neue Perspektive für die Behandlung von Metaphern ergibt (Trier 1934, 198). Nicht die einzelne Metapher steht im Fokus der Untersuchung, sondern „sinnmäßig zusammenhängende Gruppen von Wörtern [...], die sich in metaphorischer Expansion auf andere Seinsbereiche ausdehnen" (Trier 1934, 195). In diesem Zusammenhang führt Trier auch den Begriff „bildspendend" ein. Für Trier werden bestimmte bildspendende Bereiche gewählt, „weil jene Bereiche als beherrschende Sinnzentren der Sprache vordringlich das Denken der einzelnen lenken und sich als Mittel anbieten, auch andere Bereiche analogisch zu klären. Sie haben Tore zur Welt geöffnet, sie werden auch andere Tore öffnen" (Trier 1934, 196). Man erkennt bereits in Triers Ausführungen die Betonung der kognitiven Dimension der Metapher: Die „bildspendenden" Felder leiten die Erkenntnisrichtungen der einzelnen Sprecher, indem sich die Sprecher noch ungeklärte Bereiche mit den bildspendenden Feldern per Analogie erschließen. Zugleich sind Triers Metaphernfelder in die Sprachgeschichte eingebunden, denn es sind immer spezifische „Sinnzentren", die für einzelne Sprachgeschichtsabschnitte charakteristisch sind.

Einige Vertreter der Bildfeldtheorie, z.B. Fricke, waren Anhänger des deutschen Nazi-

Regimes (vgl. Dahle 1969). Dies führt nach 1945 zum Abbruch der Bildfeld-Diskussion (ausführlicher vgl. Liebert 1992, 83ff.). Dornseiff (1954) und Weinrich (1958/1976a) nehmen die Diskussion um die Bildfelder der 30er Jahre wieder auf. Während Dornseiff (ebd.) erste Versuche einer Bildfeld-Lexikographie vorlegt (s.u.), präzisiert Weinrich die Begrifflichkeit und legt Einzelstudien wie „Münze und Wort" vor. Er greift insbesondere die Begriffe „Bildfeld" mit den Bestandteilen „bildspendendes Feld" und „bildempfangendes Feld" wieder auf (Weinrich 1958/1976a, 284) und macht sie in den sechziger Jahren populär. Die Theorie der Bildfelder wird von Weinrich nicht weiterentwickelt. Erst heute gibt es in der Literaturwissenschaft wieder Versuche, den Begriff des Bildfelds theoretisch zu hinterfragen und weiterzuentwickeln (z.B. Peil 1993). 1980 kommt mit der Arbeit „Metaphors we live by" von Lakoff und Johnson ein Werk heraus, das die Diskussion um Bildfelder neu aufleben lässt. Während die Bildfeldtheorie von wortartgebundenen Wortfeldern ausgeht, betrachten Lakoff und Johnson Metaphernfelder wortartübergreifend als ganzheitlich organisierte Denkmodelle. Dies führt zu dem Begriff „Konzeptuelle Metapher" und später zu dem Begriff „Metaphernmodell". Die Rezeption der Arbeiten der kognitiven Linguistik setzt zunächst ein, ohne Bezüge zur Wortfeld- oder Bildfeldtheorie herzustellen, doch schon Fillmore (1985) setzt sich explizit mit der Wortfeldtheorie auseinander. Später folgen Arbeiten, die Wortfeld- bzw. Bildfeldtheorie und kognitive Linguistik abgleichen und integrierende Ansätze vorstellen (z.B. Liebert 1992, Lutzeier 1992, 1993, Jäkel 1997), was zu einer Neubestimmung des Bildfeldbegriffs führt. Dies wird nun im Einzelnen noch näher erläutert.

2. Definition

2.1 Der klassische Bildfeldbegriff

Ein Bildfeld ist ein Wortfeld, das durch Lexemmetaphern-Relationen mit einem anderen Wortfeld verbunden ist. Eine Lexemmetaphern-Relation wird verstanden als ein Paar, dessen erste Komponente ein bilaterales Lexem eines semantischen Bereichs B1 und dessen zweite Komponente ein bilaterales Lexem eines anderen semantischen Bereichs B2 enthält, z.B.

$\langle\langle$investieren, Geld einsetzen$\rangle_{B1:GELD}$
$\langle$investieren, Zeit einsetzen$\rangle_{B2:ZEIT}\rangle$.

Diese Lexem-Lexem-Relationen sind von einem Wortfeld WF1 eines semantischen Bereichs B1 (sog. Herkunftsbereich (HB)) auf ein zweites Wortfeld WF2 eines anderen semantischen Bereichs B2 (sog. Zielbereich (ZB)) gerichtet. Durch diese Projektion von WF1 ∈ B1 auf WF2 ∈ B2 entsteht im Zielbereich ein Bildfeld BF1 ∈ B2. Ein Bildfeld ist somit immer eine Teilstruktur des Zielbereichs (ZB). Das so entstandene Bildfeld BF1 verleiht entweder der Inhaltsseite von WF2 Strukturen, die dort nicht ausgebildet sind – dann liegt ein „unikales Bildfeld" vor, oder BF1 tritt in Konkurrenz zu Inhaltsstrukturen in WF2 und bildet dabei partielle Synonyme, dann liegt ein „konkurrierendes Bildfeld" vor. Ein konkurrierendes Bildfeld geht mit einer Neuperspektivierung der Inhaltsseite von WF2 einher. Dabei können die bisherigen Inhaltsstrukturen von WF2 als perspektivische Alternativen erhalten bleiben oder verdrängt werden.

Der Metaphernbegriff kann also auf drei semantischen Ebenen lokalisiert werden: der lexikalischen Ebene („Lexemmetapher"), der Wortfeldebene („Bildfeld") und der Ebene der semantischen Bereiche („Herkunftsbereich" und „Zielbereiche"). Will man die Vernetztheit von Bereichen betonen, spricht man von „Bereichsmetaphern". Bereichsmetaphern werden nach dem Muster ZB IST HB, also z.B. ZEIT IST GELD oder GELD IST WASSER, notiert. Will man ausschließlich auf ein Lexem des Bildfelds Bezug nehmen, so spricht man von „Bildfeld-Lexem" oder „Metaphernlexem" (Böke 1996).

Die Terminologie in der Bildfeldforschung ist heterogen. So werden Bildfelder auch Metaphernfelder genannt. Herkunfts- und Zielbereich (beides Termini der späten Sprachinhaltsforschung) werden auch „Bildspender" und „Bildempfänger" oder im angloamerikanischen Sprachraum „vehicle" und „tenor" oder „source domain" und „target domain" genannt; von „source domain" findet sich bereits die Eindeutschung „Quellbereich" (für eine tabellarische Übersicht vgl. Liebert 1992, 97).

2.2 Der moderne Bildfeldbegriff – Bildfelder als kognitive Modelle

Nach Lutzeier (1995, 106–113) ist ein Wortfeld eine Menge von Lexemen, die auf der Formseite das morphosyntaktische Kriterium erfüllen, derselben Wortart anzugehören, und auf der Inhaltsseite im Rahmen eines festen Kontexts sich einem Aspekt unterordnen lassen, wobei ein Aspekt wieder in mehrere Dimensionen unterteilt werden kann. Dies hätte zur Folge, dass auch ein Bildfeld immer wortartbezogen definiert werden müsste. Dieser wortartbezogene Bildfeldbegriff ist vor allem von der kognitiven Linguistik kritisiert worden. Bliebe man bei einem wortartbezogenen Wortfeldbegriff, so hätte dies für Bildfelder die weitergehende Konsequenz, dass es im Bereich 'Wasser' mindestens zwei Wortfelder gäbe: ein Substantiv-Wortfeld (des Aspekts Wasser) mit Ausdrücken wie „Quelle", „Fluss" und ein Verb-Wortfeld mit Ausdrücken wie „sprudeln", „versiegen", „fließen", „versickern". Im Bereich 'Geld' würde es dementsprechend auch zwei verschiedene Bildfelder geben, ein Substantiv-Bildfeld mit Ausdrücken wie „Geldquelle", „Kapitalfluss" und ein Verb-Bildfeld mit Ausdrücken wie „sprudeln", „versiegen", „fließen", „versickern". Dies erscheint unter kognitivem Gesichtspunkt jedoch kontraintuitiv, da unser Wissen, dass eine Quelle sprudeln oder auch versiegen kann, miteinander verknüpft ist, d.h. dem Denkmodell 'Quelle' muss das Wissen von mindestens zwei Zuständen 'sprudeln' oder 'versiegen' zugeordnet werden. Deshalb wird in der kognitiven Linguistik auch Wert darauf gelegt, dass es nicht nur wortartgebundene Wortfelder sind, die auf andere Wortfelder projiziert werden, sondern Denkmodelle. Wird also das Denkmodell 'Quelle' aus dem Bereich 'Wasser' in den Zielbereich 'Geld' projiziert, wird ein neues Denkmodell 'Geldquelle' etabliert, das ebenso zwei Zustände 'sprudeln' und 'versiegen' haben kann, die routinemäßig unter dem Geldaspekt interpretiert werden. Dies bedeutet nun nicht, dass die Wortfeldtheorie hinfällig wäre, sondern dass sie erweitert werden muss. Man kann ein Denkmodell, wie es in der kognitiven Linguistik verstanden wird, im Sinne der Wortfeldtheorie relativ einfach definieren, wenn man transkategoriale Bedeutungsbeziehungen zulässt, die Lexeme auch über Wortartgrenzen verknüpfen. Porzig (1934) hat dafür schon früh die Kategorie der „wesenhaften Bedeutungsbeziehung" eingeführt wie sie z. B. zwischen den Lexemen „Hund" und „bellen" aber auch wie in vorigem Beispiel zwischen „Quelle" und „versiegen" und „sprudeln" besteht. Diese Relation besteht zwischen Lexemen unterschiedlicher Wortarten, die aber in unserem Weltwissen inhaltlich „wesensmäßig" zusammengehören. In der Terminologie der kognitiven Linguistik würde genau dies ein Denkmodell bzw. kognitives Modell darstellen. Mit wesenhaften Bedeutungsbeziehungen lässt sich der Begriff des Denkmodells in Begriffen der Feldtheorie folgendermaßen rekonstruieren: Ein Denkmodell (DM) ist eine Menge von Wortfeldern oder Wortfeldausschnitten des gleichen Aspekts, aber verschiedener Wortarten, wobei die einzelnen Lexeme der Wortfelder nicht nur durch Bedeutungsrelationen im Wortfeld zusammengehalten werden, sondern auch durch die transkategorialen wesenhaften Bedeutungsbeziehungen quer zu den Wortarten. Ein Metaphernmodell M ist nun das Ergebnis Projektion eines Denkmodells DM1 eines Herkunftsbereichs HB1 in einen Zielbereich ZB2. Ebenso wie bei wortartgebundenen Bildfeldern ergeben sich die Möglichkeiten unikaler oder konkurrierender Metaphernmodelle. Weiterhin existiert ein Metaphernmodellpotenzial, das die nicht projizierten Elemente des Denkmodells DM1 des Herkunftsbereichs B1 umfasst. Ebenso wie bei den wortartgebundenen Bildfeldern lässt sich auch das weitergehende Innovationspotenzial angeben, wenn etwa neue Metaphernmodelle auf bereits bestehende Metaphernbereiche projiziert werden oder Bereiche völlig neu verknüpft werden, was ganze Klassen innovativer Metaphernmodelle erschließt. Nach Turner/ Fauconnier (1995) können dabei auch mehrere Metaphernmodelle ineinander eingepasst werden („conceptual blending"), so dass eine eindeutige Zuordnung zu einem Herkunftsoder Zielbereich nicht mehr ohne weiteres gelingt.

Im Folgenden soll von diesem erweiterten Bildfeldbegriff ausgegangen werden, der sowohl wortartorientierte Bildfelder als auch modellorientierte Bildfelder umfassen soll.

3. Valenz, Morphosyntax und Wortbildung von Bildfeld-Lexemen

3.1 Simplizia

In vielen Fällen wird ein Simplex eines Wortfelds vom Herkunftsbereich auch als Simplex in ein Wortfeld des Zielbereichs projiziert. In der Mehrzahl der Fälle handelt es sich dabei um Verben. Bei diesen Simplizia muss durch den Verwendungskontext des Satzes, Textes, Gesprächs oder der Situation die bistabile Bedeutung jeweils disambiguiert werden. Für die valenzgebundenen Komplemente des entsprechenden Lexems gelten nach der metaphorischen Projektion in ein Bildfeld spezifische klassematische Restriktionen, die als globale Kontextbestimmungen aufgefasst werden können. Auf Bildfeldverben wirkt sich dies etwa auf die Restriktion ihrer semanto-syntaktischen Umgebung aus. So sind die Verben der Metapher ZEIT IST GELD, also etwa „investieren", „sparen", „einsparen" auch als Bildfeldlexeme Simplizia. Betrachtet man jedoch ihre Valenzmuster, so erkennt man, dass die Komplemente zwar im gleichen Kasus stehen, klassematisch jedoch verschiedenen Restriktionen unterliegen: Während das Akkusativkomplement der Verben des Herkunftsbereichs auf Ausdrücke aus dem Bereich 'Geld' (Geld oder einen bestimmten Geldbetrag investieren, sparen, einsparen) eingeschränkt wird, ist das Akkusativkomplement der Bildfeldverben restringiert durch Ausdrücke aus dem Bereich 'Zeit' (Zeit oder einen bestimmten Zeitbetrag investieren, sparen, einsparen). Dabei entstehen keine Restriktionen hinsichtlich der anderen Komplemente, beispielsweise des Subjekts.

3.2 Komposita

3.2.1 Morphosyntax

Im Gegensatz zu Bildfeld-Simplizia, die bis zu einem bestimmten Ausmaß immer kontextabhängig sind, sind Bildfeld-Komposita semantisch eindeutig unterschieden von den Ausgangslexemen des Herkunftsbereichs. Ein Bildfeld-Kompositum enthält im Gegensatz zu einem normalen Kompositum mindestens eine Komponente aus dem Zielbereich und eine Komponente aus dem Herkunftsbereich. Bei den Bildfeld-Komposita spielt der nominale Bereich eine herausragende Rolle. Neben einigen endozentrischen Konstruktionen besteht die Mehrzahl der metaphorischen Einwort-Nominalkomposita aus exozentrischen Determinativ-Konstruktionen mit der Struktur (L = Lexem):

Determinans: L_{ZB}(Determinatur: L_{HB})

Für das Bildfeldlexem „Geldquelle" kann etwa die Struktur:

$Geld_{ZBGeld}$ ($Quelle_{HBWasser}$)

angesetzt werden.

3.2.2 Wortbildungsmuster

Die wichtigsten Wortbildungsmuster für Bildfeldlexeme sind additive Komposition, Substitution, Phrasembildung und die Bildung fester Syntagmen.

3.2.2.1 Additive Komposition

Bei der additiven Komposition wird dem Simplex des Herkunftsbereichs, z. B. „Quelle" (aus dem semantischen Bereich 'Wasser') mit der Projektion in den semantischen Bereich 'Geld' ein Lexem dieses Zielbereichs hinzugefügt, z. B. „Geld", so dass das Kompositum „Geldquelle" entsteht.

Das Bildungsmuster der additiven Komposition von Lexemmetaphern lässt sich also darstellen als (L = Lexem):

$L1_{HB} \rightarrow (L2_{ZB} + L1_{HB})_{ZB}$

Nach dem gleichen Muster liegen viele Wortbildungen vor (z. B. Gen-Taxi oder Kostenlawine).

3.2.2.2 Substitution

Bei der Substitution wird eine Komponente des Kompositums aus dem Herkunftsbereich, z. B. die Komponente „Wasser" des Kompositums „Wasserhahn", durch eine Komponente aus dem Zielbereich ersetzt, z. B. „Geld", wodurch das neue Kompositum „Geldhahn" entsteht, das als Ganzes ein Element des Zielbereichs 'Geld' ist.

Das Bildungsmuster der Substitution lässt sich also darstellen als (L = Lexem):

Kompositum $(L2_{HB} + L1_{HB})_{HB} \rightarrow$
Kompositum $(L2_{ZB} + L1_{HB})_{ZB}$

3.2.2.3 Idiombildung

Die Forschung zu Idiomen ist in den letzten Jahren so umfangreich geworden, dass die verschiedenen Forschungsstrategien und Ergebnisse hier nicht vorgestellt werden können. Deshalb muss hier auf das Kapitel in diesem HSK-Band verwiesen werden (vgl. Artikelnr. 52–59, vgl. auch Dobrovol'skij 1997, Wortbildung und Phraseologie 1997).

3.2.2.4 Bildung fester Syntagmen

Die Phrasembildung weist schon über die klassische Wortgrenze hinaus und bringt auch die Bildung von festen Syntagmen in den Blick. Gerade Nominalgruppen mit lexikalischen Konstanten stellen oft Übergangsphänomene zu Lexemen dar. Betrachtet man beispielsweise die Metapher vom „Text der DNS", so ist man zunächst wenig geneigt, diese Konstruktion als Lexem, auch nicht als Mehrwortlexem zu fassen. Anders bewertet man die Bildung „DNS-Text", die als gerade klassischer Fall eines Nominalkompositums betrachtet werden kann. Die Tendenz, diese beiden Konstruktionen unterschiedlich einzuordnen, rührt daher, dass die morphosyntaktischen Strukturen der Nominalgruppe „Text der DNS":

1a) Substantivkern + Genitivattribut

und des Nominalkompositums „DNS-Text" (S = Substantiv):

2a) Determinans + Determinatur

grundverschieden zu sein scheinen.

Betrachtet man die beiden Strukturen aus der Perspektive der Semantik, so ergeben sich dagegen große Gemeinsamkeiten. Stellt man auch die semantische Struktur der beiden Konstruktionen dar, so ergibt sich für die Nominalgruppe „Text der DNS":

1b) Substantivkern$_{HB}$ + Genitivattribut$_{ZB}$

und für das Nominalkompositum „DNS-Text" (S = Substantiv):

2b) Determinans: S_{ZB} + Determinatur: S_{HB}.

Der Kern in 1b) bzw. das Grundwort in 2b) ist jeweils „Text", also ein Element des Herkunftsbereichs, und analog wird in 1b) der Kern „Text" durch das Genitivattribut „der DNS" spezifiziert, also durch ein Element des Zielbereichs, bzw. ist es im Kompositum 2b) das Bestimmungswort „DNS", also ebenfalls ein Element des Zielbereichs, das für die Spezifikation sorgt. In beiden Fällen liegt also eine exozentrische Konstruktion vor, in der der (metaphernbildende) Ausdruck aus dem Herkunftsbereich in der Referenzposition und der Zielbereichsausdruck in der prädizierenden Position stehen.

Da diese semantische Integration von Herkunfts- und Zielbereichselementen nicht nur im Kompositum, sondern auch in der Nominalgruppe vorkommt, erscheint es aus kognitiv-semantischer Perspektive durchaus sinnvoll, Bildungen wie „Text der DNA" zumindest als Vor- oder Äquivalenzformen von Lexemen zu betrachten (vgl. auch Coulmas 1985). Bei Terminologisierungen, die gleichfalls diese exozentrische Struktur von Herkunfts- und Zielbereichselementen auszeichnet, scheint dies sogar notwendig zu sein, denn in diesem Fall kommt hinzu, dass Attribut und Kern nur mit ganz bestimmten lexikalischen Konstanten aus den festgelegten Herkunfts- und Zielbereichen belegt werden können. Beispiele hierfür sind die Termini aus der Molekularbiologie „genetischer Code" oder „programmierter Zelltod" (vgl. auch Temmerman 1998).

4. Semantische Innovation durch Bildfelder

Bildfelder bzw. Metaphernmodelle sind ein zentrales Mittel semantischer Innovation. Es werden nun grundlegende Innovationsformen am Beispiel der Bildfelder dargestellt, die aber analog auch für Metaphernmodelle gelten.

4.1 Innovationsformen

Meist wird das semantische Innovationspotenzial von Metaphern einzellexembezogen betrachtet. Die unikale Lexemmetapher stellt aber eher die Ausnahme dar, in der Regel wird mit einer neuen Idee nicht eine einzelne Lexemmetapher eingeführt, sondern ein Teilfeld, oder aber die neue Lexemmetapher stellt die Erweiterung eines partiell schon etablierten Bildfelds dar. Der Grund dafür liegt darin, dass die Wortfelder der Lexik einer Einzelsprache, aber auch der Lexik von Varietäten, neben vielen anderen semantischen Relationen bereits durch zahlreiche Bildfeldrelationen miteinander verbunden sind und damit bereits spezifische Bildfelder etabliert haben. Neue Metaphern werden immer vor dem Hintergrund dieses Netzes etablierter Inhaltsseiten gebildet. Prinzipiell können sie dabei auf drei verschiedene Arten gebildet werden:

1. Es können Bereiche vernetzt werden, die bisher noch nie vernetzt waren. Die so entstehenden Konzepte und Lexeme stellen das größte Innovationspotenzial dar, da damit ganze Klassen neuer Bildfelder und Lexemmetaphern gebildet werden können.
2. Es können zu zwei schon vernetzten Bereichen neue Wortfelder auf den Zielbereich projiziert werden.
3. Es können zu bereits vernetzten Bereichen und Wortfeldern neue Lexeme in den Zielbereich projiziert werden.

Das zuletzt genannte Verfahren ist sicher das am häufigsten verwendete, da es mit relativ geringem kognitiven Aufwand durchgeführt werden kann: Da ein Bildfeld BF1 über die Lexemmetaphern-Relationen mit dem Herkunftsbereich B1 gekoppelt bleibt, bietet die verbleibende Restmenge des Wortfelds WF1 die Möglichkeit, kohärent weitere Lexeme in WF2 zu projizieren. Diese Restmenge eines Wortfelds, das partiell schon auf einen Zielbereich projiziert wurde, stellt das „Bildfeldpotenzial" dar, das von Sprechern für semantische Innovationen genutzt wird. Zwar können rein mechanisch alle Lexeme aus dem Herkunftsbereich in den Zielbereich projiziert werden, aber nicht jedes der so entstandenen Bildfeldlexeme ergibt auch pragmatisch einen Sinn. Welches neue Bildfeldlexem sinnvoll und innovativ ist, hängt von soziokulturellen und situativen Faktoren ab.

4.2 Innovative Bildfelder im soziokulturellen Kontext

Bei der Frage, was eine neue Lexemmetapher darstellt und was nicht, spielt der soziokulturelle Kontext eine große Rolle. Was nämlich als neue und was als feste Lexemmetapher gilt, ist von Varietät zu Varietät und von Einzelsprache zu Einzelsprache verschieden. Gerade wenn zwei Einzelsprachen die gleiche Bereichsmetapher kennen, werden oft unterschiedliche Elemente des jeweiligen Herkunftsbereichs für die Erzeugung von Bildfeldern genutzt. So gibt es etwa im Türkischen wie im Deutschen die Bereichsmetapher GELD IST WASSER. Es gibt viele direkt dem Deutschen entsprechende Lexemmetaphern wie etwa „im Geld schwimmen", die sich wie im Deutschen um das Metaphernmodell des Weges von einer Quelle zu verschiedenen Behältern gruppieren. Viele direkte Entsprechungen (wie zu „Ebbe" oder „Geldhahn") fehlen aber. Dafür gibt es andere Lexemmetaphern wie 'Geld sickern lassen' im Sinne von 'jmdm. das Geld aus der Tasche ziehen'. Die Kodifizierung dieser sprachlich-kulturellen Unterschiede ist Gegenstand der kontrastiven kognitiven Lexikographie (vgl. Fillmore 1994, Liebert 1992).

5. Pragmatische Aspekte – Bildfelder in Texten und in der verbalen Interaktion

Lange Zeit wurden Bildfelder vor allem systemlinguistisch untersucht. Erste Ansätze, die dieses Prinzip durchbrachen, wurden in der Textlinguistik mittels des so genannten Isotopieansatzes durchgeführt (Kallmeyer 1974). Auch wenn dieser Ansatz sich von der Bildfeldtheorie abgrenzt, sind die Ergebnisse jedoch ganz ähnlich denen, die man mit einer Textanalyse mit dem Bildfeldansatz erzielt hätte. Heute sind Analysen von Bildfeldern in Texten, auch in größeren Textkorpora, selbstverständlich (vgl. als Überblick Metaphern, Medien, Wissenschaft 1997 sowie Discourse and Perspective in Cognitive Linguistics 1997). Noch drastischer sieht es im Bereich der verbalen Interaktion aus. Erst in jüngerer Zeit wurde überhaupt untersucht, wie Sprecher Metaphern in Texten und in der verbalen Interaktion einsetzen (vgl. van Dijk/Kintsch 1983, Glucksberg 1989, Huelzer-Vogt 1991). Die Ausarbeitung von Metaphernmodellen für die verbale Interaktion kann verschiedene kommunikative Funktionen haben. Die wichtigsten sind argumentative (vgl. Pielenz 1993) und explikative Funktionen. Sprecher verhandeln in verbalen Interaktionen Metaphernmodelle kompetitiv, um bestimmte Perspektiven einzubringen und dominant zu machen oder kooperativ konstruierend, um sie etwa bei der Vermittlung von Fachwissen als Verständlichkeitsbrücken und/oder unterhaltendes Element zu nutzen (vgl. Liebert 1996b). Erst in jüngster Zeit wird der systematische Zusammenhang von Bildfeldnetzwerken als gemeinsamem Wissen („shared knowledge") und deren lokale Transformationen in konkreten Interaktionen untersucht (Metaphern, Medien, Wissenschaft 1997, Discourse and Perspective in Cognitive Linguistics 1997).

6. Studien zu einzelnen Bildfeldern

Nach den frühen Arbeiten von Trier (1934), Dornseiff (1954) und Weinrich (1958) wurde seit Ende der siebziger Jahre eine ganze Reihe von Arbeiten aus dem Bereich der kognitiven Linguistik vorgelegt (vgl. Master Metaphor List 1994ff.). Ausführliche Analysen gibt es zur Gefühlsmetaphorik, insbesondere ist hier die Studie zu den Metaphernmodellen für Ärger zu nennen (vgl. Lakoff 1987: 380–415). Eine Analyse der Bildfelder der deutschen Sprache für das Konzept 'Wut' liefert Liebert (1992, 148–155). Ein weiterer, wichtiger Analysebereich ist der Bereich 'Wirtschaft/Geld'. Hier hat schon Dornseiff durch erste lexikologische Studien Pionierarbeit geleistet (vgl. Dornseiff 1954). Dabei wird der Bereich 'Geld' sowohl als Herkunftsbereich als auch als Zielbereich erfasst. Bei den Analysen mit 'Geld' als Herkunftsbereich finden sich neben Weinrichs Studie „Münze und Wort" (1958) (z. B. „Er hat dieses Wort geprägt.") vor allem Studien zur Zeit-ist-Geld-Metaphorik (z. B. (Zeit) „investieren"; vgl. Lakoff und Johnson 1980, Liebert 1992, 111–155). Bei den Analysen mit dem Zielbereich 'Geld/Wirtschaft' werden sowohl Analysen einzelner Bereichsmetaphern, etwa GELD IST WASSER (z. B. „Geldquelle"), FIRMENZUSAMMENSCHLÜSSE SIND HOCHZEITEN oder FIRMENZUSAMMENSCHLÜSSE SIND KRIEG (Mussolf 1991), als auch Studien, die einen größeren Ausschnitt der Denkwelt des Bereichs 'Wirtschaft' und den Bildfeldern, die ihn strukturieren, vorgelegt (Jäkel 1997, Nagy 1974, Discourse and Perspective in Cognitive Linguistics 1997). Zur Analyse der Bildfelder für Sprache und Kommunikation legt Reddy (1979) die erste umfassende Arbeit vor, die maßgeblich für alle weiteren Arbeiten zu Metaphernmodellen für Kommunikation wird. Durch die detaillierte Sprachanalyse verschiedener Bildfelder für Kommunikation gelingt es Reddy nachzuweisen, dass in der Alltagssprache eine Vorstellung, die so genannte „Conduit-Metapher", dominant ist. Danach wird ein Begriff in Sprache „verpackt" und dann durch eine „Röhre" an den Kommunikationspartner „geschickt", der den Begriff aus der Sprache wieder „auspackt". Da nachrichtentechnische Kommunikationsmodelle auf dieser Vorstellung aufbauen, schließt Reddy hier eine Kritik an, die in der Folge immer wieder aufgegriffen und weiterverarbeitet wird (z. B. Lakoff/Johnson 1980, Brünner 1987, Krippendorf 1990, Fiehler 1990). Sie wird dabei insbesondere ausgedehnt auf eine Kritik der Computervorstellung des menschlichen Geistes (Lenke 1991, Schröder 1992). Studien, die Bildfelder für Sprache und Sprachtheorien analysieren, legen Wimmer (1983), Schmidt (1989) und Dahle (1969, 62–65) vor. Letztere analysiert „Militärische Metaphern in germanistischen Aufsätzen" zwischen 1933–1945. Neuere Arbeiten analysieren auch Bildfelder in der Wissenschaft, vor allem in der Naturwissenschaft. In diesen Analysen wird nachgewiesen, dass auch wissenschaftliche Theorien zumindest teilweise durch Metaphernmodelle strukturiert sind. Jäkel (1997) führt eine umfassende Studie der Bildfelder für Wissenschaft in Werken von Aristoteles, Bacon, Descartes, Kant, Popper und Kuhn durch. Auch moderne naturwissenschaftliche Theorien sind von Metaphernmodellen bestimmt. Analysen liegen hier von Liebert (1995, 1996b) Knudsen (1996) und Temmerman (1998) vor. Letztere analysiert im Detail die Metaphorik molekularbiologischer Begrifflichkeit, z. B. die Seil-Metaphorik beim so genannten „DNA splicing", und plädiert für eine systematische Einbeziehung der Metaphern in der naturwissenschaftlichen Terminologie und Terminographie (vgl. auch Metaphern, Medien, Wissenschaft 1997). Auch Überlegungen zur Mathematik (Lakoff 1987, 353–369) wurden angestellt. Eine detaillierte Studie für den musikwissenschaftlichen Bereich legt Störel (1997) vor. Im Bereich Politik und Sprachkritik wurden verschiedene Untersuchungen durchgeführt, die Bildfeldanalysen einschließen: Dazu zählt etwa die Analyse zur Sprache der Bush-Regierung zur Legitimation des Golfkriegs (Lakoff 1991, Link 1991, Rohrer 1995), die Arbeit zum Metaphernsystem der Sprache der politischen Parteien in den USA von Lakoff (1996) oder die Analyse zur Legitimationsfunktion von Bildfeldern in der Sozialpolitik von Rohrer (1997). Die Metaphernmodelle, die sich im deutschen Einwanderungsdiskurs etabliert haben, wurden umfassend von Böke (1996; 1997) analysiert. Weitere Untersuchungen liegen zum Gesundheitsbereich, speziell zu Aids vor (als Überblick vgl. Metaphern, Medien Wissenschaft 1997). Cohn (1992) analysiert die Sexualitätsmetaphorik in der Sprache US-amerikanischer Militärtechniker.

Andere Arbeiten aus nichtlinguistischen Disziplinen, die sich zumindest teilweise auf Bildfelder bzw. Metaphernmodelle berufen, sind die historische Arbeit zu „Metaphern für Geschichte" von Demandt (1978), die politikwissenschaftliche Arbeit von Rigotti über die Metaphorik Mussolinis (1987) und die vergleichende Arbeit über Bildfelder in den Grundsatzprogrammen der SPD und CDU von Opp de Hipt (1987). In der Sozialwissenschaft werden Bildfeldansätze zur Analyse von sog. „Leitbildern" herangezogen, die zur Technikfolgenabschätzung eingesetzt werden (Mambrey/Pateau/Tepper 1995). Im Rahmen der soziologischen Leitbildforschung werden auch „Leitbild" als optionale und „Denkmuster" als hegemoniale Größe unterschieden. Zentral dabei ist die Analyse so genannter „Rationalisierungsleitbilder" (z. B. „schlanker Staat"). Dabei werden sowohl die Konsequenzen dieser Schlankheitsmetaphorik („Lean Production", „Lean Management", „schlanker Staat", „schlanke Verwaltung", „schlanke Firma" etc.) für den staatlichen und wirtschaftlichen Bereich als auch die Konsequenzen für die Gender-Konstruktion gezeigt (vgl. Diese Welt wird völlig anders sein 1995).

Neben den bekannten Bibliographien (vgl. Liebert 1992) findet sich die neueste kommentierte Bibliographie zu Metaphernmodellen auf der Homepage von Rohrer (Annotated Bibliography of Metaphor and Cognitive Science 1997ff.). Darüber hinaus bietet die so genannte „Master Metaphor List" (1994ff.)

eine zusammenfassende Darstellung der bisher untersuchten Metaphernmodelle, allerdings beschränkt auf die englische Sprache.

7. Praktische Anwendung von Bildfeldanalysen

Es gibt vielfältige Anwendungsbereiche für Analysen mittels Bildfeldern bzw. Metaphernmodellen. Neben einigen sich etablierenden Praxisfeldern, die hier nun vorgestellt werden, gibt es immer wieder neue Bereiche, die durch Bildfeld- bzw. Metaphernmodellanalysen erschlossen werden, z. B. der Bereich der Unternehmensberatung (Habscheid 1998), die hier nicht ausführlich diskutiert werden können.

7.1 Software-Engineering

Im Software-Engineering werden schon seit langem Benutzermetaphern (so genannte „user-interface-metaphors") entwickelt. Da die meisten Programmiersprachen für Informatik-Laien unverständlich sind, wird das Programm so gestaltet, dass dem Benutzer ein ihm bekanntes Handlungsobjekt erscheint, während ihm die Abläufe auf der Ebene der Maschinensprache verborgen bleiben. Beispiele für diese Benutzermetaphern sind etwa die Schreibtisch-Metapher der Firma Apple und die Fenster-Metapher des Windows-Betriebssystems der Firma Microsoft. Analysen der Bildfelder der Alltagswelt möglicher Software-Benutzer können nun gezielt dazu eingesetzt werden, um angemessene Benutzermetaphern auszuwählen und diese auch für die verschiedenen Teilprogramme kohärent fortzuführen (als Überblick vgl. Liebert 1996a, 108f.). Dabei wird in jüngster Zeit auch die Gender-Thematik von Benutzermetaphern diskutiert. So kritisieren die Autorinnen vom Softwarehaus von Frauen für Frauen und Mädchen e.V. (1993) „technische Maskulinismen, wie der Programm-Manager, der Datei-Manager, ein 386er oder 486er, bei denen auch Potenzgehabe mitschwingt" (Einführung in die EDV. Eine Methodensammlung. 1993, 8) und personifizieren u.a. Computereinheiten als Frauen, z. B. „die CPU als Chefin des gesamten Computers" (Einführung in die EDV. Eine Methodensammlung, 8).

7.2 Psychotherapie

In der Psychotherapie wurden einige empirische Ansätze vorgelegt, die Metaphernmodelle zu therapeutischen Zwecken einsetzen. Bock (1985) schlägt vor, für die Psychotherapie Metaphern als „Werkzeuge" zu benutzen, Gordon (1985) entwickelt sogar einen Formalismus, um die Übertragungsinhalte der einzelnen Metaphernmodelle kontrollieren zu können. In der Systemischen Therapie werden Metaphernmodelle auch bei psychotischen Patienten als Zugang zur Denkwelt des Patienten und deren Veränderung eingesetzt. Dabei wird ein zentrales Metaphernmodell des Patienten gesucht, das die (gestörte) Beziehung von Patient und Restfamilie ausdrückt. Da der Kranke Teil eines Familiensystems ist, in dem er die Rolle des passiven, ohnmächtigen Parts einnimmt, muss sich dies auch in seinen Metaphernmodellen wiederfinden. Ziel ist es nun, das zentrale Metaphernmodell des Patienten auf Aktivität „umzupolen". Retzer (1992) zeigt dies anhand eines Transkripts einer psychotherapeutischen Sitzung mit einem schizophrenen Jugendlichen, der zunächst sein Beziehungsgefühl mit Ausdrücken wie „neblig", „im Nebel umherwandern" etc. ausdrückt, d.h. der Nebel ist die (unkontrollierbare, weil naturgegebene) Ursache für seine Orientierungslosigkeit und seine Passivität. Dies hindert ihn letztlich daran, seine Beziehungen aktiv zu gestalten. Durch die Interaktion mit den Therapeuten wird er zunächst zum 'Nebelbombenwerfer', der Nebel wird somit direkt seiner Kontrolle zugänglich. Dieses Metaphernmodell wird dann verschiedentlich expandiert (seine Mutter kann als „Nebelhorn" wieder Verbindung mit ihm aufnehmen etc.), bis der Patient mehr und mehr die Kontrolle über seinen Zustand wiedergewinnt.

Ein neuer Forschungszweig ist die Psycho-Neuroimmunologie (Teegen 1992). Sie geht davon aus, dass die Denkmodelle über den eigenen Körper auch unmittelbare Auswirkungen auf die Psyche und das Immunsystem haben. Meist haben Patienten mit einem schwachen Immunsystem auch Vorstellungen von einem schwachen Immunsystem. Durch medizinische Information und spezielle Vorstellungsübungen soll das Immunsystem gestärkt werden. Dabei werden die Bildfelder der Immunologie wie 'Kampf' und 'Krieg' aufgenommen und individualisiert. Die Patienten werden gezielt dazu angehalten, ihre Verteidiger im Immunsystem siegreich zu visualisieren.

7.3 Verständlichkeit

In der Popularisierung von Fachwissen, z.B. im Wissenschaftsjournalismus, werden Metaphern gezielt eingesetzt. Bildfeldanalysen können erkennen helfen, welche Bildfelder in verschiedenen Wissenschaften angelegt sind. Die so analysierten Metaphernbereiche können dann als Brücken in die Alltagswelt dienen (als Überblick vgl. Metaphern, Medien, Wissenschaft 1997; vgl. auch Gentner/Gentner 1983). Neben der Analyse von Textsammlungen zu wissenschaftlichen Themen in den Medien (Liebert 1996b, Metaphern, Medien Wissenschaft 1997) verspricht insbesondere die Analyse von Interaktionen von Wissenschaftlern und Wissenschaftsjournalisten bzw. Wissenschaftlern und Laien neue Erkenntnisse (vgl. Liebert 1997), da hier verfolgt werden kann, welche Bildfeldangebote vom Kommunikationspartner aufgegriffen und weitergeführt werden und welche verworfen werden. Solche Analysen können praktische Konsequenzen etwa für die Arzt-Patient-Kommunikation haben. Im ärztlichen Beratungsgespräch besteht das Problem, dass dem Patienten auch medizinisches Fachwissen vermittelt werden muss, sowohl bei der Diagnose, als auch beim Darstellen des Therapieplans. In einer neueren Studie gingen Mabeck und Olesen (1997) zunächst davon aus, dass Metaphernmodelle wie DAS HERZ IST EINE PUMPE eine optimale Lösung für den Wissenstransfer zum Patienten bieten könnten. Sie befragten Patienten mit Herzkrankheiten nach dem ärztlichen Gespräch, was sie von ihrer Krankheit verstanden hätten. Diese Gespräche wurden hinsichtlich der Metaphernmodelle analysiert. Dabei offenbarte sich ein ungeheures Ausmaß an Falschheiten und Halbwissen. Zwar griffen viele Patienten die Metapher DAS HERZ IST EINE PUMPE auf, konnten aber im weiteren Verlauf nicht beschreiben, welche Rolle das Herz im Blutkreislauf spielt. Stattdessen boten sie (aus ärztlicher Sicht) die absonderlichsten Erklärungen an oder bekannten offen ihr Unwissen darüber, wie diese Pumpe denn funktioniert. Mabeck und Olesen (1997) zeigen, dass die Patienten die ärztlichen Erklärungen in ein vorgeformtes Kategoriensystem deformierten. Dieses Kategoriensystem besteht aus einem zwar vortheoretischen, aber differenzierten Netzwerk von Metaphern für den menschlichen Körper und Krankheit, das aber meist nichts mit dem medizinischen Wissen darüber zu tun hat. Dieses Netzwerk alltäglicher Metaphernmodelle für Körper und Krankheit nennen Mabeck und Olesen (1997) deshalb auch „Ethnomechanics". Offenbar passen die Patienten die Äußerungen des Arztes in ihr ethnomechanisches Metaphernnetzwerk ein, so dass der Arzt am Ende nicht weiß, was der Patient letztlich verstanden hat. Vorschläge, wie dieses Problem gelöst werden kann, fehlen bisher noch.

7.4 Lexikographie von Bildfeldern – Kognitive Lexikographie

Wird Lexikographie verstanden als praktische Lexikologie, so ergibt sich automatisch eine unmittelbare Anwendung von Bildfeldanalysen. Damit ergeben sich auch Perspektiven für eine kognitive Lexikographie (Liebert 1992). Zwar wird in der germanistischen Diskussion die Möglichkeit einer Bildfeld-Lexikographie manchmal bezweifelt, dessen ungeachtet ist die Wörterbuchlandschaft diesbezüglich außerhalb Deutschlands sehr reichhaltig. Schon früh gab es im angloamerikanischen Sprachraum Wörterbücher, die Bildfelder in Form eines Thesaurus erfasst haben. Dazu zählt der englische Metaphern-Thesaurus von Johnson (1966), aber auch viele onomasiologisch aufgebaute Idiom-Wörterbücher (vgl. die Aufstellung in Liebert 1992, 156ff., aber auch das Lexikon der Redensarten 1994 und Bildliche Redewendungen Englisch 1996).

Im Rahmen des kognitiven Forschungsprogramms wurde der korpusgestützte Metaphern-Thesaurus Collins Cobuild English Guides 7: Metaphor (1995) von Alice Deignan herausgegeben. Neben der einsprachigen Lexikographie von Bildfeldern gibt es auch erste Ansätze zu einer kontrastiven Lexikographie von Bildfeldern (vgl. Liebert 1992, 196–202).

8. Offene Fragen

Alle hier vorgestellten und diskutierten lexikologischen und lexikographischen Arbeiten basieren auf einer Reihe offener Fragen der Bildfeld- bzw. Metaphernmodellanalyse. Zwei davon sollen hier angesprochen werden. Es handelt sich hierbei um die offenen Fragen der Identifikation und der Kategorisierung.

8.1 Identifikation

Zunächst ist nach wie vor das Problem nicht gelöst, wie die gleichen Lexemmetaphern zuverlässig von unterschiedlichen Analysierenden in Texten identifiziert werden können (Problem der Identifikation). Es scheint zwar eine sich in der Sprachentwicklung ausbildende Metaphernkompetenz zu geben (Schöler/Schneider 1981), diese Kompetenz ist aber nicht dergestalt, dass Sprecher in Texten die gleichen Metaphern identifizieren. Man kann das Identifikationsproblem auch als ein metalinguistisches Problem kategorisieren. „Metapher" ist für die meisten linguistischen Laien ein metasprachlicher Ausdruck wie „Wortart", den sogar einige vielleicht überhaupt nicht verstehen. Um verschiedene Analytiker zu einem einheitlichen Urteil kommen zu lassen, müsste man also eine genaue Anweisung geben, wie sie Metaphern im Text zuverlässig identifizieren können. Bis heute ist allerdings keine Metapherntheorie in der Lage, eine Anweisung zu formulieren, die genau dies leistet – erstaunlich nach einer über zweitausendjährigen Beschäftigung mit der Metapher.

8.2 Kategorisierung

Mit dem Problem der Identifikation verbunden ist das Problem der Kategorisierung, d. h. dass für identifizierte Lexemmetaphern semantische Bereiche (Herkunfts- bzw. Zielbereich) bzw. eine Hierarchie oder ein Netzwerk solcher Bereiche festgelegt werden müssen. Dieses Problem besteht grundsätzlich bei jeder feldorientierten, lexikologischen Arbeit, vor allem aber in der Lexikographie. Eine theorieorientierte Lösung ist das so genannte „Rating", ein Verfahren der sozialwissenschaftlichen Inhaltsanalyse (vgl. Opp de Hipt 1987), bei dem eine bestimmte Anzahl von Analysanten („Ratern") innerhalb eines festgelegten Abweichungsrahmens zum gleichen Kategorisierungsergebnis kommen müssen. Dies hat sich v.a. bei der Analyse von Metaphern in Fachtexten als schwierig erwiesen, denn fachliche Laien verfügen nicht über die Begrifflichkeit, um fachliche Metaphern oder Metaphern aus dem fachlich-alltagssprachlichen Übergangsfeld überhaupt einordnen zu können. Eine Lösung dafür ist das Heranziehen fachlich ausgebildeter Experten („Experten-Rating"). Dafür müssen die Experten-Rater aber auf einen bestimmten Metaphernbegriff trainiert werden. Ist dieses Vorgehen für spezifische sozialwissenschaftliche und eingeschränkt auch für bestimmte linguistische Untersuchungen sinnvoll, erscheint es für die praktische Arbeit der Lexikographie wenig hilfreich.

Eine weitere Lösung besteht darin, zu sagen, man müsse die Einteilungen je nach Ziel machen (vgl. Lutzeier 1995). Wie dann aber bei festgelegtem Ziel klare Abgrenzungen geschaffen werden können, bleibt nach wie vor offen. D. h., es bleibt eine Interpretationsleistung der Autorin/des Autors, die sich in der Praxis bewähren muss. Vorschläge zu entsprechenden Heuristiken wurden von Liebert (1992), Jäkel (1997) und Dobrovol'skij (1995) unterbreitet. Dabei scheint der Ansatz von Dobrovol'skij (1995) am vielversprechendsten zu sein.

Das Kategoriensystem zielorientiert aufzubauen, ist zumindest für die Lexikographie eine befriedigende Antwort, denn die vielen Auflagen, die etwa „Roget's Thesaurus" (1987) mittlerweile erfahren hat, zeigen, dass man die Einteilung in tausend Gruppen theoretisch zwar berechtigterweise kritisieren kann, dass sie in der alltäglichen Lese- und Schreibpraxis ihre Orientierungsfunktion allerdings ausreichend zu erfüllen scheint.

9. Ausblick

Die Bildfeldforschung hat durch die Verbindung mit dem Begriff des Denkmodells aus der kognitiven Linguistik eine wichtige Erweiterung erfahren. Daraus resultiert eine Fülle von neuen Studien und Anwendungen. Dazu zählen die Gestaltung von Benutzermetaphern, die Vermittlung von Fachwissen, die kognitive Lexikographie von Bildfeldern und nicht zuletzt die bewusste Gestaltung von Leitbildern und die reflektierte Veränderung der eigenen metaphorischen Denkmuster.

10. Literatur in Auswahl

Annotated Bibliography of Metaphor and Cognitive Science. (Ed. Rohrer, Tim) http//:metaphor.uoregon.edu/annbib.htm, 1997ff.

Bildliche Redewendungen Englisch. (Hrsg. Gulland, Daphne M.), Berlin, München etc.: Langenscheidt, 1996.

Biere, Bernd Ulrich (1997), „Sturmangriff der Killerviren". Metaphern und Verständlichkeit. In: *Metaphern, Medien, Wissenschaft* 1997, 132–147.

Bock, Herbert (1985), Metaphorik. Bildersprache als therapeutisches Werkzeug? In: *Psychologische Beiträge* 26, 94–111.

Böke, Karin (1996), Überlegungen zu einer Metaphernanalyse im Dienste einer „parzellierten" Sprachgeschichtsschreibung. In: *Öffentlicher Sprachgebrauch. Praktische, theoretische und historische Perspektiven*. (Hrsg. K. Böke; M. Jung; M. Wengeler). Opladen: Westdeutscher Verlag 1996, 431–452.

Böke, Karin (1997), Die „Invasion" aus den „Armenhäusern Europas". Metaphern im Einwanderungsdiskurs. In: *Öffentlicher Sprachgebrauch. Praktische, theoretische und historische Perspektiven*. (Hrsg. K. Böke; M. Jung; M. Wengeler). Opladen: Westdeutscher Verlag 1997, 164–193.

Brünner, Gisela (1987), Metaphern für Sprache und Kommunikation in Alltag und Wissenschaft. In: *Diskussion Deutsch* 18, Heft 94, 100–119.

Cohn, Carol (1992), Sexualität und Tod in der Sprache von Verteidigungsexperten. In: *Die Geschlechter im Gespräch. Kommunikation in Institutionen.* (Hrsg. S. Günthner; H. Kotthoff). Stuttgart: Metzler 1992, 311–343.

Collins Cobuild English Guides 7: Metaphor. (Ed. A. Deignan). London: Harper Collins 1995.

Common English Sayings. A Collection of Metaphors in Everyday Use. (Ed. Johnson, Andrew). London. 1958. ³1961, neue Ausg. 1966: Longmans.

Coulmas, Florian (1985), Lexikalisierung von Syntagmen. In: *Handbuch der Lexikologie.* (Hrsg. Chr. Schwarze; D. Wunderlich). Königstein; Ts.: Athenäum, 1985, 250–268.

Dahle, Wendula (1969), *Der Einsatz einer Wissenschaft. Eine sprachinhaltliche Analyse militärischer Terminologie in der Germanistik 1933–1945.* Bonn: Bouvier.

Demandt, Alexander (1978), *Metaphern für Geschichte. Sprachbilder und Gleichnisse im historisch-politischen Denken.* München.

Diese Welt wird völlig anders sein. Denkmuster der Rationalisierung. (Hrsg. B. Aulenbacher; T. Siegel), Pfaffenweiler: Centaurus-Verl.-Ges. 1995.

van Dijk, Teun A.; Kintsch, Walter (1983), *Strategies of Discourse Comprehension.* New York, London: Academic Press.

Discourse and Perspective in Cognitive Linguistics. (Eds. W.-A. Liebert; G. Redeker; L. Waugh). Amsterdam: Benjamins 1997.

Dobrovol'skij, Dmitrij (1995), *Kognitive Aspekte der Idiom-Semantik. Studien zum Thesaurus deutscher Idiome.* Tübingen. (Eurogermanistik; 8).

–, (1997), *Idiome im mentalen Lexikon: Ziele und Methoden der kognitiven Phraseologieforschung.* Trier: Wiss. Verl. (Fokus Bd. 18).

Dornseiff, Franz (1954), *Bezeichnungswandel unseres Wortschatzes. Ein Blick in das Seelenleben der Sprechenden.* Lahr in Baden. (6. neubearb. Auflage von A. Waag, Bedeutungsentwicklung unseres Wortschatzes, ein Blick in das Seelenleben der Wörter. Lahr/Schwarzwald: Schauenburg ¹1900, ²1907, ³1914, ⁴1921, ⁵1926, ⁶1955).

Dornseiff, Franz (1970), *Der deutsche Wortschatz nach Sachgruppen.* Berlin: Walter de Gruyter ⁷1970, zuerst 1933.

Einführung in die EDV. Eine Methodensammlung. (Hrsg. Softwarehaus von Frauen für Frauen und Mädchen e.V.). Frankurt/M.: Eigenverlag 1993.

Fiehler, Reinhard (1990), Kommunikation, Information und Sprache. Alltagsweltliche und wissenschaftliche Konzeptualisierungen und der Kampf um die Begriffe. In: *Information ohne Kommunikation? Die Loslösung der Sprache vom Sprecher.* (Hrsg. R. Weingarten). Frankfurt/M.: Fischer 1990, 99–128.

Fillmore, Charles J. (1985), Frames and the Semantics of Understanding. In: *Quaderni di semantica* VI, 2. 222–254.

–, (1994), Lexicography and Ethnographic Semantics. In: *Euralex 1994. Proceedings of the 6th EURALEX Congress on Lexicography in Amsterdam.* (Eds. W. Martin; W. Meijs; M. Moerland; E. ten Pas; P. Sterkenburg; P. Vossen). Amsterdam: Free University of Amsterdam, separate off-print, 27–48.

Fricke, Gerhard (1933), *Die Bildlichkeit in der Dichtung des Andreas Gryphius. Materialien und Studien zum Formproblem des deutschen Literaturbarock.* Berlin: Junker und Dünnhaupt. (Zitiert nach dem unveränderten reprographischen Nachdruck. Darmstadt: Wissenschaftliche Buchgesellschaft, 1967).

Gentner, Dedre; Gentner, Donald (1983), Flowing Water or Teeming Crowds: Mental Models of Electricity. In: *Mental Models.* (Eds. D. Gentner; A. Stevens). Hillsdale, N.J.: Erlbaum 1983, 99–129.

Glucksberg, Sam (1989), Metaphors in Conversation: How are They Understood? Why are They Used. In: *Metaphor and Symbolic Activity* 4 (1), 125–143.

Gordon, David (1985), *Therapeutische Metaphern.* Paderborn: Jungfermann.

Habscheid, Stephan (1998), Klatschende Beobachter. Zur Perspektivierung von Sprachproblemen in der 'systemischen' Unternehmensberatung. In: *Neuere Entwicklungen in der Gesprächsforschung.* (Hrsg. A. Brock; M. Hartung). Tübingen: Narr, 107–126.

Huelzer-Vogt, Heike (1991), *Kippfigur Metapher – metaphernbedingte Kommunikationskonflikte in Gesprächen. Ein Beitrag zur empirischen Kommunikationsforschung,* 2 Bde. Münster: Nodus.

Jäkel, Olaf (1997), *Metaphern in abstrakten Diskurs-Domänen. Eine kognitiv-linguistische Untersuchung anhand der Bereiche Geistestätigkeit, Wirtschaft und Wissenschaft.* Frankfurt/M. etc.: Lang.

Kallmeyer, Werner et al. (1974), *Lektürekolleg zur Textlinguistik, Bd. 1.* Frankfurt/M.: Äthenäum, Fischer. 167–170.

Knudsen, Sanne (1996), *By the Grace of Gods – and Years and Years of Evolution. Analysis of the Development of Metaphors in Scientific Discourse.* Ph.D. thesis, University of Roskilde, Denmark.

Krippendorf, Klaus (1990), Der verschwundene Bote: Metaphern und Modelle der Kommunikation. In: *Funkkolleg Medien und Kommunikation. Konstruktion von Wirklichkeit.* Weinheim, Basel: Beltz-Verlag 1990, 11–50.

Lakoff, George (1987), *Women, Fire and Dangerous Things. What Categories Reveal about the Mind.* Chicago, London: The University of Chicago Press.

–, (1991), Krieg und Metapher. Die Rechtfertigung eines Krieges am Golf: ein Metaphernsystem. In: *Why SPEZIAL, AStA Uni Hannover*. 30–43. (Teilw. abgedruckt in: Let's Play Golf. Die Welt im Widerstreit. (Hrsg. M. Brie). Berlin: Aufbau-Taschenbuch 1991, 249–251).

–, (1993), The Contemporary View of Metaphor. In: *Metaphor and Thought* (2nd ed.) (Ed. A. Ortony). Cambridge: Cambridge University Press 1993, 202–251.

–, (1996), *Moral Politics. What Conservatives Know that Liberals Don't*. Chicago, London: The University of Chicago Press.

Lakoff, George; Mark Johnson (1980), *Metaphors We Live By*. Chicago, London: The University of Chicago Press.

Lenke, Nils (1991), *Das Kommunikationsmodell der KI-Forschung*. Aachen: Alano Reader.

Lexikon der Redensarten. (Hrsg. K. Müller). Gütersloh: Bertelsmann 1994.

Liebert, Wolf-Andreas (1992), *Metaphernbereiche der deutschen Alltagssprache. Kognitive Linguistik und die Perspektiven einer Kognitiven Lexikographie*. Frankfurt/M. etc.: Lang.

–, (1995), Metaphernbereiche der virologischen Aidsforschung. In: *Lexicology* 1 (1), 142–182.

–, (1996a), Hypertextdesign in der kognitiven Lexikographie. In: *Wörterbücher in der Diskussion II*. (Hrsg. H.-E. Wiegand). Tübingen: Niemeyer 1996, 103–139.

–, (1996b), Die transdiskursive Vorstellungswelt zum AIDS-Virus. Heterogenität und Einheit von Textsorten im Übergang von Fachlichkeit und Nicht-Fachlichkeit. In: *Fachliche Textsorten*. (Hrsg. H. Kalverkämper; K.-D. Baumann). Tübingen: Narr 1996, 789–811.

–, (1997), Interaktion und Kognition. Die Herausbildung metaphorischer Denkmodelle in Gesprächen zwischen Wissenschaftlern und Wissenschaftsjournalisten. In: *Metaphern, Medien, Wissenschaft* 1997, 180–209.

Link, Jürgen (1991), Der irre Sadam setzt seinen Krummdolch an meine Kehle. In: *Let's Play Golf. Die Welt im Widerstreit*. (Hrsg. M. Brie). Berlin: Aufbau-Taschenbuch 1991. 251–252. (Auszug aus: Frankfurter Rundschau 16.1.1991).

Lutzeier, Peter Rolf (1992), Wortfeldtheorie und kognitive Linguistik. In: *Deutsche Sprache* 20(1), 62–81.

–, (1995), *Lexikologie. Ein Arbeitsbuch*. Tübingen: Stauffenburg.

Mabeck, Carl Erik; Olesen, Finn (1997), Metaphorically Transmitted Deseases. How Do Patients Embody Medical Explanations? In: *Family Practice* 14 (4, 271–278).

Mambrey, Peter; Pateau, Michael; Tepper, August (1995), *Technikentwicklung durch Leitbilder. Neue Steuerungs- und Bewertungsinstrumente*. Frankfurt/M., New York: Campus.

Master Metaphor List. (Ed. Lakoff, George). http//:cogsci.berkeley.edu. 1994ff.

Metaphern, Medien, Wissenschaft. Zur Vermittlung der Aidsforschung in Presse und Rundfunk. (Hrsg. B.-U. Biere; W.-A. Liebert). Opladen: Westdeutscher Verlag 1997.

Mussolf, Andreas (1991), Krieg oder Hochzeit? Metapherngebrauch in der Wirtschaftsberichterstattung. In: *Sprachreport* 2, 1–3.

Nagy, William E. (1974), *Figurative Patterns and Redundancy in the Lexicon*. Ph.D. dissertation. San Diego: University of California.

Opp de Hipt, Manfred (1987), *Denkbilder in der Politik. Der Staat in der Sprache von CDU und SPD*. Opladen: Westdeutscher Verlag. (Beiträge zur sozialwissenschaftlichen Forschung 102).

Peil, Dietmar (1993), Zum Problem des Bildfeldbegriffs. In: *Studien zur Wertfeldtheorie* (Hrsg. P. R. Lützeier). Tübingen: Niemeyer 1993, 185–202.

Pielenz, Michael (1993), *Argumentation und Metapher*. Tübingen: Niemeyer.

Porzig, Walter (1934), Wesenhafte Bedeutungsbeziehungen. In: *Beiträge zur Geschichte der deutschen Sprache und Literatur* 58, 70–97.

Reddy, Michael (1979), The Conduit Metaphor. – A Case of Frame Conflict in our Language about Language. In: *Metaphor and Thought*. (Ed. A. Ortony). Cambridge: Cambridge University Press 1979, 284–342.

Retzer, Arnold (1992), Forever young – Zur Pathologie einer Illusion. Eine Falldarstellung. In: *Systemische Praxis und Postmoderne*. (Hrsg. J. Schweitzer; A. Retzer; H. R. Fischer). Frankfurt/M.: Suhrkamp 1992, 136–160.

Rigotti, Francesca (1987), Der Chirurg des Staates. Zur politischen Metaphorik Mussolinis. In: *Politische Vierteljahresschrift* 28/3, 280–292.

Roget's Thesaurus of English Words and Phrases. (Begr. P.M. Roget). New ed./prep. by B. Kirkpatrick, 3. impr. Harlow: Longman 1987.

Rohrer, Tim (1995), The Metaphorical Logic of (Political) Rape: The New Wor(l)d Order. In: *Metaphor and Symbolic Activity* 10, 115–137.

–, (1997), Historical Inevitability and the Information Highway: How Metaphors Shape Science Policy. In: *Metaphern, Medien, Wissenschaft* 1997, 49–69.

Schmidt, Hartmut (1989), Zum Metapherngebrauch in deutschen sprachwissenschaftlichen Texten des 19. Jahrhunderts. In: *Europäische Sprachwissenschaft um 1800. Bd. 1*. (Hrsg. B. Schlieben-Lange et al.). Münster: Nodus 1989, 203–227.

Schöler, Hermann; Schneider, Petra (1981), *Zur Entwicklung des Verstehens von Metaphern. Eine Untersuchung an 5–12jährigen Kindern*. Mannheim.

(Arbeiten der Forschungsgruppe Sprache und Kognition am Lehrstuhl III der Universität Mannheim, Bericht Nr. 22).

Schröder, Jürgen (1992), *Das Computermodell des Geistes in der analytischen Philosophie und in der kognitiven Psychologie des Sprachverstehens*. Würzburg: Königshausen und Neumann.

Störel, Thomas (1997), *Metaphorik im Fach. Bildfelder in der musikwissenschaftlichen Kommunikation*. Tübingen: Narr. (Forum Fachsprachenforschung 30).

Teegen, Frauke (1992), *Die Bildersprache des Körpers. Gesundheit kann gelernt werden*. Reinbek bei Hamburg: Rowohlt.

Temmerman, Rita (1998), *Terminology beyond Standardisation. Language and Categorisation in the Life Sciences*. Diss. Katholieke Universiteit Leuven.

Trier, Jost (1931), *Der deutsche Wortschatz im Sinnbezirk des Verstandes. Die Geschichte eines sprachlichen Feldes*. Heidelberg: Carl Winter.

–, (1934), Deutsche Bedeutungsforschung. In: *Germanische Philologie. Ergebnisse und Aufgaben. Festschrift für Otto Behagel*. (Hrsg. A. Goetze; W. Horn; F. Maurer). Heidelberg: Carl Winter 1934, 173–200.

Turner, Marte/Fauconnier, Gilles (1995), Conceptual Integration and Formal Expression. In: *Metaphor and Symbolic Activity* 10(3), 183–204.

Weinrich, Harald (1958/1976a), Münze und Wort. Untersuchungen an einem Bildfeld. In: *Sprache in Texten* 1976, 276–290.

–, (1976), *Sprache in Texten*. Stuttgart: Klett.

Wimmer, Rainer (1983), Metaphorik in der Sprachgeschichtsschreibung. In: *Literatur und Sprache im historischen Prozess. Vorträge des Deutschen Germanistentages, Aachen 1982. Band 2: Sprache*. (Hrsg. T. Gramer). Tübingen: Niemeyer 1983, 63–82.

Wortbildung und Phraseologie. (Hrsg. R. Wimmer; F.-J. Behrens). Tübingen: Narr 1997.

Wolf-Andreas Liebert, Trier (Deutschland)

XXI. Die Architektur des Wortschatzes V: Funktionale Varietäten

The architecture of the vocabulary V: Functional varieties

97. Registerkonzepte: Ein Überblick

1. Stilschicht als lexikalisches Register
2. Stilschichten und Stilfärbungen als Markierungskategorien lexikalischer Einheiten
3. Stilschichten im Vergleich
4. Ausblick
5. Literatur in Auswahl

1. Stilschicht als lexikalisches Register

Zwischen lexikalischen Einheiten gibt es Differenzierungen, die u. a. temporär (im Deutschen z. B. *Kanapee* vs. Sofa), regional (süddt. österr. schweiz. *Bub* vs. *Junge*) und/oder auch funktional bedingt sein können. So gibt es Lexeme, die zwar auf das gleiche Denotat referieren, je nach Situation und Adressaten aber Gebrauchsrestriktionen unterliegen, z. B.: *Haupt* vs. *Kopf*, *stehlen* vs. *klauen*, *bescheißen* vs. *betrügen*, *mitkriegen* vs. *verstehen*, *Briefmarke* vs. *Postwertzeichen*, *Appendizitis* vs. *Blinddarmentzündung*, *geil* (*eine geile Musik*) vs. *großartig, toll*. Die gegenübergestellten Lexeme zeigen, dass eine natürliche Sprache und damit auch der Wortschatz einer Sprache kein homogenes, nur aus „neutralen" Lexemen bestehendes System ist, sondern ein Diasystem, wie es Uriel Weinreich genannt hat, eine „Summe von 'Sprachsystemen', zwischen denen jederzeit Koexistenz und Inferenz herrscht." (Coseriu 1970, 32f). In Anlehnung an Coseriu werden diesen vielfältigen diasystematischen Differenzierungen einer historischen Einzelsprache in der Linguistik im Allgemeinen diese Kategorien bzw. Dimensionen zugrunde gelegt (vgl. Coseriu 1970, 32ff., Nabrings 1981, 19ff.): diatopische (geographische), diachronische (zeitliche), diaphasische (Ausdrucksmodalitäten in Bezug auf die Situation betreffende), diastratische (sozial-kulturelle Schichten betreffende) Unterschiede.

Im Sprachgebrauch werden vom Sprecher/Schreiber die zu diesen Kategorien bzw. Dimensionen gehörenden Sprachvarianten ausgewählt, wobei es häufig Schwierigkeiten bereitet, diese Sprachvarianten den genannten Kategorien in jedem Fall eindeutig zuzuordnen, insbesondere in Bezug auf die Subsumierung unter die diaphasische und/oder diastratische Dimension. Es werden die dem Sprachgebrauch angemessenen bzw. unangemessenen Register des Wortschatzes „gezogen", d. h. die der sprachlich-kommunikativen Situation entsprechenden lexikalischen Einheiten aus dem vorhandenen Wortschatz ausgewählt.

Der in der englischen Linguistik auf J. R. Firth zurückgehende und später insbesondere von M. A. K. Halliday schöpferisch weiterentwickelte *Register*-Begriff umfasst äußerst unterschiedliche sprachliche Phänomene (vgl. die Überblicksdarstellungen in Hess-Lüttich 1974, Gläser 1976, Spillner 1987). Gewöhnlich ist der Register-Begriff grundlegend für Soziolinguistik und Pragmatik. Er wird auch – ohne nähere Paraphrasierung – in der Stilistik und in Stilistiken verwendet, und zwar in Verbindung mit dem der Varietäten. So weist z. B. Sandig (1986, 43) im Zusammenhang mit „Stil im sprachlichen Handeln" darauf hin, dass der Handlungsabsicht und der Stilabsicht entsprechend Mittel aktiviert werden: Es geht hierbei „um die Wahl der Stilebene, des zu ziehenden Registers (im unterminologischen Sinn) wie Hochsprache, Fachsprache, spontanes Sprechen mit oder ohne Dialekteinschlag. [...]". Und Stilebenen werden erklärt als „Zusammenhänge prototypischer Stilelemente mehrerer sprachstruktureller Beschreibungsebenen", z. B.: *Antlitz, schreiten, erhalten* vs. *Gesicht, gehen, bekommen* (ebd.,151). Sanders (1996, 24) geht davon aus, dass jeder Mensch

„in aktiver oder wenigstens passiver Beherrschung über zahlreiche 'Varietäten' seiner Sprache" verfügt; „das sind unterschiedliche Sprachgebrauchsformen, [...], aus denen er mit großer intuitiver Sicherheit je nach Situation, Thematik, Textart usw. die jeweils geeignete 'Varietät' oder [...] das gerade passende 'Register' wählt. Varietäten- und Registerlinguistik stützen jedenfalls den selektiven Stilbegriff". Auch Löffler (1994, 165ff.) bezieht im Zusammenhang mit der Darstellung eines 'Register-Repertoires' *Stilschicht* bzw. *Stilebene*, ohne diese Termini zu erklären, offenbar auf die Textebene und nennt als Stilbenen z. B. erhaben, gehoben, Normallage, Unterniveau, ordinär, bezogen auf Register der Mittelschichtsprecher (ebd., 167).

Nicht auf einen Gesamttext, sondern auf die lexikalische Ebene der Sprache bezogen werden die Termini *Stilschicht* bzw. *Stilebene*, die in der Lexikographie als Zuordnungskategorien von lexikalischen Einheiten oder bestimmter Bedeutungen von Lexemen dienen. Sie werden im Folgenden als lexikalische Register bezeichnet, wobei innerhalb dieser Register ausschließlich die stilistischen zur Debatte stehen. Ausgangspunkt hierfür sind die diastratischen und diaphasischen Unterschiede innerhalb der Sprache, die, bezogen auf bestimmte Wörter oder bestimmte Bedeutungen lexikalischer Einheiten, im Wörterbuch entsprechend gekennzeichnet werden, wenn sie konventionell einen „stilistischen Wert" oder „Stilwert" aufweisen.

2. Stilschichten und Stilfärbungen als Markierungskategorien lexikalischer Einheiten

2.1. In den einschlägigen Stillehren wird die Bedeutung des Terminus *Stilschicht* – synonym dafür später *Stilebene* – meist vorausgesetzt. Der Wortschatz wird aufgrund der stilschichtenspezifischen/stilebenenspezifischen Differenzierung entsprechend der vorherrschenden Orientierung an einer vertikalen Achse zwischen den Polen „gehoben" (gehobene Stilschichten, vgl. Art. 98) und „vulgär" (niedere Stilschichten, vgl. Art. 99) eingeordnet. Ausgangspunkt hierfür ist der Stellenwert eines Lexems zwischen diesen Polen, wie er den Lexemen in den Wörterbüchern zugewiesen wird. In der Lexikographie wird der Stellenwert oder die Markiertheit von Lexemen und damit ihre Zuweisung zu Stilschichten mit Hilfe von „Markierungsetiketten" (Hausmann 1989, 649) angegeben, auch Marker oder Markierungsprädikate genannt (vgl. Wiegand 1981; Ludwig 1991, 1995). Aus der Markiertheit von Wörtern ergeben sich Verwendungsrestriktionen für die Textproduktion: „Mit den in der Lexikographie seit längerem üblichen Ausdrücken Stilschicht bzw. Stilebene wird versucht, die Markierung lexikalischer Einheiten zu erfassen, deren Gebrauch sich in Abhängigkeit von sozialen Charakteristika der Kommunikationspartner und der Kommunikationssituation regelt. Es handelt sich dabei – grob gesagt – um eine Dreigliederung von 'normalsprachlich' (Standard), 'gehoben' und 'gesenkt' (Substandard)." (Fleischer/Michel/Starke 1993, 104f). In diesem Sinne äußert sich auch Sandig (1986, 293), die Stilebene gleich Varietät setzt, wenn sie darauf hinweist, dass der Sprecher beim Gebrauch eines bestimmten Ausdrucks (z. B *völlig wurscht*) damit anzeigt, „daß er sich des Wechsels der Stilebene (Varietät) bewußt ist und daß er absichtlich wechselt, weil er in der anderen Varietät einen Ausdruck findet, der ihm für das, was er sagen will, angemessen erscheint [...]". Sowinski (1991, 119) geht davon aus, dass sich der Wortschatz jeder Sprache nach mehreren lexikalischen Aspekten gliedern lasse, u. a. auch „nach der gruppenmäßigen Schichtung (*Stilschichten*) und nach *Stilfärbungen*". Synonyme Bezeichnungen, die „in variierenden Kontexten mit jeweils abweichendem Sprachniveau und entsprechenden Konnotaten vorkommen", werden als soziologisch bedingte Benennungsweisen den *Stilschichten* zugewiesen (ebd., 127), Wörtern, denen darüber hinaus eine Charakterisierung „sowohl funktionaler als auch semantisch-expressiver Art" zukommt, weisen eine *Stilfärbung* auf (ebd., 129), wobei sich Sowinski an der Einteilung des „Wörterbuches der deutschen Gegenwartssprache" orientiert (vgl. Punkt 2.2.). Sanders (1996, 220) verwendet dagegen Stilebene insofern in einem etwas anderen Sinne, als er Stilebene nicht auf eine einzelne lexikalische Einheit, sondern offenbar auf den Text als Ganzes bezieht: „Wenn Stil allgemein als sich typisch wiederholende Wahl und Fügung der Sprachmittel bestimmt worden ist [...], dann kommt eine Stilebene durch die konsequente Wahl gleichstimmiger, d. h. in ihrem Stilwert zusammenpassender und damit Einheitlichkeit bewirkender Sprachmittel zustande. Jede stilistisch gute Formulierung steht unter diesem Gesetz der 'Stileinheit'". Sie regelt danach „die Abstimmung der Sprachmittel gemäß ihrer 'Angemessenheit' für eine bestimmte Stilebene" (ebd.). Stilschicht wiederum bezieht er auf das Wort: „Die Forderung nach Stileinheit, die sich grundsätzlich auf alle Stilebenen gleich welcher speziellen Beschaffenheit erstreckt, äußert sich konkret vor allem in Beachtung der allgemeinen Stilschicht der Wörter" (ebd., 220f.).

2.2. Wie die angeführten Paraphrasierungen von Stilschicht bzw. Stilebene in Stillehren zeigen, bleiben die Erklärungen dieser aus der Lexikographie stammenden Termini äußerst allgemein. Aber auch die Lexikographen bleiben in den Wörterbüchern, in denen sie die hier kodifizierten Lexeme der Kategorie *Stilschicht* (WDG, Duden-GWB, Duden-UW)/*Stilebene* (HDG, Wahrig-DW) einerseits und/oder der Kategorie *Stilfärbung* (WDG, HDG)/*Gebrauchsangabe* (Duden-GWB, Duden-UW) andererseits zuordnen, eine Erklärung dieser Begriffe in der entsprechenden Wörterbucheinleitung zumeist schuldig. Als Zuordnungsmarker von lexikalischen Einheiten zu den beiden Bezugssytemen (Stilschichten und/oder Stilfärbungen) dienen einerseits diastratische Angaben, die meist zu den Stilschichten/Stilebenen gezählt werden (vgl. Corbin 1989) und andererseits diaevaluative Angaben, die man gewöhnlich den Stilfärbungen subsumiert (vgl. Püschel 1989). Diastratische und diaevaluative Markierungen als sog. Angaben zum Stil, die zu den diasystematischen Markierungen insgesamt (vgl. Hausmann 1989, 649ff.) gehören, stehen in enger Beziehung zueinander und werden deshalb auch zusammenfassend diastratische Angaben genannt.

Die „stilistische Charakterisierung des deutschen Wortschatzes" (WDG, 011) in einem einsprachigen synchronischen Wörterbuch durch die Zuordnung zu *Stilschichten* und/oder *Stilfärbungen* beginnt mit dem Erscheinen des „Wörterbuch[s] der deutschen Gegenwartssprache". Zu diesen beiden Bezugssystemen hat man ein Register von Markierungsprädikaten entwickelt, nach dem die lexikalischen Einheiten mit deskriptiver Absicht „stilistisch" bewertet werden. Die Vorlage für diese grundsätzliche Zweiteilung der Angaben zum Stil im WDG lieferte das vierbändige erklärende Wörterbuch der russischen Sprache von Ušakov (vgl. Klappenbach/Malige-Klappenbach 1978, 26, [1980, 31]). In der Folgezeit ist dieses zweifache Bezugssystem für stilistische Bewertungen nach dem WDG in anderen deutschen Wörterbüchern in mehr oder weniger modifizierter Form adaptiert worden (vgl. Abb. 97.1). Das WDG, das die Termini Stilschicht und Stilfärbung eingeführt hat, erklärt beide Termini weder in der Wörterbucheinleitung, noch erscheinen sie als Lemmata im Wörterverzeichnis.

2.2.1. Abgesehen davon, dass *Stilebene* und *Stilschicht* als Lemmata im Wörterverzeichnis des Duden-GWB und Duden-UW auftauchen und hier paraphrasiert werden als „bestimmte Ebene des Stils", findet man eine Erklärung der Bewertungskategorie *Stilebene* nur in den „Hinweise[n] für den Benutzer" des HDG (1984, XXII): „Die Stilebene wird als eine innerhalb eines Kommunikationsbereichs wegen ihrer Eignung bevorzugte Möglichkeit der Sprachverwendung definiert. Das Wörterbuch gibt die als dominierend eingeschätzte Stilebene an."

In linguistischen Nachschlagewerken begegnet man – wenn überhaupt hier verzeichnet – u. a. folgenden Erklärungen für Stilschicht bzw. Stilebene: Krahl/Kurz (1984, 121) gebrauchen *Stilschicht* synonym mit *Stilsphäre* und verstehen darunter: „Höhenlage sprachlicher Formen im Verhältnis zur literarischen Norm; ästhetische Qualität. Eine mögliche Einteilung ist z. B. die Schichtung vulgär – umgangssprachlich – einfach-literarisch – gehoben – poetisch." Davon unterschieden wird die *Stilebene* als „durchschnittliches sprachästhetisches Niveau eines Aussagekomplexes, eines Textes. Die Stilebene wird von der allgemeinen Stilschicht der Wörter und ihrer Fügung und durch den gesamten Charakter des Textes, z. B. durch dessen intellektuelle Qualität, bestimmt" (ebd., 113). Im „Lexikon sprachwissenschhaftlicher Termini" (1985, 232) werden *Stilschicht*, *Stilebene* und *Stilsphäre* als Synonyme behandelt und erklärt als „allgemeine emotionale Höhenlage sprachlicher Mittel; ausgehend von einer neutralen Grundschicht (normalsprachlicher Schicht mit expressiver Nullfärbung), sind nach oben und unten weitere Stilschichten zu unterscheiden": poetisch (*die Seele aushauchen*), gehoben (*entschlafen*), neutral (normalsprachlich) (*sterben*), salopp (*ins Gras beißen*), vulgär (*verrecken*). Es wird darauf hingewiesen, dass die Grenzen zwischen den Stilschichten fließend sind und es in Zweifelsfällen ratsam sei, „nur die Richtung der Abweichung von der neutralen Stilschicht anzugeben (gehoben, gesenkt)" (ebd.). In neueren sprachwissenschaftlichen Lexika (z.B. Bußmann 1990, Lewandowski

1990, Metzler-Lexikon Sprache 1993) tauchen weder *Stilschicht/Stilebene* noch *Stilfärbung* als Lemmata auf.

2.2.2. Was die neben der Stilschicht zweite Bezugsebene *Stilfärbung* angeht, nach der Wörter bewertet werden, so sind die Erklärungen hierzu noch seltener und zum Teil auch diffuser als die zu Stilschicht. Sowinski (1991, 129) macht darauf aufmerksam (s.o.), dass außer „den konnotativen Stilwerten durch die Stilschichtung" vielen „Wörtern auch eine Stilfärbung" zukommt, „sowohl funktionaler als auch semantisch-expressiver Art". Als „*funktionale Stilfärbung*" gelten „jene Konnotationen, die ein Wort durch seine Bildungsweise und seine funktionale Verwendung erhält" (ebd.). Als „*semantisch-expressive Stilfärbung*" gelten nach Sowinski (ebd.) „Vertauschungen von stilschichtgebundenen Synonymen im gleichen Kontext" (z. B. *Kopf* vs. *Haupt*) oder „Wörter und Wendungen, die innerhalb einer Stilschicht oder mehreren Stilschichten zusätzliche Konnotationen aufweisen", z. B.: scherzhaft *im Adamskostüm* für nackt; verhüllend (euphemistisch) *eine vollschlanke Dame* für eine dicke Frau; abwertend (pejorativ) *Abschaum der Menschheit*. Über die Stilschichtzugehörigkeit hinaus „kann jedes Wort, unabhängig von seinem normalen Stilwert, im aktuellen Gebrauch ein spezielles Kolorit annehmen, das man als 'Stilfärbung' bezeichnet: etwa vertraulich (z. B. die Anrede *Alter Junge!*), burschikos (*eine Meise haben*), ironisch (*bessere Hälfte* für Ehefrau), verhüllend (*vollschlank* für dick) [...]". (Sanders 1996, 226). Im Unterschied zur Markierung von Lexemen nach Stilschichten wird die Markierung lexikalischer Einheiten „nach der emotionalen Wertung" als Stilfärbung bezeichnet (Fleischer/Michel/Starke (1993, 116). Während sich die „stilschichtliche Markierung" auf die „Verwendungssphäre der Ausdrücke bezieht, im Grunde und primär also das sprachliche Zeichen nach seiner Einordnung in eine 'Schicht', ein 'Normensystem' gewertet wird, wird mit Hilfe diaevaluativ markierter lexikalischer Einheiten" – ihre Zuordnung zu einer Stilfärbung – „die emotional-wertende Einstellung des Textverfassers zum benannten Gegenstand ausgedrückt", abwertend (pejorativ) oder aufwertend (meliorativ) (ebd.).

Obwohl Wörterbücher im Wörterverzeichnis lexikalische Einheiten Stilfärbungen zuordnen, wird auch diese Bezugsebene in den Wörterbucheinleitungen bzw. Benutzungshinweisen nicht thematisiert, geschweige der Status der hierzu gezählten Markierungsprädikate präzise erläutert. Lediglich im HDG (1984, XXIII) finden wir die Erklärung: „Die Stilfärbung wird verstanden als eine innerhalb eines Kommunikationsbereichs in Verbindung mit der Stilebene wegen ihrer Eignung bevorzugte Möglichkeit spezieller Sprachverwendung. Stilfärbungen drücken spezielle Nuancen aus, mit ihnen werden zusätzliche Gebrauchshinweise gegeben". Das HDG unterscheidet die Stilfärbungen *scherzhaft, spöttisch, ironisch, verhüllend, gespreizt, übertrieben*. Krahl/Kurz (1984, 113f) setzen *Stilfärbung* gleich *Stilkolorit*: „übliche, d. h. im Wörterbuch bereits fixierte stilistische Nuance von Wörtern und Fügungen", z. B: „spezielles Kolorit" (abwertend, grob, scherzhaft, spöttisch, übertreibend, vertraulich, verhüllend, zotig); „landschaftliches (territoriales) Kolorit"; „politisches und soziales Kolorit"; „historisches Kolorit"; „Kolorit des Kommunikationsbereichs". Nach dem „Lexikon sprachwissenschaftlicher Termini" (1985, 231) betrifft *Stilfärbung* „konnotative Qualitäten der Rede, die von sachlich neutraler Aussage abweichen und der sprachlichen Äußerung zusätzlich einen bestimmten Grad von Expressivität verleihen". Als Arten von Stilfärbungen werden u. a. angeführt: scherzhaft (*Adamskostüm*), vertraulich (*Alterchen*), gespreizt (*Beinkleid*), abwertend (*klauen*), spöttisch (*neunmalklug*), übertrieben (*sich vor Ärger die Haare raufen*), verhüllend (*abberufen werden* für sterben). Auch zeitliche, territoriale Zuordnungen und Zuordnungen von lexikalischen Einheiten zum Jargon (*Moos* für Geld) werden hier den Stilfärbungen subsumiert. Ein noch verworreneres Bild von *Stilfärbung* findet man im „Sachwörterbuch für die deutsche Sprache" (1989, 240), in dem *Stilfärbung* und Stilschicht synonym behandelt und aufgefasst werden als „die Summe von (sachbedingt oder einstellungsbedingt) wertenden und von situativen Konnotationen sprachlicher Mittel". Dabei gehe es bei den „sachbedingt-wertenden Konnotationen" um die „sprachlich-semantische Realisierung von Wertvorstellungen unterschiedlichster Art", und bei den „einstellungsbedingt-wertenden Konnotationen" handele es sich um „graduelle, stets mit Emotionen bzw. Emotionalisierung verbundene Wertabstufungen, die – als Bestandteile von Synonymenreihen – einem (den sachlich-neutralen Mittelwert repräsentierenden) Leitsynonym zugeordnet sind [...]". In allgemeinen einsprachigen Wörterbüchern des Deutschen erscheint *Stilfärbung* nicht als Lemma.

WDG			Duden-GWB/Duden-UW		
Stilschichten		Beispiele	Stilschichten		Beispiele
Über der normalsprachlichen Schicht	gehobene Schicht (gehoben)	Ausdruck einer gepflegten Sprache; bewusst über Rede und Schrift der Normallage, u. a. bei feierlichen Gelegenheiten des öffentlichen Lebens	Affront Antlitz sich befleißigen empfangen Haupt Schwinge	Oberhalb der normalsprachlichen Schicht	gehobene Sprache (gehoben)	gepflegte Ausdrucksweise; bei feierlichen Anlässen und gelegentlich in der Literatur verwendet, wirkt in der alltäglichen Verständigung feierlich oder gespreizt	Antlitz sich befleißigen empfangen Haupt Schwinge
	einschließlich dichterisch	Wörter und Redewendungen, die im Allgemeinen der poetischen Gestaltung eines Werkes vorbehalten sind	Aar Fittich Leu Odem		einschließlich dichterisch	vorzugsweise in der Dichtung vorkommende Wörter; heute fast durchgängig veraltet oder altertümelnd gebraucht	Aar Fittich Leu Odem
					bildungssprachlich	gebildete Ausdrucksweise; setzt gewisse Kenntnisse und eine gute schulische Ausbildung voraus; meist Fremdwörter, die weder zur Fach- noch zur Umgangssprache gehören	Affront analog eruieren Konversation
normalsprachliche Schicht		bei gefühlsmäßig neutraler Haltung; mündlich und schriftlich gebräuchlich; im öffentlichen Leben allgemein üblich	Adler analog bekommen eruieren Flügel Gesicht Kopf sterben	normalsprachliche Wörter		bilden den überwiegenden Bestandteil des Wortschatzes; im Stilwert neutral	Adler Atem bekommen Flügel Gesicht Kopf sterben
einschließlich der Variante Umgangssprache (umgangssprachlich)		im mündlichen Gebrauch; schriftlich nur in privaten Briefen und in der Literatur zum Ausdruck von Vertraulichkeit	flitzen kriegen Ziegenpeter		Umgangssprache (umgangssprachlich)	im alltäglichen, besonders familiär-vertraulichen, mündlichen Verkehr üblich und in Briefen verwendet; auch in der Öffentlichkeit anzutreffen; hat Eingang in die Literatur gefunden	gewieft flitzen kriegen Palaver Rabauke Ziegenpeter
Unter der normalsprachlichen Schicht	salopp-umgangssprachlich (salopp)	durch Nachlässigkeit gekennzeichnet; gefühlsbetont; bildhaft; alltäglich sehr verbreitet; würde im öffentlichen Leben leicht anstößig wirken	abkratzen gewieft Palaver Rabauke Visage	Schicht unterhalb der normalsprachlichen Stilschicht	salopp	Wörter, die einer burschikosen und z. T. recht nachlässigen Ausdrucksweise angehören	Armleuchter bekloppt bescheißen krepieren Visage
					derb	Wörter, die einer groben und gewöhnlichen Ausdrucksweise angehören	abkratzen Arsch Fresse verrecken
	vulgär	als grob empfunden und deshalb im Allgemeinen vermieden; in der Literatur zur Charakterisierung einer verächtlichen Einstellung	Arsch bescheißen Fresse krepieren verrecken		vulgär	Wörter, die zu einer niedrigen und obszönen Ausdrucksweise, zur Gossensprache gehören	ficken Fotze vögeln

Abb. 97.1: Übersicht zu diastratischen Markierungen in einigen deutschen Wörterbüchern

HDG			Wahrig-DW		
Stilebenen		Beispiele	Stilebenen		Beispiele
gehobene Stilebene (gehoben)	Lexeme, die gewählt, feierlich, erhaben anmuten	Aar Antlitz empfangen Fittich Haupt Odem Schwinge			
			Dichtersprache (poetisch)	steht stilistisch über der Hochsprache	Aar Antlitz Fittich Haupt Leu Odem
neutrale Stilebene	Stichwörter, die weitgehend ohne stilistische Einschränkung verwendet werden	Adler Affront analog bekommen eruieren Flügel Gesicht Kopf sterben	Hochsprache/ das Hochdeutsche	insbesondere für den offiziellen und den schriftlichen Gebrauch relevant	Adler Affront Atem Flügel Gesicht Schwinge Kopf Rabauke sterben
umgangssprachliche Stilebene (umgangssprachlich)	Lexeme, die in einer zwanglosen Sprache des alltäglichen mündlichen oder (nichtöffentlichen) schriftlichen Gebrauchs verwendet werden	gewieft flitzen kriegen Palaver Rabauke Ziegenpeter	Umgangssprache (umgangssprachlich)	bezeichnet gegenüber dem Hochschuldeutschen den eher lockeren Ton der mündlichen Konversation	abkratzen Armleuchter bekloppt kriegen Visage
saloppe Stilebene (salopp)	Lexeme, die eine legere Haltung des Sprechers ausdrücken; oft bildhaft und stark emotional	abkratzen anpfeifen bekloppt Visage			
derbe Stilebene (derb)	Lexeme, die in hohem Grade drastisch, verletzend oder anstößig wirken	Arsch bescheißen ficken Fresse krepieren verrecken			
			Vulgärsprache (vulgär/derb)	insbesondere Wörter und Wendungen, die sich hauptsächlich auf die Nahrungsmittelaufnahme und -ausscheidung sowie auf das Geschlechtliche beziehen oder Vergleiche damit eingehen und gleichzeitig einem gewissen Tabu unterliegen	Arsch bescheißen ficken Fotze Fresse krepieren verrecken vögeln

2.2.3. Im Übrigen hat die lexikographische Methode, die in einem Wörterbuch verzeichneten lexikalischen Einheiten „relativ zu zwei Bezugssystemen bewertend zu kennzeichnen" (Wiegand 1981, 148), in der germanistischen Lexikographie eine lange Tradition und beginnt nicht erst mit dem WDG. So bewertet z. B. Adelung den in seinem Wörterbuch kodifizierten Wortschatz nach der „Würde der Wörter" und benutzt hierfür ein fünfschichtiges System von Schreib- und Sprecharten, „fünf Classen", die mit den Stilschichten bzw. Stilebenen der gegenwärtigen Lexikographie vergleichbar sind: „höhere oder erhabene Schreibart", „edle" Schreibart, „Sprechart des gemeinen Lebens und vertraulichen Umganges", „niedrige" Sprechart und schließlich die „ganz pöbelhafte" Sprechart (Adelung I, 1774, XIV). Was Adelung als „Würde der Wörter" bezeichnet, nennt Campe in seinem Wörterbuch „die innern Grade ihres Adels oder ihrer Gemeinheit", und er ist bemüht, „die Würdigung der Wörter" u. a. auch nach „ihrer Brauchbarkeit für die höhere oder niedrigere [...] Schreibart" zu kennzeichnen (Campe I, 1807, XIII). Zur stilistischen Charakterisierung unterscheidet er zunächst „Wörter der höhern Schreibart" und „niedrige Wörter", die er weiter differenziert in: „Niedrige, aber deswegen noch nicht verwerfliche Wörter, weil sie in der geringern (scherzenden, spottenden, launigen) Schreibart, und in der Umgangssprache brauchbar sind [...]"; „Niedrige Wörter, die ans Pöbelhafte grenzen, und deren man sich daher, sowol in der Schriftsprache, selbst in der untern, als auch in der bessern Umgangssprache, enthalten sollte [...]" (Campe I, 1807, XXI). Zur Markierung verwendet Campe „Kürzungszeichen". Wichtig ist in diesem Zusammenhang der Hinweis: „Wörter, die allgemein üblich sind, und für jede Schreibart passen, haben gar kein Zeichen" (ebd.). Adelung und Campe benutzen auch Markierungen, die Stilfärbungen bzw. Gebrauchsangaben der gegenwärtigen Lexikographie gleichkommen und sich auf das zweite Bezugssystem so genannter stilistischer Bewertung von sprachlichen Ausdrücken beziehen.

3. Stilschichten im Vergleich

Die Zahl der postulierten Stilschichten bzw. Stilebenen, die konventionell sowohl in der gegenwärtigen Lexikographie als auch in der Lexikologie zur stilistischen Typisierung lexikalischer Einheiten verwendet werden, schwankt im Allgemeinen zwischen vier und fünf. In Abb. 97.1 wird ein Überblick darüber gegeben, welche Markierungen im Allgemeinen für Stilschichten/Stilebenen in Erscheinung treten, wobei in dieser Übersicht die „Kernelemente" gegenübergestellt werden, die in der jeweiligen Wörterbucheinleitung der genannten allgemeinen einsprachigen Wörterbücher der deutschen Gegenwartssprache zur Charakterisierung dieser Marker angeführt werden.

Einen etwas anderen Weg geht „Langenscheidts Großwörterbuch Deutsch als Fremdsprache" (1993, 1998; XVII ff.), das in den „Hinweise[n] für den Benutzer" im Abschnitt „Stilistische Hinweise" auch den Terminus *Stilebene* erwähnt, ihn jedoch nicht erklärt. Es wird differenziert zwischen „Markierung der umgangssprachlichen und gehobenen Stilebenen" einerseits – hierzu gehören die Marker *gespr* (= gesprochen), *geschr* (= geschrieben), (*Admin*) *geschr* (= gehört zur Schriftsprache der Verwaltung/Administration), *lit* (= literarischer Sprachgebrauch) – und „Markierung der saloppen bzw. vulgären Umgangssprache" andererseits, die angezeigt wird durch die Markierungsprädikate *gespr!* (= untere Schicht der gesprochenen Sprache) und *vulg* (= vulgär); sie sollen darauf hinweisen, „dass es sich um einen Sprachgebrauch handelt, bei dem Vorsicht geboten ist" (ebd., XVIII). Zu diesen Markern, die sich auf Stilebenen beziehen, kann eine „Markierung der Einstellung des Sprechers" kommen, um damit „auf einige besondere Sprechabsichten hinzudeuten, die mit dem Gebrauch bestimmter Wörter verbunden sind" (ebd.): *euph* für den „euphemistischen" Sprachgebrauch, *pej* für den „pejorativen" oder abwertenden Gebrauch, *hum* für den humorigen oder humorvollen Sprachgebrauch, *iron* für den ironischen Sprachgebrauch. Die Differenzierung und damit die Kennzeichnung lexikalischer Einheiten als *gespr* bzw. *geschr* ist äußerst problematisch, da wohl grundsätzlich sämtliche Lexeme je nach Intention sowohl mündlich als auch schriftlich zu verwenden sind, was nicht ausschließt, dass bestimmte Lexeme sicherlich vorwiegend in mündlichen Äußerungen und andere überwiegend in geschriebenen Texten gebraucht werden.

4. Ausblick

4.1. Obwohl der Nutzen sog. stilistischer Markierungen von Lexemen für praktische Zwecke immer wieder hervorgehoben worden ist, hat sich der Bereich der diastratischen, diaphasischen und diaevaluativen Markierungen sowohl in theoretischer Hinsicht als auch in der lexikographischen Praxis als besonders problematisch erwiesen. Zu den Kritikpunkten, die in der metalexikographischen Diskussion nach wie vor eine Rolle spielen, gehören insbesondere (vgl. Wiegand 1981; Ludwig 1991):

(1) Abgesehen davon, dass die Begriffe *Stilschicht* und *Stilebene* eine im Sprachsystem vorgegebene 'Schichtung' innerhalb der Lexik suggerieren und von den Aspekten der Kommunikationssituation, von soziolinguistischen und funktionalstilistischen Faktoren abstrahieren, ist die Verwendung von *Stil-* als Kompositionsglied der genannten Termini insofern problematisch, als Stil im Allgemeinen als Eigenschaft eines Textes als Ganzheit begriffen wird: „Stil ist primär als Texteigenschaft zu beschreiben" (Sandig 1978, 43); „Stile" sind als „Eigenschaften sprachlicher Handlungsarten" zu erklären: als „Konventionen für Formulierungen und Formulierungsmuster" (ebd., 56). Stilschicht bzw. Stilebene beziehen sich dagegen auf die „stilistische Charakterisierung" eines Einzellexems. Es handelt sich hierbei um „Wortstilistik" (Püschel 1990, 273ff.), die ein wesentlicher Teil einer vollständigen Theorie der Stilistik ist (vgl. Jacobs/Rosenbaum 1973, 152).

(2) Es gibt keine allgemein verbindliche Definition der Markierungskategorien Stilschicht/Stilebene und Stilfärbung/Gebrauchsangabe im Allgemeinen und der ihnen zugeordneten Markierungsprädikate im Besonderen, mit deren Hilfe lexikalische Einheiten konventionell „stilistisch" bewertet werden. Sie werden in Wörterbüchern und auch Stilistiken benutzt, ohne sie präzise zu erläutern.

(3) Es gibt keine durchgängig anwendbaren Kriterien für die Abgrenzung der Stilschichten/Stilebenen, so dass die „stilistische Charakterisierung" der Lexeme ausschließlich empirisch begründet ist, was zur Folge hat, dass die Zuordnung lexikalischer Einheiten zu dieser Markierungskategorie erheblich differiert.

(4) Aus der postulierten Zweiteilung der stilistische Beschreibungskategorien in Stilschichten/Stilebenen und Stilfärbungen/Gebrauchsangaben ist keine einheitliche Klassifizierung innerhalb dieser Kategorien und übereinstimmende Beschreibung der unterschiedenen Stilschichten und Stilfärbungen ableitbar. Die Zahl der Markierungsprädikate, die beiden Bezugssystemen zugeordnet werden, schwankt zum Teil erheblich.

(5) Als besonders problematisch haben sich die Stilfärbungen bzw. Gebrauchsangaben zugeordneten (dia)evaluativen Markierungen erwiesen, da damit sehr unterschiedliche sprachliche Phänomene erfasst werden.

4.2. Man hat vorgeschlagen, anstelle der insbesondere unter stiltheoretischem Aspekt als problematisch anzusehenden Termini Stilschicht/Stilebene und Stilfärbung von der *kommunikativen Prädisposition* (vgl. Ludwig 1991, 222ff.) lexikalischer Einheiten zu sprechen. Damit ist gemeint, dass Lexeme prädisponiert sind, in bestimmten Bereichen der Kommunikation gebraucht zu werden. Lexikalische Einheiten, die dieselbe kommunikative Prädisposition aufweisen, d. h. ohne Einschränkung bzw. nur mit Einschränkung verwendet werden können, gehören dann zur selben kommunikativen Prädispositionsebene; sie gibt den allgemeinen Bereich der Kommunikation an, in dem die entsprechende lexikalische Einheit vorwiegend gebraucht werden kann. Es geht im Rahmen der sog. kommunikativen Prädisposition in erster Linie darum, Informationen darüber anzuzeigen, ob eine lexikalische Einheit als „neutral" anzusehen ist, also keinerlei „Auffälligkeit" und somit auch keine Verwendungsrestriktion aufweist, oder ob die lexikalische Einheit nach „oben" („über neutral") oder nach „unten" („unter neutral") von der neutralen Ebene abweicht und somit Gebrauchsrestriktionen unterliegt. Mit diesen Informationen in Form von „Markierungsetiketten" soll das im Alltagsverständnis der Sprecher vorhandene Wissen über Verwendungsmaximen von Lexemen (lexikographisch) erfasst werden. Abweichungen von der neutralen kommunikativen Prädispositionsebene korrelieren dabei nicht mit einer sozialen Schichtung. Es geht darum, mit Hilfe derartiger Markierungen den Stellenwert des entsprechenden Lexems zu fixieren, der dessen Einordnung in ein Normensystem sozialer Verwendungsweisen sprachlicher Mittel betrifft. In diesem dreistufigen Modell werden zunächst die Hauptebenen „über neutral" und „unter neutral" relativ zur unmarkierten Hauptebene „neutral" unterschieden. Diese Ebenen stellen ein grobes, aber grundlegendes Raster für die Einordnung lexikalischer Einheiten in Verwendungsbereiche und die entsprechenden Markierungen damit Hinweise für Verwendungsrestriktionen dar. Hierbei beinhalten die drei Hauptebenen des Modells:

(1) „neutral": Das Lexem unterliegt keinerlei Verwendungsrestriktionen;

Hauptebenen	Subebenen	Beispiele			
„über neutral"		Antlitz	Haupt	empfangen	dahinscheiden entschlafen
„neutral"		Gesicht	Kopf	bekommen	sterben
„unter neutral	umgangssprachlich			kriegen	sich davonmachen
	salopp	Visage	Birne Rübe		abkratzen
	derb	Fresse			krepieren verrecken

Abb. 97.2: Markierungen lexikalischer Einheiten nach der kommunikativen Prädisposition

(2) „über neutral": Das Lexem gilt als gewählt, d. h. als vom Sprecher/Schreiber bewusst sorgfältig ausgesuchter Ausdruck gegenüber dem entsprechenden der neutralen kommunikativen Prädispositionsebene zugehörenden Synonym (z. B. *Antlitz* für Gesicht; *Haupt* für Kopf; *weilen* für sich aufhalten);

(3) „unter neutral": Das Lexem wird im Allgemeinen vom Sprecher/ Schreiber in ungezwungener (nichtöffentlicher, nichtoffizieller) Kommunikation verwendet, meist in zwanglosen Gesprächssituationen, die keine institutionalisierte Komponente aufweisen. Die Ebene „unter neutral" kann weiter differenziert werden in „umgangssprachlich" oder „ungezwungen", „salopp" und „derb" (vgl. Ludwig 1991, 237 ff.; s. Abb. 97.2).

Hinzu kommen können weitere Markierungen, die spezifische Hinweise für Gebrauchsmöglichkeiten eines Lexems geben, z. B.: Markierungen, die darauf hinweisen, dass durch die Verwendung dieses Lexems der Sprecherstandpunkt, insbesondere eine emotionale Einstellung zum bezeichneten Denotat ausgedrückt werden kann; Markierungen, die Hinweise darauf geben, dass durch den Gebrauch lexikalischer Einheiten in bestimmten Zusammenhängen insofern die Sprecherintention angedeutet wird, als damit eine gewisse Scherzhaftigkeit oder Distanzierung zum Ausdruck gebracht werden kann.

5. Literatur in Auswahl

Adelung, Johann Christoph, *Versuch eines vollständigen grammatisch-kritischen Wörterbuches Der Hochdeutschen Mundart, mit beständiger Vergleichung der übrigen Mundarten, besonders aber der Oberdeutschen*. 5 Bde. Leipzig: Breitkopf 1774–1786.

Bußmann, Hadumod (1990), *Lexikon der Sprachwissenschaft*. Stuttgart: Kröner (2., völlig neu bearb. Auflage).

Campe, Joachim Heinrich, *Wörterbuch der Deutschen Sprache*. 5 Bde. Braunschweig: Schulbuchhandlung 1807–1811.

Corbin, Pierre (1989), Les marques stylistiques/ diastratiques dans le dictionnaire monolingue. In: *Wörterbücher*, 673–680.

Coseriu, Eugenio (1970), *Einführung in die strukturelle Betrachtung des Wortschatzes*. Tübingen: Narr. (Tübinger Beiträge zur Linguistik 14).

Duden. *Das große Wörterbuch der deutschen Sprache. In acht Bänden.* (Hrsg. und bearb. vom Wissenschaftlichen Rat und den Mitarbeitern der Dudenredaktion unter der Leitung von Günther Drosdowski). Mannheim/Leipzig/Wien/Zürich: Dudenverlag 1993–1995 (2., völlig neu bearb. und stark erw. Auflage). [= Duden-GWB].

Duden. *Das große Wörterbuch der deutschen Sprache. In zehn Bänden.* (Hrsg. vom Wissenschaftlichen Rat der Dudenredaktion). Mannheim/Leipzig/Wien/Zürich: Dudenverlag 1999 (3., völlig neu bearb. und erw. Auflage).

Duden. *Deutsches Universalwörterbuch.* (Hrsg. und bearb. vom Wissenschaftlichen Rat und den Mitarbeitern der Dudenredaktion). Mannheim/Leipzig/ Wien/Zürich: Dudenverlag 1996 (3., neu bearb. und erw. Auflage). [= Duden-UW].

Duden. *Deutsches Universalwörterbuch.* (Herausgeben von der Dudenredaktion), Mannheim/Leipzig/Wien/Zürich: Dudenverlag 2001 (4., neu bearb. und erw. Auflage).

Fleischer, Wolfgang/Michel, Georg/Starke, Günter (1993), *Stilistik der deutschen Gegenwartssprache*. Frankfurt/M. etc.: Lang.

Gläser, Rosemarie (1976), Die Stilkategorie „register" in soziolinguistischer Sicht. In: *Zeitschrift für Phonetik, Sprachwissenschaft und Kommunikationsforschung* 29, 234–243.

Halliday, Michael A. K. (1978), *Language as Social Semiotic. The Social Interpretation of Language and Meaning.* London: Edward Arnold.

Handwörterbuch der deutschen Gegenwartssprache. In zwei Bänden. (Von einem Autorenkollektiv unter der Leitung von Günter Kempcke). Berlin: Akademie-Verlag. [= HDG].

Hausmann, Franz Josef (1989), Die Markierung im allgemeinen einsprachigen Wörterbuch: eine Übersicht. In: *Wörterbücher,* 649–657.

Hess-Lüttich, Ernest W. B. (1974), Das sprachliche Register. Der *Register*-Begriff in der britischen Linguistik und seine Relevanz für die Angewandte Sprachwissenschaft. In: *Deutsche Sprache* 2, 269–286.

Jacobs, Roderick A./Rosenbaum, Peter S. (1973), *Transformationen, Stil und Bedeutung.* Frankfurt/M.: Athenäum.

Klappenbach, Ruth (†)/Malige-Klappenbach, Helene (1978), Das Wörterbuch der deutschen Gegenwartssprache. Entstehung, Werdegang, Vollendung. In: *Kopenhagener Beiträge zur Germanistischen Linguistik* 14, 5–46. [Auch in: *Studien zur modernen deutschen Lexikographie.* Ruth Klappenbach (1911–1977). Auswahl aus den lexikographischen Arbeiten erweitert um drei Beiträge von Helene Malige-Klappenbach. (Hrsg. Werner Abraham unter Mitwirkung von Jan F. Brand). Amsterdam: John Benjamins B. V. 1980, 3–58].

Krahl, Siegfried/Kurz, Josef (1984), *Kleines Wörterbuch der Stilkunde*: Leipzig: VEB Bibliographisches Institut (6., neubearb. Auflage).

Langenscheidts Großwörterbuch Deutsch als Fremdsprache. (Hrsg. Dieter Götz; Günther Haensch; Hans Wellmannn). Berlin/München: Langenscheidt 1993; Neubearbeitung 1998.

Lewandowski, Theodor (1990), *Linguistisches Wörterbuch.* Heidelberg/Wiesbaden: Quelle & Meyer (5., überarb. Auflage). (Uni-Taschenbücher 1518).

Lexikon sprachwissenschaftlicher Termini. (Hrsg. Rudi Conrad). Leipzig: VEB Bibliographisches Institut 1985.

Löffler, Heinrich (1994), *Germanistische Soziolinguistik.* Berlin: Erich Schmidt (2., überarbeitete Auflage). (Grundlagen der Germanistik 28).

Ludwig, Klaus-Dieter (1991), *Markierungen im allgemeinen einsprachigen Wörterbuch des Deutschen.* Ein Beitrag zur Metalexikographie. Tübingen: Niemeyer. (Lexicographica. Series Maior 38).

–, (1995), Stilkennzeichnungen und Stilbewertungen in deutschen Wörterbüchern der Gegenwart. In: *Stilfragen.* (Hrsg. Gerhard Stickel). Berlin/New York: Walter de Gruyter, 1995, 280–302. (Institut für deutsche Sprache; Jahrbuch 1994).

Metzler-Lexikon Sprache. (Hrsg. Helmut Glück). Stuttgart/Weimar: Metzler 1993.

Nabrings, Kirsten (1981), *Sprachliche Varietäten.* Tübingen: Narr. (Tübinger Beiträge zur Linguistk 147).

Püschel, Ulrich (1989), Evaluative Markierungen im allgemeinen einsprachigen Wörterbuch. In: *Wörterbücher,* 693–699.

–, (1990), Wortstilistik im Wörterbuch. Zu „Stilfärbung" und „Gebrauchsangaben". In: *Zeitschrift für germanistische Linguistik* 18.3, 273–287.

Sachwörterbuch für die deutsche Sprache. (Von einem Autorenkollektiv unter Leitung von Karl-Ernst Sommerfeldt und Wolfgang Spiewok). Leipzig: VEB Bibliographisches Institut 1989.

Sanders, Willy (1996), *Gutes Deutsch – besseres Deutsch*. Praktische Stillehre der deutschen Gegenwartssprache. Darmstadt: Wissenschaftliche Buchgesellschaft (3., aktualisierte und überarbeitete Neuauflage).

Sandig, Barbara (1978), *Stilistik.* Sprachpragmatische Grundlegung der Stilbeschreibung. Berlin/New York: Walter de Gruyter.

–, (1986), *Stilistik der deutschen Sprache.* Berlin/New York: Walter de Gruyter. (Sammlung Göschen 2229).

Sowinski, Bernhard (1991), *Stilistik.* Stiltheorien und Stilanalysen. Stuttgart: Metzler. (Sammlung Metzler 263).

Spillner, Bernd (1987): Style and Register. In: *Soziolinguistik. Ein internationales Handbuch zur Wissenschaft von Sprache und Gesellschaft.* (Hrsg. Ulrich Ammon/Norbert Dittmar/Klaus J. Mattheier). Erster Halbband. Berlin/New York: Walter de Gruyter, 1987, 273–285.

Tolkovyj slovar' russkogo jazyka. (Hrsg. Dmitrij N. Ušakov). 4 Bde. Moskva 1935–1940.

Wahrig, Gerhard (1997), *Deutsches Wörterbuch.* (Hrsg. Renate Wahrig-Burfeind). Gütersloh: Bertelsmann (6., neu bearb. Auflage). [= Wahrig-DW].

–, (2000), *Deutsches Wörterbuch.* (Hrsg. Renate Wahrig-Burfeind). Gütersloh/München: Bertelsmann (7., vollständig neu bearb. und aktualisierte Auflage).

Weinreich, Uriel (1954), Is a structural dialectology possible? In: *Word* 10, 388–400.

Wiegand, Herbert Ernst (1981): Pragmatische Informationen in neuhochdeutschen Wörterbüchern. Ein Beitrag zur praktischen Lexikologie. In: *Studien zur neuhochdeutschen Lexikographie I.* (Hrsg. Herbert Ernst Wiegand). Hildesheim/New York: Olms, 139–271. (Germanistische Linguistik 3–4/79).

Wörterbuch der deutschen Gegenwartssprache. (Hrsg. Ruth Klappenbach/Wolfgang Steinitz). 6 Bde. Berlin: Akademie-Verlag 1961–1977. [= WDG].

Wörterbücher. Ein internationales Handbuch zur Lexikographie. (Hrsg. Franz Josef Hausmann/Oskar Reichmann/Herbert Ernst Wiegand/Ladislav Zgusta). Erster Teilband. Berlin/New York: Walter de Gruyter 1989.

Klaus-Dieter Ludwig, Berlin (Deutschland)

98. Gehobene Stilschichten

1. Umgrenzung des Begriffs
2. Vertikale und horizontale Differenzierungen
3. Kontextuelle Beziehungen
4. Literatur in Auswahl

1. Umgrenzung des Begriffs

Die Bestimmung des Merkmals 'gehoben' (= 'geh.') beruht in theorie- wie in praxisorientierten Lexikbeschreibungen der modernen Linguistik nach wie vor eher auf intuitiven Setzungen als auf systematischen Explikationen, die das Phänomen der Stilschicht (Stilebene) und das Merkmal des Gehobenen in einen logisch strengeren Gesamtzusammenhang der Varietätenlinguistik einordnen. Auch terminologisch bietet sich ein Bild der Vielfalt, was mit darauf zurückzuführen ist, dass es sich um Sachverhalte mit starker Bindung an Performanz- und Stilfragen handelt, die ein höheres Maß an Unschärferelationen als grammatisch stringente Grammatikbeschreibungen einschließen. Der Merkmalkomplex 'geh.' (einschließlich 'gewählt', 'feierlich', 'dichterisch', 'förmlich' usw.) wird in Zusammenhang gebracht mit Benennungen wie Stilschicht, Stilebene, Stillage, Stilfärbung, Stilart, Stil, Sprachschicht, Register, Situalekt, Konnotationsbereich, Varietät, Variante, Genus elocutionis usw. Als 'geh.' können sowohl einzelne sprachliche Elemente (der Prosodie, Lexik und Grammatik) als auch komplexe Äußerungen (Formulierungen, Redeabschnitte, Ganztexte) bewertet werden. Wenn – wie hier – in Bezug auf das Merkmal 'geh.' (speziell bei lexischen Elementen) die Bezeichnung „Stilschicht" verwendet wird, so kann darin nur ein terminolgischer Behelf gesehen werden. Nicht ohne Grund wird – etwa in Wörterbüchern – die Bezeichnung „stilistische Bewertung" statt „Stilschicht" favorisiert; die Beziehungen zum Begriff des „Stilistischen" werden jedoch meistens nicht ausgeführt. Grundlegend für die Qualifizierung sprachlicher (lexischer) Elemente als 'geh.' ist offensichtlich die Annahme, dass es sich um Elemente handelt, die bereits vom mentalen Lexikon her als „Stilanzeiger" bestimmte Situations- und Texttypen mit „elaboriertem" Kode konnotieren (vgl. Rossipal 1973, 26; 39). Ausschlaggebend ist die Position innerhalb einer Skalierung, die bestimmte Ausdrucksvarianten in Gegenrichtung zum kolloquialen und vernakularen Bereich von äquivalenten standardsprachlichen Varianten mit größerer Vorkommenshäufigkeit abhebt und einem kommunikativ wesentlich eingeschränkten Sonderbereich zuordnet. Dabei gibt es Grade der Einschränkung. Varianten wie *Antlitz* (gegenüber *Gesicht*), *ihm einen Besuch abstatten* (gegenüber *ihn besuchen*) oder *Mit vorzüglicher Hochachtung* (gegenüber *Hochachtungsvoll* oder anderen, geringer graduierten Grußformeln) stehen offensichtlich dem Kernbereich der „Standardvarietät" (Ammon 1986, 52 ff.; 1992, 105 f.) näher als betont dichterische Nominationen, Okkasionalismen oder Metaphorisierungen, die einen hochspezialisierten Randbereich dieser Varietät manifestieren (z. B.: *O Rost des Sommers, heiße Darren,/die Wucht der Körbe schwankt im Raum;/die Zacken nackt, wie schwarze Sparren,/steht kahl gestürzt schon mancher Baum.* – Peter Huchel).

Sehr abstrakt lassen sich die Grundabstufungen mit den Termini erfassen: „neutral – über neutral – unter neutral" (Ludwig 1991, 236 ff.), oder auch: „Vollstandard – Superstandard – Substandard" (Žerebkov 1988, 101 ff.; 150 ff.; Fleischer/Michel/Starke 1996, 209 ff.). Die Abgrenzung erfolgt komparativisch-relational; eine substantielle Definition mit Angabe von Inhaltsmerkmalen eines komplexen homogenen Bereichs des 'Gehobenseins' erscheint kaum möglich, da zu verschiedenartige Verwendungsmodi und Wertungen für den Gesamtkomplex „oberhalb" des sprachstilistisch Neutralen kennzeichnend sind, d. h., es ist grundsätzlich von einer Pluralität stilistischer Besonderheiten mit dem Merkmal 'geh.' auszugehen (vgl. 2.).

Als „stil"schichtliche Markierung ist das Merkmal 'geh.' primär verwendungsbezogen, d. h. eine pragmatische Information bei jeweils spezifischen syntaktisch-semantischen Voraussetzungen (vgl. 3.). Empirisch-analytisch treten vor allem zwei Schwierigkeiten auf:

– erstens die graduierende Distinktion zwischen äquivalenten Ausdrücken, insbesondere die Bestimmung der Grenzen und Übergänge zwischen '– geh.' und '+ geh.' bzw. zwischen graduell 'weniger geh.' und 'mehr geh.', z. B. in solchen Oppositionen wie *das Gespräch*

(1) *beenden* ('neutr.', '– geh.')
(2) *beendigen*
(3) *zu Ende bringen*
(4) *zur Beendigung bringen*
(5) *enden* ('transit.', 'veraltet', '+ geh.').

Als sichere „Festpunkte" in der stilistischen Bewertung können in dieser so gesetzten Reihung die Ausdrücke (1) und (5) angesehen werden; bei (2), (3) und (4) dagegen ist die Einordnung schwierig, es handelt sich um „Übergänge" und „Konkurrenzen" mit der „Tendenz" zum 'Geh.'. Die Sicherheit in der Zuordnung von (5) jedoch wird gestützt durch das Merkmal 'veraltet' und die Tatsache, dass veraltete oder veraltende Ausdrücke häufig in die Stilschicht des 'Geh.', des „Seltenen" und „Besonderen" übergehen.

– zweitens die situativ-qualifizierende Distinktion, d. h. Angaben darüber, für welche Arten von Situationen die Ausdrücke der 'geh.' Stilschicht jeweils prädestiniert sind. Das Situative ist vor allem als Sprechereinstellung gegenüber jeweils relevanten kommunikativen Gegebenheiten zu verstehen. Nicht die äußere Situation an sich begründet die Wahl eines 'geh.' Ausdrucks, sondern das interiorisierte, mentale Wertesystem der Sprachverwender. Dies sei durch folgende Beispiele aus der künstlerischen Literatur (Strittmatter, Der Laden) demonstriert:

(1) *Mina hat mir verboten, von einem Keller zu sprechen, wenn ich die Baltinsche Wohnung meine: Wir wohnen im Souterrain, sagt sie. Souterrain? Wer nicht weiß, was das ist, meint, wer weiß wie hoch wir leben.*

(2) *Ich höre mir die Glückwünsche an, mit denen die Geschenke übergeben werden: Und ich wünsche dir, was du dir selber wünschest. (Das E beim wünschest darf nicht vergessen werden. Es gehört zur Feierlichkeit!) Leben sollst du, bis du nicht mehr kannst, wünscht dir Viehaufkäufer Papprotten.*

Der Autor aktualisiert (stilisiert) das Substantiv *Souterrain* und die grammatische Form des Verbs *wünschest* im literarischen Kontext zu 'geh.' Ausdrücken. Dies erfolgt in ironischer Weise und explizit reflektierend in der naiven Perspektive eines Kindes als literarischer Figur. Das 'Hohe' (*Souterrain*) und 'Feierliche' (*wünschest*) wird hier mit literarischen Mitteln – bezeichnender Weise – nicht als sachgegeben, sondern als einstellungsbedingt charakterisiert. – Verallgemeinernd lässt sich sagen, dass es einerseits offensichtlich Prototypen „äußerer" Situationen gibt, die aufgrund gesellschaftlicher Konventionen von den kommunizierenden Personen 'geh.' Ausdrucksweise – Einzellexeme bzw. ganze Textsorten betreffend – fordern (in „Feierstunden", bei „Urteilsverkündungen" u. a. m.), dass es andererseits aber die subjektgebundene Sicht der Personen ist, durch die eine Situation überhaupt erst als feierlich, festlich, würdig, erhaben, erhebend, formbetont, bedeutungsvoll – oder im Sinne anderer Prädikate aus dem Wortfeld der „Solennität" im weitesten Verständnis oder bestimmter Prädikate aus der „Formalitätsskala" (Lyons 1983, 196) für situatives Verhalten – eingeschätzt wird.

2. Vertikale und horizontale Differenzierungen

Das Modell der Stil„schichten" (-„ebenen") sowie die tradierte Bezeichnung 'geh.' suggerieren Vorstellungen, dass es sich bei dieser Lexik um betont positive Werte gegenüber 'niederen' Sprachmitteln handelt. Ferner wird mit diesem Modell nicht selten eine Schichtung mit vorrangig „vertikaler" Struktur verbunden, bei der etwa „über" dem 'Geh.' das 'Dichterische' oder 'Poetische' als etwas „noch Höheres" angesiedelt wird oder bei der etwa „innerhalb" des 'Geh.' unterschiedliche „Stilhöhen" gesehen werden. Historisch ist dies durch weit zurückreichende Überlieferungen gestützt, vornehmlich durch die antiken und mittelalterlichen Rhetorikkonzepte der drei genera elocutionis (genera dicendi): genus humile, genus medium, genus sublime (vgl. Lausberg 1960, 510ff.; Quadlbauer 1962). Auch in der Geschichte der Neuzeit dominiert die Vorstellung übereinander geschichteter „Stillagen". Dabei wird im Unterschied zu den 'niederen' Stilschichten die Sphäre des 'Geh.' in vertikaler Sicht zunächst nur wenig differenziert gesehen. Bei Johann Christoph Adelung (1773) wird explizit – wenn auch nicht streng systematisiert und terminologisch durchgängig – zwischen „edler" und „höherer oder erhabener Schreibarbeit" unterschieden (vgl. Dill 1992, 286; 291 f.). In den Wörterbüchern zur deutschen Gegenwartssprache der 2. Hälfte des 20. Jh. dagegen ist eine stärkere Untergliederung des 'Geh.', die meist als vertikale Struktur gesehen wird, gebräuchlich geworden. Im Querschnitt, d. h. abstrahierend von speziellen Problemen und Entscheidungen beim jeweiligen Einzelwerk, ergibt sich eine „Aufschichtung" etwa folgender Art: 'förmlich', 'bildungssprachlich', 'gehoben', 'poetisch' (vgl. Ludwig 1991, 233). Auf Einzelsprachen bezogen gibt es bekanntlich partiell unterschiedliche Gliederungen, was nicht allein auf objektive Besonderheiten des jeweiligen Varietätengefüges oder auf wissenschaftliche Traditionen, sondern auf das Fehlen eines theoretisch begründeten (eventuell universalistischen) Kategoriensystems zurückzuführen ist. Als repräsentatives Beispiel sei auf die „stilistischen Bewertungen" des 'geh.' Bereichs im „Oxford Duden German Dictionary. German – English, English – German" (1990, 17f.) verwiesen.

Englisch
- poetical: in dichterischer, poetischer Sprache verwendet (z. B. *beauteou, the deep*);
- literary: für einen gehobenen, literarischen Stil charakteristisch (z. B. *bed of sickness, countenance, valorous*);
- rhetorical: bewusst dazu eingesetzt, andere zu beeindrucken oder zu überzeugen (z. B. *bounteous, plenteous*);
- formal: bei offiziellen und formellen Gelegenheiten unter Menschen, die sich nicht gut kennen, verwendet (z. B. *hereafter, partake, proceed*).

Deutsch
- dichterisch: in dichterischer, poetischer Sprache verwendet (z. B. *Aar, Odem*);
- gehoben: für einen feierlichen, gehobenen oder gewählten Stil charakteristisch (z. B. *Antlitz, signifikant, dergestalt*);
- Papierdeutsch: für einen unlebendigen, formellen und gespreizten Stil charakteristisch (z. B. *seitens, in Wegfall kommen*).

Diese Begriffsraster für ein zweisprachiges Wörterbuch sind selbstverständlich vor allem aus praktischen Gründen so zusammengestellt. Sie verdeutlichen aber die Problematik der internen Strukturierung der Gesamtsphäre der als 'geh.' einzustufenden Lexik. Für eine interne Strukturierung bieten sich die von Hausmann (1989) herangezogenen Markierungssysteme an, insbesondere die drei Kategorien 'diastratisch' (gruppenspezifisch), 'diaphasisch' (situationsspezifisch), 'diaevaluativ' (einstellungsspezifisch), auch wenn die „Abgrenzung des Systems /.../ zahlreiche Probleme (aufwirft)" (652). Es erscheint sinnvoll und ist offensichtlich auch so gemeint, dieses Ordnungsschema weniger als ein System alternativer Kategorien, sondern eher als Ansatz für Aspektualisierungsmöglichkeiten zu begreifen (vgl. auch Lerchner 1986, 176). So kann das – viel zitierte – Lexem *Antlitz* 3-dimensional zugeordnet werden:

Antlitz
(1) stratisch (gruppenspezifische Häufigkeit und Bewertung):
'oberschichtlich' (vgl. Ammon 1986, 32ff.)
(2) phasisch (prototypische Situationen):
'Andacht', 'Feier', 'Kunst'
(3) evaluativ (emotionale Einstellung, Attitüde):
'erhaben', 'achtungsvoll'

Gegenüber diesem 3-dimensionalen Schema ist das fast schon traditionell gewordene 2-dimensionale Koordinatensystem vertikaler Stil„schichten" (vorrangig stratischer Art) und horizontaler Stil-„färbungen" (vorrangig evaluativer, konnotativer Art) zwar eine für praktische Zwecke bewährte, aber letztlich reduzierte, weniger explizite Form. Das Diaphasische wird hier so gut wie ausgeklammert oder in einer logisch kaum nachvollziehbaren Weise teils dem Diastratischen, teils dem Diaevaluativen zugeordnet. Die meist als 'phasische' Einstufung '+/− formell' verstandene Markierung erscheint in der lexikografischen Praxis manchmal mehr im Kontext der vertikalen „Höhen"lage (Stilschicht), manchmal mehr im Kontext der horizontalen „Breiten"fächerung (Stilfärbung) (vgl. Schmitt 1986, 164). So verständlich diese praktische Lösung ist, so sollte aber auch ihre sprachtheoretische Problematik im Auge behalten werden.

3. Kontextuelle Beziehungen

Neben den paradigmatischen Beziehungen eines als (tendenziell) 'geh.' markierbaren Lexems zu äquivalenten Ausdrücken sind syntagmatische Beziehungen zu berücksichtigen. Die semantische und stilschichtliche Distinktion innerhalb einer paradigmatischen Reihe, wie z. B. *Abkomme, Abkömmling, Nachfahr, Nachkomme, Nachkömmling, Sprössling*, ist ohne Kontextualisierungsproben kaum möglich. Abgesehen davon, dass etwa bei *Abkömmling* überhaupt erst syntagmatisch geklärt sein muss, ob es sich um einen Menschen als leiblichen Spross (*der letzte Abkömmling eines alten Adelsgeschlechts*) oder um ein chemisches Produkt (*Anilin ist ein Abkömmling des Benzols*) handelt, sind oft situative und textuelle Indikatoren erforderlich, um entscheiden zu können, wie *Abkömmling* stilistisch zugeordnet werden kann, nämlich: '+fachsprachl.' und '−geh.' im Fachtext zu Fragen des Erbrechts (*Abkömmling eines Erblassers*); oder: '+geh.' im literarischen Erzähltext (*der letzte Abkömmling des Julian Stifter* – vgl. Wörterbuch der deutschen Gegenwartssprache, 1961).

Das Merkmal 'geh.' ist nicht auf eine dem Einzellexem vom Sprachsystem her fest zugeordnete konnotative (stilistische) Qualität zu beschränken, es ist vielmehr oft ein Ergebnis der Performanz bei durchaus differenzierbaren Anteilen der Sprachebenen (Prosodik, Morphematik, Syntagmatik, stilistische Figuration). In folgendem (Prosa-)Satz z. B. ist wohl keines der verwendeten lexikalischen Elemente vom Sprachsystem her hinreichend als 'geh.' zu charakterisieren, dennoch ist kaum zu bestreiten, dass dem Satzganzen und im Sinne eines „top-down"-Effekts auch seinen lexikalischen Elementen das Merkmal 'geh.' zukommt:

Verächtlich stößt er den Zaghaften zurück; einzig den Kühnen hebt er, ein anderer Gott der Erde, mit feurigen Armen in den Himmel der Helden empor.
(Stefan Zweig, Die Weltminute von Waterloo)

Entscheidenden Anteil an der stilistischen Qualität hat hier die geradezu poetisch organisierte Rhythmik, eine fast metrische Folge von Hebungen und Senkungen in Verbindung mit einem ganzen Komplex figurativer Strukturen: Alliteration (*die Zaghaften zurück*), Inversion der Satzgliedfolge (*Verächtlich stößt er; einzig ... hebt er*), Antithese der syntaktischen Prädikate und Akkusativobjekte (*stößt ... hebt; den Zaghaften ... den Kühnen*), Parallelismus der prädikativen Satzklammer (*stößt ... zurück; hebt ... empor*), klimaxähnliche Steigerung der Zahl der Ausfüllungsglieder im Binnenfeld der Satzklammer des zweiten Teilsatzes vor dem Hintergrund des ersten Teilsatzes.

Kontextbedingte, gleichsam sekundäre Markierung von Lexemen als 'geh.' kann ebenentypisch charakterisiert werden. Auf der phonematisch-prosodischen Ebene kann durch „gewähltes Sprechen" (Labov 1976, 36) die Äußerung, einschließlich der Lexik, 'geh.' wirken. Im Schriftlichen gibt es die Möglichkeit, Gewähltheit performativ in einer Redekennzeichnung anzuzeigen (*sie hob ihre linke Hand sehr vornehm in die Höhe und sagte in überaus kostbarer Aussprache: Bitte nehmen Sie Platz!* – U. Johnson). Phonostilistisch kann schwankender Wortakzent auftreten: „Die Akzentuierung von Fremdwörtern wie *Motor* und *Salat* ist (...) regional differenziert (...) Die jeweilige nicht bodenständige Akzentuierung hat die Tendenz zum 'Gehobenen'." (Fleischer/Michel/Starke 1996, 223)

Auf morphematischer Ebene haben viele okkasionelle Wortbildungskonstruktionen poetische Funktion und sind im differenzierten Spektrum dieser Funktion zum Teil eben auch der 'geh.' Stilschicht zuzuordnen. Im Kontext der grammatische Morphematik und grammatischer Funktionswörter können vor allem veraltete, veraltende bzw. konkurrierende Formen das entsprechende Lexem 'geh.' erscheinen lassen (*wenn/so er ihm hülfe/hälfe/helfen würde*; Robert Musil: *Die beiden Männer, deren ich erwähnen muß*).

Lexematisch-phraseologisch ist festzuhalten, dass feste Wendungen und verwandte Konstruktionen wie Sentenzen, geflügelte Worte, Sprichworte betont „bildungssprachlich" sein können und oft eine deutliche Beziehung zu Gebieten besonderer Geistesbildung erkennen lassen (kulturgeschichtliches Wissen, Sprachenkenntnis, Zitatenschätze) (vgl. Koller 1977, 56).

Syntagmatisch kann Lexik vor allem dadurch „angehoben" werden, dass sie in rhetorische (stilistische) Figuren mit besonderer „ornatus"-Funktion integriert wird.

Verallgemeinernd ist festzuhalten, dass – analog den Beziehungen von „Systemwort" und „Textwort" in semantischer Hinsicht (vgl. Schippan 1997) – auch in kommunikativ-pragmatischer Hinsicht das Wort im Text- und Situationszusammenhang nicht immer nur die einfache Reproduktion von im Sprachsystem gespeicherten konnotativen Potenzen ist, sondern in seiner Funktionalität durch den Kontext geprägt wird.

Einzubeziehen in die Rahmenbedingungen für Formen, Funktionen und Präferenzen lexischer Einheiten „oberhalb" standardsprachlicher Normallage sind schließlich die Kategorien Sprechakt und Textsorte. Sicher ist das Merkmal 'geh.' nicht auf eine kleine, klar abgrenzbare Menge prädestinierter Äußerungstypen festzulegen. Zieht man beispielsweise Brieftexte heran, so zeigt sich gerade hier, dass die Stilprinzipien diachronisch zum Teil extreme Wandlungen vollzogen haben und synchronisch eine große Streuung aufweisen (vgl. Nickisch 1969; Ettl 1984). Aber es gibt kommunikative Einstellungen und Verhaltensqualitäten, die sich in Abhängigkeit von sozialhistorischen Normensystemen im bevorzugten Gebrauch einer 'geh.' Lexik niederschlagen und präferentiell für bestimmte Sprachhandlungen bzw. Textsorten kennzeichnend sind. Als repräsentativ hierfür kann das Phänomen der Höflichkeit gelten. Selbst in solchen vom „Zeitgeist" geprägten Äußerungsweisen, die Höflichkeitsbekundungen nicht mit „hohem" Stil verbinden, gibt es die Tendenz, sich sprachlich vom Normalen abzuheben. „Hingewiesen sei immerhin auf die auffälligen, wenngleich häufig fehlgeschlagenen Versuche, 'die Sprache des gewöhnliche Lebens/.../veredelt in Form und Ausdruck'/.../ stilistisch zu heben: durch 'veredelte' Lexik/.../den Zweck der Rede sprachlich zu befördern." (Ehlers 1996, 158f., Anm. 121)

4. Literatur in Auswahl

Adelung, Johann Christoph (1773), Versuch eines vollständigen grammatisch-kritischen Wörterbuches der Hochdeutschen Mundart, mit beständiger Vergleichung der übrigen Mundarten, besonders aber des Oberdeutschen. Erster Teil, von A-E. Leipzig: Breitkopf 1774 (Vorrede 1773).

Ammon, Ulrich (1986), Explikation der Begriffe 'Standardvarietät' und 'Standardsprache' auf normtheoretischer Grundlage. In: Sprachlicher Substandard (Hrsg. Günter Holtus/Edgar Radtke). Tübingen: Max Niemann Verlag 1980, 1–63 (Konzepte der Sprach- und Literaturwissenschaft, Hrsg. Klaus Baumgärtner).

–, (1992), Varietäten des Deutschen. In: Offene Fragen – offene Antworten in der Sprachgermanistik (Hrsg. Vilmos Ágel/Regina Hessky). Tübingen: Max Niemeyer Verlag, 203–223.

Dill, Gerhard (1992), Johann Christoph Adelungs Wörterbuch der 'Hochdeutschen Mundart'. Frankfurt am Main u. a.: Peter Lang.

Ehlers, Klaas-Hinrich (1996), Zur Rhetorik der großen Bitte. Am Beispiel Berliner U-Bahn-Bettler. In: Höflichkeit (Hrsg. Harald Haferland/Ingwer Paul). Osnabrücker Beiträge zur Sprachtheorie. 52 (März 1996), 124–168.

Ettl, Susanne (1984), Anleitungen zu schriftlicher Kommunikation. Briefsteller von 1880 bis 1980. Tübingen: Max Niemeyer.

Fleischer, Wolfgang; Michel, Georg; Günter, Starke (1996), Stilistik der deutschen Gegenwartsspache. Frankfurt am Main u. a.: Peter Lang (2. Auflage).

Hausmann, Franz Joseph (1989), Die Markierung im allgemeinen einsprachigen Wörterbuch: eine Übersicht. In: Wörterbücher. Dictionaries. Dictionnaires. Ein Internationales Handbuch zur Lexikographie. Erster Teilband. (Hrsg. Franz Joseph Hausmann/Oskar Reichmann/Ernst Herbert Wiegand/Ladislav Zgusta). Berlin/New York: Walter de Gruyter 1989, 649–657.

Höflichkeit (Hrsg. Harald Haferland/Ingwer Paul). Osnabrücker Beiträge zur Sprachtheorie. 52 (März 1996).

Koller, Werner (1977), Redensarten. Linguistische Aspekte, Vorkommensanalysen, Sprachspiel. Tübingen: Max Niemeyer.

Labov, William (1976), Sprache im sozialen Kontext. Bd. 1 und 2. (Hrsg. Norbert Dittmar/Bert-Olaf Rieck). Kronberg/Ts.: Skriptor Verlag.

Lausberg, Heinrich (1960). Handbuch der literarischen Rhetorik. Eine Grundlegung der Literaturwissenschaft. München: Verlag Max Hueber.

Lerchner, Gotthard (1986), Semantische Struktur, pragmatische Markiertheit und (stilistische) Gebrauchspräferenz lexisch-semantischer Einheiten. In: Zeitschrift für Phonetik, Sprachwissenschaft und Kommunikationsforschung 39 (1986) 2, 169–181.

Ludwig, Klaus-Dieter (1991), Markierungen im allgemeinen einsprachigen Wörterbuch des Deutschen: ein Beitrag zur Metalexikolgie. Tübingen: Max Niemeyer Verlag.

Lyons, John (1983), Semantik. Band II (Aus dem Englischen übertragen und für den deutschen Leser eingerichtet von Jutta Schust). München: Verlag C. H. Beck.

Nickisch, Reinhard M. G. (1969), Die Stilprinzipien in den deutschen Briefstellern des 17. und 18. Jahrhunderts. Mit einer Bibliographie zur Briefschreiblehre (1474–1800). Göttingen: Vandenhoeck & Ruprecht.

Oxford Duden German Dictionary. German-English, English-German (1990).

Quadlbauer, Franz (1962), Die antike Theorie der genera dicendi im lateinischen Mittelalter. Wien: Österreichische Akademie der Wissenschaften.

Rossipal, Hans (1973), Konnotationsbereiche, Stiloppositionen und die sogenannten „Sprachen" in der Sprache. Hildesheim: Verlag Georg Holms (Germanistische Linguistik 4/73).

Schippan, Thea (1997), „Systemwort" und „Textwort". In: Sprachsystem – Text – Stil. Festschrift für Georg Michel und Günter Starke zum 70. Geburtstag. (Hrsg. Christine Keßler/Karl-Ernst Sommerfeldt). Frankfurt am Main: Peter Lang 1997, 243–253.

Schmitt, Christian (1986), Der französische Substandard. In: Sprachlicher Substandard (Hrsg. Günther Holtus/Edgar Radtke). Tübingen: Max Niemeyer Verlag 1986, 125–185 (Konzepte der Sprach- und Literaturwissenschaft, Hrsg. Klaus Baumgärtner).

Šmeleva, I. N. (1982), Einige Fragen der Stilistik in einem allgemeinen Wörterbuch der Hochsprache. In: Aspekte der sowjetrussischen Lexikographie. Übersetzungen, Abstracts, bibliographische Angaben. (Hrsg. Werner Wolski). Tübingen: Max Niemeyer 1982, 201–220.

Wörterbuch der deutschen Gegenwartsprache (1961). Hrsg. Ruth Klappenbach/Wolfgang Steinitz. Berlin: Akademie-Verlag 1961–1977.

Žerebkov, V. A. (1988), Deutsche Stilgrammatik (Stilističeskaja grammatika nemeckogo jazyka). Moskau: Byssaja škola.

Georg Michel †, Potsdam (Deutschland)

99. Low levels of style

1. Introduction
2. Low style in English
3. Style differentiation and the development of modern dictionaries
4. Words and style
5. Conclusion
6. Literature (a selection)

1. Introduction

The existence of one or more categories of low levels of style in a language presupposes the existence of some baseline or neutral style accepted, if not by the generality of speakers, then at least by some educational élite; a concomitant requisite is probably some degree of standardisation of the language in general. Lexical items not belonging to this baseline or neutral level of style would be graded above or below it, so that there would be three macrolevels: High, Neutral and Low. That said, it must be admitted that "[t]he concept of stylistically neutral language is not well defined" (Andersson/Trudgill 1992, 69). The "oldest extant division of the kinds of Style" in Europe, that in the anonymous (pseudo-Ciceronian) Latin rhetorical treatise "Rhetorica ad Herennium" (Rhet. Her.), compiled around 86–82 B.C., does in fact recognise three levels (Caplan 1964, vii; xx; xxvi). They are named and described there as: the Grand style (*gravis figura*), Middle style (*mediocris figura*), which might be regarded as the neutral, and the Simple style (*extenuata/adtenuata figura*), by implication containing the "lowest and most colloquial class of words", and so constituting low style (Caplan 1964, 252f.). The author gives a sample passage of the "adtenuat[um] figurae gen[us], id quod ad infimum et cotidianum sermonem dimissum est [the Simple type of style, which is brought down to the most ordinary speech of every day]", and Caplan provides an analysis of the features of the *adtenuatum genus* (Caplan 1964, 260ff.). While most of these are syntactic, a few are lexical, thus *pedagog[us]* 'tutor', the diminutive *oriculas* 'ears', and "the vulgar use of the archaism *pone* for *post* ['after']" (Caplan 1964, 262f., note b). The *adtenuatum genus* was, then, the spoken or "[c]olloquial Latin (*sermo cotidianus*) ... the easy everyday Latin of cultured people..." (Noble 1949, 482), but rated as low style in comparison with the *mediocre genus* of Classical Latin. Vulgar Latin, on the other hand, was "that form of the Latin language which was used by the uneducated classes in Italy and the provinces" and from which the Romance languages derived (Noble 1949, 482). It was characterised by such low-level features of lexis as: the replacement of irregular verbs by regular (and often semantically more specific) verbs, replacement by a word of Greek origin, replacement of superordinate terms by hyponyms closer to everyday life, of abstract terms by concrete ones, of standard terms by metaphorical and originally jocular terms (e.g. *caput* 'head' by *testa* 'pottery vase', cf. German *Haupt* by *Kopf* < Lat. *cuppa* 'cup'), and of root forms by their diminutive forms (Herman 1970, 101ff.), features shared in part with the *adtenuatum genus*. A tripartite analysis of style persisted on into the Middle Ages, but it is rather a rhetorical one using a different set of labels from the Rhet. Her, and based on an analysis of the various styles found in Virgil's works by the 4th century A.D. grammarian Servius (the first commentator recorded as using the term *stilus* in the sense of 'a style') (Quadlbauer 1962, 7ff.; 159f.).

2. Low style in English

Several historico-cultural forces provide context for stylistic discrimination in English (and other vernacular European languages) in the modern era, of which two are most relevant to this study. First is the rhetorical tradition referred to in 1., which fostered an awareness of the contrasting effects of high and low style and was exploited to dramatic effect by Shakespeare, among others. The counterpoint between the high style in which the major drama is enacted and the low, prosaic style of the interaction between minor characters is a critical feature of all Shakespeare's plays (Vickers 1968, 17f.). In the Elizabethan poetics of Puttenham and Wilson three styles, high, middle and low/base, are identified and considered appropriate for particular subjects (Tuve 1947, 199ff.). A second major factor was the standardisation of vernaculars, stimulating their codification. Attention to the form and style of language complements the elaboration of their functions (Haugen 1972, 107ff.). As increasing social, political and cultural activities are vested in the vernacular, its scope and resources increase and diversify, at the same time prompting increasing specialisation of styles for particular purposes. A sense of the need for "proper words in proper places" (Swift's "Letter to a young clergyman", 1720) belongs to this codification process and may result in a kind of diglossia between high and low style, as noted by Ferguson (1959, 325ff.). In 18th century England the codification process was represented in the continuous development of dictionaries and grammars and the polarisation of written and spoken norms. Samuel Johnson and others wrote neo-classical prose, drawing extensively on Latin vocabulary and syntactic patterns to create a formal style deliberately removed from speech (Gordon 1966, 144ff.). Swift in his "Treatise on polite conversation" (1738) rails against the impact of speech on writing; and he satirises the use in writing of colloquial contractions and abbreviations such as *mob* (for *mobile vulgus*). The stylistic status of such formations was debatable, as was the question of their inclusion in the dictionary while the very shape and contents of dictionaries were evolving.

3. Style differentiation and the development of modern dictionaries

The earliest monolingual English dictionaries made no pretence at covering the whole vocabulary, witness Cawdrey's *Table alphabeticall* (1604) devoted to "hard ... words" and other dictionaries of the 17th century, which provided larger collections of specialised and technical words. Only with the development of comprehensive dictionaries in the following century does the need for individual labeling begin to arise, though it is still backgrounded by the codificatory assumption that any word listed was ipso facto to be regarded as stylistically acceptable. Stylistic discriminations are not focal in Johnson's Preface to his dictionary (1755), though they underlie his comments about not including the "fugitive cant" associated with the "laborious and mercantile part of the people" and about the changing status of certain words: "As politeness increases, some expressions will be considered too gross and vulgar for the delicate, others as too formal and ceremonious for the gay and airy" (Johnson 1773, xf.). But he does include a few of the colloquial abbreviations to which Swift objected, e.g. *mob*, which is supported by a quotation from Dryden. The citations and their named authors in many fields vindicate each entry; and by confining himself to vocabulary which could be thus documented Johnson also avoided having to calibrate the status of spoken idioms and lower style expression. In the following century the Oxford *New English Dictionary* (1884–1933) takes its brief as being to cover "all the common words of speech and literature", where the word "common" seems to imply shared resources and a relatively homogenous style, so there is no call for systematic labeling. Stylistic labels are not easy to apply to historical citations when there is a dearth of documentary evidence by which to calibrate them, and they have no established place in the *New English Dictionary*. There is much more scope and incentive for stylistic labeling in synchronic than in diachronic dictionaries (cf. Ludwig 1995, 281ff.). One might indeed argue that the absence of style labels in the Oxford dictionary left room for the development of usage books such as the Fowler brothers' *King's English* (1906) – works devoted to advising readers on matters of correctness as well as higher and lower levels of style. Those two different parameters converge in the word "vulgarism", used to label expressions thought colloquial or unrefined, but redolent also of the the adjective *vulgar* 'coarse'. In his later *Dictionary of modern English usage* (1926), H. G. Fowler developed an idiosyncratic repertoire of evaluative terms for lower level usage, such as "illiterate", "slipshod", "slovenly", which in judgements of semiliteracy and carelessness were brought to bear on the informal and the colloquial (see Peters/Delbridge 1997).

English dictionaries of the later twentieth century (the typical synchronic "desk" dictionary) will usually offer some labeling to advise readers on the stylistic status and acceptability of familiar words. Similar terms are used in recent editions of dictionaries by Collins (1991), Oxford (Concise 1995) and Websters (New World 1994) to discriminate the lower end of the spectrum and suggest three sublevels within it: "colloquial/informal"; "slang"; "taboo/vulgar/coarse slang". (For discussions of "slang" as a concept in low levels of style, see Andersson/Trudgill 1992, 69ff.; Domaschnev 1987, 311ff.) Typical examples of the third level, on which all three dictionaries agree, are the so-called "four-letter words" (see 4.1), but on others, such as *bastard* 'person' and *bitch* 'difficult situation', they diverge. There were in fact more differences in labeling between Collins and Oxford than between the two British and the American dictionary. Divergent labeling among both British and American usage books has been found for various expressions on the borders of acceptability (see Peters/Young 1997). Such divergences may well correspond with differing social and regional mores – Collins being based in Scotland, Oxford in southwest England. Such divergence also shows that "lowness" is not simply embodied in the word itself or a particular use of it, but interacts with both the linguistic and cultural context (cf. for German dictionaries Ludwig 1995, 288f.).

4. Words and style

To obtain a comprehensive view of how words embody and help to create low style, we shall proceed to examine paradigmatic, syntagmatic and social aspects of their identity. This will involve four stages of analysis:

i) word form
ii) lexical structure
iii) generic associations
iv) social and affective aspects.

The interplay between all four aspects will also become evident.

4.1. Word form

The phonological and morphological makeup of words is not stylistically neutral. Within the phonological framework of a given language onomatopoeia and phonesthesia from time to time suggest themselves as motivating forces for the form of a word. Individual words such as *dong, hush* and *giggle* may directly express a natural sound (onomatopoeia), while a set such as *lump, hump, dump, slump* etc. seems to suggest properties such as shapelessness and heavy movement (phonesthesia). Attention has been drawn to the many English "four-letter" and other taboo words whose phonetic structure includes low vowels and/or velar stops (Crystal 1995, 251; Noguchi 1996, 34ff.), thus *cunt, fuck, fart, prick, bugger* etc., and this is apparent too in recent negatively loaded neologisms such as *grunge, yuck* (Taylor 1989, 239). Thus there may be primitive phonological effects that give low stylistic character to a word, though phonesthetic explanations of words are not to be overrated (Ullman 1972, 87).

Less contentious are the morphological markers of lowered style. In English (as in German) abbreviation is associated with informality. In English the practice of abbreviating words and compounds for reasons of informality is complemented by suffixes which cover for any omitted syllables, as *ie/y* in *footie* (< *football*), *telly* (< *tele[vision]*) (cf. Ger. *Kuli* < *Kugelschreiber* 'biro') and, in (Irish and) Australian Eng., *-o* as in *birdo* ([Brit. Eng. *birdie*] < *birdwatcher*). Both suffixes, which are used onomastically too (see Taylor 1992, 511ff.), are associated with casual talk and informal situations and through this have become productive formatives of informal words, whose very structure marks them as exponents of a lowered style of communication. Another set of words which are informal in their makeup and strongly associated with colloquial and less formal discourse are the vague words or placeholders such as *whatsisname, whosit, thingummyjig* and other variants based on the morphemes *thing* and *what* (Channell 1994, 157ff.). Their irregular form and fuzziness of meaning put them into the lower registers of English (cf. Ger. *Dingsbums* etc.).

4.2. Lexical structure

Native speakers of a language are always conscious of paradigmatic choices among synonyms. Among them are alternatives which allow us to create higher and lower styles of communication, e.g. in the selection of *study* rather than *swot*. The higher choice in such pairs is typically a polysyllabic latinate or romance word, and it usually represents the highest style option in three-way sets such as *discourse/talk/yakk* or *obliged to/must/have (got) to* with the Anglo-Saxon words contributing to both middle/neutral and lower level style; their stylistic status is to be deduced from the abstract paradigms in which they are contrasted, not the source language per se. Paradigms that extend across the sublevels of low style are exemplified in 4.4.

4.3. Generic associations

Words acquire stylistic values from the kinds of discourse or genres they enter into. Studies of word behavior via computer corpora show that words from both open and closed classes may be selected or shunned, depending on whether the discourse is spoken or written. The word *kid* is still associated in many English-speakers' minds with colloquial discourse, to be replaced by *child* in writing. *Get/got* are generically linked less with writing than with speech, where they do service for many more specific lexical verbs (cf. Ger. *kriegen*) and substitute for the auxiliary *be* in passive constructions (cf. Collins 1996, 54). In his 1988 multifactorial study of the dimensions of speech and writing, Biber was able to demonstrate and quantify many recurrent features of talk and colloquial styles, including the high frequency of first and second person pronouns, of demonstrative pronouns and of "general emphatics" and "hedge" expressions like *a lot* and *a bit*. Another element very strongly associated with talk and what Biber calls "involved" discourse in speech or writing is the contraction, in which either the auxiliary verb or the negative *not* is telescoped with the previous word (e.g. *it's, we're, don't, isn't*). Written contractions represent the phonemic assimilations of function words that go on all the time in speech, but their association with the spoken word makes them unacceptable in formal and academic documents, from which they are normally edited out. Statistics derived from the standard British and American computer corpora of the 1960s show how very infrequent are appearances of *it's* and *don't* in bureaucratic and academic writing, in comparison with magazine and newspaper writing (a ratio of approx. 1:10: Peters 2001, 169). Their informal associations have inhibited their use in many genres of nonfiction. Yet recent corpus evidence from Australia shows an increase in the use of contractions in most kinds of nonfiction, suggesting that they are gaining in stylistic versatility and that their generic associations with speech are less strongly felt than in the past. As with any stylistic marking it can and does change in the course of time.

4.4. Social and affective aspects

Beyond the generic associations of words with particular kinds of discourse, some words carry a particular social connotation which adds an emotional and moral dimension to their use. Labov (1978, 237ff.; 314ff.) observed how a word (or pronunciation) might be stigmatised and serve as a negative social marker in any context. The nonstandard 2nd person pronoun *yous(e)* is one such item, associated with uneducated usage, though used as a solidarity marker by those who would not wish to identify with an educated class (cf. Taylor 1997, 267ff.). Whether stigmatised or affirmed, its use carries considerable affective force. Traditionally stigmatised, too, and thus of a lower style level than the "grammatical" contractions mentioned in 4.3. is the "ungrammatical" verb contraction *ain't* for *am not, is not, are not, has not, have not*. One of the most remarkable features of low style is the contribution of taboo words to it. Such words are by definition not uttered in ordinary contexts of communication and not normally written. There are widely respected social constraints on using the words, which when violated can add enormous impact to the utterance. In English this style of language is termed "bad language" (cf. the broad and narrow senses of this term in Andersson/Trudgill 1992, 53) or "swearing" and consists essentially of "using in an utterance [certain tabooed] words to do with religion, sexual activity and the activities of defecation and urination along with the 'private parts' involved in these bodily activities" (Taylor 1995, 219). The taboo that inheres in these sets of words derives from the, in the Biblical sense (Exodus 20:7), "vain" use of words like *God, Christ* and *damn*, and the overt reference to tabooed or "dirty" subjects through verbs and nouns such as *fuck* 'copulate' and *shit* 'defecate; faeces'. In the case of the second type of word, one might refer to their use with these referents as their literal senses. Because of the taboo loading in their literal senses as content words, most of these words can be used affectively in figurative senses in essentially pragmatic functions, especially in abusive language, thus *fucking* 'adjective expressing, usually negative, vehemence', *shit* 'expression of surprise/disgust'. (Andersson/Trudgill 1992, 53, limits the term swearing to the figurative uses; cf. also Hughes 1992, 4ff.) However, not all words with these referents and meanings are stylistically equivalent; rather they form paradigms with differential loadings of taboo and thus of stylistic lowness. (For Australian English, see Taylor 1975, 45; 1995, 220ff.)

5. Conclusion

Words which are exponents of low or lowered style may have it by virtue of more than one of the four factors outlined here. The word itself is not so often low simply because of its phonological or morphological makeup, but also because of generic and social factors associated with its use. Moreover low-style usage is often associated with one or some rather than all the senses of a word, as for example *kid* 'young goat' versus 'child', where movement from the animal to the human field involves movement from standard to low-style usage (cf. Ger. *fressen* 'eat' with an animal versus a human subject), so clearly the word form is not the key factor. What is then striking is the strength of generic and contextual associations with particular words, even when they are quoted in isolation. Furthermore, the stylistic associations of a word or phrase are not necessarily fixed for all time. Rather the item may move up the stylistic scale from lower to standard, e.g. Eng. *kid* is showing signs of replacing *child* as the standard generic term. Yet the quotation from Samuel Johnson in 3. above reminds us that it is possible for a word to go down the stylistic scale. The Websters dictionary cited in section 3. draws attention to several "low level 3" items including *arse, turd* and *fart* as having become so only relatively recently: "now a vulgar term". The stylistic demotion of the word *enormity*, used to mean 'vast size', can with the help of Oxford dictionary evidence be traced through the last 150 years (Peters 1995, 243). This essential fluidity of style values confirms that low style resides not in words themselves, but in their use in time and place.

6. Literature (a selection)

Andersson, Lars-Gunnar/Trudgill, Peter (1992), *Bad language*. Harmondsworth: Penguin.

Biber, Douglas (1988), *Variation across speech and writing*. Cambridge: Cambridge University Press.

Caplan, Harry (ed. and translator) (1964), [Cicero] *Ad C. Herrenium de ratione dicendi (Rhetorica ad Herrenium)*. London: Heinemann/Cambridge USA: Harvard University Press.

Channell, Joanna (1994), *Vague language*. Oxford: Oxford University Press.

Collins English dictionary. (ed. Patrick Hanks). Glasgow: HarperCollins 1991 (3rd edition).

Collins, Peter (1996), *Get*-passives in English. In: *World Englishes* 15 (1), 43–56.

Concise Oxford dictionary of current English. (ed. Della Thompson). Oxford: Clarendon Press 1995 (9th edition).

Crystal, David (1995), *Encyclopedia of the English language*. Cambridge/New York/Melbourne: Cambridge University Press.

Domaschnev, Anatoli (1987), Umgangssprache/Slang/Jargon. In: *Sociolinguistics. Soziolinguistik*. (Hrsg. Ulrich/Ammon/Norbert/Dittmar/Klaus J. Mattheier). Berlin/New York: de Gruyter 1987, 308–315.

Ferguson, Charles (1959), Diglossia. In: *Word* 15, 325–340.

Gordon, Ian (1966), *The movement of English prose*. London: Longman.

Haugen, Einar (1972), Dialect, language, nation. In: *Sociolinguistics* (eds. John Pride/Janet Holmes). Harmondsworth: Penguin 1972, 97–111. [Originally in: *American Anthropologist* 68 (1966), 922–935].

Herman, Joseph (1970), *Le Latin vulgaire*. Paris: Presses Universitaires de France.

Hughes, Geoffrey (1991), *Swearing: a social history of foul language, oaths and profanity in English*. Oxford UK/Cambridge USA: Blackwell.

Johnson, Samuel (1773), *A dictionary of the English language*. London: Printed by W. Strahan (4th ed.) [1st ed. 1755].

Labov, William (1978), *Sociolinguistic patterns*. Oxford: Blackwell.

Ludwig, Klaus-Dieter (1995), Stilkennzeichnungen und Stilbewertungen in deutschen Wörterbüchern der Gegenwart. In: *Stilfragen*. Berlin/New York: de Gruyter (Institut für deutsche Sprache. Jahrbuch 1994) 1995, 280–302.

Noble, Peter Scott (1949), Latin, spoken/Latin, vulgar. In: *The Oxford classical dictionary*. (eds. Max Cary et al.). Oxford: Clarendon Press 1949, 482.

Noguchi, Rei R. (1996), On the historical longevity of one four-letter word: the interplay of phonology and semantics. In: *Maledicta. The international journal of verbal aggression* 12, 29–43.

Peters, Pam (1995), *The Cambridge/Australian English style guide*. Cambridge etc.: Cambridge University Press.

Peters, Pam (2001), Corpos evidence on Australian style and usage. In: *English in Australia*. (eds. David Blair and Peter Collins). Amsterdam etc.: John Benjamins 2001, 163–178.

Peters, Pam/Delbridge, Arthur (1997) Fowler's legacy. In: *Englishes around the world. Studies in honour of Manfred Görlach*. (ed. Edgar W. Schneider). vol. 2. Amsterdam: John Benjamins 1997, 301–318.

Peters, Pam/Young, Wendy (1997), English grammar and the lexicography of usage. In: *Journal of English Linguistics* 25 (4) 1997, 315–331.

Quadlbauer, Franz (1962), *Die antike Theorie der genera dicendi im lateinischen Mittelalter*. Graz etc.: Hermann Böhlaus Nachf.

Taylor, Brian (1975), Towards a structural and lexical analysis of "swearing" and the language of abuse in Australian English. In: *Linguistics* 164, 17–43.

–, (1989), American, British and other foreign influences on Australian English since World War II. In: *Australian English: the language of a new society* (eds. Peter Collins/David Blair), St Lucia: University of Queensland Press 1989, 225–254, 345–347.

–, (1992), Otto 988 to Ocker 1988: the morphological treatment of personal names in Old High German and colloquial Australian English. In: *Lan-*

guage and civilisation: a concerted profusion of essays and studies in honour of Otto Hietsch. (ed. Claudia Blank). Frankfurt-on-Main etc.: Lang 1992, vol.2, 505–536.

–, (1995), Offensive language: a linguistic and sociolinguistic perspective. In: *Language in evidence: issues confronting Aboriginal and multicultural Australia.* (ed. Diana Eades). Sydney: University of New South Wales Press 1995, 219–258, 270.

–, (1997), The inner-city working class English of Sydney, Australia, around 1900: a linguistic critique of Louis Stone's novel *Jonah.* In: *Language in time and space. Studies in honour of Wolfgang Viereck on the occasion of his 60th birthday.* (eds. Heinrich Ramisch/Kenneth Wynne). Stuttgart: Steiner (*Zeitschrift für Dialektologie und Linguistik* – Beihefte Nr. 97) 1997, 258–270.

Tuve, Rosemond (1947), *Elizabethan and metaphysical imagery.* Chicago: University of Chicago Press.

Ullmann, Stephen (1972), *Semantics: an introduction to the science of meaning.* Oxford: Blackwell.

Vickers, Brian (1968), *The artistry of Shakespeare's plays.* London: Methuen.

Websters New World dictionary of American English. (ed. Victoria Neufeld). New York: Prentice Hall 1989 (3rd college edition).

Pam Peters and Brian Taylor,
Sydney (Australia)

XXII. Die Architektur des Wortschatzes VI: Herkunftsschichten

The architecture of the vocabulary VI: Layers of origin

100. Effects of language contact on the vocabulary: An overview

1. Language Contact and Transference
2. Causes and Channels
3. Process/Product/Typology
4. Incorporation into the new system
5. Impact/Effects
6. Conclusion: Transference, Convergence and Diversity
7. Literature (a selection)

1. Language Contact and Transference

1.1. Language contact may lead to the adoption by one language (i. e. by the speakers of that language) of elements of another. All linguistic levels may be affected by language contact, but the lexis of a language is that part of the linguistic system that is most open to accretion and renewal, and it is on this level that transference is most widespread. Transference is thus a very significant factor in the development of the lexicon of a language. All the major world languages contain vocabulary which has its origin in other languages. In the following we shall be concerned with transference as it affects the lexis of national, and especially western European, standard languages.

1.2. This phenomenon is widely, though loosely, termed *borrowing* (*Entlehnung*); similarly, the results of 'borrowing' are generally called *loan-words* (*Entlehnungen*). Many scholars now use the more focussed terms *transference* and *transfers*.

1.3. However, these terms, too, are not unproblematic. The lack of a standard terminology reflects the absence of a universally accepted theory of language contact, though Weinreich (1953) and Haugen (1950) have provided a widely used basis, especially in English language studies. In French Deroy 1956/1980 has been particularly influential. In the German-speaking world the subject was brought to prominence by Betz (see especially 1974), albeit in the context of earlier stages of the development of German, and subsequently much discussed and modified in detail. Lüllwitz (1972) provides a theoretically coherent and rigorous account employing an alternative (but formidably difficult) terminology, while the clear survey by Tesch (1978) serves well as an introduction and overview.

2. Causes and Channels

2.1. Cultural contact results in *cultural borrowing* (Bloomfield 1933, 444). The early development of the major national languages was characterised by contact occasioned by war, invasion and settlement. The hybrid nature of English following the Norman Conquest is the result of such *intimate borrowing* (*Nahentlehnung*) (Bloomfield 1933, 461).

With political and linguistic stabilisation intimate borrowing recedes. However, languages rarely exist in isolation: as they evolve, the national languages reflect their speakers' interaction with external speech communities, and such cultural contact leads to *international borrowing*. A study of the transfers contained in a national language will reveal evidence of that language's contacts with other languages and the cultural diffusion carried by those languages.

2.2. Specific causes

Transfers result from cultural contact. Mainly they express objects and concepts not previously encountered or identified in the receiving language. The words *aide-de-camp* and *doppelgänger* in English, *le weekend* and *le leitmotiv* in French, *der Babysitter* and *die Saison* in German reflect the cultural influence that French, German and English have had on each other. They also illustrate a semantic niche which it is convenient, though not essential, for them to occupy.

Hope (1964, 48) warns against overemphasising foreign influence as a stimulus to transference. He distinguishes between *intrinsic borrowings* ('... those whose motivation is to be sought in the resources and deficiencies of the receiving language' (1964, 63) and *extrinsic borrowings*, where the word is introduced together with a new item. However, this distinction should be viewed rather as one of degree, with 'intrinsic' factors exercising an influence to a greater or lesser extent, but with the 'extrinsic' factor never absent. The principle is expressed by Juhász: 'Das Vorkommen einer Interferenz hat fast nie rein sprachliche Ursachen' (1980, 649).

2.3. Channels

Each act of transference is individual, occasioned by a speaker having some degree of proficiency in both languages. If their usage of the foreign term in *parole* is taken up by the speech community a new transfer may become part of the *langue*.

2.3.1. Intimate borrowing

The intimate borrowing that occurred during the early phases of the development of the western European languages was the result of the intermingling of populations, usually with a dominant language and a subordinate substratum. Administrative and social intercourse will have led to the adoption by the emerging language of new terms. Sometimes existing terms were lost, others were retained but differentiated stylistically or semantically. In the case of English, for example, where Norman French modified but did not supplant the Germanic language of the islanders, we see the stylistic differentiation of *sweat* and *perspiration*, the semantic separation of *sheep* and *mutton*, and the replacement of OE *bláw* by OF *bleu*.

We are able to witness the processes of intimate borrowing at first hand in those languages where a linguistic minority contributes to the vocabulary of the majority language, as in the case of the vocabulary adopted from the language of German and Spanish immigrants in the USA. Such borrowings are likely to be in the areas of national customs and food and drink. They are predominantly adopted via the spoken language.

2.3.2. International borrowing

In contrast, international borrowing usually occurs via the written word. In the past, travel journals offered descriptions of foreign places and the customs of the inhabitants; scholars reported on foreign flora and fauna. Newspaper and magazine articles report on the society, the politics and the way of life of other countries. Since no two societies are identical there are inevitably many items for which no direct equivalent exists and for which a term has to be found.

Cultural contact is also intensified by translations. For example, the Bible translations of Coverdale and Tynedale introduced a number of Reformation words from German into English, in Coverdale's case possibly via Dutch.

3. Process/Product/Typology

The processes whereby the foreign concept is expressed and the typology of adopted forms that result have been an enduring concern of scholars of linguistic transference, and to date no typology enjoys universal acceptance.

Despite the lack of an agreed terminology, all schemes make a fundamental distinction between the process of *importation* (*Übernahme*) and *substitution* (*Ersetzung*). The result of *importation* is the *lexical transfer* or *loanword* (*lexikalische Transferenz; Lehnwort*), of *substitution* the expression of the foreign concept by means of a native *signifiant* (*inneres Lehngut*).

In the case of *lexical transfers* both the form and the content of the foreign term are imported, even though both these aspects are subject to modification during and subsequent to the actual process of importation. Regardless of any such changes, the vocabulary of the importing language is increased by the addition of a new lexeme of foreign provenance. When a donor language enjoys particularly high prestige, the 'importing' language may create words out of material from the 'donor' language which do not, in fact, exist in that language (*pseudoloans*; *Scheinentlehnungen*; *faux emprunts*), e. g. G. *Dressman* 'male model', F. *le tennisman*. Cypionka (1994) rejects these 'excluding' terms in favour of *Lehnformationen*, thereby indicating their membership of the range of productive neological processes.

Substitution, on the other hand, involves the adoption of the foreign *signifié* but not the *signifiant*. There are two main outcomes.

Either the foreign concept is expressed by extending the semantic range of an indigenous word, as in mod. Icel. *sími* 'cord', 'line' > 'telephone'. Such items may be termed *semantic transfers* or *loan meanings* (*semantische Transferenzen; Lehnbedeutungen*). Alternatively, the form of the foreign term is translated, producing a *morpho-semantic transfer* or *loan translation* (*calque; morpho-semantische Transferenz; Lehnprägung*), as in G. *Wolkenkratzer* < E. *skyscraper*; E. *masterpiece* < G. *Meisterstück*. The translation may be exact (*Lehnübersetzung*), as in E. *masterpiece*, or free (*Lehnübertragung*) as in G. *Wolkenkratzer* (literally 'cloudscraper'). Bäcker (1975) provides a finely differentiated typology of loan substitution.

The processes of importation and substitution may be combined (at the moment of transfer) in a single lexeme, as in E. *eigenvalue* < G. *Eigenwert*, G. *Charterflug* < E. *charter flight*. Such partial substitutions are variously termed *loan-blends, hybrid loans; Teillehnwörter, Lehnverbindungen*.

4. Incorporation into the new system

Many more foreign terms are 'offered' to a linguistic community than are actually adopted by it as transfers. Such fleetingly presented *nonce-loans* (*Zitatwörter*), frequently provided with a gloss, are used by observers of the foreign scene to lend authenticity and immediacy to their account. Such as may conveniently fill a lexical niche may be copied by other writers/speakers until they are accepted into the vocabulary. Historically, the international transfer process usually took place via the written word. Even today, despite the proliferation of spoken media, it is likely that the appearance of a transfer in print will assist its recognition and acceptance.

Once transferred, the term undergoes a process of incorporation. In the case of *substitutions* this will involve some adjustment to the semantic system of the host language. The same also applies to *lexical transfers*, but in their case the process also involves on the expression side either *adoption* (*Akzeptanz*), with no adaptation to the conventions of the receiving language, or *integration*, with some measure of formal assimilation (Juhász 1977). Formal integration takes place on the graphemic, phonetic/phonemic and morphemic levels.

4.1. Sound/letter

While unchanged adoption is not infrequent on the graphemic level, it is rare on the phonetic/phonemic levels because of the relative stability of the phonemic systems of national languages and the ingrained phonetic habits of their speakers. When confronted with a new foreign term, speakers have the choice of either trying to imitate its foreign pronunciation (*phonetic substitution*) or of pronouncing the word by applying their rules of pronunciation to its spelling (*spelling pronunciation*). The E. verb *to strafe* (< G. *strafen*) has mainly *phonetic substitution* in British English [strɑːf], but *spelling pronunciation* in American English [streɪf]. Occasionally phonetic substitution can result in the introduction of a new peripheral phoneme, e. g. G. [dʒ] with (E. >) G. *Job* . Furthermore, the spelling of the new item can be modified to reflect its original pronunciation, e. g. G. *Keks* (< E. *cakes*), E. *poodle* (< G. *Pudel*).

Where differences exist between the graphemic conventions of the languages in contact, or between the characters used in each language, modifications in the receiving language may be made. Thus foreign nouns taken into German acquire capital initial letters, while in English German umlauts and French, Italian and Spanish accents and diacritics may be adopted (e. g. E. *rôle*), adapted (e. g. E. *Fuehrer*) or ignored (e. g. E. *schloss* < G. *Schloß*). Consistency in such matters increases as the item is integrated, with variants which conform to indigenous norms normally prevailing: thus the forms *doppelgänger, doppelgaenger, doppelganger* are all encountered in English texts, but only *larch* (< G. *Lärche*, borrowed in 1548).

4.2. Morphology

4.2.1. Inflection

At first lexical transfers are 'foreign bodies' used within the sentence structures of the receiving language and are therefore quickly adapted to conform to the morphological norms of that language. Nouns, the largest word-class to be transferred, acquire indigenous plural markers, verbs conjugate in conformity with their new environment. The incorporation of the transfers into the morphological system is an additive or reductive process, depending on the inflectional complexity of the two languages involved. Thus, Anglicisms entering German acquire, if they are nouns, grammatical gender, and, if they are attributive adjectives, inflections (*ein cleverer Bursche*); conversely German nouns in English lose grammatical gender, and adjectives do not inflect (*a gemütlich evening*).

The closed nature of inflection systems ensures that inflections that are transferred with an individual lexeme, e. g. the plural marker /-er in E. *lieder*, rarely become available to be used with other – non-transferred – items.

4.2.2. Word Class and Word Formation

Loosed from the systems of their original language lexical transfers become subject to the constraints and opportunities of the host language. Since, for example, change of word class in English is common, it is also possible for transfers to change: *kitsch* may be used as a noun and as an adjective, *waltz* as a noun and a verb. Equally, they may be subject to the normal processes of derivation, such as pre- and suffixation – E. *pro-Nazi, kitschy*; G. *abchecken, Babysitterin* – and clipping – E. *blitz* < *blitzkrieg*, G. *fesch* < *fashionable*. Transfers may also enter into compounds: E. *angst-ridden*, G. *Managerkrankheit*.

Affixes may be used independently of the transfer(s) with which they entered the language. Thus English has acquired the productive prefix *ur-*, and the suffix *-fest*; German *anti-* and *-eß*; French *-ing*.

Neo-classical combinations with lexemes, affixes and confixes based on Latin and Greek elements are an important feature of wordformation in all European languages, providing a productive mechanism for the coinage of new vocabulary – 'word-formation on a foreign base' (Kirkness 1993, 422).

4.3. Meaning

The process of transference introduces new concepts which take their place within the semantic system of the receiving language, and, once established, they have potential for further development. Even when the core meaning of the transfer is not changed, the semantic value of the borrowed term in the host language will be different. It may have to share the wordfield into which it has been introduced with indigenous or previously borrowed terms, with implications for all members of that field – confusion, disappearance of existing words or specialisation in content.

4.3.1. For lexical transfers the process usually involves semantic restriction vis-à-vis the donor language, since not all the senses and nuances the word possesses are transferred. Thus G. *clever* 'sharp', 'shrewd', 'cunning' does not have the general sense of its English counterpart, nor does E. *angst* 'an acute but non-specific sense of anxiety or remorse' (*Collins*), originally borrowed as a technical term of psychology, share the full semantic range of the German term.

Furthermore, where form is transferred together with content, there is the additional factor of foreign markedness. This feature may inhibit subsequent semantic integration; conversely, the less a transfer is marked as of foreign provenance, the more readily it is used without reference to the culture of the donor language.

4.3.2. After transfer, and as foreign markedness recedes, further semantic development may occur. Such development may involve a shift away from reference solely to the context of the donor language – E. *kindergarten* is now free of all reference to the German-speaking world; *parking* in French and *Installateur* in German are used entirely in the contexts of the recipient languages. A further development may be the emergence of transferred senses that were not present in the donor language. Thus, E. *blitzkrieg* is used not only in military but also in other, especially political, contexts. Indeed, as the clipping *blitz*, its increased formal distance from the original German word has allowed it even greater semantic freedom. Semantic generalisation may occur, especially in the case of technical terms (such as *angst* above) which are then used in nonspecialist contexts.

Change of denotation is less frequent, either during transfer or subsequently. Nevertheless, it is not uncommon: the sense of G. *Keks* 'biscuit' differs from that of E. *cakes*; the sense of G. *Hafer* 'oats' is not present in E. *haversack*; the forms of G. *rasant, Raffinement, Raffinerie* may have come from French, but the meanings are quite different (Kirkness 1984, 23), *smoking* in French (as in German) denotes BE *dinner jacket*, AE *tuxedo*.

5. Impact/Effects

The degree and impact of transference varies in proportion to the openness of the recipient language in the face of external influences, to the similarity or otherwise of their linguistic structure, and to the affinity of cultural and mental patterns. Execepting strongly *introverted* languages, such as modern Icelandic, which prefer to express borrowed concepts by means of indigenous resources, there has been a shift away from substitution towards importation.

The result of transference is a 'mixing' of two linguistic systems (*Sprachmischung*), a phenomenon long recognised as a factor in linguistic change. Rosetti (1949, 73) further differentiates between *langues mixtes* and *langues mélangées*: in the former, the linguistic system has been affected ('interpénetration des deux morphologies') while in the latter it mainly the lexis that is affected.

The distinction is one of degree, with *langues mixtes* resulting from bilingualism and intimate borrowing, and *langues mélangées* tending more to be the result of international borrowing. The early development of both English and French was characterised by the mixing of Germanic and Romance elements (Anglo-Saxon with Norman French and Frankish with Gallo-Roman). Once established, however, they have exhibited the characteristics of *langues mélangées*, borrowing predominantly vocabulary (from a wide range of donor languages) rather than phonological and morphological features. Although German did not develop as the result of a similar fusion, it was profoundly influenced by Latin from Carolingian times onward, both, as Betz (1974) has shown for earlier periods, in the area of substitutions, but also of importations. For Munske (1988, 68) the Latin (and Greek) element in German constitutes a significant subsystem which has influenced German phonology, orthography, morphology and word-formation to such an extent that German, too, should be classified as a *Mischsprache*. This argument can be extended *mutatis mutandis* to the other western European vernaculars.

All the major languages have borrowed and continue to borrow vocabulary from others, linguistic *mélange* is a normal concomitant of international contact and discourse. Exact quantification is notoriously difficult. Finkenstaedt, Wolff and Leisi (1973) have attempted an etymological breakdown of English. Their figures, based on the *SOED*, indicate ca. 30 per cent of the vocabulary having a Romance origin, ca. 28 per cent Latin, ca. 26 per cent Germanic, ca. 5 per cent Greek, ca. 2 per cent non-European, ca. 0.4 per cent Celtic.

For French, Guiraud (1965, 6) orders the donor languages of ca. 3000 loans as follows: Italian 825, English 694, Spanish 302, Arabic 269, Dutch 214. However, he excludes Latin, which provides the over whelming majority of loans. It is likely that, in the meantime, the proportion of transfers from English will have increased, though to a lesser extent than in other languages such as Dutch, German or Swedish (Görlach 1994, 227). For the extent and pattern of borrowing in the other Romance languages see the relevant articles in the *RGL* (Holtus et al. 1990f.).

For German a text-based study of the frequency of transfers again points up the high preponderance of Latinisms, with French in second place and English, Italian or Greek third, depending on the text type (Müller 1983, 89–94).

5.2. Resistance & purism

The strong perception of language as an expression of national identity commonly leads to resistance towards the adoption of foreign words, especially when these are seen to come from one single source and in large numbers. Such resistance may lead to *linguistic purism* (*Sprachpurismus*), a phenomenon intimately bound up with feelings of insecurity or inferiority. Thomas (1991) shows just how widespread purism is, though in various degrees of virulence and with differing motives from one language community to another.

5.2.1. Throughout its history the German language has been influenced by its neighbours, but in particular by French during the medieval period and again in the 17th and 18th centuries. At the end of the 19th century the growing influence of English invoked a virulent puristic reaction in Germany associated with the activities of the *Allgemeiner Deutscher Sprachverein*, founded in 1885. After the Second World War the influx of Anglicisms has gathered pace, but the puristic excesses of the early part of the century have not resurfaced. For an overview of purism in German see Kirkness (1998).

5.2.2. In France the influence of Latin in the fourteenth and fifteenth centuries, and of Italian in the sixteenth, called forth strong reactions. In the present century various attempts have been made – including legislation – to combat the perceived encroachment of Anglo-American culture and its expression in the widespread use of Anglicisms (*franglais*) (Etiemble 1964).

5.2.3. The status of English in the 20th century as a major world language has meant that incoming transfers, though numerous, are not supplied by one dominant culture or language and are not perceived as a threat. Nevertheless, during the First World War some patriotic voices were raised, especially in the USA, against the use of common German terms.

A different form of linguistic purism emerged in Britain during the nineteenth century. Here, the motive was the desire for greater clarity and thus greater understanding to be achieved through the replacement of the so-called 'hard words', mainly Graeco-Latinisms, by compounds created or revived from indigenous roots. The leading campaigner was William Barnes. His efforts enjoyed minimal success, however, since they ran counter to the 'long tradition of openness to external influences of all kinds' (Thomas 1991, 150).

5.2.4. Puristic attitudes may be reflected in linguistic terminology and thus distort scholarly approaches to lexicological and lexicographical problems. For instance, attempts have been made to distinguish between 'luxury' and 'necessary' borrowings (*Luxus-* and *Bedürfnislehnwörter*). In German the distinction between *Fremdwörter* ('foreignisms') and *Lehnwörter* is still made, despite much criticism. The attempted distinction, by overemphasising the *signifiant*, and indeed the tradition before 1945 of separating out 'foreignisms' from standard dictionaries of German, has hampered their incorporation as well as a full assessment of their place in the etymological structure of that language (Kirkness 1984, 4).

The *OED* has proposed a classification of foreign material based on the pragmatic principle of usage, with vocabulary falling into four categories ranging from *naturals* via *denizens* and *aliens* to *casuals*. The first category, *naturals* is not restricted to indigenous vocabulary but can include fully integrated ('naturalised') words of foreign origin. *Denizens* are 'words fully naturalised as to use, but not as to *form, inflection* or *pronunciation*', *aliens* 'names of foreign objects, titles etc., which we require often to use, and for which we have no native equivalents', and *casuals* 'foreign words of the same class, but not in habitual use, which for special and temporary purposes occur in books of foreign travel, letters of foreign correspondents, and the like'. This approach has the advantage of emphasising the synchronic status of words, and especially transfers, rather than their diachrony, an aspect which, overstressed, is a source of misunderstanding and puristic excess. Although the *OED*'s system of classification has not had much impact, the simpler concepts of *central* versus *peripheral* elements of linguistic systems, whether phonemic, morphological or lexical, reflect a similar pragmatic and synchronic viewpoint.

Although Barnes' proposals to substitute the so-called *hard words* in English by 'easier' Anglo-Saxon ones (e. g. *glossary* by *wordbook*) were not acted upon, he nevertheless pointed up a problem that, while especially acute in English because of its dual Romance and Germanic character, is found also in French and German. The problem is that of the *lexical bar* (Corson 1985), which separates everyday vocabulary used by all members of society from specialist, high-status vocabulary. Corson claims that English is unique among languages in this regard, but nevertheless the widespread use of Graeco-Latin in all European languages serves to erect a barrier to comprehension for some members of society. French has its *mots savants*, German its *schwere Wörter*, even if the latter has, after some learned debate, failed to be accepted as a technical term (Kirkness 1993, 421). The coexistence of tiers of words, one indigenous, the other(s) imported is termed by McArthur (1992, 131) *bisociation* (e. g. *hearty/cordial*) or *trisociation* (*fellow feeling/compassion/sympathy*). Only when imported words exclude large sections of the language community is there any legitimate basis for questioning their use (a matter more capable of resolution by education than by purism). Thus we arrive at the paradox whereby neo-classical combinations 'can be perceived to hamper intranational communication ... even while they may facilitate international communication between (subgroups of) language communities' (Kirkness 1994, 5028).

5.4. Beneficial impact of transference

Puristic attitudes surface when the essence and identity of a language are perceived to be threatened. Despite the current importance and influence of English the integrity and autonomy of the standard languages in Western Europe are not in danger. The vocabularies of these languages have always taken words from other languages, and by mainaining their openness and suppleness they have developed and enriched themselves, maintaining their participation in supranational cultural, technical and intellectual developments.

5.4.1. The acquisition and use of transfers provide benefits, both in terms of the expansion of the lexis by the naming of new concepts but also in terms of increasing the expressiveness of a language by providing variants (though with the potential danger of *dissociation* noted above), by enabling greater semantic precision (e. g. *ersatz* vis-à-vis *substitute* in English) and by expanding the stylistic range. Thus, the feature of foreign markedness that attaches to lexical transfers which have not undergone complete formal integration may be used for stylistic or functional purposes.

5.4.2. Technical terms are frequently transferred together with the discovery, process or invention they have been coined to express. A crucial feature of technical terms is their precision, so that they are frequently transferred as importations rather than substitutions, with less risk of puristic disapproval and less scope for stylistic effect. (Their range, however, may be highly restricted and remain on the periphery of the lexical system, with again the problem of the lexical bar. This, however, is a result of their restricted usage rather than their origin.) The international terminology of information technology reflects American dominance in this field, many German transfers in English are a result of the influence of German science and technology, the international terminology of music is to a large extent derived from Italian. Of particular importance for the international scientific vocabulary (ISV) are the Eurolatinisms, those words formed on a Greek or Latin base which constitute the core of scientific and specialist vocabulary and which have been coined in and exchanged between all European languages.

6. Conclusion: Transference, Convergence and Diversity

Against the principle of *divergence* underlying the IE 'family tree' theory, with the IE languages developing from a common 'ancestor' to a state of mutual incomprehensibility, must be set that of *convergence*, whereby languages, whether related of not, share certain characteristics as a result of cultural diffusion across linguistic boundaries. The phenomenon of 'linguistic areas', termed *Sprachbund* by Trubetzkoy in 1928 (Bynon 1977, 244), presupposed geographical contiguousness. In the case of lexical diffusion, contiguousness is unnecessary. The cultural and political interaction between the countries of Europe and the resulting exchange of lexis, have been taking place over the centuries and the convergence of patterns of thought and vocabulary that this has produced led B. Lee Whorf to group 'English, French, German [and] other European languages with the *possible* (but doubtful) exception of Balto-Slavic and non-Indo-European ... into one group called SAE, or "Standard Average European"' (1938, 138).

Europe's shared cultural inheritance is reflected in transfers held in common, with individual languages contributing as their speakers achieved pre-eminence in particular spheres, e. g. Italian (music and banking), French (politics, cuisine, haute couture), German (science, technology, philosophy), English (politics, technology, sport).

This cultural and linguistic exchange is facilitated by the existence of *Internationalisms*, or *Eurolatin* (Munske/Kirkness 1996). The western European languages (and not just these) share and exchange a large and increasing number of words based on Latin (and Greek) elements. These not only permit the coining of new terminology but also its easy diffusion across linguistic frontiers. This is not to say that their linguistic *valeur*, their semantic nuances, their associations and connotations are the same in each language. 'For all the unity there is great diversity' (Kirkness 1993, 424). This phenomenon is a promising area of research (e. g. Dee 1997) and a useful corrective to overly nationalistic approaches to studies of individual vernacular vocabularies in isolation.

Modern global communications stimulate lexical transference and linguistic convergence, with English currently exerting a dominant influence. In his study of English influence on German since 1945 Duckworth (1970) points to parallel transfers in Dutch, Swedish and Danish. International projects to investigate the lexical impact of English on European languages are described by Filipović (1982) and Görlach (1994). However, in the case of the national standard languages linguistic self-identification will continue to preserve their diversity. We may expect continued fruitful *mélange*, but not total *mixture*.

7. Literature (a selection)

Bäcker, Notburga (1975), *Probleme des inneren Sprachguts, dargestellt an den Anglizismen der französischen Sportsprache* (Tübinger Beiträge zur Linguistik 58). Tübingen: TBL Verlag Gunter Narr.

Betz, Werner (1974), Lehnwörter und Lehnprägungen im Vor- und Frühdeutschen. In: *Deutsche Wortgeschichte*. Bd. I (Grundriß der germanischen Philologie XVII/1). (Hrsg. F. Maurer und F. Stroh). Berlin: Walter de Gruyter (3. Auflage) 1974, 135–163.

Bloomfield, Leonard (1933), *Language*. New York: Holt, Rinehart and Winston.

Bynon, Theodora (1977), *Historical Linguistics*. Cambridge etc.: Cambridge University Press.

Corson, David (1985), *The Lexical Bar*. Oxford etc.: Pergamon Press.

Cypionka, Marion (1994), *Französische „Pseudoanglizismen". Lehnformationen zwischen Entlehnung, Wortbildung, Form- und Bedeutungswandel* (Tübinger Beiträge zur Linguistik 401). Tübingen: TBL Verlag Gunter Narr.

Dee, James H. (1997), *A Lexicon of Latin Derivations in Italian, Spanish, French and English* (Alpha-Omega, Series A, 190). Hildesheim: Olms-Weidmann.

Deroy, Louis (1980), *L'emprunt linguistique* (Nouvelle édition). Paris: Société d'Édition "Les Belles Lettres".

Duckworth, David (1970), Der Einfluß des Englischen auf den deutschen Wortschatz seit 1945. In: *Zeitschrift für deutsche Sprache* 26, 9–31.

Etiemble, René (1964/1973), *Parlez-vous franglais?* Paris: Gallimard.

Filipović, Rudolf (Ed.) (1982), *The English Element in European Languages* (Bd. II). Institute of Linguistics: Zagreb University.

Finkenstaedt, Wolff/Leisi, Ernst (Hrsg.) (1973), *Ordered Profusion. Studies in Dictionaries and the English Lexicon*. Heidelberg: Carl Winter.

Görlach, Manfred (1994), A Usage Dictionary of Anglicisms in Selected European Languages. In: *International Journal of Lexicography* 7(3), 223–246.

Guiraud, Pierre (1965), *Les mots étrangers* (Que sais-je? 1166). Paris: Presses Universitaires de France.

Haugen, Einar (1950), The analysis of linguistic borrowing. In: *Language* 26, 210–231.

Holtus, G.; Metseltin, M.; Schmitt, C. (Hrsg.) (1990–), *Lexikon der Romanistischen Linguistik*. 6 Bände. Tübingen: Max Niemeyer Verlag.

Hope, T. E. (1964), The process of neologism reconsidered with reference to borrowing in Romance. In: *Transactions of the Philological Society*. London, 1964, 46–84.

Juhász, J. (1977), Überlegungen zum Stellenwert der Interferenz. In: *Sprachliche Interferenz. Festschrift für Werner Betz zum 65. Geburtstag*. (Hrsg. H. Kolb; H. Lauffer). Tübingen: Max Niemeyer Verlag 1977, 1–12.

–, (1980), Interferenzlinguistik. In: *Lexikon der Germanistischen Linguistik*. (Hrsg. H.P. Althaus; H. Henne; H.E. Wiegand). Tübingen: Max Niemeyer Verlag (2. Auflage) 1980, 646–652.

Kirkness, Alan (1984), Aliens, denizens, hybrids and natives: foreign influence on the etymological structure of German vocabulary. In: *Foreign Influences on German*. (Hrsg. C.V.J. Russ). Dundee: Lochee Publications 1984, 1–26.

–, (1993), The native and the foreign: German vocabulary in the European melting pot. In: *'Das unsichtbare Band der Sprache'. Studies in German Language and Linguistic History in Memory of Leslie Sieffert*. (Hrsg. J.L. Flood; P. Salmon; O. Sayce; C. Wells). Stuttgart: Verlag Hans-Dieter Heinz, Akademischer Verlag Stuttgart 1993, 411–430.

–, (1994), Word-formation: Neo-Classical Combinations. In: *The Encyclopedia of Language and Linguistics*. Vol. 9. (Hrsg. R.E. Asher; J.M.Y. Simpson). Oxford etc.: Pergamon Press 1994, 5026–5028.

–, (1998), Das Phänomen des Purismus in der Geschichte des Deutschen. In: *Sprachgeschichte*. (2. Auflage). (Hrsg. W. Besch; A. Betten; O. Reichmann; S. Sonderegger). Berlin/New York: Walter de Gruyter 1998, 407–416.

Lüllwitz, Brigitte (1972), Interferenz und Transferenz. In: *Germanistische Linguistik* 1972 (2), 159–291,

McArthur, Thomas (Ed.) *The Oxford Companion to the English Language*. Oxford: Oxford University Press 1992.

Müller, Ingrid (1983), *Die Häufigkeit der Fremdwörter in der deutschen Schriftsprache*. Zulassungsarbeit für die Prüfung für das Lehramt an Gymnasien in Bayern. (masch). Erlangen.

Munske, Horst (1988), Ist das Deutsche eine Mischsprache? Zur Stellung der Fremdwörter im deutschen Sprachsystem. In: *Deutscher Wortschatz. Lexikologische Studien*. (Hrsg. H. Munske; P. von Polenz; O. Reichmann; R. Hildebrandt). Berlin/New York: Walter de Gruyter 1988, 46–74.

H.H. Munske; A. Kirkness (Hrsg.), *Eurolatein. Das griechische und lateinische Erbe in den europäischen Sprachen* (Reihe Germanistische Linguistik 169). Tübingen: Max Niemeyer Verlag 1996.

Rosetti, A. (1949), Langue mixte et mélange de langues. In: *Acta Linguistica* 5, 73–79.

Tesch, Gerd (1978), *Linguale Interferenz* (Tübinger Beiträge zur Linguistik 105). Tübingen: TBL Verlag Gunter Narr.

Thomas, George (1991), *Linguistic Purism* (Studies in Language and Linguistics). Harlow: Longman.

Weinreich, Uriel (1953), *Languages in Contact. Findings and Problems*. The Hague etc. Mouton and Co.

Whorf, Benjamin Lee (1939), The relation of habitual thought and behavior to language. In: *Language, Thought and Reality*. (Ed. J. B. Carroll). Cambridge, Massachusetts: The M. I. T. Pres, 1956, 134–159.

Anthony W. Stanforth,
Edinburgh (United Kingdom)

101. Fallstudie I: Das Hochdeutsche

1. Vorbemerkung
2. Das Wortschatzprofil der althochdeutschen Epoche (500–1050)
3. Das Wortschatzprofil der mittelhochdeutschen Epoche (1050–1350)
4. Das Wortschatzprofil des Frühneuhochdeutschen (1450–1650)
5. Das Wortschatzprofil der neuhochdeutschen poche (1650–1950)
6. Das Wortschatzprofil der Gegenwartssprache (1945–2000)
7. Literatur in Auswahl

1. Vorbemerkung

Das Hochdeutsche steht historisch und sprachgeographisch gesehen dem Niederdeutschen gegenüber; es fußt auf den Dialekten, die Spuren der zweiten (althochdeutschen) Lautverschiebung aufweisen. Die hochdeutschen Sprachformen bilden den Hauptteil der gegenwärtigen deutschen Hochsprache als der überregional geltenden Standardsprache der Deutschsprechenden, eben des Hochdeutschen. Bei der vielgestaltigen, nahezu amorphen Masse des in einer Epoche aktuellen und geläufigen Wortschatzes, der sich aus unterschiedlichen Quellen speist und den divergentesten kommunikativen Bedürfnissen Rechnung trägt, ist ein scharf gezeichnetes Profil nicht zu erwarten. Im Hinblick auf den Wortbestand wäre eine Strukturierung nach Wortfamilien, im Hinblick auf die Inhaltsbereiche eine nach Wortfeldern bzw. Handlungsfeldern aufgeschlüsselte Verteilung erforderlich. Es handelt sich beim hochdeutschen Gesamtwortschatz um eine Überschneidung mehrerer Bereiche, in denen sich im Zuge der Veränderung der Lebensverhältnisse auch der Sprachgebrauch ändert: religiöse, politische und weltanschauliche Auffassungen, Wirtschaftsformen, Entwicklungen in Wissenschaft und Technik, in Literatur und Kunst, im Bereich der Medien, Geselligkeits- und Freizeitverhalten usw. Das Zusammenspiel dieser Faktoren ergibt jeweils ein charakteristisches und komplexes sprachliches Bild einer Epoche, das in lexikalischer Hinsicht als 'Wortschatzprofil' bezeichnet werden kann. Am Zustandekommen dieses 'Profils' sind neben der sich laufend verändernden kommunikativen Praxis in unterschiedlichem Maße auch sprachpflegerische und normierende Eingriffe beteiligt (E. Coseriu 1974).

Eine in vieler Hinsicht vorbildliche Gesamtdarstellung der deutschen Sprachgeschichte, die in besonderer Weise auch die Wortschatzentwicklungen in den einzelnen Epochen im Detail berücksichtigt, ist das dreibändige Werk von P. v. Polenz, 'Deutsche Sprachgeschichte vom Spätmittelalter bis zur Gegenwart' (1990–1999). Da in diesem Werk nicht nur die Ergebnisse voraufgehender Darstellungen (z.B. F. Maurer/H. Rupp ([3]1974), Deutsche Wortgeschichte; Kleine Enzyklopädie, Die dt. Sprache, (1969), W. Schmidt ([7]1996), Geschichte der deutschen Sprache) aufgenommen sind und die gesamte Forschungsliteratur verarbeitet wurde, sondern auch die lexikologisch-wortgeschichtlichen Aspekte in einen sozial- und kulturgeschichtlichen Gesamtrahmen reflektiert sind, kann und soll ein Handbuchartikel auf diesem Hintergrund nur ein Überblicksgerüst mit einigen Akzenten, Beispielen und Literaturhinweisen bieten.

Das Wortschatzprofil des Hochdeutschen ist durch eine Reihe von Faktoren geprägt:

– Es ist aus dem Wortgut verschiedener autochthoner Dialekte und übergreifender Sprachtendenzen (z.B. Dichter- und Kanzleisprachen) zusammengewachsen; neben dem Mitteldeutschen als Grundstock finden sich auch Anteile aus ober- und niederdeutschen Dialekten.
– Es hat in der Abfolge kulturgeschichtlicher Epochen Einflüssen anderer Sprachen auf-

genommen (vor allem Latein, Französisch, Englisch).
- Es hat innersprachlich der Entwicklung bestimmter kommunikativer Bedürfnisse Rechnung getragen, die sich im Gefolge kultureller Strömungen und zivilisatorischer Entwicklungen (z.B. Mystik, Humanismus, Industrialisierung, Nationalismus, Demokratisierung) herausgebildet haben.
- Es war normativen Vereinheitlichungstendenzen ausgesetzt, vor allem durch Luthers Bibelübersetzung und Reformation, durch die Arbeiten der Barockgrammatiker, durch Gottscheds und Adelungs aufklärerische Bestrebungen, durch die Vorbildwirkung der Literatur, insbesondere der Klassik (Goethe, Schiller), und durch sprachpflegerische Eingriffe.

Das Zusammenwirken dieser und weiterer Faktoren ergibt ein jeweils epochenspezifisches Bild des hochdeutschen Wortschatzbestandes.

2. Das Wortschatzprofil der althochdeutschen Epoche (500–1050)

Von der althochdeutschen Sprache ist naturgemäß nur greifbar, was die schriftliche Überlieferung, bei aller Problematik ihrer Beschränktheit bewahrt hat; das Bild ist daher in vieler Hinsicht, was den Anteil der einzelnen 'hochdeutschen' Dialekte angeht, bruchstückhaft. Neben dem größten Kommunikationsbereich, der Sprache in religiös-kirchlichen Zusammenhängen, sind nur wenige Bereiche kommunikativer Praxis durch schriftliche Überlieferung zugänglich und auch dies nur in sehr fragmentarischer Form, großenteils überdies in literarischer Überformung (Heldenlied, Zaubersprüche, Evangeliendichtung). Überliefert sind (nach J. Splett 1996) ca. 28.500 Wörter des Althochdeutschen, die sich 2.845 Wortfamilien zuordnen lassen; 778 Wörter stehen für sich.

S. Sonderegger (1974) unterscheidet in den Bereichen Dichtersprache, Rechtssprache und religiöse Sprache Anteile aus germanischer und christlicher Tradition; auch die Alltagssprache des Klosters speist sich aus beiden Quellen; in der Wissenschafts- und Schulsprache ist die lateinisch-christliche (Lehn-)Prägung dominant. Fremdsprachlicher Einfluss macht sich schon auf dieser frühen Stufe in mehrfacher Hinsicht bemerkbar

- als Folge kulturellen Kontakts mit der römischen Welt,
- als Anlehnung an religiös-christlichen Wortschatz im Zuge der Christianisierung und der Übernahme kirchlicher und klösterlicher Denk- und Lebensformen,
- als Versuch einer Aneignung spätantiker Gelehrsamkeit, im Zusammenhang schulischer Unterweisung und gelehrter Studien. Ein besonders eindrucksvolles Beispiel ist der Versuch Notkers des Deutschen (ca. 950–1022) von St. Gallen, sich eine deutschsprachige philosophische Terminologie zu erarbeiten (S. Sonderegger 1970).

Für das Althochdeutsche sind bestimmte Wortbildungsprägungen charakteristisch:

- Substantivische Komposition zur begrifflichen Spezifizierung (*gasthus, gotishus*)
- Abstraktbildungen durch Suffixoid-Ableitungen und durch Substantivierungsformen unter Gelehrsamkeitseinflüssen (*cotchundida, gedâhtgî*)
- Im Verbbereich bietet sich ein Bild der Differenzierung durch Präfix- und Partikelbildungen, verbunden mit Sekundärableitungen vom starken Verb oder von Nomina, so dass der Anteil an schwachen Verben vergleichsweise umfangreich ist und zunimmt (*springan sprangôn, sprangjan, sprengen*).
- Im Adjektivbereich wird reger Gebrauch von Suffixableitungen gemacht, die zusätzlich derivationell spezifiziert werden (*êwîg – êwîglîh*).
- Gegen das Spätahd. hin wird, vor allem im Übergang zum Mhd., der Wortschatz in Teilen abgebaut: heidnische Termini kommen außer Gebrauch, halten ich nur noch in Relikten – (*bluostar – opfar; bigalan – 'singend beschwören'*). Auffällig ist beispielsweise das Verschwinden einer Ahd. kräftigen Wortfamilie um *quedan*, das als inquit-Verb im Mhd. durch *sprechen*, dieses später (im Frühnhd.) durch *sagen* ersetzt wird.

3. Das Wortschatzprofil der mittelhochdeutschen Epoche (1050–1350)

Die Zeit der Ottonen und Salier ist zunächst von lateinischer Schriftlichkeit geprägt; im 11./12. Jh. entwickelt sich eine religiöse Laiendichtung, bzw. eine an Laien adressierte Geistlichendichtung, die entsprechend den deutschen Wortschatz in gewandelter Form sichtbar werden lässt (H. Freytag ³1974).

Das gefestigte Christentum ist sprachprägend; das aktive Laienelement bringt eine Nähe zur allgemeinen Gebrauchssprache mit sich. Auch da, wo es sich um Kontrafakturen und Übersetzungen aus dem Lateinischen und Französischen handelt, ist eine souveräne Umsetzungstechnik am Werk (G. Schieb 1970).

Neben der klerikal-klösterlichen Welt kommt im Zuge der Festigung aristokratisch-feudaler Herrschaft ein weltliches Kulturleben zur Entfaltung, vor allem an den territorialfürstlichen Höfen, deren ästhetische Ansprüche zur Ausbildung einer dichterischen Sprachkunst führen. (Wiessner/Burger 1974)

Entsprechend entwickelt sich ein höfischer Wortschatz, der von dem Wortschatzausbau im Bereich der Sozialstrukturen und der Umgangsformen bei Hofe auch sprachliche Manierismen und Übernahmen aus ausländischen Quellen förderte, so dass von der Ausbildung einer höfischen mhd. Dichtersprache gesprochen werden kann. Im Hinblick auf den Wortschatz erscheint diese Sprache als ideologisiert und terminologisiert; ein System leitender Begriffe entsteht, das es ermöglicht, die Wertorientierungen und die ganze Skala zwischenmenschlicher Gefühle und Verhaltensweisen zu benennen und differenziert zu charakterisieren. Ein großer Teil der auf die ritterlich-höfische Lebensform bezogenen Sprachmittel ist fest im Wortschatz verankert und in die Gemeinsprache übergegangen (*hoevesch, dienest, minne*). (H. Götz 1957).

Fremdsprachlicher Einfluss wirkt in erster Linie über die höfische Schiene, verbunden mit literarischer Vorbildwirkung der provençalischen Troubadour-Kunst und vermittelt über das Niederländische (Flandern und Brabant), auf das Deutsche ein. Besonders auffällig ist dies bei Gottfried von Straßburg und Wolfram von Eschenbach. Daneben erweitern die Kreuzzüge und Pilgerfahrten den Welthorizont der deutschen Ritter und Pilger, und zwar nicht nur durch die internationalen Kontakte, sondern auch durch das Bekanntwerden der Kultur des Orients, vor allem im Hinblick auf Naturwissenschaften und Medizin sowie Astronomie und Astrologie (N. Osman 1982).

Mit diesen kulturellen Einflüssen von Seiten der überlegenen höfischen Kultur in Frankreich erlangen auch an sprachliche Vorbilder angelehnte Wortbildungsmuster im Deutschen eine auffällige Produktivität. Auf der Basis von frz. *-er/-ier* wird im Dt. die Verbalableitung mit *-ieren* (*punieren*) produktiv, ebenso entsprechende Nominalisierungen auf *-erie* (*côserie*). (Schmidt ⁷1996) Entsprechende Hinweise auf breitem kulturgeschichtlich-literarischen Hintergrund finden sich in J. Bumke (1986, S. 112−120).

Als innersprachliche Entwicklung hat die Mystik erheblichen Einfluss auf den lexikalischen Sprachausbau: Das Bemühen, einerseits in scholastischen Bahnen die theologischen Spekulationen weiterzutreiben und zu einem differenzierten und umfassenden Lehrgebäude auszugestalten, andererseits das Bedürfnis, über die ekstatischen religiösen Erfahrungen zu kommunizieren und ihnen Ausdruck zu verleihen, führen zur Schaffung einer neuen Sprache, die bewusst zu Neubildungen greift, da die Alltagssprache nicht den adäquaten sprachlichen Ausdruck zu bieten hat. Dieses Vokabular einer Sprache persönlicher innerer Erfahrung hat nachhaltig auf die sprachlichen Mittel eingewirkt (*gelâzenheit, înfluz*). (H. Kunisch ³1974)

Neben den geistlichen und literarischen Strömungen spielt für das Spätmittelalter die Verlagerung des kulturellen Lebens in die Städte eine bedeutende Rolle: die Entwicklung von Handel und Gewerbe, von städtischer und territorial-fürstlicher Verwaltung, von kirchlichen und schulischen Einrichtungen. Die kommunikativen Bedingungen werden durch die relative Bevölkerungsverdichtung, die Veränderungen der Lebensweise, die Möglichkeiten wirtschaftlichen Aufstiegs, vor allem durch den Fernhandel, erheblich umgestaltet: Marktgeschehen, enge Nachbarschaft, neue Formen der Geselligkeit, Umgang mit Ortsfremden schaffen ein von der dörflichen Kommunikationsgemeinschaft weitgehend unterschiedenes Kommunikationsklima. Für die Handelsgeschäfte (Buchführung, Kreditwesen) und die Verwaltungen und deren Außenkontakte wird ein vermehrter Druck zum Gebrauch schriftlicher Kommunikation ausgeübt (R. Bentzinger 1998).

4. Das Wortschatzprofil des Frühneuhochdeutschen (1450−1650)

Die sprachliche Situation der frühen Neuzeit ist vor allem durch zwei Ereignisse entscheidend geprägt:

− durch die Erfindung und Ausgestaltung des Buchdrucks
− durch die Reformation

Die Auswirkungen des Buchdrucks erfassen alle Bereiche sprachlicher Kommunikation, vorzugsweise durch Bedingungen wie

- schnellere und weitere Verbreitung von Texten,
- Entstehung neuer Textsorten und Formen des kommunikativen Umgangs mit ihnen,
- wirksame Revision von Wissensbeständen in überschaubaren Abständen,
- kontinuierlicher Gedankenaustausch über Raum- und Zeitbeschränkungen hinweg,
- Anhäufung von Wissensbeständen aus verschiedenen Kulturtraditionen,
- neue Möglichkeiten der Konstitution von Öffentlichkeit,
- Eröffnung neuer Zugänge zu Information und Bildung usw.

Die Auswirkungen auf den Wortschatz liegen entsprechend vor allem

- in der Akzeleration des Bekanntwerdens und der Rezeption neuer Ausdrucksmöglichkeiten,
- in der damit verbundenen notwendigen Vereinheitlichung der Vokabelkenntnis und des Wortgebrauchs, da im Interesse des Absatzes regionaler Wortgebrauch aus den Druckerzeugnissen nach Möglichkeit eliminiert wurde.

Die Reformation ist für die Entwicklung des Hochdeutschen zur nationalen Standardsprache von entscheidender Bedeutung:

- Der von der religiösen Thematik dominierte Diskurs wird vorwiegend auf Deutsch geführt; damit wird das Latein in einem wesentlichen kommunikativen Bereich weitgehend abgelöst.
- Die Intensität des öffentlichen Diskurses führt zu einer polemischen Streitkultur, die mit Thesen und Schlagwörtern von politischer Brisanz geführt wird und breite Schichten der Bevölkerung in ein neues Denken und in die Beherrschung der entsprechenden Sprachformen einbezieht.
- Auf diese Weise wird ein hoher Grad an Sprachsensibilität erzeugt; die gesellschaftlich-politischen Risiken legen eine wohlbedachte Wortwahl nahe, provozieren in manchen Fällen auch Maßlosigkeit des Ausdrucks ('Grobianismus').

Luthers Leistung in Bezug auf den Wortschatz liegt in der Standardisierung eines deutschen Bibelwortschatzes, der aufgrund der Bedeutung der Bibel als allgemeiner geistiger Leitfaden für einen großen Teil der Bevölkerung nachhaltig in die Alltagssprache hineinwirkt. Anhand der Revisionen, die Luther im Zusammenhang der Drucklegung seiner Bibelausgaben vorgenommen hat, lässt sich mit vielen Beispielen zeigen, dass Luther in besonderer Weise darauf bedacht war, sprachlich ausgleichend zu wirken, indem er Vokabeln mit einem weiten Geltungsbereich den regional begrenzten vorzog, um seiner Bibelübersetzung möglichst weitreichende Akzeptanz zu sichern. Besonders hervorzuheben ist sein Ausgreifen von einer mitteldeutschen Grundlage aus in den niederdeutschen und oberdeutschen Sprachraum durch die Übernahme entsprechender Wörter (H. Gelhaus 1989).

Im Zuge der neuen Sprachkultur werden auch andere Kommunikationsbereiche erfasst, z.B. die Hervorhebung der deutschen Muttersprache für die Volksbildung allgemein; im Einzelnen wird z.B. an deutschen Terminologien für die Grammatikschreibung gearbeitet (E. Ising 1970): Durch die Übersetzungstätigkeit der Humanisten etabliert sich ein neuer deutscher Wortschatz. Weitere Ausbautendenzen sind im Detail behandelt bei P. v. Polenz (1991, S. 203ff.).

5. Das Wortschatzprofil der neuhochdeutschen Epoche (1650–1950)

Innerhalb dieses langen Zeitabschnitts erfährt die deutsche Sprache wesentliche Veränderungen, die vor allem in lexikalischer und syntaktischer, weniger in phonologischer und morphologischer Hinsicht zu Tage treten.

Der erste Abschnitt, die Barockzeit, zeigt ein deutlicher werdendes lexikalisches Profil vor allem im Bereich der Literatursprache. Es ist durch vier Impulse charakterisiert:

- durch Opitzens Reform der deutsche Poetik,
- durch die sprachlichen Auswirkungen des A-la-mode-Wesens,
- durch die Aktivitäten der 'Fruchtbringenden' und anderer Sprachgesellschaften.
- durch die Tätigkeit von (Schul-)Grammatikern.

Der zeitgeschichtliche Hintergrund, der durch konfessionelle Auseinandersetzungen, durch eine Festigung der Feudalstruktur bis hin zum Absolutismus, verbunden mit einer kulturellen Orientierung an den Vorbildern italienischer, spanischer und französischer Höfe und schließlich durch die Wirren des 30jährigen

Kriegs charakterisiert ist, bestimmt auch die sprachliche Situation, die sich in der feudalen Oberschicht dem Gebrauch der entsprechenden Fremdsprachen in wichtigen Kommunikationsbereichen (Diplomatie, Wissensdiskurs, Konversation) zuwendet; dieser Sprachgebrauch hat seine Ausstrahlungen in die bürgerlichen und unteren Schichten hinein (Soldaten, Dienstboten), so dass sich die deutsche Sprache nach dem Urteil sprachbewusster Zeitgenossen auf dem Weg zu einer Mischsprache befand (U. Helfrich 1990). Bleibende Einflüsse auf den deutschen Wortschatz ergeben sich vor allem in den Bereichen konversationeller Floskeln, Verhaltenscharakterisierung und Kriegswesen (Offiziersränge, Waffen, Kampfweisen). (H. Sperber 1929)

Opitz stellte in seinem „Buch von der Teutschen Poeterey" (1624) nicht nur Grundsätze für deutsche Verse auf, sondern gab in seinen Gedichtbeispielen einen Standard für einen von Vermischungen gereinigten Wortschatz vor.

Mitbedingt durch den hohen Stellenwert religiös orientierter Dichtung und durch Anlehnung an die Bibelsprache ist ein großer Teil der Barocklyrik in hohem Maße fremdwortfrei (Gryphius, Dach).

Daneben entsteht unter dem Einfluss höfischer Geschmacksrichtungen ein preziös-manieristischer Stil, der einen gesuchten Wortgebrauch pflegt (H. Henne 1966; E. Blackall 1966).

Von nachhaltiger Wirkung auf den Prozess der Festigung eines deutschen Standardwortschatzes sind die Aktivitäten der sog. Sprachgesellschaften, besonders einiger Mitglieder der „Fruchtbringenden Gesellschaft" (gegründet 1617). Die Gesellschaften waren kulturpatriotisch motiviert, sehen einen ursächlichen Zusammenhang zwischen politisch-sittlichem Verfall und Sprachverfall und erhoffen sich durch eine Hebung der Sprachkultur eine Erneuerung deutscher Größe. An erster Stelle ist hier J. G. Schottelius zu nennen, der in seiner „Ausführlichen Arbeit von der Teutschen Haubtsprache" (1663) ein vollständiges Programm notwendiger Spracharbeit entwirft:

– Aufwertung des Deutschen mit Hilfe biblischer und sprachvergleichender Legitimationsargumente,
– Kodifizierung einer deutschen Grammatik,
– Reinigung und Strukturierung des deutschen Wortschatzes,
– Sicherung der Sprachtradition durch die Sammlung von Redensarten und Sprichwörtern,
– Verfeinerung der Ausdrucksfähigkeit des Deutschen durch Übersetzungen und Gedichte.

Von besonderer Wichtigkeit für den deutschen Wortschatz sind Schottelius' Anregungen zur Sprachreinigung, die er theoretisch mit einer Stammwort-Theorie und darauf aufbauender Wortbildung („Doppelungskunst") begründet. Durch die Sammlung und Sicherung der letztlich auf die Adamitische Sprache zurückgehenden Stammwörter („Wurtzelen") und eine systematische Anwendung der Wortbildungsmöglichkeiten des Deutschen könne ein fremdwortfreier Wortschatz systematisch aufgebaut werden. Diese Gedanken hat Kaspar Stieler in seinem Wörterbuch („Der deutschen Sprache Stammbaum und Fortwachs oder Teutscher Sprachschatz" (1691) umzusetzen versucht, das Resultat ist allerdings eine große Zahl von Kunstwörtern (G. Ising 1956).

Auch Leibniz hat sich von Schottelius zu dem Entwurf einer umfassenden Darstellung des deutschen Wortschatzes anregen lassen (A. Kirkness 1985).

Die Sprachreinigungsbemühungen der Barockgelehrten sind vorwiegend von Prestigeansprüchen geleitet: der ursprüngliche Charakter des Deutschen sollte als Ausweis für die Ebenbürtigkeit der deutschen Sprache gegenüber den „heiligen" Sprachen Hebräisch, Griechisch und Latein dienen, die durchgängige Reinheit nachweisen und den Vorwurf der Flickenhaftigkeit abwehren, darin dem niederländischen Vorbild nacheifernd; der Reichtum und die Anschaulichkeit lautmalender Wörter sollte die Ausdrucksstärke des Deutschen belegen und so die gleichwertige Leistungsfähigkeit gegenüber den zeitgenössischen Literaturen der europäischen Nachbarn nachweisen. Von einzelnen Vertretern (z.B. Philipp von Zesen) wird die Sprachreinigung als konkretes Aktionsprogramm aufgefasst, das perfektionistisch auf die Beseitigung aller Wörter fremden Ursprungs abzielt und ein reichhaltiges Angebot „deutschstämmiger" Ersatzwörter bereitstellt (H. Harbrecht 1912/13). In Verbindung mit einer gesteigerten Übersetzungstätigkeit und literarischen Aktivitäten ergibt sich so eine gewisse Hypertrophie an Ausdrucksmitteln, die den Prozess der Sprachstandardisierung vor schwierige Probleme stellte. Ein großer Teil der künstlichen Ersatzwörter wurde von der Sprachgemeinschaft nicht akzeptiert, in vielen Fällen aber ergab sich eine Funktionsdifferenzierung zwischen Fremdwort und Ersatzwörtern (z.B. *Moment – Augenblick*).

Die Festigung der Standardsprache und der Aufstieg der deutschen Literatursprache beginnt im 18. Jh. Auf der Grundlage der sprachrekonstruktiven sprachreinigenden Ansätze der Barockzeit leisten die Sprachgelehrten der Aufklärungsepoche wesentliche Beiträge, sowohl auf grammatischem Gebiet wie auf lexikologischem Gebiet, allen voran Gottsched, dem es durch rege Publikationstätigkeit gelingt, sich als Norminstanz in Fragen des Sprachgeschmacks zu etablieren (S. Krogh 1989). Vom Sprachideal der französischen Klassik geleitet wendete sich Gottsched gegen Abweichungen regionaler und poetischer Art von einer vernunftgeprägten mittleren Stillage. Er bezieht Stellung gegen den „barocken Schwulst" und gegen den exaltierten Sprachgebrauch der Empfindsamkeit (etwa am Beispiel von Bodmers Milton-Übersetzung); seine kritischen Anmerkungen gehen ins Detail und führen, ähnlich wie Schönaichs Sprachkritik zur Denunzierung einzelner Wörter und Wendungen. Gottscheds Hauptaufmerksamkeit gilt rhetorischen und stilistischen Aspekten des Sprachgebrauchs. In der Propagierung eines vernunftgemäßen mittleren Stils bezieht er auch Stellung gegen einen umständlichen Periodenbau und den damit verbundenen exzessiven Gebrauch relationsexplizierender Konjunktionen; sie wurden in der Folge fast um die Hälfte reduziert (F. Hundsnurscher 1990).

Auf dem Gebiet der Kodifizierung und Standardisierung des deutschen Wortschatzes im Anschluss an Projektentwürfe Gottscheds schafft vor allem J. Ch. Adelung mit seinem „Grammatisch-kritischen Wörterbuch der hochdeutschen Mundart" (1793–1801) einen krönenden Abschluss. Ganz im Geiste der Aufklärung unternimmt es Adelung, den deutschen Wortschatz zum Zwecke der Hebung der Sprachkultur am Gebrauch der 'gebildeten Stände' auszurichten und die Bedeutungsseite der Wörter begrifflich zu strukturieren. Sein Wörterbuch diente den zeitgenössischen Dichtern (z.B. Goethe und Schiller) zur sprachlichen Orientierung (M. Müller 1903).

Adelungs Zeitgenosse J. H. Campe verfolgt unter dem Einfluss der Ideen der Französischen Revolution ein sprachpädagogisches Programm, das die Mitwirkung der Bevölkerung an allen gesellschaftlichen Kommunikationsbereichen sicherstellen sollte; er sieht in dem Fremdwortanteil ein Haupthindernis gesamtgesellschaftlicher Verständigung; unmittelbares Verständnis sei nur durch einen muttersprachlichen Zugang zu den verschiedenen Sachgebieten gewährleistet, auch er liefert in reichem Maße Ersatzangebote für fremdwörtliche Ausdrücke; diese wurden teilweise akzeptiert und führten so ebenfalls zu Bezeichnungsdoubletten mit subtilen Gebrauchsunterschieden.

Über die Erneuerung der deutschen Dichtersprache unter dem Einfluss des Sturm und Drangs und vor allem durch die Dichter der Klassik und Romantik gibt E. Blackall (1966) umfassenden Aufschluss. Angeregt durch Herders Auffassungen von Volkspoesie, durch den konventionssprengenden Geniekult, durch die Aufnahme empfindsamer Tendenzen aus dem Pietismus und der englischen Literatur bildete sich eine für alle Seelenregungen und Stimmungslagen ausdrucksstarke Sprachgestaltung heraus. (Vgl. auch zur Vorgeschichte Schneider (1995).)

Parallel zu der für die Folgezeit prägenden klassischen Sprachform, derer sich Goethe und Schiller bedienten, wird von Kant und seinen Nachfolgern eine vorbildhafte Sprache der Philosophie geschaffen, die in Begrifflichkeit und Kernaussagen (*Erkenntnisvermögen, Urteilskraft, Ding an sich* etc.) deutsche Sprachmuster nutzt.

Die Sprachentwicklung im 19. Jh. ist durch drei Strömungen bestimmt:

– die demokratischen Bestrebungen, die, ausgehend von den Ideen der Französischen Revolution, in der Revolution von 1848 gipfeln,
– die nationale Begeisterung im Zusammenhang der Freiheitskämpfe gegen Napoleon, die in der Reichsgründung von 1871 ihren Höhepunkt findet,
– den Beginn und folgenden Siegeszug der Industrialisierung und Technisierung im Zuge des Aufstiegs der Naturwissenschaften zum umfassenden Paradigma der Daseinsbewältigung.

Die freiheitlichen Bestrebungen, die durch die Vorgänge in Frankreich in ganz Europa ausgelöst wurden, führen in den deutschen Landen zu einer weitreichenden Sensibilisierung und Polarisierung im Hinblick auf politische Zusammenhänge und Einstellungen. Die Debatten in der Frankfurter Nationalversammlung von 1848 zeigen verschiedene Differenzierungs- und Beherrschungsstufen demokratischer Einrichtungen und Verfahrensweisen. Sowohl die politische Rechte wie die Linke bilden je für sich ein umfassendes ideologisch organisiertes Vokabular aus (H. Grünert 1974).

Das Pathos der Erhebung gegen die napoleonische Herrschaft etabliert einen emotional aufgeladenen und exaltierten Wortgebrauch zum Ausdruck kämpferischer und nationaler Gesinnung. (E. M. Arndt, J. G. Fichte), der durch Liedtexte und volkstümliche Flugblätter weite Verbreitung erhält und dem politischen Diskurs eine aggressiv-chauvinistische Note verleiht. Mit der Neugründung des Reiches 1870/71 wird diese Tendenz verstärkt aufgegriffen (D. Bering 1991).

Industrialisierung und Technisierung gehen einher mit einer einschneidenden Veränderung der Lebensformen; gegenüber den ländlichen Umgangsformen treten in zunehmendem Maße städtische und proletarische Milieus hervor. Städtische Ausdrucksweisen finden über die Vermittlung des immer wichtiger werdenden Nachrichten- und Transportwesens schnelle und weite Verbreitung. Technische Neuerungen und die damit verbundenen Produktions- und Vertriebseinrichtungen sorgen dafür, dass neue berufssprachliche und fachsprachliche Wortverbände entstehen und althergebrachte abgebaut werden, z.B. sind die Neuentwicklungen in der Schifffahrt, im Bahnwesen und dem Kraftfahrzeugwesen (Eisenbahn, Dampfschiff, Auto) Anlass für neue Benennungen.

Im Handel und Gewerbe sind es neue Produkte und Fertigungsweisen, die zu einer Erweiterung des Wortschatzes (Warenbeschreibungen, Gebrauchsinformation) führen. Neue Formen des Freizeitverhaltens (Sport, Reisen) und der Lebensführung (Mode, Nahrungsmittel) sind ebenfalls sprachproduktive Referenzbereiche, die den Wortschatz nachhaltig prägen (z.B. Dröge 1978).

Der Erste Weltkrieg bringt, auch aufgrund der neuen Waffentechnik und der damit verbundenen Kampfweisen und Kriegserfahrungen, eine Zunahme militärisch-militaristischen Vokabulars. Die militärische Niederlage und ihre Folgen führt in den öffentlichen Diskurs eine revanchistische Komponente ein, die in Verbindung mit rassistisch-antisemitischen Parolen und antibolschewistischer Propaganda den Grund für den Sprachgebrauch des Dritten Reiches legt.

Die Organisationsformen und die Umerziehung der Deutschen zu einer bestimmten Politik- und Staatsauffassung, die sich auf nahezu alle Lebensbereiche erstreckte, lassen es berechtigt erscheinen, von einer „Sprache des Nationalsozialismus" zu sprechen und auf ein entsprechendes Vokabular zu verweisen (C. Berning 1964; 'Aus dem Wörterbuch des Unmenschen' von D. Sternberger u.a. 1966); zu den Auswirkungen der verschiedenen Arten von Sprachkritik vgl. auch P. v. Polenz (1999, S. 294ff.).

6. Das Wortschatzprofil der Gegenwartssprache (1945–2000)

Mit statistischen Methoden und später mit den Mitteln der elektronischen Datenverarbeitung ist es möglich geworden, das Wortschatzprofil einer Epoche auch quantitativ genauer zu spezifizieren. Die sog. Frequenzwörterbücher geben neben der Gebrauchsbelastung für das einzelne Wort auch den Gesamtwortbestand auf der Grundalge ausgewählter Corpustexte an (z.B. I. Rosengren (1972, 1977) und das IDS-Corpus). Entwicklungstendenzen der Standardsprache der Gegenwart und quantitative Fragen des Wortschatzes werden im Detail diskutiert bei P. v. Polenz (1999, S. 364ff.).

Die politischen und sozialen Fragen des katastrophalen kriegsbedingten Zusammenbruchs des Dritten Reiches bleiben auch für die deutsche Sprache nicht folgenlos. Als Orientierungsmarken der deutschen Sprachgeschichte nach dem Zweiten Weltkrieg können angesehen werden:

– die Besetzung und Teilung Deutschlands, der wirtschaftliche Wiederaufbau und die Orientierung an westlichem bzw. sowjetischem Vorbild;
– die „Wiedervereinigung" und die Einbindung des geeinten Deutschlands in die Europäische Union.

Die sprachlichen Folgen der Besetzung Deutschlands und die Ausrichtung vor allem Westdeutschlands an angloamerikanischen Standards führt zu einem massiven Einfluss des Englischen in fast allen Lebensbereichen: Politik, Medien, Wirtschaft, Kultur usw. mit entsprechender Wirkung auf Kommunikations-, Konsum- und Freizeitverhalten (U. Busse/B. Carstensen (Hg.) 1993–1996).

Die besonderen Umstände einer politisch-kulturellen Neuorientierung unter der Hegemonie der Siegermächte, insbesondere die Auseinandersetzung mit der Last der Kriegsschuld und des Holocaust, führen zunächst zur Forderung nach einer Purgierung auch der deutschen Sprache von nationalsozialistischen

Residuen. Dass dieser Ansatz zu kurz gegriffen war, hat P. v. Polenz (1963) schon gezeigt. In der Folgezeit entwickelt sich ein unterschwelliges sprachliches Kontrollsystem, das über die Medien von selbsternannten Hütern einer 'political correctness' gehandhabt wird und mit einem pauschalen Verdacht einer reaktionär-rassistischen Grundeinstellung der deutschen Bevölkerung hantierte. Diese Konstellation bildet einen Filter für den zulässigen Wortgebrauch und einstellungsspezifische Varianten (G. Strauß u.a. 1989 („Brisante Wörter"); K. Bittermann/G. Henschel (Hg.) (1994)).

Die „Deutsche Teilung" erweist sich sprachhistorisch als weitgehend folgenloses Zwischenspiel (dagegen: C. Boehm 1992). Die Ausbildung eines unterschiedlichen Vokabulars und differenter Lesarten für gleiche Wörter nahmen bis 1989 erheblich zu, vor allem im politisch-sozialen und im Wirtschaftsbereich. Wie insbesondere die zu DDR-Zeiten erschienenen Auflagen des „Wörterbuchs der Gegenwartssprache" zeigen, wurde diese Sprachspaltung von politischer Seite massiv gefördert (R. Bock/K.-P. Möller 1991). Die Sprecher in den „neuen Ländern" passen sich zur Zeit, vor allem unter den Bedingungen der Massenmedien und der Freizügigkeit, dem Sprachgebrauch der Bundesrepublik an. Dieser Vorgang bildet eine Parallele zu der Sprachanpassung der deutschen Vertriebenen und Flüchtlinge nach 1945 (W. Leopold 1961); von ihren Sprachbesonderheiten und ihrer dialektalen Vielfalt sind kaum noch lexikalische Spuren zu finden (P. v. Polenz 1999).

Eine nachhaltige Prägung erfährt die Gegenwartssprache – neben der durch die Medien verstärkten (H. Fluck 1993), sprachlich am Englischen orientierten Globalisierung der Wirtschaft – durch die Bürokratisierung im Zuge der europäischen Einigung (N. Schumacher 1976; J. Born 1993) und durch die in Deutschland lebhaft geführte politisch-ökologische Diskussion (P.C. Mayer-Tasch 1985; allgemein: G. Stickel 1990).

7. Literatur in Auswahl

Bentzinger, Rudolf (1998), Die Kanzleisprachen, In: *HSK Sprachgeschichte* (Art. 119), 2. Aufl. Berlin/New York: de Gruyter.

Bering, Dieter (1991), Sprache und Antisemitismus im 19. Jahrhundert, In: Wimmer, Rainer (Hg.), *Das 19. Jahrhundert. Sprachgeschichtliche Wurzeln des heutigen Deutschen*, Berlin/New York: de Gruyter, S. 325–354.

Berning, Cornelia (1964), *Vom 'Abstammungsnachweis' zum 'Zuchtwart'. Vokabular des Nationalsozialismus.* Berlin: de Gruyter.

Bittermann, Klaus; Gerhard Henschel, (Hg.) (1994/95), *Wörterbuch des Gutmenschen. Zur Kritik der moralisch korrekten Schaumsprache.* 2 Bde. Berlin: Ed. Tiamat.

Blackall, Eric A. (1966), *Die Entwicklung des Deutschen zur Literatursprache 1700–1775.* Stuttgart: Metzler.

Bock, R.; Möller, K.-P. (1991), Die DDR-Soldatensprache. Ein Beitrag zum Wesen der Soldatensprache, In: Langner, Helmut; Berner, Elisabeth (Hg.), *Untersuchungen zur Geschichte der deutschen Sprache seit dem Ende des 18. Jhs.*, Potsdam. S. 139ff.

Boehm, C. (1992), Der Broiler lebt. Die deutsche Sprache im Wandel zwischen DDR und BRD, In: ZfG 2, S. 320–340.

Born, Joachim (1993), Bauen wir ein Babel. Zur Sprachenvielfalt in der europäischen Gemeinschaft, In: *Sprachreport* 1/93, S. 1–3.

Bumke, Joachim (1986), *Höfische Kultur. Literatur und Gesellschaft im hohem Mittelalter.* 2 Bde. München: dtv.

Busse, Ulrich; Carstensen, Brøder (1993–1996): *Anglizismen-Wörterbuch. Der Einfluss des Englischen auf den deutschen Wortschatz nach 1945*, Berlin/New York: de Gruyter.

Campe, Joachim Heinrich (1969/1970), *Wörterbuch der Deutschen Sprache. 5 Bände.* (Reprografischer Nachdruck der Ausgabe Braunschweig 1807–1811). (Mit einer Einführung und Bibliographie von Helmut Henne). Hildesheim/New York: Olms.

Coseriu, Eugenio (1974), *Synchronie, Diachronie und Geschichte. Das Problem des Sprachwandels*, München: Fink.

Dröge, Kurt (1978), *Die Fachsprache des Buchdrucks im 19. Jahrhundert*, Lemgo: Wagner.

Erben, Johannes ([3]1974), Luther und die neuhochdeutsche Schriftsprache, In: Maurer, Friedrich; Rupp, Heinz, *Deutsche Wortgeschichte*, Berlin/New York: de Gruyter, S. 509–561.

Fluck, Hans Rüdiger (1993), Zur Entwicklung von Rundfunk und Rundfunksprache in der BRD nach 1945; In: Biere, Bernd Ulrich; Helmut Henne, (Hg.), *Sprache in den Medien nach 1945.* Tübingen: Niemeyer.

Freytag, Hartmut ([3]1974), Frühmittelhochdeutsch, In: Maurer, Friedrich; Heinz Rupp, *Deutsche Wortgeschichte*, Berlin/New York: de Gruyter, S. 165–190.

Gelhaus, Hermann (1989), *Der Streit um Luthers Bibelverdeutschung im 16. und 17. Jh.* Tübingen: Niemeyer.

Götz, Heinrich (1957), *Leitwörter des Minnesangs.* Abh. der Sächs. Akad. d. Wiss. zu Leipzig, Bd. 49.

Grünert, Horst (1974), *Sprache und Politik. Untersuchungen zum Sprachgebrauch der 'Paulskirche'*. Berlin/New York: de Gruyter.

Harbrecht, Hugo (1912/13), Verzeichnis der von Zesen verdeutschten Lehn- oder Fremdwörter, In: *ZdWf* 14, S. 71–81.

Helfrich, Uta (1990), Sprachliche Galanterie? Französisch-deutsche Sprachmischung als Kennzeichen der 'A-la-mode-Sprache' im 17. Jh., In: Kramer, Johannes; Otto Winckelmann, (Hg.), *Das Galloromanische in Deutschland*. Wilhelmsfeld: Egert, S. 78–79.

Henne, Helmut (1966), *Hochsprache und Mundart im schlesischen Barock. Studien zum literarischen Wortschatz in der 1. Hälfte des 17. Jhs.* Köln/Graz: Böhlau.

Hundsnurscher, Franz (1990), Syntaxwandel zur Gottsched-Zeit, In: Betten, Anne (Hg.), *Neue Forschungen zur historischen Syntax des Deutschen*. Tübingen: Niemeyer S. 422–438.

Ising, Erika (1970), *Die Herausbildung der Grammatik der Volkssprache in Mittel- und Osteuropa*. Berlin: Akademie-Verlag.

Ising, Gerhard (1956), *Die Erfassung der deutschen Sprache des ausgehenden 17. Jh. in den Wörterbüchern R. Kramers und K. Stielers*. Berlin: Akademie-Verlag.

Kettmann, Gerhard (1981), *Die Existenzformen der deutschen Sprache im 19. Jh.* Berlin: Akademie-Verlag.

Kirkness, Alan (1985), Sprachreinheit und Sprachreinigung in der Spätaufklärung. Die Fremdwortfrage von Adelung bis Campe, In: Kimpel, Dieter (Hg.), *Mehrsprachigkeit in der deutschen Aufklärung*, Hamburg: Meiner, S. 85–104.

Kleine Enzyklopädie, Die deutsche Sprache, 2 Bde. (1969), VEB Bibliographisches Institut, Leipzig.

Krogh, Steffen (1989), Gottsched als Sprachreformer, In: *AUGIAS* 35, Aarhus, S. 3–41.

Kuhberg, Werner (1933), *Verschollenes Sprachgut und seine Wiederbelebung in neuhochdeutscher Zeit*. Frankfurt/M. [Nachdruck: Hildesheim: Gerstenberg 1973].

Kunisch, Hermann ([3]1974), Spätes Mittelalter, In: Maurer, Friedrich; Heinz Rupp, *Deutsche Wortgeschichte*, Berlin/New York: de Gruyter, S. 257–342.

Leopold, Werner (1961), Das Deutsch der Flüchtlingskinder, In: *ZMaf* 28, S. 289ff.

Maurer, Friedrich; Heinz Rupp, ([3]1974), *Deutsche Wortgeschichte. 3 Bde.* Berlin/New York: de Gruyter.

Mayer-Tasch, Peter Cornelius (1985): *Aus dem Wörterbuch der politischen Ökologie*, München: dtv.

Müller, Max (1903), *Wortkritik und Sprachbereicherung in Adelungs Wörterbuch. Ein Beitrag zur Geschichte der neuhochdeutschen Schriftsprache*, New York: Johnson.

Öhmann, Emil (1970), Suffixstudien IV: Das deutsche Verbalsuffix -ieren, In: *NphM* 71, S. 337–357.

Osman, Nabil (1982), *Kleines Lexikon deutscher Wörter arabischer Herkunft*. München: Beck.

Polenz, Peter von (1963), Sprachkritik und Sprachwissenschaft, In: *Neue Rundschau* 74, Heft 3 [abgedr. aus dem 'Wörterbuch des Unmenschen' ([5]1968)], Hamburg/Düsseldorf, S. 289–310.

–, (1990–1999), *Deutsche Sprachgeschichte vom Spätmittelalter bis zur Gegenwart. 3 Bde.: I (Einführung, Grundbegriffe, Deutsch in der frühbürgerlichen Zeit) 1991; II (17. und 18. Jh.) 1994; III (19. und 20. Jh.) 1999*. Berlin/New York: de Gruyter.

Rosengren, Inger (1972, 1977), *Ein Frequenzwörterbuch der deutschen Zeitungssprache. 2 Bde.* Lund: Gleerup.

Schieb, Gabriele (1970), Veldekes Wortschatz nach Form und Inhalt, In: Henric van Veldeken, *Eneide; Bd. 3: Wörterbuch*, Berlin: Akademie-Verlag, S. 697–867.

Schiewe, Jürgen (1988), J. H. Campes Verdeutschungsprogramm, In: *DS* 16, S. 17–33.

Schmidt, Wilhelm ([7]1996), *Geschichte der deutschen Sprache*, Stuttgart/Leipzig: S. Hirzel.

Schneider, Ulf-Michael (1995), *Propheten der Goethezeit. Sprache, Literatur und Wirkung der Inspirierten*, Göttingen: Vandenhoeck & Ruprecht.

Schönaich, Christoph Otto von (1754), *Die ganze Aesthetik in einer Nuss oder Neologisches Wörterbuch*. Hg. von Köster, Albert (1900); Kraus Reprint (1968), Nendeln/Lichenstein.

Schumacher, Nestor (1976), *Der Wortschatz der europäischen Integration*, Düsseldorf: Schwann.

Sonderegger, Stefan (1970): *Althochdeutsch in St. Gallen. Ergebnisse und Probleme der althochdeutschen Überlieferung in St. Gallen vom 8. bis ins 12. Jahrhundert*. St. Gallen: Verlag Oberschweiz.

–, (1974), *Althochdeutsche Sprache und Literatur. Eine Einführung in das älteste Deutsch. Darstellung und Grammatik*. Berlin/New York: de Gruyter. (Sammlung Göschen; 8005).

–, (1997), *Althochdeutsch als Anfang deutscher Sprachkultur*. Freiburg (Schweiz): Universitäts-Verlag. (Vorträge/Wolfgang-Stammler-Gastprofessur für Germanische Philologie; 2).

Sperber, Hans (1929), Die Sprache der Barockzeit, In: *Zs. F. Deutschkunde* 43, S. 670–684.

Splett, Jochen (1993), *Althochdeutsches Wörterbuch: Analyse der Wortfamilienstrukturen des Althochdeutschen, zugleich Grundlegung einer zukünftigen Strukturgeschichte des deutschen Wortschatzes*. Berlin/New York: de Gruyter.

–, (1996), Aspekte und Probleme einer Wortschatzstrukturierung nach Wortfamilien, In: Hundsnurscher, Franz; Edda Weigand, (Hg.). *Lexical Structures and Language Use. Proceedings of the International Conference on Lexicology and*

Lexical Semantics, Münster, September 13–15 1994. Tübingen: Niemeyer, S. 133–149.

–, (1998a), Lexikologie und Lexikographie des Althochdeutschen (Art. 74), In: *HSK Sprachgeschichte 2.2*, 2. Aufl. (im Erscheinen) Berlin/New York: de Gruyter.

–, (1998b), Wortbildung des Althochdeutschen (Art. 76), In: *HSK Sprachgeschichte 2.2*, 2. Aufl. (im Erscheinen) Berlin/New York: de Gruyter.

Sprachgeschichte. Ein Handbuch zur Geschichte der deutschen Sprache und ihrer Erforschung. Zweiter Teilband. (Hrsg. Werner Besch; Anne Betten; Oskar Reichmann; Stefan Sonderegger). Berlin/New York: de Gruyter 1985.

Sternberger, Dolf; Storz, Gerhard; Süskind, Wilhelm E. (1966): *Aus dem Wörterbuch des Unmenschen*, Hamburg u.a.: Claassen.

Stickel, Gerhard (Hg.) (1990), *Deutsche Gegenwartssprache. Tendenzen und Perspektiven*, Berlin/New York: de Gruyter.

Stieler, Kaspar, *Der Teutschen Sprache Stammbaum und Fortwuchs oder Teutscher Sprachschatz* (1691), Nürnberg. (Nachdruck 1968, Olms, Hildesheim).

Stötzel, Georg (1995), 1968 als sprachgeschichtliche Zäsur, In: *SuL* 26, Heft 75/76, S. 132–140.

Strauß, Gerhard; Ulrike Haß; Gisela Harras, (1989), *Brisante Wörter von Agitation bis Zeitgeist. Ein Lexikon zum öffentlichen Sprachgebrauch*, Berlin/New York: de Gruyter.

Teubert, Wolfgang (1988), Der gelehrte Jargon – ein deutsches Phänomen?, In: *SR* 1, S. 9–12.

Welter, Ernst Günther ([3]1968), *Die Sprache der Teenagers und Twens*. Frankfurt/M.: Dipa-Verlag.

Wiessner, Edmund/Burger, Harald (1974), Die höfische Blütezeit. In: Maurer/Rupp (Hg.), *Deutsche Wortgeschichte, 3 Bde*; Bd. I, S. 189–253. Berlin/New York. W. de Gruyter.

Wimmer, Rainer (Hg.) (1991), *Das 19. Jahrhundert. Sprachgeschichtliche Wurzeln des heutigen Deutsch*. Berlin/New York: de Gruyter.

Zimmer, Dieter E. (1986), *Redens-Arten. Über Trends und Tollheiten im neudeutschen Sprachgebrauch*. Zürich: Haffmans.

Franz Hundsnurscher, Münster (Deutschland)

102. Fallstudie II: Das Niederdeutsche

1. Vorbemerkungen
2. Lexikalische Entlehnungen in das Niederdeutsche
3. Ausstrahlungen des Niederdeutschen auf die Nachbarsprachen
4. Charakteristische Wortbildungsmerkmale des Niederdeutschen
5. Jüngste lexikalische Entwicklungen im Niederdeutschen
6. Literatur in Auswahl

1. Vorbemerkungen

Der Wortschatz einer Sprache ist zu einem nicht geringen Teil durch fremdsprachige Kontakte beeinflusst. Dies gilt insbesondere für Sprachen wie das Niederdeutsche (Nd.), das man in diesem Zusammenhang als relativ offenes System bezeichnen kann. Die einschlägigen Kontaktsituationen und die damit in Verbindung stehenden Entlehnungsprozesse sind für das Nd. vor allem in den älteren Sprachstufen festzumachen, d.h. in einer Zeit, in der das Nd., insbesondere in seiner Funktion als hansische Verkehrssprache des Nord- und Ostseeraums, zumindest auf der Ebene der Schrift, hochsprachenähnliche Geltung besaß. Zweifellos schlagen sich auch danach, d.h. nach dem im Zusammenhang des Schwundes der hansischen Macht und der damit einhergehenden wirtschaftlichen Neuorientierung auf den Westen und Süden zu sehenden Übergang Norddeutschlands zur hochdeutschen Schriftsprache im 16. Jahrhundert, (und bis in die Gegenwart) entsprechende Einflüsse – nunmehr in den einzelnen Mundarten – nieder, doch sind solcherart Entlehnungen sehr viel schwerer greifbar (und entsprechend auch weniger gut erforscht), da hier häufig der Weg über das Standarddeutsche verlief. Zu keiner Zeit bildete das Nd. in dem Sinne eine sprachliche Einheit, dass etwa fremdsprachige Impulse den gesamtnd. Raum erfasst hätten. Immer wurden und werden nur Teilräume beeinflusst, so dass der Niederschlag der Entlehnungen zu einem gewissen Teil auch den heutigen wortgeographischen Aufbau des Nd. strukturiert (vgl. Foerste 1957, 1794ff., Ising 1968, 92ff., Peters 1983, 106f., Schophaus 1983, 182ff.). Im übrigen muss man sich die Entlehnungsprozesse zeitlich geschichtet vorstellen; gerade in dieser Hinsicht ist die Forschungslage bisher wenig befriedigend.

2. Lexikalische Entlehnungen in das Niederdeutsche

2.1. Seit as. Zeit haben zahllose südliche, vor allem md. Wörter in das Nd. Eingang gefunden. Auf diese Weise wurde der nordseegerm. geprägte as. Wortschatz weitgehend umgestaltet (Foerste 1962, 25), er wurde – wenn man so will – zunehmend „eingedeutscht". Aus dem Süden werden zunächst insbesondere Wörter aus dem Bereich des Gefühlslebens entlehnt, vgl. etwa *lîden* 'leiden' (as. *âdôgian*), *klagen, trūren* 'trauern', *verzagen, sik freuen*. Weiteres binnendeutsches Lehngut zeigt sich etwa bei der Ersetzung nd. Wörter durch hd.: *ganz* (as. *al*), *bet* 'bis' (as. *und, untthat*), *michel* 'groß' (nd. *mēkel* nur noch in Namen), ferner bei den Tiernamen *zēge* 'Ziege' (nd. *gêt*), *zibbe* 'weibliches Lamm' (nd. *tēve*) sowie den Verben *straffen, wāgen, weigern, zīren*. Anpassung hd. Wörter an den nd. Lautstand begegnet etwa in *sēge* 'Ziege', und mhd. *kerze, zins* (< lat. *census*) wird zu *kerse, tins* verniederdeutscht.

Es ist davon auszugehen, dass der hd. Einfluss auf das Nd. während der Blüte der höfischen Kultur im 12. und 13. Jh. deutlich stärker war als etwa zur Zeit der Herrschaft der oben skizzierten mnd. Verkehrssprache. Aber selbst dann blieb das Hd. für die Fürstenhöfe mit dem höheren Prestige verbunden, obgleich sie, offensichtlich politisch motiviert, in ihren Kanzleien eher auf das Nd. übergegangen waren als etwa die länger am Latein festhaltenden Hansestädte (Peters 1983, 108). Auch die mnd. Dichtersprache zeigt, wohl vor allem von den Vorlagen her beeinflusst, hd. Elemente, etwa in Reimen (statt *brak* dann *brach* 'brach' wegen *sach* 'sah') oder bei den Verbformen *haben* statt *hebben* und *sagen* statt *seggen* sowie bei der Verwendung des Suffixes *-schaft* für *-schap*.

2.2. Einen sehr starken Anteil am nd. Lehnwortschatz hat das Lateinische. Bereits in germanischer Zeit wurde im Zusammenhang der römischen Besetzung von Teilen Germaniens eine Reihe von Wörtern aus verschiedenen sachkulturellen Bereichen entlehnt. Beispiele (angeführt werden im Folgenden die mnd. Formen) aus dem Bauwesen: u.a. *tēgel*, 'Ziegel' (lat. *tegula*), *mûre* 'Mauer' (*murus*), *keller* 'Keller' (*cellarium*), *plâster* 'Pflaster' (*emplastrum*); dem Obst-, Gemüse-, Weinbau: etwa *prûme* 'Pflaume' (*prunum*), *kôl* 'Kohl' (*caulis*), *redik* 'Rettich' (*radicem*), *wîn* 'Wein' (*vinum*); der Kochkunst: *kōkene* 'Küche' (mlat. *cocina*), *kētel* 'Kessel' (*catilus*), *schōtele* 'Schüssel' (*scutella*); dem Handel: *kiste* 'Kiste' (*cista*), *sak* 'Sack' (*saccus*). Ein zweiter Entlehnungsschub lat. Wörter erfolgte seit der frühdeutschen Zeit und erfasste zunächst vor allem den kirchlich-klösterlichen Bereich und das hiermit oft eng zusammenhängende Bildungswesen; Beispiele: *misse* 'Messe' (mlat. *missa*), *prēdiken* 'predigen' (*praedicare*), *krûze* 'Kreuz' (*crucem zu crux*), *klôster* 'Kloster' (mlat. **clōstrum*), *nunne* 'Nonne' (spätlat. *nonna*), *selle* 'Zelle' (*cella*); *schôle* 'Schule' (*scola*), *schrîven* 'schreiben' (*scrībere*), *inket* 'Tinte' (*encaustum*), *penne* 'Schreibfeder' (*penna*), *brêf* 'Brief' (*brevis*). Weitere Entlehnungen finden sich u.a. im Bereich des Handels: *market* 'Markt' (spätlat. *marcatus*), *pels* 'Pelz' (mlat. *pellicia*), *sîde* 'Seide' (*sēta*), *summe* 'Summe' (*summa*); des Hausrats und der Kleidung: *spêgel* 'Spiegel' (*speculum*), *teppet* 'Teppich' (mlat. *tapetum*), *mantel* 'Mantel' (*mantum*); des Land- und Gartenbaus: *selve* 'Salbei' (*salvia*), *sparge* 'Spargel' (mlat. *sparagus*). Wie aus den Lautungen häufig abzulesen ist, verliefen die Entlehnungen ins Nd. durchaus eigenständig und im allg. nicht über das Hd. – Im Zusammenhang der Devotio Moderna hat es im westl. Teil Westfalens durch das Nl. vermittelte lat. Entlehnungen im religiösen Wortschatz gegeben, die das Hd. nicht erreicht haben.

2.3. Nach dem Lateinischen ist das Französische von großer Bedeutung für den nd. Wortschatz gewesen, auch wenn „im Hochmittelalter der gesellschaftliche und geistige Einfluss Frankreichs in Niederdeutschland weit geringer [war] als in Süd- und Westdeutschland" (Peters 1983, 108f.). Denn das Rittertum, der wichtigste Vermittler frz. Kultur, spielte hier eine wesentlich geringere Rolle als dort. Insofern kann es nicht überraschen, dass es im Frühmnd. sehr viel weniger frz. Lehnwörter gibt als etwa im Mhd. Die meisten frühmnd. Entlehnungen erfolgten über den deutschen Süden, an dem sich das norddt. Rittertum orientierte und von dessen Literatur man in Teilen abhängig war. Der ritterliche Wortschatz, wie er uns etwa in ostfäl. Texten entgegentritt, z.B. *bohurt* 'Ansturm' (afrz. *behort*), *dust* 'Tjost' (*joste*), *kôvertüre* 'Pferdedecke' (*coverture*), *lanse* 'Lanze' (*lance*), *pavlûn* 'Zelt, Baldachin' (*paveillon*), *tornēren* 'turnieren' (*tornier*), drang im allgemeinen nicht bis in die Volkssprache durch, anders als etwa Fremdwörter des Kriegswesens, die später in die Söldnersprache Eingang fanden, so z.B. *banner* 'Banner' (afrz. *bannière*), *harnesch* 'Harnisch' (*harnais*), *solt* 'Sold, Lohn' (*solde*). Bedeutsam sind auch die Lehnwörter im Bereich der Kleidermode, etwa *feyle* 'Kopftuch, Mantel' (afrz. *veile*), *glosse* 'Pantoffel' (*galoche*), *hoike* 'Mantel' (*huque*), *patîne* 'Holzschuh' (*patin*), *müsse* 'Mütze' (*aumuce*), *pelterie* 'Pelzwerk' (*peleterie*), sowie der Baukunst: u.a. *arkener* 'Erker' (*arquière*), *palas* 'Palast' (*palais*), *planke* 'Planke' (*planche*), *torn* 'Turm' (**torn*). Den Bereichen Rechtsprache und wirtschaftliches Leben entstammen charakteristische Entlehnungen wie z.B. *boie* 'Fessel' (afrz. *buie*), *partie* 'Gerichtspartei' (*partie*), *pleiten* 'prozessieren' (zu *plait*), *prōve* 'Beweis' (*prueve*) bzw. *hanteren* 'handeln' (*hanter*), *kumpanie* 'Handelsgesellschaft' (*compaignie*), *rente* 'Rente, Einkünfte; Abgabe' (*rente*).

In einer Reihe von Fällen muss unentschieden bleiben, ob die Entlehnung der frz. Wörter tatsächlich ausschließlich über das Mhd. verlief oder ob nicht auch Vermittlung über das Mnl. denkbar ist, etwa *bāliu* 'Vogt' (afrz. *bailli*), *hast* 'Eile' (*haste*), *kābel* 'Tau' (*chable*), *quit* 'los, ledig' (*quite*), *slûse* 'Schleuse' (*escluse*).

Die Entlehnungen aus dem Bereich der Seefahrt dürften vornehmlich über die flandrischen Städte in die nd. Häfen gelangt sein: *barke* 'Barke' (afrz. *barque*), *bûse* 'kleines Schiff' (*busse*), *hāverie* 'Havarie' (*avarie*), *lavēren* 'lavieren' (*louvier*), *polleie* 'Winde, Talje' (*poulie*).

Ursprünglich frz. Wörter gelangten ferner im Zuge nl. Siedlung in das Mnd., insbesondere in die Mark Brandenburg (vgl. Frings/Lercher 1966, 31); Beispiele: *enken, enten* 'veredeln' (mnl. *enten* < afrz. *enter*), *kanîn* 'Kaninchen' (*conijn* < *connin*), *pumpe* 'Pumpe' (mnl. afrz. *pompe*), *pütte* 'Brunnen' (*put(te)* < *puiz*, lat. *puteus*). – Im Verlaufe des 16. und 17. Jh. werden weitere frz. Lehnwörter über das Nl. vermittelt, insbesondere Ableitungen auf *-age* (de Smet 1983, 748).

2.4. Natürlich hat das Nd. aber auch echt niederländisches Wortgut entlehnt. Die betreffenden Wörter lassen sich oft nur schwer erkennen, da Mnd. und Mnl. nahverwandte Sprachen sind. Manchmal gibt die Sachgeschichte Aufschluss über die Herkunft (etwa *düffel* 'grober Wollstoff'), manchmal die wortgeographische Verbreitung (*bās* 'Aufseher, Meister', *tônen* 'zeigen'), manchmal der Lautstand (*dûne* 'Düne', *klûver* 'best. Segel', *sûd* 'Süden'); vgl. Foerste (1957, 1793).

Im calvinistischen Südwesten Ostfrieslands sowie in der Grafschaft Bentheim war das Nl. seit etwa 1650 bis ins 19. Jh. Kirchen- und z.T. auch Schulsprache (de Smet 1983,742ff.); nl. Lehnwörter im nd. Westsaum sind etwa *pottlôt* 'Bleistift', *ûr* 'Stunde'. – Die kulturelle und ökonomische Vormachtstellung der Niederlande in dieser Zeit lässt sich ferner an zahlreichen Wörtern ablesen, die vornehmlich westf. und ostfries. Saisonarbeiter von dort mitbrachten; die Geltung dieser Wörter blieb allerdings weitgehend auf die nl.-nd. Kontaktzone beschränkt. – Zum aufgrund der Siedlerherkunft stark nl. geprägten Wortschatz Brandenburgs, der von dort aus aber weiter ausstrahlte (vgl. z.B. *erpel* 'Enterich', *padde* 'Kröte') s. Teuchert (1944).

2.5. Nur wenige friesische (zumeist Rechts-) Wörter haben in das Nd. Eingang gefunden. Sie finden sich insbesondere in den Gebieten, in denen das Mnd. das Fries. verdrängt hat; Beispiele: *âsegabôk* 'Rechtsbuch', *boldbreng* 'Mitgift', *rêdg(ev)a* 'Urteiler, Richter' (afries. *rêdi(ev)a*). Noch heute (auch hd.) geläufig ist *bâke* 'Landmarke, Feuerzeichen' (afries. *bāken*).

2.6. Der lexikalische Einfluss des Englischen auf das ältere Nd. beschränkt sich auf wenige Schiffahrtswörter, z.B. *bôt* 'Boot', *lôtsman* 'Lotse' (me. *lodesman*).

2.7. Ebenfalls nur in sehr bescheidenem Maße hat skandinavischer Wortschatz in das Mnd. Eingang gefunden. Betroffen waren vor allem Begriffe, die die hansischen Kaufleute vor Ort kennengelernt hatten (für das Hansekontor Bergen vgl. Brattegrad 1963). Beispiele: *bûman* 'Stadtbewohner' (norw. *bymann*), *bunde* 'Bauer' (an. *bóndi*), *elthûs* 'Haus mit Feuerung' (an. *eldhús*), *grundlāge* 'Miete' (an. *leiga*), *klēve* 'Kammer' (an. *klefi*), *unbādesman* 'Vertrauensmann' (an. *umboðsmðr*). Diese Wörter begegnen häufiger nur in der Handelskorrespondenz. Eine breitere Verwendung erlangte der Rechtsterminus *schrae* 'Zunft(ordnung)' (anord. *skrā*).

2.8. In ähnlicher Weise vornehmlich von den Handelsbeziehungen her bestimmt sind die Wortentlehnungen aus dem Russischen. Die Hanse besaß vom 13. bis 15. Jh. in Novgorod Kontore. Besonders zahlreich sind die Entlehnungen im Bereich der Pelzbezeichnungen: *poppelen* 'Pelzart' (aruss. *popelen* 'aschgrau'), *schevenisse* 'Fell' (*schevnja*), *last(k)en* Pl. 'Wieselfelle' *(las(t)ka)*. Auch Wörter anderer Thematik sind in hans. Quellen (vornehmlich Nowgorods und des Baltikums, aber auch Lübecks) belegt: *namesnick* 'Statthalter' (russ. *namestnick*), *strūse* 'Flussschiff' (*struga*), *klēte* 'Speicher' (*klet'*); erst im 16. Jh. dann: *jufften* 'Juchten, Lederart' (russ. *juft'*), *kowschen* 'Trinkschale' (*kovsch*). In diesem Zusammenhang gehört möglicherweise (s. Bielfeldt 1963, 23f.) auch das im dt. Schrifttum seit dem

13. Jh. bezeugte *tolke* 'Dolmetscher' (russ. *tolk*).

2.9. In mnd. Texten ist der Anteil an ostseeslawischen Lehnwörtern gering. Ein Teil von ihnen geht auf den Kontakt nd. und slaw. Bevölkerung im ostelbischen Kolonisationsgebiet zurück: *grense, grenitze* 'Grenze' (poln. *granica*), *agurk(e)* 'Gurke' (poln. *ogórek*). Ebenfalls weitere Verbreitung gefunden haben *jûche* 'Jauche, Brühe' (*jucha* gemeinslaw. 'Brühe als Nahrungsmittel', sorb. 'Stalldünger'), *dornitze* 'heizbare Stube' (drav.-polab. *dwarneiz(ia)*). Es ist nicht auszuschließen, dass eine Reihe von Entlehnungen auch über das Md. erfolgte. In jedem Falle über das Schriftdt. sind Wörter wie *Kalesche, Quark, Pietsch/Peitsche* auch in das Nd. gelangt (vgl. tschech. *colessa*, sorb. *twarog*, akslaw. *biči*). Die fachsprachlichen Bezeichnungen vor allem des Fischereiwesens sind in erster Linie kleinräumiger bezeugt, so etwa im Meckl. und Pomm. *zēse* (< pomor. *seza*) 'Schleppnetz der Fischerei', vgl. auch zu weiteren erhalten gebliebenen slaw. Reliktwörtern Damme (1987, 168ff.); allgemein verbreitet und auch hd. sind z. B. *prâm* 'Prahm, flaches Lastschiff' (tschech. *prám*), *plötze* 'Plötze, Rotauge' (poln. *plocica*), *sandât, sander* 'Zander' (sorb. *zanar, zandor*). – In den ostnd. Mundarten ist der Einfluss des Slaw. aufgrund des jahrhundertelangen Kontakts etwas stärker; vgl. hierzu etwa Kaestner (1983, 699ff.).

3. Ausstrahlungen des Niederdeutschen auf die Nachbarsprachen

Das Nd. war aber nicht nur die nehmende Sprache, sondern hat auch seinerseits, und zum Teil nicht unbeträchtlich, nach außen ausgestrahlt (s. etwa Peters 1983, 112ff.). An dieser Stelle kann hierauf nur äußerst knapp, lediglich zur „Abrundung" des Themas eingegangen werden.

Schon früh hat das Nd. auch auf das Hochdeutsche eingewirkt. Insbesondere der weit in den Süden reichende Einfluß der nd. Rechtsbücher und des hansischen Handels hat sich lexikalisch niedergeschlagen. So sind z.B. *echt* und *Gerücht*, wie schon die Lautgestalt mit dem nd. Übergang *ft > cht* verrät, nd. Rechtswörter (aus *êhaft* 'gesetzlich' bzw. *gerüfte* 'Anklagegeschrei', zu *rôpen* 'rufen'). In denselben Zusammenhang gehört auch *Pranger* (mnd. *prangen* 'jmd. einengen', mhd. *pfrengen*). Aus dem Bereich des Handels sind etwa *Stapel* und *Fracht* zu nennen, Wörter, die seit der frühen Neuzeit im Hd. bezeugt sind, ferner *Gilde* und *Unkosten* (mnd. *unkost* 'vermeidliche Kosten; Aufwand') sowie *Laken, Linnen* und *Inlett*, die im Zuge des überlegenen westf. Tuchhandels in den Süden gelangten. Viele hierher gehörende Wörter wurden durch Luther verbreitet. Nd. Herkunft sind u.a. *fett* (hd. *feist*), *Gelage, Hafer* (*haber*), *Lippe* (*lefze*), *Rasen* (*wasen*). Von nachhaltiger Bedeutung war auch die mnd. Seemannssprache, selbst über den engeren Fachbereich hinaus. So verdrängt *Ufer* (mnd. *ôver*) südliches *stad* (vgl. *Gestade*), weiterhin seien genannt *Deich* (mnd. *dîk*), *Hafen* (mnd. *hāvene*, mhd. *hābene*), *Kahn* (hd. *Nachen*), *Maat* (mnd. *mât* 'Tischgenosse'), *Teer* (hd. *Pech*) usw.

Vergleichsweise unbedeutend waren die Ausstrahlungen des Nd. auf das Niederländische. Betroffen waren hiervon insbesondere die Bereiche des Wirtschaftslebens und das Kriegswesen. Zu nennen wären etwa (vgl. de Vooys 1936, 8): *ballast, onkost* 'Aufwand' (mnd. *unkost*), *rekenschap doen* 'Rechenschaft ablegen'; *aanslag* 'Angriff' (*anslach*), *lont* 'Lunte' (*lunte*), *oproer* 'Aufruhr' (*uprôr*), *overweldigen* 'überwältigen', *twidracht* 'Zwietracht', *velthere* 'Feldherr'. Im 16. Jh. zeigen Wörter wie *begiftigen* 'beschenken', *beramen* 'festsetzen', *bevestigen* 'befestigen' noch nd. Morphologie (mnl. *begiften, ramen, bevesten*), im 17. Jh. sind sie dann eingebürgert.

Demgegenüber ist die Ausstrahlung des Nd. auf die skandinavischen Sprachen kaum zu überschätzen. Sie ist insbesondere eine Folge der Geltung der mnd. hans. Verkehrssprache auch im skandinavischen Raum (besonders in den Städten) sowie der relativ starken Einwanderung nd. Handwerker und Kaufleute. Aus dem Mnd. sind z. B. viele Wörter des täglichen Lebens entlehnt: dän. *bukser* / schwed. *byxor* 'Hosen' (mnd. *buxe*), *krol/krog* 'Schenke' (*krôch*), *tallerken/tallrik* 'Teller' (*teller*). Stark nd. geprägt ist auch das Handwerkswesen: *rebslager/repslagare* 'Seiler' (*rêpsleger*), *skrædder/skräddare* 'Schneider' (*schrâder*), *slagter/slaktare* 'Schlachter' (*slachter*) usw. Diese Wörter stehen „stellvertretend für Tausende" (Hyldgaard-Jensen 1983, 672). Hinzu kam die Übernahme mnd. Wortbildungselemente (vor allem *be-, vör-, -inne, -(er)sche*), die in den nord. Sprachen sehr produktiv wurden. – Die Untersuchung des nd. Lehnwortanteils in den nord. Mundarten steht erst am Anfang.

Die nd. Einwirkung auf die slawischen Sprachen blieb weitgehend auf das Niedersorbische sowie das Kaschubische und die nordpoln. Dialekte beschränkt; nur gelegentlich ist durch poln. Vermittlung Fernentlehnung ins Russ. festzustellen. Betroffen sind vor allem solche Lexeme, bei denen ein Bezug zur Hanse, ihrem Handel und ihrer Kultur besteht. Beispiele (Belege aus der frühen Neuzeit): kasch./nordpoln. *fracht* 'Fracht', *kwit* 'quitt' (ursprgl. frz.), *foder* 'Fass' (mnd. *vôder*), *tuna* 'Tonne' (*tunne*), *bal* 'Ballen' (*bale*); *kak* 'Pranger' (*kâk*), *wykusz* 'Vorhaus, Wachhaus' (*wîkhus* 'Festungsturm').

Schließlich ist noch darauf hinzuweisen, das das Nd. auch auf das Estnische, Finnische (Hofstra 1985), Lettische (Jordan 1995) und Litauische, z. T. nicht unbeträchtlich, eingewirkt hat.

4. Charakteristische Wortbildungsmerkmale des Niederdeutschen

Auch das Nd. kennt die beiden Wortbildungstypen der Komposition und Derivation. Charakteristische Besonderheiten zeigen sich vor allem bei den Suffixbildungen, wobei allerdings dialektale Unterschiede begegnen können (s. Foerste 1957, 1789ff.; Peters 1983, 103ff.).

So ist z. B. die as. Abstraktbildung auf *-(i)da* (mnd. *hôgede* 'Höhe', *lengede* 'Länge') im Westf. sehr gebräuchlich geworden (vgl. heute etwa *Wärmte* 'Wärme'), während in Ostfalen die Bildung auf *-nis* bewahrt blieb: *Warms* < *warmnis*. – Sehr produktiv war schon im Mnd. das Suffix *-inge*, das zumeist zur Bildung von Verbalabstrakta diente; es entwickelte sich später zu *-(e)n* weiter (*mêninge* > *Mēn'n* 'Meinung') bzw. wird mehr und mehr durch *-unge* verdrängt. Mit *-els/-sel* wurden seit dem As. Verbalabstrakta gebildet (vgl. mnd. *dôpsel* 'Taufe', *deckels(e)* 'Decke, Deckel', *mâkels(e)* 'Machen, Machwerk'). Dabei ist *-sel* westnd. (vgl. heutiges *Decksel, Mäksel*), *-els* nordnd./ostfäl.; das Nordnd. verwendet daneben z. T. auch andere Abstraktsuffixe, vgl. *dôpe, vordekkinge, mâkinge*. – In den Fällen, in denen der Westen (Westf., Ostnl.) substantivische Ableitungen auf *-heit* bildete, bevorzugte das Nordnd., häufig *-schop*, etwa *juncferlichheit* : *juncvrouschop* 'Jungfräulichkeit'. – Ein weiteres im Nd. (und Nl.) sehr produktives Kollektivsuffix ist *-(e)te*, vgl. etwa heute *Gebēnte* 'Gebeine', *(Ge-)Dērte* '(Raub)Tier'. – Und schließlich erfreute sich das aus dem Frz. entlehnte Suffix *-îe* nd. (wie hd.) großer Beliebtheit: es erfasste vor allem das westl. Nd. (vgl. *ketterîe* 'Ketzerei', im heutigen Westf. – z. T. mit Hiatschärfung – z. B. *Wöüstenigge* 'Wüste(nei)'.

5. Jüngste lexikalische Entwicklungen im Niederdeutschen

Seit Juli 1977 sendet Radio Bremen wöchentlich mehrfach Weltnachrichten in Nd. Eine vergleichende Analyse der nd. Nachrichtentexte und ihrer hd. Vorlagen (Stellmacher 1981, 49ff.) arbeitet neben syntaktischen Unterschieden (Satzarten, Anzahl der Wörter pro Satz etc.) auch lexikalische Aspekte heraus. „Für die Verständlichkeit von Nachrichten wird immer wieder ins Feld geführt, daß es besonders Fremdwörtern und umständlichen (Nominal-) Komposita zuzuschreiben ist, wenn die Textverständlichkeit abnimmt" (Stellmacher 1981, 60).

Die Analyse ergibt, dass die im hd. Ausgangstext auftretenden Fremdwörter zumeist unverändert in den nd. Nachrichtentext übernommen werden (*Agrarminister, Chef, Energie, Generalsekretär, Medikamente, Zentrum* etc.). Häufig werden hd. Komposita aber auch nominal umschrieben (*Ausbildungsjahr* : *Jahr för de Uutbildung*; *Friedensplan* : *Plan för den Freden*; *Heilungschancen* : *Schangs för 't Gesundwarrn*). Daneben stehen die „direkte lautliche Umsetzung" hd. Wörter ins Nd. (*Abkommen* : *Afkamen*; *Betrieb* : *Bedriev*; *Zusammenkunft* : *Tosamenkamen*) sowie die „verbale Umschreibung" hd. Substantive und Nominalgruppen (*Anrufer* : *de daar anropen hebbt*; *dementiert* : *dat deiht nich stimmen*; *über seine Gespräche* : *wat he besnackt hett*). Ferner wird Hochdeutsches ins Nd. übersetzt (*appellieren*: *upropen*; *Konflikt* : *Utenannersetten*; *Qualifikationsnachweis* : *nawiesen, wat he kann*) oder durch Synonyme ersetzt (*Abstecher* : *lütte Tour*; *komplett* : *fardig*; *Tagesordnung* : *Programm för dissen Dag*).

Insgesamt reichen die nominalen und verbalen (und syntaktischen) Umschreibungen „in ihrem Umfang nicht an die unveränderten Übernahmen heran, so daß [...] nicht von einer wesentlichen Verständniserleichterung durch sprachliche Vereinfachung gesprochen werden kann" (Stellmacher 1981, 61). Dass die Hörer nach eigener Aussage mit Nachrichten in Nd. weniger Verständnisschwierigkeiten zu haben glauben, dürfte z. T. eine Folge der Aufmerksamkeitsbindung durch die in dieser Situation ungewohnte Sprachform sein (ebd. S. 50f.).

Die notwendige ständige Integration neuer Wörter aus den Bereichen Technik sowie des modernen politisch-gesellschaftlichen und wirtschaftlichen Lebens wird – wie Kremer (1979), der u.a. der „Aufnahme moderner Kulturwörter durch die Mundarten" nachgegangen ist, herausgearbeitet hat – nahezu ausschließlich durch völlige oder partielle Transferenz standardsprachlicher Formen erreicht.

In diesem Zusammenhang kommen die „‚kreativeren' Möglichkeiten der Lehnschöpfung oder Lehnbedeutung [...] fast nicht vor" (Kremer 1979 I, 209).

6. Literatur in Auswahl

Ahlsson, Lars-Erik (1964), *Studien zum ostfriesischen Mittelniederdeutsch*. Uppsala: Almquist & Wiksells 1964.

von Bahder, Karl (1925), *Zur Wortwahl in der frühneuhochdeutschen Schriftsprache*. Heidelberg: Carl Winter 1925.

Bielfeldt, Hans Holm (1963), Die Wege der Wortentlehnungen aus dem Russischen ins Niederdeutsche. In: *Niederdeutsches Jahrbuch* 86, 17–27.

Brattegard, Olav (1963), Niederdeutsch und Norwegisch am hansischen Kontor zu Bergen in Norwegen. In: *Niederdeutsches Jahrbuch* 86, 7–16.

Damme, Robert (1987), Westslavische Reliktwörter im Stralsunder Vokabular. In: *Sprachkontakt* 1987, 163–178.

Foerste, William (1957), Geschichte der niederdeutschen Mundarten. In: *Deutsche Philologie im Aufriß*. (Hrsg. W. Stammler). 2., überarb. Auflage. Band 1. Berlin: Erich Schmidt 1957, 1729–1898.

–, (1962), Die Herausbildung des Niederdeutschen. In: *Festschrift für Ludwig Wolff*. (Hrsg. W. Schröder). Neumünster: Wachholtz 1962, 9–27.

Frings, Theodor; Gotthard Lerchner, (1966), *Niederländisch und Niederdeutsch. Aufbau und Gliederung des Niederdeutschen*. Berlin: Akademie 1966.

Handbuch zur niederdeutschen Sprach- und Literaturwissenschaft. (Hrsg. G. Cordes; D. Möhn), Berlin: Erich Schmidt 1983.

Hofstra, Tette (1985), *Ostseefinnisch und Germanisch. Frühe Lehnbeziehungen im nördlichen Ostseeraum im Lichte der Forschung seit 1961*. Groningen: Van Denderen 1985.

Hyldgaard-Jensen, Karl (1983), Mittelniederdeutsch und die skandinavischen Sprachen. In: *Handbuch* 1983, 666–677.

Ising, Gerhard (1968), *Zur Wortgeographie spätmittelalterlicher deutscher Schriftdialekte*. Zwei Teile. Berlin: Akademie 1968.

Johannisson, Ture (1968), Deutsch-norwegischer Lehnwortaustausch. In: *Wortgeographie* 1968, 607–623.

Jordan, Sabine (1995), *Niederdeutsches im Lettischen: Untersuchungen zu den mittelniederdeutschen Lehnwörtern im Lettischen*. Bielefeld: Verlag für Regionalgeschichte 1995.

Kaestner, Walter (1983), Niederdeutsch-slavische Interferenzen. In: *Handbuch* 1983, 678–729.

Kaestner, Walter (1987), Mittelniederdeutsche Elemente in der polnischen und kaschubischen Lexik. In: *Sprachkontakt* 1987, 135–178.

Katara, Pekka (1966), *Das französische Lehngut in mittelniederdeutschen Denkmälern von 1300 bis 1600*. Helsinki: Société Néophilologique 1966.

Kluge, Friedrich (1911), *Seemannssprache*. Halle/S.: Niemeyer 1911.

Kremer, Ludger (1979), *Grenzmundarten und Mundartgrenzen. Untersuchungen zur wortgeographischen Funktion der Staatsgrenze im ostniederländisch-westfälischen Gebiet*. Teil 1: Text, Teil 2: Tabellen und Karten. Köln/Wien: Böhlau 1979. (Niederdeutsche Studien, 28/1 + 2).

Later, K. (1903), *De Latinsche woorden in het Oud- en Middelnederduitsch*. Diss. Utrecht 1903.

Marquardsen, Ida (1908), Der Einfluss des Mnd. auf das Dänische im 15. Jahrhundert. In: *Beiträge zur Geschichte der deutschen Sprache und Literatur* 33, 405–458.

Niederdeutsch. Sprache und Literatur Eine Einführung. Band 1: Sprache.

Öhmann, Emil (1974), Der romanische Einfluß auf das Deutsche bis zum Ausgang des Mittelalters. In: *Deutsche Wortgeschichte*. (3. Auflage hrsg. von F. Maurer/H. Rupp). Band 1. Berlin/New York: Walter de Gruyter 1974, 323–396.

Peters, Robert (1983), Mittelniederdeutsche Sprache. In: *Niedrdeutsch* 1983, 66–115.

Ponten, Jan P. (1968), Deutsch-niederländischer Lehnwortaustausch. In: *Wortgeographie* 1968, 561–606.

Schophaus, Renate (1983), Zur Wortgeographie und zu den Wörterbüchern. In: *Niederdeutsch* 1983, 175–198.

de Smet, Gilbert (1983), Niederländische Einflüsse im Niederdeutschen. In: *Handbuch* 1983, 730–761.

Stanforth, Anthony W. (1968), Deutsch-englischer Lehnwortaustausch. In: *Wortgeographie* 1968, 526–560.

Sprachkontakt in der Hanse. Aspekte des Sprachausgleichs im Ostsee- und Nordseeraum. (Hrsg. P. Sture Ureland). Tübingen: Niemeyer 1987.

Stellmacher, Dieter (1981), *Niederdeutsch. Formen und Forschungen*. Tübingen: Niemeyer 1981. (Reihe Germanistische Linguistik, 31).

Teuchert, Hermann (1944), *Die Sprachreste der niederländischen Siedlungen des 12. Jahrhunderts*. Neumünster: Wachholtz 1944.

Törnqvist, Nils (1977), *Das niederdeutsche und niederländische Lehngut im schwedischen Wortschatz*. Neumünster: Wachholtz 1977.

de Vooys, C. G. N. (1936), *Nedersaksische en Hoogduitse invloeden op de Nederlandse woordvooraad*. Amsterdam: Noord-Hollandse uitgevers-mij 1936.

Wortgeographie und Gesellschaft. [Festgabe für L. E. Schmitt zum 60. Geburtstag]. (Hrsg. W. Mitzka). Berlin: de Gruyter 1968.

Hermann Niebaum, Groningen (Niederlande)

103. Case study III: *English*

1. Preliminary considerations
2. Chronological sequence and sociohistorical outline of major phases of lexical borrowing
3. Quantitative and qualitative aspects of loans in English
4. Conclusion
5. Literature (a selection)

1. Preliminary considerations

1.1 The English language – a working definition

From its humble beginnings as a group of related West Germanic dialects imported to mainland Britain in the 5th century, or rather imposed upon the native Celtic-speaking population, English has in the course of about 1,500 years grown into a world language with an almost world-wide geographical distribution. The English-speaking population extends from the British isles to North America, Australasia, East and West Africa, the Indian subcontinent, and to countries in South East Asia.

As far as the wordstock of English and its origins are concerned, this world-wide diffusion of the language has led to the exportation and transplantation of English to foreign countries, and in return, though to a lesser degree, to an importation of loanwords from a great many other languages (cf. 2.3).

The English language is of course a theoretical abstraction which needs to be subdivided into smaller sections, viz.: countries in which English is the native language, those countries where speakers are largely bilingual with English being a second or further official language, further areas such as the Caribbean, New Guinea, etc. where English-based Creoles have developed, and finally, instances where English is being used (as a language) for special purposes in scholarship, education, trade and commerce.

For reasons of space, the case study will deal mainly with the historical origins of the vocabulary of British English, and where appropriate discuss lexical borrowing in other varieties, such as American English, where the process of large-scale immigration and the contacts with the native population have yielded some direct culture-specific borrowings from German, e.g.: *hamburger, pretzel, sauerkraut,* etc.; (Mexican-) Spanish, e.g.: *canyon, lasso, mustang, rodeo,* etc., and Indian and Eskimo languages in particular, e.g.: *moccasin, moose, papoose, totem; anorak, igloo, kayak,* etc. Not only have many of these loans made their way into British English and other varieties of English, but also into other (European) languages.

1.2 Categorisation and classification of the different etymological strata of lexical borrowings in English

To classify the different layers of loanwords in English, several approaches, although with a partial overlap, are conceivable: a chronological ordering of foreign influences on the wordstock of English; a systematic ordering according to source languages, possibly rated according to their different degrees of impact regarding frequency, core vocabulary, or specialised terms; or a description of the different types of borrowing, i.e. direct vs. indirect loans, importations vs. (partial) substitutions, or following their degree of morpho-phonemic assimilation subclasses of *naturals, denizens,* and *aliens* (cf. *Oxford English Dictionary* [OED] 1989, xxv and Tesch 1978).

As the various source languages have contributed to the enlargement of the English vocabulary in substantially different ways, the major etymological sources will be described and classified according to the criteria above. The sociohistorical approach in particular exemplifies the interrelatedness of foreign cultural influences and lexical borrowings. The internal linguistic history of English, i.e. the structure of its vocabulary (and to a far lesser degree its grammar), and the external history of settlement, i.e. who spoke the language where and when, both testify to this.

2. Chronological sequence and sociohistorical outline of major phases of lexical borrowing

Traditionally, the English language is subdivided into Old English (700–1100), Middle English (1100–1500), Early Modern English (1500–1700), and Modern English (1700–). These subperiods, with the exception of Early Modern English, are largely based on enforced direct cultural contacts by successive invasions, which have resulted in many lexical borrowings.

2.1 Old English

The very beginnings of Old English with the advent of the Angles, Saxons and Jutes in the 5th century makes English a member of the West Germanic language family. Little reliable evidence on the language contact between the Germanic invaders and the Celtic inhabitants exists. Apart from place-names, only a few loanwords have been transmitted from that time (cf. Graddol/Leith/Swann 1996, 200). However, as far as the Anglo-Saxons are concerned, their language was not made up entirely of words of common Germanic descent, but thanks to prior cultural contact with the Romans and the Celts on the continent it already included a number of Latin and also Celtic loanwords before the Germanic tribes came to Britain. For this reason we have to differentiate between different layers of Latin loanwords in English (cf. 3.2.4). The introduction of Christianity in the 6th century provided another stratum of loans from Latin which were more or less directly related to the new faith and its clerical institutions.

The raids of the Vikings in the 9th century introduced words of North Germanic (= Old Norse) origin into Anglo-Saxon. When compared to the adstrat of Celtic, which is rather small and peripheral to the vocabulary of present-day English, often denoting geographical or topographical items, the impact of the Scandinavian loanwords on the language is very substantial. Taking into account that the Scandinavian settlers occupied a large area to the north of the Watling Street reaching from London to Chester, it is surprising that they finally gave up their language in the 12th century in favour of Anglo-Saxon, which by then had incorporated a large number of loans.

According to Kastovsky (1992, 329), a larger number of speakers were bilingual, and at the beginning the pressure was more on the English to learn the language of the invaders than the other way around. The results of the direct language contact between Old English and Old Norse, which however became visible only later in Middle English texts, are of quite a different nature than those of Old English and Celtic. Thus, whether the impact a foreign culture makes, or fails to make, will result in borrowings or not, largely depends on sociolinguistic variables such as socio-economic power and prestige or stigma of a variety.

Old English can still be described as a language with an almost entirely Germanic wordstock (= indigenous continental Germanic, including loans from Latin (cf. 3.2.4), Anglo-Saxon developed in Britain, enriched by loans from North Germanic) with a few additions from Latin, and a negligible number of Celtic relics from the native Britons.

2.2 Middle English

With the Norman Conquest in 1066 a French-speaking dynasty came to power, bringing with them their native dialect of Anglo-Norman. For the next three hundred years the influx of French (and Latin) words was enormous. The cultural domination of the invaders began to manifest itself in the domains of government, jurisdiction, administration, and the church. The introduction of the noble titles *duc/duk* (1205) 'duke', *c(o)unte* (1258) 'count', *baron/barun* (1200) can serve as evidence. However, in contrast to *countess*, *count* has never been used with reference to English noblemen, and *king* and *queen*, *lord* and *lady*, *(arch-) bishop* and *abbot* were still used despite their Anglo-Saxon provenance and the Norman cultural superiority (Käsmann 1961, 20).

At a later stage, Anglo-Norman was regarded as less prestigious and was partly supplanted by Central French. In some cases double borrowing provided the source for lexical doublets (cf. 3.2.3). These two layers of French loans in Middle English differed in the way of their transmission: whereas the older Anglo-Norman loans were probably mostly spread by word of mouth, the later 14th century loans belonged to the written medium. Thus they pertained to rather specialised fields of discourse such as jurisdiction, ecclesiastical matters, chivalry, etc.

In the 13th and 14th centuries the use of French began to die out. It is important to note that the French influence was the greatest when French was receding and English was establishing itself again as a language for official purposes.

At this stage English can be described as a language consisting of inherited words from Germanic with a considerable French superstrat.

2.3 Early Modern English

After the enforced cultural and linguistic contacts of the Anglo-Saxon, Scandinavian, and Norman invasions, which brought about different scenarios of languages-in-contact, the following stages in the external history of English led to different kinds of linguistic contact.

Caxton's setting up of the printing press in Westminster in 1476 provided the necessary technical preconditions for the circulation of international scholarship that culminated in a flowering of the Renaissance in England in the 16th century and ultimately resulted in the emancipation of the English vernacular from Latin. From the transitional 15th century onwards into the period of Early Modern English, the majority of loans stemmed from (Graeco-) Latin sources, partly superseding earlier French adoptions and often making it difficult to ascertain the immediate source of transmission.

The earlier Middle English loans from French which derive from (vulgar-)Latin sources eased the subsequent adoption of Latin loanwords. On the basis of the OED (1989), Baugh/Cable (1993, 227) estimate that during the Renaissance (1500–1660) about 10,000 words were added to the English language, most of which came from Latin (cf. also Scheler 1996, 158). However, many Latinate neologisms did not become permanent additions to the English lexicon (cf. Schäfer 1989).

The huge influx of Latinate neologisms was not universally welcomed. On the one hand, the neologisms from Greek and Latin were regarded as a means to enrich and refine the English language, to make up for its alleged shortcomings and through augmentation provide for stylistic variation. On the other hand, purists opposed the Latinate *aureate diction* of the 15th century and the *inkhorn terms* of the 16th century (cf. Barber [2]1997, 53–70, Gray 1988).

The difficulties connected with the proper understanding and usage of the Latinate terms led to a series of dictionaries which tried to explain these hard words (cf. Stein 1985, Starnes/Noyes 1991). In sociolinguistic terms the learned Latinisms can be seen to constitute a social class distinction and a language or lexical bar to those who cannot handle them. Misuse (named *malapropism* after the character of Mrs Malaprop in Sheridan's play *The Rivals*, 1775) and folk etymology may result from this. Social consequences from the misuse of foreignisms are outlined by Grove (1950), Leisi (1985, 80–83), and Corson (1985, 1995).

Beside the huge influx of Latin words borrowing from French also continued. On the basis of the *Chronological English Dictionary* [CED] (1970), Wermser (1976, 45) has shown that from 1510–1724 the percentage of Latin loans declined from 48 percent to 38 percent and that of French from 41 percent to 26 percent. In comparison, the loans from other living European languages such as Dutch, Spanish, Italian, Portuguese, and from non-European languages manifested themselves to a greater extent only from the 16th century onwards, but have remained far less numerous (cf. Scheler 1977, 63–70). With the colonial expansion to North America, South Africa, India, Australia, and New Zealand, English spread to other countries. This led to the establishment of *Other Englishes* as first and second languages, and to a limited number of lexical importations from the foreign countries. Words like *dinghy, nabob, pajamas/pyjamas, polo, jungle* (from Hindi); *catamaran, curry, mulligatawny, pariah* (from Tamil); *bamboo, ketchup, sago* (from Malay); *taboo, tattoo* (from Polynesian) may serve as examples. Loans from Australasia such as *emu, kangaroo, kiwi, koala, wombat* and others designate mostly exotic fauna and flora. The same basically holds true for the status of loanwords from the numerous indigenous languages spoken in North America, all of which are nouns, "which indicates a casual rather than a true mingling of the two cultures" (Carver 1992, 134f.). However, words like *moccasin, squaw, tomahawk, wigwam,* etc. have not only been accepted in American English, they have probably gained an international range through travel accounts, novels and Hollywood movies. Yet essentially the impact of native Indian languages on English is almost as marginal as that of the conquered Celtic tribes in Anglo-Saxon England. Thus, the kind of cultural contact largely determines the scale of borrowing and the status of the loanwords in terms of frequency, register, domain, etc.

In the 17th century, as already during the periods of the Renaissance and Humanism, new words from Latin entered the language through the written medium. Also for the first time direct loans from Greek rather than through Latin as in the (early) Middle Ages are found, e.g.: *cosmos, criterion, pathos*. However, many of the Greek loanwords still came in through Latin and/or French, e.g.: *anachronism, chaos, democracy, epitome, parenthesis, system*. Scheler (1977, 47) argues that after 1650 the peak of borrowings from Latin was reached. Many of the later loans have been restricted to languages for special purposes. Both the Latin-based technical terms and those familiar to educated speakers have achieved currency all over Europe leading to partly identical sets of vocabulary in several

European languages. This Greek and Latin patrimony in the European languages has been referred to as *Eurolatin* (cf. *Eurolatein* 1996), with many terms having the status of *internationalisms* (cf. *Internationalismen* 1990).

2.4 Modern English

In the 18/19th centuries words from "exotic" languages were imported "without the mediation of Spanish, Portuguese, Dutch or French" (Görlach 1995, 219) as in former times. Even if reliable statistics covering the impact of loanwords are still wanting, it can confidently be assumed that these loans amount to less than 1 percent of the English wordstock (according to Finkenstaedt/Wolff 1973, 120). For the 19th century Görlach (1995, 217ff.) comes to the conclusion that the borrowing of foreign words and productive patterns of wordformation were the major sources of lexical growth. Despite complaints about fashionable terms, borrowing from French continued and the loans still had a high prestige, e.g.: *apéritif, chaise-longue, gourmet, restaurant, soirée*. Serjeantson (1935, 165) states that the majority of these loans fell into the domains of 'art and literature' and 'dress, textiles and furniture'.

In addition to the sources of lexical borrowing outlined so far, in the 20th century the exchange between the different varieties of English, especially the exportation of Americanisms into British English and other varieties becomes more pertinent. Beside the well-known heteronyms as *bonnet* and *hood, sidewalk* and *pavement* where etymologically or morphologically unreated pairs of words have the same meaning but are used by speakers of different varietes, the distinction between American and British English becomes increasingly blurred. Nowadays, through modern mass media, words of American origin or of formerly predominantly American English usage are used in British English and elsewhere, e. g.: *aerobics, egg-head, emcee, movie, workaholic, yuppie*, etc.

3. Quantitative and qualitative aspects of loans in English

3.1 Quantitative aspects

Both numerically and functionally the different donor languages have had a very different impact on the English language. Numerical studies are laden with problems as Stanforth (1996, 157ff.) illustrates with reference to Germanisms in English: while the dictionary of Pfeffer/Canon (1994) documets 5,380 Germanisms, Stanforth's own findings amount to only 1,161 Germanisms. However, these absolute numbers have little meaning in respect of frequency, usage and register. If archaic and dated items, purely technical terms, nonce formations, quotation words and proper names are subtracted, a mere 293 remain. On the other hand, Pfeffer/Cannon (1994) reveal that from the 16th century onwards German has made considerable qualitative contributions to the technical lexis of natural science. Even so, only a few terms entered general discourse.

Nonetheless, a general account of the impact of the different donor languages on the vocabulary of English can be made. Scheler (1977, 73 f.) states that the proportion of words inherited from Germanic to those borrowed from Romance languages, Latin and Greek is 30 : 70 percent. In contrast to this, in Old English the Germanic wordstock amounted to 97 percent. However, upon closer inspection, the percentage of Germanic vocabulary (with the exception of Modern High German) rises from 26 percent to 51 percent when only more frequent words are registered. The same applies to loans from French, although less markedly. They rise from 28 percent to 38 percent. For the Latin loans a marked counter-tendency becomes apparent; i.e. when specialised vocabulary is included, a high number of Latin loans is observable (28 percent), and when only the most frequently used words are analysed, the number of Latin loans decreases to 10 percent.

In comparison with the impact of the French and (Graeco-)Latin element in present-day English, almost all the loans from other languages fall far behind, both in quantity and quality. Following the numbers given in the CED, Finkenstaedt/Wolff (1973, 118 f) conclude that Latin, including all its layers (cf. 3.2.4) and French in all its varieties have each contributed about 28 percent, and the Germanic vocabulary, including Old English, Middle English, Old Norse, and Dutch comes third only with 25 percent. "Only four of the 89 language groups contribute more than 10 percent of the vocabulary each." Languages such as Italian, Spanish, High German, Arabic, Hindi, native Amerindian languages, Portuguese, etc. have each contributed less than 1 percent to the words documented in the CED.

While it is true to describe present-day English as a language with a very high proportion (50–70 percent) of loanwords, making it a lexically mixed language with a very high degree of loans from French, Latin (and Greek), the loans and indigenous words often operate on different linguistic levels. This unique structure of the lexicon may have contributed to the development of English as a modern *lingua franca* with a world-wide currency as Leisi (1985, 65) assumes. However, its dominant position as the world's leading language should probably be attributed rather to political and historical reasons.

3.2 Qualitative aspects

Numbers and percentages are of only theoretical value, since they refer to the abstract system of language as described in dictionaries (and grammars). Practical language use, whether spoken or written, is a different matter. Furthermore, differences in use between inherited words and loans become apparent when two different ways of counting are applied: the results will differ widely when all occurrences of a word (-form) (= *tokens*) are counted, or when each lexeme is counted only once (= *types*). The counting of tokens in a text corpus will result in a high number of grammatical function words, which are of almost entirely Germanic origin, and will reduce the number of loans.

3.2.1 Germanic words

The definite and indefinite article, the pronouns (*they, their*, and *them* are contributions from Scandinavian; the origins of *she* are disputed), the primary auxiliaries, and many of the prepositions and conjunctions come from Germanic (cf. Finkenstaedt/Wolff 1973, 74–82). These amount to roughly 1 percent of the total English wordstock but have a high frequency in any utterance or sentence.

Apart from the closed class of grammatical function words, the Germanic words denote many basic level categories:

– the numerals: with the exception of *million, billion*, etc. all the cardinal numbers go back to Germanic, as do the ordinals with the exception of *second*.
– the seasons: *spring, summer, winter* and American English *fall*, but not British English *autumn*.
– the four points of the compass: *east, west, north* and *south*.
– many basic colour terms: *black, white, red, green*, etc. (but terms used in fashion, such as *aubergine, beige, ecru, mint, pink, turquoise*, are ultimately of Latin-French or Greek origin).
– primary kinship terms: *mother, father, sister, brother* (but not the secondary terms: *aunt, uncle, niece/nephew, cousin* which are of Latin-French provenance).
– commonplace verbs: *be, come, do, get, give, go, have, make, put, take* are Germanic; with *get, give* and *take* stemming from Scandinavian (cf. Kirchner 1952). Many of these are used with particles as phrasal verbs; they are highly polysemous and often idiomatic; e. g. *make after, -at, -away, -for, -into, -of, -off, -up* (cf. Cowie/Mackin 1993). A verb particle combination like *to put up with* is far more common in the spoken language than its Latin counterpart *to tolerate*.

Characteristics common to the Germanic patrimony are: these words belong to the oldest layer of the English vocabulary, they are fairly short, many of the verbs are in fact monosyllabic, they are extremely polysemous, and they have a high frequency.

3.2.2 Scandinavian loanwords

The Scandinavian loans amount to only 2–3 percent, but they belong to the domain of every-day English. The fact that the third person plural pronouns were adopted, and also other function words such as *both, same, till, though, until*, underlines the deep-rooted influence of Old Norse on the language of the Anglo-Saxons. Common words like *cast, husband, scold, sky, window* stem from Old Norse. The graphemes <sc, sk> are indicative of Scandinavian loans which did not become palatalised. The "success" of the Scandinavian loans can probably be attributed to the close genetic relationship between Old English and Old Norse. It can further be assumed that the cultural relationship resulting in intermarriages, etc. must have been close.

Most of the Scandinavian loans go back to Old English, and they are semantically and phonetically fully assimilated. The adoption of semantically similar words either led to the replacement of the Anglo-Saxon terms, e. g.: *niman* vs. *tacan*; narrowing of meaning: *weorpan* ('to throw' > 'to warp') vs. *to cast*; or to the formation of bisociates such as *heaven* vs. *sky, shirt* vs. *skirt* with a differentiation in meaning. Later borrowings have been scarce and are of a more specialised nature, e. g.: *fjord*

(1674), *geyser* (1763), *tungsten* (1770), *ski* (1885 [1755]), *aquavit* (1890), *krill* (1907) (cf. OED 1989).

3.2.3 French loanwords

The borrowing of French terms started in Middle English and continues to the present day, although to a far lesser degree. Scheler (1977, 52) gives the following percentages: from less than 1 percent in 1200 the influx rises to 14 percent in the 13th century, with an absolute climax in the 14th century with 32 percent, and from then on declines again at the same rate to less than 2 percent in the 20th century (cf. also Gebhard 1975). Burnley (1992, 432), on the other hand, has estimated that in the 14th century about 21 percent of the English vocabulary was of French descent as opposed to a mere 9 percent in the 11th century.

The Middle English loans are phonologically fully assimilated to the Germanic stressing of stem syllables: Modern English words like *city, government, miracle, parliament, prison* all have their stress shifted from Old French word-final stress to wordinitial stress. The more recent loans (from the 16th century onwards) no longer follow this pattern of assimilation: words like *portmanteau* (1584), *cul-de-sac* (1738), *aperçu* (1821), *brasserie* (1864), *brassiere* (1911), *comme ci comme ça* (1944), etc. remain foreign in pronunciation and spelling. In comparison to the older loans that were transmitted through the upper classes to common usage, the newer loans did not become part and parcel of general usage. They function as social shibboleths of genteelism or as indicators of a blasé attitude depending on the point of view.

The adoption of the older loans has led to a wealth of synonyms in English that is unrivalled, e.g.: *hog, pig, swine* vs. *pork, calf* vs. *veal, sheep* vs. *mutton, ox* vs. *beef, deer* vs. *venison*, with the Germanic terms referring to the animals, the French terms to their meat, presumably due to the fact that the Anglo-Saxon peasantry produced the animals and the French gentility ate the meat. Many bisociates with slight shades of denotative and/or connotative meaning came about, e.g.: *freedom* vs. *liberty, heavenly* vs. *celestial*, where a Germanic word and a Romance word occur side by side. "The vernacular members of such pairs are mainly Germanic (usually from Old English or Old Norse), while the loanwords are mainly classical (usually from Latin, often mediated by French)." (Oxford Companion 1992, 131). On the other hand, such counterparts as *warden* vs. *guardian*; *convey* vs. *convoy*; *goal* vs. *jail* stem from the two dialects of Norman French and Central French respectively. Often different, at times opposite meanings result, e.g.: *to catch* (from Norman French) vs. *to chase* (from Central French). *Hostel* (1250) (from Old French *hostel*) and *hotel* (1644) (from Modern French *hôtel*) can serve as examples to illustrate historically differentiated borrowings from the same ultimate source. Such doublets (or triplets) may differ in closeness of meaning and/or form (cf. Oxford Companion 1992, *s.v. bisociation, doublet*).

3.2.4 Latin and Greek loanwords

The historical outline of Latin loans (cf. 2.1, Scheler 1977, 35–48, 1996, 153f.) has clearly revealed that at least five different strata must be differentiated: The oldest loans originated on the continent, and are thus also common in German: *butter, cheese, kitchen, street, wall, wine* can serve as examples. They have remained stable lexical units. A second layer consists of words like *castle* and *port* which were borrowed from 450–650. As the Roman legionaries had already left, these must have been transmitted by the Celts. The third category is connected with Christianisation and the administration of the church and the monasteries. Loans such as *deacon, martyr* and *pope* bear witness to this influence. During this time many concepts related to Christianity were not imported wholesale as words, but were more or less freely translated or rephrased with indigenous wordmaterial, mainly through composition, which in Old English was a very productive word-formation process, e.g.: Old English *godspell* (= *gospel*) translates graeco-lat. *evangelium*. In Old English quite a number of such substitutions existed, but many were later replaced by French and newer Latin loans (cf. Serjeantson 1935, Gneuss 1955, Käsmann 1961, and Wollmann 1990). Lexical reproductions or substitutions like this have been the exception in English. Later substitutions such as the 19th century Saxonisms like *foreword* (1842) for *preface*, and *folklore* (1846) for *tradition* are rare and have added to the rich synonymy of English, but by and large such puristic and achaistic efforts have failed (cf. Leisi 1985, 82f.). In present-day English, borrowings are imported rather than substituted. As an explanation for such phenomena Scheler (1977, 94) formulates the following rule: languages (or their historical stages) with a high degree of loanwords, such as Modern English, create only few substitutions, whereas languages with only little amounts of loans (like Old English) show a more marked tendency for substitutions. In addition to this, sociological criteria such as size of the speech community play an important role.

The period of the Renaissance, during which the influx of Latin loans increased rapidly, can be regarded as the fourth tier of Latin loans. They are either morphologically unchanged as *apparatus, formula, ultimatum*, or the foreign suffix is clipped, as in *critic-us, extend-ere, student-em*, etc., or the foreign suffix is exchanged for a native one, as with lat. *gene-rosus* > engl. *gene-rous*, lat. *obligato-rius* > engl. *obligato-ry*. The fifth level of Latinate words consists of neo-classical coinages. Especially from the 17th century onwards, the Graeco-Latin word-stock was regarded as a dynamic lexical reservoir which languages for special purposes have used freely to coin and combine neo-classical terms, e. g.: *antibiotic, biology, kilometre, telephone*, etc. The most important word-formation processes are affixation and neo-classical compounding where Greek and Latin stems are used as combining forms (cf. Marchand 1969, 131ff., 216ff., Bauer 1991, 213ff., 270ff.). Strictly speaking, many of these Graeco-Latinate terms are not loans, but coinages on a neo-classical basis in English without immediate counterparts in Latin and Greek, but the continued productivity of borrowed Graeco-Latin items within the English tradition is a salient feature of English lexis.

Although Greek loans were imported to a far lesser degree during all stages of English history, they basically fall into the same subperiods and -categories as those outlined for Latin. Many compounds and derivatives of Greek origin have Latin equivalents, but in many cases there are considerable differences in meaning: *hypothesis* (< gr.) vs. *supposition* (< lat.), *sympathy* (< gr.) vs. *compassion* (< lat.), *polyglott* (< gr.) vs. *multilingual* (< lat.), *synchronic* (< gr.) vs. *contemporary* (< lat.). (cf. Encyclopædia Britannica 1989, 22, 675). Graeco-Latin hybrids are also possible, though to a lesser extent, e.g.: *hypodermic* and *subcutaneous*, but not **hypocutaneous* and **subdermic*.

The dominant role of Latin loans in English can be accounted for in different ways. The earlier, etymologically related French loans eased their integration during the Renaissance. In some cases the earlier French loans were latinised, e.g.: Middle English *doute* > *doubt*. Sometimes this resulted in unetymological forms, e.g.: *rime* > *rhyme*. In other cases, French and Latin forms co-existed: *conduyse/conduct, corrige/correct, possede/possess* (cf. Görlach 1994, 126). Scheler (1996, 158) states that from Late Middle English almost 70 percent of all Latin verbs were borrowed into English. The formation of English verb forms either from the Latin infinitives or the participle forms resulted in doublets. According to Görlach (1994, 126) more than 800 verbs co-existed for some time at least in both forms. The present-stems are the older loans (mostly before 1450). 175 survived as doublets, with a difference in meaning, one form often being obsolete: *conduce/conduct, esteem/estimate, refer/relate, transfer/translate*.

Through the processes of borrowing and word-formation often complex and productive wordfamilies have developed; *apt* and *adapt* (Scheler 1996, 158) can serve as illustrative cases in point: *apt* (1398), *aptness* (1538), *adaptation* (1610), *adapt* (1611), *aptitude* (1633), *adaptability* (1661), *adaptedness* (1698), *adaptable* (1800), *adapter* (1801), *adaptive* (1824), *adaptitude* (1842), *adaptive* (1857), *disadept* (1970). The OED (1989) offers even more derivatives, some of which have become obsolete.

However, not all loans from Latin belong to (large) wordfamilies. Often only one member of a wordfamily has been borrowed: the adjectives *oral, vulgar, filial, olfactory, nutritious* have no corresponding Latin-based nouns in English. Leisi (1985, 71) calls this lack of formal and semantic associates for these words *dissociation*. German *Mund* and *mündlich* are morphologically and semantically associated to each other, but engl. *mouth* and *oral* have no such etymological family relationship. Thus *oral* and the other abovementioned adjectives stand on their own, without other related words to support them formally and semantically. The advanced dissociation of the English wordstock makes English different, for example, from German. Leisi (1985, 75) comes to the conclusion that among the modern European languages English and French have a far more dissociated lexis than German and Italian. This characteristic of Latinisms can make them difficult or hard words for those speakers with a lack in classical education. However, this does not seem to have led to severe misunderstandings or a breakdown in communication during the language's history, because many Latinisms do not belong to the high frequency register of every-day discourse.

4. Conclusion

The various examples of languages in contact with English have clearly shown that the form and intensity of linguistic borrowing depend on a rather complicated interrelation of intra- and extralinguistic factors. During the phase of borrowing the following factors are important:

- similarity vs. dissimilarity of languages; e.g. Old Norse vs. Celtic,
- oral vs. written contact; e.g. most Old and Middle English loans vs. Latinate Renaissance loans,
- numbers of speakers, duration of contact, degrees of bilingual competence and direction of bilingualism; e.g. Old English *lingua populi* vs. Anglo-Norman,
- status and prestige of languages; e.g. Celtic vs. Latin and Greek.

After the phase of borrowing, again a number of factors will largely determine the degree of integration of loanwords as *casuals, aliens, denizens*, or *naturalised foreignisms*:

- their semantic and morphological productivity,
- their frequency,
- and their place within the paradigm or wordfield; e.g. *apt* vs. *oral*.

The Germanic origin of English can be shown by the close lexical similarities between Dutch, Frisian, and English. The main difference in relation to Modern High German stems from the substantial Romance and Latin element in the English wordstock. Because of foreign, mostly Romance influences, English has lost some of its inherited or native morphological productivity in favour of neo-classical modes of wordformation.

In the intensity of lexical borrowing and the degree of subsequent integration of loanwords, English can be characterised as an "extroverted" language that has almost always been open to loanwords.

5. Literature (a selection)

Algeo, John (1991), *Fifty Years among the new Words*. Cambridge etc.: Cambridge University Press.

Ayto, John (1999), *Twentieth Century Words*. Oxford: Oxford University Press.

Barber, Charles (1997), *Early Modern English*. Edinburgh: Edinburgh University Press (2nd ed.).

Bauer, Laurie (1991), *English Word-formation*. Cambridge etc.: Cambridge University Press (repr.).

Baugh, Albert C./Cable, Thomas (1993), *A History of the English Language*. London: Routledge (4th ed.).

Burnley, David (1992), *The History of the English Language. A Source Book*. Burnt Mill, Harlow: Longman.

Cambridge History of the English Language. 6 vols. (Ed. Richard M. Hogg). Cambridge etc.: Cambridge University Press 1992 –.

Cannon, Garland/Kaye, Alan S. (1994), *The Arabic Contributions to the English Language. An historical Dictionary*. Wiesbaden: Harrassowitz.

Carver, Craig M. (1992), The Mayflower and the Model-T. The Development of American English. In: *English and its social Context. Essays in historical Sociolinguistics*. (Eds. Tim W. Machan/Charles T. Scott). Oxford etc.: Oxford University Press 1992, 131–154.

CED = *A Chronological English Dictionary. Listing 80,000 Words in Order of their Earliest Occurrence*. (Eds. Thomas Finkenstaedt/Ernst Leisi/Dieter Wolff). Heidelberg: C. Winter Verlag.

Corson, David (1985), *The Language Bar*. Oxford: Pergamon Press.

–, (1995), *Using English Words*. Dordrecht/Boston/London: Kluwer.

Cowie, Anthony P./Mackin, Ronald (1993), *Oxford English Dictionary of Phrasal Verbs*. Oxford: Oxford University Press.

Dolby, J. L./Resnikoff, H. L. (1967), *The English Word Speculum*. 5 vols. The Hague/Paris: Mouton & Co.

Encyclopædia Britannica = *The New Encyclopædia Britannica*. 29 vols. (Ed. in Chief Philip W. Goetz). Chicago: Encyclopædia Britannica 1989 (15th ed).

Eurolatein. Das griechische und lateinische Erbe in den europäischen Sprachen. (Eds. Horst Haider Munske/Alan Kirkness). Tübingen: Max Niemeyer Verlag 1996.

Finkenstaedt, Thomas/Wolff, Dieter (1973), *Ordered Profusion. Studies in Dictionaries and the English Lexicon* with Contributions by H. Joachim Neuhaus and Winfried Herget. Heidelberg: C. Winter Verlag.

Franken, Gereon (1995), *Systematische Etymologie. Untersuchung einer 'Mischsprache' am Beispiel des Shakespeare-Wortschatzes*. Heidelberg: C. Winter Verlag.

Gebhardt, Karl (1975), Gallizismen im Englischen, Anglizismen im Französischen. Ein statistischer

Vergleich. In: *Zeitschrift für Romanische Philologie* 91, 292–309.

Gneuss, Helmut (1955), *Lehnbildungen und Lehnbedeutungen im Altenglischen.* Berlin: Erich Schmidt Verlag.

Görlach, Manfred (1994), *Einführung ins Frühneuenglische.* Heidelberg: C. Winter Verlag (2nd ed.).

–, (1995), *New Studies in the History of English.* Heidelberg: C. Winter Verlag.

Graddol, David/Leith, Dick/Swann, Joan (1996), *English. History, Diversity and Change.* London/New York: Routledge.

Gray, D. (1988), A Note on sixteenth-century Purism. In: *Words. For Robert Burchfield's Sixty-Fifth Birthday.* (Eds. E. G. Stanley/T. F. Hoad). Cambridge etc.: Cambridge University Press 1988, 103–119.

Grove, Victor [1949] (1950), *The Language Bar.* London: Routledge & Kegan Paul.

Internationalismen. Studien zur interlingualen Lexikologie und Lexikographie. (Eds. Peter Braun/Burkhard Schaeder/Johannes Vollmert). Tübingen: Max Niemeyer Verlag 1990.

Jespersen, Otto (1972), *Growth and Structure of the English Language.* Oxford: Blackwell (9th ed.).

Käsmann, Hans (1961), *Studien zum kirchlichen Wortschatz des Mittelenglischen 1100–1350. Ein Beitrag zum Problem der Sprachmischung.* Tübingen: Max Niemeyer Verlag.

Kastovsky, Dieter (1992), Semantics and Vocabulary. In: *Cambridge History of the English Language.* Vol. 1, 1992, 290–408.

Kibbee, Douglas A. (1991), *For to Speke Frenche Trewely. The French Language in England, 1000–1600. Its Status, Description and Instruction.* Amsterdam/New York: John Benjamins.

Kirchner, Gustav (1952) *Die zehn Hauptverben des Englischen.* Halle: Max Niemeyer Verlag.

Leisi, Ernst (1985), *Das heutige Englisch.* Heidelberg: C. Winter Verlag (7th ed.).

Lipka, Leonhard (1992), *An Outline of English Lexicology.* Tübingen: Max Niemeyer Verlag (2nd ed.)

Marchand, Hans (1969), *The Categories and Types of Present-day English Word-formation. A Synchronic – Diachronic Approach.* München: C. H. Beck Verlag (2nd ed.).

OED = *The Oxford English Dictionary.* (Eds. J. A. Simpson/E. S. C. Weiner). Oxford etc.: Clarendon Press 1989 (2nd ed.).

Oxford Companion = *The Oxford Companion to the English Language.* (Ed. Tom McArthur). Oxford etc.: Oxford University Press 1992.

Pfeffer, J. Alan (1987), *Deutsches Sprachgut im Wortschatz der Amerikaner und Engländer. Vergleichendes Lexikon mit analytischer Einführung und historischem Überblick.* Tübingen: Max Niemeyer Verlag.

Pfeffer, J. Alan/Cannon, Garland (1994), *German Loanwords in English. An Historical Dictionary.* Cambridge etc.: Cambridge University Press.

Schäfer, Jürgen (1989), *Early Modern English Lexicography.* 2 vols. Oxford etc.: Clarendon Press.

Scheler, Manfred (1977), *Der englische Wortschatz.* Berlin: Erich Schmidt Verlag.

–, (1996), Zur Rolle des griechischen und lateinischen Elements im englischen Wortschatz. In: *Eurolatein* 1996, 152–170.

Serjeantson, Mary S. (1935), *A History of Foreign Words in English.* London: Routledge & Kegan Paul.

Stanforth, Anthony, W. (1996), *Deutsche Einflüsse auf den englischen Wortschatz in Geschichte und Gegenwart. Mit einem Beitrag zum amerikanischen Englisch von Jürgen Eichhoff.* Tübingen: Max Niemeyer Verlag.

Starnes, De Witt/Noyes, Gertrude E. (1991), *The English Dictionary from Cawdrey to Johnson 1604–1755.* New ed. by Gabriele Stein. Amsterdam/New York: John Benjamins.

Stein, Gabriele (1985) *The English Dictionary before Cawdrey.* Tübingen: Max Niemeyer Verlag.

Tesch, Gerd (1978), *Linguale Interferenz. Theoretische, terminologische und methodische Grundfragen zu ihrer Erforschung.* Tübingen: Verlag Gunter Narr.

Urdang, Laurence (1983), *Loanwords Index.* Detroit: Gale.

Wermser, Richard (1976), *Statistische Studien zur Entwicklung des englischen Wortschatzes.* Bern: Francke Verlag.

Wollmann, Alfred (1990), *Untersuchungen zu den frühen lateinischen Lehnwörtern im Altenglischen. Phonologie und Datierung.* München: Wilhelm Fink Verlag.

Ulrich Busse, Osnabrück (Deutschland)

104. Case Study IV: Icelandic

1. The Oldest Strata of Icelandic Vocabulary
2. The Vocabulary of Old Icelandic from the Historical Perspective
3. Borrowings in Old Icelandic
4. Later Borrowings and Icelandic Purism
5. Literature (a selection)

1. The Oldest Strata of Icelandic Vocabulary

Iceland was colonized in the 9th and 10th centuries, mainly from West Norway. On their arrival, the settlers did not meet any indigenous population, and a thousand years ago Old Icelandic was indistinguishable from Old Norwegian. In the 13th century, tales (sagas) of the first generations of settlers were recorded in Iceland. They preserved everday Old Icelandic and are of inestimable linguistic value. Old Icelandic poetry was of two types: heroic-mythological (eddic) and skaldic. The skalds, who lived between roughly 900 and 1300, described contemporary events, and their poetry has come down to us only as insertions in the Icelandic sagas. The rigorous form these poets used and their dependence on allusions from myths made them resort to obscure, rare, and artificial words. The three strata of Old Icelandic vocabulary – prose, eddic, and skaldic – overlap but do not merge. The vocabulary of poetry as a whole also differed from its prose counterpart. Not only did the poets use many words that never occurred in prose but they also had a predilection for archaisms. For example, the common Old Icelandic word for 'fire' was *eldr*, but in poetry *fýrr, fýri, fúrr,* and *funi* also turn up.

The Icelanders of the medieval epoch were aware of the stratification of their vocabulary. In the eddic poem "Alvíssmál", statements of the following type occur, "Earth is called *jǫrð* by the humans, *fold* by the Æsir (one clan of the gods), *vegir* (i.e., 'paths, ways') by the Vanir (the other clan), *ígrœn* (i.e., 'ever-blooming') by the giants, *gróandi* (i.e., 'sprouting, verdant') by the elves, and *aurr* (i.e., 'mud') by the highest powers." This "synonym finder" must have been compiled for the benefit of the poets in need of alliterating words, but reference to different users (people, gods, giants, elves), of which there are analogs in other poetic traditions, is characteristic. Similar strings of synonyms are offered for 'sky', 'sun', 'cloud', 'wind', 'calm weather', 'sea', 'fire', 'wood', 'night', 'cereal(s)', and 'ale'. Icelandic literary tradition is marked by great continuity, and modern Icelanders still understand most of the words that have not been in use for over a millennium.

Synonyms in Modern Icelandic are, of course, of a different type and look like those in other European languages. One notes a remarkable number of words for objects important in the ecology of Iceland (rivers, swamps, rocks, snow, etc.) and reflecting Icelanders' familiarity with nature. Cf. the designations of 'tail': *tagl, stertur* (of a horse), *hali* (of cows, rats, mice), *skott, rófa* (of cats, dogs, foxes, and squirrels), *stýri* (of a cat), *dindill* (of sheep and goats), *sporður* (of fish and whales), *stél* (of a bird); for the generic concept *afturendi* (rear end) has to be used. However, similar lists are easy to come by also outside Icelandic.

2. The Vocabulary of Old Icelandic from the Historical Perspective

Icelandic is a Germanic language, and Icelandic words have cognates in and outside Germanic. Its ties with Faroese, Norwegian, Danish, and Swedish are especially close, but many isoglosses connect Icelandic with Gothic, West Germanic, Balto-Slavic, Celtic, Latin, and Greek. In exceptional cases, an Icelandic word will have cognates only in the Scandinavian languages and, for example, Lithuanian (cf. *strígi* 'canvas' and Lithuanian [Lith.] *strekis* 'tow; coarse part of flax or hemp') or Latin (cf. *nót* 'net' and Latin [Lat.] *nōdus* 'knot'), but, as a rule, Icelandic words have broader connections. Many of them, e. g. those designating natural phenomena, plant and animal names, parts of the body, social institutions, etc., belong to the Common Germanic and Common European stock. Cf. *marr* 'sea' (Gothic [Go.] *mari-*, Lat. *mare*, Old Slavic [OSl.] *more*, Old Irish [OIr.] *muir*), *snær* 'snow' (Go. *snaiws*, OSl. *sněgŭ*, Lith. *sniĕgas*, Lat. *nix*), *almr* 'elm' (Mod. Icel. *álmur*; Old English [OE] *elm*, Lat. *ulmus*, Middle Irish *lem*), *fiskr* 'fish' (Go. *fisks*, Lat. *piscis*, OIr. *īsc*), *ormr* 'snake' (Go. *waurms*, Lat. *vermis*, Old Russian *vermie* 'vermin'), *haddr* 'woman's hair' (OE *heord*, OSl. *kosa*, Ancient Greek [Gr.] κεσκέον 'tow'), *erja* 'plow', v. (Go. *arjan*, Lat. *arāre*, Gr. *ἀρόω*), *gestr* 'guest' (Go. *gasts*, Lat. *hostis*, OSl. *gostĭ*), and many others.

In similar fashion, Icelandic appears to share common ground with the other Germanic languages when Germanic-Baltic, Germanic-Slavic, Germanic-Balto-Slavic, Germanic-Italic, Germanic-Celtic, Germanic-Italo-Celtic, Germanic-Greek, and Germanic-Sanskrit isoglosses are drawn. Cf. *lesa* 'gather' (Go. *lisan*, Lith. *lesù* 'pick out with a beak'), *lokka* 'seduce' (OE *loccian* 'flatter', Lith. *lūgóti*, Latvian [Latv.] *lùgt* 'beg, ask'), *hland* 'urine' (OE *hland*, Lith. *klãnas* 'puddle'); *borr* 'needle tree' (OE *bearu* 'forest', Russian [Russ.] *bor* 'forest of needle trees'), *jaðarr* 'edge' (OE *eodor* 'fence', Russ. *odrŭ* 'bed', Czech *odr* 'pillar, trestle, bower'); *stóð* 'herd of horses' (OE *stōd*, Lith. *stodas*, Russ. *stado* 'flock, herd'); *vax* 'wax' sb. (Old High German *wahs*, Lith. *vãškas*, Russ. *vosk*), *stolpi* 'pillar' (Russ. *stolb*, Lith. *stulbas*, Latv. *stulbs* 'shin, calf of the leg'; only Scandinavian and Balto-Slavic); *svartr* 'black' (Go. *swarts*, Lat. *sordēs* 'dirt'), *þekkja* 'perceive, know' (Old Lat. *tongēre*), *vætt* '(measure of) weight' (OE *wiht*, Lat. *vectis* 'lever'); *heiðr* 'open wasteland' (Go. *haiþi*, Gaulish *cēto-* in place-names), *vitna* 'witness' v. (OE. *gewitnian*, OIr. *fiadu* 'witness', sb.), *flórr* 'floor (of a cow stall)' (OIr. *lār*); *selja* 'willow' (OE *sealh*, Lat. *salix*, Middle Irish *sail*); *hagl* 'hail' sb. (Gr. κάχληξ 'gravel'), *raun* 'attempt, experience' (Gr. ἐρευνάω 'search, investigate'); *hófr* 'hoof' (Sanskrit *sáphá-* 'hoof, claw'), *ǫrr* 'generous' (Sanskrit *arvant* 'quick'). The spelling (but not the pronunciation) of Icelandic words has changed insignificantly since the 13th century, except that the ending *-r* has been expanded to *-ur* : *eldr > eldur*, etc., and *-rr* simplified to *-r* : *flórr > flór*.

Prefixes were lost in Old Norse in the prehistoric period and have not been reintroduced. Those that occurred in Old Icelandic and are still present go back to formerly independent adverbs. Cf. Mod. Icel. *áfram* 'forward', *aðgreina* 'distinguish', *afbera* 'endure', *eftirlifandi* 'survivor', *fyrirgefa* 'forgive', *hjátrú* 'superstition', *innsetja* 'place, put in', *ístað* 'stirrup', *niðurlægja* 'humiliate', *tilliðja* 'adore', *útsnúinn* 'turned inside out' The suffixes inherited from the past are very numerous, and compounds are as productive as a thousand years ago.

3. Borrowings in Old Icelandic

When the emergence of a national language is connected with colonization, words borrowed in the old homeland should be distinguished from those borrowed in the new country. Many foreign words, e. g. the names of metals, such as *silfr* 'silver' and *stál* 'steel' found in Old and Modern Icelandic, antedate the 10th century and, strictly speaking, belong to the history of Norwegian. Sometimes it is impossible to tell whether a word known since ancient times is borrowed or native. Especially difficult is the history of the words recorded relatively late; for most of them cognates in Faroese and in the continental Scandinavian languages and dialects can be found. They have either existed since the ancient period but remained unnoticed by writers or were imported from the continent approximately when they were recorded in Icelandic texts. Many late words are slangy in nature, but quite a few are stylistically neutral: cf. *vasi* 'pocket' (17), *skána* 'get worse, deteriorate' (17), *gígur* 'crater' (17), *vofa* 'apparition' (17), and so forth (the numbers refer to the century when these words were first recorded). Some of them are probably borrowings, the others must be native.

Despite so many uncertainties, numerous Icelandic words can be unambiguously classified with borrowings. Here are a few characteristic examples. From Latin: *annáll* 'annal, yearbook', *kaupa* 'buy', *múta* 'fee, gratuity; bribe', *stóll* 'chair'; from French: *kofr* 'coffer', *kría* 'strive', *kver* 'prayer book; any unbound book'; from Old English: *api* 'ape, monkey', *hirð* 'king's retinue', *prúðr* 'handsome, noble, courteous'; from Low German: *abbadís* 'abbess', *bréf* 'letter', *möttull* 'coat, cloak'. It is easy to see that OE *apa* 'ape' and *prūd* 'proud', as well as Middle Low German *abbadise* 'abbess', *brēf* 'letter', and *mantel* 'coat', are not native words in these languages and that Old English and Middle Low German are only the immediate source of *api*, *prúðr*, etc., in Icelandic. Therefore, in many cases the routes of such words from Latin via some European language to Icelandic are a matter of debate. Some borrowings were misinterpreted by Icelanders in light of folk etymology; for example, *abbadís* acquired the spurious component *-dís* (Old Icelandic [OI] *dís* 'female guardian angel').

4. Later Borrowings and Icelandic Purism

Like Swedish, Norwegian, and Danish, Icelandic was in the past strongly influenced by Low German. But the language situation in Iceland was complicated by the fact that in

1380 the country passed under the Danish crown and became independent only in the 20th century. Thousands of German and Danish words flooded Icelandic. Although many of them never gained wide currency (the same is, of course, true of borrowings from French, when chivalric literature reached its flowering), their presence remained a permanent factor. With time, Danish became the most important lending language for Icelandic. The first attempts by the Icelanders to cleanse their language of loanwords go back to the 17th century, but Icelandic purism as a societal force is about 200 years old.

In Iceland, foreign words were mainly used by learned people and people educated abroad, while farmers remained immune to extraneous influences. Even in the Middle Ages, when Latin was a universally accepted medium of European culture, the Icelanders did not treat their language as unworthy of study or as the property of country bumpkins. Although sometimes reduced to the material conditions of the Stone Age, they continued to read and copy their sagas. Iceland has been literate throughout its history. Also, Icelandic did not break into mutually unintelligible dialects. The result was that, while in Germany or Denmark people turn to university professors for language instruction, in Iceland those interested in speaking good Icelandic are advised to go to a remote farm, because only there "pure Icelandic" has survived.

As pointed out above, few Icelandic words have no cognates elsewhere in Scandinavian, but their counterparts often occur only in dialects, and speakers of Standard Swedish, Danish, and the Norwegian *bokmål* do not know them. This makes the vocabulary of Modern Icelandic largely impenetrable to foreigners. The purists faced a formidable task. It could not be too difficult to do without the latest borrowings and loan translations as long as the subject matter was everyday life. But in all Europe the vocabulary of arts and sciences is under tremendous obligation to Greek, Latin, Italian and French. In the 20th century, English terminology spread worldwide. The Icelanders chose the two usual ways to protect themselves from foreign words.

Wherever possible, old words were endowed with new meanings. *Sími* means 'thread, cord'; today it also means 'telephone'. OI *þulr* meant some kind of orator; it was revived to designate a radio announcer (Mod. Icel. *þulur*). However, the main weapon of purism is the coining of neologisms. Countless words from Greek, Latin, French, German, Danish, and English had to be re-created. Cf. *gerill* 'microbe, bacteria' (with reference to *gerjan* 'fermentation'), *sameind* 'molecule' (approximately, 'combined unit'), *efnafræði* 'chemistry' (i. e., 'study of matter *or* substances'), *þota* 'jet plane' (with reference to *þotið*, past participle of *þjóta* 'rush, hurl oneself forward'; locally *þota* also means 'gust of wind'), and so forth. The Icelandic for *neologism* is *nýyrði*, and several volumes of them have been published.

Such words are transparent to native speakers of Icelandic, but their meanings can seldom be guessed. They are indeed new words. As a result of the efforts of many individuals, a number of scientific terms acquired synonyms. 'Atom' is *atóm*, *eind* 'unit', *frum* 'primary object', *frumeind*, *ögn* 'mote, grain', *frumögn*, and *ódeili* 'undivided'. Different dictionaries give different glosses of the same word. At *alchemy*, one can find *gullgerð* 'working with gold' and *gullgerðarlist* 'the art of working with gold', but *efnakukl* 'sorcery with substances' has also been suggested. Some neologisms proved to be a success, while others turned out to be stillborn. Since Icelanders widely use English and Danish textbooks, everyone who knows what an atom is also knows the foreign word *atom*. Therefore, *atóm* has never been fully ousted.

Icelandic purism is unique only in that it has won a definitive victory. *Professor* and *nylon* are *prófessor* and *nælon* even in Icelandic, but Icelanders rarely use international words and are wary of borrowings. The main refuge for words from abroad (usually trashy words) is youthful slang, whose bearers do not care to dress the vocabulary of rock, sex, and drugs in national garbs.

5. Literature (a selection)

The main etymological dictionaries of Icelandic: Ferdinand Holthausen (1948), *Vergleichendes und etymologisches Wörterbuch des Altwestnordischen (Altnorwegisch-isländischen)*... Göttingen: Vandenhoeck & Ruprecht; Alexander Jóhannesson (1956), *Isländisches etymologisches Wörterbuch*. Bern: Fancke; Jan de Vries, (1977), *Altnordisches etymologisches Wörterbuch*. Leiden: E. J. Brill, 3rd ed.; Ásgeir Blöndal Magnússon (1989), *Íslensk orðsifjabók*. Orðabók Háskólans. A dictionary of slang: Mörður Árnason, Svavar Sigmundsson, Örnófur Thorsson (1982), *Orðabók um slangur, slettur, bannorð og annað utangarðsmál*. Svart á hvítu. Word preservation and word creation in Icelandic: Ásgeir Blöndal Magnússon (1964), Um gleymd íslenzkra orða.

In: *Þættir um íslenzkt mál. Eftir nokkra íslenzka málfræðinga.* (ed. Halldór Halldórsson). Reykjavík: Almenna-bókafélagið, 1964, 158–76; Halldór Halldórsson (1971), Nýgervingar í formálinu. In his book *Íslenzk málrækt.* Reykjavík: Hlaðbúð HF, 1971, 189–211. Borrowings: Frank Fischer (1909), *Die Lehnwörter des Altwestnordischen.* Palaestra 85. Berlin: Mayer & Müller; Otto Höfler (1931–32), "Altnordische Lehnwortstudien". *Arkiv för nordisk filologi* 47, 248–297; 48, 1–30, 213–241; Chr. Westergård-Nielsen (1946), *Låneordene i det 16. århundreds trykte islandske litteratur.* Bibliotheca Arnamagnæana 6. København: Ejnar Munksgaard; Veturliði Óskarsson (1991), *Låneord i islandske diplomer fra det 15. århundrede.* Magisterkonferens i Nordisk Filologi. Københavns Universitet, 1991.

Anatoly Liberman, Minneapolis (USA)

105. Fallstudie V: Die romanischen Sprachen

1. Einleitung
2. Frz. *blé* 'Getreide'
3. It. *camoscio* 'Gemse'
4. Ergebnisse
5. Literatur in Auswahl

1. Einleitung

Anhand der beiden Wörter frz. *blé* 'Getreide' und it. *camoscio* 'Gemse' sollen grundsätzliche Probleme der romanischen Lexikographie aufgezeigt werden. Ausgangspunkt ist die 3. vollständige Neubearbeitung des Romanischen etymologischen Wörterbuchs von Wilhelm Meyer-Lübke (REW); dies gilt auch heute noch, 60 Jahre nach Erscheinen der dritten Auflage dieses grundlegenden Werkes. Da wir mittlerweile für das Galloromanische (FEW), das Katalanische (DELCat), das Spanische (DCECH) und das Italienische (LEI) – zumindest was die Buchstaben A und B betrifft – umfassende, vergleichbare Grundlagenwörterbücher besitzen, kann eine Zusammenstellung der frühesten Belege und Bedeutungen in den einzelnen romanischen Sprachen folgen.

2. Frz. *blé* 'Getreide'

2.1. REW 1160

*blatum (anfrk.) 'Getreide', 'Feldfrucht' (ags. *blǣd* 'Baumfrucht', 'Feldfrucht'). – Afrz. *blé*, -*ée*, nfrz. *blé* (>it. *biado*, *biavo*, friaul. *blave*), prov. *blat*, *blada*, kat. *blat*. – Ablt.: afrz. *emblaer*, *emblouer* 'hindern', nfrz. *ablais* 'Getreideschwaden', *remblaver* 'zum zweiten Male säen', *déblayer* 'Schutt wegräumen'. – Zssg.: südostfrz. *gros blé* 'Mais' Spitzer, WS. 4, 449. Ausgangspunkt ist Nordfrankreich. Die verbreitetste it. Form in den MA. ist *biava*, das afrz. *blef* und *emblouer* entspricht und daher *d* als Grundform verlangt. M.-L., Rom. Gram. 1, 552. – Wartburg. (Afrz. *emblaver* zu 2942 Horning, Zs 22, 260 empfiehlt sich begrifflich nicht Wartburg. Da das germ. Wort nach Form, Verbreitung und Bedeutung voll entspricht, fällt gall. *mlaton* 'Mehl' Thurneysen 405. Auch abruzz. *byamə* 'Hafer', 'Getreide' nach *strame*? Anorm. *blaice* 'alle Art Getreide' *BLATEA Horning, Zs. 22, 483 ist lautlich und morphologisch bedenklich.)"

2.2. Bemerkungen zum REW-Artikel 1160

In einem ersten Schritt sind die Angaben bei Meyer-Lübke zu überprüfen und zu berichtigen: it. *biavo* existiert nicht, dafür weit verbreitet oberit. *biava* f.; afrz. *emblaver* zu 2942 Horning, 25, 28, 260 ist zu korrigieren in 2943, Gottschmidt, ZrP 22, 260; afrz. *emblouer* 'hindern' ist nicht belegt, nur afrz. *emblaer (la place)* v.a. 'encombrer' (FetR, FEW 15/1, 133b) und *embleer* 'embarrasser' (Hunbaut, ib.); nfrz. *ablais* 'Getreideschwaden' existiert nicht, nur frz. *ablais* pl. 'blé, céréales' (ca. 1280 – Laur 1704, ib. 132a); südostfrz. *gros blé* 'Mais' sollte lauten entweder sav. *grou-blâ* 'maïs' (FEW 15/1, 130a) oder dauph. *gros blad* ib.

Meyer-Lübke hat richtigerweise afrz. *blé* und it. *biavo* voneinander getrennt. It. *biado* und *biavo*, friaul. *blave* können aber nicht auf die gleiche Ebene gestellt werden. Es handelt sich um zwei chronologisch und areallinguistisch zu trennende Formen: friaul. *blave* 'Getreide' ist feminin und gehört mit oberit. *biava* zur ältesten nordit. Sprachschicht, die nicht aus dem Französischen *blé* entlehnt ist, sondern direkt auf das keltische Substrat *blato zurückgeht: a.oberit. *biava* 'Korn' (1371, RimeAntFerraraBellucci – 1522, Flaminio, Vignali, LN 43, 39), a.lig. ~ (ca. 1350, DialogoSGregorioPorro 242), a.lomb. ~ (14. Jh., ParafrasiGrisostomoFörster, AGI 7, 46),

105. Fallstudie V: Die romanischen Sprachen

a.mail. *blava* (vor 1315, MarriBonvesin), a.emil. ~ (vor 1323, FioreVirtù, ProsaDuecentoSegre-Marti 886), a.mant. *blava* (2. Hälfte 13. Jh., LettereSchizzerotto 4, 5), a.bol. ~ (Anfang 14. Jh., SPetronioCorti, a.ven. ~ (1300 ca., TrattatiUlrich – 15. Jh., MPoloPelaez,StR 4), a.venez. ~ (14. Jh., ZibaldoneCanalStussi), a.pad. *biava* (Ende 14. Jh., BibbiaFolena), a.dalm. *blava* (Split 1359, Contratto, Migliorini-Folena 1, 38, 4), a.ver. *biava* (13. Jh., GrammDeStefano,RIL 48, 507), a.gen. ~ f. 'Hafer (Avena sativa L.)' (vor 1311, AnonimoNicolas 322), a.bol. ~ 'Bohnen, Lupinien' (Ende 14. Jh., RimatoriFrati).

Davon zu trennen sind die tosk. und mittelit. *biado*-Belege, die zu vergleichen sind mit umbr. m.lat. *bladum* (Spoleto 1009, ALMA 10, 79) und m.lat.Latium ~ (Farfa 1012, AebischerEtude 91). Sie stellen Expansionsformen des Karolingerlateins dar (vgl. m. lat. *bladum* 'Korn' (Anfang 9. Jh., PolyptSGermain, Jänicke 137), kat.m.lat. *blado* (1063, St. Cugat, DELCat 1, 829a), *blad* (1068, Organyá, ib.). Diese zentralit. *biado*-Formen werden deshalb im LEI 5, 240f. unter den gelehrten Formen (< m.lat.) unter II aufgeführt.

Die Materialdokumentation im REW 1160 sollte unterscheiden zwischen autochthonen, lautgerecht entwickelten Formen unter I und Formen ohne kontinuierliche Lautentwicklung unter II. Ebenso können feminine kollektive Formen getrennt werden von maskulinen Singularformen, die auf m.lat. *blatum* zurückgehen; im semantischen Bereich kann man differenzieren zwischen unbestimmtem Korn und den einzelnen Getreidearten (Weizen, Hafer, Dinkel).

2.3. Aktualisierter REW-Artikel: *blatum

Eine Neuauflage des REW könnte im Materialteil folgendermaßen aussehen (ohne Berücksichtigung der Ableitungen und unter weitgehendem Ausschluss von Dialektbelegen nach dem Jahr 1400):

(I. 1. a.) Afrz. *blet* m. 'Getreide' (ca. 1130, Roland – ca. 1250, GLen, TL), frz. *blé* (seit ca. 1150, Eneas), a.wallon. *bleit* (1248), a.poit. *blat* (Charroux 1242), a.champ. *bleiz* pl. (ca. 1260, Gdf), a.frpr. *blat* (ca. 1180, GirRouss), a.dauph. *bla* (13. Jh.), a.prov. *blat* (ca. 1175 – 14. Jh., Rn), a.alb. ~ (Castrais ca. 1150, Brunel), a.rouerg. ~ (1120–1170, ib.), a.kat. *blad* (1160, St. Cugat, DELCat 1, 829a), *blat* (13. Jh., Llull, ib. 829b), a.mail. *bla* (vor 1315, Bonvesin, Salvioni,GSLI 8, 418), a.nordit. *biado* (1371–74, RimeAntFerraraBellucci), a.tessin. *blado* (Lugano 14./15. Jh., FarinaL,QSemant 7, 177), piem. *bià* pl. (LEI 5, 230, 14).

Afrz. *blez* m. 'Weizen' (Paris 1302, Jänicke 1333), a.wallon. *bleis* (Flône 1269, ib.), a.hain. *blet* (1270, ib. 134), a.pik. *bles* (Amiens 1259, ib.), *blé* (Compiègne 1248, ib.).

(2.) *blata

(2.a.) Frz. *blee* f. 'Korn, Getreide' (1165–1558, Gdf, TL), a.for. *blada* (14. Jh., FEW 15/1, 128a), a.prov. ~ (hap. 14. Jh.), a.mail. *blava* (vor 1315, Bonvesin), a.oberit. *biava* (1371–1522, LEI 5, 216, 50).

A.gen. *biava* f. 'Hafer (Avena sativa L.)' (vor 1311, AnonimoNicolas, LEI 5, 221, 29).

A.bol. *biava* f. 'Gemüse; Bohne, Lupinie' (Ende 14. Jh., RimatoriFrati), afrz. *blee* f. 'Ernte' (ca. 1330, FEW 15/1, 128a).

(2.b.) Pluralform in kollektiver Bedeutung: a.gen. *iave* f.pl. 'Korn, Getreide' (Anfang 14. Jh., Passione, TestiParodi,AGI 15, 63), a.lomb. *blave* (vor 1274, BarsegapèKellerE), a.mail. ~ (vor 1315, BonvesinBiadene,StFR 7), a.bol. ~ (Ende 14. Jh., RimatoriFrati), a.venez. ~ (1336–1350, ZucchelloMorozzoDellaRocca).

Unter II (Einfluss des Karolingerlatein in Mittelitalien [Spoleto, Farfa]) sind die schrift- und zentralitalienischen Formen anzuführen:

(II.1.a.) A.it. *biado* m. 'Feldfrüchte' (ca. 1287, FioreDettoAmore, Monaci 125, 103), a.flor. ~ (1279–80, LibroNiccolò, NuoviTestiCastellani 2, 484), a.sen. ~ (1280–1361, StatutiPolidori), a.perug. ~ (vor 1320, LiveroAbbeccoBocchi), a.umbr. *blado* (vor 1306, JacTodiMancini), a.cast. ~ (1269, LibroTesto, CastellaniSaggi 2, 479), a.asc. ~ (1377, Statuti-ZdekauerSella), a.it. *biado* m. 'Nahrung' (Ende 14. Jh., CantariRinMonteAlbanoMelli 488).

(1.b.) A.abr. *bladi* m.pl. 'Korn' (ca. 1350, CronacaIsidorVolgD'Achille 177), a.cassin. *biadi* (ca. 1300, Rifacimento, ProverbiaBigazzi,SFI 21, 60).

(2.a.) It. *biada* f. 'Korn, Getreide' (ca. 1313, Dante, EncDant–Baretti 1795), a.flor. ~ (1264, LibriccioloBencivenni), a.sangim. ~ (vor 1253, Lettera, ProsaOriginiCastellani 196), a.lucch. ~ (Ende 13. Jh., LibroMemDonatoParadisi), a.pis. ~ (vor 1347, BartSConcordio, B), a.sen. ~ (1238, MattasalàSpinello, Monaci 37), a.aret. ~ (1282, RestArezzoMorino 47).

A.tic. *biatta* f. 'Hafer (Avena sativa L.)' (Lugano 14./15. Jh., FarinaL, QSemant 7, 177).

A.it. *biada* f. 'Bohnen' (Anfang 14. Jh., Lenzi, Crusca 1866), a.flor. ~ 'Spelt' (14. Jh., OvidioVolgBigazzi ms. B).

A.it. *biada* f. 'Arbeit, Nutzen' (1310 ca., DanteEncDant), a.flor. ~ (ca. 1313, AlbPiagentinaBoezio, B).

(2.b.) It. *biade* f.pl. 'Korn, Ernteertrag' (seit ca. 1310, Dante, EncDant), a.flor. ~ (1310, Bencivenni, TestiSchiaffini), a.aquil. ~ (vor 1363, BuccioRanalloDeBartholomaeis).

It. *biàdora* f.pl. 'Korn, Getreide' (Anfang 14. Jh., Lenzi, TB), a.flor. ~ (ca. 1347, LibroBiadaioloPinto), a.sen. ~ (1305, LettereVolg, GAVI).

2.4. Kommentar

Erst eine nach phonetischen, morphologischen und semantischen Kriterien geordnete Materialsammlung erlaubt eine fundierte Beurteilung der bisher vorgelegten etymologischen Vorschläge. Die Ansicht von Meyer-Lübke: „Ausgangspunkt ist Nordfrankreich" muss revidiert werden und trifft nur für den Ausgangspunkt der unter II zitierten mittellateinischen Formen der Karolingerzeit (Saint-Germain-des-Prés) zu. Auch die Annahme, dass it. *biava* afrz. *blef* entspricht, ist zu revidieren. A.oberit. *biava* enthält ein hiatustilgendes -v- zwischen Vokalen und ist bereits im 12. Jh. zu belegen: venez.m.lat. *blava* 'Korn' (1164–1199, Montecchio 49, LEI 5, 217 N 4), afrz. *bleif* (1241, FEW 15/1, 126b) und mfrz. *blef* (14. Jh., ib.) sind erst im 13. Jh. belegt bei maskulinen Formen im Auslaut und sind mit Auslautersatz auf der frikativen Stufe -*t*- > -*d*- >-*f* zu erklären (FEW 11, 664a s. v. *sitis* > *soif*).

Nachdem ich im Jahre 1969 als Mitredaktor des FEW-Bandes 15/1 (germanische Elemente) den Artikel anfrk. *blâd (126–137) verfasst habe und 1996 – zusammen mit Cornagliotti und Hohnerlein – den LEI-Artikel gall. *blato redigierte, scheint mir folgende Interpretation dem heutigen Forschungsstand am ehesten zu entsprechen:

Ein indoeurop. Stamm **bhlē-*/**bhlō-* (auf den auch lat. FLOS zurückgeht) könnte als Ursprung von gall. *blāto angesehen werden, cfr. mittelirisch *blāth m. 'Blume', kymrisch *blawd* (IEW 122). Gall. *blāto kann zu einem regionallat. *BLATA geführt haben, einem Kollektivum, das feminin geworden ist und sich z.B. in Oberitalien zu blaa > ⌈*blava*⌉ weiterentwickelte. Jud (R 49, 405–411) und Corominas (DELCat 1, 829) gehen von gall. *blāto 'Mehl' aus (*mlato 'gemahlen'), einer etymologischen Basis, die von Wartburg (FEW 1, 391) zu Recht abgelehnt wurde, da eine semantische Entwicklung 'Mehl' > 'Korn', d.h. Endprodukt > Rohmaterial, unwahrscheinlich ist. Gall. *mlāto 'Mehl' muss eher auf indoeurop. **mel-* 'mahlen' zurückgeführt werden (IEW 716). Bereits Hubschmied (VRom 4, 220) betrachtete oberit. *biava/biada* als autochthone vorromanische Form, wie frz. *blé gallischen Ursprungs aus *blāto 'Frucht'. Germanischer Ursprung aus altfränkisch *blād 'Feldfrucht' (FEW 15/1, 134f.) entspräche im semantischen Bereich den ältesten m.lat. Belegen der Galloromania (Ende 7. Jh., Formulae Andecavenses). Die geolinguistische Verteilung von oberit. *blava* spricht aber gegen eine fränkische Hypothese, wie bereits Aebischer festgestellt hat: «il ne peut donc être question, comme je l'imaginais [ZrP 48, 392–402], d'une origine longobarde de notre terme» (Aebischer Etude 91). Einer gallischen Basis stehen deshalb keine Einwände entgegen, vgl. Trumper-Vigolo 49: «nulla vieta dunque la proposta di una lontana origine celtica, visto che la diffusione areale del termine nel tempo esclude un'origine longobarda nonostante le asserzioni in Mastrelli 1990, 415 seg.».

2.5. Literatur

Diez 50f.; Faré 1160; DEI 5, 504f., 508; VEI 130; DELI 136; LEI 6, 215–241 (Cornagliotti; Hohnerlein; Pfister); VSI 2, 428, 430 (Spiess); EWD 294f.; DRG 2, 381 (Schorta); FEW 1, 389–392, ib. 15/1, 126–137 (Pfister); TLF 6, 763a; ib. 14, 739b; DCVB 3, 515; DELCat 1, 829–834; Aebischer, ZrP 48, 392ff.; AebischerEtude 77–94; Hubschmied, VR 4, 220; Jänikke 130–143; Jud, R 49, 405–411; Rohlfs, AR 7, 447–469; Trumper-Vigolo 49.

Für die Auflösung der bibliographischen Angaben sowie einiger Dialektangaben ist das *Supplemento bibliografico* des LEI zu konsultieren.

3. It. *camoscio* 'Gemse'

3.1. REW 1555

'**camox, -ōce** 'Gemse'. Piem. *kamus* (> it. *camoscio*), valses. *kamosa*, lomb. *kamoč* (> it. *camozza*), engad. *kamuotsch*, friaul. *kamuts*, tirol. *kyamorts*, frz. *chamois*, prov. *camos*, sp. *gamuza*, pg. *camurça* d. *Gams, Gemse*. – Ablt.: kalabr. *kamorça* 'Gemsleder', puschl. *kamogé* 'Sperber', bellun. *kamorpine* 'Art Ginster', trent. *kamosina* 'Schachtelhalm', abruzz. *kamoša*, apul. *skamorza* 'Art Käse'; it. *camosciare* 'matt gerben', afrz. *chamoissier* 'Leder rauh gerben', 'blau schlagen', 'quetschen', wohl auch *chamois* 'die mit Leder überzogene Handhabe des Lanzenschaftes' Gamillscheg. Der Ausgang des vorröm. Wortes ist nicht gleichmäßig, teils *-ōce*, teils *-ōceu*, gen. *kamüsă* steht ganz vereinzelt. Da namentlich das Leder und der Käse Handelsartikel sind, muss man mit Verschiebungen rechnen, die nicht mehr festzustellen sind. Das an verschiedenen Punkten auftretende *r* mag mit der Wanderung zusammenhängen, URSUS für lad. Salvioni, R. 36, 229, *corço* 'Reh' für pg. Schuchardt, Zs. 31, 718 ist möglich. – Thomas, R. 35. 170; M.-L., Zs. 31, 503; Jud, BDR. 3, 8, 1; Salvioni; RIL. 41, 205; RDR. 4, 230; Prati, AGl. 18, 435. (Kat. *xamos* 'aufgeweckt' Spitzer 152 ist wenig wahrscheinlich, da *xamus* nur in der Bedeutung 'Gemsleder' belegt ist. *Chamoissier* *KAMAKTIARE zu 4667 und mit pik. (> frz.), prov., kat. *camus* 'plattnasig' zusammen Spitzer, Zs. 42, 13 ist in der Grundlage zu konstruiert und lautlich unverständlich, *camus* aus gall. *commusos 'schnauzig' Gamillscheg nicht möglich, da für die Annahme, dass MUSU 5784 gallisch war, jeder Anhaltspunkt fehlt.)"

3.2. Bemerkungen zu REW-Artikel 1555

Bei jedem REW-Artikel empfiehlt es sich, vorgängig einer etymologischen Interpretation die Überprüfung der einzelnen zitierten Formen vorzunehmen:

Piem. *kamus* 'camoscio'. Es handelt sich zwar nicht um die in den piem. Wörterbüchern übliche Form *camos* (Zalli 1815) oder *camoss* (DiSant'Albino); piem. *camus* ist aber belegt für b.piem. (vercell.) *camùs* Caligaris und im AIS 518 cp. Die Form aus der Valsesia lautet nicht *kamósa* sondern *camossa* bei Tonetti und *kamússa* bei Spoerri (RIL 51, 401): Statt lomb. *kamoč* ist lomb.alp.or. *kamóć* (Longa,StR 9) oder lomb.or. ~ (AIS 518 cp.) zu verstehen. Kalabr. *kamorça* 'Gemsleder' existiert nicht; zu lesen ist: cal.centr. (apriglian.) *camórcia* NDC. Die im REW verzeichnete Form trent. *kamosina* 'Schachtelhalm' ist nur als trent.or. (rover.) *camocina* f. 'erba, con cui si stropicciano le stoviglie perché vengano nette' bei Azzolini bekannt. Ebenfalls gen. *kamüša* ist nicht auffindbar, nur maskulines *camüscio* Paganini 257 und *camûscio* Casaccia. Meyer-Lübke hat – vermutlich nach der Lektüre von Salvioni-REW,RDR 4, 90 – die Schwierigkeit gesehen, alle zitierten Formen auf eine einheitliche Basis *camox*, *-ōce* zurückzuführen: „Der Ausgang des vorröm. Wortes ist nicht gleichmäßig, teils *-ōce*, teils *-ōceu*."

Die Akkusativform *camōce(m)* genügt allein der frz. Form *chamois* (Erstbeleg *peaulx de chamois*, 1387, Gdf 9, 34a) oder dem m.lat. fr.-prov. Beleg *chamosius* (1272, TLF 5, 485a).

Die phonetische Entwicklung von CAMOCEM kann mit derjenigen von VOCEM verglichen werden: afrz. *vois* entspricht frz. *chamois* und auch dem Beleg aus Avignon: *pellibus de camoisio* (Curia romana 1365, Sella). Die Feststellung des afrz. Erstbeleges in den Wörterbüchern von Godefroy und Tobler-Lommatzsch bereitet Schwierigkeiten: afrz. *chamois* (2. Hälfte 13. Jh., VieAnciensPères, Gdf 9, 34a) kann nicht berücksichtigt werden, da es sich um eine lothringische Handschrift handelt und die Graphie *chamoix* lautet. Nach Keller (VR 24, 100) ist die Bedeutung 'Kamel' (< a.lothr. *chamoil* < *camelus*). Auch der von Wartburg im FEW 2/1, 148b zitierte Beleg *chamois* 'bout de la hampe de la lance qu'on tenait à la main, et qui était garni de cuir' ist fragwürdig. Sowohl von Wartburg wie auch Gamillscheg verbinden nicht nur das Substantiv 'Lanzenhandschaft' sondern auch das Verbum afrz. *chamoissier* 'quetschen' mit dem Etymon CAMOX. Als Begründung gibt Wartburg an: „Die Herstellung des Gemsleders und besonders dessen Imitation hat eine besondere Technik entstehen lassen" (FEW 2/1, 149b), „Die bed. 'wie Gemsleder bearbeiten' ist erst etwas später belegt, aber doch die ursprüngliche. Die bed. 'quetschen' ist erst daraus hervorgegangen" (ib. n. 4). Diese auf Littré zurückgehende These (Li 1, 544c) ist von Gamillscheg modifiziert worden: *chamois* 'cuir de chamois' > 'bout de la hampe de la lance qu'on tient à la main, et qui est garni de cuir' > *chamoissier* 'frapper avec le bout de la hampe de la lance' > 'meurtrir'. Ein Zusammenhang mit CAMOX 'Gemse' scheint sehr fragwürdig, da frz. *chamois* als Alpenwild erst im 14. Jahrhundert belegt ist und die Verarbeitung des Gemsleders im 12. Jh. kaum eine so bedeutende Rolle gespielt hat, dass von der Bedeutung 'Gemsleder bearbeiten' ausgegangen werden könnte. Die Endung von *camoissier* 'meurtrir' erinnert stark an synonymes afrz. *froissier* 'briser, écraser' (seit 11. Jh., FEW 3, 831). Der Stamm *cam-* bereitet Schwierigkeiten. Semantisch naheliegend ist gr. *kamakton 'Stock', das in a. prov. *gamait* 'coup', a frz. *gamait* (hap. leg.) weiterlebt und in den Ableitungen synonym mit *chamoissier* ist, vgl. m.dauph. *gamatsá* 'meurtrir' (FEW 2, 110).

Ebenfalls afrz. *camois* 'Quetschung' (1213, GuillDole, Gdf) und fr.-prov. ~ (ca. 1180, GirRouss O 6316), a.okzit. – (ib. ms. P 5554) gehören zu a.gask. *camaiar* v.tr. 'beflecken' (ca. 1230, AimBel, ms. C) und nicht hierher.

Hätte Meyer-Lübke die Diskussion zwischen Hans-Erich Keller und Johannes Hubschmid (VR 25) gekannt, hätte er kaum geschrieben: piem. *camus* > it. *camoscio*. Diese schriftsprachliche Form *camoscio* ist ostlombardischer Herkunft und stammt aus den Bergamasker Alpen oder aus dem östlichen Teil des Alpinlombardischen. Über Brescia oder Mailand ist it. *camoscio* mittels des Handels mit Gemsleder in die Schriftsprache gelangt. Mit Recht charakterisiert Meyer-Lübke it. *camoscio* und span. *camuza* als Wanderwort: „Da namentlich das Leder und der Käse Handelsartikel sind, muss man mit Verschiebungen rechnen."

Die apul. Käsebezeichnung *skamorza* muss freilich gestrichen werden. Rohlfs erwähnt im VDS salent.sett. (Francavilla Fontana) *skamórtsa* f. 'piccolo cacio ripieno di burro', àpulo-bar. (Massafra) *skamŏrtsə*, und stellt beide Formen zu a.nap. *scamozza* < it. *scamozzare* 'smozzare' (< MUTIUS).

Bereits Huber (DRG 3, 250) und auch Corominas (DCECH 3, 61f.) haben erkannt, dass die iberorom. Wörter nicht direkt auf das vorromanische Substrat zurückgehen, sondern als Bezeichnung eines Handelsartikels 'Gemsleder' vermutlich in der okzit.-oberit. Form ins Katalanische, Aragonesische und Kastilische gelangt sind: a.span. *camós* m. 'Gemsleder' (ca. 1300, DCECH 3, 61b), a.arag. *gamuço* m. (1354, Pottier, VR 10, 159), a.kat. *camusa* f. 'id.' (ca. 1380, DCECH 3, 62a).

Auch die Angabe im REW lomb. *kamoč* > it. *camozza* ist unzutreffend. It. *camozza* 'camoscia' (seit 1539, Ariosto, B) ist wie a.sen. (*quoio di*) *camoza* (1427, SBernSiena, B) aus dem venezianisch-mantovanischen Raum entlehnt, cfr. a.mant. *camoza* (ca. 1300, BelcalzerGhinassi,SFI 23, 60), a.venez. ~ (ca. 1460, GlossHöybye,SFI 32).

Die dt. Form *Gemse*, die Meyer-Lübke ebenfalls zu diesen Formen stellt, steht mit der hier behandelten Wortfamilie sicher in Verbindung. Freilich muss – außer dem üblichen Akzentwechsel auch ein Suffixwechsel (*-isa*) angenommen werden zu einem a.hd. *gámiza* sowie ein Primärumlaut *gémiza*. Die dialektalen Formen lauten alem. bayr. tirol. *Gams*.

Der Hinweis von Meyer-Lübke zu tirol. *kyamorts*, kalabr. *kamorça* 'Gemsleder' und port. *camurça* ist irreführend: „Das an verschiedenen Punkten auftretende *r* mag mit der Wanderung zusammenhängen, URSUS für lad. Salvioni,R 36, 229, *corço* 'Reh' für pg. Schuchardt, Zs. 31, 718 ist möglich." Ein Zusammenhang mit URSUS ist unwahrscheinlich. Vermutlich handelt es sich um spontane *r*-Epenthese, die in einer zusammenhängenden Zone im Veneto, Zentralladinischen und Bündnerromanischen auftritt und vereinzelt in den Seealpen bekannt ist, vgl. Barcelonnette *čamúrs* (ALF 1491, p. 889) und die entsprechende Entwicklung von *Massilia* > *Marseille*. Für das Port. ist ein Einfluss von *corçēo* 'Reh' nicht auszuschließen.

Ungeklärt ist der Zusammenhang der it. Gemsbezeichnungen mit lomb.alp.or. (posch.) *camoghè* 'Sperber' (Salvioni,RIL 39) und westlig. *camune* m. 'Gemse', die einen Stamm ⌜*kam-*⌝ (Hubschmid) oder ⌜*kamok-*⌝ erschließen lassen, sofern man nicht Suffixwechsel zu CAMOX annehmen will.

3.3. Aktualisierter REW-Artikel: **camox, -ōce/*kamossu/*kamo(r)kya**

Eine Neugliederung und Neuinterpretation des REW-Artikels *camox, -ōce* könnte – bei vorwiegender Berücksichtigung der m.lat. Formen folgendermaßen aussehen:

(I.1.) *camōce*. Frz. *chamois* m. 'Gemse' (seit 1387, Gdf 9, 34a).

(2.) **camossu*. Aprov. *chamus* m. 'Gemse' (Embrun Ende 14. Jh., Keller HE, VR 24, 92), a.wald. *chamos* (Anfang 14. Jh., Physiologus, Lv 1, 194), a.ast. *camoux* m.pl. (1521, Alione-Bottaso); a.dauph. *chamosses* f.pl. 'Gemsen' (Digne 1418–1424, KellerHE, VR 24, 92), a.it. **camose** (vor 1519, LeonardoFumagalli 305).

(3.) **kamokyu*. Lomb.alp.or. *kamóć* m. 'Gemse' (Longa,StR 9), posch. *kamóš* (Salvioni,RIL 39, 606). Die ostlombardische Form ist bereits im 15. Jh. in die it. Schriftsprache gelangt: it. *camoscio* 'Gemse' (seit 1483, Pulci, B). Vor allem als Handelsprodukt ('Gemsleder') erfolgte die Verbreitung schon im Spätmittelalter: a.perug. (*tre paia de guante de*) *camoscio* (1339, InventariDisciplinati, Monaci,RFR 1, 258).

A.venez. (*pelo de*) *camoçça* f. 'Gemsenweibchen' (1386, Lana, Frey), a.berg. *camoza* (1429, GlossContini,ID 10, 234), a.mant. ~ (1300, BelcalzerGhinassi,SFI 23, 60 und 139), a.venez. ~ (ca. 1460, GlossHöybye,SFI 32).

Als Bezeichnung für das Handelsprodukt ist auch die venezianische Form mit der it. Schriftsprache ausgestrahlt worden: a.venez. *camoza* (*biancha, roxa*) f. 'Gemsleder' (1490, Giulari, Frey), it. *camozza* (1612, Neri, B).

Bei den Formen unter 3 ist zu beachten, dass die Randgebiete (alpinlomb. und zentrallad.)

die ältere Sprachschicht (ć/š) enthalten, das Veneto mit Friaul die jüngere (-ts- > s). Für die archaischen Randgebiete stellvertretend: lomb.alp.or. (Trepalle) kɑmóć m, 'Gemse' (Huber,ZrP 76) und lad.ates. (livinall.) ćamówć PellegriniA; für das Veneto: a.venez. camoza 'Gemsenweibchen' (ca. 1460, GlossHöybye,SFI 32) und friaul. ciamòz m. 'Gemse' PironaN.

(4.) ⌜kamorkyu⌝. Lad.fiamm. (Predazzo) kamórć m. 'Gemse' Boninsegna, bad. ciamùrc Martini; ven.centro-sett. (bellun.) camòrz Nazari; lad.cador. (Candide) ćamórtsa f. 'Gemsenweibchen' DeLorenzo.

3.4. Kommentar

Normalerweise wird als etymologische Grundlage dieses Wortes lat. CAMOX, CAMŌCEM angesehen, Hapax legomenon bei Polemius Silvius in einer merkwürdigen Liste von Tierbezeichnungen, die auf das frankoprovenzalische Ursprungsgebiet hinweisen (DRG 3, 250a). Dieses Etymon findet sich bei Meyer-Lübke (REW 1555), bei Battisti-Alessio (DEI 705) und bei von Wartburg (FEW 2/1, 149a) mit der Einschränkung: „die gallorom. Formen gehen alle auf CAMŌCE zurück; in den it. und rät. Alpen leben Formen, deren Ausgang morphologisch nicht abgeklärt ist." Heute besteht Einvernehmen darüber, dass lat. CAMOX, CAMŌCEM, verglichen mit den unterschiedlichen Ergebnissen von VOX, VOCEM, nicht die etymologische Grundlage der alpinen Dialekte sein kann (Salvioni,R 36, 228f.; HubschmidAlpenwörter 19; Decurtins,DRG 3, 250; und vor allem die Diskussion zwischen Keller und Hubschmid in VR 24, 88 und 25, 236, 245–258). Die alpinen Dialektwörter, ausschlaggebend für die Bezeichnung eines Alpentieres, das in der Ebene nicht vorkommt, legen die Annahme von vier Varianten nahe: 1. camōcem (vereinzelt belegt bei Polemius Silvius), 2. ⌜kamosso⌝, 3. ⌜kamokyo⌝ und 4. ⌜kamorkyo⌝. Diese vierte vorrömische Form könnte auch mit camur 'krumm' in Verbindung stehen, wenn man an die gebogenen Hörner der Gemse denkt. Eine Verbindung der oberit. Bezeichnung des Sperbers camoghe oder des Bergnamens Camoghè mit unserem Etymon (kamok-arius) ist ebenso wenig auszuschließen wie eine Verbindung mit der westligurischen Gemsbezeichnung camüni pl., cfr. Buggio camune m. 'Gemse' Pastor 46, Fontan kámün. (ALF 1491, P. 990), lig. centr. camùn Massajoli. Die vier unterschiedenen Varianten weisen charakteristische Herkunftsräume auf, die eine ursprüngliche areallinguistische Gliederung erkennen lassen: camōcem im Frankoprovenzalischen und vielleicht im Provenzalischen mit Ausstrahlung ins Französische (1.), ⌜kamosso⌝ in den Seealpen, Piemonteser Alpen, im Ossolano und Westalpinlombardischen bis zur Adda (2.), ⌜kamokyo⌝ im Ostlombardischen, östlichen Alpinlombardischen, im Trentino, Bündnerromanischen und in den Randgebieten des Veneto (zentrallad.) (3.) und die Formen mit r-Epenthese im Veneto (4.), wobei die Randgebiete ⌜kamórćo⌝, das Zentrum mit Venedig ⌜kamortso⌝ aufweisen.

Die ursprüngliche dialektale Situation in Oberitalien liegt heute freilich nicht in dieser ungetrübten geolinguistischen Lagerung vor. Da die Gemse selbst in der Poebene nicht existiert und den Sprechern nur über das Handelsprodukt Gemsleder als Tiername bekannt ist, sind sekundäre Ausstrahlungszentren (Mailand, Brescia) und phonetische Anpassungen an die schriftitalienischen Formen camoscio und camozzo anzunehmen. Das Ursprungsgebiet dieser beiden Wörter lässt sich bestimmen: camoscio stammt aus dem östlichen Alpinlombardischen, camozzo aus dem Veneto. Deshalb ist es auch nicht verwunderlich, wenn die ursprüngliche Form aus dem Veneto bereits zur Zeit von Boccaccio in Orvieto in mittellateinischer Form auftritt: guantorum carmosci (1334, Statuti 33, HubschmidMat). Auch die spanische Form gamuza 'Gemsleder', die HubschmidAlpenwörter 19 noch als autochthones vorromanisches Sprachgut ansah, ist die Bezeichnung des Handelsprodukts – und wie a.span. camós (ca. 1300, DCECH 3, 61b) oder a.arag. gamuço (1334, Pottier,VR 10, 159) – über das Okzitanische oder das Oberitalienische ein Importwort aus dem Alpenbereich. HubschmidPyrenäenwörter 55 n. 150 hat selbst diese Berichtigung vorgenommen und richtigerweise nur das Substratwort izar für die pyrenäische Gemse als autochthon bezeichnet. Auf die modernen Entlehnungen aus dem Französischen (piem. šamwa < frz. chamois oder ampezzanisch gàmaz aus dem Tirol) wird hier nicht eingegangen.

3.5. Literatur

Farè 1555; DELI 192; LEIMs (Haberland; Pfister); VSI 3, 311–315 (Spiess); DESF 2, 345; EWD 2, 141f.; DRG 3, 246–250; FEW 2, 148f.; GPSR 3, 286f. (Burger); Alessio,AAA 46, 549ff.; Bertoldi,ZrP 57, 147; Hubschmid-

Alpenwörter 19; Hubschmid, AAA 49, 397f.; Hubschmid,ZrP 66, 9–14; Hubschmid,VR 19, 148; Hubschmid,VR 25, 256–254, 257f.; Jud,BDR 3, 8; KellerHE,VR 24, 88–105; Salvioni,R 36, 228f.; Salvioni,RIL 39, 612; SalvioniREW,RDR 4, 90; Spiess,FestsPfister 1997, 1, 454ff.

Für die Auflösung der bibliographischen Angaben sowie einiger Dialektangaben ist das *Supplemento bibliografico* des LEI zu konsultieren.

4. Ergebnisse

4.1. Die von Meyer-Lübke 1935 geschaffene Grundlage ist heute vollständig zu überarbeiten anhand der Grundlagenwörterbücher für die Galloromania, die Iberoromania und die Italoromania – unter Einbeziehung des Rumänischen, das bei den beiden untersuchten Wörtern gall. *blato und vorrom. *camox* keine Berücksichtigung finden konnte.

4.2. Die Grundlage der etymologischen Forschung – auch nach der Kontroverse von Schuchardt – Antoine Thomas um die Etymologie von fr. *trouver* – bleibt die lautliche Entwicklung eines Wortes. Die oberit. *biava*-Formen (hiatustilgendes -*v*-), afrz. *blef* (Auslautersatz wie bei *soif*), -*r*-Epenthese bei Barcelonnette *ćamúrs*, Unterscheidung von fr. *chamois* (< CAMOCEM) und piem. *camos* (< *camosso*) anhand der Entwicklung von lat. VOCEM < afrz. *vois* setzen solide Kenntnisse der Phonetik für den gesamten Untersuchungsraum voraus.

4.3. Die Erkenntnisse der Semantik erfordern eine viel differenziertere Behandlung des Wortmaterials als die des REW. Bei *blato z. B. ist der Kollektivbegriff 'Korn, Getreide' zu trennen von den einzelnen Getreidearten 'Weizen, Hafer, Roggen, Dinkel, Mais, etc.'; die Unterscheidung der 'Gemse' als alpines Tier vom Handelsprodukt 'Gemsleder' ist grundlegend für die etymologische Interpretation. Zu berücksichtigen ist auch das effektive Verbreitungsgebiet der bezeichneten Sache oder des Tieres. Für 'Gemse' haben die Bezeichnungen aus einem Alpental ein anderes Gewicht als z.B. diejenigen aus der Poebene oder aus den Abruzzen, wo es keine Gemsen gibt und deshalb auch eine Käsebezeichnung nicht zur Basis CAMOX gehören kann.

4.4. Entscheidend für die Bearbeitung der Geschichte eines Wortes ist auch die Fähigkeit des Lexikologen, aus der oft diffusen Materialgrundlage die nicht zur untersuchten Wortfamilie gehörenden Wortformen auszuscheiden oder wenigstens zu problematisieren. So sind z.B. unter den im REW 1555 (*camox*) auftretenden folgenden Formen zu eliminieren: apul. *skamorza* 'Art Käse' (→ *mutius), afr. *chamoissier* 'blau schlagen, quetschen' → *kamakti̯-* 'schlagen', afrz. *chamois* 'die mit Leder überzogene Handhabe des Lanzenschaftes'.

4.5. Die Unterscheidung zwischen erbwörtlichen Lautentwicklungen (a.mail. *bla* < *blato) und der Entwicklung von it. *biado* < Karolingerlatein *blatum* ohne direkte Kontinuität der Formen aus dem gallischen Substrat oder die Erkenntnis, dass a.umbr. *camorcio* ein Wanderwort aus dem Veneto darstellt – ebenso wie nicht autochthones span. *gamuza* 'Gemsleder', setzen die methodisch grundlegende Trennung in Erb- und Lehnwörter voraus.

4.6. Meistens sind die tragfähigen Etymologien bereits entdeckt. Heute geht es vor allem darum, mit neuen und früheren Belegen unter vermehrter Berücksichtigung areallinguistischer Kriterien und der Wortgeschichte bereits geäußerte Hypothesen zu erhärten oder zu widerlegen, z.B. die keltische These von Trumper-Vigolo im Falle von gall. *blato zu vertiefen oder die Ansicht von Johannes Hubschmid zu seinen drei vorromanischen Varianten **camosso-*, ⌈*kamokyo*⌉ und ⌈*kamorkyo*⌉ neben lat. CAMOX im Falle von frz. *chamois*/it. *camoscio* zu erweitern und überzeugend darzustellen.

5. Literatur in Auswahl

Baldinger, Kurt (1974), *Introduction aux dictionnaires les plus importants pour l'histoire du français*. Paris.

Coseriu, Eugenio (1964), Pour une sémantique diachronique structurale. In: *Travaux de linguistique et de littérature publiés par le Centre de philologie et de littérature romanes de 'Université de Strasbourg* 2, 139–186.

–, (1973), *Einführung in die strukturelle Betrachtung des Wortschatzes*. Tübingen.

DCECH = J. Corominas; J. A. Pascual, *Diccionario crítico etimológico castellano e hispánico*, Madrid 1980ff.

DELCat = J. Coromines, *Diccionari etimològic i complementari de la llengua catalana*. Barcelona 1981ff.

DELI = Manlio Cortelazzo; Paolo Zolli, *Dizionario etimologico della lingua italiana*. 5 voll. Bologna 1979–1988.

DRG = *Dicziunari rumantsch grischun*. Publichà da la Società retorumantscha. Chur 1939 ff.

FEW = Walther von Wartburg, *Französisches etymologisches Wörterbuch. Eine Darstellung des galloromanischen Sprachschatzes*. Bonn/Leipzig/Tübingen/Basel 1922 ff.

GPSR = *Glossaire des patois de la Suisse romande*. Rédigé par L. Gauchat; J. Jeanjaquet; E. Tappolet. Neuchâtel/Paris 1924 ff.

Jud, Jakob (1953/54), Methodische Anleitung zur sachgemäßen Interpretation von Karten der romanischen Sprachatlanten. In: *Vox romanica* 13, 219–265.

LEI = Max Pfister, *Lessico etimologico italiano*. Wiesbaden 1979 ff. – *LEI. Supplemento bibliografico*. Wiesbaden 1991.

Lexicologie et lexicographie françaises et romanes. Orientations et exigences actuelles (Strasbourg 12–16 novembre 1957). Paris 1961 (Colloques internationaux du Centre national de la recherche scientifique, Sciences humaines).

Lüdtke, Helmut (1968), *Geschichte des romanischen Wortschatzes*. 2 Bände. Freiburg.

Massariello Merzagora, Giovanna (1983), *La lessicografia*. Bologna.

REW = Wilhelm Meyer-Lübke, *Romanisches etymologisches Wörterbuch*. Heidelberg 1935 (3. Auflage).

Ricken, Ulrich (1983), *Französische Lexikologie. Eine Einführung*. Leipzig.

Rohlfs, Gerhard (1971), *Romanische Sprachgeographie. Geschichte und Grundlagen, Aspekte und Probleme mit dem Versuch eines Sprachatlas der romanischen Sprachen*. München.

TLF = *Trésor de la langue française. Dictionnaire de la langue du XIXe et du XXe siècle*. 12 Bände. Paris: CNRS, 1971 ff.

Wörterbücher. Dictionaries. Dictionnaires. Ein internationales Handbuch zur Lexikographie. Drei Teilbände. (Hrsg. F. J. Hausmann; O. Reichmann; H. E. Wiegand; L. Zgusta). Berlin/New York: Walter de Gruyter 1989–1991.

VSI = *Vocabolario dei dialetti della Svizzera italiana*. Lugano 1952 ff.

Zs oder ZrP = *Zeitschrift für romanische Philologie*. Halle/Tübingen 1877 ff.

Max Pfister, Saarbrücken (Deutschland)

106. Fallstudie VI: Die slavischen Sprachen

1. Einleitung
2. Zur Genese der Bezeichnungen für dörfliche Siedlungen im Russischen (ein Überblick)
3. Zu den Grundprinzipien der Untersuchung einzelner Wörter
4. Exemplarische Untersuchung des im R. besonders exponierten Lexems *derevnja* '(kleines) Dorf'
5. Literatur in Auswahl

1. Einleitung

1.1. Der *gegenwärtige Stand* der Lexikologie der slavischen Sprachen ist durch eine intensive, stürmische Entwicklung besonders der Lexikographie gekennzeichnet, so dass ein ständiger Zustrom neuer Erkenntnisse erfolgt, der verarbeitet werden muss. Das lassen die umfangreichen Einführungen in die Slavistik aus neuerer Zeit (etwa Panzer 1991; Horálek 1962; Comrie 1993 u.a.) deutlich erkennen, besonders dann, wenn man sie mit älteren Darstellungen (etwa Trautmann 1948) vergleicht. Große Wörterbuchunternehmen, in verschiedenen Realisierungsphasen (von Anfängen bis zu Abschlüssen) begriffen, ermöglichen immer mehr eine subtile Untersuchung von einzelnen Lexemen, auch in kulturhistorischer Perspektive, wie sie unten anhand von r. *derevnja* als einer zentralen Siedlungsbezeichnung versucht wird.

Nicht nur die Lexik der Schrift-/Standardsprachen (die heutige Bezeichnung darf nicht ohne weiteres in frühere Jahrhunderte transponiert werden!), sondern auch die der Dialekte müssen einbezogen werden. Das große, von Filin begründete Wörterbuch der russischen Dialekte (SRNG) mit über 30 Bänden nähert sich dem Abschluss, während ein Wörterbuch der slovakischen Dialekte eben erst begonnen hat zu erscheinen (Slovník SN).

Die slavistische Dialektlexikographie hat einen völlig unterschiedlichen Stand (z. B. liegt für einzelne Dialektgebiete des Tschechischen ein Wörterbuch vor, aber kein gesamttschechisches). Nur mit großer Mühe kann in dieser Situation die Entwicklung einzelner Lexeme verfolgt werden.

In zusammenfassenden Darstellungen zu den slavischen Sprachen nur selten beachtet und bislang noch nicht lexikographisch aufgearbeitet sind hingegen die verschiedenen Mikro-Literatursprachen, so das Rusinische, das Burgenländisch – Kroatische (dazu s. v.a. Duličenko 1981) sowie die offenbar jüngste von ihnen, das Russinisch – Polessische (vgl. hierzu Tolstoj 1990).

1.2. Zur *inneren Architektur* des Wortschatzes der slavischen Sprachen. Dieser zeichnet sich durch einen zahlenmäßig großen Anteil gemeinslavischer, ererbter Lexik aus. Dabei kristallisieren sich bei genauerer Analyse jedoch mehrere Schichten schon im urslavischen Wortschatz heraus, so gibt es neben den gesamt-ie. Wörtern eine große Gruppe von sog. germanisch-baltisch-slavischen Isoglossen, d.h. Lexemen (188 nach Zählungen von Stang 1971), die nur diesen drei Sprachgruppen des Ie. eigen sind (vgl. Nepokupnyj et al. 1989). Einige davon haben diese Sprachen zusätzlich mit dem Italischen gemeinsam. Eine besonders enge Beziehung bestand im Weiteren zu den baltischen Stämmen, so dass sich die Heraushebung einer baltoslavischen Gemeinschaft allgemein durchgesetzt hat; lexikographisch wurde diese Gemeinschaft von Trautmann 1923 aufgearbeitet (mit der Einschränkung, dass sich hier nicht ausschließlich balto – slavische Isoglossen finden, da die meisten hier verzeichneten Lexeme auch Entsprechungen in anderen ie. Sprachen aufweisen; vgl. Schelesniker (1987, 234)).

Daneben hatte offenbar bereits das Urslavische eine ganze Anzahl von Wörtern mit dem Iranischen gemeinsam (vgl. hierzu Zaliznjak 1962; Zaliznjak 1963; Trubačev 1967). Im Gegensatz zu den o.g. germano-balto-slavischen Isoglossen, die hauptsächlich dem Bereich der konkreten Lexik zuzuordnen sind, gehört zu den iranischen Elementen im Slavischen auch das Abstraktum *bogъ* 'Gott' (zum kulturellen Einfluss der Iranier auf die ostslavischen Stämme vgl. Toporov 1989). Die Übereinstimmungen mit dem Iranischen werden bezüglich ihres Charakters unterschiedlich behandelt – oft werden diese als Lehnwörter klassifiziert, wogegen Schelesniker (1991, 239) Einwände erhob. Auf jeden Fall siedelten die Iranier (Skythen, Sarmaten) ab dem 8. vorchristlichen Jh. in der Nachbarschaft der Slaven.

Im Gegensatz zu anderen ie. Sprachgruppen jedoch ist die lexikalische Verwandtschaft z.T. sehr viel deutlicher zu erkennen (vgl. in besonders anschaulicher Weise die Tabellen in Vstup, 500–557). Besonders hervorzuheben ist die Tatsache, dass sich in den zu den ältesten Gruppen des Wortschatzes zu zählenden Feldern wie den Bezeichnungen der Körperteile (Trubačev 1959, 158–189; Vstup, 542ff.), vieler Pflanzen- und Tierbezeichnungen (Vstup, 546–548; Trubačev 1960; Budziszewska 1965) oder auch dem Feld der Verwandtschaftsbezeichnungen (Vstup, 540ff.; Trubačev 1959; Isačenko 1953) bis heute in vielen Fällen die gemeinslavischen Wörter erhalten haben und somit ein besonders hoher Grad der Übereinstimmung der Lexeme festzustellen ist (mit den auch dort gemachten Einschränkungen, dass sich trotz gleichen Ursprungs Bedeutungsunterschiede in den einzelnen Slavinen ergeben haben, wie z.B. im Bereich der Verwandtschaftsbezeichnungen: r. *čelovek* 'Mensch', aber u. *čolovik* 'Ehemann' (in seiner ursprünglichen Bedeutung 'Mensch' heute durch u. *ljudyna* verdrängt); r. *nevestka* 'Braut', wie auch in den meisten anderen slavischen Sprachen, während p. *niewiasta* diese spezielle Bedeutung zu 'Frau' verallgemeinert hat (als Synonym zu p. *kobieta*) u.a.m.

Die slavischen Sprachen haben daneben auch in großem Maße Lehn- und Fremdwörter aus anderen Sprachen übernommen. Schon zu gemeinslavischen Zeiten wurden von den Völkern, mit denen die Slaven Kontakt hatten, verschiedene sprachliche Elemente entlehnt. Als besonders wichtig sind hierbei die Entlehnungen aus dem Germanischen während des Kontakts der Slaven mit den Goten, Balkangermanen sowie westgermanischen Stämmen. Eine Kurzdarstellung findet sich bei Kiparsky (1975, 54–59), weitaus ausführlicher sind Kiparsky 1934 und Stender-Petersen 1927; gegen beide richtet sich von russischer Seite Martynov 1963, der in sehr vielen Fällen eine entgegengesetzte Entlehnungsrichtung annimmt.

Für die nachgemeinslavische Zeit sind die Kontakte der einzelnen slavischen Sprachen zu unterschiedlich, um sie in einer verallgemeinerten Form darbieten zu können, eine weitgehend vollständige Bibliographie der Lehnwortbeziehungen findet sich bei Panzer (1991, 379ff.). Während einerseits sehr viele Wörter von den Einzelsprachen übernommen wurden, drang andererseits slavisches Wortgut in benachbarte Sprachen: so ins Deutsche (Bielfeldt 1982; Eichler 1965; Bellmann 1971 usw.), wo sie noch heute in der mundartlichen Lexik des Deutschen gefunden werden. Ebenso hat das Slavische zahlreiche Wörter an das Ungarische, Rumänische, Albanische usw. abgegeben.

Eine gesamtslavische Lehnwortkunde bleibt ein dringendes, kulturhistorisch außerordentlich aufschlussreiches Vorhaben, das um so eher verwirklicht werden kann, als die lexikographische Basis gefestigt ist.

Dies ist auch die Voraussetzung für exakte lehnwortkundliche Forschungen. Ein entlehntes Lexem kann bei allen mikroanalytischen Prozeduren nur dann zuverlässig aus der ausgangssprachlichen Grundlage abgeleitet werden, wenn diese selbst gesichert ist.

Ob bei Entlehnungen in eine Zielsprache (wie das Deutsche) identische oder unterschiedliche Entlehnungsstrategien wirken (so aus den benachbarten slavischen Sprachen bzw. romanischen Sprachen, vgl. Berner-Hürbin 1974), bedarf noch der Klärung und ist für die vergleichende Sprachkontaktforschung und für die Sprachtypologie von Belang.

Wie sprachhistorische und historisch-soziologische Aspekte bei der Analyse einzelner Lexeme ineinander verwoben sind und eine interdisziplinäre Betrachtung notwendig erscheinen lassen, wird an der Betrachtung russischer Dorfbezeichnungen deutlich.

1.3. Einen Gedanken Filins 1957 aufgreifend sollen unter Zuhilfenahme neuerer lexikologischer und lexikographischer Arbeiten sowie onomastischer Forschungen verschiedene Bezeichnungen dörflicher Siedlungen im R. näher betrachtet werden. In Anbetracht der gebotenen Kürze muss die Betrachtung des gesamten Wortfeldes und seiner Genese vor dem Hintergrund der exemplarischen Untersuchung eines im R. besonders exponierten Lexems zurücktreten.

Zur besseren Einordnung soll jedoch zunächst ein kurzer Abriss der Entwicklung des Gesamtsystems der appellativischen Siedlungsbezeichnungen im R. gegeben werden.

2. Zur Genese der Bezeichnungen für dörfliche Siedlungen im Russischen (ein Überblick)

2.1. Betrachten wir zunächst die Verhältnisse im Ar./Gemeinostsl. bis zum 14. Jh. Nach dem Übergang zur Sesshaftigkeit und dem Entstehen regelmäßig bewohnter Siedlungen setzt schon sehr bald eine Differenzierung innerhalb des Systems der Siedlungen ein. Als älteste Opposition ist wohl die zwischen 'befestigter Siedlung' und 'unbefestigter Siedlung' anzusehen. Für das originäre Ar. wird diese Opposition durch die Lexeme *selo* ('unbefestigte Siedlung, Dorf') und *gorodъ* bzw. in altbulgarisch-kirchenslavischer Lautung *gradъ* repräsentiert. Das vielfach angeführte und in den westsl. Sprachen und dem Wr. bis heute vertretene *ves'* ist, wie die Belege aus den verschiedenen Wörterbüchern des Ar. (Sreznevskij, WBRu11–17, Kočin 1937) eindrucksvoll dokumentieren, eindeutig nicht dem originären ar. Schrifttum zuzuordnen; es tritt fast ausschließlich in kirchlichen Schriften als Synonym zu *selo* auf. Schließlich kommt es aufbauend auf dieser grundlegenden Opposition von 'befestigter' und 'unbefestigter' Siedlung ('Stadt' und 'Dorf') zu einer weiteren Differenzierung von Siedlungsanlagen unter sozialökonomischen und politisch-rechtlichen Gesichtspunkten. Dabei spielen für die alte Rus' zunächst die Bevölkerungsverhältnisse (d.h. wer wohnt in dem Dorf?) und die Höhe der steuerlichen Belastung eine besondere Rolle. Dabei übernimmt das bereits eingeführte *selo* zunehmend die Bedeutung 'Herrendorf', d.h. Dorf, in dem der Fürst oder Bojar seinen Sitz hat. Allerdings ist dieser Bedeutungswandel nicht in allen Gebieten der Rus' vollzogen worden: insbesondere die südlichen Kernlande scheinen *selo* in dieser Bezeichnung kaum zu kennen. Zur vollen Ausprägung gelangt die Opposition 'Herrendorf' ⇔ 'Bauerndorf' erst im 14. Jh., und nur im Norden der Rus', im Zusammenhang mit der Verbreitung der neuen Siedlungsbezeichnung *derevnja* (s. 4.).

Schon früh (vereinzelt im 10., massiv aber ab dem 12. Jh.) wird mit der Gewährung von Steuervorteilen bis hin zur Befreiung von Steuern auch die Höhe der steuerlichen Belastung zu einem die Bedeutung differenzierenden Merkmal – die neue Art der steuerbefreiten Bauernsiedlung (r. *sloboda*) ist in ar. Texten schon sehr früh bekannt (vgl. hierzu die Ausführungen bei Lemtjugova 1983).

Ein letzter besonderer Siedlungstyp ist der als Tributsammelstätte des Fürsten eingerichtete *pogostъ*. Erstmals wurden *pogosty* nach Auskunft der Chroniken im Jahre 6455 (947) entlang des Flusses M'sta auf Initiative von Großfürstin Olga (945–964) errichtet. Den Kern eines *pogost* bildete die Herberge des Fürsten und sein Gefolge. Daneben gab es spezielle Gebäude zur Lagerung der herbeigebrachten Abgabegüter. Im Übrigen wurden die *pogosty* auch Stätten regen Handels (näheres dazu bei Heller (1987, 28) und Veselovskij (1936, 15)). Schon früh wurden Arme in den *pogosty* angesiedelt, denen die Wartung der Siedlung oblag. Durch die spätere Errichtung von Kirchen in den *pogosty* wurde deren Bedeutung für die umliegenden Dörfer gefestigt. Die *pogosty* wurden zu Zentren der Kirchengemeinden und verloren durch die Ansiedlung der Kirchendiener den Charakter einer nur periodisch bewohnten Siedlung. Sie breiteten sich jedoch flächenmäßig meist nur wenig aus und blieben von ihrer Größe relativ unbedeutend, was ihr unten beschriebenes Schicksal gleichsam vorweg nimmt.

2.2. Die weitere Entwicklung des lexikalisch-semantischen Systems der dörflichen Siedlungsbezeichnungen im eigentl. Ar. (ab dem 14. Jh.) und R. lässt sich wie folgt zusammenfassen:

2.2.1. Als ländliche Siedlungsbezeichnungen verlieren aufgrund der weiteren politischen und sozialökonomischen Entwicklung vor allem *pogostъ* und *sloboda* ihre Bedeutung. Ein besonderes Schicksal ereilen die *pogosty*, nachdem sie, die ja nur wenige Einwohner hatten und auch nur von geringer Größe waren, ihre ursprüngliche Funktion als Tributsammelstelle und dann auch als religiöses Zentrum verloren haben. Sie wurden entweder wüst oder wandelten sich und wurden zu *sela* oder aber blieben lediglich als heilige Stätten (insbesondere Kirchen oder auch nur die dazu gehörigen Friedhöfe) erhalten.

Entsprechend kennzeichnet auch Potebnja (1881, 150f.) die semantische Genese von *pogostъ*: (1) ursprünglich bezeichnete *pogost* eine „Gast-Stätte", ein „Einkehrhaus", hier ließen (2) die Fürsten durch die *gosti* – Kaufleute die Tribute eintreiben. Um die Tributsammelstelle herum entstand (3) eine kleine Siedlung, der administrativ eine bestimmte Anzahl umliegender Dörfer zugeordnet waren (Einzugsgebiet). Bald bezeichnete *pogost* (4) die Gesamtheit dieser Siedlungen (bzw. die administrative Einheit als solche). Auch den von dem gesamten Gebiet entrichteten Tribut konnte *pogost* bezeichnen (5). Nach Verlust der administrativen Bedeutung blieben – verwüstete der *pogost* nicht gar – nur (6) die 'Kirche mit den Häusern der Kirchendiener' oder aber auch nur (7) der 'Friedhof'. (Zur Beleglage dieser Bedeutungen sowie zum Vorkommen des Lexems *pogost* in der Folklore, in Sprichwörtern und festen Fügungen vgl. die Wörterbuchartikel bei Dal' (1880, Bd. 3, 156); SRNG (Bd. 27, 309).)

2.2.2. Bereits im 14. Jh. taucht im nordr. Schrifttum eine neue Siedlungsbezeichnung auf: *derevnja*. Diese Bezeichnung einer Rodungssiedlung übernimmt zunehmend die Bedeutung 'Bauerndorf', für die es bis dahin keine einheitliche lexikalische Repräsentation gab. Gleichzeitig sind die *derevni* im Gegensatz zu den o.g. *slobody* nicht steuerbegünstigt. Bis zum 16./17. Jh. gelangt so die Opposition 'Herrendorf' *selo* ⇔ 'Bauerndorf' *derevnja* im Ar. zur vollen Ausprägung. Mit Einführung des Systems des Dienstadels machten jene Bauerndörfer zu ihrem 'Herrendorf'. Zum semantisch differenzierenden Merkmal zwischen einer *derevnja* und einer *selo* bezeichneten Siedlung wurde das Vorhandensein einer Kirche in dem Dorf. Diese neue Opposition bildete sich im 17. Jh. heraus, im 18. Jh. verfestigt sie sich zunehmend. Folgerichtig macht auch Georgi 1799 ([= russ. Übersetzung] Bd. 4, 132f.) in seiner Beschreibung der Verhältnisse in Russland den Unterschied zwischen *selo* und *derevnja* am Vorhandensein einer Kirche fest: „*Sela tak imenujutsja, potomu čto imejut odnu ili neskol'ko cerkvej.*" Demgegenüber sind derevni solche Dörfer, „*gde net cerkvej*". Bald schon aber wuchsen die vormals (als kleine Rodungssiedlungen entstandenen) kleineren *derevni* zu großen Dörfern heran, und es wurden auch in ihnen Kirchen errichtet. Dies hatte natürlich wiederum ein Verwischen des Unterschiedes zwischen beiden Siedlungsarten. Da in der Regel die älteren *sela* auch auf Grund der traditionellen Ausübung administrativer Kompetenzen für die umliegenden Dörfer die neueren *derevni* an Größe übertrafen, wurde alsbald das Merkmal der Größe (wie der größeren administrativen Bedeutung) zum differenzierenden Sem. Dieser Art tritt uns der Unterschied zwischen *selo* 'großes Dorf' (und Verwaltungszentrum für umliegende Dörfer) und *derevnja* '(kleineres) Dorf' im modernen R. entgegen. Die Grundbedeutung 'Dorf' indes wird nur durch das Lexem *derevnja* vertreten. Interessanterweise wird ersteres – wie die Häufigkeitswörterbücher des R. zeigen – mehr und mehr durch *derevnja* verdrängt (s. u.).

3. Zu den Grundprinzipien der Untersuchung einzelner Wörter

Die Betrachtung von Einzelwörtern hat seit den 30er Jahren immer mehr zu Gunsten einer Betrachtung in Netzen (Wortfeldern) an Bedeutung verloren. Nur unter Berücksichtigung seiner nächsten „Nachbarn" sind genauere Ausführungen zur semantischen Struktur einzelner Lexeme möglich.

Eine solche – wenn auch ziemlich geraffte – Betrachtung wurde hier exemplarisch für r. *derevnja* versucht. Unabdingbar scheint insbesondere bei der materiell denotierten Lexik die Einbeziehung der Entwicklung der durch die zu betrachtenden Wörter bezeichneten Realien.

Trotz allem ist natürlich die genaue Betrachtung des Einzelworts Voraussetzung wie letztlich Endziel solcher Untersuchungen. Um genaueren Einblick in die semantische Struktur einzelner Lexeme zu gewinnen, scheinen folgende Untersuchungen unabdingbar:

(1) Ausgangspunkt bildet die Betrachtung der Bedeutungen, die dieses Lexem nach Aussicht der Wörterbücher in der L. vertritt. Da Hauptgegenstand unserer Betrachtungen das R. ist, sind die entsprechenden Ausführungen (1.1.1.) besonders detailliert. In einem weiteren Schritt (1.1.2.) sind die Verbreitung des Lexems in den r. Dialekten und die dort vorkommenden, von der L. abweichenden Bedeutungen dargestellt. Eine Einbeziehung der Belege verwandter Sprachen scheint vor gesamtslavischem Horizont sehr wünschenswert, auf Grund der geographischen Nähe, enger geschichtlicher Beziehungen sowie der Zugehörigkeit zur gleichen Sprachgruppe wurden hier das Ukrainische (1.2.) und Weißrussische (1.3.) ausgewählt.

(2) In einem nächsten Schritt soll die Wortfamilie erschlossen und das zum Ausgangswort zu stellende, mit ihm verwandte Wortmaterial erfasst werden.

(3) Nur eine genauere Analyse der semantischen Entwicklung des Wortes im Zusammenhang mit der Betrachtung der sich wandelnden Realien kann Anhaltspunkte für eingetretene semantische Verschiebungen und heute bestehende Bedeutungsunterschiede zwischen Literatursprache und Dialekten sowie zwischen verschiedenen Sprachen aufdecken.

(4) Eng damit im Zusammenhang steht die Betrachtung der ursprünglichen Motivation der Bezeichnungen, d.h. der Etymologie des Wortes; es geht um die Erhellung semantischer Parallelen oder die Klärung der wahrscheinlichen semantischen Genese.

(5) Neben der Betrachtung der Beleglage eines Lexems in den einzelnen Dialekten bietet v.a. auch die Betrachtung des Vorkommens eines Lexems in Namen (im uns interessierenden Fall in ON) hervorragende Anhaltspunkte zum ursprünglichen Entstehungsgebiet wie Verbreitungswegen eines Lexems. (Bezüglich der Bezeichnungen für Siedlungen ist dieser Problemkreis von Lemtjugova 1983 vorbildlich bearbeitet und sehr übersichtlich kartographisch dargestellt worden.)

4. Exemplarische Untersuchung des im R. besonders exponierten Lexems *derevnja* '(kleines) Dorf'

(1.1) *Derevnja* ist nur im R. als Bezeichnung einer Siedlung bekannt. Mehr und mehr hat *derevnja* älteres *selo* in dieser Bedeutung zurückgedrängt, wofür die Belege aus den Häufigkeitswörterbüchern des R. beredtes Zeugnis ablegen. [Absolute Häufigkeit extrapoliert auf 1 Mio. Wortverwendungen nach Štejnfeldt (1969) *derevnja* – 155, *selo* – 135; nach Lønngren (1993) *derevnja* – 255, *selo* – 137.

(1.1.1) In den einzelnen r. Dialekten werden *derevnja* auch andere Bedeutungen zugeschrieben, so in den nördlichen Dialekten (Gebiete Vologda, Archangel'sk) 'Acker, Feld ohne ständigen Wohnsitz' (SRNG 8, 13) auch 'Ödland, unbesiedeltes Gebiet' (SNGT, 176). Nach Dal' (1880, Bd. 1, 429f.) kennen die westrussischen Dialekte *derevnja* zum einen in der Bedeutung 'Holzhaus', zum anderen auch als 'Holzhaufen – im Sinne von Haufen gefällter Bäume'.

(1.2) Im U. ist dieses Wort gleichfalls bekannt, wenn auch als veraltet markiert und nur in der Westukraine bezeugt (Grinčenko, Bd. 1, 385). Auch die Bedeutung ist eine andere, als die im R. – 'gefällte Bäume', '(kurze, dicke) Holzklötze', 'Holz (als Material), insbesondere Bauholz' (vgl. SUM, Bd. 2, 246 und Rudnyc'kyj, 166). *Derevnja* ist also im U. keine Bezeichnung einer Siedlung, wohl aber ein gewichtiges Argument für einen direkten Zusammenhang von r. *derevnja* mit r. *derevo* 'Baum'. Im SUM findet sich zur Illustration der Bedeutung 'Holz, Bauholz' auch eine treffende Stelle bei Ivan Nečuj – Levickyj: *Nedavno otce pryslav meni derevni na povitku* („Vor kurzem hat mir mein Vater Holz für eine (die) Scheune geschickt"). Nach SUM wird *derevnja* im U. nur im Singular verwendet.

(1.3) Nach TSB ist das Wort im Wr. nicht bekannt. Lemtjugova (1983, 121) führt aus, dass *derevnja* im Awr. zwar auftauchte, sich im ganzen aber nur zehn solcher Fälle finden lassen, die sich wiederum auf Geschehnisse im Ostteil „des belorussischen ethnischen Territoriums", insbesondere im Gebiet um Smolensk beziehen. Das HSB (Bd. 8, 46) gibt nur 3 Belege aus dem 16. Jh. Bei Molčanova (1956, 29) indes findet sich die bei unseren Forschungen durch nichts zu untermauernde Behauptung, *derevnja* sei im 16./17. Jh. gemeinsam mit *selo* die allgemein übliche und auf dem *gesamten* Territorium Weißrusslands gebräuchliche Bezeichnung für ein Dorf gewesen.

(2) Als Derivate sind in der Bedeutung 'kleines Bauerndorf, Dörfchen' *dereven'ka* und *derevuška*, letzteres mit eher abwertend-verächtlicher Bedeutung, dem dt. *Nest* oder gar *Kuhdorf* vergleichbar. In einer ähnlichen wie der als ursprünglich angenommenen Bedeutung hat sich in den r. Dialekten auch das offenbar mit *derevnja* verwandte *derevki* erhalten, welches '(von Wald umgebenes) Rodeland, gerodetes Stück Wald' (vgl. SRNG, Bd. 8, 12 und SNGT 176). Auch ar. *suderevnyj* 'benachbart', 'angrenzend' ist hier zu nennen. Sollte man sich für eine direkte Herleitung des Wortes aus *derevo* entscheiden, wären auch *derevenet'* 'holzig werden von Pflanzen' und *drevnij* als eng mit *derevnja* verwandt einzubeziehen.

(3) In der hier behandelten Bedeutung ist *derevnja* spezifisch russisch. Das Lexem tritt erst ab dem 14. Jh. im ar. Schrifttum auf – zunächst offenbar im zu dieser Zeit neuerschlossenen Nordosten Russlands (Lemtjugova (1983, 121), RSA (S. 44), dann auch im Novgoroder Gebiet (zweites Viertel des 15. Jh.), allerdings noch nicht als Bezeichnung einer Siedlung. Diese Bedeutung taucht, wie Lemtjugova (1983, 121) ausführt, erstmals in der Kanzleisprache des Moskauer Staates auf. Bereits im 16. Jh. ist *derevnja* in dieser Bedeutung allgemeingebräuchlich.

Somit steht die Verbreitung des Lexems in den Schriftdenkmälern in engem Zusammenhang mit der um diese Zeit insbesondere durch das Fürstentum Novgorod sehr intensiv vorangetriebenen Besiedlung der dichten Waldgebiete Nordrusslands und der damit verbundenen Entstehung neuer Siedlungen. Wichtig scheint den Verf. hierbei die Erkenntnis Veselovskijs in Bezug auf die ursprüngliche Beschaffenheit und Bedeutung eines *derevnja* (Veselovskij (1936, 12 und 26f.)): Demnach handelte es sich dabei um eine eigenständige, in sich abgeschlossene Wirtschaft meist eines einzelnen Bauern und bezeichnete im 14./15. Jh. noch nicht eine Siedlung, sondern bezog sich auf die Ländereien, die um einen Hof herum lagen. Veselovskij definiert *derevnja* als einen „Komplex von Anwesen: Äcker, Wiesen, Garten und oft auch noch ein zugehöriges Stück Wald", was auch die Belege der historischen Wörterbücher des R. stützen, vgl. Sreznevskij (Bd. 1, 654).

Ab dem 16.–17. Jh. bezeichnet *derevnja* auch zu größeren Siedlungen herangewachsene Dörfer (mit 30 und mehr Höfen), die o.g. Differenzierung von *selo* 'Kirchdorf' und *derevnja* 'Dorf ohne Kirche' bildet sich heraus.

(4) Die Etymologie dieses Wortes ist noch immer nicht eindeutig erklärt. In der wissenschaftlichen Literatur werden drei verschiedene Theorien für die ursprüngliche semantische Motivierung des Wortes geboten: die Herleitung aus dem Verbum *drat'*/*deru* 'reißen, ziehen', die aus dem Nomen *derevo* 'Baum' sowie die Verwandtschaft/Zugehörigkeit mit oder aber wie bei Schmid direkte Ableitung aus lit. *dirva* 'Acker, Feld'.

(4.1) Die enge Beziehung zu dem Verbum r. *drat'*/*deru* (< *dьrati) und somit die Zusammengehörigkeit mit der alten Wurzel *der- (in anderer Ablautstufe *dьr) wird immer wieder betont. Sie findet sich auch bei Vasmer REW 1, 501), der das r. Wort in Übernahme von Obnorskij auf eine alte Form *dьrvьnja* zurückführt. Eine Stütze böte sich bei Miklosich (1886, 419), der neben r. dial. *derъ* in der Bedeutung 'neu gewonnenes Ackerland' bzw. im weiteren 'neuangelegte Siedlung' auch ein allerdings ansonsten nicht nachgewiesenes r. dial. *derba* überliefert, das für 'neues/neugewonnenes Weideland' stehe. Entsprechend seiner Herleitung aus *dьrati* gibt er als ursprüngliche Bedeutungserklärung für *derevnja* „Akker, bebautes (aufgerissenes) Feld" an.

Das von Schmid ((1977, 52f.); ähnlich s. Lemtjugova (1983, 124)) dokumentierte ausschließliche Auftreten von *derevnja* in ON im Norden Russlands bietet einen gewichtigen Beweis, war doch gerade hier das Roden weit verbreitetes, wenn nicht einziges Mittel zur Gewinnung von neuem Ackerland.

Bei näherer Betrachtung der Verwendung des typisch r. Suffixes *-nja* zeigen sich zumindest einige Streitpunkte dieser Deutung. Nomina loci auf *-nja* sind, zumindest was modernere Bildungen angeht, fast ausschließlich von Substantiven abgeleitet, deverbale Derivate hingegen haben meist pejorative Bedeutung. Allerdings sind zwei weitere, semantisch *derevnja* nahestehende Lexeme aller Wahrscheinlichkeit nach von den entsprechenden r. Verben abgeleitet: *pašnja* 'Acker' und *požnja* 'Stoppelfeld, Mähwiese' zu *pachat'* 'pflügen' bzw. *požinat'* / *požat'* 'ernten'.

Somit fänden sich Indizien für eine Ableitung vom Verbum *drat'*, allerdings bliebe hier vor allem die Frage nach der Herkunft der Wurzelerweiterung mit -*v*- unklar.

(4.2) Nicht zuletzt deshalb können wir einer gänzlichen Absage an eine Verbindung mit der Wurzel *dervo 'Baum' nicht zustimmen. Eine solche Verbindung liegt zunächst in Anbetracht der Polnoglasie-Vertretung sowie Vorliegens desselben Stammes (*derev*-) nahe. Ähnliche Vermutungen haben Preobraženskij (1910, Bd.1, 180) und Bulachovskij (1978, 353) geäußert. Während jedoch Ersterer von späterem volksetymologischen Zusammenschluss spricht, hält Bulachovskij es für möglich, dass *derevnja* ursprünglich eine Siedlung im Wald bezeichnet hat. Für eine Verbindung von *derevnja* mit *derevo* sprechen nicht zuletzt auch die beiden Bedeutungen, die das formal gleiche Lexem im U. vertritt – 'Bauholz, Holz als Material' und 'Holzbestand, Waldbestand'. Miklosich (1886, 42; ohne nähere Angaben) will eine Bedeutung 'Holzplatz' auch im R. gefunden haben.

(4.3) Immer wieder betont wird auch die Verwandtschaft des r. Wortes mit lit. *dirva* 'Acker, Feld'.

Ein entsprechender Hinweis findet sich bei Miklosich (1886, 429) und auch bei Vasmer. Schmid (1977, 52) leitet *derevnja* von *dьrvьnja zemlja* her, das aber nach seiner Meinung „*nichts weiter*" ist als die Transposition des lit. Bezugsadjektivs *dirvinis/dirvine* 'zum Acker gehörig' ins Ar. Dieser These steht jedoch entgegen, dass im r. Schrifttum *derevnja* von Anfang an nur ohne die Erweiterung *zemlja* zu belegen ist.

Das Adjektiv *dirvinis* ist im Litauischen auch tatsächlich belegt. Zur Familie von *dirva* 'Acker, Feld' gehören als eine Ableitung *dirvonas* 'Brachfeld', aber auch *dirvans* 'neu aufgenommenes Dreschland, neu aufgrissenes Stück Feld'. Gerade bei letzterem zeigen sich möglicherweise semantische Parallelen zur Herleitung aus r. *drat'*. Auch die gleiche *n*-Erweiterung legt den Gedanken an eine oft vermutete Entlehnung aus dem Baltischen nahe, zumal sich, wie Udolph (1981, 327f.) hinweist, die ersten Spuren von ON mit *derevnja* als Bestandteil auf dem Gebiet des heutigen Weißrussland befinden könnten, also im Kontaktgebiet von Slaven und Balten. Ob allerdings diese ON schon sehr früh und eher entstanden sind als die auf dem Gebiet Russlands liegenden, kann auf Grund der höchst unbefriedigenden Quellenlage nicht geklärt werden. Möglich wäre jedoch auch, dass diese ON erst durch Ansiedlung von Bauern aus dem östlichen Russland entstanden, vielleicht ist auch *derewnia* auf diesem Wege ins Polnische gelangt.

(5) Wie schon angedeutet, zeichnet sich eine Konzentration der ON, die *derevnja* oder eines seiner Derivate – *dereven'ka* oder *derevuška* (z. T. auch die entsprechenden Pluralformen) enthalten, im Nordosten Russlands ab.

Südlich von Moskau gibt es solche Belege nur vereinzelt, die sich aber im Wesentlichen auf das Gebiet von Tula beschränken. Ein Beleg findet sich aber auch im Südosten des Kursker Gebiets. Für das heutige Gebiet der Belarus' sind ON mit *derevnja* als Bestandteil nur im Norden des Vitebsker Gebiets zu finden, im übrigen wr. Gebiet scheinen dem Bildungen mit *ves* und *veska* zu entsprechen. Zum größten Teil handelt es sich bei diesen ON um Verbindungen von *derevnja* oder einem seiner Derivate und dem Adjektiv *novaja* in der entsprechenden Form, häufig treten als zweiter Bestandteil auch von PN oder Berufsbezeichnngen (besonders *pop* '[orthodoxer] Geistlicher') gebildete Possessivadjektive auf. Anzumerken ist, dass fast sämtliche mit dem Appellativum *derevnja* gebildeten ON daneben eine anders gebildete Parallelform aufweisen. Nicht selten dient diese auch als hauptsächliche Bezeichnung des Ortes. Eine Karte zur geographischen Verbreitung der ON mit *derevnja* bietet Lemtjugova (1983, 124).

5. Literatur in Auswahl

Bellmann, Günter (1971), *Slavoteutonica. Lexikalische Untersuchungen zum slawisch – deutschen Sprachkontakt im Ostmitteldeutschen*. Berlin, New York.

Berner – Hürbin, Annie (1974), *Psycholinguistik der Romanismen im älteren Schweizerdeutschen*. Frauenfeld, Stuttgart.

Bielfeldt, Hans Holm (1982), *Die slawischen Lehnwörter im Deutschen*. Leipzig (Ausgewählte Schriften 1950–78).

Budziszewska, Wanda (1965), *Słowiańskie słownictwo dotyczącej przyrody żywej*. Wrocław, Warszawa, Kraków.

Bulachovskij, Leonid Arsen'evič (1978), Deètimologizacija v russkom jazyke. Reprint in: ders., *Vybrani praci u 5 tomach*. Bd. 3. Kyjiv, 345–440.

Comrie, Bernard; Corbett, Greville G. (1993), *The Slavonic Languages*. London.

Dal', Vladimir Ivanovič (1880), *Tolkovyj slovar' živogo velikorusskogo jazyka*. 4 Bde. St. Peterburg/Moskva 1880–82² (Reprint Moskva 1978).

Duličenko, Aleksandr D. (1981), *Slavjanskie literaturnye mikrojazyki. Voprosy formirovanija i razvitija.* Tartu.

Eichler, Ernst (1965), *Etymologisches Wörterbuch der slawischen Elemente im Ostmitteldeutschen.* Bautzen.

Filin, Fedot Petrovič (1957), O leksiko-semantičeskich gruppach slov. in: *Ezikovedski izsledvanija v čest na akad. St. Mladenov.* Sofija, 523–538.

Grinčenko, Boris Dmitrievič, *Slovar' ukrainskogo jazyka. 4 Bde.* Kiev 1905–07 (Reprint Kyjiv 1958).

Heller, Klaus (1987), *Russische Wirtschafts- und Sozialgeschichte. Bd. 1: Kiever und Moskauer Periode.* Darmstadt.

Horálek, Karel (1962), *Úvod do studia slovanských jazyků.* Prag².

HSB = *Histaryčny sloŭnik belaruskaj movy.* Minsk 1985ff.

Isačenko, Aleksandr V. (1953), Indoevropejskie i slavjanskie terminy rodstva. In: *Slavia* 22 (1953), 45–80 (Reprint in: ders., Opera selecta. München 1976, 62–97).

Kiparsky, Valentin (1934), *Gemeinslavische Lehnwörter aus dem Germanischen.* Helsinki.

–, (1975), *Russische historische Grammatik. Bd. 3: Lexikologie.* Heidelberg.

Kočin, Georgij Evgen'evič (1937), *Materialy dlja terminologičeskogo slovarja drevnej Rossii.* Moskva.

Lemtjugova, Valentina P. (1983), *Vostočnoslavjanskaja ojkonimija apeljativnogo proizchoždenija.* Minsk.

Lønngren, Lennart (1993), *Častotnyj slovar' sovremennogo russkogo jazyka.* Uppsala.

Martynov, Viktor Vladimirovič (1963), *Slavjanogermanskoe leksičeskoe vzaimodejstvie drevnejšej pory.* Minsk.

Miklosich, Franz (1886) *Etymologisches Wörterbuch der slavischen Sprachen.* Wien. (Reprint Amsterdam 1970).

Molčanova, Lidija (1956), Iz istorii razvitija sel'skich poselenij i usadeb belorusov. In: *Sovetskaja ètnografija.* 1956, 1, 29–41.

Nepokupnyj, Anatolij P. et al. (Hrsg.) (1989), *Obščaja leksika germanskich i balto-slavjanskich jazykov.* Kiev.

Panzer, Baldur (1991), *Die slavischen Sprachen in Gegenwart und Geschichte.* Frankfurt a.M., Bern, New York, Paris.

Potebnja, Aleksandr Afanas'evič (1881), *Ètimologičeskie zametki.* Varšava.

Preobraženskij, Arkadij Grigor'evič (1910), *Ètimologičeskij slovar' russkogo jazyka.* Moskva 1910ff. (vyp. 14 [1918] bis *suleja*).

REW = Vasmer, Max: *Russisches etymologisches Wörterbuch. 3 Bde.* Heidelberg 1950–58.

RSA = Günter-Hielscher, Karla; Glötzner, Victor; Schaller, Helmut: *Real- und Sachwörterbuch zum Altrussischen.* Neuried 1985.

Rudnyc'kyj, Jaroslaŭ Bohdan, *An etymological dictionary of the Ukrainian language.* Winnipeg 1966ff.

Schelesniker, Herbert (1987), Die Schichten des urslavischen Wortschatzes. In: Meid, Wolfgang (Hrsg.), *Studien zum indogermanischen Wortschatz.* Innsbruck.

Schmid, Wolfgang Paul (1977), Sprachwissenschaftliche Bemerkungen zu den Wörtern für Bauer und Dorf im Slavischen. In: *Das Dorf der Eisenzeit und des frühen Mittelalters.* (Abhandlungen der Akademie der Wissenschaften Göttingen. Philosophisch–historische Klasse. 3. Folge, Bd. 103) Göttingen, 41–66.

SNGT = Murzaev, Ėduard Makarovič: *Slovar' narodnych geografičeskich terminov.* Moskva 1984

Slovník SN = Ripka, Ivor et al. (Hrsg.): *Slovník slovenských nárečí.* Bratislava 1994ff.

Sreznevskij, Izmail Ivanovič, *Materialy dlja slovarja drevneruskogo jazyka. 3 Bde.* Petersburg 1893–1912 (Reprint Moskau 1970).

SRNG = *Slovar' russkich narodnych govorov.* St. Peterburg 1965ff.

Stang, Christian S. (1971), *Lexikalische Sonderübereinstimmungen zwischen dem Slavischen, Baltischen und Germanischen.* Oslo, Bergen, Tromsø.

Štejnfeldt, Eva (1969), *Häufigkeitswörterbuch der russischen Sprache.* Moskau.

Stender-Petersen, Adolf (1923), *Slavisch-germanische Wortkunde.* Göteburg. (Reprint Hildesheim 1974)

SUM = *Sloŭnyk ukrajin'skoji movy. 7 Bde.* Kyjiv 1972–78.

Tolstoj, Nikita Il'ič (1990), Novyj slavjanskij literaturnyj mikrojazyk. In: *Res Philologica. Filologičeskie issledovanija.* Leningrad, 265–72.

Toporov, Vladimir N. (1989), Ob iranskom ėlemente v russkoj duchovnoj kul'ture. In: *Slavjanskij balkanskij fol'klor. Rekonstrukcija drevnej slavjanskoj kul'tury.* Moskva, 23–60.

Trautmann, Reinhold (1923), *Baltisch-slavisches Wörterbuch.* Göttingen (2. Aufl. 1970).

–, (1948), *Die slavischen Völker und Sprachen. Eine Einführung in die Slavistik.* Leipzig.

Trubačev, Oleg Nikolaevič (1959), *Istorija slavjanskich terminov rodstva i nekotorych drevnejšich terminov obščestvennogo stroja.* Moskva.

–, (1960), *Proizchoždenie nazvanij domašnich životnych v slavjanskich jazykach.* Moskva.

–, (1967), Iz slavjano-iranskich leksičeskich otnošenij. in: *Ètimologija 1965.* Moskva, 3–81.

TSB = *Tlumačal'ny sloŭnik belaruskaj movy. 5 (6) Bde.* Minsk 1977–80 [Bd. 5 in 2 Teilbänden].

Udolph, Jürgen (1981), Die Landnahme der Slaven im Lichte der Namenforschung. in: *Jahrbuch für die Geschichte Osteuropas* 29 (1981), 321–334.

Veselovskij, Stepan Borisovič (1936), *Selo i derevnja v Rusi XIV–XVI vv.* Moskva – Leningrad.

Vstup = Mel'nyčuk, Oleksandr Savvyč (Hrsg.), *Vstup do porivnjal'no-istoryčnoho vyvčennja slov'jans'kych mov.* Kyjiv 1966.

WBRu11–17 = *Slovar' russkogo jazyka XI–XVII vv.* Moskva 1975 ff.

Zaliznjak, Andrej A. (1962), Problemy slavjano – iranskich jazykovych otnošenij drevnejšego perioda. in: *Voprosy slavjanskogo jazykoznanija*, 6. Moskva, 28–45.

Zaliznjak, Andrej A. (1963), O charaktere jazykovogo kontakta meždu slavjanskimi i skifo – sarmatskimi plemenami. In: *Kratkie soobščenija Instituta slavjanovedenija* AN SSSR. vyp. 38. Moskva, 3–22.

D. Carius, Ernst Eichler, Leipzig (Deutschland)

XXIII. Die Architektur des Wortschatzes VII: Spezialwortschätze

The architecture of the vocabulary VII: Vocabularies for specific purposes

107. Vocabularies for specific purposes: An overview

1. Special vocabularies and lexicology
2. Special verses general vocabularies
3. Special vocabularies and other "restricted" vocabularies
4. Characteristics of special vocabularies
5. Future work
6. Literature (a selection)

1. Special vocabularies and lexicology

As Hoffmann (1987b, 653f.) remarks, "nobody will deny the fact that in specific domains of human activity words may be used which are unfamiliar to persons without a special education". Unlike the general vocabulary, the special vocabulary differs from what is familiar for a non-specialist reader or hearer. A distinction between vocabularies for special purposes (special/specific vocabularies) and vocabulary for general purposes (general vocabulary) is often made on the basis of the language variety they belong to: special (subject) languages (languages for special/specific purposes, LSP) respectively general language (language for general purposes, LGP).

Both special languages and special vocabularies were traditionally only of marginal interest to linguistics. Dialect studies, ethnographic and cultural studies (*Wörter und Sachen* [Words and things]) came nearest to special languages when concerned with collecting and analysing the languages of old crafts and the designations for objects and working methods. Special languages and vocabularies from the synchronic point of view were mostly ignored by linguists. Special vocabularies involve scientific or other special subject field knowledge and are not easily studied without this (Möhn/Pelka 1984, 2). Some linguists did not even consider scientific and technological terminologies as part of the language, e.g. Coseriu (1970, 9f., 13f.) stated that structural lexicology must ignore them, and return to them at a later stage of development.

Special languages and their vocabularies in particular have always been important to those who use and develop them – the subject specialists themselves. Specialists in many fields have not only been coining new designations for their concepts but also developing principles and rules for this activity. As an example can be mentioned Carl von Linné, who created zoological and botanical nomenclatures and established naming principles which revolutionised the development of botany and zoology and influenced many other fields. Later on, this kind of work has been carried out not only by individual scientists and specialists, but also co-operatively. By the end of the 19th century international naming rules had been established for botany, medicine, chemistry etc. Since the early 20th century, special vocabularies of different technical fields have been collected and agreed upon in a range of standardising committees (e.g. International Organization for Standardization) and other specialist groups. Linguists have been involved, too, but the specialists have had the main role in this work. An outcome of the standardisation of special vocabularies, and terminologies in particular, has been the establishment of a new interdisciplinary field, *terminology science* (often abbreviated to *terminology*) by an Austrian engineer Eugen Wüster. Linguistics and lexicology had created a good foundation for describing general language vocabulary, but it was not sufficient to cope with special languages or their vocabularies. Thus, Wüster used the foundations laid down by lexicology but developed and completed these by integrating them with relevant findings from other disciplines, e.g. logic, ontology, information science, documentation, lexicography as well as observations and research results from special vocabulary studies. Wüster's work was also influenced by so called *Wirtschaftslinguistik* (study of the language of commerce), a field of study established by language teachers in Central European schools of economics (cf. Hoffmann 1987b, 653ff.). One by one, also many linguists have joined terminology science and integrated it into their research and teaching in the fields of translation, language teaching, special vocabulary, specialist communication, language planning etc.

During the last decades, interest in special languages and their vocabularies has grown in linguistic studies, specially in applied linguistics. Special language research (LSP research; in German: *Fachsprachenforschung*; in Swedish: *fackspråksforskning*) has been established as a research field within applied linguistics. LSP activities are sometimes, especially in Britain and North America, seen narrowly as referring to the teaching of special languages and development of teaching material (cf. Johns 1987, 2044ff.), but mostly, LSP research is seen from a wider perspective covering the whole of the scientific study of special language, including e.g. lexicological, textlinguistic, didactic, stylistic studies. In the linguistic setting, terminology science can be regarded as a branch of applied linguistics or a sub-branch of LSP research, but frequently it is regarded also as an independent field of study. (Hoffmann 1987b, 653ff.).

Today, special vocabularies are of interest not only for terminology science and terminology work, but also for e.g. LSP lexicology, LSP teaching, LSP translation, computer linguistics, corpus linguistics, language planning, etc.

2. Special versus general vocabulary

There are a large number of more or less related dichotomies with the attributes *special* and *general*: language for general – special or specific purposes; LGP – LSP; general – special language; Sondersprache – Fachsprache; general – special or specific vocabulary, common vocabulary – special vocabulary; general – special knowledge; general – special reference; etc. Many of these have to be discussed when delimiting special vocabularies.

2.1. Special versus general language

A distinction between general and special vocabularies is made by analogy with the distinction between general language and special languages, which, however, is one of the most debated questions in LSP research. It is nevertheless the basis for the whole of LSP studies and several models have been proposed in order to illustrate the relationship between these two. One of the basic differences made between general and special language derives from "society's division of knowledge into general and special" (Sager/Dungworth/McDonald 1980, 64). General knowledge is common to all, while special knowledge belongs to different special fields or subjects and specialists working with them. This distinction functions usually also as a criterion for division of the vocabulary of a language into special vocabularies and the general vocabulary. This leads us to a question about special fields and subjects (*Fächer*) and their number, which is almost impossible to answer, because all human activities could be related to some subject, and consequently most of the language too. Pursuing this argument to its logical conclusion would make the concepts of special language and special vocabulary superfluous and leave no room for general or everyday language (Sager/Dungworth/McDonald 1980, 64). In order to distinguish the two, however, it could be said that the general vocabulary of a language is used to comprehend and organise the world intuitively, while special vocabularies, particularly terminologies, are based on more conscious cognitive processes and more or less explicit agreements on the relationship between the linguistic form and the concept (cf. Albrecht 1992, 63).

General language and general vocabulary can also be defined with the help of the concept of *common core*. Even though not all the elements of the a language or its vocabulary are used and/or understood by all the speakers a certain language community, there is a common core that is present in all varieties of the language (Lipka 1990, 10) and that can be used for mutual understanding within the language community. Hoffmann (1987a, 298) defines *common language* as "all those elements and rules that any member of a speech community or nation has at his or her disposal when entering into communication". If we use the communication aspect as the distinguishing characteristic, special languages could then be defined analogously as all those elements and rules that specialists of a certain field use in communication. However, much of the elements and rules used in special language belongs to the common core. The concepts of *common core* and *common language* have been criticised, because it is difficult to delimit the common core from the rest of the linguistic elements and to demarcate its size, or to give "a complete list of its elements or to classify every word of a language as belonging or not belonging to it" (Hoffmann 1987a, 298; Hartmann 1980, 31 ff.). Instead of common language, Hoffmann (1987a, 298) wants to talk about "total language" (*Gesamtsprache*) in the sense of *langue*, as the "complete potential of all language items and rules existing, from which partial sets of linguistic elements and complexes are constantly chosen to realize the respective speech acts, in other words, to compose all kinds of texts". Both general language and special languages would then form subsystems of this aggregate language (see further Hoffmann 1987a, 298; Sager/Dungworth/McDonald 1980, 37, 63).

In the Anglo-Saxon linguistics concept of *register* is sometimes used to study special languages as varieties of language according to the situation of use. It refers to a language user's abilities to switch from one language variant to another according to the communication situation (e.g. a nurse talking with children patients, adult patients, doctor, other nurses, own family etc.; cf. Gläser 1994, 2011; Hudson 1996, 45ff.). Special vocabularies are regarded then as belonging to different registers, e.g. religious or legal register.

3. Special vocabularies and other "restricted" vocabularies

The division of vocabulary into general and special vocabularies is not a genuine dichotomy as e.g. Heller (1981, 221 ff.) and Hartmann (1980, 30 ff.) have pointed out. Heller (1981, 221 ff.) uses two criteria to classify the vocabulary types: comprehensibility (*Verständlichkeit*) and field specificity (*Fachbezogenheit*). In fig. 1 we summarise his classification. If we start by dividing the vocabulary items into those that do not belong to any specific subject field (*nicht fachbezogene Lexik*) and those that belong to a certain subject field (*fachbezogene Lexik, Fachlexik*), we have the first opposition of special vocabularies and other vocabularies.

If we continue by applying comprehensibility as a basis of division in both groups, we soon notice that in addition to special languages there are also other language varieties with non-generally comprehensible vocabulary items. In Heller's classification the part of vocabulary that does not belong to any subject field covers besides general vocabulary (*Allgemeinwortschatz*) also vocabularies of geogra-

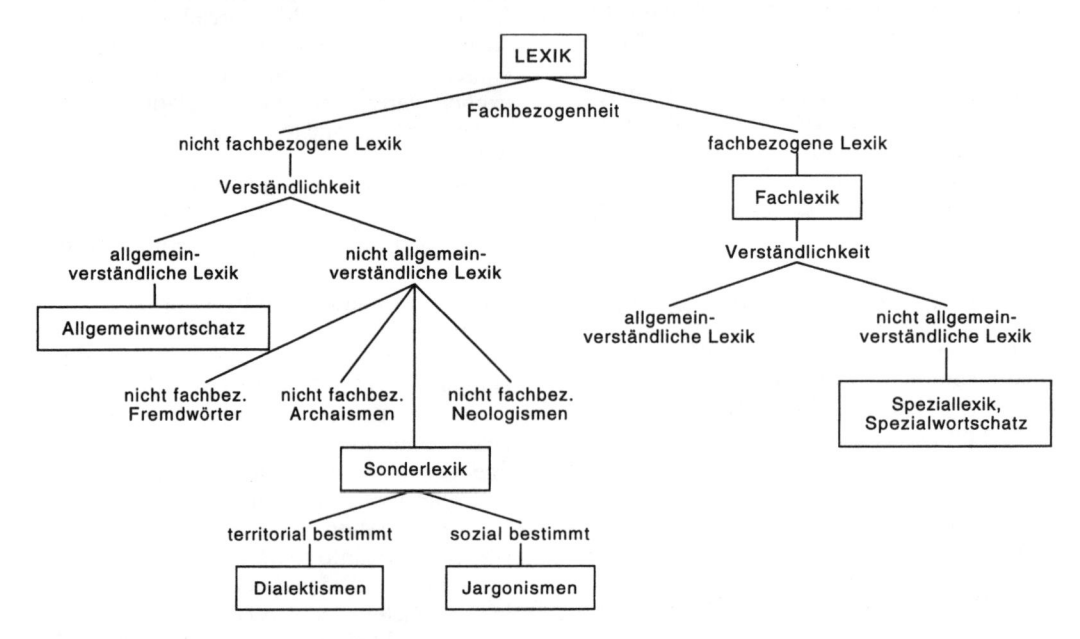

Fig. 107.1: A summary of Heller's classification (1981, 221 ff.)

```
                    sprachliche Variatäten (linguistic varieties)
         ┌──────────────┬──────────────┬──────────────┐
   Gemeinsprache,    Mundarten, Dialekte   Sondersprachen      Fachsprachen
   Hochsprache,      (regional dialects)   (sociolects, social  (special languages,
   Standardsprache                         dialects)            languages for
   (general language,                                           special purposes,
   standard language)                                           LSP)
                                         ┌──────┴──────┐    ↗
                                   Gruppensprachen    Fachsprachen
                                   (ingroup languages)
```

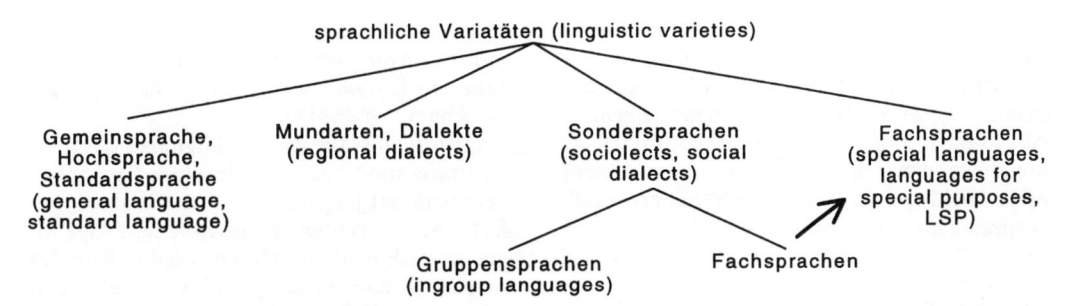

Fig. 107.2: Linguistic varieties from the point of view of German linguistics

phical and social dialects (*Sonderlexik: Dialektismen, Jargonismen*) as well as not subject field specific foreign words, archaisms and neologisms (Heller 1981, 222f.). In the Anglo-Saxon linguistics it is also usual to distinguish between geographical and social variations, but to include different standard languages (e.g. Standard British English) and regional dialects in the former group, while the latter one includes linguistic varieties according to social class or caste, education, age, gender or ethnic background (e.g. Black English Vernacular) (Hudson 1996, 22ff.; Yule 1996, 226ff.).

In Heller's classification the term *Sonderlexik* appears referring the to vocabularies of both geographical and social dialects. This term causes confusion, firstly, because its direct translation would again be "special/specific vocabulary". Secondly, in the German philological tradition general or standard language (*Gemeinsprache, Standardsprache*) is opposed on the one hand to geographical dialects (*Mundarten, Dialekte*), and on the other hand to languages of social groups (*Sondersprachen*). Special languages (*Fachsprachen*) were previously included in the last category together with languages of particular groups, e.g. soldiers, teenagers, and thieves (cf. 3.1.). In LSP research and applied linguistics *Sondersprachen* and *Fachsprachen* are, however, considered as two different categories on the same level (cf. Möhn 1987, 279) even though the previous usage is still reflected e.g. in the German dictionaries.

The term *Sonderwortschatz* ("special/specific vocabulary") may thus appear either for (a) a narrower concept referring only to the vocabularies of group languages or for (b) a wider concept covering also vocabularies of special languages. Special languages and group languages have overlapping areas, especially the occupational and professional jargons. Filipec (1976, 57) uses the term *Sonderwortschatz* to refer to (c) the vocabularies that are subject field specific including both professional jargon words (*Jargonismen*) and terminologies.

According to Heller (1981, 222) special vocabulary (*Fachlexik*) could be divided also to a part that is generally comprehensible and to a part that is not. This can result in different possibilities. Firstly, some special lexical items can be acquired e.g. through general education, like basic mathematical concepts and terms (cf. Drozd/Seibicke 1973, 96; Sager/Dungworth/McDonald 1980). Secondly, special languages borrow lexical items from the general language and vice versa, which may give the impression that a part of a special terminology is familiar for non-specialists, too. This, however, is often true only on the surface, because the general language words borrowed into special languages receive more or less different and more restricted meanings than in general language (e.g. *noise* as a term in communication technology). Many new lexical items come into the general language from special languages, but here, too, a semantic change occurs and the lexical item loses its previous exactness in favour of a more fuzzy meaning (e.g. *AIDS*) when used in a general language context.

In addition to that part of the special vocabulary (*Fachlexik*) which is generally comprehensible and accessible, Heller (1981, 225) distinguishes a vocabulary that belongs to a certain subject field but is not comprehensible to a lay person. He calls this category *Speziallexik* or *Spezialwortschatz*, i.e. "special vocabulary", but now in a more restricted meaning. *Terminology* would be perhaps near Heller's purpose, but also terminologies include terms that can be more or less understood and used by non-specialists. Comprehensibility does not function very well as a basis for division in this category. (See 4.1) We use the term *special vocabulary* (*Fachwortsatz, Fachlexik*) to cover both terminologies and professional jagon words as well as certain other subject field specific lexical items that are used in specialist communication (see 4.).

3.1. Jargon

The term *jargon* also involves several overlapping concepts. In the Anglo-Saxon linguistics literature, the term *jargon* is sometimes used instead of *special/specific language* or *language for special purposes* or *LSP*. The translation of Bußmann's Lexikon der Sprachwissenschaft (1983) into English (Dictionary of Language and Linguistics, 1996) will serve as an example: the texts in the entries "Fachprachen" and "Jargon" from the German version are integrated and mixed as a single entry "jargon", where the term *jargon* appears as a neutral synonym for *special language*. Very often, however, the term *jargon* is used with derogatory and pejorative connotations to refer to "the choice of expression that is not sufficiently popular or general to be understood by the layman" (Sager/Dungworth/ McDonald 1980, 232) (e.g. *medical* or *legal jargon*) or to "an ugly-sounding, pompous, unintelligible, and pseudoscientific style in texts written by experts and intended for non-experts" (Gläser 1994, 2011).

In addition to the already mentioned definitions jargon can be also treated as a group language (*Sondersprachen*) that is distinct from the special languages, general language and dialects, but still based on these (Domaschnev 1987, 313). Jargon can be regarded as a (low) colloquial language variant developed and spoken by a group of people with common professional or other interests, and spend a lot of time together, e.g. colleagues at the same office, soldiers or students. Common to the jargon of different professions or occupations (*Berufsjargon*) and jargon of hobby or sports groups (*Gruppenjargon*), is that the speakers coin new expressions to replace some of their daily work-related standard vocabulary. The jargon words often contain ironic, humorous or joking elements and thus give more colour to everyday activities. The term *jargon* is often used to refer to the collections of these words and expressions (Domaschnev 1987, 313). In some languages professional and occupational jargons in this sense are called *slang,* e.g. in Swedish *fackslang*; in Finnish *ammattislangi* (*ammatti* = occupation, profession; about *slang*, see e.g. Domaschnev 1987, 311ff.)

Historically, the special languages of different crafts and trades were developed as spoken occupational jargons based on the local dialects. An apprentice learned the language together with field-specific knowledge from his master. Today, most special knowledge and special vocabulary is learned from books as theoretical knowledge before entering the occupation or profession. Some of the traditional jargon of crafts and trades live on in the respective fields but new professional or occupational jargon words often develop on the basis of the written special language. Nowadays, jargon words that were previously often only local, are spreading effectively also in writing through the international and national Internet discussion groups that exist for almost any field of life. Especially in computer technology, jargon words in different national languages are based on English terminology, but with modifications, e.g. in Finnish computer jargon *browser* becomes *brauseri*, *Windows* becomes *vintoosa* (*toosa* = coll. "annoying radio, television set or other gadget").

Common to special languages and group languages is that their vocabularies are difficult to understand for an outsider or a lay person. One distinction, however, is that the purpose of a group language is to create and strengthen the group identity and express group membership. Some group languages can be described as secret languages, e.g. languages of thieves (*Rotwelsch, cant, argot*), because their vocabularies often transform phonetically and morphologically general language words into an unrecognisable secret code. Special languages are often accused of being secret languages, too, but it is not their purpose. In principle, special languages are public, at least publicly accessible, restricted however by the non-openness of some situations in which they are used (Domaschnev 1987, 313 f.; Möhn/Pelka 1984, 26 f.).

4. Special vocabulary and terminology

In the narrowest sense, special vocabulary is equivalent to terminology; in its widest sense, it could comprise "all lexical elements in a special text, because all of them contribute –

directly or indirectly – to communication on special (scientific, technological, etc.) subjects", and they could be grouped into "general vocabulary, common specific vocabulary, and specific vocabulary" as Hoffmann (1987a, 299) suggests. This division takes into account research needs when investigating LSP texts. Terminology would according to him, be a part of the (highly) specific vocabulary of a subject field. Common specific/special vocabulary is made up of the lexical items that are common to many subject fields. In terminological work it is also usual to sort the material into three similar groups, but to concentrate only on the special vocabulary that is characteristic for the analysed subject field, i.e. its own terminology. Gläser (1994, 2011) also includes phraseology, nomenclatures and trademarks or trade names in the vocabularies of special languages.

Different criteria are used to classify special vocabularies: the subject fields they belong to, i.e. horizontal stratification, the level of professional communication, i.e. the vertical stratification of a field; degree of standardisation and exactness; degree of comprehensibility and motivation, morphological structure or origin.

4.1. Stratification of special vocabulary

Horizontally, special languages – and analogously their vocabularies – can be classified according to the fields of human knowledge and activities, e.g. medicine, law, technology, economics, etc. It is impossible to list or distinguish all the special languages and special vocabularies from each other, because the areas of human knowledge change and new areas and domains develop and old borders may disappear (cf. Möhn/Pelka 1984, 34ff.). Different kinds of library classifications and other classification systems can be used as a basis for a horizontal classification.

The vertical stratification of a special field or a special language is often based on the internal division of the field according to different occupations and professions, thus also involving sociological aspects. Language and vocabulary that is used in different strata can differ even within one field, e.g. in industry, different terminologies may be used in different phases of the same product cycle. Special vocabulary vary from standardised and generally accepted terminologies to colloquial jargon terms (see 3.1.) and popularised marketing and end-user vocabulary. The items of special vocabulary are classified by Schmidt (1969, 19f.) according to the vertical stratification into (a) *terms* proper belonging to the higher formalised level of science, (b) *semi-terms* (Halbtermini) belonging to different subject fields (e.g. referring to work processes, tools, products etc.) and fields of social life (e.g. politics, culture, sports), and (c) *jargon words* (*Jargonismen*) belonging to the vocabulary used in the workshop. Jargon words form a bridge between special languages and group languages (Schmidt 1969, 19f.; Nabrings 1981, 149f.; Fluck 1996, 22).

Not only the vertical stratification of special languages causes synonymy and polysemy inside one field, but also the geographical factors, cf. dialects of the national language. Companies and organisations with activities in different countries or parts of the country have often become aware of the differences in vocabulary used in different geographical locations. Quite often, even departments situated at opposite ends of a same building may use different terms for the same object. This may not only depend on physical distance but also on different specialisations and educational backgrounds as well as person- or group-specific preferences. In order to make internal and external communication more effective, some companies and organisations compile glossaries for internal unification of company specific terminology.

Differences in special vocabulary within the same subject field are also caused by the fact that rival companies producing the same kind of products deliberately use different terminologies for their products as their competitors (e.g. Microsoft and Apple). In science, this is not an unfamiliar phenomenon either. Competing theories and paradigms use different terminologies in order to emphasise their differences from other theories and paradigms.

4.2. Exactness of the special vocabulary

Schmidt's classification presented in 4.1. is the most frequently cited one in the LSP and other linguistics literature, and requires a more profound analysis. It does not only refer to the vertical differences of the vocabulary of a special field, but also to degrees of its exactness. As *terms* proper he regards only those items of special vocabularies, for which the content is fixed by definition. Schmidt (1969, 19) only treats scientific (*wissenschaftlich*) terms as terms (*Termini*) while he allots items of special vocabularies from other fields of life to a class of *semi-terms*, i.e. vocabulary items that are not fixed with definitions, but nevertheless function adequately as designations for say different processes and tools. In terminology science the concept *term* (also: *technical term*) is defined more widely than in Schmidt's understanding, e.g. as a verbal designation of a general concept in any specific subject field and *terminology* as a collection of terms belonging to any special language (ISO/DIS 1087–1, 10;14).

Scientific nomenclatures are the most exact terminologies, e.g. the nomenclatures of medicine, chemistry, zoology, botany, mineralogy, meteorology, etc. They are quite often distinguished from terminologies in both terminological and LSP research. Nomenclatures are defined e.g. "as name-like lexical units which designate elements of a homogenous system, mostly physical objects" (Gläser 1995, 9; 1994, 2011). Arnzt/Picht (1989, 41) claim, however, that it is not necessary to draw a distinction between terms and items of nomenclatures. The latter can be regarded as a special case of terms. They also refer to definable concepts like other terms. The difference between the items of nomenclature and other terms lies in the pre-established naming rules according to which the former are structured (ISO/DIS 1087–1, 14).

In addition to scientific nomenclatures, there is a group of vocabulary items in several special languages that are very strictly regulated, i.e. those terms which have undergone a process of standardisation. In order to establish a common terminology within subject fields, co-operation is needed at national, regional or international level. Specially active in standardisation of their terminologies are the technical (e.g. ISO, International Organization for Standardization) and medical fields. Terminologies of different professions and occupations are increasingly undergoing standardisation or being compiled as more or less normative vocabularies or as descriptive dictionaries, e.g. welding, construction, oil-drilling, viticulture, brewing, nursing, sailing, graphical design, journalism, etc. In many areas computerised documentation systems also require a clearly defined terminology.

Even though standardisation and harmonisation of terminologies and concepts is an important activity for subject fields, it does not, however, imply that all the terms of special subject fields can be or should be standardised. In many cases "standardisation" or unification occurs not with the decision of a committee, but gradually as a result of competition between synonymous terms, in the same way that a language also develops. Many of the terms recommended or prescribed in terminological standards do not find their way into practice and the old terms continue to survive. For a technical writer or translator, standards are, however, necessary because legislation concerning products and consumer information require precise language use.

Even *professional* and *occupational jargon words* (see 3.1), could be regarded as a type of term, even though "jargon terms" do not have the status of official terms and are not subjected to standardisation (cf. Arnzt/Picht 1989, 25). Jargon words are often said to "make no claim to exactness or unambiguousness" (see Hoffmann 1987a, 299), but in practice, they are often very precise in their content and refer to established concepts. In terminology work they often are regarded as (low) colloquial synonyms for standardised and other established terms and usually classified as "deprecated terms" in contrast to "preferred" and "admitted terms" together with other non-preferred ones (ISO/DIS 1087–1, 12).

An interesting language variant is the popularised language used in contact between specialists and lay people, e.g. salesman – customer. In other fields there are the same kinds of situations, e.g. doctor – patient; lawyer – customer; scientist – lay person. In these situations, the use of scientific or highly technical terminology is not always appropriate (see 3.1.), because the reader/listener is not necessarily familiar with the special field, its concept systems and terms. In order to cope with these situations, popularised versions of terms or general language explanations are used. In many languages there exist terms in the national language parallel to terms borrowed from Latin or Greek (e.g. medical terminology in Finnish), which can be used for specialist – layman communication. The term variants used for this kind of communication may also belong to the general language and do not necessarily refer to very clearly definable concepts. Actually, they could be classified as semi-terms in the sense of Schmidt, too; cf. Nabrings 1981, 157ff.) A further interesting group of lexical items appear in the context of advertising: in order to give the product a scientific aura, advertising people use scientific and technical terms in the otherwise not scientifically neutral texts. These terms are used deliberately despite of the fact that consumers do not understand them – advertising people do not necessarily either! Sometimes fictional terms, pseudoterms or quasi-terms are invented for these purposes. (Cf. Nabrings 1981, 159f.) These linguistic expressions may look like scientific terms, but are no real terms. Another group of fictional terms are those created and used specially by science fiction authors for the fictional technologies described in their books. These science fiction terms are interesting, because sometimes they are taken over by real scientists and used for similar objects of phenomena discovered or developed by them, e.g. in physics *quark* originating from James Joyce, or *boojum* from Lewis Carroll (see Pavel 1993, 26). On the other hand different literary and film genres use special vocabularies in order to create authentic milieu; e.g. the novel "Miss Smilla's feeling for snow" by Peter Høeg (Br. English translation by F. David).

4.3. Characteristics of terms

The fact that a term can be distinguished from a non-term (e.g. a general language word) by precision of its content depends on that its being part of a system of terms, i.e. the linguistic representation of a system of concepts in a special subject field. Quite often terms also express the system membership, e.g. *locomotive: steam locomotive – diesel locomotive – electric locomotive*. Terms primarily receive their meanings in the framework of the special field and the concept systems that they are used to express and not in the textual or situational context, as is the case for general language words. The same linguistic forms may, however, be used not only for several concepts in different fields but also within the same subject field (polysemy; Picht/Draskau 1985, 87).

A further characteristic of terminologies is said to be their neutrality. In subject fields there is a need to objectively describe specific knowledge. Thus terminologies try to avoid all possible emotive and negative connotations. It cannot be helped that sometimes subject field specific terms develop a negative connotation when taken over to the general language. This may lead to the affected term being replaced in the special language.

Even though it is often maintained that scientific and technical terms are based on neutral elements, terminology creators may use metaphors and other emotive and associative means to name their concepts. The amount of metaphorical vocabulary is especially high in spoken special language and even higher in the jargon of the field (von Hahn 1987, 286), but metaphoric elements can be found also in highly standardised terminologies. A good example is offered by the biological and zoological nomenclatures created by Carl von Linné, who uses e.g. names from mythology or names of his colleagues as term elements. He gave, for instance, the scientific name *bufo bufo* to the common toad after his worst opponent French biologist Georges Louis Buffon. An established stock exchange term is *dead cat bounce* referring to a sudden jerk in the rates of exchange after a long silence, but after which nothing more happens. As we see here, the connection between the term and the concept can also be made by associations that the linguistic expression awakes. In computer science this kind of playful term creation is quite common. New and complicated abstract things are named by utilising familiar words and associations in order to bring the phenomena nearer our – also scientists' and engineers' – everyday experience.

4.4. Term formation

In principle, special languages use the same linguistic means for building new expressions as general vocabulary, with the difference that certain word formation models are preferred before others when creating terms, (Gläser 1994, 2011) e.g. compounding and abbreviation are used more than in general language. Traditionally, terminologies are associated with nouns, even though adjectives, verbs (*to scan, to download, to log in*) and adverbs (*lento, allegro*) can be terms, too. Another misconception may be caused when talking about *LSP words* or in German about *Fachwörter* and *Kunstwörter* (artificial words), because a word is often regarded as consisting of one or several morphemes written together (e.g. *notebook*) but not of two or several separately written morphemes (e.g. *bubble jet printer*), whereas terms can be very complex consisting of several separately written words.

It is customary to distinguish between the following morphological structures (e.g. Picht/Draskau 1985, 106ff.; Sager/Dungworth/McDonald 1980, 78f.):

– simple terms (containing only one root; e.g. *disc, page, drive*);
– derivation (*telephony* ← telephone; *printer*; *scanner*);
– compounding, i.e. two or more roots that designate a single concept. They can be

joined by hyphenation, e.g. *follow-me service, call pick-up, user-to-user signalling, three-party service* (3PTY), *Teilnehmer-Netzübergang*; by fusing, e.g. *Mobilkommunikationsnetz*; or by a preposition, e.g. *réseau de communication mobile, réunion par téléphoné, taxation à durée*; or as usual in English not joined at all, e.g. *country direct, Internet service provider, mobile communication network*;
- abbreviation: acronyms (pronounced syllabically; e.g. *radar – radio direction and ranging*); initialisms (pronounced letter by letter; e.g. *ISDN – integrated services digital network*); clipped term (*flu* from *influenza*);
- blend (*edutainment*: *edu*cation + enter*tainment*), etc.;
- conversion, changing the word class, e.g. noun *portable* as a shorter form for *portable computer*.

In addition to these morphological means using existing resources of a language, terms can be created by

- borrowing from general language or other special languages; often a metaphor, e.g. in computer terminology: *virus, firewall, menu, page, browse, home, bookmark, window*.
- borrowing from other languages with possible modifications; e.g. in German: *Content-Provider* from English;
- loan translation from other languages; e.g. in Finnish *selain* from the English *browser* (*selata* = "to browse", *-in* = a terminologically very productive suffix referring to a tool or an instrument), in German *Datenübertragungsnetz* from the English *data transmission network*;
- creating totally new root words, e.g. *gas* by the chemist J. B. van Helmont (1577–1644), based vaguely on the Greek *chaos*; *sähkö* in Finnish for "electricity".

In special languages proper names also appear quite frequently as terms or parts of terms, e.g. *Sapir-Whorf hypothesis, pasteurisation, Hegelianer, to boycott* (Gläser 1995, 8). What is problematic about these terms is that they are opaque, because the linguistic elements they consist of do not convey the essential core of the concept, but refer e.g. to a creator or an inventor; cf. *data transmission network*. Motivation plays a central role in term formation, and sometimes terms may grow almost to whole definitions, which causes other problems and leads to abbreviations.

Special vocabularies contain more influences from other languages than general vocabularies. Latin was for a long time the international language of science in Europe, and the foundations of terminologies for biology and medicine were, for example, developed during that period. Internationally, English is the principal influence on term formation in many countries today, especially in the area of computer and communication technology. Regionally, other (dominating) languages also influence term formation, e.g. Swedish, Norwegian and Finnish influence the different variants of the Lapp (Saami) language, or Greenlandic takes over terms from Danish.

Today, the number of loan words can be explained by the speed of development of modern technology and science: new concepts and new designations are born all the time and taken over from the language they are appear in. In particular, professional jargon – as the colloquial use of special language – is the first to import new terminologies simultaneously as new technologies are being adapted. Often the terms are taken over as they are, but modified so that they can be used in speech, e.g. in Finnish the English computer terms *printer* and *monitor* become *printteri* and *monitori*. Some of these formations survive when written and finally become an established term. In some languages there is less resistance to Anglicisms than in others. In France, a law dictates that terminology must be formed by using French linguistic elements, e.g. the abbreviation *e-mail* has received a French equivalent *Mel* (from *messagerie electronique*). In many countries language and terminology planning activities are based on recommendations instead of laws. In Finland, for instance, it is quite often seen as self-evident that foreign terms are or should be translated or that neologisms should be created by using morphological elements from Finnish. This specially concerns technological fields and any popularised communication. What makes direct loans from English difficult in languages like Finnish is an extremely complex inflection system in the recipient language.

4.5. Ideal term

Because of their dynamic character, coining and developing special vocabularies is of interest for many practical activities, e.g. translating, technical and scientific writing, etc. Many people are directly involved with coining new designations for new concepts, which is quite a different situation than in general vocabulary. In order to help these people, principles and methods are developed in terminology science on the basis of practical and theoretical observations. Accordingly, an ideal term

- is "logical and to a high degree self-explanatory",
- is in accordance with other terms within the same system,
- is in accordance with the syntactic and morphological rules of a language,
- is "potentially productive of derivations",
- does not contain superfluous elements,
- is "as short as possible without adversely affecting its clarity",
- is clearly different from other terms, and preferably has no synonyms or homonyms, nor is polysemous,
- does not have orthographical or morphological variations, and
- is accepted by the users. (Picht/Draskau 1985, 114ff.)

5. Future work

As Pavel (1993, 24) states, there is still much to be learned about the "relationship between correctness and acceptability, and their respective impact on the moulding of new terminologies", because many "grammatically correct terms never find acceptance within a professional community while others become accepted only after a long, uphill battle". Instead, incorrect terms "may be readily accepted for no apparent reason, and whereas some of these are as readily replaced, others become impossible to uproot from current usage [...]" and "officially recommended terms gather dust inside expensive hardcovers, while parallel neologisms flourish in spoken usage" (Pavel 1993, 24).

A great deal of work has already been done but a lot still needs to be done by subject field specialists, terminologists, terminographers, LSP lexicologists and lexicographers, standardisers and others, to collect, analyse and define special field concepts and their designations in almost any field of life. Special languages and their vocabulary are not stable, but change in many fields all the time. When a new study or a dictionary is published it may already be more or less out-of-date. Terminography work and terminological standardisation are only interested in up-to-date terminology and in recommended terminology, leaving the descriptive and diachronic analysis to terminological research, LSP lexicography and lexicology. An interesting area for lexicological and terminological research is LSP phraseology. Many aspects of LSP vocabularies on the borderline between general and special vocabulary remain to be covered by researchers.

6. Literature (a selection)

Albrecht, Jörn (1992), Wortschatz versus Terminologie: Einzelsprachliche Charakteristika in der Fachterminologie. In: *Fachsprache und Terminologie in Geschichte und Gegenwart*, Jörn Albrecht & Richard Baum (Hrsg.), Tübingen: Narr, 59–78.

Arntz, Reiner; Heribert Picht (1989), *Einführung in die Terminologiearbeit*. Hildesheim etc.: Georg Olms Verlag.

Bußmann, Hadumod (1983), *Lexikon der Sprachwissenschaft*. Stuttgart: Kröner.

–, (1996), *Dictionary of Language and Linguistics*. London, New York: Routledge.

Coseriu, Eugenio (1970), Einführung in die strukturelle Betrachtung des Wortschatzes. Tübingen: Gunter Narr.

Domaschnev, Anatoli I. (1987), Umgangsprache/ Slang/Jargon. In: *An International Handbook of the Science of Language and Society. First volume.* (Ed. U. Ammon; N. Dittmer; K.J. Mattheier). Berlin etc.: Walter de Gruyter, 308–315

Drozd, L.; W. Seibicke (1973), *Deutsche Fach- und Wissenschaftsprache. Bestandsaufnahme, Theorie, Geschichte*. (1. Auflage). Wiesbaden: Oscar Brandstetter Verlag KG.

Filipec, Josef (1976), Zur Spezifik des spezialsprachlichen Wortschatzes gegenüber dem allgemeinen Wortschatz. In: *Fachsprachen. Terminologie – Struktur – Normung*. (Hrsg. K.-H. Bausch; W. Schewe; H.-R. Spiegel). Berlin, Köln: Beuth Verlag, 55–61.

Fluck, Hans-Rüdiger (1996). *Fachsprachen*. (5., überarbeitete und erweiterte Auflage). Tübingen: A. Francke Verlag.

Gläser, Rosemarie (1994), Language for Specific Purposes (LSP). In: *The Encyclopedia of Language and Linguistics. Vol.4*. (Ed. R.E. Asher). Oxford, New York etc.: Pergamon Press, 2010–2014.

–, (1995), *Linguistic features and genre profiles of scientific English*. Frankfurt am Main etc.: Lang.

Hahn, Walther von (1987), Fachsprachen. In: *An International Handbook of the Science of Language and Society. First volume*. (Ed. U. Ammon; N. Dittmer/K.J. Mattheier). Berlin etc.: Walter de Gruyter, 283–286.

Hartmann, Dietrich (1980), Über den Einfluss von Fachsprachen auf die Gemeinsprache. Semantische und variationstheoretische Überlegungen zu einem wenig erforschten Zusammenhang. In: *Fachsprachen und ihre Anwendung.* (Hrsg. C. Gnutzmann; J. Turner). Tübingen: Gunter Narr Verlag, 11–48.

Heller, Klaus (1981), Wortschatz unter dem Aspekt des Fachwortes. In: *Fachsprachen.* (Hrsg. W. von Hahn) Darmstadt: Wissenschaftliche Buchgesellschaft, 218–238.

Hoffmann, Lothar (1987a), Language for Special/Specific Purposes. In: *Sociolinguistics. An International Handbook of the Science of Language and Society, First volume.* (Ed. U. Ammon; N. Dittmer; K.J. Mattheier). Berlin, New York: Walter de Gruyter, 298–302.

–, (1987b), Research on Languages for Special/Specific Purposes. In: *Sociolinguistics. An International Handbook of the Science of Language and Society. First volume.* (Ed. U. Ammon/N. Dittmer/K.J. Mattheier). Berlin, New York: Walter de Gruyter, 653–660.

Hudson, Richard (1996), *Sociolinguistics.* 2nd edition. Cambridge: Cambridge University Press.

ISO/DIS 1987–1, *Terminology work – Vocabulary – Part 1: Theory and application.* (Partial revision of ISO 1087:1990) (Unpublished draft). International Organization for Standardization, ISO/TC37/SC1 "Principles of Terminology".

Johns, A. (1987), Languages for Specific Purposes: Pedagogy. In: *The Encyclopedia of Language and Linguistics. Vol. 4.* (Ed. R.E. Asher). Oxford, New York etc.: Pergamon Press, 2044–2049.

Lipka, Leonhard (1990), *An Outline of English Lexicology.* Tübingen: Niemeyer Verlag.

Möhn, Dieter; Pelka, Roland (1984), *Fachsprachen. Eine Einführung.* Tübingen: Max Niemeyer Verlag.

Möhn, Dieter (1987), Sondersprachen. In: *An International Handbook of the Science of Language and Society. First volume.* (Ed. U. Ammon; N. Dittmer; K.J. Mattheier). Berlin etc.: Walter de Gruyter, 279–283.

Nabrings, Kirsten (1981), *Sprachliche Varietäten.* Tübingen: Gunter Narr Verlag.

Niemikorpi, Antero (1996), *Liekepostista tuikeilmaisimeen ja sulhasesta kuraenkeliin. Erikoiskielten rakenteellisesta ja tyylillisestä vaihtelusta.* Vaasa: University of Vaasa.

Pavel, Silvia (1993). Neology and phraseology as terminology-in-the-making. In: *Terminology. Applications in interdisciplinary communication.* (Ed. H. Sonneveld; K. Loening). Amsterdam: John Benjamins 1993, 21–34.

Picht, Heribert; Draskau, Jennifer (1985), *Terminology: An Introduction.* Surrey: University of Surrey, Department of Linguistic and International Studies.

Sager, Juan C.; Dungworth, David; McDonald, Peter R. (1980), *English special languages – principles and practice in science and technology.* Wiesbaden: Brandstetter.

Schmidt, W. (1969). Charakter und gesellschaftliche Bedeutung der Fachsprachen. In: *Sprachpflege* 18, 10–21.

Yule, Georg (1996), *The study of language.* Second edition. Cambridge: Cambridge University Press.

Zgusta, Ladislav (1971). Manual of Lexicography. The Hague, Paris: Mouton.

Anita Nuopponen, Vaasa
(Finland)

108. Bibelsprachliche Wortschätze

1. Fragestellung: Bibelsprache im allgemeinen Sprachgebrauch
2. Bibelspezifischer und religiöser Wortschatz – Grundproblematik –
3. Historischer Überblick über die deutsche Bibelsprache
4. Säkularisierung des bibelsprachlichen Wortschatzes – Einfluss der deutschen Bibelsprache auf den nicht religiösen Bereich
5. Zusammenfassender Überblick
6. Literatur in Auswahl

1. Fragestellung: Bibelsprache im allgemeinen Sprachgebrauch

Unser Sprachgebrauch enthält viele Wörter und Ausdrucksweisen, deren eigentliche Herkunft nicht leicht zu bestimmen ist. So wird heute ein großer Teil des aus der Bibel stammenden Wortschatzes nicht nur im religiösen Bereich, sondern auch in außer-religiösen Kontexten verwendet. Dies hängt damit zusammen, dass sich der bibelsprachliche Wortschatz im Verlauf der Sprachentwicklung allmählich über den geistig-seelischen Bereich hinaus verbreitet und dabei in den neuen Wortfeldern Bedeutungsverschiebungen erfahren hat. Eine solche Integration des bibelsprachlichen Wortschatzes lässt sich z.B. im Bereich der Literatur und Politik nachweisen, aber auch in der Alltagssprache, wo er vor allem in Form von Redewendungen oder Sprichwörtern Eingang gefunden hat. Hier wird deutlich, dass der biblische Wortschatz auf die Entwicklung der deutschen Sprache einen nicht unerheblichen Einfluss ausgeübt hat. In welchem Bereich und auf welche Weise die Bibelsprache den allgemeinen Sprachgebrauch erweitert und modifiziert hat, ist zentraler Gegenstand der folgenden Ausführungen.

2. Bibelspezifischer und religiöser Wortschatz – Grundproblematik –

In der europäischen Kultur, die seit mehr als zwei Jahrtausenden von der christlichen Religion geprägt worden ist, ist die Bibel als Primärquelle des religiösen Wortschatzes anzusehen. Es stellt sich jedoch zunächst die grundlegende Frage, welche Wortschatzgruppen der Kategorie des bibelsprachlichen Wortschatzes zugeordnet werden können. Viele bibelsprachliche Grundbegriffe wie *Gott, Himmel, Glaube, taufen, Kirche* usw. (vgl. Sonderegger 1984, S. 136) sind eindeutig als religiöse Primärwörter (Kaempfert 1971a, S. 15) zu definieren. Daneben gibt es aber auch eine große Anzahl von Wörtern, die erst in religiösen Kontexten oder auch im Zusammenhang mit religiösen (christlichen) Symbolen sowie Metaphern als „bibelsprachlich" interpretiert werden können. Dazu zählen Wörter wie *„Apfel", „Staub", „blind", „Mann"*, die im außerreligiösen Sprachgebrauch keine biblische Semantik haben, im religiösen Sprachgebrauch jedoch direkt auf den Inhalt der Bibel verweisen.

Die Bestimmung eines lexikographischen Wortfeldes zum Stichwort „Bibelsprache" ist noch eine weitgehend ungeklärte Materie. Die grundlegende Problematik liegt darin, dass sich zwischen dem bibelsprachlichen und dem religiösen Wortschatz keine klare Abgrenzung vornehmen lässt. Dennoch enthält die Bibelsprache wesentliche Charakteristika, die im Folgenden aufgezeigt werden sollen. Dabei ist unter dem Begriff bibelsprachlicher Wortschatz der biblisch-christliche Wortschatz zu verstehen. Weitere Überlegungen zur Definition müssen künftigen Forschungen überlassen bleiben.

3. Historischer Überblick über die deutsche Bibelsprache

3.1. Diachronischer Überblick von der Vor-Luther-Zeit bis zur Gegenwart

3.1.1. Unter den bibelsprachlichen Wortschatz werden neben Luthers Bibelübersetzung die sprachlichen Zeugnisse der gesamten christlichen Tradition gefasst, zu der Katechismen, Kirchenlieder, Predigten, liturgische Tagesbezeichnungen, theologische Schriften, Lehrbücher für den Religionsunterricht usw. gehören.

Historisch lassen sich die Einflüsse der christlichen Sprache bis zu den Anfängen der Christianisierung der Germanen zurückverfolgen. In der Folge wurde der christlich-lateinische Wortschatz in die Nationalsprachen des frühen Mittelalters übernommen. Otfrids Evangelienbuch und der altsächs. 'Heiland' gelten als Anfänge der deutschen Schreibsprache (dazu: Polenz 1978, S. 37ff.). Der Einfluss des christlichen Sprachgebrauchs auf den frühdt. Wortschatz ist vor allem im Bereich der Lehnprägungen erkennbar. Wortentlehnungen aus dem Lat. oder Grch. erscheinen vorwiegend im Bereich des kirchlichen Lebens, wie z.B.: *Kirche, Kapelle, Glocke, Priester, Kloster, Münster, Messe, Kreuz, segnen, opfern, predigen,* usw. (Polenz 1978, S. 43). Für die Begriffe der Geisteslehre wurden dagegen in der Regel heimische Wörter verwendet oder neugebildet: *Gott, Schöpfer, Heiland, Gnade, Glaube, beten, Buße, Erlösung* usw. (Polenz 1978, S. 43f.). Auf diese Weise erfolgte eine Erweiterung des Wortschatzes zum einen durch Wortneubildungen (Lehnbildungen) und zum anderen durch Bedeutungsveränderungen schon vorhandener Wörter.

3.1.2. Diese Erweiterung des deutschen Wortschatzes wurde vor allem durch das Wirken der Mystiker und Mystikerinnen befördert, wie es die mystische Literatur z.B. Mechthild v. Magdeburgs, Meister Eckharts oder Johannes Taulers belegt. Die linguistisch relevante Leistung der Mystiker war die Verwendung neuer Wörter und Wendungen zur Beschreibung des Inneren des Menschen. Ihr Bestreben war, das „Unsagbare" (Polenz 1978, S. 60), also das seelisch-geistige Befinden, nicht auf Latein sondern in der eigenen Sprache zu artikulieren. Sie bemühten sich gleichzeitig darum, abstrakte Begriffe verständlich zu machen. Auf diese Weise wurden „die Grundlagen für den deutschen abstrakten Wortschatz" geschaffen (Zmegac 1993, S. 47). Insofern ist der Einfluss durch die Mystiker vor allem im Bereich der Philosophie und der Psychologie noch deutlich nachweisbar.

Besonders charakteristisch sind dabei die abstrakten Bildungen (Polenz 1978, S. 60) auf *-heit, -keit, -unge, und -lich*, z.B. *enpfenclicheit, geistekeit, enpfindelich*, u.a. Die mystische Predigtliteratur, von deren Wortschatz auch Luther stark beeinflusst worden ist, hat folglich auf die nhd. Hochsprache eine große Wirkung ausgeübt (vgl. dazu Polenz 1978, S. 62). Grundlegend für die Forschung in diesem Bereich sind die großen Materialsammlungen von Langen, Luers und Zirken. Einen zusammenfassenden Überblick über den mystischen Wortschatz gibt Kunisch in DWG I 246–267 (vgl. auch Kaempfert 1971b, S. 257).

3.1.3. Da die Bibelübersetzung Luthers nicht nur im christlichen Kontext, sondern in jeder Hinsicht auch für den gesamten deutschen Sprachgebrauch von zentraler Bedeutung ist, hat man in der Sprachgeschichtsforschung Luthers Deutsch mit der Bibelsprache gleichgesetzt (zum Begriff „Lutherdeutsch", Polenz 1971, S. 90f.).

Zwar existierten schon vor Luthers Bibelübersetzung von 1522 die hd. gedruckten 14 Ausgaben der Vollbibel, die auf die Bibel des Straßburgers J. Mentel von 1466 erfolgt waren und dazu über 60 Einzelausgaben verschiedener Bibelteile. Einen diachronischen Überblick über die einzelnen Bibelausgaben sowie deren Grundzüge gibt Stefan Sonderegger (1989, S. 129–185, dazu auch: Tschirch 1989, S. 110). Die Lutherbibel war also nicht die erste deutschsprachige Bibel, sondern eine erfolgreiche Weiterentwicklung älterer Bibelübersetzungen sowie der Sprache der Mystiker. Aber erst mit der Luther-Bibel erfolgte eine ausschlaggebende Vereinheitlichung des Wortschatzes im Deutschen, wodurch ein überregionaler Ausgleich von omd.-sud.-ostobd. geschaffen wurde (Besch 1967, 340–363; Erben 1974).

Das sprachgeschichtliche Verdienst Luthers ist darin zu sehen, dass durch seine Bibelübersetzung das Potential einer „inneren Form" des Deutschen in großem Umfang realisiert wurde (Wolf 1996, S. 27). Dies wiederum brachte erweiterte Ausdrucksmöglichkeiten hervor, besonders im Bereich der deutschen Literatur.

Dass die Sprache der Lutherbibel nicht nur für die Bibelsprache im religiösen Bereich, sondern für die gesamte Geschichte des Nhd. eine zentrale Rolle spielte und damit von unschätzbarer Bedeutung war, belegt auch die folgende Einschätzung Wilhelm Grimms in seiner Konzeption des Deutschen Wörterbuchs: Das Wörterbuch soll die deutsche Sprache umfassen, wie sie sich in den drei Jahrhunderten ausgebildet hat: „es beginnt mit Luther und schließt mit Goethe. Zwei solche Männer, welche [...] die deutsche Sprache beides feurig und lieblich gemacht haben, stehen mit Recht an dem Eingang und Ausgang" (W. Grimm 1847, 114).

Bislang gibt es nur wenige systematische Darstellungen des bibelsprachlichen Wortschatzes. Angaben zu einzelnen Epochen finden sich z.B. in den allgemeinen Wortgeschichten wie die „Deutsche Wortgeschichte" von Maurer/Rupp (1974) (vgl. auch: Polenz, 1978).

3.1.4. Eine weitere Einflussquelle der Bibelsprache sind die zahlreichen Schriften des Pietismus, dessen Wortschatz der deutschen Sprache neue Ausdrucksmöglichkeiten eröffnet hat. Semantisch liegt dabei ein besonderer Schwerpunkt auf der „Schilderung seelischer Zustände und Erlebnisse, für die weder der Wortschatz der Dichtung noch des alltäglichen Lebens genügende Ausdrücke zur Verfügung stellte" (Polenz 1978, S. 120). Diese Tendenz zur Beschreibung des Inneren schuf vor allem im Verbalbereich neue Wortbildungen mit dynamischem Charakter. Als typische Neuschöpfungen der Pietisten können die Verbalkomposita mit den Vorsilben: *ein-, hinein-* und *durch-* angesehen werden, wie z.B. *eindrücken, einfließen, einleuchten, hineinsenken, durchdringen, durchstrahlen*. Die Bewegung des Pietismus hat damit nicht nur zur Erweiterung der geistigen Ausdrucksmöglichkeiten im religiösen Bereich beigetragen, sondern sie bereicherte auch durch den in der Wortbildung angelegten „bewegten, dynamischen" (Polenz 1978, S. 120) Charakter den allgemeinen Wortschatz des Deutschen.

4. Säkularisation des bibelsprachlichen Wortschatzes – Einfluss der deutschen Bibelsprache auf den nicht religiösen Bereich

Der biblisch-christliche Wortschatz fand auch im nicht-religiösen Kontext Verwendung und erfuhr dort, zumindest teilweise, Bedeutungsverschiebungen. Dabei ist erstens zu beachten, welche Teile des bibelsprachlichen Wortschatzes integriert wurden, zweitens, in welchem

Kontext sie stehen, und drittens, welche Funktionen dadurch hervorgehoben sind.

Kaempfert definiert die sprachliche Säkularisierung religiöser Sprache als Wortverwendung „in der ein Wort mit religiösem Inhalt zur Bezeichnung eines profanen Gegenstandes oder Sachverhalts wird" (Kaempfert 1971a, S. 20). Eine endgültige Definition der „sprachlichen Säkularisation" steht bisher noch aus. Die bisherige Debatte um den Begriff, die in diesem Artikel unberücksichtigt bleibt, hat Kaempfert (1971b, S. 62f.) zusammengefasst.

Bei aller Heterogenität der Definitionen besteht doch Einigkeit darüber, dass die zur Diskussion stehenden Teile des biblischen Wortschatzes vor allem zur Bezeichnung geistiger Zustände in der profanen Sprache Verwendung fanden. Im Folgenden werden drei Beispiele gegeben, die diese Funktion veranschaulichen.

4.1. Literarischer Bereich

Zunächst ist hervorzuheben, das die christliche Literatur von der säkularen deutlich abweicht. Christliche Texte, die „von Christen für Christen verfasst werden" (Gisbert 1978, S. 3), lassen sich als eine eigene bibelsprachliche Quelle über den Primärtext der Bibel stellen. Darunter fallen „im Gottesdienst Hymnen, Gebete, Apostelbriefe, Evangelienperikopen, Märtyrerakten, Sequenzen, Kirchenlieder, Predigten, liturgische Spiele, im Haus Legenden, Erbauungsbücher und geistliche Dichtung zum Vorlesen in der Familie oder zur Privatlektüre; in der Schule Katechismen, theologische und kirchengeschichtliche Werke; in Kommunitaten Ordensregeln und mystagogische Literatur" (Gisbert 1978, S. 3).

Bemerkenswert ist die breite Rezeption des biblisch-christlichen Wortschatzes in der neuzeitlichen Literatur des 19. und 20. Jh.s. Der bibelsprachliche Wort- und Bildschatz ist besonders in diesem Zeitraum so weit in die literarischen Werke integriert, dass dem Leser und sogar dem Verfasser selbst die religiöse Herkunft nicht mehr unmittelbar bewusst ist. Vor diesem Hintergrund ist es notwendig, den individuellen Stil einzelner Schriftsteller zu untersuchen, um herauszufinden, welche Funktionen der verwendete spezifische Wortschatz im jeweiligen Werk ausübt. (Als Untersuchungsmethoden der sprachlichen Säkularisation im literarischen Bereich unterscheidet Langen in seinem Aufsatz „Zum Problem der sprachlichen Säkularisation" folgende drei Ansätze: „erstens die Untersuchung des Individualstils einzelner Schriftsteller, zweitens die des Kollektivstils literarischer Gruppen oder Epochen, drittens, vom Sprachmaterial ausgehend, die Untersuchung bestimmter entwicklungsgeschichtlich bedeutsamer Einzelwörter, Einzelbilder oder Bildkomplexe" (Langen 1968, S. 98f.).

Bislang fehlt es jedoch noch an grundlegenden Werkuntersuchungen, die anhand einzelner sprachlicher Ausdrücke, Metaphern und Symbole im Hinblick auf die inhaltliche Gestaltung der Handlungsstrukturen der Frage nach dem poetologischen Stellenwert der biblischen Analogien nachgehen. Albrecht Schöne befasste sich in seiner Publikation „Säkularisation als sprachbildende Kraft – Studien zur Dichtung deutscher Pfarrersöhne" mit dieser Frage, wobei er vor allem durch die Analysen einzelner Schriftsteller eine „Typologie der Säkularisationsformen" herausarbeitete. Eingehendere Untersuchungen zu einzelnen Werken findet sich bei Kaempfert (1971b). Er zeigt christlich-religiöse Sprachmittel auf und erörtert die sprachliche Säkularisation. Vor allem widmet er sich in seiner Untersuchung der Sprachverwendung Nietzsches, der „philosophische Meinungen mit religiösen Begriffen benennt" (Kaempfert 1971b, S. 127). Auch die Dissertation Waragais: „Analogien zur Bibel im Werk Büchners – Religiöse Sprache als sozialkritisches Instrument" belegt, dass die Werke Georg Büchners, dessen Dramen vor allem als bedeutende sozialkritische Literatur gewertet werden, auf sprachlicher und inhaltlicher Ebene ungewöhnlich viele Analogien zur Bibel enthalten. Es ist ein interessanter Kontrast, dass der bibelsprachliche Wortschatz bei Büchner als primäres Darstellungsinstrument zur Sozialkritik fungiert, indem er die Sprache der herrschenden Klasse kennzeichnet.

Ähnlich lässt sich bei verschiedenen Schriftstellern vom Sturm und Drang bis zu Bertolt Brecht der bibelsprachlichen Wortschatz als dichterisches Stilmittel erkennen, das jedoch nach Gattung, Epoche und Autor funktionell differenziert werden muss.

4.2. Politischer Bereich

Die religiöse und zugleich politische Bewegung des Protestantismus griff zur Formulierung ihrer scharfen Kritik am römischen Katholizismus vor allem auf die Sprache Luthers zurück. Dies rückte den bibelsprachlichen Wortschatz in den unmittelbaren Zusammenhang mit politischen Aussagen.

In gleicher Intention verwendete auch Büchner den bibelsprachlichen Wortschatz in seiner Schrift „Der Hessische Landbote", die im Jahr 1834 nicht als literarisches Werk, sondern als politische Flugschrift des Vormärzes mit sozialrevolutionärem Inhalt erschienen ist. Der bibelsprachliche Wortschatz wurde oft in einer Art Predigtstil verwendet, zum Zweck politischen Agitation. Politische Sachverhalte mit bibelsprachlichem Wortschatz sowie bibelsprachlichem Stil zu beschreiben war dem Volk einerseits sehr lebensnah und insofern leicht verständlich. Zum anderen kann der Verwendung dieses Stilmittels auch eine Legitimationsfunktion zugeschrieben werden, da die bibelsprachlichen Elemente den Eindruck vermitteln, dass es sich nicht um eine politische Agitationsschrift sondern um ein über jede Kritik erhabenes, „heiliges" Werk handelte. Vor allem die apokalyptischen Analogien, die hier in großer Anzahl eingesetzt sind, wie die Formulierung „Weh über euch Götzendiener! Ihr seid wie die Heiden,.." (Büchner, S. 50) sollten vom rezipierenden Volk mit politischer Gerechtigkeit assoziiert werden.

Im Zwischenbereich von Politik und Literatur sind vor allem die Werke Heinrich Heines und Bertolt Brechts angesiedelt. Bei der Betrachtung von Gedichten wie „Belsazar" (Heine, S. 52) oder „Langweile" (Brecht, S. 273) ist erkennbar, dass der bibelsprachliche Wortschatz nicht intuitiv eingeflossen, sondern bewusst verwendet worden ist. Durch die Gegenüberstellung von biblischer Sprache und der heillosen Realität wird ein hoher Grad an ironischer Diskrepanz erreicht, in der das kritische Potential seinen Ausdruck findet.

4.3. Alltagssprache, Zitat, sprichwörtliche Redewendungen

Die religiöse Sprache fand auch in starkem Ausmaß Eingang in die neuere Alltagssprache. Aus der Bibel stammende Redewendungen und sprichwörtliche Redensarten der deutschen Gegenwartssprache werden in unterschiedlichen Lebensbereichen verwendet. Dazu kommen Zitate und Aussprüche, deren Herkunft nicht mehr eindeutig erkennbar ist.

Wörterbücher wie der Duden u. a. zeigen, dass die Bibel noch immer eine bedeutende Rolle als „Zitatenspender" (Duden, Bd. 12, S. 11) spielt. Ein Großteil des bibelsprachlichen Wortschatzes wird nicht mehr in seiner ursprünglichen Bedeutung gebraucht, sondern ist in übertragener Bedeutung in den alltäglichen Sprachgebrauch eingegangen. So wird z.B. der alltagssprachliche Ausdruck „*wie Sand am Meer*" nicht mehr mit der Genesis konnotiert, der dieser Ausdruck entstammt (Genesis 41, 49). Hinzu kommt die Frage, ob einzelne Teile der bereits zu festen Wendungen gewordenen Sprachformeln mit religiösem Inhalt ebenfalls als Reste des biblisch-christlichen Wortschatzes zu beurteilen sind (vgl. Grußformeln wie *Grüß Gott* oder *Gott sei Dank*"!). Besonders zu beachten ist der Einfluss von evangelischen Kirchenliedern, die seit dem 16. Jahrhundert mehr als andere literarische Werke zur Verbreitung von Zitaten und sprichwörtlichen Redensarten beigetragen haben.

Im allgemeinen Sprachgebrauch geläufige, von jedermann verwendete Zitate sowie sprichwörtliche Redensarten wurden als „Geflügelte Worte" seit 1864 von dem deutschen Philologen August Georg Büchmann (1822–1884) gesammelt und werden laufend im Hinblick auf die Gegenwartssprache aktualisiert. Hier zeigt sich, dass der bibelsprachliche Wortschatz bis heute auch literarisch eine breite Verwendung findet, wobei „literarisch" nicht mehr in einem engeren, traditionellen Sinne zu verstehen ist, sondern alle Bereiche des Veröffentlichten bis hin zur Werbung und zu den Erzeugnissen der Massenmedien umfasst (s. Büchmann 1995, die Einleitung VIII).

5. Zusammenfassender Überblick

Was vor allem die Schriften vergangener Epochen – seien es literarische oder politische – betrifft, besteht die Gefahr, den damals in einem religiösen Sinn gebrauchten Wortschatz in seiner heutigen, profanen Bedeutung zu verstehen. Dies gilt vor allem für die sprachlichen Mittel, die in den pietistischen Schriften einen positiven Sinn hatten, jedoch im allgemeinen Sprachgebrauch ins Negative umgeschlagen sind (zu Pietismus: Langen 1968). Das Dekodieren ihrer Bestandteile ist eine Aufgabe der Forschung.

Der biblische Wortschatz ist im heutigen Sprachgebrauch häufig schwer als solcher zu erkennen. Das gilt nicht nur für Redewendungen, die im Verlauf der Geschichte durch die Säkularisierung ihre ursprüngliche Bedeutung allmählich verloren haben, sondern auch für die literarischen und politischen Werke, die meistens ohne Assoziation mit der Bibelsprache gelesen, interpretiert und bewertet werden.

Die Bibelsprache, die die Ausdrucksmöglichkeiten der deutschen Sprache ungemein erweitert und bereichert hat, wird im literarischen Bereich überwiegend als künstlerisches Mittel eingesetzt, um das geistig-seelische Befinden nicht mit fremden, sondern mit einheimischen Wörtern auszudrücken. Darüber hinaus fungiert der bibelsprachliche Wortschatz auch als effektives Stilmittel der Kritik, die sich gegen die im Werk dargestellte Gesellschaft, Moralvorstellungen u.a. richtet. Letztere Funktion wird noch deutlicher in politischen Schriften, die den Wortschatz mit den Stilmitteln der Predigt in den Text integrieren.

Abhängig vom politischen Kontext erzielt der bibelsprachliche Wortschatz in einem hohen Grad eine agitatorische Wirkung, so dass die Verwendung auch heute noch problematisch sein kann.

Da eine systematisch-lexikalische Gesamtdarstellung des säkularisierten bibelsprachlichen Wortschatzes noch fehlt, muss diese Thematik als eines der noch zu bearbeitenden Forschungsgebiete betrachtet werden. Künftige Arbeiten werden dazu beitragen, die Rezeption des biblischen Wortschatzes erneut zu bewerten und damit den allgemeinen Sprachgebrauch eingehender zu analysieren.

6. Literatur in Auswahl

Adler, Heinz Wilhelm Armin, *Die deutsche Sprache der Religion. Diachronische und synchronische Aspekte. Überlegungen im Vorfeld neuer Praxis religiösen Sprechens*. Diss. Bonn 1976.

Anderegg, Johannes, Sprache des Alltags und Sprache des Glaubens. Zur Revision der Lutherbibel. In: *Sprachwissenschaft 8*, 1983, 413–428.

Arndt, Erwin, Luther im Lichte der Sprachgeschichte. In: *Beiträge zur Geschichte der deutschen Sprache und Literatur*, Halle 1970. 1–20.

–, *Handbuch der Luthersprache. Laut- und Formenlehre in Luthers Wittenberger Drucken bis 1545. Bd. 1: Vokalismus*. Kopenhagen 1974.

Bach, Heinrich, *Laut- und Formenlehre der Sprache Luthers*. Kopenhagen 1934.

Besch, Werner, *Die Entstehung der neuhochdeutschen Schriftsprache. Die Rolle Luthers.* (Bibliotheca Germanica 11). München 1967. 340–363.

Betz, Werner, Lehnwörter und Lehnprägungen im Vor- und Frühdeutschen. In: Maurer, Friedrich/ Rupp, Heinz (Hrsg.), *Deutsche Wortgeschichte. Bd. I*, 3. Aufl. Berlin 1974, 135–163.

Brügger, Samuel, *Die deutschen Bibelübersetzungen des 20. Jahrhunderts im sprachwissenschaftlichen Vergleich. Studien zum Metapherngebrauch in den Verdeutschungen des Neuen Testaments*. Bern/ Frankfurt a.M./New York 1983. (Europäische Hochschulschriften I, 707).

Byland, Hans, *Der Wortschatz des Züricher Alten Testaments von 1525 und 1531 verglichen mit dem Wortschatz Luthers.* Berlin 1903.

Büchmann, Georg, *Geflügelte Worte*. Der klassische Zitatenschatz, fortgesetzt von: Walter Robert-Tornow, Konrad Weidling, Eduard Ippel, Bogdan Krieger, Gunther Haupt, Werner Rust, Alfred Grunow, 40. Auflage, neu bearbeitet von Winfried Hofmann. Frankfurt a.M./Berlin 1995. 1–79.

Calwer Bibelkonkordanz oder vollständiges biblisches Wortregister. Hrsg. von Calwer Verlagsverein. 3. verarbeitete Auflage. Calw. Stuttgart 1922.

Debus, Friedhelm, Luther als Sprachschöpfer. Die Bibelübersetzung in ihrer Bedeutung für die Formung der deutschen Schriftsprache. In: Becker, Jürgen (Hrsg.), *Luthers bleibende Bedeutung*. Husum 1983, 22–52.

Dietz, Philipp, *Wörterbuch zu Dr. Martin Luthers Deutschen Schriften.* Bd. I (A-F). Leipzig 1870, Bd. II, Erste Lieferung (G-Hals). Leipzig 1872. Geführt durch: Bebermeyer, Renate und Gustav, Wörterbuch zu Dr. Martin Luthers Deutschen Schriften. Bd. II, 2. Lieferung (Hals-Härtigkeit). Hildesheim/ Zürich/New York 1993.

Eggers, Hans, Die Annahme des Christentums im Spiegel der deutschen Sprachgeschichte. In: Schäferdiek, Knut (Hrsg.), *Die Kirche des früheren Mittelalters. 1.Halbbd.* München 1978, 466–504. (Kirchengeschichte als Missionsgeschichte Bd. II).

Erben, Johannes, Luther und die neuhochdeutsche Schriftsprache. In: Maurer, Friedrich/Rupp, Heinz (Hrsg.), *Deutsche Wortgeschichte. Bd. II*, 3. Aufl. Berlin 1974, 509–581.

Fischer, Elke, *Zur Sprache der Bekennenden Kirche (1934–43). Eine soziolinguistische Untersuchung.* New York u.a. 1993.

Frank, Irmgard, Glaubensbekenntnis, Gebote, Gnade. Säkularer Gebrauch christlicher Wörter zweitausend Jahre nach Christi Geburt. In: *Geist und Zeit. Wirkungen des Mittelalters in Literatur und Sprache. Festschrift für Roswitha Wisniewski*, Hrsg. von Carola Gottzmann und Herbert Kolb. Frankfurt a.M./Bern/New York/Zürich 1991, 399–417.

Funk, Tobias, *Sprache und Verkündigung in den Konfessionen. Tendenzen religiöser Sprache und konfessionsspezifische Varianten in deutschsprachigen Predigten der Gegenwart.* Frankfurt a.M./Bern/New York/Paris 1991.

Gisbert, Kranz, *Lexikon der christlichen Weltliteratur*, Freiburg i. Br. 1978.

Gottsched, Johann Christoph, *Grundlegung einer Deutschen Sprachkunst. Nach den Mustern der besten Schriftsteller des vorigen und jetzigen Jahrhunderts abgefasset.* Leipzig 1748 [usw., 6. Aufl. 1776].

Grabner-Haider, Anton, *Glaubenssprache. Ihre Struktur und Anwendbarkeit in Verkündigung und Theologie.* Wien 1975.

Grimm, Jacob und Wilhelm, *Deutsches Wörterbuch. Bd. I–XVI.* Leipzig 1854–1960.

Grimm, Jacob, *Deutsche Grammatik. Erster Teil.* Göttingen 1819. Zweite Ausgabe Göttingen 1822.

Grimm, Wilhelm, Über ein deutsches Wörterbuch. In: *Verhandlungen der Germanisten zu Frankfurt a.M. am 24., 25. und 26. September 1846.* Frankfurt a.M. 1847, 114–124.

Gössel, Ernst, *Der Wortschatz der ersten deutschen Bibel.* Diss. Gießen 1933. (Gießener Beiträge zur deutschen Philologie 32).

Güttgemanns, Erhardt, Sprache des Glaubens – Sprache der Menschen. Problem einer theologischen Linguistik. In: *Verkündigung und Forschung. Beih. Zu Evangel. Theologie* 14, 1969, H. 2, 86–114.

Haas, Alois M., *Sermo mysticus. Studien zu Theologie und Sprache der deutschen Mystik.* Freiburg/Schweiz 1979. (Dokimion 4).

Heeroma, Klaas, *Sprache und Religion.* Berlin 1965. (Erkenntnis und Glaube 27).

Henzen, Walter, Luther, der Buchdruck und die Ausbreitung der nhd. Schriftsprache. In: *Schriftsprache und Mundarten. Ein Überblick über ihr Verhältnis und ihre Zwischenstufen im Deutschen.* (Bibliotheca Germanica 5). 2., neu bearbeitete Auflage, Bern/Franke 1954. 92–116.

Heuseler, J.A., *Luthers Sprichwörter aus seinen Schriften gesammelt und in Druck gegeben.* Leipzig 1824. (Nachdr. Walluf bei Wiesbaden 1973).

Jütting, W.A., *Biblisches Wörterbuch enthaltend eine Erklärung der alterthümlichen und seltenen Ausdrükke in M. Luthers's Bibelübersetzung. Für Geistliche und Lehrer.* Leipzig 1864. (Nachdr. Wiesbaden 1972).

Kaempfert, Manfred, Skizze einer Theorie des religiösen Wortschatzes. In: *Muttersprache* 81, 1971a, 15–22.

–, *Säkularisation und neue Heiligkeit. Religiöse und religionsbezogene Sprache bei Friedrich Nietzsche.* Berlin 1971b. (Philologische Studien und Quellen, 61).

–, *Probleme der religiösen Sprache.* Darmstadt 1983. (Wege der Forschung, 442).

Kahlefeld, Heinrich, Gibt es eine neutestamentliche Kultursprache? In: Biser, Eugen, u.a. (Hrsg.), *Fortschritt oder Verirrung?* Regensburg 1978, 55–74.

Kleiber, Wolfgang (Hrsg.), *Otfrid von Weißenburg.* Darmstadt 1978. (WdF CCCCXIX).

Kluge, Friedrich, *Von Luther bis Lessing. Aufsätze und Vorträge zur Geschichte unserer Schriftsprache.* 5. durchgesehene Auflage, Leipzig 1918.

Langen, August, Der Wortschatz des 18. Jahrhunderts. In: Maurer, Friedrich/Rupp, Heinz (Hrsg.), *Deutsche Wortgeschichte.* 3., neubearb. Auflage Bd. II Berlin/New York 1974, 31–244.

–, *Der Wortschatz des deutschen Pietismus.* Zweite ergänzte Auflage. Tübingen 1968.

–, Zum Problem der sprachlichen Säkularisation in der deutschen Dichtung des 18. und 19. Jahrhunderts. In: August Langen, *Gesammelte Studien zur neueren deutschen Sprache und Literatur,* hrsg. v. Karl Richter u.a. Berlin 1978, 109–127.

Lurker, Manfred, *Wörterbuch biblischer Bilder und Symbole,* 4. Auflage, München 1990.

Maurer, Friedrich/Rupp, Heinz (Hrsg.), *Deutsche Wortgeschichte.* 3., neubearb. Auflage Bd. I und Bd. II Berlin/New York 1974.

Melzer, Friso, *Der christliche Wortschatz der deutschen Sprache. Eine evangelische Darstellung.* Lahr/Baden 1951.

–, *Das Wort in den Wörtern. Die deutsche Sprache im Dienste der Christus-Nachfolge. Ein theo-philologisches Wörterbuch.* Tübingen 1965.

Moser, Hugo, *Sprache und Religion. Zur muttersprachlichen Erschließung des religiösen Bereichs.* Düsseldorf 1964. (Beih. zu WW 7).

Pietsch, Paul, Bibliographie der deutschen Bibel Luthers [1522–1546]. In: *D. Martin Luthers Werke, Kritische Gesamtausgabe* (Weimarer Ausgabe). III. Abt.: Die Deutsche Bibel. Bd. 2. Weimar 1090 (Nachdr. 1968), 201–727.

Polenz, Peter von, *Geschichte der deutschen Sprache. Erweiterte Neubearbeitung der früheren Darstellung von Hans Sperber/von Peter von Polenz,* 9., überarbeitete Auflage. Berlin/New York 1978. (Sammlung Göschen Bd. 2206).

–, Martin Luther und die Anfänge der deutschen Schriftlautung. In: *Sprache in der sozialen und kulturellen Entwicklung. Beiträge eines Kolloquiums zu Ehren von Theodor Frings (1886–1968).* Abhandlungen der Sächsischen Akademie der Wissenschaft zu Leipzig. Philologisch-historische Klasse, Bd. 73, Heft 1. Berlin 1990. 185–196.

Quint, Josef, *Mystik und Sprache. Ihr Verhältnis zueinander, insbesondere in der spekulativen Mystik,* hrsg. V. Kurt Ruh, Darmstadt 1964, 113–151. (Wege der Forschung, Bd. XXXIII).

Ruh, Ulrich, *Säkularisierung als Interpretationskategorie. Zur Bedeutung des christlichen Erbes in der modernen Geistesgeschichte.* Freiburg 1980. (Freiburger theologische Studien, 119).

Rupp, Heinz, *Deutsche religiöse Dichtungen des 11. und 12. Jahrhunderts. Untersuchungen und Interpretationen.* 2. Aufl. Bern/München 1971. (Bibliotheca Germanica 13).

Schmitt, Ludeig Erich, Der Weg zur deutschen Hochsprache. In: *Jahrbuch der deutschen Sprache* 2, 1944, 82–121.

Schulze, Carl, *Die biblischen Sprichwörter der deutschen Sprache.* Hrsg. u. eingeleitet von Wolfgang Miedler. Bern/Frankfurt a.M./New York/Zürich 1987. (Sprichwörterforschung, 8). Nachdruck der Ausgabe. Göttingen 1860.

Schwarz, Brigitte, *Wortbildungen in deutschsprachigen Übersetzungen des Neuen Testaments.* Frankfurt a.M./Bern/New York/Zürich 1989.

Schöne, Albrecht, *Säkularisation als sprachbildende Kraft. Studien zur Dichtung deutscher Pfarrersöhne.*

2. überarbeitete u. ergänzte Auflage. Göttingen 1968. (Palaestra 226).

Sonderegger, Stefan, *Grundzüge deutscher Sprachgeschichte. Diachronie des Sprachsystems. Bd. I: Einführung Geneaologie Konstanten.* Berlin 1979.

–, *Althochdeutsche Sprache und Literatur,* 2., durchges. u. erweiterte Auflage, Berlin/New York 1987. (Sammlung Göschen 8005).

–, Geschichte deutschsprachiger Bibelübersetzungen in Grundzügen. In: *HSK* 1984.

Tschirch, Fritz, *Geschichte der deutschen Sprache. Erster Teil, Die Entfaltung der deutschen Sprachgestalt in der Vor- und Frühzeit.* Dritte, durchgearbeitete Auflage, bearbeitet von Werner Besch, Berlin 1983. (Grundlagen der Germanistik 5).

–, *Geschichte der deutschen Sprache. Zweiter Teil: Entwicklungen und Wandlungen der deutschen Sprachgestalt vom Hochmittelalter bis zur Gegenwart.* 3., ergänzte und überarbeitete Auflage bearbeitet von Werner Besch, Berlin 1989. (Grundlagen der Germanistik 9).

Waragai, Ikumi, *Analogien zur Bibel im Werk Büchners. Religiöse Sprache als sozialkritisches Instrument.* Diss. Frankfurt a.M. 1996.

Wodtke, Friedrich, *Studien zum Wortschatz der Innerlichkeit im Alt- und Mittelhochdeutschen.* Habil. (masch.) Kiel 1952.

Wolf, Herbert (Hrsg.), *Luthers Deutsch. Sprachliche Leistung und Wirkung.* Frankfurt a.M. 1996. (Dokumentation germanistischer Forschung, 2).

Zmegac, Viktor, u.a., *Kleine Geschichte der Deutschen Literatur. Von den Anfängen bis zur Gegenwart,* 4., aktualisierte Aufl., Frankfurt a.M. 1993.

Quellen literarischer Werke

Bertolt Brecht, *Werke,* Bd. 13, 1. Aufl., Frankfurt a.M. 1993. 273ff.

Georg Büchner, *Werke und Briefe,* Hrsg. von Pörnbacher, Karl/Schaub, Gerhard, u.a., 1. Aufl. München 1988.

Heinrich Heine, *Werke und Briefe,* Buch der Lieder. Neue Gedichte. Bd. 1. Hrsg. von Hans Kaufmann, Berlin 1961. 52f.

Lexika

Duden, Redewendungen und sprichwörtliche Redensarten. Wörterbuch der deutschen Idiomatik, Bd. 11, Hrsg. vom Wissenschaftlichen Rat der Dudenredaktion. Nach den Regeln der neuen deutschen Rechtschreibung überarb. Nachdruck der 1. Aufl. Mannheim, Leipzig, Wien, Zürich 1998.

Duden, Zitate und Aussprüche. Herkunft und aktueller Gebrauch, Bd. 12, Hrsg. vom Wissenschaftlichen Rat der Dudenredaktion. Nach den Regeln der neuen deutschen Rechtschreibung überarb. Nachdruck der 1. Aufl. Mannheim, Leipzig, Wien, Zürich 1998.

Ikumi Waragai, Tokyo (Japan)

109. Einflüsse literarischer Wortschätze auf Allgemeinwortschätze

1. Die Forschungssituation
2. Methodologische Aspekte
3. Ausblick: Exemplarische Fallpräsentation der Vermittlung dichterischer Wortschöpfungen
4. Literatur (in Auswahl)

1. Die Forschungssituation

Innerhalb der Lexikologie betrifft die Problematik der Einflussnahme literarischer auf allgemeine Wortschätze sowohl die kontrastiv-systematische Dimension der Disziplin als auch die historische lexikalischer Sprachveränderung. Eine spezifische Situierung im Rahmen der Lexikologie wird unter dem Fragenkomplex der systematischen Gliederungsprinzipien von Varietäten (Lutzeier 1995, 5; 10ff.) resp. der sozialen Gliederung des Wortschatzes (z.B. Schippan 1992, 228) vorgenommen werden können. Allerdings erfolgt eine Zuordnung literarischer Wortschätze zu den Fachwortschätzen, welche bisher der sozialen Gliederung zugrunde gelegt werden, in der lexikologischen Theoriebildung nur manchenorts (vgl. Kühn 1994, 107) und ist in der Fachsprachenforschung nicht üblich (vgl. aber Kalverkämper 1998, 719ff.). Im Allgemeinen bleiben in der Lexikologie-Forschung literarische Wortschätze jedoch noch weitgehend unberücksichtigt; eine konsistente theoretische Reflexion dieser Fragestellung ist in dieser Disziplin bisher nicht geleistet worden.

Zwar werden in der Semantik schon seit geraumer Zeit beispielsweise kontexttheoretische Ansätze und die Relevanz von Gefühlselementen diskutiert sowie als wesentliche Aspekte des Bedeutungswandels soziokulturelle

(A. Meillet) und emotional-affektive (H. Sperber) Faktoren, bewusste – die dichterisch gebrauchte Metapher – und unbewusste – das alltäglich gebrauchte Bild – Prozesse (Ullmann 1967, 165f.) hervorgehoben und die Bedeutung derartiger Gesichtspunkte für eine Verbindung von Literaturwissenschaft und Semantik gelegentlich anerkannt (vgl. Ullmann 1967, 60; 166; 183; 247; 275). In jüngerer Zeit ist ferner die Thematik von Normen und Abweichungen von Ausdrucksverwendungsweisen unter Rekurs auf das Auftreten von Abweichungen in der Dichtkunst in das Blickfeld getreten (Bartsch/Vennemann, 1983, 99ff.). Es liegen ferner ausführliche Darstellungen semantischer Veränderungen der allgemein als für literarische Kunstwerke typisch geltenden Tropen schon bei H. Paul vor (^{8}1970, 94ff.). Systematische Ansätze zu einer „semantisch orientierten Lexikologie der Literatur- und Poesiesprache" (vgl. Henne 1972, 44ff.) sind jedoch vereinzelt geblieben.

Auch die neben der (lexikalischen) Semantik relevanten weiteren Grundlagendisziplinen der Lexikologie, die Morphologie und Wortbildungslehre (z.B. Lutzeier 1995, 6) tragen eher punktuell zu dem Problembereich bei. In der Wortbildungslehre werden unter dem Aspekt der Kreativität die Bedeutung der Sprache der Dichter üblicherweise erwähnt und gelegentlich Detailuntersuchungen durchgeführt, die u.a., so beispielsweise von Erben (1981), unter stilistischen Gesichtspunkten kommentiert werden. Im Rahmen der Untersuchung des Zusammenhangs von Textsorten und Wortbildungserscheinungen wurden z.B. Science-Fiction-Texte hinsichtlich dieses Gesichtspunktes analysiert (vgl. Ortner 1985). Der Aspekt einer Einflussnahme literarischer Wortbildungsphänomene auf Allgemeinwortschätze stellt jedoch kein spezifisches Forschungsgebiet dar. Die Hinweise in der allgemeinen Sprachgeschichtsschreibung – die ihrerseits auf die Forschungsergebnisse einer Reihe von Teildisziplinen zurückverwiesen ist – zu Aspekten der Wortbildung können insbesondere bei Langzeitentwicklungen aufgrund des umfassenden chronologischen Ansatzes vielfach nicht zu einer kohärenten Darstellung ausgebaut werden und bleiben daher mit einem kryptischen Charakter behaftet (vgl. z.B. zu der zentralen Bedeutung der Ausnutzung bestimmter Ableitungstypen in Texten der Mystik des 13. und 14. Jh.: Polenz 1991, 205; zu dem Ausbau des adjektivischen Gefühlswortschatzes und seinen Wortbildungstypen in der Literatur vom Barock bis zur Klassik sowie seine Rolle in der modernen Warenwerbung: Polenz 1994, 289 und zu dem Zusammenhang von pietistischer Wortbildungsproduktivität in mystischer Tradition und deren Fruchtbarmachung für den Ausdruck seelischer Zustände durch Klopstock, Gellert, Herder und Goethe: Polenz 1994, 312).

In der historischen Flexionsmorphologie ist die Berücksichtigung pragmatisch-kommunikativer, psychologisch-lerntheoretischer und ökonomisch-funktionaler Gesichtspunkte, um Veränderungen im Flexionssystem auch hinsichtlich ihrer Ursachen oder Funktionen zu erfassen, noch weitgehend Desiderat (vgl. Werner 1984, 412; 416). Dass aber auf der Ebene der Flexionsmorphologie durchaus Impulse von dichtungssprachlichen Charakteristika ausgehen können, ist sporadischen Hinweisen in der allgemeinen Sprachgeschichtsschreibung zu entnehmen; beispielsweise führt von Polenz die relativ starke Erhaltung des Flexionsprinzips im Deutschen zurück auf die versrhythmischen Erfordernisse späthumanistisch-barocker Sprachkultivierung, die ein flexibles Arsenal deutscher Flexionsendungen begünstigt habe. Von Polenz vertritt die Ansicht, dass mit Auswirkungen auf die Gegenwartssprache in die sprachtypologische Entwicklung des Deutschen retardierend eingegriffen worden sei, wobei „mit dem kollektiven evolutionären Verhalten […] von Kanzleischreibern und Verlagskorrektoren über die Schreib- und Lesemeister bis zu den Geistlichen, Schulmeistern, Poeten, Schriftstellern, Übersetzern und in Sozietäten tätigen 'Sprachfreunden'" zu rechnen sei (vgl. Polenz 1994, 253f.).

Generell stehen Darstellungen der allgemeinen Wortschatzentwicklung jedoch dem Problem gegenüber, dass „sich die Wortschatzgeschichtsschreibung zur Zeit in einer Krise befindet". Während der traditionellen Art der deutschen Wortgeschichte positivistische Materialfreude bei gleichzeitiger Inadäquatheit der Mischung von Methoden und Perspektiven angelastet wird, seien neuere theoretische und methodologische Anforderungen durch programmatische Studien von Steger (1986) und Munske (1990) so hoch angesetzt, dass eine unmittelbare Umsetzung nicht möglich sei (vgl. Polenz 1994, 297).

Dennoch liegen konkrete Darstellungen und Problemlösungsansätze zu dem Themenbereich, wenn auch auf der Basis differierender Grade theoretischen Bewusstseins sowie mit unterschiedlicher Fragestellung und Interessenausrichtung, vor. Insbesondere die bereits angeführte Sprachgeschichtsschreibung (z. B. Eggers 1986, Tschirch 1989, von Polenz 1991/ 1994/1999), die Wortschatzgeschichtsschreibung (z. B. Maurer/Rupp 1974/1978) und die Literatursprachgeschichtsschreibung (z. B. Blackall 1966) sind hier zu nennen. Anwendungsbezogene Ausrichtung weisen entsprechende Problematisierungen der Bedeutung der an literarischen Formen orientierten Sprach- und Wortwahl in den Bereichen der Sprachpolitik und -kritik sowie Pädagogik und Didaktik in ihren vielfach allerdings wertungsorientierten Ansätzen auf. Derartige, durchaus auch theoretisch fundierte Bemühungen um eine „Sprachkultur" reichen im deutschsprachigen Raum bis in das 17. Jh. zurück und wurden insbesondere in der ehemaligen DDR unter diesem Etikett, das dem der „Sprachpflege" entspricht, geführt (vgl. zu der Rolle der Literatur für die Sprachkultur Lerchner 1984, 221 ff., einen Überblick vermittelt z. B. Schnerrer 1994). Beachtung sollte in diesem Rahmen nicht nur dem Muttersprachunterricht zukommen, der heute i.A. weniger normative Absichten als die Entwicklung des Umgangs mit Sprachvarietäten und -registern verfolgt, sondern beispielsweise auch der Rolle öffentlicher Stellungnahmen literarischer Autoren; Christa Wolf, die mit ihrer Rede am 4. November 1989 in Berlin bedeutenden Einfluss auf den „politischen Diskurs" (Hopfer 1992, 111) der DDR nahm, formulierte in ihrer Büchnerpreisrede die Möglichkeit einer Funktionalisierung von Literatursprache in gesellschaftlich-politischer Absicht: „Die Sprache der Literatur scheint es merkwürdigerweise zu sein, die der Wirklichkeit des Menschen heute am nächsten kommt; die den Menschen am besten kennt, [...]" (Wolf 1980, 622).

Unterschiedliche Funktionen und Wertungen werden in der Lexikographie mit der Aufnahme von Wörtern, die in den Stilangaben meist als „literarisch" oder „poetisch" klassifiziert werden, in Verbindung gebracht. J. Grimm spricht dem Wörterbuch die Bedeutung zu, den durch „dichtkunst und werke des geistes" erlangten Glanz älterer Sprachstufen, d.h. „sprachformen, wörter und ausdrucksweisen", zu bewahren (vgl. Grimm 1854, XIII). Eine sinngemäß vergleichbare Position nimmt auch Hausmann trotz einer gewissen Abschwächung ein, wenn er Wörterbüchern eine wichtige Vermittlungsfunktion für die Rezeption von Dichtung zuspricht, da der Sprachwandel bestimmte Textstellen älterer Literatur unverständlich mache (vgl. Hausmann 1989, 2). Die zentrale Bedeutung für die gesamte Geschichte des Wörterbuchwesens, die von dem Anspruch des Wörterbuches der Accademia della Crusca ausging, die dialektale Mannigfaltigkeit Italiens durch die klassische florentinische Dichtersprache Dantes, Petrarcas und Boccaccios zu vereinheitlichen, hat H. Weinrich hervorgehoben (Weinrich 1976, 349f.). Jedoch wird insbesondere die Verwendung literarischer Belege zur Worterklärung in Wörterbuchartikeln kontrovers beurteilt; eine kritische Sicht aufgrund der Annahme individualsprachlicher Tendenzen von Literatursprache vertrat z. B. von Polenz schon früh (1967, 370 ff.). Dagegen wird mit der Neuauflage des Deutschen Wörterbuchs von Hermann Paul der Anspruch verbunden, mittels literarischer Belege Bedeutungen zu erklären sowie semantischen Wandel darzustellen (vgl. Paul 1992, IX ff.).

2. Methodologische Aspekte

Es ist wohl davon auszugehen, dass literarische Wortschätze nicht in einer allgemeinen Definition zu erfassen sind und daher eine klare Abgrenzung gegenüber dem Allgemeinwortschatz grundsätzlich problematisch ist. Möglich sein wird im Allgemeinen höchstens die mehr oder weniger exakte Charakterisierung von Individualstilen oder typischer Eigenschaften literarischer Wortverwendung innerhalb zeitlich und räumlich beschränkter Kontexte, beispielsweise durch die bevorzugte Verwendung oder Meidung einer bestimmten Art von Bildlichkeit (Bildbereiche wie Pflanzen-, Tier- oder Maschinenmetaphorik) oder die Dominanz bestimmter Stilschichten, -typen und -mittel (vgl. auch Kaempfert 1985, 1810 f.). Jedoch ist der Begriff des Epochenstils als solcher in der Literaturwissenschaft nicht unstrittig und darüber hinaus das Verhältnis zu dem des Individualstils unscharf. Von Polenz zufolge ist „seit der Geniezeit in der deutschen Sprachgeschichte mit Exzeptionalität literarischer Sprachstile zu rechnen, sind also Fragen nach der Repräsentativität literarischer Sprache und ihren gesamtsprachlichen Wirkungen noch kritischer zu stellen als in früheren Perioden" (1994, 303). Zusätzlich erschwerend wirkt, dass innerhalb literarischer Traditionen über lange Zeiträume und diskontinuierlich verlaufende Entwicklungen stattfinden können, denen gegenüber literaturwissenschaftliche Epochenbegriffe vielfach zu kurz greifen. Einflüsse auf Allgemeinwortschätze sind in diesen Fällen zwar denkbar, aber schwer stichhaltig nachweisbar.

Die Diskussionen des Verhältnisses von Literatur- und Alltagssprache in Kontexten der Literaturwissenschaft und Linguistik, Semiotik, Stilistik und linguistischen Poetik (vgl. Hess-Lüttich 1981, 11 ff.) wurden zwar lange Zeit unter dem Aspekt der Devianz geführt, könnten möglicherweise aber dennoch in den Bemühungen um eine theoretische Grundlegung der Fragestellung des Einflusses literarischer Wortverwendung fruchtbar gemacht werden. Zu verweisen ist hier z.B. auf die an den Prager Linguistenkreis anschließenden Reflexionen einer ästhetischen Sprachfunktion, die nicht auf dichterische Texte beschränkt wird und daher einem separatistischen Literaturbegriff entgegen wirken (grundlegend ist Jakobson 1960, vgl. Hess-Lüttich 1985, 151 ff.). Hugo Steger hat ebenfalls schon in den sechziger Jahren in stiltheoretischer Orientierung die Annahme einer Polyfunktionalität von Stilen als Basis einer „Überführung von Elementen der Kunststile in die Grammatik der Gebrauchssprache" skizziert (vgl. Steger 1967, 68).

Prinzipiell sollte in methodischer Hinsicht beachtet werden, dass im Anschluss an die in der Lexikologie geläufige Bezugnahme sowohl auf Form- als auch auf Inhaltsseite der lexikalischen Elemente Einflüsse auf der signifiant- und der signifié-Ebene zu berücksichtigen sind. D.h., dass morphologische Aspekte der Wortbildung und -schöpfung ebenso eine Rolle spielen können wie Bedeutungserweiterungen und -veränderungen z.B. aufgrund metaphorischer Sprachverwendung. Eine systematische Analyse der beim Wortschatzwandel möglichen Veränderungsarten der Vermehrung, der Abwandlung und des Schwundes auf Form- und Inhaltsseite von Lexemen hat H. H. Munske (1990, 388 ff.) vorgelegt. Im Übrigen kann auch das in der Wörterbuchschreibung vielfach praktizierte Vorgehen, einerseits in der Literatur verwendete Wörter als Stichwörter aufzunehmen infolge der Feststellung, dass deren Bedeutung nicht mehr geläufig sei (vgl. Duden 1993, 7), und andererseits literarische Beispiele zur Bedeutungserklärung heranzuziehen (vgl. Paul 1992), auf die Berücksichtigung von Form und Inhalt bezogen werden. Weiterhin wird auf semantischer Ebene im Zusammenhang literatursprachlicher Einflüsse neben den denotativen den konnotativen Komponenten besonderer Stellenwert zuzumessen sein.

Zu beachten sind ferner die verschiedenen Arten prinzipiell möglicher Einflusswirkungen: (1) Wortschatzwandel entweder mit der Tendenz einer Innovation oder der des Konservativismus und (2) Stabilisierung des bestehenden Wortschatzes im Sinne einer Konservierung des status quo.

Besonders zu reflektieren sind die Vermittlungswege und -möglichkeiten eventueller Einflussnahmen, da ein solcher nur dann stattfinden kann, wenn die literarische Rezeption auf irgendeine Weise Breitenwirkung erhält. Im Gegensatz zur teilweise summarisch darstellenden Sprachgeschichtsschreibung sind bei dieser Problemstellung Faktoren empirischer Wirkungszusammenhänge relevant, wobei auch langfristige Wirkungen zu berücksichtigen sind.

Zunächst spielt sicherlich eine Rolle, was H. Kalverkämper bezüglich des Einflusses von Fachsprachen auf die Gemeinsprache konstatiert hat: „Es trifft eben nicht zu, dass sich 'Fachwörter' in die Gemeinsprache hineindrängen", dass sie 'hinüberwandern' und 'sich ansiedeln'. [...] Sucht man aber nach dem eigentlichen „Agens" solcher 'Beeinflussungen' oder 'Wanderungen', so findet sich der konkrete jeweilige Text, es finden sich die Kommunikationspartner, zwischen denen er ausgetauscht wird, es findet sich die umfassende Kommunikationssituation" (vgl. Kalverkämper 1990, 111). Das bedeutet mit anderen Worten, dass sowohl sprachinterne als auch sprachexterne Aspekte berücksichtigt werden sollten (vgl. Reiffenstein 1990). Als sprachinterne Aspekte im weiteren Sinn können beispielsweise die gesamte Situation und Entwicklungsstufe einer Sprache oder bestimmter Bereiche einer Sprache betrachtet werden. Defizitäre gesamtsprachliche Gegebenheiten, wie sie am Ende des 17. und zu Beginn des 18. Jh. im deutschen Sprachraum herrschten, können als günstige Bedingung gelten für die Akzeptanz von Impulsen aus einem Bereich innovativer Sprachverwendung. Als ein sprachinterner Gesichtspunkt müssten u. U. auch Aspekte des Verhältnisses von geschriebener und gesprochener Sprache und ihre jeweilige Bedeutung für die literarische Produktion und Rezeption sowie die alltagssprachlichen Kommunikationsformen reflektiert werden.

Sprachexterne Aspekte können den gesamten soziologisch-gesellschaftlichen Bereich betreffen. Zu berücksichtigen wären hier u.a. die Gegebenheiten der Literaturrezeption in einem sozio-kulturellen Kontext und die Möglichkeiten und Wege ihres Eindringens in die Alltagssprache. Insbesondere in Bezug auf ältere Sprachstufen ergäbe sich eventuell eine Relativierung der Bedeutung der Literatur und ihrer Wortschätze für die Gesamtsprachentwicklung, da das geltende Bild u. U. in zu hohem Maß durch die Übermittlungslage der Texte bedingt ist, ohne dass die Frage der Rezeption und der Vermittlungswege hinreichend geklärt wäre. Weiterhin sind die Gründe möglicher Einflussnahmen im Zusammenhang von Vorbildern, Leitmustern und Prestigeaspekten, d. h. im Rahmen der Frage, welche Wertungen mit Literatur und ihren Sprachformen jeweils verbunden werden, zu reflektieren. Denkbar sind beispielsweise Konstellationen wie solche der Dichtung als hohe Sprachform (dieser Aspekt ist z.B. für das Bildungsbürgertum des 19. Jhd. als relevant zu betrachten), der Dichtung als aktuelle Sprachform (bei einem weiten Literaturbegriff könnte der Comicsprache in der 2. Hälfte des 20. Jhd. entsprechende Bedeutung zukommen) oder der Dichtung als innovative Sprachform (hier kann beispielsweise auf die deutsche Sprachsituation im 18. Jh. verwiesen werden).

Ob dabei ein wortbedeutungskonzentrierter Ansatz, wie der von H. Steger (1986) vorgeschlagene, der von der festen Konzeption einer bestimmten Anzahl von als wichtig erachteten kommunikativen Teilbereichen ausgeht mit dem Argument, dass Wörter literarischer Texte für uns offenkundig eine andere Bedeutung als dieselben Wörter in einem Behördentext hätten, und in dem Dichtung grundsätzlich als polysemierende Varietät betrachtet wird, nicht letztlich doch mit zu vielen Setzungen arbeitet, um ein jeweils historisch angemessenes Bild erarbeiten zu können, kann nur eine exemplarische Anwendung ergeben. Der generellen Feststellung, der sich auch Steger anschließt, dass eine solche Wortgeschichte „in engstem Zusammenhang mit der geistigen und materiellen Entwicklung des Menschen steht" (Steger 1986, 205), muss jedoch wohl auch für die spezielle Fragestellung der Einflussmöglichkeiten literarischer Wortschätze zentrale Bedeutung zugesprochen werden.

Das Erfordernis differenzierter Detailforschung hinsichtlich Motivation, Hintergründen und Durchsetzungsbedingungen solcher Einflüsse lässt sich konkretisieren an einem Beispiel aus dem Bereich der Wortbildung: dem von Jean Paul sowohl in theoretischen Schriften als auch praktisch in seinen literarischen Werken unternommenen Versuch, das in deutschen Substantivkomposita auftretende Fugen-*s* zu tilgen. Diese aufgrund literarisch-ästhetisch basierter Sprachreflexion angestrebte bewusste Beeinflussung der Sprachnorm – aus Jean Pauls Sicht eine Veränderung mit innovativ-ameliorierender Tendenz – scheiterte trotz zunächst guter Aussichten auf Erfolg und gezielter Strategie der Einflussnahme auf andere Autoren und Journalisten, die wiederum die Öffentlichkeit erreichen sollten (vgl. Faust 1983, 242). Der Misserfolg Jean Pauls wird damit erklärt, dass J. Grimm – der den Vorstoß des Mitglieds der Berlinischen Gesellschaft für deutsche Sprache Jean Paul außerordentlich ernst nahm und als eine Form des Purismus vehement bekämpfte – sich mit der von ihm propagierten historischen Orientierung in der Gesellschaft durchsetzen konnte, da bereits seit dem Ende des 18. Jh. eine einheitliche deutsche Schriftsprache bestand (vgl. Faust 1983, 243f.).

3. Ausblick: Exemplarische Fallpräsentation der Vermittlung dichterischer Wortschöpfungen

Auf eine allgemeine Darstellung der Wortschatzentwicklung des Deutschen kann nicht verwiesen werden (vgl. Polenz 1994, 297 und Polenz 1999, 369ff.); daher sind an dieser Stelle einige kursorische Hinweise auf die Rezeption literarischer Wortschätze anzubringen. Im 18. Jh. kam es, wie oben angedeutet, zu einer intensiven Auseinandersetzung „um den Beitrag der 'Literatur' (der Autoren und ihrer Werke) zur Schaffung geschriebener Normen" (vgl. Wells 1990, 322). Erwähnt werden kann hier insbesondere die „Literaturwörterbuch-Diskussion" (Henne 1977, 34). Henne bezeichnet mit diesem Terminus, der neben denen der „Stammwörterbuch-Diskussion" (1640 bis 1651) und der „Gesamtwörterbuch-Diskussion" (1690 bis 1723) steht, eine Programmatik, die in der zweiten Hälfte des 18. Jh. aufkam. Chr. M. Wieland formulierte die grundlegende Annahme, dass „Schriftsteller, Dichter, Redner, Geschichtsschreiber und populare Philosophen zur 'Bereicherung, Ausbildung und Polirung [der deutschen Sprache] das Meiste beytragen'" (zit. nach Henne 1977, 37). Ziel war es daher, „das Wörterbuch der Schriftsteller und Dichter, also das Literaturwörterbuch, als Wörterbuch der Nation zu verfassen" (Henne 1977, 37). Dieses wurde zwar nie geschrieben, jedoch kann das Wörterbuch J. H. Campes als Ersatz für dieses betrachtet werden (Henne 1977, 45).

Eine andere Variante des Wörterbuches dichterischer Lexik stellen Sammlungen „Geflügelter Worte", von Phraseologismen oder Zitaten und Aussprüchen dar, die nach der Prägung G. Büchmanns literarisch belegbare und allgemein geläufige Redensarten sammeln. Obwohl die ausschließliche Beschränkung auf literarisch belegbare Ausdrücke heute als nicht mehr aktuell betrachtet wird, da auch „solche Ausdrücke als Geflügelte Worte gelten, die aus Filmen, der Werbung und anderen nicht-literarischen Bereichen der Sprache stammen" (Burger 1998, 45), machen sie nach wie vor einen bedeutenden Teil entsprechender Nachschlagewerke aus.

In den populären Stillehren des 20. Jh., so z.B. bei Ludwig Reiners, wird der Sprachgebrauch der großen Dichter und Schriftsteller der Gegenwart als maßgebliche Autorität betrachtet und zur Nachahmung empfohlen (Reiners 1991, 184). Aus sprachwissenschaftlicher Perspektive wird hiergegen allerdings von W. Sanders eingewendet, dass die Bestimmung des guten Autors durch seine gute Sprache in einen Zirkelschluß führen müsse, und hingewiesen auf die Problematik der Frage, wie zeitgemäß und praktikabel das anerkannt gute Deutsch der „Sprachmeister" sei (vgl. Sanders 1992, 50f.).

4. Literatur (in Auswahl)

Bartsch, Renate/Vennemann, Theo (1983), *Grundzüge der Sprachtheorie. Eine linguistische Einführung*. Tübingen: Max Niemeyer Verlag.

Blackall, Eric A. (1966), *Die Entwicklung des Deutschen zur Literatursprache 1700–1775*. Stuttgart: Metzlersche Verlagsbuchhandlung.

Burger, Harald (1998), *Phraseologie. Eine Einführung am Beispiel des Deutschen*. Berlin: Erich Schmidt Verlag.

Duden. Das große Wörterbuch der deutschen Sprache in acht Bänden. (Hrsg. G. Drosdowski). Mannheim: Dudenverlag 1993–1994 (2. Auflage).

Eggers, Hans (1986), *Deutsche Sprachgeschichte. Zwei Bände*. Reinbek bei Hamburg: Rowohlt.

Erben, Johannes (1981), Neologismen im Spannungsfeld von System und Norm. In: *Logos Semantikos*. Vol. V. (Hrsg. B. Schlieben-Lange). Berlin/New York: Walter de Gruyter, 35–43.

Faust, Manfred (1983), Jean Paul's Essay on Word Formation. In: Allgemeine Sprachwissenschaft, Sprachtypologie und Textlinguistik. Festschrift für Peter Hartmann. (Hrsg. M. Faust/R. Harweg/W. Lehfeldt/G. Wienold). Tübingen: Gunter Narr Verlag, 237–248.

Grimm, Jacob und Wilhelm (1854), *Deutsches Wörterbuch. Erster Band*. Leipzig: Hirzel.

Hausmann, Franz Josef (1989), Die gesellschaftlichen Aufgaben der Lexikographie in Geschichte und Gegenwart. In: *Wörterbücher. Ein internationales Handbuch zur Lexikographie. Erster Teilband*. (Hrsg. F.J. Hausmann/O. Reichmann/H.E. Wiegand/L. Zgusta). Berlin/New York: Walter de Gruyter, 1–19.

Henne, Helmut (1972), *Semantik und Lexikographie. Untersuchungen zur lexikalischen Kodifikation der deutschen Sprache*. Berlin/New York: Walter de Gruyter.

–, (1977), Nachdenken über Wörterbücher: Historische Erfahrungen. In: Nachdenken über Wörterbücher. (G. Drosdowski/H. Henne/H.E. Wiegand). Mannheim/Wien/Zürich: Bibliographisches Institut, 7–49.

Hess-Lüttich, Ernest W.B. (1981/1985), *Soziale Interaktion und literarischer Dialog. I. Grundlagen der Dialoglinguistik; II. Zeichen und Schichten in Drama und Theater: Gerhart Hauptmann 'Ratten'*. Berlin: Erich Schmidt Verlag.

Hopfer, Reinhard (1992), Christa Wolfs Streit mit dem „großen Bruder". Politische Diskurse der DDR im Herbst 1989. In: *Sprache im Umbruch. Politischer Sprachwandel im Zeichen von „Wende" und „Vereinigung"*. (Hrsg. A Burkhardt/K.P. Fritzsche). Berlin/New York: Walter de Gruyter 1992, 111–133.

Jakobson, Roman (1960), Linguistics and poetics. In: *Style in Language*. (Hrsg. T.A. Sebeok). Cambridge, Mass.: M.I.T. Press, 350–377.

Kaempfert, Manfred (1985), Die Entwicklung der Sprache der deutschen Literatur in neuhochdeutscher Zeit. In: *Sprachgeschichte. Ein Handbuch zur Geschichte der deutschen Sprache und ihrer Erforschung. Zweiter Teilband*. (Hrsg. W. Besch/O. Reichmann/S. Sonderegger). Berlin/New York: Walter de Gruyter, 1810–1837.

Kalverkämper, Hartwig (1990), Der Einfluß der Fachsprachen auf die Gemeinsprache. Gemeinsprache und Fachsprachen – Plädoyer für eine integrierende Sichtweise. In: *Deutsche Gegenwartssprache. Tendenzen und Perspektiven*. Schriften des Instituts für deutsche Sprache in Mannheim. Jahrbuch 1989, 88–133.

–, (1998), Fachsprachliche Phänomene in der schönen Literatur. In: *Fachsprachen. Ein internationales Handbuch zur Fachsprachenforschung und Terminologiewissenschaft. Erster Halbband*. (Hrsg. L. Hoffmann/H. Kalverkämper/H.E. Wiegand). Berlin/New York: Walter de Gruyter, 717–728.

Kühn, Inge (1994), *Lexikologie. Eine Einführung*. Tübingen: Max Niemeyer Verlag.

Lerchner, Gotthard (1984), *Sprachform von Dichtung. Linguistische Untersuchungen zu Funktion und Wirkung literarischer Texte*. Berlin/Weimar: Aufbau-Verlag.

Lutzeier, Peter Rolf (1995), *Lexikologie. Ein Arbeitsbuch.* Tübingen: Stauffenburg.

Maurer, Friedrich/Rupp, Heinz (³1974/78), *Deutsche Wortgeschichte. Drei Bände.* Berlin/New York: Walter de Gruyter.

Munske, Horst Haider (1990), Über den Wandel des deutschen Wortschatzes. In: *Deutsche Sprachgeschichte. Grundlagen, Methoden, Perspektiven. Festschrift für Johannes Erben zum 65. Geburtstag.* (Hrsg. W. Besch). Frankfurt am Main/Bern/New York/Paris: Peter Lang, 387–401.

Ortner, Lorelies (1985), Wortbildungs- und Satzbildungsmittel zum Ausdruck von Metaphern und Vergleichen in Science-Fiction-Texten. In: *Studien zur deutschen Grammatik. Johannes Erben zum 60. Geburtstag.* (Hrsg. E. Koller/H. Moser). Innsbruck: Institut für Germanistik, 255–275.

Paul, Hermann (1992), *Deutsches Wörterbuch.* (9. Auflage, bearbeitet von H. Henne/G. Objartel). Tübingen: Max Niemeyer Verlag.

–, (1970), *Prinzipien der Sprachgeschichte.* (Studienausgabe der 8. Auflage). Tübingen: Max Niemeyer Verlag.

Polenz, Peter von (1967), Zur Quellenwahl für Dokumentation und Erforschung der deutschen Gegenwartsssprache. In: *Satz und Wort im heutigen Deutsch. Probleme und Ergebnisse neuerer Forschung.* Schriften des Instituts für deutsche Sprache in Mannheim. Jahrbuch 1965/66, 363–378.

–, (1991/1994/1999), *Deutsche Sprachgeschichte vom Spätmittelalter bis zur Gegenwart. Drei Bände.* Berlin/New York: Walter de Gruyter.

Reiffenstein, Ingo (1990), Interne und externe Sprachgeschichte. In: *Deutsche Sprachgeschichte. Grundlagen, Methoden, Perspektiven. Festschrift für Johannes Erben zum 65. Geburtstag.* (Hrsg. W. Besch). Frankfurt am Main/Bern/New York/Paris: Peter Lang, 21–29.

Reiners, Ludwig (1991), *Stilkunst. Ein Lehrbuch deutscher Prosa.* (Völlig überarb. Ausg., Neubearbeitung von S. Meyer/J. Schiewe). München: Beck.

Sanders, Willy (1992), *Sprachkritikastereien und was der „Fachler" dazu sagt.* Darmstadt: Wissenschaftliche Buchgesellschaft.

Schippan, Thea (1992), *Lexikologie der deutschen Gegenwartssprache.* Tübingen: Max Niemeyer Verlag.

Schnerrer, Rosemarie (1994), Zur Geschichte der Sprachkultur in der ehemaligen DDR. In: Bickes, H./Trabold, A., *Förderung der sprachlichen Kultur in der Bundesrepublik Deutschland. Positionsbestimmung und Bestandsaufnahme.* Stuttgart: Bleicher Verlag.

Steger, Hugo (1967), Rebellion und Tradition in der Sprache von Uwe Johnsons Mutmaßungen über Jakob. In: Steger, H., *Zwischen Sprache und Literatur. Drei Reden.* Göttingen: Sachse & Pohl Verlag, 43–69.

–, (1986), Zur Frage einer Neukonzeption der Wortgeschichte der Neuzeit. In: *Kontroversen, alte und neue. Akten des VII. Internationalen Germanisten-Kongresses Göttingen 1985. Band 4.* (Hrsg. P. von Polenz/J. Erben/J. Goossens). Tübingen: Max Niemeyer Verlag, 203–209.

Tschirch, Fritz (³1983, ³1989), *Geschichte der deutschen Sprache. Zwei Teile.* Berlin: Erich Schmidt.

Ullmann, Stephen (1967), *Grundzüge der Semantik. Die Bedeutung in sprachwissenschaftlicher Sicht.* Dt. Fassung von Susanne Koopmann. Berlin: Walter de Gruyter.

Weinrich, Harald (1976), Die Wahrheit der Wörterbücher. In: *Probleme der Lexikologie und Lexikographie.* Schriften des Instituts für deutsche Sprache. Jahrbuch 1975, 347–371.

Wells, Christopher J. (1990), *Deutsch: eine Sprachgeschichte bis 1945.* Aus dem Englischen von Rainhild Wells. Tübingen: Max Niemeyer.

Werner, Otmar (1984), Historische Morphologie. In: *Sprachgeschichte. Ein Handbuch zur Geschichte der deutschen Sprache und ihrer Erforschung. Erster Halbband.* (Hrsg. W. Besch/O. Reichmann/S. Sonderegger). Berlin/New York: Walter de Gruyter, 409–418.

Wolf, Christa (1980), Von Büchner sprechen. Darmstädter Rede. In: *Die Dimension des Autors. Essays und Aufsätze. Reden und Gespräche 1959–1985.* (C. Wolf). Darmstadt/Neuwied: Luchterhand 1987, 611–625.

Gesine L. Schiewer, Bern (Schweiz)

110. Generationsspezifische Wortschätze

1. Einführung
2. Begriffliche Vorklärungen
3. Ansätze zur einer Generationsspezifik der Sprache
4. Generationsspezifische Wortschätze
5. Ausblick
6. Literatur in Auswahl

1. Einführung

Die Ordnung einer Gesellschaft in verschiedene altersbezogene Generationen ist für jede Kultur und jede in ihr situierte Gruppe von hohem Rang für die Kommunikation. In allen Gesellschaften kann die Rolle und Stellung der alten und der jungen Mitglieder als ein konstitutives Merkmal kultureller Identität angesehen werden. Auch ist das Lebensalter ein wichtiges Maß zur Bestimmung des sozialen Handelns. Lebenszeit, soziale und historische Zeit bestimmen Lebenslagen und Lebensstile (Prahl/Schroeter 1996).

Heute ist die zahlenmäßige Zunahme der älteren Generation(en) in den modernen Informationsgesellschaften – der Generationenumbruch oder der „Krieg der Jungen gegen die Alten" (Gronemeyer 1994) – zum öffentlich-politischen, aber auch zum wissenschaftlichen Gegenstand geworden (Krappmann/Lepenies 1997).

Aus dem Blickwinkel der Generationsspezifik erscheinen Wortschatzphänomene vor allem durch die Polarität von *Alt und Jung* geprägt, d. h. durch lexikalische Charakteristika der Generation(en) der Alten und der Generation(en) der Jungen. Auch im öffentlichen Diskurs, insbesondere in den Medien, hat das Begriffspaar Alt und Jung die Wahrnehmung von Generationendifferenzen bestimmt. Dabei wird das höhere Alter häufig mit negativen Konnotationen belegt oder als defizitär kategorisiert (Kruse/Thimm 1997).

Terminologisch erfasst wurde diese Form der Abwertung durch Robert Butler (1969), der in Analogie zu '*sexism*' und '*racism*' den Begriff '*ageism*' prägte, ein Terminus, der heute auch im Deutschen gebräuchlich ist (Kramer 1998).

Während die Sprache(n) der Jugend auch innerhalb der Sprachwissenschaft – zumindest eine Zeitlang – intensive Beachtung fand(en), lässt sich dies für die Sprache(n) der Alten bisher nur in ersten Ansätzen feststellen (Fiehler 1997, 1998, Thimm 1997, 1998a, 2000). In Abgrenzung zum kindersprachlichen Wortschatz, der hier nicht Gegenstand der Betrachtung sein soll, wird daher die Frage nach möglichen Generationsspezifika von Wortschätzen der jungen und der älteren Generation in den Mittelpunkt gestellt.

2. Begriffliche Vorklärungen

2.1. Generation

Die Frage nach der Generationsspezifik des Wortschatzes wirft verschiedene definitorische Probleme auf, von denen das nächstliegende die Eingrenzung der Begriffsgröße *Generation* ist. In der Soziologie sind zum besseren Verständnis von Generation und Generationenbegriff mit der Lebensverlaufsforschung, der Lebenslaufanalyse und mit dem Kohortenansatz verschiedene Perspektiven auf generationelle Entwicklungen des Individuums vorgelegt worden, wobei lebenslaufbezogene Abgrenzungen und die darauf beruhende Herausbildung der sozialen Gruppen 'Alte' und 'Junge' erst im Verlauf des 19. Jahrhunderts zu beobachten sind. Letztlich verdanken wir die Existenz der Generationenkonzepte vor allem sozialen Errungenschaften wie der Einführung der allgemeinen Schulpflicht und der sozialen Alterssicherungssysteme (Prahl/Schroeter 1996). Der Begriff der Generation ist aus etymologischer Sicht vom Altlateinischen 'generato' abgeleitet und wurde erst im Spätlateinischen mit 'Nachkommenschaft' oder 'Sippschaft' übersetzt. Innerhalb der soziologischen und psychologischen Forschung lassen sich mehrere Gebrauchsweisen unterscheiden (Buchhofer/Friedrichs/Lüdtke 1970, Prahl/Schroeter 1996, Mannheim 1928):

– Generation im genealogischen Sinne einer Abstammungsfolge. Spricht man in diesem Zusammenhang von generationellen Beziehungen, so sind damit die innerhalb einer Familie repräsentierten Generationen in Bezug auf ihre Altersrollen (d.h. Großeltern, Eltern, Kinder, etc.) gemeint. Dieser erstgenannte Generationenbegriff zeichnet sich dadurch aus, dass so definierte Generationen eine erhebliche Altersheterogenität aufweisen können, (so gibt es z. B. 40jährige und 80jährige Großmütter).

– Generation im Sinne der gemeinsamen Konfrontation mit externen gesellschaftlichen Ereignissen (Mannheim 1928). Hier bezieht sich Generation auf eine Gruppe annähernd Gleichaltriger, die in einer ähnlichen sozialen „Lagerung" aufwachsen und durch bestimmte Denk- und Verhaltensmuster verbunden sein können, die also ähnliche kulturelle und soziale Orientierungen, Einstellungen und Verhaltensweisen aufweisen. Entsprechend diesem Generationenbegriff werden Personen, die durch bestimmte soziale und/oder politische Ereignisse geprägt sind, zu einer Generation zusammengefasst. So gilt *die 68er-Generation* als feste Begriffsgröße zur Bezeichnung einer spezifischen sozialen Gruppe, wobei deren numerisches Alter als sekundär angesehen werden darf. Bei der Bezeichnung *die 68er-Generation* zeigt sich, wie durch die Ablösung von der ursprünglichen Wortbedeutung eine zunehmende Metaphorisierung zu beobachten ist, so dass mit diesem Ausdruck mehr eine allgemeine Lebenseinstellung denn ein chronologischer Altersbezug ausgedrückt wird.

In engem Zusammenhang mit Generation ist der Begriff der Kohorte zu sehen. So ist eine Kohorte eine Gruppe von Individuen, die eine gemeinsame Zeitspanne durchlebt, bzw. die zur gleichen Zeit von einem äußeren Ereignis, wie Schuleintritt, Eheschließung, Ruhestand, Krieg, technische Innovation, u.a. betroffen ist (Prahl/Schroeter 1996). Sprachlich lässt sich dies anhand von Komposita und Nominalphrasen mit dem Lexem *Generation* verdeutlichen. So gibt es die *Kriegsgeneration* bzw. die *Nachkriegsgeneration*, aber auch die Kohorten der einzelnen Geburtsjahrgänge. Im öffentlichen Diskurs gilt in einigen Kontexten als ein Kriterium zur Bestimmmung dessen, was eine Generation ausmacht, eine arbeitsmarktbezogene Grenze. So impliziert der Ausdruck *Generationenvertrag* beispielsweise eine Differenz zwischen Erwerbstätigen und nicht mehr Erwerbstätigen, ohne dass dies numerischer Konkretisierung bedarf. Das gleiche gilt für Ausdrücke wie *Altersgrenze*, bei denen ebenfalls chronologische Aspekte kaum eine Rolle spielen. So liegt beispielsweise die Altersgrenze eines Stahlarbeiters bei 50, die eines Professors bei 68 Jahren (Tews 1991). Diese Beispiele verdeutlichen die unklare Definition von Alter und verweisen darauf, dass kontextuelle Kriterien den Generationenbegriff mit bestimmen.

2.2. Alter und Jugend

Altsein und Jungsein hängt nicht nur von gesellschaftlich gesetzten Vorstellungen und Normen darüber ab, wann Individuen als alt oder als jung gelten, sondern die genaue Skalierung von Alter wird durch die Alterszugehörigkeiten von situational definierten Bezugsgrößen innerhalb einer Gruppe (wie beispielsweise das Alter von Gruppenmitgliedern) bestimmt. Alter lässt sich entsprechend auch als ein perspektivisches Konstrukt auffassen, dessen jeweiliger Definitionsbereich außerordentlich flexibel ist und durch situative Faktoren bestimmt wird. Denken wir an die 30jährige Besucherin einer Techno-Party, die sich dort 'asbach uralt' und 'als Oma' fühlt, oder eine 74-jährige, die sagt, ins Altersheim zu den 'Alten' wolle sie nicht. Perspektiven auf das Alter und Alternsprozesse werden einerseits von gesellschaftlichen Werten beeinflusst, unterliegen jedoch auch individuell differenzierten Eigenperspektiven auf das eigene Alter. Mit der Anzahl der gelebten Jahre und der Verminderung der wahrscheinlich noch zu lebenden Jahre verändern sich tendenziell in der Lebensmitte die Lebensperspektiven; ein Phänomen, das in der *midlife-crisis* seinen sprachlichen Ausdruck gefunden hat.

Betrachtet man heute vorherrschende Vorstellungen von *altem Alter*, so beinhalten diese zumindest drei Konzepte, die aufeinander bezogen sind (Fiehler 1997):

- Alter als biologisches Phänomen: diese Vorstellung umfasst altersbezogene Abbauprozesse, wobei Alterungsprozesse als Naturphänomene verstanden werden.
- Alter als zeitlich-numerische Größe: Dies ist das in interpersonalen Situationen geläufigste Konzept des Alters. Es beinhaltet eine zeitlich-lineare und chronologisch-numerische Vorstellung vom Alter. Alter wird dabei mit der Zahl der Lebensjahre assoziiert und beginnt an einem bestimmten Punkt der Zeitskala. Dieser Punkt kann jedoch unterschiedlich bestimmt werden.
- Alter als soziales Phänomen. Diese Altersvorstellung ist stark an mit dem Alter assoziierte Lebensstile, Verhaltensweisen oder Auffälligkeiten geknüpft. Alt ist man dann, wenn man 'alterstypische' Verhaltensweisen aufweist (soziale Isolierung, andere Werte und Einstellungen). Im Zusammenhang damit ist auch die Einnahme bestimmter Rollen zu nennen, die als typisch für bestimmte Altersabschnitte gelten.

Auch *Jugend*, d.h. *junges Alter*, lässt sich anhand vergleichbarer Parameter beschreiben (Schlobinski 1989):

- Jugend als biologische Altersphase. Jugend wird von Kindheit durch das Einsetzen der Pubertät abgegrenzt, d.h. dass als Differenzierungskriterium ein physiologisches Grenzmerkmal herangezogen wird.
- Jugend als numerisch definierte soziale Gruppe. Hier beinhaltet das Differenzierungsmerkmal eine Abgrenzung nach unten – zu Kindern – und nach oben – zu Erwachsenen – und umfasst die Altersgruppe der 13–25jährigen (Peer group).
- Jugend als soziale Altersphase mit rechtlich festgelegten Grenzen und Rechten, dazu gehört das Wahlrecht oder die Strafmündigkeit.
- Jugend als Subkultur. Diese Verstehensweise ist alltagsweltlich besonders verbreitet und umfasst beispielsweise die Vorstellung der 'Szene' (und Szenesprache) und einzelner jugendlicher Subgruppen (z.B. die Rapper oder die Skins).

Während das letztgenannte Verständnis von Jugendlichen als Subgruppe weit verbreitet ist, setzt sich eine entsprechende Differenzierung bezüglich der älteren Generation im Alltagsverständnis erst langsam durch. Aber auch die Älteren sind keineswegs eine homogene Gruppe. Dies wird sprachlich durch neu geprägte Altersgruppenbezeichnungen deutlich. Sprachliche Bezeichnungen für Subgruppen der älteren Generation werden zumeist anhand des chronologischen Alters gebildet, so gelten Menschen bis 75 Jahren als „junge Alte" oder „neue Alte", von 75–90 Jahren als die „Alten", 90–100jährige als „Hochbetagte" und die über 100jährigen als „Langlebige" (vgl. Prahl/Schroeter 1996). Dagegen sind sprachliche Bezeichnungen der Jugend nicht nur numerisch gefärbt (wie bei Teenies oder Pre-Teens), sondern erfolgen anhand spezifischer Tätigkeiten oder Vorlieben der jeweiligen Gruppe. Dazu gehören z.B. die Jugendgruppen größerer Organisationen (wie in der Politik: Die „Gewerkschaftsjugend" oder die „Grün-Alternative Jugend"), oder musikalische Präferenz (die „Techno-Generation"), während andere Bezeichnungen sich nach sozialen oder wirtschaftlichen Kategorien definieren (die „Yuppi-Generation"), oder auch nur Konstrukte der Werbesprache sind („Die Pepsi-Generation", Francher 1980). Bei dem stattfindenden Differenzierungsprozess für die Älteren erweisen sich aus der Sicht der Wortbildung vor allem Komposita mit *Senior/en* als produktiv (Galliker/Klein 1997).

Deutlich wird bereits anhand dieser kurzen Aufzählung, dass Generationen flexible Konstrukte sein müssen, und eine vereinheitlichende Sichtweise auf *„das"* Alter oder *„die"* Jugend nicht adäquat ist (Tews 1991). Ein wichtiger Aspekt für die Beschreibung von Generationsspezifik der Sprache (und des Sprechens), ist die Frage nach der Rolle und Position einer Sprachgemeinschaft innerhalb der Gesamtgesellschaft. Betrachtet man die Formen gesellschaftlicher Wertschätzung, die die junge und die alte Generation erfahren, so lässt sich ein eklatantes Bewertungsgefälle konstatieren. Während Ansichten über das Alter und alte Menschen negativ stereotypisiert sind (Lehr/Niederfranke 1991), gilt Jugend und Jugendlichkeit als positives Identitätsmerkmal und Bewertungsmaßstab für viele Lebensbereiche („Jugendkult").

Fassen wir die Überlegungen zum Verständnis von Generation, Alter und Jugend zusammen. *Alter* ist als eine soziale Kategorie zu sehen, die nicht in jeder Situation gleichermaßen wirksam wird. Ganz im Gegenteil wird Alter in einigen Situationen relevant, in anderen nicht. Der biologische Altersunterschied hat nur dann gesellschaftliche und interaktive Relevanz, wenn er tatsächlich inszeniert bzw. thematisiert wird. Alle Kulturen produzieren auf die eine oder andere Weise eine Altersdifferenz, die sich in ihrem tagtäglichen Handeln mehr oder weniger aktualisiert, nicht alle Kulturen tun dies aber auf die gleiche Weise. Berücksichtigt man weiterhin die Tatsache, dass Alter und Jugend als Identitätskategorien gelten müssen, so ist davon auszugehen, dass die Zugehörigkeit zu einer Altersgruppe als Teil des sozialen Wissens in die Kommunikation eingeht, aber nicht immer direkt vermittelt, sondern in andere Aktivitäten integriert wird.

3. Ansätze zu einer Generationsspezifik der Sprache

Der Wortschatz darf, im Gegensatz zu phonischen, graphischen und grammatischen Inventaren einer Sprache, als eine nur begrenzt überschaubare Größe angesehen werden. Nicht nur der Wortschatz einer Sprache, sondern Wortschätze jeder sozialen Gruppe, verändern sich infolge von Sprachwandelprozessen und reflektieren somit auch im Wortschatz neue soziale Realitäten. Ansätze, die die Generationen als feste Gruppen verstehen, gehen davon aus, dass diesen abgrenzbaren Gruppen sprachliche Bestände zugeordnet werden können, z.B. im Sinne von Registern oder Soziolekten. So stellt Hess-Lüttich (1989) das Konzept des „Generationssoziolektes" als einen Ansatz dar, der makrosoziologisch gesehen die Jugendlichen in ihrer Gesamtgruppe kennzeichnen soll. Generationssoziolekt ist als altersdeterminierter Sprechstil „der" Jugendlichen verstanden, die als eine spezifische Gruppe im Rahmen der Gesamtgesellschaft gelten.

Eine andere Konzeption, die weniger stark an der jugendlichen Sprechweise orientiert ist, ist der Ansatz der „social markers". Soziale Marker werden für Alter, Geschlecht, oder Klassenzugehörigkeiten postuliert (Giles/Scherer/Taylor 1979). Die Theorie der „speech markers" geht davon aus, dass sprachliche Marker dazu dienen, das komplexe soziale Umfeld zu kategorisieren, indem spezifische Marker mit spezifischen Gruppen von Sprecherinnen und Sprechern identifiziert werden.

Arbeiten, die innerhalb des Theorierahmens der sozialen Marker die Kategorie *Alter* ins Blickfeld rücken, gehen vom Alter der Einzelperson aus, d.h. Personen, die innerhalb des gegebenen Vorverständnisses eine Altersgrenze überschritten haben, gelten als alt. Als „age markers" fungieren dann „those speech cues which potentially differentiate between members of different age groups [...]. They include phonological, syntactic, semantic, extralinguistic and paralinguistic features" (Helfrich 1979, 63). Die Altersspezifik liegt entweder in der exklusiven („age-exclusive") Zuschreibung eines bestimmten sprachlichen Handelns auf die jeweilige Altersgruppe, oder in der quantitativen Ausprägung des jeweiligen Merkmals, dem „age-preferential feature" bzw. dem „age preferential use":

„An age-exclusive marker would be a linguistic feature which is used only by members of a specific age class. If the marking is probabilistic, one would not necessarily find this feature for all members of a particular age class as would be the case for an invariant marker. Age-preferential usage, on the other hand, refers to differences in the relative frequency with which specific features occur in a certain age class" (Cheshire 1987, 64).

Lexikalische und semantische Charakteristika gelten im allgemeinen als wichtigste Marker altersspezifischer Sprache. Gut belegt ist dies jedoch nur für das kinder- und jugendsprachliche Repertoire: „In Western societies adolescence is a culturally salient stage of life, which is marked linguistically by the use of certain vocabulary items" (Cheshire 1987).

Diese lexikalisch geprägte Sichtweise wurde vor allem in der Jugendsprachenforschung kritisiert. So wurde die Abkehr von reinen Wort- oder Phrasemlistenverfahren und die stärkere Berücksichtigung interaktiver Prozesse gefordert (Last 1989, Neuland 1987).

Weiterhin lässt sich altersspezifischer Sprachgebrauch im Zusammenhang mit der Prestigeträchtigkeit sprachlicher Variation diskutieren (Mattheier 1987). Argumentiert wird, dass im Gegensatz zum prestigeträchtigen Sprechen im mittleren Erwachsenenalter das Sprechen im „Greisenalter" durch sprachlichen Konservatismus der älteren Generation gekennzeichnet ist, die als „Rückbesinnung älterer Menschen auf den Gebrauch von informellen Sprachvarietäten aus ihrer eigenen Jugend" charakterisiert wird (Mattheier 1987, 92). So sei erkennbar, dass nach einer Phase weniger prestigeträchtiger Varietäten in der Kindheit und Jugend, deren Ausmaß sich nach Schulzeit und Adoleszenz bis zum 30. Lebensjahr in etwa stabilisiert, im mittleren Erwachsenenalter eine deutliche Zuwendung zu den prestigeträchtigen Standardvarietäten zu beobachten sei, die bis in die zweite Hälfte der 40er Jahre andauere. Dann aber, so die Ansicht, nimmt das Ausmaß der Verwendung von prestigeärmeren Varietäten rapide zu. Im Alter, vor allem nach dem Ausscheiden aus dem beruflichen Alltag, sei der Abfall der prestigeträchtigen Varietäten so stark, dass letztlich das Niveau der frühen Jugend erreicht würde.

Die hinter dieser Betrachtungsweise ersichtliche Modellvorstellung über die Sprachfähigkeit im Alter lässt sich als Modell des „inversen U" bezeichnen. Ausgehend von der Grundvorstellung eines defizitären Verlaufs sprachlicher Entwicklung im Lebenslauf speist sich dieses Modell von der Vorstellung, dass die Sprachentwicklung nicht nur in Richtung verringerter Kompetenz verläuft, sondern sogar soweit als regressiver Prozess zu verstehen ist, dass eine Rückkehr zu den (sprachlichen) Verhaltensweisen gesehen wird, die mit frühen Lebensjahren verbunden werden. Kritisch zum Modell des „inversen U" äußern sich vor allem Coupland & Coupland (1990), die dieses Modell nicht nur als unzutreffend, sondern auch als ageistisch bezeichnen.

Auch wenn Annahmen bezüglich eines Sprachkonservatismus bzw. sprachlichen Rückfalls der Älteren Grundlage vieler Arbeiten ist, so liegen bisher keine empirischen Studien vor, die den Wortschatz der älteren Generation(en) systematisch auf seine lexikalischen Besonderheiten hin überprüft und ihn mit anderen Varietäten verglichen hätten.

Ebenfalls nur angedeutet bleiben Unterschiede zwischen Schriftlichkeit und Mündlichkeit. So ist die Beobachtung, dass ältere Sprachformen von Jüngeren noch beim Schreiben verwendet wurden, ältere SprecherInnen sie dagegen auch in verbaler Interaktion zeigten, ebenfalls nicht systematisch überprüft worden (Platt/Platt 1977). Ähnliches gilt für die Zusammenhänge zwischen Lexik und Grammatik. Betten (1998) gibt erste Hinweise darauf, dass der Verlust an lexikalischer Modernität von älteren Sprechern in einer Sprachinselsituation durch grammatikalische Hyperkorrektheit kompensiert werden kann.

Diese skizzierten Sichtweisen auf die lexikalische Entwicklung im Alter bestätigen die Annahme, dass in der Linguistik das „Greisenalter" bisher stark durch das „Theorem des Defizitärwerdens" geprägt war (Mattheier 1987), während für die jüngere Generation von einer lebendigen und im ständigen Wandel befindlichen Modernität (Henne 1986) ausgegangen wird.

4. Generationsspezifische Wortschätze

4.1. Jugendspezifischer Wortschatz

Die bisherige Forschung zur Jugendsprache oder „sog. Jugendsprache" (Henne 1986) beruht vor allem auf lexikalischen Auffälligkeiten im Sprachgebrauch von Jugendlichen. Jugendsprache kann man dann als eine spezifische Form des Sprechens bezeichnen, die als besonders und typisch für das Sprechen im Jugendalter angesehen werden kann. Der überwiegende Teil der Forschung berücksichtigt als zentrales Kriterium der Jugendsprache die Lexik der jugendlichen Sprechweise, da man im allgemeinen davon ausgeht, dass die Jugendsprache sich aus abweichenden Begriffen rekrutiert, die als jugendsprachlich erklärt werden (Last 1989). Auch wenn an verschiedenen Stellen darauf hingewiesen wird, dass es „überaus problematisch [ist], unreflektiert von einer jugendsprachlichen Sonderlexik oder gar von der Jugendsprache zu sprechen" (Ehmann 1992, 15), und betont wird, dass Jugendsprache in erster Linie gesprochene Sprache ist, so gelten als maßgebliche Charakteristika der Jugendsprache letztlich lexikalisch-phraseologische Merkmale. Kritisch erscheint der mangelnde Kontextbezug und die Reduktion auf lexikalische Elemente, so dass der situative Charakter von jugendsprachlichen Äußerungen nicht erfasst wird (Neuland 1987). Jugendsprachlicher Wortschatz wird zumeist wie folgt charakterisiert (Augenstein 1997, Henne 1986, Schlobinski 1989):

- Jugendsprachliche Lexeme
- Anglizismen
- Modewörter
- Spezifische Begrüßungsformeln und Adressierungen
- Sprachspiele
- Gruppenidentitätsmarkierende Referenzen (Ingroup- Outgroupmarker)

Die Verwendung solcher jugendsprachlicher Marker verweist auf den allgemeinen Status *Jugendlichkeit* und kann als intentionale Markiertheit gelten, durch die Gruppenzugehörigkeit symbolisiert werden soll. Der Wechsel in einen Modus jugendsprachlicher Markiertheit ist demzufolge als ein stilistisches und strategisches Mittel zur Symbolisierung von Jugendlichkeit anzusehen, das auch Nicht-Jugendlichen offensteht. Jugendsprache kann als Peergruppeninteraktion gruppeninterne und gruppenexterne Funktionen übernehmen. So z.B. können jugendsprachliche Verwendungsweisen der gruppeninternen Entwicklung und Validierung von Werten und Einstellungen dienen oder mit stilistisch-strategischen Intentionen als Distanzierung nach außen verwendet werden.

So können folgende Funktionen jugendsprachlicher Marker angenommen werden (vgl. Schlobinski 1989):

- Distanzierungen zu den mit den dominanten kulturellen Mustern assoziierten Normen und Werten bei gleichzeitiger Reproduktion dieser Werte
- Identifikation mit gemeinsam geteilten, kulturell spezifizierten Werten und Normen
- Bildung von Gruppenidentität nach innen und außen als Mittel der Distinktion
Bestimmte Marker inferieren Bedeutungszuschreibungen auf seiten der Adressaten und Adressatinnen, so dass eine Gruppe von anderen anhand ihrer spezifischen Art des Sprechens identifiziert wird. Dies gilt für die ältere und die jüngere Generation gleichermaßen. Auszugehen ist dabei von phonologischen und lexikalischen Markern, anhand derer Altersgruppenzugehörigkeiten erschließbar werden.

4.2. Altenspezifischer Wortschatz

Während die Rolle alters- und gruppenspezifischer Lexik für die Adoleszenzphase in vielen Arbeiten nachgewiesen wurde, liegen bisher für die Annahme eines 'typischen' Wortschatzes für das höhere Erwachsenenalter nur wenige Belege vor.

So konstatiert Helfrich (1979, 91), dass „little is known about the language of the elderly", und Cheshire (1987, 9) bedauert, „little is known about the language of the elderly in spite of its importance for language pathology". Betrachtet man die Forschungslage in der Linguistik, so zeigt sich, dass sich nahezu alle Arbeiten über die Sprache älterer Personen an der Defizithypothese von Altern als Abbauprozesse oder „decreement" orientieren (Coupland/Coupland 1990). Entsprechend galt das Hauptinteresse der Forschung bisher den sprachlichen Kompetenzveränderungen bzw. der defizitären Sprachentwicklung im Alter und erfolgte zumeist aus sprachpathologischer Perspektive (Light 1993).

Betrachtet man experimentelle Untersuchungen zur semantischen Kompetenz im Verlauf der Lebensentwicklung, so lassen sich im Gegensatz zu landläufigen Annahmen auf den meisten Ebenen keine statistischen Belege für Unterschiede zwischen Alt und Jung nachweisen. So fanden Kynette & Kemper (1986) bei ihrer Analyse von kurzen Erzählungen jüngerer und älterer Versuchspersonen keine Unterschiede bezüglich der Zahl der Wörter und des Type/Token Ratios. Auch Emery (1986, 58) stellte in einer Vergleichsuntersuchung von jüngeren Erwachsenen und gesunden Älteren fest, dass auf der lexikalisch-morphologischen Ebene „no siginifiant differences between the normal elderly and the middle aged with the exception of speed of response" festgestellt werden konnten.

Bei einer Untersuchung zu sprachlichen Erinnerungsleistungen durch ältere Personen zeigten Cohen/Faulkner (1981), dass lexikalische Veränderungen in Texten (lexikalische Substitution, Synonymengebrauch, Subjekt – Objekt – Wechsel u.a.) von Älteren besser erkannt wurden als von Jüngeren. Dagegen konnten die Älteren die grammatischen Veränderungen (wie vertauschte Satzglieder) nicht vergleichbar gut identifizieren. Die Autorinnen kommen zu dem Schluss, dass „in old age lexical items are retained better than the relations between them".

Nicht nur, dass sich aus experimenteller Sicht also nur wenige Anhaltspunkte für semantisch-lexikalisch bedingte Kompetenzdifferenzen zwischen Alt und Jung nachweisen lassen, es gibt sogar Belege für Übereinstimmungen zwischen den Generationen: „There is great consistency in the type of word associations produced by young and older adults and little indication that word associations are more variable or idiosyncratic in the old" (Light 1993, 904). Dieses Ergebnis widerlegt aus experimenteller Sichtweise die Annahme, dass der Sprachgebrauch von älteren SprecherInnen durch alterstypische Idiosynkrasien ausgezeichnet wäre. Allerdings ist durch das experimentelle Design solcher Untersuchungen weder eine kontextuelle Einbettung noch eine Berücksichtigung der kommunikativen Funktionen gegeben.

In einer interaktionistisch ausgerichteten Untersuchung zur Kommunikation älterer und jüngerer Erwachsener (Kruse/Thimm 1997, Thimm 1997, 1998b) wurde eine gebrauchsorientierte Analyse von Wortschatzcharakteristika vorgenommen. Unterschieden wurde zwischen jugendsprachlich markierten und altersprachlich markierten lexikalischen Elementen. Einbezogen wurden sowohl einzelne Wörter, als auch Adjektiv- und Nominalphrasen, Phraseme u.a. So galten als jugendsprachliche Marker beispielsweise auch jargonhafte, saloppe Ausdrücke wie

– „sich einen abzappeln", „wahnsinnig gut", „Clinch", „okay", „total stark".

Im Gegensatz zur jugendsprachlichen Lexik ist eine altensprachliche Lexik weniger leicht identifizierbar. Zugrunde gelegt wurde daher das Kriterium des Veraltens der betreffenden Lexeme. Der Prozess des Veraltens lässt sich als Verlust von Funktionen von Lexemen paraphrasieren und wird als „Archaismus" bezeichnet (Cherubim 1988). Ein Lexem kann als veraltend gelten, wenn es durch Reduktion von Funktionen an die „Peripherie" des Wortschatzes rückt. Entsprechend wurden beispielsweise folgende lexikalische Elemente als veraltend/veraltet klassifiziert und einer „altentypischen" Lexik zugerechnet:

– „mir dünkt", „Wochenbettpfleger", „besinnen", „Photokopieranstalt", „Jugendführer."

In der empirischen Studie wurde der Sprachstil aktiver älterer Sprecherinnen (60–87 Jahre) mit dem jüngerer Sprecherinnen (25–35 Jahre) verglichen, die sich entweder mit älteren oder mit jüngeren Partnerinnen über ein frei gewähltes Thema unterhielten. Eine altersdifferenzierende Analyse zeigte, dass sich ältere und jüngere Sprecherinnen – unabhängig vom Alter der jeweiligen Gesprächspartnerin – bezüglich der Altersspezifik des Wortschatzes hochsignifikant unterschieden. So zeigten die älteren Sprecherinnen einen höheren Gebrauch von veralteten lexikalischen Einheiten. Bezüglich der Verwendungsweise jugendsprachlicher Lexeme konnte jedoch herausgearbeitet werden, dass diese keineswegs altersexklusive Sprachmarker darstellen. Zwar zeigte sich, dass jüngere Sprecherinnen hochsignifikant häufiger von jugendsprachlicher Lexik Gebrauch machten. Ersichtlich wurde aber ebenfalls, dass sich auch ältere Sprecherinnen dieser Marker bedienten, so dass nicht von einer Altersexklusivität jugendsprachlicher Marker ausgegangen werden kann, sondern von einer altersabhängigen Häufung, d.h. einem „age-preferential use".

Als wichtiger Hintergrund für Formen und Funktionen generationsspezifischer Lexik sind Spracheinstellungen einzubeziehen. So wurde innerhalb der Forschung zu „language attitudes" nachgewiesen, dass Jüngere davon ausgehen, dass Ältere anders kommunizieren und sich einer veralteten Sprache bedienen, d.h. es wird eine Defiziterwartung an die Kommunikation Älterer ersichtlich. Diese kann sich in sprachlicher *Akkommodation* an das (vermeintliche oder faktische) Niveau der Adressaten niederschlagen (Ryan/Kwong See/Meneer/Trovato 1992, Thimm 1998a).

Angesichts der empirischen Forschungslage stellt sich – wie in der Jugendsprachenforschung bereits formuliert – die Forderung nach einer kontextualisierten Sichtweise auf lexikalische Phänomene auch für den Sprachgebrauch der älteren Generation, da nur wenige der Arbeiten lexikalische Phänomene als situativ bedingt erfassen. Boden/Bielby (1983) zeigen beispielhaft in ihren Untersuchungen zum Vergangenheitsbezug in Erzählungen älterer Menschen, wie temporale Referenzen die Gespräche bestimmen können, so dass aus interaktiver Sicht die Temporaladverbien „früher", „damals" und „unsere Zeit" zu situativen Altersmarkern werden. Eine solchermaßen kontextuell ausgerichtete Sichtweise auf generationsspezifische Lexik darf als wichtige weiterführende Forschungsstrategie angesehen werden.

4.3. Kommunikation zwischen den Generationen

Untersuchungen zur sprachlichen Kommunikation zwischen alten und jungen Menschen zeigen, dass Gespräche zwischen den Generationen, sofern sie außerhalb eines familiären Settings stattfinden, maßgeblich von Erwartungen und Stereotypen bezüglich gruppenbezogener Verhaltensweisen geprägt sind. Auch Ältere beurteilen ihre jungen Gesprächspartner zunächst aufgrund ihrer Gruppenzugehörigkeit (Coupland/Coupland/Giles 1991). Mit der Interaktionssituation Alt/Jung ist insofern eine Besonderheit verbunden, als es sich nicht, wie bei anderen Intergruppensituationen, um klare Eigen- Fremdgruppenverhältnisse handelt (wie bei Rasse oder Geschlecht), sondern um ein Kontinuum des Altseins oder des Jungseins, so dass Alter als „contextual age" relevant wird.

Einige der in amerikanischen Studien erhobenen Befunde zeigen, dass es zwischen Alt und Jung mehr als nur semantisch-lexikalische Verständigungsprobleme gibt, sondern auch divergierende thematische Setzungen und eine deutliche altersbezogene Höflichkeit auf seiten Jüngerer (Überblick bei Coupland/Nussbaum 1995). Dies gilt jedoch besonders für institutionelle Interaktionen, so z.B. im Bereich der Pflege. Die Annahme, dass ein altenspezifischer Wortschatz besonders in Pflegesituationen zu problematischen Sprachakkommodation durch das jüngere Personal führen kann, wurde auch in ersten deutschen Arbeiten aufgezeigt (Sachweh 1998, Thimm 1998a).

5. Ausblick

Zusammenfassend lässt sich festhalten, dass die Sprach- und Kommunikationsforschung bezüglich der Alters- und Generationsspezifik von Sprache und Sprechen erst begonnen hat und die Einbeziehung des „alten Alters" als systematische Einflusskategorie auf Lexik und Semantik noch aussteht.

Im Ausblick auf zukünftige Forschung erscheint beachtenswert, dass Alter und Jugend Verlaufskategorien darstellen, die kontextuell definiert werden müssen. Alter und Jugend – und damit auch die Zugehörigkeit zu Generationen – müsssen als flexible und situativ variable Kategorien aufgefasst werden. Sieht man lexikalische Markiertheit unter kontextuellen Aspekten als intentional an, so kann mit dem Gebrauch bestimmter Ausdrücke auf soziale Identität referiert und gruppenbezogene Identitätsmarkierungen oder Abgrenzungen von anderen Gruppen realisiert werden. Altersforschung und Jugendforschung haben sich auch in den Sozialwissenschaften erst in den letzten Jahren ihres gemeinsamen Hintergrundes besonnen, so dass die Kommmunikationsforschung in der Konzeptualisierung als „life span communication" auch für die Sprachwissenschaft eine neue Herausforderung darstellt.

6. Literatur in Auswahl

Alt und Jung: Begegnungen und Konflikte der Generationen (Hrsg. A. Lepenies; L. Krappman 1997). Frankfurt: Campus.

Augenstein, Susanne (1997), *Funktionen von Jugendsprache.* Tübingen: Niemeyer.

Betten, Anne (1998), Ist ein „Altersstil" in der Sprechsprache wissenschaftlich nachweisbar? Überlegungen zu Interviews mit 70- bis 100jährigen Emigranten. In: *Sprache und Kommunikation im Alter.* (Hrsg. R. Fiehler; C. Thimm). Wiesbaden: Westdeutscher Verlag 1998, 131–142.

Boden, Deirde; Bielby, Denise (1983), The Past as a ressource. A conversational analysis of elderly talk. In: *Human Development 26*, 308–319.

Buchhofer, B.; Friedrichs, J.; Lüdtke, H.(1970), Alter, Generationsdynamik und soziale Differenzierung. Zur Revision des Generationsbegriffs als analytisches Konzept. In: *Kölner Zeitschrift für Soziologie und Sozialpsychologie 22,* 300–334.

Butler, Robert. N. (1969), Age-Ism: another form of bigotry. In: *The Gerontologist, 9,* 243–245.

Cheshire, Jenny (1987), Age and generationspecific use of language. In: *Sociolinguistics/Soziolinguistik. Ein internationales Handbuch zur Wissenschaft von Sprache und Gesellschaft.* (Hrsg. U. Ammon; N. Dittmar; K.J. Mattheier). Berlin/New York: de Gruyter 1987, 760–767.

Cherubim, Dieter (1988), Sprach-Fossilien. Beobachtungen zum Gebrauch, zur Beschreibung und zur Bewertung der sogenannten Archaismen. In: *Deutscher Wortschatz. Lexikologische Studien* (Hrsg. H. Munske; P. v. Polenz; O. Reichmann; R. Hildebrandt). Berlin/New York: de Gruyter 1988, 525–552.

Cohen, Gillian; Dorothy Faulkner, (1981), Memory for discourse in old age. In: *Discourse Processes,* 4, 253–265.

Coupland, Nikolas; Justine Coupland, (1990), Language and later life: the diachrony and decrement predicament. In: *Handbook of language and social psychology* (eds. H. Giles; P. Robinson). Chichester: Wiley 1990, 451–468.

Coupland, Nikolas; Coupland, Justine; Giles, Howard (1991), *Language, society and the elderly: discourse, identity, and ageing.* Oxford: Blackwell.

Ehmann, Herrmann (1992), *Jugendsprache und Dialekt. Regionalismen im Sprachgebrauch von Jugendlichen.* Opladen: Westdeutscher Verlag.

Emery, Olga B. (1986), Linguistic decrement in normal aging. In: *Language and Communication,* 6 (1/2), 47–64.

Fiehler, Reinhard (1997), Kommunikation im Alter und ihre sprachwissenschaftliche Analyse. Gibt es einen Kommunikationsstil des Alters? In: *Sprech- und Gesprächsstile* (Hrsg. M. Selting; B. Sandig). New York/Berlin: de Gruyter 1997, 345–370.

–, (1998), Modelle zur Beschreibung und Erklärung altersspezifischer Sprache und Kommunikation. In: *Sprache und Kommunikation im Alter.* (Hrsg. R. Fiehler; C. Thimm). Wiesbaden: Westdeutscher Verlag 1998, 38–56.

Francher, Scott (1980), „It's the Pepsi generation": Accelerated aging and the television commercial. In: *Aging, the individual and society. Readings in social gerontology* (ed. S. Quadagno). New York: St. Martin's 1980, 134–143.

Galliker, Mark; Margot Klein, (1997), Implizite positive und negative Bewertungen – Eine Kontextanalyse der Personenkategorien „Senioren", „ältere Menschen", „alte Menschen" und „Greise" bei drei Jahrgängen einer Tageszeitung. In: *Zeitschrift für Gerontopsychologie- und psychiatrie* 10 (1), 27–41.

Gronemeyer, Reimer (1994), *Die Entfernung vom Wolfsrudel. Über den drohenden Krieg der Jungen gegen die Alten.* Frankfurt: Fischer.

Handbook of communication and aging research. (eds. J. Nussbaum; J. Coupland). Mahwah, N.J.: Erlbaum 1995.

Helfrich, Hede (1979), Age markers in speech. In: *Social markers in speech* (eds. K. Scherer; H. Giles). Cambridge: Cambridge University Press 1979, 63–106.

Henne, Helmut (1986), *Jugend und ihre Sprache. Darstellung – Materialien-Kritik.* Berlin/New York: de Gryuter.

Hess-Lüttich, Ernest W. (1989), Generationssoziolekt und Adoleszenz. Aktuelle Themen und Tendenzen der Jugendsprachforschung in Deutschland: Eine Zwischenbilanz. In: *Zielsprache Deutsch* 20 (1), 29–35.

Kramer, Undine (1998), AGEISMUS – Zur sprachlichen Diskriminierung des Alters. In: *Sprache und Kommunikation im Alter.* (Hrsg. R. Fiehler; C. Thimm). Wiesbaden: Westdeutscher Verlag 1998, 257–277.

Kruse, Lenelis; Thimm, Caja (1997), Das Gespräch zwischen den Generationen. In: *Alt und Jung: Spannung und Solidarität zwischen den Generationen,* (Hrsg. L. Krappmann; A. Lepenies). München: Campus 1997, 112–136.

Kynette, Donna; Kemper, Susan (1986), Aging and the loss of grammatical forms: A cross-sectional study of language performance. In: *Language & Communication* 6 (1/2), 65–72.

Last, Annette (1989), „Heiße Dosen" und „Schlammziegen" – Ist das Jugendsprache?. In: *Osnabrücker Beiträge zur Sprachtheorie* 41, 35–68.

Light, Leah L. (1993), Language Changes in Old Age. In: *Linguistic Disorders and Pathologies. An International Handbook* (Hrsg. G. Blanken; J. Dittmann; H. Grimm; J.C. Marshall; C.-W. Wallesch). Berlin; New York: de Gruyter 1993, 900–919.

Mannheim, Karl (1928), Das Problem der Generationen. In: *Kölner Vierteljahrsschrift für Soziologie* 7, 157–184, 309–330.

Mattheier, Klaus J. (1987), Alter, Generation. In: *Sociolinguistics/Soziolinguistik. Ein internationales Handbuch zur Wissenschaft von Sprache und Gesellschaft.* (Hrsg. U. Ammon; N. Dittmar; K.J. Mattheier). Berlin; New York: de Gruyter 1987, 78–83.

Neuland, Eva (1987), Spiegelungen und Gegenspiegelungen. Anregungen für eine künftige Jugendsprachforschung. In: *Zeitschrift für germanistische Linguistik* 15, 58–82.

Platt, John; Helen Platt, (1977), *The social significance of speech.* Amsterdam: Benjamins.

Prahl, Hans-Werner; Klaus Schroeter, (1996), *Soziologie des Alters.* Paderborn etc.: UTB-Schöningh.

Ryan, Ellen B.; Kwong, See; Meneer, William; Trovato, Don (1992), Age-based perceptions of language performance among younger and older adults. In: *Communications Research,* 19 (4), 423–443.

Sachweh, Svenja (1998). „*Schätzle hinsitze!" Kommunikation zwischen Pflegepersonal und Bewohnerinnen in der Altenpflege.* Diss. masch. Freiburg.

Schlobinski, Peter (1989), „Frau Meier hat Aids, Herr Tropfmann hat Herpes, was wollen Sie einsetzen?" Exemplarische Analyse eines Sprechstils. In: *Osnabrücker Beiträge zur Sprachtheorie 41,* 1–34.

Social markers in speech. (eds. H. Giles; K. Scherer; D. Taylor). London etc: Sage 1987.

Tews, Hans Peter (1991), *Altersbilder. Über Wandel und Beeinflussung von Vorstellungen vom und Einstellungen zum Alter.* Kuratorium Deutsche Altershilfe: Forum, Bd. 16, Köln.

Thimm, Caja (1997), Alter als Kommunikationsproblem. Eine Exemplarische Analyse von Verständigungsschwierigkeiten zwischen alten und jungen Menschen. In: *Verständigungsprobleme und gestörte Kommunikation.* (Hrsg. R. Fiehler). Wiesbaden: Westdeutscher Verlag 1997.

–, (1998a), Partnerhypothesen, Handlungswahl und sprachliche Akkommodation. In: *Sprachvarianz als Ergebnis kalkulierter Handlungswahl.* (Hrsg. B. Henn-Memmesheimer). Tübingen: Niemeyer 1998, 49–63.

–, (2000), *Alter – Sprache – Geschlecht: Sprach- und kommunikationswissenschaftliche Perspektiven des höheren Lebensalters.* Frankfurt: Campus.

Caja Thimm, Bonn (Deutschland)

111. Berufsbezogene Wortschätze

1. Beruf, Stand, Amt
2. Berufssprache und berufsbezogener Wortschatz
3. Tradition und Innovation
4. Neu entstehende und untergehende Berufssprachen
5. Horizontalität und Vertikalität der Berufssprachen
6. Literatur in Auswahl

1. Beruf, Stand, Amt

Das Wort *Beruf*, eine spätmittelalterliche Ableitung von *berufen*, wurde als Entsprechung zu lat. *vocatio* 'Berufung durch Gott' zunächst nur auf die geistlichen Stände, vor allem das Mönchstum, bezogen. Erst Luther verwendete die Bezeichnung auch für weltliche Ämter und Stände und leitete damit eine Entwicklung ein, die schließlich zu der heute vorherrschenden Bedeutung 'zum Lebensunterhalt ausgeübte Tätigkeit' geführt hat. Der Aspekt der inneren Bestimmung für eine Aufgabe, der Berufung oder Sendung, der für das Berufsethos entscheidend ist, trat dahinter merklich zurück.

Die mittelalterliche Gesellschaft war in Stände gegliedert. Das 'Schachzabelbuch' des Jacobus de Cessolis (1. H. 14. Jh.) mit seinen deutschsprachigen Übersetzungen enthält ein plastisches Bild dieser spätmittelalterlichen Ständeordnung. Ursprünglich unterschied man Freie und Unfreie, Geistliche und Laien, Bauern und Ritter. Nach der Ständelehre der Zeit (13. Jh.) waren dies *gebûre, ritter unde pfaffen,* zu denen relativ spät (1. H. 15. Jh.) die bürgerlichen Gewerbestände hinzukamen. Den Geburtsstand (lat. *ordo,* mhd. *ordenunge),* der dem Mensch von Gott gegeben war, sollte von ihm nicht verlassen werden: *wan selten im gelinget/der wider sinen orden ringet* (Helmbrecht V.289f.).

Bestimmte Dienste oder Ämter dem König oder Grundherrn gegenüber, wie dies bei *Meier (major domus), Schenk* (ahd. *scenko)* oder *Marschalk* (mlat. *mariscalcus)* vorauszusetzen ist, konnten zur Erhöhung des Standes bis hin zur gehobenen Ministerialität führen. So war das Handwerk zunächst im Stand der Unfreien angesiedelt, konnte aber bei Spezialisierung (etwa zum Goldschmied) gegenüber dem unfreien Hausgesinde einen gehobenen Status der Unfreiheit oder Hörigkeit erhalten. Umgekehrt gehörte der Ackerbau bis hin zur Tätigkeit des Pflügens durchaus auch zu den Lebensgewohnheiten des Adligen (*adalingus*), der im Übrigen durch die Teilnahme am Heeresdienst oder durch Königsnähe aus der Schicht der Gemeinfreien herausgehoben war. *Amt* zu mlat. *ambactus* 'Diener, Unfreier' entspricht also in den älteren Sprachstufen dem Begriff des Berufes, ohne sich indessen mit diesem vollinhaltlich zu decken.

Die Verflochtenheit von Stand, Amt und Beruf lässt sich an den Personennamen ablesen, die von unfesten Beinamen zu festen, d. h. vererbbaren Familiennamen geworden sind. In sie sind zahlreiche Bezeichnungen für Stand, Amt und Beruf eingegangen, meist Ableitungen auf *-er* (Nomina agentis) oder Zusammensetzungen mit *-mann* oder *-macher* wie *Müller, Kaufmann, Schuhmacher,* aber auch Namen eines spezialisierten und differenzierten Handwerks wie *Schwertfeger* und *Pfannenschmidt* bzw. einer bestimmten Stellung wie *Ackerknecht* und *Meister, Pflüger* und *Schreiber*. In solchen Namen wird der Gegensatz von Stadt und Land wie die Bedeutung der Stadt für die Ständeordnung nach dem Motto *Stadtluft macht frei* deutlich. Der *Freimann* freilich ist nicht ohne weiteres mit dem *Freien* gleichzusetzen, sondern wie *Angstmann* (Angstmann, 1928) ursprünglich eine Tabu-Bezeichnung für den Henker.

Bedingt durch den Zusammenhalt der Familien und eine gemeinsame wirtschaftliche Grundlage durch einen Hof oder Betrieb wurde in der vorindustriellen Gesellschaft der Beruf oft als eine lebenslange Zugehörigkeit zu einem bestimmten Stand angesehen. Dies sollte sich erst mit der Industrialisierung seit dem 18. Jh. ändern, indem sich nun die Berufe von den Verwandtschaftsverhältnissen trennten. Für die neuentstandene komplexe Gesellschaft des Industriezeitalters mit ihrer Segmentierung Stadt/Land ist die zunehmende Professionalisierung des Lebens charakteristisch, von der viele Berufspositionen betroffen gewesen sind, darunter die hochspezialisierten akademischen Berufe mit wissenschaftlicher Ausbildung und ihrer besonderen Form der Wissenschaftssprache. Änderungen in der technischen Produktionsweise ließen ständig neue Berufe entstehen und alte, vor allem die der vorindustriellen Zeit, untergehen. Der Beruf und die damit verbundene Einkommenslage wurde zum dominierenden Gliederungsprinzip der Gesellschaft.

2. Berufssprache und berufsbezogener Wortschatz

Als *Berufssprache*, engl. *technical language*, frz. *langue professionelle* bezeichnet man die Sprache einer bestimmten Berufsgruppe, in der Menschen eines Berufsfeldes wie dem der Landwirtschaft, des Handwerks, der Autoindustrie, des Bergbaus, des Verlagswesens, der Medizin oder Rechtsprechung, der Verwaltung etc. an einem Arbeitsplatz wie Werkstatt, Labor, Praxis, Fabrik, Schule, Zeche, Klinik, Gericht miteinander kommunizieren. Kern der Berufssprache ist der Wortschatz oder die Terminologie eines bestimmten Sachgebietes oder Faches. Hinzukommen die Sprachgewohnheiten der Benutzergruppen in Bezug auf die Lexik mit Phraseologismen, der sog. Jargon. Diese gruppenspezifischen Merkmale der Berufssprachen haben die Integration der Mitglieder einer Berufsgruppe bzw. die Ausgrenzung der Nicht-Dazugehörigen zum Ziel.

Berufssprachen stehen also zwischen den sachbezogenen Fachsprachen und den gruppenspezifischen Sondersprachen, ohne mit einer dieser beiden indentisch zu sein. Ihre primäre Leistung besteht im Ausbau der sprachlichen Mittel für ein Teilgebiet der berufsständigen Kultur, das von der Gemeinsprache nicht oder nur unzureichend erfasst worden ist. Je nachdem, ob diese primäre Funktion überwiegt oder die sekundäre Funktion des Abschirmens mit nur geringem Informationswert für die Alltagssprache, spricht man von einer Berufssprache oder einer Sondersprache. Das Masematte der Maurer in der Stadt Münster i.W. und die Sprache der Sensenhändler des Hochsauerlandes werden so den Sondersprachen zugeordnet, während die Einordnung der Seemanns- und der Jägersprache kontrovers beurteilt wird. Während Hirt die Seemanns- wie die Jägersprache mit der Rechtssprache zu den ältesten Fachsprachen zählt, schließt sie Porzig aus dem Kreis sog. Berufssprachen aus und rechnet sie Moser mit der Sprache der Bauern, Weingärtner und Schäfer zu den Berufssprachen, die sich von den Sprachen der Fachwissenschaft und der Technik, den Wissenschafts- und Theoriesprachen als Varietäten der praxisorientierten Sprachformen unterscheiden. Innerhalb der Soziolinguistik gehören die Berufssprachen mit den Fach- und Wissenschaftssprachen zu den berufsbezogenen Gruppensprachen im Sinne des Soziolekts als des „Sprachverhaltens einer gesellschaftlich abgrenzbaren Gruppe von Individuen". Nach neuesten Schätzungen sollen 360 sog. Berufen 30000 verschiedene Beschäftigungen gegenüberstehen mit unterschiedlichen „Berufssprachen", die mehr fachsprachlich oder mehr gruppensprachlich ausgerichtet sind.

3. Tradition und Innovation

Sieht man von der Seemanns- und der Jägersprache ab, deren Zugehörigkeit zu den Berufssprachen kontrovers beurteilt wird, so gehören von den Berufssprachen der vorindustriellen Zeit die Sprache der Landwirtschaft und die Sprachen des Handwerks zur ältesten Schicht: Der Wortschatz von Ackerbau und Viehzucht wie der Wortschatz einzelner Handwerke, z.B. des Schmiede- oder Töpferhandwerks, reichen mit der Sache oft in die Vor- und Frühzeit der deutschen Sprache zurück. Diese traditionellen Berufssprachen zeichnen sich durch eine Fülle mundartlich bedingter Varianten aus, die in den Dialektwörterbüchern erfasst sind und deren Verbreitung auf den Karten des Deutschen Wortatlas zu *wiederkäuen, pflügen, Roggen,* 'Handwerker, der Fässer anfertigt' aufgezeigt wird. In der Reihe 'Deutsche Wortforschung in europäischen Bezügen' sind einige dieser Karten kommentiert und interpretiert worden. Zu dem Wortschatz dieser traditionellen Sprachen mit hohem Alter gehören die Bezeichnungen für Ackergeräte, vor allem für den Ackerwagen mit seinen Teilen (*Rad, Nabe, Deichsel*), von denen einige bis in das Indogermanische zurückreichen und noch in den dt. Mundarten vertreten sind. Gleichwohl sind auch bei dieser Terminologie sprachliche Innovationen zu beobachten gewesen, die das Zusammenleben der Nachbarn, der Dorfgenossen und der Herrschaft mit dem Gesinde betrafen: *Anwende* als Bezeichnung des Ackerstücks, das der Nachbar betreten durfte, um den Pflug zu wenden; *Allmende* für das Gemeindeland zu allgemeiner Nutzung und *Lidlohn* für eine besondere Art der Abfindung des Gesindes. Schließlich hat das Aufkommen der fabrikmäßig hergestellten Landmaschinen wie der *Kornfege*, einer Windmaschine zum Reinigen des Getreides, die an die Stelle des Handgeräts der *Wanne* oder *Schwinge* trat, und der Dreschmaschine, die den Flegel endgültig ablösen sollte, neue Bezeichnungen heraufkommen lassen, die eine Unterscheidung von vorindustrieller Zeit und Industriezeitalter im Blick auf die Berufssprachen rechtfertigen. Hinzu kommt das Problem landschaftlicher Gebundenheit und Regionalität. Während sich die Sprachen des vorindustriellen Zeitalters durch eine Fülle von Heteronymen und Synonymen, auszeichnen und von da aus häufig auf einen engbegrenzten Raum festgelegt sind, wirken die Berufssprachen junger Industrien wie der Automobilindustrie, der optischen oder chemischen Industrie durch die Notwendigkeit zur Normierung und Terminologisierung, zu sprachlicher Ökonomie oder Präzision häufig über ihre Standorte wie Rüsselsheim und Wolfsburg, Wetzlar oder Jena, Frankfurt-Höchst und Leverkusen hinaus auf die Sprache der Region ein.

Zu den Berufssprachen, die den Wechselbezug zwischen Tradition und Innovation besonders deutlich erkennen lassen, gehören die Sprachen der Handwerke mit ihren Berufs- und Produktbezeichnungen, ihren Werkzeugnamen und dem Wortschatz, der die Technik der Herstellung wie die Vermarktung der Waren betrifft. Die dt. Handwerkerbezeichnungen sind wie *Koch, Bäcker* und *Binder* meist von der Tätigkeit oder wie *Spengler* und *Rademacher* von dem Produkt aus motiviert; nur selten wie bei *Blechner* geht die Benennung vom Material aus, aus dem die Ware gefertigt worden ist. Das Material spielt auch dann keine Rolle, wenn ein Handwerker wie der *Schmied* (zur idg. Wz. **smi* 'schnitzen') das Material (Holz) gewechselt hat und zum Erzhandwerker geworden ist. Auch bei Gefäßbezeichnungen wie bei *Flasche*, das zu *flechten* und *Geflecht* gehört, hat der Wechsel im Material (Flechtwerk, Holz, Ton oder Glas) die Übertragung der Produktbezeichnung auf den andersartig gefertigten Gegenstand nicht verhindert. Offensichtlich hat sich bei den Innovationen des frühgeschichtlichen Handwerks schon früh der Einfluss der Romania auf die Germania ausgewirkt. Dies verrät z.B. die Produktivität des Lehnsuffixes *-er,* mhd. *-ere,* -*aere,* ahd. *āri* aus lat. *-arius* in den meisten Berufsbezeichnungen für Handwerker (s.o.) wie das Lehnwort *Müller* < mlat. *mulinarius,* das mit *molina* oder *mulinae* 'Mahlwerk mit mehreren Steinen', 'Wassermühle' aus dem Galloromanischen übernommen wurde und die Bezeichnungen für die Handmühle (*kürn, kern*) mit ihren Handwerkerbezeichnungen (*Kern, Körner, Kerner*) verdrängte.

Im übrigen haben sich Grundstrukturen der Handwerkerbezeichnungen über Jahrhunderte hinweg bis in die Gegenwart hinein erhalten wie der Vergleich der Karten des DWA mit den Wortatlanten der deutschen Umgangssprache zeigt. Besonders aufschlussreich sind die Bezeichnungen für den 'Handwerker, der das Vieh schlachtet und verarbeitet' (DWA IX, 1959). Im NWdt. und in Teilen des Ondt. gilt *Schlachter/Schlächter*, ursprünglich der Handwerker auf dem Lande, der die Hausschlachtung vornahm. In Teilen des Ondt., des Omdt. und Österreichischen herrschen *Fleischer* oder *Fleischhacker* vor. In Süd- und Westdeutschland gilt vor allem *Metzger*, das am ehesten auf mlat. *macellare* 'töten' und *macellarius* 'Fleischhändler' zurückzuführen ist. *Fleischer*, *Fleischhacker*, auch *Knochenhauer* und *Metzger* waren vorwiegend städtische Berufe, die das Fleisch zu verarbeiten hatten und auf dem Markt selbst zum Verkauf anboten. Der sprachliche Konservatismus betraf meist den verbalen Bereich: So behauptete sich neben der *Mühle* und dem *Müller* als alte Bezeichnung für das Zerkleinern der Körner *mahlen*. Im Handwerk der Textilherstellung ist es das aus dem Hauswerk der Frauen stammende *weben* 'sich hin- und herbewegen' mit der Berufsbezeichnung *Weber* und Zusammensetzungen und Ableitungen wie *Webstuhl* und *Gewebe*.

Zu den bahnbrechenden Innovationen des Handwerks im Frühmittelalter gehört zweifellos die Herstellung von Daubengefäßen. Das sind Holzgefäße, die nicht mehr durch Ausbrennen, Schnitzen, Drehen oder Drechseln aus einem Stück gewonnen wurden, sondern bei denen verschiedene Holzstücke, *Dauben* < mlat. *dova, doga*, zusammengefügt und durch Reifen zusammengehalten wurden. Hersteller war der Holzarbeiter (*carpentarius*) oder *Drechsler* (*tornarius*) bzw. auch ein spezialisierter Handwerker (*ligator vasorum* 'Binder von Gefäßen' = *bintar*). Ein Lehnwort wie *Bütte* < mlat. *budina* 'Lederschlauch' verrät die Herkunft des Wortes wie der Technik aus der Weinwirtschaft, die mit dem Weinhandel bereits im 1.–3. Jh. n. Chr. aus dem römischen Kulturkreis in die Germania gelangte. Der Weg der Entlehnung lässt sich an Bezeichnungen wie *Bütte*, *Bottich*, *Kufe* und *Tonne*, *Kelter* und *Presse* ablesen. Doch haben sich in diesem Ensemble der Lehnwörter auch heimische Bezeichnungen wie *vaz* und *scaph* 'Gefäß', 'Behälter' (aus Holz) gehalten, die dann freilich eine eingeengte Bedeutung wie 'Gefäß zur Aufnahme von Flüssigkeiten' (Wein, Bier) annahmen, während sich die ältere, allgemeinere Bedeutung in Komposita wie *Butterfass*, *Salzfass* erhielt. *Schäffer* 'Böttcher' war ursprünglich eine Bezeichnung für den Schnitzer; *Trotte* 'Kelter' bezog sich ursprünglich auf das Zertreten der Trauben mit den Füßen.

Das Handwerk des Mittelalters gehörte zu den sog. Eigenkünsten (*artes mechanicae*), die von Hugo von St. Victor (12. Jh.) bis zu Hans Sachs (1568) im Schrifttum der Artes-Literatur systematisch behandelt worden sind und die sich wie einige Textilhandwerke, Alchemie, Bergbau und Baukunst durch eine eigene Fachliteratur auszeichneten. Diese war zwar volkssprachig abgefasst, schöpfte aber aus lateinischen Quellen. Zu den *artes mechanicae* gehörte auch die Heilkunde, für die Entsprechendes wie für das gehobene Handwerk (Gobelinherstellung, Färberei, Büchsenherstellung) galt, nämlich dass sie einer besonderen Fachliteratur bedurfte. Von früh an vereinigten sich in ihr gelehrte Medizin und heimische Heilpraxis, wie z. B. an dem mischsprachlichen Wortschatz (dt.-lat.) der Stammesrechte des Kontinents (6.–10. Jh.) mit Wörtern volkssprachiger Herkunft für Körperteile und Körpersäfte, für Operationen und Therapien zu erkennen ist. Die Baseler Rezepte (um 800), von einem in Deutschland tätigen Angelsachsen aufgezeichnet, gehen auf spätantike Vorbilder zurück. Kräuter- und Arzneibücher des 11./12. Jh. und deutschsprachige *Regimina sanitatis* allgemeiner Art wie für bestimmte Altersstufen, die verschiedenen Geschlechter, akute Krankheiten wie Pest und Syphilis enthalten einen reichen Wortschatz, dessen sich die Berufsstände der Ärzte, Heilpraktiker und Apotheker bedienen mochten. Diese „medizinische Fachsprache" des Hoch- und Spätmittelalters basiert fast ausschließlich auf den gelehrten Sprachen Griechisch und Latein.

4. Neu entstehende und untergehende Berufssprachen

Die stärkste innovative Wirkung auf die Berufssprachen des Deutschen und ihre Wortschätze ging von der durchgreifenden Technisierung des Lebens im 19./20. Jh. aus. Dabei scheint das Wort *Technik* im Sinne von 'Verfahren, Umsetzung naturwissenschaftlicher Erkenntnisse', entlehnt aus frz. *technique* 'kunstfertig, handwerksmäßig' (18. Jh.) zu griech. *téchnē* 'Handwerk, Kunst, Fertigkeit, Wissenschaft' eine Einheit widerzuspiegeln, die es in der Realität nicht gab. Denn die Zweige der Textiltechnik, des Maschinenbaus, des Hüttenwesens, der Elektrotechnik, der Physik und der Mathematik unterscheiden sich in der Sache so weitgehend, dass die Sprache des Elektrotechnikers nur wenig mit der Sprache des Kernphysikers und diese nur wenig mit der

Sprache des Spinnereifachmanns gemeinsam hat. Allein das Grundanliegen der Technik verbindet auch so weit auseinanderliegende Bereiche wie Lokomotivbau, Durchflussmesstechnik, Akustik Technik ist als Inbegriff all dessen zu verstehen, was der Mensch nicht unmittelbar von der Natur empfangen kann, sondern durch Beobachten, Denken und Fertigen sich selbst geschaffen hat, d. h. die Erscheinungen der Natur unter Anwendung ihrer Gesetzmäßigkeiten dem Menschen dienstbar zu machen, um ihm damit das Leben zu erleichtern. An dieser Umsetzung auf allen technischen Gebieten sind mehrere Berufsgruppen beteiligt: der technische Wissenschaftler, der geschulte Ingenieur, der gelernte Handwerker, der angelernte Hilfsarbeiter. Von hier aus gibt es zwar eine Vielzahl technischer Berufssprachen, aber auch eine „Sprache der Technik" mit der Unterscheidung von Wissenschaftssprache, Werkstättensprache und Verbrauchersprache, die, zwischen Fachsprache und Gemeinsprache stehend, sich laufend immer wieder eine Terminologie schaffen muss, die als Voraussetzung für eine erfolgreiche Fachkommunikation präzise, eindeutig und verständlich ist. Die sprachlichen Mittel, die auf allen technischen Gebieten zu einer explosionsartigen Erweiterung des Wortschatzes führten, entsprachen sich in den verschiedenen Anwendungsräumen technischer Verfahren weitgehend. Auch darin liegt ein verbindendes Element, das die Verwendung des Begriffs „Sprache der Technik" rechtfertigt.

Von der Sache her sind heute Textiltechnik, Maschinenbau, Hüttenwesen, Elektrotechnik, Kerntechnik und Computertechnik mit ihren stark internationalisierten Fachsprachen zu unterscheiden, zu denen Mathematik und Physik als Grundlagenwissenschaften der Technik hinzukommen. Auf allen diesen Gebieten ist die Schaffung einer Begriffsbildung, die sich auf Dauer durchzusetzen vermochte, – und zwar in den verschiedenen Berufssprachen – entscheidend gewesen. Man knüpfte dabei an den Wortschatz bereits vorhandener Berufssprachen wie der des Handwerks an, aus der man z. B. die Vorliebe für die Metapher zur Bezeichnung für Geräte und Geräteteile (*Hund, Fuß, Krauskopf*) übernahm. Man bevorzugte Wörter und Wortbildungsmittel der eigenen Sprache, im Deutschen die besonders produktiven Wortbildungstypen von Komposition und Derivation. Neologismen wurden nur selten gebildet, wie etwa im Niederländischen *gas* 'luftförmiger Stoff' (17. Jh.), das in Anlehnung an neu-gr. *cháos* gebildet ist und im 18. Jh. in das Deutsche entlehnt wurde. Entlehnungen von Wort und Sache, Lehnübersetzungen oder Lehnbildungen führten zu Interferenzen und auf dem Gebiet der Elektrotechnik zu einem beträchtlichen anglo-amerikanischen Lehnwortbestand; die lautlich unveränderte Übernahme von Wörtern der eigenen Sprache in die Sprache der Technik zur begrifflichen Einengung oder Spezialisierung in Bezug auf das Anwendungsgebiet (*Kraft, Strom*). Die Beziehung zum Wort der Gemeinsprache spiegelt sich in den Metaphern *Auge, Gabel, Hut, Mantel* wider. Bezeichnungsübertragung, verbunden mit Bedeutungsveränderung (sog. Metonymie) gehört zu den Wortbildungsmöglichkeiten, die in Bezug auf die Berufssprachen noch nicht voll erfasst sind. Anders die Zusammensetzungen und Wortgruppen, darunter auch sog. Mehrwortverbindungen, die in allen Darstellungen technischer Fach- und Berufssprachen ausführlich behandelt werden. Es ist dies im dt. Sprachbereich das bevorzugte sprachliche Verfahren der Technik gewesen, zumal sich damit ein systematischer Begriffsaufbau nach folgendem Muster erreichen ließ: *Maschine – Schleifmaschine – Gewindeschleifmaschine – Universalgewindeschleifmaschine*. Diese Wortbildungen konnten in der berufssprachlichen Kommunikation wieder vereinfacht werden (*Schleifmaschine*), da in der konkreten Situation auf den vollen Begriff, der eine möglichst genaue „Selbstbeschreibung" enthält, aus Gründen der sprachlichen Ökonomie verzichtet werden kann.

Von den Worttypen, die in der Sprache der Technik besonders produktiv gewesen sind, sollen hier nur die Nomina instrumenti auf *-er* genannt werden: Simplicia activa wie *Brecher, Lader* usw. und Simplicia passiva wie *Schieber* für ein Gerät oder Geräteteil, das geschoben wird; Partikelkomposita wie *Verdampfer* (aktiv) oder *Anhänger* (passiv); Objektkomposita wie *Gabelstapler, Anrufbeantworter*; Adverbialkomposita wie *Klarzeichner, Hubschrauber*; Adjektivkomposita wie *Kleinladegerät* (für Autobatterien), das zu *Kleinlader* vereinfacht wird; Verbalkomposita wie *Mähdrescher*, bereits eine Vereinfachung aus *Mähdreschmaschine*. Hinzu kommen -er-Bildungen nach englischem Muster wie *Steamer, Cutter*. Wenn in dieser Wortbildungsgruppe der Techniksprachen bereits fast alle Wortarten vertreten sind, so würde eine zahlenmäßige Vermehrung der Belege darüber hinaus noch zeigen, dass dem verbalen Bereich die größte

Bedeutung und Produktivität zukommt. Bezeichnungen wie *härten, nieten, schleifen* haben durch Zusammensetzungen und Ableitungen eine Fülle neuer Bezeichnungen für bestimmte Verfahrensweisen gebildet wie *enthärten, hochfrequenzhärten, Druckwassernietung, Handnietung, maschinenschleifen, präzisionsschleifen, Schleifen mit der Hand*, das zu *Schleifen von Hand* geworden ist.

Das an letzter Stelle genannte Beispiel ist für den Rücklauf von Wörtern aus den technischen Berufssprachen in die Alltags- oder Umgangssprache bezeichnend. Phraseologismen wie *ein Ventil öffnen, auf den Knopf drücken*, oder *auf Knopfdruck, es hat geklingelt, auf Touren kommen, zur Weißglut bringen* und Bezeichnungen wie *Kurzschluss, Fehlzündung, Scheinwerfer, Rückblende, automatisch* sind aus der Sprache der Gegenwart nicht mehr wegzudenken, ohne dass ihre Herkunft aus der Fachsprache der Technik den Sprechern immer noch voll bewusst ist. Entsprechendes gilt für *bremsen, schalten, ein-, aus-, ab-, dazwischen-, gleichschalten*, die ganz selbstverständlich im technischen wie in übertragenem Sinn gebraucht werden, ebenso *einstellen, ankurbeln, auslösen, ausgelastet sein, hineinfunken, abhören, einblenden, zusammenschweißen; spuren* war ursprünglich ein Fachwort des Automobilbaus mit der Bedeutung 'die Räder müssen die Spur halten' usw. Nach der Mitte des 20. Jh. hat man errechnet, dass jedes neunte Wort der deutschen Umgangssprache mittel- oder unmittelbar aus der Technik stammt oder von ihr seinen besonderen Inhalt erhalten hat. Diese Tatsache hat sich auch auf die Struktur der deutschen Berufssprachen ausgewirkt.

Die Verdrängung alter Berufssprachen bis hin zu ihrer endgültigen Ablösung infolge neuer technischer Verfahren ist besonders gut an der Geschichte des Buchdrucks zu beobachten, der seit der Erfindung des Hochdruckverfahrens durch Johannes Gutenberg um 1540 mehr als 500 Jahre Bestand gehabt hat, ehe er durch die technischen Verfahren der elektronischen Datenverarbeitung ersetzt worden ist. Die deutsche Druckersprache mit zunächst stark humanistischem Einschlag war Gelehrten- und Handwerkersprache zugleich. Dies sicherte auch dem Wortschatz der Drucker und Setzer als eines mehr oder weniger „gelehrten" Berufsstandes die Geltung über Jahrhunderte hinweg. Ein Grundbestand von Wörtern lateinischer Herkunft, die noch heute gebräuchlich sind, ist charakteristisch dafür. Hierher gehören *Antiqua, Fraktur, Initiale, Kolumne, Konkordanz, Korrektur, Kursive, Ligatur, Manuskript, Pagina, Text*, die Namen der Korrekturzeichnen *Deleatur* und *Vertatur*.

Das 19. Jh. brachte den Durchbruch neuer technischer Verfahren wie des Lichtdrucks (1868) und der Heliogravure (1878). Im 20. Jh. wurde das Hochdruckverfahren durch Offsetdruck und Kupfertiefdruck vollends abgelöst. Für die industrialisierte Fachsprache des Buchdrucks lassen sich Tendenzen feststellen, die für die technischen Berufssprachen und ihren Wortschatz ganz allgemein charakteristisch sind, wie die Vorliebe für Metaphern wie *Schiff, Steg, Fahne, Galgen, Gasse, Karren*; die Vermehrung des verbalen Wortschatzes durch Präfigierung wie bei *ablegen, ausbinden, auftragen, einlegen, einziehen, umbrechen* und *umschlagen; drucken* und *setzen*, von denen auch die Berufsbezeichnungen *Drucker* und *Setzer* gebildet sind. Im substantivischen Wortschatz nahmen die Komposita erst seit 1900 zahlenmäßig erkennbar zu: Zusammensetzungen mit den Grundwörtern *-maschine, -apparat* und *-presse* dominierten. Dies sind für die Druckersprache neuen Stils typische Merkmale. Hierher gehört auch die genaue morphologisch-semantische Motivation der Komposita, bei der technische Neuerungen vom Bestimmungswort erfasst und benannt werden.

Der Prozess einer allmählichen Ablösung der handwerkersprachlichen Charakteristika durch sprachliche Innovationen in Verbindung mit der Technisierung hat sich zwischen 1840 und 1960 vollzogen. Bis zum Ende des 19. Jahrhunderts stieg die Zahl der Bezeichnungen für die Einzelteile der Druckerpresse und Druckmaschine um das Fünffache. Allgemein ließ sich eine zunehmende Öffnung und Transparenz der technischen Fach- und Berufssprachen feststellen. Der Buchdruck war weder technisch noch ökonomisch in der Lage, die elektronische Datenverarbeitung in sein System zu integrieren. Damit ging auch die Berufssprache des Buchdrucks mit ihrer besonderen Struktur unter. Der „klassische" Beruf des Schriftsetzers wurde durch den modernen Beruf des Graphikers ersetzt, d. h. des Druckvorlagenherstellers, der wie der Facharbeiter der Druckerei an der Druckmaschine arbeitete und damit nicht mehr „Buchdrucker" im überkommenen Sinn war. Nur wenige Wörter der Druckersprache haben diesen Wandel überdauert: Das bereits genannte *umbrechen* gehört dazu. Denn wie der Matteur jahrhundertelang den glatten Satz der Seiten *umbrochen* hat, so werden auch heute die Textspalten auf dem Bildschirm vom Graphiker noch immer *umbrochen*. Gehalten hat sich im Fachwortschatz der Typologie auch *ausgleichen*, und zwar in Verbindung mit der neuen Technologie des *Desktop-Publishing* (DTP), der computerbasierten Publikationsherstellung vom Schreibtisch aus. Diese Technik bezieht sich nicht mehr primär auf einen bestimmten Berufsstand, sondern betrifft von vornherein einen sehr viel breiteren Personenkreis, der mit einem Computer und seiner Peripherie umzugehen versteht und sich auf diesem Weg sekundär auch in das Fach der Typologie, sei es aus einem allgemeinen oder bereits berufsorientierten Interesse heraus, einzuarbeiten vermag.

Das Beispiel ist bezeichnend für die besondere Struktur der Computersprache. Ähnlich wie die Sprache der Technik im Zeitalter der Industrialisierung wirkt sich im Übergang von der Industriegesellschaft in das Informationszeitalter die Computersprache auf die verschiedenen Berufssprachen – auf die des Medienjournalisten, des Graphikers und Typographen, des Heimprogrammierers u.a.m. – unterschiedlich aus. Im Zuge dieser Entwicklung wird z. B. *ausgleichen* durch engl. *kerning* ersetzt. Indem die Computersprache sehr bald auch einen breiten Kreis von Laien betrifft, sind von vornherein, anders als bei der Sprache der Technik, enge Kontakte zur Allgemein- oder Umgangssprache gegeben, so dass es relativ früh zu einer Ausbreitung des Computerwortschatzes in die Gemeinsprache gekommen ist. Drei Phasen sind dabei zu unterscheiden: die Anfangsphase mit einer fachinternen, auf die Entwickler und ihre Anwender beschränkten Kommunikation (Anfang der vierziger bis Ende der sechziger Jahre); die Öffnungsphase (vom Ende der sechziger bis zum Ende der siebziger Jahre): Sie bringt die Einbeziehung mittlerer Institutionen und steigender Aufmerksamkeit der Medien; und drittens die Publikationsphase (seit Beginn der siebziger Jahre), die Zeit des Jedermann-Computers, die eine intensive Repräsentation des Themas „Computer" in den Medien einschließlich des neu entstandenen Marktes der Computerpresse bringt. Besonders interessant für den Linguisten ist die Öffnungsphase, die vom Ringen um das angemessene Erkennen des Gegenstandes erfüllt ist. In ihr setzt sich die Bezeichnung für das Gerät als Benennungsmotiv in Wortbildungen wie *Computertechnologie, Computersprache, Computerlinguistik* u.a.m gegenüber *Informatik, EDV, ADV, Datenverarbeitung* durch, indem zunächst das Wort *Computer* metonymisch vom Gerät auf die Bereichsbezeichnung übertragen wurde und damit zum zentralen Begriff aufgestiegen ist. Der Computer ist heute aus der alltäglichen Lebenswirklichkeit nicht mehr wegzudenken, und dies in einem globalen Rahmen.

5. Horizontalität und Vertikalität der Berufssprachen

Aus dem bisher Ausgeführten geht hervor, dass die Problematik der berufsbezogenen Wortschätze in der Vertikalität der Berufssprachen liegt, die von der „Wissenschaftssprache der Experten" über die Sprache der Anwender oder Praktiker bis zu der fachbezogenen Kommunikation der Laien reicht. Diese „vertikale Ordnung des Wissens" ergänzt die horizontale Ordnung nach Fächern oder Sachbereichen durch die Bezugnahme auf konkrete Berufe oder Tätigkeiten. Von hier aus ist die Analyse der vertikalen Variationsformen im Bereich von Lexikon und Dialogführung notwendig. Die Erforschung der vertikalen Variation war zunächst Gegenstand der Fachsprachenlinguistik, wobei das Hauptinteresse dem oberen Bereich der Skala von Experten- bis Laiensprache galt. Die Berücksichtigung der fachexternen Kommunikation und des Sprachgebrauchs interessierter oder fachorientierter Laien verschob das Gewicht in die unteren Teile der Skala. Neben die Frage nach der Sprachkompetenz trat die nach der Performanz der Sprecher. Das alte Thema 'Fachsprache und Gemeinsprache' ist also durch die Sicht auf das Verhältnis von Berufssprache und Umgangssprache zu ergänzen. Durch die Berücksichtigung der Soziologie der Sprachteilnehmer neben der semantischen Grundkomzeption haben sich neue methodische Wege zur Erfassung berufsbezogener Wortschätze ergeben. Ihr Kern ist ein empirisches Verfahren, das neben Wörterbuch und enzyklopädischem Lexikon die Selbstbefragung und zur Verifizierung der Ergebnisse die Fremdbefragung stellt und sich dabei zugleich auf die strukturbezogenen Disziplinen Semantik, Lexikologie, Lexikographie und Dialoglinguistik stützt. Neuere Untersuchungen, in denen dieses Konzept bereits umgesetzt worden ist, betreffen den Buchhandel und das Verlagswesen wie die dort angesiedelten Berufe, die Kraftfahrzeugtechnik mit der Berufsgruppe der Automechaniker, den Bereich der Speisezubereitung mit Hausfrau und Koch, die Experten-Laien-Kommunikation zwischen Arzt

111. Berufsbezogene Wortschätze

und Patient, die Sprache des Bergbaus gehören in diesen Zusammenhang. Die Reihe empirischer Untersuchungen dieser Art, aber auch gezielter Beobachtungen zur Vertikalität der Gegenwartssprache ließen sich durch die Fülle neuer Berufe und Tätigkeiten in unseren Tagen beliebig fortsetzen. So ist in verkehrreichen Städten wie z. B. Berlin der alte Beruf des *Laufburschen* oder der *Lauffrau* neu belebt und durch das Management organisiert worden, doch werden die mit Rucksack und *Handy* ausgestatteten Personen nun wie in London und New York *Walker* genannt.

Bleibt zum Abschluss die Frage: Welchen Stellenwert haben in diesem Forschungszusammenhang die Wörterbücher? Die einsprachigen Universalwörterbücher wie das 'Wörterbuch der deutschen Gegenwartssprache' (1973–1980) oder die Duden-Reihe von der 'Rechtschreibung' (Bd. 1, ²¹1996) bis zum 'Bedeutungswörterbuch' (Bd. 10) differenzieren nicht scharf genug zwischen Sprachkompetenz und -performanz, wenn sich auch durchaus Unterschiede zwischen den verschiedenen Werken dieser Art feststellen lassen. Dies zeigt ein Blick auf den Artikel *Strom*. Am weitesten führt hier das 'Deutsche Wörterbuch' von Wahrig (1997), das die Umgangssprache mit metonymischen Übertragungen, Metaphern und phraseologischen Wendungen ebenso berücksichtigt wie die allgemeinsprachliche und fachsprachliche Sonderung von *Strom* 'Fluss' und *Strom* 'fließende Elektrizität'. Indessen wird in allen diesen universal angelegten Wörterbüchern die vertikale Schichtung des Wortschatzes noch nicht miterfasst. Erst eine stärkere Berücksichtigung der Stereotypen, die in Berufs- und Laiensprache den Sprachgebrauch beherrschen, kann hier zu einer besseren Unterscheidung von linguistischer Perspektive und Benutzerperspektive führen.

Dies ist nur von Spezialwörterbüchern zu einzelnen Fach- oder Sachgebieten zu leisten. Einige Wörterbücher dieser Art sollen vorgestellt werden, die für die Entwicklung der Lexikographie im Bereich der Berufssprachen bezeichnend sind. Sie betreffen die Sprache der Jäger und Seeleute, des Landwirts und des Kaufmanns, des Bergmanns und des Winzers. Die Jägersprache als wohl älteste und „reichste Berufssprache" (v. Harrach 1953) gehört mit ihrem teils über Jahrhunderte gleichgebliebenem Wortschatz, der sich auch auf Brauchtum und Volksglaube bezieht, eher in den Bereich der Sondersprachen: Die Beherrschung der jagdlichen Ausdrücke war Ausweis der Zugehörigkeit zur Gruppe der Jäger, die – anders als die in der Forstwirtschaft Tätigen – nicht an bestimmte Berufe oder an einen bestimmten Stand gebunden sind. Das 'Wörterbuch der Jägerei' versteht sich so als ein Nachschlagewerk, das von einem breiteren (Laien-)Publikum bei der Lektüre älterer Jagdschriftsteller genutzt werden kann.

Überblickt man die Geschichte der Lexikographie, so ist nicht zu verkennen, dass Spezialwörterbücher mit einem gewissen berufssprachlichen Aspekt ihre Entstehung dem aufkommenden Interesse an den Sondersprachen zu Ende des 19. Jh. verdanken. Dies ist bei den älteren Werken an der Beifügung regionaler wie historischer Belege bei gleichzeitig nur geringem Bezug auf die gesprochene Sprache zu erkennen. Als ein in dieser Beziehung „klassisches" Werk sei das 'Wörterbuch der deutschen Kaufmannssprache' von Schirmer genannt. Bei weitgehendem Verzicht auf Fremdwörter verzeichnet es nur die Ausdrücke, mit denen der Kaufmann „den geschäftsmäßigen Betrieb des Güteraustausches in allen seinen Einzelfunktionen benennt". Alle Ausdrücke, die den Fabrikationsweg, die Bezeichnung von Waren, Münzen, Maßen und Gewichten betreffen ebenso wie die wissenschaftliche Terminologie der jungen Nationalökonomie, blieben ausgeschlossen. Der Wortschatz der verschiedenen kaufmännischen Berufe und damit die Vertikalität im Bezeichnungs- und Bedeutungsspektrum eines Sachgebietes werden auf diese Weise nicht sichtbar. Das gilt unbeschadet der Tatsache, dass das 'Wörterbuch der deutschen Kaufmannssprache' auch heute noch ein äußerst nützliches, weil zuverlässiges Nachschlagewerk ist.

Das fast gleichzeitig entstandene 'Wörterbuch der Seemannssprache' von Kluge, das wie Schirmers Wb. das Vorbild des 'Deutschen Wörterbuchs' der Brüder Grimm erkennen lässt und dieses gleichzeitig ergänzen will, kommt dem Problem der Vertikalität um einiges näher. Kluge, der sein Werk hauptsächlich auf schriftliche Quellen stützte, empfand dies selbst als einen Mangel, den er durch Befragung in den Seemannsschulen von Geestemünde, Bremen und Lübeck wie von älteren Gewährsleuten aus dem Bereich der Seefahrt auszugleichen versuchte. Dem überregionalen Charakter der Schifffahrt entsprechend, zog er auch die Sprachen der Küstenanwohner von Nord- und Ostsee, also das Niederländische, Englische und die skandinavischen Sprachen, zum Vergleich mit heran. Dies gibt seinem Werk einen Zug ins Globale.

Besonders günstige Voraussetzungen für eine mehr oder weniger auch berufssprachliche Lexikographie bestanden bei der Bergmannssprache, die sich auf eine reiche Fachliteratur stützen kann. In Form volkssprachiger Glossierung, eingeleitet durch ein *in eo quod in vulgari montanorum dicitur* werden hier Fachwörter erklärt, die wie *Hangendes, Haspel, Klafter, Lacher* oder wie die slaw. Lehnwörter *Lehn* und *Stollen* noch heute in der Bergmannssprache gebräuchlich sind. Wichtigste Quellen sind Georg Agricolas Schrift 'De re metallica Libri XII', Basel 1556 und deren Übersetzung von Johann Mathesius 'Sarepta', Nürnberg 1571. Schon relativ früh fand der regionale Aspekt Beachtung. Eine wortgeographische Erfassung der Bergmannssprache bietet sich von hier aus an. Mit den Bezeichnungen für den Bergmann, den Steiger, den Markscheider, mit *Hund* für den Förderwagen, *Rösche* für die Wasserführung und *Rabisch* für das Kerbholz vermittelt sie Einblick in die Arbeitswelt des Bergmanns. Im Blick auf den Standort der Bergbaustadt Ahlen und ihre Randzonen im Ruhrgebiet und Münsterland ist die Regionalität dieser Berufssprache bereits exemplarisch auch auf ihre vertikalen Strukturen hin untersucht worden. Hinzuzufügen ist aus heutiger Sicht der Aspekt der Überregionalität im europäischen Rahmen der Montanindustrie.

Ein Werk, das die Regionalität wie die Überregionalität einer Berufssprache umfassend darstellt und kommentiert, ist der 'Wortatlas der kontinentalgermanischen Winzerterminologie' (WKW), der den synchronen Befund indirekter Erhebungen durch ein Fragebuch mit historischer Wortforschung verbindet und dadurch die vertikale Bindung eines bestimmten berufsbezogenen Wortschatzes anschaulich macht. Mit ihm sind die zentraleuropäischen Weinbauareale deutschsprachiger Informanten einschließlich der teilweise erloschenen Sprachinseln in Südost- und Osteuropa erfasst, aus insgesamt 14 Staaten mit 420 Orten. Das Land Rheinland-Pfalz hat sich dabei als Achse der europäischen Weinbauernkultur und Weinbauernsprache erwiesen. Die insgesamt 134 Karten, die auch Berufsgruppen wie die des Weinberghüters mit Bezeichnungen wie *Schütz, Bannwart, Hirt, Hüter, Förster, Saltner, Wächter* u.ä. betreffen, sind ein Instrument, das bei der Erforschung der Vertikalität der Berufssprachen eingesetzt werden kann.

6. Literatur in Auswahl

Assion, Peter (1973): *Altdeutsche Fachliteratur* (Grundlagen der Germanistik Bd. 13), Berlin: Erich Schmidt Verlag.

Baader, Gerhard (1974): Die Entwicklung der medizinischen Fachsprache im hohen und späten Mittelalter. In: *Fachprosaforschung. Acht Vorträge zur mittelalterlichen Artesliteratur*, hrsg. von Gundolf Keil und Peter Assion, Berlin: Erich Schmidt-Verlag, S. 88–124.

Busch, Albert (1994): *Laienkommunikation. Vertikalitätsuntersuchungen zu medizinischen Experten-Laien-Kommunikationen* (Germanistische Arbeiten zu Sprache und Kulturgeschichte Bd. 26), Frankfurt a.M. et al.: Peter Lang.

Dröge, Kurt (1998): Die Fachsprache der Buchdrucker. In: *Fachsprachen. Languages for Special Purposes*, hrsg. von Lothar Hoffmann, Hartwig Kalverkämper, Herbert Ernst Wiegand (HSK Bd. 14, 1), Berlin, New York: Walter de Gruyter, S. 1098–1105.

Drozd, Lubomír u. Seibicke, Wilfried (1973): *Deutsche Fach- und Wissenschaftssprache. Bestandsaufnahme, Theorie, Geschichte*, Wiesbaden: Oscar Brandstetter Verlag KG.

Deutscher Wortatlas (DWA), hrsg. von Walther Mitzka u.a. (1951–1980), 22 Bde., Gießen: Wilhelm Schmitz-Verlag.

Deutsche Wortforschung in europäischen Bezügen (DWEB), Bd. 1–6 hrsg. von Ludwig Erich Schmitt (1958–1972), Bd. 7 hrsg. von Reiner Hildebrandt (1978), Gießen: Wilhelm Schmitz-Verlag.

Faber, Ingrid (1998): *ausgleichen* oder *kerning. Typografie im Desktop Publishing: Experten- und Laienwortschatz* (Germanistische Arbeiten zu Sprache und Kulturgeschichte Bd. 35), Frankfurt a.M. et al.: Peter Lang.

Goldt, Verena (1999): *Zentralbegriffe der Elektrizitätsforscher im 17. und 18. Jahrhundert* (Germanistische Arbeiten zu Sprache und Kulturgeschichte Bd. 36), Frankfurt a.M. et al.: Peter Lang.

Heilfurth, Gerhard (1974): Zur Sprache am Arbeitsplatz in der Montanindustrie. Eine bilinguale Fachwortfibel für ausländische Bergarbeiter. In: *Sprachsystem und Sprachgebrauch, FS für Hugo Moser*, hrsg. von Ulrich Engel und Paul Grebe, Teil 1 (Sprache der Gegenwart, Schriften des Instituts für Deutsche Sprache Bd. 33), Düsseldorf: Schwann, S. 123–141.

Hirt, Hermann (1909, ²1921): *Etymologie der neuhochdeutschen Sprache. Die Darstellung des deutschen Wortschatzes in seiner geschichtlichen Entwicklung*, München: Beck.

Jütte, Robert (1978): *Sprachsoziologische und lexikologische Untersuchungen zu einer Sondersprache. Die Sensenhändler im Hochsauerland und die Reste ihrer Geheimsprache*, Wiesbaden: Steiner.

Kießenbeck, Anne (1997): *Fachsprache und Regionalisierung. Empirische Untersuchungen zum Wort-*

schatz des Bergbaus (Germanistische Arbeiten zu Sprache und Kulturgeschichte Bd. 32), Frankfurt a.M. et al.: Peter Lang.

Kleiber, Wolfgang (1998): Die Fachsprache der Winzer unter besonderer Berücksichtigung des Rhein-Mosel-Gebiets. In: *Fachsprachen. Languages for Special Purposes*, hrsg. von Lothar Hoffmann, Hartwig Kalverkämper, Herbert Ernst Wiegand (HSK Bd. 14,1), Berlin, New York: Walter de Gruyter, S. 1083–1092.

Kluge, Friedrich (1911): *Seemannssprache. Wortgeschichtliches Handbuch deutscher Schifferausdrücke älterer und neuerer Zeit*, Halle a. d. Saale: Verlag der Buchhandlung des Waisenhauses.

Kramer, Karl-S. (1995): *Bauern, Handwerker und Bürger im Schachzabelbuch. Mittelalterliche Ständegliederung nach Jacobus de Cessolis*, München: Deutscher Kunstverlag.

Löffler, Heinrich (1985): *Germanistische Soziolinguistik* (Grundlagen der Germanistik Bd. 28), Berlin: Erich Schmidt-Verlag.

Mackensen, Lutz (1959): Muttersprachliche Leistungen der Technik. In: *Sprache – Schlüssel zur Welt, FS für Leo Weisgerber*, hrsg. von Helmut Gipper, Düsseldorf: Pädagogischer Verlag Schwann, S. 293–305.

Mackensen, Lutz (^{2}1971): *Die deutsche Sprache in unserer Zeit. Zur Sprachgeschichte des 20. Jahrhunderts*, 2., neubearb. Aufl., Heidelberg: Quelle u. Meyer.

Meiners, Uwe (1983): *Die Kornfege in Mitteleuropa* (Beiträge zur Volkskultur in Nordwestdeutschland Bd. 28), Münster: F. Coppenrath Verlag.

Möhn, Dieter (1968): Fach- und Gemeinsprache. Zur Emanzipation und Isolation der Sprache. In: *Wortgeographie und Gesellschaft*, Berlin: Walter de Gruyter u. Co, S. 315–348.

Möhn, Dieter (1998): Die deutschen handwerklichen Fachsprachen und ihre Erforschung: eine Übersicht. In: *Fachsprachen. Languages for Special Purposes*, hrsg. von Lothar Hoffmann, Hartwig Kalverkämper, Herbert Ernst Wiegand (HSK Bd. 14, 1), Berlin, New York: Walter de Gruyter, S. 1020–1039.

Moser, Hugo (1960, ^{2}1979): *Umgangssprache. Überlegungen zu ihren Formen und ihrer Stellung im Sprachgebrauch*. Wiederabdruck in: Studien zu Raum- und Sozialformen der deutschen Sprache in Geschichte und Gegenwart, Kleine Schriften I, Berlin: Erich Schmidt-Verlag.

Niederhellmann, Annette (1983): *Arzt und Heilkunde in den frühmittelalterlichen Leges. Eine wort- und sachkundliche Untersuchung* (Arbeiten zur Frühmittelalterforschung Bd. 12), Berlin, New York: Walter de Gruyter.

Nölle-Hornkamp, Iris (1992): *Mittelalterliches Handwerk im Spiegel oberdeutscher Personennamen* (Germanistische Arbeiten zu Sprache und Kulturgeschichte Bd. 23). Frankfurt a.M. et al.: Peter Lang.

Olberg, Gabriele von (1991): *Die Bezeichnungen für soziale Stände, Schichten und Gruppen in den Leges barbarorum* (Arbeiten zur Frühmittelalterforschung Bd. 11). Berlin, New York: Walter de Gruyter.

Piirainen, Ilpo Tapani (1998): Die Fachsprache des Bergbaus. In: *Fachsprachen. Languages for Special Purposes*, hrsg. von Lothar Hoffmann, Hartwig Kalverkämper, Herbert Ernst Wiegand (HSK Bd. 14, 1), Berlin, New York: Walter de Gruyter, S. 1092–1093.

Piirainen, Ilpo Tapani (1998): Die Fachlexikographie des Bergbaus: eine Übersicht. In: *Fachsprachen. Languages for Special Purposes*, hrsg. von Lothar Hoffmann, Hartwig Kalverkämper, Herbert Ernst Wiegand (HSK Bd. 14, 2), Berlin, New York: Walter de Gruyter, S. 1930–1937.

Porzig, Walter (^{2}1957): *Das Wunder der Sprache*, Bern: Francke.

Putschke, Wolfgang (1971): *Sachtypologie der Landfahrzeuge. Ein Beitrag zu ihrer Entstehung, Entwicklung und Verbreitung*, Berlin, New York: Walter de Gruyter.

Putschke, Wolfgang (1989): Computerlinguistik: Entwicklung, Stand und Perspektiven. In: *Ergebnisse und Aufgaben der Germanistik am Ende des 20. Jahrhunderts, FS für Ludwig Erich Schmitt*, hrsg. von Elisabeth Feldbusch, Hildesheim, Zürich, New York: Olms-Weidmann, S. 438–451.

Reichmann, Oskar (1998): Der Quellenwert von Dialektwörterbüchern für die historische Fachsprachenforschung II: handwerkliche Fachsprachen in den großlandschaftlichen Wörterbüchern der hochdeutschen Dialekte. In: *Fachsprachen. Languages for Special Purposes*, hrsg. von Lothar Hoffmann, Hartwig Kalverkämper, Herbert Ernst Wiegand (HSK Bd. 14, 1), Berlin, New York: Walter de Gruyter, S. 1131–1145.

Schirmer, Alfred (1911): *Wörterbuch der deutschen Kaufmannssprache auf geschichtlichen Grundlagen*, Straßburg: Karl J. Trübner.

Schmidt-Wiegand, Ruth (1983): Handwerk und Handwerkstechnik im Licht des methodischen Prinzips 'Wörter und Sachen'. In: *Das Handwerk in vor- und frühgeschichtlicher Zeit, Teil II, Archäologische und philologische Beiträge. Bericht über die Kolloquien der Kommission für die Altertumskunde Mittel- und Nordeuropas in den Jahren 1977 bis 1980*, hrsg. von Herbert Jankuhn u.a., (Abhh. der Akademie der Wissenschaften in Göttingen, phil.-hist. Kl., III. Folge Nr. 123), Göttingen: Vandenhoek u. Ruprecht, S. 595–619.

Schräder, Alfons (1991): *Fach- und Gemeinsprache in der Kraftfahrzeugtechnik. Studien zum Wortschatz* (Germanistische Arbeiten zu Sprache und Kulturgeschichte Bd. 21), Frankfurt a.M. et al.: Peter Lang.

Schütte, Daniela (1997): *Computerbildschirm und komp'juternyj diplej. Der deutsche und russische Computerwortschatz unter besonderer Berücksichtigung der Entlehnung* (Germanistische Arbeiten zu Sprache und Kulturgeschichte Bd. 31), Frankfurt a.M. et al.: Peter Lang.

Schüwer, Helmut (1978): *Wortgeographische und etymologische Untersuchungen zur Terminologie des Ackerwagens. Wagenarme und Langbaum im Westniederdeutschen* (Niederdeutsche Studien Bd. 24), Köln, Wien: Böhlau Verlag.

Seibicke, Werner (1968): *Technik. Versuch einer Geschichte der Wortfamilie in Deutschland vom 16. Jahrhundert bis etwa 1830*, Düsseldorf: Schwann.

Terglane-Fuhrer, Anne (1996): *Die Sprache der Speisezubereitung. Empirische Untersuchungen zur vertikalen Variation* (Germanistische Arbeiten zu Sprache und Kulturgeschichte Bd. 30), Frankfurt a.M. et al.: Peter Lang.

Wachter, Sigrid (1991): *Fach- und laiensprachliche Semantik des substantivischen Wortschatzes im Bereich „Buchhandel und Verlagswesen"* (Germanistische Arbeiten zu Sprache und Kulturgeschichte Bd. 15), Frankfurt a.M. et al.: Peter Lang.

Wahrig, Gerhard (1997): *Deutsches Wörterbuch*, hrsg. von Renate Wahrig-Burfeind, Bd. 1 u. 2, Gütersloh: Bertelsmann Lexikon Verlag GmbH.

Weisgerber, Leo (1969a): Sprachfragen der Datenverarbeitung. In: *Muttersprache* 79, S. 67–79.

–, (1969b): Die sprachliche Bewältigung des Computers. In: *FS für Hugo Moser*, hrsg. von Ulrich Engel, Paul Grebe, Heinz Rupp, Düsseldorf: Schwann, S. 233–262.

Wichter, Sigurd (1990): Fachexterne Kommunikation. Die Ungleichverteilung von Wissen als Dialogvoraussetzung. In: *Dialog, FS für Siegfried Große*, Tübingen: Niemeyer, S. 477–490.

–, (1991): *Zur Computerwortschatz-Ausbreitung in die Gemeinsprache. Elemente der vertikalen Sprachgeschichte einer Sache* (Germanistische Arbeiten zu Sprache und Kulturgeschichte Bd. 17), Frankfurt a.M. et al.: Peter Lang.

–, (1994): *Experten- und Laienwortschätze. Umriß einer Lexikologie der Vertikalität* (Reihe Germanistische Linguistik Bd. 144, Kollegbuch), Tübingen: Max Niemeyer Verlag.

–, (1998): Technische Fachsprachen im Bereich der Informatik. In: *Fachsprachen. Languages for Special Purposes*, hrsg. von Lothar Hoffmann, Hartwig Kalverkämper, Herbert Ernst Wiegand (HSK Bd. 14, 1), Berlin, New York: Walter de Gruyter, S. 1173–1182.

Witte, Ulrich (1982): *Die Bezeichnungen für den Böttcher im niederdeutschen Sprachbereich*, Frankfurt a.M., Bern: Peter Lang.

–, (1985): Herkunft und Ausbreitung niederdeutscher Böttcherbezeichnungen vor 1600. In: *Text- und Sachbezug in der Rechtssprachgeographie*, hrsg. von Ruth Schmidt-Wiegand (Münstersche Mittelalterschriften Bd. 52), München: Wilhelm Fink Verlag, S. 123–145.

Wolf, Herbert (1968): Zur Wortgeographie der deutschen Bergmannssprache. In: *Wortgeographie und Gesellschaft. FS für Ludwig Erich Schmitt*, hrsg. von Walther Mitzka, Berlin: Walter de Gruyter, S. 418–441.

Wörterbuch der deutschen Gegenwartssprache (1973–1980), hrsg. von Ruth Klappenbach, Wolfgang Steinitz, [versch. Aufl.] Bd. 1–6, Berlin: Akademie-Verlag.

Wüster, Eugen (1931, [3]1970): *Internationale Sprachnormung in der Technik, besonders in der Elektrotechnik*, Bonn: Bouvier.

Ruth Schmidt-Wiegand,
Marburg (Deutschland)

112. Lebensformbezogene Wortschätze. Eine methodologische Skizze

1. Problemstellung
2. „Lebensform" als methodologisches Konzept
3. Gliederungs- und Kategorienfragen
4. Fachsprachliche Wortschätze
5. Berufssprachen
6. Randgruppensprachen
7. Jugendsprache
8. Gesinnungsgruppensprachen
9. Perspektiven
10. Literatur in Auswahl

1. Problemstellung

Für einzelne Sprechergruppen innerhalb einer Sprachgemeinschaft sind aufgrund ihrer besonderen kommunikativen Bedürfnisse und Bedingung spezialisierte Teilwortschätze, oft auch als Sondersprachen bezeichnet, charakteristisch. Die Forschungssituation wurde noch 1973 von D. Möhn so gesehen: „Das nach der Herausnahme der sog. Kunstsprachen (Esperanto, Volapük), des Sprachbarrierenkomplexes und der Fachsprachenproblematik verbleibende Restobjekt 'Sondersprachen' ist einer einheitlichen Beschreibung nicht zugänglich; es erscheint eher als ein ungeklärtes Hilfsprodukt, das den Stand sprachwissenschaftlichen Interesses widerspiegelt. Ungelöst ist insbesondere der Zusammenhang zwischen fach- und sozialgebundenen Sprachformen." (Möhn 1973). Die verstärkte Hinwendung zu einer pragmatischen Sprachbetrachtung in den letzten Jahrzehnten richtet nun das Augenmerk zunehmend auf die inneren Zusammenhänge dieser Teilwortschätze, die bisher vorwiegend lexikographisch erfasst und als Wortlisten behandelt wurden, und legt es nahe, spezifische Teilwortschätze explizit zu den kommunikativen Bedürfnissen und Lebensbedingungen der Sprechergruppen in eine erklärende Beziehung zu setzen. Zwar ist in vielen dieser Bereiche das Sichern, Sammeln und Ordnen sprachlicher Fakten die vordringliche Aufgabe, denn wegen des gegenwärtigen umfassenden gesellschaftlichen Wandels ist vieles im Verschwinden begriffen (Handwerkersprachen, Händlersprachen), während andere spezialisierte Sprachgebrauchsformen sich neu herausbilden (Branchensprachen, Szenensprachen), aber der rein lexikographische Ansatz verkürzt die Problematik häufig auf die Zugehörigkeit eines Wortes zu einer vom Allgemeinwortschatz abweichenden Wortliste etymologischer und wortgeschichtlicher Kuriosa und lässt wichtige Fragen offen: eben die Frage nach dem inneren Zusammenhang und den spezifischen Funktionen der einzelnen Wortverbände. Kommunikation vollzieht sich nämlich nicht nach Vokabellisten, sondern mittels syntaktisch organisierter Äußerungsformen, die bestimmten kommunikativen Zwecken dienen und deren Zusammenwirken unter den jeweiligen Bedingungen es zu erhellen gilt. Die Isolierung der Wörter aus den kommunikativen Zusammenhängen der Äußerungsformen und damit auch deren Isolierung aus den Sprachspielen ist für die lexikologische und besonders die lexikographische Darstellungsweise ein konstitutiver methodischer Schritt, er beeinträchtigt aber wesentlich den sprachwissenschaftlichen Erkenntniswert, eben weil er den Zusammenhang auflöst, aus dem sich der Gebrauch der Wörter erklärt. (Vgl. Kritik und Neukonzeptionen bei Steger 1986, Busse 1988, Munske 1990)

2. 'Lebensform' als methodologisches Konzept

Den Ausgangspunkt bilden Wittgensteins Überlegungen, dass die Sprache Teil der menschlichen Lebensform ist (PU § 19: „Eine Sprache vorstellen heißt, sich eine Lebensform vorstellen") und dass die Bedeutung der Wörter von ihrem Gebrauch in verschiedenen Sprachspielen her zu verstehen sei. Ein für die Zwecke der Sprachwissenschaft brauchbar gemachter Begriff von 'Lebensform' stellt einen konzeptuellen Rahmen her, in dem das kommunikative Handeln der Menschen als Teilnahme an Sprachspielen fassbar wird, deren geregelte Kombination in bestimmten Bereichen die kommunikativen Praxis ausmacht (Wittgenstein, PU § 7: „Ich werde das Ganze: der Sprache und der Tätigkeiten, mit denen sie verwoben ist, das 'Sprachspiel' nennen"). Neben dem umfassenden Privatbereich des alltäglichen persönlichen Umgangs der Menschen miteinander haben sich im Laufe der kulturgeschichtlichen Entwicklung auf allen Gebieten kommunikativer Praxis – der Religion, des Bildungswesens, des Wirtschaftslebens, der Politik, der Kunst und in vielen anderen Tätigkeitsbereichen – Sprachgebrauchsformen in Verbindung mit speziellen Wortschätzen herausgebildet. Organisiert sind diese Ausdruckssysteme nach den in einzelnen

Bereichen geltenden Bedingungen und Zwecken sprachlicher Interaktion. Eine Hauptaufgabe sprachpragmatischer Forschung besteht darin, diese Organisationsprinzipien explizit zu machen und zu systematisieren, so dass die deskriptiven Befunde lexikologischer und semantischer Art, wie sie in Spezialwörterbüchern und Monographien gesammelt und teilweise geordnet dargestellt sind, zusammen mit den anderen sprachlichen Fakten in eine strukturierende und erklärende Beziehung gesetzt werden können.

3. Gliederungs- und Kategorienfragen

Bei der Abgrenzung der spezialsprachlichen Bereiche und bei ihrer internen Gliederung hat man sich in der Linguistik bisher generell an bestimmten, meist soziologischen Gesellschaftsmodellen orientiert: Die Modellwahl ist letztlich eine Frage der methodischen Zweckmäßigkeit auf dem Hintergrund der in einer Einzelsprache vorgegebenen konventionellen Begrifflichkeit (z.B. die Grenzziehung zwischen „Sprache der Politik" und „Sprache der Diplomatie" oder zwischen „Jugendsprache" und „Schülersprache"). Die Einteilungsversuche reichen von Hirt (1909) bis zu den Kategoriensystemen der entsprechenden Beiträge in den HSK-Bänden 3 (Soziolinguistik 1987–1988) und 14 (Fachsprachen 1998–1999). Angesichts des Fehlens einer umfassenden Taxonomie (in der Literatur finden sich ca. 200 teils sach-, teils funktions-, teils sprechergruppenbezogene Bezeichnungen, viele davon ad hoc) dürfte die Hervorhebung der 'clear and important types' den Vorzug verdienen (vgl. Herbermann u.a. 1997). Es ist allemal von den kommunikativen Interessen der Sprecher auszugehen, die sich dieser Wortschätze bedienen. Sowohl die Fachexperten der einzelnen Disziplinen wie auch die sozialen Außenseiter verschiedenster Couleur lassen sich unter dem Aspekt, dass ihr Sprachgebrauch aufs engste mit ihrer Lebensform zusammenhängt, einer einheitlichen Analyse zuführen. Auch die in der Forschungsliteratur (Bausinger 1972, Slobin 1996) diskutierten Kategorien zur Charakterisierung der spezifischen kommunikativ-funktionalen Ausrichtung einzelner Gruppensprachen (Verhüllung, Absonderung, Integration, Profilierung, Präzision usw.) bedürfen einer Systematisierung und operationalen Ausdifferenzierung und Konkretisierung in Bezug auf die individuellen Sprachformen.

Im Interesse einer brauchbaren Grobgliederung kann man auf die traditionelle Unterscheidung von (All)Gemeinsprache auf der einen Seite und den 'special languages' auf der anderen Seite zurückgreifen. Das Hauptaugenmerk gilt in der bisherigen (deutschen) Forschung dem Beitrag, den die letzteren in lexikologischer Hinsicht zur Gemeinsprache/Standardsprache leisten. Aus pragmatischer Sicht ist festzuhalten, dass der individuelle Sprecher im Laufe seiner Sozialisation entsprechend seinen Lebensumständen zu einer unterschiedlichen Sprachbeherrschung in den einzelnen Sphären gelangt und an ihnen bei verschiedenen Anlässen ausschnittweise teilhat. Die soziolinguistischen Kategorien wie Zugehörigkeit zu einer Altersstufe/Generation, regionale und schichtenmäßige Herkunft, Interessens- und Einstellungsrichtung, institutionsgebundene Gruppenzugehörigkeit, Status und soziale Rolle usw. umschreiben jeweils bestimmte Aspekte der Lebensform, in die der einzelne eingebettet ist. Es geht aus pragmatischer Sicht darum, im Rahmen eines durch Parameter solcher Art bestimmten Bedingungsgefüges den Stellenwert einzelner Wortschatzcharakteristika und Strukturverhältnisse im Kommunikationszusammenhang, nicht so sehr als den Einzelsprechercharakterisierende Merkmale zu bestimmen und zu erklären.

Die Ausführungen dieses Artikels sind im wesentlichen programmatischer Natur; die methodologischen Grundfragen stehen noch weitgehend zur Klärung an: Wie beschreibt man eine Lebensform? Wie sind die sprachlichen Ausdrucksmittel, vor allem die Wörter, einem solchen Beschreibungskonzept zuzuordnen? Anhand einiger Beispiele werden hier die Möglichkeiten einer Neuperspektivierung lexikologischer Forschungsarbeit angedeutet und ein Rahmen für einige Untersuchungsbereiche abgesteckt, deren kommunikative Bedingungen und Zwecke für die Lexikonorganisation von besonderem Interesse sind. Die bei Kühn (1978) aufgeführten Spezialwörterbücher geben einen Eindruck von der Fülle gesammelten Materials im Deutschen, das einer pragmatischen Durchdringung harrt.

4. Fachsprachliche Wortschätze

Eine lexikologische Eckposition wird durch die sog. Fachsprachen markiert. Im Extremfall nehmen fachsprachliche Wortschätze die Form von Fachterminologien an. (Dazu neuerdings HSK 14 (1998/99)). Die rigorosen Anforderungen, die in der Kommunikation unter Wissenschaftlern an Eindeutigkeit, Wohldefiniertheit und Referenzsicherung gestellt werden, ergeben sich aus der Notwendigkeit der Überprüfbarkeit und Vermittelbarkeit wissenschaftlicher Erkenntnisse, so dass Fortschritte markiert, kritisiert und weitergeführt werden können. Die Strukturzusammenhänge und die Grenzlinien zwischen den einzelnen Wissensbereichen sind äußerst verschiedenartig, so dass Generalisierungen im Hinblick auf übergeordnete gemeinsame Prinzipien gewöhnlich trivial wirken (vgl. von Hahn 1983, Fluck ⁵1996).

Entsprechend den Zielen und Organisationsformen des Wissenschaftsbetriebes zeigt sich vor allem in den Naturwissenschaften aufgrund der vorrangigen Inventarisierungs- und Klassifizierungsaufgaben etwa in den Bereichen der Biologie mit ihren Subdisziplinen Zoologie und Botanik ein deutlicher Hang zu taxonomischen Systemen (Linné), und ähnlich verhält es sich bei den Fachsprachen der Physik und der Chemie mit ihren Subdisziplinen; linguistisch gesehen geht es hier um Definitionstechniken, nicht so sehr um semantische Beschreibungstechniken. (E. v. Savigny (1970)). Zum Teil fußen die Systemansätze auf volkstümlichen, vorwissenschaftlichen Systematisierungen ('folk taxonomies') und haben im Laufe des wissenschaftlichen Diskurses vielfache Erweiterungen und Umstrukturierungen erfahren, (z.B. der Wortschatz der Alchimie gegenüber dem Wortschatz der Chemie, der Wortschatz der Astrologie gegenüber dem Wortschatz der Astronomie). Eine gewisse Hypertrophie der fachbezogenen Wortschätze rührt daher, dass der Diskussionsstand sich ändert und dass sich der Experte vor die Notwendigkeit gestellt sieht, einer breiten Fachöffentlichkeit, zuweilen auch einem Laienpublikum, entgegenzukommen und dazu auf die unscharfe Begrifflichkeit der Allgemeinsprache auszugreifen (vgl. Wichter 1994).

Das organisierende Prinzip von Fachwortschätzen ist das Streben nach eindeutiger Benennung von Phänomenen, Objekten und Vorgängen und nach systematischer theoretischer Kausalerklärung (vgl. Bungarten 1981).

Als Beispiele für komplexe Funktionsverhältnisse in spezialisierten Bereichen kommunikativer Praxis seien hier kurz die medizinische, die juristische und die theologische Fachsprache angeführt:

a) Die medizinische Fachsprache stützt sich in ihrer lexikalischen Zusammensetzung in hohem Maße auf einen griechisch-lateinischen Traditionswortschatz und macht Anleihen bei den physikalischen und chemischen Disziplinen. Hinzu kommen magische und volkstümliche Formen der Heilkunde als vorwissenschaftliche Stufen (van Benthem 1995). Zu der Fachterminologie im engeren Sinne kommen die Verfahren der Medikation und die kommunikativen Bedingungen des Klinikbetriebs und der Patientenbetreuung; daraus erklärt sich ein Nebeneinander von exklusiver Expertenkommunikation und einer patientenorientierten Vermittlungssprache im ärztlichen und im pflegerischen Bereich (vgl. Hindelang 1986).

b) Die juristische Fachsprache ist in höherem Maße als die medizinische vom Öffentlichkeitscharakter der Gesetzgebung und Rechtsprechung abhängig und weist daher neben Anleihen aus dem Römischen Recht einen größeren Anteil an deutschem Erbwortschatz auf, der in einen terminologischen Systembezug gebracht wurde (Recht, Klage erheben, Urteil, Freispruch). Gerichtsverhandlung, Urteilsverkündung und -begründung durch das Gericht bedingen die Mitwirkung von Angeklagten, Zeugen und eventuellen Schöffen, so dass zwar ein Expertendiskurs der Juristen gegeben ist, die Spezifik der Einzelfallbehandlung sich aber weitgehend des allgemeinsprachlichen Wortschatzes bedient (vgl. Hattenhauer 1987). Zu einem größeren Verwendungskontext kommt hinzu, dass die Umsetzung von Gesetzestexten in die Ausführungsbestimmungen der Verwaltung einerseits von spezifischen Praxisaspekten (Finanzamt, Ordnungsamt, Bauamt, Sozialamt usw.) beeinflusst wird, aber andererseits unter dem starken Druck einer bürgerlichen Öffentlichkeit in Richtung auf Transparenz steht. Die oft kritisierte Abstraktheit und Formelhaftigkeit der Ausdrucksmittel (vgl. Wagner 1970) ergibt sich einerseits aus der Notwendigkeit, Verwaltungsentscheidungen gerichtsfest zu machen, andererseits aus dem Streben nach genereller Erfassung der Fülle individuell gelagerter Fälle und Umstände unter den jeweiligen institutionellen Zwecken.

c) Die religiöse Sprache hat als fachsprachlichen Kern die theologische Fachsprache und Liturgiesprache, daneben aber sind vor allem die auf der Volkssprache fußende Sprache der (biblischen) Offenbarungstexte und die volkssprachlichen Verkündigungen (Predigt) zu berücksichtigen. Da religiöse Vorstellungen (z.B.

im Christentum) über die Jahrhunderte hinweg einen nachhaltigen Einfluss auf die Denkweise und auf die Redeweise der Bevölkerung ausgeübt haben, ist hier in einem besonderen Sinn eine sprachliche geprägte Lebensform gegeben, die auch in andere Bereiche ausstrahlt (vgl. Melzer 1951). Der religiöse Wortschatz prägt seinerseits in vieler Hinsicht die Diskursformen in verschiedenen Lebensbereichen. (So sind beispielsweise die rechtlichen und sozialen Forderungen der Bauern zur Zeit der Bauernkriege in biblisch-religiösen Termini abgefasst (vgl. Franz 1976). Die (sprach)wissenschaftlichen Erkenntnisse der Barockzeit mussten, um nicht mit den kirchlich-orthodoxen Instanzen in Konflikt zu geraten, in die biblisch-religiöse Terminologie gekleidet werden (Schottelius 1663/1967).

d) In den Geisteswissenschaften, beispielsweise in der Philosophie oder der Linguistik, beherrscht aufgrund der Abfolge individueller Theoriebildungen und des Fehlens manifester außersprachlicher Sachbezüge, wie sie in den Naturwissenschaften klar gegeben sind, ein sukzessives Nebeneinander von theoriegebundenen Begriffssystemen die fachsprachliche Ausdrucksweise (vgl. Abraham 1988).

Ausgehend von den Fachsprachen lassen sich zwei lexikalische Bereiche als Ableger unterscheiden:

– der Jargon
– die Techniksprache

Der Jargon ist eine besondere Spielart der Fachsprache, in der eine bestimmte ausufernde stilisierte Sprachhaltung zum Ausdruck kommt, die fachliche Esoterik mit Imponiergehabe verbindet. Unter lexikologischem Aspekt ist das Auftauchen formelhafter Wendungen und die gehäufte Verwendung von besonders markierten Vokalen auffällig (Adorno 1964/1997, Teubert 1988).

Die Techniksprache fußt auf der Fachsprache der jeweiligen Grundlagendisziplin, hat aber als Organisationsprinzip spezifische Produktions- und Anwendungsbedingungen. Soweit es sich um die Fertigung von Produkten handelt, sind die Benennungsbereiche der Fertigungsverfahren, Produktelemente und -eigenschaften und eventuell bestimmte Verwendungsaspekte die wortschatzorganisierenden Aspekte, nach denen sich terminologieähnliche Wortschatzsysteme ausbilden (vgl. Pelka 1971), die darüber hinaus häufig noch besonderen Normierungen unterworfen werden (vgl. Drozd/Seibicke 1973; Reinhardt u.a. ^{3}1992).

5. Berufssprachen

5.1. Generelle Aspekte

In besonderem Maße werden die Lebensformen innerhalb einer Sprachgemeinschaft durch die Erfordernisse der wirtschaftlichen und sozialen Existenzsicherung geprägt, d.h. durch berufliche und berufsähnliche Praxisbereiche und deren kommunikative Anforderungen; das gilt letztlich auch für den Wissenschaftsbereich mit seinen berufsbezogenen Fachsprachen.

Die breite Ausgangsbasis bildet historisch gesehen die agrarische Wirtschaftsform und die damit verbundene bäuerliche Lebensweise. Die sesshafte Lebensweise, die relativ kleinräumigen Strukturen und der überschaubare gleichförmige Wechsel von kommunikativen Anforderungen spiegeln sich vor allem in den Dialektgliederungen und einem entsprechenden, gegen kurzfristige Veränderungen resistenten Bestand an Wörtern und Redeweisen von regionaler Geltung (vgl. Deutscher Wortatlas 1951–1980).

Im Laufe der kultur- und sozialgeschichtlichen Entwicklung spielt neben der Differenzierung der bäuerlichen Arbeitswelt (Ackerbau, Viehwirtschaft, Obst- und Gemüsebau, Weinbau usw.) in zunehmendem Maße der Gegensatz Stadt-Land eine Rolle, wobei der Wortschatz der Städter in besonderem Maße zur hochsprachlichen Angleichung und zur Aufnahme überregionalen und fremdsprachlichen Wortgutes neigt (Herausbildung von Stadtdialekten z.B. in Berlin); vgl. Dittmar u.a. 1988).

Schon innerhalb der ländlichen Lebensverhältnisse bilden sich spezialisierte Tätigkeitsbereiche heraus, die zur Ausbildung spezifischer Wortschätze geführt haben wie in der „Jägersprache", „Imkersprache", „Schäfersprache", die schon seit geraumer Zeit das Interesse der Forschung gefunden haben. Die passionierte Hinwendung zu diesen Tätigkeitsfeldern und das prestigeträchtige Insiderwissen, das den „Experten" ausweist, sind wortschatzprägend (beispielsweise in der Jägersprache: *Schwarzkittel, Fähe, schnüren, aufbäumen*). (Vgl. Lindner 1966/67)

In einen weiteren Bereich von besonderen Wortschatzverbänden verweisen die Tätigkeitsformen des Bergbaus und die Spezialisierung der Bergwerksbetriebe für Kohle-, Erz- und Mineralförderung (vgl. Drißen 1939).

Auch die äußeren Bedingungen der Lebenswelt finden als Teilwortschätze einen nachhaltigen Niederschlag im Ausdrucksrepertoire der betreffenden Sprachgemeinschaften. (Vgl. die Arbeit von Zinsli (1945) bezogen auf die Alpenwelt zur Charakterisierung der Sprache der Bergbewohner; ähnliches gilt für die Küstenbewohner und Waldbewohner.).

Der auffälligen Vokabeldichte in einzelnen Bereichen (Bodenbeschaffenheit, Schneebeschaffenheit, Wasser- und Windverhältnisse) wurde vor allem im Rahmen der Wortfeldtheorie besondere Aufmerksamkeit geschenkt, und Anschauungsbeispiele dieser Art bildeten ein Hauptargument für die sog. Weltbildtheorie oder sprachliche Relativitätstheorie (Gipper 1972). Durch eine pragmatische Deutung solcher sprachlichen Fakten wird der Status der Wortfeldtheorie (Trier 1931) und der strukturellen Lexikologie (Coseriu 1968) stark relativiert (vgl. Herbermann 1995).

5.2 Berufssparten

In sehr viel profilierterer Weise noch als hinsichtlich der äußeren Lebensbedingungen und der traditionellen agrarischen Lebensform und ihrer Ableger wirkt sich die existenzsichernde Erwerbstätigkeit im Gefolge der technologischen Entwicklung auf die sprachlichen Ausdrucksmittel aus. Der ausgeübte Beruf ist einer der wichtigsten prägenden Faktoren und hat nachhaltigen Einfluss auf die kommunikative Interaktion in den betreffenden Handlungsfeldern.

In einer trivialen Hinsicht bedarf jede spezialisierte Tätigkeit, der im Kontakt und in Kooperation mit anderen nachgegangen wird, besonderer Ausdrucksmittel, so dass schon die traditionellen Berufszweige mit ihren Untergliederungen über Spezialwortschätze verfügen, als da sind Schmiede, Bäcker, Schuster, Schreiner, Schneider, Müller usw. in ihrer zunftmäßigen Organisation und mit zunehmender Spezialisierung. Insbesondere das Aufkommen neuer Technologien, angefangen vom Druckereiwesen bis hin zum Verkehrswesen mit seinen Ausprägungen Bahn, Automobil und Flugzeug, hat die Ausbildung entsprechender sachbereichsbezogener Wortschätze zur Folge gehabt, die Ansätze zu einer Eisenbahnersprache (Krüger 1979), einer Automobilisten-, Mechaniker- und Rennfahrersprache bot – ähnlich steht es mit den Sprachformen im Flugwesen, wo der Kontakt zwischen Cockpit und Tower zur Ausbildung besonderer Sprachformen auf der Grundlage des Englischen geführt hat, und in der Schiffahrt.

Die Funktionsbereiche beruflicher Tätigkeit, in denen Expertenwissen und spezielle Fertigkeiten verlangt werden, sind in unterschiedlicher Weise durch soziale Beziehungen und kommunikative Kontakte charakterisiert, weil in den einzelnen Bereichen ein unterschiedliches kommunikatives und kooperatives Klima herrscht, das die Herausbildung gemeinschaftsbezogener Sprachformen stützt. Einzelne wirtschaftsbezogene Bereiche wie die Modebranche oder die Werbung sind im Hinblick auf sprachliche, vor allem lexikalische Neuerungen besonders aktiv (vgl. Ortner 1981). Der Modewortschatz z.B. ist vom Wandel der Geschmacksrichtungen abhängig, ähnlich wie der Wortschatz der Werbung, der ständig aufmerksamkeitsweckender Neuerungen und kauffördernder Angebotsformen bedarf (z.B. *preisgünstig, Tiefpreise, Superpreise, Knaller*). Das lexikographische Registrieren von Neologismen in diesen Bereichen allein ist von geringem Erkenntniswert, wenn die funktional-kommunikative Begründung für das Aufkommen neuer und das Zurücktreten bestehender Ausdrucksmittel ausbleibt.

5.3. Spezialbetätigungen

5.3.1. Hobbies

Es gibt auch stark spezialisierte Betätigungsformen, die sich gemeinschaftsbildend und kommunikationsfördernd auswirken und damit tendenziell zur Ausbildung spezifischer Kommunikationsformen führen können. Es ist dies der gesamte Bereich der Hobbies und Freizeitaktivitäten, zu denen Kartenspielen, Pilzesuchen und Briefmarkensammeln ebenso gehören wie Töpfern und Ikebana. Hier bietet sich ein breites Feld von Wortverbänden und Wortschatzstrukturierungen, die sich besonderen Interesselagen verdanken und in dem die Beherrschung eines besonderen Wortschatzes und einer spezifischen Redeweise den Kenner über die Außenstehenden hinaushebt (z.B. in der Anglersprache: *Stachelritter, Rotgetupfte, anhauen, auf die Schuppen legen*). Es gibt bisher vergleichsweise wenig Untersuchungen dieser Sprachgebrauchsformen.

5.3.2. Sportsprache

Gerade unter dem Aspekt der Freizeitgestaltung, aber auch seiner Medienbedeutung wegen, gewinnt der Sport eine immer größere Bedeutung; auch er erfordert in seinen einzelnen

Subdisziplinen Spezialkenntnisse und wirkt in besonderer Weise gemeinschaftsbildend. Seine kommunikative Bedeutung liegt vor allem in seiner kontaktschaffenden und gesprächsanregenden Wirkung aufgrund der freigesetzten emotionalen Energien, besonders bei den Massensportarten (vgl. Dankert 1969). In Verbindung mit seiner Medienwirksamkeit ist der Sport in vielfältiger Weise sprachprägend. Insbesondere durch Sportberichterstatter und ihre professionelle Orientierung auf eine sportbegeisterte Öffentlichkeit hin entstehen in den einzelnen, sich ständig weiterentwickelnden Sportformen neue Ausdrucksmittel und kommentierende Redeweisen, die allerdings instabil sind, da sie saisonalen Modeschwankungen und damit einem kurzfristigen Wechsel ausgesetzt sind (Brandt 1988).

6. Randgruppensprachen

Während es sich bei den bisher behandelten Sprachbereichen um Sprachspezialisierungstendenzen handelt, die aufgrund sach- und tätigkeitsbezogener Umstände zur Ausbildung von spezialisierten und differenzierten Ausdrucksmitteln tendieren, finden sich in diesem Bereich Sprachgebrauchsbedingungen, die in besonderer Weise an die Lebensweise und Sozialstruktur bestimmter Gruppen zurückgebunden sind – es ist hier in erster Linie an Bevölkerungsteile zu denken, die gegenüber der ansässigen Mehrheit als Außenseiter erscheinen und entsprechenden Diskriminierungen ausgesetzt sind (Daxelmüller 1999). Dies ist bei durchziehenden Händlern bestimmten Typs, bei Saisonarbeitern, Schaustellern, Wandermusikanten bis hin zu den notorischen Minderheiten der Landstreicher, Bettler und Gauner der Fall. Diese Wortschätze haben in besonderem Maße das Interesse der älteren vokabelsammelnden Forschung auf sich gezogen. (Vgl. Anton 1859)

Gesellschaftliche Außenseiterposition und eine ihr entsprechende nonkonformistische Orientierung bestimmen für diese Gruppierungen auch deren kommunikatives Verhalten, das vor allem durch Insiderwissen und Abschirmungstendenzen charakterisiert ist. Sprachlich, vor allem lexikalisch, äußert sich das darin, dass Umbenennungen, Bezeichnungsersetzungen und gewisse Verschlüsselungstechniken angewendet werden. Zur Unterstützung dieser Bestrebungen wird zuweilen auch auf fremdsprachliche Teilwortschätze und Einzelvokabeln (hebräisch, jiddisch, zigeunersprachlich) und auf Wörter der europäischen Nachbarsprachen zurückgegriffen. Entsprechend den jeweiligen spezifischen Interessensrichtungen sind es vor allem die Zahlenreihe, Bezeichnungen für Geld und Menschen, für Handelsobjekte und besondere Verrichtungen (z.B. bei Viehhändlern und Fliegenden Händlern), Ausdrücke für das beteiligte Personal (im Zuhälter- und Knastmilieu), Ausdrücke für die Einschätzung von Personenkreisen und Erfolgsaussichten (Bettler), Angaben über Sicherungsanlagen und Informationsquellen (Ganoven) usw. (vgl. Petrikovits 1986).

Trotz der zum Teil spärlichen und fragmentarischen Faktenlage sind Bereiche lexikalischer Verdichtung festzustellen, die von den jeweiligen Interessensrichtungen her in einen Zusammenhang gebracht werden können. Von diesem sozialhistorisch vorgeprägten Umfeld subkultureller Milieuformen her bestehen enge Beziehungen der Sprecher untereinander, die aufgrund ähnlich gelagerter Bedingungsfaktoren auch zu ähnlichen Spracherscheinungen tendieren (vgl. Siewert 1991).

In gewissem Sinne steht auch der Soldatenstand außerhalb des normalen bürgerlichen Lebens. Der militärische Tätigkeitsbereich bietet wegen seiner besonderen Perspektiven, Ausstattung und Handlungsformen viele Ansatzpunkte für die sprachlichen Sonderformen. Wegen des Stellenwerts in der deutschen Geschichte vor allem des 19. und 20. Jh. war dieser Bereich auch Gegenstand ausführlicher lexikologischer Betrachtung (vgl. Maußer 1917).

7. Jugendsprache

Einen sondersprachlichen Bereich für sich bildet die gesamte Jugendsprache (vgl. Henne 1986). Dabei hat die sog. Kindersprache einen Sonderstatus. Die frühkindlichen Sprachformen sind in erster Linie von den genetisch determinierten Spracherwerbsbedingungen geprägt, durch Gehirnreifungsprozesse, Artikulationsbeherrschung und Sozialisationsanfänge (vgl. Gipper 1985). Eine lebensformbezogene Betrachtungsweise ist dennoch ansatzweise angebracht, weil wesentliche Einflüsse in der Phase der Frühsozialisation von der Peergroup der Spielkameraden ausgehen und das Kind von da her sehr früh eine milieu- und gruppenspezifische Sprachsozialisation erfährt, die generationsspezifische Spuren im gesamten Lebensverlauf erkennen lässt (Ammensprache, kindersprachliche Relikte im Familienvokabular). (Ramge ³1993)

Deutlichere Konturen im Wortschatz zeigen sich in der sog. Schülersprache, die von der Lebensform Schule geprägt ist und in die auch as Lehrpersonal einbezogen ist: Fächerbezeichnungen (*Mathe, Reli, Bio*), Veranstaltungs- und Tätigkeitsformen (*eine Sechs schreiben*) und Ausdrücke für das Lehrpersonal (*Rex* für Direktor, *Pauker* für Lehrer), Spitznamen für Mitschüler und Lehrer, spezifische Schimpfwörter usw. (vgl. Küpper/Küpper 1972).

Ein derartiger Wortschatz ist der Abfolge der Schülergenerationen entsprechend einem raschen Wechsel unterworfen; charakteristisch ist aufgrund der jugendlichen Altersstufe und des schulisch-intellektuellen Klimas ein ausgesprochen spielerischer und emphatischer Sprachgebrauch.

Ein Kapitel für sich bildet die sog. Studentensprache. Sie ist aus heutiger Sicht eher als historisches Phänomen zu betrachten. Einerseits ist nach dem 2. Weltkrieg in Deutschland die akademische Lebensform als profilierte Verhaltensweise weitgehend verschwunden, hauptsächlich durch den sozialen Wandel in der Herkunft der Studentenschaft, zum anderen ist festzustellen, dass sich der Lebensstil und die kulturellen Konsumgewohnheiten der Studierenden weitgehend dem Lebensstil ihrer außerakademischen Altersgenossen anschließen. Natürlich charakterisieren sich Studenten und Akademiker sprachlich durch ihre Befassung mit akademischen Wissensinhalten; die besonderen kommunikativen Bedingungen von akademischer Forschung und Lehre wirken sich auch auf ihren Sprachgebrauch aus (vgl. Henne/Kemper-Jensen/Oberjartel 1984).

Einen weiteren Zweig, der besonders für die Jugendsprache mit dem ihr eigenen Sprachschatz charakteristisch ist, stellen neuere Entwicklungen in der Medien-, Unterhaltungs- und Freizeitszene allgemein dar. Hier spielen vor allem die sehr stark kommerziell bestimmten Bereiche von Musik, Mode, Modesportarten (Aerobic, Skaten), Musikszene (vgl. L. Ortner 1982), Kunstszene, Drogenszene (vgl. Harfst 1986) eine Rolle. Über Werbe- und Schlagertexte erhalten Teile dieser Wortschätze allgemeine Verbreitung.

Alle derartigen „Szenen" geben Anlass zur Bildung von Gruppen, die auf verschiedene Weise Wert auf Image-Bildung, öffentliche Profilierung, Esoterik und Exklusivität legen und die hinsichtlich der Umgangsformen und der sprachlichen Profilbildung zu dünkelhafter Abgrenzung von anderen Gruppen und Strömungen neigen.

Der Stellenwert der Sprache ist je nach Orientierung großen Schwankungen unterworfen: Während die 68er Generation und die von ihr faszinierten Jahrgänge einen intensiven und engagierten Diskurs zur Gesellschaftsveränderung führten, ist die Generation der Jahrhundertwende vom 20. zum 21. Jh. auf Technik, Spaß und Konsum fixiert und findet den adäquaten Ausdruck ihres Lebensgefühls in der weitestgehend sprachfreien Kommunikationsform 'Techno'. (vgl. Androutsopoulos (1998)).

8. Gesinnungsgruppensprachen

In diesem Zusammenhang sind zwei Sonderbereiche zu erwähnen:

– der Bereich der religiös-weltanschaulichen Sektenbildung,
– der Bereich der politisch-ideologischen Kollektivbildung.

Die prägenden Kommunikationsmuster sind

– destruktive Invektiven gegenüber abweichenden Auffassungen,
– missionarische Tendenzen mit dem Ziel der Bekehrung anderer,
– indoktrinierende und überzeugungsstabilisierende Sprachformen im gruppeninternen Umgang.

Zum Verständnis der aktuellen sprachlichen Erscheinungen religiöser Sektenbildung bieten sich historische Abfolgemuster an: Ausgehend von kanonisierten Offenbarungstexten, richtungsweisenden Stifterfiguren und etablierten Orthodoxien werden von einzelnen Gruppen Gegenentwürfe entwickelt, die zu Umdeutungen und Neufestlegungen von Sprachgebrauchsweisen führen; ein besonderes Verhältnis von Kontinuität und Kontrast bestimmt das jeweilige Sektenprofil, wobei interne Sonderentwicklungen und Quereinflüsse (z.B. Hinduismus, Buddhismus, Schamanismus) eine wortschatzerweiternde Rolle spielen können.

Auch Gruppen verschiedenartiger Sinnorientierungen sind in einem solchen Zusammenhang zu sehen: Yoga, Naturheilkundler, bis hin zu Gruppen der künstlerischen und intellektuellen Avantgarde (Beatniks, Anarchisten; vgl. Jakob 1994).

Diese bilden einen Übergang zu politischen Gesinnungsgruppen, deren hervorstechendste Ausprägungen etwa der Kommunismus und der Faschismus/Nationalsozialismus sind.

Im Falle der Kommunisten sind hauptsächlich die ideologiebegründenden Schriften (Marx/Lenin) richtungsweisend. Ihre sprachliche Ausgestaltung erfolgt durch die Partei; die ideologiegeleitete Interpretation aller staatlich-gesellschaftlichen Belange wird durch eine intensive Agitation der Bevölkerung nahegebracht. Eine derartige Sprachform setzte sich über 40 Jahre in der DDR im öffentlichen Sprachgebrauch durch und bildete das sprachliche Charakteristikum des SED-Funktionärskaders, bis hin zu einer als Fernziel angestrebten Sprachspaltung; die Ausdrucksweise verflüchtigte sich kurioserweise nach der Wende von 1989 fast schlagartig (vgl. Herberg/Steffens/Tellenbach 1997). Der nationalsozialistische Sprachgebrauch war nach 1945 Ziel und Gegenstand einer antifaschistischen zeitgeschichtlichen Betrachtung und Kritik in der BRD und blieb so als umstrittener Teilwortschatz präsent, und zwar in dreifacher Hinsicht:

– als inkriminierter Teilwortschatz, auf den es immer wieder hinzuweisen und den es zu bekämpfen und zu tilgen gilt ("Aus dem Wörterbuch des Unmenschen" 1968),
– als Tabuwortschatz, der als Anspielungshintergrund für die kontrastierende Sprachgebung der 'political correctness' fungiert,
– als provozierender Kampfwortschatz für einen immer wieder aufflackernden Rechtsextremismus in Deutschland.

An neueren Tendenzen einer Sprachsonderung sind weiterhin erwähnenswert:

– die feministischen Ansätze mit sprachpraktischer Stoßrichtung,
– Subsprachenansätze im Bereich kultureller Minderheiten (vgl. Clyne 1962, Sari 1993).

Die feministische Linguistik geht von dem Postulat aus, dass die deutsche Sprachkultur als Teil einer allgemeinen abendländischen Patriarchalkultur allenthalben sprachliche Spuren von Frauenunterdrückung erkennen lässt. Durch sprachliche Korrekturen könne ein allgemeiner Bewusstseinswandel und ein Einstieg in die völlige Gleichstellung der Frau in unserer Gesellschaft eingeleitet werden. Dass in Deutschland im Vergleich zu anderen Kulturen weder in konfessioneller noch in rechtlicher Hinsicht verbindliche Beschränkungen für Frauen bestehen, bedeutet nicht, dass es in einzelnen Bereichen kommunikativer Praxis nicht zu geschlechtsspezifischen Gruppierungen mit Insider-Sprachgebrauch (Kaffeekränzchen, Altherrenclubs) oder zu einseitigen Verteilungen in einzelnen Berufssparten (Krankenschwestern, Müllmänner, Bundeswehr) kommen könnte. Die Auswirkungen in lexikologischer Hinsicht (z.B. als frauensprachlicher Wortschatz) sind von diesen kulturgeschichtlichen Voraussetzungen her äußerst gering (vgl. Trömel-Plötz/Güntherodt/Hellinger 1981).

Auch die Meldungen über sprachliche Entwicklungen am Rande ethnischer Minderheiten, die in einem prekären Integrationsverhältnis zur deutschen Sprachkultur stehen (Gastarbeiterdeutsch, „Deukisch", (dt.-türk. Mischformen), Sprachformen der Russlanddeutschen), dürften sich auf ephemere Spracherscheinungen beziehen, denen kaum ein stabiler, länger andauernder Sondersprachstatus zukommen dürfte.

9. Perspektiven

Was die weitere Sprachentwicklung anbetrifft, befinden wir uns, bei allen kurzfristigen Gegenströmungen, schon aufgrund der neueren Wirtschafts- und Medienentwicklung auf dem Weg zu einer globalen Lebensform, die von Technologie und multikultureller Orientierung geprägt ist. Die Situation ist in jedem Sprachkulturkreis verschieden. Im Gegensatz zu Frankreich etwa ist Deutschland dabei, im Zuge dieser Entwicklung, aber auch mit Blick auf seine jüngste Geschichte, eine nationale Sprachkultur weitgehend aufzugeben, indem es sich z.B. dem Risiko eines Orthographiechaos aussetzt, in den übernationalen Organisationen (Europa, UNO, Nato) auf sprachliche Präsenz weitgehend verzichtet (kein Amtssprachen-Status) und sich in vielen gesellschaftlichen und kulturellen Bereichen der Dominanz des Englischen unterwirft (Englischunterricht für Grundschüler). Dies alles bedeutet für die deutsche Sprache auf längere Sicht eine Außenorientierung eines Großteils ihrer Sprecher am öffentlichen Sprachgebrauch der Medien und ein Zurücktreten einheitlicher Sprachnormen.

10. Literatur in Auswahl

Abraham, Werner (1988), *Terminologie zur neueren Linguistik*. (2., völlig neu bearb. und erw. Auflage). Tübingen: Niemeyer.

Adorno, Theodor W. (1997), *Jargon der Eigentlichkeit. Zur deutschen Ideologie*. (Erstausgabe 1964, 14. Auflage). Frankfurt a.M.: Suhrkamp.

Androutsopoulos, Jannis K. (1998), *Deutsche Jugendsprache. Untersuchungen zu ihren Strukturen und Funktionen*. Frankfurt/Main; Lang.

Anton, Franz E. (1859), *Wörterbuch der Gauner- und Diebessprache. Mit besonderer Hervorhebung der verschiedenen Klassen von Räubern, Dieben und Diebeshehlern und Bemerkungen über ihre Verbrechen und Machinationen*. (3. verbesserte Auflage.) Berlin: Krampe.

Badura, Bernhard (1971), *Sprachbarrieren: zur Soziologie der Kommunikation*. Stuttgart/Bad Cannstadt: Fromann-Holzboog.

Bausinger, Hermann (1972), *Dialekte – Sprachbarrieren – Sondersprachen*. Frankfurt a.M.: Fischer.

Benthem, Barbara van (1995), *Die laienmedizinische Fachsprache im Spiegel therapeutischer Hausbücher des 18. Jahrhunderts*. Göppingen: Kümmerle.

Bock, R.; Möller, K.-P. (1991), Die DDR-Soldatensprache. Ein Beitrag zum Wesen der Soldatensprache, In: Langner, Helmut; Elisabeth Berner, (Hg.), *Untersuchungen zur Geschichte der deutschen Sprache seit dem Ende des 18. Jhs.*, Potsdam. S. 139ff.

Brandt, Wolfgang (Hg.) (1988), *Sprache des Sports*. Frankfurt/M.: Diesterweg.

Bungarten, Theo (Hg.) (1981), *Wissenschaftssprache. Beiträge zur Methodologie, theoretischen Fundierung und Deskription*. München: Fink.

Busse, Dietrich (1988), Kommunikatives Handeln als sprachtheoretisches Grundmodell der historischen Semantik, In: Ludwig Jäger (Hg.) (1988), *Zur historischen Semantik des deutschen Gefühlswortschatzes*. Aachen: Alano S. 247–273.

Clyne, Michael (1962), Zum Pidgin-Deutsch der Gastarbeiter. In: *Zeitschrift für Mundartforschung* 35, 130–139.

Coseriu, Eugenio (1968), Les structures lexématiques, In: *ZFSL Beiheft 1* (NF) 3–16.

Dankert, Harald (1969), *Sportsprache und Kommunikation*. Tübingen: Tübinger Verein für Volkskunde e.V.

Daxelmüller, Christoph (1999), Das Mauscheln. In: *Bilder der Judenfeindschaft. Antisemitismus – Vorurteile und Mythen*. (Hrsg. J.H. Schoeps; J. Schlör). Augsburg: Bechtermünz, 143–152.

Deutscher Wortatlas, (Hrsg. W. Mitzka; L. E. Schmitt; R. Hildebrandt; K. Gluth). Gießen: Schmitz 1951–1980.

Dittmar, Norbert; Schlobinski, Peter (Hg.) (1988), *Wandlungen einer Stadtsprache. Berlinisch in Vergangenheit und Gegenwart*. Berlin: Colloquium-Verlag.

Drißen, Alfred (1939), *Die deutsche Bergmannssprache*. (2. völlig veränderte und erheblich vermehrte Auflage). Bochum: Schürmann & Klages.

Drozd, Lubomir; Seibicke, Wilfried (1973), *Deutsche Fach- und Wissenschaftssprache. Bestandsaufnahme – Theorie – Geschichte*. Wiesbaden: Brandstetter.

Eichler, Curt W. (1964), *Vom Bug zum Heck. Seemännisches Hand- und Wörterbuch*. (4. Auflage). Bielefeld: Klasing.

Fachsprachen. Languages for special purposes. Ein internationales Handbuch zur Fachsprachenforschung und Terminologiewissenschaft. Zwei Teilbände. (Hrsg. Lothar Hoffmann; Hartwig Kalverkämpfer; Herbert Ernst Wiegand). Berlin/New York: de Gruyter 1998–1999. (Handbücher zur Sprach- und Kommunikationswissenschaft 14).

Fluck, Hans-Rüdiger (1996), *Fachsprachen. Einführung und Bibliographie*. (5. überarb. und erw. Auflage). Tübingen/München: Francke.

Franz, Günther (1976), *Geschichte des dt. Bauernstandes vom frühen Mittelalter bis zum 19. Jh.* (2. erg. und erw. Auflage). Stuttgart: Ulmer.

Frevert, Walter (1954), *Wörterbuch der Jägerei. Ein Nachschlagewerk der jagdlichen Ausdrücke*. Hamburg/Berlin: Parey.

Gipper, Helmut (1972), *Gibt es ein sprachliches Relativitätsprinzip? Untersuchungen zur Sapir-Whorf-Hypothese*. Frankfurt/M.: S. Fischer.

–, (1985), *Kinder unterwegs zur Sprache*. Düsseldorf: Schwann.

Großkopff, Johann August (1985), *Neues und wohl eingerichtetes Forst-, Jagd- und Weidewerks-Lexikon*. Leipzig: Zentralantiquariat der DDR. (2. Reprint der Originalausgabe von 1759).

Hahn, Walther von (1983), *Fachkommunikation. Entwicklung. Linguistische Konzepte. Betriebliche Beispiele*. Berlin/New York: de Gruyter.

Harfst, Gerold (1986), *Die Sprache der Drogenszene. Das Wörterbuch. Über 4500 Begriffe. Von Amphetamin bis Zwischendealer*. Frankfurt a.M.: Eichborn.

Hattenhauer, Hans (1987), *Zur Geschichte der dt. Rechts- und Gesetzessprache*. Göttingen: Vandenhoeck & Ruprecht.

Henne, Helmut (1986), *Jugend und ihre Sprache. Darstellung, Materialien, Kritik*. Berlin/New York: de Gruyter.

Henne, Helmut; Kemper-Jensen, Heidrun; Objartel, Georg (1984), *Historische deutsche Studenten- und Schülersprache: Einführung, Bibliographie und Wortregister*. Berlin/New York: de Gruyter.

Herberg, Dieter; Steffens, Doris; Tellenbach, Elke (1997), *Schlüsselwörter der Wendezeit. Wörterbuch zum öffentlichen Sprachgebrauch 1989/90*. Berlin/New York: Walter de Gruyter.

Herbermann, Clemens-Peter (1981), *Wort, Basis, Lexem*. München: Fink.

–, (1995), Felder und Wörter In: *Panorama der lexikalischen Semantik*. (Hrsg. Ulrich Hoinkes). Tübingen: Narr, 263–291.

Herbermann, Clemens-Peter; Bernhard Gröschel; Waßner, Ulrich Hermann (1997), *Sprache & Spra-*

chen, *Fachsystematik der Allgemeinen Sprachwissenschaft und Sprachensystematik. Mit ausführlichen Terminologie- und Namensregistern.* (unter Mitwirkung von Hartwig Franke und Thomas Gehling). Wiesbaden: Harrassowitz.

Hindelang, Götz (1986), Informieren – Reagieren im ärztlichen Aufklärungsbereich. In: *Dialoganalyse.* (Hrsg. Franz Hundsnurscher; Edda Weigand). Tübingen: Niemeyer. S. 143–155.

Hirt, Hermann (1909), *Etymologie der neuhochdeutschen Sprache. Darstellung des deutschen Wortschatzes in seiner geschichtlichen Entwicklung.* München: Beck.

HSK 14 (1998/99) = Hoffmann, Lothar/Kalverkämper, Hartwig/Wiegand, Herbert Ernst (Hg.), *Fachsprachen/Languages für Spcial Purposes. 1. Halbband (1998). 2. Halbband (1999). Ein internationales handbuch zur Fachsprachenforschung und Terminologiewissenschaft.* Berlin/New York. Walter de Gruyter.

Jakob, Karlheinz (1994), Die Bedeutung der transitorischen Gruppensprachen für den Sprachwandel, In: Löffler, Heinrich (Hg.), *Texttyp, Sprechergruppe, Kommunikationsbereich,* Berlin/New York: de Gruyter, S. 197–207.

Jütte, Robert (1978), *Sprachsoziologische und lexikologische Untersuchungen zu einer Sondersprache. Die Sensenhändler im Hochsauerland und die Reste ihrer Geheimsprache.* Wiesbaden: Steiner.

Kehrein, Joseph; Franz Kehrein, (1969), *Wörterbuch der Weidmannsprache für Jagd- und Sprachfreunde.* Wiesbaden: Sändig. (Nachdruck der Ausgabe von 1898).

Kettmann, Gerhard (1961), *Die Sprache der Elbschiffer.* Halle a.d.S.: Niemeyer.

Klenz, Heinrich (1910), *Schelten-Wörterbuch. Die Berufs-, besonders Handwerkerschelten und Verwandtes.* Straßburg, Trübner.

König, Werner (1995), Das Jenische der Wasenmeister. Zum Funktionswandel einer Sondersprache. In: „... *im Gefüge der Sprachen": Studien zu System und Soziologie der Dialekte.* (Hrsg. Rüdiger Harnisch; Ludwig M. Eichinger; Anthony Rowley). Stuttgart: Steiner, 115–129.

Krüger, Sabine (1979), *Zum Fachwortschatz des frühen deutschen Eisenbahnwesens (ca. 1800–1860). Terminologische Untersuchungen und Wörterbuch.* Düsseldorf: VDI-Verlag.

Kühn, Peter (1978), *Deutsche Wörterbücher. Eine systematische Bibliographie.* Tübingen: Niemeyer.

Küpper, Heinz; Küpper, Marianne (1972), *Schülerdeutsch.* Hamburg/Düsseldorf: Claassen.

Langen, August (1968), *Der Wortschatz des deutschen Pietismus.* (2. ergänzte Auflage). Tübingen: Niemeyer.

Lerch, Hans-Günter (1976), *Das Manische in Gießen. Die Geheimsprache einer gesellschaftlichen Randgruppe, ihre Geschichte und ihre soziologischen Hintergründe.* Gießen: Anabas-Verlag.

Lindner, Kurt (1966, 1967), Zur Sprache der Jäger. In: *ZdPh* 85, 407–431; 86, 101–127.

Maußer, Otto (1917), *Deutsche Soldatensprache. Ihr Aufbau und ihre Probleme.* (Hrsg. vom Verband deutscher Vereine für Volkskunde). Straßburg: Trübner.

Mehlin, Urs Hans (1969), *Die Fachsprache des Theaters. Eine Untersuchung der Terminologie von Bühnentechnik, Schauspielkunst und Theaterorganisation.* Düsseldorf: Schwann.

Melzer, Friso (1951), *Der christliche Wortschatz der deutschen Sprache. Eine evangelische Darstellung.* Lahr: Kaufmann.

Möhn, Dieter (1973), Sondersprachen. In: *Lexikon der Germanistischen Linguistik.* (Hrsg. Hans Peter Althaus; Helmut Henne; Herbert Ernst Wiegand). Tübingen: Niemeyer, 279–283.

Munske, Horst H. (1990), Über den Wandel des deutschen Wortschatzes, In: Werner Besch (Hg.) (1990), *Deutsche Sprachgeschichte.* Frankfurt/M.: Lang, S. 387–401.

Ortner, Hanspeter (1981), *Wortschatz der Mode. Das Vokabular der Modebeiträge in deutschen Modezeitschriften.* Düsseldorf: Schwann.

Ortner, Lorelies (1982), *Wortschatz der Pop-/Rockmusik. Das Vokabular der Beiträge über Pop-/Rockmusik.* Düsseldorf: Schwann.

Ott, Peter (1970), *Zur Sprache der Jäger in der deutschen Schweiz. Ein Beitrag zur Terminologie der Sondersprachen.* Frauenfeld: Huber.

Pelka, Roland (1971), *Werkstückbenennungen in der Metallverarbeitung. Beobachtungen zum Wortschatz und zur Wortbildung der technischen Sprache im Bereich der metallverarbeitenden Fertigungstechnik.* Göppingen: Kümmerle.

Petrikovits, Albert (1986), *Die Wiener Gauner-, Zuhälter- und Dirnensprache.* (Hrsg. und mit einem Nachwort versehen von Inge Strasser). Wien, Köln, Graz: Böhlau.

Ramge, Hans (^{3}1993), *Spracherwerb. Grundzüge der Sprachentwicklung des Kindes.* Tübingen: Niemeyer.

Reinhardt, Werner; Köhler, Claus; Neubert, Gunter (^{3}1992), *Deutsche Fachsprache der Technik,* Hildesheim u.a.: Olms.

Riesel, Elise (1970), *Der Stil der deutschen Alltagsrede.* Leipzig: Reclam.

Römer, Ruth (1968), *Die Sprache der Anzeigenwerbung.* Düsseldorf: Schwann.

Sari, Marksut (1993), *Der Einfluß der Zweitsprache (Deutsch) auf die Sprachentwicklung türkischer Gastarbeiter in der BRD.* Diss. Essen.

Savigny, Eike von (^{2}1971), *Grundkurs im wissenschaftlichen Definieren.* dtv.

Schlobinski, Peter; Kohl, Gabi; Ludewigt, Irmgard (1993), *Jugendsprache, Fiktion und Wirklichkeit.* Opladen: Westdeutscher Verlag.

Schottelius, Justus Georg (1663), *Ausführliche Arbeit von der teutschen HaubtSprache.* (Hrsg. Winfried Hecht 1967). Tübingen: Niemeyer.

Schumacher, Nestor (1976), *Der Wortschatz der europäischen Integration. Eine onomasiologische Untersuchung des sog. 'europäischen Sprachgebrauchs' im politischen und institutionellen Bereich.* Düsseldorf: Schwann.

Seemannssprache. Wortgeschichtliches Handbuch deutscher Schifferausdrücke älterer und neuerer Zeit auf Veranlassung des Königlich Preußischen Ministeriums der geistlichen, Unterrichts- und Medizinal-Angelegenheiten. (Hrsg. Friedrich Kluge). Halle a.d.S.: Verlag der Buchhandlung des Waisenhauses 1911.

Siedentop, Ute (1993), *Die Marktsprache. Ursprung – Geschichte – Anwendung.* (Hrsg. von der zentralen Markt- und Preisberichtstelle). Bonn: ZMP.

Siewert, Klaus (1991), Masematte. Zur Situation einer regionalen Sondersprache. In: *Zeitschrift für Dialektologie und Linguistik.* 58 (1), 44–56.

Slobin, Dan I. (1996), From „Thought and Language" to „Thinking für Speaking". In: *Rethinking linguistic relativity.* (eds. J.J. Gumperz; S.C. Levinson). Cambridge: Cambridge University Press, 70–96.

Soziolinguistik. Sociolinguistics. Ein internationales Handbuch zur Wissenschaft von Sprache und Gesellschaft. Zwei Teilbände. (Hrsg. Ulrich Ammon; Norbert Dittmar; Klaus J. Mattheier). Berlin/New York: de Gruyter 1987–1988.

Steger, Hugo, Zur Frage einer Neukonzeption der Wortgeschichte der Neuzeit, In: Albrecht Schöne (Hg.) (1986), *Kontroversen, alte und neue.* Bd. 4. Tübingen: Niemeyer. S. 203–209.

Steger, Hugo (1964), Gruppensprachen. Ein methodologisches Problem der inhaltsbezogenen Sprachbetrachtung. In: *ZMF* 31, 125–138.

Teubert, Wolfgang (1988), Der gelehrte Jargon – ein deutsches Phänomen?, In: *SR* 1/1988, S. 9–12.

The Romani element in non-standard speech. (Hrsg. Yaron Matras). Wiesbaden: Harrassowitz 1998.

Trier, Jost (1931), *Der deutsche Wortschatz im Sinnbezirk des Verstandes.* Heidelberg: Winter.

Trömel-Plötz, Senta; Güntherodt, Inge; Hellinger, Marlies; Pusch, Luise F. (1981), Richtlinien zur Vermeidung sexistischen Sprachgebrauchs. In: LB 1981, 1–7.

Veldtrup, Josef (1974), *Bargunsch oder Humpisch. Die Geheimsprache der westfälischen Tiötten.* Münster: Aschendorff.

Wagner, Hildegard (1970), *Die deutsche Verwaltungssprache der Gegenwart: eine Untersuchung der sprachlichen Sonderform und ihrer Leistung.* Düsseldorf: Schwann.

Wichter, Sigurd (1994), *Experten- und Laienwortschätze. Umriss einer Lexikologie der Vertikalität.* Tübingen: Niemeyer.

Wissenschaftssprache. Beiträge zur Methodologie, theoretischen Fundierung und Deskription. (Hrsg. Theo Bungarten). München: Fink 1981.

Wittgenstein, Ludwig (1969), *Tractatus logicophilosophicus. Tagebücher 1914–1916. Philosophische Untersuchungen.* Frankfurt a.M.: Suhrkamp.

Wolf, Siegmund Andreas (1956), *Wörterbuch des Rotwelschen. Deutsche Gaunersprache.* Mannheim: Bibliographisches Institut.

Wörterbuch der deutschen Kaufmannssprache. Auf geschichtlichen Grundlagen. (Hrsg. Alfred Schirmer). Straßburg: Trübner 1911.

Aus dem Wörterbuch des Unmenschen. (Hrsg. Dolf Sternberger; Gerhard Storz; Wilhelm E. Süskind). (3. Auflage). Hamburg/Düsseldorf: Claassen 1968.

Wörterbücher. Dictionaries. Dictionnaires. Ein internationales Handbuch zur Lexikographie. Drei Teilbände. (Hrsg. Franz Josef Hausmann; Oskar Reichmann; Herbert Ernst Wiegand; Ladislav Zgusta). Berlin/New York: de Gruyter 1989–1991.

Zinsli, Paul (1945), *Grund und Grat. Die Bergwelt im Spiegel der schweizerdeutschen Alpenmundarten.* Bern: Francke.

Franz Hundsnurscher, Münster (Deutschland)

113. Institutionsspezifische Wortschätze

1. Sprache und Institution
2. Allgemeine Charakteristika institutionsspezifischer Wortschätze
3. Der Wortschatz in einzelnen institutionellen Bereichen
4. Literatur in Auswahl

1. Sprache und Institution

Die Beschäftigung mit institutionsspezifischen Wortschätzen hat es mit einer unübersichtlichen und höchst unausgeglichenen Forschungssituation zu tun. Dafür sind in der Hauptsache zwei Gründe zu nennen: Der erste besteht in dem Problem, den Begriff der Institution theoretisch zu bestimmen, um so einen Rahmen für die Untersuchung institutionsspezifischer Sprachgebräuche zu schaffen (vgl. Weymann-Weyhe 1978, 165). Der zweite ist dagegen forschungspraktischer Natur und resultiert aus der Tatsache, dass ein erheblicher Teil der Arbeiten, die sich ausdrücklich institutionsspezifischem Sprachgebrauch widmen, Wortschatzaspekte noch nicht einmal am Rande thematisieren. Diese Vernachlässigung erklärt sich aus einem Forschungsinteresse, das sich auf institutionsspezifische Formen der Kommunikation richtet, denn:

Institutionen sind Formen des gesellschaftlichen Verkehrs zur Bearbeitung gesellschaftlicher Zwecke; sie verlangen eo ipso Kommunikation zwischen Aktanten. (Ehlich/Rehbein 1980, 338)

1.1. Zum Begriff der Institution in der Sprachwissenschaft

In zahlreichen Untersuchungen zum Sprachgebrauch in Institutionen wird der Institutionsbegriff nicht geklärt, sondern es wird von einem Alltagsverständnis von Institution ausgegangen; selbst dieses wird nicht immer explizit artikuliert. Wird jedoch der Versuch unternommen, den Begriff der Institution für Zwecke der Erforschung institutioneller Kommunikation näher zu bestimmen, zeigen sich immer wieder Schwierigkeiten wie die folgenden: Strittig ist, ob der Unterscheidung von alltäglicher und institutioneller Kommunikation die Dichotomie von Alltag und Institution entspricht (Koerfer 1994, 23). Als unbefriedigend wird weiterhin die Heterogenität dessen empfunden, was alles als Institution gilt. Die Spannbreite ist markiert durch die „Superinstitution" des Staats einerseits und die „Miniinstitution" der Familie andererseits. Dazwischen liegen Verwaltung und Bürokratie, Gericht und Justizanstalt, Schule und Universität, Krankenhaus und Arztpraxis, Handelsunternehmen und Industriebetrieb usw. Auf einer sehr abstrakten Ebene lassen sich mit Dieter Wunderlich dennoch Eigenschaften angeben, die – wenn auch in unterschiedlicher Ausprägung – auf alle Institutionen zutreffen:

Eine Institution hat einen bestimmten Zweck im Gesamtzusammenhang der gesellschaftlichen Produktion und Reproduktion; sie ist ein Komplex von wechselseitig aufeinander bezogenen Aktivitäten von Personen; dabei können die Personen im Rahmen der Institution verschiedene Stellungen, Befugnisse usw. innehaben; die Aktivitäten können prozedural geregelt sein und sind deshalb relativ unabhängig von den persönlichen Eigenschaften der in der Institution Agierenden; die Institution als Ganzes kann ein Gebilde des kodifizierten Rechts sein. (Wunderlich 1976, 312)

Eine etwas andere Perspektive wird in den Blick genommen, wenn (soziale) Institutionen als Organisationen bestimmt werden, die soziale Ordnung herstellen. Ein wesentliches Merkmal dieser Art von Institution bildet die Festlegung von Machtrelationen zwischen den Gruppen, aus denen sich die Institution zusammensetzt: „Soziale Institutionen sind also in einer Dimension hierarchische Ordnungen, die durch die individuellen Machtbeziehungen zwischen den Mitgliedern der verschiedenen Gruppen induziert werden." (Balzer 1993, 205) Die Mitglieder einer Gruppe x können demnach über Mitglieder einer Gruppe y Macht oder – neutraler formuliert – Einfluss ausüben dergestalt, dass Mitglieder der Gruppe y bestimmte, von Mitgliedern der Gruppe x gewollte Handlungen ausführen (ebd. 26). Da es für Institutionen konstitutiv ist, dass einige ihrer Mitglieder aufgrund ihrer Stellung und ihrer Befugnisse Einfluss auf andere Mitglieder ausüben, ist die institutionsspezifische Kommunikation zwangsläufig durch Asymmetrien geprägt – eine Feststellung, die für so unterschiedliche Institutionen wie den Staat und die Familie gilt. Asymmetrie prägt jedoch nicht nur die institutionsinterne Kommunikation zwischen den verschiedenen Gruppen in einer Institution, sondern auch die institutionsexterne Kommunikation zwischen Institutionenvertretern und ihren Klienten.

Weiterhin lässt sich das heterogene Feld der Institutionen nach dem Vorschlag von Armin

Koerfer (1994, 23) zumindest grob ordnen. Koerfer unterscheidet zwischen alltäglichen Institutionen wie Familie, Schule und Kirche, die „zu nahezu jedermanns Alltag gehören oder zumindest für einen längeren Abschnitt seiner Biographie gehört haben", und nicht alltäglichen Institutionen wie Gericht und Finanzamt, „die zwar auch und gelegentlich oder periodisch, nicht aber in derselben Weise wie etwa die Schule in unsere Biographie eingreifen." (Koerfer 1994, 23) Flankiert wird diese Unterscheidung durch die Differenzierung des Institutionswissens in ein Institutionswissen erster Stufe, das eine Form des Alltagswissens darstellt, und Institutionswissen zweiter Stufe, das ein gesellschaftliches Sonderwissen der professionellen Institutionsvertreter darstellt (Koerfer 1994, 118ff.). Zu diesem Wissen gehören die Muster und Routinen des institutionellen Handelns ebenso wie die institutionsspezifischen sprachlichen Mittel. Damit sind vor allem die jeweiligen Wortschätze angesprochen, da die Institutionssprachen keine eigenständigen Varietäten bilden, sondern sich vorwiegend durch ihre lexikalische Besonderheiten auszeichnen.

1.2. Die sprachwissenschaftliche Beschäftigung mit Institutionen

Die Beschäftigung mit institutionsspezifischem Sprachgebrauch reicht bis ins 19. Jahrhundert zurück (vgl. das Kap. „Institutionen- und Expertensprache" in von Polenz 1999), besitzt aber keine durchgehende Tradition. Aufmerksamkeit haben vor allem staatliche Institutionen wie Behörden und Verwaltungen gefunden, daneben aber auch der Bereich des Rechts und das Feld des Politischen. Untersucht wurden Besonderheiten in der Syntax und der Wortbildung sowie im Wortschatz. Außerdem beschränkte man sich auf die geschriebene Institutionssprache. Erst die Hinwendung zu soziolinguistischen und sprachpragmatischen Fragestellungen seit der zweiten Hälfte der sechziger Jahre hat der Auseinandersetzung mit institutionsspezifischem Sprachgebrauch wesentliche Impulse verliehen. Zum einen kamen bisher ausgeklammerte Institutionen in den Blick wie die Bereiche der Medizin, Schule und Ausbildung, Religion, Massenmedien oder Familie (vgl. Wodak 1987, 804ff. und die bibliographische Aufarbeitung bei Becker-Mrotzek 1992). Zum andern wandte man sich explizit der Kommunikation in Institutionen und damit der gesprochenen Sprache zu. Die meisten Arbeiten zur Kommunikation in Institutionen, die seit den siebziger Jahren vorgelegt worden sind, haben sich entsprechend ihrem Frageinteresse so gut wie ausschließlich mit dem sprachlichen Handeln beschäftigt, während Fragen der Syntax und Wortbildung sowie des Wortschatzes ausgeklammert blieben. Trotz einer Vielfalt an Untersuchungen lässt sich für eine erhebliche Zahl von Institutionen über deren spezifische Wortschätze nichts sagen. Allerdings ist sofort hinzuzufügen, dass nicht jede Institution notwendigerweise über einen spezifischen Wortschatz verfügen muss, was zumindest für die Familie gilt. Entsprechend der Forschungslage fällt die Darstellung der verschiedenen institutionellen Bereiche ungleichmäßig aus. Für eine ganze Reihe von Institutionen gilt zudem, dass sie überhaupt nicht vorkommen.

2. Allgemeine Charakteristika institutionsspezifischer Wortschätze

Trotz der Heterogenität der Institutionen lassen sich einige allgemeine Charakteristika für institutionsspezifische Wortschätze anführen, die bei den nicht alltäglichen Institutionen am deutlichsten ausgeprägt sind:

(1) Zumindest der Tendenz nach lassen sich institutionsspezifische Wortschätze dreiteilen. Zu unterscheiden sind zum Ersten die Bezeichnungen für Institution, ihre interne Gliederung, ihre Aufgaben und Funktionen und die internen Abläufe; zum Zweiten der Wortschatz des Fachgebietes, das für die Institution einschlägig ist; zum Dritten der Wortschatz, den Institutionsvertreter im Umgang mit ihrer Klientel benutzen (vgl. Steger 1989, 127). Der dritte Bereich dient also der externen Kommunikation, während der erste und zweite Bereich vorwiegend der internen Kommunikation dienen. Allerdings speist sich der Wortschatz des dritten Bereichs in mehr oder minder großem Umfang aus den beiden ersten.

(2) Was den Wortschatz des für eine Institution einschlägigen Fachgebietes betrifft, so hat dieser fachsprachlichen Charakter. Dies gilt vor allem für die nicht alltäglichen Institutionen, weshalb z.B. von der Sprache des Rechts und der Verwaltung auch von „Öffentlicher Fachsprache" gesprochen wird (Radtke 1981, 16). Für die Erforschung institutionsspezifischer Wortschätze bedeutet dies einen Berührungspunkt, wenn nicht eine Überschneidung mit der Fachsprachenforschung.

(3) Institutionsspezifische Wörter sind zuerst einmal den Institutionsvertretern bekannt. Wird die Klientel in die Institution hineinsozialisiert wie beispielsweise bei den alltäglichen Institutionen 'Militär' oder 'Schule', dann gehört das Erlernen des institutionsspezifischen Wortschatzes dazu. Den spezifischen Wortschatz der nicht alltäglichen Institutionen wie 'Gericht' oder 'Finanzamt' beherrscht die Klientel typischerweise nicht und erlernt ihn normalerweise auch nicht, zumindest nicht systematisch. Damit ergeben sich schon auf der Wortebene Kommunikationsbarrieren, die aus den Verstehensproblemen der Klientel resultieren. Umgekehrt können Institutionsvertreter ihren spezifischen Wortschatz als Prestigejargon nutzen, mit dessen Hilfe sie für Gruppensolidarisierung sorgen, ihre Klientel auf Distanz halten und aus der Institution ausgrenzen sowie ihre Macht stabilisieren (von Polenz 1981, 89 ff.). Für die Erforschung institutionsspezifischer Wortschätze ergibt sich hier ein Berührungspunkt mit der Sondersprachenforschung.

3. Der Wortschatz in einzelnen institutionellen Bereichen

Die genannten Charakteristika gelten vor allem für nicht alltägliche Institutionen im Sinne Koerfers; sie bilden zugleich den Leitfaden für den folgenden Überblick, da bislang Wortschatzfragen so gut wie ausschließlich bei solchen Institutionen thematisiert worden sind.

3.1. Sprache in der Politik

Das Etikett 'Sprache in der Politik' suggeriert auf den ersten Blick einen einheitlichen Gegenstand; in Wirklichkeit kann mit Sprache in der Politik jedoch vielerlei gemeint sein. Es stellt sich dann die Frage, wie sich das Feld des Politischen so aufgliedern lässt, dass (institutions)spezifische Formen des Sprachgebrauchs einschließlich spezifischer Wortschätze fassbar werden. Mit Werner Holly (1990, 30) lassen sich zwei Grundformen von Typologisierungsversuchen beobachten: zum einen die in der Nachfolge von Murray Edelman stehenden Konzepte wie von Dieckmann (1969) und Bergsdorf (1983), in denen explizit institutionsbezogene Kategorien wie 'Gesetzgebung' oder 'Verwaltung' und Handlungskategorien wie 'Verhandlung' oder 'Propaganda' nebeneinander benutzt werden, zum andern sprachpragmatisch orientierte Konzepte wie bei Dieckmann (1983), Grünert (1984) oder Strauß (1986), die sich ausschließlich an „Sprachspielen" beziehungsweise „kommunikativen Verfahren" wie 'Auffordern', 'Persuasion', 'Legitimieren' oder 'Deliberieren' orientieren. Auf die Beschäftigung mit der „Politiksprache" hat Walther Dieckmanns Studie „Sprache in der Politik" einen außerordentlichen Einfluss ausgeübt (Dieckmann 1969), der auch heute noch da andauert, wo es um die Beschäftigung mit „politischem" Wortschatz geht. Dieckmann betrachtet den Wortschatz der Politik zuerst einmal als eine Art fachsprachlichen Wortschatzes, der zur Bezeichnung von Gegenständen dient, die in den Sachbereich der Politik fallen. Dabei tritt jedoch das Problem auf, dass das Feld der Politik – anders als beispielsweise das der Medizin oder Physik – kein fest umrissenes Sachgebiet darstellt, sondern einen „Handlungs- oder Funktionskomplex": „Der Bereich des Politischen ist offen." (Dieckmann 1969, 46) Zu heuristischen Zwecken schlägt Dieckmann deshalb eine Aufteilung des politischen Wortschatzes in drei Sprachbereiche vor (ebd 50 f.): (1) Die Institutionssprache umfasst danach die Bezeichnungen für die einzelnen Institutionen und Organisationen eines Gemeinwesens (*Deutscher Bundestag*), ihre interne Gliederung (*Fraktion, Fraktionsvorsitzender, Hinterbänkler*), die Aufgaben, die sie erfüllen (*Gesetzgebung, Kontrolle der Regierung*) und die Prozesse, in denen sie funktionieren (*Debatte, Abstimmung, Hammelsprung*). (2) Die Fachsprache des verwalteten Sachgebietes enthält die speziellen Wortschatzeinheiten der entsprechenden Fachgebiete wie Wirtschaft, Kultur, Recht, Militär usw. Sie wird vor allem von den Experten in den Ministerien und Behörden benutzt, aber auch von Politikern im Kabinett oder Parlament. Über die Medien fließt sie zumindest ausschnittsweise in den öffentlichen Sprachgebrauch ein (dazu problematisierend Busse 1991). (3) Die Ideologiesprache besteht aus den Bezeichnungen für politische Doktrin (*Liberalismus, Marxismus*) und Schlagwörtern (*Gleichheit, Freiheit, Gerechtigkeit*). Neben dieser Einteilung finden sich weitere Klassifizierungsvorschläge für den politischen oder „ideologiegebundenen" Wortschatz. Beispielhaft für die Sprachwissenschaft in der Bundesrepublik Deutschland können genannt werden Diekmann (1981) oder Strauß/Zifonun (1986), für die Sprachwissenschaft in der DDR Klaus (1971) oder die Praxis der differenzierten Markierung der einschlägigen Lemmata im WDG und

HWDG (vgl. die kritische Sichtung in Strauß/Zifonun 1986, 74–100).

Von den drei Bereichen ist der ideologiesprachliche Wortschatz am intensivsten untersucht worden, während die Institutionssprache und die Fachsprache des verwalteten Sachgebietes allenfalls am Rande Beachtung gefunden haben. Zwar hat man traditionellerweise unter dem Etikett „Sprache in der Politik" weithin Wortschatzprobleme behandelt (dazu Bachem 1979, 43 ff.), das aber vor allem unter dem Aspekt von politischer Meinungsbeeinflussung und Propaganda. Deshalb stand im Fokus des Interesses der ideologiesprachliche Wortschatz, der konstitutiver Bestandteil der Propaganda- oder öffentlichen Meinungssprache ist (Bergsdorf 1983, 46), für Georg Klaus (1971) speziell ein Element des Klassenkampfes. Als zentraler Bestandteil des öffentlichen Sprachgebrauchs macht der ideologiesprachliche Wortschatz den Teil des politischen Wortschatzes aus, der den sprachlichen (Medien)Alltag entscheidend mitbestimmt. Die auffälligste Erscheinung bildet das Schlagwort oder das „aggregierte Symbol" (Klaus 1971, 57), dessen Eigenschaften in Unbestimmtheit, Verallgemeinerung, scheinbarer Klarheit, sekundärer Nähe und Gefühlsbelastung bestehen (Dieckmann 1969, 103). Diese Eigenschaften machen die Schlagwörter zu brisanten Wörtern, die die Verständigung erschweren und sogar stören können (Strauß/Haß/Harras 1989, 9). Im Schlagwort werden ganze Programme kondensiert, es erhebt Relatives zu Absolutem, reduziert das Komplizierte auf Typisches, Überschaubares und Einfach-Gegensätzliches (Dieckmann 1969, 103). Schlagworte lassen sich einteilen in Miranda oder Leit-/Schlüsselwörter und Anti-Miranda sowie Fahnen- und Stigma-/Feindwörter. Mit Miranda oder Leit-/Schlüsselwörtern werden erwünschte positive Werte bezeichnet wie z.B. *Demokratie, Friede, Freiheit*, mit Anti-Miranda die Negation des Erwünschten, das Bekämpfte und Verachtete wie z.B. *Diktatur, Krieg, Unterdrückung*. Ein bestimmtes Mirandum oder Anti-Mirandum kann in unterschiedlichen ideologischen Systemen verwendet werden, wobei sich erst dem genauen Blick die ideologiespezifische inhaltliche Füllung erschließt. So geben Strauß/Zifonun (1986, 106) für *Faschismus* als Erklärung 'totalitäre Herrschaftsform, die exemplarisch unter Mussolini/Hitler verwirklicht war', woran sich dann differenzierend die BRD-spezifische Bedeutungskomponente 'auch unter sozialistischen Verhältnissen möglich und teilweise verwirklicht' und die DDR-spezifische Komponente 'Endform des Kapitalismus' anschließt. Anders gelagert ist der Fall der Fahnen- und Stigma-/Feindwörter. Sie dienen der Abgrenzung, so dass „Freund und Feind den Parteistandpunkt" erkennen können (Hermanns 1982, 91). Häufig kommen einem Wort beide Funktionen zu, wobei sein jeweiliger Status von der ideologischen Position dessen abhängt, der es gebraucht. So ist *Sozialismus* für Anhänger des real existierenden Sozialismus ein Fahnenwort, für dessen Gegner jedoch ein Stigmawort. Ausschließlich stigmatisierenden Charakter haben dagegen Wörter wie *Chaot, Extremismus* oder *Terrorist* (ausführlich Strauß/Zifonun 1986, 107 ff.).

Obwohl die Beschäftigung mit dem ideologiesprachlichen Wortschatz, speziell mit dem Schlagwort schon vor dem 1. Weltkrieg einsetzte (Dieckmann 1964, 9), rückte die Sprache der Politik in Deutschland erst nach 1945 in das Blickfeld der Forschung, vor allem motiviert durch die Auseinandersetzung mit dem nationalsozialistischen Sprachgebrauch (Sternberger/Storz/Süskind 1968 [1945]; Klemperer 1969 [1946]). Neben einer Vielzahl von Beiträgen zu Einzelfragen finden sich detaillierte Längsschnitte bei Dieckmann (1964) zum „psychopolitischen Wortgebrauch" seit der französischen Revolution, Straßner (1987) zu „Kenn- und Schlagwörtern" ausgewählter Ideologien vom 19. Jahrhundert bis etwa 1945 und Stötzel/Wengeler (1995) mit dem Versuch einer Geschichte des öffentlich-politischen Sprachgebrauchs in der BRD. Detaillierte Querschnitte bieten Grünert (1974) zum Sprachgebrauch in der 'Paulskirche' 1848/9, Kalivoda (1986, 257 ff.) zum 1. Vereinigten Landtag in Berlin 1847, Zimmermann (1969, 28 ff. und passim) zum Deutschen Bundestag sowie Reich (1968) mit seiner kontrastiven Studie BRD-DDR, dazu auch Hellmann (1980). Eine Einzelfallstudie zum Sprachgebrauch der Republikaner bietet Schelenz (1992). Neben der monografischen Aufarbeitung enthält das Wörterbuch der „Brisanten Wörter von Agitation bis Zeitgeist" einen umfangreichen Teil zu „Politik und Ideologie", in dem Kernbegriffe und Schlagwörter der Bundesrepublik Deutschland vor allem aus den achtziger Jahren verzeichnet sind (Strauß/Haß/Harras 1989). Die historische Aufarbeitung des zentralen politisch-sozialen Wortschatzes in Deutschland leisten die „Geschichtlichen Grundbegriffe" (Brunner/Conze/Koselleck 1972–1997).

3.2. Sprache in der Verwaltung

Obwohl die Verwaltung vielfach gegliedert ist und die unterschiedlichsten Aufgaben und Gebiete kennt, verfügt sie über einen Kern von Fachwörtern, die die Verwaltungsinstitution und -organisation betreffen wie *Verwaltungsgliederungsplan, Kostenstellenplan, Abteilung,* das Verwaltungshandeln wie *Verwaltungsakt, Entscheidung, Anhörung, Ernennung,* die Verwaltungsverfahren wie *Rechtsbehelf, Rechtsmittelbelehrung, Widerruf* und die Verwaltungshilfsmittel wie *Vordruck, Aktenablage, Verteiler, Abgabenachricht* (Wagner 1970, 69). Je nach Arbeitsgebiet nutzen die einzelnen Verwaltungen noch spezifische Fachwörter wie beispielsweise *Abschreibung, Gewinn- und Verlustrechnung, Rückstellung* in der Finanzverwaltung oder *Röntgen, Impfen, Blutgruppe* im Gesundheitsamt (ebd. 71). Viele der verwaltungssprachlichen Fachwörter stammen aus der Rechtssprache wie z.B. die Bezeichnungen für Verwaltungsverfahren, da diese nur besondere Formen von Rechtsverfahren sind; ebenso sind in Verwaltungsakte rechtssprachliche Ausdrücke übernommen worden, da die Verwaltungsakte dazu dienen, Gesetze durchzuführen. Zur Bezeichnung von Verwaltungsvorgängen kennt die Verwaltungssprache nur wenige einfache Verben wie *prüfen, klären, ändern, regeln.* Dafür wird im großen Umfang das Mittel der Präfigierung genutzt, das der Bedeutungsnuancierung dient wie bei *zusagen, absagen, untersagen, versagen* (Wagner 1970, 81f.).

Ähnlich wie die Sprache in der Politik hat die Verwaltungs- oder Amtssprache erhebliche Aufmerksamkeit auf sich gezogen (vgl. die bibliografische Aufarbeitung bei Hilgendorf 1980). Im Vordergrund standen und stehen dabei die Auswirkungen der Verwaltungssprache auf die Allgemeinsprache, denn keine Bürgerin und kein Bürger kann sich der Verwaltung entziehen. Die Beschäftigung mit der Verwaltungssprache hat eine lange sprachpflegerische Tradition einschließlich puristischer Bemühungen (vgl. Cherubim 1989). Nach der Gründung des Deutschen Reichs 1871 wurden in verschiedenen staatlichen Institutionen wie Militär, Eisenbahn und Post die meisten Bezeichnungen fremdsprachlicher Herkunft verdeutscht, und das in der Mehrzahl der Fälle erfolgreich. So wurde beispielsweise 1874 das *Postreglement* durch eine *Postordnung* ersetzt, in der es nicht mehr *poste restante* sondern *postlagernd,* nicht *recommandirte Sendung* sondern *Einschreibesendung,* nicht *Briefcouvert* sondern *Briefumschlag* heißt. Das General-Postamt verfügte nicht nur, diese Bezeichnungen „im dienstlichen Verkehr allgemein in Anwendung zu bringen", sondern wies auch weiter dazu an: „Auch haben die Postanstalten in geeigneter Weise darauf hinzuwirken, dass das Publicum sich in den betreffenden Fällen der durch die Postordnung gegebenen Bezeichnung bedient." (General-Postamt 1874, 492). Diese sprachlenkenden Maßnahmen haben dazu geführt, dass bis heute im amtlichen Schriftverkehr, in Geschäftsordnungen und Dienstanweisungen kaum Fremdwörter verwendet werden (Wagner 1970, 91 f.). Gefördert wurden die Verdeutschungsbestrebungen vom Allgemeinen deutschen Sprachverein mit seinen „Verdeutschungsbüchern" (das erste ist Bruns 1882). Sprachpflegerische Ziele verfolgt auch die Gesellschaft für deutsche Sprache (1980) mit ihren „Fingerzeigen für die Gesetzes- und Amtssprache". Eine über das Sprachpflegerisch-Puristische hinausgehende kulturkritische Stoßrichtung findet sich in Karl Korns Abhandlung zur „Sprache in der verwalteten Welt" (Korn 1962 [1959]), in der die Prägungen und Veränderungen der Allgemeinsprache durch die Verwaltungssprache als Symptom für die gewandelten Lebensformen der Gesellschaft betrachtet werden. Das Wörterbuch der technisch organisierten, verplanten und verwalteten Welt speist sich aus der Sprache der Verwaltungsbürokratie; die „allgemeine Sprachsignatur [ist] die Übersetzung in den Aktenvorgang" (Korn 1962 [1959], 17). Die Entwicklung zur „verwalteten Welt" setzt im ausgehenden 19. Jahrhundert ein und findet ihren Höhepunkt (aber keineswegs Schlusspunkt) im Nationalsozialismus, was im „Wörterbuch des Unmenschen" greifbar wird (Sternberger/Storz/Süskind 1969 [1945]). Seit den siebziger Jahren stehen die Probleme der Bürger-Behörden-Kommunikation im Zentrum der Aufmerksamkeit. Die konstatierten Kommunikationsbarrieren resultieren auch aus den für die Bürger schwer verständlichen Termini der Verwaltungs- und Rechtssprache, was den Verwaltungsexperten in der Regel nicht bewusst ist (Grosse 1980, 17). Für die Bürger handelt es sich dabei um „schwere Wörter", zumal dann, wenn sie ihnen außerhalb von face-to-face-Kommunikationen – also in Formularen, Bescheiden u.ä. – begegnen, sodass Verstehensprobleme nicht geklärt oder sogar überhaupt nicht registriert werden können (Strauß/Zifonun 1984, 396). Besonders die verwaltungsspezifischen Ausdrücke bereiten beim Bemühen, die schriftliche Kommunikation bürgerfreundlicher zu gestalten, Probleme: Den Verwaltungsexperten fehlt es an Sensibilität für die Verständlichkeitsproblematik; welche Wörter für die Bürger schwer verständlich sind, ist nicht einfach zu klären; nicht jedes schwere Wort lässt sich durch ein leichter verständliches austauschen, da die verwaltungssprachliche Bedeutungsspezifik verloren gehen kann, was wiederum rechtliche Probleme aufwirft. Daneben sollte nicht übersehen werden, dass der Gebrauch verwaltungsspezifischer Wörter auch der Jargonisierung dient, mit der sich Institutionvertreter von ihrer Klientel abgrenzen und diese auf Distanz hält. Dies gilt besonders für Verwaltungen, deren Mitglieder sich als geschlossene soziale Gruppe verstehen, die über Sonderrechte und Machtbefugnisse verfügt (vgl. Less 1958).

3.3. Sprache des Rechts

Die Sprache des Rechts ist geprägt von deutlicher Nähe zur Alltagssprache (Diekmann 1969, 89f.), was sich vor allem am rechtsspezifischen Wortschatz zeigt. Nach Müller-Tochtermann (1959) lassen sich unterscheiden: (1) „natürliche Begriffe", die aus der Alltagssprache übernommen sind und keine terminologische Festlegung erfahren haben wie die Bezeichnungen für die Verwandtschaftsbeziehungen, (2) „unbestimmte Rechtsbegriffe" oder auch mit Oksaar (1989, 225) „Generalklauseln", die allgemeine, zeitgebundene und im Einzelfall zu konkretisierende Wertvorstellungen betreffen wie *unzüchtig, gute Sitten, Treu und Glauben*, (3) „bestimmte Rechtsbegriffe", die definitorisch bestimmt sind wie *Eigenheim, Besitz, Mord, fahrlässige Tötung*, (4) „rechtswissenschaftliche Begriffe", die Neubildungen der juristischen Fachsprache sind wie *Vorausvermächtnis* oder *Teilungsanordnung*. Da sich der Rechtswortschatz bis auf die rechtswissenschaftlichen Begriffe weitgehend aus der Alltagssprache speist, begegnet der Laie zahlreichen „falschen Freunden", also Ausdrücken, die in der Alltagssprache eine völlig andere Bedeutung haben als in der Rechtssprache wie z.B. *Widerspruch* ‘förmlicher Rechtsbehelf gegen einen Verwaltungsakt', *Widmung* ‘eine öffentlich bekannt zu machende Verfügung, durch die ein Objekt eine bestimmte Eigenschaft erhält', *jemanden beschweren* ‘jemanden in seinen Rechten verletzen'. Die Rechtssprache mit ihrer langen Geschichte ist weiterhin durchsetzt mit einer Fülle von Ausdrücken und formelhaften Wendungen, die zwar „kanzleisprachlicher" Tradition entstammen, aber zur sprachlichen Präzision von Rechtstexten nichts beitragen wie z.B. *die Zurverfügungstellung, einer Sache Fortgang geben* oder *also war zu entscheiden wie geschehen*.

In jüngerer Zeit sind – wie für eine ganze Reihe von anderen institutionellen Bereichen auch – die Probleme der Rechtssprache, speziell ihre Bürgerferne, thematisiert worden. Wenn die funktional ableitbaren Gebote für eine Rechtssprache Präzision, Verständlichkeit und Effizienz lauten, ergeben sich schnell Widersprüche, die besonders den rechtssprachlichen Wortschatz betreffen (Otto 1981, 50f.). So widerstreitet die Forderung nach sprachlicher Präzision, der in hohem Maß der Gebrauch von Fachausdrücken genügt, der Verständlichkeit; die Forderung nach Effizienz kann dagegen das Erläutern von Fachausdrücken rasch als teuren Luxus erscheinen lassen. Einen Ausweg aus diesem Dilemma sieht Walter Otto darin, den Komplex ‘Rechtssprache' nach Funktionen und beteiligten Personengruppen so zu gliedern, dass sich eine Abstufung an Fachlichkeit ergibt. Otto (1981, 51) schlägt die folgende Einteilung vor: die Gesetzessprache für Fachleute, aber prinzipiell auch für Laien; die Urteils- und Bescheidsprache der Gerichte und Behörden; die Wissenschafts- und Gutachtersprache von Fachleuten für Fachleute; die Sprache des behördlichen Schriftverkehrs von Fachleuten für Fachleute und für Laien; den Verwaltungsjargon im Sinne einer Verwaltungs-Umgangssprache als formlos fachliche oder halbfachliche Erörterung von Fachfragen zwischen Fachleuten. Eine solche Einteilung bietet jedoch nur den Rahmen für eine differenziertere Betrachtung des rechtsspezifischen Wortschatzes, wobei für die Kommunikation zwischen Institutionsvertretern und ihrer Klientel besonders die Urteils- und Bescheidsprache der Gerichte und Behörden und die Sprache des behördlichen Schriftverkehrs von Fachleuten für Fachleute und für Laien relevant sind.

3.4. Sprache in Wissenschaft und Technik

Auch wenn die Sprache der Politik oder Verwaltung durchaus auch unter fachsprachlichem Aspekt thematisiert wird (z.B. Fluck 1976 Kap. 5.4. und 5.5.), bildet doch die Sprache in Wissenschaft und Technik den Hauptgegenstand der Fachsprachendiskussion, wobei wiederum die Eigenschaften und die Struktur des Wortschatzes eine zentrale Rolle spielen (Fluck 1976, Kap 4; Hoffmann 1976, 261 ff.). Die unübersehbare Disparatheit fachsprachlicher Äußerungen hat schnell dazu geführt, dass der Komplex 'Fachsprache' in spezifische Fachsprachen einzelner Fachgebiete aufgeteilt wurde (von Hahn 1983, 72); außerdem wurden innerhalb solcher spezifischen Fachsprachen verschiedene Schichten fachsprachlichen Kommunizierens angesetzt (ebd. 73). Damit kommen institutionsspezifische Gesichtspunkte ins Spiel, da in diesen Einteilungsvorschlägen die Kriterien der institutionsinternen Kommunikation zwischen Experten und der institutionsexternen Kommunikation zwischen Experten und Laien eine Rolle spielen (ein Überblick über solche Schichtenmodelle bei von Hahn 1983, 73 ff.; vgl. auch Fluck 1976, 17 ff.; Hoffmann 1976, 184 ff.). Ein Vorschlag mit großer Wirkung stammt von Hans Ischreyt (1965, 43 ff.), der – Mackensen 1959 fortentwickelnd – die technischen Fachsprachen in die wissenschaftliche Fachsprache, Werkstattsprache und Verkäufersprache gliedert. Analog zu Ischreyt spricht von Hahn (1980, 391 f.) von der Theorie- oder Wissenschaftssprache, der fachlichen Umgangssprache und der Verteilersprache. Die Werkstattsprache oder fachliche Umgangssprache dient der institutionsinternen Kommunikation zwischen Experten. Allgemeine Charakteristika ihres Wortschatzes sind ein hohes Maß an metaphorischen Ausdrücken zum Beispiel für die Bezeichnung von Werkzeugen, die in ihrer Bildung etwa durch die Form motiviert sind wie in der Automontage *Hundeknochen*, *Klodeckel* oder *Jägerzaun* (Fluck 1976, 26 Anm. 48). Weiterhin sind in die Werkstattsprache eine große Zahl von Bezeichnungen aus der Sprache der traditionellen Handwerke übernommen worden wie *bördeln*, *hobeln*, *nuten* oder *zwirnen* (Ischreyt 1965, 210). Nach von Hahn (1980, 392) ist die Werkstattsprache auch gekennzeichnet durch saloppen Fachjargon, eine Nutzung vereinfachter und verkürzter terminologischer Systeme sowie die Einbeziehung gruppen- und sondersprachlicher Lexik.

Fraglich bleibt, ob der Wortschatz in der Montagehalle die gleichen Eigenschaften aufweist wie der in einem gentechnischen Labor. Doch gerade im Hinblick auf die metaphorischen Bildungen wehrt sich schon Ischreyt (1965, 43 f.) gegen die Korrelierung der Werkstattsprache mit einer bestimmten sozialen Schicht, wogegen beispielsweise metaphorische Bildungen aus der Kerntechnik sprechen wie *breeder* 'Reaktorart', *virgin neutron* 'Neutron, das noch keinen Zusammenstoß erlebt hat' oder *burial ground* 'Stelle, an der radioaktives Material vergraben wird'. Was die Verkäufer-/Verteilersprache angeht, so ist sie noch immer kaum erforscht. Ischreyt (1965, 46) nennt lediglich die Warenzeichen und Fabrikatbezeichnungen, die einerseits die Exaktheit und Präzision der wissenschaftlichen Fachsprache nicht brauchen und denen andererseits die Spontaneität und die soziale Bedeutung der Werkstattsprache fehlen. Zu einer differenzierteren Beschreibung innerbetrieblicher Kommunikation gelangt Roland Pelka (1979, 67 ff.), indem er den Industriebetrieb in „Kommunikationsbereiche" aufteilt. Den Bereichen 'Entwicklung', 'Beschaffung', 'Fertigung' und 'Vertrieb' lassen sich spezifische Textsorten zuordnen, die auch charakteristische Wortschatzanteile aufweisen. So finden sich zum Beispiel im 'Laborbericht/Untersuchungsbericht' ein hoher Anteil an wissenschaftlich-abstrakter Terminologie wie *Kontaktwiderstand*, *Medianwert*, in der 'Freigabe' für den Fertigungsanlauf eines neuen Produktes sowohl technische als auch wirtschaftliche Fachausdrücke wie *Spulenspannung*, *Ultraschallschweißen* oder *Lieferquote*, *Zulieferant*, im 'Fertigungsplan' konkrete Fachausdrücke wie *Anker*, *Spule*, *Magnethammer*, im 'Typen-Prüfbericht' fertigungstechnische Terminologie wie *Ausfallteil*, *Lötaugendurchmesser* oder in der 'Hausmitteilung' zahlreiche Abkürzungen und Betriebsjargonismen (vgl. auch Möhn/Pelka 1984, Kap. 4 mit den Institutionen 'feinwerktechnischer Großbetrieb', 'Deutscher Fußball-Bund' und 'Medizin'). Eine weitere Gruppe von Textsorten, die in den Bereich der Verteilersprache fallen, bilden – nicht nur technische – Anweisungstexte für Verbraucher; diese Texte weisen einen hohen fachsprachlichen Anteil im Wortschatz auf. Einerseits ist es vielfach notwendig, bestimmte Sachverhalte mit dem entsprechenden fachsprachlichen Ausdruck zu bezeichnen, andererseits erweisen sich scheinbar aus Sachgründen benutzte Fachwörter als „appellativ funktionierende Pseudotermini" (Küster 1980, 114), oder aber es wird den Laien gegenüber eine gewisse Fachkompetenz suggeriert (ebd. 115). Kritisch zu beurteilen ist auch der Gebrauch von Metaphern wie der *Bord*-Metapher beim Auto, mit der das Auto zu einem dem Schiff oder Flugzeug vergleichbaren technischen Gerät überhöht und seinem Lenker die Bedeutung eines Schiffs- oder Flugkapitäns zugeschrieben wird (ebd. 116). Ein indirekten Aufschluss über institutionsspezifische Wortschätze gibt die Untersuchung zur „Sprache im sozialistischen Industriebetrieb" (Schönfeld/Donath 1978), in deren Rahmen verschiedene Gruppen von Betriebsangehörigen nach ihrer Kenntnis von politisch-ökonomischen Termini, Abkürzungen, betrieblichem Fachwortschatz und zentralen Termini für die Organisation und Leitung befragt worden sind.

4. Literatur in Auswahl

Bachem, Rolf (1979), *Einführung in die Analyse politischer Texte*. München.

Balzer, Wolfgang (1993), *Soziale Institutionen*. Berlin/New York.

Becker-Mrotzek, Michal (1992), *Diskursforschung und Kommunikation in Institutionen*. Heidelberg (= Studienbibliographien Sprachwissenschaft. 4).

Bergsdorf, Wolfgang (1983), *Herrschaft und Sprache. Studien zur politischen Terminologie der Bundesrepublik Deutschland*. Pfullingen.

Brunner, Otto; Werner Conze; Reinhart Koselleck (1972–1997), *Geschichtliche Grundbegriffe. Historisches Lexikon der politisch-sozialen Sprache in Deutschland*. 8 Bde. Stuttgart.

Bruns, Karl (1882), *Die Amtssprache. Verdeutschungen der hauptsächlichsten im Verkehre der Gericht- und Verwaltungsbehörden sowie der Rechts- und Staatswissenschaft gebrauchten Fremdwörter*. Berlin (13. Aufl. 1917).

Busse, Dietrich (1991), Juristische Fachsprache und öffentlicher Sprachgebrauch. Richterliche Bedeutungsdefinitionen und ihr Einfluß auf die Semantik politischer Begriffe. In: Liedtke, Frank; Martin Wengeler; Karin Böke (Hg.): *Begriffe besetzen. Strategien des Sprachgebrauchs in der Politik*. Opladen, 160–185.

Cherubim, Dieter (1989): Sprachverderber oder Sprachförderer? Zur Sprache in Institutionen im 19. Jahrhundert. In: Cherubim, Dieter; Klaus J. Mattheier (Hg.): *Voraussetzungen und Grundlagen der Gegenwartssprache. Sprach- und sozialgeschichtliche Untersuchungen zum 19. Jahrhundert*. Berlin/New York, 139–175.

Dieckmann, Walther (1964), *Information oder Überredung. Zum Wortgebrauch der politischen Werbung seit der Französischen Revolution*. Marburg.

–, (1969), *Sprache in der Politik. Einführung in die Pragmatik und Semantik der politischen Sprache*. Heidelberg.

–, (1981), *Politische Sprache. Politische Kommunikation. Vorträge, Aufsätze, Entwürfe*. Heidelberg.

–, (1983), Sprache und Kommunikation in politischen Institutionen. In: Fachbereich 16 der FU Berlin (Hg.): *Linguistische Arbeiten und Berichte* 1–66.

Ehlich, Konrad; Jochen Rehbein (1980), Sprache in Institutionen. In: Althaus, Hans Peter; Helmut Henne; Herbert Ernst Wiegand (Hg.): *Lexikon der Germanistischen Linguistik*. 2. Aufl. Tübingen, 338–345.

Fluck, Hans-R. (1976), *Fachsprachen. Einführung und Bibliographie*. München.

General-Postamt (1874), General-Verfügung des General-Postamts. In: *Amts-Blatt der Deutschen Reichs-Postverwaltung* Nr. 90, 491–493.

Gesellschaft für deutsche Sprache (Hg.) (1980), *Fingerzeige für die Gesetzes- und Amtssprache*. 10. Aufl., völlig neu bearb. von Ulrich Daum. Wiesbaden.

Grosse, Siegfried (1980), Allgemeine Überlegungen zur sprachlichen Fassung von Vordrucken und Formularen. In: Grosse, Siegfried; Wolfgang Mentrup (Hg.): *Bürger – Formulare – Behörde. Wissenschaftliche Arbeitstagung zum Kommunikationsmittel 'Formular'*. Mannheim, Oktober 1979. Mit einer ausführlichen Bibliographie. Tübingen, 11–24.

Grünert, Horst (1974), *Sprache und Politik. Untersuchungen zum Sprachgebrauch der 'Paulskirche'*. Berlin/New York.

–, (1984): Deutsche Sprachgeschichte und politische Geschichte in ihrer Verflechtung. In: Besch, Werner; Oskar, Reichmann; Stefan, Sonderegger (Hg.): *Sprachgeschichte. Ein Handbuch zur Geschichte der deutschen Sprache und ihrer Erforschung*. 2. Halbbd. Berlin/New York 29–37.

von Hahn, Walther (1980), Fachsprachen. In: Althaus, Hans Peter; Helmut, Henne; Herbert Ernst, Wiegand (Hg.): *Lexikon der Germanistischen Linguistik*. 2., vollst. neu bearb. und erw. Aufl. Tübingen, 390–395.

–, (1983), *Fachkommunikation. Entwicklung. Linguistische Konzepte. Betriebliche Beispiele*. Berlin/New York.

Hellmann, Manfred W. (1980), Deutsche Sprache in der Bundesrepublik Deutschland und der Deutschen Demokratischen Republik. In: Althaus, Hans Peter; Helmut Henne; Herbert Ernst Wiegand (Hg.): *Lexikon der Germanistischen Linguistik*. 2. vollst. neu bearb. Aufl. Tübingen, 519–527.

Hermanns, Fritz (1982), Brisante Wörter. Zur lexikographischen Behandlung parteisprachlicher Wörter und Wendungen in Wörterbüchern der deutschen Gegenwartssprache. In: Wiegand, Herbert Ernst (Hg.): *Studien zur neuhochdeutschen Lexikographie II*. Hildesheim/New York, 86–108.

Hilgendorf, Brigitte (1980), Bibliographie. In: Grosse, Siegfried; Wolfgang Mentrup (Hg.): *Bürger – Formulare – Behörde. Wissenschaftliche Arbeitstagung zum Kommunikationsmittel 'Formular'*. Mannheim, Oktober 1979. Mit einer ausführlichen Bibliographie. Tübingen, 171–249.

Hoffmann, Lothar (1976), *Kommunikationsmittel Fachsprache. Eine Einführung*. Berlin.

Holly, Werner (1990), *Politikersprache. Inszenierung und Rollenkonflikte im formellen Sprachhandeln eines Bundestagsabgeordneten*. Berlin/New York.

HWDG = *Handwörterbuch der deutschen Gegenwartssprache in zwei Bänden.* Berlin 1984

Ischreyt, Hans (1965), *Studien zum Verhältnis von Sprache und Technik. Institutionelle Sprachlenkung in der Terminologie der Technik.* Düsseldorf.

Kalivoda Gregor (1986), *Parlamentarische Rhetorik und Argumentation. Untersuchungen zum Sprachgebrauch des 1. Vereinigten Landtags in Berlin 1847.* Frankfurt etc.

Klaus, Georg (1971), *Sprache der Politik.* Berlin.

Klemperer, Victor (1969 [1946]), *„LTI". Die unbewältigte Sprache. Aus dem Notizbuch eines Philologen.* München.

Koerfer, Armin (1994), *Institutionelle Kommunikation. Zur Methodologie und Empirie der Handlungsanalyse.* Opladen.

Korn, Karl (1962 [1959]), *Sprache in der verwalteten Welt.* Erw. Ausg. München.

Küster, Rainer (1980), Pragmalinguistische Aspekte von Anweisungstexten. In: Grosse, Siegfried; Wolfgang, Mentrup (Hg.): *Anweisungstexte.* Tübingen, 104-133.

Less, E. (1958), Die Amtssprache als Schlüssel zur Psychologie der Verwaltung. In: *Zeitschrift für Beamtenrecht und Beamtenpolitik* 6, 362-368.

Mackensen, Lutz (1959), Muttersprachliche Leistungen der Technik. In: Gipper, Helmut (Hg.): *Sprache. Schlüssel zur Welt.* Festschrift für Leo Weisgerber. Düsseldorf, 293-305.

Möhn, Dieter; Pelka, Roland (1984), *Fachsprachen. Eine Einführung.* Tübingen.

Müller-Tochtermann, Helmut (1959), Struktur der deutschen Rechtssprache. In: *Muttersprache* 69, 84-92.

Oksaar, Els (1989), Alltagssprache, Fachsprache, Rechtssprache. In: *Zeitschrift für Gesetzgebung* 4, 210-237.

Otto, Walter (1981), Die Paradoxie einer Fachsprache. In: Radtke, Ingulf (Hg.) (1981), 44-57.

Pelka, Roland (1979), Kommunikationsdifferenzierung in einem Industriebetrieb. In: Mentrup, Wolfgang (Hg.): *Fachsprache und Gemeinsprache. Jahrbuch 1978 des Instituts für deutsche Sprache.* Düsseldorf, 59-83.

von Polenz, Peter (1999), *Deutsche Sprachgeschichte vom Spätmittelalter bis zur Gegenwart.* 3. Bd. 19. und 20. Jahrhundert. Berlin/New York.

-, (1981), Jargonisierung von Wissenschaftssprache und wider die Deagentivierung. In: Bungarten, Theo (Hg.): *Wissenschaftssprache. Beiträge zur Methodologie, theoretischen Fundierung und Deskription.* München, 85-110.

Radtke, Ingulf (Hg.). (1981), *Der öffentliche Sprachgebrauch.* Bd. II: Die Sprache des Rechts und der Verwaltung. Stuttgart.

Reich, Hans H. (1968), *Sprache und Politik. Untersuchungen zu Wortschatz und Wortwahl des offiziellen Sprachgebrauchs in der DDR.* München.

Schelenz, Bernhard (1992), *Der politische Sprachgebrauch der „Republikaner".* Frankfurt etc.

Schönfeld, Helmut; Joachim, Donath (1978), *Sprache im sozialistischen Industriebetrieb. Untersuchungen zum Wortschatz bei sozialen Gruppen.* Berlin.

Steger, Hugo (1989), Institutionssprache. In: *Staatslexikon.* 5. Bd. 7., völlig neu bearb. Aufl. Freiburg etc., 126-128.

Sternberger, Dolf; Gerhard, Storz; Wilhelm E., Süskind (1968 [1945]). *Aus dem Wörterbuch des Unmenschen. Neue erweiterte Ausgabe mit Zeugnissen des Streits über die Sprachkritik.* Hamburg/Düsseldorf.

Stötzel, Georg; Martin Wengeler (1995), *Kontroverse Begriffe. Geschichte des öffentlichen Sprachgebrauchs in der Bundesrepublik Deutschland.* Berlin/New York.

Straßner, Erich (1987), *Ideologie – Sprache – Politik. Grundfragen ihres Zusammenhangs.* Tübingen.

Strauß, Gerhard (1986), Sprachspiele, kommunikative Verfahren und Texte in der Politik. Versuch einer Textsortenspezifik (1984/85). In: Strauß, Gerhard (Hg.): *Der politische Wortschatz. Zur Kommunikations- und Textsortenspezifik.* Tübingen, 2-66.

Strauß, Gerhard; Ulrike Haß; Gisela Harras (1989), *Brisante Wörter von Agitation bis Zeitgeist. Ein Lexikon zum öffentlichen Sprachgebrauch.* Berlin/New York.

Strauß, Gerhard; Gisela Zifonun (1984), Versuch über 'schwere Wörter'. In: Wiegand, Herbert Ernst (Hg.): *Studien zur neuhochdeutschen Lexikongraphie IV.* Hildesheim etc., 380-452.

Strauß, Gerhard; Gisela Zifonun (1986), Formen der Ideologiegebundenheit. Versuch einer Typologie der gesellschaftlichen Lexik (1982/83). In: Strauß, Gerhard (Hg.): *Der politische Wortschatz. Zur Kommunikations- und Textsortenspezifik.* Tübingen, 67-147.

Wagner, Hildegard (1970), *Die deutsche Verwaltungssprache der Gegenwart. Eine Untersuchung der sürachlichen Sonderform und ihrer Leistung.* Düsseldorf.

WDG = *Wörterbuch der deutschen Gegenwartssprache.* 6. Bde. Berlin 1974 [1964]-1977.

Weymann-Weyhe (1978), *Sprache – Gesellschaft – Institution. Sprachkritische Vorklärungen zur Problematik von Institutionen in der gegenwärtigen Gesellschaft.* Düsseldorf.

Wodak, Ruth (1987), Kommunikation in Institutionen. In: Ammon, Ulrich; Norbert Dittmar; Klaus J. Mattheier (Hg.): *Soziolinguistik. Ein internationales Handbuch zur Wissenschaft von Sprache und Gesellschaft.* 1. Halbbd. Berlin/New York, 799-820.

Wunderlich, Dieter (1976), *Studien zur Sprechakttheorie.* Frankfurt.

Zimmermann, Hans Dieter (1969), *Die politische Rede. Der Sprachgebrauch der Bonner Politiker.* Stuttgart etc.

Ulrich Püschel, Trier (Deutschland)

114. Wissenschaftsbezogene Wortschätze

1. Wissenschaftsbezogene Wortschätze in der Fach- und Wissenschaftssprachforschung und der Terminologielehre
2. Zur Systemhaftigkeit wissenschaftsbezogener Wortschätze
3. Diachrone und soziale Aspekte wissenschaftsbezogener Wortschätze
4. Literatur in Auswahl

1. Wissenschaftsbezogene Wortschätze in der Fach- und Wissenschaftssprachforschung und der Terminologielehre

Die Wortschätze der wissenschaftlichen Disziplinen sind nicht nur die offensichtlichsten Kennzeichen ihrer spezifischen Fachlichkeit, der lexikalische Bereich ist auch von allen klassischen Untersuchungsbereichen der Sprachwissenschaft der einzige, in dem Fach- und Wissenschaftssprachen genuine und nur ihnen eigene Strukturen ausgeprägt haben, in denen deshalb die Spezifik von Fach- und Wissenschaftssprachen qualitativ und nicht nur quantitativ in Erscheinung tritt. Als auffälligste Merkmale fachlicher Kommunikation standen Fachwörter und Fachwortschätze in der frühen Phase der Fach- und Wissenschaftssprachforschung im Mittelpunkt des Interesses (Kretzenbacher 1992a, 2ff.; Kretzenbacher 1998a, 133). Auch die sprachliche Konstituierung von Fächern und Disziplinen (horizontale Gliederung) und der unterschiedliche Fachlichkeitsgrad in verschiedenen Kommunikationssituationen (vertikale Schichtung) wurde überwiegend im Bereich der Lexik bestimmt; das bekannteste Beispiel dürfte das von Lothar Hoffmann (1985, 58ff.) entwickelte Modell sein, aber auch konkurrierende Darstellungen, wie sie Walther von Hahn (1983, 72ff.) aufführt, basieren überwiegend auf lexikalischen Charakteristika. Seit den achtziger Jahren verlagerte sich das Interesse der Fach- und Wissenschaftssprachforschung von der Lexik auf die syntaktische, vor allem aber auf die textlinguistische und pragmatische Untersuchung fachlicher und wissenschaftlicher Kommunikation. Von diesen neuen Blickwinkeln aus (Kretzenbacher 1991, 198 f.), aber auch angeregt von Entwicklungen in der lexikalischen Semantik, in der Onomastik und in psychologischen Disziplinen (Gläser 1996, 23ff.; Fraas 1991, 203), ergaben sich neue Perspektiven auf die wissenschaftliche Lexik.

Die Terminologielehre, die sich als Disziplin zwischen Linguistik, Wissenschaftstheorie und Sachwissenschaften angesiedelt sieht (Felber 1986, 110), setzt sich schon länger als die linguistische Fach- und Wissenschaftssprachforschung mit wissenschaftsbezogenen Wortschätzen auseinander. Sie ist vorwiegend an der nationalen und internationalen Normierung und Standardisierung fachlicher und wissenschaftlicher Wortschätze interessiert. Eine komplementäre Zusammenarbeit zwischen Terminologielehre einerseits und Fach- und Wissenschaftssprachforschung andererseits wäre wünschenswert (Fraas 1991, 205; Laurén/Myking/Picht 1998), erscheint jedoch von linguistischer Seite vor allem wegen des von der Terminologielehre aufgestellten Postulats terminologischer Eindeutigkeit bis hin zur „Eineindeutigkeit", verstanden als Ausschluss sowohl von Synonymie als auch von Polysemie (Roelcke 1991, 195ff.; vgl. auch Fraas 1990, 527f.; Kretzenbacher 1992a, 6) und ihrer Vorstellung wissenschaftlich klarer, aber vorsprachlicher und linguistisch nicht beschreibbarer Begriffe (Kretzenbacher 1991, 195f.; Kretzenbacher 1998a, 134f.) nicht einfach.

2. Zur Systemhaftigkeit wissenschaftsbezogener Wortschätze

Insofern wissenschaftliche Wortschätze lexikalische Systeme sind, die Disziplinen mitkonstituieren, weisen sie wie die Disziplinen selbst gleichzeitig Merkmale systemhafter Geschlossenheit und unsystematischer Offenheit auf. Diese Tendenzen zur Geschlossenheit und zur Offenheit haben eine intradisziplinäre, eine interdisziplinäre, eine extradisziplinäre und eine interkulturelle Dimension.

2.1. Tendenz zur systematischen Geschlossenheit

2.1.1. Intradisziplinäre Dimension

Der Aspekt systematischer Geschlossenheit wissenschaftlicher Wortschätze hängt eng mit der Abstraktion als wissenschaftlichem Grundverfahren zusammen, das Schopenhauer so beschreibt: „Schon das Wesen aller Wissenschaft besteht darin, daß wir das endlos Mannigfaltige der anschaulichen Erscheinungen unter komparativ wenige abstrakte Begriffe zusammenfassen, aus denen wir ein System ordnen, von welchem aus wir alle jene Erscheinungen völlig in der Gewalt unserer Erkenntniß haben" (1949, 537). Die Systeme der von Schopenhauer so genannten abstrakten Begriffe sind in Form von Terminologien und Nomenklaturen Kernbestandteile des Wortschatzes einer Disziplin. Die Unterscheidung zwischen Nomenklatur und Terminologie ist traditionell nicht sehr präzise (Morgenroth 1996, 162f.), und in manchen Fachgebieten zeigt sich „eine gewisse Annäherung zwischen Terminussystemen und Nomenklaturen" (Gläser 1989, 106). Termini und Nomenklaturzeichen unterscheiden sich jedoch, was ihre theoretische Fundierung betrifft: Während Termini als definierte Fachwörter (überwiegend hierarchisch) geordnete Systeme von Terminologien bilden, haben Nomenklaturzeichen keine definitorische Funktion und ihre Anordnung in Nomenklaturen ist eher katalogartig als hierarchisch. Dennoch betont Gläser die innere Systematik von Nomenklaturen durch die homogenen Eigenschaften der benannten Phänomene und Objekte, die in wissenschaftlichen Nomenklaturen wie der medizinischen, biologischen und chemischen besonders stark hervortritt (Gläser 1989, 110f.). Termini unterscheiden sich also von Nomenklaturzeichen zwar durch ihre notwendige (wenn auch nicht notwendig vollständige) Definiertheit, eine absolute Abgrenzung zwischen Terminologien und Nomenklaturen ist jedoch nicht möglich. Das gilt selbst für den stark normierten Wortschatz der Chemie (vgl. Kleine 1996, 178). Die Abgeschlossenheit wissenschaftlicher Terminologien ist nicht nur gegenüber Nomenklaturen umstritten, auch gegen allgemein-wissenschaftlichen, bildungssprachlichen und allgemeinsprachlichen Wortschatz sind die spezifischen Terminologien einzelner Disziplinen oft nicht eindeutig abgegrenzt (Kretzenbacher 1991, 196f.). Dass der Katalogcharakter von Nomenklaturen intradisziplinär sehr wohl systemhaft und nicht beliebig ist, zeigt sich etwa dort, wo ein und dasselbe Phänomen in verschiedenen Disziplinen unterschiedliche Bezeichnungen erhält. So nennt man das Bleisalz der Kohlensäure ($PbCO_3$) in der anorganischen Chemie *Blei(II)-carbonat*, in der Pharmazie *Plumbum carbonicum* und in der Mineralogie und Hüttenchemie *Cerussit* oder *Weißbleierz* (Wolff 1971, 6). Die Systemhaftigkeit wissenschaftlicher Terminologien ist im Gegensatz zur Systemhaftigkeit von Nomenklaturen kaum umstritten. Die traditionelle zweidimensionale Darstellung des Systems durch Begriffsreihen, Begriffsleitern und Stemmata ist inzwischen in der Wissenschaftssprachforschung durch die Berücksichtigung dynamischer Bedeutungskonzepte und die Überwindung des Postulats der Kontextunabhängigkeit von Termini durch mehrdimensionale Netzwerkdarstellungen ersetzt worden (Fraas 1990, 531ff.).

2.1.2. Interdisziplinäre Dimension

Die interdisziplinäre Dimension der systemhaften Geschlossenheit wissenschaftlicher Wortschätze ist nicht nur in interdisziplinärer Synonymie zu erkennen, wie im genannten Beispiel der unterschiedlichen Bezeichnungen des Bleisalzes der Kohlensäure, sondern auch im entgegengesetzten Phänomen der interdisziplinären Polysemie, die insbesondere bei metaphorisch gebildeten wissenschaftlichen Fachwörtern auftaucht, entweder indem verschiedene Disziplinen dasselbe gemeinsprachliche Lexem metaphorisch als Terminus einsetzen (*Feld* in der Semantik, in der Kognitionspsychologie, in der Entwicklungsphysiologie und in der Physik) oder indem eine Disziplin ein Fachwort einer anderen metaphorisch übernimmt, wie etwa die linguistische Valenztheorie ihren zentralen Begriff aus der Chemie entlehnt hat (Kretzenbacher 1992b, 42).

2.1.3. Extradisziplinäre Dimension

Extradisziplinär tritt die Systemhaftigkeit von Terminologien und Nomenklaturen als den Kernbereichen wissenschaftlicher Wortschätze oft als Exklusivität der Verwendung von wissenschaftlichen Termini (z.B. *Carcinoma cervicis uteri*) oder Trivialbezeichnungen der fachlichen Umgangssprache (z.B. *Zervixkarzinom*) in der Kommunikation zwischen Fachleuten hervor, während in der Fachleute-Laien-Kommunikation eher volkstümliche Bezeichnungen (z.B. Gebärmutterhalskrebs) erscheinen.

2.1.4. Interkulturelle Dimension

Die angestrebte intradisziplinäre systemhafte Geschlossenheit wissenschaftlicher Wortschätze regt internationale und damit übereinzelsprachliche Standardisierung an. Trotzdem behalten gelegentlich einzelsprachliche wissenschaftliche Wortschätze einzelne Fachwörter in der jeweils traditionellen Form bei, so dass es manchmal (wenn auch viel seltener als bei gemeinsprachlichen Lexemen) zum Phänomen der „falschen Freunde" kommt: Das englische medizinische Fachwort *typhus* entspricht nicht dem deutschen *Typhus* (engl. *typhoid fever*), sondern ist mit Fleckfieber zu übersetzen, in der Elektrotechnik bedeutet engl. *period* auf deutsch *Periodendauer*, nicht Periode (engl. *cycle*). In der organischen Chemie konnte sich im Deutschen die nach der einschlägigen Genfer Nomenklatur international gebräuchliche Endung für organische Verbindungen gerade bei einer auch vielen Laien bekannten organischen Verbindung, dem *Benzol*, nicht durchsetzen (vgl. engl. *benzene*, frz. *benzène*) Ein bekanntes Beispiel für einen interkulturellen Unterschied im Fachwortschatz ein und derselben Disziplin ist die Übersetzung des Freudschen Vokabulars der Psychoanalyse in der englischen *Standard Edition*, wo anstelle von muttersprachlichen und in der Allgemeinsprache verwurzelten Fachwörtern oft Neubildungen griechischer und lateinischer Herkunft erscheinen (Kuenkamp 1995, 132ff.), was eine stärkere intradisziplinäre Geschlossenheit der englischen gegenüber der deutschen Terminologie der Psychoanalyse und damit einen Bruch der interkulturellen Kontinuität der Disziplin suggeriert. Aber hier macht sich mittlerweile eine Tendenz zum interkulturellen Ausgleich zugunsten der systematischen Geschlossenheit des Vokabulars bemerkbar: Einige der griechisch-lateinischen Termini der *Standard Edition* treten inzwischen öfters in englisch-muttersprachlicher Form auf, etwa *drive* statt des missverständlichen *instinct* für *Trieb*. Andererseits haben viele der übersetzten Termini inzwischen auf das deutsche psychoanalytische Vokabular zurückgewirkt, so dass etwa neben *Ich* auch *Ego* zu finden ist, und ein Fachwort Freuds wie *Versagung* heute kaum noch in der ursprünglichen Form gebraucht wird, sondern an seiner Stelle die Rükkübersetzung *Frustration* steht (Kuenkamp 1995, 148ff.).

2.2. Tendenz zur Offenheit des Systems

2.2.1. Intradisziplinäre Dimension

Die gerade aufgeführten Beispiele zeigen, dass die Aufrechterhaltung der einzelsprachlichen Geschlossenheit des zentralen Wortschatzes einer Disziplin im Gegenzug die internationale Geschlossenheit des Wortschatzes der Disziplin verhindern kann. Als System können wissenschaftliche Wortschätze niemals in jeder Hinsicht Geschlossenheit aufweisen. Offenheit im Sinne von Erweiterbarkeit des einschlägigen Wortschatzes ist ohnehin eine Bedingung der Entwicklung von wissenschaftlichen Disziplinen. Im Fall von Nomenklaturen ist es sogar die Hauptaufgabe, ein lexikalisches Raster zur Verfügung zu stellen, aus dem sich Benennungen für neuentdeckte Objekte und Phänomene möglichst extrapolieren lassen. Eine zu unsystematische Nomenklatur im Sinne von nicht stringenten Nomenklaturzeichen mag dabei von manchen Fachwissenschaftlern, z.B. in der Zoologie bedauert werden: „Während bei der Errichtung der Kategorie Art im Allgemeinen objektive Kriterien (vor allem das der reproduktiven Isolation unter natürlichen Bedingungen) herangezogen werden können, herrschen bei der Abgrenzung und Festlegung der höheren Kategorien Tradition, Pragmatik und oft erheblicher Subjektivismus" (Remane/Storch/Welsch 1991, XV). Andererseits können zu stark definierende Nomenklaturzeichen wissenschaftliche Entwicklungen verzögern, wenn auch nicht verhindern. Bazerman zitiert eine unveröffentlichte Arbeit von Zuckerman, der zufolge in der Bakteriologie lange eine prinzipiell ungeschlechtliche Vermehrung von Bakterien angenommen wurde, „because bacteria were classified as schizomycetes, from the Greek meaning 'fission fungi' [...] In 1946 Joshua Lederberg's discovery of sexual recombination in the bacteria *E. coli*, however, led to a revised definition of the classification schizomycetes, despite the literal meaning of the etymology" (1981, 368). Auch bei der Definition von Termini, insbesondere von solchen, die eine zentrale Rolle in der Theorie einer Disziplin spielen, ist eine flexible Stellung innerhalb der Terminologie durch geringe semantische Randschärfe (vgl. Weinrich 1989, 124ff.; Kretzenbacher 1998a, 135) manchmal von Vorteil, so konnten Termini wie *Energie* in der Physik (vgl. Ford/Peat 1988, 1237) oder *Rezeptor* in der Biochemie (vgl. Moulin 1988) gravierende Änderungen der theoretischen Grundlagen ihrer jeweiligen Disziplin überstehen. Ein weiterer Aspekt der intradisziplinären Offenheit des Systems wissenschaftlicher Wortschätze sind aus Eigennamen gebildete Fachwörter, die neben systematisch gebildeten integrative Bestandteile dieser Wortschätze darstellen. Weil der meist nicht-definitorische Charakter eponymisch gebildeter Fachwörter sie wenig anschaulich macht (vgl. Lippert 1981, 36; Niederhauser 1996, 83), und auch weil Bezeichnungen durch Namen von Erfindern oder Entdeckern in der internationalen Wissenschaftskommunikation Probleme bei umstrittener Priorität der bezeichneten Entdeckung oder Erfindung erzeugen können, streben fachsprachliche Normen und Standards, wie etwa die Basler und die Pariser Anatomischen Nomenklaturen (vgl. Michler/Benedum 1981, 11f.) oft nach einer Vermeidung eponymisch gebildeter Fachwörter. Die Fachwortschätze der medizinischen Disziplinen sind jedoch reich mit eponymisch gebildeten Fachwörtern durchsetzt, ebenso wie diejenigen der Naturwissenschaften. Niederhauser (1996, 82) nennt drei praktische Gründe für das Offenhalten des Systems wissenschaftlicher Wortschätze durch eponymisch gebildete Fachwörter: Mit Hilfe einiger weniger Grundwörter aus dem allgemeinwissenschaftlichen Wortschatz wie *Effekt, Gesetz, Konstante* kann unter Zusatz eines Personennamens ein großer Teil des Fachwortschatzes abgedeckt werden, eponymisch gebildete Fachwörter sind kein Übersetzungsproblem, und sie sind so theorieunabhängig, dass sie die Änderungen systematisch gebildeter Terminologien mit dem wissenschaftlichen Fortschritt so einfach überstehen, wie das nur den flexibelsten systematisch gebildeten Fachwörtern möglich ist.

In empirischen wissenschaftlichen Äußerungen kommt die intradisziplinäre Offenheit der einzelnen Subsysteme des Fachwortschatzes vor allem durch ihre gegenseitige Durchdringung und ihr gemeinsames Auftreten zur Geltung. Im Fall medizinischer Disziplinen ist auch in der intradisziplinären Kommunikation ein Reichtum an Synonymen charakteristisch, die in Fachtexten durchaus wie in gemeinsprachlichen Texten als Mittel der Stilvariation gebraucht werden (Wiese 1984, 34; 40). Ad Hermanns (1989, 108) berichtet für das Französische von 24 Synonymen zur Bezeichnung des Down-Syndroms. Und in der klinischen Medizin werden anatomische Bezeichnungen aus den drei konkurrierenden Systemen der Basler, der Jenenser und der Pariser Nomenklatur oft synonym neben Trivialbezeichnungen und volkstümlichen Bezeichnungen verwendet (vgl. Kretzenbacher 1992b, 41). Nicht zuletzt treten in intradisziplinären Wissenschaftstexten Elemente des Fachwortschatzes in ständigen Kontakt zu Lexemen, die nicht fachgebunden, sondern auf den Wissenschaftsprozess selbst bezogen sind, und die in ihrem Zusammenwirken mit Fachwörtern der Disziplin die für Wissenschaftstexte typische „Reflexivität [...]: die vertiefte und geradezu allgegenwärtige Reflexion auf die Entstehungsbedingungen des Textes und der darin mitgeteilten Erkenntnisse" herstellen (Meyer 1996, 191).

2.2.2. Interdisziplinäre Dimension

Dieses nicht fachgebundene, allgemeinwissenschaftliche Vokabular erzeugt in seinem Zusammenwirken mit dem jeweiligen Fachwortschatz einer Disziplin eine interdisziplinäre Offenheit der Struktur des Fachlexikons. Aber auch interdisziplinäre Beeinflussung sorgt für Wechselwirkungen der disziplinspezifischen Wortschätze. Dabei kann es sich entweder um gemeinsame oder gegenseitig entliehene Fachlexeme von benachbarten Wissenschaften (wie Chemie und Physik) oder benachbarten Subdisziplinen (wie etwa verschiedenen medizinischen oder linguistischen Bereichen) handeln, um die Entlehnung von Lexemen aus dem Wortschatz von Wissenschaften, die in auxiliarer Funktion verwendet werden (wie Mathematik oder Statistik in den experimentellen Wissenschaften), oder um die Entlehnung von Elementen des Wortschatzes von Leitwissenschaften (wie Philosophie für viele geisteswissenschaftliche und Physik für viele naturwissenschaftliche Disziplinen). Die Übergänge zwischen der Entlehnung, der modellhaften und der metaphorischen Verwendung sind dabei fließend, was besonders bei den Wirtschaftswissenschaften (vgl. McCloskey 1988, 643f.) auffällt, aber auch für andere Disziplinen gilt.

2.2.3. Extradisziplinäre Dimension

Die gesellschaftliche Rolle der Wissenschaft spiegelt sich auch im Austausch von Elementen des fachwissenschaftlichen und des allgemeinsprachlichen Wortschatzes, wobei wissenschaftliche Disziplinen heutzutage stärker der gebende, die Allgemeinsprache eher der empfangende Teil ist. Über die Verkaufs- und Werbesprache und über die journalistische Sprache in den Massenmedien wird die Allgemeinsprache ständig mit neuen Lexemen aus den wissenschaftlichen Wortschätzen versehen, wobei die Fachwörter entweder ganz ohne Erläuterung weitergegeben, durch (partielle) Synonyme in Form einer Doppelterminologie verdeutlicht (Thurmair 1995, 247ff.) oder in unterschiedlichem Ausmaß kontextuell erklärt werden (Niederhauser 1998, 170ff.). Der umgekehrte Weg, durch den sich die fachwissenschaftlichen Wortschätze als gegenüber der Allgemeinsprache offene Strukturen zeigen, die terminologisierende Übernahme allgemeinsprachlicher Lexeme, erfolgt meist über metaphorische Verfahren der Herausbildung von Fachwörtern, entweder in Form metaphorischer Phänomenbeschreibungen (*Erdbeerzunge, Trommelschlegelfinger* als medizinische Symptombezeichnungen) oder als metaphorisch veranschaulichende knappe Bezeichnungen für komplexe theoretische Konzepte (*big bang, black hole* in der Astrophysik). Ein interessantes historisches Beispiel terminologisierender Übernahme metaphorischer Phänomenbeschreibungen aus der Alltagssprache liefert August Kekulé, der in intradisziplinärer Kommunikation zur Beschreibung der von ihm postulierten zyklischen Struktur des Benzolkerns die allgemeinsprachlichen Wörter *Kette* und *Ring* als Metaphern terminologisiert, zur extradisziplinären populärwissenschaftlichen Darstellung aber die Metapher der *Schlange* wählt (Kretzenbacher 1996 und 1998b).

2.2.4. Interkulturelle Dimension

Die internationale Ausrichtung der wissenschaftlichen Kommunikation zeigt sich in den wissenschaftlichen Wortschätzen als Offenheit gegenüber lexikalischen Sprachkontaktphänomenen wie der Aufnahme von Fremd- und Lehnwörtern sowie Lehnübersetzungen. Durch die fachlich viel eher als einzelsprachlich bedingte Bedeutung und Verwendung wissenschaftlicher Fachwörter geschieht die Übernahme fremdsprachlichen lexikalischen Materials in den Wissenschaften im Vergleich zur Allgemeinsprache verhältnismäßig problemlos. Unter den Bedingungen der in verschiedenen Disziplinen zwar unterschiedlich stark, aber mittlerweile in fast allen Bereichen der Wissenschaft spürbaren Tendenz zur Anglophonie ist in den letzten Jahrzehnten das Englische zur überwiegenden Quelle von fremdsprachlicher Terminologie geworden, auch wenn aus lateinischen oder griechischen Morphemen zusammengesetzte Fachwörter immer noch eine Rolle spielen. Die meisten Wortschätze wissenschaftlicher Disziplinen haben im deutschen Sprachraum eine bedeutende Anzahl englischer Fachwörter aufgenommen, den umgekehrten Weg sind nur wenige Fachwörter gegangen, wie z. B. *Gestalt* in der Psychologie oder der Wortbestandteil *eigen-* in der Mathematik (*eigenvalue*) und der Physik (*eigenfrequency*). Die gegenwärtige Tendenz zur Anglophonie in vielen wissenschaftlichen Disziplinen ist aber im lexikalischen Bereich vor allem Ausdruck der generellen Offenheit wissenschaftlicher Wortschätze gegenüber fremdsprachlichen Elementen.

3. Diachrone und soziale Aspekte wissenschaftsbezogener Wortschätze

Die strukturelle Uneinheitlichkeit wissenschaftlicher Wortschätze ist auch ein Ergebnis der Wissenschaftsgeschichte. Da bei wissenschaftlichen Fachwörtern die Etymologie bisweilen benennungsmotivierend ist, aber ihre Bedeutung kaum jemals etymologisch festgelegt, können traditionelle Fachwörter auch bei Änderungen der theoretischen Grundlagen, unter denen sie geprägt worden sind, beibehalten werden, wie im oben (2.2.1.) genannten Beispiel aus der Bakteriologie. Im Fall der Nomenklatur der chemischen Elemente wurde die von Lavoisier geprägte Bezeichnung *oxygène* wie ihre deutsche Lehnübersetzung *Sauerstoff* beibehalten, auch nachdem durch den Nachweis von Säuren ohne Sauerstoffanteil die der Benennung zugrundeliegende Hypothese, Sauerstoff sei Bestandteil aller Säuren, widerlegt war. Bewusste Neubildungen, die sich bei ihrer Einführung vom vorhandenen Fachwortschatz deutlich absetzen sollen, werden nach der Akzeptierung durch die Wissenschaftlergemeinschaft schließlich in den Fachwortschatz integriert, ohne ihm formal angepasst zu werden. Das ist mit der chemischen Elementbezeichnung *Titan* geschehen, die von Klaproth als Benennung gewählt wurde, „die an sich gar nichts sagt und fraglich auch zu keinen unrichtigen Begriffen Anlaß geben kann" (vgl. Wolff 1971, 21), ebenso mit dem durch Murray Gell-Mann bewusst willkürlich geprägten physikalischen Fachwort *Quark* (vgl. Kretzenbacher 1992b, 40). Für die wissenschaftliche Kommunikation spielt diese Uneinheitlichkeit trotz der Normierungsbestrebungen in vielen Bereichen der Fachwortschätze eine geringe Rolle, für die diachrone Fach- und Wissenschaftssprachforschung bietet sie jedoch wertvolle Hinweise auf die Wissenschaftsgeschichte.

Die exklusive Fachlichkeit der fachspezifischen Teilbereiche der wissenschaftlichen Wortschätze in Form der einschlägigen Terminologien und Nomenklaturen ist der am deutlichsten wahrnehmbare Hinweis auf den Unterschied im Hintergrundwissen zwischen

Fachleuten und Laien. Eine Häufung von kontextfrei auftauchenden Termini und Nomenklaturzeichen in einem Text weisen ihn der Leserin/dem Leser gegenüber als spezialisiert aus. Im Fall von Werbetexten für bestimmte Produkte mit naturwissenschaftlich-technischem Image, wie Körperpflegeprodukte, Waschmittel oder Autos, kann das Prestige der unverständlichen Fachwörter (oder auch der pseudo-fachlichen Wörter der Werbesprache) einen positiven Eindruck erwecken. Im Fall eines tatsächlich fachlich spezialisierten Textes erzeugen kontextlos auftretende spezifische Fachwörter unter Umständen ein „Verstehen, daß ich als Leser dieses (Fach-)Textes nicht gemeint bin" (Kalverkämper 1987, 67). Die Funktion des Fachwortschatzes als soziale Barriere ist in diesen beiden Fällen harmlos. Da Fachleute-Laien-Kommunikation aber häufig in für den Laien existentiell bedrohlichen Situationen stattfindet (vor Gericht, im Krankheitsfall, bei der Bürgerbeteiligung an der Planung potentiell gefährlicher Industrieanlagen etc.), ist die soziale Trennung zwischen Fachleuten und Laien ein sehr ernster pragmatischer Aspekt der Verwendung fachspezifischer wissenschaftlicher Wortschätze. Diese soziale Trennung kann nur durch geeignete Transfervorgänge überwunden werden, die über eine schlichte „Übersetzung" fachlicher Lexeme deutlich hinausgehen muss, damit sich Laien in den genannten Situationen als Kommunikationspartner wissenschaftlicher Fachleute ernstgenommen fühlen können (vgl. Kretzenbacher 1997, 321).

4. Literatur in Auswahl

Bazerman, Charles (1981), What written knowledge does: Three examples of academic discourse. In: *Philosophy of the Social Sciences* 11, 361–387.

Felber, Helmut (1986), Einige Grundfragen der Terminologiewissenschaft aus der Sicht der Allgemeinen Terminologielehre. In: *Special Language/Fachsprache* 8, 110–123.

Ford, Alan/Peat, F. David (1988), The Role of Language in Science. In: *Foundations of Physics* 18 (12), 1233–1242.

Fraas, Claudia (1990), Terminologiebetrachtung zwischen Theorie und Praxis. In: *Zeitschrift für Germanistik* 11, 525–542.

–, (1991), Sprachpraxis und Terminologiearbeit – Stiefkinder einer Sprachtheorie? In: *Deutsch als Fremdsprache* 28 (4), 201–206.

Gläser, Rosemarie (1989), Nomenklaturen im Grenzbereich von Onomastik und Fachsprachenforschung. In: *Studia onomastica. Festskrift till Thorsten Andersson* (Hrsg. L. Peterson/S. Strandberg). Stockholm: Almquist & Wiksell 1989, 105–114.

–, (1996), Gegenstand, Ziel und Methoden der Fachsprachenonomastik. In: *Eigennamen in der Fachkommunikation*. (Hrsg. R. Gläser). Frankfurt/M.: Peter Lang 1996, 15–33.

Hahn, Walther v. (1983), *Fachkommunikation. Entwicklung – Linguistische Konzepte – Betriebliche Beispiele*. Berlin/New York: Walter de Gruyter.

Hermans, Ad (1989), Aspects de la gestion des vocabulaires spécialisés. In: *Le Langage et l'Homme* 24, 108–111.

Hoffmann, Lothar (1985), *Kommunikationsmittel Fachsprache. Eine Einführung*. Tübingen: Narr 1985 (2. Auflage).

Kalverkämper, Hartwig (1987), Vom Terminus zum Text. In: *Standpunkte der Fachsprachenforschung*. (Hrsg. M. Sprissler). Tübingen: Narr 1987, 39–78.

Kleine, Gerlinde (1996), Nomenklaturzeichen und Trivialnamen in der Organischen Chemie. In: *Eigennamen in der Fachkommunikation*. (Hrsg. R. Gläser). Frankfurt/M.: Peter Lang 1996, 171–179.

Kretzenbacher, Heinz L. (1991), Zur Linguistik und Stilistik des wissenschaftlichen Fachworts (1). In: *Deutsch als Fremdsprache* 28 (4), 195–201.

–, (1992a), *Wissenschaftssprache*. Heidelberg: Groos 1992.

–, (1992b), Zur Linguistik und Stilistik des wissenschaftlichen Fachworts (2). In: *Deutsch als Fremdsprache* 29 (1), 38–46.

–, (1996), Geschlossene Ketten und wirbelnde Schlangen – Die metaphorische Darstellung der Benzolformel. In: *Die Sprache der Chemie. 2. Erlenmeyer-Kolloquium zur Philosophie der Chemie.* (Hrsg. P. Janich/N. Psarros). Würzburg: Königshausen & Neumann 1996, 187–196.

–, (1997), Risk communication: Is it a problem for linguists anyhow? In: *Risk Analysis and Management in a Global Economy. Vol. 2: Risk Perception and Communication in Europe. Proceedings of the SRA Annual Conference in Stuttgart.* (Hrsg. O. Renn). Stuttgart: Society for Risk Analysis Europe – Center of Technology Assessment in Baden-Württemberg 1997, 317–324.

–, (1998a), Fachsprache als Wissenschaftssprache. In: *Fachsprachen – Languages for Special Purposes. Ein internationales Handbuch zur Fachsprachenforschung und Terminologiewissenschaft. An International Handbook of Special Languages and Terminology Research.* (Hrsg. L. Hoffmann/H. Kalverkämper/H. E. Wiegand). 1. Halbband, Berlin/New York: de Gruyter 1998, 133–142.

–, (1998b), Metaphern und ihr Kontext in der Wissenschaftssprache. Ein chemiegeschichtliches Beispiel. In: *Darstellungsformen der Wissenschaften im Kontrast. Aspekte der Methodik, Theorie und Empi-*

rie. (Hrsg. L. Danneberg/J. Niederhauser). Tübingen: Narr 1998, 277–297.

Kuenkamp, Annette (1995), Psychoanalyse ohne Seele? Zur englischen Übersetzung der psychoanalytischen Terminologie Sigmund Freuds. In: *Linguistik der Wissenschaftssprache.* (Hrsg. H. L. Kretzenbacher/H. Weinrich). Berlin/New York: Walter de Gruyter 1995, 121–154.

Laurén, Christer/Myking, Johan/Picht, Heribert (1998), *Terminologie unter der Lupe. Vom Grenzgebiet zum Wissenschaftszweig.* Wien: TermNet.

Lippert, Herbert (1981), *Das medizinische Manuskript. Zeitschrift, Vortrag, Dissertation, Buch.* München etc.: Urban und Schwarzenberg (2. Auflage).

McCloskey, Donald N. (1988), The storied character of Economics. In: *Tijdschrift voor geschiedenis* 101, 643–654.

Meyer, Paul Georg (1996), Nicht fachgebundene Lexik in Wissenschaftstexten: Versuch einer Klassifikation und Einschätzung ihrer Funktionen. In: *Fachliche Textsorten. Komponenten – Relationen – Strategien.* (Hrsg. H.Kalverkämper/K.-D. Baumann). Tübingen: Narr 1996, 175–192.

Michler, Markwart/Benedum, Jost (1981), *Einführung in die medizinische Fachsprache. Medizinische Terminologie für Mediziner und Zahnmediziner auf der Grundlage des Lateinischen und Griechischen.* Berlin etc.: Springer (2. Auflage).

Morgenroth, Klaus (1996), Terminologie und Nomenklatur in diachronischer und wissenschaftsgeschichtlicher Sicht. In: *Eigennamen in der Fachkommunikation.* (Hrsg. R. Gläser). Frankfurt/M.: Peter Lang 1996, 155–164.

Moulin, Anne-Marie (1988), Le maintien de la polysémie d'un terme scientifique: L'Exemple du recepteur. In: *Transfert de vocabulaire dans les sciences.* (Hrsg. M. Groult/P. Louis/J. Roger). Paris: Éd. du Centre National de la Recherche Scientifique 1988, 171–178.

Niederhauser, Jürg (1996), 'Im Winkel König Fahrenheit hat still sein Mus gegessen.' – Zur Verwendung von Personennamen im physikalischen Wortschatz. In: *Eigennamen in der Fachkommunikation.* (Hrsg. R. Gläser). Frankfurt/M.: Peter Lang 1996, 73–87.

–, (1998), Darstellungsformen der Wissenschaften und populärwissenschaftliche Darstellungsformen. In: *Darstellungsformen der Wissenschaften im Kontrast. Aspekte der Methodik, Theorie und Empirie.* (Hrsg. L. Danneberg/J. Niederhauser). Tübingen: Narr 1998, 157–185.

Remane, Adolf/Storch, Volker/Welsch, Ulrich (1991), *Systematische Zoologie.* Stuttgart/New York: G. Fischer (4. Auflage).

Roelcke, Thorsten (1991), Das Eineindeutigkeitspostulat der lexikalischen Fachsprachensemantik. In: *Zeitschrift für germanistische Linguistik* 19, 194–208.

Schopenhauer, Artur (1949), *Sämtliche Werke. Bd. 2: Die Welt als Wille und Vorstellung, 1. Bd.* (2. Auflage, Hrsg. A. Hübscher). Wiesbaden: E. Brockhaus.

Thurmair, Maria (1995), Doppelterminologie im Text oder: hydrophob ist wasserscheu. In: *Linguistik der Wissenschaftssprache.* (Hrsg. H. L. Kretzenbacher/H. Weinrich). Berlin/New York: Walter de Gruyter 1995, 247–280.

Weinrich, Harald (1989), Formen der Wissenschaftssprache. In: *Jahrbuch 1988 der Akademie der Wissenschaften zu Berlin,* 119–158.

Wiese, Ingrid (1984), *Fachsprache der Medizin. Eine linguistische Analyse.* Leipzig: Enzyklopädie.

Wolff, Robert (1971), *Die Sprache der Chemie vom Atom bis Zyankali. Zur Entwicklung und Struktur einer Fachsprache.* Bonn: Dümmler.

Heinz L. Kretzenbacher,
Melbourne (Australien)

115. Anwendungsbezogene technische Wortschätze

1. Einleitung
2. Zwischen Fach- und Alltagssprache
3. Exemplarische Technikbereiche
4. Literatur in Auswahl

1. Einleitung

Anwendungsbezogene technische Wortschätze sind in denjenigen Technikbereichen zu finden, die hinsichtlich ihrer Wissensbestände und ihrer Anwendungsmöglichkeiten in Alltagswissen und Alltagshandlungen hineinreichen. Nach grundlegenden varietätenlinguistischen Kategorien (vgl. Steger 1988; Steger 1991) sind damit also diejenigen Technikfachsprachen umrissen, deren semantische und ausdrucksseitige Nähe zur Alltagssprache offenkundig ist. Zunächst gilt für alle historischen und gegenwärtigen Technikfachsprachen, dass sie aufgrund ihrer besonderen und einzigartigen historischen Verwurzelung in der Alltagssprache eine Sonderstellung innerhalb des Fachsprachenspektrums einnehmen (vgl. Jakob 1998a; Jakob 1998c). Dies gilt in besonderem Maße für den hier exemplarisch ausgewählten Bereich der typischen Anwendertechnik des 19. und 20. Jahrhunderts, die bezüglich ihrer Alltagsorientierung und ihrer weitreichenden Diffusion in verschiedensten Bereichen des Alltagshandelns die anderen Techniken weit übertrifft.

An der Wort- und Bedeutungsgeschichte von nhd. *Netz* (aus ahd. *nezzi*, mhd. *netze*) kann einführend gezeigt werden, wie ein Technik- und Alltagswort, das ursprünglich für das 'geknotete Gefüge' (zum Fischfang, zum Schutz vor Insekten, zum luftdurchlässigen Aufbewahren u.a.) reserviert war, zu einer der zentralen Leitmetaphern der Technikentwicklung wird. In der technikgeschichtlichen Chronologie der letzten 150 Jahre wird es zunächst übertragen auf die Verkehrstechnik (*Straßennetz, Schienennetz*), auf die Energieversorgungstechnik (*Stromnetz, Leitungsnetz*), auf die Datenübertragungstechnik der ersten Generation (*Telephonnetz*) und schließlich auf die Datenübertragungstechnik der zweiten Generation (*Netzanschluss, Internet*). Neben den somit umrissenen Bereichen der Fahrzeug-, Verkehrs- und Kommunikationstechnik gehören die Kraftmaschinentechnik, die Elektrotechnik (von der Glühbirne bis zum Computer) und die Photographie zu den Neuerungen des 19./20. Jahrhunderts, die für das Alltagsleben die weitreichendsten Veränderungen erbringen. Besonders auf diese Bereiche werden die Beispiele im Folgenden konzentriert sein.

Anwendungsbezogene technische Wortschätze sind somit für Sprachgeschichte und Gegenwartssprache bestimmbar als Teil der Technikfachsprachen und der Alltagssprache. Mit ihnen werden Gegenstände und Handlungen der Technik sprachlich bewältigt. Dabei soll Technik gemäß einer Definition der Techniksoziologie eingegrenzt sein auf die 'Realtechnik', innerhalb derer „vorwiegend künstliche Objekte, also Artefakte, von Menschen erzeugt und für bestimmte Zwecke verwendet werden" (Ropohl 1979, 31). Die Schlagwörter „Technisierung des Alltags" und „Veralltäglichung von Technik" (vgl. Hörning 1988, 51), mit denen die jüngste Technikgeschichte umschrieben wird, erscheinen durchaus plausibel, wenn man die statistischen Erhebungen zur Technikausstattung deutscher Haushalte hinzuzieht. Die Zahlen belegen eine beeindruckende Technisierung der Haustechnik, der Haushaltstechnik und der Freizeittechnik (vgl. Hampel u.a. 1991, 58ff.). Die Relevanz der hier beschriebenen Wortschatzbestände ist also offenkundig und weiter steigend. Dass in der sozialwissenschaftlichen Auseinandersetzung solche massiven Entwicklungen mit entsprechenden kritischen Schlagwörtern begleitet werden (z. B. Technisierung des menschlichen Handelns, Herrschaft der Maschine über den Menschen), liegt auf der Hand (vgl. z. B. Bammé u.a. 1983, Eisendle u.a. 1993). Eine kritische und vor allem historisch distanzierte Analyse (vgl. hierzu besonders Senghaas-Knobloch 1985, Ropohl 1991) schützt hier vor vorschnellen Interpretationsschemata, die ausschließlich aus anti-modernistischer Technikfeindlichkeit herrühren.

2. Zwischen Fach- und Alltagssprache

Für die Bereiche der Wortbildung und der Lexikologie gibt es breite Forschungstraditionen innerhalb der Technikfachsprachenlinguistik (vgl. die kurzen Berichte in Jakob 1991, 9f.; Jakob 1998a, 145f.). In vielen linguistischen Ausrichtungen, von der diachronen Wortforschung bis zur inhaltsbezogenen Sprachtheorie, wird im Sinne der oben eingeführten Grundthese dargelegt, worin die besondere „Lebendigkeit" und die besondere „Metaphorik" der Techniksprachen gegenüber den Wissenschaftssprachen bestehe. Als weiteres Indiz für die Sonderstellung der Techniksprachen und auch für ihre klare Abgrenzung zu den Wissenschaftssprachen sei angeführt, dass diese ganz im Gegensatz zu wissenschaftssprachlichen Varietäten keinerlei Ansätze zu künstlichen Terminologie-Systemen zeigen (vgl. Jakob 1996).

Anhand der Kapitelgliederung eines maßgeblichen Techniklehrbuchs der Gegenwart (Böge 1985) lässt sich zeigen, dass alle maßgeblichen Teil- und Lehrgebiete der Technik mindestens in einer der folgenden Dimensionen „alltäglich" sind: Entweder gründen sie auf alltägliches, handwerklich-vorindustrielles Technikwissen (z. B. die Werkstoffkunde) oder sie sind Grundlagengebiete für längst selbstverständlich gewordene Alltagstechniken (z. B. Elektrotechnik). Lediglich die „theoretischen" Abschnitte des Lehrbuchs, in denen mathematisches, physikalisches und chemisches Grundlagenwissen dargestellt wird, sind hiervon selbstverständlich ausgenommen. Im Folgenden sind den technischen Teilgebieten und Kapitelgliederungen des Handbuchs exemplarische Bezüge zu Alltagswissen oder Alltagsanwendungen gegenübergestellt:

Technikteilgebiet	Alltagsbezug (Beispiele)
Festigkeitslehre	Elastizität, Biegbarkeit
Werkstoffkunde	Abrieb, Aushärtung
Elektrotechnik	Batterie, Lampe, Telephon
Spanlose Fertigung	Schneiden, Gussformen
Zerspantechnik	Schmirgeln, Aushöhlen
Werkzeugmaschinen	Bohr-, Küchenmaschine
Kraft-/Arbeitsmasch.	Fahrzeugmotor, Pumpe
Fördertechnik	Wagenheber, Rolltreppe
Maschinenelemente	Niete, Schraube
Steuerungstechnik	Schaltuhr, Türöffner

Auch in populärwissenschaftlichen Vermittlungstexten, in denen die „bildungsrelevanten" und „wissenswerten" Bereiche der Gegenwartstechnik dargestellt werden, ist der überwiegende Teil der Technikbereiche für den Alltag relevant. In einem solchen Text mit dem Titel „Wie funktioniert das? Die Technik im Leben von heute" (vgl. Technik im Leben 1986) werden nur für relativ wenige Technikbereiche dem interessierten Laien Informationen geboten, die keinen unmittelbaren Bezug zum Alltag haben: Kerntechnik, Drucktechnik, Medizinische Technik, Lagerstättenerschließung, Straßen-/Gleis-/Tunnelbau, Wasserbautechnik, Schifffahrtstechnik, Luft- und Raumfahrttechnik, Chemische Technologie. Alle anderen Abschnitte bzw. Bereiche des Handbuchs sind wiederum alltagsrelevant:

Technikteilgebiet	Alltagsbezug (Beispiele)
Mess-/Regeltechnik	Thermostat, Quarzuhr
Optik	Fernrohr, Brille, Lupe
Datenverarbeitung	Computer, Drucker
Kommunikationstechn.	Telefon, Telefax
Radio-/Fernsehtechn.	Radio, Fernsehen
Video-/Phonotechnik	Recorder, CD, Videokamera
Photo-/Kopiertechnik	Photoapparat, Kopiergerät
Arbeits-/Kraftmasch.	Pumpe, Verbrennungsmotor
Kraftfahrzeugtechnik	Bremse, Katalysator
Bahntechnik	Lokomotive, Seilbahn
Wärme-/Energietechnik	Heizung, Solaranlage
Technik im Haus	Wasserhahn, Lampe, Schloss

Aus den beiden Gegenüberstellungen wird deutlich, dass hier übereinstimmend in beiden Handbüchern diejenigen lexikologischen Bestände vermutet werden können, die man als „Anwendungsbezogene technische Wortschätze" zusammenfassen kann.

Für die weitere linguistische Darlegung muss sinnvollerweise von der folgenden elementaren Definition eines technischen Vorgangs ausgegangen werden: „Bei einem TECHNISCHEN VORGANG handelt es sich im allgemeinen um eine Tätigkeit, die mittels TECHNISCHER MITTEL (Werkzeuge, Maschinen usw.) ausgeführt wird, um ein TECHNISCHES OBJEKT zielgerichtet in seinen Eigenschaften zu verändern." (Reinhardt u. a. 1992, 6). In diesem Sinne wäre in der historischen Dimension (im Übrigen in Übereinstimmung mit ur- und frühgeschichtlichen Deutungen) die planmäßige und andauernde (also die nicht nur zufällige und die nicht nur vorübergehende) Herstellung und Anwendung des Werkzeugs die erste und herausragende Zäsur in der Technikgeschichte der Menschheit. Aus dieser universalhistorischen Perspektive lässt sich bei der Gesamteinschätzung des Sprechens über technische Vorgänge relativ schlüssig die Erkenntnis ableiten, dass das Sprechen über Werkzeuge und Maschinen einschließlich der mit ihnen durchgeführten Handlungen isomorph dem Sprechen über natürliche, quasi-organische Elemente und Handlungen ist. Natur, Körper und Organ dienen als Metaphernquellen für Werkzeuge und Maschinen (vgl. Jakob 1991a, 20ff.; Jakob 1998a). Solche Isomorphie kann besonders in vorindustriellen Texten gezeigt werden. Eine Technikquelle des frühen 18. Jahrhunderts beschreibt, wie Mensch und Tier eine Maschine in Gang setzen: „Die Bewegungen der Machinen durch Menschen und Vieh geschehen auf vielerley Arth, als: 1. Durch Ziehen. 2. Durch Niederdrücken. 3. Durch Schieben. 4. Durch Stossen. 5. Durch Aufheben. 6. Durch Treten. 7. Durch Drehen und Umdrehen. 8. Durch Fortgehen oder Lauffen." (Leupold 1724, 116). Mit den gleichen Basisverben, mit denen natürlich-organische Bewegungen beschrieben werden, werden später die maschinellen Nachfolger (Kraftmaschinen und deren Teile) metaphorisch beschrieben. Auch in anderen Bereichen kommt besonders den Verben eine Schlüsselstellung an der Nahtstelle zwischen (internem) Fachwortschatz und (alltäglichem) Basiswortschatz zu. Beispielsweise hat die Druckersprache des 19. Jahrhunderts durch die Präfigierung einiger weniger Basisverben eine Fülle von Fachtermini gebildet: *ablegen, ausbinden, ausheben, auftragen, ausschießen, einlegen, einziehen, abziehen, durchschießen, ausschließen, zurichten, umbrechen, umschlagen* u. a. (vgl. Dröge 1978, 48). In (fast) allen ist noch der ehemals alltägliche Anwendungshorizont erkennbar. Semantische Differenzierungen, die durch die vollständige Nutzung der Präfigierungsmöglichkeiten einzelner Basisverben ausgebildet werden können, gelten als typisch fachsprachlich: *abladen, aufladen, ausladen, beladen, ein-*

laden, entladen, nachladen, überladen, umladen, verladen (vgl. Reinhardt u.a. 1992, 35–43; vgl. auch Schröder 1993, 14). Neben der Differenzierung der alltäglichen Grundbedeutung 'Beladen bzw. Belasten von Mensch, Tier und Fahrzeug' nach Richtung, Art, Ort etc. ist auch erkennbar, dass alle Neubildungen metaphorisch eingesetzt werden können für 'Laden einer Waffe', 'Aufladen einer Batterie' u.a. In allen technischen Nachfolgebereichen bleibt der alltäglich anwendbare Universal-Technikwortschatz erkennbar und durchschaubar.

Ausgehend von der Annahme, dass sowohl in allen wissenschaftlichen und technischen Fachsprachen als auch in der Alltagssprache unbedingt komplexe metaphorische Konzepte gebraucht werden müssen, um gedankliche Vorstellungen und Modelle sprachlich umzusetzen (vgl. hierzu grundsätzlich Weydt 1986, Jakob 1991a, Gessinger 1992, Hundt 1995, Baldauf 1997), wäre es sicherlich falsch, denjenigen Anwenderfachsprachen, die man üblicherweise auch als Fachgruppensprachen oder Fachjargons bezeichnet, den exklusiven Gebrauch einer besonders lebendigen Fach-Metaphorik zuzuschreiben. Gleichwohl ist sicherlich zu beobachten, dass in solchen Anwender- und Fachgruppensprachen Ausdrucksweisen mit „gruppensprachlich-verhüllendem Charakter" (Dröge 1978, 49) besonders deutlich sind. Folgende Beispiele aus der Druckersprache belegen dies: *Hurenkind, Jungfrau, Hochzeit, Leiche, Eierkuchen, Fliegenkopf, Zwiebelfisch* u.a. (Dröge 1978, 50). Die spielerischen und kreativen Varianten solcher Anwendungswortschätze zeigen sich in vielen Technikbereichen: *Engländer, Blinkwarze, Rammbär* u.a. (vgl. Sauer 1992, 128 ff.). Ein dermaßen animistisch anmutender Anwenderwortschatz ist sicherlich das auffälligste und auch krasseste sprachliche Indiz für eine Integration von technischen Gedankenmodellen in Alltagswissen.

Anwendungsbezogene Wortfelder und strenge fachinterne Begriffshierarchien sind ausdrucksseitig nicht immer deutlich zu trennen. Die jeweils unterschiedliche Klassifizierung und interne Differenzierung des Wortfeldes *Werkzeug, Instrument, Apparat, Gerät, Maschine* ist hierfür ein besonders häufig diskutiertes Beispiel (vgl. z.B. Ropohl 1991, 168 f.; Jakob 1991a, 173 ff.). Die weniger streng differenzierte Begrifflichkeit des praktischen Anwenders ist bereits im 18. Jahrhundert Gegenstand fachsprachlicher Reflexion: „Es wird aber aus Gewohnheit dieser Unterschied [zwischen Werkzeug und Maschine, K.J.] wenig observiret, und würde einer, der des Schmidts Zange und des Schneiders Scheere Machinen nennte, von ihnen ziemlich spöttisch gehalten werden. Einem Mechanico ist genug, wenn er weiss, wohin er jedes zu logiren hat." (Leupold 1724, 3). Auch kann das Ineinandergreifen von Anwenderwortschatz und einer fachinternen Begriffshierarchie sich in 'zweisprachigen' Relikten in der normierten Terminologie niederschlagen. Beispielsweise differenziert die begrifflich normierte Maschinenklassifikation des 20. Jahrhunderts die Kraftmaschinen in vier Großgruppen: *Wasserkraftmaschine, Dampfkraftmaschine, Verbrennungsmotor, Elektromotor* (vgl. Lueger 1960, 304). Der determinierte Teil in der Zusammensetzung müsste der Begriffshierarchie folgend eigentlich einheitlich *-maschine* lauten. Die beiden Bezeichnungen mit *-motor* haben sich jedoch in der zweiten Hälfte des 19. Jahrhunderts aus frz. *moteur* zu einer Zeit herausgebildet, als die technische Anwendersprache stark vom modischen Prestige der französischen Techniksprache geprägt war. In allen diesen Fällen, in denen anwendungsbezogene und fachinterne Begriffshierarchien ineinandergreifen, sind demzufolge Kommunikationskonflikte möglich. Eine harmlose Variante eines solchen Konfliktes stellt die Geschichte des Fachwortes *Vergaser* dar (vgl. Jakob 1993; Schräder 1992).

Es ist allerdings zu betonen, dass die normierten und hierarchischen Begriffsbildungen, die vom Anwenderwortschatz weg zu einer klar abgrenzbaren Fachterminologie führen, nicht erst im 20. Jahrhundert mit der Einführung sprachlicher DIN-Normen entstehen. Selbst der handwerkliche und vorindustriell entwickelte Technikbereich der Holzbearbeitung kennt im 19. Jahrhundert schon ausgebildete Begriffshierarchien, die modernen Klassifikationen nicht nachstehen. Im Jahre 1841 war Holz klassifizierbar in: *1. Brennholz; 2. Nutzholz; 2.1 Bau- und Zimmerholz; 2.2 Werk- und Arbeitsholz; 2.2.1 Tischlerholz; 2.2.2 Wagner- und Stellmacherholz; 2.2.3 Böttcher- und Binderholz; 2.2.4 Drechslerholz* (vgl. Karmarsch 1841, 40 f.). Kommunikationskonflikte zwischen Fachterminologie und alltäglichem Wortschatz waren theoretisch hier auch schon möglich, aber wohl aufgrund der selbstverständlichen Alltagsrelevanz der Holztechnik unwahrscheinlich. Auch in der Gegenwart stehen besonders die „durchschaubaren" und „handwerklichen" Techniken für die Verwobenheit der Wortschatzgruppen. Am Beispiel der Fahrradtechnik lässt sich zeigen (vgl. Wacker 1989; Wichter 1994), wie eine alltagsnahe Technik (trotz der neuerdings eingesetzten 'High-Tech' im Bereich der Werkstoffe) weiterhin eine „durchschaubare" und „handhabbare" Einfachst-Maschinentechnik geblieben ist. Demzufolge sind die Wortschatzübergänge zwischen dem allgemein vorhandenen Benutzer- und Anwenderwortschatz (z.B. *Bremse, Rücktrittbremse, Felgenbremse, Trommelbremse, Freilauf, Lenker, Kettenblatt, Kette, Kettenschaltung, Nabenschaltung, Tretlager, Felge, Speiche, Pedal, Reifen, Tretkurbel, Mantel, Schlauch*) und den Teilwortschätzen, die nur dem Fachmann oder allenfalls dem hochspezialisierten Hobby-Anwender zur Verfügung stehen (z.B. *Sitzrohr, Hintergabelstreben, Ausfallenden, Lenkkopfrohr, Vorbau, Steuersatz, Gabel, Umwerfer*), fließend.

An den jeweiligen Rückwirkungen verschiedener technischer Wortschätze auf Modewortschatz (und auch auf Mode-Phraseologismen) lässt sich die Verwobenheit von Alltagssprache und jeweils modischer Anwendertechniksprache illustrieren. Folgende Beispiele aus der Alltagssprache protokollieren sprachlich die jüngere Technikgeschichte nach (vgl. auch Baldauf 1997, 208 ff.): (a) Dampfmaschine: *unter Hochdruck stehen, Dampf ablassen, jemandem Dampf machen*. (b) Fahrzeug: *entgleisen, Schlusslicht sein, die Notbremse ziehen, die falsche Weichenstellung, Trittbrettfahrer, aufs Abstellgleis geraten, rechtzeitig abspringen, aus einem Projekt aussteigen, den Anschluss verpassen, umsteigen*. (c) Elektrotechnik: *Kontakt herstellen, elektrisiert sein, eine lange Leitung haben, unter Hochspannung stehen*. In jüngster Zeit kommt die Computertechnik mit ihrem Wortschatz als weiterer Spenderbereich für die metaphorische und phraseologische Bewältigung von Alltagshandlungen und Alltagsbefindlichkeiten hinzu (vgl. Jakob 1991b; Wichter 1991; Wichter 1994).

3. Exemplarische Technikbereiche

3.1 Elektrotechnik

Wenn man die Entstehungsgeschichte des elektrotechnischen Wortschatzes zurückverfolgt, so kann man feststellen, dass sich im 18./19. Jahrhundert eine relativ klare Differenzierung herausbildet. Zum einen gibt es Teilwortschätze, die eher den theoretisch-physikalischen Texten, in denen um die Vorstellung und die Begrifflichkeit dieser neu entdeckten Energieform gerungen wird, zuzuordnen sind, zum anderen Teilwortschätze, die eher aus der Entdecker-, Praktiker- und Anwenderperspektive auf das neue Phänomen herrühren. Eine in Ansätzen zweischichtige Vertikalität (Wichter 1994) ist feststellbar. Zum theoretischen Umfeld gehören beispielsweise Begriffs- und Wortschöpfungen wie *Elektrische Kraft, Vis Electrica, Elektrische Materie, Tierische Elektrizität, Metallische Elektrizität, Elektrisches Fluidum*. Demgegenüber steht der Wortschatz aus der Sicht des Praktikers und Anwenders: *Elektrisierung, Berührungselektrizität, Reibungselektrizität, Magnetoelektrizität, Galvanismus, Elektrischer Strom*. Besonders bedeutend ist dabei die heute noch gültige und vorrangig gebrauchte Strom- bzw. Strömungs-Metapher. Sie entstammt der Anwendervorstellung von der „Strömung" der elektrischen Ladung im sogenannten galvanischen Element (= batterieähnliche Spannungsquelle), wobei die „Strömung in den Leitern" als „der Zustand einer continuierlichen (ununterbrochenen) und in sich zurückkehrenden Bewegung" gedeutet wird (Marbach 1835, 472). Diese naive Bildlichkeit schlägt sich im modernen Techniklehrbuch der Gegenwart immer noch in entsprechenden Bildern und Analogien nieder: „Die elektrische Strömung hat Ähnlichkeit mit der Wasserströmung: Die Spannungsquelle (Pumpe) erzeugt die Spannung U (Druck p), die den Strom I (Wassermenge je Sekunde) durch die widerstandslos gedachten Leitungen (Leitungsrohre) und den Widerstand R (z.B. Kühlschlange) treibt." (Böge 1985, 660)

Der gegenwärtige Fachwortschatz der Elektrotechnik kommt im wesentlichen mit drei dominierenden Metaphernkonzepten aus (zusammengefasst nach Eydam 1992). Neben dem Konzept FLÜSSIGKEIT/STRÖMUNG kommen noch die Modelle KREIS und FELD hinzu, außerdem weitere (ursprünglich ausschließlich mechanische) Konzepte, die nunmehr als Metaphern auch die nicht-mechanische Energie beschreiben: *Last, Spannung, Widerstand, Ladung* u.a. Auch alltäglich-physikalische Begriffe werden zur modellhaften Vorstellung von dieser Energieform notwendig: *hoch, nieder* (Spannung); *stark, schwach* (Stromstärke); *voll, leer* (Batterie) u.a. Schließlich wird der alltägliche Anwenderwortschatz, mit dem die ubiquitäre Elektrotechnik im Haushalt, in der Haustechnik und in der Kommunikations- und Datentechnik bewältigt wird, im Wesentlichen auf der Grundlage solcher oder ähnlicher Konzepte gestaltet (z. B. *Strom abstellen, Saft abdrehen, Leitung frei machen, die Batterie ist leer, Schwachstrom, Hochspannung, schalten/ Schalter, Gerät anstellen/anmachen*).

3.2 Kraftfahrzeugtechnik

Die Vertikalität des Wortschatzes der Kraftfahrzeugtechnik lässt sich in einem dreistufigen Modell darstellen. Zunächst ist von einer institutionell normierten Terminologie auszugehen (vgl. Freeman 1992). Sie ist Grundlage für die zweite Schicht, für den Technikwortschatz der Fachspezialisten (vgl. Schräder 1992). Dieser ist in einer weiteren Reduktionsstufe dann auch im Anwender-, Laien- und Alltagswortschatz erkennbar. Die wichtige sprachliche Normierung zur „Systematik der Straßenfahrzeuge" aus dem Jahre 1978 definiert Kraftfahrzeuge als „selbstfahrende, maschinell angetriebene Landfahrzeuge, die nicht an Gleise gebunden sind" (DIN 70010, 1978, 3). Ferner werden sie untergliedert in:
1. Kraftwagen; 1.1 Personenkraftwagen; 1.2 Nutzkraftwagen; 1.2.1 Kraftomnibus; 1.2.2 Lastkraftwagen; 1.2.3 Speziallastkraftwagen; 1.2.4 Zugmaschine; 2. Kraftrad; 2.1 Motorrad; 2.2 Motorroller; 2.3 Fahrrad mit Hilfsmotor.
Im Anwenderwortschatz wird die streng hierarchisch gegliederte Begrifflichkeit nicht abgebildet, sondern in Einzelbenennungen aufgelöst: *PKW, Omnibus, Lastwagen, Zugmaschine, Motorrad, Motorroller* etc. Hierbei wird wiederum sichtbar, dass zwar eine ausdrucksseitige Übereinstimmung bestehen kann, dass aber dennoch eine begrifflich-semantische Divergenz zwischen normiertem Terminus und Anwenderwort besteht. Der alltäglichen und eher prototypischen Differenzierung von *Motorroller, Motorrad* und *Motorrad mit Beiwagen* steht die Begriffshierarchie mit präzis umrissenen semantischen Merkmalen gegenüber: Krafträder „sind einspurige Kraftfahrzeuge mit zwei Rädern, durch das Mitführen eines Beiwagens wird die Eigenschaft als Kraftrad nicht berührt"; Motorräder „sind Krafträder, die mit Knieschluss gefahren werden und keine Tretkurbel haben"; Motorroller „sind Krafträder, die ohne Knieschluß gefahren werden und keine Tretkurbel haben" (DIN 70010, 1978, 9).

3.3 Regelungstechnik

Die technisch-mechanische Regelungstechnik faszinierte schon vor ihrer Transformation in eine elektronische Steuerungstechnik die Laien und Anwender. Die Vortäuschung von quasi-intelligenten, quasi-selbstständigen und quasi-menschlichen Qualitäten ist die Voraussetzung hierfür (z. B. *Die Maschine macht das selbst*). Nun, da Computer- und Informationstechnik hinzukommen und die Leistungen weiter überhöhen, wird der sprachlichen Teleologisierung dieser Technik weiter Vorschub geleistet (z. B. *Der Computer merkt sich das selbst*) (vgl. Jakob 1991b). Am Beispiel einer Regelvorrichtung aus dem Kraftfahrzeugbau seien die Wortschatzprobleme kurz geschildert. Das bei Technikern und Anwendern gleichermaßen benannte Anti-Blockier-System (ABS) ist ein in den 70er Jahren entwickeltes Regelsystem, das im entsprechenden DIN-Normenblatt so definiert ist: „Automatischer Blockierverhinderer. Einrichtung, die während der Bremsung den Schlupf im Sinne der Raddrehung an einem Rad oder an mehreren Rädern eines Fahrzeugs automatisch regelt." (DIN-ISO 611, 1985, 6). Hinzu kommen im Normenblatt weitere normierte Begriffe für Bestandteile des Aggregats (*Sensor, Auswerteglied, Stellglied*), für die verschiedenen Regelungsarten (*Einzelrad-, Mehrrad-, Achs-, Seiten-, Diagonal- oder Achsaggregat-Regelung*), für die Arten der Sensorsignalauswahl (*Select-low-Regelung, Select-high-Regelung, Auswahl durch ein Rad, Auswahl durch Mittelung*) und schließlich die Begriffe zum Regelvorgang (*Regelfähige Mindestgeschwindigkeit, Sensorsignal, Sensorgrundfrequenz, Regelzyklus, Regelfrequenz*) (vgl. DIN-ISO 611, 1985, 7–8). Mit solchem Wortschatz ist der Anwenderhorizont überschritten. Die Technik ist undurchschaubar verkapselt und mit einfachen Konzepten aus der (dominant mechanischen) Alltagstechnik nicht mehr fassbar. Dementsprechend kann in Vermittlungs- und Anwendertexten nur in teleologisierende und animistische Formulierungen ausgewichen werden. Ein Ausschnitt aus dem Artikel einer Tageszeitung, in dem versucht wird, dem technischen Laien die Funktionsweise von ABS zu erklären, soll abschließend und bilanzierend veranschaulichen, worin die besondere varietätenlinguistische Stellung der anwendungsbezogenen technischen Wortschätze zwischen Fach- und Alltagssprache besteht und welche wichtigen kognitiven und wissensvermittelnden Funktionen und Aufgaben ihnen zukommen:

„Das Anti-Blockier-System, wie es bisher vor allem verwendet wird, arbeitet elektronisch. An allen Rädern gibt es einen Sensor, eine Art Mini-Drehzahlmesser. Er liefert Signale an eine elektronische Steuerzentrale, an einen hochkomplizierten Computer. Will ein Rad blockieren, so fällt seine Drehzahl sehr rasch ab. Dieses meldet der Sensor, und der Computer schaltet: Achtung, hier wird gleich blockiert. Dieses „Achtung" gibt der Rechner in Form eines elektrischen Impulses an die hydraulische Regeleinheit weiter. Sie läßt etwas Bremsflüssigkeit aus dem entsprechenden Radzylinder ab. Der Druck in der Radbremse lässt nach, das Rad dreht sich wieder leichter. Das kaum noch gebremste Rad beschleunigt seine Drehzahl wieder. Auch dies registrieren Sensor und Rechner: Das Rad kann wieder mehr Bremsdruck vertragen. Also lassen die Ventile Bremsflüssigkeit nachströmen. Die Bremswirkung nimmt zu – bis die Drehzahl wieder abfällt und das Regelspiel von neuem beginnt."

4. Literatur in Auswahl

Baldauf, Christa (1997), *Metapher und Kognition. Grundlagen einer neuen Theorie der Alltagsmetapher.* Frankfurt/Main.

Bammé, Arno u.a. (1983), *Maschinen-Menschen, Mensch-Maschinen. Grundrisse einer sozialen Beziehung.* Reinbek.

Böge, Alfred (1985), *Das Techniker Handbuch.* 8. Aufl. Braunschweig.

Bungarten, Theo (Hrsg.) (1992), *Beiträge zur Fachsprachenforschung. Sprache in Wissenschaft und Technik, Wirtschaft und Rechtswesen.* Tostedt.

DIN 70010 (1978), *DIN 70010. Systematik der Straßenfahrzeuge. Begriffe für Kraftfahrzeuge, Züge und Anhängefahrzeuge.* Hrsg. vom Deutschen Institut für Normung. Berlin, Köln.

DIN-ISO 611 (1985), *DIN-ISO 611. Straßenfahrzeuge – Bremsung von Kraftfahrzeugen und deren Anhängefahrzeugen – Begriffe.* Hrsg. vom Deutschen Institutut für Normung. Berlin, Köln.

Dröge, Kurt (1978), *Die Fachsprache des Buchdrucks im 19. Jahrhundert.* Lemgo.

Eisendle, Reinhard u.a. (1993), *Maschinen im Alltag. Studien zur Technikintegration als soziokulturellem Prozess.* München, Wien.

Eydam, Erhard (1992), *Die Technik und ihre sprachliche Darstellung.* Grundlagen der Elektrotechnik. Hildesheim.

Freeman, Henry G. (1992), *Wörterbuch technischer Begriffe mit 6500 Definitionen nach DIN. Deutsch und Englisch.* Berlin, Köln.

Gessinger, Joachim (1992), Metaphern in der Wissenschaftssprache. In: Bungarten (Hrsg.) (1992), 29–56.

Hampel, Jürgen u.a. (1991), *Alltagsmaschinen. Die Folgen der Technik in Alltag und Familie.* Berlin.

Hundt, Markus (1995), *Modellbildung in der Wirtschaftssprache. Zur Geschichte der Institutionen- und Theoriefachsprachen der Wirtschaft.* Tübingen.

Jakob, Karlheinz (1989), Technische Innovation und Sprachwandel im 19. Jahrhundert. In: *Voraussetzungen und Grundlagen der Gegenwartssprache. Sprach- und sozialgeschichtliche Untersuchungen zum 19. Jahrhundert.* Hrsg. von Dieter Cherubim und Klaus J. Mattheier. Berlin, 109–121.

–, (1991a), *Maschine, Mentales Modell, Metapher. Studien zur Semantik und Geschichte der Techniksprache.* Tübingen.

–, (1991b), Naive Techniktheorie und Alltagssprache. In: *Erscheinungsformen der deutschen Sprache. Literatursprache, Alltagssprache, Gruppensprache, Fachsprache.* Festschrift für Hugo Steger zum 60. Geburtstag. Hrsg. von Jürgen Dittmann u.a. Berlin, 125–136.

–, (1993), Verfahrenswege der Wortneubildung im Fachwortschatz der Technik am Ende des 19. Jahrhunderts. In: *Finlance. A Finnish Journal of Applied Linguistics* Vol. XII, 48–62.

–, (1996), Künstliche Nomenklaturen in der Wissenschaft und Technik: Chemie, Medizin, Pharmazie. In: *Namenforschung. Ein internationales Handbuch zur Onomastik.* Hrsg. von Ernst Eichler u.a. Zweiter Halbband. Berlin, New York (Handbücher zur Sprach- und Kommunikationswissenschaft 11.2), 1637–1641.

–, (1998a), Fachsprache als Techniksprache. In: *Fachsprachen.* Hrsg. von Lothar Hoffmann u.a. Erster Halbband. Berlin, New York (Handbücher zur Sprach- und Kommunikationswissenschaft), 142–150.

–, (1998b), Fachsprachliche Phänomene in der Alltagskommunikation. In: *Fachsprachen.* Hrsg. von Lothar Hoffmann u.a. Erster Halbband. Berlin, New York (Handbücher zur Sprach- und Kommunikationswissenschaft), 710–717.

–, (1998c), Deutsche Sprachgeschichte und Geschichte der Technik. In: *Sprachgeschichte.* Hrsg. von Werner Besch u.a. Erster Teilband. 2. Aufl. Berlin, New York (Handbücher zur Sprach- und Kommunikationswissenschaft 2.1), 173–180.

Karmarsch, Karl (1841), *Grundriß der mechanischen Technologie. Als Leitfaden für den technologischen Unterricht an polytechnischen Instituten und Gewerbeschulen.* Band 2. Hannover.

Leupold, Jacob (1724), *Theatrum machinarum generale.* Bd. 1. Leipzig.

Lueger (1960), *Lueger Lexikon der Technik.* 1. Band. 4. Aufl. Stuttgart.

Reinhardt, Werner u.a. (1992), *Deutsche Fachsprache der Technik.* 3. Aufl. Hildesheim.

Ropohl, Günter (1991), Die Maschinenmetapher. In: ders.; *Technologische Aufklärung.* Frankfurt/Main, 167–182.

Sauer, Christoph (1992), Fachjargon – Zur Multiplizierung fachsprachlicher Kommunikationsformen. In: Bungarten (Hrsg.) (1992), 125–139.

Schräder, Alfons (1992), *Fach- und Gemeinsprache in der Kraftfahrzeugtechnik. Studien zum Wortschatz.* Frankfurt/Main.

Schröder, Jochen (1993): *Lexikon deutscher Verben der Fortbewegung.* Leipzig, Berlin.

Senghaas-Knobloch, Eva (1985): Menschen und Maschinen. Der nichtzukleine Unterschied. In: *Technik und Gesellschaft*, Jahrbuch 3, 232–242.

Steger, Hugo (1988): Erscheinungsformen der deutschen Sprache. 'Alltagssprache' – 'Fachsprache' – 'Standardsprache' – 'Dialekt' und andere Gliederungstermini. In: *Deutsche Sprache* 16, 289–319.

–, (1991): Alltagssprache. Zur Frage nach ihrem besonderen Status in medialer und semantischer Hinsicht. In: *Symbolische Formen, Medien, Identität.* Hrsg. von Wolfgang Raible. Tübingen (ScriptOralia 37), 55–112.

Technik im Leben (1986): *Wie funktioniert das? Die Technik im Leben von heute.* 3. Aufl. Mannheim.

Wacker, Donatella (1989): *Fach- und laiensprachliche Wortschatzstrukturen im Bereich der Fahrradtechnik.* Magisterarbeit Universität Münster (Ms.)

Wichter, Sigurd (1991): *Zur Computerwortschatz-Ausbreitung in die Gemeinsprache. Elemente der vertikalen Sprachgeschichte einer Sache.* Frankfurt/Main.

–, (1994): *Experten- und Laienwortschätze. Umriss einer Lexikologie der Vertikalität.* Tübingen.

*Karlheinz Jakob,
Dresden (Deutschland)*

116. Wirtschaftsbezogene Wortschätze

1. Einleitung
2. Semantische Prinzipien
3. Charakteristika wirtschaftsspezifischer Lexik
4. Kodifikationen
5. Zusammenfassung
6. Literatur in Auswahl

1. Einleitung

Wirtschaftsbezogene Wortschätze sind neben denen der Technik, der Verwaltungs- und der Rechtsinstitutionen im Unterschied zu anderen Fachwortschätzen unmittelbar praxisrelevant für den Alltag und den Laien. Gerade im Wortschatz der einzelnen Wirtschaftsfachsprachen finden sich Übergänge zwischen Fach- und Alltagssprache. Ausdrücke wie *Bank*, *Betrieb*, *Geld* oder *Kapital* bedeuten Verschiedenes, je nach dem, ob sie im Alltag, in Wirtschaftsinstitutionen oder in den Wirtschaftswissenschaften verwendet werden (s. 2.1).

Die Fachlexik der Wirtschaft lässt sich in einzelne Wirtschaftswortschätze untergliedern. Vor allem der tertiäre Wirtschaftssektor (Dienstleistungen) ist in dieser Hinsicht stark differenziert (Hundt 1995, 67). Die Orientierung an Ausschnitten des Dienstleistungssektors kann eine Gliederungsmöglichkeit für Wirtschaftswortschätze vorgeben (außersprachliches Gliederungskriterium). Als Beispiele dienen Banken, Versicherungen, Handel und Börsen (s. 2.2).

Lexik aus dem Bereich der Wirtschaft lässt sich bis ins Althochdeutsche zurückverfolgen (vgl. Schirmer 1911a). Eine starke Ausdifferenzierung fand dann ab ca. 1400 n. Chr. statt. Prägend waren die oberdeutschen Handelsstädte (zur mnd. Sprache der Hanse vgl. Schirmer 1911a, XVIII ff.; Stieda 1894) und der Einfluss Oberitaliens, v.a. Venedigs. Dies wird z.B. an der bereits im 13. Jahrhundert belegten mhd. Bezeichnung *lumpart* (Geldwechsler) für die italienischen Geldhändler, die *Lombarden*, deutlich (Schwarz 1967, 71). Mit der Geldwirtschaft setzten sich relativ rasch von Oberitalien ausgehend auch die beiden ältesten Zweige des Bankgeschäfts durch: der Geldwechsel und der Handel mit Wechseln. Mit diesen erübrigte sich der mühsame und riskante Geldtransport. Sie sind für Italien bereits seit dem 12. Jahrhundert belegt (Krejči 1932, 25). Der intensive Handel mit den oberitalienischen Städten wirkte sich auch auf den damit verbundenen Wirtschaftswortschatz aus. Es kam zu zahlreichen Übernahmen von Konzepten und Ausdrücken:

„*Bank* (Bedeutungslehnwort nach ital. *banco*), *Bankerott, brutto, ditto, Faktor, Kassa, Kassierer, Kollo, Muster* (aus ital. *mostra*) *netto, Posten* (ital. *posta*), *Primo, Medio, Ultimo, Porto, Risiko, Skonto, Tratte, Vista* usw." (Schirmer 1949, 58; weitere Beispiele

Schirmer 1911a, XXVIII; von Polenz 1991, 235).

Besonders hervorzuheben ist die Übernahme der doppelten Buchführung aus dem Italienischen (vgl. Löffelholz 1935). Diese neue Art der Buchhaltung brachte zahlreiche Konzepte und Ausdrücke mit sich, die sich teilweise bis heute erhalten haben: „*Debet* und *Kredit* (urspr. ital. *Debito* und *Credito*), *Konto, Kontokorrent, Journal* (urspr. in ital. Form *Giornale*), *Skontro, Strazze, Bilanz*" (Schirmer 1949, 58).

Vom 15. Jahrhundert bis zur Gegenwart hat sich die Wirtschaftslexik entsprechend der Entwicklung und Spezialisierung einzelner Wirtschaftssparten wesentlich ausdifferenziert. Dabei waren Übernahme fremdsprachlicher Konzepte und Ausdrücke die Regel (vgl. die zahlreichen Beispiele bei Schirmer 1911a zum Lateinischen, Italienischen, Französischen, Niederländischen usw.). Waren um 1400 n. Chr. die italienische Geld- und Kreditwirtschaft vorbildlich und damit für die Konzept- und Ausdrucksübertragung geeignet, so ist heute vor allem die englischsprachige Wirtschaft lexikalisch relevant. Neben indigenes Wortmaterial und assimilierte Fremdwörter treten so ständig neue, in Aussprache und Morphologie nicht integrierte Ausdrücke. Zu fragen ist, welche verschiedenen begrifflichen und ausdrucksseitigen Bildungsmuster in der wirtschaftsbezogenen Lexik typisch sind (s. 3.).

Der Zugang zu wirtschaftsrelevanten Konzepten und Ausdrücken wird häufig durch entsprechende Nachschlagewerke für Laien und Experten eröffnet. Die für die Gegenwart wichtigsten Typen und Exemplare sollen daher vorgestellt werden (s. 4.).

2. Semantische Prinzipien

2.1. Konzepte in Wissenschaften und Institutionen

Die Lexik der Wirtschaftsfachsprachen lässt sich in zwei Großgruppen unterteilen: a) Wortschätze, die im institutionensprachlichen Bereich der Wirtschaft entwickelt wurden und eingesetzt werden, und b) Wortschätze, die eher dem Bereich der Wirtschaftswissenschaften zuzuordnen sind. Je nach dem, welche weitere Differenzierung wissenschaftlicher und institutioneller Wirtschaftsfachsprachen verwendet wird (vgl. Hundt 1998a), lassen sich weitere Teilwortschätze abgrenzen. Für Wortschätze aus den Bereichen 'Institutionen' und 'Wissenschaften' gelten bestimmte semantische Prinzipien, die sie zum einen von der alltagsrelevanten Lexik unterscheiden, die sie aber andererseits auch gegeneinander abgrenzen (vgl. Hundt 1998). Für die wirtschaftsspezifische Lexik sind dabei drei Faktoren besonders relevant:

(i) die versprachlichten Sachverhaltsbereiche
(ii) die Selektion und die Gewichtung bestimmter Teilbedeutungen
(iii) die Begriffsvernetzung und -normierung

Ad (i): Die Inhalts- und Ausdrucksseiten der institutionellen und wissenschaftlichen Lexik unterscheiden sich primär dadurch von der der Alltagssprache, dass in ihnen tendenziell ein anderer Sachverhaltsbereich (Weltausschnitt) versprachlicht wird. Diese Feststellung leuchtet für viele Begriffe unmittelbar ein, die für die Alltagskommunikation irrelevant sind. So sind Konzepte wie z.B. *Kapitalflussrechnung* oder *Amortisationsrechnung* im Alltag nicht vorhanden. Problematisch scheint die These von den getrennten Sachverhaltsbereichen allerdings zu werden, wenn es um Konzepte geht, die sowohl in der Alltags- als auch in den Wirtschaftsfachsprachen lexikalisiert sind. Hier handelt es sich meist um Fälle, in denen bei gleichen Ausdrucksseiten unterschiedliche Konzeptdefinitionen zugrunde liegen. Diese Überschneidungen sind vor allem an den Nahtstellen zwischen Alltag und Wirtschaftsinstitutionen zu beobachten (z.B. die Bedeutung von *Supermarkt* aus alltagspraktischer, unternehmensrechtlicher oder wirtschaftstheoretischer Sicht).

Ad (ii): Die unterschiedlichen kommunikativen Zwecke, die in den Bezugsbereichen verfolgt werden, haben dementsprechend unterschiedliche Konzeptualisierungen zur Folge. Am Beispiel des Begriffs *Bank*, der im Alltag, in den institutionellen und wissenschaftlichen Wirtschaftssektoren belegt ist, lässt sich die unterschiedliche Konzeptdefinition besonders gut zeigen. Der in der Alltagskommunikation relevante Bankbegriff enthält Teilbedeutungen wie 'Kontoführungsgebühren', 'Zahl der Geldautomaten', 'Sparzinshöhe', 'Öffnungszeiten', 'Erreichbarkeit', 'Anzahl der Filialen' 'Kompetenz/Freundlichkeit des Personals' etc. Der Alltagsbegriff *Bank* ist zudem flexibel. Mit Neuerungen wie 'Telebanking', 'Homebanking', 'Cash-Card' u.ä. können relativ rasch neue Teilbedeutungen in den Begriff integriert werden. Diese sind immer an den praktischen, alltäglichen Bedürfnissen der Bankkunden orientiert. Für die institutionelle oder auch die wissenschaftliche Begriffsbestimmung sind andere Zwecksetzungen vordringlich. So ist z.B. die Teilbedeutung 'Organisationsform' (privatrechtlich, öffentlich-rechtlich oder genossenschaftlich) ausschlaggebend für die Untergliederung des Begriffs. Diese Unterscheidung ist im Institutionenbereich relevant und trennt Aktiengesellschaften wie die Dresdner Bank von Sparkassen oder Volks- und Raiffeisenbanken. Im Alltag ist diese Feindifferenzierung nicht vorhanden. Durch dieses und weitere vergleichbare Kriterien (z.B. 'Art der Geschäfte') ist der institutionelle Bankbegriff stärker differenziert als der des Alltags. Können in der institutionellen Praxis manche dieser Feinabstufungen zwischen einzelnen Bankformen vernachlässigt werden, so ist dies in der Theorie, die sich gerade mit dem gesamten System des Bankwesens in einem Wirtschaftsraum befasst (etwa die Bankbetriebslehre), nicht der Fall. Hier erfährt *Bank* eine maximal ausdifferenzierte Fassung. Beide Aspekte (maximale theoretische Durchdringung der Konzepte in den Wirtschaftswissenschaften vs. optimale Kommunikationssicherheit in der institutionellen Praxis) haben Konsequenzen für die Begriffsvernetzung und semantische Normierung wirtschaftsbezogener Lexik.

Ad (iii): Die prototypische Struktur von Alltagskonzepten unterscheidet diese von Konzepten der Wirtschaftsfachsprachen, die stärker durch institutionell bedingte und theorieabhängige Setzungen definiert sind. Dies zeigt sich nicht nur innerhalb eines einzelnen Begriffes (zu *Geld* vgl. Hundt 1995, 120 ff.), sondern auch in Bezug auf die Begriffsvernetzung. So finden sich etwa in wirtschaftswissenschaftlichen Theorien erheblich stärker horizontal und vertikal gegliederte Begriffshierarchien als im Bereich der Institutionen (Beispiel *Kosten*, Hundt 1995, 60 f.). Die begriffliche Vernetzung ist allerdings im Vergleich z.B. zu den Terminologien der Chemie/Pharmazie mit ihren hochdifferenzierten Nomenklaturen sowohl horizontal als auch vertikal geringer (vgl. Jakob 1996). Außerdem sind die Begriffshierarchien der Wirtschaftswissenschaften häufig auf den Geltungsbereich der jeweiligen Theorie begrenzt und nicht allgemein akzeptiert. Im institutionellen Bereich ist die Frage nach der praktischen Relevanz von Begriffssystemen primär. Die Komplexität der wissenschaftlichen Begriffssysteme wird dadurch reduziert. So wird z.B. in der institutionensprachlichen Textsorte *Geschäftsbericht* der Begriff *Bilanz* nicht in der umfassenden, ausdifferenzierten Form verwendet, wie etwa in einer theoretischen Abhandlung zur Bilanztheorie.

Sowohl für die Konzeptbildung als auch für die Übernahme von Ausdrücken sind die Nachbardisziplinen der Wirtschaftswissenschaften von großer Bedeutung. Allen voran a) Rechtswissenschaft, b) Technik, c) Mathematik/Informatik, d) Statistik, e) Soziologie und f) Psychologie. In der Lexik werden so aus wirtschaftsspezifischer Sichtweise die gesetzlichen, methodischen, gesellschaftlichen und psychologischen Rahmenbedingungen der Wirtschaft reflektiert und versprachlicht, wobei die enge Verbundenheit zu den Nachbardisziplinen bestehen bleibt (Beispiele: a) *Grundschuld, Steuer,* b) Produkte und deren Beschreibungen *Allradgetriebe,* c) *Investitions-, Kostenvergleichsrechnung,* d) Indizes wie der *Laspeyres-Index* oder der *Paasche-Index,* e) *Markttest, Solidargemeinschaft,* f) *Werbung, Preisbewusstsein, -image*).

2.2. Hauptgebiete wirtschaftsspezifischer Lexik

Generell gilt, dass diejenigen Bereiche wirtschaftsbezogener Lexik die größten Veränderungen (Neologismen, Neubildungen von Komposita etc.) erfahren, die unter dem größten Innovationsdruck stehen. Dies gilt insbesondere für den Bereich der Banken und Börsen. Durch neuartige Formen der Geschäftsabwicklung, durch zunehmenden Konkurrenzdruck bei abnehmender traditioneller Kundenbildung sowie durch neue Produkte entsteht das Bedürfnis, die veränderte institutionelle Wirklichkeit mit Hilfe neuer bzw. veränderter Lexik kommunizierbar zu machen. Beispiele hierfür sind *Telebanking, Homebanking, Directbanking, Cash-Card* etc. für den Bankbereich, *Future, Floater, Swapgeschäft, Straddles, Strangles* etc. für die Börse. Für diese produktiven Lexikbereiche ist der Einfluss des Englischen sehr hoch (vgl. 3.). Per se wirtschaftsspezifisch ist die Lexik der Produktbezeichnungen. Sie sei im Folgenden aus der Betrachtung ausgenommen. Daneben können aus dem Dienstleistungs- und aus dem Produktionssektor der Wirtschaft (nach dem Drei-Sektoren-Modell der Wirtschaft, vgl. Willms 1995) exemplarisch Sparten benannt werden, die sowohl inhalts- als auch ausdrucksseitig besonders produktiv sind:

(i) Banken und Börsen (Dienstleistung)
(ii) Versicherungen (Dienstleistung)
(iii) Computertechnik (Produktion)

Viele lexikalisch ebenfalls produktive Sparten bleiben dabei unerwähnt (z.B. Wirtschaftsrecht, KFZ-, Bauwirtschaft etc.).

Ad (i): Fasst man das Feld der Finanzbegriffe (z.B. *Geld, Zins, Steuer, Rendite, Schuld* ...) als zentral für die Begriffswelt der Wirtschaft auf, dann sind die Bank- und Börsenfachsprachen selbst prototypische Vertreter der Wirtschaftsfachsprachen. Gleiches gilt für ihre Lexik. Drei Kennzeichen, die sich auch in anderen Wirtschaftswortschätzen finden, sollen hervorgehoben werden:

Erstens zeichnen sich hier viele Begriffe dadurch aus, dass sie von hohem Abstraktionsgrad sind. Anders als etwa bei technikfachsprachlichen Konzepten referieren Begriffe aus der Welt der Banken und Börsen häufig auf abstrakte Sachverhalte, die erst durch die institutionelle Setzung und Definition der Begriffe selbst entstehen. Dies lässt sich am Beispiel des Geldbegriffes zeigen: Die im institutionellen Bereich weithin akzeptierte Geldmengendefinition der Bundesbank umfasst drei Teilmengen: M_1, M_2, M_3 (vgl. Jarchow 1990, 22ff., Issing 1987, 6–16). Von M_1 bis M_3 findet eine Ausweitung der Extension des Geldbegriffes statt. Die Abgrenzung erfolgt durch die unterschiedliche Gewichtung der Teilbedeutungen 'Zahlungsmittel' und 'Wertaufbewahrung'. M_1 umfasst den Bargeldumlauf (Noten und Münzen) und die Sichteinlagen von Nichtbanken bei inländischen Banken (*Buchgeld/Giralgeld*). Hier wird die Teilbedeutung 'Zahlungsmittel' besonders stark gewichtet. Bargeld und Sichteinlagen sind direkt für Zahlungszwecke verfügbar. Bei M_2 dominiert die 'Wertaufbewahrung'. Sie schließt M_1 ein sowie Termineinlagen mit einer Befristung von bis zu vier Jahren. Noch stärker ist die 'Wertaufbewahrung' bei M_3 betont. Hierzu werden neben M_1 und M_2 auch alle Spareinlagen mit gesetzlicher Kündigungsfrist gerechnet. Befristete Termineinlagen und Spareinlagen werden auch als *Quasigeld/near money* bezeichnet. Je nach Gewichtung der Teilbedeutungen gelangt man so im institutionellen Bereich zu unterschiedlichen Geldmengenaggregaten. Weitere Differenzierungen im Geldbegriff kommen durch die institutionellen Rahmenbedingungen des Bankensystems zustande. So wird etwa zwischen *Zentralbankgeld*, *Geschäftsbankengeld* und *Geldbasis* (*monetäre Basis, high powered money*) unterschieden. Die Bedeutung der institutionell konstituierten Wirklichkeit für die Begriffe wird bei der Definition der *Geldschöpfung* (durch Geschäftsbanken) besonders deutlich:

„Geschäftsbanken schaffen Geld, indem sie von Nichtbanken im Rahmen des [...] Aktivgeschäfts primäre Aktiva (Gold, Devisen, Anlagen), die nicht selbst inländische Zahlungsmittel darstellen, und sekundäre Aktiva (Forderungsrechte wie Wechsel, Kredite, Wertpapiere) erwerben und der Nichtbank den Gegenwert als Sichteinlage [...] gutschreiben; dies ist eine Monetisierung von Aktiva.

Im Rahmen des [...] Passivgeschäftes wird Quasigeld oder Geldkapital in [...] Sichteinlagen umgewandelt. Eine Schöpfung von Geschäftsbankengeld liegt auch dann vor, wenn eine Geschäftsbank [...] Zentralbankgeld einnimmt und dem Einleger den betreffenden Betrag in Geschäftsbankengeld gutschreibt;" (Vahlens Großes Wirtschaftslexikon 1987, 678).

Der Begriff *Geldschöpfung* verweist selbst nicht nur auf eine Reihe weiterer institutionell definierter Konzepte (s. Zitat), sondern bildet die Grundlage für weitere Begriffe wie *Barreserve, Mindestreserve, Geldschöpfungspotential, Buchgeldschöpfungsmultiplikator, Kreditschöpfungsmultiplikator*.

Der starke Abstraktionsgrad gilt auch für Produkte dieser Wirtschaftssparte. So gibt es nicht nur die Möglichkeit der Geldanlage in verschiedenen *Investmentfonds* (z.B. *Renten-, Aktien-, Immobilien-, Geldmarktfond*), bei denen der Anleger Anteile am Fond als Sammlung z.B. einer ganzen Reihe von Aktien erhält (Risikostreuung). Daneben gibt es auch die Konstruktion des *Fund-of-fund*, bei dem Anteile an einer Reihe von Fonds erworben werden. Es erfolgt also die Abstraktion vom einzelnen Wert(papier) über den Anteil an einer Sammlung von Werten (Fond) bis hin zum Anteil an einer Sammlung von Fondswert(anteilen) (Fund-of-fund).

Als zweites Kennzeichen ist die enge Rückbindung der gesamten Lexik an das Rechtssystem mit seinen Begriffen und Ausdrücken zu nennen. Wenige Beispiele der Sparten Bank und Börse mögen hier genügen: *Bankbürgschaft, Kredit, Schuldverschreibung, Aktie, Dividende, Devisentermingeschäft* .... Das dritte Kennzeichen betrifft die Flexibilität von Begriffen und Ausdrücken. Wie auf Märkten für andere Produkte (s.u. Computertechnik) werden auch auf Finanzmärkten ständig neue Produkte – und damit auch Begriffe – geschaffen und bezeichnet. Als Beispiel kann die Gründung der deutschen Terminbörse im Jahr 1989 gelten. Mit dieser vollcomputerisierten Börse verband sich auch die Notwendigkeit, das gesamte Produktspektrum der neuen Finanzderivate zu bezeichnen. Unter *Derivaten* versteht man Anlagen, deren Wert vom Wert anderer Anlagen abhängt. Z.B. hängt der Wert einer Kaufoption (*Call*) vom Wert der Aktie ab, zu deren Kauf sie (je nach Frist) berechtigen soll. In der Regel werden englische Bezeichnungen übernommen, wobei z.T. deutsche Lehnbildungen auftreten (vgl. 3.). Ebenfalls lexikalisch produktiv sind die neuen Formen des bargeldlosen Zahlungsverkehrs und der Bankgeschäfte per Computer (*electronic cash, tele-, homebanking, PIN-Nummer* ...).

Ad (ii): Die drei angeführten Kennzeichen der Begriffsbildung (Abstraktion, Rückbindung an das Rechtssystem, Flexibilität) gelten auch für andere Wirtschaftssparten und ihre Lexik, so auch für die Versicherungswirtschaft. An ihr lassen sich darüber hinaus noch weitere Merkmale verdeutlichen. Da Versicherungen der Vertragsform bedürfen (*Versicherungsschein, Police*), versteht sich die enge Rückbindung der versicherungsrelevanten Lexik an das Rechtssystem von selbst. Die Rückbindung erfolgt explizit in Textsorten wie den *Allgemeinen Bedingungen für ...-Versicherungen, Satzungen* oder den *Versicherungsscheinen* selbst. In ihnen wird auf Gesetzestexte wie das *Versicherungsvertragsgesetz* (*VVG*) oder das *Versicherungsaufsichtsgesetz* (*VAG*), aber auch auf das *Handelsgesetzbuch* (*HGB*) und das *Bürgerliche Gesetzbuch* (*BGB*) verwiesen. Die Lexik wird jedoch besonders durch eine andere Aufgabe geprägt: die Konzeptualisierung des für die Versicherung relevanten Welt- und Handlungsbereiches unter dem Gesichtspunkt der ein- und ausgeschlossenen Möglichkeiten (*Versicherungsumfang*). Die Handlungsweisen des Versicherungsnehmers müssen in die institutionell geprägte und definierte Versicherungsbegrifflichkeit übersetzt werden. Im Schadensfall müssen beide abgeglichen werden. Die aus der versicherungsrechtlichen und -technischen Perspektive konzeptualisierte Welt ist von der alltagssprachlichen Begriffswelt (des Versicherungsnehmers) in der Regel deutlich unterschieden. Der Abgleich beider Systeme bildet oft das Hauptproblem (*Versicherungsfall*), d.h. die Frage, ob die Handlungsweisen oder die Interpretation des Geschehens durch den Versicherungsnehmer einen Sachverhalt beschreiben, der einem im Rahmen der Versicherung (*Vertragsgrundlage*) definierten Sachverhalt entspricht. Die Ausdrücke verweisen auf jeweils so eindeutig wie möglich definierte Konzepte, die selbst häufig über Definitionen, Umschreibungen oder Beispielfälle explizit gemacht werden. Beispiele: *Versicherungsgegenstand, -anspruch, -schutz, -umfang, -leistung, Ausschlüsse, Einschränkungen, Ersatzleistungen, Bedingung, Bedingungsanpassung, Fälligkeit von Leistungen, Leistungsumfang* .... Dabei schließt die Konzeptualisierung und Bezeichnung des versicherungsrelevanten Weltausschnittes nicht nur den Versicherungsgegenstand und seine Regulierung ein, sondern auch den Versicherungsvertrag selbst (*Rückkaufswert, Tarifänderung, Kündigung* ...).

Die Lexik der Versicherungswirtschaft ist durch die enge Anbindung an die Rechtssprache stark institutionensprachlich geprägt. Häufig reicht der Anwendungsbereich auch in den Alltag hinein (*Haftpflicht-, Hausrat-, Rechtsschutz-, Krankenversicherung* o.ä.). Die Verbesserung der Verständlichkeit versicherungstechnischer Termini durch Paraphrasen oder alltagssprachliche Wörter steht dann oft der Textökonomie bzw. der rechtlichen Verbindlichkeit der Terminologie entgegen (z.B. *Haftungsausschluss* vs. *die Versicherung kommt für entstandenen Schaden nicht auf, wenn* ...).

Ad (iii): Als typisches Beispiel des sekundären Wirtschaftssektors kann die Lexik der Computerfachsprache genannt werden. Diese ist in Bezug auf die Wirtschaftssprache in mehrfacher Hinsicht typisch. Einerseits zeigt sich an ihr der für alle technikorientierten Varietäten typische Übergang von der Wirtschaftssprache zur Techniksprache. Andererseits ist die Computerfachsprache sehr produktiv in Bezug auf ihre Lexik. Dabei sind technische Aspekte und in Verbindung damit die Werbewirksamkeit bezeichnungsrelevant, z.B. bei *pipelined-burst-cache* (Speicherart).

Durch den ständigen und raschen Wandel des Produktspektrums lässt sich an deren Bezeichnungen in gewisser Weise Sprachgeschichte wie im Zeitraffer verfolgen. Neu auftretende Begriffe und Ausdrücke verändern den sprachlichen Wert der bisherigen, das Wort- und Begriffsfeld wird verändert. Beispiele sind Reihen wie die sich ablösenden Prozessorgenerationen *8086, 80286, 80386, 80486, Pentium* ... mit den unterschiedlichsten Zusatzmerkmalen (z.B. Taktfrequenz), Programm- und Betriebssystemversionen (*Word 5, 6, 7* ..., *Windows 3.11, Windows 95, 98* ...) oder im Bereich der Datensicherung *Backup, Streamer, ZIP-Laufwerk, Jazz-Laufwerk* .... Mit dem Verschwinden der „alten" Produkte verschwinden die sich damit verbindenden Konzepte und Ausdrücke meist ebenfalls. Schnelle Produktabfolgen und hoher Grad an

Fachlichkeit bedingen darüber hinaus die Tendenz zu Abkürzungen und Kurzwörtern als Simplizia oder Kompositateile, deren Herkunft vom Anwender oftmals nicht mehr durchschaut wird; der Begriff ist über seine Funktion definiert. Beispiele: *RAM = Arbeitsspeicher*, die Auflösung in *random access memory* ist für den Anwender nicht mehr nötig, ebenso beim Kurzwort *Modem* aus *Modulator/Demodulator*.

3. Charakteristika wirtschaftsspezifischer Lexik

An typischen Bildungsmustern wirtschaftssprachlicher Lexik lassen sich mindestens fünf teilweise weiter differenzierte Typen ausmachen:

(i) Bezeichnungen auf der Grundlage alltagssprachlicher Ausdrücke und Begriffe
(ii) Übernahmen aus anderen Fachsprachen
(iii) Metaphern
(iv) Abkürzungen (Kurzwörter) und Markennamen
(v) Fremdwörter und Lehnprägungen

Ad (i): Die Alltagssprache ist mit ihrer Lexik Ausgangs- und Bezugsgröße für alle anderen Varietäten. Fachwortschätze, so auch die der Wirtschaft, bedienen sich häufig alltagssprachlicher Ausdrücke, die dann für den engeren Fachbereich neu definiert und so verwendungstauglich für das Begriffssystem des Faches werden. Auf die unterschiedlichen Referenzmöglichkeiten des Ausdrucks *Geld* wurde bereits hingewiesen (s. 2.2). Vergleichbare semantische Differenzierungen gelten für zahlreiche weitere Ausdrücke, die sich in beiden kommunikativen Bezugsbereichen finden. So zielt z.B. in steuer- und versicherungsrechtlichen Texten *nichtselbstständige Arbeit* auf ein klar definiertes Konzept, das sich vom Alltagskonzept deutlich unterscheidet. Den Teilbedeutungen des Alltagsbegriffs 'angeleitetes Arbeiten', 'Unvermögen zu eigenverantwortlichem Arbeiten' (negativ konnotiert) steht in der Fachlexik die 'Art des Beschäftigungsverhältnisses' gegenüber. Auch zur Bezeichnung von Konzepten, die so im Alltag gar nicht existieren, werden alltagssprachliche Ausdrücke genutzt, oft in der Form von Komposita: *Überschussbeteiligung, Lastschrift, Gutschrift, Geldmarkt* ...

Ad (ii): Die Wirtschaftssprachen stehen mit einer Reihe von institutionellen und wissenschaftlichen Fachsprachen in lexikalischem Austausch. Auf Übernahmen aus der Rechtswissenschaft, der Technik, der Mathematik, der Statistik, der Soziologie und der Psychologie wurde bereits verwiesen (s. 2.). Im Gegensatz zur Trennung von alltagssprachlicher Lexik ist die Abgrenzung wirtschaftsbezogener Fachlexik im Bereich institutioneller und wissenschaftlicher Fachsprachen oft schwierig und teilweise nicht sinnvoll (etwa beim Steuergesetz, beim Handelsgesetz o.ä.).

Ad (iii): Wie in anderen Fachsprachen so wird in der Wirtschaftslexik stark auf metaphorische Konzepte zurückgegriffen. Versteht man Metaphern im Sinne neuerer metapherntheoretischer Ansätze nicht als uneigentliches Sprechen, sondern als bedeutungs- und wissenskonstituierende Mittel zur Konzeptualisierung (z.B. Lakoff 1987), so verwundert die Häufigkeit, mit der metaphorische Konzepte in den Wirtschaftsfachsprachen genutzt werden, nicht. Die Metaphern stammen vor allem aus dem Begriffsfeld der *Mechanik* mit zahlreichen Unterbegriffen und einer Basis in grundlegenden *Handlungs-* und *Raum*-Begriffen (ausführlich vgl. Hundt 1995, 90–119).

Fester Körper/Container: *Umsatzeinbruch, Fond* (Aktien, Immobilien, Devisen o.ä.), *Außenfinanzierung, Außenhandel, Marktnische*...

Flüssigkeit: *Liquidität, Mittel-, Kapitalfluss, Gewinnausschüttung, stockender Absatz* ...

Kraft: *Preis-, Kosten-, Konkurrenzdruck, Nachfragesog, Innovationsschub* ...

Bewegung: *turnaround* (Wende bei der Kursentwicklung einer Aktie), *Volatilität* (Kursbeweglichkeit), *Laufzeit* (Kredite/Termingeschäfte), auch in Unterbegriffen wie *Umlauf* (*Geldumlauf, Produktionskreislauf*) oder *Geschwindigkeit* (*Umlaufgeschwindigkeit* des Geldes)

Gleichgewicht: *Bilanz, Nachfrageüberhang* (= gestörtes Gleichgewicht) ...

Werkzeug/Maschine: *Hebel* (leverage) bei Optionsgeschäften, *Marktmechanismen* ...

Materialqualität: *Elastizität* in Bezug auf Preise, Kosten, Nachfrage, Angebot; *Festgeld, floating rate note* (Anleihe mit variabler Verzinsung).

Ein weiteres wichtiges metaphorisches Konzept ist *Lebewesen* mit Unterbegriffen wie *Wachstum/Fruchtbarkeit, Stoffwechsel, Gesundheitszustand, mentale Leistungen, emotionale Befindlichkeit*. Neben den bekannten Beispielen von der Börse, die sich *schwächer, stärker, erholt, behauptet* ... zeigen kann, gehören hierher auch Metaphern, die auf Unternehmen, Märkte oder auf Produkte angewendet werden: *schlankes Management* (*lean manage-*

ment), *Wirtschaftswachstum, Marktsättigung, intelligentes Fahrwerk* (Anthropomorphisierung der Technik).

Ad (iv): Kurzwörter und Abkürzungen werden in der Wirtschaftsfachlexik ebenfalls häufig genutzt. Sie tragen der Tendenz der Komprimierung von Informationen in Fachlexiken Rechnung. Hierzu gehören Kurzwörter, die längere Syntagmen ersetzen. Teilweise tritt dabei der semantische Zusammenhang zwischen Voll- und Kurzform zurück. Typisch sind Kurzwörter, die aus Einzelbuchstaben der Vollform gebildet werden: *LIBOR = London Interbank Offered Rate, FIBOR = Frankfurt Interbank Offered Rate, FIONA = Frankfurt Interbank Overnight Average, DAX = Deutscher Aktienindex, bB = bezahlt Brief, bG = bezahlt Geld* (Börse), *AG = Aktiengesellschaft, GmbH = Gesellschaft mit beschränkter Haftung, OHG = offene Handelsgesellschaft, KG = Kommanditgesellschaft, KGaA = Kommanditgesellschaft auf Aktien, VVaG = Versicherungsverein auf Gegenseitigkeit* (Rechtsformen von Unternehmen). Auch Buchstabenfolgen der Vollform werden verwendet, z.B. in *DePfa = Deutsche Pfandbriefanstalt*.

Daneben zählen zu dieser Gruppe auch Zeichenkombinationen, die sich nicht mehr auf eine Vollform zurückführen lassen. So ist etwa zur Beurteilung der Kreditwürdigkeit von Schuldnern eine Skala weit verbreitet, die von *AAA* (= zweifelsfreie Bonität) über Zwischenstufen *AAa, BBB* ... bis *D* (= Zahlungsverzug) reicht. Ebenfalls in diese Gruppe der Abkürzungen gehören Symbolisierungen wie *M1, M2, M3* für unterschiedlich definierte Geldmengenaggregate.

Ein Spezialfall von Kurzwörtern bzw. Neologismen sind Produkt- und Markennamen. Dies ist der produktivste Bereich wirtschaftsbezogener Lexik überhaupt. Sie werden nach unterschiedlichen Prinzipien ständig neu geprägt und ersetzen sogar in manchen Fällen die standardsprachliche Bezeichnung, z.B. *Tempo* für *Papiertaschentuch, Aspirin* für *Kopfschmerztablette*. Es treten Kurzwörter aus Buchstaben der Vollform auf: *IBM = Industrial Business Machines, AEG = Allgemeine Elektrizitätswerke, AGFA = Aktiengesellschaft für Anilinfarben,* diese Vollform ist allerdings heute kaum mehr im Bewusstsein der Sprachbenutzer. Daneben kommen Zahlen-/Buchstabenkombinationen vor: (*Mazda 323, BMW 750i, Davidoff No. 1*). Die Produktpalette fungiert als eigenes semantisches Feld, z.B. aus Wagenklasse (*3-er, 5-er, 7-er-BMW*), Hubraum des Motors (*50 entspricht 5 Liter Hubraum*) und weiteren Merkmalen (*i* für Kraftstoffeinspritzung). Der semantische Zusammenhang ist für den Verwender oftmals nicht mehr ersichtlich. Besonders vielschichtig sind die Vollformen motiviert. Die Bezeichnungen der Produkte/Marken können z.B. erfolgen nach a) Personennamen: *Armani, Henry Clay, Hugo Boss,* b) nach geographischen Gegebenheiten und Naturphänomenen *SEAT Ibiza, VW Passat,* c) nach menschl. Eigenschaften *Chanel Egoiste/Allure,* d) nach dem zu vertretenden Programm *Grundinvest,* e) nach Phantasienamen *Lexus, Kodak* etc.

Ad (v): Der für die Wirtschaftssprachen der Gegenwart überragende Einfluss an Fremdwörtern, die nicht in das deutsche Sprachsystem integriert sind, ist unübersehbar. Vor allem das Englische ist zur Zeit *die* konzept- und ausdrucksgebende Sprache (vgl. sprachkritisch Fink 1995). Die Ursachen hierfür sind nicht allein im Prestige des Englischen als *lingua franca* der Wirtschaft zu suchen, sondern vor allem in der Tatsache, dass auch die mit den Ausdrücken verbundenen Konzepte und Wirklichkeitsausschnitte aus dem englischsprachigen Wirtschaftssektor übernommen wurden (z.B. vollcomputerisierte Terminbörse mit den dazugehörigen Produkten). Grob gegliedert lassen sich drei Gruppen nicht assimilierter Fremdwörter unterscheiden.

(a) Für eine ganze Reihe von Ausdrücken gibt es weder ein deutsches Simplex noch ist eine deutsche Paraphrase gebräuchlich, z.B. der *greenshoe* (zunächst unter Verschluss gehaltene Aktien, die bei Bedarf zusätzlich auf den Markt gegeben werden, Puffer-Bestände), der *blue chip* (Vorzeigebetriebe/-aktien an der Börse) oder der *tender* (Mittel der Geldmengensteuerung durch die Bundesbank). Teilweise kommen Parallelverwendungen aus verschiedenen Fremdsprachen vor, z.B. *Portefeuille* (frz.) neben *Portfolio* (engl., Gesamtbestand an Ersparnissen).

(b) Daneben existieren Fremdwörter, für die es eine deutsche Lehnprägung gibt, die jedoch kaum verwendet wird. Beispiele sind: *leasing* und das seltener gebrauchte Syntagma *auf Zeit gemietet, put* und *call* für *Verkaufs-* und *Kaufoption,* sowie *Agio/Disagio* für *Aufgeld/Abschlag*.

(c) Übergänge bestehen zur dritten Form, bei der Fremdwort und deutsche Lehnprägung parallel vorkommen. Beispiele hierfür sind: *leverage* und *Hebel(wirkung), in-the-money, at-the-money, out-of-the-money* und *im Geld, am Geld, aus dem Geld* bei Optionsgeschäften oder *Zero-Bond* und *Nullkuponanlei-*

he, aus der Computerbranche *Hard Disk* und *Festplatte*.

Neben der großen Anzahl an Fremdwörtern, die weder graphematisch noch phonologisch noch flexivisch noch in der Wortbildung an das Deutsche assimiliert sind, existieren Lehnwörter und Lehnprägungen. Wirtschaftsrelevante Lehnwörter weisen unterschiedliche Grade der Anpassung an das deutsche Sprachsystem auf. Die Integration betrifft vor allem die Ebenen der Phonologie, der Flexion und der Wortbildung (s. das Beispiel *Manager* bei von Polenz 1991, 46f.). Daneben sind Lehnübersetzungen und Wortbildungen mit Lehnsuffixen häufig. So werden *exercise price* und *stock price* zu geläufigerem *Ausübungspreis* und *Aktienpreis* (Optionshandel). Analog zu anderen Fremdwörtern lateinischer Grundlage werden *Bonität, Liquidität, Fungibilität, Volatilität* ... gebildet.

Schließlich ist als sehr produktives Bildungsmuster die Kombination aus indigenem und fremdsprachlichem Wortmaterial in Form von Komposita zu nennen. Dies gilt nicht nur für Produktbezeichnungen und Werbung (*Relax-Liege, Design-Leuchte*), sondern in allen wirtschaftsrelevanten Wortschatzbereichen (*Leasing-Angebot, Franchise-Unternehmen, Tenderzinssatz, Clearing-Stelle, Portfolio-Selection-Theorie* ...).

4. Kodifikationen

Als Kodifikationen wirtschaftssprachlicher Lexik stehen für die Gegenwart eine große Anzahl an Wörterbüchern und Lexika zur Verfügung. Hier können nur exemplarisch die wichtigsten Typen vorgestellt werden (vgl. auch die ältere Liste bei Kühn 1978, 184−189 u. 216−225, sowie die Beiträge von Schaeder 1982, Gerzymisch-Arbogast 1989). Von der inhaltlichen Ausrichtung her lassen sich wirtschaftsbezogene Nachschlagewerke in vier Gruppen unterteilen:

(i) historische und etymologische Wörterbücher
(ii) wirtschaftswissenschaftliche Wörterbücher und Lexika
(iii) wirtschaftswissenschaftliche Handbücher enzyklopädischer Art
(iv) mehrsprachige Wörterbücher
(v) Ratgeber/Wörterbücher zur Vermittlung zwischen Alltag und Institutionen

Ad (i): Die Herkunft und die Geschichte wirtschaftsspezifischer Lexik wird zum Teil in den allgemeinen etymologischen Wörterbüchern behandelt (z.B. Kluge 1995, Hirt 1921/1968, Duden 1989). Historische Fachwörterbücher sind dagegen selten. Nach wie vor unersetzt ist das „Wörterbuch der Kaufmannssprache" von Schirmer (1911): Zu den Stichwörtern aus unterschiedlichen Handelsgebieten werden nicht nur Bedeutungsangaben und Belegstellen gegeben, sondern nach Möglichkeit auch etymologische Angaben gemacht. Der Schwerpunkt der exzerpierten Quellen liegt auf dem 18. und 19. Jahrhundert. Einen begriffsgeschichtlichen Ansatz haben die wirtschaftsrelevanten Artikel in den „Geschichtlichen Grundbegriffen" (z.B. *Arbeit* Conze 1972, *Kapital* Hilger/Hölscher 1982, *Wirtschaft* Burkhardt/Spahn/Oexle 1992).

Ad (ii): Nach den mehrsprachigen Wörterbüchern (4) ist dies die Hauptgruppe der Nachschlagewerke. Hier handelt es sich um Mischformen zwischen Wörterbüchern, die die Bedeutung des Lemmas knapp paraphrasieren, und (enzyklopädischen) Lexika, die in ausführlichen Artikeln den hinter dem Lemma stehenden Begriff bzw. teilweise das gesamte Begriffsfeld erläutern. Sowohl von der Adressatenorientierung (vom Laien bis zum Experten) als auch von der Verwendungssituation (schneller Zugriff mit über die Bedeutungsangabe hinausgehenden Informationen) ist dies der am weitesten verbreitete und vermutlich auch genutzte Typ. Die wichtigsten Beispiele sind das „Gablers Wirtschaftslexikon" (4 Bde., 13. Auflage, 1992) sowie „Vahlens Großes Wirtschaftslexikon" (4 Bde., 1987). Sie decken den gesamten Wirtschaftsbereich ab. Die einzelnen Artikel geben in der Regel Einführungen in den mit dem Lemma bezeichneten Begriff, Querverweise sowie Angaben zu weiterführender Literatur. Kompaktere einbändige Werke sind Kyrer/Jettel/Vlasits (1995) oder das von A. Woll herausgegebene „Wirtschaftslexikon" (1993).

Ad (iii): Enzyklopädischen Charakter haben die Handbücher. Bei deutlich reduzierter Stichwortzahl handeln die einzelnen Autoren in wissenschaftlichen Beiträgen ganze Konzeptbereiche erschöpfend ab. Sie setzen die Reihe der ins 19. Jahrhundert zurückreichenden „Staatslexika" (z.B. Rotteck/Welcker 1845−1848) fort. Beispiele: Das „Handwörterbuch der Wirtschaftswissenschaft" (10 Bde., 1977−1983, Studienausgabe 1988) umfasst den gesamten Wirtschaftsbereich. Das „Handwörterbuch der Betriebswirtschaft" (3 Bde., 1974) ist die Grundlage für eine groß angelegte „Enzyklopädie der Betriebswirtschaftslehre", deren nachfolgende Einzelbände dann auf Spezialgebiete ausgerichtet sind (Bd. 2: Organisation, Bd. 3: Rechnungswesen, Bd. 4: Absatzwirtschaft, Bd. 5: Personalwesen, Bd. 6: Finanzwirtschaft, Bd. 7: Produktionswirtschaft, Bd. 8: Revision, Bd. 9: Planung, Bd. 10: Führung). Kürzer gefasst sind das ältere „Handbuch der Wirtschaftswissenschaften" (2. Aufl., 1966) und „Vahlens Kompendium der Wirtschaftstheorie und Wirtschaftspolitik" (D. Bender et al., 6. Aufl, 1995), das ständig aktualisiert wird.

Ad (iv): Die zahlenmäßig größte Gruppe an Nachschlagewerken sind die mehrsprachigen Wörterbücher, wobei das Englische als Ausgangs- oder Zielsprache von besonderer Bedeutung ist. Verbreitete Übersetzungswörterbücher Deutsch/Englisch – Englisch/Deutsch sind z.B. Collin et al. (1994), Herbst/Readett (1989), Romain/Rutter (1979) oder Dietl/Lorenz (1990), die z.T. die Bereiche Recht und Politik miteinschließen. Ebenfalls über den engeren Bereich der Wirtschaft hinaus geht das deutsch/englische Wörterbuch von Eichborn (1986). Übersetzungen für insgesamt fünf Sprachen (Englisch, Deutsch, Französisch, Spanisch, Schwedisch) bietet „Elsevier's Dictionary" (1984).

Ad (v): Den Übergang zur Sachbuch- und Ratgeberliteratur bilden Wörterbücher, deren Ziel eine Vermittlung zwischen Fach- und Alltagswelt ist. Sie erklären vorwiegend solche fachsprachlichen Wörter und Begriffe, mit denen der mehr oder weniger fachlich vorgebildete Laie im Kontakt mit Wirtschaftsinstitutionen (z.B. Banken, Versicherungen) konfrontiert wird. Dabei beschränken sie sich auf leicht verständliche Bedeutungsparaphrasen. Ein typischer Ratgeber dieser Art ist Jeske (1995) oder das Wörterbuch von Normann (1989).

Die oben vorgestellte Viereinteilung wiederholt sich entsprechend in den Spezialgebieten der Wissenschaften und Institutionen. Als Beispiel seien wenige Nachschlagewerke aus dem Bereich Banken/Börse/Finanzwissenschaften genannt. In die Gruppe der wissenschaftlichen Wörterbücher und Lexika gehören Büschgen (1997), das Börsen-Lexikon (1998) und das Standardwerk Gabler-Bank-Lexikon (1995). Ein wichtiges wissenschaftliches Handbuch ist das als Bd. 6 der „Enzyklopädie der Betriebswirtschaftslehre" bereits in 2. Auflage erschienene „Handwörterbuch des Bank- und Finanzwesens" (1995). Eine Mischung aus Lexikon und Lehrbuch bietet Recktenwald (1983).

5. Zusammenfassung

Die Lexik der Wirtschaftsfachsprachen erweist sich in Bezug auf ihre semantischen Prinzipien den Institutionen- und Wissenschaftsfachsprachen zugehörig und hebt sich deutlich von der Semantik der Alltagssprache ab. Lexikalisch produktiv ist insbesondere der Dienstleistungssektor, daneben bestehen enge Verbindungen zu anderen Fachsprachen, insbesondere zu Recht und Technik. Von den häufig anzutreffenden Wortbildungsmustern sind v.a. der Rückgriff auf metaphorische Konzepte, die Komprimierung in Kurzwörtern und der Einfluss des Englischen auffällig (s. 3.). Trotz der sehr großen Anzahl an Wörterbüchern und Lexika zur Wirtschaft, von denen einige vorgestellt wurden (s. 4.), bleiben aus linguistischer Sicht einige Forschungsfragen offen. Die Begriffs-, Wortschatz-, Textsortengeschichte und die Ausdifferenzierung einzelner Wirtschaftsfachsprachen in der Gegenwart sind erst in Ansätzen erarbeitet. Besser erforscht sind dagegen die zwischen Alltag und Wirtschaft vermittelnden Varietäten der Wirtschaftswerbung und der Wirtschaftspresse (aus der Literaturfülle nur wenige Beispiele: Werbesprache allgemein Fritz 1994, Baumgart 1992 auch Brandt 1973; Werbung und fremdsprachlicher Einfluss Brinkmann 1992, Hemmi 1994, Schütte 1996, Störiko 1995; Sprache der Wirtschaftspresse Becker 1995). Aus der Sicht der Wirtschaftsfachsprachen stellen diese Varietäten allerdings eher Randgebiete dar.

6. Literatur in Auswahl

Baumgart, Manuela (1992), *Die Sprache der Anzeigenwerbung. Eine linguistische Analyse aktueller Werbeslogans.* Heidelberg: Physica-Verlag.

Becker, Holger (1995), *Die Wirtschaft in der deutschsprachigen Presse: sprachliche Untersuchungen zur Wirtschaftsberichterstattung in der Frankfurter Allgemeinen Zeitung, der Neuen Zürcher Zeitung, der Presse und im Neuen Deutschland.* Frankfurt am Main u.a.: Lang.

Bender, Dieter et al. (1995), *Vahlens Kompendium der Wirtschaftstheorie und Wirtschaftspolitik.* 2 Bde. München: Vahlen (6., überarb. und erw. Auflage).

Börsen-Lexikon (Hrsg. v. A.B.J. Siebers; M.M. Weigert). München/Wien: Oldenbourg 1998 (2., verb. Auflage).

Brandt, Wolfgang (1973), Die Sprache der Wirtschaftswerbung. In: *Germanistische Linguistik* 1/2, 1–290.

Brinkmann Bettina (1992), *Ein Staat – eine Sprache? Empirische Untersuchungen zum englischen Einfluß auf die Allgemein-, Werbe- und Wirtschaftssprache im Osten und Westen Deutschlands vor und nach der Wende.* Frankfurt am Main: Lang.

Büschgen, Hans E. (1997), *Das kleine Bank-Lexikon.* Düsseldorf: Verlag Wirtschaft und Finanzen (2., aktualisierte Auflage).

Burkhardt, Johannes; Spahn, Peter; Oexle, Otto Gerhard (1992): Wirtschaft. In: *Geschichtliche Grundbegriffe.* Bd. 7, 511–594.

Collin, Peter et al. (1994), *Pons. Großes Fachwörterbuch Wirtschaft. Englisch-Deutsch. Deutsch-Englisch.* Stuttgart/Dresden: Klett.

Conze, Werner (1972): Arbeit. In: *Geschichtliche Grundbegriffe.* Bd. 1, 154–215.

Dietl, Clara-Erika; Lorenz, Egon (1990), *Wörterbuch für Recht, Wirtschaft und Politik mit erläuternden und rechtsvergleichenden Kommentaren. Bd. 1: Englisch-Deutsch, Bd. 2: Deutsch-Englisch.* München: Beck (5., völlig neu bearb. u. erw. Auflage).

Duden. Etymologie. Herkunftswörterbuch der deutschen Sprache. (Hrsg. von Günther Drosdowski). Mannheim: Dudenverlag 1989 (2., völlig neu bearb. u. erw. Auflage).

von Eichborn, Reinhart (1986), *Der große Eichborn. Wirtschaft, Recht, Verwaltung, Verkehr, Umgangssprache. Deutsch-Englisch.* Gütersloh: Siebenpunkt-Verlag.

Elsevier's Dictionary of Commercial Terms and Phrases in five languages. English, German, Spanish, French and Swedish. (Compiled by Barry Léon Appleby). Amsterdam et al.: Elsevier 1984.

Fink, Hermann (1995), *Amerikanismen in der deutschen Wirtschaft: Sprache, Handel, Güter und Dienstleistungen.* (unter Mitarbeit von Daniella Schons, Bernd Nolte und Maja Schäfer). Frankfurt et al.: Lang.

Fritz, Thomas (1994), *Die Botschaft der Markenartikel. Vertextungsstrategien in der Werbung.* Tübingen: Stauffenburg.

Gabler-Bank-Lexikon, 2 Bde. Wiesbaden: Gabler 1995 (11., vollst. neu bearb. u. erw. Auflage).

Gablers Wirtschaftslexikon, 4 Bände. Wiesbaden: Gabler 1992 (13., vollständig überarb. Auflage).

Gerzymisch-Arbogast, Heidrun (1989), Fachlexikonartikel und ihre Thema-Rhema-Strukturen: Am Beispiel des Faches Wirtschaft. In: *Lexicographica: International Annual for Lexicography.* 1989, 18–51.

Geschichtliche Grundbegriffe. Historisches Lexikon zur politisch-sozialen Sprache in Deutschland. 7 Bde. (Hrsg. v. O. Brunner; W. Conze; R. Koselleck). Stuttgart: Klett 1972–1992.

Handbuch der Wirtschaftswissenschaften. Bd. 1: Betriebswirtschaft. Bd. 2: Volkswirtschaft. (Hrsg. v. Karl Hax und Theodor Wessels). Köln/Opladen: Westdeutscher Verlag 1966 (2., überarb. u. erw. Auflage).

Handwörterbuch der Betriebswirtschaft (HWB), 3 Bde. (Hrsg. V. Erwin Grochla und Waldemar Wittmann). Stuttgart: Pöschel 1974 (4., völlig neu gestaltete Auflage).

Handwörterbuch der Wirtschaftswissenschaft (HdWW). Zugleich Neuauflage des Handwörterbuchs der Sozialwissenschaften. 10 Bde. (Hrsg. v. Willi Albers et al.). Stuttgart et al.: Fischer et al. 1977–1983.

Handwörterbuch des Bank- und Finanzwesens (HWF). (Hrsg. v. Wolfgang Gerke und Manfred Steiner). Stuttgart: Schäffer-Pöschel 1995 (2., überarb. u. erw. Auflage).

Hemmi, Andrea (1994), „*Es muss wirksam werben, wer nicht will verderben": kontrastive Analyse von Phraseologismen in Anzeigen-, Radio- und Fernsehwerbung.* Bern u.a.: Lang.

Herbst, Robert; Readett, Alan G. (1989), *Wörterbuch der Handels-, Finanz- und Rechtssprache. Bd. II: Deutsch-Englisch-Französisch.* Thun: Ott 1989 (4., neubearb. u. erg. Auflage).

Hilger, Marie-Elisabeth; Hölscher, Lucian (1982), Kapital, Kapitalist, Kapitalismus. In: *Geschichtliche Grundbegriffe* Bd. 3, 399–454.

Hirt, Herman (1921/1968), *Etymologie der neuhochdeutschen Sprache. Darstellung des deutschen Wortschatzes in seiner geschichtlichen Entwicklung.* München: Beck [unveränd. Nachdruck der 2. Aufl. v. 1921].

Hundt, Markus (1995): *Modellbildung in der Wirtschaftssprache. Zur Geschichte der Institutionen- und Theoriefachsprachen der Wirtschaft.* Tübingen: Niemeyer.

–, (1998): Institutionelle und wissenschaftliche Wirtschaftsfachsprachen. In: *Fachsprachen. Ein internationales Handbuch zur Fachsprachenforschung und Terminologiewissenschaft.* (Hrsg. L. Hoffmann; H. Kalverkämper; H.E. Wiegand). Berlin/New York: de Gruyter, 1296–1304.

–, (1998a), Typologien der Wirtschaftssprache: Spekulation oder Notwendigkeit? In: *Fachsprache* 20, H. 3–4, 98–115.

Issing, Otmar (1987), *Einführung in die Geldtheorie.* ünchen: Vahlen (6., überarb. Auflage).

Jakob, Karlheinz (1996), Künstliche Nomenklaturen in der Wissenschaft und Technik: Chemie, Medizin, Pharmazie. In: *Namenforschung. Ein internationales Handbuch zur Onomastik.* (Hrsg. E. Eichler/ G. Hilty; H. Löffler; H. Steger; L. Zgusta). Berlin/ New York: de Gruyter 1996, 1637–1642.

Jarchow, Hans-Joachim (1990), *Theorie und Politik des Geldes. I. Geldtheorie.* Göttingen: Vandenhoeck & Ruprecht (8. überarbeitete und ergänzte Auflage).

Jeske, Jürgen (1995), *So nutzt man den Wirtschaftsteil einer Tageszeitung.* (Hrsg. v. J. Jeske, begr. v. J. Eick, beschrieben von H.D. Barbier). Frankfurt am Main: Societätsverlag (2. Auflage).

Kluge, Friedrich (1995), *Etymologisches Wörterbuch der deutschen Sprache*. Berlin/New York: de Gruyter (23., erw. Auflage, bearb. v. Elmar Seebold).

Krejči, Tomas (1932), *Einfluss des Handels auf die Entwicklung und Gestaltung der deutschen Sprache. Versuch einer wirtschaftslinguistischen Studie*. Prag.

Kühn, Peter (1978), *Deutsche Wörterbücher. Eine systematische Bibliographie*. Tübingen: Niemeyer.

Kyrer, Alfred; Christoph, Jettel; Brigitte, Vlasits (1995), *Wirtschaftslexikon*. München/Wien: Oldenbourg (3., vollst. neu bearb. u. stark erw. Auflage).

Lakoff, George (1987), *Women, Fire, and Dangerous Things. What Categories Reveal about the Mind*. Chicago: The University of Chicago Press.

Löffelholz, Josef (1935), *Geschichte der Betriebswirtschaft und der Betriebswirtschaftslehre. Altertum – Mittelalter – Neuzeit bis zum Beginn des 19. Jahrhunderts*. Stuttgart.

von Normann, Reinhart (1989), *Das treffende Fachwort für die Wirtschaft. Das umfassende Wirtschaftswörterbuch*. Thun: Ott.

von Polenz, Peter (1991), *Deutsche Sprachgeschichte vom Spätmittelalter bis zur Gegenwart. Bd. 1: Einführung, Grundbegriffe. Deutsch in der frühbürgerlichen Zeit*. Berlin/New York: de Gruyter.

Recktenwald, Horst Claus (1983), *Lexikon der Staats- und Geldwirtschaft. Ein Lehr- und Nachschlagewerk*. München: Vahlen.

Romain, Alfred; Rutter, Derek (1979), *Wörterbuch der Rechts- und Wirtschaftssprache, I: Englisch-Deutsch/Dictionary of Legal and Commercial Terms; II: German-English*. München: Beck (2. Auflage).

Rotteck, Carl von; Welcker, Karl Theodor (1845–1848), *Das Staats-Lexikon: Encyklopädie der sämtlichen Staatswissenschaften für alle Stände*. 12 Bde. Altona: Hammerich (neue, durchaus verb. u. verm. Auflage, redigiert).

Schaeder, Burkhard (1982), Untersuchungen zur Kodifikation der Wirtschaftssprache in fachsprachlichen und gemeinsprachlichen Wörterbüchern. In: *Konzepte zur Lexikographie. Studien zur Bedeutungserklärung in einsprachigen Wörterbüchern*. (Hrsg. von Wolfgang Mentrup). Tübingen: Niemeyer 1982, 65–91.

Schirmer, Alfred (1911), *Wörterbuch der Kaufmannssprache. Auf geschichtlichen Grundlagen. Mit einer systematischen Einleitung*. Straßburg: Trübner.

–, (1911a), Einleitung: Wort- und Stilgeschichte der deutschen Kaufmannssprache. In: Schirmer 1911, XIII-IL.

–, (1949), *Deutsche Wortkunde. Eine Kulturgeschichte des deutschen Wortschatzes*. Berlin: de Gruyter (3., durchges. Auflage).

Schütte, Dagmar (1996), *Das schöne Fremde: anglo-amerikanische Einflüsse auf die Sprache der deutschen Zeitschriftenwerbung*. Opladen: Westdeutscher Verlag.

Schwarz, Ernst (1967), *Kurze deutsche Wortgeschichte*. Darmstadt: Wissenschaftliche Buchgesellschaft.

Stieda, Wilhelm (1894), *Hansisch-Venetianische Handelsbeziehungen im 15. Jahrhundert*. Rostock: Universitäts-Buchdruckerei.

Störiko, Ute (1995), *„Wir legen Word auf gutes Deutsch" Formen und Funktionen fremdsprachiger Elemente in der deutschen Anzeigen-, Hörfunk- und Fernsehwerbung*. Viernheim: Cubus.

Vahlens Großes Wirtschaftslexikon. (Hrsg. Erwin Dichtl; Otmar Issing). 4 Bände. München: Vahlen 1987.

Willms, Manfred (1995): Strukturpolitik. In: Bender et. al., 371–404.

Wirtschaftslexikon. (Hrsg. v. Artur Woll). München/Wien: Oldenbourg 1993 (7., überarb. Auflage).

Markus Hundt, Dresden (Deutschland)